Harenberg Aktuell 2006

22. JAHRGANG

Meyers Lexikonverlag
Mannheim · Leipzig · Wien · Zürich

Bibliografische Information der Deutschen Bibliothek
Die Deutsche Bibliothek verzeichnet diese Publikation in der Deutschen Nationalbibliografie; detaillierte bibliografische Daten sind im Internet über http://dnb.ddb.de abrufbar.

Printed in Germany

ISBN 3-411-76128-8

Dieser Band wurde zusammen mit dem Redaktionsbüro LOOP erarbeitet.
Redaktionelle Leitung:
Kerstin Dönicke (Meyers Lexikonverlag, Mannheim)
Michael Venhoff (LOOP, Xanten)
Assistenz: Silke Erdmann (Meyers Lexikonverlag, Mannheim)
Redaktion:
Ellen Astor, Henning Aubel, Christa Becker, Elke Eßmann, Dietmar Falk, Lars Thomas Günther, Ute Kleinelümern, Brigitte Lotz, Elisabeth Manzke, Susanne Schmidt, Erwin Tivig
Bild- und Grafikredaktion: Manfred Brocks, Birgit Bödecker

Herstellung: Eva Bordemann
Layout: Horst Bachmann
Umschlaggestaltung: Bettina Bank, Heidelberg
Umschlagabbildungen:
AP, Frankfurt a. M.: Papst Benedikt XVI; Corbis/Christian Liewig, Düsseldorf: Michael Ballack; picture-alliance/dpa, Frankfurt a. M.: Angela Merkel; Ton Koene, Amsterdam: Frauen von Darfur;
Satz: Böcking & Sander, Kommunikationsdesign, Bochum
Reproduktion: Vogelsang Zander, Dortmund
Druck und Bindung: GGP Media GmbH, Pößneck

Redaktionsschluss: 12.7.2005

Inhalt

SPECIALS

Stichwortverzeichnis Lexikon von A–Z

Abk. Abkürzung
Abs. Absatz
AG Aktiengesellschaft
Art. Artikel
Az. Aktenzeichen
BGB Bürgerliches Gesetzbuch
BIP Bruttoinlandsprodukt
BRT Bruttoregistertonnen
BSP Bruttosozialprodukt
bzw. beziehungsweise
C Celsius
ca. circa
CDU Christlich-Demokratische Union
CHF Schweizer Franken
CSU Christlich-Soziale Union
CVP Christlichdemokratische Volkspartei
dB Dezibel
DDR Deutsche Demokratische Republik
dt. deutsch
DGB Deutscher Gewerkschaftsbund
d. h. das heißt
DM Deutsche Mark
Dr. Doktor
DVU Deutsche Volksunion
ebd. ebenda
eigtl. eigentlich
etc. et cetera
EU Europäische Union
europ. europäisch
ev. evangelisch
e.V. eingetragener Verein
FDP Freie Demokratische Partei
FPÖ Freiheitliche Partei Österreichs
frz. französisch
GB Gigabyte
GG Grundgesetz
ggf. gegebenenfalls
GmbH Gesellschaft mit beschränkter Haftung
GUS Gemeinschaft Unabhängiger Staaten
GW Gigawatt
h Stunde
ha Hektar
hl Hektoliter
i.d.R. in der Regel
IG Industriegewerkschaft
inkl. inklusive
IWF Internationaler Währungsfonds
J Joule
Jh. Jahrhundert
k.A. keine Angabe
kath. katholisch
KB Kilobyte
kcal Kilokalorien
Kfz Kraftfahrzeug
kJ Kilojoule
km Kilometer
km^2 Quadratkilometer
kW Kilowatt
kWh Kilowattstunde
l Liter
Lkw Lastkraftwagen
max. maximal
m Meter
m^2 Quadratmeter
m^3 Kubikmeter
MB Megabyte
MdB Mitglied des Bundestags
MdL Mitglied des Landtags
mg Milligramm
MHz Megahertz
min Minute
mind. mindestens
Mio. Million
mm Millimeter
Mrd. Milliarde
msec Millisekunden
MW Megawatt
NATO Organisation des Nordatlantik-Vertrags
NRW Nordrhein-Westfalen
OECD Organisation für wirtschaftliche Zusammenarbeit und Entwicklung
OPEC Organisation Erdöl exportierender Länder
orth. orthodox
OSZE Organisation für Sicherheit und Zusammenarbeit in Europa
ÖVP Österreichische Volkspartei
PDS Partei des demokratischen Sozialismus
Pkw Personenkraftwagen
PLO Palästinensische Befreiungsorganisation
Prof. Professor
sec Sekunde
SKE Steinkohleeinheit
sog. so genannt(e/r)
SPD Sozialdemokratische Partei Deutschlands
SPÖ Sozialdemokratische Partei Österreichs
SPS Sozialdemokratische Partei der Schweiz
stellv. stellvertretend
StGB Strafgesetzbuch
SVP Schweizerische Volkspartei
t Tonne
TA Technische Anleitung
TW Terawatt
tWh Terawattstunde
u. a. unter anderem/und andere
UA Uraufführung
UdSSR Union der Sozialistischen Sowjetrepubliken
UKW Ultrakurzwelle
UN Vereinte Nationen
USA Vereinigte Staaten von Amerika
u. U. unter Umständen
usw. und so weiter
u. v. m. und vieles mehr
v. a. vor allem
W Watt
z. B. zum Beispiel
z. T. zum Teil
zzgl. zuzüglich

Im Staatenteil werden alle anderen Nationalitäten als die genannten abgekürzt, indem die Endung -isch entfällt (z.B. griechisch = griech.).

Chronik

Weltchronik

Juli 2004

1. **Deutschland.** In einer gemeinsamen Sitzung von Bundestag und Bundesrat wird Horst Köhler als neuer Bundespräsident vereidigt.

3. **Sudan/UNO.** Zum Abschluss des Besuchs von UNO-Generalsekretär Annan in der sudanesischen Hauptstadt Khartum sagt Präsident Omar al-Bashir die Entwaffnung der Milizen in der Region Darfur zu. Der Vertreibungskrieg der von Regierungstruppen unterstützten arabischen Milizen veranlasste bislang mehr als 1 Mio. Menschen zur Flucht.

3. Juli · Während seines Aufenthaltes in Sudan besucht UN-Generalsekretär Kofi Annan das Flüchtlingslager Zam Zam in Darfur.

4. **USA.** Nach der Entscheidung des Obersten Gerichtshofs der USA vom 28. 6. 2004, der den Gefangenen in Militärgewahrsam auf dem Stützpunkt Guantánamo das Recht auf Klage vor Bundesgerichten der USA zugesteht, reichen die Anwälte von neun Gefangenen Klage gegen die Inhaftierung ihrer Mandanten ein.

5. **Indonesien.** Der frühere General Susilo Bambang Yudhoyono geht als Sieger aus der Präsidentenwahl hervor, verfehlt jedoch die absolute Mehrheit und muss am 20. September zum Stichentscheid gegen Amtsinhaberin Megawati Sukarnoputri antreten.

6. **USA.** Der demokratische Präsidentschaftskandidat John Kerry nominiert den 51 Jahre alten Senator John Edwards aus North Carolina zum Kandidaten für das Amt des Vizepräsidenten. Edwards war bei den Vorwahlen der Demokraten zu Beginn des Jahres der schärfste Konkurrent von Kerry gewesen.

8. **Deutschland.** Der Landtag in Erfurt wählt Dieter Althaus (CDU) mit 45 von 88 Stimmen erneut zum Ministerpräsidenten von Thüringen.

9. **Internationaler Gerichtshof/Israel.** Mit dem Bau der Sperranlage in den Palästinensergebieten verstößt Israel gegen das Völkerrecht. Zu diesem Urteil kommt der Internationale Gerichtshof in Den Haag in einem von der UNO-Vollversammlung in Auftrag gegebenen Gutachten. Die israelische Regierung weist das Gutachten zurück und bestreitet die Zuständigkeit der Den Haager Richter.
Deutschland. Der Bundesrat stimmt dem sog. Hartz-IV-Gesetz zur Arbeitsmarktreform zu. Damit können ab 1. 1. 2005 Arbeitslosen- und Sozialhilfe zusammengeführt werden. Mit breiter Mehrheit billigt der Bundesrat außerdem das Zuwanderungs- und Ausländergesetz, das damit zu Beginn des Jahres 2005 in Kraft treten kann.
USA. Der Geheimdienstausschuss des Senats wirft in seinem Untersuchungsbericht dem Auslandsgeheimdienst CIA vor, das Bedrohungspotenzial des Iraks vor dem Irakkrieg systematisch übertrieben zu haben. Nachweislich falsch sei die Information gewesen, der Irak besitze Massenvernichtungswaffen.

11. **Japan.** Die konservative Regierungskoalition kann bei der Oberhauswahl ihre Mehrheit insgesamt behaupten, muss aber Verluste

hinnehmen. Bei der Teilwahl zum Oberhaus wurde über die Hälfte der insgesamt 242 Sitze entschieden.

13. Europäische Union. Die von den Wirtschafts- und Finanzministern der EU im November 2003 getroffene Entscheidung, die Defizitverfahren gegen Deutschland und Frankreich auszusetzen, war rechtswidrig. Mit dieser Entscheidung des Europ. Gerichtshofs (EuGH) sieht sich die Europ. Kommission im Haushaltsstreit mit den beiden Ländern bestätigt.
Deutschland. Der seit 1999 gesuchte frühere Staatssekretär im Bundesverteidigungsministerium, Ludwig-Holger Pfahls, wird in Paris festgenommen. Pfahls soll im Zusammenhang mit Lieferungen von Spürpanzern nach Saudi-Arabien Bestechungsgelder in Höhe von rund 1,95 Mio. € angenommen haben.

14. Frankreich. Bei seiner Fernsehansprache anlässlich des frz. Nationalfeiertags kündigt Präsident Chirac eine Volksabstimmung zur Ratifizierung der EU-Verfassung an. Das Referendum soll in der zweiten Hälfte kommenden Jahres stattfinden.
Irak. Beim ersten großen Terroranschlag seit der Machtübergabe am 28. 6. 2004 werden in Bagdad mind. elf Menschen getötet und 30 weitere schwer verletzt.
Türkei. Ein Berufungsgericht hebt die Urteile gegen die Menschenrechtlerin Leyla Zana und

25. Juli · Mit einer Menschenkette von Jerusalem bis zum Gazastreifen protestieren mehr als 100 000 Israelis gegen die Pläne der Regierung, den Gazastreifen zu räumen.

drei andere frühere kurdische Abgeordnete auf. Die zu Haftstrafen von 15 Jahren verurteilten Politiker, von denen sie bereits zehn Jahre verbüßt haben, hätten keinen fairen Prozess erhalten.

15. Deutschland. Das Landgericht Augsburg verurteilt den ehemaligen Rechtsanwalt Max Josef Strauß zu einer Freiheitsstrafe von drei Jahren und drei Monaten. Der Sohn des früheren bayerischen Ministerpräsidenten Franz Josef Strauß wird der Hinterziehung von Steuern in Höhe von rund 2,5 Mio. € für schuldig befunden.
Deutschland/Polen. Zu seinem ersten Antrittsbesuch als Bundespräsident wird Horst Köhler in Warschau vom polnischen Staatspräsidenten Alexander Kwasniewski empfangen.

17. Portugal. Pedro Santana Lopes wird als neuer Ministerpräsident vereidigt. Er tritt die Nachfolge des bisherigen Regierungschefs José Manuel Durão Barroso an, der an die Spitze der Europäischen Kommission nach Brüssel wechseln wird.

20. Europäische Union. Der Sozialdemokrat Josep Borrell wird zum Präsidenten des Europ. Parlaments gewählt. Der Spanier erreicht bereits im ersten Wahlgang die absolute Mehrheit.
Deutschland. Der Bundestagsabgeordnete Martin Hohmann wird aus der hessischen CDU ausgeschlossen. Hohmann war im vergangenen Jahr mit antisemitischen Äußerungen in einer Rede zum Tag der Dt. Einheit in die Kritik geraten.
Palästinensische Autonomiegebiete. Ministerpräsident Ahmed Kurei bleibt auf Wunsch von Präsident Jasir Arafat im Amt. Arafat hatte sich geweigert, Kureis Rücktrittsgesuch vom 17. 7. 2004 anzunehmen.

21. UNO/Israel. Die UN-Vollversammlung verabschiedet eine Resolution, in der Israel aufgefordert wird, die Sperranlage im Westjordanland abzureißen und die durch den Bau betroffenen Palästinenser zu entschädigen. Für die Resolution votieren 150 Staaten, u. a. alle EU-Mitglieder. Nur sechs Länder, darunter die USA, stimmen dagegen.

22. Deutschland. Im Mannesmann-Prozess spricht das Landgericht Düsseldorf alle sechs Angeklagten frei, darunter den damaligen Vorstandsvorsitzenden Klaus Esser, den jetzigen

Vorstandsvorsitzenden der Dt. Bank, Josef Ackermann, und den früheren IG-Metall-Vorsitzenden Klaus Zwickel. Die Richter werfen jedoch einigen von ihnen teilweise gravierende Verstöße gegen das Aktiengesetz vor. Die Staatsanwaltschaft legt am Tag darauf Revision gegen das Urteil ein.
Europäische Union. Mit 413 von 711 Stimmen bestätigt das Europ. Parlament Barroso als Präsidenten der Europ. Kommission.
USA. Der Untersuchungsausschuss »11. September« legt seinen Abschlussbericht vor. Darin werden Regierung, Geheimdienste und Behörden aufgrund »schwerer institutioneller Unzulänglichkeiten« dafür verantwortlich gemacht, dass der Terroranschlag nicht hatte verhindert werden können.

23. Deutschland. Nach tagelangen Verhandlungen einigen sich Vorstand und Betriebsrat des Automobilherstellers DaimlerChrysler AG auf die vom Konzern ultimativ geforderten jährlichen Einsparungen in Höhe von 500 Mio. €. Als Gegenleistung erhalten die 160 000 Beschäftigten eine Arbeitsplatzgarantie bis 2012.

25. Israel. Mit einer Menschenkette demonstrieren mehr als 100 000 Israelis gegen den Plan von Ministerpräsident Scharon, im kommenden Jahr den Gazastreifen und vier weitere Siedlungen im Westjordanland zu räumen. Die Regierung hält trotz der Proteste an ihren Abzugsplänen fest.

27. Deutschland. Das Bundesverfassungsgericht erklärt die Hochschulnovelle zur Juniorprofessur aus dem Jahr 2002 für verfassungswidrig. Das Gesetz sei nicht von der Rahmengesetzgebungskompetenz des Bundes für die allgemeinen Grundsätze des Hochschulwesens gedeckt.

28. Irak. Bei einem Selbstmordanschlag in der Stadt Baquba werden 68 Menschen getötet und etwa 80 verletzt. Das Attentat ereignet sich in der Nähe einer Polizeistation und eines belebten Marktes. Seit der Machtübergabe am 28. 6. 2004 sind damit 160 Iraker Anschlägen zum Opfer gefallen.

29. USA. Mit der offiziellen Nominierung von John Kerry zum Präsidentschaftskandidaten geht in Boston der viertägige Wahlparteitag der oppositionellen Demokraten zu Ende.

1. August · Bundeskanzler Schröder verneigt sich vor dem Denkmal des Warschauer Aufstands.

31. Sudan. Nach anfänglicher Ablehnung will die Regierung in Khartum die UN-Resolution vom 29. 7. 2004 zur Krisenregion Darfur nun doch anerkennen. Der UN-Sicherheitsrat hatte in der Resolution die Entwaffnung der arabischen Milizen innerhalb von 30 Tagen gefordert.
NATO. Nach tagelangen Verhandlungen verständigen sich die 26 NATO-Staaten auf die Modalitäten ihrer Hilfe bei der Ausbildung irakischer Sicherheitskräfte.

August 2004

1. Deutschland/Polen. Als erster dt. Regierungschef nimmt Bundeskanzler Schröder an den Gedenkfeiern zum Warschauer Aufstand teil, der am 1. 8. 1944 begonnen hatte und am 2. 10. 1944 von den dt. Besatzern niedergeschlagen worden war.
WTO. Nach fünftägigen Verhandlungen einigen sich die 147 Mitgliedstaaten der WTO auf die Eckpunkte für den Abbau von Agrarsubventionen und Zöllen.

2. Deutschland. Mit scharfen Worten kritisiert die Präsidentin des Bundesverbands der Vertriebenen, Erika Steinbach, die ablehnenden Äußerungen von Bundeskanzler Schröder in Warschau über Entschädigungsforderungen von Vertriebenen gegenüber Polen.

9. August · Mit einer Protestwelle wöchentlicher »Montagsdemonstrationen« versuchen Kritiker und Betroffene vom Juli bis in den Herbst 2004 hinein, die Bundesregierung zur Rücknahme der Arbeitsmarktreform Hartz IV zu bewegen (Bild: Berlin).

4. Tschechische Republik. Präsident Václav Klaus ernennt die 17 Minister des neuen Kabinetts von Ministerpräsident Stanislav Gross. Der bisherige Innenminister ist Nachfolger des vor rund fünf Wochen zurückgetretenen Vladimír Špidla.

6. Deutschland. Im letzten Mauerschützenprozess verurteilt das Berliner Landgericht die früheren Mitglieder des SED-Politbüros Hans-Joachim Böhme und Siegfried Lorenz wegen Beihilfe zum dreifachen Mord »durch Unterlassen« zu Bewährungsstrafen von jeweils 15 Monaten.
Irak. Nach Militärangaben sind in Nadjaf bei Kämpfen zwischen Anhängern des radikalen Schiitenpredigers al-Sadr und US-amerikanischen Truppen in den vergangenen Tagen rund 300 Milizionäre getötet worden. Die Kämpfe sind die schwersten seit Beginn eines Waffenstillstands vor drei Monaten.

Deutschland. Die Ankündigung der Medienkonzerne Axel Springer AG und Spiegel-Verlag, wieder zur alten Rechtschreibung zurückzukehren, löst einen neuerlichen Streit über die Rechtschreibreform aus.

9. Deutschland. Auf sog. Montagsdemonstrationen protestieren in mehreren Städten Ost- und Westdeutschlands einige Zehntausend Menschen gegen die Arbeitsmarktreform »Hartz IV«.

11. Großbritannien. Zum ersten Mal erteilt mit Großbritannien ein europ. Staat eine Genehmigung zum therapeutischen Klonen am Menschen und somit zur Erzeugung geklonter Embryonen.
Deutschland. Vor dem Oberlandesgericht Hamburg beginnt ein neuer Prozess gegen den Marokkaner Mounir el Motassadeq. Das erste Urteil gegen Motassadeq wegen Beihilfe zum

Mord in mehr als 3000 Fällen bei den Anschlägen vom 11.9. 2001 und Mitgliedschaft in einer terroristischen Vereinigung war am 4.3. 2004 vom Bundesgerichtshof aufgrund von Fehlern in der Beweisführung aufgehoben worden.

12. Irak. US-amerikanische Truppen und irakische Sicherheitskräfte starten eine Offensive gegen die Milizen des militanten Schiitenpredigers al-Sadr. In Nadjaf riegeln sie die Moschee mit dem Grabmal des Imam Ali ab, in dem sich al-Sadr mit seinen Gefolgsleuten verschanzt hat.
Singapur. Als Nachfolger des am 10.8. 2004 zurückgetretenen Goh Chok Tong wird Lee Hsien Loong als neuer Premierminister vereidigt. Der 52-jährige Lee, Sohn des Staatsgründers Lee Kuan Yew, war bisher Finanzminister.

13. Olympische Sommerspiele. In der griechischen Hauptstadt Athen eröffnet Staatspräsident Konstantinos Stephanopoulos die Spiele der XXVIII. Olympiade der Neuzeit. Mehr als 10000 Athleten aus 202 nationalen Verbänden kämpfen bis zum 29. August um 301 Goldmedaillen.

14. Burundi. Bei einem Angriff auf ein Flüchtlingslager werden 150 Menschen, ausnahmslos Tutsi-Flüchtlinge aus dem Kongo, ermordet. Die extremistische Hutu-Rebellengruppe »Forces Nationales de Libération« (FNL) übernimmt die Verantwortung für das Massaker.

15. Venezuela. Mit 59 % der Stimmen wird Präsident Hugo Chávez Frías bei einer Volksabstimmung im Amt bestätigt. Die Opposition, die das Abberufungsreferendum im Juni mit mehr als 2,4 Mio. Unterschriften erzwungen hatte, spricht von Wahlbetrug.

16. USA/Deutschland. In einer Rede kündigt Präsident Bush den Abzug von 60000 bis 70000 Soldaten aus Europa und Asien an. Deutschland, wo derzeit 70000 US-amerikanische Soldaten stationiert sind, wird am stärksten betroffen sein.

17. Deutschland. Vor dem Landgericht Wiesbaden beginnt der Prozess um die CDU-Schwarzgeldaffäre. Die drei Angeklagten, der frühere Bundesinnenminister Manfred Kanther, der ehemalige hessische CDU-Schatzmeister Casimir Prinz Zu Sayn-Wittgenstein und der frühere CDU-Finanzberater Horst Weyrauch, weisen den Vorwurf der »Untreue zulasten der CDU« zurück.

19. Ungarn. Nach Streitigkeiten zwischen der Sozialistischen Partei (MSZP) und ihrem Koalitionspartner Bund der Freien Demokraten (SZDSZ) wegen einer Regierungsumbildung tritt der von der MSZP unterstützte Ministerpräsident Péter Medgyessy von seinem Amt zurück.
Irak. Nach vier Tage dauernden Verhandlungen wählt die Nationalkonferenz, eine Versammlung von Delegierten aus allen Landesteilen, den Nationalrat. Der Nationalrat ist das vorläufige Parlament.

21. Sudan. Acht Tage vor dem Ablauf des UN-Ultimatums kündigt die Regierung eine »schrittweise« Entwaffnung der arabischen Milizen in der Krisenregion Darfur an.

23. Afrikanische Union/Sudan. Unter der Schirmherrschaft der Afrikanischen Union (AU) beginnen in der nigerianischen Hauptstadt Abuja Gespräche über die westsudanesische Krisenregion Darfur. Die mögliche Entsendung einer Friedenstruppe der AU wird vom Sudan als »unnötig« zurückgewiesen.

24. Deutschland. Bei der Eröffnung eines Bahnhofs im brandenburgischen Wittenberge wird Bundeskanzler Schröder mit Eiern beworfen, als rund 500 Demonstranten gegen die Arbeitsmarktreform protestieren.
Russland. Nahezu zeitgleich stürzen zwei Passagierflugzeuge ab, 90 Menschen kommen ums Leben. Eine Maschine zerschellt in der Re-

15. August · Parole »Vota no« (»Stimme mit Nein«) in Caracas gegen die Abberufung von Präsident Hugo Chávez

27. August · Zehntausende irakische Schiiten marschieren nach Nadjaf, um die Milizionäre, die sich in der Imam-Ali-Moschee verschanzt haben, zur Aufgabe zu bewegen.

gion von Tula südlich von Moskau; eine zweite nahe der südrussischen Stadt Rostow am Don. Der Inlandsgeheimdienst FSB geht von einem Anschlag zweier tschetschenischer Attentäterinnen aus.
USA. In Washington legt eine Untersuchungskommission ihren Bericht zur Folteraffäre im Militärgefängnis Abu Ghreib im Irak vor. Danach haben die politische und die militärische Führung der USA Mitschuld an den Misshandlungen. Am Tag darauf bekräftigt ein interner Ausschuss des Heeres die schweren Vorwürfe gegen Angehörige des militärischen Geheimdienstes und den Kommandeur der US-amerikanischen Truppen im Irak.

25. Irak. Großayatollah Ali Sistani ruft zu einem landesweiten Marsch nach Nadjaf auf, um den dortigen Kämpfen Einhalt zu gebieten.

27. Irak. Die in der Imam-Ali-Moschee in Nadjaf verschanzten Milizionäre des radikalen Predigers al-Sadr legen die Waffen nieder und verlassen das Gebäude. Am Tag zuvor hatten sich Vertreter al-Sadrs und des Großayatollahs Sistani auf die Entwaffnung der radikalislamischen Milizen geeinigt.

28. Pakistan. Der bisherige Finanzminister Shaukat Aziz wird als neuer Premierminister vereidigt.

29. Frankreich/Irak. Nach der Entführung zweier vermisster frz. Journalisten kommt die frz. Regierung zu einer Krisensitzung zusammen. Die Entführer fordern eine Aufhebung des Kopftuchverbots an frz. Schulen.

Tschetschenien. Der prorussische bisherige Innenminister Alu Alchanow geht mit fast drei Viertel der Stimmen als Sieger aus der Präsidentenwahl in Tschetschenien hervor. Seine Konkurrenten sprechen von Wahlbetrug.
USA. Einen Tag vor der Eröffnung des Wahlparteitages der Republikaner in New York demonstrieren mehr als 200 000 Menschen gegen Präsident Bush und die Politik der Regierung.
Olympische Sommerspiele. In Athen gehen die XXVIII. Olympischen Spiele zu Ende. Die dt. Mannschaft belegt mit 14 Gold-, 16 Silber- und 18 Bronzemedaillen hinter den USA, China, Russland, Australien und Japan Platz sechs im Medaillenspiegel.

30. Deutschland. Auf der Leipziger Montagsdemonstration kritisiert der frühere SPD-Vorsitzende Oskar Lafontaine die Reformpolitik der Bundesregierung. Sein Auftritt vor mehreren Zehntausend Menschen wird mit Beifall, aber auch mit Pfiffen und Eierwürfen bedacht.

31. Deutschland. Finanzminister Hans Eichel teilt der Europ. Kommission mit, dass die Bundesregierung für 2004 mit einem Staatsdefizit von 3,7 % und einem Schuldenstand von 66 % des BIP rechnet. Damit verstößt Deutschland zum dritten Mal in Folge gegen den Euro-Stabilitätspakt.

3. September · Ein Soldat trägt ein verletztes Kind aus der gestürmten Schule im nordossetischen Beslan.

Russland. Bei einem Bombenanschlag vor einer U-Bahn-Station in Moskau werden mindestens zehn Menschen getötet und weitere 50 verletzt. Eine islamistische »Islambuli-Brigade« übernimmt die Verantwortung für den Anschlag.
Irak. Zwölf Nepalesen, die seit dem 20. August in der Gewalt der Terrorgruppe »Ansar el Sunna« waren, werden von ihren Entführern ermordet. Sie hatten für eine jordanische Firma gearbeitet.
Kriegsverbrechertribunal. Nach mehrmonatiger Pause wird vor dem Internationalen Kriegsverbrechertribunal in Den Haag der Prozess gegen den ehemaligen jugoslawischen Präsidenten Milošević fortgesetzt. In seiner Verteidigungsrede macht Milošević Deutschland für die Konflikte im früheren Jugoslawien mitverantwortlich.

September 2004

1. **Russland.** Während der Feiern zum ersten Schultag bringt ein Terrorkommando in Beslan in der russischen Kaukasusrepublik Nordossetien eine Schule in seine Gewalt und nimmt mehr als 1 200 Geiseln, 850 von ihnen Kinder. Die etwa drei Dutzend Geiselnehmer fordern die Freilassung tschetschenischer Rebellen und den Abzug der russischen Truppen aus Tschetschenien.

3. **Russland.** Nach Schießereien und mehreren Explosionen stürmen russische Sicherheitskräfte die Schule im nordossetischen Beslan, in der sich tschetschenische Terroristen mit rund 1 200 Geiseln verschanzt haben. Bei der Erstürmung und durch von den Terroristen gelegte Sprengsätze kommen nach offiziellen Angaben 335 Geiseln ums Leben. 30 Geiselnehmer werden getötet.

5. **Deutschland.** Bei der Landtagswahl im Saarland baut die CDU mit 47,5 % der Stimmen ihre absolute Mehrheit der Mandate aus. Die SPD verliert 13,5 Prozentpunkte und kommt auf nur noch 30,8 %. Den Grünen und der FDP gelingt der Einzug in den Saarbrücker Landtag.

7. **Irak.** Bei heftigen Gefechten zwischen US-amerikanischen Soldaten und Anhängern des radikalen Schiitenpredigers al-Sadr werden im Bagdader Stadtteil »Sadr City« 40 Menschen getötet und mehr als 150 verletzt.

Israel/Palästinensische Autonomiegebiete. Als Vergeltung für einen doppelten Selbstmordanschlag am 31. 8. 2004 in Beerscheva greift die israelische Luftwaffe Ziele in Gaza-Stadt an. Dabei werden 14 Menschen getötet.

8. **Russland.** Generalstabschef Juri Balujewskij kündigt Präventivschläge gegen Terroristenstützpunkte in der ganzen Welt an, schließt den Gebrauch von Atomwaffen aber ausdrücklich aus. Für die Ergreifung der mutmaßlichen Hintermänner der Anschläge der vergangenen Wochen, der tschetschenischen Separatistenführer Schamil Bassajew und Aslan Maschadow, wird ein Kopfgeld in Höhe von 8,5 Mio. € ausgesetzt.
Raumfahrt. Genesis, eine Sonde der NASA, stürzt über der Wüste des US-amerikanischen Bundesstaats Utah ab. Die Fallschirme der 2001 gestarteten Sonde, die durch Hubschrauber in der Luft aufgefangen werden sollten, hatten sich nicht geöffnet. Die von Genesis gesammelten Sonnenwindpartikel können aber größtenteils geborgen werden.

9. **Indonesien.** Bei einer Bombenexplosion vor der australischen Botschaft in Jakarta werden neun Menschen getötet und über 100 verletzt.

9. September · Das Gebäude der australischen Botschaft in Jakarta (Indonesien) nach der Bombenexplosion

Die Behörden nehmen an, dass es sich um einen Selbstmordanschlag der Terrorgruppe »Jemaah Islamiyah« (JI) handelte.
Deutschland. Wegen der Verzögerungen beim Start der Lkw-Maut fordert der Bund vom Betreiber Toll Collect Schadenersatz in Höhe von 3,56 Mrd. €. Zusätzlich beantragt das Bundesverkehrsministerium eine Vertragsstrafe von 1 Mrd. €.

10. Polen/Deutschland. Als Reaktion auf Entschädigungsforderungen dt. Vertriebener fordert das polnische Unterhaus in einer einstimmigen Resolution Deutschland zur Begleichung von Kriegsschäden auf.

11. Deutschland. Die Aussage von Bundespräsident Köhler, der Anspruch auf Angleichung der Unterschiede in den Lebensverhältnissen innerhalb Deutschlands führe zum Subventionsstaat, findet ein geteiltes Echo. Insbesondere von ostdt. Politikern wird die Äußerung Köhlers abgelehnt.
Afghanistan. Präsident Hamid Karsai enthebt den einflussreichen Gouverneur von Herat, Ismail Khan, seines Amtes. Die Absetzung Khans löst in der Provinzhauptstadt schwere Ausschreitungen aus, bei denen mind. sieben Menschen getötet werden.

13. Russland. Präsident Putin verkündet einschneidende Änderungen im Staatsaufbau. Begründet wird die Einschränkung demokratischer Rechte mit den Terroranschlägen der vergangenen Wochen.

11. September · Ein Büro der UN-Flüchtlingsorganisation geht bei den blutigen Unruhen im afghanischen Herat in Flammen auf.

Afghanistan. Bei Kämpfen mit US-amerikanischen und afghanischen Truppen werden in den Provinzen Sabul und Kandahar mindestens 43 Talibankämpfer getötet.

14. Deutschland. In Berlin wird der Bildungsbericht der OECD vorgestellt. Danach entfallen in Deutschland lediglich 9,7 % der öffentlichen Ausgaben auf die Bildungseinrichtungen. Der Durchschnitt der OECD-Staaten liegt hingegen bei 12,7 %.

16. Deutschland. Im Zusammenhang mit der Schwarzgeldaffäre des hessischen Landesverbandes muss die CDU wegen ihres fehlerhaften Rechenschaftsberichtes für 1998 21,1 Mio. € Zuschüsse aus der staatlichen Parteienfinanzierung zurückzahlen. Mit dieser Entscheidung weist das Bundesverfassungsgericht eine Verfassungsbeschwerde der Bundespartei zurück.
UNO/Irak. UN-Generalsekretär Annan bezeichnet den Irakkrieg in aller Deutlichkeit als illegal. Der Krieg sei ohne die Zustimmung der Vereinten Nationen geführt worden.

17. Europäische Union. Die Verteidigungsminister aus fünf Mitgliedsländern unterzeichnen im niederländischen Seebad Noordwijk eine Erklärung, mit der die Grundlagen für den Aufbau einer europ. paramilitärischen Polizeitruppe für Auslandseinsätze geschaffen werden.
Deutschland. Nach einer Entscheidung des Bundesgerichtshofs war der preisgünstige Kauf von Grundstücken nach dem sog. Modrow-Gesetz in den 1990er-Jahren nicht sittenwidrig. Das Gericht weist damit eine Klage der Stadt Dresden ab.

19. Deutschland. Bei den Landtagswahlen in Sachsen und Brandenburg müssen sowohl SPD als auch CDU drastische Verluste hinnehmen. In Brandenburg bleibt die SPD mit 31,9 % der Stimmen aber stärkste Partei vor der PDS mit 28,0 %. Die CDU kommt auf nur noch 19,4 %. Die rechtsextreme DVU baut ihren Stimmenanteil auf 6,1 % aus. In Sachsen verliert die CDU ihre absolute Mehrheit und stürzt auf 41,1 % ab. Zweitstärkste Partei mit 23,6 % wird auch hier die PDS. Die SPD erhält nur noch 9,8 % der Stimmen, dicht gefolgt von der NPD. FDP und Bündnis 90/Die Grünen ziehen wieder in den Landtag ein.
Kasachstan. Sieger der Parlamentswahl wird mit klarer Mehrheit die Otan-Partei von Präsi-

20. September · Susilo Bambang Yudhoyono, Sieger der Stichwahl um das indonesische Präsidentenamt, gibt in seiner Residenz bei Jakarta eine Pressekonferenz.

dent Nursultan Nasarbajew. Wahlbeobachtern der OSZE zufolge war die Abstimmung von Unregelmäßigkeiten getrübt.
Iran. Der Vorsitzende des Nationalen Sicherheitsrats, Hasan Rowhani, weist die Forderung der Internationalen Atomenergiebehörde (IAEA), die Urananreicherung auszusetzen, zurück. Jegliche Resolution zur Suspendierung der Urananreicherung sei nicht akzeptabel.
China. Der frühere Parteichef Jiang Zemin tritt vom Vorsitz der Militärkommission zurück und gibt somit den Oberbefehl über die Streitkräfte an Staatspräsident und Parteichef Hu Jintao ab.

20. Indonesien. Der frühere Sicherheitsminister, General Susilo Bambang Yudhoyono, gewinnt den Stichentscheid zur Präsidentschaftswahl überraschend deutlich gegen Amtsinhaberin Sukarnoputri.

22. Deutschland. Das Bundesverteidigungsministerium gesteht gegenüber dem Verteidigungsausschuss des Bundestags schwere Mängel im Zusammenhang mit dem Bundeswehreinsatz im März in Kosovo ein.

23. Griechenland/Europäische Union. Nach Bekanntwerden der geschönten Zahlen zum griechischen Haushaltsdefizit für das Jahr 2000 geht das Statistikamt der EU davon aus, dass auch die Angaben für 1997 bis 1999 manipuliert waren. Griechenland hatte demnach die Voraussetzungen für den Beitritt zur Europ. Währungsunion nicht erfüllt.

24. Deutschland. Die Bundesländer sollen künftig über die Regelung der Ladenschlusszeiten allein entscheiden. Mit großer Mehrheit stimmt der Bundesrat einem entsprechenden Gesetzentwurf zu.

28. September · Die beiden Mitarbeiterinnen einer italienischen Hilfsorganisation nach der Freilassung aus der Geiselhaft im Irak

26. Türkei. Das Parlament verabschiedet in einer Sondersitzung die Novellierung des 78 Jahre alten Strafgesetzbuchs. Auf Drängen der EU verzichten die Abgeordneten darauf, einen Paragraphen einzuführen, der Ehebruch unter Strafe stellt.

28. Deutschland. Mit einem drastischen Sanierungsprogramm will der Handelskonzern KarstadtQuelle in die Gewinnzone zurückkehren. Dafür soll u. a. rund die Hälfte der 180 Warenhäuser verkauft werden.
Italien/Irak. Die beiden vor drei Wochen in Bagdad entführten Italienerinnen werden freigelassen. Der italienische Außenminister Franco Frattini bestreitet, dass für die Freilassung ein Lösegeld in Höhe von 1 Mio. US-Dollar gezahlt worden sei.

29. Ungarn. Das Parlament wählt den früheren Jugend- und Sportminister Ferenc Gyurcsány zum neuen Ministerpräsidenten.

Oktober 2004

1. Deutschland. Gesetzlich krankenversicherte Arbeitnehmer und Rentner müssen ab Juli 2005 die Kosten für Zahnersatz und Krankengeld alleine tragen – bisher haben die Arbeitgeber mitgezahlt. Mit den Stimmen der rot-grünen Mehrheit stimmt der Bundestag einem entsprechenden Entwurf der Bundesregierung zu.
Frankreich. Staatspräsident Jacques Chirac kündigt ein Referendum über den EU-Beitritt der Türkei an, wenn die Verhandlungen darüber erfolgreich abgeschlossen sind.

2. Deutschland. Auf dem zweitägigen Bundesparteitag von Bündnis 90/Die Grünen in Kiel wird Claudia Roth als Nachfolgerin von Angelika Beer zur Bundesvorsitzenden gewählt. Reinhard Bütikofer wird mit in seinem Amt als Bundesvorsitzender bestätigt.

3. Slowenien. Sieger der Parlamentswahl wird die konservative Slowenische Demokratische Partei (SDS). Sie gewinnt 29 der 90 Sitze im Staatsrat. Die regierende Liberaldemokratische Partei (LDS) verliert elf ihrer bisher 34 Mandate.

4. Deutschland. Bundesinnenminister Schily, der Dt. Beamtenbund und die Dienstleistungsgewerkschaft ver.di einigen sich auf eine Reform des Laufbahnrechts für Beamte. Danach sollen Beamte in Zukunft nach Leistung bezahlt werden.
Nobelpreise. Den Nobelpreis für Medizin oder Physiologie erhalten die Amerikaner Richard Axel und Linda B. Buck.

5. Deutschland. Niedersachsen kündigt das Abkommen über das Sekretariat der Kultusministerkonferenz (KMK), das damit seine Arbeit zum Jahresende 2005 beendet.
Nobelpreise. Den diesjährigen Nobelpreis für Physik teilen sich David J. Gross, David Politzer und Frank A. Wilczek.

6. Europäische Union/Türkei. Erwartungsgemäß empfiehlt die EU-Kommission den Staats- und Regierungschefs der Europ. Union die Aufnahme von Beitrittsverhandlungen mit der Türkei.
Nobelpreise. Die beiden Israelis Aaron Ciechanover und Avram Hershko sowie der Amerikaner Irwin Rose werden mit dem diesjährigen Nobelpreis für Chemie ausgezeichnet.

7. Ägypten. Auf der Sinaihalbinsel werden bei Terroranschlägen auf drei Hotels etwa 50 Personen getötet und mehr als 200 verletzt. Ein Großteil der Opfer waren israelische Urlauber.
Nobelpreise. Die österreichische Schriftstellerin Elfriede Jelinek erhält den Nobelpreis für Literatur.

8. Deutschland. Die Ministerpräsidenten der Bundesländer beschließen einstimmig, dass die

neue Rechtschreibung wie ursprünglich vorgesehen am 1.8. 2005 in Kraft tritt.
Nobelpreise. Das Nobelkomitee in Oslo verleiht den diesjährigen Friedensnobelpreis an die kenianische Umweltpolitikerin Wangari Maathai.

9. **Afghanistan.** Trotz zahlreicher Unregelmäßigkeiten verläuft die erste Präsidentenwahl in der Geschichte des Landes weitgehend frei und friedlich. Mit 55,3 % der Stimmen geht der amtierende Übergangspräsident Karsai als deutlicher Sieger aus der Wahl hervor.
Australien. Die konservativ-liberale Regierungskoalition von Premierminister John Howard kann bei der Parlamentswahl ihre Mehrheit im Unterhaus von 82 auf 87 der 150 Parlamentssitze ausbauen.

10. **Deutschland.** In der Frankfurter Paulskirche wird dem ungarischen Schriftsteller Péter Esterházy der mit 15 000 € dotierte Friedenspreis des Dt. Buchhandels verliehen.
Litauen. Stärkste Partei bei den Parlamentswahlen wird mit 28,6 % der Stimmen die im vergangenen Jahr gegründete populistische Arbeitspartei von Viktor Uspaskich. Die regierenden Sozialdemokraten und Sozialliberalen verlieren rund 30 Prozentpunkte.
Somalia. Die Abgeordneten des Parlaments wählen den bisherigen Präsidenten der autonomen somalischen Region Puntland, Abdullahi Ahmed Yusuf, zum neuen Präsidenten.

10. Oktober · Péter Esterházy hält in der Frankfurter Paulskirche seine Dankesrede für den Friedenspreis des Dt. Buchhandels.

15. Oktober · Bundeskanzler Gerhard Schröder und Revolutionsführer Moamar al-Gaddhafi treffen sich in Tripolis zu Gesprächen.

11. **Europäische Union/Libyen.** Die Außenminister der EU heben das Waffenembargo sowie andere in den 1980er- und 1990er-Jahren beschlossene Sanktionen gegen Libyen auf.
Nobelpreise. Der Nobelpreis für Wirtschaftswissenschaften geht in diesem Jahr an den Amerikaner Edward Prescott und an den in den USA lehrenden Norweger Finn E. Kydland.

12. **Deutschland/Türkei.** Der als »Kalif von Köln« bekannt gewordene Islamistenführer Metin Kaplan wird in die Türkei abgeschoben. Nach seiner Ankunft in Istanbul wird Kaplan verhaftet und am Tag darauf dem Untersuchungsrichter vorgeführt. Kaplan ist in der Türkei wegen Hochverrat angeklagt.

13. **Deutschland.** Mit 47 von 87 Stimmen wählt der neu konstituierte Landtag von Brandenburg Matthias Platzeck (SPD) erneut zum Ministerpräsidenten. Die Regierungskoalition von SPD und CDU hat im Potsdamer Landtag zusammen 53 Sitze.

14. **Deutschland.** Nach den Sanierungsplänen des US-amerikanischen Autoherstellers General Motors (GM) sollen bei der dt. Tochtergesellschaft Opel bis Ende 2005 rund 10 000 der insgesamt 32 000 Arbeitsplätze abgebaut werden. Die Mitarbeiter des Opel-Werks in Bochum legen aus Protest die Arbeit nieder.

15. **Deutschland/Libyen.** Als erster bundesdt. Regierungschef besucht Bundeskanzler Schröder Libyen und trifft in Tripolis mit Revolutionsführer Moamar al-Gaddhafi zusammen.

29. Oktober · Die Staats- und Regierungschefs der EU-Länder bei der Unterzeichnungszeremonie für den EU-Verfassungsvertrag im Campidoglio-Palast in Rom, wo 1957 auch die EWG-Gründungsverträge unterzeichnet wurden.

19. Deutschland. Entscheidungen des Europ. Gerichtshofs für Menschenrechte müssen von den staatlichen Organen in Deutschland gebührend berücksichtigt werden. Ihre schematische Vollstreckung könne jedoch gegen das Grundgesetz verstoßen. Mit dieser Entscheidung setzt das Bundesverfassungsgericht dem Völkervertragsrecht im nationalen Recht Grenzen.
Birma. Der erst im August 2003 zum Ministerpräsidenten ernannte General Khin Nyunt wird von der Militärregierung wieder abgesetzt.

20. Deutschland. Bei einer Abstimmung entscheidet eine Mehrheit der 9 600 Opelmitarbeiter in Bochum, ihre Protestaktionen zu unterbrechen und die Arbeit wieder aufzunehmen.
Gentechnik. Die im »International Human Genom Sequencing Consortium« zusammengeschlossenen Wissenschaftler aus 20 Forschungseinrichtungen geben bekannt, dass das menschliche Erbgut nahezu lückenlos entziffert worden ist.

22. Russland. Die Staatsduma stimmt dem Klimaschutzprotokoll von Kyōto zu. Nach der Zustimmung durch den Föderationsrat und der Unterzeichnung durch Präsident Wladimir Putin tritt das vor sieben Jahren ausgehandelte Protokoll automatisch in Kraft.

23. Kosovo. Die Wahl zum zweiten Übergangsparlament bringt für die Parteien der albanischen Bevölkerungsmehrheit kaum Änderungen gegenüber der Wahl von vor drei Jahren. Von der serbischen Minderheit wird die Wahl fast geschlossen boykottiert.

24. Tunesien. Bei der Präsidentenwahl wird Amtsinhaber Zine al-Abidine Ben Ali erwartungsgemäß wiedergewählt. Nach offiziellen Angaben erhält Ben Ali mehr als 94 % der abgegebenen Stimmen.

26. **Israel.** Mit 67 gegen 45 Stimmen bei sieben Enthaltungen nimmt die Knesset den Plan von Ministerpräsident Ariel Scharon an, israelische Siedlungen im Gazastreifen und in Teilen des Westjordanlandes zu räumen. Etwa die Hälfte der 40 Abgeordneten aus Scharons Likudpartei stimmen gegen den umstrittenen Abzugsplan.

27. **Europäische Union.** Der designierte EU-Kommissionspräsident Barroso verschiebt die Vertrauensabstimmung über die künftige EU-Kommission im Europ. Parlament und kündigt Veränderungen in deren Zusammensetzung an. Aufgrund einiger umstrittener Kommissionsmitglieder hätte Barroso bei der Abstimmung eine Niederlage gedroht.

29. **Europäische Union.** Die Staats- und Regierungschefs der Europ. Union unterzeichnen den Verfassungsvertrag. Bevor er in Kraft tritt, muss er in allen 25 Mitgliedstaaten ratifiziert werden.
Palästinensische Autonomiegebiete. Der schwer kranke Palästinenserpräsident Arafat trifft in Paris ein, wo er in einem Militärkrankenhaus ärztlich behandelt werden soll.
Kambodscha. Kronprinz Sihamoni wird zum neuen König des Landes gekrönt. Der gelernte Balletttänzer ist der erste Sohn von König Sihanouk, der am 7. Oktober seinen Rücktritt angekündigt hatte.

30. **Europäische Union.** Der umstrittene italienische Politiker Buttiglione verzichtet auf das Amt des Innen- und Justizkommissars in der künftigen EU-Kommission. Buttiglione, dessen Äußerungen zur Homosexualität und zur Rolle der Frau auf scharfe Kritik gestoßen waren, sieht sich als Opfer einer Pressekampagne.
Deutschland. Lothar Bisky wird auf dem Bundesparteitag der PDS in Potsdam als Parteivorsitzender bestätigt.

31. **Ukraine.** Bei der Präsidentenwahl erhalten Regierungschef Wiktor Janukowitsch und Oppositionsführer Wiktor Juschtschenko jeweils knapp 40 % der Stimmen. Damit muss über die Nachfolge von Staatspräsident Leonid Kutschma in einer Stichwahl am 21. November entschieden werden.
Uruguay. Sieger der Präsidentenwahl wird der Kandidat des Linksbündnisses Breite Front (Frente Amplio), Tabaré Vázquez.

November 2004

2. **USA.** Deutlicher als erwartet gewinnt der republikanische Amtsinhaber Bush die Präsidentenwahl. Rund 51 % der Wähler stimmen für ihn, sein demokratischer Herausforderer Kerry erhält etwa 48 % der Wählerstimmen. Bei den gleichzeitig stattfindenden Kongresswahlen können die Republikaner ihre Mehrheiten im Repräsentantenhaus und im Senat ausbauen.
Deutschland. Bundesverteidigungsminister Peter Struck gibt die Schließung von 105 Bundeswehrstandorten bekannt. Zusammen mit den von Strucks Vorgänger Rudolf Scharping verfügten Schließungen wird damit die Zahl der Standorte von derzeit 572 auf 392 im Jahr 2010 reduziert.

3. **Deutschland.** Gewerkschaftsvertreter der IG Metall und der VW-Vorstand einigen sich auf einen Kompromiss, mit dem die 105 000 Arbeitsplätze in den sechs westdt. VW-Werken bis 2011 gesichert werden sollen.

5. **Deutschland.** Nach zahlreichen Protesten, u. a. von Bundespräsident Köhler sowie aus den Reihen des grünen Koalitionspartners und der SPD, nimmt die Bundesregierung von ihrem Vorhaben Abstand, den Tag der Dt. Einheit nicht mehr als gesetzlichen Feiertag zu begehen.

6. **Elfenbeinküste.** Als Vergeltung für einen Angriff auf eine ihrer Stellungen im Zentrum

31. Oktober · Tabaré Vázquez (rechts), Gewinner der Präsidentenwahl in Uruguay, mit seinem künftigen Wirtschaftsminister Danilo Astori

12. November · Palästinensische Polizisten schützen den Sarg von Jasir Arafat in Ramallah vor dem Zugriff aufgewühlter Beerdigungsteilnehmer.

des Landes, bei dem neun Soldaten ums Leben gekommen waren, zerstören frz. Streitkräfte auf Anweisung von Präsident Chirac alle Maschinen der ivorischen Luftwaffe.

7. Irak. Als Reaktion auf die Zunahme terroristischer Anschläge und Massenexekutionen verhängt die Übergangsregierung den Ausnahmezustand. Er gilt mit sofortiger Wirkung für 60 Tage und für alle Landesteile mit Ausnahme der drei kurdischen Provinzen.

8. Irak. Wenige Stunden nach Verhängung des Ausnahmezustands beginnen US-amerikanische und irakische Einheiten mit der Erstürmung der Rebellenhochburg Falludja.

10. Deutschland. Mit 62 Stimmen, der Mehrheit der abgegebenen Stimmen im zweiten Wahlgang, wird Georg Milbradt (CDU) als sächsischer Ministerpräsident in seinem Amt bestätigt. Die künftige Koalition aus CDU und SPD stellt im Dresdener Landtag 68 Abgeordnete. Uwe Leichsenring (NPD) erhielt in beiden Wahlgängen 14 Stimmen; die NPD hat zwölf Sitze.
Elfenbeinküste. Die frz. Streitkräfte beginnen mit der Evakuierung von Europäern aus der ivorischen Metropole Abidjan.
Europäische Union. Mit 1,30 US-Dollar je Euro erreicht die europ. Gemeinschaftswährung ein neues Rekordhoch. Seit seinen Tiefstständen im Oktober 2000 hat der Euro gegenüber dem Dollar damit mehr als 55 % an Wert gewonnen.

11. Palästinensische Autonomiegebiete. Jasir Arafat stirbt nach einer Woche im Koma in einem Krankenhaus bei Paris. Begleitet von seiner Witwe, wird sein Leichnam noch am selben Tag nach Kairo ausgeflogen.

12. Palästinensische Autonomiegebiete. Jasir Arafat wird auf dem Gelände seines Hauptquartiers in Ramallah beigesetzt. Zehntausende Palästinenser, die der Beerdigung beiwohnen wollen, sorgen für chaotische Zustände. Bei einer Trauerfeier in Kairo hatten zuvor Politiker aus aller Welt Abschied von Arafat genommen.

13. Deutschland. Im Streit um die Gesundheitsreform einigen sich CDU und CSU auf ein Modell, nach dem die Krankenkassen für jeden gesetzlich Versicherten 169 € pro Monat erhalten sollen; davon soll jeder Versicherte – unabhängig von seinem Einkommen – 109 € zahlen.

14. USA/Irak. Nach Aussagen des US-amerikanischen Verteidigungsministers Donald Rumsfeld ist die Offensive US-amerikanischer und irakischer Truppen in der Stadt Falludja praktisch abgeschlossen. Bei den Kämpfen sollen mehr als 2 000 Aufständische getötet und über 1 600 festgenommen worden sein.

15. UNO/Elfenbeinküste. Der UN-Sicherheitsrat verhängt drastische Sanktionen gegen die Elfenbeinküste.

8. November · Ein US-Soldat ist während der Kämpfe in der irakischen Stadt Falludja in einem Rohbau in Deckung gegangen.

16. USA. Wie Präsident Bush in Washington bekannt gibt, wird die bisherige nationale Sicherheitsberaterin Condoleezza Rice Nachfolgerin des scheidenden Außenministers Colin Powell.
Namibia. Bei der Parlamentswahl erhält die Regierungspartei SWAPO 76 % der Stimmen. Bei der gleichzeitig stattfindenden Präsidentenwahl wird der SWAPO-Kandidat Hifikepunye Pohamba mit fast dem gleichen Stimmenanteil zum Nachfolger von Gründungspräsident Sam Nujoma gewählt.

18. Europäische Union. Das von EU-Kommissionspräsident Barroso auf drei Positionen umbesetzte Kommissionskollegium wird im zweiten Anlauf vom Europ. Parlament mit 449 gegen 149 Stimmen bei 82 Enthaltungen gebilligt. Damit kann die neue EU-Kommission drei Wochen später als geplant am 22. November ihr Amt antreten.

19. APEC. In der chilenischen Hauptstadt Santiago beginnt das Gipfeltreffen der 21 Staats- und Regierungschefs der Asiatisch-Pazifischen Wirtschaftskooperation (APEC). Am Rande des Wirtschaftsforums kommt es zu schweren Ausschreitungen bei einer Demonstration gegen den US-amerikanischen Präsidenten Bush.

20. Europäische Union. Die EU-Kommission will die Defizitverfahren gegen Deutschland und Frankreich vorläufig aussetzen. Voraussetzung sei, dass die Länder 2005 die Defizitgrenze von 3 % des BIP einhielten.

21. Ukraine. Bei der Stichwahl um die Präsidentschaft erklärt die Wahlleitung den amtierenden Ministerpräsidenten Janukowitsch zum Sieger.
Irak. Nachdem sich am Vortag Deutschland und die USA über eine weitgehende Entschuldung des Iraks verständigt haben, stimmt auch Russland der Regelung zu.
Deutschland. In Köln gehen rund 25 000 überwiegend muslimische Demonstranten für Frieden und gegen islamistischen Terrorismus auf die Straße.

22. Deutschland. Aus Protest gegen den Gesundheitskompromiss von CDU und CSU legt der CSU-Gesundheitspolitiker Seehofer sein Amt als stellvertretender Fraktionsvorsitzender im Bundestag nieder.
Deutschland. Bundesverteidigungsminister Struck will im Fall der Misshandlungen von Bundeswehrrekruten in einer Kompanie in Coesfeld die Verantwortlichen zur Rechenschaft ziehen. Gegen 20 Unteroffiziere und einen Hauptmann hat die Staatsanwaltschaft Münster bereits Ermittlungen eingeleitet.

23. Ukraine. In Kiew demonstrieren fast 500 000 Menschen für Oppositionsführer Juschtschenko und gegen die Entscheidung der Wahlleitung, die Ministerpräsident Janukowitsch zum Sieger der Präsidentenwahl erklärt hat. Nach ihrer Ansicht, die von internationalen OSZE-Beobachtern geteilt wird, ist die Wahl zugunsten Janukowitschs gefälscht worden.

23. November · Hunderttausende protestieren in Kiew gegen die Wahlfälschung zuungunsten des Oppositonsführers Wiktor Juschtschenko.

25. Ukraine. Der Oberste Gerichtshof erklärt das bekannt gegebene Wahlergebnis für vorerst ungültig, bis das Gericht die Beschwerde der Opposition geprüft habe.

27. Ukraine. Das Parlament in Kiew spricht sich mit großer Mehrheit für eine Annullierung der umstrittenen Stichwahl um das Präsidentenamt aus. Das Votum ist rechtlich jedoch nicht bindend.

28. Rumänien. Bei den Parlamentswahlen kommt das Regierungsbündnis PSD-PUR auf 36 %, die oppositionelle Demokratische Allianz auf 32 %. Zur Entscheidung über die Präsidentschaft bedarf es einer zweiten Runde am 12. 12. 2004.

30. November · Kundgebung in Rom im Rahmen des Generalstreiks gegen die Wirtschaftspolitik der Regierung Berlusconi

Schweiz. Mit einer überraschend deutlichen Mehrheit wird bei einer Volksabstimmung die umstrittene Stammzellforschung befürwortet.

29. **Frankreich.** Nicolas Sarkozy tritt als Wirtschafts- und Finanzminister zurück. Am Vortag war Sarkozy zum neuen Vorsitzenden der Präsidentenpartei UMP gewählt worden. Sein Nachfolger wird der bisherige Landwirtschaftsminister Hervé Gaymard.

30. **Italien.** Millionen Arbeiter und Angestellte folgen einem Aufruf der drei größten Gewerkschaften zu einem Generalstreik gegen die Wirtschafts- und Finanzpolitik von Ministerpräsident Berlusconi.
USA/Irak. Mit 136 getöteten Soldaten war der November der bislang blutigste Monat für die Streitkräfte der USA seit dem offiziellen Kriegsende (April 2003) im Irak.

Dezember 2004

1. **Israel.** Die Mehrheit der Knesset, darunter auch die Abgeordneten des Koalitionspartners Schinui-Partei, lehnt mit 69 zu 43 Stimmen den Haushaltsentwurf der Regierung ab. Ministerpräsident Scharon entlässt daraufhin die vier Minister der Schinui-Partei und kündigt tags darauf an, eine »nationale Koalition« seiner Likudpartei mit der Arbeitspartei bilden zu wollen.
Portugal. Präsident Jorge Sampaio kündigt die Auflösung des Parlaments an. Damit wird es voraussichtlich im Februar 2005 zu vorgezogenen Neuwahlen kommen.
Ukraine. Das Parlament in Kiew spricht der Regierung von Ministerpräsident Wiktor Janukowitsch das Misstrauen aus und fordert die Einsetzung einer »Regierung des nationalen Vertrauens«.

2. **Deutschland.** Bei einer Mitgliederbefragung in der baden-württembergischen CDU spricht sich eine deutliche Mehrheit für den Fraktionsvorsitzenden im Stuttgarter Landtag, Günther Oettinger, als Nachfolger des scheidenden Ministerpräsidenten Teufel aus. Für die Kultusministerin Anette Schavan stimmen rund 40 % der Parteimitglieder.
Moçambique. Bei der Präsidentenwahl wird Armando Guebuza von der regierenden »Moçambiquanischen Befreiungsfront« (Frelimo) zum Nachfolger von Präsident Joaquim Chissano gewählt. Auch bei den gleichzeitig stattfindenden Parlamentswahlen kann sich die Frelimo den Sieg sichern.

2. Dezember · Der Frelimo-Präsidentschaftskandidat und spätere Wahlsieger Amando Guebuza gibt in Matuto, Moçambique, seine Stimme ab.

7. Dezember · Nach seiner Vereidigung gibt der afghanische Präsident Hamid Karsai (rechts) ein offizielles Festessen im Außenministerium in Kabul; neben Karsai der Aga Khan Karim Al Hussaini Schah (vorgebeugt).

3. Ukraine. Das Oberste Gericht in Kiew erklärt das Wahlergebnis der Präsidentenwahl vom 21. November für verfälscht und die Wahl deshalb für ungültig. Es ordnet eine Wiederholung der Stichwahl, zu der nur Ministerpräsident Janukowitsch und Oppositionsführer Juschtschenko zugelassen sind, für den 26. Dezember an.
Deutschland/Irak. Spezialeinheiten nehmen bei Razzien in Stuttgart, Augsburg und Berlin drei verdächtigen Personen fest. Die Festgenommenen, gegen die Haftbefehl erlassen wird, sollen Mitglieder der irakischen terroristischen Vereinigung Ansar al-Islam sein und ein Attentat auf den irakischen Ministerpräsidenten Allawi während seines Besuches in Berlin geplant haben.

5. Ungarn. Das umstrittene Referendum über die doppelte Staatsbürgerschaft für Auslandsungarn scheitert an einer zu geringen Beteiligung.

6. Deutschland/China. Zu Beginn seiner einwöchigen Asienreise trifft Bundeskanzler Schröder in Peking ein. Im Mittelpunkt seiner sechsten Chinareise steht der Ausbau der Wirtschaftsbeziehungen. Am 8. Dezember wird Schröder in Japan erwartet.
Deutschland. Auf dem Bundesparteitag der CDU in Düsseldorf wird Angela Merkel mit 88,4 % der gültigen Stimmen in ihrem Amt als Parteivorsitzende bestätigt.
Saudi-Arabien/USA. Islamistische Extremisten überfallen das US-Konsulat in der Hafenstadt Djidda und nehmen 18 Geiseln. Die Polizei stürmt das Gebäude. Insgesamt kommen bei der Aktion zwölf Menschen ums Leben, darunter drei der fünf Geiselnehmer.
Klimakonferenz. In der argentinischen Hauptstadt Buenos Aires beginnt die zehnte UN-Klimakonferenz zum Kyōto-Protokoll. Auf dem zwölftägigen Treffen werden rund 5 000 Teilnehmer aus 189 Staaten über den Klimaschutz verhandeln.

7. Afghanistan. Drei Jahre nach Ende des Talibanregimes wird Hamid Karsai als erster frei gewählter Präsident des Landes vereidigt.
Ghana. Bei der Präsidentenwahl wird Amtsinhaber John Agyekum Kufuor von der Neuen Patriotischen Partei (NPP) wiedergewählt.

8. Ukraine. Regierungsparteien und Opposition im Kiewer Parlament einigen sich auf zahlreiche Gesetzes- und Verfassungsänderungen und machen damit den Weg frei für die Wiederholung der Präsidentenwahl am 26. Dezember.

UNO/USA. UNO-Generalsekretär Annan weist einen von US-amerikanischen Kongressabgeordneten geforderten Rücktritt ab. Diese machen Annan für einen mutmaßlichen Korruptionsskandal beim »Öl-für-Lebensmittel-Programm« für den Irak von 1996 bis 2003 verantwortlich.

10. Italien. Ein Gericht in Mailand spricht Ministerpräsident Berlusconi von der Anklage wegen aktiver Bestechung frei. Der Vorwurf, Berlusconi habe Anfang der 1990er-Jahre einen Richter bestochen, sei verjährt. Die Staatsanwaltschaft hatte acht Jahre Haft gefordert.
Österreich. Innenminister Ernst Strasser (ÖVP) erklärt überraschend seinen Rücktritt. Für die Entscheidung gibt Strasser persönliche Gründe an. Sein Amt wird vorläufig von Verteidigungsminister Günther Platter übernommen.

11. Ukraine. Die Ärzte von Präsidentschaftskandidat Juschtschenko geben in Wien bekannt, dass die Erkrankung des Oppositionspolitikers Anfang September zweifelsfrei durch eine Dioxinvergiftung hervorgerufen worden sei, und äußern den »Verdacht auf Fremdverschulden«.
Taiwan. Bei der Parlamentswahl kann sich die oppositionelle Kuomintang (KMT) um zehn auf 79 Sitze verbessern. Insgesamt erringen die Oppositionsparteien mit 114 der 225 Mandate eine knappe Mehrheit.
G8/Arabische Liga. Mit einem Bekenntnis zu Reformen in der arabischen Welt geht in der marokkanischen Hauptstadt Rabat das erste Zukunftsforum der G-8-Staaten und der arabischen Staaten zu Ende.
Philippinen. Bei einer Bombenexplosion in der Stadt General Santos im Süden des Landes werden 20 Menschen getötet. Das Attentat wird der islamistischen Gruppe Abu Sayyaf zugeschrieben.

12. Rumänien. Bei der Stichwahl um das Amt des Präsidenten siegt überraschend der Bürgermeister von Bukarest, Traian Băsescu, über den favorisierten sozialdemokratischen Ministerpräsidenten Adrian Năstase.

13. Chile. In Santiago beginnt der Prozess gegen den früheren Diktator Augusto Pinochet Ugarte wegen einer ermordeten und neun verschwundenen Personen. Gleichzeitig wird der 89-jährige ehemalige General unter Hausarrest gestellt.

14. Europäische Union/Deutschland. Die Vorschriften zum dt. Dosenpfand verstoßen in Teilen gegen das EU-Recht. Mit dieser Entscheidung beanstandet der Europ. Gerichtshof (EuGH) einzelne Regelungen zum Pfand- und Rücknahmesystem.
Deutschland. Im Prozess wegen Korruption beim Bau der Kölner Müllverbrennungsanlage verurteilt das Landgericht Köln den früheren parlamentarischen Geschäftsführer der Bundestagsfraktion der SPD, Karl Wienand, zu einer zweijährigen Bewährungsstrafe.

15. Europäische Union/Türkei. Mit einer deutlichen Mehrheit von 402 gegen 262 Stimmen sprechen sich die Abgeordneten des Europ. Parlaments für die Aufnahme von Beitrittsverhandlungen mit der Türkei aus.
Deutschland. Das Bundesamt für Güterkraftverkehr erteilt dem Mautbetreiber Toll Collect die Betriebserlaubnis für das satellitengestützte Mautsystem. Damit kann – eineinhalb Jahre später als geplant – ab dem 1. 1. 2005 die Straßenmaut für Lkw auf dt. Autobahnen erhoben werden.

16. Deutschland. Union und FDP reichen Verfassungsklage gegen den Bundeshaushalt 2004 ein. Mit dem Haushalt habe die Bundesregierung gegen das Grundgesetz verstoßen.

17. Deutschland. Die Beratungen zur Föderalismusreform werden ohne Einigung beendet.

15. Dezember · Mehrsprachig bekunden die Mitglieder des Europaparlaments ihr »Ja« zur Aufnahme von Beitrittsverhandlungen mit der Türkei.

Die Vorsitzenden der Föderalismuskommission, die Parteichefs Müntefering (SPD) und Stoiber (CSU), hatten insbesondere bei den Zuständigkeiten in der Bildungs- und Hochschulpolitik keine Einigung herbeiführen können.
Europäische Union/Türkei/Kroatien. Die Staats- und Regierungschefs der EU beschließen die Aufnahme von Verhandlungen über einen EU-Beitritt der Türkei. Die Verhandlungen sollen am 3. 10. 2005 beginnen. Weiterhin wird die Eröffnung der Beitrittsverhandlungen mit Kroatien am 17. 3. 2005 beschlossen.

18. Klimakonferenz. Einen Tag später als geplant geht in Buenos Aires die zehnte UN-Klimakonferenz zu Ende. Aufgrund der Blockadehaltung der USA kann nur mit einem Kompromiss, der im Mai 2005 in Bonn weitere Gespräche zum Klimaschutz vorsieht, das vollständige Scheitern des Klimagipfels verhindert werden.
Israel. Nach einwöchigen Verhandlungen einigen sich die Likudpartei und die Arbeitspartei auf ein gemeinsames Regierungsprogramm.

19. Russland. Bei der Versteigerung des Kerngeschäftes des Mineralölkonzerns Yukos erhält die bisher unbekannte »Baikal Finance Group« für 7,02 Mrd. € den Zuschlag. Das Geld aus dem Verkauf soll zur Tilgung der Steuerschulden von Yukos verwendet werden.

20. Deutschland. Im Prozess um die Folterdrohungen der Polizei im Mordfall Jakob von Metzler verurteilt das Landgericht Frankfurt am Main den früheren stellvertretenden Frankfurter Polizeipräsidenten Wolfgang Daschner zu einer Geldstrafe in Höhe von 10 800 €, die jedoch zur Bewährung ausgesetzt wird.
Deutschland/Russland. In Hamburg beginnen die siebten dt.-russischen Regierungskonsultationen. Schwerpunkte der Gespräche zwischen dem russischen Präsidenten Putin und Bundeskanzler Schröder sind die Terrorismusbekämpfung, der Tschetschenienkonflikt und die Staatskrise in der Ukraine. Putin kündigt eine vorzeitige Rückzahlung von Altschulden an.

21. Rumänien. Ministerpräsident Adrian Năstase tritt zurück. Er zieht damit die Konsequenz aus seiner überraschenden Niederlage in der Präsidentschaftswahl gegen den Oppositionskandidaten Traian Băsescu.

18. Dezember · Israels Premier Ariel Scharon allein in der Knesset

Irak/Frankreich. Die beiden frz. Journalisten Georges Malbruno und Christian Cesnot werden aus der Geiselhaft entlassen und kehren nach Frankreich zurück. Sie befanden sich seit dem 20. August in der Gewalt der fundamentalistischen Gruppe »Islamische Armee in Irak«.
Irak/USA. Ein Selbstmordattentat in Mossul fordert mindestens 22 Menschenleben. Der Anschlag, bei dem auch 19 US-Amerikaner sterben, ist der schwerste auf die US-Truppen seit Beginn des Krieges.

22. Deutschland. Angesichts anhaltender Kritik in der Öffentlichkeit und in der eigenen Partei wegen der umstrittenen Annahme von Zahlungen und Vergünstigungen des Stromkonzerns RWE erklärt CDU-Generalsekretär Laurenz Meyer seinen Rücktritt.

23. Afghanistan. Der neu gewählte Präsident Karsai stellt sein Kabinett vor. Obwohl er zwei Warlords nicht wieder in die Regierung berief,

21. Dezember · Arbeiter bringen in Bukarest ein Wahlplakat an, das Ministerpräsident Adrian Năstase (links) und Präsident Ion Iliescu zeigt.

26. Dezember · Ein toter Wasserbüffel liegt an einem von dem Tsunami verwüsteten Küstenabschnitt im Nordwesten Indonesiens.

sind weiterhin mächtige Stammesfürsten in ihr vertreten. Außenminister bleibt Abdullah Abdullah.

24. Ukraine. Der Geheimdienst SBU bestreitet, in den mutmaßlichen Giftanschlag gegen den oppositionellen Präsidentschaftskandidaten Juschtschenko verwickelt zu sein. Seine Dioxin-Vergiftung, die er knapp überlebte, war aufgetreten, nachdem er sich im September mit den beiden Chefs des SBU getroffen hatte.

26. Tsunami. Im Indischen Ozean löst ein Seebeben vor Sumatra Tsunamis aus, die die Küsten vieler Anrainerstaaten verwüsten und Hunderttausende von Menschen töten.
Ukraine. Bei der Wiederholung der Stichwahl um die Präsidentschaft siegt Oppositionsführer Juschtschenko. Sein Kontrahent, der beurlaubte Ministerpräsident Janukowitsch, will die Wahl anfechten.

Januar 2005

1. Deutschland. Mit dem Jahreswechsel treten zahlreiche neue Gesetze in Kraft. So erhalten Langzeitarbeitslose aufgrund der umstrittenen Hartz-IV-Reform statt Arbeitslosenhilfe das Arbeitslosengeld II, das dem Sozialhilfeniveau entspricht. Mit der dritten und letzten Stufe der Steuerreform sinkt der Eingangssteuersatz von 16 auf 15 % und der Spitzensteuersatz von 45 auf 42 %.

Deutschland. Mit 16 Monaten Verspätung wird der Betrieb des satellitengestützten Lkw-Mautsystems auf den dt. Autobahnen aufgenommen.
Europäische Union. In der EU beginnt der Handel mit den Rechten für die Kohlendioxidemission. Am Handel mit den Verschmutzungsrechten nehmen 1 200 Unternehmen teil.

3. Irak. Mehrere Bombenanschläge fordern 22 Menschenleben. Am Vortag waren bei Anschlägen mindestens 18 Menschen getötet worden, unter ihnen der Gouverneur von Bagdad, Ali al-Haidari. Ungeachtet der desolaten Sicherheitslage hält Ministerpräsident Ijad Allawi am für den 30. Januar geplanten Wahltermin fest.

9. Palästinensische Autonomiegebiete. Zwei Monate nach dem Tod von Jasir Arafat wird Mahmud Abbas zum neuen Präsidenten der Palästinensischen Autonomiebehörde gewählt.
Sudan. Nach 21 Jahren Bürgerkrieg schließen die sudanesische Regierung und die Rebellen des Sudan People's Liberation Movement (SPLM) in der kenianischen Hauptstadt Nairobi ein umfassendes Friedensabkommen.

10. Israel. Das Parlament spricht der neuen Regierung von Ministerpräsident Scharon das Vertrauen aus. Für die große Koalition aus Likud und Arbeitspartei sowie der ultraorth. Torapartei stimmen 58 Knessetabgeordnete, 56 sprechen sich dagegen aus.

12. Europäische Union. Das Europ. Parlament billigt mit großer Mehrheit den Vertrag zur EU-Verfassung. Von den 732 Abgeordneten stimmen 500 für die neue Verfassung, 137 dagegen und 40 enthalten sich.
Deutschland. Trotz »erheblicher Bedenken« zur Verfassungskonformität einzelner Vorschriften unterzeichnet Bundespräsident Köhler das Luftsicherheitsgesetz, empfiehlt jedoch eine verfassungsrechtliche Überprüfung des Gesetzes durch eine Klage vor dem Bundesverfassungsgericht.

13. Deutschland. Dank des Exports, der um rund 8 % zugenommen hat, ist nach Angaben des Statistischen Bundesamts die dt. Wirtschaft nach mehrjähriger Stagnation im vergangenen Jahr um 1,6 % gewachsen.
Indonesien/Tsunami. Indonesien lehnt einen Schuldenerlass als Hilfe für den Wiederaufbau in der von der Flutkatastrophe betroffenen Region Aceh ab. Durch einen Schuldenerlass könnte sich das Ansehen des Landes an den internationalen Finanzmärkten verschlechtern.

14. Israel/Palästinensische Autonomiegebiete. Nach einem Selbstmordanschlag auf einen israelischen Grenzposten ordnet Ministerpräsident Scharon an, alle Kontakte zu den Palästinensern einzustellen. Bei dem Bombenattentat waren am Vorabend am Grenzübergang Karni zwischen Israel und dem Gazastreifen sechs Israelis getötet worden.
Deutschland. In seinem Haus in München wird der Modemacher Rudolph Moshammer ermordet aufgefunden. Zwei Tage später wird der Mörder gefasst.
Raumfahrt. Die europ. Raumkapsel Huygens landet planmäßig auf dem Saturnmond Titan und sendet erste Daten zur Erde. Huygens hatte sich am 25. 12. 2004 von der US-amerikanischen Raumsonde Cassini getrennt, mit der sie im Oktober 1997 zusammen gestartet worden war.

15. USA/Irak. Im Militärstrafprozess gegen den Rädelsführer im Folterskandal um das irakische Militärgefängnis Abu Ghreib, Charles Graner, wird der frühere Gefängniswärter wegen Misshandlung von Gefangenen, Körperverletzung, unzüchtiger Handlungen und Pflichtversäumnisses zu zehn Jahren Freiheitsstrafe verurteilt.

16. Kroatien. Mit einer Mehrheit von 66 % der Stimmen wird Präsident Mesić beim Stichentscheid zur Präsidentenwahl in seinem Amt bestätigt.

20. USA. Unter strengen Sicherheitsvorkehrungen wird Präsident Bush vor dem Kapitol in Washington zu seiner zweiten Amtszeit vereidigt.
Deutschland/Flutkatastrophe. Mit einem Staatsakt im Berliner Reichstag gedenkt die Bundesrepublik der Opfer der Flutkatastrophe im Indischen Ozean am 26. Dezember vergangenen Jahres.

24. Januar · Der neu gewählte CDU-Generalsekretär Volker Kauder freut sich über das einstimmige Wahlergebnis.

Deutschland/Frankreich. Der am 13. 7. 2004 in Paris festgenommene Ludwig-Holger Pfahls wird von Frankreich an Deutschland ausgeliefert. Dem ehemaligen Staatssekretär im Bundesverteidigungsministerium werden Bestechlichkeit und Steuerhinterziehung vorgeworfen.

22. Fußball. Der Kontrollausschuss des Dt. Fußball-Bundes (DFB) nimmt Ermittlungen gegen den Berliner Schiedsrichter Robert Hoyzer auf. Ihm wird vorgeworfen, auf Spiele gewettet zu haben, die er selbst geleitet und manipuliert hat.

24. Holocaust/UNO. Mit einer Sondersitzung gedenkt die UN-Vollversammlung der Befreiung des Vernichtungslagers Auschwitz-Birkenau durch die Rote Armee am 27. 1. 1945.
Deutschland. Volker Kauder wird von den 98 Delegierten eines Bundesausschusses der CDU

einstimmig zum neuen Generalsekretär der Partei gewählt.

26. Deutschland. Das Bundesverfassungsgericht erklärt das Bundesgesetz zum Verbot von Studiengebühren für nichtig, da dem Bundesgesetzgeber für ein solches Verbot die Kompetenz fehle.

27. Holocaust. Rund 1 000 Überlebende des Vernichtungslagers und Politiker aus mehr als 40 Staaten gedenken in Auschwitz der Befreiung des Lagers durch sowjetische Truppen vor 60 Jahren.

28. Russland. Der Untersuchungsausschuss des Föderationsrats zum Terroranschlag von Beslan, der Anfang September 2004 insgesamt 335 Geiseln das Leben kostete, ermittelt gegen mehrere Beamte und höhere Offiziere. Ihnen wird Komplizenschaft mit den Terroristen zur Last gelegt, zwei Verdächtige wurden bereits verhaftet.

29. China/Taiwan. Zum ersten Mal seit 1949 gibt es Direktflüge zwischen der Volksrepublik China und Taiwan. Die direkten Flugverbindungen sollen nur für drei Wochen anlässlich des chinesischen Neujahrfestes bestehen.

30. Irak. Überschattet von zahlreichen Selbstmordanschlägen und dem Boykott durch die sunnitische Minderheit, geben bei der ersten freien Parlamentswahl nach dem Sturz von Saddam Husain etwa 60 % der 14 Mio. registrierten Wähler ihre Stimme ab.

31. USA. Nach der Entscheidung einer Bundesrichterin verstößt die Ansicht der Regierung, die auf Guantánamo inhaftierten mutmaßlichen Terroristen könnten ohne Anklageerhebung festgehalten und von Militärgerichten statt von ordentlichen Gerichten abgeurteilt werden, gegen die Verfassung.

Februar 2005

1. Deutschland/Israel. Bundespräsident Köhler trifft zu einem viertägigen Staatsbesuch in Israel ein. Anlass des Besuchs sind die Feiern zum 40. Jahrestag der Aufnahme diplomatischer Beziehungen.
Nepal. König Gyanendra übernimmt das Amt des Regierungschefs und erlässt Notstandsverordnungen.

Deutschland. Der Baukonzern Walter Bau stellt Insolvenzantrag. Mit über 9 800 Beschäftigten ist die Walter Bau AG das viertgrößte Bauunternehmen Deutschlands.

2. Deutschland. Mit 5,037 Mio. Arbeitslosen hat die Arbeitslosigkeit im Januar ihren bisher höchsten Stand erreicht. Die hohe Zahl gegenüber dem Vormonat liegt neben dem saisonbedingten Anstieg an der statistischen Erfassung von 230 000 arbeitsfähigen Sozialhilfeempfängern seit Beginn des Jahres.
Georgien. Ministerpräsident Surab Schwanija kommt bei einem Unfall aufgrund einer defekten Gasleitung in der Wohnung eines Freundes ums Leben.

30. Januar · Iraker warten in Nadjaf vor einem Wahllokal, um ihre Stimme bei den Parlamentswahlen abzugeben.

4. Ukraine. Ohne Gegenstimme bestätigt das Parlament in Kiew mit den Stimmen von 373 der 450 Abgeordneten Ministerpräsidentin Julia Timoschenko in ihrem Amt und billigt damit den prowestlichen Kurs der neuen Regierung.

5. Togo. Nach 38 Jahren an der Spitze des westafrikanischen Landes stirbt der am längsten amtierende Staatschef Afrikas, Gnassingbé Eyadéma, im Alter von 69 Jahren. Wenige Stunden nach seinem Tod wird sein Sohn Faure Gnassingbé zum Übergangspräsidenten ernannt.

6. Thailand. Bei der Parlamentswahl erringt die regierende Thais-lieben-Thais-Partei (TRT) von Ministerpräsident Thaksin Shinawatra 377 der 500 Parlamentssitze und kann künftig allein regieren.

4. Februar · Präsident Juschtschenko gratuliert Ministerpräsidentin Timoschenko mit Handkuss zur Bestätigung durch das Parlament in Kiew.

Tsunami/Indonesien. Sechs Wochen nach der Flutkatastrophe gibt das indonesische Gesundheitsministerium die Zahl der Opfer mit 240 774 an. Nach Einschätzung von Staatspräsident Susilo Bambang Yudhoyono wird die genaue Zahl der Opfer vermutlich nie herausgefunden werden. Insgesamt ist die Zahl der Toten und Vermissten auf über 300 000 angestiegen.

7. **USA.** Präsident Bush legt dem Kongress seinen Haushaltsentwurf für 2006 vor. Der Entwurf sieht eine Erhöhung des Verteidigungsetats um 4,8 % auf 419 Mrd. US-Dollar vor. Ausgaben im Bildungs- und Sozialbereich sollen gekürzt werden.

8. **Israel/Palästinensische Autonomiegebiete.** Bei ihrem Gipfeltreffen im ägyptischen Badeort Scharm el Scheich vereinbaren Israels Regierungschef Scharon und Palästinenserpräsident Abbas nach mehr als vier Jahren andauernder Gewalt einen beiderseitigen Waffenstillstand. Die radikalislamische Hamas macht die Anerkennung des Waffenstillstands jedoch von der Freilassung von 500 Palästinensern aus israelischer Haft abhängig.
Dänemark. Bei den vorgezogenen Parlamentswahlen wird die Mitte-rechts-Regierung von Ministerpräsident Anders Fogh Rasmussen bestätigt.

Griechenland. Mit den 279 von 296 abgegebenen Stimmen wählt das Parlament den ehemaligen Außenminister Karolos Papoulias zum neuen Staatspräsidenten.

9. **Deutschland.** Nach dreitägigen Verhandlungen einigen sich Arbeitgeber und Gewerkschaften auf einen neuen Tarifvertrag für die 2,1 Mio. Beschäftigen im öffentlichen Dienst. Der Tarifvertrag sieht neben Lohnerhöhungen die Reform des 50 Jahre alten Tarifrechts vor.

10. **Nord-Korea.** Die Regierung in Pjöngjang gibt bekannt, im Besitz von Atomwaffen zu sein, und kündigt den Ausstieg aus den Sechsergesprächen mit China, Japan, Süd-Korea, Russland und den USA über sein Nuklearprogramm an.

11. **Deutschland.** Der frühere Staatsminister Ludger Volmer (Bündnis 90/Die Grünen) tritt als außenpolitischer Sprecher seiner Bundestagsfraktion zurück und wird auch seinen Sitz im Auswärtigen Ausschuss niederlegen. Er zieht damit die Konsequenz aus der Affäre um die Visa-Vergabe in der Ukraine.

13. **Irak.** Zwei Wochen nach der Wahl gibt die Wahlkommission das vorläufige amtliche Ergebnis bekannt. Das Schiitenbündnis Vereinigte Irakische Allianz bleibt knapp unterhalb der absoluten Mehrheit der Stimmen, in weitem Abstand gefolgt von der kurdischen Einheitsliste und der Liste von Ministerpräsident Allawi.

8. Februar · Palästinenserpräsident Abbas (links) und Israels Ministerpräsident Scharon treffen in Scharm el Scheich zu Waffenstillstandsverhandlungen zusammen.

14. Februar · Eine Autobombe in Beirut sprengt die Wagenkolonne des ehemaligen libanesischen Ministerpräsidenten Rafik Hariri in die Luft und tötet Hariri sowie 13 weitere Menschen.

Serbien und Montenegro. Bei seinem Besuch in der von der UN verwalteten Provinz Kosovo, dem ersten eines serbischen Präsidenten seit Kriegsende 1999, unterstreicht Boris Tadić den Anspruch seines Landes auf Kosovo.

14. Libanon. Bei einem Bombenanschlag, dem schwersten seit Ende des Bürgerkriegs vor 14 Jahren, wird der frühere Ministerpräsident Rafik Hariri getötet. Bei dem Attentat auf den Konvoi Hararis kommen 13 weitere Personen ums Leben.

16. Deutschland. Durch Organspenden haben sich sechs Patienten mit lebensgefährlicher Tollwut infiziert. Den Patienten waren Organe einer mit dem tödlichen Virus infizierten Spenderin transplantiert worden. Drei Patienten erkranken und sterben.

17. Deutschland. Der Untersuchungsausschuss des Bundestags zur Aufklärung des Visa-Missbrauchs an dt. Auslandsvertretungen nimmt mit einer ersten öffentlichen Sitzung die Arbeit auf.

USA. Der bisherige US-amerikanische Botschafter im Irak, John Negroponte, wird nationaler Geheimdienstdirektor.

Europäische Union/Griechenland. Die EU fordert Griechenland wegen seiner Verstöße gegen den Stabilitätspakt zu drastischen Sparmaßnahmen auf. Sollte die Neuverschuldung bis Ende 2006 nicht unter 3% des Bruttoinlandsprodukts sinken, drohen Strafen in Milliardenhöhe.

18. Deutschland. Mit der Kanzlermehrheit verabschiedet der Bundestag den Etat für 2005. Damit tritt der diesjährige Bundeshaushalt nach knapp zweimonatiger Blockade durch die Opposition endgültig in Kraft.

19. Irak. Bei einer Serie blutiger Anschläge zum schiitischen Aschurafest werden mind. 90 Menschen getötet und etwa 100 weitere verletzt.

23. Februar · Im Rahmen seiner Europareise trifft US-Präsident Bush Bundeskanzler Schröder in Mainz. Es ist der zweite Bush-Besuch in Deutschland.

20. Deutschland. Bei der Landtagswahl in Schleswig-Holstein wird die CDU mit 40,2 % der Stimmen bei einem Zugewinn von 5,0 Prozentpunkten stärkste Partei. Die SPD verliert 4,4 Prozentpunkte und kommt auf nur 38,7 %. Im neuen Landtag haben die rot-grüne Koalition 33 Mandate, CDU und FDP zusammen 34. Der Südschleswigsche Wählerverband (SSW) erhält zwei Sitze.
Spanien/Europäische Union. Am ersten Referendum in der Europ. Union zur EU-Verfassung beteiligen sich rund 40 % der Stimmberechtigten. 78,5 % von ihnen stimmen für die Verfassung.
Portugal. Die Sozialistische Partei (PS) von José Sócrates erringt bei der Parlamentswahl einen glänzenden Sieg. Sie kann 121 der 230 Abgeordneten stellen. Die Parteien der regierenden Mitte-rechts-Koalition unter Ministerpräsident Pedro Santana Lopes kommen zusammen auf nur noch 85 Mandate.
Zypern. Aus der Parlamentswahl im türkischen Teil der Insel geht der für die Wiedervereinigung eintretende Ministerpräsident Mehmet Ali Talat als Sieger hervor. Seine Republikanisch-Türkische Partei (CTP) wird im neuen Parlament mit 25 von 50 Abgeordneten vertreten sein.

21. USA. Zu Beginn seiner viertägigen Europareise ruft Präsident Bush in Brüssel die Europäer auf, gemeinsam mit den Vereinigten Staaten eine »neue Ära der transatlantischen Einheit« zu beginnen.
Israel/Palästinensische Autonomiegebiete. Israel lässt die ersten 500 von insgesamt 900 palästinensischen Häftlingen frei. Die Freilassung ist Teil der israelischen Zugeständnisse an die Palästinenser, nachdem beide Seiten eine Waffenruhe erklärt hatten.

23. USA/Deutschland. Präsident Bush trifft in Mainz mit Bundeskanzler Schröder zusammen. Beide demonstrieren Einigkeit in aktuellen weltpolitischen Fragen.

24. USA/Russland/Slowakische Republik. In der slowakischen Hauptstadt Bratislava treffen die Präsidenten Bush und Putin zu Gipfelgesprächen zusammen. Schwerpunkte der Beratungen sind die Kontrolle über Nuklearwaffen und -anlagen sowie der Kampf gegen den Terrorismus.
Palästinensische Autonomiegebiete. Mit einer Mehrheit von 54 Abgeordneten bestätigt das Parlament das neue Kabinett Ministerpräsident Ahmed Kurei.
UNO. Der Kommissar des Flüchtlingshilfswerks der Vereinten Nationen (UNHCR), Ruud Lubbers, übergibt sein Amt an seine bisherige Stellvertreterin Wendy Chamberlin. Lubbers, dem sexuelle Belästigung vorgeworfen wird, hatte am 20. Februar seinen Rücktritt angekündigt.

25. Togo. Der umstrittene, am 5. 2. 2005 zum Übergangspräsidenten ernannte Faure Gnassingbé gibt seinen Rücktritt bekannt. Bis zur Neuwahl übernimmt Parlamentspräsident Abass Bonfoh die Amtsgeschäfte.

25. Februar · Togolesen protestieren in Lomé gegen die verfassungswidrige Ernennung von Faure Gnassingbé zum Präsidenten.

27. Deutschland/Saudi-Arabien. Zum Auftakt seiner Nahostreise trifft Bundeskanzler Schröder in der saudischen Hauptstadt Riad ein. Die weiteren Stationen der siebentägigen Reise sind Kuwait, Katar, Bahrain, Jemen, Oman und die Vereinigten Arabischen Emirate.
Kirgistan/Tadschikistan. Sieger der Parlamentswahlen in den beiden zentralasiatischen Staaten werden erwartungsgemäß die Regierungsparteien der Präsidenten Askar Akajew und Emomali Rachmonow. Nach Einschätzung der Organisation für Sicherheit und Zusammenarbeit in Europa (OSZE) erfüllen beide Länder nicht die internationalen Standards für demokratische Wahlen.

28. Irak. Beim blutigsten Bombenanschlag seit dem US-amerikanischen Einmarsch kommen in Hilla südlich von Bagdad mindestens 132 Menschen ums Leben. Die Terrorgruppe des Jordaniers Abu Mussab al-Zarkawi bekennt sich zu dem Anschlag.
Libanon. Nach tagelangen Massendemonstrationen und Vorwürfen der Opposition, in den Mord an dem früheren Ministerpräsidenten Hariri am 14. Februar verwickelt zu sein, tritt die pro-syrische Regierung zurück.

März 2005

1. USA. Der Oberste Gerichtshof verbietet in einem Grundsatzurteil die Verhängung der Todesstrafe für Mörder, die zum Tatzeitpunkt unter 18 Jahren alt waren. Dies gebiete das in der Verfassung verankerte Verbot grausamer Bestrafung.
Uruguay. Der Sieger der Wahl vom 31. 10. 2004, der Sozialist Tabaré Vázquez, wird als Präsident vereidigt. Damit wird zu ersten Mal in der Geschichte des Landes ein Linkspolitiker Staatsoberhaupt.

2. Deutschland. Nach Angaben des Bundesgesundheitsministeriums haben die gesetzlichen Krankenkassen nach einem Defizit von 3,5 Mrd. € im Jahr zuvor mit 4,022 Mrd. € im vergangenen Jahr infolge der Gesundheitsreform einen Rekordüberschuss erzielt.
Demokratische Republik Kongo. Nach dem Mord an neun Blauhelmsoldaten am 26. 2. 2005 werden bei einem Angriff von Soldaten der UN-Friedenstruppe (MONUC) in der Unruheprovinz Ituri mindestens 50 aufständische Milizionäre getötet.

3. Irak. Angesichts der andauernden Gewalt verlängert Ministerpräsident Allawi den Ausnahmezustand auf weitere 30 Tage. Unterdessen hat die Zahl der im Irak gefallenen US-amerikanischen Soldaten die Marke von 1 500 überschritten. Die meisten von ihnen starben nach dem offiziellen Ende der Kampfhandlungen (April 2003).

4. Deutschland. Die Unterzeichnung eines zwischen Unternehmensleitung und Betriebsrat ausgehandelten Abkommens sichert die Opel-Fertigungsstandorte Rüsselsheim, Bochum und Kaiserslautern bis Ende 2010.
Irak. Unmittelbar nach Freilassung der italienischen Journalistin Giuliana Sgrena aus der Gewalt von Entführern wird das Auto, in dem sie zum internationalen Flughafen von Bagdad gebracht wird, von US-amerikanischen Soldaten beschossen. Sie wird verletzt, ein italienischer Geheimdienstmitarbeiter getötet.

6. Moldawien. Bei den Parlamentswahlen wird die Kommunistische Partei (PCRM) erneut stärkste politische Kraft.

7. Syrien/Libanon. Syriens Staatspräsident Baschar al-Assad erklärt sich bereit, die syrischen Truppen im Libanon bis Ende des Monats in den Osten des Landes zu verlegen.

8. Deutschland. Aus Anlass geplanter NPD-Umzüge zum Jahrestag des Kriegsendes eini-

2. März · Nach dem Mord an Blauhelmsoldaten patrouillieren Soldaten der UN-Friedenstruppe in der DR Kongo durch eine Hauptstraße von Bunia in der Unruheprovinz Ituri.

8. März · Ramush Haradinaj (rechts), zurückgetretener Ministerpräsident des Kosovo, erscheint vor dem Kriegsverbrechertribunal in Den Haag.

gen sich SPD, Bündnis 90/Die Grünen und die Union auf einen Entwurf für ein verschärftes Versammlungs- und Strafrecht, nach dem auch Volksverhetzung stärker bestraft werden kann.
Kriegsverbrechertribunal/Kosovo. Das Internationale Kriegsverbrechertribunal für das ehemalige Jugoslawien erhebt Anklage gegen den Ministerpräsidenten des Kosovo, Ramush Haradinaj. Am Tag darauf stellt sich Haradinaj dem Gericht und tritt zurück.
Russland. Der untergetauchte frühere Präsident Tschetscheniens, Aslan Maschadow, wird in dem Ort Tolstoj-Jurt von russischen Truppen erschossen. Er wurde von Moskau der Verwicklung in zahlreiche Terroranschläge verdächtigt, u. a. in das Geiseldrama von Beslan.

11. **Deutschland.** In Schleswig-Holstein unterzeichnen SPD und Grüne ihren Koalitionsvertrag. Damit soll das Land künftig von einer durch den Südschleswigschen Wählerverband (SSW) vertraglich tolerierten rot-grünen Minderheitsregierung geführt werden.

14. **China.** Der Nationale Volkskongress verabschiedet ein Antisezessionsgesetz. Darin wird Taiwan für den Fall jeglicher Unabhängigkeitsbestrebungen mit »nichtfriedlichen Mitteln« gedroht.

15. **Kirgistan.** Nach der zweiten Runde der Parlamentswahl kommt es zu Protesten von Tausenden von Anhängern der Opposition, die der Regierung von Präsident Akajew Wahlfälschung vorwerfen. Demonstranten besetzen Regierungsgebäude und nehmen einen Regionalgouverneur als Geisel.
Philippinen. Bei einer Gefängnisrevolte in der Hauptstadt Manila töten Sicherheitskräfte 22 Häftlinge, unter ihnen mehrere Anführer der muslimischen Rebellengruppe Abu Sayyaf.

16. **Europäische Union/Kroatien.** Die Außenminister der EU beschließen, die Aufnahme von Beitrittsverhandlungen mit Kroatien auf unbestimmte Zeit zu verschieben. Grund ist die mangelhafte Zusammenarbeit Kroatiens mit dem Internationalen Kriegsverbrechertribunal für das ehemalige Jugoslawien in Den Haag.
Italien/Irak. Ministerpräsident Silvio Berlusconi kündigt an, im September mit dem Abzug der mehr als 3000 italienischen Soldaten aus dem Irak zu beginnen.

17. **Deutschland.** Im Landtag von Schleswig-Holstein kann Ministerpräsidentin Heide Simonis (SPD) die für ihre Wiederwahl notwendige Mehrheit der 35 Stimmen von SPD, Bündnis 90/Die Grünen und dem Südschleswigschen Wählerverband (SSW) nicht erreichen. In allen vier Wahlgängen erhält sie nur 34 Stimmen. Am nächsten Tag erklärt sie ihren Rückzug aus der Politik.

15. März · Verletzte Insassen des Gefängnisses von Taguig im Süden von Manila nach der Niederschlagung der Revolte

China/Europäische Union. Bei seinem Besuch der EU-Kommission in Brüssel fordert der chinesische Außenminister Li Zhaoxing die Aufhebung des 1989 gegen sein Land verhängten Waffenembargos.

18. Deutschland. Vor dem Visa-Untersuchungsausschuss des Bundestags wirft ein Richter des Kölner Schleuserprozesses dem Auswärtigen Amt vor, dieses habe in Erlassen zur Visa-Vergabe seine Diplomaten zu rechtswidrigem Handeln angewiesen.

19. Europäische Union. Mehr als 50 000 Menschen aus ganz Europa protestieren in Brüssel gegen die geplante EU-Dienstleistungsrichtlinie. Zu der Kundgebung hatten der Europ. Gewerkschaftsbund (EGB) und nationale Gewerkschaften aufgerufen.

20. Europäische Union/Deutschland. Die EU-Finanzminister einigen sich auf eine Reform des Stabilitätspakts. Deutschland kann seine wichtigsten Forderungen durchsetzen: Zahlungen an die EU und die Kosten der Wiedervereinigung werden künftig bei der Bewertung der Staatsfinanzen berücksichtigt.

24. März · Oppositionsführer Bakijew spricht vor dem Parlament in Bischkek zu den Menschen.

Kirgistan. Bei Kämpfen um besetzte Regierungsgebäude werden mindestens vier Menschen getötet. Im Süden des Landes gerät durch die gewaltsamen Proteste gegen das Ergebnis der Parlamentswahl die Lage zeitweise außer Kontrolle.

21. UNO. Vor der Vollversammlung der Vereinten Nationen stellt UN-Generalsekretär Kofi Annan das bisher umfassendste Konzept zur Reform der UNO seit ihrer Gründung vor 60 Jahren vor. U. a. soll der Sicherheitsrat von 15 auf 24 Mitglieder erweitert werden.

23. Europäische Union. Auf ihrem zweitägigen Frühjahrsgipfeltreffen lehnen die Staats- und Regierungschefs der EU die noch von der alten EU-Kommission vorgelegte Richtlinie über grenzüberschreitende Dienstleistungen ab und fordern eine umfassende Überarbeitung.

Kosovo. Gut zwei Wochen nach dem Rücktritt des als Kriegsverbrecher angeklagten Ministerpräsidenten Haradinaj wird Bajram Kosumi zu seinem Nachfolger gewählt.

Irak. Beim Angriff eines Sondereinsatzkommandos der Polizei auf ein Ausbildungslager von Terroristen in der Nähe der Stadt Samarra werden 85 bewaffnete Aufständische sowie sieben Angehörige der Spezialeinheit getötet.

24. Kirgistan. Das Parlament beauftragt Oppositionsführer Kurmanbek Bakijew mit der Bildung einer Übergangsregierung. Parlamentspräsident Ischenbai Kadyrbekow wird zum geschäftsführenden Präsidenten ernannt. Präsident Akajew ist mit zunächst unbekanntem Ziel außer Landes geflohen.

UNO/Sudan. Der UN-Sicherheitsrat billigt auf Antrag von UN-Generalsekretär Annan die Entsendung einer 10 700 Mann starken Friedenstruppe in den Sudan. Die Blauhelmsoldaten sollen den Waffenstillstand zwischen Regierung und Rebellen im Süden des Landes überwachen. Über das Vorgehen der UNO in Darfur, der zweiten Konfliktregion des Sudan, kann keine Einigung erzielt werden.

Deutschland. Der Staat muss die Zeugen Jehovas als Körperschaft des öffentlichen Rechts anerkennen. Mit dieser Entscheidung des Berliner Oberverwaltungsgerichts setzt sich die Religionsgemeinschaft in einem zehn Jahre dauernden Rechtsstreit gegen das Land Berlin durch.

31. März · Jonathan Moyo, von Präsident Mugabe entlassener Informationsminister, wird während einer Wahlkampfveranstaltung in seiner Heimatprovinz Tsholotsho gefeiert. Der von Kritikern als »Simbabwes Goebbels« bezeichnete Politiker kann als unabhängiger Kandidat einen Parlamentssitz erringen.

25. Deutschland. Als erste dt. Stadt erreicht München die von der EU vorgegebene Obergrenze für die Luftverschmutzung durch Feinstaub. Am Vortag wurde der Grenzwert bereits zum 35. Mal in diesem Jahr überschritten, ab der 36. Überschreitung wird geltendes EU-Recht verletzt.

26. Taiwan/China. In der taiwanesischen Hauptstadt Taipeh demonstrieren etwa 1 Mio. Menschen gegen die chinesischen Kriegsdrohungen und das jüngst verabschiedete Antiabspaltungsgesetz, das China für den Fall einer Unabhängigkeitserklärung Taiwans zu militärischen Maßnahmen ermächtigt.

28. Kirgistan. Das neu gewählte Parlament bestätigt den bisherigen Oppositionsführer Bakijew als amtierenden Ministerpräsidenten.

29. Bosnien und Herzegowina. Der Hohe Repräsentant der Staatengemeinschaft in Bosnien und Herzegowina, der Brite Paddy Ashdown, setzt Dragan Čović, einen der drei Präsidenten des Landes, ab. Čović, der Vertreter der kroatischen Volksgruppe im Präsidentengremium, ist vor dem Obersten Gerichtshof wegen Korruption und Amtsmissbrauchs angeklagt.

30. Deutschland. Der Europ. Gerichtshof für Menschenrechte weist die Klagen von Opfern der Bodenreform in der Sowjetischen Besatzungszone als unzulässig zurück und erklärt sich für nicht zuständig.

31. Simbabwe. Die Regierungspartei ZANU-PF von Präsident Robert Mugabe gewinnt bei der Parlamentswahl 78 der 120 Mandate und hat damit zusammen mit den 30 vom Präsidenten vergebenen Sitzen eine Zweidrittelmehrheit. Die Opposition wirft Mugabe massiven Wahlbetrug vor. Auch international wird die Wahl kritisiert.

Weltbank. Der Exekutivrat der Weltbank wählt den stellvertretenden US-amerikanischen Verteidigungsminister Paul Wolfowitz einstimmig zum neuen Präsidenten der Weltbank.

April 2005

1. Tschechische Republik. Der sozialdemokratische Ministerpräsident Stanislav Gross übersteht ein Misstrauensvotum im Nationalrat. Die Stimmenthaltung der kommunistischen Fraktion bei der Abstimmung sichert den Fortbestand seiner Minderheitsregierung.

2. Katholische Kirche. Papst Johannes Paul II. stirbt im Alter von 84 Jahren in Rom.

4. Österreich. Nach wochenlangen Kontroversen innerhalb der Freiheitlichen Partei Österreichs (FPÖ) entschließt sich die bisherige Parteiführung zur Abspaltung und gründet mit dem Bündnis für die Zukunft Österreichs (BZÖ) eine neue Partei. Den Vorsitz der BZÖ übernimmt Jörg Haider, seine Schwester Ursula Haubner legt den Vorsitz der FPÖ nieder.
Italien. Bei den zweitägigen Wahlen zu 13 der 20 Regionalregierungen erleidet die Mitte-rechts-Koalition von Ministerpräsident Berlusconi eine drastische Niederlage.

6. Irak. Erstmals in der Geschichte des Landes wählt die Nationalversammlung mit dem Vorsitzenden der Patriotischen Union Kurdistans (PUK), Djalal Talabani, einen Kurden zum Präsidenten. Zu seinen beiden Stellvertretern werden der bisherige schiitische Finanzminister Abdel Abdul Mahdi und der bisherige sunnitische Übergangspräsident Ghasi al-Jawar gewählt.

7. Italien/Europäische Union. Als fünftes Mitgliedsland ratifiziert Italien die EU-Verfassung.

6. April · Iraks neuer Präsident Djalal Talabani (Mitte) und seine beiden Stellvertreter, Abdel Abdul Mahdi (links) und Ghasi al-Jawar

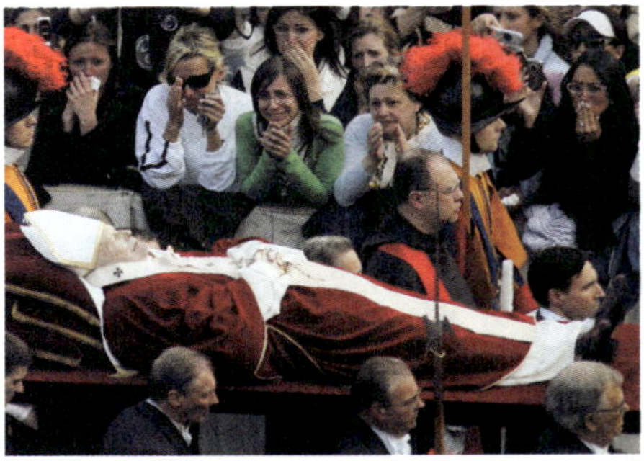

8. April · Der Leichnam von Johannes Paul II. wird vorbei an Tausenden von Menschen zur Beisetzung in den Petersdom getragen.

Indien/Pakistan. Zum ersten Mal seit mehr als 50 Jahren verbindet eine Buslinie die Städte Srinagar und Muzaffarabad im indischen und pakistanischen Teil Kaschmirs. Die Buslinie gehört zu den bei den indisch-pakistanischen Friedensgesprächen vereinbarten vertrauensbildenden Maßnahmen.

8. Katholische Kirche. In Anwesenheit von mehr als 200 Staats- und Regierungschefs sowie den führenden Repräsentanten der großen Weltreligionen und christlichen Konfessionen wird Papst Johannes Paul II. im Petersdom beigesetzt. An dem von Joseph Kardinal Ratzinger zelebrierten Pontifikalamt nehmen mehr als 2 Mio. Pilger und Besucher aus aller Welt teil.

9. China/Japan. Von der Regierung geduldet, beteiligen sich in mehreren Städten Zehntausende an antijapanischen Protesten. Auslöser war der Vorwurf, Japan beschönige seine Rolle im Krieg und seine Verbrechen.
Großbritannien. In einer schlichten Zeremonie auf dem Standesamt in Windsor werden der britische Thronfolger Prinz Charles und seine langjährige Freundin Camilla Parker Bowles getraut.

11. Indien/China. Bei einem Besuch des chinesischen Ministerpräsidenten Wen Jiabao in der indischen Hauptstadt Delhi vereinbaren China und Indien eine möglichst rasche Beilegung ihrer Grenzstreitigkeiten, die im Jahr 1962 zu einem Krieg zwischen den beiden Ländern geführt hatten.

Deutschland/Russland. Auf der Hannover Messe unterzeichnen das Chemieunternehmen BASF und der russische Gaskonzern Gasprom einen Vertrag, der BASF direkten Zugang zu den sibirischen Erdgasfeldern gestattet. Im Gegenzug erhält Gasprom einen besseren Zugang zu den europ. Märkten.

12. Deutschland. Nach einer Entscheidung des Bundesverfassungsgerichts darf die Polizei mutmaßliche Straftäter mithilfe satellitengestützter Überwachung observieren. Eine »Rundumüberwachung« ist dagegen unzulässig.
Angola. Dem seit einem halben Jahr in dem südwestafrikanischen Land grassierenden Marburgvirus sind bislang 208 Menschen zum Opfer gefallen. Der Virus scheint außer Kontrolle geraten zu sein; in sieben der 18 Provinzen wurden inzwischen infizierte Personen festgestellt.

14. Deutschland. Vor dem Bundestag verteidigt Bundeskanzler Schröder seine Haltung, das gegen China verhängte Waffenembargo möglichst bald aufheben zu wollen. Opposition und Teile des grünen Koalitionspartners lehnen eine Aufhebung des Embargos nach wie vor ab.

15. Deutschland. Die bayerische Kultusministerin Monika Hohlmeier tritt von ihrem Amt zurück. Die CSU-Politikerin – Tochter von Franz Josef Strauß – zieht damit die Konsequenzen aus der Verstrickung in Affären des Münchner Bezirksverbands ihrer Partei.
Italien. Der Parteivorstand der Christlichen Demokraten des Zentrums (UDC) beschließt, die Minister der Partei aus dem Kabinett von Ministerpräsident Berlusconi zurückzuziehen. Im Parlament will die UDC die Regierung aber weiterhin unterstützen.

16. Deutschland. In Kiel unterzeichnen die Landesvorsitzenden Peter Harry Carstensen (CDU) und Claus Möller (SPD) einen Vertrag über die Bildung einer großen Koalition für Schleswig-Holstein.
Japan/China. Bei seinem Besuch in Peking protestiert Japans Außenminister Nobutaka Machimura gegen die antijapanischen Übergriffe. Der chinesische Außenminister Li Zhaoxing lehnt eine Entschuldigung für die Vorfälle ab.

17. Zypern. Der EU-freundliche Ministerpräsident Mehmet Ali Talat wird klarer Sieger der Präsidentenwahl im türkischen Norden der geteilten Mittelmeerinsel.

Österreich. Das am 4. April von der FPÖ abgespaltene Bündnis für die Zukunft Österreichs (BZÖ) hält in Salzburg seinen formellen Gründungsparteitag ab. Mit großer Mehrheit wird der Kärntner Landeshauptmann und langjährige FPÖ-Vorsitzende Haider zum Vorsitzenden gewählt.

18. Deutschland. Die Wirtschaftskammer des Wiesbadener Landgerichts verurteilt im Prozess zur Finanzaffäre der hessischen CDU den ehemaligen Bundesinnenminister Manfred Kanther zu eineinhalb Jahren Haft auf Bewährung und zu einer Geldbuße von 25 000 €. Der frühere CDU-Landesvorsitzende wird der Untreue zulasten seiner Partei für schuldig befunden.

12. April · Sanitäter tragen einen mit dem tödlichen Marburgvirus Infizierten in das Krankenhaus von Uige in Nordangola.

19. Katholische Kirche. Der dt. Kardinal Joseph Ratzinger wird als Nachfolger des am 2. 4. 2005 verstorbenen Johannes Paul II. neuer Papst und nennt sich Benedikt XVI.

20. Ecuador. Nach Massenprotesten enthebt das Parlament Präsident Lucio Edwin Gutiérrez Borbúa seines Amtes. Nachfolger wird Vizepräsident Alfredo Palacio.

21. Deutschland. Der bisherige CDU-Fraktionsvorsitzende im Stuttgarter Landtag, Günther Oettinger, wird als Nachfolger des zurückgetretenen Erwin Teufel zum neuen Ministerpräsidenten Baden-Württembergs gewählt.

22. Italien. Wie erwartet, beauftragt Staatspräsident Carlo Azeglio Ciampi den am 20. April zurückgetretenen Ministerpräsidenten Berlus-

27. April · Der Airbus A 380, das größte Passagierflugzeug der Welt, auf dem Flughafen von Toulouse nach dem Erstflug

coni erneut mit der Regierungsbildung. Bereits am Tag darauf wird die neue Regierung Berlusconi vereidigt.

23. Österreich. Die FPÖ-Restpartei wählt auf ihrem Parteitag in Salzburg den Landesobmann der Wiener FPÖ, Heinz-Christian Strache, zu ihrem neuen Vorsitzenden.

24. Katholische Kirche. Rund 350 000 Menschen und Staatsgäste aus aller Welt wohnen in Rom der feierlichen Amtseinführung von Papst Benedikt XVI. bei.
Togo. Sieger der Präsidentenwahl wird der Kandidat der Regierungspartei, Faure Gnassingbé. Die Opposition spricht von »massivem Wahlbetrug« und weigert sich, das Ergebnis anzuerkennen.
Syrien/Libanon. Mit dem Abzug seiner letzten Truppen beendet Syrien nach fast 30 Jahren seine Militärpräsenz im Libanon.

25. Deutschland. Bei seiner im Fernsehen übertragenen Vernehmung vor dem Untersuchungsausschuss des Bundestags zur Visa-Affäre gesteht Bundesaußenminister Fischer eigene Fehler ein und übernimmt die Verantwortung für die damaligen Versäumnisse.
Europäische Union/Bulgarien/Rumänien. In Luxemburg werden die Verträge über den Beitritt von Bulgarien und Rumänien zur Europ. Union zum 1. 1. 2007 unterzeichnet.
Tschechische Republik. Präsident Václav Klaus ernennt den bisherigen Minister für lokale Entwicklung, Jiři Paroubek, zum neuen Ministerpräsidenten. Zuvor hatte der bisherige Regierungschef Stanislav Gross seinen Rücktritt eingereicht.

27. Deutschland. Der CDU-Politiker Peter Harry Carstensen wird zum neuen Ministerpräsidenten Schleswig-Holsteins gewählt. Carstensen erhält 54 der 69 Stimmen. Die Parteien der großen Koalition aus CDU und SPD haben im neuen Landtag insgesamt 59 Mandate.
Airbus. Einen Monat später als ursprünglich geplant absolviert der neue Großraum-Airbus A380 erfolgreich seinen ersten, knapp vierstündigen Testflug.

28. Irak. Trotz fünf noch vakanter Ministerämter stimmt das Parlament bei einer Vertrauensabstimmung mit großer Mehrheit der Kabinettsliste von Ministerpräsidentd Ibrahim al-Djaafari zu.

29. Togo/Deutschland. Mutmaßliche Anhänger des togoischen Regimes stürmen das Goethe-Institut in der Hauptstadt Lomé und brennen es nieder. Zuvor hatte der neue Innenminister Katari Foli-Bazi die Bundesrepublik beschuldigt, für die Opposition in seinem Land Partei ergriffen zu haben.

Mai 2005

2. USA. Im Prozess um die Misshandlungen irakischer Gefangener im Militärgefängnis von Abu Ghreib bei Bagdad bekennt sich die angeklagte US-amerikanische Soldatin Lynndie England schuldig. Nach einer widersprüchlichen Zeugenaussage des mutmaßlichen Rädelsfüh-

24. April · Soldaten, die zu den letzten syrischen Truppeneinheiten gehören, die den Libanon verlassen, am Grenzübergang Masnaa

24. April · Nach seiner Wahl am 19. April zeigt sich der ehemalige dt. Kardinal Joseph Ratzinger, der sich als Papst Benedikt XVI. nennt, erstmals in seiner neuen Funktion den Tausenden auf dem Petersplatz versammelten Gläubigen.

rers der Misshandlungen, Charles Graner, weist das Gericht zwei Tage darauf das Schuldeingeständnis zurück. Damit ist das Verfahren England gescheitert, und die Militärstaatsanwaltschaft muss erneut Anklage erheben.

4. Deutschland. Im Prozess um den vereitelten Bombenanschlag auf das Jüdische Zentrum in München im November 2003 verurteilt das Bayerische Oberste Landesgericht den 29 Jahre alten Neonazi Martin Wiese wegen Rädelsführerschaft in einer terroristischen Vereinigung zu sieben Jahren Haft. Die drei Mitangeklagten erhalten ebenfalls mehrjährige Haftstrafen.
Irak. Bei einem Anschlag in der kurdischen Stadt Erbil werden 70 Menschen getötet und etwa 150 verletzt.

5. Großbritannien. Trotz deutlicher Stimmenverluste gewinnt die Labour Party von Premierminister Blair zum dritten Mal in Folge die Unterhauswahl. Labour büßt 57 Mandate ein und verfügt nun über 356 der 646 Parlamentssitze. Die Konservativen unter Michael Howard verbessern ihr Ergebnis gegenüber der Wahl 2001 von 166 auf 198 Sitze.
Deutschland. Auf ihrem Bundesparteitag in Köln bestätigt die FDP ihren Vorsitzenden Guido Westerwelle. Zum neuen Generalsekretär der Partei wird der Arbeitsmarktexperte Dirk Niebel gewählt.

9. Russland. In Anwesenheit zahlreicher Gäste aus aller Welt, unter ihnen der Präsident Bush und Bundeskanzler Schröder, finden in Moskau die Feierlichkeiten zum 60. Jahrestag des Endes des Zweiten Weltkriegs statt.

10. Deutschland. Unter scharfen Sicherheitsvorkehrungen wird in Berlin das Denkmal für die ermordeten Juden Europas feierlich eingeweiht.

11. Österreich/Europäische Union. Mit nur einer Gegenstimme stimmt der Nationalrat der Ratifizierung der EU-Verfassung zu.
Deutschland. Mit dem Kernkraftwerk im baden-württembergischen Obrigheim wird die zweite Anlage seit dem Inkrafttreten des Atomausstiegsgesetzes vom Netz genommen.

12. Deutschland. Nach den Ergebnissen des Arbeitskreises Steuerschätzung wird das Steueraufkommen in Deutschland bis 2008 um 66,8 Mrd. € geringer ausfallen als bisher erwartet wurde.
Europäischer Gerichtshof/Türkei. Der Europ. Gerichtshof für Menschenrechte empfiehlt der Türkei die Wiederaufnahme des Verfahrens gegen den zu lebenslanger Haft verurteilten früheren PKK-Führer Abdullah Öcalan. Ihm sei ein fairer Prozess verweigert worden.

13. Usbekistan. In der Gebietshauptstadt Andischan im Osten des Landes gehen Sicherheitskräfte mit Gewalt gegen demonstrierende Zivilisten vor. Nach Aussagen von Augenzeugen werden dabei mindestens 600 Menschen getötet. Präsident Islam Karimow gibt die Zahl der Toten dagegen mit etwa 30 an.
Russland. Moskau will in diesem Jahr vorzeitig 15 Mrd. € Schulden an die im Pariser Club zusammengeschlossenen westlichen Staaten zurückzahlen. Deutschland als größter Gläubiger soll davon 5 Mrd.€ erhalten.

13. Mai · Ausgebrannte Autos nach den blutigen Auseinandersetzungen im usbekischen Andischan zwischen Zivilisten und Regierungstruppen

16. UNO. Brasilien, Deutschland, Indien und Japan legen in New York eine Resolution zur Erweiterung des UN-Sicherheitsrats auf 25 Mitglieder vor.
USA. Die US-amerikanische Zeitschrift Newsweek widerruft ihren Bericht über angebliche Koranschändungen im Gefangenenlager von Guantánamo. Der Artikel hatte weltweit zu antiamerikanischen Protesten geführt, bei denen in Afghanistan mindestens 14 Menschen starben.
Kuwait. Nach Bahrain, Katar und Oman führt Kuwait als vierter Golfstaat das aktive und passive Wahlrecht für Frauen ein.
Usbekistan. In der Stadt Pachtaabad im Osten des Landes werden bei neuerlichen Aufständen etwa 200 Menschen vom Militär erschossen.

18. Deutschland. Das Bundeskabinett billigt einen Gesetzentwurf, wonach börsennotierte dt. Unternehmen die Gehälter ihrer Vorstandsmitglieder künftig einzeln offenlegen müssen.
Spanien/Europäische Union. Als siebtes Land der Europ. Union ratifiziert Spanien die EU-Verfassung.

19. Belgien/Europäische Union. Mit 118 von 137 abgegebenen Stimmen votiert das belgische Parlament mit großer Mehrheit für die EU-Verfassung.

20. Deutschland. Apotheken und Krankenkassen legen ihren Streit um eine Nachzahlung in Millionenhöhe bei. Statt der geforderten 390 Mio. € erhalten die Apotheker nur 37 Mio. €, dafür aber langfristige Klarheit für ihre Vergütungen.

21. Afghanistan/USA. Nach Berichten über zwei im US-Militärgefängnis nahe der afghanischen Stadt Bagram zu Tode gefolterte Afghanen fordert Präsident Hamid Karsai die USA auf, alle inhaftierten Afghanen ihrem Heimatland zu übergeben.

22. Deutschland. Die CDU wird klarer Sieger bei der Landtagswahl in Nordrhein-Westfalen. Mit einem Zugewinn von 7,8 Prozentpunkten erreicht sie 44,8 % der Stimmen. Die SPD verliert 5,7 Prozentpunkte und sackt auf 37,1 % ab. Nach dem Wahldebakel für ihre Partei sprechen sich der SPD-Vorsitzende Franz Müntefering und Bundeskanzler Schröder für vorgezogene Bundestagswahlen im Herbst aus.

22. Mai · Jürgen Rüttgers (Mitte), CDU-Spitzenkandidat für die Landtagswahl in Nordrhein-Westfalen, zeigt das Siegeszeichen.

23. Italien/Europäische Union. Mit einer Neuverschuldung von jeweils 3,1 % hat auch Italien 2003 und 2004 die Defizitgrenze von 3 % des Bruttoinlandsprodukts überschritten. EU-Währungskommissar Joaquín Almunia will bereits im Juni ein Defizitverfahren einleiten.

24. Deutschland. Der ehemalige SPD-Vorsitzende Oskar Lafontaine erklärt nach 39 Jahren seine Parteimitgliedschaft für beendet. Bei der anstehenden Bundestagswahl will Lafontaine für ein neues Linksbündnis antreten.
UNO. Der frühere portugiesische Ministerpräsident António Manuel de Oliveira Guterres wird als Nachfolger des im Februar zurückgetretenen Ruud Lubbers neuer Hochkommissar des Flüchtlingshilfswerks der Vereinten Nationen (UNHCR).

25. USA. Die US-amerikanische Regierung weist die Vorwürfe von amnesty international (ai) über Menschenrechtsverletzungen als »lächerlich« zurück. Wegen Misshandlung und Folterung von Gefangenen hatte ai schwere Vorwürfe gegenüber den USA erhoben.
Ägypten. Mit knapp 83 % stimmen die Wähler einer Verfassungsänderung zu, mit der zum ersten Mal mehrere Bewerber bei der Präsidentschaftswahl zugelassen werden.

26. WTO. Der frühere EU-Handelskommissar Pascal Lamy wird neuer Generaldirektor der Welthandelsorganisation (WTO). Der 58 Jahre alte Franzose tritt die Nachfolge von Supachai Panitchpakdi an, der im August sein Amt abgeben wird.

27. Deutschland/Europäische Union. Der Bundesrat verabschiedet die EU-Verfassung, nachdem der Bundestag den Vertrag bereits am 12. Mai mit 569 von 594 abgegebenen Stimmen ratifiziert hatte.
UNO. Nach fast vierwöchigen Verhandlungen geht in New York die Überprüfungskonferenz zum Nichtverbreitungsvertrag von Atomwaffen ohne Ergebnis zu Ende.

29. Frankreich/Europäische Union. In Frankreich sprechen sich in einem Referendum 54,87 % der Wähler gegen die EU-Verfassung aus.
Libanon. Bei der auf Beirut beschränkten ersten Runde der Parlamentswahl gewinnt die Liste von Saad Hariri, dem Sohn des ermordeten früheren libanesischen Ministerpräsidenten Rafik Hariri, alle 19 Mandate.

30. Deutschland. Auf einer gemeinsamen Sitzung der Präsidien von CDU und CSU wird die CDU-Vorsitzende Angela Merkel ohne formelle Abstimmung als Kanzlerkandidatin der Union nominiert.

29. Mai · Wahlplakate in Marseille fordern dazu auf, beim frz. Referendum über die Europ. Verfassung mit Nein zu stimmen.

31. Frankreich. Nach der Ablehnung der EU-Verfassung entlässt Präsident Chirac Premierminister Jean-Pierre Raffarin und ernennt Innenminister Dominique de Villepin zum neuen Regierungschef.
Russland. Ein Moskauer Gericht verurteilt den früheren Vorstandsvorsitzenden des Ölkonzerns Yukos, Michail Chodorkowskij, und dessen Geschäftspartner Platon Lebedew, zu neun Jahren Freiheitsentzug. Chodorkowskij kündigt Berufung gegen das Urteil an.

Juni 2005

1. Niederlande/Europäische Union. Drei Tage nach der Volksabstimmung in Frankreich lehnen auch die Niederländer bei einem Referendum mit einem eindeutigen Nein den EU-Verfassungsvertrag ab. Ministerpräsident Jan Peter Balkenende zieht daraufhin die Vorlage für die Ratifizierung durch das Parlament zurück.

2. Deutschland. Nach dem einstimmigen Beschluss der Kultusminister der Länder werden die unstrittigen Teile der Rechtschreibreform wie geplant am 1. 8. 2005 für Schulen und Behörden verbindlich in Kraft treten.
Israel/Palästinensische Autonomiegebiete. Die israelische Armee entlässt 398 weitere Palästinenser aus der Haft. Die Freilassung wurde in Gesprächen zwischen Ministerpräsident Scharon und Palästinenserpräsident Abbas am 8. 2. 2005 vereinbart.

3. Irak. Nach Angaben des Innenministeriums sind den vergangenen 18 Monaten etwa 12 000 Iraker durch die Gewalt Aufständischer ums Leben gekommen; mehr als 10 500 von ihnen seien offenbar Schiiten gewesen.

4. Deutschland/Frankreich. In Berlin kommen Bundeskanzler Schröder und der frz. Staatspräsident Chirac zu Beratungen über Auswege aus der EU-Krise nach der Ablehnung der EU-Verfassung in Frankreich und den Niederlanden zusammen. Zuvor warnte die Union vor Zugeständnissen Deutschlands bei der EU-Finanzplanung.
Spanien. Bei einer Großdemonstration in Madrid protestieren Hunderttausende gegen die Bereitschaft der Regierung, mit der baskischen Untergrundorganisation ETA zu verhandeln.

5. Schweiz. In einer Volksabstimmung billigen 54,6 % der Schweizer den Beitritt ihres Landes zum Schengener Abkommen. Damit entfallen ab 1. 7. 2005 die obligatorischen Grenzkontrollen zu den vier benachbarten EU-Staaten.

6. Bolivien. Angesichts der anhaltenden Massenproteste und gewaltsamen Unruhen kündigt Präsident Carlos Mesa seinen Rücktritt an.
Nepal. Bei einem Anschlag der maoistischen Volksbefreiungsarmee auf einen Reisebus kommen 36 Zivilisten ums Leben.

7. Deutschland. In einem Grundsatzurteil schränkt das Bundesverfassungsgericht die finanzielle Verpflichtung von Kindern gegenüber ihren pflegebedürftigen Eltern ein und verwirft damit den Anspruch der Stadt Bochum auf die Erstattung von Pflegekosten in Höhe von 63 000 €, zu der das Landgericht Duisburg die Beschwerdeführerin verurteilt hatte.
Ungarn. Im dritten Wahlgang wählt das Parlament den ehemaligen Präsidenten des Verfassungsgerichts, den Konservativen Lázló Sólyom, zum neuen Staatspräsidenten.
Europäische Union/Italien. Wegen erwiesener Verstöße gegen die Vorgaben des Stabilitätspakts leitet die EU-Kommission ein Defizitverfahren gegen Italien ein.

9. Deutschland. Nach einem Gespräch mit Bundespräsident Köhler gibt Bundeskanzler Schröder bekannt, die für den 1. Juli geplante Vertrauensfrage im Bundestag nicht mit »einer Sachfrage oder einem Gesetzesbeschluss« verbinden zu wollen.
Deutschland. Der Bundesgerichtshof (BGH) weist die Revision der Bundesanwaltschaft gegen den Freispruch des Marokkaners Abdelghani Mzoudi durch das Hamburger Oberlandesgericht vom 5. 2. 2004 zurück.
Bolivien. Das Parlament ernennt den bisherigen Vorsitzenden des Obersten Gerichts, Edu-

6. Juni · Aufgrund von anhaltenden Unruhen, wie hier in La Paz, tritt der bolivianische Präsident Mesa zurück.

ardo Rodríguez, zum Übergangspräsidenten. In seiner Antrittsrede kündigt Rodríguez erwartungsgemäß Neuwahlen an.

10. Deutschland. Die PDS und die Wahlalternative Arbeit und Soziale Gerechtigkeit (WASG) wollen bei einer vorgezogenen Bundestagswahl als gemeinsames Linksbündnis antreten. Der ehemalige SPD-Vorsitzende Oskar Lafontaine kündigt an, zusammen mit dem früheren PDS-Vorsitzenden Gregor Gysi für ein solches Linksbündnis kandidieren zu wollen.

11. G8. Bei ihrem Treffen in London einigen sich die Finanzminister der sieben führenden Industrieländer und Russlands (G8) auf einen Schuldenerlass für die ärmsten Länder der Erde. Als erste profitieren 14 afrikanische und vier lateinamerikanische Staaten von dem Erlass.

12. USA/Israel. Die US-amerikanische Regierung verhängt gegen Israel Sanktionen, weil das Land Waffen an China verkauft hat.

13. Italien. Das Referendum über das Gesetz zu Fragen der Bioethik und der künstlichen Befruchtung scheitert wegen zu geringer Beteiligung.
IAEA. Die Internationale Atomenergiebehörde (IAEA) wählt erwartungsgemäß den Ägypter Mohamed El Baradei für eine dritte Amtszeit zum Generaldirektor.

15. Deutschland. Die rot-grüne Koalition und die Union verständigen sich im Vermittlungsausschuss von Bundestag und Bundesrat auf eine Neuregelung des »großen Lauschangriffs«.

16. Europäische Union. Die Staats- und Regierungschefs der EU kommen in Brüssel zu einem Krisengipfel zusammen. Am Folgetag scheitern die Gespräche aufgrund unüberbrückbarer Gegensätze in Finanzfragen.

17. Iran. Bei der Präsidentenwahl erhalten der gemäßigt konservative frühere Präsident Ali Akbar Haschemi Rafsandjani mit 21,2 % und der ultrakonservative Bürgermeister von Teheran, Mahmud Ahmadinejad, mit 19,3 % die meisten Stimmen und müssen sich einer Stichwahl stellen.
Kirgistan. Rund drei Wochen vor der Präsidentschaftswahl kommt es in der zentralasiatischen Republik zu neuerlichen schweren Unruhen. In der Hauptstadt Bischkek liefern

10. Juni · Der ehemalige SPD-Vorsitzende Oskar Lafontaine gibt nach einer Kundgebung gegen Hartz IV unter dem Motto »Wer sich nicht wehrt – lebt verkehrt!« im sächsischen Chemnitz unter dem Karl-Marx-Denkmal Autogramme.

sich bis zu 7 000 Demonstranten, die gegen den Ausschluss eines Abgeordneten von der Präsidentschaftswahl am 10. Juli protestieren, Straßenschlachten mit der Polizei.

19. Libanon. Bei der vierten und letzten Runde der Parlamentswahl gewinnt das antisyrische Oppositionsbündnis von Saad Hariri alle 28 zur Wahl stehenden Mandate und verfügt damit über 72 der 128 Sitze im Parlament.

20. Türkei. Der als »Kalif von Köln« bekannt gewordene Islamistenführer Metin Kaplan wird von einem Gericht in Istanbul zu lebenslanger Haft verurteilt. Kaplan war im vergangenen Oktober aus Deutschland in die Türkei abgeschoben worden.
Deutschland. In Düsseldorf unterzeichnen die Verhandlungsführer von CDU und FDP den Koalitionsvertrag. Am 22. Juni wird Jürgen Rüttgers zum neuen Ministerpräsidenten gewählt.

21. Europäische Union. Der luxemburgische Ministerpräsident und amtierende EU-Ratsvorsitzende Jean-Claude Juncker greift den britischen Premierminister Blair scharf an und gibt ihm wegen des Beharrens auf dem sog. Britenrabatt die Schuld am Scheitern des EU-Gipfels.

24. Juni · Aus der Stichwahl geht der Ultrakonservative Mahmud Ahmadinejad als neuer irakischer Präsident hervor.

22. Deutschland. Das Bundesverwaltungsgericht spricht einem zum Hauptmann degradierten Major der Bundeswehr das Recht zu, im Zusammenhang mit dem Irakkrieg einen Befehl zu verweigern. Der Offizier hatte sich im April 2003 geweigert, ein Computerprogramm weiterzuentwickeln, das im Irakkrieg hätte eingesetzt werden können.

Europäische Union/Portugal. EU-Währungskommissar Joaquín Almunia leitet zum zweiten Mal ein Defizitstrafverfahren gegen Portugal ein.

Italien/Deutschland. 61 Jahre nach einem Massaker an 560 Zivilisten in einem Dorf in der Toskana im August 1944 verurteilt ein italienisches Militärgericht in La Spezia zehn ehemalige dt. SS-Soldaten in Abwesenheit zu lebenslanger Haft.

Deutschland. Der türkische Schriftsteller Orhan Pamuk erhält den diesjährigen Friedenspreis des Deutschen Buchhandels.

23. Afghanistan. Bei einer dreitägigen Offensive einheimischer Truppen und US-amerikanischer Soldaten im Süden des Landes werden mind. 130 Talibankämpfer getötet.

Börse. An der New Yorker Börse wird das Barrel Rohöl erstmals mit 60 US-Dollar gehandelt.

24. Iran. Bei der Stichwahl um das Präsidentenamt setzt sich der ultrakonservative Teheraner Bürgermeister Ahmadinejad mit 62 % der Stimmen überraschend gegen seinen moderaten Kontrahenten Rafsandjani durch.

Deutschland. Die Gehälter der Spitzenmanager in dt. Aktiengesellschaften müssen künftig veröffentlicht werden. Die Union stimmt einem entsprechenden Gesetzentwurf der Bundesregierung zu, der noch im diesem Monat vom Bundestag verabschiedet werden soll.

25. Bulgarien. Die oppositionelle Bulgarische Sozialistische Partei (BSP) geht mit 31,3 % der Stimmen als stärkste Kraft aus der Parlamentswahl hervor. Die seit 2001 regierende Nationale Bewegung (NDS) von dem bulgarischen Exkönig und Ministerpräsident Simeon Sakskoburggotski kommt auf rund 20 %.

Deutschland/Afghanistan. Bei der Explosion zweier Lastwagen im Nordosten Afghanistans kommen zwei Soldaten der Bundeswehr und fünf afghanische Zivilisten ums Leben. Ein dritter Bundeswehrsoldat wird schwer verwundet.

28. Deutschland. Vor dem Landgericht Augsburg beginnt der Prozess gegen den früheren Staatssekretär im Bundesverteidigungsministerium, Ludwig-Holger Pfahls, der wegen Bestechlichkeit und Steuerhinterziehung angeklagt ist. Bereits zum Prozessauftakt gesteht er die Annahme von Geldzuwendungen.

Afghanistan. Beim Abschuss eines Hubschraubers der US-amerikanischen Streitkräfte in der Provinz Kunar kommen sämliche 16 Insassen ums Leben.

Katholische Kirche. Kaum drei Monate nach dem Tod von Johannes Paul II. beginnt in Rom das Verfahren zur Seligsprechung des verstorbenen Papstes.

29. Europäische Union/Türkei. Die EU-Kommission hält am Zeitrahmen für den Beitritt der Türkei zur Europ. Union fest. Die Verhandlungen über eine Vollmitgliedschaft sollen wie geplant am 3.10. 2005 beginnen.

30. Deutschland/Europäische Union. Der Europ. Gerichtshof für Menschenrechte billigt in letzter Instanz die entschädigungslose Enteignung der Erben von Grundstücken, die im Zuge der Bodenreform von 1945 in der damaligen Sowjetischen Besatzungszone enteignet und sog. Neubauern übertragen worden waren.

Zypern/Europäische Union. Das Parlament ratifiziert mit den Stimmen von 30 der 56 Abgeordneten die EU-Verfassung. Mit dem Votum haben bisher zwölf Staaten den Vertragstext angenommen.

Kulturchronik

Juli 2004

2. Weltkulturerbe. Das Welterbekomitee der UNESCO nimmt den Fürst-Pückler-Park, das Dresdner Elbtal und das Bremer Rathaus in die Welterbeliste auf.

6. Ruhrtriennale. Peter Brook inszeniert bei der Ruhrtriennale in Duisburg die Uraufführung seines Stückes »Tierno Bokar«. Mit dem Drama über den afrikanischen Sufi-Weisen nach dem Roman von Hampâté Bâ reist Brook anschließend durch Europa.

17. Opernuraufführung. Bei den Münchner Opernfestspielen wird Jörg Widmanns Opernerstling »Das Gesicht im Spiegel« uraufgeführt. Das Libretto stammt von Roland Schimmelpfennig.

»InkaGold«-Ausstellung. In der UNESCO-Weltkulturerbestätte Völklinger Hütte eröffnet die Ausstellung »InkaGold – 3 000 Jahre Hochkulturen«.

23. Thrakerausstellung. Unter dem Titel »Die Thraker – Das Goldene Reich des Orpheus« stellt die Kunst- und Ausstellungshalle der Bundesrepublik Deutschland in Bonn die Kultur eines der ältesten indoeurop. und größten Völker vor.

24. Afrikaausstellung. Das Museum Kunstpalast in Düsseldorf zeigt die Ausstellung »Afrika Remix« und gibt anhand der Werke von 88 Künstlern aus 25 afrikanischen Ländern Einblicke in das zeitgenössische Kunstschaffen eines ganzen Kontinents.

Salzburger Festspiele. Die Salzburger Festspiele werden mit einer Neuinszenierung von Henry Purcells Oper »King Arthur« eröffnet, die von Nikolaus Harnoncourt dirigiert wird.

2. Juli · Blick auf das historische Zentrum Dresdens mit der Elbe, vorn links der Zwinger – jetzt Teil des Wekltkulturerbes der UNESCO

25. Juli · Endrik Wottrich als (Parsifal) in der Bayreuther Neuinszenierung von Christoph Schlingensief

25. Schlingensief in Bayreuth. Die Bayreuther Wagner-Festspiele werden mit der Oper »Parsifal« eröffnet. Die Neuinszenierung des Regisseurs Christoph Schlingensief wird von der Kritik unterschiedlich aufgenommen, der erwartete Skandal bleibt jedoch aus.

August 2004

7. Neue Musik. In Darmstadt beginnen die Internationalen Ferienkurse für Neue Musik. Beim Eröffnungskonzert unter der Leitung von James Wood erklingen u. a. Werke von Brian Ferneyhough, Chaya Czernowin, Toshio Hosokawa und Enno Poppe.

14. »Nibelungen« in Worms. Zum Auftakt der Wormser Nibelungen-Festspiele inszeniert Karin Beier vor dem Dom Friedrich Hebbels Theaterstück »Die Nibelungen«. Im ersten Jahr der Intendanz von Dieter Wedel spielen in Worms Stars aus Film und Fernsehen, u. a. Joachim Król, Manfred Zapatka und Maria Schrader.

21. Gerhard-Richter-Ausstellung. Die Dresdener Gemäldegalerie Neue Meister präsentiert ihre neuen Werke von Gerhard Richter. Im April hatte der Maler seiner Heimatstadt 30 Bilder aus allen Schaffensphasen als Dauerleihgabe überlassen. Zusammen mit elf weiteren Werken eines Privatsammlers verfügt Dresden damit über den größten Museumsbestand von Werken Richters.

22. Kunstraub. Bewaffnete Kunsträuber stehlen in einer Blitzaktion aus dem Munch-Museum in Oslo die Gemälde »Der Schrei« (1893) und »Madonna« (1893/94) von Edvard Munch.

September 2004

2. Brand in der Anna-Amalia-Bibliothek. Im Dachstuhl der Anna-Amalia-Bibliothek in Weimar bricht ein Brand aus. Dabei werden neben einem großen Teil der Bausubstanz des zum Weltkulturerbe gehörenden Gebäudes v. a. kulturgeschichtlich einmalige historische Buchbestände zerstört.

8. Grünes Gewölbe. Im Dresdner Schloss wird das Neue Grüne Gewölbe eröffnet. Nach 40 Jahren Interimszeit sind rund 1 020 Meisterwerke der Juwelier- und Goldschmiedekunst nun wieder an dem Ort zu sehen, wo der sächsische Kurfürst August der Starke sie einst um sich versammelte.

11. Filmfestspiele in Venedig. Bei den Filmfestspielen von Venedig erhält »Vera Drake« von Mike Leigh den Goldenen Löwen für den besten Film. Mit dem Großen Preis zeichnet die Jury den spanischen Beitrag »Mar adentro« von Alejandro Amenábar aus und mit dem Regie-Preis den südkoreanischen Film »Binjip« von Kim-Ku-Duk. Beste Schauspieler sind Imelda Staunton in »Vera Drake« und Javier Bardem in »Mar adentro«.

12. Schimmelpfennig-Stück. Am Wiener Akademietheater wird Roland Schimmelpfennigs »Die Frau von früher« unter der Regie von Ste-

16. September · Juliane Köhler (Eva Braun), Bruno Ganz (Adolf Hitler) und Heino Ferch (Albert Speer) in dem Spielfilm »Der Untergang«

phan Müller uraufgeführt. Eine Zeitmaschine spult das Geschehen, das existenzielle Fragen um Leben und Tod, um Liebe und ihre Abnutzungserscheinungen behandelt, mehrfach vor und zurück.

Langen Foundation. Mit der Ausstellung »Bilder der Stille. Die Tradition Japans und die westliche Moderne« wird auf der Museumsinsel Hombroich bei Neuss das von Tadao Ando entworfene Ausstellungshaus der Langen Foundation eingeweiht.

Dalí-Retrospektive. Im Palazzo Grassi in Venedig beginnt die große Retrospektive zum 100. Geburtstag von Salvador Dalí.

14. »German Art«-Ausstellung. Im Städelschen Kunstinstitut in Frankfurt am Main eröffnet eine Ausstellung, die unter dem Titel »German Art« Werke aus dem Saint Louis Art Museum in den USA präsentiert, darunter Werke von Anselm Kiefer, Georg Baselitz, Joseph Beuys und Jörg Immendorff.

16. Hitler-Film. Oliver Hirschbiegels Film »Der Untergang«, produziert von Bernd Eichinger, kommt in die dt. Kinos. Geschildert werden die letzten Tage Adolf Hitlers in seinem Bunker. In der Hauptrolle brillierte Bruno Ganz.

17. Dani-Levy-Stück. Bei Dani Levys in Basel unter der Regie des Autors uraufgeführtem Stück »Freie Sicht aufs Mittelmeer« zieht das Theaterpublikum mit den Schauspielern durch die Straßen der Stadt und verfolgt den Lebenslauf eines gerade aus dem Gefängnis entlassenen Revoluzzers, gespielt von Klaus Brömmelmeier.

18. Cezanne-Ausstellung. Die herausragende Bedeutung Paul Cézannes für die Entwicklung der modernen Malerei stellt eine mit mehr als 40 Gemälden des Franzosen und Werken von Zeitgenossen – darunter Picasso, Braque, Matisse, Derain – bestückte Ausstellung im Museum Folkwang in Essen heraus.

19. MoMA in Berlin. Mit einem Feuerwerk endet die MoMA-Ausstellung in Berlin. 1,2 Mio. Besucher sahen die seit 20. Februar in der Neuen Nationalgalerie gastierende Kunstschau der Superlative.

21. Flick Collection. Im Museum Hamburger Bahnhof in Berlin wird die Flick Collection mit bedeutenden Werken zeitgenössischer Kunst eröffnet.

25. Phönikerausstellung. Das Badische Landesmuseum in Karlsruhe präsentiert mit »Hannibal ad portas – Macht und Reichtum Karthagos« die bislang größte Phönikerausstellung in Deutschland.

21. September · Kulturstaatssekretärin Christina Weiss und Sammler Flick bei der Ausstellungseröffnung der umstrittenen Flick Collection

30. Handke-Stück. Claus Peymann inszeniert am Berliner Ensemble das neue Stück von Peter Handke. In »Untertagblues« spielt Michael Maertens einen »wilden Mann«, der in der U-Bahn Hasstiraden auf seine Mitfahrer abfeuert und am Ende von der »wilden Frau« in die Schranken gewiesen wird.

Oktober 2004

1. »Das große Lesen«. In der von Johannes B. Kerner moderierten ZDF-Show »Das große Lesen« steht John R. R. Tolkiens Fantasyklassiker »Der Herr der Ringe« vor der Bibel an der Spitze der 50 beliebtesten Bücher. 250 000 Zuschauer hatten zwischen dem 6. Juli und 6. August ihr Lieblingsbuch benannt.

2. Donald-Judd-Retrospektive. Zehn Jahre nach seinem Tod würdigen das Kunstmuseum und das Museum für Gegenwartskunst in Basel in einer großen Retrospektive das künstlerische Schaffen Donald Judds, der als führender Vertreter der US-amerikanischen Minimal Art gilt.

14. Oktober · Eines der Glanzstücke der Bronzezeitausstellung in Halle ist die Himmelsscheibe von Nebra, die als früheste Darstellung des Kosmos in Europa gilt.

3. Mendelssohn-Uraufführung. In der Essener Philharmonie erlebt die komische Oper »Der Onkel aus Boston« (1824), ein Jugendwerk von Felix Mendelssohn-Bartholdy, ihre späte Uraufführung. Wiederentdecker des Werks und auch Dirigent ist Helmuth Rilling.

9. Goslarer Kaiserring. Die Fotokünstlerin Katharina Sieverding wird mit dem Goslarer Kaiserring ausgezeichnet. Der seit 1974 verliehene Preis zählt zu den begehrtesten Auszeichnungen für moderne Kunst.
Deutscher Fernsehpreis. Im Kölner Coloneum findet zum sechsten Mal die Gala zur Verleihung der Dt. Fernsehpreise statt. 15 Preise gehen an die öffentlich-rechtlichen Sender, an die privaten nur acht. Den Ehrenpreis erhält Udo Jürgens.

10. Friedenspreis des Deutschen Buchhandels. In der Frankfurter Paulskirche wird der ungarische Schriftsteller Péter Esterházy mit dem Friedenspreis des Dt. Buchhandels ausgezeichnet.

14. Bronzezeitausstellung. In Halle eröffnet die große Bronzezeitausstellung mit rund 1 600 Exponaten, darunter die Himmelsscheibe von Nebra und der Sonnenwagen von Trundholm.

15.–17. Donaueschinger Musiktage. Unter dem Motto »Ferne Nähe« loten die Donaueschinger Musiktage Konzeptionen gegenwärtiger Musik aus. Das Festival bietet 20 Uraufführungen von Künstlern aus acht Nationen, darunter die Schlussszene des monumentalen LICHT-Zyklus von Karlheinz Stockhausen.

17. Motherwell-Werkschau. Im Schloss Morsbroich in Leverkusen erhält der US-amerikanische Künstler Robert Motherwell nach 25 Jahren erstmals wieder eine umfassende Werkschau in Deutschland.

23. Oktober · Andreas Durban (Merlin; von links), Sebastian Münster (Artus), Franziska Geyer (Emmeline) und Wolfgang Böhm (Filidel) in Tankred Dorsts »Purcells Traum von König Artus«

20. Raffael-Ausstellung. In der National Gallery in London eröffnet die bislang größte Ausstellung von Werken Raffaels außerhalb Italiens.

21. Praemium Imperiale. Der Maler, Zeichner und Grafiker Georg Baselitz wird in Tokio mit dem mit 114 000 € dotierten Praemium Imperiale ausgezeichnet. Die japanische Auszeichnung gilt als Nobelpreis der Künste.

22. Sammlung Frieder Burda. In Baden-Baden eröffnet die Sammlung Frieder Burda. In dem von Stararchitekt Richard Meier entworfenen Kunstmuseum werden auf rund 1 000 m² Ausstellungsfläche Werke der Klassischen Moderne und der Gegenwartskunst gezeigt.

23. Georg-Büchner-Preis. Wilhelm Genazino wird in Darmstadt mit dem Georg-Büchner-Preis ausgezeichnet, der wichtigsten dt. Literaturauszeichnung. Die Jury lobt ihn als »unbändigen Komödianten«.
Opernuraufführung. Am Hessischen Staatstheater Wiesbaden wird »Purcells Traum von König Artur« uraufgeführt, Theaterautor Tankred Dorsts Adaption von Henry Purcells Barockoper »King Arthur«. Regie führt David Mouchtar-Samorai.

24. Echo-Klassik. Die Dt. Phono-Akademie verleiht zum elften Mal den Echo Klassik. Ausgezeichnet werden u. a. Thomas Quasthoff als »Sänger des Jahres«, die russische Starsopranistin Anna Netrebko als »Sängerin des Jahres« und der neue Generalmusikdirektor der Münchner Philharmoniker, Christian Thielemann, als »Artist of the Year«. Für sein Lebenswerk wird der Dirigent und Komponist György Ligeti geehrt.

28. Musikpreis der UNESCO. Der senegalesische Musiker Youssou N'Dour wird in Aachen mit dem UNESCO-Musikpreis ausgezeichnet. Seine Musik verbindet traditionelle afrikanische Rhythmen mit Elementen westlicher Popmusik.

29. Lars-Norén-Uraufführung. Das neue Stück des schwedischen Dramatikers Lars Norén »Kälte« wird als dt.-sprachige Erstaufführung an den Kammerspielen des Dt. Theaters Berlin gezeigt. Das Stück um Fremdenfeindlichkeit, Rechtsextremismus und Sozialneid, das im Mord an einem ausländischen Jungen eskaliert, basiert auf einer wahren Begebenheit.

November 2004

1

4. Ägyptenausstellung. In Bonn eröffnet die große Ägypten-Ausstellung des Jahres mit Schätzen aus der Grabkammer des Pharaos Tutanchamun. Die aus dem Nationalmuseum in Kairo stammenden Exponate sind seit 20 Jahren erstmals wieder in Deutschland zu sehen.

4. November · Eine Besucherin der Ausstellung »Tutanchamun« in der Bundeskunsthalle in Bonn vor einem Sandsteinkopf Amenophis IV.

10. Kyōto-Preis. Der Philosoph Jürgen Habermas wird mit dem Kyōto-Preis für seine wissenschaftliche Leistung ausgezeichnet.

20. MoMa umgebaut. In New York wird das vollständig umgestaltete und um einen Neubau des japanischen Architekten Yoshigo Taniguchi erweiterte Museum of Modern Art (MoMA) wiedereröffnet.

23. Emmy für »Berlin, Berlin«. Die ARD-Serie »Berlin, Berlin« wird als erste dt. Comedy in New York mit einem Emmy, dem wichtigsten Fernsehpreis der Vereinigten Staaten, ausgezeichnet.

25. Theaterskandal um »Weber«. Das Dresdner Staatsschauspiel muss die umstrittene Inszenierung von Gerhart Hauptmanns Sozialdrama »Die Weber« aufgrund einer einstweiligen Verfügung absetzen. Regisseur Volker Lösch hatte teilweise faschistoide Aussagen von Dresdner Bürgern in das Drama einfließen lassen, die als Laiendarsteller mitwirkten.

Dezember 2004

4. Museumseröffnung in Leipzig. Nach 60 Jahren Provisorium kann in Leipzig das neu erbaute Museum der bildenden Künste seiner Bestimmung übergeben werden. Den Schwerpunkt der Sammlungen bildet die Malerei vom 15. bis zum 21. Jh.

5. Rubens-Ausstellung. In Wien wird die letzte der zahlreichen Ausstellungen des Kalenderjahres zum Werk des flämischen Malers Peter Paul Rubens eröffnet, die an drei Schauplätzen zu sehen ist: im Kunsthistorischen Museum, im Liechtenstein Museum und in der Gemäldegalerie der Akademie der bildenden Künste.

10. Literaturnobelpreis. Die österreichische Schriftstellerin Elfriede Jelinek wird mit dem Literaturnobelpreis ausgezeichnet. Sie nimmt den Preis jedoch nicht persönlich entgegen.

Januar 2005

8./9. Kulturhauptstadt. Mit dem aufwendigsten Feuerwerk in der Geschichte Irlands und Straßenkarneval feiert die irische Stadt Cork den Start als europ. Kulturhauptstadt.

15. Fritz-Kater-Uraufführung. Am Dt. Theater in Berlin führt Armin Petras Regie bei der Uraufführung des neuesten Stückes seines schreibenden Alter Egos Fritz Kater. Die dreiteilige Arbeitsmarktstudie »3 von 5 Millionen« thematisiert die Sinnsuche dreier Freund in Zeiten erdrückender Arbeitslosigkeit.
Neues Opernhaus. Mit Verdis »Aida« wird in Kopenhagen das neue Opernhaus nach Plänen des Dänen Henning Larsen (* 1925) eröffnet. Finanziert wurde der rund 335 Mio. € teure, 1 700 Zuschauern Platz bietende Bau von dem Schiffsreeder Mærsk Mc-Kinney Møller.
Mozart vervollständigt. Die von Wolfgang Amadeus Mozart als Torso hinterlassene große Messe in c-Moll (KV 427) erklingt in der New Yorker Carnegie Hall erstmals in einer vervollständigten Fassung. Bearbeiter ist der Musikforscher Robert D. Levin, Dirigent des Abends Helmuth Rilling.

15. Januar · Die neue Oper in Kopenhagen; Königin Margrethe II. ehrte den Spender Mc-Kinney Møller mit dem »Ritter vom Elefanten«.

27. Januar · Cornelia Froboess (links) und Gisela Stein in Botho Strauß' »Die eine und die andere«

27. Botho-Strauß-Stück. »Die eine und die andere« von Botho Strauß wird am Münchner Residenztheater unter der Regie des Hausherrn Dieter Dorn uraufgeführt. »Die eine«, gespielt von Cornelia Froboess, und »die andere«, gespielt von Gisela Stein, sind zwei 60-jährige Frauen, die jeweils vom selben Mann mit einem Kind sitzen gelassen wurden und jetzt zur Inventur ihres Lebens schreiten.

Februar 2005

12. The Gates. Das Kunstprojekt »The Gates« von Christo & Jeanne Claude wird eröffnet. Die Mammutinstallation mit 7 500 Toren, von denen safrangelbe Stoffbahnen wehen, wird von Publikum und Kritik mit Begeisterung aufgenommen und zieht bis zu 28. Februar rund 2 Mio. Besucher an.
Jon-Fosse-Erstaufführung. Am Bochumer Schauspielhaus bringt Matthias Hartmann mit »Todesvariationen« bereits das dritte Stück des Norwegers Jon Fosse zur dt.-sprachigen Erstaufführung.

26. Theresia-Walser-Uraufführung. »Die Kriegsberichterstatterin«, das neue Stück von Theresia Walser, wird im Marstall des Bayerischen Staatsschauspiels uraufgeführt. Nachdem die Autorin das Stück kurz vor der Premiere in Konstanz schlagzeilenträchtig zurückgezogen hatte, nimmt sich Regisseur Florian Boesch in München stark zurück.

28. Oscar-Verleihung. Bei der Verleihung der Academy Awards ist Clint Eastwood mit »Million Dollar Baby« mit vier Oscars der Sieger des Abends: Neben dem Preis für den besten Film und die beste Regie entfallen auch der Preis für die beste Hauptdarstellerin (Hilary Swank) und den besten Nebendarsteller (Morgan Freeman) an das Boxerinnendrama. Zum besten Hauptdarsteller wird Jamie Foxx für seine Darstellung der Soul-Legende Ray Charles (»Ray«) gewählt. In der Kategorie »Bester Auslandsfilm« unterliegt Oliver Hirschbiegels »Der Untergang« dem spanischen Drama »Das Meer in mir« von Alejandro Amenábar.

März 2005

4. Kunstmuseum Stuttgart. In Stuttgart wird das neue Kunstmuseum auf dem Schlossplatz eingeweiht. Der rund 67 Mio. € teure gläserne Kubus bietet auf 5 000 m² Ausstellungsfläche einer der bemerkenswertesten städtischen Kunstsammlungen Deutschlands (mit rund 250 Werken die weltweit wichtigste Otto-Dix-Sammlung) endlich die ihrer Bedeutung angemessene Bleibe.

17. Preis der Leipziger Buchmesse. In der Glashalle der Leipziger Messe wird erstmals der mit 15 000 € dotierte »Preis der Leipziger Buchmesse 2005« verliehen. Die Preisträger sind Terézia Mora (Belletristik), Rüdiger Safranski (Sachbuch) und Thomas Eichhorn (Übersetzung).

18. Adolf-Grimme-Preis. Bei der Verleihung des Adorf-Grimme-Preises ist die Dominanz der öffentlich-rechtlichen Sender besonders deutlich. Das Spektrum der Auszeichnungen reicht von dem WDR-Polittalk »Hart aber fair« mit Frank Plasberg über den »Tatort: Herzversagen« (ARD/HR) mit Andrea Sawatzki und Jörg Schüttauf bis hin zur Comedy »Dittsche« (WDR) mit Olli Dittrich.

Jelinek-Uraufführung. Nicolas Stemann bringt am Wiener Akademietheater Elfriede Jelineks Stück »Babel« auf die Bühne. Die Nobelpreisträgerin setzt sich darin mit dem Irakkrieg und seinen Folgen auseinander. Auch Medienschelte fehlt nicht.

19. Eichingers Operndebüt. Der international erfolgreiche Filmproduzent Bernd Eichinger debütiert an der Berliner Staatsoper Unter den Linden als Opernregisseur: Seine spektakuläre Version des »Parsifal« von Richard Wagner, musikalisch geleitet von Daniel Barenboim, eröffnet Festtage des Opernhauses.

20. Bernhard-Heisig-Retrospektive. Eine Retrospektive zum 80. Geburtstag des Malers und langjährigen Rektors der Leipziger Hochschule für Graphik und Buchkunst Bernhard Heisig (* 1925) zeigt das Museum der bildenden Künste Leipzig (weitere Stationen: Düsseldorf, Berlin).

4. März · Das neue Kunstmuseum in Stuttgart; links eine Plastik von Alexander Calder

Bachkantate vervollständigt. In der Suntory Hall in Tokio wird die vom US-amerikanischen Musikwissenschaftler Joshua Rifkin vervollständigte Hochzeitskantate »Vergnügte Pleißenstadt« (BWV 216) von Johann Sebastian Bach erstmals aufgeführt. Das Autograph war 2004 im Nachlass einer japanischen Pianistin entdeckt worden.

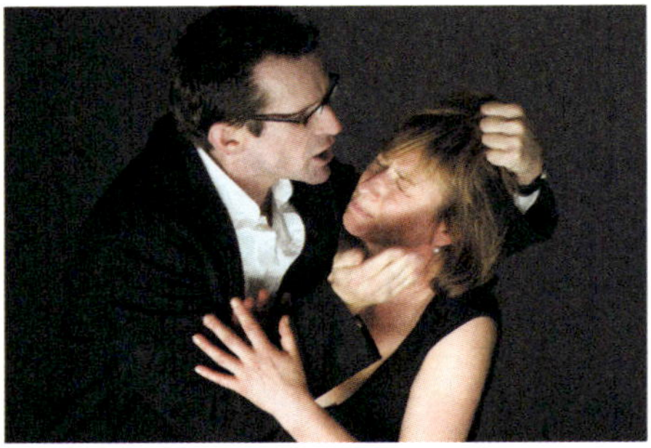

20. März · Ulrich Matthes und Corinna Harfouch in »Wer hat Angst vor Virginia Woolf?«

Gertrud-Eysoldt-Ring. Die bedeutendste Auszeichnung für dt. Schauspieler, der Gertrud-Eysoldt-Ring, wird an Ulrich Matthes für seine Darstellung in Edward Albees »Wer hat Angst vor Virginia Woolf« am Dt. Theater in Berlin verliehen.

April 2005

1. Berliner Opernstiftung. Die drei Berliner Opernhäuser und das Staatsballett erhalten mit Michael Schindhelm erstmalig einen verantwortlichen gemeinsamen Repräsentanten. Der thüringische Theatermann übernimmt mit diesem Tag offiziell die Generaldirektion der dazu neu geschaffenen Berliner Opernstiftung.

10. Berliner Symphoniker. Die Berliner Symphoniker geben in der Berliner Philharmonie ihr letztes Konzert. Das 1966 gegründete und bis 2004 subventionierte Orchester aus dem Ostteil der Stadt war auf dem Weg in eine privatwirtschaftlich geführte GmbH am Ausbleiben von Sponsoren gescheitert.

29. Kulturhauptstadt. Der Bundesrat stimmt dem Vorschlag der Fachjury zu, die beiden Städte Essen und Görlitz für die offizielle Bewerbung um den Titel »Europ. Kulturhauptstadt 2010« zu nominieren. Entscheiden wird eine international besetzte Jury im November 2006.

Mai 2005

3. Ruhrfestspiele. Dominique Horwitz spielt den Tellheim in der Premiere von Lessings »Minna von Barnhelm« bei den Ruhrfestspielen in Recklinghausen. Nach dem gigantischen Publikumseinbruch im Vorjahr setzt der neue Festspielleiter Frank Hoffmann mit vier Lessinginszenierungen auf Bewährtes.

7. Museumseröffnung. In Herford wird der Museumsneubau des US-amerikanischen Stararchitekten Frank O. Gehry (* 1929) offiziell eröffnet. Der Name verweist auf das Konzept: MARTa steht für Kunst (art), Möbel (M) und Ambiente (a) und stellt eine Verbindung von zeitgenössischer Kunst, Design und Architektur her.

9. Wiener Festwochen. Christoph Marthaler zeigt im Rahmen der Wiener Festwochen sein theatralisch-musikalisches Projekt »Schutz vor der Zukunft« im Jugendstiltheater des Otto-Wagner-Spitals. Das traurig-komische Stück ist den Kindern gewidmet, die in dieser Klinik ab 1940 dem Euthanasie-Programm der Nationalsozialisten zum Opfer fielen.

10. Holocaust-Mahnmal. Nach zwölfjähriger Debatte und fünfjähriger Bauzeit wird in Berlin das aus 2 711 unterschiedlich hohen Betonstelen komponierte »Denkmal für die ermordeten Juden Europas« des US-Amerikaners Peter Eisenman (* 1932) eingeweiht.

11. Wiener Festwochen. »Turista«, das neue Stück von Marius von Mayenburg wird bei den Wiener Festwochen in einer Inszenierung von Luk Perceval mit flämischen und dt. Schauspielern uraufgeführt. Das Stück zeigt einen Campingplatz im Süden als einen Kampfplatz der Camper. Die »Menschenzustandsbesichtigung« des jungen Autors fällt düster aus.

21. Mai · Die Belgier Luc (links) und Jean-Pierre Dardenne mit der Goldenen Palme in Cannes

19. Israel-Ausstellung. Im Berliner Martin-Gropius-Bau eröffnet die Ausstellung »Die Neuen Hebräer – 100 Jahre Kunst in Israel«. Höhepunkt der Schau ist die 2 000 Jahre alte Tempelrolle von Qumran, die erstmals außerhalb Israels zu sehen ist.

21. Akademie der Künste. In Berlin wird der gläserne Neubau der Akademie der Künste am Pariser Platz eröffnet. Die Realisierung erfolgte nach einem Entwurf von Günter Behnisch und Werner Durth.
Filmfestspiele in Cannes. Mit der Vergabe der Goldenen Palme an die belgischen Brüder Jean-Pierre und Luc Dardenne für ihr Sozialdrama »L'enfant« haben die Internationalen Filmfestspiele in Cannes ihren Höhepunkt erreicht. Der Große Preis der Jury geht an den US-amerikanischen Filmemacher Jim Jarmusch für seinen Film »Broken Flowers«. Als bester Schauspieler wird der US-Amerikaner Tommy Lee Jones (»Men In Black«) geehrt, als beste Schauspielerin die Israelin Hanna Laslo (»Free Zone«).

31. Pritzker-Preis. In Chicago wird der Pritzker-Preis, die renommierteste Architekturauszeichnung, mit Thom Mayne nach 14 Jahren wieder an einen US-Amerikaner verliehen.

Juni 2005

3. Ernst-von-Siemens-Musikpreis. In München wird der renommierte Ernst-von-Siemens-Musikpreis (150 000 €) an den frz. Komponisten Henri Dutilleux verliehen. Förderpreise gehen an den Holländer Michel van der Aa und an die beiden Deutschen Sebastian Claren und Philipp Maintz

4. Schillertage. Die Mannheimer Schillertage werden mit einer Inszenierung des »Wilhelm Tell« eröffnet. Das Nationaltheater hat dafür mit Thomas Langhoff einen renommierten dt. Regisseur verpflichtet.

10. Kunstbiennale. Der Düsseldorfer Bildhauer Thomas Schütte (* 1954) wird bei der 51. Kunstbiennale in Venedig mit dem Goldenen Löwen als bester Künstler der internationalen Ausstellung geehrt. Schütte zeigt im Park der Giardini della Biennale seine für ihn typischen Figuren aus Stahl oder Bronze.

13. Mülheimer Dramatikerpreis. Für sein Stück »Der Bus« erhält Lukas Bärfuss den Mülheimer Dramatikerpreis 2005. Das Stück wurde am 29. Januar am Hamburger Thalia Theater unter der Regie von Stephan Kimmig uraufgeführt.

20. Paul-Klee-Zentrum. In Bern wird das Paul-Klee-Zentrum mit über 4 000 Klee-Werken eröffnet. Das von dem italienischen Stararchitekten Renzo Piano entworfene Gebäude ähnelt drei Riesenwellen.

20. Juni · Das Paul-Klee-Zentrum in Bern, gebaut von Renzo Piano, beherbergt ca. 4 000 Arbeiten des Malers.

21. Weltdokumentenerbe. Die Kasseler Handexemplare der Kinder- und Hausmärchen der Brüder Grimm sind von der UNESCO zum Weltdokumentenerbe erklärt worden. Das teilen die Stadt Kassel und die UNESCO in Paris mit. Die Märchen der Brüder Grimm gelten als die erste systematische Zusammenfassung und wissenschaftliche Dokumentation der europ. und orientalischen Märchentradition

26. Nationalgalerie in Dortmund. Unter dem Titel »Die Kleine Nationalgalerie« eröffnet in Dortmund eine Filiale der Alten Nationalgalerie in Berlin. Für drei Jahre werden in der Ruhrgebietsstadt etwa 100 Gemälde und Skulpturen aus dem 19. Jh. zu sehen sein. Einen entsprechenden Kooperationsvertrag hatten die Stiftung Preußischer Kulturbesitz und die Stadt Dortmund am 10. Mai unterzeichnet.

Sportchronik

Juli 2004

4. Griechenland Europameister. Die griechische Nationalmannschaft unter dem dt. Trainer Otto Rehhagel, als Außenseiter gehandelt, gewinnt die Fußball-Europameisterschaft. Im Finale besiegen die Griechen Gastgeber Portugal mit 1:0.
Federer triumphiert in Wimbledon. Im Finale der 118. All England Championships besiegt der Schweizer Vorjahressieger Roger Federer den US-Amerikaner Andy Roddick in vier Sätzen 4:6, 7:5, 7:6 (7:3), 6:4. Einen Tag zuvor hatte die 17-jährige Russin Maria Scharapowa im Finale der Damen Serena Williams (USA), die als Favoritin galt, in zwei Sätzen (6:1, 6:4) entthront.

14. Schwimm-Weltrekord. Im kalifornischen Long Beach schwimmt Ian Crocker (USA) mit 50,76 sec über 100 m Schmetterling Weltrekord.

18. Ulrich Europameister. Der Berliner Boxer Thomas Ulrich erobert in Zwickau gegen Silvio Branco den vakanten Europameistertitel im Halbschwergewicht. Ulrich schickt den italienischen Exweltmeister in der elften Runde mit zwei harten Treffern auf die Bretter.

25. Armstrong mit Tour-Rekord. Lance Armstrong gewinnt als erster Radprofi die Tour de France zum sechsten Mal. Der US-Amerikaner setzt sich gegen alle Konkurrenten durch.

31. Krasniqi bleibt Europameister. In der Stuttgarter Hanns-Martin-Schleyer-Halle verteidigt Luan Krasniqi aus Rottweil seinen Titel als Boxeuropameister im Schwergewicht gegen René Monse. Es ist Krasniqis 27. Sieg im 28. Kampf.

4. Juli · Otto Rehhagel (vorn), der dt. Trainer der Griechen, jubelt über den Sieg seines Teams bei der Europameisterschaft in Lissabon.

August 2004

4. Dopingsünder. Der britische Radsportverband erkennt David Millar den WM-Titel im Zeitfahren ab. Millar war bei einer Dopingkontrolle positiv getestet worden und wird für zwei Jahre gesperrt.

13. Eröffnungsfeier. In Athen werden die 28. Olympischen Sommerspiele eröffnet. Das größte Sportereignis des Jahres hält die Welt 17 Tage lang in Atem.

22. Deutschland gewinnt Supercup. Im 16. Anlauf gewinnen die dt. Basketballer den Supercup. In Bamberg feiert das Team des Dt. Basketballbundes (DBB) mit 67:50 gegen die Türkei den dritten Sieg im dritten Spiel und trägt sich in die Liste der Turniersieger ein.

26. Hockey-Damen triumphieren. Durch ein 2:1 im olympischen Finale gewinnt das dt. Hockeynationalteam der Frauen sensationell Gold. Gegen die hoch favorisierten Niederländerinnen, die das Vorrundenduell noch mit 4:1 für sich entschieden hatten, treffen Anke Kühn und Franziska Gude zur 2:0-Pausenführung.

29. Olympische Spiele beendet. In Athen enden die 28. Olympischen Sommerspiele mit der Abschlussfeier. Die dt. Bilanz ist durchwachsen: Ohne Goldmedaille blieben dt. Sportler in olympischen Kernsportarten wie Leichtathletik und Schwimmen; dagegen begeisterten die dt. Teams in den Mannschaftssportarten und gewinnen vier Medaillen.

September 2004

8. Remis gegen den Weltmeister. Der dt. Nationalelf gelingt im Berliner Olympiastadion ein 1:1 gegen den fünfmaligen Weltmeister Brasilien. Das Heimdebüt des neuen Bundestrainers Jürgen Klinsmann weckt WM-Hoffnungen.

11. Halmich im Glück. Nach einer höchst umstrittenen Entscheidung der Punktrichter verteidigt die dt. Boxerin Regina Halmich ihren WM-Gürtel gegen Elena Reid (USA) in Karlsruhe durch ein Unentschieden. Der belgische Punktrichter sieht Reid vorne, sein polnischer Kollege stimmt für Remis, der dt. Unparteiische für Halmich. Die Karlsruherin darf den Titel behalten.

24. August · Ein Zuschauer behindert beim Marathonlauf der Olympischen Spiele in Athen den führenden Brasilianer Vanderlei Lima.

12. Leichtathletik-Jackpot. Mit dem sechsten Golden League Meeting endet die diesjährige Leichtathletikreihe in Berlin. Der 1 Mio. US-Dollar schwere Jackpot geht jeweils zur Hälfte an die Olympiasieger Tonique Williams-Darling (Bahamas) über 400 m und den Dreispringer Christian Olsson (Schweden).
Federer nicht zu stoppen. Der Weltranglistenerste und Wimbledonsieger Roger Federer gewinnt mit den US Open seinen dritten Grandslam-Titel in diesem Jahr. Im Finale in New York schlägt der Schweizer Champion den Australier Lleyton Hewitt 6:0, 7:6 (7:3), 6:0.

19. Sieg beim Ryder Cup. Europas Golfer triumphieren beim Ryder Cup, dem Saisonhöhepunkt in Bloomfield Hills, über Gastgeber USA.

19. September · Das favorisierte US-Team mit Golfstar Tiger Woods muss mit 8,5:14 Punkten die Gesamtniederlage im Ryder Cup gegen Europa einstecken.

Das 18,5:9,5 für die vom dt. Kapitän Bernhard Langer angeführten Europäer bedeutet den höchsten europ. Sieg in dem seit 1927 ausgetragenen Wettbewerb.

28. Paralympics. In Athen enden die Paralympics, die mit 3 969 Sportlern aus 136 Ländern den Teilnehmerrekord von Sydney (121 Länder) gebrochen haben. Die erfolgreiche dt. Mannschaft landet im Medaillenspiegel auf Platz acht. China wird mit 141 Auszeichnungen Erster.

Oktober 2004

3. Tourenwagen. Mit einem Lauf in Hockenheim endet die Dt. Tourenwagen-Meisterschaft. Mercedespilot Bernd Schneider entscheidet das zehnte und letzte Rennen für sich. Als Gesamtsieger stand bereits nach neun Rennen der Schwede Matthias Ekström fest.
Freire erneut Weltmeister. Der spanische Radprofi Oscar Freire gewinnt nach 1999 und 2001 zum dritten Mal die Weltmeisterschaft im Straßenrennen. Erik Zabel verpasst in Verona den Sieg nach 265,5 km nur knapp.
Klitschko wieder im Ring. Exboxweltmeister Wladimir Klitschko steigt sechs Monate nach seinem k.o. gegen Lamon Brewster erstmals wieder in den Ring. Der Schwergewichtler aus der Ukraine siegt gegen DaVarryl Williamson aus den USA durch Kampfabbruch in der fünften Runde.

10. Oktober · Dem Italiener Andrea Dovizioso (links) reicht beim großen Sieg von Malaysia der zweite Platz, um vorzeitig Weltmeister zu werden.

10. Schumacher-Triumph. Die Brüder Michael und Ralf Schumacher belegen beim Formel-1-Rennen in Suzuka die ersten Plätze. Ferraripilot Michael feiert seinen 13. Saisonsieg und baut im Gesamtklassement seine Führung vor Rubens Barrichello weiter aus. Ralf kommt mit 14 sec Rückstand ins Ziel, sichert sich jedoch den ersten Podiumsplatz der Saison.
Motorrad-WM. Der 18-jährige Italiener Andrea Dovizioso gewinnt die Motorrad-WM in der Klasse bis 125 ccm. Dem Hondapiloten genügt beim Großen Preis von Malaysia ein zweiter Rang hinter dem Australier Casey Stoner, um sich den Titel zu sichern.

16. Bettini behauptet Weltcuptitel. Der italienische Radprofi Paolo Bettini gewinnt die 98. Lombardei-Rundfahrt und behauptet den Weltcuptitel nach 2002 und 2003 zum dritten Mal.

24. Formel-1-Saisonfinale. Die Formel-1-Saison endet mit dem Großen Preis von Brasilien. In São Paulo gewinnt der Kolumbianer Juan Pablo Montoya. Als Weltmeister behauptet sich Michael Schumacher mit der Rekordzahl von 148 Punkten.

29. Behindertensportler des Jahres. In Düsseldorf zeichnen Vertreter des Dt. Behindertensportverbandes und des Dt. Sportbundes die Behindertensportler des Jahres aus. Die Ehrung erhalten die Schwimmerin Kirsten Bruhn und der Läufer Wojtek Cryz. Beide gewannen Gold bei den Paralympics in Athen.

31. Frankfurt-Marathon. Mit einem neuen Streckenrekord gewinnt der Kenianer Boaz Kimaiyo den Frankfurt-Marathon, den ältesten Stadtmarathon Deutschlands, der 1981 zum ersten Mal stattfand. Der 28-jährige Kenianer wiederholt damit seinen Vorjahressieg. Als beste Läuferin erreicht die Russin Olesia Nurgaliewa nach einem spontanen Endspurt mit 1 sec Vorsprung vor ihrer Zwillingsschwester Elena das Ziel.

November 2004

10. Dopingsperre. Nachdem er zum zweiten Mal positiv auf Doping getestet worden ist, wird der 400-m-Weltmeister Jerome Young lebenslang gesperrt. Das Urteil fällt die Anti-Doping-Agentur der USA.

22. November · Der überragende Weltranglistenerste Roger Federer aus der Schweiz gewinnt auch das Masters-Cup-Turnier in Houston.

11. Nina Kraft gedopt. Nina Kraft, dt. Siegerin des Ironman auf Hawaii, wird positiv auf die unerlaubte Substanz Erythropoietin (EPO) getestet. Die bislang von Dopingfällen verschonte Dt. Triathlon Union kündigt ab 1. 1. 2005 die Einführung von Profilizenzen an, die mehr Kontrolle garantieren.

16. Scharapowa siegt. Wimbledonsiegerin Maria Scharapowa sichert sich in Los Angeles den Titel bei den WTA Tour Championships. Die Russin schlägt Serena Williams (USA) 4:6, 6:2, 6:4.

17. Sechstagerennen. Das 41. Münchner Sechstagerennen gewinnen der Australier Scott McGrory und der Belgier Matthew Gilmore. Die dt. Fahrer Andreas Kappes und Andreas Beikirch landen auf dem dritten Platz.

20. Jubiläumssieg beim Rodeln. Im lettischen Sigulda sichert Silke Kraushaar mit ihrem 23. Weltcuperfolg eine beeindruckende Serie: Sie feiert den 50. Sieg der dt. Rodlerinnen in Folge. Seit 1997 sind die dt. Damen im Weltcup ungeschlagen.

22. Federer gewinnt Masters Cup. Der Weltranglistenerste Roger Federer krönt sein erfolgreiches Tennisjahr mit dem Sieg beim Masters Cup in Houston. Der Schweizer siegt gegen den Australier Lleyton Hewitt mit 6:3, 6:2.

28. Erfolg für Hambüchen. Beim DTB-Pokal in Stuttgart feiert Fabian Hambüchen seine ersten Weltcuperfolge. Die Nachwuchshoffnung der dt. Turner gewinnt zunächst den Wettbewerb am Reck; anschließend entscheidet der 17-Jährige auch das Finale am Boden für sich.

Dezember 2004

1

1. Zweiter WM-Titel für Kamrau. In Dubai erringt Langstreckenschwimmerin Britta Kamrau den WM-Titel über die 25-km-Distanz. Zwei Tage nach ihrem Erfolg über 10 km gewinnt die Rostockerin in 5:43:09,6 h mit nur einer Zehntelsekunde Vorsprung vor der niederländischen Vorjahressiegerin Edith van Dijk.

4. Daviscup an Spanien. In Sevilla erobern Spaniens Tennisspieler zum zweiten Mal nach 2000 den Daviscup. Vor einer Rekordkulisse von 27 200 Zuschauern sorgt Carlos Moya mit 6:2, 7:6, 7:6 gegen Andy Roddick (USA) für den entscheidenden dritten Punkt.

8. Deutsche Clubs erfolgreich. Nach Bayern München und Werder Bremen zieht auch Bayer Leverkusen ins Achtelfinale der Champions League ein. Mit einem 3:0 über Dynamo Kiew im letzten Vorrundenspiel sichert sich das Team von Klaus Augenthaler den Gruppensieg vor Real Madrid.

12. Dezember · WBC-Weltmeister Witali Klitschko beim entscheidenden Schlag in der achten Runde gegen Danny Williams

12. Klitschko verteidigt Titel. Der ukrainische Schwergewichtsboxer Witali Klitschko bleibt WBC-Weltmeister. In Las Vegas besiegt er den Briten Danny Williams durch technischen k.o. in der achten Runde.

18. Rauffer gewinnt Weltcupabfahrt. Ein Jahr nach einem schweren Sturz an gleicher Stelle gewinnt Max Rauffer in Gröden sensationell das Abfahrtsrennen. Es ist der erste Abfahrtserfolg der dt. Herren seit Januar 1992.
Beyer bleibt Weltmeister. Markus Beyer verteidigt seinen WBC-Weltmeistertitel im Supermittelgewicht. In Bayreuth gewinnt Beyer gegen den Japaner Yoshinori Nishizawa klar nach Punkten.

19. Sportler des Jahres. Kanulegende Birgit Fischer und Formel-1-Rekordweltmeister Michael Schumacher werden von dt. Sportjournalisten als »Sportler des Jahres« gewählt. »Mannschaft des Jahres« wird das dt. Hockey-Damenteam, das bei den Olympischen Spielen in Athen überraschend Gold gewann.

20. Prinz Weltfußballerin. »Weltfußballer des Jahres« sind die dt. Weltmeisterin Birgit Prinz und der brasilianische Weltmeister Ronaldinho.

Januar 2005

6. Vierschanzentournee. Janne Ahonen dominiert die 53. Vierschanzentournee. Nach Erfolgen in Oberstdorf, Garmisch-Partenkirchen und Innsbruck genügt dem Finnen beim Abschlussspringen in Bischofshofen ein zweiter Platz zum dritten Gesamtsieg nach 1999 und 2003.

9. Friesinger blitzschnell. Eisschnelllauf-Olympiasiegerin Anni Friesinger gewinnt die Mehrkampfeuropameisterschaft in Heerenveen (Niederlande) mit EM-Rekord. Über Silber und Bronze freuen sich Daniela Anschütz sowie Claudia Pechstein.

15. Halmich behält Gürtel. Regina Halmich verteidigt gegen Herausforderin Marylin Hernandez (Dominikanische Republik) überzeugend ihren WM-Titel im Fliegengewicht nach WIBF-Version.

23. Weltmeister gibt Gas. Zum dritten Mal in Folge heißt der Schnellste der Rallye Monte Carlo Sébastien Loeb (Frankreich).

27. Eiskunstlauf-EM. Jewgeni Pluschenko (Russland) holt sich bei der Eiskunstlauf-Europameisterschaft in Turin zum vierten Mal den Titel, der dt. Meister Stefan Lindemann kann sich über die Bronzemedaille freuen.

29. Australian Open. Im Damenfinale von Melbourne ist Serena Williams (USA) zum zweiten Mal erfolgreich. Sie schlägt ihre Landsmännin Lindsay Davenport mit 2:6, 6:3, 6:0. Bei den Herren lässt am folgenden Tag Marat Safin (Russland) Lokalmatador Lleyton Hewitt keine Chance (1:6, 6:3, 6:4, 6:4).

Februar 2005

3. Rennrodeln. Vizeweltmeisterin Barbara Niedernhuber (Deutschland) gewinnt nach einem Vorsprung von zehn Punkten vor Weltmeisterin Silke Kraushaar erstmals in ihrer Karriere den Gesamtweltcup.

6. Friesinger erneut top. Nach 2001 und 2002 wird Anni Friesinger wieder Mehrkampfweltmeisterin im Eisschnelllauf. In Moskau erzielt die Inzellerin über alle vier Einzelstrecken die Bestzeit.
Handball-WM. Die 19. Handballweltmeisterschaft in Tunesien gewinnt Spanien. Im Finale wird Olympiasieger und Titelverteidiger Kroatien mit 40:34 Toren entthront.

6. Februar · Spaniens Handballer jubeln nach dem Finalsieg über Kroatien bei der Weltmeisterschaft in Tunesien.

11. Skikönigin. Die Kroatin Janica Kostelić ist bei der alpinen Ski-WM im italienischen Bormio/Santa Caterina das Maß der Dinge. Im Slalom gewinnt sie ihr drittes Gold.

14. Titel-Hattrick. Die Winterbergerin Sandra Kiriasis gewinnt in Lake Placid (USA) mit Anschieberin Anja Schneiderheinze als erste Frau zum dritten Mal in Folge den Bob-Gesamtweltcup.

25. Schifferstadt triumphiert. Der VfK Schifferstadt gewinnt zum dritten Mal nacheinander die dt. Ringer-Mannschaftsmeisterschaft. Im Rückkampf gegen den 1. Luckenwalder SC sind die Pfälzer mit 17,5:6,5 erfolgreich.

27. Sternstunde im Eiskanal. Den fünften Weltmeistertitel im Viererbob feiert in Calgary Olympiasieger André Lange. Zugleich gewinnt er die Auszeichnung als erster Pilot im großen Schlitten dreimal in Serie.

März 2005

5. Eisschnelllauf-EM. Die dt. Eisschnellläuferinnen gewinnen den Teamwettbewerb der Eisschnelllauf-WM in Inzell.

6. Disl zielsicher. Innerhalb von 24 Stunden erläuft und erschießt sich Uschi Disl ihr zweites Gold bei der Biathlon-WM im österreichischen Hochfilzen. Die 34-Jährige triumphiert nach dem Sprint auch im 10-km-Jagdrennen.
Hallen-Gold. Die einzige Goldmedaille für die dt. Leichtathleten bei der Hallen-Europameisterschaft in Madrid ist Tobias Unger zu verdanken. Der Kornwestheimer benötigt für die 200 m nur 20,53 sec.

13. Box-Champion. Markus Beyer bleibt Weltmeister im Supermittelgewicht nach Version des WBC. In Zwickau wird Angstgegner Danny Green (Australien) nach Punkten bezwungen.

19. Loipenstar. Der Gesamtweltcup im Skilanglauf bleibt in Deutschland. Nach René Sommerfeld nimmt jetzt Axel Teichmann die Trophäe in Empfang.
Eiskunstlauf-WM. Einen Tag nach dem Sieg des Schweizers Stéphane Lambiel bei den Herren gewinnt Irina Slutskaja (Russland) die Damenkonkurrenz der Eiskunstlauf-WM in Moskau. Die Deutsche Annette Dytrt belegt in Moskau den 15. Platz.

26. Gold bei Bahnrad-WM. Bei der Bahnrad-WM in Los Angeles siegt Robert Bartko in der 4000-m-Einerverfolgung. Zwei Tage später gewinnt René Wolff den Titel im Sprint.

30. Tischtennis-EM. Die dänischen Tischtennis-Herren sind erstmals Mannschaftseuropameister. Im Finale in Århus setzten sich die Skandinavier mit 3:2 gegen Österreich durch.

April 2005

3. Tischtennis-EM. Der Weißrusse Wladimir Samsonow gewinnt nach 1998 und 2003 seinen dritten Europameistertitel im Tischtenniseinzel. Bei den Damen gewinnt im dänischen Århus Liu Jia (Österreich).

11. Richtiges Eisen. Nach 1997, 2001 und 2002 trägt Golfprofi Tiger Woods (USA) auch 2005 das grüne Siegersakko vom US Masters in Augusta. Der 29-Jährige verweist Landsmann Chris DiMarco nach dem Stechen auf den zweiten Platz.

14. Ringer-EM. In der Klasse bis 72 kg punktet sich Anita Schätzle vom AC Mainz-Laubenheim zum Europameistertitel. Im Finale in Varna (Bulgarien) schaltet sie die Russin Swetlana Martinenko aus.

16. Halmich souverän. Fliegengewichtlerin Regina Halmich zeigt auch in ihrem 39. WM-Boxkampf keine Schwäche und verteidigt gegen Hollie Dunaway (USA) überzeugend ihren WIBF-Gürtel.

19. Eishockeymeister. Zum ersten Mal sind die Eisbären Berlin gesamtdt. Eishockeymeister. Im dritten Play-off-Finale verlieren die Adler aus Mannheim mit 1:4.

30. Bayern Fußballmeister. Durch einen 4:0-Sieg beim 1. FC Kaiserslautern gewinnt der FC Bayern München vorzeitig seine 19. Dt. Fußballmeisterschaft.

Mai 2005

15. Eishockey-WM. Bei der 69. Eishockey-WM in Österreich entthront Tschechien mit einem 3:0 Titelverteidiger Kanada und wird zum elften Mal Weltmeister. Das dt. Team steigt zum fünften Mal aus der A-Gruppe ab.

18. UEFA-Cup-Premiere. Mit ZSKA Moskau gewinnt erstmals eine russische Elf den UEFA-Cup. Sporting Lissabon kann dem ehemaligen Armeeklub kein Paroli bieten und geht im eigenen Stadion mit 1:3 unter.

21. Turbine auf Hochtouren. Den UEFA-Pokal der Frauen sichert sich ungefährdet der 1. FFC Turbine Potsdam mit einem 3:1-Rückspielerfolg über Djurgarden/Älvsjö IF.

25. Mai · Zweikampf zwischen Gennaro Guttuso (rechts) vom AC Mailand und dem Liverpooler Djibril Cisse während des Champions-League-Finales in Istanbul

22. Bayer hat Nase vorn. Die Handballerinnen von Bayer Leverkusen gewinnen mit dem Challenge Cup ihren ersten Titel auf europ. Bühne. Im Finalrückspiel genügt ein 25:22-Erfolg gegen Cercle Dijon (Frankreich).

25. Weltrekord. Janine Pietsch stellt bei der Dt. Schwimmmeisterschaft in Berlin über 50 m Rücken mit 28,18 sec einen Weltrekord auf. **Champions League.** Der FC Liverpool ist Europas beste Fußballmannschaft. Die »Roten« gewinnen nach Verlängerung und Elfmeterschießen gegen AC Mailand mit 6:5 Toren.

28. DFB-Pokal. Der FC Bayern München gewinnt mit einem 2:1-Erfolg über Schalke 04 in Berlin den DFB-Pokal.

29. Giro d'Italia. Der Italiener Paolo Savoldelle ist der Gesamtsieger des Giro d'Italia.

Juni 2005

4. Roland Garros. Justine Henin-Hardenne (Belgien) gewinnt die French Open gegen Mary Pierce (Frankreich) klar mit 6:1 und 6:1. Bei den Herren schlägt Rafael Nadal (Spanien) am folgenden Tag den Argentinier Mariano Puerta mit 6:7, 6:3, 6:1 und 7:5.

5. Turn-Hoffnung. Fabian Hambüchen gewinnt bei der Kunstturn-EM in Debrecen (Ungarn) am Reck die Goldmedaille.

14. Schnellster Mensch der Welt. Asafa Powell (Jamaika) läuft im Athener Olympiastadion die 100 m in Weltrekordzeit: 9,77 sec.

19. DFB-Frauen auf Erfolgsspur. Die dt. Fußballnationalmannschaft der Frauen holt zum sechsten Mal den Europameistertitel. Die Weltmeisterinnen schlagen in Blackburn (Großbritannien) Finalgegner Norwegen mit 3:1. Im Anschluss übergibt Erfolgstrainerin Tina Theune-Meyer nach neun Jahren ihr Amt an Exnationalspielerin Silvia Neid.

23. Meister nach Körben. GHP Bamberg bezwingt in der fünften und entscheidenden Begegnung um die Dt. Basketballmeisterschaft der Herren Titelverteidiger Skyliners Frankfurt mit 68:64 Punkten.

26. Feldhockey. Die Stuttgarter Kickers holen ihre erste dt. Feldhockey-Meisterschaft. Titelverteidiger Club an der Alster verliert das Siebenmeterschießen mit 2:3, nach regulärer Spielzeit und Verlängerung stand es 2:2.

29. Samba schlägt Tango. Brasilien sichert sich mit einem überlegenen 4:1-Finalsieg über Argentinien in Frankfurt den FIFA Confederations Cup. Das »kleine Finale« in Leipzig hatten zuvor die dt. Kicker mit 4:3 nach Verlängerung gegen Mexiko gewonnen.

5. Juni · Nach seinem siebten Platz bei den Olympischen Spielen in Athen erreicht Fabian Hambüchen bei der Kunstturn-EM in Debrecen (Ungarn) den ersten Platz am Reck.

Lexikon von A–Z

Arbeit und Soziales

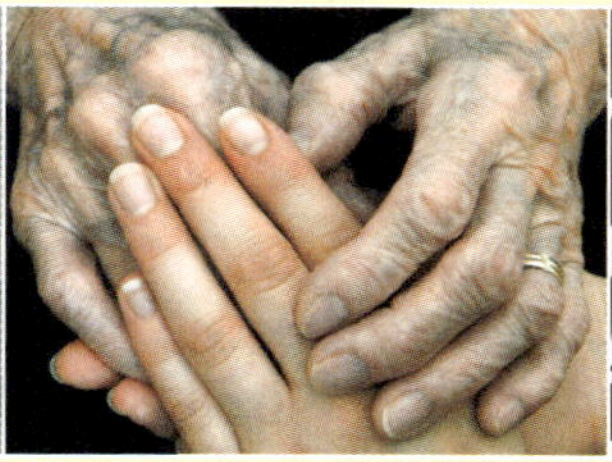

Alter

Lebenserwartung: Eine stark verbesserte Hygiene, der Fortschritt in der Medizin, ein gestiegenes Gesundheitsbewusstsein, wirtschaftlicher Wohlstand und Umweltschutz haben in allen Industrieländern zu einem erheblichen Anstieg der Lebenserwartung geführt. Hatten Neugeborene in Deutschland um 1900 eine durchschnittliche Lebenserwartung von 44,8 Jahren (Jungen) und von 48,3 Jahren (Mädchen), so lag sie 2003 bei 75,6 bzw. 81,3 Jahren; bis 2020 rechnete das Statistische Bundesamt (Wiesbaden) mit einem weiteren Anstieg auf 78,4 bzw. 84,1 Jahre. Entsprechend stieg die durchschnittliche Lebenserwartung von 60-Jährigen zwischen 1900 und 2003 von 13,1 auf rund 20 Jahre (Männer) bzw. von 14,2 auf rund 24 Jahre (Frauen). Waren Menschen über 80 Jahre um 1950 mit rund 1% an der Gesamtbevölkerung noch eine seltene Ausnahme, so hat sich ihr Anteil bis heute vervierfacht; bis 2050 wird mit einer weiteren Verdreifachung auf 12% gerechnet. Da die Geburtenzahlen im gleichen Zeitraum abnahmen und in Zukunft aller Voraussicht nach weiter drastisch sinken werden, wird es in Deutschland schon in wenigen Jahren mehr Menschen über 60 Jahre als solche unter 18 Jahren geben (→ Bevölkerung, Deutschland).

Begleitung des sozialen Wandels: Den gesellschaftlichen Auswirkungen der veränderten Bevölkerungsstruktur – von der Nachfrage nach Gütern über den Bedarf an sozialen Diensten bis zur politischen Mitwirkung – versuchte die Bundesregierung Rechnung zu tragen, u. a. mit Gesetzen, der Unterstützung von Projekten zur Erforschung und Verbesserung der Lebensbedingungen alter Menschen und durch Förderung des gesellschaftlichen Bewusstseins für den bevorstehenden sozialen Wandel.

So regelt das am 1.8. 2003 in Kraft getretene Altenpflegegesetz erstmals die Berufsausbildung in der Altenpflege bundeseinheitlich. Ende 2003 wurde der »Runde Tisch Pflege« ins Leben gerufen. Dort sollen Vertreter der auf dem Gebiet tätigen Spitzenverbände gemeinsam Strategien für die nachhaltige Sicherung des Pflegenachwuchses entwickeln und bis Ende 2005 eine »Charta der Rechte hilfe- und pflegebedürftiger Menschen« erarbeiten. Das Spektrum der Modellprojekte reichte von »Altenhilfestrukturen der Zukunft« (Ziel: Sicherung eines möglichst langen selbstständigen Wohnens im A.) über »Interkulturelle Altenhilfezentren« (Integration alter Menschen mit Migrationshintergrund) und »Von der Fürsorge zur Teilhabe« (Zusammenleben von Menschen mit und ohne Behinderung) bis zu »Erfahrungswissen für Initiativen« (beispielsweise Managementausbildung für freiwillige soziale Aufgaben). Im November 2004 startete Bundesfamilienministerin Renate Schmidt (SPD) die Kampagne »Alt und Jung: ein Plus für alle« mit dem Ziel, dem Erfahrungsschatz im A. einen gesellschaftlich höheren Stellenwert zu verschaffen.

www.bmfsfj.de/Politikbereiche/aeltere-menschen

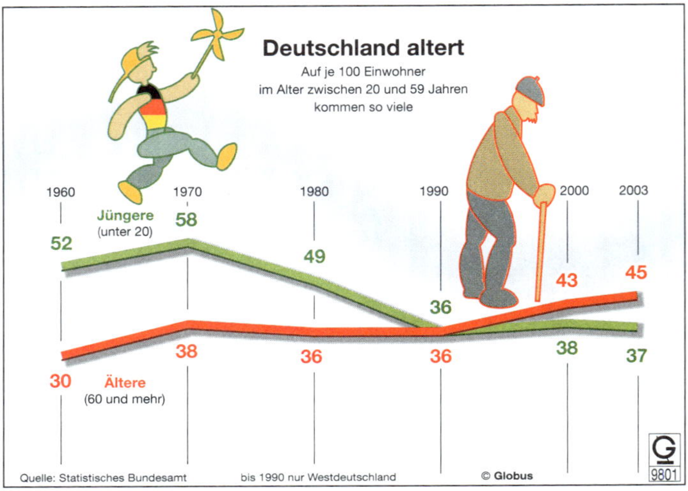

Ältere Arbeitnehmer

Im internationalen Vergleich war die Beschäftigungsquote Älterer (55–64 Jahre) in Deutschland mit 40% vergleichsweise niedrig. Das EU-Ziel, sie bis 2010 auf 50% zu erhöhen, erschien Experten 2005 kaum erreichbar. Eine Ursache für die geringe Beschäftigung von ä.A. sahen Politiker fast aller Parteien in hohen staatlichen Transferleistungen (Vorruhestand, Altersteilzeit usw.) sowie in weiteren tariflichen und gesetzlichen Anreizen, diese Personen zu entlassen bzw. erst gar nicht einzustellen.

Gegensteuerung: Zu den gesetzlichen Maßnahmen, die Beschäftigungsquote von ä.A. zu heben, gehörten ab 2003: 1. die Befreiung der Unternehmen von der Beitragszahlung an die Arbeitslosenversicherung für neu eingestellte Arbeitnehmer über 55 Jahre, 2. ein Zuschuss und/oder eine Rentenaufstockung durch die Bundesagentur für Arbeit (BA, Nürnberg) für 50-Jährige und Ältere, die aus der Arbeitslosigkeit oder bei drohender Arbeitslosigkeit eine schlechter bezahlte Beschäftigung aufnehmen, 3. die Ausweitung der Möglichkeit, befristete Arbeitsverträge mit 52-Jährigen und Älteren zu schließen.

Kürzere Bezugsdauer: Wer nach dem 1.2. 2006 als ä.A. arbeitslos wird, der erhält das reguläre Arbeitslosengeld I über einen kürzeren Zeitraum als zuvor: Die Fristen wurden für bis zu 55-Jährige auf zwölf Monate, für Ältere von bisher max. 32 auf 18 Monate verkürzt.

Vorruhestand: Bis zum 1. 1. 2006 gilt die sog. 58er-Regelung: Arbeitslose ab 58 Jahren, die sich verpflichten, in Rente zu gehen, sobald ihnen diese ohne Abschlag zusteht, können Arbeitslosengeld beziehen und auf Vermittlungsbemühungen der Arbeitsagentur verzichten (»Arbeitslosengeld unter erleichterten Voraussetzungen«); sie fallen aus der Arbeitslosenstatistik heraus. Für sie gelten seit dem 1. 1. 2005 dieselben Bestimmungen wie für bisherige Bezieher von Arbeitslosenhilfe: Nach dem Ende des Bezugs von Arbeitslosengeld bekommen sie, sofern sie im Sinne des Gesetzes bedürftig sind (→ Arbeitslosengeld II).

Altersrente wegen Arbeitslosigkeit: Durch Änderungen in der Rentengesetzgebung verschiebt sich ab Anfang 2006 der Zeitpunkt, zu dem eine Altersrente wegen Arbeitslosigkeit oder nach Altersteilzeit in Anspruch genommen werden kann, von bisher 60 stufenweise bis 2008 auf 63 Jahre.

Vorbehalte: Nach einer im März 2005 publizierten Studie des Instituts für Arbeit und Technik (Gelsenkirchen) waren nach dem Ergebnis einer repräsentativen Umfrage 15 % der Unternehmen in Deutschland grundsätzlich nicht bereit, ä. A. (über 50 Jahre) einzustellen. Fast ein Drittel wollte dies nur tun, wenn z. B. Beihilfen gezahlt würden oder es keine jüngeren Bewerber gebe, nur 54 % begegneten ä. A. bei der Einstellung ohne Einschränkung positiv.

www.arbeitsagentur.de (Bundesagentur für Arbeit); **www.bmwa.bund.de** (Bundesministerium für Wirtschaft und Arbeit)

Ältere Arbeitnehmer: EU-Vergleich

Land	Erwerbstätige unter den 55- bis 64-Jährigen (%) insgesamt	davon Teilzeit
Schweden	69	16
Dänemark	60	16
Großbritannien	56	17
Portugal	52	6
Estland	52	5
Finnland	50	9
Zypern	50	5
Irland	49	11
Niederlande	45	33
Litauen	45	6
Lettland	44	6
Tschechien	42	3
Griechenland	42	2
Spanien	41	5
Deutschland	40	14
Frankreich	37	10
Malta	33	5
Österreich	30	13
Luxemburg	30	8
Italien	30	5
Ungarn	29	2
Belgien	28	12
Polen	27	5
Slowakei	25	1
Slowenien	24	3

Stand: 2003; Quelle: Eurostat

Altersvorsorge

Mit dem zum 1. 1. 2005 in Kraft getretenen Alterseinkünftegesetz wurden viele Regelungen zur betrieblichen und privaten A. neu gefasst. So wurde die Übertragbarkeit von Betriebsrentenansprüchen beim Wechsel des Arbeitsplatzes verbessert, und der Arbeitnehmer erhielt einen Rechtsanspruch auf Auszahlung der entrichteten Versicherungsbeiträge.

Besteuerung von Direktversicherungen: Bei dieser Form der betrieblichen A. verzichtet der Arbeitnehmer auf einen Teil seines Gehalts. Das Geld zahlt der Arbeitgeber direkt als Prämie an die Versicherung. Seit dem 1. 1. 2005 können Prämien bis zu einem Betrag von 4 % der Beitragsbemessungsgrenze für die Rentenversicherung (2005: 2 496 €) plus einem Fixbetrag von 1 800 € von der Steuer abgesetzt werden; was darüber hinaus als Versicherungsbeitrag gezahlt wird, ist steuerfrei. Dafür werden die Auszahlungen der Versicherung mit dem dann maßgeblichen Einkommensteuersatz versteuert. Versicherte, die vor dem 1. 1. 2005 ihre Police abgeschlossen haben, mussten bis zum 1. 6. 2005 ihrem Arbeitgeber mitteilen, ob sie für die alte oder neue Regelung optieren; sie müssen dies auch nach diesem Stichtag beim Arbeitsplatzwechsel tun. In der Regel ist für diejenigen, die im Rentenalter mit weiteren Einkünften, etwa aus Vermietung, rechnen, die alte Regelung günstiger.

Krankenkassenbeiträge: Seit dem 1. 1. 2004 müssen Empfänger von Betriebsrenten und von Zusatzversorgungsleistungen des öffentlichen Dienstes statt des halben den vollen Krankenkassenbeitrag zahlen. Bei einer Einmalauszahlung der Rentensumme werden die Beiträge über zehn Jahre gestreckt. Die Sozialverbände scheiterten am 24. 11. 2004 mit ihrem ersten Musterprozess gegen die Neuregelung; das Sozialgericht München erklärte sie für verfassungsgemäß.

Unisex-Tarife: Nach dem 31. 12. 2005 geschlossene Verträge zur staatlich geförderten Zusatzrente (Riester-Rente) müssen sog. Unisex-Tarife enthalten. Nur bis dahin zahlten Frauen bei Riester-Produkten noch höhere Beiträge als Männer. Für Frauen sinken aufgrund der Neuregelung die Beiträge, für Männer werden Riester-Verträge um bis zu 15 % teurer. Experten befürchteten, dass die Riester-Rente für Männer damit vollends unattraktiv werde. Bis Ende 2004 wurden nach

Schätzungen des Dt. Instituts für Altersvorsorge (Köln) 6,1 Mio. Riester-Verträge abgeschlossen. Damit hatten nur 19% der Berechtigten von ihrem Anspruch Gebrauch gemacht.

Vereinfachung: Die Zulassung eines A.-Produkts als förderungsfähige Anlage wurde mit dem Alterseinkünftegesetz vereinfacht. So erhalten Anleger die Möglichkeit, zu Beginn der Auszahlungsphase 30% des angelegten Kapitals zu entnehmen. Die Anbieter wurden verpflichtet, durch genauere Angaben den Kunden einen Produktvergleich zu erleichtern.

Lebensversicherung: Für Lebensversicherungen fiel zum Jahresende 2004 das Steuerprivileg. Die Änderung bewirkte einen starken Anstieg der Policen im Vergleich zu 2003 (→ Wirtschaft, Versicherungen). Bei nach dem 1. 1. 2005 geschlossenen Verträgen müssen die Erträge vollständig versteuert werden. Bei einer Laufzeit von mind. zwölf Jahren und Auszahlungsbeginn nach Vollendung des 60. Lebensjahres werden sie nur zur Hälfte versteuert (bisher: steuerfrei).

Rürup-Rente: Weitgehend steuerfrei sind nach dem Alterseinkünftegesetz private Rentenversicherungen, bei denen die Beiträge, die dafür und für die gesetzliche Rente insgesamt jährlich zu zahlen sind, den Freibetrag von 12 000 € (der sich bis 2025 auf 20 000 € erhöht) nicht übersteigen. Die Policen dürfen keine Option auf einmalige Auszahlung bei Ablauf enthalten, sie dürfen weder beliehen noch verkauft werden noch dürfen Ansprüche an Hinterbliebene daraus entstehen.

www.vorsorgedurchblick.de (Informationen der Verbraucherzentralen)

Arbeitsförderung

Die Bundesagentur für Arbeit (BA, Nürnberg) konzentrierte sich 2005 bei ihren arbeitsmarktpolitischen Maßnahmen auf Instrumente zur dauerhaften Integration Erwerbsloser in den ersten Arbeitsmarkt.

ABM: Die Mittel für Arbeitsbeschaffungsmaßnahmen (ABM) und Weiterbildung wurden 2004 um 8,5% auf 6,8 Mrd. € reduziert. Das Ziel, mit ABM die Eingliederungsaussichten von Arbeitslosen zu verbessern, wurde mit der Neuregelung zum 1. 1. 2004 aufgegeben. Die Maßnahmen sollen nun dazu beitragen, die Beschäftigungsfähigkeit zu erhalten oder wiederzuerlangen. Der Bundesrechnungshof bemängelte im November 2004, dass die BA entgegen ihrer gesetzlichen Verpflichtung nur unzureichend kontrolliere, ob ABM ausschließlich gemeinnützige Tätigkeiten umfasse und keine regulären Arbeitsplätze verdränge. Die BA überarbeitete danach ihre Kontrollvorschriften.

Arbeitsförderung im Vergleich

Land	Ausgaben[1] (% des BIP)
Dänemark	4,63
Belgien	3,65
Niederlande	3,56
Deutschland	3,31
Finnland	3,07
Frankreich	3,06
Schweden	2,45
Spanien	2,42
Irland	1,83
Österreich	1,78
Norwegen	1,41
Schweiz	1,30
Italien	1,20
Slowakei	0,94
Ungarn	0,90
Großbritannien	0,75
USA	0,71
Tschechien	0,45

1) für arbeitsmarktpolitische Maßnahmen
Stand: 2002 (Irland: 2001)
Quelle: OECD (Paris)

Umsteuern: Die jahresdurchschnittlichen Teilnehmerzahlen an sog. Qualifizierungs- und Beschäftigung schaffenden Maßnahmen gingen 2004 im Vergleich zum Vorjahr um 19,3% bzw. 18,1% zurück. Dem stand ein Zuwachs von 33,4% bei beschäftigungsbegleitenden Hilfen wie Existenzgründungs- oder Eingliederungszuschüssen gegenüber. Insgesamt nahm die Teilnehmerzahl in arbeitsmarktpolitischen Maßnahmen, denen eine kurzfristige gesamtwirtschaftliche Entlastung zugeschrieben wird, um 100 000 auf 1,32 Mio. zu.

Studie: Nach einer im März 2005 publizierten internationalen Vergleichsstudie des BA-eigenen Instituts für Arbeitsmarkt- und Berufsforschung (IAB, Nürnberg) tragen die klassischen Instrumente der A. kaum zum Abbau der Arbeitslosigkeit bei. Existenzgründerzuschüsse erwiesen sich v. a. dann als erfolgreich, wenn sie sich an ausreichend qualifizierte Personen mit hinreichendem unternehmerischem Potenzial wandten. Subventionen für Beschäftigung im öffentlichen Sektor wie ABM verbesserten die Chancen auf eine reguläre Stelle kaum. Ein Lohnkostenzuschuss könnte für den einzelnen Arbeitslosen einen positiven Effekt haben, doch gesamtgesellschaftlich sei die Gefahr einer Verdrängung regulärer Arbeitsplätze durch bezuschusste groß.

Die IAB-Studie kommt zu dem Ergebnis, dass intensive Beratung, verbindliche Wiedereingliederungspläne und genaues Beobachten bei der Arbeitsplatzsuche sich in vielen Ländern als erfolgreich erwies. Eine freiwillige Teilnahme an A.-Programmen ohne Anreiz und Sanktionen zeige keine Wirkung. Mit der Senkung der Ersatzleistung, mit strengeren Zumutbarkeitsregeln und schärferen Sanktionen für Arbeitslose, die eine angebotene Arbeit verweigern, sei Deutschland auf dem richtigen Weg.

www.arbeitsagentur.de (Bundesagentur für Arbeit); **www.iab.de** (Institut für Arbeitsmarkt- und Berufsforschung)

Arbeitskosten

Entgelt für geleistete Arbeit plus gesetzlich, tariflich bzw. betrieblich festgelegte Personalzusatzkosten

Internationaler Vergleich: Nach Berechnungen des arbeitgebernahen Instituts der dt. Wirtschaft (IW, Köln) lagen die A. in der westdt. Industrie je Stunde 2003 (letztverfügbarer Stand) bei 27,03 € und wurden damit lediglich von denen in Norwegen und Dänemark übertroffen; 2002 waren die A. nur in Norwegen höher gewesen. Bei den Personalzusatzkosten stand Westdeutschland mit 11,96 € an vorderster Stelle, bei den Arbeitsentgelten an vierter. Die ostdt. Industrie lag 2003 mit A. von 16,86 € im Vergleich der Industriestaaten weit unten. Die hohen A. in Deutschland werden von Unternehmen als ein wichtiger Grund angeführt, Arbeitsplätze ins Ausland zu verlagern (→ Weltwirtschaft, Globalisierung).

Lohnstückkosten: Die Lohnstückkosten, die sich aus den A. und der für die Wettbewerbssituation mind. ebenso wichtigen Produktivität errechnen, gingen in Deutschland 2004 erstmals seit 1997 zurück: um 1,3%. Bei den Lohnstückkosten in der Industrie war es der zweite Rückgang in Folge: Auf ein Minus von 1,0% (2003) folgte eines von 4,1% (2004). Allerdings lagen laut IW die Lohnstückkosten in der dt. Industrie jeweils 16% höher als in Frankreich oder den USA. Nach Berechnungen des Dt. Institut für Wirtschaftsforschung (DIW, Berlin) sind die Lohnstückkosten in Deutschland in den letzten zehn Jahren konstant geblieben, während sie im Euro-Währungsraum um 18% und in den USA um 17% gestiegen seien.

Zusammensetzung: Zu den wichtigsten Personalzusatzkosten gehören als gesetzliche Komponente der Arbeitgeberanteil zur Renten-, Kranken-, Arbeitslosen- und Pflegeversicherung, bezahlte Feiertage, Lohnfortzahlung im Krankheitsfall, Mutterschutz, Mehrkosten aus den tariflich oder betrieblich geregelten Komponenten Urlaubs- und Weihnachtsgeld, Vermögensbildung und betriebliche Altersvorsorge sowie freiwillige Einmalzahlungen.

www.dihk.de (Dt. Industrie- und Handelskammertag); **www.diw.de** (Dt. Institut für Wirtschaftsforschung); **www.iw-koeln.de** (Institut der dt. Wirtschaft)

Arbeitskosten: Jobexport

Mit der Drohung, Arbeitsplätze ins Ausland zu verlagern, konnten Unternehmen 2004/05 ihre Mitarbeiter in Deutschland dazu bewegen, für dasselbe Entgelt länger zu arbeiten, auf Zulagen oder Lohnerhöhungen zu verzichten bzw. sogar Lohnkürzungen hinzunehmen. Die Unternehmen argumentierten, es sei für ihre Wettbewerbsfähigkeit nötig, die Kosten zu senken, die z. B. in Osteuropa oder in China deutlich niedriger seien.
Auswirkungen: Die wirtschaftlichen Auswirkungen von Auslandsinvestitionen und Jobverlagerungen wurden von Ökonomen unterschiedlich beurteilt. Nach einer Studie des Bundesfinanzministeriums von 2004 entstehen mehr Arbeitsplätze in Deutschland, als verloren gehen, weil dt. Unternehmen so ihre Wettbewerbsfähigkeit sichern.
Verlagerungsabsicht: Nach einer Befragung des Dt. Industrie- und Handelskammertages (DIHK, Berlin) planten 2004 rund 43 % der dt. Industrieunternehmen Investitionen im Ausland, 1999 waren es noch 30 %. Der DIHK ging davon aus, dass 2005–07 etwa 150 000 Arbeitsplätze ins Ausland verlagert würden, davon 43 % in die osteurop. EU-Staaten und 37 % nach China. Mehrere Wirtschaftsforschungsinstitute bezweifelten diese Hochrechnungen, weil sie auf einer zu schmalen Datenbasis erfolgt seien.
Basarökonomie: Der Präsident des Instituts für Wirtschaftsforschung (IFO, München), Hans-Werner Sinn, sah Deutschland auf dem Weg in eine »Basarökonomie«, da aufgrund des Imports von Vorleistungen in den dt. Exporten immer weniger inländische Wertschöpfung stecke. Dem hielten das Bundesfinanzministerium, aber auch das Institut der dt. Wirtschaft (IW, Köln) entgegen, dass dieser Effekt durch die Gesamtzunahme der Exporte mehr als ausgeglichen werde. Nach Zahlen des Statistischen Bundesamtes ist der Beitrag des Exports zur inländischen Wertschöpfung seit 1991 pro Jahr um 6 % gestiegen.

Arbeitslosengeld II

Am 1. 1. 2005 trat die sog. Hartz-IV-Reform in Kraft. Sie setzte an die Stelle von Arbeitslosenhilfe und Sozialhilfe für Erwerbsfähige das einheitliche A. II. Damit sollte der Druck auf Langzeitarbeitslose zur Aufnahme einer Tätigkeit erhöht werden. Für viele Arbeitslosenhilfeempfänger war die Einführung des A. II mit finanziellen Einbußen verbunden, während Menschen, die bisher → Sozialhilfe bezogen, von der Neuregelung meist profitierten. Die Zahl der Berechtigten war von der Bundesregierung im Voraus mit 3,85 Mio. veranschlagt worden, lag aber im Januar 2005 bei 4,09 Mio. und stieg bis April auf 4,47 Mio.

Zumutbarkeit: Für A.-II-Empfänger ist jede nicht sittenwidrige Arbeit zumutbar, auch eine deutlich unter Tarif oder unter dem Ortsüblichen bezahlte, weit entfernt liegende oder gering qualifizierte Tätigkeit oder ein → Minijob. Bei Ablehnung einer angebotenen Arbeit wird das A. II drei Monate lang um 30 % gekürzt bzw. bei unter 25-Jährigen für dieselbe Zeit ganz gestrichen.

Höhe: Das A. II ist keine Versicherungsleistung und orientiert sich, anders als die Arbeitslosenhilfe, nicht am früheren Arbeitseinkommen, sondern am Bedarf des Betroffenen und der mit ihm im Haushalt lebenden Angehörigen bzw. Lebenspartner (»Bedarfsgemeinschaft«). Alle erwerbsfähigen Langzeitarbeitslosen, die ihren Lebensunterhalt nicht allein decken konnten, erhielten Mitte 2005 als Regelsatz in Westdeutschland 345 € und in Ostdeutschland 331 € monatlich.

Zuschläge: Für den Lebenspartner gab es im Westen 311 € und im Osten 298 € zusätzlich, für jedes Kind bis 14 Jahre 207 € (West) bzw. 199 € (Ost), für jedes Kind ab 15 Jahre 276 € (West) bzw. 265 € (Ost). Hinzu kamen ggf. der sog. befristete Zuschlag, der die Einbußen beim Übergang von der Arbeitslosenhilfe zum A. II abfedern sollte, sowie einmalige Leistungen, z. B. bei Geburten, und Zuschläge für Mehrbedarf von Schwerbehinderten, Alleinerziehenden u. Ä.

Übernahmen: Die Unterkunfts- und Heizkosten übernahmen, sofern sie angemessen waren, die Kommunen. Die Beiträge zur Kranken-, Pflege- und Rentenversicherung wurden für alle A.-II-Empfänger vom Bund getragen.

Freigrenzen: A. II stand nur Bedürftigen zu. Bei eigenem Vermögen und dem des Partners (dessen Vermögen und Einkommen in die Bedürftigkeitsprüfung einflossen) betrug die Freigrenze 200 € pro Lebensjahr (mind. 4 100 €, max. 13 000 € pro Person), weitere 200 € pro Lebensjahr als Altersvorsorgevermögen sowie weiteres Vermögen für die Altersvorsorge, das erst nach Renteneintritt zur Verfügung steht, sowie angemessenes Wohneigentum und Auto. Kindern stand ohne Alterseinschränkung ein Vermögensfreibetrag von 4 100 € zu. Für vor 1948 Geborene galten höhere Freigrenzen (»Schonvermögen« für Ledige höchstens 33 800 €, für Paare max. das Doppelte). Altersvorsorgeleistungen für die sog. Riester-Rente blieben freigestellt.

Junge Langzeitarbeitslose: Empfänger von A. II, die unter 25 Jahre alt waren, hatten einen Rechtsanspruch auf Vermittlung in einen Ausbildungs- oder Arbeitsplatz binnen drei Monaten, und sei es in einen → Ein-Euro-Job.

Zuverdienst: Empfänger von A. II durften nach der Mitte 2005 gültigen Regelung Nebenjobs haben und von dem verdienten Geld bis zu einer Grenze von 400 € 15 %, bis 900 € 30 % und bis 1 500 € wieder 15 % behalten. Oberhalb von 1 500 € wurden die Einkommen vollständig auf das A. II angerechnet. Zum 1. 10. 2005 wurden die Zuverdienstmöglichkeiten so gestaltet, dass sie insbesondere in den unteren Einkommensgruppen atttraktiver wurden. Ab diesem Zeitpunkt gibt es einen Grundfreibetrag von 100 €, die der Empfänger von A. II ganz behalten darf. Von den weiteren Zuverdiensten bis zu 800 € bleiben 20 % anrechnungsfrei, darüber sind es 10 %. Die Obergrenze, bis zu der Einkommen nicht voll aufs A. II angerechnet wird, beträgt bei Langzeitarbeitslosen ohne Kinder 1 200 €, für Betroffene mit Kindern 1 500 €.

Zuständigkeit und Finanzierung: Für die Betreuung der A.-II-Empfänger waren sog. Arbeitsgemeinschaften von Arbeitsagenturen und Kommunen zuständig, nur 69 sog. Optionskommunen hatten die Betreuung selbst in die Hand genommen. Mit Ausnahme der Unterbringungskosten, für die die Kommunen zuständig sind, trägt der Bund die Kosten für das A. II. Bis dahin war der Bund für die Arbeitslosenhilfe, und die Kommunen waren für die Sozialhilfe zuständig. Das Gesetz sieht vor, dass der Bund die Kommunen per saldo um 2,5 Mrd. € entlastet. Bereits in den ersten Monaten des Jahres 2005 zeichnete sich jedoch ab, dass die vom Bund für das Gesamtjahr eingeplanten Beträge für A. II von insgesamt 14,6 Mrd. € bei weitem nicht ausreichen. Die Unterbringungskosten wurden hingegen zu hoch veranschlagt.

Arbeitslosenversicherung

Pflichtversicherung in Deutschland gegen die Folgen der Arbeitslosigkeit, getragen von der Bundesagentur für Arbeit (BA, Nürnberg). Aus der A. werden das reguläre Arbeitslosengeld (I) und das Kurzarbeitergeld bezahlt sowie beschäftigungspolitische Maßnahmen finanziert. Beiträge zur A. zahlen zur Hälfte Arbeitgeber und Arbeitnehmer. Die Kosten für das → Arbeitslosengeld II tragen Bund und Kommunen.

Der Beitragssatz zur A. blieb 2005 mit 6,5% des Bruttomonatsentgelts stabil. Die Bemessungsgrenze, bis zu der Beiträge zur A. entrichtet werden müssen, stieg zum 1. 1. 2005 in Westdeutschland um 50€ auf 5200€, in Ostdeutschland um ebenfalls 50€ auf 4400€.

Arbeitslosengeld I: Anspruch auf das reguläre Arbeitslosengeld I hat, wer in den letzten drei (ab 1. 2. 2006: zwei) Jahren vor Beginn der Arbeitslosigkeit mind. 360 Tage mehr als 15 Wochenstunden versicherungspflichtig gearbeitet hat. Erwerbslose mit Kind erhalten 67% des Nettodurchschnittsentgelts der letzten zwölf Monate inkl. Überstunden und Zuschläge, Arbeitslose ohne Kind 60%.

Wer ab dem 1. 2. 2006 arbeitslos wird, erhält bis zum Alter von 55 Jahren max. zwölf Monate Arbeitslosengeld I, Ältere max. 18 Monate. Bis dahin gilt, dass Personen bis 45 Jahre max. zwölf Monate Arbeitslosengeld I erhalten, Ältere je nach Anwartschaftszeiten und Alter bis zu 32 Monate. Der Bundesrat beschloss im Juli 2005, den Stichtag ür das Inkrafttreten der Neuregelung auf Anfang 2008 zu verschieben.

Kurzarbeitergeld: Bei Kurzarbeit – der Herabsetzung der betriebsüblichen Arbeitszeit, um einen kurzfristigen Auftragsmangel zu überbrücken und Entlassungen zu vermeiden – zahlt die BA max. 15 Monate Kurzarbeitergeld in Höhe von 67% (Personen mit Kind) bzw. 60% (Kinderlose) des durchschnittlichen Nettoentgelts.

Zumutbarkeit: Anspruch auf Arbeitslosengeld hat nur, wer bereit ist, jede zumutbare Arbeit anzunehmen. So können Arbeitslose ohne Familie, die binnen drei Monaten anderweitig neuen Job finden, zu einem Umzug zur Aufnahme einer Beschäftigung aufgefordert werden. Wird das Arbeitslosengeld z. B. wegen der Verweigerung eines angebotenen Arbeitsplatzes gesperrt, muss der Arbeitslose beweisen, dass er sich nicht versicherungswidrig verhalten hat.

Sperrzeiten: Wer eine angebotene Arbeit oder Eingliederungsmaßnahme ablehnt bzw. abbricht, für den gelten Sperrzeiten beim Arbeitslosengeld, d. h., die Behörden zahlen kein Geld für diese Zeit aus: von drei Wochen beim ersten versichungswidrigen Verhalten, von sechs Wochen beim zweiten Mal und von zwölf Wochen bei allen weiteren Fällen.

www.arbeitsagentur.de (Bundesagentur für Arbeit)

Arbeitslosigkeit

Die A. in Deutschland blieb 2004 auf hohem Niveau und schnellte mit Inkrafttreten der Hartz-IV-Reform Anfang 2005 in die Höhe. Nach der Statistik der Bundesagentur für Arbeit (BA, Nürnberg) waren im Januar 2005 5,037 Mio. Menschen arbeitslos (Quote: 12,1%); im Februar wurde mit 5,216 Mio. Arbeitslosen der höchste Stand seit Ende des Zweiten Weltkriegs erreicht. Erst im April wurde die Marke von 5 Mio. wieder unterschritten (4,97 Mio.), und erstmals seit 15 Monaten sank die Arbeitslosenzahl auch saisonbereinigt. Das Frühjahrsgutachten der dt. Wirtschaftsforschungsinstitute ging für 2005 von durchschnittlich 4,844 Mio. Arbeitslosen aus und sagte für 2006 4,518 Mio. voraus.

Statistische Effekte: Eine wesentliche Ursache für den starken Anstieg der A. Anfang 2005 lag darin, dass die bisherigen Bezieher von Sozialhilfe unter den Empfängern von → Arbeitslosengeld II nun erstmals in der Arbeitslosenstatistik erfasst wurden. Ihre Zahl wurde auf rund 370000 geschätzt, von denen Zehntausende allerdings erst in den Folgemonaten von den Kommunen nachgemeldet wurden. Zudem

Arbeitslosigkeit: Ländervergleich

Bundesland	Quote (%)[1]
Mecklenburg-Vorpommern	20,5
Sachsen-Anhalt	20,3
Brandenburg	18,7
Sachsen	17,8
Berlin	17,6
Thüringen	16,7
Bremen	13,3
Nordrhein-Westfalen	10,2
Schleswig-Holstein	9,8
Hamburg	9,7
Niedersachsen	9,6
Saarland	9,2
Hessen	8,2
Rheinland-Pfalz	7,7
Bayern	6,9
Baden-Württemberg	6,2

1) Jahresdurchschnitt
Quelle: Bundesagentur für Arbeit (Nürnberg), www.arbeitsagentur.de

Arbeitslosigkeit: Langzeitarbeitslose im EU-Vergleich

Land	% der Arbeitslosen
Slowakei	66
Italien	58
Slowenien	57
Griechenland	56
Polen	55
Deutschland	50
Tschechien	48
Belgien	46
Lettland	45
Litauen	44
Estland	42
Ungarn	41
Frankreich	40
Irland	35
Malta	34
Spanien	34
Portugal	32
Österreich	30
Niederlande	29
Zypern	24
Luxemburg	23
Großbritannien	23
Finnland	21
Dänemark	20
Schweden	16

Stand: 2003
Quelle: Statistisches Bundesamt (Wiesbaden), www.destatis.de

meldeten sich schätzungsweise 40000 Angehörige von Beziehern des im Vergleich zur bisherigen Arbeitslosenhilfe niedrigeren Arbeitslosengeldes II, die zuvor nicht erwerbstätig waren, bei der BA zur Jobsuche. Andererseits fielen Zehntausende, die einen →Ein-Euro-Job ausübten, aus der Statistik heraus.

Bilanz 2004: Im Jahresdurchschnitt 2004 waren laut BA 4,38 Mio. Menschen in Deutschland ohne reguläre Beschäftigung, knapp 4300 mehr als im Vorjahr. Die Arbeitslosenquote lag wie 2003 bei 10,5%. Während sie im Westen um 0,1% auf 8,5% stieg, sank sie im Osten um 0,1% auf 18,4%. Wären die Teilnehmer an Qualifizierungsmaßnahmen nicht zum Jahresbeginn 2004 aus der Statistik herausgenommen worden, dann wäre mit einer Jahresarbeitslosigkeit von 4,476 Mio. der höchste Stand seit der dt. Vereinigung erreicht worden.

Ergänzende Erwerbslosenstatistik: Die Arbeitslosenstatistik der BA erfasst die amtlich registrierten Arbeitslosen. Als solche gelten Personen zwischen 15 und 65 Jahren, die grundsätzlich erwerbsfähig sind, ohne Beschäftigung sind oder weniger als 15 Wochenstunden arbeiten, bei einer Arbeitsagentur oder Kommune gemeldet sind und den Vermittlungsbemühungen in den Arbeitsmarkt zur Verfügung stehen. Zu dieser Statistik trat zum 1. 1. 2005 die Erwerbsstatistik des Statistischen Bundesamtes (SB, Wiesbaden), die sich an den Kriterien der Internationalen Arbeitsorganisation (ILO, Genf) orientiert und eine

Arbeitslose in Deutschland

Jahr	Mio.[1]
2004	4,48[2]
2003	4,38
2002	4,06
2001	3,85
2000	3,89
1999	4,10
1998	4,28
1997	4,38
1996	3,97
1995	3,61
1994	3,70

1) Jahresdurchschnitt
2) nach der alten Berechnungsgrundlage; nach der neuen, die Teilnehmer an Qualifizierungsmaßnahmen nicht erfasst: 4,38 Mio.
Quelle: Bundesagentur für Arbeit (Nürnberg), www.arbeitsagentur.de

internationale Vergleichbarkeit der Zahlen ermöglichen soll. Als erwerbslos gelten danach alle 15- bis 64-Jährigen, die weniger als eine Stunde pro Woche arbeiten, Arbeit von über einer Stunde pro Woche suchen, innerhalb von 14 Tagen eine neue Arbeit aufnehmen können und innerhalb der letzten vier Wochen eine Beschäftigung gesucht haben. Basis für die SB-Statistik ist eine Telefonabfrage unter der Bevölkerung, die auf das gesamte Bundesgebiet hochgerechnet wird. Nach der SB-Statistik waren im Januar 2005 4,01 Mio. Menschen in Deutschland erwerbslos (Quote: 9,4%; korrigierte Zahlen). Die Quote stieg im Februar auf 10,3% und ging im März auf 10,0% zurück.

Jobgipfel: Die rot-grüne Bundesregierung und die CDU/CSU einigten sich auf einem sog. Jobgipfel am 17.3. 2005 auf Korrekturen bei Hartz IV, eine Senkung der Unternehmenssteuersätze und Bürokratieabbau. Wegen der vorgezogenen Bundestagswahl wurden nur die Korrekturen beim Arbeitslosengeld II realisiert.

Langzeitarbeitslose: Nach SB-Angaben lag 2003 (letztverfügbarer Stand) der Anteil der Langzeitarbeitslosen (länger als ein Jahr auf Arbeitssuche) in Deutschland mit 50% deutlich über dem EU-Schnitt von 45%. Besonders hoch war der Anteil bei den 50- bis 64-jährigen Erwerbslosen (63,6% gegenüber 24,6% bei den 15- bis 24-jährigen Arbeitslosen).

www.arbeitsagentur.de (Bundesagentur für Arbeit); **www.destatis.de** (Statistisches Bundesamt)

Arbeitsmarkt

Nach vorläufigen Berechnungen des Statistischen Bundesamtes (SB, Wiesbaden) hatten 2004 im Durchschnitt 38,4 Mio. Menschen ihren

Arbeitsort in Deutschland, 0,3% mehr als im Vorjahr. In den beiden vorangegangenen Jahren war die Zahl der Erwerbstätigen um 1,0% (2003) bzw. 0,6% (2002) zurückgegangen. Das SB führte die positive Entwicklung u. a. auf → Ich-AGs und → Minijobs zurück. Während die Zahl der Selbstständigen (inkl. mithelfenden Familienangehörigen) sich um 3,3% auf 4,3 Mio. erhöhte, war die Zahl der Arbeitnehmer mit 34,1 Mio. nahezu konstant.

Bereiche: Im produzierenden Gewerbe (ohne Baugewerbe) ging die Erwerbstätigkeit im Vergleich zu 2003 um 1,6% zurück, im Baugewerbe um 2,6%, in der Land- und Forstwirtschaft um 1,0%. Beschäftigungsgewinne gab es dagegen bei Dienstleistungen (+1,2%), wo sich die arbeitsmarktpolitischen Instrumente offenbar stark auswirkten. Der Anteil der im Dienstleistungssektor Tätigen an der gesamten Erwerbstätigkeit erhöhte sich von 59,2% (1991) auf 71,0% (2004). Einen Beschäftigungszuwachs gab es 2004 u. a. bei den unternehmensnahen Dienstleistern (+1% auf 3,15 Mio.) und im Gesundheits- und Sozialwesen (+0,3% auf 3,09 Mio.).

Aufstiegschancen: Nach einer im April 2005 publizierten Studie des zur Bundesagentur für Arbeit gehörenden Instituts für Arbeitsmarkt- und Berufsforschung (IAB, Nürnberg) gelingt nur jedem Dritten der 3,6 Mio. Geringverdiener in Deutschland im Lauf seines Erwerbsleben der Aufstieg in eine höhere Gruppe; vor 15 Jahren war es noch jeder Zweite. Als mögliche Ursachen nannte das IAB die schlechte Lage auf dem A., eine zunehmende strikte Einstufung nach Qualifizierungsstufen in den Unternehmen sowie die hohen Sozialabgaben, die zusätzliche Arbeitsanstrengungen und Bildungsinvestitionen zur Verbesserung der Entgeltsituation weniger lohnend erscheinen lassen. Das IAB gruppierte 17,4% der sozialversicherungspflichtig Vollzeitbeschäftigten unter die Geringverdiener ein (Vollzeit-Bruttoentgelte unter 1630 € im Monat inkl. Zusatzzahlungen).

Befristung: Die rot-grüne Bundesregierung kündigte im April 2005 Gesetzesänderungen an, mit denen die Möglichkeiten zur Befristung von Arbeitsverträgen erweitert werden sollten. Das entsprechende Gesetz wurde allerdings nicht verabschiedet. Bisher war die Befristung eines Arbeitsverhältnisses ohne sachlichen Grund nur bei Neueinstellungen erlaubt, künftig soll es auch möglich sein, einen Mitarbeiter wiederholt ohne sachlichen Grund befristet einzustellen – sofern zwischen dem Ende des ersten befristeten Vertrages und dem Beginn des neuen ein Zeitraum von mind. zwei Jahren liegt. Nach Angaben des Statistischen Bundesamtes (SB, Wiesbaden) hatten 2003 (letztverfügbarer Stand) 12% der Arbeitnehmer in Ost- und 8% in Westdeutschland einen befristeten Arbeitsvertrag. Der Anteil war mit 20% bei den unter 30-Jährigen besonders hoch. 59% der Verträge galten für ein Jahr.

www.destatis.de (Statistisches Bundesamt); **www.iab.de** (Institut für Arbeitsmarkt- und Berufsforschung)

Arbeitsschutz

Maßnahmen zur Verhütung von Arbeitsunfällen und arbeitsbedingten Gesundheitsgefahren sowie zur menschengerechten Gestaltung der Arbeit

Laut Bericht der Bundesregierung über den Stand von Sicherheit und Gesundheit bei der Arbeit gab es 2003 (letztverfügbarer Stand) in Deutschland 1029 tödliche Arbeitsunfälle, 3,9% weniger als im

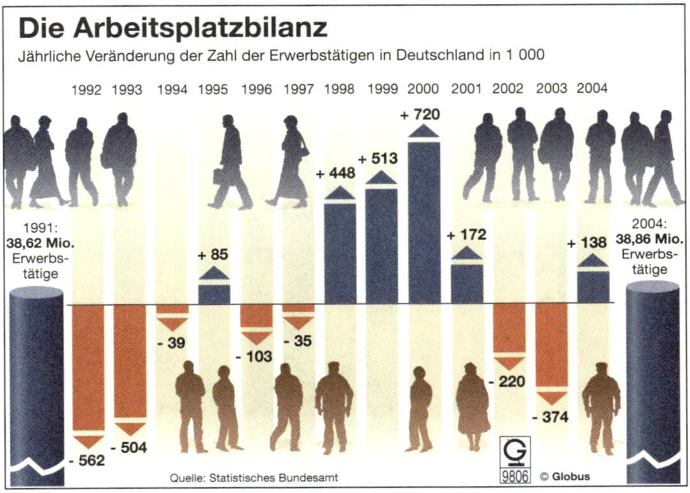

Hartz: Rettung für den Arbeitsmarkt?

2002 legte die vom VW-Personalvorstand Peter Hartz geleitete 15-köpfige Kommission Vorschläge für Arbeitsmarktreformen vor, und Bundeskanzler Gerhard Schröder kündigte an, diese 1:1 umsetzen zu wollen. Ganz so kam es nicht: Einiges wurde als unpraktikabel verworfen, wesentliche Teile jedoch wurden in die vier Gesetze für moderne Dienstleistungen am Arbeitsmarkt (Hartz I–IV) gegossen, und mit seiner Agenda 2010 ging der Kanzler zum Teil sogar über die Anregungen hinaus. Die Arbeitslosenzahlen jedoch erreichten nie gekannte Höhen.

Hartz IV angelaufen Nach einem langen Gesetzgebungsverfahren, in das neben den Regierungsparteien SPD und Bündnis 90/Die Grünen auch die Oppositionsparteien CDU/CSU und FDP eingebunden waren, und nach umständlichen Verhandlungen zwischen Bund und Kommunen über die Finanzierung trat am 1. 1. 2005 mit Hartz IV das Kernstück der Arbeitsmarktreform in Kraft. Seitdem erhalten bedürftige erwerbsfähige Langzeitarbeitslose statt Sozial- oder Arbeitslosenhilfe ein einheitliches, allein am Bedarf orientiertes Arbeitslosengeld II – viele Empfänger des bisherigen Arbeitslosengeldes mussten harte finanzielle Einschnitte verkraften.

Gegner der Arbeitsmarktreform Hartz IV versuchen am 3. 1. 2005 in Berlin-Wedding, das Arbeitsamt zu besetzen.

Hatte sich im Sommer 2004 der Protest gegen Hartz IV insbesondere in Ostdeutschland noch in Massendemonstrationen entladen, so blieb es, als die Sache ernst wurde, recht still. Gegen die Bescheide gab es kaum mehr Widersprüche als früher bei der Arbeitslosenhilfe, stellte der eigens eingerichtete Ombudsrat für Beschwerden fest. Auch die Abwicklung über die Bundesagentur für Arbeit (BA) lief dank der Überstundenschichten ihrer Mitarbeiter pünktlich und reibungslos.

Durch Druck zur Arbeit Das Arbeitslosengeld II ist ist ein Hauptbestandteil der Arbeitsmarktreformen, die darauf zielen, den Druck auf Erwerbslose zu erhöhen, eine Arbeit aufzunehmen. Aus Erfahrungen anderer Länder weiß man, dass das Maß der »Aktivierung« von Arbeitslosen wesentlich von der Höhe und Dauer der Lohnersatzleistung abhängt. Hinzu kamen verschärfte Zumutbarkeitsregeln und die verkürzte Zahlung des regulären, prozentual nach dem letzten Arbeitseinkommen berechneten Arbeitslosengeldes I.

Flankierende Maßnahmen sollten dafür sorgen, dass Arbeitslose schneller vermittelt werden – sie müssen sich nun unmittelbar nach der Kündigung und nicht erst, wenn die Arbeitslosigkeit eingetreten ist, bei den Arbeitsagenturen melden. Angestrebt ist, so viele Arbeitssuchende wie möglich bereits aus der Beschäftigung heraus zu vermitteln.

Für eine schnelle Vermittlung wurden die sog. Personalserviceagenturen eingerichtet, eine Idee von Peter Hartz, die sich als wenig effektiv erwies: Diese bei den Arbeitsagenturen angesiedelten Institutionen sollten Arbeitslose anstellen und wie gewerbliche Zeitarbeitnehmer an andere Unternehmen ausleihen. Hartz hatte darauf gehofft, dass die ausleihenden Unternehmen sich in vielen Fällen entschließen, einen Arbeitslosen, den sie so befristet »testen« konnten, einzustellen, und träumte von bis zu 350 000 Menschen, die durch diesen »Klebeeffekt« wieder in Lohn und Brot kommen. Tatsächlich waren es jedoch nur einige Tausend.

Weniger Regeln, neue Jobformen Andere Reformen zielten auf eine Deregulierung des Arbeitsmarktes, die eine Beschäftigungsaufnahme erleichtern sollte. Dazu gehörten die weitgehende Aufhebung der Beschränkungen bei der Zeitarbeit, Lockerungen beim Kündigungsschutz und die Ausweitung der Befristungsmöglichkeiten für Arbeitsverträge. Die Beschäftigungseffekte dieser Maßnahmen wurden von den meisten Arbeitsmarktexperten als gering eingeschätzt: Sie lägen allenfalls im Abbau vermeidbarer Überstunden, ferner würden damit eventuell die Chancen für bisher Erwerbslose zulasten anderer Gruppen erhöht.

Arbeitsplätze schaffen sollte auch die Neuregelung der geringfügigen Beschäftigung. Zum einen wurde die Verdienstgrenze für diese mit geringen Steuern und Abgaben belegten sog. Minijobs von bisher 325 € auf 400 € angehoben, zum anderen ließ man wieder zu, dass die Jobs auch neben dem Hauptarbeitsverhältnis ausgeübt werden können. Tatsächlich erwiesen sich die Minijobs auf den ersten Blick als Erfolgsstory. Dass die Erwerbstätigenzahl 2004 erstmals seit Jahren stieg, führte das Statistische Bundesamt v. a. auf die Ausweitung der Minijobs zurück. Doch ob diese wirklich die erhoffte »Brücke« zwischen Arbeitslosigkeit und regulärem ersten Arbeitsmarkt bilden, ist bei näherer Betrachtung zweifelhaft: Die meisten Minijobber waren Hausfrauen, Rentner und Studierende, weniger als 10 % der Minijobber waren vorher arbeitslos gemeldet. Die Quote soll sich, so die Hoffnung, durch attraktivere Zuverdienstmöglichkeiten für Empfänger von Arbeitslosengeld II erhöhen. Einhellig positiv beurteilt wurde jedoch, dass durch die Ausweitung der Minijobs die Schwarzarbeit zurückgegangen war.

Seit Anfang 2003 können sich Arbeitslose mit einer Ich-AG selbsständig machen und drei Jahre Fördergelder erhalten – ein weiterer Kernpunkt der Hartz-Reform. Hunderttausende nutzten die Gelegenheit, mit einem ohne großen bürokratischen Aufwand gewährten Existenzgründungszuschuss den Sprung in die Selbstständigkeit zu wagen. Wie viele dieser neuen Gründer sich mit ihren Kleinunternehmen nach dem Wegfall der Förderung auf dem Markt behaupten werden, ließ sich Mitte 2005 noch nicht abschätzen, und arbeitsmarktpolitisch erfolgreich sind sie zudem ja nur, wenn sie nicht andere Neugründungen oder bestehende Unternehmen verdrängen.

Agentur statt Amt: Ein wesentlicher Baustein der Reformen betraf die Bundesagentur für Arbeit – der neue Name ist auch ein Ergebnis der hartzschen Überlegungen. Mit dem Umbau der Arbeitsämter in Kundenzentren sollten die Vermittler von Routineaufgaben entlastet werden und sich ganz auf die Vermittlung konzentrieren. Ein Arbeitsvermittler sollte nicht mehr für Hunderte, sondern nur noch für ein paar Dutzend Arbeitsuchende zuständig sein, sich um jeden Einzelnen intensiver kümmern und ihm schneller aus der Arbeitslosigkeit heraushelfen können.

Doch ist von effektiver Vermittlung bisher nichts zu sehen – was nicht die Schuld der BA ist: Denn die Politik hat sich entschlossen, der Bundesagentur die Zuständigkeit für die Auszahlung des Arbeitslosengeldes II und – zusammen mit den Kommunen – für die Betreuung der Empfänger zu übertragen. Die Mammutbehörde ächzt nun unter einer weiteren gigantischen Aufgabe, und die gesetzlich kaum geregelten Arbeitsgemeinschaften von Arbeitsagenturen und Kommunen wirken zumindest in der Anfangszeit überfordert. Von dem Hartz-Motto »Fördern und fordern« blieb der erste Teil erst einmal auf der Strecke.

Weniger oder mehr Arbeitslose? Trotz der Arbeitsmarktreformen stiegen die Arbeitslosenzahlen weiter und überschritten in den ersten drei Monaten des Jahres 2005 die Fünfmillionengrenze. In den Medien wurde »Hartz« schon für gescheitert erklärt – Hinweise der Bundesregierung, der plötzliche Anstieg habe auch damit zu tun, dass die Statistik nun ehrlicher geworden sei, da sie auch erwerbsfähige bisherige Sozialhilfeempfänger erfasse, fruchteten wenig.

Ob die Hartz-Gesetze wirklich dazu beitragen, die Arbeitslosigkeit langfristig zu verringern, ließ sich Mitte 2005 kaum zuverlässig sagen. Allerdings ist schon ein Mentalitätswandel zu beobachten: Viele Arbeitslose reduzieren ihre Ansprüche hinsichtlich ihres Arbeitsentgelts und geben sich auch mit wenig angenehmen Arbeitsplätzen zufrieden – das könnte nach Meinung von Wirtschaftsexperten zu einer generellen Senkung der Arbeitskosten führen und der gefürchteten Jobverlagerung ins Ausland entgegenwirken. Doch nur wenn das konjunkturelle Umfeld stimmt, stehen auch die fehlenden Arbeitsplätze bereit.

Arbeitsschutz: häufige Berufskrankheiten

Krankheit	Anerkennungen als Berufskrankheit
Lärmschwerhörigkeit	7 003
Asbestose	2 036
Hauterkrankungen	1 320
Silikose	1 162
Mesotheliom, Asbest	832
Lungen-/Kehlkopfkrebs, Asbest	805
Atemwegserkrankungen, allergisch	716
Infektionskrankheiten	418
Bronchitis/Emphysem der Bergleute	415

Stand: 2003; Quelle: Bericht über den Stand von Sicherheit und Gesundheit bei der Arbeit, Bundesministerium für Wirtschaft und Arbeit; www.bmwa.bund.de

Vorjahr. Die Zahl der meldepflichtigen Arbeitsunfälle betrug 1,143 Mio. Unter 1 000 Vollzeitbeschäftigten erlitten 31 (im Vorjahr: 36) einen meldepflichtigen Arbeitsunfall.

Gewerbliche Berufe: 2004 gab es im Bereich der gewerblichen Berufsgenossenschaften 847 461 Arbeitsunfälle (2,7 % weniger als 2003). Die Zahl der Wegeunfälle belief sich auf 151 278 (-4,4 %). Bei den tödlichen Arbeits- und Wegeunfällen sank die Zahl um 14,2 % auf 1 149. Außerdem wurden 55 900 Anzeigen auf Verdacht einer Berufskrankheit registriert, 1,7 % weniger als im Vorjahr. Infolge von Berufskrankheiten kam es 2004 in Deutschland zu 2 090 Todesfällen (2003: 1 980).

Psychische Probleme: Nach einem Bericht des Finanz-Informationsdienstes map-report, der sich auf Zahlen der gesetzlichen Rentenversicherer stützt, verursachten 2002 (letztverfügbarer Stand) seelische Probleme 29,2 % aller Fälle von Erwerbs- und Berufsunfähigkeit. Experten führten den hohen Anteil auf wachsende psychische Belastungen im Beruf und Privatleben, aber auch auf eine veränderte Eingruppierungspraxis der Ärzte zurück: Viele Rückenbeschwerden beispielsweise werden heute auf psychische Ursachen zurückgeführt.

Stress am Arbeitsplatz: Nach einer im März 2005 veröffentlichten Untersuchung der Unternehmensberatung Gallup, die ein Projekt des IG-Metall-Bezirks Baden-Württemberg zu Gesundheitsfragen am Arbeitsplatz begleitete, fühlten sich nur noch 12 % der Mitarbeiter emotional an ihr Unternehmen gebunden, 70 % machten Dienst nach Vorschrift, 18 % hatten innerlich gekündigt. Als größte Stressfaktoren wurden bei IG-Metall-Mitarbeiterbefragungen Leistungsdruck, Angst vor Arbeitsplatzverlust und Ignoranz von Vorgesetzten genannt.

www.bmwa.bund.de (Bundesministerium für Arbeit und Wirtschaft); **www.bg-praevention.de** (Informationen über Arbeitsschutzinstitutionen)

Arbeitsvermittlung

2004 vermittelte die Bundesagentur für Arbeit (BA, Nürnberg) 496 474 Arbeitslosen eine Stelle, 26,6 % weniger als 2003; bereits im Vorjahr war diese Zahl um ein Fünftel gesunken. Nur 41,9 % der A. erfolgte in eine reguläre Stelle ohne arbeitsmarktpolitische bzw. finanzielle Förderung. Pro Vermittler erfolgten im Monatsdurchschnitt 14 Vermittlungen.

Neue Zählung: Die BA erklärte den Rückgang v. a. mit den geänderten Erfassungskriterien. Nach dem Skandal um geschönte A.-Zahlen 2003 wurden strengere Maßstäbe angelegt: Als erfolgreiche A. gilt seitdem z. B. nicht mehr die Gewährung eines Lohnkostenzuschusses für eine Stelle, die der Arbeitsuchende ohne die Arbeitsagentur gefunden hat, oder die erfolgreiche Jobsuche eines Arbeitslosen, dessen künftiger Arbeitgeber nur ein Stellenangebot im Internet bei der Agentur platziert hat. Auch Übertritte in die Selbstständigkeit wurden nicht mehr als A. erfasst.

Interner Umbau: Als weitere Ursachen für den Rückgang der A. nannte die BA, dass 2004 bei ihr viele Kräfte durch die Einführung des → Ar-

Arbeitsvermittlung: Jobsuche 2004

Dauer	% der Arbeitssuchenden[1)]	
	Westdeutschland	Ostdeutschland
weniger als 1 Monat	5	3
1 bis unter 3 Monate	11	8
3 bis unter 6 Monate	16	12
6 Monate bis unter 1 Jahr	19	16
1 bis unter 2 Jahre	22	18
2 Jahre und länger	26	42

1) rundungsbedingte Differenzen
Quelle: Statistisches Bundesamt; www.destatis.de

Arbeitsvermittlung: Viele Arbeitssuchende warten im März 2005 im Flur des kommunalen Eigenbetriebs für Arbeit in Merseburg, der ausschließlich für Arbeitslosengeld-II-Empfänger zuständig ist.

beitslosengeldes II gebunden gewesen seien. Der ursprünglich für Ende 2004 geplante flächendeckende Umbau der Arbeitsagenturen in sog. Kundenzentren wurde bis Ende 2005 aufgeschoben. Die Kundenzentren sollen Routineanfragen durch ein Callcenter bzw. im Empfangsbereich der Agentur bearbeiten, damit sich die Arbeitsvermittler auf ihre Kernaufgaben konzentrieren können.

Virtueller Arbeitsmarkt: Der Bundesrechnungshof (Bonn) übte in einem im Februar 2005 bekannt gewordenen Bericht Kritik am Internetportal der BA, dem sog. virtuellen Arbeitsmarkt: Ein Drittel der Suchabfragen nach Arbeitsangeboten habe fehlerhafte Ergebnisse gebracht. Im Vergleich zum Selbstinformationssystem, das bis Ende 2003 eingesetzt worden war, habe sich die A. nicht verbessert, sondern teilweise sogar verschlechtert.

Private Arbeitsvermittlung: Nach Einschätzung des Bundesverbandes Personalvermittlung stieg die Zahl der erfolgreichen A. durch private Vermittler 2004 gegenüber dem Vorjahr um 10%. Allerdings standen den vermehrten Anfragen von Arbeitsuchenden keine entsprechenden Angebote gegenüber. Nach einer Studie des BA-eigenen Instituts für Arbeitsmarkt- und Berufsforschung (IAB, Nürnberg) wurde 2004 mind. jeder fünfte Gutschein für die private A. missbraucht, z.B. indem die Vermittler die Prämie von der BA kassierten, ohne selbst tätig geworden zu sein.

Gutscheine: Die Regelung, wonach Arbeitslose gegen Gutschein eine private A. in Anspruch nehmen können, wurde bis Ende 2006 mit Änderungen verlängert. Der Wert eines Gutscheins betrug Mitte 2005 einheitlich 2 000 €. Um Missbrauch einzudämmen, wurde die erste Rate von 1 000 € an den Vermittler erst ausgezahlt, wenn das neue Arbeitsverhältnis bereits sechs Wochen besteht. Arbeitslose können sich nach sechs Wochen (vorher: drei Monaten) Arbeitslosigkeit von der BA einen Gutschein ausstellen lassen.

Offene Stellen: Nach einer IAB-Untersuchung wurden im 4. Quartal 2004 gesamtwirtschaftlich 792 000 offene Stellen angeboten, ca. 30 000 weniger als im Vergleichszeitraum des Vorjahres und ca. 210 000 weniger als im 4. Quartal 2002. Nur 384 000 offene Stellen wurden an die BA gemeldet.

www.arbeitsagentur.de (Internetportal der Bundesagentur für Arbeit); **www.iab.de** (Institut für Arbeitsmarkt- und Berufsforschung)

Arbeitszeit

Nach dem Bericht des Bundesministeriums für Wirtschaft und Arbeit (BMWA) über die tarifvertraglichen Arbeitsbedingungen 2004 betrug die in →Tarifverträgen vereinbarte wöchentliche Regel-A. zum Jahresende in Westdeutschland 37,35 und in Ostdeutschland 39,0 Stunden. Für ganz Deutschland ergab sich ein Wert von 37,58 Stunden.

Verkürzung: Die Tarifeinigung in der ostdt. Stahlindustrie Ende 2004 sieht vor, die Wochenarbeitszeit. ab 1. 10. 2005 von 38 auf 37, ab 1. 10. 2007 auf 36 und ab 1. 10. 2009 auf

35 Stunden zu senken. Dagegen sahen mehrere Tarifvereinbarungen Verlängerungen bzw. Flexibilisierungen der A. vor, teils ohne Lohnausgleich, die meist mit Beschäftigungsgarantien einhergingen, z. B. bei Siemens, DaimlerChrysler oder der Dt. Bahn. Der Tarifabschluss in der Bauwirtschaft vom Juni 2005 schrieb eine flächendeckende Verlängerung der A. von 39 auf 40 Stunden fest.

Diskussion: Unter dem Eindruck der Tarifergebnisse wurde 2004/05 in der Politik und von den Wirtschaftsforschungsinstituten das Für und Wider einer A.-Verlängerung diskutiert. Politiker von CDU und CSU sprachen sich für eine Wiedereinführung der 40-Stunden-Woche oder auch für den Verzicht auf Urlaubstage aus, SPD und Bündnis 90/Die Grünen warben für eine weitere Flexibilisierung der A. Einige Forschungsinstitute sahen in der Verlängerung der A. ohne Lohnausgleich ein Mittel, die → Arbeitskosten zu verringern und damit die Position dt. Unternehmen im internationalen Wettbewerb zu stärken. Andere meinten, eine solche Strategie sei nur Unternehmen zu empfehlen, die zusätzliche Absatzmöglichkeiten für ihre Produkte und zugleich Kostenprobleme hätten. Gewerkschaftsnahe Wirtschaftsforscher vertraten die Auffassung, eine Verlängerung der A. werde die Arbeitslosigkeit weiter steigen lassen.

Betriebliche Gestaltung: Im Tarifbezirk Baden-Württemberg wurde im Februar 2005 ein Metall-Tarifvertrag geschlossen, der es erstmalig Betriebsräten und Unternehmen erlaubt, Vereinbarungen über flexible A. zu treffen, ohne mit den Tarifvertragsparteien (Metallarbeitgeberverband und IG Metall) Rücksprache halten zu müssen.

Arbeitszeit: tarifliche Wochenarbeitsstunden

Jahr	Westdeutschland (Stunden)	Ostdeutschland (Stunden)
2004	37,35	39,00
2003	37,38	39,05
2000	37,40	39,13
1995	37,49	39,53
1991	38,14	40,22
1985	39,60	-
1980	40,12	-
1975	40,27	-

Quelle: Bundesministerium für Wirtschaft und Arbeit (Berlin), www.bmwa.bund.de

Tatsächliche Arbeitszeit: Nach einer Studie des Dt. Instituts für Wirtschaftsforschung (DIW, Berlin) lag die tatsächliche A. in Deutschland weitaus höher als die tarifvertraglich vereinbarte. Das lag zum einen daran, dass immer weniger Unternehmen tarifvertraglich gebunden sind, zum anderen an den – teils unbezahlten – Überstunden. Nach DIW-Berechnungen betrug die durchschnittliche normale Wochenarbeitszeit 2003 ca. 42,4 Stunden. 30% der Arbeitnehmer schöpften zudem ihren Urlaubsanspruch nicht ganz aus.

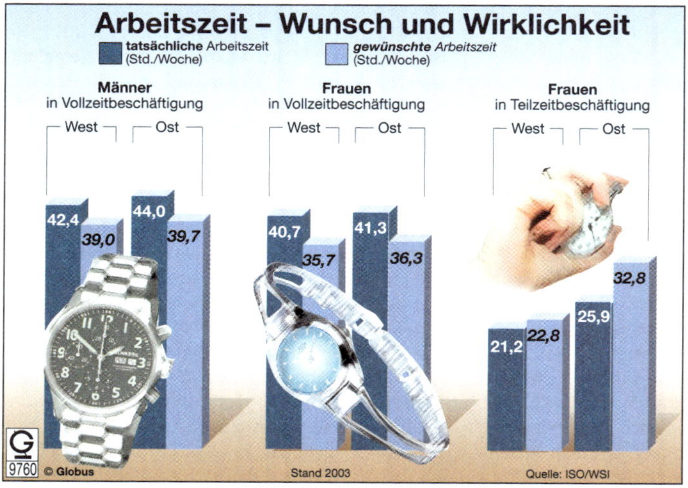

Teilzeitarbeit: Nach Zahlen des Instituts für Arbeitsmarkt- und Berufsforschung (IAB, Nürnberg) der Bundesagentur für Arbeit arbeiteten 2003 (letztverfügbarer Stand) 28,8% der Beschäftigten in Deutschland (West: 29,7%, Ost: 24,0%) auf Teilzeitbasis, d.h. 740 000 oder 2% mehr als 2001. Die Hälfte der Teilzeitarbeiter in Ostdeutschland, aber nur 10% in Westdeutschland arbeiteten unfreiwillig verkürzt. Große Unterschiede gab es weiterhin zwischen Frauen und Männern: hier arbeiteten 6,2%, bzw. 42,1% Teilzeit (→Frauen im Beruf)

www.bmwa.bund.de (Bundesministerium für Wirtschaft und Arbeit); **www.tarifvertrag.de** (Wirtschafts- und Sozialwissenschaftliches Institut der Hans-Böckler-Stiftung)

Behinderte

Situation: In Deutschland waren Ende 2003 (letztverfügbarer Stand) rund 6,6 Mio. Menschen (8% der Bevölkerung) schwerbehindert, d.h., die Versorgungsämter hatten ihnen einen Behinderungsgrad von 50% und mehr zuerkannt. 52,5% der Schwerbehinderten waren männlich, 47,5% weiblich. 2,5% der Schwerbehinderten waren unter 18 Jahre alt, 45,9% 18 bis 64 Jahre alt, 51,6% 65 Jahre und älter. 67,4% der Schwerbehinderten hatten eine Körperbehinderung, 17,4% eine geistige oder seelisch bedingte Behinderung; nur bei 4,7% war die Behinderung angeboren. 30,7% der Schwerbehinderten wiesen mit 50% den niedrigsten Grad der Schwerbehinderung auf, 24,4% mit 100% den höchsten, die übrigen mittlere Grade. Die Zahl der arbeitslos gemeldeten Schwerbehinderten lag im Jahresdurchschnitt 2004 mit 173 900 um 3,6 Prozentpunkte höher als 2003.

Verbesserte Teilhabe: In ihrem Bericht zur Lage behinderter Menschen vom Dezember 2004 zeichnete die Bundesregierung ein positives Bild. Als wichtigste Schritte zur verbesserten Teilhabe Behinderter am Leben bezeichnete sie die Reform des Sozialgesetzbuches IX vom Januar 2002 sowie die Einführung der Frührehabilitation im Krankenhaus durch die Reform des Sozialgesetzbuches V, das Behindertengleichstellungsgesetz des Bundes und die Entlastung der Eltern erwachsener Behinderter durch das Grundsicherungsgesetz vom Januar 2003. Weitere Fortschritte im Hinblick auf Versicherungsabschlüsse, das Miet- und Vertragsrecht sowie das Betreten von Vergnügungsstätten versprach sie sich von einem Antidiskriminierungsgesetz (→Innenpolitik, Antidiskriminierungsgesetz). Kritiker argumentierten, die finanziellen Engpässe in den öffentlichen Haushalten würden praktisch nur minimale Fortschritte zulassen, wenn es nicht sogar zu Kürzungen komme, wie etwa beim Blindengeld (Förderung von Anschaffungen wie Vorlesegeräte, Computersoftware und Handys) in Niedersachsen ab 1. 1. 2005 um 20%. Auch sei die Privatwirtschaft von einer Gleichstellung Behinderter noch weit entfernt.

Gleichstellungsgesetze: Der Bund hatte 2002 die Ansprüche auf Barrierefreiheit beim Zugang zu öffentlichen Gebäuden, auf ungehinderten Zugang Sehbehinderter zu elektronischen Medien und auf selbstständige Teilnahme an Wahlen in einem Behindertengleichstellungsgesetz verankert. Bis Anfang 2005 zogen zwölf der 16 Bundesländer mit Landes-Gleichstellungsgesetzen nach.

Ehe

Nach vorläufigen Zahlen des Statistischen Bundesamtes (SB, Wiebaden) heirateten 2004 in Deutschland rund 393 000 Paare (2003: rund 383 000). Damit nahm die Zahl der Eheschließungen um 3,3% zu. Der seit Anfang der 1990er-Jahre rückläufige Trend wurde damit nach 1999 und 2002 ein drittes Mal durchbrochen.

Namensrecht: Am 11. 11. 2004 beschloss der Bundestag einstimmig, dass Geschiedene, die wieder heiraten, den angeheirateten Nachnamen des Expartners zum gemeinsamen Familiennamen in der neuen E. machen können. Wer bereits zum wiederholten Male verheiratet ist, kann die neue Möglichkeit der Namenswahl binnen Jahresfrist nachholen. Der Gesetzgeber setzte damit ein Urteil des Bundesverfassungsgerichts vom 18. 2. 2004 um.

Eheverträge: Der Bundesgerichtshof (BGH, Karlsruhe) beurteilte im November 2004 einen Ehevertrag als nichtig, in dem eine Frau einem Ausschluss des Versorgungsausgleichs zugestimmt hatte. Nach dem Urteil wiegen Nachteile bei der Altersversorgung besonders schwer, wenn sich ein Part-

Eheschließungen in Deutschland

Jahr	Anzahl
1991	454 291
1992	452 428
1993	442 605
1994	440 244
1995	430 534
1996	427 297
1997	422 776
1998	417 420
1999	430 674
2000	418 550
2001	389 591
2002	391 963
2003	382 911
2004	393 000[1]

1) vorläufige Zahl
Quelle: Statistisches Bundesamt (Wiesbaden); www.destatis.de

Ehescheidungen in Deutschland

Jahr	Anzahl
1991	136 317
1992	135 010
1993	154 425
1994	166 052
1995	169 425
1996	175 550
1997	187 802
1998	192 416
1999	190 590
2000	194 408
2001	197 498
2002	204 214
2003	213 975

Quelle: Statistisches Bundesamt (Wiesbaden), www.destatis.de

ner um Haushalt oder Kinder gekümmert und kaum Rentenansprüche erworben hat. Eheverträge von kinderlosen Paaren, die im mittleren Alter die E. schlossen, sind hingegen nach einem BGH-Urteil vom Januar 2004 auch bei deutlicher Benachteiligung eines Partners wirksam. Das BGH präzisierte mit den Urteilen eine Grundsatzentscheidung vom Februar 2004, in der es heißt, ein Ehevertrag mit ungleicher Lastenverteilung sei nur dann ungültig, wenn er für den belasteten Ehepartner bei »verständiger Würdigung des Wesens der E.« unzumutbar erscheint.

Scheidungen: Die Zahl der Ehescheidungen stieg 2002 (letztverfügbarer Stand) gegenüber dem Vorjahr um 4,8 % auf 213 975. Die Zahl der von Scheidung betroffenen minderjährigen Kinder erhöhte sich um 6,4 % auf 170 300. Der Trend zu späten Scheidungen nahm in den letzten Jahrzehnten deutlich zu: Gab es 1989 bundesweit 25 000 Ehen, die nach mehr als 21 Jahren geschieden wurden, waren es 2002 (letztverfügbarer Stand) 41 500.

www.destatis.de (Statistisches Bundesamt)

Ein-Euro-Jobs

Empfänger des zum 1. 1. 2005 neu geschaffenen → Arbeitslosengeldes II können insbesondere von Kommunen und Wohlfahrtsverbänden befristet für sechs bis neun Monate zu gemeinnützigen sog. Arbeitsgelegenheiten mit Mehraufwandsentschädigung verpflichtet werden; dafür erhalten sie 1–2 € pro Stunde. Das Geld wird zusätzlich zum Arbeitslosengeld II gezahlt. Die E.-E.-J. sollen Arbeitslose wieder an eine geregelte Tätigkeit heranführen bzw. ihre Arbeitswilligkeit erproben. Arbeitslose, die mehr als 15 Stunden auf diese Weise tätig sind, fallen aus der Arbeitslosenstatistik heraus. Bei Ablehnung eines E.-E.-J. drohen Leistungskürzungen.

Ein-Euro-Jobs: In Kiel säubern »Ein-Euro-Jobber« täglich während der Badesaison den bewachten Strandabschnitt von Müll.

Kritik: E.-E.-J. sollen laut Gesetz zusätzlich eingerichtet werden und keine regulären Beschäftigungsverhältnisse ersetzen. Gewerkschaften und Handwerksverbände bemängelten jedoch, dass dies im öffentlichen Dienst massiv geschehe. Umgekehrt wies das Institut für Arbeitsmarkt und Berufsforschung (IAB, Nürnberg) der Bundesagentur für Arbeit darauf hin, dass die Bezahlung solcher Tätigkeiten in manchen Fällen zu hoch sei, sodass manche Ein-Euro-Jobber ein größeres Haushaltseinkommen erreichen könnten als viele niedrig Qualifizierte mit regulärer Arbeit. Die E.-E.-J. würden in solchen Fällen zu einer Hürde für die Rückkehr auf den ersten Arbeitsmarkt.

www.iab.de (Institut für Arbeitsmarkt- und Berufsforschung)

Familie

Nach dem Mikrozensus des Statistischen Bundesamtes (SB, Wiesbaden) lebten im Mai 2003 (letztverfügbarer Stand) in Deutschland 53 % (1996: 57 %) der Bevölkerung in sog. Eltern-Kind-Gemeinschaften. 75 % (1996: 79 %) davon waren Ehepaare mit Kindern, 19 % (1996: 17 %) Alleinerziehende, 6 % (1996: 4 %) nichteheliche oder gleichgeschlechtliche Lebensgemeinschaften.

Uneheliche Kinder: Nach SB-Angaben wurden 2003 in Deutschland 191 000 uneheliche Kinder geboren, 20 % mehr als 1998. Insgesamt lag der Anteil der unehelichen Kinder bei 27 %, mit deutlichen Unterschieden zwischen den Bundesländern, z. B. 18 % in Baden-Württemberg und 61 % in Mecklenburg-Vorpommern. Das SB führte den Anstieg auf die Reform des Kindschaftsrechts von 1998 zurück, das die Rechtsstellung nichtehelicher Kinder gestärkt hat.

Elternunterhalt: Nach einem Urteil des Bundesverfassungsgerichts (BVerfG, Karlsruhe) vom Juni 2005 dürfen Sozialämter Pflegeheimkosten nur beschränkt von den Angehörigen zurückfordern. Die Richter bestätigten die gesetzlichen Regelungen, forderten aber die Gerichte auf, bei ihren Entscheidungen die besondere Belastungssituation unterhaltspflichtiger Kinder zu berücksichtigen; diese müssten auch für ihr eigenes Alter vorsorgen können. Im konkreten Fall hatte eine 66-jährige Frau mit ihrer Verfassungsbeschwerde Erfolg. Sie sollte für Heimkosten ihrer mittlerweile verstorbenen Mutter in Höhe von 123 000 DM aufkommen. Das Sozialamt hatte der Frau ein zinsloses Zwangsdarlehen in dieser Höhe auf ihr Wohnungseigentum aufgedrängt.

Vaterschaftstests: Der BGH urteilte im Januar 2005, dass heimliche Vaterschaftstests vor Gericht nicht als Beweismittel zulässig sind, da ein solcher Test das Persönlichkeitsrecht des Kindes verletzt. Männer können ihre Vaterschaft nicht unter Berufung auf das Testergebnis anfechten, sondern müssen andere konkrete Verdachtsmomente anführen.

Unterhaltsrecht: Bundesjustizministerin Brigitte Zypries legte im Mai 2005 den Entwurf für ein neues Unterhaltsrecht vor, das die Rangfolge der Unterhaltsansprüche grundlegend verändert: Auf Platz eins stehen nur noch die Kinder, auf Platz zwei alle Elternteile, die Kinder betreuen, dementsprechend also auch unverheiratete Mütter, auf Platz drei Exehefrauen, die keine Kinder versorgen. Bisher rangierten Exehefrauen zusammen mit den Kindern auf Platz eins. Zypries sah in der Umkehrung u. a. eine Möglichkeit, die Abhängigkeit der Kinder von Sozialhilfe zu reduzieren und die Zahlungsmoral unterhaltspflichtiger Väter – die lieber für ihre Kinder zahlen als für ihre früheren Ehefrauen – zu verbessern. Nach dem geplanten neuen Recht ist grundsätzlich jeder nach einer Übergangsfrist für sich selbst verantwortlich und hat für seinen Lebensunterhalt zu sorgen. Nach einer Scheidung ist eine Rückkehr in den Beruf auch dann zumutbar, wenn damit ein geringerer Lebensstandard als in der früheren Ehe verbunden ist. Auch Exehefrauen mit Kindern sollen nach dem neuen Recht schneller in den Beruf zurückkehren.

www.bmfsfj.de (Bundesfamilienministerium);
www.destatis.de (Statistisches Bundesamt)

Familienförderung

Finanzielle Leistungen des dt. Staates zum Ausgleich von Kosten, die durch Kinder entstehen

Bestandteile: Zur F. gehören u. a. Erziehungsgeld, Kindergeld bzw. Kinderfreibeträge, die Berücksichtigung von Erziehungszeiten bei der gesetzlichen Rente, die Kinderkomponente bei der staatlichen Förderung der Altersvorsorge, Vergünstigungen für Familien in der Sozialversicherung, höhere Sätze bei Arbeitslosigkeit und subventionierte Kindergartenplätze.

Kinderzuschlag: Ab dem 1. 1. 2005 können gering verdienende Eltern mit minderjährigen Kindern im gemeinsamen Haushalt einen neu eingeführten Kinderzuschlag beantragen. Der

Familienförderung für junge Eltern

Elternzeit: Zu den Instrumenten der Familienförderung in Deutschland gehörte Mitte 2005 u. a. die Elternzeit. Danach konnte der für die Betreuung des Kindes zuständige Elternteil bis zu drei Jahre aus dem Beruf ausscheiden, wobei Kündigungsschutz besteht. Mitte 2005 bestand die Möglichkeit einer ganz oder zeitweiligen gemeinsamen Elternzeit, die von beiden Elternteilen genommen werden konnte, ohne dass sich diese dadurch pro Kind verlängerte. Mit Zustimmung des Arbeitgebers war eine Übertragung von einem Jahr Elternzeit auf die Zeit zwischen dem dritten und achten Lebensjahr des Kindes möglich. Die zulässige Teilzeitarbeit während der Elternzeit betrug max. 30 Wochenstunden.
Erziehungsgeld: Nach der Geburt eines Kindes zahlt der Bund dem Elternteil, der das Kind betreut, längstens 24 Monate ein Erziehungsgeld, das einige Länder durch ein Landes-Erziehungsgeld aufstockten. Das Bundes-Erziehungsgeld betrug Mitte 2005 monatlich 300 €; es wurde bis zum zweiten Geburtstag des Kindes gezahlt. Eltern, die nur ein Jahr Elternzeit nehmen wollten, erhielten in diesem Jahr ein monatliches Erziehungsgeld von 450 €. Um Erziehungsgeld zu bekommen, dürfen bestimmte Einkommensgrenzen nicht überschritten werden.

Zuschlag von bis zu 140 € monatlich pro Kind wird längstens 36 Monate gezahlt und soll Eltern zustehen, die mit ihrem Einkommen zwar das eigene Existenzminimum, nicht jedoch das ihrer Kinder decken können. Er soll vermeiden, dass solche Familien auf das →Arbeitslosengeld II angewiesen sind.

Kindergeld: Mitte 2005 betrug das Kindergeld für das erste, zweite und dritte Kind jeweils 154 €. Für jedes weitere Kind gab es 179 €. Über das 18. Lebensjahr hinaus wurde Kindergeld bis zum 27. Lebensjahr gewährt, wenn sich das Kind beispielsweise in der Ausbildung befand und sein Netto-Jahreseinkommen unter dem Existenzminimum lag.

Freibeträge: Insgesamt wurden Mitte 2005 pro Kind und Jahr ohne weiteren Nachweis Steuerfreibeträge von 5 808 € gewährt. Ob das Kindergeld oder eine Steuerersparnis durch Freibeträge günstiger ist, ermittelt das Finanzamt. Hinzu kam ein Ausbildungsfreibetrag für mind. 18-jährige Kinder in der Ausbildung in Höhe von 924 €. Zusätzlich konnten für bis zu 14-jährige Kinder im Haushalt u. U. gegen Nachweis Betreuungskosten steuerlich geltend gemacht werden.

Elterngeld: Bundesfamilienministerin Renate Schmidt (SPD) stellte im Mai 2005 Pläne für die Einführung eines einkommensabhängigen Elterngeldes bei einer Auszeit nach der Geburt eines Kindes vor. Es soll sich in seiner Höhe – wie bei anderen Lohnersatzleistungen, z. B. dem regulären Arbeitslosengeld – am früheren Einkommen der Eltern orientieren. Geplant war die Zahlung von 67–70 % des letzten Gehalts für die Dauer von max. zwölf Monaten, allerdings nur bis zu einem noch festzulegenden monatlichen Maximalbetrag. Damit das Elterngeld voll ausgeschöpft wird, müsste der Vater einige Monate Erziehungsurlaub in Anspruch nehmen.

Das Elterngeld soll insbesondere höher Qualifizierte, die mit dem heutigen Erziehungsgeld massive Einkommensverluste hinnehmen müssten, zum Kinderkriegen ermutigen und es den Frauen ermöglichen, rasch nach der Geburt in den Beruf zurückzukehren. Langfristig erhoffte sich Schmidt davon eine Steigerung der Geburtenrate, wie sie in skandinavischen Ländern mit ähnlichen Modellen zu beobachten ist. Die Mehrkosten für das Elterngeld gegenüber dem Erziehungsgeld wurden auf jährlich 4,3 Mrd. € geschätzt.

www.bmfsfj.de (Bundesfamilienministerium)

Frauen im Beruf

Voll- und Teilzeitarbeit: Fast 16 Mio. Frauen waren nach Angaben des Statistischen Bundesamtes (Wiesbaden) im März 2004 erwerbstätig, der Anteil an allen Erwerbstätigen ist damit gegenüber dem ersten gesamtdt. Mikrozensus vom April 1991 von 41,6 % auf 44,8 % angestiegen, allerdings mit gegensätzlichen Entwicklungen in den alten und neuen Bundesländern: In Westdeutschland gab es ein Plus von 9,3 %, in Ostdeutschland und Ost-Berlin dagegen in Minus

Frauen im Beruf: Rollenverständnis und Materialismus

Die rückläufige Bereitschaft junger Menschen zu eigenen Kindern wurde 2004/05 auch unter anderen Aspekten als der fehlenden Betreuung außer Haus diskutiert: Wenn 42 % aller Akademikerinnen heute kinderlos blieben, fehlten 30- bis 40-jährigen Frauen in Westdeutschland nach Meinung der Hamburger Journalistin Meike Dinklage das Rollenvorbild für eine Vereinbarkeit von Familie und Beruf. Der Beitrag der Väter zur Kinderbetreuung beschränke sich, alten Rollenvorbildern folgend, meist auf das Wochenende. Ihr »Zeugungsstreik« werde als Privatsache abgetan, die rückläufigen Geburtenraten von Frauen aber als gesellschaftliches Problem angesehen.

Laut Kulturwissenschaftlerin Beate Clausnitzer wird der Ausbau der Kinderbetreuung das Problem nicht lösen. Denn trotz eines vorbildlichen Betreuungsangebotes sei die Geburtenrate auch in der ehemaligen DDR mit dem Anstieg der Erwerbstätigkeit der Frauen drastisch gesunken. Gearbeitet werde für kalkulierbare, materielle Gewinne, Geld und Ansehen, Kinder dagegen bedeuteten eine unsichere Investition in eine Zukunft, die man selbst nicht mehr erleben werde. Der Geburtenrückgang sei die Quittung für ein hochindustrialisiertes Arbeits- und Bildungssystem und Ausdruck seiner Werte.

In einer 2004 veröffentlichten Umfrage von NFO Infratest vom 9. bis 11. 12. 2003 unter 251 berufstätigen Männern und Frauen mit Kindern unter 18 Jahren antworteten 76 % auf die Frage »Hätten Sie mehr Kinder, wenn das Betreuungsangebot in Deutschland besser wäre?« mit »Nein, wäre egal«. Dieselbe Antwort gaben 75 % auf die Frage »Hätten Sie mehr Kinder, wenn Sie steuerlich deutlich entlastet würden?«.

von 19,4%. Der Anteil der Teilzeitbeschäftigten unter den erwerbstätigen Frauen stieg im selben Zeitraum von 30,2% auf 42,1% - zum Vergleich: bei Männern von 2,1% auf 6,2%. Als Begründung warum sie Teilzeit arbeiteten, nannten rund 58% der Frauen persönliche bzw. familiäre Gründe (Ostdeutschland: 20%); nur 15% erklärten, sie hätten keine Vollzeitstelle gefunden (Ostdeutschland: 78%).

Führungspositionen: Von den knapp 14,2 Mio. abhängig beschäftigten Frauen (Stand: März 2004) waren 11,7% höhere Angestellte oder Beamtinnen. Bei den knapp 16,2 Mio. abhängig beschäftigten Männern lag dieser Anteil mit 20,5% nahezu doppelt so hoch. Insgesamt hatten rund 174 000 weibliche höhere Angestellte umfassende Führungsaufgaben (Männer: rund 645 000).

Betreuung für Kleinkinder: Die schwierige Vereinbarkeit von Familie und Beruf, v.a. für Frauen, gilt heute als wichtigste Ursache für die niedrigen Geburtenzahlen. Mit dem im Oktober 2004 vom Bundestag beschlossenen sog. Tagesbetreuungsausbaugesetz verfolgt die rot-grüne Bundesregierung das Ziel, bis 2010 rund 160 000 zusätzliche Betreuungsplätze in Kindertageseinrichtungen und weitere 70 000 in Tagespflege zu schaffen, damit v.a. Mütter von Kindern unter drei Jahren leichter einem Beruf nachgehen können. Insgesamt standen 2004/05 nur 60 000 Betreuungsplätze für Kinder dieser Altersgruppen (Westdeutschland: 3%, Ostdeutschland: 37%) zur Verfügung; 2010 soll es, so das Regierungsziel, Plätze für 20% geben.

Gewerkschaften

Mitglieder: Die unter dem Dach des Dt. Gewerkschaftsbundes (DGB, Düsseldorf) vereinten G. hatten Ende 2004 rund 7,01 Mio. Mitglieder, 4,8% weniger als Ende 2003. Besonders stark waren die Mitgliederverluste bei der IG Bauen-Agrar-Umwelt mit -7,9% und bei der Dienstleistungsgewerkschaft ver.di mit -5,7%. Ver.di blieb mit 2,465 Mio. die mitgliederstärkste Gewerkschaft, gefolgt von der IG Metall mit 2,425 Mio. Der DGB führte den Rückgang auf die schlechte Wirtschaftslage und die hohe Arbeitslosigkeit zurück.

Mehrwert für Gewerkschafter: Um den Mitgliederschwund zu stoppen, setzte der DGB auf individuelle Service- und Beratungsangebote. Einige DGB-Einzelgewerkschaften erprobten zudem Modelle, für Mitglieder besondere tarifliche Bedingungen auszuhandeln. In Nordrhein-Westfalen schloss die IG Metall bis Mitte 2005 mit etwa einem Dutzend Betrieben, die vom Flächentarif abwichen oder aus ihm austraten, Vereinbarungen mit Elementen, die Gewerkschaftsmitgliedern vorbehalten waren, z.B. Ausnahmen von Kündigungen, bessere Altersvorsorge, mehr Urlaub oder Bonuszahlungen. Die IG BCE kündigte im März 2005 an, mit der Forderung nach einer Besserstellung von Gewerkschaftern gegenüber anderen Beschäftigten in die nächste Tarifrunde zu gehen. Die Ungleichbehandlung soll den Anreiz, der Gewerkschaft beizutreten, erhöhen. Die IG Metall wolle oder könne sich für eine Belegschaft nur noch dann im vollen Umfang einsetzen, wenn das Gros der Mitarbeiter der Gewerkschaft angehöre.

Betriebsnahe Tarifpolitik: In den Reihen der G. wurde die u.a. von der FDP und Teilen der Unionsparteien kritisierte tarifgesetzliche Regelung, dass Abweichungen vom Tarifvertrag auf Betriebsebene der Zustimmung der Gewerkschaften bedürfen, mit dem Argument bekräftigt, nur so könne das Gleichgewicht zwischen den Tarifparteien gewahrt werden. Zu flexiblen Lösungen auf Betriebsebene waren die Gewerkschaften in vielen Fällen bereit. So handelte die IG Metall auf der Basis des Anfang 2004 geschlossenen Tarifvertrags mit weit reichenden Öffnungsklauseln

DGB-Einzelgewerkschaften

Name	Mitglieder Ende 2004	Veränderung zu 2003 (%)
ver.di	2 465 000	-5,7
IG Metall	2 425 000	-4,0
IG Bergbau, Chemie, Energie	771 000	-3,8
IG Bauen-Agrar-Umwelt	425 000	-7,9
Transnet	270 000	-4,6
Erziehung und Wissenschaft	255 000	-2,4
Nahrung-Genuss-Gaststätten	225 000	-4,7
Polizei	178 000	-1,9

Quelle: DGB (Düsseldorf), www.dgb.de

binnen Jahresfrist mit rund 400 Betrieben Abweichungen aus. Dabei ging es meist darum, durch Arbeitszeitverlängerungen ohne Lohnausgleich oder Verzicht auf Zusatzleistungen Standortschließungen oder Entlassungen zu verhindern. Richtschnur war, Abweichungen von Flächentarifen nur befristet und nur mit einer Beschäftigungssicherung als Gegenleistung zuzustimmen. Die Abschlüsse in der Druckindustrie und am

Gewerkschaften: Mitbestimmung

Die Bundesvereinigung der Dt. Arbeitgeberverbände (BDA, Berlin) und der Bundesverband der Dt. Industrie (BDI, Berlin) legten im Herbst 2004 Vorschläge für eine Einschränkung der Mitbestimmung in Deutschland vor. Sie regten an, Form, Art und Umfang der Mitbestimmung in einem Betrieb von Unternehmensleitung und Beschäftigten aushandeln zu lassen. Nach einem Alternativmodell könnten sich Beschäftigte und Unternehmen auf einen außerhalb des Aufsichtsrates angesiedelten Konsultationsrat mit Arbeitnehmervertretern verständigen. Außerdem wollten die Arbeitgeberverbände die Wahl unternehmensfremder Gewerkschafter in den Aufsichtsrat und die Einrichtung von Betriebsräten erschweren. Die Gewerkschaften erteilten dem Modell eine strikte Absage. Das gültige Mitbestimmungsmodell trage zum sozialen Frieden in Deutschland bei.

Kommission: Die rot-grüne Bundesregierung beauftragte im März 2005 den CDU-Politiker Kurt Biedenkopf mit der Bildung einer Kommission, die sich mit der Frage der Sicherung des dt. Mitbestimmungsmodells in Europa beschäftigen sollte. Biedenkopf hatte Anfang der 1970er-Jahre einer Kommission vorgestanden, die maßgeblichen Einfluss auf das im Wesentlichen bis heute gültige Mitbestimmungsgesetz von 1976 hatte.

EU-Regelungen: Aus europ. Perspektive ging Deutschland bis Mitte 2005 in der Mitbestimmung einen Sonderweg. In den einschlägigen EU-Regelungen gibt es deshalb Klauseln, wonach sich Unternehmensführung und Arbeitnehmervertreter eines länderübergreifenden Konzernzusammenschlusses auf Art und Umfang der Mitbestimmung einigen. Die im Konfliktfall gültige gesetzliche Auffanglösung sah vor, dass sich die Mitbestimmung nach dem höchsten Anteil der Arbeitnehmervertreter in den Gründungsgesellschaften richtet.

Gewerkschaften: Der Vorsitzende der IG Metall, Jürgen Peters (links), und sein Stellvertreter Berthold Huber haben das Modell zweistufiger Abschlüsse kontrovers diskutiert.

Bau vom Juni 2005 sahen hingegen keine betrieblichen Abweichungen vor. (→ Tarifverträge).

Zweistufige Abschlüsse: Auf Betreiben von IG-Metall-Vizechef Berthold Huber wurde das Modell zweistufiger Abschlüsse diskutiert: eine niedrige Tariferhöhung in der Fläche und Verhandlungen mit den Betrieben über einen Aufschlag bzw. mit einem automatischen Aufschlag für Betriebe, die vorher festgelegten Kennzahlen, z. B. hinsichtlich des Gewinns, entsprechen. IG-Metall-Chef Jürgen Peters erteilte diesem Modell eine Absage. Er befürchtete, dass ein solches Modell den Arbeitnehmern weniger Vorteile bringt.

Sozialstaat: Nachdem sich die Gewerkschaften 2004 noch vehement gegen das → Arbeitslosengeld II ausgesprochen hatten, erklärte DGB-Chef Michael Sommer Anfang 2005, man habe sich damit abgefunden, dass Sozialversicherungsleistungen künftig nicht mehr den Lebensstandard sichern werden, sondern nur noch vor dem Absturz in die Armut schützten. Er forderte zur Bekämpfung der Arbeitslosigkeit eine stärkere Finanzierung des Sozialsystems über Steuern, um den Faktor Arbeit zu entlasten, niedrigere Zinsen und eine expansive staatliche Finanzpolitik.

www.dgb.de (Dt. Gewerkschaftsbund)

Hartz IV

➤ Arbeitslosengeld II

Homosexuelle

Lebenspartnerschaftsrecht: Mit dem zum 1. 1. 2005 in Kraft getretenen Gesetz zur Überarbeitung des Lebenspartnerschaftsrechts hat die rot-grüne Bundesregierung die Gleichstellung homosexueller Paare mit Eheleuten weiter vorangetrieben. So schafft das Gesetz mit der Möglichkeit, sich zu verloben, für die Partner ein gegenseitiges Zeugnisverweigerungsrecht vor Gericht. Unterschiede bei der Hinterbliebenenversorgung durch die gesetzliche Rentenversicherung werden beseitigt. Weiterhin wird die Adoption von leiblichen Kinder des Partners erlaubt, die Zugewinngemeinschaft wie bei Ehepartnern eingeführt, sofern nicht Gütertrennung oder Gütergemeinschaft vereinbart wurde, und die Aufhebung der Lebenspartnerschaft weitgehend der Ehescheidung angeglichen (inkl. Unterhaltsregelungen).

Weitere Verbesserungen für H. versprach sich die Bundesregierung von einem sog. Antidiskriminierungsgesetz, z. B. beim Abschluss privatrechtlicher Versicherungen (→ Innenpolitik, Antidiskriminierungsgesetz). CDU und CSU lehnten diese Maßnahmen als eine übertriebene Aufwertung homosexueller Paare ab. Die FDP hingegen forderte darüber hinaus ein nicht nur auf leibliche Kinder eines Partners beschränktes Adoptionsrecht.

Situation: Seit 2001 können sich homosexuelle Partner behördlich als sog. Eingetragene Lebenspartnerschaft registrieren lassen. Da von Bundesland zu Bundesland unterschiedliche Behörden für die Eintragung zuständig sind, gibt es keine verlässliche Statistik. Hochrechnungen auf der Grundlage des Mikrozensus für März 2004 ergaben, dass mind. 56 000 homosexuelle Paare (davon 54 % männlich) in Deutschland einen gemeinsamen Haushalt führen; bei 13 % wachsen insgesamt 11 500 Kinder auf, davon 9 500 unter 18 Jahren.

Ich-AG

Aus den Mitteln der Arbeitslosenversicherung gefördertes Kleinunternehmen mit max. 25 000 € Gewinn pro Jahr

Förderung: Nach der seit 2003 gültigen Regelung können Personen, die zuvor Arbeitslosengeld bezogen haben oder in einer Arbeitsbeschaffungsmaßnahme waren und sich selbstständig machen, Förderung beantragen. Die Fördersumme beträgt im ersten Jahr steuerfrei 600 €, im zweiten 360 € und im dritten 240 € monatlich. Davon sind Rentenpflichtbeiträge abzuführen, und es besteht Anspruch auf freiwillige Aufnahme in die gesetzliche Kranken- und damit auch in die Pflegeversicherung. Die Einstellung von Mitarbeitern war nach der Mitte 2005 gültigen Regelung zulässig. Die rot-grüne Bundesregierung beschloss im April 2005, die Förderung um zwei Jahre bis Ende 2007 zu verlängern, doch wurde das Gesetzesvorhaben nicht realisiert.

Tragfähigkeit: Seit dem 27. 11. 2004 gilt als Voraussetzung für die Förderung einer Ich-AG, dass eine fachkundige Stelle, z. B. die Industrie- und Handelskammern, berufsständische Kammern, Fachverbände oder Kreditinstitute, das Geschäftsvorhaben als wirtschaftlich tragfähig beurteilten. Damit sollte das Risiko für Existenzgründer gesenkt und dem Missbrauch vorgebeugt werden.

Zwischenbilanz: Das zur Bundesagentur für Arbeit gehörende Institut für Arbeitsmarkt- und Berufsforschung (IAB, Nürnberg) legte Anfang 2005 eine Zwischenbilanz vor. Danach förderte die BA von Anfang 2003 bis 2004 rund 268 000 Ich-AGs; etwa 48 000 schieden seitdem aus der Förderung aus. Die Abbrecherquote lag damit nicht höher als bei anderen Formen der Existenzgründung (→ Wirtschaft, Existenzgründungen).

www.bmwa.bund.de (Bundesministerium für Wirtschaft und Arbeit); **www.arbeitsagentur.de** (Bundesagentur für Arbeit)

Ich-AG: Schneiderin Brigitte Grotz arbeitet in ihrer Werkstatt in Tauberbischofsheim. Sie hat 2003 die erste Ich-AG in Baden-Württemberg gegründet.

Kinder und Jugendliche

Nach dem Mikrozensus des Statistischen Bundesamtes (SB, Wiesbaden) lebten im Mai 2003 (letztverfügbarer Stand) in Deutschland 14,9 Mio. minderjährige Kinder bei ihren Eltern bzw. bei einem Elternteil. Im früheren Bundesgebiet wurden 82% aller minderjährigen K. u. J. bei ihren verheiratet lebenden Eltern groß, in den neuen Ländern und Berlin (Ost) 64%.

Hotel Mama: Lebten 1972 nur 20% der 25-Jährigen im früheren Bundesgebiet noch bei den Eltern, so traf dies 2003 auf 30% zu. Männer zogen durchschnittlich etwas später aus dem elterlichen Haushalt aus als Frauen. Bevölkerungsforscher sahen im Trend zum späten Auszug eine Ursache für die niedrige Geburtenrate in Deutschland. Sie sprachen sich u. a. dafür aus, Kindergeld nach dem 18. Geburtstag des Kindes nicht mehr an die Eltern auszuzahlen und die Ausbildungsförderung vom Einkommen der Eltern zu entkoppeln.

Kinderbetreuung: Der Bundestag verabschiedete im Oktober 2004 mit den Stimmen von SPD, Bündnis 90/Die Grünen und PDS das von Bundesfamilienministerin Renate Schmidt (SPD) ausgearbeitete Tagesbetreuungsausbaugesetz. Das Gesetz, das zum 1. 1. 2005 in Kraft trat, sieht bis 2010 die Schaffung von 230 000 zusätzlichen Plätzen in Kinderkrippen und bei Tagesmüttern vor. Bis dahin sollen alle Kommunen bundesweit einem Fünftel aller Kinder unter drei Jahren einen Betreuungsplatz anbieten. Ein Rechtsanspruch darauf gibt es nicht. 2004 lag die Betreuungsquote für Kleinkinder in Westdeutschland bei 2,7%, in Ostdeutschland bei 37%. Die Kommunen sollen alljährlich einen Bericht über die Entwicklung ihrer Kinderbetreuung vorlegen. Finanzieren sollen sie den Ausbau der Kinderbetreuung mit dem Geld, das sie durch die Arbeitsmarktreform Hartz IV einsparen (→Arbeitslosengeld II); Schmidt schätzte die Kosten auf 1,76 Mio. €. Nach SB-Zahlen wurden 2003 bundesweit etwa 10,8 Mrd. € für Krippen, Kindergärten und Horte aufgewendet, davon 1,4 Mrd. € durch die Eltern.

Kinder: die beliebtesten Vornamen

	Mädchen	Jungen
1	Marie	Maximilian
2	Sophie	Alexander
3	Maria	Paul
4	Anna/Anne	Leon
5	Leonie	Lukas/Lucas
6	Lea(h)	Luca
7	Laura	Felix
8	Lena	Jonas
9	Katharina	Tim
10	Johanna	David

Stand: 2004; Quelle: Gesellschaft für dt. Sprache (Wiesbaden), www.gfds.de/namen.html

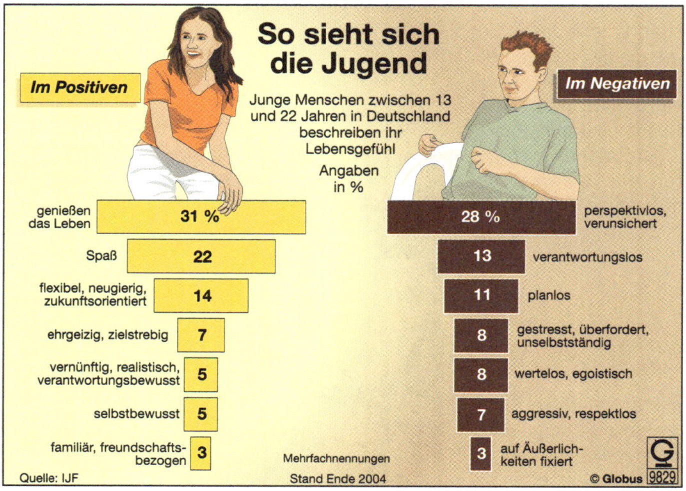

Volksentscheid: In Sachsen-Anhalt scheiterte ein Volksentscheid zur Ausweitung der Kinderbetreuung am 23. 1. 2005 wegen der zu niedrigen Beteiligung. Seit 2003 besteht nur noch für Kinder, deren Eltern beide berufstätig sind, ein Rechtsanspruch auf Ganztagesbetreuungsquote. Die Initiatoren des Volksentscheids in Sachsen-Anhalt wollten beispielsweise Arbeitslosen wieder diese Möglichkeit geben.

Kindergerechtes Deutschland: Im Februar 2005 beschloss die rot-grüne Bundesregierung einen »Nationalen Aktionsplan für ein kindergerechtes Deutschland«, der zusammen mit K. u. J. erarbeitet worden war. Er soll Deutschland bis 2010 zu einem der kinderfreundlichsten Länder Europas machen. Schwerpunkte waren größere Chancengleichheit in der Bildung, der Kampf gegen Kinderarmut sowie die Förderung von Gesundheit und eine gewaltfreie Kindheit.

Familienatlas: Nach einem Anfang 2005 veröffentlichten Familienatlas, den das Forschungsinstitut Prognos (Basel) im Auftrag des Bundesfamilienministeriums erstellte, gab es v. a. im Süden Deutschlands viele Regionen, in denen Familien gut leben können. Prognos ordnete alle Kreise und kreisfreien Städte anhand der Kriterien Bevölkerungsentwicklung, Bildung und Arbeitsmarkt, Vereinbarkeit von Beruf und Familie sowie Sicherheit und Wohlstand in acht sog. Profile.

www.prognos.ch/familienatlas; www.kinder-ministerium.de (Website des Bundesfamilienministeriums für Kinder)

Krankengeld

➤ Lohnfortzahlung

Kündigungsschutz

Kündigungen sind in Deutschland aus verhaltensbedingten, personenbedingten oder betriebsbedingten Gründen möglich.

Lockerung oder Verschärfung: Nach Einschätzung der führenden dt. Wirtschaftsforschungsinstitute führen Lockerungen beim K. nicht automatisch zu mehr Arbeitsplätzen, wohl aber zu einer höheren Fluktuation auf dem Arbeitsmarkt und zum Abbau der Langzeitarbeitslosigkeit. Das zur Bundesagentur für Arbeit gehörende Institut für Arbeitsmarkt- und Berufsforschung (IAB) sah nach einer Studie vom Herbst 2004 weder durch Verschärfung noch durch Lockerung des K. einen Einfluss auf den Arbeitsmarkt.

Gültige Regeln: Nach der zum Jahresbeginn 2004 in Kraft getretenen Regelung bestand der volle K. für Arbeitnehmer in Betrieben mit mehr als zehn Arbeitnehmern. Für vor dem 1. 1. 2004 bestehende Arbeitsverhältnisse galt weiterhin der volle K. in Betrieben mit mehr als fünf Beschäftigten. In Betrieben mit vollem K. muss der Arbeitnehmer bei betriebsbedingten Kündigungen nach den Kriterien Dauer der Betriebszugehörigkeit, Lebensalter, Unterhaltspflichten und Schwerbehinderung eine Sozialauswahl treffen. Arbeitnehmer, deren Weiterbeschäftigung z. B. aufgrund ihrer Kenntnisse oder zur Wahrung einer ausgewogenen Altersstruktur im »berechtigten betrieblichen Interesse« liegt, waren von der Sozialauswahl ausgeschlossen. Arbeitgeber und Betriebsrat konnten sich auf eine Namensliste der zu Entlassenden einigen und dabei das Prinzip der Sozialauswahl begrenzt aushebeln. Betroffene konnten gegen die Liste nur wegen »grober Fehlerhaftigkeit« eine K.-Klage erheben.

www.bmwa.bund.de (Bundesministerium für Wirtschaft und Arbeit)

Lehrstellenmarkt

Der am 16. 6. 2004 von Bundeswirtschaftsminister Wolfgang Clement (SPD), Bundesbildungsministerin Edelgard Bulmahn (SPD) sowie Vertretern des Bundesverbandes der Dt. Industrie (BDI), der Bundesvereinigung der Dt. Arbeitgeberverbände (BDA), des Dt. Industrie- und Handelskammertages (DIHK) und des Zentralverbandes des Dt. Handwerks (ZDH) geschlossene Ausbildungspakt wurde nach Angaben der Arbeitgeberverbände 2004 eingehalten. Mit seinem Abschluss wurde das Gesetz zur Einführung einer Arbeitsplatzabgabe für nicht ausbildende Betriebe auf Eis gelegt.

Lehrstellenmarkt: Ausbildungsverträge

Bereich	Anzahl 2004	Veränderung zu 2003 (%)
Industrie und Handel	320 220	+3,4
Handwerk	171 423	−0,2
Landwirtschaft	15 586	+3,5
öffentlicher Dienst	15 446	+9,1
freie Berufe	45 202	−7,2
Hauswirtschaft	4 844	−2,1
Seeschifffahrt	213	+40,1
insgesamt	572 934	+1,5

Quelle: Statistisches Bundesamt (Wiesbaden), www.destatis.de

Ausbildungspakt: Die Arbeitgeber hatten sich verpflichtet, von 2004 bis 2006 pro Jahr jeweils 30 000 neue (nicht: zusätzliche) Lehrstellen zu schaffen und 25 000 sog. Einstiegsqualifikationen zu ermöglichen. Bei diesen einjährigen Praktika für schwer vermittelbare Jugendliche übernehmen die Betriebe die Personal- und Sachkosten, während die Bundesagentur für Arbeit (BA) Unterhaltszuschüsse an die Jugendlichen zahlt. Die Arbeitgeberverbände erklärten, sie hätten 2004 rund 50 000 neue Lehrstellen und rund 30 000 Einstiegsqualifikationen angeboten. Mehr als die Hälfte der Absolventen konnte mit einer Übernahme in Ausbildung oder Arbeit rechnen.

Lücke: Nach BA-Angaben fehlten mit Beginn des neuen Ausbildungsjahres im September 2004 rechnerisch (angebotene Plätze minus noch nicht vermittelte Bewerber) 31 200 Ausbildungsplätze; im September 2003 waren es 20 200 gewesen. Nach Angaben von Clement waren Ende Januar 2005 noch 12 000 Jugendliche ohne Lehrstellen, denen aber 15 500 nicht genutzte Angebote für Einstiegsqualifikationen und 4 200 offene Lehrstellen gegenüberstanden. Die nicht versorgten Jugendlichen hätten Nachvermittlungsangebote nicht genutzt.

Bilanz: Nach Zahlen des Statistischen Bundesamtes (SB, Wiesbaden) stieg die Zahl der dualen Ausbildungsverträge 2004 im Vergleich zum Vorjahr – erstmals seit 1999 – um 1,5 % auf rund 572 900. Während im früheren Bundesgebiet 2,2 % mehr Verträge geschlossen wurden, waren es in den ostdt. Ländern (inkl. Berlin) 0,9 % weniger. Im ersten Halbjahr 2005 registrierte die BA trotz eines erwarteten Anstiegs bei der Nachfrage um bis zu 8 000 Ausbildungsplätze wieder rückläufige Angebotszahlen.

Europäische Abschlüsse: Das Europ. Parlament verabschiedete im Mai 2005 eine Richtlinie, nach der die Abschlüsse in etwa 150 Berufen europaweit anerkannt werden. Damit soll der Berufswechsel ins EU-Ausland erleichtert werden. Die Berufe wurden in ein fünfstufiges Anerkennungssystem eingruppiert, das von angelernt/ungelernt über Geselle/Meister, einjährige Ausbildung mit Hochschulreife als Voraussetzung und Hochschulstudium von bis zu drei Jahren bis zu Hochschulstudium von bis zu vier Jahren reicht. Die Richtlinie soll 2007 in Kraft treten. Deutschland will erreichen, dass zumindest über eine Auflistung der Meisterberufe zwischen Gesellen und Meistern differenziert wird.

Neue Berufe: Zum 1. 8. 2005 werden fünf neue duale Ausbildungsberufe eingeführt: Fachkräfte Agrarservice, Kaufleute für Tourismus und Freizeit, Technische Produktdesigner/-innen mit

Lehrstellenmarkt: Bundeswirtschaftsminister Wolfgang Clement (rechts) spricht am 15. Februar bei einer Pressekonferenz zur Ausbildungsplatzkampagne 2005 in Berlin mit dem Präsidenten der Bundesvereinigung Dt. Arbeitgeberverbände (BDA), Dieter Hundt. Die SPD droht mit einer Ausbildungsplatzabgabe.

je drei Ausbildungsjahren sowie Servicefahrer/-innen, und Änderungsschneider/-innen mit je zwei Ausbildungsjahren.

Berufsbildung: Am 1.4.2005 trat in Deutschland das neue Berufsbildungsgesetz in Kraft, die bedeutendste Novellierung in diesem Bereich seit 1977. Das Gesetz lässt u.a. eine Ausbildung mit erstem Abschluss nach zwei Jahren und einem zweiten nach einem weiteren Ausbildungjahr zu, das unmittelbar im Anschluss oder später absolviert werden kann. Der Ausbildungsvertrag ist allerdings über die gesamte Zeit zu schließen. Künftig sind Ausbildungsverbünde von kleineren Betrieben und Berufsschulen unter der Trägerschaft der Schulen möglich. Die für die schulischen Curricula zuständigen Länder haben nach dem neuen Gesetz die Möglichkeit, vollzeitschulische Ausbildungsgänge so auszugestalten, dass die Absolventen zur Kammerprüfung zugelassen werden; dies soll nach Vorstellung von Bundesbildungsministerin Edelgard Bulmahn die Chancen auf dem Arbeitsmarkt erhöhen.

Gegen eine zu starke Aufwertung der schulischen Berufsausbildung hatten sich während des Gesetzgebungsverfahrens u.a. Gewerkschaften und Arbeitgeberverbände gewandt; sie fürchteten eine zu große Praxisferne. Nach Zahlen des Berufsbildungsberichts der Bundesregierung absolvierten 2005 über 190 000 Auszubildende eine vollzeitschulische Ausbildung außerhalb des Geltungsbereichs des Berufsbildungsgesetzes.

www.bmbf.de (Bundesministerium für Bildung und Forschung); **www.arbeitsagentur.de** (Bundesagentur für Arbeit)

Lohnfortzahlung

Zahlung des Arbeitgebers an einen erkrankten Arbeitnehmer während der ersten sechs Wochen einer krankheitsbedingten Fehlzeit

Krankengeld: Nach der Mitte 2005 gültigen Gesetzeslage wird die L. zu 100% des letzten Bruttoarbeitsentgelts ab dem ersten Krankheitstag gewährt. Nach Ablauf der L. zahlt die Krankenkasse bei Fortbestehen der Arbeitsunfähigkeit Krankengeld, das ab dem 1.7.2005 allein von den Arbeitnehmern finanziert wird. Dafür wurde der Krankenkassenbeitrag für sie um 0,5 Prozentpunkte erhöht (+0,4 Punkte für die alleinige Übernahme des Beitrags für Zahnersatz). Ziel der Änderung war, den Beitragssatz der Arbeitgeber zu senken.

Krankenstand: Nach Berechnungen des Bundesministeriums für Gesundheit und Soziale Sicherung (BMGS, Berlin) sank der Krankenstand 2004 auf 3,4% (2003: 3,6%) und damit auf den niedrigsten Wert seit Einführung der L. 1970. Nach Hochrechnungen des Bundesverbandes der Betriebskrankenkassen waren 44% der Beschäftigten 2004 an keinem Arbeitstag krank.

www.bmgs.bund.de (Bundesministerium für Gesundheit und Soziale Sicherung)

Mindestlohn

Die rot-grüne Bundesregierung erleichterte 2005 die Einführung von branchenbezogenen M. zum Schutz vor Lohndumping insbesondere durch Billigarbeitskräfte aus Osteuropa. Dazu weitete das Kabinett am 11.5.2005 das 1996 beschlossene Entsendegesetz auf alle Branchen aus. Bis dahin sah das Gesetz vor, dass v.a. auf dt. Baustellen ein M. nicht unterschritten werden darf – auch nicht bei den von ausländischen Firmen entsandten Arbeitskräften. Als unterstes Lohnniveau gilt dabei der Satz der niedrigsten Lohngruppe des jeweiligen Tarifvertrags. Voraussetzung ist ein bundesweit geltender Tarifvertrag, den es in den meisten Branchen jedoch nicht gibt. Auf Antrag mind. einer Tarifpartei können aber die regionalen Tarifverträge für allgemeinverbindlich erklärt werden. Weiterhin haben die Arbeitnehmer Anspruch auf Urlaubsgeld, und alle Arbeitgeber mit Sitz im Ausland sind verpflichtet, sich vor Beginn der Tätigkeit beim zuständigen Landesarbeitsamt anzumelden.

Branchen: Außer im Bauhauptgewerbe galt das Entsendegesetz bis dahin auch im Maler-, Lackierer- und

Gesetzliche Mindestlöhne in der EU

Land	€/Monat[1]
Luxemburg	1 403
Niederlande	1 265
Belgien	1 186
Frankreich	1 185
Irland	1 128
Großbritannien	1 115
Tschechien	210
Ungarn	199
Polen	179
Estland	159
Slowakei	150
Litauen	135
Lettland	122

1) Auswahl der 18 EU-Länder, die einen gesetzlichen Mindestlohn haben; keine gesetzlichen Mindestlöhne haben Dänemark, Deutschland, Finnland, Italien, Österreich, Schweden und Zypern; Quelle: Die Zeit, 14. 4. 2005

Mindestlohn: Gebäudereiniger putzen eine Glasfassade. Ihr Bundesinnungsverband ist einer Mindestlohnvereinbarung nicht abgeneigt.

Dachdeckerhandwerk sowie im Abbruch- und Abwrackgewerbe. Offen für die Einführung des M. zeigten sich die Landwirtschaft und die Gebäudereiniger. Als anfällig für Dumpingkonkurrenz gelten auch das Gaststättengewerbe und die Fleischwirtschaft.

Kritik: Die CDU/CSU kündigte an, das Gesetz in dem von ihr dominierten Bundesrat zu stoppen, dessen Zustimmung für das Inkrafttreten erforderlich ist. Die Opposition befürchtete die Einführung eines gesetzlichen M. »durch die Hintertür«, ebenso wie führende Wirtschaftsverbände. In 18 von 25 EU-Ländern sowie in den USA gibt es einen solchen M., dessen Höhe sich von Land zu Land stark unterscheidet.

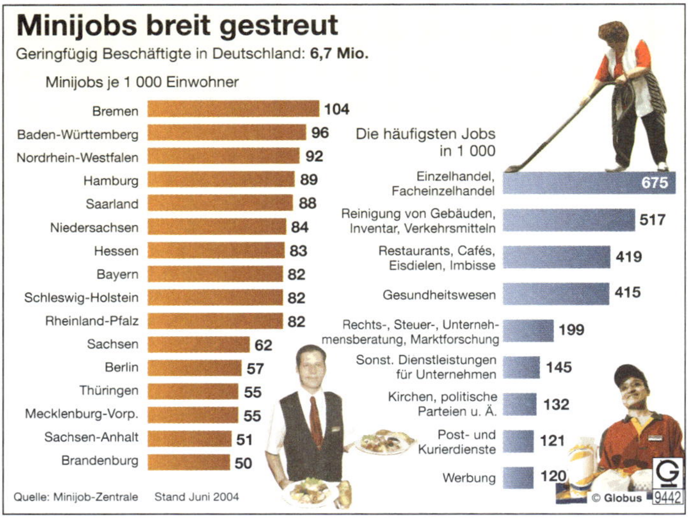

Minijobs

Nach Angaben der Minijob-Zentrale der Bundesknappschaft (Bochum) nahm die Zahl der geringfügigen Beschäftigungsverhältnisse im Verlauf des Jahres 2004 um 1 Mio. auf knapp 8 Mio. zu; die Bundesagentur für Arbeit (BA, Nürnberg), die mit konsolidierten Zahlen arbeitet, ging von rund 6,5 Mio. M. Ende 2004 aus.

Beurteilung: Die Effekte der M. wurden von Wirtschaftsforschungsinstituten unterschiedlich beurteilt. Das Dt. Institut für Wirtschaftsforschung (DIW, Berlin) etwa erklärte im Februar 2005, die Arbeitslosigkeit werde durch M. nicht nennenswert verringert. Zwar sei die Zahl der Beschäftigten leicht gestiegen, pro Beschäftigten sei jedoch die durchschnittliche Arbeitszeit gesunken, sodass sich insgesamt das Arbeitsvolumen kaum erhöht habe. Dem Staat gingen durch M. jährlich rund 1 Mrd. € verloren.

Das Rheinisch-Westfälische Wirtschaftsforschungsinstitut (RWI, Essen) verwies auf Zahlen, welche die erhoffte Brückenfunktion der M. zu regulären Beschäftigungsverhältnissen nicht bestätigten. So waren nur 8 % der Minijobber vorher arbeitslos, und den 441 000, die im Jahr aus dem M. in reguläre Stellen wechselten, standen 437 000 gegenüber, die den umgekehrten Weg gegangen seien. Das RWI forderte, auf zwei Jahre befristet ausschließlich für Arbeitslose die Verdienstgrenze für M. von 400 € auf 800 € heraufzusetzen. So könnten bis zu 240 000 Arbeitslose wieder in den ersten Arbeitsmarkt gebracht und die öffentlichen Haushalte um bis zu 170 Mio. € pro Monat entlastet werden. Gewerkschafter sprachen sich für die Abschaffung der M. aus, da diese reguläre Arbeitsplätze verdrängten, weil zunehmend Vollzeitstellen in M. aufgespaltet würden. Im Handel z. B. wurden nach ver.di-Zahlen 110 000 Vollzeitstellen abgebaut und 86 000 M. geschaffen.

Gesetzliche Regelung: Nach dem Mitte 2005 gültigen Gesetz müssen Arbeitgeber für Beschäftigte mit einem monatlichen Entgelt bis zu 400 € 25 % Abgaben – 11 % für Krankenversicherung, 12 % für Rentenversicherung, 2 % Pauschalsteuer – zahlen, die Beschäftigten bleiben abgabenfrei. M. können neben dem Hauptberuf ausgeübt werden, nur der zweite und jeder weitere M. sind regulär sozialversicherungspflichtig.

Midijobs: Bei Beschäftigungen mit Entgelten zwischen 400,01 € und 800 € muss der Arbeitgeber die vollen Sozialversicherungsbeiträge zahlen, die Arbeitnehmerbeiträge steigen von 4 % bis zum vollen Beitrag (ca. 21 %) je nach Einkommen an. Die Besteuerung erfolgt nach dem individuellen Satz.

www.minijob-zentrale.de (Informationsstelle der Bundesknappschaft)

Prostitution

Nach Schätzungen gehen rund 400 000 Menschen in Deutschland der P. nach, davon ca. 60 % Ausländer; 140 000 gelten als Zwangsprostituierte. Der gesamte Jahresumsatz der Rotlichtbranche wird auf rund 6 Mrd. Euro geschätzt. Nach Angaben der Bundesregierung gibt es in Deutschland rund 1,2 Mio. Prostituiertenbesuche täglich.

Prostituiertengesetz: Prostituierten-Organisationen und -Beratungsstellen zogen nach rund drei Jahren Erfahrung mit dem Gesetz zur rechtlichen und sozialen Situation der Prostituierten (ProstG, in Kraft seit 1. 1. 2001) eine negative Bilanz: Dem Gesetzgeber sei es nur darum gegangen, Prostituierte steuerlich und versicherungsmäßig »abzuschöpfen«. Die kostenlose Überwachung durch die Gesundheitsämter sei eingestellt worden, Fördergelder für Selbstorganisationen würden von der Zusammenarbeit mit der Polizei gegen Schlepperbanden abhängig gemacht, Ausstiegshilfen gebe es nicht. Auch das Problem der häufig erzwungenen P. von Migrantinnen, würde nicht berücksichtigt, etwa indem dafür sogar noch reguläre Arbeitserlaubnisse erteilt würden. Nach wie vor stünden andere gesetzliche Regelungen, vom Baurecht über das Ausländerrecht bis zum Gaststättengesetz, den Zielen des ProstG entgegen.

Mit dem ProstG wollte die rot-grüne Bundesregierung die Diskriminierung von Prostituierten beenden. So können diese als Angestellte in Bordellen sozialversicherungspflichtig beschäftigt werden; sie erwerben damit Ansprüche auf Umschulung und Wiedereingliederung in den Arbeitsmarkt. Notfalls können sie ihr Honorar einklagen. Nicht mehr unter Strafe gestellt wurde die Förderung von P., sofern sie nicht mit der Ausbeutung und Einschränkung der persönlichen Freiheit verbunden ist.

Migrantenprostitution: Seit den 1990er-Jahren dominieren Prostituierte aus Osteuropa das Rotlichtmilieu. Waren es anfangs Frauen aus Polen und der Tschechischen Republik, so bilden heute Prostituierte aus der Ukraine, Rumänien und Bulgarien die größte Gruppe. Einfallstor nach Deutschland ist Berlin. Mit der zunehmenden Verbreitung von Aids in Osteuropa (→ Entwicklung, HIV) und gelockerten Einreisebestimmungen wuchs bei Gesundheitsexperten die Sorge vor einer verstärkten Ausbreitung der Immunschwächekrankheit.

Rentenversicherung

Nullrunde: Die Altersrenten in Deutschland wurden zum 1. 7. 2005 wie im Vorjahr nicht erhöht. Der Beitrag blieb 2005 stabil bei 19,5 % (seit 1. 1. 2003). Ursache für die Rentennullrunde war die Lohnentwicklung des Vorjahres, an der sich die Rentenformel – mit Faktoren, die einen Anstieg dämpfen – orientiert. Die rentenrelevanten Löhne und Gehälter stiegen 2004 in Westdeutschland um 0,12 %, in Ostdeutschland um 0,21 %. Damit es zu einer Rentensteigerung kommt, müsste der

Rentenversicherung: Anpassung

Jahr	Erhöhung jeweils zum 1. 7. (%)	
	Westdeutschland	Ostdeutschland
2005	0,0	0,0
2004	0,0	0,0
2003	1,04	1,19
2002	2,16	2,89
2001	1,91	2,11
2000	0,60	0,60
1999	1,34	2,79
1998	0,44	0,89
1997	1,65	5,55

Quelle: Verband Dt. Rentenversicherungsträger (Bonn)

Rentenversicherung: Unterschiede bei der Rente[1)]

Höhe (€/Monat)	Westdeutschland		Ostdeutschland	
	Männer	Frauen	Männer	Frauen
1 500 und mehr	11,8	0,4	6,5	0,2
1200–1500	23,4	2,1	20,2	2,1
900–1200	26,5	7,4	41,1	10,2
600–900	16,6	24,8	27,4	52,2
300–600	10,9	28,9	3,5	28,9
unter 300	10,9	36,5	1,3	6,3

1) Altersrenten und Renten wegen verminderter Erwerbsfähigkeit; rundungsbedingte Differenzen; Stand: 31.12. 2003; Quelle: Verband Dt. Rentenversicherungsträger (VDR, Bonn)

Anstieg bei mind. 1,2% liegen. Die rechnerisch nötige Rentenkürzung wurde durch die sog. Sicherungsklausel verhindert.

Bemessungsgrenzen: Die jährlich neu festgelegten Grenzen, bis zu denen Beiträge zur R. zu entrichten sind, erhöhten sich 2005 in Westdeutschland um 50€ auf 5200€ und in Ostdeutschland um denselben Betrag auf 4400€.

Reform: Zum 1. 1. 2005 trat eine umfassende Rentenreform in Kraft. Die Formel zur Rentenberechnung wurde um einen sog. Nachhaltigkeitsfaktor ergänzt, der das sich zunehmend verschlechternde Verhältnis von Beitragszahlern und Rentnern sowie die steigende Lebenserwartung berücksichtigt. Ziel der Reform ist es, die Beiträge bis 2010 nicht über 20% und bis 2030 nicht über 22% steigen zu lassen. Die Regelung, wonach Schülern und Studierenden bis zu drei Jahre Ausbildung als rentensteigernd angerechnet wurden, obwohl sie in der Zeit keine Beiträge zahlen, wurde gestrichen.

Rentenhöhe: Nach Berechnungen der rot-grünen Bundesregierung sinkt die Rentenhöhe von derzeit 53% des bereinigten Bruttolohns bis 2020 auf 46% und bis 2030 auf 43%. Künftige Bundesregierungen sind in dem Gesetz zur Rentenreform jedoch aufgefordert, geeignete Maßnahmen zu treffen, damit das Rentenniveau tatsächlich nicht unter 46% sinkt, etwa durch höhere Bundeszuschüsse an die Rentenkassen oder die Heraufsetzung den Renteneintrittsalters.

Neuorganisation: Bundestag und Bundesrat gaben im Herbst 2004 grünes Licht für eine Zusammenführung der gesetzlichen Rentenversicherung für Arbeiter und Angestellte unter dem Namen Dt. Rentenversicherung mit erhofften Einsparungen bei den Verwaltungskosten von jährlich 350 Mio. €.

Ausweitung: Seit dem 1.1.2005 gelten die Regelungen für die Hinterbliebenenversorgung auch für eingetragene (gleichgeschlechtliche) Lebenspartner. Bezieher des → Arbeitslosengeldes II sind künftig pflichtversichert. Bisher galt dies nur für Arbeitslosenhilfe-, nicht jedoch für erwerbsfähige Sozialhilfebezieher.

Entlastung: Ab 1.1. 2006 müssen Unternehmen die Sozialbeiträge am Ende des laufenden Monats und nicht erst Mitte des Folgemonats überweisen; das Gesetz wurde Mitte 2005 verabschiedet. Damit soll einer drohenden Finanzierungslücke in den Rentenkassen begegnet und der Rentenversicherungsbeitrag stabil gehalten werden.

Rente nach Kinderzahl: Das Institut der dt. Wirtschaft (IW, Köln) legte im Mai 2005 ein Modell für die Koppelung der Rentenhöhe an die Kinderzahl vor. Danach soll derjenige, der keine Kinder großzieht, auch keinen vollen Rentenanspruch haben, sondern nur noch einen in der Höhe, in der er sich, z. B. über Steuern zur Finanzierung von Schulen und Hochschulen, an den Kindererziehungskosten anderer beteiligt. Dieser Anteil liegt nach Berechnungen des Instituts für Weltwirtschaft (Kiel) bei 45%, 55% der Kosten trügen die Familien selbst. Diese 55% sollten – gestaffelt nach Kinderzahl – nur an Eltern gezahlt werden. Für einen heutigen Berufseinsteiger mit mind. zwei Kindern wäre das Niveau der gesetzlichen Rente nach dem IW-Modell kaum niedriger als heute, doch insgesamt stiegen bis 2030 die Ausgaben der R. nur um 5%, obwohl sich die Rentnerzahl um 40% erhöht.

www.bmgs.de (Bundesgesundheitsministerium); **www.vdr.de** (Verband Dt. Rentenversicherungsträger)

Schwarzarbeit

Tätigkeit, die ausgeübt und entlohnt wird, ohne der gesetzlichen Anmelde- und Abgabenpflicht nachzukommen, bzw. die gegen gesetzliche Bestimmungen verstößt

Bekämpfung: Nach langem, strittigem Gesetzgebungsverfahren traten zum 1.8. 2004 in Deutschland neue, schärfere Regeln zur Be-

Schwarzarbeit in Deutschland

Jahr	geschätzter Umsatz (Mrd. €)[1]
2005	346
2004	356
2003	370
2002	350
2001	330
2000	322
1999	302
1998	281
1997	275
1996	258

1) Angaben nach Friedrich Schneider, Universität Linz

kämpfung der S. in Kraft. Danach soll die Kontrolle künftig beim Zoll liegen, der die Zahl der dafür zuständigen Beamten von 5000 bis Ende 2005 auf 7000 erhöht und eng mit der Polizei zusammenarbeitet. Ferner wurden Rechtsvorschriften straffer gefasst und Strafbarkeitslücken geschlossen. Bauherren müssen Handwerkerrechnungen bzw. Zahlungsbelege oder andere beweiskräftige Unterlagen zwei Jahre lang aufbewahren. Die Nichtanmeldung geringfügig Beschäftigter (→ Minijobs) wird nicht als Straftat, sondern als – mit einem Bußgeld bewehrte – Ordnungswidrigkeit geahndet.

Rückgang: Nach Schätzung des Instituts für angewandte Wirtschaftsforschung (IAW, Tübingen) und des Volkswirts Friedrich Schneider (Universität Linz) ging die S. in Deutschland 2004 zum ersten Mal seit 1975 zurück: um 3,8% auf einen Wert von 356 Mrd. €. Für 2005 wurde ein weiterer Rückgang um 2,8% prognostiziert. Mit geschätzten 38% war der Anteil der S. in der Bauwirtschaft am höchsten; je 17% entfielen auf andere Gewerbe- und Industriebetriebe sowie auf das Hotel- und Gaststättengewerbe.

Ursachen: Die Gründe für den Rückgang sahen IAW und Schneider v.a. in der Ausweitung der Minijobs, ferner in der Lockerung des → Kündigungsschutzes für kleinere Betriebe, der neuen Handwerksordnung, Steuersenkungen und der de facto verlängerten Wochenarbeitszeit (→ Arbeitszeit). Das Bundesfinanzministerium führte den Rückgang auch auf die per Gesetz beschlossenen schärferen Kontrollen, insbesondere auf Baustellen und bei Transportunternehmen, zurück.

Fahndungserfolge: Der Zoll deckte 2004 nach Zahlen des Bundesfinanzministeriums Schäden durch S. im Wert von 475 Mio. € auf. Es wurden 91000 Strafverfahren eingeleitet und Bußgelder von insgesamt 33 Mio. € verhängt.

www.bundesfinanzministerium.de, www.iaw.edu (Institut für angewandte Wirtschaftsforschung)

Sozialabgaben

Die von Arbeitnehmern und Arbeitgebern gezahlten Beiträge zur gesetzlichen Renten-, Kranken-, Pflege- und Arbeitslosenversicherung

Die Beiträge zur → Arbeitslosenversicherung (6,5%) und → Rentenversicherung (19,5%) blieben 2005 stabil, die Arbeitnehmerbeiträge zur Pflegeversicherung (→ Gesundheitswesen) erhöhten sich für Kinderlose zwischen 24 und 65 Jahren zum 1.1.2005 um 0,25 % auf 1,1%. Die Durchschnittsbeiträge der Arbeitgeber zur Krankenversicherung (→ Gesundheitswesen) sanken zum 1.7. 2005 um 0,9 %, da Krankengeld und Zahnersatz aus der paritätischen Finanzierung herausgenommen wurden; sie waren danach von den Versicherten allein zu tragen, deren Gesamtbeiträge sich entsprechend erhöhten.

Grenzen: Die Beitragsbemessungsgrenzen, bis zu deren Höhe die S. berechnet werden, wurden zum 1. 1. 2005 für die Kranken- und Pflegeversicherung um 37,50€ auf 3525€ erhöht. Für die Renten- und Arbeitslosenversicherung stieg die Grenze in Westdeutschland um 50€ auf 5200€ und im Osten um ebenfalls 50€ auf 4400€.

Höchstlast: Die monatlichen Höchstbeiträge zur Sozialversicherung betrugen 2005 nach Zahlen des Bundesministeriums für Gesundheit und Soziale Sicherung (BMGS) für Personen mit Kindern in Westdeutschland 1997,00€, in Ostdeutschland 1697,43€.

Einnahmen: Die gesetzliche Sozialversicherung erzielte 2004 nach Zahlen des Statistischen Bundesamtes (SB, Wiesbaden) einen Überschuss von

Sozialabgaben: OECD-Vergleich

Land	Steuern und Sozialabgaben 2003 (% des BIP)
Schweden	50,0
Dänemark	49,0
Belgien	46,8
Finnland	44,9
Frankreich	44,2
Norwegen	43,9
Italien	43,4
Österreich	43,0
Luxemburg	41,6
Tschechien	39,9
Niederlande	38,8
Ungarn	38,3
Deutschland	36,2
Griechenland	35,9
Spanien	35,8
Großbritannien	35,5
Kanada	33,9
Portugal	33,9
Slowakei	33,1
Polen	32,6
Irland	30,0
Schweiz	29,8
Japan	25,8
USA	25,4

Quelle: OECD (Paris)

2,1 Mrd. € (Krankenversicherung: +4,0 Mrd. €), 2003, vor Inkrafttreten der Gesundheitsreform, war bei der Sozialversicherung noch ein Minus von 6,0 Mrd. € aufgelaufen.

Sozialwahl: Bis zum 1.6. 2005 hatten rund 46 Mio. Versicherte in Deutschland Gelegenheit zur Teilnahme an der Sozialwahl. Dabei ging es darum, wer sie in der Selbstverwaltung von Renten- und Krankenversicherung vertritt. Unter Hinweis auf die begrenzten Einflussmöglichkeiten der ehrenamtlichen Vertreter und auf die traditionell geringe Wahlbeteiligung wurden die Kosten von rund 50 Mio. € für die Durchführung dieser Briefwahl in den Medien kritisiert.

www.bmgs.de (Bundesministerium für Gesundheit und soziale Sicherung); **www.bmwa.bund.de** (Bundesministerium für Wirtschaft und Arbeit)

Sozialhilfe

Staatliche Hilfe für nicht erwerbsfähige Bürger ohne Einkünfte

Seit dem 1. 1. 2005, mit Inkrafttreten der sog. Hartz-IV-Reformen, wird S. in Deutschland nur noch an die nicht Erwerbsfähigen aus der bisherigen Empfängergruppe gezahlt (Sozialgeld); die erwerbsfähigen bisherigen S.-Empfänger erhalten seitdem wie die Langzeitarbeitslosen → Arbeitlosengeld II. Sozialgeld wird wie die einstige S. von den Kommunen ausgezahlt. Die bisherige Trennung zwischen laufender Hilfe zum Lebensunterhalt und Hilfe für besondere Lebenslagen wurde aufgehoben, stattdessen gibt es monatlich einen einheitlichen pauschalen Satz, für Alleinerziehende wegen unterstellten Mehrbedarfs einen höheren.

Höhe: Das soziokulturelle Existenzminimum für Menschen in Notlage wurde für 2005 mit 345 € in Westdeutschland und 331 € in Ostdeutschland festgelegt; die Länder haben weiterhin die Möglichkeit, davon – entsprechend den regionalen Gegebenheiten – abzuweichen. 2004 lag der Regelsatz zwischen 282 € und 297 € plus beantragter Einzelleistungen.

Nach der Reform: Als Folge der Hartz-IV-Arbeitsmarktreformen ging die Zahl der S.-Empfänger massiv zurück. Nach ersten Erhebungen des Statistischen Bundesamtes (SB, Wiesbaden) vom März 2005 in 44 Städten mit mehr als 100 000 Einwohnern reduzierte sich die Zahl dort um mehr als 95 %. Diese Erhebungen waren insbesondere für die Kostenverteilung zwischen Bund und Kommunen von Bedeutung, da der Bund die Kosten für alle Bezieher von Arbeitslosengeld II trägt, mit Ausnahme der Unterkunftskosten, die von den Kommunen übernommen werden. Die SB-Zahlen deuteten darauf hin, dass die Entlastung der Kommunen durch die Reform höher ausfällt als erwartet.

Sozialhilfe: Plakat einer Caritas-Kampagne gegen Vorurteile gegenüber Arbeitslosen; zur materiellen und psychischen Belastung durch die Arbeitslosigkeit kommt oft auch soziale Ächtung.

Vor der Reform: Nach SB-Angaben bezogen Ende 2003 (letztverfügbarer Stand) 2,81 Mio. Menschen in Deutschland die alte S., 2 % mehr als 2002; das war der höchste Stand seit 1998. Die Zahl der betroffenen Kinder und Jugendlichen stieg überproportional um 6,2 % auf 1,08 Mio. Damit waren 7,2 % aller Kinder und Jugendlichen in Deutschland auf S. angewiesen. Die S.-Quote, also der Anteil der S.-Empfänger bezogen auf die Gesamtbevölkerung, lag mit 3,2 % in Westdeutschland nur noch 0,1 Prozentpunkte über der ostdt. Quote.

www.bmgs.de (Bundesministerium für Gesundheit und Soziale Sicherung)

Sozialstaat

Die Sozialausgaben in Deutschland werden sich 2005 nach Schätzungen des Bundesministeriums für Gesundheit und Soziale Sicherung (BMGS) auf 731,9 Mrd. € summieren, 7,5 % mehr als 2002. Dies entspricht einer Sozialleistungsquote von 30,4 % (2002: 32,5 %) – bei großen Unterschieden zwischen West- (28,4 %) und Ostdeutschland (44,4 %). Rechnerisch erhält jeder Einwohner 8 878 € (2002: 8 307 €) an Sozialleistungen.

Armutsbericht: Nach dem Anfang 2005 publizierten Armuts- und Reichtumsbericht der Bundesregierung hat sich die Schere zwischen Arm und Reich in Deutschland weiter geöffnet. Der Anteil der Bevölkerung unterhalb der Armutsgrenze – sie liegt nach EU-Definition bei 60 % des Durchschnittseinkommens eines Landes – erhöhte sich zwischen 1998 und 2003 von 12,1 % auf 13,5 %. Rückläufig war die Quote bei Rentnern und Pensionären (von 13,3 % auf 11,4 %). Besonders armutsgefährdet waren Alleinerziehende und ihre Kinder sowie Menschen ausländischer Herkunft. Während die untere Hälfte der Bevölkerung in Deutschland nur 4 % des Gesamtvermögens besaß, entfielen auf die reichsten 10 % der Haushalte 47 %.

www.bmgs.de (Bundesministerium für Gesundheit und Soziale Sicherung)

Tarifverträge

Vereinbarungen zwischen Arbeitgeberverbänden bzw. Unternehmen und Gewerkschaften über Entgeltzahlungen, Zusatzleistungen, betriebliche Altersversorgung, Arbeitszeiten u. Ä.

2004 schlossen die Tarifvertragsparteien rund 6 100 neue T., die zum größeren Teil vorhergehende ersetzten. Unter den neu geschlossenen T. waren Firmentarifverträge für rund 450 Unternehmen, die bislang nicht tarifvertraglich gebunden waren. Die Laufzeit der 2004 geschlossenen

Tarifverträge: Jobgarantie und ihr Preis

Audi: Der im April 2005 geschlossene »Beschäftigungspakt« schließt betriebsbedingte Kündigungen bis 2011 aus. Er beinhaltet eine Einkommenssenkung für neu eingestellte Mitarbeiter und eine Arbeitszeitverlängerung ohne Lohnausgleich für einige Beschäftigte.
KarstadtQuelle: Die Beschäftigten erhalten nach dem Verhandlungsergebnis vom Herbst 2004 drei Jahre lang ihre Tariferhöhungen nicht ausbezahlt, sondern stunden sie dem Unternehmen. Eine mögliche Nachzahlung soll an eine eventuelle Dividende des Unternehmens gekoppelt werden. Betriebsbedingte Kündigungen sollte es ab Herbst 2005 nur für den Fall geben, dass nicht genügend Mitarbeiter gegen Abfindung freiwillig ausscheiden, in Altersteilzeit oder eine Beschäftigungsgesellschaft wechseln.
Opel: Der im März 2005 zwischen Unternehmen und Betriebsrat geschlossene »Zukunftsvertrag« enthält eine Bestandssicherung für die drei dt. Opel-Werke bis Ende 2010. 2005 und 2006 müssen insgesamt 9 500 Beschäftigte das Unternehmen verlassen – in den Vorruhestand oder gegen Abfindung. Die übertarifliche Bezahlung der verbliebenen Mitarbeiter wird bis 2010 abgeschmolzen, ferner gibt es geringeres Weihnachtsgeld und flexiblere Arbeitszeiten.
Siemens: Die Beschäftigten der Werke Kamp-Lintfort und Bocholt verzichteten bereits im Sommer 2004 auf Zulagen wie Weihnachts- und Urlaubsgeld und stimmten einer Verlängerung der Wochenarbeitszeit auf 40 Stunden ohne Lohnausgleich zu. Dafür erhielten sie eine zweijährige Bestandsgarantie. Der Tarifvertrag für die 37 Siemens-Niederlassungen vom Januar 2005 sah eine Arbeitszeitverlängerung ohne Lohnausgleich, den Ersatz des Urlaubs- und Weihnachtsgeldes durch eine leistungs- und ergebnisabhängige Vergütung und eine Beschäftigungsgarantie bis September 2009 vor.
Volkswagen: Die Tarife wurden – abgesehen von einer Einmalzahlung von 1 000 € im März 2005 – für 28 Monate eingefroren, das Beschäftigungsvolumen dafür bis Ende Januar 2011 gesichert.

Tarifverträge: Tariferhöhungen

Jahr	durchschnittliche Abschlussrate (%)[1]	
	Westdeutschland	Ostdeutschland
2004	1,9	2,5
2003	2,4	2,8
2002	3,2	3,2
2001	2,3	2,8
2000	2,5	2,6
1999	3,1	2,7
1998	2,0	2,6
1997	1,5	1,9
1996	1,8	3,6
1995	3,4	6,2
1994	2,2	6,4
1993	3,2	12,5
1992	5,6	25,9

1) tarifvertragliche Entgelterhöhungen, vereinbart in Neuabschlüssen des jeweiligen Jahres und Stufenabschlüssen voriger Jahre, Quelle: Bundesministerium für Wirtschaft und Arbeit (Berlin), www.bmwa.bund.de

T. betrug im Durchschnitt 21,8 Monate (2003: 20,5). Die Tarifrunde war von geringen Lohnsteigerungen geprägt. Teilweise wurden nur Einmalzahlungen vereinbart, bei den Gebäudereinigern kam es sogar zu Lohnsenkungen. Vielfach gab es Einschnitte bei den tariflichen Arbeitszeitregelungen bis zur Verlängerung der Wochenarbeitszeit ohne Lohnausgleich sowie Kürzungen von Urlaubsgeld oder Urlaubstagen. Insgesamt setzte sich 2004/05 die Tendenz zu betriebsnäheren Abschlüssen fort.

Beschäftigungsgarantie: In zahlreichen Betrieben kam es nach Abschluss der T. zu Nachverhandlungen, weil die Unternehmen Abweichungen von tariflichen und betrieblichen Standards forderten und vielfach auch erreichten. Im Gegenzug konnten die Gewerkschaften häufig Beschäftigungsgarantien bzw. einen sozialverträglichen Arbeitsplatzabbau durchsetzen. Solche Vereinbarungen gab es bei Konzernen wie Siemens, DaimlerChrysler und Volkswagen, aber auch in zahlreichen kleinen und mittleren Betrieben, im Bereich der IG Metall nach eigenen Angaben allein rund 300.

Entgelte: Im gesamtwirtschaftlichen Durchschnitt brachten die T. von 2004 eine Entgelterhöhung um 1,6%. Unter Einbeziehung bereits vorher vereinbarter Tarifanhebungen, die 2004 wirksam wurden, ergab sich eine durchschnittliche Tarifsteigerung von 2,0% (Westdeutschland: +1,9%, Ostdeutschland: +2,5%). Das Tarifniveau in Ostdeutschland betrug Ende 2004 etwa 94% des Westniveaus. Die höchste bundesweite jahresbezogene Tarifsteigerung wurde mit 2,4% bei den Kreditinstituten und Versicherungen vereinbart. In der Eisen- und Stahlindustrie kam 2005 ein Abschluss zustande, der eine Pauschale von insgesamt 500€ für fünf Monate und zum 1.9. 2005 (Laufzeit: ein Jahr) eine Lohnerhöhung um 3,5% beinhaltete.

Negative Lohndrift: Nach Zahlen des Statistischen Bundesamtes (SB, Wiesbaden) stiegen

Tarifverträge: Bundesinnenminister Otto Schily (links) und Frank Bsirske, Vorsitzender der Dienstleistungsgewerkschaft ver.di, nach dem Abschluss der Tarifverhandlungen für den öffentlichen Dienst am 9. 2. 2005 in Potsdam

Sind die Gewerkschaften noch vollwertige Tarifpartner?

Mit dem Argument, nur so könnten sich deutsche Unternehmen im internationalen Wettbewerb behaupten, fordern die Arbeitgeberverbände die Gewerkschaften beständig zur Lohnzurückhaltung auf. Seit einigen Jahren werden sie dabei von Wirtschaftsforschungsinstituten sowie teilweise von Parteien unterstützt. Das Gegenargument der Gewerkschaften, für die lahmende Binnenkonjunktur seien die geringe Kaufkraft der Arbeitnehmer und ihrer Familien verantwortlich, verhallte dagegen ungehört – nicht zuletzt, weil die Gewerkschaften beständig an Einfluss verloren haben.

Hohe Unternehmensgewinne und die Tatsache, dass Deutschland »Exportweltmeister« ist, sind schwerlich als Zeichen mangelnder internationaler Wettbewerbsfähigkeit zu deuten. Die Arbeitskosten liegen zwar auf hohem Niveau, steigen aber deutlich langsamer als in allen anderen Staaten der alten EU. Die Reallöhne in Deutschland gingen im Zeitraum von 1995 bis 2004 sogar um 0,9 % zurück, während sie in Frankreich um 8,4 %, in Dänemark um 15,6 % und in Großbritannien sogar um 25,2 % gestiegen sind – und die britische Wirtschaft steht deutlich besser da als die deutsche.

Machtverlust der Gewerkschaften Die niedrigen Tarifabschlüsse der letzten Jahre sind auf die geschwächte Position der Gewerkschaften zurückzuführen. Diese litten unter Mitgliederschwund und verloren deshalb zunehmend die Legitimation, für alle Arbeitnehmer zu sprechen. Entsprechend geringer wurde ihr Einfluss auf politische Entscheidungen. Auch waren angesichts von Massenarbeitslosigkeit, Sozialabbau und Jobverlagerungen ins Ausland viele Arbeitnehmer bereit, für einen sicheren Arbeitsplatz längere Arbeitszeiten, Kürzungen bei Zuschlägen oder sogar direkte Lohneinbußen hinzunehmen. So konnten die Gewerkschaften als Vertreter von Arbeitnehmerinteressen in den Tarifverhandlungen den Verteilungsspielraum, der sich aus absehbarer Preissteigerung und Produktivitätsentwicklung ergab, nur in den allerseltensten Fällen ausschöpfen.

Gewerkschaft unter Druck: ver.di-Vorstandsmitglied Franziska Wiethold (rechts) stimmt sich während der Karstadt-Krise am 4.10.2004 mit Betriebsratsmitgliedern Hellmut Patzolt (links) und Uwe Bracklow ab.

Tarifpolitik in die Betriebe verlagert Aus Sicht der Unternehmen waren die Tarifabschlüsse der letzten Jahre »moderat«, doch Lob ernteten die Gewerkschaften dafür kaum. Im Gegenteil: Wirtschaftsexperten und Politik forderten noch größere Zurückhaltung, noch mehr Verzicht. Eine große Rolle spielte dabei die Kritik am Flächentarifvertrag, der angeblich zu starr sei und den Verhältnissen in den einzelnen Betrieben nicht gerecht werde. Doch mittlerweile enthalten viele Flächentarifverträge Öffnungsklauseln. Sie erlauben es Unternehmen, die sich in einer wirtschaftlichen Notlage befinden, von den darin festgelegten Standards nach unten abzuweichen, sofern sie sich mit ihrem Betriebsrat darauf einigen. Allerdings bedürfen diese »betrieblichen Bündnisse für Arbeit« der Zustimmung der Gewerkschaften, die diese, insbesondere wenn es um Großunternehmen geht, in den letzten Jahren immer seltener verweigerten.

Ende der Tarifverträge in Sicht? Forderungen aus den Reihen von FDP und CDU/CSU nach einer Gesetzesänderung, die Abweichungen vom Flächentarifvertrag zur Sicherung von Arbeitsplätzen auch ohne Zustimmung der Tarifparteien erlaubt, wiesen die Gewerkschaften naturgemäß zurück. Ohne den Schutz durch eine Gewerkschaft, so ihre Argumentation, seien die Betriebsräte bei Verhandlungen mit der Unternehmensführung in einer schwächeren Position – und damit die Arbeitnehmerseite insgesamt. Sie fürchteten, dass auf diese Weise eine »Spirale nach unten« in Gang gesetzt wird. Und dass ein Absenken der Löhne auf das Niveau in Osteuropa oder gar in Indien oder China die Probleme der dt. Wirtschaft lösen könnte, glauben auch unter den schärfsten Gewerkschaftskritikern nur wenige.

die Bruttoeinkommen in Deutschland 2004 effektiv nur um 0,1%. Die stark negative Lohndrift führten Gewerkschaften u.a. darauf zurück, dass trotz relativ stabiler formaler Tarifbindung T. einen rückläufigen Teil der Branchen und Betriebe prägen, dass es zunehmend tarifliche Öffnungsklauseln gibt, übertarifliche Leistungen abgebaut werden und im Zuge der Arbeitsmarktreformen der Lohndruck wächst. Auch die hohe Zahl von → Minijobs führte zur Senkung des Durchschnittseinkommens (→Steuern und Finanzen, Einkommen).

Tarifbindung: Bei tarifgebundenen Arbeitgebern waren im Jahr 2003 (letztverfügbarer Stand) nach einer Erhebung des zur Bundesagentur für Arbeit gehörenden Instituts für Arbeitsmarkt und Berufsforschung (IAB, Nürnberg) in Westdeutschland 69,7% und in Ostdeutschland 54,0% aller Arbeitnehmer beschäftigt. Unter den nicht tarifgebundenen Unternehmen orientierten sich in Westdeutschland 16%, in Ostdeutschland 23,9% an T. Dementsprechend waren wie im Vorjahr für ca. 84% aller Arbeitnehmer in Deutschland T. maßgebend.

Öffentlicher Dienst: Die Dienstleistungsgewerkschaft ver.di sowie die Vertreter des Bundes und der Kommunen verständigten sich im Januar 2005 auf eine tief greifende Tarifreform des öffentlichen Dienstes (→ Wirtschaft, Öffentlicher Dienst). Die Länder waren zur Übernahme des Abschlusses nicht bereit. Sie gingen u.a. mit der Forderung nach einer Verlängerung der Wochenarbeitszeit in die Tarifverhandlung, die Mitte 2005 noch nicht abgeschlossen war.

www.tarifvertrag.de (Tarifchronik des WSI in der gewerkschaftseigenen Hans-Böckler-Stiftung, Düsseldorf); **www.bmwa.bund.de** (Bundesministerium für Wirtschaft und Arbeit)

Zeitarbeit

(auch Leiharbeit, Arbeitnehmerüberlassung), sozialversicherungspflichtige Tätigkeit für ein Unternehmen, das Arbeitnehmer vorübergehend an andere Unternehmen ausleiht

Entwicklung: Zum Stichtag 30.6.2004 (letztverfügbarer Stand) gab es gemäß den Angaben der Bundesagentur für Arbeit (BA, Nürnberg) knapp 400000 Beschäftigte in Z., darunter ungefähr 26000 bei den Personalserviceagenturen (PSA) der Arbeitsagenturen, deren Aufgabe es ist, Arbeitslose in Z. zu vermitteln. Die Beschäftigtenzahl in Z. stieg gegenüber dem 30.6.2003 um 26%. Knapp 70% der neu Eingestellten waren vorher erwerbslos.

Gesetzeslage: Für gewerbliche Z. und für PSA gilt das Arbeitnehmerüberlassungsgesetz (AÜG) in der Neufassung vom 1.1.2004. Sofern kein Tarifvertrag zur Z. vorliegt, müssen Leiharbeitnehmer grundsätzlich der Stammbelegschaft im Unternehmen, in das sie entliehen werden, hinsichtlich der Arbeitsbedingungen inkl. Arbeitsentgelt (Equal Treatment und Equal Pay) gleichgestellt sein. Nur in den ersten sechs Wochen des Beschäftigungsverhältnisses kann bei zuvor Arbeitslosen nach unten abgewichen werden. Anliegen des Gesetzes ist es, die gesellschaftliche Akzeptanz und die Qualität von Z. zu steigern und dadurch die Stellung der in Z. Beschäftigten auf dem Arbeitsmarkt zu stärken. Seit 2004 gibt es allerdings von diesem Equal-Treatment- und Equal-Pay-Prinzip nach unten abweichende bundesweite tarifvertragliche Regelungen.

Urteil: Im Januar 2005 wies das Bundesverfassungsgericht (Karlsruhe) die Verfassungsbeschwerden von Verleihunternehmen und Arbeitgeberverbänden gegen die Neuregelung des AÜG ab. Die Kläger sahen sich in ihrer Berufsfreiheit bedroht und das Recht auf Gleichbehandlung verletzt. Das Gericht wertete etwaige Eingriffe als verfassungsrechtlich gerechtfertigt.

Personalserviceagenturen: Die Erwartungen hinsichtlich der beschäftigungspolitischen Effekte der PSA erfüllten sich bis Mitte 2005 nicht. Im Jahresschnitt 2004 waren 27800 Arbeitsuchende dort beschäftigt. Etwa ein Viertel der Mitarbeiter fand eine reguläre Beschäftigung. Das seit dem 2003 bestehende arbeitsmarktpolitische Instrument hat die Aufgabe, zuvor Arbeitslose einzustellen und an Betriebe zu entleihen. Diese erhalten die Möglichkeit, Arbeitnehmer zu »testen«, bevor sie sich zu einer Festanstellung entschließen. Die PSA werden per Vertrag zwischen der Arbeitsagentur und einem privaten Unternehmen der Z. eingerichtet. Die bei der PSA Beschäftigten fallen aus der Arbeitslosenstatistik heraus. Bei der Einführung der PSA rechnete die BA damit, mit ihrer Hilfe innerhalb der nächsten fünf Jahre 375000 Arbeitslose in den Arbeitsmarkt integrieren zu können.

www.bza.de (Bundesverband Zeitarbeit Personaldienstleistungen e.V.); **www.ig-zeitarbeit.de** (Interessengemeinschaft Dt. Zeitarbeitsunternehmen); **www.tarifvertrag.de** (Tarifarchiv der Hans-Böckler-Stiftung)

Auto und Verkehr

Airbus

Bilanz: Mit 320 ausgelieferten Flugzeugen konnte A. 2004 seine Position als weltweit führender Flugzeughersteller erneut behaupten. Von den gelieferten Maschinen gehörten 233 der Familie der A 320 an, 37 waren Frachtflugzeuge, 50 waren Modelle der A 330- und A 340-Klassen. A. verbuchte 2004 insgesamt 370 Bestellungen im Gesamtwert von rund 34 Mrd. US-Dollar.

A 350: Das zweistrahlige Langstreckenflugzeug auf Basis der A 330 bietet Platz für 245–285 Passagiere, verfügt aufgrund neuer Flügeltechnologie über eine Reichweite von bis zu 15 900 km und soll ab 2010 ausgeliefert werden. Wegen des verstärkten Einsatzes von Kohlefaserwerkstoffen soll es ca. 8 t leichter sein als die A 330.

A 380: In der Basis-Version des bisher größten Flugzeugs aller Zeiten, das am 27. 4. 2005 seinen Erstflug erfolgreich absolvierte, finden 555 Passagiere Platz. In der A-380-200-Version sollen 656 Sitze vorhanden sein, Chartermaschinen dieses Typs werden mit 853 Sitzen ausgestattet. Der 540 t schwere A. ist zweigeschossig mit Sitzen auf beiden Etagen, das Cockpit befindet sich zwischen den Ebenen. Der Jet kann rund 15 000 km Flugstrecke ohne Zwischenlandung zurücklegen. Deutschland liefert das vordere und hintere Rumpfteil sowie das Seitenleitwerk. Das Mittelteil kommt aus Frankreich. Großbritannien steuert die Tragflächen und Spanien das Heck bei. Montiert wird das Flugzeug in Toulouse. Die Inneneinrichtung wird in Hamburg eingebaut, wo der A. auch lackiert wird. Die Kosten für die Entwicklung des Flugzeugs belaufen sich auf rund 14 Mrd. €. Für den Bau des A 380 stellte A. bis April 2005 rund 2 000 neue Mitarbeiter ein. Anfang Juni 2005 wurde bekannt, dass sich die Auslieferung der ersten Maschinen vom Herbst 2006 auf das Frühjahr 2007 verschieben wird. Betroffene Fluggesellschaften wie die australische Qantas haben mit Schadenersatzforderungen gedroht.

Startbahn: Nach dem Verkauf privater Schlüsselgrundstücke an die Stadt Hamburg im Januar 2005 soll die umstrittene Start- und Landebahn für den Großraumjet gebaut werden. Airbus forderte

Konkurrenten der Lüfte: Airbus und Boeing

Im Streit um milliardenschwere Beihilfen für Airbus und Boeing sprachen sich die EU und die USA noch im Mai 2005 für weitere Verhandlungen aus, um eine Eskalation vor der Welthandelsorganisation (WTO, Genf) zu vermeiden. Beide Handelsblöcke werfen sich seit Jahren gegenseitig vor, den Bau neuer Flugzeuge illegal zu subventionieren.

In der Auseinandersetzung geht es v. a. um Gelder für die Entwicklung neuer Flugzeuge. Die USA und die EU hatten 1992 ein Abkommen geschlossen, in dem die Höhe staatlicher Beihilfen für beide Flugzeughersteller festgelegt wurde. Im Oktober 2004 beschuldigten sich beide Seiten gegenseitig, diese Abmachung zu ignorieren und ihre Flugzeugindustrie mit höheren, handelsverzerrenden Summen zu unterstützen. Die USA forderten die EU auf, die Subventionen für das weltweit größte Flugzeug A 380 und den kleineren A 350 einzustellen. Die EU verlangte im Gegenzug ein Ende der indirekten Hilfen für den Boeing-Konzern, der von US-Rüstungsaufträgen profitiere.

Im April 2005 war eine 90-tägige Stillhaltefrist zwischen den streitenden Parteien abgelaufen und damit zunächst der Versuch gescheitert, ein Abkommen über geringere Subventionen zu schließen. Die europ. Praxis der letzten Jahre hatte dazu beigetragen, dem US-amerikanischen Flugzeugbauer schweren wirtschaftlichen Schaden zuzufügen. Während zwischen 2001 und 2004 rund 40 000 Boeing-Mitarbeiter ihren Arbeitsplatz einbüßten, sicherte sich Airbus in den vergangenen Jahren zunehmend mehr Bestellungen als Boeing.

Ein buddhistischer Mönch segnet eine neue Boeing 747-400 für Thai Airways in Bangkok.

Kampf der Konzepte Als Boeing 2004 die Entwicklung des B 787 Dreamliner verkündete – die erste Neueinführung nach rund 15 Jahren –, rechnete die Fachwelt nicht mit einer ernst zu nehmenden Strategie der Amerikaner. Im Mai 2005 wendete sich das Blatt, als Air Canada eine Bestellung über 96 Langstreckenmaschinen der Typen B 777 und B 787 bekannt gab und Air India einen ähnlichen Großauftrag erteilte. Den Ausschlag gegen die europ. Produkte gaben die Treibstoffkosten, denn der zweistrahlige Dreamliner soll ein Fünftel sparsamer sein als die A-380-Modelle.

Tatsächlich treffen zwei verschiedene Strategien aufeinander: Boeing kalkuliert damit, dass die Airlines künftig vermehrt an Direktverbindungen zwischen Städten interessiert sind, wofür der Dreamliner ideal wäre; Airbus setzt darauf, dass die Fluggesellschaften wie bisher den Linienverkehr zwischen kontinentalen Großumsteigeflughäfen (Hubs) fördern. Dafür wäre der A 380 bestens geeignet.

Konkurrenz für Boeing Im Kampf um das bessere Konzept wird nicht zuletzt der A 350 – laut Airbus die eigentliche Konkurrenz zur B 787 – eine zentrale Rolle spielen. Entscheidend dürften auch hier wirtschaftliche Gesichtspunkte sein. Viele der für den A 380 entwickelten Technologien wie etwa der verstärkte Einsatz von Kohlefaserwerkstoffen sollen in den A 350 einfließen.

Im Mai 2005 drohte der Streit zwischen Airbus und Boeing erneut zu eskalieren: Airbus hatte im April Großbritannien um Hilfen für den Bau des A 350 gebeten und kündigte an, auch mit den Regierungen in Deutschland, Spanien und Frankreich über die Finanzierung des Projekts sprechen zu wollen: Der europ. Flugzeugbauer will ca. 4 Mrd. € in den A 350 investieren, etwa ein Drittel der Entwicklungskosten soll mit zinsgünstigen staatlichen Darlehen finanziert werden. Ob sich Airbus eine solche Neuentwicklung leisten kann? Jedenfalls würde der A 350 vier Jahre später auf den Markt kommen als die B 787, deren Auslieferung für 2008 geplant ist.

Airbus A 380: Vorbestellungen

Fluglinie	Anzahl	Fluglinie	Anzahl
Emirates	43	Virgin Atlantic	6
Lufthansa	15	Penerbangan Malaysia	6
Qantas	12		
Singapore Airlines	10	Korean Air	5
UPS	10	China Southern Airlines	5
FedEx	10		
Air France	10	Etihad Airways	4
ILFC	10	Qatar Airways	2
Thai Airways	6	gesamt	154

Stand: Mai 2005; Quelle: dpa

die Verlängerung der Startbahn um knapp 600 m, damit A 380 in Hamburg ausgeliefert werden kann.

Führungswechsel: Mit Gustav Humbert steht erstmals ein Deutscher an der Spitze von Airbus. In der zweiten Jahreshälfte 2005 folgt der bisherige Vizedirektor auf den Franzosen Noël Forgeard, der in das Führungsgremium des Mutterkonzerns EADS (European Aeronautic, Defense and Space Company) wechselt.

Marktstudie: A. erwartete in einer im Dezember 2004 veröffentlichten Studie eine erhöhte Nachfrage an Zivilflugzeugen. Insgesamt werden bis 2025 rund 17 300 neue Passagierjets im Wert von 1,9 Billionen US-Dollar benötigt. Die durchschnittliche Flugzeuggröße soll von heute 181 auf 215 Sitze zunehmen. In der Flugzeuggröße über 450 Sitzen rechnete A. mit einem Gesamtbedarf für 1250 Passagier- und 400 Frachtflugzeuge.

www.airbus.com

Autobahnen

2004 wurden rund 150 km A. dem Verkehr übergeben, darunter 12 km der A17 (Sachsen), 50 km der A20 (Ostsee-Autobahn), die restlichen 43 km der A31 (Emsland-Autobahn), 10 km der A63 und 10 km der A143 östlich von Halle. Für 2005 sind Verkehrsfreigaben für insgesamt 210 km vorgesehen, u. a. die restlichen 60 km der A20. Rund 320 km A. waren 2004/05 in Bau.

Private Autobahnen: Das Bundesverkehrsministerium plant 2005, Teilstücke der A8, A5, A4 sowie der A1 von privaten Unternehmen ausbauen zu lassen, die Bau, Betrieb und Erhaltung des jeweiligen Teilstücks übernehmen. Die Refinanzierung soll überwiegend über Einnahmen aus der Lkw-Maut geschehen.

Österreich: Bis 2013 sollen rund 6,3 Mrd. € in das Autobahnnetz investiert werden. Zu den Projekten zählen die A3 (Südost-Autobahn), A5 (Weinviertel-Autobahn), A6 (Nordost-Autobahn) und die A10 (Tauern-Autobahn). Der 200 km lange Autobahnring um Wien soll bis 2014 lückenfrei sein. Für die fehlenden 70 km werden mehr als 3 Mrd. € veranschlagt.

www.bmvbw.de (Bundesministerium für Verkehr, Bau- und Wohnungswesen); **www.autobahn-online.de**; **www.adac.de**

Auto des Jahres

58 Fachjournalisten aus 22 europ. Ländern wählten im November 2004 den neuen Toyota Prius zum A. d. J. 2005. Die japanische Limousine mit Hybridantrieb siegte über 32 Konkurrenten und erhielt 406 Punkte. Auf Rang zwei landete der

Airbus: Beschäftigte des Airbus-Werks in Toulouse werfen bei einem Fototermin anlässlich der Fertigstellung des ersten Airbus A 380 am 18.1. 2005 ihre Mützen in die Luft.

Citroën C4 mit 267 Punkten, gefolgt vom Ford Focus (228). Der Opel Astra kam mit 180 Zählern auf Rang vier. Die weiteren Platzierungen holten sich der Minivan Renault Modus (151), das Mittelklassemodell Peugeot 407 (135) und der neue BMW Einser (83). Die Auszeichnung wird seit 1964 verliehen. Die Bewertungskriterien sind Wirtschaftlichkeit, Komfort, Sicherheit, Fahreigenschaften, Funktionalität, Preis-Leistungs-Verhältnis und Design.

Truck of the Year: Fachjournalisten aus 19 europ. Ländern kürten im September 2004 den Scania der Baureihe R zum Truck of the Year 2005. Ausgezeichnet wurden Fahrerkomfort, Handling und Wirtschaftlichkeit.

www.toyota.de; www.scania.de

Autohandel

Umsatz: Der Handel mit Kfz in Deutschland erzielte 2004 Umsätze in Höhe von 127,2 Mrd. € (+1,6 % gegenüber 2003). Die Zahl der Beschäftigten in 41 700 Meisterbetrieben verringerte sich um rund 7 000 auf 483 000.

DAT-Report: Die Zahl der Wartungs- und Reparaturarbeiten an Pkw ging laut der Dt. Automobil Treuhand (DAT, Ostfildern-Scharnhausen) 2004 im Vergleich zum Vorjahr um 7,5 % zurück. Die dt. Fahrzeughalter ließen nur noch 85 Mio. Wartungsarbeiten und Verschleißreparaturen (2003: 91,9 Mio.) ausführen. Einbußen mussten die dt. Vertragswerkstätten 2004 bei den Verschleißreparaturen hinnehmen. Ihr Marktanteil ging von 45 % auf 41 % zurück. Dieser Rückgang kam den freien Werkstätten zugute, die ihren Anteil von 33 % (2003) auf 37 % steigern konnten.

www.kfzgewerbe.de (Dt. Kraftfahrzeuggewerbe); **www.dat.de** (Dt. Automobil Treuhand)

Autoindustrie

Die dt. A. konnte 2004 ihre Situation trotz schwieriger Marktlage verbessern und steigerte ihren Umsatz um 8 % auf rund 226 Mrd. €. Der Start vieler neuer dt. Modelle Ende 2004 löste einen Nachfrageschub aus. Von den insgesamt über 5 Mio. in dt. Fabrikhallen produzierten Autos wurden 3,7 Mio. ins Ausland geliefert. Der Verband der Automobilindustrie (VDA, Frankfurt am Main) rechnet für 2005 nach sechs Rekorden in Folge beim Export mit einer Stagnation auf dem Niveau des Vorjahres von 3,7 Mio. Pkw. Deutschlands Autobauer litten 2004/05 im Inland v. a. unter der Konsumzurückhaltung, im Ausland unter den schwachen Märkten, dem starken Euro und den steigenden Rohstoffkosten. Dt. Marken konnten ihren Marktanteil im Inland auf 70 % leicht erhöhen.

Beschäftigte: Nach Angaben des VDA hing 2004/05 jeder siebte Arbeitsplatz in Deutschland direkt oder indirekt von der A. ab. Der Beschäftigungsaufbau setzte sich 2004 mit +0,5 % auf 777 300 Mitarbeiter fort. Weltweit beschäftigt die dt. Automobilindustrie rund 1,5 Mio. Menschen.

Audi: Der Ingolstätter Autohersteller konnte 2004 den Verkauf um 1,2 % auf 779 400 Fahrzeuge steigern.

Auto des Jahres: Europas Journalisten kürten den Toyota Prius zum besten Modell 2005.

Autoindustrie: Zum gemeinsamen Zukunftsvertrag für Opel reichen sich der Opel-Vorstandsvorsitzende Hans Demant (links) und der Gesamtbetriebsratsvorsitzende Klaus Franz am 3. 3. 2005 in Rüsselsheim die Hand. Der Vertrag ist der vorerst letzte Schritt im Rahmen der Opel-Sanierung.

BMW: Die BMW Group verkaufte 2004 insgesamt 1 208 724 Fahrzeuge der Marken BMW, Mini und Rolls-Royce (+9,4 % gegenüber 2003). Die Marke BMW überschritt mit 1 023 575 (+10,3 %) erstmals die Millionengrenze.

DaimlerChrysler: 2004 verkaufte der Konzern rund 4,7 Mio. Fahrzeuge und übertraf damit um 8 % das Vorjahresniveau. Die Marke Mercedes setzte 0,76 % weniger Pkw ab.

Smart: DaimlerChrysler plante im April 2005, seine verlustreiche Kleinwagenmarke bis 2007 aus den roten Zahlen zu bringen. Die Restrukturierung soll bis zu 1,2 Mrd. € kosten. Von den 2 200 Arbeitsplätzen sollen 700 wegfallen.

Ford: Die Pkw-Produktion ging gegenüber 2003 um 12,7 % auf 960 000 zurück, der Exportanteil betrug rund 80 %.

Volkswagen: Der Absatz der Marke VW sank um 0,36 % auf 3,064 Mio. Fahrzeuge, während der Verkauf der Konzernfahrzeuge um 1,3 % auf 5,079 Mio. stieg.

Porsche: In den ersten sechs Monaten des Geschäftsjahres 2004/05 konnte der Stuttgarter Sportwagenhersteller gegenüber dem Vorjahresvergleichszeitraum mit 35 732 Fahrzeugen weltweit 9,9 % mehr Autos verkaufen.

Opel: Bis März 2005 verließen 4 500 Mitarbeiter die Unternehmensstandorte in Bochum, Rüsselsheim und Kaiserslautern gegen eine Abfindung. Der Personalabbau, der zu Einsparungen in dreistelliger Millionenhöhe führen soll, soll Ende 2006 ohne Werksschließung und ohne betriebsbedingte Kündigungen abgeschlossen sein. Am 3. 3. 2005 einigten sich Führung und Arbeitnehmer auf einen Zukunftsvertrag, der die dt. Standorte bis 2010 sichern soll.

Asean-Passat: Volkswagen plant mit dem malaysischen Autobauer Proton, Ende 2005 die Montage des Asean-Passat aufzunehmen. 2006 soll auch der Kleinwagen Fox folgen. Beide Fahrzeuge sollen im malaysischen Proton-Werk Tanjung Malim montiert werden.

Weltproduktion: Die Produktion von Pkw stieg 2004 weltweit von 50,7 Mio. auf 52,7 Mio. Einheiten. Während die Produktion in Deutschland um rund 60 000 Pkw stieg, sank sie in den USA, Frankreich und Italien. Gewinner waren v. a. die asiatischen Produzenten. In China beispielsweise wurden 15 %, in Indien sogar 30 % mehr Pkw hergestellt.

www.vda.de (Verband der Automobilindustrie); **www.automobilindustrie.de** (Vogel Auto Medien GmbH); **www.bd-forecast.de** (B&D Forecast GmbH, Institut für Automobilmarkt-Prognosen)

Autoindustrie: Pkw-Neuzulassungen 2004

Land	Einheiten	Änderung[1] (%)	Marktanteil (%)
Belgien	485 012	5,6	3,2
Dänemark	120 478	25,4	0,8
Deutschland	3 266 826	0,9	21,3
Finnland	142 642	-3,2	0,9
Frankreich	2 013 712	0,2	13,1
Griechenland	289 753	12,6	1,9
Großbritannien	2 567 269	-0,5	16,7
Irland	154 141	6,1	1,0
Italien	2 258 861	0,5	14,7
Luxemburg	48 234	10,6	0,3
Niederlande	483 921	-1,0	3,2
Österreich	310 439	3,4	2,0
Portugal	197 521	4,1	1,3
Schweden	264 246	1,2	1,7
Spanien	1 517 518	9,8	9,9
EU-15	14 120 573	2,0	92,1
Norwegen	115 645	28,6	0,8
Schweiz	268 978	-0,5	1,8

1) zum Vorjahr
Quelle: VDA, ACEA

Autokauf

Statistik: 2004 verfügten 76 % aller dt. Privathaushalte über einen Pkw. Nur 35 % besaßen einen Neuwagen. 45 % hatten ihr Auto aus zweiter Hand erworben, die übrigen fuhren Leasingwagen. In Berlin und Hamburg verfügte nur etwa jeder zweite Haushalt über einen Pkw, in den Flächenländern hatten dagegen 70 % und mehr ein Auto.

EU-Fahrzeugschein: Im Fahrzeugbrief werden ab Oktober 2005 bei allen Neuanmeldungen nur noch zwei Halter eingetragen. Alle anderen Vorbesitzer bleiben aus Datenschutzgründen anonym. Fahrzeugschein und -brief heißen dann Zulassungsbescheinigung Teil eins und Teil zwei.

Wunschkennzeichen: Reservierungen über das Internet waren 2004/05 für 12,80 € und eine Reservierungsgebühr von 2,60 € möglich. Der Onlineservice ist insgesamt bei 220 Zulassungsstellen in Deutschland verfügbar und soll in Zukunft auch auf Österreich ausgeweitet werden.

Autopreise: Autokäufer in Deutschland mussten auch 2004 noch immer am tiefsten in die Tasche greifen. In den neuen EU-Mitgliedstaaten waren die Kfz-Preise günstiger als in der EU-15. Die niedrigsten Preise zahlten die Autokäufer in Polen (ausgenommen Luxuslimousinen und Geländewagen). Insgesamt traten bei 25 der von der EU-Kommission untersuchten 90 Modelle Preisunterschiede von mehr als 20 % zwischen einzelnen Mitgliedstaaten und Deutschland auf.

Finanzierung: 2004 betrug der über Kredit finanzierte Anteil am Kaufpreis bei Neuwagen 30,5 % (2003: 25,1 %). Bei den Gebrauchtwagen stieg der Darlehensanteil auf 23,3 % (2003: 17,1 %).

Autokauf in Deutschland 2004

Kundenkriterium	%
Zuverlässigkeit	96
Kraftstoffverbrauch	90
Sicherheitsausstattung	89
Umweltverträglichkeit	83
Saubere Abgase	80
Anschaffungspreis	63
Ausstattung	61
Design	58
Fahrspaß	51
Wiederverkaufswert	46
Motorleistung	43
Automarke	42

Quelle: Forsa/ADAC

Autokauf: meistgestohlene Pkw in Deutschland[1)]

Modell	gestohlene Pkw (pro 1 000)
BMW X5 4.4	33,7
VW Multivan 2,5 TDI	11,7
Mercedes E 250 D	10,7
Audi A8 4.2	9,8
BMW X5 3.0	9,6
Audi A8 3.7	9,6
Mercedes G 500 V8	9,4
Audi 100 A6 Diesel	9,3
Audi A8 2,5 TDI	9,2
Mercedes 280 E	9,1

1) letzte verfügbare Zahlen 2003;
Quelle: Gesamtverband der Dt. Versicherungswirtschaft e.V., www.gdv.de

Zwei Drittel der dt. Autofahrer planten in den Jahren 2004/05 einer Forsa-Studie zufolge, ihr nächstes Auto mit einem Kredit zu bezahlen oder zu leasen.

www.kba.de (Kraftfahrtbundesamt); **www.dat.de; www.wunschkennzeichen.de** (Wunschkennzeichen Deutschland GmbH)

Autokosten

Die A. lagen nach Angaben des ADAC im März 2005 um 3 % höher als im gleichen Monat des Vorjahres. Hauptgrund waren die gestiegenen Benzinkosten (6,2 %); die Kfz-Steuer verteuerte sich um 19,7 %, nachdem Ende 2004 Steuererleichterungen weggefallen waren.

Index: Zwischen 2003 und 2004 stiegen die Gesamtautokosten nach Angaben des ADAC (München) und des Statistischen Bundesamtes (Wiesbaden) um 2,9 %.

Kfz-Steuer: Fahrzeuge, die in Schadstoffklasse Euro 1 fallen, kosten ab dem 1. 1. 2005 rund 4 € pro 100 Kubikzentimeter Hubraum mehr. Benziner stiegen von 10,84 € auf 15,13 €, Diesel von 23,06 € auf 27,35 €. Fahrzeuge, für die früher ein Fahrverbot bei Ozonalarm nicht galt, kosteten ab 2005 21,07 € (Benziner) bzw. 33,29 € (Diesel). Fahrzeuge, für die früher bei Ozonalarm ein Fahrverbot galt, stiegen auf 25,36 € (Benziner) und 37,58 € (Diesel).

Autoversicherung: Nach erneut rückläufigen Schadenszahlen im Jahr 2004 kündigte der Gesamtverband der Versicherer (GDV, Berlin) im April 2005 an, die Beiträge für Kfz-Versicherungen zu senken. Die Sparte erzielte 2004 rund 1,1 Mrd. € Gewinn (2003: 900 Mio. €). Die Zahl der Verkehrstoten erreichte mit 5 844 einen Tiefstwert seit der Einführung der Verkehrsunfallstatistik 1953, die Unfälle mit Personenschäden gingen im Vergleich zu 2003 um 4,4 %, die Zahl der Unfälle mit Sachschäden um 3,8 % zurück.

www.adac.de; www.kba.de

Autokraftstoffe

Preise: Die dt. Autofahrer mussten im April 2005 für Benzin so viel bezahlen wie niemals zuvor. Der Durchschnittspreis für 1 l Superbenzin stieg auf 1,22 €. Der Dieselpreis blieb mit 1,07 € um mehr als einen Cent je Liter unter seinem Höchstniveau. Grund für den Preisanstieg waren v. a. die gestiegenen Preise an den Rotterdamer Märkten.

Autokraftstoffe: sparsame Autos 2004

Modell	kW	l/100 km
Diesel		
VW Lupo 3L TDI	45	3,0
Audi A2 TDI	45	3,0
Smart Fortwo CDI	30	3,4
Citroen C2 1,4 Hdi	50	4,2
Renault Clio dCI	60	4,2
Toyota Yaris 1.4 D-4D	55	4,2
Citroën C3 1.4 Hdi	50	4,2
Fiat Panda 1.3 JTD	51	4,3
Peugeot 206 HDI eco	50	4,3
VW Lupo 1.4 TDI	55	4,3
Benzin		
Toyota Prius Hybrid	57	4,5 S
Smart Fortwo Coupe	37	4,7 S
Daihatsu Curore 1.0	43	4,8 N
Opel Corsa 1.0 eco	44	4,8 S
Suzuki Alto 1.1	46	4,9 S
Kia Picanto 1.1	48	4,9 N
Smart Roadster	45	4,9 S
Honda Civic DSi IMA	61	4,9 S
Toyota Yaris Eco	48	5,0 S
Fiat Panda 1.2 8V	44	5,4 S

Quellen: VCD/ADAC

Schwefelanteil: Die EU-Richtlinie 2003/17/EC begrenzt seit dem 1. 1. 2005 den Schwefelanteil in Kraftstoffen stärker. Er darf in bleifreiem Benzin nicht mehr als 10 mg/kg betragen.

Biodiesel: 2004 wurden von dem am häufigsten genutzten Biokraftstoff in Deutschland 1,2 Mio. t abgesetzt. Dies entspricht einem Marktanteil von rund 4 % am Gesamtdieselmarkt. In Deutschland boten 2004/05 über 1 800 Tankstellen diesen Kraftstoff an.

www.mwv.de (Mineralölwirtschaftsverband); **www.biodiesel.de** (Oelmühle Leer Connemann GmbH & Co. KG)

Automodelle

Brilliance Zhonghua: Das chinesische Mittelklassemodell, dessen Entwicklung von BMW unterstützt wurde, soll ab Herbst 2005 in Deutschland für unter 20 000 € zu haben sein.

BMW 3er: Das neue Mittelklassemodell startete im Frühjahr 2005 mit drei Benziner- und einer Dieselvariante. Die Serienausstattung umfasst u. a. Doppellenkervorderachse aus Aluminium, Reifen mit Notlaufeigenschaften, zweistufiges Bremslicht und sechs Airbags.

Mazda 5: Der Kompaktvan mit Schiebetüren hat drei Sitzreihen und einen vielseitigen Innenraum. Zur Serienausstattung gehören Airbags rundum, ESP, Bremsassistent, Stabilitäts- und Traktationskontrolle. Die Dieselmodelle mit Rußfilter sind mit einem Sechsgangschaltgetriebe ausgestattet.

Mercedes B-Klasse: Der große Bruder der A-Klasse, der im Mai 2005 auf den dt. Markt kam, verfügt über eine asymmetrisch geteilte, klapp- und demontierbare Fondsitzbank und einen Laderaum von max. 2 245 l. Zur serienmäßigen Sicherheitsausstattung gehören neben dem Sandwichkonzept, das im Fall eines Unfalls das Verletzungsrisiko für die Insassen mindert, u. a. zweistufige Frontairbags.

Mercedes M-Klasse: Zur Ausstattung der im Januar 2005 vorgestellten neuen Modellgeneration gehört u. a. serienmäßig ein Siebengang-Automatikgetriebe sowie ein verbesserter Allradantrieb. Das Leistungsspektrum der vier angebotenen Motoren reicht von 140 kW/190 PS bis zu 225 kW/306 PS.

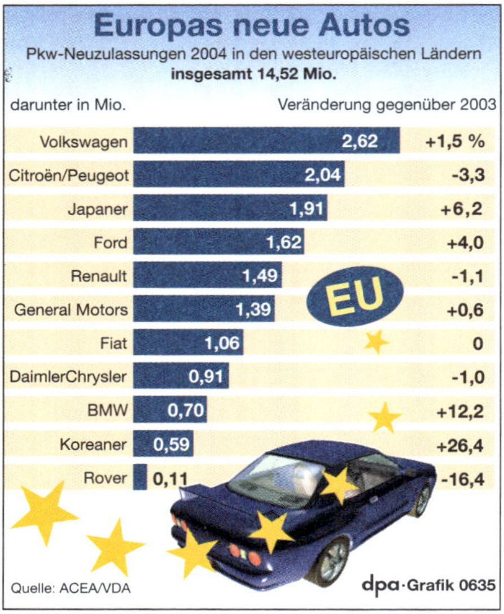

Mercedes R-Klasse: Das auf der Auto-Show in New York im März 2005 vorgestellte »Grand Sports Tourer« genannte Fahrzeug hat drei Sitzreihen und bietet bis zu sechs Personen Platz. Die Motoren leisten zwischen 224 und 306 PS. Die R-Klasse soll laut Mercedes eine neue Fahrzeugkategorie begründen. In Europa ist sie für Anfang 2006 angekündigt.

Opel Zafira: Die neue Generation des Kompaktvans, der im März 2005 in Genf vorgestellt wurde, bietet ein überarbeitetes Interieur. Der Zwei- bis Siebensitzer verfügt je nach Ausstattung über bis zu 30 Staufächer und ein Panoramadach. Die Dieselversionen sind serienmäßig mit Partikelfilter ausgestattet.

Automodelle: Der chinesische Brilliance Zhonghua auf der Automobilschau in Leipzig im April 2005

Peugeot 1007: Der gemeinsam mit Toyota entwickelte Kleinwagen bietet serienmäßig sieben Airbags, zwei Dreipunkt-Isofix-Verankerungen für Kindersitze sowie eine crash-optimierte Karosseriestruktur. Der Van soll ab Herbst 2005 den Markt erobern.

Renault Logan: Die viertürige Limousine zum Preis von 7 500 €, produziert in Rumänien durch die Renault-Tochter Dacia, verzeichnete 2004/05 auch in Westeuropa beachtenswerte Verkaufserfolge. 2005 startet voraussichtlich die Produktion in Russland, Marokko und Kolumbien, Iran soll 2006 folgen. Im März 2005 vereinbarte Renault mit dem indischen Konzern Mahindra & Mahindra den Bau eines Autowerks in Indien, wo ab 2007 jährlich bis zu 50 000 Fahrzeuge des Typs gebaut werden sollen.

VW Fox: Der Kleinwagen, der in Brasilien gefertigt wird und dort bereits seit längerem auf dem Markt ist, basiert technisch weitgehend auf dem Polo IV, bleibt in seiner Gesamtlänge aber 10 cm hinter diesem zurück. Der Fox ist ab 8 950 € erhältlich.

VW Golf Plus: Die Hochdachversion der fünften Golf-Generation sollte ursprünglich den Golf Variant ersetzen. Der Kurzkombi, der dem Normal-Golf ähnelt, ist knapp 10 cm höher. Die Sicherheitsausstattung umfasst u. a. sechs Airbags, ABS und ESP (elektronisches Stabilitätsprogramm).

Autorecycling

2004/05 setzten die Automobilhersteller verstärkt auf die Wiederverwertung der eigenen Abfälle, Restbestände und Rückläufe, sodass immer mehr ausgediente Autoteile gemäß der Altautoverordnung wieder verwendet werden konnten. Neue Pkw, die nicht den künftig strengeren EU-Recyclingvorgaben entsprechen, können gegen Ende dieses Jahrzehnts nicht mehr in den Verkehr gebracht werden. Die EU-Kommission hatte 2004 Vorschriften für die Mindestvorgaben bei der Wiederverwertung von Bauteilen und Werkstoffen von Fahrzeugen verabschiedet, die ab 2008 wirken sollen.

Mindestwerte: Ab 2006 gelten Mindestwerte von 80 % bei der Recyclingfähigkeit von Fahrzeugen und von 85 % bei der Wiederverwendbarkeit.

Bis zum Jahr 2015 sollen sie auf 85 % bzw. 95 % steigen. Die Hersteller müssen den Behörden alle notwendigen technischen Informationen zu den verwendeten Materialien und zu deren Menge geben, damit sie deren Berechnungen überprüfen können.

www.arge-altauto.de

Autorückrufe

Neue Autos mit Sicherheitsmängeln werden von den Herstellern mithilfe des Kraftfahrtbundesamtes zurückgerufen.

Der Trend steigender Zahlen der vom Kraftfahrtbundesamtes (KBA, Flensburg) unterstützten A. setzte sich 2004 fort. Die 137 Aktionen in 2004 führten zu einem Anstieg um 41 % gegenüber dem Vorjahr. Zu den einzelnen Rückrufaktionen wurden pro Aktion zwischen einem Fahrzeug und 337 068 Fahrzeuge ermittelt. Von den vom KBA begleiteten Rückrufmaßnahmen waren insgesamt 1 407 649 Fahrzeuge und Halter betroffen. 51 % der Rückrufaktionen betraf Fahrzeuge der Baujahre 2002 und jünger.

Autorückrufe 1998–2004

Jahr	Anzahl
1998	55
1999	64
2000	72
2001	86
2002	105
2003	97
2004	137

Quelle: Kraftfahrtbundesamt

www.kba.de; www.mercedes-benz.de

Autosicherheit

Precrash-System: Das im März 2005 präsentierte System nimmt ab 9 m Entfernung Hindernisse ins Visier, 150 Millisekunden vor dem Aufprall strafft das System den Gurt, ca. 30 Millisekunden vorher löst es den Airbag aus.

Kinderrisiko: Beifahrer-Airbags zählten 2004/05 bei nach hinten gerichteten Kindersitzen als großes Risiko, da der Airbag bei einem Unfall die Transportschale nach hinten katapultieren und das Kind töten kann. Entsprechende Warnhinweise waren in vielen Autos allerdings nicht gut sichtbar angebracht.

TÜV-Report: Für seine jährliche Statistik zog der Technische Überwachungsverein (TÜV) 2004 über 7,6 Mio. Hauptuntersuchungen heran. Rund 81 % aller untersuchten Fahrzeuge schafften die Hauptuntersuchung auf Anhieb. 18,7 % der geprüften Kfz wiesen erhebliche Mängel auf (2003: 17,5 %). Von 100 geprüften Fahrzeugen aus der Gruppe der Acht- und Neunjährigen fielen im Schnitt 22,4 % durch, bei den zehn- und elfjährigen Veteranen waren es fast 30 %. Zu den häufigsten Mängeln der einzelnen Fahrzeugtypen zählten Ölverlust an Antrieb und Motor, Bremsscheiben- sowie Auspuffdefekte. Auf dem ersten Platz der Mängelhäufigkeit lag die Beleuchtung.

Straßenwacht: Rund 3,64 Mio. Mal rückten ADAC-Straßenwacht und ADAC-Straßendienstpartner im Jahr 2004 aus. Seit Gründung der Pannenhilfe 1954 konnte der ADAC 52,25 Mio. Autofahrern behilflich sein.

Mängelbarometer: Die Gesellschaft für Technische Überwachung (GTÜ, Stuttgart) forderte im April 2005 jährliche Hauptuntersuchungen für Pkw, die älter als sieben Jahre sind, sowie generell für gewerblich genutzte Kleintransporter. Aufgrund des steigenden Durchschnittsalters eines Autos (2004/05: rund acht Jahre) kommt es danach zu immer mehr technischen Mängeln, da immer weniger Reparaturen ausgeführt werden.

www.gtue.de (Gesellschaft für Technische Überwachung mbH); **www.avd.de** (Automobilclub von Deutschland); **www.adac.de; www.dekra.de** (Dt. Kraftfahrzeug-Überwachungsverein)

Autotechnik

Ohren-Airbag: Der asymmetrisch geformte Luftsack bietet aufgrund seiner Position in der Mitte des Lenkrads den bestmöglichen Schutz und soll mit einer ohrenähnlichen Ausbildung an der Seite den Aufschlag des Kopfes an der Säule der Windschutzscheibe verhindern.

Katalysatorumrüstung: Um Kfz-Steuern zu sparen, rüsteten 2004/05 immer mehr Besitzer älterer Fahrzeuge ihr Kfz mit einem neuen Katalysator aus. 2004/05 befanden sich nach Angaben des Zentralverbandes Dt. Kraftfahrzeuggewerbe (ZDK, Bonn) knapp 20 Mio. Fahrzeuge auf dem Markt, die älter als neun Jahre waren, davon 14 Mio. mit der Abgasemissionsnorm Euro 1.

PSS: Das Fahrerassistenzsystem (Predictive Safety System) kombiniert Sicherheitssysteme wie Antiblockiersystem (ABS), elektronisches Stabilitätsprogramm (ESP) sowie den hydraulischen Bremsassistenten (HBA) und vernetzt sie

Autotechnik: Pannen mit Elektrik- oder Elektronikursache[1)]

Marke	Anteil (%)
1. Smart	71,50
2. Saab	67,19
3. Mazda	66,69
4. Mercedes	66,66
5. Kia	66,56
6. Porsche	65,88
7. Toyota	65,36
8. Renault	63,59
9. Daihatsu	62,90
10. Honda	62,53
16. BMW	60,29
17. Audi	58,97
19. Opel	58,39
20. VW	57,98
24. Ford	55,08

1) drei- bis fünfjährige Fahrzeuge, 2004
Quelle: Center Automotive Research

mit Informationen der Radar- und Videosensorik. Das PSS reagiert unabhängig vom Fahrer schon vor einem drohenden Unfall und kann folgenschwere Zusammenstöße verhindern.

ESP: 2004/05 waren knapp zwei Drittel aller neu zugelassenen Pkw in Deutschland mit dem Elektronischen Stabilitätsprogramm (ESP) ausgerüstet, in Frankreich lag die Quote bei 39 % (Großbritannien 24 %, USA 10 %).

ESP Plus: Neben dem präventiv aufgebauten Bremsdruck beinhaltet das System auch eine Reinigungsfunktion der Bremsscheiben. So werden bei Regen die Beläge regelmäßig leicht an die Bremsscheiben angelegt, um das Wasser abzustreifen. Ein Stauassistent erkennt Stop-and-go-Verkehr und bremst das Fahrzeug selbstständig bis zum Stillstand ab.

LED-Scheinwerfer: Die dt. Zulieferfirma Hella (Lippstadt) präsentierte im März 2005 den Prototyp eines Leuchtdioden(LED)-Scheinwerfers, bei dem die Funktionen Abblendlicht, Fernlicht, Blinklicht und Tagfahrlicht ausschließlich mit der LED-Technik realisiert werden. Der Scheinwerfer, dessen Licht dem Tageslicht noch ähnlicher ist als Xenon, soll ab 2008 in Serie gefertigt werden.

www.bosch.de; www.hella.de

Autoverkehr

Durchschnittsalter: Mit sieben Jahren und sieben Monaten erreichte das Durchschnittsalter aller in Deutschland gemeldeten Autos Rekordniveau. Wurde von 1994 bis 2000 die Überalterung des Pkw-Bestandes durch steigende Neuzulassungen kompensiert, war seit 2001 der Markt rückläufig.

Quads: Die Dt. Gesellschaft für Verkehrsmedizin warnte Anfang 2005 vor den Risiken der vierrädrigen Motorräder. Studien hätten gezeigt, dass die für Fahrer ab 16 Jahren zugelassenen Fahrzeuge in Kurven eher ausbrächen als Motorräder. Damit bestehe für die vorwiegend jungen, unerfahrenen Fahrer der neuen Vehikel ein hohes Risiko. 2004 wurden in Deutschland über 25 000 Quads zugelassen.

Handyverbot: In den ersten neun Monaten seit der Neuregelung zum 1. 4. 2004 registrierte das Verkehrszentralregister des Kraftfahrtbundesamtes in Flensburg 111 300 Verstöße. Das Telefonieren während der Fahrt wird mit 40 € und einem Punkt in der Flensburger Verkehrssünderkartei geahndet.

www.adac.de

Autotechnik: Mit einem ungebremsten Spurwechsel bei 43 km/h und einem Gewicht von 37 t demonstriert ein Test-Lkw auf der IAA Nutzfahrzeuge in Hannover im September 2004 den Nutzen des elektronischen Stabilitätsprogramms ESP.

Billigflieger: Kundenwerbung eines Billigfliegers mit »Taxipreisen« auf dem Münchener Flughafen

Billigflieger

Die B. verbuchten 2004/05 im Europa-Verkehr mit 21,5 Mio. Passagieren einen Marktanteil von 13,9 % am Lokalaufkommen der internationalen Großflughäfen. Im März 2005 wurden einer Analyse der Internationalen Tourismus-Börse zufolge weltweit 279 000 Billigflüge angeboten, 20 % mehr als im Vorjahr. Die Billigfluglinien hielten 2004/05 ihre Maschinen durchschnittlich pro Tag 10,5 Stunden in der Luft, drei Stunden länger als andere Fluggesellschaften. B. verkauften 2004/05 durchschnittlich 84 % der Sitzplätze, während traditionelle Mitbewerber nur eine Auslastung von 67 % erreichten.

Konkurs: Einer Studie der Unternehmensberatung Mercer (München) zufolge standen 2004/05 viele B. vor dem Konkurs. Die meisten der rund 50 europ. B. fliegen danach seit zwei Jahren ohne Gewinn. Angeboten von 30 € stünden Kosten von durchschnittlich 80 € je Sitzplatz gegenüber.

Servicetest: Die dt B. Germania Express (Gexx), Hapag Lloyd Express, Germanwings, Air Berlin und DBA erreichten in einem Test der Zeitschrift »Reise & Preise« vier von fünf möglichen Servicesternen. Eine gute Note bekam auch die britische Airline Easyjet, während die irische Ryanair und die österreichische Intersky den Test mit »befriedigend« abschlossen. Der Test bewertete das Preisniveau, die Zielgebietsauswahl, den Service sowie Buchungsmodalitäten. Den besten Sitzkomfort boten Gexx und Intersky, am engsten saßen die Kunden bei Sky Europe. Beim Preisniveau siegten Ryanair und Hapag Lloyd Express. Mit dem besten Bordservice konnten Gexx und Air Berlin City aufwarten.

Preisunterschiede: Nach einer Studie im Auftrag der Zeitschrift Capital, für die mehr als 1,8 Mio. Buchungen der sechs größten Billigflieger ausgewertet wurden, war Ryanair 2004/05 die günstigste Airline unter den B. Im Schnitt zahlten Ryanair-Kunden 40 € pro Flug. Die englische Billigfluglinie Easyjet nahm durchschnittlich 50 €, die TUI-Tochter HLX 73 €. Air Berlin und Germanwings kamen auf 84 € und die DBA auf 85 €.

Air Berlin: Mit einer Steigerung um 25,4 % auf über 12 Mio. Passagiere blieb Air Berlin auch 2004 die zweitgrößte dt. Fluggesellschaft nach der Lufthansa und kam auf Platz 3 der Billigfluglinien. Der Umsatz stieg um 18,9 % auf 1,05 Mrd. €, die Belegschaft wuchs auf 2 300 Mitarbeiter und bis Ende 2005 sollen weitere 350 Mitarbeiter, eingestellt werden. In Spanien konnte sich Air Berlin als größte ausländische Airline und als Marktführer auf dem Flughafen Palma behaupten.

Condor: Condor Berlin, die Tochter des Condor Flugdienstes im Thomas-Cook-Konzern mit Sitz in Berlin-Schönefeld, beförderte 2004 insgesamt 2,06 Mio. Passagiere. Die Flotte, die von 16 dt. Airports operiert, war mit 86,5 % überdurchschnittlich gut ausgelastet

DBA: Die Fluggesellschaft übernahm im März 2005 das Streckennetz des B. Gexx, womit die DBA zur drittgrößten dt. Linienfluggesellschaft nach der Lufthansa und Air Berlin avancierte. Die DBA rechnet für 2005/06 mit einer Steigerung ihrer Passagierzahlen auf über 4 Mio.

Easyjet: 2004 flogen 24,3 Mio. Passagiere mit dem britischen B. (+20 % gegenüber 2003). Easyjet beschäftigte 2004 rund 3 300 Mitarbeiter (darunter 2 600 Piloten) und flog mit 91 Flugzeugen im Geschäftsjahr 2004 einen Gewinn von rund 88 Mio. € ein. Die Zahl der angeflogenen Ziele stieg von 38 auf 44. Im April 2005 startete Easyjet auf der Strecke von Berlin nach Aachen seine erste innerdt. Flugroute.

Germania Express (Gexx): Im März 2005 übernahm Gexx 64 % des B. DBA. Der Nürnberger Unternehmer Hans Rudolf Wöhrl, der 2003 die Fluggesellschaft DBA für 1 € von British Airways erworben hatte, behält 28,8 % an der Airline und beteiligt sich gleichzeitig in nicht genannter Höhe an Gexx.

Germanwings: Die Airline, die sich über Eurowings zu 49 % im Besitz der Lufthansa befindet, beförderte 2004 rund 3,5 Mio. Passagiere (+44 %). Die Fluggesellschaft errichtete 2005 neben Köln/Bonn und Stuttgart ihr drittes dt. Drehkreuz in Berlin-Schönefeld.

Ryanair: Der B. beförderte 2004 rund 34 Mio. Passagiere, der Umsatz stieg um 21 % auf 721,1 Mio. €. Im April 2005 bestellte Ryanair 70 Boeing 737-800 im Wert von 4,6 Mrd. US-Dollar, erteilte Optionen für weitere 70 Maschinen und avancierte zum größten Kunden für den Maschinentyp außerhalb der USA. Der B. will bis 2012 sein Passagieraufkommen auf 70 Mio. Passagiere mehr als verdoppeln.

Preiskritik: Der dt. Reiseveranstalter Alltours (Berlin) forderte im März 2005 angesichts der Niedrigpreisangebote der B. Mindestpreise von 70–90 € für Flugtickets, da die Angebote der Billigfluglinien umweltpolitisch verantwortungslos und kaufmännisch unseriös seien.

www.easyjet.com; www.gexx.de; www.hlx.com; www.airberlin.com; www.ryanair.com

Binnenschifffahrt

Transport: Von allen Verkehrsträgern stieg die Transportleistung der B. 2004 laut Statistischem Bundesamt (Wiesbaden) am stärksten: um 6,9 % auf 235 Mio. t (Straßengüterverkehr: +0,7 % auf 3 021 Mio. t; Eisenbahn: +2,1 % auf 310,2 Mio. t). Damit konnte nicht nur der Einbruch von 2003 ausgeglichen werden, der durch anhaltende Niedrigwasserstände wichtiger Binnenstraßen verursacht worden war. Auch das normal verlaufene Jahr 2002 wurde um 1,5 % übertroffen. Besonders positiv entwickelten sich 2004 die Durchgangsverkehre (+12,2 %) und der Versand ins Ausland (+11,3 %).

Prognose: Für 2005 rechnete die ProgTrans AG (Basel) mit einem schwächeren Wachstum von 2,2 %, etwa auf dem Niveau der anderen Verkehrsträger. Mittelfristig werde sich die B. in den klassischen Bereichen des Massenguttransports und durch die Zuwächse bei Fahrzeugen, Maschinen, Halb- und Fertigwaren entwickeln. Zwischen 2005 und 2008 wird mit einer Zunahme der Güterverkehrsleistung auf dt. Binnenwasserstraßen um 1,1 % pro Jahr gerechnet. Dabei kann die B. an den wachstumsstarken Containerverkehren teilhaben.

Bestand: Nach Angaben der Zentralen Binnenschiffs-Bestandsdatei erhöhte sich der Bestand der dt. Binnenschifffahrtsflotte 2004 um 0,21 % auf 4 844 Schiffe. Den stärksten Anstieg gab es bei Fahrgastschiffen mit 16 auf 978 Schiffe. Grund war die verbesserte Neubausituation bei Fahrgastschiffen und Fähren, die 2004 etwa

Binnenschifffahrt: Verkehr nach Güterarten (Mio. t)

Güterarten	2004	2005 1)	2008 1)	Änderung (%) 2)
Steine und Erde inkl. Baustoffe	44	43	44	0,5
Erdöl, Ölerzeugnisse, Gase	38	38	36	-1,6
feste mineralische Brennstoffe	35	36	34	-1,3
Erze, Metallabfälle	37	35	31	-3,6
Düngemittel, chem. Erzeugnisse	26	27	29	2,8
Land- und Forstwirtschaft, Nahrungs- und Futtermittel	25	26	27	1,1
Fahrzeuge, Maschinen, Halb- und Fertigwaren	16	17	20	5,2
Eisen, Stahl, NE-Metalle	12	12	12	-0,2

1) Zahlen sind Schätzungen der ProgTrans AG; 2) 2008 gegenüber 2005; Quellen: Statistisches Bundesamt (Wiesbaden), www.destatis.de, ProgTrans AG (Basel), www.progtrans.com

85 % des abgelieferten Neubauvolumens im Binnenschifffahrtsbau ausmachten. Basis dafür war das aufstrebende Kreuzfahrtgeschäft auf europ. Flüssen. Mitte 2003 zählte das Statistische Bundesamt 1 191 in Deutschland ansässige Unternehmen der B., 3,3 % weniger als im Vorjahr. Die Zahl der Beschäftigten stabilisierte sich bei 7 690. Der Beförderungsumsatz ging 2003 jedoch um 4,3 % auf 1,2 Mrd. € zurück.

Investitionen: Bis 2008 plante der Bund zusätzlich zur mittelfristigen Finanzplanung, 2 Mrd. € in den Ausbau der Verkehrswege zu stecken. 350 Mio. € waren davon für Wasserwege vorgesehen, überwiegend für die Modernisierung von Schleusen, Wehren, Brücken und Kanälen, für deren Sicherheit der Bund haftet. Noch 2005 sollte mit dem Neubauvorhaben »Zweite Schleuse Fankel (Mosel)« und den Sicherungs- und Ersatzmaßnahmen am Teltow-Kanal begonnen werden.

www.destatis.de (Statistisches Bundesamt); **www.vsm.de** (Verband für Schiffbau und Meerestechnik); **www.binnenschiff.de** (Bundesverband der Dt. Binnenschifffahrt)

Boeing

Der US-amerikanische Flugzeughersteller erwartete im März 2005, bis 2007 wieder gleichauf mit dem europ. Rivalen Airbus zu sein. Seit den Anschlägen vom 11. 9. 2001, die zu einer Rezession in der US-Luftfahrtbranche geführt hatten, musste B. die Auslieferung von 600 Maschinen verschieben, während Airbus weniger betroffen war.

Bilanz: B. erhielt im Jahr 2004 Bestellungen für 272 Flugzeuge und übertraf damit das Ergebnis von 2003 um 14 %. Ausgeliefert wurden 285 Neuflugzeuge. B. plant, die Produktion 2005 auf ca. 320 Flugzeuge zu steigern, im Jahr 2006 sollen es ca. 385 Flugzeuge sein.

B 777-200 LR: Die Longer-Range-Version, die im März 2005 in die Erprobungsphase kam, soll mit über 300 Passagieren bis zu 17 446 km weit fliegen und Nonstop-Verbindungen wie von London nach Sydney und von New York nach Singapur ermöglichen. Die Erstauslieferung der mit drei optionalen Zusatztanks im hinteren Frachtraum ausgestatteten Maschine ist für 2008 geplant.

B 787 Dreamliner: Das als besonders effizient angepriesene, mit 200 bis 300 Sitzplätzen mittelgroße Langstreckenflugzeug soll durch neu entwickelte Triebwerke und verringertes Gewicht weniger Kerosin verbrauchen als alle vergleichbaren Modelle. Die Gewichtsersparnis um 20 % soll mit innovativen Verbundstoffen anstelle von Metall erzielt werden. Die Reichweiten der geplanten drei Versionen liegen zwischen 6 500 und 16 000 km. Der Erstflug soll 2007, die erste Auslieferung 2008 erfolgen. Im April 2005 lagen 125 Festbestellungen und über 75 Optionen vor.

Marktstudie: Den Weltbedarf an Verkehrsflugzeugen in den nächsten 20 Jahren schätzte B. im März 2005 auf rund 25 000 neue Maschinen im Wert von ca. 2 Bio. US-Dollar ein. Davon entfallen 66 % auf den Kurz- und Mittelstreckenbereich, 18 % auf den Mittel- und Langstreckenbereich, 14 % auf kleinere Regionaljets und 2 % auf Großraumflugzeuge der Kategorie B 747 oder A 380. Für den dt. Markt prognostizierte B. innerhalb der nächsten 20 Jahre einen Bedarf an 1 063 Maschinen in einem Gesamtwert von 82,9 Mrd. US-Dollar.

www.boeing.com

Brennstoffzellenauto

Kfz mit Elektromotoren, bei denen die Antriebsenergie durch Verbrennung von Wasserstoff hergestellt wird

Magnesiumtanks: Europ. Wissenschaftler entwickelten 2004 ein Speichersystem, wonach B. in Zukunft den für ihren Betrieb benötigten Wasserstoff in mit Magnesium gefüllten Tanks an Bord nehmen können. Das Gas wird dabei beim Auftanken als Magnesiumhydrid im Pulver gebunden und während der Fahrt je nach Bedarf freigesetzt. Bisher speicherten die Tanks den Wasserstoff entweder als Gas bei einem Druck von bis zu 700 bar oder als Flüssigkeit von –253 °C. Beide Varianten erfordern einen größeren technischen Aufwand und kosten Energie.

Audi A2: Audi präsentierte im Mai 2005 den »A2H2« mit Brennstoffzellenantrieb. Der Motor des Hybridautos wird aus einer Brennstoffzelle mit elektrischer Energie versorgt. Diese wird mithilfe von Wasserstoff erzeugt. Als zweite Energiequelle dient eine Batterie, die sich beim Abbremsen des Fahrzeugs auflädt.

DaimlerChrysler: Der dt.-amerikanische Konzern kündigte im März 2005 die Entwicklung eines neuen B. auf Basis der Mercedes B-Klasse an. Mit stärkeren Motoren und einer größeren Reichweite sollen die Fahrzeuge bessere Leis-

Brennstoffzellenauto: Wasserstofftankstellen

Mit Wasserstoffzapfsäulen an 40 Autobahntankstellen plant der Industriegase-Hersteller Linde AG, die Markteinführung von Autos mit Brennstoffzelle zu forcieren. Die Kosten für den 1 800 km langen Autobahnring von Berlin über München, Stuttgart, Köln, Frankfurt am Main und Hannover mit Wasserstofftankstellen im 50-km-Abstand soll 30 Mio. € kosten. 2005 fahren weltweit 500 Fahrzeuge, meist zu Forschungszwecken, mit der umweltfreundlichen Technik, deren Motoren bei der Verbrennung lediglich Wasser abgeben.
Die nach Angaben ihres Betreibers, der Aral AG, weltweit größte Wasserstofftankstelle, die zugleich Europas erste ist, steht seit November 2004 in Berlin. Mehr als 100 Fahrzeuge können hier am Tag betankt werden für einen symbolischen Cent pro Einheit Wasserstoff. Die Tankstelle ist Teil der neuen Clean Energy Partnership, einem Projekt von Auto-, Energie- und Mineralölkonzernen sowie des Bundesverkehrsministeriums. Bis 2007 investieren alle Partner 33 Mio. € in das Projekt.

tungsdaten als das bisherige F-Cell-Modell auf Basis der A-Klasse aufweisen. Statt der bisher verwendeten 350-bar-Drucktanks werden Tanks mit einem Fülldruck von 700 bar eingesetzt. Der B-Klasse-F-Cell soll eine Reichweite von 400 km erreichen. Seit 1994 stellte DaimlerChrysler mehr als 20 verschiedene Prototypen von B. vor. Vom A-Klasse-Modell wurden 60 Stück gebaut.

Honda FCX: Der Prototyp mit einer Motorleistung von 80 kW erreicht eine Höchstgeschwindigkeit von 150 km/h und kann mit einer Tankfüllung Wasserstoff in einem 350-bar-Drucktank rund 400 km weit fahren. Honda plant, Ende 2005 die ersten B. an Privatleute in Kalifornien zu verleasen.

Peugeot Quad: Der frz. Autokonzern Peugeot stellte im September 2004 ein Quad mit Brennstoffzellentechnik vor. Die »Quark« genannte Designstudie wird von vier Elektromotoren angetrieben und mit gasförmigem Wasserstoff betankt. Die Reichweite liegt bei 130 km, die Höchstgeschwindigkeit beträgt 110 km/h.

VW Touran: Im Oktober 2004 stellte Volkswagen den Touran HyMotion vor. Das B. ist mit einem 80 kW starken Elektromotor ausgestattet, der von einer 66 kW Brennstoffzelle und einem Nickel-Metallhydrid-Akku mit Energie versorgt wird. Der 350-bar-Tank fasst 1,9 kg gasförmigen Wasserstoff und ermöglicht eine Reichweite von ca. 160 km.

www.initiative-brennstoffzelle.de

Brückenbau

Am 14. 12. 2004 übergab der frz. Staatspräsident Jacques Chirac nahe des südfranzösischen Städtchens Millau die höchste Straßenbrücke der Welt, den Viaduc de Millau, offiziell dem Verkehr. Die zwei Fahrbahnen der 2 460 m langen und 32 m breiten Schrägseilbrücke liegen 270 m über dem Fluss Tarn und verbinden zwei Berghänge. Durch die nun durchgängige Autobahnverbindung zwischen Paris und dem Mittelmeer, die die Strecke um 100 km verkürzt, ist der Engpass im Tal beseitigt worden. Besonders während der Ferienzeiten hatte er für kilometerlange Staus gesorgt. Der höchste der sieben Pylonen, die 342 m auseinander stehen, ist 343 m hoch und damit 19 m höher als der Eiffelturm. Der Architekt der Brücke ist der weltweit renommierte Brite Sir Norman Foster.

Konstruktion: Das Bauwerk ist keine gewöhnliche Talbrücke. Die sieben Pfeiler bestehen vom Fundament bis zur Unterkante des Überbaus aus Stahlbeton und sind 78–245 m hoch. Sie verjüngen sich nach oben und teilen sich 90 m unterhalb des Überbaus wie eine Stimmgabel. Beim niedrigsten Pfeiler beginnt diese Spaltung bereits am Fundament. Oberhalb der Fahrbahn setzen sich die Pfeiler als Pylonen aus Stahl fort, an denen die Schrägseile befestigt sind. Sie überragen die Fahrbahn um 89 m. Auch der Überbau selbst

Brückenbau: Seit Dezember 2004 führt der Viaduc de Millau über das Tarn-Tal im südfranzösischen Zentralmassiv

ist aus Stahlfertigteilen montiert. Das gesamte Bauwerk steht an einer windexponierten Stelle und ist daher auf Windgeschwindigkeiten von 180 km/h ausgelegt. Beide Fahrbahnseiten sind durch 3 m hohe Windabweiser gesichert.

Kosten: Der Viaduc de Millau kostete 400 Mio. € und wurde von einer eigens gegründeten Gesellschaft vorfinanziert, die dafür 75 Jahre Mautgebühren kassieren darf. Danach wird die Brücke Staatseigentum. Experten schätzten ihre Lebensdauer auf 120 Jahre.

www.viaducdemillau.com; www.viaducdemillaueiffage.com; www.bernd-nebel.de

Deutsche Bahn AG und Bahnverkehr

Bilanz: Die Dt. B. AG schrieb 2004 erstmals schwarze Zahlen, verbesserte ihr betriebliches Ergebnis um 425 Mio. € und erzielte ein positives Ergebnis von 253 Mio. € (2003: -172 Mio. €). Der Konzernumsatz stieg um 4,1 % auf knapp 24 Mrd. €. Die Dt.-B.-AG-Tochter Railion konnte 2004 zwar ihre Verkehrsleistung um 5,2 % auf 84 Mrd. Tonnenkilometer (tkm) steigern, Umsatz und Ergebnis waren aber rückläufig. Die Dt.-B.-AG-Tochter Schenker leistete mit einem Umsatzbeitrag von mehr als 8 Mrd. € und einem betrieblichen Ergebnis von 193 Mio. € einen deutlichen Beitrag zum Konzernergebnis.

Personal: Am 14. 12. 2004 vereinbarten die Bahn-Gewerkschaften Transnet und GDBA (Gewerkschaft Dt. Bundesbahnbeamten und Anwärter) mit der Dt. B. AG, dass es bis Ende 2010 keine betriebsbedingten Kündigungen geben soll. Eine Mitarbeiterbeteiligung soll eingeführt und die Arbeitskosten sollen um 5,5 % reduziert werden. Die Beschäftigungssicherung gilt für bis zu 130 000 Mitarbeiter, die mind. fünf Jahre bei der Bahn tätig sind. 2005/06 sollen etwa 9 000 Stellen wegfallen.

Investitionen: Die Dt. B. AG kürzte ihre Investitionsplanungen 2004/05 drastisch. Zahlreiche Verkehrsvorhaben zwischen 2005 und 2009 sollen verschoben oder eingestellt werden. Die Bahn investierte 2004 mehr als 50 Mio. € in neue Fahrzeuge. Die Auslieferung von über 40 Doppelstockwagen begann im Juni 2005. Im April 2005 beschloss das Bundeskabinett, bis 2008 insgesamt 750 Mio. € zusätzlich für den Ausbau neuer Strecken bereitzustellen und die Bahn bei der Sanierung von Bahnhöfen zu unterstützen.

Konzernumbau: Die neue Unternehmens- und Führungsstruktur der Dt. B. AG trat zum 17. 3. 2005 in Kraft. Die operativen Geschäftsfelder wurden in den Vorstandsbereichen »Personenverkehr«, »Transport und Logistik« und »Infrastruktur und Dienstleistungen« gebündelt. Zudem soll ein neuer Vorstandsbereich »Systemverbund Bahn« eingerichtet werden. Darin sollen u. a. die Bereiche »Technik und Beschaffung«, »Umweltschutz« und »Qualitätsmanagement« zusammengefasst werden.

Wettbewerbsbericht: In Deutschland waren 2004 über 300 Bahnunternehmen zugelassen. Die Bahnen, die nicht zur Dt. B. AG gehören, konnten ihre Betriebsleistung um 25 % auf 87,8 Mio. Trassenkilometer steigern. Die schärfsten Konkurrenten der Bahn waren internationale Verkehrskonzerne wie Connex und Arriva. Der Marktanteil der Privatbahnen stieg 2004 von 10 % auf fast 12 %.

Börsengang: Im September 2004 verschob die Bundesregierung den für Anfang 2006 geplanten Börsengang auf die Zeit zwischen 2006 und 2008. Der Vorstandvorsitzende der Dt. B. AG, Hartmut Mehdorn, hielt an seinem Ziel fest, den Konzern schon bis Anfang 2006 börsenfähig zu machen.

Geldverschwendung: Eine Studie der Bundesarbeitsgemeinschaft der Aufgabenträger des Schienenpersonennahverkehrs (BAG-SPNV, Berlin) belegte im Juli 2004 die Auffassung des Fahrgastverbandes Pro Bahn, dass die Bahn oft viel teurer als andere Unternehmen baue und so Steuermittel verschwende. So würden Regionalbahnhöfe von nicht bundeseigenen Eisenbahnen bis zu 40 % preiswerter gebaut.

Deutsche Bahn AG: Bilanzen

	2004	2003
Umsatz (Mrd. €)[1]	23,96	23,03
Betriebsergebnis nach Zinsen (Mio. €)	253	-172
Jahresüberschuss (Mio. €)	280	-245
Cashflow (Mio. €)	3 138	980
Beschäftigte (Jahresdurchschnitt)	263 768	256 407

1) Umsatz der verkauften Tochter Brenntag für 2003 herausgerechnet; Quelle: Dt. Bahn

Deutsche Bahn AG: Umsatzanteile im Fahrkartenvertrieb (%)

Bereich	2004	2001
DB-Reisezentren	43,0	51,8
Reisebüros	21,0	24,5
Automaten	19,0	13,7
Internet	5,0	0,9
sonstige	12,0	9,1

Quelle: Financial Times Deutschland vom 18. 5. 2005

Preiserhöhungen: Die Fahrpreise im Nahverkehr der Bahn stiegen zum 12. 12. 2004 um durchschnittlich 3,6 %. Betroffen davon war knapp die Hälfte der 4,3 Mio. Fahrgäste der Dt. B. AG. Der Verkehrsclub Deutschland (VCD, Berlin) kritisierte die Tariferhöhung, da sie den positiven Trend bei den Fahrgastzahlen im Nahverkehr gefährde. Die Bahn begründete die Erhöhungsrunde mit den Energiekosten, die 2004 um rund 34 % gestiegen seien.

Preisoffensive: Die Dt. B. AG startete 2004/05 wiederholt Preisoffensiven, bei denen die Fahrgäste ab 29 € pro einfache Strecke in der 2. Klasse quer durch Deutschland fahren konnten. Die Angebote, mit denen sich die Bahn v. a. gegen die Konkurrenz der Billigflieger wehrt, nutzten 2004 über 1,1 Mio. Reisende. Im bundesweiten Verkauf von Billigtickets in Lidl-Filialen konnte die Bahn am 18. 5. 2005 binnen weniger Stunden mehr als 1 Mio. Tickets absetzen. Die Fahrkarten zum Preis von 49,90 € für eine Hin- und Rückfahrt können bis Ende Oktober auf einer beliebigen Strecke eingesetzt werden. Politiker begrüßten die Marketinginitiative der Dt. B. AG und forderten weitere derartige Aktionen, während zahlreiche Verbraucherschützer und die Zentrale zur Bekämpfung unlauteren Wettbewerbs die Werbeaktion für die billigen Tickets als irreführend bezeichnete, da die Tickets vielerorts bereits kurz nach Ladenöffnung ausverkauft waren.

Umweltbericht: Die Dt. B. AG reduzierte bis 2004 ihre CO_2-Emissionen gegenüber 1990 um rund 27 %. Verglichen mit dem Flugverkehr verursachte der Personenverkehr der B. nur wenig mehr als ein Fünftel an CO_2. Im Güterverkehr war die Bahn 2004 fünfmal so umweltfreundlich wie ein durchschnittlicher Lkw.

BahnCard: Im ersten Quartal 2005 verkaufte die Bahn 230 000 BahnCards mehr als im gleichen Zeitraum des Vorjahres. Die Zahl der BahnCard-Kunden betrug im April 2005 rund 3,1 Mio.

Cityticket: BahnCard-Inhaber konnten ab 12. 12. 2004 nach einer Bahnfahrt von mehr als 100 km in 67 Städten an ihrem Zielbahnhof kostenlos mit öffentlichen Verkehrsmitteln zu ihrer Zieladresse weiterfahren. Im Februar 2005 begrüßte die Dt. B. AG am Düsseldorfer Hauptbahnhof den 20 000 000. Cityticket-Kunden.

Berlin–Hamburg: Seit dem 12. 12. 2004 verkehren auf der neuen Ausbaustrecke ICE-Züge mit 230 km/h. Für die 287 km lange Strecke werden nur noch rund 90 min benötigt.

Flottenmodernisierung: Ab Sommer 2005 plant die Dt. B. AG, ihre ICE-1-Flotte nach rund 15 Betriebsjahren umfassend zu modernisieren. Mit neuer Farbgebung, modernen Sitzen, Tischen und Bodenbelägen will die Bahn die Ausstattung dem ICE 3 anpassen. Die Sitzplatzanzahl soll um rund 60 Plätze pro Zug erhöht werden. Die 59 Triebzüge, die seit der Inbetriebsetzung bis zu 7 Mio. km zurückgelegt haben, sollen bis 2008 auf 10–15 weitere Jahre vorbereitet werden.

Karlsruhe–Basel: Nach neun Jahren Bauzeit und Investitionen von rund 260 Mio. € ging am 12. 12. 2004 ein rund 20 km langer viergleisiger Abschnitt in Betrieb. Zwei der neuen Gleise sind dem Hochgeschwindigkeitsverkehr vorbehalten.

Stellwerke: Die Dt. B. AG hat 2004 bundesweit 38 elektronische Stellwerke in Betrieb genommen und dafür rund 1,3 Mrd. € investiert. Die Bedienung der Stellwerke erfolgt aus den Betriebszentralen in Frankfurt am Main, Berlin, Karlsruhe, Duisburg, Hannover, Leipzig und München.

Regensburg: Die Infrastruktur des Hauptbahnhofs wurde modernisiert, alle Bahnsteige sind seit Dezember 2004 über Aufzüge zu erreichen. Die behindertengerechte Ausstattung wurde durch ein Blindenleitsystem ergänzt.

Köln–Brüssel: Die belgische Eisenbahngesellschaft SNCB plante 2004, rund 635 Mio. € in den Bau der Hochgeschwindigkeitsstrecke zwischen Lüttich und der dt. Grenze zu investieren. Ab 2007 soll eine Fahrt von Köln nach Brüssel nur noch 1,5 Stunden dauern, rund eine Stunde weniger als 2004.

Metrorapid: Nach Beantragung des Planfeststellungsverfahrens durch die Dt. B. AG im Januar 2005 rechnete die bayerische Landesregierung mit der Erteilung des Baurechts für 2006 und mit der Streckeneröffnung der Magnetschwebebahn bis 2010. Die Eisenbahnergewerkschaft Transnet kritisierte den geplanten Bau der 37 km langen Strecke zwischen dem Münchener Flughafen und der Innenstadt und forderte den Verzicht, da es dafür verkehrspolitisch keine Notwendigkeit gebe.

Rhein-Ruhr-Express: Im Januar 2005 unterzeichneten die Dt. B. AG., der Bund und das Land Nordrhein-Westfalen eine Rahmenvereinbarung als Grundlage für die Verwirklichung der Schnellstrecke zwischen Dortmund und Köln. Danach soll der Bund für die Jahre 2006–08 rund 250 Mio. € zur Verfügung stellen.

Rail Net Europe: 26 europ. Bahn-Infrastrukturgesellschaften schlossen sich Anfang 2005 zu »Rail Net Europe« mit dem Ziel zusammen, die Barrieren im grenzüberschreitenden Schienenverkehr abzubauen. Während Lkw die Grenzen problemlos passieren, wird der Zugverkehr durch technische und organisatorische Unterschiede verlangsamt.

Deutsch-französische Kooperation: Die dt. und die frz. Bahnen treiben ihre Zusammenarbeit im Schienengüterverkehr weiter voran. Seit dem 10. 2. 2005 fahren die Güterbahnen beider Länder auf allen Grenzübergängen zwischen Deutschland und Frankreich durchgängig und sparen so bis zu zwei Stunden Warte- und Abfertigungszeit ein. Ab Juni 2007 wollen beide Länder Hochgeschwindigkeitsverbindungen zwischen Frankfurt und Paris (fünfmal täglich) sowie Stuttgart und Paris (viermal täglich) starten. Die Fahrzeit soll von 6,5 Stunden auf unter vier Stunden verkürzt werden.

Russland: Der Münchner Technologiekonzern Siemens plante 2004, gemeinsam mit der russischen Eisenbahngesellschaft (RZD) Hochgeschwindigkeitszüge zu entwickeln und zu fertigen. Ein im Dezember 2004 geschlossener Vorvertrag umfasste den Bau von 60 Zügen auf ICE-Basis im Wert von rund 1,5 Mrd. €. Die Züge sollen mit einer Geschwindigkeit von 250 km/h auf der 700 km langen Strecke Moskau–Sankt Petersburg und später bis Helsinki eingesetzt werden. Langfristig sind Schnellverbindungen von Moskau nach Rostow am Don und Nischnij Nowgorod geplant. Die Produktion der Züge soll hauptsächlich in Russland erfolgen. Die Fertigstellung des ersten Zuges ist für 2007 geplant.

China: Im März 2005 absolvierte ein in Hohot (Innere Mongolei) gestarteter Güterzug seine rund 10 000 km lange Jungfernfahrt nach Deutschland. Der Zug mit 101 Containern, der künftig zweimal im Monat zwischen beiden Ländern verkehren soll, benötigte für die Strecke 16 Tage. Jährlich soll eine Fracht von 50 000 t transportiert werden.

Transrapid: Das Passagieraufkommen auf der weltweit ersten kommerziell betriebenen Magnetschnellbahn-Strecke zwischen der Long Yang Road Station und dem Flughafen Pudong verdoppelte sich 2004 nach Angaben des Betreibers SMTDC. Durchschnittlich waren 7 000 Fahrgäste pro Tag unterwegs. Eine einfache Fahrt kostete rund 5 € (hin und zurück 8 €). Im fahrplanmäßigen Betrieb schwebt der T. täglich 74-mal in beide Richtungen.

www.bahn.de (Dt. Bahn AG); **www.probahn.de; www.gded.de** (Gewerkschaft Transnet); **www.bahnnews.de; www.railion.com; www.bahnaktuell.net; www.bahntechnik.de** (Institut für Bahntechnik GmbH); **www.cargoline.de; www.hochgeschwindigkeitszuege.com**

Deutsche Bahn AG: Produktion von Doppelstockwagen bei Bombardier für die Niedersächsische Bahngesellschaft; auch die neuen Wagen für die Dt. Bahn AG werden bei dem Görlitzer Waggonbauer gefertigt.

Erdgasauto: Die EcoTopTen-Initiative empfiehlt den Opel Zafira 1.6 CNG als umweltfreundlichsten Van.

Erdgasauto

Bestand: In Deutschland stieg die Zahl der mit Erdgas betriebenen Fahrzeuge 2004 um über 40 % auf 27 175 Einheiten, darunter über 1 100 Omnibusse und ca. 4 000 Lkw. In Berlin wurde 2004 jeder 250. neue Pkw mit Erdgasantrieb zugelassen. 2004/05 wurden in Deutschland 13 Fahrzeugmodelle angeboten, die einen Mehrpreis von 2000–4000 € ab Werk für Benzin- und Erdgastank bedeuten. Die dt. Gaswirtschaft prognostiziert bis 2010 rund 500 000 Erdgasfahrzeuge auf dt. Straßen.

Subventionen: Viele lokale Energieversorger unterstützten 2004/05 den Kauf eines Erdgasfahrzeugs mit bis zu 2500 € Bargeld oder in Form von Tankgutscheinen.

Opel Combo: Die drei Gastanks des Stadtlieferwagens fassen 110 l Erdgas und sind um die Hinterachse herum angebracht. Die Reichweite beträgt 550 km.

Ford C-Max: Als Motor dient ein für den Alternativkraftstoff optimierter 1,8-l-Vierzylinder, der im Benzinbetrieb 92 kW (125 PS) und im Erdgasmodus 81 kW (110 PS) erreicht.

Volkswagen: VW stellte im April 2005 den Touran und den Caddy als E. vor, die ab Mai 2006 im Handel sein sollen. Beide Fahrzeuge sind mit einem Nottank ausgestattet, der lediglich 15 l Benzin fasst. Dank großer Unterflurtanks können bis zu 450 km (Caddy) bzw. 330 km (Touran) im reinen Erdgasbetrieb gefahren werden. Der Preis der E. soll etwa 3 000 € über dem des vergleichbaren Benzinfahrzeugs liegen. VW plant, ab Mitte 2006 von allen Erdgasmodellen jährlich 7 000–10 000 Stück abzusetzen.

Citroën: Die Kombivariante des Großraumwagens Jumper mit kombiniertem Erdgas- und Benzinantrieb ist mit drei Erdgasbehältern ausgestattet, die eine Reichweite von 850 km ermöglichen. Die Leistung des Wagens beträgt bei Gasantrieb 71 kW (Benzinantrieb 81 kW).

Tankstellen: Die dt. Gaswirtschaft investierte 2004/05 rund 250 Mio. € in den Ausbau des Tankstellennetzes, das bis 2007 auf über 1 000 Zapfsäulen an Markentankstellen anwachsen soll. Autofahrer sollen nach diesen Plänen in den Städten alle 5 km und in Mischgebieten alle 10–15 km Erdgas tanken können. Im April 2005 wurde die 555. Erdgastankstelle in Deutschland eröffnet.

www.erdgasfahrzeuge.de (Trägerkreis Erdgasfahrzeuge); **www.autogastanken.de; www.bgw.de** (Bundesverband der dt. Gas- und Wasserwirtschaft); **www.gibgas.de** (gibgas-Consulting); **www.ecotopten.de**

Fluglinien

Lufthansa: Die dt. F. strich zum 1. 5. 2005 ihren 2002 eingeführten Onlinerabatt. Tickets in der Economy-Class kosteten danach rund 10 € mehr. Zum 25. 4. 2005 erhöhte die Lufthansa den Treibstoffzuschlag auf Langstrecken von 17 € auf 27 €.

Swiss: Nach der Übernahme der eidgenössischen F. durch die dt. Lufthansa im März 2005 für bis zu 310 Mio. € (zuzüglich der Swiss-Schulden von rund 380 Mio. €) sollte Swiss eine weitgehend eigenständige Fluggesellschaft bleiben und das im Januar 2005 angekündigte Sanierungsprogramm weiterführen. Swiss und Lufthansa planen, ihre Flugpläne aufeinander abzustimmen. Mit der Übernahme durch die Lufthansa wird die Swiss künftig auch dem weltweit größten Luftfahrtbündnis Star Alliance angehören. Lufthansa beförderte 2004 50,9 Mio. Passagiere zu 176 Zielen, Swiss 9,2 Mio. zu 70 Zielen.

Die größten Fluglinien

Linie	Mrd. US-$ 1)
Air France - KLM	21,4
Lufthansa	18,2
American Airlines	17,4
Japan Airlines	17,2
United Airlines	13,7
Delta Air Lines	13,3
British Airways	12,9
ANA Group	10,8
Northwest Airlines	9,5
Continental Airlines	8,9

1) Umsatz 2003
Quelle: Airline Business

SkyTeam: Die Airline-Allianz nahm im September 2004 mit Continental Airlines, KLM und Northwest Airlines drei neue Partner in ihr Bündnis auf. Zusammen mit Aeromexico, Air France, Alitalia, CSA Czech Airlines, Delta Air Lines und Korean Air umfasste SkyTeam 2005 insgesamt neun Mitglieder, die mit täglich über 14 000 Flügen 658 Ziele in 130 Ländern anfliegen und jährlich 341 Mio. Passagiere befördern.

Star Alliance: Mit den Partnern Air Canada, Air New Zea-land, ANA, Asia Airlines, Austrian, BMI, LOT, Lufthansa, Scandinavian Airlines, Singapore Airlines, South African Airways, Spanair, Swiss, TAP Portugal, Thai Airways, United Airlines, US Airways und Varig bietet Star Alliance 2005 mit täglich rund 18 000 Flügen 846 Ziele in 151 Ländern an.

www.star-alliance.de; www.skyteam.com

Flugsicherheit

Luftsicherheitsgesetz: Der Dt. Bundestag beschloss am 18. 6. 2004 das neue Gesetz, das u. a. den Abschuss von Luftfahrzeugen erlaubt, die »gegen das Leben von Menschen eingesetzt werden sollen«. Den Abschuss kann nur der Verteidigungsminister oder ein anderes Mitglied der Regierung anordnen. Umstritten blieb, ob für solche Maßnahmen eine Grundgesetzänderung notwendig ist. Die Arbeitsgemeinschaft Dt. Verkehrsflughäfen (ADV, Stuttgart) hielt 2004/05 mehrere Regelungen des Gesetzes für verfassungsrechtlich unzulässig. So widerspreche es geltendem EU-Recht, wenn der Staat die ihm obliegenden Sicherheits- und Schulungsaufgaben und deren Kosten auf die Flughäfen übertrage.

Sichere Airlines: Dt. Charterfluggesellschaften und Billigflieger gehörten nach einer Statistik des dt. Unfalluntersuchungsbüros Jacdec 2004/05 zu den sichersten Fluglinien. Neben neun großen internationalen Fluggesellschaften, die seit 1973 unfallfrei waren, kamen LTU, Germania Express, Air Berlin, DBA, Eurowings, Hamburg International und die Schweizer Edelweiß Air auf die vordersten Plätze. Die dt. Lufthansa erreichte Rang 15. Zu den unsichersten Fluglinien zählten dieser Statistik zufolge u. a. China Airlines, Air India, Egyptair und Turkish Airlines (Rang 47 bis 50).

Unfälle: 2004 starben bei Unfällen in der kommerziellen Luftfahrt 514 Menschen – so wenig wie noch nie. Die Wahrscheinlichkeit, bei einem Flugzeugunfall ums Leben zu kommen, war 2004/05 sechsmal geringer als Ende der 1970er-Jahre.

Biometrie: Ab dem 26. 6. 2005 durften Personen aus allen Teilnehmerländern am visafreien Einreiseprogramm in die USA nur noch einreisen, wenn sie maschinenlesbare Ausweise mit biometrischen Daten vorweisen. Bei visapflichtigen Personen werden bei Einreise in die USA seit Anfang 2004 Fingerabdrücke sowie Foto in einer Datenbank gespeichert. Dieses Programm wird seit dem 30. 9. 2004 auch bei visafrei Einreisenden angewendet.

Handgepäck: Die amerikanische Transportation Security Administration (TSA) verbot ab dem 14. 4. 2005 die Mitnahme von Feuerzeugen auf Flügen in die USA sowie innerhalb der USA. Bisher durften Fluggäste bis zu zwei Gasfeuerzeuge und vier Briefchen mit Sicherheitsstreichhölzern bei sich tragen. Die Neuregelung erfolgte rund ein Jahr nach einer anderen Verordnung der US-Behörden, wonach die Gruppenbildung an Bord von Flügen in die USA verboten ist, was auch für Warteschlangen vor den Toiletten gilt.

Röntgenscanner: Nach Vorgaben der Europ. Kommission mussten die Mitgliedsländer der EU ihre Kontrollsysteme für das Check-in an Flughäfen 2004/05 massiv aufrüsten. Ab 2006 soll auf allen EU-Flughäfen das eingecheckte Gepäck mit einem für das Auffinden von Sprengstoffen tauglichen Röntgenscanner durchleuchtet werden.

EASA: Am 3.11.2004 nahm die Europ. Agentur für Flugsicherheit (EASA, in Köln) ihre Arbeit auf. Aufgabe der bereits 2003 gegründeten Behörde ist, die Zusammenarbeit der nationalen Luftfahrtbehörden auf eine europ. Grundlage zu stellen. Außerdem soll sie zukünftig über die Zulassung großer Passagiermaschinen entscheiden.

USA-Flüge: Die US-Behörde für Verkehrssicherheit beabsichtigte im April 2005, künftig alle ausländischen Fluggesellschaften auch dann zur Offenlegung ihrer Passagierlisten zu verpflichten, wenn ihre Flugzeuge nicht in den USA landen, sondern das Territorium nur überfliegen. Eine Maschine der niederländischen Fluggesellschaft KLM hatte im April 2005 auf dem Weg von Amsterdam nach Mexiko nicht über die USA fliegen dürfen, weil die Namen zweier Passagiere auf der US-Liste der Terrorverdächtigen standen. Einen

Monat später wurden eine Alitalia-Maschine und ein Flug der Air France auf dem Weg nach Boston aus denselben Gründen zur Zwischenlandung im US-Staat Maine gezwungen.

www.adv-net.org (Arbeitsgemeinschaft Dt. Verkehrsflughäfen); **www.aerointernational.de; www.jacdec.de**

Flugsicherung

Die Zahl der Flugbewegungen in Deutschland nahm 2004 um 6,7 % auf 2,72 Mio. zu und lag damit erstmals wieder über dem Niveau des Jahres 2000. Die Dt. F. (DFS, Langen bei Frankfurt am Main) kontrollierte täglich mehr als 7 000 Flüge. Sie gewährleistete mit ihren rund 5 500 Mitarbeitern, dass der Luftverkehr über Deutschland flüssig und sicher abgewickelt wurde. Mittelfristig rechnete die DFS mit einem Verkehrswachstum von 4,5 % jährlich.

Beinahe-Crashs: 2004 stufte die APEG (Aircraft Proximity Evaluation Group) von insgesamt 63 gemeldeten Fällen drei in die Kategorie A (unmittelbare Gefährdung) und drei in die Kategorie B (mittelbare Gefährdung) ein. Die DFS war an drei Fällen ursächlich beteiligt. Nach dem Zweiten Weltkrieg war die Zahl der tödlichen Flugzeugunfälle pro Jahr noch nie so niedrig wie in den vergangenen beiden Jahren.

Gebührensenkung: Die DFS senkte zum 1. 1. 2005 die Gebühren für die Streckenführung um 20,2 % sowie für An- und Abflüge um 28,3 %. Eine weitere Gebührensenkung soll 2006 erfolgen. Damit reagierte die DFS auf den Boom im internationalen Luftverkehr.

Neuer Kontrollraum: Anfang August 2004 nahm die DFS in Bremen eine neue Kontrollzentrale für 200 Fluglotsen und 230 weitere Mitarbeiter zur Überwachung des norddt. Luftverkehrs in Betrieb. In das neue System und einen neuen, größeren Kontrollraum investierte die DFS insgesamt 50 Mio. €. Von Bremen aus werden täglich rund 1 200 Flugzeuge im norddt. Luftraum kontrolliert.

www.dfs.de (Dt. Flugsicherung)

Flüssiggasauto

Flüssiggas (Propan, Butan und deren Gemische) wird als leichtes Mineralöl in den Raffinerien und bei der Förderung von Erdgas und Rohöl gewonnen. Eine der prägnantesten Eigenschaften von Flüssigautogas ist seine hohe Klopffestigkeit, die den Zusatz von Additiven unnötig macht.

Bestand: In Europa nahm die Zahl der F. 2004/05 erheblich zu. In Großbritannien und Frankreich wurden 2004 rund 30 000 Kfz umgerüstet. In Polen näherte sich 2004 der Fahrzeugbestand von F. der Millionengrenze, in Deutschland wuchs ihre Zahl 2004 um rund 10 000 auf ca. 25 000.

Prognose: Nach Einschätzung des Umweltbundesamtes liegt der Marktanteil der F. bis zum Jahr 2020 bei 1,5 %. Bezogen auf einen Gesamtbestand an Kraftfahrzeugen von ca. 64 Mio., den das Umweltbundesamt für 2020 prognostizierte, sollen

Flugsicherung: Blick in die Mitte 2004 in Betrieb genommene neue Kontrollzentrale der DFS in Bremen

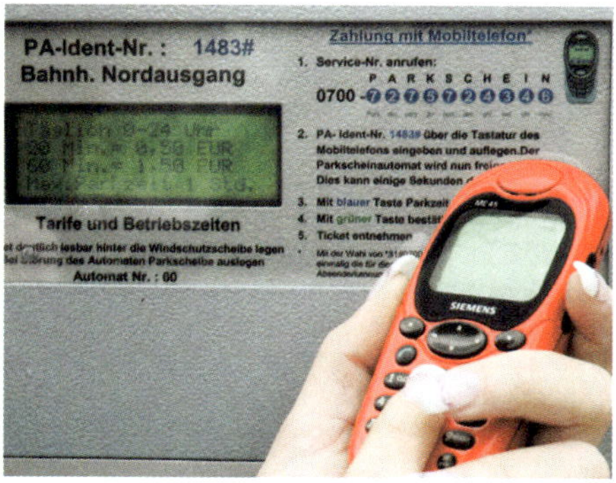

Handyparken: An diesem Automaten am Bremer Hauptbahnhof kann die Parkgebühr mit einer Spezialnummer über das Handy bezahlt werden.

dann rund 960 000 F. auf Deutschlands Straßen unterwegs sein.

Steuerbefreiung: Der Dt. Verband Flüssiggas (DVFG, Berlin) warf 2004/05 dem Bundesumweltministerium vor, mit seiner einseitigen Begünstigung von Erdgas (Steuerbegünstigung bis zum Jahr 2020) eine falsche Förderpolitik zu betreiben und das Autogas (Steuerbegünstigung bis zum Jahr 2009) vom Markt zu verdrängen. Die Bundesregierung hatte 2003 per Gesetz die aus den 1990er-Jahren stammende Mineralölsteuerbegünstigung nur für den Fahrzeugtreibstoff Erdgas bis 2020 verlängert.

Tankstellen: Das Tankstellennetz für F. in Deutschland wurde durch das Engagement der dt. Flüssiggaswirtschaft in den letzten Jahren auf rund 690 öffentlich zugängliche Tankstellen ausgebaut. 2004/05 bestand in den meisten Ballungsgebieten die Möglichkeit, an öffentlichen Tankstellen Autogas zu tanken. Im Durchschnitt kamen zwei neue Tankstellen pro Woche hinzu.

www.autogas-news.de; www.dvfg.de (Dt. Verband Flüssiggas); **www.bgw.de; www.gibgas.de**

Handyparken

Seit Ende März 2005 ist in Deutschland das H. gesetzlich erlaubt. So funktioniert das bargeldlose und minutengenaue Parken mit dem Handy: Man lässt bei einem Dienstanbieter Handynummer, Autokennzeichen und Bankverbindung über das Internet registrieren, erhält per Post eine Vignette für die Windschutzscheibe und gibt dann über eine spezielle, kostenlose Nummer jeweils Anfang und Ende der Parkzeit an. Auch die Überwachung erfolgt wie z. B. in Berlin über Mobiltelefon. Per Fotohandy liest der Kontrolleur den Code auf der Vignette ein und sendet ihn an ein Rechenzentrum. Wenige Sekunden später erhält er eine Rückmeldung, ob der Autofahrer registriert ist.

Modellversuche: 2005 profitieren lediglich Parkplatzsuchende in Städten mit Modellversuchen wie in Berlin, Saarbrücken, Neunkirchen oder Bremen vom H. In Berlin ließen sich im ersten Monat nach dem Start (im Februar 2005) des einjährigen, von der EU mitfinanzierten Projektes bereits 3 500 Autofahrer registrieren. Im ersten Halbjahr 2005 prüfte die Stadt Berlin noch, ob sich der finanzielle Aufwand für eine endgültige Einführung lohnte. Anbieter mobiler Dienste rechneten wegen der elektronischen Abwicklung mit erheblichen Kostenersparnissen für die Kommunen, auch entfielen langfristig die Wartungskosten für Parkautomaten.

Ausland: In Österreich, wo der ticketlose Service seit 2003 in mehr als zehn Kommunen läuft, hat sich das Konzept bewährt. Allein in Wien ließen sich 55 000 Nutzer registrieren – Tendenz steigend. Die Stadt Wien investierte 8,5 Mio. € in den Aufbau des Systems, die jährlichen Betriebskosten werden auf 400 000 € geschätzt. Anders als in Berlin müssen die Wiener für das An- und Abmelden Gebühren zahlen.

www.adac.de

Haschischgrenzwert

Das Bundesverfassungsgericht (Karlsruhe) hob Anfang Januar 2005 den Grenzwert für Haschisch am Steuer auf etwa 1 Nanogramm, also ein Milliardstelgramm, pro Milliliter des psychoaktiven Cannabishauptwirkstoffs Tetrahydrocannabinol (THC) an. Das Gericht gab einem Autofahrer Recht, der wegen einer THC-Konzentration von unter 0,5 Nanogramm pro Milliliter zu einem Fahrverbot und einer Geldbuße verurteilt worden war. Damit stellte es klar, dass ein Autofahrer nach Cannabiskonsum nur bestraft werden kann, wenn eine Beeinträchtigung der Leistungsfähigkeit wenigstens theoretisch möglich ist. Diese halten Wissenschaftler bei Werten unter 1 Nanogramm pro Milliliter THC für ausgeschlossen (1BVR 2652 03). Anders als bei Alkohol, für den ein Grenzwert von 0,5 ‰ festgelegt ist, nimmt das Gesetz bei illegalen Drogen wie Cannabis, Kokain oder Heroin eine Wirkung generell an, wenn die geringste Konzentration im Blut nachgewiesen wird. Diese »echte Nullwertgrenze«, wie sie die Strafgerichte bislang bezeichneten, korrigierte das Verfassungsgericht nun. Denn wegen des technischen Fortschritts habe sich die Nachweisdauer für THC wesentlich erhöht.

Hybridauto

Im H. (lat. hybrid = von zweierlei Herkunft) sind außer Elektromotoren Erdgas-, Diesel oder Ottomotoren eingebaut, um deren jeweilige Vorteile zu nutzen. Je nach Bedarf kann eine Antriebsart ausgewählt werden.

2004/05 zählten umweltfreundliche Hybridfahrzeuge mit mehreren Antriebsarten zu den Autos der Zukunft. Dt. Automobilhersteller lagen nach Einschätzung des Center for Automotive Research (CAR, Gelsenkirchen) bei der Entwicklung von Benzin-Elektromotoren hinter anderen Anbietern zurück. Während in Europa der Diesel 2004 weiter an Marktanteilen zunahm, setzten die US-amerikanischen Autofahrer zunehmend auf H. Für 2015 prognostizierte CAR für H. weltweit einen Marktanteil von 15–20 %.

Honda Civic IMA: Das H. wird von einem 1,3-l-Motor und einem 65-mm-Elektromotor angetrieben. Beim Beschleunigen schaltet sich der Elektromotor automatisch zu und erzielt die Leistung eines 1,6-l-Motors. Beim Verzögern verwandelt sich der Elektromotor in einen Generator, der die Batterien wieder auflädt. Das Fahrzeug benötigt dadurch bis zu 30 % weniger Benzin.

Opel Astra: Das in Rüsselsheim gemeinsam mit DaimlerChrysler entwickelte und 2005 in Detroit vorgestellte Konzeptfahrzeug ist mit zwei elektronisch gesteuerten Elektromotoren à 30 bzw. 40 kW ausgestattet, die in Verbindung mit Getriebezahnrädern eine variable Fahrübersetzung ermöglichen. Angetrieben wird das Fahrzeug daneben von einem 92 kW starken 1.7-CDTI-Motor.

Toyota: Der japanische Autobauer hatte sich für 2005 zum Ziel gesetzt, bis zu 300 000 H. weltweit abzusetzen. Toyota betrachtet die umweltfreundliche Hybridtechnologie als seine Schlüsseltechnologie und will künftig bis zu 1 Mio. H. pro Jahr verkaufen.

www.bd-forecast.de; www.elektroauto-tipp.de

Hybridauto: Meilensteine der Entwicklung

Baujahr	Hersteller/Typ	Motorantriebe (B=Benzin, D=Diesel, E=Elektro)
1900	Porsche: Lohner	erstes Elektromobil mit Benzinzusatzmotor
1991	VW: Golf Hybrid	44 kW D / 6 kW E
1993	Mercedes-Benz: Taxi-Hybrid	55 kW D / 20 kW E
1997	Toyota: Prius	43 kW B / 30 kW E
1997	Audi: A4 Avant Duo	85 kW D / 21 kW E
2000	Honda: Insight	56 kW B / 10 kW E
2001	Honda: Civic Hybrid	62 kW B / 10 kW E
2001	Smart: fortwo cdi	30 kW D / 20 kW E
2001	Jeep: Liberty SUV	110 kW B / 40 kW E
2002	Mercedes-Benz: ML 270 HyPer	120 kW D / 45 kW E
2003	Suzuki: Twin	32 kW B / 5 kW E
2004	Toyota: Prius II	82 kW B / 37 kW E
2005	Honda: Civic IMA	61 kW B / 7 kW E
2005	Lexus: RX 400h	zwei E mit 200 kW / 3,3-l-V6-Aggregat
2005	Mercedes-Benz: S-Klasse	191 kW D / 50 kW E
2005	Opel: Astra	92 kW D / zwei E

Quellen: www.toyotaland.com, www.autoscout24.de, www.evworld.com, www.e-mobile.ch, www.hybridantrieb.de

Lkw-Maut

Start: Nach zahlreichen schwer wiegenden Pannen und 16 Monate später als ursprünglich vom Betreiberkonsortium Toll Collect vertraglich zugesichert, startete am 1. 1. 2005 die erste streckenbezogene Autobahngebühr für Lkw. Für Lkw über 12 t, die dt. Autobahnen benutzen, werden seitdem 12,4 Cent/km kassiert. So kommen die Nutzer in Deutschland erstmalig für einen Teil der

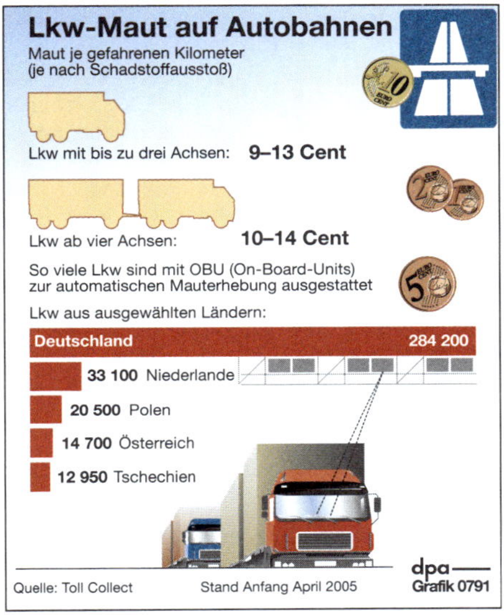

Wegekosten auf. Ab dem 1. 1. 2006, nach abgeschlossener EU-Harmonisierung, erhöht sich die Lkw-M. auf 15 Cent/km. 2005 prüft das Bundesverkehrsministerium die Ausweitung der Lkw-M. auf Bundesstraßen, die Lkw vielerorts als kostenlose Alternative nutzen, sowie eine Erhöhung für Lkw mit hohem Rußausstoß. Von den erwarteten jährlichen 3 Mrd. € Einnahmen erhält Toll Collect 600 Mio. € Betreibervergütung. Der Rest soll zum Ausbau der Verkehrsinfrastruktur genutzt werden (51 % für den Straßenbau) sowie in den Bundeshaushalt fließen.

Abrechnung: Das vom Konsortium um Telekom und DaimlerChrysler entwickelte, satellitengestützte System basiert auf einer Kombination aus Mobilfunk und dem Global Positioning System (GPS). Die Lkw buchen sich bei einer Zentrale ein, wenn sie auf die Autobahn fahren. Drei Zugangswege sind dabei möglich: über die vollautomatischen Mautcomputer in den Fahrerkabinen (On-Board-Units), die den Betrag für die über GPS erfasste Strecke an das Rechenzentrum melden; über das Internet oder über eines der 3 500 Terminals an Rast- und Tankstellen. Bereits nach drei Monaten waren 417 000 Lkw mit Bordcomputern ausgerüstet.

Kontrolle: Infrarotsensoren an 400 Kontrollbrücken registrieren die Lkw und gleichen die Daten mit der Zentrale ab. Überdies kontrollieren 300 mobile Einsatzgruppen auf den Autobahnen. Bei Verstößen müssen Fahrer 75 € Bußgeld zahlen, die Fuhrunternehmer 150 €. Im Wiederholungsfall drohen bis zu 20 000 €. Mitte April 2005 lag die Mautprellerquote bei lediglich 3 %.

Schadenersatz: Nach Auffassung des Bundesverkehrsministeriums sollten die Konzerne DaimlerChrysler und Telekom 4,6 Mrd. € Schadenersatz zahlen. Die Summe setzt sich aus Mautausfällen und Vertragsstrafen zusammen. Die Unternehmen lehnten die Zahlung jedoch ab. Ein Schiedsgericht soll bis Ende 2005 entscheiden.

www.toll-collect.de; www.bmvbw.de (Bundesministerium für Verkehr, Bau- und Wohnungswesen)

Lkw-Verkehr

Aufkommen: Den stärksten Anteil am Transportaufkommen hatte 2004 nach Schätzungen des Bundesverkehrsministeriums der Lkw-V. mit 3 021 Mio. t (+0,7 % gegenüber 2003). Vom Anstieg profitierten v. a. ausländische Lkw (+5,4 % auf 286 Mio. t). Die Zunahme der Beförderungsmenge im Lkw-V. lag erneut deutlich unter der der Straßengüterverkehrsleistung von 4,5 % (380 Mrd.Tonnenkilometer [tkm]). Laut ProgTrans (Basel) waren dafür zunehmende Transportweiten (Fernverkehr: +5 % auf 191,5 tkm) verantwortlich sowie eine Abnahme im Nahbereich (-1 % auf 25,5 tkm).

Güterbereiche: Stärkster Güterbereich blieb mit 45,8 % »Steine und Erden«. Zunahmen stützten sich jedoch auf hohe Zuwächse in den Bereichen »Fahrzeuge, Maschinen, Halb- und Fertigwaren«, »Düngemittel und chemische Erzeugnisse« sowie »Eisen, Stahl und NE-Metalle«. Laut ProgTrans werde erst eine nachhaltige konjunkturelle Belebung ab 2005 für steigende Transportmengen sorgen, v. a. in dem dynamischen Bereich »Fahrzeuge, Maschinen, Halb- und Fertigwaren«. Andernfalls werden die Zuwächse des Vorjahres in den einzelnen Güterbereichen nicht anhalten.

Lkw-Produktion: 2004 erreichten Produktion und Export von schweren Lkw Rekordniveau. Die Produktion von Nutzfahrzeugen über 6 t stieg nach Angaben des Verbandes der Automobilindustrie (VDA, Frankfurt am Main) um 22 % gegenüber dem Vorjahr auf 160 000 Einheiten. Das Inlandgeschäft belebte sich um 15 % auf 81 000 Neuzulassungen, der Export erreichte mit 119 000 Fahrzeugen (+17 % gegenüber 2003) einen neuen

Lkw-Verkehr: Zulassungen in Deutschland

Jahr	Lkw bis 3,5 t (in 1 000)	Lkw ab 3,5 t (in 1 000)
2002	183	88
2003	177	88
2004	186	97
2005[1)]	187	99
2006[1)]	189	100

1) Prognosen; Quelle: Die Zeit, 9. 9. 2004

Spitzenwert. Die Kundschaft kam aus Osteuropa, der Türkei bis hin zum Mittleren Osten. Im Transporterbereich stiegen Produktion und Absatz nur leicht. Ab dem zweiten Quartal 2005 verlor der dt. Markt für Nutzfahrzeuge jedoch wieder an Dynamik. Tragende Stütze waren einmal mehr die Auslandsmärkte.

www.progtrans.com; www.vda.de (Verband der Automobilindustrie)

Luft- und Raumfahrtindustrie

Die dt. Luft- und Raumfahrtindustrie erholte sich 2004/05 von der Krise nach den Terroranschlägen vom 11. 9. 2001. Der Branchenumsatz stieg 2004 um 1,9 % auf 16 Mrd. € (2003: 15,7 Mrd. €). Die positive Entwicklung war getragen von einer massiven Steigerung der Ausgaben für Forschung und Entwicklung um 11,1 % auf mehr als 3 Mrd. €. 2004 waren 69 300 Menschen in der Branche beschäftigt (-1,3 % gegenüber 2003).

EADS: Die European Aeronautic Defence and Space Company (EADS, München) setzte im Geschäftsjahr 2004 ihr Wachstum unvermindert fort und stärkte damit ihre Position als weltweit führendes Luftfahrt-, Raumfahrt- und Verteidigungsunternehmen. Der Umsatz stieg auf 31,8 Mrd. € (2003: 30,1 Mrd. €), das operative Ergebnis betrug 2,4 Mrd. € und stieg gegenüber 2003 um 58 %. Die Aufwendungen für Forschung und Entwicklung lagen 2004 bei 2,1 Mrd. € (2003: 2,2 Mrd. €), wovon rund die Hälfte auf die Kosten für den neuen Airbus A 380 entfielen. Ende 2004 beschäftigte der Konzern weltweit über 110 000 Mitarbeiter (2003: 109 135).

www.eads.net (European Aeronautic Defence and Space Company); **www.bdli.de** (Bundesverband der Dt. Luft- und Raumfahrtindustrie)

Luftverkehr

Der L. in Deutschland erreichte 2004 mit 2,72 Mio. Flugbewegungen (+6,7 % gegenüber 2003) einen Rekordwert, womit der bisherige Höchststand aus dem Jahr 2000 übertroffen wurde. Der L. wuchs in Deutschland schneller als im europ. Durchschnitt. Der innerdt. L.

Luftverkehr: Passagierrechte

Überbuchung: Bei Überbuchung eines Fluges muss die Fluggesellschaft zunächst Passagiere suchen, die freiwillig gegen Unterstützungsleistungen auf die Beförderung verzichten. Fluggäste, denen die Beförderung gegen ihren Willen verweigert wird, können zwischen der vollständigen Erstattung des Flugpreises und einem Ersatzflug wählen. Außerdem muss das Luftfahrtunternehmen einen Ausgleich zwischen 125 € und 600 € leisten, abhängig von der Strecke und der Dauer der Verspätung am Endziel. Je nach Wartezeit muss die Fluggesellschaft Mahlzeiten und Erfrischungen, ggf. die Unterbringung in einem Hotel und die Fahrt dorthin sowie zwei Telefongespräche, Telexe, Telefaxe oder E-Mails kostenlos anbieten.
Annullierung: Der Passagier hat, soweit die Fluggesellschaft den Ausfall zu vertreten hat, die Wahl zwischen der Flugpreiserstattung und einem Ersatzflug. Außerdem hat er, je nach zurückzulegender Entfernung und Verzögerung der Ankunft, Anspruch auf Ausgleichszahlungen in Höhe von 125 € bis 600 €, wenn ihn die Fluggesellschaft nicht mind. zwei Wochen vor dem geplanten Abflugtermin über die Annullierung informiert oder bei späterer Unterrichtung ihm nicht innerhalb genau bezeichneter Fristen eine zumutbare andere Beförderung anbietet.
Verspätung: Ist absehbar, dass sich der Abflug je nach zurückliegender Flugstrecke um zumindest zwei bis vier Stunden verzögert, hat das Luftfahrtunternehmen ebenfalls für unentgeltliche Mahlzeiten, Erfrischungen, zwei Telefongespräche, Telefaxe, Telexe oder E-Mails zu sorgen. Ist der Flug erst am nächsten Tag möglich, müssen die Unterbringung in einem Hotel und die Fahrt dorthin kostenlos angeboten werden. Ab einer Verspätung von fünf Stunden kann der Fluggast die vollständige Erstattung des Flugpreises verlangen.

Quelle: www.vzbv.de (Verbraucherzentrale Bundesverband) vom 15. 2. 2005

Luftverkehr: größte deutsche Regionalflughäfen 2004

Flughafen	Passagiere	Veränderung (%)[1]
Paderborn/Lippstadt	1 313 628	2,6
Niederrhein	797 920	283,4
Karlsruhe/Baden-Baden	624 941	109,1
Lübeck	598 777	11,0
Friedrichshafen	534 388	7,1
Rostock-Laage	157 644	11,9
Braunschweig	103 046	-2,1
Altenburg-Nobitz	93 870	32,0
Kiel	79 818	-30,0
Augsburg	79 300	-16,7
Zweibrücken	45 076	1,8
Mönchengladbach	41 244	-78,5
Hof/Plauen	36 900	1,6
Neubrandenburg	30 146	40,3
Heringsdorf	18 858	-12,1

1) gegenüber 2003; Quelle: Arbeitsgemeinschaft Dt. Verkehrsflughäfen

wuchs 2004 im Vergleich zum Vorjahr um 0,1 %. Der Verkehr zu und von europ. Großflughäfen nahm um 9,6 % zu, der interkontinentale Verkehr verzeichnete sogar ein Plus von 16,6 %. Der internationale Linienpassagierverkehr legte gegenüber 2003 um 15,3 % zu, der Frachtverkehr wuchs um 13,4 %.

Fluggastrechte: Mit Inkrafttreten der neuen Verordnung zum 15. 2. 2005 wurde der Praxis der pauschalen Überbuchung ein Riegel vorgeschoben. Die neuen Regelungen sollen dazu beitragen, dass die Fluggesellschaften die Planung und den Service ihrer Flüge verbraucherfreundlicher gestalten.

Initiative Luftverkehr: Unter Mitarbeit von Lufthansa, Dt. Flugsicherung, Fraport und dem Flughafen München stellte die Initiative Luftverkehr für Deutschland am 20. 10. 2004 einen Musterplan für die zukunftssichere Entwicklung der dt. Flughafeninfrastruktur vor, der einen zwischen Bund und Land koordinierten Ausbau der acht wichtigsten dt. Großflughäfen vorsieht. Frankfurt am Main und München sollen als Drehkreuze ausgebaut werden.

www.initiative-luftverkehr.de; www.reuss.de (Reuss Aerospace Information)

Luftverkehr: größte Passagierflughäfen

Flughafen	Passagiere (Mio.)	Veränderung (%)[1]
Atlanta	83,5	5,7
Chicago	75,3	7,1
London-Heathrow	67,3	6,1
Tokio	62,3	0,9
Los Angeles	60,7	10,4
Dallas/Fort Worth	59,4	11,6
Frankfurt am Main	51,0	5,7
Paris CDG	50,8	5,5
Amsterdam	42,5	6,5
Denver	42,3	13,0

1) gegenüber 2003
Stand: April 2005; Quelle: ACI Traffic Data
www.airports.org

Öffentlicher Nahverkehr

Bilanz: Im Ö. N. mit Bussen und Bahnen wurden 2004 von den Eisenbahn-, Straßenbahn- und Omnibusunternehmen nach Angaben des Statistischen Bundesamtes (Wiesbaden) 9,9 Mrd. Fahrgäste transportiert, rund 1 % mehr als im Vorjahr. Die Eisenbahnen im Ö. N. beförderten 1,9 Mrd. Kunden (+1,5 %), Straßenbahnen und Omnibusse knapp 8 Mrd. (+0,8 %). Die massiven Einbrüche im Fernverkehr konnten zwar gestoppt werden, für eine Erholung reichte es jedoch nicht. Die Zahl der Fahrgäste der Eisenbahnen nahm nur leicht um 0,3 % auf 117 Mio. zu, die mit Omnibussen im Linienfernverkehr stagnierte bei 42 Mio. Für den gesamten Öffentlichen Personenverkehr rechnete ProgTrans (Basel) für 2005 mit leichten Zuwächsen der Fahrgastzahlen um 0,7 %.

Umsatz: Schärfere Schwarzfahrerkontrollen sorgten 2004 für höhere Einnahmen im Ö. N. Nach Angaben des Verbandes Dt. Verkehrsunternehmen (VDV, Köln) setzten Busse, Bahnen und Straßenbahnen der Verkehrsverbünde 8,96 Mrd. € um, 3,5 % mehr als im Vorjahr. Seitdem Busfahrgäste häufiger vorne beim Fahrer einsteigen müssen, sank die Schwarzfahrerquote um 3 %. Der Schaden durch Schwarzfahrer lag 2004 bei 250 Mio. €. Auch die Dt. Bahn überraschte 2004 mit hohen Gewinnen im Nahverkehr (Überschuss Januar–August 2004: 310,8 Mio. €, 62 Mio. € mehr als geplant).

Finanzierung: Die rot-grüne Bundesregierung plante gegen den Widerstand des grünen Koalitionspartners, den Zuschuss der Länder für den Ö. N. mit Bussen und Bahnen ab 2008 um bis zu 1 Mrd. € pro Jahr zu kürzen. Das Geld soll die Dt. Bahn für Erhaltung und Ausbau ihres Schienennetzes erhalten, da hier ab 2008 die Aufbauförderung Ost in gleicher Höhe ausläuft. Bislang bekommen die 16 Bundesländer jährlich rund 8,5 Mrd. € vom Bund. Ländervertreter sehen den Ausbau von S-Bahnen und Regionallinien gefährdet.

www.destatis.de; www.progtrans.com; www.vdv.de (Verband Dt. Verkehrsunternehmen)

Privater Straßenbau

Im Februar 2005 eröffnete Bundesverkehrsminister Manfred Stolpe (SPD) die Erweiterung und Sanierung des Autobahnnetzes über private Betreibermodelle, sog. Private Public Partnerships (PPP). Von zwölf Straßenbauprojekten mit einem Volumen von 3,5 Mrd. € und einer Gesamtlänge von 525 km sollen fünf noch 2005 auf den Markt gebracht werden: der sechsspurige Ausbau eines 40 km langen Teilstückes der A8 in Bayern (Augsburg-West–München-Allach), Teilstücke auf der A5 in Baden-Württemberg (Baden-Baden–Offenburg), auf der A4 in Thüringen (Waltershausen–Herleshausen), der A1/A4 in NRW (Düren–Köln-Nord) sowie der A1 in Niedersachsen (Buchholz–Bremer Kreuz). Das Vergabeverfahren für das erste Projekt A8 startete bereits im März 2005. Die Vorbereitungen für das Vorhaben in Thüringen laufen ebenfalls. Die Bauarbeiten für die A8 sollen 2006 beginnen.

Finanzierung: Private Unternehmen werden Bau, Betrieb und Erhaltung des jeweiligen Autobahnabschnittes übernehmen. Die Refinanzierung läuft dann überwiegend über Einnahmen aus der → Lkw-Maut. Die Differenz zwischen den für den privaten Betreiber voraussichtlich nicht kostendeckenden Mauteinnahmen und den tatsächlichen Kosten trägt der Staat als Anschubfinanzierung, die bis zur Hälfte der üblichen Baukosten betragen kann. Insgesamt will der Bund bei PPP-Projekten bis zu 20 % der Kosten sparen.

Erste Versuche: Die bislang privat finanzierten Bauprojekte im Straßenbau wie Tunnel oder Brücken, die über Nutzungsgebühren refinanziert wurden, waren nicht sehr erfolgreich. Als erstes Projekt wurde 2003 der Warnowtunnel in Rostock fertig gestellt. Statt der vom Investor geplanten täglichen 30 000 Nutzer, durchqueren den Tunnel jedoch nur 8 500; erst ab 13 000 wären die Kosten gedeckt. Das zweite Projekt, der Herrentunnel in Lübeck, soll im September 2005 freigegeben werden.

Rußfilter

Förderung: Anfang Februar 2005 beschloss die Bundesregierung, rußarme Diesel-Pkw ab 1. 1. 2006 mit 350 € (Filter ab Werk) bzw. 250 € (nachgerüstet) steuerlich zu fördern. Ab 2008/09 sollen alle dt. Dieselmodelle mit einem R. ausgerüstet werden. Angesichts der geplanten steuerlichen Förderung zeichnete sich zu Beginn 2005 ab, den Einbau von R. in Dieselmodelle wegen der hohen Feinstaubwerte in vielen dt. Städten zu beschleunigen. Einzelne Autobauer wollten die Möglichkeit schaffen, alte Modelle nachzurüsten.

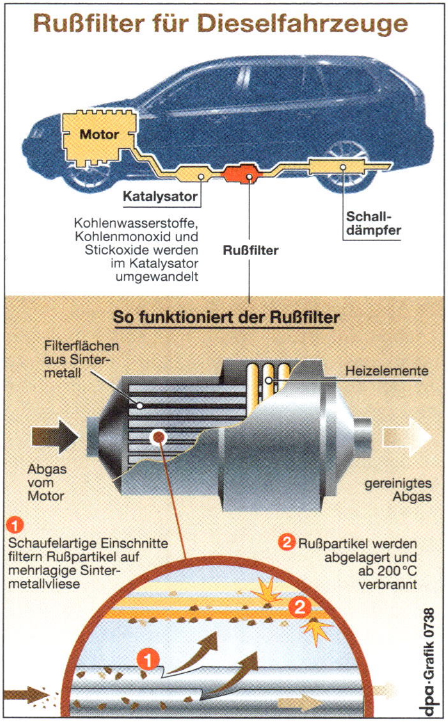

Rheinland-Pfalz: Im Mai 2005 brachte das Bundesland einen Gesetzentwurf zur steuerlichen Förderung des R. in den Bundesrat ein, wonach die Kfz-Steuer für nachgerüstete Altfahrzeuge sinken und für nicht nachgerüstete Diesel-Pkw steigen soll. Für Neuwagen soll die Belastung gleich bleiben, wenn ihre Motoren den Partikelgrenzwert von 5 mg/km einhalten. Die Kfz-Steuer für Diesel-Pkw, die vor dem 1. 1. 2006 erstmals zugelassen wurden und die so nachgerüstet wurden, dass die Partikelemissionen um mind. 30 % sinken, soll um 6 € je 100 cm^3 Hubraum gesenkt werden (Förderzeitraum bis 2009). Für Diesel-Pkw, die den Grenzwert von 5 mg überschreiten und deren Rußausstoß nicht durch eine Nachrüstung um mind. 30 % gesenkt wurde, soll die Steuer 2007 um 1,50 € und ab 2008 um weitere 1,50 € je 100 cm^3 steigen.

Wertverlust: Diesel-Pkw ohne R. verloren 2005 dramatisch an Wert. Fabrikneue Fahrzeuge ohne Filter büßten im Frühjahr 2005 zwischen 800 € und 1000 € an Wert ein. Nach Angaben des Zentralverbandes des Dt. Kraftfahrzeuggewerbes (ZdK, Bonn) standen im April 2005 über 100 000 Diesel-Pkw ohne R. bei dt. Händlern auf Lager.

Rußplakette: Das dt. Bundesumweltministerium plante im April 2005, Benzinfahrzeuge und rußarme Dieselfahrzeuge spätestens ab Herbst 2005 mit farbigen Leuchtplaketten auszustatten, um feinstaubbelastete Straßen oder Umweltzonen befahren zu dürfen. Die Plaketten sollen durch die Zulassungsstellen ausgegeben werden.

Rußfilterliste: Der Verkehrsclub Deutschland (VCD, Berlin) stellte im April 2005 eine Liste ins Internet, die über Dieselfahrzeuge mit R. informiert. Aufgeführt sind mehr als 40 Modelle mit rund 100 Varianten, die als Neufahrzeuge mit einem entsprechenden Filter ausgestattet werden.

BMW: Der Automobilhersteller plante, ab 2006 seine Dieselfahrzeuge serienmäßig mit R. auszustatten. Der R. wird bei BMW bereits seit März 2004 in der 3er-, der 5er- und 7er-Reihe eingesetzt. 2005 soll die 1er-Reihe und der X3 folgen; 2006 dann auch der X5.

Ford: Alle Dieselfahrzeuge sollten ab 2008/09 mit R. ausgerüstet sein. 2004/05 gab es nur für die 1,6-l- und 2,0-l-Modelle in Focus und C-Max entsprechende Filter im Angebot.

Mazda: Ab Sommer 2005 bietet Mazda auf dem dt. Markt sämtliche Pkw-Dieselmodelle (ausgenommen Mazda 2 Diesel) serienmäßig mit Dieselpartikelfilter an.

Mercedes-Benz: 2004/05 waren rund 20 Modelle mit Partikelfilter erhältlich. Über 80 % der dt. Dieselneuwagenkäufer entschieden sich bei Mercedes für einen Partikelfilter. Eine Nachrüstung war nicht vorgesehen. Ab Sommer 2005 sollen alle Dieselfahrzeuge in Deutschland, den Niederlanden, Österreich und der Schweiz serienmäßig mit R. ausgestattet werden.

Opel: Bei den meisten Modellreihen (Vectra, Astra, Zafira) bot der Hersteller auch Motoren mit Dieselfiltern an, teils serienmäßig, teils als Option.

Volkswagen: Der VW-Konzern kündigte in der ersten Jahreshälfte 2005 an, im Laufe des Jahres alle Modelle aller Marken mit einem R. auszurüsten bzw. die Möglichkeit einer Nachrüstung ab Herbst mit Aufpreis anzubieten.

www.vcd.org (Verkehrsclub Deutschland)

Seeschifffahrt

Der 2003 begonnene Aufschwung in der S. setzte sich 2004 nach Angaben des Verbandes Dt. Reeder (VDR, Hamburg) fort. Vor allem die Containerverkehre profitierten davon. In nahezu allen Fahrtgebieten verbesserten sich das Transportvolumen der Linienschifffahrt sowie das Niveau der Frachtraten. Grund war v. a. die starke Nachfrage aus Ostasien, insbesondere aus China. Die

Seeschifffahrt: Werftbeschäftigte in Bundesländern

Bundesland	Beschäftigte 12/2004	Veränderung zu 12/2003 (%)	Anteil (%)
Niedersachsen	6 149	-0,6	26,8
Mecklenburg-Vorpommern	5 781	-0,2	25,2
Schleswig-Holstein	5 386	-2,1	23,4
Hamburg	2 573	-9,2	11,2
Bremen	1 355	-13,7	5,9
sonstige Bundesländer	1 738	- 9,6	7,6
gesamt	22 982	-3,5	100

Quelle: Statistisches Bundesamt (Wiesbaden), Landesämter, www.destatis.de

Seeschifffahrt: führende Handelsflotten

Land	Anteil (%)[1]	BRZ[2] (Mio.)
Griechenland	14,6	90,4
Japan	13,1	80,6
Deutschland	7,0	40,9
USA	6,0	36,9
China	5,9	36,2
Norwegen	5,3	32,4
Hongkong	4,3	26,2
Süd-Korea	2,9	18,0
Taiwan	2,5	15,6
Großbritannien	2,4	14,6

1) Anteil an der Welthandelsflotte 2) BRZ = Bruttoraumzahl, internationale Schiffsbemessungsgröße, Stand: 1. 1. 2005; Quelle: Verband Dt. Reeder (Hamburg), www.reederverband.de, Lloyds Register, World Fleet Statistics

Transportleistung nach Bruttoeinnahmen stieg in der dt. S. um 25,2 % auf 12,5 Mrd. €.

Handelsflotte: Dt. Reeder investierten 2004 insgesamt 4,8 Mrd. € in neue Schiffe. Sie gaben 302 Schiffe mit 7,4 Mio. BRZ (Bruttoraumzahl, internationale Schiffsbemessungsgröße) in Auftrag, überwiegend an asiatische Werften. Bereits 2004 waren 160 neue Schiffe (mit 4,3 Mio. BRZ) an die ca. 390 dt. Reeder ausgeliefert worden. Der Bestand der Handelsflotte nahm 2004 damit um 7,4 % auf 2 575 Schiffe mit einer um 20,3 % erhöhten Tonnage (40,9 Mio. BRZ) zu. 508 Schiffe (2003: 482) fuhren unter dt. Flagge. Für 2005 schätzt der VDR, dass mehr neue Schiffe nachgefragt als angeboten werden.

Schiffbau: Der Handelsschiffbau als bedeutendster Produktionszweig profitierte von der hohen Nachfrage 2004. Nach Angaben des Verbandes für Schiffbau und Meerestechnik (VSM, Hamburg) akquirierten die 15 Seeschifffahrtswerften Aufträge für 86 neue Handelsschiffe (Wert: 4,1 Mrd. €), die die Betriebe bis 2006 auslasten und die Beschäftigung stabil halten. Die Produktion lag mit 61 Neubauten (2,3 Mrd. €) leicht unter der von 2003. Zwei Drittel davon entfielen auf Exporte, 62 % waren Containerschiffe. Vorteilhaft wirkten die kurzen Ablieferungstermine dt. Werften sowie die Abwehrhilfen durch Bund und Länder als Schutz gegen koreanische Wettbewerber. Im Marineschiffbau blieben 2004 die Neubauaufträge aus. Wettbewerbsfördernd wirkte hier die Fusion der ThyssenKrupp-Werften mit der HDW-Gruppe. Insgesamt erhöhten sich die Umsätze der rund 120 dt. Schiffbaubetriebe um 5,1 % auf 4,5 Mrd. €.

www.reederverband.de (Verband Dt. Reeder);
www.vsm.de (Verband für Schiffbau und Meerestechnik)

S-Führerschein

Mit dem Führerschein der Klasse S dürfen seit dem 1. 2. 2005 Jugendliche ab 16 Jahren dreirädrige Krafträder (Trikes) und vierrädrige Kfz wie Quads (offene Kfz) und Leichtmobile fahren. Dabei gelten folgende Einschränkungen: Fahrzeuge mit Benzinmotor dürfen nicht schneller als 45 km/h sein und der Hubraum ist auf 50 m³ begrenzt. Bei Diesel- und Elektrofahrzeugen ist eine Leistungsgrenze von rund 5,5 PS vorgeschrieben. Außerdem dürfen Leichtfahrzeuge ein Leergewicht von 350 kg nicht überschreiten. Um die Fahrerlaubnis zu erhalten, benötigt man 14 Doppelstunde theoretischen Unterricht und muss eine theoretische Prüfung und eine halbstündige Fahrprüfung bestehen. In den ersten Monaten war die Resonanz sehr gering, da die Kosten sehr hoch sind: 700–900 € für den Führerschein und bis zu 10 000 € für ein neues Miniauto.

Kritik: ADAC, TÜV und Fahrlehrer warnten vor Unfallrisiken beim Fahren von Quads, Trikes sowie Miniautos und forderten eine Helmpflicht für das Fahren eines Quads. Der ADAC bemängelte v. a. die Leichtbauweise der Miniautos. ADAC-Crash-Tests hatten verheerende Folgen bei Unfällen mit Kleinstwagen bewiesen. Nach einer Umfrage des Meinungsforschungsinstituts Forsa lehnten 74 % der Bundesbürger den S-F. ab. Politiker betonten, dass der S-F. nur auf Druck der Europ. Kommission eingeführt worden sei.

S-Führerschein: 100 Jahre Führerschein

In Aschaffenburg eröffnete 1905 die erste private Fahrschule, die erste Fahrprüfung wurde noch im selben Jahr abgelegt, allerdings im preußischen Bezirk Hannover. Fünf Jahre später wurden dann Führerscheinklassen eingeführt sowie Ausbildungsdauer und das Mindestalter auf 18 Jahre festgelegt. Um eine Fahrerlaubnis zu beantragen, musste man Geburtsurkunde, Gesundheitszeugnis und ein Foto mitbringen.

Führerschein mit 17: Der nach wie vor vom Bundesverkehrsministerium wegen ungeklärter Haftungsfragen blockierte Führerschein mit 17 erfreute sich 2004 und 2005 im Modellland Niedersachsen großer Beliebtheit. In den ersten sechs Monaten seit der Einführung am 19. 4. 2004 hatten sich 4 000 Jugendliche, das waren 30 % aller Führerscheinanwärter, für den Modellversuch entschieden.

Tankstellen

Nach Angaben des Mineralölwirtschaftsverbandes (MWV, Hamburg) sorgte der scharfe Wettbewerb an den T. 2004 lediglich für ein schwaches positives Ergebnis in der Branche. Aufgrund hoher Rohölpreise und der anhaltend hohen Steuerlast erreichten die Durchschnittspreise für Superbenzin (114 Cent/l) und Dieselkraftstoff (94,2 Cent/l) 2004 Rekordhöhen. Im ersten Quartal 2005 verschärfte sich der Wettbewerb aufgrund steigender Beschaffungskosten noch einmal, sodass viele T. Verluste einfuhren. Die Zahl der T. verringerte sich 2004 laut des Bundesverbandes Tankstellen und Gewerbliche Autowäsche (BTG, Minden) trotzdem nur moderat um 342 auf 15 428.

Kraftstoffe: Der Benzinabsatz ging laut MWV 2004 das sechste Jahr in Folge zurück, diesmal überdurchschnittlich um rund 3 % auf 25 Mio. t (Tiefstand seit 23 Jahren). Gründe waren sparsamere Motoren der Neufahrzeuge sowie eine Verlagerung der Pkw mit Ottomotor zu Dieselfahrzeugen. Hinzu kamen Absatzverluste von 1,8 Mio. t (rund 2,5 Mrd. l) durch den Tanktourismus ins benachbarte Ausland, wo die Mineralölsteuersätze z. T. deutlich niedriger waren als in Deutschland. Der Absatz von Dieselkraftstoff nahm dagegen um 4 % auf 29 Mio. t zu. Ursache war eine höhere Zahl an Werktagen 2004, die leichte Konjunkturbelebung sowie der wachsende Bestand an Diesel-Pkw. Beim Dieselkraftstoff gab es Absatzverlagerungen ins benachbarte Ausland von 1,2 Mio. t. (1,5 Mrd. l). Für 2005 rechnet der MWV mit einem weiteren Rückgang des Benzinabsatzes von 3 % sowie mit einem leichten konjunkturbedingten Zuwachs von Dieselkraftstoff (+1 %).

Tankstellen: Mineralölbesteuerung 2005

Nachbarstaat	Unterschied zu Deutschland Super (%)	Diesel (%)
Tschechien	-26,3	-14,1
Polen	-25,1	-17,9
Österreich	-23,0	-16,0
Luxemburg	-21,2	-20,5
Schweiz	-15,7	+5,2
Dänemark	-11,3	-10,4
Belgien	-9,0	-13,8
Frankreich	-6,5	-5,4
Niederlande	+10,4	-9,0

Stand Januar 2005
Quelle: Mineralölwirtschaftsverband (MWV, Hamburg)

Umsatz: Nach Angaben des BTG ging der Gesamtumsatz pro T. im Westen um 1,68 % zurück und der Gewinn um 4,47 % (durchschnittlicher Gewinn/T.: 35 443 €). Im Osten verringerte sich der Gesamtumsatz um 5,4 % und der Gewinn um 12,97 % (26 404 €). Erstmalig ging auch der Shopumsatz, der 50,4 % des Bruttoverdienstes ausmachte (2004), leicht zurück. Ursache war die Tabaksteuererhöhung, aber auch eine allgemeine Kaufzurückhaltung aufgrund der hohen Kraftstoffpreise.

www.mwv.de (Mineralölwirtschaftsverband); **www.btg-minden.de** (Bundesverband Tankstellen und Gewerbliche Autowäsche); **www.eid.de** (Energie-Informationsdienst)

Verkehr

Der Bestand an Pkw nahm 2004 laut Kraftfahrtbundesamt (Flensburg) um 0,8 % auf 45,4 Mio. Fahrzeuge zu. Inkl. Lastwagen, Motorrädern, Anhängern und allen anderen Fahrzeugen waren es über 60 Mio. Der Bestand an Bussen und Lkw ging leicht zurück. Die Zahl der Pkw-Neuzulassungen blieb mit rund 3,27 Mio. Autos (+1 %) weit hinter den Erwartungen der Automobilindustrie zurück. Erreicht wurde das magere Plus durch teuer erkaufte Rabatte bis zu 15 % am Ende des Jahres sowie einen Rekordwert bei neuen Firmenwagen. 52,7 % der Neuzulassungen entfielen laut dem Prognose-Institut B & D Forecast auf gewerbliche Anmeldungen. Die Nachfrage der Firmenkunden legte daher 2004 um 4,2 % zu, die der privaten Käufer ging um 2,7 % auf 1,55 Mio. zurück. Für 2005 erwarten Experten einen leicht gestiegenen Absatz, rechnen aber erst 2006 mit einem Zuwachs auf 3,4 Mio. Neuwagen (langjähriger Mittelwert: 3,5 Mio. Neufahrzeuge).

Verkehrsleistung: Für 2005 erwartet die ProgTrans AG (Basel) angesichts der Annahme einer weiteren konjunkturellen Erholung eine Zunahme der Verkehrsleistung im Personenverkehr (ohne Luftfahrt) um 0,5 % auf 971,1 Mrd. Personenkilometer (Pkm), was weitgehend dem motorisierten Individualverkehr zuzuschreiben ist (+0,5 % auf 822,1 Mrd. Pkm). Der Öffentliche V. erreicht ein Plus von 0,8 % auf 149 Mrd. Pkm. Im bodengebundenen Güterverkehr rechnet ProgTrans 2005 dank weiterer wirtschaftlicher Impulse mit einem schwächeren Anstieg von 2,9 % auf 560,1 Mrd. Tonnenkilometer (tkm) als 2004 (+5,3 % auf 544,8 Mrd. tkm).

Investitionen: Um Infrastrukturprojekte schneller umzusetzen, legt das Bundesverkehrsministerium für 2005–08 ein zusätzliches Investitionsprogramm von 2 Mrd. € auf (Straßenbau: 900 Mio. €; Schiene: 750 Mio. €; Wasserstraßen: 350 Mio. €). Wegen gekürzter Bundeszuschüsse (von 4,5 Mrd. € jährlich auf 3–3,5 Mrd. €) und selbst auferlegtem Sparkurs verschiebt die Dt. Bahn (DB) 141 Netz-Sanierungsprojekte. Ab 2008 soll sich der Bundeszuschuss um weitere 1 Mrd. € verringern. Der Bund kritisiert, dass die DB Mittel nicht abrufe und durch den Aufschub EU-Fördergelder von rund 600 Mio. € verfielen.

www.progtrans.com; www.kba.de (Kraftfahrtbundesamt)

Verkehrssicherheit

Bilanz: Die Zahl der Verkehrstoten bei Verkehrsunfällen auf dt. Straßen sank 2004 laut Statistischem Bundesamt (Wiesbaden) mit 5 844 erstmals unter die 6000er-Grenze. Der hohe Rückgang von 11,6 % gegenüber dem Vorjahr war v. a. eine Folge des kalten und nassen Sommers, der weniger zu Ausflügen animierte als der Jahrhundertsommer 2003. Auch die Zahl der Verletzten nahm 2004 um 4,9 % auf 439 500 ab. Nahezu konstant blieb die Zahl der Straßenverkehrsunfälle: 2,25 Mio. (–0,2 % gegenüber 2003), darunter 338 800 mit Personenschaden (–4,4 %) und 120 000 schwer wiegende Unfälle mit Sachschaden (–3,8 %).

Länder: Gemessen an den Einwohnerzahlen lag der Bundesdurchschnitt bei 71 Getöteten je 1 Mio. Einwohner. Die Stadtstaaten Bremen (11), Berlin (21) und Hamburg (27) lagen weit unter dem Durchschnitt. Die Werte in den ostdt. Ländern Mecklenburg-Vorpommern (119), Brandenburg (109) und Sachsen-Anhalt (103) lagen weit darüber.

Tempolimit: Drei Viertel der aktiven Professoren des Straßenwesens an dt. Universitäten und Fachhochschulen forderten in der ersten Jahreshälfte 2005 ein Tempolimit von 130 bis 140 km/h auf dt. Autobahnen, um die Sicherheit zu erhöhen. Nur 30 % der 12 000 km Autobahnnetz sind 2005 dauerhaft und verkehrsabhängig tempobegrenzt. Bei insgesamt 21 542 Autobahnunfällen starben im Jahr 2004 695 Menschen. Das war jeder achte Verkehrstote.

Neuerungen: 2005 treten zahlreiche Neuerungen sowohl in der Straßenverkehrsordnung (StVO) als auch im Bußgeldkatalog in Kraft: Tempo 80 km/h für Kleintransporter über 3,5 t; Sommerreifen im Winter werden mit 20 €, bei Behinderung mit 40 € geahndet; Halteverbot auf Schutzstreifen für Radfahrer; Helmpflicht für Quads und Strikes; Inlineskater werden von den Bestimmungen der StVO erfasst; Einträge in der Flensburger Verkehrssünderkartei werden ab dem 1. März schwerer zu löschen sein – für 2004 vermeldete Flensburg einen Höchststand an neuen Eintragungen von 5,05 Mio. (+7,7 %); mind. ein Monat Fahrverbot und mind. 100 € Bußgeld für Drängler; 200 € bei Verstoß gegen Lkw-Sonntagsfahrverbot.

www.destatis.de

Verkehrssicherheit in Deutschland

Jahr	Verkehrstote	Verletzte
2004	5 844	439 500
2003	6 618	462 052
2002	6 842	476 413
2001	6 962	495 000
2000	7 503	503 959
1995	9 454	512 141
1989	9 779	490 434
1983	13 553	530 030
1977	17 397	558 293
1971	20 794	563 989
1965	17 483	486 977
1959	15 654	463 599
1953	12 631	332 388

Quelle: Statistisches Bundesamt (Wiesbaden), www.destatis.de

Bevölkerung

Weltbevölkerung

Bilanz: Rund 6,4 Mrd. Menschen lebten 2004 auf der Erde. Nach UN-Schätzungen wird die W. bis 2050 auf über 9 Mrd. Menschen anwachsen. Während sie in den industrialisierten Ländern bei rund 1,2 Mrd. Menschen stagnieren wird, stehen die 50 weltweit ärmsten Länder vor einer Verdreifachung ihrer Bevölkerung auf rund 1,7 Mrd. Menschen. Insgesamt wird die Bevölkerung in allen Entwicklungsländern von heute 5,3 Mrd. auf 7,8 Mrd. Menschen ansteigen. Und dies, obwohl Aids in 60 Ländern das Wachstum der Bevölkerung bremst (→ Entwicklung, HIV) und obwohl die durchschnittliche Kinderzahl pro Frau von heute 2,6 auf knapp 2,1 sinken wird. Der Anteil der 60 Jahre und älteren Menschen an der W. wird sich von 672 Mio. auf 1,9 Mrd. im Jahr 2050 verdreifachen. In den industrialisierten Ländern werden sie 2050 etwa 32% (2004: 20%) der Gesamtbevölkerung stellen.

Regionale Verteilung: Die Dt. Stiftung Weltbevölkerung (DSW, Hannover) schätzt, dass sich alleine die Bevölkerung Asiens von 3,9 Mrd. Menschen im Jahr 2004 auf 4,8 Mrd. bis 2025 und rund 5,4 Mrd. bis 2050 erhöhen wird, eine Zunahme um 38%. Vor einer Bevölkerungsexplosion steht danach Afrika, wo 2004 rund 885 Mio. Menschen lebten. 2025 werden es laut DSW schon 1,3 Mrd. sein, 2050 dann über 1,9 Mrd., ein Zuwachs um 111%. In Lateinamerika und in der Karibik lebten 2004 rund 549 Mio. Menschen. 2025, so schätzt die DSW, werden es 685 Mio. sein, 2050 dann 778 Mio., ein Wachstum von 42%. Auch Nordamerika wird nach Schätzung der DSW bis 2050 einen Anstieg seiner Bevölkerung erleben, von 326 Mio. (2004) auf 386 Mio. (2025) und 457 Mio. im Jahr 2050, das entspricht einem Plus von 40%. Einzig Europa wird bis 2050 einen Rückgang seiner Bevölkerung um 8 % zu verzeichnen haben.

Megastädte: Das Wachstum der Entwicklungsländer war schon in der Vergangenheit am deutlichsten an der enormen Zunahme der Stadtbevölkerung und an der gigantischen Entwicklung

Weltbevölkerung: Megastädte

Ballungsraum[1]	Land	Einwohner (Mio.)[2] 2005	2015
Tokio	Japan	26,8	27,2
Mexiko City	Mexiko	18,9	20,4
Bombay (Mumbai)	Indien	18,3	22,6
São Paulo	Brasilien	17,8	19,0
New York	USA	17,1	17,9
Dhaka	Bangladesh	15,9	22,8
Kalkutta	Indien	14,3	16,7
Los Angeles	USA	13,8	14,5
Jakarta	Indonesien	13,2	17,3
Schanghai	China	12,7	13,6
Buenos Aires	Argentinien	12,4	13,2
Karatschi	Pakistan	11,8	16,2
Lagos	Nigeria	11,1	16,0
Peking	China	10,8	11,7
Kairo	Ägypten	10,1	11,5

1) Ballungsräume mit 10 Mio. und mehr Einwohnern;
2) Prognosen aus dem Jahr 2001; Quelle: International Geographic Union/UN; www.megacities.uni-koeln.de

der sog. Megastädte, der großen städtischen Ballungsräume, abzulesen. Hatte es weltweit um 1900 erst zwölf Millionenstädte gegeben, vier davon in Europa, so waren es 2005 bereits mehr als 230, davon 30 in Europa. Gänzlich außerhalb Europas spielt sich die Entwicklung der Megastädte ab, das sind städtische Agglomerationen mit mind. 10 Mio. Menschen. 1950 zählte weltweit als einziges Beispiel New York mit 12 Mio. Menschen zu diesen Städten. 2005 gab es nach Angaben der International Geographic Union 15 solcher Mega-Städte. Während der Großraum New York im Zeitraum 1950–2005 ein Wachstum von 39% auf rund 17,1 Mio. Menschen verzeichnete, nahm die Bevölkerung im Großraum Dhaka in Bangladesh im gleichen Zeitraum von 400 000 auf 16 Mio. Menschen um das 40-Fache zu, im Großraum Lagos in Nigeria erhöhte sie sich um das 37-Fache von 300 000 auf mehr als 11 Mio.; in Karatschi in Pakistan stieg sie um das Zwölffache von 1 Mio. auf rund 12 Mio. Menschen. Folgende Städte werden nach Schätzungen der UN bis 2015 Spitzenreiter im Wachstum sein: Dhaka mit einem Zuwachs von rund 43% auf 22,8 Mio. Menschen vor Karatschi mit einem Plus von 37% auf 16,2 Mio. Menschen und Jakarta in Indonesien mit plus 31% auf 17,3 Mio. Menschen.

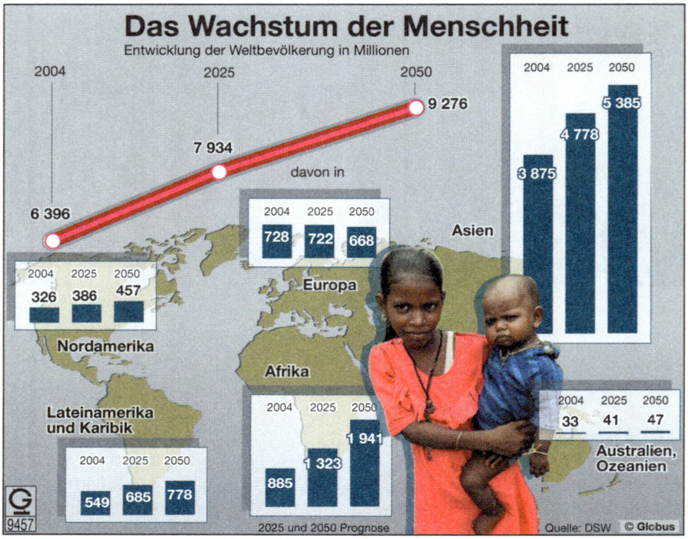

www.dsw-online.de (Dt. Stiftung Weltbevölkerung); **www.unfpa.org** (Vereinte Nationen)

Europa

Bevölkerungsentwicklung: In der seit 1.5. 2004 auf 25 Mitgliedsländer erweiterten EU lebten nach Angaben des Europ. Amtes für Statistik (Eurostat, Luxemburg) am 1.1. 2004 insgesamt 456,86 Mio. Menschen, 1% mehr als am 1.1. 1993. Davon entfielen 382,7 Mio. oder 83,8% auf die 15 bisherigen EU-Länder Belgien, Dänemark, Deutschland, Finnland, Frankreich, Griechenland, Großbritannien, Irland, Italien, Luxemburg, Niederlande, Österreich, Portugal, Schweden und Spanien. 74,2 Mio. oder 16,2% entfielen auf die zehn neuen EU-Länder Estland, Griechisch-Zypern, Lettland, Litauen, Malta, Polen, Slowakische Republik, Slowenien, Tschechische Republik und Ungarn. In Bulgarien lebten 7,8 Mio. Menschen, in Rumänien 21,7 Mio. und in Kroatien (2003) 4,4 Mio. Die Schweiz zählte 7,4 Mio. Einwohner, Norwegen 4,6 Mio., Liechtenstein 34 300 und Island 290 600. Während die 15 bisherigen EU-Länder zwischen 1993 und 2004 einen Einwohnerzuwachs von 3,7% verzeichneten, nahm die Bevölkerung der zehn neuen EU-Länder in dieser Zeit um 1,3% ab. Spitzenreiter beim Zuwachs der alten EU-Länder waren Irland (+12,9%), Luxemburg (+12,5%) und Spanien (+8,2%). Dagegen nahm die Bevölkerung in Österreich (+2,0%), Italien und Deutschland (beide +1,9%) am geringsten zu. Unter den zehn neuen EU-Ländern verzeichneten Estland (-10,6%) und Lettland (-10,4%) die höchsten Verluste, während Griechisch-Zypern (+17,7%) und Malta (+11,1%) sogar kräftige Steigerungen verzeichnen konnten. Bulgarien (-8,1%), Rumänien (-4,8%) und Kroatien (-7,1%) verbuchten ebenfalls Rückgänge, die Schweiz (+6,5%), Norwegen (+6,5%), Liechtenstein (+14,7%) und Island (+11,5%) dagegen Zuwächse.

Natürliches Wachstum: Nur wenige EU-Länder stützen ihre Bevölkerungszunahme seit 1992 auf einen Geburtenüberschuss. 2003 verzeichneten laut Eurostat Irland (+6,0, d.h. auf 1000 Sterbefälle kamen im Durchschnitt dieser zwölf Jahre jährlich 1006 Geburten), Griechisch-Zypern (+5,9), Malta (+4,4), die Niederlande und Luxemburg (beide +3,8) sowie Frankreich (+3,6) ein deutliches natürliches Bevölkerungswachstum, während Lettland (-5,4), Estland (-4,2) und Ungarn (-3,6) deutliche Sterbeüberschüsse aufwiesen. In Deutschland gab es einen Sterbefallüberschuss von 1,1. Im gleichen Zeitraum verzeichneten Bulgarien (-5,0) und Rumänien (-1,5) Sterbeüberschüsse, die Schweiz (+2,4), Norwegen (+3,3), Liechtenstein (+6,1) und Island (+8,3) Geburtenüberschüsse.

Wachstum durch Zuwanderung: In den meisten EU-Ländern stützte sich das Bevölkerungswachstum seit 1992 auf einen deutlichen Überschuss der Außenzuwanderungen über die Außenabwanderungen je 1000 Einwohner. Deutlich positive Salden wiesen laut Eurostat im jährlichen Durchschnitt bis 2003 Griechisch-Zypern (+10,1), Luxemburg (+8,5), Spanien (+6,0), Griechenland (+5,5) und Malta (+4,5) auf, während Estland (-7,6), Lettland (-5,5) und Litauen (-5,0) zu den wenigen EU-Staaten mit deutlich negativen Salden zählten. Deutschland profitierte bis 2003 von einem positiven Wanderungssaldo von 3,5 mehr Zu- als Abwanderungen pro 1000 Einwohner und lag damit im EU-Vergleich im oberen Mittelfeld. Bulgarien (-0,8) und Rumänien (-0,5) verzeichneten ebenfalls Wanderungsverluste, die Schweiz (+3,7), Norwegen (+2,5), Liechtenstein (+6,8) und Island (+0,4) dagegen Wanderungsgewinne.

Junge und Alte: Der Anteil der unter 15-Jährigen an der Bevölkerung in den 25 EU-Ländern verringerte sich 2004 gegenüber 1993 von 18,6% auf 16,4%. Am höchsten lag er 2004 mit 20,9% noch in Irland und mit 20,0% in Griechisch-Zypern, am niedrigsten in Italien (14,2%) und Spanien (14,5%). In Deutschland erreichte er 14,7%. Andere europ. Staaten wiesen folgende Anteile auf: Bulgarien 14,2%, Rumänien 16,4%, Kroatien (2003) 16,6%, die Schweiz 16,5%, Norwegen 19,9%, Liechtenstein 18,0% und Island 22,6%. Den rasanten Alterungsprozess der europ. Gesellschaften macht die Entwicklung in einzelnen Ländern deutlich: Nur Dänemark (+1,9%), Luxemburg (+0,9%) und Norwegen (+0,7%) verzeichneten am 1. 1. 2004 gegenüber dem 1. 1. 1993 überhaupt noch einen relativen Zuwachs der Altersgruppe der unter 15-Jährigen. Polen (-6,9%), die Slowakische Republik (-6,5%), Lettland (-6,0%), Rumänien (-5,7%), Griechisch-Zypern (-5,4%), Slowenien und Estland (beide -5,0%), aber auch Irland (-4,9%), Bulgarien (-4,8%), Tschechische Republik (-4,8%) und Litauen (-4,7%) wiesen stark rückläufige Tendenzen auf. In Deutschland betrug der Rückgang 1,7%.

Im Gegensatz dazu war die Bevölkerungsgruppe der Menschen ab 65 Jahren in den 25 EU-

Bevölkerungsentwicklung in Europa

Staat	Einwohner Anfang 2004 (Mio.)	Veränderung zu 1993 (%)
Deutschland	82,5	+1,9
Frankreich	59,9	+4,4
Großbritannien	59,7	+2,8
Italien	57,9	+1,9
Spanien	42,3	+8,2
Polen	38,2	- 0,5
Rumänien	21,7	- 4,8
Niederlande	16,3	+7,2
Griechenland	11,0	+5,7
Portugal	10,5	+5,0
Belgien	10,4	+3,0
Tschechien	10,2	- 1,0
Ungarn	10,1	- 2,9
Schweden	8,9	+3,3
Österreich	8,1	+2,0
Bulgarien	7,8	- 8,1
Dänemark	5,4	+4,2
Schweiz	7,4	+6,5
Slowakei	5,4	+1,3
Finnland	5,2	+3,2
Norwegen[1)]	4,6	+6,5
Kroatien	4,4	- 7,1
Irland	4,0	+12,9
Litauen	3,5	- 6,5
Lettland	2,3	- 10,4
Estland	1,4	- 10,6
Griechisch-Zypern	0,7	+17,7
Luxemburg	0,4	+11,1
Malta	0,4	+11,5

1) 2003; Quelle: Europ. Amt für Statistik (Luxemburg), www.europa.eu.int/comm/eurostat

Staaten 2004 mit einem Anteil von 16,5% größer als im Jahr 1993 (14,5%). Am höchsten war der Anteil der Senioren 2004 in Italien (19,2%), gefolgt von Deutschland (18,0%) und Griechenland (17,5%), am niedrigsten in Irland (11,1%), der Slowakischen Republik (11,6%) und Griechisch-Zypern (11,9%). Andere europ. Länder wiesen folgende Anteile auf: Bulgarien 14,2%, Rumänien 12,2%, Kroatien (2003) 13,8%, die Schweiz 11,4%, Norwegen 10,2%, Liechtenstein 8,1% und Island 15,0%. Nur Norwegen (-2,1%), Dänemark (-0,6%), Schweden (-0,5%) und Irland (-0,4%) verzeichneten 2004 gegenüber 1993 noch einen relativen Rückgang der Anteile der Senioren an der Gesamtbevölkerung. In Slowenien (+3,7%), Lettland (+3,5%), Litauen und Italien (beide +3,4%) fielen die Zuwächse am stärksten aus. Deutschland verbuchte einen Zuwachs um 3,0%.

Bildung: Ausgesprochen stark variierten in den einzelnen EU-Ländern nach Angaben von Eurostat die Anteile der jungen Menschen zwischen 18 und 24 Jahren, die am 1. 1. 2004 entweder keinen Schulabschluss der Sekundarstufe I aufwiesen oder zwar über einen solchen verfügten, sich jedoch nicht in einer beruflichen Aus- oder Weiterbildung befanden oder diese abgebrochen hatten. Der durchschnittliche Anteil dieser Gruppe an allen jungen Erwachsenen lag in den 25 EU-Ländern bei 15,9%. Sehr hohe Anteile solcher Schulabbrecher und ungelernten jungen Erwachsenen wiesen Malta (45,0%), Portugal (39,4%), Spanien (30,4%) und Italien (23,5%) auf, während diese Gruppe in Polen (5,7%), der Tschechischen Republik (6,1%), der Slowakischen Republik (7,1%), Dänemark (8,1%), Schweden (8,6%) und Finnland (8,7%) kaum vertreten war. In Deutschland lag ihr Anteil bei 12,8%. Bulgarien (21,4%), Rumänien (23,6%) und Island (26,3%) wiesen ebenfalls hohe Anteile auf, Norwegen (4,5%) dagegen einen extrem niedrigen.

Erwerbstätigkeit: Der Anteil der Erwerbstätigen an der Gesamtbevölkerung war laut Eurostat am 1. 1. 2004 in den einzelnen Staaten der Europ. Union sehr unterschiedlich ausgeprägt. Am größten war er in Luxemburg (66,4%), Dänemark (51,9%), Österreich (51,9%) und den Niederlanden (50,3%) am niedrigsten in Griechenland (37,3%), Malta (37,3%) und Polen (34,3%). Deutschland erreichte einen Mittelwert von 46,5%. Andere europ. Länder verzeichneten folgende Quoten: Bulgarien 42,3%, Rumänien 38,2%, Norwegen 50,2% und Island 48,5%.

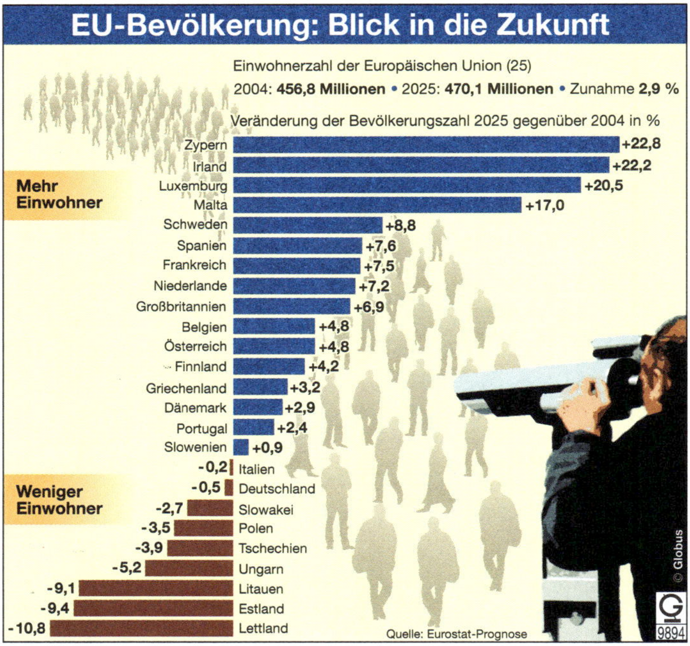

Arbeitslosigkeit: Die durchschnittliche Arbeitslosenquote lag nach Angaben von Eurostat 2004 in den 25 EU-Ländern bei 9,0%. Am höchsten war sie in Polen (18,8%) und der Slowakischen Republik (18,0%), am niedrigsten in Großbritannien (4,7%), den Niederlanden (4,6%), Österreich und Irland (beide 4,5%) sowie in Luxemburg (4,2%). In Deutschland betrug die Arbeitslosenqote nach den Erhebungsrichtlinien von Eurostat 9,5%. Für Bulgarien ergaben sich demnach 11,9%, für Rumänien 7,1% und für Norwegen 4,4%.

www.europa.int/comm/eurostat

Deutschland

Ende 2003 lebten in Deutschland nach Angaben des Statistischen Bundesamtes (SB, Wiesbaden) rund 82,5 Mio. Menschen, 5009 weniger als ein Jahr zuvor. Davon waren 42,2 Mio. weiblich. 75,2 Mio. Einwohner waren Deutsche, 7,3 Mio. hatten eine andere Staatsangehörigkeit. 4,5 Mio. Einwohner (5,5%) waren jünger als sechs Jahre, 7,6 Mio. (9,3%) waren sechs bis 14 Jahre alt und 2,9 Mio. (3,1%) gehörten der Altersgruppe von 15 bis unter 18 Jahren an. 6,7 Mio. Einwohner (8,6%) waren 18 bis 24 Jahre alt, 24,5 Mio. (29,3%) 25 bis 44 Jahre alt und 21,4 Mio. (26,0%) 45 bis 64 Jahre alt. 65 Jahre und älter waren 14,9 Mio. Einwohner (18,0%).

Bevölkerung in Deutschland: Lebensformen

Nach Angaben des Statistischen Bundesamtes (SB, Wiesbaden) stellten Lebensgemeinschaften mit Kindern im März 2004 die am weitesten verbreitete Lebensform der Bevölkerung in Deutschland dar. Insgesamt 43,2 Mio. Menschen lebten in Ehen und in nichtehelichen oder gleichgeschlechtlichen Lebenspartnerschaften sowie als allein Erziehende mit Kindern. Darunter befanden sich 22,5 Mio. Erwachsene als Eltern und 20,7 Mio. minder- oder volljährige Kinder. Paargemeinschaften ohne Kinder, also kinderlose Ehen sowie nichteheliche Lebensgemeinschaften und gleichgeschlechtliche Lebensgemeinschaften bildeten mit 23 Mio. Erwachsenen im März 2004 die mit Abstand zweithäufigste Lebensform in Deutschland. 14 Mio. Menschen lebten alleine und 1,5 Mio. in sonstigen Gemeinschaften wie z. B. in Heimen oder Justizvollzugsanstalten.

Bevölkerungsentwicklung: 1991–2003 nahm die Bevölkerung in Deutschland laut SB von 79,8 Mio. Auf 82,5 Mio. Menschen (+3,4%) zu. Lediglich in den Jahren 1998 und 2003 war sie nicht gewachsen, sondern jeweils um 20368 bzw. 5009 Einwohner gesunken. Der Anteil der Ausländer schwankte 1991–97 zwischen 7,4% und 9,0%. 2003 betrug er 8,9%. Im Vergleich zum Vorjahr verzeichneten Bayern (+36035 Einwohner) und Baden-Württemberg (+31236) die höchsten Zuwächse, Sachsen (-27622 Einwohner) und Sachsen-Anhalt (-25970) die höchsten Rückgänge.

Natürliches Wachstum: Ein natürliches Bevölkerungswachstum, also mehr Geburten als Sterbefälle pro Jahr, wies das wiedervereinigte Deutschland bisher noch nie auf. Vielmehr schwankten die Sterbefallüberschüsse zwischen 48216 (1997) und 147198 (2003). Mit nur noch 707000 lebend Geborenen und 854000 Gestorbenen erreichte die natürliche Bevölkerungsabnahme 2003 einen neuen Höhepunkt. Pro Frau werden in Deutschland heute statistisch nur noch 1,3 Kinder geboren. Um den Stand der Bevölkerung alleine durch natürliches Wachstum zu halten, wäre jedoch eine Quote von 2,1 erforderlich, ein Wert, den heute kein europ. Land erreicht. Als einziges Bundesland wies Baden-Württemberg 2003 mit +1000 einen Geburtenüberschuss auf. Die Bundesländer mit den höchsten Sterbefallüberschüssen waren 2003 Nordrhein-Westfalen (31000), Sachsen (19000) und Niedersachsen (15000).

Wachstum durch Zuwanderung: Das Wachstum der Bevölkerung in Deutschland ist seit 1991 auf teils deutlich positive Wanderungssalden gestützt, also auf mehr Zu- als Abwanderungen gegenüber dem Ausland – und zwar von Deutschen wie von Ausländern. Mit einem Plus von 782071 Personen wurde 1992 der höchste Wanderungsgewinn erzielt. 2003 lag der positive Wanderungssaldo bei +142645 (Ausländer +102696, Deutsche +39949).

Ausländer: Von den rund 6,7 Mio. Ende 2004 im Ausländerzentralregister verzeichneten Personen stammten knapp 1,8 Mio. aus der Türkei, gefolgt von Italien (548000), dem ehemaligen Jugoslawien (507000), Griechenland (316000), Polen (292000), Kroatien (229000), Österreich (174000) und Bosnien und Herzegowina (156000). Im Durchschnitt waren knapp 21% der Ausländer in Deutschland geboren. Über 40% lebten bereits seit zehn und mehr Jahren in Deutschland, 20% sogar länger als 30 Jahre. 22% hielten sich seit vier bis neun Jahren im Land auf, 13% seit einem bis drei Jahren. Die Zahl der Einbürgerungen von Ausländern zeigte auch 2003 eine rückläufige Tendenz. Waren es bei Inkrafttreten des neuen Staatsangehörigkeitsrechts im Jahr 2000 noch 186700 Fälle, so nahmen die Zahlen kontinuierlich ab (2001: 178100; 2002: 154500) und erreichten 2003 den Stand von 140700.

Asylsuchende: Die Zahl der Zuzüge von Asylsuchenden nach Deutschland ist nach Angaben des SB seit Anfang der 1990er-Jahre stark

Best Agers: große Chance für die Konsumwirtschaft

Sie sind zwischen 50 und 60 Jahre alt und haben, wenn überhaupt, bereits erwachsene Kinder. Sie sind entweder beruflich etabliert oder bereits im Ruhestand, erfreuen sich meist guter Gesundheit und – verfügen über gehobene bis höhere Einkommen. Außerdem haben sie ein neues Lebensgefühl entwickelt: Sie fühlen sich jünger als sie sind, wollen an den Freuden des Lebens mehr als andere Generationen vor ihnen teilhaben. Die Rede ist von den Best Agers, den Menschen im vermeintlich besten Lebensalter, auch Golden Oldies oder Master Consumers genannt, die immer mehr ins Visier von Marktforschern und Marketing-Strategen geraten.

Vermögend und konsumfreudig Lange Zeit waren die jungen Alten für die Konsumwirtschaft uninteressant. Sie galten als wenig offen für neue Produkte und Dienstleistungen, legten ihr Geld lieber auf die hohe Kante. Die Nürnberger Gesellschaft für Konsumforschung (GfK) räumte mittels einer Umfrage mit diesem Vorurteil auf und legte den Sinneswandel der Best Agers offen. »Ich mache mir lieber ein schönes Leben, statt immer nur zu sparen« – knapp 50 % der Befragten entschieden sich für diese Aussage. Vor zehn Jahren waren es nur 27 % gewesen. Die GfK kam noch zu anderen für die Wirtschaft interessanten Ergebnissen: Die Pro-Kopf-Kaufkraft der Bundesbürger ab 50 Jahre liegt mit 21 244 € im Jahr um 10 % über der Kaufkraft der bisher von der Werbung bevorzugten jüngeren Zielgruppe. Das Geldvermögen der Best Agers liegt um ein Drittel über dem Durchschnitt der Bevölkerung. Viele Unternehmen arbeiten an der Entwicklung von speziellen Waren und Dienstleistungen für Senioren, um dieses wirtschaftliche Potenzial abschöpfen zu können – beispielsweise gibt es Seniorenhotels, die ein gesundheitsbewusstes Wellness- und Speiseprogramm haben, Buchreihen in größerer Schrift und automatische Kartenmischer und Kartenhalter. So wird u. a. schon das Auto mit Drehsitzen oder das bedienungsfreundliche Handy mit drei Tasten angeboten. Auch die Reisebranche profitiert von den Senioren, die nicht nur vergleichsweise viel Geld im Urlaub ausgeben, sondern auch noch antizyklisch reisen. Auf diese Weise können Kapazitäten besser ausgelastet werden.

Lupen als Lesehilfen in einem speziell für Ältere konzipierten Supermarkt in Bad Füssing

Dem Kunden auf der Spur Die seit Jahren schrumpfenden Umsätze im Einzelhandel erfordern die ganze Fantasie der Konsumwirtschaft bei ihren Bemühungen, verborgene Kaufkraftreserven zu mobilisieren. Sie kann sich dabei auf das moderne Marketing-Instrumentarium stützen wie z. B. die Kundenkarte. Auf diesen Karten hinterlassen Käufer ihre persönlichen Daten, sodass bis in einzelne Wohnviertel hinein lokalisiert werden kann, wer wo wohnt und dabei welche Konsumgewohnheiten hat – vom Kauf von Körperpflegemitteln über Speisen und Getränke bis hin zu Freizeit- und Reiseausgaben. Werbemethoden können auf diese Weise exakt auf die Zielgruppe der Best Agers abgestellt werden.

Anspruchsvolle Konsumenten Die gezielte Ansprache der Master Consumers erfordert allerdings auch Fingerspitzengefühl: Werbung, die Hinweise auf Gebrechlichkeit oder das fortschreitende Altern enthält, zeigt eine eher negative Wirkung. Außerdem stellen die Best Agers besondere Ansprüche an Service und Beratung sowie an den Komfort: Der neue »Markt der Generationen«, den die Lebensmittelkette »Edeka« nach einem Bericht des Manager-Magazins »Capital« neuerdings in Chemnitz betreibt, hat sich dem angepasst: Hier gibt es breite Gänge, Regale in Augenhöhe, gemütliche Sitzecken und einen überall in Reichweite angebrachten Serviceknopf. Wer ihn drückt, erhält sofort Hilfe. Seit dem Umbau, so das Magazin, sei der Umsatz dort um 35 % angestiegen.

rückläufig. Mit 438 191 Asylbewerbern war 1992 ein Höhepunkt erreicht worden. Damals waren 36,2% aller ausländischen Zuwanderer nach Deutschland Asylsuchende. 2003 verringerte sich die Zahl der Asyl-Zuzüge im Vergleich zum Vorjahr um rund 29% auf 50563 (8,4% aller Zuzüge von Ausländern). 2004 beantragten 35 607 Menschen Asyl in Deutschland.

Aussiedler: Auch die Zahl der Zuzüge von Aussiedlern nach Deutschland verringert sich seit Anfang der 1990er-Jahre kontinuierlich. 1992 hatte es mit 230565 Zuzügen, das waren 79,3% aller Zuzüge von Deutschen nach Deutschland, einen Höhepunkt gegeben. 2003 wurde mit 61725 Zuzügen (36,9% aller Zuzüge von Deutschen) ein Tiefststand erreicht. Im Vorjahr hatte es noch 78576 Zuzüge von Aussiedlern (42,7%) gegeben.

Junge und Alte: Ende 2003 gab es in Deutschland voraussichtlich letztmalig mehr Minderjährige als ältere Menschen. Nach Angaben des SB waren rund 15,1 Mio. Menschen jünger als 18 Jahre; ihnen standen rund 14,9 Mio. Menschen im Alter von 65 Jahren und älter gegenüber. Die Zahl der Älteren wird in Zukunft deutlich zunehmen, waren doch in den 1950er- und 1960er-Jahren in Deutschland insgesamt 24,3 Mio. Menschen geboren worden, in den 1970er- und 1980er-Jahren hingegen nur noch 17,1 Mio. Die Zahl der Frauen mit Kindern ging von 12,3 Mio. im April 1996 auf rund 11,6 Mio. im März 2004 zurück.

Haushaltsgrößen: Im Vergleich zu 1991 zeigte sich in Deutschland 2004/05 ein deutlicher Trend zu Ein- und Zweipersonen-Haushalten. So waren im März 2004 37,2% aller Haushalte Einpersonen-Haushalte (April 1991: 33,6%) und 34,1% Zweipersonen-Haushalte (1991: 30,8%). 24,6% entfiel auf Haushalte mit drei bis vier Personen (1991: 30,5%) und 4,1% auf Haushalte mit fünf und mehr Personen (1991: 5,0%).

Allein Lebende: 19,7% aller Menschen über 20 Jahre lebten im März 2004 allein (April 1991: 18,1%). Immer mehr jüngere Menschen wählen diese Lebensform. Waren 1991 erst 16,4% der 20- bis unter 30-Jährigen allein Lebende, so betrug dieser Anteil 2004 bereits 22,3%. Demgegenüber ging der Anteil der allein Lebenden bei den 65 Jahre und älteren Personen von 41,2% auf 34,7% zurück. Der Anteil der Frauen an den Einpersonen-Haushalten verringerte sich zwar insgesamt von 64,2% auf 60,4%, der Rückgang betraf allerdings nur ältere Frauen über 65 Jahre.

Lebensgemeinschaften: Im März 2004 gab es in Deutschland 9,8 Mio. Ehepaare ohne Kinder und 9,2 Mio. Ehepaare mit Kindern. Die Zahl der nichtehelichen Lebensgemeinschaften stieg auf 2,4 Mio. (April 1996: 1,8 Mio.), davon hatten 28,1% Kinder. Rund 2,5 Mio. Menschen waren allein erziehend (April 1996: 2,2%), davon waren 84,5% Frauen. 54,0% der allein erziehenden Mütter waren im März 2004 geschieden oder lebten getrennt (April 1996: 50,8%), 24,3% waren ledig (20,4%) und 21,7% verwitwet (28,8%).

Schul- und Berufsbildung: Im März 2004 hatten 28,9 Mio. Menschen in Deutschland als höchsten allgemeinbildenden Schulabschluss die Volks- oder Hauptschule abgeschlossen. 14,4 Mio. verfügten über Abitur oder Fachabitur, 12,8 Mio. über die Mittlere Reife. 4,7 Mio. hatten einen Abschluss der DDR-Oberschule, 3,0 Mio. befanden sich noch in der Schulausbildung und 1,9 Mio. waren ohne Schulabschluss. 32,9 Mio. Menschen in Deutschland verfügten im März 2004 als höchsten berufsbildenden Ausbildungsabschluss über einen Lehrabschluss oder eine erfolgreich abgeschlossene Anlernausbildung. 12,5 Mio. Menschen waren ohne beruflichen Abschluss. 6,0 Mio. Menschen befanden sich noch in einer Berufsausbildung, 5,0 Mio. hatten eine Meister- oder Technikerausbildung abgeschlossen, 4,7 Mio. eine Universität erfolgreich absolviert und 3,0 Mio. eine Fachhochschule oder Ingenieurschule beendet.

Erwerbstätigkeit: Rund 35,7 Mio. Menschen waren im März 2004 in Deutschland erwerbstätig, im Vergleich zu den Zahlen des ersten gesamtdt. Mikrozensus von April 1991 ein Rückgang um 4,8%. Während sich die Zahl der Erwerbstätigen in den alten Bundesländern lediglich um 0,8% verringerte, verzeichneten die neuen Bundesländer einschließlich Ost-Berlin ein Minus von 19,8%. Die meisten Erwerbstätigen registrierte das SB im März 2004 mit rund 15,7 Mio. oder 43,9% im Bereich Sonstige Dienstleistungen, der u. a. Banken, Versicherungen, das Gesundheitswesen und die öffentliche Verwaltung umfasst. Knapp 11,0 Mio. Erwerbstätige oder 30,8% waren im produzierenden Gewerbe, also in Industrie, Handwerk, Bergbau- und Energiewesen tätig. Rund 8,2 Mio. Erwerbstätige verzeichnete der Bereich Handel, Gastgewerbe und Verkehr. Nur 832 000 Erwerbstätige (2,3%) arbeiteten im Bereich Land- und Forstwirtschaft/Fischerei. Den höchsten Anteil an Erwerbstätigen im produzierenden Gewerbe wies Baden-Württemberg mit 39,0% auf, gefolgt von Bayern und Thüringen (je 34,1%), den niedrigsten Berlin (17,4%) hinter Hamburg (19,0%) und Mecklenburg-Vorpommern (21,3%). Bundesweit lag der Anteil der Selbstständigen an den Erwerbstätigen im März 2004 bei rund 3,9 Mio. oder 10,8%. Die höchsten Selbstständigenquoten wiesen Berlin (14,3%) und Hamburg (13,0%) auf, die niedrigsten Thüringen (9,3%) und Sachsen-Anhalt (8,4%).

Abhängig Beschäftigte: Von den rund 31,8 Mio. Nicht-Selbstständigen waren im März 2004 56,6% Angestellte, 35,0% Arbeiter, 7,0% Beamte und 1,3% mithelfende Familienangehörige. Innerhalb der großen Gruppe der über 30 Mio. abhängig Beschäftigen in Deutschland hat es nach Angaben des SB im März 2004 gegenüber dem Mikrozensus von April 1996 eine deutliche Verschiebung gegeben: So sind die Beschäftigtenzahlen im produzierenden Gewerbe in diesem Zeitraum um 1,1 Mio. zurückgegangen, während sie im Bereich Sonstige Dienstleistungen als einzigem Wirtschaftsbereich um 920 000 zunahmen. Noch 1996 hatten der Bereich Sonstige Dienstleistungen mit 39,0% aller abhängig Beschäftigten und das produzierende Gewerbe mit 37,1% nahezu gleich große Bedeutung gehabt. 22,1% waren im Bereich Handel, Gastgewerbe und Verkehr tätig gewesen. Im März 2004 bildete der Bereich Sonstige Dienstleistungen mit einem Anteil von 43,5% die mit Abstand größte Gruppe vor dem produzierenden Gewerbe (32,7%) und Handel, Gastgewerbe sowie Verkehr (22,5%).

Weibliche Erwerbstätige: Im März 2004 waren im Bundesdurchschnitt 44,8% aller Erwerbstätigen weiblich. Am höchsten lag dieser Anteil in Berlin (47,7%) und Sachsen (47,0%), am niedrigsten in Rheinland-Pfalz (43,5%) und im Saarland (43,4%). Den höchsten weiblichen Anteil gab es in der Gruppe der mithelfenden Familienangehörigen mit 76,4%, gefolgt von den Angestellten (57,3%), den Beamten (35,8%), den Arbeitern (30,8%) und den Selbstständigen (28,9%). Von den erwerbstätigen Ausländern waren 39,2% weiblich (→ Arbeit und Soziales, Frauen im Beruf).

Teilzeitarbeit: Die zunehmende Teilzeitarbeit blieb auch 2004/05 eine Domäne der Frauen. Waren im April 1991 erst 2,1% aller erwerbstätigen Männer und 30,2% aller Frauen in Teilzeitarbeit, so stiegen die entsprechenden Anteile bis März 2004 auf 6,2% bzw. 42,1%. Während der Anteil der Frauen an den Erwerbstätigen mit einer Arbeitszeit von 36 Stunden und mehr pro Woche im März 2004 nur bei 32,9% lag, betrug ihr Anteil an den Erwerbstätigen mit maximal 20 Wochenstunden 81,7%. Die Gründe für Teilzeitarbeit unterschieden sich in West- und Ostdeutschland deutlich: Nannten im März 2004 insgesamt 63,2% der westdt. Frauen persönliche Gründe als Hauptursache für die Aufnahme einer Teilzeitarbeit, gaben 55,8% der ostdt. weiblichen Teilzeitkräfte an, sie hätten keine Vollzeitstelle gefunden.

Bevölkerung in Deutschland: Kinder und Jugendliche

Im März 2004 lebten in Deutschland
- → 11,5 Mio. Minderjährige bei Ehepaaren
- → 2,2 Mio. Minderjährige bei allein Erziehenden
- → 1,0 Mio. Minderjährige in nichtehelichen Lebensgemeinschaften

Quelle: Statistisches Bundesamt (Wiesbaden); www.destatis.de

Bildung

Akademikerarbeitsmarkt

Nach einer Studie des Instituts für Arbeitsmarkt- und Berufsforschung (IAB, Nürnberg) lag die Arbeitslosenquote von Personen mit Universitätsabschluss in Deutschland 2004 mit 3,5 % im Westen und 6 % im Osten deutlich unter der anderer Personengruppen. Bei Akademikern ab 55 Jahren betrug sie 3,5 % (Altersgruppe insgesamt: 10 %). Bei den Absolventen stieg die Arbeitslosigkeit 2004 bei Sozialarbeitern und -pädagogen (+12,9 %), Juristen (+6,3 %) sowie Ärzten und Apothekern (+3%) besonders stark.

Erwerbstätigkeit: Nach einer vom Bundesministerium für Bildung und Forschung (BMBF, Berlin) im Oktober 2004 veröffentlichten Studie der Hochschul-Informations-System GmbH (HIS, Hannover) standen fünf Jahre nach dem Examen unter den Absolventinnen und Absolventen einer Fachhochschule (FH) 89 % und einer Universität (Uni) 86 % in einem regulären Beschäftigungsverhältnis; nur 0,5 % der Befragten waren nach dem Abschluss nie erwerbstätig. Besonders hoch fielen die Beschäftigungsquoten in den Fachrichtungen Elektrotechnik (FH 97 %, Uni 98 %), Maschinenbau/Verfahrenstechnik (FH 96 %, Uni 94 %) und Informatik (FH 98 %, Uni 92 %) aus, besonders niedrig in Architektur/Raumplanung (FH und Uni 76 %), bei Magisterabschlüssen (nur Uni 77 %) und Biologie (nur Uni 79 %).

Angemessenheit: Als ihrer Qualifikation nicht angemessen beurteilten 2 % der Absolventinnen und Absolventen von FH und Uni ihre berufliche Stellung. Größere Abweichungen nach oben gab es bei Magistern (6 %) und im Fach Biologie (10 %). Entsprechend hoch war insgesamt die Zufriedenheit mit der Beschäftigung, die 84 % der Befragten als angemessen einschätzten. Überdurchschnittlich zufrieden waren Informatiker mit FH-Abschluss sowie Physiker, Chemiker und Mathematiker mit Uni-Abschluss, am wenigsten zufrieden Absolventen aus den baubezogenen Berufen, Humanmediziner und Biologen.

www.bmbf.de (Bundesministerium für Bildung und Forschung); **www.his.de** (Hochschul-Informations-System GmbH); **www.iab.de** (Institut für Arbeitsmarkt- und Berufsforschung); **www.destatis.de** (Statistisches Bundesamt)

BAföG

(Bundesausbildungsförderungsgesetz), staatliche Leistungen für bedürftige Studierende und notwendig auswärts wohnende Schülerinnen und Schüler ab der 10. Klasse. Die Förderung, die meist vom Einkommen der Eltern abhängig ist, erfolgt bei Schülern nur als Zuschuss, bei Studierenden teils als Zuschuss, teils als zinsloses Darlehen.

Geförderte: 2003 (letztverfügbarer Stand) erhielten nach Angaben des Statistischen Bundesamtes (SB, Wiesbaden) 777 000 junge

BAföG

Jahr	Empfänger[1)]
1993	772 000
1994	693 000
1995	620 000
1996	577 000
1997	535 000
1998	529 000
1999	543 000
2000	559 000
2001	650 000
2002	723 000
2003	770 000[2)]

1) Schüler und Studierende; 2) vorläufige Berechnungen
Quelle: Statistisches Bundesamt (Wiesbaden), www.destatis.de

BAföG: Aufwendungen[1)]

Jahr	Mrd. €
1993	3,57
1994	1,59
1995	1,47
1996	1,39
1997	1,24
1998	1,19
1999	1,23
2000	1,27
2001	1,66
2002	1,94
2003	2,10

1) Kosten von Bund und Ländern
Quelle: Statistisches Bundesamt (Wiesbaden), www.destatis.de

Menschen BAföG: 482 000 Studierende und 295 000 Schülerinnen und Schüler. Im Vergleich zum Vorjahr erhöhte sich die Zahl um 54 000 (+ 7 %). Wie im Vorjahr erhielten 47 % der BAföG-Empfänger eine Vollförderung von monatlich 585 €. Im Durchschnitt bezog ein geförderter Schüler 303 € pro Monat und ein geförderter Studierender 370 €. Bund und Länder gaben 2003 insgesamt 2,097 Mrd. € für BAföG-Leistungen aus, 155 000 € oder 8 % mehr als 2002.

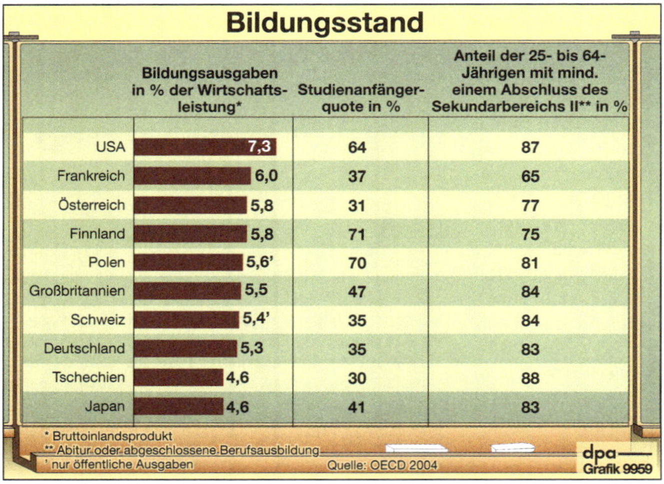

Novelle: Nach dem Bundestag stimmte im November 2004 auch der Bundesrat einer Gesetzesnovelle zu, die BAföG-Empfängern einen Studienfachwechsel während der ersten beiden Semester ohne besondere Begründung ermöglicht. Die Novelle zielte auf einen Abbau des Verwaltungsaufwands.

Falsche Vermögensangaben: Nach Auskunft des Bundesministeriums für Bildung und Forschung (BMBF, Berlin) hatte bis 2002 jeder 17. BAföG-Empfänger Ersparnisse verschwiegen und unberechtigt Fördergeld bezogen. 160 Mio. € sollen zu Unrecht ausgezahlt worden sein. Sie wurden von den Behörden zurückgefordert. Anfang 2005 wurde gegenüber 16 700 Personen wegen des Verdachts auf BAföG-Betrug ermittelt.

Gesetzesänderung: Das zum 1. 4. 2005 in Kraft gesetzte Gesetz zur Förderung der Steuerehrlichkeit erlaubt BAföG-Ämtern über den Finanzabgleich hinaus einen Zugriff auf Kontodaten von Studierenden. Sie wollen jedoch nur in dringenden Verdachtsfällen davon Gebrauch machen.

www.bmbf.de (Bundesministerium für Bildung und Forschung); **www.das-neue-bafoeg.de** (Antragsformulare); **www.studentenwerke.de** (Auskünfte für Studenten)

➤ Meister-BAföG

Bildungsreport

Die Organisation für wirtschaftliche Zusammenarbeit und Entwicklung (OECD) stellte Deutschland in ihrem am 14. 9. 2004 veröffentlichten Report »Bildung auf einen Blick«, der sich auf das Jahr 2001 bezieht, ein schlechtes Zeugnis aus.

Investitionen: In Deutschland stiegen die Investitionen im Hochschulbereich von 1995 bis 2001 um 7 %, OECD-weit um 30 %, bei Schulen lag der Anstieg in Deutschland bei 6 %, OECD-weit bei 21 %.

Ausgaben pro Schüler: Im Primarbereich und Sekundarbereich I (bis 10. Klasse) lag Deutschland mit 4 237 US-Dollar pro Schüler und Jahr unter dem OECD-Schnitt (4 850 US-US-Dollar), im Sekundarbereich II mit 10 504 US-Dollar über dem Schnitt (10 052). Die OECD sah darin eine falsche Mittelverteilung: Gerade in den ersten Schuljahren seien die pädagogischen Erfolge am größten.

Unterrichtszeit: Insbesondere in den ersten Schuljahren hatte Deutschland laut OECD bei den Unterrichtsstunden Rückstände: Sieben- bis Achtjährige erhielten 626 Stunden im Jahr, 162 weniger als im OECD-Durchschnitt; auch bei den 15-Jährigen lag Deutschland unter dem Durchschnitt, das Minus fiel mit 66 Unterrichtsstunden jedoch geringer aus.

Schüler-Lehrer-Relation: Die Betreuungsquote im Vor- und Grundschulbereich war mit bis zu 24 Kindern pro Betreuungsperson in Deutschland mit Abstand am schlechtesten. Nur in der gymnasialen Oberstufe erreichte Deutschland mit 14 Kindern auf einen Lehrer den OECD-Durchschnittswert.

Lehrerbezahlung: Dt. Lehrer erhielten ein überdurchschnittliches Grundgehalt, jedoch weniger arbeits- und leistungsbezogene Zulagen als ihre Kollegen in den meisten anderen OECD-Staaten. Die Organisation kritisierte dies als unflexibel und nicht leistungsfördernd.

Studienanfänger: 35 % eines Altersjahrgangs nahmen 2002 in Deutschland ein Studium auf; der Wert erhöhte sich gegenüber 1998 um 7 Punkte. Im OECD-Durchschnitt lag die Quote 2002 bei 51 %.

Studienabschlüsse: 19 % eines Altersjahrgangs schlossen 2002 in Deutschland ihr Studium ab, gegenüber 16 % 1998, aber 32 % des OECD-Durchschnitts. Die OECD würdigte die zunehmende Internationalisierung der dt. Hochschulen und die Tatsache, dass der Anteil der Studierenden in den Natur- und Ingenieurwissenschaften in Deutschland höher lag als in fast allen anderen Ländern.

Kritik am Report: Politisch Verantwortliche und Bildungsexperten in Deutschland wiesen die OECD-Kritik zurück: Die Organisation habe nicht berücksichtigt, dass Deutschland in den letzten Jahren im Bildungssektor viele Themen auf die Agenda gesetzt habe: →Ganztagsschulen, Bildungsstandards, Monitoring, Evaluierung, zentrale Abschlussprüfungen an den Schulen, Deutschprüfungen vor der Einschulung, Ausbau der Ausbildungsförderung (→ BAföG).

www.oecd.org/deutschland (Deutschlandseite der OECD)

Bolognaprozess

Bei der Bolognakonferenz im Mai 2005 im norwegischen Bergen vereinbarten die Bildungsminister der 45 beteiligten Staaten, bis 2007 ein gemeinsames Verfahren zur Qualitätssicherung zu entwickeln. Im Rahmen des 1999 gestarteten B. mit dem Ziel europaweit vergleichbarer Studienabschlüsse hat sich Deutschland verpflichtet, bis 2010 einen gestuften Studiengang mit dem Bachelor (BA) als erstem und dem Master (MA) als zweitem Abschluss flächendeckend einzuführen; lediglich Staatsexamensstudiengänge sollen zunächst wie bisher erhalten bleiben.

Differenzierung: Der BA galt als Regelabschluss, eine Quote für die Zulassung zum MA-Studium sah der Beschluss der Kultusministerkonferenz der Länder (KMK, Bonn) zum B. von 2003 nicht vor. Bei den MA-Studiengängen wurde zwischen konsekutiven (auf einem vorherigen BA-Studium aufbauenden), nichtkonsekutiven und

Bolognaprozess: Abschlüsse und Studiendauer

Bachelor/Fachhochschulabschluss: Die Regelstudienzeit für den Bachelor (BA) beträgt mind. drei, höchstens vier Jahre. Der BA-Grad entspricht nach KMK-Beschluss dem Abschluss an einer Fachhochschule (FH). Für die meisten FH-Studiengänge sind Studienzeiten von acht Semestern vorgesehen.
Master/Diplom: Die Regelstudienzeit für den Master (MA) beträgt mind. ein Jahr und höchstens zwei Jahre. Die Gesamtregelstudienzeit eines konsekutiven Studiengangs von BA und MA beträgt höchstens fünf Jahre. Der MA-Grad entspricht dem Diplomabschluss oder entsprechenden Abschlussprüfungen an der Universität (Uni) und ermöglicht die Promotion, unabhängig davon, ob er an FH oder Uni erworben wurde. Die Regelstudienzeiten für einen Diplom- oder vergleichbaren Abschluss betragen je nach Studiengang zwischen neun und zwölf Semester.
Studienzeiten: Nach Zahlen des Statistischen Bundesamtes (SB, Wiesbaden) legten im Prüfungsjahr 2003 BA-Studierende im Mittel nach 6,8 Semestern ihr Examen ab, FH-Absolventen nach 8,7 Semestern. MA-Absolventen verbrachten im Schnitt 11,9 Semester im Hochschulsystem, Absolventen klassischer Uni-Studiengänge 12,6 Semester.

Bolognaprozess: Bachelor- und Masterstudienangebote an deutschen Hochschulen

Semester	Bachelor	Master	gesamt
WS1999/2000	123	60	183
SS 2000	202	104	306
WS 2000/01	277	165	442
SS 2001	382	217	599
WS 2001/02	471	293	764
SS 2002	544	367	911
WS 2002/03	633	439	1 072
SS 2003	747	886	1 633
WS 2003/04	854	1 044	1 898
SS 2004	951	1 173	2 124
WS 2004/05	1 253	1 308	2 561

Quelle: Hochschulkompass der Hochschulrektorenkonferenz

weiterbildenden (mit qualifizierter Berufspraxis nach BA) unterschieden.

Akkreditierung: Vor der Zulassung waren die neuen Studiengänge nach dem KMK-Beschluss zu akkreditieren. Dazu musste nachgewiesen werden, dass der Studiengang in Module, die in einer bestimmten zeitlichen und inhaltlichen Reihenfolge zu absolvieren sind, unterteilt und mit einem Leistungspunktesystem ausgestattet ist. Bis zum Abschluss eines dreijährigen BA-Studiums müssen 180, bis zum Abschluss eines vierjährigen 240 Punkte erworben werden, wobei ein Punkt 25–30 Arbeitsstunden eines Studierenden entspricht.

Bolognaprozess: Norwegens Bildungsministerin Kristin Clemet, Gastgeberin der Konferenz in Bergen, mit EU-Kommissar Jan Figel (rechts) und Luxemburgs Arbeitsminister François Biltgen

Angebot und Nachfrage: Nach Angaben der Hochschulrektorenkonferenz (HRK, Bonn) boten dt. Hochschulen im Februar 2005 1 450 BA- und 1 310 MA-Studiengänge an, was etwa einem Viertel der insgesamt 11 220 Studienmöglichkeiten entsprach. 60 % der Angebote entfielen auf Universitäten, 40 % auf Fachhochschulen. Davon hatten etwa vier Fünftel ein Akkreditierungsverfahren durchlaufen. Nach Zahlen des Statistischen Bundesamtes (SB, Wiesbaden) strebten im Wintersemester 2003/04 (letztverfügbarer Stand) gut 5 % der Studierenden einen BA- oder MA-Abschluss an, bei den Studienanfängerinnen und -anfängern lag die Quote mit 9 % fast doppelt so hoch. Im Prüfungsjahr 2003 beendeten 3 % aller Absolventen ihr Studium mit einem BA- oder MA-Grad. Die fachlichen Schwerpunkte lagen dabei auf wirtschafts-, natur- und ingenieurwissenschaftlichen Studienbereichen. Fast die Hälfte der MA-Grade wurde von Bildungsausländern erworben. Die meisten von ihnen verfügten bereits über einen anderen Studienabschluss.

www.hrk.de/bologna/de/index.php (Servicestelle Bologna der Hochschulrektorenkonferenz); **www.destatis.de** (Statistisches Bundesamt); **www.his.de** (Hochschul-Informations-System)

Frauen und Wissenschaft

Im Studienjahr 2003/04 waren laut Statistischem Bundesamt (SB, Wiesbaden) 48,8 % aller Studierenden im ersten Hochschulsemester weiblich (2002/03: 50,6 %). Unter den Studierenden insgesamt betrug der Frauenanteil im Wintersemester (WS) 2004/05 47,9 % (WS 2003/04: 47,4 %).

Fächerpräferenzen: Der Frauenanteil war in traditionell als männlich geltenden Fächern wie der Mathematik und den Naturwissenschaften (37 %) sowie den Ingenieurwissenschaften (21 %) weiterhin sehr niedrig, in den Sprach- und Kulturwissenschaften (70 %) und in der Veterinärmedizin (84 %) hingegen ausgesprochen hoch (alle Angaben: WS 2004/05). Bei den Habilitationen war der Frauenanteil in den Sprach- und Kulturwissenschaften mit 35,0 % hoch, in Mathematik/Naturwissenschaften mit 14,9 % und Humanmedizin mit 19 % niedrig. Er stieg hier jedoch im Vergleich zum Vorjahr um 4,1 bzw. 2,2 Punkte (alle Angaben: 2004).

www.destatis.de (Statistisches Bundesamt)

Ganztagsschulen

Nach Angaben von Bundesbildungsministerin Edelgard Bulmahn wurden im Schuljahr (SJ) 2004/05 rund 3 000 neue G. in Deutschland eingerichtet, für das SJ 2005/06 rechnete sie mit über 2 000 weiteren. Laut Bulmahn stieg die Zahl der G.-Schüler 2004 um 12 %.

Förderung des Bundes: Der Bund fördert den bedarfsdeckenden Auf- und Ausbau von G. 2003–07 mit insgesamt 4 Mrd. €. Dieses Geld ist nur für Neubau-, Ausbau-, Umbau- und Renovierungsinvestitionen vorgesehen, für die Personalkosten kommen die Bundesländer auf. Es steht den Ländern frei, ob sie es bei freiwilligen Angeboten am Nachmittag belassen oder das Modell der verpflichtenden G. bevorzugen. Auch die Entscheidung, welche Schulen und Schulformen gefördert werden, liegt bei den Ländern.

Umsetzung: Die meisten Bundesländer verwandten das Geld für Grundschulen, in Hamburg hingegen wurden – wegen der Schulzeitverkürzung auf zwölf Jahre bis zum Abitur – zum SJ 2004/05 alle Gymnasien in offene G. umgewandelt.

Ziele: Der Ausbau der G. soll für eine frühzeitige und individuelle Förderung aller Potenziale der Schülerinnen und Schüler sorgen. Davon sollen v.a. sozial benachteiligte Kinder profitieren, sodass die Chance besteht, die starke Koppelung von sozialer Herkunft und Bildungserfolg in Deutschland aufzubrechen.

Serviceagentur: Im März 2005 wurde in Berlin die erste Serviceagentur »Ganztägig lernen« eröffnet, die Schulen bei der inhaltlichen Ausgestaltung ihrer G.-Angebote unterstützen soll. Mit Ausnahme von Baden-Württemberg und dem Saarland planten alle Bundesländer die Einrichtung solcher Agenturen, die vom Bundesministerium für Bildung und Forschung (BMBF, Berlin) und der Dt. Kinder- und Jugendstiftung getragen werden. Sie sind Bestandteil des Programms »Ideen für mehr! Ganztägig lernen«, das das BMBF und der Europ. Sozialfonds mit jeweils 3 Mio. € unterstützen.

www.ganztaegig-lernen.de (Serviceagenturen); **www.ganztagsschulen.org** (Informationen des Bundesbildungsministeriums)

Edelgard Bulmahn Bundesministerin für Bildung und Forschung (seit 1998), * 4. 3. 1951 in Minden. Die Politologin gehört seit 1987 dem Dt. Bundestag an. Zu den ehrgeizigsten Projekten der Sozialdemokratin gehörte der Anstoß eines bedarfsdeckenden Angebots an Ganztagsschulen in Deutschland. Dafür stellt der Bund bis 2007 insgesamt 4 Mrd. € zur Verfügung.

Hochschulen

Im Wintersemester (WS) 2004/05 waren nach Angaben des Statistischen Bundesamtes (SB, Wiesbaden) 1,966 Mio. Studierende eingeschrieben, 3 % weniger als im Vorjahr. Eine Ursache der Entwicklung war der starke Rückgang in Nordrhein-Westfalen (–16 %) und Hessen (–14 %), die beide zum Sommersemester (SS) 2004 → Studiengebühren z. B. für Langzeitstudierende einführten. Die Zahl der Studienanfänger ging im WS 2004/05 um 6 % zurück.

Hochschulen: Studierende

Wintersemester	Mio.
1993/94	1,87
1995/96	1,86
1997/98	1,82
1999/2000	1,77
2001/02	1,87
2003/04	2,02
2004/05	1,97[1]

1) vorläufige Zahl; Quelle: Statistisches Bundesamt (Wiesbaden), www.destatis.de

Verteilung: 70 % der Studierenden waren im WS 2004/05 an Universitäten oder vergleichbaren H. eingeschrieben, 29 % an Fach- oder Verwaltungsfachhochschulen sowie 2 % an Kunsthochschulen (rundungsbedingte Differenz). Am beliebtesten waren im WS 2003/04 (letztverfügbarer Stand) weiterhin die Fächergruppen Rechts-, Wirtschafts- und Sozialwissenschaften (31,8 %), Sprach- und Kulturwissenschaften (22,2 %), Mathematik und Naturwissenschaften (17,7 %) sowie Ingenieurwissenschaften (15,7 %).

Internationalisierung: Der Anteil ausländischer Studierender betrug im WS 2003/04 laut SB 12,2 %, über ein Viertel von ihnen waren sog. Bildungsinländer, die in Deutschland aufgewachsen sind. Die Quote der Bildungsausländer lag bei 8,9 % (WS 2002/03: 8,4 %). Umgekehrt waren 2002 (letztverfügbarer Stand) 55 900 dt. Studierende an H. im Ausland eingeschrieben, 5,9 % mehr als im Vorjahr.

Spitzenforschung: Bund und Länder verständigten sich im Juni 2005 auf eine zusätzliche finanzielle Förderung der Spitzenforschung an den H. Das auf Anregung von Bundesbildungsministerin Edelgard Bulmahn (SPD) zustande gekommene Programm sieht vor, die Spitzenforschung innerhalb von fünf Jahren mit 1,9 Mrd. € zusätzlich zu fördern. 75 % davon trägt der Bund, 25 % tragen die Länder.

Gefördert werden sollen rund 40 Graduiertenschulen für die Ausbildung junger Spitzenforscher (1 Mio. € pro Jahr), 30 »Exzellenzcluster«, in denen H. ihr Know-how bündeln und mit außeruniversitären Forschungseinrichtungen z. B. in Wirtschaft und Behörden - kooperieren (6,5 Mio. € pro Jahr), sowie Forschungsprojekte an bis zu zehn ausgewählten H. (13,5 Mio. € pro Jahr). Wegen der dritten Fördersäule hatten die CDU-regierten Länder ihre Zustimmung lange verweigert. Sie sahen in der Förderung ganzer H. einen Eingriff in die Bildungshoheit der Länder. Nun ist klar gestellt, dass nicht H., sondern konkrete Projekte an H. gefördert werden.

www.hochschulkompass.de (Informationen über Studienmöglichkeiten); **www.hrk.de** (Hochschulrektorenkonferenz); **www.hochschulverband.de** (Dt. Hochschulverband); **www.daad.de** (Dt. Akademischer Austauschdienst)

Hochschulen: CHE-Ranking

Spitzenreiter: Nach dem im Mai 2005 in Zusammenarbeit mit der »Zeit« veröffentlichten Ranking des Centrums für Hochschulentwicklung (CHE, Gütersloh) lagen in Politik-/Sozialwissenschaften die Universitäten Bremen, Konstanz und Mannheim in den fünf wichtigsten Kategorien in der Spitzengruppe, in Volkswirtschaftslehre/Wirtschaftswissenschaften gelang dies nur der Universität Mannheim; in Jura erzielte die Universität Freiburg (viermal in der Spitzen- und einmal in der Mittelgruppe) das beste Ergebnis, in Betriebswirtschaftslehre/Wirtschaftswissenschaft mit derselben Einordnung wiederum Mannheim und die Wissenschaftliche Hochschule für Unternehmensführung Koblenz. In Soziologie/Sozialwissenschaften lagen die Universitäten Erfurt und Heidelberg (je fünfmal Spitzen- und einmal Mittelgruppe) vorn. Kategorien waren in allen Fächern die Reputation bei Professoren, die Bibliotheksausstattung, die Betreuung und das Gesamturteil der Studierenden. Hinzu kamen je nach Fach Forschungsgelder, Repetitoriumsbesuch, Ausbildung in sozialwissenschaftlichen Methoden und/oder wissenschaftliche Veröffentlichungen. Bei den Fachhochschulen schloss Esslingen in vielen Bereichen besonders gut ab.
Ländervergleich: Nach einem im November 2004 veröffentlichten Ländervergleich des Centrums für Hochschulentwicklung (CHE, Gütersloh) belegten die Fakultäten an den baden-württembergischen Hochschulen mit Abstand die meisten Spitzenpositionen, gefolgt von Bayern, Mecklenburg-Vorpommern und Thüringen. Schlusslichter bildeten Nordrhein-Westfalen, Niedersachsen, das Saarland, Schleswig-Holstein und Hamburg. Untersucht wurden Forschungsleistung, Reputation, Studiendauer und Zufriedenheit der Studierenden.

Hochschulzulassung

Ab dem Wintersemester (WS) 2005/06 erfolgt die H. in Deutschland nach einem neuen Verfahren, das die Möglichkeiten der Hochschulen bei der Auswahl der Bewerber ausweitet. Dazu verabschiedeten Bundestag und Bundesrat am 1./9. 7. 2004 eine Änderung des Hochschulrahmengesetzes. Die Hochschulen erhoffen sich eine Verbesserung der Passgenauigkeit zwischen Bewerber- und Studiengangsprofil und damit eine niedrigere Studienabbruch- und Durchfallquote.

Neue Quoten: Die Hochschulen erhalten die Möglichkeit, nach Abzug von Vorabquoten, z. B. für Studierwillige aus Nicht-EU-Staaten, 60 % der Studienbewerber in bundesweit zulassungsbeschränkten (NC-)Fächern selbst auszuwählen. 20 % der Studienplätze werden an die Abiturbesten, die ihre Hochschule frei wählen können, 20 % nach Wartezeit vergeben; bisheriger Schlüssel bei der Vergabe durch die Zentralstelle für die Vergabe von Studienplätzen (ZVS, Dortmund): 24 % Hochschulauswahl, 51 % Abiturdurchschnittsnote, 25 % Wartezeit.

Auswahl: Die von den Hochschulen anzuwendenden Kriterien für die Auswahl von Studienbewerbern - bisher: Abiturdurchschnittsnote, Auswahlgespräche, berufliche Tätigkeiten und Verbindung der drei Faktoren - wurden um gewichtete Abitureinzelnoten ergänzt; außerdem wurden fachspezifische Studierfähigkeitstests zugelassen. Weitere Kriterien können durch Landesrecht benannt werden.

Anwendung: Die Hochschulen machten von den neuen Möglichkeiten zum WS 2005/06 nur wenig Gebrauch, da personelle Kapazitäten für aufwendige Auswahlverfahren und Tests fehlten.

Örtliche Regelungen: Mehrere Bundesländer überließen Mitte 2005 ihren Hochschulen auch in Fächern mit örtlicher Zulassungsbeschränkung die Auswahl (Baden-Württemberg: zu 90 %, Nordrhein-Westfalen: zu 60 %). Auch hier führten wenige Hochschulen ein aufwendiges Auswahlverfahren durch. Unter Hinweis auf Experimentierklauseln in den Landesgesetzen veranstalteten 2004/05 einzelne Hochschulen, z. B. die Technischen Universitäten München und Darmstadt, Eignungstests in nicht zulassungsbeschränkten Fächern.

Andrang: Nach ZVS-Angaben nahm die Zahl der Bewerber in einigen bundesweit zulassungsbeschränkten Fächern im WS 2004/05 weiter zu: Zahnmedizin +27,9 %, Humanmedizin +18,3 %, Tiermedizin +15,3 %. Rückläufig war das Interesse in Biologie (–5,3 %), Betriebswirtschaft (–5,0 %) und Psychologie (–4,8 %).

www.zvs.de (Zentralstelle für die Vergabe von Studienplätzen); **www.hrk.de** (Hochschulrektorenkonferenz)

Juniorprofessur

Die Bestimmungen zur J. wurden, nachdem das Bundesverfassungsgericht (BVerfG, Karlsruhe) die bisherige Regelung am 27. 7. 2004 für verfassungswidrig erklärt hatte, zum 31. 12. 2004 neu gefasst.

Urteil: Das BVerfG gab einer Normenkontrollklage Bayerns, Sachsens und Thüringens statt. Sie richtete sich gegen eine Bestimmung des 2002 novellierten Hochschulrahmengesetzes (HRG), wonach die J. für eine Übergangsfrist von zehn Jahren die Habilitation als Voraussetzung für eine Professur ergänzt und diese danach praktisch ersetzt. Die Richter sahen in der Abschaffung der Habilitation durch ein Bundesgesetz einen unzulässigen Eingriff in die Bildungshoheit der Länder.

Novelle: Bundestag und Bundesrat billigten im Herbst 2004 eine HRG-Novelle, wonach die Habilitation erhalten bleibt, zugleich jedoch die J. und die Befristung von Arbeitsverträgen für Nachwuchswissenschaftler auf zwölf Jahre bestätigt werden. Für die bereits eingerichteten J.-Stellen (Ende 2004: über 620) ändert sich nichts, da diese Form der Qualifizierung bereits in zehn von 16 Bundesländern in Landesgesetzen verankert ist und nach der Novelle nun auch in den anderen Ländern eingeführt werden soll.

Ziele: Die auf insgesamt sechs Jahre befristete J. – mit der Möglichkeit der Verlängerung nach drei Jahren – soll es jüngeren Wissenschaftlern ermöglichen, in eigener Verantwortung und ohne persönliche Abhängigkeit zu forschen und zu lehren. Inkl. Promotionszeit ist die Dauer der Qualifizierungsphase auf zwölf Jahre beschränkt; so soll das Durchschnittsalter bis zum Erreichen einer Professorenstelle gesenkt werden (bei Habilitation 2003: 40 Jahre).

www.bmbf.de (Bundesministerium für Bildung und Forschung); **www.kmk.org** (Kultusministerkonferenz der Länder)

Lehrerinnen und Lehrer

Laut Statistischem Bundesamt (SB, Wiesbaden) gab es im Schuljahr 2003/04 an allgemein bildenden Schulen in Deutschland rund 678 000 hauptberufliche Lehrer, von denen 408 700 vollzeit- und 269 400 teilzeitbeschäftigt waren; hinzu kamen 66 100 stundenweise arbeitende Lehrer. Der Anteil der weiblichen Lehrkräfte lag bei 67,1 %. In den Grundschulen war er mit 85,8 % besonders hoch, aber auch in Gymnasien waren Lehrerinnen mit 50,2 % in der Mehrzahl.

OECD-Studie: Ein im September 2004 veröffentlichter Bericht der Organisation für wirtschaftliche Zusammenarbeit und Entwicklung (OECD, Paris) formulierte heftige Kritik an den dt. Lehrern: Sie seien zu alt (fast 50 % über 50, in den übrigen Industrieländern zwischen 25 und 29 %; 2001) und trotz hoher Bezahlung mit ihrem Beruf unzufrieden: Jeder Dritte leide unter

Lehrerinnen und Lehrer: Eine »Stern«-Jury wählte Ingrid Timm aus Wiesbaden zur Lehrerin des Jahres 2005.

ständiger Überlastung. Die OECD empfahl, den Beamtenstatus für Lehrer aufzuheben, planvoller einzustellen, die Leistungen der Lehrer besser zu kontrollieren, die Ausbildung kürzer und praxisorientierter zu gestalten und stattdessen die Lehrer zur Weiterbildung zu verpflichten.

Ausbildung: Die KMK hatte sich nach der PISA-Studie von 2001 darauf verständigt, die Ausbildung von Lehrern zu verkürzen, die angehenden Lehrer früher Praxiserfahrungen sammeln zu lassen und die pädagogisch-didaktische Ausbildung zu verbessern. Diese Ziele wurden von den Bundesländern unterschiedlich umgesetzt; so beschlossen zahlreiche Länder eine Umstellung des Lehramtsstudiums auf Bachelor (BA) und Master (MA, → Bolognaprozess) oder planten zumindest Modellversuche dazu, während insbesondere unionsregierte Länder 2005 am bisherigen Studiengang mit zwei Staatsexamina festhalten wollten; auch bei der Ausbildung von Quereinsteigern verfolgten die Länder unterschiedliche Konzepte. Die Hochschulrektorenkonferenz (HRK, Bonn) mahnte im Februar 2005 eine BA/MA-Ausbildung von Lehrern in allen Bundesländern an, um die Mobilität der Ausgebildeten zu sichern. Sie wandte sich gegen eine direkte staatliche Einflussnahme auf Studienkonzeptionen und Prüfungen und empfahl stattdessen die Beteiligung der Schulbehörden an der Akkreditierung der Studiengänge.

www.kmk.org (Kultusministerkonferenz der Länder); **www.destatis.de** (Statistisches Bundesamt)

Meister-BAföG

Staatliche Leistungen in Form von Zuschüssen und zinsgünstigen Darlehen nach dem Aufstiegsfortbildungsförderungsgesetz. Qualifizierte Fachkräfte, die sich z. B. zum Handwerks- bzw. Industriemeister weiterbilden wollen, können M. beantragen.

Geförderte: Laut Statistischem Bundesamt (SB, Wiesbaden) erhielten 2003 (letztverfügbarer Stand) rund 122 000 Personen M.-BAföG, darunter 30 % Frauen. Gegenüber 2002 stieg die Zahl der Geförderten um 36 % (Männer knapp 32 %, Frauen 57 %). 37 % der Geförderten nahmen an einer Vollzeitfortbildung teil, die übrigen an einer Teilzeitfortbildung. Dieser schon im zweiten Jahr anhaltende kräftige Anstieg war nach allgemeiner Einschätzung auf die zum 1. 1. 2002 in Kraft gesetzte Reform des M.-BAföG zurückzuführen, die die Fördermöglichkeiten erheblich erweitert hatte.

Zusagen: Die Förderzusagen für 2003 umfassten 260 Mio. € als Darlehen und 128 Mio. € als Zuschuss, z. B. zum Lebensunterhalt, zur Kinderbetreuung oder zur Finanzierung der Lehrgangs- und Prüfungsgebühren. Inwieweit die Darlehen in Anspruch genommen werden, kann jeder Förderungsberechtigte frei entscheiden.

www.destatis.de (Statistisches Bundesamt); **www.bmbf.de** (Bundesministerium für Bildung und Forschung)

PISA

(Programme for International Student Assessment), vergleichende Untersuchungen der Organisation für wirtschaftliche Zusammenarbeit und Entwicklung (OECD, Paris) zur internationalen Bewertung von Schülern

Bei PISA 2003, der zweiten, Ende 2004 veröffentlichten Schulstudie der OECD, lag Deutschland in den drei getesteten Bereichen Mathematik, Naturwissenschaften, Lesekompetenz im OECD-Schnitt, beim Problemlösen sogar oberhalb des Mittelfeldes. Damit hatte sich Deutschland im Vergleich zu PISA 2000, der Ende 2001 publizierten ersten Studie, geringfügig verbessert.

Test: Getestet wurden mit PISA 2003 die Schulleistungen 15-jähriger Schülerinnen und Schüler in 41 Ländern, darunter 30 OECD-Staaten. Der Schwerpunkt lag beim ersten Test auf Lesekompetenz, beim zweiten nun auf Mathematik. In Deutschland beteiligten sich 5 000 Schülerinnen und Schüler an 200 zufällig ausgewählten Schulen. Parallel fand ein innerdt. Ländervergleich statt, bei dem 50 000 Schülerinnen und Schüler getestet wurden. Die Ergebnisse des Bundesländervergleichs wurden für den Herbst 2005 erwartet.

Ranking: Wie bei PISA 2000 war auch 2003 wieder Finnland der Spitzenreiter. Das zweiterfolgreichste europ. Land waren 2003 die Niederlande (2000 wegen zu geringer Teilnehmerzahlen in der Wertung nicht berücksichtigt). Deutschland belegte die Ränge 13 (Problemlösen), 15 (Naturwissenschaften), 16 (Mathematik) und 19 (Lesen) von 29 (jeweils keine Angaben für Großbritannien).

Weitere deutsche Befunde: Im Vergleich zu 2000 steigerten sich unter den 15-Jährigen v. a. an den Gymnasien die schwächeren Schüler, nicht jedoch an den Hauptschulen. 22 % der getesteten Deutschen wurden als »Risikoschüler« eingeordnet, die höchstens die erste von insgesamt fünf Kompetenzstufen erreichten. Weiterhin war die Differenz zwischen den besten und schlechtesten Schülern sehr groß und der Zusammenhang zwischen familiärem Umfeld und schulischer Leistung extrem ausgeprägt. Auch die Geschlechterunterschiede waren in Deutschland stark: Die Mädchen waren im Lesen, die Jungen in Mathematik deutlich erfolgreicher. Dt. Lehrerinnen und Lehrer beklagten sich häufiger als andere über die Arbeitshaltung ihrer Schülerinnen und Schüler, dt. Schülerinnen und Schüler empfanden häufiger einen Mangel an Zuwendung durch die Lehrkraft als andere.

www.oecd.org/deutschland (Deutschlandseite der OECD)

Rechtschreibreform

Nach einem Beschluss der Kultusminister der Länder vom Juni 2005 ist die reformierte Rechtschreibung ab 1. 8. 2005 für dt. Schulen und Behörden in weiten Teilen verbindlich. Eine von den CDU-Länderchefs geforderte Verschiebung des gesamten Reformwerks um ein Jahr hatten die SPD-Ministerpräsidenten abgelehnt.

Strittiges: Lediglich die immer noch strittigen Teile der Reform – also die Silbentrennung, Getrennt- und Zusammenschreibung, Zeichensetzung – wurden nicht verbindlich. Über sie setzt

Ergebnis von PISA 2003[1)]

	Mathematik		Problemlösen		Naturwissenschaften		Lesen
1	Finnland	1	Süd-Korea	1	Finnland	1	Finnland
2	Süd-Korea	2	Finnland	2	Japan	2	Süd-Korea
3	Niederlande	3	Japan	3	Süd-Korea	3	Kanada
4	Japan	4	Neuseeland	4	Australien	4	Australien
5	Kanada	5	Australien	5	Niederlande	5	Neuseeland
6	Belgien	6	Kanada	6	Tschechien	6	Irland
7	Schweiz	7	Belgien	7	Neuseeland	7	Schweden
8	Australien	8	Schweiz	8	Kanada	8	Niederlande
9	Neuseeland	9	Niederlande	9	Schweiz	9	Belgien
10	Tschechien	10	Frankreich	10	Frankreich	10	Norwegen
11	Island	11	Dänemark	11	Belgien	11	Schweiz
12	Dänemark	12	Tschechien	12	Schweden	12	Japan
13	Frankreich	13	Deutschland	13	Irland	13	Polen
14	Schweden	14	Schweden	14	Ungarn	14	Frankreich
15	Österreich	15	Island	15	Deutschland	15	USA
16	Deutschland	16	Österreich	16	Polen	16	Island
17	Irland	17	Ungarn	17	Island	17	Dänemark
18	Slowakei	18	Irland	18	Slowakei	18	Österreich
19	Norwegen	19	Luxemburg	19	USA	19	Deutschland
20	Luxemburg	20	Slowakei	20	Österreich	20	Tschechien
21	Polen	21	Norwegen	21	Spanien	21	Ungarn
22	Ungarn	22	Polen	22	Italien	22	Spanien
23	Spanien	23	Spanien	23	Norwegen	23	Luxemburg
24	USA	24	USA	24	Luxemburg	24	Portugal
25	Italien	25	Portugal	25	Griechenland	25	Italien
26	Portugal	26	Italien	26	Dänemark	26	Griechenland
27	Griechenland	27	Griechenland	27	Portugal	27	Slowakei
28	Türkei	28	Türkei	28	Türkei	28	Türkei
29	Mexiko	29	Mexiko	29	Mexiko	29	Mexiko

1) blaue Schrift: über dem Durchschnitt, schwarz: im Durchschnitt, rot: unter dem Durchschnitt; Quelle: OECD

der von den Kultusministern eingesetzte Rat für Rechtschreibung seine Beratungen fort. Zu den unstrittigen Teilen gehören die Laut-Buchstaben-Zuordnung und die Groß- und Kleinschreibung.

Schule

Schulzeit: Zum Schuljahr (SJ) 2004/05 führten Bayern, Baden-Württemberg, Berlin, Bremen und Niedersachsen flächendeckend das achtjährige Gymnasium ein, Nordrhein-Westfalen und Hessen folgten zum SJ 2005/06. Nur in Brandenburg und Schleswig-Holstein blieb es zum SJ 2005/06 bei 13 Schuljahren bis zum Abitur; der Koalitionsvertrag zwischen SPD und CDU in Schleswig-Holstein vom April 2005 sah aber eine Schulzeitverkürzung in ein bis zwei Jahren vor. In Rheinland-Pfalz ist das 13. Schuljahr so verkürzt, dass die Aufnahme eines Studiums schon zum Sommersemester des jeweiligen Jahres möglich ist. In manchen Ländern wurde die Schulzeitverkürzung bis zum Abitur nur an Gymnasien, in anderen auch an Gesamtschulen vollzogen.

Zentrale Prüfungen: Angesichts der bei der PISA-Vergleichsstudie 2003 (→ PISA) deutlich gewordenen Unterschiede in den Schülerleistungen und deren Beurteilung planten etliche Länder zentrale Abschlussprüfungen für alle Schulformen. Mitte 2005 gab es ein Zentralabitur in Baden-Württemberg, Bayern, Brandenburg, Hamburg, Mecklenburg-Vorpommern, im Saarland, in Sachsen, Sachsen-Anhalt und Thüringen. 2006 soll die Vereinheitlichung der Reifeprüfung in Niedersachsen, 2007 in Berlin, Bremen, Hessen und Nordrhein-Westfalen eingeführt werden. Das Zentralabitur galt in einigen Ländern für alle Fächer, in anderen nur für die Kernfächer. Rheinland-Pfalz wollte zunächst beim dezentralen Abitur bleiben, Schleswig-Holstein plante die schrittweise Einführung von zentralen Abschlussprüfungen. In einigen Ländern soll es auch am Ende der 10. Klasse landesweit einheitliche Prüfungen geben, z. B. in Nordrhein-Westfalen in den Kernfächern.

Lernmittelfreiheit: Zum SJ 2005/06 wurde die vollständige Lernmittelfreiheit in Hamburg abgeschafft; Bayern plante ebenfalls einen solchen Schritt. Auch in Brandenburg, Niedersachsen, Nordrhein-Westfalen, Rheinland-Pfalz, dem Saarland, Sachsen-Anhalt mussten Eltern ganz oder teilweise für die Schulbücher ihrer Kinder zahlen.

Club-of-Rome-Schulen: Der Club of Rome startete 2005 einen Modellversuch an 20 S. in sieben Bundesländern, die mehr Eigenständigkeit bei der Personalauswahl und der Unterrichtsgestaltung (Fächerzusammenlegung, jahrgangsübergreifendes Lernen) erhielten. Ziel sollte es sein, aus den Schülerinnen und Schülern selbstständige und teamfähige Persönlichkeiten zu machen. Nach fünf Jahren müssen die S. eine Lizenzprüfung ablegen, danach dürfen sie sich Club-of-Rome-S. nennen.

Schule: Nach massiven Schülerprotesten zieht die frz. Regierung ihre Pläne, die Abiturnoten nicht mehr allein nach der Note in der landesweit einheitlichen schriftlichen Abschlussprüfung zu vergeben, zurück. Insbesondere Schüler von Schulen mit nicht so gutem Ruf fürchteten Nachteile bei Bewerbungen, weil ihr Abitur dann weniger wert sei.

Elterninformation: Nach einem Urteil des Verfassungsgerichtshofs Rheinland-Pfalz vom Juli 2004 ist die seit 2003 in dem Land gültige Regelung, wonach S. die Eltern auch volljähriger Schüler über schulische Probleme informieren sollen, grundgesetzkonform. Nach dem Amoklauf des 19-jährigen Schülers Robert Steinhäuser an einer Erfurter S. 2002, bei dem 16 Menschen starben, hatten etliche Länder ihre Schulgesetze dahingehend geändert. Steinhäuser war von der S. verwiesen worden, ohne dass die Eltern darüber informiert wurden.

www.kmk.org (Kultusministerkonferenz der Länder)

Schülerinnen und Schüler

Im Schuljahr (SJ) 2004/05 besuchten nach Angaben des Statistischen Bundesamtes (SB, Wiesbaden) 9,6 Mio. Schüler allgemein bildende Schulen in Deutschland, 1,1 % weniger als im Vorjahr. Erstmals seit 1990 war die Zahl der Schüler auch in den westdt. Bundesländern (ohne Berlin) rückläufig: Sie sank um 0,1 % oder 6 600. In den neuen Ländern und Berlin setzte sich der seit dem SJ 1996/97 anhaltende Abwärtstrend fort (-5,7 %). Prognosen zufolge wird die Zahl der Schüler im Osten ab 2009 wieder leicht ansteigen, im Westen ist jedoch mit weiteren Rückgängen zu rechnen. Hamburg und Sachsen planten – teils begleitet von heftigen Protesten der Lehrerschaft – Schulschließungen, im Saarland sollten alle einzügigen Grundschulen (nur eine Klasse pro Jahrgangsstufe) geschlossen werden; bis 2008 wird jede dritte Grundschule davon betroffen sein.

Schularten: In den Hauptschulen sank die Zahl der Schüler gegenüber dem Vorjahr um 4,4 % und in Realschulen um 1,0 % (unter Nichtbeachtung des Sondereffekts durch die Auflösung der schulartunabhängigen Orientierungsstufe in Niedersachsen). Die Gymnasien verzeichneten einen Zuwachs von 1,4 %. Besonders hohe Anteile von Jungen fanden sich in Sonderschulen (63,2 %) und Hauptschulen (56,4 %), an Gymnasien waren sie mit 46,0 % unterrepräsentiert.

Schulanfänger: Nach zwei Jahren mit zunehmenden Schulanfängerzahlen erfolgte im SJ 2004/05 wieder ein Rückgang der Erstklässler um 0,7 % auf 838 300. Dabei stand ein Rückgang um 1,4 % im früheren Bundesgebiet (ohne Berlin) einem Zuwachs um 3,9 % in den neuen Ländern und Berlin gegenüber.

Absolventen: Mit dem SJ 2002/03 (letztverfügbarer Stand) verließen 947 400 Schüler eine allgemein bildende Schule in Deutschland, 867 300 Deutsche und 80 100 Ausländer.

Abiturienten: Am Ende des SJ 2003/04 erwarben 385 700 Schüler in Deutschland aus allgemein bildenden und beruflichen Schulen die Hochschul- oder Fachhochschulreife, 4,5 % mehr als im Vorjahr. Seit 1995 hat die Zahl der Abiturienten um ein Viertel zugenommen, wobei der Zuwachs bei der Fachhochschulreife 68,9 % betrug, bei der allgemeinen Hochschulreife nur 11,6 %. Die Abiturientenquote betrug 41,4 % (1995: 35,8 %).

Privatschüler: Laut SB besuchten 2004 mehr als 600 000 Schüler eine private allgemein bildende Schule. Die Zahl stieg binnen eines Jahrzehnts um rund ein Viertel. Die Zahl der Privatschulen nahm von 1992 bis 2003 um 600 auf knapp 2 600 zu, etwa 80 % befanden sich in kirchlicher Trägerschaft.

www.schulweb.de (Dt. Bildungsserver, Informationen rund um Schule); **www.kmk.org** (Kultusministerkonferenz der Länder); **www destatis.de** (Statistisches Bundesamt)

Schulsystem

Angestoßen durch die PISA-Studien (→ PISA), bei denen international Länder mit Gemeinschaftsschulen, national aber Bundesländer mit strenger Selektion gut abschnitten, und durch die demografische Entwicklung wurde in den dt. Bundesländern über Vor- und Nachteile des gegliederten dt. S. debattiert. In mehreren Bundesländern wurden Ansätze zu einem längeren gemeinsamen Lernen in die Tat umgesetzt.

Brandenburg: Zum Schuljahr 2005/06 wurde das viergliedrige durch ein zweigliedriges S. mit Oberschule und Gymnasium nach der sechsjährigen Grundschule ersetzt. Ein zweigliedriges S. mit Mittelschule und Gymnasium nach der Grundschule gab es Mitte 2005 außerdem in Sachsen, Sachsen-Anhalt, Thüringen und dem Saarland.

Mecklenburg-Vorpommern: Die SPD/PDS-Landesregierung plante Mitte 2005, auf die vierjährige Grundschule eine zweijährige Orientierungsphase an einer sog. Regionalen Schule folgen zu lassen. Danach sollten die Schüler entweder auf der Regionalen Schule (die Haupt- und Realschule zusammenfasst) bleiben oder aufs Gymnasium wechseln. Wegen der Bestimmung, dass Gymnasien mind. dreizügig sein müssen (mit 61 Schülern pro Jahrgang), ist mit Schließungen zu rechnen bzw. mit Schulzentren durch Andocken kompletter Gymnasien an Regionale Schulen. Langfristig wollte die Regierung acht Jahre gemeinsames Lernen organisieren. Dazu müsste die Kultusministerkonferenz der Länder (KMK, Bonn) die Zustimmung geben, weil die Rahmenpläne für Gymnasien zu ändern wären.

Nordrhein-Westfalen: Das S. war wichtiges Thema des Wahlkampfs zur Landtagswahl am 22. 5. 2005. Die Bündnisgrünen in NRW sprachen sich, wie die Bundespartei, für die schrittweise Abschaffung des viergliedrigen S. zugunsten einer Gemeinschaftsschule für alle Schüler bis zum 10. Schuljahr aus. Die Landes-SPD erklärte, entscheidend sei der Elternwille. CDU und FDP wollten am bisherigen System festhalten.

Rheinland-Pfalz: In dem SPD/FDP-regierten Land gab es Mitte 2005 19 Gesamtschulen, von denen 15 innerhalb der letzten zwölf Jahre entstanden. Der Anteil der Schüler an integrierenden Schulen erhöhte sich von 10 auf 30 %. Kultusministerin Doris Ahnen (SPD) betonte, solche Einrichtungen würden nur dort geschaffen, wo die Eltern es wünschten.

Schleswig-Holstein: Die seit April 2005 amtierende CDU/SPD-Landesregierung wollte laut Koalitionsvertrag zulassen, dass einzelne Schulen, v. a. bisherige Gesamtschulen, »nach Elternwillen« in Gemeinschaftsschulen neuen Typs umgewandelt werden. SPD, Bündnisgrüne und Südschleswigscher Wählerverband (SSW), deren Regierungsbündnis jedoch nicht zum Zuge kam, wollte die Gemeinschaftsschule mit neun oder zehn Jahren gemeinsamem Lernen zur Regelschule machen.

Studiengebühren

Erststudium: Das in der Novelle des Hochschulrahmengesetzes von 2002 verankerte Gebührenverbot für ein Erststudium in Deutschland ist verfassungswidrig, da es einen unzulässigen Eingriff des Bundes in die Bildungshoheit der Länder darstellt. So urteilte am 26. 1. 2005 das Bundesverfassungsgericht (BVerfG, Karlsruhe). Ein bundesweites Verbot sei nicht notwendig, um für gleichwertige Lebensverhältnisse in Deutschland zu sorgen oder die Wirtschaftseinheit zu wahren; nur unter diesen Voraussetzungen ist eine Regelung auf Bundesebene in Bildungsfragen grundgesetzkonform. Das BVerfG gab damit einer Klage der unionsregierten Länder Baden-Württemberg, Bayern, Hamburg, Saarland, Sachsen und Sachsen-Anhalt statt. Nach dem Urteil kündigten einige unionsgeführte Länder die Einführung von S. an, ohne konkrete Schritte zu nennen. Sie verständigten sich auf einen Betrag von etwa 500 € pro Semester und auf eine sozialverträgliche Lösung für Studierende.

Langzeitstudierende: Von der Möglichkeit, Gebühren für ein Zweitstudium oder für Langzeitstudierende zu erheben, machten Mitte 2005 neun Bundesländer Gebrauch, teils über sog. Studienkonten/Studienguthaben, teils bei Überschreiten der Regelstudienzeit. Bayern und Sachsen-Anhalt planten die Einführung von Langzeitstudiengebühren zum Wintersemester 2005/06. Die Gebühren bewegten sich zwischen 500 und 900 € pro Semester.

Studierende

Im Studienjahr 2004 nahmen laut Statistischem Bundesamt (SB, Wiesbaden) rund 356 000 S. in Deutschland ein Hochschulstudium auf, 6 % weniger als im Vorjahr. Bei den S. im ersten Fachsemester wurde der Aufwärtstrend in Maschinenbau/Verfahrenstechnik (-8 %) und Elektrotechnik (-10 %) vorerst gestoppt.

Studienanfänger: Die Studienanfängerquote, d. h. der Anteil der Studienanfänger an der gleichaltrigen Bevölkerung, betrug 37,3 % (Studienjahr 2003: 38,9 %). Es war der erste Rückgang seit der dt. Vereinigung.

Prognose: Nach Schätzungen des Instituts der dt. Wirtschaft (iw, Köln) wird sich die Zahl der Studienanfänger bis 2020 wegen sinkender Geburtenraten deutlich verringern, besonders ausgeprägt in Ostdeutschland (Mecklenburg-Vorpommern: -41 %, Sachsen-Anhalt: -34 %, Sachsen: -30 %, Brandenburg: -28 %, Thüringen: -27 % im Vergleich zu 2000), aber auch in Bremen (-10 %) und Bayern (-3 %). Deutliche Zuwächse prognostizierte das iw in Hamburg (+12 %) und Nordrhein-Westfalen (+14 %).

Abschlüsse: Nach Angaben des SB schlossen 2003 (letztverfügbarer Stand) rund 218 000 S. ihr Studium erfolgreich ab, 4,6 % mehr als im Vorjahr. Besonders deutlich fiel der Anstieg mit 8,5 % in den Rechts-, Sozial- und Wirtschaftswissenschaf-

Studiengebühren: Fluch oder Segen?

Das Bundesverfassungsgericht in Karlsruhe machte im Januar 2005 den Weg frei für die Einführung von Gebühren für ein Erststudium, das von Bundesbildungsministerin Edelgard Bulmahn (SPD) 2002 durchgesetzte bundesweite Verbot fiel. Nach jahrelanger Debatte über das Für und Wider konnte nun gehandelt werden, doch die Länder zögerten.

Bulmahn und mit ihr die Ministerpräsidenten der SPD-geführten Bundesländer lehnten Studiengebühren weiterhin ab. Sie fürchteten, dass es zu einer noch stärkeren sozialen Auslese der Studierenden kommen könnte und dass sich wieder weniger junge Menschen für ein Studium entscheiden könnten. Dabei sei Deutschland auf eine höhere Akademikerquote dringend angewiesen. Diese Bedenken teilten Gebührengegner aus der Studentenschaft, die außerdem – wie viele andere – fürchteten, dass die Einnahmen gar nicht bei den Hochschulen landen würden.

Ernsthaftes Studieren muss kosten Zu den Gebührenbefürwortern gehörte Mitte 2005 neben den unionsgeführten Ländern und den Arbeitgeberverbänden auch die Hochschulrektorenkonferenz, die in dieser Frage 2004 einen Schwenk vollzog. Die Rektoren erhofften sich durch Gebühren auch eine Verbesserung des Verhältnisses zwischen Studierenden und Hochschulen: Wer für sein Studium zahlen müsse, nehme es ernster als jemand, der es umsonst bekomme, und wer von einem Studierenden Geld erhalte, empfinde ihn vielleicht nicht mehr als Belastung, sondern als einen zu umwerbenden Kunden. Dem sozialen Argument der Gebührengegner hielten die Befürworter ein Gerechtigkeitsargument entgegen: Es sei nicht einzusehen, dass Nichtstudierende über ihre Steuern das Studium von Menschen finanzieren sollten, die – betrachtet man den lebenslangen Gesamtverdienst – im Durchschnitt finanziell besser gestellt seien als sie selbst.

Bundesländer uneins Nach den ersten Reaktionen auf das Gebührenurteil zeichnete sich keine Einigung auf ein einheitliches Vorgehen in den Bundesländern ab. Welche Auswirkungen es jedoch hätte, wenn Länder wie Hamburg, Bayern oder Baden-Württemberg Gebühren einführten, Mecklenburg-Vorpommern und Sachsen aber nicht, darüber wurde heftig spekuliert. Gebührengegner unter den Ministerpräsidenten fürchteten schon eine Studierendenschwemme in ihren Ländern, während die Gebührenbefürworter das Gegenteil prognostizierten: Insbesondere die Begabten unter den Studierenden würden für ein Studium gern zahlen, wenn sie dafür attraktive Bedingungen und eine gute Ausbildung an den Hochschulen geboten bekämen.

Gebühren als Kredit? Die Kardinalfrage bei der Einführung von Studiengebühren war jedoch die Frage der sozialverträglichen Gestaltung, die von Politikern aller Parteien angestrebt wurde. Denkbar sind nachgelagerte Gebühren, die von den Hochschulen – in Raten – eingefordert werden, sobald ihre Ehemaligen im Beruf genug Geld verdienen. Ein weiteres Modell wären vom Verdienst der Eltern unabhängige Darlehen, die Studierende aufnehmen und nach dem Studium ebenfalls in Raten zurückzahlen.

Die von Bund und Ländern getragene Kreditanstalt für Wiederaufbau warb für ein ganz neues Modell der Studienfinanzierung zusätzlich zum BAföG und unabhängig vom Einkommen der Eltern. Das Geldinstitut wollte den Studierenden Darlehen anbieten, die diese in die Lage versetzten, ihr Studium ohne Zwang zum Jobben zügig zu beenden.

Studenten und Schüler protestieren am 12. 5. 2005 in Freiburg mit einem Sternmarsch gegen Studiengebühren.

Studierende: Anfängerquote

Jahr	Quote[1] in %
2004	37,3[2]
2003	38,9
2002	38,3
2001	36,3
2000	33,6
1999	31,7
1998	29,2
1997	28,7
1996	28,1
1995	27,0
1994	24,9
1993	24,3

1) Anteil der Studienanfänger an der gleichaltrigen Bevölkerung; 2) vorläufiges Ergebnis; Quelle: Statistisches Bundesamt (Wiesbaden), www.destatis.de

ten aus. 44 % der Abschlüsse entfielen auf das Diplom oder einen entsprechenden akademischen Grad, 33 % auf den Fachhochschulabschluss, 11 % auf die Promotion; knapp 10 % verließen die Hochschulen als angehende Lehrerinnen und Lehrer. 3 % schlossen mit einem Bachelor- oder Master-Grad ab.

Abbruch: 2004 (letztverfügbarer Stand) betrug die Studienabbrecherquote nach Angaben der Hochschul-Informations-System GmbH (HIS, Hannover) 25 % (2002: 23 %). In Studiengängen mit klarer Struktur lag sie deutlich unter dem Durchschnitt und entwickelte sich positiv, z. B. in Pharmazie mit 12 % (2002: 17 %) oder Biologie mit 15 % (2002: 15 %).

Nebenjob: Nach der 17. Sozialerhebung des Dt. Studentenwerks (DSW) jobbten 2003 68 % der dt. S. neben dem Studium, in den neuen Ländern vier bis fünf Stunden, in den alten hingegen zehn Stunden oder mehr. Das DSW führte die Unterschiede auf die Lebenshaltungskosten zurück.

Studierendenschaften: Das Bundesverfassungsgericht (BVerfG, Karlsruhe) erklärte am 26. 1. 2005 die im Hochschulrahmengesetz (HRG) von 2002 verankerte Verpflichtung der Hochschulen, sog. Studierendenschaften zu bilden, für grundgesetzwidrig, da diese Bestimmung gegen die Bildungshoheit der Länder verstoße. Die Studierendenschaften, die meist aus einem Allgemeinen Studentenausschuss (Asta) und einem von allen S. zu wählenden Parlament bestehen, haben nach dem HRG u. a. die Aufgabe, die Belange ihrer Mitglieder in Hochschule und Gesellschaft wahrzunehmen und Stellungnahmen zu hochschul- und wissenschaftspolitischen Fragen abzugeben.

www.studentenwerke.de (Informationen für Studierende); **www.hochschulkompass.de** (Informationen über Studienangebote dt. Hochschulen)

Weiterbildung

Nach Zahlen des »Berichtssystems Weiterbildung« nahmen 2003 in Deutschland 20,4 Mio. Menschen an Lehrgängen, Kursen oder Seminaren zur allgemeinen oder beruflichen W. teil. Die Quote lag bei 41 % (2000: 43 %). Am stärksten nachgefragt bei der allgemeinen W. waren Computer, EDV, Internet sowie Fremdsprachen.

Arbeitslose: Seit 2003 übernimmt die Bundesagentur für Arbeit (BA, Nürnberg) die Kosten für eine Maßnahme der W. von Arbeitslosen nur noch, wenn mind. 70 % der Teilnehmer sechs Monate nach Seminarende einen Arbeitsplatz haben. Die BA hat statt der genehmigten 5,2 Mrd. € im Haushaltsjahr 2004 nur 4,2 Mrd. € für W. ausgegeben, bevorzugt für kurze Trainingsmaßnahmen und betriebsnahe Schulungen. Die Teilnehmerzahl öffentlich geförderter Maßnahmen der beruflichen W. sank von Dezember 2003 bis Dezember 2004 um knapp 40 % auf rund 149 000. Diese Entwicklung zeigte bereits gravierende Folgen für die Anbieter von W.-Maßnahmen. Schätzungen zufolge wurden bis zu 25 000 W.-Lehrer arbeitslos.

Nach einer im März 2005 veröffentlichten Internationalen Vergleichsstudie des BA-eigenen Instituts für Arbeitsmarkt- und Berufsforschung (IAB, Nürnberg) haben W.-Maßnahmen und Umschulungen kurzfristig zwar einen negativen Effekt, da Teilnehmer ihre Bemühungen um einen Arbeitsplatz drastisch reduzierten. Langfristig betrachtet erhöhten jedoch insbesondere längere Umschulungen die Chancen auf neue Erwerbstätigkeit.

Universitäten als Anbieter: Nach einer im November 2004 vorgelegten Studie der Hochschul-Informations-System GmbH (HIS, Hannover), die auf der Befragung von rund 13 000 Examinierten der Abschlussjahrgänge 1993 und 1997 beruhte, bildeten sich 90 % der Absolventinnen und Absolventen nach dem Examen weiter. Allerdings nahm nur jeder Vierte Angebote einer Hochschule wahr. Das Bundesministerium für Bildung und Forschung (BMBF, Berlin) verwies angesichts dieser niedrigen Quote darauf, dass bereits seit 1998 die W. als zentrale Aufgabe der Hochschulen im Hochschulrahmengesetz festgeschrieben ist und die Hochschulen mit einem attraktiven Angebot in der W. nennenswerte Einnahmen erzielen könnten.

www.die-bonn.de (Dt. Institut für Erwachsenenbildung)

Börse

Aktien

Eine A. verbrieft Teilhaberrechte an einer Aktiengesellschaft (AG). Der Eigentümer einer A. ist mit dem Nennwert seiner A. am Grundkapital der AG beteiligt.

Für Neuemissionen war 2004 nur ein durchwachsenes Jahr, für Aktionäre jedoch ein gutes. Trotzdem sank die Zahl der Besitzer von Aktien und Fondsanteilen in Deutschland weiter von 11,1 Mio. Ende 2003 auf 10,4 Mio. Ende 2004 (16,1 % der Bevölkerung über 14 Jahre; Höchststand 1. Halbjahr 2001: 13,4 Mio., 21 %). Davon besaßen 5,8 Mio. ausschließlich Fondsanteile, 1,9 Mio. Anleger setzten auf eine Mischstrategie von A. und Fonds, 2,7 Mio. hatten reine A.-Depots. Die insgesamt optimistische Stimmung am Markt schlug sich in zahlreichen Börsengängen nieder, darunter das Studio Babelsberg im April 2005 und der Triebwerkshersteller MTU-Aero im Juni 2005.

Aktienrückkäufe: Anfang 2005 verfügten die Unternehmen, u. a. bedingt durch eine DAX-Rendite von 7,3 % in 2004, wieder über größere Geldmittel. Nach einer Umfrage unter Unternehmen aus DAX und MDAX, den beiden wichtigsten dt. → Indizes, ließen sich 27 Vorstände von der Hauptversammlung (HV) das Recht einräumen, eigene Papiere zurückzukaufen; zwölf Unternehmen waren bereits am Markt aktiv oder standen kurz davor. Einerseits entsteht durch Rückkäufe eine zusätzliche Nachfrage nach den A., andererseits sinkt jedoch die Gesamtzahl der A., wenn die Firmen sie nach dem Rückkauf einziehen. Bei gleich bleibendem Ergebnis steigt damit der Gewinn je A., gemessen am Kurs-Gewinn-Verhältnis wird die A. also billiger.

Zahlreiche Unternehmen hatten, nach teilweise drastischen Gewinneinbrüchen

Aktien: Anlageerträge 2004

Anlage	Berechnungsgrundlage	%
Euro-Unternehmensanleihen	FTSE Euro Corporate Bond Index	8,1
Bundesanleihen	RexP	7,2
Deutsche Aktien	DAX	6,2
offene Immobilienfonds	k. A. [1]	3,4
US-Aktien	Standard & Poor's 500 (in €)	1,0
Gold	Feinunze (in € umgerechnet)	0,3

1) keine Angabe; Stand 20.12. 2004; Quelle: Reuters, BVI, Börsenzeitung, 31.12. 2004

in den letzten Jahren, 2004/05 ihre Bilanzen bereinigt und Kosten eingespart. Insbesondere die DAX-Firmen verdienten 2004 insgesamt 34 Mrd. € und damit mehr als doppelt so viel wie 2003. Auch ein Trend zu hohen → Dividenden war zu beobachten. Die börsennotierten Unternehmen in Deutschland haben 2005 über 20 Mrd. € an Dividende ausgeschüttet, ein Drittel mehr als im Vorjahr.

www.finanzen.net (Analysen)

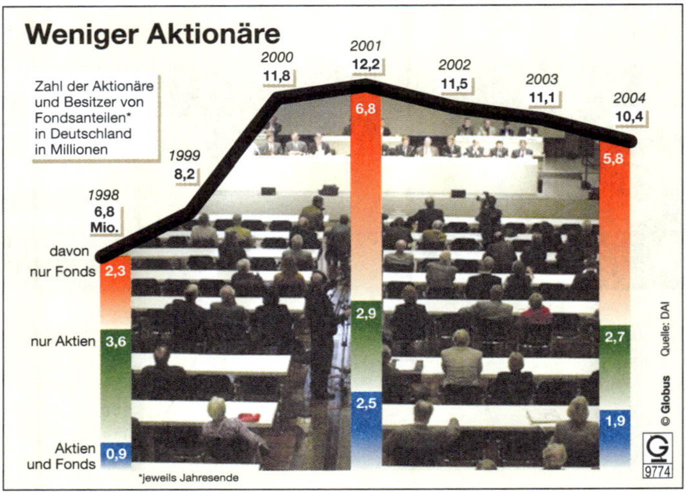

Anlegerschutz

Dt. AGs waren seit Ende 2004 von mehreren neuen Gesetzen zur Verbesserung des A. betroffen. Mit dem Anlegerschutzverbesserungsgesetz (AnSVG), das seit 31. 10. 2004 gilt, wurden die Ad-hoc-Mitteilungspflichten deutlich verschärft. Die Öffentlichkeit muss nun bereits dann informiert werden, wenn »Umstände vorliegen, die mit hoher Wahrscheinlichkeit eintreffen werden«. So muss z. B. der Vorstand geplante Übernahmen schon dann bekannt geben, wenn der Aufsichtsrat des Unternehmens noch nicht zugestimmt hat. Verschärft wurde zudem die Strafbarkeit von Insidergeschäften (→ Insider).

Bilanzkontrollgesetz: Eine weitere Neuerung stellt das Bilanzkontrollgesetz (BilKoG) dar, das am 21. 12. 2004 in Kraft trat. Es etablierte in Deutschland mit der Dt. Prüfungsgesellschaft e. V. (DPR) eine Art »Bilanzpolizei«, die ihre Arbeit im Juli 2005 aufnehmen soll. Pro Jahr sollen rund 250 AGs überprüft werden, was bedeutet, dass die börsennotierten dt. Unternehmen alle fünf Jahre einmal von der DPR aufgesucht werden.

Ein Novum für Deutschland war auch das Kapitalanlegermusterverfahrensgesetz (KapMuG), welches eine Bündelung von Aktionärsklagen durch die Führung eines Musterprozesses bedeutet. Jeder geschädigte Anleger kann nun, wenn er einen Schadensersatzanspruch wegen falscher Kapitalmarktinformationen gerichtlich geltend macht, die Einleitung eines solchen Verfahrens beantragen.

Eine weitere Maßnahme des A. betrifft die Erhöhung des Haftungsrisikos für Manager durch Einführung des Gesetzes zur Unternehmensintegrität und Modernisierung des Anfechtungsrechts (UMAG). Dabei ging es um die sog. Innenhaftung, also die Haftung gegenüber der Gesellschaft. Ab 1. 1. 2005 reicht es für Aktionäre eines Unternehmens, nur noch 1 % des Grundkapitals oder einen Börsenwert von mind. 100 000 € zu besitzen, um die AG zu zwingen, Schadenersatzansprüche gegen Vorstände oder Aufsichtsräte zu prüfen und ggf. auch einzuklagen.

Anleihen

(Bonds), von Banken, Unternehmen, Staaten, Ländern und Kommunen ausgegebene fest oder variabel verzinsliche Wertpapiere mit fester, meist längerer Laufzeit. Der Käufer einer A. erhält zu festgesetzten Zeitpunkten den vorher festgesetzten Zins und am Ende der Laufzeit sein Kapital zurück.

Anders als die Rendite der zehnjährigen US-Staatsanleihe, die Ende 2004 im Vergleich zum Vorjahresschluss kaum verändert bei 4,23 % lag (Hoch/Tief in 2004: 4,87 %/3,68 %), fiel die Rendite der zehnjährigen Bundesanleihe um 0,62 Prozentpunkte auf 3,68 % (Schluss 2003: 4,30 %; Hoch/Tief 2004: 4,42 %/3,54 %). Gründe waren das gesunkene dt. Exportwachstum und ein Fünfjahreshoch bei der Arbeitslosigkeit. Am 9. 2. 2005 erreichte die Rendite der zehnjährigen Bundesanleihe mit 3,43 % sogar erneut ihren historischen Tiefststand vom 16. 6. 2003.

Bundesanleihen: Während der Bund 2004 A. über 154 Mrd. € begab, sah der Emissionskalender für 2005 Neuemissionen und Aufstockungen von A. in Höhe von 141 Mrd. € vor. Damit blieb der Bund zusammen mit Italien der größte A.-Schuldner in der Eurozone. Für eine Weltneuheit sorgte im Februar 2005 Frankreich mit der Platzierung seiner 50 Jahre laufenden Staats-A. bisher lagen die längsten Laufzeiten von Staats-A. bei 30 Jahren. Das A.-Volumen dieser A. lag bei 6 Mrd. € und wurde mit einer Verzinsung von 4,21 % nur 0,03 Prozentpunkte über der mit 30 Jahren Laufzeit.

Emissionsplattformen: Mit dieser neuen Variante versuchten seit 2004 Banken und Onlinebroker, ihren Kunden den Handel mit Zinspapieren nahe zu bringen und die Zugangsmöglichkeit für Kleinanleger zu vereinfachen. Das Prinzip: Zu Beginn jeder Woche bieten Unternehmen (z. B. Banken) A. in Euro, Pfund oder US-Dollar zu festen Konditionen an (Kupon und Ausgabekurs stehen fest). Die Stückelung liegt bei 1 000; Anleger können bis Freitagmittag überlegen, ob sie kaufen wollen. Da es sich um Neuemissionen handelt, werden keine Gebühren und Stückzinsen berechnet.

Unternehmensanleihen (sog. Corporate-Bonds): Kurz nach Begebung der frz. Staats-A. mit 50 Jahren Laufzeit im Februar 2005 folgte im März die Telecom Italia mit der ersten europ. Unternehmens-A. mit ebenfalls einer Laufzeit von 50 Jahren. Der Renditeaufschlag lag bei 1,064 % über der Rendite der frz. Staats-A.; insgesamt waren Unternehmens-A. aus dem Telekom- und Automobilsektor besonders attraktiv. Bedingt durch eine niedrigere Kreditwürdigkeit müssen Unternehmen den Anlegern höhere Zinsen zahlen als z. B. Finanzinstitute wie die Dt. Bank. Durchschnittlich ließen sich mit Unternehmens-A. 2004 8,1 % Ertrag erzielen (Summe aus gezahlten Zinsen und Kurssteigerung). Mit 135 Mrd. € übertraf das Gesamtvolumen der in Euro emittierten A. den Wert der fälligen Unternehmens-A. in Höhe von knapp 120 Mrd. €.

Inflationsschutzbonds: Inflationsindexierte A. dürften 2005 auch in Deutschland populärer werden, da mit hoher Wahrscheinlichkeit der Bund seine erste A. mit Inflationsschutz begeben wird. Der Vorteil: Das eingesetzte Kapital, der Nominalwert, wird mit den Teuerungsraten erhöht und damit die Kaufkraft geschützt. Der Nachteil: Das Produkt ist komplex. Die Börsenkurse sind »reale« Kurse, ohne Berücksichtigung des aufgelaufenen Inflationsschutzausgleichs. Wer eine ältere A. kauft, zahlt an den Verkäufer den angesammelten Inflationsschutzausgleich. Außerdem ist die steuerliche Behandlung ungünstiger, weil der am Ende der Laufzeit gezahlte Inflationsschutzausgleich versteuert werden muss. Laut BNP Paribas verdreifachte sich das Volumen der Inflationsschutzbonds im Zeitraum von 2000 bis 2004 auf weltweit 500 Mrd. €.

www.bwpv.de (Bundeswertpapierverwaltung);
www.bondboard.de (Neuemissions-Übersicht, Renditerechner)

Anleihen: Gesamtertrag von Staatsanleihen in der Eurozone 2004[1)]

Laufzeit/Art	%
gesamt	8,1
1–3 Jahre	3,4
3–5 Jahre	5,9
5–7 Jahre	8,0
7–10 Jahre	9,9
über 10 Jahre	15,2
Europäische Pfandbriefe	6,8
Euro-Unternehmensanleihen	8,1
Euro-Emerging-Markets	11,9

1) Stand: 20. 12. 2004 (Emerging Markets: 17. 12. 2004)
Quelle: FTSE Global Bond Indices Series, Moosmüller & Knauf, Börsen-Zeitung, 31. 12. 2004

Börse

Handelsplatz für bestimmte austauschbare Güter, z. B. Wertpapiere, Edelmetalle, Waren und Devisen

Nach dem Wiederaufschwung der Aktienmärkte im Jahre 2003 waren niedrige Zinsen, die Unsicherheit über das weltweite Wirtschaftswachstum, die amerikanischen Präsidentschaftswahlen, die ständige Angst vor Terrorattacken sowie ein Rohölpreis über 50 US-Dollar pro Barrel und ein bis auf 1,36 US-Dollar gestiegener Euro die Hauptthemen des Börsenjahres 2004. Vor diesem Hintergrund beendeten die US-amerikanischen und die europ. Börsen das Jahr 2004 mit nur moderaten Gewinnen im einstelligen Bereich (Dow-Jones-Index: +3,8 %, Stoxx 50: +4,7 %, DAX und Euro Stoxx 50: +7,3 %). Die Übernahme der Londoner Börse durch die → Dt. Börse AG scheiterte an dem Widerspruch einiger Großaktionäre, v. a. des → Hedgefonds TCI.

Europa: Wie bereits in den Jahren zuvor entwickelten sich die Aktien der einzelnen Branchen in Europa recht unterschiedlich. Zu den größten Gewinnern bei den europ. Aktienindizes im Dow Jones STOXX 600 gehörten die Versorger, die Bau- und Konsumgüterindustrie sowie die Finanzdienstleister. Die entsprechenden Branchenindizes stiegen 2004 um mehr als 20 %. Aktien aus dem Bereich Pharma und Gesundheit legten lediglich rund 2 % zu. Einzig der Technologiesektor entwickelte sich im Börsenjahr 2004 mit einem Verlust von rund 2 % negativ.

USA: Die Wall Street hatte 2004 nach der Hausse in 2003 nur relativ bescheidene Kursgewinne verbucht. Der Dow-Jones-Index stieg um 3,8 % auf 10 972, der breiter gefasste Standard-&-Poor's-500-Index um 9 % auf 1 211,92 und der technologielastige NASDAQ-Index um 8,6 % auf 2 175,44 Punkte. Das solide US-Wirtschaftswachstum, zahlreiche Dividendenerhöhungen, der Wahlsieg von George W. Bush und die Börsengänge von Erfolgsunternehmen wie der Internetsuchmaschinenfirma Google (→ Computer und Telekommunikation, Internetsuchmaschinen) waren ebenfalls positive Börsenfaktoren.

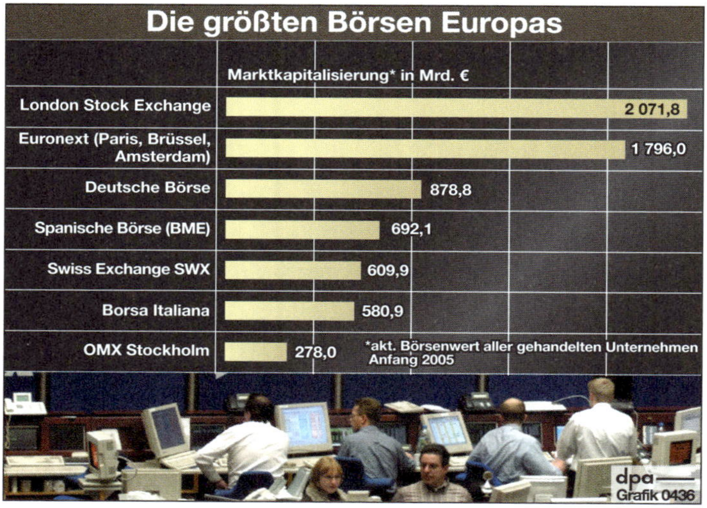

Japan: Der Nikkei 225 verbuchte für 2004 mit einem Stand von 11 488,76 Punkten ein Plus von 7,6 %, und der marktbreitere TOPIX-Index mit modernen Industrien, Finanzinstituten und Elektroindustrie legte um 10,15 % auf 1 149,63 Punkte zu.

Ehemaliger Ostblock: Die Emerging Markets präsentierten sich 2004 aufgrund wirtschaftlicher Erholungstendenzen in überwiegend fester Verfassung. Spitzenreiter waren die Börsen in Ungarn und in der Tschechischen Republik mit Zuwachsraten von jeweils rund 57 % (in Euro gerechnet jeweils rund 67 %) gefolgt von der Börse Warschau mit einer Steigerungsrate von 28 %. Mit einem Plus von 8,3 % bildete die russische Börse 2004 das Schlusslicht dieser Region.

DAX

(Dt. Aktienindex), Kennziffer, die über Entwicklung und Stand der dt. Aktienkurse Auskunft gibt. Der DAX wurde am 11. 1. 1988 eingeführt; dazu wurden die Schlusskurse der 30 enthaltenen Aktien am Jahresultimo 1987 als Basis gewählt und auf 1 000 Indexpunkte festgesetzt. Der DAX enthält die Werte der 30 wichtigsten börsennotierten dt. Aktiengesellschaften, die rund 60 % des gesamten Grundkapitals dt. börsennotierter Aktiengesellschaften und rund 80 % des dt. Börsenumsatzes ausmachen. In seiner Entwicklung drückt sich die allgemeine dt. Börsentendenz aus.

Der DAX stieg zum Jahresende 2004 auf 4 256 Punkte (+ 7,3 %; Jahreshoch: 4 272; Stand Ende 2003: 3 965). Die 30 Unternehmen verdoppelten ihre Gewinne auf 34,5 Mrd. €. Stärkste Werte waren Anfang 2005 Siemens (Anteil am DAX: 10,96 %), gefolgt von E.ON (9,55 %), der Dt. Telekom (8,49 %) und der Dt. Bank (7,96 %).

Neuerungen: Ende 2004 änderte die Dt. Börse AG (DBAG) die Regeln zur Berechnung ihrer Indizes bei Handelsstart: So wird der DAX ab dem 18.10. 2004 erst berechnet, wenn bei

DAX: Gewinne in Indexpunkten[1)]

Jahr	Punkte
2000	241,6
2001	149,2
2002	174,3
2003	203,5
2004	293,3
2005	337,4
2006	375,0

1) ab 2005 geschätzt
Quelle: LBBW, Euro am Sonntag, 6. 3. 2005

mind. 20 der 30 Werte aktuelle Kurse vorliegen. Für MDAX und SDAX mit je 50 Werten gilt eine Schwelle von 35 Kursen, beim TecDAX (30 Werte) liegt sie bei 20. Bislang wurde die Indexberechnung unabhängig vom Handelsvolumen um 9 Uhr begonnen. Bei Aktien, bei denen noch kein Umsatz angefallen war, wurde der Schlusskurs des Vortages genommen. Diese Regelung hatte jedoch manchmal zu Unterschieden zwischen dem DAX-Kurs und dem an der Terminbörse Eurex gehandelten DAX-Future geführt und bewirkt, dass die Aufträge der Anleger zu zu hohen bzw. zu niedrigen Preisen ausgeführt wurden.

www.deutsche-boerse.com

Derivate

Künstliche Finanzinstrumente wie Optionsscheine, Optionen, Futures und Zertifikate, die die Wertentwicklung von Basiswerten (Underlyings) wie Aktien, Aktienindizes, Zinssätzen, Fonds, Rohstoffen etc. abbilden. Der Wert dieser synthetischen Kontrakte leitet sich immer aus dem Preis des jeweiligen Basiswertes ab.

D. können komplexe Strukturen abbilden, z. B. dem Investor sein Kapital garantieren, aber auch hoch spekulativ sein; sie tragen als Risikoabsicherungsinstrumente zur Stabilität des Weltfinanzsystems bei, können jedoch bei unsachgemäßer Handhabung auch erheblichen Schaden anrichten. Laut Bank für Internationalen Zahlungsausgleich (BIZ; Basel) erlebten D. in jüngster Zeit einen kräftigen Aufschwung. Nach Statistiken der Dachorganisation der US-amerikanischen D.-Branche FIA kam es 2004 bei den an der Börse gelisteten D. zu einem Anstieg um rund 10 % auf über 7 Mrd. Kontrakte. In Deutschland können an der Eurex, an der der Handel voll elektronisch abgewickelt wird, oder der Stuttgarter Euwax über 60 000 D.-Produkte gehandelt werden.

Target-Klick-Modell: 2004/05 setzten Finanzdienstleister zunehmend auf D. zum Mittel der privaten finanziellen Altersabsicherung. Als neues Konzept kam dabei das sog. Target-Klick-Modell zum Tragen: Da bei der Altersvorsorge an einem »Tag X«, das ist im Allgemeinen der Eintritt ins Rentenalter, ein möglichst großes Vermögen unter weitgehendem Ausschluss des Verlustrisikos zur Verfügung stehen soll, sichert das Modell an den Aktienmärkten erzielte Wertzuwächse monatlich ab und garantiert dem Anleger einen im Zeitablauf steigenden Mindestertrag, wobei es sich seinen unterschiedlichen Lebensphasen anpasst. Das Modell kombiniert aktive und passive Komponenten. Mit zunehmendem Alter des Anlegers wird der aktive Teil zurückgefahren, bis schließlich zum Ende der Laufzeit ausschließlich in festverzinsliche Wertpapiere investiert wird. Der sog. Klick-Effekt zeigt sich am Ende eines jeden Monats: Ist der jeweilige Wert des Investments zu diesem Zeitpunkt höher als der letzte »Garantiepreis«, »rastet« dieser neue Wertzuwachs automatisch ein (klick), und der Garantiepreis wird auf das neue Niveau angehoben.

Deutsche Börse AG

Das spektakuläre Scheitern der Fusion der D. B. AG mit der Londoner Börse verdeutlichte die gewachsene Macht der → Hedgefonds. Im Dezember 2004 hatte der Vorstandsvorsitzende der D. B. AG, Werner Seifert, als Kaufpreis für die Londoner Börse (London Stock Exchange, LSE) 2 Mrd. € genannt. Gegen diese Summe regte sich Widerstand, und im Januar 2005 beantragte der Chef des Hedgefonds TCI (The Children's Investment Fund; Anteil an der D. B. AG: 8 %), Christopher Hohn, eine außerordentliche Hauptversammlung, bei der die Eigner der D. B. AG über den LSE-Kauf entscheiden sollten. Der Hedgefonds Atticus (5,5 %) unterstützte Hohn. In der Folge erreichten die Aktionäre die Ausschüttung der »Kriegskasse« (Barreserven der D. B. AG von rund 700 Mio. €) und erzwangen schließlich im Mai 2005 den sofortigen Rücktritt Seiferts sowie den für Ende 2005 angekündigten Rücktritt des Aufsichtsratsvorsitzenden Rolf Breuer. Ende Mai 2005 wurde dann bekannt, dass die Bundesanstalt für Finanzdienstleistungsaufsicht (BaFin, Bonn und Frankfurt am Main) einen Verstoß der beteiligten Hedgefonds gegen das dt. Börsengesetz vermutete.

Dividende: Die Vorsitzenden von Vorstand, Kai-Uwe Ricke (rechts), und Aufsichtsrat, Klaus Zumwinkel, schlagen auf der Hauptversammlung der Dt. Telekom im April 2005 die Ausschüttung einer Dividende vor.

Dividende

Anteil am Gewinn einer Aktiengesellschaft (AG), der auf eine einzelne Aktie (Geschäftsanteil) entfällt

Für 2005 planten 22-24 DAX-Firmen, höhere D.-Ausschüttungen vorzunehmen. Mit rund 15 Mrd. € wollten die 30 DAX-Unternehmen 2005 40 % mehr als 2004 ausschütten - fast so viel wie im Rekordjahr 2000 (15,8 Mrd. €). Die für 2005 erwartete durchschnittliche D.-Rendite der DAX-30-Unternehmen sollte bei 3 % liegen, und das, obwohl die Unternehmen nicht einmal die Hälfte ihrer Gewinne ausschütteten. Hauptverantwortlich für den Zuwachs war die Dt. Telekom, die nach zwei Nullrunden erstmals wieder eine D. von insgesamt 2,6 Mrd. € ausschüttete, was rund 50 % der D.-Steigerung von 4 Mrd. € im Vergleich zu 2004 ausmachte. Bei einem Aktienkurs von 16 € und einer D. von 62 Cent/Aktie ergab sich für die Dt. Telekom eine Rendite von 3,9 %. Noch höhere Renditen erbrachten TUI und DaimlerChrysler mit 4,4 bzw. 4,6 %. 3,5 % und mehr konnten Anleger auch bei E.ON, RWE, Thyssen und MAN erwarten. Damit lagen die D.-Renditen dieser sieben DAX-Unternehmen erstmals sogar in der Nähe der Rendite zehnjähriger Bundesanleihen.

Dollarkurs

Die Schwäche des US-Dollars hielt auch 2004 weiter an. Der Euro hatte sich Ende 2004 im Vergleich zum Vorjahr um rund 0,10 US-Dollar auf 1,36 US-Dollar (USD) verteuert, obwohl die US-Notenbank die Leitzinsen von Mitte bis Ende 2004 fünfmal um jeweils 0,25 Prozentpunkte von 1 % auf 2,25 % angehoben hatte. Erst zwei weitere Leitzinserhöhungen im ersten Quartal 2005 sowie gedämpfte Konjunkturerwartungen im Euroraum ließen den US-Dollar mit Kursen von 1,28 USD/€ wieder etwas fester tendieren. Nahezu im Gleichschritt mit dem Euro befestigte sich der japanische Yen (JPY) gegenüber dem US-Dollar bis Ende November 2004 auf 102,5 JPY/USD (Stand Ende 2003: 107 JPY/USD) und notierte bis Ende März 2005 weiterhin nahe seines in 1999 erreichten Hochs von 102 JPY/USD. Das britische Pfund Sterling (GBP) befestigte sich im Jahr 2004 gegenüber dem US-Dollar von 1,79 vorübergehend auf 1,88 USD/GBP und lag Ende Mai 2005 bei 1,82 USD.

Eurex

(European Exchange), Computerbörse, entstand im September 1998 durch Zusammenschluss der Schweizer Terminbörse SOFFEX (Swiss Options and Financial Futures Exchange) und der DTB (Dt. Terminbörse). Gehandelt werden Optionen und Terminkontrakte (Futures). Heute wird die E. von der Dt. Börse AG (DBAG) und der Schweizer Börse Swiss Exchange (SWX) betrieben.

2004 erzielte die E., die größte unter den rund 50 Terminbörsen der Welt, einen Rekordumsatz von rund 1,07 Mrd. Kontrakten (2003: 1,014 Mrd.; +5 %), über die Hälfte davon entfielen auf Kapitalmarktprodukte. Das Wachstumstempo hatte sich allerdings gegenüber 2003 (+27 %) verlangsamt. Die meisten Kontrakte entfielen 2004 mit 240 Mio. auf den Euro-Bund-Future. Auch Index-

Eurex: Handelsvolumen in Produkten in Mio. Kontrakten

Produkt	2004	2003	Veränderung (%)
Indexprodukte	280	265	+6
Aktienoptionen	212	188	+13
Kapitalmarktprodukte:	574	562	+2
Euro-Bund-Future	240	244	-2
Euro-Bobl-Future	159	150	+6
Euro-Schatz-Future	123	117	+5
sonstige Produkte	52	51	+2
Summe	1 066	1 015	+5

Quelle: Gruppe Dt. Börse, Geschäftsbericht für 2004 (April 2005)

produkte waren wieder gefragt. Beim Dow-Jones-Euro-Stoxx-50-Future verzeichneten die Händler 122 Mio. Kontrakte, Aktienoptionen lagen bei 212 Mio.

Eurex US: Die E.-Tochter Eurex US, im Februar 2004 in Chicago gestartet, erzielte 2004 einen Verlust von 52,1 Mio. US-Dollar. Allerdings gelang es ihr, binnen eines Jahres den US-Markt aufzurütteln: Durch den verschärften Wettbewerb fielen die Gebühren aller Transaktionskosten um 80–90 %. Die E. machte nach eigenen Schätzungen mehr als 30 % ihres Gesamtumsatzes direkt oder indirekt in den USA. Sobald die geplante transatlantische Geschäftsabwicklung (Global Clearing Link, GCL) eingerichtet ist, sollen auch europ. Handelsteilnehmer Produkte an der Eurex US kostengünstig handeln können.

www.eurexchange.com

Exchange Traded Funds

(ETF), Indexfonds, die sich in ihrer Zusammensetzung an die Gewichtung eines Index binden und jederzeit ohne Ausgabeaufschlag an der Börse gehandelt werden können

Als Alternative zu herkömmlichen Aktienfonds gewannen börsennotierte ETF 2004/05 zunehmend an Bedeutung. Mit ihnen können Investoren billiger und flexibler am Erfolg der Börse teilhaben. Der Anleger erwirbt mit einem Fondsanteil einen Bruchteil vom Index und partizipiert automatisch an dessen Wertentwicklung. Er muss keinen Ausgabeaufschlag zahlen, sondern wie beim Aktienerwerb lediglich eine Provision von max. 1 % an seine Bank.

Markt: Bislang kamen die Gelder hauptsächlich von Großanlegern wie Banken, Fonds und Versicherungen. Nur 10 % des in europ. ETF investierten Geldes stammte von Privatanlegern. Aus einem Bericht von Morgan Stanley ging hervor, dass am 31. 12. 2004 weltweit Investoren rund 310 Mrd. US-Dollar in 336 ETF investiert hatten; verglichen mit 212 Mrd. US-Dollar in 282 ETF Ende 2003, bedeutete das einen Anstieg des investierten Kapitals um 46 %. Das stärkste Wachstum verzeichnete man in Europa, wo das in 114 ETF angesammelte Vermögen um rund 66 % auf 34 Mrd. US-Dollar anstieg, gefolgt von Amerika mit einem Zuwachs von 51 % auf 227,7 Mrd. und Japan mit einem Plus von 9,7 % auf 30,3 Mrd. US-Dollar.

Exchange Traded Funds: Geschichte

1971: Das US-Bankhaus Wells Fargo legt den ersten Indexfonds für institutionelle Anleger auf, den Samsonite Pension Fund für die Mitarbeiter des gleichnamigen US-Kofferfabrikanten.
1976: Vanguard heißt der erste Indexfonds für Privatanleger.
1990: Der Zulassungsprozess für Exchange Traded Funds (ETF) wird in Gang gesetzt.
1993: Der erste ETF wird an der American Stock Exchange in New York eingeführt.
2000: Der ETF-Handel startet in Deutschland, Großbritannien, Israel, in der Schweiz und in Schweden.
2002: Zwölf Anbieter teilen sich den Markt in Deutschland.
2003: Das ETF-Volumen in Deutschland steigt im Vergleich zum Vorjahr um 91 % auf 10,7 Mrd. €. Die Dt. Börse führt das Marktsegment XTF ein. Ende 2003 gibt es weltweit 282 ETF.
2004: 46 % Wachstum bei ETF; weltweit haben Anleger 310 Mrd. US-Dollar in 336 Exchange-Traded-Funds investiert, in Deutschland Ende 2004 rund 15 Mrd. €.
2005: Barclays emittiert mit dem Xinhua China 25 Index Fund den ersten ETF auf chinesische Aktien. An der Börse Frankfurt gibt es 63 ETF von acht Anbietern. Auch in Berlin und Stuttgart werden ETF gehandelt.

Quelle: New Investor, 31. 3. 2005 u. a.

Auch in Deutschland nahm das Interesse an ETF zu. Der dt. Anbieter Indexchange verzeichnete 2004 einen Nettomittelzufluss von 2,4 Mrd. € und führte damit die Absatzstatistik des Verbandes der Fondsbranche BVI vor dem Allianz-Konzern (einschl. DIT) mit einem Neugeschäft von 2,3 Mrd. € und der Union-Holding mit 1,6 Mrd. € an. Branchenprimus war 2005 die BGI-Tochter von Barclays mit einem verwalteten Kapital von 129 Mrd. US-Dollar.

Gold

Anfang Dezember 2004 stieg der G.-Preis erstmals seit 16 Jahren über die Marke von 450 US-Dollar/Unze (Stand Ende Dezember 2003: ca. 415 US-Dollar). Das Interesse privater Anleger erwachte jedoch erst ganz allmählich, auch wenn insbesondere der wachsende Wohlstand in Asien einige G.-Experten Wertsteigerungen auf mind. 500 US-Dollar/Unze bis 2006 erwarteten ließ; wohingegen andere Experten jedoch einen leichten Kursrückgang (→ Weltwirtschaft, Gold) erwarteten. Die Anlagepalette für das G. reicht vom bloßen Metallbesitz über Goldminen-Zertifikate, Goldminenaktien bis zum Termingeschäft, wobei Letzteres allerdings im Allgemeinen den Börsenprofis vorbehalten bleibt.

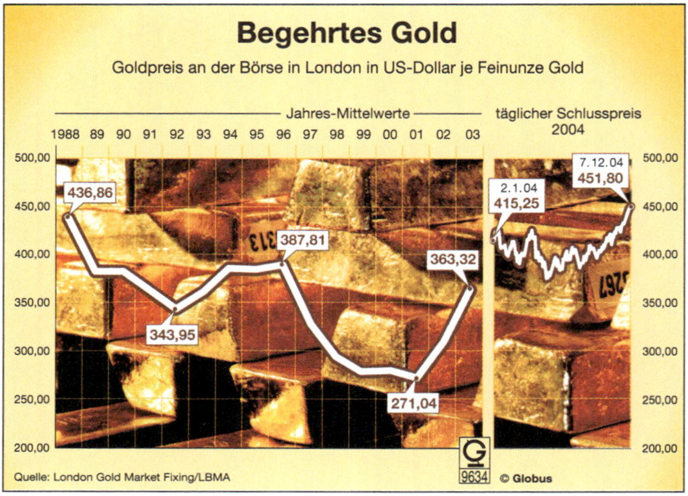

Hedgefonds

(engl.; to hedge: absichern), Fonds, der durch hohe Umschlagsgeschwindigkeit der von ihm gehaltenen Kapitalanlagen und unter Benutzung aller Spekulationsmöglichkeiten möglichst rasche und starke Vermehrung des Vermögens, hoch spekulative Anlagepolitik bei gleichzeitiger Begrenzung des Verlustrisikos anstrebt. Alfred Winslow Jones rief 1949 in den USA den ersten H. ins Leben.

H. sind als Anlageklasse weitgehend von den etablierten Aktien- und Rentenmarktentwicklungen unabhängig, da sie bei der Auswahl der Finanzinstrumente keinen aufsichtsrechtlichen Schranken unterliegen. Die H.-Manager arbeiten meistens von New York oder London aus und haben ihre Gesellschaften in einem sehr regulierungsfreundlichen Umfeld angesiedelt (z. B. Bahamas). Daher können sie viele Finanzinstrumente und -techniken benutzen, die anderswo verboten oder eingeschränkt sind. Charakteristisch sind u. a. sog. Leerverkäufe (Short Selling, der Verkäufer verkauft Wertpapiere bzw. Waren, die er noch nicht besitzt, und spekuliert auf fallende Kurse, damit er sich später preisgünstig eindecken kann, um seinen Verpflichtungen nachzukommen) und Wertpapierkäufe auf Kredit (engl.: leveraging; Erzeugen einer Hebelwirkung: die Rentabilität erhöhende Wirkung auf das Eigenkapital durch zusätzliche Nutzung von Fremdkapital), um die Rendite zu steigern. Eine größere Risikostreuung erreichen Dach-Hedgefonds (Dachfonds), die in mehrere Einzelfonds (auch Ziel-Hedgefonds) investieren.

Marktmacht: Weltweit waren Anfang 2005 rund 7 000 H. auf dem Markt, allein 2004 wurden 400 neue H. zugelassen. Insgesamt verwalteten sie ein Vermögen von rund einer Billion US-Dollar (Investmentfonds: 18 Billionen) und bildeten somit eine beachtliche Marktmacht. Zu den schärfsten Gegnern der H. zählte die Anti-Globalisierungsbewegung Attac, die den H.-Managern u. a. vorwarf, die Stabilität der internationalen Finanzmärkte zu bedrohen, z. B. durch Leerverkäufe bewusst Kursschwankungen zu verstärken und Kursstürze auszulösen. Als Beispiel gilt die Manipulation des britischen Pfunds durch H.-Manager George Soros. Auch in Deutschland machten H. ihren Einfluss geltend, um 2005 die Übernahme der Londoner Börse durch die → Dt. Börse AG zu verhindern.

Deutschland: Ab 2004 waren H. in Deutschland zugelassen. Sie erlebten aber bei aller Euphorie, mit der ihre Zulassung erwartet wurde, einen schwachen Start: Die gesamte H.-Branche nahm hier nur ca. 1 Mrd. € ein (zum Vergleich: das Geldvermögen der privaten Haushalte wird auf rund 4 Billionen € geschätzt; in Publikumsfonds sind rund 460 Mrd. € angelegt). Gründe dafür waren u. a. geringe Kursschwankungen, abwicklungstechnische Probleme bei H.-Gesellschaften und eine z. T. strenge Regulierung seitens der Bundesanstalt für Finanzdienstleistungsaufsicht (BaFin, Bonn und Frankfurt am Main), u. a. mit ihren Forderungen nach Transparenz.
www.hedgefondsweb.de

IFRS/IAS

(International Financial Reporting Standards/International Accounting Standards), internationale Bilanzierungsregeln, die ab 2005 von börsennotierten Unternehmen innerhalb der EU anzuwenden sind

Am 1. 1. 2005 begann in der Europ. Union ein neues Zeitalter der Bilanzierung. Rund 7 000 Kapitalmarktunternehmen mussten ab diesem Stichtag ihre Konzernrechnungslegung auf die internationalen Regelungen der IFRS/IAS umstellen. Allein in Deutschland betraf dies etwa 1 000 Gesellschaften. Zwei Jahre länger Zeit blieb i. d. R. Firmen, die ihren Abschluss nach den amerikanischen Normen US-GAAP (engl.: Generally Accepted Accounting Principles; allgemein anerkannte Rechnungslegungsgrundsätze) erstellten und die an einer US-Börse notiert waren; in Deutschland waren das z. B. DaimlerChrysler, die Dt. Bank oder Fresenius Medical Care. 2007 ist zudem der Stichtag für Unternehmen, die lediglich mit einer Anleihe notiert sind. Dies betrifft eine große Zahl von Sparkassen und Genossenschaftsbanken. Allen anderen Unternehmen wird ein Wahlrecht eingeräumt, ihren Konzernabschluss nach IFRS/IAS statt nach HGB (Handelsgesetzbuch) aufzustellen.

Wesentliche Änderungen: Zum einen wird der Aufpreis bei Firmenübernahmen (Goodwill) nicht mehr abgeschrieben, sondern bleibt als fester Wert in der Bilanz stehen. Das lässt den Gewinn optisch größer erscheinen. Gewinnverringernd wirkt dagegen eine vorsichtigere Bewertung der Pensionsverpflichtungen.

Indizes

I. werden von Investoren genutzt, um die Entwicklung des eigenen Portfolios zu kontrollieren, und von vielen als Maßstab für eigene Anlageentscheidungen

MDAX, SDAX, TecDAX: 2004 entwickelte sich der MDAX (die 50 auf die 30 DAX-Werte folgenden umsatzstärksten dt. Werte) im fünften Jahr in Folge besser als der → DAX und erreichte ein Plus von 20 %. Den größten Kursanstieg verzeichnete die MPC Capital AG, die erst 2004 in den MDAX aufgestiegen war und mehr als 100 % zulegte. Die beiden größeren Neuemissionen 2004, Dt. Postbank und Wincor Nixdorf, erreichten +14 % bzw. +45 %. Größter Verlierer war KarstadtQuelle mit rund 50 %. Der SDAX, der Index für 50 ausgesuchte mittelgroße Unternehmen (Small Caps), legte um 21,6 % zu; der TecDAX mit 30 mittelgroßen Werten aus dem Technologiebereich fiel dagegen um 3,94 %.

DivDAX: Am 1. 3. 2005 führte die Dt. Börse AG den DivDAX ein, in dem die 15 dividendenstärksten Titel der 30 DAX-Werte notieren. Geldinstitute wie die HypoVereinsbank und die Dt. Bank brachten Indexzertifikate auf den neuen DivDax auf den Markt, sodass insbesondere konservative Anleger mit werterhaltenden Anlagestrategien in Finanzprodukte investieren konnten, die auf dem neuen Index basieren. Im DivDAX enthaltene Firmen waren BASF, Bayer, DaimlerChrysler, Dt. Bank, Dt. Post, E.ON, Henkel, Linde, MAN, Metro, RWE, Schering, ThyssenKrupp, TUI und Volkswagen.

Gex: Seit Januar 2005 fasste der German Entrepreneurial Index (Gex) alle eigentümergeführten Unternehmen zusammen, die nicht länger als zehn Jahre börsennotiert waren und deren Inhaber mind. 25 % der Anteile hielten. Rund 120 Firmen waren im Gex vertreten, darunter Henkel, Fresenius, IDS Scheer und Beate Uhse. Kurse lagen rückwirkend seit 2002 vor. Somit konnte errechnet werden, dass der Gex seit Anfang 2003 regelmäßig I. wie DAX, TecDAX und SDAX überflügelte.

Insider

(engl.; Eingeweihte), Personen, die früher als die Allgemeinheit von wirtschaftlichen Vorgängen (sog. I.-Tatsachen) erfahren, die den Kurs eines Wertpapiers beeinflussen. Als I. gelten die Mitglieder von Führungs- und Aufsichtsorganen von Unternehmen und Banken sowie Personen in deren Umfeld. I.-Informationen sind Informationen über nicht öffentlich bekannte Umstände, die sich auf einen oder mehrere Emittenten von Wertpapieren beziehen und geeignet sind, im Falle ihres öffentlichen Bekanntwerdens den Börsenkurs erheblich zu beeinflussen.

Anfang 2005 plante die Bundesanstalt für Finanzdienstleistungsaufsicht (BaFin, Bonn und Frankfurt am Main) mit dem Anlegerschutzverbesserungsgesetz, den I.-Handel weiter einzuschränken. Laut BaFin zählen z. B. Aktienoptionen als Teil von Managementvergütungen als I.-Papiere und dürfen von den jeweiligen Managern nicht gehandelt werden. Der Zentrale Kreditausschuss (ZKA) folgerte daraus, dass somit eine Veräußerungsmöglichkeit der Papiere faktisch ganz ausgeschlossen sei, weil Vorstandsmitglieder stets I.-Informationen besitzen. Laut Gesetz muss jedes börsennotierte Unternehmen ein I.-Verzeichnis anlegen und führen, damit die BaFin möglichen Verstößen schneller auf die Spur kommen kann.

Insiderfonds: Seit 2002 müssen Wertpapiergeschäfte von Vorständen und Aufsichtsräten (sog. Directors' Dealings) der BaFin gemeldet werden; sie werden u. a. auf Internetseiten wie www.insiderdaten.de publik gemacht. Wollen Anleger – wenn auch mit Verzögerung – diese Transaktionen kopieren, können sie es entweder direkt oder über Fonds bzw. Zertifikate (I.-Strategie-Zertifikat der Credit Suisse First Boston) tun. Eine Studie der Dt. Bank zeigte Ende 2004, dass diese Handelsstrategie zwischen Juli 2002 und März 2004 nach jeweils sechs Monaten durchschnittlich 9,3 % besser abgeschnitten hatten als der DAX. Ab Oktober 2004 wurde eine EU-Richtlinie umgesetzt, die Mitgliedstaaten dazu verpflichtete, die Directors' Dealings spätestens fünf Tage nach dem Geschäft zu veröffentlichen. Problematisch beim Nachahmen der Transaktionen war, dass Aktien mit geringem Börsenwert oft nach Einstieg von I. kräftig stiegen, nach Ausstieg von I. aber auch kräftige Rückschläge erlitten. Zudem häuften sich sog. manipulative Meldungen durch Chefs, die ihre Unternehmen und Aktien wieder ins Gespräch bringen und durch eigene Käufe Kurssteigerungen herbeiführen wollten.

www.insiderdaten.de; www.bafin.de (Bundesanstalt für Finanzdienstleistungsaufsicht)

Investmentfonds: Begriffe

AS-Fonds (Altersvorsorge-Sondervermögen-Fonds), seit 1998 am Markt, dürfen gleichzeitig in Aktien, Renten und Immobilien investieren.
Dachfonds, in Deutschland 1998 zugelassen, können weltweit in Einzelfonds investieren und somit das Anlagerisiko streuen.
Dividendenfonds konzentrieren sich auf die Investition in dividendenstarke Aktien.
Garantiefonds bieten durch geschickte Absicherungskonstruktionen Sicherheit im Falle eines Einbruchs der Aktienkurse. Dafür werden die Anleger an erzielten Wertsteigerungen nur prozentual beteiligt.
Geldmarktfonds gelten als Geldanlagealternative für sicherheitsorientierte Sparer und solche, die angesichts des Zinstiefs ihr Geld nur kurzfristig anlegen wollen.
Pensionsfonds, ab 2002 Versorgungseinrichtung der betrieblichen Altersversorgung wie Direktversicherung, Pensionszusage, Pensionskasse und Unterstützungskasse; erbringen Altersvorsorgeleistungen für einen oder mehrere Arbeitgeber zugunsten von Arbeitnehmern.
Superfonds, seit 2004 in Deutschland zugelassen, investieren nicht nur in Aktien und Anleihen, sondern auch in Derivate und Zertifikate, dürfen aber im Gegensatz zu Hedgefonds nicht mit Krediten arbeiten.
Total Return Fonds, i. d. R. Fonds mit Schwerpunkt auf Anleihen. Ziel ist eine möglichst stabile jährliche Rendite.

Investmentfonds

In I. wird Anlegergeld angesammelt und von Fondsmanagern verwaltet. Die Anleger in I. erhalten Anteilsscheine am Fondsvermögen. Erwirtschaftet ein I. Erträge aus Kursgewinnen, Dividenden, Zinsen usw., werden diese i. d. R. an die Anteilseigner ausgeschüttet oder auch direkt reinvestiert. Es gibt I. für die Anlage in Aktien, Renten, Immobilien, Indizes, den Geldmarkt und Derivate sowie Mischformen davon

Die dt. Publikumsfonds (I., die jedem Anleger offen stehen) verwalteten Ende 2004 ein Vermögen von rund 460 Mrd. €, 24 Mrd. € (ca. 5 %) mehr als Ende 2003; zusammen mit den Spezialfonds (die nur für institutionelle Anleger aufgelegt werden) waren es 1003 Mrd. €. Rund 31 % des dt. I.-Vermögens waren in Aktienfonds, 30 % in Rentenfonds angelegt. Insgesamt wurden in Deutschland etwa 7 600 Fondsprodukte angeboten.

Fondsschließungen: 2004 wurden in Deutschland weitere 310 I. geschlossen (2003: 624). Auch 2005 waren rund 25 % der dt. Publikumsfonds zu klein, sodass mit weiteren Schließungen durchaus zu rechnen war: Nach Angaben des Bundesverbands Investment und Asset Management (BVI, Frankfurt am Main) besaßen rund 37 % der Publikumsfonds in Deutschland ein Fondsvermögen von weniger als 25 Mio. €; ein I. unter einem Volumen von 50 Mio. € ist allerdings laut BVI kaum mehr wirtschaftlich zu führen. Gemäß der Unternehmensberatung McKinsey erzielten dt. Fonds einerseits zwar hohe Umsätze, fielen andererseits jedoch wegen zu hoher Kosten im europ. Wettbewerb zurück. Fondsgesellschaften legten neue I. deshalb lieber in Luxemburg oder Irland auf.

www.fondsweb.de (Informationsplattform)

Kredithandel

Nach ausländischem Vorbild kam 2004 auch in Deutschland der Handel mit sog. faulen Krediten in Schwung. Nach Schätzungen von Merrill Lynch wechselten 2004 Schulden im Wert von 35 Mrd. € den Gläubiger. Ein großer Teil davon entfiel auf Not leidende Kredite. Größter Aufkäufer auf diesem Markt war der dt. Ableger des texanischen Private-Equity-Fonds Lone Star, der mehreren Banken Not leidende Kredite und andere rückzahlungsgefährdete Aktiva im Gesamtnennwert von mehr als 6 Mrd. € abkaufte. Aber auch einheimische Institute verstärkten ihr Engagement, u. a. die Dt. Bank und die Hypothekenbank Eurohypo im Jointventure mit der Citigroup. Zu den Pionieren auf der Verkäuferseite zählte die Dresdner Bank, die Ende 2003 ihre faulen Darlehen mit einem Volumen von 36 Mrd. € in eine eigene Restrukturierungseinheit, die Institutional Restructuring Unit (IRU), ausgelagert hatte. Ursache für das boomende Geschäft mit faulen Krediten war die dt. Bankenkrise. Um ihre Bilanzen zu reparieren, versuchten immer mehr Institute, die milliardenschweren Folgen vergangener Fehlentscheidungen aus den Büchern zu entfernen. Sie verkauften Kredite, für die keine Zinszahlungen oder Tilgungen mehr flossen, mit einem Abschlag von 50 % an Investoren. Diese versuchten ihrerseits, mit der Verwertung oder dem Weiterverkauf der Kredite Geld zu verdienen. Experten schätzten den dt. Markt für Not leidende Kredite auf 160–300 Mrd. €.

Ökofonds

Bei dieser sog. grünen Geldanlage stehen neben finanziellen Kriterien auch ökologische, soziale und ethische Gesichtspunkte im Vordergrund. Die Anleger sind bestrebt, ihre Rendite durch Investition in moralisch unverdächtige Unternehmen zu erzielen.

2004 verstärkte sich das Wachstum der sog. nachhaltigen Investmentfonds weiter. Laut Berechnungen des Sustainable Business Institute (SBI) an der European Business School in Oestrich-Winkel stieg das Anlagevolumen der 110 Fonds im dt.-sprachigen Raum auf 5,3 Mrd. € (+26 %) und verdoppelte sich damit seit 2000; der Zuwachs übertraf den des gesamten Marktes für Publikumsfonds um das Fünffache. Die durchschnittliche Wertsteigerung der Ö. erreichte laut SBI 6,7 % je Jahr, reine Öko-Aktienfonds 7,2 %, Öko-Rentenfonds 3,8 % und Mischfonds 6,2 %. Am Gesamtmarkt halten Ö. einen Anteil von nur 0,5 %; es wird allerdings mittelfristig mit einem Anstieg auf 10 % gerechnet.

Entwicklung: Auf die frühen, rein ethischen Fonds, die auf sog. sin stocks (engl.; Sündenaktien) wie etwa Tabak, Rüstung usw. verzichteten, folgte eine Welle ökologisch ausgerichteter Fonds, die sich beispielsweise mit Windenergie beschäftigten. 2004/05 wurde der Begriff »nachhaltige Geldanlage« umfassender verstanden: nämlich als ökologisch, sozial und ökonomisch im Sinne von effizienzsteigernd und ressourcenschonend. Insbesondere große Pensionskassen strebten danach, ihre Gelder nicht nur performancestark, sondern auch so-

Ökofonds: Begriffe

Anleger: Der klassische Anleger in Ökofonds ist jung, gebildet und postmaterialistisch eingestellt, das Vermögen dieser Bevölkerungsschicht wächst, und somit wachsen die potenziellen Zuflüsse in Ökofonds.
Ausschlusskriterien: Viele Ökofonds investieren nicht in Branchen wie Rüstung, Tabak, Kernenergie, Pornografie oder in Unternehmen mit gesundheitsschädlichen Produkten oder Aktivitäten wie Tierversuchen, Kinderarbeit und Menschenrechtsverletzungen (auch Diskriminierung).
Erneuerbare-Energien-Gesetz (EEG): Bis 2020 sollen rund 20 % des heutigen Strombedarfs in Deutschland nach den Vorgaben des EEG aus erneuerbaren Quellen zu decken sein. Dabei werden z. B. Offshore-Windparks eine zentrale Rolle spielen und bis 2030 allein 15 % zum Energiemix beisteuern.
Ökobanken: 1988 startete die GLS-Bank in Deutschland als erstes ethisch-ökologisches Institut und blieb 2004 mit rund 42 000 Kunden Marktführer vor der Umweltbank (40 300 Kunden). Neben banküblichen Dienstleistungen fungieren Ö. als Initiatoren bei Windkraft- und Solarenergieanlagen. Jüngstes Institut auf dem Markt war die Ethikbank.
Themenfonds: Neben sog. Öko-Leader-Fonds, denen ein breites ökologisches und z. T. soziales Konzept zugrunde liegt, gibt es spezielle Fonds z. B. für Umwelttechnik, Wasser und erneuerbare Energien.

zial verträglich anzulegen, und investierten daher verstärkt in Ö. (in den USA rund 30 % aller Neuanlagen). Wegen der begrenzten Auswahl an unzweifelhaften Nachhaltigkeitsaktien werden vielfach auch Unternehmen ausgewählt, die bestimmten ökologischen, ethischen und sozialen Kriterien am ehesten gerecht werden.
www.fondsnet.de; www.oekorenta.de; www.umweltfondsvergleich.de; www.ethikfonds-vergleich.de

Onlinebroker

(auch: Discount-Broker, Direkt-Broker), Unternehmen, die durch Bereitstellung von entsprechender Hard- oder Software Wertpapierhandel via Internet ermöglichen

Die O., die in ihren Anfängen lediglich vergleichsweise preisgünstige Anbieter von Wertpapierdienstleistungen über das Internet waren, setzten den in den schwachen Börsenjahren 2000–02 begonnenen Trend zu mehr Beratungsleistungen fort. So bot der Marktführer in Europa, Cortal Consors, seit April 2004 persönliche Finanzberatung; bis Ende 2004 berieten insgesamt 40 Mitarbeiter 1 100 Kunden bei Geldanlage, Altersvorsorge, Versicherung und Baufinanzierung. Consors wollte auf diese Weise zum Konkurrenten Comdirect aufschließen, der bereits in Ballungsräumen und größeren Städten Beratungszentren betrieb. Beide Unternehmen setzen auf internationale Expansion. Consors ist außer in Deutschland bereits in fünf weiteren Ländern vertreten.

Onlinebroker: Brokerwahl 2005[1]

Rubrik Online Broker	
Platz 1:	Comdirect (35,6 %)
Platz 2:	Cortal Consors (23,5 %)
Platz 3:	DAB (18,6 %)
Rubrik Daytrade Broker	
Platz 1:	Cortal Consors (27,8 %)
Platz 2:	DAB (17,6 %)
Platz 3:	Comdirect (16,9 %)
Rubrik Fonds Broker	
Platz 1:	DAB (26,3 %)
Platz 2:	Comdirect (25,1 %)
Platz 3:	Cortal Consors (24,1 %)
Rubrik Forex Broker	
Platz 1:	FXdirekt Bank (46,3 %)
Platz 2:	FINEXO (26,3 %)
Platz 3:	Neurex Direct (10,7 %)
Rubrik Futures Broker	
Platz 1:	Cortal Consors (45,3 %)
Platz 2:	CTS Brokerage (14,6 %)
Platz 3:	ActivTrades.com (8,5 %)

1) März 2005; Quelle: www.brokerwahl.de

Onlinebroker: Ben Tellings, Chef von ING-Diba; die Bank hat 2004 den dt. Onlinebroker Entrium gekauft.

Comdirect: Der führende dt. O. mit über 600 000 Kunden und rund 10 Mrd. € betreutem Kundenvermögen machte 2004 erstmalig nach zwei Jahren wieder Gewinne in Höhe von 50 Mio. €. Immer stärkere Konkurrenz erwuchs der Comdirect u. a. aus der Nummer eins der Direktbanken, der HypoVereinsbank-Tochter DAB, die ihren Überschuss 2004 auf 24,8 Mio. € verdoppelte und 2005 auf eine Gesamtkundenzahl von 1 Mio. kommen wollte. Ende 2004 verwaltete die DAB unter Einbeziehung der Neuerwerbungen der FondServiceBank GmbH (FSB) rund 858 000 Depots mit einem Kundenvermögen von 18,13 Mrd. €.

ING-Diba: Die größte europ. Direktbank, Tochter der niederländischen Mutter ING Group, hatte Ende 2004 rund 4,4 Mio. Kunden (+700 000) und war damit die viertgrößte Privatbank in Deutschland. Jeden Tag kamen Anfang 2005 etwa 4 000 Kunden neu hinzu. Für 2005 wurde ein Wachstum um rund 500 000 Kunden angestrebt. 2004 hatte sich das Unternehmen den O. Entrium (Nürnberg) einverleibt.
www.gelon.de/depotkonten/broker_vergleich/Gesamtwertung.html; www.Broker-Test.de (Preise und Konditionen von O.)
➤ Wirtschaft, E-Commerce

Pfandbriefe

Anleihen von Hypotheken- und Landesbanken, deren Zins- und Tilgungszahlungen durch einen Deckungsstock (z. B. Hypotheken oder Staatskredite) gedeckt bzw. gesichert sind. P. gelten daher als besonders sichere Anleihen. Sie sind meist an einer Börse zum Handel zugelassen.

Vor dem Hintergrund des Wegfalls von Anstaltslast und Gewährträgerhaftung (keine Risikoübernahme durch die öffentliche Hand) für Sparkassen und Girozentralen zum 18. Juli 2005 entwickelte die Bundesregierung im Oktober 2004 in Zusammenarbeit mit den Verbänden und Sachverständigen einen Entwurf für ein allgemeines P.-Gesetz (PfandBG). Dieses sollte die internationale Vormachtstellung des dt. P. sichern und den Finanzplatz Deutschland stärken.

Gesetz: Prinzipiell räumt das PfandBG allen dt. Kreditinstituten unter strengen Auflagen die Möglichkeit ein, P. zu begeben bzw. die günstigen Refinanzierungen der Banken über P. einheitlich zu regeln. Voraussetzung dafür ist eine sog. P.-Emissions-Lizenz, die von der Bundesanstalt für Finanzdienstleistungsaufsicht (BaFin, Bonn und Frankfurt am Main) erteilt wird, wenn der Emittent eine Reihe von Anforderungen erfüllt. Der P.-Emittent muss über ein hinreichendes Kernkapital verfügen (mind. 25 Mio. €) sowie beabsichtigen, regelmäßig und nachhaltig das P.-Geschäft zu betreiben, und in der Lage sein, die Risiken der Deckungsmasse und des Emissionsgeschäfts zu steuern. Als Deckungswerte von Hypotheken-P. sind Hypotheken und Grundschulden aus dem europ. Wirtschaftsraum, der Schweiz, den USA, Japan und Kanada erlaubt sowie bis zu max. 10 % andere vergleichbare ausländische Sicherungsrechte, wenn sie P.-Gläubigern kein Konkursvorrecht einräumen.

Regionalbörsen

Bezeichnung für die übrigen dt. Börsenplätze, Berlin, Bremen, Düsseldorf, Hamburg, Hannover, München und Stuttgart, nachdem unter der Führung des bedeutendsten dt. Börsenplatzes Frankfurt ab Ende der 1980er-Jahre verstärkt elektronische Handelsplätze für Wertpapiere und Derivate wie Eurex, Xetra (2004 Marktanteil beim Handel mit DAX-Werten rund 97 %) und ihre Vorläufer zum Einsatz kamen

Die R. kämpften mit ihren z. T. spezialisierten (Nischen-)Produkten und Dienstleistungen im Schatten der übermächtigen Frankfurter Wertpapierbörse FWB um ihr wirtschaftliches Überleben, insbesondere Anfang 2005 angesichts der geplanten Fusion der Börsen Frankfurt und London.

Nischen: Prinzipiell wollten alle R. 2005 ihr Augenmerk neben dem Handel mit ausländischen Wertpapieren und Fonds mehr auf den Privatanleger richten. Es wurde vermutet, dass die R. Bremen, seit 2003 mit der R. Berlin zur öffentlich-rechtlichen Börse Berlin-Bremen zusammengeschlossen, für 2005 eine Fusion mit den R. Hamburg und Hannover (Trägergesellschaft Börsen AG, Böag) plante, um sich dann auf den Handel mit festverzinslichen Wertpapieren zu spezialisieren. Stuttgart, nach Frankfurt am Main die zweitwichtigste Börse in Deutschland, war auf den Derivatehandel spezialisiert, Hamburg-Hannover auf den Fondshandel, Düsseldorf auf Nebenwerte. Berlin wollte den Handel mit Fonds und mit chinesischen Aktien ausbauen.

Regionalbörsen: Umsätze 2004[1]

Ort	Mrd. €
Frankfurt (Parkett)	104,1
Stuttgart	56,2
restliche dt. Börsen	50,2
gesamt	210,5

1) Jan.-Nov., ohne Xetra
Quelle: Börse Stuttgart, Börsen-Zeitung, 31.12. 2004

www.berlinerboerse.de; www.boerse-berlin-bremen.de; www.boerse-duesseldorf.de; www.quotrix.de (Börse Düsseldorf); **www.boerse-muenchen.de; www.boersenag.de** (Börsen Hamburg und Hannover); **www.boerse-stuttgart.de, www.euwax.de** (Börse Stuttgart); **www.deutsche-boerse.de, www.xetra.de** (Börse Frankfurt)

Reits

(Real Estate Investment Trust), börsennotierte US-Immobiliengesellschaften. Das Kapital ihrer Anteilinhaber wird zu mind. 75 % in den US-Immobilienmarkt investiert.

R. wurden seit den 1990er-Jahren in den USA angeboten und etablierten sich dort als erfolgreiches Investment für den Privatanleger. Auch in Europa (den Benelux-Staaten und Frankreich) wurden sie ab 2003 verstärkt angeboten und werden voraussichtlich auch in Deutschland ab 2006 ihre Premiere feiern. Bei R. handelt es sich um börsennotierte und steuerbegünstigte Immobilienaktien und eine gute Alternative zu offenen Immobilienfonds. Der R. zahlt weder Körperschaft- noch Gewerbesteuer, muss dafür aber 90 % seines Gewinnes als Dividende an die Aktionäre auszahlen. Die Aktionäre versteuern die Dividende mit ihrem persönlichen Steuersatz. Anders als für die Anteilseigner anderer Kapitalgesellschaften gilt für sie nicht das Halbeinkünfteverfahren, bei dem nur die halbe Dividendensumme besteuert wird.

Um Firmen dazu zu bewegen, Immobilien in einen R. einzubringen und dabei die stillen Reserven (Differenz zwischen Buch- und Marktwert) aufzudecken, sollen diese nur mit etwa 20 statt 40 % Steuer belastet werden. Die Initiative Finanzplatz Deutschland (IFD) erwartete bis 2011 knapp 130 Mrd. € Marktkapitalisierung für dt. Reits. Die Banken versprachen sich ein Neuemissionsgeschäft mit R., die Investmentgesellschaften wollten entsprechende Fonds auflegen, und Unternehmen erwarteten ein erweitertes Käuferpotenzial ihrer Liegenschaften.

www.investinreits.com, www.nareit.com (Informationen über Reits)

Xetra

(Kunstwort für Exchange electronic trading; engl.), elektronischer Börsenhandel über ein Computersystem der Dt. Börse AG (DBAG) in Frankfurt. Das Kerngeschäft von X. ist der Handel mit Wertpapieren und die Bereitstellung von Dienstleistungen rund um den Handel in den Segmenten DAX (Bluechips), MDAX (Midcaps), Smax (Smallcaps), TecDAX (Technologiewerte) und ETF (Exchange Traded Funds).

Neben Tausenden von Aktien dt. und internationaler Emittenten können Investoren über X. bzw. die Frankfurter Wertpapierbörse (FWB) über 8 000 festverzinsliche Wertpapiere, 77 Indexfonds/Exchange Traded Funds (ETF bzw. XTF) und aktiv gemanagte Fonds sowie rund 45 000 Zertifikate und Optionsscheine handeln.

2004 fanden auf X. und dem Parkett der FWB 98 % des Handels in dt. Aktien statt. Ab Januar 2005 gilt ein neues X.-Preismodell für den Aktienhandel: Die DBAG berechnet die Entgelte für die drei Wertschöpfungsstufen Handel, Clearing (Mittlertätigkeit zwischen Käufer und Verkäufer) und Abwicklung separat und bleibt damit in allen Stufen günstigster Anbieter von Börsentransaktionen in Europa. X. hat 283 Teilnehmer in 18 Ländern. Internationale Aktien sind in den »X.-Stars« gebündelt: So umfassen die X. Dutch Stars alle Werte des holländischen AEX 25-Index, die X. European Stars enthalten alle Aktien des DJ EURO STOXX 50 mit Ausnahme spanischer und italienischer Werte.

Zertifikate

Börsennotierte Schuldverschreibungen von Banken mit der Maßgabe auf Rückzahlung an die Z.-Käufer nach einer vorher festgelegten Laufzeit, wenn bestimmte Voraussetzungen eintreten

Seit Ende der 1990er-Jahre gibt es die Möglichkeit, in Z. zu investieren. Man kann sie auf Indizes bezogen kaufen, auf verschiedene Branchen oder nur auf Einzelaktien. Manche von ihnen ähneln eher Anleihen, andere bergen wie Optionsscheine die Gefahr des Totalverlusts. Anfang 2005 gab es in Deutschland über 20 000 Anlage-Z., die dem Privatanleger und dem Börsenprofi Möglichkeiten gaben, sich z. B. gegen fallende Kurse abzusichern oder sie als zusätzliches Spekulationsinstrument zu nutzen.

Zertifikatarten

Bonus-Zertifikate bieten am Ende der Laufzeit die Rückzahlung des Kapitaleinsatzes plus einen Aufschlag. Fällt allerdings der Basiswert unter eine festgelegte Grenze, wird aus den Zertifikaten ein ganz normales Indexpapier.

Discount-Zertifikate ermöglichen den Einstieg in einen Basiswert (Aktie, Index) mit Rabatt. Dafür ist die Beteiligung des Anlegers an der Wertentwicklung des Basiswertes nach oben hin begrenzt.

Garantie-Zertifikate bestehen in der Grundform aus einer Anleihe und einer Option. Die Anleihe sorgt für den Vermögenserhalt, das Termingeschäft (Option) für den Extragewinn, sofern die angenommene Richtung der Märkte, auf die spekuliert wird, stimmt.

Hebel-Zertifikate erlauben hohe Gewinne, aber auch den Totalverlust des eingesetzten Kapitals in kürzester Zeit. Knock-Out- und Turbo-Zertifikate sind der Gruppe der Hebel-Zertifikate zuzurechnen und zeichnen sich durch überproportionale Gewinnmöglichkeiten aus.

Hedgefonds-Zertifikate gewähren den Anlegern Zugang zum Geschäft der Hedgefonds-Manager.

Index-Zertifikate bilden den Basisindex in einem festgelegten Verhältnis von z. B. 1:10 ab und sind eine recht preiswerte Möglichkeit, Kapital breit gestreut und transparent zu investieren.

Themen-, Strategie- und Basket-Zertifikate bieten dem Anleger die Chance auf eine über der Wertentwicklung des Gesamtmarktes liegende Rendite.

Computer und Telekommunikation

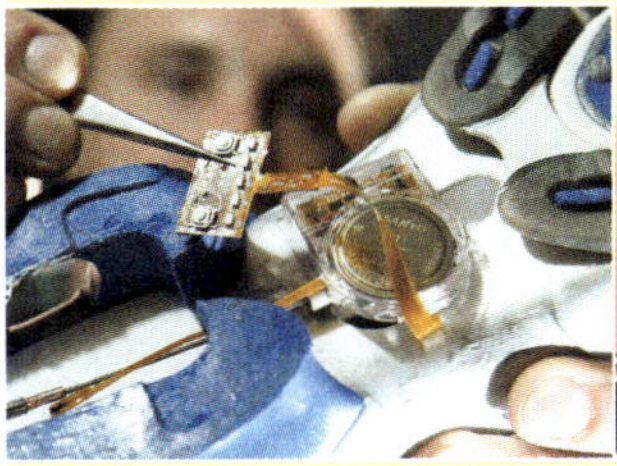

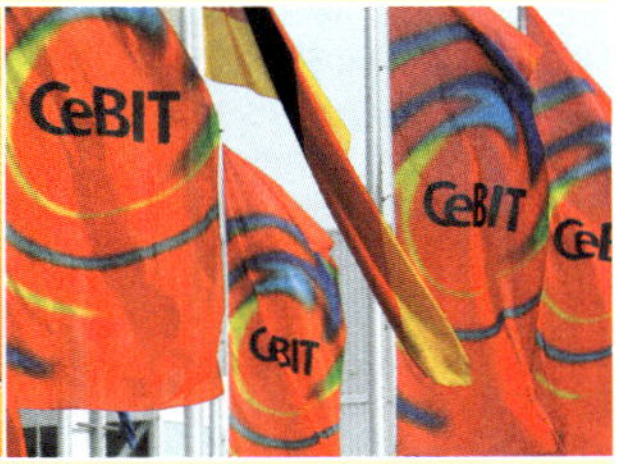

Betriebssystem

Software, die das Arbeiten mit einem Computer durch Definition von Geräteschnittstellen (z. B. zu Druckern und Scannern), Datenstrukturen/Dateien und Programmen erst ermöglicht, steuert und kontrolliert

Longhorn: Über 96 % aller PCs weltweit laufen mit einem Windows-B. von Microsoft. Ende 2006 soll das Windows-B. mit dem Codenamen Longhorn die Nachfolge von Windows XP (XP: Experience, engl.; Erfahrung) antreten. In Longhorn soll u .a. der auf Verschlüsselungstechnik basierende Schutzmechanismus »Next Generation Secure Computing Base« (NGSCB, engl.; etwa: sicheres Arbeiten am Computer für die nächste Generation) integriert sein. NGSCB soll die Sicherheitsprobleme der bisherigen Windows-B. verringern. Weiterhin soll Longhorn im Zuge der Verschmelzung von Computern und Geräten der Unterhaltungselektronik Funktionen für Home-Entertainment und Tablet-PCs (tragbare, mit einem Stift bedienbare Rechner) erhalten.

Linux: Linux ist ein sog. Open-Source-B. (engl.; offene Quelle), d.h., der Quellcode der Programme ist für jedermann einzusehen. In der Regel sind Open-Source-Programme auch frei verfügbar und dürfen kostenlos genutzt werden. Weltweit arbeiten ständig viele Programmierer gemeinsam an der Weiterentwicklung und Verbesserung von Linux. Der Anteil von Linux-PCs an sämtlichen installierten Desktop-Rechnern in Deutschland erhöhte sich 2004 allerdings nur minimal von 3,13 auf 3,43 %. Laut einer Befragung des Marktforschungsunternehmens Techconsult

Betriebssysteme auf Rechnern weltweit[1)]

Bezeichnung	Marktanteil (%)
Windows XP Home	23,6
Windows 1.x, 2.x, 3.x 9x, Me	23,1
Windows 2000 Professional [2)]	21,4
Windows XP Professional	18,3
Windows NT[2)]	4,9
Mac OS	2,5
Linux	1,3
sonstige	4,9

1) Stand: September 2004; 2) Nutzung insbesondere in Firmen; Quelle: Gartner Dataquest, PC Professionell 4/2005

bei 1200 Firmen setzten lediglich 7 % überhaupt Linux auf dem Desktop ein, eine große Steigerung wird wegen hoher Migrationskosten und unzureichendem Know-how nicht erwartet. Eine Ausnahme bildete die öffentliche Hand; nach München plante die Stadt Wien die Umstellung auf Linux. Nachdem das weltgrößte Computerunternehmen IBM (International Business Machines, USA) 2004 begonnen hatte, 40 000 seiner Rechner auf Linux umzustellen, half IBM 2005 der Dt. Bahn beim weltgrößten Linux-Projekt: Im Zuge der Kostenersparnis und größerer Flexibilität wurden bereits 55 000 Rechner umgestellt, Serversysteme sollen folgen. Bei Servern ist die Situation anders: Hier ist Linux fest im Markt etabliert und weist hohe Wachstumsraten auf. Laut Marktforschungsunternehmen IDC (USA) wird der Umsatz mit Linux-Servern in den kommenden Jahren jährlich um durchschnittlich 22,8 % (9,1 Mrd. US-Dollar) ansteigen.

Betriebssysteme: Prognosen für Linux[1)]

Jahr	Anteil (%)
2004	3,5
2005	4,0
2006	4,8
2007	5,8
2008	7,0

1) Linux in neuen PCs, Stand: Dezember 2004; Quelle: IDC, PC Professionell 4/2005

Solaris: Anfang 2005 wollte der US-Computerkonzern Sun Microsystems die durch die Entlassung von Chefin Carly Fiorina entstandene Führungskrise beim Rivalen Hewlett-Packard (HP) nutzen, um seinen Marktanteil am Geschäft mit Servern (Computer, die in Netzwerken anderen Rechnern Daten und Programme zur Verfügung stellen) zu vergrößern. Sun war nach IBM und HP mit einem Marktanteil von rund 11 % der drittgrößte Hersteller von Servercomputern und hatte bereits Ende März, zwei Monate nach Vorstellung, von seinem aktuellen B. Solaris 101 Mio. Lizenzen verkauft. Solaris arbeitet mit sog. Containern, die Daten und Anwendungen gegenüber Fehlerausbreitungen und Sicherheitsverletzungen wie eine abgeschirmte virtuelle Umgebung isolieren können. Zu den wichtigsten Neuerungen von Solaris 10 zählte u. a. das Diagnosewerkzeug DTrace, das es Entwicklern erlauben soll, die Ursachen für Leistungsengpässe beim B. zu ermitteln oder auch Fehler zu finden. Das sog. »Predictive Self Healing« (engl.; vorhersagende Selbstheilung) soll es erlauben, Fehler automatisch zu analysieren, um ein System auch bei Hardwarefehlern am Laufen zu halten und so Ausfallzeiten zu minimieren.

Betriebssystem: Sun-Chef Scott McNealy stellt im November 2004 in San Jose das Betriebssystem Sun Solaris 10 offiziell vor.

www.microsoft.de; www.kanotix.org (von CD bzw. DVD lauffähiges Linux-Betriebssystem mit grafischer Oberfläche); **www.operating-system.org** (Liste mit über 400 Betriebssystemen); **www.sun.com/solaris**

CD

(Compact Disc), optische Speicherplatte von 12 cm Durchmesser, auf der Daten digital festgehalten und von einem Laserstrahl abgetastet werden

45 % der Internetnutzer hörten 2004/05 häufig Musik am PC; 21,7 % nutzten laut einer Studie der Marktforscher Fittkau und Maaß die Möglichkeit, Songs aus dem Internet auf die Festplatte zu laden und anschließend auf CD zu brennen bzw. auf MP3-Player zu überspielen. Als Quellen standen die Internetradiosender sowie legale sog. Musik-Download-Shops (z. B. iTunes, Musicload) und illegale Musiktauschbörsen zur Verfügung. Schätzungen zufolge verlieren die Plattenfirmen jährlich 2,4 Mrd. US-Dollar durch Raubkopien im Netz. Nach dem Ende der Musiktauschbörse Napster und infolge verstärkter Kontrolle anderer Anbieter wie z. B. KaZaa entstand eine Grauzone vor allem auf russischen und spanischen Internetseiten: Deren Anbieter haben selbst nicht die Rechte, die angebotene Musik über das Internet zu verkaufen und bieten im Grunde Raubkopien zu Dumpingpreisen an.

Überaus erfolgreich ist das kommerzielle Musikportal iTunes, das die US-amerikanische Firma Apple im April 2003 eröffnete. Binnen eines Jahres verkaufte Apple mehrere Millionen Songs, meist zum Standardpreis von 99 US-Cent. In Europa liegt

CD: »Schnappi - das kleine Krokodil« von Kinderstar Joy wird bei der »Echo«-Verleihung am 2. 4. 2005 zum »Erfolgreichsten Download-Titel« gekürt.

der Preis meist unter 1 €. Die Musikbörse Popfile des Universal-Konzerns konnte sich nicht durchsetzen und schloss Ende 2004. Echte CD-Qualität wurde jedoch wegen der erforderlichen Datenkomprimierung der Stücke (WMA- oder MP3-Format) nicht erreicht.

CD: Umsätze mit Tonträgern[1)]

Jahr	Entwicklung gegenüber Vorjahr (%)
1997	+1,6
1998	-1,5
1999	-2,9
2000	-0,4
2001	-10,8
2002	-7,5
2003	-19,8
2004	-3,6

1) ab 2002 inkl. Musikvideos; Quelle: BV Phono, Globus, 9.3.2005

Marktstrategien: 2004 wurden in Deutschland 133,1 Mio. CD-Alben und 21,3 Mio. Singles verkauft. Insgesamt schrumpfte der Musikmarkt noch einmal um 4 %. Mit einer neuen Preispolitik versuchten die Konzerne, allen voran BMG (Bertelsmann Music Group), dem entgegenzusteuern: Ausgewählte CDs wurden gleichzeitig in drei Preisklassen angeboten – z. B. als Luxusvariante mit Extras wie Videos für rund 17 €, als reguläre CD für rund 14 € und als Billigvariante für rund 10 €. Es zeigte sich, dass die Kunden nicht, wie zunächst befürchtet, nur zur Billig-CD griffen.

Digital Rights Management (DRM): DRM (dt. digitales Rechtemanagement) ist ein System der Musikindustrie, das Nutzern vorschreibt, ob und wie oft sie ein Musikstück wohin kopieren können. DRM-Informationen sind i. d. R. für den Nutzer unsichtbar an Musikdateien angehängt, z. B. Zähler, die registrieren, wie oft der aus dem Internet von einer legalen Musikbörse geladene Song bzw. das Album auf CD gebrannt wurde. Eine ganze Reihe von Musiktiteln sind mit einem digitalen »Wasserzeichen« versehen – es erlaubt die Zurückverfolgung im Internet, sodass man nachvollziehen kann, wer z. B. die Musik illegal über eine Tauschbörse zum Kauf angeboten hat.

www.musicload.de; www.itunes.de

Chip

(engl.; Plättchen, auch Halbleiter), elektronischer Baustein, der Informationen speichert (DRAM-C., Dynamic Random Access Memory, engl.; dynamischer Speicher mit wahlfreiem Zugriff) oder als miniaturisierter Rechner (Mikroprozessor) Funktionen steuert

Nach einer Studie des Marktforschungsinstituts Gartner wuchsen die weltweiten Umsätze der C.-Industrie 2004 um 23 % weiterhin an. Trotz einer Abschwächung im Wachstum des Marktes wegen der hohen Lagerbestände im zweiten Halbjahr 2004 wurde ein Anstieg des Weltmarktvolumens auf 218 Mrd. US-Dollar verzeichnet. Das Wachstum im dt. C.-Markt verlangsamte sich: Schätzungen des Zentralverbands Elektrotechnik- und Elektronikindustrie (ZVEI, Frankfurt am Main) sprechen von einer Umsatzsteigerung von 11,3 %; 2005 wurde ein Wachstum von nur noch 4 % auf 11,8 Mrd. € erwartet. Deutschland konnte aber seine Position als führender Produzent in Europa behaupten: Jeder zweite C. stammt aus dt. Fabrikation.

Montecito und Multi-Core: Erstmals kam 2005 mit dem Server-C. Montecito vom Weltmarktführer Intel (USA) ein Prozessor auf den Markt, der mit mehr als 1 Mrd. Transistoren ausgestattet war. Rund 1,7 Mrd. der Halbleiter verrichten in Montecito ihren Dienst, der mit 2,0 Ghz (Gigahertz) taktet. Für die verbesserte Energieausnutzung sorgen Funktionen, die einzelne Transistoren je nach Leistungsbedarf ab- und zuschalten. Darüber hinaus baute Intel 2005 seine Marktführerschaft mit Multi-Core-Prozessoren (engl.; Chips mit mehreren Prozessorkernen) wie dem »Pentium Extreme Edition« aus, die mehrere Arbeitsprozesse gleichzeitig erledigen, indem die einzelnen Rechneraufgaben auf die verschiedenen Kerne verteilt werden. Damit sollen die

C. neben dem Einsatz in Unternehmen vor allem auch für Multimedia-Anwendungen in der digitalen Unterhaltung deutlich schneller als herkömmliche Prozessoren sein. Leistungsintensive Aufgaben wie die Verschlüsselung von Daten oder das Scannen des Rechners nach Viren können dabei für den Anwender kaum merklich im Hintergrund laufen.

Apple auf Intel: Mitte Juni 2005 gab Apple-Chef Steve Jobs auf der Entwicklerkonferenz in San Francisco den Wechsel der Apple-Produktlinie auf Intel-Prozessoren bekannt. Bisher hatte der Computerhersteller seine C. von IBM bezogen. Zur Begründung führte Jobs an, IBM sei nicht in der Lage gewesen, die versprochenen Leistungssteigerungen zu erzielen und PowerPC-Prozessoren mit einem Takt von 3 GHz herzustellen. Auch vermisse Apple eine Leistungssteigerung bei dem C. für mobile Computer. Apple plante, 2006 die ersten Rechner mit Intel-Prozessoren auf den Markt zu bringen. Bis 2007 soll der Wechsel auf die neuen C. abgeschlossen sein.

Crossbartechnik: Anfang 2005 kamen Forscherteams verschiedener Computerunternehmen, insbesondere von Hewlett-Packard, einen entscheidenden Schritt bei der Entwicklung eines Nachfolgers für den Transistor voran, derzeit fundamentaler Baustein eines Computers. Den Wissenschaftlern gelang es, ungewöhnlich kleine Kreuzungen (cross) von Platindrähten zu erzeugen, die Schaltfunktionen ausführen können, wie sie heute Transistoren erledigen. Der Antrieb für die intensive Forschung liegt in dem Problem der Computerindustrie, dass die fotografischen Techniken, mit denen gegenwärtig Transistoren auf Siliziumoberflächen erzeugt werden, an ihre physikalischen Grenzen stoßen und sich nicht beliebig verkleinern lassen. So baute z. B. IBM ultrakleine Schaltkreise aus sog. Kohlenstoff-Nanoröhrchen.

Chipkarte: Umsätze im Einzelhandel

Zahlungsart	Anteil (%)
EC-Lastschriftverfahren	17,3
EC-Cash	7,0
Kreditkarten	5,0
Handelskarten	1,2

Quelle: EHI-Eurohandelsinstitut, www.ehi.org, 6.10.2004

Chipkarte

Aus stabilem Kunststoff bestehende Ausweiskarte von der Größe einer Scheckkarte (85,6 x 54,0 x 0,75 mm) mit eingebautem Chip zum Speichern von Daten

Auf der C. ist in der Regel ein Mikroprozessor integriert, der im Vergleich zum an Bedeutung verlierenden Magnetstreifen höhere Sicherheit gegen missbräuchliche Nutzung bietet. Der Prozessor ermöglicht die Speicherung von Programmen und Daten; letztere können als anonyme (z. B. bei Telefonkarten) oder individuelle Daten (z. B. bei Mitgliederausweisen) vorliegen. Mit an der Oberfläche der C. aufgebrachten Kontakten (ggf. auch kontaktlos) ist der Datenaustausch mit Schreib-Lese-Geräten problemlos möglich (C.-Leser). Banken nutzen die sog. Smart Cards u. a. für elektronische Geldbörsen; außerdem werden C. bei Kundenbindungsprogrammen mit Partnern aus dem Einzelhandel eingesetzt (z. B. Rabatte beim Einkauf, Bezahlen in öffentlichen Verkehrsmitteln, Sammeln von Bonuspunkten usw.).

Elektronische Gesundheitskarte: Drei Fraunhofer-Institute entwickelten 2004/05 in Zusammenarbeit mit der Industrie und der Selbstverwaltung im Gesundheitswesen die Lösungsarchitektur zur elektronischen Gesundheitskarte. Die Gesundheitskarte soll laut Bundesregierung ab 2006 die bisherige Krankenversichertenkarte ersetzen, die anfälliger für Missbrauch ist (→ Gesundheitswesen, Elektronische Gesundheitskarte).

E-Card-Strategie: Anfang 2005 stellte die Bundesregierung ihre E-Card-Strategie vor: Ziel der flächendeckenden Einführung verschiedener C. war es, elektronische Dienstleistungen auf einem hohen Datenschutzniveau kostengünstig, sicher und einfach zur Verfügung zu stellen. Grundpfeiler sind die elektronische Authentifizierung des Karteninhabers und der Unterschrift mittels einer elektronischen Signatur. Die Strategie umfasst:

- die Gesundheitskarte; zusätzlich werden rund 300 000 elektronische Heilberufsausweise eingeführt; Experten schätzen, dass insgesamt mehr als 1,2 Mio. »Health-Professional-Cards« für Ärzte, Apotheker und sonstige Heilberufler benötigt werden.
- den digitalen Personalausweis mit einer auf einem Chip gespeicherten elektronischen Authentifizierungsfunktion.

- die Jobcard (eher ein Verfahren als eine C.) zur Entlastung der Arbeitgeber von der Ausstellung papierbezogener Bescheinigungen, etwa Verdienstbescheinigungen.
- die elektronische Steuererklärung (ELSTER).

➤ Wirtschaft, E-Commerce; ➤ Wirtschaft, Kartenzahlung

Computerspiele

Bildschirmspiele, in denen die Figuren und Gegenstände mittels Tastatur, Maus oder einem Steuerhebel (Joystick) bewegt werden. Sie werden mit tragbaren Gameboys, mit Konsolen, die mit dem Fernseher verbunden werden, oder mit PC gespielt

2004 sorgten C. weltweit für einen Umsatz von rund 19 Mrd. € und überholten damit die Musik- wie die Filmindustrie; 50 % aller Amerikaner über sechs Jahre spielten C. Den größten Absatz erwartete die Branche in den kommenden Jahren in Europa.

Rund 18 000 C. gab es Anfang 2005, jedes Jahr kommen 1 800 neue dazu, entwickelt insbesondere in den USA, Japan und Frankreich. Als der am schnellsten wachsende Markt gelten die Onlinespiele, die in Deutschland über 1,5 Mio. Nutzer haben. Allein die erfolgreichsten Online-C. – Everquest und World of Warcraft – zählen über 400 000 Spieler.

Computerspiele : Umsatzanteile auf dem Konsolenmarkt[1)]

Gerät	Anteil (%)
Sony Playstation 2	47
Nintendo Gamecube Advanced	15
Nintendo Gamecube	12
Microsoft X-Box	12
Sony Playstation 1	11
Sonstige	3

1) gesamt 564,34 Mio. €; Quelle: GfK Panel Services Customer Reserach, VUD, Wirtschaftswoche, 29.7.2004

Konsolen: Während PCs kontinuierlich aufgerüstet werden müssen (vor allem bei Speicher und Grafikkarte), um die jeweils neuesten C. ausführen zu können, lässt sich eine Konsole ohne Nachrüstung oft jahrelang nutzen. Zu den Neuheiten 2005 zählte Sonys kleine USB-Kamera »Eye-Toy«, die sich mit der Konsole verbinden lässt, den menschlichen Spieler aufnimmt, das Bild auf den Fernseher überträgt und ihm so erlaubt, den eigenen Körper ins C. zu integrieren. Ebenfalls von Sony stammt die Playstation Portable (PSP), mit der man nicht nur spielen, sondern auch MP3-Musik anhören und MPEG-4-Filme ansehen kann. Das Gerät ist so klein wie ein Gameboy und lässt sich an ein Handy anschließen. Nintendo kündigte mit dem Gameboy DS (»dual screen«) ein ähnliches Produkt mit sogar zwei kleinen Bildschirmen an.

Doom: Ende 2004/Anfang 2005 kam der dritte Teil des wegen seiner besonders brutalen und gleichzeitig ausgesprochen realistisch dargebotenen Inhalte umstrittenen Actionspiels Doom heraus. Sein erster Teil war 1993 erschienen und u. a. in Deutschland indiziert worden. Das C., in dem US-Marines Weltraumstationen von Mutantenwesen »säubern«, wurde auch verfilmt und kommt im Sommer 2005 in die dt. Kinos. Der Wrestling-Star Dwayne »The Rock« Johnson (»Die Mumie kehrt zurück«, »The Scorpion-King«) spielt die Hauptrolle.

www.daddelfieber.de; www.gamesacademy.de (Ausbildung zum Computerspiel-Entwickler)

Computerviren

Gegen den Willen des jeweiligen Nutzers in Computer bzw. Netzwerke eingeschleuste Programme, die sich wie ein biologischer Virus vermehren (bisweilen sogar mutieren, d.h. ihren Code verändern) und Programme sowie Daten zerstören oder unerwünscht verändern können. Der erste C. wurde 1983 in einem Laborversuch gezüchtet.

Anfang 2005 waren 100 000 C. bekannt; allein 2004 tauchten nach Schätzungen 15 000 bis 25 000 neue C. (+50 % im Vergleich zum Vorjahr) auf. Allein der C. Sasser infizierte Mitte 2004 weltweit 18 Mio. Computer. Der weltgrößte Softwarekonzern Microsoft veröffentlicht pro Jahr im Durchschnitt 50 Sicherheitslücken seiner Produkte, die gefährliche Einfallstore für C. auf die PCs der Kunden sein können. Hersteller von Antivirenprogrammen stellen wegen der rasant steigenden Zahl der C. ihren Unternehmenskunden mehrmals täglich Aktualisierungen zur Verfügung. Obwohl laut einer Umfrage des Bundesamts für Sicherheit in der Informationstechnik (BSI, Bonn) 90 % der dt. Internetnutzer wissen, dass C. theoretisch jederzeit ihren Rechner infizieren können, setzten nur rund 50 % Schutzsoftware ein.

Trends: Die Autoren von C. versuchten Ende 2004/Anfang 2005 vermehrt, Bankkontonummern und Passwörter durch ihre Programme zu erspähen. Bei 1 000 infizierten Computern lag die Erfolgsquote um 5 %. Bisher sahen sich viele C.-Schreiber in einer Art sportlichem Wettkampf mit den Produzenten von Antivirenprogrammen und schickten diesen sogar neue C. »zum Testen«. Auch Schutzgelderpressungen nahmen zu, bei denen sich die Programmierer direkt an Firmen wandten und sie mit C. bedrohten.

Die Verbreitung von C. ging 2004/05 über das klassische PC-Umfeld hinaus; als Ziele von C.-Attacken wurden neben Handys u. a. auch Kraftfahrzeuge ins Visier genommen. Da neue Autos mit durchschnittlich 20 Chips ausgestattet sind und etwa 60 MB Software enthalten, stieg die Gefahr von Fehlfunktionen, drahtlosen Angriffen und sonstigen Sicherheitsrisiken.

Computerviren: andere Schädlinge

Dialer: Programme, die dem Internetnutzer einen gewissen Nutzen vorgaukeln (z. B. den Zugang zu Seiten pornografischen Inhalts zu ermöglichen); sobald er aber den Internetlink anwählt, wird automatisch eine gebührenpflichtige Internetverbindung hergestellt (meist über eine 0190er-Nummer). Teilweise geschieht dies heimlich und ohne auf die Kosten hingewiesen zu haben.
Makrovirus: Nutzt Makrosprachen von Anwendungsprogrammen, z. B. von Microsoft Word oder Excel. Makros sind kleine Programme, die überwiegend der Abarbeitung stets gleicher Befehle dienen. Im Falle der Makroviren enthalten sie aber eine Schadensroutine, die z. B. Daten vernichtet. Der Programmcode kann sich beispielsweise in jeder beliebigen Word-Datei verstecken und wird beim Öffnen der Datei aktiviert.
Trojanisches Pferd: Als nützliches Programm bzw. Teil eines Programms getarnter Schädling, der z. B. nach dem Herunterladen aus dem Internet Kennwörter und andere auf der Festplatte des Nutzers befindliche Daten ausspioniert.
Wurm: Programm, das sich zumeist als Anhang von E-Mails verbreitet. Im Gegensatz zum Virus braucht ein Wurm keine Wirtsdatei, sondern kann durch Öffnen der Mail aktiviert werden. Meist verschicken sich Würmer automatisch an alle Empfänger weiter, die der befallene Rechner im Adressbuch seines Mailprogramms gespeichert hat.

Quellen: Computerbild, 27.12. 2004, PC-Professional 4/2005

Handy-Virus: Neben dem russischen Virus Comm Warrior machte ab Mitte 2004 der Handyvirus Cabir von sich reden, der sich mittels der drahtlosen Schnittstelle Bluetooth von einem Handy zum anderen fortpflanzt und bisher in zwölf Ländern auftrat, darunter Großbritannien, Italien, Finnland, Russland und den USA. Cabir befällt Handys mit dem Betriebssystem »Symbian OS«, das beispielsweise in den Geräte des Herstellers Nokia arbeitet. Ist der Wurm aktiv, erscheint auf dem Display das Wort »Caribe«. Außerdem wird das Betriebssystem so modifiziert, dass der Wurm bei jedem Neustart automatisch aktiviert wird. Infizierte Handys suchen per Bluetooth ständig nach weiteren Opfern und blockieren andere Bluetoothverbindungen.

www.bsi.de, www.bsi-fuer-buerger.de (Internet-Seite des Bundesamts für Sicherheit in der Informationstechnik BSI); **www.viruslist.com/de** (Informationen zu aktuellen IT-Bedrohungen von der Moskauer Sicherheitsfirma Kaspersky)

Datenautobahn

(auch: Information Highway), Netz zur Übertragung von Sprache, Bildern, Text und Ton, das den Zugriff auf Informationen aller Art ermöglichen soll. Die Errichtung einer D. verbindet Elemente der Telekommunikation, Computertechnik und Unterhaltungselektronik. Mit dem Begriff D. wird einerseits das digitale Telefonnetz oder das Internet gleichgesetzt, andererseits Techniken, die eine schnelle Datenübertragung gewährleisten.

DSL: Bis 2010 sollen 41 % der EU-Bürger (rund 72 Mio. Haushalte) nach einer Prognose des Marktforschungsunternehmens Forrester Research über einen Breitbandzugang zum Internet verfügen, i.d.R. über eine Digital Subscriber Line (DSL, engl.; digitale Teilnehmerverbindung). Demnach wird die Verbreitung dieser Technik in den Niederlanden dank niedriger Zugangspreise mit 54% am stärksten sein, in Frankreich, Deutschland, Italien, Spanien und Großbritannien werden 2010 hingegen 35–45 % der privaten Haushalte einen Breitbandanschluss besitzen. Die Dt. Telekom, die seit 1999 DSL-Anschlüsse anbietet, hatte bis Anfang 2005 mehr als 5 Mio. Leitungen freigeschaltet (Marktanteil: rund 90 %). Bis 2007 will die Telekom die Zahl ihrer DSL-Kunden verdoppeln.

E-Government-Wettbewerb: Auf der CeBit in Hannover kürten Vertreter der Politik und der Industrie im März 2005 zum fünften Mal Preisträger des in acht Politikfeldern ausgetragenen

Datenautobahn: Anschlüsse ausgewählter Länder[1]

Land	Internet-anschlüsse	Breitband-anschlüsse
Dänemark	73	31
Schweden	69	28
Norwegen	68	24
Finnland	66	20
USA	65	35
Großbritannien	61	24
Deutschland	54	17
Schweiz	54	24
Japan	52	44
Italien	50	20
Frankreich	45	20
Spanien	35	24

1) je 100 Haushalte; Quelle: Bitkom 2004, Globus 11.2.2005

Wettbewerbs, dessen Ziel es ist, den Einsatz von Internet-Technologien für die Modernisierung der öffentlichen Verwaltung in Deutschland zu stärken. 56 Behörden aus Bund, Ländern und Kommunen beteiligten sich; ausgezeichnet wur-

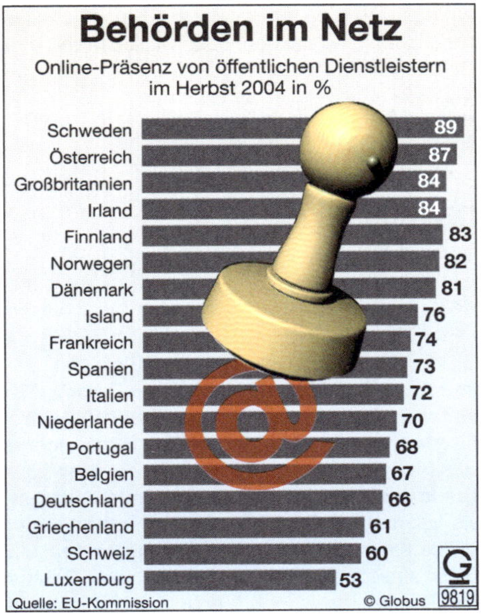

den insbesondere Projekte, die am stärksten die Zusammenarbeit zwischen den Ebenen der Verwaltung und Regionen vorantreiben, aber auch zu Einsparungen in den Behörden und zu mehr Service für Wirtschaft, Politik und Bürger führen. Im Bereich »Wirtschaft und Arbeit« siegte das Statistische Bundesamt in Wiesbaden mit dem Projekt »e.Statistik.core«, bei dem statistische Unternehmensdaten aus dem betrieblichen Rechnungswesen automatisch generiert und an das Bundesamt übermittelt werden. Im Politikfeld »Soziales« lag die Bundesversicherungsanstalt für Angestellte (BfA) mit dem Projekt »E-Antrag« vorn. Mit diesem können Antragsteller rund um die Uhr Daten eingeben und an die BfA schicken. Dennoch lag die Onlinedurchdringung der hoheitlichen Dienste laut einer Studie des Beratungsunternehmens Capgemini in Deutschland nur bei 66 %. Deutlich bessere Werte erzielten Schweden (89 %), Österreich (87 %) und Großbritannien (84 %).

BundOnline 2005: Die laut Bundesinnenminister Otto Schily (SPD) größte E-Government-Initiative in Europa soll bis Ende 2005 alle dafür geeigneten Dienstleistungen der Bundesbehörden wie z. B. automatisierte Mahnverfahren, Antragstellungen für Fördermittel, Grundbuchführung, Auskunftsdienste usw. im Internet anbieten bzw. auf elektronischem Wege ermöglichen. Die ursprünglich angestrebte Zahl von 376 Dienstleistungen werde weit übertroffen. Bis Ende 2005 wird der Bund in sein Onlineprojekt 1,4 Mrd. € investiert haben. Dem stehen jährliche Einsparungen von 400 Mio. € gegenüber. Die Initiative soll die Abläufe in den Behörden optimieren, die Unternehmen entlasten und die Verwaltung bürgernah gestalten.

www.egovportal.de (E-Government)

Datenschutz

Schutz von Daten vor Verlust, Zerstörung, Verfälschung, unbefugter Einsichtnahme und unberechtigter Verarbeitung

D. war auch 2004/05 wie schon in den Vorjahren eines der vorherrschenden Themen in der IT-Welt. Der Bundesverband Informationswirtschaft, Telekommunikation und neue Medien e. V. (Bitkom, Berlin) gründete zusammen mit dem Innen- und Wirtschaftsministerium die Dt. Gesellschaft für IT-Sicherheit (Mcert, »M« steht für Mittelstand, »cert« für Computer Emergency Response Team, engl.; etwa: Team, das bei Computernotfällen reagiert), um insbesondere kleinere und mittelständische Unternehmen mit Sicherheitsinformationen und Handlungsempfehlungen zu unterstützen. Laut Bitkom wurden 94 % aller dt. Unternehmen 2004 von Viren attackiert, fast 50 % waren zudem mit Trojanern konfrontiert worden. Einer Erhebung der Initiative Security for Business zufolge wollten insbesondere kleinere Unternehmen aber nur max. 1 000 € für die Verbesserung ihres D. ausgeben. Laut der D.-Firma Websense glauben 91 % der europ. IT-Experten, dass ihre Firma gut gegen Angriffe geschützt ist. Bei 70 % jedoch ist dieser Schutz nur lückenhaft.

Deutschland sicher im Netz: Ende Januar 2005 gründeten Vertreter aus Politik und Industrie beim ersten Gipfel zur Sicherheit in der Informationsgesellschaft in München die Initiative »Deutschland sicher im Netz«. Beteiligte sind Microsoft, der Dt. Sparkassenverlag, der Dt. Städte- und Gemeindebund, das Dt. Kinderhilfswerk, Mcert, die Freiwillige Selbstkontrolle, Multimediadiensteanbieter fsm, der Teletrustverband, Computer Associates, Ebay, MSN (→Internetsuchmaschinen), SAP und T-Online. Die Partner wollten 2005 insbesondere durch das Verteilen einer kostenlosen CD mit einem sog. Basissicherheitscheck 10 Mio. Haushalte erreichen. Microsoft und Computer Associates kündigten an, eine kostenlose Software zu entwickeln, mit deren Hilfe Anwender den Sicherheitsstatus ihrer Rechner kontrollieren können. Insgesamt gaben alle Beteiligten sieben konkrete, bis 2006 umzusetzende Handlungsversprechen zum Thema D.; so wollten das Dt. Kinderhilfswerk und fsm sich für mehr Medienkompetenz für Kinder und Jugendliche stark machen, Ebay war bestrebt, den sicheren Onlinehandel zu fördern.

Datenschutz: Bundeswirtschaftsminister Clement (links) mit Microsoft-Chef Gates beim Auftakt für die Initiative »Deutschland sicher im Netz« in München

Datenschutz: Schutz für private PC-Nutzer

Anti-Spionage-Programm: Bei dieser sog. Spyware handelt es sich um Programme, die in harmloseren Fällen beim Surfen im Internet ausspionieren, wie oft z. B. der Nutzer welche Seiten aufruft, um ihn dann gezielt mit entsprechender Werbung zu bombardieren; schlimmstenfalls können auch Kontodaten und Kennwörter, die auf der PC-Festplatte gespeichert sind, ausspioniert werden. Dagegen helfen Anti-Spionage-Programme wie CW-Shredder, Ad-Aware oder Spybot, die z. T. kostenlos zu haben sind.
Anti-Viren-Programm: Gegen die rund 100 000 Computerviren helfen Programme von Herstellern wie McAfee, Kaspersky oder Symantec. Kostenlos sind Anti-Viren-Programme wie AntiVir Personal.
Firewall: Die Software, die als »Brandschutzmauer« zwischen dem PC und dem Internet funktioniert, gewährleistet, dass aus dem Netz keine Daten zum PC gelangen und vom PC nur bestimmte Programme Daten ins Internet senden dürfen. Zwar enthält das Betriebssystem Windows XP eine Firewall, diese wird aber von Experten als unzureichend gewertet. Besser schneiden kommerzielle Firewall-Programme, aber auch kostenlose Firewalls wie Zone Alarm oder Kerio Personal Firewall ab.

www.heisec.de (Heise Security Artikel);
www.bsi-fuer-buerger.de (Internetseite des Bundesamts für Sicherheit in der Informationstechnik BSI)

Digitale Signatur

(auch: elektronische Signatur), technisches und mathematisches Verfahren, mit dem der Wortlaut eines elektronischen Dokumentes (E-Mail) oder der Inhalt einer Datei eindeutig mit dem Namen des Autors verknüpft werden kann

Im Herbst 2004 wurde mit dem neuen sog. Signaturänderungsgesetz die qualifizierte elektronische Signatur der eigenhändigen Unterschrift rechtlich gleichgestellt. Wer einen Vertrag über das Internet abschließen, seine Steuererklärung via Internet an das Finanzamt übermitteln oder online Rechtsgeschäfte tätigen möchte, braucht dazu eine D.-S.-Karte und einen D.-S.-Schlüssel. Der Schlüssel ist ein geheimer Zahlencode, ähnlich dem Pin- und Tan-Verfahren beim Onlinebanking. Die Karte und der Zahlencode ersetzen bei Onlinegeschäften oder Dienstangeboten der Behörden die eigenhändige Unterschrift und sind rechtsverbindlich. Karte inkl. Lesegerät und Schlüssel kann der Nutzer bei sog. Trust Centern mieten bzw. kaufen. Der Gesetzgeber traf allerdings keinerlei Sicherheitsvorkehrungen, die die wahre Identität des Karteninhabers garantieren. Die Identitätsüberprüfung bei Beantragung von Karte und Schlüssel obliegt allein den mit Ausnahme der Post privaten Trust Centern. Beweis und Haftungsrisiken, z. B. bei nicht fristgerecht eingereichten Erklärungen bei Behörden, liegen allerdings grundsätzlich beim Karteninhaber. Kommt dessen Mail z. B. nicht rechtzeitig an, trägt er die Konsequenzen.

Media@Komm: Das Bremer Projekt Media@Komm testete ab 2000 den Umgang mit der D. S.: 6 000 D.-S.-Karten à 14 € wurden zu diesem Zweck an Bürger und Geschäftsleute ausgegeben, mit denen diese an zahlreichen Terminals in der Stadt Dienstleistungen abrufen konnten, z. B. Melderegister- und Amtsgerichtsauskunft, Services von Zeitungsverlagen. Mit dem Ausbleiben von Fördergeldern ab 2005 kosteten diese Karten 150 € für drei Jahre zzgl. Lesegerät und wurden somit für die meisten Nutzer unrentabel. Es wird davon ausgegangen, dass die Bevölkerung die Karten erst dann akzeptiert, wenn sie vielfältiger einsetzbar sind, z. B. zusätzlich als Bezahl- bzw. Telefonkarte. Das dt. Signaturbündnis, ein Zusammenschluss von Unternehmen und öffentlicher Verwaltung, arbeitet seit 2003 an einem technischen Standard für den Onlinegeschäftsverkehr.

Verschlüsselung: Anfang 2005 fanden drei chinesische Wissenschaftler von der Universität Shandong einen Weg, den digitalen Fingerabdruck von geschützten Dateien aufzulösen, d.h. den zur Dokumentensicherung verwendeten Secure Hashing Algorithm (SHA-1) zu knacken. Hash-Funktionen werden seit Jahren verwendet, um z. B. Kreditkartennummern und andere sensible Daten (vermeintlich) sicher über das Internet zu schicken. Wer den Hash-Code entschlüsselt, ist in der Lage, von einem Dokument ein zweites, gefälschtes Exemplar mit dem gleichen digitalen Fingerabdruck zu erzeugen. Dennoch gingen Kryptographie-Experten von keiner allzu großen Gefahr für die D. S. aus, da Hash-Funktionen meist nur zusammen mit anderen Verfahren eingesetzt werden, die bislang noch als sicher gelten.

➤ Wirtschaft, E-Commerce

2

Digitalradio

Seit 2002 gibt es in Deutschland das Digital Audio Broadcasting (DAB), einen Hörfunk, der wie UKW über Sendetürme ausgestrahlt wird (→ Medien, Digitalradio). 2004/05 war DAB noch nicht flächendeckend zu empfangen. Bei einer Digitalisierung der Mittelwellen-Übertragung (DRM), die sich 2005 in der Planung befand, sollen, anders als bei DAB, wenige Sendetürme ausreichen, um ein Programm bundesweit auszustrahlen. Die Industrie arbeitete 2004/05 an einem Chip, der komfortable Kombigeräte für zu Hause und unter-

Digitalradio: Radiosender im Internet (Auswahl)[1)]

Genre	Station
Klassik und Jazz	Classical@
	Modern Things
	Composers
	Monkey Radio
	Mpegradio.com-Classical
	Smoothchoice.com
	Smoothjazz.com
	Vibrants Jukebox
Popmusik und Rock	Afterhours DJs
	Big Blue Radio
	Chronix
	Hitzradio.com
	Frobozz Radio
	Planet Rock
	SKY.FM - Best of the 80s
Schlager und Oldies	Atlantisradio
	drs2006 - 50
	Kxgq
	Madforit-Radio
	Oldiestar
	Radio Nostalgie
	Serie 23

1) Die Stationen senden mit einer Datenrate von mind. 128 Kilobit/sec und weitgehend ohne Werbung; Quelle: Computerbild, 27.12.2004

wegs ermöglichen sollte. Damit wären DAB, DRM, digitales Fernsehen mit Antenne (DVB-T) und der Mobilfunk UMTS empfangbar. Mit der Marktreife wurde allerdings erst für 2009 gerechnet.

Gebühren: Vielen der rund 5 000 Internetradiosender in Deutschland drohte Anfang 2005 das Aus durch die Gebührenpläne der Gesellschaft zur Verwertung von Leistungsschutzrechten (GVL, Berlin). Bisher zahlten nichtkommerzielle kleine Anbieter pauschal 300 €/Jahr an die GVL, diese Gebühr sollte auf 500 € angehoben werden zzgl. 25 Cent je Song, der in den Datenbanken der Internetradiosender liegt. Betreiber schätzten die jährlichen Kosten für kleine Sender auf über 2 000 €. Der Verbund der Sender, der Radioring, befürchtete das Ende der Vielfalt der Sender, zumal diese sich zu technischen Maßnahmen verpflichten müssen, um das Aufnehmen von Songs durch Internetnutzer zu verhindern.

Podcasting: 2004/05 war es möglich, sich sog. Podcasts (Kunstwort aus iPod, dem MP3-Player der US-Firma Apple, und Broadcasting) von D.-R.-Sendern herunterzuladen: Für diese abonnierbaren Audioclips hatte ein Diskjockey des Musiksenders MTV die Software iPodder entwickelt. Kommerzielle und öffentlich-rechtliche D.-R.-Stationen sowie weltweit Tausende Hobby-D.-R.-Macher boten Beiträge (Musik, Informationsangebote zu allen möglichen Themen, Hörbücher/Audiobooks) an, die sich der iPod-Besitzer z.T. kostenlos aus dem Internet auf seinen MP3-Player übertragen und somit sein individualisiertes Radioprogramm gestalten konnte. Anfang 2005 stand nur der iPod wegen der auf ihm vorhandenen Software iTunes für das Podcasting zur Verfügung, andere Hersteller von MP3-Playern, Smartphones und Autoradios wollten aber auch in das Geschäft einsteigen.

www.digitalradio.de; www.digitalradiowest.de; www.radionews.de; www.radioring.de

Digitalkameras

2004 wurden in Deutschland so viele Kameras verkauft wie nie zuvor; insgesamt 8,3 Mio. Geräte (+20 %), davon 7 Mio. D. (+40 %). Hinzu kamen rund 10 Mio. Handys mit Fotofunktion. Auch die Gesamtzahl der Fotoabzüge (inkl. Ausdrucke am heimischen PC) erreichte mit mehr als 6 Mrd. einen neuen Höchststand. Die starke Nachfrage nach D. bedingte den sinkenden Absatz bei herkömmlichen Kameras (–35 %). Dennoch gibt es in 80 % der dt. Haushalte eine nichtdigitale Kamera und erst in rund 30 % eine D. Für 2005 wurde deutschlandweit trotz eines Abflachens des Marktes der Verkauf von 8 Mio. D. erwartet (+15 %); über 100 Hersteller boten über 1 000 Modelle an. Während 2004 rund 2 Mrd. Papierbilder von digitalen Daten zu Hause, beim Händler und in Großlaboren erstellt wurden, sollen es 2005 3,5 Mrd. werden.

Neuheiten: Während D. mit 5 Megapixeln 2004/05 mehr und mehr zum Standard wurden, kamen die ersten Modelle mit einer CCD-Auflösung von 7 Megapixeln auf den Markt. Neuentwicklungen bei Speicherkarten sorgten dafür, dass Nutzer mehr Fotos pro Speichermedium machen konnten, ehe sie die Daten auslagern oder ein neues Speichermedium nutzen mussten: Die briefmarkengroße Mini-SD (Secure Digital) Card mit einem Fassungsvermögen von 1 GB für 1 000 hochwertige Digitalfotos war schon für rund 100 US-Dollar zu haben. 2006 sollen GB-Karten bereits Standard sein, und es wurden Karten von bis zu 8 GB Speicherkapazität angekündigt, die neben der D. auch auch in Handys oder MP3-Playern nutzbar sein sollen und u. a. auch Musik speichern können. D. wie das Modell Everio von JVC (eine Kombination aus Camcorder und D.) arbeiteten bereits mit einer Microdrive-Minifestplatte von 4 GB.

Digitalkameras: Das Modell Everio GZ-MC200 speichert 60 Minuten Video oder Tausende Fotos.

Digitalkameras: Begriffe

Auflösungen: Pixel = Bildpunkt, Megapixel: 1 Mio. Bildpunkte. Zwei Megapixel sind für Papierabzüge bis 10 x 15 cm, drei Megapixel bis 15 x 20 cm und vier oder mehr Megapixel bis 20 x 30 cm nutzbar. Bei Auflösungen ab sechs Megapixeln erkennt das menschliche Auge keine Qualitätsunterschiede mehr.
CCD-Bildwandler: Chip mit mehreren 100 000 Sensoren, der das durch das Objektiv einfallende Licht in elektrische Signale umwandelt. I.d.R. haben Camcorder nur einen CCD, hochwertige Modelle aber je einen für jede Grundfarbe (rot, grün, blau).
Firewire: Schnittstelle zwischen PC und Digitalkamera; überträgt Bilddaten sehr viel schneller als die meisten USB-Anschlüsse.
MPEG: Verfahren zum Platz sparenden Komprimieren und Speichern von Video- und Multimediadaten. MPEG-2 für Digital-TV und DVD, MPEG-4 für digitale Kameras, Internet und Handys.
Zoom: Digitale Zooms vergrößern anders als optische Zooms nur den Bildbereich und nicht die Brennweite, was Qualitätsverluste zur Folge hat.

Digital Print Order Format (DPOF; engl.; digitales Druckbestellungsformat): Mit diesem neuen Dienst wird die Übermittlung von D.-Fotodaten direkt ans Fotolabor ermöglicht. Mit DPOF lassen sich Druckdaten wie Anzahl und Abmessungen der gewünschten Papierabzüge direkt an der entsprechend ausgerüsteten D. einstellen und speichern. Fotolabors und DPOF-fähige Drucker können diese Daten auslesen und bei Erstellen der Abzüge automatisch berücksichtigen.

www.digitales-fotografieren.com (Community rund um die digitale Fotografie); **www.printeria.de** (zum digitalen Fotodruck)

DVD

(Digital Versatile Disc, engl.; digitale vielseitige Scheibe; auch: Digital Video Disc), die Scheibe hat dieselben Abmessungen wie eine CD (Durchmesser: 12 cm, Stärke: 1,2 mm), aber ein bis zu 26-fach größeres Speichervermögen (einseitig 4,7 GB).

2004/05 fanden in Deutschland zunehmend DVD-Brenner und Abspielgeräte Verbreitung, die auch die neuen doppelschichtigen Double Layer DVDs mit 8,7 GB Speicherkapazität für rund vier Stunden Film in höchster Qualität beschreiben bzw. lesen konnten. Die Rohlinge waren mit rund 10 € pro Stück noch relativ teuer. Der hohe Preis entsteht durch den komplizierten Fertigungsprozess: In dem von Mitsubishi entwickelten Produktionsverfahren 2P-Prozess werden die beiden Schichten (je eine pro DVD-Seite) nacheinander aufgetragen, wobei es eine Ausschussrate von rund 50 % gibt. Durch Optimierung in diesem Bereich sollten die Double-Layer-Rohlinge 2005 um 50 % im Preis fallen.

Blu-Ray- gegen HD-DVD: Seit 2002 arbeiteten verschiedene Hersteller an Nachfolgetechniken zur DVD, deren Markteinführung aber Anfang 2005 in Deutschland noch nicht in Sicht war. So gehörten Sony, Sun Microsystems und Texas Instruments zur Blu-Ray Disc Association. Nach der Ankündigung von Sony, die kommende Generation der Spielekonsole Playstation mit Blu-Ray-Laufwerken auszurüsten, traten auch die Spielehersteller Electronic Arts und Vivendi Universal Games dieser Vereinigung bei. 2006 soll ein Medium mit 25 GB Speicherplatz auf den Markt kommen, das zehn Stunden Aufnahmekapazität in optimaler oder 20 Stunden in durchschnittlicher Qualität ermöglicht.

NEC und Toshiba kündigten Anfang 2005 für den Herbst ein DVD-Laufwerk an, das Speicher im HD-DVD-Format (High Definition-DVD) mit 15 GB Kapazität abspielen soll. Nutzt man HD- bzw. Blu-Ray-DVDs zweischichtig, lässt sich der Speicherplatz noch einmal verdoppeln. Die Hollywood-Studios Paramount Pictures, Universal Pictures, Warner Bros. Pictures und New Line Cinema haben bereits angekündigt, ihre Filme ab Ende 2005 auf HD-DVD anzubieten

Holographic Versatile Disk (HVD): Die Holographic Disc Versatile Alliance, bestehend u. a. aus Firmen wie CMC Magnetics, Fuji Photo und Optware (Yokohama), will 2005 die Terabyte-Grenze (1024 GB) für optische Speichermedien sprengen. Der Datentransfer erfolgt mit einer Übertragungsrate von 1 Gbit/sec und damit 40-mal schneller als bei heutigen DVDs. Die ersten Produkte werden das Potenzial der Technik noch nicht ausschöpfen: Nur lesbare HVDs sollen 100 GB, wieder beschreibbare hingegen 200 GB aufnehmen können. An einen Einsatz dieser Technologie in handelsüblichen Computersystemen ist aber erst in mehreren Jahren zu denken.

Multiplexed Optical Data Storage (MODS): Ein Terabyte Daten (ca. 470 Stunden Film) soll zukünftig durch die MODS-Technik einer For-

DVD: Firmenvertreter beim Blu-Ray-Forum in Tokio (vorn von links), Nishitani (Sony), Masselink (Dell), O'Neill (Fox), Kramer (Philips), Weber (HP)

schergruppe vom Imperial College London auf einer Scheibe gespeichert werden können. Bei normalen DVDs speichern sog. Pits die Daten als Null oder Eins. Bei MODS reflektiert jedes einzelne Pit das Laserlicht in bis zu 300 Varianten. Nach einem Abzug für die Fehlerberichtigung ergibt sich eine zehnmal höhere Datendichte als bei Blu-Ray-Lasern. MODS-Scheiben haben vier Schichten à 250 GB und sollen in fünf bis zehn Jahren zur Marktreife gelangen.

E-Mail

(electronic mail, engl.; elektronische Post), Nachrichten, die auf elektronischem Wege über Netzwerke - z. B. das Internet oder ein firmeneigenes Intranet - verschickt werden. Außer Texten können u. a. Bilder, Grafiken, Video- oder Klangdateien und Computerprogramme als Anhang zur E-M. (sog. Attachments) verschickt werden.

Laut einer Prognose des Marktforschungsunternehmens IDC werden die Ausgaben für Anwendungen zur Archivierung von E-M. in den kommenden Jahren erheblich steigen und bis 2008 ein jährliches Wachstum von rund 50 % aufweisen. Die Investitionen in diesem Bereich betrugen 2004 bereits 180 Mio. US-Dollar (2003: 33 Mio.). Als Gründe für die Steigerung nannte IDC gestiegenes E-M.-Aufkommen, strengere Vorschriften zur Datenvorhaltung sowie die Notwendigkeit, Informationen bei Rechtsstreitigkeiten vorweisen zu können.

Der Internetsuchdienst Google bot den Nutzern seines E-M.-Dienstes Google Mail ein kostenloses Postfach mit 2 GB Speicherplatz und Suchfunktionen über den gesamten Nachrichtenstamm hinweg an. Der Dienst finanziert sich durch eingeblendete Anzeigen.

Spam: Die Menge an unerwünscht zugestellten Werbemails nahm weiterhin zu. Professionelle E-M.-Versender verschickten 2004/05 mehrere Millionen Werbemails pro Tag; 90 % aller E-M. sollen bereits Werbung enthalten, die der Empfänger nicht angefordert oder gewünscht hat. Rund 50 % der Spam-Auftraggeber kommen aus den USA (Deutschland: rund 2 %). Zwar setzen E-M.-Anbieter Filter zum Aussortieren von Spam ein, aber die Versender umgehen diese ggf. mit Adressmanipulationen bzw. beschaffen sich rasch neue Kundenadressen durch sog. Harvesting-Programme (harvest, engl.; Ernte), die das Internet nach E-M.-Adressen durchforsten und diese sammeln. Um das Problem grenzüberschreitend zu bekämpfen, schlossen sich Anfang 2005 die 25 EU-Mitglieder mit China, Japan, Süd-Korea und den zehn ASEAN-Staaten zusammen. Die dt. Regierung erwog eine Änderung des Teledienstgesetzes, um die Verhängung von Bußgeldern in Höhe von bis zu 50 000 € gegen Spamversender zu ermöglichen.

Spim: Verbreitung von Spam mittels Instant Messaging (IM, engl., etwa: sofortige Benachrichtigung; i.d.R. von Onlinediensten zur Verfügung gestellte kleine Programme für den direkten Austausch von Nachrichten in Echtzeit zwischen einzelnen Anwendern). Marktforscher schätzten, dass 2004 etwa 1,2 Mrd. Spim-Messages gesendet wurden. Grund für das rasche Anwachsen ist die breitere Nutzung von Instant Messaging. Die weltweiten Nutzerzahlen sollen bis 2007 jährlich um rund 80 % zulegen, dann würden über 182 Mio. Anwender mit IM arbeiten.

E-Mail: wichtigste Kommunikationsmittel 1)

Art	% der Befragten
E-Mail	84,0
Internet	75,6
Telefon	44,5
Persönliches Gespräch	40,3
SMS	18,5
Brief/Post	1,7
Fax	0,8

1) Befragung dt. Unternehmen nach ihrer künftigen Bedeutung; Quelle: Novomind, Wirtschaftswoche, 21.10.2004

Handy-Spam: SMS mit Kauf- und Lockangeboten, z.B. Aufforderung zum »Rückruf« an Flirtpartner zu deutlich überhöhten Gesprächsgebühren, nahmen deutlich zu. Ende 2004 führte die Schweizer Universität St. Gallen eine Studie zu Handy-Spam durch, bei der

E-Mail: Spam kommt von Monty Python

Der Begriff »Spam« stammt ursprünglich aus den USA und bezeichnet als eingetragene Warenmarke ein gewürztes Schweinefleisch mit Schinken in Dosen (Kurzwort für »Spiced Pork and Ham«). Als allgemeingültige Bezeichnung für Mail-Müll geht das Wort jedoch auf einen Sketch der englischen Komikertruppe Monty Python zurück, die »Spam« in einem Sketch aus den 1980er-Jahren in wenigen Minuten 120-mal benutzten. Die Szene spielt in einem Restaurant, in dem der Gast nur Spam-Gerichte auf der Speisekarte findet. Er versucht, ein Gericht ohne Spam zu bestellen, woraufhin ihm die Kellnerin unentwegt Gerichte mit Spam vorschlägt. Ein Wikingerchor singt währenddessen im Hintergrund ein Spam-Loblied, bis jedes Gespräch unmöglich wird. Aus dem Sketch leiteten die frühen Internetnutzer das Wort »Spam«, hier in der Bedeutung »Send Phenomenal Amounts of Mail« (engl.; sende riesige Mengen von Post), für die unerwünschten Mails ab, die wie die Spam-Lobeshymnen im Sketch die Kommunikation erschweren.

über 80 % der rund 2000 Befragten angaben, allein im Untersuchungszeitraum November bis Dezember 2004 mind. eine Spam-SMS bekommen zu haben. Zahlreiche Handy-Nutzer forderten ihre Mobilfunk-Dienstleister auf, gegen Spam vorzugehen; diesen fehlte jedoch 2005 noch ein klares Konzept.

Flachbildschirm

(auch: TFT-Display, engl.; Thin Film Transistor; Dünnfilm-Transistortechnik, oder LCD, Liquid Crystal Display, engl.: Flüssigkristallanzeige), Bildschirme mit geringer Tiefe, niedrigem Volumen, geringem Gewicht (ab etwa 3 kg) und Energieverbrauch

F. sind den traditionellen Röhrenmonitoren in vielen Bereichen überlegen: Sie sind leichter, brauchen weniger Platz, flimmern nicht und haben eine durchschnittliche Lebensdauer von 40 000–50 000 Betriebsstunden (Röhrenmonitore: 25 000–35 000 Betriebsstunden). Allerdings waren sie trotz des anhaltenden Preiseinbruchs Ende 2004/Anfang 2005 mit rund 230 € für 15-Zoll-F. bzw. rund 270 € für 17-Zoll-F. noch deutlich teurer als Röhrengeräte. Ein 17-Zoll-Röhrenmonitor (bietet etwa soviel Sichtfläche wie ein 15-Zoll-F.) kostete rund 100 €, Geräte mit 19 Zoll (vergleichbar 17-Zoll-F.) rund 150 €. Ein weiterer Nachteil der F. ist der nach wie vor langsamere Bildwechsel, was sich insbesondere bei Computerspielen störend auswirkt: Es können sich dann regelrechte Schlieren (Bewegungsspuren) bilden. Auch bieten F. einen geringeren Betrachtungswinkel; bei den meisten Monitoren verschlechtert sich das Bild sehr stark, wenn man es geneigt betrachtet.

Plasma: Während LCD-F. das Bild mit Flüssigkristallen darstellen, arbeiten Plasmamodelle mit einem Gasgemisch. 2004 wurden weltweit rund 3,6 Mio. Plasma-F. ausgeliefert. Damit konnte sich die verkaufte Stückzahl gegenüber 2003 laut Marktforschungsinstitut Display Search nahezu verdoppeln. Die gestiegene Nachfrage wurde auf massive Preissenkungen und das Interesse an großen Bildschirmdiagonalen zurückgeführt. Bei den großen Monitoren dominierten die Plasma-F. mit einem Marktanteil von mehr als 90 %. Das südkoreanische Elektronikunternehmen Samsung präsentierte Anfang 2005 mit einem Plasma-F. den größten Fernseher der Welt: Er hat eine Bildschirmdiagonale von 102 Zoll (259 cm).

OLED: 2004/05 arbeiteten Firmen wie Osram und Philips an F., die in erster Linie aus halbleitendem Kunststoff bestehen. Die neuen Displays verfügen über Millionen organische Leuchtdioden (Organic Light Emitting Diode) als Bildpunkten und konkurrieren bereits, insbesondere in Asien, mit herkömmlichen Techniken in Geräten wie Mobiltelefonen, Organizern, Autoradios, die nur kleine Bildschirme benötigen. Sie sind LCD- und Plasmabildschirmen an Schärfe, Brillanz und Kontrastreichtum überlegen; die Bilder bauen sich bis zu 1000-mal schneller auf, sind auch bei direkter Sonneneinstrahlung klar zu erkennen und brauchen keine Hintergrundbeleuchtung mehr – sie leuchten aus sich heraus, sind dabei aber äußerst sparsam im Stromverbrauch. OLED-F. können dünn wie eine Kreditkarte und sogar biegsam hergestellt werden, sodass sie sich zusammenrollen lassen. Denkbar ist ihre Anwendung z. B. in Notebooks, aus denen man dann den Monitor wie eine Projektionswand herausziehen kann. Mit ihnen kann man z. B. auf T-Shirts Filme ablaufen lassen und millimeterdünne Videotapeten in Wohnzimmern installieren. Ihre Vermarktung in den gängigen Größen ab 15 Zoll wird für 2009 prognostiziert.

Flachbildschirm: Reihen mit TFT-Displays im Handelsraum der Commerzbank in Frankfurt am Main

Fernsehneuheiten: 2005 werden F.-Fernseher, gemessen am Verkaufswert, erstmals die Röhrengeräte überflügeln. Dennoch schien sich für Letztere ein Comeback anzudeuten: Der südkoreanische Hersteller Samsung brachte ein Röhrengerät auf den Markt, das nur noch halb so tief ist wie seine Vorgänger (Vixlim-Technik). Toshiba und Canon arbeiteten sogar daran, die Bildröhre auf ein mikroskopisch kleines Format zu schrumpfen und Tausende solcher Minibildröhren nebeneinander in einem Gerät unterzubringen. Diese neue Flachbildtechnologie (SED: Surface-condition Electron-Emitter Display) soll sich durch brillante Bildqualität auszeichnen.

www.displaysearch.com

➤ Medien, Digitalfernsehen

Hacker

Computernutzer, die sich meist widerrechtlich Zugang zu Rechnern von Firmen oder Privatleuten verschaffen. Sie überwinden Passwortsperren und Verschlüsselungssysteme, um an Informationen zu gelangen oder sie zu verändern, Daten zu stehlen oder Computerviren einzuschleusen bzw. Systeme oder Festplatten durch Flooding (Überfluten mit sinnlosen Daten) lahm zu legen.

Phishing: 2004/05 nahm unter den H.-Aktivitäten insbesondere das sog. Phishing (kurz für »password fishing«, engl.; Fischen nach Passworten) zu. Allein im Dezember stieg die Zahl der Phishing-Websites im Internet laut APWG (Anti Phishing Working Group), zu der sich Ermittlungsbehörden und Firmen zusammengeschlossen haben, um rund 10 %. 2003 lag der durch Phishing-Attacken in den USA angerichtete Schaden bei 1,2 Mrd. US-Dollar; 57 Mio. Amerikaner haben schon einmal eine Phishing-Mail erhalten, 11 Mio. die gefälschten Internetseiten besucht und 1,8 Mio. den H. persönliche Daten preisgegeben.

In 85 % der Fälle waren Finanzdienstleister das Ziel der Phisher. Sie verwendeten nicht nur gefälschte Websites, um Onlinekunden zur Herausgabe ihrer Geheimnummern usw. zu bringen, sondern nutzten auch Sicherheitslücken der Browser und Trojanerprogramme, um angegriffene Rechner mit speziellen Programmen nach sensiblen Informationen zu durchforsten. Dabei entsteht nicht nur materieller Schaden, auch das Vertrauen der Kunden in Internetgeschäfte wird empfindlich geschwächt. Eine neuere Variante des Phishing ist das sog. Pharming.

Pharming nutzt die Auflösung von Namen zu IP-Adressen im Internet aus. Wenn ein Nutzer eine Adresse (z. B. www.bifab.de) eingibt, muss diese in eine numerische Adresse wie 193.99. usw. umgewandelt werden. Diese sog. Name-Resolution (engl.; Namensauflösung in Zahlencode) führen DNS-Computer (Domain Name System) im Internet durch, die dazu Tabellen von IP-Adressen und Domain-Namen verwalten. Pharming-Schadprogramme greifen in diesen Prozess ein bzw. tauschen IP-Adressen aus, um zahlreiche

Internetnutzer auf gefälschte Seiten, z.B. Kopien von Bankseiten, zu leiten.

Neue Hacker-Gefahren: 2004/05 eröffneten sich H. mit der zunehmenden Verbreitung der WLAN-Hotspots (Zugangspunkt zum Funknetzwerk bzw. dem Internet), mit denen sich Benutzer mobiler Computer in Cafés, Bahnhöfen, Hotels oder Flughäfen in das Internet einwählen können, neue Chancen zum Ausspähen von Daten. Bei der Evil-Twin-Methode (engl.; böser Zwilling) setzen sie Notebooks ein, die die Zugangsseite der jeweiligen Hotspots nachbilden. Da Nutzer der Netze immer an der Basisstation mit dem kräftigsten Funksignal angemeldet werden, können diese nicht erkennen, ob ihr Notebook mit dem »bösen Zwilling« oder dem wirklichen Zugangspunkt des Hotspotbetreibers verbunden ist, und übertragen eventuell sensible Daten an den Hacker.

www.microzert.de

➤ Wirtschaft, Onlinebanking

Hacker: Vorgehensweise der Phisher

1. Der Hacker verschickt eine E-Mail mit einem Internetlink, der zu der von ihm gefälschten Bankseite im Internet führt, und fordert Kunden der Bank auf, dort Aktivitäten vorzunehmen.
2. Durch Anklicken des Links gelangt der Kunde auf die Internetseite des Betrügers, die die Seite der Bank nachbildet. Dort wird er i. d. R. - im Gegensatz zur echten Bankseite - nach Zugangscode (PIN) und Transaktionsnummer für Geldgeschäfte (TAN) gefragt.
3. Diese Daten werden nicht an die Bank, sondern an den Betrüger übermittelt, der mithilfe der Angaben auf der echten Bankseite nun beispielsweise Geld vom Konto des Kunden abheben kann.

Handy

Mobiles, drahtloses Telefon, das auch zum Faxen, zur Datenfernübertragung, zum Fotografieren und Spielen sowie zum Internetsurfen benutzt werden kann

Anfang 2005 besaßen über 70 Mio. Deutsche ein H., d.h., 86 % der Bevölkerung nutzten die Möglichkeit des mobilen Telefonierens. Nachdem der dt. Markt gesättigt schien, waren die Mobilfunkgesellschaften 2004/05 bestrebt, den Pro-Kopf-Umsatz der Nutzer anzukurbeln. Die bisher erfolgreiche Marketingstrategie, durch Billig-H. oder geschenkte H. Vertragskunden zu gewinnen, entfiel weitgehend. Verbilligte H. wurde vermehrt an umsatzstarke Kunden ausgegeben. Hingegen ging der Trend zum Zweit- und Drittgerät. Immer neue Extras sollten zu Gerätekäufen verlocken. Verstärkt angeboten wurde u.a. Multimedia-H. mit Foto- und Musikfunktionen sowie Smartphones, die ähnliche Organizerfunktionen wie Personal Digital Assistants (PDA) besitzen. 2004 wurden rund 3 Mrd. € für H. ausgegeben, d.h. 15,9 Mio. H. gekauft (+9 %).

Weltweit wurden 2004 über 664 Mio. H. vermarktet, das entspricht einem Zuwachs von 30%. Für 2005 wurde mit dem Verkauf von 730 Mio. H. gerechnet (+8,3 %). Eine so hohe Steigerung wie 2004 war laut Marktschätzungen nur noch in Entwicklungs- und Schwellenländern zu erwarten. Bis 2007 sollen nach diesen Prognosen weltweit 2 Mrd. Menschen ein H. besitzen.

Trends

- Im Zuge der Verbreitung von UMTS soll auch Video-Telefonie mit dem H. möglich werden. Vodafone bot bereits Ende 2004 entsprechende H. an. Als Beschleunigungstechnik für das UMTS-Netz wurde Anfang 2005 HSDPA (High Speed Downlink Passages Access) gesehen – Daten sollen mit bis zu 10 Megabit/sec übertragen werden können. Damit ist HSDPA also rund 25-mal schneller als UMTS (384 Kilobit/sec).
- Zunehmend konnten H. dank Techniken wie NFC (Near Field Communication) z. B. als Eintrittskarte zu Konzerten, als Flugticket oder zum Bezahlen im öffentlichen Nah- und Fernverkehr genutzt werden. Das H. muss dabei i.d.R. so dicht an ein anderes NFC-Chip-Gerät gehalten werden, dass die beiden Geräte Daten austauschen konnten.
- Verstärkt wurden kleine Festplatten mit 4–6 GB Kapazität in H. eingebaut, um diese als Multimediagerät zu nutzen und z. B. mit elektronischen Wörterbüchern, MP3-Player-Funktionen und vielem mehr auszustatten.
- Die Hersteller suchten neue Vertriebskanäle: Nachdem bereits der Kaffeeröster Tchibo als Vertriebspartner im Oktober 2004 H. anbot, sollen ab 2005 auch der Möbelhersteller Ikea und einige Tankstellenunternehmen H. verkaufen.

Handy: Im Rahmen eines Pilotprojekts wird in Hanau der elektronische Fahrscheinverkauf für Bus und Bahn per Handy erprobt.

»Teenie-Abzocke«: 2004 besaßen bereits 7 % der sechs- bis neunjährigen Schüler H., die für sie oft Statussymbol waren. Häufig haben Kinder, Jugendliche und junge Erwachsene die verursachten Kosten nicht unter Kontrolle: 12 % der 13- bis 24-Jährigen waren 2004 durchschnittlich mit 1 800 € verschuldet, wobei häufig der sorglose Umgang mit dem H. der Grund war. T-Mobile-Kunden hatten ab 2005 die Möglichkeit, mit der »Combi Card Teens«, die je Monat automatisch mit 10, 25 oder 50 € aufgeladen wird, die Gefahr der Schuldenfalle einzuschränken. Verbraucherschützer begrüßten dieses Angebot, weil es eine Kostenübersicht ermöglicht und kostenintensive Sonderrufnummern, z. B. 0190er-Nummern, von vornherein sperrt. Auch Premium-SMS-Dienste sollen nicht mehr möglich sein. Mobilcom bot mit »M-Limit« ähnliche Vertragsstrukturen, ebenso Vodafone mit der »CallYa-Juniorkarte«.

www.handy.de (u. a. Herunterladen von Klingeltönen); **www.inside-handy.de/handy-finder** (Handys suchen und finden); **www.3handys.de** (Infoportal rund um Handys, Shopping Tipps); **www.my-handyrepair.de** (Handy-Reparaturen); **www.handy-zubehoer.de** (Markenware-Discounter)

➤ Umwelt und Klima, Elektroschrott

Internet

Weltweites Computernetzwerk, das den Nutzern den rechnergestützten Zugriff auf Datenbanken und damit auf Informationen in aller Welt sowie die Kommunikation mit anderen an das I. angeschlossenen Anwendern ermöglicht

Zum Jahreswechsel 2004/05 nutzten über 38 Mio. Bundesbürger ab zehn Jahren beruflich oder privat das I., d.h. rund 50 % der Bevölkerung dieser Altersgruppe. Wichtigster Nutzen waren die Informationsbeschaffung und der Austausch von E-Mails. 2004 wuchs die Zahl der I.-Nutzer um rund 4 % (2003: 8 %). Besonders stark vertreten sind junge Menschen und Akademiker. Die online verbrachte Zeit nahm um 4 % auf 12 Stunden und 31 Minuten pro Monat zu. Allerdings verfügten noch weniger als 17 % der Haushalte über einen schnellen DSL-Anschluss. Die meisten Nutzer gingen über Modem und ISDN in das I. Das I. wurde europaweit als Informationsmedium nur noch vom Fernsehen übertroffen; es ließ Zeitungen und Zeitschriften in der Nutzungsdauer weit hinter sich zurück. Von den weltweit 64,5 Mio. registrierten I.-Adressen endeten 2004 7,9 Mio. auf .de (+18 %). Damit rangierte Deutschland mit 12 % direkt hinter den meist aus den USA stammenden Sites mit der Endung .com (für Company/Firma, 45 %).

Blogs: Der Trend zum Erstellen öffentlicher Tagebücher im I. (Weblogs) setzte sich 2004/05 fort. In den USA gab es 8 Mio. Blogger (Schreiber von Blogs), weltweit rund 30 Mio. sog. Alpha-Blogger oder A-Lister, werden von besonders vielen I.-Nutzern gelesen und entwickeln sich zunehmend zu einer Medienmacht. Das politische Weblog Dailykos.com, das Attacken gegen die Bush-Regierung veröffentlichte, erreichte z. B. bis zu 270 000 Leser pro Tag. In Deutschland wurde die Zahl der Blogs auf über 40 000 geschätzt. Insbesondere Kleinunternehmer entdeckten zunehmend die Blogs als Mittel zum Selbstmarketing und zur Kundenbindung. Inhalte lassen sich innerhalb

Internet: Nutzung in Deutschland

Altersgruppe	Nutzer (%)
14 - 19	82,6
20 - 29	78,7
30 - 39	73,0
40 - 49	63,1
50 - 59	50,3
60 - 69	25,3
ab 70	8,8

Quelle: Emnid, Computerbild 29.11.2004

weniger Sekunden ohne jede Programmierkenntnis ins Netz stellen. Einrichtung und Unterhalt eines Weblogs kosteten ab etwa 5 € im Monat. Werbefinanzierte Blogs gab es sogar kostenlos.

WLAN (Wireless Local Area Networks, engl.; kabellose lokale Netzwerke; auch WiFi für Wireless Fidelity): 2004/05 stieg die Zahl der sog. WLAN-Hotspots, die sich kostenlos oder gegen Bezahlung nutzen ließen, auf rund 6 000; damit lag Deutschland im internationalen Vergleich hinter den USA und vor Frankreich und Japan. Mit Abstand größter WLAN-Netzbetreiber hierzulande war die Dt. Telekom mit 3 700 Hotspots, das Unternehmen wollte 10 000 Hotspots bis Ende 2005 einrichten. Die Spitzenstellung unter den Städten hielt Berlin mit 523 Hotspots, gefolgt von Hamburg und München, die jeweils etwa 250 Funknetze aufwiesen. Rund die Hälfte der Hotspots in Deutschland befanden sich in Hotels (2 823), ein Drittel in Gastronomiebetrieben wie Restaurants, Bars und Cafés (1 978). Die restlichen rund 1 000 Hotspots verteilten sich auf Bürogebäude, Tankstellen, Shops, Flughäfen, Bahnhöfe und andere öffentlich zugängliche Gebäude und Plätze. Auch die Dt. Bahn will ab 2006 in allen ICE-Zügen Hotspots zur Verfügung stellen.

Onlinebusiness: Nachdem das Volumen des Onlinehandels 2003 um 50 Mrd. € auf 138 Mrd. gestiegen war (+57 %), erhöhte sich der Umsatz 2004 auf 200 Mrd. € (+47 %). Der größte Teil entfiel mit rund 180 Mrd. € auf Geschäfte zwischen Unternehmen (Business-to-Business); der Anteil des Umsatzes mit Privatkunden (Business-to-Consumer) betrug 22,3 Mrd. €. Höhere Sicherheitsstandards im I.-Shopping und eine weitere Verbreitung von elektronischen Bezahlsystemen sollen das Einkaufen für den Privatkunden attraktiver machen. 43% der Deutschen kauften 2004 über das I. ein; EU-weit rangierte Deutschland damit auf einem der führenden Plätze.

Kriminalität: Die Staatsanwaltschaft Cottbus, Deutschlands einzige Staatsanwaltschaft, die sich schwerpunktmäßig mit dem Thema I.-Kriminalität beschäftigt, verzeichnete 2004 mehr als 2 000 Ermittlungsverfahren gegen Beschuldigte. Damit hat sich die Zahl der Verfahren seit 2001 vervierfacht. Hinzu kamen noch einige Hundert Ermittlungsverfahren gegen unbekannte Beschuldigte. Bei mehr als 60 % der Fälle handelte es sich um Betrugsstraftaten, z. B. Betrügereien bei Onlineauktionen, 25 % betrafen den Bereich Kinderpornografie. Weitere Verfahren liefen wegen Urheberkriminalität wie dem unerlaubten Verkauf von Raubkopien (10 %), der Rest waren politische Delikte wie die Verbreitung von extremistischem Propagandamaterial. Weltweiter Spitzenreiter bei der I.-Kriminalität war nach Angaben von Ermittlern Brasilien, das die meisten Hacker aufwies. Außerdem sei durch Finanzbetrug über das I. in Brasilien bereits mehr Geld gestohlen worden als bei Banküberfällen. Zudem würden in Brasilien zwei Drittel der weltweiten Pädophilen-Websites hergestellt.

www.domain.de (Registrierung von I.-Adressen); **www.plasticthinking.org/wiki/HomePage** (Liste von Weblog-Anbietern); **www.blogg.de, www.myblog.de** (dt. Weblog-Portale); **www.hotspot-locations.de** (erfasst weltweit rund 19000 Hotspots, u. a. 5100 in den USA und 12600 in Europa, davon Deutschland 4308)

➤ Medien, Teleshopping; ➤ Wirtschaft, E-Commerce

Internet: die wichtigsten Gründe zum Internetsurfen 2004[1]

Rang	Grund	Nutzerangaben (%)
1	Suche nach Produkt-, Dienstleistungsinformationen	82
2	E-Mails senden, empfangen	80
3	Schule, Weiterbildung	44
4	Kaufen und bestellen	38
5	Nutzen von Reiseservices	36
6	Online-Bankgeschäfte	35
7	Lesen von Zeitungen, Magazinen	26
8	Plaudern, Besuch von Foren	26
9	Spiele/Musik	25
10	Verkaufen	17
11	Radio/TV	7
12	Telefonieren/Videokonferenzen	3

1) in Deutschland; Quelle: IMU, Statistisches Bundesamt, Computerbild, 15.11.2004

Internetauktionen

Ebay: Weltweit waren Anfang 2005 135 Mio. Menschen zum Handel beim erfolgreichsten und größten Internetauktionshaus Ebay angemeldet (+43 %), davon rund 56 Mio. als aktive Teilnehmer. Die Zahl der gelisteten Artikel stieg von 291 Mio. auf 404 Mio. an. Das über Ebay umgesetzte

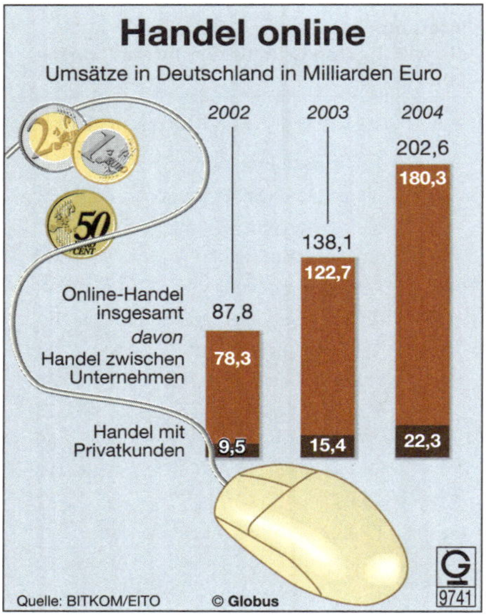

Handelsvolumen betrug 1999 noch rund 3 Mrd. US-Dollar, für 2005 wurde mit 50 Mrd. gerechnet. Allein auf der dt. Internetseite von Ebay sind regelmäßig 12 Mio. Auktionsteilnehmer aktiv. Dennoch geriet gerade in Deutschland 2004/05 Ebay verstärkt in die Kritik: Wohlmeinende Hacker und Computersicherheitsfachleute bemängelten, dass es mit relativ einfachen Tricks möglich sei, die Schutzbestimmungen bei Ebay zu umgehen, Passwörter auszuspähen und z. B. im Namen ahnungsloser Ebay-Mitglieder Käufe und Verkäufe zu tätigen. Zudem erhöhte Ebay im Februar 2005 seine Gebühren, noch stärker als in Deutschland allerdings für die professionellen Händler in den USA (von 9,95 auf 15,95 US-Dollar für einen Ebay-Verkaufs-Shop). In den USA verdoppelten sich die Beschwerden über I. bei der Federal Trade Commission von 2002–04 auf rund 98 000. Sie bezogen sich neben der Datensicherheit auf ausgebliebene Warenlieferungen bzw. unterlassene Serviceleistungen oder Unzufriedenheit mit dem Zustand der ersteigerten Ware. Laut einer Schätzung der Stiftung Warentest machten 2004/05 echte Privatauktionen bei Ebay nur noch rund 33 % aus, etwa ebenso hoch war der Anteil an seriösen Händlern, die Neuwaren zu korrekten Bedingungen verkauften. Beim restlichen Drittel der Anbieter gab es Zweifel an der Seriosität.

Alternativen: Das Internetauktionshaus Azubo wurde Ende 2003 gegründet. Bei Versteigerungen bekommt hier das niedrigste Gebot den Zuschlag. Eine I. beginnt mit einem Maximalpreis, den der Verkäufer festlegt. Danach fällt der Preis minütlich, bis ein Minimum erreicht ist. Der Käufer kann frühzeitig das Ende der Auktion bestimmen, indem er den Preisverfall stoppt, sobald seine Vorstellung erreicht ist. Ansonsten läuft er »Gefahr«, das »Schnäppchen« an einen Mitbieter zu verlieren, oder die Auktion endet bei Erreichen des Minimums. Keinerlei Gebühren fallen bei Hood an. Das Internetauktionshaus finanziert sich durch die Vermarktung von Werbeplätzen.

Internetsuchmaschinen

Programme von Internetdienstleistern, die die vielen Milliarden Seiten des Internets listen. Dazu werden wiederum bestimmte Programme benutzt, die das Netz kontinuierlich durchsuchen und Seiten unter bestimmten Stichworten in die Datenbank des I.-Dienstleisters eintragen, auf die Internetnutzer dann mit ihren Anfragen zugreifen können.

Die weltweit am häufigsten genutzte I. Google (benannt nach der Zahl Googol, einer 1 gefolgt von 100 Nullen), hat in Deutschland einen Marktanteil von 80 %. In der Google-Datenbank sind über 4,3 Mrd. Internetseiten erfasst. Google bietet den Nutzern zusätzlich aktuelle Zusammenstellungen von Nachrichten, großzügig bemessene E-Mailpostfächer und Suchsoftware für Dateien auf dem heimischen PC. Das Unternehmen ging 2004 an die Börse und erreichte dort einen Listenwert von 20 Mrd. €. Anfang 2005 war es bereits doppelt so viel wert. Die Google-Dienste

Internetauktionen: Ebay (hier dt. Firmensitz in Kleinmachnow bei Berlin) ist das international erfolgreichste Internetauktionshaus.

Internetauktionen: Papstgolf versteigert

Ein 21-jähriger Zivildienstleistender aus Olpe in Nordrhein-Westfalen verkaufte im Mai über das Internetauktionshaus Ebay einen gebrauchten VW-Golf, der zuvor Joseph Kardinal Ratzinger gehört hatte - seit April Papst Benedikt XVI. Er hatte den Wagen selbst im Januar 2005, also Monate vor der Papstwahl erworben. Ein Online-Casino in Austin (US-Bundesstaat Texas) ersteigerte den Golf für 188 938,88 €. Die Auktion fand weltweite Beachtung. Unter der Last von 8,4 Mio. Zugriffen brachen die Ebay-Server zeitweise ein, und die Seite konnte nicht mehr erreicht werden.

sind für den Nutzer kostenlos, der Dienst finanziert sich, wie die meisten anderen I. auch, über Werbung, die i.d.R. neben den Suchresultaten eingeblendet wird.

Neuheiten: Anfang 2005 trat die US-Firma Microsoft mit ihrer I. MSN(Microsoft Networks)-Suche gegen Google an. MSN listet keine rassistischen oder pornografischen Seiten. Dies ist bereits im Sinne der 2005 ins Leben gerufenen Freiwilligen Selbstkontrolle der dt.-sprachigen I., die die rund 1000 Internetseiten ignoriert sehen wollen, die auf dem Index der Bundesprüfstelle für jugendgefährdende Medien (BPjM) verzeichnet sind. Mit der Encartasuche (Encarta ist das auch auf CD/DVD erhältliche Lexikon von Microsoft) hat der MSN-Nutzer für zwei Stunden kostenlosen Zugriff auf ein Onlinelexikon.

www.google.de (beliebteste Suchmaschine); **answers.google.com/answers** (hier kann man über die Google-Suche hinaus gegen Gebühr Fragen an einen menschlichen Experten richten); **www.suchspezialist.de** (Spezialsuchmaschine für Bibliotheksrecherche)

Internetsucht

(auch: Onlinesucht), zwanghafter Drang zum Surfen, Chatten, Spielen, Herunterladen von Dateien oder sonstigen Aktivitäten im Internet. Für Betroffene wird das Netz zum wichtigsten Bestandteil im Tagesablauf; alle Pläne und Termine sind darauf ausgerichtet.

Studien in Deutschland und in Österreich sowie in den USA haben gezeigt, dass etwa 3–5 % der Internetnutzer onlinesüchtig sind. Bei den aktiven Chatroomnutzern liegt die Zahl sogar über 10 %. In Deutschland waren demnach 2004 fast 1 Mio. Menschen internetsüchtig.

Es gibt zunehmend mehr Hilfsangebote für Internetsüchtige. In Deutschland bietet mediarisk international, ein 2004 in Weinheim (Baden-Württemberg) gegründeter eingetragener Verein Information und Aufklärung sowie Beratung und Hilfe zur Selbsthilfe für Betroffene. Nicht nur Internetsucht soll hier mithilfe von Therapien bekämpft werden, vielmehr geht es um Online- oder sogar Mediensucht. Dazu gehören nach Meinung vieler Wissenschaftler neben dem exzessiven Internetgebrauch auch SMS-Sucht, Telefonsucht und sogar Fernsehsucht.

www.mediarisk.org

Internettelefonie

(auch: VoIP; Voice over I. P., engl.; Stimme über Internet-Protocol); Transport von Gesprochenem in Form von Datenpaketen über Internet oder Intranet

Mit entsprechender Software – wie z. B. von Skype (31 Mio. Kunden) oder Paltalk – war I. schon in den 1990er-Jahren möglich: Der Nutzer benötigte dazu einen PC, Internetanschluss, die Programme und ein Headphone (Kombination aus Kopfhörer und Mikrofon). Voraussetzung war bei den meisten damaligen Lösungen, dass der Gesprächspartner über die gleiche Software verfügte und zur gleichen Zeit am PC war. Kosten entstanden so nur für die Internetverbindung.

Internetsuchmaschinen: Werbung für den Börsengang von Google an der Fassade der Technologiebörse Nasdaq, New York

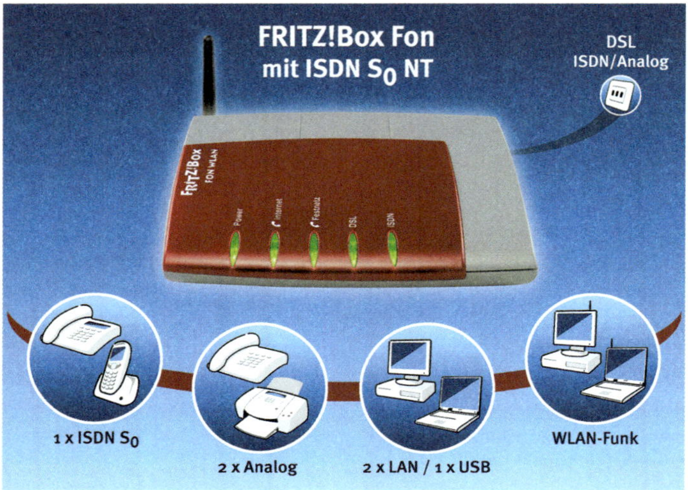

Internettelefonie: Mit der FRITZ!Box Fon mit ISDN S0 NT lassen sich vorhandene ISDN-Telefone oder ISDN-TK-Anlagen auch für Voice over IP am DSL-Anschluss verwenden. Zusätzlich zu ISDN-Telefonen können zwei analoge Endgeräte eingesetzt werden. Computer erhalten DSL-Zugang über USB, zwei Ethernet-Schnittstellen und Wireless LAN.

Dank der Verbreitung von breitbandigen DSL-Anschlüssen wurden die I.-Anwendungen schneller und komfortabler und gewannen zunehmend an Qualität. Heute gibt es auch die Möglichkeit, sich über WLAN-Funkverbindungen zur I. anzumelden. Man kann kostengünstig vom Internet auch ins Festnetz telefonieren, und es gibt herkömmliche Telefone, die nicht mehr über das Festnetz funktionieren, sondern das Internet als Verbindung benutzen. Oft sind Telefonate über das Netz kostenfrei.

Geräte: Anfang 2005 boten Firmen wie Sipgate und die Mobilcom-Tochter Freenet Telefone für I. an. Das F1000 (Kosten: etwa 140 €) funktionierte zu Hause bei den Nutzern über ein drahtloses Heimnetz und war unterwegs an (oft gebührenpflichtigen) WLAN-Hotspots nutzbar. Mit Freenets Klapphandy iP1 (Kosten: etwa 100 €) konnten die Kunden zu Hause kostenlos ins Festnetz telefonieren und es unterwegs wie ein Handy (mit entsprechenden Gebühren) nutzen. I.-Nutzer benötigen ferner in ihrer Wohnung spezielle Geräte, die den Zugang zum Internet herstellen (wie z. B. die Fritzbox der Firma AVM) bzw. einen Adapter zum Anschluss an bereits vorhandene DSL-Hardware.

Entwicklung: In den USA rechnete man 2005 bei Weitverkehrsnetzen mit einem I.-Durchbruch binnen der nächsten fünf, in Europa wegen weniger homogener Netzstrukturen binnen der nächsten zehn Jahre. Das US-Marktforschungsunternehmen Forrester Research ging sogar davon aus, dass I. erst 2020 die klassische Telefonie in den öffentlichen Telekommunikationsnetzen Europas ablösen wird. Dennoch sollen bis 2008 die Erlöse aus I. auf 1,23 Mrd. € (+93,2 %/Jahr) ansteigen.

Deutschland: Rund 500 000 dt. Nutzer telefonierten Anfang 2005 bereits mithilfe der I. (Tendenz steigend, bis Ende 2005 wurde mit 1 Mio. gerechnet). Dennoch mussten auch die I.-Nutzer zusätzlich zu ihrem Vertrag mit ihrem I.-Provider eine Grundgebühr für das Festnetztelefon bezahlen. Eine Entkopplung von Telefon und DSL-Leitung war noch nicht in Aussicht. Für die bundesweite I. gab es die einheitliche Vorwahl 032. Wie für das Festnetz sollen zusätzlich auch Ortsvorwahlen und Nummern von der Regulierungsbehörde für Telekommunikation und Post (RegTP, Bonn) vergeben werden. Auch Internetprovider und nicht nur Unternehmen, die auch »klassische« Telefonanschlüsse anboten, sollten 2005 solche Nummern vergeben dürfen. Falls der Kunde seinen Wohnsitz im Vorwahlbereich hatte, sollte er auch seine Festnetznummer zum Telefonieren über das Internet nutzen können. Ungeklärt ist, wie der I.-Kunde bei Verzicht auf das klassische Telefon Mehrwertdienste (0180-, 0190-Nummern) oder Notrufe erreichen kann.

www.voip-info.de (Informationen über Internettelefonie); **www.VoIP.frost.com** (Marktforscher Frost & Sullivan)

IT-Branche

Branche der Wirtschaft, die sich mit IT (Abk. für Informationstechnologie) beschäftigt

2004 setzte die IT-B. weltweit fast 1 Billion US-Dollar um. Der nach einigen schwierigen Jahren solide Aufschwung erfasste Anfang 2005 auch den dt. Arbeitsmarkt. 2000 zählte die IT-B. noch 820 000 Beschäftigte; Mitte 2005 waren es nur noch 736 000 Arbeitsplätze, nun allerdings mit steigender Tendenz. Bis 2008 wird von einem durchschnittlichen Wachstum der IT-B. von 6 % pro Jahr weltweit ausgegangen, damit ist sie eine der weltgrößten und am schnellsten wachsenden Industrien.

Prognose für Deutschland: Der Bundesverband Informationswirtschaft, Telekommunikation und neue Medien (Bitkom, Berlin) erwartete 2005 in Deutschland einen Umsatz von 136 Mrd. € bei Softwareunternehmen, IT-Dienstleistern und Mobilfunkfirmen (+3,4 %, weltweit 5 %). Dabei sollten 10 000 neue Arbeitsplätze geschaffen werden. Das letzte Personalwachstum hatte es 2000 gegeben. Insbesondere im dt. Mittelstand (rund 230 000 IT-Beschäftigte) wollten 55 % der Unternehmen IT-Fachkräfte einstellen. Rund 75 % der Firmen berichteten von steigenden Aufträgen. In der Mobilfunkbranche galt insbesondere UMTS als Markttreiber. Zu den Projekten, die laut Bitkom in Deutschland stärker vorangetrieben werden müssten, gehörten die Jobcard, der digitale Polizeifunk, die Modernisierung der Bundeswehr-IT (→ Militär, Herkules) und die elektronische Verwaltung, das sog. E-Government. Allerdings sollen nach Angaben des Marktforschungsunternehmens Forrester Research bis 2015 rund 140 000 Arbeitsplätze an kostengünstigere Standorte wie Osteuropa, Indien oder China verloren gehen (Offshoring), d. h., der derzeitige Offshoring-Anteil von 5 % an IT-Budget und -Beschäftigung wird bis 2008 auf ein Vielfaches anwachsen. Darüber hinaus befürchtete Bitkom hohe finanzielle Einbußen für die Branche durch neue Gebühren und Verordnungen: Neben der geplanten Urheberrechtsabgabe für Computer und Drucker, der Erhebung von Rundfunkgebühren für internetfähige PCs, Personal Digital Assistents (PDAs) und Handys sowie verlängerte Abschreibungsfristen für betrieblich oder beruflich genutzte Software kritisierte die Branche insbesondere die Ankündigung der EU, wonach Telefonnetzbetreiber und Internetprovider verpflichtet werden sollen, die Daten ihrer Kunden mind. ein Jahr lang zu speichern.

Export und Import: Laut Statistischem Bundesamt exportierte Deutschland 2004 Produkte aus Informations- und Kommunikationstechnik im Wert von 76,2 Mrd. € (+11,1 %; Anteil an den Gesamtausfuhren: 10,4 %). Die dt. IT-Handelsbilanz war somit im Gegensatz zu 2003 wieder positiv. Die größten Abnehmer dt. Produkte waren Großbritannien (7,7 Mrd. €), Frankreich (7,1 Mrd. €) und Italien (5,2 Mrd. €). Vom Wert der Exporte entfielen 25,9 % auf Computer, Computerteile und Peripherie, 20,4 % auf elektronische Bauteile und Zubehör, 18,4 % auf Telekommunikationsausrüstung, 9,6 % auf Audio, Video und Rundfunk sowie 25,7 % auf sonstige Produkte. Größte Lieferländer für die Importe waren China (13,4 Mrd. €), die USA (8,4 Mrd. €) sowie Japan (7,8 Mrd. €). 34,1 % der I.-Einfuhren waren Computer, Computerteile und Peripherie.

IBM: Der weltgrößte IT-Konzern IBM (International Business Machines, USA) verbuchte 2004 in fast allen Geschäftssparten kräftige Gewinn- und Umsatzsteigerungen (Umsatz 2004: fast 100 Mrd. US-Dollar). Besonders positiv entwickelten sich das Software- und das Dienstleistungsgeschäft. Die PC-Sparte, in der es Verluste gab, verkaufte IBM allerdings an den chinesischen PC-Hersteller Lenovo, der damit schlagartig auf den dritten Rang der größten Hersteller gelangt. Das Geschäft stieß in den USA auf Kritik, weil IBM auch zu den Standardausstattern des US-Militärs gehört.

IT-Branche: die Top Ten weltweit

Rang	Konzern	Umsatz 2003 (Mrd. US-Dollar)
1	IBM	89,0
2	Hewlett-Packard	73,0
3	Hitachi	69,3
4	Toshiba	47,8
5	Dell	41,4
6	Nec	39,7
7	Fujitsu	39,0
8	Mitsubishi	30,7
9	Ingram Micro	22,6
10	Electronic Data Systems	21,4

Quelle: Thomson Financial Datastream, Junge Karriere 10/2004

IT-Branche: Besucher der weltweit führenden IT-Messe SYSTEMS in München registrieren sich im Oktober 2004 am Eingang.

Trends: Eine der Triebfedern des Branchen-Wachstums waren die Arbeiten im Umfeld des Mobilfunkstandards UMTS und die verstärkte Nachfrage nach IT-Dienstleistungen. Computer, Internet (inkl. Breitbandanschluss) und Medien der Unterhaltungselektronik (Fernseher, Videogerät, Musikanlagen) verschmelzen zunehmend und sollen in Zukunft das sog. digitale Zuhause bilden. Ein Beispiel ist der Wohnzimmercomputer, der immer höhere Verkaufszahlen erreicht.

Das IT-Großprojekt der Toll Collect, das Mautsystem für die dt. Autobahnen, nahm 2005 seinen Dienst auf. Auch das Großprojekt der Bundesagentur für Arbeit – die Zusammenlegung von Sozial- und zum Arbeitslosenhilfe Arbeitslosengeld II – wurde insgesamt erfolgreich abgeschlossen. An der Modernisierung der IT-Struktur der Bundeswehr arbeiten IBM und Siemens im Rahmen des Herkules-Projekts (→ Militär).

➤ Wirtschaft, E-Commerce

Künstliche Intelligenz

(KI), Forschungszweig der Informatik, der sich mit der Nachahmung menschlichen (und tierischen) Denkens und menschlicher Intelligenz durch Computer beschäftigt

2004/05 galten Forschungen im Bereich KI verstärkt der Interaktion Mensch–Maschine (PC, Roboter) und im weitesten Sinne der Schaffung von sog. kybernetischen Organismen (Cyborgs, Mensch-Maschinen-Wesen). So arbeiteten Forscher des Max-Planck-Instituts für biologische Kybernetik in Tübingen an Methoden des »Affective Computing«, mit dem kommende Rechnergenerationen sich an Situation und Stimmung des Anwenders anpassen sollen. Mit der sog. Benutzermodellierung wurde versucht, anhand von Biosignalen wie Pulsfrequenz oder Hautwiderstand zu erkennen, wie eine Person sich gerade fühlt. Auch Sprachmelodie sowie Höhe oder Lautstärke einer Äußerung ließen sich auswerten, um zu erkennen, ob ein Sprecher z. B. verärgert war.

Avatare: Avatare, Figuren auf dem Computerbildschirm wie z. B. in Computerspielen, können mit dem Nutzer interagieren und auf ihn eingehen, etwa als persönlicher Trainer in einem Fitnessprogramm, das die Nutzer zur Leistung ermuntert, sie aber auch tröstet, falls sie ein Ziel nicht erreichen. Der Roboter »Kismet« des Massachussetts Institute of Technology (MIT) ist in der Lage, in vielen Situationen das Verhalten eines Kleinkindes zu zeigen: Nähert man sich

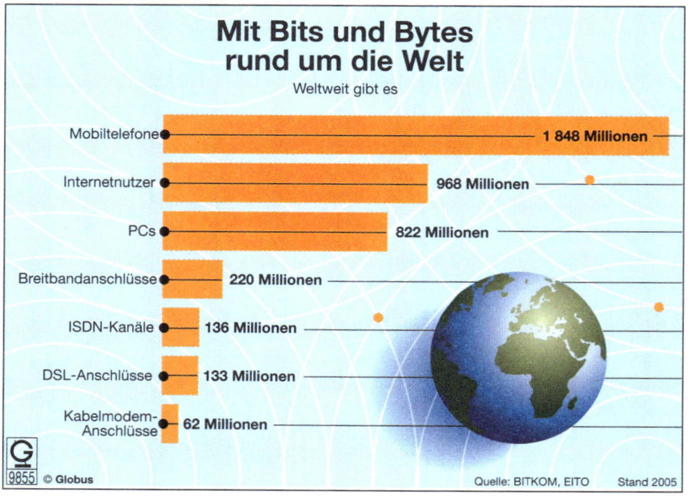

ihm, nimmt er über seine Bildsensoren gewissermaßen Blickkontakt auf. Auf freundliche Sprache und lustige Gegenstände reagiert Kismet mit positiver Mimik, geringe Aufmerksamkeit oder einen rüden Ton quittiert er mit traurigem Herabziehen seines roten Gummimundes.

Künstliche Intelligenz: »ASIMO« von Honda ist der erste Roboter, der zweibeinig laufen kann. Er versteht Kommandos und spricht auch einige Sätze.

Biofeedback: 2004 waren erste Computerspiele u. a. zum Entspannungstraining auf dem Markt, die mithilfe von Elektroden während des Spiels wie bei einem Lügendetektor den Hautwiderstand des Spielers messen können. Sinkt dieser, gilt das als Zeichen von Anspannung. Je entspannter der Spieler ist, desto eher hat er das Ziel des Spiels erreicht. Eingesetzt wurden solche Spiele insbesondere in der Therapie von Kindern, die lernen sollten, ihre Ängste bewusst zu steuern. In Planung waren ganze virtuelle Spieleumgebungen, die sich dem Zustand des Spielers anpassen, wobei das Spiel lernt den Benutzerzustand zu beeinflussen. Reagiert der Spieler z. B. auf eine bestimmte Musik sehr stark, so merkt sich die Anwendung diese Vorliebe oder Abneigung.

Biochips: Entwicklungslabore, die sich mit Neuroinformatik beschäftigten, arbeiteten unter Projektnamen wie Ubiquitous (allgegenwärtiges), Invisible (unsichtbares) oder Pervasive (durchdringendes) Computing an Konzepten, wie leistungsfähige Prozessoren zusammen mit mikro- oder nanoelektromechanischen Systemen (MEMS oder NEMS) und Funkmodulen Einzug in die Welt der Alltagsgegenstände und in letzter Instanz auch in den menschlichen Körper halten konnten. So vertrieb die US-Firma VeriChip bereits RFID-Chips, die sich Interessenten unter die Haut einpflanzen lassen konnten: Der Chip informiert per Funk über den Aufenthaltsort des Chipträgers und kann z.B. im Falle einer Entführung die Polizeiarbeit erleichtern.

www.kuenstliche-intelligenz.de

Mobilfunk

Der dt. M.-Markt wuchs 2004 um rund 10 %, die Zahl der Kunden nahm um rund 7 Mio. zu. Marktführer unter den vier dt. Netzbetreibern blieb die Telekom-Tochter T-Mobile. Sie verfügte mit rund 28 Mio. Kunden über rund 1 Mio. Kunden mehr als der Branchenzweite Vodafone D2, der aber Weltmarktführer mit über 150 Mio. Kunden war. E-Plus hatte rund 10 Mio., O_2 als Branchenvierter knapp 7 Mio. Kunden. Gegen T-Mobile und Vodafone leitete die EU-Kommission Anfang 2005 ein Kartellverfahren ein; sie standen im Verdacht, ihre Monopolstellung auszunutzen, um zu hohe Roaming-Gebühren von ausländischen Anbietern zu verlangen. Diese fallen an, wenn deren Kunden in Deutschland die Netze von T-Mobile und Vodafone nutzen wollen. Erhärtet sich der Verdacht, droht den Firmen im schlimmsten Fall eine Strafe von bis zu 10 % ihres Umsatzes.

Mobilcom: Der M.-Anbieter erhöhte 2004 seine Kundenzahl auf rund 4,5 Mio. Mobilcom plante Anfang 2005, für rund 450 Mio. € seine Internettochter Freenet von der Börse zu nehmen und statt dessen vollständig zu kaufen. Mobilcom hielt 50,4 % an Freenet und plante, durch eine Übernahme seine Steuerverluste gegen die Gewinne der Tochter zu verrechnen. Beide Unternehmen könnten zusammen eine Marktkapitalisierung von 2 Mrd. € erreichen und dadurch mehr Spielraum für Akquisitionen gewinnen. Freenet trug rund 25 % zum Betriebsgewinn bei und agierte als Internet- und Internettelefonieanbieter in einem wachstumsfähigen Markt, während die Erlöse aus dem M., dem Stammgeschäft von Mobilcom, rückläufig waren.

Entwicklung: 2004/05 strebten die M.-Konzerne an, dem Image des M. als teurerer Variante des Telefonierens entgegen zu wirken, um dem zumindest in Deutschland weiterhin dominierenden Festnetz Konkurrenz machen zu können: Nur jede siebte Gesprächsminute in Deutschland wurde 2004/05 über ein Handy geführt. T-Mobile setzte u. a. darauf, Endgeräte nicht mehr in dem Umfang zu subventionieren wie bisher und die erzielten Einsparungen in Form von günstigeren Tarifen an die Endkunden weiterzugeben.

UMTS (Universal Mobile Telecommunication System): 2005 wird mit dem Durchbruch des neuen Standards für M. gerechnet; der Branchenverband Bitkom rechnete bis Ende 2005 mit rund 2,5 Mio. Nutzern in Deutschland. Ende 2004 waren hier rund 250 000 Handys und PC-Karten der dritten Mobilfunkgeneration im Einsatz. Die UMTS-Geräte waren trotz ihrer deutlich höheren Leistungsfähigkeit mittlerweile ähnlich klein und komfortabel zu handhaben wie die der Vorgängergeneration GSM. Weltweit (16,1 Mio. Nutzer) lag Deutschland mit diesen Zahlen im Mittelfeld. Rund 50 % (8,4 Mio.) UMTS-Nutzer lebten in Japan, wo die Technik bereits 2002 eingeführt worden war.

Wimax: Mit der Einführung von ersten Diensten für den breitbandigen Funkstandard »Worldwide Interoperability for Microwave Access« (Wimax) mit Reichweiten von theoretisch bis zu 50 km und Übertragungsraten von bis zu 70 Mbit/sec wurde Anfang 2005 für 2006 oder 2007 gerechnet. Prognosen zufolge werden 2009 weltweit 8,5 Mio. Menschen Wimax-Dienste nutzen (3 % des gesamten Breitbandmarktes). Die Wimax-Technik wird vor allem in ländlichen Gebieten zum Einsatz kommen, die von Netzbetreibern wegen der hohen Investitionen weder mit DSL- noch mit UMTS-Infrastruktur erschlossen werden.

Haushalte nur mit Mobilfunk[1)]

Land	%
Finnland	33
Portugal	33
Österreich	26
Belgien	22
Italien	17
Frankreich	17
Spanien	16
Irland	15
Griechenland	11
Dänemark	9
Niederlande	9
Deutschland	7
Großbritannien	7
Luxemburg	6
Schweden	5

1) mit Mobiltelefon, aber ohne Festnetzanschluss; Quelle: Ovum, EU-Kommission, Wirtschaftswoche, 3.3.2005

MP3-Player

MP3 (Abk. für MPEG Audio Layer 3) bezeichnet ein 1987 vom Fraunhofer-Institut entwickeltes Verfahren zur Datenkomprimierung, das Musikstücke, die auf Computerspeichermedien in digitaler Form viel Platz beanspruchen, bei verhältnismäßig geringem Qualitätsverlust in kleine, handliche Datenpakete von rund einem Zehntel der ursprünglichen Größe verwandelt. Ein MP3-Player ist ein kleines, portables Gerät, auf das sich die Dateien speichern und mit dem sie sich abspielen lassen.

2004 wurden in Deutschland 3,16 Mio. MP3-P. verkauft, mehr als doppelt so viele wie 2003. Die günstigeren Geräte ab 60 € waren i.d.R. mit einem Speicherstick (128 oder 256 MB für zwei bis vier Stunden Musik in Radioqualität) ausgestattet, sie waren etwa so groß wie eine Streichholzschachtel und hatten ein sehr kleines Display. Teurere Geräte in der Größe einer Zigarettenschachtel ab rund 180 € zeigten auf ihrem größeren Bildschirm u. a. Titel- und Albumnamen sowie Informationen zum Ladezustand der Akkus. Mind. 200 € kosteten MP3-P. mit Speicherkarten oder Minifestplatten.

Neben diesen mobilen MP3-P. gab es stationäre Player mit größeren Festplatten (15–60 GB für 270–1000 Stunden Musik). Per USB-Stick oder Kabel konnten die MP3-P. an den PC angeschlossen werden, um aus dem Internet heruntergeladene digitale Musik oder von CD ins MP3-Format umgewandelte Songs auf den Player zu überspielen.

iPod: Der MP3-P. des US-amerikanischen Computerherstellers Apple hatte 2005 einen Marktanteil von über 60 % und weltweit Kultstatus erlangt. 10 Mio. iPods wurden seit seiner Einführung 2001 verkauft. Allein die Verkäufe im letzten Quartal 2004 machten ein Drittel des gesamten Konzernumsatzes aus. Anfang 2005 brachte Apple mit dem iPod Shuffle (engl.; Zufallsmodus) einen neuen Player auf den Markt, der die gespeicherten Musikstücke in zufälliger Reihenfolge wiedergibt. Er wiegt nur 22 g, verzichtet auf Display und Funktionsvielfalt und arbeitet im Gegensatz zu den Geräten mit Minifestplatte wahlweise mit einem 512-MB- oder 1-GB-Flashspeicher (Preis: ab 99 €). Auch das Geschäft mit dem Internet-Musikportal iTunes und dem iPod-Zubehör boomte. Zu den neuen Produkten zählte das »Beamdock«, eine Dockingstation für den iPod, mit dem der Nutzer Musik über eine digitale Funkverbindung kabellos an Boxen senden kann, die an einem beliebigen Punkt in der Wohnung stehen können, aber über einen speziellen Empfänger verfügen müssen (Kosten: rund 150 €).

MP3-Konkurrenz: Weltweit konkurrierten die Hersteller um immer kleinere und flachere Player – der iPod Mini ist nur noch so groß wie eine Visitenkarte –, einhergehend mit zunehmender Miniaturisierung der Festplatten für mobile Geräte. So entwickelte der US-amerikanische Festplattenspezialist Seagate eine Festplatte mit rund 2,5 cm Durchmesser und 5 GB Fassungsvermögen für den iPod-Mini-Herausforderer Rio Carbon (Kosten: rund 250 €) des US-amerikanischen Unternehmens Rio Audio. Der südkoreanische Technikkonzern Samsung brachte u. a. Handys mit eingebauter Festplatte auf den Markt, die Fotos, Notizen und Musik speichern konnten.

www.apple.de; www.iPod.de (iPod-Zubehör)

Multimedia

Bezeichnung für die Verbindung von Telekommunikation, Computertechnik und Unterhaltungselektronik

Nach einer Onlineumfrage der Zeitschrift PC Professionell Anfang 2005 nutzten 65 % aller Befragten den PC auch als M.-Zentrale, z. B. zum Abspielen von Musik oder zum Ansehen von Filmen und Fotos. Es verstärkte sich der Trend zur M.-Zentrale im Wohnzimmer: 51 % der Befragten hatten dort bereits einen Entertainment-PC stehen, um z. B. Fernsehsendungen über die TV-Karte aufzuzeichnen.

Einen Schritt weiter gehen die sog. Heimnetzwerke, die es ermöglichen, in jedem Raum eines Hauses Musik abzurufen bzw. TV, Videos oder Foto-Diaschauen zu betrachten. Dabei verteilt der PC die Angebote auf die verschiedenen Abspielgeräte über Kabel oder drahtlos über Wireless LAN (WLAN). Ein ungelöstes Problem ist bisher, dass einzelne Komponenten unterschiedlicher Hersteller sich häufig nicht zusammen nutzen lassen. Die Hersteller haben ein Interesse an der Inkompatibilität, da sie so ganze Systeme absetzen können.

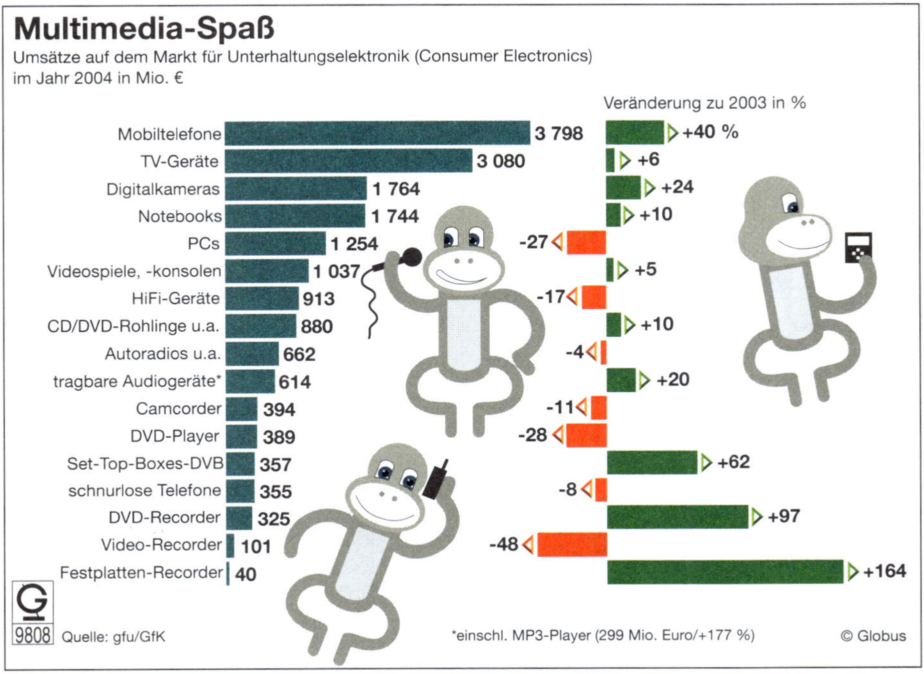

Neuheiten

- Mit dem neuen Betriebssystem Windows XP Media Center Edition 2005 von Microsoft (auch Harmony genannt) soll der PC als M.-Zentrale neben seinen Funktionen als Bürogerät unter Windows zusätzlich CD- bzw. DVD-Spieler, Radio und Videorecorder ersetzen. Je nach Ausstattung (mit TV-Karten, Antennen oder Kabel) können die so ausgerüsteten Rechner analoges oder digitales Fernsehen empfangen und am PC-Bildschirm oder einem angeschlossenen Fernseher präsentieren. Für den Radioempfang stehen neun Speicherplätze zur Verfügung.
- Ein Gerät für unterwegs ist der Archos Pocket Video Recorder AV400, der dank einer eingebauten 20-GB-Festplatte Musik, Fotos oder Videos aufnehmen bzw. abspielen kann. Die Daten können nicht nur vom PC überspielt, sondern auch direkt vom Videorecorder oder DVD-Spieler aufgenommen werden. Auch zum Aufbewahren und Sichten von Fotos ist es geeignet. Der Bildschirm des mobilen Geräts hat allerdings nur 9 cm Diagonale.
- Vermehrt kamen 2004/05 mobile M.-Geräte zu Preisen zwischen 300 und 900 € mit bis zu 100 GB Speicher auf den Markt, deren Funktionalität und Größe an MP3-Player erinnern, die aber auch film- und fototauglich sind. Sie unterstützen aber i.d.R. nicht alle gängigen Film- und Musikformate.

www.speaky.org

Notebook

(engl.; Notizbuch), tragbarer Klein-PC (zusammengeklappt etwa DIN A 4 groß), der über Akku oder Netzteil betrieben wird, mit relativ geringem Gewicht (1,5–3 kg) und flachem Flüssigkristall-(LCD-) Bildschirm im Deckel sowie Tastatur im Boden des Geräts.

Weltweit wurden 2004 46 Mio. N. verkauft (+22,4 %), von denen über 70 % in Taiwan bzw. im taiwanesischen Auftrag in China hergestellt worden waren. Für 2005 erwarteten die Marktforscher der Gartner Group eine weitere Steigerung von 17 %. In Deutschland prognostizierte der Bundesverband Informationswirtschaft, Telekommunikation und neue Medien e.V. (Bitkom, Berlin) ein Plus von 10,5 % bei den Ausgaben für N., weil u. a. 35 % aller Mittelständler für 2005/06 höhere Investitionen in portable Rechner planten. N. machten 39 % des PC-Marktes aus. Wegen der Preiskämpfe am Markt zog sich die österreichische Gericom AG aus der Endfertigung von N. zurück und plante stattdessen, das Geschäft mit Flachbildschirmen, Fernsehern und Zubehör stark auszuweiten. Erst 2004 war Gericom durch den Essener Elektronikgroßhändler und Konkurrenten Medion vor der Pleite gerettet worden.

Markt: Durchschnittlich ausgerüstete N. kosteten mit einer 30- bis 60-GB-Festplatte 2004/05 in Deutschland rund 1400 €, Billigmodelle waren ab 700 € zu haben. Dank immer leistungsfähigerer Akkus und fortschrittlicher Stromspartechniken konnten sie teilweise bis

Notebook: Notebooks machten 2004 39 % des PC-Marktes aus; Präsentation von Notebooks auf der größten Computermesse CEBIT in Hannover im März 2005.

zu sechs Stunden ohne Netzwerk arbeiten. Nur die komfortableren Geräte waren bereits in der Lage, Double-Layer-DVD-Rohlinge zu beschreiben. Neben den klassischen N. waren kleinere sog. Sub-N. im Handel (Breite rund 25 cm, Tiefe 20 cm, Höhe 3 cm), die mit nur rund 1,5 kg die Hälfte wogen, aber auch weniger Leistung brachten. Wegen der kleineren Monitore und Tastaturen war das Arbeiten mit ihnen zudem mühsamer.

Tablet-PC wurden zu Preisen von meist über 2000 € angeboten. Sie werden mit einem speziellen Eingabestift auf dem berührungsempfindlichen Bildschirm bedient. Buchstaben können dabei auf einer auf dem Bildschirm eingeblendeten Tastatur mit dem Stift angetippt werden oder bei manchen Geräten auf einer Tastatur zum Ausklappen eingegeben werden. Alternativ kann die Handschriftenerkennung genutzt werden, die Handschrift in Schriftzeichen umsetzt.

Im Zuge des weiteren Preisverfalls bei N. testeten 2004/05 auch die sog. »Thin-and-light«-N. (engl.; dünn und leicht) mit einem Gewicht von nur 2 kg und rund 30 cm Bilddiagonale die 1000-€-Marke. Sollte der Preis sogar noch darunter fallen, könnten diese Geräte ihren Marktanteil von bisher nur 3–5 % beträchtlich steigern.

Neuheiten:

- Der südkoreanische Elektronikhersteller Samsung präsentierte 2005 ein N. mit einem Gewicht von nur 1 kg, das 1,8 cm dünne Q30 für rund 4000 €. Es enthält zwar eine Festplatte mit 40 GB Speicherplatz, ein kombiniertes Laufwerk zum Lesen und Brennen von CDs bzw. DVDs, wurde aber aus Platzmangel als externes Laufwerk mitgeliefert. Dank eines Hochleistungsakkus muss Q30 nur alle zehn Stunden ans Netz angeschlossen werden.
- Fast schon Standard ist bei neuen N. die Centrino-Technik des Chip-Weltmarktführers Intel (USA), deren Kombination aus Strom sparendem Prozessor, spezieller Hauptplatine und eingebautem WLAN-Adapter kleinere und leichtere Bauformen erlaubt. Die neueste Centrino-Version, »Sonoma«, bietet 2005 durch Intels »High Definition Audio« neben höherer Taktrate ein gesteigertes Klangvolumen.
- Der amerikanische Softwarekonzern Microsoft entwickelte ein Design für N., die mit einem weiteren Farbbildschirm in der Größe eines Handydisplays auf der Außenseite des Deckels ausgestattet sind. Es soll über Funktionen wie den Akkuzustand informieren und den Zugriff auf bestimmte Daten, z.B. E-Mail-Eingang, ermöglichen, ohne das N. aufklappen und starten zu müssen.
- Mit einem neuartigen 3D-Sudden-Motion-Sensor (SMS) sind die PowerBooks von Apple ausgerüstet: Wenn man das N. versehentlich fallen lässt, spürt der SMS die Positionsveränderung und sorgt dafür, dass die Magnetköpfe der Festplatte sofort geparkt werden und so beim Aufprall die Festplatte nicht zerkratzen können.

www.notebookinfo.de (Tests und Preisvergleiche);
www.samsung.de

Onlinedienste

(online, engl.; am Netz), computergestützte Dienste, die den Zugriff auf Informationen (z. B. Computerdatenbanken) in aller Welt und die elektronische Kommunikation ermöglichen

Kunden von O. zahlen für die verschiedenen Services – Zugang zum Internet, Reiseauskünfte, EDV-Hotlines, Telebanking und das Abrufen elektronischer Medien (z. B. Presseberichte am Bildschirm) – meist einen monatlichen Festbetrag sowie Nutzungs- und Telefongebühren. Neben den O. bieten sog. Provider (engl. to provide; zur Verfügung stellen) ihren Kunden meist über angemietete Standleitungen einen Internetzugang, aber sonst keine weiteren Dienste und Informationen an. Call-by-call-Provider berechnen i. d. R. keine monatliche Grundgebühr, sondern nur Leitungsgebühren für die Zeit, die der Nutzer tatsächlich ab seinem Anruf (Call) im Internet zugebracht hat.

T-Online: Die dt. Telekom-Tochter T-Online ist nach AOL der zweitgrößte O. der Welt und führender europ. O. mit rund 13,5 Mio. Kunden. Durch das boomende DSL-Geschäft (3,6 Mio. Kunden) erwirtschaftete T-Online 2004 erstmals seit dem Börsengang des Unternehmens 2000 einen Gewinn (317 Mio. €). 2005 soll laut Prognosen durch Stärkung des Auslandsgeschäfts der Umsatz um 400–600 Mio € steigen. In Deutschland steigerte T-Online seine Kundenzahl 2004 von 10,79 auf 11,43 Mio., in Frankreich und Spanien verlor das Unternehmen allerdings Kunden. Die Telekom, die Anfang 2005 über 80 % der T-Online-Aktien hielt, plante, im Verlauf des Jahres den O.

wieder in den Konzern einzugliedern. 2005/06 will T-Online mit der Billigmarke »Congster« starten, deren Preise 15-60 % unter den bisherigen Preisen liegen sollen. Zielgruppe sind Kunden, die nur im Internet stöbern und nicht das Portal und die speziellen Angebote des O. nutzen wollen.

Freenet: Von der Entwicklung des Breitbandgeschäftes profitierte auch der Internet-Service-Provider Freenet, Tochterunternehmen der Mobilcom, der Ende 2004 allein 350 000 DSL-Kunden unter Vertrag hatte. Für 2005 erwartete Freenet eine Verdopplung im DSL-Geschäft. Das Konzernergebnis für das Jahr 2004, in dem Freenet den Anbieter von Internetzugängen Strato und Teile des Mobilfunkanbieters Talkline übernommen hatte, wuchs auf über 60 Mio. € an, der Umsatz von rund 360 auf 470 Mio. €.

AOL (America Online): Der weltgrößte O. in Deutschland, AOL, konnte 2004 aufgrund des DSL-Geschäfts (750 000 Nutzer) seinen Gewinn steigern, verzeichnete in Amerika jedoch einen weiteren Kundenrückgang um 2 Mio. auf 22,2 Mio. Nutzer (Europa: 6,3 Mio., d.h. −49 000). Dank höherer Werbeeinnahmen stieg der Umsatz jedoch um 1 % auf 8,7 Mrd. US-Dollar, dies konnte aber Massenentlassungen in der Firmenzentrale in Virginia nicht verhindern. Um ein Verfahren gegen AOL wegen angeblicher Bilanzmanipulationen zu beenden, willigte die Muttergesellschaft, der Medienkonzern Time Warner, in die Zahlung von 300 Mio. US-Dollar an die US-Börsenaufsicht SEC ein. Wie die Behörde bekannt gab, soll das Geld in einen Fonds für geschädigte Aktionäre eingezahlt werden.

www.t-online.de; www.aol.com; www.freenet.de
➤ Dienstleistungen, E-Business

PC

(Personal Computer; dt. persönlicher Computer), im ursprünglichen Sinn ein auf einen einzelnen Benutzer zugeschnittener Computer

Weltweit wurden 2004 laut US-Marktforschungsunternehmen IDC über 177 Mio. PCs verkauft (+14,7 %); 2005 sollen es 195 Mio. PCs sein. Der Markt profitierte insbesondere von der starken Nachfrage seitens kleiner und mittlerer Firmen sowie vom Weihnachtsgeschäft 2004 mit privaten Verbrauchern. Für 2005 wurde ein Absatzplus von 9,7 % erwartet (2006: 8,6 %). In Deutschland, dem größten europ. Markt, wurde wegen knapper IT-Budgets der Großkunden mit einem Sinken der Verkäufe gerechnet (2004: +7 %). Marktführer war Fujitsu-Siemens mit einem Anteil von 17,8 %; Medion, Hewlett-Packard und Acer halten je knapp 10 %. Bedeutsame Steigerungen waren allenfalls im Notebook-Markt zu verzeichnen, der 2004/05 rund 40 % des Computermarktes ausmachte. Der Umsatzrückgang 2004 in Deutschland traf insbesondere das Essener Unternehmen Medion, das u.a. Aldi beliefert; der Unternehmensgewinn halbierte sich auf 50,7 Mio. €.

Ausstattung: Neue Geräte (ohne Monitor) gab es in Deutschland 2003/04 schon ab rund 400 € mit Minimalausstattung für einfache Büroarbeiten, zum Stöbern im Internet und zum Musikhören. Für 600–700 € wurden PCs mit schnelleren Prozessoren angeboten. PCs für rund 1000 € waren auch für grafisch aufwendige Spiele geeignet; sie verfügten über einen größeren Arbeitsspeicher und Festplatten mit mehr 100 GB Speicherplatz. Viele Modelle enthielten eine TV-Karte zum Fernsehen und zum Aufzeichnen von Sendungen mittels PC, oft sogar für digitalen Empfang.

PC: die führenden Hersteller 2004 weltweit

Rang	Unternehmen	Marktanteil (%)
1	Dell	17,9
2	Hewlett-Packard	15,8
3	IBM	5,9
4	Fujitsu-Siemens	4,0
5	Acer	3,6
6	Apple	2,0
	sonstige	50,8

Quelle: IDC, Morgan Stanley, Capital, 17.2.2005

Dell: Der weltgrößte PC-Hersteller Dell (USA), der keine Ladengeschäfte unterhält, sondern seine Produkte über Telefon bzw. Internet direkt an die Endkunden verkauft, verbuchte 2004 50 % seines Umsatzes (49,2 Mrd. US-Dollar) mit Desktops, 29 % mit Notebooks und 21 % mit anderen Produkten. Dell lieferte z. B. 2004 insgesamt 5,2 Mio. Drucker aus.

Wohnzimmer-PC, Apple MacMini: Der Trend zum Wohnzimmer-PC verstärkte sich: Diese kompakten, leisen Rechner weisen eine angenehme Optik auf und eignen sich auch für Räume, die nicht als Arbeitszimmer genutzt wer-

PC: Steve Jobs präsentiert am 11. 1. 2005 den Mac-Mini. Um den Hals trägt der Apple-Chef den neuen MP3-Player iPod shuffle.

den. Anfang 2005 stellte der US-amerikanische Hersteller Apple überraschend den MacMini vor: Dieser Wohnzimmer-PC wiegt nur 1,3 kg und kostet rund 500 € in der Grundausstattung. Das Gerät misst 16,51 cm in Länge und Breite und ist nur 5,08 cm hoch – etwa so hoch wie fünf CD-Hüllen übereinander. Verglichen mit anderen PCs sind seine 256 MB Arbeitsspeicher und die 40-GB-Festplatte (von der die installierte Software 30 % in Anspruch nimmt) jedoch etwas knapp bemessen. Via USB 2.0 oder FireWire lassen sich digitale Geräte wie Kameras, iPod MP3-Player, Drucker, Camcorder oder Tastatur an den Mac-Mini anschließen. Die integrierte Ethernet-Unterstützung und ein Faxmodem erlauben Breitband- oder Wählverbindungen zum Internet.

Personal Digital Assistant

(PDA, engl.; persönlicher digitaler Assistent), jackentaschengroßer, batteriebetriebener Kleinstcomputer; Synonyme: Palm PC (engl.; Handflächen-PC), Handheld PC (engl.; in der Hand gehaltener PC), Pen Computer (pen, engl.; Stift); Pocket PC (engl.; Taschen-PC)

Das Geschäft mit PDAs schrumpfte 2004 schon zum dritten Mal in Folge. Nach Angaben der Marktforschungsgesellschaft IDC wurden weltweit insgesamt 9,2 Mio. Geräte verkauft, 2003 waren es noch 10,6 Mio. (-13 %). Dabei wurden lediglich die klassischen Geräte ohne Telefoniefunktion gewertet. Letztere und die sog. Smartphones (Handys mit Organizer-Funktionen) machten den PDAs Konkurrenz. Der japanische Elekronikkonzern Sony stellte die Produktion von PDA-Geräten (Sony Clié) ein. Auch Toshiba zog sich aus dem Geschäft zurück.

Ausstattung: Einfach ausgestattete PDAs mit Schwarzweiß-Bildschirm und wenig Speicherplatz (z. B. PalmOne Zire 21 mit 7,2 MB) gab es in Deutschland 2004 schon für unter 100 €. Ab rund 140 € verfügten die Geräte über einen berührungsempfindlichen Farbbildschirm, den man mit einem mitgelieferten Stift bedient oder direkt auf den Bildschirm schreibt (Handschriftenerkennung). Hochwertige PDAs können Musik und Videos abspielen und Fotos in sehr guter Farbtreue anzeigen; im Zusammenspiel mit digitalen Straßenkarten und Sprachausgabe (ab rund 300 € inkl. GPS- bzw. Satellitenantenne und Autohalterung) dienen sie als Navigationssysteme. Spitzenmodelle kosteten ab 700 €. Nicht im Preis enthalten sind i. d. R. Zubehörteile wie eine zusammenklappbare Tastatur, Funkmaus oder Speicherkarten.

Betriebssysteme: Die wichtigsten Betriebssysteme für PDAs sind Windows Mobile von Microsoft und Palm OS vom Palm. Microsoft Mobile bietet eine ähnliche Bedienung wie bei Windows für PC (Dateiverwaltung mit dem Windows Explorer, Textverarbeitung Word, Tabellenkalkulationsprogramm Excel). Palm OS hingegen ist kompakter und braucht daher weniger Computerleistung;

Personal Digital Assistant: Im T-Com-Haus in Berlin können per PDA zahlreiche Kommunikations- und Unterhaltungsgeräte bedient werden.

die PDAs mit diesem Betriebssystem sind daher günstiger. PDAs mit Windows Mobile dominierten 2004 den Markt mit 48,1 %, während der Marktanteil von Palm von 46,1 auf 29,8 % deutlich schrumpfte.

www.pocketpcsoft.net (Software und Freeware für PDAs); **www.pocketgear.com** (zusätzliche Software-Tools zum PDA)

Software

Die für den Betrieb bzw. die gezielte Nutzung eines Computers erforderlichen Programme, im Unterschied zur Hardware wie z. B. Rechner, Monitor, Tastatur

Microsoft und die EU: Nach langen Rechtsstreitigkeiten verzichtete der weltgrößte S.-Hersteller Microsoft (USA; 55 000 Mitarbeiter in 85 Ländern) darauf, gegen ein Urteil der EU Ende 2004 Berufung einzulegen. Microsoft wurde vorgeworfen, das Betriebssystem Windows XP sei wettbewerbsschädigend, da es Programme wie z. B. den Media Player zum Abspielen von digitalen Musikstücken und Filmen beinhalte, was Konkurrenten mit vergleichbaren Einzelprodukten keine Chance ließe. Die Sanktionen sahen neben der bereits geleisteten Zahlung von 497 Mio. € vor, dass Schnittstellen für Fremdanbieter offen gelegt werden, damit diese ihre Produkte für die Benutzung innerhalb des Funktionsrahmens von Windows einrichten können, sowie die Entkoppelung des Betriebssystems Windows und des Windows Media Players. Microsoft kündigte für 2005 eine entsprechende Version von Windows XP, die »Windows XP Reduced Media Edition« heißt. Brüssel hatte Microsoft mit einer zusätzlichen Strafe von bis zu 5 % seiner täglichen Einnahmen gedroht, falls die Firma die alternative Windowsversion für Käufer unattraktiv mache.

Firefox: Konkurrenz erwuchs Microsoft 2004/05 auch verstärkt im Browserbereich (S. zum Anzeigen von Internet-Seiten). Millionen Nutzer, Anfang 2005 rund 200 000 pro Tag, luden sich aus dem Internet die kostenlosen Browser Firefox bzw. Mozilla herunter; diese standen auch auf zahlreichen CDs von Computerzeitschriften kostenlos zur Verfügung. Im Vergleich zum Internet Explorer von Microsoft gilt Firefox als weniger anfällig gegenüber Angriffen aus dem Netz. Mit über 87 % Marktanteil ist der Internet Explorer dennoch der am weitesten verbreitete Browser (Firefox inkl. Mozilla: rund 8 %; Browser wie Safari von Apple, die norwegische Software Opera und Netscape von AOL hielten je rund 1 %). Firefox und Mozilla sind Nachfolgeprodukte des einstigen Marktführers Netscape, der durch die Bündelung von Internet Explorer und dem Windows-Betriebssystem an Bedeutung verloren hatte.

Larry Ellison
US-amerikan. Software-Unternehmer, * 26. 3. 1944 in New York. Ellison ist Chef des Softwareunternehmens Oracle – mittlerweile nach Microsoft mit über 40 000 Mitarbeitern das zweitgrößte Softwareunternehmen der Welt, spezialisiert auf Datenbanken. Er studierte Naturwissenschaften an der University of Illinois und verdingte sich nach dem Studienabbruch als Programmierer, 1967–71 bei Amdahl Inc. Danach war Ellison bis 1979 Präsident der Omex Corporation, die u. a. Software für die CIA entwickelte. 1977 gründete er mit Bob Miner der Firma Oracle. Er gilt als exzentrischer Playboy und ehrgeiziger Sportsmann (Weltmeister im Segelrennen, Jetpilot). Seine von Mike Wilson verfasste Biografie trägt den Titel »The Difference between God and Larry Ellison«.

Oracle: Das nach Microsoft zweitgrößte Unternehmen im S.-Markt Oracle (Kalifornien), ein Spezialist für Datenbanken, übernahm Ende 2004 nach 18 Monaten Bieterkampf für 7,7 Mrd. € den kleineren Wettbewerber Peoplesoft und wurde dadurch nach SAP der weltweit zweitgrößte Anbieter von betriebswirtschaftlicher Unternehmens-S. Anfang 2005 stach Oracle mit einem Angebot von 478 Mio. € SAP bei der Übernahme des US-amerikanischen S.-Unternehmens Retek aus, das spezialisiert auf S. für große Handelskonzerne ist. Für das Geschäftsjahr 2005/06 prognostizierte Oracle einen Gewinnanstieg um 22–28 %.

www.microsoft.com; www.mozillastore.com (kostenloser Browser Mozilla)

Softwarepiraterie

Unerlaubtes Kopieren, Vervielfältigen und Nachahmen von urheberrechtlich geschützten Computerprogrammen sowie von digital vorliegenden Musikstücken und Filmen

Der internationale Herstellerverband Business Software Alliance (BSA) bezeichnete 2004 als erfolgreiches Jahr in Bezug auf die Ermittlung und Verfolgung unlizensierten Softwareeinsatzes in Deutschland. Die Schadensersatzzahlungen von Unternehmen, denen der Einsatz illegaler Software nachgewiesen werden konnte, stiegen um rund 40 % an. In den rund 2620 Fällen von S. wies die Polizei in ihrer Kriminalitätsstatistik eine Aufklärungsquote von über 97 % nach. Allein bei der »Operation Fastlink« im April 2004 wurden bei 120 Durchsuchungen in Deutschland und zehn weiteren Ländern über 200 Rechner sowie Server beschlagnahmt und Software-, Spiele-, Musik- und Filmraubkopien im Wert von etwa 50 Mio. € gefunden. Im Februar 2005 legten Ermittler die illegale Downloadplattform »Bockwurst« lahm, die ein 18-jähriger Abiturient aus Mecklenburg-Vorpommern betrieb. Zuletzt standen mehr als 300 Programme zum Download bereit. Mehrere Tausend Internetnutzer hätten täglich von dem kostenlosen Angebot Gebrauch gemacht.

Film- und Musikpiraten: Die Polizei nahm 2004 über 1 600 Hausdurchsuchungen vor und beschlagnahmte fast 400 000 Raubkopien, rund 50 % davon Filme. Wegen verstärkter Polizeipräsenz auch auf Musiktauschbörsen wie KazAa zogen viele Nutzer den Handel oder Tausch mit Freunden dem Download aus dem Internet vor. Als eine neue Maßnahme gegen die Filmkopierer befindet sich der sog. digitale Fingerabdruck von Philips in Entwicklung, der damit gekennzeichnete Filmdateien automatisiert erkennen und deren Tausch verhindern soll. Auf (legalen) Musiktauschbörsen im Internet wird als Schutzmechanismus das Digital Rights Management (DRM) verwendet, das regelt, wie oft z. B. ein Musikstück (gegen Bezahlung) kopiert werden darf. Schätzungen zufolge verloren die Plattenfirmen jährlich 2,4 Mrd. US-Dollar durch Raubkopien im Netz.

Maßnahmen von Microsoft: Nachdem das weltgrößte Softwareunternehmen noch 2004 seinen Service Pack 2 zur Korrektur und Erweiterung des Betriebssystems Windows XP ohne Einschränkung ins Netz gestellt hatte (100 Mio. Downloads), wollte es ab 2005 bei zukünftigen Windowsaktualisierungen über das Internet prüfen, ob die Zielsysteme korrekt lizensiert sind. Ist dies nicht der Fall, werden die Seiten für den Nutzer gesperrt. Damit schließt der Hersteller die Anwender von Raubkopien von seinem Downloadangebot aus. Auch fahndete das Unternehmen im Internet nach bestimmten Volumenlizenzschlüsseln, die Raubkopierer zum Freischalten von illegalen Windowskopien nutzten.

www.bsa.de

Softwarepiraterie in Europa

Land	Anteil Raubkopien an Software (%)
Griechenland	63
Litauen	58
Polen	58
Lettland	57
Italien	49
Frankreich	45
Spanien	44
Ungarn	42
Deutschland	30
Großbritannien	29
Schweden	27
Dänemark	26

Quelle: IDC, Computerbild, 26.7.2004

Spracherkennungssoftware

Computerprogramme, die gesprochene Befehle verstehen können. S. arbeitet i. d. R. mit Wahrscheinlichkeitsalgorithmen bei Lautkombinationen und Wortfolgen. Benutzer müssen dem Computer vorgegebene Texte diktieren, um das Programm auf ihre Stimme zu eichen.

Für das Betriebssystem Windows waren 2004/05 insbesondere die Programme »Dragon Naturally Speaking« (Hersteller: Scansoft), »Voice Pro« (Linguatec) oder »ViaVoice« (IBM) mit je einigen 10 000 Wörtern Grundvokabular im Einsatz. Der Markt für S. am Telefon wurde vom US-amerikanischen Unternehmen Nuance dominiert, gefolgt von Scansoft. Marktführer bei medizinischer S. (eingesetzt bei der Erstellung von Befunden) war Philips mit »Speechmagic«, gefolgt von »Dragon Naturally Speaking«. 76 % der dt. PC-Nutzer konnten sich vorstellen, in naher Zukunft eine S. zu kaufen; nur 0,8 % der Befragten setzten eine S. bereits ein. Das lag u. a. an dem mühsamen Umgang mit S., die vor Benutzung erst lange auf Stimme und Aussprache des Benutzers geeicht werden muss. Bei neuerer S. werden die Nutzer zwecks besserer Spracherkennung während eines kurzen Trainings in sog. Cluster (männlich, weiblich, Jugendlicher, Kind usw.) eingeteilt. Unter idealen Bedingungen (keine Störgeräusche, geringer Abstand zum Mikrofon, kleiner Wortschatz) hatte S. Trefferquoten von 95–99 %, bei Lärm und anderen Störfaktoren entsprechend weniger.

Digitales Lippenlesen: Die Firma Infineon arbeitete an einer Bilderkennungssoftware, die in Verbindung mit S. beispielsweise in der Interaktion von Menschen mit Fahrkartenautomaten oder im Auto die Erkennungsquote von Gesprochenem verbessern soll. Hierbei liest der Computer dem Sprechenden von den Lippen ab. Das System beobachtet dabei sechs Stellen: Unter- und Oberlippe, Mundwinkel, Nase und Kinn, die beim Sprechen charakteristische Bewegungen machen und so auf bestimmte Wörter schließen lassen. Darüber hinaus kann z. B. ein Autofahrer noch mit Gesten seine Worte unterstützen, wenn er zusätzlich zum gesprochenen Befehl »Radio an!« auf das Radio deutet. Mit einer Marktreife des digitalen Lippenlesens wird nicht vor 2007 gerechnet.

Sprachportale: Portale (Zugänge zum Unternehmen), über die der Nutzer z. B. über Sprache mit der S. einer Telefonhotline kommunizieren kann (die bei Bedarf und bei Unklarheiten ggf. sogar zurückfragt), wurden 2004/05 verstärkt von Callcentern, Mobilfunkunternehmen und Banken/Brokern eingesetzt. So wickelte ein Portal der Citibank bereits 80 % der Wertpapierorder automatisch ab. Die von Voice-Objects in Bergisch Gladbach eingesetzte Portaltechnik meldet sich mit unterschiedlichen Stimmen. Ruft ein Nutzer z. B. Formel-1-Berichte ab, werden diese der Dramatik des Geschehens angemessen in einem dynamischen Tonfall vorgetragen. Es wurde an Systemen gearbeitet, die obendrein den Gemütszustand des Anrufers, sein Alter und Geschlecht erkennen und den Dialog entsprechend anpassen, z. B. auf aufgebrachte Kunden in beruhigender Weise eingehen oder bei älteren Menschen besonders langsam sprechen. Laut einer Studie der britischen Marktforschungsfirma Datamonitor sollen bis 2007 mit Portalen weltweit über 4,3 Mrd. US-Dollar pro Jahr umgesetzt werden (2004: 1 Mrd.).

Spracherkennungs-Software: Nutzung von Portalen

Branche	%
Banken, Versicherungen	36
IT-, Telekommunikations- und Medienunternehmen	33
Callcenter	32
Transport, Logistik, Tourismus	30
Energieversorger	27
Auto, Produktion	25
Einzelhandel	17

Quelle: Datamonitor, Strateco, mind, Wirtschaftswoche, 21.10.2004

www.spracherkennung.de (Seite der Firma Linguatec); **www.softguide.de/software/spracherkennung.htm**

Supercomputer

(auch: Parallelcomputer), Datenverarbeitungsanlage, bei der mehrere Mikroprozessoren gleichzeitig verschiedene Rechenschritte ausführen. Durch Arbeitsteilung operieren S. schneller als Hochleistungsrechner mit Zentralprozessoren. Eingesetzt werden S. vor allem zu militärischen Zwecken (Datenentschlüsselung), in der Forschung, bei Computeranimation und -simulation, z. B. von Nuklearexplosionen oder Klima- und Wetterberechnungen

Anfang 2005 konnte sich IBM rühmen, mit dem S. Blue Gene/L und einer Leistung von 135,3 Billionen Fließkommaberechnungen/sec (Teraflops) den bisher weltweit leistungsfähigsten S., den Earth Simulator der japanischen Firma NEC (35,9 Teraflops), überflügelt zu haben. Ein weiterer Ausbau des S. Blue Gene ist geplant: Das System soll dann aus insgesamt 130 000 Prozessoren bestehen und eine theoretische Leistung von 360 Teraflops erreichen. Neben dem Einsatz von S. in Regierungslabors sah IBM zunehmend auch kommerzielle Einsatzmöglichkeiten für seine Rechner, z. B. in Bereichen wie Medizin und Gentechnik, Produktdesign, Simulation und Animation oder Wetterprognose. Für diese Zwecke bot das Unternehmen ab 2005 Rechenkapazität von Blue Gene zur Miete an.

Deutschland: Das Leibniz-Rechenzentrum der bayerischen Akademie der Wissenschaften wird ab 2006 sein SR8000-System von Hitachi durch einen Altix-S. von Silicon Graphics (SGI) ersetzen. Basis des rund 38 Mio. € teuren S. wird Intels nächste Prozessorgeneration Montecito sein.

Supercomputer: Der zurzeit schnellste europ. Computer »MareNostrum« ist in einer Kapelle auf dem Campus der Polytechnischen Universität in Barcelona untergebracht.

Der »Höchstleistungsrechner in Bayern II« (HLRB II) am Leibniz-Rechenzentrum soll in der ersten Ausbaustufe, die Anfang 2006 zur Verfügung steht, mit 2560 Montecito- Prozessoren ausgestattet sein. Stufe zwei soll im Frühling 2007 an den Start gehen (6656 Montvale-Prozessoren, Nachfolgern der Montecito-Technologie). Das System wird ferner über 40 Terabyte (TB) Arbeitsspeicher und 660 TB Plattenspeicher verfügen. Die Wissenschaftler gehen von einer Rechenleistung von 69 Teraflops aus. Damit würde das Altix-System die Leistung des aktuellen Rechners um den Faktor 30 übertreffen. Eingesetzt werden soll der neue S. für die Lösung von Simulationsproblemen aus den Bereichen Physik, Astrophysik, Materialforschung, Strömungsdynamik, Chemie sowie Geo- und Biowissenschaften.

www.top500.org; wwwrbg.in.tum.de/LRZ (Pläne und Bilder vom Garchinger Neubau des Leibniz-Rechenzentrums); **www.research.ibm.com/bluegene**

Telekommunikation

Die Dt. Telekom, der einzige Netzbetreiber, der nahezu alle dt. Haushalte mit dem »klassischen« Telefonanschluss, einer Zweidraht-Kupferader, erreicht, senkte 2004 ihre Schulden um 11,2 Mrd. € auf 35,2 Mrd. €; der Nettogewinn betrug 4,6 Mrd €. Der Umsatz wuchs um 4 % auf 57,9 Mrd. €. Konkurrenz erwuchs dem Konzern jedoch 2004/05 nicht nur bei der Mobilkommunikation und auf dem lukrativen Markt der Internet-Zugänge (DSL), sondern auch im Bereich Festnetz. Die Telekom reagierte Anfang 2005 mit der Forderung höherer Preise an die Konkurrenten wie Arcor, Colt oder Tele2 für die gemieteten Zugangsleitungen zu den Haushalten (Teilnehmeranschlussleitung/TAL).

Seit der Liberalisierung des T.-Marktes im Jahr 1998 muss das ehemalige Staatsunternehmen die TAL auch Wettbewerbern überlassen. Der Preis wird von der Regulierungsbehörde für Telekommunikation und Post (RegTP, Bonn) alle zwei Jahre neu festgelegt. Der Verband der Anbieter von T.- und Mehrwertdiensten (VATM, Köln) ging Anfang 2005 davon aus, dass die Konkurrenz nur dann in der Lage sein wird, ihre Netze auszubauen und die DSL-Verbreitung stärker voran zu bringen, wenn der TAL-Preis deutlich unter 10 €/Monat sinkt. Die Telekom hingegen strebte eine Erhöhung von 11,80 auf 17,40 € (rund 50 %) an. Die Wettbewerber hatten insbesondere ihren Marktanteil im Ortnetzgeschäft 2004 auf 33 % ausgebaut.

Telefondaten: Nach dem Terroranschlag von Madrid im März 2004 war auf europ. Ebene vereinbart worden, die strafrechtlichen Mittel im Kampf gegen den Terrorismus zu verschärfen. Um den Sicherheitsbehörden alle Möglichkeiten zu geben, die Planung von Verbrechen und terroristischen Aktionen aufzudecken, wurde seitens der Bundesregierung 2005 über eine mögliche längere Speicherung von Telefon- und Internetdaten diskutiert; im Gespräch waren Aufbewahrungszeiten von 3–36 Monaten. Der VATM und Datenschützer warnten in diesem Zusammenhang nicht nur vor den dabei entstehenden Kosten in Millionenhöhe, sondern auch vor der Anhäufung von Datenmüll. Auch Datenschützer erhoben Bedenken gegen die Pläne (→ Innenpolitik, Datenschutz).

Video-on-Demand

(engl.; Video auf Abruf), Angebot, Videos über das Internet gegen Bezahlung abzurufen und sie am Computer, teilweise auch am Fernseher, abzuspielen

Während 2004 in Deutschland erstmals mehr als 100 Mio. Videos und DVDs verkauft wurden (2003: 85 Mio.) und der Branche 1,44 Mrd. € Umsatz bescherten, trugen die Angebote bei V.-o.-D. mit 6,7 % zum Umsatzplus von 1,4 % des Geschäfts mit dem Verleihen von Filmen bei (2004: 306,4 Mio. € Umsatz). Neben Diensten wie Amango und Netleih, die ihren Kunden die ausgewählten DVDs aus einem Angebot von über 7000 bzw. 9000 Filmtiteln binnen ein bis zwei Tagen auf dem Postweg nach Hause schicken, verliehen der Onlinedienst T-Online und das Telekommunikationsunternehmen Arcor Filme über das Internet. Je nach Angebot und technischer Ausrüstung des Kunden (i. d. R. wurde ein schneller Internetzugang mit DSL vorausgesetzt) wurden die Filmdaten in Echtzeit (sog. Streaming) auf den heimischen PC übertragen oder auf der Festplatte zwischengespeichert. Dort konnte der Nutzer sie sich mit Programmen – etwa dem Windows Media Player, Quicktime oder dem Realplayer – ansehen bzw. mit sog. Media Receivern auch direkt am Fernsehbildschirm anzeigen lassen. Schwachpunkt des Angebots war die noch geringe Anzahl von Filmen: Immerhin wurden bei T-Online rund 70 000 Entleihungen je Monat aus einem Angebot von nur 180 Filmen vorgenommen, das aber bis Mitte 2005 auf über 600 Filme erweitert werden sollte. Der Nutzer konnte den Film i. d. R. 24 Stunden lang ansehen und ggf. auch vom PC auf portable Geräte übertragen.

Probleme und Konkurrenten: Anfang 2005 ging die Medienberatungsfirma Goldmedia von einem Jahresumsatz in Höhe von allenfalls 12 Mio. € für V.-o.-D. aus. Erst 2007 würde sich der Vertriebskanal für die Anbieter wirklich lohnen. Ein Problem war die mangelnde Aktualität der Filme: In Europa dürfen aktuelle Filme nach Vorgaben der Hollywoodstudios zumeist erst 90 Tage nach dem Start des DVD-Verkaufs in anderer Form digital vertrieben werden. Dennoch verhandelte auch der Internet-Service-Provider Freenet mit Medienkonzernen wie Bertelsmann, Sony und Time Warner, um einen V.-o.-D.-Dienst aufzubauen. Die Kabel Deutschland GmbH (KDG) will mit einem sog. Push-V.-o.-D. auf den Markt. Dabei sollen gleich mehrere Filme auf die jeweilige Festplatte des Kunden-PCs übertragen werden. Von dort aus kann dieser sie individuell abrufen. Der Filmbestand auf der Festplatte richtet sich nach der jeweiligen Festplattenkapazität und wird regelmäßig und automatisch ausgetauscht und ergänzt. Einen ähnlichen Dienst will der Bezahlsender Premiere anbieten.

www.amango.de; www.netleih.de; www.online-videothek.de

Drogen

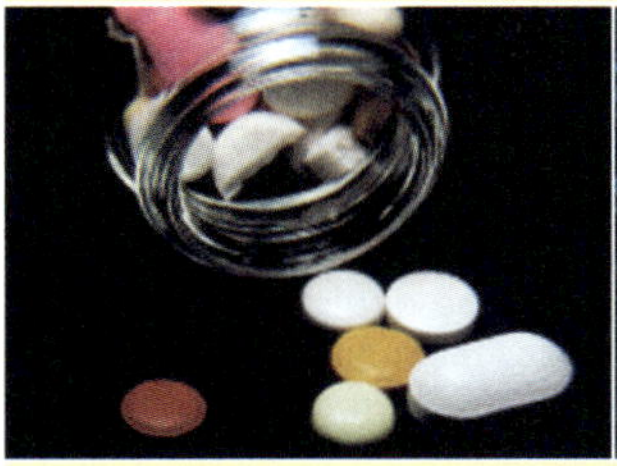

Alcopops

Alkoholische Mixgetränke aus Fruchtsäften und Spirituosen, z. B. Wodka, Rum und Whisky

Ab 2. 8. 2004 führte die Bundesregierung eine Sondersteuer von 80 bis 90 Cent pro Flasche A. ein. Zudem müssen A. den Hinweis tragen, dass sie nur an Erwachsene abgegeben werden dürfen. A. werden als Hauptursache für die Zunahme des Alkoholkonsums bei Kindern und Jugendlichen gesehen. Die Hersteller von A. umgingen ab Ende 2004 die Steuer, indem sie alkoholhaltige Getränke auf den Markt brachten, die Wein oder Bier als Basis verwendeten statt wie bis dahin Wodka oder Rum. Die Drogenbeauftragte der rot-grünen Bundesregierung, Marion Caspers-Merk (SPD), wollte sich 2005 für die Ausweitung der Sondersteuer auf wein- und bierhaltige A. einsetzen, falls diese die herkömmlichen A. ersetzen sollten.

Konsum: Die Süße der Säfte in A. überdeckt den bitteren Alkoholgeschmack, der Kinder und v. a. junge Mädchen vom Alkoholkonsum abhält. Laut Caspers-Merk sank infolge der Preiserhöhung bei A. der Konsum dieser Getränke: Vorher hatten 28 % der Zwölf- bis 17-Jährigen in Umfragen angegeben, mind. einmal im Monat A. zu trinken, danach waren es nur 16 %.

Brausepulver: Ab Ende 2004 wurden in Deutschland A. auch in Form von Brausepulver angeboten. Aufgelöst enthielten die Getränke in vier Geschmacksrichtungen 3,5–4,9 % Alkohol. Für die Brausepulver musste keine Sondersteuer entrichtet werden. Die Drogenbeauftragte Caspers-Merk sowie Verbraucherschutzministerin Renate Künast (Bündnis 90/Die Grünen) kritisierten die Hersteller, die versuchten, auf Kosten der Gesundheit Jugendlicher Geschäfte zu machen.

Alcopops: Alkoholkonsum Jugendlicher

Getränk	Anteil mit wöchentlichem Konsum in den Altersgruppen[1] (%)		
	12–15	16–19	20–25
Bier	6	27	29
Wein	1	6	12
Alkoholmixgetränke	7	24	10
Spirituosen	2	7	5

1) mind. einmal pro Woche
Quelle: Bundeszentrale für gesundheitliche Aufklärung, 2004

Alkoholismus

2004/05 war Alkohol in Deutschland Droge Nummer eins. Die Dt. Hauptstelle für Suchtfragen (DHS, Hamm) stellte eine sog. Scherenbewegung fest: Immer mehr Menschen konsumierten bewusster und weniger Alkohol, während ein anderer Teil der Gesellschaft zunehmend exzessiver trank. So entfielen auf 8 % der Bevölkerung rund 40 % des Alkoholkonsums. Insgesamt tranken in Deutschland 9,3 Mio. Menschen zu viel Alkohol, 2,7 Mio. waren durch Alkohlkonsum körperlich und sozial geschädigt, 1,6 Mio. waren alkoholabhängig.

Konsum: Mit 10,2 l reinen Alkohols war der Pro-Kopf-Verbrauch zwar 2003 erneut rückläufig (2002: 10,4 l), doch gehörte Deutschland immer

Alkoholismus: Alkoholkonsum

Land	Liter pro Kopf[1]
Luxemburg	11,9
Ungarn	11,1
Irland	10,8
Tschechien	10,8
Deutschland	10,4
Frankreich	10,3
Portugal	9,7
Spanien	9,6
Großbritannien	9,6
Dänemark	9,5
Österreich	9,2
Zypern	9,1
Schweiz	9

1) reiner Alkohol, letzter verfügbarer Stand 2002
Quelle: Dt. Hauptstelle für Suchtfragen

noch zu den zehn Ländern der Welt mit dem höchsten Alkoholkonsum. Kinder begannen zunehmend früher, Alkohol zu trinken. Ein Drittel der Zwölf- bis 25-Jährigen trank laut Bundeszentrale für gesundheitliche Aufklärung (BZgA, Köln) mindestens einmal pro Woche Alkohol, 61 % hatten schon einen Alkoholrausch. Mehr als zwei Drittel bejahten in Umfragen, dass Alkohol für gute Stimmung sorge, wenn man mit anderen zusammen sei.

Folgen: Mit Gesundheitsschäden müssen Frauen bei einem täglichen Konsum reinen Alkohols ab 20 g (zwei Flaschen Bier oder ein viertel Liter Wein), Männer ab 30–40 g rechnen. Die Folgen sind u. a. chronische Leberleiden, Leber-, Rachen- und Speiseröhrenkrebs sowie andere Krebsarten. 10–30 % der jährlichen Arbeitsunfälle gehen auf Alkohol zurück. Übermäßigem Alkoholkonsum bzw. dessen Folgen fallen pro Jahr etwa 42 000 bis 74 000 Menschen zum Opfer. Der Anteil alkoholbedingter Todesfälle bei Menschen zwischen 35 und 65 Jahren liegt bei 25 % (Männer) bzw. 13 % (Frauen). Allein der volkswirtschaftliche Schaden beläuft sich jährlich auf 20 Mrd. €.

www.bmgs.de (Bundesgesundheitsministerium);
www.dhs.de (Dt. Hauptstelle für Suchtfragen)

Cannabis

(auch: Hanf), Gattung der Hanfgewächse, v. a. in Indien, Vorderasien und im tropischen Afrika angebaut. Die Drüsen der Blätter und Zweigspitzen der weiblichen Pflanzen liefern das Haschisch. Die harzverklebten, getrockneten Pflanzenteile ergeben Marihuana. In C. ist u. a. der berauschende Wirkstoff Tetrahydrocannabiol (THC) enthalten.

In Deutschland zählten Haschisch und Marihuana zu den illegalen Drogen. Bestimmte, wenig THC enthaltende C.-Sorten (Faserhanf) durften ab 1996 zur Herstellung von Segeltuch, Papier, Seilen und Textilien wieder angebaut werden.

2004/05 war C. in Europa die meistkonsumierte illegale Droge, auch in Deutschland war es auf dem Weg zur illegalen Alltagsdroge. Dabei wurden die Risiken insbesondere bei regelmäßigem Konsum unterschätzt.

Konsum: C. war die einzige illegale Droge, bei der das Einstiegsalter der Konsumenten sank. 1993 lag es bei 17,5 Jahren, 2003 jedoch bei 16,4 Jahren. 7 % der Zwölf- bis 15-Jährigen hatten laut Umfragen bereits einmal C. konsumiert. Insgesamt hatten 9 Mio. Menschen Erfahrung mit C., 400 000 hatten einen missbräuchlichen Konsum bzw. galten als abhängig. Während die meisten es beim Probieren beließen, stieg der Anteil jener, die C. exzessiv konsumierten. Jeder Zweite, der erstmals eine Beratungsstelle aufsuchte, kam wegen Cannabis.

Gefahren: Experten zufolge bestand bei den Konsumenten eine gravierende Unkenntnis über die Risiken von C. Extensiver Konsum stört Kurzzeitgedächtnis und Konzentrationsfähigkeit und kann eine Veranlagung zu Schizophrenie und Psychosen zum Ausbruch bringen. Ferner schädigt C. Lunge und Bronchien stärker als Tabakrauch und kann zu psychischer Abhängigkeit führen.

Hasch am Steuer: Das Bundesverfassungsgericht (BverfG, Karlsruhe) legte für Autofahrer in einem Urteil Anfang 2005 den Grenzwert für die psychoaktive Substanz des C., THC, auf 1,0 Nanogramm pro Milliliter Blut fest. Bei Überschreiten des Grenzwerts drohen Fahrverbot und Geldbuße. Bis dahin war schon der Nachweis einer Droge im Blut strafbar, doch musste dies laut BVerfG wegen verbesserter Nachweismöglichkeiten korrigiert werden.

Cannabis: Drogen im Straßenverkehr

Jahr	Fälle[1]
2004	24 700
2003	17 000
2002	12 800
2001	9 700
2000	6 000
1999	2 800

1) Fahrer unter Cannabis-, Heroin-, Amphetamin- oder Medikamenteneinfluss; Quelle: Kraftfahrtbundesamt, Flensburg

Medizin: Nach wie vor nicht eindeutig geregelt war der Einsatz von C. als Medizin für Schwerstkranke mit Krebs, Aids, multipler Sklerose, Schmerzen oder chronischen Darmkrankheiten, deren

Leiden C. lindern könnte. Wegen seiner Gefahren und der Nebenwirkungen wie der Absenkung des Blutdrucks war C. als Medikament jedoch weiterhin umstritten.

www.bzga.de (Bundeszentrale für gesundheitliche Aufklärung); **www.drogen-online.de**

Drogenkonsum

Der Internationale Suchtstoff-Kontrollrat der UNO (INCB, Wien) zog 2004 für Europa eine gemischte Bilanz beim Konsum illegaler Drogen. In Deutschland erreichte die Zahl der Rauschgiftopfer den tiefsten Stand seit 1989.

Europa: Während der Heroinkonsum im Westen zurückging, stieg er im Osten an. Der INCB schätzte die Zahl der Heroinabhängigen in Russland, Europas größtem Heroinmarkt, auf 1 Mio. Personen. Illegale Internetapotheken würden international zunehmend zu Drogenhändlern, die morphinhaltige Mittel und Psychopharmaka häufig ohne Rezept abgäben.

Deutschland: Die Zahl der Opfer illegaler Drogen sank 2004 auf 1385. 9 % der Drogentoten waren Aussiedler (2003: 10 %). 2004 gab es 120 000–150 000 Opiatabhängige, 60 000 befanden sich in Behandlung mit der Ersatzdroge Methadon. Ein Drittel der Zwölf- bis 25-Jährigen hatte schon einmal illegale Drogen konsumiert, am häufigsten Cannabis (24 %; Amphetamine: 4 %; Ecstasy: 4 %; Kokain: 2 %; LSD: 2 %). Jugendliche, die rauchten und schon einen Alkoholrausch hatten, nahmen deutlich häufiger Cannabis als Nie-Raucher und Jugendliche, die noch keinen Alkoholrausch hatten.

Legale Drogen: Rund 34 % der Jugendlichen hatten bei Befragungen im letzten Monat mind. einmal fünf und mehr alkoholhaltige Getränke hintereinander getrunken. Das Durchschnittsalter beim ersten Alkoholrausch lag bei 15,5 Jahren. Bei zwölf- bis 17-jährigen Rauchern war hierzulande 2004 ein Rückgang auf 23 % zu verzeichnen. Dennoch rauchten aber noch mehr als 25 % der Bevölkerung.

Gesellschaftliche Aufgabe: Jugendliche wollten durch den Konsum illegaler Drogen Glücksgefühle erreichen und Alltagsprobleme vergessen. Rauchen und Alkohol zu trinken galt nach wie vor häufig als »cool«. Die Drogenbeauftragte der Bundesregierung, Marion Caspers-Merk (SPD), kritisierte, dass »Gut-drauf-Sein« gesellschaftlich erwartet und nicht hingeschaut werde, ob Drogen dabei im Spiel seien.

Marion Caspers-Merk
Drogenbeauftragte der rot-grünen Bundesregierung seit 2001, * 24. 4. 1955 in Mannheim. Seit 1972 ist Caspers-Merk Mitglied der SPD, ab 1975 in verschiedenen Funktionen in der Kommunal- und Landespolitik von Baden-Württemberg engagiert. 1990 wurde die studierte Politologin Mitglied des Bundestags, ab 1997 war sie Mitglied des Vorstands der SPD-Fraktion. Als Drogenbeauftragte setzte sie sich 2005 für mehr Prävention und die Verringerung des Tabak-, Alkohol- und Cannabiskonsums insbesondere unter den Jugendlichen ein.

www.bmgs.de (Bundesgesundheitsministerium); **www.dhs.de** (Dt. Hauptstelle für Suchtfragen); **www.drogen-online.de, www.drugcom.de** (Projekt der Bundeszentrale für gesundheitliche Aufklärung)

Drogenpolitik

Ende 2004 wurde in Deutschland der Drogen- und Suchtrat ins Leben gerufen, der die auf Suchtprävention und Hilfe beruhende D. der Bundesregierung unterstützen soll.

Drogen- und Suchtrat: Das Gremium besteht aus Vertretern u. a. von Bundesressorts, Länderministerkonferenzen, Bundesärztekammer, Krankenkassen, Suchthilfeverbänden, Rentenversicherungsträgern und Wissenschaftlern. Als Hauptaufgabe stellte sich der Rat die Reduzierung des Konsums von Tabak, Alkohol und Cannabis bei Jugendlichen.

Eckpfeiler: Die D. basierte 2004/05 weiterhin auf Grundpfeilern wie Drogenkonsumräumen (Anzahl Mitte 2005: 25), Spritzenaustauschprogrammen zur Vermeidung der Ausbreitung von Aids und Hepatitis und niedrigschwelligen Therapieangeboten. Das Modellprojekt zur staatlichen Heroinabgabe an Schwerstabhängige wurde fortgeführt.

EU: Die EU wollte 2005 einen Drogenaktionsplan für alle Mitgliedstaaten erarbeiten. Die Bundesregierung strebte darin an, die allgemeine Wahrnehmung der Gefahren durch legale und illegale Drogen zu schärfen. Maßnahmen wie Spritzenaustauschprogramme müssten EU-weit bestehen, um u. a. die rasant steigende HIV-Infektionsrate unter Heroinabhängigen in Osteuropa zu stoppen (→ Entwicklung, HIV).

Rauchen

Jährlich sterben rund 120 000 Menschen in Deutschland an den Folgen des Rauchens. Der Konsum ging jedoch weiterhin zurück, insbesondere nach den ersten beiden Stufen der Tabaksteuererhöhung im März bzw. Dezember 2004 (jeweils plus 1,2 Cent/Zigarette).

Konsum: 2004 wurde um 16 % weniger geraucht als 2003. 8 % bzw. 7,5 % der Raucher gaben in Umfragen nach den Erhöhungen an, das R. aufgegeben zu haben. Erstmals seit zehn Jahren rauchten 2004 auch weniger Zwölf- bis 17-Jährige. Die Quote sank laut Bundeszentrale für gesundheitliche Aufklärung (BzgA, Berlin) auf 23 % (Höchststand 2001: 28 %) Gleichzeitig stieg der Absatz von Feinschnitt um 30,4 % auf 24 258 t und der Schmuggel nahm deutlich zu.

Tabaksteuer: Die Einnahmen aus der Tabaksteuer sanken wegen des geringeren Konsums infolge der Steuererhöhungen von 14,1 Mrd. € (2003) auf 13,6 Mrd. €. Die Bekämpfung der gesundheitlichen Folgen des R. kostete den Staat dagegen jährlich rund 19 Mrd. €.

Zusatzstoffe: Das Verbraucherschutzministerium veröffentlichte 2005 im Internet eine Liste der in Zigaretten enthaltenen Zusatzstoffe, die zwar als Lebensmittelzusatzstoffe zugelassen waren, aber durch Hitze giftige und Krebs erregende Verbindungen eingehen können. Verbraucherschutzministerin Renate Künast (Bündnis 90/Die Grünen) wollte die Stoffe bei Verbrennung untersuchen und verbieten lassen, falls sie gesundheitsschädlich sein sollten. Untersuchungen ergaben, dass Zigaretten bis zu 600 Sucht- und Geschmacksstoffe beigemischt werden.

Rauchfreie Räume: Bundesregierung und Dt. Hotel- und Gaststättenverband (DEHOGA, Berlin) einigten sich Anfang 2005 darauf, dass in drei Stufen bis März 2008 mind. 90 % der Gaststätten (ab 75 m² bzw. ab 40 Plätzen) mind. 50 % des Platzangebots für Nichtraucher bereitstellen müssen. Kritiker bemängelten, dass die meisten Diskotheken, Bars und Kneipen nicht betroffen seien. Die Bundesregierung strebte 2005 Rauchfreiheit auch für Kliniken, Schulen und Ministerien an. Fünf Bundesländer erließen 2004/05 ein Rauchverbot an Schulen.

Tabakwerbeverbot: Bis Ende Juli 2005 wollte Künast die EU-Richtlinie von 2002 zum Tabakwerbeverbot in Zeitschriften, Zeitungen und im Internet durchsetzen. Werbewirtschaft, Verleger und Zigarettenindustrie kritisierten das Vorhaben wegen drohender Einnahmen- und Arbeitsplatzverluste. Zudem sei eine Klage der Regierung vor dem Europ. Gerichtshof (EuGH, Luxemburg) gegen das Verbot anhängig, über die wohl im Sommer 2006 entschieden werde.

www.bmgs.de (Bundesgesundheitsministerium), **www.bzga.de** (Bundeszentrale für gesundheitliche Aufklärung), **www.verbraucherministerium.de; www.rauchfrei.de, www.raucher.de**

Rauchen: weltweite Beschränkungen

Angesichts der Millionen von Todesopfern, die das Rauchen alljährlich fordert, wurden 2004/05 weltweit verstärkt Maßnahmen zur Bekämpfung und Reduzierung des Zigarettenkonsums ergriffen.

Anti-Tabak-Konvention: Die von der Weltgesundheitsorganisation (WHO, Genf) initiierte Antik-Tabak-Konvention trat in den Unterzeichnerstaaten im Februar 2005 in Kraft. Sie sieht u. a. Preiserhöhungen und Tabakwerbeverbote vor. Ziel ist es, die Zahl der Todesfälle durch Rauchen zu verringern. 2004 starb weltweit alle 7 sec ein Mensch an den Folgen des Rauchens. Kritiker bemängelten die Konvention als wirkungslos, da sie weder konkrete Ziele und Vorschriften noch Sanktionen bei Nichteinhaltung enthalte.

EU: Ende Juli 2005 tritt ein EU-weites Tabakwerbeverbot in Kraft. Im März 2005 startete die EU die Anti-Rauch-Kampagne »Help« (Kosten bis 2008: 72 Mio. €), mit der in den 25 EU-Staaten Jugendliche vom Rauchen abgehalten, auf die Gefahren des Passivrauchens hingewiesen und Rauchverbote unterstützt werden sollen. Jährlich sterben in der EU mehr als 660 000 Menschen infolge des Rauchens.

Italien und Spanien: Nach Irland und Norwegen (2004) untersagte Italien ab 10. 1. 2005 das Rauchen in allen Gebäuden mit Publikumsverkehr, einschließlich Gaststätten und Bars. Spanien will 2006 folgen. In Italien drohen bei Zuwiderhandlung 550–3 300 € Geldstrafe, in Spanien 600 €. 34 % der Italiener und 25 % der Spanier rauchen. In mehreren EU-Ländern waren weitere Antitabakgesetze in Arbeit.

Energie

Atomenergie

Nach Erzeugung der festgelegten Reststrommenge von rund 14,2 Mrd. kWh wurde das Atomkraftwerk (AKW) Obrigheim am 11. 5. 2005 vom Netz genommen. Die Abschaltung resultierte aus dem »Atomkonsens« (Juni 2001) zwischen rot-grüner Bundesregierung und den dt. Energieversorgungsunternehmen (EVU). Laut Betreiber Energie Baden-Württemberg (EnBW) soll 2007 die sog. Nachbetriebsphase enden, der komplette Abriss der Anlage könne bis 2023 erfolgen (geschätzte Abbaumasse: 275 000 t, hiervon radioaktiv belastet: ca. 2 500 t). Das AKW Obrigheim hatte im April 1969 seinen kommerziellen Betrieb aufgenommen und insgesamt mehr als 90 Mrd. kWh Strom erzeugt.

Die 18 dt. AKW mit einer Bruttonennleistung von fast 21 700 MW produzierten nach Berechnungen des Dt. Atomforums (Berlin) 2004 167,1 Mrd. kWh Strom (2003: 165,1 Mrd. kWh), Spitzenreiter war erneut der Block Isar-2 mit rund 12,3 Mrd. kWh. Die Verfügbarkeit der Reaktoren lag 2004 bei 7 886 h/Jahr (+2,1 % gegenüber 2003; max. mögliche Auslastung: 8 784 h/Jahr). 2004 betrug der Anteil der A. an der Gesamtstromerzeugung in Deutschland rund 28 %. Überprüfungen des Bundesamtes für Strahlenschutz (BfS, Salzgitter) ergaben, dass bis Ende 2004 schon knapp 31 % der im sog. Atomkonsens festgelegten Gesamtelektrizitätsmenge produziert worden waren. Anfang 2005 forderten Vertreter der dt. Wirtschaft, das »Aus« für die A. aus Gründen des Klimaschutzes sowie der Versorgungssicherheit zu überdenken.

Finnland: Im Februar 2005 erteilte die finn. Regierung dem nationalen Energieversorgungsunternehmen (EVU) Teollisuuden Voima Oy (TVO) die atomrechtliche Genehmigung für den

Atomenergie: die stärksten Atomkraftwerke[1)]

	AKW/Land	Mrd. kWh[2)]
1	Isar-2/Deutschland	12,24
2	Civaux-2/Frankreich	12,20
3	Civaux-1/Frankreich	11,80
4	Emsland/Deutschland	11,76
5	South Texas-1/USA	11,64
6	Brokdorf/Deutschland	11,61
7	Grohnde/Deutschland	11,33
8	Palo Verde-2/USA	11,23
9	Neckar-2/Deutschland	11,20
10	Kashiwazaki-1/Japan	11,19

1) 2004, weltweit; 2) Stromerzeugung, gerundet
Quelle: Dt. Atomforum (Berlin)

Mohammed El Baradei
Generaldirektor der IAEA (seit 1997), *17. 6. 1942 in Kairo. Mohammed El Baradei wird auch die nächsten vier Jahre die Internationale Atomenergie-Agentur (IAEA, Wien) leiten. Der Gouverneursrat wählte den Ägypter trotz Bedenken der USA (v. a. wegen des Atomstreits mit Iran) auf seiner Sitzung im Juni 2005. El Baradei war der einzige offizielle Bewerber und steht schon seit zwei Amtszeiten an der Spitze der Behörde. Im September muss das Votum auf der IAEA-Generalversammlung noch bestätigt werden.

Block Olkiluoto 3. Der zu installierende European Pressurized Water Reactor (EPR, Leistung: ca. 1 600 MW; dt.: Europ. Druckwasserreaktor) wird schlüsselfertig von dem dt.-frz. Konsortium Framatome ANP-Siemens Power Generation geliefert und soll voraussichtlich 2009 seinen Betrieb aufnehmen.

Welt: Ende 2004 waren in 31 Ländern 441 AKW (2003: 439 AKW) im nuklearen Betrieb. Ihre Gesamtbruttoleistung erreichte 386 GW (+ 5 GW gegenüber dem Vorjahr), durch A. wurden 2004 etwa 16 % der global benötigten Elektrizität gewonnen. Mitte 2005 befanden sich weltweit 25 Atomanlagen in Bau. Ein erhöhter Energiebedarf, bedingt durch rasantes Wirtschaftswachstum und gestiegene Anforderungen an die Versorgungssicherheit, werde nach Untersuchungen der Internationalen Atomenergie-Agentur (IAEA, Wien) und des World Energy Councils (WEC, London) v. a. in Asien (VR China, Japan, Süd-Korea) und Osteuropa zukünftig zu einer verstärkten Nutzung der A. führen. Im Frühjahr 2005 stellte US-Präsident George W. Bush den Neubau von AKW in Aussicht. Staatliche Versicherungen könnten die Betreiber gegen Millionenausfälle bei Schwierigkeiten im Genehmigungsverfahren schützen. 1973 wurde in den USA das letzte AKW genehmigt.

Ausstieg: Das AKW Barsebäck-2 wurde im Mai stillgelegt. Im Herbst 2004 hatte die schwed. Regierung beschlossen, stattdessen den Einsatz von Erdgas und erneuerbaren Energien zu forcieren. Schon 1999 war der erste Reaktor in Barsebäck stillgelegt worden. Das Votum ist politisch höchst umstritten und wird nicht von der Bevölkerungsmehrheit getragen. Kritiker sehen eine Gefährdung der Energieversorgung voraus. Durch A. wird in Schweden etwa die Hälfte des Stroms erzeugt.

Gemäß Übereinkunft mit der EU ging Ende Dezember 2004 Ignalina-1 vom Netz, die Abschaltung des zweiten Reaktors ist bis 2009 vorgesehen. Das litauische AKW, baugleich mit dem Unglücksreaktor in Tschernobyl, weist nach Einschätzung von Fachleuten erhebliche Sicherheitsdefizite auf. Für den mehrstufigen Abriss sind etwa 25 Jahre veranschlagt.

www.iaea.org; www.kernenergie.de

Atomtransport

Anfang 2005 genehmigte das Bundesamt für Strahlenschutz (BfS, Salzgitter) der Nuclear Cargo + Service GmbH (NCS, Essen) den Rücktransport von zwölf Behältern mit HAW-Glaskokillen (High Active Waste; dt.: hochaktiver Abfall) aus der Wiederaufarbeitungsanlage (WAA) in La Hague (Frankreich) ins Transportbehälterlager Gorleben (Niedersachsen). Für den A. werden CASTORen (Cask for Storage and Transport of Radioactive Material; dt.: Behälter zur Lagerung und zum Transport radioaktiven Materials) vom Typ HAW 20/28 CG eingesetzt. Die Erlaubnis läuft zum Jahreswechsel 2005 aus, ab dem 30. 6. 2005 verbietet das dt. Atomgesetz die Überführung abgebrannter Brennelemente in die WAA. Nach BfS-Kalkulation enden die A. aus der WAA in La Hague 2010, spätestens 2016 sind die dt. Rücknahmeverpflichtungen aus der WAA Sellafield (Großbritannien) erfüllt.

Zwischenfall: Ein CASTOR-Zug, der von La Hague nach Gorleben unterwegs war, überrollte im November 2004 bei einer Protestaktion im Elsass einen an Gleisen angeketteten frz. Anti-Atomkraft-Demonstranten. Der Aktivist erlag auf dem Weg ins Krankenhaus seinen schweren Verletzungen. Das niedersächsische Innenministerium hatte zum Schutz dieses A. rund 10 000 Polizisten abgestellt (Gorleben-Transport 2003: ca. 12 500), bundesweit waren knapp 16 000 Beamte im Einsatz. Die Kosten der Sicherungsmaßnahmen beliefen sich für das Bundesland Niedersachsen auf etwa 21 Mio. € (Gorleben-Transport 2003: rund 26 Mio. €).

Gronau: Auch 2005 war die Urananreicherungsanlage in Gronau (Nordrhein-Westfalen)

Ausgangspunkt mehrerer Uranhexafluorid-Transporte. Angereichertes Uran ist notwendig, um die Kettenreaktion in Atomreaktoren einzuleiten und aufrechtzuerhalten. Sehr hohe 235U-Konzentrationen werden für die Herstellung von Atomwaffen benötigt. Aus diesem Grund unterliegen viele technische Details des Anreicherungsverfahrens strengster Geheimhaltung. Mitte Februar 2005 erlaubte die nordrhein-westfälische Landesregierung den Endausbau auf max. 4 500 t Urantrennarbeit (UTA) pro Jahr. Betreiber Urenco Deutschland GmbH rechnet für 2007 mit der Fertigstellung der ersten neuen Anlagenteile.

Rossendorf: Sowohl das Oberverwaltungsgericht Lüneburg als auch das BfS wiesen im Herbst 2004 den Einspruch Nordrhein-Westfalens gegen den geplanten A. von insgesamt 951 abgebrannten Brennelementen aus dem früheren DDR-Forschungsreaktor Rossendorf (Sachsen) ins münsterländische Zwischenlager Ahaus zurück. NRW-Innenminister Fritz Behrens (SPD) hatte aus Kosten- und Sicherheitsgründen allenfalls eine Beförderung der 18 CASTOR-MTR-2-Behälter auf dem Schienenweg in Aussicht gestellt. Da die Anlage Rossendorf nicht über einen entsprechenden Gleisanschluss verfügt, hatte Sachsen vorschlagen, den Atommüll auf mehrere Lkw-Transporte zu verteilen. Die BfS-Transportgenehmigung ist bis Ende 2005 befristet, am 13. 6. 2005 verließ der dritte und letzte CASTOR-Transport Rossendorf.

www.bfs.de (Bundesamt für Strahlenschutz, Salzgitter)

Bioenergie

B. (auch Biomasse) gehört weltweit zu den wichtigsten erneuerbaren Energien. Sie wird aus organischen Reststoffen oder aus eigens angebauten Pflanzen, etwa Raps, gewonnen. Ihre energetische Nutzung erfolgt in fester, flüssiger und gasförmiger Form. Anders als bei fossilen Brennstoffen erfolgt die Verwertung von B. kohlendioxid-neutral – der CO_2-Ausstoß entspricht der zuvor gebundenen CO_2-Menge, die Atmosphäre wird nicht durch zusätzliche Treibhausgase belastet. Im Bereich der Wärme- und Stromerzeugung sowie der Kraftstoffherstellung hat die B. die besten Zukunftschancen.

Deutschland: Die rot-grüne Bundesregierung forciert aus Umwelt- und Klimaschutzgründen den verstärkten Einsatz von B. Spezielle Förderprogramme wie das Erneuerbare-Energien-Gesetz (EEG), die Biomasseverordnung, das Marktanreizprogramm oder Finanzierungshilfen durch die Kreditanstalt für Wiederaufbau (KfW, Frankfurt am Main) sollen unterstützend wirken. Jüngste Berechnungen des Bundesumweltministeriums ergaben, dass bis 2020 etwa 10 % des nationalen Bedarfs an Elektrizität, Wärme und Pkw-Kraftstoffen durch B. zur Verfügung gestellt werden könnten.

Entwicklung: Durch B. wurden 2004 9,4 Mrd. kWh Elektrizität produziert, die installierte Leistung lag im Berichtszeitraum bei fast 1 470 MW, der Bruttostromverbrauch wuchs gegenüber

Atomtransport: Hunderte Autofahrer stehen am 13. 6. 2005 auf der Autobahn A4 bei Jena im Stau, während ein Castor-Transport von Dresden in das Zwischenlager Ahaus an ihnen vorbeirollt. Aus Sicherheitsgründen war der Verkehr auf der Gegenfahrbahn zeitweise gestoppt worden.

2003 um 0,4 % auf 1,6 %. Der Einsatz der B. zur Wärmegewinnung nahm im Vergleich zum Vorjahr nur unwesentlich zu. Die erzeugten 58 Mrd. kWh deckten 2004 etwa 3,9 % des nationalen Heizenergiebedarfs ab. Zeitgleich konnte der Absatz von Biodiesel auf 1 Mio. t gesteigert werden (2003: 750 000 t), für 2005 werden etwa 1,5 Mio. t prognostiziert. Die Bedeutung von Bioethanol blieb 2004 mit 34 000 t gering.

Braunkohle: Förderung nach Revieren

Revier	2004 (Mio. t)	2003 (Mio. t)
Rheinland	100,3	97,5
Lausitz	59,0	57,4
Mitteldeutschland	20,2	22,0
Helmstedt	2,4	2,1
Kleinbetriebe	0,0	0,1
gesamt	181,9	179,1

Quelle: Dt. Braunkohlen-Industrie-Verein (Köln)

Braunkohle

Aus Wäldern v. a. im Tertiär (vor 20 Mio.–60 Mio. Jahren) entstandene erdige bis faserige Kohle mit hohem Wasser- (bis 67 %) und Aschegehalt. B. lagert oberflächennah und wird im Tagebau gefördert.

Deutschland: 2004 lagen Herstellung und Absatz von B. in Deutschland über dem Ergebnis des Vorjahres. So wurden im Berichtszeitraum knapp 182 Mio. t B. gefördert, dies entsprach fast dem Niveau von 2002. Der Abbau in den einzelnen Revieren verlief sehr uneinheitlich. Im mitteldt. Tagebau war 2004 ein Rückgang von etwa 8 % zu verzeichnen, in der Lausitz (+ 3 %), im Rheinland (+ 3 %) sowie im Helmstedter Areal (+ 0,3 %) gab es dagegen Zuwächse. Nach wie vor ist die B. der wichtigste nationale Energieträger. 2004 stieg ihr Anteil am Primärenergieverbrauch um 0,5 % auf über 56 Mio. SKE (11,4 % des dt. Primärenergieverbrauchs).

Etwa 92 % der geförderten Braunkohle wurden 2004 zur Elektrizitätsgewinnung eingesetzt. Der Bedarf der öffentlichen Kraftwerke erreichte zeitgleich ein Volumen von 167,4 Mio. t, zur inländischen Stromerzeugung trug die B. in 2004 gut 26 % bei. Hinsichtlich der sog. Endenergienutzung sorgte v. a. der industrielle Sektor (+ 17 %) für Steigerungsraten, bei Dienstleistungen, Gewerbe, Handel sowie Privathaushalten ergaben sich gegenüber dem Vorjahr Defizite von mehr als 13 %.

Streit: Die Auseinandersetzungen um den B.-Tagebau Hambach (Nordrhein-Westfalen) dauerten an. Im März 2005 legte federführend der Bund für Umwelt und Naturschutz in Deutschland (BUND, Berlin) Beschwerde ein gegen das Berufungsurteil des Oberverwaltungsgerichts Münster vom Dezember 2004. Die Richter hatten den vom zuständigen Bergamt vorgelegten Rahmenbetriebsplan zur Fortführung der Förderung bis 2020 gebilligt und zugleich eine Revisionsmöglichkeit ausgeschlossen. Als nächste Instanz muss das Bundesverwaltungsgericht (Leipzig) entscheiden.

Subventionen: Ein Gutachten im Auftrag des Bundesumweltamtes (UBA, Dessau) vom Herbst 2004 ergab, dass auch die B. von staatlichen Subventionen profitierte. Neben Steuerbegünstigungen umfasse dies u. a. Freistellungen vom Wasserentnahmeentgelt und der Förderabgabe auf Bodenschätze. Mit den Zuwendungen für die Modernisierung der B.-Wirtschaft in den ostdt. Bundesländern (ca. 150 Mio. € pro Jahr) werde eine Gesamtfördersumme von etwa 1 Mrd. € pro Jahr erreicht.

Braunkohle: Garzweiler II

Im Rahmen des größten europ. Braunkohle-Tagebauprojekts (Fläche: 48 km², Kosten: ca. 2,2 Mrd. €, Nachfolger für Garzweiler I, geplanter Abbau bis 2045; angestrebte Gesamtförderquote: rund 1,3 Mrd. t) werden etwa 7 600 Anwohner aus 18 Ortschaften und Weilern umgesiedelt. RWE Power/Rheinbraun (Essen) will ab 2006/07 mit dem Abbau der bis zu 210 m tiefen und 30 m dicken Flöze beginnen, die geplante jährliche Braunkohle-Förderung soll max. 40 Mio. t betragen.
Kritiker befürchten u. a. durch die notwendige Absenkung des Grundwasserspiegels gravierende Schäden für einen angrenzenden Naturpark. Mit dem anfallenden Abraum wird das alte Tagebaugebiet verfüllt. Mitte Februar 2005 gab das nordrhein-westfälische Ministerium für Verkehr, Energie und Landesplanung die Genehmigung für die Umsiedlungspläne der Ortschaften Immerath, Pesch, Lützerath sowie Borschemich bekannt. Die Freimachung soll zwischen 2006 und 2009 erfolgen, von der Maßnahme sind rund 2 100 Bürger der Stadt Erkelenz betroffen.

Brennstoffzelle

In einer B. wird ähnlich wie bei einer Batterie durch die kontrollierte Reaktion eines Brennstoffs (Wasserstoff, Erdgas, Methanol oder Benzin) mit Sauerstoff chemische in elektrische sowie thermische Energie umgewandelt. Als Endprodukt dieser sog. kalten Verbrennung fällt zudem reines Wasser an.

Die Nutzung von B. (mobil oder stationär) erstreckt sich auf Bereiche, in denen Elektrizität oder eine Mischung aus Strom und Wärme benötigt werden. Vom eingesetzten Elektrolyten hängt die Arbeitstemperatur (zwischen 70 und 1000 °C) ab. Um die für den täglichen Gebrauch notwendige Stromspannung zu erzielen, werden B. als Zellenstapel (engl.: Stacks) in Serie geschaltet. Der theoretisch erreichbare Gesamtwirkungsgrad (Verhältnis zwischen eingesetzter und nutzbarer Energie) einer B. liegt bei etwa 90 %, die elektrische Energieausbeute zwischen 35 und 55 %, durch die Kombination mit Gasturbinen können sogar 70 % erzielt werden. Die Lebensdauer der B. ist u. a. abhängig vom Verunreinigungsgrad des Brennstoffes.

Prognose: Als sog. Querschnittstechnologie hat die B.-Technik ein breites Anwendungsspektrum. Experten erwarten in den nächsten Jahren v. a. einen verstärkten Einsatz auf dem Gebiet der Antriebstechnik sowie als dezentrale Kleinkraftwerke für die Gebäudeversorgung (Wärme- und Elektrizitätsgewinnung). Gute Marktchancen bieten sich der B. zudem als Energiequelle für den Betrieb elektronischer Kleingeräte.

Forschung: Mitte 2005 stellte das japanische Unternehmen Toshiba die kleinste B. der Welt vor. Als Brennstoff dient Methanol, das Mikrokraftwerk wiegt lediglich 8,5 g und leistet 100 mW. Laut Toshiba versorgen 2 ml Methanol z. B. einen MP3-Player ca. 20 Stunden mit Energie.

Das Fraunhofer Institut für Verkehrs- und Infrastruktursysteme (Dresden) präsentierte im Frühjahr 2005 sein Projekt »AutoTram«. Der Antrieb dieser schienenlosen Straßenbahn basiert auf einem Hybridsystem. Drei Elektromotoren leisten rund 70 KW, aus Gründen der Energieeffizienz wurde zusätzlich ein Schwungrad installiert. Die Konstruktion erlaubt eine Modelllänge von bis zu 56 m, damit könnten max. 300 Fahrgäste transportiert werden.

Wissenschaftler der Universität von Illinois (USA) entwickelten im März 2005 den Prototyp einer membranlosen alkalischen B. Aufgrund des physikalischen Effekts der Laminarströmung bleiben die eingesetzten Flüssigkeiten getrennt, gleichzeitig vollzieht sich aber der Protonen- sowie Ionenaustausch. Vorteile dieses Verfahrens sind die geringeren Herstellungskosten und eine Steigerung des elektrischen Wirkungsgrades.

Drei-Schluchten-Damm

Weltweit größtes Staudamm-Projekt, erwartete Fertigstellung 2009. Der geplante 104 500 ha große Stausee ist 663 km lang und soll 39,3 Mrd. m³ Wasser speichern.

Drei-Schluchten-Damm: Das umstrittene Bauwerk zur Stauung des Jangtsekiang in der chinesischen Provinz Hubei

Die Entsorgungsproblematik am D.-S.-D. nahm 2004/05 zu. Nach Angabe der chinesischen Umweltbehörde und nach Einschätzung von Pekinger Medien werden allein durch den angrenzenden Verwaltunsgbezirk Chongqing rund 1,3 Mio. t Abfälle pro Jahr ins Staudammbecken eingeleitet, bis 2010 gehen die Experten von einen Anstieg der Abfallmenge auf 2,6 Mio. t aus. Zudem fallen jährlich etwa 1,3 Mrd. t Abwässer an, 2010 ist mit 2,3 Mrd. t zu rechnen. Fehlende Kläranlagen (Mitte 2004 waren erst 90 in Bau, etwa 140 sind vorgesehen) und Müllsammelboote sind für die extremen Verunreinigungen verantwortlich.

Der Jangtsekiang wies zudem schon vor dem Bau des D.-S.-D. einen hohen Verschmutzungsgrad durch Bodenerosion, Abwässer und die am Flusslauf zahlreich vorhandenen wilden Müllkippen auf. Nach dem Beginn der Stauung im Juli 2003 kann das verschmutzte Wasser allerdings nicht mehr abfließen. 2009 soll der Wasserstand des D. 175 m erreicht haben.

Tigersprung-Staudamm: Ohne offizielle Baugenehmigung begannen in der chinesischen Provinz Yunnan die Arbeiten für die erste Staustufe des Tigersprung-Projektes. Das Staudamm-Vorhaben am Oberlauf des Jangtsekiang (Jinsha) soll der örtlichen Stromversorgung dienen und Frischwasser für die mehrere Hundert Kilometer entfernte Provinzhauptstadt Kunming zur Verfügung stellen. Kritiker befürchteten allerdings ähnliche Probleme wie beim D.-S.-S., darüber hinaus hat die UNESCO die Region 2003 zum Weltnaturerbe erklärt.

Drei-Schluchten-Damm: größte Talsperren in Deutschland

Rang	Name	Inhalt (Mio. m^3)	Flussgebiet	Bundesland
1	Bleiloch	215	Saale	Thüringen
2	Rur/Schwammenauel	203	Rur	Nordrhein-Westfalen
3	Eder	202	Eder	Hessen
4	Hohenwarte	182	Saale	Thüringen
5	Bigge	172	Ruhr	Nordrhein-Westfalen
6	Rosshaupten	165	Lech	Bayern
7	Möhne	134	Ruhr	Nordrhein-Westfalen
8	Brombachspeicher	129	Brombach	Bayern
9	Rappbode	109	Bode	Sachsen-Anhalt
10	Schluchsee	108	Natursee mit Stauung	Baden-Württemberg

Quelle: Dt. Talsperrenkomitee (DTK, Essen)

Endlagerung

Unbefristete Deponierung radioaktiver Abfälle. Die E. ist die letzte Stufe der Entsorgung kerntechnischer Anlagen. 2005 gab es weltweit keine Anlage zur E. Wärme entwickelnden (hochradioaktiven) Atommülls.

Urteil: Das Verwaltungsgericht Lüneburg (Niedersachsen) gab im Februar 2005 grünes Licht für die private Salzgewinnung in unmittelbarer Nachbarschaft zum Erkundungsbergwerk Gorleben. Nach Ansicht der Richter beeinträchtige der vorgesehene Abbau nicht die Überlegungen der Bundesregierung, da sich deren E.-Pläne derzeit nur auf den nordöstlichen Bereich des Salzstocks konzentrierten. Für den zur Diskussion stehenden südwestlichen Sektor lägen dagegen entsprechende Betriebsrichtlinien oder gar Genehmigungen nicht vor. Aufgrund der besonderen Bedeutung des Sachverhaltes ließ das Gericht aber die Berufungsmöglichkeit zu.

Deutschland: Im Herbst 2004 beendete der Bundesrechnungshof seine Wirtschaftlichkeitsanalyse des von der rot-grünen Bundesregierung favorisierten Ein-Endlager-Konzepts (Verwahrung aller strahlenden Abfälle an einem Standort) mit massiven Vorwürfen gegen das Bundesumweltministerium (BMU). Die Prüfer bemängelten v. a., dass dieser Strategiewechsel immense Finanzrisiken mit sich brächte und zugleich deren haushaltsmäßige Einrechnung fehle. So hätten die Energieversorgungsunternehmen die Option, Vorausleistungen für das Projekt Schacht Konrad (ehemals geplante Lagerung nicht Wärme entwickelnder radioaktiver Abfälle) zurückzufordern, darüber hinaus würden sich die Kosten für die Zwischenlagerung drastisch erhöhen. CDU/CSU und FDP plädierten zeitgleich für die Wiederaufnahme des Zwei-Endlager-Konzepts.

Morsleben: 2005 investierte der Bund rund 56 Mio. € für weitere Stilllegungsarbeiten im ehemaligen Endlager für radioaktive Abfälle Morsleben (ERAM). Die Gelder dienen v. a. der bergbaulichen

Energieverbrauch: Primärenergiegewinnung in Deutschland 2004

Energieträger	Anteil (%)	Veränderung zu 2003 (%)[1]
Braunkohle	43,7	+1,3
Steinkohle	20,6	+0,8
Naturgas	17,2[2]	-7,1
Erdöl	3,9	-7,3
Wind	2,4	+33,3
Wasser	1,9	+8,7
sonstige	10,3	+1,5

1) teilweise geschätzt; 2) nur Erdgas und Erdölgas: 16,3 %
Quelle: AG Energiebilanzen, DIW (Berlin)

Gefahrenabwehr im Zentralteil (Verfüllung von Hohlräumen) sowie der Umsetzung anstehender planungsrechtlicher Vorgaben. ERAM war bislang das einzige sich in Betrieb befindliche Endlager in Deutschland.

Energieverbrauch

Mit rund 493 Mio. t SKE bzw. knapp 14 440 Petajoule lag der Primärenergieverbrauch 2004 in Deutschland auf Vorjahresniveau. Verbrauchssteigernde Effekte resultierten nach Berechnungen der Arbeitsgemeinschaft Energiebilanzen aus der Zunahme des realen Bruttoinlandsprodukts (BIP, +1,7 %). Der Witterungseinfluss (höhere Temperaturen in der Heizperiode) sowie die teilweise immens gestiegenen Energiepreise führten dagegen zu Verbrauchseinschränkungen (Kaufzurückhaltung und verstärktes Energiesparen). Temperaturbereinigt sowie unter Beachtung der auffälligen Veränderungen bei den Tankkapazitäten für leichtes Heizöl ergab sich sogar eine Steigerung des Primärenergieverbrauchs gegenüber 2003 um fast 1 %. Hinsichtlich der Zusammensetzung des nationalen E. nach Energieträgern waren im Berichtszeitraum nur unwesentliche Schwankungen gegenüber 2003 zu konstatieren. Der wichtigste Energieträger blieb Erdöl mit einem Anteil von 36,4 %, es folgten Erdgas (22,4 %), Steinkohle (13,5 %), Atomenergie (12,6 %) sowie Braunkohle mit 11,4 %; die sog. erneuerbaren Energien machten gut 3 % aus.

Elektrizität: Der Verband der Elektrizitätswirtschaft (VDEW, Berlin) meldete für 2004 einen leicht gestiegenen Stromverbrauch in Deutschland. Die Zunahme um 0,7 % gegenüber 2003 auf rund 599 Mrd. kWh hätte dabei den Erwartungen der Energieversorgungsunternehmen (EVU) entsprochen. Auf Telekommunikationsgeräte wie Computer oder Internetzugänge entfiel in den dt. Privathaushalten 2003 rund 1 % der Endenergienutzung - mehr als für den Bereich Beleuchtung.

Gebäude: Im Rahmen der für 2006 anstehenden Umsetzung der EU-Richtlinie über die Gesamtenergieeffizienz von Gebäuden (2002/91/EG) präsentierte die Dt. Energie-Agentur (dena, Berlin) im März 2005 die Ergebnisse ihres Feldversuchs zur Einführung eines bundeseinheitlichen Energiepasses. Nach der Novellierung der Energieeinsparverordnung (EnEV) sollen Zertifikate den Verbraucher über den Energieverlust sowie mögliche Energieeinsparmöglichkeiten bei einer Immobilie informieren.

IEA: Bei der Präsentation ihrer E.-Prognose bis 2030 warnte die Internationale Energie-Agentur (IEA, Paris) im Herbst 2004 vor einem drastisch zunehmen Weltenergiebedarf (+59 %), der überwiegende Teil dieses Anstiegs resultiere aus der immensen Energienachfrage Indiens und der VR China. Auch langfristig ändere sich nichts an der Abhängigkeit von fossilen Brennstoffen wie Erdöl (erwartete jährliche Verbrauchssteigerung: ca. 1,6 %), Erdgas (bis 2030 Verbrauchsverdopplung) oder Kohle. Der Anteil der erneuerbaren Energien an der Energieproduktion erreiche 2030 etwa 6 %, die Nutzung der Atomenergie bliebe zeitgleich nahezu unverändert, nur in Europa werde ihre Verwendung rückläufig sein.

www.diw.de; www.iea.org

Energieversorgung

Deutschland: 2004 erreichte die inländische Energiegewinnung mit fast 130 Mio. t SKE das Volumen des Vorjahres. Leichten Zuwächsen bei Braun- und Steinkohle standen deutliche Einbußen beim Erdöl sowie Erdgas gegenüber. Weiterhin expandierten die Wasser- und Windkraftnutzung. Auch 2004 sicherte die sog. Inlandsenergie rund 26 % des Primärenergieverbrauchs. Die wichtigsten nationalen Energieträger waren nach wie vor Braun- und Steinkohle.

Die Bruttostromerzeugung erreichte 2004 fast 607 Mrd. kWh (+0,5 % gegenüber 2003),

Produktionssteigerungen ergaben sich im Vergleich zum Vorjahr bei Braunkohle, Atomenergie (jeweils fast 1 %), Wasserkraft (8 %), Windkraft (fast 33 %) sowie Biomasse und Fotovoltaik. Insgesamt stellten die erneuerbaren Energien dem Markt etwa 56 Mrd. kWh zur Verfügung (Anteil an dt. Bruttostromerzeugung: 9 %). Rückläufig war die Elektrizitätsgewinnung aus Erdöl (– 2 %) und Steinkohle (– 6 %). Der Bruttostromverbrauch in Deutschland lag nach Angaben der Arbeitsgemeinschaft Energiebilanzen 2004 bei 600 Mrd. kWh (2003: rund 596 Mrd. kWh). Die erhöhte Nachfrage resultierte primär aus der anziehenden gesamtwirtschaftlichen Binnenkonjunktur (Stromproduktivität: + 9 %).

Reform: Nach langwieriger Diskussion beschloss Mitte April 2005 der Bundestag mit den Stimmen von SPD und Bündnis 90/Die Grünen die Novellierung des Energiewirtschaftsgesetzes (EnWG). Mit der Neuordnung entsprach der Gesetzgeber den Vorgaben der EU. Nach wochenlangen Verhandlungen konnten sich Regierungskoalition und Opposition im Vermittlungsausschuss über neue Regeln für den Wettbewerb auf dem Energiemarkt einigen. Der von Bundestag und Bundesrat getragene Kompromiss sieht eine Preisgestaltung der Energiekonzerne unter einer staatlichen Regulierungsbehörde vor. Das neue EnWG wurde am 15. Juni vom Vermittlungsausschuss verabschiedet und trat am 1. Juli in Kraft. Die Regulierungsbehörde unterzieht auch die derzeit gültigen Durchleitungsgebühren durch die Strom- und Gasnetze einer gründlichen Überprüfung.

Energieversorgung: Stromerzeugung in Deutschland 2004[1)]

Energieträger	Mrd. kWh	Anteil (%)
Atomenergie	167,0	27,5
Braunkohle	158,5	26,1
Steinkohle	138,0	22,8
Erdgas	62,0	10,2
Wasserkraft	27,0	4,5
Wind	25,0	4,1
Heizöl	9,5	1,6
Müll	4,0	0,7
sonstige	15,5	2,6

1) brutto; Angaben z. T. gerundet und geschätzt
Quelle: Dt. Institut für Wirtschaftsforschung (Berlin)

Energieversorgung: Eckpunkte der EnWG-Reform

- Die Bundesnetzagentur für Elektrizität, Gas, Telekommunikation, Post und Eisenbahnen (Bonn) wird als Regulierungsbehörde Kontrollfunktionen wahrnehmen.
- Die Regulierungsbehörde genehmigt die Durchleitungsgebühren im Voraus (Ex-ante).
- Entgeltfestlegungen erfolgen später im Rahmen der Anreizregulierung. Zuvor erhalten die Netzbetreiber eine gesicherte Eigenkapitalverzinsung (6,5 % bei Strom, 7,5 % bei Gas). Die Anrechnung der Körperschaftssteuer entfällt.
- Entflechtung des Netzbetriebs von den übrigen Unternehmensbereichen. Betroffen sind Energieversorgungsunternehmen mit mehr als 100 000 Kunden.
- Für die Erdgasversorgung gilt das Entry-Exit-Modell (flexibler Netzzugang, Festlegung des Transportpfades entfällt).
- Verbesserte Datentransparenz
- Individuelle Netzgebühren für Stromgroßkunden
- Biogas erhält Vorrang bei der Einspeisung in die Pipelines.
- Mehr Wettbewerb beim Zähl- und Messwesen

Ausland: Im April 2005 stimmte das US-Repräsentantenhaus dem Präsidentenentwurf für ein neues Energiegesetz zu. Durch Steuervergünstigungen in Milliardenhöhe soll der Ausbau der US-amerikanischen E. in den kommenden Jahren vorangetrieben und die Abhängigkeit von Rohstoffimporten gemildert werden. Das parlamentarische Verfahren war Mitte 2005 aber noch nicht abgeschlossen.

Der VR China droht ein Stromengpass. Nach Einschätzung der chinesischen Behörden wird der Elektrizitätsbedarf der Wirtschaft in 2005 erneut stark zunehmen (um ca. 12 % auf rund 2,4 Billionen kWh; Anstieg 2004: rund 15 %), das nationale Versorgungsnetz könne die Nachfrage aufgrund technischer Überalterung sowie fehlender Kapazitäten kaum decken.

Black-outs: Ein Brand in einer Transformatorenstation legte Ende Mai 2005 das öffentliche Leben in Moskau und angrenzenden Bezirken weitestgehend lahm. Rund 2 Mio. Menschen waren von dem mehrstündigen Stromausfall betroffen, der volkswirtschaftliche Schaden wurde auf etwa 1. Mrd. US-Dollar geschätzt. An-

fang September 2004 betraf ein mehrstündiger »Black-out« die Region rund um Trier und Teile von Luxemburg. Ursache war ein Defekt in einer Hochspannungsleitung.
www.strom.de

Entsorgung (atomare)

Das dt. Atomgesetz schreibt die E. abgebrannter Brennelemente aus kerntechnischen Anlagen als Voraussetzung für den Betrieb eines Atomkraftwerks (AKW) vor. Die Stromversorger können seit 1994 zwischen Wiederaufarbeitung und direkter Endlagerung wählen.

Störfall in Sellafield: Anfang Mai 2005 bestätigte die britische Atomaufsichtsbehörde Nuclear Installations Inspectorate (NII) eine Teilstilllegung der Wiederaufarbeitungsanlage (WAA) Sellafield nach einem technischen Defekt. Laut Presseberichten hatte sich der Störfall schon im Vormonat ereignet, infolge eines Rohrbruchs seien etwa 20 t eines hochaktiven Uran-Plutonium-Gemisches in Salpetersäure in eine Auffangwanne im verbunkerten Teil der Anlage geflossen. Eine Gefährdung der Umwelt oder der WAA-Beschäftigten hätte sich nicht ergeben, Experten rechneten allerdings mit aufwendigen und kostenintensiven Dekontaminierungsarbeiten.

Erdgas

Gemisch unterschiedlicher Gase (Methangehalt: 80–95 %). Wegen des wesentlich geringeren Schadstoffausstoßes im Vergleich zum Erdöl oder zur Kohle gilt dieser Energieträger als der umweltverträglichste fossile Brennstoff.

Deutschland: Als Folge der günstigen Witterungsverhältnisse (Jahresdurchschnittstemperatur: 9,01 °C) lag der E.-Verbrauch 2004 bei nur 110,4 Mio. t SKE und erreichte damit fast Vorjahresniveau. Temperaturbereinigt stieg die Nutzung des fossilen Energieträgers allerdings um 0,6 %. Privathaushalte sowie Gewerbe- und Dienstleistungsunternehmen (HuK-Sektor) senkten ihren E.-Bedarf um etwa 1 %; ausschlaggebend war der geringere Heizbedarf in den Wintermonaten. Der verbesserte Konjunkturverlauf ließ im Berichtszeitraum den industriellen E.-Einsatz um ca. 2 % steigen, im Kraftwerkssektor waren nach Einschätzung der Arbeitsgemeinschaft Energiebilanzen gegenüber 2003 keine Veränderungen

Erdgas: Bei Leipzig wurde im März 2005 ein Musterhaus vorgestellt, das komplett auf den Energieträger Erdgas eingerichtet ist.

zu verzeichnen, der E.-Anteil an der nationalen Bruttostromerzeugung betrug rund 10 %.

Größter Brennstoffverbraucher war 2004 der HuK-Sektor. Auf ihn entfielen wie in den Vorjahren fast 50 % der inländischen Gesamtnutzung (Industrie: knapp 25 %; Stromproduktion: ca. 13 %; Fernwärme sowie nichtenergetische Verwendung: rund 14 %). Das E.-Aufkommen in Deutschland kletterte zeitgleich auf ca. 1 170 Mrd. kWh (Veränderung gegenüber 2003: fast +5 %). Während die inländische Förderung 2004 ein Minus von mehr als 7 % zu verzeichnen hatte, nahmen die E.-Importe in derselben Größenordnung zu. Wichtigster dt. Rohstofflieferant blieb Russland, gefolgt von Norwegen und den Niederlanden.

Preise: Die Preise für E. sind in Deutschland formell an die Entwicklung der Erdölpreise gekop-

Erdgas: größte deutsche Erdgasfelder 2004

Feld	Förderung (Mio. m^3)
Nordsee A6-A offshore	1,38
Bötersen Pool A	1,37
Söhlingen	0,97
Hemsbünde Pool B	0,95
Hengstlage	0,95
Siedenburg	0,93
Klosterseelte	0,90
Walsrode/Idsingen Pool	0,82
Visbek	0,81
Hemmelte Z	0,77

Quelle: WEG (Hannover)

pelt. Immens gestiegene Rohölkosten bewirkten 2004/05 mit Zeitverzug auch eine Verteuerung des E. Wegen des Verdachts der missbräuchlichen Preisgestaltung leitete das Bundeskartellamt (Bonn) bis zum Frühjahr 2005 Verfahren gegen mehrere Energieversorgungsunternehmen (EVU) ein. Bis April 2005 wurden über 100 der rund 700 dt. E.-Versorger überprüft. Die infolge der Untersuchungen zurückgenommenen oder abgeschwächten Preiserhöhungen brachten den Verbrauchern nach Einschätzung der Behörde Einsparungen in dreistelliger Millionenhöhe. Mitte Mai 2005 kündigte die E.ON Ruhrgas AG (Essen) aufgrund allgemeiner Energieverteuerung eine Erhöhung der E.-Tarife für Ferngasunternehmen und Stadtwerke zum 1. 7. und 1. 10. 2005 an.

Flüssiggas: Anfang Mai 2005 kontrollierte das Bundeskartellamt landesweit Unternehmen der Flüssiggasbranche. Sie wurden der wettbewerbswidrigen Absprache verdächtigt. Die Aufsichtsbehörde war nach Verbraucherbeschwerden aktiv geworden.

Förderung: Auf der Hannover Messe einigten sich der russische E.-Konzern Gasprom und das dt. Chemieunternehmen BASF (Ludwigshafen) im April 2005 auf ein Jointventure zur Inbetriebnahme einer neuen Ostseepipeline sowie zur Ausbeutung des sibirischen E.-Felds Jushno Russkoje. 2008 solle mit der Förderung der ca. 500 Mrd. m³ begonnen werden, ab 2010 wird ein E.-Ertrag von etwa 25 Mrd. m³ pro Jahr angestrebt.

In 25 Schritten will Iran das weltweit größte E.-Feld erschließen. »South Piers Field« enthält etwa 7 % der globalen E.-Vorräte und rund 40 % der iranischen Vorkommen. Nach Russland verfügt Iran über die umfangreichsten bekannten E.-Reserven, bis 2020 möchte das Land seinen Anteil am internationalen E.-Handel auf 10 % ausbauen.

www.erdgasinfo.de (Informationen der E.ON Ruhrgas AG)

Erdöl

Brennbares Gemisch diverser Kohlenwasserstoffe. In sog. Speichergesteinen bildet der Energieträger Lagerstätten; das E. wird nach der Anbohrung der Fundorte durch natürlichen Druck oder Pumpen an die Erdoberfläche gebracht.

Deutschland: 2004 betrug der nach Absatzmengen ermittelte nationale Mineralölverbrauch rund 122,5 Mio. t (–0,5 % gegenüber 2003; möglicherweise leichter Anstieg bei Einrechnung der Nutzung der individuellen Brennstoffreserven). Für den Rückgang waren Einbußen bei leichtem (– 2,6 Mio. t) und schwerem Heizöl (– 0,4 Mio. t) ausschlaggebend, auch der Verkauf von Ottokraftstoffen verringerte sich gegenüber 2003 um 2,7 % auf 25,2 Mio. t. Der negative Verlauf wurde v. a. durch das Verbraucherverhalten (Einsparungen und zugleich Abbau von Lagerbeständen infolge gravierender Preissteigerungen) hervorgerufen, bei den Ottokraftstoffen machte sich zudem der niedrigere Pkw-Bestand bemerkbar. Neben dem Biodiesel verzeichnete auch das Mineralölprodukt Dieselkraftstoff Zuwächse. Die Produktion der inländischen Raffinerien wuchs um nahezu 4 %, ihre Kapazitätsauslastung erreichte im Berichtszeitraum 97 %.

Versorgung: Deutschlands E.-Importe nahmen gegenüber 2003 um fast 4 % auf ca. 110 Mio. t zu, zu den wichtigsten Lieferanten zählten Russland, Norwegen sowie Libyen. Die dt. Förderleistung trug 2004 etwa 3 % zur nationalen Versorgung bei.

Preise: Ein weltweit gestiegener E.-Bedarf, die Angst vor knapper werdenden E.-Ressourcen sowie geopolitische Unsicherheiten ließen die Rohölpreise 2004/05 weit über den Preiskorridor der OPEC (Organization of Petroleum Ex-

Erdöl: Der Fall Yukos

Das Urteil: Nach mehrmaligen Sitzungsunterbrechungen wurden Ende Mai 2005 der Exvorstandsvorsitzende sowie Haupteigentümer des russischen Erdölkonzerns Yukos, Michail B. Chodorkowskij, und sein Geschäftspartner Platon Lebedew wegen Betrugs und Steuerhinterziehung zu jeweils neun Jahren Lagerhaft verurteilt. Des Weiteren müssen die beiden Hauptangeklagten Steuern und Strafzahlungen in Höhe von 17 Mrd. Rubel (ca. 480 Mio. €) entrichten, der Mitangeklagte Andrej Krainow erhielt eine mehrjährige Bewährungsstrafe. Internationale Prozessbeobachter kritisierten den unfairen Verhandlungsverlauf im Moskauer Meschtschanskij-Gericht und bezeichneten das Verfahren als vom Kreml gesteuert. Im Verlauf seiner Wirtschaftskarriere hatte Chodorkowskij auch politische Ambitionen entwickelt und während der Putin-Präsidentschaft oppositionelle Parteien finanziell unterstützt. Die Anwälte von Chodorkowskij und Lebedew legten gegen die Urteile Berufung ein.

porting Countries, Wien; dt.: Organisation Erdöl exportierender Länder) von 22 bis 28 US-Dollar klettern; im Frühjahr 2005 lag die Rekordmarke sogar bei über 60 US-Dollar (Anfang Juni 2005: gut 54 US-Dollar) je Barrel (dt.: Fass; 1 Barrel: rund 159 l). Aufgrund des günstigen Wechselkursverhältnisses zwischen Euro und US-Dollar wirkte sich die Weltmarktentwicklung in Deutschland nur abgeschwächt aus. Mineralölerzeugnisse verteuerten sich nach Einschätzung des Dt. Instituts für Wirtschaftsforschung (DIW, Berlin) 2004 durchschnittlich um etwa 7 %, laut Berechnungen der ExxonMobil Central Europe Holding (Hamburg) mussten die Bundesbürger hierfür etwa 82 Mrd. € aufbringen.

OPEC: Wie auf dem Treffen in Isfahan (Iran) im Vorfeld angekündigt, erhöhte die OPEC im Mai 2005 ihre offizielle tägliche Förderung nochmals um 500 000 bpd (barrels per day; dt.: Fass pro Tag) auf 28 Mio. bpd. Mit dieser Anpassung entsprach die OPEC-Quote in etwa dem realen E.-Angebot, das mit gut 29 bpd real bereits über dieser Grenze lag.

Analyse: Der Internationale Währungsfonds (IWF, Washington D.C.) ging in seinem im Frühjahr 2005 veröffentlichten Weltwirtschaftsbericht von weiterhin hohen und schwankungsanfälligen E.-Preisen aus (Spanne zwischen 39 und 56 US-Dollar pro Fass); zudem werde der globale Rohölverbrauch bis 2030 von derzeit rund 82 Mio. bpd auf etwa 140 Mio. bpd steigen. Für diesen Zuwachs sei v. a. der Energiebedarf der Entwicklungs- und Schwellenländer verantwortlich. So werde die VR China 2030 täglich etwa 19 Mio. Barrel E. konsumieren (2004/05: ca. 6,5 Mio. Barrel). Mit einer entsprechenden Ausweitung der E.-Produktion könne aber nicht gerechnet werden, Risiken für die internationale Wirtschaft ließen sich minimieren durch Einsparungen sowie verbessertem Informationsaustausch zwischen den Marktteilnehmern.

Reserven: 2004 beliefen sich nach Mitteilung des Energie-Informationsdienstes (EID, Hamburg) die weltweit rentabel förderbaren E.-Vorräte auf rund 173,3 Mrd. t (+ 1 % gegenüber 2003). Über die größten Ressourcen verfügen Saudi-Arabien

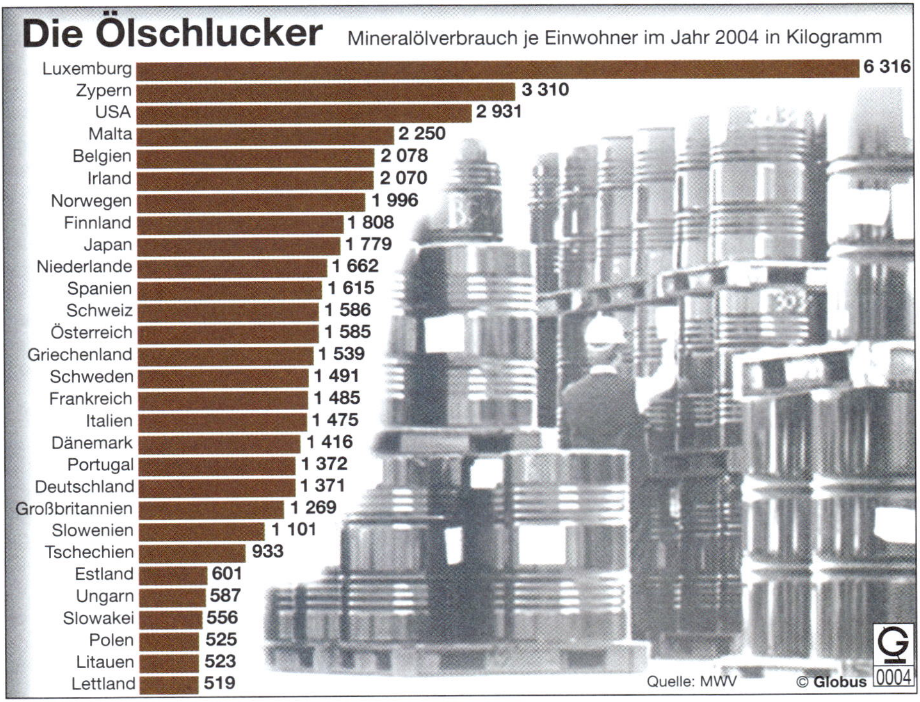

(20,4 %), Kanada (13,9 %) und Iran (9,9 %); insgesamt machte der OPEC-Anteil 69,4 % aus. Die konventionellen E.-Reserven lagen laut World Petroleum Assessment 2000 bei knapp 3 Billionen Barrel (etwa 400 Mrd. t), die sog. unkonventionellen E.-Vorräte - etwa in Ölsanden und -schiefern - schätzte die Internationale Energie-Agentur (IEA, Paris) auf 570 Mrd. t.

Unfall: Im März 2005 kamen bei einer Explosion in der BP-Raffinerie in Texas City 15 Menschen ums Leben, etwa 100 Mitarbeiter wurden verletzt. Der Sachschaden in der drittgrößten US-Raffinerie belief sich nach BP-Angaben auf ca. 1 Mrd. US-Dollar.

Naturschutz oder Förderung: Trotz Bevölkerungsprotesten votierte der US-Senat Mitte März 2005 mit 51 zu 49 Stimmen für E.-Bohrungen im Naturschutzgebiet »Artic National Wildlife Refuge« (ANWR). Das etwa 80 000 km² große Areal an der Nordostküste Alaskas soll zwischen 6 und 16 Mrd. Barrel E. beherbergen. Das Gebiet war 1960 unter Naturschutz gestellt worden.

www.opec.org

Erdwärme

(auch: Geothermie), natürliche Wärmeenergie aus Erdschichten, die als Heizenergie oder zur Elektrizitätsgewinnung eingesetzt werden kann; durch ihre Nutzung fallen keine Schadstoffe an.

2004/5 waren weltweit E.-Kraftwerke mit einer Gesamtleistung von mehr als 8 000 MW in Betrieb, ihre jährliche Elektrizitätsproduktion lag bei ca. 49 000 GWh. Jeweils fast ein Viertel der Energieerzeuger befindet sich auf den Philippinen und in den USA, zu den Ländern mit nennenswerter E.-Nutzung gehören weiterhin Mexiko, Indonesien und Italien.

Erdwärme: Stromerzeugung in der EU[1)]

Land	Leistung (MW)	Produktion (GWh)
Italien	790,50	5 036,0
Portugal	16,00	90,0
Frankreich	15,00	23,0
Österreich	1,25	3,0
Deutschland	0,23	0,2
EU	822,98	5 152,2

1) 2003; Quelle: Europ. Kommission

Verfahren: E. kann aus unterirdischen Heißwasserspeichern (Aquifere) gewonnen werden. Nach der Wärmeabgabe wird das Wasser wieder zurückgepumpt (der Wasserdruck in der entsprechenden Erdtiefe muss aufrechterhalten bleiben). Beim sog. Hot-Dry-Rock-Verfahren (HDR; dt.; heißer, trockener Stein) wird kaltes Wasser mit hohem Druck durch ein Bohrloch in die Tiefe gepumpt, um trockenes Gestein zu spalten. Das Wasser durchdringt die entstandenen Gesteinsrisse- und -spalten, erhitzt sich und wird durch ein zweites Bohrloch wieder an die Oberfläche transportiert.

Deutschland: Nach Berechnungen der Arbeitsgruppe Erneuerbare Energien (AGEE/BMU) wurden 2004 durch E. über 1 500 GWh thermischer Energie bereitgestellt; die größten Anlagen arbeiteten in Mecklenburg-Vorpommern und Bayern. Ende 2003 war in Neustadt-Glewe (Mecklenburg-Vorpommern) das bundesweit erste E.-Kraftwerk ans Netz gegangen. 2004 produzierte es rund 425 000 kWh Strom, zukünftig sollen 1,2 Mio. kWh erreicht werden. Für 2005 rechnet die E.-Branche mit einem Umsatz in Höhe von ca. 170 Mio. €, die Investitionen belaufen sich zeitgleich auf etwa 110 Mio. €. In der geothermischen Energieversorgung sind etwa 10 000 Menschen beschäftigt. Energiegewinnung aus E. wird in Deutschland staatlich gefördert.

Pilot-Projekt: Die nordrhein-westfälische Landesregierung plante Anfang 2005, zur Optimierung des öffentlichen Winterdienstes auf E. zurückzugreifen. Durch Wärmeenergie könnten einige Gehweg- und Straßenabschnitte sowie Brücken umweltschonend eis- oder schneefrei gehalten werden, in heißen Sommermonaten diene die Technik sogar zur Kühlung des Straßenbelags. Versuche in den USA, Japan, den Niederlanden oder der Schweiz hätten die Alltagstauglichkeit des Vorhabens bewiesen.

Europa: Bedingt durch die geologischen Gegebenheiten - die nötige Temperatur von rund 180 °C wird durchschnittlich erst in 6 000 m Tiefe erreicht - ist die Stromerzeugung aus E. in Europa oftmals unwirtschaftlich. Seit 1987 läuft ein Forschungsunternehmen im elsässischen Soultz-sous-Forêts. An dem Projekt sind Deutschland, Frankreich, die EU sowie diverse Industrieunternehmen beteiligt. Der Ort liegt über einer etwa 3 000 km² großen Wärmeanomalie (im Oberrheingraben steigt die Erdtemperatur stellenweise zwischen 6-10 °C pro 100 m Tiefe). 1997/98 wurde ein unterirdischer Wasserkreislauf in Gang gesetzt, die thermische Dauerleistung lag knapp über 10 MW. Eine kommerzielle Nutzung der E. bedarf einer 25 MW-Anlage, die Stromkosten lägen dann bei 7,67 Cent/kWh.

Erneuerbare Energien

Energiegewinnung aus wieder verwertbaren bzw. unerschöpflichen Energieträgern (Abfall, Biomasse, Sonne, Wasser, Wind). Die Umwandlung von e. E. in Sekundärenergie führt nur zu geringen Umweltbelastungen, v. a. durch Kohlendioxid (mitverantwortlich für Erwärmung der Erdatmosphäre).

Potenzial: Die globalen Marktchancen für die Nutzung der e. E. – insbesondere Sonnen- und Windenergie, werden von Experten positiv bewertet. Um jedoch eine betriebswirtschaftliche Nutzung zu gewährleisten, müsse die Subventionierung auch in den kommenden Jahren fortgesetzt werden.

Deutschland: Um fast ein Fünftel auf 9,3 % stieg 2004 der Anteil der e. E. am Bruttostromverbrauch (2003: 7,9 %). Bezogen auf den gesamten nationalen Primärenergieverbrauch erreichten sie nach Berechnungen der Arbeitsgruppe Erneuerbare Energien (AGEE/BMU) eine Größenordnung von 3,6 % (+ 0,5 % gegenüber dem Vorjahr). Ausschlaggebend für diese positive Entwicklung war insbesondere der Zuwachs bei der Windenergie, sie überholte erstmals die Wasserkraft als wichtigsten regenerativen Energieträger. Weitere auffällige Impulse gingen von der Fotovoltaik und der Bioenergie aus. Dementsprechend verbesserte sich auch der Beitrag der e. E. zum Klimaschutz (Vermeidung von rund 70 Mio. t Kohlendioxid/CO_2 2004). Der Gesamtumsatz der Branche betrug 2004 knapp 11,5 Mrd. €, ca. 130 000 Arbeitsplätze sind in diesem Bereich bislang geschaffen worden.

Analysen: Eine Untersuchung des Dt. Zentrums für Luft- und Raumfahrt (DLR, Köln) kam im Frühjahr 2005 zu dem Ergebnis, dass im Mittelmeerraum die e. E. bis Mitte des Jahrhunderts fossile Energieträger fast gänzlich ersetzen können. Eine Schlüsselrolle in diesem Prozess hätten solarthermische Kraftwerke.

Die Auswertung der knapp 200 Projekte auf dem Gebiet der e. E. 2004 ließen auf eine Verringerung des globalen CO_2-Ausstoßes bis 2015 um etwa 1,2 Mio. t schließen, darüber hinaus würden Investitionen von mehr als 300 Mrd. US-Dollar

Erneuerbare Energien: deutsche Stromproduktion 2004

Energieträger	Mrd. kWh	Anteil (%)[1]
Windkraft	25,0	4,2
Wasserkraft	21,0	3,5
biogene Festbrennstoffe	3,9	0,7
biogener Anteil des Mülls	2,2	0,4
Biogas	1,3	0,2
Deponiegas	1,0	0,2
Klärgas	0,8	0,1
Fotovoltaik	0,5	0,1
biogene flüssige Brennstoffe	0,08	0,01
Erdwärme	0,0	0,0
gesamt	55,8	9,3

1) am Bruttostromverbrauch (gesamt: 600,0 Mrd. kWh)
Quelle: Bundesumweltministerium

initiiert. Zu den bedeutendsten Einzelaktionen zählt das Vorhaben der VR China, bis 2010 etwa ein Zehntel des Elektrizitätsbedarfs aus e. E. zu produzieren, sowie der philippinische Plan, sich zum weltgrößten Produzenten geothermischer Energie zu entwickeln.

EEG: Nach der Einigung im Vermittlungsausschuss konnte das novellierte Erneuerbare-Energien-Gesetz (EEG) am 1. 8. 2004 in Kraft treten. Die EEG-Ziele sind:

- Steigerung des Anteils der e. E. an der gesamten inländischen Stromversorgung auf mindestens 12,5 % bis 2010 und mindestens 20 % bis 2020,
- nachhaltige Entwicklung der Energieversorgung im Interesse des Klima-, Natur- und Umweltschutzes,
- Umsetzung der EU-Richtlinie vom September 2001 zur Förderung von e. E. im Elektrizitätsbereich.

www.erneuerbare-energien.de (Informationen des Bundesministeriums für Umwelt, Naturschutz und Reaktorsicherheit)

➤ Sonnenenergie

Heizung

Von den etwa 37,7 Mio. Wohneinheiten in Deutschland wurden 2004 47,2 % (2003: 46,6 %) mit Erdgas beheizt. Heizöl als Brennstoff nutzten 31,3 % der Haushalte, Fernwärme 12,4 %, Strom

5,7 % und Kohle 3,4 %. Gegenüber dem Vorjahr erhöhte sich der Bestand an Wohnungen mit Erdgas-H. um 300 000, bei den zum Bau Genehmigten erreichte sie 2004 einen Anteil von 75 %.

Modernisierung: Nach den Vorgaben der Energie-Einsparverordnung (EnEV) müssen Heizkessel, die vor dem 1. 10. 1978 installiert wurden, zum Jahreswechsel 2006/07 ihren Betrieb einstellen. Diese Frist verlängert sich um zwei Jahre, wenn nach dem 1. 11. 1996 eine Modernisierung der Brennvorrichtung durchgeführt wurde. Ausnahmen ließ der Gesetzgeber für Ein- bzw. Zweifamilienhäuser zu (Immobilie bei Inkrafttreten der EnEV am 1. 2. 2002 durch Eigentümer selbst genutzt). Ein Verkauf des Hauses aktiviert allerdings die Austauschpflicht.

Kosten: Im Winter 2004/05 mussten die dt. Verbraucher für Heizöl etwa 27 % mehr als im entsprechenden Vorjahreszeitraum bezahlen. Nach Branchenangaben kostete die Füllung eines normalen 3000-Liter-Tanks durchschnittlich ca. 1 340 €.

Pellets: Der Verkauf von Pellets-Heizanlagen nahm enorm zu. Bis Ende 2004 waren ca. 30 000 dieser Umwelt schonenden Wärmelieferanten in Deutschland installiert (+ 53 % gegenüber 2003). Die als Brennstoff dienenden Stäbchen aus gepresstem Holzabfall sind zwischen 25 und 45 mm lang, ihr Durchmesser beträgt etwa 10 mm. Nach Branchenangaben entspricht der Energiegehalt von einem Kilogramm Restholz fast 0,5 l Heizöl. Der Einbau von Pellets-H. wird staatlich gefördert, höheren Anschaffungskosten im Vergleich zu herkömmlichen Erdgas- oder Öl-H. standen 2004/05 günstigere Einkaufspreise für das Brennmaterial gegenüber.

Kohle

(Steinkohle) Kohlenstoffreiche, feste Brennstoffe, entstanden in Jahrmillionen durch Umbildung pflanzlicher Substanz. Steinkohle besteht zu gut 80 % aus Kohlenstoff.

Verbrauch: 2004 verringerte sich der dt. K.-Verbrauch um 3,6 % gegenüber dem Vorjahr und lag bei nur noch 66,2 Mio. t SKE. Verantwortlich für das Minus ist v. a. die rückläufige Elektrizitätsproduktion aus K. um etwa 6 %, der Einsatz in der Stahlindustrie erreichte dagegen eine neue Rekordmarke mit 46,4 Mio. t (+3,6 % gegenüber 2003). Die inländische K.-Förderung (ohne Kleinzechen) betrug 2004 26,5 Mio. t SKE und war somit nur unwesentlich höher als im Vorjahr, das Importvolumen wuchs auf 40,5 Mio. t SKE an (2003: 36,8 Mio. t SKE). Aufgrund der weltweit gestiegenen Nachfrage (Stahlboom) und hohen Frachtraten verteuerten sich K. und K.-Produkte (Koks) drastisch. Zu den wichtigsten dt. K.-Lieferanten zählten 2004 Polen (Januar bis Oktober 2004 etwa 20 %), Südafrika (16,5 %), GUS-Länder (ca. 15 %), Australien (etwa 11 %) und Kolumbien (10 %).

Neues Bergwerk: Preissteigerungen auf dem K.-Weltmarkt motivierten die Dt. Steinkohle AG (DSK, Herne), im April 2005 das Genehmigungsverfahren für die Kokskohlen-Zeche Donar einzuleiten. Das Bergwerk nördlich von Hamm (NRW; Investitionskosten: ca. 800 Mio. €, möglicher Förderbeginn: frühes-

Kohle: deutsche Steinkohle

Merkmal	Einheit	2004	2003/1980/1960
Förderung	Mio. t SKE	26,6	26,4/87,9/145,6
Koksproduktion	Mio. t	2,1	2,0/20,7/37,2
Brikettproduktion	Mio. t	0,1	0,1/1,5/5,2
Bergwerke[1]	Anzahl	9	10/39/146
Zechenkokereien[1]	Anzahl	1	1/18/58
Brikettfabriken[1]	Anzahl	2	2/5/21
Absatz:	Mio. t SKE		
Elektrizitätsversorgung		21,1	21,1/34,1/22,1
Stahlindustrie Inland		6,7	6,8/24,9/31,3
Wärmemarkt Inland		0,3	0,3/9,4/61,3
Export		0,1	0,1/19,9/32,3
Beschäftigte[1]	1 000	42,0	45,6/186,6/490,2
Leistung je Mann und Schicht	kg verwertbare Förderung	6 497	6 540/3 948/2 057
fördertägliche Förderung je Bergwerk	t verwertbare Förderung	11 293	10 342/8 723/3 966

1) Ende 2004
Quelle: Statistik der Kohlenwirtschaft (Essen)

Kohle: Bergleute warten nach dem Grubenunglück in Fuxin (China) im Februar 2005 auf Nachricht über ihre verunglückten Kollegen.

tens 2013) wird ohne öffentliche Finanzhilfen geplant. Die DSK ging bei Antragsstellung von K.-Vorräten in Höhe von fast 100 Mio. t aus, die erwartete jährliche Förderleistung der 2 500 Bergleute liegt bei gut 3 Mio. t.

RAG: Um sich der hohen finanziellen Belastungen aus dem K.-Bergbau auf Dauer zu entledigen, erwog die RAG AG (Essen; frühere Ruhrkohle AG) im Frühjahr 2005 den Gang an die Börse. Ein Eckpapier sah vor, dass die RAG-Aktionäre ihre Anteile zu einem Symbolpreis von 1 € an ein Bankenkonsortium abtreten, ab 2007 würde der nicht im Bergbau angesiedelte RAG-Unternehmensbereich dann an der Börse gehandelt. Der erwartete Platzierungserlös in Höhe von etwa 5 Mrd. € stünde der öffentlichen Hand zur Verfügung, um alle anfallenden K.-Lasten zu tragen. Bis Mitte 2005 hatte die RAG AG mit ihren Großaktionären E.ON (40 %), RWE (30 %), Thyssen-Krupp (20 %) sowie Arcelor (5 %) noch keine Einigung über das Vorhaben erzielt.

VR China: Veraltete Technik, mangelhafte Sicherheitsvorkehrungen, hoher Förderdruck und Missachtung behördlicher Anweisungen führten 2004/05 zu mehreren schweren Grubenunglücken in der VR China. Einer der schwersten Unfälle der letzten Jahre ereignete sich im Februar 2005 in Fuxin. Durch eine Gasexplosion verloren mehr als 200 Arbeiter ihr Leben. Nach amtlichen Angaben kamen 2004 bei Minenunglücken 6 027 Kumpel ums Leben, inoffizielle Schätzungen gehen von bis zu 20 000 toten Bergleuten pro Jahr aus. Die Mortalitätsrate in den chinesischen Kohlegruben ist etwa 100-mal höher als in den USA und 30-mal höher als in Südafrika.

Kraftwerke

Effizienz: Die dt. Energieversorgungsunternehmen (EVU) werden bis 2020 etwa 40 Mrd. € zur Modernisierung ihrer K. ausgeben. Ein Großteil der Investitionen dient der Verbesserung der Energieerzeugung. Neu gebaute Steinkohle-K. erreichten Mitte 2005 schon einen Wirkungsgrad (Verhältnis zwischen eingesetzter Energie/Energieaufwand und nach Umwandlung gewonnener Nutzenergie) von 45 %, Erdgasanlagen mit kombinierter Gas- und Dampfturbinentechnik sogar fast 70 %. Der durchschnittliche Wirkungsgrad eines mit fossilen Energieträgern befeuerten K. hat sich nach Angaben des Verbands der Elektrizitätswirtschaft (VDEW, Berlin) zwischen 1950 und 2003 von etwa 20 % auf 38 % nahezu verdoppelt.

RWE: Anfang April 2005 begann der Erörterungstermin zur Genehmigung von zwei Braunkohlekraftwerksblöcken mit optimierter Anlagentechnik (BoA 2 und 3; Energieeffizienz etwa 43 %) für den Standort Grevenbroich-Neurath. Betreiber RWE Power (Essen) kalkulierte Investitionskosten von ca. 2,2 Mrd. €, die vorgesehene Bruttoleistung der neuen Blöcke beträgt jeweils 1 100 MW. Umweltschützer protestierten gegen den angestrebten K.-Neubau. Sie befürchteten auch negative Auswirkungen für eine möglicherweise ansässige Feldhamsterpopulation.

Projekte: Nach Lösung der Entsorgungsproblematik plant die Vattenfall Europe AG (Berlin), am Standort Schwarze Pumpe (Brandenburg) ein Kohle-K. zu errichten, das den Ausstoß des umweltschädigenden Kohlendioxids (CO_2) gänzlich vermeidet. Durch die sog. Oxyfuel-Technik wird das Treibhausgas zunächst separiert und verflüssigt, in einem dritten Schritt erfolgt dann die unterirdische Deponierung. Das ca. 40 Mio. € teure Pilotprojekt kann frühestens ab 2008 in Betrieb gehen, der industrielle Großeinsatz ist ab 2020 vorgesehen.

Reaktorsicherheit

Die dritte Tagung zur Überprüfung des Übereinkommens über nukleare Sicherheit (sog. Nukleare Sicherheitskonvention; engl.: Convention of Nuclear Safety) fand im April 2005 in Wien statt. Durch Abschluss des Ratifizierungsprozesses in Indien sind alle Atommächte der Konvention beigetreten. Die rot-grüne Bundesregierung hatte im September 2004 ihren Bericht zur R. bei der Internationalen Atomenergie-Agentur (IAEA, Wien) hinterlegt. Das Abkommen war Mitte der 1990er-Jahre in Kraft getreten; Deutschland ist seit 1997 Vertragspartei. Bis Mitte 2005 ratifizierten 56 Staaten die Sicherheitskonvention; alle drei Jahre finden Überprüfungskonferenzen statt, erstmalig 1999. Hauptziele der Vereinbarung sind: die Steigerung des nuklearen Sicherheitsstandards, die Vermeidung radiologischer Gefahren durch Entwicklung verbesserter Abwehrvorkehrungen und die Verhütung bzw. Milderung von Unfällen mit Strahlungsfolgen.

Terrorabwehr: Bis Mitte 2005 hatten sich die USA und Russland noch nicht über eine Zusammenarbeit bei der Kontrolle der russischen Atomanlagen geeinigt. US-amerikanische Experten konstatierten bei russischen Atomkraftwerken gravierende Sicherheitsrisiken und befürchteten, atomwaffenfähiges Material könne in die Hände von Terroristen fallen. Im Februar 2005 hatte die russischen Atomenergiebehörde eingestanden, Schwierigkeiten bei der Sicherung einiger Nuklearlager zu haben.

Im Januar 2005 unterzeichneten Belgien, Deutschland, Finnland, Frankreich, Großbritannien, Schweden, Spanien und die Schweiz die Gründungsurkunde der Europ. Vereinigung der Aufsichtsbehörden zum Sabotageschutz von Kernanlagen (ENSRA, engl.: European Nuclear Security Regulators Organization). Neben intensiverem Informationsaustausch steht unter Berücksichtigung der nationalen Gegebenheiten auch die Entwicklung einer einheitlichen Praxis in der Anwendung von Sicherheitsmaßnahmen an.

HRQ: Das Bundeskabinett beschloss im Januar 2005 einen Gesetzentwurf des Bundesumweltministeriums zur verbesserten Überwachung umschlossener hochradioaktiver Strahlenquellen (HRQ). Diese Wärme entwickelnden Materialien sind zwar von einer inaktiven Hülle ummantelt, durch Zerstörung der Schutzschicht können allerdings erhebliche Strahlenbelastungen an einem Unfallort entstehen. In Deutschland sind für Forschungs- und medizinische Zwecke, etwa bei der Strahlentherapie, rund 10 000 HRQ im Einsatz. Schwerpunkt der neuen Schutzmaßnahme ist die Schaffung eines zentralen HRQ-Registers beim Bundesamt für Strahlenschutz (BfS, Salzgitter). Erfasst werden neben einer Identifizierungsnummer auch Angaben zur Strahlungsstärke, technische Merkmale, Informationen zur Umgangs- bzw. Einfuhrgenehmigung sowie ggf. Mitteilung über Verlust, Diebstahl oder Fund.

Sonnenenergie

S. kann mit Solarzellen über chemische Prozesse in Strom umgewandelt werden (Fotovoltaik) oder mittels Energiebündelung zur Wärme- oder Elektrizitätsgewinnung genutzt werden (Solarthermie/solarthermische Kraftfwerke). Als Teil der erneuerbaren Energien ruft S. im Gegensatz zu fossilen Energieträgern keine Schadstoffbelastungen für die Umwelt her.

Deutschland: 2004 war ein erfreuliches Jahr für die Solarwirtschaft. Nach Berechnungen des Bundesverbandes Solarindustrie (BSi, Berlin) wurden im Berichtszeitraum netzgekoppel-

Sonnenenergie: Das größte Solardach der Welt im südhessischen Bürstadt ging im Mai 2005 ans Netz. Nach Betreiberangaben können damit jährlich 1200 Vier-Personen-Haushalte mit Strom versorgt werden.

te Fotovoltaik-Anlagen mit einer Gesamtleistung von 360 MWp installiert (+140 % gegenüber 2003), laut Unternehmensvereinigung Solarwirtschaft (UVS, Berlin) setzte sich Deutschland mit über 100 000 neu angeschlossenen Solaraggregaten zur Strom- oder Wärmeerzeugung erstmalig an die Weltmarktspitze vor Japan (ca. 280 MWp) und den USA (etwa 90 MWp). Auch für 2005 und 2006 erwartet die Branche hohe Zuwachsraten.

Stromrechnung Privathaushalt (€)[1)]

Abgaben	1998	2000	2002	2004	2005
MwSt./16 %	6,90	5,60	6,48	7,24	7,51
Konzessionsabgabe[2)]	5,22	5,22	5,22	5,22	5,22
Kraft-Wärme-Kopplungsgesetz	-	0,38	0,76	0,85	0,93
Erneuerbare-Energien-Gesetz[3)]	0,23	0,58	1,02	1,58	1,64
Stromsteuer/Ökosteuer	-	3,73	5,22	5,97	5,97
Stromproduktion u. -versorgung	37,60	25,15	28,29	31,52	33,16
Summe	49,95	40,66	46,99	52,38	54,43

1) monatlich, 3 Personen, Stromverbrauch: 3 500 kWh/Jahr; 2) Mittelwert, ab 2002 zwischen 1,32 bis 2,39 Cent/kWh; 3) bis 2000 Stromeinspeisungsgesetz; Quelle: VDEW (Berlin)

Projekte: Im Mai 2005 wurde in Bürstadt (Hessen) das weltweit größte Dach-Fotovoltaikkraftwerk (rund 50 000 m², Leistung: 5 MW) fertig gestellt. Der Investor Tauber-Solar Management GmbH (Tauberbischofsheim) erhofft eine jährliche Elektrizitätsproduktion von 4,5 Mio. kWh. Für Mitte 2005 planten die S.A.G. Solarstrom AG (Freiburg) und die Solon AG (Berlin) nahe Würzburg die Aufstellung sog. Solon-Mover. Diese in der Freifläche fest positionierten Fotovoltaikanlagen richten ihre Solarzellen nach dem Sonnenlauf aus. Bei positivem Kundenecho sollen über 1 000 der Minikraftwerke mit einer Einzelleistung zwischen 6,5 KW und 9,5 KW platziert werden. Shell baut die weltgrößte Fotovoltaikanlage (10 MW) auf einem ehemaligen Militärgelände bei Pocking in Bayern. Sie soll ca. 3 300 Haushalte mit Strom versorgen. Der erste Teil der Anlage soll noch in diesem Jahr ans Netz gehen, die Fertigstellung ist bis Ende März 2006 geplant.

www.bsi-solar.de (Informationen des Bundesverbandes Solarindustrie)

Strompreise

Für Industriekunden (sog. Hoch- und Mittelspannungsabnehmer) veränderten sich die dt. S. im Vergleich zum Vorjahr kaum (durchschnittliche Steigerung unter 1 %) und waren Ende 2004 immer noch günstiger als die Elektrizitätstarife zu Beginn der Liberalisierung 1998. Privathaushalte mussten im Berichtszeitraum allerdings Preissteigerungen hinnehmen; auch im Vergleich zur frühen Phase der Marktöffnung stieg die Bruttostromrechnung für einen 3500-kWh-Haushalt leicht an. Bleiben die staatlichen Belastungen (Mehrwertsteuer, Konzessionsabgabe, Erneuerbare-Energien-Gesetz, Stromsteuer, Kraft-Wärme-Kopplungs-Gesetz) aber unbeachtet, lagen die S. 2004 ca. 16 % unter dem 1998er-Niveau.

Entwicklung: Die rot-grüne Bundesregierung ging im Zuge der Neufassung des Energiewirtschaftsgesetzes (EnWG) im Frühjahr 2005 von einer deutlichen Senkung der S. aus. Durch die angepeilte staatliche Regulierung und Kontrolle reduzieren sich auch die anfallenden Transportkosten (Netzdurchleitungsgebühren). Allein hieraus ergibt sich ein jährliches Einsparpotenzial für Privatkunden von bis zu 8 %. Die Energieversorgungsunternehmen (EVU) bezweifelten die Kalkulation und verwiesen zur Begründung auf die primär zu beachtenden Produktionskosten.

www.billiger-strom.de; www.strom-guenstiger.de; www.stromtarife.de

Stromverbund

Im S. werden unterschiedliche nationale Stromnetze zusammengeführt. Er vereinfacht Energietransport und -nutzung, spart den Neubau von Kraftwerken und senkt die Strompreise, weil Elektrizität dort erworben werden kann, wo sie unter den ökonomisch und ökologisch günstigsten Faktoren produziert wird.

Projekt: Zwischen Südnorwegen und den Niederlanden wird mit 576 km das bis Mitte 2005 weltweit längste Unterwasser-Hochspannungskabel verlegt. Ab Ende 2007 soll Nord-Ned (Gesamtkosten: ca. 270 Mio. US-Dollar; Gewicht: 88 kg/m) aus Wasserkraft gewonnene Elektrizität von Skandinavien in die Niederlande leiten.

Das Stromkabel wird etwa 5 m tief im Meeresgrund positioniert.

EU: Die EU-Energieminister entschieden sich Ende 2004 gegen eine Koordinierungsfunktion der EU-Kommission für die Modernisierung und Ausweitung der europ. Elektrizitätsnetze, zudem bleiben die nationalen Regulierungsbehörden bei in dieser Hinsicht anstehenden Investitionsentscheidungen ohne Mitspracherecht. Eventuell auftauchende Versorgungsprobleme nach Stromausfällen wie 2003 in Italien könnten weiterhin durch die Einzelstaaten bewältigt werden. Die Optimierung der Energiebereitstellung müsse allerdings durch Klärung von Zuständigkeiten zwischen Netzbetreibern und Energieversorgungsunternehmen (EVU), Festlegung von technischen Standards sowie durch Schaffung eines positiven Investitionsklimas vorangetrieben werden.

Börse: Ende Februar 2005 engagierten sich die Stadtwerke Leipzig mit 2 % der Anteile bei der einzigen inländischen Strombörse, der European Energy Exchange (EEX, Leipzig). Die Leipziger Börse arbeitet auf dem Spot- und Terminmarkt. Der Kommunalversorger übernahm die 800 000 Aktien der ETC Germany Inc. Am Spotmarkt der EEX kosteten 2004 1 000 kWh Strom durchschnittlich 28,52 € (2003: 29,49 €), für Jahresfutures; für Grundlastlieferungen zwischen 2008 und 2010 kletterten die Kurse schon Anfang 2005 auf 39 €/MWh. Die EEX wies im Berichtszeitraum erneut ein hohes Handelsvolumen auf (rund 398 Mrd. kWh), der überwiegende Teil des Umsatzes ergab sich durch Terminkontrakte (338 Mrd. kWh, hiervon 181 Mrd. kWh im OTC-Clearing). 2004/05 waren an der EEX 123 Handelsteilnehmer gemeldet (+ 10 % gegenüber dem Vorjahr), mehr als die Hälfte stammte aus dem Ausland. Seit März 2005 ist die EEX auch im Spothandel mit Emissionsrechten aktiv.

Wasserkraft

Die dt. Elektrizitätsproduktion aus erneuerbaren Energien erreichte nach Berechnungen der Arbeitsgruppe Erneuerbare Energien-Statistik (AGEE-Stat) 2004 ca. 56 Mrd. kWh. Mit etwa 21 Mrd. kWh war die W. erstmalig nur noch zweitwichtigster regenerativer Stromlieferant; ihr Anteil bei den erneuerbaren Energien betrug rund 38 % und sie deckten 3,5 % des inländischen Bruttostromverbrauchs ab. Den Spitzenplatz nahm die Windenergie ein. Ende 2004 waren in Deutschland ca. 7 500 W.-Anlagen mit einer Leistung von etwa 4 600 MW in Betrieb. Der Umsatz der stark exportabhängigen Branche lag 2004 bei etwa 1 Mrd. €.

Windenergie

Erstmalig nahm die W. 2004 mit einem Anteil von fast 45 % im Bereich Elektrizitätsproduktion aus erneuerbaren Energien den ersten Rang ein; mit ca. 25 Mrd. kWh Strom war sie wichtigster regenerativer Energielieferant und verdrängte die Wasserkraft auf den zweiten Platz. Durch W. wurden in Deutschland nahezu 4,2 % des Bruttostromverbrauchs gesichert (Anteil am gesamten inländischen Primärenergieverbrauch: 0,6 %). Laut

Windenergienutzung

Bundesland	Gesamtleistung Ende 2004 (MW)	Gesamtzahl Anlagen
Niedersachsen	4 470,7	4 283
Brandenburg	2 179,2	1 776
Schleswig-Holstein	2 174,0	2 688
Nordrhein-Westfalen	2 053,0	2 277
Sachsen-Anhalt	1 854,1	1 458
Mecklenburg-Vorpommern	1 017,9	1 093
Rheinland-Pfalz	703,8	694
Sachsen	666,5	674
Thüringen	497,5	440
Hessen	401,3	504
Baden-Württemberg	249,0	252
Bayern	224,2	251
Saarland	56,8	53
Bremen	47,1	43
Hamburg	33,7	57
Berlin	0,0	0

Quelle: Bundesverband Windenergie (BWE, Osnabrück)

2

Windenergie: Offshore-Windparks

Die rot-grüne Bundesregierung hofft, in den dt. Seerevieren bis 2006/07 etwa 500 MW und langfristig bis 2030 zwischen 20 000 und 25 000 MW Leistung zu installieren. Die angestrebte jährliche Stromausbeute von bis zu 100 TWh könne dann gut 15 % des nationalen Elektrizitätsverbrauchs abdecken.

Vorhaben: Aufgrund der besonderen Lage überschreiten die Kosten für Offshore-Energiegewinnung (dt.: »ohne« Küste; ablandig, auch: küstennah) bei weitem die üblichen Aufwendungen für landgestützte Windbetriebe (Onshore). Mitte 2005 waren beim zuständigen Bundesamt für Seeschifffahrt und Hydrographie (BSH, Hamburg) Genehmigungsverfahren für 32 Projekte (27 Nord-, fünf Ostsee) zur Errichtung von Offshore-Windparks und zur Verlegung Strom abführender Kabel außerhalb der dt. 12-Seemeilen-Zone (sog. ausschließliche Wirtschaftszone/AWZ) anhängig.

Windparks: Anfang April 2005 gab das BSH grünes Licht für den ersten dt. Ostsee-Windpark. »Kriegers Flak« (Investitionskosten: ca. 700 Mio. €, geplante Fertigstellung: 2006/07) liegt 30 km nördlich von Rügen, 80 W.-Anlagen (Gesamtleistung: ca. 330 MW) sind vorgesehen. Wenige Wochen zuvor hatte die Behörde mit dem Projekt »Enova Offshore North Sea Windpower« (fast 40 km nördlich von Juist, erste Installationsphase: 48 Windräder) den achten Nordsee-Windpark gebilligt. Aus ökologischen Gründen waren Ende 2004 die Ostsee-Projekte »Adlergrund« und »Pommersche Bucht« abgelehnt worden.

Zählung des Bundesverbandes Windenergie (BWE, Osnabrück) waren in Deutschland Ende 2004 insgesamt 16 543 W.-Anlagen (Gesamtleistung: 16 628,75 MW) betriebsbereit (+13,8 % gegenüber dem Vorjahr), neu installiert wurden 2004 1 201 Aggregate (Gesamtleistung: 2 036,90 MW). Für 2005 erhoffte der Fachverband eine Zunahme von gut 1 700 MW, bis 2020 könnte die gekoppelte W.-Leistung bei 45 GW liegen (Elektrizitätsproduktion dann inkl. Offshore und repowerten Windrädern: ca. 110 GWh).

2004 gingen weltweit Windräder mit einem Leistungsvolumen von mehr als 8000 MW neu ans Netz (Zuwachs gegenüber 2003: über 21,2 %).

Analyse: Ende Februar 2005 präsentierte die Dt. Energie-Agentur (dena, Berlin) die Endfassung ihrer Studie »Energiewirtschaftliche Planung für die Netzintegration von Windenergie in Deutschland an Land und Offshore« (sog. dena-Netzstudie). Im Mittelpunkt der Untersuchung stand dabei die Integration der für 2015 zu erwartenden Gesamtwindenergieleistung von ca. 37 000 MW in das nationale Versorgungssystem. Die dena-Analyse ergab u. a.:

- Etwa 400 km des vorhandenen 380 kV-Netzes müssen verstärkt, ca. 850 km neu gebaut werden,
- die Versorgungssicherheit auf aktuellem Niveau kann bei Umsetzung bestimmter Maßnahmen gewährleistet werden,
- durch W. werden bis 2015 max. 40 Mio. t Kohlendioxid-Emissionen (CO_2) vermieden,
- der W.-Ausbau erhöht 2015 die private Stromrechnung zwischen 0,39 ct/kWh und 0,49 ct/kWh.

www.wind-energie.de (Informationen des Bundesverbandes Windenergie)

Windenergie: Die weltweit leistungsstärkste Windkraftanlage im schleswig-holsteinischen Brunsbüttel nahm im Mai 2005 ihren Betrieb auf. Sie kann einen Jahresstromertrag von 17 Mio. kWh produzieren.

Zwischenlagerung

Zeitlich begrenzte Deponierung von Atommüll aus Atomkraftwerken (AKW) oder Wiederaufarbeitungsanlagen (WAA), auch temporäre Aufbewahrung radioaktiver Abfälle mit vernachlässigbarer Wärmeentwicklung aus Forschungseinrichtungen und Industrieanlagen. Eine Endlagerung Wärme entwickelnden (hochradioaktiven) Atommülls kommt aufgrund der schleppenden Abkühlung erst nach etwa 40 Jahren in Betracht und ist politisch umstritten.

Verfahren: Nach den Bestimmungen des dt. Atomgesetzes ist das Bundesamt für Strahlenschutz (BfS, Salzgitter) die zuständige Genehmigungsbehörde für die Z. hochradioaktiven Materials. Standort-Zwischenlager (SZL) und Interims-Lager (IL) resultieren aus dem sog. Atomkonsens von Mitte 2000. Es gibt mehrere Arten der Zwischenlagerung:

- *Nasslagerung:* Die verbrauchten Brennelemente werden in großen Wasserbecken gelagert. Das Wasser blockt die radioaktive Strahlung ab.
- *Trockenlagerung:* Speziell hergestellte Behälter (z. B. CASTORen) aus Stahl oder Kugelgrafit sind mit hochradioktivem Atommüll bestückt.
- *Kanisterlagerung:* Zylinder werden mit abgebrannten Brennstäben gefüllt. Um die Stabilität zu erhöhen und einen ausreichenden Strahlenschutz zu gewährleisten, erfolgt dann die Einlagerung in Betonhüllen.
- *Standort-Zwischenlager (SZL):* Hier werden abgebrannte Brennelemente bis zum Transport in ein Endlager am AKW-Standort max. 40 Jahre aufbewahrt.
- *Interimslager (IL):* In ihnen sollen abgebrannte Brennelemente am Standort des AKW so lange aufbewahrt werden, bis ein dezentrales Standort-Zwischenlager zur Verfügung steht, max. jedoch für einen Zeitraum von sechs bis acht Jahren.

Ahaus: Anfang September bestätigte das Oberverwaltungsgericht Münster (Nordrhein-Westfalen) die Rechtmäßigkeit der vom BfS erteilten Aufbewahrungserlaubnis für das zentrale Zwischenlager Ahaus. Die Genehmigung wäre nach dem Stand von Wissenschaft und Technik erteilt worden, eine Revision wurde ausgeschlossen.

Litauen: Die Gesellschaft für Nuklear-Servive mbH (GNS, Essen) und RWE NUKEM GmbH (Alzenau) werden am litauischen AKW Ignalina ein Zwischenlager für ca. 18 000 verbrauchte Brennstäbe errichten. Der Vertrag wurde Anfang 2005 unterzeichnet, die Finanzierung des Vorhabens in Höhe von rund 93 Mio. € erfolgt durch die Europ. Bank für Wiederaufbau und Entwicklung (EBRD, London).

Temelin: Im Herbst 2004 übergab das BfS die Stellungnahme der Bundesrepublik Deutschland im grenzüberschreitenden Umweltverträglichkeitsprüfungsverfahren für das geplante tschechische Zwischenlager für abgebrannte Brennstäbe aus Nuklearanlagen am AKW Temelin. Die Bauphase soll nach nach dem Wunsch des Betreibers (CEZ AG) 2010 beginnen, am Standort ist die Aufbewahrung von bis zu 1 370 t Schwermetall für die Dauer von etwa 60 Jahren vorgesehen. Die parallel durchgeführte Auswertung der von der CEZ AG vorgelegten Umweltverträglichkeitsstudie ergab keine wesentlichen Kritikpunkte.

www.kernenergie.de

Standortzwischenlager (SZL)

AKW/Bundesland	Wärmeleistung (MW)	Stellplätze
Biblis/Hessen	6,3	135
Brokdorf/Schleswig-Holstein	3,75	100
Brunsbüttel/Schleswig-Holstein	2,0	80
Emsland/Niedersachsen	4,7	130[1)]
Grafenrheinfeld/Bayern	3,5	88
Grohnde/Niedersachsen	3,75	100
Gundremmingen/Bayern	6,0	192
Isar/Bayern	6,0	152
Krümmel/Schleswig-Holstein	3,0	80
Neckarwestheim/Baden-Württemberg	3,5	151
Philippsburg/Baden-Württemberg	6,0	152
Unterweser/Niedersachsen	3,0	80

1) Genehmigung umfasst 125 Behälter für abgebrannte Brennelemente und fünf Behälter mit vernachlässigbarer Wärmeentwicklung
Stand Juni 2005; Quelle: Bundesamt für Strahlenschutz (Salzgitter)

Entwicklung

Afrika

Bilanz: Trotz der im Jahr 2000 in den sog. Millenniumszielen festgelegten Bemühungen der Vereinten Nationen (UNO, New York), die wirtschaftliche und soziale Lebensrealität in A. zu verbessern, blieben Erfolge Anfang des 21. Jh. weitgehend aus. Die Bevölkerung des Kontinents litt weiterhin unter Armut, Hunger, Krankheiten und Kriegen. Der Ausbau der Gesundheitsversorgung und Grundbildung kam ebenfalls nicht voran, auch wenn einzelne Staaten Fortschritte aufzuweisen hatten. Die Weltbank (Washington D. C.) prognostizierte 2004 für A. trotz verstärkter internationaler Bemühungen bei der Armutsbekämpfung einen Zuwachs der Armen. Waren es im Jahr 2001 rund 313 Mio. Menschen, die mit weniger als einem US-Dollar pro Tag auskommen mussten, so wird ihre Zahl bis 2015 auf 340 Mio. steigen. Der im April 2005 von der UN-Organisation für Ernährung und Landwirtschaft (FAO, Rom) veröffentlichte A.-Bericht listete 23 Staaten südlich der Sahara auf, die während des Jahres Nahrungsmittelhilfe benötigen. Als Gründe nannte die FAO u. a. Missernten, aber auch Konflikte wie derzeit in Darfur (Sudan).

Erfolge und Rückschläge: Die Lage Afrikas war insgesamt Besorgnis erregend. Insbesondere die Staaten südlich der Sahara bildeten weltweit die humanitäre Krisenregion Nummer eins. Dennoch waren in einzelnen Ländern positive Tendenzen zu verzeichnen. 2004 wiesen nach einer Analyse des Internationalen Währungsfonds (IWF, Washington D. C.) 20 der 53 afrikanischen Länder ein Wirtschaftswachstum von mind. 5 % auf. Zu ihnen gehörte auch der westafrikanische Staat Ghana, dessen Wirtschaft seit dem demokratischen Regierungswechsel im Jahr 2000 von der politischen Stabilität profitiert. Außer einer langsamen Steigerung des Pro-Kopf-Einkommens zeigte Ghana u. a. auch Erfolge bei der Gesundheitsversorgung und im Kampf gegen Mütter- und Kindersterblichkeit.

In dem ehemaligen ostafrikanischen Musterstaat Kenia überwogen dagegen die negativen Trends: Immer weniger Menschen haben Zugang zu sauberem Trinkwasser, die Sterblichkeit ist gestiegen, die dortige Ernährungslage für Kinder verschlechtert sich sogar und die Einschulungsraten stagnieren.

Afrika: Anteil der Slumbewohner

Staat	Slumbewohner[1)]
Marokko	33
Südafrika	33
Lesotho	57
Kamerun	67
Kenia	71
Nigeria	79
Zentralafrikanische Republik	92
Sierra Leone	96

1) in % der Stadtbevölkerung, Quelle: UN-Habitat, The State of the World's Cities 2004/2005, S. 107

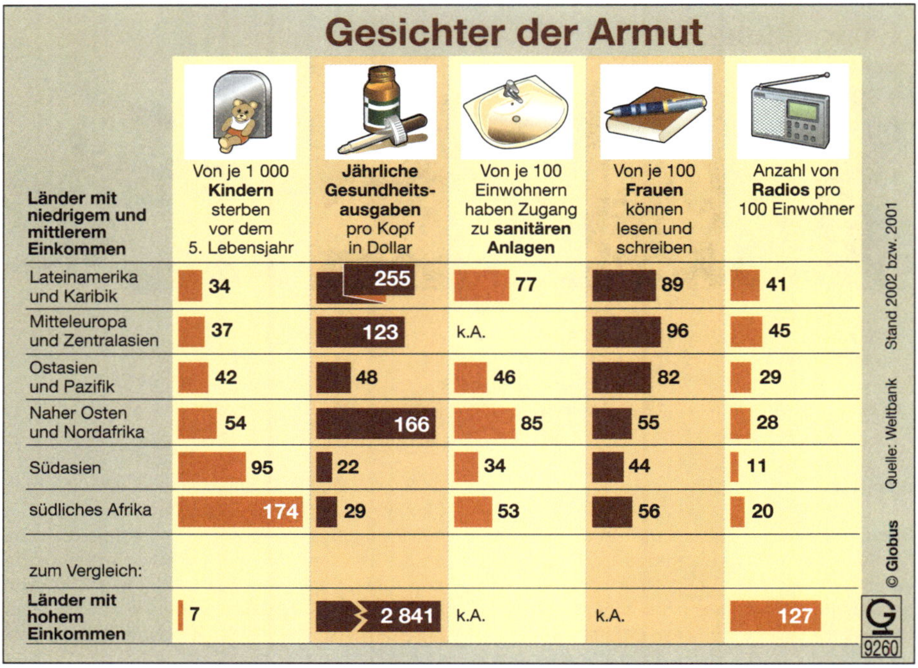

Konflikte: A. erlebte seit 1960 mehr Kriege als jeder andere Kontinent. Zu den Hauptkonfliktgebieten gehörten 2005 die Darfur-Region im Sudan und der Osten der Demokratischen Republik Kongo (→ Krisen und Konflikte). Der Darfur-Konflikt, von den UN als »größte humanitäre Katastrophe der heutigen Zeit« bezeichnet, forderte bis Mitte 2005 Zehntausende von Todesopfern und trieb nach Schätzungen 1,9 Mio. Menschen in die Flucht. In Ost-Kongo starben 2004/05 täglich durchschnittlich 1 000 Menschen durch direkte oder indirekte Kriegseinwirkung.

Afrikanische Union: Nach einer ersten provisorischen Sitzung im März 2004 in Addis Abeba (Äthiopien) wurde am 16. 9. 2004 in Johannesburg (Südafrika) die erste reguläre Sitzung des Panafrikanischen Parlaments (PAP) eröffnet. Die nach dem Vorbild des EU-Parlaments aufgebaute erste Volksvertretung der 53 afrikanischen Staaten soll zur Legislative der Afrikanischen Union (AU, Sitz in Addis Abeba) reifen. Das PAP hatte zum Gründungsdatum 230 Mitglieder und soll ab 2009 auch gesetzgeberische Vollmachten erhalten.

Die im Zuge der UN-Reform (→ Organisationen) entbrannte Diskussion um die Ausweitung der Zahl der ständigen Mitglieder im Sicherheitsrat löste in A. 2004/05 eine heftige Debatte aus. Sowohl Südafrika als auch Ägypten, Nigeria und Senegal erhoben Ansprüche auf einen Sitz. Sollte nur ein Sitz an A. vergeben werden, gilt Südafrika als Favorit.

Afrika-Kommission: Die vom britischen Premierminister Tony Blair 2004 in seiner Eigenschaft als amtierender G-8-Präsident eingesetzte Kommission für Afrika unterbreitete im April 2005 Vorschläge zur Kooperation zwischen A. und den Industriestaaten, die auf dem G-8-Gipfeltreffen im Juli 2005 in Schottland diskutiert wurden. Das Gremium, das aus Repräsentanten sowohl großer Indusriestaaten als auch Afrikas besteht, forderte eine sofortige, massive Aufstockung der Entwicklungshilfe um jährlich rund 25 Mrd. € sowie einen kompletten Schuldenerlass für die afrikanischen Staaten. Es warf den Geberländern vor, bei vielen Hilfsoperationen primär eigene Interessen im Blick zu haben, und verurteilte die weiterhin existierenden Handelsbarrieren als bewusstes Wachstumshindernis für A., insbesondere landwirtschaftliche Produkte betreffend. Als wichtige Maßnahme für die Nehmerländer nannte die Kommission die Eindämmung der Korruption.

www.oecd.org (Organisation für wirtschaftliche Zusammenarbeit und Entwicklung); **www.africa-union.org** (Afrikanische Union)

Analphabetismus

Fehlende oder unzureichende Lese- und Schreibfähigkeit bei Menschen im schulfähigen Alter

Nach Angaben der Organisation für wirtschaftliche Zusammenarbeit und Entwicklung (OECD, Paris) gelten weltweit 862 Mio. Menschen über 15 Jahre als Analphabeten. Da die Erhebungsdaten der OECD von den jeweiligen nationalen Ministerien zur Verfügung gestellt werden, kann der statistische Wert nur als unterer Wert angesehen werden - sehr wahrscheinlich gibt es mehr Analphabeten, die Staaten geben die Zahlen jedoch niedriger an. Die OECD unterscheidet zwischen totalem A. (die Fähigkeit zum Lesen und Schreiben war nie vorhanden), sekundärem A. (die Fähigkeit zum schriftlichen Umgang mit Sprache ist wieder verlernt worden) und funktionalem A. (die Fähigkeit fehlt, einen längeren Text zu verstehen, auch wenn der Name oder einzelne Wörter korrekt gelesen und geschrieben werden können).

Der Alphabetisierungsgrad einer Gesellschaft wird als einer der wichtigsten Indikatoren für die Entwicklung angesehen und trägt zur Ermittlung des Human Development Index (HDI) des Entwicklungsprogramms der UN (UNDP) bei. Die UN haben die Jahre 2003 bis 2013 zur Dekade der Alphabetisierung erklärt. Ziel der OECD ist die Anhebung der Alpabetisierungsrate bis 2015 auf weltweit 99 %.

Alphabetisierung im Vergleich

Staat	Grad[1]
Argentinien	97,0
Indonesien	87,9
Jamaika	87,6
Brasilien	86,4
Südafrika	86,0
Kuwait	82,9
Tunesien	73,2
Ägypten	55,6
Nepal	44,0
Sierra Leone	36,0
Mali	19,0
Burkina Faso	12,8

1) in % der über 15-Jährigen, Stand 2002, Quelle: UNDP, Bericht über die menschliche Entwicklung 2004

Von A. besonders betroffen sind wenig entwickelte und bevölkerungsreiche Länder wie Niger (Anteil der Analphabeten an der erwachsenen Bevölkerung 2002: 83 %), Mali (81 %), Bangladesh (59 %) und Haiti (48 %). Da Mädchen und Frauen der Zugang zu Bildung vielfach verwehrt bleibt, sind sie deutlich stärker von A. betroffen. Im Zeitraum 1960–2002 stieg in den Staaten mit niedrigem und mittlerem Pro-Kopf-Einkommen der Alphabetisierungsgrad der Bevölkerung von einem Drittel auf mehr als die Hälfte. In Deutschland lag der geschätzte Anteil der Analphabeten 2003 bei 1 %. Viele von ihnen waren funktionale Analphabeten.

www.unesco.org; www.alphabetisierung.de (Bundesverband Alphabetisierung e. V.)

Armut

Bilanz: Anfang des 21. Jh. lebten weltweit 1,2 Mrd. Menschen, also etwas weniger als ein Fünftel der gesamten Weltbevölkerung, in extremer A. Als Maßstab gilt die Definition der Weltbank (Washington D. C.), die einen Menschen dann als arm betrachtet, wenn er pro Tag weniger als einen US-Dollar zur Verfügung hat. 70 % der Betroffenen waren Frauen und Mädchen, die aufgrund fehlender Gleichberechtigung in zahlreichen Staaten vielfach benachteiligt waren. Auf dem UN-Millenniumsgipfel 2000 wurde als eine Zielvorgabe formuliert, dass die Armutsrate bis zum Jahr 2015 halbiert werden soll - auch wenn dieses Ziel bislang noch weit entfernt ist, verwiesen UN und Weltbank 2005 auf Fortschritte: Der Anteil der Armen an der Weltbevölkerung hatte sich bereits im letzten Jahrzehnt des 20. Jh. verringert: von 29,6 % (1990) auf 23,3 % (1999). Prognosen zufolge wird er 2015 auf 13,3 % fallen. Die größten Erfolge werden dabei nach Einschätzung der Weltbank die Regionen Südasien sowie Ostasien und Pazifik verzeichnen.

Neue Strategien: Im Januar 2005 präsentierte UN-Generalsekretär Kofi Annan erste Vorschläge, die im Rahmen eines von 265 Fachleuten betreuten UN-Projekts zur Bekämpfung von A. unterbreitet worden waren: So sollen die Industriestaaten ausgewählte Entwicklungsländer, die sich durch stabile und demokratisch orientierte Regierungsführung sowie sozialverträgliche Verteilung von Investitionen auszeichnen, mit höheren Entwicklungsgeldern belohnen. Etwa ein Dut-

Armut: Prognose der Weltbank
Bevölkerungsanteil der Armen (%)[1)]

Region	1990	2015
südliches Afrika	47,4	46,0
Südasien	45,0	15,7
Ostasien und Pazifik	30,5	3,9
Lateinamerika und Karibik	11,0	7,5
Naher Osten und Nordafrika	2,1	2,1
Europa u. Zentralasien	1,4	1,4
Welt insgesamt	29,6	13,3

1) extrem Arme, die von weniger als 1 US-Dollar pro Tag leben

zend Staaten soll auf diese Weise auf einen »Fast Track«, eine Überholspur, gesetzt werden. Ein weiterer Vorschlag sieht Absprachen zwischen Industrie- und Entwicklungsländern über »Quick Win Actions« vor, also gemeinsame Einsätze, die schnelle Erfolge versprechen, wie Düngemittelabgaben an Bauern, kostenlose Schulspeisungen in Slums oder die Versorgung der Bevölkerung mit Moskitonetzen und Medikamenten in malariaverseuchten Regionen.

Lebenslageansatz: A. zu definieren ist schwierig. Während die Weltbank die finanziellen Möglichkeiten der Menschen als Basis gewählt hat, legt das Entwicklungsprogramm der UN (UNDP) bei seinen Erhebungen den sog. Lebenslageansatz zugrunde. Der sog. Index der menschlichen Entwicklung (HDI) berücksichtigt neben der realen Kaufkraft pro Kopf auch Aspekte wie Lebenserwartung, Bildungsniveau und Alphabetisierungsgrad. Der Index beschreibt den Entwicklungsstand eines Landes anhand einer Skala von 1 bis 10. UNDP wies 2004 darauf hin, dass seit 1990 insgesamt 20 Staaten einen Entwicklungsrückschritt zu verbuchen hatten. Während Deutschland im HDI 2004 den 19. Platz einnahm, lagen die afrikanischen Länder Burkina Faso, Niger und Sierra Leone am Ende der 177 Staaten umfassenden Liste.

www.worldbank.org; www.undp.org

Asien

Gespaltene Entwicklung: Der mit rund 3,8 Mrd. Menschen (60 % der Weltbevölkerung) bevölkerungsreichste Kontinent der Erde ist gleichzeitig seit den 1980er-Jahren der Erdteil mit dem rasantesten Wirtschaftswachstum, wobei China und Indien – die beiden größten Entwicklungsländer – an der Spitze der ökonomischen Entwicklung stehen. 2004 erreichten die asiatischen Staaten (mit Ausnahme von Japan) nach den Angaben der Asiatischen Entwicklungsbank (ADB, Manila) ein durchschnittliches Wirtschaftswachstum von rund 7 %, für 2005 wurde ein Zuwachs von etwa 6 % erwartet.

Der starke wirtschaftliche Aufschwung war allerdings von zahlreichen negativen Folgen begleitet. Beispielsweise erweiterte sich die Kluft zwischen Arm und Reich massiv. Mehr als 800 Mio. Menschen leben in A. in Armut, allein Indien, Bangladesh und Pakistan stellen zusammen knapp über 40 % der weltweiten Armen. Zahlreiche asiatische Regionen kämpfen mit gravierenden Defiziten bei der ländlichen Entwicklung, der Grundbildung und Berufsausbildung, der Gesundheitsversorgung, der Familienplanung sowie der Eindämmung von HIV-Infektionen bzw. Aids.

Sicherheit: Der nur schleppend vorankommende Demokratisierungsprozess gefährdete in vielen Regionen die innenpolitische Stabilität. In zahlreichen Ländern kennzeichneten soziale Spannungen, Gewalt gegen ethnische Minderheiten und Verletzung der Menschenrechte den Alltag. Abgesehen von Afghanistan schwelten 2004/05 auch in Indien (Kaschmir), Indonesien, Kirgistan, Malaysia, Ost-Timor, den Philippinen, Usbekistan und Tadschikistan Konflikte, die sich z. T. in gewaltsamen Auseinandersetzungen entluden. Das atomare Wettrüsten zwischen Indien und Pakistan sowie die wahrscheinliche atomare Aufrüstung durch Nord-Korea waren weitere Gefahren für die Stabilität der Region.

Umweltzerstörung: Der Wirtschaftsboom Asiens hatte folgenschwere Auswirkungen für die Umwelt: Durch unangemessene Anbaumethoden, Erosion und Versalzung der Böden verringerte sich die landwirtschaftlich nutzbare Fläche auf dem Kontinent seit 1975 um ein Drittel. Die Hälfte der Waldflächen wurde gerodet, der Fischbestand ging durch Überfischung zurück. Anfang des 21. Jh. entfielen auf A. ein Fünftel des weltweiten Kohlendioxidausstoßes, allein China hat einen Weltanteil von 15 %.

Flutkatastrophe: Der Tsunami, der am 26.12. 2004 weite Teile der an den Indischen Ozean grenzenden asiatischen Staaten zerstörte, kostete über 300 000 Menschen das Leben. Die

Bescheidener Wohlstand: Chinas neues Staatsziel

Die Losungen der chinesischen Führung klingen pragmatischer als das revolutionäre Pathos von früher, formulieren jedoch eine riesige Aufgabe: Aus dem Entwicklungsland mit fast 1,3 Milliarden Menschen soll innerhalb von 15 Jahren ein Land »mit bescheidenem Wohlstand in einer harmonischen Gesellschaft« werden.

Die Diskussion des chinesischen Entwicklungsprojekts begann mit der Theorie der »drei Vertretungen«, einer neuen Aufgabenbeschreibung der regierenden kommunistischen Partei. Sie fokussiert insbesondere auf Wirtschaftsförderung, mehr Chancen für die Landbevölkerung und kulturelle Veränderungen. Bei der Wirtschaftsförderung geht es nicht nur um Wachstum, sondern auch um die Modernisierung des Landes, um den Einsatz von Hochtechnologie. Deshalb fährt der dt. Transrapid in China, deshalb werden die IT-Branche allgemein und die Softwarekooperation mit Indien im Speziellen gefördert.

Kluft zwischen Stadt und Land Ebenso wichtig sind der kommunistischen Parteiführung aber grundlegende Volksinteressen, die in Deutschland vielleicht sozialer Frieden und soziale Gerechtigkeit heißen würden. China hat rund 150 Mio. Arbeitslose und Unterbeschäftigte. Zwischen Stadt und Land sowie zwischen den verschiedenen Regionen klaffen gewaltige Einkommensunterschiede. Die Partei will durch praktische Schritte als Anwalt der sozialen Interessen der Bevölkerung auftreten. Als im März 2005 in Peking der Nationale Volkskongress zusammentrat, wurde schonungslos über die Lage der Bauern und Arbeitslosen diskutiert, die ungleiche Verteilung der staatlichen Mittel beklagt und die unzureichende Arbeitssicherheit kritisiert. Es wurde ein Sofortprogramm – u. a. ein vollständiger Steuererlass für bäuerliche Wirtschaften – verabschiedet, um die größte Not zu lindern; mittelfristig soll ein Sozialstaat aufgebaut werden.

Über 100 Mio. Chinesen sind Wanderarbeiter vom Land, oft mit katastrophalen Arbeits- und Lebensbedingungen. Hier wird das Ausmaß der gesamten Problematik von Menschenrechten, sozialem Schutz, Stabilität des Landes und dem Ziel einer »harmonischen Gesellschaft« besonders deutlich: Würde von einem Tag auf den anderen Freizügigkeit für alle eingeführt, würden weitere Hunderte Millionen in die Städte drängen; Chinas Wirtschaft würde im Chaos zusammenbrechen.

Die »dritte Vertretung« der Partei betrifft die moderne Kultur. Das sollte in einem weit reichenden Sinn verstanden werden: Auch die Bekämpfung von Korruption und die Durchsetzung der Menschenrechte, zu deren Vorrang sich China mittlerweile offiziell bekennt, gehören dazu. Es gibt Fortschritte, aber noch sehr große Probleme auf dem Weg zu einer demokratischen Kultur, die in China darüber hinaus keine historische Tradition hat.

Keine Nachahmung des Westens In China leben heute mehr Menschen als in allen entwickelten Staaten zusammen. Diese Länder brauchten, um ihren Entwicklungsstand zu erreichen, Jahrhunderte, waren in verschiedene Staaten zersplittert, standen in Konkurrenz zueinander, führten verheerende Kriege untereinander, erlebten soziale Krisen und Umweltzerstörung. China will solche negativen Begleiterscheinungen vermeiden.

Vor allem die Erfahrungen aus den Jahren der Kulturrevolution (1966–76) führen dazu, dass Stabilität für China heute einen so hohen Stellenwert besitzt. Die Entwicklung des Landes soll ohne soziale und politische Verwerfungen geschehen. Nach chinesischem Verständnis ist aus nationaler Verantwortung für die Zukunft des Landes auch unter den neuen Bedingungen der Marktwirtschaft deshalb die Führungsrolle der Partei unverzichtbar.

Blick auf das Geschäftsviertel Pudong von Schanghai mit dem Huangpu Jiang im Vordergrund; links eines der neuen Wahrzeichen der Stadt, der Oriental Pearl Tower

Asien: Vielerorts wächst durch die boomende Wirtschaft in Asien die Kluft zwischen Arm und Reich, wie hier in Shaoxin, China).

Flutwelle stürzte nach Angaben der ADB 2 Mio. Menschen in die Armut und machte 1,5 Mio. obdachlos. Aufgrund der internationalen Spendenbereitschaft und des raschen Eingreifens von Hilfsorganisationen, Regierungen und internationaler Gemeinschaft konnte eine Katastrophe durch Krankheiten und Seuchen verhindert werden. Auch für die wirtschaftliche Entwicklung prognostizierte die ADB im April 2005 keinen größeren Schaden für die Region. Sie erwartet für 2006/07 ein Wachstum von ca. 7 %.

Entwicklungsländer

Etwa 170 vorwiegend auf der Südhalbkugel der Erde liegende Staaten, die im Vergleich zu den Industrienationen als wirtschaftlich und sozial unterentwickelt gelten; Kriterien zur Klassifizierung als E. sind u. a. niedriges Pro-Kopf-Einkommen, geringe Arbeitsproduktivität, hohe Arbeitslosen- und Analphabetenquote, mangelhafte Infrastruktur sowie Abhängigkeit von Rohstoffausfuhren.

Wirtschaftswachstum: 2004 verzeichneten die E. nach einer Analyse der Weltbank (Washington D. C.) ein durchschnittliches Wirtschaftswachstum von 6,1 %, wobei Ostasien mit 7,1 % erneut an der Spitze stand. Für 2005 wurde ein durchschnittliches Wachstum von 5,4 % prognostiziert. Unsicherheitsfaktoren waren die Auswirkungen der hohen Ölpreise und die global anziehenden Zinsen infolge des US-amerikanischen Rekordhandelsdefizits. Ferner zeigte sich die Weltbank alarmiert über den wachsenden Trend zu regionalen Freihandelsabkommen, die oftmals den Marktzugang für bestimmte Produkte oder Herkunftsländer einschränkten und damit insbesondere die kleineren E. benachteiligten.

Die G-21-Gruppe von Schwellen- und Entwicklungsländern forderte in der ersten Jahreshälfte 2005 den Abbau aller Agrarexportsubventionen bis 2010. Sie würden die Preise künstlich niedrig halten und so v. a. den Bauern in den E. schaden.

Kindersterblichkeit: Nach Erhebungen der Weltgesundheitsorganisation (WHO, Genf) sterben weltweit jährlich etwa 11 Mio. Kinder unter fünf Jahren, darunter 4 Mio. Babys, die nicht älter als einen Monat waren. Zu den Hauptursachen zählen Durchfall, Lungen- und Gehirnhautentzündung sowie Atemwegsinfektionen und Malaria - Erkrankungen bzw. Symptome, die durchaus behandelbar sind, sofern eine gewisse medizinische Infrastruktur vorhanden ist. Lediglich 33 Staaten war es der Weltbank zufolge gelungen, die Kindersterblichkeit zu verringern. Während Regionen wie Ostasien, Mittel- und Osteuropa, Lateinamerika und der Nahe Osten Erfolge verzeichnen konnten, starben im südlichen Afrika Anfang des 21. Jh. 171 von 1 000 Kleinkindern vor ihrem fünften Lebensjahr. Dort konnte die Kindersterblichkeitsrate gegenüber dem Stand von 1990 nur minimal gesenkt werden.

Grundbildung: Das UN-Kinderhilfswerk UNICEF (New York) gab Anfang 2005 bekannt, dass im Laufe des Jahres die Zahl der Kinder im Grundschulalter, die keine Schule besuchen, erstmals unter 100 Mio. (Anfang des 21. Jh.: 121 Mio.) sinken werde. UNICEF wies auf regionale und geschlechtsspezifische Unterschiede hin: Besonders das südliche Afrika und die südasiatische Region waren weit von dem UN-Millenniumsziel entfernt, bis 2015 allen Kindern eine Grundbildung zu ermöglichen. Dort blieben 2004 noch 45 Mio. bzw. 42 Mio. Kinder vom

Entwicklungsländer: Lebenserwartung bei Geburt

Staat	1970–1975	2000–2005
Paraguay	65,9	70,9
El Salvador	58,2	70,7
Botswana	56,1	39,7
Sambia	49,7	32,4
Bangladesch	45,2	61,4
Äthiopien	41,8	45,5
Jemen	39,8	60,0

Quelle: UNDP, Bericht über die menschliche Entwicklung 2004

Entwicklungsländer: fairer Handel

Grundidee: Seit den 1980er-Jahren werden in Deutschland - wie auch in anderen Industrieländern - sog. fair gehandelte Produkte angeboten. Dabei handelt es sich meistens um Lebensmittel aus Entwicklungsländern, deren Herstellung bestimmte soziale und z. T. ökonomische Bedingungen erfüllt. Die Produzenten erhalten für ihre Erzeugnisse einen garantierten, meist deutlich über dem Weltmarktpreis liegenden Mindestpreis, der ihre Kosten deckt. Langfristige Lieferverträge und die teilweise Vorfinanzierung der Ernten senken das wirtschaftliche Risiko für die Produzenten, die meist in kleinbäuerlichen Kooperativen zusammengeschlossen sind.
TransFair: In Deutschland organisiert der gemeinnützige Verein zur Förderung des fairen Handels mit der sog. Dritten Welt (TransFair, Köln) seit 1992 die Vermarktung der Produkte. Er handelt nicht selbst, sondern vergibt ein Siegel für fair gehandelte Erzeugnisse.
Gepa: Die 1974 von den kirchlichen Hilfswerken gegründete Vereinigung ist der bedeutendste Lizenznehmer von TransFair. Sie bezieht ihre Lebensmittel, Handwerksartikel und Textilien, die über sog. Weltläden, Aktionsgruppen, Bioläden und Supermärkte verkauft werden, zu fairen Preisen von mehr als 150 Genossenschaften und Vermarktungsorganisationen.
Verkaufsbilanz: 2004 verzeichnete der faire Handel in Deutschland nach Angaben von TransFair mit einem Umsatz von 57,5 Mio. € und einer Steigerung gegenüber 2003 von 13 % das größte Plus seit Beginn der Vermarktung. Das Hauptabsatzprodukt Kaffee erreichte einen Umsatzzuwachs von 6 %.

Schulbesuch ausgeschlossen. Obwohl sich die Bildungschancen für Mädchen seit 1980 weltweit verbessert haben und in 125 von 180 Ländern etwa gleich viele Mädchen wie Jungen zur Schule gehen, bleiben Mädchen in afrikanischen Staaten wie Benin, Jemen, Niger und Tschad ebenso wie in Afghanistan und Pakistan stark benachteiligt.

Entwicklungspolitik

Bilanz: 2004 stieg die öffentliche Entwicklungsleistung der Industrieländer nach Angaben der Organisation für wirtschaftliche Zusammenarbeit und Entwicklung (OECD, Paris) auf insgesamt 78 Mrd. US-Dollar an und lag damit real nach Berücksichtigung von Inflations- und Wechselkurseffekten um 4,6 % über dem Vorjahresniveau. Allerdings blieb auch 2004 der Großteil der Staaten weit unter dem erstmals 1970 aufgestellten UN-Ziel, 0,7 % des nationalen Bruttoinlandsprodukts (BIP) jährlich als Entwicklungshilfe aufzubringen. Die seit Beginn des 21. Jh. zu registrierende Tendenz zu einer Steigerung der öffentlichen Hilfe lässt sich auch auf den noch jungen ideologischen Ansatz zurückführen, der E. als Krisenprävention und Aspekt der Sicherheitspolitik versteht.

Auch der Zufluss von privatem Kapital, der 2004 rund 300 Mrd. US-Dollar erreichte, lag deutlich über dem langjährigen Durchschnitt. Die Anleihen, Direktinvestitionen, Bankkredite u. a. konzentrierten sich jedoch auf wenige Entwicklungsregionen, insbesondere auf Ost- und Südasien. Die weltweit ärmsten Staaten blieben von der öffentlichen Entwicklungshilfe abhängig. Sofern sie private Gelder erhielten, flossen diese überwiegend in die Ausbeutung der Rohstoffressourcen, was den Nutzen für die Entwicklung stark begrenzte.

Neue Finanzierungswege: 2005 wurden unter den Geberländern verschiedene Modelle zur möglichst budgetschonenden Finanzierung der entwicklungspolitischen Aufgaben debattiert. Großbritannien brachte z. B. die sog. Internationalen Finanzierungsfazilitäten in die Diskussion ein, also Anleihen an den Kapitalmärkten, mit deren Hilfe die einzelnen Staaten ihre Leistungen finanzieren sollten. Gegner dieses Vorschlags argumentierten, dass ein solches Vorgehen die Lasten lediglich in die Zukunft verschiebe. Frankreich schlug u. a. die Erhebung einer Tobin-Steuer vor, eine Abgabe auf internationale Finanzgeschäfte, und votierte darüber hinaus für private freiwillige Abgaben (etwa beim Einsatz von Kreditkarten), für Verbrauchssteuern auf Kohleemissionen sowie für Luft- und Seeverkehrssteuern. Deutschland trat u. a. für eine Besteuerung von Flugbenzin und für Ticketzuschläge im Luftverkehr ein. Eine von zahlreichen Prominenten wie der Schauspielerin Senta Berger, dem ehemaligen Bundesaußenminister Hans-Dietrich Genscher und Verdi-Chef Frank Bsirske unterstützte Initiative setzte sich 2005 für einen »Globalen Marshallplan« ein, der sich aus den Leistungen der Industrieländer, einer Tobin-Steuer sowie einer Welthandelsabgabe finanzieren sollte. Bis

Mitte 2005 fand keiner dieser Vorschläge allgemeine Akzeptanz.

Schuldenerlass: Im Juni 2005 einigten sich die sieben führenden Industrieländer und Russland auf der G-8-Konferenz in London auf einen vollständigen Schuldenerlass für die ärmsten Staaten der Welt. Die Entscheidung betrifft zunächst 18 Länder (Benin, Bolivien, Burkina Faso, Äthiopien, Ghana, Guyana, Honduras, Madagaskar, Mali, Mauretanien, Moçambique, Nicaragua, Niger, Ruanda, Sambia, Senegal, Tansania, Uganda), denen mit sofortiger Wirkung Schulden bei der Weltbank, dem IWF und der Afrikanischen Entwicklungsbank in Höhe von 33 Mrd. € erlassen werden sollen. Die Beschlüsse wurden auf dem G-8-Gipfel bestätigt, der im Juli im schottischen Gleneagles stattfand. Außerdem wurde geplant, die Entwicklungshilfe auf 50 Mrd. US-Dollar pro Jahr zu erhöhen; die Hälfte des Geldes soll afrikanischen Ländern zur Verfügung gestellt werden. Ein Teil des Geldes soll über die internationalen Kapitalmärkte aufgebracht werden.

Deutsche Hilfe: Die von Deutschland geleistete Entwicklungshilfe stagnierte 2004 bei 0,28 % des BIP. Insgesamt flossen 2004 Gelder in Höhe von 7,5 Mrd. US-Dollar (5,8 Mrd. €) in die Entwicklungsregionen, 11 % mehr als 2003, wobei der Zuwachs im Wesentlichen auf Wechselkurseffekte zurückzuführen war. Für 2006 visierte die Bundesregierung eine Quote von 0,33 % an, um ihrer 2002 zugesagten Erhöhung der Entwicklungshilfe nachzukommen. Nach einem im Januar 2005 vom Bundesministerium für wirtschaftliche Zusammenarbeit und Entwicklung vorgelegten Stufenplan sollte bis 2010 die Marke von 0,5 % und bis 2014 das 0,7 %-Ziel erreicht werden. Nach der Flutkatastrophe in Asien im Dezember 2004 sagte die Bundesregierung den betroffenen Regionen 500 Mio. € an Fluthilfe zu, davon flossen Anfang 2005 bereits 65 Mio. € an die UN und den Bundeswehreinsatz in Aceh auf Sumatra, der Rest soll bis 2010 kontinuierlich nach Asien überwiesen werden.

www.oecd.org; www.bmz.de (Bundesministerium für wirtschaftliche Zusammenarbeit und Entwicklung)

Europa

Betroffene Regionen: In E. sind es v. a. Ostmitteleuropa, Südosteuropa und die Nachfolgestaaten der ehemaligen Sowjetunion, die mit z. T. erheblichen Entwicklungsdefiziten zu kämpfen haben. Obwohl ein langsamer Aufschwung zu beobachten ist, liegt die Wirtschaftsleistung in vielen Staaten der Region noch unter dem Niveau von 1989. In Russland erreichte sie 2004 rund 75 % des Wertes von 1989, in Georgien und Moldawien dagegen nur 40 %.

Armut: Der Osteuropa-Report des UN-Kinderhilfswerks UNICEF (New York) für 2004 benannte v. a. Kinder und Jugendliche als Verlierer der wirtschaftlichen und sozialen Entwicklung. In zahlreichen Staaten Osteuropas lebte durchschnittlich jedes dritte Kind in Armut. In Russland spiegelten sich die weit verbreitete Arbeitslosigkeit und die mangelnden sozialen Perspektiven u. a. in hohen Scheidungsraten wider. 2004 lag die Scheidungsquote bei 83 %. Viele Kinder aus sozial gefährdeten Familien landeten in staatlichen Einrichtungen, weil ihre Eltern sie nicht mehr versorgen konnten oder wollten. 2004 lebten in Russland etwa 700 000 Kinder in Heimen oder ähnlichen Einrichtungen.

Europa: Zusammentreffen von alter Armut und neuem Wohlstand in Bukarest - ein Pkw überholt ein Pferdefuhrwerk.

Drogen: UNICEF verwies in seinem Report auch auf den Besorgnis erregenden Anstieg des Alkohol- und Drogenkonsums, der insbesondere bei Jugendlichen und jungen Erwachsenen die hohen Sterblichkeitsraten mitverantwortete. In Russland stieg der Alkoholkonsum bei Heranwachsenden seit 1993 um 18 %, in den baltischen Staaten um 30 %. 2004 waren im östlichen E. nach Schätzungen etwa 3,3 Mio. Menschen abhängig von Opiaten und Amphetaminen. Als Knotenpunkt auf der Route des Drogenschmuggels von Afghanistan und Pakistan nach Mittel- und Westeuropa wird die Region seit Beginn der 1990er-Jahre von harten Drogen überschwemmt.

HIV und Aids: Die Mehrzahl der Infizierten waren Jugendliche und junge Erwachsene, die sich überwiegend beim Drogenkonsum durch verunreinigte Injektionsnadeln infiziert hatten. Sie finanzieren ihren wachsenden Drogenbedarf häufig über Prostitution und geben so den Virus an ihre Kunden weiter. 2004 lag die Zahl der HIV-Neuinfektionen bei etwa 230 000 Menschen, 80 % waren jünger als 30 Jahre (→ HIV).

www.unicef.de

HIV

(Human Immunodeficiency Virus; dt.: humanes Immunschwächevirus), Virus, der die Immunabwehr des menschlichen Körpers herabsetzt und die Krankheit Aids auslöst

Die Immunschwächekrankheit Aids (→ Medizin, Aids) breitet sich weltweit schneller aus. 2002–2004 stieg die Zahl der mit dem HI-Virus Infizierten nach Angaben der Weltgesundheitsorganisation (WHO, Genf) von 36,6 Mio. auf 39,4 Mio. Etwa 95 % der Betroffenen leben in den Entwicklungsländern, davon 75 % im südlichen Afrika. Hier sank die durchschnittliche Lebenserwartung aufgrund von Aids unter den Stand von 1975. In Botswana, dem Staat mit einer der höchsten Infektionsraten weltweit (38 % aller Erwachsenen), verringerte sie sich von 63 Jahre (1991) auf 31 Jahre (2004). Die größten Wachstumsraten der Epidemie wurden 2002–04 in Ostasien (50 %) und Osteuropa (40 %) registriert.

HIV: weltweite Ausbreitung

Region	Neuinfektionen 2004[1)]
Südliches Afrika	3 100 000
Süd-, Südostasien	890 000
Ostasien	290 000
Lateinamerika	240 000
Osteuropa u. Zentralasien	210 000
Naher Osten u. Nordafrika	92 000
Nordamerika	44 000
Karibik	53 000
Westeuropa	21 000
Ozeanien, Australien, Neuseeland	5 000
insgesamt	4 900 000

1) Schätzung; Quelle: Weltgesundheitsorganisation; Aidsprogramm der UN (UNAIDS)

In den am stärksten betroffenen Regionen bedroht HIV die Existenz ganzer Gesellschaften und bringt die einzelnen Länder an den Rand des wirtschaftlichen und sozialen Zusammenbruchs. Da der Großteil der an Aids Erkrankten zur jungen und mittleren Altersgruppe gehört, bedeutet ihr Tod den Verlust von produktiven Erwerbskräften. In manchen Staaten werden der UN zufolge gleichzeitig drei Kräfte für eine Arbeitsstelle eingesetzt, um eine Kontinuität des Produktionsprozesses zu gewährleisten. Die Kosten im Gesundheitswesen steigerten sich vielerorts durch HIV explosionsartig. Die Zahl der Aidswaisen, die durch die Krankheit Mutter, Vater oder beide Elternteile verloren hatten, kletterte weltweit von 11,5 Mio. (2001) auf 15,0 Mio. (2003). Allein im südlichen Afrika könnte die Zahl nach Schätzungen des UN-Kinderhilfswerks UNICEF bis 2010 auf über 18 Mio. ansteigen.

www.unaids.org (Aidsprogramm der UN);
www.unicef.org

Hunger

Bilanz: Nach den jüngsten Ende 2004 veröffentlichten Erhebungen der UN-Organisation für Ernährung und Landwirtschaft (FAO, Rom) litten zu Beginn des 21. Jh. weltweit 852 Mio. Menschen an chronischer Unterernährung. Mit jährlich etwa 30 Mio. Todesopfern, darunter 6 Mio. Kindern, blieben Unterernährung und ihre Folgen die häufigste Todesursache. Nach einem leichten Rückgang Anfang der 1990er-Jahre stieg die Zahl der Hungernden im Erhebungszeitraum 2000–02 im Vergleich zu 1995 um weitere etwa 28 Mio., eine Tendenz, die das 2000 formulierte UN-Millenniumsziel, die Zahl der von H. Betroffenen bis 2015 zu halbieren, in weite Ferne rückt.

Regionen: Anfang des 21. Jh. lebten 96 % aller Hungernden in den Entwicklungsländern. Dort kehrte sich die anfänglich positive Tendenz im Kampf gegen den H. nach Aussagen der UN-Menschenrechtskommission insbesondere in bevölkerungsreichen Ländern wie Indien, Indonesien, Nigeria, Pakistan und Sudan um. Indien blieb, in absoluten Zahlen gesehen, mit 221 Mio. Menschen (21 % der Bevölkerung) die am stärksten betroffene Region (1999–2001: 214 Mio., 21 %). In Afrika litten 210 Mio. (25 %) unter H., in der Region südlich der Sahara waren sogar 33 % (1999 bis 2001: 41 %) der Bevölkerung betroffen. In China hungerten 142 Mio. Menschen oder 11 % der Bevölkerung (1999–2001: 135 Mio., 11 %). Nicht nur im Süden, sondern auch in den Staaten der ehemaligen Sowjetunion registrierte die FAO Anfang des 21. Jh. einen starken Anstieg der Zahlen.

Gentechnik: 2004 setzte sich die FAO erstmals explizit für den Einsatz von Gentechnik als Alternative im Kampf gegen H. ein und löste damit eine heftige Diskussion aus. Befürworter hoben die optimale Anpassung von genetisch manipulierten Pflanzen an die jeweiligen Böden hervor, die Kunstdünger, Bewässerung und Pestizide überflüssig mache und so den Gewinn maximiere. Gegner verwiesen auf die nachteiligen Einflüsse auf Ökologie, Ökonomie und Gesundheit. Genetisch optimierte Saat bedrohe die Sortenvielfalt und mache die Bauern abhängig von Biotech-Konzernen, die durch diverse Patent- und Lizenzrechte den Saatgutmarkt regieren könnten. Die FAO schränkte ein, dass genmanipulierte Produkte nur dann einen Vorteil brächten, wenn sie auch Kleinbauern auf Gewinn bringende Weise zur Verfügung stünden.

www.welthungerhilfe.de; www.fao.org

Lateinamerika

Wirtschaftsaufschwung: Trotz eines Wirtschaftsbooms, der 2005 zum größten Anstieg des Bruttoinlandsprodukts (BIP) seit 1980 beitrug, blieb L. die von sozialer Ungleichheit am stärksten geprägte Region der Welt. In der ersten Hälfte 2005 verzeichneten die Volkswirtschaften nach Angaben der UN-Wirtschaftskommission für L. und die Karibik (Cepal) ein Wirtschaftswachstum von 5,5 % (2003: 1,7 %). Gute weltwirtschaftliche Rahmenbedingungen, niedrige Zinsen und hohe Rohstoffpreise begünstigten den Aufschwung, der mit Ausnahme des Krisenstaates Haiti alle Länder betraf. L. profitierte Anfang 2005 von der hohen Rohstoffnachfrage in den Industrieländern und der massiv steigenden Nachfrage aus Asien. Ein weiterer Wachstumsfaktor war der Tourismus. Der Zufluss ausländischen Kapitals in die Region stieg gegenüber 2003 um 40 %.

Soziales Elend: Der Aufschwung in L. blieb ein »Wachstum ohne Entwicklung«, denn Armut, Hunger und Krankheit gehörten weiterhin zu den zentralen Problemen. Anfang des 21. Jh. müssen im Durchschnitt etwa 40 % der Bevölkerung in L. oder rund 207 Mio. Menschen von weniger als 2 US-Dollar pro Tag leben. Auch wenn 2004 nach Schätzungen der Cepal um die 4 Mio. Menschen in L. der Schritt aus der Armut gelungen war, hatte sich die Zahl der Armen nur geringfügig verändert. 2005 konnten sich Millionen von Lateinamerikanern nicht ausreichend ernähren und hatten keinen Zugang zu Gesundheitsversorgung oder Bildungseinrichtungen.

Entwicklungsziele: Defizite in der Rechtsstaatlichkeit, eine schwach ausgeprägte Gewaltenteilung und die weit verbreitete Korruption hemmen die demokratische Entwicklung, die von den Industriestaaten als Voraussetzung im Kampf gegen Armut und andere Entwicklungsdefizite angesehen wird. Die Geberländer unterstützen daher mit ihren Hilfsleistungen v. a. die Ausbildung demokratischer Strukturen und konzentrieren sich auf die Förderung der Menschenrechte, auf Korruptionsbekämpfung und auf die Reformierung des Justizsystems, aber auch auf Umwelt- und Ressourcenschutz.

Arbeitsmigranten: Etwa 25 Mio. Erwachsene aus L. und der Karibik lebten 2004 nach Schätzungen der Interamerikanischen Entwicklungsbank (IDB, Washington) im Ausland. Diese überwiegend als Arbeitsmigranten einzuordnenden Staatsangehörigen überwiesen insgesamt 45,8 Mrd. US-Dollar in ihre Heimatländer, etwa 20 % mehr als 2003. Drei Viertel aller Zahlungen kamen aus den USA. Die Summe der Überweisungen überstieg die ausländischen Privatinvestitionen in Form von Direktinvestitionen, Anleihen oder Aktienerwerb. Für kleinere Staaten waren die Gastarbeiterzahlungen die wichtigste Devisenquelle. In Haiti summierten sich die Überweisungen 2004 auf etwa 1 Mrd. US-Dollar, was rund einem Viertel des nationalen BIP entsprach.

Ernährung

Biosiegel

Ende 2004, drei Jahre nach Einführung, trugen 22 620 Produkte von 1 155 Unternehmen das B. Das grün umrandete, sechseckige B. garantiert, dass die Produkte aus einem Anbau stammen, der Pflanzenschutz nur vorbeugend einsetzt, auf mineralischen Stickstoffdünger verzichtet, Boden, Luft und Wasser schützt und die Artenvielfalt erhalten hilft. Ferner wird in diesen Betrieben auf Gentechnik verzichtet, eine Kreislaufwirtschaft mit möglichst geschlossenen Nährstoffzyklen angestrebt sowie größtmögliche Sicherheit durch Transparenz und mehrfache Kontrollen gewährleistet. Verstöße können mit Geldstrafen bis zu 30 000 € geahndet werden.

Kritik: Biobauern bemängelten, die Einführung des B. hätte zum Preisverfall bei Biomilch geführt. Die Kennzeichnung mit dem B. allein biete dem Verbraucher keine völlige Sicherheit. Erst die Verknüpfung mit regionalen Herkunftsbezeichnungen, die bereits wesentlich höhere Anforderungsprofile erfüllten, zahle sich für Hersteller und Konsumenten aus.

Bioprodukte

Biosupermarkt: 2005 entwickelte sich der Biosupermarkt in Deutschland zu einem Erfolgsmodell. Seit in den 1980er-Jahren der erste Biosupermarkt eröffnet hatte, entstanden bis Anfang

Bioprodukte: Gemüseabteilung im Alnatura Biosupermarkt in Darmstadt; das Unternehmen mit bundesweit 16 Supermärkten feierte 2004 sein 20-jähriges Bestehen.

Biosupermärkte in Deutschland 2005

Unternehmen (Sitz)	Filialen
Alnatura (Buckenbach)	16
LPG (Berlin)	9
Basic (München)	6
Supernatural (Bonn)	5

Stand: Anfang 2005

2005 mehr als 250 weitere Supermärkte mit jeweils über 200 m² Verkaufsfläche. Sie boten B. zu Preisen an, die günstiger als in kleinen Naturkostläden und vergleichbar denen üblicher Supermärkte waren. 2004 wurden 3,5 Mrd. € Umsatz und damit 10 % mehr mit B. erzielt als 2004. Die Wachstumsrate lag laut Bundesverband Ökologische Lebensmittelwirtschaft (BÖLW, Berlin) noch deutlich höher. Anfang des Jahres 2005 wurde wöchentlich ein weiterer Biosupermarkt eröffnet, v. a. in Groß- und Universitätsstädten.

Nachfrage: In Befragungen gaben 2004 60 % der Bundesbürger an, gelegentlich B. zu kaufen. Die Gründe hierfür waren der bessere Geschmack und die höhere Qualität der Öko-Lebensmittel. Die meistverkauften B. waren 2004 Milch, Butter und Eier.

Klassischer Handel: Fast alle üblichen Handelsketten boten 2004/05 ebenfalls B. unter Eigenmarken oder von anderen Bioherstellern an. Die Rewe-Gruppe eröffnete Mitte 2005 den ersten eigenen Biosupermarkt in Düsseldorf und plante bis Ende 2008 weitere 20 Märkte. Sollte das Modell der Handelsgenossenschaft erfolgreich sein, so erwarteten Experten für 2005, dass auch andere klassische Handelsunternehmen nachziehen würden.

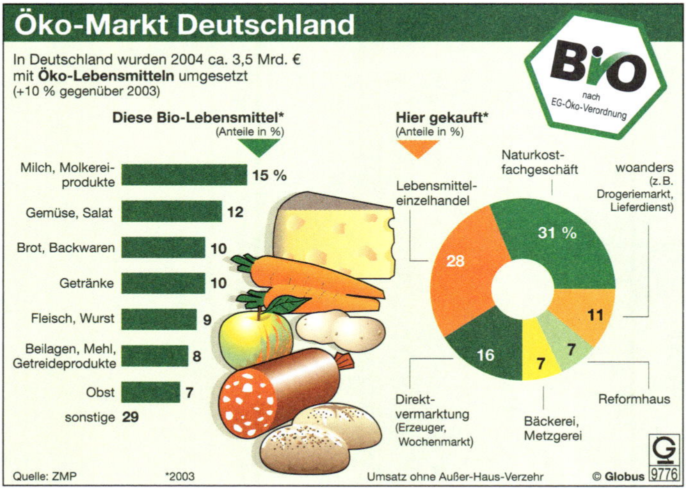

Dioxingrenzwert für Eier

Ab 2005 gilt EU-weit ein Dioxingrenzwert für Eier. Die giftigen Dioxine, die v. a. aus Verbrennungsprozessen stammen, gelten als Krebs erregend. Wie in den Vorjahren ergaben Stichproben auch 2005 eine bis um das 5,5-Fache über dem Grenzwert liegende Dioxinbelastung von Eiern aus Freilandhaltung. Bundesernährungsministerin Renate Künast (Bündnis 90/Die Grünen) wies darauf hin, dass für die Verbraucher keine Gesundheitsgefahr bestehe. Dennoch müsse die Belastung vermindert werden, um der EU-Regel zu entsprechen.

Dioxine: Obwohl die Belastung durch Dioxine seit Ende der 1980er-Jahre um 60 % abnahm, waren noch viele Böden kontaminiert. Dioxin wird in der Umwelt nur äußerst langsam abgebaut, lagert sich lange in den oberen Bodenschichten und in der Oberflächenschicht der Blätter ein und gelangt so in die Nahrungskette. 90 % der vom Menschen aufgenommenen Dioxine stammen aus Lebensmitteln. Da sich Dioxin im Fettgewebe anreichert, sind Fleisch, Eier und Milch am meisten belastet.

Risiken: Laut Umweltbundesamt nimmt ein Erwachsener täglich 50–225 Billionstel Gramm (Pikogramm) Dioxine auf. Die Weltgesundheitsorganisation (WHO, Genf) hielt 2005 eine Aufnahme von 75–300 Pikogramm (inkl. Furane und PCB) je nach Körpergewicht für tolerabel. Ein belastetes Ei kann bis zu 120 Pikogramm Dioxin enthalten. Ab welcher täglichen Aufnahme Dioxine schädlich sind, war 2005 wissenschaftlich umstritten.

Gegenmaßnahmen: Wenn Dioxin sich in den Böden der Betriebe mit frei laufenden Hühnern angereichert hat, muss das Erdreich ausgetauscht werden. Engmaschige Kontrollen sollen dazu führen, dass die Belastung der Eier so schnell wie möglich vermindert wird.

www.verbraucherministerium.de

Ernährung

Während 2004/05 der UNO zufolge Hunger weltweit mehr Menschen tötete als Kriege oder Terror und 842 Mio. Menschen an Hunger litten, waren in den Industriestaaten zunehmend mehr Menschen durch falsche E. und Bewegungsmangel übergewichtig oder gar fettleibig. Laut dem E.-Bericht 2004 aßen die Deutschen zu viel, zu fettig und zu süß.

Bericht: Nach dem alle vier Jahre erscheinenden E.-Bericht der Dt. Gesellschaft für Ernährung (DGE, Frankfurt am Main) essen viele Deutsche täglich so viel, dass sie einen Halbmarathon laufen müssten, um den Energieverbrauch mit der Energiezufuhr in Einklang zu bringen. Positiver Trend war, dass sich der tägliche Gemüse- und Obstverzehr auf 150 g steigerte, von der Weltgesundheitsorganisation (WHO, Genf) wurden allerdings 400 g/Tag, von der DGE 600 g/Tag empfohlen. DGE und Bundesernährungsministerin Renate Künast forderten v. a. Radio und Fernsehen dazu auf, mehr für gesundheitliche Aufklärung und gesunde Ernährung zu tun. Gefährdete Bevölkerungsschichten seien gerade über diese Medien zu erreichen.

Ökologischer Landbau: In Deutschland betrug der Flächenanteil des Öko-Landbaus 4,3 % (2004). Damit nahm es europaweit einen Spitzenplatz ein, belegte weltweit aber nur Platz sieben nach Australien, Argentinien, Italien, USA, Brasilien und Uruguay.

www.dge.de (Dt. Gesellschaft für Ernährung); **www.talkingfood.de/www.talkingfood.de** (Infos rund um Ernährung und Nahrungsmittel); **www.nutrichild.de www.nutrichild.de** (Ernährung für Kinder)

Ernährung: Verzehr ausgewählter Lebensmittel in Deutschland

Nahrungsmittel	Verzehr (g/Person u. Tag)			
	Männer		Frauen	
	West	Ost	West	Ost
alkoholfreie Getränke	506	463	456	400
Kaffee, Tee	465	570	505	516
Alkoholische Getränke	266	326	115	137
Milch	157	160	145	127
Brot, Backwaren	140	176	121	154
Fleisch, Wurstwaren	123	145	100	119
Kartoffeln/-produkte	116	126	102	110
Frischgemüse	95	95	143	145
Frischobst[1)]	73	84	90	111
Milcherzeugnisse	57	57	68	65
Schokolade, Süßwaren	44	37	59	48
Käse, Quark	37	32	43	38
Südfrüchte	36	42	51	63
Eier	19	20	18	18

1) einheimisches; Quelle: Ernährungsbericht 2004

Functional Food

(engl.; funktionelles Essen), Nahrungsmittel, die durch Hinzufügen von Nährstoffen/Zutaten einen bestimmten gesundheitlichen Nutzen bzw. Vorteil erbringen sollen

2004/05 lag F. F. bei dt. Verbrauchern im Trend. Experten schätzten, dass F. F. bis 2010 einen Anteil von 25 % am Lebensmittelmarkt erreichen könnte. Ernährungswissenschaftler und Verbraucherschützer wiesen 2005 darauf hin, dass das Risiko von Wechselwirkungen steige, weil immer mehr F.-F.-Produkte mit immer mehr Zusatzstoffen auf den Markt kämen.

Angebot: F.-F.-Produkte reichten 2005 vom probiotischen Joghurt (mit künstlichen Milchsäurebakterien angereichert), der sich positiv auf die Darmflora und das Immunsystem auswirken soll, über angeblich Cholesterin senkende Margarine bis hin zu ballaststoffreichem Brot und Fruchtsaft. Fast alle großen Hersteller von Babynahrung boten 2004/05 Milchpulver und Breie mit Zusätzen an Aufbaustoffen als F. F. an. F.-F.-Produkte sind teurer als herkömmliche Produkte.

Weltweiter Trend: Mit angeblich gesundheitsfördernden Zusatzstoffen wurden 2004/05 zunehmend auch Produkte angereichert, die an sich ernährungsphysiologisch ungünstig sind, z. B. in Spanien Chips, in Japan Gummibärchen und in Deutschland Bier und Schokolade.

Kritik: Laut Ernährungsexperten und Verbraucherschützern war der Nutzen von F. F. vielfach wissenschaftlich nicht erwiesen; häufig überwiegen die negativen Auswirkungen anderer Zusatzstoffe die mutmaßlich positiven Effekte der umworbenen Zusätze. So sind die Wirkungen probiotischen Joghurts auf die Darmflora wissenschaftlich gesichert, dem Nutzen steht aber ein i. d. R. sehr hoher Zuckeranteil gegenüber, der sich ebenso unstrittig negativ auswirkt.

Functional Food: die wichtigsten Zusätze[1)]

Probiotika: Probiotische Nahrungsmittel (v. a. Milchprodukte) sind mit Bakterien angereichert, die die Verdauung anregen und das Immunsystem stärken.
Prebiotika: Diese Art von Ballaststoffen begünstigt im Körper die Aufnahme von Mineralien wie Calcium, Magnesium und Eisen. Ferner fördern sie das Wachstum von Darmbakterien. Prebiotika sind häufig in Brötchen und Getränken enthalten.
Bioaktive Substanzen: Ballaststoffe und Vitamine, die Müsliriegeln und Ballaststoffgetränken zugesetzt werden, weil sie Verdauung sowie wichtige Stoffwechselprozesse unterstützen.
Sekundäre Pflanzenstoffe: Die zahlreichen verschiedenartigen Verbindungen (Farbstoffe, Abwehrstoffe gegen Krankheiten, Wachstumsregulatoren) werden z. B. Sojabrot und grünem Tee zugesetzt. Sie sollen vor Krebs schützen und das Immunsystem stärken.
Coenzym Q: Das in Struktur und Funktion Vitaminen ähnelnde Coenzym Q soll die Zellen schützen und den Blutfettgehalt regulieren. Es ist in Mineralwasser enthalten.
Omega-3-Fettsäuren: Diese Fettsäuren senken den Cholesterinspiegel und erhöhen den Anteil an »gutem« HDL-Blutfett. Backwaren und Fruchtsäfte sind damit angereichert.
DHA: Docohexaensäure (DHA) ist eine mehrfach ungesättigte Fettsäure, die Herz und Blutgefäße vor Verkalkung schützt. DHA ist in Eiern speziell gefütterter Hühner enthalten.

1) alle Zusatzstoffe werden aus ihrem natürlichen Zusammenhang isoliert oder künstlich hergestellt; Quelle: www.g-netz.de

Ungeklärt ist zudem, ob die in F. F. enthaltenen Stoffe wirklich einzeln eine positive gesundheitliche Wirkung haben können oder nur im Zusammenwirken mit anderen Stoffen, die das betreffende Produkt vielleicht gar nicht enthält. Schädliche Nebenwirkungen von F. F. konnten außerdem nicht ausgeschlossen werden – neben dem Zucker in Joghurts ist hier beispielsweise der Alkoholgehalt von Bier oder der Fettgehalt von Chips und Nüssen zu nennen. Wer sich gesund und ausgewogen ernährt, braucht Experten zufolge kein F. F. Auch können F.-F.-Produkte keine Ernährungssünden ausgleichen.

Genfood

(auch: Novel Food engl.; neuartige Lebensmittel), gentechnisch veränderte Nahrungsmittel und deren Folgeprodukte

Im Februar 2005 trat der erste Teil des Gentechnikgesetzes in Deutschland in Kraft, der den Anbau gentechnisch veränderter Pflanzen unter strengen Auflagen zuließ. Während SPD und Grüne das Gesetz allein durchsetzen konnten, ist der zweite, Mitte 2005 geplante Teil, der die Information der Verbraucher über den Anbau gentechnisch veränderter Pflanzen zum Inhalt hat, im Bundesrat zustimmungspflichtig. Die Opposition wollte ihre Zustimmung verweigern. Befürworter sehen in der sog. grünen Gentechnik Chancen in höheren Erträgen und qualitativ verbesserten Pflanzen, Gegner verweisen auf die ungeklärten Risiken und darauf, dass sich die Folgen der Gensaat auf Umwelt und Verbraucher langfristig nicht kontrollieren ließen.

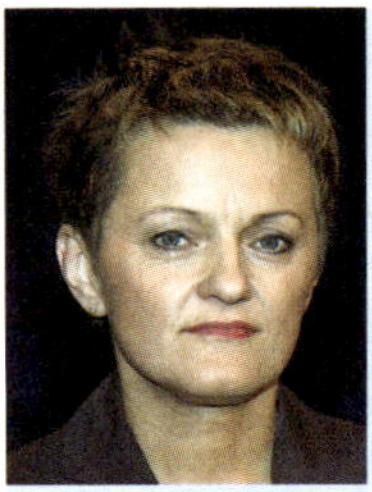

Renate Künast
Ministerin für Verbraucherschutz, Ernährung und Landwirtschaft (ab 2001), * 15. 12. 1955 in Recklinghausen. Seit 1979 ist die Rechtsanwältin Mitglied der Alternativen Liste in Berlin. 1990–93 und 1998–2000 war sie Fraktionsvorsitzende im Berliner Abgeordnetenhaus, 2000/01 Bundesvorsitzende von Bündnis 90/Die Grünen. Mit dem Gentechnikgesetz wollte Künast Landwirten und Verbrauchern eine echte Wahl lassen zwischen Gensaat/-food und herkömmlichen Nahrungsmitteln.

2

Genfood: Anbau weltweit

Jahr	Fläche (Mio. ha)
2004	81,0
2003	67,7
2002	58,7
2001	52,5
2000	44,2
1999	39,9
1998	27,8

Quelle: ISAAA-Bericht 2004

Genfood: führende Anbauländer 2004

Staat	Fläche (Mio. ha)
USA	47,6
Argentinien	16,2
Kanada	5,4
Brasilien	5,0
China	3,7
Paraguay	1,2
andere	1,9

Quelle: ISAAA-Bericht 2004

Informationspflicht: Das zweite Gentechnikgesetz ändert viele Regelungen des ersten Gentechnikgesetzes von 1990. So sollen sich Verbraucher in Zukunft nicht mehr im Internet über die genauen Flurstücke informieren können, wo Gensaat angebaut wird. Stattdessen werde nur noch die ungenauere Gemarkung genannt. Angaben zum Flurstück sollen lediglich noch Bauern, Imker oder Flächeneigner erhalten, die ein nachgewiesenes Interesse an der Information haben, weil sie z. B. Nachbarn von Genbauern sein könnten. Außerdem sollen auch die Sicherheitsvorschriften für Gentechnik in Laboren gelockert werden.

Kritik: Insbesondere die Umweltverbände kritisierten an dem neuen Gentechnikgesetz, dass damit die Informationsfreiheit der Bürger stark gefährdet sei und der bürokratische Aufwand durch die Prüfung, wer eigentlich Informationen bekommen darf, steige. Die Opposition im Bundestag lehnte den zweiten Teil des Gesetzes ebenso wie schon den ersten ab. Sie plante, ihre Zustimmung im Bundesrat zu verweigern und auf diese Weise womöglich auch den ersten Teil des Gesetzes aufs Neue verhandeln zu können. Umstritten war im ersten Teil insbesondere die Haftungsregelung, wonach jeder, der gentechnisch veränderte Pflanzen anbaut, unabhängig vom individuellen Verschulden für einen eventuellen Schaden in seiner Umgebung haftet.

Genfood: Anbaupflanzen 2004

Pflanze	Fläche (Mio. ha)
Sojabohne	48,4
Mais	19,3
Baumwolle	9,0
Raps	4,3

Quelle: ISAAA-Bericht 2004

Feldversuch: Ende 2004 ergab eine erste Auswertung des vom Bundesforschungsministerium und Sachsen-Anhalt durchgeführten Feldversuchs auf 30 größtenteils geheim gehaltenen Feldern, dass gentechnisch veränderter Mais ohne schädliche Auswirkungen neben herkömmlichem angebaut werden könne. Voraussetzung sei ein 20 m breiter Trennstreifen, der verhindere, dass sich gentechnisch verändertes Erbgut durch Pollen auf andere Sorten ausbreite. Kritiker wiesen darauf hin, dass auch Verunreinigungen von Saatgut, Transport- oder Lagereinrichtungen für eine Ausbreitung der künstlichen Gene sorgen könnten.

www.verbraucherministerium.de; www.transgen.de (Transparenz für Gentechnik bei Lebensmitteln, Seite der Verbraucher Initiative e.V.)

Lebensmittelskandale

Sudan 1 in Worcestersauce: Der synthetische Farbstoff Sudan 1, der als Krebs erregend und erbgutschädigend gilt, wurde Anfang 2005 in drei Bundesländern in Worcestersauce entdeckt, die aber nur in Bayern in den Handel gelangte. Die Konzentrationen von Sudan 1 waren jedoch so gering, dass kein Risiko für die Verbraucher beim Verzehr bestand.

Hackfleisch bei »real«: Anfang 2005 deckte ein ehemaliger Mitarbeiter der Supermarktkette »real« auf, dass Mitarbeiter in Niedersachsen und NRW systematisch abgelaufene Hackfleischprodukte umverpackt und mit neuem Haltbarkeitsdatum versehen hatten. Roh verzehrt führt verdorbenes Hackfleisch zu Durchfall und unter Umständen auch zu schweren Gesundheitsschäden. Bei »real« wurde ein sog. Frischemanager zur Qualitätskontrolle eingesetzt, und darüber hinaus wurden auf Landesebene die Fleischkontrollen verstärkt.

Dioxin im Tierfutter: Ende 2004 wurden in den Niederlanden, Belgien und Deutschland insgesamt 130 Höfe gesperrt, die mit Dioxin belastete Futtermittel eingesetzt hatten. Sie hatten Kartoffelschalen aus einer Fabrik in den Niederlanden gekauft, die aus Rheinland-Pfalz bezogene, mit Dioxin belastete Tonerde als Trennmittel eingesetzt, hatte. Milch- und Fleischproben ergaben aber, dass die Dioxingehalte unterhalb des Grenzwerts lagen, sodass die Verbraucher nicht gefährdet waren.

Mangelernährung in Kliniken

Mehrere Studien, so auch die der Dt. Gesellschaft für Ernährungsmedizin (DGEM, Berlin), ergaben 2004/05, dass rund 30 % der Krankenhauspatienten in Deutschland mangelhaft oder falsch ernährt sind. Infolgedessen komme es häufiger zu Komplikationen, und der Genesungsprozess verzögere sich. Die Dt. Krankenhausgesellschaft (DKG, Berlin) wies zurück, dass es in dt. Kliniken flächendeckend Mangelernährung gebe. Ein Zertifizierungsverfahren für Kliniken berücksichtige u. a. auch die Ernährungsqualität der Häuser.

Mangelernährung: Laut DGEM waren v. a. ältere Menschen von Mangelernährung betroffen. Sie sei z. B. bei jedem zweiten über 65-Jährigen bei der Aufnahme in die Klinik und bei 41 % der in Heimen und zu Hause Gepflegten feststellbar. Allerdings habe sich ihr Zustand im Krankenhaus nicht verbessert, sondern verschlimmert. Eine Untersuchung des Roten-Kreuz-Krankenhauses in Kassel ergab, dass 75 % der Patienten während ihres Klinkaufenthalts im Schnitt 5,4 % des Ausgangsgewichts verloren. Vielfach reichte die Kalorienmenge der Krankenhauskost nicht aus. Zudem sei häufig die Versorgung mit Vitaminen und Spurenelementen nicht gewährleistet.

Zertifizierung: Im Zertifizierungsverfahren der DKG wurde im Rahmen der Qualitätssicherung überprüft, ob der Menüplan in medizinischer Hinsicht auf den Einzelpatienten abgestimmt sei, ob Wünsche berücksichtigt würden und die Menüauswahl genüge. Ernährungsmediziner wiesen jedoch darauf hin, dass die Zertifizierung nicht gewährleiste, dass der Patient auch wirklich esse. In der Regel habe das Personal in Kliniken weder die Zeit, älteren Menschen z. B. Fleisch klein zu schneiden noch sie zu füttern, was aber häufig notwendig sei.

Pflanzliches Eis

Anfang 2005 stellte das Fraunhofer Institut für Verfahrenstechnik (IVV, Freising) gemeinsam mit einem Eishersteller das weltweit erste rein p. E. vor. Es enthält kaltgepresstes Rapsöl und Lupinenprotein aus heimischem Anbau, was eine unverwechselbare Geschmacksnote, Cremigkeit und ein angenehmes Schmelzverhalten bewirkt. Der Gehalt an Omega-3- und Omega-6-Fettsäuren macht aus dem p. E. ein wertvolles Produkt für die Ernährung. Es enthält keine Eier, tierischen Fette oder Milchzucker, sodass es für Menschen mit Unverträglichkeiten gegen diese Stoffe empfehlenswert ist. Es soll in den Geschmacksrichtungen Vanille, Schokolade, Nougat, Karamell, Haselnuss, Walnuss und nativer Raps erhältlich sein.

Mangelernährung in Kliniken: Nicht nur die Krankenhausküchen sind nach aktuellen Studien Schuld daran, dass ein beträchtlicher Teil der Patienten unzureichend ernährt ist. Besonders bei älteren Patienten fehlt oft auch die Hilfestellung des Personals beim Essen.

Europäische Union

EU-Agrarpolitik

Ziele der Gemeinsamen Agrarpolitik sind die Sicherung eines angemessenen Lebensstandards der Landwirte und die Versorgung der Verbraucher mit hochwertigen Nahrungsmitteln zu vernünftigen Preisen bei Gewährleistung von Nahrungsmittelsicherheit und Erhaltung der ländlichen Umwelt.

Reformen: Die Reform der Gemeinsamen Agrarpolitik (GAP), die am 1. 1. 2005 in Kraft trat, sieht im Kern vor, dass die meisten Beihilfen für Landwirte unabhängig vom Produktionsvolumen gewährt werden und an die Einhaltung von Standards in den Bereichen Umwelt- und Tierschutz sowie Lebensmittelsicherheit gebunden sind.

Rückforderung: Nach einer Entscheidung der Europ. Kommission vom 29. 4. 2005 werden von Belgien, Deutschland, Dänemark, Griechenland, Spanien, Frankreich, Italien, den Niederlanden, Portugal und Großbritannien gewährte Finanzmittel in Höhe von 277,25 Mio. € wieder eingezogen. Die Rückforderung begründete die Kommission mit unzureichenden Kontrollen und der Nichteinhaltung von EU-Vorschriften. Für Deutschland beläuft sich der Betrag auf 17,86 Mio. €.

Zuckerreform: Die Mindestabnahmepreise für Zuckerrüben sollen bis 2007 um 42% und die Produktionsquoten für Zucker bis 2008/09 um 15,7% auf 15 Mio. t reduziert, dafür die Quoten für Isoglukose (flüssiger fruktosehaltiger Zucker) bis 2009 um 300 000 t aufgestockt werden. Der Stützpreis für Zucker wird von 632 € auf 421 € je Tonne, der Mindestpreis für Zuckerrüben von 43,60 € auf 27,40 € je Tonne gesenkt. Im April 2005 kündigte die Kommission an, die Regeln für

EU-Agarpolitik: Ökolandbau 2004

Land	Hektar	% der Landwirtschaftsfläche
Italien	1 052 000	6,9
Deutschland	734 000	4,3
Spanien	725 300	2,8
Großbritannien	655 400	4,4
Frankreich	550 000	1,9
Österreich	328 800	12,9
Tschechien	255 000	6,0
Griechenland	244 000	6,2
Schweden	225 800	6,8
Dänemark	165 100	6,1

Quelle: Europ. Kommission

die Zuckersubventionen ab 2006 grundlegend zu ändern, nachdem die Welthandelsorganisation (WTO) festgestellt hatte, dass die seit über 35 Jahren geltende Zuckermarktordnung gegen die WTO-Regeln verstößt. Künftig sollen die Landwirte direkte Ausgleichszahlungen erhalten; nur 60% der Einkommenseinbußen sollen ausgeglichen werden.

Förderkampagnen: Die Kommission genehmigte im März 2005 zehn Programme zur Finanzierung von Informations- und Absatzförderungskampagnen für Agrarerzeugnisse aus EU-Ländern - Wein, Olivenöl, Fleisch und Milcherzeugnisse - insbesondere in Nordamerika, China, Russland, Japan und Osteuropa. Seit 2001 wurden für Absatzförderprogramme in Drittländern insgesamt 61 Mio. € bereitgestellt.

Öko-Landbau: Das Europ. Parlament sprach sich im März 2005 für eine verstärkte Förderung ökologisch erzeugter Lebensmittel aus, kritisierte aber, dass im EU-Haushalt dafür keine ausreichenden Finanzmittel zur Verfügung stehen.

Nachhaltige Forstwirtschaft: Die Kommission will 2006 einen Aktionsplan zur nachhaltigen Forstwirtschaft vorlegen. An der Erarbeitung sollen die zuständigen Ministerien in den Mitgliedstaaten, wissenschaftliche Berater und Waldbesitzer beteiligt werden.

Genmais: Die EU beschloss im April 2005, die Importe von genverändertem Mais aus den USA zu beschränken. Bestimmte Sorten Futtermais dürfen nur noch dann in die EU eingeführt werden, wenn die Importeure nachweisen können, dass ihr Ware frei vom verbotenen Bt-10-Mais ist. Im November 2004 hatte die Kommission die Einfuhr von Produkten, die aus gentechnisch verändertem Mais hergestellt sind, grundsätzlich genehmigt, doch den EU-Staaten anheim gestellt, Genmais aus Sicherheitsgründen zu verbieten.

Kabeljau-Krise: Der vom Aussterben bedrohte Kabeljau, der Seehecht und die Scholle sollen in Nord- und Ostsee besser geschützt werden. Die EU-Fischereiminister beschlossen im Dezember 2004 die Senkung der nationalen Fischfangquoten, lehnten eine Sperrung bestimmter Gebiete aber ab. Alle EU-Staaten einigten sich darauf, die Zahl der erlaubten Fangtage für Kabeljau in der Nordsee von zehn auf neun zu verringern.

www.bauernverband.de; www.bml.de (Bundeslandwirtschaftsministerium); **www.eu-kommission.de; www.zmp.de** (Zentrale Markt- und Preisberichtsstelle, Bonn)

EU-Außenhandel

Bilanz: Die USA waren 2004/05 der mit Abstand wichtigste Handelspartner der EU. Insgesamt verkauften die 25 Mitgliedstaaten Waren im Wert von 234 Mrd. € an US-amerikanische Abnehmer (ein Viertel der gesamten EU-Exporte). Die Importe aus den USA (158 Mrd. €) machten rund 15% aller Einfuhren aus Nicht-EU-Ländern aus. Bedeutende Märkte für die Gemeinschaft lagen auch in Asien: China und Japan lagen bei den EU-Ausfuhren an dritter bzw. fünfter Stelle, bei den Einfuhren an zweiter und vierter. Mit einem Anteil von 20% am Welthandel (→ Weltwirtschaft, Welthandel) ist die EU die größte Handelsmacht.

Asien: Der ASEM-Gipfel (Asia-Europe-Meeting) in Hanoi (Vietnam) vereinbarte im Oktober 2004 die Belebung und Vertiefung der asiatisch-europ. Wirtschaftsbeziehungen. An dem seit 1996 alle zwei Jahre

EU-Außen- und Sicherheitspolitik: Feierliche Übergabe der Balkan-Friedensmission von der NATO an die Truppen von EUFOR/Althea in Sarajevo

stattfindenden Gipfeltreffen nahmen erstmals die Staats- und Regierungschefs der zehn EU-Beitrittsländer sowie die drei neuen ASEM-Mitglieder Birma, Laos und Kambodscha teil.

Strafzölle: Wegen der rechtswidrigen Erhebung von Anti-Dumping-Zöllen durch die USA verhängte die EU ab 1.5. 2005 Strafzölle von 15% auf ausgewählte Waren (z.B Textilien, Schreibwaren, Maschinen und Agrarprodukte) in Höhe von 21,6 Mio. €. Die Welthandelsorganisation (WTO) hatte der EU im November 2004 solche Handelssanktionen (→ Weltwirtschaft) erlaubt.

www.eu-kommission.de; www.dihk.de (Dt. Industrie- und Handelskammertag)

EU-Außen- und Sicherheitspolitik

Ukraine: Mit einem Zehn-Punkte-Plan, der u.a. eine Kooperation auf den Gebieten Justiz, Inneres und Verwaltung vorsieht, wollte die EU der Ukraine den Status einer Marktwirtschaft zuerkennen und den Weg in die Welthandelsorganisation (WTO) ebnen. Einreisebestimmungen für Bürger der EU bzw. der Ukraine sollen gelockert werden.

Waffenembargo: Über die von einigen EU-Staaten, v.a. Deutschland und Frankreich, geforderte Aufhebung des Waffenembargos gegen die VR China, das seit 1989 besteht, gab es innerhalb der EU keinen Konsens; eine Entscheidung wurde vertagt. Beim China-EU-Gipfeltreffen am 8.12. 2004 hatten Kommissionspräsident José Manuel Durão Barroso und der amtierende Ratsvorsitzende, der niederländische Ministerpräsident Jan Peter Balkenende, China noch eine Aufhebung des Embargos bis Sommer 2005 in Aussicht gestellt.

EUFOR: Am 2.12. 2004 trat die EU mit EUFOR/Althea die Nachfolge der NATO-Militärmission SFOR für friedenserhaltende Maßnahmen in den südosteurop. Staaten Kroatien und Bosnien und Herzegowina an. Das EUFOR-Kommando besteht weitgehend aus SFOR-Militär.

EU: Die EU-Verteidigungsminister einigten sich Mitte November 2004 auf die Schaffung von 13 sog. Battle Groups (dt.: Kampfgruppen). Mit diesen Spezialkräften (jeweils etwa 1500 Soldaten, angestrebte Reaktionszeit: 15 Tage) will die EU militärisch schnell auf internationale Krisen reagieren können, bei Bedarf könnten die Battle Groups auch die UN unterstützen.

EU-Beschäftigungs- und Sozialpolitik

Die EU-Beschäftigungs- und Sozialpolitik umfasst die Bereiche allgemeine und berufliche Bildung, Arbeitsmarktpolitik, Arbeits- und Gesundheitsschutz sowie Maßnahmen zur Garantie sozialer Mindeststandards und gegen Diskriminierung. Sie will ein hohes Beschäftigungsniveau erreichen und fördert den Dialog zwischen Gewerkschaften und Arbeitgebern.

Beschäftigung: Die Erwerbsquote (Anteil der Erwerbspersonen an der Gesamtbevölkerung) in der EU stagnierte laut Europ. Kommission 2003 (letztverfügbarer Stand) bei 63%. Mit über 70% schnitten Dänemark, Schweden, Großbritannien und die Niederlande am besten ab. Deutschland lag mit 64,8% auch über dem EU-Durchschnitt.

EU-Beschäftigungs- und Sozialpolitik: Mindestvorschriften zur Arbeitszeit

Geltungsbereich: alle Arbeitnehmer; seit 2000 keine Ausnahmen mehr für die Luftfahrt, Straßen- und Schienenverkehr, Schifffahrt, Hochseefischerei, Ärzte in der Ausbildung
Ruhezeiten: täglich mind. elf Stunden und wöchentlich 35 Stunden
Höchstarbeitszeit: 48 Stunden pro Woche, bezogen auf einen Zeitraum von vier Monaten (kann per Tarifvertrag auf ein Jahr verlängert werden)
Nachtarbeit: nicht mehr als acht Stunden in einem Zeitraum von 24 Stunden
Urlaub: mind. vier Wochen

Quelle: EU-Nachrichten vom 23.9. 2004

EU-Beschäftigungs- und Sozialpolitik: Arbeitszeit

Land	durchschnittliche Wochenstunden
Griechenland	44,4
Großbritannien	43,8
Lettland	43,8
Polen	43,4
Tschechien	43.1
Slowenien	42,6
Zypern	42,0
Malta	41,7
EU-25	41,7
Portugal	41,6
Spanien	41,6
Estland	41,6
Österreich	41,5
Ungarn	41,4
Belgien	41,3
Slowakei	41,0
Irland	41,0
Deutschland	41,0
Schweden	40,8
Luxemburg	40,7
Frankreich	40,7
Finnland	40,6
Niederlande	40,6
Italien	40,5
Dänemark	40,3
Litauen	39,4

Stand 2003; Quelle: Eurostat

Arbeitslosigkeit: In der Euro-Währungszone wie auch in der gesamten EU lag die durchschnittliche Arbeitslosenquote im Februar 2005 bei 8,9%. Nach Mitgliedsländern betrachtet, hatte Irland mit 4,3% die niedrigste Erwerbslosenquote, Polen mit 18,1% weiterhin die höchste. Das europ. Statistikamt Eurostat schätzte, dass in der Eurozone rund 12,8 Mio. und in der gesamten 19,1 Mio. Menschen arbeitslos waren.

Armut: Nach einem Bericht der Europ. Kommission waren 2003/04 EU-weit rund 68 Mio. Menschen von Armut bedroht. Mit über 20% war das Risiko, durch Arbeitslosigkeit, geringe Erwerbstätigkeit, Trennung oder Scheidung arm zu werden, in Irland, der Slowakischen Republik, Griechenland und Portugal am höchsten, mit weniger als 10% in der Tschechischen Republik, Schweden, Dänemark, Ungarn und Slowenien am geringsten. Die Kommission rief Deutschland dazu auf, die Arbeitsmarktreformen (»Hartz IV«) hinsichtlich des Armutsrisikos zu überprüfen.

Mindestlöhne: 18 der 25 EU-Staaten schützten Mitte 2005 die Arbeitnehmer durch Mindestlöhne (→ Arbeit und Soziales, Mindestlohn). Das vom Arbeitgeber zu entrichtende gesetzliche Minimum lag je nach Land zwischen einem Drittel und der Hälfte des durchschnittlichen Bruttoentgelts. Am geringsten fiel die Absicherung in Osteuropa aus, wo höchstens 200 €/Monat gezahlt wurden. In Großbritannien, Frankreich und Belgien hatte dagegen ein Beschäftigter 2004/05 Anspruch auf mind. 1000–1200 € monatlich.

Zeitarbeit: Knapp 13% der Beschäftigten in der EU hatten 2004 einen Zeitarbeitsvertrag; bei den 15- bis 24-jährigen Arbeitnehmern betrug der Anteil 37%, bei den 25- bis 49-jährigen 10,5%. Die große Bandbreite zwischen 3% in Estland und 30,6% in Spanien wurde auf unterschiedliche Beschäftigungskulturen und eine unterschiedliche Arbeitsmarktpolitik zurückgeführt (→ Arbeit und Soziales, Zeitarbeit).

Berufsanerkennung: Eine neue, im Mai 2005 vom Europ. Parlament beschlossene und ab 2007 geltende Richtlinie zur gegenseitigen Anerkennung von Berufsqualifikationen gilt für alle Arbeitnehmer, die eine Ausbildung nachweisen oder eine Lizenz erwerben müssen, um eine Arbeit im EU-Ausland aufzunehmen (→ Arbeit und Soziales, Lehrstellenmarkt). Um die Mobilität der Arbeitnehmer zu fördern, schlug das Europ. Parlament vor, europaweit gültige Berufsausweise einzuführen.

Lärmschutz: Ab 2006 soll der Grenzwert für die tägliche Lärmexposition am Arbeitsplatz auf 87 Dezibel gesenkt werden. Nach Schätzungen litten EU-weit mehr als 13 Mio. Arbeitnehmer aufgrund der Lärmbelästigung am Arbeitsplatz an Hörschäden.

Scheidungskinder: Der EU-Ministerrat beschloss mit der neuen Verordnung, dass Scheidungskinder regelmäßigen Umgang mit beiden Elternteilen habe sollen. Die Regelung gilt auch dann, wenn die Eltern in verschiedenen Ländern wohnen.

www.eu-kommission.de

EU-Bildungspolitik

Neue Progamme: Die Europ. Kommission plante 2004, mit einer neuen Generation von verstärken, neu strukturierten und verständlicheren Programmen im Bereich berufliche und allgemeine Bildung ihr Angebot zu dezentralisieren – 80% der Gelder gehen an Nationalagenturen – und benutzerfreundlicher zu gestalten sowie das lebenslange Lernen zu fördern. Mit dem Bildungsprogramm soll insbesondere auch die Mobilität innerhalb der EU gefördert werden. Das Budget soll sich von 2007 bis 2013 auf 13,62 Mrd. € verdreifachen. Das Bildungsprogramm steht künftig auf vier Säulen: Comenius (Schulbildung, Anteil am Budget: 10%), Erasmus (Hochschulbildung, 40%), Leonardo da Vinci (Berufsbildung, 25%) und Grundtvig (Erwachsenenbildung, 3%). Erreicht werden soll, dass mind. jeder 20. Schüler in der EU an Comenius teilnimmt. Bis 2011 sollen insgesamt 3 Mio. Studenten Erasmus-Stipendien erhalten. Im Rahmen von Leonardo da Vinci soll die Zahl der Unternehmenspraktika bis zum Jahr 2013 von 45 000 auf 150 000 jährlich erhöht werden.

EU-Bildungspolitik: Hochschulabschluss

Land	% der 25- bis 34-Jährigen
Irland	48
Japan	48
USA	39
Finnland	38
Norwegen	38
Schweden	37
Spanien	36
Frankreich	34
Dänemark	29
Großbritannien	29
Niederlande	27
Schweiz	26
Griechenland	24
Luxemburg	23
Deutschland	22
Österreich	14
Portugal	14
Italien	12

Stand 2001; Quelle: OECD

Ergänzt werden die vier Säulen durch die sog. Querschnittsprogramme mit den folgenden Schwerpunkten:

- politische Zusammenarbeit innerhalb der Gemeinschaft,
- Förderung des Sprachenlernens,
- Entwicklung innovativer und internetgestützter Dienste für lebenslanges Lernen,
- Integration und Unterstützung von Einrichtungen und Vereinigungen im Bereich der allgemeinen und beruflichen Bildung, z. B. von Europa-Kollegs und Einrichtungen des Jean-Monet-Programms.

Bolognaprozess: Ziel der europ. Hochschulreform ist es, bis 2010 einen einheitlichen Hochschulraum zu schaffen und die internationale Wettbewerbsfähigkeit Europas als Bildungsstandort zu stärken. Dazu sollen u. a. ein System zweistufiger, miteinander vergleichbarer Studienabschlüsse geschaffen, ein Punktesystem zur Leistungsbeurteilung eingeführt und Mobilitätshemmnisse beseitigt werden (→ Bildung, Hochschulen).

EU-Energiepolitik

Ziel der EU-E. ist die effiziente Energienutzung und die Schaffung eines Binnenmarktes, in dem die Energieversorger frei miteinander im Wettbewerb stehen.

Stromverschwendung: Das Europ. Parlament und der Ministerrat verständigten sich im April 2005 auf gesetzliche Maßnahmen zur umweltgerechten und Energie sparenden Produktion von Geräten wie Fernsehapparaten, Waschmaschinen, Computer etc., um in den nächsten Jahren rund 180 Mio. t des Treibhausgases Kohlendioxid einzusparen. Diese Menge entspricht 53% des Klimaschutzziels, auf das sich die EU im Rahmen des Kyōto-Protokolls verpflichtet hat (→ Umwelt, Klimaschutz).

Ökostrom: Die Durchsetzung erneuerbarer Energien (→ Energie, Erneuerbare Energien) verlief 2004/05 schleppender als geplant. Nach Berechnungen des Fraunhofer-Instituts wird die EU ihr Ziel, den Anteil Erneuerbarer Energien von 1999 bis 2010 auf 22% des Elektrizitätsverbrauchs zu erhöhen, verfehlen. Deutschland hingegen werde sein nationales Ziel, 12,5% des Strombedarfs aus erneuerbaren Quellen zu decken, bis dahin erreichen. Etwa 80% des Energieverbrauchs in der EU wurden durch fossile Brennstoffe (Erdöl, Erdgas und Kohle) gedeckt. Ein beträchtlicher und weiter steigender Teil stammt aus Nicht-EU-Staaten. Die Europ. Kommission schätzt, dass bis 2020 rund 70% des EU-Bedarfs an Primärenergie - bei Erdöl 90% - über Importe gedeckt werden.

Vertragsverletzung: Im März 2005 leitete die Kommission die zweite Stufe des Vertragsverletzungsverfahrens gegen Belgien, Deutschland, Estland, Griechenland, Irland, Lettland, Litauen, Luxemburg, Schweden und Spanien ein. Diese zehn Staaten hatten es bislang versäumt, die Richtlinien zur Neugestaltung des Elektrizitäts- und Erdgasbinnenmarkts in nationales Recht umzusetzen.

www.europa.eu.int

EU-Erweiterung

Positive Bilanz: Die Europ. Kommission würdigte in ihrer Jahresbilanz, dass Europa schneller und problemloser zusammengewachsen sei als vielfach angenommen. Danach integrierten sich die neuen Mitglieder ohne Reibungsverluste in die EU-Institutionen und Entscheidungsprozesse. Insbesondere trug Polen durch seine Vermittlung wesentlich zur Überwindung der Staatskrise in der Ukraine bei. Ungarn, Slowenien und Litauen ratifizierten die Europ. Verfassung mit großer Mehrheit; die baltischen Staaten und die Slowakische Republik erfreuten sich bei Investoren aus Europa und Amerika anhaltender Beliebtheit. Um ausländisches Kapital anzuziehen, wurden dort die Steuern für Unternehmen drastisch reduziert; die Slowakische Republik führte 2004 einen einheitlichen Steuersatz von 19% ein. Die vielerorts befürchtete Zunahme der Arbeitsmigration von Ost nach West blieb im ersten Jahr nach der Erweiterung aus. Das BIP-Wachstum in den zehn neuen Mitgliedstaaten war 2004 mit durchschnittlichen rund 5% mehr als doppelt so groß wie in den alten EU-Staaten (→ Weltwirtschaft, Osteuropa). In den baltischen Staaten und in der Slowakischen Republik erreichte der Binnen-

EU-Erweiterung: Türkei - bestehende Defizite

Im Fortschrittsbericht bewertete die Europ. Kommission im Oktober 2004 die Entwicklung der Türkei überwiegend positiv. Als Messlatte gelten die sog. Kopenhagener Kriterien von 1993. Die Kommission konstatierte in ihrer »Zwischenbilanz zur Türkei« noch folgende Defizite:
»Die Null-Akzeptanz von Folter und Misshandlung muss konsequenter fortgesetzt werden.
Die Gesetzgebung und ihre Umsetzung bedarf weiterer Konsolidierung, etwa hinsichtlich der begonnenen Strafrechtsreform.
Die Umsetzung der Meinungs- und Religionsfreiheit, der Rechte der Frauen und Minderheiten sowie der gewerkschaftlichen Rechte muss weitergeführt und in der Praxis konsequenter erfolgen.
Korruption bleibt trotz neuer Gesetzgebungsvorschläge in fast allen Bereichen der Wirtschaft und des öffentlichen Sektors ein ernsthaftes Problem.«

EU-Erweiterung: Umarmung nach der Unterzeichnung des Beitrittsvertrags für Rumänien am 25. 4. 2005 in Luxemburg (von links): Rumäniens Premier Tariceanu, Luxemburgs Ministerpräsident Juncker, Europaparlamentspräsident Borrell, Rumäniens Präsident Basescu und Kommissionschef Barroso markthandel zweistellige Zuwachsraten, in Polen und Ungarn betrug das Plus rund 5 %.

Bulgarien/Rumänien: In Bulgarien und Rumänien hat sich 2004/05 die gesellschaftliche Transformation aufgrund der Aussicht, am 1. 1. 2007 der EU beitreten zu können, beschleunigt. Verbesserungen mussten Mitte 2005 noch bei der Reform der öffentlichen Verwaltungen, im Justizsystem und bei der Korruptionsbekämpfung erzielt werden. Im Dezember 2004 schlossen beide Länder alle noch offenen Kapitel in den Verhandlungen ab und unterzeichneten im April 2005 die Beitrittsverträge.

Kroatien: Mit der Begründung, nicht ausreichend mit dem UN-Kriegsverbrechertribunal für das ehemalige Jugoslawien zusammenzuarbeiten, verschob die EU im Herbst 2004 den geplanten Beginn der Beitrittsverhandlungen mit Kroatien auf unbestimmte Zeit. Die Gespräche sollen nach der Auslieferung des mutmaßlichen Kriegsverbrechers und kroatischen Generals Ante Gotovina wieder aufgenommen werden. Kroatien will der EU 2009 beitreten.

Serbien und Montenegro: Die Europ. Kommission empfahl im April 2005, Gespräche über ein Assoziierungsabkommen mit der EU noch im selben Jahr aufzunehmen. Bedingung dafür war, dass wirtschaftliche und rechtsstaatliche Reformen vorangetrieben und Kriegsverbrecher ausliefert werden.

Ukraine: Im Dezember verabschiedete die EU einen Aktionsplan, welcher der Ukraine den Zugang zum Europ. Binnenmarkt erleichtert und die Teilnahme an EU-Programmen vorsieht. Weitere solcher Pläne waren mit Libanon, Ägypten, Georgien, Armenien und Aserbaidschan in Vorbereitung.

Türkei: Die Kommission bescheinigte der Türkei in ihrem politischen Reformprozess erhebliche Fortschritte, v. a. mit weit reichenden Verfassungs- und Gesetzesänderungen, die entsprechend den Prioritäten der 2001 vereinbarten Beitrittspartnerschaft verabschiedet wurden. Darin wird die Türkei u. a. aufgefordert, zur Lösung der Zypernfrage beizutragen. Im Dezember 2004 entschied der Europ. Rat, Beitrittsverhandlungen mit der Türkei aufzunehmen.

EU-Fonds und Gemeinschaftsinitiativen: Neuausrichtung

Ziel-1-Förderung: Diese Förderung betrifft in erster Linie die Regionen, deren BIP pro Kopf unter 75 % des EU-Durchschnitts beträgt, und soll an einer langfristigen Zunahme der Wettbewerbsfähigkeit und Beschäftigung ausgerichtet sein.
Regionale Programme (EFRE): Im Rahmen der neuen regionalen Programme ist eine Konzentration auf drei Schwerpunkte vorgesehen: Innovation und Wissensgesellschaft, Umwelt und Risikoverhütung, Zugänglichkeit und Dienstleistungen von allgemeinem wirtschaftlichem Interesse.
Europäischer Sozialfonds (ESF): Der Fonds konzentriert sich auf folgende Bereiche: Erhöhung der Anpassungsfähigkeit von Arbeitskräften und Unternehmen; Zugang zu Beschäftigung und Erhöhung der Teilnahme am Arbeitsmarkt; Stärkung sozialer Integration und Bekämpfung der Diskriminierung; Reform der Beschäftigungspolitik und Integration.
Kohäsionsfonds: Mittel des Kohäsionsfonds werden dort eingesetzt, wo das Bruttonationaleinkommen weniger als 90 % des Gemeinschaftsdurchschnitts beträgt. Der Fonds soll helfen, die in der Europ. Wirtschafts- und Währungsunion geltenden Konvergenzkriterien einzuhalten und ein übermäßiges öffentliches Defizit zu vermeiden. Priorität haben die transeurop. Verkehrsnetze und Vorhaben von europ. Interesse sowie Investitionen in den Schlüsselbereichen Energieeffizienz und erneuerbare Energien.

EU-Fonds und Gemeinschaftsinitiativen

Angesichts der Aufgabe, die massiven strukturellen und regionalen Unterschiede in der EU abzubauen, plante die Europ. Kommission 2004/05, die Finanzmittel zielgenauer bei den Bedürftigsten einzusetzen. Als weitere Ziele nannte die Kommission eine Vereinfachung, Konzentration und Dezentralisierung. So sollen die Gemeinschaftsinitiativen Interreg, Equal, Urban und Leader in der bisherigen Form nicht weitergeführt, sondern in die Regional- und Sozialfonds (EFRE/ESF) integriert werden.

LIFE: Das Umweltförderprogramm der EU LIFE will bis 2006/07 EU-weit 109 Projekte im Umfang von 160 Mio. € realisieren. Die meisten Anträge kamen aus Italien; dt. Träger erreichten in zehn Fällen eine Förderung durch die EU. Etwa ein Viertel aller Projekte zielt darauf ab, Umweltschäden zu verhindern, die von Industrie und Gewerbe ausgehen. Die dt. Projekte befassen sich mit dem Management giftiger Abfälle, sauberen Technologien in der Abwasserbehandlung, der Luftreinhaltung und der Entwicklung eines Öko-Audit-Systems für einen nachhaltigen Tourismus.

Regionalförderung: Ab 2007 soll die Regionalförderung (rund 33 Mrd. €) neu verteilt werden. Sog. Ziel-1-Regionen in den zehn neuen EU-Staaten können dann mit der höchsten Unterstützung rechnen. Gebiete, die bisher von dieser Förderung profitierten, z. B. Ostdeutschland, müssen sich darauf einstellen, deutlich weniger Geld zu erhalten.

www.eu-kommission.de

EU-Forschungspolitik

Die Europ. Kommission plante den Umfang der Forschungsmittel 2007–13 von jährlich 5 Mrd. € auf 10 Mrd. € zu verdoppeln. Technologieplattformen sollen Unternehmen, Forschungseinrichtungen, Finanzwelt und Behörden zusammenführen, damit diese ihre Forschungspolitik künftig stärker an den Interessen der Industrie ausrichten. Knapp zwei Drittel der rund 70 Mrd. € sind für anwendungsnahe Forschung vorgesehen. Die Förderung der Grundlagenforschung wurde mit rund 12 Mrd. € veranschlagt. Die Kommission kündigte an, die Forschungsförderung einfacher als bisher zu gestalten.

EU-Forschungspolitik: Eines der laufenden Forschungsprojekte der EU gilt der Erfassung der europ. Tierwelt. Dieses Präparat einer Tierlaus gehört zum in Leipzig erarbeiteten Tierläusekatalog.

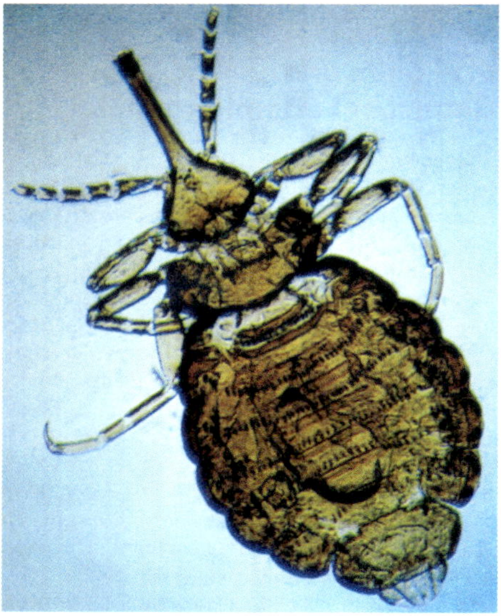

Zu den vorrangigen Zielen der EU-F. gehört die Erhöhung der Forschungsausgaben bis zur Höhe von 3 % des BIP und des Anteils des Privatsektors an den Gesamtausgaben von 56 % (1999) auf 67 % (2010). Mit der Errichtung eines Europ. Forschungsraumes (EFR) soll zudem die lockere Zusammenarbeit zwischen Forschern und Forschungseinrichtungen durch staaten- und fachübergreifende Forschungsprogramme ersetzt werden.

www.europa.eu.int; www.dihk.de (Dt. Industrie- und Handelskammertag)

EU-Gesundheitspolitik

Aktionsprogramm: Unter dem Motto »Mehr Gesundheit, Sicherheit und Zuversicht für die Bürger Europas« kündigte die Europ. Kommission im Mai 2005 ein neues Programm für Gesundheit und Verbraucherschutz an. Es verfolgt hauptsächlich drei Ziele:

- Schutz der Bürger vor Risiken und Gefahren, auf die er keinen Einfluss hat und denen auch die einzelnen Mitgliedstaaten nicht wirksam begegnen können,
- Stärkung der Entscheidungsfähigkeit der Bürger in Fragen der Gesundheit und des Verbraucherschutzes,
- Einbeziehung von Themen der Gesundheits- und Verbraucherschutzpolitik in alle EU-Politikbereiche.

Für das Aktionsprogramm will die EU 2007–13 Haushaltsmittel von rund 1,2 Mrd. € aufwenden.

Agenturen: Die Europ. Arzneimittel-Agentur (EMEA, London) hatte 2004 rund 96 Mio. €, 15 % mehr als im Vorjahr, zur Verfügung, um die Beurteilung und Überwachung von Human- und Tierarzneimitteln in der EU zu koordinieren. Diese Aufgabe machte ein Viertel ihres Budgets aus. Im September 2004 nahm in Stockholm (Schweden) das Europ. Zentrum für die Prävention und Bekämpfung von Seuchen offiziell seine Tätigkeit auf.

Seuchen: Zwischen 1996 und 2004 verdoppelte sich die Anzahl der HIV-Neuinfektionen

EU-Gesundheitspolitik: Der »letzte Raucher« verlässt am Dienstag einen Nahverkehrszug im Bahnhof von Hannover. Ab 1. 6. 2005 werden laut Dt. Bahn AG alle Nahverkehrszüge in Niedersachsen und Bremen nach und nach in Nichtraucherzüge umgewandelt.

in Europa. Besonders hoch war der Anstieg in den baltischen Staaten. Bis 2006 stellte die EU 1,2 Mrd. € zur Bekämpfung von Aids, Malaria und Tuberkulose bereit.

Drogenkoordinator: Die Kommission plante, für die Bekämpfung des Rauschgiftkonsums je EU-Land einen Drogenkoordinator zu benennen. Bis bis 2007 sollen nationale Aktionspläne gegen den Drogenkonsum vorgelegt werden. In der EU gab es 2004/05 etwa 2 Mio. Drogenabhängige. Der Konsum von Cannabis (→ Drogen) unter Jugendlichen erreichte einen historischen Höchststand.

Kosmetika: Mit dem Symbol eines offenen Cremetopfes werden Verbraucher seit März 2005 darauf hingewiesen, wie lange das Produkt nach dem Öffnen verwendet werden kann. Mit der Kennzeichnungspflicht setzte Deutschland eine EU-Richtlinie von 2003 um.

Anti-Raucher-Kampagne: Die mit 72 Mio. € ausgestattete EU-Kampagne »Help«, die die Aufklärungsinitiative »Feel Free to Say No« (2002–04) fortsetzt, soll junge Menschen dazu bewegen, gar nicht erst mit dem Rauchen anzufangen. Vorreiter in der Anti-Raucher-Politik waren Irland, Italien und Malta, wo beispielsweise das Rauchen im öffentlichen Raum verboten wurde. Jährlich sterben in der EU rund 650 000 Menschen an Krankheiten, die durch Rauchen verursacht werden.

http://efsa.eu.int (Europ. Behörde für Lebensmittelsicherheit); **www.eu-kommission.de**

EU-Haushalt

Die Chancen auf eine Einigung über den Finanzplan 2007–13 verschlechterten sich Mitte 2005, nachdem die → Europ. Verfassung in Referenden in Frankreich und den Niederlanden gescheitert war. Gegensätze zwischen den EU-Staaten, v. a. in der Frage der Bemessung der nationalen Beitragshöhe (insbesondere der seit 1984 bestehende Rabatt für Großbritannien von ca. 4,6 Mrd. € pro Jahr) und der Verteilung künftiger Einsparungen, konnten nicht ausgeräumt werden. Die Entscheidung über die Finanzplanung muss der Europ. Rat einstimmig fällen.

Haushalt 2006: Der Haushaltsentwurf der Europ. Kommission für das Jahr 2006 sah u. a. eine starke Erhöhung der Finanzmittel für → EU-Forschungspolitik vor; etwa ein Drittel des Budgets war für die Förderung des Wirtschaftswachstums und die Schaffung von Arbeitsplätzen bestimmt. Um die damit verbundenen Ausgaben zu decken, schlug die Kommission Zahlungsermächtigungen in Höhe von insgesamt 112,6 Mrd. € vor. Dieser Ansatz, der 1,02 % des Bruttonationaleinkommens (BNE) der Union ausmachte, lag rund 6 % über dem Vergleichswert von 2005. Der entsprechende Betrag an Verpflichtungsermächtigungen bezifferte sich auf 121,3 Mrd. € bzw. 1,09 % des BNE, 4 % mehr als im Vorjahreshaushalt.

Finanzrahmen: Nach den Plänen der Kommission sollte sich der Haushalt bis 2013 auf

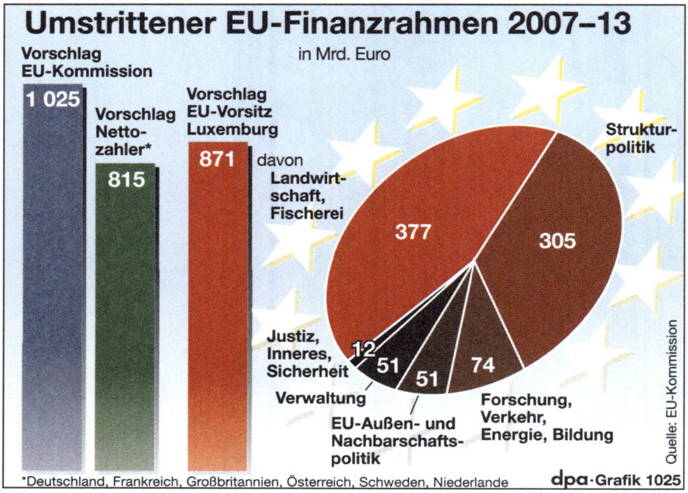

158 Mrd. € erhöhen (2005: rund 100 Mrd. €). Für den Zeitraum 2007–13 würde sich dann eine Gesamtsumme von 1025 Mrd. € ergeben. Der dt. Bruttobeitrag sollte sich auf 40 Mrd. € nahezu verdoppeln. Deutschland und die fünf größten Nettozahler bestanden jedoch darauf, das Budget auf 1,0 % der Wirtschaftsleistung zu begrenzen. Der Kompromissvorschlag der luxemburgischen EU-Präsidentschaft (1. Halbjahr 2005) sah einen Finanzrahmen von 868 Mrd. € (1,06 % des BNE) vor. Die hohen Nettozahlungen Deutschlands, der Niederlande und Schwedens sollten ab einem bestimmten Betrag gekappt werden.

EU-Innen- und Justizpolitik

Zum Bereich Inneres und Justiz gehört u. a. die Zusammenarbeit von Polizei und Zoll bei der Bekämpfung der Drogen- und Betrugskriminalität und des Terrorismus. Hinzu kommt die justizielle Kooperation in Zivil- und Strafsachen sowie die Asyl- und Einwanderungspolitik und die Kontrolle der EU-Außengrenzen.

Haager Programm: Der Rat der Innen- und Justizminister beschloss im Oktober 2004, in Pässen und anderen Reisedokumenten künftig neben dem Foto den Fingerabdruck und biometrische Daten als weitere Identifikationsmerkmale einzuführen und in mehreren Bereichen stärker zusammenzuarbeiten, u. a. bei der Bearbeitung von Asylanträgen, der Einrichtung eines europ. Korps zur Sicherung der EU-Außengrenzen, dem Vorgehen gegen den internationalen Terrorismus und dem Informationsaustausch im Bereich der organisierten Kriminalität.

Brüssel: Die Staats- und Regierungschefs der EU beschlossen am 16./17. 12. 2004 auf ihrem Gipfeltreffen in Brüssel einen umfangreichen Maßnahmenkatalog für die bessere Zusammenarbeit in der Justizpolitik und einigten sich insbesondere auf die folgenden Kernpunkte:

- verbesserter Informationsaustausch zwischen den für die Terrorismusbekämpfung zuständigen Dienststellen,
- Aktionsplan gegen von Drogenmissbrauch,
- Errichtung einer Europ. Grenzschutzagentur,
- Schutz von Zeugen in Terroristenprozessen und Unterstützung von Terrorismusopfern.

Außengrenzen: Im Mai 2005 wurde in Warschau die Europ. Agentur für die operative Zusammenarbeit an den EU-Außengrenzen eröffnet. Zu ihren Aufgaben zählen Maßnahmen gegen illegale Einwanderung sowie die Migrationsforschung. Polen hat die längste östliche Außengrenze der EU.

EU-Innen- und Justizpolitik: Asylanträge 2003

Land	Anzahl
Großbritannien	60 045
Frankreich	59 298
Deutschland	50 445
Österreich	32 342
Schweden	31 355
Belgien	16 940
Niederlande	13 402
Tschechien	11 394
Slowakei	10 323
gesamt	331 663

Quelle: UNHCR, Financial Times Deutschland, 11. 5. 2005

Nazisymbole: Auf ein EU-weites Verbot von Nazisymbolen konnte sich der Ministerrat 2004/05 nicht einigen, er verständigte sich aber auf die Wiederaufnahme der Verhandlungen über den seit zwei Jahren blockierten EU-Rahmenbeschluss gegen Rassismus und Fremdenfeindlichkeit. Dieser sieht vor, dass rassistische oder fremdenfeindliche Handlungen künftig in allen Mitgliedstaaten als Straftaten behandelt werden.

Antidiskriminierung: Da Deutschland Vorgaben der EU im Bereich Antidiskriminierung nicht fristgerecht umgesetzt hatte, gab der Europ. Gerichtshof (EuGH, Luxemburg) im April 2005 einer Klage der Kommission recht. So hätte die von den EU-Staaten 2000 beschlossene Richtlinie zur »Anwendung des Gleichbehandlungsgrundsatzes ohne Unterschied der Rasse oder der ethnischen Herkunft« bis Juli 2003 in nationales Recht umgesetzt werden müssen. Die rot-grüne Regierungskoalition legte im Januar 2005 ein Antidiskriminierungsgesetz (→ Innenpolitik, Antidiskriminierungsgesetz) vor.

Geldstrafen: Die Justizminister beschlossen im Februar 2005, dass in einem EU-Mitgliedstaat verhängte Geldstrafen und Geldbußen spätestens ab März 2007 gegenseitig anzuerkennen und ab einem Betrag von 70 € vom jeweiligen Heimatland zu vollstrecken sind. Auch der Zugriff auf Erpressungsgelder und andere Erträge aus Straftaten sollen vereinheitlicht werden. Insbesondere im Falle organisierter Kriminalität darf solches Geld künftig auch dann eingezogen werden, wenn es keiner konkreten Tat zugeordnet werden kann.

Gemeinsame Polizei: Frankreich, Italien Spanien, Portugal und die Niederlande unterzeichneten im September 2004 ein Abkommen über die Schaffung einer gemeinsamen Polizeieinheit. Das paramilitärische Einsatzkommando soll zur Bewältigung von Krisen außerhalb der EU eingesetzt werden.

Immigranten: Im November 2004 einigten sich die EU-Innen- und Justizminister auf eine gemeinsame Linie bei der Eingliederung von Immigranten. Gefördert werden sollen v. a. deren sprachliche Fähigkeiten sowie die Vermittlung von historischem Wissen und gesellschaftlichen Werten.

www.eu-kommission.de; www.europa.eu.int/olaf

EU-Konjunktur

Das Wirtschaftswachstum im Euro-Währungsgebiet war 2004 mit 1,8 % schwächer als die Weltkonjunktur (→ Weltwirtschaft). Der Export profitierte zwar von dem Boom der Weltwirtschaft, doch gründete sich die Konjunkturerholung nur zu einem geringen Teil auf den privaten Konsum. Die Unsicherheit der Verbraucher und die lahmende Binnennachfrage hatten ihre Ursache in einer verringerten Kaufkraft, bedingt durch höhere Energiepreise, einen Trend zu mehr Sparsamkeit und den Vertrauensschwund in die Nachhaltigkeit der wirtschaftlichen Erholung. In ihrer Frühjahrsprognose rechnete die Europ. Kommission im Euro-Raum mit einem Wachstum von 1,6 %. Der Ölpreisanstieg und der starke → Euro hatten die EU-K. in der zweiten Jahreshälfte 2004 gedämpft. Mit der Erweiterung auf 25 Mitglieder vergrößerte sich auch der Wohlstandsabstand in

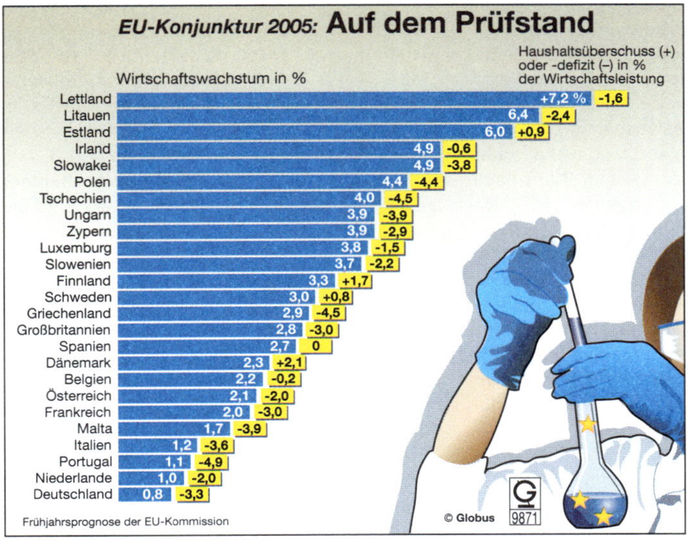

der EU. So war das BIP pro Kopf des Großherzogtums Luxemburgs fünfmal höher als das Lettlands, das nicht einmal die Hälfte des EU-Durchschnitts erreichte.

www.eu-kommission.de

EU-Umweltpolitik

Emissionshandel: Am 1. 1. 2005 startete vorerst in 21 EU-Staaten der Handel mit Emissionszertifikaten. Die Nationalen Allokationspläne (NAP) - sie regeln die kostenlose Erstausstattung der Unternehmen mit Zertifikaten - für Belgien, Deutschland, Estland, Lettland, Luxemburg, die Slowakische Republik, Portugal, Zypern, Ungarn, Litauen und Malta wurden ohne Auflagen akzeptiert. Der Plan Spaniens wurde vorbehaltlich technischer Änderungen gebilligt. Frankreich muss die Gesamtmenge an Zertifikaten um 4,5 % kürzen. Die NAP Italiens, Polens und Tschechiens wurden abgelehnt, weil sie nach Auffassung der Europ. Kommission mit Blick auf das Minderungsziel für Treibhausgase nach dem für die gesamte EU rechtsverbindlichen Kyōto-Protokoll (→ Umwelt, Klimaschutz) zu großzügig bemessen waren. Nach dem Ende der Überprüfung im Juni 2005 hatte die Kommission die Zuteilung von 6,57 Mrd. Zertifikaten an 11 400 Betriebe genehmigt. In Deutschland nahmen 1 860 Betriebe am Emissionshandel teil. Unternehmen, die ihrer Verpflichtung zur Emissionsminderung nicht nachkommen, zahlen in der ersten Handelsperiode (2005–07) 40 € pro Tonne Kohlendioxid und müssen die fehlenden Zertifikate zusätzlich erbringen (→ Umwelt, Emissionshandel).

Treibhausgase: Kohlendioxid- und andere Treibhausgasemissionen stiegen 2003 nach Angaben der Europ. Umweltagentur (EEA, Kopenhagen) gegenüber dem Vorjahr um 1,5 % auf 4 925 Mio. Kohlendioxid-Äquivalente. In einer Untersuchung stellte die EEA 2004 fest, dass es infolge verbesserter Verkehrstechnik in den letzten Jahren zwar zu einer Reduzierung der Luftverschmutzung gekommen sei, der Ausstoß an Treibhausgasen aufgrund des weiter wachsenden Verkehrsaufkommens aber zunehme. So sei der Luftverkehr für rund 7 % der globalen Klimaerwärmung verantwortlich.

Vertragsverletzung: Die Kommission leitete im Juli 2004 gegen Deutschland wegen einer Vielzahl von Rechtsverstößen Vertragsverletzungsverfahren ein. Sie bemängelte insbesondere unvollständige Rechtsvorschriften für die Altautoverwertung, die Wasserwirtschaft und die Luftqualität.

Feinstaubrichtlinie: Seit Januar 2005 darf EU-weit der Grenzwert von 50 Mikrogramm Feinstaub an höchstens 35 Tagen im Jahr überschritten werden. Die Kommission kündigte im Februar 2005 an, die Einhaltung der Grenzwerte genau zu überprüfen. Nach Untersuchungen der EU sind winzige Ruß- und Staubpartikel, die sich in den Abgasen von Dieselfahrzeugen ohne Rußpartikelfilter finden, die Ursache für Krebs- und Herzerkrankungen und in der EU für etwa 300 000 Todesfällen im Jahr verantwortlich. In einer zweiten Stufe sollen ab 2010 zusätzliche Stunden- und Jahresmittelwerte für Stickoxide (NOx) in Kraft treten (→ Umwelt, Abgasgrenzwerte).

Sellafield: Im September 2004 verklagte die Kommission Großbritannien vor dem Europ. Gerichtshof wegen Verstoßes gegen den Euratom-Vertrag, der Kontrollen für atomare Wiederaufarbeitungsanlagen vorschreibt. Solche Kontrollen seien in der britischen Anlage Sellafield aufgrund hoher Radioaktivität und schlechter Sichtverhältnisse unterblieben. Im Mai 2005 forderte die Kommission wegen leck geschlagener Rohre erneut verschärfte europaweite Sicherheitsregeln für Nuklearanlagen.

www.bmu.de (Bundesministerium für Umwelt, Naturschutz und Reaktorsicherheit)

EU-Konjunktur: Wirtschaftskraft pro Einwohner

Land	Index
Luxemburg	215
Irland	133
Dänemark	123
Österreich	122
Niederlande	121
Großbritannien	118
Belgien	118
Schweden	115
Finnland	113
Frankreich	111
Deutschland	108
Italien	107
EU-25	100
Spanien	98
Zypern	83
Griechenland	81
Slowenien	77
Malta	75
Portugal	74
Tschechien	69
Ungarn	61
Slowakei	52
Estland	49
Litauen	46
Polen	46
Rumänien	30
Bulgarien	30
Türkei	28

Stand 2003
Quelle: Eurostat

EU-Verkehrspolitik

Der Straßengüterverkehr auf dem Gebiet der EU wird Schätzungen zufolge bis 2013 um mehr als 60% zunehmen. Für die zehn neuen Mitgliedstaaten wird mit einer Verdoppelung bis 2020 gerechnet. Die EU-15-Staaten planten bis 2010 Investitionen von rund 170 Mrd. € in den Ausbau der transeurop. Verkehrsnetze; mehr als die Hälfte war für das Schienennetz vorgesehen. In den zehn neuen EU-Ländern sollen die Verkehrsinvestitionen bis 2010 rund 33 Mrd. € betragen, davon 75% für den Ausbau des Straßennetzes.

Neue Agenturen: Im Dezember 2004 wurde in Köln die Europ. Agentur für Flugsicherheit (EASA) eröffnet. Ihr Aufgabengebiet umfasst die Entwicklung und Festschreibung von Sicherheitsstandards im EU-Luftverkehr. Die Europ. Eisenbahnagentur nahm im Juli in Lille (Frankreich) ihre Arbeit auf. Sie soll für einheitliche Sicherheitsvorschriften und eine Vernetzung der europ. Schienensysteme sorgen.

Fluglotsen: Das Europ. Parlament stimmte im März 2005 einem Richtlinienvorschlag über die EU-weite Zulassung von Fluglotsen und einheitliche Ausbildungsstandards für diesen Beruf. Das Gesetz sieht auch die Einrichtung einer unabhängigen Aufsichtsbehörde zur Flugüberwachung vor.

Verfahren: Vor dem Europ. Gerichtshof liefen Mitte 2005 von der Kommission angestrengte Verfahren gegen Deutschland und vier andere EU-Staaten, die eine Richtlinie zum Fluglärm (Außerdienststellung lauter Flugzeuge) nicht in nationales Recht umgesetzt hatten. Im März 2005 leitete die Kommission rechtliche Schritte gegen Deutschland, Griechenland, Luxemburg und Großbritannien ein, da diese Länder keine Maßnahmen zur Umsetzung von drei Richtlinien zur Eisenbahninfrastruktur (2001) getroffen hatten. Mithilfe dieser Rechtsvorschriften soll die Marktöffnung im Schienengüterverkehr erleichtert werden.

Tempolimit: Der für die EU-V. zuständige Kommissar Andris Piebalgs (Lettland) befürwortete im April 2005 wegen der gestiegenen Ölpreise ein Tempolimit von 90 km/h auf den Straßen Europas. Eine Entscheidung über ein solches Tempolimit soll den Mitgliedstaaten vorbehalten sein.

Lkw-Maut: Die EU-Verkehrsminister einigten sich im April 2005 auf eine neue sog. Wegekostenrichtlinie. Sie soll die Mauterhebung auf den Autobahnen der 25 Mitgliedstaaten vereinheitlichen und sieht höhere Tarife für belastete Strecken, bestimmte Tageszeiten und Lkw mit hohen Abgaswerten vor. Zuschläge in Höhe von 15% werden für Bergregionen erhoben, für den Brennerpass sind 25% möglich. Für Vielfahrer können die Mitgliedsländer Rabatte bis zu 13% gewähren.

www.eu-kommission.de

EU-Verkehrspolitik: Im Dezember 2004 wurde das letzte Teilstück der Autobahn Dresden–Prag freigegeben; im Bild die Tunnel am Weißeritztal bei Dresden.

EU-Wettbewerbspolitik

Die Europ. Kommission kontrolliert die Einhaltung der Wettbewerbsregeln gemäß Vertrag zur Gründung der Europ. Gemeinschaft (Kartellverbot, Missbrauch marktbeherrschender Stellung, Verbot wettbewerbsverzerrender staatlicher Subventionen).

Rahmenprogramm: Mit ihrem Rahmenprogramm für Wettbewerbsfähigkeit und Innovation will die EU ab 2007 die Rahmenbedingungen für Unternehmen in Europa verbessern. Neben neuen Beratungs- und Kreditangeboten sollen sich einzelne Unternehmen am grenzüberschreitenden Erfahrungsaustausch oder an Unternehmenspartnerschaften beteiligen. Das Programm fördert zudem Innovationen sowie Gründer- und Jungunternehmen.

Subventionen: Deutschland führte die europ. Subventionsstatistik weiter an: 2003 gingen nach Angaben der Europ. Kommission rund 16,4 Mrd. € an staatlichen Beihilfen an dt. Unternehmer (→ Steuern und Finanzen, Subventionen). Insgesamt gewährte die EU Beihilfen in Höhe von 53 Mrd. €.

Microsoft: Die von der EU verhängten Sanktionen gegen den weltgrößten Softwarekonzern

EU-Wettbewerbspolitik: staatliche Beihilfen 2003

EU-15	Mrd. €	% des BIP
Deutschland	16,4	0,77
Frankreich	8,8	0,57
Italien	7,1	0,54
Großbritannien	4,2	0,26
Spanien	4,0	0,54
Finnland	2,0	1,41
Portugal	1,6	1,24
Schweden	1,6	0,60
Niederlande	1,5	0,33
Österreich	1,5	0,66
Dänemark	1,3	0,67
Belgien	1,1	0,40
Irland	0,9	0,69
Griechenland	0,6	0,40
Luxemburg	0,1	0,30

Quelle: Europ. Kommission

wurden Ende 2004 vom Europ. Gerichtshof für rechtens erklärt. Die US-Softwarefirma muss eine spezielle Version seines Betriebssystems Windows XP für den EU-Raum herstellen, die z. B. ohne Mediaplayer ausgeliefert wird. Ziel ist es, die monopolartige Position von Microsoft im Betriebssystembereich zu beenden und Platz für Konkurrenz zu schaffen (→ Computer, Software).

www.eu-kommission.de

Euro

Wechselkurs: Nach ihrem Rekordhoch von 1,3668 US-Dollar für 1 € am 30. 12. 2004 büßte die Gemeinschaftswährung im ersten Halbjahr 2005 an Wert ein; im Mai pendelte der Wechselkurs des E. um 1,26 US-Dollar, den niedrigsten Stand seit sieben Monaten. Der Grund für das vorläufige Ende des E.-Höhenflugs lag in der schwachen Konjunktur der Euroländer (→ EU-Konjunktur).

»Mr. Euro«: Der luxemburgische Ministerpräsident und Finanzminister Jean-Claude Juncker koordiniert seit dem 1. 1. 2005 für zwei Jahre die EU-Währungspolitik und vertritt die zwölf Staaten des E.-Währungsgebiets auf internationalen Treffen.

Banknoten: Der Rat der Europ. Zentralbanken (EZB, Frankfurt am Main) lehnte eine Initiative Italiens ab, 1-€ oder 2-€-Scheine auszugeben, da sie unpraktisch seien und für den Einzelhandel und die Geldautomatenwirtschaft Nachteile mit sich bringen würden.

Wechselkursmechanismus: Im Mai 2005 traten Estland, Litauen und Slowenien dem EU-Wechselkursmechanismus (WKM II) bei; mit Dänemark, den baltischen Staaten sowie Malta, Zypern und Slowenien gehörten dem WKM II Mitte 2005 sieben der 2004 der EU beigetretenen Staaten an. Der Wechselkursmechanismus legt fest, innerhalb welcher Bandbreite sich die Kurse einer nationalen Währung zum Euro bewegen dürfen. Um der Europ. Wirtschafts- und Währungsunion beitreten zu können, sollte ein Land zunächst mindestens zwei Jahre Mitglied im WKM II sein.

Konvergenz: Keiner der zehn EU-Neulinge erfüllte Mitte 2005 alle Kriterien für die Einführung der Gemeinschaftswährung. In vielen Ländern lag das Haushaltsdefizit über den erlaubten 3% des BIP, nur in Lettland, Litauen und Slowenien darunter. Spitzenreiter bei der Neuverschuldung 2004 war die Tschechische Republik mit 12,6% des BIP. Den höchsten Schuldenstand bei den öffentlichen Haushalten verzeichneten Zypern und Malta mit 72,6% und 73,8% des BIP – die Konvergenzkriterien erlaubten max. 60%.

Falschgeld: 2004 wurden im dt. Zahlungsverkehr rund 81 000 falsche E.-Banknoten (2003: 50 205) mit einer Schadenssumme von 6,1 Mio. € (2003: 3,4 Mio. €) und rund 51 000 falsche E.-Münzen (2003: 16 500), hauptsächlich im Wert von 2 €, registriert. Neue E.-Scheine mit verbesserten Sicherheitsmerkmalen soll es noch vor 2010 geben.

Stabilitätspakt: Deutschland verstieß 2004 zum dritten Mal in Folge gegen den Europ. Stabilitäts- und Wachstumspakt; für 2005 erwartete die Europ. Kommission ein Defizit von 3,3% des BIP. Im Falle Italiens ging sie von einem Defizit von 3,6% aus (2004: 3,0%). Portugal kündigte im Mai 2005 an, die Defizitgrenze von 3% zu überschreiten; das Land erwartete ein Rekorddefizit in Höhe von 6,2% des BIP (Angaben des für die Wirtschafts- und Währungsunion zuständigen Kommissars Joaquin Almunia vom 22. 6. 2005).

Änderung des Paktes: Die eingeleitete Reform des Paktes sieht neben Fristverlängerungen und Strategien zur Konsolidierung der Staats-

Ist der Stabilitätspakt noch nötig?

Als die europäischen Staats- und Regierungschefs im März 2004 Änderungen am Europäischen Stabilitäts- und Wachstumspakt beschlossen, warnten in Deutschland viele Ökonomen vor einer Aufweichung und einem faktischen Ende des Pakts. International fragten sich dagegen viele, wozu die Europäer einen solchen Pakt benötigen, da der Euro zu einer sehr stabilen Währung geworden war.

Warum Stabilitätspakt? Der Stabilitätspakt wurde 1997 – v. a. auf Drängen Deutschlands – geschlossen, damit die Gemeinschaftswährung Euro sich zu einer starken Währung entwickelt. Dazu sollte die Staatsverschuldung der Einzelstaaten gebremst werden, weil eine steigende Verschuldung hohe Zinsen und Inflation verursachen kann. Gerade Deutschland hatte nach der Vereinigung, deren Kosten überwiegend durch neue Schulden finanziert wurden, diese Erfahrung gemacht, als die Preissteigerungsrate auf über 5% und die Leitzinsen auf über 8% kletterten. Die Befürchtung war: Eine hohe Staatsverschuldung in einem Euroland schadet auch allen anderen.

Im Pakt wurde daher vereinbart, dass jeder Eurostaat pro Jahr weniger als 3% seines BIP als neue Schulden aufnehmen und die aufgelaufene Gesamtschuldensumme auf 60% des BIP begrenzen soll. Deutschland und Frankreich hielten sich nicht an diese Bestimmungen; mit einem Defizit von 3,7% verfehlte Deutschland 2004 das dritte Jahr in Folge die 3%-Grenze. Zwar lag auch schon vor dem Stabilitätspakt die Neuverschuldung Deutschlands jahrelang über 3%; jetzt sah der Pakt jedoch »blaue Briefe« aus Brüssel vor, d. h. die Einleitung eines Verfahrens, das mit Geldstrafen gegen Deutschland enden kann.

Starker Euro Mit der Gemeinschaftswährung Euro liegen neue Erfahrungen vor, die in eine ganz andere Richtung weisen: Die »Verletzung« des Stabilitätspakts durch hohe Verschuldung hat die Stabilität der Gemeinschaftswährung nicht gefährdet. Seinerzeit hieß es zur Begründung des Vertrags, der Euro solle »so stark wie die DM« werden; tatsächlich ist er stärker als die DM geworden. 2004 kostete ein US-Dollar im Jahresdurchschnitt etwas mehr als 0,80 €; das entspricht 1,57 DM. Eine so starke DM gab es nur wenige Wochen lang Anfang und Mitte der 1990er-Jahre.

Auf dem Weg zur Weltleitwährung? Aufgrund dieser Stärke steigt international die Nachfrage nach dem Euro: Asiatische Nationalbanken verkaufen US-Dollar und stellen ihre Währungsreserven auf Euro um. Während in den 1960er- und 1970er-Jahren die hohen Staatsschulden der USA de facto von den anderen Staaten bezahlt wurden, die ihre Währungsreserven in US-Dollar hielten und einen starken Wertverlust hinnehmen mussten, sieht der internationale Devisenmarkt heute den Euro als Alternative. Dieser ist zwar noch weit entfernt, neue Weltleitwährung zu werden, er ist aber auf dem Weg dorthin: 2004 wurden die ersten internationalen Energielieferungsverträge in der Währung Euro geschlossen. So wird immer häufiger gefragt, was angesichts einer derart stabilen Währung ein Stabilitätspakt überhaupt noch soll. Der US-amerikanische Ökonomie-Nobelpreisträger von 1976, Milton Friedman, schlug vor, ihn ganz abzuschaffen.

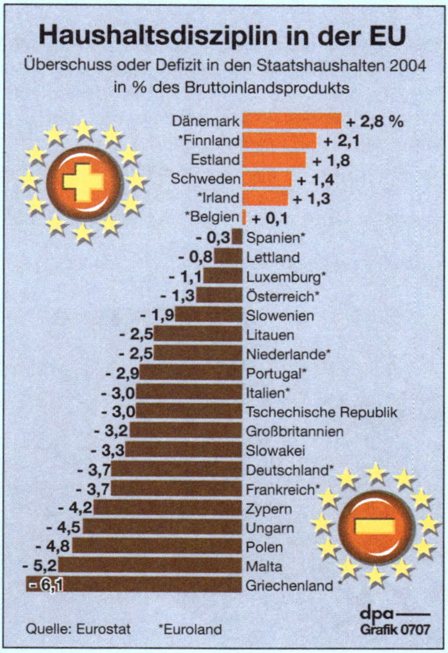

finanzen in den Einzelstaaten v. a. vor, bei einer Überschreitung der 3%-Grenze auch weitere Faktoren wie Konjunkturlage, Rentenreformen, öffentliche Investitionen oder - für die vereinigungsbedingten Schulden Deutschlands besonders wichtig - Kosten des »europ. Einigungsprozesses« anzurechnen. Vor dem Hintergrund seiner stabilen Entwicklung kann sich der E. diese flexiblere Handhabung des Stabilitätspakts leisten.

www.ecb.int; www.bundesbank.de

Europäische Kommission

Sitz: Brüssel **Gründung:** 1967 **Kommissare:** 25 **Präsident:** José Manuel Durão Barroso, Portugal (seit 2004) **Funktion:** Ausführendes Organ der EU

Die E.K. (offiziell Kommission der Europ. Gemeinschaften, auch EU-Kommission) ist ein von den EU-Mitgliedstaaten politisch unabhängiges Organ, das die Interessen der gesamten Union vertritt und wahrt. Innerhalb des institutionellen Systems der EU schlägt sie Rechtsvorschriften, politische Maßnahmen und Aktionsprogramme vor, stellt den Haushaltsplan auf und vertritt die EU in internationalen Organisationen. Die Kommission ist für die Umsetzung der Beschlüsse des Europ. Parlaments und des Rates der Union (Ministerrat) verantwortlich und kontrolliert, ob die von den EU-Organen erlassenen Bestimmungen im Einklag mit dem Gemeinschaftsrecht stehen.

Neue Kommission: Die neue E. K. unter dem Präsidenten José Manuel Durão Barroso (Portugal) fand am 27. 10. 2004 nicht die erforderliche Zustimmung des Europ. Parlaments. Barroso hatte seine Kommission kurz vor der entscheidenden Abstimmung im Parlament zurückgezogen, als sich abzeichnete, dass sein Team nicht mehrheitsfähig war. Vor allem die Äußerungen des designierten Kommissars Rocco Buttiglione (Italien) über Homosexualität und die Rolle der Frau hatten den Unmut von Abgeordneten entzündet. Nach der Umbesetzung und Anhörung zweier neuer Kandidaten, Franco Frattini (Italien) und Andris Piebalgs (Lettland), erhielt die Kommission am 18. 11. 2004 mit 449 gegen 149 Stimmen bei 82 Enthaltungen das Vertrauen des Parlaments.

Europäische Kommission: Das Europ. Parlament lehnte Rocco Buttiglione als Kommissar ab.

Arbeitsprogramm: Das Arbeitsprogramm der E. K. für 2005 enthielt 114 Einzelmaßnahmen und über 150 Rechtsvorschläge, darunter ein neues Asyl- und Zuwanderungsrecht, sowie zahlreiche Regelungen zum Europ. Binnenmarkt.

Strategieplanung 2005–09: Im Zentrum der »Partnerschaft für eine europ. Erneuerung« formulierte die E. K. im Januar 2005 vier Forderungen: 1. Es gilt, mehr Wohlstand auf der Grundlage stärkerer Wettbewerbsfähigkeit zu schaffen. 2. Die Bereitschaft zu Solidarität und sozialer Gerechtigkeit in einer immer mobileren Gesellschaft (u. a. Reform der Sozialsysteme) muss wachsen. 3. Durch gemeinsames Handeln auf EU-Ebene soll ein höheres Maß an Sicherheit vor dem Terrorismus und der organisierten Kriminalität erreicht werden. 4. Im Rahmen der Nachbarschaftspolitik soll eine neue Verantwortungsbereitschaft in der Welt mit besonderem Gewicht auf die angrenzenden Regionen begründet werden.

Buchungstricks: Zwischen 1997 und 2003 verstieß Griechenland gegen seine Verpflichtung, der EU korrekte statistische Daten vorzulegen. Der Bericht der Statistikbehörde der EU (Eurostat) für diesen Zeitraum belegte, dass das Defizit der öffentlichen Haushalte um durchschnittlich 2,1% des BIP geschönt wurde. So hatte die jährliche staatliche Neuverschuldung tatsächlich stets über den vom Europ. Stabilitäts- und Wachstumspakt erlaubten 3% des BIP gelegen. Um die Einhaltung des Stabilitätspaktes in den Mitgliedstaaten besser überwachen zu können und eine Täuschung zu vermeiden, soll Eurostat künftig alle Buchungsvorgänge überprüfen und Zugang zu den Konten der Mitgliedsländer erhalten. Die Maßnahmen sollen sicherstellen, dass die jährlich von den nationalen Finanzministern nach Brüssel gesandten Angaben korrekt sind.

Bürokratieabbau: Die E.K stellte am 16. 3. 2005 Maßnahmen für eine verbesserte Rechtsetzung vor. Danach soll ein gesundes Gleichgewicht zwischen Kosten und Nutzen von Rechtsvorschriften Überregulierungen verhindern, um

EU-Bürger und Unternehmen von bürokratischem Aufwand zu entlasten.

Kritik: Der Vizepräsident der E. K., Siim Kallas (Estland), zuständig für Verwaltung und Betrugsbekämpfung, warf im April 2005 Teilen des Brüsseler Beamtenapparates vor, sich zu langsam auf die EU-Erweiterung einzustellen. Kallas kritisierte außerdem, dass Regierungen aus den neuen EU-Ländern Druck ausübten, um Landsleuten einflussreiche Posten in der E. K zu verschaffen. So hatte Polen gegen die Berufung des Tschechen Karel Kovanda zum stellv. Generaldirektor für Auswärtige Beziehungen protestiert, nachdem schon ein anderer Tscheche, der ehemalige Ministerpräsident Wladimir Špidla, Kommissar für Beschäftigung und Soziales geworden war.

www.eu-kommission.de

Europäischer Binnenmarkt

Innerhalb der EU-Länder besteht seit 1993 freier Verkehr von Waren, Gütern, Dienstleistungen, Personen und Kapital. So darf jedes Produkt, das in einem Mitgliedstaat auf den Markt gebracht wurde, auch in jedem anderen Mitgliedstaat verkauft werden.

Binnenmarktbericht: Nach dem Bericht der Europ. Kommission zur Umsetzung der Binnenmarktstrategie 2003–06 sparen Behörden, die auf Grundlage der EU-Vergabevorschriften ausschreiben, im Jahr etwa 34% mehr als andere öffentlichen Stellen. Der Gesamtwert der öffentlichen Ausschreibungen betrug 2002 EU-weit 1 500 Mrd. €, also rund 16% des EU-BIP.

Gesetzesdschungel: Die Kommission kündigte im März 2005 an, Gesetze, die die Wirtschaft mit unnötiger Bürokratie belasten, abzuschaffen. Geprüft werden sollen rund 900 Gesetzesinitiativen, die vor dem 1. 1. 2004 eingebracht worden waren und noch nicht beschlossen sind.

Societas Europaea (SE): Eine neue Rechtsform für Unternehmen vereinfacht seit 29. 12. 2004 europaweit die Gründung von Tochtergesellschaften, Fusionen und Sitzverlagerungen.

Software: Der EU-Ministerrat verabschiedete im März 2005 eine Richtlinie zur Anwendung computerimplementierter Anwendungen; danach können nur Softwarelösungen patentiert werden, die neu sind, gewerblich genutzt werden und auf einer erfinderischen Tätigkeit beruhen.

Dienstleistungen: Bis 2010 war eine vollständige Öffnung der Märkte für Dienstleistungen – ein Kernanliegen des Lissabon-Prozesses (→ Europäische Union) – geplant. Die entsprechende Richtlinie regelt die Niederlassungsfreiheit von Dienstleistungsfirmen und den zeitlich befristeten Einsatz im EU-Ausland. Im März 2005 einigten sich die Staats- und Regierungschefs darauf, die Dienstleistungsrichtlinie hinsichtlich verbindlicher Sozialstandards zu überarbeiten und dem Sozialdumping entgegenzuwirken. 2004/05 machten grenzüberschreitende Dienstleistungen im EU-Durchschnitt lediglich 20% der mit Dienstleistungen erzielten Wertschöpfung aus. Neben Deutschland und Belgien waren 2004/05 die Märkte in Italien und Frankreich am stärksten abgeschottet.

Wertpapierrichtlinie: Börsennotierte Unternehmen müssen innerhalb von vier Monaten nach Ende des Geschäftsjahres Jahresfinanzberichte veröffentlichen und sind verpflichtet, die Aktionäre vierteljährlich über die Unternehmensentwicklung aufzuklären. Die Anfang 2005 in Kraft getretene Richtlinie soll Anleger dazu ermuntern, grenzüberschreitend Aktien zu kaufen, und ermöglicht eine EU-weite Verbreitung von Unternehmensinformationen.

»Europa für Sie«: Das neue Internetportal, das einen ersten Schritt in Richtung elektronischer Behördendienste (E-Government) darstellt, soll Unternehmen dabei unterstützen, sich über eine einzige Anlaufstelle eine Orientierung über Vorschriften zum E. B. zu verschaffen. www.europa.eu.int/youreurope bietet dazu rund 1 300 nationale Merkblätter an.

Aggressives Marketing: Der EU-Ministerrat sprach sich im November 2004 für ein Verbot aggressiver Marketingpraktiken und irreführender Werbung aus. Eine entsprechende Richtlinie untersagt u. a. Zahlungsaufforderungen für gelieferte Produkte, die der Verbraucher nicht bestellt hat, und das Anbieten von Gratis-Produkten mit versteckten Kosten.

Solvit: Das seit 2002 bestehende Netzwerk zur Durchsetzung der Bürger- und Unternehmerrechte im E. B. befasste sich 2004 mit 289 Beschwerden, 72% mehr als 2003. In vier von fünf Fällen löste Solvit das Problem. Bürger und Unternehmen können sich kostenlos an die Solvit-Stelle ihres Mitgliedstaates wenden.

www.bfai.de (Bundesagentur für Außenwirtschaft);
www.eic.de (Euro Info Centre)

José Manuel Durão Barroso

Präsident der Europ. Kommission (23. 3. 1956 in Lissabon/Portugal). Der portugiesische Ministerpräsident (ab 1999) wurde im Juni 2004 vom Europ. Rat nominiert und am 1. 11. 2004 nach der Bestätigung durch das Europ. Parlament Nachfolger von Romano Prodi (Italien).

Die Europäische Kommission ist als ausführendes Organ der EU für die Anwendung des Gemeinschaftsrechts (Europarecht) verantwortlich. Der Präsident wie die übrigen Kommissare werden vom Europ. Rat mit qualifizierter Mehrheit nominiert und – nach Zustimmung durch das Parlament – ernannt. Jedes EU-Mitgliedsland stellt einen Kommissar. Ihm weist der Kommissionspräsident einen Aufgabenbereich zu. Den Kommissaren arbeiten fachlich 36 Generaldirektionen zu (19 Politikbereiche, Außenbeziehungen, allgemeine und interne Dienste, inkl. Ämter wie die Statistikabteilung Eurostat). Insgesamt hat die Kommission ungefähr 20 000 Mitarbeiter (Hauptsitz: Brüssel).

Jacques Barrot

Vizepräsident, zuständig für Transport (* 3. 2. 1937 in Yssingeaux/Frankreich); 1995–97 Arbeitsminister, ab April 2004 Kommissar für Regionalpolitik.

Franco Frattini

Vizepräsident, zuständig für Justiz, Freiheit und Sicherheit (* 14. 3. 1957 in Rom/Italien); 2001/02 Minister für Nachrichtendienste, 2002–04 Außenminister.

Siim Kallas

Vizepräsident, zuständig für Verwaltung, Audits und Betrugsbekämpfung (* 2. 10. 1948 in Tallinn/Estland); 1991–95 Zentralbankchef, 2002/03 Ministerpräsident.

Günter Verheugen

Vizepräsident, zuständig für Unternehmen und Industrie (* 28. 4. 1944 in Bad Kreuznach/Deutschland); 1999–2004 Kommissar für EU-Erweiterung.

Margot Wallström

Vizepräsidentin, zuständig für Institutionelle Beziehungen, Kommunikation (* 28. 9. 1954 in Kåge); 1999–2004 Kommissarin für Umwelt.

Joaquín Almunia

Kommissar für Wirtschaft und Währungsangelegenheiten (* 17. 6. 1948 in Bilbao/Spanien); 1997–2000 Generalsekretär der Sozialisten, ab April 2004 EU-Kommissar.

Joe Borg

Kommissar für Fischerei und maritime Angelegenheiten (* 19. 3. 1952 in Malta); ab 1. 5. 2004 im EU-Kommissariat für Entwicklung und humanitäre Hilfe.

Stavros Dimas

Kommissar für Umwelt (* 30. 4. 1941 in Athen/Griechenland); ab 1995 Generalsekretär der Neuen Demokratie, ab März 2004 EU-Kommissar für Beschäftigung und Soziales.

Benita Ferrero-Waldner

Kommissarin für Außenbeziehungen und Europ. Nachbarschaftspolitik (* 5. 9. 1948 in Salzburg/Österreich); 2000–04 österreichische Außenministerin.

Ján Figel

Kommissar für Bildung, Ausbildung, Kultur, Sprachenvielfalt (* 20. 1. 1960 in Vranov nad Toplou/Slowakei); ab 1. 5. 2004 Ko-Kommissar für Unternehmen u. a.

Else Mariann Fischer Boel

Kommissarin für Landwirtschaft, ländl. Entwicklung (* 15.4. 1943 in Aasum/Dänemark); 2001–04 dän. Ministerin für Ernährung und Landwirtschaft.

Dalia Grybauskaitė

Komissarin für Finanzen und Haushalt (* 1.3. 1956 in Vilnius/Litauen); ab 2001 Finanzmin., ab 1.5. 2004 im EU-Kommissariat für Bildung und Kultur.

Danuta Hübner

Kommissarin für Regionalpolitik (* 8.4. 1948 in Nisko/Polen); 2003/04 polnische Europa-Ministerin, ab 1.5. 2004 im EU-Kommissariat für Außenhandel.

László Kovács

Kommissar für Steuern, Zollpolitik (* 3.7. 1939 in Budapest/Ungarn); 1998–2002 Partei- und Fraktionschef der Sozialisten, 1994–98, und 2002–04 Außenminister.

Neelie Kroes

Kommissarin für Wettbewerb (* 19.7. 1941 in Rotterdam/Niederlande); Wirtschaftspolitikerin, Universitätsdirektorin, 1990er-Jahre Beraterin der EU-Kommission.

Markos Kyprianou

Kommissar für Gesundheit und Verbraucherschutz (* 22.1. 1960 in Limassol/Zypern); ab 2001 Finanzmin., ab 1.5. 2004 im EU-Kommissariat für Haushalt.

Peter Mandelson

Kommissar für Außenhandel (* 21.10. 1953 in London/Großbritannien); Labourpolitiker, 1997–2000 brit. Minister, zuletzt für Nordirland.

Charlie McCreevy

Kommissar für Binnenmarkt und Dienstleistungen (* Sept. 1949 in Sallins/Irland); 1993/94 ir. Handelsminister, 1997–2004 Finanzminister.

Louis Michel

Kommissar für Entwicklung und humanitäre Hilfe (* 2.9. 1947 in Tirlemont/Belgien); 1995–99 Vorsitzender der belgischen Liberalen, 1999–2004 Außenminister.

Andris Piebalgs

Kommissar für Energie (*17. 9. 1957 in Valmierá/Lettland); Diplomat, 1998–2003 EU-Botschafter, ab 1.5. 2004 im EU-Kommissariat für Landwirtschaft.

Janez Potočnik

Kommissar für Wissenschaft und Forschung (* 22.3. 1958 in Kropa na Gorenjskem/Slowenien); ab 2002 Europa-Minister, ab 1.5. 2004 im Kommissariat für EU-Erweiterung.

Viviane Reding

Kommissarin für Informationsgesellschaft und Medien (* 27.4. 1951 in Esch-sur-Alzette/Luxemburg); 1999–2004 EU-Kommissarin für Bildung und Kultur.

Olli Rehn

Kommissar für die EU-Erweiterung (* 31.3. 1962 in Mikkeli/Finnland); von Juli bis Oktober 2004 EU-Kommissar für Wirtschaft und Informationsgesellschaft.

Vladimír Špidla

Kommissar für Beschäftigung, Soziales und Chancengleichheit (* 22.4. 1951 in Prag/Tschechien); 2002–04 tschech. Ministerpräsident (Sozialdemokrat).

Weblinks zur EU

www.eu-kommission.de (Vertretung der Europ. Kommission in Deutschland)

http://europa.eu.int (offizielles Portal der EU)

www.europa.eu.int/youreurope (»Europa für Sie«, Informationen für Bürger und Firmen)

Europäischer Bürgerbeauftragter

Der E.B. (Sitz: Straßburg) wird für die Dauer einer Legislaturperiode vom Europ. Parlament gewählt. Jede natürliche oder juristische Person mit Wohnort oder Sitz in einem Mitgliedstaat der EU kann sich an den E. B. mit Beschwerden über die Organe und Institutionen der EU wenden. Seit 1. 4. 2003 hat Nikiforos Diamandouros (Griechenland) das Amt inne.

Die Abgeordneten des Europ. Parlaments bestätigten im Januar 2005 Nikiforos Diamandouros als E. B für die neue Legislaturperiode. Er erhielt 564 Stimmen, sein Gegenkandidat Giuseppe Fortunato (Italien) 45. Diamandouros war bereits im April 2003 für die Zeit bis Ende 2004 gewählt worden, nachdem sein Vorgänger Jacob Söderman (Finnland, ab 1995), in den Ruhestand getreten war.

Die EU-Bürger machten von ihrem Recht, sich an den E. B. zu wenden, zunehmend Gebrauch. Im Jahr 2004 erhielt der E. B. 3726 Beschwerden. Dies war eine Steigerung um 53% gegenüber 2003.

www.euro-ombudsman.eu.int

Europäischer Gerichtshof

Abkürzung: EuGH **Sitz:** Luxemburg **Gründung:** 1952 **Mitglieder:** 25 Richter, 8 Generalanwälte **Präsident:** Vassilios Skouris, Griechenland (seit 2003) **Gericht erster Instanz:** 25 Richter **Präsident:** Bo Vestendorf, Dänemark (seit 1998) **Funktion:** Rechtsprechungsorgan der EU zur Gewährleistung und Auslegung des Gemeinschaftsrechts

Wiederwahl: EuGH Präsident Bo Vestendorf wurde im September 2004 für weitere drei Jahre im Amt bestätigt. Es ist bereits seine dritte Amtszeit als Präsident des Gerichts erster Instanz. Vestendorf sitzt außerdem der ersten von fünf Kammern mit fünf Richtern vor.

Bilanz: Der Eu GH schloss 2004 insgesamt 665 Rechtssachen ab (2003: 494), gleichzeitig gingen 531 neue Rechtssachen ein (2003: 561). Die durchschnittliche Verfahrensdauer bei einem Vorabentscheidungsverfahren verkürzte sich von 25 auf 23 Monate. 30% der 2004 verkündeten Urteile ergingen ohne Schlussanträge, da die Rechtssachen keine neuen Rechtsfragen aufwarfen.

Arzneimittel: Im Streit um die Zulassung homöopathischer Arzneimittel entschied der Gerichtshof im Mai 2005, dass ein Wirksamkeitsnachweis oder Therapieerfahrungen auch bei sog. Komplexmitteln nicht erforderlich seien. Danach müssen die Hersteller für Medikamente zur oralen oder äußerlichen Anwendung lediglich die pharmazeutische Qualität und die Einheitlichkeit des Produkts nachweisen. Im konkreten Fall hatte das dt. Bundesinstitut für Arzneimittel und Medizinprodukte die Registrierung eines homöopathischen Mittels abgelehnt, weil es nicht allgemein bekannt war.

www.curia.eu.int

Europäischer Rat

Im E.R. kommen die Staats- und Regierungschefs der EU-Mitgliedstaaten sowie der Präsident der Europ. Kommission zusammen (mind. zweimal pro Jahr). Der E. R. gibt Impulse für die Entwicklung der EU, legt die politischen Ziele fest, setzt Leitlinien der Außen- und Sicherheitspolitik und befasst sich mit strittigen Fragen, die auf Ebene des Ministerrats nicht geklärt wurden.

Für das zweite Halbjahr 2005 übernahm Großbritannien die Präsidentschaft im E. R. Am 1. 1. 2006 beginnt die Ratspräsidentschaft Österreichs, im zweiten Halbjahr 2006 diejenige Finnlands.

Frühjahrsgipfel 2005: Der E. R. beschloss auf seinem Treffen am 22./23. 3. 2005 in Brüssel einen Wechsel der sog. Lissabon-Strategie: Künftig soll sich Europa auf die Förderung des Wirtschaftswachstums und der Beschäftigung konzentrieren. Das ursprüngliche Ziel, bis 2010 die EU zur wachstumsstärksten Region weltweit zu machen, wird nicht weiterverfolgt. Festgehalten wurde u. a. an den Zielen, die Forschungsausgaben zu erhöhen (→ EU-Forschungspolitik), die Umsetzung der neuen Initiativen zum Bürokratieabbau (→ Europäische Kommission) voranzutreiben.

Russlandgipfel: Auf ihrem 15. Gipfel am 10. 5. 2005 verständigten sich Russland und die EU darauf, ihre Zusammenarbeit in den Bereichen Wirtschaft, Sicherheit und Außenbeziehungen sowie Forschung, Bildung und Kultur zu vertiefen. Ein Schwerpunkt soll in der Lösung von Regionalkonflikten in der GUS liegen. Im November 2004 einigten sich beide Seiten auf die Gründung eines Europ. Trainingsinstituts in Moskau als »gemeinsamen Raum« für die Bereiche Wirtschaft, Bildung und Kultur sowie innere und äußere Sicherheit.

Indien und China: Im November 2004 schloss die EU mit Indien eine strategische Partnerschaft mit Projekten in den Bereichen Forschung, Energie und Umwelt. Zur Intensivierung des Akademikeraustausches stellte die EU Stipendien in Höhe von 33 Mio. € aus dem Erasmus-Programm (→ EU-Bildungspolitik) bereit. Mit China vereinbarte die EU im Dezember 2004 eine enge Zusammenarbeit in Fragen des Tourismus, der Satellitennavigation sowie in den Bereichen Zoll, Wissenschaft und Technik.

Türkei-Beitritt: Auf ihrem Gipfel am 17. 12. 2004 in Brüssel beschloss der E. R., ab 3. 10. 2005 Beitrittsverhandlungen mit der Türkei aufzunehmen. Damit folgte er den Einschätzungen und Vorschlägen der Europ. Kommission vom Oktober des Jahres, die Türkei bis 2014 zu »integrieren«.

Europäisches Parlament

Sitz: Straßburg (Frankreich) **Sitzungsorte:** Straßburg/ Brüssel (Generalsekretariat: Luxemburg) **Gründung:** 1958 **Präsident:** Josep Borrell (seit 2004) **Abgeordnete:** 732 **Fraktionen:** 7; fraktionslos: 29 Parlamentarier **Funktion:** Volksvertretung der EU, Legislative zusammen mit dem Ministerrat

Diäten: Am 23. 6. 2005 billigte das E.P. neue Regeln zur Abgeordnetenentschädigung und Spesenabrechnung, die nach der Wahl 2009 in Kraft treten sollen. Danach sollen alle Abgeordneten monatliche Diäten von einheitlich 7 000 € erhalten; der Betrag kann von den Mitgliedstaaten aufgelockert werden (bis 2019).

Europäisches Parlament: Der Spanier Josep Borrell Fontelles wird am 20. Juli zum neuen Präsidenten des Europaparlaments gewählt.

Lebensmittelwerbung: Das E. P. lehnte im Mai 2005 die von der Europ. Kommission geplanten Einschränkungen in der Lebensmittelwerbung ab. Mit den Stimmen von Konservativen, Liberalen und Sozialisten wurde u. a. der Vorschlag gestrichen, mit sog. Nährwertprofilen für besonders fettige, süße und salzige Lebensmittel irreführende Werbeaussagen (z. B. »... stärkt die Abwehrkräfte«) zu stoppen. Das Parlament entschied sich auch gegen das von der Kommission vorgeschlagene Genehmigungsverfahren für Werbeslogans und gegen die Streichung sog. Wohlfühl-Slogans wie »... bringt Schwung« oder »... schmeckt leicht«.

www.europarl.de

Europäische Union

Abk. EU. Die EU ist ein Staatenbund; ihre Organe (Kommission, Parlament, Ministerrat u. a.) haben Rechtsetzungsbefugnisse u. a. in der Agrarpolitik und bei der Umsetzung des Binnenmarkts. Die EU darf nur auf den Gebieten tätig werden, die ihr durch Verträge zugewiesen sind, in anderen Bereichen nur, wenn die EU-Länder ein gemeinsames Ziel allein nicht verwirklichen können.

USA: Die Europ. Kommission forderte im Mai 2005 eine grundsätzliche Erneuerung der Beziehungen zwischen der EU und den USA und plädierte für eine Verbesserung der wirtschaftlichen Zusammenarbeit. Ziel müsse ein Markt ohne Hürden sein. Gleichzeitig sollen die Zollverfahren auf beiden Seiten vereinfacht werden.

Amtssprachen: Zu den 20 Amtssprachen der EU (ab 1. 5. 2004) – Dänisch, Deutsch, Englisch, Estnisch, Französisch, Finnisch, Griechisch, Italienisch, Lettisch, Litauisch, Maltesisch, Niederländisch, Polnisch, Portugiesisch, Schwedisch, Slowenisch, Slowakisch, Spanisch, Tschechisch und Ungarisch – kommt auf Beschluss des Rates der Außenminister vom Juni 2005 mit Irisch (Gälisch) ab 2007 eine 21. hinzu. Rechtsakte der EU werden in alle Amtssprachen übersetzt. Mitte 2005 war jeder fünfte EU-Bedienstete im Sprachendienst tätig. Die Verkehrssprachen (Französisch, Englisch und Deutsch) prägen dagegen die Arbeit der EU unterhalb der Ministerebene.

Lissabon-Bericht: Eine Expertengruppe unter Leitung des ehemaligen niederländischen Ministerpräsidenten Wim Kok, die im Mai 2004 mit der Überprüfung der seit vier Jahren bestehenden Lissabon-Strategie begonnen hatte, kam im Herbst 2004 zum Ergebnis, dass die EU ihr

Europäische Union: Vorschläge der Kok-Gruppe

Die Kok-Gruppe empfahl der EU 1. eine Einführung beschleunigter Arbeitserlaubnis- und Visa-Verfahren für Wissenschaftler, 2. die Etablierung eines europ. Forschungsrates, der Grundlagenforschung finanziert und koordiniert, 3. die Verdoppelung des Zugangs zu Breitbandverbindungen bis 2010 und 4. die Verabschiedung des Gemeinschaftspatents.
Den einzelnen Mitgliedstaaten empfahl sie 1. Zeit, Aufwand und Kosten für Unternehmensgründungen drastisch zu senken, 2. nationale Strategien für lebenslanges Lernen zu verabschieden und 3. die Entwicklung und Verbreitung von Öko-Innovationen zu fördern.

selbst gestecktes Ziel, bis 2010 dynamischste und wettbewerbsfähigste Wirtschaft der Welt zu werden, nicht erreichen kann, weil sie in wichtigen Bereichen hinter den USA zurückliegt:

- Die Produktivitätswachstumsrate der EU-15 1996–2003 betrug im Durchschnitt 1,4% gegenüber 2,2% in den USA.
- Das Wirtschaftswachstum war deutlich niedriger als in den USA.
- Die Beschäftigungsquote stieg zwar von 62,5% (1993) auf 64,3% (2003), der Abstand zu den USA beträgt aber noch zehn Prozentpunkte.
- Die Ausgaben für Forschung und Entwicklung stagnierten bei 2% des BIP, während sie in den USA fast 3% erreichten.

Neue Schwerpunkte der Lissabon-Strategie der EU sind: 1. Erhöhung der Forschungsausgaben auf 3% der Wirtschaftsleistung; 2. Innovationsförderung (inkl. Energieeffizienz und Umwelttechnologien); 3. Bürokratieabbau und Verminderung des Verwaltungsaufwands; 4. Förderung kleinerer und mittlerer Unternehmen durch Einrichtung zentraler Anlaufstellen, Zugang zu Krediten und anderen Unterstützungsdiensten.

Ranking: Eine Analyse des Dt. Industrie- und Handelskammertages (DIHK) zur Umsetzung der Lissabon-Strategie in der EU-15 ergab im März 2005, dass sich Deutschland 2003 im EU-Vergleich nur innerhalb der mittleren Rangplätze befand. Die größten Fortschritte erzielten danach Großbritannien und Frankreich. An der Spitze sah der DIHK Schweden und Dänemark; Spanien und Italien bildeten die Schlusslichter.

Bevölkerungsentwicklung: Die Einwohnerzahl in der EU wird sich nach Schätzungen des europ. Statistikamtes Eurostat bis 2025 nur noch leicht um rund 2% auf 469,5 Mio. Einwohner im Jahr 2025 erhöhen. Bis 2050 rechnet Eurostat dann mit einem Rückgang um bis zu 4,3%; der Anteil der Menschen ab 65 Jahre wird sich von 16,4% (2004) auf 29,9% fast verdoppeln.
www.europa.eu.int

Europäische Verfassung

Unterzeichnung: Am 29. 10. 2004 unterzeichneten die 25 europ. Staats- und Regierungschefs in Rom den Vertrag über eine E. V. Das Europ. Parlament billigte den Vertrag im Januar 2005: 500 Abgeordnete stimmten dafür, 137 dagegen, 40 enthielten sich. Die Phase der Ratifizierung durch die 25 EU-Staaten begann im Dezember 2004 und sollte bis zum 1. 11. 2006 abgeschlossen sein. Nachdem die Franzosen und Niederländer in Referenden (Mai/Juni 2005) mehrheitlich gegen die E. V. gestimmt hatten, hob der Europ. Rat am 16./17. 6. 2005 in Brüssel die Frist für die Ratifizierung durch alle Mitgliedsstaaten (November 2006) auf und verordnete den EU-Staaten eine einjährige »Denkpause«, um ihnen mehr Zeit für die Information ihrer Bürger zu geben. Zahlreiche Länder, darunter Dänemark, Polen, Portugal, die Tschechische Republik, verschoben daraufhin die Ratifizierung der E. V. In Luxemburg stimmten am 10. Juli 56% der Wähler für die Verfassung.

Kernpunkte: Der Verfassungsvertrag enthält 454 Artikel und sechs Kernpunkte, die ein Fundament für das Zusammenwirken und die Wei-

Europäische Verfassung: Bundeskanzler Schröder (links) und Außenminister Fischer unterzeichnen in Rom den Verfassungsvertrag.

Europa ist nicht das Problem, sondern die Lösung

Nach dem Debakel bei den Volksabstimmungen zur Europäischen Verfassung in Frankreich und den Niederlanden ist Europa in eine tiefe Krise gestürzt. Die EU muss aus den verlorenen Referenden grundlegende Konsequenzen ziehen, denn mit der Entscheidung für oder gegen das Vertragswerk wird das Europa von morgen gestaltet. Hohe Arbeitslosenzahlen und zähes Wirtschaftswachstum fördern europaweit die Unzufriedenheit der Menschen.

Die geringe Beteiligung (45,5%) an der Wahl zum Europ. Parlament im Juni 2004 war bereits ein Alarmsignal. In nahezu allen 25 EU-Staaten – außer in Griechenland, Spanien und Luxemburg – ging die jeweilige Opposition gestärkt aus den Wahlen hervor; unabhängig von der politischen Couleur mussten die regierenden Parteien der EU-Länder z. T. schwere Verluste hinnehmen. Bereits hier sprachen die Medien von Politikverdrossenheit, unzureichender Informationspolitik seitens der EU und mangelndem Interesse aller Beteiligten am »europ. Traum«. Die negativen Referendumsergebnisse aus Frankreich (54,87% Nein-Stimmen) und den Niederlanden (61,6% Nein-Stimmen) signalisieren Unmut und Unzufriedenheit – sowohl hinsichtlich des Zustandes der EU wie der Zukunftspläne ihrer Regierenden.

Erweiterung um jeden Preis? Die Frage der Mitgliedschaft der Türkei ist in weiten Teilen der Bevölkerung umstritten. Nach der großen Erweiterungsrunde 2004 scheint die Furcht der Bürger vor weiterem Zuwachs groß zu sein. Zwar hat die EU Rumänien und Bulgarien einen Beitritt vertraglich zugesichert und der Türkei zumindest den Verhandlungsbeginn in Aussicht gestellt. Doch wenn Rumänien die Korruption nicht in den Griff bekommt, könnte die Europ. Kommission eine Verschiebung des Beitritts empfehlen, und der Europ. Rat könnte einen Beitritt verhindern – ähnlich wie im Fall Kroatiens, das kurzerhand vom Verhandlungstisch gefegt wurde, weil es den EU-Ersuchen um die Auslieferung mutmaßlicher Kriegsverbrecher nicht angemessen nachkam. Um ihre Wähler und damit die EU-Bürger europafreundlich zu stimmen, müsste die EU nur ihre eigenen Gesetze und Regeln ernster nehmen und Zeichen setzen, die auch die Menschen verstehen.

Denkzettel für die Eurokraten? Absurde Regelungen – z. B. zum Krümmungswinkel von Salatgurken, die Bestimmung zur Einführung einer Seilbahnverordnung oder die Warnhinweise auf Zigarettenpackungen bei gleichzeitiger Subventionierung des europ. Tabakanbaus – haben dem Ruf der EU geschadet. Polnische Billiglohnkräfte in dt. Schlachthöfen verdrängen im Zuge der Liberalisierung der Dienstleistungsmärkte feste Arbeitsplätze in der heimischen Fleischindustrie.

Europa geht vielen an den Nerv. Und solange die verantwortlichen Politiker ihren Landsleuten die Gründe ihres politischen Vorgehens nicht glaubhaft vermitteln können und solange es scheint, dass die EU ihren Mitgliedstaaten die Möglichkeit zur Gestaltung von Politik nimmt, bleibt der Traum von einem einheitlichen, starken Europa auf der Strecke. So sieht es jedenfalls der Wähler – und bemerkt vielleicht nicht, dass nicht »Brüssel« die Verantwortung trägt, sondern dass die grundsätzlichen Entscheidungen immer noch von den einzelnen Mitgliedstaaten getroffen werden (müssen).

Sicher ist eine »europ. Inventur« unausweichlich; die EU muss sich stärker als bisher um die Akzeptanz bei den Bürgern bemühen und deren Voten gegen das »schnelle Europa« beherzigen. Der Gipfel im Juni hat den 13 EU-Mitgliedern, die den Ratifizierungsprozess noch nicht abgeschlossen haben, überlassen, wie und wann sie diesen fortsetzen wollen (»in autonomer und souveräner Entscheidung«).

Kundgebung der frz. Rechten am 1. Mai in Paris im Vorfeld des Referendums zur Europ. Verfassung in Frankreich

terentwicklung einer erweiterten Union bilden: 1. Grundrechte für alle EU-Bürger garantiert die »Grundrechtscharta«. 2. Die Reform der Institutionen sichert mit dem Grundsatz der »doppelten Mehrheit« im Ministerrat die Rechte der kleinen Mitgliedstaaten: Ein Beschluss auf Grundlage eines Kommissionsvorschlags wird gefasst, wenn mind. 55 % der Mitgliedstaaten, mind. aber 15 Länder zustimmen. Diese Länder müssen außerdem mind. 65 % der Bevölkerung repräsentieren. 3. Die Mitentscheidungsrechte des Europ. Parlaments werden ausgebaut und Volksabstimmungen zugelassen. 4. Die Kompetenzzuweisung an die EU und ihre Organe entspricht dem Grundsatz der Subsidiarität. 5. Die innere Sicherheit und Justizpolitik werden integraler Teil der Gemeinschaftspolitik. 6. In der Außenpolitik wird die EU durch einen Außenminister vertreten.

Ratifizierung: 14 EU-Staaten hatten sich nach der Unterzeichung der E. V. entschieden, diese durch das nationale Parlament ratifizieren zu lassen. Vier Länder sahen eine Ratifizierung per Referendum vor. In Irland, Luxemburg, den Niederlanden, Spanien und Großbritannien sollten sowohl das Parlament als auch das Volk abstimmen. Nicht festgelegt hatten sich Litauen und Polen. Damit die Verfassung in Kraft treten kann, müssen alle 25 EU-Staaten zustimmen. Bei einer Ablehnung durch ein EU-Mitglied gilt weiterhin der Vertrag von Nizza (in Kraft seit 1. 2. 2003).

Europäische Verfassung: Ratifizierung bis Mitte Juli 2005

Deutschland: Am 12. 5. 2005 stimmten 95 % der 594 anwesenden Abgeordneten des Dt. Bundestages für die Verfassung. Der Bundesrat billigte das Vertragswerk am 27. 5. 2005.
Griechenland: Das Parlament ratifizierte die Europ. Verfassung am 19. 4. 2005. 268 Abgeordnete stimmten mit Ja, 17 mit Nein.
Italien: Das Abgeordnetenhaus billigte die Verfassung im April mit 217 gegen 16 Stimmen.
Lettland: Am 2. 6. 2005 stimmte das Parlament mit den Stimmen von 71 Abgeordneten der Verfassung zu; es gab fünf Nein-Stimmen).
Litauen: Als erster EU-Mitgliedstaat ratifizierte das baltische Land am 11. 11. 2004 die Verfassung. 84 Parlamentsabgeordnete stimmten für eine Annahme, vier dagegen.
Luxemburg: 56 % der Wahlberechtigten stimmen in einem Referendum am 11. Juli für die Europ. Verfassung.
Malta: Das Parlament ratifizierte die Verfassung am 7. Juli einstimmig.
Österreich: Der Nationalrat ratifizierte den Verfassungsvertrag am 11. 5. 2005 mit einer Gegenstimme. Der Bundesrat stimmte am 25. 5. 2005 mit 59 Ja-Stimmen zu.
Slowakei: Die parlamentarische Zustimmung zur Europ. Verfassung erfolgte am 11. 5. 2005. Von den 147 anwesenden Abgeordneten votierten 116 dafür, 27 dagegen.
Slowenien: Das Parlament ratifizierte die Verfassung am 1. 2. 2005 mit großer Mehrheit.
Spanien: In der ersten Volksabstimmung eines Landes stimmten die Spanier am 20. 2. 2005 mit 76,7 % für die Verfassung, mit 17,2 % dagegen (Beteiligung: 42,3 %).
Ungarn: Das Parlament stimmte am 20. 12. 2004 mit 322 Ja-, 12 Nein-Stimmen und acht Enthaltungen für die Verfassung.

Europäische Zentralbank

Abk: EZB **Sitz:** Frankfurt am Main **Gründung:** 1998 **Entscheidungsgremium:** Direktorium aus Präsident, Vizepräsident und vier weiteren Mitgliedern; Rat aus Direktorium und Präsident der Zentralbanken der zwölf an der Wirtschafts- und Währungsunion teilnehmenden Länder **Präsident:** Jean-Claude Trichet (seit 2003) **Funktion:** Unabhängige Zentralbank für die an der Europ. Währungsunion teilnehmenden Länder.
Zu den vorrangigen Aufgaben der EZB gehört die Sicherstellung der Preisstabilität im Euro-Währungsbebiet. Ziel ist ein Anstieg der Verbraucherpreise gegenüber dem Vorjahr um weniger als 2 %. Die EZB wendet dabei zwei Strategien an: Erstens kontrolliert sie die Geldmenge (u. a. die Festlegung von Zinssätzen für das gesamte Euro-Währungsgebiet), zweitens beobachtet sie die Preisentwicklung und beurteilt das daraus entstehende Risiko für die Preisstabilität in der Eurozone.

Die Aufwertung des → Euro und niedrige Zinsen brachten der EZB 2004 einen Rekordverlust ein. Der Fehlbetrag beläuft sich auf 1,64 Mrd. € (2003: -447 Mio. €). Der Verlust sollte teils aus den Reserven der EZB, teils von den nationalen Notenbanken gedeckt werden. Die Personal- und Sachkosten der Zentralbank erhöhten sich 2003/04 von 286 Mio. € auf 340 Mio. €. Wichtigster Einzelfaktor war die Aufstockung der Rückstellung für die gestiegenen Pensionsverpflichtungen. Ende 2004 beschäftigte die E. 1309 Mitarbeiter (2003: 1213). Ihre weitaus meisten Erträge erzielte die EZB 2004 aus Zinseinnahmen. Das niedrige Zinsniveau drückte das Jahresergebnis für 2004 ebenfalls. Der Nettozinsertrag fiel von 715 Mio. € auf 690 Mio. €.

Forschung

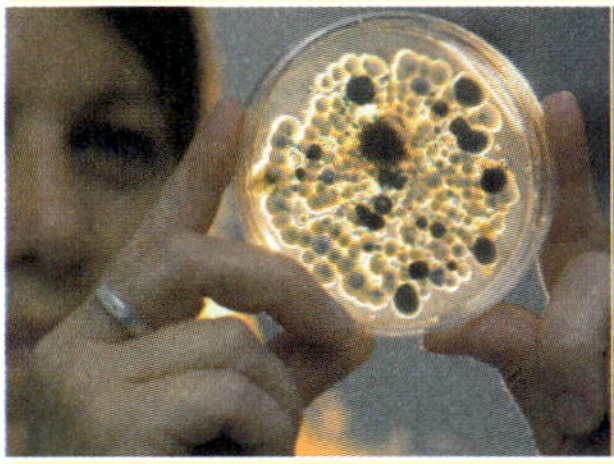

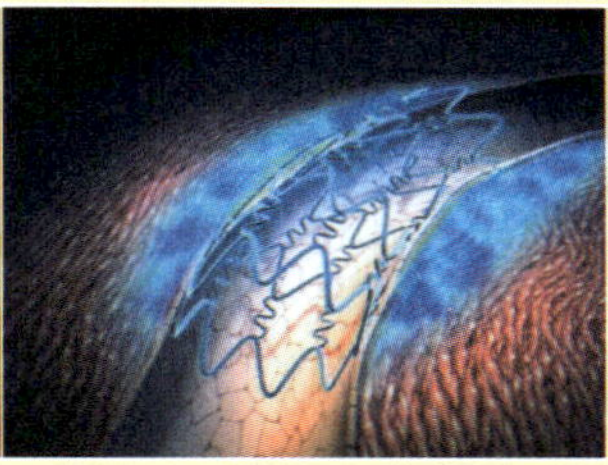

Antriebstechnik

Elektromotor aus der Nanowelt: Im April 2005 berichteten Chris Regan und Mitarbeiter im Fachblatt »Applied Physics Letters« über den bislang kleinsten Elektromotor der Welt. Die Forscher der University of California in Berkeley (USA) konstruierten einen Antrieb, dessen räumliche Ausdehnung mit Seitenlängen von knapp 0,2 Mikrometern (1 µm = 10-3 mm) äußerst gering ist: Auf die zylindrische Außenfläche eines Kohlenstoff-Nanoröhrchens sind zwei unterschiedlich große Metalltropfen geklebt. Sobald elektrischer Strom das ultrafeine Kohlenstoffröhrchen durchfließt, wandern auf dem Röhrchen Metallatome vom größeren zum kleineren Tropfen. Dabei wird Energie in Form von Oberflächenspannung gespeichert. Dieser Vorgang hält so lange an, bis der wachsende Metalltropfen den anderen berührt, sodass beide verschmelzen. Über diese Kontaktstelle wandern die Metallatome an ihren Ausgangsort zurück, zwei Tropfen bilden sich erneut, und der Prozess wiederholt sich. Mittels der angelegten elektrischen Spannung kann man dessen Geschwindigkeit und damit den Motor steuern. Seine Leistung kann bis zu 20 millionstel Watt (0,02 mW) betragen – dies entspricht, bezogen auf das Motorvolumen, dem Eine-Million-Fachen der Leistungsdichte eines modernen 225-PS-Kfz-Motors. Der Nano-Elektromotor könnte Mikroroboter antreiben, die sich ähnlich einer Raupe kriechend fortbewegen.

Biochip

Kombination von mikroelektronischer Siliziumtechnologie und Biomaterial wie DNA, Proteinen oder lebenden Zellen. B. erfüllen Aufgaben eines Labors in Mikrochipgröße, z. B. Analysen für die medizinische Diagnostik oder für Lebensmittelkontrollen. Andere derartige Hybridsysteme bilden Nerven- und andere Zellverbände für Forschungszwecke nach.

Elektrische B.-Technologie: Am 11. 11. 2004 vergab Bundespräsident Dr. Horst Köhler den mit 250 000 € dotierten Dt. Zukunftspreis 2004 an drei Wissenschaftler für ihr Projekt »Labor auf dem Chip – elektrische B.-Technologie«. Dr. Rainer Hintsche vom Fraunhofer-Institut für Siliziumtechnologie (ISIT) in Itzehoe, Dr. Walter Gumbrecht von der Siemens AG in Erlangen und Dr. Roland Thewes von der Münchner Infineon Technologies AG hatten in interdiziplinärer Forschungsarbeit Biotechnologie, miniaturisierte Fluidik und Siliziumtechnologie zu einem vielseitig einsetzbaren Produkt zusammengeführt: Das fingernagelgroße Siliziumplättchen ist ein hoch sensibler Sensor, mit dem sich Mikroorganismen, Hormone, Eiweiße, DNA und andere Biomoleküle, Wirkstoffrückstände und Schadstoffspuren in Lebensmitteln und in der Umwelt mobil, d. h. direkt vor Ort, analysieren und messen lassen. B. sind je nach Einsatzzweck mit unterschiedlichen Fängersubstanzen bestückt. Diese Biomoleküle binden nach dem Schlüssel-Schloss-Prinzip höchst selektiv jeweils an bestimmte Moleküle einer Probenlösung und müssen anschließend ausgelesen werden. Hintsche gestaltete diesen Erkennungsprozess so, dass die bislang üblichen aufwendigen Zwischenschritte entfallen können. Der B. ist mit ultrafeinen Goldelektroden überzogen, jede Fängersubstanz ist auf dem Chip spezifisch positioniert. Detektierte Probenmoleküle werden sofort ausgelesen, indem jedes Fängermolekül seine vollzogene Bindung mittels eines elektrischen Signals, das von der elektrochemischen »Fang«-Reaktion herrührt, direkt signalisiert; solche Signale werden unmittelbar messelektronisch ausgewertet. Hintsches Mitpreisträger hatten sein Prinzip technisch und technologisch für eine Massenproduktion solcher Sensorsysteme weiter entwickelt. Die B. lassen sich auch in Form von Chipstäbchen in portable robuste Messsysteme integrieren.

www.ebiochip.com

Rainer Hintsche
Leiter einer Forschungsabteilung am Fraunhofer-Institut für Siliziumtechnologie in Itzehoe, Schleswig-Holstein, * 1943. Nach Abschluss des Chemiestudiums an der Leipziger Universität 1961 und Promotion schuf er in den vergangenen 15 Jahren die Grundlagen der Biochiptechnologie; er entwickelte die direkte Messung der molekularen Anbindungen, ohne die herkömmlichen komplizierten Zwischenschritte. 2000 gründete Hintsche sein Unternehmen eBiochip Systems, das Abwehrtechnik gegen biologische Kampfstoffe herstellt.

Biochip: Ein elektronischer Biochip, wie ihn das Fraunhofer-Institut für Siliziumtechnologie in Itzehoe entwickelt hat

Bioethik

Teilgebiet der angewandten Ethik, das sich mit sittlichen Fragen zu Geburt, Leben und Tod des Menschen (v. a. im Hinblick auf neue Entwicklungen und Möglichkeiten der biologisch-medizinischen Forschung und Therapie) befasst

Nationaler Ethikrat: In seiner Stellungsnahme »Klonen zu Fortpflanzungszwecken und Klonen zu biomedizinischen Forschungszwecken« am 13. 9. 2004 forderte der Nationale Ethikrat einmütig ein weltweites striktes Verbot aller Formen des menschlichen Klonens zu Fortpflanzungszwecken und empfahl, die dt. Rechtslage und das Strafrecht zu präzisieren. Das Forschungsklonen solle in Deutschland gegenwärtig nicht zugelassen werden; in erster Linie wurde die mit dem Klonen verbundene Fremdbestimmung und Instrumentalisierung abgelehnt, mit der die genetische Ausstattung eines geklonten Menschen von Dritten festgelegt würde. Die Debatte im Rechtsausschuss der UN endete im Februar 2005 mit der Empfehlung eines weltweiten Verbots des Klonens aller Formen, sowohl des Klonens kompletter Menschen als auch des therapeutischen Klonens mittels embryonaler Stammzellen.

Embryonenschutz: Die Bundesregierung bekräftigte im Mai 2005 die dt. Regelung des Embryonenschutzes trotz international sich ausweitender Forschung an embryonalen Stammzellen und des EU-Parlaments-Beschlusses vom Herbst 2004, die verbrauchende Embryonenforschung in der EU zu fördern. Mit den dt. Gesetzen sei eine vernünftige Balance zwischen Forschungschancen und -risiken gefunden worden; die Regelungen seien in zwei Jahren zu überprüfen.

Bioethik-Diskurs: Zwei internationale Veranstaltungen zum interdisziplinären Gedankenaustausch beendeten 2005 das vom Bundesministerium für Bildung und Forschung (BMBF, Bonn) geförderte mehrjährige Projekt »Diskurs zu den ethischen Fragen der Biomedizin« am Max-Delbrück-Centrum für Molekulare Medizin Berlin. Schwerpunkt waren die interdisziplinäre Kommunikation und daraus resultierende Regelungen zur Stammzellforschung und -therapie im europ. Rahmen.

www.bioethik-diskurs.de; www. ethikrat.org

➤ Klonen

Bioethik: Chronik 2004/05

Vom BMBF geförderte Teilprojekte im Rahmen des Bioethik-Diskurses

März 2004: Abschluss der Bürgerkonferenz Stammzellforschung; Themenschwerpunkte: Erarbeitung eines Bürgervotums; votiert wurde für die verstärkte Forschung an adulten (d. h. aus erwachsenem Gewebe gewonnenen) Stammzellen.

September 2004: Internationale Sommerschule »Ethik in der Biomedizin«; Themenschwerpunkt: Überbrückung bestehender Hindernisse in der Verständigung zwischen Forschung, Medizin und Gesellschaft.

Ende April 2005: Internationaler Kongress »Biopolitik und Regenerative Medizin – Pro und Contra«; Themenschwerpunkte: Förderung des gegenwärtigen gesellschaftlichen Diskurs bezüglich regenerativer Medizin, Stammzellforschung auf europ. Ebene.

Biometrische Identifikation

Personenidentifikation durch Anwendung mathematischer Verfahren zur Bestimmung von Mess- und Zahlenverhältnissen von Lebewesen; anhand physischer Merkmale des Menschen können Identifikations- oder Authentifizierungssysteme dessen physische oder logische Zugangsberechtigung z. B. zu Gebäuden, Räumen oder Kommunikationswegen prüfen.

Biometrischer Pass: Ab Herbst 2005 werden in Deutschland nur noch Reisepässe ausgestellt, die mit den biometrischen Daten – zunächst Gesichtsmerkmale, ab 2007 auch Fingerabdrücke – des Passinhabers versehen sind.

Fingerabdruck bei Gefahrguttransporten: Im Frühjahr 2005 präsentierte die europaweit arbeitende Firma Hybrid Solutions AG ihr weltweit einziges Online-Sicherheitssystem für Gefahrguttransporte. Es geht dabei um Transporte von Brennstoffen, Chemikalien, Sprengstoffen und Ähnlichem. Ausgangspunkt waren die im Jahr 2005 in Kraft getretenen Bestimmungen der internationalen Übereinkommen über die Beförderung gefährlicher Güter auf der Straße. Das Identifikationssystem CARGOtrust nutzt die anonymisierten Fingerabdruckmuster berechtigter Personen wie Kraftfahrer oder Verladepersonal. Das System erfüllt die Anforderungen des Datenschutzes vorbildlich und gewährleistet die 100%ige Identifikation der rechtmäßig am Transportgeschehen beteiligten Personen nach einmaliger Anmeldung mittels Fingerabdruck, der nicht zusammen mit den Personendaten gespeichert wird.

Mikro-Röntgenstrahlanalyse von Fingerabdrücken: Auf der Jahrestagung der Amerikanischen Chemischen Gesellschaft in San Diego (USA) im März 2005 stellte Chris Worley vom Nationalen Laboratorium Los Alamos in New Mexiko erste Ergebnisse vor, die mittels der nichtinvasiven Mikro-Röntgenfluoreszenz-Technik (MXRF) gewonnen wurden. Die Methode ist derzeit noch nur im Labor anwendbar: Die mit Mikro-Röntgenstrahlen abgetastete Oberfläche wird auf Spuren von Elementen wie Natrium, Kalium, Chlorid untersucht. Sie sind Bestandteile menschlichen Schweißes, lagern sich in den Rillen des Papillarmusters der Fingern ab und werden beim Berühren von Objekten auf diese übertragen. Solche Elementespuren sind mit der MXRF-Methode auch auf textilen Materialien, Holz oder Haut zu detektieren, was mit herkömmlichen Methoden meist schwierig ist.

Biophotonen

B. sind die von lebenden Zellen spontan emittierten Photonen (Lichtteilchen); der Biophysiker Fritz-Albert Popp prägte diese Bezeichnung für die bei allen Lebewesen zu messende Emission sehr schwachen kohärenten Lichts. Die eindeutig nachweisbare Kohärenz der »Zellstrahlung« ist eine Grundvoraussetzung dafür, dass dem B.-feld im Organismus der Lebewesen eine regulierende Funktion zukommt. Popp und andere Forscher vermuten derartige Regulationsfunktionen und dass lebende Zellen mittels Photonen - über elektromagnetische Wellen im ultravioletten Bereich - biologisch relevante Informationen austauschen. Andere Experten halten die Zellstrahlung für bedeutungslos.

Im November 2004 berichtete der Biophysiker Fritz-Albert Popp im »Journal of Photochemistry and Photobiology« über neue experimentell gewonnene Erkenntnisse zur verzögerten Lumineszenz bei Pflanzen und über eine neuartige Rückkopplung zwischen Licht und Materie. Von drei verschiedenen Zimmerpflanzenarten wurden unterschiedlich präparierte Proben einem Infrarot- oder Rotlichtreiz ausgesetzt. Die Proben waren jeweils ganze Blätter, aus Blättern isolierte Chloroblasten (Zellorganellen, die Träger des Chlorophylls), ein aus frischen Blättern gewonnenes Homogenat als Blätterbrei und als Filtrat daraus. Mittels Photonenmessung wurde die Reaktion der Proben, die Lumineszenz mit oszillierendem Abklingen gemessen. Blätter, isolierte Chloroblasten und Homogenate zeigten deutliche Unterschiede hinsichtlich Abbauzeit der verzögerten Lumineszenz und Oszillationen; bei gefilterten Homogenaten fehlte die Lumineszenz völlig. Die Messungen und Beobachtungen ergaben eindeutig, dass die verzögerte Lumineszenz mit Oszillationen nur bei vollständigen Blättern zu beobachten ist, nicht bei einzelnen Zellorganellen oder anderen molekularen Komponenten der Pflanzenzelle. Unterschiede zeigten sich auch in den Reaktionen von Proben mit frisch gepflückten Blättern und mit abgelagerten. Das theoretisch erklärbare Abklingen der Lumineszenz mit Oszillationen zeigte sich experimentell als Qualität des lebenden Systems Pflanze. Bei den Blättern sind sie erst nach drei Wochen vollständig abgeklungen, sodass als Anwendung z. B. ein Testverfahren zur Qualitätsbestimmung von Frischgemüse und Obst möglich wäre.

Biotechnologie

Integrierte Anwendung von Verfahren, die biologische Substanzen und Prozesse sowie Organismen nutzen, um neue Produkte herzustellen, Pflanzen effektiv zu züchten, Umwelt- und Verfahrenstechniken sowie medizinische Therapien zu entwickeln oder um zu forschen

Europa: Die Schweiz nimmt hinsichtlich der B. eine Spitzenposition in Europa ein. Mit 133 Kern- und 90 Zuliefererunternehmen des B.-Sektors wies die Schweiz 2004, bezogen auf ihre Bevölkerungszahl, weltweit die größte Dichte an B.-Unternehmen auf, die insgesamt 13 525 Menschen beschäftigte. Die Branche erwirtschaftete 2004 einen Umsatz von rund 5,5 Mrd. Sfr.

Förderung in Deutschland: Die Unterstützung der Biotechnologie ist eine zentrale Aufgabe der Förderpolitik der Bundesregierung. Im Rah-

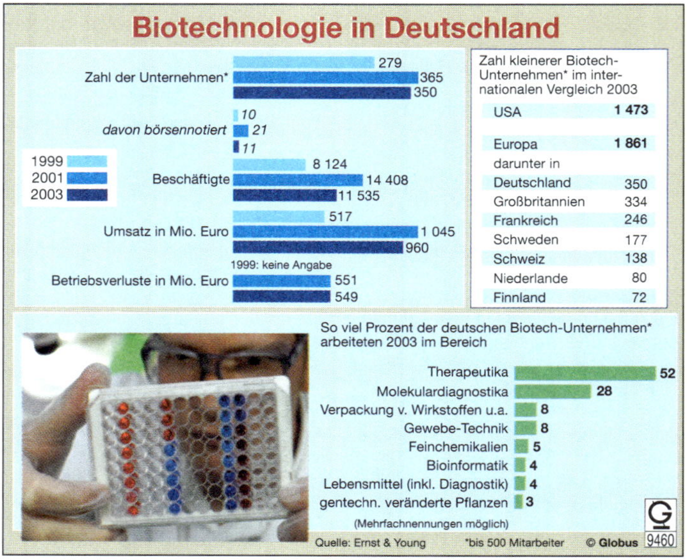

menprogramm »B. - Chancen nutzen und gestalten« wurden seit 2001 insgesamt 802,7 Mio. € als Projektfördermittel bereitgestellt. Hinzu kamen - aus der Versteigerung der UMTS-Lizenzen im Jahr 2000 - 179 Mio. € für den Bereich Krankheitsbekämpfung durch Genomforschung im Nationalen Genomforschungsnetz (NGFN).

Chemie

Kleinster Goldkatalysator: Den bislang kleinsten aktiven Goldkatalysator stellten im Februar 2005 Chemiker der TU München der Öffentlichkeit vor. Er besteht aus nur acht Atomen des sehr reaktionsträgen Edelmetalls. Nachdem man solche Goldcluster in Nanopartikelgröße auf einer Magnesiumoberfläche platziert hatte, reagierten sie katalytisch hoch aktiv als Oxidationsmittel bei der Oxidation von giftigem CO zu CO_2. Durch »Einspielen« einer elektrischen Ladung in den Cluster hinein lässt sich eine katalytische Reaktion steuern, die bei tiefen Temperaturen unter -70 °C abläuft.

Wasser in Nanoröhrchen: Wasser in Nanotubes (Kohlenstoffröhrchen mit Durchmessern von einigen Millionstel Millimetern) verhält sich völlig anormal. A. I. Kolesnikov und sein Team vom Nationalen Argonne-Laboratorium in Illinois (USA) berichteten im Juli 2004 in den »Physical Review Letters« von ihren Beobachtungen, die sie in Experimenten von mit Wasser gefüllten 1,4 Nanometer dicken Einzelwand-Kohlenstoffröhrchen gemacht hatten. »Nanotube-Wasser« verhält sich wie in einer Übergangsphase zwischen fest und flüssig; es bleibt selbst bei Tieftemperaturen von 8 K weich und schmilzt auch nicht abrupt bei Erwärmung.

Die Simulation des Systems mittels eines molekulardynamischen Modells ergab für die im Experiment erzielten Daten eine Schalenstruktur des Wassers innerhalb des Röhrchens: An dessen Innenwand entsteht eine zylindrisch geformte Schicht »gefrorener« Moleküle, die in einem flächigen Gitternetz hydrogen gebunden sind; innen eine axial angeordnete eindimensionale Kette von Wasserstoffmolekülen. Das gefrorene Netz an der Innenwand der Röhrchen ist anders strukturiert als gewöhnliches Eis, in dem die Wassermoleküle sich mittels Wasserstoffbindung zu hexagonalen Ringen zusammenfügen.

Elektrosmog

Im Dezember 2004 wurde die Auswertung der Ergebnisse einer von der EU finanzierten Studie unter dem Namen Reflex fertig gestellt, an der zwölf Forschergruppen aus sieben europ. Staaten unabhängig voneinander in standardisierten Experimenten mitgearbeitet hatten, um den Einfluss von Funksignalen auf lebende Zellen zu untersuchen. Das Projekt wurde geleitet von Prof. Franz Adlkofer, Stiftung VERUM München. Zu den Forschergruppen gehörte die von Dr. Rudolf Fitzner geleitete Gruppe der Berliner Charité. Untersucht wurde der Einfluss verschieden gepulster elektromagnetischer Felder auf unterschiedliche lebende Laborzellkulturen.

> **Elektrosmog: SAR-Wert**
>
> Die spezifische Absorptionsrate ist ein Maß zur Quantifizierung der Absorption hochfrequenter elektromagnetischer Felder; der Wert gibt in Watt pro Kilogramm den auf die Gewebemasse bezogenen Leistungsumsatz an. In Deutschland ist der Grenzwert für Mobiltelefone mit 2 Watt pro Kilogramm vorgegeben.
>
> Die SAR-Werte von Mobiltelefonen sind im Internet nachzulesen unter www.bfs.de sowie unter www.handy-werte.de

Als wichtiges Ergebnis zeigten sich Erbgutveränderungen in jenen Zellen, die Strahlungsintensitäten ausgesetzt waren, die denen von Mobiltelefonen entsprechen: Bei einem Wert der Spezifischen Absorptionsrate (SAR) oberhalb 1,3 Watt pro kg Körpergewicht wurden Einzel- und Doppelstrangbrüche an der Erbsubstanz DNA beobachtet, jedoch nur bei zwei von mehreren im Labor gezüchteten Zelltypen, bei Bindegewebs- und bei Leukämiezellen. Ein Dosis-Wirkungs-Zusammenhang war ebenso wenig nachweisbar, wie es Grund gibt zur Entwarnung hinsichtlich möglicher gesundheitlicher Schäden durch den Mobilfunk. Um zu fundierten Aussagen über kausale Zusammenhänge zwischen Handystrahlung und Funktionsstörungen in Zelle und Organismus zu kommen, werden weitere Experimente in standardisierter Form erforderlich sein. Die Gruppe um Fitzner wird ihre entsprechenden Arbeiten über die biologische Wirkung elektromagnetischer Felder fortsetzen.

www.itis.ethz.ch/index_hot-news.html

Wichtige Elementarteilchen

Einige Elementarteilchen, die sämtlich nach ihrer Ruhemasse unterschieden werden:
Baryonen: Sammelname für schwere und überschwere Elementarteilchen
Meson: Kurzlebiges, aus Quark und Antiquark bestehendes Elementarteilchen
Proton, Neutron: Positiv geladenes bzw. ladungsfreies (neutrales) schweres Elementarteilchen des Atomkerns
Quark: Innerste Bestandteile des Atomkerns, die als Bausteine der Mesonen und der Baryonen nur indirekt, nach ihrem Verhalten, identifizierbar sind. Die sechs unterscheidbaren Sorten von Quarks heißen Up, Down, Strange, Charme, Bottom, Top.

Elementarteilchen

Materieteilchen, die nach derzeitigem Wissen als unteilbar und nicht aus einfacheren Teilchen zusammengesetzt gelten. Zu Beginn des 21. Jh. waren mehr als 200 E. bekannt.

Im Juni 2004 berichteten Physiker des Fermi-Laboratoriums nahe Chicago (USA) von ihrer Beobachtung eines neuen Teilchens, das sich beim Zusammenprall beschleunigter Protonen gebildet hatte und zur Klasse der Mesonen gehört. Das neue Partikel besteht aus zwei Bausteinen: einem Strange-Quark und einem Anti-Quark der Sorte Charme. Die Entdeckung überraschte nicht, denn die Existenz des Teilchens folgt zwingend aus der Theorie. Verblüfft waren die Physiker jedoch von den Zerfallseigenschaften, die vermuten lassen, dass die starke Kernkraft, die im Atomkern die Protonen und Neutronen zusammenhält, noch längst nicht aufgeklärt ist und weitere Überraschungen bereithält.

Evolution

Entwicklung der Organismen von einfachen zu komplexen Formen im Lauf der Erdgeschichte

Evolution des Genoms: Am 22.4 2005 wurde in Genf (Schweiz) der in Leipzig wirkende schwedische Genetiker und Evolutionsbiologe Svante Pääbo mit dem Louis-Jeantet-Preis für Medizin ausgezeichnet – für seine innovative Forschung über die E. des menschlichen Genoms im Vergleich zum Genom anderer Primaten. Pääbo, Direktor des Max-Planck-Instituts für Evolutionäre Anthropologie in Leipzig, will das Preisgeld für Forschungsarbeiten einsetzen, die darauf zielen, jene Gene zu finden, die für die einzigartigen Eigenschaften des Menschen maßgeblich sind: für das Sprechen, für die Fähigkeit, eine Sprache zu gebrauchen, und für andere kognitive Fähigkeiten. Durch den Vergleich von Genom und Expression sowie seine funktionelle Umsetzung bei Mensch und Schimpanse versucht Pääbo, die Veränderungen zu identifizieren, die sich durch positive Selektion im

Evolution: Eines der fossilen reifen Eier des in Südchina gefundenen Theropoden; mit ihnen konnte die Annahme erhärtet werden, dass die modernen Vögel von Dinosauriern abstammen.

Svante Pääbo
Schwed. Genetiker und Evolutionsbiologe, * 20. 4. 1955 in Stockholm (Schweden). Seit 1997 wirkt Pääbo in Leipzig als Direktor des MPI, seit 1999 zusätzlich als Honorarprofessor für Genetik und Evolutionsbiologie an der Universität Leipzig. Er gilt als Pionier der Erforschung uralter Erbsubstanz (DNA), entwickelte Standards und Technologien des Isolierens von DNA aus archäologischen Funden und aus musealen Sammlungsstücken. Gegenwärtig arbeitet er an der Frage, welche spezifischen genetischen Veränderungen während der menschlichen Evolution stattgefunden haben, als sich die Spezies Mensch neue phänotypische, d. h. das Erscheinungsbild bestimmende Merkmale, aneignete, die sie von ihren nächsten Verwandten, den Schimpansen, deutlich unterscheiden.

menschlichen Genom fixiert haben. Daraus ließen sich fundamentale Erkenntnisse über E. und Biologie des Menschen ableiten.

Abstammung der modernen Vögel von Dinosauriern: Diese Theorie wurde erhärtet durch die in Januar- und Aprilausgaben des Wissenschaftsmagazins »Science« 2005 vorgestellten Ergebnisse: Molekularbiologische Untersuchungen wiesen nach, dass die dreigliedrigen Flügel heutiger Vögel den ebenso konstruierten Vordergliedmaßen der Dinosaurier entsprechen.

Forscher des Kanadischen Naturkundemuseums in Ottawa fanden in Südchina einen versteinerten Saurier der Fleisch fressenden Gruppe Oviraptor, Unterordnung Theropoden, der (vor rund 65–97 Mio. Jahren) kurz vor der Eiablage gestorben sein muss. Theropoden gelten als Vorfahren der Vögel. In beiden Eileitern wurde je ein reifes Ei mit fertig ausgebildeter Schale gefunden; bislang kannte man nur die in fossilen Gelegen des Oviraptors gefundenen Eier. Nun konnte man an der Art der Eiproduktion Merkmale sowohl der Echsen als auch der Vögel feststellen.

Forschungspolitik

EU: Am 6. 4. 2005 legte die Europ. Kommission einen Entwurf für das 7. Forschungsrahmenprogramm vor. Mit einem Etat von 73,27 Mrd. € für die Jahre 2007–13 ist es doppelt so hoch wie das gegenwärtige Budget. Zum ersten Mal soll ein Budget für die Grundlagenforschung eingeführt werden, über dessen Schwerpunkt europ. Wissenschaftler autonom entscheiden können. So sind für den Europ. Forschungsrat (EFR) 1,5 Mrd. € vorgesehen.

Bund und Länder: Gemäß einem Pakt von Bund und Ländern erhalten die großen Forschungs- und Wissenschaftsorganisationen seit 2005 pro Jahr 3 % mehr institutionelle Förderung. Ziel ist eine Verbesserung der Forschungsqualität. Für 2005 war vorgesehen, an die Forschungsorganisationen der Max-Planck-Gesellschaft (MPG, München), Fraunhofer-Gesellschaft (FhG, München), Helmholtz-Gemeinschaft Dt. Forschungszentren (HGF, Bonn) und Wissenschaftsgemeinschaft Gottfried Wilhelm Leibniz (WGL, Bonn) insgesamt 3,8 Mrd. € zu verteilen, an die Dt. Forschungsgemeinschaft (DFG, Bonn) 3 Mrd. € v. a. für die Hochschulförderung.

BMBF: Am 28. 1. 2005 gab das Bundesministerium für Bildung und Forschung (BMBF, Bonn) die »Leitinnovation NanoforLife« bekannt, die den Einsatz von Nanotechnologien für Gesundheit und Lebenswissenschaften betrifft. 30 Mio. € Forschungsmittel wurden für die Nanomedizin bereitgestellt. Gefördert wird dabei insbesondere

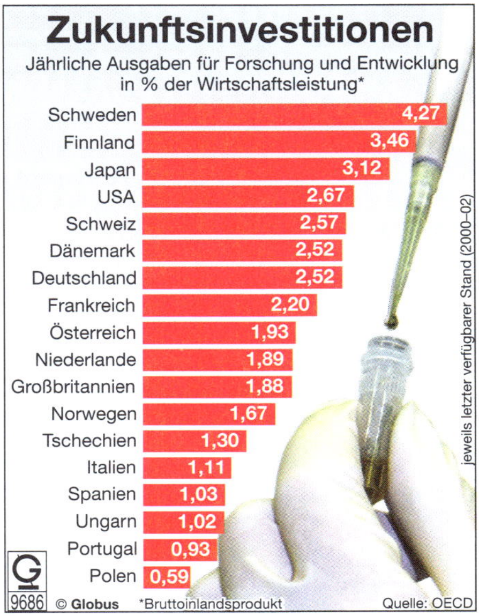

Forschungspolitik: Forschungsrahmenprogramm der EU für 2007–13

Für Investitionen vorgesehene Fachgebiete (Auswahl)	Mrd. €
IT- und Kommunikationstechniken	12,75
Gesundheit	8,37
Verkehr und Raumfahrt	5,98
Nanotechnologie und Materialforschung	4,86
Sicherheits- und Weltraumforschung	3,98
Energie	2,95
Umweltforschung	2,55

die wissenschaftliche Forschung an Implantaten mit therapeutischer oder regenerativer Wirkung, zum gezielten Transport von Arzneistoffen an ihren Wirkort sowie zu intelligenten Kontrastmitteln für bildgebende Verfahren der Medizin (→ Nanotechnologie).

www.bmbf.de

Frühmenschen

Ältester Großer Menschenaffe: Im November 2004 berichtete Salvador Moyà-Solà in dem Fachmagazin »Science«, dass er in der Nähe Barcelonas zusammen mit seinen Mitarbeitern von der Escola Industrial in Barcelona ein schätzungsweise 13 Mio. Jahre altes Skelett gefunden hatte, genannt Pierolapithecus catalaunicus. Das hervorragend erhaltene Fossil hat typische Merkmale des modernen Menschenaffen. Es soll aus der Zeit nach der Aufspaltung der Entwicklungslinie in Kleine und Große Menschenaffen stammen und könnte eine bisherige deutliche Lücke in der gemeinsamen Abstammungsreihe von Mensch, Schimpanse, Orang-Utan und Gorilla endgültig schließen.

Neue Hominidenart: Im Herbst 2004 veröffentlichten die australischen Anthropologen Mike Morwood und Peter Brown von der University of New England in Armingdale (Australien) im Wissenschaftsmagazin »Nature« die Auswertung ihres sensationellen Fundes von 2003: Sie datierten die in einer Höhle auf der indonesischen Vulkaninsel Flores, südlich von Sulawesi, gemachten Funde – Skelette einer unbekannten, nur etwa einen Meter großen Hominidenart, steinerne Werkzeuge und Knochen des Zwergelefanten Stegodon – auf das Alter von 18 000 Jahren bzw. 13 000 Jahre bei den jüngsten. Die Hominidenart muss in der Region seit 100 000 Jahren, also parallel zu Homo sapiens, gelebt haben und starb offensichtlich wie der Stegodon beim Vulkanausbruch vor 12 000 Jahren aus – zu einer Zeit, als Homo sapiens bereits weltweit verbreitet war und die Menschen Mesopotamiens Ackerbau betrieben. Die neue Art wurde nach ihrem Fundort Homo floresiensis genannt.

Toumaii ist ein Frühmensch: Mittels computergestützter virtueller Rekonstruktion des Schädels von Sahelanthropus tchadensis, gelang es dem Entdeckerteam um Michel Brunet an der Universität Poitiers (Frankreich) im Frühjahr 2005, die Zugehörigkeit des 2001 entdeckten 7 Mio. Jahre alten »Toumaii« zu den F. nachzuweisen. Der »Toumaii« ist also kein gemeinsamer Vorfahr von Mensch und Schimpanse.

Älteste Homo-sapiens-Fossilien neu datiert: Die Funde des Omo I und II aus Äthiopien im Jahr 1967 wurden an der New Yorker Stony-Brook-University mittels Argon-Isotopen-Bestimmung des umgebenden Sediments um 65 000 Jahre zurückdatiert. Mit einem Alter von 195 000 Jahren gelten sie als die ältesten Funde des Homo sapiens.

Hominiden: Das bislang älteste Fossil eines eindeutig aufrecht gehenden Hominiden wurde im März 2005 bei Ausgrabungen in Äthiopien entdeckt und auf ein Alter von rund 4 Mio. Jahren datiert.

Genomforschung

Sequenzierung des X-Chromosoms: Am 17. 3. 2005 gab die Zeitschrift »Nature« die Entschlüsselung des gemeinsamen Geschlechtschromosoms von Mann und Frau bekannt. An der Sequenzanalyse des X-Chromosoms hatten vier dt. Forschungsgruppen (vom Leibniz-Institut für Molekulare Biotechnologie in Jena, vom Max-Planck-Institut für Molekulare Genetik in Berlin-Dahlem, vom Dt. Krebsforschungszentrum

Frühmenschen: Rekonstruktion des 13 Mio. Jahre alten Großen Menschenaffen anhand des bei Barcelona gefundenen Skeletts

in Heidelberg sowie von der LMU München) gemeinsam mit drei der weltweit größten Genomzentren in Großbritannien und den USA zwölf Jahre lang gearbeitet. Obwohl das X-Chromosom nur 4% der menschlichen Gene enthält, korrelieren mit ihm 10% aller bisher bekannten, durch ein einziges Gen verursachten (monogenen) Erbkrankheiten.

Synthetische Aminosäuren: Biochemikern des Max-Planck-Instituts in Martinsried gelang es im Herbst 2004, die Proteinsynthese in lebenden Zellen umzuprogrammieren und den genetischen Code mit synthetischen Aminosäuren zu ergänzen. Die damit ausgestatteten Escherichia-coli-Bakterien erzeugten eine neue Klasse goldfarben fluoreszierender Proteine. Sie sind willkommene Werkzeuge für die dynamischen biophysikalischen Untersuchungen an Zellen und Geweben und eröffnen neue Forschungsgebiete.

Reparatur mittels Großeltern-Gen: Robert Pruitt von der University of Purdue (USA) entdeckte im Frühjahr 2005 einen neuen Erbgang bei der Ackerschmalwand (Arabidopsis thaliana): Ein kleiner Teil der Tochtergeneration der Pflanze zeigte nicht die mit den Mutanten-Genen vererbten Fehlbildungen der Eltern; die molekulargenetische Untersuchung wies bei diesen Individuen der Gruppe korrekte Gene nach – wie bei den »Großelternpflanzen«. Die üblichen Reparatursysteme sowie Pollenflug waren im Experiment als Ursachen ausgeschlossen worden. Unbekannt ist bislang, auf welche Weise die Information für die alte, korrekte Genversion gespeichert und auf die übernächste Generation übertragen worden ist – Sicherheitskopien der alten Genversion waren in den Gensequenzen nicht gefunden worden. Der neu entdeckte Erbgang bleibt zu erforschen und kann ein Hinweis darauf sein, dass die Informationen der Genomsequenz weitaus umfassender und komplexer sind als bisher angenommen.

Genomforschung: Chronik der Forschungsergebnisse 2004/05

11/2004: Internationales Konsortium, v. a. Washington-Universität in St. Louis, Missouri (USA): Genom des Haushuhns Gallus gallus mit rund 3 Mrd. DNA-Bausteinen entziffert, die sich auf 20 000 bis 23 000 Gene verteilen; fast zwei Drittel der Gene kommen auch im menschlichen Genom vor.
1/2005: Universität Heidelberg: Ein bislang nicht entdeckter Abschnitt auf dem Y-Chromosom enthält acht DNA-Sequenzen, denen die Kodierung von neuen Genen zugeschrieben wird, z. B. die Körpergröße des Mannes.
3/2005: Yale-University New Haven, Connecticut; Duke-University Durham, North Carolina (beide USA): Altersbedingte Makuladegeneration (teilweise Altersblindheit) geht auf die Mutation eines Gens im Chromosom 1 zurück.
3/2005: Universität Regensburg und NGFN: Verlauf und Schwere einer koronaren Herzkrankheit sind genetisch determiniert und werden vererbt.
3/2005: Institut für klinische Molekularbiologie Kiel, Universitätsklinik Freiburg i. Br., Nationales Genomforschungsnetz (NFGN): Genmutation auf Chromosom 6 als genetische Ursache der Krankheit Sarkoidose entdeckt, die in Lunge, Augen, Haut, Herz, Nervensystem Knötchen (Granulome) bildet.
4/2005: RWTH Aachen und Ges. für Biotechnologische Forschung Braunschweig: Genmodell mit allen Schlüsselfunktionen des Karies-Erregers zur Erforschung der weltweit verbreitetsten Infektionskrankheit.
5/2005: Ludwig-Maximilians-Universität München: Platzierung der 23 Chromosomenpaare im Zellkern: größere Chromosomen im Randbereich, kleinere mehr zentral gelegen.
5/2005: Forscherteam der Universitäten Frankfurt a. M., Bonn, Köln, München, Jena: Erbgut des Einzellers Dictyostelium discoideum, einer Amöbenart, entschlüsselt, der mit 12 500 Genen halb so viele wie der Mensch besitzt.

Gentechnik

Alle Verfahren, die sich der gezielten Veränderung des Erbmaterials von Lebewesen bedienen, um Lebewesen oder biologische Gewebe mit bestimmten Eigenschaften zwecks molekulargenetischer oder medizinischer Forschung zu züchten; Forschungswerkzeug für unterschiedliche Fachgebiete

Erste Genreparatur: Erstmals ist die Reparatur eines Gendefekts an Ort und Stelle, d. h. durch gezielte Korrektur der betreffenden Mutation innerhalb des Gens, gelungen. Michael Holmes vom Unternehmen Sangamo Biosciences im kalifornischen Richmond (USA) stellte am 4.4 2005 in der Onlineausgabe von »Nature« sein Verfahren vor – eine Alternative zum bisherigen Ansatz der somatischen Gentherapie. Letztere besteht im Einschleusen des kompletten intakten Gens in die Zelle, ist aber mit Risiken und unerwünschten Nebeneffekten behaftet.

Holmes hatte für eine bestimmte Krankheit, die aufgrund einer Mutation in den T-Zellen angeborene Immunschwäche Scid-Syndrom, ein sequenzspezifisches, zu enzymatischer Aktivität befähigtes Bindeprotein entwickelt. Dieses vermochte im Genom (also in der Gesamtheit der Erbsubstanz) jeder T-Zelle die für die Krankheit verantwortliche mutierte 24-Nucleotidsequenz zu erkennen und mittels seiner Enzymwerkzeuge den abnormen DNA-Abschnitt herauszuschneiden. In die Zelle wird anschließend die korrekte Version des Genabschnitts eingeführt, den der zelleigene Reparaturmechanismus in die Lücke einfügt. Die Genreparatur wurde bisher nur in Zellkulturen, aber mit der bisher höchsten Transformationsrate bei Gentherapien erprobt (bei 18% der Fälle erfolgreich, bei 7% wurden sogar beide Seiten des Chromosomenpaars repariert). Das Verfahren dürfte sich auch für andere Krankheiten umsetzen lassen. Absehbar ist bereits die Behandlung von Blutstammzellen außerhalb des Körpers (→ Gentherapie).

Gentherapie

Behandlung erblicher oder erworbener Krankheiten durch Einschleusen von DNA-Abschnitten mit dem betreffenden Gen in die Zellen des funktionsgestörten Gewebes

RIGHT-Projekt: Im Januar 2005 startete das europ. Forschungsprojekt »RNA Interference Technology as Human Therapeutic Tool«, das von der EU vier Jahre lang mit 11 Mio. € gefördert wird. RIGHT soll die Entwicklung der RNA (engl.; Ribonukleinsäure)-Interferenz-Technologie für die Therapie schwerer Erkrankungen beim Menschen vorantreiben. Die Technologie, der ein überaus großes therapeutisches Potenzial hinsichtlich schwerer Krankheiten zugeschrieben wird, beruht auf einem natürlichen Prozess: Kurze RNA-Moleküle hemmen spezifisch die Bildung bestimmter Genprodukte. Die Forschungsarbeiten in zehn EU-Staaten werden koordiniert von Prof. Thomas F. Meyer am Berliner Max-Planck-Institut für Infektionsbiologie.

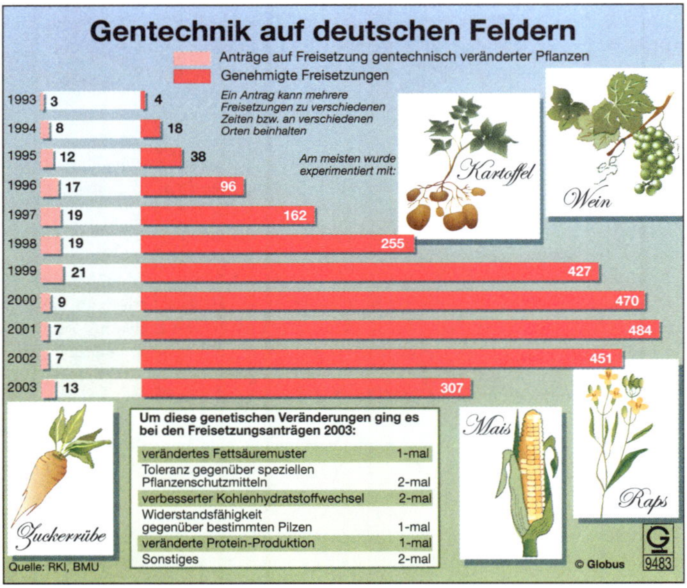

Erfolg mit transplantierten fötalen Zellen: Im Oktober 2004 genehmigte die US-Aufsichtsbehörde FDA Robert Aramant an der Universität von Louisville, Kentucky (USA),

2

Grüne Gentechnik: Beispiele gentechnisch optimierter Pflanzen

Pflanze	neue Eigenschaft	Verwendung
Amylopektin-Kartoffel[1)]	modifizierte Stärke: > 90 % Amylopektin, geringer Amylosegehalt	in Textil-, Papier- und Bauwirtschaft als Bindemittel und Kleber
Amylose-Kartoffel[1)]	hoher Amylosegehalt	Folienproduktion
Fructan-Kartoffel	lineare hochmolekulare Polyfructane	Additive in Papier- und Kunststoffherstellung
Hochlaurin-Raps	modifiziertes Fettsäurespektrum: 40 % Laurinsäureanteil im Öl der Samen	Detergenzien, z. B. für Haarwaschmittel; Schokoladenherstellung
Erucasäure-Raps	> 66 % Erucasäure im Öl	Kunststoff- und Farbenherstellung, Pharmaindustrie, Fotochemie
PHB-Raps[2)]	Polyhydroybuttersäure-Produktion im Rapssamen	kompostierbares »Bioplastik« (z. B. Kunststofffolien)
Zellulose-Bäume	reduzierter Lignin- bzw. höherer Zellulosegehalt	Papierherstellung
Spinnenprotein-Tabak	Produktion von Spinnenfaden-Eiweißen	Textil- und Flugzeugindustrie, medizinische Materialien

1) Amylopektin und Amylose sind die beiden natürlichen Stärkebestandteile der Kartoffel; Erstere steht für die Klebekraft, Letztere für die Eigenschaft, einen zusammenhängenden Film zu bilden.
2) PHB ist eine der Polyhydroxyfettsäuren (PHF); solche Biopolymere werden in der Natur von Bakterien als Speicherstoff gebildet, sind nicht toxisch und vollständig biologisch abbaubar.

weitere Transplantationen fötaler Netzhautzellen bei Patienten mit der bisher als unheilbar geltenden Netzhautdegeneration Retinopathia pigmentosa. Nachdem die aus abgetriebenen Föten gewonnenen Retinazellen in die erblindeten Augen verpflanzt wurden, erlangten die Erblindeten ein gewisses Sehvermögen zurück. Der Therapiebedarf könnte wegen der Häufigkeit dieser Krankheit und der ebenso oft zum Erblinden führenden Makuladegeneration in den Industriestaaten angesichts mangelnder Verfügbarkeit fötaler Retinazellen eine Kommerzialisierung von gezielten Schwangerschaften und deren Abbrüchen nach sich ziehen.

Hybrid-Nanonadeln als gentherapeutisches Werkzeug: Mit organischem Material verbundene Kohlenstoff-Nanoröhrchen können therapeutische Wirkstoffe in Zellen einschleusen – auf der Außenhaut der Röhrchen sind Ketten aus Kohlenstoff- und Sauerstoffatomen platziert und an den Enden je eine positiv geladene Aminogruppe. Einem italienisch-französisch-britischen Forscherteam gelang es in Straßburg (Frankreich) im Herbst 2004, solche Hybrid-Nanoröhrchen von 200 Nanometer (10^{-9} m) Länge und 20 Nanometer Durchmesser durch die Zellmembran in Säugetierzellen einzuschleusen, ohne sie zu destabilisieren. Die Röhrchen waren mit DNA gefüllt, und die eingeschleusten Gene erwiesen sich als funktionstüchtig.

Grüne Gentechnik

Alle Verfahren, die sich der gezielten Veränderung des Erbmaterials von Pflanzen bedienen, um sie mit neuen Eigenschaften auszustatten; dabei entstehen gentechnisch veränderte (transgene) Organismen (GVO).

Gentechnikgesetz: Ab 2005 ist auf dt. Feldern der Anbau transgener Nutzpflanzen erlaubt. Die Gentechnikgesetze sollen das Nebeneinander von GVO-Anbaubetrieben und gentechnikfreier konventioneller sowie ökologischer Landwirtschaft regeln, Verbrauchern und Landwirten Schutz, Wahlfreiheit und Rechtssicherheit bieten. Am 4. 2. 2005 trat das Gesetz zur Neuordnung des Gentechnikrechts in Kraft, das darauf zielt, herkömmliche Nutzpflanzen vor Auskreuzungen, Beimischungen und sonstigen Einträgen von GVO zu schützen; die strikten Regelungen sollten eine schleichende Ausbreitung der Agro-Gentechnik verhindern und zudem Haftungsfragen klären. Der Naturschutzbund Deutschlands (NABU) kritisierte Mitte März die Aufweichung der ursprünglichen für europ. Verhältnisse vorbildlichen Gesetzesfassung, da ihre Veränderung nunmehr zu mangelnder Transparenz führe. Die CDU-regierten Länder engagierten sich 2005 für eine Zurücknahme der Haftungsregelungen. Das vom Dt. Bundestag am 18. 3. 2005 verabschiedete zweite Gentechnikgesetz wurde schließlich im Juni 2005 vom Bundesrat vorerst gestoppt (→ Ernährung, Genfood).

EU-Liste von GVO: Im April 2005 gab die EU eine Liste von 26 transgenen Nutzpflanzen und -organismen bekannt, die in den 25 EU-Staaten angebaut werden dürfen: Dazu zählen zwölf Maissorten, sechs verschiedene Ölfruchtpflanzen, fünf Arten Baumwollpflanzen, je eine Soja- und eine als nachwachsender Rohstoff angebaute Pflanze sowie eine Hefepilzart.

Hirnforschung

Alzheimer im lebenden Gehirn abgebildet: Im japanischen RIKEN Brain Forschungsinstitut in Wako City entwickelten Takaomi Saido und Mitarbeiter ein Verfahren, mit dem sich – zunächst im Tierversuch – die im Gehirn lebender Alzheimerpatienten vorhandenen Amyloidplaques abbilden lassen. Dazu wurde erkrankten Mäusen ein nichttoxisches Präparat verabreicht, das an die Plaques bindet. Es wurde mittels eines Fluorderivats molekular so modifiziert, dass es charakteristische Magnetsignale abgibt. Mittels einer in Krankenhäusern verfügbaren Magnetuntersuchungstechnik lassen diese sich nachweisen. Das für Tests an Menschen weiterentwickelte Verfahren könnte eine Früherkennung der Krankheit ermöglichen, lange bevor ihre Symptome sich zeigen.

Zelltod unreifer Neuronen: Der Wachstumsfaktor Erythropoietin (EPO) der roten Blutkörperchen wird im Gehirn gebildet und wirkt dort schützend auf die Nervenzellen. Im Januar 2005 meldeten Wissenschaftler vom Max-Planck-Institut für experimentelle Medizin in Göttingen in der Fachzeitschrift PNAS, dass EPO einen wichtigen Gegenspieler habe. Sie hatten entdeckt, dass der mächtigste Stimulator der Blutplättchenbildung Thrombopoietin (TPO) ebenfalls im Gehirn wirkt und dort den Zelltod vereinzelter unreifer Nervenzellen verursacht. TPO ist offenbar mitverantwortlich für die Eliminierung überflüssiger, nicht am Zielort angekommener Nervenzellen. Das führt zu der Frage, ob es Situationen gibt, in denen es interessant sein könnte, das TPO-System zu subventionieren, um diese Zellen zu eliminieren.

Holografie

Wellenoptische Technik der Speicherung und Wiedergabe dreidimensionaler Bilder, bei der zwei Wellenfelder aus kohärentem Licht überlagert werden und ein dreidimensionales Interferenzbild entsteht

Sicherheitsaufkleber: Zum Schutz vor Fälschungen müssen Markenprodukte, Geldscheine, Eintrittskarten und Ausweise mit immer größerem Aufwand gesichert werden. Seit 1998 stieg die Zahl der in der EU beschlagnahmten Plagiate um 90 %. Mithilfe von Hologrammen, die per Aufkleber oder direkt aufgedruckt die Ware sichern, werden Textilien, Autoersatzteile, Medikamente und Luxusartikel fälschungssicher. Diese Hologramme enthalten beispielsweise Strichcodes, manipulationssichere Nummerierungen durch Lasergravur oder digitale Wasserzeichen.

Kürzlich entwickelte das Unternehmen TESA sogar einen Klebefilm, auf dem sich winzige Hologramme, sog. Holospots, speichern lassen. Sie dienen nicht nur als Zertifikat der Echtheit, sondern enthalten außerdem computergeschriebene Informationen wie Texte oder Bilder bis zu 1 KB. Abhängig vom Einzelfall können die digitalen Hologramme so ausgelegt werden, dass nur bestimmte Personen die Informationen lesen und die Echtheit prüfen können.

www.tesa.de (Holospots)

Holografie: Produktion von Hologrammaufklebern für Handys als Fälschungsschutz und Informationsträger

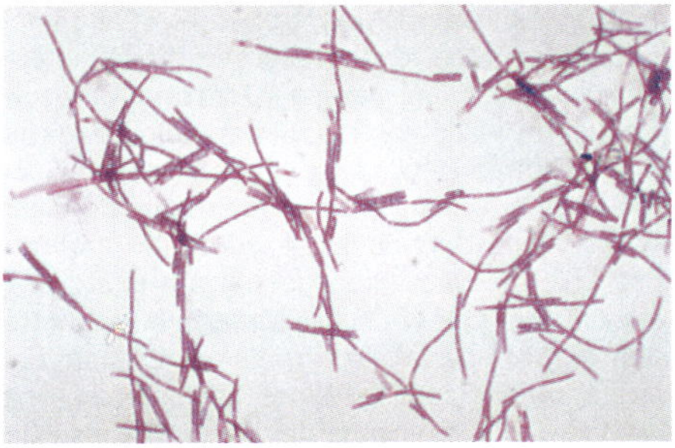

Immunbiologie: Anthrax-Erreger; Wissenschaftler in Berlin sind einem immuntherapeutischen Ansatz gegen den Erreger auf der Spur.

Immunbiologie

Autoimmunerkrankungen: Als Meilenstein auf dem Weg der Erforschung von Autoimmunerkrankungen gilt das Arbeitsergebnis, das ein Team um Michael Stassen und Edgar Schmitt von der Mainzer Universität im März 2005 erzielte: Sie klärten eine wichtige Komponente des Kontrollmechanismus für T-Zell-Reaktionen auf. Die Aktivität der Abwehrzellen, der sog. T-Zellen, und ihre Überwachung und Hemmung durch die regulatorischen Zellen verlaufen im Organismus einer Person, die an einer Autoimmmunkrankheit leidet, nicht mehr ausgewogen; die überaktive Abwehr, die sich auch gegen die körpereigenen Zellen richtet, wird nicht ausreichend spezifisch gebremst. Aufgrund der neuen Erkenntnisse wird sich künftig entschlüsseln lassen, welche der T-Zellen den Organismus vor einem unkontrollierten Angriff des eigenen Immunsystems schützen.

Tricks der Erreger: In der »Science«-Ausgabe vom 18.6. 2004 beschrieben Forscher der Yale-Universität in New Haven (USA), wie Salmonellen sich mittels eines Tricks dem Immunsystem des Wirts entziehen. Wenn der Erreger bereits von einer Fresszelle (einem Makrophagen) aufgenommen wurde, vermag das Bakterium die innere Membranstruktur der Fresszelle so zu verändern, dass es nicht mehr dem innerzellularen Fremdkörperbeseitigungssystem zugeführt werden kann. Ähnlich trickreich verhält sich Mycobacterium tuberculosis, der Erreger der Tuberkulose. Er kann sich innerhalb einer Fresszelle sogar vermehren, anstelle wie vorgesehen in deren tödlichem saurem Milieu abzusterben. Forscher aus Tübingen und Heidelberg legten im Wissenschaftsmagazin »Science« vom 13.5. 2005 dar, wie das Bakterium erkennt, dass es sich in einer Fresszelle befindet. Mit einem Säuresensor-Protein misst der Erreger den Säuregehalt seiner Umgebung, also auch des Inneren der Fresszelle, und veranlasst Gegenmaßnahmen – die Fresszelle verharrt daraufhin in einer für das Bakterium ungefährlichen Starre.

Anthrax: Ein Team um Chun Kim und Stefan Kaufmann vom Berliner Max-Planck-Institut für

Immunsystem und Autoimmunerkrankungen

Das Immunsystem verhindert, dass körperfremde organische Strukturen im Organismus wirksam werden und sich darin Infektionen und Parasiten ausbreiten. Das sehr komplexe Immunsystem verfügt über eine Vielzahl von Abwehrzellen. Einige, wie z. B. Lymphozyten, Ganulozyten und Makrophagen, wirken unspezifisch; andere, z. B. die Plasma- oder B-Zellen, die T-Gedächtnis- und die T-Helferzellen, sind hoch spezialisiert. Beteiligt sind auch die sog. Faktoren, d. h. spezielle Eiweißmoleküle wie Immunglobuline und Zytokine.

Abwehrzellen werden aktiv, wenn sich im Blutkreislauf Fremdeiweiß befindet – alle nicht zum Organismus gehörenden Proteine wie Mikroorganismen und die von ihnen erzeugten Substanzen, Zellen und Gewebeteile. Diese Fremd-Antigene rufen im Wirtsorganismus eine Immunreaktion hervor, wobei die Abwehrzellen unterschiedlich vorgehen. So umschließen die Fresszellen (Makrophagen) das Fremdeiweiß, verdauen es und präsentieren auf ihrer Zelloberfläche eine Information über das eingefangene Fremd-Antigen.

Die Funktionsweise der Abwehrzellen und das komplexe Zusammenwirken werden von regulatorischen Zellen kontrolliert. Diese verhindern, dass die Immunabwehrmechanismen körpereigene Zellen und Organe schädigen. Ist dieses zwischen körpereigenem und Fremdeiweiß streng unterscheidende Teilsystem gestört, entwickeln sich Autoimmunerkrankungen.

Die destruktiven Aktivitäten des Immunsystems gegen den eigenen Körper sind Ursache verschiedener chronischer Krankheiten und können sogar zum Tod führen. So greift bei der Arthritis das Immunsystem die Gelenke an; weitere Beispiele sind die chronisch-entzündlichen Darmerkrankungen Morbus Crohn und Collitis ulcerosa sowie die Autoimmunform der Typ-1-Diabetes.

Infektionsbiologie gab im März 2005 die Entdeckung eines neuen immuntherapeutischen Ansatzes gegen Bacillus anthracis, bekannt, der den oft tödlichen Milzbrand auslöst. Die im Körper gebildeten und Defensine genannten Abwehrmoleküle neutralisieren das gefährliche Lethal-Toxin des Anthrax-Erregers. Bisher war über diese bakterientötenden Abwehrmoleküle nur bekannt, dass sie die Zellwand von Bakterien durchbohren, um sie zum Absterben zu bringen.

Klonen

(Klon, griech. Zweig), aus dem Erbmaterial nur eines Vorfahren werden durch manipulierte Vermehrung, d. h. durch Einsetzen von Erbgut in eine entkernte Eizelle, genetisch identische Kopien einer Zelle oder eines Organismus erzeugt.

Menschenklone für Stammzellen: Im Februar 2005 meldeten Woo Suk Hwang und Shin Young Moon von der südkoreanischen Seouler Nationaluniversität im Wissenschaftsmagazin »Science«, dass sie erstmals Klone aus humanen embryonalen Stammzellen und dem Erbgut unheilbar kranker Menschen erzeugt hätten. Die aus den Klonen wachsenden Stammzellen sollen ausschließlich der experimentellen Erforschung von Krankheiten dienen. Reproduktives K. von Menschen lehnen beide Wissenschaftler, die ein Jahr zuvor erstmalig Menschenklone für Forschungszwecke geschaffen hatten, ab.

Geklonte Haustiere: Im Februar 2005 wurde in Cremona (Italien) ein geklontes Fohlen vorgestellt, dessen Gene vom kastrierten Schimmel Pieraz stammten, des zweifachen Weltmeisters im Distanzrennen. Das frz. Genlabor Cryozootech in der Nähe von Paris hatte sein Erbgut in eine entkernte Eihülle eingepflanzt. Das Genlabor speichert in seiner Datenbank Erbgut von mehr als 30 Pferden. Ende 2004 wurde in San Francisco (USA) ein erstes Haustier auf Bestellung geklont. Ein kalifornisches Unternehmen hatte sich darauf spezialisiert, mit dem Erbmaterial verstorbener Haustiere Klone herzustellen. Seit 1997 haben Wissenschaftler versuchsweise bereits Schafe, Ziegen, Rinder, Mäuse, Kaninchen, Schweine und Pferde geklont. Die Erfahrungen daraus zeigen, dass sich bei geklonten Lebewesen gesundheitliche Probleme besonders stark häufen.

Krebsforschung

Krebs aus Stammzellen: Im Frühjahr 2005 berichteten Madrider Wissenschaftler von einer ungewöhnlichen Entdeckung: Wenn ausgereifte, also adulte Stammzellen etwa vier bis fünf Monate in einer Nährlösung gezüchtet werden – Letzteres entspricht dem Kultivieren von Stammzellen –, können sie sich spontan zu Krebszellen wandeln.

Körpereigenes Protein als Brustkrebsauslöser: Der im menschlichen Körper gebildete Eiweißstoff YB-1 übernimmt normalerweise Aufgaben der Zellteilung und der Abwehr von Umweltschadeinflüssen, kann jedoch auch in der Brust

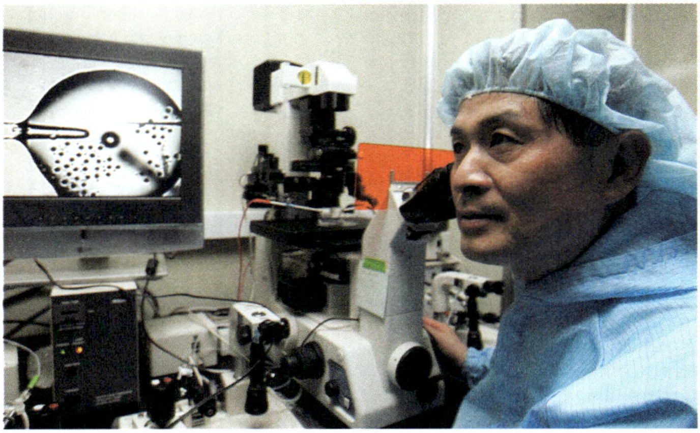

Klonen: Der südkoreanische Wissenschaftler Woo Suk Hwang und sein Team klonten erstmals einen menschlichen Embryo.

unkontrollierte, also fehlerhafte Zellteilungen auslösen, die zu Tumoren führen. Im Experiment beobachteten die Entdecker am Forschungszentrum Bonn, dass erhöhte Konzentrationen dieses Proteins in den Brustgewebezellen von Labormäusen fehlerhafte Zellteilungen und genetische Schäden, z. B. die Bildung überzähliger Chromosomen, hervorriefen.

Pflanzenwirkstoffe: Empirisches Wissen aus der Pflanzenheilkunde schreibt Stoffen, die z. B. im Grünen Teestrauch, dem Johanniskraut oder der Eiche enthalten sind, der Tumorbildung vorbeugende oder sie hemmende Wirkungen zu. Hamburger Krebsforscher des Universitätsklinikums Eppendorf berichteten im Februar 2005 im »Journal of Biological Chemistry«, dass und auf welche Weise Polyphenole, d. h. pflanzliche Stoffe, das Wachstum von Krebszellen behindern. Schon geringe Konzentrationen der getesteten Polyphenole hemmen die Aktivität von spezifischen Enzymen, die Zellen zum Tumorwachstum anregen.

Laser

(engl.; Light Amplification by Stimulated Emission of Radiation; Lichtverstärkung durch angeregte Strahlungsemission), Verstärker für Licht u. a. elektromagnetische Strahlung. L. erzeugen durch Anregung von Elektronen in einem homogenen Medium kohärentes (im Gleichtakt schwingendes) einfarbiges Licht, das seine gesamte Energie im eng gebündelten Strahl zusammenhält.

Glas schneiden: Gefördert mit 1,7 Mio. € vom Bundesministerium für Bildung und Forschung (BMBF, Bonn), entwickelten Forscher des Fraunhofer-Instituts für Werkstoffmechanik, des Laser-Zentrums Hannover und fünf innovative Unternehmen Ende 2004 ein neues, auf Laserlicht basierendes Glasschneideverfahren, das sog. laserinduzierte Spannungstrennverfahren (LiST). An jedem Punkt des vorgesehenen Zuschnitts lässt sich mit Laserstrahl eine bestimmte Temperatur erzeugen. Nach anschließender Abkühlung der Oberfläche reißt das Glas exakt und glatt an dieser vom Laserstrahl markierten Linie. Damit lassen sich auch komplexe und geschwungene Formen selbst aus dicken Glasplatten problemlos schneiden. Außerdem entfällt das zeitaufwendige und kostenintensive Nacharbeiten wie beim konventionellen Zuschnitt, wo teilweise mikroskopisch kleine Risse an den Kanten entstehen.

Laser: Mit dem LiST-Glasschneideverfahren lassen sich unkompliziert auch schwierige Formen in Glasscheiben schneiden.

Sirilas-Laserdiode: In einem rund 1 cm^2 großen Gehäuse – und damit etwa 20 % kleiner als bisherige Standardgehäuse – steckt eine neue 30-Watt-Laserdiode. Sie wurde erstmals auf der Messe Photonics West in San José, USA, (22.–27. 1. 2005) vorgestellt, »Sirilas« enthält in einem Gehäuse einen Laserbarren, auf dem sich 16 einzelne Emitter befinden, die elektrisch parallel betrieben werden. Eine spezielle Wärmesenke mit Kühlrippen auf der Unterseite verbessert die thermischen Eigenschaften. Beim Einsatz werden die 16 Laserstrahlen des Laserbarrens durch eine integrierte Linse zu einem einzigen Strahl gebündelt. Die Wellenlänge von 800 bis 1000 Nanometer (nm) ist variabel einstellbar und so der Anwendung anzupassen. Die Dauerleistung von 30 W reicht zum Schweißen oder Schneiden von Blechen. In der Medizin kann Sirilas in den Bereichen Dermatologie (Haarentfernung), Zahnheilkunde (Karies und Zahnbeläge entfernen) und in der Schönheitschirurgie eingesetzt werden.

Femtosekunden-Laser: Zum Schreiben von nanometerkleinen Strukturen wurde im Februar 2005 ein neues Laserverfahren präsentiert. Mit einem sog. Femtosekunden-L. kann hochpräzises Material abgetragen und das Werkstück gleichzeitig computergesteuert bewegt werden. Die so entstehenden Strukturen haben eine Auflösung von 240 000 Punkten pro Inch (DPI) gegenüber herkömmlichen Laserdruckern mit 600 DPI. Die Punkte haben einen Abstand von ca. 100 nm. Die Technik ist u. a. einsetzbar in der Herstellung und Reparatur von Lithografiemasken für Computerchips der nächsten Generation.

Optischer Laserlängsschnitt: Ein neues schnelles und präzises Laser-Untersuchungsverfahren ohne Strahlenbelastung bietet Rheumatologen künftig die Möglichkeit, Arthritis frühzeitig zu erkennen. Ein internationales Team der Universität Göttingen, der Charité Berlin und der Columbia-Universität New York (USA) präsentierte im März 2005 den Prototypen des SLOT genannten Systems (Sagittal Laser Optical Tomography, engl. für optischer Laser-Längsschnitt). Das Gerät besteht aus einem Diodenlaser und einem Detektor. Ein L. durchleuchtet punktförmig von oben das Fingergelenk des Patienten, während unten eine Fotodiode die Strahlen auffängt. Ein Computer wandelt die Daten auf einem Großrechner zu einem Schnittbild um, ein Vorgang, der zurzeit noch drei Stunden dauert. Durch Optimierungen bei L. und Detektoren sowie in der EDV soll das Verfahren noch schneller und das Gerät noch handlicher werden.

Raucherentwöhnung: Bei der »Prostop« genannten Lasertherapie zur Raucherentwöhnung handelt es sich um die neueste Verfeinerung der Akupunktur, die seit 1996 in den Niederlanden erfolgreich praktiziert wird. Ein Laserstrahl dringt in die Haut ein und stimuliert bestimmte Punkte, die im Körper Endorphine freisetzen. Damit werden die Nikotinrezeptoren zeitweilig gesättigt und die Entwöhnungszeit kann besser überstanden werden. Hinzu kommt eine therapeutische Unterstützung. Untersuchungen der nach dieser Methode behandelten Patienten durch die Universität Nimwegen ergaben, dass 32% der 300 Testpersonen, die im Januar 2004 mit dieser Therapie begannen, um das Rauchen aufzugeben, tatsächlich Erfolg hatten.

www.prostop.nl (Raucherentwöhnung); **www.med.uni-goettingen.de** (Arthritisbehandlung); **www.lzh.de** (Laser-Zentrum Hannover); **www.osram-os.com** (Sirilas)

Leuchtdiode

(engl.; Light Emitting Diode, LED, auch Lumineszenzdiode), Halbleiterdiode, die je nach Bauart rotes, gelbes, grünes, blaues oder weißes Licht aussendet, solange Strom hindurchfließt

OLLA-Projekt: Um die Technologie organischer L. (Organic Light Emitting Diode, OLED) weiterzuentwickeln, schlossen sich Wissenschaftler von mehr als 20 europ. Unternehmen und Forschungseinrichtungen Anfang des Jahres 2005 zum Projekt OLLA (Organic LEDs for Lighting

Leuchtdiode: Glasträger mit aufgedampften OLEDs (organic light emitting diodes)

Applications; engl. für Organische L. für Lichtanwendungen) zusammen. Mit OLEDs soll insbesondere die Lebensdauer von Beleuchtungskörpern verlängert sowie deren Energieeffizienz erhöht werden. Ziel ist eine Lebensdauer von 10000 Stunden, also das Zehnfache einer herkömmlichen Glühlampe, und eine Lichtausbeute von 50 Lumen pro Watt. Neben den heute üblichen Einsatzgebieten bei Handy-Displays, Laptops und TV-Bildschirmen sollen schon in naher Zukunft neue Anwendungen hinzukommen. Das bis zum Jahr 2008 laufende Projekt verfügt über ein von der Europ. Kommission zur Verfügung gestelltes Budget von knapp 20 Mio. €.

Zukunftschancen: Nach Angaben des Bundesministeriums für Bildung und Forschung (BMBF, Bonn) haben optische Technologien ein hohes Zukunftspotenzial mit Wachstumsraten von jährlich 10–20%. Sie gelten als Schlüsseltechnologie und umfassen heute etwa 1 Mio. Arbeitsplätze. Es wird erwartet, dass sie bald alle Arbeits- und Lebensbereiche durchdringen. Deshalb fördert das BMBF die OLED-Forschung in einem Zeitraum von 5 Jahren mit etwa 100 Mio. € für innovative Beleuchtung und neuartige Displays. Bis 2010 wird mit 15 000 zusätzlichen Stellen in mittelständischen Unternehmen gerechnet.

Straßenleuchte: Die japanische Firma Sharp gab im Sommer 2004 bekannt, dass sie Straßenleuchten und Leuchtreklamen mit L. einführen wolle, die über Solarzellen betrieben werden. Zum einen lassen sich die Leuchten einfach montieren, da die Netzverkabelung entfällt. Zum anderen bleibt die umweltfreundlich erzeugte Beleuchtung auch bei Stromausfällen betriebsfähig. Nach Herstellerangaben bestehen die nur etwa 2 Mikrometer dünnen Solarzellen aus polykristallinem und amorphem Silizium. Dadurch wird bei der Umwandlung von Licht in elektrischen Strom ein Wirkungsgrad von 7 % erreicht. Sharp gibt für seine L. eine Lebensdauer von 40 000 h an.

Automobileinsatz: Kalifornischen Entwicklern gelang es Anfang 2005, die Lichtstärke einer einzelnen roten L. so weit zu erhöhen, dass sie den Anforderungen an Autoheckleuchten und Bremslichtern entspricht. Diese Leuchtleistung konnte bisher nur durch elektrisches Zusammenschalten mehrerer LED, sog. Arrays, erreicht werden. Die Lösung basiert überwiegend auf einer Verbesserung der Diodenkühlung, sodass diese höheren Strömen von bis zu 1,4 Ampere ausgesetzt werden können. Erst nach etwa 20 000 Einsatzstunden verlieren die Dioden die Hälfte ihrer Leistung, liefern bis dahin bis zu 190 Lumen. Die Entwickler glauben, dass es zukünftig gelingen wird, auch Scheinwerfer mit weißen LED zu betreiben, was jedoch mehr als 1 000 Lumen Lichtstärke erfordert.

www.olla-project.org; www.iapp.de (Institut für angewandte Photophysik, TU Dresden); **www.bmbf.de** (Bundesministerium für Bildung und Forschung); **www.faszinationlicht.de** (Kampagne »Licht für die Schulen«)

Materialforschung

Amorpher Stahl: Im Sommer 2004 veröffentlichten Forscher um Zhao Ping Lu vom Nationalen Oak-Ridge-Laboratorium in Tennessee (USA) die Entwicklung von amorphem Stahl: Sie hatten 12 mm dicke Barren eines »Glasstahls« hergestellt, in dem die Atome nicht wie üblich in einem Kristallgitter angeordnet sind. Die Stahllegierung enthält zu 1,5 % das seltene Element Yttrium, ist deutlich härter als herkömmlicher Stahl, äußerlich dem Glas ähnlich, spröde und nichtmagnetisch. Die industrielle Herstellung der Legierung dürfte preiswerter sein als die übliche Stahlproduktion.

Kunststoffe mit Formgedächtnis: Andreas Lendlein von der Universität Potsdam und seine Mitarbeiter vom GKSS-Forschungszentrum Teltow sowie Forscherkollegen von der RWTH Aachen arbeiteten seit einigen Jahren an der Entwicklung eines Materials, das zu den sog. Intelligenten Kunststoffen gehört und auf UV-Licht sensitiv reagiert. In der Aprilausgabe 2005 von »Nature« stellten sie ihre Entwicklung vor: Polymere, die auf Licht empfindlich reagieren. Sie können mittels UV-Licht bestimmter Wellenlänge geformt werden und später, angeregt durch UV-Licht von spezifischer veränderter Wellenlänge, selbsttätig in ihre Ausgangsform zurückkehren.

Von den neuen Kunststoffen erhofft man sich zahlreiche Anwendungen v. a. in der Medizintechnik (z. B. als Material für gefäßstützende Stents in der minimal invasiven Medizin: Die aus den Polymeren vorgefertigten Stents könnten nach dem Platzieren im Blutgefäß mittels UV-Licht passend geformt und ausgehärtet werden).

Pflanzenwirkstoffe: Empirisches Wissen aus der Pflanzenheilkunde schreibt Stoffen, die in Pflanzen wie dem Grünen Teestrauch, dem Johan-

Materialforschung: Formgedächtnis-Kunststoffe

Formgedächtnis-Kunststoffe (FK), auch Gedächtnispolymere oder Shape-Memory-Polymere genannt, können mittels geeigneter Stimuli veranlasst werden, von einer Form in eine andere Form zu wechseln. Künftige Anwendungen dürften v. a. die minimal invasive Chirurgie sein, z. B. als Material für Stents oder »intelligentes« chirurgisches Nahtmaterial (das nach der Operation die Gewebepartien mit spezifischem Anpressdruck verbindet). Sie sind den bereits bekannten sog. Memory-Metalllegierungen weit überlegen.

Je nach geplanter Anwendung muss als Ausgangsmaterial eine molekulare Polymerenstruktur mit einer geeigneten Permanentform maßschneidert werden. Durch eine Programmierung des Formgedächtnis-Kunststoffes – traditionell mittels Temperaturveränderungen – wird er in seine zweite, temporäre Form gebracht; die neuen, am Teltower Institut geschaffenen Kunststoffe reagieren auf UV-Licht. Auch elektromagnetische Stimuli sind denkbar.

niskraut oder der Eiche enthalten sind, vorbeugende oder hemmende Wirkungen in Bezug auf die Tumorbildung zu. Hamburger Krebsforscher des Universitätsklinikums Eppendorf beschrieben im Februar 2005 im »Journal of Biological Chemistry«, dass und auf welche Weise Polyphenole, d. h. pflanzliche Stoffe, das Wachstum von Krebszellen behindern. Schon geringe Konzentrationen der getesteten Polyphenole hemmen die Aktivität von spezifischen Enzymen, die Zellen zum Tumorwachstum anregen.

Mathematik

Abel-Preis 2005: Norwegens Kronprinz Haakon zeichnete am 24. 5. 2005 in der Universität von Oslo den US-amerikanischen Mathematiker Peter D. Lax aus New York City mit dem Abel-Preis 2005 aus. Der 79-jährige Lax gilt als vielseitigster Mathematiker seiner Generation und als Vorbild für die jüngeren Mathematiker. In seinen Arbeiten vereinigte Lax äußerst erfolgreich die reine mit der angewandten M. Mit dem Preis wurden seine bahnbrechenden Beiträge zur Theorie und Anwendung partieller Differenzialgleichungen und zur Berechnung ihrer Lösungen mittels Computersimulation gewürdigt.

Anlässlich des 200. Geburtstags des Mathematikers Niels Henrik Abel hatte die Regierung Norwegens 2003 einen Preis gestiftet, der als international bedeutendster Wissenschaftspreis für Mathematiker gilt. Der mit 710 000 € dotierte Abel-Preis löste die alle vier Jahre verliehene Fields-Medaille ab und wird jährlich von der Norwegischen Akademie der Wissenschaften vergeben; er wird ersatzweise als Nobelpreis der Mathematiker angesehen.

Mathematik: Norwegens Kronprinz Haakon (rechts) überreicht Peter D. Lax den Abel-Preis.

Primfaktorenzerlegung: Im Mai 2005 wurde ein neuer Weltrekord gemeldet – in der Disziplin des Zerlegens großer Zahlen in ihre Primfaktoren. Unterstützt vom Bundesamt für Sicherheit in der Informationstechnik (BSI, Bonn) war es Mathematikern und Informatikern der Bonner Universität und des Amsterdamer Informatikzentrums CWI gelungen, die Zahl RSA200 in ihre beiden Primfaktoren zu zerlegen. Miteinander multipliziert, ergeben sie diese 200-stellige Zahl. Der Aufwand für die Zerlegung solcher Zahlen wird als Maß für die Sicherheit der Verschlüsselungsverfahren verwendet, denn auf der Schwierigkeit des Zerlegens sehr großer Zahlen in ihre Primfaktoren beruhen bestimmte Verfahren der elektronischen Signatur, insbesondere das US-amerikanische RSA-Verfahren, das nach seinen Erfindern Rivest, Shamir und Adleman so genannt wurde.

Epidemiologie-Modell: Ein mathematisches Modell beschreibt die weltweite Ausbreitung von Epidemien und erlaubt es, Prognosen zu stellen über Ausbreitungswege und Zielregionen neu ausgebrochener Infektionskrankheiten. Im Oktober 2004 stellten Theo Geisel und Mitarbeiter vom Göttinger Max-Planck-Institut für Dynamik und Selbstorganisation ihr Modell in der Zeitschrift PNAS vor. Die Forscher hatten ihr Simulationsmodell erfolgreich erprobt, indem sie die Ausbreitung der Lungenerkrankung SARS berechneten und mit den realen Daten vom Frühjahr 2003 verglichen.

Medizintechnik

Erster absorbierbarer Metallstent: Das Schweizer Unternehmen BIOTRONIK brachte 2005 sein Medizintechnikprodukt Absorbierbarer Metallstent Lekton Magic zur Behandlung der Arteriosklerose auf den Markt. Bereits im März des Vorjahres hatten die Chirurgen zweier Krankenhäuser in Belgien die weltweit ersten Implantationen Absorbierbarer Metallstents (AMS) erfolgreich durchgeführt. Stents sind schlauchähnliche Gefäßstützen, die bei Arteriosklerosepatienten die von Verengungen betroffene Gefäßpartie offen halten sollen. Die Gitterstrukturen des implantierten Magnesiumstents verschwinden allmählich. Das danach verbleibende Gefäßlumen, der Innendurchmesser,

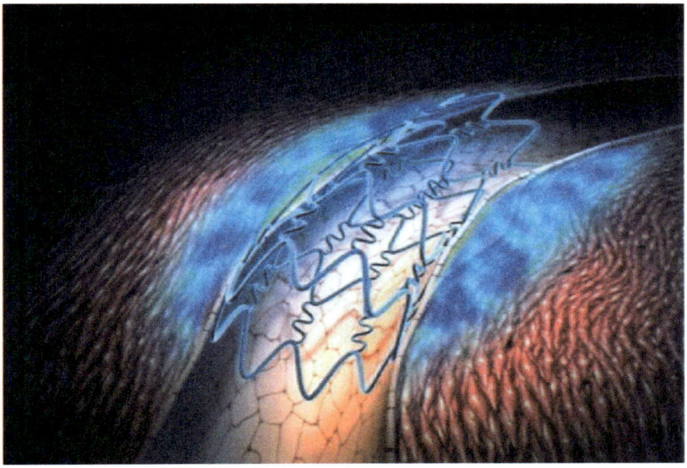

Medizintechnik: Aufschnittzeichnung eines Stents, ein Gittergerüst, das verengte Blutgefäße offen hält

erwies sich in den bisherigen Studien dauerhaft größer als bei Behandlungen mit herkömmlichen Stents.

Bandscheibenprothese: Die an der Berliner Charité entwickelte weltweit erste Bandscheibenprothese Artifical Disk erhielt am 24. 10. 2004 von der US-amerikanischen Gesundheitsbehörde FDA die Zulassung für Implantationen in den USA. In zwei Jahrzehnten Forschungsarbeit hatte die Orthopädin Karin Janz-Büttner, heute Direktorin der Klinik für Orthopädie im Vivantes-Klinikum Berlin-Friedrichshain, die künstliche Bandscheibe entwickelt. Die Prothese besteht aus zwei Metallplatten, die einen beweglichen Gleitkern einschließen. Durch den Gleitkern bleibt die Bandscheibe beweglich, die Nervenstrukturen werden entlastet. Die einem Sandwich ähnliche Prothese ist aus biokompatiblem Polyethylen und aus einer Chrom-Kobalt-Legierung gefertigt und wird zementfrei eingesetzt. Bis Anfang 2005 hatte die Erfinderin mehr als 100 Bandscheibenprothesen erfolgreich implantiert; weltweit wurde das Implantat inzwischen rund 9 000 Patienten aus über 30 Ländern eingesetzt.

Mikrosystemtechnik

Entwicklung, Erprobung und Einsatz von Mikrosystemen, die sich oft aus Mikrostrukturen, Sensoren oder Mikroaktoren zusammensetzen. M. umfasst winzige Baugruppen, die messen, regeln, schalten, steuern und bewegen sowie Befehle von außen ausführen können.

Patienten-Monitoring: Das Bundesministerium für Bildung und Forschung (BMBF, Bonn) gab 2004 beim MEDICA-Kongress bekannt, dass es die Entwicklung von intra- und extrakorporalen Monitoringsystemen zur optimalen Therapie im häuslichen, ambulanten und stationären Bereich mit 15 Mio. € fördern werde. Mithilfe miniaturisierter Monitoringsysteme zur Langzeitüberwachung von Herz-Kreislauf-Patienten ist es möglich, diese auch außerhalb des Krankenhauses diagnostisch zu begleiten. Schon bald soll es möglich sein, z. B. Bluthochdruck oder Herzrhythmus-Störungen mit winzigen Sensoren zu messen, die implantiert oder außerhalb des Körpers angebracht werden. Ein Telemetrie-System übermittelt rund um die Uhr und sieben Tage die Woche (24/7-Monitoring) die Daten an den Arzt.

Technologiefortschritt: Vom 10. bis 12. 10. 2005 findet in Freiburg der erste Mikrosystemtechnik-Kongress statt. Er führt Experten dieser sog. Querschnittstechnologie zusammen, die unterschiedliche Branchen wie Informations- und Kommunikationstechnik, Automobilbau, Medizintechnik und Optik stark geprägt hat. Immer öfter beeinflusst die M. auch die Biotechnologie, Pharmazie und Chemie. Ferner entstehen durch M. neue Fertigungs- und Produktionsverfahren, die bis in den Nanometerbereich gehen können. Sie verändern dabei traditionelle Branchen wie Feinwerktechnik oder Werkzeugbau für Spritzguss. In der M. ist Deutschland weltweit führend.

www.mstonline.de (VDE/VDI)

Nanopartikel

N. sind organische oder anorganische Materialstrukturen, deren Größe im Nanometerbereich liegt; ein Nanometer (1 nm = 10^{-9} m) - ein milliardstel Meter - entspricht der Länge von ein bis zehn Atomdurchmessern.

Fast alle großen Chemiekonzerne stellen bereits Produkte her, die N. enthalten. Verbindliche Grenzwerte für die Partikel gibt es bisher noch nicht. Zu erforschen wäre, wie die künstlich erzeugten N. emittiert werden, sich in der Umwelt verbreiten und welche toxischen Eigenschaften sie haben. Nahezu unbekannt ist bisher, wie N. mit lebendem Gewebe zusammenwirken. Die Kontamination lebender Organismen mit N. birgt eine potenzielle Gefahr für Mensch, Tier und Pflanze.

Deutschland: Gemäß einer Studie des World Economic Forum nahm Deutschland 2003 international nur den achten Platz hinsichtlich der Nanotechnologiesicherheit ein, obwohl es hinsichtlich der technischen Erschließung der Nanoskala, also bei Entwicklung und Konstruktion von Strukturen in Nanogröße, einen Spitzenplatz einnimmt.

EU-Großprojekt »Nanosafe2«: Seit April 2005 beteiligen sich dt. Wissenschaftler des Unternehmens BASF am strategischen Forschungsprogramm »Nanosafe2« der EU, das auf die Sicherheitsforschung zum Zweck der Risikovermeidung am Arbeitsplatz und in den Produktionsanlagen zielt. Hauptaufgabe ist die Etablierung von Verfahren zur sicheren Detektion, Verfolgbarkeit und Charakterisierung von N. Dabei gilt es, den gesamten »Lebensweg« von N. zu erfassen, von der Produktion über Lagerung und Transport bis zur Anwendung in einem Endprodukt.

Nanopartikel: Eine Biologin zeigt am Monitor die Anreicherung von magnetischen Nanopartikeln in Krebszellen.

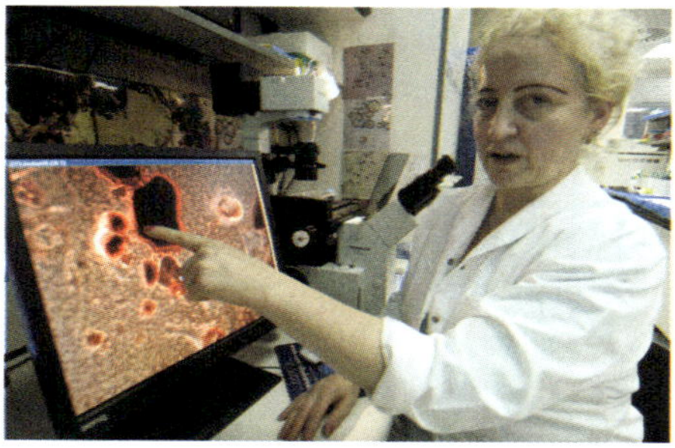

Nanotechnologie: Eröffnung des Fraunhofer-Zentrums für Nanoelektronik Dresden (von links): Siegle (AMD), Gossner (Fraunhofergesellschaft), Bundesforschungsministerin Bulmahn, Sachsens Ministerpräsident Milbrandt, von Zitzewitz (Infineon)

Nanotechnologie

Bau und funktionelle Nutzung organischer und anorganischer Materialstrukturen im Bereich kleiner als 1 µm (10^{-6} mm) - dem Nanometerbereich (1 nm = ein milliardstel Meter). In diesem dominieren die Oberflächeneigenschaften gegenüber den Volumeneigenschaften des Materials, quantenphysikalische Effekte sind zu berücksichtigen.

Förderung und Markt: Die staatlichen Fördermittel der N. betrugen 2004 in Europa 740 Mio. €; Japan gab im selben Jahr 800 Mio. € aus und die USA 850 Mio. €. Der Nanomarkt gliedert sich in die Bereiche Nanowerkzeuge (weit entwickelt), -werkstoffe (am weitesten verbreitet) und -systeme (derzeit noch Grundlagenforschung).

Fraunhofer-Zentrum für Nanoelektronik: Am 30.8. 2004 wurde Dresden als künftiger Standort europ. Spitzenforschung auf dem Gebiet der N. auserkoren. Im künftigen Fraunhofer-Zentrum für Nanoelektronik Dresden sollen Entwickler und Anwender gemeinsam forschen. Der Freistaat Sachsen und das Bundesministerium für Bildung und Forschung (BMBF, Bonn) werden das Zentrum mit Zuschüssen von insgesamt 80 Mio. € fördern.

4Pi-Mikroskop: Die Dt. Forschungsgemeinschaft bewilligte im April 2005 der Universität Heidelberg ein von der Firma Leica Microsystems (Wetzlar) entwickeltes 4Pi-Konfokalmikroskop, ein Superlichtmikroskop, das optische Analysen der Nanostruktur lebender Organismen erlaubt. Es ist eines der ersten Geräte weltweit und soll für die Lebenswissenschaften genutzt werden.

Damit werden im Routinebetrieb Nanostrukturen lebender Zellen bis hinunter zu einer Größe von 100 nm quantitativ sichtbar gemacht.

Neurologie- und Psychiatrieforschung

Alkoholismusgen: Rainer Spanagel vom Zentralinstitut für Seelische Gesundheit Mannheim und Urs Albrecht von der Universität von Fribourg (Schweiz) publizierten im Januar 2005 in »Nature medicine« die Ergebnisse einer im Herbst 2004 beendeten umfassenden Studie. Sie hatten experimentell an Mäusen einen direkten Zusammenhang zwischen einer Genmutation und dem Drang des Individuums nach ständig wiederholter Belohnung durch die »Muntermacher« des Dopamin ausschüttenden Systems nachgewiesen, die durch Alkoholkonsum erreicht wird. Tiere (und Menschen) mit genetischem Defekt am CRH-1-Protein, d. h. mit einer Per2-Genmutation, trinken mehr Alkohol als Vergleichsindividuen mit intaktem Gen. Das betroffene Gen ist eines der den Schlaf-Wach-Rhythmus regulierenden Gene. Ist es verändert, ändert sich folgenreich der Glutamatstoffwechsel.

Im Gehirn der Mäuse mit einer Per2-Mutation wurde ein dauerhaft vergleichsweise zu hoher Glutamatwert gemessen; auch alkoholkranke Menschen haben vermehrt Glutamat im Gehirn; alle davon Betroffenen vertragen und trinken mehr Alkohol. Bei den Per2-Mutanten sind die Transportabläufe so verändert, dass zwischen den Nervenzellen mehr Glutamat verbleibt. Dies lässt sich auch bei intaktem Gen beobachten, von außen bedingt durch Schichtarbeit oder häufige Zeitzonenwechsel. Sowohl die durch das mutierte Per2-Gen induzierte als auch die erworbene Störung von Glutamatausschüttung und -abbau können zur Alkoholsucht führen.

Erste genetisch maßgeschneiderte Therapie des Alkoholismus: Zugleich entdeckte das Team um Rainer Spanagel, dass und wie der Wirkstoff Acamprosat direkt im Glutamatstoffwechsel des Gehirns wirkt und dass er den für die Sucht relevanten erhöhten Glutamatbedarf (sog. hyperglutamaterge Zustände) erfolgreich absenken kann. Hyperglutamaterge Zustände in spezifischen Hirnregionen sind verbunden mit Gewöhnung, Suchtentwicklung, Sucht und Abstinenz. Die Acamprosat-Therapie, für die ab 2005 klinische Studien in Deutschland laufen, eignet sich zur Therapie und Rückfallprävention von Alkoholikern mit gestörtem Glutamatstoffwechsel, v. a. bei Menschen mit der Per2-Genmutante. An einem Test zur Identifikation dieser Betroffenen wird in Mannheim gearbeitet. Da Acamprosat die Abstinenzrate nur bei ca. 20 % der Alkoholiker verbessert, müssen weitere Wirkmechanismen erforscht werden.

Stress- und Depressionforschung: Im Dezember 2004 berichtete Maureen Boyle von der Washington-Universität in St. Louis (USA) von einem Protein im Vorderhirn als Schlüsselfaktor für die Entstehung einer Depression. Bei Anspannung bewirken die Hirnanhangdrüse und die Zwischenhirnregion Hypothalamus, dass die Nebennierenrinde Stresshormone (Cortisol, Cortison) bildet, und regulieren dies mithilfe von Sensoren, den Glukokortikoidrezeptoren. Bei depressiven Personen ist dieser Regelkreis so gestört, dass der Stresshormonpegel permanent zu hoch ist. Im molekulargenetischen Experiment an Mäusen entdeckten die Forscher, dass sich bei unter Stress stehenden Tieren die Neubildung der Sensoren so verringert, dass das Vorderhirn nicht mehr sensibel genug reagiert; Stresshormone werden ungebremst produziert (→ Wirkstoffforschung).

Nobelpreis

Von Afred Nobel (1833–96) testamentarisch gestifteter Preis zur Auszeichnung herausragender Leistungen für den Frieden und auf den Gebieten Chemie, Physiologie/Medizin, Physik und Literatur sowie seit 1969 Wirtschaftswissenschaften

Das norwegische Nobel-Komitee zur Verleihung des Friedensnobelpreises zeichnete im Oktober 2004 die kenianische Umweltschützerin und Menschenrechtlerin Wangari Maathai aus. Sie ist die erste Frau Afrikas, der diese Ehrung zuteil wurde. Damit wurde ihr Bemühen um eine gut funktionierende Umwelt gewürdigt, ohne die, so die Begründung, es keinen Frieden geben könne.

Der N. für Physik ging an die US-Amerikaner David J. Gross, H. David Politzer und Frank A. Wilczek, die eine wichtige Eigenschaft der Starken Kraft entdeckten. Als erste Israelis erhielten Aaron Ciechanover und Avram Hershko zusammen mit dem US-Amerikaner Irwin Rose den N. für Chemie für ihre Forschungen zum Abbau der

Physik

David J. Gross

US-amerikan. Physiker, * 10. 2. 1941 in Washington, D. C. G., der in Berkeley promovierte und heute das Kavli Institut für Theoretische Physik in Santa Barbara leitet, entdeckte mit seinen Landsleuten Frank A. Wilczek und Hugh D. Politzer, dass die Starke Kraft (Wechselwirkung), die die Quarks, zusammenhält, wie ein Gummiband agiert.

Physik

Hugh D. Politzer

US-amerikan. Physiker, * 31. 8. 1949 in New York, Prof. am California Institute of Technology in Pasadena. P. wies bereits 1973 nach, dass sich Quarks umso freier bewegen können, je näher sie sich kommen. Die Entdeckung dieser sog. asymptotischen Freiheit ist ein sehr wichtiger Schritt auf dem Weg zu einer einheitlichen Theorie der Kräfte.

Physik

Frank Anthony Wilczek

US-amerikan. Physiker, * 15. 5. 1951 in Queens, (N. Y.), Prof. am Massachusetts Institute of Technology. Als Doktorand in Princeton entdeckte er in den 1970er-Jahren zusammen mit David Gross die Eigenschaften jener Kraft, die einen Atomkern zusammenhält. Ihre Ergebnisse führten zur Ausarbeitung, der sog. Quantenchromodynamik.

Chemie

Avram Hershko (l.) Aaron Ciechanover

Israel. Biochemiker, * 31. 12. 1937 in Karcag, Ungarn; 1. 10. 1947 in Haifa, Israel. Für die Entdeckung des gezielten Abbaus unerwünschter oder fehlerhafter Proteine im Zellinnern erhielten sie zusammen mit dem US-Amerikaner Irwin Rose (USA) den Nobelpreis für Chemie. Ihre Entdeckung ermöglichte ein besseres Verständnis schwerer Krankheiten.

Chemie

Irwin Rose

US-amerikan. Biochemiker, * 16. 7. 1926 in New York. Nach der Promotion in Chicago forschte R. zusammen mit A. Hershko und A. Ciechanover aus Israel am Fox Chase Krebszentrum in Philadelphia und fand heraus, wie Proteine in der Zelle zerlegt werden. Diese Entdeckung hilft, Entstehung und Verlauf bestimmter Krebstumore zu verstehen.

Medizin

Richard Axel

US-amerikan. Mediziner, * 2. 7. 1946 in New York, Prof. an der Columbia University in New York. A. erhielt zusammen mit der US-Amerikanerin Linda B. Buck (USA) den Nobelpreis für Physiologie oder Medizin für die grundlegende genetische Erforschung des Geruchssinns. Er entdeckte, dass jede Rezeptorenstelle einem bestimmten Gen zugeordnet ist.

Medizin

Linda B. Buck

US-amerikan. Psychologin und Mikrobiologin, * 29. 1. 1947 in Seattle (Wash.). Sie erhielt zusammen mit ihrem Landsmann Richard Axel den Nobelpreis für Physiologie oder Medizin für ihre 1991 publizierten Arbeiten über Geruchsrezeptoren und die Organisation des Riechsystems. B. arbeitet seit 2002 am Fred-Hutchinson-Krebsforschungszentrum in Seattle.

Literatur

Elfriede Jelinek

Österreich. Autorin und Dramatikerin, * 20. 10. 1946 in Mürzzuschlag (Steiermark). Das Werk der streitbaren und umstrittenen Autorin kreist um Unterdrückung, Sexualität und Gewalt in der patriarchalischen Gesellschaft. Ihr Schaffen umfasst Lyrik, Hörspiele und Romane (»Die Klavierspielerin«, 1983, »Gier«, 2000) sowie Theaterstücke (»Burgtheater«, 1985).

Frieden

Wangari Maathai

Kenian. Biologin und Politikerin, * 1. 4. 1940 in Nyeri. Die Umweltaktivistin erhielt als erste Afrikanerin den Friedensnobelpreis. M., die in den USA und Deutschland studierte, wurde v. a. durch die 1977 gegründete Grüngürtelbewegung bekannt, die die Anpflanzung von bisher 30 Mio. Bäumen initiierte. 1984 wurde ihr der Alternative Nobelpreis verliehen.

Wirtschaft

Finn E. Kydland

Norweg. Ökonom, * 1943 in Ålgård (bei Stavanger). K. teilt sich den Nobelpreis mit dem Amerikaner Edward C. Prescott für ihre Beiträge zur Erforschung von Konjunkturschwankungen und der Gestaltung staatlicher Wirtschaftspolitik. K. lehrt an der Carnegie Mellon University in Pittsburgh und an der University of California in Santa Barbara.

Wirtschaft

Edward C. Prescott

US-amerikan. Ökonom, * 26. 12. 1940 in Glenn Falls (N. Y). Er erhielt den Nobelpreis zusammen mit dem Norweger Finn E. Kydland für Beiträge zu Wirtschaftspolitik und Konjunkturzyklen. Danach sind Schwankungen der Wirtschaft von technologischen Veränderungen und Erfindungen beeinflusst. P. lehrt an der Arizona State University Tempe.

Ehrenpreis

Alternat. Nobelpreis

Swami Agnivesh

Ind. Religionsgelehrter, * 21. 9. 1939 in Indien. Geehrt wurde der Hindu A. zusammen mit seinem muslimischen Landsmann Asghar Ali Engineer für ihren Einsatz um Toleranz zwischen den Religionsgruppen in Indien. A., geboren als Vepa Shyam Rao, studierte Jura und Wirtschaft und engagierte sich schon früh für soziale Reformen in Indien.

Ehrenpreis

Alternat. Nobelpreis

Asghar Ali Engineer

Ind. Religionsgelehrter, * 1940 in Indien. E., der sein Studium des Bauingenieurwesens an der Universität Vikram in Gwalior abschloss, widmete sich der Förderung des Verständnisses für den Islam und dem Dialog zwischen den Religionen in Indien. Gleichzeitig setzt sich der muslimische E. für eine fortschrittliche Interpretation des Islam ein.

Engagement

Alternat. Nobelpreis

Bianca Jagger

Nicaraguan. Menschenrechtlerin, * 2 5. 1945 in Managua. Geehrt wurde die ehemalige Ehefrau von Rolling-Stones-Leadsänger Mick Jagger für ihre Arbeit für die Wahrung der Menschenrechte und eine bessere Umwelt. J. ist auch für amnesty international aktiv und setzt sich ebenso für Flüchtlinge und die Rechte der Ureinwohner in Lateinamerika ein.

(Memorial)

Alternat. Nobelpreis

Elena Zhemkova

Russ. Menschenrechtlerin. Die 1988 gegründete Internationale Gesellschaft für Historische Aufklärung, Menschenrechte und Soziale Fürsorge mit Sitz in Moskau wurde für ihren unter schwierigen Bedingungen geführten Kampf gegen Menschenrechtsverletzungen in Tschetschenien geehrt. Den Preis nahm Vorstandsmitglied Zhemkova entgegen.

Umwelt

Alternat. Nobelpreis

Raúl Montenegro

Argentin. Umweltaktivist, * 12. 3. 1949 in Córdoba. Die Ehrung bedeutet eine Würdigung des mutigen, langjährigen und beharrlichen Engagements von M. für Umwelt und natürliche Ressourcen in Lateinamerika. Er ist Prof. für Biologie an der Nationalen Universität von Córdoba und Präsident der Umweltschutzorganisation Funam.

Proteine in der Zelle. Für ihre grundlegenden Entdeckungen im Bereich des Riechsystems erhielten Linda B. Buck und Richard Axel aus den USA den N. für Physiologie oder Medizin. Mit dem N. für Wirtschaftswissenschaften wurden die Arbeiten von Finn E. Kydland (Norwegen) und Edward C. Prescott (USA) zu Konjunkturzyklen und Wirtschaftspolitik gewürdigt.

www.nobel.no (Norwegisches Komitee zur Verleihung des Friedensnobelpreises, Oslo); **www.nobelprize.org** (Stockholm, Schweden, für Nobelpreis für Physik, Chemie, Physiologie/Medizin, Literatur und Wirtschaftswissenschaften)

Nobelpreis, Alternativer

1980 von Jakob von Uexküll begründeter Preis, dessen Stiftung für verantwortungsbewusste Lebensführung (Right Livelihood Award Foundation) Personen und Organisationen auszeichnet, die »mit praktischen und exemplarischen Lösungen an den wirklichen Problemen unserer Zeit arbeiten«.

Den undotierten Ehrenpreis teilten sich zwei Inder, der Hindu Swami Agnivesh und der Muslim Asghar Ali Engineer, die sich für Harmonie zwischen den Glaubensgemeinschaften Indiens einsetzten. Ausgezeichnet wurden ferner Bianca Jagger für ihr Engagement im sozialen Bereich und Umweltschutz, die russische Menschenrechtsorganisation Memorial für ihr Eintreten gegen Menschenrechtsverletzungen v. a. in Tschetschenien sowie der argentinische Umweltschützer Raúl Montenegro.

www.rightlivelihoodaward.org (Alternativer Nobelpreis)

Patentanmeldungen

Ein national oder international erteiltes Patent schützt urheberrechtlich neue technische Erfindungen, die gewerblich anwendbar sind.

Deutschland: 2004 wurden insgesamt 71 492 Patente (2003: 64 518 Anmeldungen) mit Wirkung in Deutschland gemeldet. Davon gingen 48 448 P. inländischer Herkunft beim Dt. Patent- und Markenamt (DPMA, München) ein, 23 044 P. mit Wirkung in Deutschland wurden beim Europ. Patentamt (EPA, München) gemeldet. Die Rangfolge der 50 größten Anmelder, d. h. der mit den meisten P. (darunter 16 Anmelder aus Deutschland), wurde von der Siemens AG und von der Robert Bosch GmbH angeführt: mit 2 228 bzw. 2 271 Anmeldungen beim DPMA und 1 664 bzw. 1 316 Anmeldungen beim Europ. Patentamt (EPA). Dt. Hochschulen meldeten beim DPMA insgesamt 519 P. an, das waren 10% weniger als im Jahr 2003. Spitzenreiter sind dabei die Hochschulen der Bundesländer Sachsen (114 P.), Baden-Württemberg (75), Nordrhein-Westfalen (55) und Thüringen (51).

Gesetz: Gemäß der Richtlinie zum rechtlichen Schutz biotechnologischer Erfindungen vom 21. 1. 2005 bezieht sich das Patentgesetz auch auf Erfindungen, die biologisches Material betreffen. Der Nationale Ethikrat hatte im Oktober 2004 zur Biopatentierung Stellung bezogen; seine Anregungen wurden bei der Arbeit des Deutschen Bundestages am entsprechenden Gesetz berücksichtigt, das am 3. 1. 2004 verabschiedet wurde. Von P. ausgeschlossen bleiben ausdrücklich Verfahren zum Klonen sowie zum Verändern der genetischen Identität der Keimbahn menschlicher Lebewesen und die Verwendung von Humanembryonen zu industriellen oder kommerziellen Zwecken. Das P.-Recht anderer Staaten wie USA, Australien, Indien, Israel oder Singapur unterscheidet sich vielfach vom EU-Patentrecht.

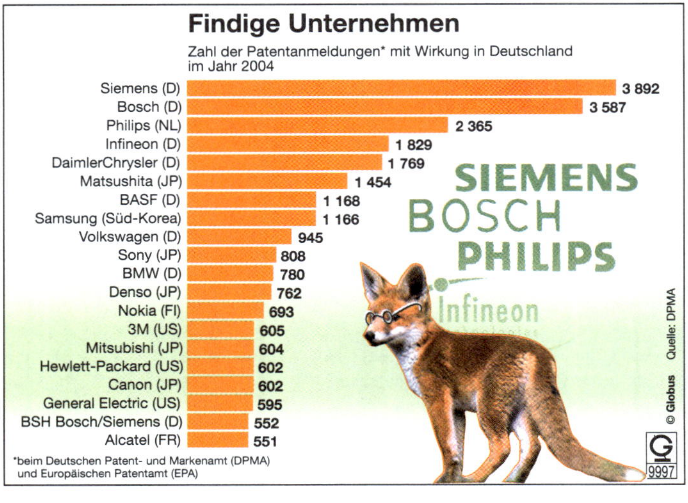

Patentanmeldung: Forschungsprivileg

In der EU garantiert das Forschungsprivileg, dass Dritte an einer patentierten Erfindung forschen und sie als Ausgangspunkt neuer Erfindungen benutzen dürfen. Dem Patentinhaber vorbehalten ist ausschließlich die kommerzielle Nutzung seiner Erfindung. Sein Einverständnis ist jedoch erforderlich für die kommerzielle Nutzung einer aus seiner Basiserfindung abgeleiteten oder weiter entwickelten Erfindung anderer.

So sehen die US-Normen weder ein Forschungsprivileg noch einen gesetzlichen Ausschluss aus ethischen Gründen vor.

Biopatente: Das EPA bestätigte im April 2005 eine umstrittene P. auf gentechnisch veränderte Soja-Pflanzen. In der EU dürfen Tiere und Pflanzen patentiert werden, wenn die Ausführung der Erfindung technisch nicht auf eine bestimmte Rasse oder Sorte beschränkt ist.

Physik

Neuer Magnettyp entdeckt: Physiker der Augsburger Universität stellten im März 2005 einen neuen ferroelektrischen Magneten vor, dessen Anwendungspotenzial das der bisherigen ferroelektrischen Materialien weit übertreffen dürfte. Zusammen mit einem moldawischen Gastwissenschaftler hatten die Physiker die Verbindung $CdCr_2S_4$ synthetisiert und untersucht, die zur Gruppe der Spinell-Kristalle gehört. Neu am entdeckten Kristall ist eine extrem starke Kopplung elektrischer und magnetischer Eigenschaften.

Plasmaphysik: Das Entstehen von Plasma sowie hoher Temperaturen bis zu 15 000 Grad Kelvin hatten Chemiker der Universität von Illinois in Urbana-Champaign (USA) in den kollabierenden Hohlräumen von Flüssigkeiten entdeckt. Mittels Schallwellen hatten die Forscher die Gasblasen in einer konzentrierten Schwefelsäurelösung zum Platzen gebracht und genau beobachtet, wie sich in einer einzelnen Gasblase eine Wolke ionisierter Teilchen, eines Plasmas, bildete, und darüber im März 2005 in »Nature« berichtet. Das physikalische Phänomen der Sonolumineszenz – kollabierende Gasblasen erzeugen hohe Temperaturen und senden Licht aus – war bisher ungeklärt.

Beobachtung schmelzender Atome: Physiker der Friedrich-Schiller-Universität Jena beobachteten im Frühjahr 2005 die Bewegungen der Atome beim Schmelzen direkt in Echtzeit und gewannen so wichtige Erkenntnisse über den Ablauf des Übergangs vom festen in den flüssigen Zustand. Der Laserimpuls befreit die Atome schlagartig von ihren gegenseitigen Bindungen, jedoch behalten die Atome aufgrund ihrer Trägheit zunächst den anfänglichen Bewegungszustand bei. In diesem Zwischenzustand sind sie noch so regelmäßig angeordnet wie im Kristallgitter des Festkörpers, bewegen sich jedoch ungeordnet wie in einer Flüssigkeit.

Die Forscher hatten eine Indium-Antimon-Halbleiteroberfläche mit Laser bestrahlt und den Prozess mittels ultrakurzer Röntgenimpulse beobachtet. Dies wurde möglich mit der neuartigen Röntgenquelle SPPS (Sub-Picosecond Pulse Source) am Linearbeschleuniger SLAC in Stanford, USA. Solche Beschleuniger-Röntgenquellen werden es künftig ermöglichen, z. B. chemische Reaktionen zu filmen, Strukturen der Nanowelt räumlich abzubilden oder die Struktur von Biomolekülen zu entschlüsseln.

Quantenphysik

Die Q. mit ihren Teilgebieten Quantenmechanik, Quantenoptik und Quantenelektronik baut auf dem Doppelcharakter von Teilchen und Welle auf: Mikrophysikalische Objekte, Elementarteilchen, verhalten sich abhängig von der Art unserer Beobachtung als Welle oder als ein Komplex von Teilchen. Die Wechselwirkungen zwischen mikrophysikalischen Objekten vollziehen sich nicht stetig, sondern portionsweise, in Einheiten gleicher Größe – sog. Quanten.

Hall-Effekt für Licht: Die im Juli 2004 veröffentlichten theoretischen Arbeiten japanischer Wissenschaftler am Nationalinstitut für Fortgeschrittene Industriewissenschaft und Technologie in Tsukaba legen einen Hall-Effekt für Lichtstrahlen nahe. Demnach würde an der Grenzfläche zwischen zwei unterschiedlich brechenden Materialien ein Lichtstrahl geringfügig seitwärts verschoben – anders als es dem Brechungsgesetz der Optik entspricht. Die Größe der Verschiebung wäre gequantelt, abhängig von der Differenz beider Brechungsindizes. Die Verschiebung soll mittels photonischer Kristalle nachgewiesen werden. Die dafür nötigen Experimente wären nicht so schwer durchführbar.

Ein-Ion/Ein-Photon-Laser: Am Max-Planck-Institut für Quantenoptik (MPQ) in Garching gelang es im Oktober 2004, einzelne Photonen mit bisher unerreichter Präzision kontrolliert zu erzeugen: Ein einzelnes Ca-Ion wird durch Laserpulse hindurchgepumpt und dadurch angeregt, einzelne Photonen zu emittieren - mit präzise bestimmtem Emissionszeitpunkt und vorgegebenen spektralen Eigenschaften der Photonen, die durch die Dauer des Anregungsimpulses festgelegt werden. Bei einem längeren Impuls ist die Frequenzverteilung schärfer, bei einem kürzeren entsprechend breiter. Der Ein-Ion/Ein-Photon-Laser kann über mehrere Stunden durchgängig betrieben werden. Seine Anwendungen liegen in der optischen Kommunikation (abhörsichere Nachrichtenübertragungsstrecken, sicheres Quanteninternet).

Quantenphysik: Suprafluidität

Der Ausdruck bezeichnet die reibungsfreie Bewegung, die bisher nur bei einigen auf niedere Temperaturen nahe dem absoluten Nullpunkt gekühlten Flüssigkeiten, z. B. Helium, zu beobachten war. Analog dazu ist die Eigenschaft der Supraleitung durch den elektrischen Strom ohne jeglichen Widerstand im ebenfalls tief (auf Temperaturen nahe -273,15 °C) gekühlten Leitermaterial charakterisiert.

Neue Daseinsform der Materie: Die im ultrakalten Fermionengas von Lithium-6-Atomen entdeckten und winzigen Tornados ähnlichen Quantenwirbel beweisen, dass Quantengase, wie theoretisch vorhergesagt, superfluid sind. Fermionen sind Elementarteilchen mit halbzahligem Eigendrehwert (Spinwert), z. B. Proton oder Meson. Zwei Fermionen können sich nicht im gleichen Energiezustand befinden. Im Mai 2005 hatte die Forschergruppe von Wolfgang Ketterle am US-amerikanischen Massachusetts Institute of Technology (MIT) in Cambridge in einem stark wechselwirkenden rotierenden Fermigas entsprechende Gitterwirbel beobachtet. Ausgehend von den neuen Erkenntnissen ließen sich künftig die Hochtemperatur-Supraleiter sowie exotische Materie wie das Quark-Gluonen-Plasma oder Neutronensterne besser erforschen. Die für die Wissenschaft sensationelle Entdeckung wurde im Juni im Wissenschaftsmagazin »Nature« veröffentlicht.

Roboter

Selbsttätige, meist elektronisch gesteuerte Automaten, die neben der Industriefertigung auch in Medizin, Forschung, Logistik und Service verwendet werden

Marktentwicklung: Ende 2004 legte die United Nations Economic Commission for Europe (UNECE) die Studie »World Robotics 2004« vor. Danach ist Deutschland weltweit der zweitgrößte Nutzer und Produzent von Industrierobotern. Im Berichtszeitraum wuchs der Weltmarkt um 19 % auf 81 800 Einheiten. Der europ. Markt nahm mit 26 100 neuen Industrierobotern um 4 % zu. Davon wurden 13 400 (+13 % zum Vorjahr) in Deutschland installiert, das hinter Japan rangiert. Nachdem Ende 2003 weltweit mehr als 800 000 Industrieroboter im Einsatz waren, sollen diese Bestände bis 2007 auf ca. 1 Mio. steigen. Im letzten Jahrzehnt stieg die Leistungsfähigkeit der R. - bei rückläufigen Preisen - erheblich. Wie Rentabilitätsstudien zeigen, haben R. eine Amortisationszeit von nur ein bis zwei Jahren. Auch Serviceroboter wie automatische Staubsauger und Rasenmäher sind auf dem Vormarsch. Zu den Ende 2003 registrierten über 600 000 sollen von 2004 bis 2007 weitere 4 Mio. hinzukommen.

Laufmaschinen: Die Expo 2005 in Japan wartet mit technischen Neuheiten bei Serviceroboter und humanoiden R. auf: zweibeinige, tanzende Modelle wie »Asimo«, sog. I-Units, mit denen Menschen sich fortbewegen können, oder vierrädrige Liege- bzw. Rollstühle. Noch handelt es sich hier mehr oder weniger um Prototypen.

Andere Entwicklungen von amerikanischen und europ. Forschern haben Antriebe im Fußgelenk, schwingen mit der Hüfte, um die Erdanziehung für elegantes Fortbewegen zu nutzen. Oft zielen diese Entwicklungen darauf hinaus, intelligente Prothesen für Bein- oder Fußamputierte zu konstruieren. Auch R., die mit jedem Schritt wie Kinder die Balance und das Gehen selbst lernen, sind in der Erprobung.

Roboteranzug: Ein durch Nervensignale gesteuerter mechanischer Anzug soll älteren oder behinderten Menschen beim Treppensteigen oder Tragen helfen. Forscher einer japanischen Universität haben dieses externe Skelett in zehn Jahren entwickelt und anlässlich der World Expo im Juni 2005 vorgestellt. Der HAL 3 (Hybrid Assistiv Limb) genannte Roboteranzug wird von elektrischen Signalen, die vom Gehirn über die

Roboter: Toyota präsentiert auf der Expo in Japan neuartige Roboter, dazu gehören die Laufmaschine »i-foot« (links) und vierrädrige Ein-Personen-Vehikel.

Nerven an die Muskeln geleitet werden, gesteuert. Ein Computer koordiniert die Bewegungen. Ein zweites Steuersystem sorgt für die richtige Koordination der Motorbewegungen, analysiert und speichert typische Bewegungsmuster und erkennt später, ob der Träger gehen will oder nur sein Bein bewegt. Das Gewicht von 22 kg wird vom Nutzer kaum wahrgenommen, da sich das System praktisch aus eigener Kraft trägt. Erste kommerzielle Versionen sollen 10 000–15 000 € kosten.

Tastorgane: Die John-Hopkins-Universität, Baltimore, USA, zeichnete am 10. 3. 2005 die Gewinner eines jährlichen Forschungspreises für Studenten aus, die im vorangehenden Jahr ihre Projekte realisiert hatten. Darunter befand sich ein autonomes Roboterfahrzeug, das sich mithilfe von Tastfühlern nach dem Vorbild der Küchenschabe orientieren und sich deshalb im Gegensatz zu anderen, von optischen oder akustischen Orientierungssignalen abhängigen R. auch im Dunkeln fortbewegen kann. Die Basis dieses R. sind gummiartige Fühler in einem durchsichtigen Plastikgehäuse. Wenn der R. auf ein Hindernis stößt, verbiegen sich seine Fühler, und die elastischen Deformationen werden von Sensoren in den Fühlern in elektrische Signale umgewandelt. Ein Computer erkennt daran das Hindernis und steuert den R. um dieses herum. Bevorzugte Einsatzfelder sollen Katastrophengebiete, z. B. eingestürzte Häuser, sein.

www.unece.org; www.vdma.org (Verband Dt. Maschinen- und Anlagenbau); **www.ifrstag.org** (International Federation of Robotics); **www.automatica-munich.com** (Intern. Fachmesse 2006 für Robotik und Automation)

Stammzellen

Stammzellen können sich über lange Zeit durch Teilung selbst erneuern und sich in einzelne oder verschiedene Zellarten mit bestimmten Eigenschaften entwickeln (differenzieren).

Zweifel an Universalität der Stammzellen: Embryonale S. sind nicht unbedingt wie bisher angenommen in gleicher Weise universell: Georg Weitzer und Mitarbeiter von der Universität Wien entdeckten bei Mäusen an bestimmten Zellen der inneren Zellmasse eines Embryos im 32-Zell-Stadium, dass die Rezeptoren für bestimmte Wachstumsfaktoren (Zytokine der Interleukin-6-Gruppe) unterschiedlich stark ausgebildet sind. Die Menge solcher Rezeptoren in einer solchen S. Ist entscheidend dafür, zu welcher Zelle sie sich entwickeln wird.

Immunattacke gegen embryonale Stammzellen: Im Januar und Februar 2005 berichtete das Wissenschaftsmagazin »Nature« über wissenschaftlich fundierte Zweifel an der therapeutischen Verwendbarkeit der gegenwärtig existierenden embryonalen S.-Linien. Das US-amerikanische Forscherteam um Ajit Varki an der Kalifornischen Universität von San Diego und Fred Gage, Neurobiologe am Salk-Institut im kalifornischen La Jolla, hatten mehrere der insgesamt 22 S.-Linien, die in den USA mit öffentlichen Geldern finanziert wurden, untersucht. Sie stellten fest, dass all diese Humanzellen aus dem Labor im menschlichen Organismus eine heftige Immunreaktion auslösen würden und klärten den Zusammenhang auf: Embryonale S. wachsen unter Laborbedingungen in einer Nähr- und Wachstumslösung auf, die tierisches, i. d. R. von

Stammzellen: Chimäre

Der Begriff ist der griechischen Sagenwelt entlehnt und bezeichnete ein Mischwesen aus Ziege, Löwe und Drache oder Schlange. Biologisch kennzeichnet er ein aus zwei Individuen künstlich zusammengesetztes Lebewesen (was auch auf einen Menschen mit Transplantat zutrifft!), im engeren Sinn einen mittels gentechnischer Experimente aus zwei verschiedenen Arten kombinierten Organismus. Bekanntestes Beispiel ist die aus Schaf und Ziege kombinierte Schiege der 1980er-Jahre. Auch mit menschlichen Genen versehene Labormäuse sind streng genommen Chimären.

Stammzellen: embryonale und adulte Stammzellen

Stammzellen kann man aus Embryonen in deren ersten Entwicklungstagen (embryonale Stammzellen) und aus bestimmten Geweben des kindlichen oder erwachsenen Organismus (adulte Stammzellen) gewinnen.
Embryonale Stammzellen können sich grundsätzlich in sämtlichen Körperzellarten entwickeln - sie sind pluripotent. Ob embryonale und adulte Stammzellen sich hinsichtlich ihres Vermehrungs- und Entwicklungspotenzials gleichermaßen als Zell- und Gewebeersatz eignen, war 2005 noch nicht ausreichend erforscht.

Mäusen gewonnenes Serum enthält, und nehmen die tierischen Moleküle auf. Diese werden vom Immunsystem des Empfängerorganismus attackiert. Varki identifizierte das Aminosäuremolekül N-glycolylneuraminic-Säure Neu5Gc an der (Maus-)Zelloberfläche als Verursacher - in der Petrischale wird es von den Human-S. absorbiert. Die Sensitivität des menschlichen Immunsystems gegen Neu5Gc rühre vom Verzehr von Milchprodukten und roten Fleisches her. Anzunehmen ist, dass die meisten gegenwärtigen S.-Linien nicht für den klinischen Einsatz am Menschen geeignet sind, wohl aber für die Grundlagenforschung.

Wirkstoffforschung

Pflanzen als Wirkstoffproduzenten: 2004 wurden weltweit ungefähr 25% aller auf dem Markt gehandelten Arzneimittel mit biotechnologischen Methoden oder gentechnisch hergestellt. Dies waren insbesondere Diagnostika, Therapeutika und Impfstoffe. In Zukunft wird man zunehmend pharmazeutische Werk- und Wirkstoffe kostengünstig und sicher von gentechnisch modifizierten Pflanzen herstellen lassen. Im Oktober 2004 wurde bekannt, dass die jahrelangen Forschungsarbeiten dreier biotechnologischer Forschungsinstitute der russischen Wissenschaftsstadt Novosibirsk an transgenen Tomaten in Zusammenarbeit mit Wissenschaftlern der Universität von Maryland (USA) fortgeführt werden. Die Tomaten sollen als Impfstofflieferant dienen: Sie sind optimale Vakzinproduzenten, da sich Fremdgene in ihnen leicht einbauen lassen und der in den veränderten Proteinen produzierte Wirkstoff mit der rohen Frucht verzehrt werden kann.

Zellbiologie

Im Januar 2005 meldete die Zeitschrift »Max-Planck-Forschung« zwei Forschungsergebnisse aus dem Max-Planck-Institut für Biochemie in Martinsried, sie betrafen die innerzellulare Müllentsorgung und die 3-D-Abbildung von Kernporen.

Müllentsorgung in der Zelle aufgeklärt: Nicht mehr benötigte oder unbrauchbar gewordene Proteine in der Zelle müssen entsorgt werden, da sie ansonsten deren Stoffwechsel behinderten. Einem überflüssigen Protein heftet sich Ubiquitin an, ein kleines Eiweißmolekül zum Kennzeichnen von »Müll«. Das markierte überflüssige Protein wird sofort isoliert und, eskortiert von einem speziellen Transportprotein, hin zum Proteasom befördert. Das Proteasom als eine Art Schredder zerlegt das Mülleiweiß in seine einzelnen Bausteine.

Schlüsselloch zum Zellkern: Mittels einer in Martinsried entwickelten bildgebenden Technik, der Kryo-Elektronentomographie, wurden im Herbst 2004 3-D-Bilder von den Poren in der Hülle lebender Zellkerne gewonnen. Durch diese Poren gelangen die transkribierten genetischen Informationen aus dem »Archiv« im Kern, der DNA, in den Zellkörper, wo sie den Ribosomen, den zellulären Eiweißfabriken, als Vorlagen für die Proteinsynthese dienen; umgekehrt passieren Signale die Poren in Richtung Zellkern. Die Porenkanäle mit nur 125 Nanometer Durchmesser arbeiten hochselektiv; sie sind also auf ganz spezielle Eiweiße spezialisiert. Als Untersuchungsobjekt dienten lebende Zellen des Schleimpilzes Dictyostelium.

Reparatur von Herzzellen: US-amerikanische Forscher berichteten im Wissenschaftsmagazin »Nature« vom 10. 2. 2005 über ihre Entdeckung von Zellen, die beschädigtes Herzmuskelgewebe reparieren; das nach einem Infarkt vernarbte Gewebe wurde wieder elastisch und funktionsfähig. Die beobachteten Vorläufer-Herzzellen ließen sich unter Laborbedingungen zum Teilen anregen und wuchsen zu funktionsfähigen Herzmuskelzellen heran.

Gesundheitswesen

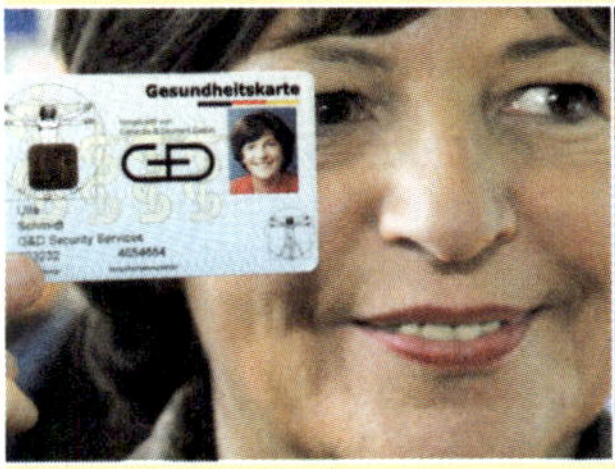

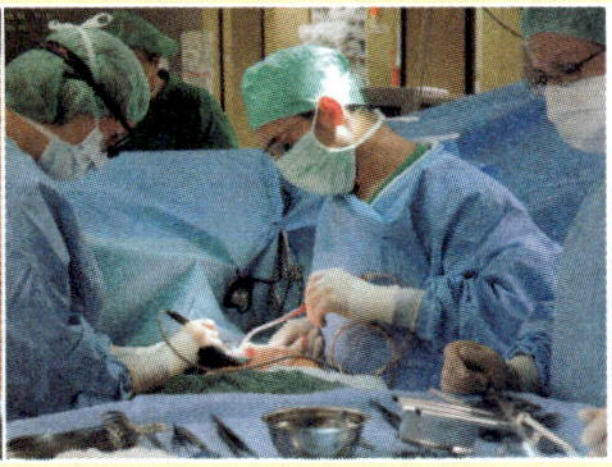

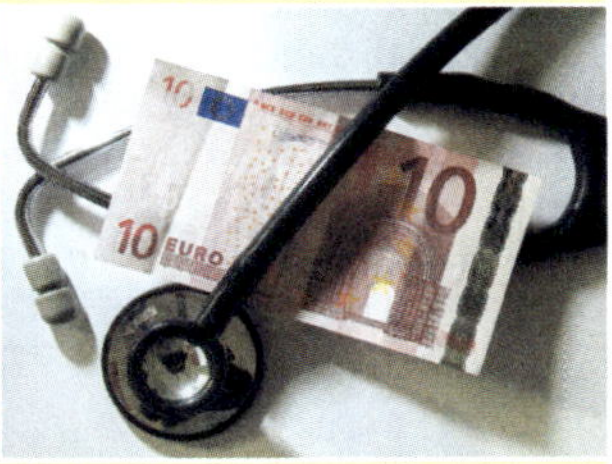

Ärztemangel

Funktionäre warnten auch 2004/05 vor einem wachsenden Ä. in Deutschland. Eine Mitte 2005 veröffentlichte Studie des Bundesministeriums für Gesundheit und Soziale Sicherung (BMGS) ergab jedoch, dass in Deutschland kein Ä. bestehe, sondern es lediglich eine punktuelle Unterversorgung mit Ärzten in dünn besiedelten Regionen gebe. Das Ministerium räumte ein, dass sich die Unterversorgung ohne Entgegenwirken in den kommenden Jahren verschärfen würde.

Mangelversorgung: Die Kassenärztliche Bundesvereinigung (KBV, Berlin) gab an, dass 2005 in den dt. Kliniken rund 5000 Arztstellen nicht besetzt werden konnten und dass 600 Praxen, davon 80 % in Ostdeutschland, leer standen. 2004 lag das Durchschnittsalter der Ärzte bei 50,5 Jahren. Der Studie des BMGS zufolge konnten insbesondere in Ostdeutschland freie Arztstellen an Kliniken nur schwer besetzt werden. In Ballungszentren herrsche eine Überversorgung mit Ärzten.

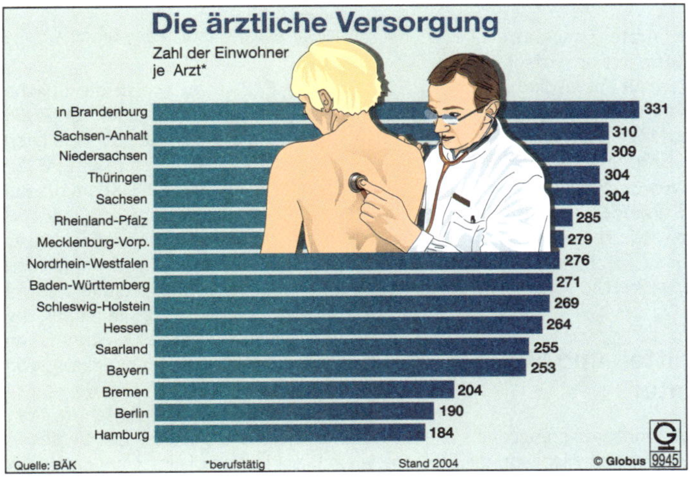

Ursachen: Zwar stieg die Zahl der Ärzte 1991–2002 auf 381 000 (+28 %), doch wanderten Mediziner zunehmend in Berufe wie Pharmareferent oder ins Ausland ab. Ursachen waren laut BMGS-Studie die familienfeindlichen Arbeitszeiten, schlechte berufliche Wiedereinstiegsmöglichkeiten nach der Babypause oder einem Auslandsaufenthalt und starre Hierarchien in den Kliniken. Der Ärzteverband Virchow-Bund sah zudem Gründe in der zunehmenden Bürokratisierung des Arztberufs sowie in der seit Jahren andauernden Kostendämpfung bei niedergelassenen Ärzten.

Gegenmaßnahmen: Auf dem Ärztetag in Berlin im Mai 2005 sprachen sich die Ärzte dafür aus, Praxisübernahmen zu erleichtern und Teilzeitstellen insbesondere für Ärztinnen nach einer Familienauszeit in der ambulanten Versorgung zu schaffen.

Bereitschaftsdienst

Die EU-Kommission reagierte im Herbst 2004 auf das Urteil des Europ. Gerichtshofs (EuGH, Luxemburg) von 2003, nach dem B. für Klinikärzte als Arbeitszeit zu werten sei, mit einem Vorschlag zur Neufassung des EU-Arbeitszeitrechts. Danach soll bei B. zwischen aktivem und inaktivem Dienst unterschieden werden. Lediglich der medizinische Einsatz solle als Arbeitszeit zählen. Der Vorschlag, der nur mit Zustimmung des EU-Parlaments durchgesetzt werden kann, wurde von diesem jedoch Mitte 2005 abgelehnt.

Hintergrund: Die nationalen Regierungen und viele Krankenhausbetreiber hatten im Fall der Umsetzung des EuGH-Urteils von 2003 einen rapiden Anstieg der Gesundheitskosten und eine Versorgungslücke vorausgesagt. Mit der Unterscheidung zwischen aktiver und inaktiver Arbeitszeit wollte die Kommission die langen B. auf eine neue rechtliche Basis stellen.

Kritik: EU-Parlament, Ärzte und Gewerkschaften werteten den Kommissionsvorschlag als Rückschritt in alte Zeiten mit Endlosdiensten. Patienten hätten einen Anspruch auf ausgeruhte Mediziner. Bei der Arbeitszeitgestaltung für Klinikärzte sprach sich das EU-Parlament für mehr Flexibiliät aus. Zwar dürfe von der wöchentlichen Höchstarbeitszeit von 48 Stunden nicht mehr abgewichen werden, doch solle die Arbeitszeit schwanken dürfen und nur im Jahresschnitt die 48 Stunden wöchentlich erreichen.

Deutsche Arzneimittel- und Medizinprodukteagentur

Im April 2005 beschloss die Bundesregierung, das Bundesinstitut für Arzneimittel und Medizinprodukte (BfArM, Berlin) in eine bundesunmittelbare Anstalt öffentlichen Rechts, die Dt. Arzneimittel- und Medizinprodukteagentur (DAMA, Bonn) zu überführen. Ziel ist es, eine unabhängige Arzneimittelüberwachung zu schaffen. In Deutschland werden jährlich rund 40 000 Fälle von unvermuteten Arzneimittelnebenwirkungen gemeldet, die Anzahl der Todesfälle durch Arzneimittel schätzte das Institut für klinische Pharmakologie (Bremen) auf 16 000.

Aufgaben: Die DAMA soll die Zulassung von Arzneien verkürzen und die Nutzen-Risiko-Bewertung von Arzneimitteln verbessern. Dazu soll unter ihrem Dach eine Bundesstelle eingerichtet werden, deren Vorstand Präparate wieder vom Markt nehmen dürfe, wenn sich Risiken zeigen. Das BfArM war v. a. seitens der Pharmaindustrie in die Kritik geraten, weil es hinsichtlich der Medikamentenzulassung besonders langsam arbeitete.

Kritik: Das Institut für Qualität und Wirtschaftlichkeit im Gesundheitswesen (IQWiG, Köln) und die Verbraucherzentralen befürchteten 2005, dass mit der Gründung der DAMA die Arzneimittelzulassung zu stark an den Wünschen der Industrie ausgerichtet werde. Ziel müsse nicht die schnelle Zulassung, sondern die ausreichende Prüfung von Medikamenten sein.

Elektronische Gesundheitskarte

Chipkarte für die rund 70 Mio. gesetzlich und rund 10 Mio. privat Versicherten sowie Ärzte, Apotheker und in anderen Heilberufen Tätige, um den Informationsaustausch zwischen Ärzten, Apothekern, Krankenversicherungen und Patienten zu beschleunigen und zu vereinfachen

Ab 2006 soll die E. G. schrittweise die übliche Krankenversichertenkarte ersetzen. Im April 2005 übergaben drei Fraunhofer-Institute die von ihnen entwickelte sog. Lösungsarchitektur der E. G. an Bundesgesundheitsministerin Ulla Schmidt. Sie beschreibt u. a. den Aufbau der Karte und Details zum Verschlüsselungsverfahren. Ende 2005 starten Flächentests mit der E. G. in einzelnen Regionen. Das Bundesgesundheitsministerium stellt bis 2006 rund 5,3 Mio. € für die technische Infrastruktur bereit, während Ärzte, Apotheken und Krankenkassen die Kosten der Einführung von 1,4–2 Mrd. € tragen.

Karte: Die E. G. enthält Name, Anschrift, Krankenkasse und Versicherungsstatus des Versicherten sowie ein Passbild und die Information, ob der

Besitzer zuzahlungspflichtig ist. Mit Zustimmung des Kartenbesitzers können auch Notfalldaten, z. B. Blutgruppe, Allergien usw., gespeichert werden, ebenso ein Organspendeausweis und eine Patientenverfügung. Der Besitzer kann ferner entscheiden, ob er mit der Karte den Zugang zu einer langfristig geplanten elektronischen Patientenakte auf einem zentralen Server außerhalb des Internets mit seiner Krankengeschichte, Röntgenaufnahmen usw. schafft. Zunächst soll die E. G. als elektronisches Rezept Verwendung finden.

Datenschutz: Die Lösungsarchitektur der E. G. soll Missbrauch ausschließen. Speicherung und Zugriff auf sensible Daten bedürften der Zustimmung des Patienten. Einzelne Dienstleister im Gesundheitswesen würden nur partiell Zugriff auf die Daten haben; so soll der Apotheker das elektronische Rezept, nicht aber die Notizen des behandelnden Arztes lesen können.

Vernetzung: Die Einführung der E. G. gilt als eines der größten IT-Vorhaben weltweit. Die technische Infrastruktur vernetzt die rund 175 000 niedergelassenen Ärzte- und Zahnarztpraxen, 21 500 Apotheken, 2 200 Kliniken und 300 Krankenkassen miteinander. Die 80 Mio. Versicherten erhalten jeweils eine E.G., die zusammen mit der Karte des Arztes den Zugang zu den Krankendaten ermöglicht.

Vorteile: Ärzte haben sekundenschnell Zugriff auf Patientendaten, die auch andere Ärzte gespeichert haben. Teure Doppeluntersuchungen werden vermieden, ebenso unerwünschte Wechselwirkungen von verschiedenen Medikamenten, die auftreten können, wenn ein Arzt nicht weiß, was der andere verordnet. Zwar schätzt man die jährlichen Betriebskosten des Systems der E. G. auf 300–400 Mio. €, doch soll die E. G. allein durch die Ablösung des Papierrezepts zu Einsparungen von 1 Mrd. € jährlich führen.

Facharzt für ästhetische und plastische Chirurgie

Vom Ärztetag im Mai 2005 in Berlin geschaffener Facharzttitel

Der neue Facharzttitel wird erst nach einer sechsjährigen Ausbildung verliehen, sodass eine Mindestqualifikation für schönheitschirurgische Eingriffe geschaffen wurde. Die Bezeichnungen

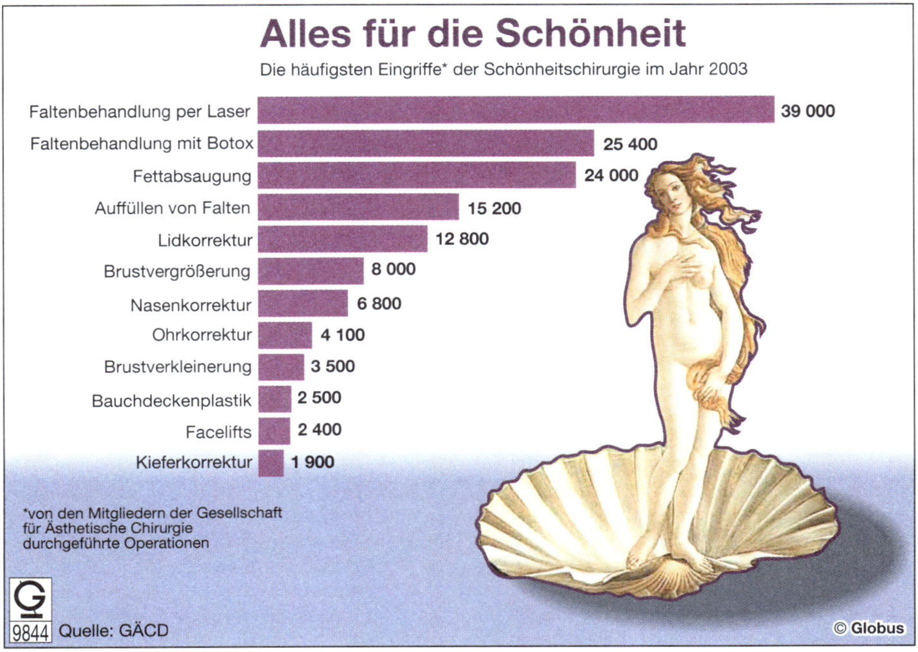

»Schönheitschirurg« oder »kosmetischer Chirurg« waren dagegen bis 2005 nicht geschützt, sondern selbst gewählte Titel, die keine spezielle Ausbildung voraussetzten. mit der Einführung dieser neuen Facharztbezeichnung wollte die Ärzteschaft in Deutschland einen eindeutigen Hinweis auf die Qualifikation von Chirurgen liefern und gegen die boomenden Schönheitsoperationen ohne medizinische Notwendigkeit vorgehen. 2005 war in Deutschland zudem ein gesetzliches Verbot suggestiver und irreführender Werbung für Schönheitsoperationen in Arbeit, z. B. Vorher-Nachher-Fotos.

Hintergrund: 2005 lagen Schönheitsoperationen im Trend. Insbesondere Fernsehserien, in denen chirurgische »Runderneuerungen« ausgewählter Personen gezeigt wurden, führten dazu, dass sogar schon Jugendliche Schönheitskorrekturen anstrebten. Dabei wurde suggeriert, dass die Eingriffe ohne größere Risiken machbar seien. 2004 wurden nach Angaben der Vereinigungen der Dt. Plastischen Chirurgen (VDCP, Berlin) und der Dt. Ästhetischen-Plastischen Chirurgie (VDÄCP, Hofheim) 700 000 Schönheitsoperationen durchgeführt (2002: 660 000). Etwa 25 % davon waren Eingriffe rein ästhetischer Natur. Zahlen über missglückte Eingriffe durch selbst ernannte Fachleute, über Schäden oder Todesfälle lagen nicht vor. So etwa gab die Bodenseeklinik für ästhetische Chirurgie Anfang 2005 an, dass jeder dritte hier ausgeführte Eingriff die Korrektur einer misslungenen Schönheitsoperation war.

Gesundheitsreform

Bilanz: Im ersten Jahr nach Inkrafttreten führte die G. zu einer Entlastung der gesetzlichen Krankenversicherungen (GKV). Sie erwirtschafteten 2004 sogar einen Überschuss von rund 4 Mrd. €, nachdem sie 2003 noch ein Defizit von 3,5 Mrd. € verzeichnet hatten. Den Löwenanteil des Überschusses trugen die Versicherten u. a. aufgrund erhöhter Zuzahlungen und der Entrichtung der Praxisgebühr. Die im Gegenzug angekündigte Beitragssatzsenkung der GKV auf 13,6 % des Bruttomonatseinkommens blieb bis Mitte 2005 weitgehend aus. Der durchschnittliche Beitragssatz der GKV sank lediglich um 0,1 % auf 14,2 % (jeweils Anfang des Jahres). Damit konnten die hohen Lohnnebenkosten nicht spürbar entlastet werden, die als Hindernis für den Abbau der Arbeitslosigkeit galten. Die Kassen nutzten die Mehreinnahmen zunächst, um den Schuldenberg von 8 Mrd. € auf 5,2 Mrd. € zu verringern, und bildeten Rücklagen für 2005.

Gesundheitsreform: Leistungsausgaben der Kassen 2004[1]

Bereich	Ausgaben (Mrd. €)	Veränderung zu 2003 (%)
Krankenhaus	47,6	1,5
Arzt	23,0	-5,5
Arzneimittel	21,8	-9,5
Zahnarzt	7,7	-3,9
Krankengeld	6,4	-8,5
Hilfsmittel	4,5	-14,9
Zahnersatz	3,6	-3,7
Heilmittel	3,6	-5,2
Schwangerschaft/ Mutterschaft	3,0	8,5
Fahrtkosten	2,6	-8,1
Vorsorge und Reha-Maßnahmen	2,4	-6,5
Sonstiges	4,9	
insgesamt	131,1	-3,3

1) gesetzliche Krankenversicherungen (GKV)
Quelle: Bundesgesundheitsministerium

Perspektive: Die höchsten Einsparungen gegenüber 2003 erzielten die GKV 2004 bei Hilfsmitteln (-14,9 %) und Arzneimitteln (-9,5 %). Der Einspareffekt bei Arzneien wird sich Experten zufolge nicht wiederholen, da u. a. die Pharmaindustrie den Kassen 2005 einen niedrigeren Rabatt gewährte (nur noch 6 % statt 16 %) und da die Einführung von Preisobergrenzen (sog. Festpreise) für patentgeschützte Arzneimittel weniger erbringen werde als geplant. Zudem laufe ein Preismoratorium der Hersteller aus, weshalb sich Medikamente verteuern könnten. Der Apothekerverband rechnete Mitte 2005 mit einer Ausgabensteigerung für die GKV bei Arzneimitteln von 10 %, was den Spielraum für Beitragssenkungen verringern würde.

Neue Regelungen: Ab 2005 wurden die prozentualen Zuschüsse zum Zahnersatz durch einen Festzuschuss von 50 % der Regelversorgung ersetzt, unabhängig davon, welche Art von Zahnersatz der Versicherte wählt. Wer nach-

Gesundheitsreform: ein Erfolg auf Kosten der Patienten

Der jahrelange Aufwärtstrend bei den Leistungsausgaben der gesetzlichen Krankenversicherungen (GKV) wurde 2004 gestoppt. Bundesgesundheitsministerin Ulla Schmidt (SPD) feierte die 2004 in Kraft getretene Gesundheitsreform daher 2005 als Erfolg. Kritiker wiesen dagegen darauf hin, dass die Einsparungen zu einem Großteil zulasten der Patienten gingen. Ärzte kritisierten zudem einen durch die Reform bedingten Qualitätsverlust in der medizinischen Versorgung der Patienten.

Kostendämpfung zum hohen Preis Wegen der hohen Gesundheitskosten durch die Reform vermieden laut Nationaler Armutskonferenz v. a. sozial schwache Personen den Gang zum Arzt und vernachlässigten ebenso die Vorsorge. Auch griffen die Menschen zunehmend zur Selbstmedikation. Beides ist Experten zufolge nicht ungefährlich, denn nicht ernst genommene Krankheiten können leicht verschleppt oder sogar chronisch werden. Dann ist ihre Behandlung letztlich teurer.

Den Ärzten bürdete die Reform nach eigenen Angaben noch mehr Bürokratie auf, sodass zunehmend weniger Zeit für den Patienten und seine Behandlung blieb. Hinzu komme der hohe Kostendruck. Der Präsident der Bundesärztekammer, Jörg Dietrich Hoppe, beklagte Mitte 2005, dass schon lange nicht mehr jeder so behandelt werden könne, wie es nach den Regeln der ärztlichen Kunst geboten wäre. Die Auswirkungen der Reform hätten den Arztberuf zudem nicht attraktiver gemacht. Ärztemangel sowie infolge des wirtschaftlichen Drucks zu erwartende Klinikschließungen würden zu einer fortschreitenden Rationierung der medizinischen Versorgung führen. Längere Wartezeiten und weitere Wege für die Patienten seien die Folge.

Chancen nicht genutzt Karl Lauterbach, der Berater von Bundesgesundheitsministerin Ulla Schmidt, sah dagegen zahlreiche Möglichkeiten zur Verbesserung der medizinischen Versorgung, die die Reform eröffnet hätte, ungenutzt. Dazu zähle beispielsweise auch die Öffnung der Krankenhäuser, d. h. die Möglichkeit der Kliniken, in Regionen mit wenigen Praxen oder bei speziellen Leistungen wie Krebsbehandlung stärker Aufgaben niedergelassener Ärzte übernehmen dürfen. Verträge zur gezielten Zusammenarbeit von Ärzten, Therapeuten und Kliniken (integrierte Versorgung) seien zwar geschlossen, doch nicht mit neuem Inhalt gefüllt worden. Unter integrierter Versorgung würde nun abgerechnet, was man auch früher gemacht habe.

Bundesgesundheitsministerin Ulla Schmidt und Jörg-Dietrich Hoppe (rechts), Präsident der Bundesärztekammer

Qualität sichtbar machen Die Ärzte beschlossen Mitte 2005 ein von unabhängigen Wissenschaftlern über sechs Jahre laufendes Forschungsprogramm, das die Qualität der medizinischen Versorgung in Deutschland sichtbar machen und wo nötig Verbesserungen aufzeigen soll. Die voraussichtlichen Kosten dafür belaufen sich auf 4,5 Mio. €. Auch die Sicherheit der Patienten vor Schwachstellen in der medizinischen Behandlung soll erhöht werden. Damit wollten die Ärzte es der Politik in Zukunft schwerer machen, dirigistisch oder rationierend in das Gesundheitssystem einzugreifen. Bundesgesundheitsministerin Ulla Schmidt wies allerdings darauf hin, dass das Gesundheitswesen auch weiterhin den ökonomischen Regeln unterworfen bleibe. Es könne nur ausgegeben werden, was auch eingenommen werde. Daher sei Medizin ohne Ökonomie nicht möglich.

Gesundheitsreform: Kosten des Gesundheitswesens

Jahr	Kosten (Mrd. €)	Anteil am BIP (%)	Kosten/ Einw. (€)
2003	239,7	11,3	2900
1998	208,7	10,6	2540
1993	168,0	10,1	2020

Quelle: Statistisches Bundesamt

weislich regelmäßig zur Kontrolle zum Zahnarzt geht, erhält 60–65 % Zuschuss.

Ab Juli 2005 finanzieren GKV-Mitglieder Zahnersatz und Krankengeld allein. Die Versicherten zahlen dafür einen Sonderbeitrag von 0,4 % ihres Bruttomonatseinkommens für Zahnersatz und 0,5 % für das Krankengeld. Die Kassen senken die Beiträge im Gegenzug um 0,9 Prozentpunkte. Dennoch zahlen Versicherte 0,45 % mehr, weil die Arbeitgeber nicht an diesem Zusatzbeitrag beteiligt sind.

Systemwechsel: Sowohl die rot-grüne Bundesregierung als auch die Opposition waren sich darin einig, dass die G. das Gesundheitssystem langfristig nicht sanieren könne. Dafür sei eine weitere Reform nötig, die einen Systemwechsel zum Ziel haben müsse. Während SPD und Grüne 2004/05 eine sog. Bürgerversicherung favorisierten, bei der auch Selbstständige und Beamte beitragspflichtig wären und Kapitaleinkünfte bei der Beitragsberechnung mit einflössen, einigten sich CDU und CSU Ende 2004 auf das Modell einer Gesundheitsprämie. Danach solle jeder Versicherte 109 € an die GKV entrichten, wobei die Arbeitgeber einen festen Anteil von 60 € dazuzahlen würden. Kinder würden kostenlos versichert sein, was aus Steuern finanziert werden soll. Der Ausgleich für sozial Schwache soll aus dem Arbeitgeberanteil erfolgen.

www.bmgs.de (Bundesgesundheitsministerium)

➤ Medizin, Arzneimittel

Hausarztmodell

Ab 1. 1. 2005 bot die Barmer Ersatzkasse (BEK) als erste gesetzliche Krankenversicherung bundesweit ein sog. Hausarzt- und Hausapothekenmodell an, das zum 1. 3. 2005 startete (und bis dahin nur auf regionaler Ebene bestand). Teilnehmende Versicherte zahlen nur einmal im Jahr die Praxisgebühr, wenn sie sich für ein Jahr verpflichten, außer in Notfällen immer zuerst zum Hausarzt zu gehen und sich an eine bestimmte Apotheke zu binden. Mit dem in der Gesundheitsreform 2004 verankerten H. sollen die Kassen Kosten sparen und zugleich soll sich die Behandlung der Patienten verbessern. Mitte 2005 boten weitere Ersatzkassen ein H. an.

Hausarzt: Der Hausarzt übernimmt beim H. eine Lotsenfunktion. Er überweist an den Facharzt (Ausnahme: Gynäkologe und Augenarzt) und sammelt Therapieergebnisse und Befunde, sodass er stets den Gesamtüberblick über den Zustand des Patienten hat. Zudem soll er individuelle Vorsorgemaßnahmen für den Patienten aufzeigen. Teilnehmende Hausärzte erhalten 35–50 € pro teilnehmendem Patienten und Jahr als Sonderzahlung.

Hausapotheke: Am H. teilnehmende Patienten wählen eine Apotheke aus, in der alle Rezepte eingelöst und alle verschreibungspflichtigen und frei erhältlichen Arzneien, die er kauft, gespeichert werden. Der Apotheker kann so gefährliche Wechselwirkungen zwischen einzelnen Medikamenten besser erkennen. Laut BEK ster-

Hausarztmodell: Günter Kasten (links; AOK) und Moderator Michael Prang werben für das Hausarztprogramm der AOK Sachsen-Anhalt.

ben jährlich 20 000–25 000 Personen an Medikamentenwechselwirkungen (→ Dt. Arzneimittel- und Medizinprodukteagentur).

Vorteile: Allein stehende Kassenmitglieder sparen 30 € Praxisgebühr pro Jahr, Familien 60 €. Die BEK erhofft sich vom Wegfall teurer Doppeluntersuchungen Einsparungen von 50 Mio. € pro Jahr. Qualität und Effizienz der Behandlung sollen verbessert werden.

Kritik: Ärztevereinigungen bemängelten, dass der Patient gegen die Zahlung von zwei bis drei Praxisgebühren die freie Arztwahl verliere und daraus keinen erkennbaren Vorteil ziehe. Die Kassenärztlichen Vereinigungen (KV) kritisierten 2005, dass die Kassen Geld in das H. stecken würden, das ansonsten allen Ärzten zur Verfügung stünde. Die KV sind nicht am H. beteiligt. Der Gesetzgeber wollte mit dem H. das Monopol der KV brechen und den Wettbewerb im Gesundheitswesen fördern.

Institut für Qualität und Wirtschaftlichkeit im Gesundheitswesen

Anfang 2005 nahm das mit der 2004 in Kraft getretenen Gesundheitsreform geschaffene Institut für Qualität und Wirtschaftlichkeit im Gesundheitswesen (IQWiG) offiziell seine Tätigkeit auf. Seine Aufgabe ist die Bewertung von Nutzen und Qualität von Medikamenten und Therapien sowie die unabhängige Information von Ärzten und Patienten. Bundesgesundheitsministerin Ulla Schmidt hoffte, allein 2005 bis zu 600 Mio. € durch die Arbeit des IQWiG einsparen zu können.

Peter Sawicki
Leiter des Instituts für Qualität und Wirtschaftlichkeit im Gesundheitswesen (IQWiG, Köln, seit 2004). Der Internist, Diabetologe und Professor war u. a. von 1991 bis 2000 Leiter der Diabetes-Ambulanz der Universitätsklinik Düsseldorf und von 2000 bis 2004 Chefarzt am St. Franziskus Hospital in Köln. Ab 1995 war er Mitherausgeber der pharmakritischen Publikation »arznei-telegramm«.

Institut: Das IQWiG mit Sitz in Köln wurde als Stiftung vom Gemeinsamen Bundesausschuss der Ärzte und Krankenversicherungen gegründet. 2005 hatte es 45 Mitarbeiter, bis 2009 soll die Zahl der beschäftigten Mediziner und Gesundheitsökonomen auf 50 bis 60 ansteigen. Ferner sollen 100 externe Experten eingebunden werden, u. a. Verbraucherschützer, Wissenschaftler und Ärzte an Universitätskliniken. Leiter des IQWiG ist der Internist und Diabetologe Peter Sawicki.

Kritik: Die Pharmaindustrie zweifelte die Unabhängigkeit des IQWiG an, weil ihr Leiter als Pharmakritiker bekannt sei.

www.iqwig.de

Internetapotheke

Obwohl die ab 2004 in Deutschland zugelassenen I. laut Bundesgesundheitsministerium (BGMS, Bonn) denselben Anforderungen hinsichtlich Verbraucherschutz und Arzneimittelsicherheit unterlagen wie übliche Apotheken, ergab ein Test der Stiftung Warentest Anfang 2005 erhebliche Mängel bei Versandhandelapotheken. Das Gütesiegel, das der Bundesverband dt. Versandapothekern (BVDVA, Köln) Mitte 2005 vorstellte, damit Verbraucher seriöse von zweifelhaften I. unterscheiden könnten, lehnte die Stiftung Warentest ab. Das Siegel war an formale Kriterien geknüpft, eine qualitative Überprüfung gab es nicht.

Test: Bei der Bestellung rezeptfreier Medikamente reichte ein Anruf oder die Internetbestellung, bei verschreibungspflichtigen Medikamenten wurde das Originalrezept per Post an die Apotheke geschickt. Von 20 getesteten I. erhielten zehn die Note »mangelhaft«, weil sie wichtige Informationen wie mögliche Neben- bzw. Wechselwirkungen der bestellten Medikamente nicht oder nur unzureichend an den Kunden weitergaben. Zudem klappte die Zustellung nicht oder die Päckchen wurden bei Nachbarn abgegeben. Neun I. wurden mit »gut« bewertet, eine mit »befriedigend«. Laut Stiftung Warentest waren I. bei rezeptfreien Mitteln z. T. bis zu 50 % preiswerter, einige orientierten sich aber auch am offiziellen Preisverzeichnis für Apotheken oder verlangten sogar höhere Preise.

Marktvolumen: Der Versandhandel hatte mit rund 500 Mio. € Jahresumsatz 2004 einen Anteil von fast 2 % am Gesamtumsatz mit Medikamenten in Deutschland.

Krankenhausfallpauschalen

Honorierung der Kliniken nur nach Diagnose und erbrachter Leistung. So wird z. B. eine Blinddarmoperation unabhängig von der Verweildauer des Patienten im Krankenhaus immer gleich vergütet.

Mitte 2004 verlängerte Bundesgesundheitsministerin Ulla Schmidt die Übergangsphase zur bundesweiten Einführung von K. von Ende 2006 auf Ende 2007. Damit erhielten die Kliniken mehr Zeit, sich auf einheitliche Preise einzustellen. Ende 2004 einigten sich die Dt. Krankenhausgesellschaft (DKG, Berlin) und Vertreter der gesetzlichen Krankenversicherungen auf einen neuen Fallpauschalenkatalog.

Preissystem: Die K. ersetzen die Tagespflegesätze, nach denen lange Liegezeiten belohnt wurden. Dadurch erhoffte sich die Bundesregierung Einsparungen durch kürzere Verweildauern der Patienten bei gleichzeitiger Qualitätssteigerung: Kliniken, die bestimmte Eingriffe nicht in ausreichender Zahl ausführen, dürfen diese nicht mehr bei den Krankenkassen abrechnen.

Katalog: Der ausgehandelte Katalog schlüsselt 878 Diagnosegruppen und ihre Vergütung auf. Intensivmedizinische Eingriffe werden darin finanziell besser gestellt als zuvor, im Gegenzug sinken die K. für Routinebehandlungen.

Kritik: Experten rechneten mit zahlreichen Klinikschließungen aufgrund des erhöhten wirtschaftlichen Drucks. Ärzte wiesen darauf hin, dass die ambulante Behandlung umgestaltet werden müsse, um die früher entlassenen Patienten den Erfordernissen entsprechend weiter behandeln zu können.

Krankenversicherungen

Infolge der 2004 in Kraft getretenen Gesundheitsreform wurde der Ausgabenanstieg bei den gesetzlichen Krankenversicherungen (GKV) 2004 gestoppt (Ausgaben 2004: 131,1 Mrd. €, 2003: 144,5 Mrd. €). Die GKV verzeichneten 2004 einen Überschuss von etwa 4 Mrd. €. Da sie dem Schuldenabbau (Stand Anfang 2004: 8 Mrd. €; Anfang 2005: 5,2 Mrd. €) Vorrang einräumten, sank der durchschnittliche Beitragssatz von Anfang 2004 bis Anfang 2005 nur um 0,1 % auf 14,2 % des Bruttomonatseinkommens. Entscheidungen über weitere Beitragssatzsenkungen wurden für Mitte 2005 angekündigt.

Krankenversicherungen: Kostenträger im Gesundheitswesen

Kostenträger	Ausgaben 2003 (Mrd. €)
gesetzliche Kassen	136,0
private Haushalte[1)]	29,4
private Kassen	20,6
öffentliche Haushalte	18,8
soziale Pflegevers.	16,5
Arbeitgeber	9,9
gesetzliche Rentenvers.	4,3
gesetzliche Unfallvers.	4,1
insgesamt[2)]	239,7

1) und Organisationen; 2) rundungsbedingte Differenzen; Quelle: Statistisches Bundesamt

Chefgehälter: 2005 gerieten die hohen Gehälter der Kassenchefs in die Diskussion. Mit der Gesundheitsreform war die Pflicht zur Veröffentlichung der Gehälter von GKV-Vorständen und Chefs der Kassenärztlichen Bundesvereinigungen beschlossen worden. Einer Übersicht zufolge verdienten die Kassenchefs im Schnitt zwischen 160 000 und 220 000 € im Jahr. Teilweise war ihr Gehalt 2004 gegenüber 2003 um bis zu 24 % gestiegen, z. T. hatten sie auch Einbußen hinnehmen müssen. Kritiker hielten die Bezüge für überhöht, da die Chefs im Gegensatz zu Managern von Wirtschaftsunternehmen kaum Handlungsspielraum hätten. Bundesgesundheitsministerin Ulla Schmidt sprach von mangelnder Sensibilität der Funktionäre in Zeiten, in denen alle sparen müssten.

Kuren im Ausland: Als erste GKV bot die Hanseatische Ersatzkasse ab 2005 ihren Versicherten Kuren im Ausland, und zwar im tschechischen Marienbad, an. Mehrere GKV erwogen dies ebenfalls. Sie gaben an, damit auf Kundenwünsche zu reagieren. Im Ausland waren Kuren z. T. wesentlich kostengünstiger. Bis dahin waren sie in Einzelfällen möglich, jedoch nicht die Regel.

➤ Medizin, Arzneimittel

Pflegeversicherung

2005 trat für Kinderlose eine Erhöhung des Beitrags zur P. in Kraft. Die 1995 als vierte Säule neben Kranken-, Renten- und Arbeitslosenversicherung eingeführte P. wird Experten zufolge kaum entlastet, da Einnahmen und Ausgaben immer weiter auseinander klaffen. Die rot-grüne Bundesregierung kündigte daher eine Reform der P. an.

Kinderlose: Die P. wird in Deutschland zu gleichen Teilen von Arbeitnehmern und Arbeitgebern mit einem Anteil von 1,7 % des Bruttomonatseinkommens finanziert. Der Anteil der Arbeitgeber wurde mit der Streichung des Buß- und Bettags kompensiert (Ausnahme: Sachsen, wo Arbeitnehmer 1,35 % und Arbeitgeber 0,35 % zahlen). Der Beitrag Kinderloser stieg nun von 0,85 % auf 1,1 % des Bruttoeinkommens. Damit erfüllte die Bundesregierung eine Vorgabe des Bundesverfassungsgerichts von 2001, nach der Eltern gegenüber Kinderlosen bei den Pflegekosten entlastet werden müssen.

Bilanz: Anfang 2005 gab das Statistische Bundesamt bekannt, dass Ende 2003 rund 2,1 Mio. Menschen Leistungen aus der P. bezogen (Anstieg gegenüber 2001: 1,8 %). 640 000 von ihnen wurden in Heimen gepflegt (Anstieg zu 2001: 5,9 %), zwei Drittel zu Hause, rund 450 000 davon z. T. oder vollständig durch Pflegedienste. Ab 1999 nahm das Defizit der P. stetig zu und lag 2004 infolge der schlechten Konjunktur und hoher Arbeitslosigkeit bei 820 Mio. €. Damit verringerten sich die Rücklagen der P. auf 3,4 Mrd. €, die voraussichtlich 2007 oder 2008 aufgebraucht sein werden. Die Mehreinnahmen durch den Beitrag Kinderloser von schätzungsweise 300–400 Mio. € (die Regierung veranschlagte 700 Mio. €) mildere die Situation laut Experten nur vorübergehend, da die Zahl der Pflegebedürftigen durch die erhöhte Lebenserwartung zunähme (2030: rund 3,1 Mio.) und gleichzeitig die Zahl derer sinke, die Verwandte zu Hause pflegten.

Reform: Ziele der rot-grünen Reform der P. waren u. a. die Ausweitung der Leistungen insbesondere für Demenzkranke, die Angleichung der höheren Sätze für stationäre Pflege an die für ambulante und die wirksame Stabilisierung der Beiträge, um die Lohnnebenkosten zu entlasten. Mitte 2005 favorisierten Teile der SPD eine Bürgerversicherung nicht nur für die Krankenversicherung, sondern auch für die P., in der auch Selbstständige und Beamte beitragspflichtig wären und auch Einkünfte aus Kapitalvermögen und Vermietung mitberücksichtigt würden. Dies lehnte die Opposition ab, weil es nicht nur den Kreis der Beitragszahler, sondern auch den der Leistungsberechtigten ausweite und damit die finanziellen Probleme nicht löse. Die Opposition wollte dagegen Pflegeleistungen schrittweise über private kapitalgedeckte Versicherungen abdecken, was wiederum die SPD ablehnte, weil eine derartige freiwillige Lösung schon bei der Riester-Rente nicht funktioniert hätte und eine Pflicht zur privaten Absicherung einer Steuererhöhung gleichkäme.

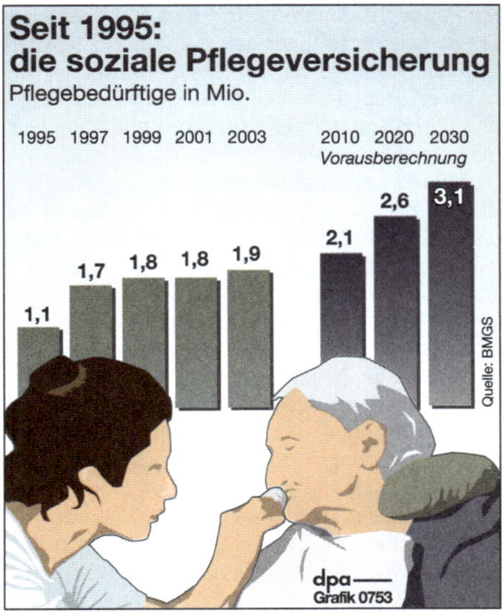

Pflegeversicherung: Grundsatzurteil zur Pflege in Heimen

Beim Schutz alter Menschen in Heimen vor Stürzen muss die Würde und Selbstständigkeit der Bewohner gewahrt bleiben. Das entschied der Bundesgerichtshof (BGH, Karlsruhe) im April 2005 in einem Grundsatzurteil (Az: III ZR 399/04).

Urteil: Danach kommen Maßnahmen wie Bettgitter und Festbinden der Bewohner im Bett nur in Betracht, wenn dafür ein konkreter Anlass besteht. Generell ist die Schutzpflicht des Heims nur auf Maßnahmen beschränkt, die mit vernünftigen finanziellen und personellen Mitteln realisierbar sind.

Kläger: Damit wies der BGH eine Klage der AOK Berlin gegen den Träger eines Altenpflegeheims zurück. Die AOK hatte vom Heim Behandlungskosten zurückgefordert, die durch den Sturz einer Bewohnerin des Altenpflegeheims entstanden waren. Eine Pflichtverletzung des Heims hätte den Unfall erst ermöglicht.

Präventionsgesetz

Im April 2005 beschloss der Bundestag mit rotgrüner Mehrheit das P., das die Vorbeugung gegen Krankheiten als eigenständige Säule im Gesundheitssystem neben Akutbehandlung, Rehabilitation und Pflege voraussichtlich ab 2006 etablieren soll. Ziel ist es, mit vorbeugenden Maßnahmen Krankheiten und chronische Leiden zu vermeiden, Pflegebedürftigkeit und Frühverrentung entgegenzuwirken sowie die Kosten im Gesundheitswesen zu senken, und zwar um voraussichtlich 6 Mrd. € pro Jahr. Die Maßnahmen im Umfang von 250 Mio. € pro Jahr sollen von den Sozialversicherungen finanziert werden, die vom Erfolg des P. profitieren. Der Bundesrat verwies das P. im Mai in den Vermittlungsausschuss von Bundestag und Bundesrat.

Maßnahmen: Als Präventionsmaßnahmen sind u. a. Kurse für Bewegung, gesunde Ernährung und Rückenschulungen geplant, ausschließlich Maßnahmen, deren Nutzen wissenschaftlich erwiesen ist. Neben diesen individuellen Leistungen sollen in Kindergärten, Schulen, Betrieben und Altenheimen Bedingungen geschaffen werden, durch die der Einzelne seine Gesundheit fördern kann. Insbesondere sollen sozial Schwache erreicht werden, die bislang weniger für ihre Gesundheit vorsorgen als die Mittelschichten. Das P. sieht zudem die Gründung einer Stiftung vor, die Kampagnen und Modellprojekte entwickelt und durchführt.

Finanzierung: 180 Mio. € im Jahr sollen die Krankenversicherungen für die Prävention aufwenden, weitere 40 Mio. € soll die Rentenversicherung beisteuern, 20 Mio. € die gesetzliche Unfallversicherung und 10 Mio. € die Pflegekasse. Der Bund investiert 80 Mio. €.

Kritik: Die Opposition begrüßte zwar das P., lehnte die Ausführung allerdings als zu praxisfern und bürokratisch ab. Außerdem seien die Belange der Behinderten im P. nicht berücksichtigt worden.

www.bmgs.de

Praxisgebühr

2004 wurden die Ziele erreicht, die mit der Einführung der P. durch die Gesundheitsreform angestrebt worden waren. Ab 2004 musste jedes erwachsene Mitglied der gesetzlichen Krankenversicherungen (GKV) bei jedem ersten Arztbesuch im Quartal eine P. von 10 € für die GKV entrichten. Bei Vorsorge- und Früherkennungsuntersuchungen, bei Schutzimpfungen sowie bei Kontrolluntersuchungen beim Zahnarzt wurde auf die P. verzichtet. Die Zahl der Arztbesuche sank 2004 um im Schnitt 8,9 %. Gleichzeitig wurde die Einnahmenseite der GKV verbessert. Zahnärzte verbuchten laut kassenärztlicher Bundesvereinigung (KBV, Berlin) 440 Mio. € an P., andere niedergelassene Ärzte 1,2 Mrd. €.

Kritiker wiesen darauf hin, dass die P. Menschen von notwendigen Arztbesuchen abhalten könnte. Ärzte kritisierten neben dem hohen bürokratischen Mehraufwand in ihren Praxen – Kassieren der Gebühr, Ausstellung von Quittungen, Führen eines Kassenbuches, Prüfen von Befreiungsbescheiden, Deponieren des Geldes usw. –, dass sie als Geldeintreiber für die Kassen auch noch das Ausfallrisiko zu tragen hätten, wenn Patienten die P. nicht zahlten.

Arztkontakte: Allgemeinärzte hatten 6,7 % weniger Behandlungsfälle, Fachärzte verzeichneten z. T. zweistellige Rückgänge (Hautärzte: –17,5 %; Gynäkologen: –15,1 %; Chirurgen: –11,6 %). Laut Zentralinstitut für die kassenärztliche Versorgung in der Bundesrepublik (ZI, Berlin) hätten Menschen mit ernsthaften behandlungsintensiven Erkrankungen ihre Arztbesuche nicht eingeschränkt. Die Nationale Armutskonferenz wies dagegen Anfang 2005 darauf hin, dass sozial Schwache seltener den Arzt aufsuchten und auch die Vorsorge vernachlässigten. Experten befürchteten daher, dass Krankheiten verschleppt und chronisch würden und ihre Behandlung damit schließlich teurer.

Musterprozess: Nachdem das Sozialgericht Düsseldorf im März 2005 entschieden hatte, dass säumige Zahler der P. im Fall einer Klage zwar die 10 € P. zahlen müssen, die Kassenärztlichen Vereinigungen (KV) aber die um ein Vielfaches höheren Mahn- und Gerichtskosten tragen müssen, forderten Kassenärzte und Kassen, dass säumige Zahler per Gesetz zur Zahlung der Mahnkosten verpflichtet würden. Das Gesundheitsministerium wies dies mit Hinweis auf die Selbstverwaltung von Ärzten und Kassen zurück. Mitte 2005 einigten sich Ärzte und GKV, dass sich die Kassen rückwirkend ab 2004 an den fälligen Gebühren beteiligen. 2004 hatten laut KBV 337 000 Versicherte die P. nicht gezahlt, das entsprach 0,3 % aller Fälle.

Innenpolitik

Akustische Wohnraumüberwachung

Abhören von Wohn- und Geschäftsräumen mit technischen Mitteln wie Abhörgeräten, Richtmikrofonen und Infrarotsensoren, auch »großer Lauschangriff« genannt

Einen Gesetzentwurf zur Neuregelung der a. W. billigten Bundestag und Bundesrat im Juni 2005. Damit reagierte die Gesetzgebung auf ein Urteil des Bundesverfassungsgerichts von März 2004. Die Verfassungsrichter hatten den Schutz des Kernbereichs persönlicher Lebensgestaltung angemahnt und eine Frist für eine Neuregelung bis zum 30. 6. 2005 gesetzt, nach deren Verstreichen Polizei und Fahnder die a. W. nicht mehr hätten anwenden dürfen.

Neuregelung: Um die a. W. durchführen zu können, muss eine besonders schwere Straftat vorliegen. Das Gesetz geht hier von einem Strafmaß von mindestens fünf Jahren aus; auf Betreiben der Union ist a. W auch bei gemeinschaftlich begangenen Sexualstraftaten und bandenmäßiger Kreditkartenfälschung zulässig. Private Gespräche, die keinen Bezug zur Straftat haben, dürfen nicht abgehört werden. Beim Abhören in Privatwohnungen muss live mitgehört werden, um diesen Vorgang sofort beenden zu können, wenn die Privatsphäre zu sehr verletzt wird. Solche absolut geschützten Daten, die im Rahmen der Strafverfolgung erhoben werden, dürfen in keiner Weise verwendet werden. Grundsätzlich verboten ist das Abhören von Rechtsanwälten, Notaren, Wirtschaftprüfern, Steuerberatern, Ärzten sowie Beratungsstellen für Schwangerschaftskonflikte oder Betäubungsmittelabhängigkeiten, Abgeordneten, Medienmitarbeitern und ähnlichen Berufsgruppen. Die a. W. darf nur von bestimmten Kammern spezialisierter Landgerichte angeordnet werden. Nach Abschluss der Überwachung müssen die Betroffenen über die Maßnahme informiert werden.

Telefonüberwachung: Mitte März 2005 begann das Bundesverfassungsgericht, die präventive Telefonüberwachung auf ihre Rechtmäßigkeit zu überprüfen. Möglich war diese seit 2002 in Thüringen und seit 2003 in Niedersachsen. Weitere Bundesländer wie Bayern wollten ihre Polizeigesetze dahingehend verschärfen, um Verbrechen auf diesem Weg schon im Ansatz erkennen und verhüten zu können. Die Karlsruher Richter verhandelten über eine Verfassungsbeschwerde gegen die Novellierung des niedersächsischen Polizeigesetzes. Dort konnte die Polizei schon dann Personen telefonisch überwachen, wenn »Tatsachen die Annahme rechtfertigten, dass sie Straftaten von erheblicher Bedeutung begehen werden«. Dabei war die Überwachung nicht nur auf die Inhalte beschränkt, sie umfasste auch Verbindungsdaten und Standortkennung. Mehrere Datenschützer sollten hierzu gehört werden. Ein Urteil des Ersten Senats wurde frühestens im Herbst 2005 erwartet.

Antidiskriminierungsgesetz

Gesetzentwurf: Im Januar 2005 brachte die Bundesregierung das A. zur ersten Lesung in den Bundestag ein. Mit dem Gesetz reagierte die Koalition auf verschiedene EU-Richtlinien, die in nationales Recht umzusetzen waren. Mit dem A. sollten Benachteiligungen wegen Rasse oder ethnischer Herkunft, Geschlecht, Religion oder Weltanschauung, Behinderung, Alter und sexueller Identität unter Strafe gestellt werden. Das Gesetz sollte für das Arbeits-, Zivil-, Beamten- und Sozialrecht gelten.

Reaktionen: Der Gesetzesentwurf löste eine Flut von Protesten aus. Die Opposition sowie Vertreter der Wohnungswirtschaft, Arbeitgeber- und Unternehmensverbände lehnten das geplante A. strikt ab und argumentierten, der Entwurf gehe weit über die EU-Vorgaben hinaus und beeinträchtige die Vertragsfreiheit, etwa indem Vermietern und Arbeitgebern bei der Auswahl von Mietern bzw. der Einstellung und Beförderung von Mitarbeitern Klagen auf Entschädigung und Schadenersatz drohten sowie durch den geplanten Kontrahierungszwang. Die Kritiker warnten vor ausufernder Bürokratie und einer drohenden Klageflut. Die Opposition begründete ihre Ablehnung mit dem Umfang der Diskriminierungstatbestände sowie der Umkehr der Beweislast zum Nachteil der Arbeitgeber. Zustimmung fand das A. u.a. beim Dt. Gewerkschaftsbund, bei der Menschenrechtsorganisation Pro Asyl und bei der Türkischen Gemeinde in Deutschland. Der Grundsatzstreit, ob das A. eine überfällige Konkretisierung des Gleichheitsprinzips in der Verfassung oder eine bürokratische und wirtschaftsfeindliche Überregulierung darstelle, wurde auch innerhalb der SPD geführt.

Antidiskriminierungsgesetz: europaweite Bestimmungen

Das dt. Antidiskriminierungsgesetz geht auf vier EU-Richtlinien zurück, die das Verbot von Benachteiligungen in unterschiedlichen Anwendungsbereichen und Tatbeständen festlegen. Bis Ende 2003 hätte Deutschland diese Vorgaben in nationales Recht umsetzen müssen. Diese Frist wurde jedoch wegen Unstimmigkeiten zwischen den einzelnen Bundesministerien versäumt, sodass die EU-Kommission Deutschland Ende 2004 vor dem Europ. Gerichtshof verklagte. Auch Österreich, Finnland, Griechenland und Luxemburg wurden wegen verspäteter Umsetzung angemahnt.
Im Vergleich zu anderen europ. Staaten ist der dt. Entwurf für des Antidiskriminierungsgesetz, was den Schutz vor Benachteiligung betrifft, im Mittelfeld anzusiedeln. In den Niederlanden z. B. ist die Zahl der Merkmale, nach denen Diskriminierung definiert wird, deutlich höher. Dort wird u. a. auch der Personenstand (ledig, verheiratet usw.) und die Benachteilung von Teilzeitbeschäftigten gegenüber Vollzeitbeschäftigten aufgeführt.

Geänderte Fassung: Als Reaktion auf die Proteste legten SPD und Grüne im März 2005 einen umfangreichen Katalog von Änderungen vor, ohne jedoch grundsätzlich von den geplanten Regelungen des A. abzuweichen. Neben vorwiegend inhaltlichen Präzisierungen wurde auch festgehalten, dass Betroffene ihre Benachteiligung innerhalb einer Frist von sechs Wochen schriftlich anzeigen müssen, um nicht ihren Anspruch auf Schadenersatz zu verlieren.

Antisemitismus

Straftaten: 2004 stieg die Zahl der antisemitisch motivierten Straftaten in Deutschland nach Angaben des Bundesamtes für Verfassungsschutz (BfV, Köln) gegenüber dem Vorjahr um 9,8% auf 1316 an. Auch die Zahl der antisemitisch motivierten Gewalttaten nahm von 35 auf 37 Delikte zu, während sich die registrierten Fälle von Schändungen jüdischer Friedhöfe, Synagogen und Gedenkstätten von 113 auf 101 verringerten.

Wachsende Feindlichkeit: A.-Forscher verwiesen 2004 auf eine Zunahme judenfeindlicher

Klischees in der dt. Gesellschaft. Diese würden nicht nur von rechtsextremistischen Kreisen bedient, sondern auch von Globalisierungsgegnern und Kritikern der aktuellen Politik Israels. Der Jüdische Weltkongress wies 2004 auf einen stark wachsenden A. in den mittel- und osteurop. EU-Beitrittsländern hin.

Münchner Neonazi-Prozess: Im Mai 2005 endete vor dem Bayerischen Obersten Landesgericht in München der Prozess gegen Mitglieder der Neonazi-Gruppe »Kameradschaft Süd«. Ihnen wurde u. a. die Planung eines Sprengstoffanschlags auf das Jüdische Gemeindezentrum auf dem Jakobsplatz in München zum Datum der Grundsteinlegung am 9. 11. 2003 vorgeworfen. Das Gericht beschuldigte die vier Angeklagten aus dem Führungszirkel der Neonazi-Gruppe, mit Waffengewalt die Errichtung einer Nazi-Diktatur beabsichtigt zu haben. Der Hauptbeschuldigte Martin Wiese wurde zu sieben Jahren Haft verurteilt, die Mitangeklagten erhielten Freiheitsstrafen zwischen zwei und knapp sechs Jahren.

Asylrecht

Asylbewerber: 2004 beantragten in Deutschland 35 607 Menschen Asyl; dies war der niedrigste Stand bei Erstanträgen seit 20 Jahren. Bei insgesamt 61 961 Erst- und Folgeanträgen entschied das Bundesamt für Migration und Flüchtlinge (Nürnberg) 2004 in 960 Fällen den jeweiligen Asylbewerber als politisch Verfolgten anzuerkennen (Anerkennungsquote: 1,5 %). 1,8 % der Antragsteller oder 1 107 Personen wurde Abschiebeschutz aus politischen oder humanitären Gründen gemäß der Genfer Flüchtlingskonvention gewährt.

Abschiebung: Jährlich werden aus Deutschland etwa 30 000 Personen, die sich illegal im Land aufhalten oder erfolglos das Asylverfahren durchlaufen haben, in ihre ursprünglichen Heimatstaaten abgeschoben. Eine Abschiebung darf nicht erfolgen, wenn das Leben oder die Freiheit des Betroffenen wegen seiner Staatsangehörigkeit, Religion, politischen Überzeugung oder Zugehörigkeit zu einer ethnischen oder sozialen Gruppe bedroht ist; seit dem 1. 1. 2005 ist die Abschiebung auch untersagt, wenn eine geschlechtsspezifische Verfolgung befürchtet werden muss. Als erstes dt. Bundesland verabschiedete NRW im Januar 2005 einen verbindlichen Regelkatalog für die Ausländerbehörden, der die Kriterien für die Mitwirkung von Medizinern bei Abschiebungen festlegt. Ärzte, die bislang lediglich die Flugtauglichkeit zu bescheinigen hatten, können sich nun über weitere Gesundheitsgefahren für den Abschiebeflüchtling äußern. Die Ausländerbehörden müssen neu vorgetragene Abschiebungshindernisse prüfen und ggf. die Abschiebung abbrechen.

Auffanglager: 2004/05 bemühten sich die EU-Staaten weiter um den Aufbau eines gemeinsamen Asylsystems. Strittig blieben sowohl Tempo als auch Umfang der Harmonisierung. Mit seinem Vorschlag, der EU vorgelagerte Auffanglager für Flüchtlinge in Nordafrika einzurichten, löste Bundesinnenminister Otto Schily (SPD) im Herbst 2004 eine heftige Debatte aus. Diese Lager, auch als »Begrüßungszentren« bezeichnet, sollten bereits vor den Grenzen der EU eine Prüfung der Asylanträge ermöglichen.

www.bamf.de; www.bmi.bund.de

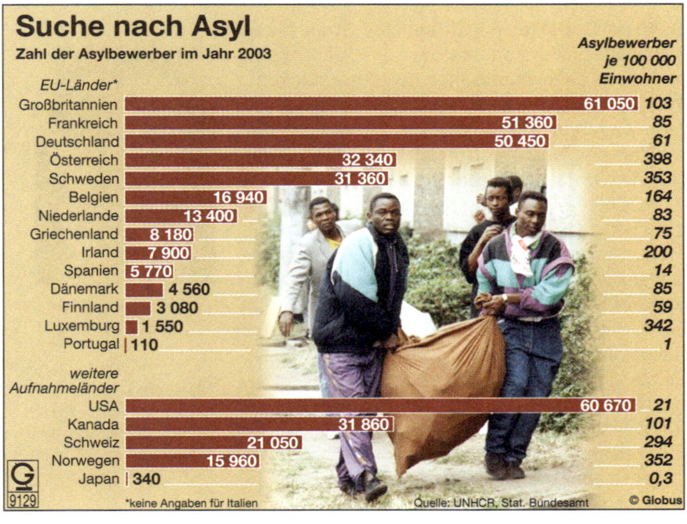

Auswärtiges Amt

Im April 2005 griff Bundesaußenminister Joschka Fischer (Bündnis 90/Die Grünen) zu disziplinarischen Maßnahmen. Er forderte die Loyalität der Führungsebene des Auswärtigen Amtes (AA) ein und verfügte die Entlassung eines Diplomaten. Zuvor hatten mehrere dt. Diplomaten, auch im Rahmen der Visa-Affäre (→ Visa-Untersuchungsausschuss), öffentlich Kritik an der Amtsführung ihres Dienstherrn geübt.

Auswärtiges Amt: Der Sitz des Auswärtigen Amtes am Spreekanal in Berlin-Mitte; im Bild der 1999 eingeweihte Neubau nach dem Entwurf von Thomas Müller und Ivan Reimann

Nachruf-Debatte: Der öffentliche Streit hatte sich insbesondere an der Praxis des Gedenkens an verstorbene Mitarbeiter des AA entzündet. 2003 waren auf Anordnung Fischers die hausinternen ehrenden Nachrufe für Mitarbeiter, die zur Zeit des Nationalsozialismus Mitglieder der NSDAP waren, abgeschafft worden. Im März 2005 übte Frank Elbe, zu dieser Zeit dt. Botschafter in der Schweiz, in einem zugleich an die Presse lancierten Brief massive Kritik an dieser Gedenkpraxis und an Fischer. Mehrere Diplomaten schlossen sich dieser Kritik an. Im April 2005 wurde Elbe mit sofortiger Wirkung in den Ruhestand versetzt. Auf die Proteste ehemaliger Spitzendiplomaten reagierte Fischer mit einer erneuten Änderung der Gedenkpraxis: Intern werden danach Todesnachrichten nur noch neutral, ohne ausdrückliche Würdigung, mit urteilsfreien Angaben zum Lebenslauf und zur Beisetzung veröffentlicht.

Aufarbeitung: Die Nachruf-Debatte im AA setzte im Frühjahr 2005 eine Diskussion über die Aufarbeitung der nationalsozialistischen Vergangenheit in den Ministerien in Gang. Während Fischer und Bundesverbraucherschutzministerin Renate Künast (Bündnis 90/Die Grünen) in ihren Häusern Historikerkommissionen einsetzen wollten, lehnte Bundesinnenminister Otto Schily (SPD) eine generelle Überprüfung aller Bundesministerien ab.

Bundeskanzler

Der Leiter der Bundesregierung wird auf Vorschlag des Bundespräsidenten vom Bundestag gewählt und vom Bundespräsidenten ernannt. Der B. bestimmt die Richtlinien der Politik und trägt für sie die Verantwortung gegenüber dem Bundestag. Er schlägt dem Bundespräsidenten die Bundesminister zur Ernennung oder Entlassung vor. Im Kriegsfall fällt ihm die Befehls- und Kommandogewalt zu. Zur Vorbereitung und Durchführung seiner Aufgaben steht dem B. das Bundeskanzleramt zur Verfügung. Seine Amtszeit endet mit dem Rücktritt, dem Zusammentritt eines neuen Bundestages oder mit seiner Entlassung durch den Bundespräsidenten.

Mitte 2005 amtierte als siebter B. Gerhard Schröder (SPD). In den Mittelpunkt seiner politischen Bemühungen stellte er auch 2004/05 die Veränderung der sozialen Sicherungssysteme und die Belebung des Arbeitsmarktes im Rahmen seines Reformkonzepts, der sog. Agenda 2010. Außenpolitisch trat er für die Aufhebung des EU-Waffenembargos gegen China ein und forcierte nach

Gerhard Schröder
Dt. Bundeskanzler (seit 1998), *7.4. 1944 in Mossenberg. Nach einem Studium der Rechtswissenschaften war Schröder 1978-80 in Hannover als selbstständiger Anwalt tätig. Bereits 1963 in die SPD eingetreten, amtierte er 1978-80 als Vorsitzender der Jungsozialisten (Juso). 1983-93 stand er an der Spitze des SPD-Bezirks Hannover und wurde 1986 Mitglied im SPD-Parteivorstand. Ab 1990 war er Ministerpräsident von Niedersachsen. 1998 wurde der als Pragmatiker geltende Politiker zum Bundeskanzler gewählt und führt seitdem die erste rot-grüne Bundesregierung. 2004 trat er vom Amt des Parteivorsitzenden der SPD zurück, das er 1999 übernommen hatte.

dem Zerwürfnis im Rahmen des Irakkrieges eine erneute Annäherung an die USA. Der B. machte sich für einen dt. Sitz im UN-Sicherheitsrat stark (→ Organisationen, UNO) und warb für die EU-Verfassung. Nachdem seine Partei am 22.5. 2005 die Landtagswahlen in NRW verloren hatte, kündigte der B. noch am selben Tag, etwa eineinhalb Stunden nach dem SPD-Parteivorsitzenden Franz Müntefering, für den Herbst 2005 Neuwahlen des Bundestages an.

Bundespräsident

Das Staatsoberhaupt der Bundesrepublik Deutschland wird von der Bundesversammlung für fünf Jahre gewählt. Eine einmalige Wiederwahl ist möglich. Der B. hat v. a. repräsentative Funktionen. Er vertritt die Bundesrepublik Deutschland völkerrechtlich, ernennt und entlässt auf Vorschlag des Bundeskanzlers die Bundesminister, Bundesrichter und Bundesbeamten, schlägt dem Bundestag den Bundeskanzler zur Wahl vor, übt das Begnadigungsrecht aus und prüft die Verfassungsmäßigkeit von Gesetzen. Amtsitz ist Schloss Bellevue in Berlin.

Als neunter B. amtierte seit Juli 2004 Horst Köhler (CDU). In seiner Antrittsrede setzte sich Köhler für die konsequente Fortsetzung des Reformprozesses in Deutschland ein. Er mahnte die Wirtschaft zu gesellschaftlicher Verantwortung, forderte aber gleichzeitig auch die Bevölkerung zu Maßhaltung und Eigenverantwortung auf. Seine erste große Auslandsreise führte den B. im Dezember 2004 nach Afrika, wo er für die demokratischen Kräfte eintrat und Missstände - wie die weit verbreitete Korruption - offen tadelte. Im Februar 2005 folgte eine Reise nach Israel, wo Köhler u. a. in der Knesset, dem israelischen Parlament, sprach. In seiner Bundestagsrede zum 60. Jahrestag des Kriegsendes am 8. 5. 2005 bekundete er Dankbarkeit gegenüber allen, die Deutschland beim Aufbau geholfen hatten, verwies aber auch darauf, dass die Deutschen »aus eigener Begabung zur Freiheit« ihren Weg zu einer freien Gesellschaft gegangen seien.

Köhler setzte sich in seiner Funktion als B. wiederholt öffentlich mit Themen der aktuellen Tagespolitik auseinander, etwa bei der von der Bundesregierung geplanten Streichung des Nationalfeiertags, dem Luftsicherheitsgesetz und der Föderalismusreform. Dies brachte ihm aus Kreisen der rot-grünen Regierungskoalition wiederholt den Vorwurf ein, seine Kompetenzen zu überschreiten und seine parteipolitische Neutralität zu verletzen.

Horst Köhler
Dt. Bundespräsident (seit 2004), *22.2.1943 in Skierbieszów/Polen. 1981 trat Köhler in die Staatskanzlei in Schleswig-Holstein ein, ab 1982 war er im Bundesfinanzministerium tätig, wo er sich ab 1990 als Staatssekretär u. a. in Angelegenheiten etwa der Treuhandgesellschaft und der Europ. Währungsunion profilierte. 1993 wechselte der promovierte Volkswirt als Präsident zum Dt. Sparkassen- und Giroverband, 1998 als Präsident zur Europ. Entwicklungsbank nach London. 2000 wurde er geschäftsführender Direktor des Internationalen Währungsfonds. Im Mai 2004 wählte ihn die Bundesversammlung zum Bundespräsidenten.

Auflösung des Bundestages: Bei den für den Herbst 2005 angestrebten Neuwahlen des Bundestages kam dem B. eine zentrale Rolle zu. Das Grundgesetz kennt kein Recht des Bundestages auf Selbstauflösung; hat eine Vertrauensfrage des Bundeskanzlers im Bundestag keine Mehrheit gefunden, so kann der B. auf Vorschlag des Bundeskanzlers binnen 21 Tagen den Bundestag auflösen (Art. 68 GG).

Bundesrat

Föderatives Verfassungsorgan der Bundesrepublik Deutschland, in dem die 16 Bundesländer bei der Gesetzgebung und der Verwaltung des Bundes mitwirken (Sitz: Berlin). Der B. hat 69 Mitglieder, die von den jeweiligen Landesregierungen bestellt und abberufen werden; je nach Bevölkerungszahl besitzt ein Bundesland im B. zwischen drei und sechs Stimmen. Die wichtigste politische Funktion des B. liegt im Gesetzgebungsverfahren. Für Bundesgesetze, die Länderkompetenzen berühren, ist die Zustimmung des B. nötig. Gegen Gesetzentwürfe, die vom Bundestag verabschiedet worden sind, kann der B. Einspruch erheben und die Einschaltung des Vermittlungsausschusses aus Bundestag und B. (jeweils 16 Mitglieder) veranlassen, der den Gremien Einigungsvorschläge zur erneuten Beratung vorlegt.

Nach den rot-grünen Wahlverlusten in Schleswig-Holstein und NRW stellten die von CDU/CSU und FDP regierten Bundesländer Mitte 2005 mit 43 Stimmen die Stimmenmehrheit. Damit konnten Union und FDP zustimmungspflichtige Gesetze ablehnen. Sie konnten außerdem den Vermitt-

Bundesrat: Stimmenverteilung

Land	Ministerpräsident	Stimmen
CDU/CSU-dominierte Bundesländer		
Baden-Württemberg (CDU/FDP)	Günther Oettinger	6
Bayern (CSU)	Edmund Stoiber	6
Hamburg (CDU)	Ole von Beust	3
Hessen (CDU)	Roland Koch	5
Niedersachsen (CDU/FDP)	Christian Wulff	6
NRW (CDU/FDP)	Jürgen Rüttgers	6
Saarland (CDU)	Peter Müller	3
Sachsen-Anhalt (CDU/FDP)	Wolfgang Böhmer	4
Thüringen (CDU)	Dieter Althaus	4
insgesamt		43
neutraler Block		
Berlin (SPD/PDS)	Klaus Wowereit	4
Brandenburg (SPD/CDU)	Matthias Platzeck	4
Bremen (SPD/CDU)	Henning Scherf	3
Mecklenburg-Vorpommern (SPD/PDS)	Harald Ringstorff	3
Rheinland-Pfalz (SPD/FDP)	Kurt Beck	4
Schleswig-Holstein (CDU/SPD)	Peter Harry Carstensen	4
Sachsen (CDU/SPD)	Georg Milbradt	4
insgesamt		26

Stand Juli 2005; Quelle www.bundesrat.de

lungsausschuss anrufen und einen Einspruch des B. gegen Gesetze der Bundestagsmehrheit herbeiführen, den allerdings der Bundestag mit absoluter Mehrheit zurückweisen konnte. 2004/05 verwies der B. u. a. das Gentechnikgesetz (→ Forschung, Grüne Gentechnik) und das Energiewirtschaftgesetz (→ Energie, Energieversorgung) in den Vermittlungsausschuss.

Bundesratspräsident: An der Spitze des B. stand im Geschäftsjahr 2004/05 (1. 11. 2004 bis 31. 10. 2005) der Ministerpräsident von Brandenburg, Matthias Platzeck (SPD).

www.bundesrat.de

Bundesregierung

Oberstes kollegial gebildetes Bundesorgan der vollziehenden Gewalt in Deutschland (Sitz: Berlin), bestehend aus Bundeskanzler und Bundesministern

Mitte 2005 bestand die seit 1998 regierende Koalition von SPD und Bündnis 90/Die Grünen aus 13 Ministerien. Leiter der B. war Bundeskanzler Gerhard Schröder (SPD).

2004/05 war die B. bemüht, trotz öffentlicher Proteste die Reformen zum Umbau des Sozialstaates (sog. Agenda 2010) durchzusetzen. Sie scheiterte jedoch in vielen Punkten am Widerstand der Opposition, die im Bundesrat die Mehrheit besaß. Im Mittelpunkt der Regierungsarbeit stand die Arbeitsmarktpolitik. Am 1. 1. 2005 trat die Arbeitsmarktreform Hartz IV in Kraft, die u. a. zu einer Zusammenlegung von Arbeitslosen- und Sozialhilfe führte (→ Arbeit und Soziales, Arbeitslosengeld II). 2005 verfolgte die B. das Ziel, durch niedrigere Steuersätze für Konzerne, flexiblere Regeln für den Beschäftigungsbereich und Anreize für Investitionen den Arbeitsmarkt zu beleben.

Neuwahlen: Die desolate Haushaltslage und die anhaltend hohe Arbeitslosigkeit setzten die B. unter Druck und führten zu einer Regierungskrise, die sich in schwachen Wahlergebnissen und schlechten Umfragewerten manifestierte. Nach den verlorenen Landtagswahlen in NRW kündigten der SPD-Vorsitzende Franz Müntefering und der Bundeskanzler überraschend vorgezogene Neuwahlen des Bundestages für Herbst 2005 an. Der Bundeskanzler stellte am 1.7. 2005 im Parlament die Vertrauensfrage, um nach deren voraussehbaren Scheitern die Auflösung des Bundestages durch den Bundespräsidenten zu beantragen. Die Mehrheit der SPD-Abgeordneten enthielt sich dabei erwartungsgemäß der Stimme. Trotz bestehender Zweifel an der Verfassungsmäßigkeit dieses Weges zu Neuwahlen begannen in allen Parteien umgehend die Vorbereitungen auf den Bundestagswahlkampf.

www.bundesregierung.de

Bundestag, Deutscher

Zentrales Organ der politischen Willensbildung und oberstes Bundesorgan der Gesetzgebung in Deutschland mit vierjähriger Legislaturperiode. Der B. beschließt die Bundesgesetze und wählt den Bundeskanzler sowie den Bundestagspräsidenten. Er entscheidet über den gegen den Bundeskanzler gerichteten Misstrauensantrag und kann den Bundespräsidenten mit Zweidrittelmehrheit wegen Verfassungsbruchs anklagen. Er wählt die Hälfte der Mitglieder des Bundesverfassungsgerichts, ist an der Wahl der Mitglieder der anderen Bundesgerichte beteiligt und kann Untersuchungsausschüsse einsetzen. Der B. übt die parlamentarische Kontrolle über die Bundesregierung aus und beschließt über den Bundeshaushalt. Seine Arbeit vollzieht sich im Plenum und in den Ausschüssen.

Präsidentschaft: Seit 1998 ist Wolfgang Thierse (SPD) Präsident des B. und damit nach dem Bundespräsidenten und vor dem Bundeskanzler die zweithöchste Amtsperson in Deutschland. Zu seinen Aufgaben gehören u. a. die Leitung der B.-Sitzungen und die Ausübung des Hausrechts.

Bundestag: Parteienfinanzierung

Das Bundesverfassungsgericht erklärte im Oktober 2004 die 2002 verabschiedete Neuregelung der Finanzierung kleiner Parteien für grundgesetzwidrig. Mit ihrem Urteil stärkten die Verfassungsrichter die Position der kleinen Parteien und unterstrichen deren Bedeutung für die Demokratie.

Die 2002 von allen Parteien mit Ausnahme der PDS verabschiedete Novellierung des Parteiengesetzes sah vor, dass nach dem 1. 1 2005 nur solche Parteien staatliche Zuschüsse erhalten sollten, die in drei Bundesländern bei Landtagswahlen mind. 1 % der Stimmen erreicht hatten. Bislang hatte 1 % der Stimmen bei nur einer Wahl genügt. Gegen die Neuregelung klagten die Ökologisch Demokratische Partei (ÖDP) und die Partei Die Grauen, da sie um ihre Existenz fürchteten.

Die Verfassungsrichter sahen in den veränderten Bestimmungen eine unzulässige Benachteiligung kleiner Parteien. Auch Parteien, die nur in einem Bundesland antreten, müssten eine Chance bekommen, ihre Vorstellungen zu artikulieren. Im Dezember 2004 beschloss der Bundestag mit den Stimmen aller Fraktionen daraufhin eine Novelle des Parteiengesetzes, in der die umstrittene Neuregelung gestrichen und den Vorgaben des Bundesverfassungsgerichts entsprochen wurde.

Bundestag: Abgeordnetendiäten

Ansprüche	€/Monat
Diäten/Entschädigungen (zu versteuern)	7 009
Kostenpauschale (steuerfrei)	3 589
Altersversorgung[1] (zu versteuern)	1 682

1) bei acht Jahren Zugehörigkeit; Stand Januar 2005
Quelle: Bundestag, Bund dt. Steuerzahler

Zusammensetzung: Dem am 22. 9. 2002 gewählten 15. D. B. gehörten seit Juli 2004 nach dem Tod bzw. dem Rücktritt zweier Direktmandat-Abgeordneter insgesamt 601 Abgeordnete (14. B.: 669 Abgeordnete) an. Mit 249 Sitzen stellte die SPD die stärkste Fraktion. Die CDU/CSU erreichte 247, Bündnis 90/Die Grünen 55 und die FDP 47 Sitze. Drei Mitglieder waren fraktionslos.

Neuwahlen des Bundestages: Am 22. 5. 2005 kündigte der SPD-Partei- und Fraktionsvorsitzende Franz Müntefering vorgezogene Neuwahlen des B. für den Herbst 2005 an. Diese sollten durch eine Vertrauensfrage am 1. Juli erreicht werden, bei der der Bundeskanzler erwartungsgemäß nicht die Zustimmung der Mehrheit der Abgeordneten (mind. 301) erhielt. Nach Art. 68 GG hatte danach der Bundespräsident das Recht, binnen 21 Tagen den D. B. aufzulösen.

www.bundestag.de

Datenschutz

2004/05 wurden weitere Maßnahmen beschlossen oder angekündigt, die Kritiker als bedenkliche Eingriffe in den D. bezeichneten. Der Bundesdatenschutzbeauftragte Peter Schaar warnte bei der Vorstellung des Bundesdatenschutzberichts 2003/04 am 19. 4. 2005 vor der verfrühten Einführung von Reisepässen mit biometrischen Daten sowie vor der von der EU geplanten dreijährigen Speicherung von Telekommunikationsdaten. Er forderte, Sicherheitsgesetze, die z. B. im Zusammenhang mit dem 11. 9. 2001 verabschiedet worden waren, kritisch zu prüfen und ggf. wieder aufzuheben. Trotz dieser Kritik verkündete Bundesinnenminister Otto Schily (SPD) am 1. 6. 2005 die Ausgabe von Reisepässen mit biometrischen Daten (zunächst Gesichtsmerkmale, ab 2007 auch Fingerabdrücke) ab November 2005.

Deutschland: Suche nach neuen Wegen

Immer deutlicher wird, dass Deutschland vor grundlegenden Herausforderungen steht, die seinen künftigen Entwicklungsweg und seine Rolle in einer globalisierten Welt betreffen. Schlagworte wie Neoliberalismus, soziale Gerechtigkeit oder Kapitalismuskritik kennzeichnen Eckpunkte der Debatte.

Hintergrund sind die reale Wirtschaftsentwicklung sowie Interessenunterschiede und -gegensätze: Die dt. Großindustrie und Exportwirtschaft hat – gegen die Konkurrenz aus anderen Ländern – eine führende Rolle auf dem Weltmarkt erobert und erzielt große Gewinne. Der Preis, den Deutschland dafür zu zahlen hatte, bestand in sinkenden Realeinkommen der Arbeitnehmer, Kürzungen bei den Sozialleistungen und Schwierigkeiten der binnenwirtschaftlich orientierten Klein- und Mittelbetriebe. Anhaltend hohe Arbeitslosigkeit war die Folge. Es geht um die Frage, ob der bisherige Kurs beibehalten oder noch verstärkt wird, ob er zugunsten der Binnenwirtschaft und der Arbeitnehmerinteressen korrigiert oder sogar ein Richtungswechsel eingeschlagen wird.

Steuerpolitische Weichenstellungen Immerhin 40 % der dt. Wirtschaftsleistung geht in den Export. Wenn von der Wettbewerbsfähigkeit des Standorts Deutschland gesprochen wird, ist i. d. R. gemeint, dass die Rolle als Exportweltmeister gesichert und ausgebaut werden soll. Dem dienten insbesondere massive Steuererleichterungen für Großunternehmen und Spitzenverdiener, die durch Kürzungen in sozialen Bereichen finanziert werden konnten.

Steuerpolitisch steht Deutschland vor der Frage, ob weitere Steuersenkungen für die dt. Großwirtschaft erfolgen sollen. Finanzierbar wäre dies durch weitere Einschnitte ins soziale Netz oder durch Steuererhöhungen, die die Allgemeinheit aufzubringen hätte, z. B. bei der Mehrwertsteuer. Andererseits könnte die Finanzpolitik auch eingesetzt werden, um die Binnenwirtschaft stärker zu fördern: Öffentliche Investitionen – möglicherweise unter Inkaufnahme höherer Staatsverschuldung – sowie Steuererleichterungen könnten mittelständische Firmen unterstützen; Erhöhungen von Löhnen und Sozialleistungen könnten Kaufkraft und Nachfrage stärken, mehr Beschäftigung anregen und einen Beitrag zum Abbau der Arbeitslosigkeit leisten. Durch eine stärkere steuerliche Heranziehung hoher Einkommen und Vermögen könnten zusätzliche Mittel für Aufgaben des Gemeinwohls erschlossen werden. In der Steuerpolitik sind zwar eine Reihe von Kompromissen möglich, aber Deutschland ist in die Zwickmühle geraten, dass die Besteuerung der Großindustrie die dt. Weltmarktführerschaft schwächt und die Förderung der Groß- und Exportwirtschaft zulasten des Mittelstands und der Arbeitnehmer geht.

Energie und Bildung Zukunftsressourcen Die Wettbewerbsfähigkeit der dt. Wirtschaft hängt auch davon ab, wie in den kommenden Jahren zwei ganz unterschiedliche Existenzbedingungen gesichert werden: Zum einen geht es um die knapper (und damit teurer) werdenden Öl- und Gasvorräte der Welt. Wird sich Deutschland – z. B. durch erneuerbare Energien – unabhängiger vom Öl machen? Kann unter diesen Umständen auf die finanzielle Förderung der heimischen Steinkohle verzichtet werden? Soll u. U. wieder stärker auf Atomenergie gesetzt werden?

Zum anderen müssen Bildung und Forschung verbessert werden, damit Deutschland international Schritt halten kann. Wie aber sollen die Kosten dafür aufgebracht werden? Sollen die Unternehmen als Hauptnutznießer stärker herangezogen werden? Kurzfristig könnten auch Studiengebühren zur Qualitätsverbesserung beitragen, bergen aber die Gefahr, dass Hochschulbildung wieder stärker zum Privileg sozial besser gestellter Schichten der Bevölkerung wird. Sollte eventuell das dreigliedrige Schulsystem durch das skandinavische Modell der Gemeinschaftsschule ersetzt werden, das im internationalen Vergleich besonders gut abschneidet und sozialen Benachteiligungen entgegenwirkt?

Antwort auf Krise der Sozialsysteme gesucht Vor allem weil es Kriege und Kriegsfolgen nicht mehr gab, hat sich die Lebenserwartung der Deutschen in den letzten Jahrzehnten erhöht; auch der medizinische Fortschritt trug dazu bei. Da gleichzeitig seit Erfindung der Antibabypille immer weniger Kinder geboren wurden, werden Schreckensvisionen verbreitet: In wenigen Jahren könnte Arbeitskräftemangel herrschen, während einer überalterten Bevölkerung Rente zu zahlen und immer teurere Gesundheitsleistungen zu gewähren wären; die Sozialsysteme wie Renten- und Krankenversicherung würden unter dieser finanziellen Last zusammenbrechen.

Eine solche Problemsituation wurde früher stets durch Einwanderung gelöst, z. B. durch die so genannten Gastarbeiter zur Zeit des Wirtschaftswunders, die einen Arbeitskräftemangel ausglichen. Sollte der Bevölkerungsschwund bzw. die Überalterung im aktuellen Fall nicht durch Zuwanderung kompensiert werden, käme es tatsächlich zu einer Finanzkrise der sozialen Sicherheitssysteme. Dass die Wirtschaftsverbände in ihren Argumenten schon heute von einer solchen Krise als unvermeidliche Zukunft ausgehen, hat einen pragmatischen Grund: Für sie lohnt sich nämlich das Szenario schon heute, indem der Staat die Unternehmen im Zuge der Umstrukturierung der Sozialsysteme entlastet, beispielsweise wenn der Zahnersatz nun nur noch von den Arbeitnehmern selbst finanziert wird. Auch deshalb wird von der Wirtschaftsseite auf weitere schnelle Lastenumverteilungen zugunsten der Unternehmen gedrängt, bevor sich herausstellt, dass die befürchtete demografische Katastrophe in Wahrheit gar nicht stattfindet.

Deutschland steht vor der Entscheidung, ob der eingeschlagene Weg fortgesetzt und z. B. mit der so genannten Bürgerversicherung auf eine breitere Grundlage gestellt werden soll oder ob ein Systemwechsel vorgenommen wird: Entweder könnte die bisherige solidarische Finanzierung der Sozialversicherung durch eine Kopfprämie ersetzt werden, die unabhängig vom Einkommen zu zahlen wäre. Oder das Abgabensystem könnte vom Arbeitslohn auf die Wertschöpfung umgestellt werden; mittelständische Betriebe und Arbeitnehmer würden dadurch entlastet, während Großunternehmen mehr abzuführen hätten (→ Steuern und Finanzen, Steuern).

Deutschlands Rolle in der Welt Seit der Vereinigung besitzt Deutschland wieder volle Souveränität und strebt sogar nach einem ständigen Sitz im UN-Sicherheitsrat. Zwar hat es sich an einzelnen internationalen Kriegseinsätzen beteiligt, aber die bloße Gefolgschaft zu den USA abgelehnt. Das Nein zum Irakkrieg und der Schulterschluss mit Frankreich und Russland waren wie die Befürwortung der EU-Osterweiterung auch Positionsbestimmungen im Interesse der exportorientierten dt. Wirtschaft.

Deutschland kann den bisherigen Weg weitergehen, d. h. sich trotz Verfassungs- und Finanzkrise energisch für Erhalt und Ausbau der EU einsetzen, in die heute 64 % aller dt. Exporte gehen, sowie eine vorsichtige Distanz gegenüber dem Bündnispartner USA wahren. Deutschland könnte jedoch auch politische und wirtschaftliche Chancen im engen Zusammenspiel mit den USA suchen: Es könnte sich an die amerikanische Außenpolitik anlehnen – einschließlich militärischer Aktionen –, um z. B. wirtschaftlich vom Wiederaufbau zerstörter Länder wie des Irak zu profitieren. Auf diesem Problemfeld geht es darum, in welchen Bündniskonstellationen und auf der Basis welcher Prinzipien Deutschland agieren wird.

Richtungsentscheidungen Hinter den politischen Argumenten und Konzepten auf Einzelfeldern wie Steuer-, Wirtschafts-, Sozial- und Außenpolitik stehen handfeste Interessen an der Durchsetzung dieser oder jener Entwicklung Deutschlands im Zeitalter der Globalisierung. Daher wird es keine einfachen Lösungen für die Probleme und Herausforderungen geben, und es genügen auch keinesfalls partielle Eingriffe in nur einem oder wenigen Sektoren; vielmehr stehen grundlegende Richtungsentscheidungen an, die die Lebensqualität in Deutschland über Jahrzehnte bestimmen werden.

Die CDU-Vorsitzende Angela Merkel (rechts) antwortet in einer Bundestagssitzung am 16. 6. 2005 auf die Regierungserklärung von Bundeskanzler Gerhard Schröder (links) zur Europapolitik.

Datenschutz: Bundesinnenminister Otto Schily stellt am 1. 6. 2005 in Berlin den neuen Reisepass mit biometrischen Daten vor.

Kontenabfrage: Als Beitrag zur Förderung der Steuerehrlichkeit wurde zum 1. 4. 2005 Finanz-, Arbeits-, Bafög-, Sozial- und weiteren Ämtern sowie Gerichten zur besseren Kontrolle der Vermögensverhältnisse von Antragstellern Datenabrufe auf die rund 500 Mio. Konten und Depots in Deutschland erlaubt (→ Steuern und Finanzen, Steuerehrlichkeit).

Informationsfreiheit: Der Dt. Bundestag verabschiedete im Juni 2005 das Gesetz zur Regelung des Zugangs zu Informationen des Bundes (Informationsfreiheitsgesetz), das zum 1. 1 2006 in Kraft treten sollte. Damit wurde den Bürgern die Möglichkeit geschaffen, Akten der Bundesverwaltung einzusehen und bei Bundesbehörden Informationen abzufragen.

Enteignung

Großgrundbesitzer, die zwischen 1945 und 1949 in der Sowjetischen Besatzungszone enteignet wurden, haben keinen Anspruch auf Rückgabe des Eigentums oder höhere Entschädigungen als bisher festgelegt.

Urteil: Der Europ. Gerichtshof für Menschenrechte (Straßburg) wies am 30. 3. 2005 drei Entschädigungsklagen von mehr als 70 Beschwerdeführern, den sog. Alteigentümern, ab. Zur Begründung hieß es, die Bundesrepublik könne weder für die Handlungen der sowjetischen Besatzungsmacht noch die der DDR verantwortlich gemacht werden. Der Europ. Gerichtshof bestätigte mit seinem Richterspruch in letzter Instanz eine Entscheidung des Bundesverfassungsgerichts (BVerfG, Karlsruhe); dieses hatte 2000 – gestützt auf das Entschädigungs- und Ausgleichsleistungsgesetz – den Alteigentümern staatliche Ausgleichszahlungen von etwa 5 % des aktuellen Verkehrswertes der Grundstücke zugebilligt.

Neusiedler: Im Juni 2005 erklärte der Europ. Gerichtshof für Menschenrechte auch die entschädigungslose E. von Neusiedlern in letzter Instanz für rechtens. 1992 war im sog. Abwicklungsgesetz zur Bodenreform festgelegt worden, dass die Erben der Neubauern ihr Eigentum ohne Entschädigung an den Staat zurückgeben mussten, wenn sie im März 1990 nicht hauptberuflich in der Landwirtschaft tätig waren. Die Richter begründeten ihre Entscheidung damit, dass angesichts der historischen Einmaligkeit der Umbruchsituation eine Konfiskation nicht der Eigentumsgarantie der Menschenrechtscharta des Europarats widerspreche.

Extremistische Ausländerorganisationen

Bilanz: 2004 registrierte das Bundesamt für Verfassungsschutz (BfV, Köln) in Deutschland 461 extremistische Straftaten aus dem Bereich der Ausländerkriminalität (2003: 1473), darunter 61 Gewalttaten (2003: 88). Etwa 57 520 Personen waren Mitglied in einer der insgesamt 71 (2003: 70) extremistischen Ausländerorganisationen, 0,4 % mehr als im Vorjahr. Mit 31 800 Mitgliedern gehörte die Mehrzahl der organisierten Ausländer 2004 islamistischen Organisationen an. Die größte derartige Organisation blieb auch 2004 die »Islamische Gemeinschaft Milli Görüs e. V.« mit etwa 26 500 Anhängern. Das Personenpotenzial der linksextremistischen Ausländerorganisationen ging um 1,0 % auf 17 290, das der nationalistischen Ausländergruppierungen mit extremistischer Tendenz um 5,1 % auf 8 430 zurück.

Gefährdung: Extremistische und terroristische Ausländeraktivitäten gefährdeten auch 2004 die innere Sicherheit in Deutschland. Die größte Gefahr ging von islamistischen Gruppierungen aus, die sich dem weltweiten Dschihad, dem »heiligen Krieg« gegen den Westen, verschrieben haben. Auch wenn US-amerikanische, britische, israelische und jüdische Einrichtungen potenziell die Hauptziele terroristischer Anschlä-

Datenschutz in Zeiten des Terrors

Datenschutz und Sicherheit – ein Konflikt, der besonders im Ministerium Otto Schilys sichtbar wurde: Wiederholt appellierte der Bundesdatenschutzbeauftragte Peter Schaar an den Bundesinnenminister, bei den Antiterrorgesetzen und der Einführung der biometrischen Daten auf ein hohes Maß an Datenschutz zu achten.

An Medienpräsenz mangelt es dem Datenschutz nicht, möglicherweise aber an Wertschätzung. Zu selbstverständlich ist die Abgabe persönlicher Daten geworden, z. B. im Internet oder bei Kundenwerbeaktionen. Die technischen Möglichkeiten der Datenverarbeitung und – gravierender noch – der Vernetzung von Datenbeständen haben sich rasant entwickelt. Weiter an Boden verlor der Datenschutz infolge der Terroranschläge vom 11. 9. 2001, als das Thema innere Sicherheit auf der politischen Agenda ganz nach oben rückte. Nicht nur in den USA wurden danach Gesetze zur Erhöhung der Sicherheit auch gegen datenschutzrechtliche Bedenken erlassen.

Antiterrorgesetze auf dem Prüfstand Das dt. Terrorbekämpfungsgesetz sah immerhin vor, dass nach drei Jahren (zum 1. 1. 2005) ein Bericht des Parlamentarischen Kontrollgremiums Auskunft über die neuen Überwachungsmaßnahmen geben sollte. Im Sinne dieser Regelung mahnte Schaar bei der Vorstellung des Bundesdatenschutzberichts an, die Sicherheitsgesetze kritisch auf ihre Wirksamkeit hin zu überprüfen und ggf. wieder aufzuheben. Datenschützer kritisieren u. a. die Befugnis der Wohnraumüberwachung, die Möglichkeit von Ermittlungsbehörden, auf Daten von Fluggesellschaften, Banken oder Telefongesellschaften zurückzugreifen.

Sensibilität ist gefordert Sicherheit und Datenschutz müssen keine Gegensätze sein. Datenschützer mahnen aber die Verhältnismäßigkeit der Mittel an, um ein hohes Maß an Sicherheit unter möglichst geringen Zugeständnissen beim Datenschutz zu erreichen. Bei der Einführung von Reisepässen mit biometrischen Daten drängen Datenschützer z. B. darauf, ein unbemerktes Auslesen und Speichern der Daten auszuschließen. Bekämpft wird auch die Datenerhebung auf Vorrat, wie bei der von der EU geplanten dreijährigen Speicherung von Kommunikationsdaten vorgesehen.

Der gläserne Mensch Für Datenschützer bleibt viel zu tun und v. a. zu verhindern in Zeiten, da allerorts munter Daten erhoben, gespeichert und vernetzt werden. Drohen wir zu »gläsernen Menschen« zu werden, weil ein Fundament des Rechtsstaats, das grundsätzliche Vertrauen in die Bürger, leichtfertig über Bord geworfen wird? Müssen wir damit leben, dass die Bewegungen des Einzelnen gefilmt oder geortet (Handy, Kfz), seine Einkäufe analysiert und seine Spuren im Internet verfolgt werden?

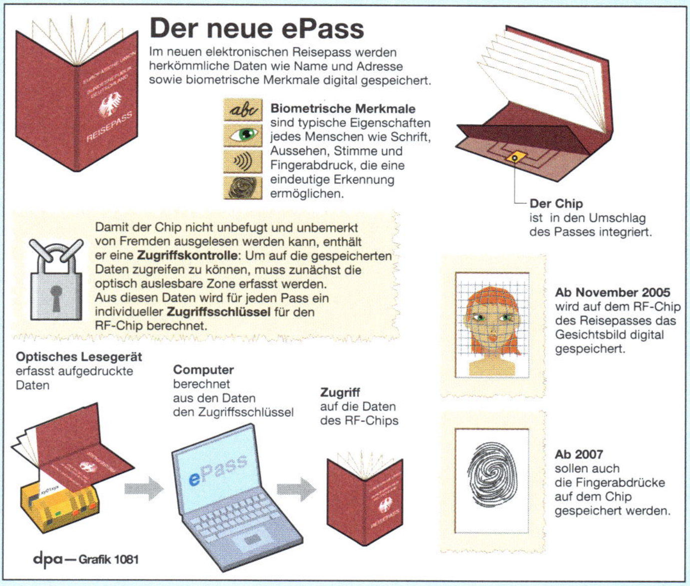

ge waren, wertete Bundesinnenminister Otto Schily (SPD) Deutschland als Teil eines weltweiten Gefahrenraums.

Verbote: Im Dezember 2004 bestätigte das Bundesverwaltungsgericht (Leipzig) das Verbot des Aachener Spendenvereins Al-Aksa. Der 1991 gegründete Verein war im August 2002 wegen finanzieller Unterstützung der palästinensisch-islamistischen Terrorgruppe Hamas vom Bundesinnenministerium in Deutschland verboten worden. Wegen volksverhetzender Artikel mit antiisraelischer, antijüdischer und antiwestlicher Tendenz wurde im Februar 2005 auch der im hessischen Mörfelden-Walldorf ansässige, türkische Yeni-Akit-Verlag verboten. Er hatte in Deutschland die türkischsprachige Europaausgabe der türkischen Zeitung »Anadoluda Vakit« (»Die Zeit in Anatolien«) herausgegeben.

Abschiebung: Im Oktober 2004 wurde der Islamistenführer Metin Kaplan in die Türkei ausgewiesen, wo ihn im Juni 2005 ein Schwurgericht zu lebenslanger Haft verurteilte.

www.verfassungsschutz.de; www.bmi.bund.de

➤ Krisen und Konflikte, Terrorismus, internationaler

Extremistische Straftaten in Deutschland 2004

Ausrichtung	Gewalttaten		sonstige Straftaten	
	Anzahl	Veränderung zu 2003 (%)	Anzahl	Veränderung zu 2003 (%)
Rechtsextremismus	776	+2,2	11 275	+12,4
Linksextremismus	521	+7,9	1 440	-1,3
Extremismus von Ausländern	61	-30,7	400	-71,1

Quelle: Verfassungsschutzbericht 2004; www.verfassungsschutz.de

Föderalismusreform

Im Dezember 2004 erklärten sowohl SPD-Chef Franz Müntefering als auch der bayerische Ministerpräsident Edmund Stoiber (CSU) die F. für gescheitert. Die beiden Politiker waren Vorsitzende der 32-köpfigen »Kommission von Bundestag und Bundesrat zur Modernisierung der bundesstaatlichen Ordnung« (Föderalismuskommission), die 2003 eingesetzt worden war, um die Kompetenzverteilung zwischen Bund und Ländern neu zu regeln.

Kompromisse und Streitpunkte: Bemühungen um eine Entflechtung der Gesetzgebung standen im Mittelpunkt der Föderalismuskommission. Der Bund erwartete sich von den Gesprächen mehr Handlungsfähigkeit durch die Verminderung der zustimmungspflichtigen Bundesgesetze (→ Bundesrat). Er wollte insbesondere die Außenvertretung in Europa sowie die Umweltpolitik und Terrorbekämpfung komplett an sich ziehen. Die Länder verlangten mehr Souveränität in Verwaltungsfragen und mehr Entscheidungsfreiheit durch die Zuweisung von verschiedenen Themen aus dem Bereich der konkurrierenden Gesetzgebung. Kurz vor Abbruch der Gespräche waren folgende Kompromisse ausgehandelt worden: Die Länder sollten u. a. allein für Ladenschluss, Versammlungsrecht und Strafvollzug zuständig sein, der Bund sollte die alleinige Kompetenz beim Passwesen, der Einwanderungspolitik und

Föderalismus in Deutschland

Der Föderalismus, also die bundesstaatliche Ordnung und die Mitwirkung der Länder an der Gesetzgebung, ist seit 1949 im GG der Bundesrepublik fest verankert und steht dort unter der sog. Ewigkeitsgarantie (Art. 79 Abs. 3). Er kann also auch durch Verfassungsänderung nicht abgeschafft werden. Grundidee des dt. Föderalismus ist die gegenseitige Kontrolle von Bund und Ländern, indem sie zur Zusammenarbeit gezwungen werden.

Die Zuständigkeiten bei der Gesetzgebung sind genau aufgeteilt und gegeneinander abgegrenzt. Es gibt die ausschließliche Gesetzgebung des Bundes (u. a. auswärtige Politik, Handelsrecht, Zoll) und die Rahmengesetzgebung (u. a. Hochschulwesen, Presserecht, Naturschutz), bei der die Länder nur den vom Bund gesetzten Rahmen selbst ausfüllen dürfen. Bei der konkurrierenden Gesetzgebung (u. a. Strafvollzug, Versammlungsrecht, Ladenschluss) darf der Bund im Interesse gleichwertiger Lebensverhältnisse eine einheitliche Regelung vorgeben.

Alle Bundesgesetze, die auch Länderinteressen betreffen, bedürfen der Zustimmung des Bundesrats. Im Laufe der vergangenen Jahrzehnte haben sich die Zuständigkeiten von Bund und Ländern immer stärker miteinander verwoben, sodass die derzeitige Form des Föderalismus als schwer regierbar gilt.

bei Regelungen zur Staatsangehörigkeit bekommen und die Möglichkeit zur Schaffung eines einheitlichen Umweltgesetzbuchs erhalten. Beim Beamtenrecht sollte der Bund für die Grundsätze des Berufsbeamtentums und Statusfragen zuständig sein, alles Weitere sollte in die Länderkompetenz fallen. Beim Thema Bildungspolitik blieben die Fronten verhärtet: Insbesondere die unionsregierten Länder verweigerten jegliche Bundeskompetenz im Bereich Hochschulpolitik. Sie forderten u. a. eine Streichung des Grundgesetzartikels 91b über die gemeinsame Bildungsplanung von Bund und Ländern (→ Bildung, Bildungspolitik).

Folterandrohung

Am 20. 12. 2004 verurteilte das Landgericht Frankfurt am Main im Prozess um die F. der Polizei im Mordfall Jakob von Metzler den früheren stellvertretenden Frankfurter Polizeipräsidenten Wolfgang Daschner zu einer Geldstrafe in Höhe von 10 800 €, die zur Bewährung ausgesetzt wurde (→ Menschenrechte, Folter).

Vorgeschichte: Der mittlerweile zu einer lebenslangen Haftstrafe verurteilte Magnus Gäfgen hatte im September 2002 den elfjährigen Bankierssohn Jakob von Metzler entführt und getötet. Er versteckte die Leiche und versuchte von der Familie des Opfers Lösegeld zu erpressen. Drei Tage später wurde er festgenommen. Daschner ließ dem Tatverdächtigen die Folter androhen, um das Versteck des noch für lebendig gehaltenen Jungen zu erfahren.

Stellungnahmen: Daschners Vorgehen löste nach Bekanntwerden im Februar 2003 heftige Kontroversen aus. Er rechtfertigte die Folterandrohung mit der Erklärung, er habe »die ärztlich überwachte Folter als letzte Chance gesehen, das Leben des Kindes zu retten«. Etwa zwei Drittel der dt. Bevölkerung zeigten Verständnis für die Position des stellvertretenden Polizeichefs, und auch einige hochrangige Politiker und Juristen erklärten sich mit Daschner solidarisch. Der Großteil der Politiker, Juristen und Kommentatoren warnte jedoch vor einer Aufweichung des im GG und in internationalen Verträgen festgelegten Folterverbots. Auch eine Extremsituation rechtfertige keine Abweichung vom Verfassungsgrundsatz, der die Menschenwürde für unantastbar erklärt.

Innere Sicherheit

Politisch motivierte Straftaten: 2004 registrierte der Verfassungsschutz 21 178 Straftaten. Das bedeutete gegenüber 2003 (20 477) zwar einen Anstieg von 3,4 %, die Langzeitbetrachtung seit Einführung des Definitionssystems »politisch motivierte Straftaten« weist jedoch einen rückläufigen Trend auf. Die größte Bedrohung ging laut Bundesinnenminister Otto Schily (SPD) vom islamistischen Extremismus und Terrorismus aus. In den dem Verfassungsschutz bekannten Organisationen stieg die Zahl der Mitglieder im Jahr 2004; insgesamt war bekannt, dass 31 800 Personen sich in extremistischen Gruppierungen betätigten. Bis Mitte Mai 2005 wurden bundesweit 171 Ermittlungsverfahren mit islamistisch-terroristischem Hintergrund geführt.

Antiterrordatei: Bis Mitte Mai 2005 lag trotz Dringlichkeit kein beschlussfähiges Gesetz zur Einrichtung einer Antiterrordatei vor. Der Gesetzesentwurf des Bundesrates wurde Mitte März 2005 abgelehnt. Im Dezember 2004 stellte Bundesinnenminister Schily das Konzept eines Terrorismusabwehrzentrums vor, bei dem Geheimdienste und Polizeibehörden zusammenarbeiten sollten. Auch von einer sog. Indexdatei war die Rede. Darin sollten Ermittler darüber informiert werden, welche Polizeibehörde oder welcher Geheimdienst über eine bestimmte Person Auskunft geben kann. Im Mai 2005 kündigte Schily einen Gesetzesentwurf zur Errichtung einer gemeinsamen Indexdatei an. Im Hintergrund stand die Forderung nach der Entfristung der durch den 11. September erlassenen Antiterrorgesetze, in denen u. a. die Eingriffsrechte von Verfassungsschutz, Bundesnachrichtendienst und dem Militärischen Abschirmdienst gestärkt wurden.

www.verfassungsschutz.de; www.bmi.bund.de

Integration

Mit dem zum 1. 1. 2005 in Kraft getretenen Zuwanderungsgesetz (→ Zuwanderung) wurden erstmals in Deutschland sog. Integrationskurse für Zuwanderer verbindlich festgelegt. Ab 2005 haben neu ins Land gekommene erwachsene Ausländer und Aussiedler das Recht und die Pflicht, an einem 600 Unterrichtsstunden umfassenden Sprachkurs und einem 30-stündigen Orientierungskurs teilzunehmen, die vom Bundesamt für

Migration und Flüchtlinge (Nürnberg) koordiniert werden. Betroffen sind alle Neuzuwanderer, die einen Aufenthaltstitel erhalten haben, darunter Erwerbstätige, zum Zweck des Familiennachzugs Zugewanderte, Asylberechtigte und nach der Genfer Konvention oder aus humanitären Gründen anerkannte Flüchtlinge. Neben dem Sprachunterricht soll der Orientierungskurs Kenntnisse über dt. Kultur und Geschichte sowie über das politische System und die dt. Rechtsordnung vermitteln.

Kosten: Die Bundesregierung berechnete den Bedarf mit 138 000 Einwanderern, die jährlich die Kurse in Anspruch nehmen würden. Zusätzlich waren 56 000 Kursplätze für bereits länger in Deutschland lebende Ausländer geplant. Der Bund stellt pro Jahr insgesamt 208 Mio. € für das I.-Programm bereit.

www.bamf.de

Kapitalismuskritik

Im April 2005 löste der SPD-Vorsitzende Franz Müntefering mit seiner öffentlichen Kritik an der Macht des internationalen Kapitals eine Debatte über den Stand des Kapitalismus aus, die weite Kreise zog. »Die international forcierten Profit-Maximierungsstrategien gefährden auf Dauer unsere Demokratie. (...) Unsere Kritik gilt der international wachsenden Macht des Kapitals und der totalen Ökonomisierung eines kurzatmigen Profithandelns«, sagte er am 13.4. 2005 in einer Rede in Berlin. Drei Tage später verglich er in einem Interview der »Bild am Sonntag« Finanzinvestoren mit Heuschreckenschwärmen (→ Weltwirtschaft, Globalisierung).

Reaktionen: Während Münteferings Kritik in der Bevölkerung auf breite Zustimmung stieß und die rot-grüne Regierungskoalition von einer »wichtigen Wertedebatte« sprach, zeigten sich Wirtschaftsvertreter sowie Union und FDP entsetzt, insbesondere über den Stil der Äußerungen. Der Historiker Michael Wolffsohn, Professor der Bundeswehrhochschule in München, verglich Münteferings Heuschrecken-Polemik gegen Investoren mit der Hetze der Nationalsozialisten gegen Juden.

Praktische Konsequenzen: Die linken Flügel von SPD und Bündnis 90/Die Grünen drängten auf die praktische Umsetzung der K., u. a. in Form von Mindestlohn-Regelungen. Müntefering verstand seine Kritik als Vorbereitung für ein neues Grundsatzprogramm der SPD, das im November 2005 beschlossen werden sollte. (→ Parteien, SPD)

Kapitalismuskritik: die Heuschrecken-Polemik

Franz Müntefering am 16. 4. 2005 in der »Bild am Sonntag«:
»Ich wehre mich gegen Leute aus der Wirtschaft und den internationalen Finanzmärkten, die sich aufführen, als gäbe es für sie keine Schranken und Regeln mehr. Manche Finanzinvestoren verschwenden keinen Gedanken an die Menschen, deren Arbeitsplätze sie vernichten. Sie bleiben anonym, haben kein Gesicht, fallen wie Heuschreckenschwärme über Unternehmen her, grasen sie ab und ziehen weiter.«
Michael Wolffsohn am 4. 5. 2005 in der »Rheinischen Post«:
»60 Jahre ›danach‹ werden heute wieder Menschen mit Tieren gleichgesetzt, die – das schwingt unausgesprochen mit – als ›Plage‹ vernichtet, ›ausgerottet‹ werden müssen. Heute nennt man diese ›Plage‹ oder ›Heuschrecken‹, damals ›Ratten‹ oder ›Judenschweine‹.«

Kopftuchstreit

Im November 2004 schuf Bayern als fünftes Bundesland die gesetzliche Grundlage dafür, muslimischen Lehrerinnen im Unterricht das Tragen eines Kopftuchs zu verbieten. Zuvor hatten die ebenfalls unionsgeführten Bundesländer Baden-Württemberg, Hessen, Niedersachsen und Saarland ein Kopftuchverbot für Lehrerinnen eingeführt. In Berlin verbietet seit Januar 2005 das mit den Stimmen von SPD und PDS verabschiedete Neutralitätsgesetz das Tragen religiöser Symbole – auch christlicher und jüdischer – im öffentlichen Dienst.

Ein Streit innerhalb der großen Koalition bahnte sich im Frühjahr 2005 in Bremen an, wo bis dahin keine gesetzliche Regelung existierte: Auf dem CDU-Landesparteitag wurde ein Kopftuchverbot gefordert; Symbole aus der christlichen Kulturtradition sollten jedoch von dem Verbot nicht betroffen sein. Die SPD forderte daraufhin, alle religiösen Symbole aus dem Unterricht zu entfernen. Die CDU argumentierte hingegen, das

Kopftuch sei über seine Bedeutung als religiöses Symbol hinaus ein politisches Symbol, das für eine Rechts- und Werteordnung werbe, die dem demokratischen Verfassungsstaat und seinem Verständnis der Menschenrechte den Kampf angesagt habe.

Hintergrund: Seit 1998 versuchte die muslimische Lehrerin Fereshta Ludin, Deutsche afghanischer Herkunft, gegen das Land Baden-Württemberg gerichtlich durchzusetzen, im Unterricht ihr Kopftuch tragen zu dürfen. Im September 2003 urteilte das Bundesverfassungsgericht, ein Kopftuchverbot sei prinzipiell zulässig, jedoch nur auf Basis einer gesetzlichen Regelung. Die Klage Ludins gegen eine entsprechende Gesetzesänderung des Landes Baden-Württemberg wies das Bundesverwaltungsgericht im Juni 2004 zurück. Im Oktober 2004 verzichtete Ludin auf eine erneute Verfassungsbeschwerde. Sie kündigte die Fortsetzung des Dialogs auf anderen Ebenen an.

Linksextremismus

Das Bundesamt für Verfassungsschutz (BfV, Köln) registrierte 2004 insgesamt 1 140 linksextremistische Straftaten, 22 % weniger als im Vorjahr; 521 davon waren Gewalttaten (+8 %). Das Gesamtpotenzial des organisierten L. bestand Ende 2004 nach Angaben des BfV aus 30 800 Personen (-2 %). In dieser Zahl enthalten waren auch die etwa 1 000 Anhänger der Kommunistischen Plattform der PDS. Zu den gewaltbereiten Linksextremisten zählte das BfV ca. 5 500 Personen, darunter etwa 5 000, die sich selbst als »Autonome« bezeichneten.

Verurteilung und Freispruch: Das Stuttgarter Oberlandesgericht verurteilte im September 2004 die Exterroristin Andrea Klump zu einer Gesamtstrafe von zwölf Jahren Haft. Ihr wurde Beihilfe zum versuchten Mord in 32 Fällen zur Last gelegt. Die Angeklagte wurde schuldig gesprochen, 1991 in Budapest einen Anschlag auf einen Reisebus mit jüdischen Auswanderern aus der ehemaligen Sowjetunion auf dem Weg nach Israel unterstützt zu haben. Dabei waren sechs Menschen verletzt worden. Das Gericht fasste die für dieses Delikt verhängte Haftstrafe von sieben Jahren mit einer früheren Verurteilung zu neun Jahren Haft zusammen. Bereits 2001 war Klump wegen des versuchten Sprengstoffanschlags auf einen NATO-Stützpunkt im spanischen Rota von 1988 verurteilt worden.

Im August 2004 wurde Johannes Weinrich vom Landgericht Berlin wegen Mangels an Beweisen vom Mordvorwurf in sechs Fällen freigesprochen. Der frühere Linksterrorist war beschuldigt worden, 1982/83 an drei vom früheren Bandenchef Ilich Ramírez Sánchez alias »Carlos« initiierten Bombenanschlägen in Frankreich beteiligt gewesen zu sein. Bereits 2000 war Weinrich wegen seiner Beteiligung am Sprengstoffanschlag auf das Berliner Maison de France 1983 zu einer lebenslänglichen Haftstrafe verurteilt worden.

www.verfassungsschutz.de; www.bmi.bund.de

Luftsicherheitsgesetz

Am 15. 1. 2005 trat das Gesetz zur Neuregelung von Luftsicherheitsaufgaben (LuftSiG) in Kraft. Das Gesetz ist vor dem Hintergrund der terroristischen Anschläge vom 11. 9. 2001 entstanden bzw. überarbeitet worden. Es dient insgesamt dazu, neuen Bedrohungslagen effektiv zu begegnen.

Kerninhalte: Das Gesetz enthält u. a. eine Einsatzbefugnis für die Bundeswehr, ggf. Waffengewalt gegen Luftfahrzeuge einzusetzen, die das Leben von Menschen bedrohen. In letzter Konsequenz erlaubt das Gesetz auch den Abschuss eines Flugzeuges, das das Leben außerhalb des Flugzeuges befindlicher Menschen bedroht - auch wenn in dem Flugzeug unbeteiligte Personen sitzen. Dies wertete Bundespräsident Horst Köhler als äußerst kritisch; er vertrat die Ansicht, dass sich dieser Abschnitt des L. nicht mit dem grundgesetzlichen Recht auf Leben und der Gewährleistung der Menschenwürde vereinbaren ließe. Weiterhin darf die Luftsicherheitsbehörde Personen, die nicht allgemein zugängliche Bereiche des Flugplatzes betreten haben oder betreten wollen, durchsuchen oder in sonstiger geeigneter Weise überprüfen. Sie kann Gegenstände durchsuchen, durchleuchten oder überprüfen, die in diese Bereiche gebracht wurden. Die Behörde kann die Orte, an denen die Sicherheitskontrollen stattfinden, durch bewaffnete Polizeivollzugsbeamte schützen, die Sicherheitsbereiche des Flughafens bestreifen und gefährdete Flugzeuge durch bewaffnete Standposten sichern.

www.bmi.bund.de

Nebeneinkünfte

Der Rücktritt von CDU-Generalsekretär Laurenz Meyer, der wegen der Annahme von Zahlungen und Vergünstigungen beim Bezug von Energie vonseiten des Stromkonzerns RWE im Dezember 2004 seine Ämter niedergelegt hatte, ließ in Deutschland die Debatte über N. von Abgeordneten wieder aufflammen.

Rücktritte von Politikern aufgrund von Nebeneinkünften (Auswahl)

Januar 1991: Lothar Späth (CDU) tritt als Ministerpräsident Baden-Württembergs zurück, weil er Dienst- und Urlaubsreisen auf Kosten von Privatfirmen unternommen hatte.
Mai 1993: Bundesverkehrsminister Günther Krause (CDU) muss seinen Posten räumen, weil er u. a. öffentliche Mittel für einen privaten Umzug in Anspruch genommen hatte.
Mai 1993: Max Streibl (CSU) tritt als bayerischer Ministerpräsident zurück. Er hatte Reisen auf Kosten privater Gönner unternommen.
November 1999: Gerhard Glogowski (SPD), niedersächsischer Ministerpräsident, tritt zurück, weil er private und dienstliche Reisen auf Kosten von Privatfirmen unternommen hatte.
Januar 2000: Heinz Schleußer (SPD) tritt als nordrhein-westfälischer Finanzminister zurück. Er hatte die Flugdienste der Westdt. Landesbank für Privatreisen in Anspruch genommen.
November 2000: Bundesverkehrsminister Reinhard Klimmt (SPD) tritt zurück, weil er sich in der sog. Fußballaffäre wegen illegalen Sponsorings schuldig gemacht hatte.
Juli 2002: Cem Özdemir, der innenpolitische Sprecher der Fraktion Bündnis 90/Die Grünen, zieht sich aus der Bundespolitik zurück, weil er ein privates Darlehen der PR-Agentur Hunzinger in Anspruch genommen und Bonus-Flugmeilen privat genutzt hatte.
Dezember 2004: Hermann-Josef Arentz gibt den Vorsitz der Christlich-Demokratischen Arbeitnehmerschaft auf, weil er Zahlungen und kostenlose Stromlieferungen vom RWE-Konzern erhalten hatte.
Dezember 2004: CDU-Generalsekretär Laurenz Meyer tritt wegen der RWE-Gehaltsaffäre zurück.
Februar 2005: Ludger Volmer (Bündnis 90/Die Grünen) scheidet als Staatsminister aus dem Außenamt aus. Er hatte sich in seiner beratenden Nebentätigkeit als prominenter Türöffner für private Unternehmen im Ausland hervorgetan.

Rechtlicher Hintergrund: Nach §9 der sog. Verhaltensregeln des Bundestages darf ein Parlamentarier »für die Ausübung seines Mandates keine anderen als die gesetzlich vorgesehenen Zuwendungen oder andere Vermögensvorteile annehmen«. Besteht der Verdacht der Zuwiderhandlung, wird ein Verfahren gegen den jeweiligen Abgeordneten eröffnet, das der Bundestagspräsident entscheidet. Ein Widerspruch ist nicht möglich.

Positionen: Während Bündnis 90/Die Grünen und weite Teile der SPD für Offenlegung, Transparenz und verstärkte Sanktionen eintraten, lehnten Union und FDP bis Mitte 2005 eine Verschärfung bei den Offenlegungspflichten und der Anrechnung von N. auf die Abgeordnetenbezüge ab. Die Opposition warnte vor »gläsernen Abgeordneten« und stufte die bisherigen Verhaltensregeln als ausreichend ein. Gut verdienende Abgeordnete aus freien Berufen wie Rechtsanwälte und Ärzte könnten dadurch von einem Parlamentsmandat abgeschreckt werden. Die Bundesregierung schaltete im Februar 2005 die sog. Rechtsstellungskommission ein, die über ein rot-grünes Reformkonzept beraten sollte. Das neunköpfige Gremium untersteht dem Ältestenrat und ist für alle Belange zuständig, die den Status oder das Einkommen der Bundestagsabgeordneten betreffen.

Reformkonzept: Nach den Gesetzesplänen sollten Abgeordnete verpflichtet werden, alle Einnahmen dem Bundestagspräsidenten anzuzeigen. Dieser erhält das Recht, alle Angaben auf Plausibilität zu überprüfen. Das jeweils erzielte Einkommen soll in einem Stufenmodell veröffentlicht werden: Zur Stufe 1 gehören Nebeneinnahmen von weniger als der Hälfte der Diäten (Anfang 2005: 7009€ pro Monat), Stufe 2 umfasst weniger als die vollen Diäten und Stufe 3 betrifft Einnahmen, die über den Diäten liegen. Wer Einkünfte nicht meldet, soll mit einem Bußgeld belegt werden. Wer keinerlei Gegenleistung für finanzielle Zuwendungen erbringt, macht sich der Abgeordnetenbestechung schuldig und soll mit hohen Geldstrafen bedacht werden.

Neue Bundesländer

Wirtschaftliche Bilanz: Die Angleichung der Lebensverhältnisse in Ost- und Westdeutschland kam Anfang des 21. Jh. kaum voran. Hatten

Neue Bundesländer: Ost-West-Gefälle

Bundesland	BIP pro Einw. (€)	Arbeitslosen-quote (%)
Hamburg	44 500	9,9
Bremen	35 300	13,2
Hessen	31 800	7,9
Bayern	29 900	6,9
Baden-Württemberg	29 400	6,1
NRW	25 800	10,0
Bundesschnitt	25 800	10,5
Saarland	24 300	9,5
Schleswig-Holstein	23 400	9,7
Niedersachsen	22 900	9,6
Rheinland-Pfalz	22 900	7,7
Berlin	22 800	18,1
Sachsen	17 800	17,9
Thüringen	17 600	16,7
Brandenburg	17 500	18,8
Sachsen-Anhalt	17 400	20,5
Mecklenburg-Vorpommern	17 100	20,1

Stand 2003; Quelle: Arbeitskreis VGR der Länder; Bundesagentur für Arbeit

die N.B. 1996 rund 87% der westdt. Kaufkraft erreicht, waren es 2002 nur noch 82%. Während das Haushaltsnettoeinkommen im Osten 1992–97 von 68% auf 75% des Westniveaus kletterte, betrug der Zuwachs bis zum ersten Halbjahr 2003 lediglich zwei Prozentpunkte (77% des Westniveaus).

Transfer: Etwa 13,5% des ostdt. BIP gingen nach Untersuchungen des Dt. Instituts für Wirtschaftsforschung (DIW, Berlin) Anfang des 21. Jh. auf Transfers zurück. Das auf eigener Wirtschaftskraft basierende BIP pro Einwohner erreichte auch in den stabileren Regionen nur 55% des westdt. Durchschnitts. Rund 850 000 Arbeitsplätze waren in den N.B. mit der transfergestützten Produktion verbunden.

Die Ministerpräsidenten der N.B. forderten Anfang 2005 die Verankerung des 2001 beschlossenen Solidarpaktes II im GG und die gesetzliche Fixierung des Betrages, den der Bund im Rahmen des Paktes für Infrastruktur und Gewerbeförderung zugesagt hatte. Angesichts der desolaten Haushaltslage befürchteten die ostdt. Regierungschefs, der Bund könnte seine finanzielle Zusicherung von insgesamt 156,6 Mrd. € für den Aufbau Ost im Zeitraum 2005–19 nicht einhalten.

Unzufriedenheit: Die Demonstrationen gegen Hartz IV im Herbst 2004, bewusst in die Tradition der Montagsdemonstrationen gestellt, waren nur ein Anzeichen der Unzufriedenheit in den N.B. mit dem System der Bundesrepublik. Nach einer 1987 vom damaligen Leipziger Zentralinstitut für Jugendforschung begonnenen und bis 2004 fortgeführten Studie nahm in der Altersgruppe der jüngeren Ostdeutschen bis Anfang 30 die Zustimmung zum westdt. bzw. gesamtdt. Gesellschaftssystem seit 1987 kontinuierlich ab. 6% der Befragten bezeichneten 2004 den Kapitalismus als »menschenwürdiges Zukunftsmodell«, 61% würden das jetzige Gesellschaftssystem gerne mithilfe von Demonstrationen abschaffen. Gegenüber der Bundesrepublik schnitt die DDR bei den Punkten Gleichberechtigung der Frau, Kinderbetreuung und Förderung von Familien deutlich besser ab, bekam aber auch im Bereich Schulbildung und Gesundheitswesen bessere Noten.

www.destatis.de

NPD-Verbotsantrag

NPD-Abgeordnete im sächsischen Landtag boykottierten im Januar 2005 das Gedenken an die Holocaust-Opfer und sprachen stattdessen von einem »Bomben-Holocaust« der Alliierten und von einem »kaltblütig geplanten industriellen Massenmord an der Zivilbevölkerung«. Daraufhin wurde der Ruf nach einem erneuten NPD-V. lauter; das erste Verfahren war 2003 daran gescheitert, dass belastende Kernaussagen von Verbindungsleuten des Verfassungsschutzes stammten. Ein erneuter Verbotsantrag hätte nur Sinn, wenn alle Spitzel aus der NPD-Spitze entfernt würden. Über deren Anzahl machten Bund und Länder keine Angaben.

Indemnität: Persönliche Konsequenzen für die beteiligten NPD-Abgeordneten gab es wegen des Prinzips der Idemnität nicht. Dieses in Art. 46 GG geregelte Prinzip schützt die freie Rede im Parlament. Inhaltlich besagt es, dass kein Abgeordneter wegen einer Abstimmung oder Äußerung im Parlament oder in einem parlamentarischen Ausschuss gerichtlich oder dienstlich verfolgt oder zur Verantwortung gezogen werden darf; dies gilt auch über die Dauer des Mandats hinaus. Nicht durch die Idemnität gedeckt sind allerdings verleumderische Beleidigungen seitens eines Parlamentariers.

Versammlungsrecht: Mit Blick auf einen geplanten Aufmarsch der NPD zum 60. Jahrestag des Kriegsendes am Holocaust-Mahnmal wurde das → Versammlungsrecht verschärft.

Politbüroprozess

Im letzten sog. P. verurteilte das Berliner Landgericht am 6. 8. 2004 Hans-Joachim Böhme und Siegfried Lorenz wegen Beihilfe zum dreifachen Mord zu einem Jahr Haftstrafe auf Bewährung. Die beiden ehemaligen Mitglieder des Politbüros der Sozialistischen Einheitspartei (SED) der DDR mussten sich für die Menschenrechtsverletzungen an der Berliner Mauer verantworten, obwohl sie selbst direkt keinen Schießbefehl erteilt hatten. Sie wurden dennoch nach damals geltendem DDR-Recht verurteilt, weil sie nichts gegen die Unrechtssituation unternommen hatten.

Bereits am 11. 5. 2004 war mit Herbert Häber ein weiteres Politbüromitglied schuldig gesprochen worden. Mit der Begründung, Häber habe sich um eine Humanisierung der Verhältnisse bemüht, hatte das Gericht jedoch von einer Verurteilung abgesehen.

Rechtsextremismus

Das Bundesamt für Verfassungsschutz (BfV, Köln) registrierte 2004 in Deutschland insgesamt 12 051 rechtsextremistische Straftaten, 11,7 % mehr als im Vorjahr. Beim Großteil der Fälle (86,3 %) handelte es sich um Propagandadelikte oder Tatbestände der Volksverhetzung. Auch die Zahl der rechtsextremistischen Gewalttaten erhöhte sich um 2,2 % auf 776; die Zahl der Rechtsextremisten verringerte sich mit 40 700 Personen um 1,7 %. Zur Gruppe der gewaltbereiten Rechtextremisten rechnete das BfV wie im Vorjahr etwa 10 000 Personen, zum Großteil Skinheads, die sich insbesondere auf Ostdeutschland konzentrierten. Die Zahl der Neonazis, die mittels zielgerichteter politischer Aktivitäten auf einen totalitären »Führerstaat« nationalsozialistischer Prägung hinarbeiten, stieg dagegen um 25,0 % auf 3 800 an.

Organisationen: Ende 2004 existierten in Deutschland 168 rechtsextremistische Organisationen und Personenzusammenschlüsse (2003: 169). In den rechtsextremistischen Parteien waren insgesamt 23 800 Personen organisiert (-2,9 %); von Mitgliederverlusten waren die Republikaner (REP, 7 500 Mitglieder, -6,7 %) und die Dt. Volksunion (DVU, 11 500 Mitglieder, -4,3 %) betroffen. Dagegen verzeichnete die Nationaldemokratische Partei Deutschlands (NPD) 2004 einen Zuwachs von 6,0 % auf 5 300 Mitglieder, der v. a. auf den Erfolg der NPD bei den sächsischen Landtagswahlen im September 2004 zurückzuführen war, wo die Partei erstmals seit 1968 wieder in ein Landesparlament einziehen konnte (→ NPD-Verbotsantrag). Die NPD verfolgte eine Strategie der Annäherung an die Neonazi-Szene und trat mit ihrem Konzept einer »dt. Volksfront« als Hauptakteur einer Vereinigung rechtsextremistischer Kräfte auf. Im Oktober 2004 einigten

Rechtsextremistische Symbole

Zu den Erkennungszeichen der rechtsextremen Szene gehören heute nicht mehr nur eindeutige Symbole wie Hakenkreuz, SS-Rune und das sog. Keltenkreuz (Kreuz im Kreis). In den letzten Jahren haben insbesondere die jugendlichen Anhänger der Szene immer raffiniertere Codes und Symbole entwickelt, die sich oftmals nur Insidern erschließen.

Zahlencodes: Eine »18« auf dem Sweatshirt steht für den ersten und den achten Buchstaben im Alphabet, also A und H, die Initialen von Adolf Hitler. Hinter der »88« versteckt sich nach dieser Logik »Heil Hitler«, hinter der »28« die Anfangsbuchstaben der verbotenen rechtsextremistischen Organisation »Blood and Honour«. Nach gerichtlichem Einschreiten gegen die »88« als Symbol nutzten einige rechte Zeitschriften die Zahlenfolge »2x44« oder »87+1« als Code. Die Ziffern »168:1« verweisen auf den Anschlag eines Neofaschisten 1995 in Oklahoma (USA), bei dem 168 Menschen getötet wurden und der Attentäter die Todesstrafe erhielt.

Kryptische Symbole: Dass es aber auch ohne Zahlen funktioniert, zeigen Shirts mit der Aufschrift »CONSDAPLE« (engl., Schutzmann). Unter der offenen Bomberjacke getragen, sind nur die Buchstaben »NSDAP« zu sehen. Weil solche Logos nicht verboten sind, ist es schwierig, gegen die meist einschlägig bekannten Vertreiber vorzugehen.

sich NPD und DVU, die im September 2004 in den Brandenburger Landtag einziehen konnte, auf ein Nationales Bündnis für die kommenden Wahlen. Im Februar 2005 schlossen sich in München NPD-Vertreter und Mitglieder der gewaltbereiten Neonazi-Szene zum sog. Münchner Bekenntnis zusammen, um die rechtextremistischen Kräfte zu bündeln, die Zersplittung der Szene zu überwinden und Wahlerfolge zu erzielen, wie es NPD und DVU durch einen derartigen Zusammenschuss in Ostdeutschland bereits gelungen war.

Propaganda: 2004 wurden in Deutschland insgesamt 137 Skinhead-Konzerte (2003: 119) mit durchschnittlich 165 Besuchern veranstaltet, meist unter konspirativen Umständen. Um die propagandistische Wirkung der Musik auszunutzen, initiierten verschiedene Rechtsextremisten 2004 das bundesweite »Projekt Schulhof«: Etwa 50 000 CDs mit Musikstücken rechtsextremer Musikgruppen und Liedermacher sollten kostenlos auf Schulhöfen verteilt werden. Die Tonträger wurden im August 2004 mit allgemeinem richterlichem Beschluss beschlagnahmt. Zentrales Kommunikationsmedium der Rechtsextremisten blieb das Internet. Sie nutzten Mailinglisten, Newsletter und Diskussionsforen zur Information, Diskussion und Agitation. Das BfV registrierte 2004 insgesamt 950 von dt. Rechtsextremisten betriebene Homepages. 2005 häuften sich zudem Computerviren mit rechtsextremistischer Propaganda.

www.verfassungsschutz.de; www.bmi.bund.de

Stasi-Akten

Seit dem 1. 1. 2005 fällt die S.-A.-Behörde in das Ressort der Beauftragten der Bundesregierung für Kultur und Medien, Kulturstaatsministerin Christina Weiss (parteilos) und gehört nicht mehr wie bisher zum Zuständigkeitsbereich des Bundesinnenministeriums. Seit Mai 2005 wurden im Zuge einer Verschlankung der Behörde die Außenstellen auf zehn Standorte in den ostdt. Bundesländern konzentriert.

Aufgaben: In den Archiven der Behörde, die nach der Bundesbeauftragten für die Unterlagen des Staatssicherheitsdienstes (Stasi), Marianne Birthler, auch Birthler-Behörde genannt wird, werden die Unterlagen der ehemaligen Geheimpolizei und des Nachrichtendienstes der DDR aufbewahrt und ausgewehrtet sowie – den gesetzlichen Bestimmungen entsprechend – der Öffentlichkeit zur Verfügung gestellt. Außerdem betreibt die mit der Dt. Einheit am 3. 10. 1990 gegründete Behörde auch eigene Forschungen zur Geschichte der Stasi.

Kritik: Die durch eine Vereinbarung zwischen Bundesinnenministerium und der Kulturstaatsministerin in die Wege geleitete Verlagerung der S.-A.-Behörde wurde von Parlamentariern aus Regierungs- und Oppositionsfraktionen heftig kritisiert. Die Abgeordneten waren der Ansicht, die Vereinbarung verstoße gegen das 1991 verabschiedete Stasiunterlagengesetz, nach dem die Birthler-Behörde dem Innenministerium untersteht. Sie forderten, den Bundestag an dem

Stasi-Akten: Gemeinsam besichtigen Kulturstaatsministerin Christina Weiss (links), die Bundesbeauftragte für die Unterlagen des Staatssicherheitsdienstes, Marianne Birthler, und der ehemalige Außenminister der DDR, Markus Meckel, im Januar 2005 das Archiv der Stasi in Berlin.

Verfahren zu beteiligen, denn eine neue Zuständigkeit könne nur durch eine Gesetzesänderung, nicht aber durch einen einfachen Verwaltungsakt geregelt werden. Die FDP-Bundestagsfraktion kündigte an, gegen die Verlagerung juristisch vorgehen zu wollen. Die Bundesregierung erklärte ihr Vorgehen mit der Absicht, die Zuständigkeit für die Betreuung von Gedenkstätten sowie die Erinnerung und Aufarbeitung von NS-Terrorherrschaft, SED-Diktatur und Stalinismus in einem Ressort, nämlich in dem der Kulturstaatsministerin, bündeln zu wollen.

Terroristenprozesse

Die Terroranschläge vom 11. 9. 2001 zogen mehrere Prozesse in Deutschland nach sich.

Motassadeq-Prozess: Im August 2004 begannen die Neuverhandlungen vor dem Hanseatischen Oberlandesgericht gegen den in Hamburg lebenden Marokkaner Mounir El Motassadeq. Motassadeq wurde Beihilfe zum Mord an mehr als 3000 Menschen sowie Mitgliedschaft in einer terroristischen Vereinigung vorgeworfen. Ein erster Prozess hatte im Februar 2003 mit einer Verurteilung zu 15 Jahren Haft geendet. Dieses Urteil hatte der Bundesgerichtshof im März 2004 jedoch wieder aufgehoben.

Eine Wendung brachte ein neuer Zeuge, Dietrich Snell, New Yorker Staatsanwalt und Teamleiter im Stab des 9/11 Untersuchungsausschusses des US-Kongresses. Es war das erste Mal, dass die dt. Behörden Unterlagen der ermittelnden US-Behörden zur Einsicht erhielten. Motassadeqs Verteidiger wertete diese Aussagen als entlastend für seinen Mandanten. Dadurch sei das Fundament der Anklage zusammengebrochen. Das Gericht schloss die Beweisaufnahme Ende Mai 2005 weitgehend ab; mit einem Urteil wurde im August gerechnet.

Al-Qaida-Prozess: Im April 2005 wurde Ihsan Garnaoui vom Berliner Kammergericht zu drei Jahren und neun Monaten Haft verurteilt. Die Grundlage: Steuerhinterziehung, Belügen der Ausländerbehörde und illegale Einreise mit gefälschten Papieren. Eigentlich war der Tunesier auch wegen Verdachts auf Terrorismus angeklagt. Laut Anklage wollte der in Afghanistan ausgebildete Garnaoui in Deutschland einen Sprengstoffanschlag begehen. Die Behörden hatten Material zum Bau von sieben Bomben sichergestellt. Da das dt. Recht jedoch Terroristen nur in Gruppen kennt, war der Vorwurf des Terrorismus auf eine Einzelperson nicht anwendbar. Gefordert hatte die Bundesanwaltschaft eine Haftstrafe von sechs Jahren wegen versuchter Gründung einer terroristischen Vereinigung. Im Herbst 2001 soll Garnaoui in Afghanistan und Pakistan in al-Qaida-Lagern ausgebildet worden sein.

Mzoudi-Prozess: Im Juni 2005 bestätigte der Bundesgerichtshof in Karlsruhe den Freispruch des Marokkaners Abdelghani Mzoudi und verwarf damit die Revision der Bundesanwaltschaft. Das Oberlandesgericht Hamburg hatte Mzoudi im Februar 2004 vom Vorwurf der Beihilfe zum Mord an über 3000 Personen und der Mitgliedschaft in einer terroristischen Vereinigung freigesprochen.

Chronologie des Hamburger Prozesses um Motassadeq

11. September 2001: Über 3000 Menschen kommen bei den Anschlägen auf das World Trade Center in New York ums Leben. Erste Spuren führten nach Hamburg. Zur Umgebung des Attentäters Mohammed Atta gehörte auch Mounir El Motassadeq.

27. November 2001: Gegen Motassadeq wird Haftbefehl erlassen.

28. August 2002: Die Generalbundesanwaltschaft erhebt am Hanseatischen Oberlandesgericht Anklage gegen Motassadeq.

22. Oktober 2002: Der Prozess beginnt. Es ist das weltweit erste Verfahren gegen einen Verdächtigen der Terroranschläge vom 11. 9. 2001 auf New York und Washington.

19. Februar 2003: Motassadeq wird wegen Mordes in über 3000 Fällen zu 15 Jahren Haft verurteilt. Er geht in Revision.

4. März 2004: Der Bundesgerichtshof in Karlsruhe hebt das Urteil gegen Motassadeq wegen Mängeln in der Beweisführung auf. Der Fall wurde zur Neuverhandlung ans Hanseatische Oberlandesgericht zurückgewiesen.

7. April 2004: Der 4. Strafsenat des Hanseatischen Oberlandesgerichts setzt den Haftbefehl gegen Motassadeq außer Vollzug.

10. August 2004: Die Neuverhandlung am Hanseatischen Oberlandesgericht wird aufgenommen.

24. Mai 2005: Die letzten bislang unbekannten Dokumente aus den USA wurden vorgelegt. Weitere Zeugen sind nicht geladen. Das Urteil wird für August 2005 erwartet.

Vermittlungsausschuss

Nach Art. 77 GG dient der V. dazu, Meinungsverschiedenheiten zwischen Bundestag und Bundesrat über bestimmte Gesetzesvorlagen beizulegen. Bei sog. Einspruchsgesetzen kann der Bundesrat gegen ein vom Bundestag beschlossenes Gesetz Einspruch einlegen, indem er den V. anruft. Bei sog. Zustimmungsgesetzen, die auch vom Bundesrat angenommen werden müssen, können auch die Bundesregierung und der Bundestag den V. anrufen. Im Gremium beschlossene Änderungen einer Gesetzesvorlage müssen dann erneut vom Bundestag verabschiedet werden. Der V. besteht aus je 16 Repräsentanten der Bundesländer und des Bundestages. Die Bundestagshälfte wird nach Fraktionsstärke der Parteien besetzt.

Richterspruch: Das Bundesverfassungsgericht (BVerfG, Karlsruhe) entschied am 8. 12. 2004, dass die bisherige Zusammensetzung der 16 Bundestagsvertreter im V. geändert werden müsse. Das Gericht reagierte damit auf eine im Mai 2004 geführte Klage der CDU/CSU-Fraktion, die sich im Ausschuss unterrepräsentiert sah. Hintergrund der Klage ist der sog. Korrekturfaktor, den die rot-grüne Regierungskoalition 2002 zugunsten der stärksten Fraktion durchgesetzt hatte: Das knappe Ergebnis bei der Bundestagswahl 2002 (SPD: 251 Sitze, CDU/CSU: 248 Sitze) hätte bei der Besetzung des Ausschusses zu einer Pattsituation zwischen Regierung und Opposition geführt (SPD und Union je sieben Sitze, FDP und Grüne je einen Sitz). Dem Korrekturfaktor zufolge bekam die SPD jedoch acht Sitze, während die CDU/CSU nur sechs erhielt.

Begründung: Der Zweite Senat des BVerfG entschied mit fünf zu drei Stimmen, dass Ausschüsse grundsätzlich die Parlamentsstärke einer Partei widerspiegeln müssen. Kollidiere die Spiegelbildlichkeit allerdings mit dem Mehrheitsprinzip, sei es notwendig, »beide Grundsätze zu einem schonenden Ausgleich zu bringen«. Das Gericht forderte den Bundestag auf, nach einem »proportionalitätsgerechteren Ausgleich« zu suchen, ohne konkrete Wege zu nennen.

Stimmenmehrheit: Bis Mitte 2005 stand eine Korrektur der Besetzung des V. mit Bundestagsrepräsentanten noch aus. Allerdings verfügte die CDU/CSU nach dem Ende der rot-grünen Landesregierungen in Schleswig-Holstein und Nordrhein-Westfalen über die Stimmenmehrheit im Ausschuss: Während die Regierungskoalition auf der Bundestagsbank noch immer 9:7 Sitze hielt, erreichte die Union auf der Bundesratsbank 11:5 Sitze und hatte mit dem FDP-Bundestagssitz insgesamt eine Mehrheit von 18:14 Sitzen.

Versammlungsrecht

Verschärfung: Im März 2005 trat in Deutschland eine Verschärfung des V. in Kraft. Nach der Neuregelung können Aufzüge an »Gedenkstätten von historisch herausragender, überregionaler Bedeutung«, die an die Opfer des Nationalsozialismus erinnern, verboten werden, wenn die Würde der Opfer beeinträchtigt wird. Als einziges Beispiel legt das Gesetz das Holocaustmahnmal in Berlin-Mitte fest. Andere schützenwerte Orte können von den einzelnen Bundesländern benannt werden. Für historische Bauten ohne eindeutigen Bezug zur Naziherrschaft, wie z. B. das Brandenburger Tor, gilt das Demonstrationsverbot nicht.

Kompromiss: Auf den neuen § 15 Abs. 2 hatten sich nach zähen Verhandlungen im März 2005 SPD, Grüne und CDU/CSU geeinigt. Die Forderung der Union, die Bannmeile, also die demonstrationsfreie Zone, um den Bundestag auf das Holocaustmahnmal und das Brandenburger Tor auszudehnen, fand keine Mehrheit. Die FDP stimmte wegen verfassungsrechtlicher Vorbehalte gegen die Änderungen und argumentierte, dass Meinungs- und Versammlungsfreiheit für eine Demokratie von fundamentaler Bedeutung seien. Auch Rechtsexperten äußerten gegen die Verschärfung des V. verfassungsrechtliche Bedenken.

Hintergrund: Anlass für die Neufassung des V. war der geplante Aufmarsch der rechtextremen NPD zum Jahrestag des Kriegsendes am 8. 5. 2005 in Berlin am Holocaustmahnmal vorbei zum Brandenburger Tor. Im Februar 2005 genehmigte die Berliner Ordnungsbehörde der NPD lediglich eine deutlich kürzere Route, die bereits am Bahnhof Friedrichstraße, also vor Mahnmal und Brandenburger Tor, enden sollte. Die Klage der NPD gegen diese Auflagen wurde am 4. 5. 2005 vom Berliner Oberverwaltungsgericht mit Bezug auf das kurz zuvor verschärfte V. abgewiesen. Zwei Tage später lehnte auch das Bundesverwaltungsgericht (Karlsruhe) einen Eilantrag der NPD ab. Juristen und auch die politischen Vertreter von Berlin hatten im Vorfeld betont, dass diese Kundgebung auch ohne Gesetzesänderungen auf Grundlage des geltenden Rechts hätte verboten werden können. Am 8. 5. 2005 wurde der Aufmarsch von etwa 3 000 NPD-Anhängern durch rund 4 000 friedliche Gegendemonstranten verhindert.

Visa-Untersuchungsausschuss

Im Dezember 2004 setzte die CDU/CSU-Fraktion einen Untersuchungsausschuss durch, der sich v. a. mit der Visavergabepraxis an dt. Auslandsvertretungen in Osteuropa beschäftigen sollte. Die rot-grüne Koalition beschloss eine Erweiterung des Prüfauftrags um Weisungen aus der Zeit vor 1998. Im Zentrum der oppositionellen Kritik stand das Auswärtige Amt (AA) unter Führung von Bundesaußenminister Joschka Fischer (Bündnis 90/Die Grünen). Mehrere Gerichtsurteile aus den Jahren 2001–04 zur Schleuserkriminalität hatten die Visa-Affäre ins Rollen gebracht. Mit dem Hinweis, die dt. Visapolitik habe das illegale Handeln erleichtert, hatten die Angeklagten einen Strafrabatt erhalten.

Volmer-Erlass: Die Union attackierte v. a. den sog. Volmer-Erlass vom 3. 3. 2000, der den Missbrauch von Einreisevisa durch Schleuser für Schwarzarbeiter und Zwangsprostituierte ermöglicht habe. Der vom damaligen Staatsminister im AA, Ludger Volmer (Bündnis 90/Die Grünen), angeregte und von Fischer unterzeichnete Erlass erweiterte den Ermessensspielraum der dt. Vertretungen im Ausland bei der Visavergabe.

Ausschuss: Am 17. 2. 2005 trat der V.-U. unter dem Vorsitz von Hans-Peter Uhl (CSU) zur ersten öffentlichen Sitzung zusammen. Nachdem mehrere Zeugen gehört worden waren, erklärte Volmer am 21. 4. 2005 vor den V.-U. den Volmer-Erlass als nicht ursächlich verantwortlich für das Schleuserproblem. Am 25. 4. 2005 räumte Fischer als Zeuge Informations- und Kontrollmängel ein und übernahm die politische Verantwortung. Auch er erklärte, der Volmer-Erlass könne nicht für den Visamissbrauch verantwortlich gemacht werden. Ein juristisch umstrittenes Novum waren die Live-Übertragungen der Aussagen Volmers und Fischers im Fernsehen.

Anfang Juni 2005 setzten SPD und Bündnis 90/Die Grünen die Beendigung der Beweisaufnahme im V.-U. durch. Sie begründeten ihre Entscheidung mit der Erfordernis, bis zur letzten Bundestagssitzung vor dem angestrebten Neuwahltermin im September 2005 einen Bericht über die Ausschussarbeit abzufassen. Einer Klage von Union und FDP gegen diesen Schritt gab das Bundesverfassungsgericht (BVerfG, Karlsruhe) in einer einstimmig getroffenen Eilentscheidung statt. Am 22. 6. 2005 nahm der V.-U. seine Arbeit wieder auf.

Zuwanderung

Bilanz: 2003 verzeichnete das Statistische Bundesamt (Wiesbaden) 768 975 Zuwanderer, davon 78 % Ausländer. Dem standen 626 630 Fortzüge von Menschen aus Deutschland gegenüber (davon 79 % Ausländer). Der Wanderungssaldo von 142 645 Menschen bedeutete gegenüber 2002 einen Rückgang um 35 % (→ Bevölkerung, Deutschland).

Zuwanderungsgesetz: Am 1. 1. 2005 trat das Zuwanderungsgesetz in Kraft, das seit 2002 im Bundestag, Bundesrat und schließlich im Vermittlungsausschuss diskutiert worden war. Das Gesetz legt verbindliche Kriterien für die Einwanderungs- und Ausländerpolitik fest. Es erleichtert insbesondere den Zuzug hoch qualifizierter Arbeitskräfte, beschränkt die bis dahin fünf verschiedenen Aufenthaltstitel auf die befristete Aufenthaltserlaubnis und die unbefristete Niederlassungserlaubnis, regelt Maßnahmen zur Integration, wie beispielsweise Sprachkurse, und weitet das Recht auf Asyl auch auf Opfer geschlechtsspezifischer Verfolgung aus.

Doppelpass: Die Ausländerbehörden der Länder begannen Anfang 2005 mit der Überprüfung türkischstämmiger Deutscher, die in Verdacht standen, unerlaubterweise eine doppelte Staatsbürgerschaft angenommen zu haben. Ein eingebürgerter Einwanderer verliert seinen dt. Pass, wenn er wieder Staatsbürger seines Heimatlandes geworden ist. Die Betroffenen (nach Schätzungen der türkischen Behörden rund 50 000) müssen einen neuen Aufenthaltsstatus beantragen und das Einbürgerungsverfahren noch einmal durchlaufen.

www.destatis.de

Zuwanderung: Verteilung nach Altersgruppen

Altersgruppe	Anteil (%)		
	Zuzüge	Fortzüge	Gesamtbevölkerung
unter 18	13,6	11,1	17,9
18 bis unter 25	24,7	18,8	8,6
25 bis unter 40	38,5	42,4	21,2
40 bis unter 65	20,5	24,4	34,4
65 und älter	2,6	3,4	18,0

Stand 2003; Quelle: Statistisches Bundesamt

Kriminalität

Diebstahl

Bilanz: 2004 wurden laut Polizeilicher Kriminalstatistik (PKS) insgesamt 2,96 Mio. Fälle von D. erfasst, das waren 43,7 % aller registrierten Delikte. Davon waren 1,52 Mio. dem Tatbestand D. ohne erschwerende Umstände und 1,44 Mio. D. unter erschwerenden Umständen zuzuschreiben. Bei »einfachem« D. stellte die Polizei einen Rückgang von 1,6 % fest, bei »schwerem« D. einen Rückgang von 3 %.

Bereiche: Mit rund 1,5 Mio. Fälle blieb die Zahl der »einfachen« Diebstähle nach Erhebungen der PKS damit 2004 auf dem Niveau der letzten zehn Jahre stabil. Ein Drittel (33,1 %) dieser Delikte verfiel auf Ladendiebstahl (insgesamt 509 417 Fälle). In mehr als der Hälfte aller Fälle von D. (57,4 %) handelte es sich um D. von Mopeds, Kraft- und Fahrrädern. Seit 1993 ging laut PKS die Zahl der erfassten D. im Bereich des Kraftwagendiebstahls zurück: Die Polizei zählte 2004 rund 412 097 Fälle; das bedeutete im Vergleich zum Vorjahr einen Rückgang um 5,7 %.

Autodiebstahl: Der im Vergleich zu den anderen Bereichen starke Rückgang der Autodiebstähle wurde mit verbesserten Sicherungsmaßnahmen erklärt. Insbesondere die elektronische Wegfahrsperre verhinderte laut Experten zahlreiche Diebstähle. Wird sie in ein Fahrzeug eingebaut, springt der Motor bei unerlaubter Benutzung ohne Schlüssel entweder gar nicht an, oder er geht nach wenigen Metern wieder aus. Im Schlüssel ist ein winziger Chip versteckt, der einen Wechselcode und eine Zugehörigkeitskombination enthält. Nur wenn beide Zugangsdaten stimmen, fährt das Auto. Was den Dieben blieb, war der komplette Abtransport des Fahrzeuges. Diese Vorgehensweise wurde v. a. bei besonderen Fahrzeugen gewählt. Dementsprechend niedrig fielt dabei die Aufklärungsquote in 2004 aus. Sie lag bei 27 %.

Ladendiebstahl: 2004 entwendeten Ladendiebe Waren im Wert von 2,2 Mrd. €. Für Präventionsmaßnahmen gab der dt. Einzelhandel nach Angaben des Hauptverbandes des Dt. Einzelhandels (HDE, Berlin) 925 Mio. € aus. Der Verband sah im allgemeinen Rückgang des Ladendiebstahls

Diebstahl: Der bandenmäßige Diebstahl von Airbags ist ein Trend. Die Airbags werden vermutlich in Osteuropa in Unfallfahrzeuge eingebaut.

keinen Grund zur Entwarnung. Noch immer wurde nur jeder zehnte Ladendieb angezeigt. Der Verband rief die Polizei dazu auf, Ladendiebstahl stärker als bisher zu verfolgen und konsequenter zu registrieren. Außerdem sollte jeder D. zur Anzeige gebracht werden, um Wiederholungstäter besser erkennen zu können.

Digitaler Polizeifunk

Neue Technik: Am 18. März 2005 einigten sich Bund und Länder, den d. P., einen optimierten Sprech- und Datenverkehr, bis spätestens 2010 flächendeckend einzuführen. Die neue Technik, die nicht nur die Übermittlung von einfachen Nachrichten, sondern auch von Bildern und Karten ermöglicht, soll das störanfällige und nicht abhörsichere analoge Netz ersetzen, das 2004 in Europa nur noch von Deutschland und Albanien genutzt wurde. Der Einigung auf der Innenministerkonferenz war ein jahrelanger Streit vorausgegangen, der sich v. a. an der Aufteilung der Kosten zwischen Bund und Ländern entzündet hatte. Die Kosten wurden mit rund 4 Mrd.€ veranschlagt. Der Bund erklärte sich nun bereit, die Finanzierung eines sog. Rumpfnetzes zu übernehmen, dass etwa 50 % der Landesfläche abdecken sollte.

Kritik: Das Projekt zum Aufbau des d. P., das auch Feuerwehr und Rettungsdienste nutzen werden, geriet kurz vor dem geplanten Start der Ausschreibung ins Stocken. Der Mobilfunkanbieter Vodafone kündigte Mitte Juni 2005 juristische Schritte gegen die Vergabepraxis an, weil Bundesinnenminister Otto Schily (SPD) beabsichtigte, den Netzbetrieb ohne Ausschreibungsverfahren direkt an die bundeseigene Dt.-Bahn-Tochter DB-Telematik zu vergeben. Ursprünglich war nicht nur für die Funktechnik, sondern auch für den Netzbetrieb eine öffentliche Ausschreibung vorgesehen. Im März 2005 war Schily von diesem Vorhaben überraschend abgerückt. Die Vergabekammer des Bundeskartellamtes sollte den Sachverhalt überprüfen. Der Auftrag galt als Milliardenprojekt.

Falschgeld

Aufkommen: Nach Angaben der Dt. Bundesbank wurden im zweiten Halbjahr 2004 rund 44742 gefälschte Banknoten registriert. Während zur Jahresmitte ein Rückgang verzeichnet worden war, stieg das Falschgeldaufkommen in der zweiten Jahreshälfte wieder an. Die Dt. Bundesbank bezifferte den im Jahr 2004 durch F. entstandenen wirtschaftlichen Schaden auf insgesamt 6,1 Mio. € (2003: 3,4 Mio. €). Der am häufigsten gefälschte Geldschein war die 50-Euronote, gefolgt von der 100-Euronote. Im internationalen Vergleich war das Falschgeldaufkommen mit 23 Fälschungen pro 1 000 000 echter Banknoten gering.

Überprüfung: Die bis Anfang 2005 ermittelten Fälschungen wurden überwiegend mit Farbkopierern oder Farbdruckern hergestellt und waren unter Berücksichtigung der Sicherheitsmerkmale relativ eindeutig als Fälschungen zu erkennen. Fälscher konzentrierten sich nach Angaben der Dt. Bundesbank bei der Nachahmung häufig auf lediglich ein Sicherheitsmerkmal, sodass es ratsam war, gleich mehrere Merkmale zu überprüfen.

Falschgeld: Echtheitsmerkmale von Euro-Banknoten

Kippen: Durch leichtes Kippen der Banknote verändert sich der Sichtwinkel. Bei den niedrigeren Banknoten wie den 5-, 10- und 20-Euroscheinen erscheint beim Kippen ein silbriger Spezialfolienstreifen, der im farbigen Wechselspiel mehrfach das Eurosymbol oder die Zahl als Hologramm zeigt. Außerdem wird auf der Rückseite ein goldfarbener Streifen sichtbar, in dem sich das Eurosymbol und die Zahl mehrfach dunkel absetzen.
Tasten: Während man die Banknote mit einer Hand festhält, streicht man mit den Fingern der anderen Hand über den Urheberrechtsvermerk. Eine andere Möglichkeit ist das Fühlen. So lassen sich die fünf Abkürzungen der Europ. Zentralbank in den verschiedenen Amtssprachen sowie die große Zahl rechts daneben deutlich ertasten. Bei vielen Fälschungen fehlen diese Tastmerkmale.
Sehen: Auch mit bloßem Auge lassen sich Fälschungen erkennen. Gegen das Licht gehalten werden verschiedene Dinge sichtbar: das Architekturmotiv als Bildwasserzeichen, die Wertzahl als auffallend helles Wertwasserzeichen, dunkle senkrechte Balken als Balkenwasserzeichen, eine dunkle Linie mit heller Beschriftung als Sicherheitsfaden und die sich aus Fragmenten auf Vorder- und Rückseite zusammensetzende Wertzahl als Durchsichtsregister.

Neue Scheine: Als Reaktion auf die zunehmende Quote gefälschter Banknoten kündigte die Europ. Zentralbank im Frühjahr 2005 neue Euroscheine mit verbesserten Sicherheitsmerkmalen an, die bis 2010 herauskommen sollen. Vom äußerlichen Erscheinungsbild her sollen die neuen Scheine den alten gleichen.

Fälschungssichere Farbe: Wissenschaftler von der Universität Marburg veröffentlichten Anfang 2005 ihre Forschungsergebnisse zum Gegenstand fälschungssicherer Farbe. Sie hatten mittels eines gentechnischen Verfahrens einen Farbstoff gewonnen, der durch Scanner- oder Kopiererlicht seine Farbe verändert. Das hat zur Folge, dass die normalerweise leicht lila schimmernden Geldscheine eine gelbliche Färbung erhalten und somit eindeutig als Fälschungen zu identifizieren sind.

www.bundesbank.de

Kannibalismus-Urteil

Neuverhandlung: Der Bundesgerichtshof (BGH, Karlsruhe) hob im April 2005 das im Prozess gegen den sog. Kannibalen von Rotenburg, Armin Meiwes, 2004 ergangene Urteil des Landgerichts Kassel auf. Wegen juristischer Fehler wurde der Fall zur Neuverhandlung an das Landgericht Frankfurt am Main verwiesen. Der Angeklagte war 2004 in Kassel wegen Totschlags zu achteinhalb Jahren Freiheitsstrafe verurteilt worden. Ihm war zur Last gelegt worden, 2001 sein Opfer, einen 43-jährigen Mann, mit dessen Einverständnis vor laufender Videokamera getötet, zerlegt und z. T. verspeist zu haben.

Begründung: Die Bundesanwaltschaft hatte das K.-U. scharf angegriffen und dessen Aufhebung vor dem 2. Strafsenat des BGH beantragt. Der Revisionsantrag wurde mit der Entscheidung des Landgerichts begründet, den Angeklagten wegen Totschlags und nicht wie von der Bundesanwaltschaft gefordert wegen Mordes zu verurteilen. Von Mord könne aber schon wegen niedriger Beweggründe des Angeklagten gesprochen werden. Dieser habe aus »abartiger, triebhafter Eigensucht« sein Opfer herabgewürdigt. Die Bundesanwaltschaft kritisierte auch, dass das Landgericht die mögliche Wiederholungsgefahr nicht ins Strafmaß einbezogen hatte.

Kannibalismus: Der für die bundesdt. Kriminalgeschichte einzigartige Rothenburger Fall hatte nicht nur in den Medien für Schlagzeilen gesorgt. Er stellte auch die dt. Justiz vor große Probleme, weil ein Tatbestand wie Kannibalismus im Strafgesetzbuch nicht vorkommt.

Fälle von Kannibalismus

Auch wenn in Deutschland diese Art von Straftat nahezu unbekannt ist, in der internationalen Kriminalgeschichte hat es immer wieder Fälle von Kannibalismus gegeben:

Oktober 2001: Im mittelasiatischen Kasachstan wurden zwei Männer zum Tode verurteilt. Der Vorwurf: Sie hatten sieben Prostituierte ermordet, ihre Leichen zerstückelt und als Fleischspeise zubereitet. Das Fleisch aßen sie selber oder boten es ahnungslosen Familienmitgliedern an.

Oktober 2001: In der weißrussischen Stadt Minsk nahm die Polizei sechs Menschen fest. Gemeinsam sollten sie einen Mann getötet und seine Leber gegessen haben.

März 1999: In Finnland standen drei Männer und eine Frau vor Gericht, weil sie als Anhänger eines Satanskults ein Gruppenmitglied gefoltert, getötet und anschließend verspeist haben sollten.

März 1998: In Italien sorgte der Prozess gegen einen jungen Mann für Aufsehen, der seine zweijährige Tochter ermordet und teilweise verspeist haben sollte.

1995: Ein junger Mann wurde wegen Raubmordes an seinem 81-jährigen Lebensgefährten zu lebenslanger Haft verurteilt. Er hatte selber behauptet, dass er die Organe seines Opfers gegessen habe. Dies konnte nie geklärt werden.

1925: Der Deutsche Fritz Haarmann wurde geköpft. Man warf ihm vor, mind. 26 junge Männer getötet und anschließend ihr Blut getrunken zu haben.

Kinder- und Jugendkriminalität

Straftäter: Die Polizeiliche Kriminalstatistik (PKS) registrierte 2004 in Deutschland einen Rückgang bei der Zahl der tatverdächtigen Kinder und Jugendlichen. Damit setzte sich der positive Trend der letzten Jahre fort. 2004 wurden insgesamt 115 770 Kinder als Tatverdächtige verzeichnet, 8,4 % weniger als im Vorjahr. In der Gruppe der 14- bis 18-Jährigen stieg die Zahl um 1,1 % auf 297 087.

Delikte: Ein Großteil der Tatverdächtigen im Kindesalter wurde 2004 wegen Ladendiebstahl angezeigt. Der PKS zufolge traf dieser Tatbestand auf 41 395 Fälle in der Gruppe der dt. Kinder und auf 8 909 Fälle in der Gruppe der nichtdt. Kinder zu. Dahinter folgte der Tatbestand der Sachbeschädigung. Hier summierten sich die Fälle auf 17 976 (dt. Kinder) und 2 452 (nichtdt. Kinder). Im Bereich Körperverletzung registrierte die PKS 2004 bei dt. Kindern 14 525 Fälle, bei nichtdt. Kindern 4 135 Fälle. Auch in der Gruppe der Jugendlichen führte der Ladendiebstahl mit 55 860 Fällen bei den dt. Jugendlichen und 12 119 Fällen bei nichtdt. Jugendlichen die Delikte an. Insgesamt zählte die Polizei 51 146 Fälle von Körperverletzung bei dt. Jugendlichen, 8,1 % mehr als im Vorjahr. Bei den nichtdt. Jugendlichen wurden 12 475 Fälle gezählt, ein Anstieg um 10,6 %.

www.bmi.de

Korruption

Bestechung und Bestechlichkeit, z. B. die Zahlung von Schmiergeldern zur Erlangung eines Auftrags, die Annahme von Schmiergeld oder vergleichbarer Vorteile

Bilanz: Die Wettbewerbs-, Korruptions- und Amtsdelikte verringerten sich 2004 in Deutschland nach den Erhebungen der Polizeilichen Kriminalstatistik (PKS) um 7 % auf 5 510 Fälle. In diesem Bereich wurden 2004 der PKS zufolge komplexe Großermittlungen durchgeführt. Auch die registrierten Delikte aus dem Bereich der Vorteilnahme reduzierten sich gegenüber dem Vorjahr um 10,8 % auf 802 Fälle, ebenso wie der Tatbestand der Bestechlichkeit, der um 12,9 % auf 242 Fälle abnahm. Vorteilsgewährung fand in 462 Fällen (-21,8 %) statt. Der Tatbestand der Bestechung wurde in 421 Fällen (- 15,1 %) registriert.

Maßnahmen: Die rot-grüne Bundesregierung arbeitete 2004/05 an Entwürfen für mehrere Gesetzesänderungen, die die Erschwerung und Prävention von K. zum Ziel hatten. Wie eine im Frühjahr 2005 durchgeführte Umfrage von Transparency International (TI), der Organisation zur globalen Bekämpfung von K., ergab, unterstützten eine ganze Reihe von Spitzenverbänden der dt. Wirtschaft eine solche Gesetzesinitiative. Im Raum stand auch der Vorschlag, ein bundesweit geltendes Korruptionsregister anzulegen. Dort würden Unternehmen aufgeführt, die bereits im Zusammenhang mit K. auffällig geworden sind. Sie blieben von der Vergabe öffentlicher Aufträge ausgeschlossen. TI plädierte dafür, einen zentralen Antikorruptions-Beauftragten für Korruptionsbekämpfung und -prävention auf Bundesebene einzuführen.

Korruption weltweit: TI legte in ihrem Antikorruptionsreport, der im März 2005 in London vorgestellt wurde, einen Schwerpunkt auf die Bauwirtschaft, insbesondere auf den Wiederaufbau nach kriegerischen Konflikten. Weltweit betrug der Gesamtumfang der K. im Bausektor 3,2 Mrd. US-Dollar. Die Organisation schätzte den durch K. verursachten Verlust bei öffentlichen Aufträgen auf mind. 10 % des Vertragsvolumens. So sollen beim Bau der Müllverbrennungsanlage in Köln 13 Mio. € an Bestechungsgeldern geflossen sein. Ein weiterer spektakulärer Fall war das Lesotho-Highlands-Wasserprojekt, wo die Summe der Bestechungsgelder auf insgesamt 2 Mio. US-Dollar geschätzt wurde. Die TI veröffentlichte Anfang 2005 Mindeststandards zur Vergabe öffentlicher Aufträge. Zu den Vorschriften gehörte u. a. die Maßgabe, dass Ausschreibungen im offenen Wettbewerb stattzufinden haben. Außerdem sollte eine schwarze Liste mit Unternehmen geführt werden, die bereits wegen K. aufgefallen waren. Der gesamte Vergabeprozess sollte ferner von unabhängigen Beobachtern verfolgt werden können.

www.transparency.de

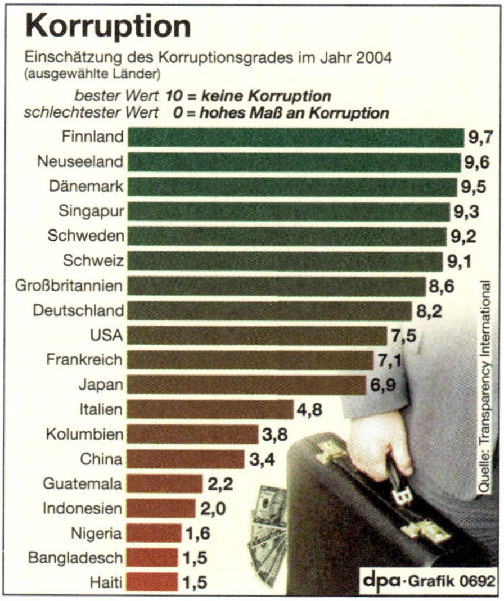

Kriminalität

Ausmaß: Nach den Erhebungen der Polizeilichen Kriminalstatistik (PKS) wurden 2004 in Deutschland insgesamt 6,63 Mio. Straftaten registriert, 1 % mehr als 2003. Die Aufklärungsrate konnte im Vergleich zum Vorjahr verbessert werden. Sie lag bei 54,2 % (2003: 53,1 %).

Tatverdächtige: Insgesamt wurden laut PKS 2004 rund 2,38 Mio. Tatverdächtige registriert, 1,2 % mehr als 2003. Dabei verringerte sich die Zahl der nichtdt. Personen um 1,3 % auf 546 985. Die Zahl der tatverdächtigen Kinder ging um 8,4 % auf 115 770 zurück. Bei den Jugendlichen stellte die Polizei allerdings einen Anstieg um 1,1 % auf 297 087 Tatverdächtige fest.

Tendenz: Bei der Vorstellung der PKS 2004 stufte Bundesinnenminister Otto Schily (SPD) Deutschland als »sicheres Land« ein. Die 2004 erreichte Aufklärungsquote von 54 % sei die höchste, die jemals in der Bundesrepublik seit Erfassung der statistischen Daten erreicht wurde. Als bedenklich stufte er allerdings die Zunahme bei den Gewaltdelikten ein. So stiegen die Delikte der gefährlichen und schweren Körperverletzung um 5,4 % auf 139 748 Fälle an. Viele dieser Gewalttaten würden im persönlichen bzw. familiären Umfeld begangen.

Delikte: 2004 wurde ein Rückgang bei Diebstählen ohne erschwerende Umstände um 1,6 %, bei Diebstählen unter erschwerenden Umständen von 3,0 % registriert. Insgesamt machten diese Delikte 44,7 % aller Straftaten aus. Der Straftatbestand Besitz und Verbreitung von Kinderpornografie verzeichnete 2004 insgesamt 7 241 Fälle und wies im Vergleich zum Vorjahr mit einem Plus von 68,0 % (Besitz) bzw. 30,4 % (Verbreitung) die stärkste Zunahme auf. Mit 283 708 angezeigten Straftaten weitete sich der Bereich Rauschgiftdelikte um 11,0% aus. Gravierend waren auch die Delikte der gefährlichen und schweren Körperverletzung. Hier wurde ein Anstieg um 5,4 % auf 139 748 Fälle registriert.

Kriminalität in Deutschland 2004

Delikt	registrierte Fälle
Diebstahl	2 961 030
Betrug	941 859
Schwere Körperverletzung	139 748
Betrug mit Scheckkarten	67 591
Besitz von Kinderpornografie	4 819

Quelle: polizeiliche Kriminalstatistik

Kinder- und Jugendkriminalität: Entwicklung der Tatverdächtigenzahlen

Jahr	Kinder	Jahr	Jugendliche[1]
2000	145 834	2000	294 467
2001	143 045	2001	298 983
2002	134 545	2002	297 881
2003	126 358	2003	293 907
2004	115 770	2004	297 087

1) Jugendliche bis 18 Jahre; Quelle: polizeiliche Kriminalstatistik

Genetischer Fingerabdruck: Im Juni 2005 einigte sich das Bundeskabinett auf eine Verschärfung der Gesetze zur DNA-Analyse. Damit sollte die Möglichkeit zur Speicherung der genetischen Information bei der Strafverfolgung über die bisherigen Vorschriften hinaus ausgeweitet werden. Der Kreis der Verdächtigen, denen der sog. genetische Fingerabdruck abgenommen werden darf, sollte auf tatsächliche und potenzielle Wiederholungstäter einfacher Straftaten wie serienmäßiges Zerkratzen von Autos und Ähnlichem erweitert werden. Bisher war dies nur bei Sexualdelikten sowie Straftaten mit erheblicher Bedeutung zulässig. Bis Mitte 2005 zählte die seit 1998 bestehende bundesweite Gen-Datei rund 400 000 gespeicherte Datensätze. Die Aufklärungsquote von Straftaten mittels der Gen-Datei lag bis Mitte 2005 bei 24,8 %. Der Mordfall Rudolph Moshammer im Januar 2005 hatte der Diskussion um die Gen-Datenbank Auftrieb gegeben, weil es dort gelungen war, den Täter mittels einer DNA-Analyse innerhalb kürzester Zeit zu stellen.

www.bka.de

Organisierte Kriminalität

Deutschland: In Deutschland konzentrierte sich die o. K. 2003 (letztverfügbarer Stand) v. a. auf die Bereiche Drogenhandel (33,3 % der Fälle), Eigentumsdelikte (14,1 %) und Wirtschaftsvergehen (13,5 %). Von den rund 13 100 Tatverdächtigen waren 38,8 % Deutsche, 6,9 % Türken, 6,4 % Bürger der GUS und 5,6 % Polen. Die Schäden wurden mit 522 Mio. € veranschlagt.

Die Gendatenbank: Schutz oder Überwachung?

Durch die schnelle Aufklärung des Mordes an dem Münchner Modemacher Rudolph Moshammer mithilfe einer DNA-Analyse wurde der Ruf vieler Politiker nach einer Ausweitung der bundesweiten Gen-Datei lauter.

Der Mordfall Moshammer Der 64-jährige Rudolph Moshammer wurde am 14. 1. 2005 in seiner Münchener Villa tot aufgefunden – erdrosselt mit einem Elektrokabel. Polizei, Gerichtsmedizin und Landeskriminalamt waren rund um die Uhr mit Ermittlungsarbeiten beschäftigt. Sie konnten zahlreiche Spuren sichern, darunter auch DNA-Spuren des Täters. Winzig kleine Hautpartikel hafteten an dem Elektrokabel, mit dem Moshammer getötet wurde. Diese Teile der DNA – Träger der menschlichen Erbsubstanz – machten es möglich, dass der Täter bereits kurz nach der Tat gestellt werden konnte. Das Landeskriminalamt glich die Hautpartikel mit der bundesweiten Datenbank ab und wurde fündig. Dort war eine DNA-Probe des Mörders archiviert.

Politische Kontroversen um die Gendatei Bestärkt durch diesen Fahndungserfolg setzten sich Bundeskanzler Gerhard Schröder (SPD), Bundesinnenminister Otto Schily (SPD) und Bayerns Ministerpräsident Edmund Stoiber (CSU) Anfang 2005 für die Ausweitung der DNA-Analyse als Standard der erkennungsdienstlichen Ermittlungen ein – Bemühungen, die Mitte 2005 in eine Gesetzesinitiative zur Verschärfung der bestehenden Vorschriften mündeten. Auch die Vorschrift aus dem alten Gesetz, nach der vor einem Abgleich von Daten die Zustimmung eines Richters obligatorisch einzuholen war, wurde zur Disposition gestellt.

Vertreter von Bündnis 90/Die Grünen und FDP sowie Datenschützer kritisierten die Ausweitung des genetischen Fingerabdrucks als Angriff auf die Bürgerrechte. Der Bundesdatenschützer Peter Schaar bezeichnete die DNA-Analyse und ihre Ausweitung als »tiefen Eingriff in das Recht auf informationelle Selbstbestimmung«. Das gespeicherte genetische Material lasse weitgehende Rückschlüsse auf die Person zu, u. a. auf Geschlecht, Alter, Ethnie, Krankheiten, und schaffe somit den »gläsernen Bürger«. Die Kritiker warnten auch vor Datenmissbrauch. Vertreter von SPD und CDU sowie Experten der Kriminalistik äußerten sich dagegen zufrieden über die geplante Gesetzesverschärfung. Sie argumentierten mit einer 2004 vorgelegten Rückfallstudie der Kriminologischen Zentralstelle Wiesbaden.

Mit dem Nobelpreis ausgezeichnete Technik Die Wurzeln der DNA-Analyse liegen in England. 1985 stellte der Genetiker Alec Jeffreys fest, dass bestimmte, sich wiederholende Bereiche der Erbsubstanz für die Individualtypisierung geeignet sind. 1986 wurde die Analyse der DNA zum ersten Mal angewandt. Heute hat sich das sog. DNA-Profiling längst als zweites Standbein parallel zum Fingerabdruck zur Identifizierung Tatverdächtiger entwickelt. Bereits eine Nadelspitze Täterzellen von Speichel, Sperma, Haut, Schleimhaut oder Haaren reicht aus, um den genetischen Fingerabdruck erzeugen zu können.

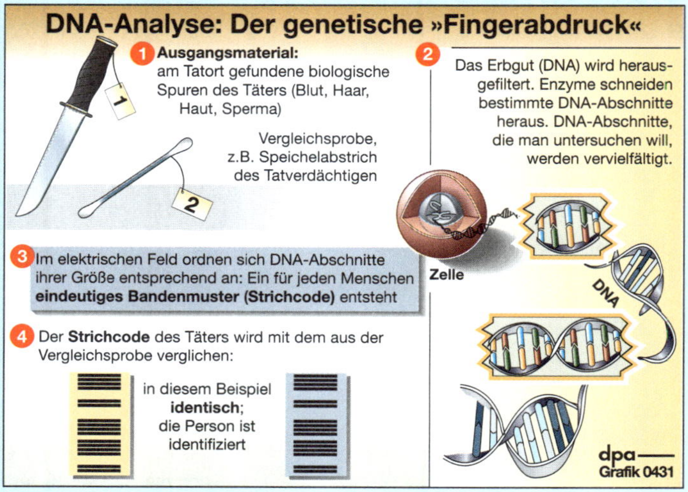

Bekämpfung: Die EU-Kommission bemühte sich 2004/05 um eine Gesamtstrategie zur Bekämpfung der o.K. und strebte u.a. Verbesserungen im Bereich der Informationsbeschaffung und des Informationsaustauschs an. Außerdem sollten gemeinsame Kooperationsstrukturen zwischen den EU-Einrichtungen aufgebaut werden und bestehende Einrichtungen wie Europol und Eurojust stärker genutzt werden. Auch eine engere Zusammenarbeit mit Ländern außerhalb der EU stand zur Debatte. Geplant waren außerdem neue europ. Regelungen, die nationalen Gerichtsurteilen EU-weit Geltung verschaffen sollten. Bis Mitte 2005 existierten in Europa keine einheitlichen Mindeststrafen für Rauschgiftdelikte, Geldwäsche, Kinderpornografie oder Menschenhandel.

Internet: Das Internet-Sicherheitsunternehmen McAffee veröffentlichte im Februar 2005 eine Studie, die u.a. die Arbeitsweise organisierter Banden untersuchte. Danach bedienten sich derartige Banden zum Zweck von Erpressung, Betrug und Diebstahl zunehmend des Internets. Das organisierte Verbrechen passte sich der Studie zufolge der Technik des weltweiten Netzes an und nutzte sog. Roboter- oder kurz Bot-Netzwerke aus bis zu 30000 illegal vernetzten Rechnern, um Unternehmen auf elektronischem Weg anzugreifen und zu erpressen. Insbesondere Banden aus Schweden, Lettland und Russland unternahmen diese weltweiten Angriffe. Zu den registrierten Opfern zählten v.a. Buchmacher in Großbritannien sowie Firmen in Australien und Japan. Der Schweizer Internet-Sicherheitsexperte und Computerkriminologe Peter Troxler verwies darauf, dass das organisierte Verbrechen in Großbritannien, den Niederlanden, Frankreich und Italien gezielt junge Hacker einsetzt, um u.a. anfällige Netze auszuspionieren.

Produktpiraterie

(Markenpiraterie), Produktnachahmung unter Missachtung von Urheber- und Wettbewerbsrechten

Bilanz: Die EU-Kommission gab Anfang 2005 bekannt, dass immer mehr Produktfälschungen den europ. Markt überschwemmen. Die Fälschungen kämen insbesondere aus Asien. Im Jahr 2004 entstand ein geschätzter Schaden von 150 Mio. € allein in Deutschland. Die Ermittler zeigten sich insbesondere besorgt über das stetig wachsende

Produktpiraterie: Tausende von konfiszierten gefälschten Schweizer Uhren vor dem Schreddern auf einem Recyclinghof in Bern

Ausmaß der P. in den Bereichen Spielwaren, Nahrungsmittel und Medikamente. Der Trend gehe weg von Luxusartikeln hin zu Waren des täglichen Lebens. An oberster Stelle standen auch 2004 der Bereich Computerzubehör und Computersoftware (→ Computer und Telekommunikation, Softwarepiraterie) sowie Bild- und Tonträger, gefolgt von Textilien. Nach wie vor kam der Großteil der gefälschten Waren aus Thailand (23,5%) und aus der Volksrepublik China (23,6%). Das bundesdt. Zollkriminalamt stellte klar, dass es sich bei den Werten um beschlagnahmte Waren handelte, und verwies auf die deutlich höhere Dunkelziffer.

Fahndungserfolg: Ende Juni 2005 gelang den Poizeibehörden in Deutschland ein Schlag gegen bandenmäßig organisierte Produktpiraten, die seit 2003 rund 76000 Plagiate unter dem Namen des Hamburger Modeschöpfers Wolfgang Joop über das Internetauktionshaus Ebay versteigert haben sollen. Im Zuge der Ermittlungen wurden 69 Beschuldigte in 16 dt. Städten befragt. Die Fahnder stießen dabei auch auf die Drahtzieher, die in Istanbul vermutet wurden. Nach Schätzungen der Ermittler sollen die Produktpiraten an den gefälschten Artikeln rund 2,3 Mio. €

verdient haben. Der geschätzte Schaden für das Modehaus belief sich auf rund 5,5 Mio. €.
www.zollkriminalamt.de

Sexualstraftaten

Ausmaß: Laut Polizeilicher Kriminalstatistik (PKS) wurden 2004 insgesamt 15 255 Fälle von sexuellem Missbrauch von Kindern erfasst, 1,1% weniger als im Vorjahr. In 963 Fällen (2003: 942) wurden Kinder durch Schutzbefohlene missbraucht. Die Opfer von sexuellen Übergriffen waren überwiegend Mädchen bzw. Frauen.

Täter-Opfer-Beziehung: Der Verwandtenanteil unter den ermittelten Tatverdächtigen lag im Bereich der sexuellen Übergriffe auf Kinder bei 16,7%. 31,6% aller Tatverdächtigen waren dem Opfer vorher bekannt. Bei mehr als zwei Fünfteln der missbrauchten Kinder bestand keine Vorbeziehung zum Tatverdächtigen. In 6,9% der Fälle blieb die Täter-Opfer-Beziehung ungeklärt. Die Polizei ging wie auch in den letzten Jahren in diesem Bereich von einer großen Dunkelziffer und einer entsprechend höheren Zahl von engen Täter-Opfer-Strukturen aus. Insgesamt fehlte bei fast einem Viertel der registrierten Opfer einer Vergewaltigung oder eines besonders schweren Falles der sexuellen Nötigung eine Vorbeziehung zu den Tatverdächtigen (16,6%). Bei fast jeder zweiten Vergewaltigung oder schweren sexuellen Nötigung wurden Bekannte als Tatverdächtige festgestellt (44,7%). Verwandtschaftliche Verhältnisse oder Ehen bestanden in 17,3% der angezeigten Fälle.

Aufklärungsquote: Die Aufklärungsrate bei bekannt gewordenen Fällen von Vergewaltigung und sexueller Nötigung stieg 2004 laut PKS auf 83%. Den sprunghaften Anstieg bei der Zahl der angezeigten Straftaten im Bereich Kinderpornografie wertete Bundesinnenminister Otto Schily (SPD) als Resultat verstärkter grenzüberschreitender Zusammenarbeit. Die registrierten Fälle des Straftatbestands Besitz von kinderpornografischem Material lagen 2004 bei 4 819, das entsprach einem Anstieg gegenüber dem Vorjahr um 68%. Die Fälle von Verbreitung kinderpornografischen Materials stiegen um 30,4% auf 2 422 an.

Der Fall Michael Jackson: Der 14-wöchige Prozess gegen den US-amerikanischen Popstar Michael Jackson endete am 14. 6. 2005 mit einem Freispruch in allen zehn Anklagepunkten. Aus Mangel an eindeutigen Beweisen urteilte die Jury für den Angeklagten. Vor Gericht war Jackson u. a. wegen sexuellen Missbrauchs von Minderjährigen. Der Prozess wurde zu einem großen Medienspektakel hochstilisiert.

Stalking

Aus der Jägersprache entlehnter Begriff, der dort so viel bedeutet wie »auf die Pirsch gehen«. Im 21. Jh. wurde der Begriff zunehmend für den Tatbestand des Auflauerns oder der ständigen Belästigung verwendet.

Gesetzesinitiative: Mitte April 2005 legte die Bundesministerin für Justiz, Brigitte Zypries (SPD), einen Gesetzentwurf vor, der S. in Deutschland unter Strafe stellt. Demnach sollte das permanente Auflauern von Personen, wenn es die Lebensgestaltung eines anderen schwer wiegend und unzumutbar beeinträchtigt, mit einer Geldstrafe oder einer Haftstrafe von bis zu drei Jahren geahndet werden. Der Entwurf verstand sich als Alternative zu einem vom Bundesrat verabschiedeten Gesetzesantrag, der für S. eine Höchststrafe von bis zu zehn Jahren gefordert hatte. Zypries betonte die rechtliche Problematik: So sei es schwierig, beim Tatbestand des S., eindeutige Strafbestände zu finden.

Neuer Paragraph: Viele Stalking-Handlungen erfüllen bereits Tatbestände, die im dt. Strafgesetzbuch festgeschrieben sind. Dazu gehören der Hausfriedensbruch, Beleidigung oder sexuelle Nötigung. Außerdem haben die Opfer nach dem Gesetzentwurf des Ministeriums die Möglichkeit, über das Gewaltschutzgesetz Schutzanordnungen gegen Stalker zu erwirken. Auch sollte der Schutz von Stalking-Opfern aber weiter verbessert werden. Hierzu sollte ins Strafgesetzbuch der Paragraph 241 b eingefügt werden, der den Tatbestand der Nachstellung – die häufigste Stalking-Handlung – umreißt. Er soll die physische Annäherung an das Opfer (Auflauern und Verfolgen) ebenso unter Strafe stellen wie die beharrliche Nachstellung durch unerwünschte Anrufe, E-Mails, SMS, Briefe, schriftliche Botschaften an der Windschutzscheibe und die Kontaktaufnahme durch Dritte. Zum strafbaren Delikt erklärt werden sollte auch, wenn der Täter sich im Namen des Opfers Waren bestellt oder Anzeigen mit falschem Inhalt veröffentlicht. Für die verschiedenen Tatbestände waren Haftstrafen bis zu drei Jahren vorgesehen.

Krisen und Konflikte

Darfur

Die UN bemühten sich 2004/05 vergeblich um eine Beilegung des Konflikts in der westsudanesischen Region Darfur, wo seit Februar 2003 schwarzafrikanische Muslime unter ethnischer Verfolgung leiden. In dem Konflikt starben von Oktober 2003 bis März 2005 mind. 180 000 Menschen. Der UN-Sicherheitsrat übergab die dokumentierten Verbrechen wie Massentötungen, Folter und Vergewaltigungen im März 2005 an den Internationalen Strafgerichtshof.

Ethnischer Konflikt: Die Gewalttätigkeiten werden wesentlich mit den ethnischen Unterschieden in der Region erklärt. Die Bevölkerung kann in drei Hauptgruppen unterteilt werden. Zu den sesshaften schwarzafrikanischen Gruppen gehören die Fur, die Masalit, die Daju und Tunjur, die traditionell herrschende Elite in D., sowie die Qimr. Zu den nomadischen oder halbnomadischen nichtarabischen Gruppen werden die Zaghawa, die Badayat und die Meidob gezählt. Die dritte Gruppe stellt der arabische Bevölkerungsteil, u. a. die Messiriya, die Zaiydiya und die Baggara. Obgleich Mischehen die ethnischen Grenzen der Gruppierungen aufbrachen, gab es schon früher häufig Konflikte.

Konfliktverlauf: Bereits in den 1980er-Jahren kooperierte die Regierung des Sudan mit arabischen Milizen gegen Gemeinden in den von Rebellen kontrollierten Gebieten von Bahrel-Ghazal, der Provinz südlich von D. Daraus ergab sich eine bevorzugte Stellung der arabischen Bevölkerung, die in die wichtigsten Positionen der Provinz gelangte. Die schwarzafrikanischen Teile der Bevölkerung fühlten sich zunehmend benachteiligt, zumal die sudanesische Regierung die unterentwickelte Region D. auch finanziell vernachlässigte. Sie schlossen sich zu Milizen zusammen, die über Guerilla-Operationen die Vorherrschaft der arabischen Verbände zu brechen versuchten. Im April 2003 griffen sie den Flughafen Al-Fashir an und zerstörten vier Flugzeuge; dabei kamen 75 Soldaten ums Leben. Die Regierung reagierte mit der Bombardierung der Aufständischen und rief zum Kampf gegen die beiden schwarzafrikanischen Rebellenorganisationen auf, die Sudanesische Befreiungsbewegung sowie die Bewegung für Gerechtigkeit und Gleichberechtigung. Arabische Nomaden erblickten darin eine Gelegenheit, sich durch staatlich sanktionierte Militäraktionen auch das Land und Vieh der schwarzafrikanischen Bevölkerung anzueignen. Der Tschad konnte im September 2003 einen sechswöchigen Waffenstillstand vermitteln, die kurz darauf stattfindenden Friedensgespräche scheiterten jedoch.

➤ Staaten, Sudan

Entführungen

E. wurden 2004/05 insbesondere im Irak als Mittel zur politischen Destabilisierung und Erpressung, aber auch zur Geldbeschaffung eingesetzt.

E. aus kriminellen und/oder politischen Motiven fanden jedoch auch in anderen Ländern statt, v. a. in Kolumbien, das mit ca. 3 000 E. im Jahr den Rekord hielt.

Irak: Nachdem zunächst wohlhabende Iraker und deren Kinder gekidnappt worden waren, rückten zunehmend Ausländer ins Fadenkreuz der Entführer. Innerhalb weniger Monate wurden weit über 100 Ausländer verschleppt. Während einige, vermutlich nach Zahlung von Lösegeld, freikamen, wurden andere, z. T. vor laufender Kamera, ermordet.

Entführte Journalisten: Im August 2004 entführten Mitglieder der »Islamischen Armee Iraks« die Franzosen Christian Chesnot und Georges Malbrunot, die vier Monate später wieder frei kamen. Mit ihrer Forderung nach der Aufhebung des Kopftuchverbots an französischen Schulen waren die beiden Journalisten in Frankreich sowie in Teilen der arabischen Welt auf einhellige Ablehnung gestoßen. Ihr italienischer Kollege Enzo Baldoni hingegen, dessen Entführer einen Abzug der italienischen Truppen aus dem Irak gefordert hatten, wurde im August 2004 hingerichtet.

Entführte Helfer: Am 7.9.2004 wurden Simona Pari und Simona Torretta, zwei italienische Mitarbeiterinnen der Hilfsorganisation »Eine Brücke für ...«, in Bagdad entführt. Für ihre Freilassung, die am 29. 9. 2004 erfolgte, fanden auch Demonstrationen im Irak selbst statt. Mit ihrer Ermordung endete im November 2004 die Entführung von Margaret Hassan, der in Großbritannien geborenen und mit einem Iraker verheirateten Leiterin der Hilfsorganisation »Care International« in Bagdad. Hingerichtet wurden zudem entführte Aufbauhelfer wie Bauingenieure aus den USA, Großbritannien oder Japan, sodass viele Länder ihre Bürger zum Verlassen des Iraks aufriefen.

ETA

(Euzkadi ta Azkatasuna, bask.; Baskenland und Freiheit); 1959 gegründete Untergrundorganisation im spanischen Baskenland, die mit terroristischen Mitteln für ein unabhängiges Baskenland kämpft

Chefideologe gefasst: Die Festnahme des ETA-Chefideologen Mikel Albizu (auch Antza) im Oktober 2004 in Südwestfrankreich, dem Rückzugsbereich der Extremisten, galt als der bedeutendste Schlag gegen die ETA seit zwölf Jahren. Albizu und seiner ebenfalls verhafteten Partnerin Soledad Iparragirre wurden keine direkte Teilnahme, aber die Mitverantwortung für ETA-Anschläge vorgeworfen.

Kein Dialog: Die erfolgreichen Einsätze der Sicherheitskräfte, die Verdächtige festnahmen, Waffenlager aufspürten und gegen der ETA nahe stehende randalierende Jugendbanden vorgingen, schwächten die ETA 2004/05 zunehmend. Dennoch verübte sie weiterhin Sprengstoffanschläge. Der Anschlag vom 25. 5. 2005 in Madrid, der 52 Verletzte forderte, machte das von den regierenden Sozialisten initiierte Angebot hinfällig, mit der ETA in einen Dialog einzutreten, falls sie der Gewalt abschwört. Bei ihren Anschlägen war jedoch seit Mitte 2003 kein Mensch mehr zu Tode gekommen. Seit 1968 hat der militante Kampf nach Zählung des spanischen Innenministeriums 816 Menschen das Leben gekostet und mehr als 1000 verletzt.

Wahlen: Nachdem die ETA-nahe baskische Partei Batasuna 2003 verboten worden war, riefen deren Anhänger bei den Wahlen zum baskischen Regionalparlament am 17. 4. 2005 dazu auf, die erst zwei Jahre zuvor gegründete Splitterpartei Ehak (Kommunistische Partei der baskischen Lander) zu wählen, die daraufhin mit 12,5 % der Stimmen neun Sitze errang. Es wurde vermutet, dass Batasuna hinter der Ehak-Gründung gestanden hatte, sodass die ETA erneut über ein parlamentarisches Sprachrohr verfügte.

➤ Staaten, Spanien

Ituri

Mit der Ausweitung des Waffenembargos versuchte der UN-Sicherheitsrat im April 2005, den Konflikt im Bezirk Ituri im Nordosten der Demokratischen Republik Kongo einzudämmen. Außerdem rief der UN-Sicherheitsrat die Nachbarstaaten Burundi, Ruanda und Uganda auf, ihre Flughäfen stärker zu kontrollieren, über die illegal Waffen in den Kongo eingeführt würden.

Konfliktverlauf: Im Herbst 2002 brach der Konflikt zwischen Milizen verschiedener ethnischer Gruppen im Ituri-Distrikt aus. Vor den Augen der Soldaten der UN-Mission MONUC töteten Lendu-Kämpfer in Nyakunde innerhalb von zehn Tagen rund 1 200 Menschen, die den Hema oder verwandten Gruppen angehörten. Das Massaker ließ einen Völkermord befürchten. Daher wurde im Juli 2003 zwischenzeitlich eine EU-Friedenstruppe von 1 400 Soldaten unter frz. Führung in die Region entsandt. Dennoch blieben Massaker eine alltägliche Erscheinung in Ituri. Insgesamt starben seit 1999 im Ituri-Distrikt an direkten Gewalthandlungen ca. 60 000 Menschen, rund 600 000 von 4,2 Mio. Einwohnern dieser Region befanden sich auf der Flucht.

Motive: Die gewaltsamen Auseinandersetzungen sind u. a. ethnisch motiviert, obwohl die Mehrheit der Bevölkerung weder zu den Hema noch zu den Lendu gehört. Die Bewohner der Region wurden im Laufe des Konflikts gezwungen, sich zu einer Seite zu bekennen, was zu Attacken gegen sie führte, weil sie entweder als Angehörige der Hema oder der Lendu angesehen wurden. Bei den Auseinandersetzungen geht es aber auch um Bodenschätze. Ituri ist eine an mineralischen Rohstoffen reiche Gegend, in der ergiebige Ölquellen vermutet werden. Daher wurde die Region 1998 von ugandischen Truppen besetzt, die sich nach starkem internationalen Druck erst im Mai 2003 wieder zurückzogen. Während der Okkupation stellten sie den unterschiedlichen ethnischen Gruppen Waffen zur Verfügung und förderten damit die Ausbreitung des Konflikts zwischen Hema und Lendu. Den Nachbarstaaten Uganda, Ruanda und Burundi wurde vorgeworfen, den Konflikt durch Waffenlieferungen zu schüren, um den eigenen Einfluss in der Region zu erhalten.

➤ Staaten, Kongo, Demokratische Republik

Kaschmir

Zwischen Indien und Pakistan umstrittene Himalaja-Region, die 1947, als Großbritannien die Länder des Subkontinents in die Unabhängigkeit entließ, geteilt wurde; im indischen Teil existiert eine starke Autonomiebewegung, die den Anschluss an Pakistan sucht.

Mit der Eröffnung einer grenzüberschreitenden Buslinie am 7. 4. 2005, der ersten seit 1948, die den indischen und den pakistanischen Teil der Region K. verbindet, schritt der vorsichtige Annäherungsprozess zwischen Indien und Pakistan weiter voran. Er war mit dem Waffenstillstand an der Grenzlinie in K. von November 2003 und einem Gipfeltreffen zwischen Pakistans Präsident Parvaiz Musharraf und dem damaligen indischen Premier Atal Bihari Vajpayee Anfang 2004 in Gang gekommen.

Annäherung: Als weitere Schritte der Annäherung der beiden Mächte, die noch 2002 ihre Atomwaffen gegeneinander in Stellung gebracht hatten, waren der Ausbau von Transport- und Handelsverbindungen in der Grenzregion sowie die Ermöglichung grenzüberschreitender Familienbesuche geplant. Damit stiegen die Aussichten, den Konflikt um K., der laut Schätzungen zwischen 40 000 und 100 000 Menschenleben gefordert hat, friedlich zu lösen. Bezüglich des künftigen Status von K., auf das beide Staaten Anspruch erheben, sowie einer endgültigen Grenzziehung war jedoch noch keine Einigung in Sicht. Dieser zentrale Streitpunkt wurde in dem Annäherungsprozess ausgeklammert.

Ituri: Flüchtlinge vor einem Zeltlager in der Region Ituri im Nordosten der Demokratischen Republik Kongo

Kaschmir: Im Juni 2005 besuchen Führer der indischen Separatisten erstmals offiziell den pakistanischen Teil von Kaschmir.

Rebellen: Im indischen Teil von K. kämpften weiterhin muslimische Separatisten für die Unabhängigkeit. Sie wurden, gemäß Vorwürfen des überwiegend hinduistischen Indien, vom mehrheitlich muslimischen Pakistan unterstützt. Bei Zusammenstößen zwischen der indischen Armee und den Rebellen, für die der vereinbarte Waffenstillstand nicht galt, wurden in den ersten vier Monaten 2005 laut Armeeangaben mehr als 150 militante Rebellen getötet.

➤ Staaten, Indien; ➤ Staaten, Pakistan

Korea-Nord

➤ **Staaten, Korea-Nord, Special**

Kosovo

Überwiegend von Albanern bewohnte Provinz, die seit Juni 1999 unter der Übergangsverwaltung der UN (Unmik) steht. De jure gehört K. (albanisch: Kosova) noch zu Serbien, de facto ist es seit der Einsetzung von Unmik und der KFOR-Friedenstruppe ein UN-Protektorat.

Für Herbst 2005 war die Aufnahme von Verhandlungen über den künftigen Status der Provinz K. geplant. Zwar war die serbische Minderheit nach wie vor auf den Schutz der KFOR-Truppen angewiesen, doch kam es nach den antiserbischen Ausschreitungen von März 2004 nicht mehr zu ethnisch motivierten Gewaltausbrüchen. Zudem verhinderte die ungeklärte Statusfrage die für den wirtschaftlichen Aufbau notwendigen Investitionen, sodass das Land neben Korruption und Vetternwirtschaft unter einer Arbeitslosenrate von ca. 60 % und organisierter Kriminalität litt.

Chronik: Kosovo – Serben gegen Albaner

1989: Die serbische Regierung in Belgrad hebt die Autonomie der Provinz K. auf.
1992: Bei verbotenen Parlamentswahlen gewinnt der gemäßigte Ibrahim Rugova mit seiner LDK.
1996: Die Befreiungsarmee UCK tritt erstmals in Erscheinung.
Oktober 1998: Nach Kämpfen zwischen UCK und serbischen Sicherheitskräften dürfen unbewaffnete Beobachter der OSZE nach K.
24. 3. 1999: Die NATO startet Luftangriffe auf Jugoslawien, nachdem die Konferenz über Autonomie und die Stationierung von NATO-Truppen in K. gescheitert ist.
Juni 1999: Jugoslawien akzeptiert den Friedensplan von EU, USA und Russland; KFOR und Unmik kommen nach K.
Februar 2000: Ein Übergangsverwaltungsrat (drei Albaner, ein Serbe, vier Unmik-Vertreter) wird gebildet.
28. 10. 2000: Bei den Kommunalwahlen, an denen sich die K.-Serben kaum beteiligen, siegt Rugovas Partei LDK.
17. 11. 2001: Die Parlamentswahlen bestätigen LDK als stärkste Albaner-Partei.
4. 3. 2002: Mit der Wahl Rugovas zum Präsidenten und der Ernennung von Bajram Rexhepi (PDK) zum Regierungschef beginnt der Aufbau der regionalen Selbstverwaltung.
17. 3. 2004: Gewaltsame Auseinandersetzungen zwischen Albanern und Serben in Mitrovica lösen die schwersten Unruhen seit dem Krieg von 1999 aus.
23. 10. 2004: Bei den Parlamentswahlen verfehlt die LDK die absolute Mehrheit und bildet eine Koalition mit der AAK von Ramush Haradinaj, der Ministerpräsident wird (bis März 2005).
Ende 2005: Aufnahme von Status-Verhandlungen geplant.

Wahlen: Bei den zweiten Parlamentswahlen seit Ende des K.-Krieges 1999 erzielte die Demokratische Liga (LDK) von Präsident Ibrahim Rugova am 23. 10. 2004 mit 45,3 % die meisten Stimmen. Als dritte Kraft hinter LDK und der Demokratischen Partei (PDK) des einstigen UCK-Anführers Hashim Taci setzte sich mit 8,2 % die von Ramush Haradinaj gegründete Allianz für die Zukunft Kosovos (AAK) durch, mit der die LDK eine Koalition einging. Der größte Teil der serbischen Minderheit in K. beteiligte sich nicht an der Wahl.

Premier unter Anklage: Neuer Ministerpräsident wurde Haradinaj, der von Unmik-Chef Søren Jessen-Petersen (Dänemark) weitere Kompetenzen übertragen bekam. Haradinaj vertrat, auch gegen den Widerstand seines Koalitionspartners und der Opposition, das UN-Konzept der Dezentralisierung, das zumindest ein Nebeneinander der einzelnen ethnischen Gruppen ermöglichen will. Im März 2005 gab er sein Amt auf, da das Kriegsverbrechertribunal in Den Haag Anklage gegen ihn als einstigen UCK-Kommandanten erhoben hatte. Unter seinem Nachfolger Bajram Kosumi (AAK), der am 23.3. 2005 vom kosovarischen Parlament gewählt wurde, geriet der Reformansatz ins Stocken.

Status: Die geplanten Statusverhandlungen sollten unter Leitung eines UN-Sondergesandten zwischen der serbischen Regierung und der kosovo-albanischen Führung stattfinden, deren Maximalforderungen vom Verbleib bei Serbien bis zur vollständigen Unabhängigkeit reichen. Das Ziel blieb offen, doch die »Kontaktgruppe für K.«, zu der Deutschland, Frankreich, Großbritannien, Italien, die USA und Russland gehören, stellte einige Bedingungen, z. B. keine Veränderung der derzeitigen Grenzen (keine Rückkehr zu Serbien, kein Anschluss an Albanien), Minderheitenschutz und Rückkehrrecht für Flüchtlinge. Eine Kompromisslösung für K., in dem die ethnischen Konflikte jederzeit virulent werden und auf die Nachbarländer übergreifen können, sahen Beobachter in dem Angebot einer EU-Perspektive für die gesamte Region.

Naher Osten

Der Waffenstillstand, den Israels Premier Ariel Scharon (Likud) und Palästinenserpräsident Mahmud Abbas am 8. 2. 2005 schlossen, weckte Hoffnungen auf eine friedliche Regelung des Konflikts zwischen Israel und den Palästinensern. Der Tod des Palästinenserpräsidenten Jasir Arafat, den Israel und die USA nicht mehr als Verhandlungspartner akzeptiert hatten, die Wahl des dialogbereiten, international angesehenen Abbas zu seinem Nachfolger sowie ein verstärktes Engagement der USA in der Region hatten neue Voraussetzungen geschaffen, um – wie von der Bevölkerung auf beiden Seiten mehr und mehr gewünscht – die Spirale von Gewalt und Gegengewalt zu durchbrechen.

Waffenstillstand: Der einen Monat nach Abbas' Wahl vereinbarte Waffenstillstand sollte die Intifada, den palästinensischen Widerstandskampf gegen die israelische Besatzung, und den israelischen Militäreinsatz in den besetzten Gebieten beenden. Seit Herbst 2000 waren ca. 3 800 Palästinenser und ca. 1 040 Israelis durch Selbstmordattentate, Gefechte oder Militärschläge ums Leben gekommen. Die Waffenruhe wurde in den folgenden Monaten mehr oder weniger eingehalten bzw. Zwischenfälle wie neue Angriffe im Gazastreifen im Mai 2005 wurden niedrig gehalten.

Gaza-Abzug: Neue Gewalt im Gazastreifen könnte dazu führen, dass der für Sommer 2005 geplante Beginn des Abzugs der jüdischen Siedler und der sie schützenden Soldaten verschoben wird. Gegen massiven Widerstand in der eigenen Partei und bei den Siedlerorganisationen hatte Scharon es durchgesetzt, alle 21 jüdischen Siedlungen mit ca. 8 000 Siedlern im Gazastreifen sowie vier Siedlungen im Westjordanland bis Ende 2005 zu räumen. Im Gegenzug beanspruchte er alle weiteren über 100 jüdischen Siedlungen im Westjordanland für Israel. Zudem plante die israelische Regierung einen weiteren Ausbau einzelner Siedlungen, was der internationale Nahostfriedensplan, die Roadmap, untersagt. Die Gaza-Räumung würde zwar den ersten israelischen Rückzug aus besetzten Gebieten seit 1982 bedeuten, doch Scharon hatte den Schritt einseitig, ohne Beteiligung der Palästinenser vorbereitet und wollte damit Friedensverhandlungen auf unbestimmte Zeit verschieben. Abbas hingegen strebte neue Verhandlungen gemäß der Roadmap an.

Sperrzaun: Ebenfalls bis Ende 2005 plante die israelische Regierung die Fertigstellung der Sperranlagen, die Israel auf einer Länge von 720 km vom Westjordanland abgrenzen. Seit dem Bau des Zauns im Norden ging, wie beabsichtigt, die Zahl der Selbstmordanschläge in Israel laut Militärangaben drastisch zurück. Allerdings verläuft die Anlage in großen Teilen nicht längs der Grünen Linie, der Waffenstillstandslinie von 1967. Um jüdische Siedlungen einzubeziehen, schneidet die befestigte Grenzanlage, auch nach einem korrigierenden Beschluss von Israels Oberstem Gericht, an einigen Stellen tief in palästinensisches Gebiet ein. Dadurch werden ca. 15 000 Palästinenser vom Rest des Westjordanlandes abgetrennt.

Der steinige Weg zu einer Nahost-Friedenslösung

Im Nahost-Konflikt zwischen Israel und den Palästinensern geht es um Land und um Sicherheit, um Garantien für Israel, den Staat der in ihrer Geschichte so oft verfolgten Juden, und um die Rechte der Palästinenser. Als Chance, den Konflikt zu befrieden, gilt allgemein die Zwei-Staaten-Lösung. Sie würde allerdings beiden Seiten schmerzhafte Kompromisse abverlangen.

Der Tod von Palästinenserpräsident Jasir Arafat und die Wahl von Mahmud Abbas zu seinem Nachfolger schufen neue Voraussetzungen im festgefahrenen Friedensprozess. Der gegen den lavierenden Arafat gerichtete Vorwurf der israelischen und der US-amerikanischen Regierung, auf palästinensischer Seite gäbe es keinen Verhandlungspartner, ist mit dem Reformer Abbas, der die Intifada, den Aufstand der Palästinenser gegen die israelische Besatzung, sowie die Selbstmordattentate frühzeitig kritisiert hatte, hinfällig geworden.

Sicherheit versus Staat In den wieder aufgenommenen Gipfeltreffen kamen allerdings auch die unterschiedlichen Sichtweisen zum Tragen: Der israelische Premier Ariel Scharon behandelt den Konflikt vordringlich unter Sicherheitsaspekten. Die Terroranschläge zu stoppen, ist sein Hauptanliegen. Er machte Zusicherungen weiterhin davon abhängig, dass Abbas die militanten palästinensischen Kräfte unter Kontrolle bringt. Abbas dagegen zielt kurzfristig auf Erleichterungen der israelischen Besatzung und sieht die Lösung letztlich in der Gründung eines eigenen Palästinenserstaates. Er strebt auch den Friedensplan des Nahost-Quartetts (USA, UN, EU, Russland) an, während Scharon Verhandlungen darüber möglichst weit hinausschieben will.

Gaza-Abzug als Chance? Mit dem für Sommer 2005 geplanten israelischen Abzug aus dem Gazastreifen würden erstmals jüdische Siedler palästinensisches Gebiet verlassen. Initiiert wurde die Räumung von Scharon, weil der Schutz der ca. 8 000 Siedler unter mehr als 1,3 Mio. Palästinensern immer teurer wurde und letztlich militärisch kaum zu bewerkstelligen war. Ob der Abzug eine neue Dynamik entfalten kann, muss sich angesichts der heftigen Proteste der jüdischen Siedler gegen die Räumung und weiterhin verübter Anschläge von palästinensischen Militanten erst noch erweisen.

Weitreichender Konflikt Die Aufnahme weiterer Verhandlungen zwischen Israelis und Palästinensern hängt auch vom Druck und der Unterstützung der internationalen Gemeinschaft ab. Zumal dann die bislang aufgeschobenen Fragen zu klären wären: der Grenzverlauf des künftigen Palästinenserstaates, die Zukunft der jüdischen Siedlungen im Westjordanland, der Status von Jerusalem und die potenzielle Rückkehr der palästinensischen Flüchtlinge.

Der ungelöste Konflikt wird zurzeit vom internationalen islamischen Fundamentalismus dazu benutzt, mit Hinweis auf die unterdrückten palästinensischen Glaubensbrüder antijüdische und antiwestliche Ressentiments zu schüren und Fanatiker für Terroranschläge zu werben. Zudem verschlechterten sich mit der Intifada und den israelischen Gegenschlägen auch die Beziehungen zwischen Israel und seinen arabischen Nachbarn Syrien und Libanon. Nur mit Ägypten und Jordanien konnte Israel bislang einen Friedensvertrag schließen. Eine Befriedung des Konflikts und der Aufbau eines demokratischen Palästinenserstaates hätten also weitreichende Auswirkungen.

Blick auf die von Israel errichtete 8 m hohe Sperrmauer im Ostteil von Jerusalem

Nordirland

Die zu Großbritannien gehörende Provinz (Ulster) ist von Auseinandersetzungen zwischen Protestanten bzw. Unionisten und Katholiken bzw. Republikanern geprägt, in denen es um Gleichstellung sowie den Status von N. geht.

Der Friedensprozess in N. steckte 2004/05 erneut fest. Zu den Unstimmigkeiten zwischen den Hauptvertretern des protestantischen und des katholischen Lagers trat ein durch kriminelle Machenschaften der Irisch-Republikanischen Armee (IRA) verursachter Glaubwürdigkeitsverlust der ihr nahe stehenden republikanischen Partei Sinn Féin. Ob der Aufruf des Sinn-Féin-Präsidenten Gerry Adams zu einem Gewaltverzicht neue Verhandlungslösungen ermöglicht, ließ sich Mitte 2005 noch nicht absehen.

Vorwürfe gegen IRA: Im Januar legte die nordirische Polizei der IRA den Banküberfall auf die Northern Bank in Belfast zur Last, bei dem im Dezember 2004 rund 38 Mio. € geraubt worden waren. Die Krise um die IRA und Sinn Féin spitzte sich im Folgenden weiter zu, als IRA-Mitglieder im Februar 2005 einen 33-jährigen katholischen Vater ermordeten und versuchten, das Verbrechen zu vertuschen.

Reaktionen: Die Vergehen führten zu einer innen- und außenpolitischen Isolierung der Republikaner. Die britische und die irische Regierung schlugen einen härteren Kurs ein, nachdem sie es zuvor toleriert hatten, dass die IRA als »Ordnungsmacht« wirkte, solange es noch keine neutrale, von allen akzeptierte Polizei in N. gab. Auch die katholische Bevölkerung, deren Einstellungen sich durch die Normalisierung des Lebens infolge des Karfreitagsabkommens von 1998 verändert hatte, wandte sich gegen die IRA. Darauf folgte im April 2005 der Aufruf von Adams, der auch dem »Armeerat« der IRA angehören soll, den bewaffneten Kampf aufzugeben und sich allein politischer Mittel zu bedienen.

Direktverwaltung: N. stand Mitte 2005 weiterhin unter britischer Direktverwaltung, da sich die Sieger der Wahlen von 2003, die von dem Pfarrer Ian Paisley geführte, Kompromisse strikt ablehnende Democratic Unionist Party (DUP) und Sinn Féin, trotz einiger Annäherungen im Laufe des Jahres 2004 nicht auf eine Zusammenarbeit verständigen konnten. Haupthindernis war die Forderung nach einer vollständigen, mit Kameras dokumentierten Entwaffnung der IRA, die als demütigend zurückgewiesen wurden.

Palästinensische Autonomiegebiete

Weite Teile des Gazastreifens sowie etwa 40 % des Westjordanlandes, die 1994–2000 nach und nach von israelischer Oberhoheit in palästinensische Selbstverwaltung übergingen. Unter den mehr als 3 Mio. Palästinensern lebten Mitte 2005 in Westjordanland und Gazastreifen ca. 240 000 jüdische Siedler in vollständig von Israel kontrollierten und für Palästinenser gesperrten Gebieten.

Neuer Präsident: Mit dem Tod von Palästinenserpräsident Jasir Arafat, der Symbolfigur des palästinensischen Kampfes für einen eigenen Staat, ging am 11. 11. 2004 eine Ära zu Ende. Zu seinem Nachfolger wählten die Palästinenser am 9. 1. 2005 mit klarer Mehrheit den neuen Vorsitzenden der Palästinensischen Befreiungsorganisation (PLO) Mahmud Abbas, einen reformwilligen und international, auch von den USA, geschätzten Politiker. Mit seiner Wahl verbanden sich Hoffnungen, den festgefahrenen Friedensprozess zu beleben und die verkrusteten Strukturen im palästinensischen Machtapparat zu demokratisieren.

Dialog: Beim ersten Treffen zwischen Abbas und dem israelischen Premierminister Ariel Scharon vereinbarten beide Seiten am 8. 2. 2005 nach viereinhalb Jahren Intifada eine Waffenruhe. Auch die militanten Palästinenser-Organisationen – die radikalislamischen Gruppen Hamas und Dschihad sowie die Al-Aksa-Brigaden, der bewaffnete Arm der Fatah, der Mehrheitsfraktion der PLO – stimmten einem befristeten Waffenstillstand zu. Abbas bemühte sich, sie zur Aufgabe des bewaffneten

Mahmud Abbas
Palästinens. Politiker, * 26. 3. 1935 in Safed. Der auch Abu Mazen genannte langjährige Kampfgefährte von Jasir Arafat wurde am 9. 1. 2005 zum neuen Palästinenserpräsidenten gewählt. Der Mitbegründer der Fatah gilt als moderat und reformwillig sowie als dialogbereit mit Israel. Bei den Verhandlungen, die 1993 zu den Osloer Friedensvereinbarungen führten, hatte der studierte Jurist die palästinensische Delegation geleitet. 2003 übernahm er als Erster das neue Amt des palästinensischen Ministerpräsidenten, scheiterte aber an Machtkämpfen mit Arafat und mangelnder internationaler Unterstützung.

Kampfes zu bewegen und in den politischen Reformprozess einzubinden. Als Folge erneut aufgenommener israelisch-palästinensischer Konsultationen über Sicherheitsfragen konnten 2005 wieder bewaffnete palästinensische Polizisten im Gazastreifen stationiert werden, die auch die Aufgabe erhielten, Angriffe auf Israel zu verhindern.

Richtungskämpfe: Die Arbeit der Autonomiebehörde war 2004/05 von Richtungskämpfen zwischen Reformwilligen und Reformverzögerern bzw. zwischen alter und junger Garde der PLO bestimmt. Erst nach heftigen Auseinandersetzungen zwischen Parlament, Abbas und Ministerpräsident Achmed Kurei wurde im Februar 2005 ein neues Kabinett gebildet, in das mehrheitlich angesehene Fachleute berufen wurden. Viele Vertreter der alten, der Korruption und Misswirtschaft verdächtigen Garde verloren stattdessen ihre Posten. Bei den Ende 2004 und Anfang 2005 in mehreren Etappen durchgeführten Kommunalwahlen zeigte sich, dass der noch in den Gremien dominierenden Fatah mit der Hamas ein auch politisch ernst zu nehmender Gegner erwachsen war. Die Hamas, deren militärischer Flügel für die meisten Selbstmordattentate verantwortlich gemacht wird, die aber auch ein umfangreiches soziales Netzwerk unterhält, hatte erstmals an Wahlen teilgenommen. Sie plante, auch bei den Parlamentswahlen zu kandidieren, die für Juli 2005 angesetzt waren, aber von Abbas aufgrund anhaltender Debatten über ein neues Wahlgesetz abgesagt wurden.

Schwieriger Alltag: Die Zerstörungen durch die israelischen Militärschläge, die Ausgangssperren und der Verlust von Arbeitsplätzen in Israel brachten die Wirtschaft zum Erliegen. 2005 lebten zwei von drei Palästinensern unter der Armutsgrenze. Die beim Gipfel im Februar vereinbarten Entlassungen von 900 Palästinensern aus israelischen Gefängnissen und die Übergabe von Städten im Westjordanland an palästinensische Sicherheitskräfte wurden nur zögerlich umgesetzt.

Terrorismus, internationaler

Al-Qaidaismus: Zwar gelang es nach den Anschlägen vom 11. 9. 2001 mittels internationaler massiver Terrorbekämpfung, etwa zwei Drittel der Spitzenfunktionäre des Ende der 1980er-Jahre von Usama bin Laden gegründeten islamistischen Terrornetzwerks al-Qaida durch Tod oder Verhaftung auszuschalten. Gleichzeitig verstärkte sich jedoch die Dezentralisierung, sodass die Ideologie des Heiligen Krieges (Dschihad) von autonom bzw. regional operierenden islamistischen Gruppierungen in die Tat umgesetzt wurde (Al-Qaidaismus). Laut Schätzungen US-amerikanischer Nachrichtendienste sympathisierten 2004 weltweit ca. 6–7 Mio. radikaler Muslime mit den Zielen von al-Qaida, 120 000 von ihnen seien auch bereit, Gewalt anzuwenden. Regionale Konflikte wie in Tschetschenien oder im Irak wurden von islamistischen Terroristen für ihre Zwecke benutzt; im Gegenzug ließen sich die regionalen Kämpfer nicht nur von Militanten aus anderen, insbesondere arabischen Ländern unterstützen, sondern wandten auch die Al-Qaida-Strategie an, möglichst rücksichtslos und medienwirksam zuzuschlagen. Erschreckendstes Beispiel dieser Maßlosigkeit war die Geiselnahme von Hunderten von Schulkindern in Beslan/Nordossetien am 1. 9. 2004 (→Tschetschenien).

London: Die Strategie des rücksichtslosen und medienwirksamen Zuschlagens lag auch dem Terroranschlag auf London am 7. Juli zugrunde. Drei Bomben detonierten in der U-Bahn, eine in einem Doppeldeckerbus. Über 50 Menschen starben, 700 wurden verletzt, viele davon lebensbedrohlich.

Terrorismus: Überlebende des Terroranschlags auf ein Hotel auf dem Sinai am 7. 10. 2004

Irak: Hauptaktionsfeld des Terrorismus war 2004/05 der Irak, in den seit Mitte 2003, seit dem von der US-Regierung verkündeten Ende der Hauptkampfhandlungen, immer mehr islamistische Kämpfer eindrangen. Sie sahen in dem von Truppen der USA und ihren Verbündeten besetzten Land ein geeignetes Aktionsfeld für ihren Kampf gegen die USA sowie die westliche Lebensweise. Zusammen mit Anhängern des gestürzten Regimes von Saddam Husain trugen sie zur weiteren Destabilisierung des Iraks bei. Nach den Wahlen Anfang 2005 steigerte sich der Terror nochmals: Auf 69 Selbstmordattentate im März 2005 folgten 135 weitere im April. Als verantwortlich für die meisten Selbstmordanschläge galten Anhänger von Abu Mussab al-Zarkawi, der sich als Statthalter Usama bin Ladens im Irak geriert. US-Truppen gingen im Mai 2005 in zwei groß angelegten Offensiven gegen die Aufständischen vor.

Ägypten: Im Frühjahr 2005 verunsicherten mehrere auf Touristen zielende Terroranschläge Ägypten. Am 7. 4. 2005 riss ein Selbstmordattentäter in Kairo drei Touristen mit in den Tod; am 1. 5. 2005 wurden ein Bombenanschlag vor dem Ägyptischen Museum verübt sowie ein Touristenbus beschossen. Zu den Anschlägen bekannten sich zwei islamistische Gruppen, von denen eine Verbindungen zu al-Qaida haben soll. Bereits am 7.10. 2004 waren Anschläge auf ein Hotel und zwei Urlaubscamps auf der Sinai-Halbinsel verübt worden, durch die etwa 40 Menschen – zumeist Israelis – getötet und über 200 weitere verletzt wurden.

Indonesien: Die südostasiatische Fundamentalistenbewegung Jemaah Islamiyah verübte am 9. 9. 2004 einen Selbstmordanschlag auf die australische Botschaft in Jakarta, der neun Tote und ca. 100 Verletzte forderte. Die Organisation, die Verbindungen zu al-Qaida unterhielt, kündigte mit der Forderung, Australien solle seine Truppen aus dem Irak abziehen, weitere Anschläge an.

Festnahmen: Im Mai 2005 nahmen pakistanische Sicherheitskräfte die mutmaßliche Nummer drei von al-Qaida fest, Abu Faradsch al-Liby, der für die Finanzen der Terrororganisation verantwortlich gewesen sein und ab 2003 al-Qaida in Pakistan geleitet haben soll. Nach den Bombenanschlägen auf Pendlerzüge in der spanischen Hauptstadt Madrid am 11. 3. 2004, dem mit 191 Toten verheerendsten Attentat in Westeuropa, verhafteten spanische Spezialeinheiten 150 mutmaßliche Terroristen und ihre Helfer, unter ihnen fast alle mutmaßlichen Organisatoren der Anschläge.

Strategien: Auf dem »Gipfel über Demokratie, Terrorismus und Sicherheit«, der im März 2005 in Madrid stattfand, wurde eine Verbesserung der internationalen Zusammenarbeit zur Terrorabwehr gefordert, bei der die wohlhabenderen Staaten die ärmeren unterstützen sollten. UN-Generalsekretär Kofi Annan unterstrich die Bedrohung durch einen auf Blutbäder gerichteten Terrorismus, warnte aber auch vor unangemessenen Reaktionen, mit denen bei der Terrorabwehr Menschenrechte und Freiheiten verletzt würden.

Tschetschenien

Eine Befriedung der Kaukasusrepublik, die in den 1990er-Jahren in zwei Kriegen um ihre Unabhängigkeit von der Russischen Föderation gerungen hatte, war Mitte 2005 nicht in Sicht. Nach wie vor

Tschetschenien

Fläche: 15 700 Quadratkilometer (Größe Schleswig-Holsteins)
Einwohner: rund eine Million
Wirtschaft: Ölförderung, Landwirtschaft, Schwarzhandel mit Öl und Waffen
Russische Streitmacht: offiziell 75 000 Soldaten

Der Konflikt

19. Jh.
Blutige Kolonialkriege des islamischen Bergvolks mit den Zarentruppen

1994 bis 1996
Erster Feldzug der Russen gegen tschetschenische Separatisten, rund 100 000 Menschen sterben

1999
Tschetschenen fallen in Dagestan ein und zerbomben Moskauer Wohnblocks, Putin setzt erneut die Armee in Marsch

Instabile Regionen sind neben Tschetschenien auch Dagestan, Inguschetien, Nordossetien, Kabardino-Balkarien

kam es 2004/05 zu Kämpfen zwischen tschetschenischen Rebellen und russischen Einheiten, und mit der Geiselnahme in Beslan/Nordossetien drei Tage nach der Präsidentschaftswahl am 29. 8. 2004 griff der Konflikt erneut auf eine Nachbarrepublik über.

Wahl: Bei der Wahl, die nach Angaben unabhängiger Beobachter mittels falscher Wählerverzeichnisse und gefälschter Stimmzettel manipuliert war, wurde der frühere Innenminister und Wunschkandidat Russlands Alu Alchanow zum Sieger erklärt. Er folgte Achmed Kadyrow ins Amt, der am 9. 5. 2004 bei einem Attentat getötet worden war, und setzte dessen Politik fort, das noch immer stark unter den Kriegszerstörungen leidende Land ohne Einbeziehung der Opposition aufbauen zu wollen. Für Oktober 2005 kündigte er Parlamentswahlen an.

Maschadows Tod: Am 10.3.2005 wurde Aslan Maschadow, der 1997 zum Präsidenten von T. gewählt worden war und seit 1999 Untergrundeinheiten angeführt hatte, unter nicht ganz geklärten Umständen, wahrscheinlich von russischen Spezialeinheiten, getötet. Mit Maschadow wurde der einzige Separatistenführer ausgeschaltet, der für Verhandlungslösungen eingetreten war, auch wenn er zwischen Friedensofferten und Kampfansagen geschwankt und an Rückhalt in T. verloren hatte. Sein Tod könnte die gemäßigten Rebellen gegenüber den radikalen schwächen, die wie Maschadows alter Gegenspieler Schamil Bassajew Terroranschläge verüben und ein islamistisches Regime im ganzen Nordkaukasus anstreben.

Geiselnahme: Bassajew bekante sich auch dazu, Drahtzieher der Geiselnahme in der Nachbarrepublik Nordossetien gewesen zu sein. Am 1. 9. 2004 hatte ein Terrorkommando aus Tschetschenen, Inguschen, Osseten und Russen in einer Schule in Beslan mehr als 1 200 Menschen, Schüler, Lehrer und Eltern, in seine Gewalt gebracht. Für die Freilassung der Geiseln forderte es u. a. den Abzug der russischen Truppen aus T. Die Geiselnahme endete in einem Blutbad, vermutlich ausgelöst durch eine ungeplant explodierte Bombe. Mind. 335 Geiseln kamen ums Leben.

Entführung und Mord: Die Terrorkommandos und Untergrundkämpfer rekrutierten ihre Mitglieder in T. aus einer Generation, die nie ein ziviles Leben kennen gelernt hat, sowie aus Familienangehörigen von Opfern der anhaltenden Menschenrechtsverletzungen. Laut Recherchen der russischen Menschenrechtsorganisation Memorial und der US-Menschenrechtsorganisation Human Rights Watch (HRW, Washington D.C.) wurden 2004 mehr als 1 000 Menschen, junge Männer, Frauen, Alte und Heranwachsende, entführt, von denen die meisten spurlos verschwunden blieben. Laut HRW wurde ein Drittel der Entführungen und Morde von russischen Einheiten verübt, zwei Drittel von tschetschenischen, die russischem Oberbefehl unterstanden oder zum Geheimdienst des russischen Generalstabs gehörten.

Hintergrund: Pulverfass Kaukasus

Konfliktpunkte: Willkürlich gezogene Grenzen sowohl zwischen den heute zur Russischen Föderation gehörenden Kaukasus-Republiken als auch zu den unabhängig gewordenen Nachbarstaaten Georgien, Armenien und Aserbaidschan trennen Ethnien voneinander und riefen neue Gebietsforderungen hervor. Die einstige Russifizierungspolitik mit der Dominanz russischer Eliten wirkt ebenso nach wie die Unterdrückung des Islam während der Sowjetzeit. Infolge der strategischen Lage und der Ölvorkommen berühren sich im Kaukasus Interessen Russlands und der USA, und alle dort engagierten Mächte suchen ihre Einflusssphären zu halten oder auszuweiten. Tschetschenien bildet hier für Russland einen Stützpunkt an seinem bröckelnden Rand, wobei sich der Konflikt auch auf die Nachbarländer auswirkt, insbesondere auf Inguschetien, das zum Rückzugsgebiet der Rebellen und damit auch zum Schauplatz russischer Säuberungsaktionen wurde.

Militante Opposition: In mehreren russischen Kaukasus-Republiken haben sich Oppositionsbewegungen gebildet, die sich gegen ihre von Korruption und Misswirtschaft geprägten autoritären Regimes wenden. Militante Gruppen folgen dabei auch einer radikalen bzw. ideologischen, vom traditionell toleranten Islam des Kaukasus abrückenden Islam-Auslegung. Den Sicherheitskräften gelten die Gläubigen oder Islam-Anhänger oft per se als verdächtig, auch wenn es ihnen »nur« um Religion geht oder um den Islam als Gegenmodell zur früheren kommunistischen Ideologie bzw. einer autoritär ausgeübten Demokratie. Die Islamisten hingegen, wie der Tschetschene Schamil Bassajew, zielen auf einen islamistischen Staat im ganzen Nordkaukasus. Ihnen werden Verbindungen zu al-Qaida nachgesagt, die jedoch nicht den gesamten tschetschenischen Widerstand betreffen.

Kultur

Anna-Amalia-Bibliothek

Ein Brand zerstörte am 2./3.9. 2004 fast die Hälfte der weltberühmten Büchersammlung der A.-A.-B. im Grünen Schloss in Weimar/Thüringen und beschädigte das zum Weltkulturerbe gehörende Gebäude mit seinem aus dem 18. Jh. stammenden Rokoko-Bibliothekssaal schwer. Die kunstsinnige Herzogin Anna Amalia (1739–1807) hatte die Büchersammlung stark erweitert und das Grüne Schloss zum Bibliotheksgebäude umbauen lassen.

Schäden: 50000 z.T. unersetzbare Bücher, v.a. aus dem 17. und 18. Jh., die Musikaliensammlung der Herzoginnen Anna Amalia und Maria Pawlowna mit Drucken und Notenhandschriften, Bildern, Zeichnungen und Skulpturen wurden verbrannt. 62000 Bücher erlitten schwere Brand- oder Wasserschäden; 28000 Bücher konnten unversehrt gerettet werden.

Restaurierung: Die Kosten für den Wiederaufbau des Gebäudes und die Wiederbeschaffung der verlorenen Bücher wurden auf bis zu 60 Mio. € geschätzt. Land und Bund stellten Mittel zur Verfügung; zudem wurde ein Fonds für private Spenden eingerichtet. Während die Restaurierung und Wiederbeschaffung der verlorenen Werke sich auf einen Zeitraum von mehr als zehn Jahren erstrecken dürften, soll das Stammhaus der A.-A.-B. 2007, zum 200. Todestag von Anna Amalia, wieder aufgebaut sein.

www.anna-amalia-bibliothek.de

Archäologie

Ausgrabungen in Asien brachten 2004 neue Funde zutage, die das Wissen über die Menschen der Frühzeit und alte Kulturen erweiterten.

Panionion: Im Sommer 2004 entdeckte der dt. Archäologe Hans Lohmann im Mykale-Gebirge an der türkischen Westküste die Überreste des Panionions, des zentralen Heiligtums des Ionischen Bundes (Bund griechischer Städte in der heutigen Westtürkei, die die Unabhängigkeit vom Perserreich angestrebt hatten). Der Tempel entstand im 6. Jh. v. Chr. Das Heiligtum war bisher nordwestlich des jetzigen Fundplatzes vermutet worden.

Kleinster Mensch: Ein australisch-indonesisches Anthropologenteam stieß in einer Höhle auf der indonesischen Insel Flores auf Skelette von erwachsenen Urmenschen, die höchstens 1 m groß waren und damit die kleinsten gefundenen

Archäologie: Babylon erneut zerstört

Das Britische Museum (London) beschuldigte im Januar 2005 die im Irak stationierten Truppen der USA und Polens, in der antiken Ruinenstadt Babylon irreparable Schäden angerichtet zu haben. US-Truppen hatten 2003 auf dem Ausgrabungsgelände einen Truppenstützpunkt eingerichtet, der später von polnischen Streitkräften übernommen wurde. Bei seiner auf Einladung der irakischen Behörden durchgeführten Bestandsaufnahme stellte der Kurator des Britischen Museums u. a. fest, dass aus dem berühmten Ishtartor Reliefziegel herausgebrochen und Originalpflastersteine der Prozessionsstraße durch Panzer zerstört worden waren. Das biblische Babel, das durch seine Zikkurat, den Turm von Babel, und die Hängenden Gärten weltberühmt wurde, zählt zu den Weltkulturerbestätten.

Hominiden sind. Der geringe Wuchs könnte auf ein bislang nur bei Tieren bekanntes Phänomen zurückgehen: eine Verringerung der Körpergröße in abgeschiedenen Gebieten und bei geringem Nahrungsangebot (→Forschung, Frühmenschen).

Architektur

Kühne Konstruktionen sowie die Frage nach dem Spannungsverhältnis zwischen Neubauten und alter Umgebung bestimmten zahlreiche A.-Bauten 2004/05.

Höchste Brücke: Die mit 343 m Höhe und 2,46 km Länge sowohl höchste als auch längste Brücke der Welt, der Viaduc de Millau, wurde am 14. 12. 2004 eingeweiht (→ Auto und Verkehr, Brückenbau).

Akademie der Künste: Am 21.5. 2005 wurde der 56 Mio. € teure Neubau der Akademie der Künste eröffnet. Mit der betont modernen Stahl-Glaskonstruktion hatten sich Günter Behnisch und Werner Durth in jahrelangem Streit über ihre Kritiker hinweggesetzt, die eine der Gestaltungssatzung für den Pariser Platz entsprechende historisierende Steinfassade gefordert hatten.

Werke namhafter Architekten: Die Schweizer Architekten Jacques Herzog und Pierre de Meuron entwarfen die Anfang 2005 eröffnete Universitätsbibliothek in Cottbus, ein aus vier runden Türmen und geschwungenen Wänden bestehendes Gebäude, dessen gläserne Außenhaut mit stilisierten Buchstaben bedeckt ist. Die Kosten für das dem organischen Bauen verpflichtete Informations-, Kommunikations- und Medienzentrum (IKMZ) beliefen sich auf 29 Mio. €.

Mit dem im Mai 2005 eröffneten Leipziger BMW-Werk hat die Londoner Architektin Zaha Hadid ein kühnes Bauwerk aus Stahl und grauem Sichtbeton geschaffen, das die im Innern verrichtete Arbeit sichtbar macht: Die Karossen der Fahrzeuge gleiten an den Büros der Angestellten vorbei.

Im April 2005 wurde das von dem niederländischen Architekten Rem Koolhaas erbaute Konzerthaus in Porto eingeweiht, das mit seinem weißen Kubus mit schrägen Wänden und Kacheldekor im Innern verfremdend Architekturmerkmale der nordportugiesischen Stadt aufgreift.

Pritzker-Preis: Den Pritzker-Preis, den bedeutendsten internationalen A.-Preis, erhielt 2005 der US-amerikanische Architekt Thom Mayne. Er steht für die dekonstruktivistische Richtung der A. mit charakteristisch aufgefalteten Fassadenteilen und wurde in Europa mit seinem Gebäude der Hypobank in Klagenfurt/Österreich bekannt.

Architektur: Die Bibliothek der Universität Cottbus entstand nach Entwürfen der Schweizer Architekten Jacques Herzog und Pierre de Meuron.

Bildende Kunst

Biennale: Die 51. Biennale von Venedig (12.6. bis 6.11. 2005), auf der sich 73 Länder mit einem eigenen Raum präsentierten, stand mit María de Corral und Rosa Martínez erstmals unter der Leitung einer weiblichen Doppelspitze. Zur Gestaltung des dt. Pavillons wurden mit dem Maler und Bildhauer Thomas Scheibitz sowie dem Aktionskünstler Tino Sehgal Vertreter der jüngeren Generation nominiert. Sehgal machte mit unkonventionellen, nur im Moment des Geschehens existierenden Inszenierungen auf sich aufmerksam, Scheibitz verknüpfte in seiner Malerei figürliche Darstellung mit Abstraktion. Der Goldene Löwe ging an den dt. Bildhauer und Grafiker Thomas Schütte, der durch Architekturmodelle und verformte Skulpturen bekannt wurde.

Young German Art: Die dt. Vertreter gegenständlicher Malerei werden, obgleich sie keine Gruppe bilden, unter dem Label »Young German Art« auch international erfolgreich gehandelt. Werke von Tim Eitel, Daniel Richter oder Martin Eder galten als Verkaufsschlager dt. Galerien bei internationalen Messen. Ihre Werke sind verspielter und verschlüsselter als die der Vorgängergeneration, wobei die »Neue Leipziger Schule« um Neo Rauch auch Motive und Formelemente des sozialistischen Realismus aufnimmt.

Neue Romantik: Magische Landschaften bzw. Wunschwelten als Strömung der Gegenwartskunst präsentierte die Frankfurter Kunsthalle Schirn im Frühsommer 2005. Sie zeigte v. a. Werke von britischen Künstlern wie Peter Doig, Kaye Donachie, Justine Kurland und David Thorpe und etikettierte sie - nicht unumstritten - als »Neue Romantik«.

Bildende Kunst: bedeutende internationale Kunstpreise (Auswahl)

Preis	Preisträger	Dotierung
Turner-Preis 2004	Jeremy Deller	36 000 €
Premium Imperiale 2004	Georg Baselitz	114 000 €
Kaiserring der Stadt Goslar 2004	Katharina Sieverding	undotiert
Max-Beckmann-Preis 2004	Maria Lassnig	50 000 €
Gabriele-Münter-Preis 2004	Ulrike Rosenbach Cornelia Schleime	20 000 €
Piepenbrock-Preis 2004	Dani Karavan	50 000 €
Oskar-Kokoschka-Preis 2004	Günter Brus	20 000 €
Marcel-Duchamp-Preis 2004	Carole Benzaken	35 000 €

Buchmarkt

Konzentration und Verdrängungswettbewerb kennzeichneten den dt.-sprachigen B. 2004/05. Nach Umsatzrückgängen in den vergangenen Jahren wurde 2004 wieder ein Plus erzielt.

Buchhandel: Der Buchhandel im dt.-sprachigen Raum verzeichnete 2004 laut Branchenmagazin »buchreport« einen leichten Umsatzzuwachs von 0,96%. Obwohl die 100 größten Buchhandlungen mit einem Plus von 3,3% ein geringeres Wachstum erzielten als im Vorjahr (5,8%), konnten sie ihre Marktmacht weiter ausbauen. Sie steigerten ihren Anteil am Gesamtumsatz auf 28% (2003: 26,6%), wobei allein die Topten der Unternehmen 15,1% aller Umsätze für sich verbuchten. Ihren Erfolg verdankten die umsatzstarken Buchhändler zum einen ihrer Expansionsstrategie (Übernahmen und Flächenzuwachs) sowie zum anderen einer Konzentration auf das Niedrigpreissegment oder auf sog. Schnelldreher (aktuelle Bücher, die in hohen Stückzahlen verkauft werden können).

Spitzenreiter: Größter Buchhändler in Deutschland wie im gesamten dt.-sprachigen Raum (ohne Versand- und Internetbuchhändler sowie Buchgemeinschaften) war 2004 wie in den Vorjahren die Thalia Holding (Hamburg). Mit einem Umsatz von 448,6 Mio. € konnte der Branchenprimus seinen Vorsprung weiter ausbauen (+ 17,2%), u. a. durch die Übernahme von Bouvier (Bonn) und Campe (Nürnberg). Auf Rang zwei schob sich mit einem Umsatz von 242 Mio. € (+ 12%) der Filialist Weltbild plus (München), der auf ein begrenztes Angebot bzw. »Schnelldreher« setzte. Der langjährige Zweite, die Buchhandelskette Hugendubel (München), kam 2004 mit einem Umsatz von 226,5 Mio. € (+ 4,8%) nur auf Platz drei. In Österreich behauptete sich Libro (Guntramsdorf) mit einem Umsatz von geschätzten 75,1 Mio. € an der Spitze (Platz acht im dt.-sprachigen Raum), während in der Schweiz Orell Füssli (Zürich) mit einem Umsatz von 73,1 Mio. € wie in den Vorjahren auf Rang eins kam (Platz neun im dt.-sprachigen Raum).

Buchmarkt: Hardcover-Bestseller Sachbuch 2004[1)]

	Autor	Land	Titel
1	Susanne Fröhlich	D	Moppel-Ich
2	Frank Schirrmacher	D	Das Methusalem-Komplott
3	Wibke Bruhns	D	Meines Vaters Land
2	Michael Moore	USA	Volle Deckung, Mr. Bush
5	Peter Ustinov	GB	Achtung! Vorurteile
6	Ben Schott	GB	Schotts Sammelsurium
7	Peter Scholl-Latour	D	Weltmacht im Treibsand
8	Dietrich Grönemeyer	D	Mensch bleiben - High-Tech und Herz
9	Helmut Schmidt	D	Die Mächte der Zukunft
10	Werner T. Küstenmacher/ Lothar J. Seiwert	D	Simplify your life

1) ermittelt bei dt. Sortimentsbuchhandlungen; Quelle: buchreport, Dezember 2004

Verlage: Die 100 größten Buchverlage im dt.-sprachigen Raum verzeichneten 2004 laut »buchreport« mit einem Plus von 1,1% wie im Vorjahr ein leichtes Wachstum (2003: 1,4%), wobei mit 56 Verlagen 15 mehr als 2003 ein Umsatzwachstum erzielten. Spitzenreiter unter den Verlagen im dt.-sprachigen Raum wurde 2004 wie in den Vorjahren die auf Fachinformation spezialisierte Verlagsgruppe Springer Science+Business Media (Berlin), die sich mit einem Umsatz von 544 Mio. € (+2,6%) für den geplanten Börsengang positionierte. Obgleich die nächstplatzierten Fachverlage, der Süddeutsche Verlag (München) und Vogel Medien (Würzburg), Umsatzeinbußen erfuhren, setzte bei den Fachverlagen 2004 insgesamt ein Konsolidierungsprozess ein.

Erfolgreich schlossen die Schulbuchverlage Cornelsen (Berlin) und Klett (Stuttgart) ab, die Rang zwei bzw. drei unter den Top 100 einnahmen. Wie im Vorjahr verzeichneten die Publikumsverlage mit Schwerpunkt Belletristik 2004 ein Plus von 4,4% (2003: 11,7%). Spitzenreiter war die Bertelsmann-Tochtergesellschaft Random House (München), die durch die Übernahme von Heyne mit einem Umsatz von 195,8 Mio. € einen Zuwachs von 40,9% erzielte und unter den 100 Größten auf Rang acht kam (Vorjahr: Rang zwölf). Platz zwei bei den Belletristik-Verlagen teilten sich 2004 Rowohlt (Hamburg) und die Verlagsgruppe Droemer Knaur (München).

Internetbuchhandel: Wie in den Vorjahren verzeichnete der Internetbuchhandel, der von den Vertriebsorganisationen inzwischen als Ergänzung zum klassischen Sortimentsbuchhandel angesehen wird, 2004 einen robusten Umsatzzuwachs. Sein Anteil am Gesamtumsatz wurde auf 4,5% bis 8% geschätzt. Auf Rang eins behauptete sich amazon.de, der Onlineversender aus Seattle (Washington), dessen Gesamtumsatz sich auf geschätzte 640 Mio. € belief (+23%). Damit lag Amazon auch beim absoluten Ranking der 100 größten Buchhandlungen (mit Internet- und Versandbuchhandel sowie Buchgemeinschaften) auf Platz eins. Im Internetbuchhandel folgten die Weltbild-Shops, buch.de, eine Tochter von Thalia, sowie booxtra/buecher.de.

Buchmarkt: Hardcover-Bestseller Belletristik 2004[1)]

	Autor	Land	Titel
1	Dan Brown	USA	Sakrileg
2	Frank Schätzing	D	Der Schwarm
3	Eric-Emmanuel Schmitt	F	Monsieur Ibrahim und die Blumen des Koran
4	Robert Harris	GB	Pompeji
5	Joanne K. Rowling	GB	Harry Potter und der Orden des Phönix
6	Cecelia Ahern	IRL	P.S. Ich liebe Dich
7	Donna Leon	USA	Verschwiegene Kanäle
8	François Lelord	F	Hectors Reise
9	Paulo Coelho	BR	Der Alchimist
10	Carlos Riuz Zafon	E	Der Schatten des Windes

1) ermittelt bei dt. Sortimentsbuchhandlungen; Quelle: buchreport, Dezember 2004

Big Seller: Die spektakulärsten Veränderungen gegenüber 2003 ergaben sich 2004 durch den Verkauf bzw.

das Fehlen eines Big Sellers. Hier zeigt sich die Tendenz, dass immer weniger Titel immer mehr Umsatz machen. Der Verkaufserfolg von Dan Browns Verschwörungsthriller »Sakrileg« beispielsweise bescherte der Verlagsgruppe Lübbe (Bergisch-Gladbach) ein Umsatzplus von 17,6 %, während Carlsen (Hamburg), der dt. Verlag von Joanne K. Rowling, in einem Jahr ohne einen neuen »Harry Potter«-Roman ein Minus von 61,8 % hinnehmen musste.

Sonderaktionen: Bestseller-Buchreihen wie die preisgünstige »SZ-Bibiliothek« der Süddeutschen Zeitung, die 50 große Romane des 20. Jh. umfasst, erwiesen sich als großer Erfolg – der Verlag ging von ca. 10 Mio. verkauften Exemplaren aus. Nach diesem Vorbild startete »Bild« in Kooperation mit dem Weltbild-Verlag mit einer 25-bändigen »Bild-Bestseller-Bibiliothek« und brachte den ersten Titel dieser Reihe zur Frankfurter Buchmesse auf den Markt. Die Frauenzeitschrift »Brigitte« veröffentlichte die zwölfteilige Hörbuch-Edition »Starke Stimmen«, die auch die Nachfrage nach den literarischen Vorlagen verstärkte.

www.buchreport.de; www.buchmarkt.de; www.boersenblatt.net (Branchenmagazine)

Christos »The Gates«

➤**The Gates**

Deutschlandjahr in Japan

Mit einer Ausstellung von Kunstwerken der Berliner Museumsinsel im Nationalmuseum von Tokio, eröffnet vom dt. Bundespräsidenten Horst Köhler und dem japanischen Kronprinzen Naruhito, startete am 4.4. 2005 das Jahr »Deutschland in Japan 2005/06«.

Programm: Mit mehr als 700 Veranstaltungen aus den Bereichen Wirtschaft, Wissenschaft und Kultur will sich Deutschland zwölf Monate lang in Japan als innovatives, kreatives Land darstellen. Die Präsentation ist die erste Vorstellung Deutschlands in Japan und die bis dahin aufwendigste Darstellung der Bundesrepublik im Ausland. Zum Programm gehört neben wissenschaftlichen Symposien und wirtschaftlichen Ausstellungen ein hochkarätiges Kulturprogramm mit Kunstausstellungen, Theater- und Musikaufführungen.

Dresdner Frauenkirche

Die Weihe der wieder aufgebauten D. F. ist für den 30. 10. 2005 geplant. Noch vor Abschluss der Innenarbeiten wurde sie am 13. 2. 2005, dem 60. Jahrestag der Bombardierung Dresdens, erstmals für eine Gedenkstunde geöffnet.

Wiederaufbau: Die Rekonstruktion des Dresdner Wahrzeichens erfolgte nach den Plänen von Ratszimmermeister George Bähr für das 1743 vollendete barocke Original. Die Kosten für die über zehn Jahre dauernde Wiedererrichtung beliefen sich auf rund 130 Mio. €, die zu knapp zwei Dritteln durch Spenden aus aller Welt aufgebracht wurden.

www.frauenkirche-dresden.org

Dresdner Frauenkirche: Das rekonstruierte Gotteshaus in der Dresdner Innenstadt

Expo

Weltausstellungen, die industrielle, kulturelle und wissenschaftliche Errungenschaften der beteiligten Länder vorstellen, finden seit 1851 unregelmäßig an wechselnden Orten statt. Über die Bewerbung entscheidet das Bureau International des Expositions (frz.; Internationales Ausstellungsbüro, Paris).

Expo 2005: Die E., vom 25.3. bis 25.9. 2005 in einem Hügeltal jenseits der japanischen Stadt Nagoya ausgerichtet, steht unter dem Motto »Die Weisheit der Natur«. Die Teilnehmerländer waren aufgerufen, Konzepte zu zeigen, die moderne Technik mit Natur und Umweltschutz verbinden sowie für eine umweltverträglichere Lebensweise plädieren. Obwohl der Sinn von Weltausstellungen im Zeitalter von Internet und Globalisierung zunehmend infrage gestellt wurde, nahmen 122 Staaten teil. Die Japaner, die gut 15 Mrd. € in das Ausstellungsgelände, einen neuen Flughafen und weitere Infrastrukturmaßnahmen investierten, rechneten mit 15 Mio. Besuchern. Als Hauptattraktionen galten der nahezu unbeschädigte Kopf eines Mammuts, den Forscher 2004 in Sibirien ausgegraben hatten, sowie die zahlreich auf dem E.-Gelände eingesetzten Roboter.

Expo: Attraktionen bedeutender Weltausstellungen (Auswahl)

Jahr	Ort/Land	Attraktion	Besucher (Mio.)
1851	London/GB	Kristallpalast	6,0
1889	Paris/F	Eiffelturm	28,1
1937	Paris/F	Picassos »Guernica«-Gemälde	34,0
1958	Brüssel/B	Atomium (Atommodell)	41,5
1970	Osaka/J	Durch Druckluft aufgeblasene Hallenkonstruktion	64,2
1992	Sevilla/E	Virtual-reality-Ausrüstung	41,3
2000	Hannover/D	Planet of Visions	18,1
2005	Nagoya/J	Mammutkopf	15,0[1]

1) erwartet

Deutscher Beitrag: Deutschland und Frankreich präsentierten sich gemeinsam in einem Pavillon. Der dt. Beitrag, für den 13 Mio. € bereitstanden, bot einen Einblick in den aktuellen Forschungsbereich der Bionik, einer interdisziplinären Wissenschaft, die sich »Erfindungen« der Natur, wie den selbstreinigenden Lotusblatteffekt, zunutze macht, um technische Lösungskonzepte zu entwickeln.

Expo 2010: Als erste Stadt in einem kommunistischen Land erhielt Schanghai/China den Zuschlag für die E. 2010.

www.expo2005.or.jp

Festspiele

Konzentriertes Kulturerleben mit ambitionierten Uraufführungen oder thematischen Schwerpunkten bieten die zahlreichen F., die im jährlichen Rhythmus, insbesondere im Sommer, stattfinden.

Donaueschingen: 20 Uraufführungen und Installationen boten die der neuen Musik verpflichteten Donaueschinger Musiktage im Oktober 2004, darunter die interaktive Konzertinstallation »Terra incognita« von Gerhard E. Winkler. Als einer der Höhepunkte wurde der letzte Teil des monumentalen Opernzyklus »Licht. Die sieben Tage der Woche« (1978–2002) von Karlheinz Stockhausen uraufgeführt. Das 29 Stunden dauernde Werk, für das der Komponist neue Klangwelten erfand, wurde bislang nur in Einzelteilen szenisch aufgeführt.

Ruhrfestspiele: Mit einem wieder stärker am Publikum orientierten Programm gelang es dem neuen Leiter der Ruhrfestspiele, Frank Hoffmann, nach der missglückten Intendanz von Frank Castorf im Vorjahr die Zuschauerzahlen auf rund 60 000 (2003: 22 000) zu steigern. Ein Schwerpunkt des im Mai und Juni stattfindenden Festivals war der große Aufklärer Gotthold Ephraim Lessing. Insgesamt vier seiner Stücke wurden in Recklinghausen ausgeführt.

Salzburg: In der aktuellen Inszenierung des Mysterienspiels »Jedermann«, das alljährlich während der Salzburger F. aufgeführt wird, trat der Tod als lebensvolle androgyne Gestalt auf und wurde 2005 erstmals mit einer Schauspielerin, mit Ulrike Folkerts, besetzt. In der weiblichen Hauptrolle der Buhlschaft löste Nina Hoss Veronica Ferres ab.

Bayreuth: Die »Parsifal«-Inszenierung von Aktionskünstler Christoph Schlingensief, die 2004 ihre Premiere erlebt hatte, wurde 2005 wieder aufgenommen. Schlingensief war von Hausherr Wolfgang Wagner zur Erneuerung der traditionsreichen Wagner-F. berufen worden und hatte, ohne den im Vorfeld erwarteten Skandal auszulösen, eine auf Videoeinspielungen setzende und Desillusionierung betreibende Version der Oper vorgelegt. Als erster asiatischer Dirigent debütierte 2005 der Japaner Eiji Oue mit »Tristan und Isolde«, inszeniert von Christoph Marthaler.

Film

Die dt. Filmbranche verzeichnete 2004 nach drei Krisenjahren einen leichten Aufschwung, was v. a. auf den herausragenden Erfolg dt. F. sowie einen starken Sommer mit US-amerikanischen Produktionen wie »Harry Potter und der Gefangene von Askaban« zurückgeführt wurde.

Bilanz: Die Zahl der Kinobesucher stieg 2004 um 7,7 Mio. auf 156,7 Mio. (+ 5,2 %) an, nachdem sie 2003 um 9,1 % gesunken war. Der Zuwachs war nur in den alten Bundesländern zu verzeichnen (+ 6,4 %), während in Ostdeutschland, wo u. a. der Spitzenreiter »(T)Raumschiff Surprise« weniger Publikum fand, ein leichter Rückgang stattfand (- 0,4 %). Mit 36,7 Mio. entschieden sich erneut mehr Zuschauer für einen dt. F. als im Vorjahr (23,5 Mio.), womit der Marktanteil der dt. Produktionen von 17,5 % auf 23,8 % anstieg und damit den besten Wert seit 15 Jahren erreichte.

Deutsche Filme: Der Erfolg der dt. F. wurde sowohl auf seine von Kritikern und Juroren honorierte Qualität zurückgeführt als auch auf seine Bandbreite, die viele Publikumsschichten ansprach. Mit Abstand die meisten Zuschauer fand Michael Herbigs Genreparodie »(T)Raumschiff Surprise«. Oliver Hirschbiegels umstrittene filmische Darstellung von Hitlers letzten Tagen, »Der Untergang«, zog 4,52 Mio. Zuschauer in die Kinos und erhielt eine Oscar-Nominierung. Unter den F. über die NS-Zeit, dem großen Kinothema 60 Jahre nach dem Ende des Dritten Reichs, ragte auch Volker Schlöndorffs »Der neunte Tag« hervor. Für »Sophie Scholl – Die letzten Tage« erhielten Regisseur Marc Rothermund und Hauptdarstellerin Julia Jentsch auf der Berlinale 2005 jeweils einen Silbernen Bären. Ein Überraschungserfolg gelang Michael Schorr mit dem melancholischen »Schultze gets the Blues«. Nachdem die Filmfestspiele in Cannes elf Jahre lang eine scheinbare Tabuzone für dt. F. waren, die 2004 mit Hans Weingartners politischer Gegenwartsparabel »Die fetten Jahre sind vorbei« durchbrochen wurde, war Deutschland 2005 in Cannes gleich mit vier Beiträgen vertreten, darunter Wim Wenders »Don't Come Knocking«.

Clint Eastwood
US-amerikan. Regisseur und Schauspieler, *31. 5.1930 in San Francisco. Für seinen Boxerinnenfilm »Million Dollar Baby« erhielt der Altmeister des US-amerikanischen Films 2005 den Oscar für die beste Regie und den besten Film. Er begann seine Karriere als Schauspieler und überzeugte als wortkarg-geheimnisvoller Held in Spaghetti-Western und als knallharter Cop (»Dirty Harry«, 1971). Als Regisseur spielte er auch mit dem eigenen Image, u. a. in dem Oscar-prämierten Spätwestern »Erbarmungslos« (1992).

Hollywood: Die US-amerikanische Filmbranche verzeichnete 2004 mit 9,4 Mrd. US-Dollar Inlandsumsatz wieder einen leichten Anstieg (+ 1,4 %), der sich insbesondere unabhängig produzierten F. wie Mel Gibsons umstrittenem Jesus-Film »Die Passion Christi« und Michael Moores Anti-Bush-Dokumentarfilm »Fahrenheit 9/11« verdankte. Im Ausland setzten die US-amerikanischen Produktionen nochmals 9,2 Mrd. US-Dollar um, Ausweis der weltweiten Dominanz der Hollywood-F. 2004 gingen in den USA zum zweiten Mal in Folge die Besucherzahlen zurück (- 2 %). Das Kino wurde vom Heimkino abgehängt: DVDs erzielten einen Rekordumsatz

Film: Die wichtigsten internationalen Filmpreise

Preis/Kategorie	Preisträger/Regie	Film
Goldener Löwe 2004 (Venedig)	Mike Leigh	Vera Drake
Europäischer Filmpreis 2004 (Barcelona)	Fatih Akin	Gegen die Wand
Goldener Bär 2005 (Berlin)	Mark Dornford-May	U-Carmen eKhayelitsha
Oscars 2005 (Los Angeles)		
Bester Film	Clint Eastwood	Million Dollar Baby
Beste Regie	Clint Eastwood	Million Dollar Baby
Bester Hauptdarsteller	Jamie Foxx	Ray
Beste Hauptdarstellerin	Hilary Swank	Million Dollar Baby
Bestes Originaldrehbuch	Charlie Kaufman, Michel Gondry, Pierre Bismuth	Vergiss mein nicht
Bester Auslandsfilm	Alejandro Amenábar	Das Meer in mir
Goldene Palme 2005 (Cannes)	Jean-Pierre und Luc Dardenne	L'enfant
Deutscher Filmpreis 2005	Dani Levy	Alles auf Zucker

Filmhits in Deutschland 2004

	Titel (Land)	Zuschauer (Mio.)
1	(T)Raumschiff Surprise (D)	9,14
2	Harry Potter und der Gefangene von Askaban (GB/USA)	6,55
3	7 Zwerge – Männer allein im Wald (D)	6,49
4	Shrek II – Der tollkühne Held kehrt zurück (USA)	5,30
5	Der Untergang (D)	4,52
6	Troja (USA)	4,43
7	The Day After Tomorrow (USA)	4,09
8	Der Herr der Ringe III – Die Rückkehr des Königs (NZ/USA)	3,83
9	Bärenbrüder (USA)	3,45
10	Spider-Man II (USA)	3,28

Quelle: Filmförderungsanstalt Berlin

von 24 Mrd. US-Dollar, wobei in erster Linie alte F. und Fernsehproduktionen Kasse machten. Etliche der millionenteuren Kinoproduktionen floppten (u. a. »Catwoman«), während sich weniger kostenintensive und anspruchsvolle F. wie »Sideways« oder »Kinsey« gut behaupteten.

Trends: Filmische Biografien, z. B. über Alfred Charles Kinsey (»Kinsey«), Ray Charles (»Ray«), Howard Hughes (»Aviator«) und Alexander den Großen (»Alexander«), entsprachen einem neu erwachten Interesse an historischen Figuren und Ereignissen. Die Renaissance des politischen Dokumentarfilms, die Michael Moore einleitete, führten u. a. »The Fog of War«, ein Interview mit Robert McNamara, und »Super Size Me« (Morgan Sperlock) fort. Die Hollywood-Studios setzten 2004 weiterhin auf Sequels und etablierte Vorlagen wie Shrek und Spider-Man, die 2004 die Topten in den USA anführten. 2005 stand im Zeichen von Mainstream-Megaproduktionen, die auch als politische Auseinandersetzungen zu sehen sind: »Star Wars III« (George Lucas), »Königreich der Himmel« (Ridley Scott) und »Krieg der Welten« (Steven Spielberg).

Oscars: Die Auszeichnungen für den besten F. und die beste Regie gingen an Clint Eastwood und sein Boxerinnendrama »Million Dollar Baby«, dessen Hauptdarstellerin ebenfalls einen Oscar erhielt. Nicht erfüllt haben sich hingegen die Hoffnungen von Martin Scorsese, der für seine Biografie des Filmproduzenten und Flugzeugbauers Howard Hughes, »Aviator«, wenige Wochen zuvor den Golden Globe als bester F. gewonnen hatte.

Digital erzeugte Bilder: Mit dem Weihnachtsmärchen »Polarexpress« kam 2004 erstmals ein Realfilm ins Kino, der komplett mittels digitaler Technik entstanden war. Im »Motion-Capture-Anzug« hatte Tom Hanks gleich fünf Rollen übernommen, vom kleinen Jungen bis zum Weihnachtsmann. Mit »Die Unglaublichen« gestaltete das Pixar-Studio (»Findet Nemo«) seinen

Hilary Swank
US-amerikan. Schauspielerin, *30. 7. 1974 in Bellingham (Washington). Für »Million Dollar Baby«, ihre Darstellung einer Frau, die nur im Boxen eine Aufstiegschance sieht, erhielt sie 2005 den Oscar als beste Hauptdarstellerin. Die Schauspielerin arbeitete zunächst fürs Fernsehen und bekam 1994 ihre erste Filmhauptrolle (»Next Karate Kid«). In »Boys Don't Cry« verkörperte sie eine Außenseiterin, die beschließt, als Mann zu leben; diese Rolle brachte ihr 2000 nicht nur ihren ersten Oscar ein, sondern außerdem auch den Golden Globe.

Jamie Foxx
US-amerikan. Schauspieler und Musiker, *13. 12. 1967 in Terrel (Texas). Für seine Darstellung der Soul-Legende Ray Charles in »Ray« erhielt er 2005 als dritter afroamerikanischer Schauspieler den Oscar als bester Hauptdarsteller. Nach seinem Filmdebüt in »Toys« (1992) war er u. a. neben Tom Cruise als Chauffeur in »Collateral« (2004) zu sehen. Bekannt wurde der auch als Musiker erfolgreiche Foxx darüber hinaus als Stand-up-Comedian, seine »Jamie Foxx Show«, seit 1996 im Fernsehen, entwickelte sich zum erfolgreichen Quotenrenner.

ersten voll animierten Actionfilm, der sich, wie viele jüngere Animations-F., nicht mehr nur an Kinder, sondern auch an ein erwachsenes Publikum wandte.

www.ffa.de (Filmförderungsanstalt, Berlin)

➤ Kinos

Flick Collection

Vom 21.9. 2004 bis 28.3. 2005 wurde im Hamburger Bahnhof, dem Berliner Museum für Gegenwart, und in den angrenzenden Rieck-Hallen die umstrittene Ausstellung der F.C. des Kunstsammlers Friedrich Christian Flick gezeigt.

Die Sammlung: Die F.C. zählt zu den bedeutendsten Privatsammlungen zeitgenössischer Kunst, mit Werken von u.a. Marcel Duchamps, Alberto Giacometti, Richard Serra, Gerhard Richter, Bruce Naumann und Pipilotti Rist. Die mehr als 2 000 Objekte umfassende F.C. befindet sich als Leihgabe in der Obhut der Stiftung Preußischer Kulturbesitz (Berlin), die nach der ersten Präsentation von 400 Werken weitere Ausstellungen zusammenstellen wird.

Kritik: Die Kritik an der von Bund und Land geförderten Ausstellung entzündete sich an der heiklen Herkunft des Vermögens des Sammlers sowie dessen Umgang mit der NS-Vergangenheit: Friedrich Christian Flick ist Enkel und einer der Erben von Friedrich Flick, der während der NS-Zeit als Rüstungsindustrieller ein Vermögen verdiente, auch Zwangsarbeiter aus Konzentrationslagern beschäftigte und 1947 in den Nürnberger Kriegsverbrecherprozessen verurteilt wurde. Friedrich Christian Flicks Äußerung, er wolle der dunklen Seite seiner Familiengeschichte eine hellere hinzufügen, wurde ebenso als Reinwaschungsversuch bemängelt wie das Engagement des Bundes. Befürworter wandten dagegen ein, weder der Flick-Enkel noch die Sammlung könnten in Sippenhaft genommen bzw. stigmatisiert werden.

Einigung: Im Januar 2003 hatte sich Flick mit dem Berliner Senat und der Stiftung Preußischer Kulturbesitz vertraglich geeinigt, die Sammlung für mind. sieben Jahre in Berlin auszustellen. Flick und die Stiftung Preußischer Kulturbesitz übernahmen je die Hälfte der Kosten von insgesamt rund. 14 Mio. € für den Umbau der Hallen und die Miete der Museumsräume. Die für Flick günstigen Bedingungen galten Kritikern als Symptom für die wachsende Abhängigkeit öffentlicher Museen von Privatsammlern.

www.hamburgerbahnhof.de

Foto des Jahres

(World Press Photo Award), höchste Auszeichnung der Pressefotografie, die seit 1955 jährlich von einer internationalen Jury der World Press Photo Foundation vergeben wird

Zum World Press Photo des Jahres 2004 wählte die internationale Jury in Amsterdam im Frühjahr 2005 ein Bild des indischen Fotografen Arko Datta von der Agentur Reuters. Das Foto zeigt eine Frau, die sich nach der Tsunamikatastrophe

Foto des Jahres: Reuters-Fotograf Arko Datta machte diese Aufnahme einer trauernden Frau in Südindien nach dem Seebeben Ende Dezember 2004.

(→ Umwelt und Klima, Tsunami) voller Trauer um ihre getöteten Angehörigen zu Boden geworfen hat, und illustriert damit das Leid, das die Flutwelle Ende Dezember 2004 in Südostasien verursachte. Unter den fast 4 300 Wettbewerbsteilnehmern wurden auch dt. Fotografen prämiert. Michael Wolf erhielt für seine Fotoreportage »China - Fabrikhalle der Welt« den ersten Preis in der Kategorie »Fotoserien - Aktuelle Themen«.

Garnisonkirche Potsdam

Am 14. 4. 2005 wurde in Potsdam der Grundstein für den Wiederaufbau der G. P. gelegt. Sie war 60 Jahre zuvor, kurz vor Ende des Zweiten Weltkriegs, bei einem Angriff stark beschädigt und 1968 von der DDR-Regierung als »Symbol des preußischen Militarismus« gesprengt worden.

Konzept: Die Kosten für den Wiederaufbau der 1731-35 von Philipp Gerlach errichteten Barockkirche wurden auf 65 Mio. € geschätzt, die durch Spenden aufgebracht werden sollen. Die G. P. soll weitgehend originalgetreu rekonstruiert werden. Neben einer kirchlichen Nutzung ist die Einrichtung eines internationalen Versöhnungszentrums vorgesehen.

Kritik: Aufgrund der politischen Rolle der G. P. ist der Wiederaufbauplan umstritten. Kurz nach der Machtübernahme der Nationalsozialisten kam es am 21. 3. 1933, dem »Tag von Potsdam«, in der Kirche zu einem Handschlag zwischen Adolf Hitler und Reichspräsident Paul von Hindenburg. Dieser gilt als Schulterschluss zwischen Nationalsozialismus und Preußentum, das sowohl durch Hindenburg als auch durch die G. P. selbst verkörpert wurde, in deren Gruft die Hohenzollernkönige beigesetzt worden waren. Kritiker des Wiederaufbaus befürchteten, dass die neue G. P. Neonazis und Revanchisten anziehen könnte.

Holocaust-Mahnmal

Das zentrale dt. Mahnmal für die während der NS-Herrschaft (1933-45) ermordeten europ. Juden wurde am 10. 5. 2005 in Berlin eingeweiht.

Denkmal: Das H.-M. besteht aus einem von dem US-amerikanischen Architekten Peter Eisenman entworfenen Feld aus 2 711 unterschiedlich hohen Betonstelen und einem »Ort der Information«, der von der dt. Ausstellungsdesignerin Dagmar von Wilcken konzipiert wurde. Er führt das Ausmaß des Völkermords an den Juden vor Augen und macht den menschlichen Verlust anhand der Darstellung mehrerer Einzelschicksale ermessbar.

Holocaust-Mahnmal: Bundestagspräsident Wolfgang Thierse (links) und Bundespräsident Horst Köhler am 10. 5. 2005 im Stelenfeld des Holocaust-Mahnmals

Geschützte Orte: Um Neonazi-Aufmärsche am H.-M. und anderen Gedenkstätten zu verhindern, verschärfte der dt. Bundestag im März 2005 das Versammlungsrecht. Aufzüge an Gedenkstätten, die an die Opfer der NS-Herrschaft erinnern, können verboten werden, wenn sie die Würde der Opfer beeinträchtigen. Das Gesetz führt als einzigen Ort das H.-M. auf, die Bundesländer können weitere Gedenkorte benennen.

Weitere Erinnerungsorte: Zur Erinnerung an die von den Nazis ermordeten Sinti und Roma ist in Berlin ein Mahnmal geplant. Der Baubeginn nach einem Entwurf des israelischen Künstlers Dani Karavan verzögerte sich wegen eines Streits über die Inschrift des Denkmals. Der Bund stellt dafür 2 Mio. € zur Verfügung.

Den Tätern der NS-Vernichtungspolitik wendet sich die Stiftung Topographie des Terrors mit einem geplanten Dokumentationszentrum zu, das auf dem Gelände der ehemaligen Gestapo-Zentrale in Berlin-Mitte entstehen soll. Nachdem der bereits im Bau befindliche bisherige Entwurf von Peter Zumthor endgültig verworfen worden war, begann im April 2005 die erneute Auslobung des Bauwettbewerbs, der voraussichtlich bis Januar 2006 andauern wird.

Kinos

Bilanz: Die dt. Kinobetreiber und Verleiher erzielten 2004 dank ungewöhnlich erfolgreicher dt. Filme und eines starken K.-Sommers wieder höhere Umsätze (→ Film). Der Umsatz stieg um 5,1 % auf 892,9 Mio. €, was die Branche nach dem Vorjahr (-11,5 %) als großen Erfolg wertete.

Großkinos: 2004 wurden zwei neue Multiplexe eröffnet. Der Anteil der Großkinos am Gesamtumsatz stieg von 46,6 % auf 47,7 % an, und ihr Besucheranteil erhöhte sich von 44,1 % auf 45,3 %. Die Zuwächse verdankten sich den neuen Bundesländern, während im Westen leichte Rückgänge zu verzeichnen waren. Die Multiplexe setzten 2004/05 auf eine Programmerweiterung und mehr Service, um anspruchsvollere Filmfans sowie ältere Zuschauer, deren Anteil am Gesamtpublikum anstieg, anzusprechen.

Raubkopien: Die dt. Filmwirtschaft ging 2004/05 u. a. mit Strafanzeigen verstärkt gegen Raubkopien vor, die ihr laut eigenen Angaben 2004 einen Schaden von rund 1 Mrd. € zugefügt haben sollen. Allein von Januar bis März 2005 wurden 700 Verfahren eingeleitet und über 158 000 illegale Filmkopien sichergestellt. Aufgrund verschärfter Sicherheitsvorkehrungen nahmen 2004 die Filmdownloads vor Kinostart ab, insgesamt stiegen die Downloadzahlen aber weiter leicht an. Laut der dritten Brenner-Studie der Berliner Filmförderungsanstalt (FFA) enthielten die 45 Mio. DVDs, die von Januar bis Juni 2004 mit Inhalten bespielt wurden, zu 55 % ältere oder aktuelle Spielfilme, die wichtigsten Vorlagen waren bereits kopierte und Original-DVDs. Aus dem Internet wurden im ersten Halbjahr 2004 10,3 Mio. Filme heruntergeladen, eine Zunahme um 1,2 Mio. im Vergleich zum Vorjahr.

www.ffa.de (Filmförderungsanstalt, Berlin)

Kulturhauptstadt

Seit 1985 von der EU für ein Jahr benannte Stadt, die mit Kulturveranstaltungen die Vielfalt und die Gemeinsamkeiten des Kulturerbes in Europa dokumentieren und fördern soll

Zur europ. K. 2005 wurde Cork ernannt, die zweitgrößte Stadt Irlands, die auch kulturell vom irischen Wirtschaftsaufschwung profitierte.

Programm: Unter dem Motto »City of making« befassten sich viele Projekte mit den gesellschaftlichen Veränderungen und einem Blick in die Zukunft. Der Vergangenheit der traditionsreichen Stadt galt u. a. das Projekt »Oceans to the City«, das an den alten Hafen erinnerte, der sowohl neue Impulse ins Land brachte als auch viele Auswandererschiffe verabschiedete. In Retrospektiven wurden heimische Künstler wie der Neoklassizist James Barry gewürdigt. Dem Europagedanken war das ganzjährige Projekt »Vergrößerung!« gewidmet, an dem sich Künstler aus den neuen EU-Mitgliedsländern beteiligten.

Auswahl: Nach Jahren mit zwei oder mehreren K. sollte ab 2005 jeweils nur ein Land eine K. stellen, basierend auf einem 1999 festgelegten Rotationsverfahren. Aufgrund der Osterweiterung der EU wurde 2004 beschlossen, neben der K. aus einem alten EU-Land von 2009 bis 2018 jeweils eine Stadt aus einem neuen Mitgliedstaat hinzuzuwählen.

Deutsche Stadt: Deutschland wird 2010 neben Ungarn die K. stellen. Im innerdt. Bewerbungsverfahren setzten sich im Frühjahr 2005 Essen und Görlitz durch, über die endgültige Nominierung wird der Europ. Rat 2006 entscheiden.

www.cork2005.ie

Kunstmarkt

Der K. zeichnete sich 2004 durch, z. T. spektakuläre Preise und eine gute Käuferstimmung aus. Hochpreisige Kunst wurde als sichere Wertanlage angesehen, wobei attraktive Namen zogen. 40 % der weltweiten K.-Geschäfte wurden in den USA getätigt; als viel versprechende neue K. zeichneten sich 2005 der Nahe Osten und Asien ab.

Teuerste Kunst: Teuerstes Gemälde wurde 2004 Pablo Picassos frühes Werk »Garçon à la pipe« (1905), das mit einem Rekordzuschlag von 93 Mio. US-Dollar (mit Aufgeld 104 Mio. bei Sotheby's in New York) Vincent van Goghs »Porträt des Dr. Gachet« als teuerstes Bild der Auktionsgeschichte ablöste. Zum teuersten Möbelstück aller Zeiten avancierte das »Badminton Cabinet«, ein zwischen 1720 und 1732 gebauter Prachtschrank, den der liechtensteinische Fürst Hans-Adam II. für 27,63 Mio. € für das Museum Palais Liechtenstein in Wien erstand (bei Christie's in London). Die Gemälde-Topten beherrschten erneut Werke der Klassischen Moderne. Auf den Picasso folgten mit Abstand Paul Gauguins »Maternité II« (35 Mio. US-Dollar) und Amedeo Modiglianis »Jeanne Hébuterne« (28 Mio. US-Dollar). Wie im vergangenen

Kunstmarkt: die teuersten Bilder 2004

	Künstler	Werk (Entstehungsjahr)	Mio. US-Dollar
1	Pablo Picasso	Garçon à la pipe (1905)	93,0
2	Paul Gauguin	Maternité II (1899)	35,0
3	Amedeo Modigliani	Jeanne Hébuterne (1919)	28,0
4	Johannes Vermeer	Junge Frau am Spinett (um 1670)	26,1
5	Edouard Manet	Les courses au Bois de Boulogne (1872)	23,5
6	John Singer Sargent	Group with Parasols (1905)	21,0
7	Piet Mondrian	New York. 1941/Boogie Woogie (1941/42)	18,7
8	Claude Monet	Londres, le parlement, effet de soleil dans le brouillard (1904)	18,0
9	Mark Rothko	Nr. 6 (1954)	15,5
10	Claude Monet	Le bassin aux nymphéas (um 1917/19)	15,0

Quelle: Frankfurter Allgemeine Zeitung, 31.12.2004

Jahr befanden sich daneben ein Alter Meister, Jan Vermeers »Junge Frau am Spinett«, sowie ein Werk aus der zweiten Hälfte des 20. Jh., Mark Rothkos »Nr. 6«, unter den hochpreisigsten Gemälden. Neue Beliebtheit erlangten Werke der Surrealisten, deren Preise sowohl im Herbst 2004 als auch im Frühjahr 2005 anzogen.

Deutsche Auktionen: Der dt. K. wartete 2004 mit respektablen Ergebnissen auf, die beiden teuersten Gemälde gingen jedoch ins Ausland. Die Nummer eins auf dt. Auktionen, Kurt Schwitters' »Relief mit gelbem Viereck 2« (1928), verdoppelte mit erzielten 1,2 Mio. € den Auktionsrekord für den dadaistischen Künstler. Auch auf den folgenden Plätzen dominierten mit Picasso, Emil Nolde und Alexej von Jawlenski Vertreter der Klassischen Moderne; neben den Zeitgenossen Gerhard Richter und Keith Hearing kam mit Pieter Breughel d. J. zudem ein Alter Meister unter die Topten. Im Mai 2005 erzielte Max Beckmanns »Anni«, mit 3,9 Mio. € den höchsten Zuschlag, der je für ein Kunstwerk auf einer Auktion in Deutschland gezahlt worden ist.

Kunstraub: Zwei der berühmtesten Bilder des Norwegers Edvard Munch, »Der Schrei« (1893) und »Madonna« (1893/94), wurden am 22. 8. 2004 aus dem Osloer Munch-Museum gestohlen. Bis Mitte 2005 erzielte die Polizei zwar Teilerfolge bei der Fahndung nach den Tätern, konnte aber die Gemälde nicht aufspüren. Laut Schätzungen von Interpol werden jährlich weltweit 45 000 bis 60 000 Kunstwerke gestohlen, wobei insbesondere arme, aber an Kunstschätzen reiche Länder ausgeplündert werden. Wegen ihrer Berühmtheit unverkäufliche geraubte Gemälde kommen im Allgemeinen gegen ein »Lösegeld« zurück.

www.christies.com; www.sothebys.com; www.artloss.com (Register gestohlener und verlorener Kunstwerke); **www.lostart.de** (Auflistung der NS-Raubkunst)

Kunstmarkt: spektakuläre Kunstdiebstähle (Auswahl)

Jahr	Diebstahl
1911	Leonardo da Vincis »Mona Lisa« aus dem Pariser Louvre (1913 wieder aufgetaucht)
1934	Flügelbild des Genter Altars von Hubert und Jan van Eyck mit zwei Tafeln (Rückbild wurde nach sechs Wochen zurückgegeben, Vorderseite blieb verschollen)
1960	20 Gemälde der frühen Moderne aus einem Restaurant in Saint-Paul-de-Vence an der frz. Riviera, in dem die Maler in ihren Anfängen Mahlzeiten mit Bildern bezahlten (19 Bilder wurden zehn Monate später zurückgegeben)
1985	Neun Gemälde, u. a. »Impression, soleil levant« von Claude Monet, aus dem Pariser Marmottan-Museum (1990 wieder aufgetaucht)
1994	Gemälde von William Turner und Caspar David Friedrich aus der Frankfurter Schirn (2003 zurückgegeben)
1999	Gemälde von Rembrandt und Giovanni Bellini aus dem Kopenhagener Kunstmuseum (nach sieben Monaten zurück)
2004	Edvard Munchs »Der Schrei« und »Madonna« aus dem Osloer Munch-Museum

Literatur

Mit dem 2005 erstmals verliehenen Preis der Leipziger Buchmesse wurde im März 2005 in der Sparte Belletristik Terézia Mora für ihr Erstlingswerk »Alle Tage« ausgezeichnet. Der Roman der gebürtigen Ungarin handelt von einem entwurzelten Migranten, der versucht, wieder Herr über sein Schicksal zu werden. Den Sachbuch-Preis erhielt Rüdiger Safranski für seine zum 200. Todestag des Dichters erschienene Schiller-Biografie.

Geschichtserfahrungen: Die jüngere und jüngste Vergangenheit stand im Mittelpunkt einer Reihe von Neuerscheinungen des Winters 2004/05. »Tupolev 134« von Antje Rávic Strubel eröffnet anhand einer Geschichte um Liebe, Flucht und Verrat subtile Einblicke in das Leben in der DDR und Westberlins. NS-Zeit und Holocaust sind Bezugspunkte in Viola Roggenkamps Nachkriegserzählung »Familienleben« über eine dt.-jüdische Familie, in Dagmar Leupolds autobiografisch gefärbtem Roman »Nach den Kriegen«, der von der Spurensuche nach ihrem Vater erzählt, und in Eva Manesses anekdotisch erzähltem Roman »Vienna«.

Echolot: Im Frühjahr 2005, kurz vor dem 60. Jahrestag des Endes des Zweiten Weltkriegs, erschien »Abgesang '45. Ein kollektives Tagebuch«, der zehnte und letzte Band von Walter Kempowskis erfolgreichem »Echolot«. Minutiös hat Kempowski darin Zeugnisse aus den letzten Kriegstagen und den Tagen der Kapitulation zusammengetragen, Stimmen von Soldaten und Hausfrauen, Kriegsgefangenen und Zwangsarbeitern, Schriftstellern und Politikern, die die Erfahrung von Krieg und Gewalt zum Ausdruck bringen.

Literatur: bedeutende Literaturpreise (Auswahl)

Preis	Preisträger	Dotierung
aspekte Literaturpreis 2004	Thomas Stangl	7 500 €
Georg-Büchner-Preis 2005	Brigitte Kronauer	40 000 €
Preis der Leipziger Buchmesse 2005	Terézia Mora	15 000 €
Nobelpreis für Literatur 2004	Elfriede Jelinek	1,1 Mio. €
Booker-Preis für Literatur 2004	Alan Hollinghurst	75 000 €
Prix Goncourt 2004	Laurent Gaudé	10 €
Pulitzerpreis Belletristik 2005	Marilynne Robinson	10 000 US-$
Ingeborg-Bachmann-Preis 2005	Thomas Land	22 500 €
Friedenspreis des Deutschen Buchhandels 2005	Orhan Pamuk	25 000 €

Junge Protagonisten: Jugendliches Leiden an der Welt und Sinnsuche bestimmen Andreas Maiers Roman »Kirillow«, in dem religiöse Motive anklingen, ebenso wie in »Junges Licht« von Ralf Rothmann, einem Roman über das Ende einer Kindheit im Ruhrgebiet der 1960er-Jahre. Den vielfach thematisierten Generationenkonflikt, zumal den zwischen Alt-68ern und ihren Kindern, verknüpft Rainer Merkel in »Das Gefühl am Morgen« mit einer Liebesgeschichte, während Martina Hefter in ihrem ebenfalls zweiten Roman »Zurück auf Los« vom Ende einer Liebe und dem Erinnern erzählt.

Übersetzungen: Unter den Übersetzungen ragten im Frühjahr 2005 der Roman des türkischen Schriftstellers Orhan Pamuk »Schnee« heraus, der die Türkei als zwischen Tradition und Moderne zerrissenes Land zeichnet, sowie Jorge Sempruns wie stets verschachtelt erzählter und autobiografisch geprägter Spanien-Roman »Zwanzig Jahre und ein Tag«.

Mode

Der Umsatz des dt. Textileinzelhandels ging 2004 infolge der generellen Konsumzurückhaltung der Bevölkerung um 2% zurück (2003: 5%), wobei das gehobene Genre besser lief als das mittlere. Die im Vergleich zum Vorjahr geringeren Einbußen wurden auf das lebhaftere Weihnachtsgeschäft zurückgeführt.

Messekonkurrenz: Mit der Modemesse »B-In-Berlin«, die im Januar 2005 erstmals stattfand, erhielt die CPD (Collections Premieren Düsseldorf) im bislang wichtigsten dt. Modemessen-Standort Düsseldorf Konkurrenz. Berlin, wo sich bereits drei erfolgreiche Modemessen etabliert hatten – »Milk & Honey« mit städtischer M., die »Bread & Butter« für Jeansmode und »Premium Exhibition« für Designkollektionen – will mit pfiffigen, unkonventionellen Ansätzen an die Tradition der 1920er-Jahre anknüpfen, als die Stadt neben Paris und New York eine der wichtigsten Modemetropolen war. Düsseldorf hatte erst 2004 die Kölner Herren-Mode-Woche abgeworben, 2005 aber einige Aussteller an die neue Berliner Messe verloren.

Premium-Jeans: Im Gegensatz zu anderen gängigen Modeartikeln verzeichneten Jeans, insbesondere hochpreisige Jeans, 2004 Umsatzzuwächse. Die Mustang Bekleidungswerke, Nummer drei der Jeansanbieter auf dem dt. Markt, steigerten ihren Umsatz 2004 um 6% und ließen eine Kollektion von dem Schauspieler Til Schweiger entwerfen, die ab Sommer 2005 auf dem Markt war.

Lagerfeld bei H&M: Der schwedische, auf junge und preisgünstige M. spezialisierte Konzern Hennes & Mauritz bot im November 2004 eine eigens von Haute-Couture-Designer Karl Lagerfeld entworfene Kollektion aus Tages- und Abendmode an. Bereits nach zwei Tagen war das günstige Designersortiment ausverkauft, für das H&M seine bis dahin größte und teuerste Werbekampagne durchgeführt hatte.

Retro und Romantik: Die Pariser Couturiers bevorzugten 2005 für die Damen-M. eine feminine, elegant bis raffinierte Linie mit verspielten Details wie Schleifen und Rüschen, daneben aber auch mit Anklängen aus der Folklore. Auch in der Männer-M. war ein romantischer weiblicher Touch angesagt. Retro-Einflüsse blieben ein fester Bestandteil der M. Als Inspirationsquelle dienten v.a. die 1950er-Jahre, z.B. mit ausgestellten Röcken und Kleidern und Caprihosen.

Museen

Die dt. M. und Ausstellungshäuser verzeichneten 2003 (letztverfügbarer Stand) laut Institut für Museumskunde (Berlin) mit rund 104 Mio. Besuchern erneut einen Rückgang gegenüber dem Vorjahr (knapp 109 Mio.). Dies wurde vom Institut u.a. darauf zurückgeführt, dass vielen M. die Mittel fehlten, attraktive Sonderausstellungen zu zeigen. Da die M. infolge der sinkenden Kulturetats auch kaum noch Ankäufe finanzieren konnten, verstärkte sich die Zusammenarbeit mit privaten Sammlern. Zur Vielzahl der 2004/05 neu eröffneten M. trugen von Privatsammlern initiierte und finanzierte Museumsbauten bei.

Publikumsmagneten: Mit 1,2 Mio. Besuchern war die MoMA-Ausstellung in Berlin, die Präsentation berühmter Werke des Museum of Modern Art (New York) in der neuen Nationalgalerie, das Kunstereignis des Jahres 2004, wobei nicht nur die Bilder, sondern auch das MoMA selbst als Werbemagnet wirkte. Zu den erfolgreichsten Ausstellungen zählte auch die vom Kölner Museum Ludwig zusammen mit der Londoner Tate Modern ausgerichtete Retrospektive für den amerikanischen Realisten Edward Hopper, die Ende 2004 mehr als 358 000 Besucher anzog. Einen Rekordbesuch mit 860 000 Besuchern verzeichnete die Tutanchamun-Ausstellung in der Bonner Bundeskunsthalle.

Langen Foundation: Auf einer ehemaligen Raketenstation neben der Museumsinsel Hombroich errichtete der japanische Architekt Tadao Ando zwei asymmetrische Museumsbauten für die Sammlung von Marianne Langen, die japanische Kunst und Werke der Klassischen Moderne umfasst. Das 10 Mio. € teure M., das die Sammlerin finanzierte, wurde am 12.9. 2004 feierlich eingeweiht.

Sammlung Frieder Burda: Am 22.10. 2004 eröffnete Frieder Burda in Baden-Baden das von dem amerikanischen Architekten Richard Meier erbaute Museum für seine Kollektion be-

Museen: Blick in den großen Saal des Museumsneubaus für die Sammlung Frieder Burda in Baden-Baden

Museen: Ausstellungshighlights 2004/05

Cézanne: Den großen Einfluss des frz. Malers Paul Cézanne auf zeitgenössische Maler und seinen »Aufbruch in die Moderne« führte das Museum Folkwang in Essen in einer vergleichenden Schau von zehn Malern der Klassischen Moderne vor, die der Internationale Kunstkritikerverband AICA zur Ausstellung des Jahres ernannte (18. 9. 2004–16. 1. 2005).
Heisig: Anlässlich seines 80. Geburtstages würdigte die aus Museen und Privatsammlungen zusammengetragene Retrospektive »Die Wut der Bilder« das Lebenswerk Bernhard Heisigs. Die im März 2005 im Museum der bildenden Künste in Leipzig eröffnete Ausstellung kam im Juni nach Düsseldorf und im Oktober nach Berlin.
Die Brücke: Zum 100. Geburtstag der Künstlervereinigung »Die Brücke«, der bedeutende Expressionisten wie Ernst Ludwig Kirchner und Karl Schmidt-Rottluff angehörten, veranstalteten 2005 zahlreiche Museen Werkschauen. Das Museum Folkwang in Essen präsentierte Gemälde und Grafiken (25. 2.–15. 5.), die Kunsthalle Bremen Aktdarstellungen (8. 4.–12. 6.), die Neue Nationalgalerie in Berlin zeigte Gemälde, Zeichnungen und Druckgrafiken (7. 6.–11. 9.), und die Bielefelder Kunsthalle widmete sich Künstlerbildnissen (20. 11. 2005–26. 2. 2006).
Sigmar Polke: Das Kunsthaus Zürich zeigte mit 30 jüngeren Gemälden und einem Fotografie-Zyklus die erste gemeinsame Präsentation des malerischen und fotografischen Werks des dt. Künstlers (8. 4.–19. 6. 2005).
Die neuen Hebräer: Einen Überblick über 100 Jahre Kunst in Israel bzw. hebräisch-säkulare Kunst und israelische Kultur vermittelte der Martin-Gropius-Bau in Berlin. Glanzstück der Ausstellung war eine Tempelrolle aus Qumran (20. 5.–5. 9. 2005).

deutender Bilder des 20. Jh. Die Kosten in Höhe von 20 Mio. € wurden in vollem Umfang von der Stiftung Frieder Burda getragen, die auch für die laufenden Unterhaltskosten aufkommt.

Salzburg: Auf dem Mönchsberg in Salzburg wurde am 23. 10. 2004 das neue Museum der Moderne eröffnet. Das 21 Mio. € teure Haus, das von dem Münchner Architektenteam Klaus Friedrich, Stefan Hoff und Stefan Zwink stammt, bildet in seiner Schlichtheit einen Kontrapunkt zu den barocken Stadtbauten.

Leipzig: Als ersten großen Museumsbau in den neuen Bundesländern errichtete das Berliner Büro Hufnagel, Pütz, Rafaelian einen 74,5 Mio. € teuren Neubau für das Leipziger Museum der bildenden Künste. Das neue Haus für eine der ältesten Bürgersammlungen Deutschlands wurde am 4. 12. 2004, 61 Jahre nach der Zerstörung des ursprünglichen Gebäudes, eröffnet.

Stuttgart: Auf dem ehemaligen Schlossplatz in Stuttgart schufen die dt. Architekten Rainer Hascher und Sebastian Jehle einen mit Glas umhüllten Kubus, der seit März 2005 die Kunstsammlung der Stadt beherbergt.

MoMA: Zum 75-jährigen Jubiläum feierte das MoMA am 20. 11. 2004 nach seiner privat finanzierten, 858 Mio. US-Dollar teuren Umgestaltung und Erweiterung durch den japanischen Architekten Yoshio Taniguchi seine Wiedereröffnung.

www.museen.de (Daten über rund 10 000 dt.-sprachige Museen)

Musical

27 Uraufführungen in der Spielzeit 2003/04, so viele wie nie zuvor, belegten die anhaltende Popularität des M. im dt.-sprachigen Raum. Zwei Drittel der neuen M. kamen an öffentlich finanzierten Theatern heraus, ein Drittel war frei produziert.

Pinkelstadt: Die M.-Produzenten Andreas Gergen und Gerald Michel eröffneten am 7. 10. 2004 das Berliner Schlossparktheater mit »Pinkelstadt«, der europ. Erstaufführung einer erfolgreichen US-amerikanischen Politkomödie von Mark Hollmann und Greg Kotis um rationiertes Wasser und das Verbot privater Toiletten. Sie hatten Ende 2003 den Zuschlag für das leer stehende Theater bekommen, u. a. weil sie als Marketingpartner auf den starken Unterhaltungskonzern Stage Holding verweisen konnten.

Literaturadaptionen: Die Stage Holding des Niederländers Joop van den Ende, des Marktführers unter den M.-Produzenten in Deutschland, brachte am 3. 4. 2005 »3 Musketiere« heraus, die dt. Erstaufführung des Dumas'schen Mantel-und-Degen-Klassikers als Pop-M. mit der Musik von Rob und Ferdi Bolland. Es löste am Berliner Theater des Westens die Victor-Hugo-Adaption »Les Misérables« ab, die die Leser der Zeitschrift »musicals« 2004 zum M. des Jahres gewählt hatten. Am 24. 2. 2005 erlebte Gérard Presgurvics

v. a. an ein jugendliches Publikum gerichtete Version von »Romeo und Julia« am Wiener Raimund-Theater seine dt.-sprachige Erstaufführung. Eine weitere Literaturadaptionen bot »Frankenstein« nach Mary Shelleys Roman von 1818. Das M. von Stephan Kanyar und Michael Seyfried wurde am 19. 12. 2004 am Theater in Ingolstadt uraufgeführt.

Queen-Musical: Die anhaltende Beliebtheit der Freddie-Mercury-Band Queen greift das bereits in London erfolgreiche Queen-Musical »We Will Rock You« auf. Das Sciencefiction-M. von Ben Elton, an dem die beiden Queen-Musiker Brian May und Roger Taylor selbst mitgewirkt haben, erlebte am 12. 12. 2004 im Kölner Musical Dome seine dt. Premiere.

Musikmarkt

Der dt. M. verzeichnete 2004 einen moderaten Umsatzrückgang von 3,6 % (2003: –19,8 %), was die Branche als Konsolidierung wertete, die u a. auf die Konzentration auf das Kerngeschäft, eine verstärkte Nutzung der neuen Vertriebswege Internet und Handy sowie die Etablierung eines legalen M. im Internet zurückging.

Bilanz: Laut Statistik des Bundesverbandes der Phonographischen Wirtschaft (Hamburg), der 91 % des dt. M. repräsentiert, sank der Umsatz im dt. Tonträgermarkt 2004 auf 1,59 Mrd. € (2003: 1,65 Mrd.); der gesamte Musikumsatz lag bei geschätzten 1,7 Mrd. €. Mit 178,5 Stück wurden 2,6 % weniger Musikmedien verkauft als im Vorjahr (2003: –18,2 %). Den größten Zuwachs verzeichneten DVD-Musikvideos, die erstmals die 10-Mio.-Marke überschritten. Nach Jahren des Rückgangs blieb 2004 der Absatz von CD-Alben, der umsatzstärksten Tonträger, mit 133,1 Mio. Stück gegenüber dem Vorjahr nahezu konstant (–0,4 %). Dafür ging die Zahl der verkauften CD-Rohlinge, die anschließend mit Musik bespielt wurden, laut Gesellschaft für Konsumforschung (GfK, Nürnberg) leicht auf 316 Mio. zurück (2003: 325 Mio.). Nach wie vor galt in der Branche das CD-Kopieren, bei dem oft illegale Quellen genutzt werden, als größtes Wachstumshemmnis, was 2004 zum Abbau von rund 1 500 Arbeitsplätzen führte (→ Computer und Telekommunikation, CD).

Illegale Angebote: 2004 wurden laut GfK in Deutschland 383 Mio. Titel kostenlos von Tauschbörsen und 84 Mio. Titel von Homepages heruntergeladen. Die Musikbranche ging verstärkt gegen illegale Musikangebote vor: In Deutschland wurden 2004 rund 400 Strafanzeigen gestellt, die ersten Verfahren endeten zumeist mit der Zahlung von Schadenersatz. In den USA wurden insgesamt mehr als 8 000 Musiktauscher verklagt. Sie suchten sich allerdings neue Wege wie E-Mail und Instant Messaging oder Peer-to-Peer-Programme, die Daten nicht nur direkt von Nutzer zu Nutzer, sondern auch verschlüsselt übertragen.

Legale Onlineangebote: Weltweit investierte die Musikbranche verstärkt in eigene Onlinedienste. Ihre Anzahl stieg laut der International Federation of the Phonographic Industry (IFPI) innerhalb eines Jahres von 50 auf 230 Anfang 2005, gleichzeitig verzehnfachte sich in den USA und Europa die Zahl der legalen Downloads. In Deutschland bestanden Anfang 2005 rund 30 legale Angebote. Den Durchbruch für legale Down-

Musikmarkt: die erfolgreichsten Titel in Deutschland 2004

	Singles (Interpret/-in)	Longplays (Interpret/-in)
1	Dragostea Din Tei (O-Zone)	Anastacia (Anastacia)
2	Lebt denn der alte Holzmichl noch? (De Randfichten)	Feels Like Home (Norah Jones)
3	Yeah (Usher feat. Lil'Jon & Ludacris)	Herz (Rosenstolz)
4	F**k It/ Don't Want You Back (Eamon)	Die Reklamation (Wir sind Helden)
5	Can't Wait Until Tonight (Max)	Folklore (Nelly Furtado)
6	Shut Up (The Black Eyed Peas)	Dick This! (Dick Brave & The Backbeats)
7	Augen auf! (Oomph!)	Greatest Hits (Robbie Williams)
8	Obsession (Aventura)	Life For Rent (Dido)
9	Dragostea Din Tei (Haiducii)	Live Summer 2003 (Robbie Williams)
10	I Don't Wanna Know (Mario Winans feat. Enya & P.D.)	Fallen (Evanescence)

Quelle: Media Control

loads hatte die Computerfirma Apple mit ihrem Musikshop iTunes erreicht, der bis Ende 2004 weltweit mehr als 200 Mio. Stücke über das Internet absetzte. Hingegen musste Phonoline, das im März 2004 gestartete gemeinsame Onlineangebot der dt. Musikwirtschaft, nach nur einem halben Jahr aufgeben und soll in Musicload aufgehen. Für Ende 2005 kündigte Napster, einst als Tauschbörse gestartet und nach juristischen Auseinandersetzungen in ein legales Angebot umgewandelt, den Start eines Abo-Dienstes in Deutschland an, wie es ihn bereits in den USA und Großbritannien gibt. Für eine Gebühr von 10 bis 15 US-Dollar im Monat bekommen die Nutzer Zugang zu 1 Mio. Songs.

Popquote: Nachdem die dt. Musikwirtschaft eine Radioquote verlangt hatte und rund 500 Künstler eine entsprechende Petition unterzeichnet hatten, forderte der dt. Bundestag im Dezember 2004 die Rundfunkanstalten zu der freiwilligen Selbstverpflichtung auf, dt. und dt.-sprachiger Musik einen Anteil von 35 % zu gewähren. Die Musikbranche begründete ihren Vorstoß u. a. damit, dass dt. Künstler in den Charts weitaus stärker vertreten seien als unter den im Radio gesendeten Titeln, und verwies auf Frankreich, wo seit 1994 eine nationale Liederquote besteht. Die Rundfunkanstalten lehnten eine Quote als Eingriff in ihre Programmautonomie ab.

Musikpreise: Der große Sieger der 47. Grammy-Verleihung, der »Oscar-Nacht« der Musikindustrie, wurde im Februar 2005 die Soul-Legende Ray Charles: Der Sänger, der am 10. 6. 2004 gestorben war, erhielt posthum acht Grammys. Bei der Verleihung des dt. Musikpreises Echo, der sich an Chartplatzierungen und Verkaufszahlen orientiert, wurden im April 2005 in der Kategorie Pop Anastacia, Annett Louisan, Robbie Williams und Gentleman ausgezeichnet. Die Awards des Fernsehsenders MTV gingen im September 2004 u. a. an Britney Spears und Usher sowie an das HipHop-Duo Outkast.

Oper

Zum »Opernhaus des Jahres« bestimmten Kritiker der Fachzeitschrift »Opernwelt« 2004 keine einzelne Bühne, sondern das dt. Stadttheater in seiner Gesamtheit, um das hohe Niveau sowie die Risikobereitschaft und Neugier an den Opernhäusern zu würdigen.

Uraufführungen: Eine späte Uraufführung erfuhr die komische O. »Der Onkel aus Boston« (1824) von Felix Mendelssohn Bartholdy am 3. 10. 2004 in der Essener Philharmonie. Ihr Dirigent, Helmuth Rilling, hatte die Partitur in der Staatsbibliothek Berlin entdeckt. In »Purcells Traum von König Artur« verknüpft Tankred Dorst Altes, nämlich Henry Purcells Barockoper »King Arthur«, mit Gegenwärtigem, der skrupellosen Welt der Manager und Spekulanten. David Mouchtar-Samorai inszenierte die Wiesbadener Uraufführung von Oktober 2004. Auf ein Renaissance-Stück geht die schauerromantische Krimigroteske »Vipern« von Christian Jost zurück, die Eike Grams an der Dt. Oper am Rhein am 21. 1. 2005 uraufführte. Die Musik von Josts erster O. ist von einer pragmatischen Moderne geprägt, wohingegen sich die im Sommer 2004 in Schwetzingen bzw. München uraufgeführten Werke »Der gute Gott von Manhattan« von Adriana Hölszky und die Walter-Benjamin-O. »Shadowtime« von Brian Ferneyhough durch einen hohen Abstraktionsgrad sowie düstere Endzeitvisionen auszeichnen.

Wiederentdeckung: Das Landestheater Neustrelitz zeigte als dt. Erstaufführung die »Salomé« des frz. Komponisten Antoine Mariotte, die nahezu zeitgleich mit der Partitur von Richard Strauss entstanden ist, in Deutschland aus aufführungsrechtlichen Gründen aber nie gespielt wurde.

Neue Interpretationen: Um die Dialektik religiöser Wahrheiten und ihren Stellenwert in heutiger Zeit ging es Regisseur Peter Konwitschny und Dirigent Ingo Metzmacher in einer ihrer letzten gemeinsamen Inszenierungen an der Hamburger Staatsoper: Arnold Schönbergs unvollendeter O. »Moses und Aron«. Als Täterin und Opfer zugleich zeigte Hans Neuenfels in seiner ersten Arbeit für die Komische Oper Berlin die Titelheldin aus Dmitri Schostakowitsch' »Lady Macbeth von Mzensk«. Als Popidole von heute führte David Hermann die Protagonisten der ältesten erhaltenen O. vor, Monteverdis »Orfeo« (Oper Frankfurt). Während der von der »Opernwelt« auf Rang zwei gesetzten Staatsoper Stuttgart mit ihrem »Wildschütz« (Regie: Nigel Lowery) die Übertragung einer Albert-Lortzing-O. in die Gegenwart gelang, überfrachtete Katharina Wagner, Tochter und Wunschnachfolgerin von Wolfgang Wagner in Bayreuth, den »Waffenschmied« mit ihrer Deutung als Geschichtspanorama vom Vormärz bis zum Ersten Weltkrieg (Gärtnerplatz Theater München).

RAF-Ausstellung

Vom 29. 1. bis 16. 5. 2005 wurde in den Berliner KunstWerken die umstrittene Präsentation »Zur Vorstellung des Terrors: Die RAF-Ausstellung« der Kuratoren Klaus Biesenbach, Ellen Blumenstein und Felix Ensslin gezeigt.

Kritik: Im Vorfeld hatte sich an dem Projekt, das u. a. nach der Nachwirkung der Roten Armee Fraktion (RAF) fragen wollte, eine heftige Debatte entzündet. Nach Protesten von Angehörigen der RAF-Opfer und Politikern, die eine Mythisierung der RAF befürchteten, wurde die Ausstellung konzeptionell neu ausgerichtet und - nach der Aufkündigung von Mitteln aus dem Hauptstadtkulturfonds - vorwiegend privat finanziert.

Ausstellung: Die Präsentation konzentrierte sich darauf, wie die Medien den Terror der RAF darstellten und wie Künstler in ihren Werken auf die Medienbilder reagierten. Neben entlarvenden Kunstwerken fanden sich, wie Kritiker anmerkten, andere, die der damaligen Selbstinszenierung der Terroristen folgten. Bemängelt wurde zudem, dass die Täter eindeutig im Mittelpunkt stünden.

Stiftungen

Mit 852 Neugründungen entstanden 2004 in Deutschland so viele neue S. wie nie zuvor (2003: 784). In den alten Bundesländern wurden 761 S. neu errichtet, in den neuen 64 und in Berlin 27. Die Gesamtzahl der S. stieg auf 12 940.

Neue Anreize: Der Bundesverband Dt. Stiftungen (BDS, Berlin) führte den Boom auf die 2000 und 2002 in Kraft getretenen Vereinfachungen im Stiftungsrecht und die Schaffung stärkerer Steueranreize zurück. Er forderte aber weitere steuerrechtliche Reformen, um die Einbringung großer Summen in S. zu fördern. Etwa ein Drittel aller S. verfügte nur über das erforderliche Grundkapital von 50 000 € oder wenig mehr.

Zwecke: Der BDS schätzte, dass die S. jährlich mind. 15 Mrd. € für gemeinnützige Zwecke ausgeben. Gut ein Drittel aller S. engagierte sich im sozialen Bereich, ein weiteres Drittel förderte Kunst, Kultur und Wissenschaft.

Bürgerstiftungen: Mit 30 Neugründungen wuchs 2004 die Zahl der Bürgerstiftungen, die von Bürgern für Bürger lokal begrenzt errichtet wurden, auf 84 an, die insgesamt über ein Stiftungskapital von 37,8 Mio. € verfügten.

Bekanntheit: Trotz des Booms waren S. in Deutschland wenig bekannt, wie eine im März 2005 von der Bertelsmann Stiftung vorgestellte Emnid-Studie ergab. Nur die Hälfte der Befragten kannte eine S., ein Viertel konnte keine S.-Zwecke benennen, und die meisten wussten nicht, dass dem Stifter das an die S. übertragene Kapital nicht mehr zur Verfügung steht.

www.stiftungen.org (Bundesverband Dt. Stiftungen)

Theater

Zum »Theater des Jahres« kürte das Fachmagazin »Theater heute« im Sommer 2004 das Berliner »Hebbel am Ufer« (HAU), den knapp ein Jahr alten Zusammenschluss von Hebbeltheater, Theater am Halleschen Ufer und Theater am Ufer. Offen für alles Neue, entwickelte sich das HAU unter Matthias Lilienthal zum dt. Zentrum der internationalen freien Performance-Szene und zeigte u. a. im Frühjahr 2005 »Call Cutta«, ein Projekt der Gruppe Rimini Protokoll, das sich um Callcenter und die vermeintliche Nähe der jedoch in Kalkutta sitzenden Gesprächspartner dreht.

Berliner Treffen: Das Berliner Theatertreffen im Mai 2005, das herausragende Leistungen des dt.-sprachigen T. präsentierte, wandte sich mit Andreas Kriegenburgs Inszenierung von Friedrich Hebbels »Nibelungen« (Münchner Kammerspiele) einem 2004 mehrfach aufgegriffenen Stoff zu: dem Mythos der Nibelungen und seiner Rezeption. Männliche Rollen hinterfragte Michael Thalheimer in seiner Sicht auf Frank Wedekinds »Lulu« (Thalia Theater Hamburg), während Jürgen Gosch Edward Albees »Wer hat Angst vor Virginia Woolf?« als Beziehungshölle vorführte (Dt. Theater Berlin). Mit »Homo Faber« nach Max Frisch (Regie: Stefan Pucher) und »Elementarteilchen« (Regie: Johan Simons) nach der Romanvorlage von Michel Houellebecq zeigte das Schauspielhaus Zürich gleich zwei der zurzeit auf vielen Bühnen bevorzugten Roman- oder Filmadaptionen.

Schiller: Zum Schiller-Jahr 2005 bot u. a. der »Don Carlos« Stoff zu einer Auseinandersetzung. Andrea Breth, deren Burgtheater-Inszenierung beim Berliner Theatertreffen aus bühnentechnischen Gründen nur als Film zu sehen war, und Wilfried Minks Version (Schauspielhaus Hannover) stellten die Deformation der Menschen durch Macht bzw. ihr Streben nach Macht heraus.

Theater: Theaterskandal um die »Weber«

Volker Löschs Inszenierung von Gerhart Hauptmanns »Die Weber« am Dresdener Staatsschauspiel, die das Weber-Elend des 19. Jh. mit der Situation heutiger Arbeitsloser verknüpfte, löste nach der Premiere im Oktober 2004 einen handfesten Skandal mit zeitweiligem Aufführungsverbot aus. Lösch hatte einen »Chor der Arbeitslosen« eingefügt, der in Stammtischmanier abfällige Bemerkungen über Politiker sowie über Sabine Christiansen abgab.
Nachdem zuerst die TV-Moderatorin eine Unterlassungsklage angestrengt hatte, die das Gericht aber mit Verweis auf die künstlerische Freiheit abwies, versuchte der Verlag Felix Bloch Erben, der die Urheberrechte an dem Drama besitzt, wegen nicht genehmigter umfangreicher Änderungen am Originaltext ein Aufführungsverbot zu erwirken. Im Mai 2005 akzeptierte der Verlag eine Unterlassungserklärung des Staatsschauspiels, sodass das Stück mit Ausnahme zweier beanstandeter Passagen wieder gespielt werden konnte.

Mülheimer Treffen: Den Dramatikerpreis der 30. Mülheimer Theatertage, dem Forum dt. Gegenwartsdramatik, gewann im Juni 2005 Lukas Bärfuss mit »Der Bus (Das Zeug einer Heiligen)«, einem Stück um eine starke, glaubensfeste Frau, deren Weg nach Tschenstochau zum Stationendrama wird. Theresia Walsers neues Stück, »Die Kriegsberichterstatterin«, nach der wegen künstlerischer Differenzen in Konstanz geplatzten Premiere am Bayerischen Staatsschauspiel uraufgeführt, zeigt ein heiteres Betriebsfest, hinter dessen Fassade Intrigen und Ängste aufbrechen. Dem von Dramatikern eher selten behandelten Thema der Massenarbeitslosigkeit und der verzweifelten Suche nach Auswegen widmet sich Fritz Kater in »3 von 5 Millionen«. Als Liebes- und Rachedrama, mit filmähnlicher Dramaturgie in Zeitsprüngen erzählt, kommt Roland Schimmelpfennigs »Die Frau von früher« daher. Außer Konkurrenz wurde »Untertagblues« von Peter Handke gezeigt, ein Stück um einen seine Umwelt beschimpfenden, aber schließlich geretteten wilden U-Bahnfahrer.

Weitere Uraufführungen: Traumrollen für zwei große Schauspielerinnen bietet »Die eine und die andere« von Botho Strauß: In der Uraufführung am Münchner Residenztheater glänzten Cornelia Froboess und Gisela Stein, am Berliner Ensemble Jutta Lampe und Edith Clever. Das neue Stück der Literaturnobelpreisträgerin Elfriede Jelinek, »Babel«, von Nicolas Stemann im Mai 2005 am Wiener Akademietheater uraufgeführt, dreht sich um Abu Ghreib und Kannibalismus, v. a. aber um Sprache und ihre medialen Bilder.
www.theaterheute.de; www.stuecke.de

The Gates

Rund. 2 Mio. Menschen schritten im Februar 2005 im New Yorker Central Park das Kunstprojekt »The Gates« (engl.; die Tore) von Christo und Jeanne-Claude ab.

Freilichtkunstwerk: Das Künstlerpaar hatte auf einer Strecke von 37 km 7 500 Tore aufstellen lassen, von denen gut 2 m lange, safrangelb leuchtende Stoffbahnen herabhingen. Die Tore ermöglichten ein neues Raumgefühl in dem 1858 angelegten Park und ließen eine Landschaft entstehen, in der sich Kunst und Natur belebten.

Kosten: Die 16 Tage währende Installation kostete knapp 16 Mio. €, die das Künstlerpaar durch den Verkauf von Christos Entwürfen und Skizzen zu »The Gates« allein aufbrachte. Der Stadt, die das Projekt beim ersten Antrag 1981 nicht genehmigt hatte, brachte das Kunstwerk in der touristenarmen Winterzeit einen Besucherboom und zusätzliche Einnahmen von rund 60 Mio. €.

Unwort des Jahres

Sprachlicher Missgriff in der öffentlichen Diskussion, seit 1991 von Sprachwissenschaftlern und Journalisten aus Einsendungen von Bürgern bestimmt

Zum Unwort 2004 bestimmte die Jury um den Sprachwissenschaftler Horst Dieter Schlosser den Begriff »Humankapital«, da er Menschen als nur wirtschaftlich interessante Größen sehe. In den Wirtschaftswissenschaften sei die Bezeichnung zwar legitim, doch da sie mittlerweile in vielen Bereichen des gesellschaftlichen Lebens verwendet werde, fördere sie eine primär ökonomische Bewertung aller Lebensbezüge.

Weitere Fehlgriffe: Auf Rang zwei kam »Begrüßungszentren«, da das Wort die mit ihm gemeinten Auffanglager für Flüchtlinge verniedliche. Auf Platz drei setzte die Jury »Luftverschmutzungsrechte«, weil der Begriff dazu beitrage,

Unworte des Jahres

Jahr	Begriff	Jahr	Begriff
2004	Humankapital	1998	sozialverträgliches Frühableben
2003	Tätervolk		
2002	Ich-AG	1997	Wohlstandsmüll
2001	Gotteskrieger	1996	Rentnerschwemme
2000	national befreite Zone	1995	Diätenanpassung
1999	Kollateralschaden		

Quelle: Gesellschaft für dt. Sprache (Wiesbaden)

Treibhausgase aufgrund des rechtlich geregelten Handels für unbedenklich zu halten.

Kritik: Die Wahl des Unwortes 2004 stieß auf Kritik, weil die Bezeichnung »Humankapital« von Ökonomen und Politologen eingeführt worden war, um gerade auf die Bedeutung des Menschen im Wirtschaftsprozess hinzuweisen.

Auswahl: Die Wahl orientiert sich an sprachkritischen Maßstäben, die auf eine sachliche Unangemessenheit oder eine Verletzung der Menschenwürde abzielen, nicht an der Häufigkeit der Nennung. Unter den knapp 2200 Einsendungen kamen 2004 die Begriffe »Hartz IV« (Wort des Jahres 2004), »Kopfpauschale« und »Trainerfindungskommission« am häufigsten vor. Seit 1994 wählt die Jury das U. d. J. unabhängig von der Gesellschaft für dt. Sprache, die den Wettbewerb 1991 initiierte.

www.unwortdesjahres.org

Weltkultur- und Naturerbe

Im Sommer 2004 wurden 34 Kultur- und Naturdenkmäler in die Liste des W. u. N. aufgenommen, die damit auf 788 schützenswerte Stätten in 134 Ländern anstieg, darunter 30 in Deutschland, acht in Österreich und sechs in der Schweiz.

Verpflichtungen: Mit der Benennung von Denkmälern für die Liste, die von der UNESCO (Paris) geführt wird, verpflichten sich die Staaten, dieses Erbe zu erhalten. Ärmeren Ländern stehen Finanzhilfen aus dem Welterbefonds zu, in den jährlich etwa 4 Mio. US-Dollar aus Pflicht- und freiwilligen Beiträgen der Mitgliedstaaten fließen.

Deutsche Aufnahmen 2004: 2004 wurde das Dresdner Elbtal als Kulturlandschaft mit der Dresdner Altstadt als Mittelpunkt in die Liste aufgenommen. Zum W. u. N. zählen auch das Rathaus mit Rolandstatue in Bremen als Wahrzeichen der Entwicklung der Hanse, der Bremen ab 1358 angehörte, sowie der Muskauer Park an der dt.-polnischen Grenze.

Rote Liste: 2004 setzte das Welterbekomitee den Kölner Dom auf die Rote Liste der bedrohten Weltkulturerbe-Stätten, da die Sichtachse auf den Dom und damit die Kölner Stadtsilhouette durch geplante Hochhausbauten gefährdet sei. Die Rote Liste umfasste Anfang 2005 35 durch Krieg, Verfall, Naturkatastrophen oder Bauvorhaben bedrohte Denkmäler.

www.unesco.de

Wort des Jahres

Seit 1971 von der Gesellschaft für dt. Sprache (GfdS, Wiesbaden) gewählter Begriff, der eine charakteristische Entwicklung oder Strömung der letzten zwölf Monate bezeichnet

Die GfdS kürte im Dezember 2004 »Hartz IV« zum Wort 2004. Die Bezeichnung für die am 1. 1. 2005 in Kraft getretene Zusammenlegung von Arbeitslosen- und Sozialhilfe sei zu einem der meistgebrauchten Begriffe der öffentlichen Diskussion geworden und habe sich in Wendungen wie »verharzter Sommer« bereits verselbständigt, begründete die Jury ihre Wahl.

Nächstplatzierte: Auf Rang zwei kam mit »Parallelgesellschaft« ein Begriff aus der Debatte um Integration bzw. Nicht-Integration muslimischer Ausländer in Deutschland. Platz drei nahm »Pisagebeutelte Nation« ein, eine Reaktion auf das schlechte dt. Abschneiden bei den Pisa-Bildungstests.

www.gfds.de/woerter.html

Worte des Jahres

Jahr	Begriff
2004	Hartz IV
2003	altes Europa
2002	Teuro
2001	11.September
2000	Schwarzgeldaffäre
1999	Millennium
1998	Rot-Grün
1997	Reformstau
1996	Sparpaket
1995	Multimedia

Quelle: Gesellschaft für dt. Sprache (Wiesbaden)

Medien

Digitalfernsehen

(DVB, engl.: Digital Video Broadcasting), die Übertragung von TV-Signalen mit digitaler statt analoger Technik. Die Signale werden codiert, komprimiert und blockweise übertragen, sodass mehr Platz für mehr Programme zur Verfügung steht. Außerdem werden Zusatzinformationsdienste wie Fahrplan-, Veranstaltungs- und Wetterauskünfte sowie elektronischer Einkauf (E-Commerce) und elektronische Bankgeschäfte (E-Banking) möglich.

Im April 2005 konnten in Deutschland nach Angaben der AGF/GfK-Fernsehforschung 6,16 Mio. Haushalte D. empfangen, was einem Jahreszuwachs von 60,4 % entsprach. Über angeschlossene Digitalreceiver verfügten damit 17,7 % aller dt. TV-Haushalte. Der Nutzungsgrad des D., das bis 2010 das analoge Fernsehen in Deutschland schrittweise ablöst, lag bei 12,1 % aller TV-Zuschauer.

Unterschieden wird je nach Übertragungs- und Empfangsart zwischen DVB-C (per Kabel), DVB-S (per Satellit) und DVB-T (terrestrisch über Zimmer- oder Dachantenne). Zum Empfang des D. wird ein zusätzlicher Decoder (Set-Top-Box; Kosten: ab 60 €) benötigt.

DVB-C: Der Kabelbetreiber ish begann Ende 2003 in der Region Rhein-Ruhr für 500 000 Haushalte mit digitalem Abo-Fernsehen via Breitbandkabelanschluss. Anfang 2005 umfasste das Kabel-TV-Angebot neben bis zu 37 analogen Programmen auch weitere 23 digitale Sender, zudem konnten bis zu 36 weitere Programme (z. B. Familien-, Action- und Erotiksender) und Spielfilme im Pay-per-View-Verfahren (Bestellung und Bezahlung einzelner Filme) abonniert werden. DVB-C bietet außerdem 34 Audio-Programme sowie High-Speed-Internet, Telefon und interaktive Dienste (→ Interaktives Fernsehen). Anfang 2005 betrug die monatliche Kabelgebühr 14,50 € (zzgl. Rundfunkgebühren), die monatlichen Abonnementkosten begannen bei 3 €.

DVB-S: Im Gegensatz zu DVB-C fallen beim D. per Satellit keine weiteren monatlichen Gebühren an, der Nutzer benötigt jedoch eine Satellitenempfangsanlage mit Universal-LNB (Low Noise Blockconverter). Anfang 2005 konnten die rund 15 Mio. Satellitenhaushalte in Deutschland flächendeckend 150 Programme empfangen, in den nächsten Jahren soll das Angebot auf über 1 000 digitale TV- und Radiosender ausgeweitet werden. Pay-per-view bzw. Video-on-demand können per Satellit ebenso genutzt werden wie HDTV (→ Hochauflösendes Fernsehen). Telefonieren und Internetzugang wie bei DVB-C sind über Satellit nicht möglich.

DVB-T (auch Überall-Fernsehen): DVB-T löst schrittweise das analoge Antennenfernsehen ab, kann mit (integriertem) Decoder und einer normalen Antenne empfangen werden und eignet sich daher auch für die Nutzung im Freien. Monatliche

Gebühren zusätzlich zur Rundfunkgebühr fallen nicht an. DVB-T bietet 24 digitale Programme, ist allerdings auf die Ballungsräume beschränkt. In den Kernzonen reicht eine Zimmerantenne zum Empfang aus, in den Randgebieten der Zentren ist eine Außen- oder Dachantenne nötig. Eine flächendeckende Einführung von DVB-T ist aus Kostengründen nicht geplant.

Terrestrisches Digitalfernsehen kann auch mit dem Computer genutzt werden, wenn der PC über eine entsprechende PCI-Steckkarte oder einen externen Receiver mit USB-Anschluss verfügt (Kosten: ab 80 €). Alternativ kann der Computer direkt mit den neuartigen DVB-T-tauglichen TV-Geräten verbunden werden. Sendungen können auf dem PC gespeichert und zeitversetzt abgespielt werden.

DVB-H: Durch die Digitalisierung der übertragenen Signale wird auch die Verbindung von Fernsehen und Mobilfunk möglich. Beim DVB-H (Digital Video Broadcast-Handheld) können TV-Programme auf dem Handy empfangen werden. Die neue Sendetechnik wurde in Berlin im Rahmen des weltweit ersten DVB-H-Pilotprojekts getestet. Dieses sog. BMCO-Projekt (Broadcast Mobile Convergence) wurde im Oktober 2004 beendet und positiv beurteilt. Dabei wurden TV-Signale auf das Handy übertragen, und es gab per Mobilfunk einen Rückkanal zum interaktiven Austausch.

www.digiTV.de; www.dvb-t-portal.de; www.dvb-t.infosat.info; www.ueberall-TV.de

Digitalradio

Die Zukunft des D. in Deutschland wurde 2004/05 kontrovers diskutiert. Einig waren sich die Landesmedienanstalten, dass die Zukunft des Hörfunks in der Digitaltechnik liege, einige Landesmedienanstalten bezweifelten jedoch die Tauglichkeit der seit Jahren mit Millionenaufwand geförderten Übertragungstechnik DAB (Digital Audio Broadcasting). Insbesondere wurde die fehlende Akzeptanz bei den Nutzern hervorgehoben, die weiterhin auf analogen UKW-Empfang der Sender setzen.

Vor- und Nachteile: Digitaler Hörfunk bietet einen qualitativ besseren Empfang als analoges Radio und zudem mehr Programme. Außerdem sind Zusatzdienste (Wetter- und Verkehrsfunkinformationen) möglich; über Displays können Texte, Bilder und Grafiken angezeigt werden. Um den digitalen Hörfunk nutzen zu können, werden digitaltaugliche Endgeräte benötigt. Mobile Digitalradios waren Anfang 2005 ab etwa 150 € zu haben, Autoradios ab 250 €.

Übertragungssysteme: Die Technische Kommission der Landesmedienanstalten (TKLM) führte Anfang 2005 eine vergleichende Bewertung der in Deutschland verfügbaren digitalen terrestrischen Übertragungssysteme DAB, DMB (Digital Multimedia Broadcasting), DVB-T

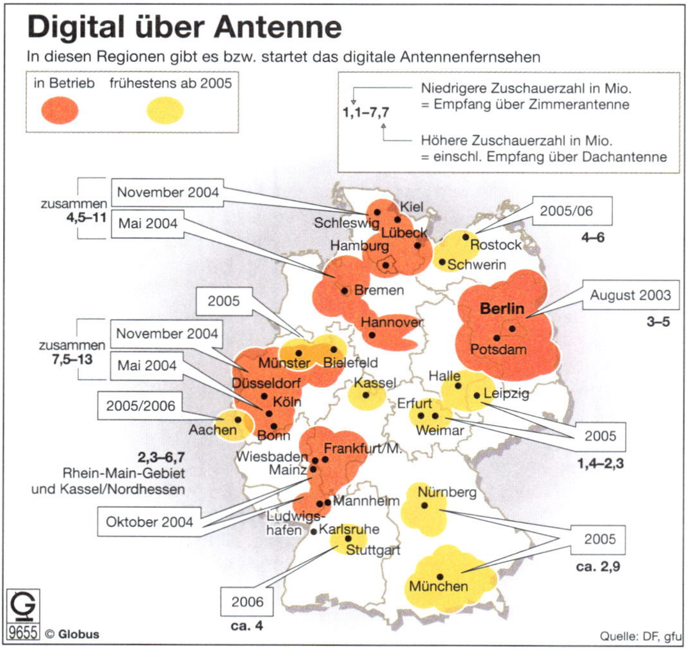

bzw. DVB-H (Digital Video Broadcasting-Terrestrial bzw. -Handheld) durch, um ihre Eignung für die UKW-Hörfunkstrukturen (bundesweit, landesweit, regional, lokal) zu prüfen. Für die Digitalisierung unter Regelbetriebsanforderungen stand Anfang 2005 laut TKLM aber nur das standardisierte DAB mit allen Komponenten zur Verfügung.

➤ Computer und Telekommunikation, Digitalradio

Einschaltquoten

RTL musste seinen bisherigen Spitzenplatz bei den E. 2004 an die ARD abgeben. Der Kölner Privatsender büßte 1,1 Prozentpunkte ein, kam im Jahresmittel auf 13,8 % und lag damit knapp vor den Dritten Programmen der ARD (13,7 %) und dem ZDF, das um 0,4 Prozentpunkte gegenüber 2003 auf 13,6 % zulegte. Die ARD gab leicht auf 13,9 % nach, was 2004 für die Spitzenposition reichte.

Einschaltquoten: TV-Zuschauer 2004

Sender	Anteile (%)
ARD	13,9
RTL	13,8
Dritte Progr.	13,7
ZDF	13,6
SAT.1	10,3
Pro7	7,0
RTL II	4,9
Kabel 1	4,0
Vox	3,7
SuperRTL	2,7
KiKa	1,2
DSF	1,1
3sat	1,0
Eurosport	0,9
n-tv	0,5
Phoenix	0,5
arte	0,4
MTV	0,4
N24	0,4
VIVA	0,4
MTV2Pop	0,3
Tele 5	0,3
VIVA PLUS	0,3
Neun live	0,2
XXP	0,1

Quelle: AGF/GfK Fernsehforschung

Fernsehnutzung: Die tägliche Fernsehdauer ist in Deutschland auch 2004 weiter angestiegen. Im Durchschnitt verbrachte jeder Deutsche (ab drei Jahren) täglich 210 min vor dem TV-Gerät – 7 min mehr als 2003. Auf die Altersgruppe der Drei- bis 13-Jährigen entfielen 93 min, auf die 14- bis 29-Jährigen 142 min (je –1 min). Die 30- bis 49-Jährigen steigerten ihren TV-Konsum um täglich 5 min auf 209 min, die Zuschauer ab 50 Jahren nutzten die Programme pro Tag 12 min länger (insgesamt 274 min).

→ Mediennutzung

Erfolgssendungen: Medienforscher führen den Anstieg des täglichen Fernsehkonsums v. a. auf mediale Großereignisse wie die Fußball-Europameisterschaft und die Olympischen Spiele sowie auf den regenreichen Sommer zurück. An der Spitze der Rangliste der meistgesehenen Sendungen 2004 landete das EM-Endspiel zwischen Griechenland und Portugal mit 24,74 Mio. Zuschauern (68,4 % Marktanteil), gefolgt von den dt. Spielen gegen die Tschechische Republik (24,08 %), die Niederlande (23,57 %) und Lettland (19,63 %). Im Sog des EM-Finales kam das heute-journal in der Halbzeit mit 19,42 Mio. Zuschauern auf Rang fünf. Der letztjährige Spitzenreiter »Wetten, dass ...?« belegte Rang zehn (Märzsendung; 15,41 Mio. Zuschauer).

Ermittlung: Die E. werden von der GfK (Gesellschaft für Konsum-, Markt- und Absatzforschung) in Nürnberg in 5 640 Privathaushalten mit ca. 13 000 Personen ab drei Jahren ermittelt. Dieses weltweit größte Panel der TV-Zuschauerforschung ist repräsentativ für alle 34,3 Mio. Haushalte in Deutschland. Die Messung erfolgt mit dem sog. GfK-Meter, das an das Fernsehgerät angeschlossen wird und die Nutzungsdaten sekundengenau registriert. Die Zuschauer melden sich mit einer speziellen Fernbedienung an und ab. In einem Display am Fernsehgerät wird jeder Teilnehmer angezeigt. Die täglichen Daten werden nachts automatisch per Telefonleitung und ein entsprechendes Modem an die GfK übertragen.

www.agf.de (Arbeitsgemeinschaft Fernsehforschung); **www.gfk.de**

Fernsehen

Im Jahr 2004 setzte sich die Tendenz der TV-Haushalte, ihre Programme über Satellit zu empfangen, weiter fort. Nach einer Untersuchung des Meinungsforschungsinstituts Infratest nutzten 43 % aller Fernsehhaushalte in Deutschland einen Satellitenanschluss, was einem Zuwachs von 7 % gegenüber 2003 entsprach. Gut 53 % der Haushalte bezogen ihre Programme 2004 per Kabel – ein Verlust von 3,9 % gegenüber dem Vorjahr. Die Zahl der Haushalte, die ihre Programme terrestrisch empfingen, ging um 15,5 % auf unter 4 % zurück.

Finanzierung: Die Nettowerbeeinnahmen der Fernsehanstalten waren 2004 erstmals seit drei Jahren nicht mehr rückläufig. Gegenüber 2003 (–3,7 %) wurde ein leichter Zuwachs von 1,3 %

Big Brother lebenslang: Reality-Formate auf dem Vormarsch

Der Trend zur Reality-Show ist im deutschen Fernsehen weiterhin ungebrochen. Nach Talentshows (»Deutschland sucht den Superstar«) und sog. Ekel-Formaten (Dschungel-Show »Ich bin ein Star, holt mich hier raus«) machten die Sender 2004/05 insbesondere mit Themen wie Erziehung, Schönheit und Wohnen Quote.

Seit 2004 steht die Alltagswelt des Durchschnittsdeutschen im Mittelpunkt der Reality-Formate. Der Zuschauer erhielt dabei lebensechte Einblicke in den Familienalltag unter dt. Dächern; insbesondere Serien mit Beratungswert waren beliebt. So engagierte RTL »Die Super-Nanny«, die geplagten Eltern eine Anleitung für den Kampf im Kinderzimmer bot. Bei der Wohnungseinrichtung bekam Otto Normalverbraucher professionelle TV-Hilfe von Einrichtern und Stilberatern (»Einsatz in 4 Wänden«, RTL) oder Heimwerk-Spezialisten (»Do it yourself«, Pro7).

Der Zuschauer als Voyeur Auch vor den Menschen selbst machte der Verwandlungs-Trend nicht halt: Visagisten, Hairstylisten, Modedesigner und Typberater kreierten Schönheiten (»New Life – Endlich schön«, Pro7); den Höhepunkt dieser Entwicklung markierten Sendungen aus dem Operationssaal. Egal, ob sich die Patientinnen die Brust vergrößern lassen, durch Fettabsaugung zum Idealgewicht streben oder Falten per Laserstrahl den Kampf ansagen – das Fernsehvolk war hautnah dabei. Im September 2004 übertrug RTL eine Brust-OP live und in voller Länge. Und im Herbst 2004 moderierte Verona Pooth (ehemals Feldbusch) auf Pro7 die aus den USA übernommene Reality-Show »The Swan«: 16 Frauen sollten sich durch Operationen, Ernährungs- und Typberatung von hässlichen Entlein in schmucke Schwäne verwandeln.

Der Erfolg solcher Formate hat mehrere Gründe: Der Zuschauer genießt es, in die Rolle eines Voyeurs zu schlüpfen, der tiefe Einblicke in das Leben anderer Menschen erhält. In den Reality-Sendungen findet er zudem eine ihm bekannte Alltagswelt wieder. Anders als bei Promi-Porträts ist so die emotionale Einbindung gegeben: Der Zuschauer vergleicht seine eigene Lage (Erziehung der Kinder, Aussehen) mit der TV-Welt – und stellt befriedigt fest, dass das eigene Leben in vergleichsweise geordneten Bahnen verläuft.

Leben als lebenslange Fiktion? Den Hang zum Voyeurismus befriedigten auch Sendungen, in denen es um menschliches Zusammenleben in Extremsituationen ging. Bei ARD und ZDF sollten sich Familien in ungewohnter Umwelt bewähren, beispielsweise in der Südsee (»Traumfischer«, ZDF) oder in Sibirien (»Sternenflüstern«, ZDF). Bei den Privaten mussten es mehr oder minder bekannte TV-Figuren nach bewährter Dschungelcamp-Manier miteinander für eine bestimmte Zeit in skurriler Umgebung aushalten, so z. B. bei Pro7 in einer Burg. Auch die Urmutter dieser Art der Fernsehunterhaltung, »Big Brother«, lief unterdessen weiter – nun als Endlosversion in einem künstlichen Dorf. Wenn die Quote stimmt, können die Protagonisten theoretisch sogar lebenslänglich bleiben: Die Reality-Fiktion triumphiert endgültig über die Wirklichkeit, der Peinlichkeit der Protagonisten sind dabei keine Grenzen gesetzt. So machte 2005 der Begriff vom »Unterschichtenfernsehen« die Runde, er greift aber zu kurz: Zum Reality-Stammpublikum gehören Zuschauer aus allen sozialen Schichten. Werbewirtschaft und TV-Sender beobachteten die Unterschichten-Debatte gleichwohl mit Sorge: Immer weniger Firmen möchten ihr Produkt in einem schlecht beleumdeten Umfeld präsentieren. Der wachsende Druck der Geldgeber könnte sich am ehesten positiv auf die Qualität der Fernsehprogramme auswirken.

Als »Die Super Nanny« leistet Nadja Lydssan (Mitte) für RTL vor Ort Erziehungshilfe.

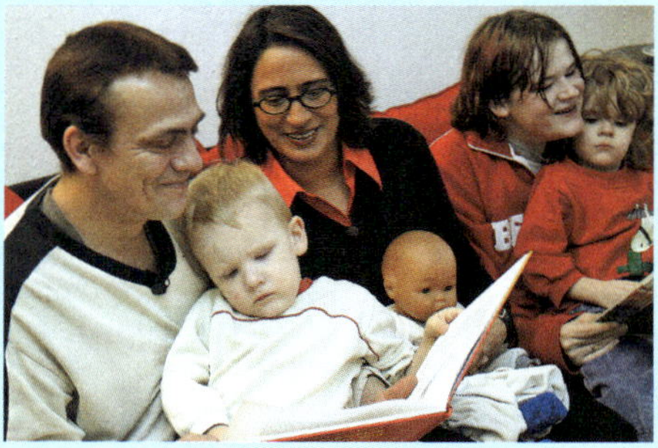

Fernsehen: Eurovision Song Contest 2005

Der Eurovision Song Contest (ehemals Grandprix Eurovision de la Chanson) im Mai 2005 in Kiew (Ukraine) stand musikalisch auf durchweg hohem Niveau. Von 39 teilnehmenden Ländern kamen 24 ins Finale, das die Griechin Elena Paparizou mit dem Lied »My Number One« mit deutlichem Vorsprung vor Chiara (Malta) mit der Popballade »Angel« gewann.
Aus dt. Sicht dominierten Pleiten, Pech und Pannen. Nachdem sich Gracia bei der dt. Vorausscheidung mit dem Lied »Run and Hide« durchgesetzt hatte, wurde bekannt, dass ihr Produzent David Brandes gezielt CDs erworben hatte, um die Verkaufscharts zu manipulieren: Gracia hatte sich über die Charts für den dt. Vorentscheid qualifiziert. In Kiew landete sie mit nur vier Punkten auf dem letzten Platz.

Fernsehen: Nach genau einjähriger »kreativer Pause« vom Fernsehen meldet sich der Entertainer Harald Schmidt am 23.12. 2004 mit seiner neuen ARD-Show im TV zurück.

ausgewiesen. Einer nachhaltigen Konsolidierung des Werbemarktes standen die schwache Konjunktur und die Konsumzurückhaltung der Verbraucher entgegen. Dem Zwang zum Sparen begegneten die Rundfunkanstalten u. a. durch weniger eigenproduzierte Filme (2001: ca. 300 Filme; 2004: ca. 170 Filme). Da die Erhöhung der → Rundfunkgebühren (17,03 € ab 1. 4. 2005) geringer als gewünscht ausgefallen ist, legte die ARD u. a. ein vierjähriges Sparprogramm mit einem Volumen von 54 Mio. € auf.

Streit mit der EU: Nach einer im April 2003 eingereichten Beschwerde des Verbandes Privater Rundfunk und Telekommunikation (VPRT, Berlin) gegen die Finanzierung und Angebotsausweitung der öffentlich-rechtlichen Sender legte die EU-Kommission um Wettbewerbskommissarin Neelie Kroos im März 2005 ihren Prüfungsbericht vor. Die Kommission sieht rechtlichen Klärungsbedarf, weil sich die öffentlich-rechtlichen Sendeanstalten durch die Rundfunkgebühren einen kommerziellen Wettbewerbsvorteil gegenüber den Privatsendern verschaffen könnten. Sie will prüfen lassen,

- ob Onlineangebote (z. B. E-Shops) von ARD und ZDF zur gesetzlich festgelegten öffentlich-rechtlichen Grundversorgung zählen,
- ob die öffentlich-rechtlichen Sendeanstalten privatwirtschaftlich organisierte Tochterunternehmen gründen dürfen,
- ob z. B. die Werbeeinnahmen der Öffentlich-Rechtlichen steuerlich begünstigt werden dürfen.

Zudem warf die Kommission die Frage auf, ob eine gebührenfinanzierte Grundversorgung auch den Erwerb teurer Sportrechte beinhalten dürfe. ARD und ZDF geben beispielsweise für die Senderechte der Fußball-WM 2006 gemeinsam 230 Mio. € aus. ARD und ZDF verwiesen auf eine Resolution des Europarats vom 11. 3. 2005, die einen starken und unabhängigen öffentlich-rechtlichen Rundfunk befürwortet und einer Weiterentwicklung des öffentlich-rechtlichen Rundfunkauftrags ausdrücklich zustimmt.

Programmtrends: 2004/05 weiteten die TV-Sender ihr Angebot an Reality-Formaten aus. Im Mittelpunkt stand das sog. Socialtainment,

Thomas Gruber
ARD-Intendant, * 1943 in Eislingen/Fils. Der studierte Wirtschafts- und Sozialwissenschaftler ist seit 2002 Intendant des Bayerischen Rundfunks (BR) und übernahm als Nachfolger des NDR-Intendanten Jobst Plog am 1. 1. 2005 turnusgemäß den ARD-Vorsitz. Nach drei Jahren als Medienreferent in der Staatskanzlei der Landesregierung Schleswig-Holsteins kam Gruber 1981 zum BR, dessen Hörfunkdirektor er 1995–2001 war. 1995/96 fungierte er zudem als Vorsitzender der ARD-Hörfunkkommission.

das dem Zuschauer Hilfe in allen Lebenslagen verspricht - von der Kindererziehung (z. B. »Die Super Nanny«, RTL) über die Wohnungsgestaltung (z. B. »Wohnen nach Wunsch«, Vox) bis zur grundlegenden Veränderung des eigenen Aussehens durch eine Schönheits-OP (z. B. »The Swan«, Pro7).

Fernsehwerbung

Die Talsohle der konsum- und konjunkturbedingten Werbeflaute in Deutschland schien 2004 durchschritten zu sein. Die klassischen Medien legten laut Zentralverband der dt. Werbewirtschaft (ZAW, Bonn) bei den Nettowerbeumsätzen um 308 Mio. € (+ 1,6 %) auf 19,6 Mrd. € zu. Das Fernsehen erzielte allerdings nur einen Zuwachs von 1,3 % und verbuchte nach den Tageszeitungen die größten Umsätze unter den klassischen Medien. Für 2005 rechnet der ZAW mit einem weiteren leichten Wachstum. Die Einnahmesituation insbesondere der v. a. auf Werbemittel angewiesenen privaten Sender blieb 2004 weiterhin angespannt.

Alternative Einnahmequellen: Aufgrund der anhaltend niedrigen Werbeeinnahmen setzten die TV-Anstalten verstärkt auf zusätzliche Einnahmequellen. Um vom wachsenden Markt der auf Telefongebühren basierenden Quizformate zu profitieren (sog. Transaktionsfernsehen), erwarb die ProSiebenSAT.1 Media AG im März 2005 für 155 Mio. € die Mehrheit an der Euvia Media AG, zu der auch der Anrufsender Neun Live gehört. Beim sog. Programming finanzieren hingegen Produkthersteller die Sendung (z. B. Kochshows). Allerdings ist rechtlich umstritten, ob die Sender dabei gegen das Schleichwerbungsverbot des Rundfunkstaatsvertrags verstoßen.

Als weitere Einnahmequelle forcierten die Sender ihr Onlineangebot, insbesondere das sog. Flirtdating. Dabei bietet der Sender via Internet eine Art Kontaktbörse an. E-Shopping und Mobilfunkangebote sollen weitere Einnahmen sichern helfen. Zur Finanzierung der Sender sind auch Wetten und Toto-Tipps in der Diskussion; ein Urteil des Bundesverfassungsgerichts zur Zulässigkeit privater Sportwetten wird für Sommer 2005 erwartet.

Werbeblocker: Im Juni 2004 entschied der Bundesgerichtshof, dass der im Februar 1999 von der Firma TC Unterhaltungselektronik AG auf den Markt gebrachte Werbeblocker (»Fernsehfee«) weiter verkauft werden darf, und wies damit eine Klage privater TV-Anbieter (u. a. RTL) ab. Das seither unter der Bezeichnung »TVOON« vertriebene Nachfolgeprodukt verbindet den heimischen PC mit dem Fernsehgerät und schaltet beim Beginn von Werbespots automatisch auf werbefreie Programme um; die Rechnerfestplatte kann zudem wie ein Videorecorder genutzt werden.

Hochauflösendes Fernsehen

(HDTV; engl.: High Definition Television), Fernsehnorm, bei der mehr Bildzeilen und -punkte (Pixel) als bei der üblichen PAL-Norm übertragen werden. Dadurch wird die Bildqualität verbessert.

Nach ersten Testsendungen in Deutschland 2004 strebte Premiere für November 2005 den Start von drei Kanälen im HDTV-Format an. Den Durchbruch der Norm erwartet die Fernsehbranche

Fernsehwerbung: die besten TV-Spots und Werbefilme 2004[1)]

Preis	Titel	Produkt	Auftraggeber	Agentur
Gold	Kinder	VW Golf DSG	Volkswagen AG	DDB Berlin
Gold	Sound des Sommers	Mercedes-Benz Cabriolets	Daimler-Chrysler AG	Springer & Jacoby, 3. Werbeagentur
Silber	Blixa Bargeld/ Feuchtschäden	Hornbach Baumarkt	Hornbach Baumarkt AG	Heimat, Berlin
Silber	Jogger	Mercedes-Benz SLR	Daimler-Chrysler AG	Springer & Jacoby, 4. Werbeagentur
Silber	Taxi	Powerflame	Düring AG	Walker Werbeagentur

1) 26. Festival »Die Klappe« des Kommunikationsverbands
Quelle: Kommunikationsverband (Hamburg); www.kommunikationsverband.de

2006, da alle Spiele der Fußball-Weltmeisterschaft in HDTV übertragen werden. Experten rechnen für 2008 mit 4,5 Mio. HDTV-Haushalten in Europa.

Normen: Auf dem dt. Markt existieren zwei Normen: Bei HDTV1080i werden 1080 Zeilen mit über 2 Mio. Pixeln im Halbbildverfahren gesendet. Dabei wird 50-mal abwechselnd pro Sekunde jeweils nur jede zweite Zeile übertragen. Bei HDTV720p (720 Zeilen mit 921 000 Bildpunkten) werden alle Bildzeilen auf einmal wiedergegeben.

Empfang: Für den Empfang von HDTV wird neben einem HDTV-fähigen Receiver (Kosten: ab 800 €) und einer entsprechenden Satellitenempfangsanlage auch ein Plasma- oder LCD-Bildschirm benötigt. Diese Flachbildschirme wurden in Deutschland allerdings bis Mitte 2005 kaum angeboten (Kosten: ab etwa 2000 € bei 80 cm Bilddiagonale). Ab 2006 ist mit sinkenden Preisen und einem größerem Angebot zu rechnen.

Hörfunk

Laut Arbeitsgemeinschaft Media-Analyse (ag.ma, Frankfurt) ist das Radio zusammen mit dem Fernsehen auch weiterhin das meistgenutzte Medium in Deutschland. 82 % aller Deutschen über 14 Jahre schalteten die Hörfunkprogramme täglich ein, die Hördauer betrug im Durchschnitt 210 min (Männer: 220 min; Frauen: 201 min). Am längsten wird das Radio von Berufstätigen genutzt (245 min täglich, → Medienquoten).

Musikquote: Ende 2004 ermahnte der Dt. Bundestag die Rundfunkanstalten, auf freiwilliger Basis zu rund 35 % dt. Rock- und Popmusik zu spielen. Eine solche Musikquote lehnten die Sender als Eingriff in ihre Programmautonomie ab und verwiesen zudem auf die Zuständigkeit der Bundesländer in Rundfunkfragen (→ Kultur, Musikmarkt).

➤ Digitalradio

Interaktives Fernsehen

Durch einen sog. Rückkanal ermöglicht I. F. dem Zuschauer, sich an Sendungen zu beteiligen. Waren können direkt über die Fernbedienung bestellt, eigene Programme (z. B. Video-on-demand-Angebote, → Computer und Telekommunikation) zusammengestellt werden. Benötigt werden ein Zusatzdecoder (Set-Top-Box) sowie entweder ein DSL-Anschluss (wenn der Rückkanal über die Telefonleitung geschaltet ist) oder ein für den Rückkanal eingerichtetes Breitbandfernsehkabel. Mittelfristig werden durch die Verbindung von TV-Gerät, Computer und Internet sog. Heimnetzwerke entstehen, die zahlreiche Programme und Dienstleistungen bereitstellen, u. a. E-Mail, SMS via TV, Quizspiele, Onlineshopping und Nachrichtendienste.

Multimedia Home Platform (MHP): Der 2000 veröffentlichte MHP-Standard dient als einheitliche Schnittstelle zwischen digitalem Fernsehen und Internet und ermöglicht so die Nutzung aller multimedialen und interaktiven Anwendungen und Dienstleistungen. Auch an Quizsendungen können sich die Zuschauer zeitgleich wie die Kandidaten im TV-Studio beteiligen, so z. B. seit März 2005 mittels MHP-fähigem Zusatzgerät beim »Quiz mit Jörg Pilawa«.

www.mhp-forum.de

Kabelnetz

Das Netz aus breitbandigem Kupferkoaxial- oder Glasfaserkabel zur Verbreitung von Rundfunkprogrammen erhöht die Zahl der Programme (2005: analog regional bis zu 40 zzgl. zusätzlicher digitaler Angebote) und verbessert die Empfangsqualität.

Die im April 2004 beschlossene Übernahme der Kabelnetzbetreiber Kabel Baden-Württemberg, ish (Nordrhein-Westfalen) und iesy (Hessen) durch den größten dt. Betreiber Kabel Deutschland GmbH (KDG, Unterföhring) scheiterte im Herbst 2004 am Widerstand des Kartellamts. Hintergrund der Übernahmepläne (Kaufpreis: 2,7 Mrd. €) waren finanzielle Probleme bei den Kabelanbietern und der Versuch, die Ressourcen beim Aufbau digitaler Angebote zu bündeln. Die KDG bleibt damit weiterhin für 13 Bundesländer und rund 10 Mio. der insgesamt knapp 18 Mio. dt. Kabelhaushalte zuständig. Stattdessen schlossen sich im März 2005 ish und iesy zum zweitgrößten dt. Kabelnetzbetreiber zusammen – vorbehaltlich einer Zustimmung des Kartellamts.

Digitalisierung: Die Digitalisierung des Kabel-TV-Angebots und die flächendeckende Modernisierung des K. in Deutschland schritten 2004/05 weiter voran. Neben den reinen TV-Programmen, die mittelfristig durch Abo-Angebote und ausländische Sender auf zunächst 120 erweitert werden sollen, werden via Kabel auch Zusatzdienste wie z. B. Highspeed-Internet, → Interaktives Fernsehen, → Teleshopping und Telefonie angeboten. Im April 2005 startete Kabel Deutschland in Leipzig ein Telefoniepilotprojekt (»Kabel Phone«), das Telefongespräche über das TV-Kabel ermöglicht. Außer dem Kabelanschluss benötigt der Nutzer einen entsprechenden Telefonadapter.

Medienkonzentration

Der Konzentrationsprozess in der dt. Medienlandschaft setzte sich 2004/05 v. a. im Presse- und Musikbereich fort.

Fusionsrecht: Mit den Stimmen der rot-grünen Koalition verabschiedete der Bundestag im März 2005 ein neues Pressefusionsgesetz, das im April 2005 vom Bundesrat an den Vermittlungsausschuss verwiesen wurde. Es soll u. a. die Fusion von Zeitungsverlagen erleichtern. So wird keine Zustimmung des Kartellamts benötigt, wenn der Jahresumsatz der beteiligten Zeitungen unter 50 Mio. € bzw. der Umsatz des Übernahmekandidaten unter 2 Mio. € liegt. Die ursprünglich vorgesehene umstrittene sog. Altverlegerklausel, nach der ein Großverlag kleinere Konkurrenten auch dann übernehmen darf, wenn eine Monopolstellung entstünde, wurde gestrichen. Kooperationen in den Bereichen Anzeigen, Druck, Verwaltung und Vertrieb sollen hingegen möglich sein. Kritiker sehen die Zeitungsvielfalt in Deutschland in Gefahr, da v. a. kleine und mittlere Verlagshäuser in ihrer Existenz gefährdet seien.

Pressemarkt: Ende 2004 kaufte Gruner + Jahr die Stuttgarter Verlagsgruppe Motorpresse. Der Burda-Verlag übernahm die Verlagsgruppe Milchstraße (Amica, Cinema, Fit for Fun, Max, Tomorrow, TV Spielfilm) durch den 28 Mio. € teuren Erwerb der Anteile der italienischen Mediengruppe Rizzoli. Milchstraße-Verlagsgründer Dirk Manthey hält nur noch 20 % Anteile an Fit for Fun.

Die Verlagsgruppe Holtzbrinck legte Ende 2004 gegen ein Urteil des Oberlandesgerichts Düsseldorf Beschwerde vor dem Bundesgerichtshof ein, nachdem ihr wegen einer befürchteten Monopolstellung untersagt worden war, zusätzlich zum Berliner Tagesspiegel auch die Berliner Zeitung zu übernehmen.

Musikmarkt/TV: Im Juli 2004 genehmigten die EU-Kommission und die US-amerikanische Kartellbehörde FTC die Fusion der Bertelsmann Music Group (BMG) mit Sony Music zum neuen Branchenführer Sony BMG (Hauptsitz: New York; geschätzter Jahresumsatz: 4,5–5 Mrd. €). Der Weltmarktanteil der beiden Unternehmen lag zuvor bei 25,1 %.

Der US-amerikanische Medienkonzern Viacom, zu dem der Musiksender MTV gehört, kaufte im Sommer 2004 für 310 Mio. € den dt. Konkurrenzsender Viva.

Das Münchner Medienunternehmen EM.TV erwarb im Februar 2005 die DSF- und Sport1-Anteile des KarstadtQuelle-Konzerns (27 Mio. €) sowie des Schweizer Unternehmers Hans-Dieter Cleven (12,6 Mio. €) und ist damit alleiniger Gesellschafter des Dt. Sport-Fernsehens und des Sport-Onlineanbieters.

Mediennutzung

2004 wendeten die Bundesbürger mehr Zeit für M. auf als im Vorjahr. Mit jeweils 210 min täglicher Nutzung lagen Hörfunk und Fernsehen gleichauf. Auf Rang drei folgte das Internet mit durchschnittlich einer knappen Stunde. 55,3 % der über 14-jährigen Deutschen waren im Jahr 2004 online, was einer Verdoppelung gegenüber 2000 entspricht. Lediglich 26 min pro Tag entfielen auf Zeitungslektüre.

Mediennutzung: Geräteausstattung 2004[1)]

Medien	Verbreitung (in %)
Radiogerät	98,7
Fernsehgerät	97,9
Autoradio	84,1
CD-Spieler (stationär)	69,8
Videorecorder	67,0
Kassettenrecorder (stationär)	63,1
PC	57,5
DVD-Spieler	46,8
CD-Spieler (mobil)	29,3
Plattenspieler	29,0
Walkman	24,9
Camcorder/Videokamera	22,2
MP3-Spieler	14,8
Laptop/Notebook	14,0
Pay-TV-Decoder	13,7

1) Bundesbürger ab 14 Jahren; Quellen: MA 2004 Radio II BR-Online

Medien und Freizeit: Fernsehen ist nach wie vor die beliebteste Freizeitbeschäftigung der Deutschen. 89,2 % aller Bundesbürger ab 14 Jahren nutzten mehrmals pro Woche das TV-Gerät, gefolgt von Radio (82,0 %), Zeitungslektüre (80,1 %) und Musik hören (CD, Kassette, Schallplatte; 43,1 %). Sportliche Aktivitäten folgen als erste nichtmediale Beschäftigung auf Rang fünf (39,2 %).

Ost-West-Vergleich: Nach einer vom Verband Dt. Zeitungsverleger beim Institut für Demoskopie Allensbach (IfD, Allensbach) in Auftrag gegebenen Studie wurden Medien in Ost- und Westdeutschland auch 2004 unterschiedlich genutzt. Politische Zeitschriften und TV-Informations-Kanäle wurden im Osten seltener konsumiert als im Westen. Auch der Bezug von Regionalzeitungen lag unter dem westdt. Durchschnittswert (57,6 zu 59 %).

Medienpreise

Die wichtigsten dt. Medien- und Fernsehpreise gingen 2004 größtenteils an die öffentlich-rechtlichen Sender bzw. an Personen aus ARD- oder ZDF-Produktionen.

Adolf-Grimme-Preis: Der 1961 vom Dt. Volkshochschulverband gestiftete Adolf-Grimme-Preis wurde erstmals 1964 im westfälischen Marl vergeben. Gemäß dem Statut werden Produktionen und TV-Leistungen ausgezeichnet, die »die spezifischen Möglichkeiten des Mediums Fern-

Medienpreise

Adolf-Grimme-Preis 2005 (Auswahl)
Information und Kultur

Hart aber fair (WDR) Frank Plasberg (Moderation), Stefan Wirtz (Redaktion), Jürgen Schulte (Produktion)
Die Rapoports – Unsere drei Leben (ZDF/ARTE), Britta Wauer, Sissi Hüetlin (Buch/Regie)
Hitlers Hitparade (ZDF/ARTE), Oliver Axer und Susanne Benze (Buch/Regie)
Damals in der DDR (ARD/MDR/WDR), Karsten Laske (Regie- und Autorenteam)

Kultur-Sonderpreis des Landes NRW

Neruda (ARD/SWR/ARTE) Ebbo Demant (Buch/Regie)

Fiktion und Unterhaltung

Wolfsburg (ZDF/ARTE; Grimme-Preis mit Gold), Nina Hoss und Benno Fürmann (Darstellung), Christian Petzold (Buch/Regie)
Dittsche – Das wirklich wahre Leben (WDR; Grimme-Preis mit Gold), Olli Dittrich (Idee und Darstellung)
München 7 (BR), Franz Xaver Bogner (Buch/Regie)
Tatort: Herzversagen (ARD/HR), Andrea Sawatzki und Jörg Schüttauf (Darstellung), Stephan Falk (Buch), Thomas Freundner (Buch/Regie)

Publikumspreis der Marler Gruppe

Zeit der Wünsche (ARD/WDR/BR), Lale Yavas und Erhan Emre (Darstellung), Tevfik Baser (Buch), Rolf Schübel (Regie)

Deutscher Fernsehpreis 2004 (Auswahl)

Fernsehfilm/Mehrteiler: »Stauffenberg« (ARD/ORF/RAI)
Serie: »Abschnitt 40« (RTL)
Sitcom: »Berlin, Berlin« (ARD/NDR)
Comedy: »Dittsche – Das wirklich wahre Leben« mit Olli Dittrich (WDR)
Dokumentation: »Das Wunder von Bern – Die wahre Geschichte« von Sebastian Dehnhardt, Guido Knopp, Manfred Oldenburg (ZDF)
Reportage: »In Gottes Namen – Die Rekruten des Heiligen Krieges« von Dan Setton, Helmar Büchel, Kerstin Mommsen (RTL)
Sendung/Moderation Information: »Berlin Mitte« mit Maybrit Illner (ZDF)
Sendung/Moderation Unterhaltung: »Genial daneben – Die Comedy Arena« mit Hugo Egon Balder (Sat.1)
Tägliche Sendung (Service): »Einsatz in 4 Wänden« (RTL)
Sportsendung: »Olympia 2004: Dressurreiten« mit Carsten Sostmeier (ARD/SWR)

Personenkategorien

Regie Fernsehfilm/Mehrteiler: Dominik Graf für »Kalter Frühling« (ZDF/ARTE)
Buch Fernsehfilm/Mehrteiler: Detlef Michel für »Die Quittung« (ZDF)
Schauspieler Fernsehfilm: Ulrich Tukur für »Tatort: Das Böse« (RAD/HR)
Schauspielerin Fernsehfilm: Martina Gedeck für »Hunger auf Leben« (ARD/MDR/ARTE)
Ehrenpreis der Stifter: Udo Jürgens

Hoch prämiert: die Öffentlich-Rechtlichen

Allen Unkenrufen über die angeblich nachlassende Qualität des öffentlich-rechtlichen Fernsehens zum Trotz – ARD und ZDF waren 2004 das Maß aller Dinge in der deutschen TV-Landschaft. Beredter Ausdruck der qualitativen Vormachtstellung waren zahlreiche Auszeichnungen im Rahmen der renommiertesten deutschen Medienpreise. Die privaten Anbieter mussten sich mit einigen wenigen Ehrungen begnügen.

ARD und ZDF zeigten es allen Kritikern, die immer wieder die öffentlich-rechtliche Programmverflachung beklagt hatten, v. a. beim prestigeträchtigen Grimme-Preis: Unter allen 14 Preisträgern aus drei Wettbewerbskategorien fand sich mit Pro7-Moderator Stefan Raab lediglich ein Repräsentant der privaten Anbieter; in der Kategorie »Spezialpreis« honorierten die Juroren Raabs Engagement bei der Förderung von Musiktalenten im Rahmen seiner Sendung »SSDSGPS – Ein Lied für Istanbul.« Auch im Ausland standen öffentlich-rechtliche Sendungen hoch im Kurs: Die ARD-Vorabendserie »Berlin, Berlin« wurde in den USA mit dem Auslands-Emmy ausgezeichnet.

Qualität contra Billigproduktionen Als besonders fruchtbar erwies sich die Zusammenarbeit zwischen ZDF und ARTE, denn gleich vier Grimme-Preise gingen auf das Konto dieser Produktionsgemeinschaft. Die Öffentlich-Rechtlichen traten damit eindrucksvoll den Beweis an, dass auch in Zeiten knapper Budgets anspruchsvolle TV-Unterhaltung serviert werden kann. Oder wie Dr. Ulrich Spies, der verantwortliche Referent des Grimme-Preises, den TV-Sendern ins Stammbuch schrieb: »Es mangelt in Deutschland nicht an kreativen Autoren, visionären Regisseuren und tollen Schauspielern – wohl aber an dem Vertrauen der Sender auf den Qualitätsanspruch des Zuschauers. Billig produzierte Flops, die das letzte Jahr bei vielen Sendern geprägt haben, sollten die Programmplaner eines Besseren belehren.« Zahlreiche dieser Flops gingen auf das Konto der Privaten: von »Bachelorette« und »Big Boss« bei RTL und »Hire and Fire« bei Pro7 bis »Kämpf um Deine Frau« bei Sat.1.

Ein wesentlicher Grund für den qualitativen Vorsprung der Öffentlich-Rechtlichen ist nach wie vor ihre Kompetenz im Bereich der politischen Nachrichten. So setzen die Zuschauer v. a. auf ARD und ZDF, wenn sie sich politisch informieren wollen. Die »Tagesschau« um 20 Uhr ist eine Institution. Dem »heute-journal« und den »Tagesthemen« am späteren Abend haben RTL und SAT.1 nichts Gleichwertiges entgegenzusetzen. Auch die Sendehoheit im Bereich Late-Night-Talk haben die Öffentlich-Rechtlichen mit Publikumslieblingen wie Harald Schmidt, Johannes B. Kerner, Sandra Maischberger und Reinhold Beckmann eindeutig zurückerobert. Mit Fußball-Europameisterschaft, Bundesliga und Olympischen Spielen gaben ARD und ZDF 2004 selbst beim ebenso publikumswirksamen wie teuren Sport den Ton an.

Medienstar im Morgenmantel Dass man aber auch als Comedian ein anspruchsvolles TV-Programm bieten kann, bewies Olli Dittrich, der 2004 – nach 1995 und 2003 – bereits seinen dritten Grimme-Preis (diesmal mit Gold) erhielt. In seiner Rolle als Bier trinkender »Dittsche« in Pantoffeln und Morgenmantel erklärt er in einer Imbissbude die Welt aus seiner Sicht. Die ohne Drehbuch und vorgefertigte Dialogtexte auskommende Sendung erhielt zudem den Dt. Fernsehpreis 2004 für die beste Comedy. Um die Entwicklung des Fernsehens hat sich auch der Musiker und Komponist Klaus Doldinger u. a. mit Titelmelodien zu »Tatort«, »Liebling Kreuzberg« und »Das Boot« verdient gemacht. Den Grimme-Juroren war Doldingers »geschmacks- und stilbildende Musik« die besondere Ehrung des Dt. Volkshochschulverbandes wert.

2004 erhielt »Dittsche – Das wirklich wahre Leben« von und mit Olli Dittrich den Grimme-Preis mit Gold.

sehen auf hervorragende Weise nutzen und nach Inhalt und Methode Vorbild für die Fernsehpraxis sein können«.

Deutscher Fernsehpreis: Der 1998 von ARD, ZDF, RTL und SAT.1 ins Leben gerufene und 1999 erstmals vergebene Preis prämiert die besten Personen und Produktionen in gut zwei Dutzend Kategorien. Die maximal elfköpfige Jury setzt sich in der Regel aus Medienschaffenden zusammen.

Bambi: Der vom Burda-Verlag vergebene Medienpreis Bambi, auch als »dt. Oscar« bezeichnet, wurde 1948 aus der Taufe gehoben und zeichnet die erfolgreichsten und beliebtesten Medienstars aus. Über die Vergabe des Publikumspreises (TV-Ereignis des Jahres) stimmen die Fernsehzuschauer selbst ab; er ging 2004 an das Prominentenspecial »Wer wird Millionär?« mit Günther Jauch. Als bester nationaler Film wurde »Der Untergang« ausgezeichnet, einen Bambi für ihr Lebenswerk erhielt die Volksschauspielerin Heidi Kabel.

Goldene Kamera: Der seit 1965 von der HÖRZU (Springer Verlag) vergebene Preis würdigt herausragende Leistungen bei Film und Fernsehen. Die HÖRZU-Leser können einen Preisträger in einer Kategorie selbst bestimmen, sie entschieden sich in der Rubrik »Beste dt. Kultserie 2004« für »Das Großstadtrevier« des NDR. Der Preis für den dt. Fernsehfilm ging an »Die Patriarchin«, weitere Kameras erhielten u. a. Alexandra Maria Lara und Herbert Knaup (beste Schauspieler), Hape Kerkeling (TV-Entertainer) und Stefan Aust (TV-Journalismus). In der aktuellen Preisträgerliste sind mit Dustin Hoffman (Werbespot), Bruce Willis (Film International), Jerry Lewis (Ehrenpreis) und Goldie Hawn (40 Jahre Filmerfolg) gleich vier Hollywood-Stars vertreten.

Mohajer-TV

Deutschlands erster islamisch geprägter TV-Sender nahm Ende September 2004 seinen Betrieb auf, nachdem die Landeszentrale für private Rundfunkveranstalter Rheinland-Pfalz (LPR; seit April 2005: Landeszentrale für Medien und Kommunikation, LMK) und die Direktorenkonferenz der Landesmedienanstalten (DLM) zuvor grünes Licht gegeben hatten. Der Sender mit Sitz in Hermeskeil im Hunsrück ging mit einem 24-stündigen persischsprachigen Programm mit Spielfilmen, Musik, Tanz und Informationstafeln auf Sendung. Das digital frei über Satellit in Deutschland, Osteuropa, dem Nahen Osten und dem Iran empfangbare Angebot soll laut Veranstalter prowestlich ausgerichtet sein und religiöse und ideologische Inhalte vermeiden.

2

Pay-TV

(to pay, engl.: bezahlen, auch Bezahl-, Abonnentenfernsehen), TV-Programme, die gegen Gebühr abonniert werden. Für den Empfang von analog oder digital übertragenem P. wird ein Decoder benötigt, der die ausgestrahlten Signale entschlüsselt.

Deutschlands größter P.-TV-Anbieter Premiere hat sein angepeiltes Jahresziel 2004 übertroffen: Die Zahl der Abonnenten stieg von 2,9 Mio. auf über 3,2 Mio., was u. a. auf neue Marketingformen und zusätzliche Vertriebswege (z. B. Discountmärkte, Vertriebskooperationen mit Kabelnetzbetreibern) zurückging. Zudem erzielte Premiere 2004 erstmals einen operativen Gewinn (82,9 Mio. € vor Steuern, Zinsen und Abschreibungen), der Umsatz stieg um 7,2 % auf 984,8 Mio. €. Nach Steuern blieb jedoch ein Minus von 80,6 Mio. €.

Angestrebt wird eine Erhöhung der Abonnentenzahlen auf bis zu 5 Mio., wobei der Sender v. a. auf die Fußball-WM 2006 setzt: Premiere wird als einziger dt. TV-Sender alle 64 Spiele live übertragen.

Seit März 2005 ist Premiere an der Börse notiert. Der Kapitalzufluss von über 300 Mio. € soll v. a. zum Schuldenabbau verwendet werden.

Konkurrenz: Weitere P.-TV-Anbieter auf dem dt. Markt waren 2004 die Kabelnetzbetreiber, u. a. ish (Nordrhein-Westfalen mit ish Digital-TV) und die Kabel Deutschland GmbH (KDG, Kabel Digital Home mit 30 TV- und 47 Hörfunkprogrammen), deren Abonnentenstamm für digitales P.-TV bis Ende 2004 auf über 130 000 angewachsen war. Über die KDG will ProSiebenSat.1 ab Herbst 2005 eigene P.-TV-Programme anbieten.

Für den Sommer 2006 zeichnet sich ein Kampf um die Fußball-Bundesligarechte zwischen Premiere und KDG bzw. ProSiebenSat.1 ab, die beide ebenfalls ihr Interesse an den werbewirksamen Spielen bekundet haben. Um dem P.-TV mehr Vermarktungschancen und den Bundesligavereinen mehr Einnahmen zu bieten, sollen sich die Spieltage ab der Saison 2006/07 wahrscheinlich wieder von Freitag bis Sonntag erstrecken.

Auslandsprogramme: Das in Nord-, Mittel- und Südamerika sendende steuerfinanzierte dt. Auslandsfernsehen German TV von ARD, ZDF und Dt. Welle erhielt Anfang 2005 Konkurrenz durch ProSiebenSat.1 Welt, das im Februar von Jürgen Klinsmann, dem Teamchef der dt. Fußball-Nationalelf, in den USA gestartet wurde. Die Zukunft von German TV, das öffentlich-rechtliche Programmangebote in dt. Sprache sendet, war wegen geringer Abonnentenzahlen (April 2005 rund 18 500) allerdings ungewiss.

Presse

Die angespannte wirtschaftliche Lage in Deutschland beeinflusste die Presselandschaft auch 2004, allerdings sah die Mehrzahl der großen Verlage eine vorsichtige Konsolidierung auf niedrigem Niveau. Zwar gingen die Auflagenzahlen der Zeitungen Anfang 2005 gegenüber dem Vergleichszeitraum des Vorjahres leicht zurück, die Einbußen im Anzeigengeschäft konnten jedoch gestoppt werden: Laut Bundesverband der Dt. Zeitungsverleger (BDZV, Berlin) nahmen die Umfänge bezahlter Anzeigen bei Abonnementzeitungen um 0,3 % zu.

Zeitungen: 2004 gab es in Deutschland 355 Tageszeitungen und über 1 500 Lokalausgaben. Die tägliche Druckauflage dt. Zeitungen belief sich nach Angaben der Informationsgemeinschaft zur Feststellung der Verbreitung von Werbeträgern e. V. (ivw, Berlin) auf rund 25 Mio. Exemplare, wobei die Verkaufsauflage Anfang 2005 gegenüber dem ersten Quartal 2004 um 910 000 Stück zurückging. Die größte Verkaufsauflage der überregionalen Tageszeitungen wies im ersten Quartal 2005 (Montag bis Samstag) erneut die »Süddeutsche Zeitung« mit 440 467 Exemplaren auf, gefolgt von der »Frankfurter Allgemeinen Zeitung« (373 425).

Presse: Mobile Publishing

Im Rahmen von Mobile Publishing versuchen seit Frühjahr 2005 zunächst neun dt. Verlage mit 13 Zeitungen, für die Übermittlung ihrer Zeitungsinhalte v. a. an junge Kunden Handys und SMS zu nutzen. Übertragen werden z. B. kurze Nachrichten, Serviceangebote und Sportresultate sowie Umfragen und Gewinnspiele, die vom Nutzer per SMS beantwortet werden. Weiter fortgeschritten sind die Erfahrungen mit Mobile Publishing v. a. in Indien, Japan, der Schweiz und den skandinavischen Ländern.

Zeitschriften: Leicht rückläufig gegenüber dem Vorjahr war auch die Verkaufsauflage der Wochenzeitungen (1,94 Mio. Exemplare), der Publikumszeitschriften (123,38 Mio.), der Fachzeitschriften (14,93 Mio.) und der Kundenzeitschriften (42,09 Mio.).

Um weniger von der konjunkturellen Lage in Deutschland abhängig zu sein, setzten die großen dt. Verlage auf Expansion im Ausland. Bei Gruner + Jahr machte der Auslandsumsatz 2004 bereits 62 % aus, auch Bauer (38,3 %), Burda (28,8 %) und Springer (15,6 %) brachten u. a. in Osteuropa zahlreiche Titel auf den Markt. Mittelfristig versprechen sich die Verlage v. a. in Russland und China gute Wachstumschancen.

Trends und Neuerscheinungen: Mit unterhaltsamer Wissensvermittlung wollen die Ende 2004 gestarteten Magazine »Zeit Wissen« und »SZ Wissen« vom allgemeinen Interesse an Wissensthemen profitieren. Neuerscheinungen gab es auch bei Frauenzeitschriften, wobei v. a. jüngere Leserinnen hart umworben waren. Auf dem Zeitungsmarkt wollen die Verlage junge Leser insbesondere durch sog. Tabloids erreichen – kompakte, bunte, kleinformatige Titel, die in der Regel auf Boulevardstil setzen und sich in Layout und Textlängen an Lesegewohnheiten von Internetnutzern orientieren. In Großbritannien erlebten die Tabloids 2004 einen Boom – seit Mai 2004 erscheint die renommierte Tageszeitung »The Independent« nur noch in diesem Kleinformat. In Deutschland brachten u. a. Springer (»Welt kompakt«) und Holtzbrinck (»News«, »20 Cent«) Tabloids auf den Markt.

Beide Verlage beteiligten sich Ende 2004 am Berliner Postdienstleister Pin AG, um in Konkurrenz zur Dt. Post einen eigenen Zustelldienst aufbauen zu können.

E-Paper: Die Verkaufszahlen der E-Paper, der vollständigen Onlineausgaben von Zeitungen, blieben in Deutschland 2004 auf niedrigem Niveau. Im ersten Quartal 2005 lagen die Abonnentenzahlen der bei der ivw geprüften 36 E-Paper-Ausgaben bundesweit bei 4415, hinzu kamen 14 703 sonstige Verkäufe. Grund für die geringe Nachfrage waren u. a. die Gratiszeitungen im Internet und technische Unzulänglichkeiten (z. B. lange Downloadzeiten, wenig leserfreundliche Präsentation der Texte). Das Interesse potenzieller Nutzer soll künftig durch Projekte wie RSS (Real Simply Syndication) geweckt werden, bei dem sich die Leser ihre eigene Zeitung zusammenstellen können.

Pressefreiheit

In Deutschland ist die P. durch Art. 5 GG geschützt. In der Allgemeinen Erklärung der Menschenrechte der Vereinten Nationen von 1948 ist die Meinungsfreiheit in Art. 19 verankert.

Die Situation der P. ist in vielen Ländern nicht oder nur unzureichend gewährleistet. Nach Angaben der Organisation Reporter ohne Grenzen (ROG, Berlin) starben 53 Journalisten (2003: 42) und 15 Medienmitarbeiter in Ausübung ihres Berufs, die Internationale Journalistenförderation (IFJ, Brüssel) zählte sogar 129 Tote (2003: 92). Laut ROG wurden mind. 622 Medien zensiert oder verboten, was einer Steigerung von 121 Fällen gegenüber dem Vorjahr entspricht. Um 141 auf 907 Fälle stieg die Zahl der inhaftierten Journalisten. Etwa ein Drittel der Menschheit hatte laut ROG im Jahr 2004 keinen freien Zugang zu Informationen und unabhängigen Massenmedien.

Krisenregionen: Besonders prekär war die Lage in Irak, wo 2004 insgesamt 19 Reporter und zwölf Medienmitarbeiter starben. Weitere Todesopfer gab es u. a. in Algerien, Bangladesh, Gambia und auf den Philippinen, Entführungsfälle wurden aus Irak, Nepal und der Elfenbeinküste bekannt. Die meisten Verhaftungen registrierte ROG in China, Iran, Kuba und Nepal. Besonders gefährlich war die Lage für Journalisten, die über Korruption, Drogenhandel und organisiertes Verbrechen berichteten. In Iran, Russland und Weißrussland verschärften sich Medienzensur und -verbote 2004 drastisch.

www.reporter-ohne-grenzen.de

Pressefreiheit: Caroline-Urteil

Das sog. Caroline-Urteil des Europ. Gerichtshofs für Menschenrechte in Straßburg gegen die Bundesrepublik Deutschland im Juni 2004 stärkt den Schutz der Persönlichkeitsrechte von Prominenten. Prinzessin Caroline von Hannover hatte gegen die Veröffentlichung von Fotos in der dt. Boulevardpresse geklagt, die sie in Alltagssituationen zeigen. Das Gericht entschied, dass Fotos von Prominenten nur gedruckt werden dürfen, wenn die Abbildung einer Debatte von allgemeinem gesellschaftlichem Interesse diene. Es widersprach damit der Auffassung des Bundesverfassungsgerichts, das solche Fotos erlaubt, wenn sich die Prominenten in der Öffentlichkeit bewegen. Kritiker des Straßburger Urteils, gegen das die Bundesregierung trotz Protesten der dt. Verlage keine Rechtsmittel einlegte und das daher rechtskräftig ist, sehen die Presse- und Informationsfreiheit gefährdet.

Privatfernsehen

Während die ProSiebenSat.1 Media AG ihren Gewinn 2004 steigern konnte, musste die RTL Group in Deutschland einen Umsatzrückgang hinnehmen, erzielte europaweit jedoch einen Rekordgewinn.

ProSiebenSat.1 Media AG: Nachdem der Medienunternehmer Haim Saban die Sendergruppe, zu der Pro7, SAT.1, Kabel 1 und N24 gehören, im August 2003 übernommen und im September 2004 durch den Kauf eines 12,9-%-Anteils der Taurus TV auch die Kapitalmehrheit (50,5 %) erworben hatte, verdichteten sich bis April 2005 die Anzeichen für eine mögliche Übernahme von ProSiebenSat.1 durch den Axel-Springer-Verlag. Entsprechende Stellungnahmen vonseiten der Beteiligten gab es zu diesem Zeitpunkt aber noch nicht.

2004 erhöhte die Sendergruppe ihren Überschuss um 239 % auf 133,6 Mio. €, der Umsatz stieg um 1,5 % auf 1,835 Mrd. €. Beim »besten Ergebnis der Unternehmensgeschichte« (Vorstandsvorsitzender Guillaume de Posch) wuchs das Ergebnis vor Zinsen, Steuern und Abschreibungen (Ebitda) um 70 % auf 321,3 Mio. €, die Kosten sanken um 8 %. Die Erlöse aus Werbeeinnahmen sollen von 93 % auf 85 % gesenkt

Gerhard Zeiler Geschäftsführer von RTL (1998–2004 und seit Februar 2005) sowie Chef der RTL Group (seit Anfang 2003), * 20. 7. 1955 in Wien. Der Generalsekretär (1986–90) des öffentlich-rechtlichen Österreichischen Rundfunks (ORF) leitete ab 1990 den dt. Privatsender Tele 5 und baute ab 1992 den Sender RTL II auf. 1994 kehrte Zeiler als ORF-Intendant nach Wien zurück, ehe er 1998 die Geschäftsführung von RTL übernahm. Im Februar 2005 löste er seinen zwischenzeitlichen Nachfolger Marc Conrad auf diesem Posten ab.

Anke Schäferkordt
Vox-Geschäftsführerin (seit 1999) und Stellvertretende Geschäftsführerin von RTL (seit Februar 2005), *12. 12. 1962 in Lemgo/Westfalen. Die studierte Betriebswirtin arbeitete seit 1988 u. a. als Controllerin bei Bertelsmann, ehe sie als Vox-Geschäftsführerin seit 1999 für steigende Marktanteile, Umsätze und Gewinne des Senders sorgte. Als Stellvertreterin des Geschäftsführers Gerhard Zeiler bei RTL Television ist sie seit Februar 2005 u. a. für die Bereiche Finanzen, Technik, Information, Medienpolitik sowie für Teile der Vermarktung und weiterhin für den Sender Vox verantwortlich.

und stattdessen eine Reihe zusätzlicher Einnahmequellen erschlossen werden. Um stärker von Telefongebühren bei Gewinnspielen zu profitieren, übernahm ProSiebenSat.1 im März 2005 für 155 Mio. € die Mehrheit an der Euvia Media AG mit dem Anrufsender Neun Live und dem Feriensender Sonnenklar TV. Zudem plante die Gruppe für Herbst 2005 den Start eines eigenen Pay-TV-Senders.

RTL Group: Europas größter TV-Konzern steigerte den Umsatz 2004 insbesondere durch Zuwächse auf dem Werbemarkt in Großbritannien, Frankreich und Spanien nach eigenen Angaben um 9,6 % auf 4,878 Mrd. €, das Ebitda (Gewinn vor Steuern, Zinsen und Abschreibungen) stieg um 46 % auf 711 Mio. €. In Deutschland musste die Sendergruppe (RTL, RTL II, SuperRTL, Vox, n-tv) jedoch Umsatzeinbußen von 2,7 % auf 1,826 Mrd. € hinnehmen, während das Ebitda leicht auf 262 Mio. € stieg. Einen Rekordgewinn von 17,1 Mio. € vor Steuern und Zinsen (2003: 10,9 Mio.) verzeichnete der Kindersender SuperRTL.

Nach lediglich 103 Tagen musste der am 1. 1. 2004 eingesetzte Luxemburger RTL-Geschäftsführer Marc Conrad seinen Posten im Februar 2005 an seinen Vorgänger Gerhard Zeiler abgeben. Zeilers Stellvertreterin mit weit reichenden Kompetenzen wurde die Vox-Geschäftsführerin Anke Schäferkordt.

Bei RTL II musste Geschäftsführer Josef Andorfer im Februar 2005 nach internen Querelen seinen Stuhl räumen. Nachfolger wurde der bisherige kaufmännische Direktor Jochen Starke.

Spartenkanäle: Das Dt. Sportfernsehen (DSF), seit Februar 2005 im alleinigen Besitz von EM.TV, machte 2004 erstmals in seiner 13-jährigen Geschichte Gewinn. Bei einem Umsatz von 107,4 Mio. € belief sich der operative Gewinn nach Senderangaben auf 8,1 Mio. €.

Nach der Übernahme des Musiksenders Viva durch den US-amerikanischen Konzern Viacom (MTV) im Juni 2004 wurde der Viva-Standort Köln im März 2005 geschlossen. In der neuen Zentrale Berlin soll das Viva-Angebot neu strukturiert werden. Der langjährige Viva-Chef Dieter Gorny musste im November 2004 gehen.

Readerscan

Der von dem Schweizer Betriebswirt und Marktforscher Carlo Imboden entwickelte elektronische Lese-Controller misst die Quote der gelesenen Artikel einer Zeitung und ermittelt so – ähnlich wie die Einschaltquotenmessung beim TV-Zuschauer – die Nutzungspräferenzen der Nutzer. Mit einem elektronischen Stift markieren die Leser die Stelle eines Artikels, an der sie zu lesen aufhören. Über eine Basisstation meldet der R. die Nutzungsdaten an einen Zentralrechner, der die Quoten auswertet. Als erste dt. Zeitung führte die Würzburger »Main-Post« des Holtzbrinck-Verlags den R. 2004 für 120 Leser ein.

Rundfunkgebühren

In Deutschland muss jeder Bürger R. entrichten, der ein Radio oder ein Fernsehgerät besitzt und über ein eigenes Einkommen verfügt. Der R.-Staatsvertrag sieht aber Gebührenbefreiungen bzw. -ermäßigungen u. a. aus sozialen Gründen vor.

Die R. stiegen in Deutschland ab dem 1. 4. 2005 um 88 Cent auf monatlich 17,03 €. Mit diesem Betrag sind die Gebühren für alle TV-Geräte und Radios eines Haushalts sowie das Autoradio beglichen; wer nur ein Radio (aber keinen Fernseher) besitzt, zahlt monatlich 5,52 €. Geräte in Zweit- oder Ferienwohnungen müssen zusätzlich angemeldet werden. Schwarz fernsehen kann als Ordnungswidrigkeit mit bis zu 1000 € Bußgeld bestraft werden.

Die unabhängige Kommission zur Ermittlung des Finanzbedarfs von ARD und ZDF (KEF, Mainz) hatte eine Erhöhung um 1,09 € auf 17,24 € befürwortet, was die Ministerpräsidenten der Länder jedoch abgelehnt hatten. Die schließlich bewilligte geringere Summe soll ARD und ZDF v. a. durch Personalabbau und weitere Sparmaßnahmen auffangen. Als mögliche staatliche Subventionierung, die zu Wettbewerbsnachteilen der privaten dt. TV-Anbieter führe, kritisierte die EU-Kommission die R.-Praxis – insbesondere, wenn die öffentlich-rechtlichen Sender die Gebühren für neue Geschäftsbereiche (z. B. Internetdienste) nutzen (→ Fernsehen).

Neuregelungen: Da neben BAföG-Empfängern auch Personen von der R. befreit werden können, die Sozialhilfe oder Arbeitslosengeld II beziehen, erwartet die GEZ im Zuge der Hartz-IV-Regelungen jährliche Einnahmeverluste von etwa 25 Mio. €.

Die zuvor rechtlich umstrittene Praxis der GEZ, Adressdaten von privaten Adressenhändlern zu erwerben, wurde legalisiert, die GEZ darf fortan auch selbst personenbezogene Daten erheben, verarbeiten und nutzen.

Onlinegebühren: Für PCs mit Zugang zum Internet müssen ab 2007 R. entrichtet werden. Werden die R. bereits für andere Medien des Haushalts bezahlt, fallen keine Zusatzgebühren an. Allerdings sind PC mit TV- oder Videokarten grundsätzlich anmeldepflichtig.

Rundfunkgebühren: Entwicklung

Jahr	Gebühr (€/Monat)
1979	6,65
1983	8,31
1988	8,49
1990	9,71
1992[1]	12,17
1997	14,44
2001	16,15
1.4.2005	17,03

1) in Ostdeutschland stufenweise bis 1995

Teleshopping

(engl.; per Bildschirm einkaufen), Angebot zum Kauf von Waren durch Verkaufssender oder Programmfenster. Die Kunden können per Telefon oder Internet bzw. beim Digitalfernsehen auch über die Fernbedienung per Rückkanal bestellen.

Auch 2004 wuchsen die T.-Umsätze in Deutschland; für 2005 erwarten die Anbieter erstmals einen Umsatz von über 1 Mrd. €. Der Düsseldorfer Marktführer QVC (Quality, Value, Convenience) steigerte seinen Umsatz gegenüber 2003 um 36 % auf 516 Mio. €, bei einem Gewinnzuwachs vor Steuern, Zinsen und Abschreibungen von 32 Mio. € auf 77 Mio. €. Umsatzeinbußen mussten allerdings die Konkurrenten HSE24 (275 Mio. €, –9,8 %) und RTL Shop (80 Mio. €, –12 %) hinnehmen. Der Münchner Anbieter 1,2,3 tv stieg im Oktober 2004 neu in den dt. Markt ein (Umsatz im vierten Quartal 2004: 1,8 Mio. €).

Angebotsformen: Beim sog. Shoptainment können Produkte im Rahmen des → Interaktiven Fernsehens unmittelbar während laufender Sendungen oder Werbeclips ausgewählt, bestellt und bezahlt werden (z. B. eine CD während einer Musikshow). Die Bestellung erfolgt via Rückkanal über die Fernbedienung. Den größten Umsatz machen T.-Anbieter bislang mit telefonischen Bestellungen und über das Internet. Zu den erfolgreichsten Sendeformen gehören die sog. Verkaufsshows (Live-Präsentation verschiedener Waren) sowie Infomercials (Verkaufssendungen, die Informationsprogrammen nachempfunden sind und zumeist nur über ein Produkt bzw. eine Produktlinie informieren).

Urheberrecht

Das dt. U.-Gesetz von 1965, das 2003 durch das Gesetz zur Regelung des U. in der Informationsgesellschaft erweitert wurde, regelt die Ansprüche eines Urhebers, über die Nutzungsrechte an seinem Werk verfügen zu können.

Die Novelle von 2003 passte die Rechtsnormen an das digitale Zeitalter an und weitete die Rechte der Urheber aus. Zudem stellte es das Umgehen technischer Kopierschutzmaßnahmen bei CDs und DVDs sowohl für kommerzielle als auch für private Zwecke unter Strafe.

Neuer Entwurf: 2005 stand das U. vor einer erneuten Überarbeitung, die größtenteils der Angleichung an EU-Richtlinien dient. Im sog. Korb 2 der U.-Novelle ist jedoch u. a. auch vorgesehen, die 2003 zugunsten der Urheber verabschiedeten Regelungen teilweise wieder rückgängig zu machen. So soll beispielsweise der Schöpfer eines Werkes nicht mehr die komplette Ausschüttung (Urheberschutzabgaben) der Verwertungsgesellschaften erhalten; stattdessen sollen die Verlage wieder beteiligt werden. Außerdem sollen die Zwangsabgaben für Kopien, die automatisch mit dem Kaufpreis von Kopierern, Scannern usw. entrichtet werden, zu Ungunsten der Urheber reduziert werden. Sporadische Kopien bzw. Downloads aus Tauschbörsen für private Zwecke sollen straffrei bleiben, was vonseiten der Musik- und Filmindustrie auf das Heftigste kritisiert wird. Mit einer Verabschiedung der Neuregelung des U. ist aller Voraussicht nach im Jahr 2006 zu rechnen.

Werbung

Erstmals seit drei Jahren hat die dt. Wirtschaft 2004 wieder mehr Geld für W. ausgegeben. Die W.-Investitionen beliefen sich nach Angaben des Zentralverbandes der dt. Werbewirtschaft (ZAW, Bonn) auf 29,2 Mrd. € (2003: 28,9 Mrd. €). Um 1,6 % auf 19,6 Mrd. € gegenüber dem Vorjahr gestiegen sind laut ZAW die Nettowerbeumsätze der klassischen Medien. Gewinner waren Onlineangebote (+10,2 %) sowie Wochen- und Sonntagszeitungen (+ 9,2 %), während Publikums- und Fachzeitschriften (-1,2 % bzw. -1,4 %) und v. a. die Filmtheater (-8,7 %) nicht vom Aufschwung profitierten.

Am größten fiel 2004 das Werbevolumen des Handels aus, wobei v. a. Discount- und Baumärkte mehr Geld als im Vorjahr ausgaben. Die Zielsetzung der W. wird dabei immer kurzfristiger (z. B. für Sonderverkäufe), sog. markenbildende W. ist auf dem Rückzug.

Die Werbeinvestitionen der Medien selbst sind 2004 insgesamt gestiegen. 220 Mio. € mehr als im Vorjahr wendeten beispielsweise die Printmedien für W. auf, während die Fernsehsender im Vergleich zu 2003 knapp 30 Mio. € weniger für W. ausgaben.

Ausblick: 2005 wird sich der leichte Aufwärtstrend der dt. Werbebranche nach Expertenmeinung verfestigen; der ZAW geht von einem ein- bis zweiprozentigen Plus aus. Die Bruttowerbeinvestitionen sollen laut Nielsen Media Research (Hamburg) um etwa 5 % wachsen. Einen positiven Einfluss erhoffen sich Teile der Branche v. a. von bevorstehenden Großereignissen wie der Fußball-WM 2006.

Kontroversen mit der EU: Das für 2005 von der EU geplante Verbot von W. mit vagen oder irreführenden Gesundheitsversprechen bei Lebensmitteln und Kosmetika befand sich Anfang 2005 weiterhin in der Beratungsphase. Werbende Aussagen wie »macht gesund« oder »hält fit« müssten gemäß dem erarbeiteten Verordnungsentwurf fortan wissenschaftlich belegbar sein. Um einheitliche Kriterien für gesundheitsbezogene Angaben auf Lebensmitteln zu schaffen und für Rechtssicherheit zu sorgen, schlug die EU-Kommission eine Positivliste erlaubter Aussagen sowie entsprechender Nährwertprofile der Lebensmittel vor. Die Bundesregierung hatte den ersten Entwurf 2004 als einziges EU-Land abgelehnt. Das Europ. Parlament unterzog den Vorschlag Ende Mai 2005 einer Prüfung und beantragte einige Änderungen. Mit einer Verabschiedung der Verordnung ist wohl vor 2006 nicht zu rechnen.

Die Klage der Bundesregierung vor dem Europ. Gerichtshof gegen ein EU-Tabakwerbeverbot für Medien und bei Großveranstaltungen wird voraussichtlich im Herbst 2005 verhandelt. Die Richtlinie muss allerdings schon zum 1. 7. 2005 in nationales Recht umgesetzt werden; einen entsprechenden Gesetzentwurf brachte das Kabinett im Mai 2005 ein. Die Argumentation der Bundesregierung beruft sich darauf, dass das Verbot vorrangig den Gesundheitsschutz betreffe, der aber in die nationalen Kompetenzen der Mitgliedstaaten falle. Die Tabak-Richtlinie soll künftig von der EU alle zwei Jahre überprüft und ggf. angepasst werden.

www.nielsen.de, www.zaw.de

Werbung: Nettoeinnahmen der Werbeträger in Deutschland

Werbeträger	Einnahmen 2004 (Mio. €)	Veränderung zu 2003 (%)
Tageszeitungen	4 500,50	+1,0
Fernsehen	3 860,38	+1,3
Werbung per Post	3 398,43	+2,9
Publikumszeitschriften	1 839,20	-1,2
Anzeigenblätter	1 836,40	+5,2
Verzeichnis-Medien	1 195,73	-2,0
Fachzeitschriften	865,00	-1,4
Außenwerbung	720,11	+1,4
Hörfunk	619,39	+6,9
Onlineangebote	271,00	+10,2
Wochen-/Sonntagszeitungen	245,80	+9,2
Filmtheater	146,77	-8,7
Zeitungssupplements	90,00	+5,3
gesamt	19 588,71	+1,6

Quelle: Zentralverband der dt. Werbewirtschaft (ZAW, Bonn)

Medizin

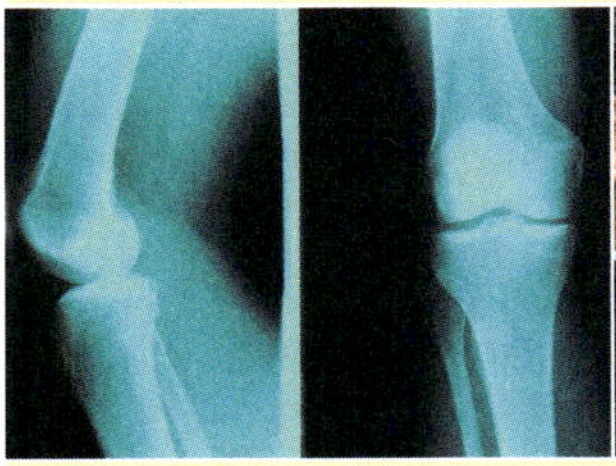
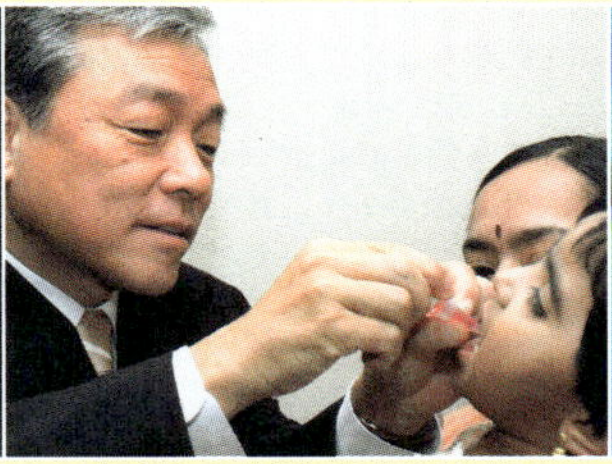
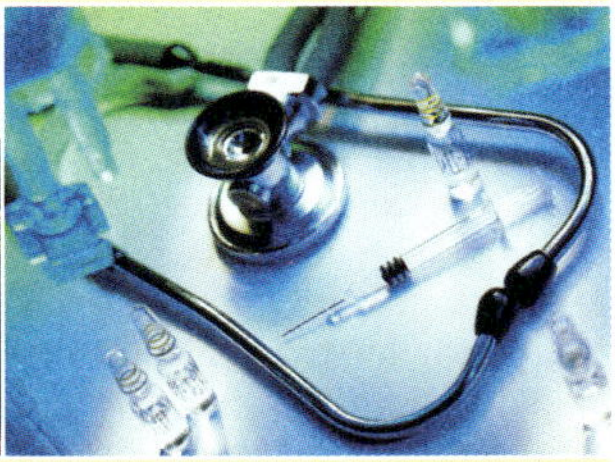

Aids

(Acquired immune deficiency syndrome, engl.; erworbenes Immunschwächesyndrom), die schwere Störung des Immunsystems ist die Folge einer Infektion mit dem HI-Virus. Es kommt zu einer massiven Verminderung der T-Helferzellen des Immunsystems, die für die Infektabwehr zuständig sind, sodass für HIV-Infizierte selbst normalerweise harmlose Infektionen eine tödliche Gefahr sind. Die A.-Infektion erfolgt über Körperflüssigkeiten wie Blut und Sperma. Nach zehn bis 15 Jahren in den Industrieländern bzw. drei bis acht Jahren in den Entwicklungsländern bricht die Krankheit bei den Infizierten aus. Sie ist bisher nicht heilbar. Auch existiert kein Impfstoff.

Weltweit waren bis Anfang 2005 fast 40 Mio. Menschen mit dem A.-Erreger infiziert. 2004 gab es rund 4,9 Mio. Neuinfektionen, und etwa 3 Mio. A.-Kranke starben. Dem A.-Bekämpfungsprogramm der Vereinten Nationen, UNAIDS, und der Weltgesundheitsorganisation (WHO, Genf) zufolge betraf die A.-Epidemie zunehmend Frauen. Der Anteil infizierter Frauen stieg 2004 auf 50 % an.

Verbreitung: Am stärksten betroffen war nach wie vor das südliche Afrika mit 75 % der HIV-Infizierten. In den Städten waren 25 % der Bevölkerung mit dem HI-Virus angesteckt (1990: 5 %). Osteuropa stand 2004 vor einer A.-Katastrophe. Die Infiziertenzahlen stiegen rasant, v. a. in Russland, der Ukraine und den baltischen Staaten. 80 % der Infizierten waren jünger als 30 Jahre, die meisten waren drogenabhängig, doch das HI-Virus verbreitete sich auch zunehmend über Sexualkontakte. Sprunghaft stieg die Zahl der infizierten Frauen (2004: 43 %; 2001: 24 %) und Schwangeren.

Ursachen: Die Aufklärung über A. war 2004 v. a. in den am meisten von der Krankheit betroffenen Ländern weiterhin unzureichend. Dabei zeigten Länder wie Honduras, Jamaika und Kuba, dass eine effiziente Vorbeugestrategie erfolgreich sein kann. In Osteuropa wurde das A.-Problem lange verdrängt, Betroffene wurden geächtet und sich selbst überlassen. Der weltweit stärkere Zuwachs bei Frauen hat zum Hintergrund, dass sie insbesondere in den armen Ländern die geringsten Bildungschancen und Möglichkeiten hatten, sich über A. zu informieren.

Gegenmaßnahmen: Die Bereitschaft zur A.-Bekämpfung nahm 2004 leicht zu, Regierungen engagierten sich laut WHO aber immer noch zu wenig. Aufklärung über A. ist Experten zufolge eine der Hauptaufgaben. Ebenso müsste die Politik die Rechte der Frauen stärken und sich darauf konzentrieren, wie man Männer von gefährlichen Sexpraktiken abbringen könnte. Die UN lagen Anfang 2005 mit ihrem Vorhaben, bis Ende 2005 rund 3 Mio. A.-Infizierte mit Medikamenten zu versorgen, im Zeitplan. Die erforderlichen 3,55–3,8 Mrd. US-Dollar sollen u. a. aus dem globalen A.-Fonds, von Regierungen diverser Staaten und dem Sonderprogramm der USA kommen. Anfang 2005 fehlten noch 1,55 Mrd. US-Dollar. Ohne eine drastische Erhöhung der Finanzmittel ist der Kampf gegen A. laut UNAIDS aussichtslos, denn ab 2007 würden jährlich 20 Mrd. US-Dollar benötigt.

Die EU fördert bis 2006 den Kampf gegen Malaria, Tuberkulose und A. mit 1,2 Mrd. €. Zahlreiche Präventions- und Therapieprogramme sollen v. a. die Lage in Osteuropa, insbesondere in den EU-Mitgliedstaaten Estland, Lettland und Litauen, verbessern.

www.rki.de (Epidemiologie, allgemeine Informationen); **www.aidshilfe.de** (regionale Aidshilfen, Tipps zu sicherem Sexualverhalten); **www.bzga.de/aids/index.html** (Bundeszentrale für gesundheitliche Aufklärung)

➤ Entwicklung, HIV

Aids: nachlassendes Wissen

In Westeuropa und den USA gingen Menschen immer sorgloser mit Aids um, der Aidstod wurde im öffentlichen Bewusstsein zunehmend verdrängt. Dabei lebten allein in Deutschland 2004 rund 44 000 Aidsinfizierte, täglich starben zwei Menschen an Aids.

Unwissenheit und riskante Sexpraktiken: Viele v. a. junge Menschen, die die Aidshysterie der 1980er-Jahre nicht miterlebt hatten, wiesen 2004 ein lückenhaftes Wissen über Aids auf. So hielt sich der Irrglauben, Aids sei heilbar oder betreffe nur ältere Menschen. Auch stieg die Neigung zu ungeschütztem Sex und riskanten Sexpraktiken, nicht nur wegen Verdrängung sondern mit Vorsatz: Das Spiel mit der Aidsinfektion wird als ultimativer Kick empfunden.

Folgen: Virologen sahen 2005 in den Industrienationen eine neue Dynamik. In Deutschland war die Rate der Jugendlichen unter den Neuinfizierten besonders hoch und Geschlechtskrankheiten wie Syphilis verbreiteten sich rasend schnell. Sie können als Seismograf für Aids gelten, das wegen der Langsamkeit, mit dem das Virus seine Zerstörung im menschlichen Körper durchführt, nur mit Verzögerung in der Statistik auftaucht. Gesundheitsministerin Ulla Schmidt rief 2004/05 daher dazu auf, die Aidsaufklärung dringend zu verstärken.

Aidstherapie

Mediziner gingen 2005 weltweit mit der sog. Kombinationstherapie gegen Aids vor, die i. d. R. drei verschiedene Wirkstoffe kombiniert. Damit verzögerten sie das Voranschreiten der Infektion und den Ausbruch der Krankheit. Ein in den USA zur Jahreswende aufgetretener, hoch aggressiver Virusstamm bereitete den Wissenschaftlern große Sorge. Nach Impfstoffen wurde fieberhaft gesucht, doch blieb der Erfolg aus.

Supervirus: Der neue Erregertyp 3-DCR HIV hatte bei einem New Yorker Homosexuellen innerhalb von nur acht Wochen (statt sonst zehn bis 15 Jahren) zum Ausbruch der Krankheit geführt und erwies sich zudem als resistent gegen 19 von 20 gängigen A.-Medikamenten. Der New Yorker hatte zuvor mit hunderten Partnern ungeschützten Sex.

Dt. Forscher wiesen 2005 darauf hin, dass der Erregertyp des New Yorkers zunächst ein Einzelfall sei und dass der schlechte Allgemeinzustand des Patienten die schnelle Krankheitsentwicklung begünstigt habe. Die Resistenzbildung sei durch ungeschützten Sex mit Personen, die A.-Medikamente einnehmen, gefördert worden. Die Mittel unterdrücken gängige HI-Viren, neue Varianten haben daher besonders gute Chancen, sich auszubreiten. In Deutschland stieg die Zahl resistenter HIV-Stämme von 4 % vor einigen Jahren auf 12 % (2004).

Impfstoffsuche: Weltweit gingen die Forscher 2005 davon aus, dass ein einziger Impfstoff die Infektion nicht verhindern könne. Das

Aidstherapie: Aidstote 2004

Region	Aidsopfer
Afrika südlich der Sahara	2 300 000
Süd-, Südostasien	490 000
Südamerika	95 000
Osteuropa, Zentralasien	60 000
Ostasien	51 000
Karibik	36 000
Nordafrika, Naher Osten	28 000
Nordamerika	16 000
Westeuropa	6 500
Ozeanien, Australien, Neuseeland	700
insg esamt	rund 3 000 000

Quelle: UNAIDS, Weltgesundheitsorganisation

HI-Virus ist extrem wandlungsfähig. Im Körper eines Infizierten finden sich immer mehrere Varianten, die ihr Erbgut zudem innerhalb weniger Wochen um bis zu 15 % verändern können. Ein Impfserum müsste gegen alle Varianten wirken. Man hofft aber auf eine Vakzine, die zumindest das Risiko der Infektion senken würde oder den Körper dahingehend trainiert, allein oder mit weniger Medikamenten mit der Infektion fertig zu werden. Es gab einige verheißungsvolle Ansätze, doch waren sich Forscher einig, dass zu diesem Zeitpunkt nur ein Glückstreffer einen Durchbruch bringen könnte.

www.iavi.org; www.hiv.net (Informationen u. a. zur neueren Forschung)

Allergie

Überempfindlichkeit des Organismus gegenüber körperfremden Stoffen (Allergenen)

Jeder dritte Bundesbürger hatte 2005 eine oder mehrere A., so litten etwa allein 15 Mio. Menschen an Heuschnupfen. Zunehmend sind auch Kinder betroffen: Jedes zehnte Kind zwischen zehn und 13 Jahren leidet inzwischen an einer A. Diese Quote verdoppelte sich in den letzten 20 Jahren. A. können als allergisches Asthma oder durch einen A.-Schock sogar zum Tod führen; so starben zu Beginn des 21. Jh. allein in Deutschland jährlich 5 000–6 000 Menschen an allergischem Asthma.

Ursachen: Entstehung und zunehmende Verbreitung der A. blieben auch weiterhin ungeklärt. Als mögliche Ursachen gelten immer besser isolierte Wohnungen, in denen Hausstaubmilben gute Lebensbedingungen finden, sowie übertriebene Hygiene, die dazu führt, dass das Immunsystem kaum mehr mit Keimen in Berührung kommt und stattdessen auf harmlose Stoffe wie Pollen reagiert. Allergologen forschten 2004/05 darüber hinaus in neue Richtungen. Da A. überwiegend ein Problem der westlichen Industriestaaten sind, galt es herauszufinden, was uns in Umwelt, Ernährung und an Infektionen im Vergleich zu anderen Ländern fehlt bzw. nachhaltig von Ländern mit niedrigeren A.-Quoten unterscheidet.

Behandlung: Die Erfolgsquote mit der sog. Desensibilisierung gegen Heuschnupfen, durch die der Körper nach und nach lernt, Allergene zu tolerieren, soll erhöht werden (sie betrug bislang

Allergie: Ein Apotheker in San Francisco bereitet Rezepte nach der Traditionellen Chinesischen Medizin zu; TCM zeigt gute Wirksamkeit bei Allergien.

z. B. beim häufigen Allergen Birkenpollen 80 %). Mediziner konnten seit Ende 2004 nicht nur die A.-auslösende Pollenart bestimmen, sondern anhand eines Bluttropfens auch aufschlüsseln, auf welches Polleneiweiß genau der Patient reagiert, der nun gezielt gegen dieses Eiweiß desensibilisiert werden kann.

Ende 2004 wies eine dt. Ärztegruppe nach, dass die Traditionelle Chinesische Medizin (TCM) die Beschwerden von Allergikern deutlich senken kann. Nach einer sechswöchigen Therapie verschwanden die Symptome bei 80 % der mit TCM (Kräutermischungen und Akupunktur) behandelten Probanden völlig, in der Vergleichsgruppe nur bei 35 %.

Kennzeichnung: Seit November 2004 müssen alle Nahrungsmittelzusätze, wie etwa Farbstoffe und Konservierungsmittel, die als Auslöser von A. unter Verdacht stehen, auf Verpackungen extra gekennzeichnet werden. Die Bundesregierung setzte damit eine EU-Richtlinie in dt. Recht um. Bis dahin waren A.

Allergie: neuer Schnelltest

Ein Schweriner Unternehmen und das Berliner Krankenhaus Charité stellten Ende 2004 einen Allergieschnelltest vor, mit dem eine sichere Erstdiagnose innerhalb von 20 bis 30 min bei jedem Hausarzt durchgeführt werden kann. Schätzungen zufolge wusste 2005 allein jeder fünfte Pollenallergiker nicht die Ursache für seinen Schnupfen.

Test: Bei dem Test werden zwei Blutstropfen aus dem Finger auf zwei Membranen aufgebracht, die mit jeweils zwölf gängigen Allergenen versetzt sind. Auf einer Membran finden sich die häufigsten Inhalationsallergene wie Tierhaare, Pollen oder Hausstaubmilbenkot, auf der anderen die häufigsten Nahrungsmittelallergene wie Eier, Fisch und Erdnüsse. Die Stoffe, auf die der Patient reagiert, werden als farbiges Kreuz sichtbar. Bislang waren zur Allergiediagnose Laboruntersuchungen erforderlich.

Alzheimerkrankheit: Modellprojekt

In Baden-Württemberg wurde 2005 ein dreijähriger Modellversuch zur Unterbringung von ausgewählten Alzheimerpatienten und anderen Demenzkranken in Gastfamilien mit qualifizierter externer Betreuung statt in psychiatrischen Anstalten positiv beendet. Das baden-württembergische Sozialministerium hatte den Modellversuch mit 82 000 € gefördert und wollte bei Betreuungsangeboten für Demenz- und psychisch Kranke weiter unkonventionelle Wege beschreiten.

Vorteil: Die Alzheimerpatienten, die im Verlauf der Krankheit oft nicht mehr die Einsicht haben, pflegebedürftig zu sein, fühlten sich laut Ravensburger Zentrum für Psychiatrie in der Familie besser aufgehoben als in psychiatrischen Einrichtungen. Hier laufe alles natürlich ab, was im Heim künstlich initiiert werde, wie gemeinsames Einkaufen und Essen. Die Patienten würden mit Aufgaben betraut und »liefen« einfach mit.

auslösende Substanzen lediglich versteckt oder sogar überhaupt nicht ausgewiesen. Auch alle Inhaltsstoffe in Alkoholika, für die bis dahin eine Ausnahme bestand, sind nun kennzeichnungspflichtig.

www.daab.de (Dt. Allergie- und Asthmabund); **www.aeda.de** (Ärzteverband Dt. Allergologen); **www.wetter.net.de, www.allergie-info.de** (Pollenfluginformationen)

Alzheimerkrankheit

Schwere, ständig fortschreitende, unheilbare Hirnleistungsschwäche. Die A. tritt i. d. R. nach dem 60. Lebensjahr auf, die vermutlich ererbte A. (10 % der Fälle) z. T. schon vor dem 35. Lebensjahr. Sie macht sich durch Nachlassen bestimmter Gedächtnisleistungen bemerkbar, es folgen Störungen des Denkvermögens, der Orientierungsfähigkeit und des Sprachvermögens. Die A. mündet in Geistesverwirrung und führt bei ererbter A. nach etwa sieben, sonst nach 11–15 Jahren zum Tod.

In Deutschland lebten 2005 rund 1 Mio. Menschen mit A.; Prognosen gingen für 2030 von 1,9 bis 2,5 Mio. A.-Patienten aus, da das Risiko, an A. zu erkranken, mit dem Alter zunimmt. Mitte 2004 gerieten die gängigen Mittel gegen A. in die Diskussion, als eine Hamburger Studie deren Wirksamkeit anzweifelte.

Hamburger Untersuchung: Die Wissenschaftler überprüften die 20 wichtigsten Pharmastudien zu den Mitteln der Wahl bei A. (Aricept®, Exelon® und Reminyl®). Diese sog. Acetylcholinesterase-Hemmer sollen nach Herstellerangaben den Verfall der Geisteskraft bei A. verlangsamen. Die Forscher entdeckten in allen Untersuchungen methodische Mängel, die ihrer Ansicht nach die Gültigkeit der Ergebnisse erheblich einschränkten. Der Einsatz dieser Mittel bei A. sei daher wissenschaftlich nicht begründet. Nach Ansicht des Berufsverbandes Dt. Nervenärzte (Neuss), der Dt. Alzheimer Gesellschaft und der Dt. Gesellschaft für Gerontopsychiatrie und -psychotherapie (beide Berlin) gab die Hamburger Studie jedch keinen Anlass, die Untersuchungen der vorangegangenen Jahre zu bezweifeln. Es sei Fakt, dass die genannten Mittel den Zustand einer Gruppe von A.-Kranken für etwa ein Jahr verbessern könnten.

www.deutsche-alzheimer.de (Dt. Alzheimergesellschaft); **www.alzheimer-forschung.de, www.alzheimerinfo.de** (Informationen für Patienten und Angehörige)

Antibiotika

Von Mikroorganismen (z. B. Schimmelpilzen) gebildete Stoffwechselprodukte und ihre chemisch erzeugten Abwandlungen (z. B. Penicillin, Tetrazyklin), die auf Bakterien vermehrungshemmend oder abtötend wirken. Gegen Viren oder Pilze sind sie wirkungslos.

Weltweit nahm die Zahl der Bakterien 2004/05 zu, die gegen ein oder mehrere A. resistent waren. Ärzte standen neuen, aber auch bis dahin beherrschbaren Infektionskrankheiten mehr und mehr machtlos gegenüber. In Russland breitete sich insbesondere in Gefängnissen die Tuberkulose aus, die bereits ein Viertel der Häftlinge infiziert hatte, wobei A.-resistente Stämme zunahmen. In europ. Krankenhäusern machte sich der sog. Methicillin-resistente Staphylokokkus aureus (MRSA) breit, gegen den die meisten gängigen A. versagten. Das Robert Koch Institut (RKI, Berlin) und die Dt. Gesellschaft für Krankenhaushygiene (DGKH, Greifswald) forderten Anfang 2005 bessere Maßnahmen gegen die zunehmende A.-Resistenz.

MRSA: In Deutschland ziehen sich jährlich etwa 400 000 Patienten Infektionen in Kliniken zu, ein Drittel von ihnen mit MRSA. Davon zeigten laut RKI bereits 20 % eine Resistenz gegen A., während es 1995 nur 8 % gewesen waren. Von MRSA befallene Patienten konnten lediglich isoliert und so lange mit Desinfektionslösung abgewaschen werden, bis Abstriche aus der Nase, einem der bevorzugten Aufenthaltsorte des Erregers, dreimal hintereinander MRSA-frei waren.

Ursachen: Ein Grund für die zunehmende Wirkungslosigkeit von A. ist die nachlässige Verschreibungspraxis der Ärzte, die A. ungezielt und zu oft einsetzen. In der Tiermast verwendete A. gelangen über die Nahrungskette in den Menschen oder mit dem Kot der Tiere ins Grundwasser und darüber dann ins Trinkwasser und in die Nahrung.

Gegenmaßnahmen: Das RKI forderte Anfang 2005, die Verwendung von A. stärker zu reglementieren. Gerade Kliniken waren durch massiven Einsatz antibakterieller Medikamente zu Brutstätten A.-resistenter Stämme geworden. Einzelne Bakterien werden durch Erbgutveränderungen zufällig resistent gegen bestimmte Arzneien und können diese Erbinformation an andere Stämme weitergeben. Der weitere Einsatz der Arzneien unterstützt die Bakterien, denn nicht resistente Stämme werden ausgelöscht, resistente überleben und vermehren sich. Zudem sollten Mikrobiologen die Stationsarbeit unterstützen. Auch sollte der prophylaktische Einsatz von A. vermieden werden, wann immer dies möglich sei. Die DGKH regte eine Meldepflicht für Infektionen mit MRSA an, um genau zu wissen, wie viele Patienten daran erkranken und sterben. Die EU strebte ein Verbot von A. als Futterzusatz in der Tiermast ab 2006 an.

Arthrose

Gelenkerkrankung, die mit schmerzhafter zunehmender Zerstörung des Knorpels an einem oder mehreren Gelenken einhergeht. Der Knorpel wird durch Fehlstellung oder falsche Belastung des entsprechenden Gelenks z. B. an der Hüfte, dem Fuß oder dem Knie abgerieben. Kleine Bruchstücke irritieren und zerstören das Gelenk, es kann zu Entzündungen kommen. Symptome sind Schmerzen und Bewegungseinschränkungen. Behandelt wird die A. mit schmerzlindernden und entzündungshemmenden Medikamenten, zerstörte Gelenke werden häufig durch Endoprothesen ersetzt.

Düsseldorfer Orthopäden entwickelten Anfang 2005 gemeinsam mit einem US-Kollegen der Harvard Universität eine Behandlungsmethode der A., bei der aus adulten Stammzellen neues Knorpelgewebe gewonnen wird. Bei Labor- und Tierexperimenten erzielten die Mediziner so einen perfekten Knorpel. Das Verfahren wäre beim

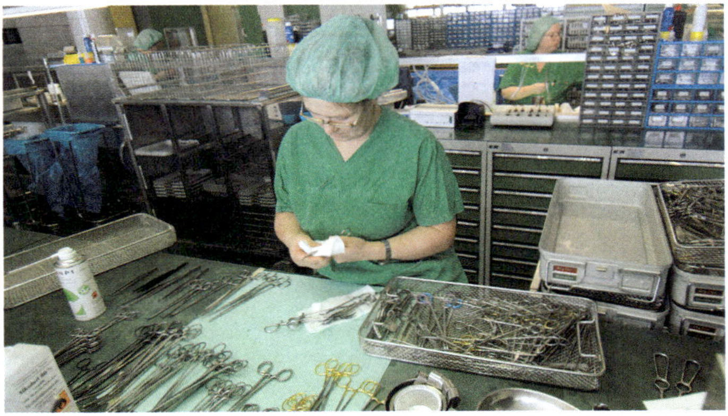

Antibiotika: Besteckreinigung in einer Klinik; trotz strenger Hygienevorschriften ist die MRSA-Infektionsgefahr in Krankenhäusern groß.

Arthrose: Schauspieler Nick Nolte, selbst Arthrose-Patient, war Schirmherr der Düsseldorfer Konferenz zur Stammzellentherapie Anfang 2005.

Menschen einfacher und schneller als die bis dahin praktizierte Entnahme von Knochenmarkszellen zur Knorpelzüchtung außerhalb des Körpers mit anschließendem Einsetzen des gewonnenen Gewebes. Die Entwickler gingen 2005 davon aus, dass die Methode ab 2007 den 6 Mio. A.-Patienten in Deutschland zur Verfügung steht.

Methode: Die Mediziner vermischen die Stammzellen aus dem Knochenmark des Patienten, die sich zu einer Vielzahl von Zellen entwickeln können, mit einem Wachstumsfaktor, einem körpereigenen Protein, sodass sie sich zu Knorpelzellen ausbilden. Das Gemisch wird in das kranke Gelenk gespritzt. Bei Versuchen waren die Gelenke nach acht Wochen wieder einsatzfähig. Während die bisherige Methode zwei Operationen erforderte, ist der Eingriff nach der neuen Methode mit Stammzellentnahme, Aufbereitung und anschließendem Einspritzen einmalig.

Perspektive: 2005 soll das Verfahren in klinischen Studien voraussichtlich in Düsseldorf und Wuppertal getestet werden. Dabei kommen zunächst nur Patienten in Frage, deren Gelenkschaden nicht größer als 4 cm² ist.

www.arthrose.de

Arzneimittel

Mit Leistungsausgaben der gesetzlichen Kassen von 21,8 Mrd. € wurde 2004 der Ausgabenanstieg bei A. zwar gestoppt, doch drohte die Entwicklung laut Experten 2005 wieder zu kippen, weil u. a. die Rabatte, die Pharmahersteller Kassen gewährten, sanken und ein Preismoratorium der A.-Produzenten auslief. Experten zufolge wurden 2004 immer noch zu viele Medikamente verschrieben, die nicht wirksamer, aber teurer sind als andere.

Kinder: Kinderärzten zufolge waren 2005 rund 80 % der in Kliniken und 15 % der bei niedergelassenen Kinderärzten an Kindern eingesetzten A. nicht speziell für Kinder zugelassen. Die EU-Kommission strebte daher ab Ende 2004 die Verpflichtung der pharmazeutischen Industrie an, die Verträglichkeit neu entwickelter A. obligatorisch für Kinder zu testen und bereits eingeführte A. nachträglich zu prüfen. Im Gegenzug soll der Patentschutz auf diese A. verlängert werden.

Sicherheit: Rücknahmen und Anwendungsbeschränkungen nach Todesfällen durch A. erschütterten 2004/05 das Vertrauen der Verbraucher weltweit. Das Pharmaunternehmen Merck nahm Ende 2004 das Schmerz- und Rheumamittel Vioxx® vom Markt, auf Druck der US-Gesundheitsbehörde musste Pfizer das A. Bextra® Anfang 2005 zurückziehen und Celebrex® mit einem Warnhinweis versehen. Die zur Gruppe der sog. Cox-2-Hemmer zählenden Mittel können das Schlaganfall- und Herzinfarktrisiko stark erhöhen. In Deutschland nahmen Hunderttausende Patienten diese A. Das Bundesinstitut für Arzneimittel und Medizinprodukte (BfArM, Berlin) schränkte die Anwendung der Mittel Anfang 2005 ein und empfahl, sie nicht nach Herzinfarkt oder Schlaganfall, bei Diabetes, Bluthochdruck oder Rauchern zu verordnen.

Fusion: Der Schweizer Pharmakonzern Novartis übernahm Anfang 2005 den dt. Hersteller von Nachahmerprodukten (sog. Generika) Hexal und 67,7 % von dessen US-Tochter Eon Labs für 5,65 Mrd. €. Beide Unternehmen integrierte Novartis in die eigene Generika-Firma Sandoz. Das fusionierte Unternehmen wurde damit Weltmarktführer im Generikabereich. Experten rechneten 2005 mit weiteren Fusionen im wachstumsstarken Generika-Markt.

➤ Gesundheitswesen, Gesundheitsreform;
➤ Gesundheitswesen, Internetapotheke

Depressionen

(depressio, lat.; das Niederdrücken), Zustand gedrückter Stimmung. In der Psychiatrie ist D. die häufigste Form der psychischen Störung. Die sog. reaktive D. entsteht als Reaktion auf ein äußeres Ereignis und klingt ab, sobald die Ursache wegfällt. Die endogene D. tritt unabhängig von äußeren Anlässen auf. Vor allem ältere Menschen sind betroffen.

D. waren 2004/05 eine Massenkrankheit, an der rund 25 % der Weltbevölkerung litten. In Deutschland waren etwa 4 Mio. Menschen betroffen, davon 640 000 Kinder. Eine Studie der Berliner Klinik Charité ergab Anfang 2005, dass Johanniskraut als Alternative zu herkömmlichen Medikamenten auch bei schweren D. wirke und besser verträglich sei. Allerdings müsse dessen Wirksamkeit in diesen Fällen durch weitere Studien belegt werden, bevor es dafür freigegeben werden könne. 2005 war es zur Therapie bei leichten bis mittelschweren depressiven Episoden zugelassen.

www.kompetenznetz-depression.de (ausführliche Informationen für Patienten und Angehörige)

Dermchip

Biochip (auch DNA-Chip), mit dem sich Hautkrankheiten wie Neurodermitis, Schuppenflechte oder Hautkrebs früher und genauer erkennen bzw. unterscheiden lassen als bis dahin möglich

Anfang 2005 stellte ein Kölner Unternehmen in Zusammenarbeit mit den Universitäten Aachen, Bonn und Köln den D. vor, der die Diagnose und Behandlung von Hautkrankheiten verbessert. Ziel der Forscher war es, mithilfe des D. langfristig auch vorhersagen zu können, welches Medikament in jedem Einzelfall das wirksamste ist und ob sich aus einem Muttermal ein Tumor entwickeln kann.

Grundlage aller Biochips ist ein Trägermaterial, Kunststoff oder Glas (sog. Array), auf das Gene aufgetragen werden, die für die Entstehung der jeweiligen Krankheiten verantwortlich sind. 1 350 Gene spielen bei der Entstehung von Hautkrankheiten eine Rolle. Sie werden auf den D. aufgebracht. Hinzu kommen Proben gesunder und erkrankter Hautpartien des Patienten. Es entsteht ein sog. Expressionsprofil, das die Form z. B. der Neurodermitis oder die Ausprägung eines Tumors aufzeigt und so geeignete Therapiemaßnahmen ermöglicht. Bislang war eine Unterscheidung nur schwer möglich.

Diabetes

(eigtl. Diabetes mellitus, auch Zuckerkrankheit), Störung des Fett-, Kohlenhydrat- und Eiweißstoffwechsels, die durch die Zerstörung von Insulin bildenden Zellen in der Bauchspeicheldrüse (Typ I) ausgelöst wird oder im Alter durch zunehmende Resistenz des Körpers gegen eigenproduziertes Insulin (Typ II) auftritt. Als Spätfolgen treten u. a. Herzinfarkt, Schlaganfall, Nierenversagen, Impotenz und Erblindung auf; Blutgefäßverstopfungen können Amputationen der Gliedmaßen zur Folge haben.

In Deutschland lebten 2005 rund 6 Mio. erkannte Diabetiker, hinzu kamen nach Angaben des Dt. Diabetes-Zentrums (DDZ, Düsseldorf) etwa 1 Mio. Menschen, die nichts von ihrer Zuckerkrankheit wussten. Damit hatte Deutschland im europ. Vergleich eine Spitzenposition inne. Die Behandlungs- und Folgekosten betragen etwa 23 Mrd. € pro Jahr.

Prognose: Experten zufolge ist bis 2010 mit bis zu 10 Mio. Diabetikern zu rechnen. Die Weltgesundheitsorganisation (WHO, Genf) ging bis 2030 für Deutschland von einer Zunahme der D.-Erkankungen um 50 % aus. In den letzten 40 Jahren hätten sich Fälle von Typ-2-D., die insbesondere auf falsche Ernährung, Übergewicht und Bewegungsmangel zurückgeht, in Deutschland verzehnfacht.

Zimt: 2004 kam in Deutschland die erste Zimtkapsel auf den Markt, nachdem Studien gezeigt hatten, dass Zimt bei Diabetikern Blutzucker- und Cholesterinspiegel senken kann. Die regelmäßige Einnahme der Zimtkapsel im Rahmen einer ausgewogenen Ernährung kann den Blutzuckergehalt um 25 % senken oder sogar normalisieren.

Transplantation: Erstmals übertrug ein US-amerikanisch-japanisches Ärzteteam Anfang 2005 einer an Typ-1-D. erkrankten jungen Frau Insulin bildende Zellen ihrer Mutter. Die entnommenen Zellen begannen, im Körper der Tochter sofort Insulin zu produzieren. Ob der Effekt jedoch langfristig anhält, war ungewiss. Bislang wurden, mit wechselndem Erfolg, lediglich Insulin bildende Zellen von verstorbenen Spendern transplantiert.

Diabetes: Folgeschäden

Art	Fälle[1]
Schlaganfall	50 000
Herzinfarkt	30 000
Amputation	5 000
Erblindung	5 000
Nierenversagen	5 000

1) geschätzte jährliche Anzahl; Quelle: Universität Leipzig, Globus Infografik

Studie: Das DDZ führte 2005 eine Studie mit einem Medikament durch, das seit Jahren zur Senkung der Blutfette eingesetzt wurde. Es könnte auch die Entzündung des Immunsystems verringern, die bei Typ-1-D. zu einem Mangel an körpereigenem Insulin führt. D. des Typs 1 galt bisher als unheilbar.

Bund diabetischer Kinder und Jugendlicher e. V., Hahnbrunnerstr. 46, 67659 Karlsruhe; Dt. Diabetiker Bund e. V., Danziger Weg 1, 58511 Lüdenscheid; www.diabeticus.de (Allgemeine Informationen und Berichte); **www.zeitbombe-zucker.de** (Informationen für Betroffene); **www.diabetes-world.net** (Informationen für Betroffene)

Epidemievorhersage

Physiker der Göttinger Universität und des Max-Planck-Instituts für Strömungsforschung entwickelten Ende 2004 ein Modell, mit dem sich anhand der Passagierströme des Flugverkehrs vorhersagen lässt, wie schnell und auf welchen Wegen sich Infektionskrankheiten, wie z. B. SARS, ausbreiten. Sinn und Zweck des Modells ist es, künftig schneller zu wissen, an welchen Orten der Welt Impfstoffe und Medikamente bereitgehalten werden müssen. Man hofft, mit der E. Kosten und Opferzahlen von Epidemien künftig senken zu können.

Modell: Die E. berücksichtigte die weltweite Vernetzung und Mobilität der Gesellschaft und verwertete Daten von über 2 Mio. Flügen pro Woche zwischen den 500 größten Flughäfen der Welt. Durch Simulation einer Epidemie zeigten die Physiker, dass große Knotenpunkte im Luftverkehrsnetz für die schnelle Ausbreitung von Seuchen verantwortlich sind, unabhängig vom Ausgangspunkt der Infektion. Ausschlaggebend ist dabei nicht die Kapazität des Flughafens, sondern seine Vernetzung.

Anwendung: 2004/05 suchten die Forscher Abnehmer für ihre E. und hofften auf das Interesse der Weltgesundheitsorganisation (WHO, Genf) für das Simulationsmodell.

Fettleibigkeit

(auch: Adipositas, Obesitas), eine der häufigsten Stoffwechselstörungen. Als fettleibig gilt, wessen Body-Mass-Index (BMI) bei 30 oder höher liegt. Ab einem BMI von 25 ist der Mensch übergewichtig. Der BMI errechnet sich aus dem Körpergewicht in kg geteilt durch das Quadrat der Körpergröße in m.

Fettleibigkeit: Übergewicht in Deutschland

Alter (Jahre)	Anteil Männer (%)	Anteil Frauen (%)
75 und älter	60	48
70–75	70	62
65–70	74	61
60–65	72	55
55–60	71	52
50–55	68	49
45–50	64	41
40–45	58	34
35–40	53	29
30–35	48	26
25–30	40	23
20–25	25	16
18–20	17	12
alle	58	41

Stand: April 2004; Quelle: Statistisches Bundesamt

Der Weltgesundheitsorganisation (WHO, Genf) zufolge waren 2004 weltweit 1,3 Mrd. Menschen von Übergewicht betroffen, 300 Mio. von ihnen waren sogar fettleibig. F. drohte in den Industrienationen Todesursache Nummer eins zu werden. Auch in Deutschland waren laut Statistiken 41 % der Frauen und 58 % der Männer übergewichtig, und dem Robert Koch Institut (RKI, Berlin) zufolge waren etwa 20 % der Deutschen als fettleibig zu bezeichnen. Um diesem Trend entgegenzuwirken, der wegen der mit Übergewicht potenziell verbundenen Zivilisationskrankheiten eine Kostenlawine für das Gesundheitssystem auslösen könnte, setzte sich Ernährungsministerin Renate Künast 2005 für eine Ernährungswende in Deutschland ein.

Ernährungsratgeber: Anfang 2005 präsentierte Künast gemeinsam mit der Dt. Gesellschaft für Ernährung (DGE, Frankfurt am Main) einen Ernährungsratgeber, nach dem empfehlenswerte Produkte, z. B. Obst, Gemüse, Fisch, fettarme Milchprodukte, mageres Fleisch, Rapsöl, Trink- und Mineralwasser, häufiger verzehrt werden sollten, ernährungsphysiologisch weniger wertvolle Produkte wie Fleischwaren, Eier, Butter, Schmalz, Süßigkeiten, Limonaden oder Energydrinks dagegen seltener. Der Ratgeber berücksichtigt erstmals die F.-Epidemie und den Bewegungsmangel des modernen Lebensstils. Künast forderte zudem die Lebensmittelindustrie auf, ihren Produkten u. a. weniger Salz, Zucker und Fett beizufügen. Die EU erwog 2005, die Industrie zu einem Hinweis über den Energiegehalt ihrer Produkte zu verpflichten.

Light-Produkte: Eine Untersuchung des Verbrauchermagazins »Öko-Test« Anfang 2005 ergab, dass energiereduzierte (sog. Light-)Produkte nicht immer dazu beitragen, F. zu bekämpfen, weil sie häufig viel Zucker und andere Schadstoffe enthalten, die eher gesundheitsschädlich sind. Nur 13 von 33 getesteten Produkten erhielten die Note »sehr gut«.

Kindersnacks: Von 25 Kinderprodukten von der Bärchenwurst bis zum Joghurt, die »Öko-Test« im März 2005 prüfte, erhielten nur sieben gute oder sehr gute Noten. Allein 16 Produkte waren zu süß, zu fett oder beides und förderten damit Übergewicht. Zudem enthielten sie Geschmacksverstärker, die den späteren Verzehr von Fertigprodukten fördern.

www.dge.de

Grippe

(Influenza), epidemisch auftretende Infektionskrankheit, die mit hohem Fieber, Kopf- und Gliederschmerzen einhergeht; oft kommt es auch zu Entzündungen der Atemwege.

2005 wurden viele Expertenstudien veröffentlicht, die vor einer unmittelbar bevorstehenden verheerenden G.-Epidemie warnten. Im Schnitt treten weltweite G.-Wellen alle 30 Jahre auf, die letzte G.-Pandemie (länderübergreifende Epidemie) liegt 40 Jahre zurück. Sorge bereitete auch die in Asien ab 2003 grassierende → Vogelgrippe, deren Virus zunehmend gefährlicher wurde. Aus ihm könne jederzeit ein neues, für den Menschen bedrohliches G.-Virus entstehen. Ohne entsprechenden Impfstoff wäre jeder Dritte gefährdet.

Pandemie: Bis Mitte 2005 steckten sich Menschen mit Vogelgrippe bei infizierten Tieren an, das Virus verbreitete sich i. d. R. nicht von Mensch zu Mensch, doch war dies nicht auszuschließen. Wenn das Virus im Körper eines infizierten Menschen auf ein herkömmliches G.-Virus stieße, könnte unter Umständen ein von Mensch zu Mensch übertragbares Supervirus entstehen, das äußerst gefährlich wäre. Das Supervirus könnte sich innerhalb von acht bis zehn Monaten über die gesamte Erde verbreiten und einen globalen Notstand auslösen: Das öffentliche Leben und die Gesundheitssysteme in vielen Ländern wären in Gefahr zu kollabieren.

Gegenmaßnahmen: Die WHO rief Ende 2004 zur zügigen Herstellung von Impfstoff auf. Erstmals sei der Subtyp des Virus bekannt, der die Pandemie auslösen könnte (H5N1). Ein Impfstoff könnte für den sofortigen Einsatz eingelagert werden. Bei internationaler Zusammenarbeit ließe sich die Zeit bis zur Verfügbarkeit des Impfstoffs von einem Jahr auf sechs bis acht Monate verkürzen.

Deutschland: Im Fall einer G.-Pandemie wird allein für Deutschland mit 48 000 bis 160 000 Todesfällen gerechnet. Das Robert-Koch-Institut (RKI, Berlin) stellte Anfang 2005 einen Notfallplan vor, der von der Regierung verlangt, schnellstmöglich Impfdosen in ausreichender Menge zu beschaffen. Bei G.-Ausbruch würden zunächst besonders gefährdete Gruppen wie Alte, Kinder, Schwangere sowie medizinisches Personal und Berufsgruppen geimpft, die die öffentliche Sicherheit aufrechterhalten. Bis die Impfung Immunschutz schafft, müssten antivirale Medikamente eingesetzt werden (z. B. Tamiflu®), deren Produktionskapazität 2005 aber für den Ernstfall nicht ausreichte. Das RKI empfahl daher, Vorräte anzulegen.

www.rki.de (Robert Koch Institut); **www.who.org**

Gripppe oder Erkältung?

Symptom	Auftreten (%)		Schweregrad	
	Grippe	Erkältung	Grippe	Erkältung
Abgeschlagenheit, Unwohlsein, Fieber	80	20-25	schwer	schwer
Frösteln	90	0-1	schwer	-
Halsschmerzen	50-60	50	schwer	mittel
Husten	90	40	schwer	mittel
Kopfschmerzen	85	25	schwer	gering
Muskelschmerzen	60-75	10	schwer	gering
Schnupfen	20-30	80-100	gering	schwer

Quelle: Glaxo Wellcome, Globus

Herz-Kreislauf-Erkrankungen

H.-K.-E. wie Herzinfarkt, Schlaganfall und Hirnschlag blieben mit 396 622 Todesfällen 2003 Todesursache Nummer eins in Deutschland. Als Hauptrisiken gelten Rauchen, Bluthochdruck, Übergewicht, mangelnde Bewegung und Stress.

Neue Studie zu Herzinfarkt: Die Interheart-Studie, mit 15 000 Infarktpatienten die bislang größte internationale Untersuchung zu den Ursachen des Herzinfarkts, ergab erstmals, dass emotionale Belastungen nach Rauchen und Störungen des Fettstoffwechsels zu den Hauptursachen zählen. Danach erhöhen → Depressionen das Infarktrisiko um das 1,5-Fache, ähnlich schädlich sind häufiger Ärger und dauernde Frustrationen. Negativ wirkt sich auch soziale Isolation aus.

Aspirin: Eine US-Studie mit fast 40 000 Teilnehmerinnen ergab Anfang 2005, dass Acetylsalicylsäure das Herzinfarktrisiko bei Frauen mittleren Alters nicht verringert. Vorherige, nur an Männern durchgeführte Studien hatten bei diesen eine eindeutige Senkung des Infarktrisikos ergeben. Bei den Frauen waren zudem Schlaganfälle durch Hirnbluten sowie Magenbluten häufiger als in der Gruppe, die ein Placebo nahm.

Antibiotika: Zwei US-Studien ergaben Mitte 2005, dass zwei Antibiotika nicht zur Vorbeugung von H. beitrugen. Der Annahme, dass Antibiotika helfen könnten, lag zugrunde, dass bestimmte Keime Gefäßverkalkungen beschleunigen. Doch zeigte der ein- bzw. zweijährige Einsatz von Antibiotika zur Beseitigung dieser Bakterien nicht die erhoffte Wirkung.

Herz-Kreislauf-Erkrankungen: Todesursachen in Deutschland

Todesursache		Gestorbene	
		Frauen	Männer
Herz-Kreislauf-Erkrankung		234 412	162 210
davon	Herzinfarkt	31 406	37 456
Krebs		95 552	110 703
Atemwegserkrankungen		28 301	29 623
Erkrankung der Verdauungsorgane		20 194	21 369
Folgen äußerer Ursachen		12 958	21 648
davon	Selbsttötung	2 971	8 179
	Stürze	4 391	3 486
	Verkehrsunfälle	1 815	5 026
andere Ursachen		50 717	62 469

letztverfügbarer Stand 2003; Quelle: Statistisches Bundesamt, www.destatis.de

Kinderlähmung

(auch: Poliomyelitis anterior acuta, Polio, Heine-Medin-Krankheit), meldepflichtige, durch Tröpfchen- und Kotinfektion (Schmierinfektion) übertragbare, stark ansteckende Krankheit der grauen Rückenmarksubstanz, seltener des Gehirns. Die K. befällt v. a. Kinder. Folgen sind irreparable Lähmungen, Wachstumsstörungen und Gelenkfehlstellungen. Ein Heilmittel gegen K. gab es bis 2005 nicht. Impfungen gewährten einen sicheren Schutz.

Die Chancen auf die Ausrottung der K., die die Weltgesundheitsorganisation (WHO, Genf) für 2005 angestrebt hatte, verschlechterten sich 2004/05. Die K. brach erstmals seit zehn Jahren wieder in Indonesien, in Westjava, aus und etablierte sich in mehreren, v. a. afrikanischen Staaten, in denen sie bereits als ausgerottet galt. Laut WHO sei aber bei gezielter Bekämpfung der K. in den Schlüsselstaaten ihres Wiederauflebens die Ausrottung bis Ende 2006 erreichbar. Die Kosten dafür schätzt man auf 200 Mio. US-Dollar. 1988–2005 waren bereits 3 Mrd. US-Dollar für die Ausrottung der K. ausgegeben worden. Die Zahl der Neuerkrankungen weltweit sank von 350 000 (1988) auf 1 200 (2004).

Lage: 2005 waren 13 vormals poliofreie afrikanische Staaten wieder von K. betroffen. Ausgangspunkt war Nigeria, wo Muslime in der Provinz Kano die Impfung eine Zeit lang verweigert hatten. Sie hatten Gerüchten geglaubt, denen zufolge das Serum unfruchtbar mache und Aids übertrage. Die WHO startete im Mai eine Impfkampagne für 5,2 Mio. Kinder in Indonesien und im April in Afrika, bei der rund 100 Mio. Kinder geimpft wurden. In Asien gab es Fälle von K. noch in Afghanistan, Pakistan und Indien, doch gingen die Infektionen hier 2004 um 45 % auf 186 zurück. Die WHO hoffte, Asien Anfang 2006 für poliofrei erklären zu können.

Deutschland: Die Bundesrepublik galt ab 2002 als poliofrei. Allerdings erhöhte sich 2004/05 die Gefahr eines Wiederausbruchs, weil die Impfbereitschaft in der Bevölkerung nachlässt. Die Impfung gegen K.

muss alle zehn Jahre aufgefrischt werden. Stichproben ergaben, dass 2005 in Deutschland nur jeder zweite Erwachsene einen ausreichenden Impfschutz besaß; bei ausländischen Mitbürgern war der Anteil noch geringer. 80 % der dt. Kinder waren geimpft, aber nur 30–80 % der Kinder ausländischer Herkunft.

Impfstoff: Meist wird in den ärmeren Ländern mit einem abgeschwächten Virus geimpft, das allerdings in seltenen Fällen eine polioähnliche Erkrankung auslöst und sich darüber hinaus über die Ausscheidungen des Geimpften verbreiten kann. In Deutschland wird daher nur noch mit einem Impfstoff aus abgetöteten Erregern geimpft, der aber 20-mal so teuer ist wie die Lebend-Vakzine und zudem von Fachpersonal gespritzt werden muss.

www.polioeradication.org (Informationen zur Ausrottung der Kinderlähmung weltweit); **www.who.org**

Krebs

Bezeichnung für mehr als 300 verschiedene Erkrankungen, bösartige Gewebe- und Blutveränderungen, an deren Entstehung bis 2005 nur vereinzelt geklärte Faktoren beteiligt sind. K. gilt als Folge von Störungen im Bereich des genetisch gesteuerten Zellwachstums.

Statistiken zufolge kommt es in Deutschland jährlich zu 400 000 Neuerkrankungen; jeder vierte Deutsche starb an K. (rund 207 000 pro Jahr). Damit war K. zu Beginn des 21. Jh. die zweithäufigste Todesursache nach den Herz-Kreislauf-Erkrankungen. Die Strategien in der K.-Bekämpfung wandelten sich und setzten verstärkt auf eine zunehmende Individualisierung der Behandlung. Vorrangiges Ziel war nicht so sehr die völlige Beseitigung des K. mit allen Mitteln, sondern stattdessen aus der tödlichen Bedrohung ein chronisches Leiden zu machen, mit dem der Patient alt werden kann.

Lage: Experten gingen davon aus, dass jeder Zweite, der 2010 lebt, an K. erkranken werde. Da häufiger ältere Menschen an Krebs erkranken, könnten die Zahlen aufgrund der zunehmend älter werdenden Bevölkerung künftig sogar noch steigen. Die Heilungschancen verbesserten sich in den letzten Jahren stetig. So lebte 2004/05 jeder zweite K.-Patient noch 20 Jahre nach der K.-Diagnose. Manche Arten wie Leukämie bei Kindern oder Hoden- und Schilddrüsen-K. hatten sehr gute Heilungschancen, Lungen-K. dagegen endete zu 90 % mit dem Tod des Erkrankten.

Individualisierung: Mit molekularbiologischen Verfahren versuchten die Ärzte, möglichst viel über den vorliegenden K. und den jeweiligen Patienten zu erfahren, um die K.-Therapie gezielt und möglichst schonend für den Patienten einsetzen zu können. Hilfreich kann dabei u. a. ein Anfang 2005 an der Universitätsklinik Köln entwickeltes Verfahren sein, mit dem vorhergesagt werden kann, welche der bei Chemotherapien eingesetzten Substanzen bei einem Patienten am wirksamsten ist. Dazu wird Tumormaterial außerhalb des Körpers mit den Mitteln versetzt. Vorgesehen war, dass das Verfahren im Laufe des Jahres 2005 zur Marktreife gelangen soll.

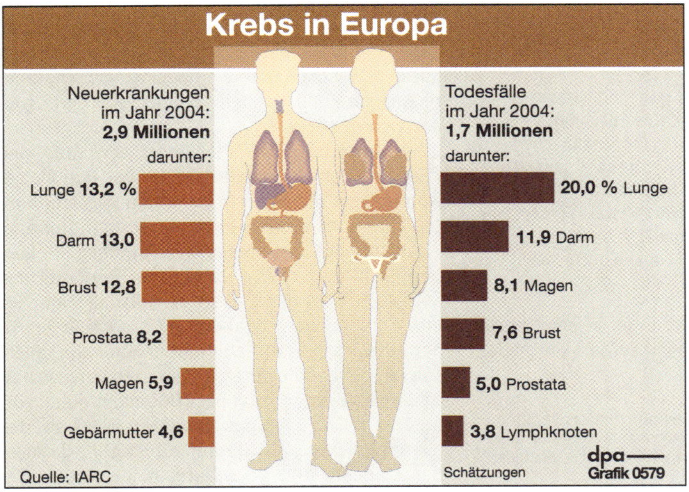

Versorgung: Trotz gestiegener Heilungschancen und schonenderen Therapien sah die Dt. Krebshilfe Strukturprobleme und Versorgungslücken. Sie mahnte Ende 2004 den Aufbau eines bundesweiten K.-Registers und eine bessere Vorsorge zur Früherkennung von K. an.

Krebs: Behandlungsmethoden (Auswahl)

Antikörper: Körpereigene Moleküle heften sich an Eindringlinge an und zerstören diese. Das Mittel Herceptin® z. B. dockt an Tumoren an und blockiert ein Enzym, das deren Vermehrung fördert.
Antisense: Die Substanz AP 12009 verhindert, dass der Tumor eine schützende Eiweißhülle um sich herstellt. Dadurch wird er für das Immunsystem verwundbar, und er wächst nicht mehr so schnell. Die Antisense-Methode gegen Gehirntumore befand sich Mitte 2005 in der klinischen Erprobung.
Aushungern: Das Mittel Avastin® hindert den Tumor, neue Blutgefäße auszubilden, der dadurch verhungert. Es wurde 2004 in den USA zusammen mit einer Chemotherapie bei Darmkrebs eingesetzt.
Beschuss mit geladenen Teilchen: Die Bestrahlung oder der Beschuss mit Protonen oder Schwerionen ist schonender als die Röntgenstrahlen, weil gesundes Gewebe nicht beeinträchtigt wird. Die Teilchen geben ihre Energie erst am Ziel, in den Tumorzellen, ab. Die Methode kam bei Sehnerv-, Rückenmark- und Prostatatumoren zum Einsatz.
Intensitätsmodulierte Radiotherapie (IMRT): Die Intensität der Bestrahlung des Tumors wird je nach Umfeld des Tumorareals verändert, was Schädigungen an benachbarten Organen vermindert.
Operation: Die Entfernung des Tumors ist Standard in der Krebsbehandlung. Modernste bildgebende Verfahren erlauben eine genaue Lokalisierung der Tumore und Bestimmung ihrer Größe. Es gilt, möglichst wenig gesundes Gewebe zu entfernen.
Zielgerichtete Moleküle: Das Medikament Glivec® hemmt ein bestimmtes Enzym, das nur in Tumorzellen bei der Chronisch Myeloischen Leukämie vorkommt, während Iressa® gezielt gegen Lungenkrebs wirkt. Es blockiert im Tumor einen Rezeptor, der das Zellwachstum fördert. Beide Mittel greifen gesunde Zellen nicht an, dennoch können Nebenwirkungen auftreten.

Bei frühzeitiger Diagnose könnten beispielsweise 90 % der Darm-K.-Fälle geheilt werden, die zu den häufigsten zählten.

www.krebshilfe.de; www.krebsinformation.de (Informationsdienst vom Dt. Krebsforschungszentrum Heidelberg); **www.ktpass.de** (Hinweise, wie man Informationen über Krebs findet)

Kunstzahnschmelz

Japanische Forscher entwickelten Anfang 2005 eine Zahnpasta mit K., die Karies im Frühstadium ohne Bohren und weitere zahnärztliche Behandlung beseitigt. Karies war 2005/06 die häufigste Zahnkrankheit. Einziger Nachteil war die Gefahr von Entzündungen, sobald der K. mit dem Zahnfleisch in Berührung kommt. Wann und zu welchem Preis die Zahnpasta angeboten wird, stand Mitte 2005 nicht fest.

Die Zahnpasta enthält Hydroxilapatit, das auch Teil der natürlichen Schutzschicht des Zahns ist. Bei der Anwendung löst die Zahnpasta zunächst Kristalle aus Hydroxilapatit aus dem Zahnschmelz. Kurze Zeit später entstehen neue derartige Kristalle, die innerhalb von 15 min die kleinen Löcher versiegeln – ohne Lücke zwischen K. und Zahn.

Malaria

(ital.; eigtl. schlechte Luft, auch Sumpffieber, Wechselfieber), durch Sporentierchen (Plasmodien) hervorgerufene Infektion, die v. a. in warmen Ländern vorkommt. M.-Erreger gelangen durch Stiche der Anophelesmücke in den menschlichen Organismus und reifen zunächst in der Leber heran. Nach der Vermehrung zerstören sie rote Blutkörperchen und lösen Fieberschübe aus.

Pro Jahr sterben 1–3 Mio. Menschen an M., und bis zu 500 Mio. infizieren sich mit dem Erreger, die Hälfte davon Kleinkinder. 2004 entschieden die Weltgesundheitsorganisation (WHO, Genf) und ihre Partner, künftig v. a. im am meisten von M. betroffenen Afrika den Wirkstoff Artemisinin gegen die Krankheit einzusetzen, da die gängigen Mittel inzwischen fast wirkungslos sind. Dt.-amerikanische Forscher kamen einer M.-Impfung einen Schritt näher.

Artemisinin: Der Wirkstoff wird aus der Pflanze Artemisia annua (Einjähriger Beifuß) gewonnen, die mit der erforderlichen Wirkstoffkonzentration im südchinesischen Bergland und in Vietnam wächst. Chinesische Forscher stießen bereits in den 1970er-Jahren auf Berichte aus dem 4. Jh. über den Einsatz der Pflanze gegen M. Ihre Forschungen ergaben 1978, dass Artemisinin 90–97 % der M.-Patienten heilen kann, auch solche, bei denen gängige Präparate versagt hatten. Resistenzen traten bis 2005 nicht auf. 1982 boten die Chinesen das Mittel der WHO an, die allerdings erst 2004 darauf zurückgriff, da man der chinesischen Forschung nicht traute. Da

M. ein Problem der Armen ist, habe zudem die Pharmaindustrie keine Gewinnchancen gesehen und deshalb keine Alternativmittel entwickelt. Artemisinin kostete 2005 pro Dosis das 10- bis 20-Fache herkömmlicher Mittel (10–25 Cent), ist aber sehr wirksam.

Impfstoff: Den Wissenschaftlern gelang es Ende 2004, den Erreger so weit abzuschwächen, dass er sich im menschlichen Körper nicht weiter entwickeln und vermehren konnte. Das Immunsystem von Mäusen, die mit dem abgeschwächten Erreger geimpft worden sind, reagierte: Die Tiere waren immun gegen eine M.-Infektion. Die Forscher hofften, diese Impfung auch am Menschen testen zu können.

www.dtg.mwn.de/malaria/malproph.htm (Empfehlungen zur Malariaprophylaxe der Dt. Gesellschaft für Tropenmedizin); **www.malaria.org** (Informationen der Malaria Foundation International)

Marburgvirus

Die Virusinfektion trat 1967 erstmals gleichzeitig in Deutschland (Marburg) und Jugoslawien (Belgrad) auf. Sie wurde von Grünen Meerkatzen übertragen, die genauen Ansteckungswege sind bis Mitte 2005 aber nicht geklärt. Bekannt ist, dass das Virus durch Kontakt mit infizierten Tieren und von Mensch zu Mensch über Austausch von Körperflüssigkeiten übertragen wird. Die Inkubationszeit beträgt fünf bis neun Tage. Das M. löst hämorrhagisches Fieber aus, d. h. Blutungen an allen Organen und Geweben des Körpers. Kanadische Wissenschaftler fanden im Juni 2005 einen Impfstoff für Affen.

Im Oktober 2004 kam es an der Grenze zwischen Angola und der Demokratischen Republik Kongo zum schlimmsten Ausbruch der durch das M. ausgelösten Krankheit seit 1967. Bis Mitte 2005 infizierten sich 423 Menschen und 357 starben daran. Die Weltgesundheitsorganisation (WHO, Genf), die das M. dort im März 2005 identifiziert hatte, befürchtete Mitte 2005 eine weitere Ausbreitung, da es schwer war, alle Infizierten zu erreichen. Außerdem lösten Infektionen in der angolanischen Hauptstadt Luanda Sorgen vor einer Epidemie aus.

Masern

(Morbilli), weltweit verbreitete Infektionskrankheit, die v. a. Kinder befällt. Durch Tröpfcheninfektion übertragen, verursachen M. nach einer Inkubationszeit von zehn bis 14 Tagen Fieber, grippeähnliche Symptome und Flecken in der Mundhöhle. Drei Tage später tritt der M.-typische fleckig-knotige Hautausschlag auf. Komplikationen sind Lungen-, Mittelohr- und Bindehautentzündung, seltener die tödliche M.-Gehirnentzündung. Gegen M. existiert eine Impfung. Eine überstandene Infektion führt zu lebenslanger Immunität.

Studien der Universität Würzburg ergaben Anfang 2005, dass die M.-Gefahr in Deutschland bisher unterschätzt wurde: Statt jährlich ein bis zwei Todesfälle durch M.-Gehirnentzündung (M.-Enzephalitis) waren es fünf bis zehn. An dieser M.-Komplikation, die sogar fünf Jahre nach der Erkrankung an M. ausbrechen kann, starben seit

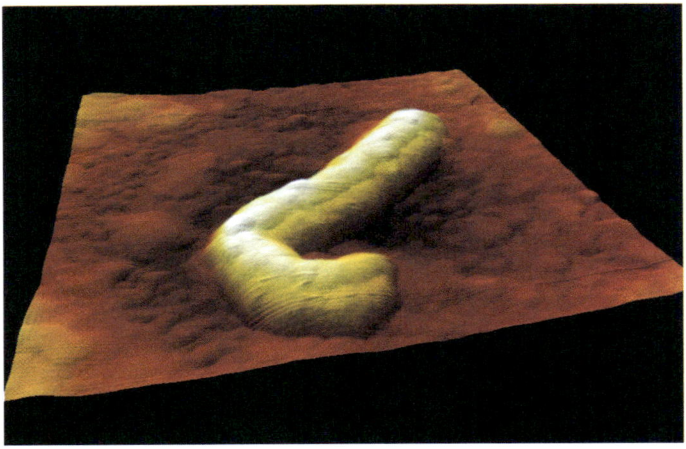

Marburgvirus: Eine dreidimensionale Darstellung des Marburgvirus, der etwa 800 nm lang und 80 nm dick ist; ein nm (= Nanometer) entspricht 0,000 001 mm.

1988 120 Kinder. Die Todesfälle könnten verhindert werden, wenn mind. 95 % der Kinder gegen M. geimpft wären.

Impfung: Bundesweit waren 2005 rund 90 % der Kinder gegen M. geimpft. Impfgegner betrachten M. als »natürliche« Infektion, die das Immunsystem stärke und zur Entwicklung des Kindes gehöre. Für die Allgemeinheit, so der Verband der Kinder- und Jugendärzte, sei dies unverantwortlich, da die Impfung erst ab einem Alter von elf Monaten wirke. Die Gehirnentzündung trat i. d. R. bei Kindern auf, die zum Zeitpunkt der Infizierung jünger als elf Monate waren. Man könnte sie schützen, wenn die Bevölkerung ausreichend geimpft wäre und der Virus gar nicht erst in Umlauf käme.

Multiple Sklerose

(MS), entzündliches Nervenleiden, ausgelöst durch den Angriff des körpereigenen Immunsystems auf die Isolierschicht von Nervenzellen in Gehirn und Rückenmark (sog. Myelinscheiden). Die zerstörten Stellen werden durch hartes Narbengewebe ersetzt, das die Nervensignale nicht mehr weiterleiten kann. Die schubartig auftretende, unheilbare Krankheit führt zu Störungen des Bewegungsapparats, Taubheitsgefühl und Beeinträchtigung des Seh- und Sprachvermögens. MS ist weder ansteckend noch tödlich. Die Ursachen sind ungeklärt.

Eine erste, Ende 2004 erfolgte Auswertung des 2001 initiierten MS-Registers ergab, dass in Deutschland jährlich 2 700–3 000 mehr Menschen als bis dahin angenommen (2 500) an dem Nervenleiden erkranken. Zwischen dem Auftreten der ersten Symptome und einer gesicherten Diagnose vergingen im Schnitt nahezu dreieinhalb Jahre, also erheblich viel Zeit, die schon zur Therapie genutzt werden könnte.

Tysabri: Das Medikament Tysabri ist doppelt so wirksam wie gängige Präparate und reduziert die Anzahl der Krankheitsschübe um 50–60 % (übliche Mittel: 30 %). Es hindert die Immunzellen daran, in Gehirn und Rückenmark Myelinscheiden zu zerstören, unterdrückt aber zugleich offenbar die sonstige Tätigkeit der Immunzellen. In den USA wurde das erst Ende 2004 zugelassene Tysabri Anfang 2005 wieder vom Markt genommen, weil es bei zwei Patienten vermutlich zu einer tödlichen Infektionskrankheit im Gehirn geführt hatte. In Deutschland hätte Tysabri 2005 zugelassen werden sollen.

www.dmsge.de (Dt. Multiple Sklerose Gesellschaft)

Neurodermitis

Chronisch entzündliche Hauterkrankung, die v. a. auf eine angeborene allergische Überempfindlichkeit (Allergie) unter Mitwirkung psychischer Faktoren zurückzuführen ist. Eine wichtige Rolle spielen Nahrungsmittelallergien und die Unverträglichkeit bestimmter Stoffe, z. B. Wolle. N. tritt oft schon im Kindesalter, zunächst an den Wangen, später an Gelenkbeugen, Gesäß, Gesicht, Hals und am übrigen Körper, auf. Die Haut ist rissig, vergröbert, gerötet, rau und schuppig. Kennzeichnend ist der anfallartige quälende Juckreiz, v. a. nachts.

Warnung: Anfang 2005 warnte die US-Arzneimittelüberwachungsbehörde FDA vor den Salbenwirkstoffen Pimecrolimus und Tacrolimus, die 2005 zu den neueren Mitteln gegen N. zählten. An N., dem häufigsten Hautleiden in Westeuropa, litten in Deutschland 3–4 Mio. Menschen.

Die Ergebnisse neuerer Tierversuche und die Krebserkrankungen von mit den Salben behandelten Patienten führten dazu, dass eine Krebsgefahr durch die Salben nicht mehr auszuschließen war. Bei Kindern unter zwei Jahren waren die Immunsuppressiva besonders häufig im Blut nachweisbar. Die Salben sollen daher laut FDA für Kleinkinder gar nicht mehr, für Erwachsene nur dann angewendet werden, wenn andere Therapien nicht möglich sind. In Deutschland waren beide Wirkstoffe bis Mitte 2005 für Kinder ab zwei Jahren und Erwachsene ohne Einschränkung erlaubt.

Organtransplantation

2004 wurden in Deutschland 3 627 O. durchgeführt. Das sind 61 weniger als 2003, sodass erneut bei weitem nicht die ca. 12 000 Personen versorgt werden konnten, die auf ein geeignetes Spenderorgan warteten. Jährlich sterben in Deutschland etwa 1 000 Menschen, weil kein Spenderorgan zur Verfügung steht.

Organspende: Umfragen zufolge würden 80 % der Bundesbürger nach dem Tod ein Organ spenden, aber nur 12 % besaßen einen Spenderausweis. Deshalb müssen Kliniken nach dem Tod erst mit den Angehörigen über Organspende reden, was v. a. kleine Häuser oft scheuen. Experten schätzten 2005, dass 50–70 % der Hirntoten, die für eine Organspende infrage kämen, nicht gemeldet wurden. Die Dt. Stiftung O. (DSO, Neu-Isenburg) setzte sich daher für eine bessere Information der Bürger durch die dafür zuständigen

Gesundheitsbehörden ein, um für den Erwerb eines Organspendeausweises zu werben. Klinikpersonal müsste zudem in der Gesprächsführung über Organspende nach dem Tod eines Menschen mit dessen Angehörigen geschult werden. Kritiker warfen der DSO vor, sich mehr für die Lebendspenden einzusetzen und die Förderung der Spende nach dem Tod zu vernachlässigen.

Lebendspende: Die Bioethikkommission des Bundestags sprach sich im März 2005 gegen die Ausweitung der Organspende von lebenden Spendern aus. Bislang ist sie nur unter Verwandten erlaubt. Die Bundesärztekammer forderte, diesen Rahmen zu erweitern. Die Kommission lehnte dies mit dem Hinweis auf gesundheitliche Risiken und die Gefahren des Missbrauchs ab.

Tollwutinfektion: Erstmals infizierten sich in Deutschland Anfang 2005 drei Organempfänger durch die Spenderorgane einer jungen Frau mit der tödlichen Tollwut und starben daran. Die Todesfälle lösten eine Diskussion um die Sicherheit von O. aus. Laut DSO gebe es keine absolute Sicherheit: Zwar würden alle Spenderorgane auf Infektionen wie Aids, Hepatitis, z. T. auch Syphilis oder Toxoplasmose untersucht, doch sei der Aidserreger HIV z. B. erst drei Wochen und der Hepatitis-B.-Erreger sogar erst 35 Tage nach der Infektion nachweisbar. Das Infektionsrisiko mit Tollwut liege im Promillebereich und sei kein Grund, eine O. abzulehnen. Die Gefahr, an Organversagen zu sterben, sei für den Empfänger ungleich höher.

Organtransplantation: Chronik

1954: Erste Nierentransplantation in Boston/USA bei eineiigen Zwillingen
1959: In Boston überleben erstmals zweieiige Zwillinge eine Nierentransplantation.
1961: Erster Einsatz von Azathioprin zur Unterdrückung der Abstoßungsreaktion. Der Patient stirbt vier Wochen danach an den Nebenwirkungen des Medikaments.
1963: In Berlin erste Nierentransplantation, in den USA die ersten drei Leberverpflanzungen; kein Patient überlebt länger als vier Wochen.
1965: Ärzte können das Immunsystem nun so unterdrücken, dass vier von fünf Patienten ein Jahr nach der Transplantation noch leben.
1967: Erste Herztransplantation in Südafrika. Der Patient stirbt 18 Tage später an einer Infektion.
1983: Cyclosporin ersetzt Azathioprin.
1991: Erste Lebertransplantation eines lebenden Spenders in Deutschland
1997: Transplantationsgesetz in Deutschland: Angehörige dürfen nach dem Hirntod eines Sterbenden über eine Organentnahme entscheiden, wenn keine schriftliche Verfügung des Sterbenden vorliegt. Der unumkehrbare Verlust der Hirnfunktionen muss von zwei Ärzten diagnostiziert werden.
1998: Erste Handtransplantation in Frankreich.
2000: Beide Hände und Teile der Unterarme erstmals in Lyon/Frankreich von einem kurz zuvor gestorbenen Spender übertragen.
2004: Erste Nierentransplantation in Deutschland in Freiburg bei unterschiedlicher Blutgruppe von Spender und Empfänger. Weltweit waren bis dahin rund 500 derartige Operationen vorgenommen worden.
2004/05: Außer Nieren, Herzen, Lebern, Lungen, Bauchspeicheldrüsen werden auch Augenhornhaut, Gehörknöchelchen und Knochenmark verpflanzt.
2005: Erstmals sterben in Deutschland Patienten durch ein mit Tollwut infiziertes Transplantationsorgan einer Spenderin.
2005: 80 % der transplantierten Nieren funktionieren auch fünf Jahre nach der Übertragung noch. Aber nach 15–20 Jahren sind die Gefäße bei der Hälfte der Organe so vernarbt, dass sie versagen.

SARS

(Schweres Akutes Respiratorisches Syndrom), durch Erreger aus der Gruppe der Corona-Viren übertragene Infektionskrankheit. Die Viren haben die Grenze zwischen Mensch und Tier überwunden. In Wildtieren vorkommende Viren gelangen z. B. beim Verzehr von Tierfleisch in den Menschen. Nach einer Inkubationszeit von zwei bis zehn Tagen tritt hohes Fieber auf, begleitet von Muskel- und Halsschmerzen, Husten und Atemnot. Hinzu können Kopfschmerzen, Übelkeit und Durchfall kommen. SARS verläuft in 14–15 % der Fälle tödlich.

Mitte 2004 ließ China das weltweit erste Notfallmedikament gegen SARS zu. Ende 2004 liefen in den USA und China Studien zu Impfstoffen gegen die laut Weltgesundheitsorganisation (WHO, Genf) erste weltweite epidemische Krankheit des 21. Jh.: SARS war Ende 2002 erstmals in Südchina aufgetreten und hatte sich anschließend in 32 Staaten verbreitet. 8 000 Personen erkrankten an SARS, rund 800 starben.

Notfallmedikament: Chinesische Forscher entwickelten das Medikament aus Antikörpern von genesenen SARS-Patienten. Das Immunglobulin dürfe allerdings nur Patienten verabreicht werden, die ohne die Behandlung an SARS sterben würden.

Impfung: Mit Unterstützung der WHO testete China einen SARS-Impfstoff am Menschen. Erste Ergebnisse waren ermutigend: 24 von 36 Probanden entwickelten Antikörper gegen den SARS-Erreger. Auch in den USA liefen Tests an Menschen mit einem SARS-Impfstoff, nachdem dieser im Tierversuch erfolgreich gewesen war. Der WHO zufolge können aber noch Jahre vergehen, bis ein Impfstoff für den Masseneinsatz verfügbar ist.

Lage: 2004 waren noch neun Menschen in China an SARS erkrankt, sieben in Peking und zwei in der östlichen Anhui-Provinz. Im Mai 2004 erklärte China die Epidemie für beendet. Laut Experten kann aber jederzeit eine neue SARS-Epidemie entstehen.

www.rki.de (Robert Koch Institut); **www.who.org**

Schmerz

2005 litten 8 Mio. Deutsche an chronischem oder wiederkehrendem S., bei 2 Mio. von ihnen hatte sich der S. zu einer eigenen Krankheit ausgeweitet. Jährlich nahmen sich 3 000 Menschen das Leben, weil sie die Dauerschmerzen nicht mehr ertrugen. Experten zufolge, wurden 2004/05 nur 10 % der S.-Patienten angemessen therapiert. Deutschland sei im europ. Vergleich Schlusslicht bei der S.-Bekämpfung. Eine verschärfte Lage war für 2005 zu erwarten, weil S.-Analysen ab April aus dem Leistungskatalog der gesetzlichen Krankenversicherungen (GKV) gestrichen wurden.

Schmerztherapeutisches Entwicklungsland: Studien zufolge mangelte es 2005 in Deutschland an ausgebildeten S.-Therapeuten. 2 000 Einrichtungen wären notwendig, tatsächlich gab es nur 500 Schwerpunktpraxen, S.-Ambulanzen und spezielle Abteilungen in Kliniken. S.-Patienten erhielten im Durchschnitt erst nach acht bis zehn Jahren die richtige Behandlung. Wirksame Medikamente wie Morphine und Opioide würden aus Angst vor Abhängigkeit immer noch viel zu selten eingesetzt, dabei träte bei den neuen Präparaten auch nach Jahren der Anwendung keine Suchtgefahr auf.

GKV: Die GKV strichen zum 1. 4. 2005 S.-Analysen aus ihrem Leistungskatalog. Die bis zu zweieinhalbstündige S.-Analyse ist laut S.-Medizinern Voraussetzung für eine erfolgreiche Therapie. Sie fürchteten, die Versorgung von S.-Patienten nicht mehr kostendeckend leisten zu können und im Extremfall S.-Patienten abweisen zu müssen. S.-Patienten waren verunsichert und sorgten sich um eine ausreichende Therapie ihrer Leiden. S.-Ärzte betonten, dass sich eine effektive S.-Therapie rechne: Neueren Studien des S.-therapeutischen Kolloquiums zufolge ließe sich jährlich 1 Mrd. € an Rehabilitationskosten einsparen, wenn allein Rückenschmerzen fachgerecht therapiert würden.

Schmerzen in Deutschland

Die häufigsten Schmerzursachen in Deutschland waren 2004/05 Migräne/Kopfschmerzen, Rückenleiden, Rheuma und Tumorschmerzen. Hinzu kamen Neuralgien, Osteoporose und Arthrose sowie Phantomschmerzen.

Kopfschmerz: 10 % der Erwachsenen in Deutschland litten 2004/05 der Dt. Schmerzliga (Oberursel) zufolge an Migräne, 3 % an chronischen Spannungskopfschmerz. 20 % der Vorschulkinder klagten über gelegentlichen Kopfschmerz, 90 % der Kinder bis zum 12. Lebensjahr hatten schon einmal Kopfschmerzen.

Rückenschmerzen: Verschiedene Umfragen ergaben, dass 40 % der Befragten gerade unter Rückenschmerzen litten, 10 % hatten dauerhaft Schmerzen im Rücken.

Tumorschmerzen: Bis zu 80 % der Krebspatienten haben im Laufe ihrer Erkrankung starke Schmerzen, nicht nur in der Endphase. Jährlich erkranken in Deutschland mehr als 200 000 Menschen an Krebs, jährlich sterben Tumorpatienten qualvoll, weil ihre Schmerzen nicht ausreichend behandelt werden.

Rheuma: Etwa 800 000 Personen in Deutschland sind an rheumatoider Arthritis erkrankt. Über chronische Schmerzen klagen 80 % von ihnen.

Quelle: Westdeutsche Zeitung, 6. 10. 2004.

Schwangerschaftsabbruch

Nach der 1995 verabschiedeten Fristenregelung ist der S. in Deutschland bis zur zwölften Schwangerschaftswoche nicht rechtmäßig, bleibt aber straffrei, wenn sich die Schwangere drei Tage vor dem Abbruch beraten lässt. 2004 stieg die Zahl der S. um 1,3 % auf 129 600. In 97 % der Fälle wurde die Schwangerschaft nach der Beratungsregelung abgebrochen, in 3 % der Fälle war der S. durch kriminologische (nach Verbrechen) oder medizinische Indikation (Behinderung des Kindes, Gefahr für die Gesundheit der Mutter) begründet. Drei Viertel der Schwangeren waren zwischen 18 und 34 Jahren alt, für 40 % wäre es das erste Kind gewesen. Die Hälfte der Frauen war zum Zeitpunkt des Abbruchs ledig.

Stammzelldetektor

Der 2004 in Köln entwickelte S., ein Kernspintomograf, ermöglichte es erstmals, Stammzellen im menschlichen Körper zu beobachten. Dies erleichtert die Erforschung von Stammzellen und die Entwicklung neuer Therapien gegen zahlreiche Krankheiten. Die Entwickler des S., ein Spin-Off-Unternehmen des Max-Planck-Instituts für neurologische Forschung (Köln), gingen 2005 davon aus, dass der S. ab Mitte 2005 weltweit verfügbar sein wird.

Kernspintomograf: Mit der Kombination von hochsensiblen Detektoren und einem Signalverstärker für die Elektrophysiologie (u. a. Messen elektrischer Ströme an Zellen) im S. wird die molekulare Bildgebung erheblich verbessert. Die winzigen, rund 10 µm großen Stammzellen konnten unter Millionen anderer Zellen bis dahin nicht sichtbar gemacht werden.

Bedeutung: Stammzellen gelten als Hoffnungsträger in der Medizin, da sie sich zu jedem Zelltyp des Organismus entwickeln können. Forscher hoffen, mit Stammzellen erkrankte Organe regenerieren, Gewebe ersetzen oder schwere Krankheiten heilen zu können. So sollen sie z. B. nach Schlaganfällen geschädigte Gehirnbereiche reparieren, Insulin erzeugende Zellen bei Diabetikern bilden oder durch Herzinfarkt geschädigtes Herzmuskelgewebe ersetzen. Ohne den S. war es aber kaum möglich, den Weg der Stammzellen im Körper zu verfolgen und zu überprüfen, ob sie die ihnen zugedachte Funktion auch erfüllten.

Sterbehilfe

(auch: Euthanasie, Euthanasía, griech.; gutes Sterben), Maßnahmen, die den Tod eines Kranken herbeiführen und dem Sterbenden den Tod erleichtern sollen (aktive S.). Als passive S. wird das bewusste Unterlassen von Maßnahmen bezeichnet, die das Leben eines Sterbenden verlängern oder einen Todeswilligen am Sterben hindern.

2004/05 entbrannte in Deutschland eine heftige Debatte um die S. Aktive S. war verboten, passive S. dagegen erlaubt und gesellschaftlich auch weitestgehend akzeptiert. Den Kern der Diskussion bildete die Frage, was höher einzuschätzen ist: die Selbstbestimmung des Patienten oder die Leben erhaltende Fürsorge für einen Menschen.

Aktive Sterbehilfe: Meinungsumfragen ergaben Anfang 2005, dass die meisten Menschen aktive S. bei Schwerstkranken befürworteten. Eine politische Mehrheit zur Legalisierung aktiver S. fände sich Experten zufolge aber zurzeit nicht.

Sterbehilfe: gesetzliche Regelungen in Europa

Belgien: Das liberalste Sterbehilfegesetz in der EU hat Belgien: Dort ist Beihilfe zum Selbstmord nicht nur bei unheilbar Kranken, sondern auch bei unerträglichem physischem oder psychischem Leid, ohne dass der Tod absehbar ist, gesetzlich erlaubt. Passive Sterbehilfe ist ebenfalls erlaubt.
Frankreich: Im April 2005 verabschiedete das Parlament ein Gesetz, das passive Sterbehilfe erlaubt. Auf Wunsch eines unheilbar Kranken dürfen Ärzte lebenserhaltende Maßnahmen abbrechen und Schmerz stillende Medikamente verabreichen, auch wenn deren Nebenwirkungen den Tod beschleunigen. Aktive Sterbehilfe bleibt untersagt.
Niederlande: Unter strikten Auflagen und Kontrollen bleibt aktive Sterbehilfe straffrei. Dazu gehört, dass der Patient seinen Sterbewunsch ausdrücklich schriftlich äußert. Auch Ärzte, die in den vorangegangenen Jahren das Leben unheilbar Kranker selbst ohne ausdrücklichen Patientenwunsch beendeten, wurden nicht gerichtlich belangt. Passive Sterbehilfe, wie die Beendigung künstlicher Ernährung, gilt in den Niederlanden nicht als S., sondern als natürliche Todesursache.
Schweiz: Aktive Sterbehilfe ist verboten, Beihilfe zum Selbstmord wird aber nicht bestraft. Wie weit passive Sterbehilfe gehen darf, ist gesetzlich nicht geregelt. Mehrere Organisationen bieten in der Schweiz Hilfe zum Selbstmord an, auch für Ausländer. Sie gerieten 2004/05 bei steigenden Kundenzahlen zunehmend in die Kritik, weil die Grenze zur aktiven Sterbehilfe verschwimme. Immer häufiger würden die Selbstmordkandidaten die tödliche Substanz nicht selbst schlucken, sondern bekämen sie über eine Sonde oder Infusion verabreicht.

Ein Recht auf den Tod? Die Freiheit zu sterben

Der Fall der 41-jährigen Terri Schiavo aus Pinellas Park (Florida) löste in den USA Anfang 2005 eine z. T. radikal geführte Debatte über die Sterbehilfe aus. Der Ehemann der seit 15 Jahren im Wachkoma liegenden Patientin, Michael Schiavo, setzte sich dafür ein, seine Frau sterben zu lassen, weil dies ihrem eigenen Willen entspräche. Die Eltern, streng gläubige Katholiken, kämpften dagegen um das Leben ihrer Tochter. Wie in den USA ist auch in Deutschland die Rechtslage in Sachen Sterbehilfe unklar.

Vor der Zuspitzung hatten sich in sieben Jahren bereits 19 Richter mit dem Fall Schiavo befasst, zehn Urteile waren gefällt worden. Zweimal wurden lebenserhaltende Maßnahmen – wie künstliche Ernährung über eine Magensonde – eingestellt und nach einem weiteren Urteil wieder aufgenommen. Richter George Greer fällte schließlich das Urteil, dass die Aussagen des Ehemanns, seine Frau hätte sich vor ihrem Koma dagegen ausgesprochen, künstlich am Leben erhalten zu werden, glaubwürdig seien. Greer verfügte abermals, die Magensonde zu entfernen.

Radikaler Glaubenskrieg in den USA Die letzten Tage von Terri Schiavo waren geprägt von einer zunehmend brutaler geführten Auseinandersetzung um Sterbehilfe. Die konservative religiöse Rechte in den USA, die unerbittlich für das Recht auf Leben eintritt und dabei in der Vergangenheit auch vor dem Mord an Ärzten, die Abtreibungen vorgenommen hatten, nicht zurückgeschreckt war, bediente sich der medialen Aufmerksamkeit des Falls zur Verbreitung ihrer Ansichten. Sie protestierte gegen ein ihrer Ansicht nach gottloses und unbarmherziges Rechtssystem, das die Ermordung einer Unschuldigen legitimiere.

Der Bürgerrechtler Jesse Jackson (rechts) mischte sich als Unterstützer von Terri Schiavos Eltern (Mitte) in die Debatte ein.

In unzähligen anonymen Anrufen und E-Mails wurde der Tod von Greer, Michael Schiavo und dessen Anwalt gefordert. In North Carolina wurde ein Mann verhaftet, der ein Kopfgeld von 250 000 US-Dollar auf den Ehemann ausgesetzt hatte – zahlbar für seinen Tod. Rechtsradikale drohten auf ihren Websites mit Bombenanschlägen. Konservative Politiker unterstützten die Sterbehilfegegner und bezeichneten die Entfernung der Magensonde bei Schiavo als »medizinischen Terrorismus« und »richterlichen Mord«.

Es ging um vieles in der Debatte, um Terri Schiavo und ihren eigenen Willen ging es nicht. Am 31. 3. 2005 starb sie. Der in jeder Hinsicht maßlos geführte Glaubenskrieg um Sterbehilfe in den USA wurde fortgesetzt.

Auch in Deutschland umstritten Schiavos Fall konnte überhaupt erst ein solches Medienereignis werden, weil keine schriftliche Verfügung von ihr vorlag, welche Behandlungen in welchen Fällen an ihr vorgenommen oder unterlassen werden sollten. Experten gingen 2005 davon aus, dass Schiavos Fall auch in Deutschland umstritten gewesen wäre: Auch hier sei die passive Sterbehilfe nicht eindeutig geregelt. Liegt wie bei Schiavo keine Patientenverfügung vor, muss das Vormundschaftsgericht entscheiden, was der Patient mutmaßlich gewollt hätte. Äußern sich die Angehörigen wie bei Schiavo widersprüchlich, muss das Gericht im Zweifel für das Leben entscheiden – das gebietet der grundgesetzlich verankerte Schutz der Menschenwürde.

2004/05 nahm sich die Politik des Themas an. Ein Gesetz zur Patientenverfügung soll klare Rahmenbedingungen zur passiven Sterbehilfe definieren. Mitte 2005 zeichnete sich ab, dass lediglich eine schriftliche Patientenverfügung einen Behandlungsabbruch oder das Einstellen von lebenserhaltenden Maßnahmen rechtfertigen soll.

Passive Sterbehilfe: Bei der passiven S. spielt die sog. Patientenverfügung (auch Patiententestament genannt) eine große Rolle. In diesem Dokument können Personen festlegen, ob und wie sie behandelt werden wollen, wenn sie selbst ihren Willen nicht mehr äußern können. Bindend waren sie jedoch nicht. Eine parteiübergreifende Diskussion soll Grundlage der angestrebten gesetzlichen Regelung der Patientenverfügung sein.

www.dghs.de (Dt. Gesellschaft für Humanes Sterben); **www.hospiz.de** (Dt. Hospiz Stiftung); **www.igsl-hospiz.de** (Internationale Gesellschaft für Sterbebegleitung)

Teenagerschwangerschaften

In Deutschland ist die Zahl der Geburten von Müttern im Teenageralter (zwischen 15 und 19) im internationalen Vergleich mit 13 pro 1 000 Mädchen relativ niedrig (Großbritannien: 31; USA: 52). Dennoch stieg die Zahl der Schwangerschaftsabbrüche bei Teenagern in den letzten Jahren stetig an. 2004 wurden von insgesamt 129 650 Schwangerschaften 7 854 bei minderjährigen Teenagern abgebrochen (2003: 6 645; 1999: 5 743). Ungewollte Schwangerschaften werden dabei auf die großen Wissenslücken der Jugendlichen in Sexualkunde zurückgeführt.

Entwicklung: Junge Menschen werden immer früher geschlechtsreif. So haben Mädchen im Schnitt mit zwölf Jahren ihre erste Periode (1920: 14–15 Jahre). In der Altersgruppe der 14- bis 15-Jährigen hatte jedes neunte Mädchen sexuelle Erfahrungen. 18 % der Mädchen und 25 % der Jungen dieser Gruppe verhüteten nicht beim ersten Sexualverkehr.

Wissenslücken: Nur 35 % der 14- bis 15-Jährigen bewerteten ihr Wissen über Empfängnis und -verhütung als sehr gut (17- bis 19-Jährige: 53 %). Experten forderten daher eine verbesserte Aufklärung von Kindern und Jugendlichen; Eltern müssten die Sexualität ihrer Kinder ernst nehmen. Schulen sollten das Thema altersgemäßer behandeln, z. B. müsse man den korrekten Gebrauch von Kondomen und Diaphragma erläutern. Gynäkologen könnten spezielle Sprechstunden für Mädchen einrichten, wo sie z. B. erfahren würden, dass die Antibabypille für Minderjährige kostenlos ist. Jugendliche müssten früh genug auf die Verantwortung hingewiesen werden, die sie durch ihre Sexualität tragen (→ Aids).

Tuberkulose

(TB, Tbc), in Deutschland meldepflichtige Infektionskrankheit, die von Bakterien verursacht wird. In 80 % der Erkrankungen befallen die Erreger die Lunge.

Obwohl TB heilbar ist, forderte sie zu Beginn des 21. Jh. mehr Opfer als jede andere heilbare Infektionskrankheit: Jährlich starben rund 2 Mio. Menschen. Zugleich meldete die Weltgesundheitsorganisation (WHO, Genf) jährlich rund 9 Mio. Neuerkrankungen. Ende 2004 stellte der Pharma- und Konsumgüterhersteller Johnson & Johnson erstmals seit 40 Jahren ein neues Mittel gegen TB vor, dessen erste klinische Erprobungsphase begann.

Medikamente: Diarylquinolin (R207910) hat einen anderen Wirkmechanismus als bisherige TB-Medikamente. Es tötet die Keime nicht direkt, sondern stört deren Stoffwechsel so sehr, dass bei infizierten Mäusen binnen zwei Monaten selbst als resistent geltende Erreger vollständig verschwanden. Die gängige TB-Therapie mit zwei bzw. vier Medikamenten dauert mind. sechs Monate, z. T. bis zu 18 Monaten, und der vorzeitige Abbruch oder ihr Aussetzen begünstigt die Entstehung resistenter Erreger. Viel versprechend war 2004/05 auch das aus der Krebsforschung stammende Mittel Nitroimidazopyran (PA-824) vom Unternehmen Chiron. Es war in der klinischen Entwicklung am weitesten fortgeschritten. Dennoch schätzten Experten, dass mit einem marktreifen Mittel frühestens 2009/10 zu rechnen ist.

Tuberkulose in Deutschland

Merkmal		Fälle	Fälle pro 100 000 Ew.
Tuberkulose-Erkrankungen		7 184	8,7
davon	Männer	4 272	12,5
	Frauen	2 627	7,2
	Kinder	285	2,3
	Deutsche	4 679	6,2
	Ausländer	2 294	31,2
Todesfälle		374	0,5
Multiresistenzen[1)]		92	2,1
jegliche Resistenz[2)]		581	13,3

1) Resistenz gegen mind. Isoniazid und Rifampizin;
2) Resistenz gegen mind. eines der fünf Medikamente der ersten Wahl; Quelle: Robert Koch Institut letztverfügbarer Stand 2003

Tuberkulose: Säulen der DOTS-Strategie[1)]

- Politisches Engagement
- Diagnose durch Mikroskopie
- Direkt überwachte Behandlung
- Gesicherte kontinuierliche Medikamentenversorgung
- Sorgfältige Dokumentation und Berichterstattung

1) directly observed treatment, short-course, engl., direkt kontrollierte Behandlung; Quelle: Robert Koch Institut

Verbreitung: Die TB nahm Anfang des 21. Jh. in West- und Zentraleuropa sowie im Mittleren Osten ab, im westpazifischen Raum und in Südostasien blieb die Lage stabil, in Osteuropa und Afrika nahm die TB dagegen stark zu. Ursachen waren Armut, Kriege und Unruhen sowie die Ausbreitung von → Aids, weil sich die Krankheiten gegenseitig verstärken. Zudem traten zunehmend resistente TB-Erreger auf.

DOTS-Strategie: Die WHO versuchte, mithilfe der DOTS-Strategie (directly observed treatment, short-course, engl.; direkt kontrollierte Behandlung), die Ausbreitung der TB zu stoppen und die Entstehung von Resistenzen zu vermeiden. 2003 (letztverfügbarer Stand) setzten 180 Staaten weltweit die Strategie ein; der Anteil der damit erreichten Bevölkerung stieg von 28 % (1995) auf 68 % (2002). Allerdings erreichten Ende 2002 erst 18 Länder die Ziele der WHO zur Entdeckung und Behandlung von TB-Fällen, und von den 22 stark von TB betroffenen Ländern war es lediglich Vietnam. Ursachen waren v. a. unqualifiziertes Personal, schlechte Dokumentationsstandards und unzulängliche Labordienste. Auch gelang es oft nicht, alle für die Bekämpfung der TB zuständigen Stellen in DOTS einzubeziehen. Die WHO hoffte Anfang 2005, durch konsequente Ausweitung der DOTS-Strategie ihr Ziel für 2005 doch noch zu erreichen.

www.rki.de (Robert Koch Institut)

Vogelgripppe

(auch: aviäre Influenza, Geflügelpest, Hühnerinfluenza), eine durch Grippeviren ausgelöste Vogel- bzw. Geflügelkrankheit, die je nach Erreger mehr oder minder tödlich verläuft. Übertragen wird die V. von Tier zu Tier über den Kot oder durch Betreuungspersonen sowie durch die Luft. Die Übertragung auf den Menschen ist möglich.

Nach einer kurzen Ruhephase brach die V. Mitte 2004 erneut in Südostasien aus; ca. 40 Personen starben an der V. und mehrere Millionen Tiere verendeten oder wurden vorsorglich geschlachtet. Forschungen ergaben 2004, dass die V. aggressiver sei als angenommen. Die Gefahr wuchs, dass eine von Mensch zu Mensch übertragbare Virusvariante entsteht, die eine weltweite Pandemie auslösen könnte.

Forschungsergebnisse: 2004 entdeckten chinesische Forscher den V.-Erreger H5N1 auch bei Schweinen. Schweine können sich ebenso mit dem menschlichen Grippevirus infizieren. In ihnen könnten sich beide Erreger zu einem neuen Supervirus mischen, das dann von Mensch zu Mensch übertragbar wäre (→ Grippe). Niederländische Forscher fanden Mitte 2004 heraus, dass auch Katzen die V. bekommen und übertragen können, was die Gefahr der Entstehung eines für den Menschen weit gefährlicheren Virus erhöht.

Vogelgrippe: Veterinäre sammeln auf einer Farm bei Bangkok tote Enten ein.

Menschenrechte

Ehrenmorde

Mord an muslimischen Frauen, die vermeintlich die Familienehre verletzt haben, begangen von männlichen Angehörigen

Die Ermordung von Hatun Sürücü, einer Deutschen türkisch-kurdischer Herkunft, löste eine breite Diskussion über E. in Deutschland sowie die Frage aus, wie potenzielle Opfer besser geschützt werden können.

Der Fall: Die 23-jährige Hatun Sürücü wurde am 7. 2. 2005 in Berlin an einer Bushaltestelle erschossen. Wenige Tage später nahm die Polizei drei ihrer Brüder als Tatverdächtige fest und benannte als Motiv die Wiederherstellung der Familienehre. Hatun Sürücü war aus dem traditionellen Lebenskodex der Großfamilie ausgebrochen. Sie hatte sich von ihrem Cousin, mit dem sie im Alter von 16 Jahren in Istanbul zwangsverheiratet worden war, scheiden lassen und ein selbstbestimmtes Leben nach westlichem Muster geführt.

Ausmaß: Neben Hatun Sürücü wurden in Berlin von Oktober 2004 bis Februar 2005 fünf weitere Frauen ermordet, die nach Unabhängigkeit gestrebt hatten. Tatverdächtig waren die (Ex-)Ehemänner, in einem Fall auch ein Lebensgefährte. Über die Zahl der E. in Migrantenfamilien gibt es nur Schätzungen, da diese Vorfälle nicht gesondert erfasst werden. Die Berliner Beratungsstelle Papatya dokumentierte für den Zeitraum 1996 bis 2004 bundesweit 40 Morde oder Tötungsversuche. Die UN schätzten, dass weltweit pro Jahr 5 000 Frauen in 14 Ländern Opfer von E. werden.

Reaktionen: Die Ermordung Sürücüs löste in der Berliner türkischen Community eine Debatte über Gewalt gegen Frauen aus, v. a. als wenige Tage später einige türkische Jugendliche während einer Diskussion in der Schule den Mord herunterspielten. Die Reaktion der Schüler rückte die Pläne Berliner Politiker wieder in den Vordergrund, obligatorischen Ethikunterricht an allen Schulen einzuführen. Kritisch gesehen wurde auch die bisherige dt. Haltung gegenüber E.: Bei Menschenrechtsfragen dürfe es keine Rücksicht auf vermeintliche kulturelle Unterschiede geben.

Ehrenmorde: Ein Mann legt an der Bushaltestelle in Berlin-Tempelhof eine Rose an der Stelle nieder, wo Hatun Sürücü ermordet wurde.

Europäischer Gerichtshof für Menschenrechte

Vor dem Europ. Gerichtshof für Menschenrechte in Straßburg können die Bewohner der 45 Mitgliedstaaten des Europarats gemäß Europ. Menschenrechtskonvention von 1950 Beschwerden gegen ihre Regierungen und Behörden erheben, wenn sie sich in ihren Menschenrechten verletzt sehen. Die Urteile sind verbindlich. Allerdings bestehen keine Sanktionsmöglichkeiten, wenn ein Land ein Urteil nicht umsetzt.

Bilanz: 2004 sprach der Gerichtshof 718 Urteile (2003: 703) und schloss 21 100 Verfahren ab. Die meisten Verurteilungen (172) erhielt die Türkei, u. a. wegen parteiischer Verfahren. Im Mai 2005 erklärte der Gerichtshof, auch der kurdische Rebellenchef Abdullah Öcalan sei nicht von einem unabhängigen und unparteiischen Gericht verurteilt worden. Er habe in der Türkei kein faires Verfahren erhalten und sei einer menschenunwürdigen Behandlung unterzogen worden, was gegen die europ. Menschenrechtskonventionen verstoße. Nach der Türkei ergingen 2004 die nächst meisten Urteile gegen Polen und Frankreich, insbesondere wegen zu langer Prozessdauer. Die Anzahl der neu eingegangenen Beschwerden erreichte mit 45 000 erneut eine Rekordhöhe (2003: 38 000).

Russland: Im Februar 2005 verurteilte der Gerichtshof zum ersten Mal schwere Menschenrechtsverletzungen der russischen Streitkräfte in Tschetschenien. Gerügt wurden sowohl Angriffe auf Zivilisten als auch die mangelnde Untersuchung der Vorfälle seitens der russischen Verantwortlichen.

www.echr.coe.int

➤ Innenpolitik, Enteignung

Verbindlichkeit der Menschenrechtsurteile

Im Oktober 2004 entschied das dt. Bundesverfassungsgericht (Karlsruhe), dass die Urteile des Europ. Gerichtshofs für Menschenrechte den Rang von Bundesgesetzen haben und damit für dt. Gerichte bindend sind, es sei denn, der Straßburger Spruch verstoße gegen das Grundgesetz. Auslöser für diese Entscheidung war ein Sorgerechtsstreit, bei dem der Europ. Gerichtshof für Menschenrechte einem Vater das Umgangsrecht für seinen nicht ehelichen Sohn zugesprochen, das zuständige dt. Gericht sich allerdings darüber hinweggesetzt hatte.

Flüchtlinge

UNHCR: 2004 ging die Zahl der Menschen, die vor Kriegen, Elend oder Naturkatastrophen flohen, laut Flüchtlingshilfswerk der Vereinten Nationen (UNHCR, Genf) auf 9,2 Mio. zurück (–4 %). Die Gesamtzahl der Menschen in flüchtlingsähnlichen Situationen stieg jedoch auf 19,2 Mio. Zu ihnen zählen auch Asylsuchende, Staatenlose sowie die 4,4 Mio. Binnenflüchtlinge, die vom UNHCR unterstützt werden konnten. Sie irrten aufgrund von Kämpfen oder Notlagen im eigenen Land umher. Ihre Zahl wurde insgesamt auf 25 Mio. geschätzt.

Flucht und Rückkehr: Die größte Fluchtbewegung fand 2004 im Sudan statt: Mind. 125 000 neue Flüchtlinge flohen aus Darfur, um der Ermordung oder Vergewaltigung zu entgehen (→Krisen und Konflikte, Darfur). Mit ca. 800 000 weiteren Rückkehrern setzte das UNHCR 2004 seine große Rückführaktion nach Afghanistan fort. Nach der Beendigung des Bürgerkriegs in Liberia startete das UNHCR einen auf drei Jahre angelegten Einsatz, um ca. 680 000 Menschen, zurückkehrenden F. und Binnenflüchtlingen, beim Aufbau einer neuen Existenz zu helfen.

Deutschland: Ende 2003 (letztverfügbarer Stand) hielten sich laut Angaben des Bundesinnenministeriums etwa 1,088 Mio. F. in Deutschland auf (2002: 1,146 Mio.). Den höchsten Anteil nahmen mit 416 000 Personen De-facto-F. ein, denen aus humanitären oder politischen Gründen eine Rückkehr in ihre Heimat nicht zuzumuten ist. Ihnen folgten jüdische Emigranten aus den Nachfolgestaaten der früheren Sowjetunion (188 000) sowie Familienangehörige von Asylberechtigten

Flüchtlingskonvention

Rechte und Verpflichtungen von und gegenüber Flüchtlingen sind in der Genfer Flüchtlingskonvention festgeschrieben, die im Juli 1951 verabschiedet wurde und im April 1954 in Kraft trat. Sie besagt in Art. 33:
»Keiner der vertragschließenden Staaten wird einen Flüchtling auf irgendeine Weise über die Grenzen von Gebieten ausweisen oder zurückweisen, in denen sein Leben oder seine Freiheit wegen seiner Rasse, Religion, Staatsangehörigkeit, seiner Zugehörigkeit zu einer bestimmten sozialen Gruppe oder wegen seiner politischen Überzeugung bedroht sein würde.«

Flüchtlinge: Afghanische Flüchtlinge warten am 9.4. 2005 bei der Rückkehr aus Pakistan in ihre Heimat am Grenzübergang.

(150 000), Asylbewerber (128 000) und Asylberechtigte selbst (115 000). (→ Bund und Länder, Zuwanderung)

www.bamf.de; www.unhcr.de

Folter

Die Anti-Folter-Konvention der UN definiert Folter als: »Jede Handlung, durch die einer Person vorsätzlich große körperliche oder seelische Schmerzen oder Leiden zugefügt werden, z. B. um von ihr oder einem Dritten eine Aussage oder ein Geständnis zu erlangen, um sie für eine tatsächlich oder mutmaßlich ... begangene Tat zu bestrafen oder um sie oder einen Dritten einzuschüchtern.«

Laut Angaben der Menschenrechtsorganisation amnesty international (ai, London) wurden 2004 in 104 Staaten Menschen gefoltert oder misshandelt, um von ihnen Geständnisse zu erzwingen oder sie einzuschüchtern.

Vorwürfe gegen die USA: Nach der Aufdeckung des F.-Skandals im Gefängnis Abu Ghreib im Irak berichteten ehemalige Gefangene von F. in weiteren US-Sicherheitskräften unterstehenden Gefängnissen im Irak sowie in Afghanistan und auf dem US-Stützpunkt Guantánamo Bay auf Kuba. Ihre Vorwürfe wurden z. T. durch US-Militäruntersuchungen bestätigt. Zwei Häftlinge wurden, einem im Mai 2005 an die Öffentlichkeit gelangten Bericht des Verteidigungsministeriums zufolge, von US-Soldaten in Afghanistan zu Tode gefoltert. Insgesamt sollen in Afghanistan und im Irak mehr als 20 Gefangene in US-Gewahrsam auf nicht genau geklärte Weise zu Tode gekommen sein.

Urteile: Bis Mitte 2005 wurden acht US-Soldaten unterer Dienstränge wegen Misshandlung von Gefangenen in Abu Ghreib verurteilt. Als Rädelsführer erhielt Charles Graner, Reservist der 372. Militärpolizeikompanie, im Januar 2005 von einem Militärgericht in Texas eine Haftstrafe von zehn Jahren. Ranghöchste Militärangehörige, die für den F.-Skandal verantwortlich gemacht wurde, war Brigadegeneralin Janis Karpinski, die damalige Chefin der Militärpolizei in Abu Ghreib. Sie wurde vom Dienst suspendiert und Anfang Mai 2005 degradiert.

Iran: Im März 2005 bestätigte ein iranischer Arzt im kanadischen Asyl den Vorwurf, die Fotografin Zahra Kazemi sei im Juli 2003 an den Folgen von F. gestorben. Die gebürtige Iranerin und kanadische Staatsbürgerin hatte in Teheran eine Demonstration von Verwandten verhafteter Studenten fotografiert und war daraufhin selbst festgenommen worden. Der nach Kanada geflohene Arzt arbeitete damals in dem Krankenhaus, in das die schwer gefolterte und im Sterben liegende Zahra Kazemi eingeliefert worden war.

Türkei: Der türkische Menschenrechtsverein IHD beklagte im Oktober 2004, dass es trotz der von der Regierung eingeleiteten Reformen und des Vorgehens gegen F. in den überwiegend kurdisch besiedelten Südostprovinzen weiterhin zu Übergriffen komme. 2004 registrierte IHD 1 040 Fälle von F. (2003: 1 391).

Deutschland: Am 20. 12. 2004 wurde der frühere Frankfurter Vizepolizeipräsident Wolfgang Daschner wegen Folterandrohung zu einer Geldstrafe in Höhe von 10 800 € auf Bewährung verurteilt. Im Entführungsfall Jakob von Metzler hatte Daschner dem verhafteten mutmaßlichen Täter Magnus Gäfgen die Zufügung von schweren Schmerzen angedroht, wenn er das Versteck des Jungen nicht preisgäbe. Menschenrechtsorganisationen werteten das Urteil als Bestätigung des absoluten Folterverbots, das milde Strafmaß wurde aber auch bemängelt, da es die Grenzen des Rechtsstaats zu wenig sichere (→ Innenpolitik, Folterandrohung).

Indigene Völker

Völker, die in ihrem angestammten Lebensraum die historisch älteste Siedlungsgruppe darstellen; sie sind in den heutigen Staaten häufig eine diskriminierte Minderheit.

Nach UN-Schätzungen gehörten 2005 mehr als 300 Mio. Menschen in 70 Ländern I. V. an. In vielen Staaten kämpften sie um die Anerkennung ihrer Rechte sowie den Erhalt ihrer Lebensgrundlagen und ihrer kulturellen Eigenständigkeit. Die

Ein bisschen Folter ...?

»Niemand darf der Folter oder grausamer, unmenschlicher oder erniedrigender Behandlung oder Strafe unterworfen werden.« So formulierten es, nach Jahrhunderten leidvoller Erfahrungen mit Folter, die Väter der Allgemeinen Erklärung der Menschenrechte der Vereinten Nationen von 1948. Dieses Grundrecht floss in viele völkerrechtrechtliche Konventionen sowie in das deutsche Grundgesetz ein.

Das Folterverbot gilt absolut. »Außergewöhnliche Umstände gleich welcher Art«, ein Krieg, ein öffentlicher Notstand oder eine andere große Gefahr, so die Anti-Folter-Konvention der UN von 1984, nichts darf zur Rechtfertigung von Folter geltend gemacht werden. Denn das Folterverbot wurzelt in der Unantastbarkeit der Würde des Menschen, die auch das dt. GG als höchstes Gut definiert.

Folter in Zeiten des Terrorismus Dass das Folterverbot immer und überall gilt, war in den westlichen, den demokratischen Ländern allgemein Konsens. Das änderte sich mit den Anschlägen vom 11. September 2001. Die Bedrohung durch den internationalen Terrorismus, Horrorszenarien von Giftgas oder schmutzigen Bomben in den Händen zu allem bereiter Attentäter weichten die Abwehrfront auf. Menschenleben wurden unterschiedlich bewertet und gegeneinander verrechnet: potenzielle unschuldige Opfer eines Anschlags und inhaftierte Mitwisser eines geplanten Verbrechens.

Charles Graner (links) wurde wegen Gefangenenmisshandlung in Abu Ghreib verurteilt.

Im Kampf gegen den Terrorismus schien einigen Politikern und Juristen jedes Mittel recht. Der US-amerikanische Anwalt und Professor Alan M. Dershowitz sprach sich sogar für ein begrenztes Recht auf Folter aus. So weit ging sonst kaum jemand, doch die US-amerikanische Regierung höhlte die Rechte inhaftierter mutmaßlicher Terroristen aus. Sie bezeichnete die Gefangenen auf dem US-amerikanischen Stützpunkt Guantánamo als »unrechtmäßige Kämpfer«, die keinen Anspruch auf die Schutzregeln der Genfer Konvention hätten. Ein Memorandum des US-Justizministeriums von 2002 brachte vor, von Folter im strafrechtlichen Sinne könne nur bei extremen Qualen die Rede sein – eine Definition, die erst im Januar 2005 korrigiert wurde.

Die deutsche Debatte In Deutschland entzündete sich die Folterdebatte am Fall des Frankfurter Vizepolizeichefs Wolfgang Daschner, der Magnus Gäfgen, dem mutmaßlichen Entführer des elfjährigen Jakob von Metzler, Gewalt androhte, um das Leben des Kindes zu retten. Der Vorsitzende des Dt. Richterbundes, Geert Mackenroth, hielt Folter oder ihre Androhung in bestimmten Fällen für legitim – ein Standpunkt, den er erst nach heftiger Kritik relativierte. Der Anwalt Werner Leitner hielt dagegen, wenn es wirklich um die Rettung eines Menschenleben gehe, hätte man dem Entführer auch anbieten können, ihn freizulassen.

Verstoß gegen die Grundrechte Die Befürworter des absoluten Folterverbots argumentieren auf zwei Ebenen. Zum einen sprechen schon praktische Erwägungen gegen Folter: Wem Gewalt droht, der wird sagen, was man von ihm hören will. Auch ist nie sicher, ob nicht ein Unschuldiger oder Unwissender »peinlich befragt« wird. Grundsätzlich spricht gegen Folter, dass ein Rechtsstaat Menschen, die sich in seiner Gewalt befinden, nicht misshandeln, dass er sie nicht brechen und ihrer Würde berauben darf. Ausnahmen vom Folterverbot öffnen dem Missbrauch Tür und Tor und gefährden die rechtsstaatlichen, demokratischen Grundlagen der eigenen Gesellschaft.

Anerkennung ihrer Rechtsansprüche wurde ihnen oftmals versagt, weil Regierungen finanzielle Folgelasten befürchteten oder wirtschaftliche Interessen gefährdet sahen.

Kanada: Mit der Unterzeichnung des Abkommens für die Labrador-Inuit Anfang 2005 erhielt auch die letzte der vier Inuit-Regionen in Kanada Selbstbestimmungs- und Hoheitsrechte über das von ihnen traditionell besiedelte Land. Für den Aufbau der Selbstverwaltung auf der Halbinsel Labrador, einem Gebiet mit hoher Arbeitslosigkeit und Wohnungsmangel, will die kanadische Regierung für die nächsten 14 Jahre 180 Mio. € bereitstellen. Bereits im November 2004 hatte der Oberste Gerichtshof Kanadas die Rechte der Haida-Indianer und damit aller Ureinwohner gestärkt. Er bestätigte ein Urteil der Vorinstanz, laut dem I. V. konsultiert werden müssen, bevor ihre Territorien für Forstwirtschaft oder den Abbau von Bodenschätzen genutzt werden können.

www.gfbv.it (Gesellschaft für bedrohte Völker)

Internationaler Strafgerichtshof

(engl. International Criminal Court, ICC), Abk. IStGH (Weltstrafgerichtshof), ständiger internationaler Gerichtshof zur Verfolgung von Völkermord, Verbrechen gegen die Menschlichkeit, Kriegsverbrechen sowie des Verbrechens des Angriffskrieges

Der IStGH in Den Haag/Niederlande, das erste auf Dauer eingesetzte Weltgericht, nahm 2004 offiziell seine Tätigkeit auf und wurde bis Mitte 2005 mit drei Fällen befasst.

Uganda: Im Juli 2004 eröffnete der IStGH unter Chefankläger Luis Moreno Ocampo (Argentinien) auf Ersuchen der ugandischen Regierung ein Ermittlungsverfahren wegen Menschenrechtsverletzungen im Norden Ugandas. Rebellen der Lord's Resistance Army (LRA) sollen im Februar 2004 in einem Flüchtlingslager mehr als 200 Menschen getötet sowie während der jahrelangen blutigen Auseinandersetzungen mehr als 20 000 Jugendliche entführt und als Kindersoldaten missbraucht haben (→ Staaten, Uganda).

Kongo: Zuvor hatte der IStGH auf Ersuchen der kongolesischen Regierung Ermittlungen wegen der Morde, Vergewaltigungen, Vertreibungen und dem Einsatz von Kindersoldaten aufgenommen, die während des Bürgerkriegs in der Demokratischen Republik Kongo, insbesondere in der Region Ituri (→ Krisen und Konflikte, Ituri), verübt worden waren.

Aufgaben des Internationalen Strafgerichtshofs

Der Internationale Strafgerichtshof verfolgt gemäß seinem bis Mitte 2005 von 98 Staaten ratifizierten Statut weltweit ohne Ansehen der Person schwerste Delikte: Völkermord, Kriegsverbrechen und Verbrechen gegen die Menschlichkeit, zu denen Massaker, ethnische Säuberungen, Folter und Vergewaltigung zählen. Er wird nur tätig, wenn die nationalen Strafverfolgungsbehörden nicht willens oder in der Lage sind, die Täter vor Gericht zu stellen, und er ist nur für Verbrechen zuständig, die nach Inkrafttreten seines Statuts am 1. 7. 2002 begangen wurden.

Darfur: Im März 2005 beauftragte erstmals der UN-Sicherheitsrat das Weltgericht, Verbrechen gegen die Menschlichkeit zu verfolgen: Der IStGH soll Massaker an Zivilisten und die Vertreibung von weit über 1 Mio. Menschen untersuchen, für die Regierungstruppen, Rebellengruppen und die Janjawid-Reitermilizen 2003/04 in der Provinz Darfur im Norden des Sudan verantwortlich gemacht werden (→ Krisen und Konflikte, Darfur). Die UN überreichten dem IStGH eine Liste mit 51 Namen mutmaßlicher Kriegsverbrecher. Wer die Verdächtigen verhaften und ausliefern könnte, blieb unklar, u. a. weil die sudanesische Regierung im Gegensatz zu den beiden wichtigsten Rebellengruppen die Zusammenarbeit mit dem IStGH verweigerte.

Die UN-Darfur-Resolution konnte zustande kommen, weil die USA von ihrem zunächst angekündigten Veto abrückten und sich bei der Abstimmung enthielten. Die US-Regierung unter Präsident George W. Bush, die den IStGH mit Verweis auf mögliche politisch motivierte Anklagen ablehnt, war zum Vetoverzicht bereit, weil die Resolution US-amerikanische Bürger von gerichtlicher Verfolgung ausnahm.

www.icc-cpi.int

Kindersoldaten

Kinder und Jugendliche wurden 2004 nach wie vor in fast allen aktuellen bewaffneten Konflikten eingesetzt, obwohl 116 Staaten das Zusatzprotokoll zur UN-Kinderrechtskonvention unterzeichnet hatten und es von 87 Ländern ratifiziert

Kindersoldaten: Kindersoldaten einer Miliz in der Ituri-Region im Nordosten der Demokratischen Republik Kongo

worden war. Das Protokoll, das die zwangsweise Rekrutierung von Kindern sowie den Einsatz von Soldaten unter 18 Jahren bei Kampfhandlungen untersagt, trat 2002 in Kraft. Seitdem prangerte der UN-Sicherheitsrat zwar den Einsatz von K. an, verhängte aber keine schweren Sanktionen.

Ausmaß: Die Koalition gegen den Einsatz von K. (Coalition to Stop the Use of Child Soldiers) listete in ihrem im November 2004 veröffentlichten »Weltreport Kindersoldaten«, der den Zeitraum 2001–04 dokumentiert, 22 Staaten auf, in denen K. in bewaffnete Kampfhandlungen involviert waren. Zu ihnen gehörten u. a. Afghanistan, Irak, Indonesien, Kolumbien und Birma (Myanmar) sowie eine Reihe von Staaten in Afrika (u. a. Angola, Demokratische Republik Kongo, Elfenbeinküste, Guinea, Ruanda, Sudan, Uganda), dem Kontinent mit den meisten K. Menschenrechtsorganisationen wie terre des hommes (Osnabrück) gingen davon aus, dass weltweit Anfang des 21. Jh. ca. 300 000 Minderjährige in bewaffnete Konflikte verwickelt waren.

Rekrutierung: Die meisten K. wurden von Rebellentruppen oder paramilitärischen Verbänden zum Einsatz gezwungen; einige Jugendliche schlossen sich den Truppen »freiwillig« an, weil sie in Bürgerkriegsgebieten allein nicht überleben konnten. Auch einige Regierungen (u. a. der Demokratischen Republik Kongo sowie des Sudans) warben Minderjährige an oder rekrutierten sie zwangsweise. K. wurden für Wach- und Botendienste, an vorderster Front und zum Minenräumen eingesetzt. Etwa 30 % aller K. waren Mädchen, die oft auch sexuell missbraucht wurden.

Deutschland: Der dt. Bundestag ratifizierte das Zusatzprotokoll der Kinderrechtskonvention im September 2004, schloss jedoch die Anwerbung unter 18-Jähriger nicht aus, um 17-jährige Freiwillige in die Bundeswehr aufnehmen zu können. Auch die USA und Großbritannien beharrten darauf, minderjährige Freiwillige rekrutieren zu können. Obwohl K. nach internationalem Völkerrecht als Opfer von Kriegsverbrechen gelten, werden ehemalige K. in Deutschland nicht als politische Flüchtlinge anerkannt, sie erhalten nur eine Duldung, kein Asyl.

www.kindersoldaten.de (terre des hommes); **www.amnesty.de**; **www.child-soldiers.org**

Kriegsverbrechertribunal

Der 1993 vom UN-Sicherheitsrat in Den Haag/Niederlande eingerichtete Internationale Gerichtshof (IGH) ahndet Kriegsverbrechen und Verbrechen gegen die Menschlichkeit, die seit dem 1.1. 1991 im Gebiet des ehemaligen Jugoslawien begangen wurden. Chefanklägerin des mit 16 ständigen Richtern besetzten Tribunals ist seit 1999 Carla Del Ponte (Schweiz).

Albaner angeklagt: Im November 2004 begann der erste Prozess des K. gegen drei Kosovo-Albaner. Da das Tribunal bis dahin überwiegend Serben angeklagt hatte, galt das Verfahren gegen die drei ehemaligen Mitglieder der Kosovo-Befreiungsarmee UCK auch als Beleg für die von Serben oftmals bestrittene Unabhängigkeit des K. Den angeklagten Lageraufsehern wurde vorgeworfen, 1998/99 an der Ermordung und Folterung von serbischen und albanischen Dissidenten beteiligt gewesen zu sein. Nachdem der Ministerpräsident des Kosovo, Ramush Haradinaj, vom

K. angeklagt worden war, trat er im März 2005 zurück und stellte sich dem Gericht.

Urteile: Im Januar 2004 verurteilte das K. den ehemaligen serbischen Oberst Vidoje Blagojević wegen der Beteiligung an der Ermordung von ca. 7 000 muslimischen Bosniern zu 18 Jahren Gefängnis. Pavle Strugar, Exgeneral der jugoslawischen Armee, der für die Zerstörung der Altstadt der kroatischen Stadt Dubrovnik und den Tod vieler Einwohner verantwortlich war, erhielt eine achtjährige Haftstrafe. Die andauernde Weigerung der serbischen Regierung, den früheren bonsisch-serbischen General Ratko Mladić u. a. vermeintliche Kriegsverbrecher an das K. auszuliefern, führte 2004/05 zu internationalen Spannungen.

Ruanda-Tribunal: Das 1994 vom UN-Sicherheitsrat eingesetzte Internationale Ruanda-Tribunal in Arusha/Tansania ahndet den Völkermord der Hutu, dem 1994 ca. 800 000 Tutsi und moderate Hutu zum Opfer fielen. Chefankläger des Tribunals ist seit September 2003 Hassan Bubacar Jallow (Gambia).

www.un.org/icty

Menschenhandel

Nach Schätzungen des Kinderhilfswerks UNICEF (New York) fallen jährlich mind. 1,2 Mio. Mädchen und Jungen Menschenhändlern zum Opfer. Die Gewinne aus M. schätzte die Internationale Arbeitsorganisation (ILO, Genf) 2004 auf jährlich 12 Mrd. US-Dollar.

Ausmaß: Verschleppte Kinder mussten oftmals für einen Hungerlohn 16–18 Stunden am Tag schuften, meist unter ihre Gesundheit und Sicherheit gefährdenden Bedingungen. Andere wurden als Kindersoldaten oder Prostituierte missbraucht. Weltweit werden, so Sicherheitsexperten, jedes Jahr 700 000 Mädchen und junge Frauen in die Prostitution gezwungen, und über 2,5 Mio. Menschen müssen, laut ILO, Zwangsarbeit als Folge von M. leisten.

Deutschland: Unter den 5 000–10 000 unbegleiteten Minderjährigen, die 2005 in Deutschland lebten, befanden sich auch Opfer von M., die zu Diebstahl, Bettelei, Prostitution oder Pornografie gezwungen wurden. Sie waren von Abschiebung bedroht, da die Bundesrepublik der UN-Kinderrechtskonvention, die u. a. Opfer von M. vor Abschiebung schützen soll, nur mit einem Ausländervorbehalt zustimmte, laut dem Ausländerrecht vor Kinderrecht geht.

Schleusung in die EU: Die Organisation für Sicherheit und Zusammenarbeit in Europa (OSZE, Wien) schätzte 2004, dass jährlich 200 000 Menschen von Ost- nach Westeuropa geschleust werden. Der Vorwurf, die erleichterte Einreisepolitik der rot-grünen Bundesregierung, in deren Folge insbesondere in der Ukraine die Zahl der erteilten Visa zwischen 1998 und 2001 von 133 000 auf 300 000 anstieg, hätte M. begünstigt (→ Innenpolitik, Visa-Untersuchungsausschuss), wurde durch die Kriminalstatistik nicht erhärtet.

www.unicef.de

Menschenrechtsverletzungen

Menschenrechte sind uneingeschränkt geltende Grundrechte und Freiheiten, die jedem Menschen zustehen und in der UN-Menschenrechtscharta 1948 definiert wurden.

Amnesty-Bericht: Die Menschenrechtsorganisation amnesty international (ai, London) kritisierte in ihrem Jahresbericht für 2004, dass viele Staaten, darunter auch die USA, den notwendigen Kampf gegen den Terrorismus auf Kosten der Menschenrechte führten und Verdächtige

Menschenrechtsverletzungen: UN-Kommission auf dem Prüfstand

2004 verschärfte sich die Kritik an der 1946 gegründeten UN-Menschenrechtskommission (MRK), die aus 53 nach geografischem Proporz ausgewählten Ländern besteht und einmal im Jahr sechs Wochen tagt. Ihr wurde ein Legitimitäts- und Glaubwürdigkeitsdefizit vorgeworfen, da immer wieder Länder in die MRK kamen, die selber Menschenrechte missachteten, und da Menschenrechtsverletzungen oftmals aufgrund politischer Rücksichtnahmen, insbesondere auf die Großmächte, nicht bemängelt wurden. UN-Generalsekretär Kofi Annan schlug deshalb im Frühjahr 2005 vor, die MRK in einen kleinen ständigen Menschenrechtsrat umzuwandeln, dessen Mitglieder »höchste Menschenrechtsnormen erfüllen« müssten und der von der UN-Generalversammlung gewählt würde. Dem gegenüber empfahl das von Annan eingesetzte Expertengremium, das Vorschläge für eine Reform der gesamten UN unterbreitete, die MRK allen UN-Mitgliedern zu öffnen.

willkürlich inhaftierten oder misshandelten. 2004 protokollierte ai M. in 149 Staaten. In 35 Ländern saßen Menschen allein wegen ihrer missliebigen politischen Ansichten im Gefängnis, in 79 Ländern stellte ai Verstöße gegen die Meinungs- und Versammlungsfreiheit fest. An Deutschland kritisierte ai Bestrebungen, Flüchtlinge aus dem Kosovo, Afghanistan und Togo in ihre Heimatländer abzuschieben, da sie dort vor Verfolgung und Gewalt nicht sicher seien.

Guantánamo: Im Sommer bzw. Herbst 2004 wurden für die über 500 Inhaftierten auf dem US-Stützpunkt Guantánamo Bay auf Kuba menschenwürdigere Bedingungen geschaffen, der juristische Umgang entsprach aber weiterhin nicht dem Standard in entwickelten Staaten. So wurden Überprüfungstribunale eingerichtet, und den mutmaßlichen Al-Qaida- oder Taliban-Anhängern wurde ein Anwalt zugestanden, doch die Beweislast blieb weiterhin bei den Gefangenen. Im Fall des in Bremen geborenen und seit 2002 auf Guantánamo einsitzenden Türken Murat K. ignorierte das Tribunal, wie aus zunächst geheim gehaltenen Unterlagen hervorging, die entlastenden Hinweise und stufte den 22-Jährigen im Herbst 2004 als feindlichen Kämpfer ein. Vier britische Muslime, die nach jahrelanger Haft im Januar 2005 an Großbritannien übergeben wurden, kamen, wie auch andere Ex-Guantánamo-Gefangene, sofort frei, weil in ihrer Heimat nichts sie Belastendes gefunden wurde. Daneben sorgte Anfang 2005 die »Newsweek-Affäre« weltweit für Aufsehen (→ Staaten, USA).

UN-Kommission: Auf ihrer jährlichen Sitzung in Genf richtete die UN-Menschenrechtskommission im Frühjahr 2005 den Posten eines Sonderermittlers zur Überprüfung der Einhaltung der Menschenrechte im Kampf gegen den Terrorismus ein.

www.amnesty.de

Todesstrafe

Anfang 2005 hielten laut Angaben der Menschenrechtsorganisation amnesty international (ai, London) noch 76 Staaten an der T. fest. Fünf Länder – Bhutan, Griechenland, Samoa, Senegal und Türkei – hatten 2004 die T. abgeschafft, während Irak und Sri Lanka entschieden hatten, die T. wieder zu vollstrecken. In 120 Staaten bestand die T. Anfang 2005 nicht mehr oder wurde seit mehr als zehn Jahren nicht mehr vollzogen. In Europa war Weißrussland der einzige Staat, der noch uneingeschränkt an der T. festhielt.

Hinrichtungen: 2004 wurden ai 3 797 Hinrichtungen in 25 Ländern bekannt (2003: 1 146). Zum Tode verurteilt wurden 7 395 Menschen in 64 Ländern (2003: 2 756). Die tatsächliche Zahl der Exekutionen und Todesurteile dürfte laut ai höher liegen, da die T. in vielen Staaten unter Geheimhaltung angewendet wird. 97 % aller ermittelten Hinrichtungen gingen auf das Konto von vier Ländern: China, Iran, Vietnam und USA.

China: Wie in den vergangenen Jahren war China 2004 für die mit Abstand meisten Hinrichtungen verantwortlich. Auf der Grundlage von Internetberichten über Exekutionen an Feiertagen errechnete ai eine Zahl von mind. 3 400 vollstreckten Todesurteilen. Die chinesische Regierung verweigerte bisher Angaben zur T.; auf dem Nationalen Volkskongress im März 2004 hatte ein Delegierter von bis zu 10 000 Hinrichtungen pro Jahr gesprochen.

USA: Die Zahl der Hinrichtungen ging 2004 auf 59 zurück (2003: 65). Sechs zum Tode Verurteilte wurden 2004 freigelassen, da ihre Unschuld erwiesen werden konnte. Damit stieg die Zahl der seit 1973 aus der Haft entlassenen Todeskandidaten auf 118. Im März 2005 schaffte der Oberste Gerichtshof die T. für zur Tatzeit Minderjährige ab, da sie gegen das verfassungsmäßige Verbot grausamer Bestrafung verstoße. Sie galt in 20 der 38 Bundesstaaten, in denen die T. besteht. Seit der Wiederzulassung der T. 1976 waren in den USA 22 Menschen exekutiert worden, die ihre Taten als Minderjährige begangen hatten.

www.amnesty.de

Todesstrafe: Länder mit den meisten Hinrichtungen[1)]

Land/Jahr	2000	2001	2002	2003	2004
China	1 000	2 468	1 016	726	3 400
Iran	75	139	113	108	159
USA	85	66	71	65	59
Saudi-Arabien	123	79	48	50	33
Vietnam	12	10	34	46	64

1) bekannt gewordene Hinrichtungen; die tatsächliche Anzahl dürfte, von den USA abgesehen, oftmals höher liegen; Quelle: amnesty international

Militär

Abrüstung

Ende 2004 ratifizierte Deutschland das V. Protokoll zum UN-Waffenübereinkommen vom 10. 10. 1980 (in Kraft getreten: 2. 12. 1983; beinhaltet u. a. Festlegungen zum Verbot bzw. Einsatz bestimmter konventioneller Waffen). Ausgangslage ist das Völkerrecht, das den Konfliktparteien kein unbeschränktes Recht in der Wahl der Mittel der Kriegsführung zubilligt und die Beachtung humanitärer Aspekte beim Waffeneinsatz fordert.

Kleinwaffen: Im Juli 2005 fand in New York die zweite Konferenz zur Überprüfung der Umsetzung des Aktionsprogramms zur Verhütung, Bekämpfung und Beseitigung des unerlaubten Handels mit Kleinwaffen statt. Nach UN-Schätzung kursierten 2004/05 weltweit über 600 Mio. Kleinwaffen (engl.: Small Arms and Light Weapons), die für den Tod von etwa 500 000 Menschen pro Jahr verantwortlich sind. Die Bundeswehr zerstörte 2004 aus ihren Beständen mehr als 190 000 solcher Waffen. Die OSZE verabschiedete Ende 2004 drei Dokumente zur Kontrolle von Kleinwaffenexporten.

KSE: Ende Juni 2004 ratifizierte Russland das novellierte Abkommen über Konventionelle Streitkräfte in Europa (KSE). Der Vertrag regelt die Stationierung von Truppen und weist den Unterzeichnern Kontingente an schweren Waffen wie Panzern oder Flugzeugen zu. Die NATO-Staaten knüpften ihre Zustimmung u. a. an den vollständigen Rückzug der russischen Soldaten aus Georgien.

Bundeswehr

Der B.-Etat für 2005 beläuft sich auf 23,9 Mrd. € (sog. Plafond), hinzu kommen noch etwa

Bundeswehr: aktuelle Auslandseinsätze[1)]

Einsatz	Region	Stärke/Anzahl Frauen
ISAF (International Security Assistance Force)	Afghanistan, Usbekistan	2100/78
KFOR (Kosovo Force)	Kosovo	2650/96
EUFOR (European Union Force)	Bosnien und Herzegowina	1180/45
EF (Enduring Freedom)	Horn von Afrika	250/13
OAE (Operation Active Endeavour)	Mittelmeer	215/-
UNMEE (United Nations Mission in Ethiopia and Eritrea)	Äthiopien/Eritrea	2/-
UNOMIG (United Nations Mission in Georgia)	Georgien	12

1) Stand Mai 2005; insgesamt rund 6 480 Bundwehrsoldaten (inkl. medizinisches Evakuierungspersonal und UNMIS-Kontingent im Sudan); Quelle: Bundesverteidigungsministerium

94 Mio. € aus Materialverkäufen sowie 40 Mio. € durch die angestrebte Veräußerung von Liegenschaften. Größter Ausgabenposten sind nach wie vor die Betriebsaufwendungen, sie machen im Berichtszeitraum rund 73 % des Etats aus. Die Personalkosten für rund 270 000 Soldaten und 120 000 zivile Mitarbeiter betrugen 12 Mrd. €. Die Mittel für Investitionen steigen gegenüber dem Vorjahr um 1 % auf 6,1 Mrd. €; fast 4,2 Mrd. € darf die B. für militärisches Gerät einplanen.

Umbau: Im November 2004 gab das Bundesverteidigungsministerium das neue Stationierungskonzept bekannt. Es sieht bis 2010 die Schließung von 105 Standorten vor. Künftig ist die B. nur noch an 392 Orten präsent, über 50 % der aufzugebenden Truppenunterkünfte sind mit weniger als 100 Soldaten besetzt (neun Kasernen mit über 1 000 Soldaten). Durch Zusammenführungen wird bis 2010 die durchschnittliche Belegungsdichte je Standort von 800 auf 900 Dienstposten gesteigert.

Rüstung: Ende 2005 wird mit U-33 das erste U-Boot der Klasse 212 A, gebaut von der Howaldtswerke-Dt. Werft AG in Kiel (HDW), mit Brennstoffzellenantrieb ausgeliefert. Diese Technik erlaubt längere Tauchzeiten, außerdem kann das Waffensystem aufgrund fehlender Abgaswärme und Geräuschentwicklung nur schwer geortet werden.

Ende 2004 bewilligte der Haushaltsausschuss des Bundestages den Kauf folgender Waffensysteme:

- Transportfahrzeuge des Typs Dingo 2 (Gesamtpreis: 36,1 Mio. €); Belegung mit max. acht Soldaten; neben der Personenbeförderung wird das Fahrzeug bei Sicherungsaufgaben eingesetzt.
- Acht Seefernaufklärungsflugzeuge des Typs P-3C Orion (Gesamtpreis inkl. Logistik: 271 Mio. €).
- 196 Systeme der Hightech-Kampfausstattung »Infanterist der Zukunft« (Gesamtpreis: 69,7 Mio. €).
- Fünf luftverladefähige (im Airbus A 400 M) Schützenpanzer des Typs Puma. Über den Erwerb weiterer 405 Puma muss der Haushaltsausschuss erneut entscheiden (kalkulierter Gesamtpreis für 410 Fahrzeuge: ca. 3 Mrd. €).
- Abruf der zweiten Tranche des Eurofighters (68 Flugzeuge, Gesamtpreis: ca. 4,6 Mrd. €); die Zuweisung der Finanzmittel war schon für Mitte 2004 vorgesehen, die Kritik des Bundesrechnungshofes an den Lieferverträgen wegen angeblich überhöhter Ausstattungspreise hatte die Entscheidung verzögert. Insgesamt will die B. 180 Jets (140 Jäger, 40 Kampfbomber) zum Stückpreis von 85,7 Mio. € kaufen.

Auslandseinsätze: Mit 575 Ja-Stimmen verlängerte der Bundestag im Juni 2005 die KFOR-Beteiligung der B. um weitere zwölf Monate (Kosten: ca. 200 Mio. €). Dt. Soldaten sind seit 1999 zur Friedenssicherung im Kosovo eingesetzt. Sechs Wochen zuvor hatte das Parlament mit 552 Ja-Stimmen für die Teilnahme der B. (max. 75 Militärbeobachter) an der UN-Friedensmission im Sudan (UNMIS) votiert; das Mandat gilt zunächst bis zum 24. 9. 2005 (Kosten: ca. 1,3 Mio. €), ein Stützpunkt in der Krisenregion Darfur war nicht vorgesehen.

Im Dezember 2004 passierte das Parlamentsbeteiligungsgesetz mit rot-grüner Stimmenmehrheit den Bundestag. Es regelt gemäß einem Urteil des Bundesverfassungsgerichts von 1994 die Mitwirkung der Abgeordneten bei der Mandatserteilung für B.-Auslandsoperationen. Im Oktober

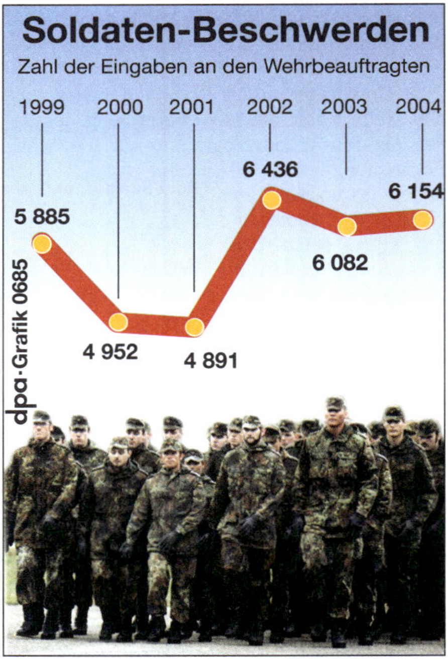

2004 hatte der Bundestag der Verlängerung des Afghanistan/Usbekistan-Einsatzes der B. im Rahmen der ISAF (International Security Assistance Force) um ein Jahr zugestimmt.

Im März 2005 beendete die B. ihren bislang größten humanitären Hilfseinsatz. Nach den Tsunami-Verwüstungen am 26. 12. 2004 hatten dt. Soldaten insbesondere die medizinische Betreuung der Flutopfer unterstützt, so an Bord des Versorgers »Berlin« in Banda Aceh (Indonesien) und durch die »fliegende Intensivstation« Airbus A 310 MedEvac.

Wehrbeauftragter: Im April 2005 wählte der Bundestag Reinhold Robbe (SPD) als Nachfolge von Wilfried Penner (SPD) zum neuen Wehrbeauftragten. Der Jahresbericht des Wehrbeauftragten für 2004 verzeichnete 6 154 Eingaben (+1,2 % gegenüber 2003); in Relation zur Truppenstärke war dies das höchste Beschwerdeaufkommen seit Einrichtung der Institution. Rückläufig waren die Vorkommnisse mit möglichem rechtsextremem oder fremdenfeindlichem Hintergrund (134 Fälle) sowie die Verdachtsfälle von Betäubungsmittelmissbrauch (1 202 Fälle).

Kriegsdienstverweigerung

Nach Art. 4 III GG darf in Deutschland niemand gegen sein Gewissen zum Kriegsdienst gezwungen werden.

Die Statistik des Bundesamtes für den Zivildienst (Köln) wies im Mai 2005 61 763 Zivildienstleistende auf, davon 46 989 in den alten und 14 774 in den neuen Bundesländern (Mai 2004: 81 287 Zivildienstleistende).

Am 1. 10. 2004 trat das 2. Zivildienständerungsgesetz in Kraft. In Angleichung an den Grundwehrdienst bei der Bundeswehr verkürzte sich der Zivildienst von zehn auf neun Monate, freiwillig ist aber eine vierwöchige Verlängerung möglich. Zum 30. 9. 2004 wurden alle Zivildienstleistenden entlassen, die schon mind. neun Monate Dienst geleistet hatten. Mit der Novellierung entsprach das Bundesfamilienministerium dem Vorschlag der Kommission »Impulse für die Zivilgesellschaft«. Die Altersgrenze zur Einberufung zum Wehr- und Zivildienst wird auf 23 bzw. 25 Jahre gesenkt. Aus familiären Gründen wie Ehe, eingetragene Lebenspartnerschaft oder das Sorgerecht für Kinder kann ein Antrag auf Zurückstellung oder Dienstbefreiung gestellt werden. Darüber hinaus entfällt der Tauglichkeitsgrad 3 (→ Wehrpflicht).

Kriegsdienstverweigerung: Freiwilliges Soziales Jahr

1964 wurde das Freiwillige Soziale Jahr (FSJ) gesetzlich verankert. Das karitative Engagement der Teilnehmer (sie sind meist 16–27 Jahre alt) in Krankenhäusern, Altenheimen oder bei anderen gemeinnützigen Einrichtungen (seit 2002 auch im Bereich Sport und Kultur) ist unfall- bzw. sozialversichert und wird mit einem monatlichen »Taschengeld« vergütet, hinzu kommen evtl. noch kostenlose Unterbringung, Verpflegung oder Arbeitskleidung. Das FSJ wird als Wartezeit für das Studium angerechnet, seit 1993 gibt es das Pendant Freiwilliges Ökologisches Jahr (FÖP). Kriegsdienstverweigerer dürfen ihren Zivildienst seit August 2002 als FSJ bzw. FÖP ableisten.

Landminen

Weltweit existieren zwischen 600 und 700 unterschiedliche Minentypen. Antipersonenminen sind direkt gegen Menschen gerichtet und reagieren z. B. auf Berührung. Die Aktivierung von Antifahrzeugminen erfolgt zumeist durch direktes Überfahren oder installierte Sensoren.

Konvention: Bis Mai 2005 hatten 152 Staaten das Übereinkommen zum Verbot des Einsatzes, der Lagerung, der Herstellung und der Weitergabe von Antipersonenminen und über deren Vernichtung unterzeichnet (Zerstörung der L.-Bestände innerhalb von vier Jahren nach Beitritt, Säuberung der Minenfelder innerhalb von zehn Jahren); der Ratifizierungsprozess war in 144 Ländern beendet. Das L.-Verbot war 1997 in Ottawa/Kanada von 125 Staaten initiiert worden. Im Dezember 2004 fand in Nairobi (Kenia) die erste Überprüfungskonferenz der sog. Ottawa-Konvention statt. Die Teilnehmer des »Gipfeltreffens für eine minenfreie Welt« einigten sich auf ein Aktionsprogramm zur Minenentsorgung (bis 2009).

Opfer: Für 2003 zählte die Internationale Kampagne zum Verbot von L. (ICBL, Brüssel) 8 065 registrierte Minenopfer. Den Rückgang von 3,2 % gegenüber dem Vorjahr führte die Organisation primär auf die Umsetzung der L.-Konvention zurück. Die Hilfsorganisation Handicap International ging Ende 2004 von ca. 400 000 Menschen aus, die in 121 Ländern L.-Explosionen überlebten. Seit 1999 wurden laut ICBL etwa 62 Mio. Sprengkörper entsorgt und fast 1 100 km² vermintes Gelände geräumt. Deutschland beteiligt sich seit 1992 an zahlreichen Projekten zur Minenräumung bzw. Opferfürsorge. 2004 standen hierfür 14 Mio. € zur Verfügung, im Etat 2005 waren 17,7 Mio. € vorgesehen. 2005 waren in über 80 Staaten noch etwa 60–100 Mio. L. verlegt.

www.icbl.org

Massenvernichtungswaffen

Atomare (auch Nuklear- oder Kernwaffen), biologische und chemische Waffen (ABC-Waffen)

Atomwaffen: Bis Mitte 2005 zeichnete sich keine Lösung im Konflikt um das nordkoreanische Atomwaffenprogamm ab, auch zwei innerkoreanische Treffen im Mai/Juni 2005 in Kaesong und Seoul verliefen ergebnislos. Es gab Mutmaßungen, das kommunistische Land treffe Vorbereitungen für einen Kernwaffentest. Im Februar 2005 hatten die Machthaber über die staatlichen Medien den Besitz von Atomsprengköpfen eingeräumt und zugleich den Ausstieg aus den sog. Sechser-Verhandlungen mit der VR China, Japan, Süd-Korea, Russland und den USA angekündigt.

Die turnusmäßige Konferenz zur Überprüfung des Atomwaffensperrvertrages (auch Vertrag über die Nichtverbreitung von Atomwaffen, engl.: Treaty on the Non-Proliferation of Nuclear Weapons/NPT; Mitte 2005: 189 Signatarstaaten, Überwachung durch die Internationale Atomenergie-Agentur/IAEA, Wien) endete im Mai 2005 in New York ohne konkrete Festlegungen. Vertreter von Nichtregierungsorganisationen führten dies insbesondere auf die Kontroversen um die Nuklearprojekte in Iran und Nord-Korea zurück.

US-Verteidigungsminister Donald Rumsfeld kündigte Anfang 2005 an, die Entwicklung von Mini-Atombomben (auch Mini-Nukes) wieder aufzunehmen. Der US-Kongress hatte sich Ende 2004 gegen das Projekt ausgesprochen.

Biologische Waffen: Der internationalen Konvention zum Verbot von B-Waffen (BTWC) waren bis Mitte 2005 169 Staaten beigetreten (Ratifizierung durch 153 Länder). Die Übereinkunft von 1972 (seit 1975 in Kraft) verbietet die Herstellung, Lagerung sowie den Einsatz jeglicher bakteriologischer Kampfstoffe. Alle Vertragsländer haben sich verpflichtet, existierende Potenziale spätestens neun Monate nach der Ratifizierung zu vernichten, zu Verteidigungszwecken dürfen allerdings geringe Mengen zurückgehalten werden.

Im März 2005 wurde im Verteidigungsministerium der USA Anthrax-Alarm ausgelöst. Weitere Untersuchungen verliefen jedoch negativ. In den USA waren nach den Terroranschlägen vom 11. 9. 2001 durch Milzbranderreger mehrere Menschen verstorben.

Chemische Waffen: Bis Mitte 2005 schlossen sich 184 Staaten dem Abkommen über das Verbot, C-Waffen zu entwickeln, herzustellen, zu lagern und einzusetzen, an; vorhandene Bestände müssen vernichtet werden (Chemiewaffenübereinkommen/CWÜ; engl.: Chemical Weapons Convention/CWC, in Kraft seit 1997). Der Ratifikationsprozess konnte in 168 Ländern abgeschlossen werden. Die Überwachung der Vereinbarung obliegt der Organisation für das Verbot chemischer Waffen (OVCW, Den Haag/Niederlande).

In Den Haag fand im November 2004 die 9. Überprüfungskonferenz des CWÜ statt. Die Teilnehmer akzeptierten den Wunsch Libyens, ehemalige Produktionsanlagen für C-Waffen zur Herstellung ungefährlicher pharmazeutischer Produkte zu nutzen. Weiterhin erhielten Albanien und Libyen zum Abbau eigener Bestände Fristverlängerungen bis April 2007.

In Deutschland stimmten Bundestag und Bundesrat im September 2004 einstimmig für die Änderung des nationalen Ausführungsgesetzes zum CWÜ. Gemäß Neufassung darf die Bundeswehr bei Auslandseinsätzen zur Beendigung gewalttätiger Demonstrationen auch Tränengas oder Pfefferspray verwenden. Mit der Novellierung reagierte der Gesetzgeber auf Schwierigkeiten

Massenvernichtungswaffen: Atomtests

Im September 1996 wurde der Atomteststoppvertrag (Comprehensive Test Ban Treaty, CTBT) in New York unterzeichnet. Er untersagt jegliche Art von Atomexplosionen, unabhängig, ob sie militärischen oder zivilen Zwecken dienen. Bis Mitte 2005 war das Abkommen von 175 Staaten signiert worden, der Ratifikationsprozess konnte für 121 Länder (zuletzt Saint Kitts und Nevis im April 2005) abgeschlossen werden. Von den 44 sog. Annex-2-Staaten hatten erst 33 Staaten das Vertragswerk gebilligt, aufgrund dessen war der CTBT noch nicht in Kraft. Das weltweite Überwachungssystem zur Registrierung von Explosionen bestand im Juni 2005 aus 321 Messstationen, darunter auch der neue Kontrollpunkt auf dem Schauinsland im Schwarzwald.

Massenvernichtungswaffen: Atomwaffenarsenale

Land	Anzahl Sprengköpfe/ davon einsatzbereit
Russland	16 000/6 390
USA	10 640/3 242
VR China	ca. 400/ca. 325
Frankreich	350/350
Großbritannien	200/200
Israel	200/200
Indien	110-150/110
Pakistan	75/75
Nord-Korea	evtl. bis zu 13/evtl. bis zu 13

Stand Januar 2005
Quelle: global security (Alexandria/Virginia)

dt. KFOR-Soldaten, Unruhen im UN-Protektorat Kosovo ohne Schusswaffengebrauch zu beenden. Die erlaubten Reizstoffe werden auch von der dt. Polizei eingesetzt.

Militärausgaben

Weiterer Anstieg: Das Stockholmer Internationale Friedensforschungsinstitut (SIPRI) errechnete für 2004 weltweite M. in Höhe von rund 1 030 Mrd. US-Dollar (etwa 844 Mrd. €; entspricht 2,6 % des globalen Bruttonationaleinkommens oder 132 € pro Kopf). Der Ausgabenanstieg seit 2002 von jährlich 6 % ergab sich v. a. durch die von den USA zur internationalen Terrorismusbekämpfung eingesetzten Finanzmittel (2003-05: 238 Mrd. US-Dollar) und die Kosten für das militärische Engagement im Irak und in Afghanistan. Aufgesplittet nach Weltregionen erhöhten sich die M. am kräftigsten in Südasien (+14,3 %), in der VR China - der offizielle Verteidigungshaushalt stieg 2005 um 12,6 % - sowie in Nordafrika (+12 %). Als alarmierend wurden die stetigen Aufrüstungsbemühungen im Nahen Osten bewertet. 2004 zählte das Internationale Konversionszentrum Bonn (BICC) 25 Kriege und 17 bewaffnete Konflikte; fast ein Drittel stand dabei in engem Zusammenhang mit Rohstoffaspekten.

USA: Für das im Oktober 2005 beginnende Haushaltsjahr 2006 plante die US-Regierung einen Verteidigungsetat in Höhe von rund 419 Mrd. US-Dollar (+4,6 % gegenüber 2005). Hinzu kamen die Ausgaben für die laufenden Kriegseinsätze. Im Mai 2005 genehmigte US-Präsident George W. Bush dafür 82 Mrd. US-Dollar; der überwiegende Teil dient der Finanzierung der Militäreinsätze in Afghanistan und im Irak. Gleichzeitig informierte Verteidigungsminister Donald Rumsfeld über seine Umstrukturierungspläne für die US-Armee, die in den folgenden 20 Jahren Einsparungen von von knapp 50 Mrd. US-Dollar erbringen sollen. Danach stehen in den USA 33 größere Stützpunkte vor der Schließung. Schon in 2004 waren entsprechende Überlegungen für die im Ausland stationierten US-Einheiten publik geworden. So sollen aus Europa und Süd-Korea ca. 70 000 von bisher 150 000 US-Soldaten abgezogen werden.

MEADS: Im April 2005 billigte der Bundestag die Pläne der rot-grünen Bundesregierung zur Teilnahme an der Entwicklung des Luftabwehrprogramms MEADS (engl.: Medium Extended Air Defense System). MEADS ist ein trilaterales Rüstungsprojekt (Italien, USA, Deutschland) und soll ab 2012 das Patriot-Waffensystem ersetzen. Deutschland plante Mitte 2005 den Erwerb von zwölf Einheiten (Entwicklungskosten: ca. 1 Mrd. €; Gesamtkaufpreis: etwa 2,85 Mrd. €).

UN-Friedenstruppen

Sudan: Im März 2005 votierte der UN-Sicherheitsrat einstimmig für die Entsendung von 10 000 Blauhelm-Soldaten und über 700 zivilen Polizeikräften in den Süd-Sudan. Aufgabe der »UN Mission in Sudan« (UNMIS) ist die Überwachung des im Januar 2005 zwischen Regierung und Rebellen geschlossenen Friedensvertrages; das Mandat war zunächst auf sechs Monate befristet. Auch die → Bundeswehr beteiligt sich an dem Einsatz.

Kongo: Als Reaktion auf den Mord an neun Blauhelm-Soldaten griffen UN-Truppen im März 2005 ein Milizenlager der Front nationaliste et integrationiste (FNI) in der Region Ituri an. Bei der Operation wurden mind. 50 FNI-Kämpfer getötet. Die Kongo-Mission MONUC läuft seit 1999, mit fast 16 400 Soldaten war sie Mitte 2005 die umfangreichste UN-Friedensmission.

Übergriffe: Im Mai 2005 verurteilte der UN-Sicherheitsrat den sexuellen Missbrauch Einheimischer durch Angehörige von UN-F.; die Bestrafung der Täter obliegt den Entsendestaaten. Zwischen Dezember 2004 und März 2005 hatte eine UN-Kommission in 152 Fällen Ermittlungen wegen sexueller Vergehen aufgenommen, 82 Überprüfungen hatten zu Disziplinarmaßnahmen geführt.

Bilanz: Im April 2005 standen 66 547 Blauhelm-Soldaten (inkl. Polizisten) im Dienst der UN. Seit 1948 wurden 60 Friedenssicherungseinsätze durchgeführt, Mitte 2005 liefen 17 Missionen, 103 Staaten engagierten sich mit militärischem oder zivilem Personal. Nach UN-Berechnungen summierten sich die Kosten für Blauhelm-Einsätze zwischen 1948 und dem 30. 6. 2004 auf etwa 36 Mrd. US-Dollar, für den Zeitraum vom 1. 7. 2004 bis 30. 6. 2005 veranschlagte die UN rund 4,5 Mrd. US-Dollar.

Waffenhandel

Welt: 2004 wurden nach Angaben des Internationalen Stockholmer Friedensforschungsinstituts (SIPRI) Rüstungsgüter im Wert von 236 Mrd. US-Dollar verkauft (ohne VR China). Fast ein Drittel der Erlöse erzielten die 42 wichtigsten europ. Waffenproduzenten (inkl. sechs russische Anbieter). Führende Exportnationen waren Russland (6,2 Mrd. US-Dollar) und die USA (5,4 Mrd. US-Dollar). Platz vier belegte Deutschland mit 1,1 Mrd. US-Dollar). Zwischen 2002 und 2003 steigerten die 100 führenden Rüstungsunternehmen ihre Umsätze um ein Viertel (Marktanteil der USA: 63,2 %).

Deutschland: Laut Rüstungsexportbericht der Bundesregierung für 2003, der im Dezember 2004 veröffentlicht wurde, summierten sich die erteilten Einzelausfuhrgenehmigungen auf ca. 4,9 Mrd. € (davon 1,3 Mrd. € Kriegswaffen). Etwa 67 % des Waffenexports entfiel auf EU-, NATO- oder NATO-gleichgestellte Länder. Grund für den auffälligen Anstieg im Berichtszeitraum waren einzelne Waffenverkäufe mit hoher Wertstellung (insbesondere Lieferung von Kriegsschiffen an Malaysia und Südafrika).

Waffenhandel: Exporteure[1]

Land	Mrd. US-Dollar
Russland	26,9
USA	25,9
Frankreich	6,4
Deutschland	4,9
Großbritannien	4,5
Ukraine	2,1
Kanada	1,7
VR China	1,4
Israel	1,3
Schweden	1,3

1) Großwaffen 2002–04; Quelle: SIPRI

EU: Die EU hielt 2004/05 an ihrem Waffenembargo gegen die VR China fest, eine Aufhebung der 1989 nach der Niederschlagung der Demonstrationen auf dem Platz des Himmlischen Friedens (Peking) verhängten Sanktionen soll aber geprüft werden. Im Gegensatz zu Frankreich oder Deutschland verfochten die USA und Japan auch Mitte 2005 aus militärstrategischen Gründen ein striktes Exportverbot. Als Reaktion auf die Offenlegung aller Programme zur Herstellung von Massenvernichtungswaffen hob die EU im Herbst 2004 den Waffenboykott gegen Libyen auf.

Wehrpflicht

Urteil: Das Bundesverwaltungsgericht (Leipzig) erklärte im Januar 2005 die seit Herbst 2004 praktizierten Einberufungsregeln der Bundeswehr für rechtmäßig, die Wehrgerechtigkeit sei gewahrt worden. Mit dieser Entscheidung wurde ein anders lautendes Urteil des Kölner Verwaltungsgerichts aufgehoben. Hier hatte ein Wehrpflichtiger wegen Missachtung der Wehrgerechtigkeit gegen seine Einberufung geklagt. Zur Klärung der Verfassungsmäßigkeit des W.-Gesetzes rief das Verwaltungsgericht Köln im April 2005 das Bundesverfassungsgericht (Karlsruhe) an.

Diskusssion: In der Diskussion um den Erhalt der W. sprachen sich CDU/CSU gegen eine reine Berufsarmee aus, die SPD plante auf ihrem Parteitag im November 2005 eine Festlegung. Bündnis 90/Die Grünen, die FDP sowie die PDS lehnten die W. ab.

Regelung: Seit 2002 endet der Grundwehrdienst nach neun Monaten, eine Verlängerung bis zu 23 Monaten ist möglich und schließt die Bereitschaft zur Teilnahme an Auslandseinsätzen der Bundeswehr mit ein. Erfasste Wehrpflichtige werden i. d. R. bis zu ihrem 23. Lebensjahr eingezogen. Ab Herbst 2004 erfolgt die Grundausbildung der Rekruten nach neuen Vorgaben. Die Anpassung resultiert aus dem veränderten Einsatzspektrum der dt. Streitkräfte.

Parteien

Bündnis 90/Die Grünen

Mitte 2005 war B. 90/D. G. im Bundestag mit 55 Abgeordneten vertreten, bildete zusammen mit der SPD die Regierungskoalition und stellte drei Bundesminister: Joschka Fischer als Außenminister, Renate Künast als Ministerin für Verbraucherschutz, Ernährung und Landwirtschaft sowie Jürgen Tritin als Minister für Umwelt, Naturschutz und Reaktorsicherheit. Bundesvorsitzende waren Claudia Roth und Reinhard Bütikofer.

Bundesländer: Mitte 2005 war B. 90/D. G. in insgesamt zwölf Landesparlamenten mit Abgeordneten vertreten, jedoch an keiner Landesregierung mehr beteiligt.

Wahlen: Bei den Landtagswahlen im September 2004 gelang B.90/D. G. im Saarland und in Sachsen wieder der Einzug in die Parlamente. Im Saarland entfielen auf B. 90/D. G. 5,6 % (1999: 3,2 %) und in Sachsen 5,1 % (1999: 2,6 %) der Wählerstimmen. In Brandenburg verpasste die Partei mit 3,6 % (1999: 1,9 %) den Einzug in den Landtag. Bei den Landtagswahlen in Schleswig-Holstein im Februar sowie in Nordrhein-Westfalen im Mai 2005 erzielte die Partei jeweils 6,2 % (2000: 6,2 % bzw. 7,1 %); zugleich verloren damit die beiden letzten Landesregierungen mit Beteiligung von B. 90/D. G. ihre Mehrheiten.

Mitglieder: Ende 2004 betrug die Mitgliederzahl von B. 90/D. G. 44 250. Das waren neun mehr als Ende 2003.

www.gruene.de

Claudia Roth
Bundesvorsitzende von Bündnis 90/Die Grünen (seit Oktober 2004), *15. 5. 1955 in Ulm. Die ausgebildete Dramaturgin und frühere Managerin der Rockband »Ton, Steine, Scherben« gehört der Partei seit 1987 an. Zwischen März 2001 und Dezember 2002 war sie bereits einmal Vorsitzende von Bündnis 90/Die Grünen. Von März 2003 bis Oktober 2004 war Roth Beauftragte der Bundesregierung für Menschenrechte im Bundesaußenministerium.

Reinhard Bütikofer
Bundesvorsitzender von Bündnis 90/Die Grünen (seit Dezember 2002), *26. 1. 1953 in Mannheim. Der studierte Historiker und Philosoph gehörte 1988–96 dem Landtag von Baden-Württemberg an und war ab 1996 zeitweise Landesvorsitzender seiner Partei in Baden-Württemberg. Im Oktober 2004 wurde Bütikofer als Bundesvorsitzender von Bündnis 90/Die Grünen bestätigt.

BZÖ

Die Bewegung Zukunft Österreich ging aus einer Spaltung der FPÖ hervor. Offiziell wurde sie am 4.4. 2005 vom Kärntner Landeshauptmann Jörg Haider der Presse vorgestellt. Leitfarbe der neuen Partei ist Orange. Der neuen Bewegung schlossen sich alle Regierungsmitglieder der seinerzeitigen FPÖ an, Haider gab eine Garantie für den Fortbestand der Koalition mit der ÖVP ab.

Spaltung der FPÖ: Die Gründung der BZÖ setzte eine Erosion der FPÖ in Gang, die ideologisch auf eine Trennung zwischen Realos (BZÖ) und Fundis (FPÖ) hinauslief. Ein großer Teil der Nationalratsabgeordneten kündigte seinen Wechsel zur BZÖ an, ebenso das Bundesland Kärnten. Niederösterreich und Burgenland bleiben geschlossen bei der alten FPÖ, die Länder Tirol, Oberösterreich und die Steiermark waren gespalten, Vorarlberg wollte einen eigenständigen Weg gehen.

Parteitag: Beim Gründungsparteitag am 17.4. 2005 wurde Jörg Haider zum Obmann gewählt, Bundesgeschäftsführer der Partei wurde Infrastrukturminister Hubert Gorbach, seine Stellvertreterinnen sind die bisher parteilose Justizministerin Karin Miklautsch und die Wiener Landtagsabgeordnete Heike Trammer. Parteisprecher wurde Uwe Scheuch. Als Themenschwerpunkte wurden beim Parteitag u.a. festgelegt: Verbesserung des Generationenvertrages, Erreichen eines Mindestlohnes, Kampf gegen Missbrauch im Sozialbereich, Optimierung der Bildungspolitik.

www.bzoe.at

CDU

Die Christlich-Demokratische Union (CDU) war Mitte 2005 mit 189 Abgeordneten im Bundestag vertreten. Sie bildete mit der Landesgruppe der CSU eine Fraktionsgemeinschaft. CDU-Parteivorsitzende war Angela Merkel.

Bundesländer: Die CDU stellte Mitte 2005 den Ministerpräsidenten bzw. den Ersten Bürgermeister in Hamburg, Hessen, Thüringen und im Saarland (Alleinregierungen), in Baden-Württemberg, Niedersachsen, Nordrhein-Westfalen und Sachsen-Anhalt (Koalitionen mit der FDP) sowie in Sachsen und Schleswig-Holstein (Koalitionen mit der SPD). In Bremen und Brandenburg war die CDU in Koalitionen mit der SPD an der Regierung beteiligt.

Wahlen: Im Saarland baute die CDU bei der Landtagswahl am 5.9. 2004 mit einem Anteil von 47,5% (1999: 45,5%) ihre absolute Mehrheit aus. In Sachsen verlor sie am 19.9. 2004 mit 41,1% (1999: 56,9%) die absolute Mehrheit, blieb aber stärkste Partei. In Brandenburg erhielt sie am gleichen Tag 19,4% (1999: 26,5%) der Stimmen und lag damit hinter SPD und PDS. Bei den Landtagswahlen in Schleswig-Holstein im Februar 2005 wurde die CDU mit 40,2% (2000: 35,2%) stärkste Partei und stellte mit Peter Harry Carstensen den Ministerpräsidenten. In Nordrhein-Westfalen löste die CDU im Mai 2005 mit 44,8% (2000: 37,0%) die SPD als stärkste Partei ab und konnte mit Jürgen Rüttgers erstmals seit 1966 den Ministerpräsidenten stellen.

Personalien: Auf dem Bundesparteitag im Dezember 2004 in Düsseldorf wurden die niedersächsische Sozialministerin Ursula von der Leyen und der stellvertretende Vorsitzende der Christlich-Demokratischen Arbeitnehmerschaft Deutschlands (CDA), Karl Josef Laumann, neu ins Präsidium gewählt. Neuer Generalsekretär wurde im Januar 2005 Volker Kauder. Am 30.5. 2005 wurde Angela Merkel zur Kanzlerkandidatin von CDU und CSU für die Bundestagswahl 2005 erklärt.

Spendenaffäre: Im April 2005 wurde der frühere Bundesinnenminister Manfred Kanther (CDU) wegen Untreue zum Nachteil der CDU zu 18 Monaten Haft auf Bewährung und zur Zahlung von 25 000 € verurteilt. Das Wiesbadener Landgericht sah es als erwiesen an, dass Kanther seiner Partei einen Schaden von 41 Mio. DM zugefügt hat, indem er die CDU-Gremien nicht über die Existenz geheimer Konten in der Schweiz informierte.

Mitglieder: Ende 2004 betrug die Zahl der CDU-Mitglieder 574 526 (2003: 587 244).

www.cdu.de

Angela Merkel
Parteivorsitzende der CDU (seit April 2000), *17.7. 1954 in Hamburg. Im Dezember 2004 wurde Merkel für zwei weitere Jahre in ihrem Amt bestätigt. Die in der DDR aufgewachsene Physikerin gehört seit 1990 dem Bundestag an und war unter Bundeskanzler Helmut Kohl Ministerin für Frauen und Jugend und Umweltministerin. Seit 1998 ist sie CDU/CSU-Fraktionsvorsitzende.

Edmund Stoiber
Parteivorsitzender der CSU (seit Januar 1999), *28. 9. 1941 in Oberaudorf. Seit 1974 MdL in Bayern, war der Jurist 1978–83 CSU-Generalsekretär und leitete 1982–88 die bayerische Staatskanzlei. 1988 wurde er Innenminister, im Mai 1993 Ministerpräsident Bayerns. Bei Wahlen wurde er dreimal im Amt bestätigt, zuletzt 2003 mit einer Zweidrittelmehrheit der Mandate. Als Kanzlerkandidat der CDU/CSU scheiterte er bei den Bundestagswahlen 2002 knapp.

CSU

Die Christlich-Soziale Union (CSU) stellte Mitte 2005 im bayerischen Landtag mit 124 von 180 Abgeordneten die größte Fraktion. Im Bundestag war die Partei mit 58 Abgeordneten vertreten, die als Landesgruppe eine Fraktionsgemeinschaft mit der CDU bildeten. Seit Januar 1999 ist der bayerische Ministerpräsident Edmund Stoiber CSU-Vorsitzender.

Personalie: Im November 2004 trat Horst Seehofer (CSU) als stellvertretender Vorsitzender der CDU/CSU-Bundestagsfraktion zurück. Anlass waren seine Bedenken gegen den zuvor zwischen CDU und CSU vereinbarten Kompromiss in der Gesundheitspolitik. Sein Nachfolger wurde Wolfgang Zöller (CSU).

Münchner CSU-Affäre: Im April 2005 trat die bayerische Kultusministerin Monika Hohlmeier (CSU) von ihrem Amt zurück. Sie war zuvor vor dem Untersuchungsausschuss des Landtags beschuldigt worden, bereits früher von Wahlmanipulationen in der Münchner CSU gewusst zu haben, als sie bis dahin zugegeben hatte. Hohlmeier bestritt die Vorwürfe. Neuer Kultusminister in Bayern wurde der bisherige bildungspolitische Sprecher der CSU-Landtagsfraktion, Siegfried Schneider.

Mitglieder: Ende 2004 betrug die Zahl der Parteimitglieder rund 173 000 (2003: 176 500).
www.csu.de

CVP

Die Christlichdemokratische Volkspartei der Schweiz (CVP) konnte 2004/05 ihren seit 1990 anhaltenden Abwärtstrend stoppen und 2005 in kantonalen Parlamentswahlen erstmals wieder Sitze hinzugewinnen. Trotzdem verzeichnete sie seit 1990 neben der FDP die meisten Sitzverluste in Kantonsparlamenten.

Parteitag: Am 23. 10. 2004 wählten die Delegierten auf dem Parteitag die 42-jährige Rechtsanwältin und Nationalrätin Doris Leuthard zur Parteipräsidentin. Die CVP gab sich eine neue politische Plattform mit vermehrter Basisdemokratie und wollte in der Energie-, Verkehrs- und Umweltpolitik einen fortschrittlicheren Kurs einschlagen. Sie forderte u. a. eine »ökologische Steuerreform«. Unter stärkerer Besinnung auf das »C« wollte sie wieder vermehrt christliche und ethische Gesichtspunkte in ihre Politik aufnehmen.

Politik: Am 24. 10. 2004 beschloss der Parteitag in Hergiswil die Ja-Parole für die neue Finanzordnung (gesetzliche Regelung der Bundessteuern) und für den Neuen Finanzausgleich (eine Reform des Subventionssystems zwischen Bund und Kantonen). Deutlich sprach sich die CVP für das Stammzellenforschungsgesetz, das die Forschung mit embryonalen Stammzellen unter Auflagen zulässt, aus. Im Februar 2005 sprachen sich die Delegierten in Auvernier für den Beitritt

Mitgliederentwicklung der schweizerischen Parteien[1)]

Partei	1990	1998	Entwicklung 1990–98 (%)	2004[2)]
FDP	117 000	87 000	−26	keine genauen Angaben
CVP	102 000	74 000	−27	keine genauen Angaben
SVP	68 000	59 000	−13	62 000
SPS	46 000	38 000	−17	34 000
LPS[4)]	16 000	10 000	−38	ca. 9 000
GPS	6 500	6 000	−8	ca. 6 000
EVP[3)]	3 700	3 500	−5	ca. 3 500

1) basierend auf Angaben von Parteisekretariaten und politologischen Forschungen; wegen nicht einheitlicher Mitgliedererfassung der Parteien mit Ungenauigkeiten behaftet; 2) Tendenz (geschätzt); 3) Evangelische Volkspartei; 4) Liberale Partei der Schweiz

der Schweiz zu den Abkommen von Dublin und Schengen und für die Personenfreizügigkeit mit den zehn neuen EU-Mitgliedstaaten aus.
www.cvp.ch

FDP

Guido Westerwelle Parteivorsitzender der FDP (seit Mai 2001), *27. 12. 1961 in Bad Honnef. Westerwelle wurde als Nachfolger von Wolfgang Gerhardt zum Vorsitzenden der FDP gewählt. Der Jurist war 1983–88 Bundesvorsitzender der Jungen Liberalen und 1994–2001 Generalsekretär der FDP. Im Mai 2005 wurde er von den Parteitagsdelegierten in seinem Amt bestätigt.

Die Freie Demokratische Partei (FDP) war Mitte 2005 mit 47 Abgeordneten im Bundestag vertreten. Parteivorsitzender war Guido Westerwelle.

Bundesländer: Die Liberalen stellten im Sommer 2005 Minister in den Landesregierungen von Baden-Württemberg, Niedersachsen, Nordrhein-Westfalen, Rheinland-Pfalz und Sachsen-Anhalt. Die Partei war in elf Landesparlamenten mit Abgeordneten vertreten.

Wahlen: Mit 5,2 % (1999: 2,6 %) der Stimmen kehrte die FDP am 5. 9. 2004 bei den Landtagswahlen im Saarland wieder in das Landesparlament zurück. Auch in Sachsen sind die Liberalen nach den Landtagswahlen vom 19. 9. 2004 mit 5,9 % (1999: 1,1 %) nach zehn Jahren wieder im Landtag vertreten. In Brandenburg verfehlten sie am selben Tag mit 3,3 % (1999: 1,9 %) den Einzug in das Parlament. Bei der Landtagswahl in Schleswig-Holstein im Februar 2005 kam die FDP auf 6,6 % (2000: 7,6 %). In Nordrhein-Westfalen im Mai 2005 fiel die FDP von 9,8 % auf 6,2 %, zog aber erstmals seit 1980 wieder in die Landesregierung ein.

Parteitag: Auf dem Parteitag im Mai 2005 wurde Guido Westerwelle mit 80,1 % als Vorsitzender bestätigt. Neuer Generalsekretär wurde der Arbeitsmarktexperte und Bundestagsabgeordnete Dirk Niebel. Einigkeit demonstrierten Westerwelle und FDP-Fraktionschef Wolfgang Gerhardt; zuletzt hatte sich parteiinterne Kritik an Westerwelle entzündet, dem eine zu schwache inhaltliche Fundierung vorgeworfen wurde. Gerhardt verteidigte Westerwelles Gewerkschaftskritik, setzte jedoch auf dem durch die Anwesenheit des ehemaligen US-Außenministers Henry Kissinger aufgewerteten Parteitag auch Akzente, die seinen Anspruch auf das Außenressort im Falle eines Regierungswechsels untermauerten.

Mitglieder: Ende 2004 gehörten der FDP 64 150 Mitglieder an (2003: 65 192).
www.fdp.de

FDP (Schweiz)

Die Freisinnig-Demokratische Partei der Schweiz (FDP) war auch 2004/05 von Flügelkämpfen geschwächt. Bis Mitte 2005 verlor sie abermals über 5 Prozentpunkte Wähleranteil in kantonalen-Wahlen und 38 Mandate in Kantonsparlamenten.

FDP: Der FDP-Vorsitzende Guido Westerwelle (vorn links), der NRW-Landesvorsitzende Andreas Pinkwart (vorn Mitte) und andere Parteifreunde beklatschen auf dem FDP-Parteitag in Köln den neu gewählten Generalsekretär Dirk Niebel (rechts).

Flügelkämpfe: Die andauernde Zerreißprobe um den innen- und außenpolitischen Kurs der FDP führte im Spätherbst 2004 zum dritten Rücktritt eines Parteipräsidenten innerhalb von vier Jahren. Als Nachfolger von Rolf Schweiger wurde am 5.3. 2005 der Tessiner Anwalt und bisherige Fraktionschef Fulvio Pelli zum neuen FDP-Präsidenten gewählt. Trotz einer neuen Programmplattform konnte sich die Partei kaum auf eine eigenständige Position einigen. Zuletzt hatten wichtige Vertreter einiger Kantonsparteien die offizielle Parteiposition unterlaufen und gegen den Willen der Parteimehrheit die Nein-Parole zu Schengen oder zu den Finanzreformen ausgegeben.

Politik: Am 15.1. 2005 fasste der Parteitag die Ja-Parole zu den Abkommen von Schengen und Dublin. Am 16.4. 2005 stimmte er für die Annahme des Abkommens über die Personenfreizügigkeit. Zugleich beschloss er eine Union mit den Liberalen, eine engere Zusammenarbeit und eine Fraktion in der Bundesversammlung (National- und Ständerat) mit der Liberalen Partei der Schweiz (LPS).

www.fdp.ch

FPÖ (Freiheitliche)

Für die FPÖ setzte sich bei Landtags-, Gemeinderats- und den Wirtschaftskammerwahlen die Serie der Wahlverluste fort. Weitere Minderungen des Wählervertrauens bescheinigten Umfragen nach der Parteispaltung.

Parteispaltung: Im Februar 2005 eskalierte der parteiinterne Zwist zwischen den Regierungsmitgliedern und Jörg Haider auf der einen Seite und dem rechten Parteiflügel um den Wiener Parteiobmann Heinz-Christian Strache, den Europaabgeordneten Andreas Mölzer und den Volksanwalt Ewald Stadler. Haider präsentierte schließlich am 4.4. 2005 unter dem Eindruck der verheerenden Verluste bei den Gemeinderatswahlen die Gründung einer »Bewegung Zukunft Österreich« (→ BZÖ).

Wahlen: Bei den Landtagswahlen in Vorarlberg im September 2004 stürzte die FPÖ von 27,41% auf 12,94% der Stimmen ab. Auch bei den Gemeinderatswahlen im März 2005 verlor die FPÖ in Niederösterreich mehr als die Hälfte ihrer Wähler und fiel von 7,8% der Stimmen auf 3,31%, in der Steiermark erreichte die Partei 6,05% (bisher 11,33%). Die Gemeinderatswahlen in Vorarlberg im April 2005 bescherten der FPÖ einen Absturz um 5,6 Prozentpunkte auf 11,53%. Bei den Wirtschaftskammerwahlen fiel der Ring Freiheitlicher Wirtschaftstreibender von 19,6% auf 9,9%, bei den Personalvertretungswahlen wählten nur noch 3,8% (zuvor 7,7%) der Bundesbediensteten die »Aktionsgemeinschaft Unabhängiger und Freiheitlicher« (AUF).

Fortleben der Partei: Bei einem Neuwahlparteitag in Salzburg am 23.4. 2005 wurde erwartungsgemäß der bisherige Wiener Parteiobmann Heinz-Christian Strache mit 90% zum Bundesparteiobmann gewählt. Probleme für die FPÖ dürften aus der finanziellen Situation der Partei entstehen, die vielleicht sogar zum Konkurs führen könnte. Der FPÖ verbleiben die Schulden der Partei, die sich offiziell auf 3,2 Mio. € belaufen, inoffiziell wird von 7–8 Mio. € gesprochen.

www.fpoe.at

GPS

Die Grüne Partei der Schweiz (GPS) vermochte 2004/05 zur Halbzeit der laufenden Legislaturperiode ihren Wähleranteil in zehn kantonalen Parlamentswahlen nochmals um rund 1,2 Prozentpunkte auf 6,4% zu steigern. In ihrem politischen Kurs verschob sie sich erneut stark nach links, was im Sommer 2004 in der größten Kantonalpartei (Zürich) zu einer Abspaltung einer grün-liberalen Partei unter Führung des Züricher Nationalrats Martin Bäumle führte, die allerdings bedeutungslos blieb.

Politik: Am 30.10. 2004 sprach sich die GPS auf ihrem Parteitag für die Reform der Finanzordnung aus. Während sie dem Bundessteuergesetz zustimmte, lehnte sie gleichzeitig den Neuen Finanzausgleich (eine Reform des Subventionssystems zwischen Bund und Kantonen) deutlich ab. Auch verwarf sie das neue Bundesgesetz zur Stammzellenforschung, das die Forschung mit embryonalen Stammzellen unter Auflagen zulässt. Am 16.4. 2005 gaben die GPS-Delegierten auf dem Parteikonvent grünes Licht für den Beitritt der Schweiz zu den Abkommen von Schengen und Dublin sowie für die Ausdehnung der Personenfreizügigkeit auf die zehn neuen EU-Staaten; sie kritisierten jedoch die Konsequenz einer verschärften Asylpolitik, die mit den Menschenrechten kollidiere, und die Lücken im Datenschutz. Sie forderten eine Vereinheitlichung

der 26 Schulsysteme und eine grundlegende Bildungsreform, aufbauend auf der Basis der Integration und nicht der Selektion.
www.gruene.ch

Grüne (Österreich)

Immer deutlicher wird die Spaltung zwischen Wiener Fundis und den Realos in den Bundesländern. Sichtbarer Ausdruck war der Übertritt des Wiener Landtagsabgeordneten Günter Kenesei zur ÖVP. Er war im Januar 2005 von der Basis seiner Partei aus der Kandidatenliste für die nächsten Wahlen gestrichen worden.

Wahlen: Bei den Landtags- bzw. Gemeinderatswahlen im vergangenen Jahren legten die G. weiter zu und verwiesen teilweise die FPÖ auf Platz vier. Bei den Landtagswahlen in Vorarlberg im September 2004 konnte die Partei ihr Stimmenpotenzial verdoppeln, sie verfügte danach über vier Mandate im Landtag (bisher zwei). Bei den Gemeinderatswahlen erhielten die G. in der Steiermark 94 Sitze in den Gemeindestuben (+29), in Niederösterreich verbesserten sie sich um 83 auf 224 Mandate, in Vorarlberg im April 2005 erreichten die G. 57 Mandate (vorher 33). Bei den Wirtschaftskammerwahlen traten die G. erstmals bundesweit an; die »Grüne Wirtschaft« erreichte 4,5 % der Stimmen und damit 253 Mandate.

Regierungsbeteiligung: Grundsätzlich sind die G. bereit, Regierungsverantwortung auf Bundes- und Landesebene zu übernehmen. Eine Präferenz für eine der beiden Großparteien lassen die G. nicht definitiv erkennen, allerdings gibt es derzeit ein besseres Gesprächsklima mit der ÖVP.
www.gruene.at

ÖVP

Bei den verschiedenen Wahlen des vergangenen Jahres konnte die ÖVP größtenteils noch Stimmen zulegen.

Wahlen: In Vorarlberg steigerte die ÖVP ihren Stimmenanteil bei den Landtagswahlen von 45,76 % auf 54,92 %; die Gemeinderatswahlen brachten der Partei einen Zugewinn von rund einem Prozentpunkt. Bei den Gemeinderatswahlen in der Steiermark und in Niederösterreich gab es einen Gewinn von 0,34 bzw. 0,5 Prozentpunkten. Bei den Wirtschaftskammerwahlen steigerte der Österreichische Wirtschaftsbund seine Mehrheit auf 70,4 %. Dagegen verlor der Österreichische Arbeiter- und Angestelltenbund – Fraktion Christlicher Gewerkschafter bei den Personalvertretungswahlen des Bundes 3,6 Prozentpunkte und liegt nun bei 50,3 %.

Alpbach-Prozess: Seit dem Jahr 2000 veranstaltet die ÖVP jährlich einen Bundeskongress im Tiroler Bergdorf Alpbach, bei dem thematische Schwerpunkte für die zukünftige Parteiarbeit in einem offenen Forum aus Politikern, Parteimitarbeitern und externen Experten erarbeitet werden. Behandelt werden alle Politikbereiche. Spezielle Themen im Oktober 2004 waren u. a. Europapolitik, Wirtschaftswachstum, Integration, Bildung und Forschung, Sicherheit und Mobilität, v. a. aber das Problem »Arbeit für alle«.
www.oevp.at

PDS

Die Partei des Demokratischen Sozialismus (PDS) war Mitte 2005 nur mit zwei direkt gewählten Abgeordneten im Bundestag vertreten. Parteivorsitzender war Lothar Bisky.

Parteitag: Auf dem Bundesparteitag am 30. 11. 2004 wurde Bisky mit 89,9 % der Stimmen in seinem Amt bestätigt. Die Delegierten beschlossen einen Leitantrag, der die Einführung einer Mindestrente von 800 € und eines Mindestlohns von 1 400 € vorsieht. Ein Antrag der Parteilinken, der sich gegen die Beteiligung der PDS an Regierungen aussprach, wurde mit großer Mehrheit abgelehnt.

Bundesländer: Die PDS war Mitte 2005 in sechs Länderparlamenten vertreten. In Mecklen-

Lothar Bisky
Bundesvorsitzender der PDS (seit Juni 2003), *17. 8. 1941 in Zollbrück (Pommern). Der Kulturwissenschaftler übernahm 1993 erstmals den Bundesvorsitz der Partei, den er bis 2000 innehatte. Nach dem Scheitern seiner Nachfolgerin Gabi Zimmer ließ er sich im Juni 2003 wieder an die Spitze der PDS wählen. Auf dem Parteitag im November 2004 wurde Bisky in seinem Amt bestätigt.

burg-Vorpommern und in Berlin bildete die Partei Koalitionsregierungen mit der SPD.

Wahlen: Bei den Landtagswahlen in Sachsen und Brandenburg im September 2004 konnte die PDS Gewinne verbuchen. In Sachsen erhielt sie 23,6% (1999: 22,2%), in Brandenburg 28,0% (1999: 25,3%). In beiden Landtagen war sie damit zweitstärkste Partei.

Wahlbündnis: Für die vorgezogene Bundestagswahl 2005 plante die PDS ein Bündnis mit der »Wahlalternative Arbeit und Soziale Gerechtigkeit« (WASG). Vertreter der gewerkschaftsnahen Partei, die erstmals bei der NRW-Landtagswahl angetreten war (2,2 %), sollten auf offenen Listen der PDS aufgestellt werden. In Reaktion auf insbesondere bei WASG-Mitgliedern vorhandene Bedenken erwog die PDS eine Umbenennung in »Die Linkspartei«.

Mitglieder: Der PDS gehörten Ende 2004 rund 61700 Mitglieder an (2003: 65753).

www.pds-online.de; www.w-asg.de

SPD

Franz Müntefering
Bundesvorsitzender der SPD (seit März 2004), *16. 1. 1940 in Neheim. Der gelernte Industriekaufmann ist seit 1966 Mitglied der SPD. Müntefering war 1992–95 Minister für Arbeit, Gesundheit und Soziales in Nordrhein-Westfalen sowie 1998/99 Bundesminister für Verkehr. Von 1999 bis 2002 war er Generalsekretär der SPD. Seit Oktober 2002 ist er Vorsitzender der SPD-Bundestagsfraktion.

Die Sozialdemokratische Partei Deutschlands (SPD) war Mitte 2005 mit 249 Abgeordneten im 15. Dt. Bundestag vertreten und stellte mit Gerhard Schröder den Bundeskanzler sowie zehn Bundesminister. Den Parteivorsitz hatte Franz Müntefering inne, der zugleich das Amt des Fraktionsvorsitzenden ausübte.

Bundesländer: Die SPD stellte Mitte 2005 die Ministerpräsidenten in Brandenburg und Bremen (Koalitionen mit der CDU) sowie in Berlin, Mecklenburg-Vorpommern (Koalitionen mit der PDS) und in Rheinland-Pfalz (Koalition mit der FDP). In Sachsen und Schleswig-Holstein war die SPD jeweils an einer Regierungskoalition mit einem CDU-Ministerpräsidenten beteiligt.

Wahlen: Bei allen fünf Landtagswahlen zwischen September 2004 und Mai 2005 verzeichnete die SPD Verluste. Im Saarland erzielten die Sozialdemokraten im September 2004 mit 30,8 % (1999: 44,3 %) das schlechteste Ergebnis seit 1960. In Sachsen kam die SPD auf 9,8 % (1999: 10,7 %) und in Brandenburg auf 31,9 % (1999: 39,3 %), sie blieb aber mit 33 von 88 Abgeordneten stärkste Fraktion im Landtag. Bei der Landtagswahl in Schleswig-Holstein im Februar 2005 erhielt die SPD 38,7 % (2000: 43,1 %). Der Versuch von Heide Simonis (SPD), in einer Koalition mit den Grünen und unter Duldung des Südschleswigschen Wählerverbandes (SSW) erneut zur Ministerpräsidentin gewählt zu werden, scheiterte. In Nordrhein-Westfalen verlor die SPD bei der Landtagswahl im Mai 2005 5,7 Prozentpunkte und kam auf 37,1 %; erstmals seit 1966 musste die Partei danach im bevölkerungsreichsten dt. Bundesland auf die Oppositionsbänke. Noch am Wahlabend verkündete der SPD-Parteivorsitzende Müntefering, für den Herbst 2005 Neuwahlen zum Bundestag anzustreben.

Kapitalismuskritik: Hauptsächlich Zustimmung erntete die im April 2005 geäußerte Kapitalismuskritik Franz Münteferings in der SPD (→ Weltwirtschaft, Globalisierung). Vertreter der SPD-Linken wie die ehemalige Juso-Vorsitzende Andrea Nahles und der saarländische Landeschef Heiko Maas nahmen insbesondere den trotz hoher Gewinne geplanten Jobabbau bei der Dt. Bank ins Visier. Bundeswirtschaftsminister Wolfgang Clement sprach von Unternehmen, die »ausgeweidet« würden, der nordrhein-westfälische Ministerpräsident Peer Steinbrück von »Raubtierkapitalismus«. Vor einer »Pauschalschelte gegen Unternehmer und Investoren« warnte hingegen Bundesinnenminister Otto Schily.

Mitglieder: Im März 2005 gehörten der SPD 597 540 Mitglieder an (2004: 628 500).

www.spd.de

➤ Innenpolitik, Kapitalismuskritik

SPÖ

Bei den Wahlen 2004/05 gewann die SPÖ Stimmen hinzu und lag laut Umfragen mit 43 % sogar vor der ÖVP (36 %). Bei der Kanzlerfrage blieb allerdings der SPÖ-Parteichef Alfred Gusenbauer weit hinter Wolfgang Schüssel zurück.

Wahlen: Bei den Gemeinderatswahlen in der Steiermark erreichte die SPÖ mit 43,01 % beinahe die ÖVP (43,34 %), in Vorarlberg verdrängte sie die FPÖ auf Platz drei. Bei den Wirtschaftskammerwahlen gewann der Sozialdemokratische Wirtschaftsverband 3,2 Prozentpunkte hinzu. Auch bei den Personalvertretungswahlen der Bundesbediensteten legte die SPÖ von 29,5 % auf 34,4 % der Stimmen zu.

Parteitag: Zum Parteitag im November 2004 stellte die SPÖ ihr Wirtschaftsprogramm vor. Eckpunkte sind v. a. steuerpolitische Maßnahmen, wie die Einführung wertschöpfungsorientierter Abgaben und die Beseitigung von Privilegien bei der Körperschaftsteuer (KöSt). Außerdem soll es mehr Negativsteuern und einen einheitlichen Steuersatz für Stiftungen geben. Ziel ist die Stärkung kleiner und mittlerer Unternehmen. Auch ein Wohn- und Bildungsprogramm wurde beschlossen.

Vergangenheitsbewältigung: Im Januar 2005 präsentierte der Obmann des Bundes Sozialistischer Akademiker (BSA), Caspar Einem, eine Studie über die Rolle des BSA in der Nachkriegszeit. Damals hatten viele ehemalige Nationalsozialisten beim BSA Unterschlupf gefunden. Die Partei forcierte die Werbung von Akademikern für den BSA, weil durch Emigration und Holocaust ein Mangel an Intellektuellen herrschte, eine Rückholaktion von emigrierten Parteigenossen aber an innerparteilichem Widerstand scheiterte.

www.spoe.at

SPS

Erstmals in ihrer Geschichte konnte die Sozialdemokratische Partei der Schweiz (SPS) die FDP 2004/05 in den Kantonsparlamenten überflügeln. Nach der ersten Hälfte der Legislaturperiode 2003/07 liegt sie nach Wahlen in zehn Kantonsparlamenten an der Spitze und konnte ihren Wähleranteil auf 21,2 % steigern.

Reformdebatte: Die vom Parteipräsidenten Hans-Jürg Fehr geführte Partei leitete mit wenig Erfolg eine Reformdebatte ein. In der Auseinandersetzung um ein sozialliberales Wirtschaftsprogramm, das auch die Liberalisierung öffentlicher Dienste, volle Öffnung der Märkte und den EU-Beitritt einschließt, ist ein Stillstand eingetreten. Nach der Ablehnung des offenen Elektrizitätsmarktes vor Jahresfrist setzte die Partei auch in der Frage der Sozialversicherungen weiterhin auf staatliche Lösungen.

Politik: Auf ihrem Parteitag am 27. 6. 2004 nahmen die Delegierten Stellung zu den eidgenössischen Abstimmungsvorlagen: Sie stimmten für den Mutterschaftsurlaub und die erleichterte Einbürgerung der zweiten und dritten Ausländergeneration. Sie verwarfen die Liberalisierung der Postdienste. Die Partei stellte sich in einer Resolution einmal mehr gegen den Bau neuer Atomkraftwerke und eines atomaren Endlagers. Am 19. 3. 2005 votierten die SPS-Delegierten für den Beitritt zu Schengen/Dublin und für das Partnerschaftsgesetz.

www.sp-ps.ch

SVP

Die Schweizerische Volkspartei (SVP) konnte ihren Wähleranteil in kantonalen Parlamentswahlen bis Mitte 2005 auf 21 % nochmals steigern. Allerdings musste sie in der Deutschschweiz erstmals Stimmenverluste hinnehmen.

Innere Spannungen: Auch 2004/05 führte die SVP, obwohl selbst Regierungspartei, einen scharfen Kollisionskurs gegen die Regierung. Sie verwarf den Mutterschaftsurlaub und lehnte das vom eigenen Verteidigungsminister Samuel Schmid geforderte Rüstungsprogramm ab. Sie stellte sich gegen das offizielle Ziel der Regierung, die Märkte zu öffnen, das Wettbewerbsrecht zu verstärken und die Agrarsubventionen abzubauen. Dies führte zu scharfen innerparteilichen Auseinandersetzungen mit dem liberalen Flügel. Grabenkämpfe gegen gemäßigte SVP-Politiker und eigene Regierungsvertreter schürten die inneren Spannungen. Im Kanton Zürich trat deswegen SVP-Finanzminister Christian Huber zurück. Bei der Ersatzwahl verlor die Partei einen Sitz in der Züricher Regierung.

Politik: Am 21. 8.2005 lehnte die SVP auf einem Parteitag den Beitritt der Schweiz zu Schengen und Dublin klar ab, gegen die Opposition des liberalen Berner und Bündner Flügels. Am 8. 2. 2005 lehnten die Delegierten auch das Abkommen der Schweiz mit der EU über den freien Personenverkehr mit den zehn neuen EU-Staaten deutlich ab.

www.svp.ch

Raumfahrt

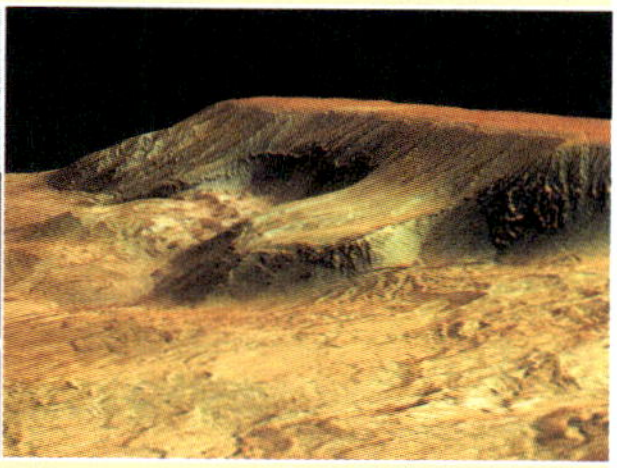

Ariane

Von der Europ. Raumfahrtagentur ESA (European Space Agency, Paris) gebaute Trägerraketen zum Transport von Nutzlasten, v. a. Satelliten, ins All

Ariane-5 ECA: Rund zwei Jahre nach dem misslungenen Jungfernflug, als Haarrisse im Kühlsystem des Haupttriebwerks die Sprengung der Rakete nötig gemacht hatten, gelang am 12. 2. 2005 der Start der bislang stärksten A.-Version. Die mehr als 780 t schwere und 57 m hohe Weiterentwicklung der A.-5 startete vom ESA-Weltraumbahnhof Kourou/Französisch-Guayana. An Bord befanden sich ein amerikanisch-spanischer Militärsatellit sowie ein Testsatellit, die eine halbe Stunde nach dem Start planmäßig in eine geostationäre Umlaufbahn abgesetzt werden konnten.

Nach dem Fehlstart Ende 2002 wurden insbesondere die Triebwerke gründlich überarbeitet. Die A.-5 ECA, an deren Entwicklung auch das Dt. Zentrum für Luft- und Raumfahrt (DLR, Köln) maßgeblich beteiligt war, hat nun eine stärkere Oberstufe. Sie erlaubt es dem Vermarkter Arianespace, Doppelstarts von Satelliten anzubieten und so im Wettbewerb um den knapper werdenden Satellitenmarkt zu bleiben. Um keinen Verlust zu erleiden, sind mind. fünf Starts erforderlich. Künftige Starts sollen zu einem Preis von 136 Mio. € angeboten werden, wofür bisher 25 Bestellungen vorliegen.

www.esa.int (European Space Agency)

Astronomie

Wissenschaftszweig zur Erforschung des Weltalls. Die A. befasst sich mit der Entstehungsgeschichte und Struktur des Kosmos, mit der Verteilung von Materie im All und ihren Erscheinungsformen.

Weihnachtskomet: Laut der Bibel führte vor rund 2000 Jahren ein Schweifstern die Heiligen Drei Könige zur Krippe. Weihnachten 2004 stand erneut ein Schweifstern am Himmel. Der Komet Machholz C/2004 Q2 durchquerte das Sternbild Eridanus, Ende des Jahres den Stier. Der US-amerikanische Hobbyastronom Donald E. Machholz spürte den Kometen bereits im August 2004 auf. Nach neuesten Forschungen war der historische Stern von Bethlehem wohl kein Komet, sondern eine bestimmte Konstellation der Planeten Jupiter und Saturn im Jahr 7 v. Chr.

Sternenexplosion: Ende 2004 erreichten die Schockwellen einer fernen Explosion unser Sonnensystem. Zahlreiche Raumsonden und Satelliten registrierten einen gewaltigen Blitz aus harter Gammastrahlung, der nach zwei Zehntelsekunde weichere Gamma- und Röntgenstrahlung folgten. Die Ursache: eine Explosion auf dem 50 000 Lichtjahre entfernten Magnetar SGR 1806-20 im Sternbild Sagittarius. Obwohl der Lichtblitz für das menschliche Auge nicht sichtbar war, strahlte er in den astronomischen Messinstrumenten heller als der Vollmond und heller als je ein anderes Objekt außerhalb des Sonnensystems.

Astronomie: SDSS verlässt Milchstraße

Im Zentrum unserer Milchstraße befindet sich das massive schwarze Loch Sagittarius A*, das eine geschätzte Masse von 3,7 Mio. Sonnen hat. Nach Daten des Röntgenteleskops Chandra gibt es in der direkten Umgebung 10 000 oder mehr kleinere schwarze Löcher und Neutronensterne, die Röntgenstrahlen aussenden.
US-amerikanische Astronomen beobachten im Februar 2005, wie der Stern SDSS, Teil eines Doppelsternsystems, beim Passieren des schwarzen Lochs stark beschleunigt und aus seiner Bahn geworfen wurde. Während die hohe Gravitation des schwarzen Lochs den Partner in eine Umlaufbahn zwang, beschleunigte diese Kraft SDSS auf mehr als 2,4 Mio. km/h. Damit reicht die Gravitation unserer Galaxie nicht mehr aus, den Stern auf dem Weg in die Weiten des Weltalls aufzuhalten.

Die Explosionsquelle ist ein Neutronenstern mit starkem Magnetfeld, der zur Gruppe der »Soft Gamma Repeater« gehört und von dem nur vier bekannt sind. Er gab innerhalb einer Zehntel-Sekunde so viel Energie ab wie die Sonne in 100 000 Jahren. Es wird vermutet, dass eine Blase aus heißem Gas ins All geschleudert wurde.

Rätselhaftes Signal: US-amerikanische Forscher haben in der zweiten Jahreshälfte 2004 ein Signal aus der Tiefe des Weltalls entdeckt, das möglicherweise von intelligenten Wesen erzeugt wird. Es liegt auf der Wasserstofffrequenz von 1 420 MHz. Die Erkenntnisse resultieren aus dem Projekt Seti@Home, an dem Millionen Internetnutzer teilnehmen. Auf den Computern der Nutzer werden Datenpakete des Radioteleskops von Arecibo/Puerto Rico bearbeitet, wenn die Rechner gerade nicht mit anderen Aufgaben beschäftigt sind. Das dreimal aufgefangene Signal kommt aus einer Region zwischen den Sternbildern Fische und Aries, und die Quelle des Signals ist möglicherweise 1 000 Lichtjahre entfernt.

Neue Erden: Im Wettlauf um die Entdeckung von erdähnlichen Planeten außerhalb unseres Sonnensystems wurden 2004 zwei neue Exoplaneten gemeldet. Sie sind etwa so groß wie Neptun und reihen sich in die bisher gefundenen ca. 150 extrasolaren Planeten ein. Eines der beiden Objekte umkreist in 4,1 Mio. km Entfernung den Stern Gliese 436 im Sternbild Löwe und ist 30 Lichtjahre von der Erde entfernt. Er benötigt für seinen Umlauf 2,5 Tage. Der zweite Planet in 41 Lichtjahren Entfernung im Sternbild Krebs umrundet in 5,6 Mio. km Entfernung den Stern 55 Cancri in knapp drei Tagen. Dieser Stern hat noch drei weitere Planeten. Im Vergleich: Der Abstand zwischen Erde und Sonne beträgt etwa 150 Mio. km, der zwischen Neptun und Sonne 4,5 Mrd. km. Durch die große Nähe zu ihren Sternen werden die Planeten jedoch überstrahlt und verraten sich nur durch ihre Schwerkraft, mit der sie an ihren Zentralgestirnen zerren.

GQ Lupi: Dt. Astronomen aus Jena und Hamburg haben im April 2005 erstmals einen Planeten außerhalb unseres Sonnensystems durch ein direktes Foto entdeckt. Von einigen Wissenschaftlern wird diese Entdeckung bestritten, aber auf dem Bild ist der Begleiter des rund 400 Lichtjahre entfernten Sterns GQ Lupi im Sternbild Wolf (Lupus) als kleiner Lichtpunkt zu sehen. Der noch junge Planet hat etwa zweimal so viel Masse wie Jupiter, der größte Planet in unserem Sonnensystem, und benötigt für einen Umlauf rund 1 200 Jahre. GQ Lupi ist der Sonne ähnlich, aber mit einem Alter von nur etwa 2 Mio. Jahren viel jünger als unsere 5 Mrd. Jahre alte Sonne. Mit dem Very Large Telescope der Europ. Südsternwarte (ESO) in Chile wurde die Wärmestrahlung des noch etwa 2 000 °C heißen Gasplaneten eingefangen.

www.eso.org (Europ. Südsternwarte); **www.astro.uni-jena.de** (Astrophysikalisches Institut und Universitätssternwarte Jena); **www.spitzer.caltech.edu/spitzer** (Spitzer Space-Teleskop); **http://setiathome.ssl.berkeley.edu** (SETI, The Search for Extraterrestrial Intelligence)

Cassini-Huygens

Im Oktober 1997 gestartete Doppelsonde zur Erkundung des Saturn

Erste Ergebnisse: Am 1. 7. 2004 begann der Flug durch die Saturnringe F und G. Die Sonde näherte sich bis auf 20 000 km der Oberfläche des Planeten – die geringste Entfernung während der gesamten Mission. Nach einigen Monaten im Orbit konnte Cassini (benannt nach dem frz. Astronomen Giovanni Domenico Cassini) mithilfe eines Plasma-Spektrometers Daten erfassen. Auch Fotos von den Ringen und einigen Monden wurden zur Erde gesandt. Die Ringe sind von einer dünnen, sauerstoffhaltigen Atmosphäre umgeben. Innerhalb des innersten Ringsystems wur-

Treffen im All: internationale Zusammenarbeit in der Raumfahrt

Die Huygens-Titanmission war nur möglich, weil der europäische Lander den langen Weg quasi huckepack auf der US-Sonde Cassini zurücklegen durfte. Die Zusammenarbeit der Europäer mit Amerikanern und Russen, die heute ihrerseits kooperieren, hat eine lange Tradition und ist ein Musterbeispiel für Gemeinsamkeit in der Raumfahrt. Gleichzeitig gibt es aber auch immer nationale Alleingänge, die – so paradox das klingt – häufig die Grundlage für neue Kooperationen bilden.

Europa sichert seine Unabhängigkeit Europ. Astronauten an Bord von Shuttles oder Sojus-Kapseln sind mittlerweile Normalität. Sie fliegen die Internationale Raumstation ISS an, das Musterbeispiel für erfolgreiche Zusammenarbeit in der Raumfahrt. Neben den Europäern, den Amerikanern und Russen, arbeiten auch Kanada und Japan an diesem Projekt mit. Gleichzeitig leistet sich Europa aber auch eigene Technologie, um seine Unabhängigkeit zu sichern. Die wichtigsten Beispiele sind die Trägerrakete Ariane, die mittlerweile auch wirtschaftlich ein großer Erfolg ist, und Galileo, das Navigationssatellitensystem. Galileo soll das Monopol der Amerikaner brechen, deren Global Positioning System (GPS) im Kern unter militärischer Kontrolle steht. Im Kriegsfall behalten sich die USA vor, die zivile Nutzung des GPS zu sperren und selbst in Friedenszeiten arbeitet das System im zivilen Bereich nur mit einem Bruchteil seiner tatsächlichen Leistungsfähigkeit – die zentimetergenaue Auflösung bleibt fast ausschließlich dem US-Militär vorbehalten.

Aufsteiger in der Raumfahrt An Galileo wollen sich auch andere Länder, darunter China, Indien, Süd-Korea und Israel beteiligen. Diese Nationen sind Neulinge im Raumfahrtsektor. Ihre Programme sind normalerweise von Alleingängen bestimmt. So besitzt Indien gut funktionierende Trägerraketen, die indische Satelliten ins All gebracht haben. Ein unbemannter Mondflug ist in Planung. Auch China besitzt eine Reihe eigener Satelliten und führt ein ambitioniertes Raumflugprogramm durch. Zunächst soll in wenigen Jahren ein unbemannter Mondflug absolviert werden, dem eine bemannte Mission folgen soll. Als Endpunkt ist die erste bemannte Marsmission geplant. Motive für diese Alleingänge sind Nationalismus und Machtpolitik. China wie Indien sind Konkurrenten als asiatische Vormacht der Zukunft und wollen über die Raumfahrt auch ihre Leistungsfähigkeit unter Beweis stellen. Und: Raumfahrttechnologie ist nicht zuletzt Rüstungstechnologie, sei es hinsichtlich Langstreckenrakten, Antriebsverfahren, Spionagesatelliten oder Weltraumwaffen. Diese Motivation wird bei der Volksrepublik besonders deutlich: So hat das Militär in China das absolute Sagen in der Raumfahrt. Eigene Aufklärungssatelliten mit Rückkehrkapseln, Navigations- und Kommunikationssatelliten sowie elektronische Funkaufklärer gehören zum Weltraumarsenal der Armee.

Erst auf der Basis eigener Entwicklungen entstehen neue Kooperationen. Kein Land und kein Staatenbund wie die EU will sich in Abhängigkeiten begeben, insbesondere nicht in technologische Abhängigkeit von den USA, nach wie vor die Nummer eins in der Raumfahrt. So gibt es erste Überlegungen, die indischen Trägersysteme wegen ihrer geringen Kosten für europ. Satelliten zu nutzen, und mit Interesse wird das japanische Programm einer ständigen Mondstation verfolgt.

Rückkehr von der Internationalen Raumstation (von links): ESA-Astronaut Roberto Vittori (Italien), Kosmonaut Salizhan Sharipov (Russland) und NASA-Astronaut Leroy Chiao (USA) nach ihrer Landung in Kasachstan am 25. 4. 2005

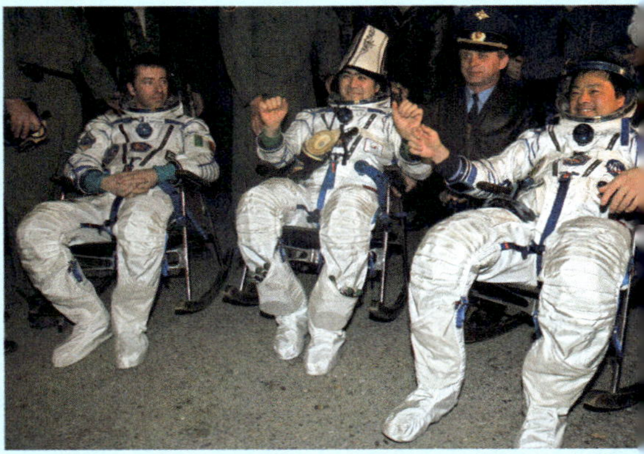

den ein Strahlungsgürtel sowie ein kleiner Mond - der 46. bekannte des Planeten - entdeckt.

Vorbeiflug an Titan: C.-H. näherte sich am 26.10. 2004 bis auf 1 200 km dem größten Saturnmond. Titan, Durchmesser 5 000 km, besitzt als einziger Mond im Sonnensystem eine dichte Atmosphäre, mit der er seine Oberfläche verhüllt. Viele Wissenschaftler gehen davon aus, dass seine Lufthülle der frühen Erdatmosphäre ähnelt. Nach den ersten von insgesamt 45 geplanten Vorbeiflügen wurde ein Krater von der doppelten Größe Bayerns entdeckt. Bei einem Vorbeiflug im April 2005 in 1000 km Höhe entdeckte man Spuren von organischem Material in der Atmosphäre.

Landung und Erkundung: Am 27. 10. 2004 nahm Huygens (benannt nach dem niederländischen Astronomen Christiaan Huygens) Kurs in Richtung Titan. Der Flug durch die Atmosphäre am 14. 1. 2005 dauerte 2,5 Stunden und lieferte Daten sowie 350 Fotos. An einem Fallschirm gelangte die Sonde auf den Saturnmond. Die Daten wurden in 60 000 km Entfernung an Cassini übertragen, und 70 min nach der Landung verstummte Huygens für immer. Nach ersten Erkenntnissen besteht die Oberfläche von Titan aus Wassereis und Kohlenwasserstoffeis. Das beim Aufschlag in den Boden eingedrungene Penetrometer stellte fest, dass die Oberfläche von einer dünnen, festen Kruste bedeckt ist und sich darunter eine Schicht mit nassem Sand befindet.

www.dlr.de/cassini-huygens; www.esa.int/SPECIALS/Cassini-Huygens/index.html; http://saturn.jpl.nasa.gov

Erderkundung

Beobachtung der Erdoberfläche und -atmosphäre sowie der Meere aus dem Weltraum

Atmosphärenforschung: Zur wissenschaftlichen Untersuchung der Erdatmosphäre wird ab 2008 ein neues Forschungsflugzeug starten. Es wird im Auftrag des Dt. Zentrums für Luft- und Raumfahrt (DLR, Köln) gebaut. Das Bundesministerium für Bildung und Forschung (BMBF) unterstützt den Bau von HALO (High Altitude and Long Range Research Aircraft, Forschungsflugzeug für große Höhen und weite Entfernungen) mit 47,5 Mio. €. Die restlichen 30 % (19,5 Mio. €) teilen sich die Helmholtz-Gemeinschaft deutscher Forschungseinrichtungen (HGF, Bonn) und die Max-Planck-Gesellschaft (MPG). Vor allem in der

Erderkundung: Start für den HALO-Bau im Februar 2005 (von links), DLR-Chef Sigmar Wittig, Bundesforschungsministerin Edelgard Bulmahn und Gulfstream-Chef Monroe Sams

Troposphäre und der unteren Stratosphäre soll HALO messen und zu Erdbeobachtungen eingesetzt werden. Es wird durch seine Flughöhe von mehr als 15 km, 3 t Nutzlast und 8 000 km Reichweite alle existierenden Forschungsflugzeuge übertreffen.

BMBF-Förderung: Ab Mitte 2005 geht der Geotechnologieschwerpunkt »Erfassung des Systems Erde aus dem Weltraum« für weitere drei Jahre in eine zweite Förderphase. Gegenstand von bereits durchgeführten und künftigen Satellitenmissionen war bzw. ist die hochpräzise Messung des Schwere- und Magnetfelds der Erde. Damit können u. a. Massenumlagerungen im Erdinnern, veränderte Meeresströmungen und Poleiskappen sowie Variationen des Grundwasserspiegels ermittelt werden.

Wasserbilanz: Erstmalig beobachten Satelliten die jahreszeitliche Wasserbilanz der Kontinente. Den Wissenschaftlern des Geoforschungszentrums Potsdam (GFZ) ist es im August 2004 mithilfe des Satellitenduos GRACE (Gravity Recovery and Climate Experiment) gelungen, das Muster der Veränderungen im Wasserbudget zu erfassen. Messungen zeigen, dass die größten saisonalen Schwankungen in den großen tropischen Flusseinzugsgebieten von Amazonas, Kongo und Niger, Ganges und Brahmaputra sowie den sibirischen Flusseinzugsgebieten von Ob, Lena und Jenissei stattfinden. Nach diesem Anfangserfolg mit der Messung hydrologischer Signale sollen weitere Klimaindikatoren aus GRACE-Daten aufgedeckt werden: großräumige Zirkulationsmuster der Wassermassen in den Ozeanen mit ihrem für das Erdklima wichtigen Wärme- und CO_2-Transport, Variationen der Eismächtigkeit in den antarktischen und grönländischen Eisschilden sowie Veränderungen in ozeanischen Wassermassen.

www.esa.org; www.gfz-potsdam.de/grace (Geoforschungszentrum Potsdam); **www.csr.utexas.edu/grace** (Gravity Recovery and Climate Experiment); **www.geotechnologien.de; www.dlr.de** (Dt. Zentrum für Luft- und Raumfahrt); **www.mpch-mainz.mpg.de** (Max-Planck-Institut für Chemie)

Großteleskope

Astronomische Instrumente zur Untersuchung der Weltraumstrahlung, die mit Spiegeln von mehreren Metern Durchmesser aufgefangen werden. G. beobachten ferne Regionen des Universums und sollen u. a. Informationen über dessen Entstehung liefern.

HESS: Das in Namibia stationierte Gammastrahlenobservatorium lieferte erste Messungen mithilfe der beiden 12-m-Spiegelteleskope HESS (High Energy Stereoscopic System, Hochenergetisches Stereoskopisches System). Im Zentrum der Milchstraße hat ein internationales Forscherteam eine Quelle für höchst energetische Gammastrahlung im Bereich von Teraelektronenvolt entdeckt. Es handelt sich vermutlich um den Überrest einer vor 10 000 Jahren explodierten Supernova. Weitere Explosionswolken, ein schwarzes Loch und Ansammlungen dunkler Materie werden in dieser Region vermutet. Noch weitaus präzisere Werte zu dieser Gammastrahlenquelle werden erwartet, wenn alle vier HESS-Teleskope in Betrieb sind.

Keck-Planetenschau: Ende 2004 beobachtete das auf der Hawaii-Insel im Pazifischen Ozean stationierte Keck-Teleskop auf dem Planeten Uranus hurrikanähnliche Wetterphänomene. In der nördlichen Hemisphäre des siebten Planeten hatten die Wissenschaftler eine rund 29 000 km lange Wolkenformation entdeckt, die sich nach einem Monat wieder auflöste. Dagegen bewegt sich in der südlichen Hemisphäre seit mehreren Jahren ein großer Sturm auf und ab. Da Keck ein besonders anpassungsfähiges optisches System hat, können atmosphärische Effekte erkannt und korrigiert werden.

Mit dem gleichen Teleskop fanden Forscher heraus, dass der Gasplanet Saturn eine Wärmekappe auf dem Südpol gebildet hat, der seit 15 Jahren ununterbrochen von der Sonne beschienen wird. Für die Messungen wertete man die Wärmestrahlung von Methan und Wasserstoff in der Atmosphäre des Ringplaneten aus.

Größtes Einzelteleskop: Auf dem 3 190 m hohen Mount Graham in Arizona/USA steht das weltweit größte Einzelteleskop mit zwei Sammelspiegeln von je 8,4 m Durchmesser. Im Oktober 2004 nahm es seine Arbeit auf. Das Large Binocular Telescope (LBT) wurde mit dt. Beteiligung erbaut, kostete 98 Mio. € und soll ab 2006 voll einsatzfähig sein. Nach Berechnungen könnte man mit ihm noch in 2,5 Mio. km Entfernung das Licht einer Kerze nachweisen. Gegen den Bau des Teleskops auf dem für sie heiligen Berg setzten sich die ansässigen Apachen ein.

www.mpia-hd.mpg.de (Max-Planck-Institut für Astronomie); **www.eso.org**

Hubble Weltraumteleskop

(engl.: Hubble Space Telescope), 1990 auf einer Erdumlaufbahn in 560 km Höhe stationiertes 13 m langes und 12,5 t schweres Großteleskop zur Erforschung weit entfernter Himmelskörper

Nach 15 Jahren erfolgreichem Dienst im All benötigt das H. W. dringend neue Batterien und Stabilisatoren. Doch dafür ist ein bemannter Space-Shuttle-Flug nötig. Nach der Columbia-Katastrophe 2003 wurde auch die geplante Wartungsmission zum H. W. gestrichen. Außerdem waren die auf 1 Mrd. US-Dollar geschätzten Reparaturkosten nicht im NASA-Haushalt 2006 eingeplant. Wenn in absehbarer Zeit kein Service erfolgt, könnte das H.W. schon bald orientierungslos durch das All fliegen – von den sechs Steuerkreiseln zur Lagekontrolle arbeiten nur noch vier. Eine letzte Chance hat das H. W.

Hubble Weltraumteleskop: Hubble-Aufnahme einer kompletten Spiralgalaxie

noch: Sollte der geplante Flug der überarbeiteten Raumfähre Discovery zur ISS erfolgreich verlaufen, will die NASA den vorgesehenen Absturz des Teleskops nochmals überdenken.

www.hubblesite.org

Internationale Raumstation

(engl.: International Space Station, ISS), ständig im All stationierter Raumflugkörper mit Forschungslabor und Wohnraum für max. sieben Raumfahrer sowie Andockstation für Raumfahrzeuge. An der ISS beteiligen sich 16 Nationen, darunter Deutschland. Die in rund 400 km Höhe kreisende ISS umrundet alle 90 min die Erde.

Besatzungswechsel: Als Langzeitbesatzung waren der US-Astronaut Leroy Chiao und der russische Kosmonaut Salidschan Tscharipow seit Oktober 2004 an Bord der ISS. Mit Weihnachtsgeschenken und Versorgungsgütern dockte im Dezember der unbemannte Raumtransporter Progress an. Nach zahlreichen medizinischen, biologischen und technischen Experimenten kam Mitte April 2005 die Ablösung. Vom Raumfahrtzentrum Baikonur/Kasachstan starteten in einer Sojus-Kapsel der US-Amerikaner John Phillips und der Russe Sergej Krikalow zur ISS. Begleitet wurden sie von dem italienischen ESA-Astronauten Roberto Vittori, der acht Tage lang 22 Experimente durchführte. Am 25.4. 2005 kehrte er mit der alten Besatzung, die 193 Tage auf der ISS lebte, zurück und landete mit der Raumkapsel in der kasachischen Steppe.

Roboterinstallation: In einem Außenbordeinsatz installierten die beiden Besatzungsmitglieder Tscharipow und Chiao im Januar 2005 einen neuen Roboterarm an der ISS. Das in Deutschland entwickelte, 50 cm große Gerät enthält zwei Gelenke, Metallfinger und zwei integrierte Kameras. Die Experimente mit dem Arm werden vom Deutschen Zentrum für Luft- und Raumfahrt (DLR) in Oberpfaffenhofen gesteuert und ausgewertet; die Hard- und Software stammt von EADS-Space Transportation (Bremen).

Internationale Raumstation: Thomas Reiter soll als erster Europäer zu einer ISS-Langzeitmission starten.

Space-Shuttle-Neustart: Nachdem sämtliche Shuttleflüge nach dem Absturz der Columbia am 1. 2. 2003 abgesagt worden waren, wagt die NASA mit der Discovery einen Neustart. Zahlreiche neue Sicherheitsvorkehrungen, ausgiebige Tests und ein neuer 47 m langer und 40 Mio. US-Dollar teurer Tank sollen Probleme ausschließen. Kommandantin der siebenköpfigen Besatzung wird Eileen Collins. Die ehemalige Air-Force-Pilotin lernte 30 verschiedene Flugzeuge zu fliegen, beherrscht Kampfjets, Transporter und Helikopter. Zusätzlich ist sie schon mehrfach Space-Shuttles geflogen.

Ursprünglich war der Start für Mai 2005 vorgesehen. Nach dem Befüllen des Treibstofftanks bildete sich durch die Kälte des Gemischs Eis auf der Außenhaut, das beim Start die Raumfähre hätte gefährden können. Daraufhin musste eine Heizung eingebaut und der Start auf Mitte Juli verschoben werden.

Deutscher an Bord der ISS: Als erster Deutscher soll im Sommer 2005 der Astronaut Thomas Reiter zur ISS fliegen, wo er als erster Mitteleuropäer an einer Langzeitmission teilnimmt. Der Frankfurter mit Wohnsitz in Bremen bringt Weltraumerfahrung mit: Er war 1995/96 für 179 Tage an Bord der russischen Raumstation Mir.

www.nasa.gov; www.esa.int; www.eads.net (European Aeronautic, Defense and Space Company)

Mars

Der Mars ist 55,8-399,9 Mio. km von der Erde entfernt. An seinem Äquator misst er 6 791 km im Durchmesser. Ein Marstag sind 24:37:23 h, ein Marsjahr 687 Tage; geschätztes Alter des Planeten: 4,5 Mrd. Jahre.

Gefrorenes Meer: Die europ. Sonde Mars Express entdeckte im Februar 2005 mit ihrer hoch auflösenden Stereokamera HRSC (High Resolution Stereo Camera) ein zugefrorenes Gewässer von der Größe der Nordsee. Das Gebiet mit einer Ausdehnung von etwa 800 mal 900 km liegt in der Elysium-Ebene und ähnelt stark dem mit Packeis bedeckten Meer der Antarktis. Die geringe Kraterzahl zeigt, dass die Region wahr-

Mars: Menschenflug zum Mars als Vision

Russische Wissenschaftler planen für Anfang 2006, sechs Freiwillige 500 Tage lang auf engstem Raum einzuschließen. Die Männer proben damit den simulierten Raumschiffflug zum Nachbarplaneten Mars. Das Experiment soll Aufschluss über Auswirkungen mangelnder Bewegung auf das Knochen- und Immunsystem sowie Auswirkungen auf Psyche und Sozialverhalten geben. Die Projektkosten werden mit fast 8 Mio. € angegeben.

scheinlich in ihrer heutigen Form erst vor 5 Mio. Jahren gebildet wurde: Spuren von ausgetrockneten Flussläufen und die Nähe zu Vulkanen lassen ein zeitweises Auftauen vermuten. Vulkanasche und Staub lagerten sich in einer dichten Schicht auf dem im Mittel 45 m mächtigen Eis ab und verhinderten das Verdampfen in der dünnen Atmosphäre des Planeten.

Marsmeteorit: Das im Januar 2004 auf dem Planeten gelandete US-Forschungsfahrzeug Opportunity hatte Anfang 2005 auf der Meridiani-Ebene einen fußballgroßen Meteoriten aus Nickel und Eisen gefunden und untersucht. In naher Zukunft soll geklärt werden, ob es sich bei anderen Objekten der Ebene auch um Meteoriten handelt. Die Forscher erhoffen sich auch Aufschlüsse über Bodenerosion und Ablagerungen durch den Wind.

Vulkane: Nach Auswertung von Daten der um den roten Planeten kreisenden Sonde Mars Express könnten zahlreiche Vulkane noch aktiv sein. Olympus Mons, der mit ca. 27 km höchste Vulkan im Sonnensystem, ist nach Erkenntnissen eines Forscherteams der FU Berlin vor geologisch kurzer Zeit ausgebrochen. Es wurden mithilfe der HRSC-Kamera auf der M.-Oberfläche Strukturen nachgewiesen, die sich erst in den letzten 20 % der M.-Geschichte - zuletzt vor 2 Mio. Jahren - gebildet haben.

Gas- und Wasservorkommen: Übereinstimmend sind die Ergebnisse der amerikanischen M.-Rover Opportunity und Spirit sowie der ESA-Sonde Mars Express: Es hat früher, wenn auch nur kurze Zeit, größere Wasservorkommen gegeben. Dagegen gibt es noch heute Wassereis in geringer Tiefe als fossiles Überbleibsel von Gletschern. Die Spektrometer MIMOS II, entwickelt an der Universität Mainz, an den Roboterarmen der Rover konnten diesen Nachweis anhand von Bodenprobenanalysen bringen. Die ESA meldete darüber hinaus Spuren von Wasser und Methangas - ein Hinweis auf Leben, da sich Wasserdampf und Methan an denselben Stellen befänden. Auf dem M. könnten Bakterien leben, die Methan ausstoßen. Als »Quelle« werden vulkanische Tätigkeit oder Thermalwasser im Untergrund vermutet.

Exploration Rover: Als Anfang 2004 die US-Rover Spirit und Opportunity auf dem M. landeten, war eine 90-tägige Mission eingeplant. Aber auch Anfang 2005 waren sie noch aktiv und sammelten Daten. Deshalb verlängerte die NASA im April 2005 ihre Mission um weitere 18 Monate. Spirit und Opportunity hatten bis zu diesem Zeitpunkt 4 km bzw. 5 km auf der Oberfläche zurückgelegt. Einige Probleme wie Staub auf den Solarzellen und Radblockaden konnten beseitigt werden.

www.astronews.com;
www.mpg.de (Max-Planck-Gesellschaft)

Mond

Ständig die Erde in 27,32 Tagen umkreisender, erkalteter Himmelskörper (mittlere Entfernung: 384 405 km, Durchmesser: 3 480 km). Der M. reflektiert das Sonnenlicht, dreht sich um seine Achse und kehrt der Erde immer die gleiche Seite zu. Die Schwerkraft auf der Oberfläche beträgt nur ein Sechstel der irdischen.

Der sonnigste Platz auf dem M. liegt nahe am Nordpol zwischen den Kratern Peary, Hermite und Roshdestwenski. Aufgrund von Bildern der Raumsonde Clementine wurde festgestellt, dass in dieser permanent sonnenbestrahlten Region die Temperaturen nur zwischen -40 und -60 °C schwanken. Die Temperaturen am Äquator erreichen dagegen -180 bis +100 °C. Eine konstante, garantierte Sonneneinstrahlung könnte die Ansiedlung von Menschen auf dem Erdtrabanten erleichtern, weil eine Energieversorgung sichergestellt wäre. In den dauerhaft schattigen Einschlaglöchern an den Böden von Kratern wird Eis vermutet.

Raumfahrt

NASA-Chefwechsel: Der Abschied von Sean O'Keefe, NASA-Direktor seit 2001, war von negativen Meldungen begleitet. Bei der Vorstellung des Haushaltsplans über 16,46 Mrd. US-Dollar musste er verkünden, dass eine Reparatur des → Hubble Weltraumteleskops zu teuer sei. Auch der für das Frühjahr 2005 geplante Shuttle-Neustart musste aus Sicherheitsgründen verschoben werden. Im April 2005 übergab O'Keefe seinen Posten an Michael Griffin und wechselte als Kanzler an die Universität von Louisiana.

Griffin ist der elfte Mann an der Spitze der NASA. Der ehemalige NASA-Chefingenieur, Mitarbeiter des NASA Jet Propulsion Laboratory und zuletzt Professor an der John Hopkins University will das bemannte US-Raumfahrtprogramm vorantreiben, v. a. den erneuten Einsatz der Space-Shuttle-Flotte. Dafür fließen 6,7 Mrd. US-Dollar aus dem NASA-Haushalt für 2006 in das Shuttle-Programm.

SpaceShipOne: Das kalifornische Raketenflugzeug SpaceShipOne hat den Wettlauf um das erste privat finanzierte Raumfahrzeug im Oktober 2004 gewonnen. Der vor acht Jahren ausgeschriebene Ansari-X-Prize war mit 10 Mio. US-Dollar dotiert. Beim zweiten Rekordversuch innerhalb von einer Woche flog der Pilot Brian Bimie in einer Höhe von 114 km bis an den Rand des Orbits. Um das Preisgeld kämpften 26 Teams aus sieben Ländern. Unterdessen gab der britische Unternehmer Richard Branson bekannt, einen Vertrag mit den X-Prize-Gewinnern zur Fortsetzung des Projekts geschlossen zu haben. Den mittlerweile rund 13 500 Interessenten für einen Ausflug ins All soll ab 2007 für 190 000 US-Dollar ein Start im »Virgin Galactic Spaceliner« ermöglicht werden. Allerdings torpedieren die US-Behörden das Vorhaben: US-Exportgesetze verbieten den Technologietransfer von »potenziellen militärischen Anwendungen«, worunter auch das SpaceShipOne fällt.

Raumfahrt: NASA-Chef Michael Griffin bei einer Pressekonferenz am 18. 4. 2005 in Washington

Raumfahrt: Schrott im All

Für die Raumfahrt ist Weltraumschrott eine ernsthafte Bedrohung, denn selbst kleinste Teile können Raumfahrzeugen großen Schaden zufügen. Im geostationären Ring in 36 000 km Höhe fliegen Teile mit einer relativen Geschwindigkeit von 30 000 km/h. Das Astronomische Institut der Universität Bern hat im Auftrag der European Space Agency (ESA, Paris) ein System zur optischen Suche von Raumschrott entwickelt. Es besteht aus einer Software zur Steuerung eines Teleskops und einer hoch empfindlichen Kamera sowie einer Datenbank zur Erfassung und Archivierung von Bildern. Die Wissenschaftler können damit pro Nacht Daten von über 10 GB verarbeiten und analysieren. So fanden sie eine bisher unbekannte, bedeutende Ansammlung von Schrottteilen mit Durchmessern von 0,1-1 m, laut ESA meist Teile von ausgedienten Raketenoberstufen oder Satelliten. Nach einer internationalen Konferenz im April 2005 in Darmstadt über Weltraumschrott wollen die Raumfahrtnationen dies künftig mit gesetzlichen Regelungen und neuer Raketentechnik vermeiden.

Neuer Weltraumrat: Die Mitglieder des Rats der EU und der ESA-Ministerrat trafen sich Ende November 2004 in Brüssel. Es war die erste Zusammenkunft des neu gegründeten europäischen Weltraumrats (Space Council). Aufgabe des Weltraumrats ist es, die Zusammenarbeit zwischen EU und ESA besser zu koordinieren und zu erleichtern. Ziele: 1. Entwicklung einer umfassenden europ. Raumfahrtpolitik, bei der die ESA de facto als ausführendes Organ der EU handelt; 2. Schaffung einer gemeinsamen Grundlage und praktischer Vorkehrungen für eine effiziente und nutzbringende Zusammenarbeit zwischen ESA und EU. Vorbilder dafür sind das Satellitennavigationssystem Galileo (→ Satellitennavigation) und das satellitengestützte Umwelt- und Sicherungssystem GMES.

Deutsch-russisches Raumfahrtprojekt: Rokviss (Robotic Components Verification on ISS, Überprüfung der Roboterkomponenten auf der ISS) ist ein Gemeinschaftsprojekt der russischen Raumfahrtagentur Roskosmos, RKK Energia und des Dt. Zentrums für Luft- und Raumfahrt (DLR, Köln). Der erfolgreich an einer Außenplattform der ISS installierte Roboterarm wurde vom BMBF mit 15 Mio. € gefördert. Die Kosten für das Experiment belaufen sich auf 11,5 Mio. €; für Start, Montage und Betrieb sind laut Projektplan weitere 3,5 Mio. € veranschlagt.

Boeing-Superrakete: Die Trägerrakete Delta IV Heavy von Boeing ist 71 m lang und kann eine Nutzlast von 22 t transportieren. Die damit stärkste Trägerrakete der Welt startete Ende 2004 von Cape Canaveral/Florida. Mit an Bord war ein mehr als 6 t schwerer Demonstrationssatellit. Aus ungeklärtem Grund war jedoch die erste Brennphase zu kurz, sodass die Satellitenattrappe nicht in die vorgesehene Umlaufbahn gelangen konnte.

Japans Rückkehr: 15 Monate nach dem letzten Fehlstart einer Trägerrakete hat Japan sein Raumfahrtprogramm wieder aufgenommen. Im Februar 2005 startete eine Rakete des Typs H-2A mit einem Wetter- und Verkehrssatelliten vom Raumfahrtzentrum Tanagashima. Ziel ist der Einstieg in das umkämpfte Geschäft mit Satellitentransporten.

www.astronews.com; www.xprize.org; www.virgingalactic.com; www.esa.int; www.esoc.esa.de (European Space Operations Centre); **www.aiub.unibe.ch** (Astronomisches Institut der Universität Bern); **www.nasa.gov**

Satelliten: Messengers Aufgaben

Magnetosphäre: Untersuchung der Zusammensetzung der magnetischen Felder
Exosphäre: Messung der äußeren Atmosphäre
Oberfläche: Erforschung des Einflusses von Tektonik und Kraterbildung auf die Oberflächenbildung
Polare Ablagerungen: Suche nach Anzeichen für Wasservorkommen
Kruste und Mantel: Aufschlüsselung der chemischen Struktur
Kern: Untersuchung des Aggregatzustands des äußeren Kerns
(Quelle: NASA, Reuters)

Satelliten (Raumsonden)

2

Unbemannte Raumflugkörper auf einer Erdumlaufbahn (bis 36 000 km Höhe) und im interplanetaren Bereich. Satelliten werden für die Erderkundung, Klimabeobachtung, Nachrichten- und Datenübertragung sowie zur Fernerkundung des Weltraums genutzt.

Messenger: Anfang August 2004 startete die NASA-Sonde Messenger zu einer dreieinhalbjährigen Reise zum sonnennächsten Planeten Merkur. Im Juli 2005 fliegt Messenger nochmals an der Erde vorbei sowie 2006 und 2007 an der Venus, um im Schwerefeld dieser Planeten Schwung zu holen. Nach schwieriger Angleichung an die Merkur-Umlaufbahn soll die Sonde 2011 in eine Umlaufbahn einschwenken. Messenger wird den Planeten komplett fotografieren und Informationen über seine geologische Entstehung sammeln.

Deep Impact: Mit einem künstlich erzeugten Meteoriteneinschlag erhofft sich die NASA bislang unbekannte Einblicke in einen Kometen. Am 4.7. 2005 prallte das von der Muttersonde Deep Impact abgefeuerte, 370 kg schwere Kupferprojektil (Impactor) mit einer Geschwindigkeit von rund 37 000 km/h auf den Kometen Tempel 1. Aus 500 km Abstand hielt die Sonde fest, welche Auswirkungen der Einschlag auf den kartoffelförmigen, 6 km langen und 4 km breiten großen Himmelskörper hat. Ziel der Mission ist es, mehr Informationen über die unverfälschte Materie aus der Entstehungszeit unseres Sonnensystems vor 4,5 Mrd. Jahren zu erhalten, aus der Kometenkerne mutmaßlich bestehen.

Fast am Ziel ist eine andere Kometenmission: Die US-Sonde Stardust hat Materie aus der Gas- und Staubhülle des Kometen Wild 2 gesammelt und soll Anfang 2006 eine damit gefüllte Kapsel auf der Erde abwerfen.

Swift: Das im November 2004 gestartete US-Weltraumteleskop Swift soll das All nach Ausbrüchen von Gammastrahlen absuchen. Nach Ansicht der Astronomen zeigen Gammastrahlen die Entstehung von schwarzen Löchern an. Der 180 Mio. US-Dollar teure Satellit überwacht mit seinem Weitwinkeldetektor für Gammastrahlen ständig ein Drittel des Himmels auf Ausbrüche. Hat er einen derartigen mit bis zu 300 000 km/sec schnellen Schauer erfasst, berechnet Swift zunächst dessen Position und dreht sich dann für weitere Beobachtungen in die entsprechende Richtung.

Satelliten: NASA-Zeichnung der Deep-Impact-Mission; die Sonde beschießt den Kometen Tempel 1.

Genesis: Nach einer Gesamtflugzeit von etwas mehr als drei Jahren hatte die 300 Mio. US-Dollar teure Sonde Genesis Sonnenmaterie eingefangen. Dazu wurden, 1,5 Mio. km von der Erde entfernt, fünf metergroße Detektoren ausgeklappt. Nach rund 30 Monaten wurde die wertvolle Ausbeute von 10–20 Mikrogramm in einer Kapsel verschlossen. Als im September 2004 die Raumsonde zur Erde zurückkehrte, wurde die Kapsel abgetrennt und sollte von Fallschirmen gebremst und von Hubschraubern in der Luft eingefangen werden. Da sich die Fallschirme nicht öffneten, stürzte die Kapsel mit 310 km/h in den Wüstensand von Utah. Schuld war ein falsch eingebauter Schwerkraftschalter. Die NASA konnte dennoch große Teile des Materials aus den Trümmern retten und so die Missionsziele teilweise sichern.

Bildungssatellit: Der weltweit erste Unterrichtssatellit EDUSAT, eine Entwicklung des Satellitenzentrums ISRO in Bangalore, wurde im September 2004 vom indischen Satish Dhawan Space Center auf Sriharikota in eine Erdumlaufbahn geschossen. Er wiegt annähernd 2 t, kostete 20 Mio. US-Dollar und gelangte mit einer indischen Trägerrakete ins All. EDUSAT soll auch den Menschen in entlegenen Regionen Zugang zu besseren Ausbildungsmöglichkeiten verschaffen. Profitieren sollen neben Schülern auch Studenten ohne Zugang zu technischen Instituten, Lehrer zum Empfang von Lernmodulen und Erwachsene bei der Fortbildung.

messenger.jhuapl.edu; swift.gsfc.nasa.gov; www.isro.org (Indian Space Research Organisation)

Satellitennavigation

Satellitengestützte Ortung, mit der sich die Position von Fahrzeugen, Schiffen, Flugzeugen und Personen auf wenige Meter genau bestimmen lässt

Galileo: Ende 2004 wurde ein Vorvertrag zwischen ESA und Galileo Industries für die sog. In-Orbit-Verification-Phase (IOV) unterzeichnet. Damit soll zum Ende des Jahrzehnts ein globales Satellitennavigationssystem unter ziviler Kontrolle verfügbar sein. Der Vorvertrag in Höhe von 150 Mio. € umfasst Entwicklung, Bau und Start der ersten vier Galileo-Satelliten einschließlich der dazugehörigen Bodeneinrichtungen und deren Erprobung. Mitte 2005 sollen die Verträge über die gesamte IOV-Phase geschlossen werden (rund 950 Mio. €). Die ersten vier Satelliten können 2008 starten, gefolgt von 26 weiteren Exemplaren.

Kooperation: Erstmals arbeiten europ. und US-amerikanische Raumfahrtunternehmen auf dem Gebiet der Satellitennavigation zusammen. EADS Astrium und Boeing unterzeichneten im Oktober 2004 einen Vertrag. Zunächst werden beide Firmen gemeinsam ein Computermodell entwickeln, mit dem das Verhalten von Navigationssatelliten des US-amerikanischen Global Positioning System (GPS) und des künftigen europ. Systems Galileo simuliert werden kann. Mit diesem Modell sollen sich genaue Vorhersagen treffen lassen, welche Auswirkungen Veränderungen am Gesamtsystem – z. B. der Start eines Satelliten – für die Nutzer haben werden.

www.galileo-industries.net; www.eads.net

Religion

Buddhismus

(von Buddha; Sanskrit: der Erwachte, der Erleuchtete), auf den Religionsstifter Siddharta Gautama, genannt Buddha, zurückgehende Weltreligion. Der B. entstand um 500 v. Chr. im Norden Indiens. Bereits seit dem 3. Jh. v. Chr. wurde seine Verbreitung durch eine systematische Mission betrieben.

Der B. zählt weltweit etwa 450 Mio. Anhänger. Besonders in Südostasien ist er von großer Bedeutung. Allerdings erfreut sich der B. auch außerhalb Asiens einer zahlreichen Anhängerschaft; von allen asiatischen Religionen stieß der B. hier auf das größte Interesse. Ausschlaggebend dafür war neben der (etwa im Gegensatz zum → Hinduismus) aktiven Missionsarbeit auch die Fähigkeit des B., sich wandelnden Bedingungen und der Vielfalt an Kulturen anzupassen.

In Deutschland gab es Mitte 2005 ca. 550 buddhistische Gruppierungen. Ihre Zentren hatten sie hauptsächlich in großen Städten und Ballungsgebieten wie Berlin, Hamburg, Köln/Bonn, im Ruhrgebiet, Freiburg im Breisgau oder München. Vertreten wird der B. in Deutschland von der Dt. Buddhistischen Union (DBU) mit Sitz in München. Nach Angaben der DBU gab es Ende 2004 etwa 130 000 Buddhisten in Deutschland, von denen 120 000 aus dem asiatischen Raum stammten. Genauere Statistiken über die Anzahl der Buddhisten fehlten, da diese in Deutschland nicht amtlich registriert waren. Sympathisanten und Interessenten an der Religion des B. gab es nach Angaben der DBU wesentlich mehr. Die DBU als traditionsübergreifender Dachverband buddhistischer Gemeinschaften zählte bis Ende 2004 gut 56 Mitgliedsgemeinschaften. Insgesamt waren in Deutschland 630 buddhistische Gruppen bekannt.

Christentum

(von griech. Christos, lat. Christus; der Gesalbte - hebr. Messias), auf den um 30 n. Chr. gekreuzigten Jesus, genannt Christus, zurückgehende Weltreligion. Das C. ist in zahlreiche Glaubensrichtungen aufgespalten. Die welthistorisch bedeutendsten Teilungen waren die Trennung der lateinischen (West-) von der griechischen (Ost-)Kirche (endgültig 1054, Morgenländisches Schisma) und die Spaltung der Westkirche in kath. Kirche und ev. Kirchen (16. Jh., Reformation).

Weltweit gibt es ungefähr 2 Mrd. Christen. Damit ist das C. die Weltreligion mit den meisten Anhängern. Zum C. gehören verschiedene Kirchen und Glaubensrichtungen, dazu zählen die kath. Kirche, die mit mehr als 1 Mrd. Gläubigen die weltweit stärkste Kraft innerhalb des C. darstellt, gefolgt von den Protestanten und Anglikanern mit einer halben Milliarde Anhängern. Mehr als 150 Mio. Menschen gehören der orthodoxen Kirche an.

Christentum: Katholiken weltweit

Kontinent	Mio.
Südamerika	315,4
Europa	272,8
Zentralamerika	182,0
Afrika	137,1
Asien	115,6
Nordamerika	77,4
Australien/ Ozeanien	8,1

Der alte und der neue Papst

Nach 26-jährigem Pontifikat, einem der längsten in der Kirchengeschichte, starb Papst Johannes Paul II. nach langer Krankheit am 2. 4. 2005. Große Pilgermassen in Rom und ein Milliardenpublikum am Fernsehen weltweit nahmen Anteil an Leiden, Tod und Beisetzung des Kirchenoberhaupts. Aus einem nur etwa 24-stündigen Konklave ging am 19. April mit Kardinal Joseph Ratzinger als Benedikt XVI. der erste deutsche Papst seit 1523 hervor.

Johannes Paul II. (rechts) begrüßte Kardinal Ratzinger Anfang 2004 im Audienzzimmer des Vatikans.

Die Amtszeit des ersten polnischen Papstes der Geschichte begann am 16. 10. 1978. Durch seine Reisen und sein charismatisches Auftreten, das ihm gerade in der jungen Generation große Sympathien eintrug, setzte Johannes Paul II. neue Maßstäbe. Wie wenige Päpste der jüngeren Kirchengeschichte mischte er sich in die Weltpolitik ein: Als entschiedener Gegner des Kommunismus stärkte er die Opposition im Ostblock – insbesondere in Polen – bis zum Zusammenbruch der kommunistischen Herrschaft; die westliche Welt erinnerte er immer wieder an ihre sozialen Verpflichtungen; gegen ein militärisches Vorgehen im Irak bezog er klar Stellung. Der Papst suchte das Gespräch mit Vertretern anderer christlicher Konfessionen sowie anderer Religionen – setzte der ökumenischen Bewegung aber Grenzen. Er strebte den Dialog mit den Völkern an und bereiste in über 100 Auslandsreisen während seines 26-jährigen Pontifikats nahezu die ganze Welt. Inhaltlich stand er aber auch für die Beibehaltung des Zölibats und eine strikte Ablehnung der Empfängnisverhütung.

Aufgaben des neuen Papstes Der neue Papst Benedikt XVI., der am Tag nach seiner Wahl Ökumene, Frieden und den Dialog mit allen Religionen und Weltanschauungen als zentrale Inhalte seines Pontifikats bezeichnete, steht vor schwierigen Aufgaben. Zunächst gilt es, die Einheit der mit globalem Anspruch auftretenden kath. Kirche zu wahren: Die große Mehrzahl der Katholiken lebt heute in Afrika, Asien und Lateinamerika, wo das Christentum häufig sehr fundamentalistisch geprägt ist. Das wachsende Gewicht dieser Regionen innerhalb der Kirche erschwert eine aufgeschlossene Auseinandersetzung über kritische, v. a. in der westlichen Kirche gestellte Fragen wie Verhütung, Priesterehe, Abtreibung oder Homosexualität.

Auch bei der Ökumene gilt es, Hürden zu überwinden. Im Verhältnis zur ev. Kirche wurde dies zuletzt in der Abendmahlsfrage sichtbar, die russisch-orthodoxe Kirche reagierte auf Papstbesuche in ihren »kanonischen Territorien« Osteuropas wiederholt verstimmt. Die unter Ratzingers Federführung entstandene Erklärung »Dominus Iesus« (2000), die die kath. Kirche als einzige Kirche Christi bezeichnete, wurde als Rückschritt für die Ökumene empfunden. Dass Benedikt XVI. als Papst von diesem Kurs abrücken wird, scheint unwahrscheinlich.

Akzente sind von Benedikt XVI. v. a. in einem anderen Bereich zu erwarten: Die vielfach beklagte Orientierungslosigkeit der »westlichen« Gesellschaften wird vom neuen Papst als Gottesferne einer aufgeklärten Welt interpretiert, die den Glauben verlor, weil sie ihn als Gegenspieler der Vernunft auffasste. Mit diesem vermeintlichen Gegensatz befasst sich die unter seiner Mitarbeit entstandene Enzyklika »Fides et Ratio« (1998), die der heutige Papst einmal mit den Worten kommentierte: »Ohne Vernunft verfällt der Glaube; ohne Glaube droht die Vernunft zu verkümmern.« Beide als voneinander abhängige Wege zur Wahrheit aufzuzeigen und damit der (post-)modernen Gesellschaft ein neues moralisches Fundament anzubieten – dies könnte zur historischen Leistung des weltweit geachteten Theologen auf dem Papstthron werden.

Benedikt XVI.
Papst (seit 19. 4. 2005), als Joseph Ratzinger * 16. 4. 1927 in Marktl am Inn. Der Sohn eines Beamten empfing 1951 die Priesterweihe. Im Alter von 26 Jahren wurde er Dozent für Dogmatik und Fundamentaltheologie in Freising. Beim Zweiten Vatikanischen Konzil (1962–65) fungierte er als theologischer Berater des Kölner Kardinals Josef Frings. Anschließend lehrte er in Bonn, Münster, Tübingen und Regensburg und wurde 1977 Erzbischof von München und Freising. Seit 1981 leitete er die Glaubenskongregation und stand seit 2002 dem Kardinalskollegium vor.

Katholische Kirche: Große Aufmerksamkeit erhielt die kath. Kirche durch das Leiden und Sterben Johannes Pauls II.: Bereits in den ersten Monaten des Jahres 2005 wurden Spekulationen über den Gesundheitszustand des Papstes und einen eventuellen Amtsverzicht angestellt. Nur sechs Tage nachdem er am Ostersonntag, dem höchsten christlichen Fest, den Segen »Urbi et Orbi«, von Krankheit gezeichnet, nur stumm erteilen konnte, starb Johannes Paul II. am Abend des 2. 4. 2005 unter großer weltweiter Anteilnahme. Zum Trauergottesdienst am 8. 4. 2005 auf dem Petersplatz in Rom erschienen etwa 300 000 Gläubige, über 200 Staatsgäste sowie Vertreter zahlreicher Religionen und christlicher Konfessionen. Das Fernbleiben des russischen Präsidenten Wladimir Putin wurde allerdings als Zeichen der zwischen der kath. und der russisch-orthodoxen Kirche bestehenden Spannungen gedeutet. Nach einem nur etwa 24-stündigen Konklave wurde am 19. 4. 2005 mit Kardinal Joseph Ratzinger, seit 1981 Präfekt der Glaubenskongregation, erstmals seit über 480 Jahren wieder ein Deutscher zum Papst gewählt. Der als konservativ geltende Theologe gab sich den Namen Benedikt XVI.

Obwohl die kath. Kirche im Abendland entstanden ist und in Europa ihre Wurzeln hat, lebt inzwischen die Mehrzahl der Katholiken in Lateinamerika sowie auf den Philippinen. Auch in Afrika und Asien gewann die kath. Kirche an Kraft. Jedoch formierten sich dort die Gläubigen in unabhängigen Gemeinden. Auch im Kardinalskollegium fand die neue Gewichtung innerhalb der Weltkirche ihren Niederschlag: Im Konklave, aus dem Papst Benedikt XVI. hervorging, waren nur noch 58 der 115 wahlberechtigten Kardinäle Europäer. Damit war Europa – gemessen an der Anzahl der Gläubigen – zwar noch überrepräsentiert, hatte die Dominanz früherer Zeiten aber verloren und besaß nicht mehr die zur Papstwahl notwendige Zweidrittelmehrheit.

➤ Katholische Kirche (Deutschland); ➤ Evangelische Kirchen (Deutschland)

Colonia Dignidad

(span.; »Kolonie der Würde«), Siedlung einer dt. Religionsgemeinschaft in Chile, ca. 400 km südlich von Santiago de Chile. Während der Pinochet-Diktatur (1973–90) diente die Kolonie als Folterzentrum. Die 13 000 ha große landwirtschaftliche Siedlung wurde inzwischen in »Villa Bavaria« umbenannt.

Nach neunjähriger Fahndung in Argentinien wurde der 83-jährige dt. Gründer der C. D., Paul Schäfer, festgenommen. Ihm wurden Kindesmissbrauch und die Beteiligung an den Verbrechen des damaligen Diktators Augusto Pinochet vorgeworfen. Gegen Schäfer lagen internationale Haftbefehle vor. 1997 war er in Abwesenheit wegen Kindesmissbrauchs in 26 Fällen verurteilt worden. Er galt als einer der meistgesuchten Männer in Chile. Schäfer hatte mit anderen dt. Einwanderern 1961 die Siedlung C. D. gegründet, in der zur Zeit der Pinochet-Diktatur Menschen gefoltert und zu Zwangsarbeiten genötigt worden waren.

Colonia Dignidad: Paul Schäfer (im Rollstuhl) nach einem Verhör am 14. 3. 2005 vor dem INTERPOL-Gebäude in Santiago de Chile

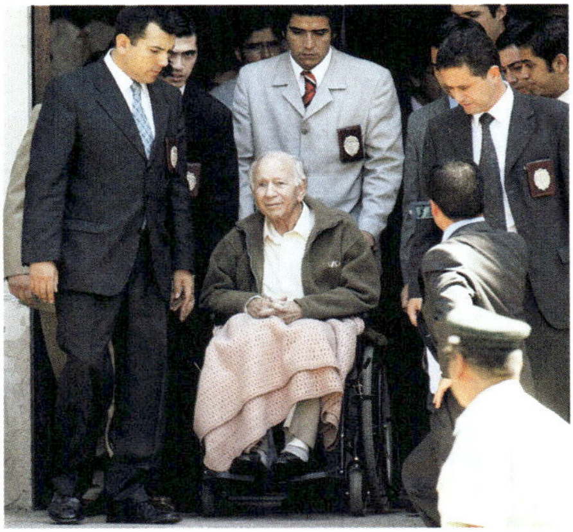

Geschichte: Nach einer Abspaltung der Religionsgemeinschaft vom »Bund ev.-freikirchlicher Gemeinden in Deutschland« (1956) gründete Schäfer zunächst in der Nähe von Bonn die »Private Sociale Mission«, ein Erziehungsheim, in dem die Kinder der Mitglieder untergebracht waren. Als die Staatsanwaltschaft Ermittlungen wegen sexuellen Missbrauchs aufnahm, floh ein Teil der Glaubensgemeinschaft inklusive ihres Gründers Paul Schäfer nach Chile. Dort wurde die Siedlung C. D. aufgebaut, die nach Aussagen von Kritikern eine totalitäre Organisationsstruktur besaß. Nach dem Ende der Militärdiktatur von Augusto Pinochet wurde ihr 1991 der Status eines Vereins und der damit verbundenen Gemeinnützigkeit entzogen.

Evangelische Kirchen (Deutschland)

Mit 25,8 Mio. (2003) Gläubigen sind die e. K. zweitstärkste Religionsgemeinschaft im Land. Nahezu alle diese Kirchen sind in der Ev. Kirche Deutschlands (EKD) zusammengeschlossen. Überwiegend finanziert die EKD ihre Arbeit aus den Beiträgen ihrer Mitglieder. 2002 wurden 4,043 Mrd. € an Kirchenlohn- und -einkommensteuer eingenommen. Einige Landeskirchen erhoben außerdem ein geringfügiges Kirchgeld von Gemeindegliedern, die nicht steuerpflichtig waren. Andere erhoben zusätzliche Beiträge als Zuschlag zur Grundsteuer. Durch diese Sondersteuern flossen 2002 weitere 26,1 Mio. € in die Kirchenkassen.

Kirchentag: Vom 25. bis 29. 5. 2005 fand in Hannover der 30. Dt. Ev. Kirchentag statt. Insgesamt rund 1,2 Mio. Teilnehmer, darunter 100 000 Dauergäste, kamen unter dem Motto »Wenn dein Kind dich morgen fragt ...« (5. Mose 6, 20) zusammen. Herausragende Themen der Veranstaltung, bei der auch zahlreiche hochrangige Politiker auftraten, waren Globalisierung und Ökumene. Die Veranstalter zogen ein positives Fazit und forderten, die Kirchen müssten politischer werden, um sich gegen Armut und für die Durchsetzung christlicher Werte im Alltag einsetzen zu können. Der nächste Ev. Kirchentag wird im Jahr 2007 in Köln stattfinden.

Wolfgang Huber
Ratsvorsitzender der Ev. Kirche in Deutschland (EKD, seit 2003), *12. 8. 1942 in Straßburg. Von 1960 bis 1966 studierte er Theologie in Heidelberg, Göttingen und Tübingen, promovierte 1966 und habilitierte 1972. Er begann 1966 als Vikar und Pfarrer in Württemberg, war seit 1980 Prof. für Sozialethik in Marburg und 1984–94 Prof. für Systematische Theologie in Heidelberg. Von 1983 bis 1985 war er Präsident des Dt. Ev. Kirchentages. Seit 1994 Bischof der Ev. Kirche in Berlin-Brandenburg, wurde er im November 2003 als Nachfolger von Manfred Kock zum Ratsvorsitzenden der Ev. Kirche in Deutschland (EKD) gewählt.

Hinduismus

(Sanskrit: sanatana dharma, »ewige Religion«, »ewige Ordnung«), fast ausschließlich auf Indien beschränkte Religion, die weder einen Religionsstifter noch eine einheitliche Lehre kennt. Nach der Einwanderung der indogermanischen Arier nach Indien (2. Jahrtausend v. Chr.) bildete sich der H. durch Verschmelzung der Religionen des Industals mit der vedischen Religion der Einwanderer und in Auseinandersetzung mit anderen Religionen seit etwa 800 v. Chr. heraus.

Der H. gilt als nicht missionarisch und blieb deshalb bis heute fast ausschließlich auf das Gebiet Indiens beschränkt. In Indien sind etwa 82 % der Bevölkerung Anhänger des H., der vielfach einen prägenden Einfluss auf gesellschaftliche Strukturen des Landes ausübt bzw. von diesen gar nicht zu trennen ist. In Deutschland hat der H. wenige offizielle Anhänger.

Die hinduistische Religion geht weder auf einen speziellen Gründer zurück noch gibt es eine dogmatische Lehre. Trotzdem bestehen einige Gemeinsamkeiten zwischen den zahlreichen Glaubensrichtungen, beispielsweise der Glaube an Wiedergeburt, die Veda (Sanskrit: »Wissen«; heilige Schriften), den heiligen Fluss Ganges, die Heiligkeit von Kühen, die große Bedeutung heiliger Männer. Im H. existieren zahlreiche Gottheiten, von denen Brahma (Weltenschöpfer), Vishnu (Welterhalter) und Shiva (Zerstörer und Erneuerer) die wichtigsten und bekanntesten sind. Trotz seiner gesetzlichen Aufhebung ist in Indien das vom H. geprägte Kastenwesen nach wie vor von großer Bedeu-

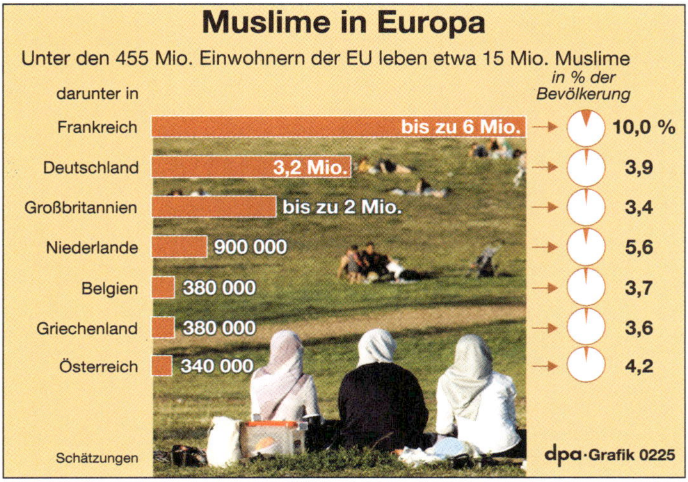

tung. Die vier großen Kategorien der Priester, der Krieger, der Bauern und Handwerker sowie der Knechte wurden im Laufe der Jahrhunderte zu einem komplizierten System mit mehreren Tausend Kasten ausdifferenziert. Außer- bzw. unterhalb des Kastensystems stehen die Unberührbaren (Parias oder Mandalas).

Islam

(arab.; Hingabe an Gott), vom arabischen Propheten Mohammed (um 570–632) gegründete monotheistische Religion mit über 80 Glaubensrichtungen. Das heilige Buch des I. ist der Mitte des 7. Jh. aufgeschriebene Koran, der auf mündliche Überlieferungen Mohammeds zurückgeht. Die religiösen Hauptpflichten (»Fünf Säulen«) des I. sind: das Glaubensbekenntnis (»Es gibt keinen Gott außer Allah, und Mohammed ist der Gesandte Gottes.«); das fünfmalige tägliche Gebet in Richtung Mekka; das Almosengeben; das Fasten im Monat Ramadan; die Wallfahrt nach Mekka.

Mit ungefähr 1,3 Mrd. Menschen ist der I. nach dem Christentum die Religion mit den weltweit meisten Anhängern. Die Mehrzahl der Muslime lebt in Afrika sowie in west- und mittelasiatischen Staaten. Das Fundament des Glaubens, der Koran, wird als Richtschnur alles Weltlichen und Religiösen angesehen. Daher sind im I. Religion, Politik und der Alltag stark miteinander verbunden, allerdings in den verschiedenen islamischen Staaten in ziemlich unterschiedlicher Ausprägung.

Deutschland: Rund 3,2 Mio. Muslime lebten Anfang 2005 in Deutschland,. Ein kleiner Teil von ihnen wurde vom Zentralrat der Muslime in Deutschland vertreten, der 19 islamische Verbände vertrat. Die großen türkischen Verbände gehörten der Organisation nicht mehr an, dafür zum größten Teil Muslime arabischer Herkunft. Zu den größten islamischen Gemeinschaften in Deutschland gehörte Anfang 2005 die »Islamische Gemeinschaft Milli Görüs e. V.« (IGMG) mit ca. 26 500 – nach eigenen Angaben 57 000 – Mitgliedern. 323 Moscheen zählt die Gemeinschaft. Der Verfassungsschutz beobachtete die Gemeinschaft und stufte IGMG als Vertreter eines »legalistischen Islamismus« ein. Von den Mitgliedern drohe keine Gefahr, obschon sie versuchten, mit politischen Aktivitäten islamistische Positionen durchzusetzen.

Judentum

Älteste monotheistische Religion, aus deren Wurzeln sich Christentum und Islam entwickelt haben. Grundlage des J. sind neben dem Bekenntnis zu dem einen Gott die auf Mose zurückgeführten Gesetze (u. a. die Zehn Gebote). Die Thora, das Gesetz der jüdischen Glaubenslehre, enthält insgesamt 613 Ver- und Gebote für das tägliche Leben.

Mit rund 14 Mio. Anhängern weltweit ist das J. eine vergleichsweise kleine Religion, wird aber aufgrund seiner weltweiten Verbreitung auch zu den Weltreligionen gezählt. Etwa 5 Mio. Juden leben in Israel, rund 6 Mio. in den USA. In Deutschland lebten im Jahr 2005 mehr als 100 000 Juden. Eine Zunahme an Mitgliedern verzeichneten die jüdischen Gemeinden in Deutschland während der letzten Jahre durch die starke Abwanderung von Juden aus dem Gebiet der ehemaligen Sowjetunion. Da eine Missionierung Andersgläubiger nicht betrieben wird, blieb die Zahl der Juden insbesondere in den europ. Ländern allerdings eher gering.

Katholische Kirche (Deutschland)

26 165 153 Mitglieder und 12 998 Pfarreien zählte die k. K. Ende 2003 (letztverfügbarer Stand). Gegenüber 2002 bedeutete dies einen Rückgang um rund 300 000 Mitglieder (gut 1,1%). 129 598 Katholiken waren aus der Kirche ausgetreten, 8,5% mehr als ein Jahr zuvor. Weniger Mitglieder, geringere Steuereinnahmen und die gesamtgesellschaftliche Lage wirkten sich auch auf zahlreiche Kirchenhaushalte aus. Einige Gemeinden mussten sich von Gotteshäusern und anderen Immobilien trennen. Auch an Nachwuchs mangelte es der k. K. in Deutschland. Im Jahr 2003 zählte die k. K. 13 936 inkardinierte (dem Bistum angehörende) Priester. Der Priestermangel nahm solche Ausmaße an, dass Gemeinden zusammengelegt werden mussten. Als Grund wurde u. a. der Zölibat angesehen.

»Wir sind Kirche«: Angesichts des drastischen Sparkurses in vielen Kirchengemeinden forderte die kath. amtskirchenkritische Initiative »Wir sind Kirche« mehr Transparenz bei der Verwendung der Kirchensteuer. Viele Gläubige machten sich Gedanken darüber, warum sie Kirchensteuer zahlten. Dies habe v. a. mit der Undurchsichtigkeit der Verwendung zu tun. Sogar Fachleute konnten durch das finanzielle System der k. K. nicht mehr durchdringen.

»Wir sind Papst«: Nach der großen Anteilnahme an dem Leiden und Sterben Papst Johannes Paul II. (→Christentum) sorgte die Wahl des dt. Kardinals Joseph Ratzinger zu seinem Nachfolger in Deutschland noch einmal für große öffentliche Resonanz – die Bildzeitung titelte mit »Wir sind Papst«. Obwohl Ratzinger als Theologe in Deutschland nicht unumstritten war, überwog die Freude über den ersten dt. Papst seit Hadrian VI. (1522-1523). Für den kath. Weltjugendtag in Köln im August 2005, zu dem Benedikt XVI. sein Kommen zugesagt hatte, wurde nun ein noch größeres Interesse erwartet.

Karl Lehmann
Vorsitzender der Dt. Bischofskonferenz (seit 1987), *16. 5. 1936 in Sigmaringen. Der Sohn eines Volksschullehrers studierte Philosophie und Theologie in Freiburg und Rom und promovierte in beiden Fächern 1962 bzw. 1967. 1963 in Rom zum Priester geweiht, war er 1964 bis 1967 wissenschaftlicher Assistent von Karl Rahner in München und Münster und erhielt 1968 seinen ersten Lehrstuhl in Mainz. Als Bischof von Mainz (seit 1983) wurde er 1987 zum Vorsitzenden der Dt. Bischofskonferenz gewählt und in diesem Amt 1993 und 1999 bestätigt. Am 28. 1. 2001 ernannte ihn Papst Johannes Paul II. zum Kardinal.

Zeugen Jehovas

(engl.: Jehovah's Witnesses), im 19. Jh. in den USA entstandene Religionsgemeinschaft. Auf einer eigenständigen Bibelauslegung basierend, erwarten und verkünden die Z. J. die baldige Wiederkunft Christi.

Ende März 2005 urteilte das Berliner Oberverwaltungsgericht (OVG), dass die Z. J. als Religionsgemeinschaft anerkannt werden müssen. Damit waren sie im Land Berlin als Körperschaft öffentlichen Rechts den großen Religionsgemeinschaften gleichgestellt. Das Berliner Urteil war das erste in Deutschland, das ihnen staatliche Anerkennung zuteil werden ließ. Danach strebte die Gemeinschaft weitere Anerkennungen in den restlichen 15 Bundesländern an. Das OVG schloss eine Revision aus, sodass nur beim Bundesverwaltungsgericht gegen das Urteil Beschwerde eingelegt werden kann. Das Land Berlin wollte ein solches Vorgehen prüfen.

Geschichte: Gegründet wurde die Gemeinschaft Ende des 19. Jh. in den USA von Charles Taze Russell als Verlagsgesellschaft der Bibelforscher, die zuerst »Wachturm-Gesellschaft« hieß, in Deutschland bis 1931 »Ernste Bibelforscher«. Seit 1931 führt die Religionsgemeinschaft ihren heutigen Namen. Weltweit haben die Z. J. rund 6 Mio. Anhänger, in Deutschland rund 190 000. Ihr Ziel ist es, die Botschaft vom Plan Gottes mit der Menschheit zu predigen. Der Hauptsitz der Gemeinschaft ist New York.

Chronik des Rechtsstreits: Der Rechtsstreit um die Anerkennung als Religionsgemeinschaft begann 1990 mit einem Antrag und zog sich seit 1993 durch alle Instanzen. Vor dem Bundesverfassungsgericht landete der Fall im Mai 2001, wurde aber von dort wieder an das OVG Berlin verwiesen. Dort war schon 1995 zugunsten der Z. J. entschieden worden.

Sport

Beachvolleyball

Die fünfte Weltmeisterschaft im B. fand vom 21. bis 26. 6. 2005 in Berlin statt und lockte insgesamt rund 81 000 Zuschauer auf den Schlossplatz der Metropole. Das Starterfeld setzte sich aus jeweils 48 Damen- und Herrenteams zusammen, 188 Matches mussten auf märkischem Sand absolviert werden. Bei den Herren kam es im Kampf um Bronze zu einem dt. Duell: Julius Brink/Kjell Schneider setzten sich mit 2:1 (16:21, 21:17, 15:10) gegen die Nachrücker Marvin Polte/Thorsten Schoen durch. Die neuen Weltmeister kamen aus Brasilien: Das Duo Marcio Araujo/de Jesus Magalhães siegte in zwei Sätzen (22:20, 21:12) über die Schweizer Sascha Heyer/Paul Laciga. In der Damenkonkurrenz verteidigten Kerri Walsh/Misty May-Treanor (USA) überzeugend ihren Titel mit einem 2:0 (21:17, 21:17) über Franca/Felisberta Silva (BRA). Die Bronzemedaille ging erstmals nach China: Mit 21:13 und 21:17 bezwangen Jia Tian/Fei Wang die Kubanerinnen Fernandez Grasset/Larrea Peraza.

Boxen

Ranking: Regina Halmich, Deutschlands erfolgreichste Profiboxerin, nahm im Juni 2005 als einzige Europäerin eine Spitzenposition in der ersten Frauen-Weltrangliste des World Boxing Councils (WBC, Mexiko) ein. Die 28-Jährige, seit Juni 1995 Weltmeisterin nach der Version der Women's International Boxing Federation (WIBF), stand auf Platz eins im Fliegengewicht. Zuletzt hatte die für den Universum Boxstall (Hamburg) kämpfende Halmich im April 2005 ihren Titel in Magdeburg gegen Hollie Dunaway (USA) verteidigt.

WM-Kämpfe und Qualifikation: Ende Mai 2005 gewann Luan Krasniqi den Qualifikationskampf im Schwergewicht gegen Lance Whitaker (USA) durch K.o. in der sechsten Runde. Krasniqi darf nun den Weltmeister der World Boxing Organisation (WBO, Puerto Rico) und Wladi-

Boxen: Luan Krasniqi (rechts) kann sich im Schwergewichtsqualifikationskampf am 28. 5. 2005 in Stuttgart gegen Lance Whitaker aus den USA durchsetzen.

mir-Klitschko-Bezwinger Lamon Brewster (USA) herausfordern. Supermittelgewichtler Mario Veit dagegen konnte seine Chancen nicht nutzen: Auch den zweiten Kampf gegen WBO-Weltmeister Joe Calzaghe (Großbritannien) Anfang Mai 2005 verlor er vorzeitig. Auf dem Weg zurück an die Spitze ist Wladimir Klitschko (Ukraine). Im April 2005 bezwang der Exschwergewichtsweltmeister in Dortmund Eliseo Castillo (Kuba) in der vierten Runde und feierte damit seinen 44. Sieg im 47. Profikampf.

Boxmanager Wilfried Sauerland trennte sich Mitte Mai 2005 von Rüdiger May. Der Cruisergewichtler hatte im September 2004 den WBO-Titelfight gegen Weltmeister Johnny Nelson (Großbritannien) klar verloren. Für einen anderen Sauerland-Schützling könnte sich noch 2005 die Chance auf einen Titelfight der World Boxing Association (WBA, Venezuela) im Schwergewicht ergeben: Im Mai 2005 gewann der 2,17 m große Nikolaj Walujew (Russland) die Intercontinental-Meisterschaft durch einen Sieg in der dritten Runde über Clifford Etienne (USA).

EM-Kämpfe: Oktay Urkal wurde im Mai 2005 Europameister im Weltergewicht. In Bayreuth entthronte der »Ali von Kreuzberg« mit einem Punktsieg nach zwölf Runden Frédéric Klose (Frankreich). Dagegen verpasste Timo Hoffmann auch im dritten Anlauf den Europameistertitel im Schwergewicht. Mitte Juni 2005 unterlag er nach zwölf Runden mit 1:2-Richterstimmen gegen Paolo Vidoz (Italien).

Rücktritt: Wenige Wochen nach seiner K. o.-Niederlage gegen Fabrice Tiozzo (Frankreich) erklärte Dariusz Michalczewski im Juni 2005 seinen Rücktritt vom aktiven Boxsport. Zwischen 1994 und 2003 hatte »der Tiger« die Weltmeistergürtel des WBO im Cruiser- und Halbschwergewicht getragen, zudem wurde er 1997 Halbschwergewichtschampion der WBA und der International Boxing Federation (IBF, USA).

Doping

Einnahme oder Verabreichung aufputschender bzw. leistungsfördernder Mittel; auch niedrige Dosierungen können zu schweren gesundheitlichen Schädigungen bei Mensch oder Tier führen.

Wie in der Vergangenheit beschäftigten auch 2004/05 zahlreiche nachgewiesene bzw. mögliche D.-Vergehen die internationale Sportwelt.

Doping: Welt-Anti-Doping-Code

Das 53-seitige Dokument wurde unter Federführung der Welt-Anti-Doping-Agentur (WADA) entwickelt. Wesentliche Punkte sind:

- Die WADA erstellt jährlich eine Liste mit verbotenen Substanzen.
- Die WADA kann gegen ein Dopingverfahren Berufung beim Internationalen Sportgerichtshof (CAS, Lausanne) einlegen.
- Geahndet wird nicht nur der Dopingnachweis, sondern auch der Versuch der Nutzung von Dopingmitteln sowie der Besitz und das Handeln mit verbotenen Substanzen.
- Die Sportler sind für die bei ihnen nachgewiesenen Dopingmittel juristisch verantwortlich. Ein positiver Test (Nachweis von Doping) führt sofort zu einer Disqualifikation.
- Der erstmalige Dopingverstoß wird generell mit einer Zeitsperre geahndet, Wiederholungstäter erhalten u. U. lebenslanges Startverbot.

Quelle: WADA (Montreal); FAZ 5. 3. 2003

Der Radsport verzeichnete u. a. D.-Sperren gegen den dt. Radprofi Danilo Hondo und Olympiasieger Tyler Hamilton (USA); die D.-Vorwürfe gegen den Seriensieger der Tour de France, Lance Armstrong (USA), wollten nicht abreißen. Der US-amerikanische Boxer James Toney wurde wegen D. der WM-Titel im Schwergewicht der World Boxing Association (WBA, Venezuela) aberkannt. Gegen die griechischen Leichtathleten Kostas Kenteris und Ekaterini Thanou sowie ihren Extrainer Christos Tsekos wurde Anklage erhoben, sich bei den Olympischen Spielen in Athen einer D.-Probe entzogen zu haben.

Beim Confederations Cup 2005 gerieten die mexikanischen Fußballspieler Aaron Galindo und Salvador Carmona unter D.-Verdacht. Laut mexikanischen Presseberichten sollen die beiden in der A-Probe positiv auf das Steroid Nandrolon getestet worden sein. Beide Spieler mussten aufgrund einer Maßgabe der Mannschaftsleitung das Turnier vorzeitig verlassen. Als Reaktion plant der Weltfußballverband FIFA für die WM 2006 Vorabüberprüfungen bei allen Spielern der 32 Endrundenteilnehmer. Erste Früchte trägt der verstärkte Kampf gegen D. in der Volksrepublik China. 2004 wurden bei ca. 4700 Kontrollen (überwiegend Urintests) nur noch 17 Vergehen festgestellt.

Deutschland: Die Nationale Anti-Doping-Agentur (NADA, Bonn) vermeldete für das Olympiajahr 2004 72 D.-Sünder (2003: 50 Fälle). Insgesamt wurden in den Labors in Köln und Kreischa 8885 D.-Proben untersucht, 4417 stammten aus dem Trainingszyklus, der Rest wurde während der Wettkampfphasen entnommen. Als »sonstige Verstöße« listete die NADA drei Verweigerungen sowie zwei verpasste Tests. Die Analysen auf das Blut-D.-Mittel Erythropoietin (EPO) waren stets unauffällig, im Bereich der unerlaubten Substanzen lagen die anabolen Steroide klar an der Spitze. Allerdings wurde die Einnahme von Wachstumshormonen nicht kontrolliert.

Leichtathletik: Der Internationale Leichtathletik-Verband (IAAF, Monaco) erhöhte seinen Etat zur D.-Bekämpfung in 2005 auf 650000 US-Dollar (2004: rund 500000 US-Dollar). Bei der Leichtathletik-WM in Helsinki (6.–14.8. 2005) sollen etwa 800 D.-Überprüfungen durchgeführt werden. 2004 veranlasste die IAAF 2998 D.-Tests, davon waren 74 auffällig.

DOSB

(Deutscher Olympischer Sportbund), für 2006 geplante Dachorganisation des dt. Sports

Am 28.6. 2005 präsentierte eine vom Nationalen Olympischen Komitee für Deutschland (NOK, Frankfurt am Main) und vom Dt. Sportbund (DSB, Frankfurt am Main) gebildete Strukturkommission den Zeitplan für eine Fusion zu einem gemeinsamen Dachverband des dt. Sports. Danach sollten am 10. 12. 2005 Mitgliederversammlungen des 1949 als Vertretung der olympischen Bewegung gegründeten NOK (Präsident seit 2002: Klaus Steinbach) und des 1950 als Dachorganisation der Landessportbünde und Sportfachverbände gegründeten DSB (Präsident seit 1994: Manfred von Richthofen) der jeweiligen Auflösung ihres Verbandes und einer Verschmelzung zustimmen. Die Fusion von NOK und DSB zum DOSB in einer konstituierenden Vollversammlung war für Mai 2006 geplant. Durch die Fusion soll eine effizientere Förderung des Leistungssports und eine Bündelung der Mittel und Möglichkeiten von NOK und DSB erreicht werden.

Eishockey

Für die Eliteklasse im nationalen E. beschloss die Gesellschafterversammlung der Dt. Eishockeyliga (DEL) Mitte Mai 2005 die Abschaffung des Auf- und Abstiegs ab der Spielzeit 2006/07. Beitrittswillige Vereine müssen in Zukunft eine Lizenz erwerben oder aber auf die Aufstockung der Gruppe hoffen. Mit dieser Reform sollen die nationalen Spitzenklubs mehr Planungs- und Investitionssicherheit erhalten.

Deutsche Meisterschaften: Durch einen sog. »Sweep« (drei Siege in den ersten drei Spielen einer »Best of Five«-Serie) gewannen die Eisbären Berlin die Dt. E.-Meisterschaft 2005. Im letzten Finalspiel schlug der 15-malige DDR-Meister die

Eishockey: Die Spieler der Eisbären Berlin jubeln am 19. 4. 2005 in Berlin über den Gewinn der Dt. Meisterschaft.

Adler aus Mannheim mit 4:1 Toren (1:1, 1:0, 2:0). Für die Puckjäger aus der Hauptstadt war es die erste gesamtdt. Meisterschaft. Bei den Frauen sicherte sich der EC Bergkamen (NRW) durch einen 2:1-Sieg nach Verlängerung (0:0, 1:1, 0:0, 1:0) über Titelverteidiger TV Kornwestheim die dt. Meisterschaft 2005, Platz drei nahm OSC Berlin ein (6:5-Erfolg gegen SC Riessersee).

Weltmeisterschaften: Deutschlands männliche E.-Cracks sind international wieder zweitklassig. Nach 1964, 1968, 1973 und 1998 stieg die Nationalmannschaft des Dt. E.-Bundes (DEB, München) bei der WM in Österreich (30.4.–15.5. 2005) zum fünften Mal ab. In der Relegationsrunde ging das entscheidende Match gegen Dänemark mit 2:3 Toren (1:1, 1:1, 0:1) verloren. Ihren elften WM-Titel gewann die Tschechische Republik – sie entthronte Kanada überzeugend mit 3:0 (1:0, 0:0, 2:0) und vereitelte den ersten Titel-Hattrick seit 53 Jahren. Im kleinen Finale schließlich schlug Russland Schweden mit 6:3 (3:2, 3:0, 0:1).

Die dt. E.-Damen belegten bei der A-WM in Schweden (2.–9.4. 2005) dagegen einen hervorragenden fünften Platz. In ihrer letzten Partie setzte sich die Auswahl von Bundestrainer Peter Kathan mit 3:0 (1:0, 1:0, 1:0) verdient gegen die Volksrepublik China durch. Erstmals seit Einführung des Titelkampfes 1990 hieß der Gesamtsieger nicht Kanada: Die US-Girls schlugen die nordamerikanischen Nachbarinnen mit 1:0 im Penaltyschießen.

www.deb-online.de

Funsport

Skateboard: Anfang Juli 2005 kehrte die sog. Monster Mastership (24. Skateboard-Weltmeisterschaft) zu ihren Ursprüngen zurück: Der wichtigste Skateboard-Wettbewerb fand wieder in Münster in der Halle Münsterland statt. Die rund 100 Teilnehmer ermittelten ihre Elite in den Disziplinen »Street« sowie »Halfpipe«, der Veranstalter erwartete etwa 20 000 Fans und damit einen Rekord bei der Zuschauerzahl.

Windsurfen: Die Kielerin Amelie Lux gewann Mitte Mai 2005 bei der Mistral-Weltmeisterschaft vor Modello (Italien/Sizilien) die Silbermedaille. Nach elf spannenden Rennen musste sich die Olympiazweite von Sydney nur der Spanierin Blanca Manchon geschlagen geben, den dritten Platz belegte Flavia Tartaglini (Italien).

Bike: Hannes Genze holte sich Ende Juni 2005 überraschend den Europameistertitel im MTB-Marathon (»Mountainbike-Marathon«, 120 km). Vor heimischer Kulisse setzte sich der Deutsche im Sprint durch und verwies Andreas Kugler sowie Sandro Späth (beide Schweiz) auf die Plätze. Bei den Damen siegte die Finnin Pia Sundstedt, Silber erfuhr sich die Deutsche Birgit Jüngst, Bronze ging an die Titelverteidigerin Blaza Klemencic (Slowenien).

Funsport: Topfive Mountainbike Cross-Country DM 2005

	Herren	Zeit (h)	Damen	Zeit (h)
1	Lado Fumic	2:01,05	Sabine Spitz	1:24,32
2	Manuel Fumic	2:01,39	Nina Göhl	1:25,42
3	Wolfram Kurschat	2:01,51	Ivonne Kraft	1:26,07
4	Johannes Sickmüller	2:02,17	Adelheid Morath	1:26,26
5	Hannes Genze	2:02,29	Sandra Klose	1:27,52

Fußball

Confed-Cup: Der in Deutschland ausgetragene FIFA Confederations Cup (15.–29.6. 2005) mit den fünf Spielorten Frankfurt, Hannover, Leipzig, Köln und Nürnberg war in jeder Hinsicht ein voller Erfolg. Bis zum Abschluss der Zwischenrunde der sog. Mini-WM ließen sich pro Spiel durchschnittlich rund 36 000 Zuschauer begeistern, die Kartenauslastung lag bei ca. 85 %. Mehr als 3 000 Journalisten waren vor Ort, die Spiele wurden in 170 Länder übertragen. Die neu formierte dt. Nationalmannschaft sorgte sportlich für Aufsehen. Als ungeschlagener Gruppensieger vor Argentinien zog das Klinsmann-Team ins Halbfinale ein, wo es gegen Weltmeister Brasilien mit 2:3 unterlag. Das Spiel um Platz 3 gegen Mexiko, das die Zuschauer begeisterte, wurde mit 4:3 nach Verlängerung gewonnen. Im Finale zeigte der Weltmeister seine Klasse: In Frankfurt am Main deklassierte Brasilien den Erzrivalen Argentinien mit 4:1, zwei Tore erzielte Adriano, der mit insgesamt fünf Treffern als Torschützenkönig des Turniers galt.

Klinsmann und die neue Elf

Knapp zwei Jahre vor Beginn der Weltmeisterschaft im eigenen Land war Fußball-Deutschland am Boden: Bei der Europameisterschaft 2004 in Portugal musste die A-Nationalmannschaft schon nach der Vorrunde verdientermaßen die Heimreise antreten. Teamchef Rudi Völler zog entnervt die persönliche Notbremse und gab mit sofortiger Wirkung seinen Rücktritt bekannt.

Ein Neuanfang war also möglich, viele Beobachter hielten ihn auch für zwingend geboten, wollte man nicht als Gastgeber der anstehenden Weltmeisterschaft sportlich untergehen. Nach einer mühseligen Trainersuche präsentierte die später eingesetzte Trainerfindungskommission des Dt. Fußball-Bundes (DFB, Frankfurt) am 29. 7. 2005 Jürgen Klinsmann als Völler-Nachfolger. Der 108-malige Nationalspieler mit Wahlheimat Kalifornien, bis dato ohne praktische Erfahrung als Fußballlehrer, erhielt einen Zweijahresvertrag. Zusammen mit Assistent Joachim Löw und Teammanager Oliver Bierhoff blies er zum sofortigen spielerischen wie organisatorischen Aufbruch.

Revolution beim Training Angelehnt an Ideen aus dem US-Profisport nahm der Betreuerapparat für die Elitekicker zügig neue Konturen an: Hans-Dieter Herrmann stand der Mannschaft seit der Asienreise im Dezember 2004 als Psychologe zur Verfügung, der Schweizer Urs Siegen agierte ab Frühjahr 2005 als internationaler Spielbeobachter. Besondere mediale Aufmerksamkeit erzeugte aber »Fitness-Guru« Mark Verstegen (USA). Der Chef des Trainingszentrums Athlete's Performance (Phoenix/Arizona) brachte den Spielern erstmals vor dem Match gegen Weltmeister Brasilien im September 2004 ausgefeilte Dehnübungen und effektivere Sprung- bzw. Sprinttechniken bei.

Die Verwirrungen um Berti Vogts fanden im Mai 2005 ein Ende: Der Klinsmann-Favorit für den Posten des DFB-Sportdirektors sagte aus persönlichen Gründen ab; zu lange hatte sich der DFB um eine Entscheidung gedrückt, was auch als Ausdruck des Unbehagens einiger Funktionäre wegen Klinsmanns Reformeifer gedeutet wurde.

Jung und offensiv Auf dem Rasen setzten sich die Veränderungen fort. Mit der Entscheidung für die neuen, roten Ausweichtrikots hatte Klinsmann die Richtung vorgegeben: Nun war aggressiver, mit Leidenschaft vorgetragener Offensivfußball angesagt, selbstbewusste Jungstars wie Lukas Podolski, Bastian Schweinsteiger, Thomas Hitzlsperger oder Robert Huth kombinierten erfolgreich mit den Erfahrenen um den neuen Kapitän Michael Ballack. Zwar belegte das dt. Nationalteam Anfang Juni 2005 nur Platz 21 in der FIFA-Weltrangliste und wartete seit Oktober 2000 auf einen Sieg gegen die sog. Topnationen; aber das Auftreten der DFB-Elf beim FIFA Confederations Cup bestätigte trotz noch vorhandener Schwächen den eingeschlagenen Weg: Als Gruppensieger zog die Mannschaft ins Halbfinale gegen Brasilien ein, glich dort durch Tore von Podolski und Ballack zweimal einen Rückstand aus, bevor sie mit 2:3 Toren knapp geschlagen den Platz verließ. Das Spiel um Platz 3 gegen Mexiko gewannen sie mit 4:3.

Angesichts dieser Leistungssteigerung gerieten die von Klinsmann getroffenen Entscheidungen – und gewonnenen Machtkämpfe – um die Verlegung des WM-Quartiers von Leverkusen nach Berlin sowie das Rotationsprinzip im Tor zwischen Oliver Kahn und Jens Lehmann und sogar die teilweise hysterisch geführte Diskussion um den kalifornischen Wohnsitz des dt. Bundestrainers in den Hintergrund. Dauerhaft verstummen werden diese Zwischentöne allerdings nur, wenn Klinsmanns neue Methoden das Resultat erbringen, das die Fußballfans in (und für) Deutschland ersehnen: den Gewinn des WM-Titels 2006.

Im Juli 2005 tritt Jürgen Klinsmann die Nachfolge von Rudi Völler als Bundestrainer an.

Bundesliga: Die 42. Bundesliga-Saison lockte rund 11,2 Mio. Zuschauer in die Stadien und Arenen, Fan-Krösus war erneut Borussia Dortmund. Mit 14 Punkten Vorsprung sicherte sich Rekordmeister FC Bayern München den 19. dt. Meistertitel. Den Weg in die zweithöchste nationale Klasse mussten der VfL Bochum, Hansa Rostock sowie der SC Freiburg antreten, über den Aufstieg freuten sich im Gegenzug der 1. FC Köln, MSV Duisburg und Eintracht Frankfurt. Auf internationaler Ebene wird der dt. F. 2005/06 durch Bayern München, Schalke 04 (Champions League), Werder Bremen (Champions League-Qualifikation), Hertha BSC, VfB Stuttgart und Bayer Leverkusen (UEFA-Pokal) vertreten. Als Qualifikant infolge der Fairplay-Wertung erhielt auch Aufsteiger Mainz 05 eine erste internationale Chance auf den UEFA-Cup. Im UI-Cup treten Borussia Dortmund, Hamburger SV sowie VfL Wolfsburg an.

DFB-Pokal: Zum zwölften Mal gewann der FC Bayern München den DFB-Vereinspokal (zugleich das fünfte Double in der Vereinsgeschichte). Im Finale im Berliner Olympiastadion (28. 5. 2005) schlug der amtierende Meister vor rund 74 400 Zuschauern Vizemeister FC Schalke 04 mit 2:1.

1. Fußball-Bundesliga 2004/05 (Männer)

Rang	Verein	Punkte
1	Bayern München	77
2	FC Schalke 04	63
3	Werder Bremen	59
4	Hertha BSC Berlin	58
5	VfB Stuttgart	58
6	Bayer Leverkusen	57
7	Borussia Dortmund	55
8	Hamburger SV	51
9	VfL Wolfsburg	48
10	Hannover 96	45
11	FSV Mainz 05	43
12	1. FC Kaiserslautern	42
13	Arminia Bielefeld	40
14	1. FC Nürnberg	38
15	Borussia Mönchengladbach	36
16	VfL Bochum	35
17	Hansa Rostock	30
18	SC Freiburg	18

Den Siegtreffer in der 76. Minute erzielte der erst kurz zuvor eingewechselte Hasan Salihamidzic.

U 20: Bei der WM in den Niederlanden (10. 6. bis 2. 7. 2005) scheiterte die dt. Jugend-Nationalmannschaft in der Verlängerung des Viertelfinales. In der 99. Minute erzielte der Brasilianer Rafael das entscheidende 2:1.

Frauenfußball: Der dt. Frauenfußball überzeugte auch 2004/05 durch eine Reihe von Erfolgen. Die A-Nationalmannschaft gewann am 19. 6. 2005 nach 1989, 1991, 1995, 1997 und 2001 zum sechsten Mal den Europameistertitel. Das Finale im Ewood Park (Blackburn, Großbritannien) gegen Norwegen endete verdient mit 3:1. Nach der EM übernahm Silvia Neid das Traineramt von Tina Theune-Meyer. Auch die Juniorinnen waren nicht zu schlagen: Ende November 2004 wurde die U-19-Auswahl Weltmeister. Im Endspiel im Rachamangala-Stadion (Bangkok, Thailand) konnte China mit 2:0 bezwungen werden, Titelverteidiger USA landete auf Rang drei.

Vorzeitig feierte der 1. FFC Frankfurt seine fünfte dt. Meisterschaft. Mit 21 Siegen in 22 Spielen ließen die Hessinnen der Konkurrenz um Titelverteidiger 1. FFC Turbine Potsdam keine Chance. Erfolgreicher agierten die Potsdamerinnen in den Pokalwettbewerben: Erstmalig in der Vereinsgeschichte siegten die Kickerinnen um Trainer Bernd Schröder im UEFA-Pokal. Bereits das Final-Hinspiel beim schwedischen Vertreter Djurgarden/Alvsjö gewannen sie mit 2:0; beim 3:1-Rückspielerfolg im heimischen Karl-Liebknecht-Stadion am 21. 5. 2005 machten die Brandenburgerinnen alles klar. Eine Woche später gelang zudem die Titelverteidigung im DFB-Vereinspokal. Im Endspiel setzten sich die Potsdamerinnen gegen den 1. FFC Frankfurt mit 3:0 durch.

International: Der Champions-League-Gewinner 2004/05 heißt FC Liverpool. Die Briten schlugen in einem dramatischen Finale am 25. 5. 2005 in Istanbul den AC Mailand mit 6:5 nach Elfmeterschießen. Gegen die favorisierten Italiener hatten die Engländer zuvor binnen sechs Minuten einen 0:3-Pausenrückstand egalisiert. Im UEFA-Cup gewann ZSKA Moskau als erstes russisches Team einen europ. Vereinstitel. Im Finale am 18. 5. 2005 wurde Sporting Lissabon im eigenen Stadion mit 1:3 bezwungen.

Mitte Dezember 2004 gewann der FC Porto zum zweiten Mal nach 1987 den Weltpokal. In

Yokohama (Japan) besiegte das Team Once Caldas (Kolumbien) mit 8:7 nach Elfmeterschießen. Im UEFA-Superpokal hatten die Portugiesen im August 2004 in Monaco gegen UEFA-Cup-Sieger Valencia mit 1:2 verloren.

WM-Qualifikation: Neben Gastgeber Deutschland waren Mitte des Jahres 2005 bereits die asiatischen Teams aus Japan, Iran, Süd-Korea und Saudi-Arabien sowie aus der Südamerika-Gruppe Argentinien für die F.-WM 2006 qualifiziert. Die Qualifikation von Weltmeister Brasilien galt angesichts eines komfortablen Punktestandes als Formsache. In den acht europ. Gruppen waren noch keine Entscheidungen gefallen. Aus dem Kreis der Favoriten hatten Europameister Griechenland und Exweltmeister Frankreich mit den größten Problemen zu kämpfen, während die Ukraine von allen europ. Teams die besten Aussichten besaß.

EM: Bis zum Bewerbungsschluss Ende Januar 2005 hatten zehn nationale Verbände (Aserbaidschan, Griechenland, Italien, Rumänien, Russland, Türkei; Gemeinschaftskonzepte aus Kroatien/Ungarn sowie Polen/Ukraine) ihr Interesse an der Ausrichtung der Europameisterschaft 2012 bekundet. Spätestens Mitte Juli 2005 mussten alle Unterlagen bei der UEFA (Nyon, Schweiz) eingegangen sein, nach einer Vorauswahl auf drei Kandidaten soll die endgültige Entscheidung im Dezember 2006 getroffen werden. Gastgeber der EM 2008 sind Österreich und die Schweiz.

Fußball: Im Finale des Confed-Cup besiegt Brasilien Argentinien mit 4:1; Adriano (Mitte) wird mit insgesamt fünf Treffern Torschützenkönig des Turniers.

Deutschland ein Jahr vor der Fußball-WM

Anfang Mai begann die zweite Verkaufsphase für die WM-Tickets. Maximal bis zum 15.11.2005 können nur Team-Serien-Eintrittskarten (TST, engl.: Team Specific Tickets) erworben werden. Ende März 2005 war der erste Verkaufsabschnitt beendet worden. Für die 812 000 Karten lagen mehr als 10 Mio. Ticketwünsche vor. Die Interessenten stammten aus 195 Ländern, davon 80 % aus Europa. Schon im Vorfeld wurde das Verfahren heftig kritisiert.

Der Fußball-Weltverband FIFA erhöhte das Preisgeld für die kommende WM auf rund 215 Mio. € (+38 % gegenüber 2002).

Die dt. Elite-Kicker erhalten im Falle eines Titelgewinns pro Spieler 300 000 € (je Akteur: Finalniederlage/150 000 €; Halbfinale: 100 000 €; Viertelfinale: 50 000 €).

Unter dem Motto »Fan-Fest FIFA WM 2006« finden in allen zwölf Ausstragungsorten Live-Übertragungen auf Großbildleinwänden (sog. Public Viewing) statt.

GOLEO VI ist das offizielle Maskottchen der WM. Mitte November 2004 wurden der freche Löwe und sein sprechender Fußball namens »Pille« der Öffentlichkeit vorgestellt.

Finanzen: Nach Mitteilung der Dt. Fußball Liga (DFL, Frankfurt) erzielten die 36 Vereine und Kapitalgesellschaften der ersten und zweiten Bundesliga in der Saison 2003/04 ein positives Ergebnis vor Zinsen, Steuern und Abschreibungen in Höhe von 79,9 Mio. €. Aufgrund fehlender Europapokaleinnahmen sank allerdings der Umsatz gegenüber dem Vorjahreszeitraum von rund 1,36 Mrd. € auf 1,27 Mrd. €. Einem umfangreichen Sanierungskonzept für den finanziell stark angeschlagenen Verein Borussia Dortmund 09 stimmten im März 2005 die Anleger des Molsiris-Immobilienfonds zu.

www.dfb.de; www.fifa.com

Handball

Nur knapp verfehlte die dt. H.-Nationalmannschaft im August 2004 den großen Triumph: Mit 24:26 (12:11) unterlagen die von Heiner Brand trainierten Europameister im olympischen Finale von Athen, wie schon eineinhalb Jahre zuvor im WM-Finale, gegen Kroatien. Bei der Weltmeisterschaft in Tunesien (23. 1.–6. 2. 2005) konnte die Auswahl des Dt. Handball-Bundes (DHB, Dortmund) nicht an die Erfolge der letzten Jahre anknüpfen und wurde Neunter. Den Titel sicherte sich erstmals Spanien, das Kroatien mit 40:34 (21:13) entthronte.

Schiedsrichterskandal: Kassieren statt Fair Play

Im Januar 2005 wurde es publik: Im Auftrag von Wettbetrügern wurden Fußballspiele in Amateurligen, der Zweiten und möglicherweise der Ersten Bundesliga sowie des DFB-Pokals manipuliert. Mehrere Schiedsrichter standen in Verdacht, regelmäßig Geld erhalten zu haben, um Spiele im Sinne der Wettmafia zu beeinflussen. Hinweise auf Manipulation waren zuvor lange unbeachtet geblieben.

Urplötzlich wurden Erinnerungen wach an den 6. 6. 1971, als Horst Gregorio Canellas, Präsident der gerade abgestiegenen Offenbacher Kickers, Spielmanipulationen in der abgelaufenen Saison enthüllte und so einen Bundesligaskandal auslöste. Jetzt sorgte ein Schiedsrichter für den Eklat: Robert Hoyzer, in der DFB-Personalakte als Referee mit Zukunft geführt, gab nach vorsichtigen Hinweisen aus dem Kollegenkreis im Januar 2005 gegenüber seinen Rechtsbeiständen Spielmanipulationen zu und belastete auch weitere Unparteiische sowie Spieler schwer. Der 25-jährige Berliner sagte aus, für seine betrügerischen Einflussnahmen über 50 000 € von einer kroatischen Wettmafia erhalten zu haben. In den Blickpunkt des Geschehens rückten daraufhin das Berliner »Café King« und dessen Betreiber.

Die Hoyzer-Affäre zieht Kreise Mitte 2005 näherten sich die Ermittlungen der Sonderkommission »Fußball« ihrem Ende, die Anklageerhebung seitens der Berliner Staatsanwaltschaft stand unmittelbar bevor. Als Hauptverdächtige in Haft saßen noch immer die Brüder Ante und Filip S., nach umfangreichen Aussagen waren Robert Hoyzer sowie Milan S. wieder auf freiem Fuß.

Schiedsrichter Robert Hoyzer (rechts) im manipulierten Zweitligaspiel zwischen Ahlen und Burghausen

Der DFB zog im April 2005 in Mainz eine erste Bilanz: Gut zwei Dutzend Beschuldigte waren vernommen, über 16 Einsprüche gegen Spielergebnisse vor der Frankfurter Sportgerichtsbarkeit verhandelt worden – die Affäre war intern weitestgehend abgearbeitet. Die Delegierten beschlossen ein Wettverbot für Schiedsrichter, Aktive und Funktionäre sowie eine umfassendere Beobachtung der Schiedsrichter auch in der Regionalliga und im DFB-Pokal; für die Zukunft plant der Verband ein eigenes Sportwetten-Angebot ab 2006/07.

Deutschland ist kein Einzelfall Wett- oder Bestechungsskandale können internationale Ausmaße annehmen, kennen keine Landesgrenzen, kommen immer wieder vor. Im Februar 2005 wurde ein mutmaßlich organisierter Wettbetrug aus dem Jahr 2001 bekannt, als auf fünf Spiele der italienischen »Serie A«, die alle unter z. T. kuriosen Umständen mit 2:1 endeten, in Deutschland außergewöhnlich hohe Summen gesetzt worden waren. Im Juni 2005 verhaftete die italienische Polizei einen Fußballfunktionär des AC Venezia. Er hatte 250 000 € in einem Koffer transportiert, nach Einschätzung der Untersuchungsbeamten Gelder »zweifelhafter Herkunft«. Zuvor war der tschechische Club Slovan Liberec wegen Schiedsrichterbestechung im Frühjahr 2004 mit einer Geldstrafe und Punktabzug sanktioniert worden. Und auch die polnische Fußballszene hatte aus leider allzu vertrauten Gründen die Festnahme zweier Erstligareferees zu vermelden.

Es ist höchst fraglich, ob dem Wettbetrug durch rechtliche und organisatorische Änderungen überhaupt beizukommen ist. Die enormen Umsätze, die z. B. auch in asiatischen Wettbüros Woche für Woche erzielt werden, machen Manipulationen zu einem lohnenden Geschäft. Und das Internet erleichtert es Wettkunden und Anbietern, sich einer nationalen Gesetzgebung und Kontrolle zu entziehen. Viel stärker als beim Doping, das »nur« die eigenen Siegchancen verbessern soll, steht bei Ergebnismanipulationen die Existenz des Sports auf dem Spiel: »Die Leute gehen zum Fußball, weil sie nicht wissen, wie es ausgeht«, wusste schon Sepp Herberger.

Welthandballer: Henning Fritz vom THW Kiel, durch seine Paraden maßgeblich an den Erfolgen der dt. Nationalmannschaft bei EM und Olympia beteiligt, wurde zum Welthandballer des Jahres 2004 gewählt. Mit Fritz, dem zweiten dt. Welthandballer nach Daniel Stephan 1998, erhielt erstmals ein Torwart diese Auszeichnung.

Bundesliga und Pokal: Der Dt. H.-Meister der Herren 2004/05 kommt aus Kiel. Die THW-Spieler gewannen am letzten Spieltag ihre Auswärtsbegegnung in Düsseldorf und sicherten dem Verein die elfte Meisterschaft. Titelverteidiger und Erzrivale SG Flensburg-Handewitt wurde Zweiter, sicherte sich aber mit einem 33:31-Sieg über Kiel den DHB-Pokal. Bei den Damen gewann der 1. FC Nürnberg gegen DJK/MJC Trier souverän den Meistertitel. In der Pokalendrunde in Riesa verteidigten die Nürnbergerinnen ihren Titel gegen Bayer Leverkusen mit 30:28.

Deutsches Finale: Tusem Essen gewann 2005 gegen Liga-Konkurrent SC Magdeburg den EHF-Pokal. Im zweiten Finale (7.5. 2005, Oberhausen) drehten die Westfalen einen Acht-Tore-Rückstand um, den entscheidenden Treffer zum 31:22-Erfolg erzielte – fast mit dem Abpfiff – Dimitri Torgowanow.

1. Handball-Bundesliga 2004/05 (Männer)

Rang	Verein	Punkte
1	THW Kiel	62:6
2	SG Flensburg-Handewitt	60:8
3	SC Magdeburg	49:19
4	TBV Lemgo	46:22
5	VfL Gummersbach	45:23
6	HSG Nordhorn	41:27
7	HSV Hamburg	41:27
8	Tusem Essen	39:29
9	Frisch Auf Göppingen	36:32
10	SG Wallau/Massenheim	31:37
11	TuS N.-Lübbecke	27:41
12	Wilhelmshavener HV	27:41
13	TV Großwallstadt	25:43
14	HSG Wetzlar	22:46
15	HSG Düsseldorf	21:47
16	GWD Minden-Hannover	18:50
17	VfL Pfullingen	13:55
18	SV Post Schwerin	9:59

Handball: Henning Fritz, Torwart des THW Kiel und der dt. Nationalmannschaft, – hier im Spiel gegen Kroatien in Athen – wird Welthandballer 2004.

Verband: Ende Juni 2005 wählten die Vereinsvertreter den Magdeburger Bernd-Uwe Hildebrand zum neuen Vorstandsvorsitzenden der H.-Bundesliga (HBL, Dortmund). Zudem wurden auf der Ligatagung neue Regeln für das Lizenzierungsverfahren beschlossen. Zukünftig prüft und überwacht eine dreiköpfige Kommission die Vergabe der Spielgenehmigungen, die Anmeldungen für die Lizenzerteilung müssen künftig bis zum 1. Dezember eingegangen sein.

www.dhb.de

Kanu

Olympia: Bei der Sommerolympiade 2004 untermauerten die dt. Kanuten ihre internationale Ausnahmestellung. Mit vier Gold- und drei Silbermedaillen polierten sie die dt. Medaillenbilanz deutlich auf. Gold gewannen der Zweier-Kanadier der Herren (Christian Gille, Thomasz Wylenzek), der Kajakvierer der Damen (Maike Nollen, Birgit Fischer, Carolin Leonhardt, Katrin Wagner), der Kajakzweier der Herren (Ronald Rauhe, Tim Wieskoetter) und Andreas Dittmer im Einer-Kanadier. Nach ihrem Gold im Vierer sowie Silber im Ka-

Leichtathletik: Asafa Powell (Mitte) bei seinem Weltrekordlauf über 100 m am 14. 6. 2005 in Athen; links Francis Obikwelu (Portugal), rechts Azis Zakari (Ghana)

jakzweier (mit Carolin Leonhardt) belegte die 42-jährige Birgit Fischer mit insgesamt acht Olympiasiegen und vier zweiten Plätzen in der ewigen olympischen Bestenliste den fünften Rang. Im Dezember 2004 wurde sie zur dt. »Sportlerin des Jahres« gewählt.

www.kanu.de

Leichtathletik

Schnellster Mann der Welt wurde am 14. 6. 2005 der Jamaikaner Asafa Powell. Die 100 m (Rückenwind/sec: 1,6 m) lief der 22-Jährige im Athener Olympiastadion in Weltrekordzeit von 9,77 sec, eine Hundertstelsekunde unter der alten Bestmarke von Tim Montgomery (USA).

Doping: Doch nicht nur in sportlicher Hinsicht machte die L. 2004/05 Schlagzeilen. Das Thema → Doping war allgegenwärtig. Bereits im Vorfeld der Olympischen Sommerspiele in Athen (August 2004) waren mehrere namhafte, insbesondere US-amerikanische Athleten unter Dopingverdacht geraten oder sogar mit Sperren belegt worden. Bei den Spielen selbst wurden sechs Leichtathleten überführt - nur die Gewichtheber dopten noch eifriger (elf Fälle).

Deutschland: Das Team des Dt. Leichtathletik-Verbands (DLV, Darmstadt) kämpfte weiterhin um den internationalen Anschluss. In Athen blieben dt. Leichtathleten ohne Olympiasieg und gewannen lediglich zwei Medaillen: Nadine Kleinert (Kugelstoßen) und Steffi Nerius (Speerwerfen) errangen Silber. Die Hallen-Europameisterschaften in Madrid (4.-6. 3. 2005) setzten das Bild fort: Insgesamt fünf Medaillen, nur Tobias Unger konnte über 200 m in 20,53 sec den Titel gewinnen. Erfolge gab es hingegen beim Europacup in Florenz (17.-19. 6. 2005). Das dt. Damenteam erreichte einen guten dritten Platz, einen Punkt hinter Polen; überlegener Sieger war das russische Team. Noch besser machten es die dt. Herren, die dank eines hervorragenden Schlusstages an Frankreich (104 Punkte) vorbeizogen und mit 113 Punkten deutlich gewannen.

Cross-WM: Die Crossweltmeisterschaften in St. Galmier/Frankreich (19./20. 3. 2005) waren fest in äthiopischer Hand. Die 19-jährige Tirunesh Dibaba feierte über die Kurz- und die Langstrecke ebenso einen Doppelsieg wie ihr 22-jähriger Landsmann Kenenisa Bekele, dem dieses Kunststück zum vierten Mal in Folge gelang. Die vier Teamwertungen gingen ebenfalls nach Äthiopien, lediglich bei den Junioren hatte Kenia mit drei von vier WM-Titeln die Nase vorn.

WM 2009: Am 15. 8. 2009 wird im Berliner Olympiastadion die L.-Weltmeisterschaft eröffnet; entsprechend votierte in Helsinki (Finnland) im Dezember 2004 das Council des Internationalen L.-Verbandes (IAAF, Monaco).

www.leichtathletik.de

Motorsport

Formel 1: Michael Schumacher setzte 2004 neue Bestmarken. Mit 13 Saisonsiegen und 148 WM-Punkten verbesserte der Ferrari-Pilot seine Rekorde aus dem Jahr 2002 (elf Siege, 144 Punkte) und sicherte sich vorzeitig seinen siebten WM-Titel.

Die Saison 2005 lief für den Kerpener schlecht an. Erst im neunten von 19 WM-Läufen am 19. Juni gelang ihm in Indianapolis (USA) der erste Sieg, der zudem unter denkwürdigen Umständen zustande kam. Für den französischen Reifenproduzenten Michelin geriet das Rennen zum Fiasko: Aufgrund ungelöster Reifenprobleme – im Training hatte Ralf Schumacher bei Tempo 300 km/h infolge eines Druckverlusts die Kontrolle über seinen Toyota verloren – fuhren die sieben Michelin-Teams (Renault, McLaren-Mercedes, BMW-Williams, Toyota, Red Bull, Sauber sowie BAR-Honda) nach der Aufwärmrunde zurück in ihre Boxen. Den Start absolvierten lediglich sechs Formel-1-Boliden, sie alle waren mit Bridgestone-Pneus ausgerüstet. Mitte 2005 führte der Spanier Fernando Alonso (Renault) mit 59 Punkten die Fahrerwertung an, vor Kimi Räikkönen (Finnland/McLaren-Mercedes) mit 37 Punkten und Michael Schumacher (34 Punkte).

BMW in der Formel 1: Ab 2006 tritt der bayerische Automobilkonzern in der »Königsklasse« mit einem eigenen Modell an. Nach internen Auseinandersetzungen mit dem bisherigen Partner Williams entschied sich BMW Mitte Juni 2006 zur Übernahme des schweizerischen Sauber-Teams, die Vereinbarung tritt zum Jahreswechsel 2005/06 in Kraft.

Le Mans: Der Däne Tom Kristensen ist der König von Le Mans. Mit den Teampartnern Marco Werner (Deutschland) und JJ Lehto (Finnland) gewann der Däne vor über 200 000 Zuschauern den 24-Stunden-Klassiker in Frankreich (19. 6. 2005) zum siebten Mal.

USA: Die 89. Auflage des bedeutendsten Autorennens in den USA in Indianapolis wartete mit einer faustdicken Überraschung auf: Nach einem dramatischen Finish gewann Dan Wheldon als erster Brite das Indy 500 und verwies Vitor Meira sowie Bryan Herta auf die Plätze.

Rallye: 695 Fahrzeuge (233 Motorräder, 166 Pkw, 69 Lkw und 227 Service-Mobile) stellten sich vom 1.–16. 1. 2005 den Strapazen der Rallye Paris-Dakar. Nach 16 Etappen mit einer Gesamtlänge von 8 956 km und 5431 Wertungsprüfungen hießen die Sieger: Pkw: S. Peterhansel/ Mitsubishi, 52:31,39 h; Motorrad: C. Despres/ Gauloises-KTM, 47:27,31 h; Lkw: F. Kabirov/Kamaz-Master, 71:13,55 h. Die Deutsche Jutta Kleinschmidt belegte in der Pkw-Wertung mit einem Rückstand von 3:22,00 h auf den Erstplatzierten den dritten Rang.

Olympia

Athen 2004: 301 Entscheidungen, spektakuläre Leistungen und Dopingfälle (→Doping, → Leichtathletik) – die 28. Olympischen Sommerspiele in der griechischen Metropole hielten die Sportwelt im August 2004 in Atem. Erfolgreichster Olympionike war US-Schwimmer Michael Phelps mit dem Gewinn von sechs Gold- und zwei Bronzemedaillen. Zu den »Superstars« zählten auch 100- m-Sprint-König Justin Gatlin (USA), der Chilene Nicolas Massu (zweimal Tennisgold innerhalb von 24 h) und wegen ihrer historischen Doppelsiege die Leichtathleten Hicham El Guerrouj (Marokko, 1 500 m und 5 000 m) und Kelly Holmes (Großbritannien, 800 m und 1 500 m).

Deutschland landete im Medaillenspiegel auf Platz sechs (2000: Platz fünf). Zu den sportlichen Highlights aus dt. Sicht zählten die Erfolge der Kanuten (→ Kanu) und Ruderer (→ Rudern), der Judoka, Radfahrer und Reiter sowie das Auftreten aller sechs dt. Mannschaften – gekrönt durch die Goldmedaille der Hockeydamen (2:1 gegen die Niederlande). Aufsehen

Olympia: Medaillenspiegel 2004

Rang	Land	Gold	Silber	Bronze	Summe
1	USA	35	39	29	103
2	VR China	32	17	14	63
3	Russland	27	27	38	92
4	Australien	17	16	16	49
5	Japan	16	9	12	37
6	Deutschland	14	16	18	48
7	Frankreich	11	9	13	33
8	Italien	10	11	11	32
9	Süd-Korea	9	12	9	30
10	Großbritannien	9	9	12	30

Olympia: Medaillenspiegel Paralympics 2004

Rang	Land	Gold	Silber	Bronze	Summe
1	VR China	62	46	32	140
2	Großbritannien	35	30	28	93
3	USA	27	22	39	88
4	Kanada	27	19	24	70
5	Australien	26	36	35	97
6	Ukraine	24	12	19	55
7	Spanien	20	26	22	68
8	Deutschland	19	28	31	78
9	Frankreich	18	26	29	73
10	Japan	17	15	21	53

erregte auch der erst 16-jährige Turner Fabian Hambüchen mit seinem siebten Platz am Reck.

Paralympics 2004: 3969 Sportler aus 136 Ländern nahmen an den Athener Paralympics im September 2004 teil. Die dt. Aktiven sammelten 78-mal Edelmetall, der gebürtige Pole Wojtek Czyz war mit drei Goldmedaillen (100 m, 200 m, Weltrekord im Weitsprung) der erfolgreichste dt. Teilnehmer.

Rücktritte: Mitte Mai 2005 legte der Südkoreaner Un Yong Kim seine IOC-Ämter nieder. Kim war im Sommer 2004 von einem Gericht in Seoul (Süd-Korea) wegen Korruption zu zwei Jahren Haft verurteilt worden, hatte alle Anschuldigungen aber stets bestritten. Dem IOC gehörte Kim seit 1986 an, ab Mitte 2003 bekleidete er auch das Amt des Vize-Präsidenten; 2001 hatte er für die IOC-Präsidentschaft kandidiert, gegen den Belgier Jacques Rogge aber verloren. Auf eigenen Wunsch gab Yoshiaki Tsutsumi Ende April 2005 seine IOC-Ehrenmitgliedschaft zurück. Der wegen Insiderwissen unter Korruptionsverdacht stehende japanische Wirtschaftsmagnat hatte die Nagano-Bewerbung um die Winterspiele 1998 unterstützt.

Radsport

Mit seinem sechsten Sieg bei der Tour de France war Lance Armstrong Ende Juli 2004 endgültig im R.-Olymp angekommen. Der US-Ausnahmefahrer übertrumpfte damit Jacques Anquetil, Eddy Merckx, Bernhard Hinault und Miguel Indurain, die die »Tour der Leiden« jeweils fünfmal gewinnen konnten.

Bahn-WM: Bei der Bahnweltmeisterschaft in Los Angeles (25. bis 28. 3. 2005) gewann die Auswahl des Bundes Dt. Radfahrer (BDR, Frankfurt am Main) insgesamt zwei Gold- und eine Silbermedaille. Am letzten Tag holte René Wolf im Sprint das Regenbogentrikot des Champions, in der Einerverfolgung über 4000 m war Robert Batko unschlagbar, den dritten Platz belegte Deutschland im Teamsprint der Herren.

Deutsche Meisterschaft: Gerald Ciolek sorgte bei den Dt. Straßenmeisterschaften in Mannheim Ende Juni 2005 für eine Sensation. Der 18-Jährige aus dem Team Akud Arnolds gewann nach 204 km den Massensprint vor Robert Förster und Vizeweltmeister Erik Zabel. Bei den Damen siegte auf dem 108-km-Kurs Favoritin Regina Schleicher.

Serie: Mit der Fernfahrt Paris-Nizza startete im März 2005 die vom Internationalen Radsportverband (UCI, Aigle/Schweiz) ins Leben gerufene Pro Tour. Der neue Wettbewerb, inoffiziell auch »Champions League des R.« genannt, umfasste insgesamt 27 Rennen, an den Start gingen 20 Teams, darunter auch T-Mobile und Gerolsteiner.

www.rad-net.de

Rudern

Mit zwei Gold- und zwei Silbermedaillen, sämtlich gewonnen in den Frauenwettbewerben, kehrte das Team des Dt. R.-Verbandes (DRV, Hannover) von den Olympischen Spielen 2004 in Athen zurück. Katrin Rutschow-Stomporowski im Einer und der Doppelvierer (Meike Evers, Manuela Lutze, Kerstin El Qalqili, Kathrin Boron) ließen der Konkurrenz keine Chance. Die DRV-Flaggschiffe fuhren knapp an den Medaillen vorbei: Der Frauenachter kam als Fünfter, der Männerachter auf dem undankbaren vierten Platz ins Ziel.

U 23: Mit großer Wahrscheinlichkeit finden nach der Junioren-WM (1.–6. 8. 2005) auch die U-23-Weltmeisterschaften 2008 in Brandenburg/Havel statt. Eine Vorentscheidung traf der Weltruderverband Fédération Internationale des Sociétés d'Aviron (FISA, Lausanne) während des Münchener Weltcups. Mit der definitiven Zusage wurde im Herbst 2005 gerechnet.

Klassiker: Das 151. Boat-Race auf der Themse entschied das Oxford-Team mit der drittbesten Siegerzeit von 16,41 min klar für sich. Nach 6,74 km lag der Cambridge-Achter rund zwei Bootslängen zurück. Im Gesamtergebnis führte weiterhin Cambridge mit 78 Erfolgen bei 72 Niederlagen und einem Unentschieden.

www.rudern.de

Schwimmen

Athen 2004: Die olympische Erfolgsbilanz des Dt. Schwimmverbands (DSV, Kassel) fiel mager aus: Die DSV-Athleten kamen über eine Silber- und vier Bronzemedaillen nicht hinaus. Lediglich zwei Medaillen gab es in den Einzelwettbewerben: Anne Poleska (200 m Brust) und Antje Buschschulte (200 m Rücken) gewannen Bronze. Für einen erfreulichen Abschluss der Wettkämpfe sorgten drei Medaillen in den Staffeln; die Lagenstaffeln mit Steffen Driesen, Jens Kruppa, Thomas Rupprath und Lars Conrad (Silber; 3:33,62 min) bzw. Antje Buschschulte, Sarah Poewe, Franziska von Almsick und Daniela Götz (Bronze; 4:00,72 min) unterboten jeweils den Europarekord. Zum Ende ihrer Karriere fügte Starschwimmerin Franziska von Almsick ihrer Titelsammlung zwei Bronzemedaillen hinzu. Damit blieb der dreimaligen »Sportlerin des Jahres« auch bei ihrer vierten Olympiateilnahme olympisches Gold versagt.

Schwimmen: Bei der Langstrecken-WM in Dubai geht Britta Kamrau aus einem spannenden Finish mit Edith van Dijk als Siegerin über 25 km hervor.

DM: Janine Pietsch schwamm am vorletzten Tag der 177. Dt. S.-Meisterschaften (Berlin, 21.–26. 5. 2005) über 50 m Rücken Weltrekord. Mit 28,19 sec unterbot die Ingolstädterin die fünf Jahre alte Bestzeit von Sandra Völker um sechs Hundertstelsekunden. Auch Mark Warnecke (neuer dt. Rekord über 50 m Brust/27,44 sec) und der dreifache Junioreneuropameister Paul Biedermann (Gold über 200 m Freistil, Silber über 400 m sowie Bronze über 1 500 m) präsentierten sich in guter Form.

Langstrecke: Britta Kamrau dominierte die Langstrecken-Weltmeisterschaft in Dubai Anfang Dezember 2004. Zunächst gewann die Rostockerin, ebenso wie Teamgefährte Thomas Lurz bei den Herren, Gold über 10 km. Dann holte die 25-jährige Schwimmerin nach einem Herzschlagfinale auch noch den Titel über 25 km (5:43:09,6 h), eine Zehntelsekunde vor Edith van Dijk (Niederlande). Über 5 km gewann der Würzburger Christian Hein Silber.

Sportübertragungsrechte

WM 2010: Die Fußballweltmeisterschaft 2010 in Südafrika wird größtenteils in ARD und ZDF ausgestrahlt. Die öffentlich-rechtlichen Anstalten übertragen 46 Spiele live und 18 Begegnungen zeitversetzt. Der Pay-TV-Kanal Premiere erhielt vom Weltfußballverband FIFA (Zürich) den Zuschlag zur Livesendung aller Matches, in 18 Fällen exklusiv. Bei dem Vermarktungshandel Ende Juni 2005 erlöste die FIFA für die Europalizenzen nach Expertenschätzung über 1 Mrd. €, das Deutschlandgeschäft soll rund 350 Mio. € erbracht haben.

UEFA-Pokal: Der Münchener Sportsender DSF erwarb Ende Mai 2005 für die Spielzeiten 2005–08 die S. am UEFA-Pokal. Je Spieltag werden mind. zwei Begegnungen live ausgestrahlt.

EM 2008: Das Sportvermarktungsunternehmen SportFive sicherte sich von der UEFA (Nyon/ Schweiz) Anfang Februar 2005 die europ. TV-S. an der Europameisterschaft 2008. Das Turnier findet in der Schweiz und Österreich statt.

Bundesliga: Die Europ. Kommission billigte Anfang 2005 das überarbeitete Vermarktungskonzept der Dt. Fußball Liga (DFL, Frankfurt am

Main) für die Bundesligabegegnungen. Zukünftig werden die S. den Interessenten u.a. im Paket zum Kauf angeboten, die Vertragsdauer darf drei Jahre nicht überschreiten. Mit Beginn der Saison 2006/07 sind die Spiele der Fußball-Bundesligen auch live im Internet oder auf dem Handy zu verfolgen. Darauf verständigten sich im Herbst 2004 die DFL und die EU-Kommission.

Tennis

Die US Open im September 2004 bestätigten noch einmal den Saisonverlauf: Im Damenfinale bezwang Swetlana Kusnetsowa ihre Landsfrau Jelena Dementjewa in zwei Sätzen und sorgte für den dritten russischen Grandslam-Erfolg in 2004. Ebenso oft hatte auch der Schweizer Roger Federer gewonnen, der im Finale den Australier Lleyton Hewitt klar bezwang. 2005 schlug die Konkurrenz zurück: Mit der US-Amerikanerin Serena Williams (in Melbourne) und der Belgierin Justine Henin-Hardenne (in Paris) trugen sich altbekannte Namen in die Siegerlisten der Damen ein. Bei den Herren siegte in Melbourne Marat Safin (Russland), in Paris triumphierte der erst 19-jährige Spanier Rafael Nadal.

Teamwettbewerbe: Gemeinsam mit seinem Teamkollegen Carlos Moya hatte Nadal bereits im Dezember 2004 Grund zum Jubeln: In Sevilla gewann Spanien das Finale gegen die USA und holte sich zum zweiten Mal nach 2000 den Daviscup. Zum vierten Mal nach 1989, 1994 sowie 1998 gewann Deutschland Mitte Mai 2005 den World Team Cup, die Mannschaftsweltmeisterschaft. Im Finale im Düsseldorfer Rochusclub bezwang das Team des Dt. Tennis Bundes (DTB, Hamburg) Turnierfavorit Argentinien. Nach den beiden Einzeln hatte es 1:1 gestanden, die Entscheidung fiel im abschließenden Doppel, das Thomas Haas und Alexander Waske mit 6:1, 6:2 gewannen.

www.dtb-tennis.de

Tennis: Einzelfinale der Grandslam-Turniere 2004/05

US Open 2004:		
Herren	R. Federer (SUI) – L. Hewitt (AUS)	6:0, 7:6, 6:0
Damen	S. Kusnetsowa (RUS) – J. Dementiewa (RUS)	6:3, 7:5
Australian Open 2005:		
Herren	M. Safin (RUS) – L. Hewitt (AUS)	1:6, 6:3, 6:4, 6:4
Damen	S. Williams (USA) – L. Davenport (USA)	2:6, 6:3, 6:0
French Open 2005:		
Herren	R. Nadal (ESP) – M. Puerta (ARG)	6:7, 6:3, 6:1, 7:5
Damen	J. Henin-Hardenne (BEL) – M. Pierce (FRA)	6:1, 6:1
Wimbledon 2005:		
Herren	R. Federer (CH) – A. Roddick (USA)	6:2, 7:6, 6:4
Damen	V. Williams (USA) – L. Davenport (USA)	4:6, 7:6, 9:7

US-Sport

Baseball: Die Boston Red Sox feierten Ende Oktober 2004 ihre erste World Series seit 1918. Im vierten Spiel des »Best of seven«-Finalmodus schlugen die Ostküstler die St. Louis Cardinals mit 3:0.

Basketball: Tim Duncan sei Dank – mit 25 Punkten sicherte der Forward den San Antonio Spurs nach 1996 und 2003 die dritte Meisterschaft in der nordamerikanischen Basketball-Profiliga. Das Team aus Texas gewann Mitte Juni 2005 das siebte und letzte Endspiel gegen Titelverteidiger Detroit Pistons mit 81:74.

Football: Die 39. Auflage des Mega-Events Super Bowl entschieden die New England Patriots für sich. Anfang Februar 2005 schlugen »die Besten der Besten« vor etwa 78000 Zuschauern in Jacksonville (Florida) die Philadelphia Eagles mit 24:21.

Wintersport

Biathlon: Die Biathlonwettbewerbe 2004/05 dominierte Ole Einar Björndalen (Norwegen). Mit zwölf Siegen bei 20 Starts gewann der 31-Jährige den Gesamtweltcup, hier profitierte er allerdings vom Verletzungspech Sven Fischers (Oberhof); darüber hinaus sicherte er sich bei der Weltmeisterschaft 2005 auch vier Goldmedaillen. Damit hatte der »Biathlon-König« seinen Erfolg bei den Olympischen Winterspielen 2002 (Salt Lake City, USA) eindrucksvoll wiederholt.

Austragungsort der Biathlonweltmeisterschaft vom 4. bis 13.3. 2005 war Hochfilzen (Österreich). Bis auf den Überraschungssieg Roman Dostals (Tschechische Republik) im Einzelrennen waren alle Herrenkonkurrenzen fest in norwegischer Hand. Bester dt. Starter war Sven Fischer (zwei Mal Silber, ein Mal Bronze), die DSV-Biathletinnen krönten ihre sehr guten Leistungen mit Titeln im Sprint und in der Verfolgung (jeweils Uschi Disl) sowie im Einzelwettkampf (Andrea Henkel). Bei der Premiere der Weltmeisterschaft der Mixed-Staffeln (Khanty-Mansiysk, Russland, 20.3. 2005) gewann das dt. Team (Uschi Disl, Kati Wilhelm, Michel Greis, Ricco Groß) dank eines fulminanten Endspurt des Schlussläufers Ricco Groß die Bronzemedaille, die zweite dt. Staffel (Simone Denkinger, Andrea Henkel, Michael Rösch, Alexander Wolf) belegte nach 4x6km Rang 17. Weltmeister wurde Russland. Die Mixedkonkurrenz hatte aus organisatorischen Gründen nicht in Hochfilzen stattgefunden.

Bob: André Lange schrieb bei der Weltmeisterschaft in Calgary (Kanada; 16.-27.2. 2005) Sportgeschichte: Als erstem Piloten in den seit 1924 ausgetragenen Titelkämpfen gelangen dem Oberhofener Olympiasieger im »großen Schlitten« drei WM-Erfolge in Serie; insgesamt war es sein fünftes WM-Gold. Den Sieges-Hattrick unterstützten Kevin Kuske, René Hoppe sowie Martin Putze. Im Zweierbob hatten Lange und Koske zuvor schon die Silbermedaille gewonnen. Die Weltcupsiegerin Sandra Kiriasis vom BSC Winterberg sicherte sich mit Anschieberin Anja Schneiderheinze 2005 ihren ersten WM-Titel.

Curling: Die dt. Herren-Curler hatten nach ihrem zweiten Europameistertitel Mitte Dezember 2004 (8:7 nach Verlängerung gegen Schweden in Sofia/Bulgarien) wenige Monate später erneut Grund zur Freude: Das Team des CC Füssen um Skip Andreas Kapp gewann Bronze (Victoria/Kanada, 1.-11.4. 2005), zudem konnte das Ticket für die Winterolympiade 2006 in Turin gelöst werden. Champion wurde Gastgeber Kanada durch einen 11:4-Erfolg über Schottland. Bei den Frauen errang Schweden zum sechsten Mal die Krone des Weltmeisters. Im Finale in Paisley (Großbritannien, 17.-28.3. 2005) schlugen die amtierenden Europameisterinnen um Skip Anette Norberg die USA mit 10:4; den dritten Platz erspielte sich Norwegen. Titelverteidiger Kanada ging leer aus, Deutschland hatte sich wegen des schlechten EM-Abschneidens (Abstieg in die B-Gruppe) nicht

Wintersport: Bei der Eisschnelllauf-Mehrkampfweltmeisterschaft in Moskau am 6. 2. 2005 holte Anni Friesinger Gold auf allen vier Strecken.

qualifiziert und wird auch bei der nächsten Winterolympiade fehlen.

Eiskunstlaufen: Mit der Europameisterschaft 2005 in Turin (Italien) endete eine Ära im Eiskunstlaufen: Die Preisrichter bewerten die Darbietungen der Sportler auch bei internationalen Großveranstaltungen nicht mehr nach Noten (ehemalige Traumbeurteilung: 6,0), sondern verteilen für die technischen Elemente nebst Komponenten fortan nur noch Punkte. Diese und weitere Reformen sind Resultat des Anti-Manipulationskampfes der Internationalen Eislauf-Union (engl.: International Skating Union, ISU/Lausanne, Schweiz) nach dem Olympiaskandal von 2002 in Salt Lake City (USA).

Bei der E.-Weltmeisterschaft in Moskau (14. bis 20.3. 2005) gewannen der Schweizer Stéphane Lambiel mit 262,46 Punkten und die Russin Irina Slutskaja mit 222,71 Punkten (Weltrekord) die Einzeltitel. Lambiel faszinierte mit seinem Sprungvermögen, allerdings war Titelverteidiger Jewgeni Pluschenko (Russland) wegen Verletzung nicht am Start. Lokalmatadorin und Titelverteidigerin Slutskaja überzeugte die im Luzhniki-Sportpalast mit einem makellosen Auftritt. Im Eistanz gewannen erneut Tatjana Nawka/Roman Kostomarow (Russland, 227,81 Punkte/Weltrekord), auch im Paarlaufen siegten mit Tatjana Totmianina/Maxim Marinin (Russland, 198,49 Punkte) die Vorjahres-Champions. Die dt. Starter kamen nicht in Medaillennähe.

Eisschnelllauf: Lokalmatadorin Anna Christina (»Anni«) Friesinger war mit je zwei Gold- und Silbermedaillen die erfolgreichste Athletin der neunten Einzelstreckenweltmeisterschaft in Inzell (3.–6. 3. 2005). In Freiluftweltrekordzeit von 3:05,81 min gewann das dt. Damentrio (Daniela Anschütz, Anni Friesinger, Sabine Völker) zudem bravourös den erstmals bei einer WM ausgetragenen Teamwettbewerb. Über 10 000 m sicherte Bob de Jong den Niederlanden den neunten WM-Erfolg über die »langen Kanten«, bei den 5 000 m der Herren dominierte Titelverteidiger Chad Hedrick (USA) die Konkurrenz.

Mehrkampfweltmeisterschaft (Moskau/ 5.–6. 2. 2005): Anni Friesinger holte sich mit persönlicher Bestleistung (161,557 Punkte) zum dritten Mal den WM-Titel. Die 28-Jährige unterstrich ihre Topleistung durch erste Plätze auf allen vier Strecken, was zuletzt Gunda Niemann-Kleemann 1995 gelungen war. Claudia Pechstein belegte nach der Kanadierin Cindy Klassen (163,214) mit 163,418 Punkten den dritten Rang, Daniela Anschütz wurde mit 163,719 Punkten Vierte. Bei den Herren errangen die US-Läufer Shani Davis (150,777 Punkte) und Chad Hedrick (150,961) Gold und Silber, Bronze gewann der Niederländer Sven Kramer (152,244); bester Deutscher war als 14. Stefan Heythausen.

Bei der Europameisterschaft (Heerenveen/ Niederlande, 7.–9. 1. 2005) landeten die dt. Teilnehmerinnen einen Dreifachsieg. Anni Friesinger erlief sich mit Punkterekord (162,530) ihre fünfte EM-Krone (vierter Titel in Folge), es folgten Daniela Anschütz (163,691) und Claudia Pechstein (164,076). Im Vierkampf der Herren belegten die Gastgeber die ersten vier Plätze. Es gewann Jochen Uytdehaage (150,997 Punkte) vor Sven Kramer (151,107) und Carl Verheijen (151,488), als Elfter war auch hier Stefan Heythausen (155,362) bester Deutscher.

Nordischer Skisport: Zu den Highlights der Wintersaison zählte die Nordische Ski-WM in Oberstdorf (16.-27. 2. 2005). Für ca. 530 Sportler aus 50 Nationen standen 19 Entscheidungen an (zwölf Wettbewerbe im Langlauf, vier im Skisprung, drei in der Nordischen Kombination). Topstars waren Marit Björgen (Norwegen) mit drei Goldmedaillen und je einer Silber- und Bronzemedaille, aus dt. Sicht der Allrounder Ronny Ackermann mit insgesamt drei Medaillen (darunter zweimal Gold). In der Nationenwertung belegte Norwegen unangefochten den ersten Rang.

Die 53. Vierschanzen-Tournee gewann der Finne Janne Ahonen überzeugend; nach 1998/99 und 2002/03 war es bereits sein dritter Erfolg. Die Bestmarke von Sven Hannawald in der Saison 2001/02 mit vier Einzelsiegen verpasste der Finne als Zweiter im letzten Springen nur knapp.

Rodeln: Dreimal Gold, dreimal Silber und zweimal Bronze – die dt. Sportler ließen bei der 38. Weltmeisterschaft im Rennrodeln (Park City/ USA, 14.–20.2. 2005) kaum eine Medaille aus. Sylke Otto gewann den vierten WM-Titel in ihrer Karriere und erreichte somit die Rekordmarke Margit Schumanns (DDR; 1973–75 und 1977). In der Teamkonkurrenz belegte Deutschland sogar zum fünften Mal in Folge den ersten Platz. Im Herren-Einsitzer setzte sich zum fünften Mal Olympiasieger Armin Zöggeler (Italien) durch, Silber gewann die dt. Rodel-Legende Georg Hackl.

Akzente setzten die dt. Rodler im Weltcup: Im November sicherte Silke Kraushaar in Sigulda (Lettland) den 50. Weltcupsieg der dt. Rodlerinnen in Folge. Im Januar stellte Georg Hackl mit seinem 33. Weltcupsieg den Rekord des Österreichers Markus Prock ein; bei den Damen setzte Sylke Otto mit 34 Siegen die Bestmarke.

Ski Alpin: Mit dem Winter 2006/07 wird im Weltcup der Jahressieger in der Kombination (Abfahrt plus Slalom) ermittelt, allerdings müssen mind. drei Wettbewerbe stattgefunden haben. Bisher erfolgten die Auszeichnungen nur in den Einzelkonkurrenzen Abfahrt, Riesenslalom, Slalom und seit 1986 im Super-G. Zum Saisonfinale in Schweden im März 2006 fällt der Startschuss für den ersten Weltcup im Nationenwettbewerb.

Bei den Weltmeisterschaften im italienischen Bormio/Santa Catarina (29. 1.–13. 2. 2005) bescherte die Goldmedaille bei der Premiere der Teamkonkurrenz dem DSV (Dt. Skiverband, Planegg) einen versöhnlichen Abschluss. Für Furore sorgten die kroatische Ausnahmefahrerin Janica Kostelic (dreimal Gold), US-Ass Bode Miller (zwei Goldmedaillen) sowie ein Streik des staatlichen TV-Senders RAI, der zur Absage des Riesenslaloms der Herren führte.

Snowboard: Rund 500 Rider aus 37 Ländern trafen sich vom 15. bis 23. 1.2005 in Whistler (Kanada) zur Snowboardweltmeisterschaft, dem Mega-Event der FIS (Weltskiverband, frz.: Fédération Internationale de Ski, Oberhofen/Schweiz). Erfolgreichste Teilnehmer waren mit je zwei Titeln der Kanadier Jasey Jay Anderson (Parallel-Riesenslalom, Parallel-Slalom) sowie der Finne Antti Autti (Big Air, Halfpipe). Den Gesamtweltcup der Saison 2004/05 gewannen die Schweizer Philipp Schoch (11 400,0 Punkte) und Daniela Meuli (10 650,0).

Steuern und Finanzen

Bundeshaushalt

Festlegung der Einnahmen und Ausgaben des Bundes durch ein vom Dt. Bundestag beschlossenes Gesetz

Am 8. 3. 2005 trat der B. für 2005 rückwirkend zum Jahresbeginn in Kraft, nachdem die Mehrheit des Bundestags aus SPD und Bündnis 90/Die Grünen zuvor einen Einspruch des Bundesrats, in dem die CDU/CSU-geführten Bundesländer eine Mehrheit besaßen, zurückgewiesen hatte. Der Haushaltsplan sah Ausgaben von 254,3 Mrd. € vor. Gegenüber dem Plan für 2004 ist das eine Verringerung um 1%, gegenüber den tatsächlichen Ausgaben jedoch ein Anstieg um 1%.

Neuverschuldung: Das Haushaltsgesetz 2005 ermächtigt die Bundesregierung, neue Schulden in Höhe von 22 Mrd. € aufzunehmen, nachdem 2004 die tatsächliche Neuverschuldung bei 39,5 Mrd. € gelegen hatte (→ Staatsverschuldung). Im Zusammenhang mit den aufgelaufenen Schulden des Bundes sind im Haushalt für 2005 allein 38,9 Mrd. €, das sind 15,3% aller Ausgaben, für Zinsen vorsehen (Haushaltsabschluss 2004: 14,4%).

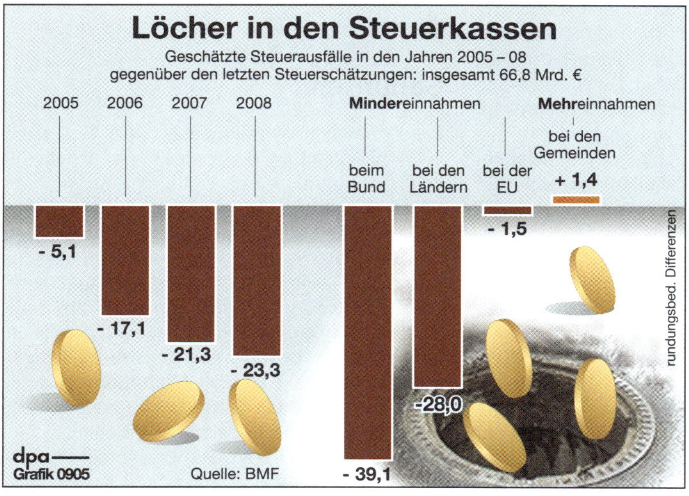

Haushaltsrisiken: Im Zusammenhang mit der Veröffentlichung der Steuerschätzung für die → öffentlichen Haushalte im Mai 2005 wurde von »Steuerausfällen« für den B. gesprochen. Im Unterschied zu den Jahren 2002–04 handelt es sich dabei nicht um einen Rückgang der Steuereinnahmen des

Bundes. Diese werden auch nach Meinung der Steuerschätzung steigen, jedoch nicht so stark wie bei Aufstellung des B. angenommen. Dem Haushaltsgesetz lagen erwartete Steuereinnahmen von 190,8 Mrd. € zugrunde, die nach der Schätzung tatsächlich rund 2% niedriger ausfallen werden. Ein weiteres Haushaltsrisiko besteht in der Unklarheit, wie sich im Jahresverlauf die Ausgaben des Bundes für das neue Arbeitslosengeld II (→ Arbeit und Soziales) entwickeln werden; Mitte 2005 wurden in der rot-grünen Bundesregierung Vermutungen geäußert, dass die im B. vorgesehenen Mittel nicht ausreichen.

www.bundesfinanzministerium.de
(aktuelle Informationen zur Finanzpolitik)

Entwicklung des Volkseinkommens

Jahr	Volkseinkommen (Mrd. €)	Anteil der Arbeitnehmerentgelte (%)
1998	1442,2	71,5
1999	1469,0	72,0
2000	1509,5	72,8
2001	1538,4	72,9
2002	1551,9	72,8
2003	1569,3	72,1
2004	1615,6	70,1

Quelle: Dt. Bundesbank

Einkommen

Lohn und Gehalt: Die Summe aller in Deutschland gezahlten Nettolöhne und -gehälter erhöhte sich 2004 um 1,7% (2003: -0,8%) auf 600,3 Mrd. €. Da die Sozialleistungen (z. B. Arbeitslosengeld, Kindergeld, Wohnungsbauprämien) nur um 0,1% gestiegen sind, ergab sich unter Berücksichtigung der Inflationsrate von 1,6% in den meisten Haushalten durchschnittlich oder gering verdienender Personen - bei ihnen besteht ein Teil des E. aus Sozialleistungen - ein Rückgang des Realeinkommens. Rentenversicherte Arbeitnehmer hatten 2004 einen Durchschnittsjahresverdienst von 29428 € brutto. In der Statistik aller gezahlten Löhne und Gehälter sind auch die E. hoch bezahlter Arbeitskräfte und Manager enthalten (→ Wirtschaft, Managergehälter); die Tariflöhne stiegen demgegenüber im Durchschnitt nur um 1,6%, blieben also unterhalb der Inflationsrate (→ Arbeit und Soziales, Tarifverträge).

Wo kein Tarif gezahlt wurde, wurde meist keine Lohnerhöhung erzielt. Vielfach akzeptierten 2004 auch die Gewerkschaften Niedriglöhne, z. B. für Verkäuferinnen in Brandenburg einen Stundenlohn von 4,98 € brutto oder für Friseure in Berlin 4,22 €. Die Forderung nach der Einführung eines gesetzlichen Mindestlohns wie in anderen westeurop. Ländern wurde von der rot-grünen Bundesregierung ebenso abgelehnt wie von CDU/CSU und FDP; ein solcher war auch innerhalb der Gewerkschaften umstritten (→ Arbeit und Soziales, Mindestlohn).

Volkseinkommen: Das Volkseinkommen stieg 2004 um 3% auf 1615,6 Mrd. € (2003: +1,1%). Der Zuwachs kam fast ausschließlich den Unternehmens- und Vermögenseinkommen zugute, die um 10,4% (2003: 3,5%) stiegen, während die Arbeitnehmerentgelte nur um 0,1% (2003: 0,2%) zunahmen. Damit sank der Anteil der Arbeitnehmerentgelte am Volkseinkommen auf 70,1% (2003: 72,1%) und fiel auf den Stand von 1991 zurück.

Armut: Nach dem Armuts- und Reichtumsbericht 2005 der Bundesregierung stieg der Anteil der Armen seit 1998 von 12,1% auf 13,5%. Trotz dieser Steigerung gab es in der EU nur in Dänemark und Schweden weniger Arme als in Deutschland. Als arm im Verhältnis zur Gesamtbevölkerung gilt, wer mit weniger als 60% des durchschnittlichen Netto-E. auskommen muss; für einen Alleinstehenden in Deutschland waren das 938 € netto pro Monat.

Gebühren

Die Einnahmen der Gemeinden aus G. sanken 2004 insgesamt um 0,5%; für 2005 rechnete der Dt. Städtetag mit einem weiteren Rückgang um 1,2%. In einigen Bereichen mussten jedoch höhere G. bezahlt werden; dies war auf das Sparverhalten der Verbraucher zurückzuführen: Wenn eine Gemeinde z. B. eine Müllverbrennungsanlage durch Kredite finanziert hat, muss sie gleich bleibende Fixkosten zahlen; wenn die anfallende Abfallmenge sinkt, ist sie daher gezwungen, die Müllabfuhrtarife zu erhöhen. Der Dt. Mieterbund ging für 2005 von leichten G.-Steigerungen bei den Wohnungsausgaben aus (→ Wirtschaft, Mieten).

Wasser: Auch bei der Wasserversorgung führte die Sparsamkeit der Verbraucher 2004 zu

G.-Steigerungen, weil eine geringere Durchleitung von Wasser zu höheren Kosten für die Wartung der Rohrsysteme und zu einem Mehraufwand für die Gewährleistung der Wasserqualität führte. In Nordrhein-Westfalen stiegen die Wasserkosten 2004 außerdem aufgrund eines Gesetzes, das eine Landessteuer auf die Wasserentnahme um 4,5 Cent/m³ erhöhte. In einigen Gemeinden führte dies zu Erhöhungen um bis zu 8%.

Gemeindefinanzen

Außer Gebühren erhalten die Gemeinden einen Anteil an bestimmten Steuern sowie Zuweisungen aus Bundes- und Landesmitteln. Sie erheben eigene Steuern, z. B. Gewerbe- und Grundsteuer.

Trotz stark gestiegener Steuereinnahmen (+9,3%) verzeichneten die dt. Städte und Gemeinden 2004 ein Haushaltsdefizit von insgesamt 4,1 Mrd. € (2003: 8,5 Mrd. €). Ihr Schuldenstand erhöhte sich um 3,9% auf 112,1 Mrd. €. Wie in den Vorjahren sanken die Investitionen, v. a. für Baumaßnahmen, weiter (-6,1%; 2003: -8,3%). Für 2005 rechnete der Dt. Städtetag mit einem Defizit von 7 Mrd. €; nicht vorhersehbar war die Höhe der Belastungen im Zusammenhang mit den Hartz-IV-Gesetzen.

Cross-Border-Leasing: Ende 2004 wurden in den USA die bisherigen Steuervorteile des sog. Cross-Border-Leasings abgeschafft. Sie hatten es dt. Kommunen ermöglicht, in risikoreichen Geschäften betriebliche Anlagen oder Grundstücke langfristig an US-amerikanische Firmen zu verleihen und gleichzeitig zurückzumieten. Die Steuervergünstigung für diese Unternehmen wurde dabei zwischen den Vertragspartnern aufgeteilt, sodass die Kommunen per saldo geringere Kosten für die Unterhaltung der betreffenden Anlagen hatten. Nach der Abschaffung der Steuervorteile versuchten 2005 einige US-amerikanische Firmen, Schadenersatzforderungen gegen dt. Gemeinden infolge der Veröffentlichung von Vertragsdetails zu erheben.

www.staedtetag.de

Gemeindefinanzen: Haushalte[1)]

Position	2004 (Mrd. €)	Veränderung zu 2003 (%)
Einnahmen	145,9	3,2
Steuern[2)]	51,1	9,3
Gebühren	16,1	-0,5
Ausgaben	150,0	0,1
Personal	39,9	-1,4
Sachaufwand	29,4	0,8
Sozialleistungen	32,3	6,0
Investitionen	20,1	-6,1
Finanzierungssaldo	-4,1	

1) ohne die Stadtstaaten Berlin, Bremen und Hamburg
2) einschließlich Einkommen-, Gewerbe- und Umsatzsteueranteilen, jedoch ohne Steueraufkommen in Stadtstaaten
Quelle: Dt. Städtetag

Kraftfahrzeugsteuer

2004 nahmen die Bundesländer 7,7 Mrd. € K. ein (2003: 7,3 Mrd. €). 2005 trat für Fahrzeuge der Norm Euro-1 (oder vergleichbar) eine Steuererhöhung in Kraft, die 1997 noch unter der CDU/CSU/FDP-Bundesregierung beschlossen worden war. Betroffen waren rund 15 Mio. Fahrzeuge. In vielen Fällen lohnte sich eine Umrüstung auf die Euro-2-Norm, die nur rund 250 € kostet und eine erhebliche Steuerersparnis bringt.

Reformpläne: Im Mai 2005 beschloss die rot-grüne Bundesregierung einen Gesetzentwurf, um feinstaubarme Diesel-Kfz mit Steuererleichterungen zu fördern. Danach sollte der Steuererlass für einen Neuwagen 350 €, für die Nachrüstung mit einem Rußpartikelfilter 250 € betragen; wegen Vorbehalten, die die CDU/CSU-geführten Bundesländer vortrugen, war unklar, ob das Gesetz verabschiedet wird. Im Bundesumweltministerium gab es 2005 Überlegungen, die K. umzustellen und nicht mehr am Hubraum, sondern am CO_2-Ausstoß und am Benzinverbrauch zu bemessen. Unter Verkehrsexperten wurde auch eine

Kfz-Steuersätze für Pkw ab 2005[1)]

Pkw-Art	Otto-Motor (€)	Diesel (€)
Euro-3, Euro-4, 3-l-Auto	6,75	15,44
Euro-2	7,36	16,05
Euro-1 oder vergleichbar	15,13	27,35
andere, die bei Ozonalarm fahren dürfen	21,07	33,29
übrige	25,36	37,58

1) pro angefangene 100 cm³
Quelle: Kraftfahrzeugsteuergesetz 2002, BGBl. I, S. 3819

höhere Besteuerung von Motorrädern diskutiert, für die bisher 1,84 € pro angefangene 25 cm^3 zu zahlen sind.

Mehrwertsteuer

Die M. wird nur vom Endverbraucher getragen und mit dem Kaufpreis bezahlt. Jeder Unternehmer erhebt beim Verkauf seiner Waren vom Kunden M., zieht die M. ab, die er selbst an andere Unternehmer gezahlt hat, und führt den Rest ans Finanzamt ab.

2004 wurden in Deutschland 104,7 Mrd. € M. (2003: 103,2 Mrd. €) und 32,7 Mrd. € Einfuhrumsatzsteuer eingenommen. Alle Bundestagsparteien erklärten 2005, dass sie keine M.-Erhöhung planten, wobei jedoch einige CDU- und SPD-Politiker die Einschränkung machten, dass sie sich nach der vorgezogenen Bundestagswahl im Herbst 2005 im Rahmen eines Gesamtkonzepts zur Finanzierung der Sozialversicherungen auch eine M.-Erhöhung vorstellen könnten. Dies betraf v. a. die Vorschläge der Parteien zu einer grundlegenden Gesundheitsreform.

Mehrwertsteuersätze in der EU

Land	Normalsatz (%)	ermäßigter Satz (%)[1)]
Dänemark	25,0	-
Schweden	25,0	6,0 / 12,0
Ungarn	25,0	5,0 / 15,0
Finnland	22,0	8,0 / 17,0
Polen	22,0	3,0 / 7,0
Belgien	21,0	6,0
Irland	21,0	4,4 / 13,5
Italien	20,0	4,0 / 10,0
Österreich	20,0	10,0
Slowenien	20,0	8,5
Frankreich	19,6	2,1 / 5,5
Niederlande	19,0	6,0
Portugal	19,0	5,0 / 12,0
Slowakische Republik	19,0	-
Tschechische Republik	19,0	5,0
Estland	18,0	5,0
Griechenland	18,0	4,0 / 8,0
Lettland	18,0	5,0
Litauen	18,0	5,0 / 9,0
Malta	18,0	5,0
Großbritannien	17,5	5,0
Deutschland	16,0	7,0
Spanien	16,0	4,0 / 7,0
Luxemburg	15,0	3,0 / 6,0
Zypern	15,0	5,0

1) Ermäßigte Sätze werden für einzelne besondere Warengruppen erhoben, z. B. für Lebensmittel oder Bücher.
Quelle: Europ. Kommission (Stand: April 2005)

Öffentliche Haushalte

Einnahmen und Ausgaben der Gebietskörperschaften eines Staates (in Deutschland: Bund, Länder und Gemeinden) sowie der Sozialversicherungen

Die ö. H. in Deutschland schlossen auch 2004 mit einem Defizit, das mit 80,3 Mrd. € (2003: 81,3 Mrd. €) 3,7 % der Wirtschaftsleistung (BIP) betrug. Deutschland verfehlte damit das dritte Jahr in Folge die Defizitgrenze des Europ. Stabilitäts- und Wachstumspakts von 3 % des BIP. Allerdings lag die dt. → Staatsverschuldung auch in früheren Jahren vor Verabschiedung des Stabilitätspakts über 3 %, so 1991 und 1993 über 4 %. Da auch andere EU-Länder Defizite verzeichneten und der Gemeinschaftswährung Euro kein Wertverlust drohte, wurde im März 2005 eine flexiblere Handhabung des Stabilitätspakts beschlossen (→ Europäische Union, Euro).

Föderalismus: Der Schuldenstand der Bundesländer nahm 2004 um 5,9 % auf 448,7 Mrd. € zu. Es gibt jedoch in Deutschland bisher keine Möglichkeit, die Bundesländer zur Budgetdisziplin zu zwingen. International wird Deutschland deshalb immer auch für Schulden zur Rechenschaft gezogen, die nicht der Bund, sondern andere ö. H. gemacht haben. Im Rahmen der Verhandlungen zu einer Föderalismusreform wurde auch über einen nationalen Stabilitätspakt zwischen Bund, Ländern und Gemeinden diskutiert (→ Innenpolitik, Föderalismusreform).

Ökosteuer

2004 betrug das Aufkommen aus der Ö. 18,1 Mrd. € (2003: 18,7 Mrd. €). Bei Mineralöl nimmt der Staat 15,35 Cent/l, bei Heizöl 2,05 Cent/l, bei Strom 2,05 Cent/kWh, bei Flüssiggas 35,04 €/1 000 kg und bei Erdgas 0,364 Cent/kWh ein. Zahlreiche Sonderregelungen und Ausnahmen galten u. a. im produzierenden Gewerbe, in der Landwirtschaft und im Schienenverkehr. Mit der 1999 eingeführten Ö. wurde Energie verteuert; die Erlöse sollen zur Senkung der Lohnnebenkosten eingesetzt werden, damit der Faktor Arbeit billiger und die Schaffung neuer Arbeitsplätze angeregt wird. 2005 setzten sich Wissenschaftler, z. B. vom Kieler Institut für Weltwirtschaft, für eine Erhöhung der Ö. ein, um einen noch wirtschaftlicheren Umgang mit Energie zu bewirken. Die SPD lehnte dies ab. Bündnis 90/Die Grünen traten für eine Fortführung der ökologischen Steuerreform ein. Die FDP forderte eine Abschaffung der Ö., die CDU/CSU wollte sie durch eine europaweit abgestimmte Schadstoffabgabe ersetzen.

Rentenbesteuerung

Mit dem zum 1. 1. 2005 in Kraft getretenen Alterseinkünftegesetz wurde die Besteuerung von Renten und Rentenbeiträgen umgestellt. Wurden zuvor prinzipiell die Beiträge besteuert und blieben die Renten bis auf den Ertragsanteil steuerfrei, so soll nun umgekehrt verfahren werden. Beiträge zur gesetzlichen und privaten Altersvorsorge werden dafür schrittweise von der Steuer freigestellt.

Zu versteuernder Anteil: Ab 2005 unterliegen 50% der Rente der Steuerpflicht. Der zu versteuernde Anteil erhöht sich bis 2020 um zwei Prozentpunkte, danach um einen Punkt jährlich bis auf 100% im Jahr 2040. Für den Einzelnen richtet sich die Steuerhöhe nach dem Jahr des Renteneintritts; sie wird danach nicht mehr verändert. Steuern fallen nur an, wenn jährliche Gesamteinkünfte von 18 900 € für Alleinstehende (Ehepaare: 37 800 €) überschritten werden; 2040 bleiben nur noch ca. 12 000 € steuerfrei. Von der Umstellung zunächst betroffen sind nur wohlhabende Rentner mit hohen Betriebsrenten oder erheblichen Nebeneinkünften.

Beiträge: 60% der Beiträge für die gesetzliche Rentenversicherung oder auf eine Leibrente zielende private Vorsorge sind ab 2005 steuerfrei. Auch dieser Satz erhöht sich stufenweise, bis bereits 2025 der Endbetrag von 20 000 € (= 100%) erreicht ist.

Auswirkungen: Den aktuellen Beitragszahler entlastet die Umstellung sofort, auch bei lebenslanger Betrachtung stellt er sich besser. Für die öffentlichen Haushalte ergibt sich laut Schätzungen des Bundesfinanzministeriums aufgrund entgangener Steuereinnahmen eine jährliche Belastung, die sich von 1 Mrd. € 2005 auf 20 Mrd. € 2025 erhöht. Nach einer vom Dt. Institut für Altersvorsorge (DIA, Köln) in Auftrag gegebenen, Mitte 2004 veröffentlichten Studie wird sich die Umstellung für die 40- bis 55-Jährigen eher negativ auswirken.

Schulden

Im März 2005 veröffentlichte die Europ. Zentralbank eine Studie, derzufolge im Euro-Währungsraum die S. der privaten Haushalte von 45% des BIP (1998) auf 55% des BIP (2004) gestiegen sind. Die größere Sicherheit der Verbraucher nach der Euro-Einführung, dass es nicht zu plötzlichen Zinserhöhungen kommen werde, sowie eine stärkere Nachfrage nach Wohnimmobilien habe dazu geführt, dass mehr Kredite aufgenommen wurden. In Deutschland erfasst die Bundesbank regelmäßig die Verschuldung von nichtselbstständigen Privatpersonen; sie stieg 2004 um 24 Mrd. € auf 999 Mrd. €, blieb jedoch gemessen am BIP gleich (46%). Nach einer Ende 2004 veröffentlichten Untersuchung haben 60% aller Deutschen Kredite laufen.

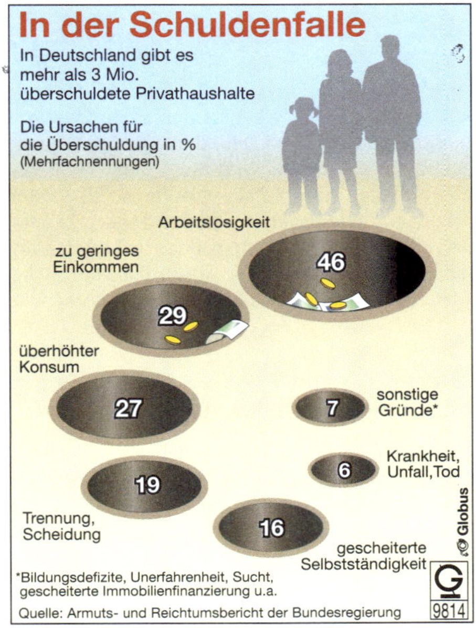

Überschuldung: Nach Angaben der Bundesregierung waren 2004 über 3,13 Mio. Haushalte (8,1 % aller Haushalte in Deutschland) überschuldet, d. h. nicht in der Lage, unter Einsatz ihres Einkommens und Vermögens ihre S. zurückzuzahlen. Als Hauptursache gaben die Betroffenen anhaltende Arbeitslosigkeit an; außerdem seien sie von Banken und Unternehmen ermuntert worden, Konsumentenkredite aufzunehmen.

Verbraucherkonkurs: Von der seit 1999 in Deutschland bestehenden Möglichkeit eines Verbraucherkonkurses mit der Chance einer Restschuldbefreiung nach siebenjähiger Wohlverhaltensfrist machten wegen des komplizierten Verfahrens bis 2004 nur 4,2 % der betroffenen Haushalte Gebrauch. 2004 stieg jedoch die Zahl der Verbraucherinsolvenzen gegenüber dem Vorjahr um 49 % auf über 49 000; für 2005 rechnete der Bundesverband Dt. Inkasso-Unternehmen mit einer weiteren Steigerung auf bis zu 60 000 Fälle. Wegen der hohen Verfahrenskosten wurde 2005 zwischen Bund und Ländern über eine Neuregelung des Entschuldungsverfahrens beraten.

www.bag-schuldnerberatung.de

Solidaritätszuschlag

Ergänzungsabgabe zur Lohn-, Einkommen-, Körperschaft- und Kapitalertragsteuer für den wirtschaftlichen Aufbau Ostdeutschlands. Die Einnahmen aus dem S. stehen dem Bund zu.

Auf gemeinsamen Beschluss einer Bundestagsmehrheit aus SPD und Bündnis 90/Die Grünen sowie der CDU/CSU wird der S., der nach früheren Plänen Ende 2004 auslaufen sollte, weiter erhoben, da der Bund noch über längere Zeit für den Aufbau Ost besondere finanzielle Belastungen zu tragen habe. Nur die FDP forderte die Abschaffung des S., der 5,5 % der Steuerschuld beträgt.

Staatsverschuldung

Der gesamte Schuldenstand aller → öffentlichen Haushalte in Deutschland stieg 2004 um 5,2 % auf 1 437,2 Mrd. €. Dies entsprach 66 % des BIP und lag damit oberhalb der Grenze von 60 %, die im Europ. Stabilitäts- und Wachstumspakt vereinbart worden war (→ Europäische Union, Euro). Die Neuverschuldung betrug 3,7 % des BIP.

Staatsverschuldung: Entwicklung

Jahr	Neuverschuldung (% des BIP)[1]	Schuldenstand (Mrd. €)[2]
1991	4,2	600
1992	3,7	688
1993	4,3	770
1994	3,4	849
1995	3,3	1 028
1996	3,4	1 096
1997	2,7	1 142
1998	2,2	1 175
1999	1,5	1 210
2000	1,2	1 222
2001	2,8	1 233
2002	3,7	1 284
2003	3,8	1 366
2004	3,7	1 437

1) alle öffentlichen Haushalte zusammen; 2) alle öffentlichen Haushalte in volkswirtschaftlicher Abgrenzung nach den Kriterien des Europ. Stabilitäts- und Wachstumspakts
Quelle: Dt. Bundesbank

Entwicklung: Der Stand der dt. S. betrug 1970 rund 63 Mrd. €, 1991 rund 600 Mrd. € und 1995 bereits 1 028 Mrd. €. Die Staatsschulden werden einerseits bei Banken aufgenommen, die dem Staat Kredite geben; andererseits können Privatleute als sichere und zinsgünstige Geldanlage Bundeswertpapiere wie Bundesanleihen, -obligationen und -schatzbriefe erwerben.

Diskussion: 2005 traten Ökonomen für eine Versachlichung der Diskussion um die S. ein. Die starke Erhöhung der S. könnte die Inflation fördern und die Zinsen steigen lassen, sodass mittelfristig weniger investiert wird; andererseits könnte sie kurzfristig die Schaffung neuer Arbeitsplätze fördern. Die S. als solche stellt nach Auffassung der Wissenschaftler jedoch keine Bedrohung der Wirtschaftsentwicklung dar, solange ihre aufgelaufene Gesamtsumme von der Jahreswirtschaftsleistung gedeckt ist, also unter 100 % des BIP bleibt. Auch sei das Argument, dass den Kindern keine Schulden vererbt werden sollen, für die S. nicht zutreffend, da sie u. a. dazu verwendet werde, Zukunftssicherung zu finanzieren: Es sei z. B. nicht sinnvoll, der derzeitigen jungen Generation zwar später einen schuldenfreien Staat zu vererben, ihr dafür aber heute gute Schulen zu verweigern.

Steuerehrlichkeit

Am 1.4.2005 trat das Gesetz zur Förderung der S. in Kraft, nachdem das Bundesverfassungsgericht den Erlass einer einstweiligen Anordnung abgelehnt hatte. Eine Entscheidung in der Hauptsache über die Verfassungsbeschwerden stand noch aus.

Kontenabfrage: Das Gesetz ermöglicht es Finanzämtern, aber auch Sozial- und BAföG-Ämtern, über das Bundesamt für Finanzen zu ermitteln, welche Konten bei welchen Kreditinstituten ein Bürger besitzt. Seit Inkrafttreten des Gesetzes wurden täglich die Kontodaten von bis zu 2 000 Bürgern abgefragt. Falls der Verdacht besteht, dass auf solchen Konten unversteuerte Gelder liegen, kann das Finanzamt auch die einzelnen Kontobewegungen einsehen; eine solche Kontenüberprüfung war auch bisher möglich, aber nur, wenn der Behörde zufällig die Existenz des Kontos bekannt wurde.

Steuermoral: Die Hauptprobleme der S. sind die Schwarzarbeit und nicht versteuerte Kapitalerträge, z.B. Zinsen. Die Dt. Steuer-Gewerkschaft schätzte 2005 das Ausmaß der jährlichen Steuerhinterziehung auf 70 Mrd. €. Internationale Studien zeigten, dass die Höhe der Steuern, die angedrohten Strafen für Steuerhinterziehung und die Wahrscheinlichkeit, erwischt zu werden, nur geringe Auswirkungen auf die Steuermoral haben. Maßgeblich wird sie von kulturell überlieferten Wertvorstellungen beeinflusst. Eine weltweite Befragung zum Wertewandel (World Values Survey) ergab für Deutschland und die meisten anderen EU-Länder, dass 50–60% der Bürger Steuerhinterziehung strikt ablehnen; in Belgien, Luxemburg und Griechenland lag der Prozentsatz unter 40%.

Steuerehrlichkeit: Ein Zollbeamter kontrolliert im Rahmen der Fahndung nach Schwarzarbeitern eine Baustelle in Weimar.

Steuern

2004 stiegen in Deutschland die Steuereinnahmen um 0,1% auf 442,8 Mrd. €. Der unabhängige Arbeitskreis Steuerschätzung errechnete im Mai 2005, dass sie 2005 um 0,5% und 2006 um 2,6% steigen werden. Dennoch wurde von Steuerausfällen gesprochen, weil bei Aufstellung des → Bundeshaushalts von einem höheren Anstieg der Steuereinnahmen ausgegangen worden war.

Steuersenkungen: Am 1. 1. 2005 trat die letzte Stufe der Steuerreform in Kraft, mit der die rot-grüne Bundesregierung die S. gesenkt hat: Der steuerfreie Grundfreibetrag ist ab 1998 von 6 322 € auf 7 664 € angehoben und der Eingangssteuersatz für das Einkommen oberhalb des Grundfreibetrags von 25,9% auf 15% gesenkt worden. Parallel dazu fiel der Spitzensteuersatz, der für den Teil des Einkommens zu zahlen ist, der über der Grenze von 52 152 € liegt, von 53% auf 42%. Gemessen an der Wirtschaftsleistung, hat Deutschland damit im OECD-Vergleich zusammen mit Japan, den USA und der Slowakische Republik die niedrigste Steuerquote (% des BIP).

Reformansätze: CDU/CSU und FDP traten 2005 dafür ein, die S. weiter zu senken. Die FDP befürwortete einen Dreistufentarif mit 15%, 25% und 35% bei einem Grundfreibetrag von 7 500 € pro Person (einschließlich Kinder). Die CDU/CSU wollte den Eingangssteuersatz auf 12% und den Spitzensteuersatz auf 36% senken sowie den Grundfreibetrag auf 8 000 € erhöhen.

Steuervergünstigungen: Während SPD und Bündnis 90/Die Grünen 2005 für die Abschaffung der Eigenheimzulage (→ Wirtschaft, Eigenheimzulage) eintraten, waren CDU/CSU und FDP dazu nur im Rahmen der Verwirklichung ihrer Steuerre-

Wird die Einkommensteuer zur »Flat Tax«?

2005 berieten die politischen Parteien über eine grundlegende Steuerreform. Auch die Wissenschaftler diskutierten die Probleme und entwickelten zwei verschiedene Steuermodelle: die »Flat Tax« und die »Duale Einkommensteuer«.

Arbeit und Gewinn Die »Duale Einkommensteuer« wurde vom Sachverständigenrat zur Begutachtung der gesamtwirtschaftlichen Entwicklung vorgestellt. Sie basiert auf der Idee, Arbeits- und Gewinneinkommen unterschiedlich zu besteuern. Während Gewinneinkünfte immer und ohne Freibetrag mit 30 % zu versteuern wären, würde bei Arbeitseinkommen der Steuersatz oberhalb eines Grundfreibetrags von 7 664 € von 15 % auf 35 % steigen.

Das Modell ist mit komplizierten Abgrenzungsproblemen verbunden: Wenn z. B. der Geschäftsführer einer Firma sein Gehalt in Abhängigkeit vom Unternehmenserfolg bezieht, ist es schwierig zu entscheiden, wie viel Arbeitseinkommen und wie viel Gewinneinkommen er erhält. Bei Personengesellschaften kann es außerdem aktive und passive Gesellschafter geben, und es ist auch nicht verständlich, wieso kleine Kapitaleinkünfte demselben Steuersatz wie große Vermögenseinkommen unterliegen sollen.

Ein Steuersatz für alle Der wissenschaftliche Beirat beim Bundesfinanzministerium entwickelte das Konzept einer Einheitssteuer von 30 % oberhalb eines Grundfreibetrags von 10 000 € (Verheiratete: 20 000 €). In Anlehnung an die »Flat Rate« beim Telefonieren wurde dafür der Begriff der »Flat Tax« geprägt. Nach diesem Vorschlag sollen die verschiedenen Lohnsteuerklassen ebenso abgeschafft werden wie die Steuerprogression, d. h. die mit der Einkommenshöhe steigenden Steuersätze.

Eine »Flat Tax« von 30 % hätte Steuermindereinnahmen von rund 13 Mrd. € zur Folge – gegenüber den Steuereinnahmen 2004 in Höhe von 442,8 Mrd. € ein relativ niedriger Betrag. Zur Finanzierung schlug der wissenschaftliche Beirat vor, die Zuschläge zu Sonntags- und Nachtarbeit zu streichen, den Sparerfreibetrag, die Pendlerpauschale und die Eigenheimzulage abzuschaffen und nach Möglichkeit auch andere Steuervergünstigungen wegfallen zu lassen.

»Neoliberale Gleichmacherei« Bei Gewerkschaften, SPD und z. T. bei Bündnis 90/Die Grünen und CDU/CSU stieß das Flat-Tax-Modell auf Kritik. Es sei »unsoziale Gleichmacherei«, wenn Bezieher niedriger Einkommen und Großverdiener mit demselben Anteil zum Gemeinwohl beitragen müssten. Auch die Abschaffung aller Steuervergünstigungen sei ungerecht: Die Folge der »Flat Tax« werde eine Umverteilung »von unten nach oben« sein, denn die Streichungen zur Gegenfinanzierung betreffen v. a. die Bezieher niedriger und mittlerer Einkommen, die Großverdiener hingegen würden in aller Regel weniger Steuern zahlen müssen als heute. Die Hauptsorge der Kritiker aber ist eine andere: Durch eine Entscheidung für die »Flat Tax« könnte der demokratische Staat eine seiner letzten Möglichkeiten aufgeben, im Sinne sozialer Gerechtigkeit in das Wirtschaftsgeschehen einzugreifen.

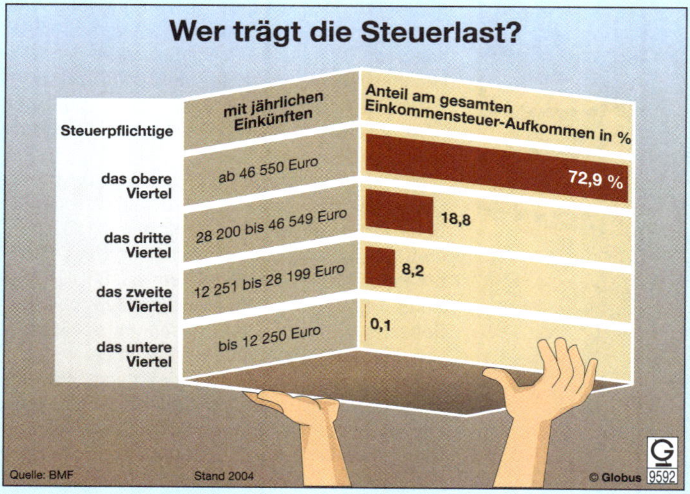

Steuereinnahmen in Deutschland 2004

Steuerart	Mrd. €
Gemeinschaftssteuern	
Lohnsteuer	123,9
Veranlagte Einkommensteuer	5,4
Körperschaftsteuer	13,1
Kapitalertragsteuer	16,7
Mehrwertsteuer	104,7
Einfuhrumsatzsteuer	32,7
Bundessteuern	
Mineralölsteuer	41,8
Tabaksteuer	13,6
Branntweinabgaben	2,2
Versicherungsteuer	8,8
Stromsteuer	6,6
Sonstige Bundessteuern	11,6
Ländersteuern	
Kfz-Steuer	7,7
Erbschaftsteuer	4,3
Biersteuer	0,8
Sonstige Ländersteuern	6,9
Gemeindesteuern	39,0
EU-Zölle	3,0
Summe	442,8

Quelle: Dt. Bundesbank

formpläne bereit. In diesem Zusammenhang traten Politiker von CDU/CSU und FDP auch für eine Abschaffung weiterer Vergünstigungen wie der Pendlerpauschale ein. Im Einzelnen war unklar, wie und in welchem Maß die Streichung von Steuervergünstigungen finanziell ausgeglichen werden sollen.

Renten und Lebensversicherungen: 2004 wurde die Besteuerung von Renten und Lebensversicherungen neu geregelt. Die CDU-geführten Landesregierungen von Hamburg und Sachsen hatten dem vom Bundestag mit den Stimmen von SPD und Bündnis 90/Die Grünen beschlossenen Gesetz auch im Bundesrat zu einer Mehrheit verholfen. Ab 2005 wird die Hälfte der Rente versteuert und dieser Anteil in den Folgejahren schrittweise erhöht. Gewinne aus Kapitallebensversicherungen, die nach dem 31. 12. 2004 abgeschlossen wurden, sind steuerpflichtig. Wenn sie mind. zwölf Jahre laufen und frühestens mit 60 Jahren ausgezahlt werden, wird nur die Hälfte des Gewinns versteuert.

Tabaksteuer: Die Erhöhungen der dem Bund zustehenden Tabaksteuer haben 2004 nicht zu Mehreinnahmen geführt. Während die Tabaksteuereinnahmen 2003 noch um 2,3% auf 14,1 Mrd. € gestiegen waren, sanken sie 2004 um 3,3% auf 13,6 Mrd. €. Ursache war die Umstellung der Rauchgewohnheiten: Es wurden 23% weniger Zigaretten, aber 45% mehr Zigarettentabak zum Selbstdrehen verkauft. Politiker von Bündnis 90/Die Grünen forderten 2005, die S. für losen Zigarettentabak stärker heraufzusetzen. Zum 1.9.2005 ist die nächste Tabaksteuererhöhung beschlossen, erneut um 1,2 Cent pro Zigarette.

www.bundesfinanzministerium.de (aktuelle Informationen zur Steuergesetzgebung)

Subventionen

Unterstützungszahlungen öffentlicher Haushalte (Finanzhilfen und Steuererleichterungen) zur Förderung bestimmter Wirtschaftszweige, wirtschaftspolitischer Ziele, Regionen oder Unternehmensarten

Der 19. S.-Bericht der Bundesregierung bezifferte die S. des Bundes für 2004 auf 22,3 Mrd. €, die damit gegenüber 2001 um 2,3% zurückgingen. Die Höhe der S. war jedoch unter Ökonomen und Politikern stark umstritten, da unterschiedliche Abgrenzungskriterien verwendet wurden. Unklarheiten bestanden etwa, ob Vergünstigungen bei den →Steuern (z. B. Eigenheimzulage) sowie die Forschungs- und die Kulturförderung als S. anzusehen sind. Nach den von der Europ. Kommission in ihrem Beihilfebericht 2005 angewandten Kriterien, die nur unmittelbare Zahlungen an Wirtschaftsunternehmen erfassen, leistete Deutschland die höchsten S. in der EU. Gemessen am BIP lagen sie jedoch mit 0,77% im Mittelfeld, während Finnland mit 1,41% die meisten S. zahlte.

➤ Energie, Kohle

Unternehmenssteuern

2005 legte die rot-grüne Bundesregierung Gesetzentwürfe zur Senkung der U. vor: Ab 2006 soll der Körperschaftsteuersatz von 25% auf 19% gesenkt und die gezahlte Gewerbesteuer in höherem Maß auf die Einkommensteuer angerechnet werden. Außerdem sollte Erben von Familienunternehmen, die den Betrieb fortführen, die geschuldete Erbschaftsteuer gestundet und nach zehn Jahren vollständig erlassen werden. Über den Vorschlag von Gemeindeverbänden, die Gewerbesteuer in eine allgemeine U. umzuwandeln, die auch von Freiberuflern zu zahlen wäre, konnte bis Mitte 2005 zwischen Bundestag und Bundesrat keine Einigkeit erzielt werden. Während SPD und Bündnis 90/Die Grünen den Vorschlag im Grundsatz unterstützten, traten CDU/CSU und FDP mit unterschiedlichen Akzenten für einen Ersatz der Gewerbesteuer durch einen kommunalen Zuschlag zur Einkommen- und Körperschaftsteuer ein. Die FDP forderte darüber hinaus, den Einkommensteuertarif für Einzelunternehmer und Personengesellschaften in einen Zweistufentarif mit 15% und 25% für unternehmerische Einkünfte umzuwandeln.

Unternehmenssteuern: ein kompliziertes System

Es gibt in Deutschland kein einheitliches Unternehmenssteuerrecht: Kapitalgesellschaften zahlen Körperschaftsteuer (2004: 13,1 Mrd. €; 2000: 23,6 Mrd. €), deren Steuersatz ab Mitte der 1980er-Jahre von 56 % auf 25 % gesenkt wurde. Zahlreiche Sparmöglichkeiten wie Verlustverlagerungen, stille Reserven und Abschreibungsrechte mindern jedoch die tatsächliche Steuerschuld, sodass sich nach Berechnungen der OECD im Verhältnis zur Wirtschaftsleistung (BIP) eine Steuerquote von lediglich 1 % ergibt (zum Vergleich: USA 1,8 %, Großbritannien und Frankreich 2,9 %, Niederlande 3,5 %).
Einzelunternehmer und Personengesellschaften (83 % aller dt. Unternehmen) werden steuerlich anders behandelt und zahlen Einkommensteuer. Die Einnahmen aus veranlagter Einkommensteuer betrugen 2004 nur noch 5,4 Mrd. € (2000: 12,2 Mrd. €). Auch hier können vielfältige Sparmöglichkeiten genutzt werden, sodass sich nach Berechnungen der Europ. Kommission im Verhältnis zum BIP eine Steuerquote von 1,7 % (Durchschnitt des Euro-Währungsraums: 4,5 %) ergibt. Alle Gewerbetreibenden, nicht jedoch Freiberufler, haben außerdem Gewerbesteuer zu bezahlen, die z. T. mit der Einkommensteuer wieder verrechnet wird. Außerdem sind Kapitaleinkünfte einkommensteuerpflichtig.
Bei einem Vergleich der Steuersätze erscheint Deutschland nach Japan und den USA als Land mit den höchsten Unternehmenssteuern; bei einem Vergleich der tatsächlich gezahlten Steuern ist es dagegen ein Niedrigsteuerland weit unterhalb des EU-Durchschnitts.

Vermögen

Das gesamte V. der Bundesbürger wurde 2004 auf über 9 000 Mrd. € geschätzt. Das Geldvermögen stieg nach einer Studie der Dresdner Bank um 4,6% (2003: 4,3%) auf 4 100 Mrd. €. Nach dem Armuts- und Reichtumsbericht 2005 der Bundesregierung verfügten 10% der Bevölkerung über 47% des gesamten V., während 50% der Bevölkerung nur 3,8% des V. besaßen.

Vermögenssteuer: Die Vermögenssteuer wird seit 1997 nicht mehr erhoben, weil keine Änderung des entsprechenden Gesetzes zustande kam, das den Vorgaben des Bundesverfassungsgerichts entsprochen hätte. Innerhalb der SPD wurde die Wiedereinführung diskutiert.

Vermögensbildung: Ab 2004 wurden die staatlichen Zuschüsse zur Vermögensbildung nach einer Vereinbarung der Bundestagsmehrheit aus SPD und Bündnis 90/Die Grünen mit der CDU/CSU-geführten Mehrheit des Bundesrates gekürzt. Arbeitnehmer mit einem zu versteuernden Jahreseinkommen bis 17 900€ (Verheiratete: 35 800€) erhalten für vermögenswirksame Leistungen des Arbeitgebers, die sie in Bausparverträgen anlegen, eine Zulage von 9% auf bis zu 470€, max. also 42,30€. Für vermögenswirksame Leistungen, die in Beteiligungen angelegt werden, wird zusätzlich eine 18%ige Zulage für bis zu 400€ gezahlt, höchstens also 72€. Der früher höhere Zuschussbetrag in Ostdeutschland wurde 2005 abgeschafft. Darüber hinaus kann eine Wohnungsbauprämie von 8,8% auf bis zu 512€ (Verheiratete: 1 024€) bei eigenen Einzahlungen in einen Bausparvertrag beantragt werden, wenn das zu versteuernde Einkommen höchstens 25 600€ (Verheiratete: 51 200€) beträgt; die Prämie beträgt max. 45,06€ (Verheiratete: 90,11€).

Zinsbesteuerung

Am 1.7. 2005 trat eine Richtlinie zur Z. in Kraft, nach der 22 EU-Staaten die Zinserträge von ausländischen EU-Bürgern an deren heimisches Finanzamt melden müssen. Mit Belgien, Luxemburg, Österreich und Staaten wie der Schweiz und Liechtenstein wurde vereinbart, dass alle dortigen Zinserträge mit einer Steuer von zunächst 15% belegt werden, die bis 2011 auf 35% steigen soll. So soll grenzüberschreitende Steuerflucht bekämpft werden.

Umwelt und Klima

Abfall

Im Jahr 2003 (letztverfügbarer Stand) fielen in Deutschland 365 Mio. t A. an (2002: 381). Davon waren 74 % Bauschutt und Schutt aus dem Bergbau. 49,3 Mio. t waren Siedlungs-A. wie Hausmüll, Sperrmüll, Gewerbeabfälle und Straßenkehricht (2002: 52,8 Mio. t); das entsprach einer Menge von 590 kg/Einwohner. 2002 bestanden die Siedlungs-A. zu 48 % aus Restmüll aus Haushalten und Gewerbebetrieben; 36 % waren getrennt gesammelte Wertstoffe (Altglas, Altpapier, Kunststoffverpackungen, Metalle), 15 % kompostierbarer A. 60,2 Mio. t A. wurden deponiert (zu 46 % Bauschutt u. Ä.); 19,7 Mio. t wurden verbrannt; davon waren 54 % Siedlungsabfall.

Die größten Abfallerzeuger[1)]

Land	kg pro Einw.
Island	730
USA	730
Irland	700
Dänemark	660
Schweiz	660
Luxemburg	650
Spanien	650
Niederlande	620
Norwegen	620
Deutschland	590

1) jährlicher Siedlungsabfall; letztverfügbarer Stand (2003 und früher); Quelle: OECD

Verpackungen: 2002 (letztverfügbarer Stand) wurden in Deutschland 15,4 Mio. t Verpackungen verbraucht (2001: 15,0 Mio. t), davon 7,2 Mio. t Verkaufsverpackungen (2001: 7,1 Mio. t). 2003 (letztverfügbarer Stand) wurden 6,3 Mio. t Verkaufsverpackungen (2002: 6,6 Mio. t) und 4,5 Mio. t gewerbliche Transportverpackungen (2002: 4,5 Mio. t) zur Wiederverwertung gesammelt.

Duales System: Ende 2004 übernahm der amerikanische Investor KKR die Mehrheit des Dualen Systems Deutschland (DSD), das den grünen Punkt ausgibt und verwaltet. Das DSD folgte damit einer Auflage des Bundeskartellamtes.

www.bmu.de (Bundesministerium für Umwelt, Naturschutz und Reaktorsicherheit); **www.bde.org** (Bundesverband der Dt. Entsorgungswirtschaft); **http://themes.eea.eu.int** (Europ. Umweltagentur); **www.gruener-punkt.de** (Duales System Deutschland AG)

Abgasgrenzwerte

Grenzwerte für den Ausstoß von Autoabgasen (einschließlich Dieselrußpartikeln bzw. Feinstaub und Kohlendioxid als Treibhausgas)

Am 1. 1. 2005 trat in Deutschland die Feinstaub-Richtlinie der EU in Kraft. Sie bezieht sich v. a. auf Dieselrußpartikel (→ Feinstaub).

Abfall: Behandlung von Siedlungsabfällen in Deutschland (Mio. t)

	1999	2000	2001	2002
Siedlungsabfälle insgesamt	49,7	50,1	49,4	52,8
davon verwertet	24,6	25,6	25,1	29,7
verbrannt	10,3	10,9	11,1	11,7
deponiert	14,8	13,6	13,2	11,3

Quelle: Statistisches Bundesamt (Wiesbaden), www.destatis.de

Kohlendioxid: Im November 2004 trat europaweit eine Energieverbrauchs-Kennzeichnungspflicht für Neuwagen (Pkw) in Kraft. Sie schreibt vor, dass Kraftstoffverbrauch und der damit verbundene Kohlendioxidausstoß jedes Neuwagens am Verkaufsort ausgewiesen werden müssen. In Großbritannien wurden die Neuwagen in Klimagüteklassen von A bis F eingeteilt. Klasse A erreichten nur Elektroautos, die unter 100 g CO_2 pro km ausstoßen; in Klasse F befanden sich Geländewagen mit hohen Verbrauchswerten. In Deutschland wehrte sich die Autoindustrie erfolgreich gegen ein solches System.

Arktis und Antarktis

2004/05 schmolz die arktische Eisplatte weiter ab. In der Tundra im Norden Alaskas sowie in Sibirien taute in den Sommermonaten an vielen Stellen der Permafrostboden auf - ein Problem für Überlandpipelines, die im Permafrostboden verankert sind. Bei zahlreichen Festlandsgletschern Grönlands und der Antarktis wurde festgestellt, dass sich ihre Fließgeschwindigkeit erhöht hat. Während Grönlands Gletscher insgesamt abschmolzen, blieb der Eiszustand der Antarktis weiter unklar (keine klare Ab- oder Zunahme der Gesamtmasse, regional allerdings dramatische Schmelzen).

Arktis: Die arktische Meereisfläche war im Sommer 2004 um 13 % kleiner als im langjährigen Mittel (2003: 12 %). Die Klimaforscher des Arktischen Rates (ACIA) legten im November 2004 einen Bericht zum Klimawandel in der Arktis vor. Darin prognostizierten sie einen Temperaturanstieg in der Arktis um 4-7 °C bis 2100. Dadurch könnte das Meereis in etwa 100 Jahren im Sommer völlig verschwinden. Die acht Staaten des Arktischen Rates äußerten sich im November 2004 in Reykjavik besorgt über die Erwärmung und erkannten den Ausstoß von Treibhausgasen als Ursache an.

Antarktis: Russische und US-amerikanische Forscher stritten im Sommer 2004 über die Erforschung des seit 15 Mio. Jahren unter dem Eispanzer eingeschlossenen Wostoksees. Um-

Arktis und Antarktis: Das ESA-Satellitenbild zeigt, wie der 160 km lange Eisberg B15A (links oben) am 15. 4. 2005 gegen die antarktische Drygalski-Eiszunge stößt.

stritten war, ob er primitive Lebewesen enthalten könnte, die vielleicht zerstört werden, wenn man den See anbohrt und dabei verschmutzt.

Ein wichtiges Thema der Antarktis-Vertragsstaatenkonferenz 2004 war der zunehmende Tourismus. 1994–2003 stieg die Zahl der jährlichen Touristen von 8 000 auf 20 000; 15 % davon waren Deutsche.

2004 beobachteten Wissenschaftler, dass mehrere Gletscher der Antarktis begonnen haben, schneller zu fließen. Ein riesiger Eisberg, der 2000 vom Ross-Schelfeis abgebrochen war, stieß im April 2005 mit der Drygalski-Eiszunge zusammen.

Wie britische und US-amerikanische Forscher im April 2005 bekannt gaben, sind von 244 beobachteten Gletschern der Antarktis 212 in den Jahren 1955–2004 geschrumpft, 32 sind gewachsen.

www.acia.uaf.edu (Arctic Climate Impact Assessment, ACIA); **www.antarktis.ch** (Antarktis Online); **www.awi-bremerhaven.de** (dt. Arktis- und Antarktisforschung)

Artenschutz

Teilbereich des Naturschutzes: Maßnahmen des A. sollen Tier- und Pflanzenarten erhalten, die durch Eingriffe des Menschen in die Natur vom Aussterben bedroht sind; Erhalt der Artenvielfalt (Biodiversität)

2004 standen weltweit 7 266 Tier- und 8 323 Pflanzenarten auf der Roten Liste der vom Aussterben bedrohten Arten, 3 330 mehr als im Vorjahr. Der Zuwachs gegenüber 2003 beruhte überwiegend auf genauerer Erfassung. Darunter waren ein Drittel aller bekannten Lurch-, die Hälfte aller Schildkröten-, ein Achtel der Vogel-, ein Viertel der Säugetier- und ein Drittel der Baumarten. Die Internationale Union für Naturschutz IUCN schätzte, dass das vom Menschen verursachte Artensterben etwa 100- bis 1 000-mal schneller verläuft als das der natürlichen Evolution.

Gefährdungen: Ursachen des Artensterbens waren v. a. das Abholzen von Wäldern, die Verdrängung durch einwandernde Arten (Neophyten und Neozoen), die Fischerei und der internationale Handel mit Holz, Heilkräutern und Tierprodukten.

Dt. Zollämter beschlagnahmten 2003 etwa 2 000 Mal illegal nach Deutschland eingeführte Tiere, Pflanzen usw., überwiegend Urlaubssouvenirs. Nach Schätzungen des World Wide Fund for Nature (WWF) war der Welthandel mit solchen Produkten 2003 zu einem Viertel illegal.

Konferenz: Im Oktober 2004 wurden auf der 13. Konferenz des Washingtoner Artenschutzabkommens (Convention on International Trade in Endangered Species of Wild Fauna and Flora, Abk. CITES) in Bangkok mehrere Durchbrüche für den A. erzielt: Der Weiße Hai wurde in den Anhang II aufgenommen, der Handel mit Haifischzähnen und -flossen also beschränkt. Auch der Irawadi-Delfin, der Napoleonsfisch, mehrere madegassische Gecko- und Schildkrötenarten wurden besser geschützt, der Handel mit zwei in Europa begehrten Papageienarten (Gelbwangenkakadu und Blaukopf-Amazone) wurde verboten. Der Handel mit dem Tropenholz Ramin wurde unter strenge Auflagen gestellt. Die Konferenz einigte sich auf Schutzmaßnahmen für Menschenaffen. Namibia und Südafrika erreichten eine begrenzte Freigabe der Nashornjagd und des Handels mit Elfenbeinprodukten.

Artenschutz: Mehr als 500 Pfeilgiftfrösche und andere exotische Amphibien aus Mittelamerika entdeckten belgische Zöllner in präparierten Filmdosen; die Tiere bringen auf dem Schwarzmarkt rund 140 €.

Erfolge: Das Goldgelbe Löwenäffchen aus dem südbrasilianischen Küstenregenwald konnte 2003/04 mit knapper Not vor dem Aussterben gerettet werden. Dank Naturschutz und Auswilderung aus Zoos wuchs der Bestand von 200 wieder auf rund 1 000 Tiere an.

- 2004 tauchten in den Bayerischen Alpen die ersten aus Österreich eingewanderten Braunbären in Deutschland auf. Der Braunbär ist Wildtier des Jahres 2005. Nach einer Umfrage (Januar 2005) begrüßten 49 % der Deutschen, wenn sich ursprünglich ansässige Wildtiere wieder in Deutschland ansiedeln.

- 2004 gab es dank konsequenter Schutzmaßnahmen wieder 850 Uhu-Paare in Deutschland, überwiegend in Felsengebieten der Alpen und der süd- und westdt. Mittelgebirge. Der Uhu ist Vogel des Jahres 2005.
- 2004 begann die sechste weltweite Erfassung der Weißstorch-Bestände. Bei der fünften Erfassung 1994/95 wurden 166000 Paare gezählt, 23% mehr als zehn Jahre zuvor. Naturschützer warnten jedoch, die Ausdehnung der EU-Agrarpolitik nach Osteuropa könne die großen Bestände dieser Länder in Gefahr bringen.
- Dt. Naturschützer begannen 2004, den Harz und die naturnahen Waldgebiete Thüringens, Bayerns und Hessens so miteinander zu vernetzen, dass die dort ansässigen Wildkatzen zwischen den Gebieten hin- und herwandern können.

Artenvielfalt: 400 Ökologen wiesen in den Jahren ab 2000 weltweit 34 Gebiete aus, sog. Hotspots, in denen besonders viele bedrohte Arten zusammenleben. 2004 fügten sie neun weitere Gebiete hinzu, darunter die östlichen Inseln Melanesiens, den Himalaja und die Wüsten und Hochländer am Horn von Afrika.

Eine internationale Expedition in die Tiefsee über dem Mittelatlantischen Rücken stieß im Sommer 2004 in 3000–4000 m Tiefe auf reges Leben: Man zählte u. a. rund 300 Fischarten und 50 Arten von Kopffüßern (Tintenfische u. Ä.). Beim 2000 begonnenen Projekt »Census of Marine Life« wurden 2004 insgesamt 106 neue Arten von Meeresfischen identifiziert.

Auf den Philippinen wurde 2004 eine neue Vogelart entdeckt, die Calayan-Ralle. Auf Madagaskar entdeckte ein Bochumer Zoologe fünf neue Tausendfüßer-Arten. Indische Zoologen entdeckten Ende 2004 eine bislang unbekannte Makakenart, den Arunachal. Vor Kalifornien wurde 2005 eine neue Korallenart gefunden.

www.bfn.de (Bundesamt für Naturschutz); **www.iucn.org** (Internationale Union für Naturschutz); **www.nabu.de** (Naturschutzbund Deutschland); **www.prowildlife.de** (Tier- und Artenschutzorganisation); **www.redlist.org** (Rote Liste weltweit); **www.wisia.de** (dt. Artenschutzdatenbank); **www.wwf.de** (World Wide Fund for Nature)

Artenschutz: bedrohte Tier- und Pflanzenarten

Antilopen: Durch Jagdtourismus und Vernichtung ihrer Lebensräume waren mehrere Antilopen- und Gazellenarten Nordafrikas Anfang des 21. Jh. vom Aussterben bedroht oder bereits aus der freien Wildbahn verschwunden (Oryxantilope).
Gelbwangenkakadu: Auch in Deutschland zahlen Liebhaber hohe Preise für den in indonesischen Urwäldern beheimateten Papagei. Die Bestände wurden 2004 auf 10 000 Tiere geschätzt; seit 2004 ist der Handel verboten.
Irawadi-Delfin: Die ostasiatischen Flussdelfine verenden oft in Fischernetzen oder durch Dynamitfischerei. In Asien sind sie als Zootiere verbreitet. Die Artenschutzkonferenz stellte sie 2004 unter Schutz.
Kabeljau: Der ursprünglich im Nordatlantik weit verbreitete Fisch ist wegen seines weißen, mild schmeckenden Fleischs als Speisefisch sehr beliebt; Mitte 2005 drohte durch raubbaumäßige Fischerei seine Ausrottung.
Napoleonsfisch: Der bis zu 2 m lange Lippfisch mit den charakteristischen wulstigen Lippen lebt in den Korallenriffen des Indo-Pazifiks und wird als Delikatessfisch gejagt. Die Artenschutzkonferenz stellte ihn 2004 unter Schutz.
Nashorn: Um 1970 gab es noch etwa 65 000 Spitzmaulnashörner in Afrika. Zehn Jahre später waren es 14 785 und 1995 nur noch 2 410 Tiere. Dank des strengen Artenschutzes stieg die Zahl der Individuen 2004 wieder auf etwa 3 600 an. Der Handel mit den begehrten Hörnern, die in Arabien zu Dolchgriffen, in China zu Medikamenten verarbeitet werden, wurde schon 1977 verboten.
Weißer Hai: Der aus Horrorfilmen berüchtigte Hai wird wegen seiner Zähne und seiner Flossen stark bejagt; viele Tiere verenden auch als Beifang in den Treibnetzen der Fischtrawler. Die Artenschutzkonferenz stellte ihn 2004 unter Schutz.

Bodenschutz

Der Schutz land- und forstwirtschaftlich nutzbarer Böden vor Erosion, Verkarstung und Wüstenbildung, auch der Schutz offener Böden vor Vergiftung und Versiegelung

Um das Wissen über die Ressource Boden zu verbessern, legte die EU-Kommission im April 2005 den ersten Bodenatlas Europas vor. Er beschreibt die Vielfalt und Bedeutung der Böden ebenso wie die ihm drohenden Gefahren.

Flächenverbrauch: 2003 wurden in Deutschland täglich 93 ha Fläche in Siedlungs- oder Verkehrsfläche verwandelt. Damit sank der Flächenverbrauch zum dritten Mal in Folge (2001: 117 ha; 2002: 105 ha). Als Ursache galt insbesondere die Krise der Bauwirtschaft. Das Umweltbundesamt warnte 2004, dass der hohe Flächenverbrauch und die Zersiedlung der Landschaft auch zu einem finanziellen und sozialen Risiko für die Gemeinden werde. Bereits 2002 hatte die Bundesregierung im Rahmen der sog. Nationalen Nachhaltigkeitsstrategie beschlossen, den Flächenverbrauch bis 2020 auf 30 ha pro Tag zu senken.

www.jrc.cec.eu.int/soil-atlas (Bodenatlas Europa); **www.bmu.de** (Bundesministerium für Umwelt, Naturschutz und Reaktorsicherheit); **www.bodenwelten.de** (Portal zum Thema Boden)

Dosenpfand

Pflichtpfand auf Einwegverpackungen für bestimmte Getränke (z. B. Bier oder Erfrischungsgetränke mit Kohlensäure), das beim Kauf erhoben und bei Rückgabe der Verpackung zurückerstattet wird

Nach dreijährigem Streit einigten sich Bundesregierung und Bundesrat Ende 2004 auf eine neue Verpackungsverordnung und damit auf eine Neuregelung der Pfandpflicht für Einweg-Getränkeverpackungen, die im Mai 2005 in Kraft trat:

- Ab 2005 gilt ein einheitliches D. von 0,25 € für jede umweltschädliche Verkaufsverpackung von Bier, Mineralwasser und Erfrischungsgetränken mit Kohlensäure, unabhängig von der aktuellen Mehrwegquote.
- Ausgenommen von der Pfandpflicht bleiben Schlauchbeutel, Getränkekartons und Standbeutel, da sie als umweltfreundlich gelten. Außerdem sind Einwegverpackungen für Milch, Wein, Spirituosen und Fruchtsaft vom Pfand ausgenommen.
- Bis Mai 2006 müssen Händler, die Getränke in speziellen Verpackung vertreiben, auch nur diese zurücknehmen (sog. Insellösung). Ab 1. 5. 2005 müssen sie alle pfandpflichtigen Verpackungen zurücknehmen und dürfen sich nicht mehr auf die eigenen Sonderformate beschränken. Die Übergangsfrist hatte der Europ. Gerichtshof mit seinem Urteil vom Dezember 2004 durchgesetzt. Für Geschäfte mit einer kleinen Verkaufsfläche unter 200 m² gelten Sonderregelungen

www.pfandpflicht.info

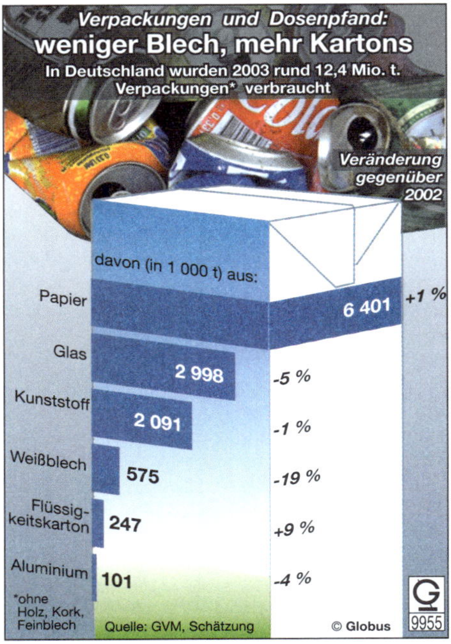

Elektroschrott

Nach Schätzungen fielen in Deutschland 2004 etwa 1,1 Mio. t E. an (13 kg/Einwohner), darunter 125 000 t Schrott aus dem Bereich Computer und Telekommunikation. Die EU schätzte den E.-Anfall auf 25 kg pro EU-Bürger. Um Schadstoffe zurückzuhalten und das Recycling zu befördern, verabschiedete die EU 2002 zwei Verordnungen. Sie schreiben u. a. vor, dass ab August 2006 mind. 4 kg E. pro EU-Bürger von den Kommunen angenommen und recycelt werden müssen.

Deutschland: Bundesumweltminister Jürgen Trittin einigte sich im Juli 2004 mit Vertretern der Elektro- und Elektronikindustrie, der Länder und Kommunen auf ein Elektro- und Elektronikgerätegesetz, dem der Bundesrat im Februar 2005 zustimmte. Es setzt die EU-Verordnungen um und bestimmt, dass

- die Verbraucher ab März 2006 ihre Altgeräte kostenlos bei den kommunalen Sammelstellen (Recyclinghöfen) abgeben können und müssen,
- die Geräte dort in sechs Klassen aufgeteilt werden,

- die Hersteller auf eigene Kosten den E. dort abholen, zerlegen und wiederverwerten, und zwar jeder eine Menge, die seinem Marktanteil in der jeweiligen Geräteklasse entspricht,
- sich die Hersteller ab November 2005 beim Umweltbundesamt registrieren lassen und eine Entsorgungsgarantie abgeben müssen,
- die Hersteller ab 1.7.2006 keine besonders gefährlichen Stoffe wie Blei, Cadmium oder bestimmte bromhaltige Flammschutzmittel mehr verwenden dürfen.

Damit setzten Industrie und Handel durch, dass ihre Rücknahmeverantwortung erst an den kommunalen Sammelstellen beginnt. Die dt. Elektro- und Elektronikindustrie gründete für die Abwicklung bereits 2003 eine Stiftung Elektroaltgeräteregister (EAR).

Recycling: Die Wiedergewinnung von Kupfer, Silber und Gold aus E. wurde 2004/05 auch ökonomisch interessant, da der Kupferpreis durch die stark wachsende IT-Produktion in Asien gestiegen war.

Export: Da die USA die Baseler Konvention von 1989 zum Verbot des Exports schädlicher Abfälle nicht unterzeichnet hatte, landeten geschätzte 90% des US-amerikanischen E. Anfang des 21. Jh. in China und Indien, wo sich viele Recyclingarbeiter mit den Giftstoffen vergifteten.

www.bmu.de (Bundesministerium für Umwelt, Naturschutz und Reaktorsicherheit); **www.zvei.org** (Elektro- und Elektronikindustrie); **www.duh.de** (Dt. Umwelthilfe)

Emissionshandel

Der Handel mit zertifizierten Emissionsrechten für Kohlendioxid oder andere Schadstoffe

Das Klimaschutzprotokoll von Kyōto sieht vor, dass ab 2008 weltweit mit Emissionsrechten für den Kohlendioxid (CO_2)-Ausstoß gehandelt werden soll. Die EU führte den E. europaweit bereits zum 1. 1. 2005 ein. 2004 verteilten die EU-Staaten deshalb an die in ihnen beheimateten Energieversorger und Industrieunternehmen Emissionsrechte (Zertifikate) für die Jahre 2005-07. Betriebe, die durch Energiesparmaßnahmen u. Ä. ihre Rechte nicht ausschöpfen, können die überschüssigen Rechte verkaufen. Betriebe, die mit ihrem Kontingent nicht auskommen, müssen Rechte zukaufen. Dieser Mechanismus sollte bewirken, dass Klimaschutzinvestitionen dort erfolgen, wo sie am effizientesten sind.

Emissionshandel: Zuteilung der CO_2-Zertifikate in Deutschland nach Branchen

Branche	Anzahl[1)]
insgesamt	1 485
Energieversorgung	1 173
Eisen- und Stahlindustrie	101
Erdölraffinerien	73
Zementindustrie	71
Kalk- und Zuckerindustrie	28
Papierindustrie	15
Glasindustrie	14
Keramikindustrie	8
Zellstoffindustrie	4

1) in Mio. t CO_2 für die Jahre 2005-07
Quelle: Umweltbundesamt

Deutschland: Im Juli 2004 verabschiedete der Bundestag das Zuteilungsgesetz, mit dem den dt. Energieversorgern und Industriebetrieben Emissionsrechte für insgesamt 1,485 Mrd. t CO_2 in 2005-07 kostenlos zugeteilt wurden. Im September und November 2004 nahm die Stelle für E. im Umweltbundesamt die Zuteilung für insgesamt 2 350 Anlagen vor.

Optionsregel: Innerhalb der dt. Industrie gab es Ende 2004 Streit um eine Sonderregel, die es insbesondere den Betreibern von Braunkohlekraftwerken erlaubte, ihre Altanlagen als Neuanlagen zu deklarieren. Damit sind sie bis zum Jahre 2007 von konkreten CO_2-Reduktionsverpflichtungen ausgenommen.

Europa: Zum Stichtag 1. 1. 2005 fehlten noch die nationalen Zuteilungspläne Griechenlands, Italiens, Polens und der Tschechischen Republik. Der polnische Plan wurde im April 2005 nachgereicht und war restriktiver, d. h. klimafreundlicher, als viele erwartet hatten.

Emissionshandel in Deutschland nach Ländern

Land	Anzahl[1)]
Nordrhein-Westfalen	655
Brandenburg	158
Niedersachsen	104
Sachsen	99
Baden-Württemberg	88
Bayern	79
Sachsen-Anhalt	59
Saarland	53
Hessen	41
übrige	148

1) in Mio. t CO_2 für die Jahre 2005-07;
Quelle: Umweltbundesamt

Börsenhandel: Am 1. 1. 2005 begann der Börsenhandel mit Emissionsrechten, u.a. an der Leipziger Strombörse EEX. Der Preis für ein Zertifikat (d.h. 1 t CO_2-Ausstoß) lag vorab bei rund 8,50 €, sank bis Februar auf 7 € und stieg bis Juni auf 19 €. Der Wintereinbruch im März 2005 erhöhte den Energieverbrauch und ließ die Zertifikate knapper werden. Diese Entwicklung wirkte einer Tendenz der Stromkonzerne entgegen, wegen hoher Gaspreise klimafreundliche Gaskraftwerke abzuschalten und durch klimaschädliche Kohlekraftwerke zu ersetzen.

www.eex.de (Leipziger Strombörse); **www.dehst.de** (Dt. Emissionshandelsstelle); **www.bmu.de** (Bundesministerium für Umwelt, Naturschutz und Reaktorsicherheit); **www.germanwatch.org** (Nord-Süd-Initiative)

Feinstaub

Kleinste Schwebeteilchen in der Luft mit weniger als 10 µm (tausendstel mm) Durchmesser (PM 10);. die besonders tief in die Lunge und teilweise sogar ins Blut eindringen und z. T. sehr gesundheitsschädlich sind

Zum 1. 1. 2005 trat eine schon 1999 beschlossene F.-Richtlinie der EU in Kraft: Die Behörden der Mitgliedstaaten müssen eine Liste der Ballungsräume erstellen, in denen der Grenzwert von 50 µg (Mikrogramm, tausendstel mg) F. pro m³ Luft an mehr als 35 Tagen im Jahr überschritten wird. Sie müssen regelmäßig die F.-Belastung messen und die Ergebnisse der EU und der Öffentlichkeit mitteilen sowie Maßnahmenpläne aufstellen, um die F.-Belastung zu senken. Betroffen sind von dieser Regelung zunächst nur Städte mit mehr als 250 000 Einwohnern.

Gefahren: Nach einer im Februar 2005 vorgelegten Studie der EU verursachten Gesundheitsschäden durch F. Anfang des 21. Jh. jährlich bis zu 300 000 zusätzliche Todesfälle in Europa. Ziel der Richtlinie ist es, diese Zahl bis 2020 auf 200 000 abzusenken. Die Weltgesundheitsorganisation (WHO, Genf) gab diese Zahl mit 500 000 weltweit an. Experten kritisierten jedoch das undifferenziert an der Teilchenmasse ansetzende Messverfahren, das der besonderen Gefahr durch bestimmte ultrafeine Teilchen (v. a. Metalle) nicht gerecht werde.

Quellen: Die F.-Belastung dt. Innenstädte stammte nach Schätzungen 2003 zu 50 % von Dieselabgasen, zu 25 % vom Brems-, Reifen- und Straßenabrieb und zu 25 % aus entfernteren Quellen wie Industrie, Kraftwerken oder Landwirtschaft.

Feinstaub: Hintergründe

Entstehung: Der in Ballungszentren messbare Feinstaub stammt zum großen Teil aus der Verbrennung von Dieselkraftstoff. Da die Verbrennung im Dieselmotor v. a. beim Beschleunigen relativ sauerstoffarm erfolgt, werden viele Kraftstoffmoleküle nicht zu CO_2 und H_2O oxidiert, sondern zu Acetylen. Daraus entstehen hochmolekulare polyzyklische Kohlenwasserstoffe, die dreidimensionale Strukturen bilden, deren Oberfläche weiter wächst. Es bildet sich ein Rußkern, der von organischen Kohlenwasserstoffen ummantelt ist. Weitere Partikel entstehen als Abrieb von Bremsbelägen und Reifen. Feinstaub entsteht aber nicht nur im Straßenverkehr, deutlich mehr entsteht in der Industrie. Aber auch die Landwirtschaft und die Natur selbst sind natürliche Staubquellen, auch von Feinstaub, doch verteilt dieser sich meist großräumig.

Gesundheitsschäden: Vor allem Feinstäube mit angelagerten Schwermetallen lösen beim Menschen häufig Entzündungen in der Lunge aus (Bronchitis). Ultrafeine Teilchen (unter 0,1 µm Durchmesser) können aus den Lungenbläschen ins Blut gelangen und mit ihm in Herz, Leber und Gehirn. Sie erhöhen das Risiko von Herz-Kreislauf-Erkrankungen. Feine Rußpartikel mit bestimmten Kohlenwasserstoffen in der Lunge erhöhen auch das Krebsrisiko. Was die ultrafeinen Teilchen so gefährlich macht, ist ihre große Oberfläche, an die sich Giftstoffe anlagern können.

Grenzwertüberschreitungen: In zahlreichen dt. Städten, darunter Augsburg, Berlin, Dortmund, Düsseldorf, München und Stuttgart, wurde der Grenzwert bereits in der ersten Jahreshälfte 2005 häufiger als 35-mal überschritten. In Rom lag die Belastung Anfang 2005 permanent bei 60–80 µg.

Fahrverbote: Rom und andere italienische Städte verhängten bereits im Januar 2005 Fahrverbote. Stockholm verhängte in Städten ein generelles Tempolimit von 35 km/h. Auf Druck der Bezirksregierung und der Umweltverbände beschloss die Stadt Düsseldorf im März 2005 einen Maßnahmenplan, der in der ersten Stufe ein Lkw-Fahrverbot auf bestimmten Straßen und in den weiteren Stufen weiter reichende Fahrverbote vorsieht. Die Stadt München beschloss im Mai 2005, von Juli 2005 an keinen Lkw-Transitverkehr durch die Stadt mehr zuzulassen.

Partikelfilter: Was Umweltverbände schon Jahre zuvor angekündigt hatten, geschah 2005 infolge der EU-Verordnung: Die dt. Autoindustrie geriet stark unter Druck, weil sie sich so lange geweigert hatte, Dieselfahrzeuge mit Partikelfiltern auf den Markt zu bringen. Im Juli 2004 stellten mehrere dt. Umweltverbände einen Kleinwagen der Marke Smart mit Partikelfilter vor, der nicht mehr als 200 € kosten müsse. Die regulären Aufpreise lagen Anfang 2005 je nach Autotyp bei rund 500–800 €.

Die rot-grüne Bundesregierung kündigte im Februar 2005 an, ab 2006 Diesel-Pkw mit Partikelfilter steuerlich fördern zu wollen. Im Sommer 2004 hatte Bundeskanzler Gerhard Schröder einen entsprechenden Vorstoß von Umweltminister Jürgen Trittin noch abgelehnt. Die dt. Autoindustrie sagte indessen zu, ab 2008 nur noch Dieselneuwagen mit Partikelfiltern auszuliefern.

www.env-it.de/luftdaten/ (aktuelle Belastungsdaten in Deutschland mit Karte); **www.bmu.de/verkehr**

Gewässerschutz

Schutz des Grundwassers sowie von Bächen, Flüssen, Seen und Küstengewässern vor Wasserverschmutzung und Überdüngung (Eutrophierung); Wiederherstellung naturnaher Lebensräume in Gewässern; Schutzmaßnahmen gegen Hochwasser

Staudämme: Schwedische und US-amerikanische Forscher legten 2005 eine umfassende Untersuchung von 292 großen Flusssystemen der Welt vor. 172 davon waren durch Staudämme verbaut. An Nil, Mississippi, Hwangho und anderen Strömen wurde beobachtet, dass sich die Stauseen mit Sedimenten zusetzen, die am Unterlauf der Flüsse und in den Deltas fehlen. Die Deltas wurden deshalb vom Meer weggespült. Dabei verschwanden Lebensräume für zahllose Tier- und Pflanzenarten. In Ägypten mussten die Nilbauern auf die natürliche Düngung verzichten und auf Kunstdünger umsteigen.

Elbe: Im Juni 2005 genehmigte die Bundesregierung 20 Mio. € für die von Hamburg geforderte Vertiefung der Unterelbe auf 14,5 m. Sie soll den größten Containerschiffen erlauben, auch bei Ebbe den Hamburger Hafen anzulaufen. Bundesumweltminister Jürgen Trittin hatte gegen das Projekt Ende 2004 wegen der zu erwartenden Umweltschäden und Probleme beim Hochwasserschutz Einspruch erhoben.

Die internationale Kommission der Elbe-Anrainer einigte sich im März 2005 in Dresden, bis 2009 einen gemeinsamen Bewirtschaftungsplan aufzustellen. Sachsen-Anhalt und die Tschechische Republik dementierten Berichte, nach denen sie den Bau von Staustufen in der Elbe anstrebten.

Emscher: Die Emschergenossenschaft legte im Februar 2005 elf Städten des Ruhrgebiets einen »Masterplan Emscher« vor, der die Renaturierung der einstigen Abwasserrinne und den Bau eines Landschaftsparks am Fluss bis 2010 vorsieht.

Hochwasserschutz: Nach harten Auseinandersetzungen im Vermittlungsausschuss verabschiedeten Bundestag und Bundesrat im März 2005 ein Hochwasserschutzgesetz, das Lehren aus dem großen Sommerhochwasser von 2002 ziehen sollte. Es schreibt u. a. den Ländern vor, öffentlich Überschwemmungsgebiete auszuweisen. Brandenburg setzte durch, dass die vorgesehenen Überflutungsflächen der Flüsse weiterhin beackert werden dürfen. Rheinland-Pfalz setzte durch, dass in Überschwemmungsgebieten unter bestimmten Umständen weiterhin gebaut werden darf.

www.bmu.de/gewaesserschutz; www.elp2010.de (Emscherpark); **www.gewaesserschutz-ev.de** (Bundesvereinigung Gewässerschutz)

Klimaschutz

Weltweite Bemühungen, den Ausstoß von Kohlendioxid (CO_2) und anderen Treibhausgasen zu verringern, um Treibhauseffekt und Klimawandel in den Griff zu bekommen; auch Schutzmaßnahmen gegen die Auswirkungen des Klimawandels

Das internationale K.-Protokoll von Kyōto (Kyōto-Protokoll) trat im Februar 2005 in Kraft, nachdem Russland das Protokoll ratifiziert hatte. Die USA und Australien blieben als einzige Industriestaaten außen vor. Trotz der Reduzierungsziele von Kyōto wuchs der weltweite Ausstoß von Treibhausgasen auch 2002/03 weiter; der der USA stieg 1990–2002 um 13 %, der Ausstoß aller Industrieländer (OECD) um 8 %. Der weltweite CO_2-Ausstoß stieg 2003 gegenüber dem Vorjahr um geschätzte 4 %. Bis Mai 2005 ratifizierten 150 Staaten das Protokoll, darunter Industriestaaten, die 1990 für 62 % der von Industriestaaten ausgestoßenen Treibhausgase verantwortlich waren.

Klimakonferenz: Die zehnte UN-Klimakonferenz in Buenos Aires/Argentinien endete im Dezember 2004 ohne substanzielles Ergebnis. Trotz

Der Klimaschutz und die USA

Im November 2004 fielen zwei Ereignisse zusammen, die dazu führten, dass der Klimaschutz in den USA erstmals von einer breiten Öffentlichkeit diskutiert wurde: die Entscheidung Russlands, dem Kyōto-Protokoll zum Klimaschutz beizutreten und die US-amerikanische Präsidentschaftswahl, bei der auch Umwelt- und Klimaschutz eine Rolle spielte.

2002 hatte US-Präsident George W. Bush durch sein schroffes Nein zum Kyōto-Protokoll den Prozess des internationalen Klimaschutzes an den Rand des Scheiterns gebracht. Bush argumentierte, dass ein ursächlicher Zusammenhang zwischen Klimawandel und dem Ausstoß von Treibhausgasen, v. a. Kohlendioxid (CO_2), aus der Verbrennung fossiler Brennstoffe wissenschaftlich nicht nachgewiesen sei.

Bush und die Großindustrie: ein Bündnis gegen Klimaschutz? John Kerry, Präsidentschaftskandidat der Demokraten, machte den Umweltschutz zum Thema und setzte sich im Wahlkampf für den Klimaschutz und für eine Ratifizierung des Kyōto-Protokolls ein. Er konnte mit breiter Zustimmung in der Bevölkerung rechnen. Laut Umfragen lehnten 58 % der US-Amerikaner im Oktober 2004 Bushs Klimaschutzpolitik ab. Die Regierung Bush gab zwar erstmals in einem offiziellen Bericht zu, dass der Klimawandel wohl stark auf menschlichem Einfluss beruhe. Nach seiner Wiederwahl im November setzte Bush jedoch seinen harten Kurs fort – und brachte die Weltklimakonferenz im Dezember 2004 zum Scheitern.

Unterstützung erhielt Bush aus den Reihen der Großindustrie. US-amerikanische Industrieverbände behaupteten 2004, eine Reduzierung des CO_2-Ausstoßes gemäß dem Kyōto-Protokoll würde die US-amerikanische Wirtschaft 400 Mrd. US-Dollar und 4,9 Mio. Arbeitsplätze kosten. Gleichzeitig betonten einzelne Unternehmen demgegenüber die wirtschaftlichen Chancen eines internationalen Emissionshandels sowie der erneuerbaren Energien und warnten vor den Folgekosten eines fortschreitenden Klimawandels. Der Mischkonzern General Electric kündigte im Mai 2005 an, seine Treibhausgasemissionen bis 2012 um 1 % zu verringern und seine Investitionen in umweltfreundliche Technologien bis 2010 zu verdoppeln. Im gleichen Monat einigte sich eine Gruppe US-amerikanischer Kapitalinvestoren darauf, bis Ende 2005 von den 100 größten Aktiengesellschaften ein Klima-Ranking der saubersten Unternehmen zu erstellen.

Bundesstaaten als Klimaschützer Auch andernorts stellt man sich gegen die Politik aus Washington. Acht US-Bundesstaaten erwogen im Sommer 2004 eine Klage gegen fünf US-amerikanische Energiekonzerne, um die Unternehmen zu zwingen, den CO_2-Ausstoß ihrer Kraftwerke zu reduzieren. In Colorado, New Mexico, Kalifornien und anderen Bundesstaaten gab es 2004 und 2005 Vereinbarungen oder Gesetzesinitiativen für Klimaschutz und den Ausbau erneuerbarer Energien. Im September 2004 legte Kalifornien als erster Bundesstaat verbindliche Grenzwerte für den CO_2-Ausstoß von Neuwagen fest. Dagegen klagten mehrere Autokonzerne, darunter vier deutsche.

Klimawandel: auch in der Kunst umstritten Wie kontrovers das Thema in den USA diskutiert wird, zeigen beispielhaft zwei einzelne Positionen. Im April 2004 thematisierte der Hollywood-Regisseur Roland Emmerich in seinem Horrorfilm »The Day After Tomorrow« den Klimawandel, v. a. die Spekulation über ein plötzliches Abreißen des Golfstroms und eine davon vielleicht ausgelöste »Eiszeit« auf der Nordhemisphäre. Im Januar 2005 schlug der amerikanische Thriller-Autor John Michael Crichton mit seinem Buch »Welt in Angst« zurück. Darin und in vielen Diskussionen vertrat Crichton die Ansicht, der Klimawandel sei eine groß angelegte Erfindung und Verschwörung fanatischer Umweltschützer.

In »The Day After Tomorrow« von Roland Emmerich folgt einem raschen Klimawandel eine neue Eiszeit.

Klimaschutz: Kyōto-Protokoll

1997 hatten sich in Kyōto/Japan Vertreter von 160 Staaten auf folgende Ziele geeinigt:
Die Industriestaaten reduzieren ihren Ausstoß von Treibhausgasen bis 2012 gegenüber 1990 um 5,2 % (gemessen im Durchschnitt der Jahre 2008–2012), und zwar Japan um 6 %, die USA um 7 %, die EU-15 um 8 %.
Die Reduktionsziele der Länder können teilweise auch dadurch erreicht werden, dass man Klimaschutzprojekte in Entwicklungsländern fördert (Clean Development Mechanism, CDM).
Ein internationaler → Emissionshandel soll dafür sorgen, dass Klimaschutzinvestitionen da vorgenommen werden, wo sie am effizientesten sind.

starken Drucks der anderen Nationen weigerten sich die USA, irgendeine Verpflichtung zum K. zu übernehmen. Ein neues Thema waren Hilfsmaßnahmen für Länder, die von klimabedingten Katastrophen getroffen werden. Saudi-Arabien forderte internationale Hilfe an für den Fall, dass seine Ölexporte wegen des Klimawandels zurückgehen.

Flugverkehr: Deutschland und Großbritannien regten auf der UN-Klimakonferenz im Dezember 2004 sowie beim G-8-Gipfel im Februar 2005 an, den internationalen Flug- und Schiffsverkehr in den → Emissionshandel einzubeziehen und so seinen stark wachsenden Ausstoß von Treibhausgasen zu begrenzen. Auch eine internationale Kerosinsteuer wurde diskutiert, allerdings unter dem Aspekt der Armutsbekämpfung (→ Entwicklung, Entwicklungspolitik). Bei den im Sommer 2004 eingeführten Kooperationsprojekten Atmosfair und My Climate konnten Fluggäste den von ihnen angerichteten Klimaschaden berechnen und mit einer Spende für K.-Projekte wiedergutmachen.

Nach Kyōto: In der EU gab es 2004 und 2005 Streit um weitergehende K.-Verpflichtungen über 2012 hinaus. Als Zielvorgabe setzte sich durch, die zu erwartende weltweite Erwärmung im 21. Jh. auf 2 °C zu begrenzen. Im Februar 2005 legte die EU-Kommission zunächst ein K.-Programm vor, das fast keine konkreten Verminderungsziele für Treibhausgase enthielt. Der Rat der EU-Umweltminister forderte im März 2005, den Ausstoß der Industrieländer um 15–30 % bis 2020 und um 60–80 % bis 2050 zu verringern (jeweils gegenüber dem Basisjahr 1990). Der EU-Gipfel Ende März 2005 übernahm jedoch nur das Ziel für 2020.

Russland: Das russische Parlament ratifizierte das Kyōto-Protokoll im November 2004 nach langen Auseinandersetzungen auch innerhalb der Regierung Wladimir Putins. Umstritten war, ob der Klimawandel für Russland negative Auswirkungen hat, ob mit dem Emissionshandel Geld verdient werden könne und ob K. das Wirtschaftswachstum behindere.

Großbritannien: Der britische Premierminister Tony Blair kündigte Ende 2004 an, den K. zu einem Hauptthema seines Vorsitzes in der EU-Kommission und beim G-8-Gipfel im Sommer 2005 zu machen. Als einziges EU-15-Land neben Frankreich und Schweden hatte Großbritannien seine K.-Verpflichtung aus dem Kyōto-Protokoll bereits 2004 erfüllt und seinen Ausstoß von Treibhausgasen um 15 % unter den Stand von 1990 gesenkt. Bis 2050 soll der Ausstoß um 60 % sinken.

Deutschland: Die rot-grüne Bundesregierung formulierte im Oktober 2004 vor dem Bundestag das Ziel, die dt. Treibhausgasemissionen bis 2020 um 40 % zu senken, wenn sich die gesamte EU zu einer Senkung um 30 % verpflichte. Der 1999 zwischen rot-grüner Bundesregierung und Bundesverband der Dt. Industrie (BDI, Berlin) vereinbarte Ausbau der klimafreundlichen Kraft-Wärme-Kopplung war nach Einschätzung von Klimaschützern zur Halbzeit des Planungszeitraums 2000–10 weit hinter den Zielvorgaben zurückgeblieben; die für Ende 2004 angekündigte offizielle Bestandsaufnahme unterblieb. Bundesumweltminister Jürgen Trittin startete Ende 2004 die Kampagne »Klima sucht Schutz« für Haushalte und Hausbesitzer mit Schwerpunkt bei der Wärmedämmung. Ein im Februar 2005 angekündigtes neues Nationales K.-Programm kam bis Juni 2005 nicht zustande.

Unternehmen: Weltweit diskutierten verschiedene Unternehmensvorstände und Kapitalanleger 2004 und 2005 zum ersten Mal breit und öffentlich über K. als Chance und über Risiken des Klimawandels, beispielsweise die Folgekosten von Naturkatastrophen, Hitzewellen und klimabedingten Krankheiten. Experten der Organisation für wirtschaftliche Zusammenarbeit und Entwicklung (OECD, Paris) verwiesen 2004 auf ökonomische K.-Perspektiven beim Bau Energie sparender Häuser und Autos, »intelligenter« Elektromotoren und effizienterer Kraftwerke. In der von Tony Blair angeregten Organisation »The Climate Group« warben u. a. die Konzerne BP und Dupont für K. Lars Josefsson, Chef des schwedischen Vattenfall-Konzerns, kritisierte im Mai 2005 Versäumnisse vieler Unternehmen im K. und kündigte den Bau eines »kohlendioxidfreien« Braunkohlekraftwerks in Schwarze Pumpe/Brandenburg an. Der BDI sprach sich Anfang 2005 jedoch gegen eine Vorreiterrolle Deutschlands und Europas beim K. aus.

www.kyoto-protokoll.de (Information der Bundesregierung zum Thema); **http://unfccc.int** (UN-Rahmenkonvention zum Klimawandel); **www.bmu.de/klimaschutz** (Bundesministerium für Umwelt); **www.klimasuchtschutz.de** (Klimaschutz im Alltag); **www.atmosfair.com** und **www.myclimate.org** (Klimaschutz beim Flugverkehr); **www.theclimategroup.org** (Dachorganisation verschiedener Klimaschutzgruppen)

Klimaschutz: Reduktion von Treibhausgasen

Land	real 1990–2002 (%)	Ziel 1990–2012[1] (%)
Australien[2]	+22,0	+8,0
Belgien	+2,1	-7,5
Dänemark	-0,8	-21,0
Deutschland	-18,9	-21,0
Frankreich	-1,9	0,0
Großbritannien	-14,9	-12,5
Italien	+9,0	-6,5
Japan	+8,0	-6,0
Kanada	+20,0	-6,0
Niederlande	+0,6	-6,0
Österreich	+8,5	-13,0
Polen	-33,0	-6,0
Portugal	+41,0	+27,0
Russland[3]	-35,0	0,0
Schweden	-3,7	+4,0
Spanien	+39,4	+15,0
USA[2]	+13,0	-7,0
EU-15 insgesamt	-2,9	-8,0
westliche Industrieländer (OECD)	+8,0	-7,0
Transformationsländer[4]	-40	-2,0
Industrieländer insgesamt[4]	-6,0	-5,3

1) Zielvorgabe des Kyōto-Protokolls für den Durchschnitt der Jahre 2008-12; 2) fühlt sich nicht mehr an das Kyōto-Ziel gebunden; 3) letztverfügbarer Stand: 1990-96; 4) Hochrechnung im BP Statistical Review of World Energy (2004); Quellen: European Environment Agency (EEA), Dt. Institut für Wirtschaftsforschung (DIW)

Klimawandel

(Klimaveränderung, Erderwärmung, engl. Climate Change, Global Warming), die ungewöhnlich rasche Erwärmung des Erdklimas in den Jahren seit 1860, v. a. aber seit Anfang der 1970er-Jahre. Als wichtigste Ursache gilt der Treibhauseffekt.

In den 120 Jahren nach 1885 stieg die Weltmitteltemperatur um 0,7 °C an, die mittlere Temperatur Europas um 1,2 °C. Das Jahr 2004 war, weltweit gesehen, das viertwärmste seit Beginn der Aufzeichnungen (um 1860), nach 1998, 2002 und 2003. Die Oberflächentemperatur der Erde lag um 0,48 °C über dem Mittelwert der Jahre 1951–90. Insbesondere in Alaska, in der Kaukasusregion und um die Antarktische Halbinsel war es wesentlich wärmer als früher. Die Temperaturen der Meeresoberfläche stiegen in den letzten 40 Jahren um fast 0,5 °C.

Ursachen: Seit 1885 stieg die Kohlendioxid (CO_2)-Konzentration der unteren Atmosphäre von 0,28 auf 0,37 % (→Kohlendioxid). Da CO_2 ein Treibhausgas ist, ging die große Mehrheit der Klimaforscher Anfang des 21. Jh. davon aus, dass der K. seit 1940 v. a. auf den stark wachsenden CO_2-Ausstoß durch Verbrennung von Kohle, Öl, Gas usw. zurückgeht. Eine Minderheit sog. Klimaskeptiker zweifelte diese These an und vermutete andere Ursachen wie z. B. die seit 1940 ebenfalls wachsende Sonnenaktivität. Deren Bezug zur Erwärmung war jedoch nach dem Kenntnisstand von 2005 weniger direkt und viel hypothetischer als der der CO_2-Konzentration.

Satellitendaten: 2003 waren Zweifel aufgekommen, ob die von Satelliten gemessene Erwärmung der Atmosphäre mit den Messdaten der Bodenstationen übereinstimmt. Ende 2004 konnten US-amerikanische Forscher entstandene Widersprüche aufklären. Sie beruhten darauf, dass sich die Stratosphäre abkühlt, wenn sich die Troposhäre erwärmt.

Klimageschichte: Ende 2004 entbrannte unter Klimaforschern ein Streit um die Frage, ob es z. B. im 11. oder im 15. Jh. schon einmal ähnlich warm war wie um das Jahr 2000. Eine 1998 vorgelegte und 2001 vom internationalen Klimarat IPCC veröffentlichte Temperaturkurve für die Jahre 1000–2000, die einem liegenden Hockeyschläger gleicht, wurde von einigen Forschern infrage gestellt.

Prognosen: 2004 und 2005 ergaben Klimamodelle etlicher Klimaforscher, dass die

Klimawandel: Durch die extreme Trockenheit in Spanien ist der Wasserstand 2005 in den Stauseen wie hier in Katalonien im Nordosten des Landes auf einen Tiefpunkt gesunken.

Weltmitteltemperatur auch bei einer sofortigen Halbierung des CO_2-Ausstoßes bis 2050 voraussichtlich um etwa 1 °C, bis 2100 um etwa 1,4 °C weiter ansteigen wird. Ein langsamerer Ausstieg aus der Verbrennung von Kohle, Öl usw. könnte den Anstieg bis 2100 wahrscheinlich auf 1,7 °C begrenzen. Für den Fall, dass der CO_2-Ausstoß fast unbegrenzt weitergeht, errechnete man einen Temperaturanstieg um 2,4 bis 3,5 °C. Einige Forscher warnten vor sog. positiven Rückkopplungen: Bestimmte Mechanismen, die bislang den K. in Grenzen hielten, könnten plötzlich überlastet zusammenbrechen.

Königin Elisabeth II. eröffnete im Februar 2005 eine internationale Konferenz in Exeter über die Folgen des K. Für die nächsten 25 Jahre prognostizierten die Forscher u. a. ein Absterben der Korallenriffe, für die Zeit um 2050 ein Abschmelzen der Arktis, Insektenplagen im Mittelmeergebiet und Wassermangel v. a. in Afrika. Ein Symposium in Leipzig trug im Mai 2005 Prognosen für Mitteleuropa zusammen. Die meisten sagten mehr Winterregen, weniger Sommerregen, mehr Hitzewellen und mehr Wolkenbrüche voraus.

Gletscher: Weltweit verloren die meisten Gletscher an Substanz. Die Alpengletscher büßten, über das ganze 20. Jh. gesehen, etwa die Hälfte ihrer Eismasse ein; im heißen Jahr 2003 verkürzten sie sich um durchschnittlich 23 m. In Nordalaska schmolzen mehrere Hundert Meter dicke Eispanzer. Die chinesischen Gletscher verloren in 40 Jahren etwa 7 % Eismasse. In Grönland stellte man fest, dass die untersuchten Gletscher sich ab 1997 schneller bewegten als vorher. Am Matterhorn oder am Montblanc wurden etliche Felswände instabil. Alpinisten warnten Ende 2004 vor zunehmenden Felsstürzen, Muren und Überschwemmungen in den Alpen und im Himalaja

Meeresspiegel: Schmelzwasser der Gletscher und die Wärmeausdehnung des Wassers ließen den Meeresspiegel im 20. Jh. weltweit um 10–15 cm ansteigen. 2005 prognostizierten Klimaforscher einen weiteren Anstieg um mind. 20, eher 50 cm bis 2100. Das bedeutet: wachsende Sturmflutgefahr für Hafenstädte und flache Küstenregionen wie Holland, Friesland, Holstein, Südengland oder Bangladesh sowie den Verlust von Sandstränden z. B. in Spanien. Die 1983 gebaute Themsebarriere wurde bis 1988 kaum einmal pro Jahr eingesetzt; 2000–04 musste sie im Schnitt bereits sechsmal pro Jahr geschlossen werden, um London vor drohendem Hochwasser zu bewahren.

Extremwetterlagen: Viele Klimaforscher und Rückversicherungen erwarten eine starke Zunahme von Hitzewellen, Dürren und sintflutartigen Regenfällen in Folge des K. Die Hitzewelle des Jahres 2003 kostete in Europa etwa 30 000 Menschen, meist Alte und Kranke, das Leben. Im Sommer 2005 plagte eine weitere Hitzewelle mit Dürre Spanien und Frankreich. Tropische Wirbelstürme (Hurrikane, Taifune) könnten an Heftigkeit weiter zunehmen. Eine Welle von Hurrikanen tötete im Spätsommer 2004 in der Karibik über 3 000 Menschen.

Parasiten: Der K. und Wetterextreme können auch Einfluss auf die Verbreitung von den Menschen betreffenden Krankheitserregern nehmen. 2005 weitete sich die Zeckenplage in Mitteleuropa aus. Auch Sandmücken, Überträger der Leishmanien (Erreger von Infektionskrankheiten), wurden vermehrt in Deutschland ausgemacht. Experten warnten vor einer Ausbreitung der Malaria im Mittelmeerraum.

www.ipcc.ch (Internationaler Klimarat); **www.epa.gov/globalwarming** (Die Umweltagentur der USA zum Thema); **www.pik-potsdam.de** (Potsdam-Institut für Klimafolgenforschung); **www.climateprediction.net** (freiwillige Teilnahme am Berechnen von Klimamodellen); **www.realclimate.org** (Weblog von Klimaforschern); **www.espere.net** (Klimaenzyklopädie)

Kohlendioxid

(nach neuer Nomenklatur: Kohlenstoffdioxid; CO_2), Verbrennungsprodukt des Kohlenstoffs, ein farb- und geruchloses, ungiftiges Gas. K. wird beim Ausatmen von Tieren und Menschen sowie beim Verbrennen von Holz, Kohle, Erdöl oder Erdgas in die Atmosphäre freigesetzt, wo es hauptverantwortlich für den Treibhauseffekt – der die globale Erwärmung vorantreibt – ist.

Der K.-Anteil der unteren Atmosphäre stieg 2003 auf 376 ppm (parts per million, Teilchen pro Mio. Teilchen). 1954 betrug er 315 ppm. Eine weltweite Reduzierung des K.-Ausstoßes galt Anfang des 21. Jh. als wichtigstes Ziel des Klimaschutzes. Gleichwohl stieg der energiebedingte K.-Ausstoß der OECD-Länder 2003 um 4% gegenüber dem Vorjahr an (in der EU-15 um 2%). In Russland und Osteuropa lag der Anstieg bei 4%, in den Entwicklungs- und Schwellenländern bei 6%.

Europa: In der EU-25 stieg der K.-Ausstoß 1990–2003 um 0,3%. Während er in den osteurop. Beitrittsstaaten sowie in Großbritannien und Deutschland stark sank, stieg er in vielen anderen EU-Staaten stark an (Portugal: +56%, Spanien: +50%). Der K.-Ausstoß des Straßenverkehrs war 2002 europaweit rund 19% höher als 1990 und machte ein Viertel des gesamten Ausstoßes aus.

Deutschland: In Deutschland sank der energiebedingte K.-Ausstoß 2004 gegenüber dem Vorjahr um 0,4% auf 834 Mio. t. Davon entfielen 38,6% auf Kraftwerke, 18,5% auf den Straßenverkehr, 14,2% auf die privaten Haushalte und 12,4% auf die Industrie. Die dt. Stromerzeuger wiesen 1999–2003 wieder einen wachsenden K.-Ausstoß auf, da sie wegen der hohen Gaspreise von klimafreundlichen Gas- auf klimaschädliche Braunkohlenkraftwerke umstiegen.

Tiefenlagerung: 2003–05 entstanden weltweit zahlreiche neue Forschungsprojekte, die sich mit der Abtrennung von K. aus den Kraftwerksabgasen und mit der möglichen Einlagerung in Kohleflözen, Öl- und Gaslagerstätten oder in salzwasserhaltigen Sandsteinschichten beschäftigen.

www.diw.de (Dt. Institut für Wirtschaftsforschung); **www.eia.doe.gov** (Amerikanische Energie-Informationsbehörde); **www.umweltlexikon-online.de; www.umweltbundesamt.de**

CO_2-Ausstoß in Deutschland nach Sektoren

Sektor	Anteil (%)
Kraftwerke	38,6
Straßenverkehr	18,5
Haushalte (Heizung, Warmwasser)	14,2
Industrie	12,4
sonstige	16,3

Stand 2003
Quelle: DIW Berlin, Globus-Infografik 9835

Kohlendioxid: Ausstoßberechnungen

Wenn der Ausstoß von Treibhausgasen bzw. Kohlendioxid angegeben wird, gibt es drei unterschiedliche Rechenweisen:

Energiebedingter CO_2-Ausstoß: Dabei wird aus dem Kohle-, Öl- und Gasverbrauch hochgerechnet, wie viel Kohlendioxid (CO_2) durch Verbrennung dieser Stoffe entstanden sein muss.

Temperaturbereinigte Werte: Dabei wird der reale CO_2-Ausstoß um einen Faktor korrigiert, der dem höheren bzw. niedrigeren Energieverbrauch wegen kälterer bzw. wärmerer Temperaturen im jeweiligen Jahr entspricht. So will man herausfinden, wie sich der CO_2-Ausstoß auf nachhaltige Sicht verändert hat.

Treibhausgasemissionen: Dabei werden auch andere Treibhausgase mitgezählt, nach ihrer Treibhauswirkung in CO_2-Äquivalente umgerechnet und zum CO_2-Ausstoß gezählt.

Naturkatastrophen

2004 forderten N. nach Angaben der Münchener Rückversicherung weit über 300 000 Menschenleben (2003: 75 000) und verursachten volkswirtschaftliche Schäden von 109 Mrd. € (2003: 53 Mrd. €). Die bei weitem meisten Todesopfer entfielen auf den → Tsunami im Indischen Ozean (Dezember 2004), eine Serie von Hurrikanen in

Naturkatastrophen: Von Hurrikan »Charley« im August 2004 zerstörte Häuser in Florida

der Karibik (August/September 2004) sowie Überschwemmungen in Haiti (Mai 2004). Von den 33 Mrd. € Versicherungsschaden entfielen 22,5 Mrd. auf die Hurrikane in der Karibik, speziell in Florida.

Wirbelstürme: Ob die nach 1995 beobachtete Zunahme der Zahl tropischer Wirbelstürme (Hurrikane und Taifune) auf den → Klimawandel zurückgeht, war 2004/05 umstritten. Während die Risikoexperten der Münchener Rückversicherung von diesem Zusammenhang ausgingen, wiesen Meteorologen auf mögliche andere Ursachen hin, dass steigende Temperaturen auch das Gegenteil bewirken könnten. Allerdings schien die zunehmende Heftigkeit der Stürme mit den gestiegenen Temperaturen der Meeresoberfläche zusammenzuhängen. Im Sommer 2004 trat erstmals ein Hurrikan im Südatlantik vor der Küste Brasiliens auf. In Deutschland wurden im Sommer 2004 mehrere große Windhosen (Tornados) beobachtet, u. a. in Duisburg.

www.unisdr.org/wcdr/ (World Conference on Disaster Reduction)

Naturschutz

Schutz und Erhalt von natürlichen oder naturnahen Landschaften bzw. Lebensräumen (Biotopen), z. B. durch Ausweisung von N.-Gebieten. Ebenso werden Lebensgemeinschaften oder einzelne Tier- und Pflanzenarten vor Eingriffen des Menschen geschützt (Artenschutz).

In Deutschland gab es 2004 15 Nationalparke mit einer Gesamtfläche von 9 620 km² (2,7 % des Bundesgebiets), 14 Biosphärenreservate mit einer Gesamtfläche von 16 000 km² (4,4 %) und 87 Naturparke mit einer Gesamtfläche von rund 80 000 km² (22,4 % des Bundesgebiets).

Alaska: 2004 begann im US-amerikanischen Senat eine neue Runde im Kampf um die Ölförderung im Arctic National Wildlife Refuge (ANWR), einem 80 000 km² großen N.-Gebiet im Norden Alaskas. Seit 1987 streben die Republikaner und die Gouverneure von Alaska an, die dort vermuteten Ölvorkommen zu erschließen. Die Tundra des Gebiets ist Sommerweide für 130 000 Karibus sowie Lebensraum für Bären, Elche, Wölfe und Moschusochsen. Nach der katastrophalen Ölpest infolge der Havarie des Supertankers »Exxon Valdez« 1989 hatte der N. lange Zeit den höheren Stellenwert gegenüber Wirtschaftsinteressen. Im Juni 2004 scheiterte ein erster Versuch der Regierung Bush, das Ölfeld zu erschließen, knapp im Senat. Im März 2005 erzielte die Regierung im Senat einen ersten, knappen Abstimmungserfolg für ihren Plan. Die Bevölkerung Alaskas sprach sich in Umfragen mehrheitlich für die Erdölbohrungen aus, von denen sie sich Arbeitsplätze erhofft. Vor der Aleuteninsel Unalaska brach im Dezember 2004 ein malaysischer Frachter auseinander und löste eine Ölpest aus.

Natura 2000: Die bayerische Landesregierung einigte sich im September 2004 mit den Grundbesitzern auf die Nachmeldung von 250 000 ha Flächen für den europ. Biotopverbund »Natura 2000«. Damit kam sie einer Forderung des Europ. Gerichtshofs nach. Sinn der Gebiete ist es, die Lebensräume für 400 Tier- und 360 Pflanzenarten zu erhalten, die europaweit nur noch an wenigen Stellen vorkommen.

Harz: Im Nationalpark Harz gelang 2004 die Auswilderung von Luchsen. Eine automatische Kamera fotografierte die ersten in der Wildnis geborenen Harzluchse.

Naturschutz: Eine »Fotofalle« machte im Nordharz dieses Bild einer Luchsmutter mit Jungtier.

Polen: Streit gab es 2004 um den Nationalpark Bialowiezer Heide im Grenzgebiet von Polen und Weißrussland, dem größten erhaltenen Urwald Europas. Polnische Forstwirte forderten, am Rande des Gebiets in größerem Umfang Holz einschlagen und mit Fichten wiederaufforsten zu dürfen. Naturschützer warnten davor, dass dadurch eine Borkenkäferplage entstehen könnte, die die Forstwirte wiederum zum Anlass nehmen könnten, auch im Urwald Bäume zu fällen. Noch halten dort Spechte die Borkenkäfer in Grenzen.

www.bfn.de (Bundesamt für Naturschutz); **www.bund.net** (Bund für Umwelt und Naturschutz Deutschland); **www.europarc-deutschland.de** (Liste der Nationalparke, Biosphärenreservate und Naturparke); **www.iucn.org** (International Union for the Conservation of Nature); **www.nabu.de** (Naturschutzbund Deutschland); **www.wwf.de** (World Wide Fund for Nature)

Ökologischer Landbau

Eine Form der Landwirtschaft, die auf Mineraldünger, Pestizide und Futterzusatzstoffe völlig, auf zugekauftes Tierfutter möglichst weitgehend verzichtet

Ende 2003 gab es in Deutschland 16476 Betriebe des ö. L. (2002: 15626) mit 734000 ha Anbaufläche (2002: 697000 ha). Das waren 4,3% der landwirtschaftlichen Nutzfläche (2002: 4,1%). Weltweit wuchs die ökologisch bewirtschaftete Fläche 2004 um 10% auf 26 Mio. ha. Die größten Flächen gab es in Australien, Argentinien und Italien, die höchsten Flächenanteile in Österreich und der Schweiz (je etwa 10%).

EU-Agrarreform: Im Juli 2004 setzten Bundestag und Bundesrat die EU-Agrarreform in dt. Recht um. Sie sieht vor, die EU-Beihilfen bis zum Jahr 2013 schrittweise so umzustellen, dass sie sich v.a. an Standards im Umweltschutz, Tierschutz und in der Lebensmittelsicherheit orientieren. Davon profitierte der ö. L. bereits 2004 und 2005.

Ökomarkt: Der Umsatz mit Produkten des ö. L. stieg 2004 in Deutschland um 10% auf 3,5 Mrd. € (3% des Lebensmittelmarktes). Öko-Discounter und die Aufnahme von mehr Ökoprodukten ins Sortiment der Supermarktketten drückten die Preise, teilweise zum Schaden der Produzenten. 2004 verwendete bereits ein Drittel aller dt. Großküchen Produkte aus dem ö. L. 40% aller fair gehandelten Produkte der Dritten Welt stammten aus ö. L. (→ Ernährung, Bioprodukte).

Ökologischer Landbau in Deutschland

Jahr	Fläche (1000 ha)	Anteil (%)[1]
1996	354	2,1
1998	417	2,4
2000	546	3,2
2001	635	3,7
2002	697	4,1
2003	734	4,3

1) an der gesamten landwirtschaftlichen Nutzfläche; Stand jeweils Ende des Jahres; Quelle: Stiftung Ökologie und Landbau, www.soel.de

Gentechnik: Viele Biolandwirte befürchteten 2004, dass ihre Produkte durch Verschmutzung mit gentechnisch verändertem Saatgut an Wert verlieren könnten. Es bildeten sich deshalb über 50 »gentechnikfreie Zonen« in Deutschland. Gegen den Widerstand der CDU/CSU und mehrerer Forschungsverbände verabschiedete der Bundestag im Dezember 2004 ein Gentechnikgesetz, das durch strenge Auflagen und Haftungsregeln (jeder, der gentechnik veränderte Pflanzen anbaut, soll für einen eventuellen Schaden haften) ein Auskreuzen von Genpflanzen auf Nachbarfelder verhindern soll (→ Ernährung, Genfood).

www.bio-siegel.de (Bundesanstalt für Landwirtschaft und Ernährung); **www.fibl.net** (Forschungsinstitut für biologischen Landbau, Schweiz); **www.ifoam.org** (Internationale Vereinigung für Ökologie); **www.oekolandbau.de** (Informationsportal von Verbraucherministerium, SÖL u. a.); **www.soel.de** (Stiftung Ökologie und Landbau)

Recycling

(recycling, engl.; Wiederverwertung, Kreislaufwirtschaft), Rückführung bereits benutzter Rohstoffe (Sekundärrohstoffe) in die Produktion

Stahlschrott: Der Weltmarktpreis für Stahlschrott stieg im zweiten Halbjahr 2004 wegen des wachsenden Bedarfs in China stark an. Dadurch wurde das R. von stahlhaltigen Produkten rentabler als in den Vorjahren.

Altpapier: Das R. von Altpapier wuchs 2003 auf 12,5 Mio. t (+4,2%) und 2004 auf 13,4 Mio. t (+7,2%). Deutschland hatte im internationalen Vergleich 2002 mit 75% die höchste R.-Quote beim Altpapier (Schweiz: 70%).

www.bvse.de und www.bde.org (Verbände der Recyclingwirtschaft); **www.dkr.de** (Verband für Kunststoffrecycling); **www.gruener-punkt.de** (Duales System Deutschland)

Regenwald

Tropische R. waren nach Schätzungen von Biologen im 20. Jh. die artenreichsten Lebensräume (mit etwa der Hälfte aller bekannten Pflanzen- und Wirbeltierarten sowie 50–90% der übrigen bekannten Tierarten). Trotz zahlreicher internationaler und nationaler Bemühungen, die R. zu retten, ging ihre Vernichtung 2003 und 2004 weiter.

Brasilien: Zwischen August 2003 und August 2004 wurden in Brasilien nach satellitengestützten Angaben 26 130 km² R. vernichtet, 6% mehr als im Vorjahr. Damit verfehlte die brasilianische Regierung ihr Ziel, die Beschleunigung des Verlusts auf 2% zu begrenzen. Die größten Verluste gab es im Bundesstaat Mato Grosso, dessen Gouverneur riesige R.-Flächen in Sojafelder verwandeln ließ. Die Soja wurde v. a. in Europa und China an Schweine, Rinder und Hühner verfüttert. Der illegale Export von Tropenholz aus dem Bundesstaat Pará wurde für den Verlust von rund 6700 km² R. verantwortlich gemacht. Mangels Geld und Personal konnte der Staat seine Schutzgesetze nicht durchsetzen.

Kongobecken: Auf einer Konferenz in Brazzaville/Kongo im Februar 2005 einigten sich die Vertreter von sechs zentral- und südafrikanischen Staaten auf einen Zehnjahresplan zum Schutz des R. im Kongobecken. Steuereinnahmen aus dem kontrollierten Verkauf zertifizierten Tropenholzes sollen – neben Entwicklungshilfemitteln – die Maßnahmen gegen illegale Holz- und Wildtierexporteure finanzieren.

Indonesien: Der indonesische R. litt weiterhin v. a. unter dem illegalen Export von Tropenholz. Die Artenschutzkonferenz in Bangkok stellte im Oktober 2004 den internationalen Handel mit dem Tropenholz Ramin unter strenge Kontrolle (→ Artenschutz). Die nach dem Sturz des Suharto-Regimes 1998 um sich greifende Korruption lokaler Behörden begünstigte das illegale Abholzen von R. Die Flachland-R. Sumatras standen 2005 kurz vor ihrer endgültigen Vernichtung. Riesige Busch- und Torfbrände auf Sumatra setzten im Sommer 2004 die malaysische Halbinsel unter Qualm.

Tropenholz: Nach Schätzungen führten die EU-Staaten Anfang des 21. Jh. jährlich für etwa 1,2 Mrd. € illegal geschlagenes Tropenholz ein, das beispielsweise zu Gartenmöbeln verarbeitet wurde. Bundesumweltminister Jürgen Trittin stellte im März 2005 Eckpunkte eines Urwaldschutzgesetzes der Öffentlichkeit vor. Es soll erstmals den Handel mit illegal geschlagenem Tropenholz unter Strafe stellen und verlangt von Vermarktern für ihre Holzprodukte einen Nachweis, dass das Holz legal geschlagen wurde. Die Verbände der dt. Holzverarbeiter und Waldbesitzer protestierten gegen diese Pläne.

www.fao.org/forestry (Welternährungs-Organisation der UNO); **www.pro-regenwald.de** (Verband für angewandte Forschung, Schutz und nachhaltige Nutzung von Regenwäldern); **www.ran.org** (Rainforest Action Network); **www.regenwald.org** (Rettet den Regenwald e. V.); **www.regenwald-institut.de** (Verein zur Förderung von Forschung und Projekten zum Schutz von Regenwäldern); **www.robinwood.de** (Aktionsgruppe für Natur und Umwelt)

Regenwald: Abgeholzte Regenwaldfläche im brasilianischen Bundesstaat Mato Grosso; in einem Zeitraum von zwölf Monaten wurden allein in Brasilien bis August 2004 26 130 km² Regenwald vernichtet, das entspricht ca. neun Fußballfeldern in der Minute.

Tierschutz: Legehennen in einer Legebatterie in Deutschland in drei Etagen übereinander; solche Legebatterien sollen ab 2007 verboten sein.

Tierschutz

Schutz der vom Menschen genutzten Tiere vor vermeidbaren Schäden und Qualen

Legehennen: Im Oktober 2004 eröffnete das Land Niedersachsen im Bundesrat erneut den Kampf gegen die Legehennenverordnung, die die Käfighaltung ab 2007 verbietet. In der EU wird die Käfighaltung erst ab 2012 verboten. Experten der Bundesforschungsanstalt für Landwirtschaft entwickelten als Alternative zur Boden- und Freilandhaltung eine 105 cm hohe Kleinvolière. Niedersachsen lehnte diesen Typ ab, da davon keine drei Reihen übereinander in die bestehenden Ställe der Großbetriebe passen. 1 % der Betriebe verfügte 2004 über 90 % aller dt. Legehennen.

Artgerechte Tierhaltung: Die »Allianz für Tiere in der Landwirtschaft« vergab 2003 zum ersten Mal den »Pro-Tier-Förderpreis für artgerechte Tierhaltung«. Den 1. Preis bekam ein Demeter-Geflügelbetrieb in Westhausen/Baden-Württemberg. Im Mai 2005 wurde der Preis erneut ausgeschrieben.

Tierversuche: Die Zahl der Tierversuche in Deutschland sank 2003 (letzter verfügbarer Stand) um 4,5 % auf 1,2 Mio. Darunter waren rund 966 000 Mäuse und Ratten (80 %), rund 84 000 Fische (7 %), rund 60 000 Kaninchen (5 %), 4 886 Hunde (2002: 5305), 1 767 Affen (2002: 1383) und 653 Katzen (2002: 771). 70 % wurden für die Grundlagenforschung gebraucht, 15 % für toxikologische Prüfungen, 3 % für die Ausbildung, 12 % für andere Zwecke.

www.allianz-fuer-tiere.de (Pro-Tier-Förderpreis); **www.tierschutzbund.de** (Dt. Tierschutzbund)

Tsunami

Am 26. 12. 2004 löste ein schweres Seebeben der Stärke 9,0 vor der Nordküste der indonesischen Insel Sumatra eine gigantische Flutwelle im Indischen Ozean aus, die an den Küsten Indonesiens, Thailands, Indiens und Sri Lankas über 300 000 Menschen in den Tod riss und riesige Zerstörungen anrichtete.

Entstehung: Ausgelöst wurde das Seebeben durch die Entladung tektonischer Spannungen zwischen zwei Plattensystemen im Indischen Ozean – die Veränderung des Seebodens brachte das Wasser in Bewegung. Der Tsunami breitete sich mit Geschwindigkeiten bis zu 800 km/h ringförmig um das Epizentrum aus. In den entsprechenden Küstennähen wurde die Vorderfront der Welle vom ansteigenden Meeresboden stark abgebremst und bäumte sich bis zu 30 m hoch auf. Unmittelbar vor ihrem Eintreffen wich das Meer plötzlich Hunderte von Metern von den Küsten zurück. Es folgten mehrere Flutwellen, die unaufhaltsam in das Land eindrangen und alles zerstörten, was ihren Weg kreuzte. Die zurückströmenden Wassermassen rissen Abertausende Menschen ins offene Meer hinaus.

Opfer: In der indonesischen Provinz Aceh im Norden Sumatras, deren Hauptstadt Bandar Aceh völlig verwüstet wurde, verloren schätzungsweise 240 000 Menschen ihre Leben, rund 115 000 waren bis April 2005 offiziell erfasst. In Sri Lanka starben über 38 000 Menschen, in Indien rund 11 000 (davon mehrere Tausend auf den Andamanen und Nikobaren), in Thailand rund 5 500, viele davon auf der Urlaubsinsel Phuket. Weitere Todesopfer gab es in Birma, auf den Malediven und sogar im 4 000 km entfernten Somalia. Unter den Todesopfern waren auch über 1 000 schwedische und

Tsunami: Betroffene

Land	Tote	Verarmte[1)]
Indonesien	240 000[2)]	1 000 000
Sri Lanka	38 000	290 000
Indien	11 000	645 000
Thailand	5 500	k. A.
übrige Länder	500	k. A.
zusammen	295 000	1 935 000

1) durch Tsunami-Folgen zusätzlich in die Armut gestürzt, nach Schätzung der Asiatischen Entwicklungsbank;
2) davon 115 000 erfasst; Stand April 2005

rund 560 dt. Touristen. Anfang Mai 2005 galten 99 Deutsche noch immer als vermisst.

Hilfe: Die Katastrophe stieß weltweit auf große Anteilnahme und Hilfsbereitschaft. Auf zwei Konferenzen in Jakarta/Indonesien und Genf/Schweiz im Januar 2005 machten zahlreiche Staaten und internationale Institutionen Hilfszusagen im Wert von insgesamt rund 4 Mrd. €. In Deutschland versprach die Bundesregierung 500 Mio. € in den kommenden vier Jahren, davon 50 Mio. € als Soforthilfe für die UNO. Durch die Spendenbereitschaft dt. Bürgerinnen und Bürger kamen 370 Mio. € hinzu. Zudem leisteten zahlreiche Staaten und zivile Hilfsorganisationen mit medizinischen Hilfsgütern, Nahrungsmitteln, Notunterkünften und technischem Gerät zur Trinkwasseraufbereitung direkte Katastrophenhilfe in den Krisenregionen. Expertenteams aus aller Welt unterstützten die der Identifizierung der Opfer.

Tsunami: Hilfszusagen

Land/ Institution	Mio. €
Internat. Währungsfond	740
Australien	576
Deutschland	500
EU-Kommission	473
Japan	378
USA	365
Asiat. Entwicklungsbank	241
Weltbank	185
Norwegen	130
Großbritannien	70
Italien	70

Stand Januar 2005; Quelle: dpa-Grafik 0392

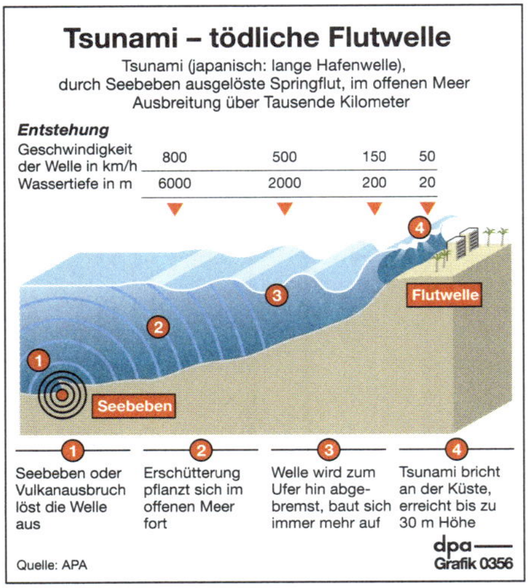

Finanzielle Folgen: Britische Versicherer bezifferten den Versicherungsschaden im Januar 2005 auf 5–10 Mrd. €, der Gesamtschaden dürfte diese Summe jedoch um Vielfaches übertreffen Die UN-Organisation für Landwirtschaft und Ernährung (FAO) schätzte im Januar 2005 den langfristigen Hilfsbedarf der Bauern und Fischer Sumatras auf 1,2 Mrd. €. Nach Schätzungen der Asiatischen Entwicklungsbank vom März 2005 stürzte der Tsunami etwa 2 Mio. Menschen in die Armut, davon allein 1 Mio. in Indonesien. Vor Sri Lanka und bei den Malediven wurden zahlreiche Korallenriffe zerstört, die dort die Grundlage des Tauchtourismus bildeten und für die Fischerei wichtig waren.

Umweltgifte

39 % der Europäer waren 2004 einer Umfrage zufolge sehr besorgt über die Anreicherung von U. in ihrem Körper; weitere 44 % waren »etwas besorgt«.

EU-Chemikalienrichtlinie: Ende 2003 hatte die EU-Kommission eine Richtlinie über Anmeldung, Prüfung und Zulassung von Chemikalien (engl. Abk. REACH) vorgelegt. Sie sollte die Chemieindustrie verpflichten, bis 2015 ungefähr 10 000 Chemikalien auf Giftigkeit für Mensch und Umwelt testen zu lassen, und stieß 2004 zunächst auf heftigen Protest der Betroffenen. Anfang 2005 erkannten jedoch einige Chemiekonzerne, dass die Gleichstellung von Altchemikalien mit neu entwickelten Chemikalien bei der Risikokontrolle den Absatz neuer Chemikalien fördern könnte. Eine im April 2005 vorgelegte Studie zeigte, dass sich die Kosten für die Industrie in Grenzen halten. Kleinere Chemieunternehmen sahen sich jedoch benachteiligt und hielten deshalb ihren Widerstand gegen die Richtlinie aufrecht.

Arsen: Noch immer werden Millionen Menschen in Bangladesh und Nordostindien durch arsenhaltiges Brunnenwasser gefährdet. Das Arsen stammt u. a. aus den Quellgebieten von Ganges und Brahmaputra, die ihre Sedimentfracht seit Jahrtausenden in einem gemeinsamen, riesigen Mündungsdelta ablagern. Im Jahr 2004 wiesen britische und indische Forscher darauf hin, dass wahrscheinlich anaerobe Bakterien die in den teils mächtigen Sedimentschichten lagernden Arsenminerale chemisch mobilisieren und auf

Ohnmacht angesichts der tödlichen Welle?

Bei der gigantischen Flutwelle im Indischen Ozean im Dezember 2004 handelte sich um eine der schlimmsten Naturkatastrophen der neueren Zeit. Doch Tsunamis mit mehr oder weniger katastrophalen Folgen gibt es seit Menschengedenken - durchschnittlich mehrere pro Jahr.

»Tsu nami« bedeutet »(lange) Welle im Hafen«. So nannten japanische Fischer das Phänomen, wenn sie in den Hafen zurückkehrten und dort alles zerstört vorfanden, während sie draußen auf See nichts von einer Welle bemerkt hatten.

Unauffälliger Koloss Tsunamis entstehen, wenn durch geologische Prozesse am Meeresboden plötzlich der gesamte Wasserkörper in Bewegung versetzt wird. Auslöser können schwere Seebeben ab einer Stärke von 7,5 auf der Richterskala, heftige Vulkanausbrüche oder auch großvolumige unterseeische Felsstürze oder Erdrutsche sein. Vom Epizentrum aus breitet sich der Tsunami mit Geschwindigkeiten bis zu 800 km/h – das entspricht der Reisegeschwindigkeit eines Düsenjets – nach allen Seiten aus. Die Wellenlänge, der Abstand zwischen zwei Wellenbergen, kann bis 100 km betragen, die Höhe beträgt hingegen meist nur wenige Dezimeter. Erst in Küstennähe baut sich beim Aufstauen im flacher werdenden Wasser eine Flutwelle auf, die bis zu 30 m Höhe erreichen kann. Häufig kündigt sich der Tsunami an der Küste durch ein plötzliches Zurückweichen des Meeres an.

Wo treten Tsunamis auf? Am häufigsten treten diese Meereswellen im Pazifik auf, eine Region, die zu den tektonisch aktivsten Gebieten der Erde gehört. Tsunamis gibt es aber auch im Mittelmeer und im Atlantik. 1755 wurde z. B. Lissabon durch von einem Erdbeben ausgelöste Flutwellen zerstört; 70 000 Menschen kamen bei der Katastrophe ums Leben. Eine Flutwelle gigantischen Ausmaßes prophezeihen Katastrophenforscher durch das mögliche Auseinanderbrechen der Kanareninsel La Palma – New York drohe dann der Untergang.

Die Intensität, mit der die Wassermassen auf das Land treffen, hängt wesentlich vom Bodenrelief ab, das die Wellen zuvor durchlaufen. Der Küste vorgelagerte Inseln beispielsweise können die Energie der Welle brechen; in enger werdenden Buchten oder Fjorden können sich dagegen die Wassermassen umso höher auftürmen. Auch die intakten Mangrovenwälder im Golf von Bengalen haben einige Küstenregionen vor dem Tsunami im Dezember 2004 geschützt. In Thailand, Indonesien, Indien und Sri Lanka hingegen waren viele Mangrovenwälder seit den 1970er-Jahren bereits gerodet worden, um Platz für Siedlungen oder Garnelenfarmen zu schaffen.

Wenig Zeit für Warnung Nach der verheerenden Katastrophe wurde vielfach kritisiert, dass die Anrainerstaaten des Indischen Ozeans über kein Frühwarnsystem verfügen, wie es bereits 1964 im Pazifik eingerichtet worden war. Um Menschen und Küstenregionen in Zukunft besser zu schützen, schloss Indonesien im März 2005 ein Abkommen mit Deutschland über den Aufbau eines solchen Systems auf Basis einer Entwicklung des Geoforschungszentrums Potsdam (GFZ). Ein Netz von Messgeräten soll alle relevanten Daten erfassen, die kontinuierlich ausgewertet werden. Warnungen gehen über Satellit an eine Alarmzentrale und von dort via Internet, per SMS und über die Medien an die bedrohte Bevölkerung. Ein Problem ist jedoch die schnelle Ausbreitungsgeschwindigkeit der Flutwellen. So bleibt zwischen der Entdeckung und dem Eintreffen des Tsunamis in der Regel nur wenig Zeit, um die Menschen rechtzeitig zu evakuieren. Am 26. 12. 2004 ereichte die tödliche Welle bereits nach 15 Minuten die Region Aceh in Nordsumatra.

Ein durch den Tsunami völlig zerstörtes Fischerdorf in Thailand

diese Weise zur Verseuchung des Grundwassers beitragen. Über die seit den 1970er-Jahren gebohrten Brunnen gelangt das Gift in das Trinkwasser und auf die Reisfelder und damit in die Nahrungskette.

Radon: Eine im Februar 2005 vorgelegte europaweite Studie hat ergeben, dass das radioaktive Edelgas Radon Ende des 20. Jh. die zweithäufigste Ursache von Lungenkrebs in Europa war. Es steigt in bestimmten bergigen Gebieten (z. B. Sachsens, Thüringens, Frankens, Oberbayerns) aus der Erde und gelangt über schlecht abgedichtete Keller in die Wohnungen. Radon verursacht in Deutschland etwa 3000 Lungenkrebstodesfälle im Jahr.

www.eper.cec.eu.int (Europ. Schadstoff-Emissionsregister mir regionalen Daten); **www.wwf.de** (World Wide Fund for Nature)

Umweltschutz

Während die U.-Gesetzgebung v. a. auf EU-Ebene 2004 und 2005 weiter voranschritt, nahm in Deutschland der Widerstand von Unternehmerverbänden und Wirtschaftspolitikern gegen den U. immer prinzipiellere Formen an. U. galt vielen nur noch als Kostenfaktor und bürokratisches Hemmnis im globalen Wettbewerb. Gleichwohl werteten 92% der Bundesbürger im Sommer 2004 den U. weiterhin als wichtiges Thema. 2004 schätzten 81% der Westdeutschen (2003: 82%), aber nur 48% der Ostdeutschen (2003: 44%) die Umweltverhältnisse in Deutschland als sehr gut oder recht gut ein.

EU-Umweltrecht: Die EU-Kommission kritisierte im August 2004 die mangelhafte Umsetzung des EU-Umweltrechts v. a. in Frankreich, Griechenland, Irland, Italien und Spanien.

Umweltbericht: Der Mitte 2004 vorgelegte Jahresbericht des Umweltbundesamtes hob das neue Chemikalienrecht, die Abfall- und die Energiewirtschaft als zentrale Themenbereiche des U. hervor und bezeichnete sie gleichzeitig als wichtige Felder für Innovationen.

Partizipation: Die EU verstärkte 2004/05 die Beteiligung der Bürger an Debatten über Ziele des U. Eine im Juli 2004 vorgelegte Richtline »Strategische Umweltprüfung« soll alle Behörden dazu veranlassen, Umweltberichte über geplante Projekte zu erstellen und sie anschließend öffentlich zur Diskussion zu stellen. Im September 2004 startete die EU-Kommission ein Internetforum über mögliche Perspektiven des Klimaschutzes nach 2012.

Krisenprävention: Bundesumweltminister Jürgen Trittin rief im September 2004 eine Informationsplattform über Krisenprävention, Umwelt und Ressourcen im Internet ins Leben. Auch der im April 2005 vorgelegte Jahresbericht des »Worldwatch«-Instituts (Washington/USA) stellte die Zusammenhänge zwischen Sicherheitspolitik, Armut, U. und Klimawandel in den Mittelpunkt.

www.bmu.de (Bundesministerium für Umwelt, Naturschutz und Reaktorsicherheit); **www.bund.net** (Bund für Umwelt und Naturschutz Deutschland); **www.eea.eu.int** (Europ. Umweltagentur); **www.krium.de** (Thema Krisenprävention); **www.nai-index.de** (Natur-Aktien-Index); **www.ourplanet.com; www.umweltbundesamt.de; www.umweltrat.de**

Umweltschutz: die umweltfreundlichsten Länder

Land	Punkte[1]
Finnland	75,1
Norwegen	73,4
Uruguay	71,8
Schweden	71,7
Island	70,8
Kanada	64,4
Schweiz	63,7
Guyana	62,9
Argentinien	62,7
Österreich	62,7
Deutschland	56,9

1) Umweltindex Nachhaltigkeit (ESI); Quelle: Environmental Sustainability Index 2003, Globus-Infografik 9758

Umweltschutz: Umweltpreise

- Die kenianische Umwelt- und Menschenrechtsaktivistin Wangari Muta Maathai bekam den Friedensnobelpreis 2004.
- Der südafrikanische Politiker und Bürgerrechtler Nelson Rolihlahla Mandela erhielt den Euronatur-Umweltpreis 2004. Der Umweltpreis 2005 ging an den Hollywood-Regisseur Roland Emmerich (»The Day After Tomorrow«).
- Der Dt. Umweltpreis 2004 ging an den Pulheimer Unternehmer Alfred Heinrich Jung (Jungtec) und den Hamburger Mikrobiologen Garabed Antranikian, der Ehrenpreis an die Hamburger Biologin Loki Schmidt, Ehefrau von Altkanzler Helmut Schmidt.
- Der Goldman-Preis für Europa ging an die Schweizerin Stephanie Roth, die gegen ein Goldbergwerk in Rumänien gekämpft hat.

Umwelttechnik

Erneuerbare Energien und Biokraftstoffe standen 2004/05 im Zentrum der umwelttechnischen Entwicklung.

Wärmedämmung: In München wurde Anfang 2005 ein sog. Passivhaus mit einer neuartigen Wärmedämmung aus gepresster Kieselsäure vorgestellt, die kaum Platz kostet. Es verbraucht nur 7% der Heizenergie eines normalen Hauses. Eine ausgeklügelte Frischluftversorgung sorgt dafür, dass auch beim Lüften keine Wärme verloren geht.

Wärmespeicher: Niederländische Entwickler bauten 2004 ein System aus Rohren, Schläuchen, isolierender Sandschicht und Isoliertanks, das im Sommer die Hitze des Straßenasphalts aufnimmt, speichert und im Winter zum Heizen bereitstellt.

Belüftungssteine: Australische Ingenieure präsentierten 2004 einen Mauerstein mit Lüftungsschlitzen und Resonatoren, der Frischluft in Gebäude hineinlässt, aber den Straßenlärm aussperrt – eine umweltfreundliche Alternative zur Klimaanlage.

Solarwasserstoff: Das Dt. Zentrum für Luft- und Raumfahrt (DLR, Köln) entwickelte 2004 einen katalytischen Prozess, bei dem konzentrierte Sonnenenergie direkt Wasser in Wasserstoff und Sauerstoff spaltet.

Biogas-Brennstoffzelle: Am Institut für Agartechnik Bornim wurde 2004 eine Biogas-Brennstoffzelle für die dezentrale Kraft-Wärme-Kopplung im ländlichen Raum entwickelt.

Lastenrad: Der Gelsenkirchener Brennstoffzellenhersteller Masterflex stellte 2005 ein Lastenrad mit Brennstoffzellenantrieb vor. Das »Cargobike« genannte Fahrzeug soll für Lieferdienste in Innenstädten eingesetzt werden.

Wald

Der Waldbestand in Deutschland wuchs 1987 bis 2002 um 17% auf 2,63 Mrd. m³ Holz. Das ergab eine 2001/02 vorgenommene bundesweite Waldinventur, deren Ergebnisse im September 2004 vorgelegt wurden. Der Holzzuwachs lag in den alten Ländern bei 12 m² pro Hektar und Jahr und damit höher, als Experten erwartet hatten.

Waldschäden: Als Spätfolge des Hitzesommers 2003 nahmen die Waldschäden laut Waldzustandsbericht der Bundesregierung im Jahr 2004 erheblich zu: 2004 waren 31% der Bäume deutlich geschädigt (2003: 23%). Besonders betroffen waren die Buchen – sie wiesen zu 55% (2003: 30%) deutliche Blattverluste auf–, gefolgt von den Eichen mit 45%.

Umweltsiegel: Die 1993 gegründete internationale Waldschutz-Organisation Forest Stewardship Council (FSC) hatte zehn Jahre später weltweit 45 Mio. ha nachhaltig bewirtschafteten W. und über 20 000 Holzprodukte als Produkte aus solchen Wäldern zertifiziert. Mehrere dt. Baumarktketten unterstützten 2004 den FSC dabei, Gartenmöbel aus illegal eingeschlagenem Tropenholz aus dem dt. Markt zu verdrängen.

www.fsc-deutschland.de; www.fao.org/forestry (Welternährungsorganisation); **www.sdw.de** (Schutzgemeinschaft Dt. Wald); **www.verbraucherministerium.de**

Wald: Ein Mitarbeiter der Forstverwaltung sprüht im Kölner Stadtwald das Zertifikat «Forest Stewardship Council» (FSC) für umwelt- und sozialverträgliche Waldwirtschaft auf Baumstämme.

Wasserknappheit

Laut Weltwasserbericht 2004 stieg der Anteil der Menschen, die Zugang zu sauberem Trinkwasser haben, zwischen 1990 und 2002 von 77% auf 83%. Im gleichen Zeitraum stieg der Anteil der Menschen, die über eine hygienische Abwasserentsorgung verfügten, von 49% auf 58%. In vielen Regionen nahm jedoch die W. zu - aus klimatischen Gründen und wegen der steigenden landwirtschaftlichen Produktion.

Asien: In einigen Regionen der Länder Indien, Vietnam und in Teilen Nordchinas ließen tiefe Großbrunnen Anfang des 21. Jh. die Grundwasserspiegel so stark absinken, dass alle kleineren Brunnen der Landbevölkerung versiegten.

Italien: In Süd- und Mittelitalien sanken die Wasserspiegel vieler Seen weiter dramatisch. Ursache waren zahllose privat betriebene Mineralwasserbrunnen.

Viehwirtschaft: Auf einer Konferenz in Stockholm wiesen Experten im August 2004 darauf hin, dass der hohe Fleischkonsum in vielen Ländern die W. verschärfe, da die Viehwirtschaft ein Vielfaches an Wasser verbrauche gegenüber der Getreideproduktion.

www.unep.org/vitalwater (Umweltprogramm der Vereinten Nationen); **www.unser-wasser.de**; **www.worldwatercouncil.org** (Weltwasserrat)

Weltmeere

Fischerei: Experten schätzten Mitte 2005, dass die Bestände der wichtigsten Speisefischarten seit 1950 durch die industrielle Fischerei um rund 90% dezimiert wurden. Die internationale Umweltschutzorganisation Greenpeace dokumentierte im August 2004, dass die Nordseefischer bis zu 90% der Tiere, die sie in ihren Schleppnetzen finden, wegwerfen. Das UNO-Umweltprogramm UNEP kritisierte im August 2004 die ungehemmte raubbaumäßige Fischerei auf Kabeljau und Schellfisch in der Barentssee. Die Forderung nach großflächigen Sperrgebieten für die Fischerei wurde 2004 und 2005 vor mehreren internationalen Konferenzen immer lauter. Die EU-Kommission schlug im Sommer 2004 vor, Tiefseeschutzgebiete vor Madeira, den Kanaren und Azoren, vor der irischen Küste und am mittelatlantischen Rücken einzurichten. Im Februar 2005 forderte der Umweltrat die Einrichtung von Schutzgebieten in Nord- und Ostsee.

Korallenriffe: Rund 70% der Korallenriffe waren 2004 schwer geschädigt und teilweise ausgebleicht. Das stellten das 10. Internationale Korallenriff-Symposium im Juli 2004 in Okinawa/Japan und ein im Dezember 2004 vorgelegter Statusbericht von 240 Forschern fest. Als mögliche Ursachen wurden die Erwärmung und der steigende Kohlensäuregehalt der Meere genannt, beides wahrscheinlich Folgen des Klimawandels. Im Juli 2004 stellte Australien ein Drittel des Großen Barriereriffs unter strengen Schutz. Vorher umfasste das Schutzgebiet nur 4,3% des einzigartigen Riffs.

Wale: Die Internationale Walfang-Kommission IWC forderte dazu auf, die letzten 100 Westpazifischen Grauwale vor der Insel Sachalin zu schützen und vor dem Aussterben zu bewahren. Ein Ölkonsortium entschied deshalb im März 2005, eine geplante Pipeline um das Walgebiet herum zu bauen.

Im Juni 2005 scheiterte ein erneuter Versuch Japans vor der IWC, das 1986 verhängte Walfangverbot wieder aufzuheben. Die Kommission forderte Japan auf, auf die angekündigte Ausweitung des Walfangs »zu wissenschaftlichen Zwecken« zu verzichten.

www.bmu.de/meeresumweltschutz; **www.ices.dk** (Internationaler Rat für Meeresforschung); **www.reefcheck.org** (Untersuchung der Korallenriffe)

Weltmeere und Fischerei

Kleine Fische: Der amerikanische Meeresbiologe David Conover wies 2004 nach, dass Fische schon in vier Generationen genetisch deutlich kleiner werden und langsamer wachsen, wenn man stets die größten Fische wegfängt. Die Fischerei richtet sich also mit ihren Netzen selbst zugrunde, wenn sie keine Schutzgebiete für große Fische respektiert.

Tiefseefischerei: Im Februar 2004 riefen 1100 Meeresforscher die UNO auf, zum Schutz der Tiefsee die Verwendung von schweren Fangnetzen zu verbieten. Erst Ende des 20. Jh. war der enorme Artenreichtum vieler Tiefseeregionen entdeckt worden. Tiefseefische wie Granatbarsch und Atlantischer Sägebarsch werden bis zu 150 Jahre alt und erst mit 15-25 Jahren geschlechtsreif. Sie waren kaum entdeckt, als Fischtrawler schon begannen, mit Schleppnetzen, die über den Meeresgrund gezogen und von sog. Scherbrettern offen gehalten werden, die Hänge der Tiefseeberge zu zerstören.

Weltwirtschaft

Asien

2004 verzeichnete A. einen deutlichen Wirtschaftsaufschwung, der jedoch in den einzelnen Ländern unterschiedlich stark ausfiel. Während die asiatischen Entwicklungs- und Schwellenländer nach Angaben des Internationalen Währungsfonds (IWF, Washington D.C.) durchschnittlich ein Wachstum von 7,8 % erzielten, steigerte die VR China ihr BIP um 9,5 % (2003: 9,3 %).

Asien: Wirtschaftswachstum (%)[1]

Land	2003	2004	2005 [2]
China [3]	9,3	9,5	8,0
Hongkong [4]	3,2	8,1	4,0
Indien	7,5	7,3	6,7
Indonesien	4,9	5,1	5,5
Japan	1,4	2,6	0,8
Malaysia	5,3	7,1	6,0
Pakistan	5,6	6,5	6,7
Philippinen	4,7	6,1	4,7
Singapur	1,4	8,4	4,0
Süd-Korea	3,1	4,6	4,0
Taiwan	3,3	5,7	4,0
Thailand	6,9	6,1	5,6
Vietnam	7,3	7,7	7,2

1) Veränderung des BIP gegenüber dem Vorjahr; 2) Prognose; 3) ohne Hongkong und Macau; 4) Sonderverwaltungsgebiet Chinas; Quelle: Internationaler Währungsfonds
Stand: April 2005

Japan: Die Konjunkturentwicklung in Japan war von einem kurzen Boom Anfang 2004 und anschließendem Nullwachstum gekennzeichnet; insgesamt wuchs die Wirtschaft um 2,6 % (2003: 1,4 %). Der Rückgang der Verbraucherpreise (Deflation; 2003: -0,3 %) konnte gestoppt (2004: 0 %) werden. Trotz der Nullzins-Kreditpolitik der Zentralbank war der Aufschwung jedoch nicht von Dauer, weil sich Verbraucher beim Konsum und Unternehmen bei Investitionen in der Erwartung zurückhielten, dass die Preise doch wieder fallen. Außerdem hatte die Exportwirtschaft durch die Aufwertung der japanischen Währung Probleme, ihre Produkte auf dem Weltmarkt zu konkurrenzfähigen Preisen anzubieten. Für das Jahr 2005 wurde mit einem Wachstum von höchstens 0,8 % gerechnet. Unsicher war, ob sich die neuen politischen Spannungen mit China und Süd-Korea negativ auf die Wirtschaftsentwicklung auswirken. Das Handelsvolumen zwischen Japan und China betrug 2004 rund 211 Mrd. US-Dollar.

China: Nach Einschätzung der Dt. Bundesbank ist China 2004 zur globalen Konjunkturlokomotive geworden. Das starke Wachstum drohte jedoch die Wirtschaft zu überhitzen und die Preissteigerung zu beschleunigen (Inflationsrate 2004: 3,9 %). Preissteigerungen hätten die sozialen Konflikte weiter verschärft; daher beschloss die Regierung, das Wachstum etwas zu bremsen, indem sie u. a. die Kreditvergabe erschwerte. Für 2005 wurde mit einem Wirtschaftswachstum von 8 % gerechnet.

Indien: Die indische Wirtschaft wuchs 2004 um 7,3 % (2003: 7,5 %). Die neue, von der Kongresspartei geführte Regierung leitete Reformen ein, die Indien zu einer sozialen Marktwirtschaft machen sollen. Nach wie vor belasten Armut auf dem Land und Inflation (2004: 3,8 %) die Wirtschaftsentwicklung. Im April 2005 vereinbarten Indien und China, den bilateralen Handel auszuweiten, im Computergeschäft zusammenzuarbeiten (Hardware aus China, Software aus Indien) und mittelfristig eine gemeinsame Freihandelszone zu schaffen. Mit einer Bevölkerung von zusammen mehr als 2 Mrd. Menschen könnten die beiden Länder damit den größten Handelsraum der Welt eröffnen und in den nächsten 20–30 Jahren zu den neuen Riesen der Weltwirtschaft aufsteigen.

Devisenhandel

Im April 2004 erreichte der internationale D. mit einem Umsatz von 1 900 Mrd. US-Dollar pro Tag – das sind immerhin 57 % mehr als drei Jahre zuvor – einen neuen Höchststand. 89 % aller Geschäfte betrafen den Kauf oder Verkauf von US-Dollar.

Die meisten D.-Geschäfte (nach Schätzung der Dt. Bundesbank bis zu 97 %) sind rein spekulativ und hängen nicht mit Waren- oder Dienstleistungstransaktionen zusammen. Beherrscht wird der D. von wenigen Banken: Die Schweizer UBS, die Dt. Bank und die Citigroup wickeln zusammen etwa ein Drittel der weltweit getätigten Devisengeschäfte (ca. 645 Mrd. US-Dollar pro Tag) ab.

Tobin-Steuer: 2005 schlossen sich der dt. Bundeskanzler Gerhard Schröder und der frz. Staatspräsident Jacques Chirac einer Forderung der sog. Globalisierungskritiker an, internationale Devisengeschäfte mit einer Steuer zu belegen, die nach dem US-amerikanischen Ökonomie-Nobelpreisträger von 1981, James Tobin, als »Tobin-Steuer« bezeichnet wird. Tobin hatte die Gefahr gesehen, dass spekulative D.-Geschäfte schwächeren Volkswirtschaften schaden könnten. Er hatte vorgeschlagen, alle grenzüberschreitenden Finanzgeschäfte mit 0,1 % zu besteuern und die Einnahmen dann für die Entwicklungshilfe zu verwenden. Das Parlament Belgiens beschloss 2004 – wie schon 2001 die frz. Nationalversammlung –, sich für die Einführung der Tobin-Steuer im Euro-Währungsgebiet einzusetzen. Dabei wurde ein Stufenmodell vorgeschlagen, bei dem der Steuersatz auf bis zu 80 % steigt, wenn ein spekulativer Angriff auf eine Währung festgestellt wird. Bei einem Steuersatz von 0,02 % rechnen die Belgier mit jährlichen Einnahmen von 50 Mrd. US-Dollar.

➤Wirtschaft, Banken; ➤Entwicklung, Entwicklungspolitik

Asien: Der chinesische Premierminister Wen Jiabao (links) und sein indischer Kollege Manmohan Singh vereinbaren im April 2005 in Delhi eine strategische Partnerschaft der beiden Länder.

Globalisierung

Die stark zunehmende Internationalisierung des Handels, der Kapital- sowie der Produkt- und Dienstleistungsmärkte und die rapide wachsende internationale Verflechtung der Volkswirtschaften seit den 1990er-Jahren

Bei verschiedenen Gelegenheiten demonstrierten Globalisierungskritiker 2004/05 gegen den derzeitigen Charakter der internationalen Wirtschaftsverflechtung. Hauptprotestpunkte waren die sich ausweitende Kluft zwischen Arm und Reich bzw. Nord und Süd, Umweltzerstörung und die Angst vor neuen Kriegen um Rohstoffe. Meist wurden weniger konkrete Auswirkungen der G. kritisiert, sondern eine allgemeine Tendenz: Das Profitstreben international agierender Unternehmen habe sich jeder demokratischen Kontrolle durch die Einzelstaaten entzogen. Diese stünden überdies in einem Standortwettbewerb um die niedrigsten Löhne, die niedrigsten Sozialleistungen und die geringsten Umweltstandards, um es dem »großen Kapital« recht zu machen.

Im April 2005 geißelte der SPD-Vorsitzende Franz Müntefering die ausschließlich gewinnorientierte Sicht mancher Investoren: »Manche Finanzinvestoren verschwenden keinen Gedanken an die Menschen, deren Arbeitsplätze sie vernichten. Sie bleiben anonym, fallen wie Heuschreckenschwärme über Unternehmen her, grasen sie ab und ziehen weiter.« Damit löste er eine scharf geführte Debatte aus (→ Innenpolitik, Kapitalismuskritik; → Parteien, SPD).

Weltsozialforum: 150 000 Globalisierungskritiker trafen sich im Januar 2005 zum Weltsozialforum in Porto Alegre (Brasilien), um die Perspektiven ihrer Bewegung zu diskutieren. Auf dem Treffen trat u. a. der linksgerichtete Präsident Venezuelas, Hugo Chávez Frías, auf und forderte eine »soziale Agenda gegen das neoliberale kapitalistische Modell der Weltwirtschaft«. Für 2006 sind regionale Sozialforen geplant.

Arbeitsplatzverlagerung: 2004/05 kritisierten Politiker die Verlagerung von Arbeitsplätzen aus Deutschland in sog. Billiglohnländer. Bundeskanzler Gerhard Schröder (SPD) bezeichnete sie als »unpatriotischen Akt«, Bündnis 90/Die Grünen forderten, Steuervorteile bei Arbeitsplatzverlagerungen abzuschaffen. Allerdings gab es weder verlässliche Zahlen noch eindeutige Hinweise, dass eine nennenswerte Zahl von Arbeitsplätzen aus Deutschland »abwandert«. Neugründungen ausländischer Betriebsstätten

Globalisierung: Blick in die Veranstaltungshalle während des Treffens der Globalisierungskritiker in Porto Alegre (Brasilien) im Januar 2005

durch dt. Unternehmen waren nicht oder kaum mit Arbeitsplatzverlusten im Inland verbunden, sie gingen mitunter sogar mit einem Zuwachs bei den Beschäftigtenzahlen in Deutschland einher, z. B. in der Automobilindustrie (1993–2003: rund 100 000). Wissenschaftliche Studien zeigten, dass die G. tatsächlich bisher nur in geringem Umfang zur Verlagerung von Arbeitsplätzen aus Industriestaaten in Billiglohnländer geführt hat. Die Hauptursachen dieser Standorttreue wurden in der hohen Qualifikation der Mitarbeiter, der Rechtssicherheit und dem sozialen Frieden sowie der guten Infrastruktur gesehen. Auch wurde bei dt. Investitionsprojekten im Ausland per Saldo nicht Kapital aus Deutschland ins Ausland exportiert, sondern umgekehrt aus dem Ausland nach Deutschland zurückgeholt, 2004 rund 6 Mrd. €.

Rivalitäten: International agierende Kapitalgruppen verfügten 2005 über Etats, die größer waren als die Wirtschaftsleistung vieler Länder. Die sieben führenden Industriestaaten (G 7) lenkten durch ihre gemeinschaftliche Politik weitgehend die globale Wirtschaft. Zugleich unterstützten Regierungen »ihre« nationalen Großunternehmen und Kapitalgruppen im weltweiten Konkurrenzkampf, sodass zwischen Konzernen, Kapitalgruppen und führenden Industriestaaten neue Rivalitäten entstanden. Das wurde z. B. im Konflikt zwischen EU und USA um → Handelssanktionen deutlich.

Dienstleistungen: Die Verhandlungen innerhalb der EU, zwischen der EU und Entwicklungsländern sowie innerhalb der Welthandelsorganisation (WTO, Genf) über einen internationalen freien Markt für Dienstleistungen wurden 2005 zum politischen Streitthema.

Eine Großdemonstration im März 2005 in Brüssel richtete sich gegen die geplante Einführung einer EU-Dienstleistungsrichtlinie. Sie hätte es Firmen (z. B. Fliesenlegern oder Schlachtern) erlaubt, ihren Sitz immer in demjenigen EU-Land zu wählen, wo es die niedrigsten Löhne und Sozialabgaben gibt, und dann in der ganzen EU zu diesen Bedingungen ihre Dienstleistungen anzubieten; damit hätten sie uneinholbare Vorteile gegenüber den Konkurrenten in den jeweiligen Ländern erzielt.

Im Rahmen der WTO wurde über ein ähnliches Abkommen verhandelt: Alle Nationalstaaten sollen sich bei allen Diensten einschließlich Wasserversorgung und Bildungswesen vertraglich verpflichten, sämtliche Sozial-, Tarif-, Verbraucher- und Umweltstandards abzuschaffen, wenn sie sich »wettbewerbsverzerrend« zwischen in- und ausländischen Anbietern auswirken. Der Dt. Bundestag äußerte Zweifel an der Verfassungsmäßigkeit eines solchen Vertrags.

Entschuldung: Eine der Forderungen der Globalisierungskritiker war 2005 der Schuldenerlass für Entwicklungsländer. Die G-7-Staaten erklärten im Februar ihre Bereitschaft dazu, über die beim Gipfeltreffen im Juli in Großbritannien weiter beraten werden sollte. 2005 schlugen dt. und frz. Finanzpolitiker vor, international Steuern auf Flugbenzin und Flugtickets bzw. Abgaben bei persönlichen Ausgaben (z. B. Zuzahlungen auf Theatertickets) zu erheben, um damit einen Fonds zur Entschuldung afrikanischer Staaten und zur Aids-Bekämpfung zu gründen (→ Entwicklung, Entwicklungspolitik).

Gold

Im März 2005 betrug der Preis pro Feinunze (rund 31 g) 434 US-Dollar (+6,8 % gegenüber dem Vorjahresmonat). In Euro veränderte sich der Kurs jedoch kaum, da der Euro gegenüber dem Dollar im selben Zeitraum zugelegt hatte: Er lag bei 329 €. Für 2005 wurde damit gerechnet, dass der Goldpreis wieder leicht zurückgeht, wenn einige Zentralbanken, wie etwa die der Schweiz, ihre Pläne zum Teilverkauf ihrer Goldreserven verwirklichen. Im April wurde auch diskutiert, ob sich der Internationale Währungsfonds von Teilen seiner Goldvorräte trennen soll, um die Entschuldung der 38 am meisten verschuldeten Entwicklungsländer mit zu finanzieren.

➤ Börse, Gold

Handelssanktionen

Nach einer Studie der Welthandelsorganisation (WTO, Genf) vom September 2004 subventionierten die starken Industriestaaten viele ihrer Waren für den Export und erschwerten gleichzeitig Importe aus Asien und Afrika. Die USA erhoben auf 70 % aller Einfuhren Zölle. Außerdem ließen USA und EU bei zahlreichen Produkten aus Entwicklungsländern nur geringe Mengen für den Import zu (→ Entwicklung, Entwicklungsländer).

Genmais-Streit: Im April 2005 verhängte die EU faktisch einen Importstopp für gentechnisch veränderten Futtermais aus den USA. In mehreren Lieferungen waren Vermischungen mit der in der EU verbotenen Sorte Bt-10 entdeckt worden. Sie steht im Verdacht, Tiere unempfindlich gegen verschiedene Medikamente zu machen; insbesondere entwickeln die Tiere Antibiotikaresistenzen und müssen im Krankheitsfall getötet werden. Die EU verlangte von den US-Firmen den Nachweis, dass ihr Genmais frei von Bt-10 sei. Die Testverfahren sind jedoch so teuer, dass der Export nicht mehr rentabel war.

Handelssanktionen: Chinesischer Textilhändler in Paris; Frankreich wollte die Billigimporte aus China Mitte 2005 eindämmen.

Strafzölle: 2004 erklärte die WTO verschiedene staatliche Exportbeihilfen der USA für rechtswidrig und ermächtigte die EU zur Erhebung von Strafzöllen gegen US-amerikanische Produkte (2004: 315 Mio. US-Dollar). Die USA lenkten daraufhin ein, sodass dieser Streit 2005 beigelegt werden konnte. In einem anderen Fall, der Anwendung sog. Anti-Dumping-Zölle seitens der USA, erlaubte die WTO der EU im November 2004, Strafzölle von 15 % gegen US-amerikanische Waren zu erheben; im Mai 2005 traten sie in Kraft. Der Streit um Subventionen für die Flugzeughersteller Boeing (USA) und Airbus (EU) dauerte 2005 an (→ Auto und Verkehr, Airbus).

Waffenembargo gegen China: 2005 setzten sich Bundeskanzler Gerhard Schröder und andere europ. Regierungschefs für eine Aufhebung des EU-Waffenembargos gegen China ein, das 1989 nach der gewaltsamen Auflösung von Demonstrationen in Peking durch chinesische Soldaten verhängt worden war. Auf Druck der USA, die in der Aufhebung eine »direkte Herausforderung ihrer grundlegenden Interessen« sahen, vertagten die EU-Außenminister im April die Entscheidung.

Lateinamerika

2004 stieg die Wirtschaftsleistung in L. um 5,5 %. Das war das höchste Wachstum seit 1980. Hauptursache waren die hohen Rohstoffpreise, die L. bei seinen Exporten ins boomende Ostasien zugute kamen. Nach teils schweren Rezessionen in den vergangenen Jahren befand sich in L. kein Land mehr - weder in Süd- noch in Zentralamerika - in der Krise, wenn es auch in einigen Staaten Risiken für einen dauerhaften Aufschwung gab.

Venezuela: Die bemerkenswerteste Erholung verzeichnete Venezuela unter der linksgerichteten Regierung von Präsident Hugo Chávez Frías. Die hohen Öleinnahmen wurden systematisch zur Entwicklung der kleinen und mittleren Wirtschaft sowie zur Steigerung der Binnennachfrage genutzt. Das südamerikanische Land konnte nicht nur den krisenhaften Rückgang des BIP 2003 (-7,7 %) wieder aufholen, sondern wurde mit insgesamt 17 % Wirtschaftswachstum das erfolgreichste Land in L. Allerdings blieb die Inflationsrate mit 21,7 % sehr hoch (2003: 31,1 %).

Andere Länder: Auch in Brasilien, Ecuador und Mexiko profitierte die Wirtschaftsentwicklung von den Ölexporten. In Argentinien konnten gestiegene Exporteinnahmen dazu genutzt werden, den wirtschaftlichen Rückgang infolge der schweren Krise von 2002 wieder auszugleichen und Grundlagen für eine weitere stabile Entwicklung zu legen. Der argentinischen Wirtschaft verschaffte dabei der staatlich verfügte Zahlungsaufschub bei den Auslandsschulden gegenüber Privatgläubigern zusätzlichen Spielraum. In Zentralamerika wurde 2004 wie im Vorjahr ein Wachstum von 3,5 % (z. B. Honduras +4,2 %, Nicaragua +4,0 %) erzielt; die dortige hohe Inflation von 7,2 % wird nach Einschätzung des Internationalen Währungsfonds (IWF, Washington D.C.) 2005 auf 6 % zurückgehen.

Lateinamerika: Wirtschaftswachstum (%)[1)]

Land/Region	2003	2004	2005[2)]
Argentinien	8,8	9,0	6,0
Bolivien	2,5	3,8	4,4
Brasilien	0,5	5,2	3,7
Chile	3,3	6,0	6,1
Ecuador	2,7	6,6	3,9
Karibik (außer Kuba)	1,4	2,1	3,0
Kolumbien	4,0	4,0	4,0
Kuba[3)]	2,6	5,0	5,0
Mexiko	1,6	4,4	3,7
Paraguay	2,6	2,1	2,5
Peru	3,8	5,1	4,5
Uruguay	3,5	12,0	5,0
Venezuela	-7,7	17,3	4,6
Zentralamerika	3,5	3,5	3,2

1) Veränderung des BIP gegenüber dem Vorjahr; 2) Prognose; 3) ab 2004 inkl. der Waren und Dienstleistungen, die in Kuba im Unterschied zu anderen Staaten kostenlos an die Bürger abgegeben werden; Quellen: Republik Kuba (für Kuba), Internationaler Währungsfonds; Stand: April 2005

Risiken: Anfang 2005 zeigten sich für eine kontinuierliche Wirtschaftsentwicklung neue Gefahren: In einigen Ländern, z. B. Argentinien, besteht Nachholbedarf bei der Reform des Finanzsystems, das den weiteren Aufschwung durch ungeregelte Kreditvergaben gefährden könnte. Viele Staaten sind von ausländischem Kapital abhängig, das bei wieder steigenden Zinsen in den USA abgezogen werden könnte. Die Verarmung weiter Teile der Bevölkerung in den Krisenjahren hat vielerorts zu einer Schwächung der Binnennachfrage geführt, sodass der Export zur einzigen Stütze der Wirtschaftsentwicklung wurde.

Nordamerika

Neben China waren die USA 2004 Wachstumsmotor der Weltwirtschaft. Ihre Wirtschaftsleistung stieg um 4,4 % (2003: 3,0 %), v. a. durch den privaten Konsum und Investitionen der Unternehmen.

USA: Für 2005 wurde in den USA mit einem leicht abgeschwächten Wachstum von 3,6–4,0 % gerechnet. Die Inflationsrate lag 2004 bei 2,7 %, das Staatsdefizit bei 4,3 % des BIP. Negative Auswirkungen auf die Weltwirtschaft lässt das hohe Leistungsbilanzdefizit befürchten (5,7 % des BIP): Der US-Dollar könnte noch schwächer werden, was eine Erhöhung der Kreditzinsen nach sich zieht. Ein noch niedrigerer Dollar träfe v. a. Länder, die wie Deutschland mit seinen Industrieprodukten oder wie die Entwicklungsländer mit ihren Rohstoffen vom Export abhängig sind.

Kanada: Mit 2,8 % Wachstum (2003: 2,0 %) entwickelte sich auch die kanadische Wirtschaft positiv; für 2005 wurde mit derselben Wachstumsrate gerechnet. Im Unterschied zu den USA konnte Kanada seine Inflationsrate auf 1,8 % senken. Das Staatsdefizit betrug nur 1,4 % des BIP.

➤ Börse, Dollarkurs

Osteuropa

Durch den Beitritt von acht östlichen Staaten zur EU am 1. 5. 2004 wurde Ost- bzw. Ostmitteleuropa zu einer Region, deren Mitglieder sehr unterschiedliche ökonomische Voraussetzungen haben.

Neue EU-Staaten: In den zehn neuen EU-Mitgliedsländern (inkl. Malta und Zypern) stieg das BIP 2004 um durchschnittlich 5 % (alte EU-Länder: 2,3 %). Bemerkenswert war der Aufschwung in den baltischen Staaten (im Durchschnitt: 6,9 %). Eine hohe Inflationsrate wiesen die Slowakische Republik (7,5 %) und Ungarn (6,8 %) auf. Wenn – gemessen an der Kaufkraft – die Wirtschaftsleistung pro Kopf zwischen alten und neuen EU-Staaten verglichen wird, wurde 2004 in den zehn neuen EU-Ländern im Durchschnitt die Hälfte von dem erzielt, was in der EU der 15 erwirtschaftet wurde; dabei lag Zypern mit rund 78 % ganz vorn.

Südosteuropa: Für 2007 war der EU-Beitritt Bulgariens und Rumäniens angestrebt; sie erzielten 2004 zwar ein Wirtschaftswachstum von 5,7 % bzw. 8,3 %, verzeichneten aber hohe Preissteigerungsraten von 6,1 % bzw. 11,9 %. Hinzu kamen eine hohe Staatsverschuldung, eine weitgehend verarmte Landbevölkerung, Korruption – v. a. in Rumänien – sowie Probleme, Rechtsstaatlichkeit zu gewährleisten: Es bleibt daher fraglich, ob der EU-Beitritt wie geplant vollzogen werden kann. Die anderen südosteurop. Staaten litten trotz hohen Wirtschaftswachstums weiter unter Kriegsfolgen, ungelösten politischen Streitfragen, Massenarmut und ungeordneten Wirtschaftsstrukturen.

Weitere Staaten: Russland, Ukraine und Weißrussland wiesen ein hohes Wirtschaftswachstum auf, weil sie von den stark gestiegenen Energie- und Rohstoffpreisen auf dem Weltmarkt profitierten. Die Erfolge des Energie- und Rohstoffsektors wirkten sich aber kaum auf die Binnenwirtschaft der Länder aus. Die hohen Infla-

Osteuropa: Wirtschaftswachstum (%)[1)]

Land	2003	2004	2005[2)]
neue EU-Staaten			
Estland	5,1	6,2	6,0
Lettland	7,5	8,5	7,3
Litauen	9,7	6,7	7,0
Malta	–1,8	1,5	1,5
Polen	3,8	5,3	3,5
Slowakische Republik	4,5	5,5	4,8
Slowenien	2,5	4,6	4,0
Tschechische Republik	3,7	4,0	4,0
Ungarn	3,0	4,0	3,7
Zypern	2,0	3,7	3,8
zum Vergleich			
alte 15 EU-Staaten	0,9	2,3	2,2
Deutschland	–0,1	1,6	0,7
alle 25 EU-Staaten	1,0	2,5	2,3
Nicht-EU-Staaten			
Albanien	6,0	5,9	6,0
Bosnien und Herzegowina	4,0	5,2	4,5
Bulgarien	4,3	5,7	5,5
Kroatien	4,3	3,8	3,8
Makedonien	3,2	2,3	3,7
Moldawien	6,3	7,0	5,0
Rumänien	5,2	8,3	5,5
Serbien und Montenegro	2,7	7,2	4,6
Russland	7,3	7,1	6,0
Ukraine	9,6	12,1	7,0
Weißrussland	6,8	11,0	7,2

1) Veränderung des BIP gegenüber dem Vorjahr; 2) Prognose; Quellen: Europ. Zentralbank (für neue EU-Länder 2003/04), Frühjahrsgutachten 2005 der führenden dt. Wirtschaftsinstitute (für Deutschland), Internationaler Währungsfonds, Stand: April 2005

tionsraten (Russland 10,9 %, Ukraine 9 %, Weißrussland 18,1 %) ließen die Verarmung der Rentner und der Landbevölkerung weiter zunehmen. Die Kluft zwischen den »neuen Reichen«, die z. B. durch Anteile am Export sehr viel Geld verdient haben, und der Mehrheit der Bevölkerung, die nahe oder unterhalb des Existenzminimums lebte, wurde größer. In Russland kam es deshalb nach der Streichung von Vergünstigungen für Rentner zu Massenprotesten. In der Ukraine und in Weißrussland unterstützten angesichts der sozialen Probleme immer mehr Menschen die politische Opposition, was Anfang 2005 in der Ukraine zum Sturz der bisherigen prorussischen Regierung führte (→ Staaten, Ukraine).

➤ Europäische Union, EU-Konjunktur

Rohstoffe

Der Preis für Rohöl stieg 2004/05 wiederum stark an. Ein Barrel (rund 159 l) kostete auf dem Weltmarkt im März 2005 in Euro gerechnet 46 % mehr als im Vorjahresmonat; im Juni wurde mit über 60 US-Dollar pro Barrel ein Allzeithoch erreicht. Die Tendenz blieb steigend.

Erdöl: Ursachen der Preissteigerung beim Erdöl waren zunächst die wachsende Nachfrage der boomenden ostasiatischen Länder, v. a. Chinas, sowie die instabile Lage im Nahen Osten. Zum Jahreswechsel trieben Spekulationen internationaler Finanzunternehmen an den Rohstoffbörsen die Preisentwicklung zusätzlich an. Wirtschaftswissenschaftler gingen davon aus, dass der Ölpreis 2005 im Jahresdurchschnitt auf hohem Niveau (45–50 US-Dollar pro Barrel) bleibt und neue Rekordhöhen erreichen könnte (→ Auto und Verkehr, Kraftstoffe).

Andere Rohstoffe: 2004 kam es auch bei anderen Rohstoffen zu einem starken Preisanstieg. Die nach Deutschland eingeführten Metalle waren im Januar 2005, in Euro gerechnet, insgesamt um 21 %, die Nichteisen-Metallerze um 43 % teurer als ein Jahr zuvor. Auf dem Weltmarkt kostete im März 2005 Aluminium in US-Dollar 20 %, Zink 25 % mehr als im Vorjahresmonat. Die Stahlpreise kletterten auf das höchste Niveau seit 1990. Der Rohstoffpreisindex des Hamburger Wirtschaftsinstituts HWWA, der die Preisveränderungen bei den Rohstoffimporten der Industrieländer misst, erreichte mit 170 Punkten den höchsten Stand seit 2000. Es wurde damit gerechnet, dass sich der Preisauftrieb 2005 zwar abschwächt, die Preise aufgrund der wachsenden Nachfrage aus Asien jedoch im Jahresdurchschnitt um bis zu 20 % steigen.

www.commerzbank.de/research (monatliche Übersicht über Rohstoffpreise)

Welthandel

Wachstum: Nach Angaben der Weltbank wuchsen die Exporte 2004 weltweit um 10,3 % auf ein Gesamtvolumen von über 9 000 Mrd. US-Dollar. Damit stieg der W. mehr als doppelt so stark wie die weltweite Produktion. Für 2005 wurde mit einer etwas geringeren Steigerungsrate von 7,7 % gerechnet. Mit Ausfuhren von 731 Mrd. € (+10 % gegenüber 2003) war Deutschland das zweite Jahr in Folge die führende Handelsmacht. Die VR China überholte Japan und kam erstmals hinter den USA auf Rang 3.

Doha-Runde: Im August 2004 einigten sich die 147 Staaten der Welthandelsorganisation (WTO, Genf) auf ein Rahmenabkommen zum Abschluss der Verhandlungen, die nach der Konferenz von 1999 in Doha (Katar) als Doha-Runde bezeichnet werden. Genaue Bestimmungen über den Abbau von Handelshemmnissen sind in dem Rahmenabkommen nicht enthalten. Nach Auffassung von Globalisierungskritikern wurden Weichen für eine radikale Marktöffnung der Entwicklungsländer gestellt, die deren Abhängigkeit von den Industrieländern verstärkt.

www.wto.org (aktuelle Daten der Welthandelsorganisation)

Weltkonjunktur

2004 nahm der Aufschwung der Weltwirtschaft an Tempo zu. Nach Angabe der Weltbank wurde ein Wachstum von 3,8 % (2003: 2,5 %) erzielt. Für 2005 wurde angesichts hoher Rohstoffpreise eine Verlangsamung auf ein Plus von 3,1 % erwartet. Antriebskräfte der W. waren 2004 das Wachstum in den USA (4,4 %) und China (9,5 %), während das Euro-Währungsgebiet (1,8 %) hinter dem globalen Aufwärtstrend zurücklag. Risiken für die weltwirtschaftliche Entwicklung wurden in der politischen Instabilität im Nahen Osten sowie in dem hohen Leistungsbilanzdefizit der USA gesehen (→ Nordamerika).

Rohstoffe: hohe Marktpreise und ihre Folgen

Der rasante Wirtschaftsaufschwung in China und anderen asiatischen Staaten erhöhte die Nachfrage auf den Öl- und Rohstoffmärkten. Die Preise stiegen auf Rekordniveau. Unsicherheit über die weitere politische Entwicklung im Nahen Osten sowie die Hoffnung auf Spekulationsgewinne trieben sie 2005 weiter an. Droht eine weltweite Rohstoffkrise?

Als im April 2005 der Ölpreis auf seinen bis dahin höchsten Stand von mehr als 58 US-Dollar pro Barrel (rund 159 l) stieg, erregten die Prognosen US-amerikanischer Journalisten Aufsehen, die einen Anstieg auf 80 US-Dollar vorhersagten. Das wäre – im inflationsbereinigten Preisvergleich – dieselbe Situation wie im Jahr 1979, als in Iran der Schah gestürzt wurde. Die Folgen für die Weltwirtschaft wären diesmal schwer wiegender: Die globale Vernetzung der Wirtschaftsstrukturen und die gleichzeitig gewachsenen ökonomischen Ungleichgewichte könnten in vielen Ländern zu Inflation, Stagnation und Rezession, möglicherweise sogar zu einer weltweiten Wirtschaftskrise führen.

Wachstum schürt Angst vor Verknappung Die Szenarien, aus denen solch negative Visionen abgeleitet werden, haben eines gemeinsam: Sie gehen davon aus, dass auf dem Weltmarkt für Rohstoffe und Öl eine Verknappungsangst einsetzt. Gründe dafür liegen neben politischen Entwicklungen, die z. B. mit der Lage im Irak und den US-amerikanischen Drohungen gegen Iran zusammenhängen, v. a. in einer ungebremst weiter wachsenden Wirtschaft Chinas sowie einiger Schwellenländer. Der Internationale Währungsfonds (IWF, Washington D.C.) schätzte 2005, dass bis 2030 der jährliche Ölverbrauch von heute 82 Mio. Barrel auf beinahe 140 Mio. ansteigt, wobei ein Viertel des zusätzlichen Verbrauchs auf die chinesische Wirtschaft entfällt. Chinas Ölbedarf würde sich im nächsten Vierteljahrhundert verdreifachen, gleichzeitig würde sich die Nachfrage nach Koks, Eisenerz und Stahlschrott, aber auch anderen Rohstoffen verdoppeln.

Rohstoffpreise 2005[1)]

Rohstoff	US-Dollar	Euro	Steigerung (%)[2)]
Aluminium	1 982,40	1 502,31	11,3
Blei	1 005,80	762,19	5,5
Erdöl	53,10	40,19	46,0
Zink	1 377,70	1 044,09	15,7
Zinn	8 432,60	6 390,39	2,9

1) pro Barrel Erdöl bzw. pro t im Monatsdurchschnitt März 2005; 2) gegenüber dem Europreis im März 2004
Quelle: Börsennotierung in London

Die Krise bleibt beherrschbar Die Risiken, dass es zu einer Verknappung von Öl und Rohstoffen auf dem Weltmarkt und weiteren massiven Preissteigerungen kommt, sind real: Die Förderkapazitäten können nicht mehr stark ausgeweitet werden; die Steigerungen, die z. B. von der Organisation Erdöl exportierender Staaten (OPEC) vorgenommen wurden, sind im Wesentlichen nur eine »Legalisierung« der heute schon tatsächlich geförderten Mengen. Die in den 1990er-Jahren neu entdeckten Lagerstätten können nicht so schnell erschlossen werden, dass sie zu einer Entspannung des Weltmarkts beitragen.

Für das Jahr 2005 rechnet der IWF damit, dass weiter steigende Ölpreise die Weltkonjunktur um bis zu 0,8 Prozentpunkte bremsen. Stärkere negative Einflüsse werden von den meisten Ökonomen jedoch als unwahrscheinlich eingeschätzt: Denn China hat ein starkes Eigeninteresse daran, den derzeitigen Boom nicht unkontrolliert ausufern zu lassen, da es eine »harte Landung« in Form einer Wirtschaftskrise mit sozialen Unruhen verhindern will. Verschärfte Bedingungen bei der Kreditvergabe sowie Investitionen im Sozialwesen drosseln bereits seit 2004 die Produktionssteigerungen und Rohstoffnachfrage.

Darüber hinaus sind China und andere Staaten mit starker Konjunktur bemüht, Fehler westlicher Länder zu vermeiden, und setzen deshalb für die kommenden Jahrzehnte auf die Förderung Energie und Rohstoffe sparender Technologien. Die meisten Länder der EU unterstützen aus ihren Handelsinteressen diese Tendenzen und versuchen, politischer oder militärischer Eskalation, v. a. in Nahost, entgegenzuwirken. Aus den genannten Gründen werden die Risiken, die sich aus den derzeitigen Rohstoffpreiserhöhungen ergeben, zu beherrschen sein.

Wirtschaft

Außenwirtschaft

Exportrekord: Deutschland wurde 2004 das zweite Jahr in Folge exportstärkstes Land der Welt vor den USA und China. Der Grund liegt v. a. in der großen Wettbewerbsfähigkeit der dt. Wirtschaft. Mit Ausfuhren von 731 Mrd. € wurde ein neuer Rekord erzielt (2003: 665 Mrd. €). In der volkswirtschaftlichen Gesamtrechnung stiegen die Exporte real um 8,6 % (2003: +1,8 %); sie machten 39,9 % der gesamten Wirtschaftsleistung aus (2003: 37,3 %). Die Exportwirtschaft als einziger Konjunkturmotor konnte die schwache Binnenwirtschaft jedoch nicht ausgleichen. In ihrem Frühjahrsgutachten 2005 rechneten die führenden dt. Wirtschaftsforschungsinstitute mit einem anhaltend starken Exportwachstum (Prognose für 2005: inflationsbereinigt +4,1 %).

Handelspartner: 63,8 % der dt. Exporte gingen 2004 in EU-Länder, wobei das Euro-Wäh-

Außenwirtschaft: die wichtigsten deutschen Handelspartner 2004

	Exporte nach	Gesamtwert (Mrd. €)	Importe aus	Gesamtwert (Mrd. €)
1	Frankreich	75,3	Frankreich	52,2
2	USA	64,8	Niederlande	47,9
3	Großbritannien	61,1	USA	40,3
4	Italien	52,4	Italien	35,0
5	Niederlande	45,5	Großbritannien	34,3
6	Belgien	41,2	China	32,5
7	Österreich	39,4	Belgien	28,5
8	Spanien	36,8	Österreich	24,2
9	Schweiz	28,0	Schweiz	21,4
10	China	21,0	Japan	21,1

Quelle: Statistisches Bundesamt

Exportweltmeister ohne Arbeitsplätze

Das zweite Jahr in Folge übertrumpfte Deutschland 2004 alle anderen Länder der Welt einschließlich der USA auf dem Weltmarkt. Im Zeitalter der Globalisierung erwies es sich als wirtschaftlich wettbewerbsfähigster Staat. Ein Wachstum von 1,6 % wie 2004 gab es in den drei Vorjahren nicht. Trotzdem wird von Wirtschaftskrise gesprochen und zur Begründung auf die hohe Massenarbeitslosigkeit verwiesen.

Die 30 DAX-Unternehmen erwirtschafteten einen Gewinn von rund 35 Mrd. €, die Zahl der Arbeitsplätze ging jedoch zurück und weitere Entlassungen wurden angekündigt. Die Unternehmens- und Vermögenseinkommen stiegen im selben Jahr so wie schon lange nicht mehr: um 10,4 % (2003: +3,5 %), die Arbeitnehmereinkommen stiegen jedoch nur um 0,1 %, nach 0,2 % im Vorjahr.

Gewinner: Großkonzerne und Exportfirmen Die Erklärung für diese widersprüchliche Entwicklung liefert die Struktur der dt. Wirtschaft: Großkonzerne und Exportfirmen erzielten überdurchschnittliche Gewinne nicht nur aufgrund dt. Wettbewerbsfähigkeit und günstiger Bedingungen auf dem Weltmarkt, sondern auch weil es ihnen gelang, Kosten einzusparen, v. a. Arbeitskosten (Lohn und Gehalt). Der Einsatz fortgeschrittener Technologien ermöglicht es heute, dieselbe Produktionsleistung mit weniger Beschäftigten zu erzielen, sodass Kostensenkungen und damit Gewinnsteigerungen in vielen Fällen das unmittelbare Ergebnis von Entlassungen sind. Kurz gesagt: Mehr Kündigungen bedeuten für diese Betriebe mehr Gewinn. Deshalb steigt bei vielen Entlassungswellen der Börsenkurs der betreffenden Unternehmen erheblich – ebenso wie das Gehalt der Manager.

Um die Kosten noch weiter zu senken, werden Lohnkürzungen (beispielsweise der Wegfall von Urlaubs- oder Weihnachtsgeld) und eine »Verlängerung der Arbeitszeit« angestrebt. In Wirklichkeit wird in Deutschland aber schon heute im Durchschnitt länger als 40 Stunden pro Woche gearbeitet. Es geht daher nicht darum, die tatsächliche Arbeitszeit zu erhöhen. Vielmehr soll die bisherige Bezahlung von Überstunden wegfallen – wiederum um Kosten einzusparen.

Verlierer: Kleinunternehmen und Arbeitnehmer Kleinere Betriebe, die weder über technologische Rationalisierungsmöglichkeiten verfügen noch Exportfirmen sind oder als Zulieferer erfolgreicher Konzerne arbeiten, haben als Kunden meist Endverbraucher, die durch die Kostensenkungspolitik der Konzerne über geringere Realeinkommen verfügen oder arbeitslos sind. Die daraus resultierende geringere Nachfrage brachte diese Firmen in wirtschaftliche Schwierigkeiten, sodass viele Betriebe aufgeben mussten und die Arbeitslosigkeit durch Pleiten weiter anstieg. Auch davon profitierten indirekt einige Großunternehmen, weil sie Wettbewerber verdrängt oder ihr Wirkungsfeld durch Zukäufe von Unternehmen erweitert hatten.

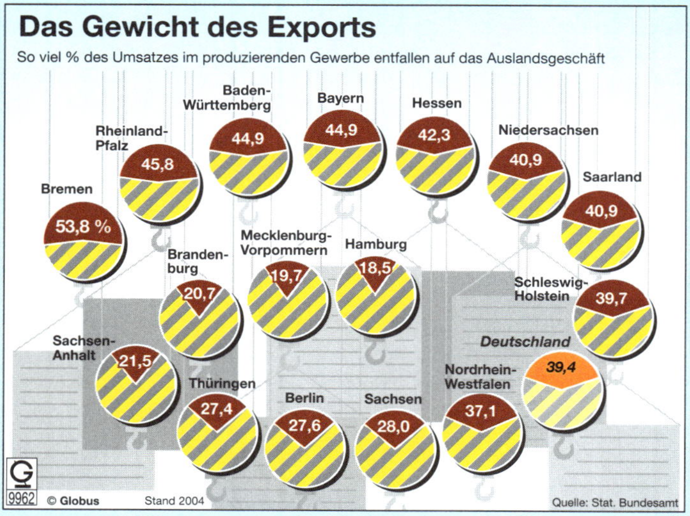

rungsgebiet mit 43,5 % der Ausfuhren die wichtigste Exportregion war. Der Anteil der USA war mit 8,9 % des Ausfuhrvolumens erneut rückläufig, während die Exporte nach China auf 21 Mrd. € stiegen (Anteil: 2,9 %).

Zahlungsbilanz: Der Anstieg der Rohstoffpreise verteuerte zwar z. T. die Importe nach Deutschland; dieser Effekt wurde jedoch infolge der gestiegenen Exporteinnahmen mehr als aufgewogen. Die Handelsbilanz schloss mit einem Überschuss von 157 Mrd. € (2003: 130 Mrd. €). In der Leistungsbilanz, die auch den Reiseverkehr (2004: per Saldo 36 Mrd. € Zahlungen ans Ausland), Dienstleistungen und andere Geldströme erfasst, wurde ein Plus von 84 Mrd. € erzielt (2003: 45 Mrd. €). Die Kapitalverkehrsbilanz zeigt die Attraktivität des Standorts Deutschland für ausländische Investoren, deren Kapitalanlagen um 138 Mrd. € zunahmen.

Autoindustrie

➤ Auto und Verkehr

Banken

Auch 2004 war die schwere Ertrags- und Kostenkrise der dt. B. nach Ansicht des Bundesverbandes Dt. Banken (BdB, Berlin) noch nicht überwunden. Laut Dt. Bundesbank (Frankfurt am Main) entspannte sich aufgrund weiterer Kosteneinsparungen und der Verminderung von Kreditrisiken die Lage, allerdings aufgrund der schwachen Entwicklung auf den Aktienmärkten nicht überall.

Großbanken: Die Dt. Bank steigerte ihren Gewinn (nach Steuern) um 87 % auf rund 2,5 Mrd. €. Gründe dafür waren ein Rekordgewinn im Wertpapierhandel, eine deutlich gesunkene Risikovorsorge im Kreditgeschäft sowie höhere Erträge im Privatkundengeschäft. Um ihr Ziel für 2005, eine Rendite von 25 % (2004: 17 %), zu erreichen, plante die Bank den Abbau von 6 400 Stellen, davon 1 920 in Deutschland. Die Commerzbank erzielte 2004 einen Überschuss von 393 Mio. €, nachdem die jahrelangen Umstrukturierungen im Wesentlichen abgeschlossen waren. Die Bank hatte schon in den letzten vier Jahren rund 7 000 Stellen abgebaut und plante, 900 weitere im Investmentbanking zu streichen. Bei der Dresdner Bank galt der Personalabbau 2004 nach 4 700 Stellenstreichungen als abgeschlossen. Die Bank erzielte 2004 nach zwei Jahren mit Milliardenverlusten einen Gewinn von 142 Mio. €; Ursache war ein erheblicher Rückgang bei der Risikovorsorge. Die HypoVereinsbank (HVB) erlitt mit einem Minus von 2 Mrd. € (nach Steuern) das dritte Jahr in Folge einen hohen Verlust; Sonderwertberichtigungen auf Immobilienkredite in Höhe von 2,5 Mrd. € hatten den Betriebsgewinn von 1,39 Mrd. € (+55 %) aufgezehrt. Im Zuge der Sanierung plante die HVB die Streichung von bis zu 2 400 Stellen. Aufgrund der positiven Entwicklung im ersten Quartal 2005 kündigte die größte italienische Bank UniCredito im Juni 2005 die Übernahme der HVB für 15,4 Mrd. € an.

Sparkassen und Landesbanken: Die Bilanzsumme der 477 Sparkassen stieg 2004 um 0,2 % auf 1 002 Mrd. €, die der Landesbanken um +3,4 % auf 1 283,6 Mrd. €. Das Betriebsergebnis der Sparkassen erhöhte sich um 4,6 % auf 11 Mrd. €. Bei den Kundeneinlagen verzeichneten sie einen leichten Zuwachs von 0,3 %, beim Kundenkreditgeschäft einen Bestandsrückgang von 0,6 %. Ihr Personal reduzierten die Sparkassen um 2,3 % (6 500 Stellen).

Volksbanken: Die Bilanzsumme der Volks- und Raiffeisenbanken erhöhte sich 2004 um 1,7 % auf 576 Mrd. €, das Betriebsergebnis ging leicht auf 5,2 Mrd. € zurück. Die Zahl der Mitglieder nahm um 1,5 % auf 15,5 Mio. zu.

Postbank: Nach erfolgreichem Börsengang im Juni 2004 konnte die einzige rein dt. Privatkundenbank ihr Betriebsergebnis vor Steuern um 26 % auf 624 Mio. € verbessern, die Zahl der Neukunden stieg um 16 % (890 000).

www.bdb.de; www.bundesbank.de; www.s-finanzgruppe.de; www.bvr.de

Bauwirtschaft

Dauerkrise: In der dt. B. zeichnete sich das elfte Krisenjahr in Folge ab. Nach einem Umsatzminus von 5,2 % im Vorjahr erwartete der Hauptverband der Dt. Bauindustrie (HDB, Berlin) auch 2005 ein Minus (–3,5 %) und aufgrund eines Auftragsrückgangs von rund 7 % einen weiteren Stellenabbau von 32 000 auf 735 000 Beschäftigte; 2004 waren 37 000 Arbeitsplätze entfallen.

Als Gründe für den erneuten Einbruch nannte der HDB die Konjunkturflaute, den Leerstand von Büros und die Finanzkrise der Kommunen, die zu wenig Geld für den Erhalt ihrer Infrastruktur aus-

Deutsche Banken: Die Wolken verziehen sich

Die Krise der deutschen Banken galt auch 2005 noch nicht als überwunden, obwohl die meisten Großbanken nach mehreren Verlustjahren und eisernem Sparen 2004 im ersten Quartal 2005 wieder Gewinne erwirtschafteten. Im internationalen Vergleich seien die Erträge jedoch nach wie vor zu niedrig und bei den Renditen gehörten die deutschen Banken zu den Schlusslichtern in Europa, so Branchenvertreter.

Tatsächlich hatten die dt. Banken seit Anfang der 1990er-Jahre einige Schwierigkeiten zu meistern. Neben Fehlern beim Aufbau Ostdeutschlands, u. a. durch eine zu großzügige Vergabe von Krediten, war es v. a. die Krise des Mittelstandes und des Immobilienmarktes, die den Banken zu schaffen machte. Wegen der anhaltenden Konjunkturflaute verschlechterte sich zunehmend die Bonität der Kreditnehmer, sodass Kredite, v. a. im Immobiliensektor, nicht zurückgezahlt werden konnten. Geradewegs in die Krise führte die dt. Banken jedoch der Zusammenbruch der Aktienmärkte 2001. Auf ihre Probleme reagierten die Banken mit rigiden Sparprogrammen, z. T. mit Rückzug aus Geschäftsbereichen wie dem Investmentbanking und dem Privatkundengeschäft sowie mit Entlassungen; mehrere zehntausend Arbeitsplätze gingen im Zuge der Umstrukturierungen verloren.

Im Juni 2005 verkünden HypoVereinsbank-Vorstandssprecher Dieter Rampl (rechts) und UniCredito-Chef Alessandro Profumo die Fusion ihrer Kreditinstitute.

Deutsche Banken wenig rentabel Trotz hoher Kosteneffizienz und des verbesserten operativen Geschäftes 2004/05 befürchten Experten, dass die Ertragslage und die Renditen der dt. Banken im internationalen Vergleich weiterhin niedrig bleiben. Die meisten Großbanken peilten für 2005 Kapitalrenditen von 8–10 % an, das Gros der ausländischen Banken erreicht jedoch 20 % und mehr. Branchenprimus Dt. Bank, die drei Viertel ihres Gewinns im Ausland erwirtschaftet, erzielte 2004 immerhin eine Rendite von 17 % und strebte für das folgende Jahr 25 % an. Um diese Marke zu erreichen, sah es die Bank für notwendig an, die Kosten weiter zu senken, d. h., Personal – im In- und Ausland – abzubauen; dafür sollen in Niedriglohnländern 1 200 neue Arbeitsplätze entstehen. Diese Strategie wurde in Deutschland mit z. T. beißender Kritik bedacht und vielfach als Beleg für die Profitsucht des »internationalen Kapitals« gewertet.

Günstig für den Kunden Auf dem heimischen Markt sahen Branchenvertreter indes wenig Spielraum zur Einnahmenverbesserung, da die Margen im Kredit- und Privatkundengeschäft niedrig waren sowie die öffentlich-rechtlichen Landesbanken und Sparkassen und die Volksbanken bei der Immobilienfinanzierung den Markt beherrschten. Experten forderten daher, die Konsolidierung nach ausländischem Vorbild voranzutreiben, d. h., die Zahl der Banken zu reduzieren und Fusionen zwischen privaten Kreditinstituten und Sparkassen zu erlauben, damit große, international wettbewerbsfähige Finanzkonzerne gebildet werden können. Sparkassenvertreter widersprachen: Gerade das dezentralisierte und regionalisierte System in Deutschland sorge für Stabilität und ermögliche den Kunden günstige Konditionen.

Fazit So bietet sich für eine durchgreifende Konsolidierung des dt. Bankenmarktes wenig Spielraum: Volksbanken fusionieren miteinander, ebenso wie Sparkassen oder ihre Landesbanken und die Banken des privaten Sektors untereinander – die klare Abgrenzung wird nicht durchbrochen. Da Zusammenschlüsse der dt. Großbanken (Dt. Bank und Dresdner Bank sowie Dresdner Bank und Commerzbank) vor einigen Jahren gescheitert sind, greifen nun ausländische Banken nach dt. Kreditinstituten, die, »gesund geschrumpft«, als attraktive Übernahmekandidaten galten.

Bauwirtschaft: die Pleite von Walter Bau

Drei Jahre nach der Insolvenz der Holzmann AG meldete Anfang 2005 der viertgrößte dt. Baukonzern, die Walter Bau AG, Insolvenz an. Managementfehler, Qualitätsmängel und Finanzierungsprobleme waren die Gründe.
Im April 2005 übernahm die österreichische Strabag-Holding wesentliche Teile des insolventen Unternehmens, die in eine Holding mit dem Namen Dywidag eingebracht wurden. 3 158 der zuletzt 9 832 Arbeitsplätze verblieben in der Holding, 2400 weitere sollten durch den Verkauf anderer Konzernteile gesichert werden, und 212 Mitarbeiter beschäftigte der Insolvenzverwalter selbst. Mehr als 4 000 Stellen gingen jedoch verloren.
Die Strabag übernahm außerdem 60 Aufträge mit einem Volumen von 240 Mio. € und ein kleines Aktienpaket (4,9 %) der Walter Bau AG am Stuttgarter Bauunternehmen Züblin AG. Für die übrigen 48,7 %, die Walter Bau an Züblin hielt, bekam Strabag im Juni 2005 ebenfalls den Zuschlag.

geben würden. Auch die Kürzung der staatlichen Mittel für die Dt. Bahn AG (→ Auto und Verkehr) beeinträchtigten die B. Für 2005 setzte der HDB auf private Betreibermodelle im Hochbau und im Verkehrswegebau. Im öffentlichen Bausektor rechnete er daher mit einem schwächeren Rückgang (-2 %) als in den anderen Bausparten (Wohnungsbau: -4 %, Wirtschaftsbau: -5 %).

Investitionen: Der Negativtrend bei den Bauinvestitionen setzte sich 2004 mit einem Minus von 2,6 % fort (2003: -3,2 %). Nach Angaben des Statistischen Bundesamtes (Wiesbaden) nahmen die Investitionen in Wohnbauten um 1,6 %, in öffentliche Hochbauten um 8,7 % und in gewerbliche Immobilien um 4,5 % ab. Die Preissteigerung bei den Bauinvestitionen war mit 1,3 % die höchste seit 1995.

Prognose: Bis 2014 prognostizierte das Ifo-Institut für Wirtschaftsforschung (München) einen Anstieg der realen Baunachfrage um rund 1 % pro Jahr. Im Wirtschaftsbau läge das reale Bauvolumen im Jahr 2014 um 11 %, im Wohnungsbau um 8,5 % und im öffentlichen Bau um 8 % höher als 2004. Das Institut setzte dabei ein gesamtwirtschaftliches Wachstum und steigende Unternehmensgewinne voraus.

www.bauindustrie.de

Chemieindustrie

Positive Entwicklung: Der Verband der Chemischen Industrie (VCI, Frankfurt am Main) erwartete für 2005 wie im Vorjahr ein Umsatzplus von 3,5 % (2004: 141,2 Mrd. €). Damit würde sich die Erholung der C. nach drei Jahren Stagnation fortsetzen. Hauptgrund für die positive Entwicklung war der um 6 % gegenüber dem Vorjahr gestiegene Auslandsumsatz (2004: 74,6 Mrd. €). Das Produktionsplus lag bei rund 2 %; 2005 rechnete der VCI mit einem Zuwachs von 2–2,5 %. Aufgrund der hohen Ölpreise, des schwachen US-Dollar und der Abkühlung der Weltkonjunktur befürchtete der VCI trotz positiver Prognosen einen Rückgang des Exportbooms (2004: 98,5 Mrd. €, Anstieg: 14 %), den das nationale Geschäft nicht ausgleichen könne.

Stellenabbau: 2004 beschäftigten die Unternehmen der C. 445 700 Mitarbeiter, 4 % weniger als im Vorjahr. Der Angestellten-Verband der C. (VAA, Köln) rechnete für 2005 mit einem Abbau von rund 13 000 weiteren Stellen. Der weltgrößte Chemiekonzern BASF (Ludwigshafen) plante, bis 2007 rund 3 600 Arbeitsplätze zu streichen, Europas führender Waschmittelhersteller Henkel plante, 3 000 Stellen abzubauen, davon 500 in Deutschland, und der Pharmakonzern Schering rechnete mit der Einsparung von 2 000 Arbeitsplätzen. Da die Produktion verstärkt nach Fernost verlagert wird, gehen Experten in den kommenden zehn Jahren von einem Abbau von 100 000 Stellen in Deutschland aus.

Investitionen: 2005 beabsichtigten nach einer Umfrage des Dt. Industrie- und Handelskammertages (DIHK, Berlin) 51 % (2004: 45 %) der Chemieunternehmen im Ausland zu investieren, davon 45 % in China und 39 % in Staaten der EU.

www.vci.de

Deutsche Post World Net

Positive Entwicklung: 2004 wuchs der Umsatz im Konzern um 7,9 % auf 43,2 Mrd. €, der Gewinn stieg um 12,5 % auf 3,3 Mrd. €. Einen maßgeblichen Beitrag zum Ergebniszuwachs leistete die positive Geschäftsentwicklung der Unternehmensbereiche Logistik sowie Finanzdienstleistungen. Außerdem erzielte die D. P. W. N aus dem Börsengang der Tochtergesellschaft Postbank einen Erlös in Höhe von rund 1,6 Mrd. €.

Deutsche Post World Net: Beschäftige[1]

Unternehmensbereich	2003	2004	Veränderung (%)
Brief	133 651	126 913	-5,0
Express	135 715	139 944	3,1
Logistik	31 382	32 159	2,5
Finanzdienstleistungen[2]	31 195	31 715	1,7
Sonstiges/Konsolidierung	9 629	9 936	3,2
Konzern	341 572	340 667	-0,3
Kopfzahl (inkl. Auszubildende)			
Arbeitnehmer	298 357	307 842	3,2
Beamte	70 130	67 618	-3,6
Auszubildende	6 609	6 032	-8,7
insgesamt	383 173	379 828	-0,9

1) auf Vollzeitkräfte umgerechnet, ohne Auszubildende, zum Stichtag 31. Dezember
2) davon Postbank 8 697 (31. Dezember 2003), 10 006 (31. Dezember 2004)
Quelle: Dt. Post AG

Unternehmensbereich Brief: Seine Internationalisierungsstrategie im Unternehmensbereich Brief trieb der Konzern erfolgreich voran. Mit Akquisitionen in Großbritannien, den Niederlanden und den USA wurde der Umsatz um 2,0 % auf 12,747 Mrd. € erhöht; 48,8 % wurden außerhalb der Exklusivlizenz für Briefbeförderung erzielt. Hauptumsatzträger blieb das Geschäftsfeld Brief Kommunikation, dessen Umsatz jedoch um 1,8 % unter dem Vorjahreswert lag. Ursache war die Ankündigung von Preissenkungen, die Geschäftskunden veranlassten, die Einlieferung von Briefsendungen über den Jahreswechsel hinaus zu verschieben. Der Gewinn des Unternehmensbereichs Brief lag mit 2,085 Mrd. € nahezu auf Vorjahresniveau.

Deutsche Post World Net: Beschäftigungspakt

Der Beschäftigungspakt vom 5. 7. 2003 gibt den rund 240 000 Mitarbeitern der Dt. Post World Net für fünf Jahre Arbeitsplatzsicherheit, im Gegenzug hat das Unternehmen die Möglichkeit, sich auf »veränderte Wettbewerbsbedingungen« einzustellen. Er beinhaltet u. a.:

- Betriebsbedingte Beendigungskündigungen sind bis zum 31. 3. 2008 ausgeschlossen.
- Keine Fremdvergabe von Brief- und Paketzustellbezirken bis 31. 12. 2006; in einem eng begrenzten Pilotversuch kann die Fremdvergabe von 600 Paketzustellbezirken erprobt werden.
- Aufnahme von Tarifverhandlungen über die Ausgestaltung der Arbeitszeit der Zusteller bei Brief und Paket; auf freiwilliger Basis Entlohnung nach dem neuen Entgelttarifvertrag und Ausweitung der Wochenarbeitszeit.
- Freistellung von der Arbeitszeit am 24. und 31. Dezember wird für alle Beschäftigten bis 31. Dezember 2006 ausgesetzt.
- Verlängerung von Rationalisierungsschutzbestimmungen bis zum 31. März 2008.

Unternehmensbereich Express: In den USA wurde nach der Akquisition von Airborne Inc. bis Ende des Jahres 2004 die Produktion vollständig zusammengelegt. Abgeschlossen wurde die weltweite Zusammenfassung der Unternehmensaktivitäten unter dem Markennamen DHL. Auf Basis des 2003 mit der Dienstleistungsgewerkschaft ver.di geschlossenen Beschäftigungspaktes hat die D. P. W. N. in Deutschland die Zustellung von Paketen durch Briefzusteller ausgeweitet – in 600 Paketbezirken wurde die Auslieferung auf Fremdfirmen übertragen.

Mit Pepsi-Cola hat DHL Anfang 2005 einen neuen Großkunden gewonnen: Die Express- und Logistiktochter der D. P. W. N. übernimmt für den Softdrinkhersteller fast 80 % der Getränketransporte in Deutschland. Pro Jahr sollen etwa 11 000 Komplettladungen mit einem Gewicht von rund 250 000 t von vier Pepsi-Standorten an den Lebensmittel- und Getränkehandel geliefert werden.

www.post.de; www.dpwn.de

Dienstleistungen

Beschäftigte: Die Dienstleistungsbranche verzeichnete 2004 nach Angaben des Statistischen Bundesamtes (Wiesbaden) deutliche Beschäftigungsgewinne. Im vierten Quartal stieg die Zahl der Beschäftigten im Vergleich zum Vorjahresquartal um 1,8 %. Den stärksten Zuwachs wies der Bereich Verkehr und Nachrichtenübermittlung (+3,6 %) auf, gefolgt vom Wirtschaftszweig Datenverarbeitung und Datenbanken (+0,3 %). Insbesondere arbeitsmarktpolitische Instrumente, z. B. Ich-AG, Minijobs und Ein-Euro-Jobs, hätten zu dieser Entwicklung beigetragen. Damit erhöhte sich der Anteil der Erwerbstätigen, die in Deutschland im Wirtschaftssektor D. arbeiteten, von 59,2 % im Jahr 1991 auf 71 %.

Umsatz: Der Umsatz erhöhte sich im vierten Quartal 2004 gegenüber dem gleichen Vorjahreszeitraum um 3,5 %. Mit 5,9 % die höchste Steigerung erzielten Verkehr und Nachrichtenübermittlung. Der Bereich Datenverarbeitung und Datenbanken sowie sonstige wirtschaftliche D. erreichten ein Plus von 2 % bzw. 0,8 %.

Liberalisierung: Die geplante Öffnung des europ. Binnenmarktes (→ Europäische Union) für D. blieb auch 2004 umstritten, v. a. das Prinzip, dass bei grenzüberschreitenden D. generell die Standards des Landes gelten sollen, aus dem der Anbieter stammt. Mit der Herstellung der vollständigen Dienstleistungsfreiheit ab 2010 erwartete die Europ. Kommission die Schaffung von insgesamt 600 000 Arbeitsplätzen, eine Reallohnsteigerung von 0,4 % sowie ein um 7 % niedrigeres Preisniveau in den zulassungsbeschränkten Branchen. Die Kritiker befürchteten dagegen Sozialdumping und Ausbeutung (→ Arbeit und Soziales, Mindestlohn).

E-Commerce

Abk. für Electronic Commerce, dt. »elektronischer Handel«, v. a. bezogen auf das Internet

Bilanz: Der Umsatz im Internethandel stieg nach Angaben des Hauptverbands des Dt. Einzelhandels (HDE, Berlin) 2004 um 17 % auf rund 13 Mrd. €. Für 2005 erwartete der HDE einen Zuwachs von rund 13 %. In den Zahlen für 2004 war der Umsatz professioneller Anbieter auf dem Internetmarktplatz Ebay in Höhe von 1 Mrd. € enthalten; 3–4 Mrd. €, die private Verkäufer 2004 bei Ebay erzielten, kamen noch hinzu.

Hitliste: Zu den Verkaufsrennern zählten laut Allensbacher Computer- und Technik-Analyse (Acta 2004) Bücher (9,45 Mio. Nutzer), Bahn- und Flugtickets (8,26 Mio.), Reisen (7,65 Mio.), Hotelreservierungen (6,74 Mio.) und CDs (6,12 Mio.).

E-Commerce: die größten Händler 2004

	Name	Kunden (Mio.)	Veränderung zu 2003 (%)
1	Ebay	13,24	21,9
2	Amazon	7,97	16,2
3	Tchibo	3,96	21,1
4	Otto	3,34	-1,2
5	Quelle	2,79	-4,1
6	Weltbild	2,39	9,6
7	Neckermann	2,00	6,4
8	Conrad	1,91	22,4
9	Bol.de	1,51	-26,3
10	Buch.de	1,21	-15,4

Quelle: Frankfurter Allgemeine Zeitung, 17. 10. 2004

Multi-Channel-Betriebe: Etwa ein Viertel der stationären Einzelhändler (ca. 50 000) nutzten laut HDE den Boom im E.-C. und boten ihren Kunden den Einkauf über eigene Webshops oder Marktplätze an. 44 % dieser Unternehmen erwarteten für 2005 steigende Umsätze, nur 4 % fallende.

Nutzer: Nach einer Studie der Postbank bevorzugten v. a. leitende Angestellte und Selbstständige E.-C., insbesondere weil sie Zeit sparten und unabhängig von Ladenöffnungszeiten waren. Diese Käuferschicht verdiente gut, war meist männlich und älter als 30 Jahre.

Recht: Ein Urteil des Bundesgerichtshofes vom 3. 11. 2004 sicherte auch den Kunden gewerblicher Anbieter bei Ebay das gesetzliche Widerrufsrecht von 14 Tagen zu. Damit unterliegen gewerbliche Anbieter bei Ebay den üblichen Vorschriften für den Fernabsatz. Die Ebay-Auktionen gelten daher nicht mehr als Versteigerungen.

www.hde.de

Eigenheimzulage

Diskussion: Die E. blieb bis Mitte 2005 erhalten, ihre Zukunft war jedoch offen. Ein erneuter Vorstoß von Bundeskanzler Gerhard Schröder (SPD) auf dem sog. Jobgipfel im März 2005, die E. zugunsten von Bildungsinvestitionen abzuschaffen, scheiterte am Widerstand der Opposition. Auch im Vermittlungsausschuss von Bundestag und Bundesrat wurde im Mai 2005 keine Einigung erzielt. Die Einsparungen beim Wegfall der größten Subvention in

Deutschland von bis zu 7 Mrd. € bis 2008 wollte die rot-grüne Regierungskoalition für Forschung, Schulen und Kinderbetreuung ausgeben.

Änderung: Seit 1. 1. 2004 ist der Fördergrundbetrag für Neu- und Altbauten gleich hoch. Ausbauten und Erweiterungen werden nicht mehr durch die E. gefördert. Acht Jahre lang zahlt der Staat einen Förderbetrag von 1 % der Anschaffungs- und Herstellungskosten, höchstens jedoch 1 250 € pro Jahr und 800 € je Kind. Die max. Grundförderung gibt es erst bei Kosten von 125 000 €. Die Einkommensgrenzen für die Bewilligung der Zulage betragen 70 000 € für Alleinstehende und 140 000 € für Verheiratete. Pro Kind erhöhen sich die Grenzen um 30 000 €.

Baubranche: Der Zentralverband des Dt. Baugewerbes (ZDB, Berlin) warnte vor einer Abschaffung der E. Gerade der Wohnungsbau sei für die → Bauwirtschaft von entscheidender Bedeutung. Die Diskussion um die E. hatte 2003 zu einer Sonderkonjunktur geführt, die jedoch schnell wieder verpuffte: 2004 wurden 9,7 % weniger Wohnungen genehmigt als im Vorjahr.

www.finanztip.de

Einzelhandel

Anhaltender Negativtrend: Die Talfahrt des dt. E. setzte sich auch 2005, dem vierten Jahr in Folge, fort. Der Hauptverband des Dt. Einzelhandels (HDE, Berlin) rechnete jedoch mit einem geringeren Umsatzrückgang als 2004, der aufgrund der unerwartet schlechten Konjunkturentwicklung und dem enttäuschenden Weihnachtsgeschäft bei 1,6 % (365,1 Mrd. €). lag. 2005 schätzte der HDE das Minus auf 0,5–0,75 %, womit der Branchenumsatz auf das Niveau von 1992 zurückfiele. Gründe für die negative Entwicklung waren das wegen der hohen Arbeitslosigkeit begrenzte Einkommen der Konsumenten sowie hohe Ausgaben der Privathaushalte für Energie, Gesundheit und die Altersvorsorge. Der HDE rechnete für 2005 mit bis zu 30 000 Geschäftsaufgaben, u. a. wegen Zahlungsunfähigkeit und Nachfolgeproblemen, allerdings auch mit Neueröffnungen in derselben Größenordnung. Dennoch werde sich der Arbeitsplatzabbau ungebremst fortsetzen, da Neugründer zunächst Teilzeitarbeit bzw. geringfügige Beschäftigungsverhältnisse bevorzugten. Nach Einschätzung des HDE werden 25 000 bis 30 000 Stellen gestrichen – nach 35 000 im Vorjahr, sodass sich der Anteil der Vollbeschäftigten an den 2,7 Mio. Beschäftigten im E. (April 2005: 46 %) weiter verringern wird.

Ladenschluss: Der Bundesrat stimmte im September 2004 einstimmig für einen Gesetzesentwurf, der den Ländern das Recht gibt, die Ladenöffnungszeiten mit eigenen Vorschriften zu regeln. Grundlage der Entscheidung war ein Urteil des Bundesverfassungsgerichts vom Juni des Jahres. Auch die Föderalismuskommission befürwortete dieses Vorhaben vor ihrem ergebnislosen Auseinanderbrechen. Die Gewerkschaften kündigten Widerstand gegen den Gesetzentwurf an.

www.hde.de

➤ E-Commerce

Elektroindustrie

Für 2005 erwartete der Zentralverband Elektrotechnik- und Elektroindustrie (ZVEI, Frankfurt am Main) einen schwächeren Umsatzzuwachs (+3 %) als im Vorjahr. Hauptgründe seien die hohen Energie- und Rohstoffpreise sowie der schwache Dollar. Eine Verbesserung der Arbeitsplatzsituation ist daher nach Ansicht des ZVEI nicht in Sicht, allenfalls könnte das Niveau von 2004, rund 814 000 Beschäftigte, gehalten

Elektroindustrie: Fachkräftemangel

Der Mangel an Ingenieuren bleibt ein Dauerthema der Wirtschaft. Einer Umfrage des Vereins Dt. Ingenieure (VDI, Düsseldorf) zufolge hatte jedes vierte Unternehmen 2005 Probleme, offene Stellen zu besetzen. Engpässe gab es in der Chemie- und Pharmaindustrie, bei der Elektrotechnik, im Fahrzeugbau sowie im Maschinen- und Anlagenbau. Allein in der Elektrotechnik klaffte bei rund 8 000 Absolventen nach Schätzung des Verbandes der Elektrotechnik (VDE, Frankfurt am Main) eine Lücke von 4 000 Ingenieuren. Auch in der Informationstechnik wurden 4 000 hoch qualifizierte Mitarbeiter gesucht; hier rechnete 2005/06 der Branchenverband Bitkom (Berlin) mit 10 000 neuen Arbeitsplätzen.
Als wichtigen Grund für den Mangel an Ingenieuren nannten die Unternehmen Branchenkenntnisse der Bewerber, die nicht mit den sich schnell ändernden Anforderungsprofilen der Wirtschaft Schritt hielten. Einen Ausweg sahen sie in den neuen, kürzeren sog. Bachelor-Studiengängen.

werden. Dank der Exporte war der Umsatz 2004 nach drei Jahren rückläufiger Entwicklung um 4 % auf 160 Mrd. € gestiegen, bei Bauelementen und Investitionsgütern nahmen die Erlöse sogar um 14 % zu. Damit blieb die dt. E. jedoch hinter dem weltweiten Erholungsprozess (+8 %) zurück. Um die Wachstumsbremse im Inland zu lösen, forderte der ZVEI Investitionen von Bund und Ländern, v. a. in der Hochtechnologie. Seit 1995 lebt die E. vom starken Export, der durchschnittlich um 7,3 % pro Jahr anstieg, während das Wachstum im Inland bei nur 1,9 % lag. Allein 2004 nahm der Wert des Ausfuhren um 15 % auf 130 Mrd. € zu.

www.zvei.de

Existenzgründungen

Nach Angaben der KfW-Bankengruppe (Frankfurt am Main) ging die Zahl der E. 2004 mit 1,4 Mio. gegenüber 2003 um rund 14 % zurück. 670 000 Gründer starteten ihre Selbstständigkeit im Vollerwerb, 760 000 (-22 %) nebenberuflich. Die Gründerquote (Anteil der Gründer an der erwerbsfähigen Bevölkerung) fiel von 2,3 % auf 2,0 %. Jede dritte E. war zuvor arbeitslos.

Gewerbe: Die Zahl der Gewerbeanmeldungen stieg 2004 um 18,4 % auf 960 000, davon waren 141 000 Übernahmen, Verlagerungen und Umwandlungen. Für das Gründungsplus verantwortlich waren v. a. Kleinunternehmen (+25 % auf 643 000), zu denen auch die Ich-AGs und Nebenerwerbsbetriebe zählten. Erstmals seit fünf Jahren erreichte die Anzahl der Gewerbeanmeldungen von Betrieben mit größerer wirtschaftlicher Bedeutung wieder ein höheres Niveau als im Jahr zuvor (+7 % auf 176 000). Auf der anderen Seite stieg die Zahl der Gewerbeabmeldungen um 3,4 % auf 676 000, darunter 397 000 Klein- und Nebenerwerbsbetriebe (+4 %).

Vergleich: Nach einem Länderbericht des Global Entrepreneurship Monitor schätzten nur 13 % von 37 000 befragten Deutschen die Gründungschancen in den kommenden sechs Monaten positiv ein; der internationale Durchschnitt lag bei 37 %. Rund 36 % bescheinigten sich selbst ausreichende Fähigkeiten und Erfahrungen zu einer Unternehmensgründung (USA: 54 %; Frankreich: 33 %). Etwa 30 % machten sich 2004 zudem aus wirtschaftlicher Not selbstständig, die meisten förderte die Bundesagentur für Arbeit.

Existenzgründungen: Die Funke & Will AG in Großenhain (Sachsen), die Roadster produziert, erhielt den Dt. Gründerpreis 2004 in der Kategorie »Aufsteiger«.

Beteiligungskapital: Außer Banken und Sparkassen beteiligen sich auch Risikokapitalgeber (Venture Capital) an der Finanzierung von E. 2004 investierten die Mitglieder des Bundesverbandes Dt. Kapitalgesellschaften (BVK, Berlin) 1079,4 Mio. € - 34,4 % mehr als im Vorjahr - in junge Firmen und Unternehmen der Gründungsphase.

www.kfw.de; www.bvk-ev.de

Existenzgründungen: staatliche Förderung

Nach einer Studie des Instituts für Arbeitsmarkt- und Berufsforschung (IAB, Nürnberg) war die Abbrecherquote der Kleinstunternehmer, die durch die Ich-AG staatlich gefördert werden, nicht höher als bei anderen Formen der Existenzgründung. Von den seit 2003 gegründeten 268 000 Ich-AGs existierten Ende 2004 noch 220 000, ein Fünftel hatte aufgegeben. Etwa 40 % der Abbrecher fanden einen neuen Arbeitsplatz, 4,5 % machten ohne Förderung weiter - ihr Jahreseinkommen überstieg die erlaubten 25 000 € -, und 54 % wurden wieder arbeitslos; jeder Dritte hatte Schulden.

Vielen Ich-AGs mangelte es an Marketingkenntnissen und Aufträgen; häufig fehlte es an finanziellen Rücklagen und Chancen, Kredite zur erhalten. Da auch die Geschäftsidee vielfach nicht tragfähig war, wurden seit November 2004 die Konzepte neuer Antragsteller besser kontrolliert.

Die wichtigste staatliche Förderung für Existenzgründer neben der Ich-AG ist das Überbrückungsgeld. Dabei wird das Arbeitslosengeld weitergezahlt zzgl. eines Zuschusses zur Sozialversicherung. 2004 nahmen 90 371 Personen diese Form der Förderung in Anspruch, rund 20 % mehr als 2003.

Fusionen und Übernahmen

Erstmals seit drei Jahren stieg 2004 laut M & A International (Kronberg, Taunus) das Volumen von F. u. Ü. mit dt. Beteiligung wieder an: um 16 % auf 87,2 Mrd. €. Weltweit wies der Markt nach Angaben von KPMG Corporate Finance (Frankfurt am Main) mit einem Plus von 46 % auf 1 536 Mrd. US-Dollar einen erheblich kräftigeren Zuwachs auf (Angaben Januar bis November 2004). Die Zahl der weltweiten Transaktionen erhöhte sich um 10 % auf 18 481. Entscheidend waren zahlreiche Großfusionen, v. a. in den USA, die bei weltweiter Betrachtung auf einen Anteil von rund 40 % kamen (Europa: rund 30 %).

Branchen: F. u. Ü. mit dt. Beteiligung waren v. a. in den Bereichen Finanzen (Anzahl 130, +18,2 % gegenüber 2003) und Informationstechnik (123, +9,8 %) hoch, die volumenstärksten F. u. Ü. verzeichneten die Chemieindustrie (78, +50 %) und die Immobilienwirtschaft. Mit einem Wert von 3,568 Mrd. € war die Übernahme der Celanese AG durch die Private-Equity-Firma Blackstone die größte des Chemiesektors.

Finanzinvestoren: Antreiber des Marktes waren wiederum die Finanzinvestoren. In 14 der 20 größten Fusionen mit dt. Beteiligung waren sie zugleich Käufer und Verkäufer. Laut KPMG beteiligten sie sich in Deutschland an 30 % der kleinen und mittleren F. u. Ü. Größter Käufer von dt. Unternehmen waren 2004 Investoren aus den USA (36,9 %), Großbritannien (12,7 %) und Frankreich (9,5 %).

Ausblick: Ab Ende 2004 belebte sich das Geschäft mit F. u. Ü.: In den USA kauften der Telefonkonzern Sprint das Mobilfunkunternehmen Nextel (35 Mrd. US-Dollar) und der Gesundheitskonzern Johnson & Johnson den Medizinhersteller Guidant (24 Mrd. US-Dollar). Außerdem plante Procter & Gamble die Übernahme des Rasierklingenherstellers Gillette (57 Mrd. US-Dollar). In Europa kauften der frz. Spirituosengruppe Pernod den britischen Konkurrenten Allied Domecq (10,7 Mrd. €) und die Schweizer Pharmakonzern Novartis die dt. Hexal (6,4 Mrd. €). Der dt. Medienkonzern Springer plante für ca. 1,3 bis 1,5 Mrd. € die Übernahme der ProSiebenSat.1 Media AG (Fernsehsender). Mit der im Juni 2005 angekündigten Übernahme der zweitgrößten dt. Bank, der HypoVereinsbank, durch die Mailänder Unicredit (15,4 Mrd. €) zeichnete sich die bislang größte europ. Bankenfusion ab.

www.kpmg.de

Otto Kentzler
ZDH-Präsident (ab 1. 1. 2005), * 30. 10.1941 in Dortmund. Im Dezember 2004 wählte eine außerordentliche Vollversammlung des Zentralverbands des Dt. Handwerks den Dachdeckermeister und Präsidenten der Handwerkskammer Dortmund, Otto Kentzler, zum neuen ZDH-Präsidenten. Gemeinsam mit seinem Vorgänger Dieter Philipp hatte er die Weichen für die Gesundung des ZDH gestellt, der v. a. durch die Insolvenz des Internetportals handwerk.de in finanzielle Schwierigkeiten geraten war. Anders als das CDU-Mitglied Philipp sieht sich der neue Präsident jedoch nicht als Opposition zur rot-grünen Bundesregierung; »Meinungsfindung im Dialog« sei der Arbeitsauftrag für das neue ZDH-Präsidium, betonte der parteilose Kentzler.

Handwerk

Betriebe: Die Zahl der dt. H.-Betriebe stieg nach Angaben des Zentralverbands des Dt. Handwerks (ZDH, Berlin) 2004 um 4,8 % auf 887 300. Ursache war v. a. die Abschaffung des Meisterzwangs in 53 von 94 Vollhandwerken. So nahm die Zahl bei den zulassungsfreien Handwerkstätigkeiten um 37 % auf rund 102 000 zu, u.a. bei Bauberufen (Fliesen-, Platten- und Mosaikverleger: +100 % gegenüber 2003), baunahen Handwerksberufen (Parkettleger: +65 %; Estrichleger: +56 %) und Dienstleistungen (Fotografen: +24 %, Schneider: +21 %). Laut ZDH erfolgten 81 % der Neuzugänge, ohne dass entsprechende fachliche Qualifikationen vorlagen. Bei den handwerksähnlichen Gewerken stieg die Betriebszahl um 2,9 % auf 189 200 (93 % der Gründer ohne Fachqualifikation). Auch bei den zulassungspflichtigen Gewerken gab es nach vier Jahren wieder einen Zuwachs (1,3 %), v. a. im Bau- und Ausbauhandwerk und bei Friseuren.

Umsatz und Beschäftigung: Der ZDH hoffte auf eine leichte Konjunkturbesserung, rechnete für 2005 aber erneut mit einem Umsatzrückgang und einem weiteren Abbau von 100 000 Arbeitsplätzen. 2004 hatte sich der Umsatz im H. um 1 % auf 455 Mrd. € reduziert, gleichzeitig entfielen 178 000 Stellen, da die neuen Betriebe meist Kleinstunternehmen waren. Daher sank die Gesamtzahl der Beschäftigten im dt. H. um 3,5 % auf 4,922 Mio.

Lehrstellen: 2004 wurden im dt. H. 137 603 (+0,2 %) neue Ausbildungsverträge abgeschlossen; 384 208 Lehrlinge (-2,1 %) waren zum 31.12. 2004 noch in der Ausbildung.

www.zdh.de

Immobilien

Eigentumsquote: 2003 lag der Anteil der Haushalte mit eigener Wohnung oder eigenem Haus nach Angaben des Instituts für Städtebau, Wohnungswirtschaft und Bausparwesen (ifs, Berlin) bei 42,8 % (Westdeutschland: 44,5 %, Ost: 35,4 %). Der Durchschnittspreis für ein Einfamilienhaus mit mittlerem Wohnwert lag 2004 laut Immobilienverband Deutschland (IVD Bund e. V., Berlin) bei 220 000 € (-1,5 % gegenüber dem Vorjahr). Eigentumswohnungen erzielten Durchschnittspreise von 1 080 €/m² (-2,7 %). Regional waren die Preise für Einfamilienhäuser mittleren Wohnwerts sehr unterschiedlich: Süddeutschland 275 000 €, Norddeutschland 162 000 €, Ostdeutschland 142 000 €.

Verkauf: 2005 rechnete der IVD mit dem Verkauf von 450 000 Einfamilienhäusern und Eigentumswohnungen. Bei Mehrfamilienhäusern erwartete der Verband Renditen von 6-9 % und Verkäufe großer Wohnungspakete wie im Vorjahr, als 300 000 Wohnungen den Eigentümer wechselten. Der Grund: Die niedrigen Immobilienpreise in Deutschland lockten ausländische Anleger, insbesondere Investmentfonds. Die größte Transaktion in der europ. Immobilienwirtschaft tätigte im Mai 2005 die Dt. Annington, eine Tochter der britischen Beteiligungsgesellschaft Terra Firma. Sie kaufte die Immobilientochter Viterra des Energiekonzerns E.ON mit 152 000 Wohneinheiten für 7 Mrd. €. Der IVD rechnete mit dem weiteren Verkauf öffentlicher Wohnungen durch Bund, Länder und Gemeinden trotz vielfacher Proteste von Mieterschützern, die steigende Mieten und Kündigungen befürchteten. Etwa 3 Mio. Wohnungen werden in den kommenden Jahren zum Verkauf stehen, schätzten Experten.

Immobilien: Eigenheimpreise[1)]

Stadt	1 000 €
München	485
Frankfurt/M.	400
Düsseldorf	350
Köln	310
Stuttgart	310

1) Einfamilienhaus 2004; Quelle: Immobilienverband Deutschland (IVD Bund e. V., Berlin)

www.ivd-bundesverband.de; www.ifs-staedtebauinstitut.de

Inflation

Sinken des Geldwerts infolge von Preissteigerungen, die durch staatliche Maßnahmen wie Steuererhöhungen, allgemeinen Wertverfall der Währung oder dadurch ausgelöst werden können, dass die Nachfrage nach Gütern vom Angebot nicht befriedigt wird.

2004 betrug die Steigerungsrate der Verbraucherpreise in Deutschland 1,6 % (2003: 1,1 %) und lag damit unter dem Durchschnitt im Euro-Währungsgebiet (2,1 %).

Preistreiber: Staatlich verordnete Preiserhöhungen, insbesondere höhere Zuzahlungen bei Medikamenten und die Erhöhung der Tabaksteuer, machten 0,9 Prozentpunkte der Inflationsrate aus. Preistreibend wirkten auch die hohen Heiz-

Immobilien: Verkauf von Wohnanlagen 2004/05

Wohneinheiten	Verkäufer	Käufer (Land)	Kaufpreis (Mrd. €)
152 000	Energiekonzern E.ON	Dt. Annington (D/GB)	ca. 7,0
82 000	Bundesversicherungsanstalt für Angestellte (BfA)	Fondsgesellschaft Fortress (USA)	ca. 3,5
66 000	Land Berlin	Cerberus/Goldmann Sachs (USA)	ca. 2,1
48 000	ThyssenKrupp	Corpus/Morgan Stanley (D/USA)	ca. 2,1
31 000	Beteiligungsgesellschaft WCM	Finanzinvestor Blackstone (USA)	ca. 1,4
27 000	Immobilienunternehmen Viterra	KGAL/Mira Grundstücksgesellschaft	ca. 0,55
13 500	Immobilienunternehmen DAL	Investor Babcock & Brown und Barg	unbekannt

Quelle: Süddeutsche Zeitung, 19. 5. 2005

Persönliche Inflationsrate

Die Inflationsrate wird in Deutschland nach einem Warenkorb aus 750 Gütern berechnet. Dabei wird ein statistischer Durchschnittsverbraucher zugrunde gelegt, um festzulegen, mit welcher Gewichtung die einzelnen Produkte in die Preissteigerungsrate eingehen.
Wer sich nicht für einen Durchschnittskonsumenten hält, z. B. kein Auto besitzt oder für bestimmte Waren mehr ausgibt als andere, kann auf der Internetseite des Statistischen Bundesamtes seine »persönliche Inflationsrate« berechnen: Per Mausklick lassen sich mit Schiebereglern die Gewichtungen der einzelnen Gütergruppen nach den eigenen Konsumgewohnheiten ändern. Für 2004 steigt z. B. die Inflationsrate erheblich an, wenn ein größerer Prozentsatz des Einkommens als im Durchschnitt der dt. Haushalte für Gesundheitspflege verwendet wurde.

www.destatis.de/basis/d/preis/ind_rechner.php

ölpreise; insgesamt stiegen die Energiekosten der privaten Haushalte 2004 um 4,2 %. Dagegen verbilligten sich Nahrungsmittel geringfügig um durchschnittlich 0,3 %.

Tendenz: Die führenden dt. Wirtschaftsforschungsinstitute gingen in ihrem Frühjahrsgutachten davon aus, dass sich 2005 die Preise ungefähr wie im Vorjahr entwickeln (+1,7 %). Für 2006 wurde eine leichte Abschwächung der Preissteigerungsrate vorhergesagt.

Internationaler Vergleich: Innerhalb der EU gehörte Deutschland 2004 zu den Ländern mit besonders geringen Preissteigerungen. Die niedrigste Inflationsrate mit 0,2 % wies Finnland auf, die höchste die Slowakische Republik (7,5 %). In den USA stiegen die Verbraucherpreise um 2,7 %, in Japan blieben sie stabil (0 %).

www.destatis.de/themen/d/thm_preise.htm (aktuelle Preissteigerungsrate und Informationen über Preisindizes)

➤ Weltwirtschaft, Rohstoffe; ➤ Steuern und Finanzen, Steuern

Insolvenzen

Rückgang: Erstmals seit 1999 ist nach Angaben des Statistischen Bundesamtes (Wiesbaden) die Zahl der Firmenpleiten im Vergleich zum Vorjahr wieder gesunken: um 0,3 % auf 39 213. Die I. der Personal- und Kapitalgesellschaften gingen um knapp 6 % zurück (22 424), die der Einzelunternehmen, Freien Berufe und Kleinunternehmen nahm um 8,4 % auf 16 299 zu. Großpleiten blieben aus. Allerdings musste im Februar 2005 der viertgrößte dt. Baukonzern Walter Bau AG I. anmelden (→ Bauwirtschaft).

Ursachen: Hauptverantwortlich für Firmen-I. waren die nach wie vor schlechte Zahlungsmoral der Kunden, eine zu dünne Kapitaldecke, Managementfehler und die schwache Konjunktur. Experten kritisierten, dass I. häufig viel zu spät angemeldet würden. Dies würde einen Neuanfang verhindern und mehr Arbeitsplätze als nötig vernichten. 2004 waren es laut Creditreform (Neuss) insgesamt rund 600 000.

Verbraucher: Die Anzahl von Privat-I. kletterte 2004 laut Statistischem Bundesamt um 46 % auf einen Rekordstand von 49 123. Gründe waren hier v. a. Ehescheidung, hohe Konsumentenschulden, starke Belastung durch Hypothekendarlehen und Arbeitsplatzverlust.

Folgen: Die Forderungen der Gläubiger wurden von den Gerichten für 2004 mit 39,2 Mrd. € beziffert (2003: 42 Mrd. €). Zwei Drittel der Summe entfielen auf I. von Firmen.

Ausblick: Der Verband Dt. Inkassounternehmen (Hamburg) rechnete für 2005 mit weniger Firmen-I. als im Vorjahr (rd. 38 000), dagegen mit einem Anstieg der Verbraucher-I. auf 60 000.

www.destatis.de; www.creditreform.de

Investitionen

Einsatz von Kapital zur Vermehrung und Verbesserung des Produktionsmittelbestands, für Bauten und Vorräte sowie zum Ersatz verbrauchter Produktionsmittel

Die I. stiegen 2004 in Deutschland real um 3,1 % (2003: 2,4 %) auf 385,4 Mrd. €. Diese Steigerung ist v. a. darauf zurückzuführen, dass angesichts erwarteter Rohstoffpreiserhöhungen die Vorratslager aufgefüllt wurden. Die I. in Ausrüstungen und Anlagen stiegen nur um 1,3 % (2003: –0,9 %), die Bau-I. gingen erneut um 2,6 % zurück (2003: –3,2 %). In ihrem Frühjahrsgutachten 2005 kamen die führenden dt. Wirtschaftsforschungsinstitute zu dem Ergebnis, dass es sich im Vergleich zu früheren Konjunkturentwicklungen um eine typische Talsohle handelt. Für 2005 rechneten sie mit einem Zuwachs bei Ausrüstungen und Anlagen um 3,8 %, bei den Bau-I. jedoch mit einem weiteren Rückgang um 2,2 %.

Hintergrund: Fast 40 % der dt. Wirtschaft ist exportorientiert und sah wegen der positiven Entwicklung Anlass zu I., während in den übrigen 60 % wegen der schwachen Binnenkonjunktur kaum investiert wurde (→ Außenwirtschaft). Außerdem hat die Förderung des Bausektors während der 1990er-Jahre, v. a. in Ostdeutschland, zu vielen Leerständen geführt, sodass auf viele Jahre nicht mit einem Zuwachs von Bau-I. zu rechnen ist (→ Bauwirtschaft).

Auslandsinvestitionen: Die dt. Kapitalanlagen im Ausland erhöhten sich 2004 um 238,1 Mrd. €. Dabei handelt es sich überwiegend um Wertpapieranlagen und Kreditvergaben. Bei den Direktinvestitionen (z. B. ausländische Betriebsstätten dt. Unternehmen) wurde dagegen 2004 das zweite Jahr in Folge per Saldo kein Kapital exportiert, sondern Kapital in Höhe von rund 6 Mrd. € nach Deutschland zurückgeholt.

Investitionen: Der Hitachi-Europachef Mineo Kashiwaya eröffnet 2004 in Roßheim ein Benzinpumpenwerk, Hitachis einzige europ. Produktionsstätte.

Kartenzahlung

Nach einer Erhebung des EuroHandelsinstituts EHI, Köln) stieg der Anteil der K. am Einzelhandelsumsatz 2004 auf 31,6 % (2003: 30,5 %). Bargeld blieb mit 64,9 % Umsatzanteil nach wie vor die beliebteste Zahlungsart. Der Zuwachs bei der K. wurde durch das gebührenpflichtige, PIN-gestützte EC-Cash-Verfahren erzielt, das sich von 7 % auf 8,6 % (2004) erhöhte. Mit Abstand populärstes K.-Verfahren war weiterhin das EC-Lastschriftverfahren, dessen Anteil sich allerdings erstmals leicht von 17,3 % (2003) auf 16,9 % (2004) verminderte. Ursache für den Favoritenwechsel innerhalb des Debitkartensystems war laut EHI eine erhöhte Ausfallquote beim EC-Lastschriftverfahren von 0,12 % (2003: deutlich unter 0,1 %); etwa 0,5 % der Zahlungen mussten nachverfolgt werden. Verantwortlich dafür sei laut EHI die Kreditwirtschaft, die ohne Bonitätsprüfung Karten ausgäbe. 2004 hatten Banken und Sparkassen 89 Mio. Debitkarten (Bankkundenkarten) ausgegeben, 7,8 % mehr als im Vorjahr.

Geldkarte: 63 Mio. (2003: 62 Mio.) Debitkarten waren 2004 mit einem aufladbaren Chip auch als Geldkarte nutzbar (bis 200 €), mit der man in Parkhäusern, an Fahrkartenautomaten etc. kleine Summen abbuchen kann. Die Zahl der Akzeptanzstellen stieg 2004 um 18 % auf über 140 000. Mit 38,3 Mio. Transaktionen wurde ein Umsatz von 82,6 Mio. € erziehlt, ein Plus von 8 % gegenüber dem Vorjahr.

Kreditkarten: Die Zahl der Kreditkarten stagnierte 2004 bei 21,5 Mio. Mit 10,5 Mio. (2003: 10,8 Mio.) Karteninhabern führte Eurocard/Mastercard die Branche weiter an (Marktanteil: 48,8 %). Konkurrent Visa erhöhte seine Zahl von 8,9 Mio. auf 9,3 Mio. (Anteil: 43,6 %). Abgeschlagen folgten American Express mit Anteilen von 6,7 % und Diners mit 1,2 %.

www.hde.de; www.ehi.org; www.visa.de; www.geldkarte.de

Leitzinsen

Zinssätze, die von der zentralen Notenbank bei ihren Geldgeschäften mit den Geschäftsbanken des Währungsgebiets berechnet werden. Die L. beeinflussen die Zinshöhe in der Wirtschaft; hohe L. wirken inflationsdämpfend, niedrige fördern Investition und Beschäftigung.

Der wichtigste Zinssatz des Euro-Währungsraums ist der Mindestzinssatz der Hauptrefinanzierungsgeschäfte. Er wird von der Europ. Zentralbank für Kredite festgesetzt, die sie einmal pro Woche für 14 Tage vergibt. Seit 6. 6. 2003 beträgt er 2 %. Das ist der niedrigste Leitzinssatz seit Gründung der Bundesrepublik Deutschland 1949. Angesichts geringer Inflationsrisiken wurde 2005 nicht mit einer Erhöhung gerechnet.

Für viele Verträge ist seit 2002 der Basiszinssatz nach § 247 BGB maßgeblich. Er wird halbjährlich von der Dt. Bundesbank nach den tatsächlich erhobenen Zinsen der Zentralbank neu festgelegt. Seit 1. 1. 2005 beträgt er 1,21 % pro Jahr. Wer als Verbraucher eine Rechnung innerhalb von 30 Tagen nicht bezahlt, muss nach § 288 BGB automatisch Verzugszinsen zahlen, die fünf Prozentpunkte über dem Basiszinssatz liegen, seit 2005 also 6,21 % pro Jahr.

www.ecb.int (Informationen der Europ. Zentralbank)

Managergehälter

Steigerung: Die M. in Deutschland stiegen 2004 laut einer Studie der Unternehmensberatung Kienbaum (Gummersbach) im Vergleich zum Vorjahr um 2,9 % auf durchschnittlich 240 000 € pro Jahr. An der Studie beteiligten sich 412 Unternehmen aller Größenklassen und Branchen. In europ. Nachbarländern war der Gehaltszuwachs höher: Österreich: +3,3 %, Belgien: +3,6 %, Italien: 4,5 %. Für 2005 erwartete Kienbaum in Deutschland Gehaltssteigerungen von 3 %, in Irland von 7 % sowie in Frankreich und Spanien von 3,7 %.

Große Unterschiede: Die Spanne der dt. M. reichte von weniger als 50 000 € bis über 1 Mio. € – abhängig von Umsatz, Beschäftigtenzahl und Bilanzsumme. 11 % der Geschäftsführer verdienten mehr als 500 000 € pro Jahr. Dazu gehörten v. a. die Vorstandschefs der 30 DAX-Unternehmen. Der am besten bezahlte Vorstandschef war wie auch 2003 der Vorstandschef der Dt. Bank, Josef Ackermann, der 10,08 Mio. € erhielt (davon Fixgehalt: 1,15 Mio. €). 90 % der Manager bekamen eine variable Vergütung, die durchschnittlich einen Anteil von 30 % am Gesamtgehalt ausmachte. Bemessungsgrundlage war i. d. R. der Unternehmensgewinn.

Recht: Nach einem im Juni gemeinsam von SPD und CDU/CSU vorgelegten Gesetzesentwurf müssen die knapp 1 000 börsennotierten Aktiengesellschaften ab dem Geschäftsjahr 2006 die individuellen Bezüge ihrer Spitzenmanager offen legen, sofern dies nicht von der Hauptversammlung mit Dreiviertelmehrheit zurückgewiesen wird. Das sog. Vorstandsvergütungs-Offenlegungsgesetz (VorstOG) nimmt die Forderung von Aktionären nach größerer Kontrolle und Transparenz auf; es reagiert auf die bisherige Zurückhaltung der börsennotierten Unternehmen, freiwillig der entsprechenden Empfehlung des sog. Corporate Governance Kodex für gute Unternehmensführung nachzukommen. Nur 16 der 30 DAX-Unternehmen waren dieser bis Mai 2005 gefolgt. Verhindert werden kann die Offenlegung nur durch eine Drei-Viertel-Mehrheit der auf der Hauptversammlung anwesenden Aktionäre. Die Gewerkschaften forderten eine Ausweitung des Gesetzes auf alle großen Kapitalgesellschaften.

www.kienbaum.de; www.dsw-info.de

Managergehälter 2004

Vorstandschef (Unternehmen)	Mio. €[1]
Josef Ackermann (Dt. Bank)	10,08
Jürgen Schrempp (DaimlerChrysler)	5,22[2]
Heinrich von Pierer (Siemens)	4,64
Harry Roels (RWE)	4,02
Wulf H. Bernotat (EON)	3,13
Michael Diekmann (Allianz)	3,10
Henning Kagermann (SAP)	3,08
Hans-Joachim Körber (Metro)	3,06
Helmut Panke (BMW)	2,77[2]
Bernd Pischetsrieder (Volkswagen)	2,63
Werner G. Seifert (Dt. Börse)	2,59
Kai-Uwe Ricke (Dt. Telekom)	2,56
Ulrich Lehner (Henkel)	2,40[2]
Hubertus Erlen (Schering)	2,39

1) ohne Aktienoptionen und andere Sonderzuzahlungen
2) 2003; Quelle: manager magazin/Prof. Reinhart Schmidt/Unternehmensberichte

Maschinen- und Anlagenbau

Steigerung: 2004 erreichte der M. u. A. nach Angaben des Verbandes Dt. Maschinen- und Anlagenbau (VDMA, Frankfurt am Main) mit 136 Mrd. € (+5,2 %) das zweithöchste Produktionsplus seit 15 Jahren. Insgesamt stieg der Umsatz um 6 % auf 142 Mrd. €, die Zahl der Aufträge nahm um 10 % zu (Ausland: +14 %; Inland: +3 %). Dabei profitierte der M. u. A. vom Exportboom, der erstmalig 70 % übertraf (→ Außenwirtschaft). Wichtigster Auslandskunde waren nach vor wie die USA mit einem Volumen von 10 Mrd. € (+13 %), gefolgt von der VR China mit einem Exportanteil von 8 %.

Beschäftigte: Die Beschäftigtenzahlen gingen 2004 im Jahresdurchschnitt um 1,9 % auf 868 000 (Arbeiter: –2,5 %, Angestellte: –1,1 %) zurück. Als Gründe für den Abbau trotz des großen Produktionswachstums nannte der VDMA eine höhere Produktivität sowie die Auslastung der Stammbelegschaft.

Ausblick: Für 2005 rechnete der VDMA wegen der nachlassenden Investitionsgüterkonjunktur in den wichtigsten Auslandsmärkten USA und China nur noch mit einem Produktionsplus von 3 %. Im ersten Quartal 2005 verzeichnete der M. u. A. bereits ein Auftragsminus von 2 % im Vergleich zum Vorjahreszeitraum. Die Zahl der Inlandsaufträge sank um 10 %, die der Auslandsaufträge nahm dagegen um 3 % zu. Mit einem weiteren Arbeitsplatzabbau rechnete der VDMA 2005 nicht.

www.vdma.de

Messen

Nach einem ermutigenden ersten Quartal 2005 mit einem Wachstum der Ausstellerzahlen bei internationalen M. um 2 % rechnete der Ausstellungs- und Messeausschuss der Dt. Wirtschaft (AUMA, Berlin) für das Gesamtjahr erstmals seit 2001 wieder mit einer positiven Entwicklung. Ebenso erwarteten die Veranstalter einen stabilen Umsatz auf Vorjahresniveau (2004: 2,5 Mrd. €) und konstante Besucherzahlen.

Erholungstendenz: Die Trendwende zeichnete sich laut AUMA bereits 2004 ab, als die Ausstellerzahlen der 154 internationalen M. nur noch um 0,7 % auf 166 991 zurückging (2003: -2 %). Ebenso schwächte sich mit -1,4 % der Rückgang bei den Besucherzahlen (rund 9,7 Mio.) ab (2003: -4 %). Laut AUMA erhöhte die leichte wirtschaftliche Erholung das Informationsbedürfnis von Wirtschaft und Verbrauchern. Wachstumsträger waren mit einem Anteil von 52,8 % ausländische Aussteller; ihre Zahl kletterte um 2,5 % auf 88 123 (dt. Aussteller: -4 % auf 78 868). Besonders stark war mit +34 % der Zuwachs aus China, das mit 7 000 Beteiligungen nach Italien zum zweitgrößten Ausstellerland aufstieg. Die Beteiligungszahlen aus den neuen EU-Ländern blieben stabil.

Auslandsgeschäft: Ein Umsatzzuwachs sei laut AUMA infolge des harten inländischen Wettbewerbs zwischen den dt. Messegesellschaften künftig nur noch über das Service- und Auslandsgeschäft zu erreichen. 2004 kamen nach Expertenschätzungen rund 14 % des Umsatzes von 2,5 Mrd. €, den dt. Messebetreiber erzielten, aus dem Ausland. Auch für 2005 planten dt. Veranstalter die Ausweitung ihres Auslandsengagements: um 40 % auf 171 Auslandsmessen innerhalb der nächsten zwei Jahre.

www.auma.de

Auslandsmessen deutscher Veranstalter 2005

Region	Anzahl (Anteil in %)
Europ. Union	10 (6)
übriges Europa	35 (20)
Naher/Mittlerer Osten	21 (12)
sonstiges Asien	79 (46)
Lateinamerika	15 (9)
Nordamerika	8 (5)
Australien	3 (2)
insgesamt	171

Quelle: Ausstellungs- und Messeausschuss der Dt. Wirtschaft e. V.

Mieten

Wohnungsmieten: Nach Angaben des Instituts für Städtebau, Wohnungswirtschaft und Bausparwesen (ifs, Berlin) wohnten 2003 rund 60 % aller Haushalte zur Miete. Die monatlichen Bruttokaltmieten (inkl. Betriebskosten, ohne Heizung) stiegen 2004 laut Dt. Mieterbund (DMB, Berlin) bundesweit leicht um 1,1 % und lagen damit unter der allgemeinen Preissteigerungsrate von 1,6 %. Deutlicher erhöhten sich die laufenden Betriebskosten (+2,2 %): Wasser (+2,7 %), Abwasser (+2,9 %) und Müllbeseitigung (+1,4 %). Die Warmmieten nahmen nur um 1,4 % zu, da sich die drastischen Preissteigerungen bei Öl und Gas erst in der zweiten Jahreshälfte 2005 bemerkbar machen. Mieter müssen daher in diesem Jahr mit Nachzahlungen von bis zu 30 % rechnen. Im Bundesdurchschnitt zahlte ein Mieterhaushalt 2004 7,33 €/m², das waren z. B. 513,10 € für eine 70 m² große Wohnung. Die M. befanden sich laut DMB weiterhin auf hohem Niveau, und es mangelte an günstigem Mietwohnraum.

Regionalvergleich: Die Nettokaltmieten (ohne Betriebskosten, ohne Heizung) blieben nach Angaben des Immobilienverbandes Deutschland (IVD Bund, Berlin) nahezu stabil oder gingen leicht zurück. Regional gab es 2004 ein starkes Süd-Nord- sowie ein West-Ost-Gefälle.

Mietrecht: Ab 1. 6. 2005 gilt für Mieter grundsätzlich die dreimonatige Kündigungsfrist.

Bisher galt dies nur für die seit September 2001 geschlossenen Mietverträge. Von der Neuregelung profitieren laut DMB rund 1 Mio. Mieterhaushalte, die bei Wohnort- und Arbeitsplatzwechsel keine doppelte Miete mehr zahlen müssen.

Büromieten: Auf dem Markt für Büroimmobilien 2004 gab es weniger Flächenzuwachs und und einen moderaten Mietpreisrückgang von rund 2,5 %. Die Leerstandsrate lag in nahezu allen wirtschaftlich zentralen Orten bei rund 10 %. Ursache war die nach wie vor verhaltene Nachfrage aufseiten der Unternehmen, die unter erheblichem Kostendruck Flächen verkleinerten und Personal abbauten.

www.mieterbund.de; www.ivd-bundesverband.de; www.ifs-staedtebauinstitut.de

Mittelstand

Von den insgesamt 3,4 Mio. Selbstständigen und Unternehmen in Deutschland sind nach Angaben des Instituts der dt. Wirtschaft Köln (iw) 85 % umsatzsteuerpflichtig, d. h., sie erbringen jährlich Leistungen im Gesamtwert von mind. 16 620 €. 99,7 % dieser Unternehmen gehören zum M. und beschäftigen 20 Mio. Mitarbeiter (70 % aller in Deutschland Beschäftigten). Nur jeder 50. Betrieb zählt zum größeren M., meist Unternehmen des Verarbeitenden Gewerbes oder Industriebetriebe. 97,5 % erzielen weniger als 5 Mio. € Umsatz; hier dominieren Dienstleistungen und Handel.

Bilanz: Laut Mittelstandsmonitor 2005 profitierte v. a. der stark international engagierte M. aus dem Verarbeitenden Gewerbe und dem Großhandel von der durch den Export bestimmten Konjunkturerholung des Jahres 2004. Bei der Mehrheit der Unternehmen besserte sich die Geschäftslage aufgrund der schwachen Binnenkonjunktur nur zögernd. Ebenso wie im Vorjahr stieg auch 2004 der Saldo aus Gründungen und Marktaustritten. Wachsende Bedeutung hatten weiterhin → Existenzgründungen aus der Arbeitslosigkeit heraus. Ende 2004 planten 35 % der mittelständischen Unternehmen Investitionen – zu wenig für einen kräftigen Aufschwung, so Experten. 20 % der Unternehmen wollten 2005 Personal abbauen, 10 % Mitarbeiter einstellen. Für 2005 wurde mit einer Fortsetzung der moderaten Erholung gerechnet.

Innovationen: Als problematisch bewerteten Fachleute die Stagnation bei Innovationen – bislang erbrachte der M. ein Drittel derartiger Aufwendungen in der dt. Wirtschaft. Gründe seien der Mangel an Fachpersonal und v. a. Finanzierungsprobleme aufgrund der Eigenkapitalrichtlinien für Banken (»Basel II«), die ab 2007 gelten sollen und sich am Kreditausfallrisiko orientieren. Nach einer Umfrage der Union mittelständischer Unternehmen (München) wurden 2004 rund 60 % der Kreditverhandlungen wegen mangelnder Sicherheiten abgebrochen. Ein Grundübel sei die geringe Eigenkapitalquote bei Kleinunternehmen (0,5–2,5 Mio. € Umsatz) von nur 4 %.

www.ifm-bonn.de; www.iwkoeln.de (Institute des jährlich erstellten Mittelstandsmonitors)

Mittelstand: Nachfolgeregelung

Von den 2 Mio. Familienunternehmen in Deutschland müssen nach Berechnungen des Instituts für Mittelstandsforschung (ifm, Bonn) 350 000 mit 3,4 Mio. Beschäftigten in den kommenden fünf Jahren über die Nachfolge entscheiden. Von den 70 900 Unternehmen mit 678 000 Beschäftigten, die 2005 übergeben werden, haben 43,8 % einen Nachfolger in der Familie. Weitere 10 % werden von Mitarbeitern übernommen, 16,5 % gehen an externe Führungskräfte. Die übrigen müssen mangels Nachfolger entweder verkauft (21,1 %) oder stillgelegt werden (8,3 %), da die Nachfolgeregelung zu spät erfolgte. Um Unternehmen zu erhalten und Arbeitsplätze zu sichern, fordern Experten seit langem die Nachfolge als strategische Führungsaufgabe zu begreifen, die so früh wie möglich geregelt werden müsse, bereits 10–15 Jahre vor der Altersgrenze. Die Zahl potenzieller junger Nachfolgekandidaten sei hoch.

Öffentlicher Dienst

Bei Bund, Ländern und Gemeinden beschäftigte Arbeiter, Angestellte und Beamte

Beschäftigte: Am 30. 6. 2004 waren bei Bund, Ländern und Gemeinden nach Angaben des Statistischen Bundesamtes (Wiesbaden) 4,69 Mio. Personen beschäftigt (Beamte, Berufs- und Zeitsoldaten, Angestellte und Arbeiter), 1,9 % weniger als im Jahr zuvor. In den Kommunen (insgesamt 1,36 Mio. Beschäftigte) wurden v. a. infolge der Privatisierung von Krankenkassen 3,8 % der Stellen abgebaut. Die Länder (2,12 Mio.) sparten

1,7 % ihres Personals ein. Im Bund stieg die Zahl der Beschäftigten um 0,4 % auf 493 000, da für die Bekämpfung der Schwarzarbeit - eine Aufgabe, die der Bund von der Bundesagentur für Arbeit übernommen hatte - Mitarbeiter eingestellt worden waren. Von den 28,5 % Teilzeitbeschäftigten im ö. D. waren 82 % Frauen. 2004 wendete der Bund 26,76 Mrd. € seines Haushaltes für Personalausgaben auf (-1,8 % gegenüber 2003), die Länder gaben 0,3 % weniger aus (97,33 Mrd. €), die Ausgaben der Kommunen blieben nahezu stabil (40,45 Mrd. €).

Tarifreform: Nach zweijährigen Verhandlungen einigten sich Bund, Kommunen und Gewerkschaften am 9. 2. 2005 auf eine grundlegende Reform des Tarifrechts ab Oktober des Jahres: Für Arbeiter und Angestellte im ö. D. gilt künftig eine Besoldungstabelle. Weihnachts- und Urlaubsgeld werden z. T. in Leistungsprämien umgewandelt. Jüngere Mitarbeiter werden in den Entgelttabellen besser gestellt. Automatische Beförderungen mit zunehmendem Dienstalter entfallen ebenso wie die von Lebensalter und Familienstand abhängigen Festzuschläge für neu Eingestellte. Innerhalb der dreijährigen Laufzeit des ausgehandelten Tarifvertrags gibt es drei Einmalzahlungen für die Beschäftigten in Westdeutschland; in Ostdeutschland steigen die Löhne und Gehälter jährlich um 1,5 %. Hinsichtlich der Arbeitszeit einigte man sich für den Bund auf eine Wochenarbeitszeit von 39 Stunden. Bei den Kommunen erhalten die Landesverbände der Dienstleistungsgewerkschaft ver.di die Möglichkeit, auf Bezirksebene die 40-Stunden-Woche zu vereinbaren. Die von CDU/CSU dominierte Tarifgemeinschaft der Länder (TDL) lehnte das Reformwerk als zu teuer ab. Sie forderte für ihre Beschäftigten u. a. noch längere Wochenarbeitszeiten.

www.destatis.de

➤ Arbeit und Soziales, Arbeitszeit, Tarifverträge

Onlinebanking

(electronic banking), Bankgeschäfte von Privatkunden oder Unternehmen im Internet

Etwa 30% aller Erwachsenen erledigten 2004 nach Angaben des Bundesverbandes Dt. Banken (bdb, Berlin) ihre Bankgeschäfte über das Internet, 4% mehr als 2003. Gründe waren v. a. die Gebührenersparnis im Vergleich zur Abwicklung am Bankschalter sowie die bequeme und sichere Handhabung rund um die Uhr von Zuhause. Den größten Anteil an den mehr als 35 Mio. onlinegeführten Girokonten hatten Sparkassen und Landesbanken mit 44%, gefolgt von den Privatbanken (35%), den Volks- und Raiffeisenbanken (16%) und der Postbank (5%).

Sicherheit: Aufgrund zunehmender Betrugsfälle beim O. haben viele Kreditinstitute 2004/05 ihre Sicherheitssysteme verbessert. Vorrangiges Ziel war es, das Ausspionieren von Geheimzahlen und Zugangscodes zu verhindern, u. a. das sog. Phishing (»Fischen« nach Passwörtern). Mit gefälschten E-Mails und nachgebauten Websites verleiteten Kriminelle Bankkunden dazu, ihre vertraulichen Daten zu übermitteln. Experten gehen weltweit von 75-150 Mio. Phishing-E-Mails pro Tag aus. Auch über Computerviren wurden Zugangsdaten ausgespäht. Die meisten Banken boten ihren Kunden deshalb spezielle Homeban-

Onlinebanking: Kostenvergleich

Bank (Kontoname)	Kontoführung/ Monat (€)	Überweisungsgebühr (€; Online/Beleg)
Dt. Kreditbank (Cash-Konto)	0	0
Netbank (GiroAllround)	0	0
Stadtsparkasse München (PrivatgirokontoDirekt)	2,30	0/1,00
1822direkt (1822direkt-girokonto)	2,50	0
Dt. Bank (AktivKonto)	3,99	0/1,50
DiBa (Direkt-Konto)	4,00	0
Commerzbank (Aktiv-Konto)	4,90	0/0,89
Haspa-Direkt (Girokonto)	5,00	0
HypoVereinsbank (GirokontoPlus)	5,00	0/1,00
Dresdner Bank (OnlineKonto)	5,00	0,15/1,25
Postbank (GiroPlus)	5,90	0
Volkswagen-Bank direkt (Giro@homeClassic)	6,00	0
Citibank (Pauschalkonto)	6,60	0/1,53

Quelle: Süddeutsche Zeitung, 2./3. 10. 2004

king-Programme im HBCI-Standard (Home Banking Computer Interface) an, die mit Disketten oder Chipkarten die Transaktionen verschlüsseln. Für das Chipkartenmodell muss jedoch ein spezielles Lesegerät am PC installiert werden. Postbank und Volkswagen-Bank boten ein PIN/TAN-Verfahren ohne die üblichen Nummernlisten an; statt vorgegebener TAN (Transaktionsnummer) wird für jede einzelne Transaktion eine Geheimnummer zugewiesen. Die Volkswagen-Bank stellte ein mobiles Endgerät zur Verfügung, das einzelne TANs auf Abruf erzeugt.

www.bdb.de

Privater Verbrauch

Konsumausgaben der privaten Haushalte und privater Organisationen ohne Erwerbszweck

Für den p. V. wurden 2004 in Deutschland insgesamt 1 270,8 Mrd. € ausgegeben, pro Einwohner rund 15 400 €. Inflationsbereinigt waren das 0,4 % weniger als im Vorjahr. Damit sanken die Konsumausgaben das dritte Jahr in Folge.

Die Nettolöhne und -gehälter stiegen zwar 2004 im Durchschnitt um 1,7 %, sodass die Inflationsrate von 1,6 % gerade ausgeglichen wurde; die Sozialleistungen wuchsen jedoch nur um 0,1 %, sodass in vielen Hauhalten die Realeinkommen sanken (→ Steuern und Finanzen, Einkommen). Zusätzlich wirkte sich die Verteuerung von Energie (+4,2 %) für Wohnung und Verkehr aus: Da hier zwangsläufig mehr ausgegeben werden musste, wurde in anderen Bereichen stärkere Konsumzurückhaltung geübt. Dies betraf v. a. die Ausgaben für Bekleidung (-1,3 %) und Gaststättenbesuche. Für 2005 rechneten die führenden dt. Wirtschaftsforschungsinstitute in ihrem Frühjahrsgutachten inflationsbereinigt wieder mit einem leichten Zuwachs des p. V. (+0,3 %).

Privater Verbrauch: Konsumausgaben 2004[1)]

Verwendungszweck	Mrd. €	Veränderung zu 2003[2)] (%)
Wohnung, Wasser, Haushaltsenergie	294,88	+1,9
Verkehr und Nachrichtenübermittlung	206,99	+2,2
Nahrungsmittel, Getränke, Tabakwaren	184,74	-0,3
Freizeit und Kultur	114,15	-0,3
Einrichtung, Haushaltswaren	87,55	+0,3
Bekleidung und Schuhe	66,79	-1,3
Beherbergung, Gaststättenbesuche	62,99	-0,6

1) Konsumausgaben im Inland in ausgewählten Bereichen, 2) ohne Inflationsbereinigung; Quelle: Statistisches Bundesamt

Regulierungsbehörde für Telekommunikation und Post

0190/0900-Nummern: Die Regulierungsbehörde für Telekommunikation und Post (RegTP) sperrte Anfang 2005 fast 30 000 Einwahlnummern. Nach eigenen Angaben lagen ihr gesicherte Erkenntnisse über die rechtswidrige Nutzung dieser Nummern vor. Grundlage für die Nummernsperrung ist das Gesetz zur Bekämpfung des Missbrauchs sog. Mehrwertdiensterufnummern (Dialer) mit der Vorwahl 0190 und 0900. Die gesperrten Nummern wurden in die »Sünderkartei« aufgenommen, in der die RegTP darüber Buch führt, welche Maßnahmen sie aufgrund von Verstößen gegen das Dialerschutzgesetz ergriffen hat.

Neue Branchen: Die RegTP plante 2004/05 in zwei bislang unregulierte Branchenbereiche einzugreifen: den Markt für DSL (Internet-Breitbandzugang) und im Mobilfunk. So soll dafür gesorgt werden, dass die Dt. Telekom ihr Geschäft mit DSL-Anschlüssen (→ Computer und Telekommunikation, Datenautobahn) stärker für Konkurrenten öffnet.

Weiterhin will die RegTP für niedrigere Gebühren bei Anrufen vom Festnetz in Mobilnetze sorgen. In einer Untersuchung stellte die Behörde fest, dass die Mobilfunkbetreiber T-Mobile, Vodafone, E-Plus und O_2 über eine »erhebliche Marktmacht« gegenüber Festnetzbetreibern verfügten. Für die Weiterleitung ins Mobilfunknetz würden diese Unternehmen ca. 14 Cent/min verlangen, für die gleiche Leistung aber an die Festnetzbetreiber nur 1,5 Cent zahlen.

Beschwerden: Wegen fehlender Transparenz und unzulässiger Werbung erreichten die RegTP 2004/05 viele Beschwerden. Ein weiterer Schwerpunkt war unerwünschte Werbung per Fax, SMS und E-Mail. Mit dem Inkrafttreten des novellierten

Gesetzes gegen den unlauteren Wettbewerb (UWG) am 8. 7. 2004 verstößt die Übermittlung von Werbung ohne Einwilligung des Empfängers gegen § 7 UWG. Ebenfalls wettbewerbswidrig ist der Versand von Werbung unter Verschleierung oder Verheimlichung des Absenders der Nachricht sowie des Fehlens einer Adresse, an die der Empfänger die Aufforderung zur Einstellung solcher Nachrichten richten kann.

www.regtp.de; www.verbraucherministerium.de

Sparquote

Statistische Größe, die alle nicht für Konsumzwecke ausgegebenen privaten Einkommen zum gesamten verfügbaren Einkommen in der Volkswirtschaft ins Verhältnis setzt

2004 stieg die S. erneut leicht auf 10,9 % (2003: 10,7 %). Die Steigerung zeigt, dass die Verbraucher von ihren laufenden Einkommen höhere Geldbeträge anlegen, um z. B. für Krankheitsfälle oder Alter vorzusorgen. Der Sparzuwachs ist jedoch mit 4,1 Mrd. € deutlich geringer, als es den politischen Forderungen nach höherer Eigenverantwortung, v. a. für die Altersvorsorge, entspräche.

Die Höhe der S. wird zwar auch durch Unsicherheiten über die künftige Wirtschaftsentwicklung beeinflusst, sodass gut verdienene Verbraucher Geld u. U. zurückhalten (sog. Angstsparen). Durchschnittsverdienern bleibt hier jedoch wenig Spielraum, sodass die S. insgesamt aufgrund solcher Effekte kaum ansteigt. In der Regel ist eine hohe S. (z. B. 13 % im Jahr 1992) nur bei stark steigenden Zinsen zu erwarten. Meist schwankt die S. in Deutschland zwischen 10 % und 11 %.

Staatsquote

Statistische Größe, bei der die Ausgaben der öffentlichen Haushalte rechnerisch zum BIP ins Verhältnis gesetzt wird. Die S. gibt an, wie viele der in der Volkswirtschaft geschaffenen Werte im Jahr durch die Staatskassen fließen.

Die S. sank in Deutschland 2004 auf 47,6 %. In den Vorjahren hatte sie rund 49 % betragen, 1995 sogar 51 %. Eine S. über 50 % gilt als Anhaltspunkt für einen zu starken Eingriff des Staates in die Marktwirtschaft. In den meisten Industriestaaten lag die S. 2004 bei 45–50 %. Alle politischen Parteien in Deutschland setzten sich 2005 für eine weitere Senkung der S. ein.

Stahlindustrie: Branchenführer

Die beiden größten dt. Stahlkonzerne ThyssenKrupp und Salzgitter AG erzielten hohe Gewinne: ThyssenKrupp konnte in der ersten Hälfte des Geschäftsjahrs 2004/05 (zum 30. 9.) seinen Überschuss auf 1,3 Mrd. € verdreifachen (inkl. Beteiligungsverkäufe), und die Salzgitter AG verzehnfachte ihren Gewinn vor Steuern im ersten Quartal 2005 auf 253,5 Mio. €.
ThyssenKrupp plante Ende 2004 den Bau eines 1,5 Mrd. US-Dollar teuren Stahlwerks in Brasilien; die Entscheidung wurde für August 2005 erwartet. Die Salzgitter AG suchte nach einem geeigneten Fusionspartner in der Stahlbranche, nachdem das Unternehmen Anfang 2005 seine 45 %ige Beteiligung für 545 Mio. € an Vallourec-Mannesmann verkauft hatte. Salzgitter-Chef Wolfgang Leese rechnete mit weiteren Fusionen und Übernahmen in Deutschland und Europa.
Anfang 2005 entstand mit der Doppelfusion der Konzerne Ispat International und LNM Holding (beide Großbritannien) mit dem US-Unternehmen International Steel Group der weltgrößte Stahlkonzern: Mittal Steel. Er agierte in 14 Ländern und hatte 165 000 Beschäftigte (Gesamtumsatz: 31,5 Mrd. US-Dollar).

Stahlindustrie

Rekorde: Der weltweite Stahlboom setzte sich 2005 fort. Für Deutschland erwartete die Wirtschaftsvereinigung Stahl (Düsseldorf) eine Rohstahlproduktion von etwa 47 Mio. t; das wäre ein neuer Rekord, nachdem schon 2003 mit 46,4 Mio. t (+3,6 %) der höchste Jahreswert seit 1990 erreicht worden war. Allerdings waren die Kapazitäten der Hüttenwerke nahezu ausgelastet. Der Rückgang der Auftragseingänge im ersten Quartal 2005 um 26 % geht auf große Lagerbestände zurück.

Probleme: Viele mittelständische dt. Stahl und Metall verarbeitende Betriebe gerieten 2004 wegen der stark gestiegenen Rohstoffpreise für Erz, Koks und Schrott finanziell in Bedrängnis (→ Weltwirtschaft, Rohstoffe). Die Folgen waren Produktions- und Lieferengpässe. Die Stahlkonzerne befürworteten eine Ausweitung der dt. Kokskapazitäten, u. a. durch den Ausbau der Kokerei Prosper (Bottrop). Die Zahl der Beschäftigten in der dt. S. (2004: rund 93 000) wird nach Branchenprognosen 2005 leicht sinken.

Weltmarkt: Motor der guten Stahlkonjunktur blieb die VR China. 2005 wird das Land nach Expertenschätzungen mit 293 Mio. t etwa 10 % mehr Walzstahl verbrauchen als 2004 und die Rohstahlproduktion um über 40 Mio. t auf 315 Mio. t erhöhen. Die Wachstumsraten der NAFTA und der EU werden auf 2,7 % bzw. 2,4 % geschätzt. Weltweit wird von einer Zunahme der Rohstahlproduktion um 4,6 % auf 1,11 Mrd. t (2004: 1,06 Mrd. t) ausgegangen.

www.stahl-online.de

Standort Deutschland

Weltwirtschaftsforum: Nach einer Studie des Weltwirtschaftsforums (WEF, Genf/Schweiz) hat sich die internationale Wettbewerbsfähigkeit des S. D. 2004 nicht verbessert. Wie im Jahr zuvor belegte Deutschland Platz 13 in der 104 Länder umfassenden WEF-Liste. Schlechte Noten vergaben die 8 700 Führungskräfte, die für die WEF-Studie befragt worden waren, insbesondere dem ihrer Ansicht nach stark regulierten Arbeitsmarkt, dem komplizierten Steuerrecht sowie der ineffizienten Nutzung öffentlicher Mittel und dem hohen Haushaltsdefizit. Gute Zensuren gab es hingegen bei der Bewertung von Inflation, Korruption, Verbrechen, politischer Stabilität und Rechtssicherheit. Besonders auffallend war 2004 die Stärke Skandinaviens, das fünfmal in den Topten vertreten war und hauptsächlich für seine politischen Rahmenbedingungen gelobt wurde.

Standort Deutschland: die besten Arbeitgeber[1])

Rang	Unternehmen	Branche	Mitarbeiter
1	Microsoft Deutschland	IT	1 486
2	Aubi	Bauzulieferer	522
3	Skytec	IT	108
4	SD & M AG	IT	892
5	Viking Direkt	Handel	541
6	Bain & Company	Beratung	195
7	Hexal	Pharma	1 105
8	Procter & Gamble[2)]	Konsumgüter	6 700
9	3 Soft	IT	149
10	Sick	Handel/Industrie	1 719

1) Ranking des Marktforschungsinstituts psychonomics im Auftrag der Europ. Kommission; Wettbewerbskriterien: Glaubwürdigkeit, Respekt, Fairness, Identifikation 2) Unternehmensteil; Quelle: Psychonomics AG (Köln), GPW Europe, www.psychonomics.de

Bertelsmann-Stiftung: Im Länderranking der Bertelsmann-Stiftung nahm Deutschland 2004 unter 21 untersuchten Industrieländern den letzten Platz ein. Anhand eines Erfolgsindex wurde die aktuelle Situation hinsichtlich der Kernbereiche Arbeitsmarkt und Wirtschaftswachstum gemessen. Hinzu kam ein Aktivitätsindex, der u. a. Investitionen, Staatsverschuldung und Abgabenlast bewertet. Mängel sah die Studie v. a. bei der dt. Arbeitsmarktpolitik, etwa der Wiedereingliederung von Langzeitarbeitslosen und älteren Arbeitnehmern ins Berufsleben. Auf der Positivseite standen Teilzeitarbeit, niedrige Streikneigung und geringe Jugendarbeitslosigkeit.

Wirtschaftswachstum: Nach Schätzungen der Europ. Kommission wird Deutschland 2005 mit einem →Wirtschaftswachstum von 0,8 % das Schlusslicht der 25 EU-Staaten sein. Die sechs führenden Wirtschaftsforschungsinstitute gingen in ihrer Frühjahrsprognose 2005 von 0,7 % aus (OECD-Durchschnitt: +2,6 %). Die OECD (Paris) kritisierte die starke Exportabhängigkeit der dt. Wirtschaft (→ Außenwirtschaft), lobte jedoch ihre Wettbewerbsfähigkeit, die sich seit 1995 deutlich verbessert habe.

Tourismus

Positive Entwicklung: Der Aufwärtstrend der dt. Reisebranche setzte sich 2004/05 trotz vorübergehender Einbußen nach der Flutkatastrophe in Südostasien Ende Dezember 2004 fort. Der Dt. Reisebüro und Reiseveranstalter Verband (DRV, Berlin) rechnete für die Wintersaison mit einem Umsatzplus von 3,5 % und für die Sommersaison mit einem Zuwachs von 6 %. Im Vorjahr war der Gesamtumsatz – erstmals nach drei Jahren Flaute – um 5,2 % auf 18,6 Mrd. € gewachsen.

Bilanz: 70 % der Deutschen hatten Anfang 2005 laut der Reisenanalyse der Forschungsgemeinschaft Urlaub und Reisen (F.U.R., Kiel) bereits konkrete

Urlaubspläne; das war der höchste Stand seit 2001. Im Jahr 2004 zählten die Forscher 65,4 Mio. Urlaubsreisen von mind. fünf Tagen Dauer (-800 000 gegenüber Vorjahr); hinzu kamen 13 Mio. Reisen von Kindern unter 14 Jahren. Faktoren wie die schlechte wirtschaftliche Stimmung oder Terroranschläge in Urlaubsländern hatten keinen erkennbaren Einfluss. Die Reisehäufigkeit, d. h. die Anzahl der Reisen pro Tourist, erreichte mit 1,36 den höchsten Stand der letzten zehn Jahre, die durchschnittliche Reisedauer lag bei 12,9 Tagen. Pauschalreisen und Buchungen über das Reisebüro erlebten mit einem Marktanteil von 47 % eine Renaissance. Dies schlug sich auch in der Wahl der Verkehrsmittel nieder: 36 % (2003: 32 %) reisten mit dem Flugzeug.

Tourismus: Urlaubsgeld[1]

Jahr	Mrd. €
2004	58,1
2003	57,2
2002	55,5
2001	58,0
2000	57,4
1999	52,6
1998	48,9

1) Urlaubsausgaben der Deutschen im Ausland; Quelle: Forschungsgemeinschaft Urlaub und Reisen (Kiel)

Ziele: Mit einem Marktanteil von 30,8 % (2003: 32,6 %) bzw. 20,2 Mio. Urlaubsreisen war Deutschland mit den Regionen Allgäu, Nord- und Ostsee sowie Schwarzwald das beliebteste Reiseziel der Deutschen. Die Zahl der Auslandsreisen erreichte 2004 mit 45,3 Mio. (2003: 44,6 Mio.) einen neuen Höchststand. Dabei verlor die europ. Mittelmeerküste erneut Marktanteile (2004: 17,1 %; 2003: 26,6 %). Immer beliebter wurden die Türkei und Billigziele in Osteuropa.

Reiseland Deutschland: Bei Gästen aus dem Ausland stand Deutschland 2004 hoch im Kurs. Die Zahl der Übernachtungen nahm nach Angaben des Statistischen Bundesamts (Wiesbaden) um 9 % auf 45,4 Mio. zu. Sie blieb aufgrund des ungebrochenen Trends zu Städtereisen mit 338,8 Mio. konstant.

www.dvr.de; www.fur.de; www.destatis.de

Unternehmensgewinne

Nachdem die Ertragslage der Unternehmen in Deutschland nach Angaben des Instituts der dt. Wirtschaft Köln in den vergangenen Jahren noch sehr schlecht war – 2002 lag die Nettoumsatzrendite in der gewerblichen Wirtschaft bei 0 % –, stiegen die U. 2004 deutlich. Laut Statistischem Bundesamt (Wiesbaden) kletterten die Einkommen aus Unternehmertätigkeit und Vermögen um 10,4 % auf 484 Mrd. €; das war die höchste Wachstumsrate seit 1990. Damit machten die U. 2004 etwa ein Drittel des Volkseinkommens (1616 Mrd. €; +3 % gegenüber Vorjahr) aus. Experten machten darauf aufmerksam, dass der Anteil der reinen U. am Volkseinkommen niedriger gewesen sei, da die Arbeitsverdienste von Selbstständigen und mithelfenden Angehörigen, die ebenfalls zum Kapitaleinkommen zählten, abgezogen werden müssten. Die Löhne und Gehälter der Arbeitnehmer stagnierten 2004 bei 1 132 Mrd. €. Hauptmotor des → Wirtschaftswachstums war der Export (→ Außenwirtschaft).

Aktiengesellschaften: Den Anstieg der U. bei den 30 Unternehmen, die im Aktienindex DAX zusammengefasst sind, schätzten Analysten 2004 auf 57,6 % (2003: +36,6 %). Dabei profitierten alle Branchen von den steigenden Gewinnen. Weltweit stiegen die U. der Aktiengesellschaften 2004 ebenfalls überdurchschnittlich um 20 %. Die Differenzen in der Gewinnentwicklung dt. und ausländischer Unternehmen wird mit der größeren Abhängigkeit dt. Unternehmen von Konjunkturschwankungen erklärt; Letztere profitierten 2004 stärker von der leichten wirtschaftlichen Belebung als etwa die 500 größten US-amerikanischen Aktiengesellschaften (+20 %).

Mitarbeiterbeteiligung: Nach Angaben des gewerkschaftsnahen Wirtschafts- und Sozialwissenschaftlichen Instituts (Düsseldorf) wurde 2004 jeder dritte Beschäftigte am Betriebsergebnis beteiligt, v. a. bei Versicherungen (55 %) und im Investitionsgütergewerbe (47 %). 92 % der Unternehmen schütteten das Geld als Jahressonderzahlung aus.

Versicherungen

Einnahmen: Trotz schwacher Konjunktur und anhaltend hoher Arbeitslosigkeit konnte die Versicherungswirtschaft auch 2004 wachsen. Nach Angaben des Gesamtverbandes der Dt. Versicherungswirtschaft (GDV, Berlin) stiegen die Beitragseinnahmen der 455 GDV-Mitglieder, die 97 % des Marktes abdeckten, um 2,9 % (2003: 5,5 %) auf 152,3 Mrd. €. Das vergleichsweise geringe Wachstum resultierte aus dem atypischen Geschäftsverlauf der Lebensversicherungen, der in den ersten neun Monaten verhalten war und im vierten Quartal boomte. So beendeten die Lebensversicherer das Jahr mit 12,81 Mio. Neuverträgen (+34,7 % gegenüber 2003) – ein Branchenrekord. Der Grund: Ab 2005 verlieren Kapitalversicherungen ihren entscheidenden Vorteil, die steuerfreie Auszahlung am Ende der Laufzeit. Insgesamt stiegen die Prämieneinnahmen der Lebensversicherungen um 2,6 % (2003: +5,1 %) auf 70,35 Mrd. €. Das stärkste Wachstum gab es bei den privaten Krankenversicherungen, die einen Beitragszuwachs von 6,8 % (2003: +7,2 %) auf 26,4 Mrd. € verbuchten. Die Schadens- und Unfallversicherer wiesen ein moderates Plus von 1,6 % (2003: +3,3 %) auf (55,3 Mrd. €). Für 2005 erwartete der GDV insgesamt einen abgeschwächten Zuwachs bei den Beiträgen (+2 %).

Leistungen: Den Einnahmen standen 2004 Aufwendungen für Schadensfälle von 148,5 Mrd. € (2003: 150,3 Mrd. €) gegenüber. Die Auszahlungen an Lebensversicherungskunden blieben mit 64,5 Mrd. € auf hohem Niveau. Das technische Ergebnis (Prämieneinnahmen minus Schadensaufwand und Kosten) stieg wegen abnehmender Schadenslast auf 5 Mrd. €.

www.gdv.de

Wirtschaftswachstum

2004 verzeichnete Deutschland ein W. von 1,6 % (2003: -0,1 %); das BIP stieg auf nominal 2 177 Mrd. €. Anfang 2004 hatte sich die Wirtschaft – v. a. infolge von Exportsteigerungen (→ Außenwirtschaft) – in einem kräftigen Aufschwung befunden, der jedoch nicht auf die Binnenkonjunktur durchschlug. Die inländische Nachfrage des privaten Verbrauchs ging aufgrund sinkender Realeinkommen (→ Steuern und Finanzen, Einkommen) und Kaufkraft von großen Teilen der Bevölkerung erneut zurück. Die niedrige Binnennachfrage stellte v. a. kleine und mittlere Betriebe, die für den heimischen Markt produzieren, vor wirtschaftliche Probleme.

Zu Beginn des Jahres 2005 deutete sich eine Wiederholung der Vorjahresentwicklung an: Im ersten Quartal stieg das BIP aufgrund der ausländischen Nachfrage um 1 % gegenüber dem vierten Quartal 2004; damit verzeichnete Deutschland das stärkste Wachstum aller Länder des Euro-Währungsraums. Die führenden dt. Wirtschaftsforschungsinstitute sagten in ihrem Frühjahrsgutachten für das Gesamtjahr 2005 nur ein W. von 0,7 % vorher. Einige Großbanken korrigierten ihre Wachstumsprognosen aufgrund der günstigen Entwicklung im ersten Quartal nach oben und rechneten mit einer Steigerung von mehr als 1 %. Andere Ökonomen blieben skeptisch, weil die stagnierende Binnennachfrage die Konjunktur wieder abschwächen könnte.

www.destatis.de (statistische Daten zur volkswirtschaftlichen Gesamtrechnung); **www.bundesbank.de** (Monatsberichte zur Wirtschaftsentwicklung)

➤ Arbeit und Soziales, Arbeitslosigkeit; ➤ Weltwirtschaft, Weltkonjunktur

Wohnungsbau

Knappes Angebot: Die Landesbausparkassen (LBS) erwarteten für 2005 weniger als 250 000 genehmigte Wohneinheiten. Dieser Minusrekord liege unter dem von Bundesbauminister Manfred Stolpe (SPD) genannten mittelfristigen Bedarf von 300 000 Wohneinheiten pro Jahr. Dies habe nicht nur negative Auswirkungen auf die Auftragslage und Beschäftigung in der mittelständischen → Bauwirtschaft, sondern liege deutlich unter der vorhandenen Nachfrage. In den nächsten Jahren sehen die LBS einen deutlich höheren Wohnungsneubedarf als 300 000 Wohneinheiten pro Jahr. Daher befürchteten die LBS eine Verknappung des Angebots bei steigenden → Mieten und Immobilienpreisen (→ Immobilien). Viele Menschen scheuten wegen der Unsicherheiten am Arbeitsmarkt die Baukosten, trotz niedriger Hypothekenzinsen und Baupreise, erklärte der Zentralverband des Dt. Baugewerbes (Berlin).

Baugenehmigungen: 2004 wurden laut Statistischem Bundesamt (Wiesbaden) 268 100 Wohnungen genehmigt. Das waren 9,7 % weniger als im Vorjahr, als die Genehmigungen wegen der drohenden Abschaffung der → Eigenheimzulage hoch schnellten. 235 900 Wohnungen waren Neubauten (–10,4 %) und 27 900 Ausbauten an bestehenden Gebäuden. Deutlich war der Rückgang bei Ein- und Zweifamilienhäusern (–13,3 % bzw. –13,8 %). Die Genehmigungen für Mehrfamilienhäuser sanken um 2 %.

Fertigstellung: Die Anzahl der fertig gestellten Wohnungen stieg um 3,7 % auf 278 000. Besonders stark legte der Einfamilienhausbau zu (+9,3 %). Neubauwohnungen in Zweifamilien- und Mehrfamilienhäusern gingen um 0,7 % bzw. 1,4 % zurück.

www.destatis.de; www.s-finanzgruppe.de

Staaten von A–Z

Karten · Staaten · Rankings

Karten

Der Staatenteil enthält die wichtigsten aktuellen Zahlen und Ereignisse für alle 193 selbstständigen Länder. Die Standarddaten ermöglichen einen Vergleich von Fläche, Einwohnerzahl, Einwohner/km², Bevölkerungswachstum/Jahr, Urbanisierung, Alphabetisierung und Kindersterblichkeit. Für Fläche und Einwohnerzahl wird in Klammern der Platz in der Weltrangliste (WR) aller Staaten angegeben. Die Daten zum Bevölkerungswachstum/Jahr beziehen sich auf das durchschnittliche jährliche Wachstum 2000–05. Die neuesten Zahlen zu Entstehung des BIP, Bruttonationaleinkommen/Kopf, Inflation und Arbeitslosigkeit werden in der Tabelle Wirtschaftliche Entwicklung (→ S. 524) direkt verglichen. Einige Wirtschaftsdaten können gegenüber den Angaben im Lexikon von A–Z wegen anderer Berechnungsgrundlagen und Quellen variieren. In Einzelfällen gab es keine aktuellen Daten (k.A.; keine Angaben).

Quellen:
Auswärtiges Amt (Berlin), Bundesagentur für Außenwirtschaft (bfai), CIA World Factbook, Statistisches Bundesamt (Wiesbaden), UNFPA Weltbevölkerungsbericht, World Bank Atlas, World Trade Organisation

Die größten Staaten der Erde

	Land	Mio. km²		Land	Mio. km²		Land	Mio. km²
1	Russland	17,00	8	Argentinien	2,78	15	Indonesien	1,91
2	Kanada	9,97	9	Kasachstan	2,72	16	Libyen	1,76
3	USA	9,63	10	Sudan	2,51	17	Iran	1,63
4	China	9,56	11	Algerien	2,38	18	Mongolei	1,57
5	Brasilien	8,50	12	Dem. Rep. Kongo	2,34	19	Peru	1,29
6	Australien	7,74	13	Saudi-Arabien	2,15	20	Tschad	1,28
7	Indien	3,29	14	Mexiko	1,96			

A
B
C
D
E
F
1
2
3
4
5
6
7
8
Bundes- u. Landes-hauptstadt
Millionenstadt
sonstige Stadt
0 25 75 km
Nordsee
Sylt
Föhr
Helgoland
Westfriesische Inseln
Ostfriesische Inseln
DÄNEMARK
Bornholm (Dän.)
Ostsee
Fehmarn
Rügen
Usedom
Wollin
Schleswig-Holstein
Kiel
Lübeck
Hamburg
Rostock
Mecklenburg-Vorpommern
Schwerin
Neubrandenburg
Stettin
Bremerhaven
Bremen
Groningen
Oldenburg
Elbe
Oder
Ijsselmeer
NIEDERLANDE
Ems
Niedersachsen
BUNDESREPUBLIK
POLEN
Berlin
Hannover
Sachsen-Anhalt
Potsdam
Frankfurt/O.
Brandenburg
Münster
Weser
Magdeburg
Nordrhein-Westfalen
Cottbus
Essen
Halle
Leipzig
Düsseldorf
Kassel
Saale
Sachsen
Köln
Erfurt
Dresden
Bonn
Thüringen
Gera
Werra
Hessen
Suhl
Chemnitz
BELGIEN
LUX.
Luxemburg
Rheinland-Pfalz
Wiesbaden
Mainz
Mosel
Frankfurt/M.
Main
Prag
Würzburg
TSCHECHISCHE REPUBLIK
Pilsen
Bayern
Saarland
Saarbrücken
Mannheim
Nürnberg
Metz
Karlsruhe
Regensburg
Baden-Württemberg
DEUTSCHLAND
Straßburg
Stuttgart
Donau
Rhein
FRANKREICH
Ulm
Augsburg
Freiburg
München
Bodensee
Salzburg
Basel
SCHWEIZ
ÖSTERREICH

A B C D E F
1 2 3 4 5 6 7 8
Europäisches
Jan Mayen (Norw.)
Nordmeer
ISLAND
Reykjavík
● ■ Hauptstadt
■ □ Millionenstadt
○ sonstige Stadt
0 250 750 km
Färöer (Dän.)
NORWEGEN
Shetland-Inseln
Orkney-Inseln
FINNLAND
Bergen
SCHWEDEN
Helsinki
Oslo
Stockholm
St. Petersburg
Tallinn
ATLANTISCHER
Glasgow
Nord-
Ost-
ESTLAND
Belfast
Göteborg
IRLAND
Dublin
GROSS-BRITANNIEN
see
DÄNEMARK
Riga
LETT-LAND
RUSSLAND
Kopenhagen
see
LITAUEN
Birmingham
NIEDER-LANDE
(RUSSL.)
Vilnius
Minsk
Hamburg
London
Amsterdam
WEISS-RUSSLAND
Berlin
OZEAN
POLEN
Warschau
Brüssel
DEUTSCH-LAND
Łódź
BELGIEN
Paris
LUX.
Prag
UKRAINE
Kiew
TSCHECH. REP.
Lwow (Lemberg)
München
SLOWAKEI
FRANKREICH
LIECH.
Wien
Bratislava
MOLDAU
Bern
ÖSTER-REICH
Budapest
SCHWEIZ
Chişinău
Odessa
Lyon
UNGARN
RUMÄNIEN
Mailand
SLOWENIEN
Zagreb
Turin
SAN MARINO
KROATIEN
Belgrad
Bukarest
PORTU-GAL
ANDORRA
Marseille
BOSNIEN-HERZEG.
SERBIEN und MONTE-NEGRO
Lissabon
Madrid
MONACO
Sarajevo
Sofia
Barcelona
VATIKAN-STADT
BULGARIEN
SPANIEN
Korsika
Rom
Skopje
Istanbul
Valencia
ITALIEN
Tirana
MAZEDO-NIEN
Sevilla
Sardinien
Neapel
ALBA-NIEN
Málaga
Balearen
GRIECHEN-LAND
TÜRKEI
Gibraltar (GB)
Mittel-
Sizilien
Izmir
Rabat
Melilla (Sp.)
Palermo
Algier
Athen
Tunis
MALTA
Valletta
Kreta
MAROKKO
ALGERIEN
TUNESIEN
meer
Tripolis
LIBYEN

A B C D E F
1 2 3 4 5 6 7 8
RUSSLAND
Nordpolar-
meer
ISLAND
Grönland
(Dän.)
Reykjavik
Beaufort-
see
Alaska
(USA)
Anchorage
Baffin
Bay
Nuuk
Golf von
Alaska
Labrador-
see
K A N A D A
Hudson
Bay
Edmonton
Vancouver
Calgary
PAZIFISCHER
Regina
Winnipeg
Seattle
St. Pierre u.
Miquelon
(Fr.)
Québec
Montréal
Ottawa
Toronto
Minneapolis
Hamilton
Boston
Buffalo
Milwaukee
Detroit
Salt Lake
City
Cleveland
New York
Chicago
Philadelphia
San
Francisco
Denver
Cincinnati
Baltimore
Kansas
City
St.
Louis
Washington D.C.
OZEAN
Los Angeles
San Diego
VEREINIGTE STAATEN
VON AMERIKA
ATLANTISCHER
Tijuana
Phoenix
Atlanta
Mexicali
Dallas
Guadalupe
(Mex.)
Ciudad
Juárez
San
Antonio
Houston
New
Orleans
OZEAN
BAHAMAS
Nassau
Golf von
Mexiko
Miami
Monterrey
Havanna
DOMINIKAN.
REP.
MEXIKO
KUBA
HAITI
Guadalajara
Mérida
Santo
Domingo
Mexiko-
Stadt
Port-au-
Prince
Cuernavaca
JAMAIKA
Acapulco
BELIZE
Guatemala-Stadt
HONDURAS
GUATEMALA
EL SALVADOR
NICARAGUA
Hauptstadt
Millionenstadt
sonstige Stadt
0 250 750 km

A B C D E F
1 2 3 4 5 6 7 8
HONDURAS
Tegucigalpa
NICARAGUA
Managua
San José
COSTA RICA
PANAMA
Panama-Stadt
JAMAIKA
HAITI
DOMINIK. REP.
Niederl. Antillen
ST. VINCENT/ GRENADINEN
GRENADA
DOMINICA
Martinique (Fr.)
ST. LUCIA
BARBADOS
TRINIDAD U. TOBAGO
Port of Spain
Caracas
Ciud. Bolívar
Barquisimeto
Maracaibo
Barranquilla
Cartagena
Medellín
Bogotá
KOLUMBIEN
Cali
Buenaventura
Kokos-I. (Costa Rica)
Malpelo (Kol.)
Galápagos-Inseln (Ec.)
Quito
ECUADOR
Guayaquil
Cuenca
Iquitos
VENEZUELA
GUYANA
Georgetown
SURINAM
Paramaribo
Franz.-Guyana
Cayenne
ATLANTISCHER OZEAN
Macapá
Belém
Manaus
Amazonas
São Luis
Fortaleza
Teresina
Fernando do Noronha (Bras.)
Natal
Campina Grande
Joao Pessoa
Recife
Juazeiro
Maceió
Aracaju
Feira de Santana
Salvador
Selvas
PERU
Trujillo
Rio Branco
Pôrto Velho
BRASILIEN
Cerro de Pasco
Callao
Lima
Cuzco
Andahuaylas
Titicacasee
Arequipa
Tacna
Arica
Iquique
La Paz
Trinidad
BOLIVIEN
Oruro
Santa Cruz
Sucre
Cuiabá
Brasília
Goiânia
Uberlândia
Corumbá
Campo Grande
São Rosé d.R.Prêto
Belo Horizonte
Gov. Valadares
Vitória
Trinidade (Bras.)
Campos
PAZIFISCHER OZEAN
Antofagasta
PARAGUAY
Concepción
Asunción
Londrina
Sao Paulo
Niterói
Rio de Janeiro
Curitiba
Santo André
Salta
San Félix (Chile)
San Ambrosio
Copaipó
Tucumán
Resistencia
Corrientes
Posadas
Florianópolis
Sta. Maria
Pôrto Alegre
CHILE
Santiago del Estero
Córdoba
Santa Fe
Salto
Rio Grande
Juan-Fernández-Inseln (Chile)
Valparaíso
Mendoza
Rosario
URUGUAY
Santiago de Chile
Buenos Aires
Montevideo
La Plata
Talcahuano
ARGENTINIEN
Mar del Plata
Bahía Blanca
Valdivia
Neuquén
Puerto Montt
Chiloé
Trelew
Chonos-Arch.
Comodoro Rivadavia
H.-I. Taitao
Patagonien
Wellington-I.
Falkland-In./Islas Malvinas (GB, von Argentinien beansprucht)
Río Gallegos
Stanley
Punta Arenas
Magellanstr.
Feuerland
Ushuaia
Kap Hoorn
Südgeorgien (GB)
Hauptstadt
Millionenstadt
sonstige Stadt
0 250 750 km

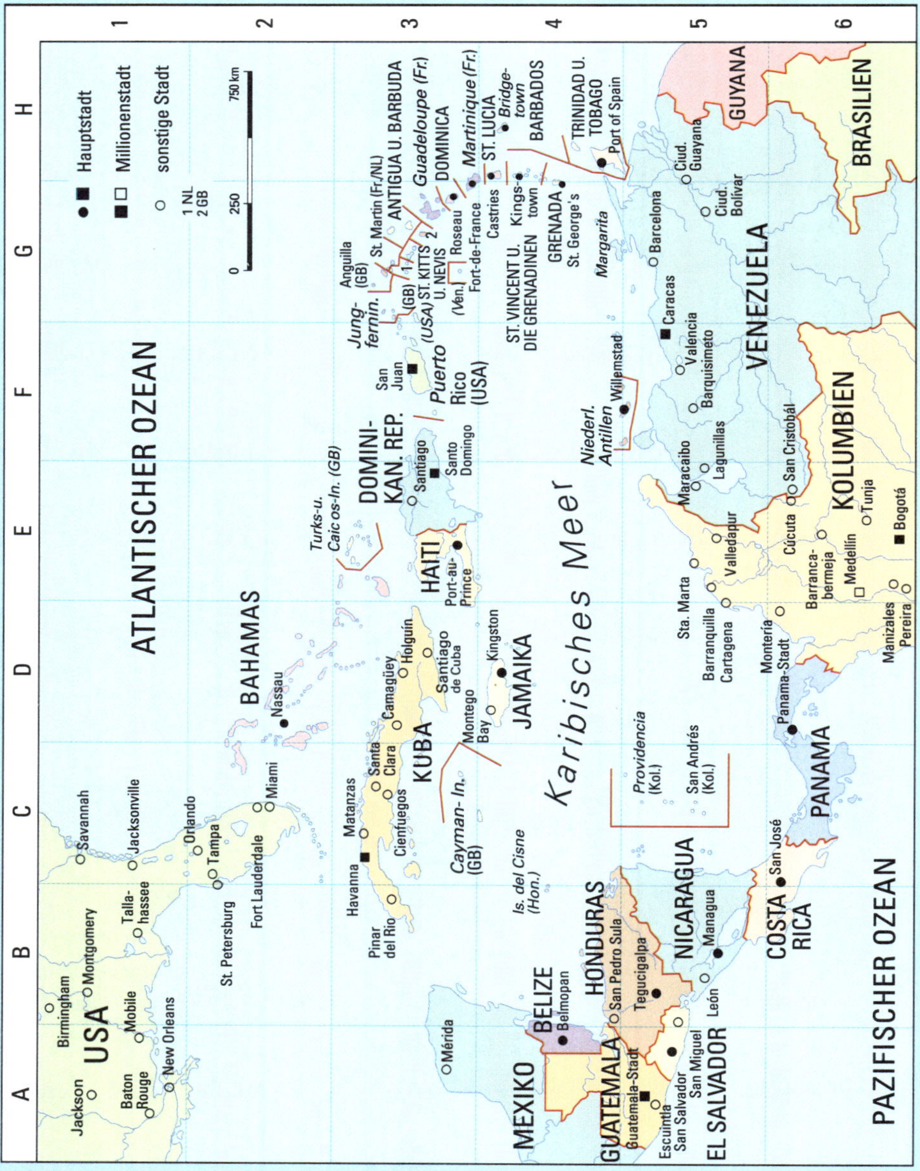
Hauptstadt
Millionenstadt
sonstige Stadt
1 NL
2 GB
0 250 750 km
ATLANTISCHER OZEAN
PAZIFISCHER OZEAN
Karibisches Meer
USA
MEXIKO
BELIZE
GUATEMALA
HONDURAS
EL SALVADOR
NICARAGUA
COSTA RICA
PANAMA
KUBA
BAHAMAS
JAMAIKA
HAITI
DOMINIKAN. REP.
Puerto Rico (USA)
KOLUMBIEN
VENEZUELA
GUYANA
BRASILIEN
ANTIGUA U. BARBUDA
Guadeloupe (Fr.)
DOMINICA
Martinique (Fr.)
ST. LUCIA
BARBADOS
ST. VINCENT U. DIE GRENADINEN
GRENADA
TRINIDAD U. TOBAGO
ST. KITTS U. NEVIS
Niederl. Antillen
Turks-u. Caicos-In. (GB)
Cayman-In. (GB)
Jungfernin.
Anguilla (GB)
St. Martin (Fr./NL)
Is. del Cisne (Hon.)
Providencia (Kol.)
San Andrés (Kol.)
Margarita
Jackson
Birmingham
Montgomery
Savannah
Baton Rouge
Mobile
New Orleans
Tallahassee
Jacksonville
Orlando
Tampa
St. Petersburg
Fort Lauderdale
Miami
Nassau
Havanna
Matanzas
Pinar del Rio
Cienfuegos
Santa Clara
Camagüey
Holguín
Santiago de Cuba
Montego Bay
Kingston
Port-au-Prince
Santiago
Santo Domingo
San Juan
Roseau
Fort-de-France
Castries
Bridgetown
Kingstown
St. George's
Port of Spain
Mérida
Belmopan
Guatemala-Stadt
Escuintla
San Salvador
San Miguel
San Pedro Sula
Tegucigalpa
León
Managua
San José
Panama-Stadt
Monteria
Cartagena
Barranquilla
Sta. Marta
Valledupar
Maracaibo
Lagunillas
Willemstad
Barquisimeto
Valencia
Caracas
Barcelona
Ciud. Bolívar
Ciud. Guayana
Cúcuta
San Cristobál
Barrancabermeja
Medellín
Tunja
Bogotá
Manizales
Pereira

A
B
C
D
E
F
1
2
3
4
5
6
7
8
Azoren (Port.)
PORTUGAL
Lissabon
Madrid
SPANIEN
ITALIEN
GRIECHENLAND
Athen
Ankara
TÜRKEI
Izmir
Jerewan
TURKMENISTAN
Gibraltar (GB)
Rabat
Casablanca
Madeira (Port.)
MAROKKO
Algier
Tunis
TUNESIEN
MALTA
Mittelmeer
Tripolis
ZYPERN
LIB.
SYRIEN
Damaskus
ISRAEL
JORDANIEN
IRAK
Bagdad
Teheran
IRAN
Alexandria
Kairo
Gizeh
KUWAIT
BAHRAIN
KATAR
Abu Dhabi
V.A.E.
Maskat
OMAN
Kanarische Inseln (Span.)
El Aiun
Westsahara (v. Marokko bes.)
ALGERIEN
LIBYEN
ÄGYPTEN
Nil
SAUDI-ARABIEN
Riadh
Rotes Meer
KAP VERDE
Praia
MAURETANIEN
Nouakchott
MALI
NIGER
TSCHAD
Tschadsee
N'Djaména
Khartum
SUDAN
ERITREA
Asmara
Sana
JEMEN
Sokotra (Jemen)
SENEGAL
Dakar
GAMBIA
Banjul
GUINEA-BISSAU
Bissau
Bamako
BURKINA FASO
Niamey
Ouagadougou
NIGERIA
Abuja
DSCHIBUTI
Addis Abeba
ÄTHIOPIEN
Kap Guardafui
SOMALIA
GUINEA
Conakry
Freetown
SIERRA LEONE
Monrovia
LIBERIA
ELFENBEINKÜSTE
GHANA
TOGO
BENIN
Porto Novo
Yamoussoukro
Abidjan
Accra
Lomé
KAMERUN
ZENTRALAFRIKAN. REP.
Bangui
Malabo
Yaoundé
ÄQUAT.-GUINEA
SÃO TOMÉ U. PRÍNCIPE
Libreville
GABUN
KONGO (BRAZZ.)
Kongo
UGANDA
Kampala
KENIA
Victoriasee
Nairobi
Mogadischu
RUANDA
Kigali
Bujumbura
BURUNDI
Brazzaville
Kinshasa
Cabinda (Ang.)
KONGO
Dodoma
Daressalam
TANSANIA
Victoria
SEYCHELLEN
Ascension (St. H./GB)
Luanda
KOMOREN
Moroni
Mayotte (Fr.)
ATLANTISCHER
ANGOLA
SAMBIA
MALAWI
Lilongwe
Lusaka
St. Helena (GB)
Kap Fria
Harare
MOSAMBIK
MADAGASKAR
MAURITIUS
Antananarivo
SIMBABWE
NAMIBIA
BOTSWANA
Port Louis
Réunion (Fr.)
OZEAN
Windhuk
Gaborone
Tshwane
Johannesburg
Maputo
Mbabane
SWASILAND
Maseru
LESOTHO
SÜDAFRIKA
Kap der Guten Hoffnung
Kapstadt
Tristan da Cunha (St. H./GB)
Hauptstadt
Millionenstadt
sonstige Stadt
0
250
750 km

A
B
C
D
E
F
G
H
1
2
3
4
5
6
BULGARIEN
Istanbul
Izmir
Schwarzes Meer
Samsun
Ankara
TÜRKEI
Konya
Antalya
Adana
Erzurum
Van
GEORGIEN
Tbilissi
ARMENIEN
Jerewan
ASERBAIDSCHAN
Baku
Kaspisches Meer
Täbris
TURKMENISTAN
Aschchabad
Meschhed
Herat
AFGHANISTAN
Kabul
Kunduz
Baghlan
Kandahar
Quetta
Sukkur
Indus
PAKISTAN
Hyderabad
Karatschi
ZYPERN
Nikosia
Mittelmeer
LIBANON
Beirut
SYRIEN
Aleppo
Damaskus
Tel Aviv
Jerusalem
ISRAEL
Amman
JORDANIEN
Mosul
Kirkuk
Bagdad
IRAK
Kerbela
Basra
Kuwait-Stadt
KUWAIT
Hamadan
Bakhtaran
Teheran
Ghom
Isfahan
IRAN
Jasd
Ahwas
Abadan
Schiras
Kharg
Persischer Golf
Str. v. Hormus
BAHRAIN
Manama
KATAR
Dauha
Abu Dhabi
VEREINIGTE ARABISCHE EMIRATE
Golf von Oman
Maskat
OMAN
Arabisches Meer
Hufuf
Riadh
SAUDI-ARABIEN
Medina
Mekka
Jidda
Rotes Meer
JEMEN
Sana
Hudaida
Aden
Golf von Aden
Sokotra (Jemen)
Bab el Mandeb
DSCHIBUTI
SOMALIA
ERITREA
Asmara
ÄTHIOPIEN
Port Sudan
SUDAN
Khartum
Nil
Assuan
ÄGYPTEN
Kairo
Gizeh
Alexandria
Hauptstadt
Millionenstadt
sonstige Stadt
0
250
750 km

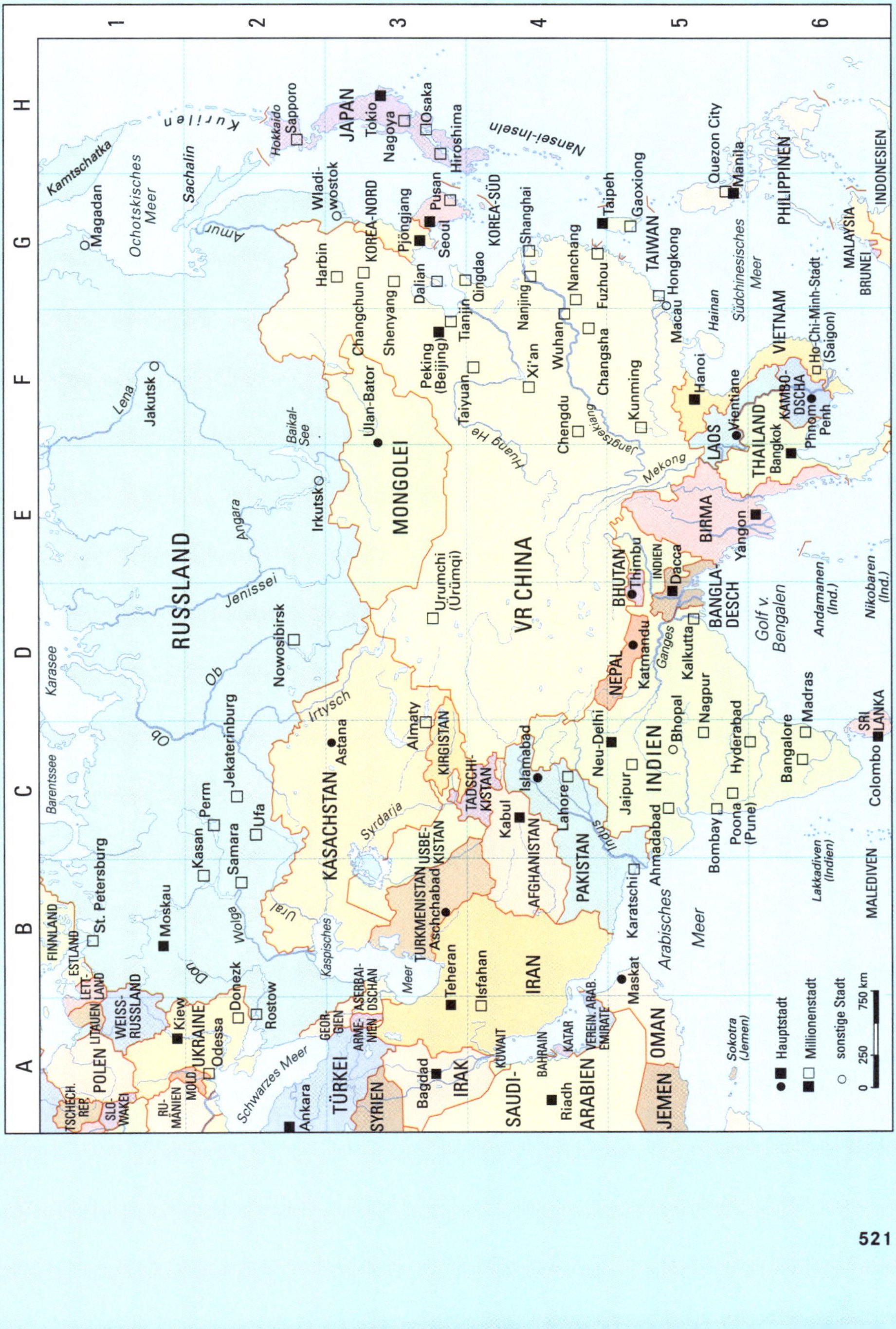
A B C D E F G H
1 2 3 4 5 6
RUSSLAND
KASACHSTAN
MONGOLEI
VR CHINA
INDIEN
IRAN
AFGHANISTAN
PAKISTAN
TURKMENISTAN
USBE-KISTAN
KIRGISTAN
TADSCHI-KISTAN
NEPAL
BHUTAN
BANGLA-DESCH
BIRMA
THAILAND
LAOS
VIETNAM
KAMBO-DSCHA
MALAYSIA
BRUNEI
INDONESIEN
PHILIPPINEN
TAIWAN
KOREA-NORD
KOREA-SÜD
JAPAN
SRI LANKA
MALEDIVEN
SAUDI-ARABIEN
JEMEN
OMAN
VEREIN. ARAB. EMIRATE
KATAR
BAHRAIN
KUWAIT
IRAK
SYRIEN
TÜRKEI
GEOR-GIEN
ARME-NIEN
ASERBAI-DSCHAN
UKRAINE
WEISS-RUSSLAND
POLEN
LITAUEN
LETT-LAND
ESTLAND
FINNLAND
TSCHECH. REP.
SLO-WAKEI
RU-MÄNIEN
MOLD.
Moskau
St. Petersburg
Kiew
Odessa
Donezk
Rostow
Kasan
Samara
Perm
Ufa
Jekaterinburg
Nowosibirsk
Irkutsk
Jakutsk
Magadan
Wladi-wostok
Astana
Almaty
Aschchabad
Teheran
Isfahan
Kabul
Islamabad
Lahore
Karatschi
Ahmadabad
Jaipur
Neu-Delhi
Bhopal
Nagpur
Bombay
Poona (Pune)
Hyderabad
Bangalore
Madras
Kalkutta
Katmandu
Thimbu
Dacca
Colombo
Yangon
Bangkok
Vientiane
Phnom Penh
Hanoi
Ho-Chi-Minh-Stadt (Saigon)
Manila
Quezon City
Urumchi (Ürümqi)
Ulan-Bator
Peking (Beijing)
Tianjin
Taiyuan
Xi'an
Chengdu
Kunming
Wuhan
Changsha
Nanjing
Nanchang
Shanghai
Fuzhou
Hongkong
Macau
Taipeh
Gaoxiong
Qingdao
Dalian
Shenyang
Changchun
Harbin
Pjöngjang
Seoul
Pusan
Sapporo
Tokio
Nagoya
Osaka
Hiroshima
Riadh
Bagdad
Ankara
Maskat
Barentssee
Karasee
Ochotskisches Meer
Kamtschatka
Sachalin
Hokkaido
Kurilen
Nansei-Inseln
Südchinesisches Meer
Hainan
Golf v. Bengalen
Andamanen (Ind.)
Nikobaren (Ind.)
Lakkadiven (Indien)
Arabisches Meer
Sokotra (Jemen)
Kaspisches Meer
Schwarzes Meer
Baikal-See
Ob
Irtysch
Jenissei
Angara
Lena
Amur
Huang He
Jangtsekiang
Mekong
Ganges
Indus
Syrdarja
Ural
Wolga
Don
Hauptstadt
Millionenstadt
sonstige Stadt
0 250 750 km

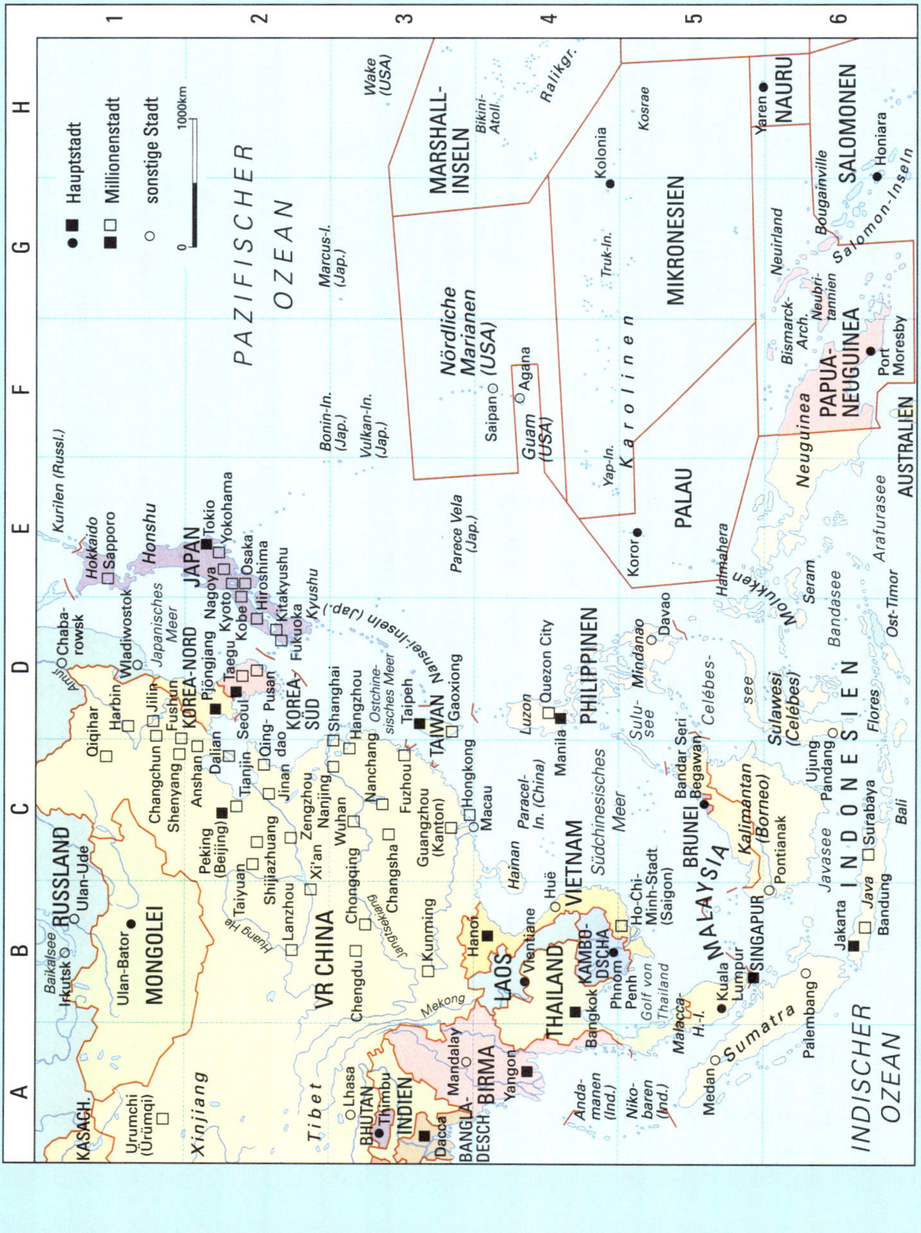
A B C D E F G H
1 2 3 4 5 6
● ■ Hauptstadt
■ □ Millionenstadt
○ sonstige Stadt
0 1000km
PAZIFISCHER OZEAN
INDISCHER OZEAN
RUSSLAND
MONGOLEI
VR CHINA
KASACH.
KOREA-NORD
KOREA-SÜD
JAPAN
TAIWAN
PHILIPPINEN
VIETNAM
LAOS
THAILAND
KAMBODSCHA
BIRMA
BHUTAN
INDIEN
BANGLADESCH
MALAYSIA
BRUNEI
SINGAPUR
INDONESIEN
PAPUA-NEUGUINEA
AUSTRALIEN
PALAU
MIKRONESIEN
MARSHALL-INSELN
NAURU
SALOMONEN
Nördliche Marianen (USA)
Guam (USA)
Ulan-Bator
Irkutsk
Ulan-Ude
Baikalsee
Urumchi (Ürümqi)
Xinjiang
Tibet
Lhasa
Thimbu
Dacca
Mandalay
Yangon
Bangkok
Vientiane
Hanoi
Huë
Phnom Penh
Ho-Chi-Minh-Stadt (Saigon)
Kuala Lumpur
Peking (Beijing)
Tianjin
Shanghai
Seoul
Pjöngjang
Tokio
Yokohama
Osaka
Kyoto
Kobe
Nagoya
Hiroshima
Sapporo
Taipeh
Hongkong
Macau
Manila
Quezon City
Davao
Jakarta
Bandung
Surabaya
Koror
Kolonia
Saipan
Agana
Yaren
Honiara
Port Moresby
Mekong
Huang He
Jangtsekiang
Südchinesisches Meer
Ostchinesisches Meer
Japanisches Meer
Sulusee
Celebessee
Javasee
Bandasee
Arafurasee
Golf von Thailand
Sumatra
Java
Bali
Flores
Kalimantan (Borneo)
Sulawesi (Celebes)
Mindanao
Luzon
Hainan
Honshu
Hokkaido
Kyushu
Neuguinea
Bismarck-Arch.
Neuirland
Neubritannien
Bougainville
Salomon-Inseln
Karolinen
Kurilen (Russl.)
Bonin-In. (Jap.)
Vulkan-In. (Jap.)
Marcus-I. (Jap.)
Wake (USA)
Ralikgr.
Bikini-Atoll
Kosrae
Truk-In.
Yap-In.
Parece Vela (Jap.)
Paracel-In. (China)
Nansei-Inseln (Jap.)
Molukken
Halmahera
Seram
Ost-Timor
Andamanen (Ind.)
Nikobaren (Ind.)
Malacca-H.-I.

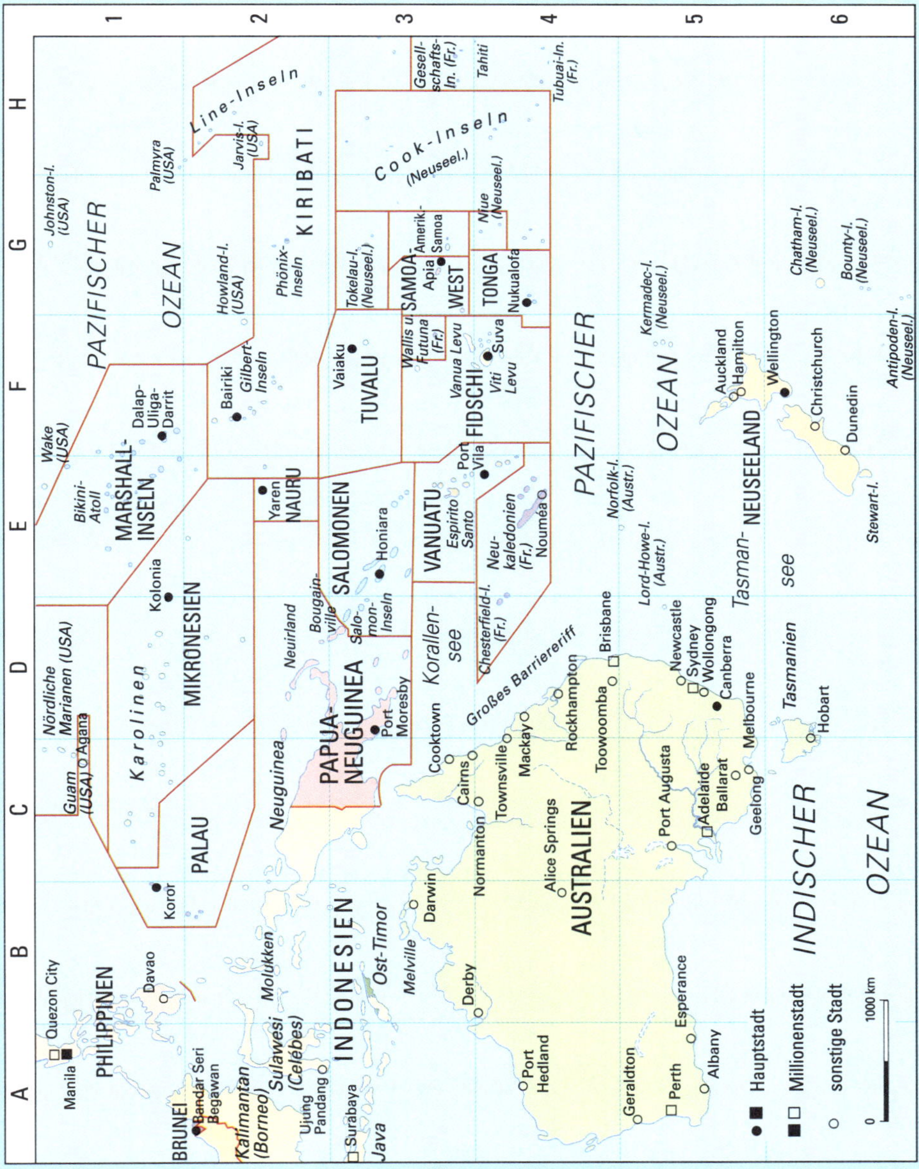

A B C D E F G H
1 2 3 4 5 6
PAZIFISCHER OZEAN
PAZIFISCHER OZEAN
INDISCHER OZEAN
PHILIPPINEN
Manila
Quezon City
Davao
BRUNEI
Bandar Seri Begawan
Kalimantan (Borneo)
Sulawesi (Celebes)
Ujung Pandang
Surabaya
Java
Molukken
INDONESIEN
Ost-Timor
PALAU
Koror
Neuguinea
PAPUA-NEUGUINEA
Port Moresby
Neuirland
Bougainville
Salomon-Inseln
Nördliche Marianen (USA)
Guam (USA)
Agana
Karolinen
MIKRONESIEN
Kolonia
Bikini-Atoll
MARSHALL-INSELN
Dalap-Uliga-Darrit
Wake (USA)
Johnston-I. (USA)
Palmyra (USA)
Line-Inseln
Jarvis-I. (USA)
Howland-I. (USA)
Phönix-Inseln
KIRIBATI
Bairiki
Gilbert-Inseln
Yaren
NAURU
SALOMONEN
Honiara
TUVALU
Vaiaku
Tokelau-I. (Neuseel.)
Wallis u. Futuna (Fr.)
SAMOA-WEST
Apia
Amerik.-Samoa
Cook-Inseln (Neuseel.)
Gesellschafts-In. (Fr.)
Tahiti
Niue (Neuseel.)
TONGA
Nukualofa
FIDSCHI
Vanua Levu
Viti Levu
Suva
VANUATU
Espiritu Santo
Port Vila
Neukaledonien (Fr.)
Nouméa
Tubuai-In. (Fr.)
Korallensee
Chesterfield-I. (Fr.)
Großes Barriereriff
Melville
Darwin
Derby
Port Hedland
Cooktown
Cairns
Townsville
Normanton
Mackay
Rockhampton
Alice Springs
AUSTRALIEN
Brisbane
Toowoomba
Geraldton
Perth
Albany
Esperance
Port Augusta
Adelaide
Ballarat
Geelong
Melbourne
Canberra
Wollongong
Sydney
Newcastle
Tasmanien
Hobart
Norfolk-I. (Austr.)
Lord-Howe-I. (Austr.)
Tasman-see
Kermadec-I. (Neuseel.)
NEUSEELAND
Auckland
Hamilton
Wellington
Christchurch
Dunedin
Stewart-I.
Chatham-I. (Neuseel.)
Bounty-I. (Neuseel.)
Antipoden-I. (Neuseel.)
Hauptstadt
Millionenstadt
sonstige Stadt
0
1000 km

Staaten der Erde: Wirtschaftliche Entwicklung

Land	BIP-Entstehung			BNE/Kopf[1]	Inflation	Arbeitslosigkeit
	Dienst-leist.	Indus.	Landw.			
Afghanistan	k. A.	k. A.	k. A.	k. A.	k. A.	k. A.
Ägypten	50%	33%	17%	1390 $ (2003)	5,2% (2004)	11,5% (2004)
Albanien	46%	29%	25%	1740 $ (2003)	2,9% (2004)	14,8% (2004)
Algerien	33%	54%	13%	1890 $ (2003)	4,5% (2004)	26% (2003)
Andorra	80%	17%	3%	k. A.	k. A.	k. A.
Angola	23%	70%	7%	740 $ (2003)	k. A.	k. A.
Antigua und Barbuda	81%	13%	6%	9160 $ (2003)	k. A.	k. A.
Äquatorialguinea	36%	14%	50%	930 $ (2003)	k. A.	k. A.
Argentinien	62%	32%	6%	3650 $ (2003)	4,4% (2004)	13,2% (2004)
Armenien	35%	32%	33%	950 $ (2003)	k. A.	k. A.
Aserbaidschan	38%	43%	19%	810 $ (2003)	6,7% (2004)	1,5% (2004)
Äthiopien	44%	7%	49%	90 $ (2003)	9% (2004)	ca. 40% (Städte, 2004)
Australien	70%	27%	3%	21 650 $ (2003)	2,5% (2004)	5% (2004)
Bahamas	81%	16%	3%	15 110 $ (2003)	3,5% (2003)	k. A.
Bahrain	59%	40%	1%	11 260 $ (2003)	k. A.	k. A.
Bangladesch	52%	27%	21%	400 $ (2003)	k. A.	k. A.
Barbados	84%	11%	5%	9270 $ (2003)	k. A.	k. A.
Belgien	71%	28%	1%	25 820 $ (2003)	1,9% (2004)	7,8% (2004)
Belize	57%	23%	20%	3190 $ (2003)	k. A.	k. A.
Benin	48%	14%	38%	440 $ (2003)	k. A.	k. A.
Bhutan	28%	35%	37%	660 $ (2003)	k. A.	k. A.
Birma (Myanmar)	38%	9%	53%	k. A.	24,9% (2004)	4,2% (2003)
Bolivien	53%	31%	16%	890 $ (2003)	4,6% (2004)	11,7% (2003)
Bosnien und Herzegowina	25%	64%	11%	1540 $ (2003)	k. A.	ca. 40% (2003)
Botswana	51%	45%	4%	3430 $ (2003)	k. A.	k. A.
Brasilien	62%	29%	9%	2710 $ (2003)	6,6% (2004)	11,5% (2004)
Brunei	58%	39%	3%	24 100 $ [2]	0,9% (2004)	3,5% (2002)
Bulgarien	59%	30%	11%	2130 $ (2003)	4% (2004)	12,2% (2004)
Burkina Faso	41%	27%	32%	300 $ (2003)	k. A.	k. A.
Burundi	30%	17%	53%	100 $ (2003)	k. A.	k. A.
Chile	59%	33%	8%	4390 $ (2003)	1,1% (2004)	7,8% (2004)
China	33%	50%	17%	1100 $ (2003)	3,9% (2004)	4,2% (Städte, 2004)
Costa Rica	64%	22%	14%	4280 $ (2003)	10,2% (2004)	6,5% (2004)
Dänemark	71%	25%	4%	33 750 $ (2003)	1,2% (2004)	6,4% (2004)
Deutschland	64%	35%	1%	25 250 $ (2003)	1,6% (2004)	10,2% (2004)
Dominica	62%	20%	18%	3360 $ (2003)	k. A.	k. A.
Dominikanische Republik	60%	29%	11%	2070 $ (2003)	28,7% (2004)	18,4% (2004)
Dschibuti	75%	21%	4%	910 $ (2003)	k. A.	k. A.
Ecuador	55%	33%	12%	1790 $ (2003)	1,9% (2004)	11,0% (2004)
Elfenbeinküste	52%	24%	24%	660 $ (2003)	3,3% (2004)	ca. 40% (2003)
El Salvador	62%	28%	10%	2200 $ (2003)	4,5% (2004)	6,3% (2004)
Eritrea	57%	27%	16%	190 $ (2003)	k. A.	k. A.
Estland	66%	28%	6%	4960 $ (2003)	3% (2004)	9,7% (2004)
Fidschi	57%	25%	18%	2360 $ (2003)	k. A.	k. A.
Finnland	61%	35%	4%	27 020 $ (2003)	0,2% (2004)	8,8% (2004)
Frankreich	72%	26%	2%	24 770 $ (2003)	1,5% (2004)	10% (2004)
Gabun	33%	60%	7%	3580 $ (2003)	k. A.	k. A.
Gambia	59%	14%	27%	310 $ (2003)	k. A.	k. A.
Georgien	65%	13%	22%	830 $ (2003)	7% (2003)	10,5% (2003)
Ghana	39%	25%	36%	320 $ (2003)	12,6% (2004)	30% (2003)

1) ehemals BSP/Kopf; 2) Schätzung 2000

Land	BIP-Entstehung			BNE/Kopf	Inflation	Arbeitslosigkeit
	Dienst-leist.	Indus.	Landw.			
Grenada	71%	19%	10%	3790 $ (2003)	k. A.	k. A.
Griechenland	69%	23%	8%	13 720 $ (2003)	2,9% (2004)	11% (2004)
Großbritannien	69%	29%	2%	28 350 $ (2003)	1,7% (2004)	4,7% (2004)
Guatemala	58%	19%	23%	1910 $ (2003)	9,2% (2004)	7,5% (2004)
Guinea	41%	36%	23%	430 $ (2003)	k. A.	k. A.
Guinea-Bissau	25%	13%	62%	140 $ (2003)	k. A.	k. A.
Guyana	27%	34%	39%	900 $ (2003)	k. A.	k. A.
Haiti	50%	20%	30%	380 $ (2003)	k. A.	k. A.
Honduras	52%	30%	18%	970 $ (2003)	k. A.	k. A.
Indien	46%	26%	28%	530 $ (2003)	3,8% (2004)	8% (2003)
Indonesien	35%	45%	20%	810 $ (2003)	6,2% (2004)	9,6% (2004)
Irak	47%	23%	30%	k. A.	k. A.	k. A.
Iran	43%	36%	21%	2000 $ (2003)	13% (2004)	16% (2004)
Irland	54%	39%	7%	26 960 $ (2003)	2,4% (2004)	4,5% (2004)
Island	58%	30%	12%	30 810 $ (2003)	3,2% (2004)	3,1% (2004)
Israel	58%	38%	4%	16 020 $ (2003)	1,6% (2004)	10,7% (2004)
Italien	66%	31%	3%	21 560 $ (2003)	2,2% (2004)	8% (2004)
Jamaika	59%	33%	8%	3790 $ (2003)	10,0% (2004)	12,8% (2003)
Japan	61%	37%	2%	34 510 $ (2003)	-0,1% (2004)	4,8% (2004)
Jemen	34%	49%	17%	520 $ (2003)	k. A.	k. A.
Jordanien	71%	27%	2%	1850 $ (2003)	3,4% (2004)	14,5% (2003)
Kambodscha	37%	28%	35%	310 $ (2003)	3,9% (2004)	3,1% (2004)
Kamerun	36%	20%	44%	640 $ (2003)	k. A.	k. A.
Kanada	70%	27%	3%	23 930 $ (2003)	1,9% (2004)	7,2% (2004)
Kap Verde	70%	17%	13%	1490 $ (2003)	k. A.	k. A.
Kasachstan	60%	30%	10%	1780 $ (2003)	6,7% (2004)	8,4 (2004)
Katar	45%	54%	1%	k. A.	k. A.	k. A.
Kenia	56%	17%	27%	390 $ (2003)	11,5% (2004)	ca. 30% (2003)
Kirgistan	35%	22%	43%	330 $ (2003)	k. A.	k. A.
Kiribati	80%	6%	14%	880 $ (2003)	k. A.	k. A.
Kolumbien	62%	24%	14%	1810 $ (2003)	5,5% (2004)	13,6% (2004)
Komoren	50%	12%	38%	450 $ (2003)	k. A.	k. A.
Kongo, Demokratische Republik Kongo	25%	17%	58%	100 $ (2003)	k. A.	k. A.
Kongo, Republik Kongo	42%	48%	10%	640 $ (2003)	k. A.	k. A.
Korea-Nord	40%	35%	25%	k. A.	k. A.	k. A.
Korea-Süd	51%	44%	5%	12 020 $ (2003)	3,6% (2004)	3,5% (2004)
Kroatien	59%	32%	9%	5350 $ (2003)	2,1% (2004)	13,8% (2004)
Kuba	55%	37%	8%	k. A.	k. A.	k. A.
Kuwait	44%	55%	1%	18 270 $ (2001)	k. A.	k. A.
Laos	25%	22%	53%	320 $ (2003)	11,2% (2004)	ca. 6% (2003)
Lesotho	44%	38%	18%	590 $ (2003)	k. A.	k. A.
Lettland	75%	21%	4%	4070 $ (2003)	6,2% (2004)	8,5% (2004)
Libanon	61%	27%	12%	4040 $ (2003)	3% (2004)	ca. 20% (2002)
Liberia	56%	9%	35%	130 $ (2003)	k. A.	k. A.
Libyen	49%	44%	7%	6500 $ (2001)	2,5% (2004)	30% (2004)
Liechtenstein	50%	49%	1%	40 000 $ (2002)	k. A.	2% (2003)
Litauen	65%	29%	6%	4490 $ (2003)	12,5% (2004)	36% (2004)
Luxemburg	77%	22%	1%	43 940 $ (2003)	2,2% (2004)	4,2% (2004)
Madagaskar	56%	14%	30%	290 $ (2003)	k. A.	k. A.

Staaten der Erde: Wirtschaftliche Entwicklung

Land	BIP-Entstehung			BNE/Kopf	Inflation	Arbeitslosigkeit
	Dienst-leist.	Indus.	Landw.			
Makedonien	61%	28%	11%	1980 $ (2003)	-1,9% (2004)	37,2% (2004)
Malawi	44%	18%	38%	170 $ (2003)	k. A.	k. A.
Malaysia	42%	44%	14%	3780 $ (2003)	1,4% (2004)	3,5% (2004)
Malediven	64%	19%	17%	2300 $ (2003)	k. A.	k. A.
Mali	36%	17%	47%	290 $ (2003)	k. A.	k. A.
Malta	71%	26%	3%	9260 $ (2002)	3,4% (2004)	7,3% (2004)
Marokko	51%	32%	17%	1320 $ (2003)	1,7% (2004)	10,8% (2004)
Marshallinseln	72%	13%	15%	2710 $ (2003)	k. A.	k. A.
Mauretanien	46%	29%	25%	430 $ (2003)	k. A.	k. A.
Mauritius	58%	33%	9%	4090 $ (2003)	4,4% (2004)	4,2% (2004)
Mexiko	74%	22%	4%	6203 $ (2003)	4,7% (2004)	3,8% (2004)
Mikronesien	77%	4%	19%	2090 $ (2003)	k. A.	k. A.
Moldawien	58%	17%	25%	590 $ (2003)	11,6% (2003)	7,9% (2003)
Monaco	73%	27%	0%	40 000 $ (2004)	k. A.	k. A.
Mongolei	40%	28%	32%	480 $ (2003)	k. A.	k. A.
Moçambik	44%	24%	32%	210 $ (2003)	k. A.	k. A.
Namibia	55%	32%	13%	1870 $ (2003)	k. A.	k. A.
Nauru	k. A.	k. A.	k. A.	k. A.	k. A.	k. A.
Nepal	37%	22%	41%	240 $ (2003)	k. A.	ca. 5% (2003)
Neuseeland	61%	30%	9%	15 870 $ (2003)	1,5% (2004)	4,5 % (2004)
Nicaragua	53%	21%	26%	730 $ (2003)	k. A.	k. A.
Niederlande	70%	27%	3%	26 310 $ (2003)	1,2% (2004)	5,7% (2004)
Niger	43%	17%	40%	200 $ (2003)	k. A.	k. A.
Nigeria	27%	41%	32%	320 $ (2003)	16,5% (2004)	ca. 50% (2003)
Norwegen	66%	32%	2%	43 350 $ (2003)	0,4% (2004)	4,5% (2004)
Oman	49%	48%	3%	7830 $ (2002)	k. A.	k. A.
Österreich	66%	32%	2%	26 720 $ (2003)	2,1% (2004)	4,5% (2004)
Ost-Timor	k. A.	k. A.	k. A.	430 $ (2003)	k. A.	k. A.
Pakistan	49%	25%	26%	470 $ (2003)	4,6% (2004)	8,3% (2003)
Palau	50%	21%	29%	7500 $ (2003)	k. A.	k. A.
Panama	74%	18%	8%	4205 $ (2003)	2,5% (2004)	12,6% (2004)
Papua-Neuguinea	64%	15%	21%	510 $ (2003)	k. A.	k. A.
Paraguay	52%	22%	26%	1100 $ (2003)	5,2% (2004)	8,1% (2003)
Peru	54%	38%	8%	2150 $ (2003)	3,7% (2004)	9% (2003)
Philippinen	52%	28%	20%	1080 $ (2003)	6% (2004)	11,8% (2004)
Polen	63%	33%	4%	5270 $ (2003)	3,6% (2004)	18,8% (2004)
Portugal	56%	39%	5%	12 130 $ (2003)	1,9% (2004)	6,3% (2004)
Ruanda	34%	20%	46%	220 $ (2003)	k. A.	k. A.
Rumänien	44%	40%	16%	2310 $ (2003)	11,3% (2004)	6,8% (2004)
Russland	58%	35%	7%	2610 $ (2003)	10,9% (2004)	8,5% (2004)
Saint Kitts und Nevis	72%	23%	5%	6880 $ (2003)	k. A.	k. A.
Saint Lucia	75%	17%	8%	4050 $ (2003)	k. A.	k. A.
Saint Vincent and the Grenadines	64%	24%	12%	3300 $ (2003)	k. A.	k. A.
Salomonen	48%	13%	39%	600 $ (2003)	k. A.	k. A.
Sambia	57%	26%	17%	380 $ (2003)	k. A.	k. A.
Samoa	35%	25%	40%	1600 $ (2003)	k. A.	k. A.
San Marino	52%	42%	6%	25 000 $ [3]	k. A.	k. A.
São Tomé und Príncipe	58%	19%	23%	320 $ (2003)	k. A.	k. A.
Saudi-Arabien	45%	48%	7%	8530 $ (2002)	2,5% (2004)	ca. 25% (2004)

3) Schätzung 2000

Land	BIP-Entstehung			BNE/Kopf	Inflation	Arbeitslosigkeit
	Dienst-leist.	Indus.	Landw.			
Schweden	68%	30%	2%	28 840 $ (2003)	0,5% (2004)	5,7% (2004)
Schweiz	69%	28%	3%	39 880 $ (2003)	0,8% (2004)	3,9% (2004)
Senegal	57%	25%	18%	550 $ (2003)	k. A.	k. A.
Serbien und Montenegro	45%	34%	21%	1910 $ (2003)	12,5% (2004)	36% (2004)
Seychellen	71%	25%	4%	7480 $ (2003)	k. A.	k. A.
Sierra Leone	32%	24%	44%	150 $ (2003)	k. A.	k. A.
Simbabwe	57%	24%	19%	ca. 480 $ (2002)	285% (2004)	ca. 70% (2004)
Singapur	64%	36%	0%	21 230 $ (2003)	1,7% (2004)	4% (2004)
Slowakei	64%	32%	4%	4920 $ (2003)	7,5% (2004)	18% (2004)
Slowenien	57%	39%	4%	11 830 $ (2003)	3,6% (2004)	10,4% (2004)
Somalia	k. A.	k. A.	k. A.	k. A.	k. A.	k. A.
Spanien	63%	33%	4%	16 990 $ (2003)	3,1% (2004)	10,8% (2004)
Sri Lanka	51%	28%	21%	930 $ (2003)	7,6% (2004)	8,4% (2004)
Südafrika	64%	32%	4%	2780 $ (2003)	4,9% (2004)	42% (2004)
Sudan	43%	18%	39%	460 $ (2003)	k. A.	k. A.
Surinam	58%	35%	7%	1940 $ (2002)	k. A.	k. A.
Swasiland	48%	41%	11%	1350 $ (2003)	k. A.	k. A.
Syrien	47%	27%	26%	1160 $ (2003)	3,5% (2004)	20% (2003)
Tadschikistan	64%	30%	6%	190 $ (2003)	k. A.	k. A.
Taiwan	64%	34%	2%	14 580 $ (2000)	1,6% (2004)	4,4% (2004)
Tansania	38%	14%	48%	290 $ (2003)	k. A.	k. A.
Thailand	49%	39%	12%	2190 $ (2003)	2,7% (2004)	ca. 2,1% (2004)
Togo	36%	21%	43%	310 $ (2003)	k. A.	k. A.
Tonga	53%	12%	35%	1490 $ (2003)	k. A.	k. A.
Trinidad und Tobago	53%	45%	2%	7260 $ (2003)	3,9% (2004)	6,7% (2004)
Tschad	48%	14%	38%	250 $ (2003)	k. A.	k. A.
Tschechien	57%	39%	4%	6740 $ (2003)	2,8% (2004)	8,3% (2004)
Tunesien	59%	28%	13%	2240 $ (2003)	3,6% (2004)	13,9% (2004)
Türkei	56%	26%	18%	2790 $ (2003)	9,8% (2004)	10,2% (2004)
Turkmenistan	34%	42%	24%	1120 $ (2003)	k. A.	k. A.
Tuvalu	77%	6%	17%	k. A.	k. A.	k. A.
Uganda	38%	18%	44%	240 $ (2003)	k. A.	k. A.
Ukraine	51%	34%	15%	970 $ (2003)	12,3% (2004)	8,5% (2004)
Ungarn	60%	34%	6%	6330 $ (2003)	6,8% (2004)	6,1% (2004)
Uruguay	62%	29%	9%	3790 $ (2003)	9,2% (2004)	12,1% (2004)
USA	72%	26%	2%	37 610 $ (2003)	2,7% (2004)	5,5% (2004)
Usbekistan	42%	27%	31%	420 $ (2003)	3,7% (2004)	0,4% (2004)
Vanuatu	65%	13%	22%	1180 $ (2003)	k. A.	k. A.
Vatikanstadt	k. A.	k. A.	k. A.	k. A.	k. A.	k. A.
Venezuela	71%	24%	5%	3490 $ (2003)	19,2% (2004)	16,6% (2004)
Vereinigte Arabische Emirate	46%	51%	3%	18 000 $ (2001)	2,5% (2004)	k. A.
Vietnam	41%	33%	26%	480 $ (2003)	7,7% (2004)	5,6% (2004)
Weißrussland	40%	46%	14%	1590 $ (2003)	14,4% (2004)	1,9% (2004)
Zentralafrikanische Republik	25%	20%	55%	260 $ (2003)	k. A.	k. A.
Zypern	73%	23%	4%	ca. 12 320 $ (2002)	1,9% (2004)	5% (2004)

Afghanistan

AFG

Islamischer Staat

Landesfläche	652 090 km² (WR 40)
Einwohner	24,9 Mio. (WR 44)
Hauptstadt	Kabul (3,2 Mio. Einwohner)
Sprachen	Paschtu, Dari u. a.
Währung	1 Afghani (Af) = 100 Puls (Pl)
Gliederung	32 Provinzen
Staatsform	Republik
Staatsoberhaupt und Regierungschef	Hamid Karsai (seit 2001/02) * 1957
Parlament	-
Internet	www.afghanembassy.net
Religion	Muslime (99 %): Sunniten 84 %, Schiiten 15 %; Sonstige (1 %)
Ethn. Gruppen	Paschtunen (38 %); Tadschiken (25 %); Hazara (19 %); Usbeken (6 %); Sonstige (12 %)
Urbanisierung	22 %
Einwohner/km	38
Bev.-Wachst./Jahr	3,9 %
Kindersterblichkeit	25,7 %
Alphabetisierung	36 %

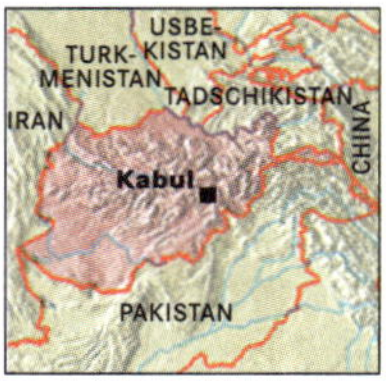

Innenpolitik: Bei der ersten freien Präsidentschaftswahl in A. setzte sich im Oktober 2004 Amtsinhaber Hamid Karsai durch. Er erhielt 55,3% der abgegebenen Stimmen, während auf seinen größten Rivalen, den früheren Erziehungsminister Junus Kanuni, lediglich 16% entfielen. Die Wahl wurde von Unregelmäßigkeiten begleitet. In einigen Provinzen hatten Bürger mehrere Wählerausweise; außerdem wurde regional Druck auf Wähler ausgeübt, Karsai zu wählen. Eine unabhängige Wahlkommission, welche die Rechtmäßigkeit des Urnengangs überwachte, hielt die Verstöße aber insgesamt für geringfügig. In seiner Regierungserklärung versprach Karsai, den Drogenanbau in A. bis spätestens 2009 zu unterbinden und die Milizen zu entwaffnen. Außerdem beabsichtigte er, Armut und Korruption zu bekämpfen, die Verwaltung zu reformieren und die von mehr als zwei Jahrzehnten Krieg und Bürgerkrieg zerstörte Infrastruktur des Landes wieder aufzubauen. An der Vereidigung Karsais im Dezember 2004 nahmen der US-amerikan. Vizepräsident Dick Cheney und Verteidigungsminister Donald Rumsfeld teil. Die US-Regierung begrüßte die Wahl Karsais, weil er als zuverlässiger Partner bei der Bekämpfung des internationalen Terrorismus gilt.

Regierungsbildung: Im Dezember 2004 stellte Karsai sein Kabinett vor, das aus 27 Ministern bestand. Der vorherige Verteidigungsminister Mohammed Fahim, ein bekannter tadschikischer Kriegsherr und ehemaliger Führer der Nordallianz, wurde durch seinen Stellvertreter Abdul Rahim Wardak ersetzt. Entlassen wurde auch Gul Agha Schersai, ein Kriegsherr aus dem Süden des Landes und bislang Minister für öffentliche Angelegenheiten. Dafür nahm Karsai einen mächtigen regionalen Stammesfürsten in seine Regierung auf: Ismail Khan, einst Gouverneur von Herat, erhielt das Ministerium für Wasser und Energie. Außenminister Abdullah Abdullah und Innenminister Ali Ahmad Dschalali behielten ihre Ämter. Finanzminister Aschraf Ghani wurde von Zentralbankgouverneur Anwar ul Hak Ahadi abgelöst. Das Wirtschaftsministerium wurde mit dem vorherigen Leiter für den Wiederaufbau, Amin Farhang, besetzt. Habibullah Kadari übernahm das neu geschaffene Ministerium gegen den Opiumanbau. Mit der Regierungsbildung verdeutlichte Karsai sein Ziel, die sog. Warlords, die über weite Regionen in den afghan. Provinzen herrschen, zu entmachten und die wichtigen Aufgaben des Landes gebildeten Politikern zu übertragen.

Frauenrechte: Im Februar 2005 kündigte Karsai an, zukünftig auch Frauen in das Amt des Provinzgouverneurs zu berufen. Seit dem gewaltsamen Sturz des radikalislamischen Talibanregimes (2001) bekamen Millionen von Frauen einen Arbeitsplatz, Mädchen erhielten wieder

Hamid Karsai
Afghan. Staatspräsident, *24. 12. 1957 in Karz. Karsai gehört der Volksgruppe der Paschtunen an und kommt aus dem Süden von Afghanistan. Er studierte in Indien internationale Beziehungen und baute in den 1980er-Jahren in den USA eine Restaurantkette auf. Nach seiner Rückkehr sammelte er Regierungserfahrung, u. a. als stellv. Außenminister in zwei Mudschaheddin-Regierungen. Nach dem Sturz der Taliban wurde er im Dezember 2001 zum afghan. Ministerpräsidenten bestimmt und gewann die Parlamentswahlen 2004.

die Möglichkeit zum regelmäßigen Schulbesuch. Die rechtliche Gleichstellung von Mann und Frau ist Teil der neuen Verfassung. Allerdings war 2004/05 die Lage der Frau in A. insbesondere auf dem Land, häufig prekär: In stärkerem Maße als in vielen Städten wurden die Frauen auf dem Land in ihren Rechten beschnitten.

Bewaffnete Milizen: Laut der Menschenrechtsorganisation Human Rights Watch war die von der internationalen Staatengemeinschaft angestrebte Entwaffnung afghan. Milizen Mitte 2005 weitgehend gescheitert. Zwar waren die Waffen von Kriegsherren mithilfe der NATO- und US-amerikan. Truppen durch die afghan. Armee weggeschlossen worden. Doch die Milizenführer verfügen über zahlreiche Möglichkeiten, sich neue Arsenale aufzubauen. Die Milizen behielten weiterhin die Kontrolle über zahlreiche Provinzen und verhinderten die von Präsident Karsai gewünschte Zentralisierung der Staatsgewalt.

Verurteilung: Ein afghan. Gericht verurteilte im März 2005 drei US-amerikan. Kopfgeldjäger zu Haftstrafen zwischen zwei und fünf Jahren. Sie waren im Juli 2004 festgenommen worden, nachdem die afghan. Behörden bei einer Razzia in Kabul ein Privatgefängnis mit acht Gefangenen entdeckt hatten. Einige von ihnen sagten aus, gefoltert worden zu sein. Die drei US-Amerikaner behaupteten hingegen, im Einverständnis mit den afghan. Behörden und dem US-amerikan. Verteidigungsministerium gehandelt zu haben.

Flüchtlinge: Seit dem Sturz der radikalislamischen Taliban in A. (2001) kehrten rund 3 Mio. Flüchtlinge in ihr Heimatland zurück. Für 2005 rechneten die UN mit der Rückkehr von weiteren 400 000 Flüchtlingen. Rund 5 % der Flüchtlinge versuchten sich in den südlichen Provinzen Sabul und Paktika niederzulassen, wo es 2004/05 wiederholt zu militärischen Auseinandersetzungen zwischen den Taliban und US-amerikan. Spezialkräften kam. Die Sicherheitslage in dieser Region verbesserte sich infolge US-amerikan. Militäroperationen und der Schließung von Flüchtlingslagern, die den Militanten als Basis gedient hatten.

Antiamerikanische Ausschreitungen: Im Mai 2005 kam es in der zentralafghan. Provinz Logar zu gewaltsamen Protesten gegen Einrichtungen internationaler Hilfsorganisationen. Auslöser war ein Bericht des US-amerikan. Nachrichtenmagazins »Newsweek«, US-amerikan. Soldaten hätten im Militärgefängnis Guantánamo auf Kuba den Koran auf den Toiletten ausgelegt und sogar hinuntergespült. Die Unruhen, die auf die Städte Dschalalabad und Kabul übergriffen und mind. 14 Menschenleben forderten, richteten sich auch gegen Präsident Karsai. »Newsweek« entschuldigte sich später, der Bericht sei eine Falschmeldung gewesen. Das US-Militär wiederum, musste Ende Mai zugeben, dass die Berichte zumindest teilweise zutrafen.

Afghanistan: UN-Helfer sortieren in Kabul nach der Präsidentenwahl am 15.10. 2004 die Stimmzettel.

Außenpolitik: Im Mai 2005 übernahm der US-amerikan. Generalleutnant Karl Eikenberry als Nachfolger von General David Barno die Befehlsgewalt über die rund 18 000 von den USA geführten Soldaten in A. Er kündigte an, den Kampf gegen den Drogenhandel zu verstärken und den Wiederaufbau zu fördern.

Wirtschaft: 2004 verdreifachte sich in A. die Anbaufläche von Schlafmohn für die Opiumproduktion auf ca. 216 000 ha. Im gleichen Zeitraum stieg die produzierte Opiummenge von 3 600 t (2003) auf 4 950 t. Damit wurde der Rekordwert aus dem Jahr 2000 (unter der Herrschaft der radikal-islamischen Taliban) noch übertroffen. Die Zahlen belegen das Scheitern eines umfangreichen Programms, mit dem die afghan. Regierung die Opiumproduktion bekämpfen wollte. In A. werden ca. drei Viertel der weltweiten Opiummenge produziert. Opium ist der Rohstoff für die Herstellung von Heroin. Im April 2005 wurde in den USA Baschir Nursai, ein mutmaßlicher afghan. Drogenboss, festgenommen, der jahrelang unter dem Schutz der Taliban gestanden haben soll. Er stand auf der US-amerikan. Liste der meistgesuchten Drogenhändler.

Ägypten

Arabische Republik

ET

Landesfläche	1,0 Mio. km² (WR 29)
Einwohner	73,4 Mio. (WR 15)
Hauptstadt	Kairo (16 Mio. Einwohner)
Sprachen	Arabisch, Englisch
Währung	1 Ägypt. Pfund = 100 Piaster
Gliederung	27 Provinzen
Staatsform	Präsidiale Republik
Staatsoberhaupt	Muhammad Hosni Mubarak (seit 1981) * 1928
Regierungschef	Ahmed Nazif (seit 2004) * 1952
Parlament	Nationalversammlung mit 444 für 5 Jahre gewählten Abgeordneten: 388 Sitze für Nationaldemokraten, 7 für Liberale, 6 für Sozialisten, 4 für andere Parteien, 37 für Parteilose, 2 vakante Sitze (Wahl 2000)
Internet	www.sis.gov.eg
Religion	Sunnitische Muslime (94 %), Christen (6 %)
Urbanisierung	42 %
Ethn. Gruppen	Arabisierte Hamiten (99 %), Sonstige (1 %)
Einwohner/km	73
Bev.-Wachst./Jahr	2 %
Kindersterblichkeit	3,9 %
Alphabetisierung	57,7 %

Innenpolitik: Präsident Hosni Mubarak kündigte im Februar 2005 an, das Staatsoberhaupt künftig direkt vom Volk wählen zu lassen. Die Präsidentschaftswahl war für September 2005 geplant; im Oktober endet die vierte Amtszeit Mubaraks, der seit 1981 an der Spitze des Staates steht. Als wichtigen Schritt zur Demokratisierung des Landes begrüßten die USA die politischen Reformpläne. Bis dahin bestimmte eine Zwei-Drittel-Mehrheit in der Nationalversammlung alle sechs Jahre einen Kandidaten für das Präsidentenamt, den die Bevölkerung dann bestätigen durfte.

Opposition formiert sich: Die Ankündigung, freie Präsidentschaftswahlen zuzulassen, war auch eine Reaktion auf die internationale Kritik an der Festnahme des Oppositionsführers Ajman Nur im Februar 2005. Die Polizei hatte die Verhaftung damit begründet, dass Nur Unterschriften für die Zulassung seiner Partei Al Ghad (»Partei der Zukunft«) gefälscht habe. Sie verfügte über sieben Parlamentssitze und hatte Mubarak wiederholt dazu aufgefordert, bei der Präsidentenwahl mehr als einen Kandidaten zuzulassen. Sechs Wochen nach seiner Festnahme wurde Nur im März 2005 gegen Kaution aus der Haft entlassen, die Anklage aber aufrechterhalten. Der Oppositionspolitiker kündigte seine Kandidatur bei der Präsidentschaftswahl an.

Schlag gegen Muslimbruderschaft: Die Polizei nahm im März 2005 rund 60 Angehörige der seit 1954 verbotenen Muslimbruderschaft fest. Sie wollte damit eine Großdemonstration verhindern, zu der die islamische Gruppierung aufgerufen hatte. Die Muslimbruderschaft versucht seit den 1970er-Jahren, mit weitgehend friedlichen Mitteln einen islamischen Staat zu errichten. Sie hat 17 Abgeordnete im Parlament, die als unabhängige Kandidaten gewählt wurden. Die Zahl ihrer Anhänger wird auf 20 000 geschätzt.

Attentate: Bei drei Bombenanschlägen starben im Oktober 2004 auf der Halbinsel Sinai ca. 50 Menschen, etwa 200 Menschen wurden verletzt. Das folgenschwerste Attentat traf das Hotel »Taba Hilton« an der Grenze zu Israel; dort wurden etwa 40 Menschen getötet. Islamistische Terroristen hatten einen mit Sprengstoff beladenen Lastwagen gezündet, woraufhin das Gebäude teilweise einstürzte. Unter den Opfern befanden sich viele israelische Urlauber. Israel rief seine Staatsbürger daraufhin zur Abreise aus den ägyptischen Touristenzentren auf.

Bei mehreren Bombenanschlägen auf ausländische Touristen in Kairo – den ersten seit sieben Jahren – wurden im April 2005 sieben Menschen getötet. Für die Gewaltakte wurden Islamisten verantwortlich gemacht, die den wichtigsten Wirtschaftszweig des Landes zerstören und das politische System stürzen wollen.

Außenpolitik: Im März 2005 entsandte die Regierung mit dem Diplomaten Muhammad Assem Ibrahim wieder einen Botschafter nach Israel; der Posten war seit Ende 2000 vakant. Die Entscheidung im Gefolge des Nahost-Gipfeltreffens von Scharm el Scheich vom Februar 2005 wurde als Zeichen der Entspannung zwischen beiden Staaten gewertet. Nach dem Ausbruch der zweiten palästinensischen Intifada hatte Ä. – neben Jordanien der einzige arabische Staat, der mit Israel einen Friedensvertrag geschlossen hat – seine Vertretung in Tel Aviv herabgestuft.

Ägypten: Mumie aus der Pharaonenzeit

Im Januar 2005 entdeckten japan. Archäologen in einem bislang unberührten Grab in Dahschur (Nord-Ä.) eine Mumie. Mit einem geschätzten Alter von mehr als 3 500 Jahren wäre sie älter als die des Pharaos Tutanchamun, der von 1336 bis 1327 v. Chr. regierte (18. Dynastie). Der Fund gilt als spektakulär, weil die Mumie anders als bei anderen Funden aus jener Zeit kaum Schäden aufweist. Den Hieroglyphen zufolge beherbergte der Holzsarg einen Beamten.

Atomwaffensperrvertrag: Im Mai 2005 scheiterte eine Einigung über die Agenda der UN-Konferenz zum Atomwaffensperrvertrag am Widerstand von Ä. Die ägypt. Delegation lehnte das Programm mit der Begründung ab, dass es sich nicht ausreichend mit den Verpflichtungen der Atommächte zur Abrüstung befasse. Alle fünf Jahre wird der Sperrvertrag auf einer Konferenz überprüft. Er verpflichtet die fünf offiziellen Atommächte USA, Russland, Großbritannien, Frankreich und die VR China, auf eine vollständige Abschaffung ihrer Kernwaffen hinzuwirken und kein waffenfähiges Material an andere Staaten zu geben. Die übrigen Unterzeichnerstaaten verpflichteten sich, nicht nach Atomwaffen zu streben. Ä. stand wiederholt im Verdacht, ein Programm zur Entwicklung nuklearer Waffen zu betreiben.

Wirtschaft: 2004 setzte sich der Aufschwung fort; im Haushaltsjahr 2003/04 stieg das BIP um 3,7% nach 2,1% im Vorjahr. Verantwortlich für die positive Entwicklung waren v. a. die Erdgaswirtschaft und die Petrochemie, die Wachstumsraten von 30% aufwiesen. Wichtigster Devisenbringer war der Tourismus mit ca. 8 Mio. Reisenden 2004.

Bessere Investitionsbedingungen: Die Regierung begann 2004, die gesetzlichen Rahmenbedingungen für Investitionen zu verbessern. Zölle wurden teilweise drastisch reduziert, wovon ca. 80% aller Industrieunternehmen profitieren sollen. Außerdem wurden die Zollbestimmungen vereinfacht und die Körperschaftsteuer für Kapitalgesellschaften wurde von 40% auf 20% gesenkt. Eine Reform des Bankensektors trat Mitte 2005 in Kraft. Mit einer Initiative zum Bürokratieabbau soll es ausländischen Investoren außerdem ermöglicht werden, innerhalb von zehn Tagen alle Formalitäten für die Eröffnung einer Niederlassung in Ä. zu erledigen.

Albanien

AL

Republik Albanien

Landesfläche	28 748 km² (WR 128)
Einwohner	3,2 Mio. (WR 129)
Hauptstadt	Tirana (523 000 Einwohner)
Sprachen	Albanisch (Toskisch)
Währung	1 Lek = 100 Quindarka
Gliederung	35 Bezirke, Hauptstadtdistrikt
Staatsform	Parlamentarische Republik
Staatsoberhaupt	Alfred Spiro Moisiu (seit 2002) * 1929
Regierungschef	Fatos Nano (seit 2002) * 1952
Parlament	Volksversammlung mit 140 für vier Jahre gewählten Abgeordneten; 73 Sitze für Sozialisten (PSSH), 46 für Einheit für den Sieg (BF), 21 für Andere (Wahl 2001)
Internet	www.parlament.al
Religion	Muslime (65%); Christen (33%): Orthodoxe 20%, Katholiken 13%; Sonstige (2%)
Nationalitäten	Albaner (96,8%); Griechen (1,8%); Sonstige (1,4%)
Urbanisierung	44%
Einwohner/km	111
Bev.-Wachst./Jahr	0,7%
Kindersterblichkeit	2,4%
Alphabetisierung	86,5%

Im Dezember 2004 beschloss die alban. Regierung, gemeinsam mit Bulgarien und Makedonien eine Ölpipeline zu bauen, die über die gesamte Balkanhalbinsel verlaufen wird. Das Projekt, das auf rund 1,2 Mrd. US-Dollar veranschlagt wird, soll neue Häfen für den Transport von russ. und kasp. Erdöl erschließen, das bislang über den Bosporus verschifft wird. Die Pipeline ist für ca. 750 000 Barrel Erdöl/Tag konzipiert und wird unter der Aufsicht der Albanian Macedonian Bulgarian Oil Corporation (AMBO) gebaut. Sie verläuft auf einer Länge von ca. 900 km von dem bulgar. Hafen Burgas am Schwarzen Meer bis zur alban. Stadt Vlore an der Adria. Die Fertigstellung ist für 2009 vorgesehen. Bereits 1994 geplant, zögerte sich die Verwirklichung hinaus, da Zweifel an dem Bedarf einer solchen Pipeline bestanden. Aufgrund der hohen Nachfrage nach Erdöl und dem stark gestiegenen Preis scheinen sich nun die hohen Investitionskosten zu rentieren. Die alban. Regierung erhoffte sich von dem Projekt zusätzliche Impulse für die Volkswirtschaft, die 2004 vornehmlich auf der anhaltenden Aktivität der Bauindustrie gründete.

Algerien DZ

Demokratische Volksrepublik

Landesfläche	2,38 Mio. km² (WR 11)
Einwohner	32,3 Mio. (WR 35)
Hauptstadt	Algier (3,2 Mio. Einwohner)
Sprachen	Arabisch, Französisch, Tamazight
Währung	1 Alg. Dinar (DA) = 100 Centimes
Gliederung	48 Bezirke
Staatsform	Präsidiale Republik
Staatsoberhaupt	Abd al-Asis Bouteflika (seit 1999) * 1937
Regierungschef	Ahmed Ouyahia (seit 2003) * 1953
Parlament	Nationalversammlung mit 380 Abgeordneten; 199 Sitze für die Nationale Befreiungsfront (FLN), 47 für die Nationaldemokratische Sammlungsbewegung (RND), 43 für die Bewegung für nationale Reform (MRN), 91 für Andere (Wahl 2002)
Internet	www.el-mouradia.dz
Religion	Sunnitische Muslime (99,5 %); Sonstige (0,5 %)
Ethn. Gruppen	Araber (82,6 %); Berber (17 %); Sonstige (0,4 %)
Urbanisierung	59 %
Einwohner/km	14
Bev.-Wachst./Jahr	1,7 %
Kindersterblichkeit	4,9 %
Alphabetisierung	70 %

Innenpolitik: Das alger. Parlament verabschiedete im März 2005 ein neues Familiengesetz. War es dem Mann in A. bislang möglich, seine Frau zu verstoßen und die Kinder zu behalten, so ist er durch das Gesetz zukünftig verpflichtet, im Falle einer Scheidung für Unterkunft und Unterhalt seiner Familie zu sorgen. Die Kinder bleiben bei der Mutter. Außerdem wurde das Heiratsalter angeglichen. Künftig müssen Braut und Bräutigam mindestens 19 Jahre alt sein. Beim alten Gesetz waren es 18 Jahre bei der Frau und 21 Jahre beim Mann. Internationale Frauenverbände kritisierten die Reform trotz der Verbesserungen. Sie verwiesen darauf, dass die Frau in A. vor dem Gesetz weiterhin ein Leben lang minderjährig bleibt. Sie darf auch zukünftig nicht selbst über ihre Ehe entscheiden. Für die Heirat ist sie auf einen männlichen Tutor, in der Regel der Vater oder ein Bruder, angewiesen, der für die Frau das Ja-Wort gibt. Außerdem blieb das Recht des Mannes unangetastet, sich mit bis zu vier Frauen zu verheiraten. 1984 hatte die damalige Einheitspartei FLN ein Familiengesetz verabschiedet, das auf den Regeln des Korans beruhte. Seitdem bemühten sich Frauenverbände um gesetzliche Gleichberechtigung, wobei sie ihre Hoffnungen auf eine 2003 von Präsident Abd al-Asis Bouteflika einberufene Kommission setzten, die aber die Islamisten nicht verärgern will.

Kabinettsumbildung: Im Mai 2005 bildete Präsident Bouteflika sein Kabinett auf zwei wichtigen Positionen um. Neuer Außenminister wurde Mohammed Bedjaoui, neuer Finanzminister Mourad Medelci. Bouteflika erhoffte sich von dem Revirement neue Impulse für die Umsetzung marktwirtschaftlicher Reformen, die Voraussetzung für die von A. angestrebte Mitgliedschaft in der Welthandelsorganisation (WTO) ist.

Festnahme: Im April 2005 nahm die alger. Polizei Boulenouar Oukil fest, der zur Führung der islamistischen Terrororganisation Bewaffnete Islamische Gruppe (GIA) gezählt wurde. Bei der Aktion beschlagnahmten die Sicherheitskräfte umfangreiche Waffenarsenale. Die alger. Justiz beschuldigte Oukil, für den Tod von 14 Menschen verantwortlich zu sein, die wenige Wochen zuvor an einer Straßensperre in der Nähe von Algier erschossen worden waren. Die GIA galt 2004/05 als einer der größten Feinde von Präsident Bouteflika, der seit Beginn seiner Amtszeit (1999) angesichts gewaltsamer Kämpfe zwischen Islamisten und Regierungstruppen mit einer Politik der nationalen Versöhnung das Land zu befrieden versucht.

Wirtschaft: Die alger. Volkswirtschaft wuchs 2004 um 5,5 % nach 4,5 % im Vorjahr. Die günstige Konjunkturentwicklung wurde insbesondere auf die hohen Weltmarktpreise für Energie zurückgeführt. Die Ausfuhr von Erdöl und Erdgas trug 2004 in A. rund 97 % zu den Exporteinnahmen, 30 % zum BIP und über 65 % zu den Staatseinnahmen bei. Aufgrund des starken Wirtschaftswachstums erwirtschaftete A. ein Budgetüberschuss von 2,8 % des BIP (2003: 3,2 %). Die Inflationsrate lag 2004 bei 4,5 % (2003: 2,6 %). Größtes ökonomisches Problem war die hohe Arbeitslosigkeit, die zwar 2004 im Vergleich zum Vorjahr um vier Prozentpunkte sank, mit 22 % aber immer noch ein sehr hohes Niveau erreichte.

Andorra

AND

Fürstentum Andorra

Landesfläche	453 km² (WR 179)
Einwohner	69 200 (WR 183)
Hauptstadt	Andorra la Vella (20 800 Einwohner)
Sprachen	Katalanisch, Spanisch, Französisch
Währung	1 Euro = 100 Cent
Gliederung	7 Gemeindebezirke
Staatsform	Konstitutionelles Fürstentum
Staatsoberhaupt	Bischof von Urgel/Spanien, frz. Staatspräsident
Regierungschef	Albert Pintat (seit 2005) * 1943
Parlament	Generalrat mit 28 für 4 Jahre gewählten Abgeordneten; 14 Sitze für Liberale (PLA), 11 für Sozialdemokraten (PS), 2 für CDA-S21 (Christdemokraten), 1 für Andere (Wahl 2005)
Internet	www.govern.ad
Religion	Katholiken (94,2 %); Juden (0,4 %); Sonstige (5,4 %)
Nationalitäten	Spanier (43 %); Andorraner (33 %); Portugiesen (11 %); Franzosen (7 %); Sonstige (6 %)
Urbanisierung	63 %
Einwohner/km	152
Bev.-Wachst./Jahr	k. A.
Kindersterblichkeit	0,7 %
Alphabetisierung	100 %

Bei den Wahlen zum andorran. Generalrat verloren die Liberalen im April 2005 die Regierungsmehrheit. Auf sie entfielen nur noch 14 Sitze, 2 weniger als bei den Wahlen von 2001. Der bisherige Regierungschef Marc Forné Molne büßte seinen Sitz im Generalrat ein. Die Sozialdemokraten hingegen verdoppelten die Anzahl ihrer Sitze von 6 auf 12. Nachfolger von Forné Molne im Amt des Regierungschefs wurde der ehemalige Außenminister Albert Pintat, der eine Koalition mit zwei Abgeordneten der Splittergruppen CDA und S21 einging. Pintat hatte während des Wahlkampfes angekündigt, die Wirtschaft des Landes zu modernisieren und A. in das »Luxemburg der Pyrenäen« zu verwandeln. Er lehnte den Vorschlag der Opposition ab, in A. Lohn- und Einkommensteuern einzuführen und beabsichtigte, den Staat nur mit einer indirekten Besteuerung des Verbrauchs und der Produktion zu finanzieren.

Angola

ANG

Republik Angola

Landesfläche	1,25 Mio. km² (WR 22)
Einwohner	14,1 Mio. (WR 63)
Hauptstadt	Luanda (3,6 Mio. Einwohner)
Sprachen	Portugiesisch, Bantusprachen
Währung	1 Neuer Kwanza (NKz) = 100 Lwei
Gliederung	18 Provinzen
Staatsform	Präsidiale Republik
Staatsoberhaupt	José Eduardo dos Santos (seit 1979) * 1942
Regierungschef	Fernando da Piedade Dias dos Santos (seit 2002) * 1952
Parlament	Volksversammlung (220 Abgeordnete); Volksbewegung zur Befreiung Angolas (MPLA, 129 Sitze), Nationalunion für die völlige Unabhängigkeit Angolas (UNITA, 70), Andere (21, darunter Nationale Befreiungsfront, FNLA, 5)
Internet	www.angola.org
Religion	Katholiken (38 %), Protestanten (15 %); Sonstige (47 %)
Ethn. Gruppen	Ovimbundu (37 %); Kimbundu (25 %); Bakongo (13 %); Mestizen (2 %); Europäer (1 %); Sonstige (22 %)
Urbanisierung	36 %
Einwohner/km	11
Bev.-Wachst./Jahr	3,2 %
Kindersterblichkeit	26 %
Alphabetisierung	42 %

Laut angolan. Regierung kehrten 2002–04 rund 270 000 Flüchtlinge nach A. zurück. Etwa 75 000 von ihnen waren Ende 2004 auf staatliche Nahrungsmittelversorgung angewiesen. Die UN schätzten, dass mehr als 2 Mio. angolan. Flüchtlinge in den Nachbarstaaten lebten. Sie waren während des langjährigen Bürgerkrieges (1975–2002) außer Landes geflohen. Insbesondere die

Lage der Kinder in A. galt 2004 weiterhin als katastrophal. Etwa 30 % von ihnen starben, bevor sie das fünfte Lebensjahr erreichten.

Ende 2004 breitete sich das Marburgvirus in A. aus. Zwischen Oktober 2004 und Mitte Juni 2005 starben 357 Menschen an der Epidemie. Drei Viertel davon waren Kinder unter fünf Jahren – erstmals war bei Ausbruch von Marburg diese Altersgruppe betroffen. Gegen das mit inneren Blutungen einhergehende (hämorrhagische) Fieber gibt es weder eine Impfung noch Medikamente. (→ Medizin, Marburgvirus).

Antigua und Barbuda

AG

Landesfläche	442 km² (WR 180)
Einwohner	68 000 (WR 185)
Hauptstadt	St. John's (36 000 Einwohner)
Sprachen	Englisch, kreolisches Englisch
Währung	1 Ostkarib. Dollar (EC$) = 100 Cents
Gliederung	–
Staatsform	Parlamentar. Monarchie (seit 1981)
Staatsoberhaupt	Königin Elisabeth II. (seit 1981) * 1926
Regierungschef	Baldwin Spencer (seit 2004) * 1948
Parlament	Senat mit 17 ernannten und Repräsentantenhaus mit 17 gewählten Abgeordneten; 12 für United Progressive Party, 4 für Antigua Labour Party, 1 für Barbuda People's Movement (Wahl 2004)
Internet	www.antiguagov.com
Religion	Protestanten (73,7 %); Katholiken (10,8 %); Zeugen Jehovas (1,2 %); Sonstige (14,3 %)
Ethn. Gruppen	Schwarze (91,3 %); Mischlinge (3,7 %); Sonstige (5 %)
Urbanisierung	31 %
Einwohner/km	154
Bev.-Wachst./Jahr	0,4 %
Kindersterblichkeit	1,4 %
Alphabetisierung	96 %

Der karibische Inselstaat im Norden der Kleinen Antillen umfasst außer den beiden namengebenden Eilanden die knapp 50 km südwestlich von Antigua gelegene, 1,3 km² große unbewohnte Vulkaninsel Redonda. Lediglich im Südwesten von Antigua kommen mit den im Tertiär vulkanisch gebildeten Sheekerley Mountains höhere Erhebungen vor, die im Boggy Peak mit 402 m den höchsten Punkt des Landes bilden.

Seit Mitte der 1990er-Jahre verstärken sich die Unabhängigkeitsbestrebungen von Barbuda. Die Bewohner der Insel fühlen sich von der Zentralregierung auf Antigua politisch und ökonomisch benachteiligt. Außenpolitisch ist das seit 1981 unabhängige A. u. B. insbesondere um die Festigung der engen Beziehungen zu der früheren Kolonialmacht Großbritannien und zu den USA bemüht. Schwerpunkt der Wirtschaft ist der Tourismus, der mit über 80 % zum BIP des Inselstaates beiträgt.

Äquatorialguinea

GQ

Republik Äquatorialguinea

Landesfläche	28 051 km² (WR 141)
Einwohner	507 000 (WR 160)
Hauptstadt	Malabo (40 000 Einwohner)
Sprachen	Spanisch, Bantu, Pidgin-Englisch, Kreolisches Portugiesisch
Währung	CFA-Franc
Gliederung	2 Provinzen
Staatsform	Präsidiale Republik
Staatsoberhaupt	Teodoro Obiang Nguema Mbasogo (seit 1979) * 1942
Regierungschef	Cándido Muatetema Rivas (seit 2001) * 1960
Parlament	100 für fünf Jahre gewählte Abgeordnete; 98 für die Demokratische Partei und eine verbündete Gruppierung, 2 für Andere (Wahl 2004)
Religion	Christen (88,8 %); Volksreligionen (4,6 %); Muslime (0,5 %); Sonstige (0,2 %); Konfessionslose (5,9 %)
Ethn. Gruppen	Fang (82,9 %); Bubi (9,6 %); Ndowe (3,8 %); Sonstige (3,7 %)
Urbanisierung	48,1 %
Einwohner/km	18
Bev.-Wachst./Jahr	k.A.
Kindersterblichkeit	15,2 %
Alphabetisierung	85,7 %

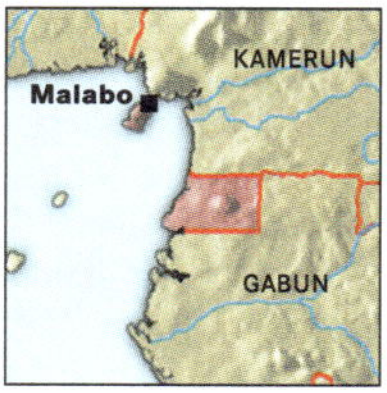

Mark Thatcher, Sohn der früheren brit. Premierministerin Margaret Thatcher, bekannte sich im Januar 2005 vor einem südafrikan. Gericht der unwissentlichen Mithilfe an einem Putschversuch in Ä. schuldig. Er gestand, einen Militärhubschrauber bezahlt zu haben, den die Putschisten für den Staatsstreich benutzen wollten. Er behauptete aber, er sei davon ausgegangen, dass der Helikopter für humanitäre Zwecke benötigt werde. Thatcher wurde zu einer Geldstrafe von 385 000 € verurteilt. Er lebt seit 1995 in Südafrika und war Ende August 2004 in seiner Wahlheimat Kapstadt festgenommen worden. Der Putsch gegen den Präsidenten von Ä., Teodoro Obiang Nguema Mbasogo, war im März 2004 vereitelt worden.

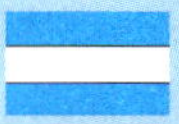

Argentinien RA

Landesfläche	2,78 Mio. km² (WR 8)
Einwohner	38,9 Mio. (WR 30)
Hauptstadt	Buenos Aires (12,8 Mio. Einw.)
Sprachen	Spanisch
Währung	1 Peso (P) = 100 Centavos
Gliederung	23 Provinzen, 1 Bundesdistrikt
Staatsform	Bundesrepublik
Staatsoberhaupt und Regierungschef	Néstor Carlos Kirchner Ostoic (seit 2003) * 1950
Parlament	Abgeordnetenhaus mit 257 Abgeordneten und Senat mit 72 Senatoren; im Abgeordnetenhaus 134 Sitze für die Gerechtigkeitspartei (PJ), 50 für die Radikale Bürgerunion, 73 für Andere (Wahl 2003)
Internet	www.info.gov.ar
Religion	Katholiken (92%); Protestanten (2%); Sonstige (6%)
Ethn. Gruppen	Weiße (97%); Mestizen, Indios und Sonstige (3%)
Urbanisierung	90%
Einwohner/km	14
Bev.-Wachst./Jahr	1,2%
Kindersterblichkeit	1,9%
Alphabetisierung	97,1%

Innenpolitik: Im Dezember 2004 kehrte der unter Korruptionsverdacht stehende argentin. Expräsident Carlos Menem nach 13 Monaten im chilen. Exil in sein Heimatland zurück. Menem kündigte an, eine Mitte-rechts-Partei aufzubauen und bei der Präsidentschaftswahl 2007 antreten zu wollen. Seiner Rückkehr war eine Vereinbarung mit der argentin. Justiz vorausgegangen, nach der sie gegen die Hinterlegung von 1 Mio. US-Dollar dem Expräsidenten zusicherte, ihn nicht festnehmen zu lassen. Die argentin. Justiz hatte Menem des »betrügerischen Umgangs mit öffentlichen Geldern« beschuldigt, denn während seiner Präsidentschaft (1989–99) sollen u. a. zwei Haftanstalten zu weit überhöhten Kosten gebaut worden sein.

Außenpolitik: Im März 2005 eskalierte der Streit zwischen A. und dem Vatikan über das Abtreibungsrecht. Die argentin. Regierung kündigte an, die Abberufung des vom Papst entsandten Militärbischofs Monsignore Antonio Baseotto zu fordern. Sie begründete diese Entscheidung mit einer Äußerung des Bischofs, wonach sich der argentin. Gesundheitsminister Gines Gonzales wegen seiner liberalen Haltung zu Fragen der Abtreibung und Verhütung im Meer ertränken solle. Der Vatikan warf daraufhin der Regierung vor, gegen die Religionsfreiheit zu verstoßen. Der Streit hatte mit einer Kampagne des Gesundheitsministers begonnen, in der er Abtreibungen verteidigte und Jugendliche zur Verwendung von Verhütungsmitteln aufrief.

Wirtschaft: A. kündigte im Februar 2005 an, nach mehr als drei Jahren die Rückzahlung seiner Schulden wiederaufzunehmen. Vorausgegangen war eine Vereinbarung mit der Mehrheit der privaten Gläubiger, die im Rahmen einer groß angelegten Umschuldung auf rund 75% ihrer Forderungen verzichten mussten. Insgesamt ging es um Schulden in Höhe von 81,8 Mrd. US-Dollar, einschließlich Zinsen um knapp 105 Mrd. US-Dollar. A. hatte angesichts der schwersten Wirtschaftskrise seiner Geschichte am 23. 12. 2001 den Staatsbankrott erklärt und die Schuldentilgung ausgesetzt. Es war der größte Zahlungsausfall eines Staates in der neueren Geschichte. Die Inhaber von A.-Anleihen erhielten seitdem weder Zins- noch Tilgungszahlungen. Im Zuge der Umschuldung wurden alte Anleihen durch neue mit geringerem Wert und niedrigeren Zinszahlungen sowie längeren Laufzeiten ersetzt. Der argentin. Präsident Kirchner wurde wegen seiner unnachgiebigen Haltung in der Schuldenfrage auf internationaler Ebene heftig kritisiert, weil der Umtausch mit großen Verlusten vieler Kleinanleger verbunden war.

IWF: Der Internationale Währungsfonds (IWF, Washington D. C.) räumte im September 2004 dem hoch verschuldeten A. einen einjährigen Aufschub zur Rückzahlung einer fälligen Rate in

Höhe von 1,1 Mrd. US-Dollar ein. Die Organisation begründete die Maßnahme damit, dass das wirtschaftlich geschwächte Land nicht ohne »Härten und Risiken« zur Rückzahlung fähig wäre. Allerdings verpflichtete der IWF A. zur Rückzahlung einer weiteren Schuldenrate in Höhe von 1,46 Mrd. US-Dollar Ende 2004. Die Rückzahlung dieser Rate war schon einmal verschoben worden. Der IWF forderte A. auf, Maßnahmen zu ergreifen, die es dem Land ermöglichen, seine Schulden in Höhe von rund 100 Mrd. US-Dollar abzutragen.

Argentinien: Mittelstandsvertreter Osvaldo Cornide spricht am 10. März in Buenos Aires bei einer Protestveranstaltung gegen die Preiserhöhungen der Royal-Dutch/Shell-Gruppe.

Boykottaufruf: Der argentin. Präsident Kirchner rief im März 2005 nach einer Preiserhöhung an Shell-Tankstellen die argentin. Bevölkerung zum Boykott gegen den britisch-niederländ. Ölkonzern auf. Kirchner begründete den Boykottaufruf mit der angeblich mangelnden Solidarität des Konzerns mit dem argentin. Volk. Shell hatte zuvor angekündigt, die Preise für Benzin und Diesel an den Tankstellen um bis zu 4,2 % zu erhöhen. Die Reaktion des Präsidenten wurde von Regierungskritikern als Versuch gewertet, von eigenen Versäumnissen in der Wirtschaftspolitik abzulenken.

China: Im November 2004 kündigte die chines. Regierung während eines zweitägigen Besuchs des Präsidenten Hu Jintao in Buenos Aires an, bis 2014 mehr als 19 Mrd. US-Dollar in A. zu investieren. Ziel der Investitionen sei es, die Handelsbeziehungen zwischen China als der am schnellsten wachsenden Volkswirtschaft der Welt und A., der zweitgrößten Wirtschaft Südamerikas, zu intensivieren. Vorgesehen waren v. a. der Ausbau des argentin. Eisenbahnnetzes sowie die Erschließung neuer Erdölfelder in A., über die sich China langfristig große Lieferungen zur Deckung seines wachsenden Energiebedarfs versprach.

Armenien

ARM

Republik Armenien

Landesfläche	29 800 km² (WR 138)
Einwohner	3,1 Mio. (WR 131)
Hauptstadt	Jerewan (1,3 Mio. Einwohner)
Sprachen	Armenisch, Russisch, Kurdisch
Währung	1 Dram = 100 Luma
Gliederung	11 Marse (Bezirke)
Staatsform	Präsidiale Republik
Staatsoberhaupt	Robert Kotscharjan (seit 1998) * 1954
Regierungschef	Andranik Markarjan (seit 2000) * 1951
Parlament	Nationalversammlung mit 131 für vier Jahre gewählten Abgeordneten; 31 für Republikanische Partei, 19 für Herrschaft des Rechtsstaates, 14 für Gerechtigkeitsblock, 67 für Andere (Wahl 2003)
Internet	www.armeniaemb.org
Religion	Christen: Armenisch-Orthodoxe (94 %); Russisch-Orthodoxe; Muslime (6 %)
Nationalitäten	Armenier (93 %); Aseri (3 %); Russen (2 %); Kurden (2 %)
Urbanisierung	64 %
Einwohner/km	104
Bev.-Wachst./Jahr	–0,5 %
Kindersterblichkeit	3,5 %
Alphabetisierung	98 %

Im Dezember 2004 entschied das armen. Parlament, 46 Soldaten in den Irak zu schicken, die sich allerdings nicht an Kampfhandlungen beteiligen sollen. Unter den Soldaten befanden sich hauptsächlich Ärzte und Experten zur Bombenentschärfung. Das Parlament stimmte allerdings erst nach einer siebenstündigen Debatte, die unter Ausschluss der Öffentlichkeit geführt wurde, mit 91 gegen 23 Stimmen der Truppenentsendung zu. Die von Präsident Robert Kotscharjan getragene Entscheidung stieß bei den Oppositionsparteien auf heftige Kritik.

Aserbaidschan AZ
Aserbaidschanische Republik

Landesfläche	86 600 km² (WR 111)
Einwohner	8,4 Mio. (WR 89)
Hauptstadt	Baku (1,7 Mio., Einwohner)
Sprachen	Aseri-Türkisch, Russisch
Währung	1 Manat = 100 Gepik
Gliederung	54 Distrikte
Staatsform	Präsidiale Republik
Staatsoberhaupt	Ilham Alijew (seit 2003) * 1961
Regierungschef	Artur Tair ogly Rasizade (seit 1996) * 1935
Parlament	Nationalrat mit 125 Sitzen; 75 Sitze für Neues Aserbaidschan, 6 für Aserbaidschanische Volksfront, 14 für Andere, 30 für Unabhängige (Wahl 2000/01)
Internet	www.president.az
Religion	Muslime (93,4 %); Russisch-Orthodoxe (2,5 %); Armenisch-Ortodoxe (2,3 %); Sonstige (1,8 %)
Nationalitäten	Aseri (90 %); Russen (2,5 %); Armenier (2 %); Sonstige (5,5 %)
Urbanisierung	50 %
Einwohner/km	97
Bev.-Wachst./Jahr	0,9 %
Kindersterblichkeit	9,6 %
Alphabetisierung	97 %

Im Februar 2005 schlugen Polizisten und Soldaten eine Häftlingsrevolte nieder. Mehr als 200 Gefangene hatten sich auf dem Dach des Gefängnisses in der Hauptstadt Baku verbarrikadiert und den Rücktritt des Gefängnisdirektors sowie bessere Haftbedingungen gefordert. Die Polizei ging mit Wasserwerfern gegen die Häftlinge des Hochsicherheitsgefängnisses vor. Bei dem Einsatz wurden ca. 50 Menschen verletzt.

Der Wirtschaftsaufschwung hält an. Dank hoher Weltmarktpreise für Rohöl wuchs das BIP 2004 um rund 10 %, obwohl die Förderung in A. selbst nicht nennenswert ausgeweitet wurde. Die Inflationsrate lag bei etwa 5 %. Dennoch steht eine durchgreifende Modernisierung des Landes und seiner Produktions- und Vertriebsstrukturen noch aus. Dies dokumentiert sich u. a. darin, dass noch etwa 40 % aller Erwerbstätigen in der Landwirtschaft beschäftigt sind. Sie erwirtschaften deutlich weniger als 5 % des BIP.

Äthiopien ETH
Demokratische Bundesrepublik

Landesfläche	1,1 Mio. km² (WR 26)
Einwohner	72,4 Mio. (WR 16)
Hauptstadt	Addis Abeba (3,2 Mio. Einwohner)
Sprachen	Oromiffa, Amharisch, Englisch
Währung	1 Birr (Br) = 100 Cents
Gliederung	9 Regionen, 2 Stadtregionen
Staatsform	Bundesrepublik
Staatsoberhaupt	Girma Wolde Giorgis (seit 2001) * 1925
Regierungschef	Meles Zenawi (seit 1995) * 1955
Parlament	Nationalversammlung mit 547 Sitzen; 481 für Ethopian People's Revolutionary Democratic Front, 8 für Afar National Democratic Party, 58 für Andere (Wahl 2000)
Internet	www.ethiopar.net
Religion	Muslime (45–50 %); Äthiopisch-orthodoxe Christen (35–40 %); Animisten (12 %); Sonstige (3–8 %)
Ethn. Gruppen	Oromo (40 %); Amhara und Tigre (32 %); Sonstige (28 %)
Urbanisierung	16 %
Einwohner/km	66
Bev.-Wachst./Jahr	2,5 %
Kindersterblichkeit	17,1 %
Alphabetisierung	42,7 %

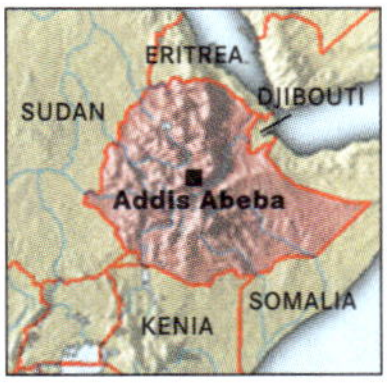

Außenpolitik: Im Dezember 2004 sagte Bundespräsident Horst Köhler während eines Staatsbesuches in Ä. dem Land einen Schuldenerlass von rund 67 Mio. € zu. Die dt. Regierung hoffte, durch den Verzicht die Wirtschaftsreformen in Ä. vorantreiben. Durch das Abkommen sollen zusätzliche Mittel zur Armutsbekämpfung freigesetzt werden. Die äthiop. Regierung versprach, das Geld in Bildung, Landwirtschaft und Infrastruktur zu investieren. Seit 1993 erließ Deutschland Ä. insgesamt 197 Mio. € Schulden. Bereits im Oktober 2004 hatten die im sog. Pariser Club zusammengefassten wichtigsten Industriestaaten beschlossen, Ä. Verbindlichkeiten in Höhe von rund 758 Mio. US-Dollar zu erlassen. Die Entscheidung war Teil eines Programms, mit dem die ärmsten Länder der Erde entlastet werden sollten. Laut Schätzung des Internationalen Währungsfonds (IWF) betrug die Auslandsverschuldung von Ä. 2004 rund 6,8 Mrd. US-Dollar. Jährlich muss Ä.

etwa 100 Mio. US-Dollar für den Schuldendienst aufbringen.

Grenzkonflikt: Der UN-Sicherheitsrat forderte im März 2005 Ä. und Eritrea auf, ihren Grenzstreit endgültig beizulegen. Die Nachbarländer sollten rückhaltlos mit der unabhängigen Grenzkommission zusammenarbeiten, die nach dem Friedensvertrag von 2000 eingesetzt worden war. In einer Resolution verlängerte das UN-Gremium das Mandat für die rund 4 000 Soldaten umfassende UN-Truppe im Grenzgebiet der beiden Länder bis zum 15. 9. 2005. 1998 war der Konflikt zwischen Ä. und Eritrea zu einem kurzen Krieg eskaliert. Streitobjekt ist ein ca. 400 km² großes Stück Halbwüste, das Yirga-Dreieck. Es wird von Ä. verwaltet, aber von Eritrea unter Berufung auf frühere Kolonialgrenzen beansprucht. Eritrea war bis 1993 ein Teil von Äthiopien.

Obelisk von Aksum: Im April 2005 gab Italien, die frühere Kolonialmacht in Ä., den sog. Obelisken von Aksum an Ä. zurück. Der ca. 2 500 Jahre alte und etwa 150 t schwere Basaltobelisk war unter dem faschistischen Regime von Benito Mussolini 1937 aus Ä. abtransportiert und in Rom aufgestellt worden. Zwar wurde bereits 1947 die Rückgabe der Grabstele vereinbart, sie verzögerte sich aber u. a. aus technischen Gründen. Der Obelisk ist das größte Denkmal, das jemals im Flugzeug befördert wurde.

Innenpolitik: Im Mai 2005 fanden in Ä. Parlamentswahlen statt. Schon vor der Bekanntgabe des offiziellen Ergebnisses erklärte sich die Regierungspartei Ethiopian People's Revolutionary Democratic Front (EPRDF) zur Siegerin. Die Oppositionsparteien CUD und UEDF warfen der Regierung hingegen massive Fälschungen vor. Die Wahlbeobachter der EU hatten den äthiop. Ministerpräsidenten Meles Zenawi im Vorfeld der Wahl vor Hasspropaganda und Einschüchterung der Opposition gewarnt. Die internationale Menschenrechtsorganisation Human Rights Watch beschuldigte die Regierung einer massiven Unterdrückung demokratischer Rechte vor allem in Oromia, dem größten und bevölkerungsreichsten Teilstaat des ostafrikanischen Landes. Die äthiop. Regierung reagierte mit einer Verhaftungswelle auf die Proteste nach der Parlamentswahl und nahm ca. 3 600 Anhänger der Oppositionsparteien fest.

Die UN warnten im Februar 2005 vor einer Hungersnot in Ä., da die verfügbaren Getreidevorräte in dem ostafrikanischen Land für die mittelfristige Versorgung der Bevölkerung nicht ausreichten. Anfang 2005 waren rund 2,4 Mio. Äthiopier auf Nahrungsmittelhilfe angewiesen. Etwa 300 000 Kinder werden voraussichtlich 2005 in Ä. an Unterernährung sterben. Trockenheit, fehlende finanzielle Mittel, Fehler der Regierung bei der Bevölkerungspolitik, eine nur langsame wirtschaftliche Entwicklung und zunehmende Umweltzerstörung galten als Gründe für die Nahrungsmittelknappheit.

Äthiopien: Auf drei Tiefladern werden die Einzelteile des von Italien zurückgegebenen Obelisken am 25. 4. 2005 durch die Straßen von Aksum zu ihrem ursprünglichen und endgültigen Standort transportiert.

Australien

AUS

Commonwealth of Australia

Landesfläche	7,74 Mio. km² (WR 6)
Einwohner	19,9 Mio. (WR 52)
Hauptstadt	Canberra (320 000 Einwohner)
Sprache	Englisch
Währung	1 Austral. Dollar = 100 Cents
Gliederung	6 Bundesstaaten, 2 Territorien
Staatsform	Parlamentarische Monarchie
Staatsoberhaupt	Königin Elisabeth II. (seit 1952) * 1926
Regierungschef	John Howard (seit 1996) * 1939
Parlament	Senat mit 76 für sechs Jahre Gewählten und Repräsentantenhaus mit 150 für drei Jahre gewählten Abgeordneten; im Senat 39 (Repräsentantenhaus: 87) für Liberal Party und Koalitionspartner, 28 (60) für Labor Party, 9 (3) für Andere (Wahl 2004)
Internet	www.fed.gov.au
Religion	Christen (68 %); Konfessionslose (21 %); Sonstige (11 %)
Ethn. Gruppen	Weiße (92 %); Asiaten (7 %); Ureinwohner, Sonstige (1 %)
Urbanisierung	92 %
Einwohner/km	3
Bev.-Wachst./Jahr	1 %
Kindersterblichkeit	0,6 %
Alphabetisierung	99 %

Innenpolitik: Im Oktober 2004 setzte sich das liberal-nationale Regierungsbündnis von Premierminister John Howard bei der austral. Parlamentswahl durch. Es eroberte 87 der 150 Sitze im Repräsentantenhaus, sechs mehr als bei der Wahl vom November 2001. Die oppositionelle Labor Party (ALP) errang lediglich 60 Mandate. Der Wahlsieg der Regierung wurde auf die anhaltend positive Entwicklung der austral. Wirtschaft zurückgeführt, welche die unpopuläre Irakpolitik des Premierministers überdeckte. Howard, der nach dem Sieg des Regierungsbündnisses seine vierte Amtszeit antrat, hatte im Wahlkampf immer wieder auf die Unerfahrenheit seines Herausforderers Mark Latham von der Labor Party verwiesen. Latham erklärte drei Monate nach der Niederlage seinen Rücktritt als Parteivorsitzender. Als Grund nannte er Gesundheitsprobleme. Kurz vor der Parlamentswahl musste sich Latham wegen einer Entzündung der Bauchspeicheldrüse stationär behandeln lassen.

Innere Sicherheit: Die Regierung kündigte im Dezember 2004 an, zum Schutz vor Terroranschlägen in den austral. Hoheitsgewässern eine neue Sicherheitszone einzurichten. Alle Schiffe, die eine Zone bis 1 000 Seemeilen vor der Küste passieren, müssen detaillierte Angaben über ihr Ziel und ihre Ladung machen. Die neue Schutzzone soll dazu beitragen, Anschläge auf Schiffe, Häfen und Ölplattformen zu verhindern.

Ureinwohner: Die austral. Regierung vereinbarte im Dezember 2004 mit den Aborigines, sie bei der Energieversorgung finanziell zu unterstützen. Im Gegenzug verpflichteten sich die Ureinwohner zu besserer Hygiene. Sie versprachen, ihre Kinder täglich einmal zu duschen, zweimal am Tag ihr Gesicht zu waschen, zweimal wöchentlich ihre Mülleimer zu leeren und viermal jährlich ihre Häuser auf Schädlingsbefall untersuchen zu lassen. Die Regierung erklärte das Abkommen mit der Notwendigkeit, den Gesundheitsstand der überwiegend armen Aborigines zu heben. Die Opposition warf der Regierung vor, mit dem Vertrag gegen die austral. Anti-Rassismus-Gesetze zu verstoßen.

Stammzellenforschung: Im März 2005 kündigte die austral. Regierung an, die Forschung an embryonalen Stammzellen in bestimmten Bereichen zu erleichtern. Ein dreijähriges Moratorium, das 2002 in Kraft trat und die Verwendung im Reagenzglas gezeugter Embryos für Forschungszwecke verbot, soll nicht verlängert werden. Mit dieser Entscheidung könnten künftig nicht verwendete Embryos, die nach dem 5. 4. 2002 bei einer In-Vitro-Befruchtung (IVF) gezeugt wurden, für bestimmte Arten der Stammzellenforschung verwendet werden. Die Produktion von Embryos ausschließlich für Forschungszwecke bleibt jedoch verboten.

Außenpolitik: Im Februar 2005 legten A. und Deutschland im Rahmen des Besuches von Außenminister Joschka Fischer in Canberra die Spannungen bei, die im Vorfeld des Irakkrieges (2003) entstanden waren. Der austral. Premierminister John Howard, der zu den wichtigsten Verbündeten der US-Regierung gehörte, hatte damals die Kritik in Deutschland an der Irakpolitik der USA auf einen irrationalen Antiamerikanismus zurückgeführt. Die austral. Regierung lobte die dt. Hilfsbereitschaft nach der Flutkatastrophe in Asien und strebte eine engere Kooperation mit Deutschland beim Wiederaufbau der zerstörten

John Winston Howard
Austral. Premierminister, *26. 7. 1939 in Earlwood. Howard wurde 1974 Abgeordneter im Repräsentantenhaus, trat 1975 als Handelsminister erstmals ins Kabinett ein und war 1977–80 Schatzminister. 1985–89 schon einmal Parteivorsitzender und Oppositionsführer, setzte er sich Ende 1995 erneut als Parteichef in der Liberalen Partei durch, mit der er im März 1996 Premierminister wurde. Im Oktober 2004 gewann er die austral. Parlamentswahl und trat seine vierte Amtszeit an.

Gebiete an. Deutschland hatte rund 500 Mio. € Hilfe zugesagt, A. ca. 642 Mio. €.

Klimapolitik: Im Dezember 2004 distanzierte sich die austral. Regierung von der Klimapolitik der USA. Der austral. Umweltminister Ian Campbell betonte, sich im Gegensatz zur US-amerikan. Regierung im Rahmen eines neuen Klimaabkommens für den Umweltschutz engagieren zu wollen. A. und die USA waren Ende 2004 die beiden einzigen großen Industriestaaten, die das Kyōto-Protokoll zur Reduzierung von Treibhausgasen nicht unterzeichnet hatten. Allerdings hatte A. eigene Maßnahmen zur Reduzierung der klimaschädlichen Gase getroffen, die nach Angaben der Regierung sogar weiter gingen als die Vorgaben des Kyōto-Protokolls.

Irakpolitik: Im Oktober 2004 lehnte die austral. Regierung eine inoffizielle Bitte der UN ab, zum Schutz des UN-Personals weitere Truppen in den Irak zu schicken. Im Februar 2005 entschied sie jedoch, 450 weitere Soldaten in den Irak zu entsenden. Das zusätzliche Kontingent erhielt den Auftrag, japan. Ingenieure zu schützen, die im Süden des Landes mit Wiederaufbau-Projekten beschäftigt sind. Die Zusage erfolgte auf eine Anfrage Großbritanniens und der Niederlande, die vorher die Japaner geschützt hatten. A. verfügte Mitte 2005 in der Golfregion über etwa 1 500 Soldaten.

Indonesien: Im April 2005 unterzeichneten A. und Indonesien einen neuen Sicherheitspakt. Er sieht u. a. eine enge militärische Kooperation und zahlreiche Manöver vor. Mit der Vereinbarung wurden endgültig die Spannungen beigelegt, die 1999 im Zuge der Loslösung Ost-Timors von Indonesien entstanden waren. Damals führte A. eine UN-Truppe gegen indones. Milizen, die auf Ost-Timor die Unabhängigkeitsbestrebungen zu unterdrücken versuchten.

Wirtschaft: Aufgrund der großen Nachfrage nach austral. Rohstoffen auf dem Weltmarkt und der liberalen Wirtschaftspolitik der Regierung setzte sich 2004 der Boom der austral. Volkswirtschaft fort. Das BIP stieg um 2,6 %, nachdem es bereits im Vorjahr um 2,9 % zugenommen hatte. Die Arbeitslosenquote sank auf 5 % (2003: 5,8 %). Die austral. Notenbank sprach im Februar 2005 sogar von einem Arbeitskräftemangel, der zu einer Gefahr für die Wachstumsaussichten des Landes werden könnte. Angesichts des tiefsten Standes der Arbeitslosenquote seit 28 Jahren fiel es Unternehmen immer schwerer, ausgebildete Mitarbeiter zu finden. Außerdem beklagte die Notenbank, dass die austral. Häfen und das Eisenbahnnetz oft nicht in der Lage seien, die Exportnachfrage nach Rohstoffen aus A. zu bewältigen.

Australien: Demonstration gegen den Einsatz australischer Truppen im Irak am 18. März in Melbourne

Bahamas BS

Commonwealth of the Bahamas

Landesfläche	13 878 km² (WR 154)
Einwohner	317 000 (WR 168)
Hauptstadt	Nassau (170 000)
Sprache	Englisch
Währung	1 Bahama-Dollar (B.-$) = 100 Cents
Gliederung	21 Distrikte
Staatsform	Parlamentarische Monarchie
Staatsoberhaupt	Königin Elisabeth II. (seit 1973) * 1926
Regierungschef	Perry Christie (seit 2002) * 1944
Parlament	Senat mit 16 ernannten, Abgeordnetenhaus mit 40 gewählten Mitgliedern; 29 Sitze für Progressive Liberal Party, 7 für Free National Movement, 4 für Andere (Wahl 2002)
Internet	www.bahamas.gov.bs
Religion	Christen (95 %): Baptisten (32 %), Anglikaner (20 %), Katholiken (19 %), andere Christen (24 %); Sonstige (5 %)
Ethn. Gruppen	Schwarze (85 %); Weiße (12 %); Asiaten, Hispanier (3 %)
Urbanisierung	89,5 %
Einwohner/km	23
Bev.-Wachst./Jahr	1,5 %
Kindersterblichkeit	1,6 %
Alphabetisierung	96 %

Die Menschenrechtsorganisation amnesty international (ai) protestierte im Oktober 2004 gegen die Misshandlung haitian. und kuban. Staatsbürger auf den B. Ihren Informationen zufolge wurden sie in der Hafteinrichtung Carmichael in New Providence von Soldaten geschlagen und gefoltert. Unter den Opfern sollen sich auch Kinder befunden haben. Zuvor hatten die Menschen versucht, aus dem Lager zu fliehen, in dem Asylsuchende und illegale Migranten festgehalten werden. Die B. wurden seit den 1990er-Jahren wiederholt wegen Menschenrechtsverletzungen kritisiert. Da die Drogenkriminalität in Nassau kontinuierlich zunahm, verteidigt die Regierung die rigorose Verfolgung von Straftätern, um den Tourismus als Haupteinnahmequelle nicht zu gefährden. Deshalb wird in der Öffentlichkeit die konsequentere Verhängung und Vollstreckung der Todesstrafe gefordert. Ein Gericht bestätigte 1995 die Verfassungsmäßigkeit der Todesstrafe auf den B. Trotz internationaler Proteste wurde 1996 die Vollstreckung der Todesstrafe wieder aufgenommen. Die vorerst letzte Hinrichtung fand im Januar 2000 statt.

Bahrain BRN

Emirat Bahrain

Landesfläche	694 km² (WR 173)
Einwohner	739 000 (WR 157)
Hauptstadt	Menama (160 000 Einwohner)
Sprachen	Arabisch, Englisch
Währung	1 Bahrain-Dinar = 1000 Fils
Gliederung	5 Regionen
Staatsform	Emirat
Staatsoberhaupt	Emir Hamad ibn Isa al-Chalifa (seit 1999) * 1950
Regierungschef	Chalifa ibn Sulman al-Chalifa (seit 1971) * 1936
Parlament	Parlament mit 40 für vier Jahre gewählten Mitgliedern; 19 Sitze für gemäßigte Islamisten, 18 für Unabhängige, 3 für Liberale (keine Parteien, Wahl 2002)
Internet	www.bahrain.gov.bh
Religion	Schiiten (75 %), Sunniten (25 %)
Ethn. Gruppen	Bahrain-Araber (63 %), Asiaten (19 %), sonstige Araber (10 %), Iraner (8 %)
Urbanisierung	90 %
Einwohner/km	1065
Bev.-Wachst./Jahr	2,3 %
Kindersterblichkeit	1,6 %
Alphabetisierung	89 %

Die Wirtschaft verzeichnete 2004 mit einem BIP-Anstieg von 5,5 % einen kräftigen Aufschwung. Die positive Entwicklung wurde v. a. auf die hohen Ölpreise zurückgeführt. Im Vergleich zu seinen Nachbarstaaten sind die Erdölreserven von B. zwar bescheiden – die eigene Förderung beträgt ca. 40 000 Barrel/Tag –, doch aufgrund eines Abkommens mit Saudi-Arabien verfügt das Emirat gegen Erstattung der Selbstkosten zusätzlich über die Förderung aus dem Ölfeld Abu Saafa (140 000 Barrel/Tag). Die Erdgasreserven von ca. 380 Mrd. m³ reichen bei einer Beibehaltung der derzeitigen Fördermenge bis 2065.

Auch befindet sich in B. mit Aluminium Bahrain (Alba) das größte Industrieunternehmen der Region außerhalb des Energiesektors, mit einer Produktion von 500 000 t/Jahr einer der weltgrößten Produzenten von Hüttenaluminium (Marktanteil: 3%). Drittwichtigster Industriezweig ist die Textilindustrie, deren Fertigung überwiegend in die USA - neben Saudi-Arabien der wichtigste Außenhandelspartner - exportiert wird.

Bangladesh

BD

Volksrepublik Bangladesh

Landesfläche	143 998 km² (WR 92)
Einwohner	149,7 Mio. (WR 7)
Hauptstadt	Dhaka (12,5 Mio. Einwohner)
Sprachen	Bengali, Englisch
Währung	1 Taka = 100 Poisha
Gliederung	5 Provinzen, 64 Bezirke
Staatsform	Parlamentarische Republik
Staatsoberhaupt	Iajuddin Ahmed (seit 2002) * 1931
Regierungschef	Khaleda Zia (seit 2001) * 1945
Parlament	Nationalversammlung mit 300 für fünf Jahre gewählten Abgeordneten und 30 vom Parlament gewählten Frauen; 193 Sitze für Bengal. National-Partei, 62 für Awami-Liga, 17 für Islamistische Partei, 28 für andere (Wahl 2001)
Internet	www.bangladesh.gov.bd
Religion	Muslime (88,3%); Hindus (10,5%); Sonstige (1,2%)
Ethn. Gruppen	Bengalen (98%); Bihari (1,9%); Sonstige (0,1%)
Urbanisierung	24%
Einwohner/km	1014
Bev.-Wachst./Jahr	2%
Kindersterblichkeit	7,3%
Alphabetisierung	43%

Die Regierung von B. kündigte im Februar 2005 an, einem Appell der UN nachzukommen und Friedenstruppen in den Sudan zu entsenden. Zuvor hatten die UN beschlossen, 10 000 Soldaten im Sudan zu stationieren, die das im Januar 2005 geschlossene Friedensabkommen zwischen der Regierung des Landes und Rebellen im Süden überwachen sollen (→ Krisen und Konflikte, Darfur).

Wirtschaft: Das BIP in B. stieg 2004 um 5,5% und erreichte damit das durchschnittliche Wachstum der vergangenen zehn Jahre. Obwohl die Armutsrate seit 1991 im Durchschnitt ca. 1%/Jahr zurückging, lebten 2004 fast 50% der Bevölkerung unter der Armutsgrenze (weniger als 1 US-Dollar/Tag). Um eine Halbierung der Zahl der Menschen zu erreichen, die unterhalb der Armutsgrenze leben, ist nach Schätzung der Weltbank ein kontinuierliches Wirtschaftswachstum von rund 8%/Jahr notwendig. Zur Erreichung dieses Ziels forderte die Weltbank die Regierung von B. auf, insbesondere die Korruption zu bekämpfen, die ca. 1% Wachstum jährlich verhindert.

Barbados

BDS

Landesfläche	430 km² (WR 181)
Einwohner	271 000 (WR 170)
Hauptstadt	Bridgetown (10 000 Einwohner)
Sprachen	Englisch, Bajan
Währung	1 Barbados-Dollar
Gliederung	11 Bezirke
Staatsform	Parlamentarische Monarchie im Commonwealth (seit 1966)
Staatsoberhaupt	Königin Elisabeth II. (seit 1966) * 1926
Regierungschef	Owen Seymour Arthur (seit 1994) * 1949
Parlament	Senat mit 21 vom Generalgouverneur ernannten und Volkskammer mit 30 für fünf Jahre gewählten Abgeordneten; 23 Sitze für Labour Party, 7 für Democratic Labour Party (Wahl 2003)
Internet	www.barbados.gov.bb
Religion	Protestanten (67%), Katholiken (4%); Sonstige (29%)
Ethn. Gruppen	Schwarze (80%); Mulatten (16%); Weiße (4%)
Urbanisierung	51,7%
Einwohner/km	630
Bev.-Wachst./Jahr	-1%
Kindersterblichkeit	1,4%
Alphabetisierung	97%

B. ist die östlichste der »Inseln über dem Winde«, die zu den Kleinen Antillen gehören. Der Inselstaat besteht zu über 80% aus gehobenen Korallenkalken. Die Kalkgesteine sind stark verkarstet, sodass es keine dauernd fließenden Oberflächengewässer gibt. Weite Bereiche der Insel sind von saumförmigen Korallenriffen umgeben. Nachdem die indian. Urbevölkerung von den Spaniern verschleppt worden war, wurde die fast unbevölkerte Insel im 17. Jh. von den Engländern planmäßig besiedelt; besonders im 18. Jh. wurden afrikan. Sklaven als Plantagenarbeiter nach B. gebracht. Die heutige Bevölkerung besteht deshalb zu 80% aus Schwarzen. Der Großteil der Bevölkerung lebt vom Fremdenverkehr, der seit den 1970er-Jahren kontinuierlich ausgebaut wurde. Kleinere Erdölfirmen und Zuliefererbetriebe im Bereich elektronischer Bauteile und elektrischer Geräte für den US-amerikanischen Markt prägen die industriellen Kernbereiche von B. In der Landwirtschaft wird überwiegend Zuckerrohr angebaut. Allerdings spielt der Agrarbereich mit einem Anteil am BIP von 5% nur eine untergeordnete Rolle.

Belgien

Königreich Belgien B

Landesfläche	30 519 km² (WR 136)
Einwohner	10,3 Mio. (WR 75)
Hauptstadt	Brüssel (950 000 Einwohner)
Sprachen	Niederländisch; Französisch, Deutsch
Währung	1 Euro = 100 Cent
Gliederung	10 Provinzen
Staatsform	Parlamentarische Monarchie
Staatsoberhaupt	König Albert II. (seit 1993) * 1934
Regierungschef	Guy Verhofstadt (seit 1999) * 1953
Parlament	Senat mit 71 und Abgeordnetenhaus mit 150 Abgeordneten; im Abgeordnetenhaus 25 Sitze für flämische Liberale (VLD), 25 für fankophone Sozialisten (PS), 24 für frankophone Liberale (MR), 23 für flämische Sozialisten (SP.A/SPIRIT), 18 für flämische Rechtsextremisten (VB), 35 für Andere (Wahl 2003)
Internet	www.fed-parl.be; www.belgium.fgov.be
Religion	Katholiken (75%); Freisinnige (12%); Sonstige (13%)
Nationalitäten	Flamen (57,7%); Wallonen (31,8%); Deutschsprachige (0,7%); Zweisprachige (9,8%)
Urbanisierung	97%
Einwohner/km	337
Bev.-Wachst./Jahr	0,2%
Kindersterblichkeit	0,6%
Alphabetisierung	99%

Innenpolitik: Im November 2004 erhielten zahlreiche bekannte Politiker in B. Todesdrohungen. Unter ihnen befanden sich Justizministerin Laurette Onkelinx und die Senatorin Mimount Bousakla, die zeitweilig an einen geheimen Ort gebracht werden musste. Die Drohungen wurden wegen der Ermordung des niederländ. Regisseurs Theo van Gogh nur wenige Wochen zuvor in Amsterdam besonders ernst genommen. Als Hauptverdächtiger im Mordfall van Gogh wurde ein 26-jähriger Islamist festgenommen. Die belg. Senatorin Bousakla hatte die Muslimische Exekutive, die Dachorganisation der Muslime in B., kritisiert, weil sie den Mord an van Gogh nicht verurteilt hatte. 2002 hatte Bousakla ein Buch geschrieben, in dem sie sich u. a. kritisch mit der Stellung der Frau im Islam auseinander setzte. Außerdem bezog die sozialistische Politikerin offen Stellung gegen fundamentalistische Einflüsse in belg. Moscheen.

Koalitionskrise: Der belg. Ministerpräsident Guy Verhofstadt überstand im Mai 2005 eine Koalitionskrise. Bei einer Parlamentsabstimmung sprachen alle Abgeordneten des Bündnisses aus Liberalen und Sozialisten dem Regierungschef ihr Vertrauen aus. Zuvor war Verhofstadt mit dem Versuch gescheitert, eine Lösung im monatelangen Sprachenstreit zwischen Flamen und Wallonen zu erreichen. Bei der Auseinandersetzung ging es u. a. um einen Neuzuschnitt des Wahl- und Gerichtsbezirks Brüssel-Halle-Vilvoorde. Die Niederländisch sprechenden Flamen wollten dadurch den Einfluss frankophoner Wähler im Brüsseler Umland begrenzen. Die flämischen Regierungsparteien haben die Teilung des Bezirks als Ziel im Koalitionsvertrag festgeschrieben.

Antisemitismus: Im November 2004 nährte ein Mordversuch an einem jungen orthodoxen Juden die Furcht vor einem religiös motivierten Konflikt wie in den Niederlanden. Der 24-jährige Brite wurde beim Verlassen einer Synagoge in der nordbelg. Hafenstadt Antwerpen mit einem Kopfschuss niedergestreckt. Antwerpen hat eine der größten jüdischen Gemeinden Belgiens und ist Sitz zahlreicher traditionell stark von Juden getragenen Diamantenschleifereien. Dort gab es bereits zahlreiche Konflikte mit muslimischen Einwanderern aus dem Maghreb. Erst im Juli

2004 war ein 16-jähriger Jude beim Verlassen einer Talmudschule plötzlich von jungen Männern aus dem Maghreb niedergestochen und verletzt worden.

Rechte mit neuem Parteiprogramm: Der Flämische Block (VB), eine der erfolgreichsten rechtsextremen Parteien in Europa und 2004 die populärste Partei im flämischsprachigen Teil von B., beschloss im November 2004 ein Programm, aus dem die frühere extremistische und fremdenfeindliche Ideologie weitgehend herausgestrichen wurde. Der Parteiname wurde in Flämische Interessen (Vlaams Belang) geändert. Die Partei reagierte damit auf die Entscheidung eines belg. Gerichts, das beim VB rassistische Parolen festgestellt und damit die staatlichen Zuschüsse für die Partei in Frage gestellt hatte. In dem neuen Programm verzichtete die Partei auf ihre noch in den 1970er-Jahren formulierten Ansichten, wonach alle nichteuropäischen Ausländer des Landes verwiesen werden sollten.

Kronprinz: Im November 2004 kritisierte der belg. Kronprinz Philippe Bestrebungen des VB, das Land aufzuteilen und das Königshaus abzuschaffen. Er drohte der rechtspopulistischen Partei mit heftiger Gegenwehr, falls diese an diesen Plänen festhalten sollte. Daraufhin erinnerte der belg. Ministerpräsident Guy Verhofstadt den Kronprinzen an seine Neutralitätspflicht. Er verwies darauf, dass das Königshaus nach der belg. Verfassung in parteipolitischen Fragen Zurückhaltung wahren müsse.

Wirtschaft: Die belg. Volkswirtschaft verzeichnete 2004 mit einem BIP-Anstieg von 2,7 % das höchste Wirtschaftswachstum seit 2000 und lag damit deutlich über dem Durchschnitt der Eurozone. Stütze der robusten Konjunktur war der private Konsum, der seit 1984 nicht mehr so hoch ausfiel. Die belg. Bevölkerung gab 2004 rund 85 % ihres Einkommens wieder aus. Dabei stieg das Einkommen der Privathaushalte (+0,6 %) weniger stark als im europ. Durchschnitt (+0,9 %). Ende September 2004 besaßen die Belgier Spargelder und Anlagen im Wert von 707,1 Mrd. €; damit verfügte jeder Einwohner im Durchschnitt über ein Vermögen von ca. 69 000 €. Als ein weiterer Grund für die positive Entwicklung der Volkswirtschaft galt die solide Haushaltspolitik, durch welche die Staatsschuld 2004 erstmals seit 1982 wieder deutlich unter die 100-Prozent-Marke (95,6 %) des BIP gesenkt werden konnte.

Belize

BH

Landesfläche	22 696 km² (WR 147)
Einwohner	261 000 (WR 171)
Hauptstadt	Belmopan (8 100 Einwohner)
Sprachen	Englisch, Kreolisch, Spanisch
Währung	1 Belize-Dollar = 100 Cents
Gliederung	6 Distrikte
Staatsform	Parlamentarische Monarchie im Commonwealth (seit 1981)
Staatsoberhaupt	Königin Elisabeth II. (seit 1981) * 1926
Regierungschef	Said Wilbert Musa (seit 1998) * 1944
Parlament	Senat mit 9 ernannten und Repräsentantenhaus mit 29 für 5 Jahre gewählten Abgeordneten; 22 für People's United Party, 7 Sitze für United Democratic Party (Wahl 2003)
Internet	www.belize.gov.bz
Religion	Katholiken (62 %); Protestanten (30 %); Sonstige (8 %)
Ethn. Gruppen	Mestizen (44 %); Kreolen (31 %); Maya (9 %); Garifuna (6 %); Sonstige (10 %)
Urbanisierung	48,3 %
Einwohner/km	11
Bev.-Wachst./Jahr	2,4 %
Kindersterblichkeit	4 %
Alphabetisierung	93 %

2004 verschärfte sich in B. die haushaltspolitische Lage. Der Regierung gelang es, das Defizit im Haushaltsjahr 2003/04 auf 8,1 % des BIP (2002/03: 9,6 %) zu verringern, dennoch sank das Vertrauen der internationalen Kreditgeber, sodass die Kreditwürdigkeit des Landes im August 2004 zweimal zurückgestuft wurde. Außerdem scheiterte B. bei dem Versuch, eine Anleihe in Höhe von 225 Mio. US-Dollar zu platzieren. Um bei internationalen Gläubigern Vertrauen zurückzugewinnen, legte die Regierung im September 2004 ein Sparprogramm auf, das die laufenden Staatsausgaben um 5 % senken sollte. Grund für die prekäre Haushaltslage war die expansive Ausgabenpolitik von Regierungschef Said Musa. Die Wiederwahl seiner People's United Party 2003 verdankte er insbesondere seiner Popularität, die er durch kostspielige Infrastrukturmaßnahmen und die Schaffung von Wohnraum sowie den damit verbundenen Arbeitsplätzen erwarb. Seitdem sank zwar die Arbeitslosenquote der offiziellen Statistik zufolge von 10,5 % auf 9,1 %, doch etwa ein Drittel der Bevölkerung lebte weiterhin unterhalb der Armutsgrenze.

Benin DY

Republik Benin

Landesfläche	112 622 km² (WR 99)
Einwohner	6,9 Mio. (WR 96)
Hauptstadt	Porto Novo (220 000)
Sprachen	Frz., ca. 60 Stammessprachen
Währung	CFA-Franc
Gliederung	12 Départements
Staatsform	Präsidiale Republik
Staatsoberhaupt und Regierungschef	Mathieu Kérékou (seit 1996 bzw. 1998) * 1933
Parlament	Nationalversammlung mit 83 für vier Jahre gewählten Abgeordneten; 31 für Union für die Zukunft Benins (UBF), 15 für Partei der Wiedergeburt (RB), 11 für Partei der Demokratischen Erneuerung (PRD), 26 für Andere (Wahl 2003)
Internet	www.gouv.bj
Religion	Naturreligionen (70 %); Muslime (15 %); Christen (15 %)
Ethn. Gruppen	Fon (39,8 %); Yoruba (12,2 %); Adja (11,1 %); Bariba (8,7 %); Aizo/Pédah (8,7 %); Sonstige (19,5 %)
Urbanisierung	45 %
Einwohner/km	61
Bev.-Wachst./Jahr	2,6 %
Kindersterblichkeit	15 %
Alphabetisierung	39 %

Im November 2004 vereinbarte B. mit dem Nachbarland Nigeria ein Abkommen, das den Freihandel zwischen den beiden Staaten fördern soll. Die Regierung von B. hoffte, damit den bandenmäßig organisierten Schmuggel zwischen den beiden Staaten unterbinden zu können. Durch die mit dem Vertrag verbundenen Handelserleichterungen sollte für viele Kaufleute der Anreiz erhöht werden, bei ihren Geschäften mit dem Ausland in die Legalität zurückzukehren. B. gehört zu den ärmsten Ländern der Erde; das Pro-Kopf Einkommen liegt unter 500 €/Jahr.

Bhutan BHT

Königreich Bhutan

Landesfläche	47 000 km² (WR 128)
Einwohner	2,3 Mio. (WR 138)
Hauptstadt	Thimphu (30 000)
Sprachen	Dzongkha, Engl., tibet. Dialekte
Währung	1 Ngultrum = 100 Chetrum
Gliederung	20 Distrikte
Staatsform	Monarchie
Staatsoberhaupt	König Jigme Wangchuk (seit 1972) * 1955
Regierungschef	Lyonpo Yeshey Zimba (seit 2004) * 1952
Parlament	Nationalversammlung (Tshogdu) mit 150 Mitgliedern; 105 gewählte Abgeordnete, 35 vom König nominierte Beamte, 10 Vertreter buddhistischer Klöster (willkürlich festgelegter Wahltermin)
Internet	www.bhutan.gov.bt
Religion	Buddhisten (75 %); Hindus (25 %)
Nationalitäten	Bhotia (50 %); Nepalesen (35 %); Sonstige (15 %)
Urbanisierung	9 %
Einwohner/km	49
Bev.-Wachst./Jahr	3 %
Kindersterblichkeit	9,4 %
Alphabetisierung	42 %

Die Regierung von B. kündigte im März 2005 an, das Land verstärkt dem Tourismus zu öffnen und machte erstmals Vorgaben für ein quantitatives Wachstum des Fremdenverkehrs. Demnach sollen die Besucherzahlen bis 2010 von derzeit 9 200 auf 15 000/Jahr steigen. Zur Verwirklichung dieses Zieles sollen v. a. die Feierlichkeiten des Jahres 2007 beitragen, mit denen der 100. Jahrestag der Gründung des Königreiches B. begangen wird. Die Regierung plant, anlässlich dieses Ereignisses Besuchern aus dem Ausland bisher verschlossene Regionen zugänglich zu machen.

Seit Jahren treibt König Jigme Wangchuk die Vertreibung der hinduistischen Lhotshampas voran, die einen deutlichen größeren Bevölkerungsanteil stellen als die buddhistischen Ngalongs. 130 000 Menschen wurde bisher die Staatsbürgerschaft entzogen, die meisten von ihnen wurden nach Angaben von Menschenrechtlern zuvor gefoltert.

Birma
Union Myanmar

MYA

Landesfläche	676 578 km² (WR 39)
Einwohner	50,1 Mio. (WR 24)
Hauptstadt	Rangun/Yangon (4,5 Mio. Einwohner)
Sprachen	Birmanisch, regionale Sprachen
Währung	1 Kyat = 100 Pyas
Gliederung	7 Staaten, 7 Provinzen
Staatsform	Sozialist. Republik, Militärregime
Staatsoberhaupt	Than Shwe (seit 1992) * 1933
Regierungschef	Soe Win (seit 2004) * 1948
Parlament	Volksversammlung mit 485 für 4 Jahre gewählten Abgeordneten; 392 Sitze für NLD, 93 für Andere (Wahl 1990, vom Militärregime nicht anerkannt)
Internet	http://mission.itu.ch/MISSIONS/Myanmar
Religion	Buddhisten (89 %); Christen (4 %); Muslime (4 %); Sonstige (3 %)
Ethn. Gruppen	Birmanen (68 %); Shan (9 %); Karen (Kayin, 7 %); Rohingya (4 %); Chinesen (3 %); Mon (2 %); Sonstige (7 %)
Urbanisierung	29 %
Einwohner/km	74
Bev.-Wachst./Jahr	1,3 %
Kindersterblichkeit	10,8 %
Alphabetisierung	84 %

Innenpolitik: Nach mehrmonatiger Unterbrechung setzte die Militärjunta in B. im Februar 2005 die umstrittene verfassunggebende Versammlung fort, die im Mai 2004 begonnen hatte. Die Aussichten auf demokratische Reformen werden als gering eingeschätzt, weil der Verfassungskongress weiterhin ohne die Opposition über die Zukunft des Landes berät. Die Nationale Liga für Demokratie (NLD) boykottierte die Versammlung, weil das Militärregime sich weigerte, die Parteiführerin und Friedensnobelpreisträgerin Aung San Suu Kyi aus dem Hausarrest zu entlassen. Suu Kyi steht seit Mai 2003 unter Arrest. Auch drei weitere Parteien, die ethnische Minderheiten repräsentieren, lehnten eine Teilnahme ab. Das Militärregime kam 1988 nach der Niederschlagung eines Aufstands an die Macht. Die Wahl von 1990 gewann die NLD, das Militär lehnte es aber ab, ihr die Regierungsverantwortung zu überlassen.

Anklage: Im Juni 2005 wurde der frühere birman. Ministerpräsident Khin Nyunt vor Gericht angeklagt. Die regierende Junta hatte den Sturz des Ministerpräsidenten acht Monate zuvor mit dessen Verwicklung in Korruptionsaffären begründet. Internationale Beobachter führten seine Absetzung hingegen auf einen Machtkampf innerhalb der birman. Führung zurück. Nyunt, der innerhalb der international isolierten Junta als moderat galt, hatte 2003 einen Plan zur Demokratisierung vorgelegt, der allerdings von der Opposition unter Führung von Friedensnobelpreisträgerin Aung San Suu Kyi abgelehnt wurde.

Freilassungen: Das Militärregime ließ im Dezember 2004 im Rahmen einer Amnestie Hunderte Gefangene frei, darunter auch einige prominente Regimekritiker, die seit der Niederschlagung der Demokratiebewegung 1995 inhaftiert waren. Bei den Freigelassenen handelte es sich u. a. um Htwe Myint, den Vorsitzenden der inzwischen aufgelösten Demokratischen Partei, und Thu Wai, ein weiteres führendes Mitglied der Partei. Das Militärregime kündigte an, insgesamt rund 5 100 Menschen aus den Gefängnissen zu entlassen.

Birma: Marschierende Soldaten bei der alljährlichen Parade in der Hauptstadt Rangun anlässlich des Streitkräftetags (27. März)

Ethnische Spannungen: Bei einem Bombenanschlag starben im April 2005 auf einem Markt in Mandalay, der zweitgrößten Stadt in B., zwei Menschen, 14 Personen wurden verletzt. Die meisten Opfer waren Frauen. Für den Anschlag wurden Rebellen des Karen-Volks verantwortlich gemacht, die zuvor bereits einen Strommast im Nordosten des Landes in die Luft gesprengt hatten. Internationale Menschenrechtsorganisationen verwiesen wiederholt auf die äußerst kritische Lage der meisten ethnischen Minderheiten in B., gegen die das Militär mit unnachgiebiger Härte vorging. Insbesondere die Situation der Mon, Karen und Shan - die überwiegend in den Bergländern siedeln - wurde als besorgniserregend bezeichnet. Sie werden von der Armee unter Gewaltandrohung zu unbezahlter Fronarbeit gezwungen, obwohl die Regierung offiziell die Zwangsarbeit abgeschafft hat.

Flutkatastrophe: B. blieb im Dezember 2004 nach offiziellen Angaben von der Flutkatastrophe in Asien weitgehend verschont. Internationale Hilfsorganisationen schätzten die Zahl der Opfer auf 100, rund 5 000 Menschen wurden obdachlos. Unmittelbar nach der Katastrophe hatten oppositionelle Exilgruppen der Militärjunta vorgeworfen, die Zahl der Opfer verschweigen und das Ausmaß der Schäden verharmlosen zu wollen.

Außenpolitik: Auf dem fünften Asien-Europa-Gipfel (ASEM) in Hanoi drängten im Oktober 2004 die 25 EU-Staaten und 13 asiatischen Länder in einer offiziellen Erklärung die Militärregierung in B. dazu, politische Einschränkungen zu lockern. Allerdings konnten sich die ASEM-Staaten nicht auf eine gemeinsame Forderung nach der Freilassung der Friedensnobelpreisträgerin und Oppositionsführerin Aung San Suu Kyi einigen. Trotz der fehlenden Deutlichkeit der Erklärung beim Thema B. äußerte der damalige EU-Kommissionspräsident Romano Prodi die Überzeugung, den internationalen Druck auf die Militärjunta erhöht zu haben. Zuvor war B. gegen den Willen der EU in die ASEM-Gruppe aufgenommen worden. Die EU kündigte weitere Sanktionen gegen B. an, z. B. eine Ausweitung des Einreiseverbotes für Militärangehörige und deren Familien sowie für Firmen aus EU-Staaten ein Verbot, in B. zu investieren. Außerdem wollte sich die EU zukünftig bei internationalen Finanzinstitutionen gegen Kreditvergaben an das südostasiatische Land aussprechen.

Bolivien

BOL

Republik Bolivien

Landesfläche	1,1 Mio. km² (WR 27)
Einwohner	9,0 Mio. (WR 83)
Hauptstadt	Sucre (220 000)
Sprachen	Spanisch, Aymará, Ketschua
Währung	1 Boliviano (Bs) = 100 Centavos
Gliederung	9 Departamentos
Staatsform	Präsidiale Republik (seit 1967)
Staatsoberhaupt und Regierungschef	Eduardo Rodriguez (seit 2005, Interim) *1956
Parlament	Kongress aus Abgeordnetenhaus mit 130 und Senat mit 27 für vier Jahre gewählten Mitgliedern; 36 (11) Sitze für zentristisch-progressive MNR-MBL, 27 (8) für sozialistische MAS, 26 (5) für sozialdemokratische MIR, 25 (2) für personalistische NFR, 16 (1) für Andere (Wahl 2002)
Internet	www.comunica.gov.bo
Religion	Katholiken (95%); Protestanten und Sonstige (5%)
Ethn. Gruppen	Mestizen (30%); Ketschua (30%); Aymará (25%); Weiße (15%)
Urbanisierung	63%
Einwohner/km	8
Bev.-Wachst./Jahr	1,9%
Kindersterblichkeit	7,1%
Alphabetisierung	87%

Innenpolitik: Nach wochenlangen gewaltsamen Protesten trat Präsident Carlos Mesa Gisbert im Juni 2005 zurück und ordnete für den 18. Oktober allgemeine Wahlen zu einer verfassunggebenden Versammlung sowie ein Referendum für mehr Autonomie für die Regionen an. Zum Interims-Staatschef wurde der oberste Verfassungsrichter Eduardo Rodriguez ernannt. Hintergrund der seit 2004 dauernden Staatskrise war der Konflikt um die Neuausrichtung der Politik bezüglich der Rohstoffreserven des Landes. Die Gewerkschaften und die Bewegung der Kokabauern warfen Mesa vor, internationalen Konzernen die Ausbeutung der reichen Erdgasvorkommen zu ermöglichen, ohne die arme Bevölkerung an den Einnahmen teilhaben zu lassen. Obwohl der Kongress den Rücktritt des Präsidenten ablehnte, konnten sich die Vertreter der wichtigsten politischen Gruppierungen nicht auf einen Kompromiss zur

Lösung des Konfliktes einigen. Der Sprecher der Kokabauern, Evo Morales, und seine Bewegung zum Sozialismus (MAS) organisierten den Protest, errichteten Straßenblockaden und riefen zu Streiks auf. Sie kritisierten die ihrer Ansicht nach zu geringen Gewinnspannen bei den Erdgasexporten. Die Gewerkschaften forderten ein Gesetz zur Anhebung der Steuern für die 26 in B. tätigen internationalen Rohstoffkonzerne auf 50%. Die Regierung empfahl einen Steuersatz von 18%, da sie befürchtete, dass andernfalls ausländische Investoren ausbleiben könnten.

Regierungsumbildung: Im Februar 2005 versuchte Präsident Mesa Gisbert, durch eine Regierungsumbildung die Bevölkerung zu beschwichtigen, die mit Demonstrationen und Generalstreiks gegen eine geplante Energiepreiserhöhung protestierte. Mesas Entscheidung, sieben Ministerposten neu zu besetzen, wurde als deutliche Schwächung seiner Position gewertet. Bereits Ende Januar hatte er nach wochenlangen Protesten der Bevölkerung in der bolivian. Provinz Santa Cruz Zugeständnisse machen müssen. So stimmte er der Forderung zu, dass der Gouverneur der größten und wohlhabendsten Provinz künftig nicht mehr vom Staatspräsidenten ernannt, sondern von den Einwohnern frei gewählt werden solle. Ruben Costas, einer der Führer der Protestbewegung, sprach vor rund 60 000 Anhängern in der Stadt Santa Cruz von einer friedlichen Revolution.

Wirtschaft: Der frz. Konzern Total entdeckte im Oktober 2004 bei Bohrungen in der bolivian. Bergregion Inca Huasi in der Provinz Chuquisaca ein riesiges Erdgasfeld. Es soll nach Angaben der Provinzbehörden etwa so groß sein wie das größte des Landes in Margarita, das 380 Mrd. m³ umfasst. Laut José Galindo, dem Minister im Präsidialamt, werden sich die bolivian. Energiereserven dadurch um 20% erhöhen. B., eines der ärmsten Länder Lateinamerikas, verfügt nach Venezuela über die zweitgrößten Erdgasreserven des Kontinents. Der Streit um die Verwendung der Gasvorkommen sorgt immer wieder für politische Krisen, v. a. mit Chile, das B. einen direkten Zugang zum Meer für seine Erdgaslieferungen verwehrt. Chile lehnte bislang jedoch alle Forderungen ab, auch wenn es großes Interesse an bolivian. Erdgas hat, nachdem Argentinien die Lieferungen an Chile stark verringert hatte.

Bolivien: Erdölexporteur ohne Häfen

Bis 1883/84 hatte Bolivien Anteil an der Westküste Südamerikas: Antofagasta, eine Provinz in der Küstenwüste Atacama, gehörte bis dahin zu dem Andenstaat. Heute ist Antofagasta ein Teil Chiles, das dieses Gebiet wie auch die anderen Teile der Atacama im sog. Salpeterkrieg 1879–83 gewinnen konnte. Es besiegte die Verbündeten Peru und Bolivien, um sich in den Besitz der rohstoffreichen Wüstenregion zu bringen. Seitdem ist Bolivien ein Binnenstaat. Der Versuch, 1932–35 im Chacokrieg gegen Paraguay über die Häfen am Río Paraguay einen Zugang zum Atlantik zu erlangen, scheiterte.

Bolivien: MAS-Führer Evo Morales (links) und Präsident Carlos Mesa Gisbert treffen sich am 10. März zu einem Sondierungsgespräch, das jedoch nicht aus der innenpolitischen Krise führt.

Bosnien und Herzegowina

BIH

Republik

Landesfläche	51 129 km² (WR 124)
Einwohner	4,2 Mio. (WR 120)
Hauptstadt	Sarajevo (465 000 Einwohner)
Sprachen	Bosnisch, Kroatisch, Serbisch
Währung	1 Konvertible Mark = 100 Pfennig
Gliederung	Bosnisch-Kroatische Föderation/ Serbische Republik
Staatsform	Republik
Staatsoberhaupt	Staatspräsidium (Vorsitz rotiert alle acht Monate)
Regierungschef	Adnan Terzić (seit 2003) * 1960
Parlament	Haus der Völker mit 15 Deputierten; Abgeordnetenhaus mit 42 Mitgliedern, davon 10 für Partei der Demokratischen Aktion (SDA), 6 für Partei Bosnien und Herzegowina (SbiH), 5 für Kroatische Demokratische Gemeinschaft (HDZ), 21 für Andere (Wahl 2002)
Internet	www.fbihvlada.gov.ba
Religion	Muslime (40 %); Serbisch-Orthodoxe (31 %; Sonstige (29 %)
Nationalitäten	Bosniaken (49 %); Serben (31 %); Kroaten (17 %); Sonstige (3 %)
Urbanisierung	44 %
Einwohner/km	82
Bev.-Wachst./Jahr	1,1 %
Kindersterblichkeit	1,8 %
Alphabetisierung	86 %

Innenpolitik: Im März 2005 enthob der internationale Bosnien-Verwalter Paddy Ashdown Dragan Ćović, den Vertreter der bosn. Kroaten in der Präsidententroika, seines Amtes. Er begründete die Entscheidung mit der Anklage, die gegen Ćović erhoben wurde. Er stand im Verdacht, sich in seiner früheren Position als Finanzminister einer Fleischfabrik vorteilhafte Importbedingungen verschafft zu haben. Unter den Mitangeklagten befand sich auch der Vorsitzende des bosn. Verfassungsgerichts. Nach dem 1995 abgeschlossenen Friedensabkommen von Dayton hat der internationale Verwalter das Recht, Beamte und Regierungsmitglieder wegen Behinderung des Friedens oder der Umsetzung von Friedensabkommen abzusetzen. Seit 1998 wurden bereits rund 150 bosn. Funktionäre ihres Amtes enthoben.

Kriegsverbrechertribunal: Im März 2005 konstituierte sich in Sarajevo ein nationales Kriegsverbrechertribunal, das Fälle vom UN-Kriegsverbrechertribunal in Den Haag übernehmen soll. Vorher liefen alle Prozesse zur juristischen Aufarbeitung von Kriegsverbrechen während des bosn.-serb. Krieges (1992–95) über das Tribunal in den Niederlanden. Zwar durften sich die nationalen Gerichte mit kleineren Fällen befassen, die Urteile wurden aber von den Haager Richtern überprüft. Für eine Übergangszeit von zwei bis fünf Jahren besteht das neue Tribunal in Sarajevo aus zwei internationalen und einem bosn. Richter. Danach soll das gesamte Personal von bosn. Seite gestellt werden. In einer ehemaligen Kaserne in Sarajevo wurden für 20 Mio. € ein Gefängnis, Büros und Verhandlungssäle eingerichtet.

Kommunalwahlen: Wie stark die innere Zerrissenheit des Landes weiterhin ist, zeigten die Kommunalwahlen, die im Oktober 2004 abgehalten wurden. Erstmals konnten die Bürgermeister in den Gebietskörperschaften direkt gewählt werden. In den meisten Gemeinden siegten die Kandidaten nationalistischer Parteien.

Außenpolitik: Im Dezember 2004 traten der Außenminister von B., Mladen Ivanić, und der Ministerpräsident der bosnischen Serbenrepublik, Dragan Mikerević, von ihren Ämtern zurück. Sie reagierten damit auf die Entscheidung der USA, wegen der mangelnden Kooperationsbereitschaft mit dem Kriegsverbrechertribunal in Den Haag Sanktionen gegen die bosn. Serben zu verhängen. Die US-amerikan. Regierung verdächtigte die bosn. Serben, mutmaßliche Kriegsverbrecher nicht festgenommen zu haben. Außerdem entließ der internationale Bosnien-Verwalter Paddy Ashdown neun bosn.-serb. Beamte, die Verdächtigen geholfen haben sollen. Zu den Sanktionen gehören Reiseverbote für die Führung der beiden größten bosn.-serb. Parteien. Auf dem Staatsgebiet von B. u. H. werden die zwei meistgesuchten mutmaßlichen Kriegsverbrecher vermutet, der frühere Führer der bosn. Serben, Radovan Karadzić, und dessen ehemaliger Militärbefehlshaber Ratko Mladić. Seit dem Friedensabkommen von Dayton aus dem Jahr 1995 ist B. u. H. in zwei Kantone aufgeteilt – eine Föderation von Muslimen und Kroaten sowie die Republik der bosn. Serben. Beide verfügten über eigene Sicherheitskräfte und eine eigene Regierung, sind aber durch gemeinsame staatliche Institutionen verbunden.

Weiteres Massengrab: Im Oktober 2004 wurde in B. u. H. ein Massengrab mit Opfern des Massakers von Srebrenica entdeckt. Kriminaltechniker exhumierten aus einem Grab in Snagovo bei Zvornik an der Grenze zu Serbien 43 komplette und 35 unvollständige Leichen. In Srebrenica wurden 1995 schätzungsweise 8 000 Muslime von bosn. Serben ermordet.

Deutsche Militärhilfe: Der dt. Verteidigungsminister Peter Struck (SPD) sagte im März 2005 B. u. H. weitere Hilfe bei der Ausbildung von militärischem Führungspersonal zu. Außerdem versprach er, den Wunsch des Landes zu unterstützen, Mitglied im NATO-Partnerschaftsprogramm für Frieden zu werden. Als Voraussetzung für den Erfolg der dt. Bemühungen nannte er eine enge Zusammenarbeit von B. u. H. mit dem UN-Kriegsverbrechertribunal in Den Haag.

Flüchtlinge: Im September 2004, neun Jahre nach Ende des Bosnienkrieges, kehrte der einmillionste Flüchtling in seine Heimat zurück. Das UN-Flüchtlingswerk UNHCR wertete dies als einen wichtigen Schritt im langen Prozess des Wiederaufbaus. Von der Vorkriegsbevölkerung von 4,3 Mio. wurden in den Kriegsjahren 1992–95 rund 2,2 Mio. Menschen aus ihren Häusern vertrieben. Für die Bemühungen um die Rückkehr der Kriegsflüchtlinge gab das UNHCR seit 1995 rund 408 Mio. € aus.

Wirtschaft: Die Volkswirtschaft von B. u. H. setzte 2004 den mit einem BIP-Anstieg von geschätzten 4,7 % den Wachstumskurs fort (2003: ca. 4 %). Durch Verbesserung der Wirtschaftsgesetzgebung bemühte sich die Regierung, ausländische Unternehmen nach B. u. H. zu holen.

Bosnien und Herzegowina: UN-Chefanklägerin Carla del Ponte spricht bei der Eröffnungsfeierlichkeit für das Kriegsverbrechertribunal in Sarajevo am 9. März.

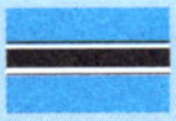

Botswana

RB

Republik Botswana

Landesfläche	581 730 km² (WR 45)
Einwohner	1,8 Mio. (WR 143)
Hauptstadt	Gaborone (186 000 Einwohner)
Sprachen	Setswana, Englisch
Währung	1 Pula = 100 Thebe
Gliederung	10 Landdistrikte, 4 Stadtdistrikte
Staatsform	Präsidiale Republik
Staatsoberhaupt und Regierungschef	Festus G. Mogae (seit 1998) *1939
Parlament	Nationalversammlung mit 57 für fünf Jahre gewählten Abgeordneten; 44 für die Demokratische Partei, 12 für die Nationale Front, 1 für die Kongresspartei (Wahl 2004)
Internet	www.gov.bw
Religion	Christen (50 %): Protestanten (29 %), Afrikan. Christen (12 %), Katholiken (9 %); Naturreligionen (50 %)
Ethn. Gruppen	Tswana (76 %); Shona (12 %); San (3 %); Sonstige (9 %)
Urbanisierung	52 %
Einwohner/km	3
Bev.-Wachst./Jahr	0,9 %
Kindersterblichkeit	11 %
Alphabetisierung	80 %

Die Gesundheitsministerin von B., Sheila Tlou, appellierte im März 2005 an die internationale Staatengemeinschaft und die Pharmaindustrie, B. stärker im Kampf gegen Aids zu unterstützen. Sie verwies darauf, dass der Regierung zu wenige finanzielle Mittel zur Verfügung stünden, um der Bevölkerung wirksame Aidsmedikamente zugänglich zu machen. Aids entwickelte sich seit den 1990er-Jahren zum gravierendsten Problem des Landes. Nach offiziellen Angaben waren 2004 rund 38 % der Bevölkerung mit dem Virus infiziert.

Wirtschaft: Vor dem Ausbruch der Epidemie war B. eine der am schnellsten wachsenden Volkswirtschaften der Welt mit durchschnittlichen Wachstumsraten von 9 %/Jahr. Dadurch gelang es B., zu den wohlhabendsten Staaten in Afrika aufzusteigen. Ab 2001 brach die Wachstumsrate ein, erholte sich aber 2004 wieder. Im ersten Quartal 2004 verzeichnete B. wieder einen Anstieg des BIP um 9 % im Vergleich zum

Vorjahreszeitraum. Wichtigster Träger der Wirtschaft war die Förderung von Diamanten, die mit ca. 65% am Gesamtexportvolumen Hauptausfuhrgut waren. Neben Diamanten verfügt B. über zahlreiche weitere Rohstoffvorkommen (Gold, Platin, Silber, Kupfer, Nickel).

Brasilien BR

Föderative Republik Brasilien

Landesfläche	8,5 Mio. km² (WR 5)
Einwohner	180,7 Mio. (WR 5)
Hauptstadt	Brasília (2 Mio. Einwohner)
Sprache	Portugiesisch
Währung	1 Real (R$) = 100 Centavos
Gliederung	26 Bundesstaaten/1 Bundesdistrikt
Staatsform	Präsidiale Bundesrepublik (seit 1988)
Staatsoberhaupt und Regierungschef	Luís Inácio da Silva (seit 2002) *1945
Parlament	Kongress aus Abgeordnetenhaus mit 513 und Senat mit 81 Abgeordneten; im Abgeordnetenhaus 91 für Arbeiterpartei (PT), 84 für Liberale Front (PFL), 74 für Demokratische Bewegung (PMDB), 264 für Andere (Wahl 2002)
Internet	www.brasil.gov.br
Religion	Katholiken (80%); Sonstige (20%)
Ethn. Gruppen	Weiße (55%); Mischlinge (38%); Schwarze (6%); Sonstige (1%)
Urbanisierung	83%
Einwohner/km	21
Bev.-Wachst./Jahr	1,2%
Kindersterblichkeit	3,7%
Alphabetisierung	87%

Innenpolitik: Bei den brasilian. Kommunalwahlen im Oktober 2004 konnte die Arbeiterpartei (PT) die Zahl ihrer Mandate in den Gemeindeversammlungen nahezu verdoppeln. Allerdings erlitt die linksgerichtete Regierungspartei in einigen Gemeinden schwere Niederlagen. Bei der Stichwahl um das Bürgermeisteramt in der Millionenstadt São Paulo kam die bisherige Amtsinhaberin Marta Suplicy vom PT nur auf 45% der abgegebenen Stimmen. Wahlsieger wurde mit 55% José Serra von der Sozialdemokratischen Partei. Niederlagen musste der PT auch in der Amazonas-Stadt Belem und in den südlichen Provinzhauptstädten Curitiba und Porto Alegre hinnehmen.

Parlamentarische Niederlage: Die Arbeiterpartei (PT) erlitt im Februar 2005 ihre schwerste parlamentarische Niederlage seit dem Wahlsieg von Präsident Luís Inácio da Silva, genannt Lula, die Abgeordneten wählten nicht dessen Kandidaten Luíz Eduardo Greenhalgh zum Parlamentspräsidenten, sondern Severino Cavalcanti von der kleinen Fortschrittspartei, die mit der Arbeiterpartei verbündet ist. Cavalcanti präsentierte sich dem Parlament als Verfechter einer von der Regierung unabhängigen Legislative. Damit gewann er die Zustimmung von Abgeordneten, die sich zunehmend als bloßes Instrument zur Billigung von Regierungsentscheidungen missbraucht sahen. Die schwindende Autorität des Präsidenten offenbarte sich auch im April 2005, als Lula mit dem Versuch scheiterte, seine Regierung umzubilden. Die Neubesetzung von Kabinettsposten sollte eine breitere Koalition im Parlament ermöglichen, wo Lula die Mehrheit verloren hatte. In der brasilian. Volksvertretung werden Koalitionen, Parteimitgliedschaften und Stimmen häufig offen verhandelt. Cavalcanti verwies darauf, dass Abgeordnete gelegentlich schon für eine Summe von rund 10 000 € überredet werden könnten, die Partei zu wechseln. Im Juni 2005 musste der Chef des Kabinetts und enger Lula-Berater José Dirceu wegen einer Korruptionsaffäre zurücktreten.

Morde: Im Februar 2005 erschütterte der Mord an einer 74-jährigen Dominikanernonne aus den USA die Öffentlichkeit. Dorothy Stang, die als Vorkämpferin für die Erhaltung des Regenwalds und für die Rechte der Landbevölkerung

Brasilien: Protest gegen den Mord an Dorothy Stang vor dem obersten Gericht in Brasilia

Luís Inácio da Silva
Brasilian. Staatspräsident, * 27. 10. 1945 in Garahuns. Lula, der in ärmsten Verhältnissen aufwuchs, arbeitete ab 1968 als Metallarbeiter. Schon früh gewerkschaftlich engagiert, war er 1975–80 Metallarbeitervorsitzender im Industriegürtel von São Paulo. Wegen der Organisation von Streiks wurde er Ende der 1970er-Jahre mehrfach verhaftet. 1980 gründete er die Arbeiterpartei (PT), die aufgrund einer intensiven Basisarbeit bei den armen Menschen rasch an Popularität gewann. 1989 unterlag Lula trotz Unterstützung der Kirche als Präsidentschaftskandidat bei den Wahlen, 13 Jahre später setzte er sich mit großer Mehrheit durch.

galt, wurde in der Nähe von Anapu, 2100 km nördlich von São Paulo, erschossen. Die Ermittlungsbehörden verdächtigten Auftragsmörder der Tat, da die Geistliche kurz vor ihrer Ermordung mit dem brasilian. Menschenrechtsminister Nilmario Miranda zusammengetroffen war, um ihm zu berichten, dass vier Bauern von Holzfällern und Großgrundbesitzern mit dem Tode bedroht worden seien. Zwei Wochen nach dem Mord an Stang töteten Unbekannte den Umweltschützer Dioniso Julio Ribeiro, der im Naturreservat Tingua bei Rio de Janeiro gegen Wilderer kämpfte. Sie forderten die Regierung auf, auch in den ländlichen Regionen für die Durchsetzung des Rechts zu sorgen.

Ureinwohner: Die Regierung beschloss im April 2005, den indian. Ureinwohnern am Amazonas ein ca. 1,7 Mio. ha großes Gebiet zu überlassen. Das Reservat »Raposa Serra do Sol« liegt im nordwestlichen Verwaltungsgebiet Roraima. Hier lebten Mitte 2005 etwa 15 000 Ureinwohner vom Stamm der Macuxi, der Taurepang, der Wapixana und der Ingariko. Den ca. 600 Nicht-Indianern, die sich dort überwiegend als Farmer niedergelassen hatten und jetzt das Reservat verlassen mussten, versprach die Regierung Entschädigungszahlungen.

Abgabe von Schusswaffen: Der große Erfolg des Programms zur Abgabe von Schusswaffen veranlasste die Regierung, im September 2004 die Belohnungssumme zu verdreifachen. In den drei Monaten zuvor waren 108 000 Waffen sichergestellt worden. Das brasilian. Justizministerium hoffte, mit dem Projekt die hohe Kriminalität verringern zu können.

Homosexuelle: Joao Gilberto Goncalves, ein führender Staatsanwalt in B., startete im Januar 2005 eine Initiative für die Zulassung der Eheschließung unter Homosexuellen. Er begründete dies mit der Notwendigkeit, Vorurteile gegen gleichgeschlechtliche Paare abzubauen. Im Fall eines Erfolgs wäre B. das erste Land im katholisch geprägten Lateinamerika, das die Eheschließung von schwulen und lesbischen Paaren erlaubt. Bislang wird die Ehe in der brasilian. Verfassung als Verbindung zwischen Mann und Frau definiert.

Außenpolitik: Die brasilian. Regierung wies im Oktober 2004 einen Bericht des US-amerikan. Magazins »Science« zurück, wonach eine Urananreicherungsanlage nahe Rio de Janeiro das Potenzial zum Bau von Atomwaffen eröffne. Dem Bericht zufolge könne mit der Anlage in Resende ausreichend hoch angereichertes Uran zum Bau von sechs Nuklearsprengköpfen gewonnen werden. Außerdem warf »Science« der Regierung vor, die Herkunft der verwendeten Zentrifugen zu verschleiern. Der Präsident der brasilian. Kernenergiekommission, Dias Goncaves, behauptete hingegen, dass die Anlage darauf ausgelegt sei, nur bis zu 3,5 %, also schwach angereichertes Uran herzustellen, wie es in Atomkraftwerken

Brasilien: Ende 2004 werden 10 000 eingesammelte Waffen in Brasilia zerstört.

verwendet wird. Waffenfähiges Uran hingegen müsse bis zu 90% angereichert werden, und über diese Technologie verfüge B. nicht. Auslöser für die Spekulationen um ein brasilian. Atomwaffenprogramm war die Weigerung der Regierung, Inspekteuren der Internationalen Atomenergiebehörde freien Zugang zur Atomanlage von Resende zu gewähren.

Wirtschaft: Die brasilian. Volkswirtschaft erlebte 2004 einen kräftigen Aufschwung. Aufgrund der günstigen weltwirtschaftlichen Entwicklung stieg das BIP um 5,2%, nachdem es im Vorjahr lediglich um 0,5% gewachsen war. Wegen der starken Nachfrage nach brasilian. Gütern erzielte B. einen Rekordhandelsüberschuss von 33,6 Mrd. US-Dollar. Angesichts der robusten Konjunktur verzichtete die brasilian. Regierung im März 2005 darauf, Bereitschaftskredite des IWF, die in Höhe von 14 Mrd. US-Dollar abgerufen werden konnten, in Anspruch zu nehmen.

Weltsozialforum: Im Januar 2005 wurde auf dem Weltsozialforum in Porto Alegre der brasilian. Präsident Luís Inácio da Silva, genannt Lula, wegen seiner Wirtschaftspolitik heftig kritisiert. Aktivisten buhten den linksgerichteten Politiker aus, weil er ihrer Ansicht nach sein Wahlversprechen gebrochen habe, Hunger und Armut in B. zu bekämpfen. Sie warfen ihm vor, sich auf die Rückzahlung von Auslandsschulden zu konzentrieren und Programme zur Armutsbekämpfung zu vernachlässigen. Lula da Silva verwies hingegen darauf, dass durch seine Politik mind. 1 Mio. neue Arbeitsplätze in B. entstanden seien.

Genpflanzen: Das brasilian. Parlament hob im März 2005 ein Anbauverbot für gentechnisch veränderte Pflanzen auf. Damit ermöglichte es den brasilian. Bauern, insbesondere im Soja-Anbau zukünftig gentechnisch verändertes Saatgut offiziell einzusetzen. In B., dem zweitgrößten Sojaproduzenten der Welt, waren Schätzungen zufolge bereits 2004 rund 30% der Sojabohnen gentechnisch verändert, weil viele Bauern modifiziertes Saatgut aus Nachbarstaaten heimlich importierten.

Regenwald: 2004 nahm die Fläche des Regenwaldes in B. erneut um ca. 20 000 km² ab. Dies entsprach etwa der Größe von Hessen (21 114 km²). Grund für den Abbau waren v. a. Neuansiedlungen und die Ausweitung von Farmgelände. Seit den 1970er-Jahren gingen rund 673 000 km² Regenwald in B. verloren, fast die doppelte Größe von Deutschland.

Brunei

Brunei Darussalam BRU

Landesfläche	5 765 km² (WR 162)
Einwohner	366 000 (WR 166)
Hauptstadt	Bandar Seri Begawan (50 000 Einwohner)
Sprachen	Malaiisch, Chinesisch, Englisch
Währung	1 Brunei-Dollar = 100 Cents
Gliederung	4 Distrikte
Staatsform	Absolute Monarchie
Staatsoberhaupt und Regierungschef	Sultan Muda Hassan al-Bolkiah (seit 1967) *1946
Parlament	Legislativrat mit 20 vom Sultan ernannten Mitgliedern; Wahl eines neuen Parlamentes angekündigt
Internet	www.brunei.gov.bn
Religion	Muslime (67%); Buddhisten (13%); Sonstige (20%)
Nationalitäten	Malaien (62%); Chinesen (15%); Sonstige (23%)
Urbanisierung	76,2%
Einwohner/km	63
Bev.-Wachst./Jahr	2,2%
Kindersterblichkeit	0,6%
Alphabetisierung	91%

Im September 2004 entschied der mit absoluten Vollmachten regierende Sultan Hassan al-Bolkiah, dass die Bevölkerung nach mehr als 40 Jahren künftig wieder wählen darf. Der von ihm ernannte Legislativrat des Kleinstaats im Norden der Insel Borneo, der nur beratende Funktionen hat, verabschiedete einen Verfassungszusatz, der die Schaffung eines 45 Abgeordnete zählenden Parlaments vorsieht. Davon sollen aber nur 15 in freier Wahl bestimmt werden. Ein Termin für die Wahl wurde nicht genannt. B. war 2004 eine der letzten absolutistischen Monarchien der Welt. Die letzte Parlamentswahl fand 1962 statt. Das Parlament wurde aber nach dem Sieg der linksgerichteten Volkspartei aufgelöst. Der damals verhängte Ausnahmezustand gilt noch immer. Wegen des Ölreichtums genießen die 366 000 Einwohner von B. einen hohen Lebensstandard. Die Einkünfte aus dem im Ausland angelegten Kapital stellen eine wichtige Einnahmequelle dar. Der Sultan gilt als einer der reichsten Männer der Welt.

Bulgarien

BG

Republik Bulgarien

Landesfläche	110 994 km² (WR 102)
Einwohner	7,8 Mio. (WR 92)
Hauptstadt	Sofia (1,1 Mio. Einwohner)
Sprache	Bulgarisch
Währung	1 Lew = 100 Stotinki
Gliederung	8 Regionen und Hauptstadtgebiet
Staatsform	Parlamentarische Republik
Staatsoberhaupt	Georgi Parwanow (seit 2002) * 1957
Regierungschef	Simeon Sakskoburggotski (seit 2001) * 1937
Parlament	Volksversammlung mit 240 Abgeordneten; 84 Sitze für Bulgarische Nationalistische Partei (BSP), 52 für Nationale Bewegung Simeon II. (NDST), 29 für DPS, 22 für Nationalistische Attacke, 53 für Andere (Wahl 2005)
Internet	www.parliament.bg
Religion	Bulgarisch-Orthodoxe (83 %); Muslime (13 %); Katholiken (2 %); Sonstige (2 %)
Nationalitäten	Bulgaren (83 %); Türken (8,5 %); Sonstige (8,5 %)
Urbanisierung	70 %
Einwohner/km	70
Bev.-Wachst./Jahr	-0,8 %
Kindersterblichkeit	1,6 %
Alphabetisierung	98 %

Innenpolitik: Bei der bulgar. Parlamentswahl im Juni 2005 konnten sich die oppositionellen Sozialisten durchsetzen. Die Bulgarische Sozialistische Partei (BSP) unter Sergej Stanisev erhielt 31 % der abgegebenen Stimmen und ist damit stärkste Kraft im Parlament. Auf die zweitstärkste Partei, die Nationale Bewegung Simeon II. (NDST) von Ministerpräsident Simeon Sakskoburggotski entfielen lediglich 20 %. Als drittstärkste Kraft konnte sich die Türkenpartei Bewegung für Rechte und Freiheit (DPS) positionieren, die 11 % der abgegebenen Stimmen erhielt. Sieben weitere Parteien schafften den Sprung über die Vierprozenthürde. Die Stimmverteilung ließ eine schwierige Regierungsbildung in dem Land erwarten, das für 2007 den EU-Beitritt anstrebt bis dahin noch zahlreiche Reformen umsetzen muss.

Parlamentspräsident: Das bulgar. Parlament setzte im Februar 2005 seinen Präsidenten Ognian Gerdschikow von der NDST ab. 119 Abgeordnete stimmten für diese Maßnahme, 114 dagegen. Die Opposition warf Gerdschikow vor, eine Debatte über das Scheitern der Teilprivatisierung des staatlichen Tabakunternehmens Bulgartabac verhindert und damit gegen die Verfassung verstoßen zu haben. Der Zigarettenhersteller British American Tobacco hatte zuvor ein Angebot, drei von 22 Bulgartabac-Fabriken zu kaufen, zurückgenommen. Zur Begründung führte das Unternehmen das schwierige politische Umfeld an, das Investitionen in B. riskant mache.

Außenpolitik: Das Parlament beschloss im Mai 2005, die rund 450 bulgar. Soldaten Anfang 2006 aus dem Irak zurückzuziehen. Die oppositionellen Sozialisten forderten den sofortigen Rückzug. B. hatte als Mitglied der von den USA geführten »Koalition der Willigen« sein Irak-Kontingent im August 2003 entsandt. Der Einsatz der Soldaten war bei der bulgar. Bevölkerung äußerst umstritten und für die Regierung ein großes Hindernis für die Parlamentswahl im Juni 2005. B., das zu den engsten Verbündeten der USA im Irakkrieg gehörte, verlor bei dem Einsatz bis Ende April 2005 zehn Soldaten.

Wirtschaft: Die bulgar. Volkswirtschaft verzeichnete 2004 ein dynamisches Wachstum von 5,7 %, nachdem das BIP bereits im Vorjahr um 4,3 % gestiegen war. Die starke Konjunktur wurde u. a. auf die Konsolidierung der Staatsfinanzen (Überschuss des Budgets 2004: rund 660 Mio. €; ca. 1,7 % des BIP) sowie auf die weitreichenden strukturellen Reformen und die Privatisierung nahezu aller staatlichen Unternehmen (Privatanteil an der Wirtschaftsleistung über 77 %) zurückgeführt. Die bulgar. Regierung erhöhte die Investitionsanreize für ausländische Unternehmen. Sie führte ein einfaches Steuerrecht ein (max. Körperschaftssteuer 19,5 %; fünf Jahre Befreiung in bestimmten Regionen mit hoher Arbeitslosigkeit) und entbürokratisierte bzw. verkleinerte den öffentlichen Dienst. Aufgrund der seriösen Finanzpolitik der letzten Jahre lag die Staatsverschuldung 2004 nur noch bei 33,8 % des BIP. Die Arbeitslosenquote sank um 2,3 Prozentpunkte auf 12,2 %.

Ein starkes Wachstum verzeichnete 2004 der Tourismusbereich (+ 14,4 %); mehr als 565 000 Deutsche besuchten das Land am Schwarzen Meer.

Burkina Faso

BF

Landesfläche	274 000 km² (WR 72)
Einwohner	13,4 Mio. (WR 64)
Hauptstadt	Ouagadougou (1,2 Mio. Einwohner)
Sprachen	Französisch, More, Diula, Fulbe
Währung	CFA-Franc
Gliederung	45 Provinzen
Staatsform	Präsidiale Republik
Staatsoberhaupt	Blaise Compaoré (seit 1987) * 1951
Regierungschef	Paramanga Ernest Yonli (seit 2000) * 1956
Parlament	Volksdeputiertenversammlung mit 111 und Repräsentantenhaus mit 178 Abgeordneten; in Volksdeputiertenversammlung 57 Sitze für den Kongress für Demokratie und Fortschritt, 17 für die zentralistische ADF-RDA, 10 für Sozialdemokraten, 27 für Andere (Wahl 2002)
Internet	www.primature.gov.bf
Religion	Naturreligionen (40 %); Muslime (50 %); Christen (10 %)
Ethn. Gruppen	Mossi (48 %); Mandé (9 %); Fulani (8 %); Sonstige (35 %)
Urbanisierung	18 %
Einwohner/km	49
Bev.-Wachst./Jahr	3 %
Kindersterblichkeit	20,7 %
Alphabetisierung	26 %

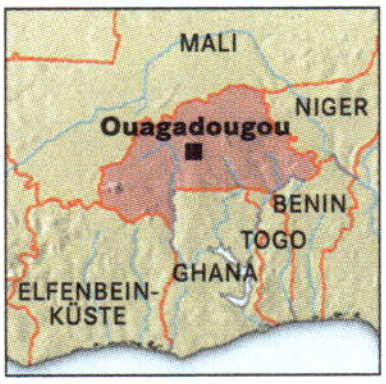

Die Weltbank bewilligte B. F. im November 2004 einen Sonderkredit in Höhe von rund 65 Mio. US-Dollar. Mit dem Geld sollen Maßnahmen der Regierung zur Verbesserung der wirtschaftlichen Konkurrenzfähigkeit finanziert werden. Dazu zählte z. B. ein Projekt zur Entwicklung des Energiesektors, das die Stromkosten für Unternehmen senken soll. Außerdem sollen fünf größere Dörfer auf dem Land an die staatliche Elektrizitätsversorgung angeschlossen werden. In diesem Zusammenhang war auch die Errichtung einer rund 340 km langen Stromleitung zwischen Bobo und Ouagadougou geplant. Bislang war B. F. in hohem Maße von Energielieferungen aus dem Nachbarstaat Elfenbeinküste abhängig. Rund 70 % der Bevölkerung von B. F. lebten nach Angaben der UNO in Armut.

Burundi

RU

Republik Burundi

Landesfläche	27 834 km² (WR 142)
Einwohner	7,1 Mio. (WR 94)
Hauptstadt	Bujumbura (300 000 Einwohner)
Sprachen	Kirundi, Französisch, Suaheli
Währung	1 Burundi-Franc = 100 Centimes
Gliederung	16 Provinzen und Bujumbura
Staatsform	Präsidiale Republik
Staatsoberhaupt	Domitien Ndayizeye (seit 2003) * 1953
Regierungschef	Übergangsregierung
Parlament	Nationalversammlung mit 121 Sitzen; 65 Sitze für Front pour la Démocratie au Burundi (FRODEBU), 16 für Unité pour le Progrès National (UPRONA), 13 für Sonstige, 27 für Unabhängige (Wahl 1993)
Internet	www.burundi.gov.bi
Religion	Christen (67 %); Naturreligionen (23 %); Muslime (10 %)
Ethn. Gruppen	Hutu (85 %); Tutsi (14 %); Sonstige (1 %)
Urbanisierung	10 %
Einwohner/km	255
Bev.-Wachst./Jahr	3,1 %
Kindersterblichkeit	20,8 %
Alphabetisierung	51 %

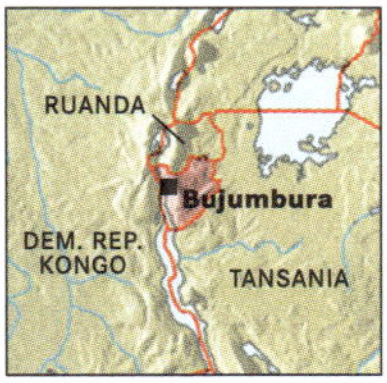

Der sog. Arusha-Friedensprozess für B., der 1998 auf Vermittlung von Tansanias ehemaligem Präsidenten Julius Nyerere eingeleitet worden war, schien Mitte 2005 gefährdet. Grund war die erneute Verschiebung der für April 2005 vorgesehenen Parlamentswahlen sowie die Verlängerung des Mandates von Interimspräsident Domitien Ndayizeye bis zum 26. August. Die ehemalige Hutu-Rebellengruppe FDD (Forces pour la Défense de la Démocratie) zog sich daraufhin bis auf weiteres aus der Regierung zurück und verlangte von Ndayizeye die strikte Umsetzung des Friedensabkommens. Der von der FDD vorgeschlagene Tutsi-Kandidat für den Posten des Innenministers war vom Präsidenten, welcher der zweiten Hutu-Partei FRODEBU (Front pour la Démocratie au Burundi) angehört, abgelehnt worden. Bereits im Oktober 2004 war der Versuch, Wahlen durchzuführen, an einem Streit um die

Machtaufteilung und an Mängeln bei der Vorbereitung gescheitert. Mit den Wahlen sollte der Krieg beendet werden, der seit 1993 ca. 300 000 Todesopfer forderte. Die Nachbarstaaten befürchteten, dass in B. Staatszerfall und Chaos Einzug halten und das Land ähnlich unregierbar wie Somalia machen könnten.

Chile

RCH

Republik Chile

Landesfläche	756 626 km² (WR 37)
Einwohner	16 Mio. (WR 60)
Hauptstadt	Santiago de Chile (5,6 Mio. Einwohner)
Sprache	Spanisch
Währung	1 Chilen. Peso = 100 Centavos
Gliederung	13 Regionen
Staatsform	Präsidiale Republik
Staatsoberhaupt und Regierungschef	Ricardo Lagos Escobar (seit 2000) * 1938
Parlament	Kongress aus Senat mit 48 und Deputiertenkammer mit 117 Abgeordneten; in der Deputiertenkammer 60 Sitze für die Mitte-links-Koalition für Demokratie (CPPD), 57 für die konservative Allianz für Chile (APC) (Wahl 2001)
Internet	www.gobiernodechile.cl
Religion	Katholiken (89 %), Protestanten (11 %)
Ethn. Gruppen	Mestizen (95 %); Indios (3 %); Sonstige (2 %)
Urbanisierung	87 %
Einwohner/km	21
Bev.-Wachst./Jahr	1,2 %
Kindersterblichkeit	1,2 %
Alphabetisierung	96,2 %

Innenpolitik: Bei den landesweiten Kommunalwahlen im Oktober 2004 verzeichnete die Mitte-links-Regierung in C. einen großen Erfolg. Die Koalition für Demokratie, die den chilen. Präsidenten Ricardo Lagos Escobar unterstützt, kam auf 48 % der für die Stadt- und Gemeinderäte abgegebenen Stimmen, während die oppositionelle Allianz für Chile nur 37,7 % erhielt. Bei den Wahlen für die Bürgermeisterämter erreichten die vier Parteien der Koalition 44,8 %, die Allianz erzielte 38,7 %. Eine Niederlage erlitt die Regierungspartei allerdings in der Hauptstadt Santiago, wo sich der Oppositionskandidat Raul Alcaino gegen Jorge Schaulsohn durchsetzte.

Verfassungsänderung: Im Oktober 2004 verabschiedete das chilen. Parlament eine als historisch bezeichnete Änderung der Verfassung aus den Zeiten von Diktator Augusto Pinochet Ugarte (1973–90). Die Regierung und die rechtsgerichtete Opposition einigten sich u. a. darauf, die Privilegien bei der Vergabe von Senatorenposten abzuschaffen. Bisher konnten acht Sitze im Oberhaus unabhängig vom Ausgang der Parlamentswahl vergeben werden, vier davon waren für Angehörige der Streitkräfte reserviert.

Pinochet: Das Oberste Gericht von C. lehnte es im März 2005 ab, die Immunität von Exdiktator Pinochet aufzuheben. Die Entscheidung bezog sich nur auf die Ermittlungen im Fall des Mordes an General Carlos Prats, den Vorgänger Pinochets als Oberbefehlshaber der Armee unter der sozialistischen Regierung von Salvador Allende. Prats und seine Frau Sofia Cuthbert starben 1974 bei einem Bombenattentat in Argentinien. Er ging ins Exil, weil er sich gegen den Staatsstreich ausgesprochen hatte, mit dem sich Pinochet 1973 an die Macht putschte. In einem anderen Fall hob ein Gericht in Santiago den gegen Pinochet nur Stunden zuvor verhängten Hausarrest wieder auf. Es handelte sich dabei um eine Maßnahme des vorläufigen Rechtsschutzes auf Antrag der Verteidigung Pinochets. Zuvor hatte der Richter Juan Guzmán den 89-Jährigen für gesund genug für einen Strafprozess erklärt und Anklage wegen der Ermordung von Regimegegnern im Zusammenhang mit dem sog. Plan Condor erhoben. Mehrere Militärdiktaturen im südlichen Lateinamerika hatten in den 1970er-Jahren unter Leitung C.s die grenzübergreifende Verfolgung und Ermordung von Regimegegnern koordiniert. Pinochet steht im Verdacht, neun Entführungen und einen Mord angeordnet zu haben.

Eingeständnis von Verbrechen: Nach Heer und Marine gab im Dezember 2004 auch die Luftwaffe zu, an Folterungen während des Pinochet-Regimes beteiligt gewesen zu sein. Zuvor hatte Präsident Ricardo Lagos einen detaillierten Folterbericht vorgelegt und für die Opfer eine Rente auf Lebenszeit angekündigt.

Festnahmen: Im Januar 2005 wurde in Santiago General Manuel Contreras, der frühere Chef von Pinochets gefürchtetem Sicherheitsdienst

DINA, festgenommen. Er hatte sich geweigert, zur Verkündung einer zwölfjährigen Haftstrafe vor Gericht zu erscheinen. Weil er als Drahtzieher des 1976 in Washington ausgeführten Mordes an Orlando Letelier, Verteidigungsminister im Kabinett Allendes, galt, saß Contreras bereits sieben Jahre im Gefängnis. Der Fall galt als wegweisend für den Versuch der chilen. Justiz, die Menschenrechtsverletzungen unter Pinochet juristisch aufzuarbeiten. Unter der Diktatur Pinochets wurden einem Regierungsbericht zufolge 3 197 Menschen aus politischen Gründen getötet. Gemeinsam mit Contreras wurden drei weitere ehemalige DINA-Offiziere wegen der Verhaftung und des Verschwindens des Untergrundkämpfers Miguel Angel Sandoval im Jahr 1975 verurteilt.

Colonia Dignidad: Nach jahrelanger Flucht wurde im März 2005 der Gründer der dt. Siedlung »Colonia Dignidad« in C., Paul Schäfer, in dem kleinen argentin. Ort Tortuguitas 30 km westlich von Buenos Aires festgenommen. Schäfer war untergetaucht, nachdem im August 1996 gegen ihn Haftbefehl wegen mehrfachen Kindesmissbrauchs erlassen worden war. Im November 2004 hatte ein Gericht Schäfer und 22 weitere Bewohner der »Colonia Dignidad« in Abwesenheit wegen Kindesmissbrauchs schuldig gesprochen. Der ehemalige Nationalsozialist hatte 1961 mit 300 Gefolgsleuten die sektenartig organisierte Kolonie rund 350 km südlich von Santiago de Chile gegründet. Zeugenangaben zufolge wurden während der Militärherrschaft von Pinochet politische Gefangene in die Kolonie nahe der südlichen Stadt Parral verschleppt und dort zu Tode gefoltert. Nach seiner Festnahme in Argentinien wurde Schäfer an C. ausgeliefert, wo ihm der Prozess gemacht werden soll.

Erdbeben: Bei einem schweren Erdbeben im Grenzgebiet zwischen Chile und Peru starben im Juni 2005 mind. zehn Menschen. Das Beben erreichte eine Stärke von 7,9 auf der Richter-Skala. Auch im angrenzenden Peru und in Bolivien waren die Erdstöße spürbar.

Außenpolitik: Nach einem Treffen mit Bundeskanzler Gerhard Schröder in Berlin plädierte der chilen. Präsident Ricardo Lagos für eine Reform der UN-Institutionen und die Aufnahme Deutschlands in den UN-Sicherheitsrat. Außerdem sprachen sich beide Seiten für eine engere Zusammenarbeit zwischen der EU und dem südamerikanischen Wirtschaftsblock Mercosur aus. Sie betonten ihre Übereinstimmung in internationalen Fragen und forderten eine dynamische Rolle der USA im israel.-palästinens. Konflikt.

Anti-Bush-Demonstrationen: Am Rande einer genehmigten Großdemonstration gegen den Besuch des US-amerikan. Präsidenten George W. Bush und den APEC-Gipfel kam es im November 2004 in Santiago zu schweren Ausschreitungen. Schätzungen zufolge protestierten etwa 50 000 Menschen bei einer genehmigten Kundgebung zunächst friedlich gegen die Irakpolitik der US-amerikan. Regierung. Zum Ende der Demonstra-

Chile: Manuel Contreras, Exchef des Sicherheitsdienstes DINA unter Pinochet, nach seiner Verhaftung am 28. Januar

Chile: Südamerika und seine Diktatoren

Argentinien: Im Januar 1999 wurden mehrere ehemalige Diktatoren und Militärs im Ruhestand, u. a. der letzte Militärmachthaber Reynaldo Bignone, wegen mutmaßlicher Beteiligung an systematischen Kindesentführungen während der Militärdiktatur von 1976–83 angeklagt. Bereits 1985 waren die Exdiktatoren Jorge Videla und Eduardo Massera zu lebenslanger, General Leopoldo Galtieri zu zwölf Jahren Haft verurteilt worden. Präsident Menem ließ 1990 die Juntachefs frei.
Bolivien: General Luís García Meza, 1980/81 als Diktator für zahlreiche Menschenrechtsverletzungen verantwortlich, wurde 1995 zu 30 Jahren Haft verurteilt. General Hugo Banzer, der 1971–78 eine Diktatur errichtet hatte, wurde 1997 demokratisch zum Staatschef gewählt, nachdem er sich von seiner Militärherrschaft öffentlich distanziert hatte.
Brasilien: Beim Übergang zur Demokratie wurden 1979 die Führer der zuvor regierenden Militärjunta amnestiert. Bis 1999 wurde keiner von ihnen für Menschenrechtsverletzungen zur Verantwortung gezogen.
Nicaragua: Der 1979 von linken Sandinisten gestürzte Anastasio Somoza floh nach Paraguay, wo er 1980 ermordet wurde. Somoza unterdrückte während seiner Herrschaft (1967–79) mit brutalen Mitteln die Opposition.
Panama: 1989 wurde General Manuel Noriega bei der Invasion der USA festgenommen. Die US-amerikan. Streitkräfte besetzten das zentralamerikan. Land. Der Diktator wurde außer Landes gebracht und wegen Drogenhandels von einem US-amerikan. Gericht zu 40 Jahren Haft verurteilt.
Paraguay: General Alfredo Stroessner, der 1954–89 Paraguay diktatorisch regierte, lebt seit 1989 unbehelligt in Brasilien. Sein Nachfolger General Andrés Rodríguez, der die Demokratisierung Paraguays einleitete, verhinderte 1990 die Einsetzung einer Kommission zur Aufarbeitung der vom Stroessner-Regime begangenen Vergehen.
Uruguay: Die Generäle der Militärjunta (1973–85) erhielten trotz der Verbrechen gegen linke Guerilla Amnestie, die 1989 in einem Referendum gebilligt wurde.

tion bewarfen vermummte Randalierer die Polizei mit Steinen und Molotow-Cocktails, errichteten Barrikaden und zertrümmerten Fensterscheiben.

China — VRC

Volksrepublik China

Landesfläche	9,56 Mio. km² (WR 4)
Einwohner	1,32 Mrd. (WR 1)
Hauptstadt	Peking (Beijing; 10,8 Mio. Einw.)
Sprache	Chinesisch
Währung	1 Renminbi Yuan = 10 Jiao = 100 Fen
Gliederung	23 Provinzen, 5 Regionen, 4 Stadtbezirke, 2 Sonderverwaltungsregionen (Hongkong, Macau)
Staatsform	Sozialistische Volksrepublik
Staatsoberhaupt	Hu Jintao (seit 2003) * 1942
Regierungschef	Wen Jiabao (seit 2003) * 1942
Parlament	Nationaler Volkskongress mit 2 979 Abgeordneten; sämtliche Sitze sind für die von der Kommunistischen Partei beherrschte Nationale Front bestimmt
Internet	www.china.org.cn
Religion	Volksreligionen (20,1 %); Buddhisten (6 %); Muslime (2,4 %); Christen (0,2 %); Sonstige (0,1 %); Konfessionslose (71,2 %)
Ethn. Gruppen	Han-Chinesen (92 %); Sonstige (8 %)
Urbanisierung	39 %
Einwohner/km	138
Bev.-Wachst./Jahr	0,7 %
Kindersterblichkeit	3,8 %
Alphabetisierung	86 %

Innenpolitik: Im September 2004 vollendete C. den Generationenwechsel in seiner politischen und militärischen Führung des Landes. Spitzenpolitiker Hu Jintao konnte seine Machtposition weiter ausbauen. Nachdem er bereits 2003 das Amt des Staatspräsidenten von seinem Vorgänger Jiang Zemin übernommen hatte, löste er ihn im September 2004 auch als Vorsitzender der Militärkommission ab. Das chines. Zentralkomitee wählte ihn auf einer Plenarsitzung der Partei zum neuen Oberbefehlshaber des Militärs. Hu Jintao erhielt von Jiang auch die Zuständigkeiten in der Sicherheitspolitik gegenüber Taiwan und in der Außenpolitik. C. schloss damit zum ersten Mal in der Geschichte der Volksrepublik einen Macht- und Generationenwechsel geordnet und weitgehend gewaltlos ab.

Ethnische Unruhen: Im Oktober 2004 lieferten sich Angehörige der muslimischen Hui-Minderheit und Han-Chinesen im Kreis Zhongmou in der Provinz Henan in Zentralchina tagelang gewaltsame Auseinandersetzungen. Bei den ethnischen Unruhen starben sieben Menschen, rund 40 Personen wurden verletzt. Mehr als 10 000 Soldaten und Polizisten wurden mobilisiert, um die verfeindeten Volksgruppen zu trennen. Die Regierung verhängte den Ausnahmezustand über die Region. Nach Schilderungen von Muslimen und Han-Chinesen hatten sich die Spannungen schon länger aufgebaut. Einige Muslime warfen den Behörden ungerechte Behandlung im Umgang mit Konflikten beider Volksgruppen vor. Ethnische Spannungen werden in einigen ländlichen Regionen durch Streit um knappes Land oder um lukrative Beamtenstellen verschärft. Die chines. Behörden sind bemüht, Informationen über solche Konflikte nicht an die Öffentlichkeit gelangen zu lassen. In C. lebten 2004 rund 18 Mio. Muslime, von denen rund 9 Mio. der Hui-Minderheit angehörten, die aber ethnisch zu den Chinesen zählen.

Hinrichtungen: Auch 2004 war C. das Land mit den meisten Hinrichtungen. Laut einer Statistik der Menschenrechtsorganisation amnesty international (ai) wurden weltweit mind. 3797 Menschen exekutiert, davon 3400 in C. Von Dezember 2004 bis Februar 2005 wurden laut ai noch einmal ca. 850 Menschen in C. im Schnellverfahren hingerichtet. Oft erhielten die Verurteilten kein faires Gerichtsverfahren, Geständnisse wurden mit Folter erpresst, die Angeklagten hatten teilweise keinen Rechtsbeistand. ai appellierte an die chines. Regierung, von Hinrichtungen Abstand zu nehmen. Außerdem wurden die EU-Staaten aufgerufen, die Menschenrechtslage in C. bei den Erörterungen einer möglichen Aufhebung des Waffenembargos gegen Peking zu berücksichtigen.

Strafrechtsreform: Im März 2005 kündigte die chines. Regierung eine umfassende Strafrechtsreform an, mit der das Land der Kritik internationaler Organisationen an der Menschenrechtssituation in C. nachgeben will. So soll zukünftig das Oberste Gericht in Berufungsverfahren alle Todesurteile überprüfen, statt dies wie bisher den Provinzgerichten zu überlassen. Dadurch könnte die hohe Zahl der Hinrichtungen in C. deutlich reduziert werden. Außerdem plant die Regierung ein »Gesetz zur Besserung nach ungesetzlichen Aktivitäten«. Es soll das Gesetz zur Umerziehung ersetzen, das eine Haftdauer bis zu vier Jahren ohne ein Gerichtsverfahren ermöglicht. Die umstrittene Lagerhaft wird damit nicht abgeschafft, aber ihre Dauer auf eineinhalb Jahre begrenzt.

Betrug: Wegen Veruntreuung von Geld wurden 2004 in C. rund 800 Beamte verhaftet. Die Regierung schätzte, dass 2004 rund 2 Mrd. € von staatlichen Behörden widerrechtlich einbehalten wurden. Sie kündigte an, weiterhin scharf gegen Korruption vorzugehen, über die in der Bevölkerung großer Unmut herrscht. Einige Beamte wurden im Zuge der Ende der 1990er-Jahre begonnenen Kampagne hingerichtet.

Beisetzung: Im Januar 2005 wurde in Peking unter strikter Kontrolle durch die chines. Obrigkeit der frühere Partei- und Regierungschef Zhao Ziyang beigesetzt. Rund 2 000 von der Regierung überprüfte Gäste durften an der Trauerfeier für den Politiker teilnehmen. Die Polizei nahm etwa zwei Dutzend Menschen fest, die nahe des Babaoshan-Revolutions-Friedhofs für Menschenrechte demonstrierten. Die chines. Führung wiederholte in einer Erklärung ihre Kritik an Zhao, der sich 1989 gegen die Niederschlagung des Tiananmen-Aufstands gewandt hatte und deshalb die letzten 15 Jahre seines Lebens unter Hausarrest verbringen musste. Bei der gewaltsamen Niederschlagung der Massenproteste auf dem Tiananmen-Platz waren mehrere Hundert Menschen getötet worden.

Hu Jintao
Chines. Staatspräsident,* 1942 in Shanghai; Hu Jintao, der 1965 seine akademische Ausbildung in Peking als Ingenieur abschloss, trat 1964 der KP bei. 1968–69 arbeitete er in der Provinz Gansu beim Ministerium für Wasserbau und Elektrizitätswesen. Danach war er u. a. Bürosekretär der Aufbaukommission und stellv. Leiter des Büros für Planung und Verwaltung. 1982 kehrte Hu Jintao nach Peking zurück, wo er von Politbüro-Mitglied Song Ping gefördert wurde. 1992 wurde er in das ZK und in das Politbüro gewählt. Hu Jintao, der im März 2003 das Amt des Staatspräsidenten von Jiang Zemin übernahm, gilt als politisch kluger Taktiker.

Internetcafés: Die chines. Regierung ließ Anfang 2005 rund 50 000 Internetcafés schließen. Sie begründete ihr Vorgehen mit dem Ziel, ein »sichereres Umfeld« für junge Menschen in C. zu schaffen. Die Regierung fördert das Internet für Bildungszwecke und das Geschäftsleben, blockiert aber Internetseiten mit pornografischen oder anderen als subversiv eingestuften Inhalten. 2004 stellte C. mit 87 Mio. Menschen hinter den USA weltweit die zweitgrößte Gruppe von Internetnutzern.

Katholische Kirche: Im März 2005 wurde Zhao Kexun, Geistlicher der römisch-katholischen Untergrundkirche, in der Provinz Hebei von der chines. Polizei ohne Angaben von Gründen inhaftiert. Bereits im Dezember 2004 war ein 83-jähriger Bischof derselben Diözese im Bezirk Xuanhua verhaftet worden. Die chines. Regierung erkennt nur die staatlich kontrollierte katholische Kirche an, die das Primat des Papstes ablehnt. Ihr gehören nach offiziellen Angaben rund 4 Mio. Katholiken an, die katholische »Untergrundkirche« hat ca. 12 Mio. Mitglieder. Die chines. Regierung machte in einer im April 2005 veröffentlichten Erklärung eine Verbesserung des Verhältnisses zur katholischen Kirche von der Bereitschaft des Vatikans abhängig, die Beziehungen zu Taiwan abzubrechen. Die offiziell atheistische chines. Regierung hatte die Beziehungen zum Heiligen Stuhl 1951 abgebrochen und entsandte auch keinen Vertreter zur Beisetzung von Johannes Paul II.

Falun Gong: Das oberste Gericht in Hongkong hob im Mai 2005 die Strafurteile gegen acht Anhänger der parareligiösen Sekte Falun Gong auf. Die Richter gaben damit den Klägern recht, die Berufung gegen ihre Verurteilung wegen Behinderung der Polizei bei einer Protestaktion im März 2002 eingelegt hatten. Das Gericht begründete sein Urteil damit, dass die Freiheit zu friedlichem Protest ein Grundrecht sei. Die Mitglieder von Falun Gong hängen der Lehre eines Heilverkünders namens Li Hongzhi an, der Ende der 1980er-Jahre angab, ein von Gott abgesandter Retter der durch Einflüsse von Technik und Moderne zugrunde gehenden Welt zu sein. Die Sekte wurde 1999 in C. verboten, Tausende ihrer Anhänger befanden sich Mitte 2005 in Haft.

Bevölkerungspolitik: Die chines. Regierung kündigte im Januar 2005 an, Heiraten unter chines. Studenten wieder zuzulassen. Studenten, die heiraten wollten oder ein Kind bekamen, waren bislang vor die Wahl gestellt, das Studium zu beenden oder die Heirat zu verschieben bzw. an der Uni zu bleiben und ein Kind abzutreiben. Mit der Aufhebung des Verbotes nach 50 Jahren machte die Regierung deutlich, das einstmals hohe chines. Bevölkerungswachstum unter Kontrolle gebracht zu haben. Die Zahl der Geburten ging von 21,06/1 000 Einwohner im Jahr 1990 auf 12,41/1 000 Einwohner Ende 2004 zurück.

Hongkong: Im März 2005 trat der Verwaltungschef von Hongkong, Tung Chee Hwa, von seinem Amt zurück. Tung begründete seine Entscheidung mit gesundheitlichen Problemen. Ausländische Beobachter vermuteten hingegen, dass die chines. Regierung mit Tungs Amtsführung unzufrieden war und ihn daher zum Rücktritt drängte. Um diesen Gerüchten entgegenzutreten, wurde Tung zu einem von 24 Vizepräsidenten der sog. Politischen Konsultativkonferenz des chines. Volkes ernannt. Dieses amtliche Beratergremium des Nationalen Volkskongresses repräsentiert Gruppen, die nicht der Kommunistischen Partei C.s zuzurechnen sind. Ämter in diesem Gremium werden i. d. R. an Politiker kurz vor dem Ruhestand vergeben. Tung stand seit der Rückgabe der ehemaligen britischen Kronkolonie an C. im Juli 1997 an der Spitze der Hongkonger Verwaltung. Sein Nachfolger wurde Donald Tsang.

Außenpolitik: C. und die USA vereinbarten im April 2005 erstmals regelmäßige Gespräche auf ranghoher Ebene. Die chines. Regierung hofft, mit den Treffen das Prestige des Landes in der internationalen Gemeinschaft steigern zu können, die US-amerikan. Regierung begründete die Entscheidung mit der wachsenden Bedeutung von C. in Asien. Die Gespräche sollen als »globaler Dialog« bezeichnet werden, um ihn vom »strategischen Dialog« abzugrenzen, den die USA mit ihren engen Verbündeten führen. Bereits im März 2005 deutete sich eine Verbesserung der bilateralen Beziehungen an, als die US-amerikan. Regierung darauf verzichtete, vor der UN-Menschenrechtskommission auf eine Resolution gegen C. zu drängen. Die Debatte über die Lage der Menschenrechte in C. war bei früheren Jahrestagungen der Kommission häufig Anlass für heftige Kontroversen. Der chines. Delegation gelang es dabei immer wieder, ausreichend Unterstützung für eine Ablehnung kritischer Resolutionsentwürfe zu bekommen. 2004 war eine US-amerikan. Vorlage mit 28 zu 6 Stimmen bei 9 Enthaltungen abgelehnt worden. Internationale Menschenrechtsorganisationen kritisierten, dass die UN-Kommission sich mehrheitlich weigerte, die Verfolgung von Dissidenten in C. oder das Verhalten der chines. Behörden in Tibet zu erörtern.

Antisezessionsgesetz: Die chines. Regierung kündigte im Dezember 2004 ein neues Gesetz an, das die Abspaltung von Landesteilen verbieten soll. Das sog. Antisezessionsgesetz wurde als Reaktion auf die Unabhängigkeitsbestrebungen in Taiwan gewertet. Dieser Inselstaat gilt in C. als abtrünnige Provinz. Im Falle einer formellen Unabhängigkeitserklärung erlaubt das Gesetz der Volksrepublik den Einsatz kriegerischer Mittel. Für 2005 wurden im Haushalt für Militärausgaben 12,5 % mehr veranschlagt als im Vorjahr. Die Volksrepublik rüstet seit Jahren massiv auf.

Frankreich: Der frz. Premierminister Jean-Pierre Raffarin erklärte im April 2005, dass das chines. Antisezessionsgesetz vereinbar mit der Position Frankreichs sei. Raffarins Parteinahme im chines.-taiwanes. Konflikt wurde u. a. auf die Bemühungen Frankreichs zurückgeführt, die Wirtschaftsbeziehungen zu C. auszubauen. C. bestellte im April 2005 beim europ. Airbus-Konzern zehn Flugzeuge im Wert von ca. 550 Mio. US-Dollar.

Waffenembargo: Die EU erwog 2005, das nach der gewaltsamen Niederschlagung der Demokratiebewegung (1989) gegen C. verhängte Waffenembargo aufzuheben. Die USA und Japan hingegen warnten vor einem solchen Schritt. Die US-amerikan. Außenministerin Condoleezza Rice und ihr japan. Kollege Nobutaka Machimura vereinbarten daher im März 2005 bei einem Treffen in Tokio, eine Aufhebung des Embargos abzulehnen und in dieser Frage eng zusammenzuarbeiten. Sie begründeten ihre Ablehnung des EU-Plans u. a. mit den Spannungen zwischen C. und Taiwan, die sich nach dem Antisezessionsgesetz weiter verschärft hatten. Die geplante Aufhebung des Waffenembargos war Mitte 2005 auch innerhalb der rot-grünen Bundesregierung in Deutschland umstritten. Während Bundeskanzler Schröder (SPD) eine solche Entscheidung befürwortete, lehnten die Grünen Waffenlieferungen an C. mehrheitlich ab.

Wirtschaft: Trotz der Bemühungen der Regierung, die in Teilen überhitzte Wirtschaft abzubremsen, verzeichnete C. 2004 ein Wachstum von 9,5 %. Die Regierung hatte lediglich mit einem BIP-Anstieg von 8,6 % gerechnet. Der Handelsüberschuss wuchs 2004 mit ca. 32 Mrd. US-Dol-

China: Der Volkskongress in Peking segnet das Antisezessionsgesetz am 14. März ab.

3

lar auf den höchsten Stand seit 1998. Der Export zog 2004 um 35,4% auf 593,4 Mrd. US-Dollar an. Die chines. Währungsreserven stiegen auf 609,9 Mrd. US-Dollar nach 403,3 Mrd. US-Dollar im Vorjahr. Um eine Überhitzung der Konjunktur zu verhindern, hatte die chines. Zentralbank im Oktober 2004 die Zinsen erstmals seit neun Jahren wieder angehoben. Aufgrund der boomenden Konjunktur stiegen die chines. Steuereinnahmen 2004 im Vergleich zum Vorjahr um 25,7%.

Handel mit Deutschland: Der Außenhandel zwischen C. und Deutschland legte 2004 weiter zu. Laut Statistischem Bundesamt wurden Waren im Wert von 32,5 Mrd. € aus C. nach Deutschland eingeführt, was einem Zuwachs von 26,4% gegenüber dem Vorjahr entsprach. Die dt. Ausfuhren legten um 15% auf 21 Mrd. € zu. C. belegte 2004 bei den Ausfuhren den zehnten und bei den Einfuhren den sechsten Platz in der Rangliste der bedeutendsten dt. Handelspartner. Die wichtigsten Handelsgüter bei den dt. Ausfuhren waren Maschinen mit einem Anteil von 35,5% sowie Kraftwagen und Kraftwagenteile mit 13,2%. An der Spitze der Einfuhren lagen Büromaschinen, Datenverarbeitungsgeräte und -einrichtungen mit einem Anteil von 19,8% sowie Waren der Nachrichtentechnik, Fernseher, Radiogeräte und elektronische Bauteile mit einem Anteil von 19,7%.

Perspektiven: Die chines. Regierung will das Wachstum 2005 auf 8% drosseln. Das Haushaltsdefizit soll 2005 um 0,5 Prozentpunkte auf 2% des BIP sinken, die Inflation unter 4% gehalten werden und der Außenhandel um 15% wachsen. Die chines. Regierung prognostiziert bis 2020 ein jährliches Wachstum der Volkswirtschaft von ca. 7%. Ausländische Investoren werden jährlich rund 55 Mrd. US-Dollar in C. investieren.

Probleme: Als eines der größten Probleme bei der Bewältigung des Booms gilt die zunehmende Umweltverschmutzung. Laut chines. Umweltbehörde hatte 2004 ein Viertel der Einwohner keinen Zugang zu sauberem Trinkwasser. Ein Drittel der Stadtbevölkerung musste stark belastete Luft einatmen. Lediglich rund 20% des städtischen Mülls wurden umweltverträglich entsorgt. Eine weitere Schwierigkeit war die mangelnde Qualifikation von Mitarbeitern. Besonders in den ländlichen Regionen war die Management-Qualität des Führungspersonals gering. Außerdem nahmen infolge der ungleichen Einkommensverteilung die sozialen Spannungen zu. Als besorgniserregend wertet die Regierung die demografische Entwicklung. 2020 wird voraussichtlich die Hälfte der chines. Bevölkerung über 65 Jahre alt sein. Weil C. über kein breites Sozialsystem verfügt, wird die Sparquote zunehmen. Aufgrund der niedri-

China: Polizisten schirmen am 16. 4. 2005 die japanische Botschaft in Schanghai vor einer antijapanischen Demonstration ab. Die Proteste richten sich gegen ein japanisches Schulbuch, das nach Auffassung Chinas die japanischen Verbrechen im Zweiten Weltkrieg verharmlost.

geren Zahl von Arbeitskräften wird der Durchschnittslohn steigen und sich infolgedessen der Wettbewerbsvorsprung gegenüber anderen Staaten verringern. Außerdem rechnet die Regierung mit einem starken Zuzug der Landbevölkerung in die Städte (→ Entwicklung, Asien).

Devisenkontrollen: Im April 2005 wies die chines. Regierung Forderungen der USA nach Beendigung von Devisenkontrollen zurück. Sie reagierte damit auf Kritik von internationalen Handelspartnern, den Kurs der nationalen Währung (Yuan) zu niedrig festgesetzt zu haben, um den chines. Produkten einen unfairen Preisvorteil auf den Weltmärkten zu verschaffen. Deshalb sollte nach der Vorstellung der USA der Wechselkurs freigegeben werden.

Russische Öllieferungen: Im Januar 2005 kündigte die staatliche chines. Erdölgesellschaft China National Petroleum Corporation (CNPC) an, der russ. OAO Rosneft einen Kredit von 6 Mrd. US-Dollar zu gewähren. Mit dem Kredit refinanziert der staatliche Energiekonzern Rosneft einen Teil der rund 7 Mrd. US-Dollar Schulden, die er durch die Übernahme von Teilen des Yukos-Konzerns angehäuft hat. Als Gegenleistung erhält C. für sechs Jahre den Zugang zu russ. Erdöl. Aufgrund des rasanten Wirtschaftswachstums kam es in den vergangenen Jahren wiederholt zu Engpässen in der chines. Energieversorgung.

Nahrungsmittelversorgung: Die fortschreitende Industrialisierung von C. verstärkte 2004 die Abhängigkeit des Landes von Grundnahrungsmittellieferungen aus dem Ausland. Die Anbaufläche für Reis sank von 32 Mio. ha 1998 auf 25 Mio. ha 2004. Die Getreideernte fiel 2003 (letztverfügbarer Stand) auf den niedrigsten Stand seit 14 Jahren. Daher musste C. 2004 verstärkt Grundnahrungsmittel aus den USA und Australien einführen. In den ersten sieben Monaten von 2004 verbuchte C. ein Defizit im Agrarhandel von 4,5 Mrd. US-Dollar. 1995–2003 lag der jährliche Handelsüberschuss für landwirtschaftliche Erzeugnisse bei durchschnittlich 4,3 Mrd. US-Dollar. Im April 2005 stellten die UN ihre Lebensmittellieferungen für C. ein. Eine letzte Lieferung von kanad. Weizen im Wert von 5,5 Mio. € wurde im Hafen von Shenzhen gelöscht. Mit dem Ende der Hilfe wurde der neuen wirtschaftlichen Situation in C. Rechnung getragen. Das Welternährungsprogramm (WFP) hatte erstmals 1979 Hilfslieferungen nach C. geschickt, um über 30 Mio. in Armut lebenden Chinesen Nahrung zu geben.

Übergewicht: Die Zahl der übergewichtigen Menschen in C. stieg 2004 nach Angaben des Gesundheitsministeriums auf mehr als 200 Mio. Etwa 160 Mio. Chinesen litten unter hohem Blutdruck, 20 Mio. unter Diabetes. Seit 1992 nahm der Anteil der Übergewichtigen an der Bevölkerung auf 23 % zu.

Costa Rica CR

Republik Costa Rica

Landesfläche	51 100 km² (WR 125)
Einwohner	4,3 Mio. (WR 116)
Hauptstadt	San José (330 000)
Sprache	Spanisch
Währung	1 Costa Rica-Colón (C)
Gliederung	7 Provinzen
Staatsform	Präsidiale Republik (seit 1949)
Staatsoberhaupt und Regierungschef	Abel Pacheco de la Espriella (seit 2002) * 1933
Parlament	Kongress mit 57 für vier Jahre gewählten Abgeordneten; 19 Sitze die konservative Christl. Soziale Einheitspartei (PUSC), 17 für Partei der nationalen Befreiung (PLN), 14 für Bürgeraktion-Partei (PAC), 7 für Andere (Wahl 2002)
Internet	www.casapres.go.cr
Religion	Katholiken (85 %), Protestanten (14 %); Sonstige (1 %)
Ethn. Gruppen	Weiße und Mestizen (94 %); Schwarze (3 %); Sonstige (3 %)
Urbanisierung	61 %
Einwohner/km	84
Bev.-Wachst./Jahr	1,9 %
Kindersterblichkeit	1,1 %
Alphabetisierung	96 %

Der mit internationalem Haftbefehl gesuchte ehemalige Präsident von C. R., Miguel Angel Rodríguez Echeverría, wurde im Oktober 2004 nach seiner Rückkehr ins Land festgenommen. Echeverría wird beschuldigt, während seiner Amtszeit (1998–2002) Bestechungsgelder des frz. Telekommunikationskonzerns Alcatel angenommen zu haben. Wenige Tage vor seiner Verhaftung war er bereits von seinem Posten als Generalsekretär der Organisation Amerikanischer Staaten (OAS) zurückgetreten.

Im September 2004 beschloss die Regierung von C. R., die Irakpolitik des US-amerikan. Präsidenten George W. Bush nicht länger offiziell zu unterstützen. In einer diplomatischen Note bat das Außenministerium den damaligen US-amerikan. Außenminister Colin Powell, von der Liste der sog. Koalition der Willigen gestrichen zu werden. Damit folgte die Regierung einem Urteil des höchsten Gerichtes des Landes. Die Unterstützung der US-amerikan. Intervention im Irak im März 2003 durch Präsident Abel Pachecho hatte unter der Bevölkerung von C. heftige Proteste entfacht.

Dänemark DK

Königreich Dänemark

Landesfläche	43 094 km² (WR 130)
Einwohner	5,4 Mio. (WR 106)
Hauptstadt	Kopenhagen (1,4 Mio. Einwohner)
Sprachen	Dänisch
Währung	1 Dän. Krone = 100 Øre
Gliederung	14 Kreisgemeinden
Staatsform	Parlamentarische Monarchie
Staatsoberhaupt	Königin Margrethe II. (seit 1972) * 1940
Regierungschef	Anders Fogh Rasmussen (seit 2001) * 1953
Parlament	Folketing mit 179 für vier Jahre gewählten Abgeordneten; 52 Sitze für Rechtsliberale (Venstre), 47 für Sozialdemokraten (SD), 24 für Dänische Volkspartei (DF), 18 für Konservative Volkspartei (KF), 38 für Andere (Wahl 2005)
Internet	www.denmark.dk
Religion	Christen (89 %); Muslime (2 %); Sonstige (9 %)
Nationalitäten	Dänen (96,5 %); Asiaten (1,5 %); Sonstige (2 %)
Urbanisierung	85 %
Einwohner/km	125
Bev.-Wachst./Jahr	0,2 %
Kindersterblichkeit	0,4 %
Alphabetisierung	99 %

Innenpolitik: Im Februar 2005 wurde bei der Parlamentswahl in D. die Mitte-rechts-Regierung von Ministerpräsident Anders Fogh Rasmussen für vier weitere Jahre bestätigt. Die Minderheitskoalition aus Rasmussens Liberaler Partei und den Konservativen wird von der rechtspopulistischen Dänischen Volkspartei unterstützt. Zusammen erhielten die drei Parteien 94 von 179 Mandaten und damit fünf mehr als für eine Mehrheit erforderlich. Die Sozialdemokraten, die größte Oppositionspartei, fuhren mit 25,9 % Prozent (2001: 29,1 %) und 47 Mandaten ihr schlechtestes Ergebnis seit 1973 ein. Großer Gewinner war die sozialliberale Radikale Partei, welche die Zahl ihrer Mandate von 9 auf 16 steigern konnte. Rasmussens Regierungsbündnis war als Favorit in die Wahl gegangen. Der dän. Regierungschef konnte auf die gute konjunkturelle Entwicklung verweisen. Außerdem erfreute er sich wegen seiner strengen Einwanderungspolitik großer Popularität. Im Wahlkampf hatte Rasmussen versprochen, seine Einwanderungspolitik fortzuführen, keine Steuern zu erhöhen und bis 2010 rund 60 000 neue Jobs zu schaffen. Dagegen vermied es die Regierung, über ihre Unterstützung des Irakkriegs zu sprechen. Die meisten Dänen hatten sich gegen die Kriegsbeteiligung ihres Landes ausgesprochen, das im Irak 525 Soldaten stationierte.

Neue Parteivorsitzende: Im April 2005 wählten die dän. Sozialdemokraten Helle Thorning-Schmidt zur neuen Parteivorsitzenden. Sie setzte sich in einer Urwahl der Parteibasis mit 53 % der abgegebenen Stimmen gegen den Konkurrenten Frank Jensen durch, auf den 47 % der Stimmen entfielen. Der bisherige Parteivorsitzende Mogens Lykketoft war wegen der schweren Niederlage bei der Parlamentswahl im Februar zurückgetreten.

Rücktritt in der Sofa-Affäre: Im Februar 2005 trat die dän. Familien- und Verbraucherministerin Henriette Kjaer von ihrem Amt zurück. Sie zog damit die Konsequenz aus der Affäre um zwei unbezahlte Sofas. Die Ministerin und ihr Mann hatten trotz gerichtlicher Ermahnung eine Rechnung von ca. 7600 € für zwei Sofas mit einem ungedeckten Scheck bezahlt. Erst kurz vor der dän. Parlamentswahl wurde die Möbellieferung korrekt bezahlt.

Außenpolitik: Im Januar 2005 kritisierte die kolumbian. Regierung die dän. Behörden wegen ihres Verhaltens gegenüber einer Spendensammlung für die Guerillabewegung der Revolutionären Streitkräfte Kolumbiens (FARC). Die linksgerichtete dän. Gruppe Oproer (Aufruhr) hatte im August 2004 ein Konzert zur Unterstützung der FARC veranstaltet. Danach erklärten Mitglieder der Gruppe öffentlich, sie hätten der FARC einen Betrag von rund 6500 € übergeben. Da die

Dänemark: geringste Kinderarmut unter den OECD-Staaten

Land	arme Kinder (%)[1]
Dänemark	2,4
Finnland	2,8
Norwegen	3,4
Schweden	4,2
Schweiz	6,8
Tschechische Republik	6,8
Niederlande	9,8
Deutschland	10,2
Österreich	10,2
Portugal	15,6

1) Anteil der Kinder, deren Eltern mit weniger als 50 % des Durchschnittseinkommens im jeweiligen Land auskommen müssen; Stand: 2004; Quelle: UNICEF

Guerillabewegung auch von der EU als terroristische Organisation eingestuft wird, verlangte die kolumbian. Regierung eine Intervention der dän. Behörden. Die dän. Polizei erklärte hingegen, sie habe keinen Beleg für die Überweisung von Geld gefunden.

Verhältnis zu Deutschland: Die dän. und die dt. Regierung vereinbarten im März 2005, den Grenzpendlern Erleichterungen zu verschaffen und einen großen Brückenbau über den Fehmarnbelt voranzutreiben. Eine Arbeitsgruppe soll bis Ende 2005 Lösungen für die Probleme der Grenzpendler vorlegen, etwa bei der Doppelbesteuerung. Bei der festen Straßen- und Schienenverbindung über den Fehmarnbelt sollen die Verkehrsminister beider Länder Finanzierungsmodelle erarbeiten. Bisher müssen Autos und Züge auf der viel befahrenen Strecke von Fehmarn nach D. auf Fähren verladen werden.

Beide Regierungen versprachen, die jeweilige Minderheit in ihrem Land zu schützen. Sie reagierten damit auf Kritik am Verhalten der dän. Minderheitspartei SSW nach der Landtagswahl in Schleswig-Holstein. Der Südschleswigsche Wählerverband hatte sich bereit erklärt, eine Minderheitsregierung von SPD und Grünen zu tolerieren.

Vergangenheitsbewältigung: Ministerpräsident Rasmussen entschuldigte sich im Mai 2005 während einer Veranstaltung zum 60. Jahrestag der Kapitulation der dt. Truppen in D. für die Deportation von 19 dt. Juden in den Jahren 1940–42 durch die dän. Behörden. Die meisten der ca. 7 300 dän. Juden entgingen den dt. Todeslagern, weil sie von ihren Landsleuten 1943 ins neutrale Schweden gebracht wurden. Mind. 19 dt. Juden, die nach D. geflohen waren, wurden jedoch an die dt. Besatzer ausgeliefert.

Wirtschaft: 2004 verzeichnete D. ein Wirtschaftswachstum von 2 %, das insbesondere auf eine kräftig anziehende Binnennachfrage und hohe Unternehmensinvestitionen zurückgeführt wurde. Die Inflationsrate lag mit 1,2 % auf dem niedrigsten Stand seit 1953 und deutlich unter dem Schnitt des Euroraumes. Die Arbeitslosenquote war nach einem historischen Tiefstand im Juni 2002 (4,2 %) bis Februar 2004 auf 6,5 % gestiegen und lag im Jahresdurchschnitt bei 6,4 %. Die dän. Regierung hoffte, dass die Arbeitslosigkeit 2005 auf eine Quote von 5,2 % sinken wird.

D. weist seit 1997 regelmäßig Haushaltsüberschüsse auf (2004: 1,4 % des BIP), die zum systematischen Abbau der Staatsverschuldung eingesetzt wurden. So fiel die staatliche Gesamtverschuldung, die 1993 noch ca. 78 % des BIP ausmachte, bis Ende 2004 auf knapp unter 41 % des BIP. Als eines der größten Probleme der dän. Volkswirtschaft galt die hohe Staatsquote, die 2004 bei knapp 55 % des BIP lag und größtenteils zur Finanzierung der Sozialsysteme verwendet wurde. Infolge der hohen Staatsquote werden Unternehmen und Konsumenten mit direkten und indirekten Steuern stark belastet.

Jagd auf Eisbären: Die grönländische Fremdenverkehrsbehörde kündigte im Januar 2005 an, künftig Touristen die Jagd auf Eisbären zu erlauben. Sie hoffte, dass dadurch die stagnierende

Dänemark: Helle Thorning-Schmidt am 12. 4. 2005 nach ihrer Wahl zur Vorsitzenden der dänischen Sozialdemokraten

Wirtschaft im Nordwesten des Landes angekurbelt werden könnte. Bislang war nur Jägern mit dauerhaftem Wohnsitz auf Grönland die Jagd auf Eisbären gestattet. Offiziellen Angaben zufolge werden jährlich ca. 80 Tiere getötet.

Deutschland D

Bundesrepublik Deutschland

Landesfläche	357 022 km² (WR 61)
Einwohner	82,5 Mio. (WR 12)
Hauptstadt	Berlin (3,3 Mio. Einwohner)
Sprache	Deutsch
Währung	1 Euro = 100 Cent
Gliederung	16 Bundesländer
Staatsform	Parlamentarische Republik
Staatspräsident	Horst Köhler (seit 2004) * 1943
Regierungschef	Gerhard Schröder (seit 1998, SPD) * 1944
Parlament	Bundestag mit 602 und Bundesrat mit 69 Mitgliedern; im Bundestag 250 Sitze für SPD, 190 für CDU, 58 für CSU, 55 für Bündnis 90/Die Grünen, 47 für FDP, 2 für PDS (Wahl 2002)
Internet	www.bundesregierung.de, www.bundestag.de
Religion	Christen (66,8 %): Katholiken (33,4 %), Protestanten (33,4 %); Muslime (3,1 %); Juden (0,1 %); Sonstige (30 %)
Nationalitäten	Deutsche (91,1 %); Türken (2,5 %); Sonstige (6,4 %)
Urbanisierung	88 %
Einwohner/km	231
Bev.-Wachst./Jahr	0,1 %
Kindersterblichkeit	0,5 %
Alphabetisierung	99 %

Die anhaltend schlechte wirtschaftliche Lage und die hohe Arbeitslosigkeit brachten die rot-grüne Bundesregierung 2004/05 zunehmend in Bedrängnis. Die Stimmung gegen die Regierung äußerte sich u. a. bei den Landtagswahlen in Schleswig-Holstein und NRW, bei denen die rot-grünen Landesregierungen unterlagen. Als Konsequenz aus den Wahlniederlagen kündigte Bundeskanzler Gerhard Schröder (SPD) im Mai 2005 an, die erst für September 2006 vorgesehene Bundestagswahl um ein Jahr vorzuziehen.

Innenpolitik: Nach dem Verlust der Macht in Schleswig-Holstein und Nordrhein-Westfalen verfügte die rot-grüne Regierung zwar weiterhin über eine Mehrheit im Bundestag, sah sich aber im Bundesrat einer starken Opposition ausgesetzt, gegen die zustimmungspflichtige Gesetzesvorhaben kaum noch durchsetzbar gewesen wären. Um Neuwahlen zu ermöglichen, nutzte Bundeskanzler Schröder die Möglichkeit der Vertrauensfrage nach Artikel 68 des Grundgesetzes, an der er am 1. Juli erwartungsgemäß scheiterte. Die Entscheidung über die Auflösung des Parlaments und vorgezogene Neuwahlen lag damit beim Bundespräsidenten, der bis zum 22. Juli seine Entscheidung fällen musste. Kanzlerkandidatin der CDU ist Angela Merkel.

Visaaffäre: Neben der schlechten wirtschaftlichen Lage und der hohen Arbeitslosigkeit litt das Ansehen der Bundesregierung Anfang 2005 durch die sog. Visaaffäre. Außenminister Joschka Fischer (Bündnis 90/Die Grünen) wurde vorgeworfen, nicht rechtzeitig Maßnahmen ergriffen zu haben, um den seit 2000 offensichtlichen Missbrauch von Visa für die Einreise nach D. (insbesondere aus der Ukraine) zu unterbinden; angeblich konnten deshalb auch viele Kriminelle in den EU-Raum einreisen. Trotz wiederholter Warnungen des Innenministeriums, des Bundeskriminalamtes und einiger Mitarbeiter des Auswärtigen Amtes wurde die Visavergabe erst 2003 wieder verschärft. Die Affäre schadete weniger den Grünen als der SPD, deren potenzielle Wähler befürchteten, dass eine liberale Ausländer- und Einreisepolitik Arbeitsplätze gefährden könnte.

Kapitalismuskritik: Im April 2005 löste der SPD-Vorsitzende Franz Müntefering mit seiner heftigen Kritik am weltweiten »Kapitalismus« eine heftige innenpolitische Diskussion über die »soziale Verantwortung« von Unternehmern aus. Er kritisierte v. a. überhöhte Managergehälter, kurzfristiges Gewinnstreben und den radikalen Abbau von Arbeitsplätzen. Münteferings Kritik wurde überwiegend als Versuch gewertet, die eigene Parteibasis für die Landtagswahl in NRW zu mobilisieren (→ Parteien, SPD; → Innepolitik, Kapitalismuskritik). Zeitgleich mit der Diskussion beschloss die Bundesregierung, die Körperschaftsteuer für Unternehmen zu senken und das Erbschaftsteuerrecht zu ändern: Mittelständlern soll die Erbschaftsteuer gestundet oder völlig erlassen werden, wenn sie den Betrieb weiterführen und dadurch Arbeitsplätze erhalten.

Außenpolitik: Der Besuch des US-amerikan. Präsidenten George W. Bush im Februar 2005 sollte einen Neuanfang in den Beziehungen beider Staaten markieren. Bush betonte in den Gesprächen mit Bundeskanzler Gerhard Schröder (SPD), dass die USA auf Europa und insbesondere D. als Verbündete im Kampf gegen den internationalen Terrorismus zählten. Der Präsident erklärte die Differenzen in der Irakfrage, die zu einer schweren Belastung der dt.-amerikan. Beziehungen geführt hatten, für überwunden. Er begrüßte die diplomatischen Bemühungen D.s, Großbritanniens und Frankreichs, den Iran auf dem Verhandlungsweg zum Verzicht auf Atomwaffen zu bewegen. In einer Vereinbarung zum Klimaschutz verpflichteten sich die USA und D., den Entwicklungsländern Zugang zu preiswerten und umweltfreundlichen Energiequellen zu verschaffen, die nationale Energiegewinnung zu modernisieren und die Emission von Treibhausgasen zu mindern.

Russland: D. und Russland vereinbarten im Dezember 2004 eine engere Kooperation in Wissenschaft und Forschung. Angestrebt wird eine strategische Partnerschaft, die bis 2010 in zahlreichen Projekten aus den Bereichen Raumfahrt, Bio- und Nanotechnologie, Meeres- und Polarforschung sowie Aus- und Weiterbildung konkretisiert werden soll. Seit 1992 haben beide Länder bislang 100 gemeinsame Forschungsprojekte betrieben. Die Zusammenarbeit wurde seit 2000 mit über 50 Mio. € durch das Bundesforschungsministerium gefördert. Ende 2004 bestanden 550 Hochschulpartnerschaften, und 6 300 Studenten, Dozenten und Forscher arbeiteten an Einrichtungen beider Länder zusammen.

UN-Sicherheitsrat: Die rot-grüne Bundesregierung bemühte sich 2004/05 intensiv um einen Sitz im UN-Sicherheitsrat. Außenminister Joschka Fischer reiste im September 2004 nach New York, um vor der UN-Generalversammlung den dt. Anspruch auf einen ständigen Sitz im Sicherheitsrat zu begründen. In einer gemeinsamen Erklärung forderte D. gemeinsam mit anderen Kandidaten eine Reform der UN-Institutionen (→ Organisationen, UNO).

Sudan: Der Bundestag beschloss im Dezember 2004 mit großer Mehrheit, die Krisenregion Darfur im Sudan mithilfe der Bundeswehr logistisch zu unterstützen. Drei mit elektronischem Selbstschutz ausgestattete Transall-Flugzeuge sollen Truppen der Afrikanischen Union (AU) nach Darfur transportieren, wobei höchstens 200 Soldaten eingesetzt werden sollen. D. stellte 2,25 Mio. €, die EU insgesamt 92 Mio. € für die Krisenregion zur Verfügung.

Wirtschaft: Das BIP wuchs 2004 in D. um 1,6%, nachdem es im Vorjahr noch um 0,1% gesunken war. Tragende Säule der konjunkturellen Entwicklung war der Außenhandel, der einen deutlichen Überschuss erzielte. Die Unternehmen führten Güter im Wert von 731 Mrd. € aus, 10% mehr als 2003. Der Wert der Einfuhr belief sich auf über 574 Mrd. € (+7,4%). Der Saldo der Handelsbilanz bewegte sich mit einem Plus von fast 157 Mrd. € auf Rekordniveau. Allerdings sank im Dezember 2004 die Ausfuhrquote nach drei Monaten des Zuwachses saisonbereinigt um 4% gegenüber November, was als Anzeichen für eine nachlassende Dynamik im Außenhandel gewertet wurde. 2005 zeichnete sich erneut eine

Deutschland: Bundesaußenminister Joschka Fischer wird am 25.4. 2005 vom Visa-Untersuchungsausschuss befragt.

Deutschland: Bundeskanzler Gerhard Schröder verlässt am 9. 6. 2005 im Bundeskanzleramt in Berlin den Raum. Er hatte zuvor erklärt, dass er die geplante Vertrauensfrage nicht mit einer Sachfrage verbindet.

Abschwächung der Konjunktur in D. ab, sodass die Bundesregierung nur noch von einem schwachen Wachstum von etwa 1 % ausgeht.

Arbeitsmarkt: Trotz des moderaten Wirtschaftswachstums zeichnete sich 2004 auf dem Arbeitsmarkt keine Besserung ab; die Jahresdurchschnittsquote von 10,5 % verharrte auf Vorjahresniveau. Mit der Zusammenlegung von Arbeitslosen- und Sozialhilfe (Hartz IV) zum 1. 1. 2005 erhöhte sich die Zahl der Arbeitslosen dramatisch: Im Januar überstieg sie erstmals die 5-Mio.-Grenze und im Februar waren sogar 5,216 Mio. Menschen arbeitslos gemeldet. Die Stagnation auf dem Arbeitsmarkt wurde insbesondere auf die fehlende Bereitschaft zu tief greifenden Reformen zurückgeführt, die zur Senkung der Lohnnebenkosten, zur Liberalisierung des Arbeitsmarktes, zur Flexibilisierung der Flächentarifverträge, zum Abbau von Bürokratie, zur Vereinfachung des Steuerrechts und zur Verbesserung von Forschung und Bildung führen könnten.

Haushaltsdefizit und Staatsverschuldung: 2004 lag das Haushaltsdefizit bei 3,7 % des BIP. Damit verletzte D. zum dritten Mal in Folge den Euro-Stabilitätspakt, der eine Neuverschuldung des Staates von max. 3 % des BIP vorschreibt. Insgesamt belief sich das Finanzierungsdefizit des Staates auf 80,3 Mrd. €. Davon entfielen 51 Mrd. € auf den Bund und 28,3 Mrd. € auf die Länder. Die Gemeinden und Sozialversicherungen wiesen mit einem Defizit von 0,3 Mrd. bzw. 0,7 Mrd. € nahezu ausgeglichene Salden auf. Der gesamte Schuldenstand Deutschlands lag Ende 2004 bei 1,415 Billionen €. Anfang 2005 wuchs die Verschuldung jede Sekunde um 2660 €.

Inflation: Der gestiegene Ölpreis, die Gesundheitsreform und die angehobene Tabaksteuer trieben 2004 die Inflationsrate in D. auf den höchsten Stand seit 2001. Die Verbraucherpreise stiegen gegenüber 2003 um 1,6 %. Ohne die Gesundheitsreform, die u. a. höhere Zuzahlungen bei Medikamenten und eine Praxisgebühr einführte, wäre die Inflationsrate um etwa 0,7 Prozentpunkte niedriger ausgefallen. Und ohne die starke Verteuerung von Benzin, Heizöl und anderen Mineralölprodukten hätten sich die Lebenshaltungskosten lediglich um 1,4 % erhöht. 2003 hatte die Inflationsrate bei 1,1 %, 2002 bei 1,4 % gelegen.

Schlechte Aussichten: Die sechs führenden dt. Wirtschaftsinstitute senkten im April 2005 ihre Wachstumsprognose. Danach wird D. 2005 lediglich einen Anstieg des BIP von 0,7 % anstatt von 1,4 % aufweisen. Im Durchschnitt des Jahres werden 4,84 Mio. Arbeitslose erwartet. Der Prognose zufolge wird D. sowohl 2005 als auch 2006 – und damit fünf Jahre in Folge – die EU-Stabilitätsmarke für das Defizit von 3 % des BIP verfehlen. Laut Analyse der Wirtschaftsinstitute leidet D. nicht nur unter der schwachen Konjunktur, sondern an einem grundsätzlichen Wachstumsproblem. Die Forscher fordern daher, dass der Staat seinen Einfluss auf das Wirtschaftsgeschehen verringert, die Staatsquote reduziert und den Freiraum für private Initiative erhöht.

Bürokratieabbau: Als einer der wesentlichen Gründe für die schleppende Wirtschaftsentwicklung sahen die Wirtschaftsforschungsinstitute ferner den umfangreichen Gesetzesapparat in D. an. Im Zuge des Bürokratieabbaus beschloss die rot-grüne Bundesregierung im Mai 2005, 350 veraltete und wirkungslose Gesetze und Rechtsverordnungen aus einem Gesamtbestand von 2066 bzw. 3051 Vorschriften zu streichen. Die Gesetze, die getilgt werden sollen, entstammen den Zuständigkeitsbereichen der Ministerien für Inneres, Justiz, Wirtschaft und Landwirtschaft. Kriterium für die Bereinigung sog. toter Normen war das Alter einer Vorschrift bzw. die Verwendung von Begrifflichkeiten aus der Zeit vor der Gründung der Bundesrepublik.

Djibouti DJI

Republik Dschibuti

Landesfläche	23 200 km² (WR 146)
Einwohner	712 000 (WR 158)
Hauptstadt	Djibouti (480 000 Einwohner)
Sprachen	Frz., Arabisch, kuschit. Dialekte
Währung	1 Franc de Djibouti = 100 Centimes
Gliederung	5 Distrikte
Staatsform	Präsidiale Republik
Staatsoberhaupt	Ismail Omar Guelleh (seit 1999) * 1947
Regierungschef	Dileita Mohamed Dileita (seit 2001) * 1958
Parlament	Nationalversammlung mit 65 für fünf Jahre gewählten Abgeordneten; alle 65 Sitze für die Union für die Mehrheit des Präsidenten (UMP) (Wahl 2003)
Internet	www.republique-djibouti.com
Religion	Sunnitische Muslime (96 %); Christen (4 %)
Ethn. Gruppen	Somali (61 %): Issa (33 %), Gadaboursi (15 %), Issaq (13 %); Afar (20 %); Sonstige (19 %)
Urbanisierung	83,7 %
Einwohner/km	31
Bev.-Wachst./Jahr	2,6 %
Kindersterblichkeit	14,3 %
Alphabetisierung	68 %

Bei der Präsidentschaftswahl wurde im April 2005 der Amtsinhaber Ismael Omar Guelleh im Amt bestätigt. Er war der einzige Kandidat, weil die Opposition die Wahl boykottierte. Der Oppositionspolitiker Mohamed Daoud Chehem hatte im Monat zuvor seine Kandidatur wegen unzureichender finanzieller und personeller Ressourcen aufgegeben. Guelleh machte die Annahme seiner Wiederwahl von einer Wahlbeteiligung von mind. 55 % der Stimmberechtigten abhängig. Sie lag bei 78,9 %. Die Opposition beschuldigte Guelleh der Wahlfälschung; die Regierung wies den Vorwurf zurück. Sicherheitskräfte gingen am Wahltag mit Gewalt gegen Demonstranten vor.

Guelleh hatte 1999 Präsident Hassan Gouled Aptidon abgelöst, der seit der Unabhängigkeit der ehemaligen frz. Kolonie am Horn von Afrika 1977 an der Macht gewesen war. 2000 gelang es Guelleh, einen Militärputsch niederzuschlagen.

Dominica WD

Commonwealth of Dominica

Landesfläche	751 km² (WR 170)
Einwohner	69 500 (WR 182)
Hauptstadt	Roseau (16 000 Einwohner)
Sprachen	Englisch, Patois
Währung	1 Ostkarib. Dollar (EC-$) = 100 Cents
Gliederung	10 Bezirke
Staatsform	Parlamentarische Republik im Commonwealth (seit 1978)
Staatsoberhaupt	Nicholas Joseph Orville Liverpool (seit 2003) * 1934
Regierungschef	Roosevelt Skerrit (seit 2004) * 1972
Staatspräsident	Nicholas Joseph Orville Liverpool (seit 2003) * 1934Parlament Abgeordnetenhaus mit 21 für fünf Jahre gewählten Mitgliedern; 11 Sitze für Arbeitspartei, 9 für Vereinigte Arbeiterpartei, 1 für einen Unabhängigen (Wahl 2005)
Internet	www.avirtualdominica.com/government.htm
Religion	Katholiken (77 %); Protestanten (15 %); Sonstige (8 %)
Ethn. Gruppen	Schwarze (89,1 %); Mischlinge (7,2 %); Indianer (2,4 %); Weiße (0,4 %); Sonstige (0,9 %)
Urbanisierung	25 %
Einwohner/km	93
Bev.-Wachst./Jahr	–0,6 %
Kindersterblichkeit	1,5 %
Alphabetisierung	94 %

Im Mai 2005 setzte sich bei der Parlamentswahl auf D. die regierende Arbeitspartei (DLP) des amtierenden Ministerpräsidenten Roosevelt Skerrit mit knappem Vorsprung durch. Sie erhielt 11 der 21 Sitze, während auf die oppositionelle Vereinigte Arbeiterpartei (UWP) 9 Mandate entfielen. Ein Sitz ging an einen unabhängigen Kandidaten, welcher der Regierungspartei nahe stand. Skerrit rief nach seiner Vereidigung am 12. Mai die Bevölkerung dazu auf, ihn in seinen Bemühungen um Wirtschaftsreformen zu unterstützen. Der Wahlkampf war geprägt von dem Streit um ein Programm des Internationalen Währungsfonds (IWF, Washington D. C.), das finanzielle Hilfen für D. von der Einleitung marktwirtschaftlicher Reformen abhängig machte.

Dominikanische Republik DOM

Landesfläche	48 734 km² (WR 127)
Einwohner	8,9 Mio. (WR 84)
Hauptstadt	Santo Domingo (2,3 Mio. Einwohner)
Sprachen	Spanisch
Währung	1 Dominikan. Peso = 100 Centavos
Gliederung	29 Provinzen, 1 Hauptstadtdistrikt
Staatsform	Präsidiale Republik (seit 1966)
Staatsoberhaupt und Regierungschef	Leonel Fernández Reyna (seit 2004) *1953
Parlament	Abgeordnetenhaus mit 150 und Senat mit 32 für vier Jahre gewählten Abgeordneten; im Abgeordnetenhaus 73 Sitze für Sozialdemokraten (PRD), 41 für Befreiungspartei (PLD), 36 für Christlichsoziale (PRSC; Wahl 2002)
Internet	www.presidencia.gov.do
Religion	Katholiken (95%); Sonstige (5%)
Ethn. Gruppen	Mulatten (73%); Weiße (16%); Schwarze (11%)
Urbanisierung	59%
Einwohner/km	183
Bev.-Wachst./Jahr	1,5%
Kindersterblichkeit	3,8%
Alphabetisierung	85%

2004 setzte sich die Krise der Volkswirtschaft der D. R. fort. Das BIP ging um 0,3% zurück, nachdem es bereits 2003 um 0,4% gesunken war. Die Staatsverschuldung verdoppelte sich von 2002 bis 2003 (letztverfügbarer Stand) auf 56% des BIP. Die Inflationsrate lag 2004 bei 50%, nachdem die Lebenshaltungskosten bereits 2003 um 42,8% gestiegen waren. Mitverursacher der Wirtschaftsprobleme war die Bankenkrise, die durch die Insolvenz der Banco Intercontinental (Baninter), der zweitgrößten Geschäftsbank der D.R., ausgelöst worden war. Der Schaden durch die Pleite belief sich auf fast 3 Mrd. US-Dollar, was etwa 70% des Haushalts der D. für 2003 bzw. ca. 20% des BIP entsprach. Nach dem Bankrott von Baninter traten zeitweilig Liquiditätsprobleme bei zwei weiteren großen dominikan. Geschäftsbanken auf, die jedoch größtenteils aufgefangen werden konnten.

Ecuador EC

Republik Ecuador

Landesfläche	283 561 km² (WR 71)
Einwohner	13,2 Mio. (WR 66)
Hauptstadt	Quito (1,5 Mio. Einwohner)
Sprachen	Spanisch, Ketschua
Währung	1 US-Dollar (US-$) = 100 Cents
Gliederung	22 Provinzen
Staatsform	Präsidiale Republik (seit 1979)
Staatsoberhaupt und Regierungschef	Alfredo Palacio (seit 2005) * 1939
Parlament	Nationalkongress mit 100 für 5 Jahre gewählten Abgeordneten; 24 Sitze für Christliche-Soziale (PSC), 15 für Roldos/Zentrum (PRE), 13 für Sozialdemokraten (ID), 10 für Erneuerungspartei (PRIAN), 38 für Andere (Wahl 2002)
Internet	www.ecuador.org
Religion	Katholiken (95%); Protestanten (5%)
Ethn. Gruppen	Mestizen (65%); Indios (25%); Weiße (7%); Schwarze (3%)
Urbanisierung	62%
Einwohner/km	47
Bev.-Wachst./Jahr	1,5%
Kindersterblichkeit	2,9%
Alphabetisierung	91%

Innenpolitik: Der Machtkampf zwischen Regierung und Opposition fand seinen Höhepunkt im April 2005, als nach Massenprotesten Präsident Lucio Edwin Gutiérrez Borbúa seines Amtes enthoben und der bisherige Vizepräsident Alfredo Palacio als Übergangspräsident vereidigt wurde. Die innenpolitische Krise hatte im Dezember 2004 begonnen, als die damalige Regierungsmehrheit im Parlament die 31 Richter des Obersten Gerichtshofes entließ und der Präsident sie durch ihm treue Juristen ersetzte. Gutiérrez Borbúa wurde ein diktatorischer Regierungsstil vorgeworfen. Außerdem bezweifelten Verfassungsrechtler, das Recht des Präsidenten, über den Obersten Gerichtshof zu bestimmen. Der frühere Verteidigungsminister, General José Gallardo, rief angesichts des eigenmächtigen Verhaltens des Präsidenten die Streitkräfte zur Rebellion auf. Das Militär stand zunächst zu Gu-

Ecuador: Demonstranten laufen am 20. 4. 2005 zum Regierungspalast in Quito, um den Sturz von Präsident Gutiérrez zu feiern.

tiérrez, der selbst 2000 als Oberst einen Präsidenten aus dem Amt gezwungen hatte. Allerdings beschloss das ecuadorian. Parlament auf Druck der Öffentlichkeit die Amtsenthebung von Gutiérrez und setzte den bisherigen Vizepräsidenten Alfredo Palacio am 20. 4. 2005 zum Nachfolger ein. Noch im Januar hatte Gutiérrez versucht, Palacio wegen mangelnder Loyalität zu entlassen. Der Vizepräsident hatte Gutiérrez wiederholt vorgeworfen, nur das Wohl der Wirtschaft im Auge zu haben und soziale Belange zu vernachlässigen.

OAS: Die Organisation Amerikanischer Staaten (OAS, Washington D. C.) kündigte im April 2005 an, eine Delegation nach E. zu entsenden, um die Umstände der Absetzung von Präsident Gutiérrez zu untersuchen. Mit dem Beschluss machte die OAS erstmals von der interamerikan. Charta für Demokratie Gebrauch, die in heiklen Situationen die Entsendung von Untersuchungsdelegationen in einen Mitgliedstaat erlaubt. Gutiérrez selbst bezeichnete seine Absetzung als verfassungswidrig, während es die OAS vermied, die Regierung des neuen Präsidenten Palacio explizit anzuerkennen.

Rückkehr: Im April 2005 kehrte der ehemalige Präsident Abdala Bucaram nach E. zurück. Er erklärte, nach dem Vorbild des venezolan. Präsidenten Hugo Chávez Frías eine »Revolution der Armen« in E. herbeiführen zu wollen. Wegen »geistiger Unfähigkeit« war Bucaram 1997 in E. vom Parlament des Amtes enthoben worden. Danach war er angesichts von Korruptionsvorwürfen nach Panama geflohen. Zwei Tage vor seiner Rückkehr hatte das Oberste Gericht von E. erklärt, dass kein Verfahren gegen Bucaram anhängig sei. Im Mai floh Bucaram erneut aus E., weil Präsident Palacio einen Haftbefehl gegen ihn erließ. Bucaram fand in Panama politisches Asyl.

Umweltkatastrophe: Im Oktober 2004 liefen mind. 800 000 l Erdöl aus einer Pipeline im Nordwesten von E. in den Fluss Ocana sowie in ökologisch empfindliche Urwälder aus. Nach Angaben der staatlichen Erdölgesellschaft Petroecuador handelte es sich bei dem Ölaustritt um einen Sabotageakt, da die Pipeline keinerlei Beschädigungen aufweise.

Wirtschaft: Sprecher der indianischen Bevölkerung in E. kündigten im Dezember 2004 an, gegen die Erdölförderung im Amazonasbecken protestieren zu wollen. Der Verband der indigenen Völker (CONAIE) plante die Übernahme eines Regenwaldgebietes, in dem die Volksgruppen der Shuar und Achuar beheimatet sind. Ein Komitee, das die Ureinwohner der Gegend repräsentierte, beschloss, das Territorium zum »uneingeschränkten Eigentum« zu erklären. Es verlangte von der Regierung, jegliche Ausbeutung des Landes durch Ölförderung oder Bergbau zu verbieten. Internationale Umweltorganisationen hatten zuvor wiederholt darauf hingewiesen, dass die Ölförderung im Amazonasgebiet Flüsse und Ökosysteme verseucht und den Lebensraum der Urbevölkerung zerstört.

Erdbeben: Drei mittelstarke Erdbeben erschütterten im Januar 2005 innerhalb von 24 Stunden E. Sie hatten eine Stärke von 4,4 bis 4,8 auf der Richterskala. Ihr Zentrum lag rund 100 km vor der Küste im Pazifik.

Elfenbeinküste CI

Republik Côte d'Ivoire

Landesfläche	322 463 (WR 67)
Einwohner	16,9 Mio. (WR 57)
Hauptstadt	Yamoussoukro (200 000 Einwohner)
Sprachen	Französisch, Dialekte
Währung	CFA-Franc
Gliederung	16 Regionen, 50 Departements
Staatsform	Präsidiale Republik
Staatsoberhaupt	Laurent Gbagbo (seit 2000) * 1943
Regierungschef	Seydou Elimane Diarra (seit 2003) * 1933
Parlament	Nationalversammlung mit 225 für fünf Jahre gewählten Abgeordneten; 96 Sitze für die Ivorische Volksfront, 94 für die Demokratische Partei, 5 für die Vereinigung der Republikaner, 30 für Andere (Wahl 2000/2001)
Internet	www.presidence.gov.ci
Religion	Muslime (60 %); Christen (22 %); Sonstige (18 %)
Ethn. Gruppen	Akan (41,8 %); Volta (16,3 %); Malinké (15,9 %); Kru (14,6 %); Mandé (10,7 %); Sonstige (0,7 %)
Urbanisierung	45 %
Einwohner/km	52
Bev.-Wachst./Jahr	1,6 %
Kindersterblichkeit	19,1 %
Alphabetisierung	50 %

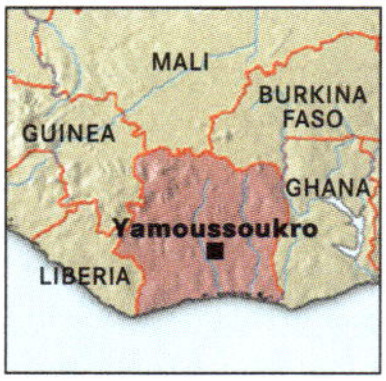

Innenpolitik: Im April 2005 schlossen die Bürgerkriegsparteien in der E. ein Abkommen, mit dem die gewaltsamen Auseinandersetzungen beendet werden sollten. Der Vertrag, der unter Vermittlung des südafrikan. Präsidenten Thabo Mbeki zustande gekommen war, sah vor, die Kampfhandlungen umgehend einzustellen, mit der Entwaffnung zu beginnen sowie Neuwahlen vorzubereiten. Außerdem kehrten führende Rebellenvertreter in die Regierung der Nationalen Einheit zurück, die sie fünf Monate zuvor aus Protest gegen einen Bombenangriff der Luftwaffe auf Rebellenstellungen verlassen hatten.

Anhaltender Machtkampf: Die E. ist seit einem Putschversuch im September 2002 faktisch geteilt. Ein 2003 vereinbarter Waffenstillstand wurde wiederholt gebrochen. Mitte 2005 gab es in der E. vier Kräfte, die um die Macht kämpften: die Regierung von Präsident Laurent Gbagbo, die nur den Süden des Landes kontrollierte, die Demokratische Partei der E. unter dem ehemaligen Präsidenten Henri Bédié, die Republikanische Gruppierung des Oppositionsführers Alassance Ouattara, der bei Neuwahlen gegen Gbagbo anzutreten beabsichtigt, sowie eine Rebellenorganisation, die den Norden des Landes besetzt hielt.

Friedenstruppen: Im Februar 2005 ermächtigte der UN-Sicherheitsrat Friedenstruppen und frz. Soldaten, die Umsetzung des Waffenembar-

Elfenbeinküste: vom Musterstaat zum Krisenland

1970er-Jahre: Die E., die 1960 von Frankreich unabhängig geworden war, entwickelte sich zu einem der stabilsten Länder Westafrikas. Bis 1979/80 wuchs die Volkswirtschaft der E. um etwa 6,5 % jährlich.

1980er-Jahre: Der Preisverfall bei Kakao und Kaffee führte 1987 zu einer Rezession. Investitionen konnten nur noch über hohe Auslandskredite realisiert werden, sodass die Auslandsverschuldung 1987 bereits 14,2 Mrd. US-Dollar betrug.

1990er-Jahre: 1990 kam es wegen der Wirtschaftskrise und politischer Repressionen zu schweren Unruhen und wachsender Opposition. Präsident Houphouët-Boigny gab dem Druck nach, führte die Gewaltenteilung ein und legalisierte oppositionelle Parteien. Einsparungen bei den Sozial- und Bildungsausgaben sowie beim Militär führten zu öffentlichen Protesten und schürten Konflikte zwischen den christlichen Einwohnern im Süden und den meist von Einwanderern abstammenden Muslimen im Norden. Ausstehende Soldzahlungen lösten im Dezember 1999 einen Soldatenaufstand aus, der sich zum ersten Putsch in der Geschichte der E. ausweitete.

Seit 2000: Nach der Übernahme der Macht durch eine Militärregierung stürzte das Land endgültig ins Chaos. Zwar wurde die Junta unter General Robert Gueï im Oktober 2000 durch den Sozialisten Laurent Gbagbo abgelöst, doch die Mehrheit der Bevölkerung verlangte Neuwahlen. Gbagbo weigerte sich und ließ sich trotz internationaler Proteste zum neuen Staatschef ernennen. Im September 2002 versuchten Rebellen, den Präsidenten zu stürzen. Seitdem herrscht in der E. Bürgerkrieg.

gos gegen die E. zu überwachen. Die einstimmig verabschiedete Resolution gab den Soldaten das Recht, Flugzeuge, Fahrzeuge und Schiffe unangekündigt nach illegalen Waffen zu durchsuchen. Das Waffenembargo war durch die UN-Resolution vom 15. 11. 2004 verhängt worden.

Eskalation: Im November 2004 spitzte sich der Konflikt in der E. zu. Als bei einem von Präsident Laurent Gbagbo angeordneten Luftangriff der ivorischen Armee neun frz. Soldaten starben, zerstörten frz. Streitkräfte die beiden Kampfjets der E. und mehrere Hubschrauber. Zehntausende Ivorer drangen auf den von der frz. Armee kontrollierten Flughafen von Abidjan vor. Häuser von Ausländern wurden geplündert, frz. Schulen gebrandschatzt. Der UN-Sicherheitsrat stellte sich hinter das Vorgehen Frankreichs und verurteilte die Angriffe der ivorischen Luftwaffe. Als ehemalige Kolonialmacht bemüht sich Frankreich vergeblich um die Wiederherstellung der inneren Ordnung des Landes. Präsident Gbagbo lehnte die Präsenz frz. Truppen in seinem Land ab und warf ihnen Parteinahme für die Rebellen vor. Vier Oppositionsparteien forderten hingegen den Verbleib der frz. Armee, weil sie andernfalls ein Wiederaufflammen der Kämpfe befürchteten.

Menschenrechtslage: Die UN beklagten im Dezember 2004 in einem Untersuchungsbericht schwere Menschenrechtsverletzungen in der E. Sie stellten fest, dass sowohl im von der Regierung kontrollierten Süden als auch im von Rebellen besetzten Norden des Landes schwere Verbrechen gegen die Menschlichkeit begangen werden. Die UN verzeichneten im Zeitraum zwischen Beginn des Rebellenaufstandes am 19. 9. 2002 und dem 15. 10. 2004 Hinrichtungen ohne Verurteilung, sexuelle Gewalt gegen Frauen sowie den Einsatz von Kindern als Soldaten. Eine Untersuchungskommission berichtete von Massengräbern, die nach Massenhinrichtungen ausgehoben worden seien. Diese Gräber befänden sich insbesondere in den von den Rebellen kontrollierten Städten Bouaké, Korhogo und Odienné, aber auch im südlichen Abidjan.

Flüchtlinge: Wegen der Unruhen verließen allein im Oktober 2004 mehr als 5 000 Ausländer die E. Insbesondere frz. Streitkräfte organisierten den Exodus der Ausländer. Nach Angaben des UN-Flüchtlingshilfswerks UNHCR flohen außerdem etwa 10 000 Ivorer in das benachbarte Liberia, rund 700 Angehörige weiterer afrikanischer Staaten flüchteten nach Ghana.

Wirtschaft: Bei den politischen Unruhen im November 2004 wurden ca. 120 kleine und mittlere frz. Unternehmen in der E. zerstört. Mind. 80 weitere Firmen verließen infolge der gewaltsamen Auseinandersetzungen das Land. Die politisch instabile Lage zerstörte die Hoffnung der Regierung auf einen wirtschaftlichen Aufschwung. Das BIP stieg 2004 lediglich um 1%. Von 2000 bis 2003 war das BIP sogar rückläufig gewesen (2003: –3,7%). Die Inflationsrate blieb zwar mit 3,3% vergleichsweise gering, allerdings war die Teuerung bei Wohnraum, Grundnahrungsmitteln, Strom und Wasser überdurchschnittlich hoch, sodass die Inflation insbesondere Haushalte mit geringem Einkommen traf.

El Salvador

ES

Republik El Salvador

Landesfläche	21 041 km²(WR 149)
Einwohner	6,6 Mio. (WR 97)
Hauptstadt	San Salvador (630 000 Einwohner)
Sprachen	Spanisch, indianische Dialekte
Währung	1 El-Salvador-Colon (C) = 100 Centavos
Gliederung	14 Departamentos
Staatsform	Präsidiale Republik (seit 1983)
Staatsoberhaupt und Regierungschef	Elías Antonio Saca González (seit 2004) * 1965
Parlament	Nationalversammlung mit 84 Abgeordneten; 31 Sitze für Nationale Befreiungsfront (FMLN), 27 für Nationalistische Republikanische Allianz (ARENA), 16 für Nationale Versöhnungspartei (PCN), 10 für Andere (Wahl 2003)
Internet	www.asamblea.gob.sv
Religion	Katholiken (86%); Sonstige (14%)
Ethn. Gruppen	Mestizen (90%); Weiße (9%); Indianer (1%)
Urbanisierung	60%
Einwohner/km	314
Bev.-Wachst./Jahr	1,6%
Kindersterblichkeit	3,9%
Alphabetisierung	78%

Mit Kundgebungen Tausender ehemaliger Rebellen feierte E. im Januar 2005 den 13. Jahrestag des Friedensabkommens, mit dem das Land weitgehend befriedet werden konnte. Einstige Aktivisten der linksgerichteten Nationalen Befreiungsfront Farabundo Martí (FMLN) würdigten den historischen Vertrag vom 16.1.1992, mit dem ein zwölfjähriger Bürgerkrieg gegen die rechtsextreme Diktatur zu Ende ging. Abgeordnete der heutigen Oppositionspartei FMLN betonten allerdings, dass es nach 13 Jahren Frieden weiterhin darum gehe, auch der sozialen Gerechtigkeit zum Durchbruch zu verhelfen. Internationalen Menschenrechtsorganisationen zufolge fielen dem Konflikt mehr als 80 000 Menschen zum Opfer.

Eritrea ER

Landesfläche	121 144 km² (WR 96)
Einwohner	4,3 Mio. (WR 116)
Hauptstadt	Asmara (420 000 Einwohner)
Sprachen	Arabisch, Tigrinja, Englisch
Währung	Nakfa
Gliederung	6 Verwaltungsregionen
Staatsform	Präsidiale Republik
Staatsoberhaupt und Regierungschef	Isayas Afewerki (seit 1993) * 1946
Parlament	Nationalversammlung (nicht vom Volk gewählt), neues Parlament in Aussicht gestellt
Religion	Muslime (50%); Christen (50%)
Ethn. Gruppen	Tigrinja (50%); Tigre und Kunama (40%); Afar (4%); Saho (3%); Sonstige (3%)
Urbanisierung	20%
Einwohner/km	35
Bev.-Wachst./Jahr	3,7%
Kindersterblichkeit	8%
Alphabetisierung	59%

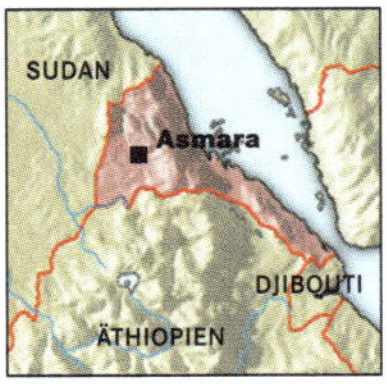

Innenpolitik: Die Regierung von E. schätzte, dass 2004 etwa 2% der Bevölkerung mit dem HI-Virus infiziert war. Obwohl diese Zahl im Vergleich zu anderen afrikan. Staaten gering war, beunruhigte sie internationale Gesundheitsorganisationen: Erfahrungen anderer afrikan. Staaten zeigten, dass innerhalb von nur drei Jahren der Anteil der infizierten Menschen an der Gesamtbevölkerung von 2% auf 12% ansteigen kann. Mit umfangreichen Aufklärungskampagnen und der Verteilung von Kondomen wurde versucht, die Ausbreitung des Virus einzudämmen.

Außenpolitik: Im Oktober 2004 gab die Regierung bekannt, ein Terrornetz aufgedeckt zu haben. Der Sudan habe über dieses Netz zivile Ziele angreifen und den Präsidenten von E., Isayas Afewerki, ermorden wollen. Die Regierung des Sudan wies die Vorwürfe als haltlos zurück. Die Beziehungen zu → Äthiopien stagnierten. Eine endgültige Regelung der Grenzkonflikte steht noch aus.

Estland EST

Republik Estland

Landesfläche	45 100 km² (WR 129)
Einwohner	1,3 Mio. (WR 148)
Hauptstadt	Tallinn (Reval, 404 000 Einwohner)
Sprachen	Estnisch, Russisch
Währung	1 Estn. Krone = 100 Senti
Gliederung	15 Bezirke
Staatsform	Parlamentarische Republik
Staatsoberhaupt	Arnold Rüütel (seit 2001) * 1928
Regierungschef	Andrus Ansip (seit 2005) * 1956
Parlament	Staatsversammlung mit 101 auf 3 Jahre gewählten Abgeordneten; 28 für Res Publica, 28 für Zentrumspartei, 19 für Reformpartei, 13 für Volksunion, 13 für Andere (Wahl 2003)
Internet	www.riik.ee/en
Religion	Protestanten; Russisch-Orthodoxe; Estonisch-Orthodoxe
Nationalitäten	Esten (65%); Russen (28%); Sonstige (7%)
Urbanisierung	69%
Einwohner/km	29
Bev.-Wachst./Jahr	-1,1%
Kindersterblichkeit	1,2%
Alphabetisierung	98%

Innenpolitik: Im März 2005 trat der estn. Ministerpräsident Juhan Parts von seinem Amt zurück. Er zog damit die Konsequenz aus einem Misstrauensvotum des Parlamentes gegen seinen Justizminister Ken-Marti Vaher, der über eine geplante Vorschrift für die regionalen Staatsanwaltschaften stolperte. Die Vorschrift sollte die Staatsanwälte dazu verpflichten, jährlich eine Mindestanzahl von Korruptionsfällen abzuarbeiten. Dieses Vorhaben war auch innerhalb der Mitte-rechts-Koalition umstritten, die aus der liberalen Reformpartei, der Union für die Repu-

Estland: Einweihung des umstrittenen Denkmals für estländische Soldaten des Zweiten Weltkriegs im August 2004 in Lihula

blik/Res Publica sowie der Volksunion Estlands bestand. Der estn. Staatspräsident Arnold Rüütel beauftragte den Vorsitzenden der Reformpartei, Andrus Ansip, mit der Bildung einer neuen Regierung. Ansip, der seit 2004 Wirtschafts- und Kommunikationsminister war, fügte die Reformpartei, die Volksunion und die Zentrumspartei zu einer gemeinsamen Koalitionsregierung zusammen, die im April vom Parlament bestätigt wurde. Ansip wurde Ministerpräsident der zwölften Regierung seit der Unabhängigkeit (1991).

Zerrüttetes Kabinett: Bereits vor dem Rücktritt waren in der estn. Regierung deutliche Verfallserscheinungen zu erkennen. So entließ Staatspräsident Rüütel im Februar 2005 die Außenministerin Kristiina Ojuland aus ihrem Amt. Der Schritt erfolgte auf Antrag von Ministerpräsident Juhan Parts. Eine Überprüfung durch die Sicherheitspolizei hatte ergeben, dass aus Ojulands Ministerium zahlreiche vertrauliche Akten verschwunden waren. Ojuland gehörte der liberalen Reformpartei an, die zusammen mit den Parteien Res Publica und Volksunion eine Mitte-rechts-Koalition bildete. Bereits im September 2004 war der estn. Minister für Wirtschaft und Kommunikation, Meelis Atonen, im Streit über Privilegien für eine Fährgesellschaft zurückgetreten.

Umstrittenes Denkmal: Im September 2004 wurde nach zweiwöchiger Kontroverse ein umstrittenes Denkmal zu Ehren von Soldaten aus dem Zweiten Weltkrieg wieder entfernt. Die Skulptur auf dem Friedhof von Lihula im Nordwesten des Landes erinnerte an Esten, die an der Seite der dt. Besatzungstruppen gegen die Sowjetarmee gekämpft hatten. Kritiker sprachen von einer Glorifizierung der Nationalsozialisten. Die estn. Regierung entschied, dass das Monument illegal errichtet worden sei und betonte, dass es dem Ruf des Landes schade. Beim Abtransport des Denkmals bewarfen Demonstranten den Lastwagen mit Steinen.

Wirtschaft: 2004 verbesserte sich E. in der vom Weltwirtschaftsforum erstellten Rangliste der wettbewerbsfähigsten Länder vom 22. auf den 20. Platz. Als Wettbewerbsvorteil wurde die steuerliche Freistellung reinvestierter Gewinne gewertet, die zu einer erheblichen Kapitalaufstockung von Firmen führte. Als ein weiterer Vorzug des Standortes galten der lineare Einkommensteuersatz, der Anfang 2005 auf 24% abgesenkt wurde, und die feste Koppelung der estn. Währung an den Euro. Defizite wies E. hingegen bei der Infrastruktur und der Verwaltung auf. Der Handel mit Rohstoffen und Halbfabrikaten aus den Bereichen Holz, Textil und Metall stellt mit ca. einem Drittel des BIP das Rückgrat der estn. Wirtschaft dar. Der Güterumschlag in den estn. Häfen, insbesondere der Transithandel mit Öl aus Russland sowie der Passagierverkehr mit Finnland und Schweden, gewinnen stark an Bedeutung. Die Landwirtschaft spielt mit einem Anteil von 4% des BIP eine untergeordnete Rolle.

Fidschi

FJI

Republik Fidschi

Landesfläche	18 274 km² (WR 151)
Einwohner	847 000 (WR 152)
Hauptstadt	Suva (78 000 Einwohner)
Sprachen	Englisch, Fidschianisch, Hindi
Währung	1 Fidschi-Dollar = 100 Cents
Gliederung	4 Bezirke
Staatsform	Republik
Staatsoberhaupt	Ratu Josefa Iloilo (seit 2000) * 1920
Regierungschef	Laisenia Qarase (seit 2000) * 1941
Parlament	Repräsentantenhaus mit 71 für fünf Jahre gewählten Abgeordneten und Senat mit 32 Mitgliedern; 32 für Vereinigte Fidschi-Partei, 27 für Labour-Partei, 6 für Konservative Allianz-Partei, 6 für Andere (Wahl 2001)
Internet	www.fiji.gov.fj
Religion	Christen (52 %); Hindus (38 %); Muslime (8 %); Sonstige (2 %)
Nationalitäten	Fidschianer (51 %); Inder (44 %); Sonstige (5 %)
Urbanisierung	51,7 %
Einwohner/km	46
Bev.-Wachst./Jahr	2,1 %
Kindersterblichkeit	1 %
Alphabetisierung	93 %

F. verzeichnete 2004 einen Anstieg des BIP von 4,1 %. Damit setzte sich der wirtschaftliche Aufschwung fort, der 2002 (+4 %) eingesetzt hatte. Maßgeblich für das stetige Wachstum war das wieder anziehende Tourismusgeschäft, das im Zuge der Anschläge vom 11. 9. 2001 eingebrochen war.

F. verfügt im Gegensatz zu den meisten anderen pazifischen Inselstaaten über eine eigene Währung (Fidschi-Dollar), deren Stabilität von einer Zentralbank (Reserve Bank of Fiji) kontrolliert wird. Die monetäre Politik der Zentralbank ist im Prinzip auf Inflationsbekämpfung ausgerichtet, wurde aber wiederholt unter Inkaufnahme einer Inflation zur Stimulierung der Gesamtnachfrage eingesetzt. Daher lagen die Inflationsraten 2003 (4,5 %) und 2004 (3 %) für eine auf Stabilität der Währung ausgerichtete Politik vergleichsweise hoch. Die wichtigsten Wirtschaftszweige sind neben dem Tourismus die Zuckerrohrindustrie, die Gewinnung von Golderzen und die Textilindustrie. Für den Export sind darüber hinaus auch Fisch und tropische Hölzer von Bedeutung.

Finnland

FIN

Republik Finnland

Landesfläche	338 145 km² (WR 63)
Einwohner	5,2 Mio. (WR 108)
Hauptstadt	Helsinki (525 000 Einwohner)
Sprachen	Finnisch, Schwedisch
Währung	1 Euro = 100 Cent
Gliederung	5 Provinzen und Aland-Inseln
Staatsform	Parlamentarische Republik
Staatsoberhaupt	Tarja Halonen (seit 2000) * 1943
Regierungschef	Matti Vanhanen (seit 2003) * 1955
Parlament	Reichstag mit 200 für vier Jahre gewählten Abgeordneten; 55 für Zentrumspartei (KESK), 53 für Sozialdemokraten (SDP), 40 für Nationale Sammlungspartei Konservative (KOK), 52 für Andere (Wahl 2003)
Internet	www.virtual.finland.fi
Religion	Christen (89 %); Konfessionslose (9 %); Sonstige (2 %)
Nationalitäten	Finnen (93 %); Schweden (5 %); Sonstige (2 %)
Urbanisierung	61 %
Einwohner/km	15
Bev.-Wachst./Jahr	0,2 %
Kindersterblichkeit	0,5 %
Alphabetisierung	99 %

Bei den Kommunalwahlen wurden im Oktober 2004 die Sozialdemokraten als stärkste Partei in F. bestätigt. Sie verbesserten sich im Vergleich zu den Kommunalwahlen vier Jahre zuvor von 23 auf 24,1 % der Stimmen. Ihr Partner in der Regierungskoalition, die Zentrumspartei von Ministerpräsident Matti Vanhanen, verlor einen Prozentpunkt und sank auf 22,8 %. Die oppositionelle Konservative Partei legte von 20,8 auf 21,8 % zu. Das im Vergleich zu 2000 nahezu unveränderte Ergebnis wurde als Zeichen für die politische Stabilität des Landes gewertet.

Die finn. Volkswirtschaft befand sich 2004 weiterhin in einem robusten Aufschwung. Das BIP stieg um 2,9%, nachdem es im Vorjahr um 1% gewachsen war. Wegen der günstigen Konjunkturentwicklung verringerte sich die Arbeitslosenquote um 0,6 Prozentpunkte auf 8,8%. Aufgrund der vergleichsweise soliden Haushaltspolitik der Regierung lag die Staatsverschuldung bei 45,5%. Mit einer Inflationsrate von 0,2% (2003: 0,9%) herrschte ein hohes Maß an Preisstabilität.

Frankreich

Französische Republik F

Landesfläche	543 965 km² (WR 47)
Einwohner	60,4 Mio. (WR 20)
Hauptstadt	Paris (9,3 Mio. Einwohner)
Sprache	Französisch
Währung	1 Euro = 100 Cent
Gliederung	22 Regionen
Staatsform	Parlamentarische Republik
Staatsoberhaupt	Jacques Chirac (seit 1995) * 1932
Regierungschef	Dominique de Villepin (seit 2005) * 1954
Parlament	Senat: 321 Abgeordnete; Nationalversammlung: 577 für 5 Jahre gewählte Abgeordnete; Nationalversammlung: 357 Sitze für UMP, 140 für Sozialisten, 29 für UDF, 21 für Kommunisten, 30 für Andere (Wahl 2002)
Internet	www.gouvernement.gouv.fr; www.parlement.fr
Religion	Christen (77,7%); Muslime (4,5%); Sonstige (17,8%)
Nationalitäten	Franzosen (93,6%); Algerier (1,1%); Sonstige (5,3%)
Urbanisierung	76%
Einwohner/km	111
Bev.-Wachst./Jahr	0,5%
Kindersterblichkeit	0,6%
Alphabetisierung	99%

Im Mai 2005 lehnte die frz. Bevölkerung in einem Referendum mit 54,87% der abgegebenen Wählerstimmen die EU-Verfassung ab. Die Entscheidung wurde auch als schwere Niederlage für Staatspräsident Jacques Chirac gewertet, der sich intensiv für die Annahme der Verfassung eingesetzt hatte.

Innenpolitik: Als Konsequenz aus dem Ergebnis des Referendums ernannte Chirac Innenminister Dominique de Villepin zum neuen Ministerpräsidenten. Er löste Jean-Pierre Raffarin ab, der gut drei Jahre im Amt gewesen war. Nicolas Sarkozy, der in offener Gegnerschaft zu Chirac das Präsidentenamt anstrebt, übernahm von Villepin das Innenressort. Der Chirac-Vertraute Philippe Douste-Blazy wurde neuer Außenminister. Von der Regierungsumbildung erhoffte sich Chirac u. a. neue Impulse für die frz. Politik. Die Niederlage beim EU-Referendum wurde auch auf die Unzufriedenheit der Bevölkerung mit der schwachen Verfassung der frz. Wirtschaft zurückgeführt.

Prozess: Im März 2005 begann in Paris ein Prozess, in dessen Mittelpunkt die vom frz. Staatspräsidenten Jacques Chirac gegründete neogaullistische Partei RPR stand. Die Staatsanwaltschaft erhob Anklage gegen 47 Personen wegen eines Bestechungssystems, bei dem nach Erkenntnissen der Justiz Anfang der 1990er-Jahre Unternehmen für öffentliche Aufträge Provisionen in Millionenhöhe an die Parteien im Pariser Regionalrat zahlen mussten. Chirac war damals Pariser Bürgermeister und RPR-Vorsitzender, sein früherer Kabinettschef Michel Roussin war einer der Hauptangeklagten. Ein inzwischen verstorbener RPR-Funktionär beschuldigte Chirac, bei der Übergabe von Bestechungsgeld anwesend gewesen zu sein. Als die Vorwürfe Ende 2000 bekannt wurden, stritt Chirac ab, davon gewusst zu haben.

Kopftuchverbot: Wegen des seit September 2004 geltenden Verbots von Kopftüchern und anderen auffälligen religiösen Zeichen an staatlichen Schulen wurden bis Ende 2004 in F. 48 Schüler vom Unterricht an öffentlichen Schulen ausgeschlossen. Die frz. Regierung registrierte im gleichen Zeitraum in 639 Fällen Auseinandersetzungen um das Tragen religiöser Zeichen. In den meisten Fällen gaben die Schüler nach. 45 muslimische Schülerinnen beharrten jedoch auf das Tragen des Kopftuchs, drei Sikhs auf das Tragen eines Turbans. 60 Schüler wechselten an Privatschulen. Das Verbot auffälliger religiöser Zeichen an den staatlichen Schulen soll das Prinzip des Laizismus in F. stärken, das seit 1905 gesetzlich festgeschrieben ist und den Staat zur Neutralität in religiösen Fragen verpflichtet.

Eherecht: Der frz. Senat beschloss im März 2005, das gesetzliche Mindestalter bei der Heirat für Frauen von 15 auf 18 Jahre heraufzusetzen. Mit der Neuregelung soll u. a. die Zwangsehe bekämpft werden, die insbesondere unter den Muslimen in F. verbreitet ist. Die Regierung schätzte, dass 2004 etwa 70 000 Ehen in F. unter Zwang geschlossen wurden.

Gedenkstätte: Die jüdische Gemeinde in F. weihte im Januar 2005 eine »Mauer der Namen« ein, die an die 76 000 im Zweiten Weltkrieg von den Nazis deportierten Juden erinnern soll. Der Stein steht am Eingang der Holocaust-Gedenkstätte im Pariser Bezirk Marais, die von Staatspräsident Chirac eröffnet wurde. Der Präsident reiste im Januar 2005 auch nach Auschwitz zu den Feiern zum 60. Jahrestag der Befreiung des Vernichtungslagers. Dort sowie im nahe gelegenen Birkenau starben die meisten der aus F. deportierten Juden. Nur 2 500 überlebten den Holocaust.

Frankreich: Dominique de Villepin (rechts) wird am 31. 5. 2005 als Nachfolger von Jean-Pierre Raffarin (links) Premierminister.

Rassismus: 2004 nahm in F. die Zahl der antisemitischen und rassistischen Übergriffe drastisch zu. Die Behörden registrierten 1 565 Fälle von Drohungen oder tätlichen Angriffen, die sich überwiegend gegen Juden und Muslime richteten. Damit hatte sich die Zahl der Angriffe gegenüber 2003 nahezu verdoppelt. Die Täter kamen hauptsächlich aus dem rechtsradikalen Milieu. Der frz. Innenminister Dominique de Villepin kündigte im Februar 2005 an, die gewalttätige Neonazi-Szene im Land aufzulösen, sofern dies verfassungsrechtlich möglich sei. Die Regierung schätzte die Zahl der gewaltbereiten Neonazis in F. auf rund 3 000. 2004 verübten sie 65 rechtskräftig festgestellte Straftaten. Er sprach sich insbesondere dafür aus, gegen den Missbrauch des Internets für Neonazibotschaften vorzugehen.

Senatswahlen: Im September 2004 erlitt die Union für eine Mehrheit des Präsidenten (UMP) bei den frz. Senatswahlen eine Niederlage. Sie verlor sieben Mandate und büßte dadurch die absolute Mehrheit in der zweiten Kammer des frz. Parlaments ein. Die oppositionellen Sozialisten um Parteichef François Hollande verzeichneten hingegen einen Zugewinn von zehn Mandaten. Insgesamt blieb die Mehrheit im frz. Senat in der Hand der Rechtsparteien; die UMP muss sich die Macht im Oberhaus aber mit den anderen Rechtsparteien teilen, die von der zentrumsliberalen UDF angeführt werden. Für die UMP bedeutete das Ergebnis die dritte Niederlage in Folge nach den Regional- und Europawahlen im März und Juni 2004.

Regierungsumbildung: Der vorherige frz. Agrarminister Hervé Gaymard wurde im November 2004 neuer Chef des Wirtschafts- und Finanzressorts. Er folgte Nicolas Sarkozy, der zum neuen Vorsitzenden der Regierungspartei UMP gekürt wurde und daher auf Druck Chiracs seine Regierungsämter niederlegen musste. Der UMP-Vorsitz gilt als Sprungbrett für eine Kandidatur als Präsidentschaftskandidat, sodass Sarkozy zum größten Herausforderer von Chirac bei der für 2007 vorgesehenen Präsidentschaftswahl werden könnte.

Sterbehilfe: Im April 2005 beschloss das frz. Parlament eine Neuregelung der Sterbehilfe. Es verbietet die aktive Sterbehilfe, also die Tötung auf Verlangen, billigt aber die passive Sterbehilfe. Entscheidungen zur passiven Sterbehilfe können nach Beratungen mit den Angehörigen von mind. zwei Ärzten gemeinsam getroffen werden. Todkranke Patienten dürfen schmerzlindernde Mittel erhalten, selbst wenn diese den Tod beschleunigen (→ Medizin, Sterbehilfe).

Ausweise: Die frz. Regierung kündigte an, 2006 Reisepässe mit Chipkarte für biometrische Daten einzuführen. Personalausweise, Führerscheine und Aufenthaltserlaubnisse für Ausländer sollen ab 2008 elektronisch gesichert werden. Der Chip wird persönliche Daten wie Adresse, Name und Geburtsort sowie zwei digitalisierte Fingerabdrücke und ein Porträtfoto enthalten. Die elektronischen Ausweise sollen Fälschungen verhindern und zur Bekämpfung der illegalen Einwanderung beitragen.

Wirtschaft: Die frz. Volkswirtschaft befand sich 2004 nach zwei Jahren der Stagnation in einem Aufschwung. Das BIP stieg um 2,4 %, nachdem es im Vorjahr lediglich um 0,2 % zugelegt hatte. Der wichtigste Grund für die positive Entwicklung war neben der starken weltwirtschaftlichen Entwicklung der robuste Konsum, der 2004 um 1,2 % zunahm. Trotz der starken Konjunktur lag das frz. Haushaltsdefizit 2004 mit 3,7 % des BIP über der vom Euro-Stabilitätspakt erlaubten Grenze von 3 %. Seit 2001 verstößt F. gegen das Defizitkriterium, mit der die Stabilität des Euro garantiert werden sollte.

Privatisierungen: Die frz. Regierung hoffte, durch Privatisierungen, 2005 das Haushaltsdefizit unter 3 % des BIP zu senken. So sollten 30 % des Kapitals des Gaskonzerns GDF angeboten werden. Außerdem plante die Regierung, die Autobahngesellschaft SANEF an die Börse zu bringen. Weitere 35–40 % des Atomkonzerns Areva sollten veräußert werden. Internationale Finanzinstitute begrüßten die Privatisierungen, verlangten aber grundlegende Reformen, um das strukturelle Defizit zu beseitigen.

Arbeitszeit: Im März 2005 beschloss das frz. Parlament eine Lockerung der 35-Stunden-Woche. Mit 350 zu 135 Stimmen verabschiedete die konservative Mehrheit der Abgeordneten ein Gesetz, das den Arbeitgebern ermöglicht, künftig mit ihren Belegschaften Arbeitszeitverlängerungen gegen bessere Bezahlung auszuhandeln. Zuvor hatten Hunderttausende Franzosen auf landesweit 140 Kundgebungen für den Erhalt der 35-Stunden-Woche demonstriert. Die 1998 schrittweise eingeführte 35-Stunden-Woche war für den Öffentlichen Dienst und Großunternehmen Pflicht. Ihre Einführung war eine der wichtigsten Reformen der damaligen Regierung des sozialistischen Premierministers Lionel Jospin. Die damit verbundene Hoffnung, neue Arbeitsplätze zu schaffen, erfüllte sich nicht. Die Arbeitslosenquote lag im Februar 2005 bei 10 %.

Praxisgebühr: Anfang 2005 wurde in F. eine Praxisgebühr eingeführt. Jeder Patient muss je Arzt- oder Laborbesuch 1 € entrichten. Allerdings blieben die Einnahmen im Januar und Februar 2005 mit ca. 40 Mio. € unter der Kalkulation der Regierung, die für das Gesamtjahr 2005 mit Einnahmen von rund 500 Mio. €. gerechnet hatte.

Handelspartner: F. war 2004 der wichtigste Handelspartner von Deutschland. Insgesamt wurden aus Deutschland Waren im Wert von 75,3 Mrd. € nach F. exportiert, 9,1 % mehr als im Vorjahr. Der Anteil an der Gesamtausfuhr lag bei 10,3 %. Die Einfuhren aus F. nach Deutschland erreichten einen Wert von 52,2 Mrd. €, was einem Anteil an den Gesamtimporten von 9 % und einer Steigerung gegenüber 2003 von 7,5 % entsprach.

Gabun

Gabunische Republik GAB

Landesfläche	267 668 km² (WR 74)
Einwohner	1,4 Mio. (WR 147)
Hauptstadt	Libreville (440 000)
Sprachen	Französisch, Bantu-Sprachen
Währung	CFA-Franc
Gliederung	9 Provinzen
Staatsform	Präsidiale Republik
Staatsoberhaupt	Omar Bongo (seit 1967) * 1935
Regierungschef	Jean-François Ntoutoume Emane (seit 1999) * 1939
Parlament	Nationalversammlung mit 120 (111 für fünf Jahre gewählt, 9 ernannt) und Senat mit 91 für sechs Jahre gewählten Mitgliedern; in der Nationalversammlung 88 Sitze für PDG, 8 für RNB, 3 für PGP, 21 für Andere (Wahl 2001)
Internet	www.africaweb.de/gabun; www.senat.ga
Religion	Katholiken (65 %); Protestanten (19 %); Sonstige (16 %)
Ethn. Gruppen	Fang (35,5 %); Mpongwe (15,1 %); Mbete (14,2 %); Punu (11,5 %); Sonstige (23,7 %)
Urbanisierung	84 %
Einwohner/km	5
Bev.-Wachst./Jahr	1,8 %
Kindersterblichkeit	8,5 %
Alphabetisierung	63 %

Im Dezember 2004 kamen bei gewaltsamen Protesten der Landbevölkerung gegen die Erdölförderung in Ndolou im Südwesten von G. mind. zwei Menschen ums Leben. Die Demonstranten forderten eine höhere Beteiligung der Arbeiter an den Erträgen aus der Ölförderung. Streitkräfte schlugen die Demonstrationen nieder. Die Erdölförderung durch ein kanad. Energieunternehmen, das in dieser Region ca. 3 400 Barrel/Tag fördert, musste aufgrund der Proteste zeitweilig eingestellt werden.

G. verfügt neben großen Erdölvorkommen entlang der Küste auch über Mangan, Uran, Eisenerz und Gold. Mit einem Exportanteil von rund 75 % stieg jedoch Erdöl seit Anfang der 1960er-Jahre zum volkswirtschaftlichen Hauptfaktor auf, sodass G. 2004 der viertgrößte Erdölproduzent von Afrika war.

Gambia

WAG

Republik Gambia

Landesfläche	11 295 km² (WR 157)
Einwohner	1,5 Mio. (WR 145)
Hauptstadt	Banjul (300 000 Einwohner)
Sprachen	Englisch, Mandingo, Wolof
Währung	1 Dalasi = 100 Butut
Gliederung	6 Bezirke
Staatsform	Präsidiale Republik
Staatsoberhaupt und Regierungschef	Yahya Jammeh (seit 1994) * 1965
Parlament	Nationalversammlung mit 53 (48 gewählt, 5 ernannt) Sitzen; 45 für Allianz für patriotische Reorientierung und Aufbau, 3 für Demokratische Volksorganisation für Unabhängigkeit und Sozialismus (Wahl 2002)
Internet	www.statehouse.gm
Religion	Muslime (90 %); Christen (9 %); Sonstige (1 %)
Ethn. Gruppen	Malinké (42 %); Fulbe/Fulani (18 %); Wolof (16 %); Diola (10 %); Soninke (9 %); sonst. Afrikaner (4 %); Nichtafrikaner (1 %)
Urbanisierung	26 %
Einwohner/km	133
Bev.-Wachst./Jahr	2,7 %
Kindersterblichkeit	12,6 %
Alphabetisierung	40 %

Innenpolitik: Im März 2005 legte eine Antikorruptionskommission in G. einen Untersuchungsbericht vor, wonach rund 30 hochrangige Beamte sich der Bestechung schuldig gemacht hatten. Der gamb. Präsident Yahya Jammeh, der die Kommission im Juli 2004 eingesetzt hatte, forderte daraufhin die Beschuldigten auf, freiwillig das illegal erworbene Geld zurückzuzahlen. Unter den hochrangigen Beamten befand sich u. a. der frühere Tourismusminister Yankuba Touray, dem vorgeworfen wurde, rund 70 000 US-Dollar unterschlagen zu haben. Die Kommission empfahl dem Präsidenten, schärfere Gesetze zu erlassen und bereits in den Schulen Aufklärungsprogramme über die negativen Folgen von Bestechung durchzuführen.

Wirtschaft: G. ist eine Präsidialrepublik mit starker Stellung des direkt gewählten Staatspräsidenten. Das Land gehört zu den ärmsten Staaten der Welt. Laut UN lebten 2004 rund 59 % der Bevölkerung von weniger als 1 US-Dollar/Tag. Die wichtigsten Devisenquellen für die gamb. Volkswirtschaft sind die Erdnussexporte (über 60 % der Eigenexporte) und der Tourismus. Den zweiten Platz bei den Eigenexporten nehmen die Fischausfuhren ein. Unter den für den Eigenverbrauch bestimmten Importen stehen an erster Stelle Erdöl und Erdölprodukte mit 11 % der Gesamtimporte.

Georgien

GE

Republik Georgien

Landesfläche	69 700 km² (WR 118)
Einwohner	5,1 Mio. (WR 111)
Hauptstadt	Tiflis (Tbilissi, 1,25 Mio. Einwohner)
Sprachen	Georgisch, Russisch, Armenisch
Währung	1 Lari = 100 Tetri
Gliederung	79 Bezirke
Staatsform	Präsidialrepublik
Staatspräsident	Michail Saakaschwili (seit 2004) * 1967
Regierungschef	Surab Noghaideli (seit 2005)
Parlament	Parlament mit 235 für vier Jahre gewählte Abgeordnete; 135 für Nationale Bewegung – Demokratische Front, 100 für Andere (Wahl 2003/04)
Internet	www.parliament.ge
Religion	Christen (83 %); Muslime (11 %); Sonstige (6 %)
Nationalitäten	Georgier (70 %); Armenier (8 %); Russen (6 %); Aseri (6 %); Osseten (3 %); Abchasen (2 %); Sonstige (5 %)
Urbanisierung	52 %
Einwohner/km	73
Bev.-Wachst./Jahr	–0,9 %
Kindersterblichkeit	2,9 %
Alphabetisierung	99 %

Innenpolitik: Ministerpräsident Surab Schwanija wurde im Februar 2005 in einer Tifliser Wohnung tot aufgefunden. Die Untersuchungsbehörden gingen von einer Gasvergiftung aus. Schwanija war ein wichtiger Verbündeter des früheren Präsidenten Eduard Schewardnadse gewesen, hatte jedoch später mit diesem gebrochen und sich der Opposition angeschlossen, die im Zuge der sog. Rosenrevolution (2004) den westlich orientierten Politiker Michail Saakaschwili ins Präsidentenamt brachte. Zwei Tage nach dem Tod Schwanijas kam ein weiterer Angehöriger des Staatsapparates ums Leben: Georgi Chewiaschwili, ein Mitarbeiter Saakaschwilis, erschoss sich in seiner Wohnung.

Abchasien: Nach monatelangem Machtkampf in der abtrünnigen Teilrepublik Abchasien wurde im Januar 2005 der bisherige Oppositionsführer Sergej Bagapsch Präsident; er hatte bei der Wiederholung der Präsidentschaftswahl 90% der abgegebenen Stimmen erhalten. Bagapsch war bereits nach der Wahl vom Oktober 2004 vom Obersten Gericht Abchasiens zum Sieger erklärt worden, sein damaliger Gegenkandidat Raul Chadschimba wollte das Resultat jedoch nicht anerkennen. Unter russ. Vermittlung gab Chadschimba schließlich nach und erklärte, er werde an der Seite von Bagapsch als Vizepräsident kandidieren.

Außenpolitik: Die georg. Regierung kündigte im Januar 2005 an, 550 weitere Soldaten in den Irak zu schicken. Damit erhöhte sich das georg. Kontingent im Irak auf 850 Mann. 300 Soldaten waren bereits im November 2004 zur Unterstützung der von den USA geführten multinationalen Koalitionstruppen dorthin entsandt worden.

Im April 2005 vereinbarten die georg. und die russ. Regierung, die letzten russ. Militärbasen in G. aufzulösen. Ende 2004 waren noch rund 4 500 russ. Soldaten in Batumi und Achalkalaki stationiert. Ihr Rückzug soll Ende 2007 abgeschlossen sein. Damit würde die über 200-jährige russ. Militärpräsenz in G. zu Ende sein. 1801 hatte das Zarenreich das Land annektiert.

Wirtschaft: Der Internationale Währungsfonds (IWF, Washington D. C.) ermutigte im März 2005 die georg. Regierung, den marktwirtschaftlichen Reformkurs beizubehalten, der mit der Privatisierung der Staatsbetriebe vorangetrieben wurde. Für 2005 prognostizierte der IWF ein Wirtschaftswachstum von 8,4%. Allerdings stieg die Inflationsrate von 3,6% im Juni 2004 auf 9,2% im Januar 2005. Der starke Preisauftrieb wurde u. a. auf umfangreiche Kapitalzuflüsse zurückgeführt. Auch trugen die schlechte Getreideernte und die hohen Weltmarktpreise für Erdöl zu dieser Entwicklung bei.

Ghana

GH

Republik Ghana

Landesfläche	238 533 km² (WR 78)
Einwohner	21,4 Mio. (WR 50)
Hauptstadt	Accra (2 Mio. Einwohner)
Sprachen	Englisch, 75 Sprachen und Dialekte
Währung	1 Cedi = 100 Pesewas
Gliederung	10 Regionen
Staatsform	Präsidiale Republik
Staatsoberhaupt und Regierungschef	John Agyekum Kufuor (seit 2001) * 1938
Parlament	Nationalversammlung mit 230 Abgeordneten; 128 für die Neue Patriotische Partei (NPP), 94 für den Nationalen Demokratischen Kongress (NDC), 8 für Andere (Wahl 2004)
Internet	www.ghana.gov.gh; www.parliament.gh
Religion	Christen (62%): Protestanten (28%), Katholiken (18%), Unabhängige (16%); Naturreligionen (23%); Muslime (15%)
Ethn. Gruppen	Akan (44%); Mossi (16%); Ewe (13%); Ga-Adangme (8%); andere Afrikaner (18,8%); Europäer und Sonstige (0,2%)
Urbanisierung	45%
Einwohner/km	90
Bev.-Wachst./Jahr	2,2%
Kindersterblichkeit	9,7%
Alphabetisierung	75%

Innenpolitik: Bei der Präsidentschaftswahl im Dezember 2004 wurde John Agyekum Kufuor von der Neuen Patriotischen Partei (NPP) in seinem Amt bestätigt. Kufuor kam auf 52,8% der Stimmen, während der stimmenstärkste seiner drei Herausforderer, John Atta Mills vom Nationalen Demokratischen Kongress (NDC) des früheren Staatschefs Jerry Rawlings, 44,3% erhielt. Die Wahlbeteiligung lag bei 83,2%. Kufuor, der seit 2000 an der Spitze des westafrikanischen Landes steht, versprach, den Kampf gegen die Korruption zu verstärken und sich für die wirtschaftliche Entwicklung des Landes einzusetzen.

G. gilt als eine der stabilsten Demokratien Afrikas. In den ersten Jahrzehnten nach der Unabhängigkeit 1960 hatte es noch viele Militärregierungen und Umstürze gegeben. Auch Rawlings war 1981 durch einen Putsch an die Macht gekommen. Er wandelte sich später jedoch zum Reformer und führte das Mehrparteiensystem ein. 1992 und 1996 gewann er die Präsidentenwahl. Bei der Wahl von 2000 durfte er nicht mehr antreten und überließ das Amt dem damaligen Oppositionskandidaten Kufuor, der Vizepräsident Mills geschlagen hatte.

Das bedeutendste politische Ereignis war die im Januar 2005 bekannt gegebene Absicht der Regierung von G., mit China diplomatische Beziehungen aufnehmen zu wollen. Die Entscheidung zog zwangsläufig den Abbruch der Beziehungen des karibischen Inselstaates zu Taiwan nach sich, denn China lehnt es kategorisch ab, diplomatische Beziehungen zu einem Staat zu unterhalten, der Taiwan anerkennt.

Grenada

WG

State of Grenada

Landesfläche	344 km² (WR 183)
Einwohner	89 000 (WR 180)
Hauptstadt	St. George's (10 000 Einwohner)
Sprachen	Englisch, Patois
Währung	1 Ostkaribischer Dollar (EC-$) = 100 Cents
Staatsform	Parlamentar. Monarchie im Commonwealth (seit 1974)
Staatsoberhaupt	Königin Elisabeth II. (seit 1974) * 1926
Regierungschef	Keith Mitchell (seit 1995) * 1946
Parlament	Senat mit 13 ernannten und Repräsentantenhaus mit 15 für 5 Jahre gewählten Abgeordneten; 8 für New National Party, 7 für National Democratic Congress (Wahl 2003)
Religion	Katholiken (53 %); Anglikaner (14 %); Protestanten (33 %)
Ethn. Gruppen	Schwarze (82 %); Inder, Mischlinge und Sonstige (18 %)
Urbanisierung	65 %
Einwohner/km	259
Bev.-Wachst./Jahr	0,1 %
Kindersterblichkeit	2,5 %
Alphabetisierung	98 %

Griechenland

GR

Griechische Republik

Landesfläche	131 990 km² (WR 94)
Einwohner	11 Mio. (WR 72)
Hauptstadt	Athen (5 Mio. Einwohner)
Sprachen	Neugriechisch
Währung	1 Euro = 100 Cent
Gliederung	13 Regionen
Staatsform	Parlamentarische Republik
Staatsoberhaupt	Karolos Papoulias (seit 2005) * 1929
Regierungschef	Kostas Karamanlis (seit 2004) * 1956
Parlament	300 für 4 Jahre gewählte Abgeordnete; 165 für konservative Nea Dimokratia, 117 für sozialistische PASOK, 12 für kommunistische KKE, 6 für linke SYN (Wahl 2004)
Internet	www.parliament.gr
Religion	Christen (98 %); Muslime (1,3 %); Sonstige (0,7 %)
Nationalitäten	Griechen (98 %); Sonstige (2 %)
Urbanisierung	61 %
Einwohner/km	83
Bev.-Wachst./Jahr	0,1 %
Kindersterblichkeit	0,5 %
Alphabetisierung	98 %

Die Wirbelstürme, die im Herbst 2004 über den Karibikraum hinwegfegten, richteten auch auf G. schwerste Schäden an. Als besonders zerstörerisch erwies sich der Hurrikan »Ivan«, der am 7. 9. 2004 den Inselstaat heimsuchte. Allein in der Hauptstadt St. George's vernichtete »Ivan« über 90 % der Gebäude; 40 Menschen fanden den Tod und über 350 wurden verletzt. Außerdem wurde die Ernte weitgehend zerstört und die ohnehin labile Wirtschaft zusätzlich geschwächt.

Innenpolitik: Der frühere Außenminister Karolos Papoulias wurde im Februar 2005 vom Parlament zum neuen griech. Staatschef gewählt. Der Sozialist erhielt 279 von 296 abgegebenen Stimmen. Sowohl die regierende konservative Nea Dimokratia (Neue Demokratie, ND) als auch die oppositionelle Sozialistische Partei (PASOK) stimmten für ihn. Laut griech. Verfassung muss der Präsidentenkandidat 200 der insgesamt 300 Abgeordnetenstimmen auf sich vereinen. Papoulias war in Abstimmung mit den Sozialisten vom konservativen Ministerpräsidenten Kostas Karamanlis vorgeschlagen worden und stand als einziger Kandidat zur Abstimmung. Sein rechtsgerichteter Vorgänger Kostis Stephanopoulos stand nach seiner Wahl 1995 und 1999 verfassungsgemäß für keine erneute Amtszeit zur Verfügung.

Vertrauensfrage: Im Juni 2005 sprach das griech. Parlament der Regierung des konservativen Ministerpräsidenten Kostas Karamanlis das Vertrauen aus. Karamanlis erhielt 165 von 285 abgegebenen Stimmen. Von der Vertrauensfrage versprach er sich Rückendeckung für seine umstrittenen Pläne zur Sozial- und Wirtschaftsreform. Karamanlis beabsichtigte u. a., die Leistungen für Rentner und Beamte zu beschneiden.

Außenpolitik: Die griech. und türk. Regierung vereinbarten im April 2005 zahlreiche Maßnahmen, mit denen der Streit zwischen den beiden Staaten über die Grenzziehung in der Ägäis entschärft werden sollte. So wurde eine direkte Telefonleitung geplant, eine Art »Rotes Telefon«, um eine Eskalation bei Zusammenstößen zu vermeiden Außerdem kündigten die Regierungen einen Ausbau der Zusammenarbeit beider Länder auf den Gebieten Wirtschaft und Handel, Energie, Verkehr und Tourismus an. Trotz dieser Maßnahmen kam es zwei Wochen später in der Ägäis zu einer mehrstündigen Konfrontation zwischen Schiffen der türk. und der griech. Küstenwache.

EU-Verfassung: Im April 2005 ratifizierte G. die EU-Verfassung. Im Parlament sprachen sich 268 der 300 Abgeordneten für das Vertragswerk aus, 17 votierten dagegen, 15 enthielten sich der Stimme. Das Ergebnis war keine Überraschung, weil sowohl die ND als auch die PASOK sich für die Ratifizierung ausgesprochen hatten. Nur die Kommunisten und die Koalition der Linken lehnten das Vertragswerk ab.

Wirtschaft: G. gab im Herbst 2004 zu, der EU jahrelang falsche Zahlen über das Haushaltsdefizit gemeldet zu haben. Das Land wies seit 1997 kontinuierlich eine Neuverschuldung von weit über 3% des BIP auf. Damit hätte G. dem Währungs- und Stabilitätspakt nicht beitreten und den Euro nicht einführen dürfen: Ein Defizit unter 3% ist eines von drei zentralen Kriterien. Die falschen Zahlen waren unter der mittlerweile abgewählten sozialistischen Regierung nach Brüssel gemeldet worden. Für 2004 berechnete G. ein Defizit von 6,1% des BIP, wobei die EU-Statistikbehörde Eurostat wegen zahlreicher Ungereimtheiten bei den griech. Angaben die Haushaltszahlen nicht abschließend feststellen konnte. Die EU forderte G. auf, die Neuverschuldung bis Ende 2006 unter die Drei-Prozent-Marke zu bringen.

Erneutes Defizit: Im März 2005 teilte die griech. Regierung mit, dass das Haushaltsdefizit auch im laufenden Jahr mit 3,5% des BIP oberhalb der erlaubten Grenzen liegen werde. Zuvor hatte sie der EU-Kommission für 2005 ein Defizit von 2,8% gemeldet. Wegen der prekären Finanzlage kündigte die Regierung an, die Steuern auf Alkohol und Zigaretten anzuheben. Außerdem soll die Mehrwertsteuer um 0,5 bis 1 Prozentpunkt steigen.

3

Griechenland: Wiederentstehung eines Weltwunders

Der Koloss von Rhodos: Im Februar 2005 gab der Bürgermeister von Rhodos-Stadt, Giannis Iatridis, bekannt, den legendären Koloss von Rhodos, in der Antike Wahrzeichen der griech. Insel, wieder erstehen zu lassen. Geplant ist die Errichtung einer 33 m hohen Messingstatue auf einem Hügel des nahe gelegenen Badeorts Faliraki. Urheber des Plans ist der zypr. Künstler Nikolaos Gotziamanis, der für dieses auf 100 Mio. € veranschlagte Projekt ein Komitee europäischer Persönlichkeiten unter Vorsitz des ehemaligen portugies. Präsidenten Mario Soares gewinnen konnte. Die ursprüngliche Bronzestatue wurde 280 v. Chr. aus Dank und Achtung vor dem griech. Sonnengott Helios an der Hafeneinfahrt von Rhodos errichtet. 223 v. Chr. wurde sie bei einem Erdbeben zerstört. Versuche zum Bau eines Denkmals des Sonnengottes Helios scheiterten in den letzten Jahrzehnten am Widerstand des griech. Kulturministeriums bzw. wegen fehlender finanzieller Mittel.

Sieben Weltwunder: Der Koloss von Rhodos zählte in der Antike zu den sog. Sieben Weltwundern, einer im 3. Jh. v. Chr. zusammengestellten Liste von Bau- und Kunstwerken, die durch ihre Größe und Pracht hervorragten. Zu ihnen gehören die ägypt. Pyramiden bei Gizeh (2650–2263 v. Chr.), die Hängenden Gärten der Semiramis in Babylon, die wahrscheinlich von Nebukadnezar II. (605–562 v. Chr.) angelegt wurden, der Tempel der Artemis in Ephesus (6. Jh. v. Chr.), das Kultbild des Zeus in Olympia (um 430 v. Chr.), das Mausoleum in Halikarnassos (353 v. Chr.) und der Leuchtturm der ehemaligen Insel Pharos bei Alexandria (vollendet 279 v. Chr.).

Großbritannien GB

Vereinigtes Königreich

Landesfläche	244 100 km² (WR 76)
Einwohner	59,4 Mio. (WR 21)
Hauptstadt	London (7 Mio. Einwohner)
Sprachen	Englisch, Walisisch, Gälisch
Währung	1 Pfund Sterling
Gliederung	54 Counties, 26 Distrikte, 12 Regionen
Staatsform	Parlamentarische Monarchie
Staatsoberhaupt	Königin Elisabeth II. (seit 1952) * 1926
Regierungschef	Tony Blair (seit 1997) * 1953
Parlament	Oberhaus mit 705 Mitgliedern und Unterhaus mit 646 gewählten Abgeordneten; 356 Sitze für sozialdemokratische Labour Party, 198 für Konservative, 62 für Liberaldemokraten, 30 für Andere (Wahl 2005)
Internet	www.open.gov.uk
Religion	Anglikaner (30 %); Katholiken (11 %); Presbyterianer (14 %); Andere (15 %); Muslime (11 %); Sonstige (9 %)
Nationalitäten	Engländer (81,5 %); Schotten (9,6 %); Iren (2,4 %); Waliser (1,9 %); Nordiren (1,8 %); Inder, Pakistaner und Sonstige (2,8 %)
Urbanisierung	89 %
Einwohner/km	243
Bev.-Wachst./Jahr	0,3 %
Kindersterblichkeit	0,7 %
Alphabetisierung	99 %

Innenpolitik: Bei der brit. Unterhauswahl setzte sich im Mai 2005 die Labour Party unter Premierminister Tony Blair zum dritten Mal in Folge durch. Allerdings verlor sie im Vergleich zur Wahl von 2001 erheblich an Zustimmung in der Bevölkerung. Blairs parlamentarische Mehrheit von 161 Mandaten reduzierte sich auf 66. Insgesamt erhielt die Labour Party 356 der 646 Sitze. Die Konservativen unter Oppositionsführer Michael Howard gewannen hingegen 30 Mandate hinzu und kamen auf 198 Sitze. Den relativ größten Stimmengewinn verzeichneten die Liberaldemokraten, die rund 22 % der abgegebenen Stimmen erhielten (+4 % gegenüber 2001), allerdings wegen des brit. Mehrheitswahlrechts lediglich rund 10 % der Sitze im Unterhaus bekamen (62). Das vergleichsweise schlechte Ergebnis für Blair wurde insbesondere auf den Irakkrieg zurückgeführt, der von der großen Mehrheit der Bevölkerung abgelehnt wurde. Oppositionsführer Howard konnte daraus keinen größeren Nutzen ziehen, weil er laut eigener Aussage als Premierminister den Irakkrieg ebenfalls mitgetragen hätte. Nach der Wahl kündigte Howard seinen Rücktritt an.

Regierungsbildung: Nach seinem Wahlsieg bildete Premierminister Blair sein Kabinett um. Neuer Verteidigungsminister wurde John Reid, neue Gesundheitsministerin die vorherige Handelsministerin Patricia Hewitt. Neuer Führer des Unterhauses wurde Geoff Hoon, der vorher das Amt des Verteidigungsministers innehatte. Der frühere Innenminister David Blunkett erhielt das Amt des Ministers für Arbeit und Renten. Jack Straw blieb Außenminister, Gordon Brown Schatzkanzler. Blair deutete an, nur noch bis zur Mitte der Legislaturperiode Premierminister zu bleiben. Der populäre Brown gilt als erster Kandidat für seine Nachfolge.

Rücktritt: Im Dezember 2004 trat der brit. Innenminister Blunkett von seinem Amt zurück. Er zog damit die Konsequenz aus Vorwürfen, wonach er dem philippin. Kindermädchen seiner ehemaligen Geliebten eine Aufenthaltsgenehmigung im Schnellverfahren verschafft haben soll. Gegen Blunkett wurde in dieser Sache eine offizielle Untersuchung eingeleitet. Blunkett galt in G. als einer der vertrauenswürdigsten Politiker.

Antiterrorgesetz: Das brit. Oberhaus stimmte im März 2005 nach langem Widerstand dem neuen Antiterrorgesetz zu, welches das Unterhaus zuvor verabschiedet hatte. Das neue Gesetz erlaubt es dem Innenminister u. a., Terrorverdächtige ohne Anklage oder Prozess auf unbegrenzte Zeit unter Hausarrest zu stellen. Ein Sondergericht muss diese Entscheidung allerdings billigen. Die neuen Bestimmungen ersetzten die bisherigen Terrorgesetze, die kurz nach den Anschlägen vom 11. 9. 2001 erlassen worden waren. Sie ermöglichten es dem Innenminister, ausländische Terrorverdächtige ohne Prozess auf unbegrenzte Zeit in Hochsicherheitsgefängnissen zu inhaftieren. Diese Vollmachten hatten die Lordrichter des Oberhauses, die höchste brit. Rechtsinstanz, als schwere Verletzung der Menschenrechte und Verstoß gegen grundlegende Prinzipien des Rechtsstaats verurteilt. Das Oberhaus erreichte durch seinen Widerstand die Zusage der Regierung, dass das neue Antiterrorgesetz nach einem Jahr überprüft werden soll. Nach den Anschlägen in London am 7. Juli wurde vielfach erneut schärfere Gesetze gefordert.

Anschläge in London: Am 7. Juli detonierten in der Londoner U-Bahn und in einem Doppeldeckerbus Bomben. Über 50 Menschen starben, 700 wurden verletzt. Der Terrorangriff geht wahrscheinlich auf die al-Qaida zurück.

Ausweispflicht: Das brit. Unterhaus stimmte im Dezember 2004 einer Gesetzesvorlage der Regierung zu, die erstmals seit mehr als einem halben Jahrhundert eine Ausweispflicht für alle Bürger einführte. Die Regierung begründete das Gesetz mit dem Kampf gegen den Terrorismus. Bei mehr als einem Drittel aller terroristischen Straftaten werde eine falsche Identität benutzt. Auch die oppositionellen Konservativen unterstützten weitgehend die Einführung eines obligatorischen Personalausweises und eines landesweiten Melderegisters.

Fuchsjagdverbot: Im Februar 2005 trat in G. das heftig umstrittene Verbot der traditionellen Fuchsjagd in Kraft. Aus Protest gegen das Verbot mobilisierte die Pro-Jagd-Vereinigung Countryside Alliance rund 200 000 Menschen, die unmittelbar vor Inkrafttreten des Gesetzes noch einmal demonstrativ zur Jagd bliesen. Die Regierung hingegen warnte vor einer Übertretung des Verbots. Das Verbot der Fuchsjagd war nach siebenjährigem Ringen im November 2004 vom Parlament beschlossen worden. Nach mehreren gescheiterten Anläufen hatte Premierminister Blair die umstrittene Jagd mit einer Sondervollmacht des Parlaments untersagen lassen. Der sog. Parliament Act war in den 1950er-Jahren zuvor lediglich dreimal angewendet worden. Mit dieser Sonderregelung kann das Unterhaus ein Gesetz auch ohne Zustimmung der zweiten Parlamentskammer, des House of Lords, durchsetzen. Das Oberhaus hatte mehrere Versuche, die Fuchsjagd zu verbieten, abgewehrt. Blairs Regierung war 1997 mit dem Versprechen angetreten, die v. a. beim Adel beliebte Fuchsjagd abzuschaffen.

Heirat des Kronprinzen: Im April 2005 heiratete der brit. Thronfolger Prinz Charles im Rathaus von Windsor Camilla Parker Bowles. Durch die Trauung wurde Camilla nach dem Hofprotokoll zur zweitwichtigsten Frau der brit. Monarchie. Sie muss mit »Königliche Hoheit« angeredet werden und führt sämtliche Titel ihres Mannes.

Außenpolitik: Der brit. Premierminister Tony Blair beschuldigte im Februar 2005 den Iran, den internationalen Terrorismus zu unterstützen und warnte die iran. Regierung davor, den Friedensprozess im Nahen Osten zu behindern. Er bezog sich dabei auf iran. Hilfe für radikale Palästinensergruppen. Blair plädierte dafür, dass die USA und Europa gemeinsam versuchen, die iran. Regierung im Streit um ihr Atomprogramm zum Einlenken zu bewegen. Im Gegensatz zu den meisten anderen EU-Staaten befürwortete Blair aber ähnlich wie die US-amerikan. Regierung den Aufbau einer Drohkulisse, um der iran. Regierung Zugeständnisse abringen zu können.

Großbritannien: Prinz Charles und Camilla nehmen am 9.4. 2005 nach ihrer Heirat die Glückwünsche der Bevölkerung entgegen.

EU-Verfassung: Im Januar 2005 intensivierte die brit. Regierung ihre Bemühungen, die Öffentlichkeit zur Annahme der EU-Verfassung zu bewegen. Außenminister Jack Straw kündigte die Vorlage eines Gesetzes an, das die Grundlage für ein Referendum über die europ. Verfassung bilden soll. Der Labour-Politiker begründete die Zustimmung zur Verfassung mit der Notwendigkeit, aus der EU eine flexiblere und effizientere Organisation zu machen. Das für Anfang 2006 vorgesehene Referendum wurde nach der Ablehnung durch die Franzosen und die Niederländer auf unbestimmte Zeit ausgesetzt. Die Gegner der EU-Verfassung, darunter die oppositionellen Konservativen, sahen in dem aus 465 Artikeln bestehenden Vertragswerk eine Gefahr für die brit. Unabhängigkeit.

Irakkrieg: Im April 2005 entschied Premierminister Blair, alle Rechtsgutachten zu veröffentlichen, die er 2003 vor dem Irakkrieg erhalten hatte. In einem vertraulichen Schreiben vom 7. 3. 2003 hatte sich der Generalstaatsanwalt Peter Goldsmith skeptisch geäußert, ob die UN-Resolution 1441 wirklich zum Einmarsch im Irak berechtige. Zehn Tage später erklärte er hingegen öffentlich, dass eine weitere Resolution nicht erforderlich sei. Die Opposition beschuldigte daher Blair, 2003 Druck auf den Generalstaatsanwalt ausgeübt zu haben, um ihn zu einer Meinungsänderung zu bewegen. Die Bevölkerung wurde dadurch im Wahlkampf an die unpopuläre Außenpolitik Blairs erinnert, der 2003 gegen den Mehrheitswillen der Bevölkerung die USA im Irakkrieg militärisch unterstützt hatte.

Rüstungsausgaben: Das brit. Verteidigungsministerium gab im Haushaltsjahr 2003 weit mehr für Rüstungsprojekte aus als im Budget veranschlagt worden war. Die Kosten überstiegen die geplanten Ausgaben um ca. 1,7 Mrd. Pfund (rund 2,4 Mrd. €). Die Zahlen bedeuteten zwar eine Verbesserung gegenüber dem Haushaltsjahr 2002, als zusätzliche Kosten von 3,1 Mrd. Pfund verbucht wurden. Dennoch kritisierten die Rechnungsprüfer, dass sich der Trend zu nicht veranschlagten Mehrausgaben verfestigt habe. Dem Verteidigungsministerium wurde vorgeworfen, sich nicht an die vor sechs Jahren beschlossenen Richtlinien gegen Verschwendung beim Kauf von Rüstungsgütern zu halten.

Zu den kostspieligsten Projekten des Haushaltsjahres 2003, das im März 2004 endete, gehörte die Entwicklung eines neuen Kampfflugzeugs in Zusammenarbeit mit den Vereinigte Staaten. Der Joint Strike Fighter sollte von zwei ebenfalls noch zu bauenden Flugzeugträgern starten, erwies sich dafür jedoch als zu schwer. Die Mehrkosten für eine Überarbeitung der Konstruktionspläne wurden mit 372 Mio. Pfund beziffert.

Schuldenerlass: Als erstes Land der G-7-Industriestaaten kündigte G. im September 2004 einen Schuldenerlass für die ärmsten Länder der Welt an. Schatzkanzler Gordon Brown teilte mit, die Regierung werde 10% der ausstehenden Schulden von mehr als 30 Ländern bei der Weltbank und der Afrikanischen Entwicklungsbank streichen. Der Umfang des Schuldenerlasses wurde auf rund 147 Mio. € geschätzt. Brown rief die internationale Staatengemeinschaft dazu auf, dem Beispiel von G. zu folgen. Die Initiative wurde von internationalen Hilfsorganisationen begrüßt. Großbritannien plädierte auch auf dem G-8-Gipfel im Juli 2005 für einen Schuldenerlass.

Entwicklungshilfe: Im März 2005 stellte der brit. Premierminister Tony Blair ein Programm zur Bekämpfung der Armut in Afrika vor. Die Entwicklungshilfe sollte auf 50 Mrd. US-Dollar/Jahr verdoppelt werden, wobei die Mittel vornehmlich für den Kampf gegen Aids eingesetzt werden sollen. Außerdem rief Blair die westlichen Industriestaaten zu einem Schuldenerlass und dem Abbau von Handelsbarrieren auf. Im Gegenzug müssten sich die afrikanischen Staaten dazu verpflichten, demokratische Reformen durchzusetzen, die Korruption zu bekämpfen und die Verwaltungen zu verbessern (→ Entwicklung, Afrika; Entwicklung, HIV).

Tony Blair
Brit. Premierminister, *6.5.1953 in Edinburgh. Trotz seiner unpopulären Irakpolitik, durch die er sich eng an die USA band, wurde Blair im Mai 2005 in seinem Amt bestätigt, musste aber Stimmenverluste hinnehmen. 1983 wurde der Rechtsanwalt für die Labour Party ins Unterhaus gewählt, danach gehörte er zehn Jahre dem Schattenkabinett der Opposition an. Nach der Übernahme des Parteivorsitzes 1994 erneuerte Blair Programm und Organisation der Labour Party. Im Mai 1997 wurde er brit. Premierminister.

Wirtschaft: Mit einem BIP-Anstieg von 3,1% lag G. 2004 beim Wirtschaftswachstum erneut über dem Durchschnitt der anderen EU-Staaten und verzeichnete ein solides Wachstum. Der Boom wurde u. a. auf die flexiblen Arbeitsmärkte und die vergleichsweise geringe Steuerlast zurückgeführt, die Unternehmen zu Investitionen anregten. Der Einzelhandelsumsatz stieg 2004 im Vergleich zum Vorjahr um 5,9%.

Die Konsumfreude war u.a. eine Folge der hohen Immobilienpreise, die bei der Bevölkerung das sog. Wohlstandsgefühl erhöhten. 2004 besaßen mehr als zwei Drittel der Einwohner in G. eine Immobilie. Da Platz begrenzt ist und öffentliche Wohnungsbauprogramme kaum vorhanden sind, verdoppelte sich seit 1995 der Wert eines durchschnittlichen Hauses. Wirtschaftsinstitute warnten allerdings vor einer scharfen Korrektur der Preise am Immobilienmarkt, die auch zu einer Abkühlung der brit. Konjunktur führen könnte.

Bildungsausgaben: Premierminister Blair kündigte im April 2005 an, die Bildungsausgaben in der nächsten Legislaturperiode deutlich zu erhöhen. Die Ausgaben pro Schüler sollen nach diesen Plänen bis 2008 auf jährlich 8 000 € gesteigert werden, was faktisch einer Verdoppelung seit dem Amtsantritt der Regierung Blair im Mai 1997 entspräche. Außerdem plante die Regierung, Tausende Schulgebäude zu renovieren bzw. neu zu errichten.

Rover: Die brit. Regierung beschloss im April 2005, den zahlungsunfähigen Autoproduzenten MG Rover mit 9,5 Mio. € zu unterstützen, um unmittelbar bevorstehende Entlassungen abzuwenden. Das Geld sollte für die Zahlung der Löhne und zur Deckung anderer Ausgaben des Unternehmens benutzt werden. Die Regierung hoffte, dadurch eine Vereinbarung zwischen den Gewerkschaften, den Insolvenzverwaltern, dem chines. Staatsunternehmen Shanghai Automotive Industrial Corporation (SAIC) oder anderen Käufern zu ermöglichen. Blairs Engagement wurde u. a. auf die bevorstehende Wahl zurückgeführt. Der dt. Automobilkonzern BMW war Ende der 1990er-Jahre durch das chronisch defizitäre Rover-Unternehmen in eine schwere Krise geraten. Im Mai 2000 verkaufte der Konzern seine engl. Tochter für den symbolischen Preis von zehn Pfund an das Phoenix-Konsortium, eine Gruppe von vier Geschäftsleuten. Eine ähnliche Entwicklung hatte Ende der 1980er-Jahre in Japan zum Crash geführt.

Guatemala GCA

Republik Guatemala

Landesfläche	108 889 km² (WR 104)
Einwohner	12,7 Mio. (WR 68)
Hauptstadt	Guatemala-Stadt (1,3 Mio. Einwohner)
Sprachen	Spanisch, Maya-Quiché-Dialekte
Währung	1 Quetzal (Q) = 100 Centavos
Gliederung	22 Departamentos
Staatsform	Präsidiale Republik (seit 1986)
Staatsoberhaupt und Regierungschef	Óscar Rafael Berger Perdomo (seit 2004) * 1946
Parlament	Kongress mit 158 für vier Jahre gewählten Abgeordneten; 47 für Große Nationale Allianz (Gana), 43 für Republikanische Front (FRG), 32 für Nationale Einheit der Hoffnung, 36 für Andere
Internet	www.guatemala.gob.gt
Religion	Katholiken (75%); Protestanten (25%)
Ethn. Gruppen	Indianer (60%); Mestizen (30%); Weiße (5%); Sonstige (5%)
Urbanisierung	46%
Einwohner/km	117
Bev.-Wachst./Jahr	2,6%
Kindersterblichkeit	4,9%
Alphabetisierung	71%

Innen- und Außenpolitik: Bundesaußenminister Joschka Fischer bot im November 2004 der Regierung von G. Hilfe bei der Bekämpfung von Kriminalität an. Bei einem offiziellen Besuch in Guatemala-Stadt kündigte er an, gemeinsam mit der Europ. Union den Beitrag zur Ausbildung von Polizisten und zur Modernisierung kriminaltechnischer Methoden auszubauen. Deutschland wolle die Errichtung eines forensischen Instituts für ganz Mittelamerika unterstützen, das dringend benötigte DNA-Analysen zur Aufklärung von Gewaltverbrechen erstellen soll. Die überdurchschnittlich hohe Kriminalitätsrate gilt als eines der größten Probleme des Landes. Die guatemaltek. Staatsanwaltschaft registrierte 2004 rund 11 200 Morde. Insgesamt wurden in der Statistik der Generalstaatsanwaltschaft ca. 255 000 Verbrechen verzeichnet. Die Strafverfolgungs- und Justizbehörden sind schwach, unter Polizisten ist Korruption weit verbreitet.

Óscar Rafael Berger Perdomo
Guatemaltek. Präsident, * 11. 8. 1946 in Guatemala-Stadt. Der Nachfahre belg. Einwanderer war 1991–99 Bürgermeister von Guatemala-Stadt. Er scheiterte 1999 bei seiner ersten Präsidentschaftskandidatur. Daraufhin trat er aus der von ihm selbst gegründeten Partei des nationalen Fortschritts aus und rief die Große Nationalallianz GANA ins Leben, die mit ihrem Programm die sozialer orientierte Oberschicht des Landes ansprach. Mit dem Versprechen von wirtschaftlichem Aufschwung und sozialem Frieden gewann er im Dezember 2003 die Wahlen und trat im Januar 2004 sein Amt an.

Einer UN-Studie zufolge wurde 2004 in Guatemala überhaupt nur jedes hundertste Verbrechen strafrechtlich verfolgt. Die Kriminalität behinderte u. a. die wirtschaftliche Entwicklung des Landes und machte, insbesondere der Tourismusbranche zu schaffen.

Diskriminierungsprozess: Im April 2005 verurteilte ein Gericht in Guatemala-Stadt fünf ranghohe Politiker zu Haftstrafen von je zwei Jahren und acht Monaten wegen Diskriminierung und zu weiteren sechs Monaten wegen Störung der öffentlichen Ordnung. Sie wurden für schuldig befunden, die Friedensnobelpreisträgerin Rigoberta Menchu 2003 bei einer gerichtlichen Anhörung durch rassistische Bemerkungen beschimpft und beleidigt zu haben. Zu den Verurteilten gehörte Juan Ríos, der Enkel des früheren Diktators General Efraín Ríos Montt. Es war die erste Verurteilung wegen rassistischer Diskriminierung in der Geschichte des Landes, dessen Bevölkerung zu 60% aus Indios besteht. Erst im Oktober 2002 war die Rassendiskriminierung als Straftatbestand ins Gesetzbuch aufgenommen worden.

Wirtschaft: Im März 2005 kam es in Guatemala-Stadt zu gewaltsamen Auseinandersetzungen zwischen Demonstranten und Sicherheitskräften. Anlass des Konfliktes war das Handelsabkommen CAFTA mit den USA. Das Parlament des Landes hatte das Zentralamerikanische Freihandelsabkommen trotz andauernder Proteste ratifiziert. Die CAFTA, vereinbart am 28. 5. 2004 zwischen den USA und den fünf mittelamerikanischen Staaten Costa Rica, El Salvador, Guatemala, Honduras und Nicaragua, ist praktisch eine Ausdehnung der Nordamerikanischen Freihandelszone NAFTA nach Süden. Insbesondere Arbeiter und Bauern befürchteten, dass G. infolge des Freihandels mit ausländischen Waren überflutet werde.

Guinea
RG
Republik Guinea

Landesfläche	245 857 km² (WR 75)
Einwohner	8,6 Mio. (WR 87)
Hauptstadt	Conakry (1,6 Mio. Einwohner)
Sprachen	Französisch, Stammessprachen
Währung	1 Guinea-Franc = 100 Cauris
Gliederung	4 Supraregionen
Staatsform	Präsidiale Republik
Staatsoberhaupt	Lansana Conté (seit 1984) * 1934
Regierungschef	El Hadj Boubacar Biro Diallo (seit 2004) * 1953
Parlament	Nationalversammlung mit 114 Abgeordneten; 85 Sitze für Partei der Einheit und des Fortschritts (PUP), 20 für Sammlungsbewegung, 9 für Andere (Wahlen 2002)
Internet	www.guinee.gov.gn
Religion	Sunnit. Muslime (85%); Christen (8%); Naturreligionen (7%)
Ethn. Gruppen	Fulani (40,3%); Malinké (25,8%); Soussou (11%); Kissi (6,5%); Kpelle (4,8%); Sonstige (11,6%)
Urbanisierung	35%
Einwohner/km	35
Bev.-Wachst./Jahr	1,6%
Kindersterblichkeit	16,5%
Alphabetisierung	35%

Im Januar 2005 wurde auf den Präsidenten Lansana Conté, der seit seinem Putsch 1984 regiert, ein Anschlag verübt. Daraufhin ließ die Regierung rund 20 Personen festnehmen, unter ihnen prominente Journalisten und Rechtsanwälte. Einer der Arretierten, ein muslimischer Kleriker, starb in der Haft, die anderen wurden später wieder freigelassen. Da die Polizei die Urheber des Anschlags nicht ausfindig machen konnte, entließ Conté im März 2005 mehrere Regierungsmitglieder, u. a. den Sicherheitsminister Moussa Sampil und den Außenminister Mamadi Conde.

Guinea-Bissau GNB
Republik Guinea-Bissau

Landesfläche	36 125 km² (WR 133)
Einwohner	1,5 Mio. (WR 145)
Hauptstadt	Bissau (230 000 Einwohner)
Sprachen	Portugiesisch, Kreolisch u. a.
Währung	CFA-Franc
Gliederung	8 Regionen, 36 Sektoren
Staatsform	Präsidiale Republik
Staatsoberhaupt	Henrique Rosa (seit 2003) * 1946
Regierungschef	Carlos Gomes Júnior (seit 2004) * 1949
Parlament	Nationalversammlung mit 102 für fünf Jahre gewählten Abgeordneten; 45 für die Unabhängigkeitspartei, 35 für die Partei der sozialen Erneuerung, 22 für Andere (Wahl 2004)
Religion	Naturreligionen (50 %); Muslime (45 %); Christen (5 %)
Ethn. Gruppen	Balanté (30 %); Fulani (20 %); Mandyako (14 %); Malinké (13 %); Pepel (7 %); Sonstige (16 %)
Urbanisierung	34 %
Einwohner/km	42
Bev.-Wachst./Jahr	2,9 %
Kindersterblichkeit	21,1 %
Alphabetisierung	42 %

Im Oktober 2004 wurde eine Meuterei von Soldaten nach vier Tagen weitgehend friedlich beendet. Unter Vermittlung der Regierung und der Afrikanischen Union (AU) einigten sich Rebellen und Militärführung auf die Beendigung des Aufstandes. Im Gegenzug wurde den Aufständischen eine Amnestie sowie eine Armeereform zugesagt, die v. a. eine rechtzeitige Auszahlung des Soldes garantieren soll.

Die Rebellen hatten zuvor wichtige Gebäude in der Hauptstadt Bissau gestürmt und das Hauptquartier der Streitkräfte beschossen. Dabei wurden der Generalstabschef Seabra sowie ein weiterer ranghoher Offizier getötet. Die Soldaten forderten die Zahlung ihres Soldes, den sie bei ihrem Einsatz für die UN-Friedenstruppe 2003 in Liberia verdient hatten. Carlos Gomes Junior, der im März zum Regierungschef von G. gewählt worden war, machte die Opposition für die Unruhen verantwortlich.

Guyana GUY
Kooperative Republik Guyana

Landesfläche	214 969 km² (WR 81)
Einwohner	767 000 (WR 156)
Hauptstadt	Georgetown (200 000 Einwohner)
Sprachen	Englisch, Hindi, Urdu
Währung	1 Guyana-Dollar (G$) = 100 Cent
Gliederung	10 Regionen
Staatsform	Präsidiale Republik im Commonwealth (seit 1980)
Staatsoberhaupt	Bharrat Jagdeo (seit 1999) * 1964
Regierungschef	Samuel Archibald A. Hinds (seit 1997) * 1943
Parlment	Nationalversammlung mit 65 Abgeordneten; 34 Sitze für PPP/C (Sozialisten), 27 für PNCR (Sozialisten), 4 für Sonstige (Wahl 2001)
Internet	www.guyana.org
Religion	Christen (50 %); Hindu (33 %); Muslime (9 %); Sonstige (8 %)
Ethn. Gruppen	Inder (51 %); Schwarze (30 %); Sonstige (19 %)
Urbanisierung	37,6 %
Einwohner/km	4
Bev.-Wachst./Jahr	0,4 %
Kindersterblichkeit	7,2 %
Alphabetisierung	98 %

Im Januar 2005 wurde G. von einer schweren Überschwemmungskatastrophe heimgesucht, der heftige Regenfälle vorausgegangen waren. Rund 20 Menschen starben in den Fluten, Tausende wurden vermisst. Internationale Hilfsorganisationen schätzten, dass etwa die Hälfte der Bevölkerung von den Folgen betroffen war. Präsident Bharrat Jagdeo, der seit 1999 in G. regiert, bat das Ausland um Hilfe. Er befürchtete angesichts der Feuchtigkeit insbesondere die Ausbreitung der Malaria und teilte rund 20 000 Moskitonetze aus, die v. a. Frauen und Kinder schützen sollten. Die internationale Staatengemeinschaft stellte bis März 2005 rund 2 Mio. US-Dollar an Hilfeleistungen zur Verfügung. Venezuela, Brasilien und Kuba, das mehrere Ärzteteams nach G. entsandte, gehörten zu den größten Helferstaaten. Die Naturkatastrophe bedeutete einen Rückschlag für die wirtschaftliche Entwicklung des Landes. 2004 war es G. gelungen, das Handelsbilanzdefizit auf 22,7 Mio. US-Dollar zu verringern (2003: -54,5 Mio. US-Dollar). Dies wurde insbesondere auf den Anstieg des Exports aus G. um 18,1 % zurückgeführt.

Haiti
Republik Haiti RH

Landesfläche	27 750 km² (WR 143)
Einwohner	8,4 Mio. (WR 89)
Hauptstadt	Port-au-Prince (820 000 Einwohner)
Sprachen	Französisch, Kreolisch
Währung	1 Gourde (Gde) = 100 Centimes
Gliederung	9 Départements, 27 Arrondissements
Staatsform	Präsidiale Republik
Staatsoberhaupt	Boniface Alexandre (seit 2004) * 1936
Regierungschef	Gérard Latortue (seit 2004) * 1934
Parlament	Senat mit 27, Abgeordnetenhaus mit 83 Mitgliedern; 73 Sitze (Senat 26) für Fanmi Lavalas, 3 (0) für Christl. Nationale Bewegung, 7 (1) für Sonstige (Wahl 2000)
Internet	www.haiti.org
Religion	Katholiken (80 %); Protestanten (16 %); Sonstige (4 %). 70 % der Bev. zugleich Anhänger afrikan. Voodoo-Kulte
Ethn. Gruppen	Schwarze (95 %); Mulatten (4,9 %); Weiße (0,1 %)
Urbanisierung	38 %
Einwohner/km	303
Bev.-Wachst./Jahr	1,3 %
Kindersterblichkeit	12,3 %
Alphabetisierung	53 %

Innenpolitik: Im Februar 2005 befreiten Bewaffnete in H. den ehemaligen Regierungschef Yvon Neptune und den früheren Innenminister Jocelerme Privert des entmachteten Präsidenten Jean-Bertrand Aristide aus dem Gefängnis, die aber schon wenige Stunden später wieder gefasst wurden. Bei der Befreiungsaktion konnten rund 350 weitere Häftlinge aus dem Gefängnis der Hauptstadt Port-au-Prince entkommen. Ein Wärter wurde erschossen, drei erlitten Verletzungen. Neptune und Privert, bis zu dessen Rücktritt

Haiti: Menschen warten am 20. 2. 2005 nach dem Gefangenenbefreiungsversuch am Gefängnis von Port-au-Prince auf Informationen über ihre einsitzenden Angehörigen.

im Frühjahr 2004 in der Regierung von Aristide, saßen seit Mitte 2004 in dem Gefängnis. Sie wurden beschuldigt, für ein Massaker an rund 50 Oppositionellen im Februar 2004 verantwortlich zu sein, als Präsident Aristide nach wochenlangen Aufständen zurückgetreten und anschließend ins Exil nach Südafrika gegangen war. Seit dem Frühjahr 2004 regiert Gérard Latortue als Übergangspräsident das Land. Neuwahlen waren für Ende 2005 vorgesehen.

Naturkatastrophen: Nach den Unwettern im Frühjahr 2004, als allein in H. über 600 Menschen starben, kamen bei einem Wirbelsturm im September 2004 in der haitian. Stadt Gonaïves rund 2 500 Menschen ums Leben. Von den rund 250 000 Einwohnern der im Nordwesten gelegenen Stadt wurden 200 000 obdachlos. Die UN-Friedenstruppen, die zur Befriedung des Landes nach H. entsandt worden waren, schickten Soldaten in die Stadt, um Plünderungen und Angriffe auf die Ausgabestellen für Lebensmittel zu verhindern.

Außenpolitik: Im März 2005 starben bei einer Militäroperation auf H. zwei UN-Blauhelmsoldaten. Sie waren die ersten Todesopfer, welche die UN-Friedenstruppe seit Beginn ihres Einsatzes im Juni 2004 in H. zu verzeichnen hatte. Die von Brasilien geführte UN-Mission für die Stabilisierung Haitis (MINUSTAH) umfasste Mitte 2005 rund 6 000 Soldaten und 1 480 Polizisten.

Hilfszusage: Am Ende ihres 18. Gipfeltreffens kündigte im November 2004 die sog. Rio-Gruppe in Brasilien Unterstützung für H. an. In ihrer Abschlusserklärung bezeichneten die Staatschefs und Regierungsvertreter aus 19 lateinamerikanischen Staaten die instabile politische und humanitäre Lage in H. als Besorgnis erregend. Sie riefen zur politischen Stabilisierung und Aussöhnung der haitian. Gesellschaft auf. Sie planten umfassende Finanzhilfen, mit denen der Aufbau einer Polizei sowie Programme zum wirtschaftlichen Wiederaufbau finanziert werden sollten.

Honduras HN
Republik Honduras

Landesfläche	112 088 km² (WR 100)
Einwohner	7,1 Mio. (WR 94)
Hauptstadt	Tegucigalpa (800 000 Einwohner)
Sprachen	Spanisch, Englisch, indian. Dialekte
Währung	1 Lempira (L) = 100 Centavos
Gliederung	18 Departamentos
Staatsform	Präsidiale Republik (seit 1982)
Staatsoberhaupt und Regierungschef	Ricardo Maduro Joest (seit 2002) *1946
Parlament	Nationalversammlung mit 128 für vier Jahre gewählten Abgeordneten; 61 Sitze für die Nationale Partei, 55 für Liberale Partei, 5 für Partei der Demokratischen Vereinigung, 7 für Andere (Wahl 2001)
Internet	www.hondurasemb.org
Religion	Katholiken (85%); Protestanten (10%); Sonstige (5%)
Ethn. Gruppen	Mestizen (90%); Indianer (7%); Schwarze (2%); Weiße (1%)
Urbanisierung	46%
Einwohner/km	63
Bev.-Wachst./Jahr	2,3%
Kindersterblichkeit	4,2%
Alphabetisierung	76%

Präsident Ricardo Maduro Joest appellierte im Oktober 2004 erfolglos an die EU, auf die drastische Erhöhung der Einfuhrzölle für lateinamerikan. Bananen zu verzichten. Er verwies darauf, dass dieser Schritt die wirtschaftliche Entwicklung von H. erheblich beeinträchtige. Die EU hatte beschlossen, die Zölle auf Bananen aus dem Dollarraum von 75 auf 230 €/t zu erhöhen. Im Gegenzug sollte das umstrittene Quotensystem aufgehoben werden, gegen das Ecuador erfolgreich vor der Welthandelsorganisation (WTO) geklagt hatte. Die EU beabsichtigte mit den höheren Zöllen, die Produzenten in den Ländern der AKP-Gruppe (Asien, Karibik, Pazifik) zu schützen, unter denen sich viele frühere europ. Kolonien befinden. Für H., einen der weltweit größten Bananenproduzenten, stellen Bananen mit ca. 40% am Export das Hauptausfuhrprodukt des Landes dar.

Im Mai 2005 überlebte Präsident Maduro Joest einen Flugzeugabsturz. Beim Landeanflug auf die Stadt Tela an der Karibikküste fiel der Motor aus, sodass die Maschine ins Meer fiel. Maduro erlitt nur leichte Verletzungen.

Indien IND
Republik Indien

Landesfläche	3,29 Mio. km² (WR 7)
Einwohner	1,08 Mrd. (WR 2)
Hauptstadt	Delhi (Neu-Delhi; 10 Mio. Einwohner)
Sprachen	Hindi, Englisch, 1 500 Sprachen und Dialekte
Währung	1 Indische Rupie = 100 Paise
Gliederung	28 Bundesstaaten, 7 Territorien
Staatsform	Parlamentarische Bundesrepublik
Staatsoberhaupt	A.P.J. Abdul Kalam (seit 2002) * 1931
Regierungschef	Manmohan Singh (seit 2004) * 1932
Parlament	Oberhaus mit 232 für 6 Jahre und Unterhaus mit 543 für 5 Jahre gewählten Abgeordneten; im Unterhaus 217 für Kongress-Partei, 138 für Bharatiya Janata Partei (BJP), 62 für Linke Front, 126 für Andere (Wahl 2004)
Internet	www.nic.in
Religion	Hindus (81%); Muslime (12%); Sonstige (7%)
Nationalitäten	Inder (97%); Mongolen (3%)
Urbanisierung	28%
Einwohner/km	328
Bev.-Wachst./Jahr	1,5%
Kindersterblichkeit	9%
Alphabetisierung	60%

Innenpolitik: Bei den Wahlen im bevölkerungsreichen Unionsstaat Maharashtra errang die ind. Kongresspartei (INC) im Oktober 2004 einen entscheidenden Sieg über die Hindu-Nationalisten. Die Regierungspartei erhielt 139 Mandate im regionalen Parlament von Bombay (Mumbai), während auf die Hindu-Partei BJP nur 118 Sitze entfielen. Mithilfe von einigen der 31 übrigen Abgeordneten errang die Kongresspartei damit die Mehrheit von mind. 145 Stimmen in der 288-köpfigen Versammlung. Der Wahlsieg wurde als ein weiterer Triumph für die Parteivorsitzende Sonia Gandhi gewertet, deren Führungsrolle aufgrund ihrer italien. Herkunft umstritten war. Die Witwe des 1991 ermordeten Ministerpräsidenten Rajiv Gandhi führte die Kongresspartei bei den Parlamentswahlen im April und Mai 2004 an die Regierung. Sie verzichtete aber auf das Amt des Ministerpräsidenten zu Gunsten von Manmohan Singh.

Manmohan Singh
Ind. Premierminister, *26. 9.1932 in Gah. Singh, der als Kind einer Bauernfamilie im pakistan. Punjab aufwuchs, konnte mithilfe von Stipendien in Cambridge und Oxford Wirtschaftswissenschaften studieren. 1982–85 war er Leiter der Reserve Bank of India und arbeitete danach im Direktorium des IWF. 1991 wurde er zum ind. Finanzminister ernannt. In dieser Funktion erwarb er sich den Ruf eines erfolgreichen Reformers, der die staatlich gelenkte Wirtschaft liberalisierte. Singh, der 2004 zum 14. ind. Premierminister seit der Unabhängigkeit von der brit. Kolonialherrschaft (1947) gewählt wurde, gehört der Religionsgemeinschaft der Sikhs an und ist damit der erste Nicht-Hindu in dieser Position.

Außenpolitik: Im November 2004 begann I. mit der Reduzierung seiner Truppen in der Krisenregion Kaschmir. Etwa 1 000 Angehörige eines Fallschirmjäger-Bataillons zogen aus ihrem Stützpunkt in der nordkaschmirischen Ortschaft Anantnag ab. Die Maßnahme wird als weiteres Zeichen der Entspannung zwischen I. und dem Nachbarland Pakistan gewertet. Bei Gesprächen zwischen dem pakistan. Präsidenten Musharraf und dem ind. Ministerpräsidenten Manmohan Singh im April 2004 bezeichneten beide Politiker den Friedensprozess als unumkehrbar. Die seit 1947 zwischen den beiden Staaten aufgeteilte Grenzregion Kaschmir ist ein Zankapfel der beiden Atommächte, die bereits zwei Kriege um das Gebiet im Himalaja führten. Im ind. Teil Kaschmirs kämpfen muslimische Gruppen für die Unabhängigkeit oder den Anschluss an Pakistan. I. beschuldigte Pakistan wiederholt der Unterstützung der Rebellen (→ Krisen und Konflikte, Kaschmir).

Verkehrsverbindungen: Im Dezember 2004 einigten sich I. und Pakistan darauf, die seit 1965 wegen des Kaschmirkonflikts unterbrochene Eisenbahnverbindung zwischen dem westind. Unionsland Rajasthan und der pakistan. Provinz Sindh im Oktober 2005 wieder aufzunehmen. Die pakistan. Seite wies darauf hin, dass der Termin vom Voranschreiten der Gleisreparaturen abhängig sei. Im April 2005 wurde unter strengen Sicherheitsvorkehrungen die erste grenzüberschreitende Busverbindung zwischen dem ind. und dem pakistan. Teil Kaschmirs seit 1947 eröffnet. Allerdings kündigten mehrere islamische Rebellengruppen Anschläge auf die Route zwischen Srinagar im ind. Teil und Muzzafarabad auf der pakistan. Seite an.

Raketentest: Im Oktober 2004 testete I. erneut eine atomwaffentaugliche Mittelstreckenrakete. Die Marineversion der Rakete, die von Schiffen und U-Booten abgefeuert werden kann, hatte eine Reichweite von 250–300 km. I. und Pakistan testen regelmäßig atomwaffentaugliche Raketen.

USA: Bei einem Besuch in Delhi würdigte die US-amerikan. Außenministerin Condoleezza Rice

Indien: Tsunami mit Schätzen aus einer anderen Zeit

Der Tsunami, der im Dezember 2004 Südasien heimsuchte, brachte nicht nur Tod und Verwüstung. An der südind. Küste spülte er auch jahrhundertealte Kunstschätze frei. Ind. Archäologen fanden am Strand von Mahabalipuram zwei große Löwen aus Granit, die aus der Zeit der Pallava-Dynastie (8. Jh.) stammen sollen. Außerdem schwemmte die Welle eine bronzene Buddha-Figur an die Küste. Das rund 15 cm große Kunstwerk lag in einem Körbchen, das auf einem Bambusfloß angebracht war. Die Archäologen stießen darüber hinaus auf die Überreste eines Steinhauses und eine noch zur Hälfte erhaltene Elefantenstatue. Vom Wasser wieder bedeckt wurden Fundamente eines Tempels und weitere Skulpturen, die laut Augenzeugenberichten in der Bucht gesehen wurden, als sich das Meer kurz vor dem Hereinbrechen der Wellen weit zurückgezogen hatte.

Indien: Die erste grenzüberschreitende Busverbindung in Kaschmir seit fast 60 Jahren wird am 7.4. 2005 eröffnet.

im März 2005 die verbesserten Beziehungen zu I. Seit 2000 bauten die zwei bevölkerungsreichsten Demokratien ihr gegenseitiges Misstrauen, das v. a. durch die privilegierten Beziehungen der USA zu Pakistan hervorgerufen wurde, kontinuierlich ab. Da die USA die Bedeutung des wirtschaftlich aufsteigenden I. als strategischer Partner bei internationalen Konflikten erkannt haben, vereinbarten beide Staaten eine sicherheitspolitische Zusammenarbeit. Als Belastung wurde der Beschluss der US-amerikan. Regierung gewertet, F-16-Kampfflugzeuge an Pakistan zu verkaufen. I. verwies darauf, dass dieses Geschäft den Friedensprozess zwischen I. und Pakistan gefährden könnte. Weil die US-amerikan. Rüstungsindustrie die Bomber dennoch verkaufen möchte, wurden auch der ind. Regierung die Flugzeuge angeboten. Die ind. Regierung bevorzugte hingegen den Kauf der frz. Mirage, die bereits von den Streitkräften genutzt wird. Ein weiterer Streitpunkt war der Irak, da die ind. Regierung trotz einer US-amerikan. Anfrage nicht bereit ist, die USA militärisch zu unterstützen. Außerdem wollten die USA ein Gasgeschäft zwischen I. und Iran verhindern, das ein zentraler Baustein des ind. Konzeptes zur Verbesserung der Energieversorgung des Landes ist.

China: Im April 2005 unterzeichneten I. und China ein Abkommen zur Beilegung ihres jahrzehntelangen Grenzkonfliktes. Darin verpflichten sich die Regierungen, die Grenzfrage friedlich zu lösen und auf Waffengewalt zu verzichten. I. und China führten 1962 einen kurzen Krieg; seitdem war der offizielle Verlauf der Grenze zwischen den beiden Ländern strittig. China erhob Anspruch auf das rund 90 000 km² große Verwaltungsgebiet Arunachal Pradesh. I. warf China vor, ein rund 38 000 km² großes Landstück in Kaschmir besetzt zu halten. Mit dem Abkommen soll die Grundlage für weitere Verhandlungen gelegt werden.

Deutschland: I. und Deutschland kündigten im Oktober 2004 an, eine strategische Partnerschaft zwischen beiden Staaten in der internationalen Politik aufzubauen. Bei einem Treffen in Neu-Delhi bekräftigten Bundeskanzler Gerhard Schröder und Ministerpräsident Manmohan Singh ihre gemeinsame Bewerbung um einen ständigen Sitz im UN-Sicherheitsrat (→ Organisationen, UNO). Außerdem verständigten sie sich auf das Ziel, den bilateralen Handel bis 2009 zu verdoppeln. 2004 verzeichnete er eine Steigerung von 22,5 % auf ein Gesamtvolumen von 6,2 Mrd. €. Die dt. Exporte wuchsen dabei mit 34,7 % besonders stark. Schröder sicherte Singh zu, I. näher an die EU und an die G-8-Runde der wichtigsten Industrienationen heranzuführen.

Bangladesh: Aufgrund eines Grenzzwischenfalls, bei dem ein zehnjähriges Mädchen erschossen wurde, verschärften sich im April 2005 die Spannungen zwischen I. und Bangladesh. Vorausgegangen war ein Schusswechsel zwischen ind. und bangladesh. Grenzbeamten, die einen Inder wegen unerlaubten Betretens des Territoriums von Bangladesh verhaftet hatten. An der ca. 4 000 km langen Grenze häuften sich 2004/05 derartige Zwischenfälle. Bangladesh entstand 1971 aus der pakistan. Provinz Ostbengalen; Indien hatte die Abspaltung von Bangladesh mit Waffengewalt unterstützt.

Fluthilfe: I. verzichtete als einziges Land unter den durch die asiatische Flutkatastrophe am schwersten betroffenen Staaten weitgehend auf internationale Hilfe. Die ind. Regierung begründete ihre Ablehnung damit, dass das Land über genügend Mittel verfüge, mit denen nicht nur der eigenen Bevölkerung Not- und Wiederaufbauhilfe gewährt, sondern auch andere betroffene Staaten unterstützt werden könnten. Außerdem hätten die ind. Streitkräfte, die 2004 aus über 1,2 Mio. Soldaten bestanden, Erfahrung in der Katastrophenhilfe. Der US-amerikan. Präsident George W. Bush bestärkte die Regierung in dieser Haltung, als er I. in eine Kerngruppe von vier Ländern (mit Australien, Japan und den USA) einschloss, welche die Hilfe in der Region koordinieren sollte. Internationale Hilfsorganisationen hingegen kritisierten, dass I. ihre Dienste nicht in Anspruch nehmen wollte.

Wirtschaft: 2004 setzte sich der Boom in I. fort. Das BIP stieg um 7,3%, nachdem es im Vorjahr um 7,5% gewachsen war. Getragen wurde die Konjunktur besonders vom Export, der 2004 um rund 20% zunahm. Im Januar 2005 lag das Plus sogar bei 33% im Vergleich zum Vorjahresmonat, obwohl die nationale Währung (Rupie) in den sechs Monaten zuvor 6% an Wert gegenüber dem US-Dollar gewonnen hatte. Internationale Wirtschaftsinstitute führen den Boom u. a. auch darauf zurück, dass lediglich 20 Mio. der mehr als 1 Mrd. Menschen in I. Steuern bezahlen. Die ind. Regierung beabsichtigt, den Aufschwung v. a. zur Verbesserung der Lebensverhältnisse für die ca. 300 Mio. Menschen zu nutzen, die 2004 in I. unterhalb der Armutsgrenze (weniger als 1 US-Dollar/Tag) lebten. Sie plant, 150 Mrd. US-Dollar in den Ausbau der Infrastruktur zu investieren, die Kreditaufnahme für die Landwirtschaft zu erleichtern, einen Beschäftigungspakt für die bäuerliche Bevölkerung aufzubauen und die Gesundheitsfürsorge zu verbessern.

Aids: Laut einer Studie des Global Fund to Fight Aids, Tuberculosis and Malaria breitete sich 2004 der HI-Virus in I. weiter aus. Nach dieser Studie waren bis zu 8,5 Mio. Menschen mit dem Virus infiziert. I. wäre damit das Land mit den meisten Aidskranken oder HIV-positiven Menschen. Viele Männer in I. stecken sich bei heterosexuellem Geschlechtsverkehr mit Prostituierten an. Die ind. Regierung bestritt die Zahlen der Studie und gab die Zahl der HIV-Infizierten mit 5,1 Mio. an.

Indonesien RI

Republik Indonesien

Landesfläche	1,91 Mio. km² (WR 15)
Einwohner	222,6 Mio. (WR 4)
Hauptstadt	Jakarta (ca. 11 Mio. Einwohner)
Sprachen	Indones., Engl., lokale Sprachen
Währung	1 Rupiah = 100 Sen
Gliederung	30 Provinzen
Staatsform	Präsidiale Republik
Staatsoberhaupt und Regierungschef	Susilo Bambang Yudhoyono (seit 2004) *1949
Parlament	Repräsentantenhaus mit 550 für fünf Jahre gewählten Mitgliedern; 128 für Golkar-Partei, 109 für Demokratische Partei des Kampfes (PDIP), 58 für Vereinigte Entwicklungspartei (PPP), 57 auf die neu gegründete Demokratische Partei, 52 für Partei des Nationalen Erwachens (PKB), 146 für andere (Wahl 2004)
Internet	www.indonesia.go.id
Religion	Muslime (88%); Christen (8%); Hindus (2%); Sonstige (2%)
Nationalitäten	Javanesen (45%); Sundanesen (14%); Malaien (7,5%); Maduresen (7,5%); Sonstige (26%)
Urbanisierung	46%
Einwohner/km	117
Bev.-Wachst./Jahr	1,3%
Kindersterblichkeit	4,3%
Alphabetisierung	88%

Innenpolitik: Aus der indones. Präsidentschaftswahl im September 2004 ging der ehemalige General Susilo Bambang Yudhoyono als Sieger hervor. Er setzte sich bei der Stichwahl mit 61% der abgegebenen Stimmen gegen seine Vorgängerin Megawati Sukarnoputri durch, auf die lediglich 39% entfielen. Yudhoyonos Sieg wurde auf seine Entschlossenheit im Kampf gegen den Terrorismus in I. zurückgeführt. Mit seinem entschiedenen Vorgehen gegen die für die Anschläge auf Bali (2002) und ein ausländisches Hotel in Jakarta verantwortliche Gruppe al-Djemaah al-Islamija (DI) erwarb sich der ehemalige Sicherheitsminister großen Respekt. Seit den Bombenanschlägen auf Bali, bei denen 202 Menschen starben, wurden über 150 Terrorverdächtige festgenommen. Außerdem distanzierte sich der frühere General von der Vergangenheit unter dem Militärmachthaber Suharto und versprach, die Reform der Streitkräfte voranzutreiben. Er kündigte darüber hinaus an, gegen Korruption und Armut vorgehen zu wollen.

Verurteilung: Der indonesische Islamistenführer Abu Bakar Bashir wurde im März 2005 zu einer Haftstrafe von zweieinhalb Jahren verurteilt. Ein Gericht in der Hauptstadt Jakarta sprach ihn schuldig, in den doppelten Bombenanschlag auf der Ferieninsel Bali im Oktober 2002 verwickelt gewesen zu sein. Die Staatsanwaltschaft hatte acht Jahre Gefängnis gefordert. Ursprünglich hatte die Anklage Bashir die Planung des Attentats von Bali vorgeworfen. Aus Mangel an Beweisen ließ sie den Hauptanklagepunkt im Laufe des Prozesses fallen. Bashir wies die Beschuldigung zurück, etwas mit den anti-westlichen Anschlägen in I. zu tun zu haben. Er bestritt auch den Vorwurf der austral. und US-amerikan. Regierung, geistlicher Führer des islamistischen Netzwerks DI zu sein. Die DI bekannte sich u. a. zu dem Anschlag auf die austral. Botschaft in Jakarta im September 2004, bei dem neun Menschen starben. Das islamistische Netzwerk kämpft für die Errichtung eines Gottesstaats in den muslimischen Ländern Südostasiens.

Aceh: Die indones. Regierung lehnte im Februar 2005 ein von den Rebellen in der Provinz Aceh gefordertes Referendum über den künftigen Status des Gebiets ab. Die Rebellen hatten zuvor erklärt, ihren Kampf auszusetzen, falls die Regierung eine Volksabstimmung in den nächsten fünf bis zehn Jahren zusage. Trotz der Ablehnung eines Referendums stiegen nach der Tsunami-Katastrophe die Chancen auf eine Beilegung des Konfliktes. Vertreter beider Konfliktparteien trafen sich in Helsinki (Finnland), um über einen Neubeginn des Friedensprozesses zu beraten.

Im Mai 2005 hob die indones. Regierung das Notstandsrecht in Aceh auf. Dies bedeutete, dass das Militär die Verwaltung der Provinz wieder an Zivilisten übergeben musste und die Bürgerrechte nicht länger einschränken durfte. Einen Abzug der Streitkräfte aus der Provinz lehnte die Regierung allerdings ab. In dem Kampf zwischen Separatisten und Regierungstruppen starben seit 1976 Zehntausende Menschen.

Korruptionsbekämpfung: Im April 2005 wurde der Gouverneur der indones. Provinz Aceh, Abdullah Puteh, zu zehn Jahren Haft und zu einer Geldstrafe in Höhe von 336 000 € verurteilt. Ein neu gegründetes Anti-Korruptionsgericht befand ihn für schuldig, 2002 staatliches Geld unterschlagen zu haben. Der Prozess galt als Test für den von Präsident Susilo Bambang Yudhoyono angekündigten Kampf gegen die in I. weit verbreitete Korruption.

Wirtschaft: I. war im Dezember 2004 das Land, das am stärksten vom Tsunami betroffen war (→ Umwelt und Klima, Naturkatastrophen). Die Regierung schätzte, dass ca. 220 000 Menschen bei der Flutkatastrophe starben. Rund 700 000 Personen wurden obdachlos. Bei einem weiteren Seebeben vor der indones. Insel Nias starben im März 2005 rund 2 000 Menschen. Der 1956 gegründete Pariser Club, in dem 19 Gläubigerstaaten zusammengeschlossen sind, entschied im Januar 2005, I. wegen der Flutkatastrophe die Schulden zu stunden. Das Land hätte auf seine bestehenden Schulden von rund 132 Mrd. US-Dollar allein 2005 rund 3 Mrd. US-Dollar Zinsen und Tilgung zahlen müssen. Ein Moratorium soll der indones. Regierung ermöglichen, den Wiederaufbau der zerstörten Regionen zu beschleunigen.

Indonesien: die verheerende Gewalt des Tsunami

Die Energie des Seebebens vor Sumatra, das im Dezember 2004 einen verheerenden Tsunami auslöste, entsprach 475 000 Kilotonnen TNT oder 23 000 Atombomben des Hiroshima-Typs. Das Beben war so stark, dass es die Erdrotation beschleunigte. Geophysiker des NASA-Jet Propulsion Center in Pasadena fanden heraus, dass die Erde sich nach dem Beben um etwa drei Mikrosekunden schneller drehte.

Trotz seiner gewaltigen Kraft war das Erdbeben vor Sumatra nicht das stärkste, das auf der Erde gemessen wurde. 1960 kam es in Chile nahe der Stadt Conception zu einem Beben, das enorm große Wellen von mehr als 50 m Höhe hervorrief. Etwa 15 Stunden nach den Erschütterungen wurde die hawaiian. Stadt Hilo, rund 6 800 km vom Epizentrum entfernt, von 10 m hohen Wellen verwüstet.

Das drittstärkste je gemessene Erdbeben wurde 1964 in Alaska registriert. Damals wurde ein Gebiet von 80 000 km² zerstört. Eine Tsunami-Welle erreichte an der Shoup Bay im Prince William Sound eine Maximalhöhe von 67 m. Bei diesen Katastrophen starben vergleichsweise wenige Menschen, weil die betroffenen Gebiete nur schwach besiedelt waren.

Wiederaufbauplan: Im März 2005 stellte die indones. Regierung ihr Programm für den Wiederaufbau der von der Flutkatastrophe am schwersten betroffenen Provinz Aceh vor. Es erstreckt sich über einen Zeitrahmen von fünf Jahren und hat v. a. den Wiederaufbau der gesellschaftlichen, wirtschaftlichen und institutionellen Strukturen zum Ziel. Die Regierung verzichtete nach Rücksprache mit den betroffenen Gemeinden darauf, das Siedeln in küstennahen Gebieten vollständig zu verbieten. Niemand soll gezwungen werden, von seiner Heimat wegzuziehen. Allerdings sieht das Programm strengere Sicherheitsanforderungen für Gebäude vor. Außerdem sollen in den wiederaufgebauten Regionen Fluchträume eingerichtet werden. Ausländische Hilfsorganisationen mussten Ende April Aceh verlassen. Vor dem Tsunami war die Provinz für Ausländer gesperrt gewesen, weil die Regierung in der Provinz gegen Rebellen kämpft.

Frühwarnsystem: I. und Deutschland vereinbarten im März 2005 den Aufbau eines Tsunami-Frühwarnsystems für den Indischen Ozean. Das System wurde vom Geoforschungszentrum (GFZ) in Potsdam entwickelt und soll in einer ersten Ausbaustufe rund 45 Mio. € kosten. Später soll die Technik zum »Multi-Satellitensystem« ausgebaut werden, als erster Schritt zu einem weltweiten System. Bereits im Herbst 2005 sollten erste Bojen im Indischen Ozean ausgesetzt werden, die durch das Satellitennavigationssystem GPS gestützt werden. Das System liefert Daten in Echtzeit und sichert so schnelle Vorwarnzeiten.

Indonesien: Präsident Yudhoyono (links) spricht Anfang Januar 2005 in Aceh mit Überlebenden der Tsunami-Katastrophe.

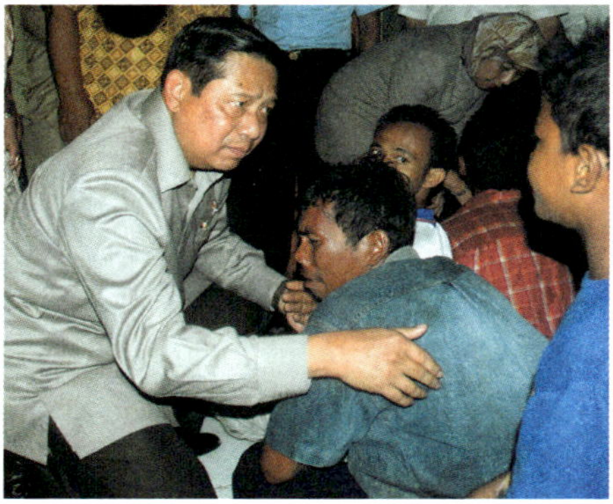

Irak

Republik Irak IRQ

Landesfläche	438 317 km² (WR 57)
Einwohner	25,9 Mio. (WR 42)
Hauptstadt	Bagdad (5 Mio. Einwohner)
Sprachen	Arabisch, Kurdisch, Türkisch, Persisch, kaukasische Sprachen
Währung	1 Irak-Dinar = 1000 Fils
Staatsform	Übergangsverfassung von März 2004
Staatsoberhaupt	Djalal Talabani (seit 2005) * 1933
Regierungschef	Ibrahim al-Djaafari (seit 2005) * 1947
Parlament	Nationalversammlung mit 275 Abgeordneten; 140 für Vereinigte Irakische Allianz, 75 für Kurdische-Allianz, 40 für Irakische Liste, 20 für Andere (Wahl 2005)
Internet	www.uruklink.net
Religion	Muslime (97 %): Schiiten (60–65 %); Sunniten (32–37 %); Christen und Sonstige (3 %)
Ethn. Gruppen	Araber (ca. 80 %); Kurden (ca. 15 %); Turkmenen, Aramäer, Assyrer u. a. (ca. 5 %)
Urbanisierung	67 %
Einwohner/km	59
Bev.-Wachst./Jahr	2,7 %
Kindersterblichkeit	12,5 %
Alphabetisierung	58 %

Innenpolitik: Aus den ersten freien Parlamentswahlen nach dem Sturz des Diktators Saddam Husain ging im Januar 2005 die Vereinigte Irakische Allianz mit rund 48 % der Stimmen als Sieger hervor; sie errang 140 der 275 Sitze. Der Allianz gehören die wichtigsten religiösen Parteien der Schiiten an, die Daawa-Partei und der Hohe Rat für die Islamische Revolution im I. Die Kurdische Allianz belegte mit rund 26 % der Stimmen den zweiten Platz vor dem Bündnis von Übergangsministerpräsident Ijad Allawi (Irakische Liste), das rund 13 % errang. Insgesamt gaben bei den Wahlen 8,45 Mio. Iraker ihre Stimme ab, was einer Wahlbeteiligung von 59 % entspricht. Angesichts der allgegenwärtigen Terrorismusgefahr wurde dies als Erfolg für die demokratische Entwicklung des Landes gewertet. Lediglich in der westirakischen, mehrheitlich von Sunniten bewohnten Provinz al-Anbar, zu der die Unruheherde Ramadi und Falludja gehören, beteiligten sich nur wenige an der Wahl. Im April 2005 wählte das Parlament den Sunniten Hadjem al-Hassani zu seinem Präsidenten sowie die Schiiten Husain Djaristani und den Kurden Aref Tayfur zu dessen Stellvertretern.

Regierungsbildung: Die Vereinigte Irakische Allianz einigte sich mit den kurdischen Parteien auf die Bildung einer Koalitionsregierung. Die 40 Mitglieder der Allawi-Fraktion entschieden sich gegen eine Regierungsbeteiligung, weil die Schiiten-Allianz und die Kurdenparteien nicht bereit waren, ihr vier Ministerposten und das Amt des Vizepräsidenten bzw. stellv. Parlamentspräsidenten zuzugestehen. Im April 2005 wählte das Parlament den kurdischen Politiker Djalal Talabani zum Staatspräsidenten. Zu seinen Stellvertretern bestimmten sie den Schiiten Abdel Abdul Mahdi und den früheren Übergangspräsidenten Ghasi al-Jawar, einen Sunniten.

Erwartungsgemäß ernannte Talabani den schiitischen Politiker Ibrahim al-Djaafari zum neuen Ministerpräsidenten. Dieser bildete ein Kabinett, das u. a. die Aufgabe hat, eine neue Verfassung auszuarbeiten. Im April 2005 stellte al-Djaafari seine Regierungsmannschaft vor. Das Kabinett umfasste zunächst 32 Mitglieder, fünf weitere sollten noch hinzukommen. 17 Ministerien gingen an die Vereinigte Irakische Allianz, die kurdischen Parteien erhielten acht Ministerien, sechs Ressorts wurden mit Sunniten und eines mit einem Vertreter der christlichen Minderheit besetzt. Ein nach der Wahl gebildetes Bündnis von Sunniten, die im irak. Parlament aufgrund des Wahlboykottaufrufes der Sunniten-Organisationen lediglich mit 17 Abgeordneten vertreten sind, hatte ursprünglich 16 Ministerposten gefordert und dafür entsprechende Vorschläge eingebracht. Schiiten und Kurden lehnten eine Beteiligung von Mitgliedern der einstigen Staatspartei jedoch strikt ab.

Abu Ghreib: Bei einem Angriff von Rebellen auf das Gefängnis von Abu Ghreib bei Bagdad wurden im April 2005 rund 60 Menschen verletzt. Die Angreifer benutzten Autobomben, Mörsergranaten und Panzerabwehrraketen. In Abu Ghreib waren Mitte 2005 etwa 3 500 Gefangene inhaftiert. Das Gefängnis war nach dem Irakkrieg 2003 Schauplatz von Folterungen durch US-Militärangehörige. Im Mai 2005 begann in Fort Hood (USA) der Prozess gegen eine Hauptbeteiligte, die Soldatin Lynndie England; sie bekannte sich schuldig, Iraker schwer misshandelt zu haben.

Terrorismus: Im April 2005 wurden in Bagdad bei einem Attentat auf den scheidenden Ministerpräsidenten Allawi zwei Polizisten getötet. Allawi selbst entkam dem Anschlag unverletzt. Der Gouverneur von Bagdad, Ali al-Haidari, fiel im Januar 2005 einem Attentat zum Opfer. Er wurde während einer Autofahrt durch den nördlichen Stadtteil Hurrija von bewaffneten Männern überfallen und erschossen. Zuvor war am Rand der sog. Grünen Zone ein Selbstmordanschlag mit einer Autobombe verübt worden; dabei riss der Attentäter mindestens zehn Menschen mit sich

Irak: Schiiten

Die Schiiten stellen mit einem Anteil von 60–65 % die stärkste Glaubensgemeinschaft im Irak. Weltweit gehören ihr 10 % aller Muslime an.
Entstehung: Mitte des 7. Jh. entstand durch Machtkämpfen um die Nachfolge des Propheten Mohammed die »Schiat Ali« (Partei Alis). Ali Ibn Abi Talib, ein Schwiegersohn Mohammeds, wurde 656 in Medina zum Kalifen ausgerufen, unterlag aber in den nachfolgenden Auseinandersetzungen seinem Gegenspieler Moawija aus der mächtigen Militäradelsfamilie der Omaijaden. Während Moawija Begründer der sunnitischen Omaijaden-Dynastie wurde, erkannten die Schiiten nur in Ali und seinen Nachkommen aus der Ehe mit der Prophetentochter Fatima den allein berechtigten Leiter (Imam) der Gesamtgemeinde an. Zwar weisen auch Recht und Kultus gegenüber den Sunniten eine Reihe Besonderheiten auf, ansonsten gibt es jedoch keine grundlegenden Unterschiede.
Gruppen der Schia: Die Schiiten sind in drei Hauptgruppen gespalten. Die größte, die sog. Zwölferschiiten (Imamiten), erkennen zwölf Imame, beginnend mit Ali, als rechtmäßige Nachfolger Mohammeds an. Nach ihren Vorstellungen befindet sich der zwölfte Imam seit 873 im Verborgenen und wird am Ende der Zeiten als Mahdi wiederkehren. Bis dahin vertreten ihn eine Reihe oberster Religionsgelehrter, die Mudjtahids (arabisch) oder Ayatollahs (persisch). Die Ismailiten, aus denen z. B. die Sekte der Drusen hervorgingen, erkennen nur sieben Imame (»Siebener-Schiiten«) an. Die Saiditen, die dritte Hauptgruppe, spalteten sich von der Schia schon nach dem fünften Imam ab (»Fünfer-Schiiten«). Sie sind auf Nordjemen beschränkt, wo sie bis 1962 die Herrscherdynastie stellten.

Irak: Ergebnis der Parlamentswahlen im Januar 2005

Partei	Stimmenzahl	Sitze
Vereinigte Irakische Allianz	4 075 295	140
Kurdische Allianz	2 175 551	75
Irakische Liste (Ijad Allawi)	1 168 493	40
Liste Ghasi al-Jawar	150 680	5
Turkmenische Irakische Front	93 480	3
Nationale Unabhängige Eliten (Muqtada al-Sadr)	69 938	3
Kommunistische Partei	69 920	2
Islamische Kurdische Gesellschaft	60 592	2
Islamische Arbeiterbewegung in Irak	43 205	2
Nationale Demokratische Allianz	36 795	1
Nationale Liste Rafidain	36 255	1
Versöhnung und Befreiung	30 796	1
99 kleinere Parteien	444 816	-
ungültige Stimmen	94 305	

in den Tod, etwa 50 wurden verletzt. Al-Haidari war schon 2004 Ziel eines Attentats, das er jedoch überlebte. Er war der ranghöchste Beamte in Bagdad, nachdem der frühere Präsident des inzwischen aufgelösten Stadtrats, Abdel Sahraa Othman, im Mai 2004 ermordet worden war.

Die irakische Al-Qaida-Gruppe um Abu Mussab al-Zarqawi kündigte nach der Parlamentswahl an, ihren Terrorfeldzug fortzusetzen. Al-Zarqawi, der meistgesuchte Terrorist im I., wird für Hunderte von Anschlägen verantwortlich gemacht.

Der designierte Ministerpräsident al-Djaafari hatte bereits im März 2005 angekündigt, mit harter Hand gegen den Terrorismus in seinem Land vorzugehen. Terroristen sollten künftig »schonungslos« abgeurteilt werden. Al-Djaafari räumte dabei Defizite bei der Terrorismusbekämpfung durch die irakischen Sicherheitskräfte ein. Er versprach, die »soziale Komponente« des Terrorismus bei der Lösung des Problems zu beachten. So gelte es, Armut und Arbeitslosigkeit stärker zu bekämpfen.

US-amerikanische Streitkräfte: Die Regierung der USA erwog Mitte 2005, ihre Truppen im I. um bis zu ein Viertel zu reduzieren. Als Grund nannte sie den deutlichen Rückgang der Anschläge und Attentate von etwa 140 pro Tag Ende Januar auf 35 pro Tag Ende April. Der irak. Präsident Talabani erklärte, dass die US-Truppen noch zwei Jahre im Land bleiben müssten. 2004 waren rund 140 000 US-amerikan. Soldaten im I. stationiert (Kosten: ca. 4 Mrd. US-Dollar pro Monat).

Außenpolitik: Der irak. Verteidigungsminister Hasim Schaalan warf im Januar 2005 Iran und Syrien vor, Aufständische im I. zu unterstützen. Er drohte den beiden Nachbarländern mit gewaltsamen Gegenmaßnahmen, schränkte allerdings ein, dass I. Syrien und Iran nicht als Feinde betrachte. Weder die irak. Übergangsregierung noch das US-amerikan. Militär im I. hätten die Absicht, sich in syr. oder iran. Angelegenheiten einzumischen. Schaalan hatte zuvor die Regierungen in Teheran und Damaskus mehrfach beschuldigt, den I. destabilisieren zu wollen. Die USA warfen Syrien außerdem vor, irak. Aufstandsführer zu verstecken und ihnen freien Aktionsspielraum zu gewähren. Iran und Syrien wiesen alle Anschuldigungen zurück. Im April 2005 erklärten beide Länder auf einer Außenministerkonferenz der irak. Nachbarstaaten (Türkei, Jordanien, Syrien, Kuwait, Iran, Saudi-Arabien) ihre Bereitschaft zur besseren Zusammenarbeit mit dem I., um die Gewalt einzudämmen. Sie versprachen schärfere Grenzkontrollen und einen intensiveren Austausch von Geheimdienstinformationen.

Wirtschaft: Der Pariser Club, der die 19 wichtigsten Gläubigerstaaten vereint, einigte

Irak: Der neue Ministerpräsident al-Djaafari (vorne rechts) nach seiner Ernennung durch Präsident Talabani (links) Anfang April 2005

sich im November 2004 darauf, dem I. rund 80% der Auslandsschulden zu erlassen. Die Schuldenlast soll in drei Schritten gestrichen werden, 30% sofort, 30% im Zusammenhang mit einem Programm des Internationalen Währungsfonds (IWF, Washington D. C.) und 20% gekoppelt an Ergebnisse dieses Programms. Insgesamt beliefen sich die irakischen Verbindlichkeiten Ende 2004 auf rund 120 Mrd. US-Dollar. Bereits im September 2004 hatte der IWF I. einen Nothilfekredit von rund 436 Mio. US-Dollar gewährt. Im Gegenzug verpflichtete sich der I. zur Stabilisierung der Wirtschaft und zu Strukturreformen mit dem Ziel, eine Marktwirtschaft aufzubauen und die Transparenz in der Erdölbranche zu erhöhen.

Iran

IR

Islamische Republik Iran

Landesfläche	1,63 Mio. km² (WR 17)
Einwohner	69,8 Mio. (WR 18)
Hauptstadt	Teheran (7 Mio. Einwohner)
Sprachen	Persisch, Kurdisch, Turksprachen
Währung	10 Rial = 1 Toman
Gliederung	28 Provinzen
Staatsform	Islamisch-präsidiale Republik
Staatsoberhaupt	Ali Khamenei (religiöser Führer seit 1989) * 1939
Regierungschef	Mahmud Ahmadinejad (seit 2005) * 1956
Parlament	Islamischer Rat mit 290 Mitgliedern; Mehrheit für konservative Islamisten (Wahl 2004)
Internet	www.president.ir
Religion	Muslime (99%); Christen (0,5%); Sonstige (0,5%)
Ethn. Gruppen	Perser (51%); Aseri (24%); Gilaki und Mazandaran (8%); Kurden (7%); Araber (3%); Sonstige (7%)
Urbanisierung	67%
Einwohner/km	43
Bev.-Wachst./Jahr	1,2%
Kindersterblichkeit	4,1%
Alphabetisierung	80%

Außenpolitik: 2004/05 verschärfte sich der Konflikt zwischen I. und den USA um die mutmaßliche nukleare Aufrüstung des islamischen Staates. Die USA warfen der iran. Regierung vor, nach Atomwaffen zu streben. Um eine militärische Eskalation zu vermeiden, versuchte die EU, in dem Konflikt zu vermitteln.

Atomkonflikt: Der iran. Außenminister Kamal Charrasi behauptete im Februar 2005 erneut, dass sein Land kein Programm zur Entwicklung von Atomwaffen unterhalte. Er bekräftigte allerdings das Recht seines Landes zur friedlichen Nutzung der Kernenergie einschließlich der Urananreicherung. Die USA setzten 2004 angeblich mehrfach unbemannte Flugzeuge zum Auskundschaften der iran. Atomanlagen und der Luftabwehr ein. Außerdem lancierte die US-Regierung Berichte, wonach sie zu gezielten Militärschlägen auf iran. Atomanlagen bereit sei.

Schwierige Verhandlungen: Die Verhandlungsführer der EU hatten I. bei Gesprächen in Genf (Schweiz) die Entsendung eines Teams angeboten, das dem Land bei der Beschaffung eines sog. Leichtwasserreaktors behilflich sein könnte. Im Gegenzug sollte I. auf den Bau eines Schwerwasserreaktors verzichten. Leichtwasserreaktoren haben ein wesentlich geringeres Potenzial, militärisch genutzt zu werden, als Schwerwasserreaktoren, die bedeutende Mengen atomwaffenfähigen Plutoniums produzieren. Deutschland, Frankreich und Großbritannien boten I. u. a. Handelserleichterungen an, wenn das Land sein Atomprogramm aufgebe.

Wende der USA: Im März 2005 kündigte die US-Regierung an, die Mitgliedschaft I.s in der Welthandelsorganisation (WTO, Genf) nicht mehr zu blockieren. Auch solle geprüft werden, ob Ersatzteile für die zivile Luftfahrt an I. geliefert werden. Die USA lenkten damit auf den Kurs der EU ein, hielten sich sich aber weiterhin alle Optionen offen, falls I. im Atomkonflikt nicht einlenken sollte.

Abkommen mit Russland: Im Februar 2005 unterzeichneten I. und Russland in der südiran. Hafenstadt Buschehr ein Grundsatzabkommen zur Kerntechnik, das in drei Protokollen die Lieferung von Brennmaterial sowie seine Rücknahme und Endlagerung regelt. Seit 1995 bauen russ. Firmen in Buschehr ein Kernkraftwerk, das spätestens Ende 2006 fertig gestellt sein soll. Beide Seiten betonen, das Kraftwerk diene ausschließlich zivilen Zwecken.

Innenpolitik: Bei der iran. Präsidentschaftswahl im Juni 2005 gewann der ultrakonservative Teheraner Bürgermeister Mahmud Ahmadinejad. In einer Stichwahl erhielt er 61,7 % der abgegebenen Stimmen und setzte sich klar gegen sei-

Iran, Europa und die USA: ein schwieriges Verhältnis

Die gegensätzlichen Auffassungen diesseits und jenseits des Atlantiks über den angemessenen Umgang mit Iran sind vor allem Ausdruck unterschiedlicher historischer Erfahrungen und Interessen der USA und Europas.

Als im Januar 1979 der Schah von Persien, Mohammed Resa Pahlewi, vor den revolutionären Unruhen in seinem Land fliehen musste, war vor allem die europ. Linke der Überzeugung, dass sich die Verhältnisse dort nur zum Besseren wenden könnten. In der Tat stand der gestürzte Schah einem Regime vor, das Aufstände gegen seine Herrschaft mit brutaler Gewalt niederschlagen und Oppositionelle in den Folterkellern des Geheimdienstes Sawak verschwinden ließ.

Demütigung der USA Die USA hingegen verloren mit dem Schah nicht nur einen wichtigen Verbündeten in der Golfregion, sondern erlebten im Zuge des Staatsumbaus zu einem »islamischen Gottesstaat« eine der schlimmsten Demütigungen ihrer Geschichte. Nach der Errichtung der Islamischen Republik Iran unter dem geistlichen Führer Ayatollah Chomeini stürmten im November 1979 iranische Studenten die Botschaft der USA in Teheran und nahmen deren Mitarbeiter als Geiseln. Ein Befreiungsversuch der USA im April 1980 scheiterte kläglich. Das Geiseldrama endete erst im Januar 1981. Die Weltmacht war blamiert. Seitdem gilt das Verhältnis zwischen Iran und den USA als zerrüttet. Es wäre allerdings zu kurz gegriffen, die Aversion der USA gegen dem islamischen Gottesstaat allein als Ausdruck eines gekränkten Nationalstolzes zu interpretieren.

Vergebliche Hoffung auf Demokratie Insbesondere in Deutschland und Frankreich wurde schnell vergessen, dass sich die Menschenrechtssituation in Iran seit dem Sturz des Schahs keineswegs gebessert hatte. Die regelmäßigen Berichte von amnesty international vermittelten ein schonungsloses Bild: Verbot von Demonstrationen, Pressezensur, Missachtung rechtsstaatlicher Prinzipien bei Gerichtsverfahren, Verfolgung oppositioneller Kräfte, Folter in den Gefängnissen, öffentliche Auspeitschungen, barbarische Hinrichtungen. Auch in Europa kann kaum jemand bestreiten, dass die Hoffnungen auf einen demokratischen Wandel in Iran, die vor allem mit den Reformanstrengungen des 1997 bis 2005 amtierenden Staatspräsidenten Chatami verbunden waren, enttäuscht wurden.

Drohungen oder Dialog Der wohl wichtigste Grund dafür, dass die USA das iranische Regime unter Druck setzen, ist Israel. Bis heute weigern sich die konservativen Mullahs, den jüdischen Staat zu akzeptieren. Mit der Unterstützung für radikale palästinensische Gruppen und die schiitische Hizbollah im Libanon gaben sie zu verstehen, dass sie selbst vor der Vernichtung Israels nicht zurückschrecken. Die Atombombe in der Hand eines solchen Regimes ist für die USA nicht hinnehmbar.

Daher muss sich die EU – insbesondere Deutschland in seiner »historischen Verantwortung« für Israel – fragen lassen, ob der Weg über Verhandlungen und Zugeständnisse Iran tatsächlich zum Verzicht auf sein Atomprogramm und zum demokratischen Wandel bewegt oder ob der »kritische Dialog« nicht doch nur dem Abschluss lukrativer Geschäfte dient. Die USA werfen den Europäern bis heute vor, bereitwillig die Lücken ausgefüllt zu haben, die der erzwungene Abzug der US-amerikanischen Firmen aus Iran hinterlassen hat.

nen Herausforderer, den gemäßigt konservativen Kandidaten Akbar Haschemi Rafsandjani durch, auf den lediglich 35,9 % entfielen. Die Wahlbeteiligung lag bei 59,7 %. Ahmadinejad hatte sich im Wahlkampf als »Fundamentalist« bezeichnet und die strikte Anwendung religiöser Vorschriften verlangt. Er gilt als Mann des geistlichen Oberhauptes Ayatollah Ali Khamenei und wurde Nachfolger des liberalen Staatspräsidenten Chatami, dessen Reformbemühungen an dem konservativen Wächterrat im I. scheiterten. Beobachter erwarteten eine radikale Neuausrichtung der iran. Politik.

Bei der Präsidentschaftswahl blieben Frauen von der Kandidatur ausgeschlossen. Die bislang ranghöchste iranische Politikerin ist die amtierende Vizepräsidentin Masumeh Ebtekar. Sie wurde 1997 von Präsident Mohammed Chatami eingesetzt, ihr Rang ist aber niedriger als der eines Ministers.

Verbot von al-Djasira: Im April 2005 untersagte die Regierung dem arabischen Fernsehsender al-Djasira, aus I. zu berichten, und drohte dem Sender mit Strafverfolgung. Sie begründete ihre Entscheidung damit, dass al-Djasira gewaltsame Proteste der arabischen Minderheit im Südwesten I.s (Provinz Khusistan) geschürt habe. Bei Unruhen, die durch Gerüchte ausgelöst wurden, die Regierung wolle in der überwiegend von Arabern bewohnten Region nahe der irak. Grenze vermehrt Angehörige anderer Bevölkerungsgruppen ansiedeln, wurden im April mind. drei Demonstranten getötet.

Flughafen Teheran: Im April 2005 nahm nach einjähriger Schließung der neue internationale Flughafen von Teheran seinen Betrieb wieder auf. Der Imam Chomeini International Airport südlich der Hauptstadt wurde bereits 2004 eingeweiht, musste aber kurz darauf wieder schließen, weil der damalige Transportminister Ahmad Chorram für den Betrieb des Flughafens einen Vertrag mit einem türk.-österreich. Konsortium abgeschlossen hatte. Das iran. Parlament sah darin den »Ausverkauf« iran. Sicherheitsinteressen im Luftverkehr. Chorram wurde nach einem Amtsenthebungsverfahren im Oktober 2004 von seinen Aufgaben entbunden. Der neue Flughafen ist für eine Kapazität von 2,5 Mio. internationalen und 4 Mio. inländischen Passagieren im Jahr ausgelegt. Der alte Flughafen Mehrabad im Norden Teherans soll nur noch dem Inlandsverkehr zur Verfügung stehen.

Irland

Republik Irland IRL

Landesfläche	70 282 km² (WR 117)
Einwohner	4 Mio. (WR 121)
Hauptstadt	Dublin (480 000 Einwohner)
Sprachen	Englisch, Gälisch (Irisch)
Währung	1 Euro = 100 Cent
Gliederung	4 Provinzen
Staatsform	Parlamentarische Republik
Staatsoberhaupt	Mary McAleese (seit 1997) * 1951
Regierungschef	Bertie Ahern (seit 1997) * 1951
Parlament	Repräsentantenhaus mit 166 für 5 Jahre gewählten und Senat mit 60 Abgeordneten; im Repräsentantenhaus 81 Sitze für Fianna Fáil (Union für das Europa der Nationen), 31 für Fine Gael (Europäische Volkspartei), 21 für sozialdemokratische Labour Party, 8 für liberalen Progressive Democrats, 5 für Sinn Féin, 20 für Andere (Wahl 2002)
Internet	www.irlgov.ie
Religion	Christen (96,3 %): Katholiken (93,1 %), Anglikaner (Church of Ireland 2,8%), Presbyterianer (0,4 %); Sonstige (3,7 %)
Nationalitäten	Iren (93,7 %); Sonstige (6,3 %)
Urbanisierung	60 %
Einwohner/km	57
Bev.-Wachst./Jahr	1,1 %
Kindersterblichkeit	0,6 %
Alphabetisierung	99 %

Innenpolitik: Im März 2005 zog der ir. Premierminister Bertie Ahern eine positive Bilanz des im Jahr zuvor erlassenen Rauchverbotes. Laut Ahern gaben seitdem rund 7 000 Iren das Rauchen auf. Rund 300 000 Iren hätten den Konsum von Zigaretten deutlich verringert. Die ir. Regierung erhoffte sich von dem Rauchverbot langfristig auch eine Verringerung der Krankenkassenkosten. Im April 2004 war in I. als erstem EU-Land ein generelles Rauchverbot am Arbeitsplatz und in Gaststätten in Kraft getreten. Bei Verstößen gegen das Gesetz, das insbesondere die ir. Gastronomie wegen befürchteter Einkommensverluste heftig bekämpft hatte, können Strafen bis zu 3 000 € verhängt werden.

Wirtschaft: Die ir. Volkswirtschaft blieb 2004 eine der dynamischsten in Europa. Das BIP stieg um 5,1% und knüpfte damit nach zwei schwächeren Jahren (2004: 1,75%, 2003: 2,3%) wieder an die hohen Wachstumsraten seit Anfang der 1990er-Jahre an (regelmäßig über 5%). I. profitierte insbesondere von der Globalisierung, die den heimischen Export stimulierte. Der ir. Ausfuhrüberschuss gehörte 2004 mit 33,8 Mrd. € zu den höchsten in der EU. Die Löhne stiegen erneut um 5%, sodass die Kaufkraft pro Kopf der Bevölkerung 2004 um rund 33% höher als der EU-Durchschnitt lag (zum Vergleich Deutschland: +8%). Aufgrund der starken Wachstumsraten und der damit verbundenen hohen Steuereinnahmen konnte I. die Staatsverschuldung von 95,2% des BIP (1990) auf 30,3% des BIP (2004) senken. Für 2005 wird mit einem weiteren Rückgang auf 29,1% gerechnet. Der Boom ging einher mit einer Verringerung der Arbeitslosenquote, die 2004 bei 4,5% lag (2003: 4,8%).

Island
Republik Island IS

Landesfläche	103 000 km² (WR 105)
Einwohner	292 000 (WR 169)
Hauptstadt	Reykjavík (160 000 Einwohner)
Sprachen	Isländisch
Währung	1 Isländ. Krone = 100 Aurar
Gliederung	8 Bezirke
Staatsform	Parlamentarische Republik
Staatsoberhaupt	Ólafur Ragnar Grímsson (seit 1996) * 1943
Regierungschef	Halldór Ásgrímsson (seit 2004) * 1947
Parlament	Althing mit 63 für vier Jahre gewählten Abgeordneten; 22 Sitze für Unabhängigkeitspartei, 20 für Sozialdemokraten, 12 für Fortschrittspartei, 5 für Linke Grüne, 4 für Liberale (Wahl 2003)
Internet	www.stjr.is; www.althingi.is
Religion	Christen (96,7%): Protestanten (95,7%), Katholiken (1,0%); Sonstige (1,9%); Konfessionslose (1,4%)
Nationalitäten	Isländer (96,1%); Dänen (0,8%); Sonstige (3,1%)
Urbanisierung	92,8%
Einwohner/km	3
Bev.-Wachst./Jahr	1,7%
Kindersterblichkeit	0,4%
Alphabetisierung	99%

Innen- und Außenpolitik: Im September 2004 trat Davíð Oddsson von seinem Amt als isländ. Ministerpräsident zurück und übernahm stattdessen die Leitung des Außenministeriums. Neuer Ministerpräsident wurde der vorherige Außenminister Halldór Ásgrímsson. Den Tausch der Ämter hatten die Regierungspartner - die konservative Unabhängigkeitspartei Oddssons und die rechtsliberale Fortschrittspartei unter Ásgrímsson - nach den Parlamentswahlen 2003 vereinbart. Ásgrímsson kündigte an, den Beitritt I.s zur EU vorantreiben zu wollen.

Im März 2005 beschloss das isländ. Parlament mit großer Mehrheit, dem ehemaligen Schachweltmeister Bobby Fischer die isländ. Staatsbürgerschaft zu verleihen. Mit dieser Entscheidung sollte seine Auslieferung an die USA verhindert werden. Fischer wurde im Juli 2004 auf dem Flughafen in Tokio festgenommen, als er versuchte, mit seinem abgelaufenen US-amerikan. Ausweis das Land zu verlassen. In den USA sollte Fischer vor Gericht gestellt werden, weil er 1992 trotz eines internationalen Embargos im damaligen Jugoslawien ein Match gegen Boris Spassky ausgetragen hatte. Von dem Russen hatte er 20 Jahre zuvor in Reykjavík den Weltmeistertitel in einem legendären Zweikampf gewonnen. Fischer, der für seinen 1992er-Kampf 3 Mio. US-Dollar erhalten hatte, drohen in den USA bis zu zehn Jahren Haft. Daher bat er um politisches Asyl.

Wirtschaft: Die wirtschaftliche Lage war 2004 mit einem Wachstum des BIP von 4,3% robust. Die Arbeitslosenrate ist mit Werten zwischen 2,5 und 3,4% seit Jahren sehr niedrig.

Halldór Ásgrímmsson
Isländ. Ministerpräsident, 8. 9. 1947 in Vopnafjördur. 1974 wurde Ásgrímmsson Mitglied des isländ. Parlamentes und 20 Jahre später Vorsitzender der ländlich geprägten Fortschrittspartei. Die Partei gehört zur Regierungskoalition. Gemäß Koalitionsabsprache tauschten der bisherige Außenminister Ásgrímmsson und Regierungschef Oddson im September 2004 ihre Ämter.

Israel

Staat Israel IL

Landesfläche	20 056 km² (WR 148)
Einwohner	6,6 Mio. (WR 97)
Hauptstadt	Jerusalem (750 000 Einwohner)
Sprachen	Iwrith, Arabisch, Englisch
Währung	1 N. Israel. Schekel = 100 Agorot
Gliederung	6 Distrikte, 17 Unterdistrikte
Staatsform	Parlamentarische Republik
Staatsoberhaupt	Mosche Katsav (seit 2000) *1945
Regierungschef	Ariel Scharon (seit 2001) *1928
Parlament	Knesset mit 120 für vier Jahre gewählten Abgeordneten; 38 Sitze für Likud-Block, 19 für Arbeitspartei, 15 für Schinui-Partei, 11 für Schas, 7 für Nationale Union (IL), 30 für Andere (Wahl 2003)
Internet	www.info.gov.il
Religion	Juden (81,9 %); Muslime (14,1 %); Sonstige (4,0 %)
Nationalitäten	Israelis (81,9 %); Sonstige (18,1 %)
Urbanisierung	92 %
Einwohner/km	326
Bev.-Wachst./Jahr	2 %
Kindersterblichkeit	0,6 %
Alphabetisierung	96 %

Innenpolitik: Die Regierung stimmte im Februar 2005 mit 17 gegen fünf Stimmen dem Gaza-Plan von Ministerpräsident Ariel Scharon zu. Der Plan sah nach 37 Jahren Besatzung den Rückzug der israelischen Armee sowie die Umsiedlung von rund 8 000 jüdischen Siedlern aus dem Gazastreifen und die Räumung von vier kleineren Siedlungen im Westjordanland vor. Der Abzug soll in vier Etappen erfolgen, wobei jede Phase erneut vom Kabinett beschlossen werden muss. Häuser und Synagogen der Siedler sollen abgerissen, Schulen und Landwirtschaftsbetriebe aber erhalten bleiben. Die Siedler sollen mit umgerechnet 770 Mio. € entschädigt werden; einer Familie stehen danach durchschnittlich 300 000 € zu.

Rückzug oder nicht? Der Entscheidung für den Gaza-Rückzugsplan gingen heftige innenpolitische Auseinandersetzungen voraus. Scharons eigene Likud-Fraktion setzte sich zunächst gegen den Ministerpräsidenten durch und erreichte ein Referendum, das zwei Wochen vor der Räumung aller Siedlungen im Gazastreifen im Juni 2005 stattfinden sollte. Im März stimmte jedoch das Parlament gegen eine Volksabstimmung, weil sie den Abzug um Monate verzögert und wahrscheinlich das Ende der Regierung Scharon bedeutet hätte.

Zur Verhinderung des Rückzugs schreckten extremistische Juden vor Gewaltaktionen gegen Regierungspolitiker nicht zurück, so Anfang 2005 gegen Finanzminister Benjamin Netanjahu und Bildungsministerin Limor Livnat. Aus Protest gegen den geplanten Abzug legte im Mai des Jahres der für Fragen der jüdischen Diaspora zuständige Minister Nathan Scharanski sein Amt nieder. Er war bereits der sechste Minister innerhalb eines Jahres, der wegen dieser Frage die Regierung verließ oder entlassen wurde.

Absperrung des Tempelbergs: Aus Sorge vor Zusammenstößen zwischen jüdischen und muslimischen Extremisten ließ die Regierung im April 2005 den Tempelberg in Jerusalem weitgehend abriegeln. Nur muslimische Männer ab 40 Jahren, die ein israelisches Ausweisdokument vorweisen konnten, sowie muslimische Frauen durften die Al-Aksa-Moschee betreten. Mehrere Tausend Polizisten erhielten den Auftrag, das Gelände in der Jerusalemer Altstadt zu bewachen. Grund für die Maßnahmen war die Ankündigung von Gegnern des geplanten israelischen Abzugs aus dem Gazastreifen, auf dem Tempelberg gegen die Räumung zu protestieren. Obwohl die Kundgebung verboten wurde, kündigten muslimische Geistliche eine Gegendemonstration an. Der Tempel-

Ariel Scharon
Israel. Ministerpräsident, * 27. 9. 1928 in Kfar Malal (Negev). Scharon nahm an den Nahostkriegen 1948, 1956, 1967 und 1973 teil, bevor er 1973 erstmals in die Knesset gewählt wurde. Ab 1977 gehörte Scharon als Minister mit kurzen Unterbrechungen verschiedenen Likud-Regierungen an. Seit 1999 ist Likud-Vorsitzender. 2001 wurde er mit deutlicher Mehrheit zum Ministerpräsidenten gewählt. Aufgrund seines Plans, die israel. Armee aus dem Gazastreifen und dem Westjordanland abzuziehen, geriet er 2004/05 unter starken innenpolitischen Druck.

berg (arabisch Haram as Scharif) ist sowohl für Juden als auch Muslime ein Heiligtum.

Regierung ohne Mehrheit: Im März 2005 zog Ministerpräsident Scharon die Ernennung von drei neuen Ministern zurück. Die Likud-Politiker Roni Bar-On und Seev Boim sowie der Abgeordnete Ephraim Sneh von der Arbeitspartei sollten für ihre Unterstützung des Staatshaushalts 2005 »belohnt« werden, ohne dessen Billigung die Regierung gestürzt wäre. Die Mehrheit des Parlaments verurteilte die geplanten Ernennungen als Vetternwirtschaft. Die Regierungskoalition von Scharon war bereits Ende 2004 an dem Streit über den Gaza-Rückzugsplan sowie am Konflikt um die Finanzierung religiöser Einrichtungen zerbrochen. Im Dezember kündigte der wichtigste Koalitionspartner des Likud, die bürgerlich-säkulare Schinui-Partei, nach Monaten des Taktierens bei einem Parlamentsvotum über den Haushalt 2005 Scharon die Gefolgschaft auf.

Große Koalition: Im Januar 2005 ging Scharons Likud-Block eine Koalition mit der Arbeitspartei von Shimon Peres und der ultra-orthodoxen Partei Vereinigtes Tora-Judentum ein. Diese beteiligte sich nur unter der Voraussetzung an der Regierung, dass der Staat Geld an ihre religiösen Bildungseinrichtungen zahlt. Nach einer Entscheidung ihres geistlichen Oberhaupts, Rabbi Josef Eljaschiw, soll die Partei die Regierung aber nach drei Monaten wieder verlassen. Mitglieder des Likud hatten die Einbindung der streng religiösen Fraktion, die über fünf Sitze im Parlament verfügte, als Bedingung für eine Koalition mit der Arbeitspartei genannt. Die neue Regierung kann auf eine Mehrheit von 66 der 120 Sitze zählen.

Betäubungswaffen: Im März 2005 bestellte die Regierung für die Streitkräfte ein neues Waffensystem, das bei Unruhen sowie zur Auflösung von Demonstrationen eingesetzt werden soll. Es handelt sich um sog. nicht-tödliche Waffen wie Betäubungsgranaten und Gummikugeln. Die Geschosse vom Typ »Venom« (Gift) können aus Fahrzeugen heraus abgefeuert werden und sollen auf dem Dach leichter Schützenpanzer installiert werden. Die Regierung will mit diesem Waffensystem große Menschenmengen auflösen, ohne dass die Soldaten ihre Schützenpanzer verlassen müssen.

Palästinensische Gebiete: Im Juni 2005 beschloss der palästinens. Präsident Mahmud Abbas, die für den 17. Juli geplanten Parlamentswahlen zu verschieben. Abbas begründete die Entscheidung mit Streitigkeiten bei der Reform des Wahlrechts. Die israel. Regierung vermutete hingegen hinter der Verschiebung die Furcht der Fatah-Partei von Abbas, dass bei der Wahl die radikal-islamische Hamas-Bewegung einen großen Sieg erreichen könnte.

Außenpolitik: Bei einem Besuch in Washington im Mai 2005 erhielt Abbas vom US-amerikan. Präsidenten Bush Unterstützung im Konflikt mit Israel. Bush forderte die israel. Regierung auf, illegale israel. Außenposten im Westjordanland aufzulösen und den Ausbau von Siedlungen zu beenden.

Israel: Palästinensische Autonomiegebiete

Fläche	6 170 km² (Westbank: 5 800 km²; Gazastreifen: 365 km²)
Einwohner	3,7 Mio.
Sprache	Arabisch
Hauptstadt	Gaza-Stadt (Ost-Jerusalem wird als Hauptstadt beansprucht)
Währung	Neuer Israelischer Schekel, Jordanischer Dinar
Religion	Muslime (97%); Christen (3%)
Präsident	Mahmud Abbas (seit 2005) *1935
Ministerpräsident	Ahmed Kurei (seit 2003) *1937

Außenpolitik: Die US-amerikan. Regierung beschloss im April 2005, I. von der Entwicklung des Kampfjets F-35 der Firma Lockheed Martin auszuschließen. Das Überschallflugzeug, das vom gegnerischen Radar nicht geortet werden kann, soll ab 2008 verkauft werden. Mit der Entscheidung reagierten die USA auf die militärische Zusammenarbeit zwischen I. und China. Der staatseigene Konzern Israel Aircraft Industries hatte Anfang der 1990er-Jahre an China unbemannte Flugkörper, sog. Drohnen, geliefert, mit deren Hilfe feindliche Radaranlagen erfasst und zerstört werden können. Die USA fürchteten, China könnte diese Waffen in einem Krieg gegen Taiwan einsetzen. Allerdings genehmigte die US-Regierung den Verkauf von rund 100 sog. bunkerbrechenden Bomben an I., die aus Kampfflugzeugen des Typs F-15 abgeworfen werden können und I. die Möglichkeit geben, unterirdische Kernwaffenanlagen außer Gefecht zu setzen. Das Rüstungsgeschäft mit einem Volumen von ca. 30 Mio. US-Dollar wurde auch als Warnung an → Iran verstanden, dem vorgeworfen wird, Atomwaffen herzustellen.

Besuche und Beziehungen: Im April 2005 kam der russische Präsident Wladimir Putin zu einem Staatsbesuch nach I. Vor ihm hatte noch kein russ. Staatsoberhaupt bzw. kein Sowjetführer I. besucht. Die bilateralen Beziehungen wurden insbesondere von russ. Raketenlieferungen an Syrien belastet, weil nach israel. Überzeugung diese Raketen in die Hände von Terroristen fallen könnten. Außerdem hoffte I., Russland für die internationale Front gegen Nuklearlieferungen an Iran zu gewinnen.

Im April 2005 hob die US-Regierung ihre Warnung vor Reisen nach I. auf. Sie begründete ihre Entscheidung mit dem Rückgang der Anschlagszahlen. Doch wurden alle US-Bürger dazu aufgefordert, sich Reisen nach I. »sorgfältig« zu überlegen. Das Außenministerium riet aber weiterhin von nicht unbedingt notwendigen Reisen ins Westjordanland und in den Gazastreifen ab. Die vorherige Reisewarnung, die US-Amerikaner dazu aufrief, »unter allen Umständen« Reisen nach I. zu vermeiden, war der Grund für erhebliche Einbußen im israelischen Tourismussektor.

Im März 2005 belasteten Äußerungen des Londoner Bürgermeisters Ken Livingstone das Verhältnis zwischen I. und Großbritannien. Dieser bezeichnete den israel. Ministerpräsidenten Scharon als »Kriegsverbrecher« und warf ihm »ethnische Säuberungen« vor. Er sorgte damit in I. zum zweiten Mal in kurzer Zeit für Proteste. Bereits im Monat zuvor hatte Livingstone einen jüdischen Journalisten wegen dessen hartnäckigen Fragen mit einem KZ-Wärter verglichen.

Im Februar 2005 sprach der dt. Bundespräsident Horst Köhler im Rahmen seines Staatsbesuchs in I. vor der Knesset. In seiner Rede versprach er einen kompromisslosen Einsatz Deutschlands gegen den Antisemitismus und betonte, dass die Verantwortung für den Holocaust Teil der dt. Identität sei. Köhler besuchte die israel.-arab. Begegnungsstätte Beit-Hagefen und pflanzte dort als Symbol des Friedens einen Olivenbaum.

Israel: Bei einer Demonstration von jüdischen Siedlern im Gazastreifen gegen die Abzugspläne der israelischen Regierung schwenkt ein Demonstrant am 27. 4. 2005 die israelische Fahne.

Antisemitismus: Der israel.Staatspräsident Mosche Katzav forderte im Oktober 2004 von den europ. Staaten ein entschiedenes Vorgehen gegen den Antisemitismus. Insbesondere prangerte er eine neue Form an, die das Existenzrecht des Staates Israel in Frage stelle. Katzav nannte es legitim, die israel. Regierung zu kritisieren. Die Unterstellung, I. setze eine solche Kritik mit Antisemitismus gleich, sei jedoch »ein typisches Argument von Antisemiten«.

Italien

I

Italienische Republik

Landesfläche	301 268 km² (WR 69)
Einwohner	57,3 Mio. (WR 22)
Hauptstadt	Rom (2,5 Mio. Einwohner)
Sprache	Italienisch
Währung	1 Euro = 100 Cent
Gliederung	20 Regionen, 95 Provinzen
Staatsform	Parlamentarische Republik
Staatsoberhaupt	Carlo Azeglio Ciampi (seit 1999) * 1920
Regierungschef	Silvio Berlusconi (seit 2001) * 1936
Parlament	Abgeordnetenkammer mit 630 und Senat mit 326 Mitgliedern; in der Abgeordnetenkammer 368 Sitze für rechtsgerichtetes Parteienbündnis Casa delle Libertà, 242 für das Mitte-links-Bündnis Ulivio, 20 für Andere (Wahl 2001)
Internet	www.parlamento.it; www.palazzochigi.it
Religion	Katholiken (83,2 %); Konfessionslose (16,2 %); Sonstige (0,6 %)
Nation. Gruppen	Italiener (96,8 %); Sonstige (3,2 %)
Urbanisierung	67 %
Einwohner/km	190
Bev.-Wachst./Jahr	–0,1 %
Kindersterblichkeit	0,6 %
Alphabetisierung	98 %

Innenpolitik: Im April 2005 stieg in I. die christdemokratische UDC aus der Regierungskoalition aus und zwang Ministerpräsident Silvio Berlusconi zu einer Kabinettsumbildung. Die Regierungskrise war Folge von schlechten Wahlergebnissen. Bei den Regionalwahlen hatte die Rechtskoalition des Ministerpräsidenten (Forza Italia, Alleanza Nazionale, Lega Nord, UDC) nur in zwei (Lombardei und Venetien) von 13 Regionen, in denen gewählt wurde, eine Mehrheit erreicht. In den anderen Regionen gewannen die von Romano Prodi geführten Mitte-/Linksparteien. Fünf Jahre zuvor hatte sich noch die Rechte in acht der 13 Regionen durchsetzen können. Die Regionalwahl galt ein Jahr vor der Parlamentswahl in Italien als Stimmungstest. Die wachsende Unzufriedenheit mit der Regierung wurde u. a. auf die stark gestiegenen Lebenshaltungskosten zurückgeführt.

Senatswahlen: Bei Nachwahlen zum italien. Senat nahm die Mitte-links-Opposition der Regierungskoalition von Ministerpräsident Berlusconi zwei Sitze ab. Der Sieg der Oppositionskandidaten in der norditalien. Stadt Rovigo und in der Region Bari im Süden fiel deutlich aus. Die Nachwahlen galten als Stimmungstest für die Regierungskoalition und das Oppositionsbündnis um den Exregierungschef und ehemaligen EU-Kommissionspräsidenten Romano Prodi. Bei der nächsten Parlamentswahl (2006) gilt Prodi als wahrscheinlichster Herausforderer von Berlusconi. Prodi siegte schon einmal 1996 gegen Berlusconi, seine Koalitionsregierung brach jedoch nach zwei Jahren auseinander.

Regierungskrise: Mit der Ankündigung der Christdemokraten, die Koalition mit Berlusconi zu beenden, schieden ihr Parteivorsitzender Rocco Buttiglione, der stellv. Ministerpräsident Marco Follini, Carlo Giovanardi und Marco Baccini aus der Regierung aus. Follini hatte Berlusconi nach der schweren Niederlage bei den Regionalwahlen aufgefordert, entweder vorgezogene Neuwahlen anzusetzen oder eine vollständig neue Regierung zu berufen. Berlusconi konnte trotz des Endes der Koalition weiterregieren, weil die Christdemokraten versprachen, die Regierung im Parlament zu unterstützen.

Regierungsumbildung: Unter dem Druck zweier Koalitionspartner, der UDC und der Alleanza Nazionale, reichte Berlusconi zunächst seinen Rücktritt ein, den Staatspräsident Carlo Azeglio Ciampi nicht annahm, um ein Machtvakuum an der Staatsspitze zu vermeiden. Berlusconi präsentierte im April 2005 ein neues Kabinett, in dem sein langjähriger Vertrauter Giulio Tremonti neuer stellv. Regierungschef wurde. Berlusconi hoffte, durch das neue Kabinett den Eindruck eines Neuanfangs zu vermitteln.

Korruptionsprozess: Im Dezember 2004 endete der Mailänder Korruptionsprozess gegen den

Silvio Berlusconi
Italien. Ministerpräsident, *29. 9. 1936 in Mailand. Nach der Niederlage bei den italien. Regionalwahlen geriet Berlusconis Mitte-rechts-Koalition im Frühjahr 2005 in eine schwere Krise, sodass der Ministerpräsident im April 2005 seine Regierung umbilden musste. Gegen Berlusconi, der 1961 mit der Gründung einer Bauholding seine Karriere als Großunternehmer begann und 2004 mit Mediaset eines der größten Medienimperien der Welt besaß, wurden in den 1990er-Jahren Verfahren u. a. wegen Bestechung, Meineid und Steuerhinterziehung geführt. Als Ministerpräsident (1994 und ab Mai 2001) arbeitete er mit rechtsgerichteten und fremdenfeindlichen Politikern zusammen.

italien. Ministerpräsidenten Berlusconi mit einem Freispruch. Die Richter entschieden, dass Berlusconi in einem Anklagepunkt unschuldig und in dem anderen Fall inzwischen Verjährung eingetreten sei. Die Staatsanwaltschaft hatte für Berlusconi eine achtjährige Haftstrafe gefordert. Berlusconi wurde beschuldigt, in den 1980er-Jahren über einen Mittelsmann Richter in Rom bestochen zu haben, um dadurch ein Urteil über den Verkauf des staatlichen Lebensmittelkonzerns SME zu beeinflussen.

Bilanzmanipulationen: Der Europ. Gerichtshof (EuGH) in Luxemburg entschied im Mai 2005, dass eine Abänderung des italien. Bilanzrechts zugunsten des Ministerpräsidenten Berlusconi mit dem EU-Recht vereinbar sei. Das Urteil hatte zur Konsequenz, dass Berlusconi nicht mehr mit einer Bestrafung wegen Bilanzfälschungen rechnen musste. Bei dem Fall ging es um Manipulationen, die Berlusconi vor seinem Amtsantritt getätigt haben soll. In den späten 1980er-Jahren wurden angeblich 170 Mio. € der von Berlusconi kontrollierten TV-Gesellschaft Mediaset in schwarze Kassen im Ausland geleitet. Nachdem der Medienunternehmer 2001 in I. Ministerpräsident geworden war, änderten Regierung und Parlament rückwirkend die Verjährungsfrist von siebeneinhalb auf viereinhalb Jahre. Grund für die Reform war die Klage der Staatsanwaltschaft in Mailand gewesen, die den Politiker wegen jahrelanger Bilanzfälschung zur Rechenschaft ziehen wollte.

Neue Ermittlungen: Im März 2005 nahm die italien. Justiz erneut Ermittlungen gegen Ministerpräsident Berlusconi wegen des Vorwurfs der Steuerhinterziehung auf. Sie verdächtigte ihn, über Off-Shore-Firmen 280 Mio. € aus den Kassen seiner Firmengruppe Mediaset an seine Kinder Piersilvio und Marina überwiesen zu haben. Außerdem lief ein Verfahren gegen Berlusconis Anwalt David Mills, den Ehemann der brit. Kulturministerin Tessa Jowell, wegen des Vorwurfs der Falschaussage.

Verfassungsänderung: Der italien. Senat beschloss im März 2005 mit 162 gegen 14 Stimmen eine Verfassungsänderung, welche die Befugnisse von Ministerpräsident Berlusconi und der Regionalregierungen deutlich erweiterte. Die Reform sah u. a. vor, dass die Regionen weitgehend die Zuständigkeit für das Schul- und Gesundheitswesen sowie für die lokale Polizei erhalten. Außerdem kann der Ministerpräsident nach der neuen Verfassung künftig Minister ernennen und abberufen sowie die Abgeordnetenkammer auflösen. Senatoren des linken Oppositionslagers boykottierten die Abstimmung im Senat. Um in Kraft zu treten, muss die Verfassungsänderung ein weiteres Mal den Senat und dann das Abgeordnetenhaus passieren. Darüber hinaus muss sie der Bevölkerung zur Abstimmung vorgelegt werden. Insbesondere die rechtspopulistische Lega Nord, der Koalitionspartner Berlusconis, hatte sich für das neue Gesetz ausgesprochen. Ihr Reformminister Roberto Calderoli hatte aus Protest gegen Verzögerungen bei der Verabschiedung des Gesetzes sein Amt niedergelegt, nahm seine Entscheidung aber nach der Abstimmung im Senat wieder zurück. Dadurch konnte Berlusconi eine schwere Krise innerhalb seiner Regierungskoalition abwenden.

Justizreform: Das italien. Parlament verabschiedete im Dezember 2004 die umstrittene Justizreform von Ministerpräsident Silvio Berlusconi. Die Neuordnung des Justizwesens, die als eines der Kernanliegen der Regierung Berlusconi galt, sah u. a. vor, Richtern und Staatsanwälten die Zugehörigkeit zu einer politischen Partei zu verbieten. Außerdem sollen Juristen durch psychologische Begutachtung ihre Eignung für das Amt des Richters oder Staatsanwalts belegen. Eine weitere Neuregelung bestimmte, dass sich Juristen bereits in ihrer Ausbildung entscheiden müssen, ob sie Richter oder Staatsanwalt werden wollen; ein späterer Wechsel wurde erschwert.

3

Die Opposition bezeichnete die Justizreform als eine Verletzung der verfassungsrechtlich garantierten Einheit des Justizstands. Die Regierung Berlusconi hingegen behauptete, mit den Änderungen die Rechtsfindung in I. beschleunigen zu können.

Verjährungsfristen: Das italien. Parlament billigte im Dezember 2004 ein umstrittenes Gesetz zur Verkürzung von Verjährungsfristen in bestimmten Strafverfahren. Die Abgeordneten im von der rechtsgerichteten Regierungskoalition von Ministerpräsident Silvio Berlusconi dominierten Unterhaus stimmten mehrheitlich für den Entwurf, wonach Straftaten wie Korruption bereits nach zehn statt wie bisher nach 15 Jahren verjähren sollen. Außerdem sollen über 70 Jahre alte verurteilte Straftäter nicht mehr im Gefängnis einsitzen müssen, außer bei Pädophilie oder Wiederholungstaten. Von dem neuen Gesetz, das auch für laufende Verfahren galt, profitierte insbesondere der wegen Richterbestechung in zwei Verfahren zu elf und fünf Jahren Haft verurteilte enge Berlusconi-Vertraute Cesare Previti.

Anti-Raucher-Gesetz: Im Januar 2005 trat in I. ein strenges Anti-Raucher-Gesetz in Kraft. Es verbietet das Rauchen in allen der Öffentlichkeit zugänglichen Räumen, u. a. in Restaurants, Kneipen, Diskotheken und Büros. Ausnahmen gelten für abgetrennte Raucherräume. Zahlreiche Restaurantbesitzer kündigten an, das Verbot zu ignorieren, da lediglich 5% der Gaststätten und Bars über einen zweiten Raum verfügten. Verstöße können mit Geldstrafen in Höhe von 2000 € bestraft werden.

Schlag gegen Organisierte Kriminalität: Die italien. Polizei nahm im Februar 2005 den Gangsterboss Gregorio Bellocco fest, der auf der Liste der 30 meistgesuchten Verbrecher des Landes stand. Nach rund zehnjähriger Flucht wurde Bellocco in einem Bunker in Reggio Calabria gefasst. Er galt als ranghohes Mitglied einer Organisation, die laut den Ermittlern die sizilianische Mafia an Brutalität übertrifft und sich eine Führungsposition im internationalen Drogenhandel gesichert hat.

Gedenktafel: Im Januar 2005 wurde im Triest eine Gedenktafel eingeweiht, die an die homosexuellen Opfer der NS-Zeit erinnert. Im NS-Todeslager Risiera di San Sabba wurden unter dt. Besatzung rund 5 000 Menschen umgebracht. An der Zeremonie auf dem Gelände des ehemaligen Lagers nahmen rund 1 000 Menschen teil. Auf dem Gedenkstein aus schwarzem Marmor ist ein rosa Dreieck eingelassen.

Außenpolitik: Im März 2005 belasteten Schüsse von US-amerikan. Soldaten auf das Fahrzeug mit der kurz zuvor im Irak freigelassenen Reporterin Giuliana Sgrena die Beziehungen zwischen I. und den USA schwer. Bei der Schießerei an einer Straßensperre im Westen von Bagdad wurde der Geheimdienstbeamte Nicola Calipari getötet, der sich schützend über Sgrena geworfen hatte. Er hatte der italien. Regierung zufolge entscheidend zu den Verhandlungen für die Freilassung beigetragen. Die Journalistin warf den USA vor, rücksichtslos auf das Auto geschossen zu haben. Das US-amerikan. Verteidigungsministerium hingegen behauptete, dass I. nach Sgrenas Befreiung die zuständigen Stellen im Irak nicht ausreichend informiert habe und dass das Auto zu schnell auf die Kontrollposten zugefahren sei. Eine interne Untersuchung der US-amerikan. Armee kam im April zu dem Ergebnis, dass den US-amerikan. Soldaten für den Zwischenfall keine Schuld nachgewiesen werden könne. I. legte einen abweichenden Untersuchungsbericht vor. Er betonte die Unerfahrenheit der US-amerikan. Soldaten, welche die tödlichen Schüsse abfeuerten. Doch sei es schwierig, bei dem tödlichen Zwischenfall eine individuelle Verantwortung zuzuweisen.

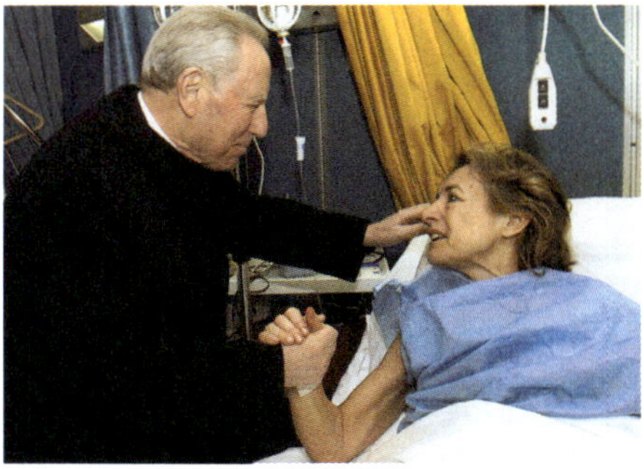

Italien: Präsident Carlo Ciampi besucht die freigelassene Geisel Giuliana Sgrena im Krankenhaus.

Rückzug aus dem Irak: Als Konsequenz aus der Affäre um die freigelassene Reporterin Giuliana Sgrena kündigte Ministerpräsident Berlusconi im März 2005 den Rückzug der italien. Soldaten aus dem Irak an. Er begründete diese Entscheidung mit der öffentlichen Meinung in I., die sich nach den Schüssen auf Sgrena noch schärfer als zuvor gegen den Einsatz wandte. Mitte 2005 waren rund 3000 Soldaten im Irak stationiert, die ab September abgezogen werden sollen. Die italien. Opposition kritisierte Berlusconi, weil er seine Entscheidung nicht im Parlament, sondern in einer Fernsehsendung verkündete. Nach Rücksprache mit seinen Verbündeten relativierte Berlusconi seine Ankündigung und sprach lediglich von einem Wunsch nach Abzug der Truppen.

EU-Verfassung: Das italien. Abgeordnetenhaus billigte im Januar 2005 die EU-Verfassung. Gegen sie stimmten Abgeordnete der Kommunisten und der Lega Nord, die zu den Parteien in der Regierungskoalition von Ministerpräsident Silvio Berlusconi gehörte. Die Lega Nord hatte sich für eine Volksabstimmung ausgesprochen, was in der italien. Verfassung aber für internationale Abkommen nicht vorgesehen ist. Das Kabinett hatte die EU-Verfassung bereits im Oktober gebilligt. Bevor sie in Kraft treten kann, müssen ihr alle 25 Mitgliedsländer zugestimmt haben.

Neuer Außenminister: Der rechtskonservative Politiker Gianfranco Fini wurde im November 2004 zum neuen italien. Außenminister ernannt. Er übernahm das Amt von Franco Frattini, der als EU-Justizkommissar nach Brüssel wechselte, nachdem das EU-Parlament dem italien. Kandidaten Rocco Buttiglione wegen Äußerungen zur Homosexualität und zur Rolle der Frau die Zustimmung verweigert hatte. Fini war Vize-Ministerpräsident und Vorsitzender der aus der neofaschistischen Partei MSI hervorgegangenen Alleanza Nazionale, der zweitgrößten Gruppierung in Berlusconis rechtsgerichteter Regierungskoalition. Fini, der 1991 den faschistischen Diktator Mussolini als »größten Staatsmann des 20. Jahrhunderts« bezeichnet hatte, verschaffte sich innerhalb der EU Respekt, als er im EU-Konvent an der Ausarbeitung der neuen europ. Verfassung mitarbeitete.

Kritik an UN: Das italien. Außenministerium forderte im März 2005 die UN auf, sich bei der geplanten Reform der Vereinten Nationen Zeit zu lassen. Zuvor hatte UN-Generalsekretär Kofi Annan zwei Modelle für eine Erweiterung des UN-Sicherheitsrates vorgeschlagen. Ein Vorschlag sah sechs neue ständige Mitglieder vor, für die Deutschland, Japan, Indien, Brasilien und zwei afrikanische Staaten in Frage kamen. Der andere Plan regte die Schaffung einer »semipermanenten« Mitgliedschaft an. Diesen Status sollten je zwei Staaten aus Asien, Afrika, Europa und Amerika erhalten, die für jeweils vier Jahre Mitglied des Sicherheitsrats wären. Die italien.

Italien: UDC-Chef Marco Follini, der mit anderen Christdemokraten die Regierung verließ, spricht am 27. April im Parlament in Rom.

Regierung befürwortete das zweite Modell, weil sie befürchtete, dass sie bei einem permanenten Sitz für Deutschland an diplomatischem Einfluss verlieren könnte.

Wirtschaft: Nachdem die italien. Volkswirtschaft bereits 2002 und 2003 mit Wachstumsraten von 0,4% bzw. 0,3% in einer schlechten Verfassung gewesen war, blieb sie auch 2004 mit einem BIP-Anstieg von 1% deutlich unter dem Durchschnitt der anderen EU-Staaten. Das größte Problem war der schwache Export, der 2004 zu einem Defizit in der Außenhandelsbilanz von 393 Mio. € führte. I. litt unter der zunehmenden Konkurrenz durch Billiglohnländer. Seit 2002 gingen allein in der traditionell starken italien. Textilbranche rund 48 000 Arbeitsplätze verloren.

Haushaltsdefizit: Das italien. Defizit lag 2004 nach Regierungsangaben bei 3% des BIP und damit genau am Grenzwert des Euro-Stabilitätspaktes. Allerdings konnte die EU-Statistikbehörde Eurostat die italien. Budgetzahlen wegen zahlreicher Ungereimtheiten nicht abschließend bestätigen. Für 2003 und 2004 hielt sie Korrekturen der Defizitzahlen nach oben für denkbar, weil eine Reihe von Regeln wie z. B. die Verbuchung von Steuereinnahmen oder die Einstufung von Staatsbetrieben nicht eingehalten wurden.

Generalstreik: Aus Protest gegen die Wirtschaftspolitik von Regierungschef Berlusconi traten im November 2004 Millionen von Arbeitern in einen Generalstreik. In rund 70 Städten und Orten des Landes legten die Menschen für mehrere die Arbeit nieder. Die Gewerkschaften begründeten ihre Aktion mit den von der Regierung beschlossenen Steuersenkungen für Wohlhabende.

Jamaika

JA

Landesfläche	10 990 km² (WR 159)
Einwohner	2,7 Mio. (WR 135)
Hauptstadt	Kingston (590 000 Einwohner)
Sprachen	Englisch, Patois
Währung	1 Jamaika-Dollar (J$) = 100 Cent
Gliederung	14 Bezirke
Staatsform	Parlamentar. Monarchie im Commonwealth (seit 1962)
Staatsoberhaupt	Königin Elisabeth II. (seit 1962) * 1926
Regierungschef	Percival James Patterson (seit 1992) * 1935
Parlament	Senat mit 21 ernannten und Repräsentantenhaus mit 60 für fünf Jahre gewählten Abgeordneten; 34 Sitze für People's National Party; 26 für Jamaica Labour Party (Wahl 2002)
Internet	www.jis.gov.jm
Religion	Protestanten (61 %); Katholiken (4 %); Sonstige (35 %)
Ethn. Gruppen	Schwarze (91 %); Mischlinge (7 %); Inder (1 %); Sonstige (1 %)
Urbanisierung	52 %
Einwohner/km	246
Bev.-Wachst./Jahr	0,9 %
Kindersterblichkeit	2 %
Alphabetisierung	86 %

Die jamaikan. Volkswirtschaft setzte 2004 ihren moderaten Aufschwung fort. Das BIP stieg um ca. 2 % gegenüber 2003, als es um 2,1 % zugelegt hatte. Dennoch galten die Wachstumsraten insgesamt als zu gering, um den Lebensstandard merklich zu verbessern, zumal die Bevölkerungszahl jährlich im Durchschnitt um 0,9 % zunimmt. Ein gravierendes Problem war 2004 die hohe Inflationsrate von 10 %; Auslöser der steigenden Inflation waren u. a. die zahlreichen Wirbelstürme in der zweiten Jahreshälfte, die zur Verknappung einiger Güter führten. Die Arbeitslosenquote lag 2004 zwar wie im Vorjahr offiziell bei ca. 13 %, dennoch ging die Beschäftigungsquote seit Mitte der 1990er-Jahre kontinuierlich zurück (1995: 69 %; 2003: 62 %). Wichtigste Devisenquellen des Landes blieben weiterhin der Tourismus, der Export von Bauxit und halbverarbeitetem Aluminiumoxyd (Alumina) sowie die Überweisungen der Jamaikaner, die im Ausland (USA, Kanada und Großbritannien) arbeiten und leben. J. ist mit seinen schätzungsweise noch ca. 30 Jahre reichenden Vorkommen nach Australien, Guinea und Brasilien weltweit der viertgrößte Exporteur von Bauxit.

Japan

Japan

J

Landesfläche	377 801 km² (WR 60)
Einwohner	127,8 Mio. (WR 9)
Hauptstadt	Tokio (11,8 Mio. Einwohner)
Sprachen	Japanisch
Währung	1 Yen = 100 Sen
Gliederung	9 Regionen (47 Präfekturen)
Staatsform	Parlamentarische Monarchie
Staatsoberhaupt	Kaiser Akihito Tsuyu No Mija (seit 1989) * 1933
Regierungschef	Junichiro Koizumi (seit 2001) * 1942
Parlament	Oberhaus mit 247 und Unterhaus mit 480 Abgeordneten; 237 für Liberaldemokratische Partei (LDP), 177 für Demokratische Partei (DPJ), 34 für Neue Komeito, 32 für andere (Wahl 2003)
Internet	www.kantei.go.jp
Religion	Shintoisten (40 %); Buddhisten (38 %); Sonstige (22 %)
Nationalitäten	Japaner (98,5 %); Koreaner (0,5 %); Sonstige (1 %)
Urbanisierung	65 %
Einwohner/km	338
Bev.-Wachst./Jahr	0,1 %
Kindersterblichkeit	0,5 %
Alphabetisierung	99 %

Außenpolitik: Im April 2005 verschärften sich die Spannungen zwischen J. auf der einen sowie China und Süd-Korea auf der anderen Seite um den sog. Schulbuchstreit. Auslöser war eine neue Schulbuchreihe in Japan, die Geschichtsdarstellungen aus einem Lehrbuch enthält, die bereits 2001 zu heftigen Protesten geführt hatten. Nach Auffassung der chines. und südkorean. Regierung verharmlost das Schulbuch die Verbrechen des japan. Imperialismus in Asien während der ersten Hälfte des 20. Jh., unter dem China und Süd-Ko-

Junichiro Koizumi
Japan. Ministerpräsident, *8. 1. 1942 in Yokosuka
Der Wirtschaftswissenschaftler begann 1970 seine Karriere als Sekretär des späteren Ministerpräsidenten Takeo Fukuda. 1972 wurde er als jüngster Nachkriegspolitiker erstmals ins japan. Unterhaus gewählt. Nachdem er 2001 Ministerpräsident geworden war, bemühte er sich, über Steuersenkungen und vorsichtige Reformen des japan. Finanzmarktes die lahmende Konjunktur zu beleben. U. a. aufgrund der ersten sichtbaren Erfolge seiner Wirtschaftspolitik wurde er im November 2003 bei der Parlamentswahl in seinem Amt bestätigt.

rea zu leiden hatten. In Süd-Korea bildeten sich Gruppierungen, die zum Boykott japan. Waren aufriefen. In mehreren chines. Städten demonstrierten Zehntausende Menschen gegen J. Die chines. Regierung drohte damit, dem Wunsch J.s nach einem ständigen Sitz im UN-Sicherheitsrat nicht entgegenzukommen.

Keine Entschädigungszahlungen: Im April 2005 lehnte ein Berufungsgericht in Tokio Entschädigungszahlungen an chines. Kriegsopfer ab. Es begründete sein Urteil damit, dass Einzelpersonen keine Entschädigung für Kriegsverbrechen einklagen könnten, weil dies ausschließlich in den Zuständigkeitsbereich der Regierungen falle. Bei den Klägern handelte es sich u. a. um Überlebende und Angehörige von Opfern, die für japan. Luftangriffe und v. a. für das Massaker von Nanking im Jahr 1937 Entschädigung wollten. Das Urteil verschärfte die antijapan. Reaktionen; um die Spannungen zu entschärfen, entschuldigte sich der japan. Ministerpräsident Junichiro Koizumi für die Kriegsvergangenheit seines Landes. Er erklärte, dass J. durch seine Kolonialherrschaft und -angriffe in der Vergangenheit großes Leid über die Bevölkerung vieler asiatischer Staaten gebracht habe. Allerdings ließ Koizumi bei seiner Entschuldigung China unerwähnt.

Erdgasvorkommen: Neben dem Schulbuchstreit belastete auch der Konflikt um ergiebige Erdgasvorkommen die japan.-chines. Beziehungen. Die japan. Regierung kündigte im April 2005 an, mit der Auswahl der Unternehmen zu beginnen, die in einem umstrittenen Seegebiet im Ostchines. Meer probeweise nach Erdgas bohren sollten. Das chines. Staatsunternehmen CNOOC hatte zuvor bereits ungeachtet japan. Protests mit Probebohrungen begonnen. J. behauptet, dass sich die Tiefsee-Erdgasfelder in die japan. Wirtschaftszone erstreckten, China bestreitet dies.

Indien: Im Zuge der Spannungen mit China bemühte sich die japan. Regierung im April 2005 um eine Annäherung an Indien. Während eines Besuchs des japan. Ministerpräsidenten Koizumi in Neu Delhi verabredeten beide Länder eine enge strategische Partnerschaft. Dabei versicherten sie sich gegenseitig ihrer Unterstützung im Streben nach einem Sitz im UN-Sicherheitsrat (→ Organisationen, UNO). Außerdem soll der Handel zwischen den beiden Ländern ausgedehnt werden.

Nord-Korea: Im Februar 2004 warnte die japan. Regierung davor, Nord-Korea mit der Androhung von Sanktionen zu isolieren. Sie betonte die Notwendigkeit, trotz des nordkorean. Atomprogramms den Dialog mit Pjöngjang aufrecht zu erhalten, um die dortige Regierung an den Verhandlungstisch zurückzubekommen. Allerdings kündigte die Regierung an, ab dem 1. 3. 2005 viele Schiffe aus Nord-Korea nicht mehr in japan. Häfen einlaufen zu lassen. Dieses Embargo steht aber in keinem unmittelbaren Zusammenhang mit dem Atomstreit. Grundlage ist ein neues Gesetz, das im Zuge des jahrelangen Streits um die Entführung japan. Staatsbürger nach Nord-Korea in den 1970er- und 1980er-Jahren erlassen worden war. Demnach müssen alle Schiffe, die in japan. Häfen einlaufen, über bestimmte Vorrichtungen für den Umweltschutz verfügen. Diese Auflagen konnten Schiffe aus Nord-Korea zumeist nicht erfüllen.

Neue Militärpolitik: Die japan. Regierung beschloss angesichts des aufstrebenden China und des Atomkonflikts mit Nord-Korea im Dezember 2004 einen Fünf-Jahres-Plan für die Stärkung der eigenen Militärmacht – personell, hinsichtlich der Ausrüstung und der Entwicklung neuer Strategien. Das Embargo für Waffenexporte soll gelockert werden, damit J. an einem Programm zur Entwicklung eines Raketensystems gemeinsam mit den USA teilnehmen kann. Die teilweise Aufhebung des seit 1976 geltenden Verbots des Exports von Waffen ergibt sich für die Regierung aus der Notwendigkeit, in Japan hergestellte Rüstungsteile im Zuge des gemeinsamen Raketenprogramms in die USA ausführen zu dürfen. Das

Raketensystem wird seit 1999 entwickelt. Ein Jahr zuvor hatte Nord-Korea eine Rakete abgefeuert, die den japan. Archipel überflog. Der neue Militärkurs ist in J. umstritten, u. a. weil sich das Land 1947 nach dem Zweiten Weltkrieg eine pazifistische Verfassung gab.

China und EU: Der japan. Ministerpräsident Junichiro Koizumi kritisierte im März 2005 die EU wegen der geplanten Aufhebung des Waffenembargos gegen China, die v. a. von Frankreich und Deutschland befürwortet wurde. Er verwies darauf, dass eine weitere Aufrüstung Chinas die gesamte Region destabilisieren könnte. Ein anderer Streitpunkt zwischen Japan und der EU war Anfang 2005 der Wettbewerb um den Standort für den Bau eines internationalen Kernfusionsreaktors. Japan beabsichtigte, das Projekt ITER (International Thermonuclear Experimental Reactor), das ein Volumen von 10 Mrd. € besitzt, in Rokkasho anzusiedeln, während Frankreich für den Standort Cadarache, für den Anfang Mai die Entscheidung fiel, warb. Das gemeinsame Projekt von EU, USA, Japan, China, Süd-Korea und Russland hat das Ziel, bis 2040 eine saubere und unerschöpfliche Energiequelle nutzbar zu machen.

Irak: Im Dezember 2004 beschloss die japan. Regierung die Verlängerung des humanitären Truppeneinsatzes im Irak um ein weiteres Jahr. Das Mandat für den im Januar 2004 begonnenen größten Auslandseinsatz der japan. Streitkräfte seit dem Zweiten Weltkrieg war zunächst bis zum 14. 12. 2004 befristet worden. Der japan. Ministerpräsident Koizumi hatte die Entsendung der rund 550 Soldaten in den Südirak als eine Verantwortung gegenüber der internationalen Gemeinschaft bezeichnet; man dürfe es nicht zulassen, dass Irak ein sicherer Zufluchtsort für Terroristen werde.

Streit um Wirtschaftszonen

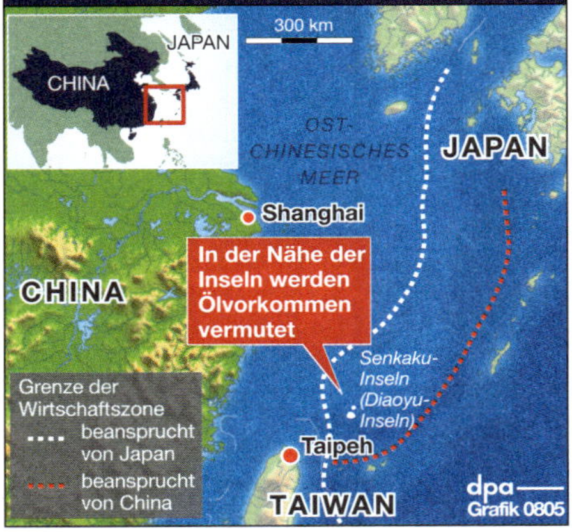

Innenpolitik: Im Januar 2005 setzte die japan. Regierung eine zehnköpfige Expertengruppe ein, die darüber beraten soll, ob zukünftig auch eine Frau Kaiserin werden darf. Bis Ende 2005 soll das Gremium aus früheren Regierungsbeamten, Rechtsexperten und Gelehrten seine Empfehlung vorlegen. Bislang verbot ein Gesetz, das nach dem Zweiten Weltkrieg verabschiedet wurde, die Einsetzung einer Frau als Kaiserin. Die japan. Kronprinzessin Masako hat bislang keinen Sohn geboren und leidet unter dem jahrelangen Druck des Hofstaates. Wegen seelischer Probleme ließ Masako 2004 und Anfang 2005 ihre offiziellen Pflichten zeitweilig ruhen. Die Prinzessin und Kronprinz Naruhito haben zusammen eine kleine Tochter, Aiko, die im Falle einer Gesetzesänderung Kaiserin werden könnte.

Creutzfeld-Jakob: Im Februar 2005 starb in J. erstmals ein Mensch an der neuen Variante der Creutzfeld-Jakob-Krankheit, eine den Menschen befallende Form des sog. Rinderwahnsinns. Es handelte sich dabei um einen Mann, der 1989 etwa einen Monat in Großbritannien verbracht hatte. Das Ministerium geht davon aus, dass er sich in Großbritannien infizierte. Die Creutzfeld-Jakob-Krankheit tritt erst viele Jahre nach einer Infektion auf. Die ersten Fälle waren in Großbritannien festgestellt worden. Dort starben bis Ende 2004 etwa 150 Menschen daran.

Plutonium-Reaktor: Der Gouverneur der Präfektur Fukui, Issei Nishikawa, entschied im Februar 2005 in Abstimmung mit der japan. Regierung, einen umstrittenen Plutonium-Reaktor zehn Jahre nach einem Störfall wieder zu reaktivieren. Der Reaktor des sog. Schnellen Brüters in Monju war 1995 nach einem Unfall, bei dem Flüssigkeit aus dem sekundären Kühlkreislauf ausgelaufen war, abgeschaltet worden. Die Betreibergesellschaft wurde damals heftig kritisiert, weil sie eine Videoaufzeichnung zurückgehalten hatte, die erhebliche Schäden am Reaktor erkennen ließ. Der Fall hatte das öffentliche Vertrauen in die japan. Atomwirtschaft erschüttert.

Zugunglück: Im April 2005 starben bei einem Zugunglück in J. mind. 70 Menschen. In Amagasaki entgleiste ein voll besetzter Pendlerzug in einer Kurve und prallte in einen neunstöckigen

Wohnblock. Ca. 440 Menschen wurden bei dem Unglück verletzt. Verkehrsminister Kazuo Kitagawa kündigte eine sorgfältige Überprüfung der Sicherheitsvorkehrungen im Eisenbahnwesen an. Außerdem gab er allen Bahngesellschaften Anordnung, umfangreiche Inspektionen durchzuführen. Bei dem letzten schweren Zugunglück in J. im November 1963 starben in Tsurumi bei Tokio 161 Menschen.

Wirtschaft: Die japan. Volkswirtschaft legte nach Jahren wirtschaftlicher Stagnation 2003 und Anfang 2004 kräftig zu. Das BIP stieg insgesamt um 2,6 %, nachdem es 2003 bereits um 1,4 % zugenommen hatte. Im Lauf des Jahres schwächte sich die japan. Wirtschaft allerdings ab und hatte im vierten Quartal 2004 einen Rückgang von 0,1 % zu verzeichnen, befand sich formal sogar in der Rezession. Diese enttäuschende Entwicklung wurde v. a. auf den schwachen Konsum bei Bekleidung und Kraftstoffen zurückgeführt. Für 2005 wurde deshalb nur mit einem Wirtschaftswachstum von 0,8 % gerechnet. Die traditionell niedrige Arbeitslosenquote sank leicht von 5,3 % (2003) auf 4,7 % (2004). Ein Problem für die japan. Volkswirtschaft ist der steigende Anteil älterer Menschen in J.

Haushaltsdefizit: Der japan. Haushaltsentwurf für das am 1. 4. 2005 begonnene Budgetjahr sieht einen geringfügigen Anstieg der Gesamtausgaben um 0,1 % vor. Das Haushaltsdefizit wurde auf ca. 115 Mrd. € verringert. Gekürzt wurden insbesondere die Verteidigungsausgaben, die auf 35,13 Mrd. € sanken (1 % weniger als im Jahr zuvor). Die japan. Regierung ist damit aber noch weit von ihrem Ziel entfernt, ab 2010 einen Überschuss zu erzielen.

Sextourismus: Die japan. Reisebranche kündigte im März 2005 an, verstärkt gegen den Sextourismus mit Kindern vorzugehen. Daher unterzeichneten Vertreter von 60 Reiseveranstaltern einen vom UN-Kinderhilfswerk UNICEF ausgearbeiteten Verhaltenskodex gegen die sexuelle Ausbeutung von Kindern in Touristengebieten. Der Kodex verpflichtet die Reiseveranstalter, Minderjährige vor dem v. a. in Südostasien verbreiteten Sextourismus zu schützen und ihr Personal entsprechend auszubilden. UNICEF hielt es für wichtig, v. a. J. für diesen Kodex zu gewinnen, da in den vom Sextourismus besonders stark betroffenen asiatischen Ländern viele japan. Reiseveranstalter vertreten sind.

Jemen

Republik Jemen ADN

Landesfläche	527 968 km² (WR 48)
Einwohner	20,7 Mio. (WR 51)
Hauptstadt	Sanaa (450 000 Einwohner)
Sprachen	Arabisch
Währung	1 Rial (YRI) = 100 Fils
Gliederung	17 Provinzen
Staatsform	Präsidiale Republik
Staatsoberhaupt	Ali Abdallah Saleh (seit 1990) * 1942
Regierungschef	Abdel Kader Bajamal (seit 2001) * 1946
Parlament	301 Abgeordnete; 238 Sitze für Allgemeinen Volkskongress (GPC), 46 für Islamische Reformpartei (Islah), 17 für Andere (Wahl 2003)
Internet	www.botschaft-jemen.de
Religion	Muslime: Sunniten (53,0 %), Schiiten (46,9 %); Sonstige (0,1 %)
Ethn. Gruppen	Araber (100 %)
Urbanisierung	26 %
Einwohner/km	39
Bev.-Wachst./Jahr	3,5 %
Kindersterblichkeit	11,4 %
Alphabetisierung	50 %

Innenpolitik: Ein Berufungsgericht bestätigte im Februar 2005 die Urteile gegen 15 Islamisten wegen einer Serie von Terroranschlägen, u. a. auf den frz. Öltanker »Limbourg« im Oktober 2002. Der Hauptangeklagte Fauas al-Rabji wurde zum Tode verurteilt. Gegen die übrigen Angeklagten sprach das Gericht Haftstrafen bis zu zehn Jahren aus. Bereits im Januar 2005 hatte die Regierung angekündigt, 826 Extremisten vor Gericht zu stellen, unter ihnen auch 26 mutmaßliche Mitglieder der Terrororganisation al-Qaida. Ihnen wurde vorgeworfen, Verbindungen zu den Angeklagten zu unterhalten. Saudi-Arabien und Kuwait hatten Ende 2004 drei der 26 Verdächtigen ausgeliefert. J. wurde wiederholt von den USA dazu gedrängt, gegen mutmaßliche Al-Qaida-Mitglieder vorzugehen. Das arabische Land gilt als Rückzugsraum für islamistische Extremisten.

Unruhen: In Kämpfen zwischen Rebellen und Sicherheitskräften im Nordwesten des J. kamen im März und April 2005 mind. 100 Menschen ums Leben. Bei den Rebellen handelt es sich um Anhänger des radikalen Predigers Hussein Badreddin al-Huthi, der 1993–97 auch Parlamentsabgeordneter war.

Außenpolitik: Während des Besuchs von Bundeskanzler Gerhard Schröder schlossen dt. Firmen im März 2005 Wirtschaftsverträge in dreistelliger Millionenhöhe: Siemens besiegelte die Lieferung von Gasturbinen und Leittechnik für ein Kraftwerk; der Auftrag hat ein Wert von 150 Mio. €. Die Lürssen-Werft soll für 80 Mio. € zehn Patrouillenboote an die jemenitische Küstenwache liefern. Außerdem wurden zwei Regierungsabkommen zum Investitionsschutz und zur Luftfahrt geschlossen.

Jordanien

JOR

Haschemitisches Kgr. Jordanien

Landesfläche	97 740 km² (WR 108)
Einwohner	5,6 Mio. (WR 104)
Hauptstadt	Amman (1 Mio. Einwohner)
Sprachen	Arabisch, Englisch
Währung	1 Jordan-Dinar = 1000 Fils
Gliederung	12 Bezirke
Staatsform	Konstitutionelle Monarchie
Staatsoberhaupt	König Abdullah II. (seit 1999) * 1962
Regierungschef	Adnan Badran (seit 2005) * 1935
Parlament	Senat mit 40 ernannten und Nationalversammlung mit 110 für vier Jahre gewählten Abgeordneten; 62 für königstreue Abgeordnete, 16 für Islamistische Aktionsfront (IAF), 32 für Andere (Wahl 2003)
Internet	www.nic.gov.jo
Religion	Muslime (93 %); Christen (4,9 %); Sonstige (2,1 %)
Ethn. Gruppen	Araber (99 %), davon 65 % Palästinenser; Sonstige (1 %)
Urbanisierung	79 %
Einwohner/km	57
Bev.-Wachst./Jahr	2,7 %
Kindersterblichkeit	3,3 %
Alphabetisierung	91 %

Innenpolitik: König Abdullah II. entließ im April 2005 die Regierung und ernannte den ehemaligen Erziehungs- und Landwirtschaftsminister sowie stellv. Direktor der UNESCO, Adnan Badran, zum neuen Ministerpräsidenten, damit dieser v. a. die marktwirtschaftliche Reformen vorantreibt. Der alten Regierung von Faisal al-Fajez sprach der König den Willen dazu ab. Bereits im Oktober 2004 hatte Abdullah II. das Kabinett auf zehn Posten umbesetzt. Dabei gab es auch einen Wechsel im Amt des Außenministers: Der langjährige Amtsinhaber Marwan Muascher wurde stellv. Ministerpräsident mit der Zuständigkeit für den öffentlichen Dienst. Sein Nachfolger im Außenministerium wurde Hani al-Mulki, der als Botschafter in Ägypten tätig war und 1994 an den Verhandlungen zum Friedensvertrag mit Israel teilgenommen hatte.

Terrorismus: Die Militärstaatsanwaltschaft erhob im Januar 2005 Anklage gegen 16 mutmaßliche islamistische Extremisten. Ihnen wurde die Vorbereitung von Terroranschlägen vorgeworfen, u. a. auf die US-amerikan. und die israel. Botschaft in Amman. Die mutmaßlichen Mitglieder einer Terrorzelle waren im August und September 2004 festgenommen worden.

Im November 2004 sprach ein Militärgericht vier weitere mutmaßliche islamistische Extremisten von dem Vorwurf frei, Angriffe auf US-amerikan. Truppen geplant zu haben. Nach Auffassung des Gerichts waren die Vorwürfe haltlos, nachdem die Regierung erklärt hatte, dass in J. zum fraglichen Zeitpunkt keine ausländischen Truppen stationiert gewesen seien. Unter den Angeklagten befanden sich ein ehemaliger Mitarbeiter des Finanzministeriums und ein Polizist.

Im März 2005 verurteilte ein Militärgericht einen der meistgesuchten Terroristen, den gebürtigen Jordanier Abu Mussab al-Zarqawi, in Abwesenheit zu einer Gefängnisstrafe von 15 Jahren. Al-Zarqawi, der Anführer des Terrornetzwerkes al-Qaida im Irak, wurde für schuldig befunden, 2003 Pläne für einen zweiten Anschlag auf die jordanische Botschaft in Bagdad ausgearbeitet zu haben, die bereits zuvor Ziel eines Attentats gewesen war; dabei waren 18 Menschen ums Leben gekommen. Auf al-Zarqawi war ein Kopfgeld von 25 Mio. US-Dollar ausgesetzt.

Neue Fachhochschule: Im April 2005 wurde in Amman der Grundstein für die Deutsch-Jordanische Universität (GJU) gelegt. Die GJU, die in der Nähe des Flughafens der Hauptstadt liegt, ist als Fachhochschule konzipiert und bietet v. a. praxisorientierte Studiengänge im technisch-ingenieurwissenschaftlichen Bereich an. Hauptunterrichtssprache ist Englisch, doch sollen die Studenten

Jordanien: König Abdullah II. (rechts) am 5. 4. 2005 mit dem neu ernannten Ministerpräsidenten Adnan Badran

während ihres Studiums so gut Deutsch lernen, dass sie ein Auslandsstudienjahr in Deutschland verbringen können.

Außenpolitik: Nach vier Jahren Unterbrechung besetzte J. - ebenso wie Ägypten - wieder den Botschafterposten in Israel. Die Ernennung des Diplomaten Maruf al-Bachit erfolgte nach der israel.-palästinens. Gipfelkonferenz von Scharm el Scheich im Februar 2005, bei der beide Seiten ein Ende der Gewalt vereinbarten. J. hatte seinen Botschafter Ende 2000 aus Israel abgezogen, nachdem ein neuer Aufstand der Palästinenser ausgebrochen war. Als weiteres Zeichen verbesserter Beziehungen besuchte ein jordan. Außenminister im März 2005 erstmals seit mehr als vier Jahren wieder den Nachbarstaat. Bei einem Treffen mit seinem Amtskollegen Silwan Schalom forderte al-Mulki die Freilassung von etwa 20 jordan. Gefangenen. Außerdem setzte er sich dafür ein, dem Präsidenten der Palästinensischen Autonomiegebiete, Mahmud Abbas, mehr Zeit für den Kampf gegen Extremistengruppen zu geben.

Konflikte mit Irak: Im März 2005 verschärften sich die Spannungen zwischen J. und dem Irak. Die Regierungen beider Staaten beorderten ihre jeweiligen Botschafter vorübergehend zurück, nachdem schiitische Demonstranten aus Solidarität mit den Aufständischen im Irak und aus Protest gegen die US-amerikan. Truppen im Land eine irak. Flagge über der jordan. Botschaft in Bagdad gehisst hatten. Außerdem warfen irak. Parlamentarier der jordan. Regierung vor, keine Maßnahmen gegen die Einreise von Terroristen aus J. in den Irak zu ergreifen.

Kambodscha

K

Königreich Kambodscha

Landesfläche	181 035 km² (WR 87)
Einwohner	14,5 Mio., (WR 62)
Hauptstadt	Phnom Penh (1 Mio. Einwohner)
Sprachen	Khmer, Frz., Vietnamesisch
Währung	1 Riel = 100 Sen
Gliederung	24 Provinzen
Staatsform	Konstitutionelle Monarchie
Staatsoberhaupt	König Norodom Sihamoni (seit 2004) * 1953
Regierungschef	Hun Sen (seit 1998) * 1951
Parlament	Nationalversammlung mit 123 Abgeordneten; 73 Sitze für Sozialistische Volkspartei, 26 für Funcipec, 24 für Sam Rainsy Partei (Wahl 2003)
Internet	www.embassy.org/cambodia; www.cambodia.gov.kh
Religion	Buddhisten (95 %); Muslime (2 %); Sonstige (3 %)
Nationalitäten	Khmer (90 %); Vietnamesen (5 %); Sonstige (4 %); Chinesen (1 %)
Urbanisierung	19 %
Einwohner/km	80
Bev.-Wachst./Jahr	2,4 %
Kindersterblichkeit	13,8 %
Alphabetisierung	86 %

Innenpolitik: Im Oktober 2004 dankte der kambodschan. König Norodom Sihanouk ab. Sein Sohn Prinz Sihamoni folgte ihm auf den Thron. Sihanouk, der 1922 geboren worden war, gab aus gesundheitlichen Gründen die Krone auf. Er musste in den letzten Jahren wiederholt ärztlich behandeln werden, nachdem er zwei Schlaganfälle erlitten hatte und an Diabetes, Bluthochdruck sowie Darmkrebs erkrankt war. Ein neunköpfiger Thronrat bestimmte Prinz Norodom Sihamoni zu Sihanouks Nachfolger. K., das seit 1993 die Staatsform der parlamentarischen Monarchie hat, kennt keine Erbnachfolge. Der Nachfolger muss aber königlichen Geblüts sein. Sihamoni, der aus der sechsten Ehe Sihanouks hervorging und in K. weitgehend unbekannt war, verbrachte die meiste Zeit seines Lebens im Ausland.

UN-Tribunal: 25 Jahre nach dem Ende der Gewaltherrschaft der Roten Khmer billigte die kambodschan. Nationalversammlung im Okto-

Kambodscha: Der abgedankte König Sihanouk begießt seinen Sohn Sihamoni während der Krönungszeremonien mit Wasser.

ber 2004 die Einrichtung eines UN-Tribunals, das die Verbrechen unter der Schreckensherrschaft von Pol Pot (1975–79) juristisch aufarbeiten soll. Noch lebende Führer der Roten Khmer sollen wegen Völkermordes, Kriegsverbrechen und Verbrechen gegen die Menschlichkeit angeklagt werden. K. hatte im Juni 2003 nach fünfjährigen Verhandlungen mit den UN eine Vereinbarung über die Schaffung des Tribunals unterzeichnet. Die Ratifizierung des Abkommens verzögerte sich aber wegen einer elf Monate dauernden Regierungskrise. Das Tribunal soll sich aus kambodschan. und ausländischen Staatsanwälten und Richtern zusammensetzen. Die Roten Khmer hatten von 1975 bis 1979 mit brutaler Gewalt versucht, K. in eine kollektivistische Agrargesellschaft umzuwandeln. Unter ihrer Herrschaft kamen schätzungsweise 1,7 Mio. Menschen ums Leben.

Außenpolitik: Deutschland sagte im Dezember 2004 der kambodschan. Regierung weitere finanzielle Unterstützung für die Räumung von Landminen zu. Zusätzliche Mittel von 623 000 € wurden für die Minenräumung in Siem Reap und in der Provinz Oddar Meanchey zur Verfügung gestellt. Diese Regionen im Nordwesten von K. waren bis 1999 Schauplatz heftiger Kämpfe im Bürgerkrieg gegen die Roten Khmer. Insgesamt half Deutschland seit 1995 mit 6,7 Mio. €.

Kamerun CAM

Republik Kamerun

Landesfläche	475 442 km² (WR 52)
Einwohner	16,3 Mio. (WR 58)
Hauptstadt	Yaoundé (1,2 Mio. Einwohner)
Sprachen	Frz., Englisch, Bantusprachen
Währung	CFA-Franc
Gliederung	10 Provinzen, 58 Départements
Staatsform	Präsidiale Republik
Staatsoberhaupt	Paul Biya (seit 1982) *1933
Regierungschef	Ephraïm Inoni (seit 2004) *1947
Parlament	Nationalversammlung mit 180 für 5 Jahre gewählten Mitgliedern; 149 Sitze für den Demokratischen Bund Kameruns (RDPC), 22 für die Sozialdemokratische Front (SDF), 9 für Andere (Wahl 2002)
Internet	www.spm.gov.cm; www.assemblee-nationale.cm
Religion	Christen (40 %); Naturreligionen (40 %); Muslime (20 %)
Ethn. Gruppen	Fang (19,6 %); Bamiléké, Bamum (18,5 %); Duala, Luanda, Basa (14,7 %); Fulani (9,6 %); Tikar (7,4 %); Sonstige (30,2 %)
Urbanisierung	51 %
Einwohner/km	34
Bev.-Wachst./Jahr	1,8 %
Kindersterblichkeit	16,6 %
Alphabetisierung	79 %

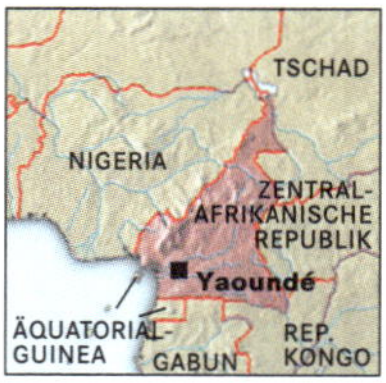

Präsident Paul Biya wurde im Oktober 2004 zum Sieger der Präsidentschaftswahl erklärt. Laut Bericht des obersten Gerichtes erhielt er 70,9 % der Stimmen. Auf John Fru Ndi, den Vorsitzenden der Sozialdemokratischen Front (SDF), entfielen 17,4 %. Adamou Ndam Njoya, der für eine Koalition aus neun Oppositionsparteien antrat, erreichte lediglich 4,4 %. Beide Oppositionskandidaten beschuldigten Biya des Wahlbetrugs. Die Polizei hinderte Fru Ndi daran, sich auf einer Pressekonferenz zum Sieger der Präsidentschaftswahl zu erklären. Internationale Wahlbeobachter stellten zwar erhebliche Unregelmäßigkeiten bei der Wahl fest, äußerten aber die Überzeugung, dass der Sieg Biyas insgesamt dem Willen der Mehrheit des Volkes entsprach. Biya, der seit 1982 in K. regiert, kann nach dem Wahlsieg weitere sieben Jahre im Amt bleiben.

Kanada CDN

Landesfläche	9,97 Mio. km² (WR 2)
Einwohner	31,7 Mio. (WR 36)
Hauptstadt	Ottawa (1,1 Mio. Einwohner)
Sprachen	Englisch, Französisch
Währung	1 Kan. Dollar (kan$) = 100 Cents
Gliederung	10 Provinzen, 3 Territorien
Staatsform	Parlamentar. Monarchie im Commonwealth (seit 1931)
Staatsoberhaupt	Königin Elisabeth II. (seit 1952) * 1926
Regierungschef	Paul Martin (seit 2003) * 1938
Parlament	Senat mit 104 ernannten und Unterhaus mit 308 für 5 Jahre gewählten Abgeordneten; 135 Sitze für Liberale Partei (LPC), 99 für Konservative Partei, 54 für Bloc Québécois, 20 für Andere (Wahl 2004)
Internet	www.gc.ca; www.parl.gc.ca
Religion	Katholiken (46 %); Protestanten (36 %); Sonstige (18 %)
Nationalitäten	Briten (28 %); Franzosen (23 %); Sonstige (49 %)
Urbanisierung	80 %
Einwohner/km	3
Bev.-Wachst./Jahr	0,8 %
Kindersterblichkeit	0,7 %
Alphabetisierung	99 %

Innenpolitik: Vor dem Hintergrund eines Korruptionsskandals in der regierenden Liberalen Partei stellte der kanad. Ministerpräsident Paul Martin im April 2005 vorgezogene Neuwahlen in Aussicht. Bei dem Skandal ging es um Werbe- und Sponsorenverträge in Höhe von rund 60 Mio. €. Die Regierung des damaligen Regierungschefs Jean Chrétien schloss die Verträge Ende der 1990er-Jahre in Quebec mit Firmen, die zwar an die Liberalen spendeten, für das Geld aber keine Gegenleistung erbrachten. Martin kündigte an, seine Entscheidung über vorgezogene Neuwahlen von dem Abschlussbericht einer Untersuchungskommission abhängig zu machen, der Ende 2005 vorgelegt werden sollte. Im Juni 2005 gewann die kanad. Minderheitsregierung im Parlament wichtige Abstimmungen über Haushaltsgesetze und konnte damit Neuwahlen zu einem früheren Zeitpunkt abwenden.

Gleichgeschlechtliche Ehen: Die kanad. Regierung brachte im Februar 2005 im Parlament ein umstrittenes Gesetz zur Einführung gleichgeschlechtlicher Ehen ein. Der oberste Gerichtshof von K. hatte zuvor gleichgeschlechtliche Ehen für zulässig erklärt. Das Gericht war von der Regierung zu einem geplanten Gesetz um Rat gefragt worden. Die katholische Kirche und andere Religionsgemeinschaften lehnten die Einführung gleichgeschlechtlicher Ehen ab. Die oppositionelle Konservative Partei kündigte ihren Widerstand an. Ministerpräsident Paul Martin von der Liberalen Partei verteidigte den Gesetzentwurf hingegen mit der Notwendigkeit, Minderheiten zu schützen.

Außenpolitik: Der dt. Rechtsextremist Ernst Zündel wurde im März 2005 von K. nach Deutschland abgeschoben. Gegen Zündel lag seit 2003 ein Haftbefehl wegen des Verdachts der Volksverhetzung vor. Grundlage für den Haftbefehl war seine Website, auf der u. a. der Massenmord an den Juden durch das NS-Regime in Deutschland geleugnet wurde. Zündel war 1958 nach K. ausgewandert und hatte sich mehrfach vergeblich um die kanad. Staatsbürgerschaft bemüht. 2003 war er auf Grundlage eines neuen kanad. Anti-Terror-Gesetzes in Toronto inhaftiert worden.

Auslieferung nach China: Im April 2005 verweigerte ein kanad. Gericht Lai Changxing, dem meistgesuchten Mann Chinas, den Flüchtlingsstatus. Lai war nach K. geflüchtet, weil ihm in China vorgeworfen wurde, Chef eines Schmugglerrings gewesen zu sein. Lai befürchtete, bei einer Verurteilung in China hingerichtet zu werden. Der chines. Staatspräsident Hu Jintao versicherte K. in einer diplomatischen Note, dass Lai bei einer Auslieferung nicht hingerichtet werde.

Wirtschaft: Die kanad. Volkswirtschaft setzte 2004 ihren Aufschwung fort. Das BIP wuchs um 2,8 %, nachdem es im Vorjahr um 2 % gestiegen war. Träger des Booms war neben den hohen Preisen für kanad. Rohstoffe der Immobilienmarkt. 2004 wurden Baugenehmigungen für Wohnimmobilien im Wert von rund 31 Mrd. € erteilt, 24 % mehr als 2003. Die Bauwirtschaft profitierte auch vom Boom der Büro- und Einzelhandelsimmobilien. Insbesondere internationale Investoren, darunter auch dt. Fondsgesellschaften, investierten 2004 ca. 12,3 Mrd. € in neue Bürotürme und Einkaufszentren, was einem Anstieg um 20 % gegenüber dem Vorjahr entsprach. Trotz des Baubooms stiegen die Preise für Eigenheime im Osten und an der Westküste um bis zu 20 %.

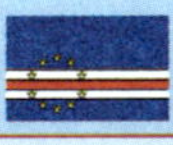

Kap Verde CV

Republik Kap Verde

Landesfläche	4 033 km² (WR 164)
Einwohner	473 000 (WR 162)
Hauptstadt	Praia (100 000 Einwohner)
Sprachen	Portugiesisch, Kreolisch
Währung	1 Kap Verde Escudo
Gliederung	15 Bezirke
Staatsform	Republik
Staatsoberhaupt	Pedro Pires (seit 2001) * 1934
Regierungschef	José Maria Neves (seit 2001) * 1960
Parlament	Nationale Volksversammlung mit 72 für 5 Jahre gewählten Abgeordneten; 40 Sitze für die Afrikanische Partei für die Unabhängigkeit von Kap Verde, 30 für die Bewegung für Demokratie, 2 für die Demokratische Allianz (Wahl 2001)
Internet	www.governo.cv
Religion	Katholiken (93,2 %); Sonstige (6,8 %)
Ethn. Gruppen	Mulatten (71 %); Schwarze (28 %); Weiße (1 %)
Urbanisierung	55,9 %
Einwohner/km	117
Bev.-Wachst./Jahr	1,4 %
Kindersterblichkeit	3,8 %
Alphabetisierung	77 %

Innenpolitik: 2004 verlor Präsident Pedro Pires erheblich an Popularität. Bei den Kommunalwahlen im März 2004 gewann die Oppositionspartei Bewegung für Demokratie (MPD) stark hinzu und stellte neun von 17 Bürgermeistern. Als Konsequenz aus der Niederlage bildete Premierminister José Maria Neves sein Kabinett auf den meisten Positionen um. Grund für die Unzufriedenheit der Bevölkerung war u. a. die Einführung einer Mehrwertsteuer zum 1. 1. 2004, die zu Preiserhöhungen führte. Die Regierung von K. erhoffte sich von der Maßnahme höhere Staatseinnahmen, durch welche die Staatsverschuldung verringert werden sollte. Die nominale Gesamtverschuldung von K. betrug 2002 (letztverfügbarer Stand) 67,4 % des BIP.

Wirtschaft: Die kapverd. Volkswirtschaft ist durch hohe Außenabhängigkeit gekennzeichnet. Die klimatischen und geologischen Bedingungen (sehr geringe Niederschläge, eingeschränkte Anbaufläche, schlechte Qualität der Böden) erschweren es dem Land, den Nahrungsmittelbedarf seiner Bevölkerung aus eigener Kraft zu decken. Daher ist es in hohem Maße auf Nahrungsmittelhilfe bzw. kommerzielle Nahrungsmittelimporte angewiesen. Wegen der schlechten ökonomischen Rahmenbedingungen wanderten seit Ende des 19. Jh. zahlreiche Kapverder in die USA oder nach Europa aus. 2004 lebten rund 700 000 Kapverder im Ausland. Mit ihren regelmäßigen Überweisungen (ca. 20 % des BIP) stellten sie eine der wichtigsten Devisenquellen des Landes dar.

Kasachstan KZ

Republik Kasachstan

Landesfläche	2,717 Mio. km² (WR 9)
Einwohner	15,4 Mio. (WR 61)
Hauptstadt	Astana (286 000 Einwohner)
Sprachen	Kasachisch, Russisch
Währung	1 Tenge = 100 Tiin
Gliederung	14 Regionen, Hauptstadtbezirk
Staatsform	Präsidiale Republik
Staatsoberhaupt	Nursultan Nasarbajew (seit 1991) * 1940
Regierungschef	Daniel Achmetow (seit 2003) * 1955
Parlament	Abgeordnetenhaus mit 77 für 4 Jahre gewählten Mitgliedern und Senat (47 Sitze); im Abgeordnetenhaus 42 Sitze für Otan (Vaterlandspartei), 11 für AIST-Block, 24 für Andere (Wahl 2004)
Internet	www.parlam.kz
Religion	Muslime (47 %); Russ.-Orth. (44 %); Sonstige (9 %)
Nationalitäten	Kasachen (42 %); Russen (37 %); Ukrainer (5,2 %); Sonstige (15,8 %)
Urbanisierung	56 %
Einwohner/km	6
Bev.-Wachst./Jahr	–0,4 %
Kindersterblichkeit	9,9 %
Alphabetisierung	99 %

Innenpolitik: Bei der Parlamentswahl im September 2004 setzte sich die Partei von Präsident Nursultan Nasarbajew durch. Die Regierungspartei Otan (Vaterland) errang bei der Listenwahl sieben der zehn den Parteien zugeteilten Sitze. Je ein weiteres Mandat ging an die Assar-Partei der Präsidententochter Dariga Nasarbajewa, an den regierungsfreundlichen AIST-Block und die Oppositionspartei Ak Schol. Bei der Direktwahl der Abgeordneten kam Otan nach offiziellen Angaben auf 43% der abgegebenen Stimmen, gefolgt von Assar mit 19% und Ak Schol mit 17%. Oppositionspolitiker beschuldigten Nasarbajew des Wahlbetrugs. Auch die OSZE sowie Wahlbeobachter aus den USA verwiesen auf Unregelmäßigkeiten.

Medienkontrolle: Im Mai 2005 verbot das Informationsministerium ohne Angabe von Gründen die Zeitung »Respublika«. Die Zeitung war bereits zuvor von Regierungsorganen verklagt worden, Redaktion und Journalisten wurden mehrfach Ziel von Anschlägen.

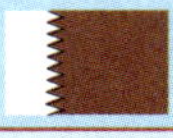

Katar

Q

Staat Katar

Landesfläche	11 000 km² (WR 158)
Einwohner	619 000 (WR 159)
Hauptstadt	Doha (240 000 Einwohner)
Sprachen	Arabisch, Farsi, Urdu
Währung	1 Katar-Rial = 100 Dirham
Gliederung	9 Bezirke
Staatsform	Absolute Monarchie, Emirat
Staatsoberhaupt und Regierungschef	Hamad ibn Chalifa ath-Thani (seit 1995) * 1959
Parlament	Beratende Versammlung mit 35 Mitgliedern, keine politischen Parteien
Internet	www.quatarembassy.org
Religion	Muslime (92,4%), Christen (5,9%), Hindus (1,1%), Bahai (0,2%), Sonstige (0,4%)
Nationalitäten	Inder, Pakistani (34%); Araber: Nicht-Katarer 25%), Katarer 20%); Iraner (16%); Sonstige (5%)
Urbanisierung	92%
Einwohner/km	56
Bev.-Wachst./Jahr	1%
Kindersterblichkeit	1,6%
Alphabetisierung	81%

Bei einem Autobombenanschlag auf das Theater einer britischen Schule in der Hauptstadt Doha wurde im März 2005 ein Brite getötet, zwölf weitere Menschen erlitten Verletzungen. Der Anschlag ereignete sich zwei Tage nach der Ausstrahlung einer Tonbandaufnahme, die dem Al-Qaida-Chef auf der Arabischen Halbinsel, Saleh al-Ufi, zugeschrieben wurde. Darin wurden die Mitglieder des Terrornetzwerks in den Golfstaaten und alle Al-Qaida-Anhänger in den Nachbarstaaten des Iraks aufgerufen, Attentate u. a. gegen die Soldaten, Militäreinrichtungen und Flugzeuge der »westlichen Besatzer« zu verüben. K. war bis dahin – im Gegensatz zu anderen Staaten dieser Region – von Anschlägen weitgehend verschont geblieben. In K. befindet sich das Zentralkommando (Centcom), ein wichtiger Stützpunkt der US-Armee.

Kenia

EAK

Republik Kenia

Landesfläche	580 367 km² (WR 46)
Einwohner	32,4 Mio. (WR 34)
Hauptstadt	Nairobi (1,6 Mio. Einwohner)
Sprachen	Swahili, Englisch, Stammessprachen
Währung	1 Kenya-Shilling = 100 Cents
Gliederung	7 Provinzen und Hauptstadtbezirk
Staatsform	Präsidiale Republik
Staatsoberhaupt und Regierungschef	Mwai Kibaki (seit 2002) * 1931
Parlament	Nationalversammlung mit 210 für 5 Jahre gewählten Mitgliedern; 132 Sitze für die Nationale Regenbogenkoalition (NARC), 68 für die Afrikanische Nationalunion Kenias (KANU), 10 für Andere (Wahl 2002)
Internet	www.kenya.go.ke
Religion	Christen (73%); Animisten (19%); Sonstige (8%)
Ethn. Gruppen	Kikuyu (22%); Luhya (14%); Luo (13%); Kamba (11%); Kalenjin (12%); Sonstige (28%)
Urbanisierung	39%
Einwohner/km	56
Bev.-Wachst./Jahr	1,5%
Kindersterblichkeit	12,2%
Alphabetisierung	85%

Als erste afrikanische Frau erhielt die Umweltschützerin und Menschenrechtlerin Wangari Maathai aus K. im Dezember 2004 den Friedensnobelpreis. Das Osloer Nobelkomitee begründete die Vergabe mit dem Einsatz Maathais für eine nachhaltige Entwicklung zum Wohl der Umwelt. Die Biologin, die in den 1970er-Jahren Tiermedizin in Deutschland studiert hatte, war durch ihren Kampf gegen die Zerstörung der kenian. Wälder bekannt geworden. Sie setzte sich aber zunehmend auch gegen die Verfolgung Oppositioneller, die Unterdrückung der Meinungsfreiheit und gegen Korruption ein (→ Forschung, Nobelpreise).

Im Dezember 2004 schloss sich die kenian. Regierung der Kampagne der sog. New Partnership for Africa Development (Nepad, Neue Partnerschaft für die Entwicklung Afrikas) an. Die Mitgliedstaaten dieses Paktes bemühen sich u. a. um eine Vereinheitlichung des Arbeitsrechtes. Außerdem beabsichtigen sie, nach gemeinsamen Lösungswegen im Kampf gegen die hohe Arbeitslosigkeit, die verbreitete Armut und die Ausbreitung von Aids zu suchen.

Kirgistan

KS

Republik Kirgistan

Landesfläche	198 500 km² (WR 84)
Einwohner	5,2 Mio. (WR 108)
Hauptstadt	Bischkek (650 000 Einwohner)
Sprachen	Kirgisisch, Russisch
Währung	1 Kirgistan-Som = 100 Tyin
Gliederung	7 Regionen und Hauptstadtbezirk
Staatsform	Präsidiale Republik
Staatsoberhaupt und Regierungschef	Kurmanbek Bakijew (seit 2005, interimistisch) * 1949
Parlament	Abgeordnetenversammlung mit 60, Oberhaus mit 45 Sitzen; das Ergebnis der Wahl vom Februar/März 2005 wurde ungültig erklärt
Religion	Sunnitische Muslime (75 %); Russ.-Orth. (20 %); Sonstige (5 %)
Nationalitäten	Kirgisen (53 %); Russen (18 %); Usbeken (13 %); Sonstige (16 %)
Urbanisierung	34 %
Einwohner/km	26
Bev.-Wachst./Jahr	1,4 %
Kindersterblichkeit	6,1 %
Alphabetisierung	97 %

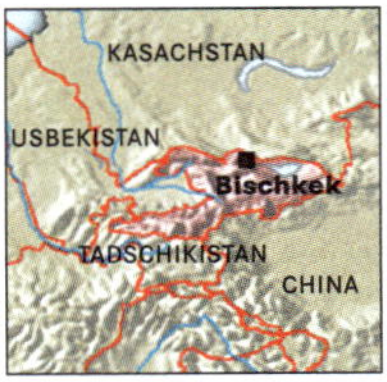

Innenpolitik: Im März 2005 stürzte die kirgis. Opposition nach Großdemonstrationen das Regime des autoritär regierenden Präsidenten Askar Akajew. Auslöser des Umsturzes waren die Parlamentswahlen vom Februar und März 2005, bei denen die Anhänger Akajews eine große Mehrheit erzielten. Im ersten Wahlgang erreichten 32 Kandidaten die erforderliche absolute Mehrheit, von ihnen gehörten nur zwei der Opposition an. Im zweiten Wahlgang gewann die Opposition lediglich vier der 43 noch offenen Mandate. Zu den Siegern gehörte auch Bermet Akajew, die Tochter des Präsidenten. Dessen Sohn Aidar Akajew hatte schon in der ersten Wahlrunde ein Mandat errungen.

Kirgistan: Die Herrschaft Akajews

1990: Der Wissenschaftler Askar Akajew wird Präsident der damaligen Sowjetrepublik.
1991: Der Oberste Sowjet proklamiert die Unabhängigkeit des Landes; die Kommunistische Partei wird verboten; bei den ersten Präsidentschaftswahlen nach der Unabhängigkeitserklärung (31. 8.) wird Akajew im Amt bestätigt; Beitritt zur GUS.
1992: Wiederzulassung einer kommunistischen Partei; Beitritt zum Rat für wirtschaftliche Zusammenarbeit (ECO) der islamischen Staaten des Mittleren Ostens.
1993: Abschluss eines Vertrags über militärische Zusammenarbeit mit Russland; Verabschiedung einer neuen Verfassung; Einführung der Nationalwährung Kirgistan-Som.
1994: Kirgistan nimmt am NATO-Programm »Partnerschaft für den Frieden« teil; Auflösung des Parlaments; Akajew regiert per Dekret weiter.
1995: Erste freie Parlamentswahlen; bei vorgezogenen Präsidentschaftswahlen wird Akajew im Amt bestätigt.
1996: Per Referendum werden die Machtbefugnisse des Präsidenten erweitert.
1999: Unterzeichnung eines Partnerschafts- und Kooperationsabkommens mit der EU.
2000: Akajew sichert sich durch Wahlbetrug das Präsidentenamt; zunehmende Unterdrückung oppositioneller Gruppierungen.
2002: Schwere Zusammenstöße zwischen Regierungsanhängern und Oppositionellen, nachdem der Abgeordnete Asimbek Beknasarow widerrechtlich verhaftet worden war.
2003: Umstrittenes Referendum ermächtigt Akajew zu einer Verfassungsreform, die den Präsidenten weitere Vollmachten verschafft und ihm Schutz vor Strafverfolgung sichert.
2005: Nach erneuten Manipulationen bei der Parlamentswahl wird Akajew gestürzt.

Akajews Sturz: Herbst der Potentaten?

Das Ende des Akajew-Regimes in Kirgistan lässt auch für andere selbstherrliche Potentaten unsichere Zeiten anbrechen. Gleichsam über Nacht gelang es der Opposition, die über die plumpen Wahlfälschungen entrüsteten Massen hinter sich zu sammeln und den Präsidenten aus seinem Palast zu treiben.

Die Bilder aus Bischkek erinnerten in gewisser Hinsicht an die revolutionären Ereignisse 1989 in Rumänien, als wütende Demonstranten den verhassten Diktator Nicolae Ceauçescu zunächst zur Flucht zwangen und bald darauf über seine Hinrichtung jubelten. Dass Akajew ein ähnliches Los erspart blieb und dass in K. lediglich darüber diskutiert wurde, welche Privilegien ihm genommen werden sollen, hängt mit seiner vergleichsweise moderaten Herrschaft zusammen.

Akajews Herrschaft Eigentlich begann Akajews Regierungszeit 1990 recht verheißungsvoll. Nach dem Zusammenbruch der Sowjetunion wurden in keinem anderen GUS-Staat marktwirtschaftliche Reformen so konsequent umgesetzt wie hier. Als allerdings die erhofften Erfolge ausblieben und die Industrieproduktion allein in den ersten drei Jahren der Unabhängigkeit um mehr als die Hälfte sank, war es mit der Aufbruchstimmung vorbei. Akajew begann mithilfe von Korruption und Vetternwirtschaft, seine Macht auszubauen. Er verstand es perfekt, die traditionellen und komplizierten Rivalitäten zwischen den verschiedenen kirgisischen Clans auszunutzen. Da er die Justiz unter seine Kontrolle brachte, konnte er nach Belieben Wahlen manipulieren und unter einem trügerischen demokratischen Schein seine Amtszeit regelmäßig verlängern lassen. Oppositionskandidaten ließ er mit der Behauptung, sie hätten einen Staatsstreich geplant, zu langjährigen Gefängnisstrafen verurteilen. Zwar hatte K. Ende der 1990er-Jahre Probleme mit dem islamischen Fundamentalismus im Land, doch Akajews autoritäres Regime schien weitgehend gefestigt zu sein.

Andere Diktatoren Es bedarf daher keiner großen Fantasie, um sich vorzustellen, dass die Bilder vom plötzlichen Sturz Akajews bei manchen Alpträume hervorgerufen haben. Denn auch in den anderen zentralasiatischen Staaten regieren Präsidenten, deren Sündenregister dasjenige Akajews eher übertrifft. Ob in Kasachstan, Tadschikistan, Turkmenistan oder Usbekistan – die einstigen Sowjetrepubliken werden seit den 1990er-Jahren von Präsidenten dominiert, die mit Bestechung, Nepotismus, Wahlfälschungen und willkürlichen Verhaftungen ihr Land kontrollieren.

In Turkmenistan etwa begnügte sich Präsident Saparmurat Nijasow nicht damit, seine Macht kontinuierlich zu festigen, sondern er betrieb auch einen grotesken Personenkult, der dazu beitrug, dass der zentralasiatische Staat heute international weitgehend isoliert ist. Nijasow wird ebenso wie seine Amtskollegen in Kasachstan (Nursultan Nasarbajew), Tadschikistan (Emomali Rachmonow) und Usbekistan (Islam Karimow) die seismischen Erschütterungen gespürt haben, die von den politischen Umwälzungen in K. ausgingen. Wie dünn die Luft für Potentaten – v. a. nach den Umwälzungen in Georgien und in der Ukraine – in jener Region geworden ist, hat auch der letzte Diktator Europas, der weißrussische Präsident Alexander Lukaschenka, gemerkt, der aus Angst vor ähnlichen Entwicklungen wie in K. im März 2005 friedliche Demonstranten ins Gefängnis werfen ließ.

Ein Oppositionsanhänger am 24. März vor dem erstürmten Regierungsgebäude in Bischkek

Bürgerrechtsgruppen protestierten gegen das Wahlergebnis. Die OSZE warf der Regierung Stimmenkauf, fragwürdige Ausschlüsse von Kandidaten und Einmischung in die Berichterstattung der Medien vor. Für Oktober 2005 waren Präsidentenwahlen vorgesehen, bei denen Akajew nach zwei Amtszeiten nicht mehr antreten durfte. Die Opposition befürchtete, das Regierungslager werde mit seiner überwältigenden Parlamentsmehrheit die Verfassung ändern und damit dem Präsidenten eine weitere Amtsperiode ermöglichen.

Gewaltsame Proteste: Nachdem die Opposition erfolglos Neuwahlen zum Parlament gefordert hatte, organisierte sie in allen Teilen des Landes Großkundgebungen. In der Hauptstadt Bischkek gelang es ca. 1 000 Oppositionellen, einen Ring der Bereitschaftspolizei um den Regierungssitz zu durchbrechen und das Gebäude zu besetzen. Daraufhin flohen der Präsident und seine Familie nach Russland. Im April verkündete Akajew offiziell seinen Amtsverzicht.

Übergangspräsidenten: Nach der Flucht Akajews wählte das Oberhaus zunächst den Oppositionsabgeordneten Ischenbai Kadyrbekow zum Übergangspräsidenten. Das Unterhaus stimmte der Entscheidung aber nicht zu, was laut Verfassung erforderlich gewesen wäre. Daher erklärte sich einen Tag nach dem Sturz der Regierung mit Kurmanbek Bakijew ein zweiter Oppositionspolitiker zum Präsidenten. Er konnte sich nach tagelangen verfassungsrechtlichen Auseinandersetzungen gegen Kadyrbekow durchsetzen.

Privilegien gestrichen: Im April 2005 beschloss das Parlament, zahlreiche Privilegien des gestürzten Präsidenten Akajew zu streichen. So erlosch sein Anspruch auf eine lebenslange Mitgliedschaft im Sicherheitsrat. Allerdings behielt Akajew seine strafrechtliche Immunität, da diese in der Verfassung festgeschrieben war. Sie sicherte ihm auch eine eigene Leibgarde und eine Rente nach dem Ende seiner Amtszeit.

Präsidentschaftskandidaten: Das Oberste Gericht hob im April 2005 die Verurteilung von Oppositionsführer Felix Kulow wegen Korruption auf. Diese Entscheidung erlaubt es ihm, bei der für den 9.7. 2005 geplanten Präsidentschaftswahl zu kandidieren. Die Anklage war vor der Präsidentenwahl 2000 erhoben worden und verhinderte damals, dass er gegen Akajew antreten konnte. Im April 2005 wurde ein weiterer Präsidentschaftskandidat, Bajaman Erkinbajew, bei einem Anschlag leicht verletzt. Im Juni 2005 stürmten mehrere Hundert Demonstranten den Sitz der kirgis. Regierung in Bischkek. Bei den Demonstranten handelte es sich um Anhänger des Politikers Urmat Barjaktadasow, dessen Kandidatur für die Präsidentenwahl am 10. Juli zuvor mit der Begründung abgewiesen worden war, dass er Staatsbürger der benachbarten Republik Kasachstan ist.

Außenpolitik: Während der innenpolitischen Krise vereinbarten die US-amerikan. und die russ. Regierung, gemeinsam auf eine Stabilisierung der Lage in K. hinzuwirken. Sie erachteten es als vorrangig, rechtsstaatliche Grundsätze durchzusetzen und für einen gewaltlosen Regimewechsel zu sorgen. Beide Staaten unterhalten in K. Militärbasen.

Kiribati

KIR

Republik Kiribati

Landesfläche	726 km² (WR 172)
Einwohner	94 000 (WR 179)
Hauptstadt	Bairiki (2 200 Einwohner)
Sprachen	Englisch, Gilbertesisch
Währung	1 Austral. Dollar/Kiribati = 100 Cents
Gliederung	33 Inseln, geteilt in 3 Gruppen
Staatsform	Präsidiale Republik
Staatsoberhaupt und Regierungschef	Anote Tong (seit 2003) * 1952
Parlament	Abgeordnetenhaus mit 41 für 4 Jahre gewählten Mitgliedern; 18 für MTM, 13 für BK, 9 für Unabhängige, ein Sitz für einen Vertreter der Insel Banaba (Wahl 2003)
Religion	Katholiken (53,3 %); Protestanten (39,2 %); Bahai (2,4 %); Adventisten (1,9 %); Mormonen (1,6 %); Sonstige (1,6 %)
Ethn. Gruppen	Kiribatier (97,4 %); Tuvaluer (0,5 %); Sonstige (2,1 %)
Urbanisierung	35 %
Einwohner/km	116
Bev.-Wachst./Jahr	1,8 %
Kindersterblichkeit	6,9 %
Alphabetisierung	90 %

K. nahm Anfang 2005 mit einer kleinen Delegation von fünf Polizeioffizieren an einer regionalen Hilfsmission für die Salomonen teil. Sie soll die dortige Polizei bei der Wiederherstellung der

Sicherheit in einigen abgelegenen Teilen des Inselstaates unterstützen. K., eine parlamentarische Demokratie mit einem Einkammersystem. Die gesetzgebende Versammlung (Maneaba ni Maungatabu) besteht aus 41 Mitgliedern, einschließlich eines Generalstaatsanwalts als Ex-officio-Mitglied und eines Vertreters der im Ausland lebenden Kiribatier. Die Regierung setzt sich aus dem Präsidenten, der zugleich Premier- und Außenminister ist, dem Vizepräsidenten und nicht mehr als acht Ministern, die alle vom Präsidenten aus dem Kreis der Parlamentsmitglieder ernannt werden, sowie dem Generalstaatsanwalt zusammen. Der Präsident wird aus einer vom Parlament zusammengestellten Kandidatenliste vom Volk gewählt.

Kolumbien

Republik Kolumbien CO

Landesfläche	1,14 Mio. km² (WR 25)
Einwohner	44,9 Mio. (WR 28)
Hauptstadt	Bogotá (6,4 Mio. Einwohner)
Sprachen	Spanisch, indianische Sprachen
Währung	1 Peso = 100 Centavos
Gliederung	32 Departamentos und Hauptstadtdistrikt
Staatsform	Präsidiale Republik
Staatsoberhaupt und Regierungschef	Álvaro Uribe Vélez (seit 2002) * 1952
Parlament	Abgeordnetenhaus mit 161, Senat mit 102 Mitgliedern; im Abgeordnetenhaus 54 Sitze (Senat: 28) für Liberale, 21 (13) für Konservative, 11 (6) für Coalición, 75 (55) für Andere (Wahl 2002)
Internet	www.gobiernoenlinea.gov.co
Religion	Katholiken (93 %); Sonstige (7 %)
Ethn. Gruppen	Mestizen (58 %); Weiße (20 %); Mulatten (14 %); Sonstige (8 %)
Urbanisierung	77 %
Einwohner/km	39
Bev.-Wachst./Jahr	1,6 %
Kindersterblichkeit	2,3 %
Alphabetisierung	91 %

Innenpolitik: Der kolumbian. Präsident Álvaro Uribe Vélez entkam im Dezember 2004 einem Sprengstoffanschlag. An einem Auto in einem Viertel der Hauptstadt Bogotá, durch das der Präsident fahren wollte, entdeckten Sicherheitskräfte 7 kg Sprengstoff. Der kolumbian. Geheimdienst vermutete hinter dem Attentatsversuch die marxistische Rebellengruppe Revolutionäre Streitkräfte Kolumbiens (FARC), die ihre Anhänger wiederholt zur Ermordung Uribes aufgerufen hatte. Bereits im Juni 2004 hatte die Polizei eine Reihe von geplanten Attentaten gegen den Staatschef vereitelt. Nach seinem Amtsantritt im August 2002 hatte Uribe einen harten Kurs gegen die Rebellen der FARC eingeschlagen. In dem Bürgerkrieg zwischen linksgerichteten Guerilleros auf der einen und Regierungstruppen sowie paramilitärischen Gruppen auf der anderen Seite werden jedes Jahr ca. 3 500 Menschen getötet. Durch die Kämpfe wurden allein von Januar bis April 2005 rund 62 000 Menschen vertrieben. Besonders stark betroffen waren die ländlichen Gebiete, in denen die Regierung massiv gegen die FARC-Rebellen vorging. Die Einwohner ergriffen die Flucht aus Angst vor Festnahmen durch die Behörden oder vor Angriffen durch Rebellen und Paramilitärs. Außerdem fürchteten sie die Pestizide, welche die Regierung bei ihrem Anti-Drogen-Kampf auf die Felder versprühen ließ.

Menschenrechtsverletzungen: Die Opposition in K. beschuldigte Präsident Uribe im September 2004, massive Menschenrechtsverletzungen zu dulden. Sie verwies u. a. auf die Verbindungen zwischen der Armee und rechtsgerichteten Paramilitärs, die für zahlreiche Gewalttaten gegen die Zivilbevölkerung verantwortlich gemacht werden. So seien allein 2003 (letztverfügbarer Stand) rund 150 Indianerführer ermordet worden. Zwei Drittel dieser Morde gingen auf das Konto von Paramilitärs.

Paramilitärs: Im Januar 2005 legten Mitglieder der paramilitärischen Einheiten zur Selbstverteidigung Kolumbiens (AUC) ihre Waffen nieder. Rund 900 Soldaten der Kampfgruppen Córdoba, Sinú und Sanidad schworen dem bewaffneten Kampf ab. Von besonderer Bedeutung war die Entwaffnung der Gruppe Córdoba, weil sie als Gründungseinheit der AUC gilt, die später die Ausweitung des Kampfes gegen linke Rebellen auf das ganze Land beschlossen hatte. Die AUC hatte zugesagt bis Ende 2005 ihre etwa 20 000 bewaffneten Mitglieder zu demobilisieren.

Landminen: In einem demonstrativen Akt zerstörte die kolumbian. Regierung im Oktober 2004 rund 7 000 Landminen. Die Sprengung der Minen fand in einer ländlichen Region statt und wurde live auf Großbildschirmen in der Hauptstadt Bogotá gezeigt. In K. wurden nach amtlichen Angaben allein 2004 rund 600 Menschen von Landminen getötet oder verletzt, darunter etwa 60% Soldaten. Die verschiedenen Rebellengruppen setzten solche Minen für ihren Untergrundkampf ein.

Außenpolitik: Wegen mutmaßlicher Unterstützung der FARC verschlechterten sich im Januar 2005 die diplomatischen Beziehungen zwischen K. und Venezuela. Die kolumbian. Regierung behauptete, Venezuela wiederholt über den Aufenthalt von Rebellen auf dessen Territorium hingewiesen zu haben. Präsident Uribe überreichte angeblich dem venezolan. Präsidenten Hugo Chávez Frías eine Karte mit genauen Ortsangaben zu FARC-Lagern in Venezuela und forderte ihn dazu auf, gegen die Rebellen vorzugehen. Rodrigo Granda, der sich als Außenminister der FARC bezeichnet, wurde im Dezember in Caracas von Kopfgeldjägern entführt, nachdem er an einer von der venezolan. Regierung organisierten Konferenz teilgenommen hatte. Chávez verfügte daraufhin die Suspendierung aller bilateralen Abkommen und verlangte eine Entschuldigung von Uribe.

Drogenboss ausgeliefert: Im Dezember 2004 lieferte K. unter höchsten Sicherheitsvorkehrungen einen der mächtigsten Drogenbosse der Welt an die USA aus. Der Chef des Kartells der kolumbian. Großstadt Cali, Gilberto Rodríguez Orejuela, wurde in Florida und in New York wegen Rauschgifthandels und Geldwäsche angeklagt. Vor seiner Festnahme (1995) soll Rodríguez Orejuela 30 t Kokain in die USA geschmuggelt haben. Selbst in der kolumbian. Haft soll er Operationen des Cali-Kartells gesteuert haben.

Drogenfund: Die US-amerikan. Küstenwache beschlagnahmte im Februar und März 2005 bei mehreren Anti-Drogen-Einsätzen in kolumbian. Gewässern rund 4,3 t Kokain. Die Drogen hatten einen Gesamtwert von ca. 300 Mio. US-Dollar. Bei den Einsätzen wurden 17 Verdächtige festgenommen. Das Kokain sollte nach Florida eingeschmuggelt werden. Im April kündigte die US-amerikan. Außenministerin Condoleezza Rice an, K. auch weiterhin im Kampf gegen Drogenbanden zu unterstützen. Allerdings soll der sog. Hilfsplan Colombia, der 2000 vereinbart worden war, Ende 2005 auslaufen. Im Rahmen dieses Programms flossen rund 2,6 Mrd. US-Dollar an K., mit denen u. a. die Vernichtung von großen Koka- und Klatschmohnflächen finanziert wurde.

Komoren COM

Islamische Republik Komoren

Landesfläche	2 235 km² (WR 167)
Einwohner	790 000 (WR 155)
Hauptstadt	Moroni (40 000 Einwohner)
Sprachen	Französisch, Komorisch
Währung	1 Komoren-Franc = 100 Centimes
Gliederung	3 Inseldistrikte
Staatsform	Islamische Bundesrepublik
Staatsoberhaupt und Regierungschef	Azali Assoumani * 1959 (seit 2002)
Parlament	Volksvertretung mit 33 Abgeordneten; 12 Sitze für eine lockere Parteienallianz, die sich gegen Präsident Assoumani bildete; 6 für Anhänger des Staatsoberhauptes, 15 von Körperschaften der Inseldistrikte ernannt (Wahl 2004)
Religion	Sunnitische Muslime (98,9%); Christen (1%); Bahai (0,1%)
Nationalitäten	Komoraner (96,9%); Makua (1,6%); Sonstige (1,5%)
Urbanisierung	35%
Einwohner/km	353
Bev.-Wachst./Jahr	3,1%
Kindersterblichkeit	7,9%
Alphabetisierung	59%

Im November 2004 untersuchte eine Kommission des Internationalen Währungsfonds (IWF, Washington D. C) den Zustand der Volkswirtschaft auf den K. Sie kam zu dem Ergebnis, dass insbesondere die politische Instabilität die ökonomische Entwicklung des Inselstaates behindert habe. Wegen des fehlenden Machtgleichgewichts zwischen der Regierung in der Hauptstadt Moroni und den drei Inseldistrikten Nzwani (frz. Anjouan), Mwali (frz. Mohéli) und Ngazidja (frz. Grande Comore) gab es auf den K. seit der Unabhängigkeit von Frankreich (1975) mehr als 20 Putschversuche. Außerdem litten die K. 2004 laut IWF-Bericht unter den sinkenden Preisen für Vanille, das Hauptausfuhrgut, sowie unter den hohen Preisen für importiertes Erdöl. Daher wurde für 2005 mit einem BIP-Anstieg von lediglich 3% gerechnet. Die Auslandsschulden der K. beliefen sich Ende 2004 auf ca. 290 Mio. US-Dollar, was rund 76% des BIP entsprach.

Kongo CGO
Demokratische Republik Kongo

Landesfläche	2 344 858 km² (WR 12)
Einwohner	54,4 Mio. (WR 23)
Hauptstadt	Kinshasa (5 Mio. Einwohner)
Sprachen	Französisch, Swahili, Luba u. a.
Währung	Kongolesischer Franc
Gliederung	10 Regionen, Hauptstadtbezirk
Staatsform	Präsidiale Republik
Staatsoberhaupt und Regierungschef	Joseph Kabila (seit 2001) * 1971
Parlament	Kabilas Vater ernannte im Jahr 2000 wenige Monate vor seiner Ermordung ein Parlament mit 300 Mitgliedern.
Religion	Christen (94,5 %): Katholiken (48,4 %), Protestanten (29 %), Kimbanguisten (17,1 %); Animisten (3,4 %); Sonstige (2,1 %)
Ethn. Gruppen	Bantu-Gruppen (80 %): u. a. Luba (18 %), Kongo (16,2 %), Mongo (13,5 %); Sudan-Gruppen (15 %); Sonstige (5 %)
Urbanisierung	32 %
Einwohner/km	23
Bev.-Wachst./Jahr	2,9 %
Kindersterblichkeit	20,5 %
Alphabetisierung	65 %

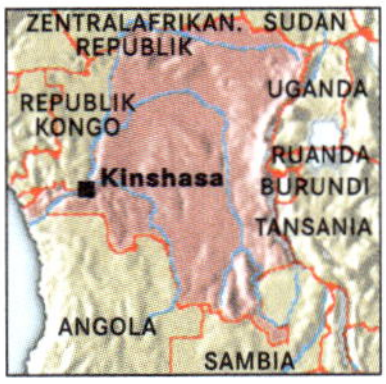

Innenpolitik: Trotz des 2003 abgeschlossenen Friedensvertrages, der den Bürgerkrieg im K. beenden sollte, starben 2004/05 durchschnittlich täglich 1 000 Menschen an den Folgen der Kämpfe. Insbesondere im Osten des Landes verschlechterte sich die Sicherheitslage. Dort kam es im Januar 2005 zu einer Serie von Überfällen, welche Bewaffnete vom Stamm der Lendu auf die Siedlung Che verübten. UN-Soldaten wurden in diese Region entsandt, um weitere Übergriffe zu verhindern. Im März 2005 verlängerte der UN-Sicherheitsrat das Mandat der Friedenstruppe im K. (MONUC) um weitere sechs Monate bis zum 1. 10. 2005. Die Truppe umfasst etwa 16 700 Soldaten.

Juristische Aufarbeitung: Im März 2005 begann der Internationale Strafgerichtshof (IStGH) in Den Haag seine erste Anhörung zu einem laufenden Verfahren über die Menschenrechtsverletzungen im K. Das zentralafrikan. Land war im Juni 2004 der erste Staat, gegen den der Chefankläger des IStGH, der Argentinier Luis Moreno Ocampo, ein Verfahren einleitete. Er warf den Konfliktparteien schwere Verbrechen wie Vergewaltigungen, Folterungen und Hinrichtungen vor. Die kongoles. Regierung beschuldigte Uganda vor dem Internationalen Gerichtshof, Zehntausende Menschen ermordet und die natürlichen Ressourcen des Landes ausgebeutet zu haben. Auf Druck der UN zog Uganda 2003 ca. 5 000 Soldaten aus dem Osten des K. ab.

➤ Krisen und Konflikte, Ituri

Kongo RCB
Republik Kongo

Landesfläche	342 000 km² (WR 62)
Einwohner	3,8 Mio. (WR 124)
Hauptstadt	Brazzaville (1 Mio. Einwohner)
Sprachen	Frz., Lingala, Kikongo u. a.
Währung	CFA-Franc
Gliederung	9 Regionen, Hauptstadtbezirk
Staatsform	Demokratische Republik
Staatsoberhaupt	Denis Sassou-Nguesso (seit 1997) * 1943
Regierungschef	Isidore Mvouba (seit 2005) * 1954
Parlament	Nationalversammlung mit 137 Mitgliedern und Senat mit 66 Mitgliedern; Nationalversammlung: 53 Sitze für die Kongolesische Arbeiterpartei (PCT), 30 für die Vereinten Demokratischen Kräften (FDU), 46 für Andere, 9 vakant; im Senat 44 für PCT, 12 für FDU, 10 für Andere
Internet	www.congo-site.com
Religion	Katholiken (53,9 %); Protestanten (24,9 %); Afrikanische Christen (14,2 %); Animisten (4,8 %); Sonstige (2,2 %)
Ethn. Gruppen	Kongo (51,5 %); Téké (17,3 %); Mboshi (11,5 %); Mbete (4,8 %); Punu (3 %); Sonstige (11,9 %)
Urbanisierung	54 %
Einwohner/km	11
Bev.-Wachst./Jahr	2,6 %
Kindersterblichkeit	10,8 %
Alphabetisierung	84 %

Internationale Menschenrechtsorganisationen protestierten im März 2005 gegen die Behandlung von etwa 25 Sicherheitsoffizieren, die zwei Monate zuvor von der Polizei in Point-Noire, der zweitgrößten Stadt im K., festgenommen wurden. Sie forderten einen fairen Prozess und verlangten von der Regierung, die Inhaftierten menschenwürdig zu behandeln. Die kongoles. Justiz warf den Offizieren vor, in Brazzaville an einem Diebstahl von Waffen beteiligt gewesen zu sein, die bei einem Umsturzversuch gegen die Regierung eingesetzt werden sollten.

Die innenpolitischen Unruhen wurden u. a. darauf zurückgeführt, dass kurz vor dem angeblichen Putschversuch mit Isidore Mvouba entgegen der kongoles. Verfassung ein Ministerpräsident ernannt worden war. K. ist eigentlich ein Zentralstaat mit einem gewählten Staatspräsidenten, der gleichzeitig Chef der Exekutive ist.

Korea-Nord DVRK
Demokrat. Volksrepublik Korea

Landesfläche	120 538 km² (WR 97)
Einwohner	22,8 Mio. (WR 47)
Hauptstadt	Pjöngjang (2,4 Mio. Einwohner)
Sprachen	Koreanisch
Währung	1 Won = 100 Chon
Gliederung	9 Provinzen, 4 Städte
Staatsform	Kommunistische Volksrepublik
Regierungschef	Pak Pong Ju (seit 2003) * 1939
Staatsoberhaupt	Kim Jong Il (seit 1994) * 1942
Parlament	Oberste Volksversammlung mit 687 für 5 Jahre gewählten Abgeordneten; alle Sitze für Kandidaten des von der KP beherrschten Nationalen Blocks
Internet	www.korea-dpr.com
Religion	Volksreligionen (15,6%); Chondogyo (13,9%); Buddhisten (1,7%); Christen (0,9%); Konfessionslose (67,9%)
Nationalitäten	Koreaner (99,8%); Chinesen (0,2%)
Urbanisierung	61%
Einwohner/km	189
Bev.-Wachst./Jahr	0,5%
Kindersterblichkeit	5,5%
Alphabetisierung	98%

Außenpolitik: K.-N. erklärte sich im Februar 2005 zur Atommacht. Außerdem verkündete die Regierung des kommunistischen Diktators Kim Jong Il, sich nicht mehr an das Moratorium zum Test von Langstreckenraketen halten zu wollen, das sie 1999 selbst aufgestellt hatte. Die USA und die IAEA warnten K.-N. im Mai 2005 eindringlich vor einem Atomtest. Ein solcher Schritt würde das Land in der Weltgemeinschaft weiter isolieren. Die nordkorean. Regierung begründete ihr Streben nach der Atombombe mit der Politik der USA. Kim Jong Il behauptete, dass seit dem Amtsantritt von Präsident George W. Bush 2001 der Dialog mit den USA ausgesetzt sei. Deshalb fühle sich K. nicht mehr an einen Teststopp gebunden, sondern genötigt, sein Atomwaffenarsenal zur eigenen Verteidigung zu verstärken. Zuvor hatte K.-N. den USA wiederholt vorgeworfen, eine Invasion zu planen. Die USA wiesen die Vorwürfe zurück und erinnerten daran, dass seit August 2003 in den sog. Sechs-Nationen-Gesprächen die USA, Russland, Japan, China und Süd-Korea gemeinsam versuchten, die Regierung in Pjöngjang zur Einstellung ihres Atomprogramms zu bewegen.

Neue Rakete: Geheimdienstberichten zufolge entwickelte K.-N. 2004 eine verbesserte Version der Scud-Kurzstreckenrakete. Sie könnte mit einer Reichweite von 1 000 km auch große Teile Japans erreichen. Die neue Raketenwaffe »Scud-ER« verfügt angeblich über eine größere Zielgenauigkeit.

Gefahr für die Welt? Der Generaldirektor der Internationalen Atomenergie-Organisation (IAEO), Mohamed el Baradei, bezeichnete K.-N. im Mai 2005 als eine größere Gefahr für den Frieden als den Iran. Er verwies darauf, dass K.-N. Plutonium habe und über die Voraussetzungen für den Bau einer Atombombe verfüge. Im Iran habe die IAEO solches Material bisher nicht gesehen.

Wirtschaft: Ungeachtet der Eskalation im Streit um das nordkorean. Atomwaffenprogramm kündigte Süd-Korea an, die Hilfslieferungen an sein Nachbarland fortzusetzen. Der südkorean. Außenminister Ban Ki Moon erklärte, dass sein Land den kommunistischen Norden weiter mit Dünger und Reis versorgen werde. Auch die Errichtung eines ersten gemeinsamen Gewerbegebiets nördlich der Grenze zwischen den beiden Staaten soll weiterhin vorangetrieben werden. Im März 2005 lieferte Süd-Korea erstmals Strom an K.-N., mit dem der Industriekomplex versorgt werden soll. In diesem Gebiet werden bis Ende 2005 voraussichtlich 15 kleine südkorean. Firmen angesiedelt; das erste Unternehmen begann bereits im Dezember 2004 mit der Produktion

»Schurkenstaat« Nord-Korea: eine Gefahr für den Weltfrieden?

Groß war der Schock, als Nordkorea im Februar 2005 verkündete, zur Nuklearmacht aufgestiegen zu sein. Die Vorstellung, dass der nordkorean. Präsident Kim Jong Il, einer der letzten kommunistischen Diktatoren der Welt, im Besitz der Atombombe sein könnte, löste bei den Sicherheitsstrategen in den Nachbarländern, aber auch in den USA und Europa starke Bedenken aus.

Vermutlich ist das bitterarme Land noch nicht in der Lage , eine Atombombe herzustellen; doch selbst wenn es sich bei der Ankündigung nur um einen Bluff gehandelt haben sollte – es ist wahrscheinlich nur noch eine Frage der Zeit, bis Nord-Koreas Waffenarsenal nuklear bestückt ist.

Schurken am roten Knopf Ein derart hochgerüstetes Nord-Korea erscheint als eine große Gefahr für den Frieden, denn es zählt zu jenen Regimen, für welche die US-amerikan. Regierung den Begriff des »Schurkenstaates« geprägt hat. 1948 hatte Kim Il Sung, der Vater des heutigen Diktators Kim Jong Il, mit sowjetischer Unterstützung die Demokratische Volksrepublik Korea gegründet. Seither wird das Volk mit einer kommunistischen Staatsauffassung konfrontiert, die hinter der freundlichen Fassade von Gleichheit und sozialem Fortschritt alle Instrumente zur brutalen Unterdrückung bereit hält. Kim Il Sung begnügte sich nach dem Ende des Koreakrieges (1953) nicht damit, ein stalinistisches Regime zu errichten, in dem jegliche Form von Opposition mit Tod oder Inhaftierung bestraft wurde; er pflegte einen monströsen Kult um seine Person: Gewaltige Statuen wurden errichtet, die Kinder mussten in der Schule Hymnen auf ihn singen. Beinahe jedes Fleckchen Erde, das er in Nord-Korea betreten hatte, entwickelte sich zu einer Art kommunistischem Wallfahrtsort, und sein Geburtsjahr 1912 wurde am 9. 7. 1997 zum Jahr 1 einer neuen Zeitrechnung erklärt.

Landesvater lässt Kinder verhungern Dabei war für das Land bereits sechs Jahre vorher eine neue Ära angebrochen. Mit dem Untergang der Sowjetunion, die das Regime in Pjönjang unterstützt hatte, brach die ohnehin marode kommunistische Planwirtschaft in Nord-Korea endgültig zusammen. Die Umstellung des Handels mit Russland und China auf Weltmarktpreise und Hartwährung (1991 bzw. 1992) führte zunächst zu Engpässen in der Energieversorgung. Bald darauf traten massive Probleme in der Landwirtschaft auf, die schwere Hungersnöte nach sich zogen: Laut vorsichtigen Schätzungen der UN starben in K. allein zwischen 1995 und 2000 rund 3 Mio. Menschen an Unterernährung, etwa 50 % aller Kinder wiesen wegen mangelhafter Ernährung schwer wiegende Fehlentwicklungen auf.

Dem leidenden Volk half es nicht, dass der Diktator Kim Il Sung 1994 starb. Sein Sohn Kim Jong Il führte das Land in der gleichen unnachgiebigen und mitleidlosen Weise wie der Vater. Internationale Hilfsorganisationen hatten Mühe, nach Nord-Korea zu kommen und die hungernden Menschen in den entlegenen Regionen des Landes mit Lebensmitteln zu versorgen.

Die Bombe als Versicherung Das Verhalten von Kim Jong Il in einer der schwersten humanitären Katastrophen des 20. Jh. spiegelt die Gefahr wider, die von diesem Land für die Welt ausgeht. Der Diktator fühlt sich von Feinden umzingelt, und in der Ahnung, dass sein Regime dem Untergang geweiht ist, glaubt er, sich mit der Atombombe Respekt verschaffen zu können. Aus der skrupellosen Nervosität dieser Diktatur resultiert ihre bedrohliche Unberechenbarkeit.

Die Staaten, die in den sog. Sechserverhandlungen Nord-Korea von der Fortführung des Atomprogramms abzuhalten versuchen (China, Japan, Süd-Korea, Russland und die USA), sind daher zu einer behutsamen und flexiblen Vorgehensweise gezwungen. Zugeständnisse wie z. B. die von Nord-Korea geforderte Lockerung der Wirtschaftssanktionen oder Unterstützung bei der Energieversorgung könnten zu einer Entspannung der Lage führen. Zentral ist die Sicherheitsgarantie: Kein Land soll Nord-Korea angreifen oder seine Führung attackieren dürfen. Diese Konzessionen müssen aber einhergehen mit dem Bemühen, internationalen Organisationen Zugang zu dem abgeschotteten Land zu verschaffen. Denn wenn es gelingt, demokratische Ideen unter den Menschen zu verbreiten, wird die Diktatur früher oder später in sich zuammenfallen.

von Kochtöpfen. Die Hilfslieferungen erfolgten in erster Linie aus humanitären Gründen, da in K.-N. seit Jahren bis zu ein Viertel der Bevölkerung hungert.

Korea-Süd ROK

Republik Korea

Landesfläche	99 274 km² (WR 107)
Einwohner	48 Mio. (WR 26)
Hauptstadt	Seoul (11,7 Mio. Einwohner)
Sprachen	Koreanisch
Währung	1 Won = 100 Chon
Gliederung	9 Provinzen, 7 Stadtregionen
Staatsform	Präsidiale Republik
Staatsoberhaupt	Roh Moo Hyun (seit 2003) * 1946
Regierungschef	Lee Hae-chan (seit 2004) * 1952
Parlament	Nationalversammlung mit 299 für 4 Jahre gewählten Mitgliedern; 152 für liberale Uri-Partei, 121 für konservative Große Nationalpartei (GNP), 10 für Demokratische Arbeitspartei (DLP), 16 für Andere (Wahl 2004)
Internet	www.kois.go.kr
Religion	Christen (38 %); Buddhisten (23 %); Konfuzianer (22 %); Sonstige (10 %); Konfessionslose (7 %)
Nationalitäten	Koreaner (99,1 %); Chinesen (0,1 %)
Urbanisierung	80 %
Einwohner/km	484
Bev.-Wachst./Jahr	0,6 %
Kindersterblichkeit	0,5 %
Alphabetisierung	98 %

Außenpolitik: Im Dezember 2004 beschloss K.-S. die Verlängerung seines Irakeinsatzes um ein weiteres Jahr. Das südkorean. Parlament stimmte mit 161 gegen 63 Stimmen bei 54 Enthaltungen für die Fortdauer der Stationierung von 3 600 Soldaten. Das vorherige Mandat lief zum Jahreswechsel ab. Nach den USA und Großbritannien stellte K.-S. Ende 2004 die meisten Soldaten im Irak. Sie waren v. a. in der kurdischen Stadt Erbil stationiert und dort an Wiederaufbauprojekten und medizinischer Hilfe beteiligt. Anfang Dezember 2004 war der südkorean. Präsident Roh Moo Hyun zu einem überraschenden Truppenbesuch nach Erbil gekommen.

Feuer in der entmilitarisierten Zone: Im April 2005 flogen erstmals seit dem Ende des Koreakriegs (1953) mit Zustimmung von Nord-Korea zwei südkorean. Hubschrauber über die entmilitarisierte Zone, welche die beiden Staaten voneinander trennt. Der Grund war ein Feuer in dem Grenzstreifen, das ohne den Löscheinsatz der Hubschrauber auf südkorean. Territorium hätte übergreifen können. Die Zone ist mit Minen, Stacheldraht, Panzersperren und Soldaten gesichert.

Inselstreit: Anfang 2005 brach ein alter Territorialstreit zwischen K.-S. und Japan wieder aus, nachdem das Provinzparlament von Shimane in Japan den 22. Februar zum »Takeshima-Gedenktag« ausgerufen hatte. Es ging dabei um die Insel Takeshima, welche die Südkoreaner Dokdo nennen. Sie ist unbewohnt und nur 0,23 km² groß. K.-S. hat die Felseninsel faktisch unter seiner Kontrolle, doch Japan, das während seiner Kolonialherrschaft in Korea (1910–45) die Insel okkupiert hatte, erhebt ebenfalls Anspruch, da in ihrer Umgebung große Fischgründe sowie umfangreiche Erdöl- und Erdgasvorkommen vermutet werden.

Innenpolitik: Im März 2005 trat der südkorean. Finanzminister Lee Hun Jai von seinem Amt zurück. Er zog damit die Konsequenz aus Berichten, wonach seine Gattin Jin Jin Sook einen Millionengewinn mit Immobilienspekulationen gemacht hatte. Sie hatte 1979 südlich von Seoul ein Grundstück gekauft und es 2004 mit einem Gewinn von ca. 4,9 Mio. € verkauft. Nach südkorean. Recht darf Land ausschließlich als Baugrund erworben werden. Lees Frau wohnte niemals auf dem ländlich gelegenen Grundstück, obwohl sie dies in Dokumenten angegeben hatte.

Wirtschaft: Nach dem für südkorean. Verhältnisse vergleichsweise schwachen Wirtschaftswachstum von 3,1 % im Vorjahr verzeichnete das Land 2004 einen Anstieg des BIP von rund 4,5 %. Der Aufschwung wurde v. a. auf die starke Weltkonjunktur zurückgeführt, die den südkorean. Export stimulierte (ca. +12 %). Trotz einer Vielzahl von Risikofaktoren wie der schwache Dollar, der gestiegene Ölpreis und der Konflikt mit Nord-Korea rechnete die OECD für 2005 in K.-S. mit einem erneuten Wachstum von 4,5 %. Wichtigster Abnehmer für südkorean. Produkte war 2004 mit einem Anteil von 17,8 % China. Die Arbeitslosenquote verringerte sich gegenüber 2003 um 0,1 Prozentpunkt auf 3,5 %. Die Devisenreserven erreichten Ende 2004 mit 199 Mrd. US-Dollar einen neuen Höchststand.

	Kroatien HR Republik Kroatien
Landesfläche	56 538 km² (WR 123)
Einwohner	4,4 Mio. (WR 115)
Hauptstadt	Zagreb (780 000 Einwohner)
Sprachen	Kroatisch
Währung	1 Kuna = 100 Lipa
Gliederung	20 Provinzen, Hauptstadtregion
Staatsform	Republik
Staatsoberhaupt	Stipe Mesić (seit 2000) * 1934
Regierungschef	Ivo Sanader (seit 2003) * 1953
Parlament	Sabor mit 152 Mitgliedern; 66 Sitze für Kroat. Demokrat. Gemeinschaft (HDZ), 43 für Sozialdemokratische Partei (SDP), 11 für Kroatische Nationalpartei (HNS), 32 für Andere (Wahl 2003)
Internet	www.vlada.hr; www.sabor.hr
Religion	Katholiken (76,5 %); Serbisch-Orthodoxe (11,1 %); Protestanten (1,4 %); Muslime (1,2 %); Sonstige (9,8 %)
Nationalitäten	Kroaten (78,1 %); Serben (12,2 %); Sonstige (9,7 %)
Urbanisierung	59 %
Einwohner/km	78
Bev.-Wachst./Jahr	-0,2 %
Kindersterblichkeit	0,8 %
Alphabetisierung	98 %

Innenpolitik: Das kroat. Staatsoberhaupt Stipe Mesić wurde bei der Präsidentschaftswahl im Januar 2005 für weitere fünf Jahre in seinem Amt bestätigt. Bei der Stichwahl erhielt Mesić rund 71 % der abgegebenen Stimmen, während auf seine konservative Herausforderin, die stellv. Regierungschefin Jadranka Kosor, lediglich 29 % entfielen. Im ersten Wahldurchgang hatte Mesić die für einen Sieg erforderliche Hälfte der Stimmen nur um einen Prozentpunkt verfehlt. Mesić, der als Mann des Volkes gilt, hatte das Präsidentenamt 2000 als Nachfolger des autokratischen Franjo Tudjman übernommen. Im Wahlkampf verwies er auf seine Erfolge bei den Bemühungen, K. aus der internationalen Isolation herauszuführen. Er versprach, ein Gegengewicht zur konservativen Regierung zu bilden und K. zu einem Mitglied der EU zu machen. Kosor stellte hingegen das Thema Patriotismus in den Vordergrund.

Regierungsumbildung: Das kroat. Parlament stimmte im Februar 2005 der ersten Umbildung des konservativen Kabinetts zu. Außenministerin wurde die 36-jährige Kolinda Grabar Kitarovic. Sie ersetzte Miomir Zuzul, der nach Korruptionsvorwürfen zurücktrat. Grabar Kitarović gehört der Kroatischen Demokratischen Gemeinschaft von Ministerpräsident Ivo Sanader an. Sie leitete ein für europ. Integration zuständiges Ministerium und soll das Land bei Beitrittsverhandlungen mit der EU vertreten. Zum neuen stellv. Ministerpräsidenten für Wirtschaft wurde Damir Polancec ernannt, früher Chef des Nahrungsmittelunternehmens Podravka. Das Amt des aus gesundheitlichen Gründen abgetretenen Gesundheitsministers Andrija Hebrang übernahm sein bisheriger Stellvertreter Neven Ljubicić.

Außenpolitik: Im März 2005 beschlossen die EU-Außenminister, die Verhandlungen über einen Beitritt von K. zur EU bis auf weiteres zu verschieben. Grund war der Streit um die Auslieferung mutmaßlicher Kriegsverbrecher an das UN-Kriegsverbrechertribunal in Den Haag. K. weigerte sich, General Ante Gotovina auszuliefern. Gotovina wird beschuldigt, gegen Ende des Bürgerkrieges (1991–95) im Süden des Landes die Tötung von mind. 150 Serben verantwortet zu haben. Das UN-Kriegsverbrechertribunal warf der kroat. Regierung vor, Gotovina nicht auszuliefern, obwohl der General von den kroat. Behörden problemlos festgenommen werden könnte. Die kroat. Regierung wies den Vorwurf zurück.

Fluchthilfe: Die kroat. Polizei beschuldigte im Februar 2005 erstmals einen früheren General, einer als Kriegsverbrecher gesuchten Person zur Flucht verholfen zu haben. General Ljubo Ćesić-Rojs soll den mutmaßlichen bosn.-kroat. Kriegsverbrecher Ivica Rajić lange Zeit vor Strafverfolgung durch das UN-Kriegsverbrechertribunal geschützt haben. Nach acht Jahren im Untergrund war Rajic 2003 in K. festgenommen und an das Tribunal überstellt worden. Er wurde angeklagt, als Kommandeur der bosn.-kroat. Streitkräfte während des Bosnienkrieges (1992–95) für den Tod von zahlreichen muslimischen Zivilisten in der zentralbosn. Ortschaft Stupni Do im Oktober 1993 verantwortlich gewesen zu sein.

Wirtschaft: Der Aufschwung der kroat. Volkswirtschaft setzte sich 2004 fort. Das BIP stieg um 3,7 % nach 4,3 % im Vorjahr. Neben der industriellen Produktion trug v. a. der Tourismussektor zum Wachstum bei.

Kuba
C

Republik Kuba

Landesfläche	110 861 km² (WR 103)
Einwohner	11,3 Mio. (WR 71)
Hauptstadt	Havanna (2,2 Mio. Einwohner)
Sprachen	Spanisch
Währung	1 Kubanischer Peso = 100 Centavos
Gliederung	14 Provinzen
Staatsform	Sozialistische Republik
Staatsoberhaupt und Regierungschef	Fidel Castro Ruz (seit 1959) * 1927
Parlament	Nationalversammlung mit 601 für 5 Jahre gewählten Abgeordneten; alle Sitze für die Einheitspartei PSCC (Kommunistische Partei Kubas; Wahl 2003)
Internet	www.cubagob.cu
Religion	Christen (42,9 %): Katholiken 39,6 %, Protestanten 3,3 %; Sonstige (2 %); Konfessionslose (55,1 %)
Ethn. Gruppen	Mulatten (51 %); Weiße (37 %); Schwarze (11 %); Sonstige (1 %)
Urbanisierung	76 %
Einwohner/km	102
Bev.-Wachst./Jahr	0,3 %
Kindersterblichkeit	0,9 %
Alphabetisierung	96 %

Außenpolitik: Die EU setzte im Januar 2005 die Sanktionen gegen K. vorübergehend aus, die aus Protest gegen die Verhaftung von Oppositionellen beschlossen worden waren. Die EU-Außenminister beschlossen, in direkten Gesprächen mit kuban. Regierungsvertretern die Menschenrechtslage auf K. anzusprechen. Außerdem sollten intensivere Kontakte zu hochrangigen Vertretern der kuban. Opposition geknüpft werden. Die EU reagierte mit der Aufhebung der Sanktionen auf die Freilassung von 14 der 75 Dissidenten, die 2003 zu langjährigen Haftstrafen bis zu 28 Jahren verurteilt worden waren.

Spannungen mit den USA: Im Dezember 2004 eskalierte der sog. Weihnachtsschmuck-Streit zwischen den USA und K. Nachdem die US-amerikan. Interessenvertretung – es handelt sich nicht um eine reguläre Botschaft – in Havanna einen auffällig leuchtenden Schmuck mit einer großen »75« zur Erinnerung an die 75 festgenommenen Dissidenten angebracht hatte, stellten kuban. Behörden Plakate mit Fotos von Misshandlungen im US-amerikan. Militärgefängnis Abu Ghreib im Irak auf. Ein weiteres Plakat zeigte ein rotes Hakenkreuz auf schwarzem Grund. Nahe dem Eingang zur Vertretung der USA in Havanna war unter den Worten »Fröhliches neues Jahr« eine Zeichnung von einem US-Soldaten zu sehen, der sein Gewehr auf den Kopf eines Kindes richtete. Seit 1961 unterhalten K. und die USA keine regulären diplomatischen Beziehungen.

Asyl: Im November 2004 beantragten 43 Mitglieder einer kuban. Tanz- und Musikgruppe in den USA politisches Asyl. Die Gruppe war unter dem Namen Havanna Night Club in einem Kasino in Las Vegas aufgetreten. Der Asylantrag bedeutete eine der größten Massenfluchten von kuban. Künstlern. Mitglieder der Gruppe erklärten ihre Entscheidung mit der Furcht, nach ihrer Rückkehr in die Heimat nicht mehr künstlerisch tätig sein zu dürfen.

Innenpolitik: Auf K., der Heimat edler Zigarren, wurde am 6. 2. 2005 ein Rauchverbot in öffentlichen Einrichtungen verhängt. In allen Restaurants müssen Nichtraucherbereiche eingerichtet werden. Die kuban. Regierung begründete ihre Entscheidung mit der Notwendigkeit, die Gesundheit der Bevölkerung zu schützen .

Dissidentenkongress: Im Mai 2005 fand in Río Verde, einem südwestlichen Vorort von Havanna, der erste große Kongress von Dissidentengruppen in K. statt. Die 168 Delegierten aus 14 Provinzen verlangten die Freilassung politischer Gefangener sowie die Aufhebung und Abschaffung der Todesstrafe. In ihrer Resolution bezeichneten sie die Regierung von Fidel Castro als »stalinistisch, totalitär und klar antidemokratisch«. Der Kongress wählte außerdem ein 36-köpfiges Führungsgremium, das den Auftrag erhielt, den Kongress zu einem Dachverband von etwa 360 Gruppierungen auszubauen. Die kuban. Behörden hinderten mind. 13 Personen an der Teilnahme des Kongresses. Mehrere europ. Politiker wurden des Landes verwiesen, unter ihnen der CDU-Bundestagsabgeordnete Arnold Vaatz und der tschechische Senator Karol Schwarzenberg.

Wirtschaft: Der US-Dollar wurde im November 2004 als offizielles Zahlungsmittel auf K. abgeschafft. Privatleute, Touristen und Unternehmen müssen daher zukünftig einen Aufschlag von 10 % zahlen, wenn sie den US-Dollar in K. umtauschen wollen. Allerdings wertete die kuban. Regierung im März 2005 den Peso auf, sodass der Erwerb von US-Dollar wieder um 7% günstiger wurde. Der kuban. Diktator Fidel Castro Ruz hatte den US-Dollar nach dem Zusammenbruch der verbündeten Sowjetunion erst 1993 wieder zugelassen. Zuvor war die US-Währung mehr als drei Jahrzehnte in K. verboten gewesen. Seitdem entwickelte sich der US-Dollar zu einem unter Firmen, vermögenden Privatleuten und Urlaubern weit verbreiteten Zahlungsmittel, mit dem knappe Importgüter und Dienstleistungen gekauft werden konnten. Internationale Finanzorganisationen vermuteten hinter der Umtauschpflicht die Absicht, die leere Staatskasse aufzufüllen.

Lebensmittellieferungen: Trotz des weiterhin gültigen Embargos und der fortgesetzten Spannungen zwischen den USA und K. dürfen US-amerikan. Agrarfirmen auch 2005 Lebensmittel nach K. liefern. Die kuban. Importfirma Alimport teilte im November 2004 am Rande der Internationalen Havannamesse mit, dass beide Seiten neue Verträge über den Kauf von Lebensmitteln unterzeichnen wollten. Der US-amerikan. Kongress hatte Ende 2000 auf Druck der Agrarlobby das Handelsembargo gegen K. gelockert und Lebensmittelverkäufe genehmigt. K. muss aufgrund der kommunistischen Misswirtschaft über die Hälfte seiner Nahrungsmittel importieren.

Zuckerindustrie: 2005 setzte sich der Niedergang der kuban. Zuckerindustrie fort. Die Zuckerernte wird voraussichtlich nur noch ca. 1,7 Mio. t betragen, im Jahr zuvor lag sie noch bei 2,5 Mio. t. In den 1970er- und 1980er-Jahren hatte sie im Durchschnitt 7 Mio. t/Jahr erreicht. Seit 2000 beschleunigte sich der Rückgang der Produktion: Von 155 Zuckerfabriken mussten 70 schließen, und ca. 120 000 Stellen wurden in diesem Bereich abgebaut. Grund für den Niedergang war u. a. der Zusammenbruch der Sowjetunion Anfang der 1990er-Jahre, die Hauptabnehmer des kuban. Zuckers gewesen war. Die kuban. Regierung hoffte, die Verluste im Export von Zucker durch eine höhere Förderung von Erdöl ausgleichen zu können. Im Dezember 2004 wurde 55 km östlich von Havanna ein neues Vorkommen vor der Küste erschlossen, das spätestens ab 2007 ausgebeutet werden soll.

Reicher Diktator: Das angesehene US-amerikan. Magazin »Forbes« stufte im März 2005 den kuban. Diktator Fidel Castro als einen der reichsten Regierenden der Welt ein. »Forbes« schätzte das Vermögen des »Sozialrevolutionärs« auf 550 Mio. US-Dollar. Das Geld stamme u. a. aus dem Verkauf der staatlichen Rum Destille Havanna Club, aus Einnahmen des Kongresspalastes in der Hauptstadt Havanna, aus Verkäufen medizinischer und pharmazeutischer Artikel und aus den Erlösen der staatlichen CIMEX-Läden. Castro wies den Magazin-Bericht zurück und bezeichnete ihn als diffamierend.

Kuwait

KWT

Staat Kuwait

Landesfläche	17 818 km² (WR 152)
Einwohner	2,6 Mio. (WR 136)
Hauptstadt	Kuwait (250 000 Einwohner)
Sprachen	Arabisch, Englisch
Währung	1 Kuwait-Dinar = 1000 Fils
Gliederung	5 Provinzen, 10 Verwaltungsbezirke
Staatsform	Emirat
Staatsoberhaupt	Jabir al-Ahmad as-Sabah (seit 1978) * 1926
Regierungschef	Saad al-Ahmad as-Sabah (seit 2003) * 1929
Parlament	Nationalversammlung mit 50 für 4 Jahre gewählten Abgeordneten; nur parteilose Kandidaten zu den Wahlen zugelassen (Wahl 2003)
Internet	www.kuwait-info.org
Religion	Muslime: Sunniten (45%); Schiiten (40%); Sonstige (15%)
Nationalitäten	Kuwaitis (45%); Sonstige (55%)
Urbanisierung	96%
Einwohner/km	146
Bev.-Wachst./Jahr	3,5%
Kindersterblichkeit	1%
Alphabetisierung	82%

Innenpolitik: Im April 2005 beschloss das Parlament mit 26 gegen 20 Stimmen die Einführung des aktiven und passiven Wahlrechts für Frauen, allerdings nur für Kommunalwahlen. Im Monat zuvor hatte sich der innenpolitische Streit über diese Frage verschärft. 400 Menschen protestierten vor dem Parlamentsgebäude in Kuwait-Stadt für die Gleichberechtigung der Frau. Auch die Regierung setzte sich für das Frauenwahlrecht ein, das Parlament verzögerte aber die Verabschiedung eines entsprechenden Gesetzes. Nur der schiitische Teil der Bevölkerung (ca. 40%) unterstützte die Regierung mehrheitlich in dieser Frage. Im Juni 2005 wurde mit der Politikwissenschaftlerin Massuma al Mubarak erstmals in der kuwait. Geschichte eine Frau in das kuwait. Kabinett berufen. Sie übernahm das Ministerium für Planung und Entwicklung.

Laos

LAO

Laotische Demokrat. Volksrepublik

Landesfläche	236 800 km² (WR 80)
Einwohner	5,8 Mio. (WR 101)
Hauptstadt	Vientiane (550 000 Einwohner)
Sprachen	Lao, Französisch, Englisch, Chinesisch
Währung	1 Kip = 100 AT
Gliederung	16 Provinzen
Staatsform	Volksrepublik
Staatsoberhaupt	Khamtay Siphandone (seit 1998) * 1924
Regierungschef	Boungnang Vorachith (seit 2001) * 1937
Parlament	Nationalversammlung mit 109 für 5 Jahre gewählten Abgeordneten; 108 Sitze für die Laotische Revolutionäre Volkspartei, 1 Sitz für einen Unabhängigen (Wahl 2002)
Internet	www.laoembassy.com
Religion	Buddhisten (58 %); Naturreligionen (34 %); Sonstige (8 %)
Ethn. Gruppen	Laoten (67 %); Mon-Khmer (16,5 %); Thai (7,8 %); Miao und Man (5,2 %); Sonstige (3,5 %)
Urbanisierung	21 %
Einwohner/km	24
Bev.-Wachst./Jahr	2,3 %
Kindersterblichkeit	10 %
Alphabetisierung	53 %

L. schloss im Oktober 2004 gemeinsam mit Birma, Kambodscha, Thailand, Vietnam und China ein Abkommen, das die Staaten dazu verpflichtete, die Zusammenarbeit zwischen Regierungen und internationalen Organisationen zu verstärken. Sie planen schärfere Gesetze und Strafen gegen Menschenhändler und plädieren für einen besseren Informationsaustausch und mehr öffentliche Kampagnen, um auf das Problem des Menschenhandels aufmerksam zu machen. Die Grenze zwischen L. und Thailand gehört zu den Regionen, die weltweit am stärksten vom Menschenhandel betroffen sind. Er entwickelte sich seit den 1990er-Jahren zu einem Geschäft, das als ebenso lukrativ wie der Drogenhandel gilt. Besonders in armen Gegenden, wo es keine Bildung und Aufklärung gibt, werden Kinder und Jugendliche, v. a. Mädchen und junge Frauen, verschleppt. Oft werden sie von ihren Verwandten und Bekannten verkauft. Laut vorsichtigen Schätzungen der International Labour Organization (ILO, Genf) könnte die Zahl der Kinder, die in der Grenzregion jedes Jahr verschleppt werden, in die Zehntausende gehen.

Lesotho

LS

Königreich Lesotho

Landesfläche	30 355 km² (WR 137)
Einwohner	1,8 Mio. (WR 143)
Hauptstadt	Maseru (160 000 Einwohner)
Sprachen	Englisch, Sotho
Währung	1 Loti = 100 Lisente
Gliederung	10 Distrikte
Staatsform	Konstitutionelle Monarchie
Staatsoberhaupt	König Letsie III. (seit 1996) *1963
Regierungschef	Pakalitha Mosisili (seit 1998) *1945
Parlament	Nationalversammlung mit 120 gewählten Abgeordneten, Senat mit 33 ernannten Mitgliedern; in der Nationalversammlung 77 Sitze für den Demokratischen Kongress, 21 für die Basotho Nationalpartei, 22 für Andere (Wahl 2002)
Internet	www.lesotho.gov.ls
Religion	Christen (80 %); traditionelle Religionen (20 %)
Ethn. Gruppen	Basotho (85 %); Zulu (15 %)
Urbanisierung	18 %
Einwohner/km	59
Bev.-Wachst./Jahr	0,1 %
Kindersterblichkeit	13,2 %
Alphabetisierung	83 %

Im April 2005 wurden in L. erstmals Kommunalwahlen abgehalten. Die unabhängige Wahlkommission rief die Bevölkerung auf, durch eine rege Beteiligung die Entscheidungen in ihren Gemeinden mitzugestalten. Während in L. seit der Unabhängigkeit von der brit. Kolonialherrschaft (1966) Parlamentswahlen stattfinden und ein Ministerpräsident an der Spitze der Regierung steht, wurde die örtliche Verwaltung bislang traditionell von den Stammeshäuptlingen geführt. Mit der Durchführung von Kommunalwahlen reagierte die Regierung auf den wachsenden Druck ausländischer Geldgeber, die ihre Zahlungen an die Einführung von demokratischen Strukturen in allen gesellschaftlichen Bereichen gebunden hatten.

Lettland LV
Republik Lettland

Landesfläche	64 600 km² (WR 121)
Einwohner	2,3 Mio. (WR 138)
Hauptstadt	Riga (764 000)
Sprachen	Lettisch, Russisch
Währung	1 Lats = 100 Santims
Gliederung	7 Stadtbezirke, 26 Landbezirke
Staatsform	Parlamentarische Republik
Staatsoberhaupt	Vaira Vike-Freiberga (seit 1999) * 1937
Regierungschef	Aigars Kalvitis (seit 2004) * 1966
Parlament	Seimas mit 100 für 4 Jahre gewählten Abgeordneten; 24 Sitze für Neue Ära, 20 für Volkspartei, 14 für Lettlands Erste Partei, 42 für Andere (Wahl 2005)
Internet	www.saeima.lv; www.mk.gov.lv
Religion	Lutheraner (38 %); Katholiken (35 %); Russisch-Orthodoxe (15 %); Sonstige (12 %)
Nationalitäten	Letten (56,5 %); Russen (30,4 %); Weißrussen (4,3 %); Ukrainer (2,8 %); Polen (2,6 %); Sonstige (3,4 %)
Urbanisierung	66 %
Einwohner/km	36
Bev.-Wachst./Jahr	-0,9 %
Kindersterblichkeit	2,1 %
Alphabetisierung	99 %

Innenpolitik: Im Oktober 2004 trat die Minderheitsregierung von Ministerpräsident Indulis Emsis zurück. Sie zog damit die Konsequenz aus der Weigerung des Parlamentes, dem Haushaltsentwurf der Regierung zuzustimmen. Einen Monat nach dem Rücktritt bildete sich eine neue Fünf-Parteien-Koalition unter dem neuen Ministerpräsidenten Aigars Kalvitis. Die neue Mitte-rechts-Regierung verfügte im Parlament gemeinsam über 77 der 100 Parlamentsmandate. Die größte Fraktion stellt Neue Ära mit 24 Sitzen, die ebenso wie die Volkspartei von Kalvitis sechs Ministerposten im Kabinett erhielt.

Rauchverbot: Die lett. Regierung beschloss im Februar 2005, ab 2006 das Rauchen an den meisten öffentlichen Orten zu verbieten. Erlaubt ist das Rauchen weiterhin in Restaurants und Bars unter der Voraussetzung, dass es einen abgetrennten Nichtraucherbereich gibt. Laut einer Statistik des lett. Gesundheitsministeriums griffen 2004 ca. 33 % der Bevölkerung zur Zigarette.

Gewalt um Waffen-SS: Bei einem Gedenkmarsch für lett. Mitglieder der Waffen-SS kam es im März 2005 zu schweren Auseinandersetzungen, bei denen die Polizei 40 Menschen festnahm. Anhänger der pro-russ. radikalen Jugendgruppe Rodina versuchten, den Marsch der lett. Nationalisten des Klubs 415 aufzuhalten. Die Nationalisten riefen Slogans wie »Lettland den Letten« und sangen die Hymne der Legionäre der Waffen-SS. Viele der pro-russ. Demonstranten trugen Gefangenenuniformen, auf denen sie z. T. gelbe Judensterne befestigt hatten. Nach der gewaltsamen Besetzung ihres Heimatlandes durch die Sowjetunion 1940 betrachteten viele Letten den Einmarsch der Deutschen 1941 als Befreiung. Etwa 140 000 Letten meldeten sich aufseiten der Deutschen im Kampf gegen die Sowjetunion zur Waffe, die meisten von ihnen dienten in der Waffen-SS. Mehr als 50 000 wurden getötet. Während der Nazi-Besatzung kamen rund 70 000 Juden in L. ums Leben.

Wirtschaft: Die lett. Volkswirtschaft wuchs 2004 um 8,5 % nach 5,5 % im Vorjahr. Getragen wurde der Aufschwung vom Außenhandel, der 2004 einen Anstieg um 26,6 % verzeichnete. Die wichtigsten Ausfuhrgüter sind Holzprodukte, Textil- und Metallwaren, Chemikalien und Maschinen. Eingeführt werden überwiegend Maschinen und Ausrüstungen, Textilwaren und Lebensmittel. 2004 wurden etwa 77 % des Außenhandels mit den Mitgliedstaaten der Europ. Union abgewickelt. Größter nationaler Außenhandelspartner Lettlands ist Deutschland mit einem Anteil von 12,3 % an den Gesamtexporten und 14,5 % an den Gesamtimporten.

Wechselkursmechanismus: Im Mai 2005 wurde L. in den europ. Wechselkursmechanismus aufgenommen. Dies bedeutete, dass die nationale Währung (Lats) zukünftig nur noch in einer festgelegten Bandbreite von (+/- 15 %) gegenüber dem Euro schwanken darf. In diesem Korridor muss sie mind. zwei Jahre lang bleiben, bevor L. den Euro einführen darf. Eine weitere unabdingbare Voraussetzung für den Beitritt zur Europ. Währungsunion ist die Erfüllung der Maastrichter Stabilitätskriterien.

Libanon

RL

Republik Libanon

Landesfläche	10 400 km² (WR 160)
Einwohner	3,7 Mio. (WR 125)
Hauptstadt	Beirut (1,1 Mio. Einwohner)
Sprachen	Arabisch, Französisch
Währung	1 Libanes. Pfund = 100 Piastres
Gliederung	5 Provinzen
Staatsform	Parlamentarische Republik
Staatsoberhaupt	Émile Lahoud (seit 1998) * 1936
Regierungschef	Nagib Mikati (seit 2005) * 1955
Parlament	Nationalversammlung mit 128 für 4 Jahre gewählten Abgeordneten; 72 Sitze für die Allianz Saad al-Hariri, 21 für Liste Michel Aoun, 35 für Andere (Wahl 2005)
Internet	www.cas.gov.lb
Religion	Muslime (70 %); Christen (30 %)
Nationalitäten	Libanesen (80 %), Palästinenser (16 %); Sonstige (4 %)
Urbanisierung	88 %
Einwohner/km	356
Bev.-Wachst./Jahr	1,6 %
Kindersterblichkeit	3,2 %
Alphabetisierung	86 %

Innenpolitik: Der Mord am früheren Ministerpräsidenten Rafik Hariri erschütterte im Februar 2005 die Vorherrschaft Syriens im L. Als Folge der Massenproteste der libanes. Bevölkerung kündigte die syr. Regierung im März 2005 den Rückzug ihrer Truppen aus dem L. an. Bei dem Attentat, dem schwersten im L. seit dem Ende des Bürgerkriegs 1990, wurden 14 Menschen getötet und etwa 120 verletzt, darunter der frühere Wirtschaftsminister Bassel Fleihan. Zu dem Anschlag bekannte sich eine Organisation, der Verbindungen zur Terrororganisation al-Qaida nachgesagt wurden. Der frühere libanes. Armeechef Michel Aoun äußerte hingegen den Verdacht, dass Syrien für das Attentat verantwortlich sei. Hariri hatte sich stets gegen die Einflussnahme Syriens gewandt, das sich als Schutzmacht für den L. versteht, und war im Oktober 2004 im Streit über dessen Rolle als Ministerpräsident zurückgetreten. Daraufhin hatte Staatspräsident Émile Lahoud Omar Karameh mit der Bildung einer neuen Regierung beauftragt. Karameh war bereits 1990–92 Ministerpräsident gewesen und hatte das Vertrauen der syr. Regierung.

Demonstrationen und Übergangsregierung: Nach tagelangen Massendemonstrationen trat im Februar die Regierung von Karameh zurück. Der Ministerpräsident erklärte seine Demission während einer Sondersitzung des Parlaments, auf der die Opposition einen Misstrauensantrag einbringen wollte. Sie warf der Regierung und Syrien eine Verwicklung in den Mord an Hariri vor. Nach der Erklärung Karamehs versammelten sich Zehntausende Demonstranten im Zentrum der Hauptstadt Beirut. Sie forderten Syrien auf, seine rund 14 000 Soldaten abzuziehen und die Einmischung seiner Geheimdienste in Politik und Wirtschaft des L. zu unterlassen.

Libanon: die syrische Besatzung

Im April 1975 begann im Libanon ein heftiger Bürgerkrieg zwischen christlichen Milizen und Palästinensern. Zur Beendigung der gewaltsamen Auseinandersetzungen entsandte Syrien im Mai 1976 eine Armee in den L. 30 000 syr. Soldaten blieben als Hauptkontingent der im Oktober 1976 aufgestellten Friedenstruppe der Arabischen Liga stationiert. Ein israel.-libanes. Abkommen, das im Mai 1982 unter Vermittlung der USA unterzeichnet wurde, sah den Abzug aller ausländischen Truppen vor. Syrien lehnte das Abkommen jedoch ab. Im Oktober 1990 erzwangen syr. Truppen die Kapitulation des christlichen Gegenpräsidenten Michel Aoun und schufen so die Basis für eine dauerhafte Befriedung des Landes. Durch einen Kooperationsvertrag mit Syrien wurde das Land im Mai 1991 faktisch syr. Protektorat.

Das prosyr. Lager, zu der v. a. die schiitische Hizbullah gehört, mobilisierte im März 2005 rund 500 000 Menschen, die sich bei einer Demonstration in Beirut für den Verbleib der syr. Truppen einsetzten. Karameh wurde vom Staatspräsidenten erneut mit der Regierungsbildung beauftragt, nachdem sich das Parlament mit 71 der 128 Abgeordneten für seine Wiedereinsetzung ausgesprochen hatte. Allerdings gelang es ihm nicht, eine Regierung zu bilden, sodass Lahoud den ehemaligen Kabinettsminister Nagib Mikati damit beauftragte; seine Regierung soll nur bis zu den Parlamentswahlen am 31. 5. 2005 amtieren. Syrien verkündete im April 2005 den Abschluss des Truppenabzugs.

Parlamentswahlen: Bei den Parlamentswahlen im Mai und Juni 2005 setzte sich das antisyr. Oppositionsbündnis unter Saad al-Hariri durch. Die Allianz unter dem Sohn des ermordeten ehemaligen Ministerpräsidenten Rafik al-Hariri erhielt 72 der 128 Sitze. Mit dem Sieg fiel die Mehrheit im Parlament erstmals seit Ende des Bürgerkriegs (1975–90) an eine politische Gruppierung, die nicht von der früheren Besatzungsmacht Syrien protegiert wurde. Hariris stärkster Konkurrent, der christliche Exgeneral Michel Aoun, erzielte mit seiner Liste 21 Sitze im Parlament. Aoun, der der christlich-maronitischen Minderheit angehört und erst im Mai 2005 aus dem frz. Exil in seine Heimat zurückgekehrt war, hatte es abgelehnt, dem Bündnis zwischen dem Sunniten Hariri und dem Drusen Dschumblatt beizutreten. Die restlichen 35 Sitze im Parlament entfielen auf eine prosyr. Allianz unter Führung der Schiitengruppen Hizbullah und Amal.

Außenpolitik: Die Regierung der USA begrüßte die Demonstrationen der libanes. Bevölkerung gegen Syrien. Sie wertete die anhaltenden Proteste als Beginn eines grundlegenden Wandels, der zur Demokratisierung des Landes beitragen könnte. Die USA warfen Syrien vor, mit der Besetzung des L. die dortige Menschenrechtslage verschlechtert zu haben. Im April 2005 setzten sie gemeinsam mit Frankreich und Großbritannien im UN-Sicherheitsrat eine Resolution durch, wonach der Mord an Hariri untersucht werden soll. Zuvor hatte ein Untersuchungsteam der UN festgestellt, dass sowohl libanes. als auch syr. Behörden und Regierungsstellen die Aufklärung des Attentats behinderten.

Wirtschaft: Die instabile politische Lage nach dem Anschlag auf Hariri belasteten die libanes. Wirtschaft schwer, da infolge von Staatstrauer und Kundgebungen im Durchschnitt fünf Arbeitstage verloren gegangen waren. Viele Touristenreisen in den L. wurden storniert, sodass die Fremdenverkehrsbranche deutliche Einnahmeausfälle verzeichnete. Internationale Wirtschaftsinstitute schätzten daher, dass die Wirtschaft, die vorher leichte Erholungstendenzen zeigte, 2005 in der Rezession verharren wird. Das BIP betrug 2004 lediglich 20 Mrd. US-Dollar. Die Schuldenlast lag hingegen bei rund 33 Mrd. US-Dollar, 170 % des BIP.

Liberia LB

Republik Liberia

Landesfläche	111 369 km² (WR 101)
Einwohner	3,5 Mio. (WR 126)
Hauptstadt	Monrovia (1 Mio. Einwohner)
Sprachen	Englisch, Kpelle, Bassa, 9 andere Stammessprachen
Währung	1 Liberian. Dollar = 100 Cents
Gliederung	13 Bezirke
Staatsform	Präsidiale Republik
Staatsoberhaupt und Regierungschef	Gyude Bryant (seit 2003) *1949
Parlament	Senat mit 26, Repräsentantenhaus mit 64 Sitzen; im Repräsentantenhaus 49 Sitze für die Nationalpatriotische Front, 7 für die Einheitspartei, 8 für Andere (Wahl 1997)
Religion	Tradition. Religionen (40 %); Christen (40 %); Muslime (20 %)
Ethn. Gruppen	Kpelle (19,4 %); Bassa (13,8 %); Grebo (9 %); Gio (7,8 %); Kru (7,3 %); Sonstige (42,7 %)
Urbanisierung	47 %
Einwohner/km	31
Bev.-Wachst./Jahr	4 %
Kindersterblichkeit	23,5 %
Alphabetisierung	57 %

Die Nachbarstaaten von L. einigten sich im September 2004 auf die Rückführung von rund 300 000 Bürgerkriegsflüchtlingen. Vertreter aus Sierra Leone, Guinea und der Elfenbeinküste unterzeichneten ein Abkommen, wonach die freiwillige Rückkehr von Flüchtlingen mit Unterstützung des UN-Flüchtlingshilfswerks (UNHCR) durchgeführt werden sollte. Der 14-jährige Bürgerkrieg war im August 2003 auf internationalen Druck beendet worden. Bis Januar 2006 regiert in L. eine Übergangsregierung unter Präsident Gyude Bryant, der u. a. demokratische Wahlen für den Herbst 2005 vorbereiten soll.

Der ehemalige liberian. Präsident Charles Taylor, unter dessen Herrschaft L. 1989 in den Bürgerkrieg stürzte, begann im Frühjahr 2005 in seinem Exil in Nigeria eine Privatmiliz aufzubauen. Laut US-amerikan. Berichten plante er, mit ihrer Hilfe erneut eine Machtposition im Land zu gewinnen. Außerdem unterstützte Taylor verschiedene politische Parteien in L., um bei der Parlamentswahl im Oktober ein Ergebnis herbeizuführen, das ihm die Rückkehr ermöglichen könnte. Taylor musste L. im August 2003 verlassen, nachdem Rebellen die Hauptstadt Monrovia besetzt hatten.

Libyen LAR

Libysch-Arabische Volksrepublik

Landesfläche	1 759 540 km² (WR 16)
Einwohner	5,7 Mio. (WR 103)
Hauptstadt	Tripolis (1,9 Mio. Einwohner)
Sprachen	Arabisch, Berberdialekte
Währung	1 Libyscher Dinar = 1000 Dirham
Gliederung	3 Provinzen, 10 Gouvernate
Staatsform	Volksrepublik auf islamischer Grundlage
Staatsoberhaupt	Zintani Muhammad Zintani (seit 1994), de facto Moamar al-Gaddhafi (seit 1969) * 1942
Regierungschef	Shokri Ganem (seit 2003)*
Parlament	Allgemeiner Volkskongress mit ca. 2 700 von arab.-sozialist. Volkskomitees und -kongressen ernannten und delegierten Mitgliedern
Religion	Sunnitische Muslime (97 %); Sonstige (3 %)
Ethn. Gruppen	Libysche Araber, Berber (97 %); Sonstige (3 %)
Urbanisierung	86 %
Einwohner/km	3
Bev.-Wachst./Jahr	1,9 %
Kindersterblichkeit	1,9 %
Alphabetisierung	83 %

Im September 2004 sprach sich die lib. Regierung für eine grundlegende Reform der UNO aus und beanspruchte einen ständigen Sitz im UN-Sicherheitsrat. Begründet wurde der Anspruch mit dem Produktionsstopp für Massenvernichtungswaffen und der großen Bedeutung von L. in Afrika. Der UN-Sicherheitsrat hatte erst 2003 die Sanktionen aufgehoben, die gegen den Staat wegen der Verwicklung in Terroranschläge verhängt worden waren.

Die US-amerikan. Regierung kündigte im März 2005 an, sich verstärkt um die Freilassung von fünf bulgar. Krankenschwestern zu bemühen, die in L. inhaftiert und zum Tode verurteilt worden waren. Ihnen wurde vorgeworfen, mehr als 400 Kinder absichtlich mit HIV-verseuchtem Blut infiziert zu haben. Die Verteidigung machte hingegen mangelnde Hygiene für die Ansteckungen verantwortlich. Neben der US-amerikan. Regierung setzte sich auch Bundeskanzler Gerhard Schröder bei seinem Libyen-Besuch im Oktober 2004 für die Freilassung der Krankenschwestern ein.

Liechtenstein FL

Fürstentum Liechtenstein

Landesfläche	160 km² (WR 187)
Einwohner	35 000 (WR 187)
Hauptstadt	Vaduz (6000 Einwohner)
Sprachen	Deutsch, alemannische Dialekte
Währung	1 Schw. Franken = 100 Rappen
Gliederung	11 Gemeinden
Staatsform	Parlamentarische Monarchie
Staatsoberhaupt	Hans Adam II., Erbprinz Alois ist seit 2004 mit der Ausübung aller Hoheitsrechte betraut
Regierungschef	Otmar Hasler (seit 2001) * 1953
Parlament	Landtag mit 25 für 4 Jahre gewählten Abgeordneten; 12 für Fortschrittliche Bürgerpartei, 10 für Vaterländische Union, 3 für Freie Liste (Wahl 2005)
Internet	www.liechtenstein.li
Religion	Katholiken (80 %); Protestanten (7,4 %); Sonstige (12,6 %)
Nationalitäten	Liechtensteiner (61,6 %); Schweizer (15,6 %); Österreicher (7,2 %); Deutsche (3,6 %); Sonstige (12 %)
Urbanisierung	46 %
Einwohner/km	219
Bev.-Wachst./Jahr	1 %
Kindersterblichkeit	1,1 %
Alphabetisierung	100 %

Bei den Liechtensteiner Landtagswahlen im März 2005 verlor die regierende Fortschrittliche Bürgerpartei (FBP), die vorher mit 13 der 25 Sitze im Parlament die Mehrheit hielt, ein Mandat und damit die absolute Mehrheit. Die Vaterländische Union (VU) musste ebenfalls einen ihrer bisherigen elf Sitze abgeben. Die beiden von den großen Parteien verlorenen Mandate gingen an die Freie Liste (FL), die damit unerwartet ihre Sitzzahl von eins auf drei erhöhen konnte. Die Wahlbeteiligung lag bei 86,5 %. Für einen Sitz im 25-köpfigen Landtag hatten sich 60 Kandidaten beworben. Die beiden großen Parteien hatten das Fürstentum 1938–97 in Koalitionen regiert. 1997–2001 trug die VU die alleinige Regierungsverantwortung, seit 2001 stellte die FBP sämtliche Mitglieder der Regierung.

Laut einer unabhängigen Historikerkommission, die im April 2005 ihr Untersuchungsergebnis vorstellte, kaufte das liechtenstein. Fürstenhaus 1938 im angeschlossenen Österreich und in der besetzten damaligen Tschechoslowakei einzelne Betriebe und Beteiligungen aus jüdischem Besitz. Außerdem wurden auf drei fürstlichen Landwirtschaftsbetrieben in Österreich vom Juli 1944 bis zum Kriegsende jüdische KZ-Häftlinge aus Ungarn als Zwangsarbeitskräfte beschäftigt. Allerdings dienten die in der NS-Zeit bestehende Liechtensteinische Landesbank (LLB) und die Bank in Liechtenstein (BIL) nicht dem Dt. Reich und NS-Größen als Kapitalhort. Die Flüchtlingspolitik wurde laut der Untersuchung weitgehend durch jene der Schweiz bestimmt. Insgesamt fanden zwischen 1933 und 1945 rund 400 Flüchtlinge Zuflucht in L. Die sechsköpfige Kommission mit Historikern aus Israel, der Schweiz, Österreich und dem Fürstentum war im Mai 2001 von der Regierung eingesetzt worden, um Fragen zur Rolle Liechtensteins während des Zweiten Weltkrieges zu klären.

Liechtenstein: Fürst Hans-Adam II. (links), Fürstin Marie (rechts) und Erbprinz Alois mit seiner Frau Sophie am 15. 8. 2004 bei der feierlichen Amtsübergabe in Vaduz

Litauen LT

Republik Litauen

Landesfläche	65 200 km² (WR 120)
Einwohner	3,4 Mio. (WR 127)
Hauptstadt	Vilnius (Wilna; 584 000 Einwohner)
Sprachen	Litauisch, Polnisch, Russisch
Währung	1 Litas = 100 Centas
Gliederung	10 Distrikte
Staatsform	Parlamentarische Republik
Staatsoberhaupt	Valdas Adamkus (seit 2004) * 1926
Regierungschef	Algirdas Brazauskas (seit 2001) * 1932
Parlament	Seimas mit 141 für 4 Jahre gewählten Abgeordneten; 39 für die Arbeitspartei, 25 für konservative Vaterlandsunion (TS), 18 für liberale Zentrumsunion (LCS), 59 für Andere (Wahl 2004)
Internet	www.lrvk.lt; www.lrs.lt
Religion	Katholiken (80 %); Sonstige (20 %)
Nationalitäten	Litauer (80,6 %); Russen (8,7 %); Polen (7 %); Sonstige (3,7 %)
Urbanisierung	67 %
Einwohner/km	52
Bev.-Wachst./Jahr	–0,6 %
Kindersterblichkeit	0,9 %
Alphabetisierung	99 %

Innenpolitik: Aus den litau. Parlamentswahlen im Oktober 2004 gingen die konservative bzw. liberale Partei TS und LCS überraschend als Siegerinnen hervor. Mit 43 von 141 Sitzen wurden die Konservativen stärkste Kraft im Seimas, dem litau. Parlament. Die als Favoritin in die Wahl gegangene Arbeitspartei des russischstämmigen Millionärs Viktor Uspaskich erhielt 39 Sitze, während auf die regierende Mitte-links-Koalition aus Sozialdemokraten und Sozialliberalen lediglich 31 Mandate entfielen. Aufgrund der unklaren Mehrheitsverhältnisse einigten sich die bislang regierenden Sozialdemokraten und Sozialliberalen auf die Bildung einer »großen« Rechts-links-Koalition mit der Arbeiterpartei unter der Bedingung, dass der amtierende Ministerpräsident Algirdas Brazauskas im Amt bleibe. Uspaskich willigte ein und übernahm das Wirtschaftsressort. Im Juni 2005 trat Uspaskich nach Anschuldigungen der parlamentarischen Ethikkommission von seinem Amt als Wirtschaftsminister wieder zurück. Ihm wurde Amtsmissbrauch vorgeworfen.

Verurteilung: Der frühere litau. Präsident Rolandas Paksas wurde im März 2005 von einem Berufungsgericht wegen Verrats von Staatsgeheimnissen schuldig gesprochen. Die zweite Instanz hob damit einen Freispruch vom Oktober 2004 auf. Das litau. Parlament hatte Paksas im April 2004 wegen Amtsmissbrauchs abgesetzt. Ihm wurde vorgeworfen, Staatsgeheimnisse verraten und einem russ. Geschäftsmann zur litau. Staatsbürgerschaft verholfen zu haben. Paksas legte gegen den Schuldspruch des Berufungsgerichtes Rechtsmittel ein.

Atomkraftwerk abgeschaltet: Im Dezember 2004 nahm L. den Reaktorblock Nr. 1 des Atomkraftwerks Ignalina vom Netz. Das Land kam damit der Forderung der EU nach, den ersten Block bis Ende 2004 abzuschalten; der zweite Block soll bis 2009 abgeschaltet werden. Ignalina ist vom selben Typ wie das Atomkraftwerk Tschernobyl und galt als äußerst störanfällig. L. war Ende 2004 in seiner Elektrizitätsversorgung zu mehr als 80 % von dem Atomkomplex abhängig und versorgte auch nach dem Zusammenbruch der Sowjetunion (1990) teilweise die Kaliningrader Exklave, Weißrussland und Lettland mit Strom aus dem Atomkraftwerk.

Außenpolitik: Im November 2004 ratifizierte L. als erstes EU-Mitglied die neue EU-Verfassung. Die Abgeordneten des litau. Parlamentes akzeptierten das im Oktober 2004 in Rom unterschriebene Dokument mit 84 gegen sieben Stimmen. Drei der Abgeordneten enthielten sich. L. war zum 1. 5.2004 der EU beigetreten und hatte auf eine Volksabstimmung über die EU-Verfassung verzichtet.

Menschenrechte: Der Europ. Gerichtshof für Menschenrechte verurteilte im April 2005 L. wegen unmenschlicher Behandlung eines Häftlings. Es warf dem Land vor, den Häftling 18 Monate lang in einer schmutzigen Zelle von 1,5 m² gefangen gehalten zu haben. Es ordnete daher an, dass die litau. Regierung dem Kläger 12 000 € Schadenersatz zu zahlen habe. Außerdem kritisierte der Europ. Gerichtshof für Menschenrechte L. wegen der Behandlung von zwei ehemaligen Agenten des sowjet. Geheimdienstes KGB, die aufgrund ihrer Vergangenheit ihre Arbeitsplätze verloren hatten. Die Straßburger Richter rügten das Vorgehen gegen die beiden Kläger als Diskriminierung und wiesen die Regierung in Vilnius an, den Männern insgesamt mehr als 52 000 € an Schadensersatz zu zahlen.

Aufforderung aus Russland: Die litau. Regierung ließ im September 2004 eine von Vilnius aus betriebene tschetschen. Website schließen. Sie reagierte damit auf eine Aufforderung der russ. Regierung, die in der Website eine Aufstachelung zu nationalem oder religiösem Hass erblickte. Tschetschenien hatte in den 1990er-Jahren in zwei Kriegen seine Unabhängigkeit von der Russ. Föderation angestrebt.

Litauen: Das Atomkraftwerk Ignalina produziert seit den 1980er-Jahren Strom. Im Dezember 2004 wurde Block 1 abgeschaltet.

Luxemburg

L

Großherzogtum Luxemburg

Landesfläche	2586 km² (WR 166)
Einwohner	459 000 (WR 163)
Hauptstadt	Luxemburg (85 000 Einwohner)
Sprachen	Lëtzebuergesch, Französisch, Deutsch
Währung	1 Euro = 100 Cent
Gliederung	3 Distrikte
Staatsform	Konstitutionelle Monarchie
Staatsoberhaupt	Großherzog Henri (seit 2000) * 1955
Regierungschef	Jean-Claude Juncker (seit 1995) * 1954
Parlament	Abgeordnetenkammer mit 60 für 5 Jahre gewählten Mitgliedern; 24 Sitze für Christlich Soziale Volkspartei (CSV), 14 für die Sozialisten (LSAP), 10 für Demokratische Partei (DP), 12 für Andere (Wahl 2004)
Internet	www.gouvernement.lu; www.chd.lu
Religion	Katholiken (97 %); Sonstige (3 %)
Nationalitäten	Luxemburger (69,7 %); Portugiesen (10,8 %); Italiener (5,0 %); Franzosen (3,4 %); Sonstige (11,1 %)
Urbanisierung	91,9 %
Einwohner/km	177
Bev.-Wachst./Jahr	1,4 %
Kindersterblichkeit	0,5 %
Alphabetisierung	99 %

L. führte 2003 (letztverfügbarer Stand) die Wohlstandsrangliste in der EU und in der OECD unangefochten an. Laut OECD lag das BIP/Kopf in L. mehr als 50% über dem Durchschnitt der 30 OECD-Staaten. L. und das Saarland vereinbarten im Februar 2005 eine enge Zusammenarbeit im Bereich des öffentlichen Dienstes. Zukünftig sollen Mitarbeiter der obersten Landesbehörden Praktika von zwei Monaten bis zu einem Jahr im jeweils anderen Land absolvieren können. Ziel ist die Stärkung der Europakompetenz sowie die Verbesserung der grenzüberschreitenden Kooperation. Am 10. Juli votierten bei einem Referendum 56% für die Annahme der EU-Verfassung. L. wird den Vertrag als 13. Land der Union ratifizieren.

Madagaskar

RM

Republik

Landesfläche	587 041 km² (WR 44)
Einwohner	17,9 Mio. (WR 56)
Hauptstadt	Antananarivo (1,2 Mio. Einwohner)
Sprachen	Französisch, einheim. Idiome
Währung	1 Madag.-Franc = 100 Centimes
Gliederung	6 Provinzen
Staatsform	Republik
Staatsoberhaupt	Marc Ravalomamanana (seit 2002) *1949
Regierungschef	Jacques Sylla (seit 2002) *1946
Parlament	Nationale Volksversammlung mit 160 für 4 Jahre gewählten Abgeordneten; 103 für »Ich liebe Madagaskar« (TIM), 22 für die Nationalunion (FP), 3 für die sozialistische Arema, 32 für Andere (Wahl 2002)
Internet	www.assemblee-nationale.mg
Religion	Trad. Religionen (52 %); Christen (41 %); Muslime (7 %)
Ethn. Gruppen	Madagassen (98,9 %); Sonstige (1,1 %)
Urbanisierung	27 %
Einwohner/km	30
Bev.-Wachst./Jahr	2,8 %
Kindersterblichkeit	13,5 %
Alphabetisierung	69 %

Wissenschaftler eines US-amerikan. Zoos entdeckten 2004 auf M. zwei neue Lemurenarten. Die Tiere wurden im Regenwald an der Ostküste der Insel und im Trockenwald an der Westküste gesichtet. Lemuren sind vom Aussterben bedrohte Halbaffen, die nur auf der Insel im Indischen Ozean vorkommen. Es gibt rund 50 Arten. Seit M. vom afrikanischen Festland abgespalten wurde, konnte sich auf der Insel während eines Zeitraums von etwa 150 Mio. Jahren eine 200 000 Arten umfassende Flora und Fauna entwickeln. Etwa 50 % der hier heimischen Vogelarten, 80 % der Pflanzen und 95 % der Reptilien kommen nirgends sonst auf der Welt vor.

Das Land litt weiter unter den Folgen der Wirbelstürme, die M. Anfang 2004 verwüstet haben. Im Juli 2004 stellte die Weltbank 175 Mio. US-Dollar zur Verfügung.

Makedonien

MK

Republik Makedonien

Landesfläche	26 713 km² (WR 144)
Einwohner	2,1 Mio. (WR 140)
Hauptstadt	Skopje (466 000 Einwohner)
Sprachen	Makedonisch, Albanisch, Türkisch, Serbisch
Währung	Makedonischer Denar
Gliederung	123 Gemeinden
Staatsform	Republik
Staatsoberhaupt	Branko Črvenkovski (seit 2004) * 1962
Regierungschef	Vlado Buckovski (seit 2004) * 1962
Parlament	120 für 4 Jahre gewählte Abgeordnete; 43 für Sozialdemokratische Union (SDSM), 28 für Demokratische Partei für nationale Einheit (VMRO), 49 für Andere (Wahl 2002)
Internet	www.sinf.gov.mk
Religion	Makedonisch-, Serbisch-, Bulgarisch- und Griechisch-Orthodoxe (67 %); Muslime (30 %); Sonstige (3 %)
Urbanisierung	60 %
Einwohner/km	79
Kindersterblichkeit	2,6 %
Bev.-Wachst./Jahr	0,5 %
Alphabetisierung	94 %

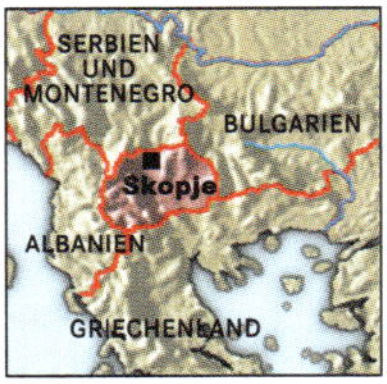

Innenpolitik: Im November 2004 trat der makedon. Ministerpräsident Hari Kostov von seinem Amt zurück. Kostov zog damit die Konsequenz aus Korruptionsvorwürfen gegen die albanischstämmigen Mitglieder seines Kabinetts. Sein Nachfolger wurde vorherige Verteidigungsminister Vlado Buckovski. Er bezeichnete es als seine wichtigste Aufgabe, die Auseinandersetzungen mit den Albanern in M. zu beenden. Der Konflikt hatte sich im Dezember 2004 wieder verschärft, nachdem rund 200 Bewaffnete das in der Nähe von Skopje gelegene Dorf Kondovo unter ihre Kontrolle gebracht hatten. Damit wurde das Ohrider Abkommen von 2001 in Frage gestellt, das als Basis für eine verbesserte Integration der Albaner in die makedon. Gesellschaft dienen und die Gewalt zwischen makedon. Sicherheitskräften und alban. Freischärlern beenden sollte. Ca. ein Viertel der Bewohner des vorwiegend slawischen M. sind alban. Abstammung.

Gescheiterte Volksabstimmung: Im November 2004 erlitten in M. die Gegner einer stärkeren alban. Selbstbestimmung bei einem Referendum eine Niederlage. Die von ihnen erzwungene Volksabstimmung zur Gebietsreform scheiterte an der zu geringen Beteiligung von 26,2 %. Die für eine Gültigkeit notwendigen 50 % wurden damit weit verfehlt. Mit dem Referendum wollten makedon. Nationalisten eine Gebietsreform verhindern, mit der die Albaner in 16 von 84 Bezirken dominierende Kraft bei der kommunalen Selbstbestimmung werden würden. Die Gebietsreform war im August 2004 vom Parlament als Teil des Ohrider Abkommens verabschiedet worden. Die makedon. Regierung hatte ebenso wie Großbritannien, Frankreich und das Nachbarland Albanien zu einem Boykott der Volksabstimmung aufgerufen.

Kommunalwahlen: Im März 2005 erlitten die in M. regierenden Sozialdemokraten bei den Kommunalwahlen in der Hauptstadt Skopje eine empfindliche Niederlage. Der von der Regierung unterstützte Amtsinhaber Risto Penov erhielt nach einem von Korruptionsvorwürfen begleiteten Wahlkampf nur 34 % der abgegebenen Stimmen, während auf den Geschäftsmann Trifun Kostovski 48 % entfielen. Die Wahlen galten als Test für den Zustand der Demokratie in M. Die Organisation für Sicherheit und Zusammenarbeit in Europa (OSZE) und die USA stellten schwere Unregelmäßigkeiten bei den Wahlen fest. In 20 % der Wahllokale seien Stimmzettel gefälscht oder gestohlen worden. Das Oberste Gericht von M. ordnete daher eine Wiederholung der Abstimmung in 33 Wahllokalen an.

Wirtschaft: Die makedon. Volkswirtschaft verzeichnete 2004 ein Wachstum von 2,5 %.

Makedonien: Ministerpräsident Vlado Buckovski (Mitte) mit Regierungsmitgliedern bei der Vereidigung in Skopje am 17. 12. 2004

Damit setzte sich die Erholung fort, die nach der Beilegung der politisch-militärischen Krise des Landes im Frühjahr und Sommer 2001 eingesetzt hatte. Allerdings machte sich die positive Konjunkturentwicklung nicht am Arbeitsmarkt bemerkbar. Die Statistik registrierte 2004 einen Anstieg um 20 % auf ca. 316 000 Arbeitslose (Arbeitslosenquote: ca. 37 %). Obwohl das Durchschnittsgehalt eines Berufstätigen in M. nur ca. 200 € beträgt, war die Investitionsneigung der Unternehmen gering. Dies wurde insbesondere auf die politische Unsicherheit und die fehlenden Reformen im Justizbereich, im öffentlichen Gesundheitswesen und bei der Privatisierung staatlicher Unternehmen zurückgeführt.

Malawi MW

Republik Malawi

Landesfläche	118 484 km² (WR 98)
Einwohner	12,3 Mio. (WR 70)
Hauptstadt	Lilongwe (500 000 Einwohner)
Sprachen	Englisch, Chichewa, Lomwe u. a.
Währung	1 Malawi-Kwacha = 100 Tambala
Gliederung	3 Regionen, 24 Distrikte
Staatsform	Präsidiale Republik
Staatsoberhaupt und Regierungschef	Bingu wa Mutharika (seit 2004) *1934
Parlament	Nationalversammlung mit 193 für 5 Jahre gewählten Abgeordneten; 59 Sitze für die Malawische Kongresspartei, 49 für die Vereinigte Demokratische Front (UDF), 27 für das Bündnis Mgwirizano, 52 für Andere (Wahl 2004)
Internet	www.malawi.gov.mw
Religion	Christen (75 %); Muslime (20 %); Animisten (5 %)
Ethn. Gruppen	Maravi (58 %); Lomwe (18 %); Yao (13 %); Sonstige (11 %)
Urbanisierung	16 %
Einwohner/km	104
Bev.-Wachst./Jahr	2 %
Kindersterblichkeit	18,2 %
Alphabetisierung	63 %

M. stand im März 2005 vor einer erneuten Krise bei der Nahrungsmittelversorgung. Eine lange Dürreperiode in den südlichen und mittleren Regionen führte 2004 zu Ernteverlusten. Trotz geplanter Zukäufe durch die Regierung, ging das Welternährungsprogramm (WFP) davon aus, dass 2005 ca. 1,3 Mio. Menschen unter mangelhafter Ernährung leiden könnten.

Malaysia MAL

Landesfläche	329 758 km² (WR 65)
Einwohner	24,9 Mio. (WR 44)
Hauptstadt	Kuala Lumpur (1,5 Mio. Einwohner)
Sprachen	Bahasa Malaysia, Chinesisch u. a.
Währung	1 Ringgit = 100 Sen
Gliederung	13 Bundesstaaten
Staatsform	Parlamentarische Wahlmonarchie
Staatsoberhaupt	König Raja of Perlis Tuanku Syed Sirajuddin Putra (seit 2001) * 1943
Regierungschef	Abdullah Ahmad Badawi (seit 2003) * 1939
Parlament	Abgeordnetenhaus mit 219 gewählten Mitgliedern; 198 Sitze für die Nationale Front, 12 für die Demokratische Aktionspartei, 7 für Islam-Partei, 2 für andere (Wahl 2004)
Internet	www.gov.my
Religion	Muslime (52,9 %); Buddhisten (17,3 %); chinesische Volksreligionen (11,6 %); Hindus (7 %); Christen (6,4 %); Sonstige (4,8 %)
Nationalitäten	Malaien (58 %); Chinesen (26 %); Inder (7 %); Sonstige (9 %)
Urbanisierung	64 %
Einwohner/km	76
Bev.-Wachst./Jahr	1,9 %
Kindersterblichkeit	0,8 %
Alphabetisierung	87 %

Im September 2004 wurde Anwar Ibrahim aus der Haft entlassen. Der Oppositionspolitiker hatte sechs Jahre im Gefängnis verbracht. Seine Freilassung wurde als Zeichen gewertet, dass die Rechtstaatlichkeit in Malaysia wieder einen höheren Rang einnimmt.

Im November 2004 brachte M. die Vogelgrippe unter Kontrolle, die zweieinhalb Monate zuvor ausgebrochen war (→ Medizin, Vogelgrippe). Um eine Ausbreitung des Virus zu verhindern, wurden in der Region Tausende Stück Geflügel getötet.

Malediven
MV

Republik der Malediven

Landesfläche	298 km² (WR 185)
Einwohner	328 000 (WR 167)
Hauptstadt	Male (74 000 Einwohner)
Sprachen	Divehi, Englisch
Währung	1 Rufiyaa = 100 Laari
Gliederung	20 Distrikte, Hauptstadtdistrikt
Staatsform	Präsidiale Republik im Commonwealth
Staatsoberhaupt und Regierungschef	Maumoon Abdul Gayoom (seit 1978) * 1937
Parlament	Versammlung mit 42 für 5 Jahre gewählten und 8 vom Präsidenten ernannten Abgeordneten, keine politischen Parteien (Wahl 2005)
Internet	www.themaldives.com
Religion	Sunnitische Muslime
Ethn. Gruppen	Mischvolk arabischer, singalesischer und malaiischer Abstammung
Urbanisierung	28,8 %
Einwohner/km	1100
Bev.-Wachst./Jahr	4,3 %
Kindersterblichkeit	7,7 %
Alphabetisierung	96 %

Innenpolitik: Die Parlamentswahlen im Januar 2005 standen im Zeichen des Tsunami, bei dem auf den M. rund 100 Menschen starben. Bereits vor Beginn der Abstimmung hatte die vom Exil aus arbeitende Oppositionspartei MDP der Regierung vorgeworfen, die Katastrophe vom 26. 12. 2004 für ihre Zwecke zu instrumentalisieren. Die Regierung habe gedroht, die Verteilung von Hilfsgütern vom Wahlverhalten der Menschen abhängig zu machen. Zehn Kandidaten hätten daraufhin ihre Bewerbung aufgegeben. Die Regierung wies die Vorwürfe zurück. Ins 42-köpfige Parlament wurden 20 Anhänger der Regierung von Präsident Maumoon Abdul Gayoom gewählt, 18 Mandate gingen an Abgeordnete, welche die MDP unterstützten. Gayoom regiert die M. seit 1978 mit eiserner Hand, Parteien sind offiziell verboten. Im Sommer 2004 hatte der Präsident demokratische Reformen versprochen. Nach Demonstrationen gegen die Regierung im August wurde jedoch der Ausnahmezustand verhängt. Im September forderte das Europaparlament die EU auf, wegen einer anhaltend schlechten Menschenrechtslage auf den M. Sanktionen gegen die Regierung der Inselgruppe zu verhängen.

Wirtschaft: Laut einem austral. Untersuchungsbericht, der im März 2005 veröffentlicht wurde, überstanden die berühmten Korallenriffe der M. die Tsunami-Katastrophe im Indischen Ozean weitgehend unbeschädigt. Die Regierung der M. erhofft sich von diesem Bericht, den Rückgang der Touristenzahlen zu stoppen. Nach der Katastrophe waren die Hotels auf den M. nur noch zu 40 % ausgelastet.

Mali
RMM

Republik Mali

Landesfläche	1 240 192 km² (WR 23)
Einwohner	13,4 Mio. (WR 64)
Hauptstadt	Bamako (1,4 Mio. Einwohner)
Sprachen	Französisch, Bambara, Arabisch
Währung	CFA-Franc
Gliederung	8 Regionen, Hauptstadtdistrikt
Staatsform	Präsidiale Republik
Staatsoberhaupt	Amadou Toumani Touré (seit 2002) *1948
Regierungschef	Ousmane Issoufi Maïga (seit 2004) *1946
Parlament	Nationalversammlung mit 147 Abgeordneten; 66 für das Wahlbündnis Espoir, 51 für die Allianz für die Demokratie, 30 für Andere (Wahl 2002)
Internet	www.maliembassy.us
Religion	Muslime (90 %); Animisten (9 %); Christen (1 %)
Ethn. Gruppen	Bambara (31,9 %); Fulani (13,9 %); Senufo (12 %); Soninké (8,8 %); Tuareg (7 %); Sonstige (26,4 %)
Urbanisierung	32 %
Einwohner/km	11
Bev.-Wachst./Jahr	3 %
Kindersterblichkeit	22,2 %
Alphabetisierung	46 %

Der erneute Ausbruch des bewaffneten Konflikts in der benachbarten Elfenbeinküste beeinträchtigte im November 2004 die wirtschaftliche Entwicklung in M. Da der Grenzverkehr vollkommen zum Erliegen kam, verlor M. rund 500 000 US-Dollar/Monat an Steuer- und Zolleinnahmen. In Friedenszeiten passieren durchschnittlich 700 Lastwagen/Woche den Grenzübergang an der Nationalstraße 485 km von Bamako, der Hauptstadt von M., um Baumwolle zur ivor. Hafenstadt Abidjan und Versorgungsgüter aus dem Süden zu bringen. Außerdem blieben die rund 22 000 Einwohner im Grenzort Zégoua im Süden von M. zeitweilig unversorgt. Da der Ort an das ivor. Stromnetz angeschlossen war, mussten die Menschen mehrere Wochen ohne Elektrizität auskommen. Die Telefonleitungen wurden zeitweilig gekappt. Die Preise für Lebensmittel verdreifachten sich. Wegen der Verelendung der Bevölkerung nahmen die Fälle von Plünderungen zu. Außerdem registrierten Sicherheitskräfte einen regen Waffenhandel in der Grenzregion.

Malta M

Republik Malta

Landesfläche	316 km² (WR 184)
Hauptstadt	Valletta (9000 Einwohner)
Einwohner	396 000 (WR 165)
Sprachen	Maltesisch, Englisch
Währung	1 Lira = 100 Cents
Gliederung	6 Bezirke
Staatsform	Parlamentarische Republik
Staatsoberhaupt	Fenech Adami (seit 2004) * 1934
Regierungschef	Lawrence Gonzi (seit 2004) * 1953
Parlament	Repräsentantenhaus mit 65 für 5 Jahre gewählten Abgeordneten; 35 für Nationalistische Partei (PN), 30 Sitze für Arbeitspartei (MLP; Wahl 2003)
Internet	www.gov.mt
Religion	Katholiken (91 %); Sonstige (9 %)
Nationalitäten	Malteser (95,7 %); Briten (2,1 %); Sonstige (2,2 %)
Urbanisierung	91,7 %
Einwohner/km	1253
Bev.-Wachst./Jahr	0,6 %
Kindersterblichkeit	0,5 %
Alphabetisierung	92 %

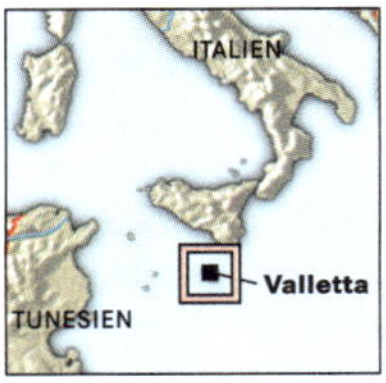

Im Zuge des Beitritts zur EU (Mai 2004) erlebte M. einen Boom auf dem Immobilienmarkt. Die gestiegene Nachfrage kam insbesondere von Ausländern, die den Inselstaat als preisgünstigere Alternative beim Wohnungs- bzw. Hauskauf im Vergleich zu anderen Mittelmeerinseln entdeckten. Allerdings erließ die maltes. Regierung vor dem EU-Beitritt einige Regelungen, mit denen ein »Ausverkauf« verhindert werden sollte. Ausländer dürfen z. B. nur einmal eine Wohnimmobilie auf dem Archipel erwerben. Als Grund nannte die Regierung die hohe Siedlungsdichte auf Malta.

Im Mai 2005 wurde M. in den europ. Wechselkursmechanismus aufgenommen. Dies bedeutete, dass die nationale Währung (Lira) zukünftig nur noch in einer Bandbreite von 15 % gegenüber dem Euro schwanken darf. Am 7. Juli stimmte das Parlament einstimmig für die Europ. Verfassung.

Marokko MA

Königreich Marokko

Landesfläche	446 550 km² (WR 56)
Einwohner	31,1 Mio. (WR 37)
Hauptstadt	Rabat (1,5 Mio. Einwohner)
Sprachen	Arabisch, Französisch, Spanisch
Währung	1 Dirham = 100 Centimes
Gliederung	16 Regionen, 65 Provinzen
Staatsform	Konstitutionelle Monarchie
Staatsoberhaupt	König Mohammed VI. (seit 1999) * 1963
Regierungschef	Driss Jettou (seit 2002) * 1945
Parlament	Nationalversammlung aus 325 für 5 Jahre gewählten Abgeordneten und Beratende Versammlung mit 270 Mitgliedern; Nationalversammlung: 50 für die Sozialistische Union (USFP), 48 für Istiqlal, 42 für die islamistische PJD, 185 für Andere (Wahl 2002)
Internet	www.pm.gov.ma
Religion	Sunnitische Muslime (98,7 %); Christen (1,1 %); Juden (0,2 %)
Nationalitäten	Araber und Berber (99,1 %); Juden (0,2 %); Sonstige (0,7 %)
Urbanisierung	58 %
Einwohner/km	70
Bev.-Wachst./Jahr	1,6 %
Kindersterblichkeit	4,3 %
Alphabetisierung	52 %

Im März und April 2005 ging die marokkan. Justiz verstärkt gegen die Pressefreiheit im Land vor. So wurde u. a. ein Journalist wegen kritischer Berichte über die Regierung mit einem Berufsverbot belegt und zu einer hohen Geldstrafe verurteilt. Internationale Journalistenverbände bezeichneten dies als Rückschritt in der Politik. Mohammed VI., der nach seiner Thronbesteigung (1999) demokratische Reformen eingeleitet hatte. Der marokkan. König verkörperte bis dahin im Gegensatz zu seinem Vorgänger und Vater Hassan II. einen liberaleren Regierungsstil und betonte die Idee der konstitutionellen Monarchie. Allerdings bestand er weiterhin auf seinen exekutiven Befugnissen, etwa bei der Ernennung von Kabinettsmitgliedern, Provinzgouverneuren oder Leitern staatlicher Wirtschaftsunternehmen.

Marshallinseln MH

Republik Marshallinseln

Landesfläche	181 km² (WR 187)
Einwohner	69 000 (WR 184)
Hauptstadt	Dalap-Uliga-Darrit (Majuro-Atoll, 15 000 Einwohner)
Sprachen	Kajin-Majol, Englisch
Währung	1 US-Dollar = 100 Cents
Gliederung	25 Gemeindebezirke
Staatsform	Republik
Staatsoberhaupt und Regierungschef	Kessai H. Note (seit 2000) * 1950
Parlament	Nitijela mit 33 Abgeordneten und beratende zwölfköpfige Versammlung der Stammesführer, keine Parteien (Wahl 2003)
Internet	www.rmiembassyus.org
Religion	Christen (98,6 %), davon Protestanten (90,1 %); Katholiken (8,5 %); Sonstige (1,4 %)
Nationalitäten	Mikronesier (96,9 %); Sonstige (3,1 %)
Urbanisierung	55 %
Einwohner/km	381
Bev.-Wachst./Jahr	3,8 %
Kindersterblichkeit	6,6 %
Alphabetisierung	93 %

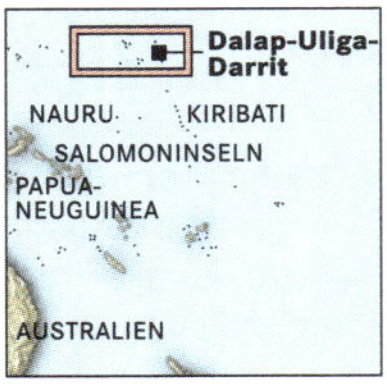

Die Regierung der M. rief im März 2005 internationale Schifffahrtsunternehmen auf, verstärkt Seeleute aus der Bevölkerung der M. zu rekrutieren. Vorausgegangen war die Einrichtung eines international anerkannten Ausbildungsprogramms auf den M. mit dem die Beschäftigungsmöglichkeiten für Einheimische in der Seefahrt verbessert werden sollen. Die M. haben als Billigflaggenland weltweit das achtgrößte Schifffahrtsregister. Die Wirtschaft des Inselstaates hängt aber v. a. von Finanzierungshilfen durch die USA, die Asiatische Entwicklungsbank (ADB) und andere Geber ab. Die Finanzhilfen der USA belaufen sich seit 1986 auf mehr als 1 Mrd. US-Dollar. Die eigene Wirtschaftskraft ist gering, da sowohl die öffentlichen als auch die privaten Investitionen trotz einer liberalen Politik der Regierung gegenüber ausländischen Investoren niedrig sind. Hauptgründe sind der zu kleine Markt und die Zersplitterung des Landes.

Mauretanien RIM

Islam. Republik Mauretanien

Landesfläche	1 025 520 km² (WR 28)
Einwohner	3 Mio. (WR 133)
Hauptstadt	Nouakchott (620 000 Einwohner)
Sprachen	Arabisch, Französisch, afrikan. Stammessprachen
Währung	1 Ouguiya = 5 Khoums
Gliederung	13 Regionen
Staatsform	Präsidialrepublik
Staatsoberhaupt	Mouamiya Ould Sid Ahmed Taya (seit 1984) *1943
Regierungschef	Sghair Ould M'Bareck (seit 2003) *1954
Parlament	Nationalversammlung mit 81 für 5 Jahre gewählten Abgeordneten; 64 Sitze für die Republikanisch-Soziale Partei (PRDS), 17 für Andere (Wahl 2001)
Internet	www.mauritania.mr
Religion	Muslime (99,5 %); Christen (0,2 %); Sonstige (0,3 %)
Ethn. Gruppen	Mauren (30 %); Haratin (40 %); Schwarzafrikaner (30 %)
Urbanisierung	62 %
Einwohner/km	3
Bev.-Wachst./Jahr	3 %
Kindersterblichkeit	18,3 %
Alphabetisierung	42 %

M. wurde 2004 von Heuschreckenplagen heimgesucht. Im Dezember waren allein im Norden des Landes über 1,5 Mio. ha Land befallen. Die Regierung schloss daher mit Algerien ein Abkommen zur Bildung von Spezialistenteams, welche die Heuschreckenschwärme bekämpfen sollten. M. gehört zu den am wenigsten entwickelten Ländern der Erde. Die Bevölkerung betreibt vorwiegend Viehhaltung zur Selbstversorgung und lebt von Ackerbau, Fischfang und Handel.

Mauritius MS

Republik Mauritius

Landesfläche	2 040 km² (WR 168)
Einwohner	1,2 Mio. (WR 150)
Hauptstadt	Port Louis (165 000 Einwohner)
Sprachen	Englisch, Kreolisch, Hindi, Urdu, Chinesisch, Französisch
Währung	1 Mauritius-Rupie = 100 Cents
Gliederung	9 Distrikte, 3 Inselgruppen
Staatsform	Republik
Staatsoberhaupt	Anerood Jugnauth (seit 2003) *1930
Regierungschef	Paul Bérenger (seit 2003) *1945
Parlament	Nationalversammlung mit 70 Mitgliedern (8 reserviert für Minderheiten); 54 Sitze für das sozialistische Wahlbündnis MMM/MSM, 6 für das Wahlbündnis der Arbeiterpartei, 2 für Andere (Wahl 2000)
Internet	ncb.intnet.mu/govt
Religion	Hindus (52 %); Christen (28 %); Muslime (17 %); Sonstige (3 %)
Ethn. Gruppen	Indo-Pakistani (68 %); Kreolen (27 %); Sonstige (5 %)
Urbanisierung	43 %
Einwohner/km	588
Bev.-Wachst./Jahr	1 %
Kindersterblichkeit	1,9 %
Alphabetisierung	85 %

Im Januar 2005 fand auf M. eine Konferenz zur Zukunft kleiner Inselstaaten statt, an der 25 Staats- und Regierungschefs teilnahmen. Zentrales Anliegen der Teilnehmer war der Aufbau eines globalen Tsunami-Frühwarnsystems, mit dem die Auswirkungen von Flutkatastrophen gemildert werden könnten. Der Tsunami in Südasien vom 26. 12. 2004 hatte Auswirkungen bis nach M., den Seychellen und La Réunion. Unter dem Eindruck der Flutkatastrophe in Südasien wurden auf dem Gipfel auch der globale Klimawandel und der damit verbundene Anstieg des Meeresspiegels, die wachsende Häufigkeit schwerer Stürme sowie Probleme bei der Versorgung mit Süßwasser diskutiert.

Mexiko MEX

Vereinigte Mexikanische Staaten

Landesfläche	1,96 Mio. km² (WR 14)
Einwohner	104,9 Mio. (WR 11)
Hauptstadt	Mexiko-Stadt (19,5 Mio. Einwohner)
Sprachen	Spanisch, indianische Sprachen
Währung	1 Peso = 100 Centavos
Gliederung	31 Bundesstaaten, 1 -distrikt
Staatsform	Präsidiale Bundesrepublik
Staatsoberhaupt und Regierungschef	Vicente Fox Quesada (seit 2000) * 1942
Parlament	Abgeordnetenhaus mit 500 für 3 Jahre gewählten Abgeordneten, Senat mit 128 Mitgliedern; im Abgeordnetenhaus 224 Sitze für Partei der Institutionalisierten Revolution (PRI), 153 für Nationale Aktion (PAN), 95 für Partei der Demokratischen Revolution (PRD), 28 für Andere (Wahl 2003)
Internet	www.presidencia.gob.mx
Religion	Christen (94,6 %); Juden (0,1 %); Sonstige (5,3 %)
Ethn. Gruppen	Mestizen (60 %); Indios (30 %); Weiße (9 %); Sonstige (1 %)
Urbanisierung	76 %
Einwohner/km	54
Bev.-Wachst./Jahr	1,5 %
Kindersterblichkeit	2,9 %
Alphabetisierung	91 %

Innenpolitik: Bei der Gouverneurswahl im mexikan. Bundesstaat Guerrero setzte sich im Februar 2005 die linksgerichtete Partei der Demokratischen Revolution (PRD) durch. Ihr Kandidat Zeferino Torreblanca gewann mit deutlichem Vorsprung gegen Hector Astudillo von der in Guerrero regierenden Partei der Institutionalisierten Revolution (PRI). Das Ergebnis wurde als neuerlicher Rückschlag für den PRI gewertet, der 2000 die Regierung in Mexiko-Stadt nach 71 Jahren hatte abgeben müssen. Im Bundesstaat Quintana Roo auf der Halbinsel Yucatan blieb erwartungsgemäß der PRI an der Macht. Der vom Sieg in Guerrero gestärkte PRD behielt den Gouverneursposten in Baja California Sur. Die Nationale Aktionspartei von Präsident Vicente Fox Quesada landete in allen drei Staaten auf hinteren Plätzen und konnte sich damit weiterhin nicht als nationale Kraft eta-

Mexiko: Grab in Teotihuacán

Im November 2004 entdeckte ein internationales Archäologenteam in der Mondpyramide von Teotihuacán (40 km nordöstlich von Mexiko-Stadt) ein Grab mit zwölf Menschenskeletten. Da zehn von ihnen offenbar enthauptet worden waren, vermuteten die Wissenschaftler, dass die Skelette von ausländischen Kriegern stammen, die in einer Opferzeremonie getötet wurden. Sie schätzten, dass die Leichen zwischen 250 und 300 n. Chr. begraben wurden. Die Funde verwiesen darauf, dass die Teotihuacán-Kultur nicht, wie lange Zeit angenommen, nur religiös geprägt war, sondern auch deutlich kriegerische Züge aufwies.

blieren. Die Abstimmung war geprägt von einer Serie gewaltsamer Anschläge auf Polizisten. Der PRD warf dem PRI indirekt vor, die Angriffe inszeniert zu haben, um Angst unter der Bevölkerung zu schüren. Der PRI wies diesen Vorwurf jedoch zurück.

Präsidentschaftsanwärter: Im April 2005 hob das mexikan. Parlament die Immunität des linksgerichteten Präsidentschaftsanwärters und Bürgermeisters von Mexiko-Stadt, Andrés Manuel López Obrador, auf. Dadurch ermöglichte es ein juristisches Verfahren gegen Obrador, gegen den wegen Korruption ermittelt wurde. Obrador galt in M. als populärster Politiker und aussichtsreichster Kandidat für die Präsidentschaftswahl 2006. Der Bürgermeister kündigte an, notfalls auch aus dem Gefängnis für das höchste Staatsamt zu kandidieren. Er warf Präsident Fox und dem ehemaligen Präsidenten Carlos Salinas vor, gegen ihn ein Komplott angezettelt zu haben, um ihn an einer Kandidatur bei der Präsidentschaftswahl zu hindern. Nach heftigen Protesten Hunderttausender Mexikaner gegen das Justizverfahren beschloss Präsident Fox, den zuständigen Generalstaatsanwalt zu entlassen. Er versprach, dem Parlament einen Gesetzesentwurf vorzulegen, mit dem die politischen Rechte von Bürgern auch während eines laufenden Verfahrens geschützt werden sollen, sodass Obrador bei der Präsidentschaftswahl antreten könnte. Im Mai 2005 wurde das Verfahren eingestellt.

Todesstrafe: Im März 2005 stimmte der mexikan. Senat mit 79 zu 2 Stimmen für ein ausdrückliches Verbot der Todesstrafe. Sie wurde in M. zuletzt 1961 verhängt, war aber theoretisch für bestimmte Verbrechen wie Hochverrat, Elternmord und schwere Straftaten in der Armee noch zulässig. Die Änderung des entsprechenden Verfassungsartikels muss vom Unterhaus und den Parlamenten von zwei Dritteln der 31 mexikan. Bundesstaaten gebilligt werden. Die Initiative zur Abschaffung der Todesstrafe ging 2004 von Präsident Fox aus.

Außenpolitik: Die US-amerikan. Regierung mahnte ihre Bürger im Januar 2005 zu erhöhter Vorsicht bei Reisen in den Norden von M. Sie begründete ihre Warnung mit einem Bandenkrieg um die Kontrolle über den Drogenhandel, der zu einem Anstieg der Kriminalität im Grenzgebiet geführt habe. Die Festnahme mehrerer Bandenführer verursachte ein Machtvakuum und löste gewalttätige Auseinandersetzungen aus, die sich insbesondere gegen Mexikaner richteten. Allerdings waren Ende 2004 auch vermehrt Ausländer Opfer von Morden und Entführungen. Die US-amerikan. Regierung vermutete, dass mexikan. Polizisten teilweise mit den Kriminellen kooperierten.

Wirtschaft: Trotz zeitweiliger Förderausfälle nach Wirbelstürmen stieg 2004 die Erdölproduktion in M. auf Rekordhöhe. Durchschnittlich

Mexiko: Zehntausende demonstrierten am 7. 4. 2005 in Mexiko-Stadt für den populären Präsidentschaftsanwärter Andrés Manuel López Obrador, der unter Korruptionsverdacht geraten war.

wurden 3,83 Mio. Barrel/Tag gefördert. Der staatliche Ölkonzern Pemex erreichte aufgrund der hohen Rohölpreise Exporteinnahmen in Höhe von 16,3 Mrd. €. Pemex, 2004 der weltweit sechstgrößte Erdölproduzent, besitzt in M. das Monopol auf die Förderung und den Vertrieb von Ölprodukten.

Mikronesien FSM

Föderierte Staaten von Mikronesien

Landesfläche	702 km² (WR 173)
Einwohner	135 000 (WR 176)
Hauptstadt	Palikir (Pohnpei; 34 000 Einwohner)
Sprachen	Englisch, mikronesische Dialekte
Währung	1 US-Dollar = 100 Cents
Gliederung	4 Teilstaaten
Staatsform	Bundesrepublik
Staatsoberhaupt und Regierungschef	Joseph J. Urusemal (seit 2003) * 1952
Parlament	Kongress mit 14 Sitzen; 4 Abgeordnete für 4 Jahre und 10 Abgeordnete für 2 Jahre gewählt, die vier Teilstaaten wählen eigene Parlamente; keine politischen Parteien
Internet	www.fsmgov.org
Religion	Christen (88 %): Katholiken 48 %); Protestanten (40 %)
Ethn. Gruppen	Trukese (41,4 %); Pohnpeian (25,9 %); Mortlockese (8,3 %); Kosraean (7,4 %); Yapese (6 %); Sonstige (11 %)
Urbanisierung	43 %
Einwohner/km	192
Bev.-Wachst./Jahr	3,2 %
Kindersterblichkeit	2,4 %
Alphabetisierung	89 %

M. besteht aus 900 kleinen Inseln und Atollen, die sich über 3 200 km in Ozeanien zwischen Palau und den Marshallinseln erstrecken. Die Inseln bestehen aus Korallenkalk, dem einzigen Bodenschatz. Die Böden sind wenig ergiebig und meist nicht sehr tiefgründig. Nur auf einigen etwas höheren vulkanischen Inseln gibt es fruchtbarere Böden. Wegen des extrem hohen jährlichen Bevölkerungswachstums wanderten 2004 viele Menschen in die USA aus. Da die Einwohner in M. weit verstreut leben, gibt es zahlreiche mikrones. Dialekte. Die Insulaner betreiben Ackerbau und Fischerei zumeist zur Selbstversorgung. Finanziell ist der Inselstaat von den USA abhängig, die rund 70 % des Haushaltes von M. bestritten. Der Tourismus ist zwar eine wichtige Einnahmequelle, doch die weitere Entwicklung des Fremdenverkehrs wird durch die mangelhafte Infrastruktur behindert.

Moçambique MOC

Republik Moçambique

Landesfläche	801 590 km² (WR 34)
Einwohner	19,2 Mio. (WR 53)
Hauptstadt	Maputo (2,3 Mio. Einwohner)
Sprachen	Portugiesisch, Bantu, Suaheli
Währung	1 Metical = 100 Centavos
Gliederung	10 Provinzen und Hauptstadt
Staatsform	Präsidiale Republik
Staatsoberhaupt	Armando Guebuza (seit 2005) * 1943
Regierungschef	Luisa Diogo (seit 2004) * 1958
Parlament	Volksversammlung mit 250 für 5 Jahre gewählten Abgeordneten; 160 Sitze für die Befreiungsfront (Frelimo), 90 für den Nationalen Widerstand (Renamo) (Wahl 2004)
Internet	www.mozambique.mz
Religion	Volksreligionen (50 %); Christen (30 %); Muslime (20 %)
Ethn. Gruppen	Makua (47 %); Tsonga (23 %); Malawi (12 %); Shona (11 %); Yao (4 %); Sonstige (3 %)
Urbanisierung	36 %
Einwohner/km	24
Bev.-Wachst./Jahr	1,8 %
Kindersterblichkeit	20,5 %
Alphabetisierung	48 %

Innenpolitik: Bei der Präsidentschaftswahl setzte sich im Dezember 2004 Armando Guebuza durch. Auf den Kandidaten der Regierungspartei Frente de Libertação de M. (Frelimo, Befreiungsfront) entfielen 58 % der abgegebenen Stimmen. In zehn von elf Provinzen erhielt er die meisten Stimmen. Sein wichtigster Herausforderer, der frühere Rebellenführer Afonso Dhlakama, erreichte lediglich 38 %. Dhlakama trat für die Oppositionspartei Resistencia Nacional Moçambicana (Renamo, Nationaler Widerstand) an. Um die

Nachfolge des bisherigen Staatschefs Joaquim Chissano, der seit 1986 das Land regierte, bewarben sich fünf Kandidaten. Die Frelimo ist die ehemalige sozialistische Einheitspartei, die seit den ersten freien Wahlen (1994) die Regierungsverantwortung trägt. Bei der Renamo handelt es sich um die ehemals antikommunistische Rebellenorganisation, die sich nach Beendigung des Bürgerkriegs (1992) zu einer politischen Partei umwandelte.

Außenpolitik: Im Mai 2005 appellierte die Regierung an die Industrieländer, im Kampf gegen Malaria den Widerstand gegen den Einsatz von DDT aufzugeben. Sie verwies darauf, dass mit dem seit den 1970er-Jahren verbotenen Pestizid die Malaria übertragenden Moskitos vernichtet werden könnten. Insbesondere westliche Umweltorganisationen lehnten die Verwendung von DDT ab, weil das Pestizid als Krebs erregend gilt. Nach Schätzungen der UN waren 2004 in M. rund 35 % der Todesfälle bei Kindern unter fünf Jahren auf Malaria zurückzuführen. Der internationale Fonds für den Kampf gegen Aids, Tuberkulose und Malaria unterzeichnete 2004 eine Vereinbarung, wonach M. 12 Mio. US-Dollar für den Kampf gegen Malaria erhalten soll.

Wirtschaft: M. gehört mit einem jährlichen Pro-Kopf-Einkommen von ca. 200 € zu den ärmsten Ländern der Welt. Etwa 52 % aller Einwohner leben in absoluter Armut. Strukturell ist die moçambiquan. Wirtschaft von der Funktion des Landes als Durchgangs- und Verschiffungsland für die Im- und Exporte der Nachbarstaaten geprägt.

Armando Guebuza
Moçambiquan. Staatspräsident, *20. 1. 1943 in Murrupula. Guebuza, der im Februar 2005 Präsident von M. wurde, trat 1963 der Befreiungsbewegung und gegenwärtigen Regierungspartei Frelimo bei. Als hochrangiger General drängte er auf die Ausweisung portugiesischer Staatsbürger aus Moçambique. Als Innenminister war er in den 1980er-Jahren verantwortlich für die Umsiedlung arbeitsloser Menschen aus der Stadt in ländliche Gegenden. Nach dem Regierungsbeginn von Staatspräsident Chissano (1986) wurde Guebuza ein erfolgreicher Geschäftsmann, der im Baugewerbe, im Export und in der Fischindustrie ein Vermögen verdiente.

Moldawien MD

Republik Moldau

Landesfläche	33 700 km² (WR 135)
Einwohner	4,3 Mio. (WR 116)
Hauptstadt	Chişinău (770 000 Einwohner)
Sprachen	Rumänisch, Russisch, Ukrainisch
Währung	1 Moldau-Leu = 100 Bani
Gliederung	32 Kreise (Rayons) einschließlich 2 autonome Territorien
Staatsform	Parlamentarische Republik
Staatsoberhaupt	Wladimir Woronin (seit 2001) *1941
Regierungschef	Vasile Tarlew (seit 2001) * 1963
Parlament	101 für 4 Jahre gewählte Abgeordnete; 56 Sitze für die Kommunistische Partei, 35 für Wahlblock Demokratisches Moldawien, 10 für Christdemokratische Volkspartei (Wahl 2005)
Internet	www.moldova.md
Religion	Orthodoxe Christen (98,5 %); Juden und Sonstige (1,5 %)
Nationalitäten	Moldauer (Rumänen 64,5 %); Ukrainer (13,8 %); Russen (13 %); Gagausen (3,5 %); Bulgaren (2 %); Sonstige (3,2 %)
Urbanisierung	46 %
Einwohner/km	128
Bev.-Wachst./Jahr	-0,1 %
Kindersterblichkeit	3,2 %
Alphabetisierung	98 %

Aus der moldaw. Parlamentswahl im März 2005 gingen die regierenden Kommunisten (PCRM) von Präsident Wladimir Woronin als Sieger hervor. Sie blieben mit 46,1 % der abgegebenen Stimmen stärkste Partei, erreichten aber nicht mehr die notwendige Dreifünftelmehrheit von 61 Parlamentssitzen, um Woronin aus eigener Kraft wieder zum Präsidenten zu wählen. Zweitstärkste Kraft wurde der zentristische Wahlblock Demokratisches Moldawien (29,4 %). Die prorumänisch orientierte Christdemokratische Volkspartei erreichte 9,7 %. Mit der Unterstützung von Abgeordneten anderer Parteien wurde Woronin im April für eine zweite Amtszeit bestätigt.

Unter der Regierung der Kommunisten verzeichnete M. seit 2001 hohe Wachstumsraten, blieb aber das ärmste Land in Europa. Woronin strebt den Beitritt M.s zur EU an.

Monaco MC

Fürstentum Monaco

Landesfläche	1,95 km² (WR 192)
Einwohner	32 000 (WR 188)
Hauptstadt	Monaco
Sprachen	Französisch, Monegassisch
Währung	1 Euro = 100 Cent
Gliederung	4 Quartiers
Staatsform	Konstitutionelle Monarchie
Staatsoberhaupt	Fürst Albert II. (seit 2005) * 1958
Regierungschef	Patrick Leclerq (seit 2000) * 1938
Parlament	Nationalrat mit 24 für 5 Jahre gewählten Abgeordneten; 21 Sitze für Union für Monaco, 3 für Nationale und Demokratische Union (Wahl 2003)
Internet	www.monaco.gouv.mc
Religion	Katholiken (Staatskirche); Protestanten; Orthodoxe; Juden; Muslime
Nationalitäten	Franzosen (32 %); Italiener (20 %); Monegassen (19 %); Deutsche (2,5 %); Sonstige (26,5 %)
Urbanisierung	100 %
Einwohner/km	16 410
Bev.-Wachst./Jahr	0,6 %
Kindersterblichkeit	0,5 %
Alphabetisierung	99 %

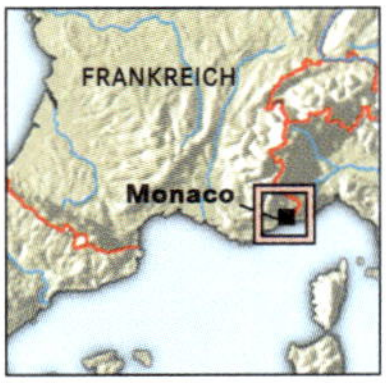

Im April 2005 starb das Staatsoberhaupt von M., Fürst Rainier III., nach langer Krankheit. Nachfolger wurde sein Sohn Albert, der bereits wenige Tage vor dem Tod Rainiers die Amtsgeschäfte übernommen hatte. Albert war der erste Thronfolger, obwohl seine Schwester Caroline älter ist als er. Laut Artikel 10 der monegass. Verfassung vom 17. 12. 1962 haben Söhne Vorrang. Als eines der größten Probleme nach dem Tod Rainiers galt die Sicherung der wirtschaftlichen Zukunft des Landes. Zwar war M. 2004 mit einem BIP/Kopf von ca. 40 000 US-Dollar einer der reichsten Staaten der Welt; außerdem leben dort rund 20 000 Millionäre, die aber weder Einkommen-, Vermögen- oder Erbschaftsteuer bezahlen müssen. Das Haushaltsdefizit wuchs von 2002 bis 2004 von 17 Mio. € auf 47 Mio. €. Die wichtigsten Gründe für die hohe Neuverschuldung waren öffentliche Investitionen und der Rückgang von Tourismuseinnahmen.

Mongolei MNG

Landesfläche	1,57 Mio. km² (WR 18)
Einwohner	2,6 Mio. (WR 136)
Hauptstadt	Ulan-Bator (770 000 Einwohner)
Sprachen	Mongolisch, Kasachisch, Russisch
Währung	1 Tugrik = 100 Mongo
Gliederung	21 Provinzen, 1 Stadtbezirk
Staatsform	Republik
Staatsoberhaupt	Nambaryn Enkhbayar (seit 2005) * 1958
Regierungschef	Tsakhaigiin Elbegdorj (seit 2004) * 1963
Parlament	Großer Staatschural mit 76 für 4 Jahre gewählten Abgeordneten; 37 Sitze für Mongol. Revolutionäre Volkspartei, 34 für Mutterland Demokratie, 5 für Andere (Wahl 2004)
Internet	www.pmis.gov.mn
Religion	Buddhistische Lamaisten; Schamanisten; Muslime
Ethn. Gruppen	Mongolen (88,5 %); Turkvölker (6,9 %); Sonstige (4,6 %)
Urbanisierung	57 %
Einwohner/km	2
Bev.-Wachst./Jahr	1,3 %
Kindersterblichkeit	7,1 %
Alphabetisierung	99 %

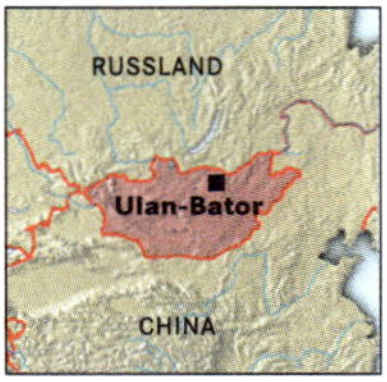

Bei der Präsidentschaftswahl in der M. setzte sich im Mai 2005 der Sozialist Nambaryn Enkhbayar durch. Der Vorsitzende der Mongol. Revolutionären Volkspartei (MRVP) erhielt mit 53,4 % bereits im ersten Wahlgang die für den Sieg erforderliche absolute Mehrheit. Auf Platz zwei folgte Mendsaichan Enchsaichan, der Vorsitzende der Demokratischen Partei der Mongolei, mit 19,7 %. Zum ersten Mal seit Einführung der Demokratie schickten alle vier im Parlament vertretenen Parteien eigene Kandidaten für die Nachfolge des scheidenden Amtsinhabers Natsagiin Bagabandi ins Rennen. Nach 70 Jahren kommunistischer Herrschaft hatte das asiatische Land 1992 die demokratische Staatsform eingeführt. Regierungschef ist im politischen System der M. der Ministerpräsident; der Staatspräsident kann aber Gesetze mit seinem Veto blockieren, das vom Parlament nur mit Zweidrittelmehrheit überstimmt werden kann.

Namibia

NAM

Republik Namibia

Landesfläche	824 292 km² (WR 33)
Einwohner	2 Mio. (WR 141)
Hauptstadt	Windhuk (190 000 Einwohner)
Sprachen	Englisch, Afrikaans, Deutsch, Bantu
Währung	1 Namib. Dollar = 100 Cents
Gliederung	13 Regionen
Staatsform	Präsidiale Republik
Staatsoberhaupt	Hifikepunye Pohamba (seit 2005) * 1935
Regierungschef	Nahas Gideon Angula (seit 2005) * 1943
Parlament	Nationalversammlung mit 72 für 5 Jahre gewählten Mitgliedern; 55 Sitze für die Südwestafrikan. Volksorganisation (SWAPO), 5 für den Kongress der Demokraten, 12 für Andere (Wahl 2004)
Internet	www.parliament.gov.na
Religion	Christen (80–90 %); Naturreligionen (10–20 %)
Ethn. Gruppen	Schwarzafrikaner (87,5 %): Ovambo (ca. 50 %), Kavango (9 %), Sonstige (28,5 %); Weiße (6 %); Mischlinge (6,5 %)
Urbanisierung	32 %
Einwohner/km	2
Bev.-Wachst./Jahr	1,4 %
Kindersterblichkeit	6,7 %
Alphabetisierung	84 %

Bei der Präsidentschaftswahl im November 2004 setzte sich der Favorit Hifikepunye Pohamba mit großem Vorsprung durch. Der bisherige Landwirtschaftsminister erhielt 76 % der Stimmen, während auf den Oppositionsführer Ben Ulenga lediglich 7 % entfielen. Pohamba wurde vom bisherigen Staatschef Sam Nujoma unterstützt, der seit der Unabhängigkeit des Landes (1990) an der Macht war und nach drei Amtszeiten nicht mehr antreten durfte. Der neue Präsident kündigte an, am Kurs seines Vorgängers festhalten und insbesondere die Landreform vorantreiben zu wollen.

2004 befand sich ein Großteil des Ackerlands im Besitz weniger Tausend, zumeist weißer Farmer. Mit der Umverteilung des Bodens war die Hoffnung verbunden, stabilere politische Verhältnisse herstellen zu können.

Die regierende Südwestafrikan. Volksorganisation (SWAPO) erreichte bei den Parlamentswahlen im November 2004 mit 55 von 72 Mandaten eine deutliche Mehrheit Zweitstärkste Kraft wurde der Kongress der Demokraten mit fünf Mandaten.

Anlässlich des 100. Jahrestags der Schlacht am Waterberg (11./12.8.1904) bat Bundesentwicklungsministerin Heidemarie Wieczorek-Zeul als erstes Mitglied einer dt. Regierung die namib. Bevölkerung um Vergebung für die Gräueltaten der dt. Kolonialtruppen im Anschluss an den Herero-Aufstand. Bei dem Vernichtungskrieg waren bis 1908 etwa 60 000 Herero und Nama ums Leben gekommen.

Nauru

NAU

Republik Nauru

Landesfläche	21 km² (WR 191)
Einwohner	13 000 (WR 191)
Hauptstadt	Yaren (4 000 Einwohner)
Sprachen	Englisch, Nauruisch
Währung	1 Australischer Dollar = 100 Cents
Gliederung	14 Gemeindedistrikte
Staatsform	Parlamentarische Republik im Commonwealth
Staatsoberhaupt und Regierungschef	Ludwig Derangadage Scotty (seit 2004) * 1948
Parlament	18 für 3 Jahre gewählte Abgeordnete; alle parteilos (Wahl 2004)
Religion	Christen (90 %); Sonstige (10 %)
Ethn. Gruppen	Nauruer (58 %); sonstige Südseeinsulaner (26 %); Europäer (8 %); Chinesen (8 %)
Urbanisierung	48 %
Einwohner/km	619
Bev.-Wachst./Jahr	1,9 %
Kindersterblichkeit	3 %
Alphabetisierung	99 %

Bei einem Staatsbesuch in Peking bekräftigte der Präsident von N., Ludwig Derangadage Scotty, im März 2005 den Willen seines Staates, die Beziehungen zu China auf allen Ebenen zu vertiefen. Außerdem ergriff er in dem Konflikt mit Taiwan die Partei Chinas. Mit dem Besuch Scottys in China setzte N. seinen außenpolitischen Kurs fort, den das Land 2002 eingeschlagen hatte. Von 1980 bis Mitte 2002 unterhielt Taiwan eine Botschaft in Nauru, die jedoch unmittelbar nach Abbruch der diplomatischen Beziehungen geschlossen wurde. Seitdem gehört China, das Taiwan als eine abtrünnige Provinz betrachtet, neben Australien zu den wenigen Ländern, die diplomatische Vertretungen auf N. unterhalten. N. erhielt als Gegenleistung finanzielle Hilfen.

Nepal NEP
Königreich Nepal

Landesfläche	147 181 km² (WR 91)
Einwohner	25,7 Mio. (WR 43)
Hauptstadt	Kathmandu (700 000 Einwohner)
Sprachen	Nepali, Newari, Maithili u. a.
Währung	1 Nepal. Rupie = 100 Paisa
Gliederung	14 Zonen
Staatsform	Konstitutionelle Monarchie
Staatsoberhaupt	König Gyanendra (seit 2001) * 1947
Regierungschef	Mitte 2005 vakant
Parlament	Nationalrat mit 60 Sitzen, Repräsentantenhaus mit 205 für 5 Jahre gewählten Mitgliedern; Parlament seit 2002 aufgelöst
Internet	www.nepalembassyusa.org
Religion	Hindus (86 %); Buddhisten (7 %); Muslime (4 %); Sonstige (3 %)
Ethn. Gruppen	Nepalesen (Gurkha, 53 %); Bihan (18 %); Tharu (5 %); Niwar (3 %); Tamang (5 %); Sonstige (16 %)
Urbanisierung	15 %
Einwohner/km	175
Bev.-Wachst./Jahr	2,2 %
Kindersterblichkeit	8,3 %
Alphabetisierung	45 %

Innenpolitik: Im Februar 2005 löste der nepales. König Gyanendra die Regierung unter Ministerpräsident Sher Bahadur Deuba auf und erklärte sich selbst zum Regierungschef. Außerdem verhängte er den Ausnahmezustand, den er erst auf außenpolitischen Druck im April wieder aufhob. Das Land stürzte in eine tiefe innenpolitische Krise. Der König begründete seine Entscheidung damit, dass die Regierung weder eine Einigung mit den maoistischen Rebellen erreicht noch die versprochene Parlamentswahl vorbereitet habe. Deuba und mehrere Minister wurden unter Hausarrest gestellt, Dutzende von Oppositionspolitikern verhaftet, die Medien streng zensiert, unter Berufung auf den Ausnahmezustand die Grundrechte eingeschränkt. Gyanendra versprach aber, spätestens in drei Jahren wieder demokratische Verhältnisse herzustellen. Die nepales. Opposition sprach hingegen von einem Staatsstreich des Monarchen und rief die Bevölkerung zum Widerstand auf. Auf internationalen Druck hob Gyanendra im März 2005 den Hausarrest gegen den früheren Ministerpräsidenten auf und entließ 18 weitere Politiker aus dem Polizeigewahrsam.

Eskalation der Gewalt: Als Reaktion auf die Maßnahmen des Königs weiteten die kommunistischen Rebellen in N. ihre Angriffe aus. Bei Kämpfen mit Regierungstruppen starben allein im Februar 2005 mind. 25 Menschen. In der Stadt Kohalpur westlich von Kathmandu stürmten und zerstörten 700 Rebellen einen Funkturm des staatlichen Fernsehens. Prachanda, der Anführer der Rebellen, rief im März 2005 zu neuer Gewalt gegen die Sicherheitskräfte des Landes auf und kündigte eine Massenmobilisierung seiner Anhänger an. Blockaden im ganzen Land sollten zu einem Generalstreik führen. Die maoistischen Aufständischen versuchen seit 1996, die konstitutionelle Monarchie zu stürzen und eine kommunistische Republik zu errichten. Bis Mitte 2005 kamen ca. 11 000 Menschen im Bürgerkrieg ums Leben.

Festnahmen: Im März 2005 nahm die nepales. Polizei bei Protesten gegen die Regierung landesweit rund 120 Menschen fest. Den Demonstranten war es in der Hauptstadt Kathmandu gelungen, in die Nähe des Regierungssitzes vorzudringen. Allein in Kathmanden wurden rund 50 Menschen inhaftiert, weitere in neun anderen Städten. Im April ließ die Regierung rund 40

Gyanendra
Nepales. König, *7. 7.1947 in Kathmandu. Der Sohn von König Mahendra und jüngere Bruder von König Birendra ging in Darjeeling (Indien) zur Schule und studierte in Kathmandu Politik- und Wirtschaftswissenschaft. 1977 wurde er Mitglied des Staatsrates. Im Juni 2001 wurde er König von N., nachdem Birendra und Kronprinz Dipendra unter ungeklärten Umständen bei einem auf die Königsfamilie verübten Anschlag getötet worden waren.

Studentenführer und politische Aktivisten verhaften, die gegen König Gyanendra protestieren wollten.

Welthindurat: Im Mai 2005 erschossen Unbekannte im nepales. Dorf Ramuhapur den Vorsitzenden des Welthindurates in N., Narayan Pokhrel. Einer seiner Berater wurde bei dem Angriff verletzt. Das Motiv der Tat war unklar. Pokhrel befand sich auf einer Reise durch den Südwesten von N., um religiöse Zeremonien zu leiten und Geld für eine örtliche Oberschule zu sammeln. Der Welthindurat hat seinen Hauptsitz in Indien.

Abtreibung: Im November 2004 wurden in N. zwölf Frauen begnadigt, die nach einer Abtreibung zu mehrjährigen Haftstrafen verurteilt worden waren. König Gyanendra entsprach damit einer Bitte von Frauenrechtlerinnen. Abtreibung war bis 2002 in N. verboten, das Gesetz sah Freiheitsstrafen von mind. drei Jahren vor. Die Regierung legalisierte Schwangerschaftsabbrüche, nachdem bei illegal durchgeführten Abtreibungen jährlich Hunderte Frauen gestorben waren.

Außenpolitik: UN-Generalsekretär Kofi Annan forderte nach der Entlassung von Ministerpräsident Deuba König Gyanendra auf, sofort demokratische Verhältnisse in N. herzustellen. Auch die USA, Großbritannien und der Nachbarstaat Indien verurteilten die Maßnahmen des Königs. Ende April 2005 hob König Gyanendra auf außenpolitischen Druck hin den Ausnahmezustand auf. Zuvor war er von Besuchen in China, Indonesien und Singapur zurückgekehrt, wo ihn die Regierungen zu einer Wiederherstellung der Demokratie in N. aufgerufen hatten. Die ind. Regierung hob das Waffenembargo auf, das sie gegen N. unmittelbar nach Ausrufung des Ausnahmezustandes verhängt hatte.

Wirtschaft: Die wichtigsten internationalen Geldgeber von N. (u. a. die UN, Deutschland und die Schweiz) äußerten sich im März 2005 in einer gemeinsamen Erklärung besorgt über die wirtschaftliche und humanitäre Lage des Landes, die sich infolge der Kämpfe gravierend verschlechterte. Sie verwiesen auf Berichte, wonach viele nepales. Frauen aus Mangel an medizinischer Versorgung im Wochenbett gestorben seien. Außerdem litten insbesondere Kinder auf dem Land unter der schlechten Lebensmittelversorgung und fehlenden Impfstoffen.

N. ist stark von der Landwirtschaft abhängig, die rund 41 % zum BIP beiträgt. Etwa 18 % des Landes werden agrarisch genutzt. Fast den gesamten Außenhandel wickelt N. mit dem Nachbarn Indien ab. Exportiert werden v. a. Ingwer, Jute und Zuckerrohr.

Neuseeland NZ

Landesfläche	270 534 km² (WR 73)
Einwohner	3,9 Mio. (WR 122)
Hauptstadt	Wellington (166 000 Einwohner)
Sprachen	Englisch, Maori
Währung	1 Neuseel.-Dollar = 100 Cents
Gliederung	16 Regionen
Staatsform	Parlamentarische Monarchie im Commonwealth
Staatsoberhaupt	Königin Elisabeth II. (seit 1952) * 1926
Regierungschef	Helen Clark (seit 1999) * 1950
Parlament	Repräsentantenhaus mit 120 für 3 Jahre gewählten Mitgliedern; 52 für Labour, 27 für National Party, 13 für New Zealand First Party, 28 für Andere (Wahl 2002)
Internet	www.govt.nz; www.parliament.govt.nz
Religion	Anglikaner (21,4 %); Presbyterianer (16 %); Katholiken (14,8 %); Sonstige (28,1 %); Konfessionslose (19,7 %)
Ethn. Gruppen	Weiße (74 %); Maori (10 %); Andere Polynesier (4 %); Sonstige (12 %)
Urbanisierung	86 %
Einwohner/km	14
Bev.-Wachst./Jahr	0,8 %
Kindersterblichkeit	0,6 %
Alphabetisierung	99 %

Im Dezember 2004 bildete die neuseeländ. Ministerpräsidentin Helen Clark ihr Kabinett um. Von den 19 Mitgliedern des Kabinetts erhielten 15 Minister neue Aufgaben. Die Schlüsselressorts blieben allerdings unverändert. Phil Goff blieb Außenminister, während der stellv. Ministerpräsident Michael Cullen das Finanzressort behielt und zusätzlich mit dem Amt des Generalstaatsanwalts betraut wurde. Die Umbesetzung wurde als Versuch der Ministerpräsidentin gewertet, den Vorsprung ihrer sozialdemokratischen Arbeiterpartei in Umfragen auszubauen. Die nächste Parlamentswahl ist für Ende 2005 vorgesehen.

Im Januar 2005 wurden erstmals seit 57 Jahren im Meer vor N. wieder Eisberge gesichtet. Sie trieben rund 700 km südöstlich der Inselgruppe im Pazifik. Das neuseeländ. Klimazentrum in Wellington warnte aber davor, einen direkten Zusammenhang zwischen der Erwärmung der Erdatmosphäre und dem Auftauchen der Eisberge herzustellen. 1931 erreichten Eisberge sogar die im Südosten des Landes gelegene Küstenstadt Dunedin.

Nicaragua

NIC

Republik Nicaragua

Landesfläche	130 000 km² (WR 95)
Einwohner	5,6 Mio. (WR 104)
Hauptstadt	Managua (1,1 Mio. Einwohner)
Sprachen	Spanisch, Chibcha
Währung	1 Córdoba (C$) = 100 Centavos
Gliederung	15 Departamentos, 2 Regionen
Staatsform	Präsidiale Republik
Staatsoberhaupt und Regierungschef	Enrique Bolaños Geyer (seit 2001) * 1928
Parlament	Nationalversammlung mit 93 für 6 Jahre gewählten Mitgliedern; 47 für die Liberal-Konstitutionalistische Partei (PLC), 43 für die linksorientierten Sandinisten (FSLN); 3 für die Konservative Partei (PC) (Wahl 2001)
Internet	www.asamblea.gob.ni; www.presidencia.gob.ni
Religion	Katholiken (85 %); Methodisten, Baptisten, Sonstige (15 %)
Ethn. Gruppen	Mestizen (69 %); Weiße (17 %); Schwarze, Mulatten, Zambos (9 %); Indianer (5 %)
Urbanisierung	57 %
Einwohner/km	43
Bev.-Wachst./Jahr	2,4 %
Kindersterblichkeit	4,1 %
Alphabetisierung	68 %

Innenpolitik: Im Januar 2005 wurde in N. erstmals seit 14 Jahren ein sandinistischer Politiker zum Präsidenten des nicaraguan. Parlaments gewählt, obwohl die linksgerichtete Nationale Sandinistische Befreiungsfront (FSLN) die Minderheit in der nicaraguan. Nationalversammlung bildete. Der Sandinist Réné Nuñez erhielt bei der Wahl die Stimmen von 83 der 91 Abgeordneten. Er wurde selbst von der Liberal-Konstituitionalistischen Partei (PLC) unterstützt. Hintergrund der Wahl war ein Machtkampf zwischen dem PLC und dem von ihr aufgestellten Staatspräsidenten Enrique Bolaños Geyer. Das Parlament hatte im November 2004 beschlossen, die Befugnisse des Präsidenten zu beschneiden. So soll das Recht, Minister zu ernennen und zu entlassen, künftig beim Parlament liegen. Mit der Wahl eines gegnerischen Parlamentspräsidenten hoffte der PLC, den gesteigerten Machtanspruch des Parlaments gegenüber dem Staatspräsidenten unterstreichen zu können. Die FSLN hatte im Juli 1979 unter Daniel Ortega nach einem Jahr Bürgerkrieg mit mehr als 40 000 Toten die rechtsgerichtete Diktatur von Anastasio Somoza Debayle gestürzt. Die Herrschaft der Sandinisten und ihre sozialistische Wirtschaftspolitik hatte in N. in den 1980er-Jahren zu einer tiefen ökonomischen Krise geführt, sodass sich das Land nach der Abwahl Ortegas (1990) in einem wirtschaftlich desolaten Zustand befand.

Nicaragua: Der Sandinist Réné Nuñez (rechts) spricht am 9. Januar auf einer Pressekonferenz nach seiner Wahl zum Parlamentspräsidenten.

Alarmzustand: Im April 2005 versetzte Staatspräsident Bolaños Polizei und Armee in Alarmzustand, nachdem es in der Bevölkerung zu anhaltenden Protesten wegen der Erhöhung der Benzin- und Fahrkartenpreise gekommen war. Der Präsident warf der FSLN vor, die teilweise gewalttätigen Demonstrationen initiiert zu haben. Bolaños wies Rücktrittsforderungen der Opposition zurück, setzte aber wegen der gespannten Lage eine geplante Reise nach Mexiko aus. Eine Rücknahme der Preiserhöhungen schloss er aus.

Aleman: Ein Berufungsgericht in N. lehnte im Dezember 2004 einen Prozess gegen den früheren Präsidenten Arnoldo Aleman ab, dem Unterschlagung vorgeworfen worden war. Das Gericht begründete seine Entscheidung mit dem Mangel an Beweisen. Aleman wurde allerdings nicht freigelassen, da er bereits im Dezember 2003 in einem anderen Fall wegen Betrugs und Geldwäsche zu 20 Jahren Haft verurteilt worden war. Die Strafe darf er auf seiner Ranch bei Managua absitzen, wo er unter Hausarrest gestellt wurde. Aleman, der 1997–2001 in N. regiert hatte, war das erste ehemalige Staatsoberhaupt von N., das von einem Gericht zu einer Gefängnisstrafe verurteilt wurde.

Journalistenmord: Im Januar 2005 wurde in N. ein ehemaliger Bürgermeister wegen Mordes an einer Journalistin verurteilt. Ein Gericht befand den Angeklagten der vorsätzlichen Tötung der 26-jährigen Zeitungsreporterin Maria José Bravo schuldig. Die Journalistin, die an einem Artikel über Unregelmäßigkeiten während der Kommunalwahl in Juigalpa arbeitete, war im November 2004 aus nächster Nähe erschossen worden. Ihr Arbeitgeber, die Tageszeitung »La Prensa«, berichtete, Bravo habe zuvor Drohungen erhalten.

Außenpolitik: Die US-amerikan. Regierung kündigte im März 2005 an, jegliche Militärhilfe für N. einzustellen. Mit dieser Entscheidung sollte N. dazu gebracht werden, seine Boden-Luft-Raketen vom Typ SAM-7 zu vernichten. Die USA befürchteten, dass sie in die Hände von Terroristen gelangen könnten. Die Regierung von N. erklärte sich hingegen nur bereit, einen Teil der Raketen zu zerstören.

Nicaragua: Journalisten fordern am 18. 1. 2005 in Managua Gerechtigkeit für den Mord an ihrer Kollegin Maria José Bravo.

Niederlande NL

Königreich der Niederlande

Landesfläche	41 500 km² (WR 131)
Einwohner	16,2 Mio. (WR 59)
Hauptstadt	Amsterdam (730 000 Einwohner)
Sprachen	Niederländisch, Friesisch
Währung	1 Euro = 100 Cent
Gliederung	12 Provinzen
Staatsform	Parlamentarische Monarchie
Staatsoberhaupt	Königin Beatrix (seit 1980) * 1938
Regierungschef	Jan Peter Balkenende (seit 2002) * 1956
Parlament	1. Kammer mit 75 von Provinzparlamenten entsandten, 2. Kammer mit 150 gewählten Abgeordneten; 44 Sitze für christdemokratische CDA, 42 für sozialdemokratische PvdA, 28 für rechtsliberale VVD (Austritt eines Abgeordneten 2004), 9 für sozialistische SP, 8 für populistische LPF, 8 für grüne GL, 6 für linksliberale D66; 5 für Andere (Wahl 2003)
Internet	www.government.nl; www.parlement.nl
Religion	Christen (59 %); Konfessionslose (37 %); Sonstige (4 %)
Nationalitäten	Niederländer (88 %); Sonstige (12 %)
Urbanisierung	66 %
Einwohner/km	390
Bev.-Wachst./Jahr	0,5 %
Kindersterblichkeit	0,5 %
Alphabetisierung	99 %

Innenpolitik: Der Mord an dem niederländ. Regisseur Theo van Gogh durch einen Islamisten erschütterte im November 2004 die niederländ. Bevölkerung. Die Regierung leitete daraufhin eine Wende in der Ausländer- und Integrationspolitik ein. Der 47-jährige van Gogh wurde auf offener Straße in Amsterdam brutal ermordet. Er hatte bereits nach der Ausstrahlung seines letzten islamkritischen Kurzfilms »Submission« im August Morddrohungen erhalten. Der marokkan. Täter hatte nach eigenem Bekunden aus radikalislamischer Überzeugung heraus gehandelt. Die Tat rief zahlreiche Anschläge auf muslimische Einrichtungen in den N. hervor. In den N. lebten 2004 rund 900 000 Muslime, von denen etwa ein Drittel aus Marokko stammt.

Sicherheitsmaßnahmen: Nach dem Mordanschlag auf van Gogh verschärfte die niederländ. Regierung zahlreiche Gesetze. Alle Bürger über 13 Jahre müssen zukünftig ihren Personalausweis mit sich führen. Die Polizei darf ohne ersichtlichen Grund Personen anhalten und durchsuchen. Der Datenverkehr im Internet kann umfassender kontrolliert werden als zuvor.

Ausländer- und Asylpolitik: Die Regierung kündigte im Februar 2005 an, einwanderungswillige Ausländer künftig noch in ihrem Heimatland auf ihre niederländ. Sprachkenntnisse und ihr Wissen über die N. zu prüfen. Im Mai 2005 wurden darüber hinaus massive Einreisebeschränkungen für »unterprivilegierte und problematische« Jugendliche aus den niederländ. Überseegebieten in der Karibik beschlossen. Die Maßnahmen sahen u. a. die Abschiebung jugendlicher Straftäter von den Niederländischen Antillen und Aruba vor. Jugendliche und Heranwachsende aus den autonomen Teilen des Königreichs im Alter zwischen 16 und 24 Jahren müssen innerhalb von drei Monaten nach ihrer Ankunft in den N. eine Arbeit, Ausbildungsstelle oder einen Studienplatz nachweisen.

Jan Peter Balkenende
Niederländ. Ministerpräsident, *7. 5. 1956 in Kapelle. Mit dem Versprechen, zusätzliche Mittel für die Bildung zur Verfügung zu stellen, rettete Balkenende im Frühjahr 2005 die Regierungskoalition aus Christlich-Demokratischem Appell (CDA), rechtsliberaler VVD und linksliberaler D66. Balkenende erhielt 1993 eine Wirtschaftsprofessur an der Universität Amsterdam. 1998 wurde er für die CDA ins Parlament von Den Haag gewählt. Er profilierte sich als finanzpolitischer Sprecher seiner Partei. Nach den Parlamentswahlen 2002 wurde er Ministerpräsident.

Regierungskrise: Im März 2005 geriet die niederländ. Regierung, bestehend aus CDA, VVD und D66, in eine Krise. Auslöser war das Scheitern eines Gesetzes im Parlament, mit dem die Direktwahl der Bürgermeister in den Städten und Gemeinden eingeführt werden sollte. Bislang wurden die Bürgermeister auf Vorschlag der Regierung von der Königin für zehn Jahre ernannt. Insbesondere die D66 hatte die Wahl der Bürgermeister immer als zentralen Punkt des Koalitionsvertrages betrachtet. Nach dem Scheitern des Gesetzentwurfs trat der niederländ. Reformminister und stellv. Ministerpräsident Thom de Graaf von seinem Amt zurück. Um die Regierungskrise beizulegen, versprach Ministerpräsident Balkenende dem Koalitionspartner D66, die Bemühungen um eine Wahlreform fortzusetzen, zusätzliche Mittel für Bildung bereitzustellen und die Reform des öffentlich-rechtlichen Rundfunks voranzutreiben. Kurz nach Beilegung der Regierungskrise brach innerhalb der Koalition erneut Streit aus. Der neue Reformminister Alexander Pechtold von der D66 setzte sich öffentlich für eine europaweite Legalisierung von Haschisch ein.

Mordfälle: Die Zahl der jährlichen Mordfälle ging in den N. 1992–2004 kontinuierlich von 284 auf 204 zurück. 2004 waren die meisten Opfer Jugendliche und junge Erwachsene im Alter von 16 bis 30 Jahren. In 80 % der Fälle kam der Täter aus der eigenen Familie oder aus dem Freundeskreis. Die meisten Morde wurden nicht mit einer Schusswaffe, sondern mit einem Messer begangen.

Sterbehilfe: Laut einer im Januar 2005 vorgestellten Studie wurden seit 1997 in den N. mind.

22 unheilbar kranke Neugeborene in Form von aktiver Sterbehilfe getötet. In all diesen Fällen stellte die Staatsanwaltschaft die Ermittlungen ein, obgleich diese Praxis illegal ist. Die getöteten Kinder litten bei der Geburt an einer schweren Form von Spina bifida mit offenem Rückenmark. Den Säuglingen fehlte der größte Teil des Gehirns. Nieren, Blase und Verdauungssystem funktionierten nicht, Aussicht auf eine Besserung bestand nicht. In den N. ist aktive Sterbehilfe seit 2001 legal. Sie darf allerdings nur an Erwachsenen praktiziert werden, die ausdrücklich den Todeswunsch äußern und unter großen Schmerzen leiden, die nicht gelindert werden können. Der niederländ. Ärzteverband KNMG möchte die Sterbehilfe aber auf Leidende ausdehnen, die keinen freien Willen äußern können, darunter Kinder, schwer geistig Behinderte und Personen, die nach einem Unfall in ein irreversibles Koma gefallen sind.

Außenpolitik: Im Juni 2005 stimmte die niederländ. Bevölkerung in einem Referendum mit 61,6, % gegen die EU-Verfassung. Als Hauptgrund für die Ablehnung galt insbesondere die Höhe der niederländ. Beiträge zum EU-Haushalt. Die N. waren 2004 der bei weitem größte Nettozahler der EU. Außerdem fürchtete die Mehrheit der niederländ. Bevölkerung den Verlust von Souveränitätsrechten und nationaler Identität sowie einen schwindenden niederländ. Einfluss in Europa.

Engagement in Afghanistan: Die N. entsandten im April 2005 ein erstes Kontingent von Soldaten nach Afghanistan. Insgesamt sollten rund 250 niederländ. Soldaten, darunter 165 Angehörige von Eliteeinheiten, in Afghanistan stationiert werden, die im Rahmen der Operation »Enduring Freedom« unter US-amerikan. Führung stehen. Der Einsatz richtet sich gegen Überreste der Taliban-Milizen und Terrorgruppen des Al-Qaida-Netzwerks.

Wirtschaft: Das Wirtschaftswachstum in den N. belief sich 2004 auf 1,3 %, nachdem im Vorjahr das BIP noch um 0,9 % geschrumpft war. Motor des Wirtschaftswachstums war der Export, der 2004 um rund 6 % zunahm. Die Erholung der Konjunktur ging am Arbeitsmarkt vorbei, weil durch den Anstieg der Lohnkosten und den starken Euro die niederländ. Unternehmen Marktanteile an das Ausland verloren und daher kaum noch Einstellungen vornahmen. Die Arbeitslosenquote lag bei 5,7 % und war damit 0,6 Prozentpunkte höher als im Vorjahr. Die größte Gruppe der Arbeitslosen stellten 2004 Angehörige ethnischer Minderheiten, von denen 31 % arbeitslos waren, und ungelernte Arbeitskräfte (22 %).

Windkraftparks: Die niederländ. Regierung erteilte im Februar 2005 die Lizenzen für sieben Windkraftparks vor der Nordseeküste. Das Wissenschaftsministerium plant den Bau von insgesamt 20 Anlagen mit bis zu 2 000 Windkrafträdern. Um den Treibhausgasausstoß zu reduzieren, sollen rund 6 000 MW Windenergie produziert werden. Ende 2004 befand sich bereits eine Anlage von BP im Hafen von Amsterdam. Sie soll 9 MW liefern, was zur Stromversorgung von 5 000 Haushalten ausreichen würde.

Niederlande: Nach dem Mord an dem Regisseur Theo van Gogh am 2. 11. 2004 in Amsterdam sichern Ermittler die Spuren am Tatort.

Niger

Republik Niger RN

Landesfläche	1,27 Mio. km² (WR 21)
Einwohner	12,4 Mio. (WR 69)
Hauptstadt	Niamey (600 000 Einwohner)
Sprachen	Französisch, Haussa u. a.
Währung	CFA-Franc
Gliederung	8 Départements
Staatsform	Präsidiale Republik
Staatsoberhaupt	Mamadou Tandja (seit 1999) * 1938
Regierungschef	Pascal Yoadimnadji (seit 2005) * 1950
Parlament	Nationalversammlung mit 113 für 5 Jahre gewählten Mitgliedern; 47 für die Nationale Bewegung, 25 für die Partei für Demokratie und Sozialismus, 41 für Andere (Wahl 2004)
Internet	www.delgi.ne/presidence
Religion	Sunnitische Muslime (80 %); Sonstige (20 %)
Ethn. Gruppen	Haussa (53 %); Songhai (21 %); Tuareg (11 %); Sonstige (15 %)
Urbanisierung	22 %
Einwohner/km	10
Bev.-Wachst./Jahr	3,6 %
Kindersterblichkeit	26,4 %
Alphabetisierung	18 %

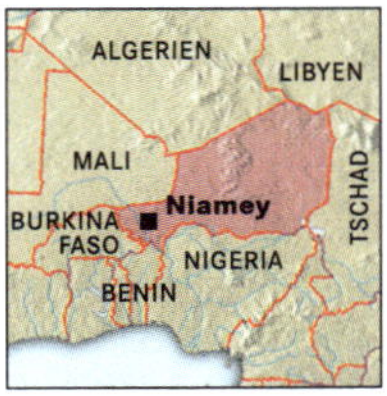

Bei der Präsidentschaftswahl im Dezember 2004 erreichte Amtsinhaber Mamadou Tandja 66 % der Stimmen; auf seinen Herausforderer Mahamadou Issoufou entfielen 35 %. Der Präsident kann mit der Unterstützung des Parlamentes rechnen, da bei der gleichzeitigen Wahl zur Nationalversammlung seine Nationale Bewegung (MNSD) mit 47 der 113 Mandate die mit Abstand stärkste Kraft wurde. N. gehörte 2004 zu den ärmsten Ländern der Welt. Nach Angaben der Weltbank lebten 63 % der Bevölkerung von weniger als einem US-Dollar/Tag.

Internationale Gesundheitsorganisationen verstärkten 2004 in N. ihren Kampf gegen die Frühehe. Das durchschnittliche Heiratsalter der Mädchen liegt bei 13 Jahren. Die meisten Frauen bekommen ihr erstes Kind, bevor sie 19 Jahre alt sind. Folge der frühen Ehen sind schwere gesundheitliche Schäden der Frauen, die bei den Geburten ihrer Kinder innere Verletzungen erleiden, weil sie körperlich noch nicht ausgewachsen sind. Die Aufklärungsarbeit der Organisationen setzt bei den Eltern von jungen Mädchen an. Ihnen soll verdeutlicht werden, dass der Verzicht auf eine frühe Verheiratung die Chancen der Mädchen auf eine bessere Schulbildung erhöht. In N. besuchen 50 % der Jungen, aber nur 33 % der Mädchen im Grundschulalter eine Schule.

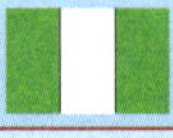

Nigeria

Bundesrepublik Nigeria WAN

Landesfläche	923 768 km² (WR 30)
Einwohner	127,1 Mio. (WR 10)
Hauptstadt	Abuja (400 000 Einwohner)
Sprachen	Englisch, Arabisch u. a.
Währung	1 Naira = 100 Kobo
Gliederung	36 Bundesstaaten
Staatsform	Präsidiale Republik, Militärregime
Staatsoberhaupt und Regierungschef	Olusegun Obasanjo (seit 1999) * 1937
Parlament	Senat mit 109, Repräsentantenhaus mit 360 für 4 Jahre gewählten Mitgliedern; im Repräsentantenhaus 223 Sitze für die Demokratische Volkspartei, 96 für die Volkspartei, 34 für die Allianz für Demokratie, 7 für Andere (Wahl 2003)
Internet	www.nopa.net
Religion	Muslime (50 %); Christen (40 %); Sonstige (10 %)
Ethn. Gruppen	Haussa (21 %); Yoruba (21 %); Igbo (18 %); Sonstige (40 %)
Urbanisierung	47 %
Einwohner/km	138
Bev.-Wachst./Jahr	2,5 %
Kindersterblichkeit	20,1 %
Alphabetisierung	68 %

Die Regierung einigte sich im September 2004 mit den Rebellen im Süden des Landes auf ein Friedensabkommen, mit dem monatelange Kämpfe beendet werden sollten. Präsident Olusegun Obasanjo sicherte den Rebellen zu, sie nicht anzugreifen. Die Rebellen hatten zuvor mit Übergriffen auf Mitarbeiter von Ölfirmen im Nigerdelta gedroht und damit indirekt zur weltweiten Steigerung der Ölpreise beigetragen. Sie warfen dem britisch-niederländ. Shell-Konzern und dem italien. Agip-Konzern vor, die Zentralregierung beim »Völkermord« gegen Volksgruppen in der Region zu unterstützen. Die Ölkonzerne wiesen die Vorwürfe zurück. Die US-amerikan. Regierung übte starken Druck auf die nigerian. Regierung aus, mit den Rebellen eine Waffenruhe zu vereinbaren, um die weltweite Versorgung mit Erdöl aufrechtzuerhalten. N. war 2004 der fünftgrößte Ölproduzent innerhalb der OPEC. Das Land bezog ca. 95 % seiner Deviseneinkünfte aus dem Ölgeschäft.

Norwegen

N

Königreich Norwegen

Einwohner	4,6 Mio. (WR 114)
Landesfläche	323 877 km² (66)
Hauptstadt	Oslo (488 000 Einwohner)
Sprachen	Norwegisch
Währung	1 Norweg. Krone = 100 Øre
Gliederung	19 Provinzen
Staatsform	Parlamentarische Monarchie
Staatsoberhaupt	König Harald V. (seit 1991) * 1937
Regierungschef	Kjell Magne Bondevik (seit 2001) * 1947
Parlament	Storting mit 165 für 4 Jahre gewählten Abgeordneten; 43 Sitze für Arbeiterpartei, 38 für konservative Höyre, 26 für rechtspopulistische Fortschrittspartei, 23 für Sozialisten, 22 für Christliche Volkspartei, 13 für Andere (Wahl 2001)
Internet	www.norge.no
Religion	Lutheraner (86 %); andere Christen (3 %); Sonstige (11 %)
Nationalitäten	Norweger (96,5 %); Dänen (0,4 %); Sonstige (3,1 %)
Urbanisierung	79 %
Einwohner/km	14
Bev.-Wachst./Jahr	0,4 %
Kindersterblichkeit	0,4 %
Alphabetisierung	99 %

Ein norweg. Parlamentsausschuss beschloss im März 2005, den Nachkommen dt. Besatzungssoldaten aus dem Zweiten Weltkrieg und norweg. Mütter eine Entschädigung für jahrzehntelange Diskriminierung zu zahlen. Den etwa 15 000 Betroffenen sollen umgerechnet rund 2 450 € angeboten werden. Opferverbände wiesen die Summe als zu gering zurück. Die nationalsozialistische Regierung hatte die dt. Soldaten während des Zweiten Weltkriegs ermutigt, mit norweg. Frauen Kinder zu zeugen – die Bewohner Nordeuropas galten als rassenverwandt. Nach dem Ende des Krieges wurden viele dieser Kinder in Waisenhäuser oder psychiatrische Anstalten abgeschoben.

Oman

OM

Sultanat Oman

Landesfläche	212 457 km² (WR 82)
Einwohner	2,9 Mio. (WR 134)
Hauptstadt	Maskat (500 000 Einwohner)
Sprachen	Arabisch, Persisch, Urdu
Währung	1 Rial Omani = 1000 Baizas
Gliederung	59 Distrikte
Staatsform	Sultanat
Staatsoberhaupt und Regierungschef	Sultan Kabus ibn Said ibn Taimur (seit 1970) * 1940
Parlament	Beratende Versammlung mit 83 gewählten Mitgliedern und Staatsrat mit 40 ernannten Mitgliedern
Internet	www.omanet.com
Religion	Muslime (86 %); Hindus (13 %); Sonstige (1 %)
Nationalitäten	Omaner (73,5 %); Pakistani (21 %); Sonstige (5,5 %)
Urbanisierung	78 %
Einwohner/km	14
Bev.-Wachst./Jahr	2,9 %
Kindersterblichkeit	1,3 %
Alphabetisierung	76 %

Im Januar 2005 wurden in O. rund 200 Extremisten verhaftet, die angeblich ein Attentat auf ein Kulturfestival in der Hauptstadt Maskat geplant hatten. Dabei beschlagnahmten die Sicherheitskräfte des Landes illegale Waffenbestände. Unter den Inhaftierten befanden sich zahlreiche Universitätsprofessoren, die bereits vorher mit islamisch-fundamentalistischen Ansichten aufgefallen waren. Im Mai 2005 verurteilte das Staatssicherheitsgericht 31 Islamisten wegen Mitgliedschaft in einer verbotenen Vereinigung und Umsturzplänen gegen die Regierung zu Haftstrafen von bis zu 20 Jahren. Anders als z. B. Saudi-Arabien galt O. bis Ende 2004 nicht als Ziel terroristischer Anschläge. Die

Planungen für ein Attentat wurden u. a. als Reaktion auf den liberaleren Kurs gewertet, den Sultan Kabus ibn Said ibn Taimur Ende der 1990er-Jahre eingeschlagen hatte. 1996 erließ er erstmals ein Staatsgrundgesetz (»Basic Law of the State«), das u. a. Religionsfreiheit garantiert. Gleichzeitig unterwarf es den Monarchen erstmals einer schriftlich niedergelegten Ordnung, verpflichtete den Staat auf Leistungen im Bereich von Gesellschaftspolitik, Wirtschaft, Kultur sowie Sicherheit und stärkte Bürgerrechte und Justiz.

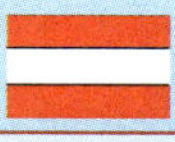

Österreich

A

Republik Österreich

Landesfläche	83 853 km² (WR 112)
Einwohner	8,1 Mio. (WR 91)
Hauptstadt	Wien (1,6 Mio. Einwohner)
Sprachen	Deutsch, Slowenisch, Kroatisch, Ungarisch
Währung	1 Euro = 100 Cent
Gliederung	9 Bundesländer
Staatsform	Parlamentarische Republik
Staatsoberhaupt	Heinz Fischer (seit 2004) * 1938
Regierungschef	Wolfgang Schüssel (seit 2000) * 1945
Parlament	Nationalrat mit 183 und Bundesrat mit 62 Mitgliedern; im Nationalrat 79 Sitze für ÖVP, 69 für SPÖ, 18 für FPÖ (jetzt: BZÖ), 17 für Grüne (Wahl 2002)
Internet	www.austria.gv.at, www.parlinkom.gv.at
Religion	Christen (78,2 %): Katholiken (73,6 %), Protestanten (4,6 %); Sonstige (21,8 %)
Nationalitäten	Österreicher (91,1 %); Sonstige (8,9 %)
Urbanisierung	67 %
Einwohner/km	97
Bev.-Wachst./Jahr	0 %
Kindersterblichkeit	0,5 %
Alphabetisierung	99 %
Arbeitslosigkeit	7,1 % (2004)

2005 gedenkt Ö. der 50. Wiederkehr der Unterzeichnung des Österreich. Staatsvertrages und des EU-Beitritts vor zehn Jahren. Erstmals seit 1955 wird das Originaldokument des Staatsvertrages, das in einem Moskauer Archiv hinterlegt ist, öffentlich gezeigt. Die innenpolitischen Ereignisse 2004/05 kulminierten in der Spaltung der FPÖ in die BZÖ und die Alt-FPÖ. Der Forderung der Opposition nach Neuwahlen erteilte die Koalitionsregierung eine Absage.

Innenpolitik: Bundeskanzler Wolfgang Schüssel (ÖVP) sah sich zu mehreren Regierungsumbildungen veranlasst. Ende Juni 2004 zog sich Justizminister Dieter Böhmdorfer (FPÖ) aus dem Amt zurück; als neue Ressortchefin nominierte die FPÖ die parteilose Karin Miklautsch. Im Oktober verließ Außenministerin Benita Ferrero-Waldner das Kabinett und wechselte nach Brüssel. Ihre Nachfolgerin wurde die bisherige Botschafterin in Bern und vormalige Kabinettchefin des Bundeskanzlers, Ursula Plassnik. Im Dezember schied Innenminister Ernst Strasser (ÖVP) aus dem Amt, wurde jedoch nach der Tsunami-Katastrophe in Asien kurzfristig zum Regierungskoordinator für alle Hilfsmaßnahmen ernannt (bis April 2005). Seine Nachfolgerin wurde die niederösterreich. Landeshauptmann-Stellvertreterin Liese Prokop; als vordringlichste Aufgabe sieht sie die Neufassung des Asylgesetzes an, das vom Verfassungsgerichtshof im Herbst 2004 teilweise aufgehoben worden war. Im Januar 2005 verließ Sozialminister Herbert Haupt (FPÖ) aus gesundheitlichen Gründen das Kabinett, seine Nachfolgerin wurde die bisherige Staatssekretärin Ursula Haubner.

Spaltung der Freiheitlichen: Der seit Februar innerhalb der FPÖ schwelende Streit zwischen Parteichef Jörg Haider und dem Wiener Parteiobmann Heinz-Christian Strache eskalierte nach den verheerenden Verlusten der FPÖ bei den Gemeinderatswahlen in Niederösterreich, der Steiermark und Vorarlberg. Haider trat die Flucht nach vorn an und gründete Anfang April die BZÖ (Bewegung Zukunft Österreich), der sich alle Regierungsmitglieder der bisherigen FPÖ anschlossen. Strache übernahm die Führung der Alt-FPÖ.

Einen ersten Eklat in den Reihen des neuen Koalitionspartners BZÖ verursachte der Kärntner BZÖ-Bundesrat Siegfried Kampl, der u. a. Wehrmachtsdeserteure des Zweiten Weltkrieges als Kameradenmörder verurteilte. Kampl legte sein Amt trotz massiven innerparteilichen Drucks nicht nieder (trat jedoch aus der BZÖ aus) und wird Ende Juli turnusgemäß den Vorsitz des Bundesrats übernehmen.

Landtags- und Gemeinderatswahlen: Bei den Vorarlberger Landtagswahlen im September 2004 eroberte die ÖVP mit 54,9 % (+9,1 Prozentpunkte) die absolute Mehrheit zurück. Auch SPÖ und Grüne legten zu und kamen auf 16,9 % (+3,9) bzw. 10,2 % (+4,2). Großer Verlierer war die FPÖ, die nur noch 12,9 % (-14,5) erreichte.

Bei den Gemeinderatswahlen in der Steiermark kam die ÖVP auf 43,35 %, fast genauso viele Stimmen erhielt die SPÖ mit 43,33 %. Die FPÖ sank auf 6,1 % (2000: 11,3 %), die Grünen legten leicht auf 2,3 % zu (2000: 2,1 %). In Niederösterreich und Vorarlberg gewann die ÖVP bescheidene 0,5 bzw. 0,98 Prozentpunkte hinzu, während die SPÖ sich um 3,6 bzw. 2,4 Prozentpunkte steigern konnte. Die FPÖ büßte 4,6 bzw. 5,6 Prozentpunkte ein.

Pensionsreform: Im Herbst 2004 einigten sich die Koalitionsparteien über die seit Jahren anhängige Rentenreform. Ab 1. 1. 2005 gelten einheitliche Pensionsregelungen für alle unter 50-Jährigen. Die maximal erreichbare Pensionshöhe von 80 % wird bei einem Pensionsalter von 65 Jahren und 45 Beitragsjahren erreicht. Für ältere Jahrgänge gibt es Zwischenregelungen, für Schwerarbeiter ist ein früherer Pensionsantritt möglich. Die Beitragssätze bleiben für Arbeiter, Angestellte und Bundesbeamte gleich, Selbstständige müssen um 2,5 Prozentpunkte (jetzt 17,5 %) und Bauern um 0,5 Prozentpunkte (15 %) höhere Beiträge zahlen.

Weitere Beschlüsse: Im Februar 2005 beschloss die Regierungskoalition eine Reduzierung der Wehrdienst- und Zivildienstzeit. Ab 2006 wird die Wehrpflicht nur noch sechs Monate und der Zivildienst neun Monate betragen; Letzterer kann freiwillig um drei Monate verlängert werden.

Im Dezember 2004 wurde im Nationalrat die Fusion von Polizei (in den Städten) und Gendarmerie (auf dem Land) abgesegnet. Die Neuregelung trat am 12. 7. 2005 in Kraft.

Bildungspolitik: Das Tauziehen zwischen Regierung und Opposition um die Zweidrittelmehrheit im Parlament für alle Schulgesetze ist nach monatelangen Debatten beendet. Die ÖVP hatte sich bereit gefunden, diese von 1962 stammende Regelung ersatzlos zu streichen, während die SPÖ mit diesem Quorum den Gratisschulbesuch fixieren wollte. Der im Mai erzielte Kompromiss sieht vor, dass bis auf die Einführung der von der SPÖ befürworteten Gesamtschule alle anderen Schulgesetze mit einfacher Mehrheit beschlossen werden können.

Gerichtsentscheid zu Enteignung: Der Verfassungsgerichtshof lehnte im April 2005 die Restitutionsbeschwerde der Familie Habsburg auf Rückgabe ihres Vermögens, v. a. von Immobilien, ab. Nach der österreich. Gesetzeslage war die Familie 1919 enteignet worden, 1936 wurde während des Ständestaates das Familienvermögen z. T. restituiert, 1939 hatten die Nationalsozialisten wieder enteignet. Letzteres nahm die Familie zum Anlass, um erneut ein Restitutionsbegehren einzubringen.

Außenpolitik: Im Herbst 2004 wurde Benita Ferrero-Waldner zur neuen EU-Kommissarin für Außenpolitik bestellt. Ihre Hauptaufgabe besteht im Aufbau eines europ. diplomatischen Dienstes.

Wirtschaft: Nach einem nur geringen Wirtschaftswachstum 2003 von 0,7 % stieg das BIP 2004 mit 1,7 % deutlich. Die Zahl der Arbeitslosen lag Ende 2004 bei 7,1 % (2003: 7,0 %).

Budget: Im November 2004 beschloss das Parlament ein Doppelbudget für 2005/06. 2005 liegen die Ausgaben bei 64,42 Mrd. € und die Einnahmen bei 58,97 Mrd. €, was einem Defizit von 5,45 Mrd. € entspricht (1,9 % des BIP). Das Defizit für 2005 fällt wegen einer Steuersenkung höher aus. Für 2006 sind Ausgaben von rund 66,16 Mrd. € und Einnahmen von etwa 60,35 Mrd. € prognostiziert. Das Defizit beläuft sich dann auf 5,81 Mrd. € oder 1,7 % des BIP. Für 2008 wird wieder ein Nulldefizit angepeilt.

Leistungsbilanz: Erneut weist die Leistungsbilanz für 2004 trotz Konjunkturschwäche bei den Partnerländern und trotz des schwachen Dollarkurses einen Überschuss von 0,8 Mrd. € (0,3 % des BIP) auf. Entscheidend dafür waren Exporte in die USA. Insgesamt stiegen die Importe um 10,4 %, die Exporte um 13 %.

Privatisierungen: Die österreich. Verstaatlichte Industrie (heute ÖIAG, Österreich. Industrieholding AG), eine Gründung der unmittelbaren Nachkriegszeit, ist durch gezielte Privatisierung schuldenfrei; 1986 hatte das Defizit bei etwa 100 Mrd. öS (rd. 7 Mrd. €) gelegen. Der Wert der ÖIAG liegt heute, bei nur wenigen Beteiligungen, bei etwa 5 Mrd. €. Für 2004 zahlt die ÖIAG an die Republik 255 Mio. € Dividende. Bereits im Dezember 2004 hatte die ÖIAG in einer Blitzaktion 17 % der Telekom Austria an österreich. und ausländische Investoren für 1,1 Mrd. € verkauft.

Weitere Privatisierungen sind vorgesehen, etwa die noch im Besitz des Staates stehende 51 %ige Beteiligung am Energiekonzern Verbund, aber auch Post und Telekom sind im Gespräch.

Tourismus: Die Wintersaison 2004/05 verlief äußerst erfolgreich. Der Fremdenverkehrswirtschaft konnte ein Umsatzplus von 4 % erzielen, trotz des Rückgangs der Übernachtungszahlen um 3–4 %.

Expansion: Die Österreich. Mineralölverwaltung (OMV) erwarb im Dezember 2004 für 669 Mio. € rund 51 % der rumän. SNP Petrom; zur Finanzierung wurde eine Kapitalerhöhung um 830 Mio. € vorgenommen. Petrom beschäftigt 57 000 Mitarbeiter; nach EU-Maßstäben liegt die Zahl um etwa 30 000 zu hoch. Das niedrige Lohnniveau wird allerdings die Personalreduzierung in Grenzen halten.

Der niederösterreich. Energiekonzern EVN holte sich zur Finanzierung von Zukäufen in Osteuropa 150 Mio. € über die Börse. Investitionen sind v. a. im Bereich Wasser und Müll vorgesehen. Geplant ist auch der Erwerb eines bulgar. Stromversorgers.

Das Leiterplattenunternehmen AT&S baut ein zweites Werk in China, Produktionsbeginn in Shanghai ist Herbst 2006. Insgesamt werden 80–100 Mio. € investiert. Damit ist auch eine Verlagerung des Umsatzvolumens verbunden: Kommen derzeit noch 70 % des Umsatzes aus Europa, sollen in Zukunft 50 % in Asien erwirtschaftet werden. Weltweit hält AT&S einen Marktanteil bei Mobiltelefonen von 15 %.

Übernahmen: Ziegelproduzent Wienerberger erwarb im September 2004 für 145 Mio. € den brit. TBB(thebrickbusiness)-Ziegelkonzern mit 680 Mitarbeitern in neun Fabriken. Damit steigerte sich der österreich. Marktanteil in Großbritannien von 3 % auf 17 %. Insgesamt gehören dem Ziegelproduzenten Wienerberger 218 Ziegelwerke in 23 Ländern.

Nachdem Siemens im November 2004 noch vergeblich versucht hatte, ein 16,6- %-Aktienpaket der VA-Tech zu übernehmen, konnte die Transaktion im März 2005 erfolgreich abgeschlossen werden; Siemens hält nunmehr 90,94 % der VA-Tech-Aktien. Die Genehmigung der Kartellbehörde steht noch aus.

Der österreich. Baukonzern Strabag übernahm im Februar 2005 große Teile der insolventen dt. Walter Bau (→ Wirtschaft, Bauwirtschaft). Mit diesem Zukauf, dessen Kaufpreis nicht bekannt gegeben wurde, vergrößerte sich die Zahl der Mitarbeiter bei Strabag um 4 100; das Bauvolumen stieg um 1,2 Mrd. €. Die in Spittal an der Drau (Kärnten) angesiedelte Unternehmenszentrale verwaltet somit Europas drittgrößtes Straßenbauunternehmen.

Verkehr: Nach jahrelangem Streit zwischen Niederösterreich und der Steiermark um den Semmering-Basistunnel für die Bahn scheint eine Realisierung in greifbare Nähe gerückt. Nach Vorliegen einer neuen Planungsvariante hielt Infrastrukturminister Hubert Gorbach eine Fertigstellung des 1,25 Mrd. € teuren Projekts 2016 für möglich.

Auch der Bau des Brennertunnels schien nun durch einen Brüsseler Entscheid realisierbar. Bis-

Österreich: BZÖ-Chef Jörg Haider bei einer Pressekonferenz am 9. 5. 2005; Haider hatte die neue Partei BZÖ nach der Spaltung der FPÖ im April gegründet.

her hatte die EU-Kommission nur 20 % der prognostizierten Kosten von 6 Mrd. € übernehmen wollen, inzwischen will Brüssel 50 % beisteuern. Stimmt das Europaparlament dem Projekt zu, ist allerdings frühestens 2015 mit einer Fertigstellung zu rechnen.

Ost-Timor -

Demokrat. Republik Ost-Timor

Landesfläche	15 470 km² (WR 154)
Einwohner	820 000 (WR 153)
Hauptstadt	Dili (62 000 Einwohner)
Sprachen	Tétum, Portugiesisch, Indonesisch, Englisch
Währung	US-Dollar und indonesische Rupiah
Gliederung	13 Distrikte
Staatsform	Parlamentarische Republik
Staatsoberhaupt	José Alexandre »Xanana« Gusmão (seit 2002) * 1946
Regierungschef	Mari Alkatiri (seit 2002) * 1949
Parlament	Konstituierende Nationalversammlung mit 88 Abgeordneten; 55 Sitze für Revolutionäre Front für ein unabhängiges Ost-Timor (Fretilin), 7 für Demokratische Partei (PD), 26 für andere (Wahl 2001)
Internet	www.gov.east-timor.org
Religion	Muslime; Christen; Hindus
Nationalitäten	Timorer (78 %); Indonesier (20 %); Sonstige (2 %)
Urbanisierung	7,6 %
Einwohner/km	53
Bev.-Wachst./Jahr	2,2 %
Kindersterblichkeit	12,4 %
Alphabetisierung	48 %

Außenpolitik: Im März 2005 nahmen O.-T. und Australien Verhandlungen über den künftigen Verlauf ihrer gemeinsamen Grenzen auf. Bei den schwierigen Gesprächen geht es v. a. um die Frage, wer die umfangreichen Erdöl- und Erdgasvorkommen im Wert von mehr als 20 Mrd. € im Meer zwischen den Ländern ausbeuten darf.

Innenpolitik: Francisco Xavier do Amaral, der kurzzeitig vor der indones. Invasion (1975) Präsident des damals völkerrechtlich noch nicht anerkannten O.-T. war, gab im März 2005 seinen Sitz im Parlament auf. Er kündigte jedoch an, sich auf die Parlaments- und Präsidentenwahl 2007 vorzubereiten. Bei der ersten freien Präsidentenwahl hatte er gegen den populären Widerstandsführer José Alexandre »Xanana« Gusmão verloren und nur 17 % der abgegebenen Stimmen halten.

Pakistan PK

Islamische Republik Pakistan

Landesfläche	796 095 km² (WR 35)
Einwohner	157,3 Mio. (WR 6)
Hauptstadt	Islamabad (450 000 Einwohner)
Sprachen	Urdu, Englisch
Währung	1 Pakistan. Rupie = 100 Paisa
Gliederung	4 Provinzen, 2 administrative Bezirke
Staatsform	Föderative Republik
Staatsoberhaupt	Parvaiz Musharraf (seit 1999) * 1943
Regierungschef	Shaukat Aziz (seit 2004) * 1949
Parlament	Senat mit 100 Mitgliedern, Nationalversammlung mit 342 für 4 Jahre gewählten Abgeordneten; 78 für Muslimliga Quaid-i-Azam, 62 für Volkspartei, 45 für islamistische Muttahida Majlis-i-Amal, 157 für Andere (Wahl 2002)
Internet	www.pakistan.gov.pk
Religion	Muslime (96 %); Christen (2 %); Hindus (1,5 %); Sonstige (0,5 %)
Nationalitäten	Pakistani (85 %); Iraner (2,5 %); Sonstige (12,5 %)
Urbanisierung	34 %
Einwohner/km	198
Bev.-Wachst./Jahr	2,4 %
Kindersterblichkeit	10,1 %
Alphabetisierung	45 %

Innenpolitik: Das pakistan. Innenministerium verkündete im Februar 2005, die Infrastruktur des Terrornetzwerks al-Qaida in P. zerschlagen zu haben. Seit September 2001 wurden in P. ca. 700 Al-Qaida-Verdächtige verhaftet. Unter ihnen befand sich das Führungsmitglied Khalid Scheich Mohammed, der im März 2003 in der Nähe von Islamabad festgenommen wurde. Bin Ladens ehemaliger Koordinator Abu Subajdah wurde im März 2002 in Faisalabad verhaftet. Ein weiterer mutmaßlicher Top-Terrorist, der von den USA wegen der Botschaftsanschläge in Afrika 1998 gesuchte Ahmad Chalfan Ghailani, wurde im Juli 2004 in Gujrat verhaftet. Die meisten Verdächtigen wurden den US-amerikan. Behörden übergeben. Allerdings gab es trotz vieler Militäraktionen im Grenzgebiet zu Afghanistan keine Hinweise auf den Verbleib von Terroristenführer Usama bin Laden. Ausländische Geheimdienste bezweifelten daher die Angaben des pakistan. Innenministeriums und vermuteten sogar, dass Teile der pakistan. Sicherheitsbehörden von Al-Qaida-Anhängern unterwandert seien. P. gilt wegen seiner geostrategischen Lage als einer der wichtigsten Verbündeten der USA im Kampf gegen den internationalen Terrorismus.

Wichtigste Festnahme: Im Mai 2005 nahmen pakistan. Sicherheitskräfte die mutmaßliche Nummer drei von al-Qaida fest. Die Festnahme von Abu Faradsch al-Liby galt als der wichtigste Erfolg im Kampf gegen das Terrornetzwerk. Al-Liby soll nach der Festnahme von Khalid Scheich Mohammed im März 2003 zum Militärchef von al-Qaida aufgestiegen sein. Al-Liby, der aus Libyen stammt, war vermutlich der Organisator zweier gescheiterter Anschläge auf den pakistan. Präsidenten Parvaiz Musharraf. Er wurde Anfang Juni an die USA ausgeliefert.

Verurteilung: Ein pakistan. Militärgericht verurteilte im Dezember 2004 einen Soldaten wegen eines versuchten Attentats auf Präsident Musharraf zum Tode. Ein zweiter Soldat erhielt eine zehnjährige Haftstrafe. Das Gericht hielt es für erwiesen, dass die Soldaten an zwei gescheiterten Anschlägen auf Musharraf im Dezember 2003 beteiligt waren. Die Attentate sollen von einem lib. Mitglied des Terrornetzwerks al-Qaida geplant worden sein.

Anschläge: Bei der Explosion zweier Bomben wurden im Oktober 2004 in der zentralpakistan. Stadt Multan ca. 40 Menschen getötet. Für die Tat wurden militante Schiiten verantwortlich gemacht. Ziel des Anschlags war eine Versammlung radikaler sunnitischer Islamisten, die zusammengekommen waren, um an den im Jahr zuvor bei einem Anschlag in Islamabad getöteten sunnitischen Politiker Maulana Azam Tariq zu erinnern. Tariq war Parlamentsabgeordneter und Vorsitzender der verbotenen Partei Sipah-i-Sahaba (Wächter der Freunde des Propheten). Im Konflikt zwischen Sunniten und Schiiten werden die Extremisten der Sipah-i-Sahaba für mehr als 400 Morde verantwortlich gemacht. Die Organisation unterhielt angeblich enge Beziehungen zur Taliban-Miliz in Afghanistan.

Bei einem schweren Bombenanschlag in der südwestpakistan. Provinz Belutschistan starben im März 2005 rund 40 Menschen. Die Bombe detonierte in der rund 300 km von der Provinzhauptstadt Quetta entfernten Stadt Fatahpur in einer Menschenmenge von Gläubigen. Vor einem Heiligenschrein hatten sich zum Zeitpunkt der Explosion ca. 15 000 Anhänger des Sufismus versammelt, einer mystischen Richtung des Islam. Belutschistan, die größte und ärmste Provinz des Landes, grenzt an Iran und Afghanistan. Die Provinzhauptstadt Quetta ist seit 1995 Hauptschauplatz schwerer religiöser Auseinandersetzungen zwischen Schiiten und Sunniten, bei denen rund 4 000 Menschen getötet wurden.

Opposition: Im April 2005 ließ die pakistan. Regierung Hunderte Anhänger der Opposition in-

Pakistan: Hilft der Geheimdienst al-Qaida?

Bin Laden verschwunden: Seit den Anschlägen vom 11. 9. 2001 ist der Anführer des Terrornetzwerkes al-Qaida, Usama bin Laden, der meistgesuchte Mensch der Welt. Besonders die USA fahnden fieberhaft nach ihm. Westliche Geheimdienste vermuten, dass sich bin Laden mit seinem Vertrauten, dem Arzt Ayman al Zawahiri, und Tausenden von Anhängern irgendwo im äußerst schwer zugänglichen afghan.-pakistan. Grenzgebiet verbirgt, das rund 3 000 km lang ist. Da bin Laden aber bislang nicht ausfindig gemacht werden konnte, verdächtigte der US-amerikan. Geheimdienst Central Intelligence Agency (CIA) den pakistan. Geheimdienst, bin Laden zu decken.
ISI als Lenker Pakistans? Der pakistan. Geheimdienst Inter Services Intelligence (ISI) gilt als übermächtige Organisation, die alle Vorgänge von staatlicher Bedeutung in P. kontrolliert. Selbst der pakistan. Staatschef Parvaiz Musharraf gilt in westlichen Kreisen häufig nur als ein »Herrscher von ISI Gnaden«. Die CIA vermutet, dass der ISI bis in die oberste Führung von Islamisten beherrscht wird. So sollen wiederholt Planungen für Großoffensiven gegen Anhänger von al-Qaida im pakistan. Grenzgebiet verraten worden sein. Die US-amerikan. Regierung befürchtet, dass bei einem Sturz Musharrafs die pakistan. Atomraketen in die Hände der Islamisten kommen könnten. Andere Sicherheitsexperten vermuten, dass der CIA den ISI nur deshalb der Kooperation mit al-Qaida verdächtigt, um von eigenen Fehlleistungen abzulenken.

haftieren. Anlass der Festnahmen war die Rückkehr von Asif Ali Zardari, dem Ehemann der früheren Ministerpräsidentin Benazir Bhutto, in seine Heimat. Seine Pakistan. Volkspartei verlangt von der Regierung die Rückkehr zur Demokratie. Zardari war im Dezember 2004 nach acht Jahren Haft gegen Kaution freigekommen. Er hatte eine Haftstrafe wegen Korruption verbüßt. Danach war er in die Vereinigten Arabischen Emirate gereist, um seine Frau zu besuchen, die wegen Korruptionsvorwürfen aus P. geflohen war.

Außenpolitik: Der pakistan. Präsident Parvaiz Musharraf nahm im März 2005 eine Einladung der ind. Regierung an, wobei der Zeitpunkt des Besuches noch offen blieb. Das angekündigte Treffen wurde als Zeichen der Bemühungen auf beiden Seiten gewertet, die Spannungen zwischen den Staaten zu entschärfen. Im November 2004 hatte Musharraf noch für diplomatische Verstimmung gesorgt, weil er vorgeschlagen hatte, Teile von Kaschmir in die Unabhängigkeit zu entlassen, unter die gemeinsame Kontrolle beider Staaten oder unter die Verwaltung der Vereinten Nationen zu stellen. P. und Indien hatten seit 1947 drei Kriege wegen der zwischen den beiden Staaten aufgeteilten Hochlandregion gegeneinander geführt. Musharraf war zuletzt 2001 nach Indien gereist.

Rüstungsgeschäft: Im März 2005 stimmte die US-amerikan. Regierung dem Verkauf von Kampfflugzeugen an P. zu. Die von P. seit 1990 angestrebte Lieferung von 24 Maschinen des Typs F-16 galt als Belohnung für die Unterstützung der USA im Afghanistankrieg.

Commonwealth: Die Minister des Commonwealth kritisierten im Februar 2005 Präsident Musharraf, weil dieser zuvor seinen in Aussicht gestellten Abtritt als Kommandeur der pakistan. Streitkräfte wieder zurückgenommen hatte. Zu der von einigen Staaten des früheren brit. Kolonialreichs geforderten Aussetzung der Mitgliedschaft des Landes im Commonwealth kam es aber nicht. Musharraf wurde jedoch aufgefordert, bis spätestens 2007 seinen militärischen Posten aufzugeben. Musharraf kündigte hingegen an, auch nach 2007 im Amt bleiben zu wollen. 2007 sollen Parlamentswahlen in P. abgehalten werden. Musharraf kam 1999 mit einem Militärputsch an die Macht und ließ im Jahr 2002 Wahlen abhalten. Allerdings blieb er entgegen seiner Ankündigung oberster Befehlshaber der Armee.

Palau

Republik Palau PAL

Landesfläche	487 km² (WR 177)
Einwohner	20 000 (WR 190)
Hauptstadt	Koror (11 000 Einwohner)
Sprachen	Englisch, mikronesische Dialekte
Währung	1 US-Dollar = 100 Cents
Gliederung	16 Einzelstaaten
Staatsform	Präsidiale Republik
Staatsoberhaupt und Regierungschef	Thomas Remengesau (seit 2001) * 1956
Parlament	Delegiertenhaus mit 16 für 4 Jahre gewählten Abgeordneten und Senat mit 9 für 4 Jahre gewählten Abgeordneten, keine Parteien (Wahl 2004)
Internet	www.visit-palau.com
Religion	Christen (65,4 %): Katholiken 40,7 %, Protestanten 24,7 %; traditionelle Religionen (27,1 %); Sonstige (7,5 %)
Ethn. Gruppen	Palauer (83,2 %); Filipinos (9,8 %); Sonstige (7 %)
Urbanisierung	65 %
Einwohner/km	41
Bev.-Wachst./Jahr	1,5 %
Kindersterblichkeit	2,9 %
Alphabetisierung	92 %

Die Handelsbilanz von P. blieb im Haushaltsjahr 2003/04 in hohem Maße defizitär. Der Inselstaat exportierte Güter im Wert von 12,3 Mio. US-Dollar, während sich die Importe auf eine Summe von etwa 108,8 Mio. US-Dollar beliefen. Die Wirtschaftskraft von P. beruht im Wesentlichen auf Tourismus, Landwirtschaft und Fischfang. Die Regierung ist der Hauptarbeitgeber. P. hängt stark von Finanzierungshilfen der USA ab, die sich im »Compact of Free Association« von 1994 zur Zahlung von 700 Mio. US-Dollar über einen Zeitraum von 15 Jahren verpflichtet haben. Im Gegenzug erhielten die USA die Erlaubnis zum Bau und zur Nutzung von militärischen Einrichtungen. Der Vertrag mit den USA sicherte den Einwohnern von P. eines der höchsten Pro-Kopf-Einkommen unter den pazifischen Inselstaaten. Der industrielle Sektor umfasst vorwiegend handwerkliche Produkte aus Muscheln, Holz oder Perlen sowie die Herstellung von Kleidung.

Die Landwirtschaft, in der rund ein Fünftel der Erwerbstätigen beschäftigt ist, konzentriert sich auf den Anbau von Kokosnüssen und Süßkartoffeln.

Panama PA

Republik Panama

Landesfläche	75 517 km² (WR 115)
Einwohner	3,2 Mio. (WR 129)
Hauptstadt	Panama-Stadt (970 000 Einwohner)
Sprachen	Spanisch, Englisch
Währung	1 Balboa = 100 Centésimos
Gliederung	9 Provinzen, 3 Indianerreservate
Staatsform	Präsidiale Republik
Staatsoberhaupt und Regierungschef	Martín Torrijos Espino (seit 2004) * 1963
Parlament	Nationalversammlung mit 77 für 5 Jahre gewählten Abgeordneten; 40 Sitze für Revolutionäre Demokratische Partei, 17 für Arnulfistische Partei, 20 für Andere (Wahl 2004)
Internet	www.presidencia.gob.pa; www.asamblea.gob.pa
Religion	Katholiken (85 %); Protestanten (10 %); Sonstige (5 %)
Ethn. Gruppen	Mestizen (64 %); Mulatten (14 %); Weiße (10 %); Sonstige (12 %)
Urbanisierung	57 %
Einwohner/km	42
Bev.-Wachst./Jahr	1,8 %
Kindersterblichkeit	2,5 %
Alphabetisierung	92 %

Die Regierung von P. erklärte im Oktober 2004 rund 120 Diplomatenpässe für ungültig, die die ehemalige Präsidentin Mireya Elisa Moscoso Rodríguez an Künstler, Geschäftsleute und Politiker für Verdienste um die internationale Kultur, um Gesundheit, Handel, Tourismus und Sport ausgestellt hatte. Die Maßnahme erfolgte im Rahmen einer von Präsident Martín Torrijos Espino angeordneten Aufräumaktion in den Aktenbeständen des Außenministeriums. Der Sozialdemokrat Torrijos hatte im Mai 2004 die Präsidentschaftswahl gewonnen und Mireya Moscoso von der Arnulfistischen Partei im September 2004 im Amt abgelöst.

Papua-Neuguinea PNG

Landesfläche	462 840 km² (WR 53)
Einwohner	5,8 Mio. (WR 101)
Hauptstadt	Port Moresby (250 000 Einwohner)
Sprachen	Englisch, Pidginsprachen, Papua-Sprachen
Währung	1 Kina = 100 Toea
Gliederung	19 Provinzen, Hauptstadtdistrikt
Staatsform	Parlamentarische Monarchie im Commonwealth
Staatsoberhaupt	Königin Elisabeth II. (seit 1975) * 1926
Regierungschef	Michael Somare (seit 2002) * 1936
Parlament	Abgeordnetenhaus mit 109 für 5 Jahre gewählten Abgeordneten; 19 Sitze für National Alliance (NAP), 13 für People's Democratic Movement (PDM), 8 für People's Progress Party (PPP), 69 für Andere (Wahl 2002)
Internet	www.pm.gov.pg
Religion	Protestanten (58 %); Katholiken (33 %); Sonstige (9 %)
Ethn. Gruppen	Papua-Neuguineer (84 %); Melanesier (15 %); Sonstige (1 %)
Urbanisierung	13 %
Einwohner/km	13
Bev.-Wachst./Jahr	2,2 %
Kindersterblichkeit	9,4 %
Alphabetisierung	66 %

Der Ministerpräsident von P., Michael Somare, protestierte im März 2005 gegen die Behandlung, die er auf der Durchreise im austral. Brisbane erfuhr. Somare wurde auf dem Flughafen von Brisbane von Beamten aufgefordert, für eine Sicherheitsuntersuchung seine Schuhe auszuziehen. Er empfand die Aufforderung als Beleidigung und verwies darauf, dass hochrangige austral. Politiker in P.-N. niemals eine derart demütigende Behandlung erfahren würden. P.-N. ist das bevölkerungs- und ressourcenreichste Land des Südpazifik. Es versteht sich als Brücke für die Kleinstaaten dieser Region zur Außenwelt und spielt eine wichtige Rolle in der sog. »Melanesian Spearhead Group«, der neben P.-N. Fidschi, die Salomonen, Vanuatu und Neukaledonien angehören.

Das Land unterhält diplomatische und konsularische Beziehungen zu rund 80 Staaten. Australien ist bilateral der wichtigste Partner von P.-N., Japan ist wirtschaftlich und als Partner in der Entwicklungshilfe von besonderer Bedeutung.

Paraguay

PY

Republik Paraguay

Landesfläche	406 752 km² (WR 58)
Einwohner	6 Mio. (WR 100)
Hauptstadt	Asunción (610 000 Einwohner)
Sprachen	Spanisch, Guarani
Währung	1 Guarani (G) = 100 Céntimos
Gliederung	17 Departamentos
Staatsform	Präsidiale Republik
Staatsoberhaupt und Regierungschef	Óscar Nícanor Duarte Frutos (seit 2003) * 1956
Parlament	Senat mit 45 und Abgeordnetenhaus mit 80 für 5 Jahre gewählten Mitgliedern; 37 Sitze (Senat 16) für Colorado-Partei (ANR), 21 (12) für Radikal-Liberale Partei (PLRA), 22 (17) für Andere (Wahl 2003)
Internet	www.paraguaygobierno.gov.py
Religion	Christen (98 %): Katholiken (96 %), Protestanten (2 %); Sonstige (2 %)
Ethn. Gruppen	Mestizen (95 %); Indianer (2 %); Weiße (2 %); Asiaten (1 %)
Urbanisierung	57 %
Einwohner/km	15
Bev.-Wachst./Jahr	2,4 %
Kindersterblichkeit	3 %
Alphabetisierung	93 %

Ein wegen Kinderhandels von den Behörden gesuchter Deutscher wurde im März 2005 in P. festgenommen. Dem Mann, der auch in Brasilien zur Fahndung ausgeschrieben war, wurde vorgeworfen, Minderjährige zur Prostitution nach Deutschland, Spanien und Brasilien vermittelt zu haben. Der Verdächtige habe den Kinderhandel von Fernando de la Mora aus betrieben, das in der Nähe der Hauptstadt Asunción liegt. Die meisten der Minderjährigen seien in Bordelle gebracht worden. Die Festnahme wurde als Zeichen dafür gewertet, dass die Behörden in P. zukünftig entschlossener gegen Menschenhandel und Kinderprostitution vorgehen wollen.

Peru

PE

Republik Peru

Landesfläche	1,29 Mio. km² (WR 19)
Einwohner	27,6 Mio. (WR 38)
Hauptstadt	Lima (7 Mio. Einwohner)
Sprachen	Spanisch, Ketschua, Aymará
Währung	1 Nuevo Sol (S/.) = 100 Céntimos
Gliederung	25 Departamentos
Staatsform	Präsidiale Republik
Staatsoberhaupt	Alejandro Toledo Manrique (seit 2001) * 1946
Regierungschef	Carlos Ferrero Costa (seit 2003) * 1941
Parlament	Kongress mit 120 für 5 Jahre gewählten Mitgliedern, 45 Sitze für Peru Posible, 26 für Alianza Popular Revolucionaria Americana, 17 für Unidad Nacional, 32 für Andere (Wahl 2001)
Internet	www.peru.gob.pe
Religion	Christen (98 %): Katholiken (93 %), Protestanten (5 %); Sonstige (2 %)
Ethn. Gruppen	Ketschua (47 %); Mestizen (32 %); Weiße (12 %); Aymará (5 %); Sonstige (4 %)
Urbanisierung	74 %
Einwohner/km	21
Bev.-Wachst./Jahr	1,5 %
Kindersterblichkeit	3,9 %
Alphabetisierung	90 %

Innenpolitik: 2005 geriet der peruan. Präsident Alejandro Toledo Manrique wegen zweier Affären unter starken Druck. Im Januar 2005 sorgten angebliche Nacktfotos des Präsidenten für innenpolitischen Streit. Ein TV-Sender zeigte zwei Fotos, auf denen angeblich der entkleidete Präsident mit einer Geliebten zu sehen war. Der Sender äußerte selbst starke Zweifel an der Echtheit der Bilder, die möglicherweise am Computer erstellt worden seien. Regierungsvertreter vermuteten, dass die peruan. Mafia die Fotos angefertigt und in Umlauf gebracht habe, um Toledo zu diskreditieren. Hintergrund war die Inhaftierung von Vladimiro Montesinos, dem ehemaligen Chef des Geheimdienstes SIN, dem die peruan. Justiz Korruption und enge Kontakte zur Mafia vorwarf. Montesino war der engste Mitarbeiter von Expräsident Alberto Kenyo Fujimori, dem Ambitionen für eine erneute Präsidentenkandidatur nachgesagt wurden.

Fälschungsaffäre: Im Mai 2005 wurde Präsident Toledo verdächtigt, 1998 in betrügerische Machenschaften verwickelt gewesen zu sein, bei denen mittels gefälschter Unterschriften eine amtliche Zulassung der von ihm gegründeten Partei erreicht wurde. Als Spitzenkandidat der Partei, die zunächst País Posible, dann Perú Posible hieß, war Toledo 2001 zum Staatschef gewählt worden. Ein Parlamentsausschuss empfahl wegen dieser Fälschungsaffäre als eine mögliche Sanktion die Amtsenthebung Toledos.

Unruhen in Andahuaylas: Bei der Erstürmung einer Polizeiwache in der Andenstadt Andahuaylas töteten Aufständische im Januar 2005 vier Menschen. Mit der Aktion wollten die Rebellen den als korrupt kritisierten Präsidenten Alejandro Toledo zum Rücktritt zwingen. Viele der rund 100 Guerilleros waren Reservisten der Streitkräfte. Präsident Toledo verhängte nach der Besetzung der Polizeistation den Ausnahmezustand über die betroffene Provinz. Zwei Tage nach der Besetzung gaben die Aufständischen auf und stellten sich den peruan. Sicherheitskräften.

Ausnahmezustand: Nach gewaltsamen Zusammenstößen zwischen mehreren Hundert Kokabauern und der Polizei verhängte die peruan. Regierung im Südosten des Landes den Ausnahmezustand. Für 30 Tage übernahmen Sicherheitskräfte die Kontrolle über die Regionen San Gabán und Antauta in der Provinz Carabaya. Zuvor hatten rund 800 aufgebrachte Kokabauern ein Elektrizitätswerk in San Gabán und eine Polizeistation angegriffen. Sie wollten mit diesen Aktionen gegen die Vernichtung von Kokaplantagen im Rahmen eines von den USA unterstützten Anti-Drogenprogramms protestieren.

Drogenbekämpfung Die peruan. Regierung plante für 2005, mind. 8000 ha Kokasträucher roden zu lassen, um die Drogenproduktion im Land zu bekämpfen. Die Bauern protestierten vehement gegen dieses Vorhaben, weil sie vom Anbau legaler Pflanzen nicht überleben konnten. 2004 kaufte die Drogenmafia in P. Kokapaste im Wert von rund 7 Mrd. US-Dollar. Diese Summe entsprach ca. der Hälfte des peruan. Staatshaushalts. Die Anbaufläche für Kokablätter wird auf 60 000 ha geschätzt. Ca. 90 % der Ernte entfiel auf die illegale Produktion von Kokain. Etwa 25 % des Weltkonsums an Kokain wurde in P. produziert.

Außenpolitik: Im Januar 2005 erhielt P. von Italien eine verloren geglaubte jahrhundertealte Totenmaske zurück. Das wertvolle Kunstwerk aus der Vor-Inka-Zeit zählt zu insgesamt 28 000 gestohlenen Objekten, die 2004 in Italien gefunden wurden. Die Maske war bei illegalen Ausgrabungen im Norden von P. gestohlen worden. Nach einem Hinweis der US-amerikan. Zollbehörde wurde sie im April 2004 bei italien. Sammlern im Piemont gefunden. Die Kunstliebhaber erwarben das vermutlich 1000–1200 Jahre alte Objekt aus Kupfer und Gold bei einer Versteigerung.

Beziehungen zu Chile: Im Mai 2005 setzte die peruan. Regierung die Gespräche über einen Freihandelsvertrag mit Chile aus. Ministerpräsident Carlos Ferrero Costa begründete die Entscheidung mit der Weigerung Chiles, sich für die Waffenlieferungen an Ecuador während des peruan.-ecuadorian. Krieges (1995) zu entschuldigen. Der Freihandelsvertrag sollte ursprünglich bis spätestens Ende 2005 unterzeichnet werden.

Peru: Rebellenführer Antauro Humala mit seinen Anhängern in Andahuaylas auf dem Weg zu Verhandlungen am 3. 1. 2005

3

Philippinen RP

Republik der Philippinen

Landesfläche	300 000 km² (WR 70)
Einwohner	81,4 Mio. (WR 14)
Hauptstadt	Manila (9,4 Mio. Einwohner)
Sprachen	Filipino, Spanisch, Englisch
Währung	1 Philippin. Peso = 100 Centavos
Gliederung	16 Regionen
Staatsform	Präsidiale Republik
Staatsoberhaupt und Regierungschef	Gloria Macapagal Arroyo (seit 2001) * 1947
Parlament	Repräsentantenhaus mit max. 261 Abgeordneten und Senat mit 24 Senatoren; von 206 gewählten 82 Sitze für christlich-demokratische LAKAS, 53 für konservative NPC, 21 für LDP, 21 für liberale LP, 29 für Andere (Wahl 2004)
Internet	www.gov.ph
Religion	Christen (92 %); Muslime (5 %); Sonstige (3 %)
Ethn. Gruppen	Filipinos (40 %); Indonesier und Polynesier (30 %); Sonstige (30 %)
Urbanisierung	61 %
Einwohner/km	271
Bev.-Wachst./Jahr	1,8 %
Kindersterblichkeit	3,7 %
Alphabetisierung	95 %

Innenpolitik: Im Februar 2005 verschärfte sich der Konflikt zwischen Regierungstruppen und Rebellen auf der philippin. Insel Jolo wieder. Bei schweren Gefechten zwischen den Bürgerkriegsparteien in der Umgebung der Stadt Panamao starben ca. 100 Menschen. Bei den Rebellen handelte es sich um Anhänger von Nur Misuari, dem inhaftierten ehemaligen Anführer der Nationalen Befreiungsfront Moro (MNLF). Die MNLF schloss bereits 1996 Frieden mit der Regierung, einige Anhänger Misuaris hielten sich aber nicht an das Abkommen. Die Regierung behauptet, dass sich die MNLF mit der militanten Muslimgruppe Abu Sayyaf verbündet habe, der Kontakte zum islamistischen Terrornetz al-Qaida nachgesagt werden.

Verbindungen zu al-Djemaah al-Islamija: Die philippin. Sicherheitsbehörden fanden im März 2005 heraus, dass sich die Extremistengruppe Abu Sayyaf mit Tauchübungen auf Anschläge zur See vorbereitete. Sie soll 2004 finanzielle Unterstützung von mutmaßlichen Mitgliedern der Terrorgruppe al-Djemaah al-Islamija erhalten haben, um sich im Umgang mit Sprengstoffen zu schulen. Abu Sayyaf operiert fast ausschließlich in der Inselwelt rund um die südlichen P. Sie wird für eine Reihe von Entführungen, Morden und Erpressungen verantwortlich gemacht.

Die philippin. Streitkräfte töteten im Januar 2005 bei Luftangriffen im Süden des Landes mind. 40 mutmaßliche islamistische Rebellen. Unter den Opfern befanden sich auch zwei hochrangige Mitglieder der radikalislamischen Organisation al-Djemaah al-Islamija. Die Aktion der philippin. Luftwaffe gegen vermutete Terroristenverstecke fand in der Gegend um die Ortschaft Datu Piang, rund 1 000 km südlich von Manila, statt. Al-Djemaah al-Islamija wird u. a. für den verheerenden Bombenanschlag auf Bali verantwortlich gemacht, bei dem im Oktober 2002 mehr als 200 Menschen starben.

Gefängnisrevolte: Die philippin. Polizei schlug im März 2005 eine Häftlingsrevolte islamischer Extremisten im Hochsicherheitsgefängnis der Hauptstadt Manila nieder. Beim Sturm auf das Gefängnis wurden nach Angaben der Polizei 21 Insassen getötet. Unter ihnen befanden sich drei führende Vertreter der Abu Sayyaf: »Commander Robot« alias Galib Andang, »Commander Kosovo« alias Alhamser Limbong sowie »Commander Global« alias Nadjmi Sabdulla. »Commander Robot« war einer der Anführer der Abu-Sayyaf-Rebellen, die im April 2000 auf der malays. Ferieninsel Sipadan 21 Menschen, darunter auch die Göttinger Familie Wallert, entführt und nach Jolo verschleppt hatten. »Commander Kosovo« sowie ein weiterer Abu Sayyaf-Anführer namens Tahir Abdul Gafar waren 2001 an den Entführungen von drei US-amerikan. Bürgern beteiligt, von denen zwei getötet wurden.

Anschlag: Bei einem schweren Bombenanschlag auf einem belebten Markt in General Santos auf der Insel Mindanao starben im Dezember 2004 ca. 20 Menschen, etwa 50 Personen wurden zum Teil schwer verletzt. In der Stadt General Santos waren bereits zuvor mehrfach Anschläge von islamischen Extremisten verübt worden. Internationale Menschenrechtsorganisationen warfen den philippin. Sicherheitskräften vor, nicht genug getan zu haben, um den Anschlag zu verhindern. Sie hätten Hinweise der Geheimdienste auf den geplanten Anschlag nicht ernst genommen.

Wirtschaft: Die philippin. Volkswirtschaft wuchs 2004 um ca. 6 % und erreichte damit den Wert, der angesichts des hohen Bevölkerungswachstums (1,8 %/Jahr) notwendig ist, um genügend Arbeitsplätze für die stark steigende Zahl von Beschäftigung suchenden Menschen zu schaffen. Das Wachstum wurde v. a. vom Konsum getrieben, während die Investitionsnachfrage zögerlich blieb. Größtes wirtschaftliches Problem war die hohe Verschuldung, die Ende 2004 bei ca. 100 Mrd. US-Dollar lag (120 % des BIP).

Polen
Republik Polen PL

Landesfläche	312 685 km² (WR 68)
Einwohner	38,6 Mio. (WR 31)
Hauptstadt	Warschau (1,6 Mio. Einwohner)
Sprachen	Polnisch
Währung	1 Zloty = 100 Groszy
Gliederung	16 Bezirke
Staatsform	Republik
Staatsoberhaupt	Aleksander Kwasniewski (seit 1995) * 1954
Regierungschef	Marek Belka (seit 2004) * 1953
Parlament	Sejm mit 460, Senat mit 100 für 4 Jahre gewählten Mitgliedern; im Sejm 200 Sitze für Demokratische Linksallianz, 65 für Bürgerunion (PO), 53 für Konservative (S), 44 für Recht und Gerechtigkeit (PiS), 42 für Bauernpartei (PSL), 16 für Arbeiterunion, 24 für Andere (Wahl 2001)
Internet	www.poland.gov.pl
Religion	Katholiken (91 %); Orthodoxe (1 %); Sonstige (8 %)
Nationalitäten	Polen (98,7 %); Ukrainer (0,6 %); Sonstige (0,7 %)
Urbanisierung	62 %
Einwohner/km	123
Bev.-Wachst./Jahr	-0,1 %
Kindersterblichkeit	0,9 %
Alphabetisierung	99 %

Innenpolitik: Im Mai 2005 reichte der poln. Ministerpräsident Marek Belka sein Rücktrittsgesuch ein, das jedoch von Staatspräsident Aleksander Kwasniewski nicht angenommen wurde. Der Premier kündigte daraufhin an, nur noch bis zu den Parlamentswahlen im Herbst weiterregieren zu wollen. Bereits im März 2005 hatte das poln. Parlament eine Rücktrittsforderung an Ministerpräsident Belka mit knapper Mehrheit zurückgewiesen. Die Abgeordneten des Parlamentes (Sejm) stimmten mit 215 zu 213 Stimmen gegen den nicht bindenden Antrag der oppositionellen Liga poln. Familien.

Belka, der 2004 die Nachfolge von Leszek Miller angetreten hatte, begründete seine Rücktrittsabsicht damit, die Demokratische Linksallianz (SLD) verlassen und der Demokratischen Partei beitreten zu wollen. Seine neue Partei ist ein Zusammenschluss von Kommunisten und der früheren Gewerkschaftsbewegung Solidarität. Die SLD galt in Polen Mitte 2005 wegen einer Serie von Skandalen und einer unpopulären Privatisierungspolitik als sehr unbeliebt und verfügte im Parlament über keine Mehrheit. Als Konsequenz aus der Krise der Partei trat die Führung der SLD im Mai 2005 vollständig zurück.

Parteigründung: Der frühere Ministerpräsident Tadeusz Mazowiecki gründete im Februar 2005 die Demokratische Partei. Zu den Mitbegründern gehörte Wirtschaftsminister Jerzy Hausner, der erst Anfang Februar 2005 aus der regierenden SLD ausgetreten war. Seit 1990 wurden in P. über 400 politische Parteien registriert.

Entschädigung: Die poln. Regierung kündigte im Februar 2005 an, Bürger zu entschädigen, die nach dem Zweiten Weltkrieg aus Gebieten im Osten umgesiedelt worden waren. Die ehemaligen Bewohner dieser Gebiete sollen 15 % des Originalwerts ihres verlorenen Eigentums erhalten. Die Regierung schätzte, dass etwa 52 000 Personen einen Antrag auf Entschädigung stellen werden. Im Zuge der territorialen Neuordnung nach dem Zweiten Weltkrieg, der sog. Westverschiebung Polens, wurden mehrere Millionen Menschen in die ehemaligen dt. Ostgebiete umgesiedelt. Die Gebiete im poln. Osten fielen an die Sowjetunion und gehören heute zu Litauen, Weißrussland und der Ukraine.

Abtreibung: Das poln. Parlament verwarf im Februar 2005 einen Gesetzentwurf zur Liberalisierung des Abtreibungsrechts. Die Abgeordneten stimmten mit 199 zu 183 Stimmen dafür, den Entwurf der regierenden SLD nicht zur Beratung anzunehmen. Er sah vor, eine Abtreibung bis zur zwölften Schwangerschaftswoche zu erlauben. Außerdem waren Aufklärungsunterricht in Grundschulen sowie die Erlaubnis von Schwangerschaftsabbrüchen für Minderjährige ohne Zustimmung der Eltern geplant. Nach dem Sturz der Kommunisten war in P. 1993 ein restriktives Abtreibungsrecht in Kraft getreten, das Schwangerschaftsabbrüche nur bei Gefahr für die Gesundheit der Frau, schwerer Schädigung des Fötus oder nach Vergewaltigung oder Inzest zulässt. Kirche und konservative Politiker setzten sich vehement gegen eine Änderung dieses Gesetzes ein.

Todesstrafe: Im Oktober 2004 sprach sich das poln. Parlament mit knapper Mehrheit gegen eine Wiedereinführung der Todesstrafe aus. Die Abgeordneten lehnten den Antrag der Partei Recht und Gerechtigkeit (PiS) mit 198 zu 194 Stimmen ab, 14 Parlamentarier enthielten sich. Präsident Aleksander Kwasniewski hatte zuvor erklärt, kein Gesetz zur Wiedereinführung der Todesstrafe zu unterzeichnen. P. hatte die Todesstrafe 1997 abgeschafft.

Außenpolitik: Die poln. Regierung kündigte im März 2005 an, ihre Truppen im Irak weiter zu verringern. Mitte 2005 befanden sich rund 1 700 poln. Soldaten im Irak, zu Jahresbeginn waren es noch 2 500 gewesen. Der Schwerpunkt ihres Einsatzes lag auf der Ausbildung irak. Einheiten. Seit September 2003 steht eine multinationale Division im Irak unter polnischer Führung.

Deutsch-polnisches Jahr: Der poln. Außenminister Adam Rotfeld und sein dt. Amtskollege Joschka Fischer vereinbarten im März 2005 ein dt.-poln. Jahr. Ziel der gemeinsamen Initiative beider Regierungen war die Vertiefung der bilateralen Beziehungen. Außerdem soll es den Blick auf das dichte Netz bestehender Kontakte zwischen beiden Staaten lenken. Den Auftakt des gemeinsamen Jahres bildete am 30. 4. 2005 eine festliche Eröffnungsveranstaltung in Berlin mit Bundespräsident Horst Köhler und dem poln. Staatspräsidenten Kwasniewski als Schirmherren. Insgesamt planten staatliche und private Träger fast 1 000 Projekte und Veranstaltungen, die v. a. die jüngere Generation in beiden Ländern ansprechen sollten. Bereits 2004 nahmen an dt.-poln. Begegnungs- und Austauschprojekten rund 150 000 junge Leute aus beiden Ländern teil.

Marek Belka
Poln. Ministerpräsident, *9.1.1953 in Lodz. Belka, studierter Wirtschaftswissenschaftler, begann seine politische Laufbahn in der kommunistischen Poln. Vereinigten Arbeiterpartei (PAP), der er bis zu ihrer Auflösung 1990 treu blieb. Er war in zwei Regierungen 1997 und von Oktober 2001 bis Juli 2002 Finanzminister. Bevor er im Mai 2004 poln. Ministerpräsident wurde, war er im Irak tätig, wo er unter dem US-amerikan. Zivilverwalter Paul Bremer die Auslandshilfe und den Wirtschaftsaufbau koordinierte.

Entschädigungsstreit: Die poln. und dt. Regierung erklärten im November 2004 den von Vertriebenen begonnenen Entschädigungsstreit für beendet. Sie verwiesen dabei auf das Ergebnis eines gemeinsam in Auftrag gegebenen Rechtsgutachtens, wonach es für niemanden einen Rechtsgrund für Entschädigungen gebe. Damit hätten eventuelle Klagen von »Ausgesiedelten« auf Entschädigung oder Restitution von verlorenem Eigentum vor dt., poln., US-amerikan. Gerichten oder den europ. Gerichtshöfen in Straßburg und Luxemburg keinerlei Aussicht auf Erfolg. Der Streit hatte im Herbst 2004 die dt.-poln. Beziehungen schwer belastet, nachdem dt. Vertriebenenverbände Entschädigungen von P. verlangt und im Gegenzug das poln. Parlament mit einem umstrittenen Beschluss Gegenforderungen an Deutschland geltend gemacht hatte.

Wirtschaft: Die poln. Regierung kündigte im Januar 2005 an, einen Großteil der Schulden bei den Mitgliedern des Pariser Clubs der Gläubigerstaaten bereits 2005 vorzeitig zurückzahlen zu wollen. Die Verbindlichkeiten des Landes gegenüber den 19 Pariser-Club-Staaten beliefen sich Ende 2004 auf ca. 12,3 Mrd. €. Sie wären regulär zwischen 2005 und 2009 fällig gewesen. Die Schulden gegenüber Deutschland betrugen rund 2 Mrd. €. P. ist als einziges EU-Land bei den Staaten des Pariser Clubs verschuldet.

Sozialversicherungsbeiträge: Im April 2005 vereinbarten die dt. und die poln. Regierung, dass dt. Arbeitgeber keine Sozialversicherungsbeiträge für poln. Erntehelfer nachzahlen müssen. Hintergrund des Streits war die mit dem poln. EU-Beitritt (1. 5. 2004) verbundene Regelung, wonach für ausländische Saisonarbeiter Sozialabgaben an ihr Heimatland entrichten müssen. Dt. Landwirte hätten somit ab dem 1.5. 2004 einen Anteil von 20,64 % des Bruttolohns an die poln. Kassen überweisen müssen.

Zigarettenschmuggel: Der dt. Zoll verzeichnete von Januar bis April 2005 einen starken

Anstieg des Zigarettenschmuggels an der Grenze zu P. Die mobilen Kontrollgruppen beschlagnahmten in diesem Zeitraum rund 20 Mio. illegal nach Deutschland eingeführte Zigaretten, rund 70 % mehr als im gleichen Zeitraum des Vorjahres. Reisende dürfen aus P. 200 Zigaretten nach Deutschland einführen, Bewohner der Grenzregion 40. Bis 2008 gelten Übergangsfristen. An den dt. Westgrenzen ist die Einfuhr von 800 Zigaretten zulässig.

Portugal
Portugiesische Republik P

Landesfläche	91 982 km² (WR 110)
Einwohner	10,1 Mio. (WR 79)
Hauptstadt	Lissabon (830 000 Einwohner)
Sprachen	Portugiesisch
Währung	1 Euro = 100 Cent
Gliederung	18 Distrikte, 2 Autonome Regionen
Staatsform	Parlamentarische Republik
Staatsoberhaupt	Jorge Sampaio (seit 1996) * 1939
Regierungschef	José Sócrates (seit 2005) * 1957
Parlament	Nationalversammlung mit 230 für 4 Jahre gewählten Abgeordneten; 121 Sitze für Sozialistische Partei (PS), 75 für Sozialdemokratische Partei (PSD), 34 für Andere (Wahl 2005)
Internet	www.Portugal.gov.pt; www.parlamento.pt
Religion	Katholiken (94 %); Konfessionslose (4 %); Sonstige (2 %)
Nationalitäten	Portugiesen (99,5 %); Sonstige (0,5 %)
Urbanisierung	55 %
Einwohner/km	110
Bev.-Wachst./Jahr	0,1 %
Kindersterblichkeit	0,6 %
Alphabetisierung	92 %

Innenpolitik: Bei der vorgezogenen Parlamentswahl setzte sich im Februar 2005 in P. die oppositionelle Sozialistische Partei (PS) durch. Die PS erreichte 47 % der abgegebenen Stimmen, während auf die bürgerliche Sozialdemokratische Partei von Ministerpräsident Pedro Santana Lopes (PSD) lediglich 27 % entfielen. Santana Lopes hatte erst im Juli 2004 kurzfristig das Amt des Regierungschefs übernommen, weil sein Vorgänger und Parteifreund José Manuel Barroso als Präsident der EU-Kommission nach Brüssel gegangen war. Die Mitte-rechts-Regierung stand v. a. wegen schlechter Wirtschaftsdaten in der Kritik. Präsident Sampaio hatte vorzeitig Neuwahlen ausgeschrieben, weil er angesichts einer Serie von Regierungskrisen die Stabilität nicht mehr gewährleistet sah. Bei der Bevölkerung hatte sich die Regierung unter Santana Lopes bereits nach den Sommerferien 2004 unbeliebt gemacht. Das Schuljahr begann mit mehreren Wochen Verspätung, weil sich die Verteilung der neu eingestellten Lehrer auf die Schulen verzögerte.

Neue Regierung: Im März 2005 stellte der neue Ministerpräsident José Sócrates (PS) sein 16-köpfiges Kabinett vor. Die Schlüsselpositionen der Regierung wurden mit unabhängigen Persönlichkeiten besetzt. Der frühere Präsident der UN-Vollversammlung, Diogo Freitas do Amaral, wurde Außenminister. Er war Gründer der Christdemokratischen Partei, wandte sich jedoch von ihr ab, sodass er heute als verhältnismäßig unabhängig gilt. Er verfügt über gute Kontakte zur US-amerikan. Regierung. Neuer Finanzminister wurde der ehemalige Bankier und Wirtschaftsprofessor Luis Campos e Cunha.

Abtreibungsrecht: Die neue Regierung kündigte im März 2005 an, in einem Referendum noch einmal über ein liberaleres Abtreibungsrecht abstimmen zu lassen. Die PS schlug vor, dass Abtreibungen bis zur zehnten Schwangerschaftswoche möglich sein sollen. 1998 hatte sich eine knappe Mehrheit von 50,7 % gegen diese Regelung ausgesprochen. An der Abstimmung beteiligte sich damals nur ca. ein Drittel der Wahlberechtigten.

Außenpolitik: Im Januar 2005 besuchte erstmals seit fünf Jahren ein portugies. Präsident die ehemalige Kolonie Macau. Präsident Sampaio lobte die positive Entwicklung, die Macau seit der Rückgabe an China (1999) erfuhr. Wie das 60 km weiter östlich gelegene Hongkong genießt auch Macau den Status einer Sonderverwaltungszone, der mit einer weitgehenden Autonomie von der Zentralregierung in Peking verbunden ist. Die Stadt (ca. 450 000 Einwohner) verzeichnet seit 1999 zweistellige Wachstumsraten; traditionell stark ist die Glücksspielbranche in Macau, da es dort kaum Gesetze gegen Wetten u. Ä. gibt.

Wehrpflicht: P. schaffte im September 2004, zwei Monate früher als geplant, die Wehrpflicht ab. Als Grund für den vorgezogenen Termin führte das portugies. Verteidigungsministerium die unerwartet hohe Zahl von Bewerbern für eine Berufsarmee an. P. beschloss bereits 1999 den sukzessiven Übergang zu einer Berufsarmee. Bewerber im Alter von 18 bis 27 Jahren können sich für zwei oder sechs Jahre verpflichten. Künftig soll eine Berufsarmee von rund 12 000 Berufssoldaten die militärpolitischen Pflichten des NATO-Mitgliedes erfüllen.

Wirtschaft: Der neue sozialistische Ministerpräsident Sócrates nannte bei seiner Vereidigung im März 2005 die Wirtschaftspolitik als Schwerpunkt seiner Regierungsarbeit. Er hoffte, durch eine großzügigere Ausgabenpolitik die portugies. Volkswirtschaft stimulieren zu können, die 2004 lediglich um 1 % gewachsen war. Die Arbeitslosigkeit lag Ende 2004 bei 7,1 %, dem höchsten Wert seit sechs Jahren. Das BIP erreichte nur noch rund 70 % des EU-Durchschnitts. Die Wirtschaft stützt sich zu einem bedeutenden Teil auf ungelernte Arbeit und den Niedriglohnsektor, der mit besser ausgebildeter und noch schlechter bezahlter Konkurrenz in den neuen EU-Ländern konfrontiert wurde. Der öffentliche Dienst galt mit 750 000 Mitarbeitern als überfrachtet, das schwerfällige Rechtssystem als kostensteigernd. Internationale Wirtschaftsinstitute prognostizierten, dass die Sozialversicherungssysteme aufgrund der alternden Bevölkerung spätestens 2020 zusammenbrechen könnten.

Ausgabenkürzung: 2004 gelang es P. nur mithilfe von massiven Privatisierungen, das Haushaltsdefizit unter die von der EU vorgegebene Drei-Prozent-Marke zu drücken. Ohne den Verkauf von staatlichem Besitz lag die Neuverschuldung bei 5,1 % des BIP. Die neue Regierung kündigte daher Einschnitte im Haushalt an. Bis 2009 sollen rund 10 % der Stellen im öffentlichen Dienst abgebaut werden. Außerdem sagte sie der Steuerhinterziehung und dem Missbrauch sozialer Leistungen den Kampf an. Den Kostenanstieg im Gesundheitsbereich beabsichtigte die Regierung durch einen freien Verkauf von nicht rezeptpflichtigen Medikamenten außerhalb der Apotheken aufzuhalten.

Steuererhöhungen: Angesichts weiterer dramatischer Haushaltslücken kündigte die Regierung im Mai 2005 die Erhöhung der Mehrwertsteuer von 19 auf 21 % an. Außerdem soll ab 2006 ein neuer Einkommensteuersatz von 46 % für Einkommen von mehr als 60 000 €/Jahr eingeführt werden. Das Pensionsalter für Mitarbeiter im öffentlichen Dienst soll von 60 auf 65 Jahre steigen.

Dürrefolgen: P. litt im Winter 2004/05 unter einer der schwersten Dürren der vergangenen 100 Jahre. Insgesamt war 2004 das trockenste Jahr seit 1931. Die Niederschläge in Lissabon waren die geringsten seit mehr als einem Jahrhundert. An der Algarve waren einige Staudämme nur noch zu 15 % gefüllt. Die Behörden verordneten den Landwirten Beschränkungen für die Bewässerung ihrer Felder, in einigen Gemeinden mussten Brunnen gebohrt werden. Wegen vertrockneter Weiden verendeten Hunderte Rinder, Schafe und Ziegen.

Portugal: Generalsekretär José Sócrates freut sich über den Sieg seiner Sozialistischen Partei bei den vorgezogenen Parlamentswahlen im Februar 2005.

Ruanda

RWA

Republik Ruanda

Landesfläche	26 338 km² (WR 145)
Einwohner	8,5 Mio. (WR 88)
Hauptstadt	Kigali (500 000 Einwohner)
Sprachen	Französisch, Kinyarwanda, Kisuaheli, Englisch
Währung	1 Ruanda-Franc = 100 Centimes
Gliederung	12 Provinzen
Staatsform	Präsidiale Republik
Staatsoberhaupt	Paul Kagame (seit 2000) *1958
Regierungschef	Bernard Makuza (seit 2000) *1961
Parlament	Senat mit 52 und Abgeordnetenkammer mit 80 Mitgliedern, von denen 53 direkt gewählt wurden; 40 für eine Parteienkoalition der Patriotischen Front, 7 für die Sozialdemokratische Partei, 6 für die Liberale Partei (Wahl 2003)
Religion	Katholiken (65 %); Protestanten (9 %); Muslime (1 %); Sonstige (25 %)
Ethn. Gruppen	Hutu (84 %); Tutsi (15 %); Twa (Pygmäen, ca. 1 %)
Urbanisierung	18 %
Einwohner/km	323
Bev.-Wachst./Jahr	2,2 %
Kindersterblichkeit	20,3 %
Alphabetisierung	70 %

Innenpolitik: Im Januar 2005 nahmen in R. 8 000 traditionelle Dorfgerichte, sog. Gacaca, ihre Arbeit auf. Sie hatten die Aufgabe, den Genozid von 1994, bei dem mehr als 800 000 Menschen getötet worden waren, juristisch aufzuarbeiten. Gestützt auf 87 000 Akten, die von der dt. Gesellschaft für Technische Zusammenarbeit (GTZ) erstellt wurden, sollten die Gacaca-Gerichte 550 000 Angeklagte aburteilen. Internationale Menschenrechtsorganisationen zweifelten an der Fähigkeit der ruand. Justiz, die Verbrechen angemessen und zügig aufzuarbeiten. Sie schätzten, dass die Justiz rund 60 Jahre beschäftigt sein würde, wenn sie jedem Beschuldigten einen vorschriftsmäßigen Prozess machen wollte. Außerdem bemängelten sie die katastrophalen Zustände in den Gefängnissen, die z. T. pro Häftling nur 0,4 m² zur Verfügung hatten.

Ruanda: endloser Konflikt

In ihrer ethnischen Zusammensetzung entspricht die Bevölkerung Ruandas jener des Nachbarlandes Burundi. Einer Mehrheit von Hutu steht eine Minderheit von Tutsi gegenüber, wobei die Tutsi seit alters her die herrschende Klasse darstellten. Doch anders als in Burundi kehrten sich in Ruanda die Machtverhältnisse um: 1959 erhoben sich die Hutu und stürzten die Tutsi-Herrschaft. Indes kam es auch nach der Unabhängigkeit 1962 zu ständigen Zusammenstößen zwischen den beiden Volksgruppen, die im April 1994 schließlich in eine systematische Ausrottungsaktion mündeten: Dem Völkermord der von den Hutu beherrschten Armee fielen mindestens 800 000 Menschen zum Opfer, fast alle waren Tutsi.

UN-Kriegsverbrechertribunal: Im Januar 2005 kündigte Professor Filip Reyntjens von der Universität Antwerpen in einem offenen Brief an Hassan Bubacar Jallow, den Chefankläger des Internationalen Kriegsverbrechertribunals in Arusha (Tansania), seine Mitarbeit auf. Er begründete seine Entscheidung damit, dass das von der UN eingesetzte Gericht ein Instrument einseitiger Siegerjustiz sei. Obwohl es rechtskräftige Beweise gebe, dass die Tutsi-Befreiungsfront ebenfalls Massaker verübt habe, werde nur Hutus der Prozess gemacht. Das UN-Kriegsverbrechertribunal sollte insbesondere den Hauptangeklagten des Genozids den Prozess machen. Es verurteilte im April 2005 Mika Muhimana, ein ehemaliges Regierungsmitglied des Hutu-Regimes, zu lebenslanger Haft. Das Tribunal befand ihn des mehrfachen Mordes und der Vergewaltigung während des Völkermords an den Tutsi für schuldig.

Belgische Justiz: Im Mai 2005 erhob die belg. Justiz Anklage gegen zwei ruand. Geschäftsmänner wegen ihrer mutmaßlichen Beteiligung am Völkermord. Die Staatsanwaltschaft warf den Halbbrüdern Etienne Nzabonimana und Samuel Ndashyikirwa vor, im Südosten des Landes den Völkermord mitgeplant und den Hutu-Milizen für Tötungsaktionen gegen die Tutsi-Minderheit Fahrzeuge zur Verfügung gestellt zu haben. Die 2002 in Belgien festgenommenen Angeklagten bestritten die Vorwürfe. Im Falle eines Schuldspruchs könnten sie zu lebenslangen Haftstrafen verurteilt werden. Das Verfahren in Belgien erfolgte auf der Basis eines 1993 erlassenen Gesetzes, das der belg. Justiz »universelle Kompetenz« bei der Verfolgung von Kriegsverbrechen und Verbrechen gegen die Menschlichkeit einräumte.

Außenpolitik: Nach Angaben westlicher Diplomaten entsandte die Regierung von R. im November 2004 Tausende Soldaten zu kleineren Militäroperationen in die benachbarte Demokratische Republik Kongo. Zuvor hatte sie mit einem baldigen Einmarsch in das Land gedroht. Ein Grund für den Konflikt war die Flucht von Tausenden von Hutu-Extremisten, die für den Völkermord in R. (1994) mitverantwortlich gemacht werden, in den Osten des Kongo. Ein UN-Programm im Kongo zur Entwaffnung der Hutu-Kämpfer erklärte die ruand. Regierung für gescheitert. R. war schon 1996 und 1998 im Nachbarland einmarschiert. Die zweite Militäraktion war Mitauslöser des rund fünfjährigen kongoles. Bürgerkriegs, in den Streitkräfte aus sechs afrikanischen Ländern verwickelt waren.

Gewalt: Die UN warfen im Mai 2005 ruand. Hutu-Rebellen vor, in den zwölf Monaten zuvor im Osten des Kongos mehr als 1 500 Zivilisten vergewaltigt, geprügelt, entführt oder getötet zu haben. Die Täter seien Mitglieder der Milizgruppe Demokratische Kräfte für die Befreiung Ruandas sowie eines Ablegers dieser Miliz namens Rasta. Die meisten Gewalttaten wurden laut UN in der Umgebung der Stadt Walungu begangen, rund 50 km südwestlich der Provinzhauptstadt Bukavu. Einwohner seien zur Zahlung von bis zu 200 US-Dollar gezwungen worden. Die systematische Entführung von Zivilpersonen sei die Hauptfinanzierungsquelle für die bewaffneten Hutu-Gruppen.

Ruanda: Verhandlung vor einem der 8 000 örtlichen Völkermord-Tribunale; die Gacacas haben im Januar 2005 ihre Arbeit aufgenommen.

Rumänien

RO

Republik Rumänien

Landesfläche	238 391 km² (WR 79)
Einwohner	22,3 Mio.(WR 49)
Hauptstadt	Bukarest (2,1 Mio. Einwohner)
Sprachen	Rumänisch, Ungarisch, Deutsch, Serbisch
Währung	1 Leu = 100 Bani
Gliederung	41 Bezirke
Staatsform	Republik
Staatsoberhaupt	Traian Băsescu (seit 2004) * 1951
Regierungschef	Călin Popescu Tăriceanu (seit 2004) * 1952
Parlament	Abgeordnetenkammer mit 332 und Senat mit 147 für 4 Jahre gewählten Mitgliedern; in der Abgeordnetenkammer 132 Sitze für die Sozialdemokraten, 64 für Nationalliberale Partei, 48 für Demokratische Partei, 88 für Andere (Wahl 2004)
Internet	www.gov.ro
Religion	Rumän.-Ortodoxe (70 %); Katholiken (6 %); Sonstige (24 %)
Nationalitäten	Rumänen (89,4 %); Ungarn (7,1 %); Sonstige (3,5 %)
Urbanisierung	55 %
Einwohner/km	94
Bev.-Wachst./Jahr	-0,2 %
Kindersterblichkeit	2,1 %
Alphabetisierung	98 %

Innenpolitik: Die rumän. Parlaments- und Präsidentschaftswahlen im November und Dezember 2004 führten zu einem Machtwechsel zugunsten der bürgerlichen Parteien. Die postkommunistischen Sozialdemokraten des Ministerpräsidenten Adrian Năstase, die vier Jahre lang die Macht in R. ausübten, blieben zwar mit 132 der 332 Mandate in der Abgeordnetenkammer stärkste Kraft. Doch die Nationalliberale Partei, die Demokratische Partei, die Ungar. Demokratische Union für Rumänien und die Humanistische Partei schlossen sich zu einer Koalition zusammen. Neuer Ministerpräsident wurde Călin Popescu Tăriceanu. Bei der Präsidentschaftswahl setzte sich der bürgerliche Oppositionspolitiker Traian Băsescu durch. Er löste den Altkommunisten Ion Iliescu ab. Die neue Regierung kündigte zahlreiche gesellschaftliche Reformen an, u. a. ein unabhängiges Justizsystem und eine funktionierende Marktwirtschaft.

Wirtschaft: Die rumän. Regierung setzte 2004 zahlreiche Maßnahmen durch, mit denen die Wirtschaft des Landes angeregt werden sollten. So sank die Körperschaftsteuer mit Wirkung zum 1. 1. 2005 von 25 auf 16 %. Der neue Satz galt auch für die Einkommensteuer, deren Obergrenze bislang bei 48 % lag. Außerdem plante die Regierung, stärker gegen Korruption und Steuerhinterziehung vorzugehen.

Russland

RUS

Russische Föderation

Landesfläche	17 Mio. km22 (WR 1)
Einwohner	142,4 Mio. (WR 8)
Hauptstadt	Moskau (8,5 Mio. Einwohner)
Sprachen	Russisch, Nationalsprachen
Währung	1 Rubel = 100 Kopeken
Gliederung	89 Territorialeinheiten
Staatsform	Bundesrepublik
Staatsoberhaupt	Wladimir Putin (seit 2000) * 1952
Regierungschef	Michail Fradkow (seit 2004) * 1950
Parlament	Föderationsrat mit 178 Mitgliedern, Staatsduma mit 450 Abgeordneten; 308 Sitze für Einiges Russland, 51 für Kommunistische Partei der Russ. Föderation (KPRF), 91 für Andere (Wahl 2003)
Internet	www.gov.ru; www.government.gov.ru
Religion	Christen (82 %); Muslime und Sonstige (18 %)
Nationalitäten	Russen (81,5 %); Tataren (3,8 %); Ukrainer (3,0 %); Sonstige (11,7 %)
Urbanisierung	73 %
Einwohner/km	8
Bev.-Wachst./Jahr	–0,6 %
Kindersterblichkeit	2,1 %
Alphabetisierung	99 %

Außenpolitik: 2004/05 verstärkte sich im In- und Ausland die Kritik an der autoritären Regentschaft von Präsident Wladimir Putin. Hunderte Politiker und Intellektuelle aus den USA und Europa rückten ihn im September 2004 in einem offenen Brief in die Nähe eines Diktators und erklärten die Russlandpolitik des Westens für gescheitert. Die US-amerikan. Regierung bemängelte im Februar 2005 in scharfer Form die demokratischen Defizite in R. Sie verlangte von der russ. Regierung, den Rechtsstaat zu stärken und die Unabhängigkeit der Justiz zu fördern. Unter Verweis auf die Yukos-Affäre warf sie Präsident Putin vor, die Pressefreiheit beschnitten zu haben und auch die wirtschaftliche Macht im Kreml konzentrieren zu wollen. Dennoch betrachtete die US-Regierung R. im Kampf gegen den internationalen Terrorismus und gegen die Weiterverbreitung von Atomwaffen als wichtigen Verbündeten.

Im Dezember 2004 war es zu schweren diplomatischen Verstimmungen gekommen, weil die russ. Regierung den USA vorwarf, sich in die inneren Angelegenheiten der → Ukraine einzumischen, die sich von R. zu distanzieren und dem Westen zuzuwenden versuchte. Putin sprach von einem gezielten Versuch der USA, sein Land zu isolieren. In der Tschetschenien-Frage betreibe die US-Regierung eine Politik, welche die Russ. Föderation destabilisieren solle. Putin kritisierte wiederholt Aufforderungen aus dem Westen, Verhandlungen mit den tschetschen. Separatisten aufzunehmen.

Adamow-Affäre: Im Mai 2005 wurde der ehemalige russ: Minister für Atomenergie Jewgenij Adamow in den USA vor Gericht gestellt. Ihm und einem Geschäftspartner wurde vorgeworfen, mehr als 9 Mio. US-Dollar zweckentfremdet zu haben, die für die Verbesserung der nuklearen Sicherheit in R. bestimmt waren. Das Geld stammte hauptsächlich aus den USA. Adamow war 1998 vom damaligen russ. Präsidenten Boris Jelzin zum Minister ernannt und 2001 von dessen Nachfolger Putin entlassen worden.

Strategische Partnerschaft mit China: Die Regierung R.s und der VR China kündigten im Dezember 2004 ein gemeinsames Großmanöver ihrer Streitkräfte an, das Ende 2005 auf chines. Boden stattfinden soll. Dort sollen moderne Waffensysteme der Marine und der Luftwaffe, darunter auch U-Boote und strategische Bomber, eingesetzt werden. China war 2004 der weltweit größte Kunde der wirtschaftlich angeschlagenen russ. Rüstungsindustrie. Das geplante Manöver wurde als Zeichen der strategischen Partnerschaft zwischen beiden Staaten gewertet, die nach Jahrzehnten der Rivalität seit dem Zusammenbruch der Sowjetunion (1991) gewachsen ist. Bereits im Oktober 2004 klärten

Wladimir Putin
Präsident der Russ. Föderation, * 7. 10. 1952 in Leningrad (heute St. Petersburg). Putin begann seine Karriere 1975 in der Auslandsabteilung des Geheimdienstes KGB. 1994–96 war er Erster Stellvertreter des St. Petersburger Bürgermeisters, bis 1997 stellv. Leiter der Wirtschaftsabteilung des Präsidialamtes in Moskau. Sein politischer Aufstieg beschleunigte sich 1999 mit der Ernennung zum Sicherheitsberater und zum Ministerpräsidenten unter Präsident Boris Jelzin. Im März 2000 wurde Putin vom Volk mit 52 % der Stimmen zum Präsidenten gewählt. Dieses Amt hatte er bereits im Januar 2000 nach dem überraschenden Rücktritt seines Vorgängers und Förderers kommissarisch übernommen.

R. und China nach fast 40-jährigen Verhandlungen in einem Abkommen endgültig die strittigen Fragen hinsichtlich ihrer 4 300 km langen Grenze. Angesichts der russ. Absicht, eine Ölpipeline zum Hafen Nachodka an der russ. Pazifikküste anstelle einer direkten Verbindung nach China zu bauen, sagte R. China eine Erhöhung der Öllieferungen mit der Eisenbahn von 6 Mio. t/Jahr auf 15 Mio. t/Jahr zu. Die von China gewünschte Pipeline hätte 30 Mio. t/Jahr liefern können. China deckte 2004 ca. 7 % seiner Rohölimporte durch Lieferungen aus Russland.

Frankreich, Partner bei der Raumfahrt: R. und Frankreich vereinbarten im März 2005, in der bemannten Raumfahrt und bei der Entwicklung von Trägerraketen zusammenzuarbeiten. Die frz. Raumfahrtagentur CNES und ihr russ. Pendant Roskosmos beabsichtigten, im Rahmen des sog. Projektes Oural ein wirtschaftliches, verlässliches und umweltschonendes Trägersystem als Nachfolgerin der Ariane-5-Rakete zu entwickeln. Für Oural sollen bis 2010 insgesamt 200 Mio. € bereitgestellt werden. Zuvor war vereinbart worden, russ. Sojus-Raketen ab 2007 von Kourou (Französisch-Guyana) starten zu lassen, wo auch die Ariane-Raketen abheben. Der äquatornahe Standort erlaubt große Energieeinsparungen.

Konflikte mit baltischen Staaten: Die russ. Regierung warf im Mai 2005 Estland und Litauen vor, die russ. Feiern zum Sieg über das nationalsozialistische Deutschland im Zweiten Weltkrieg mit der Erinnerung an die Annexion der drei Länder durch R. 1940 zu stören. An den Feierlichkeiten am 9. Mai in Moskau nahm nur die lett. Präsidentin Vaira Vike-Freiberga teil. Litauen und Estland boykottierten die Veranstaltung. Sie begründeten ihre Abwesenheit mit der Weigerung R.s, seine Rolle bei der rund fünf Jahrzehnte dauernden sowjetischen Besetzung des Baltikums anzuerkennen. Sowjetische Truppen hatten Estland, Lettland und Litauen im Juni 1940 besetzt, waren ein Jahr später jedoch von den Deutschen vertrieben worden. 1944 besetzte die Rote Armee die drei Staaten erneut, die dann als Republiken in die Sowjetunion eingegliedert wurden. Erst 1991 wurden die Länder wieder souverän.

Näher an die EU: Im Mai 2005 unterzeichneten R. und die EU nach zweijährigen Verhandlungen in Moskau ein Kooperationsabkommen, das intensivere Beziehungen in den Bereichen Wirtschaft, Inneres und Justiz, äußere Sicherheit sowie Wissenschaft, Bildung und Kultur vorsieht. Die Umsetzung und Überwachung des Abkommens soll einem Ständigen Partnerschaftsrat obliegen. Allerdings weigerte sich die russ. Regierung, ein Abkommen mit der EU über die Rückführung von Flüchtlingen zu unterzeichnen, die über R. in die EU gelangt waren. Das von der EU angestrebte Abkommen war Gegenstand von Verhandlungen über eine Vereinfachung der Visapolitik. R. verlangte die Abschaffung von Reisebeschränkungen für russ. Staatsbürger. Die EU hingegen forderte als Gegenleistung ein Einlenken in der Flüchtlingsfrage.

Landminen: Im November 2004 ratifizierte das russ. Parlament ein internationales Abkommen, das den Einsatz besonders gefährlicher Landminen einschränkte. Der Vertrag untersagt u. a. den Einsatz solcher Minen, die nicht aufzuspüren sind. Das Protokoll lag der Staatsduma seit 2000 zur Beratung vor. Den 1999 in Kraft getretenen Vertrag über ein generelles Verbot von Antipersonenminen unterzeichnete R. nicht.

Innenpolitik: Im Dezember 2004 bestimmte ein Gesetz, dass die Gouverneure der russ. Regionen nicht mehr gewählt werden, sondern vom Präsident ernannt werden sollen. Die Opposition und internationale Menschenrechtsorganisationen sahen in der Reform eine weitere Beschneidung der Demokratie.

Anschlag auf Privatisierer: Der Chef des staatlichen russ. Energiemonopolisten Unified Energy Systems, Anatolij Tschubajs, überlebte im März

2005 unverletzt einen Bombenanschlag. Ein Sprengsatz explodierte in der Nähe seines Autos, das kurz darauf von zwei Männern in Kampfanzügen beschossen wurde. Die Attentäter entkamen nach einem Scharmützel mit den Leibwächtern des Konzernchefs. Tschubajs hatte sich als Architekt des umstrittenen Privatisierungsprogramms in den frühen 1990er-Jahren zahlreiche Feinde gemacht.

Tragödie von Beslan: Tschetschenische Terroristen brachten im September 2004 eine Schule in ihre Gewalt. Bei der Befreiungsaktion starben mindestens 335 Menschen, die meisten waren Schüler (→ Krisen und Konflikte, Tschetschenien).

Neue Feiertage: Die Staatsduma verabschiedete im Dezember 2004 ein Gesetz, wonach der 7. November als Feiertag durch einen Tag der Nationalen Einheit am 4. November ersetzt werden soll. Damit wurde der Jahrestag der Oktoberrevolution als Feiertag abgeschafft. Der sog. Sturm auf den Winterpalast in St. Petersburg, der 1917 den Sieg der Bolschewiki über die bürgerliche Regierung bedeutete, fand nach dem damals in R. gültigen Julianischen Kalender in der Nacht vom 24. zum 25. Oktober statt. Nach dem später eingeführten Gregorianischen Kalender fällt dieses Datum auf den 7. und 8. November. Weiterhin wurde das Neujahrsfest um drei Tage bis zum 5. Januar verlängert. Mit dem Gesetz zur Neuregelung der Feiertage entfiel auch der Verfassungstag am 12. Dezember, da er nahezu identisch war mit einem anderen Feiertag, dem sog. Russlandtag am 12. Juni. Außerdem wird der Tag der Arbeit künftig nur noch am 1. Mai gefeiert.

Wirtschaft: Die Wirtschaft setzte 2004 ihr starkes Wachstum fort; das BIP stieg um 6,9 % (2003: +7 %). Der Boom wurde insbesondere auf die hohen Weltmarktpreise für Erdöl und Erdgas zurückgeführt, den beiden wichtigsten Ausfuhrgütern. Trotz der positiven Entwicklung gab es Ende 2004 Anzeichen für eine Konjunkturabschwächung, die auf die fehlende Bereitschaft der Regierung zu marktwirtschaftlichen Reformen zurückgeführt wurde. So gab es im Dezember 2004 im Vergleich zum Vorjahresmonat nur ein BIP-Wachstum von 3,9 %, der niedrigste Wert seit April 1999. Für das Jahr 2005 wurde mit einem durchschnittlichen Wachstum von weniger als 6 % gerechnet. Um die wirtschaftliche Dynamik aufrechtzuerhalten, rieten internationale Finanzorganisationen der Regierung, die Korruption stärker zu bekämpfen und den aufgeblähten Beamtenapparat abzubauen.

Yukos-Versteigerung: Die russ. Regierung ließ im Dezember 2004 Teile des Ölkonzerns Yukos zwangsversteigern, wobei die größte Produktionstochter an das Staatsunternehmen Rosneft fiel. Damit setzte sich die Regierung über das Urteil eines US-amerikan. Gerichts hinweg, in

3

Russland: Das Regierungssystem Putins

Machtausbau: Wladimir Putin baute seine Machtposition als Präsident (seit 2000), dem die Verfassung ohnehin umfangreichen Kompetenzen gibt, weiter aus. Seit Januar 2002 wird der Föderationsrat nicht mehr durch die Gouverneure und die regionalen Parlamentspräsidenten gestellt, sondern durch vom jeweiligen Gouverneur oder Regionalparlament entsandte Vertreter. Um den Gouverneuren dennoch ein Mitspracherecht in der föderalen Politik zu erhalten, schuf der Präsident im September 2000 per Erlass den Staatsrat.

Die Abschaffung der direkten Gouverneurswahlen im Dezember 2004 bedeutete einen weiteren Machtgewinn für den Präsidenten. Nach dem neuen Gesetz schlägt der Präsident nunmehr den Kandidaten für ein Gouverneursamt vor; dieser Vorschlag muss vom Regionalparlament bestätigt werden. Wenn die Bestätigung bis zur dritten Lesung nicht erfolgt, hat der Präsident das Recht, das Parlament aufzulösen.

Um die Opposition in der Duma zu schwächen, sollen bei der nächsten Parlamentswahl 2007 alle 450 Abgeordneten ausnahmslos über Parteilisten nach dem Verhältniswahlrecht gewählt werden. Parteilose und Unabhängige haben daher kaum noch eine Chance auf Mandate. Außerdem beschloss die Duma im April 2005, die Fünf-Prozent-Klausel durch eine Sieben-Prozent-Klausel zu ersetzen, was den Pluralismus weiter einschränkte.

Autoritäre Amtsführung: Präsident Putin hat ein enges Verständnis von »Demokratie«, nach dem ihre Instrumente durch »kontraproduktive Effekte« nicht den Zielen schaden dürften, denen sie eigentlich dienen sollten. Dies führt zu einem autoritären Führungsstil, der demokratische Grundprinzipien zunehmend verletzt. So bestimmt der Präsident praktisch die Berichterstattung im gesamten Rundfunk. Außerdem wirkt er in die Justiz hinein, was insbesondere in der Yukos-Affäre zutage trat. Der Präsident verfügt über einen Staatsapparat mit 1,84 Mio. Beamten, die in alle Gesellschaftsbereiche administrativ eingreifen.

dem ein mind. zehntägiger Aufschub verlangt wurde. Yukos hatte im Bundesstaat Texas Gläubigerschutz beantragt. Der russ. Staat forderte von Yukos Steuernachzahlungen in Höhe von ca. 20,7 Mrd. €. Yukos-Gründer Michail Chodorkowskij war im Oktober 2003 verhaftet und im Mai 2005 zu neun Jahren Gefängnis verurteilt worden. Er unterstellte der Regierung politische Motive, da er vor der Präsidentenwahl Oppositionsparteien finanziell unterstützt hatte. Im März 2005 wurde der ehemalige Yukos-Sicherheitschef, Alexej Pitschugin, wegen eines Auftragsmordes zu 20 Jahren Haft verurteilt. Außerdem soll er für den versuchten Mord an einer ehemaligen Yukos-Angestellten und für Körperverletzungen verantwortlich sein. Es handelte sich um die erste Verurteilung im Zusammenhang mit der Prozess-Serie gegen Eigentümer und Mitarbeiter des zerschlagenen Yukos-Konzerns.

Vorzeitige Schuldentilgung: Im Mai 2005 einigte sich R. mit den Gläubigern des sog. Pariser Clubs über eine vorzeitige Tilgung von Verbindlichkeiten. Die Regierung kündigte an, rund 15 Mrd. US-Dollar zurückzuzahlen, davon rund 5 Mrd. US-Dollar an Deutschland. Die russ. Auslandsschulden gegenüber staatlichen Gläubigern betrugen insgesamt 40 Mrd. US-Dollar. Insbesondere der Anstieg des Ölpreises und die damit verbundenen Mehreinnahmen hatten eine vorzeitige Rückzahlung möglich gemacht.

Sozialproteste: Im Februar 2005 beteiligten sich rund 250 000 Menschen in Moskau und anderen russ. Großstädten an Demonstrationen. Ihr Protest richtete sich gegen die Abschaffung sozialer Vergünstigungen wie die kostenlose Nutzung öffentlicher Verkehrsmittel und Preisnachlässe bei Medikamenten. Als Reaktion auf die Demonstrationen sagte der Moskauer Stadtregierung zu, dass Rentner wieder unentgeltlich die öffentlichen Nahverkehrsmittel benutzen dürften.

Bevölkerungsrückgang: Die geringe Lebenserwartung und die niedrige Geburtenrate führten nach dem Ende der Sowjetunion zu einem starken Bevölkerungsrückgang. 1990–2003 verringerte sich die Einwohnerzahl in der Russ. Föderation schätzungsweise um rund 5 Mio. In den ersten fünf Monaten des Jahres 2004 beschleunigte sich der Rückgang (–359 000). Bei einer Fortsetzung dieses Trends würden 2050 nur noch ca. 96 Mio. Menschen in R. leben (2004: 143 Mio.).

Die durchschnittliche Lebenserwartung von Männern sank zwischen 1989 und 2004 von 63,4 auf 58,6 Jahre. 40 % aller Männer starben im Alter zwischen 16 und 59 Jahren – die Lebenserwartung der Frauen sank im gleichen Zeitraum lediglich um ein Jahr auf 73 Jahre. Ein derart gravierender Rückgang der Lebenserwartung wurde bisher nur in Kriegszeiten registriert. Als wichtigster Grund galt das noch in der Stalinzeit geprägte Bild des russ. Mannes, der trinken und rauchen muss, um als solcher anerkannt zu werden. Viele Männer verunglücken wegen extremen Leichtsinns oder sterben frühzeitig, weil sie Arztbesuche als Zeichen der Schwäche betrachten. Außerdem führten der Zerfall der Sowjetunion und die damit verbundenen Folgen (Wirtschaftskrise, Arbeitslosigkeit) zu einer hohen Selbstmordrate. 2003 (letztverfügbarer Stand) schieden 60 000 Menschen freiwillig aus dem Leben, zwei Drittel von ihnen Männer.

Russland: Der ehemalige Yukos-Chef Michail Chodorkowskij (links) am 30. Mai im Gerichtssaal in Moskau; neben ihm sein Geschäftspartner Platon Lebedew

Saint Kitts und Nevis SCN

Landesfläche	261 km² (WR 186)
Einwohner	39 000 (WR 186)
Hauptstadt	Basseterre (18 000 Einwohner)
Sprachen	Englisch, kreolische Dialekte
Währung	1 Ostkaribischer Dollar (EC$) = 100 Cents
Gliederung	14 Gemeinden
Staatsform	Parlamentarische Monarchie im Commonwealth (seit 1983)
Staatsoberhaupt	Königin Elisabeth II. (seit 1983) * 1926
Regierungschef	Sir Denzil Douglas (seit 1995) * 1953
Parlament	Nationalversammlung mit 11 für 5 Jahre gewählten Abgeordneten und 3 vom Generalgouverneur ernannten Mitgliedern; 7 Sitze für Saint Kitts-Nevis Labour Party, 4 für Andere (Wahl 2004)
Internet	www.stkittsnevis.net
Religion	Protestanten (76,4 %); Katholiken (10,7 %); Sonstige (12,9 %)
Ethn. Gruppen	Schwarze (86 %); Mischlinge (11 %); Sonstige (3 %)
Urbanisierung	49 %
Einwohner/km	149
Bev.-Wachst./Jahr	1,2 %
Kindersterblichkeit	2,4 %
Alphabetisierung	97 %

S. K. u. N. gehören zu den sog. Inseln über dem Winde und damit zu den Kleinen Antillen. Die nur 3 km voneinander entfernten Eilande befinden sich auf dem tektonisch hoch aktiven ostkaribischen Inselbogen und werden von Schichtvulkanen aufgebaut. Der Vulkan Mount Misery auf Saint Kitts ist mit 1 156 m die höchste Erhebung des Staates. Er war zuletzt im Jahr 1692 aktiv und hat einen 729 m tiefen Krater. Die Bevölkerung von S. stammt überwiegend von afrikanischen Sklaven ab. Nachkommen ind. und pakistan. Einwanderer, die nach Aufhebung der Sklaverei in den 1830er-Jahren als Plantagenarbeiter ins Land geholt worden waren, bildeten um 2002 mit etwa 1 % die kleinste Minderheit. In der Landwirtschaft, die etwa 5 % zum BIP beitrug, sind Zuckerrohr und Baumwolle die wichtigsten Anbau- und Ausfuhrprodukte.

Saint Lucia WL

Landesfläche	622 km² (WR 175)
Einwohner	163 000 (WR 175)
Hauptstadt	Castries (54 000 Einwohner)
Sprachen	Englisch, Patois
Währung	1 Ostkaribischer Dollar (EC$) = 100 Cents
Gliederung	10 Distrikte
Staatsform	Parlamentarische Monarchie im Commonwealth (seit 1979)
Staatsoberhaupt	Königin Elisabeth II. (seit 1979) * 1926
Regierungschef	Kenny Davis Anthony (seit 1997) * 1951
Parlament	Senat mit 11 ernannten und Abgeordnetenhaus mit 17 für 5 Jahre gewählten Mitgliedern; im Abgeordnetenhaus 14 Sitze für St. Lucia Labour Party, 3 für konservative United Workers Party (Wahl 2001)
Internet	www.stlucia.gov.lc
Religion	Katholiken (90 %); Protestanten (7 %); Anglikaner (3 %)
Ethn. Gruppen	Schwarze (90 %); Mulatten (6 %); Sonstige (4 %)
Urbanisierung	48 %
Einwohner/km	262
Bev.-Wachst./Jahr	1,1 %
Kindersterblichkeit	1,9 %
Alphabetisierung	67 %

S. gehört als eine der Inseln über dem Winde zu den Kleinen Antillen. Es liegt auf dem erdbebenreichen ostkaribischen Inselbogen und ist vulkanischen Ursprungs. Das zentrale Bergland, das von relativ kleinen Flüssen durchzogen ist, erreicht mit dem Mount Gimie eine Höhe von 950 m. Die Küste ist buchtenreich; ihr sind an mehreren Stellen Korallenriffe vorgelagert. Der ursprünglich tropische Regen- und Bergwald ist nur noch in den höheren und unzugänglicheren Lagen des zentralen Hochlandes erhalten. Rund 55 % der Exporterlöse erzielte S. um 2002 mit Agrarprodukten, insbesondere mit Bananen, Kokosnüssen, Zitrusfrüchten und Gemüse. Der früher weit verbreitete Zuckerrohranbau wurde 1964 eingestellt. In der wenig entwickelten Industrie werden Landwirtschaftsprodukte verarbeitet und in geringerem Umfang Elektroteile und Textilien hergestellt. Der Fremdenverkehr verzeichnete seit den 1980er-Jahren hohe Wachstumsraten und entwickelte sich zur Hauptdevisenquelle.

Saint Vincent und die Grenadinen WV

Landesfläche	388 km² (WR 182)
Einwohner	117 000 (WR 177)
Hauptstadt	Kingstown (27 000 Einwohner)
Sprachen	Englisch, kreolisches Englisch
Währung	1 Ostkaribischer Dollar (EC$) = 100 Cents
Gliederung	Saint Vincent, 6 weitere Inseln
Staatsform	Parlamentarische Monarchie im Commonwealth (seit 1979)
Staatsoberhaupt	Königin Elisabeth II. (seit 1979) * 1926
Regierungschef	Ralph Gonsalves (seit 2001) * 1946
Parlament	Senat mit 6 ernannten und Abgeordnetenhaus mit 15 für 5 Jahre gewählten Abgeordneten; im Abgeordnetenhaus 12 Sitze für United Labour Party (ULP), 3 für konservative New Democratic Party (NDP; Wahl 2001)
Religion	Protestanten (80,5 %); Katholiken (11,6 %); Sonstige (7,9 %)
Ethn. Gruppen	Schwarze (65,5 %); Mulatten (19 %); Inder (5,5 %); Weiße (3,5 %); Sonstige (6,5 %)
Urbanisierung	25 %
Einwohner/km	302
Bev.-Wachst./Jahr	0,6 %
Kindersterblichkeit	2,5 %
Alphabetisierung	96 %

Die Inseln gehören zu den sog. Inseln über dem Winde und somit zu den Kleinen Antillen. Der Staat besteht aus der Hauptinsel Saint Vincent und aus der 32 Inseln umfassenden Gruppe der Grenadinen, unter denen Bequia Island mit 18 km² die größte ist. Sie liegen auf dem tektonisch sehr aktiven ostkaribischen Inselbogen und sind vulkanischen Ursprungs. Im Norden der gebirgigen Hauptinsel Saint Vincent befindet sich der noch tätige, 1 234 m hohe Vulkan Soufrière, bei dessen letztem Ausbruch 1979 große Teile des Gipfels fortgesprengt wurden. Die Grenadinen sind ebenfalls vulkanisch, weisen allerdings nicht so große Höhen auf. Den Küsten sind Korallenriffe vorgelagert. Die Grenadinen sowie die flacheren Küstenbereiche von Saint Vincent sind weitgehend abgeholzt und daher erosionsgefährdet – der Boden wird von Wind und Regen abgetragen. Das gebirgige, feuchte Innere der Hauptinsel ist hingegen mit immergrünem tropischem Regenwald bedeckt, der über ein Drittel der gesamten Landesfläche einnimmt.

Salomonen SOL

Landesfläche	28 896 km² (WR 139)
Einwohner	491 000 (WR 161)
Hauptstadt	Honiara (43 600 Einwohner)
Sprachen	Englisch, Pidgin-Englisch
Währung	1 Salomonen-Dollar = 100 Cents
Gliederung	9 Provinzen
Staatsform	Parlamentarische Monarchie im Commonwealth
Staatsoberhaupt	Königin Elisabeth II. (seit 1978) * 1926
Regierungschef	Allan Kemakeza (seit 2001) * 1951
Parlament	Nationalparlament mit 50 für 4 Jahre gewählten Abgeordneten; 20 Sitze für People's Alliance Party, 13 für Association of Independant Members, 12 für Solomon Islands Alliance for Change, 5 für Andere (Wahl 2001)
Internet	www.commerce.gov.sb
Religion	Protestanten (77,5 %); Katholiken (19,2 %); Sonstige (3,3 %)
Ethn. Gruppen	Melanesier (93 %); Polynesier (4 %); Sonstige (3 %)
Urbanisierung	16,5 %
Einwohner/km	17
Bev.-Wachst./Jahr	2,8 %
Kindersterblichkeit	2,4 %
Alphabetisierung	62 %

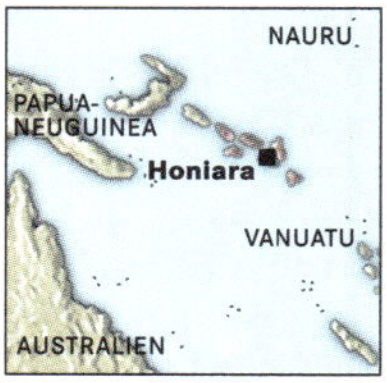

Die S. umfassen eine doppelte, von Nordwesten nach Südosten verlaufende Reihe von gebirgigen Vulkaninseln sowie eine Gruppe von Atollen und gehobenen Koralleninseln. Die S. erheben Anspruch auf die nördlich vor der Inselgruppe liegende Insel Bougainville, die zu Papua-Neuguinea gehört.

Sambia

Z

Republik Sambia

Landesfläche	752 618 km² (WR 38)
Einwohner	10,9 Mio. (WR 73)
Hauptstadt	Lusaka (1,4 Mio. Einwohner)
Sprachen	Englisch, Bantusprachen
Währung	1 Kwacha = 100 Ngwee
Gliederung	9 Provinzen
Staatsform	Präsidiale Republik
Staatsoberhaupt und Regierungschef	Levy Patrick Mwanawasa (seit 2002) * 1941
Parlament	Nationalversammlung mit 159 Abgeordneten; 69 Sitze für die Bewegung für Mehrparteiendemokratie, 49 für die Vereinigte Partei für nationale Entwicklung, 41 für Andere (Wahl 2001)
Internet	www.parliament.gov.zm
Religion	Christen (72 %): Protestanten (35,3 %), Katholiken (27,3 %), Afrikanische Christen (9,4 %); Animisten (27 %); Sonstige (1 %)
Ethn. Gruppen	Bemba (36 %); Nyanja (18 %); Tonga (15 %); Nordwest-Gruppe (10 %); Sonstige (21 %)
Urbanisierung	36 %
Einwohner/km	14
Bev.-Wachst./Jahr	1,2 %
Kindersterblichkeit	18,2 %
Alphabetisierung	81 %

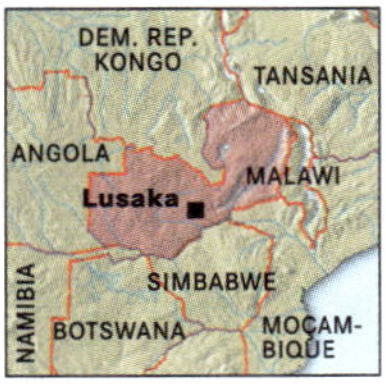

Präsident Levy Patrick Mwanawasa kündigte im Herbst 2004 ein Programm zur Verbesserung der medizinischen Versorgung von Aids-Kranken an. So sollte die Zahl der Menschen, die Medikamente gegen Aids erhalten, von 12 000 auf 100 000 erhöht werden. Die Kosten für dieses Programm wurden auf rund 500 Mio. US-Dollar (bis 2010) geschätzt. Die Weltgesundheitsorganisation WHO ging davon aus, dass etwa 20 % der samb. Bevökerung mit dem HI-Virus infiziert waren. Etwa 50 % der stationären Patienten mussten wegen Krankheiten versorgt werden, die im Zusammenhang mit Aids standen. 1984–2004 starben ca. 700 000 Menschen in S. an Aids. Bei der Umsetzung des Programms hoffte der Präsident auf die finanzielle Unterstützung des Auslands. S. gilt als eines der ärmsten Länder der Welt. Etwa 80 % der Bevölkerung müssen mit weniger als 1 US-Dollar/Tag auskommen.

Samoa

WS

Unabhängiger Staat Samoa

Landesfläche	2 831 km² (WR 165)
Einwohner	180 000 (WR 173)
Hauptstadt	Apia (Upolu; 35 000 Einwohner)
Sprachen	Samoanisch, Englisch
Währung	1 Tala = 100 Sene
Gliederung	11 Distrikte
Staatsform	Parlamentarische Monarchie
Staatsoberhaupt	Malietoa Tanumafili II. (seit 1963) * 1913
Regierungschef	Tuilaepa Sailele Malielegaoi (seit 1998) * 1945
Parlament	Gesetzgebende Versammlung mit 49 für 5 Jahre gewählten Mitgliedern; 28 Sitze für Human Rights Protection Party, 13 für Samoan National Development Party, 8 für Andere (Wahl 2001)
Internet	www.govt.ws
Religion	Protestanten (99,7 %); Sonstige (0,3 %)
Ethn. Gruppen	Polynesier (92,6 %); Euronesier (7 %); Sonstige (0,4 %)
Urbanisierung	22,3 %
Einwohner/km	64
Bev.-Wachst./Jahr	2,4 %
Kindersterblichkeit	2,5 %
Alphabetisierung	80 %

Im März 2005 begannen offizielle Gespräche zwischen Vertretern der Regierung der USA und von S. über die gemeinsamen Seegrenzen. S., das aus den großen Inseln Savaii und Upolu sowie sieben kleineren Inseln besteht, ist von allen Seiten von Gewässern anderer Staaten umgeben. Dabei sind die exakten Grenzen nicht nur mit den USA (zu Amerikanisch-Samoa) strittig, sondern auch mit Frankreich (zu den Inseln Wallis und Futuna), Neuseeland (Tokelau) und Tonga. Die exakte Grenzziehung ist u. a. für die Fischerei der Inseln von großer Bedeutung. S. unterhält traditionell gute Beziehungen zu den westlichen Industriestaaten. Als Mitgliedstaat des EU-AKP-Partnerschaftsabkommens ist S. auch mit der EU eng verbunden. Der Staat hat keine Streitkräfte, keine militärischen Verpflichtungen und ist nicht Mitglied militärischer Bündnisse. Mit Neuseeland besteht allerdings eine Vereinbarung, die regelmäßige Aufklärungs- und Überwachungsflüge durch die neuseeländ. Luftwaffe vorsieht, an denen auch Angehörige der samoan. Polizei- und Fischereibehörden teilnehmen können. Die neuseeländ. Luftwaffe besitzt Landerechte in Samoa.

San Marino

RSM

Republik San Marino

Landesfläche	61,2 km² (WR 189)
Einwohner	29 000 (WR 189)
Hauptstadt	San Marino (4200 Einwohner)
Sprachen	Italienisch
Währung	1 Euro = 100 Cent
Gliederung	10 Castelli (Gemeindebezirke)
Staatsform	Parlamentarische Republik
Staatsoberhaupt	Zwei regierende Kapitäne (Wechsel alle sechs Monate)
Regierungschef	Staatsrat (8 Mitglieder)
Parlament	Generalrat mit 60 für 5 Jahre gewählten Mitgliedern; 25 Sitze für Christdemokraten (PDCS), 15 für Sozialisten (PSS), 12 für Partei der Demokraten (PD), 5 für Volksallianz der Demokraten von San Marino für die Republik (APDS), 3 für Andere (Wahl 2001)
Religion	Katholiken (95,2 %); Sonstige (1,8 %); Konfessionslose (3 %)
Nationalitäten	Sanmarinesi (76,8 %); Italiener (22 %); Sonstige (1,2 %)
Urbanisierung	90 %
Einwohner/km	474
Bev.-Wachst./Jahr	1,4 %
Kindersterblichkeit	0,6 %
Alphabetisierung	96 %

S. M., der flächenmäßig fünftkleinste Staat der Erde, liegt am Osthang des Etruskischen Apennin in durchschnittlich 200–500 m Höhe. Überragt wird das Land von der Kalksteintafel des Monte Titano, die bis auf eine Höhe von 750 m ansteigt. Die Vegetation ist typisch für den nördlichen Apennin. Nadel- und Laubbäume sind in kleinen Gruppen überall verbreitet. Ein größerer Wald existiert nur im Südwesten des Monte Titano. Die Bevölkerung von S. M. ist seit 1907 von 11 000 auf 28 000 (2004) angewachsen, obwohl viele Sanmarinesen in dieser Zeit nach Übersee (USA und Kanada) ausgewandert sind. Die Einwohner arbeiten überwiegend im Dienstleistungssektor, der ca. 52 % zum BIP beiträgt. Haupteinnahmequelle ist der Fremdenverkehr (rund 60 % der Staatseinnahmen). Staatsoberhaupt der parlamentarischen Republik sind zwei Capitani reggenti (regierende Kapitäne), die aus den Reihen des Großen Generalrats (Consiglio Grande e Generale) jeweils am 1. April und am 1. Oktober für sechs Monate gewählt werden.

São Tomé und Príncipe

STP

Landesfläche	964 km² (WR 169)
Einwohner	164 000 (WR 174)
Hauptstadt	São Tomé (57 000 Einwohner)
Sprachen	Portugiesisch, Crioulo
Währung	1 Dobra = 100 Céntimos
Gliederung	6 Distrikte, autonomes Príncipe
Staatsform	Präsidiale Republik
Staatsoberhaupt	Fradique de Menezes (seit 2001) * 1942
Regierungschef	Damião Vaz d'Almeida (seit 2004) * 1951
Parlament	Nationalversammlung mit 55 für 4 Jahre gewählten Abgeordneten; 24 Sitze für die Bewegung für die Befreiung von São Tomé und Príncipe (MLSTP), 23 für die Kraft für Veränderung und Demokratische Bewegung bzw. Demokratische Annäherungspartei (MDFM-PCD), 8 für Andere (Wahl 2002)
Religion	Katholiken (81 %); Sonstige (19 %)
Ethn. Gruppen	Schwarze; Mulatten; Portugiesen
Urbanisierung	44 %
Einwohner/km	170
Bev.-Wachst./Jahr	3,1 %
Kindersterblichkeit	11,8 %
Alphabetisierung	79 %

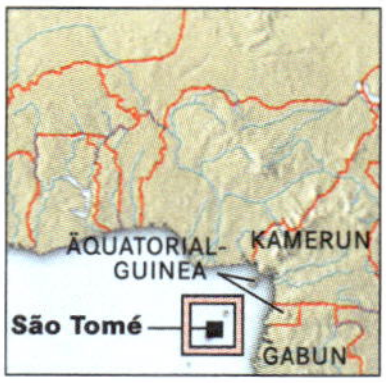

Die beiden Hauptteile des Inselstaates liegen 140 km voneinander entfernt vor der westafrikan. Küste. Sie sind ebenso wie einige kleinere, zum Staatsgebiet gehörende Inseln vulkanischen Ursprungs. Kraterseen, enge Täler und steile Felshänge sowie eine Reihe erloschener Vulkane, von denen der Pico de São Tomé (2 024 m) der höchste ist, kennzeichnen die Landschaft.

Die Bevölkerung besteht größtenteils aus Nachfahren europ. (meist portugies.) Kolonialisten und afrikanischer Sklaven. Die aus den Küstenländern des Golfs von Guinea stammenden Forros stellen die weitaus größte Gruppe. Die Angolares sind Nachfahren angolan. Sklaven, die Servicais, Nachkommen von Kontraktarbeitern aus Angola, Moçambique und Kap Verde. Die Wirtschaft von S. ist fast ausschließlich auf den Kakaoanbau ausgerichtet, der rund 75 % der Ausfuhrerlöse erbrachte. Darüber hinaus werden für den Export Kaffee, Kokos- und Ölpalmen.

Saudi-Arabien KSA

Königreich Saudi-Arabien

Landesfläche	2,15 Mio. km² (WR 13)
Einwohner	24,9 Mio. (WR 44)
Hauptstadt	Riad (2,2 Mio. Einwohner)
Sprachen	Arabisch, Englisch
Währung	1 Saudi-Riyal = 20 Qirshes
Gliederung	13 Provinzen
Staatsform	Absolute Monarchie
Staatsoberhaupt und Regierungschef	König Fahd ibn Abd al-Asis (seit 1982) * 1920
Parlament	Konsultativrat mit 120 vom König ernannten Mitgliedern (seit 1997), Parteien verboten
Internet	www.saudinf.com
Religion	Sunnitische Muslime (98,8 %); Christen (0,8 %); Sonstige (0,4 %)
Nationalitäten	Saudis (82 %); Jemeniten (9,6 %); andere Araber (3,4 %); Sonstige (5 %)
Urbanisierung	88 %
Einwohner/km	12
Bev.-Wachst./Jahr	2,9 %
Kindersterblichkeit	2,8 %
Alphabetisierung	79 %

Innenpolitik: Im Februar, März und April 2005 wurden in drei Runden zum ersten Mal seit über 30 Jahren Kommunalwahlen durchgeführt, zunächst in der Hauptstadtregion, danach im Osten und Süden und in der letzten Runde in den westlichen und nördlichen Landesteilen. Entschieden wurde über die Besetzung von 600 der 1 200 Gemeinderatssitze, die andere Hälfte war nicht frei wählbar. Frauen durften nicht an der Wahl teilnehmen, allerdings stellte ihnen die Regierung das Wahlrecht in Aussicht, nachdem die Wahlkommission dies empfohlen hatte. Mit der Kommunalwahl reagierte S.-A. auf den wachsenden internationalen Druck, insbesondere der USA, das Land zu demokratisieren. Bereits nach der ersten Runde gab es allerdings Beschwerden über Unregelmäßigkeiten. Unterlegene Kandidaten wollten das Ergebnis anfechten, weil die Wahlempfehlung von Klerikern die Abstimmung zugunsten konservativer Kandidaten verfälscht habe. Die meisten der gewählten Kandidaten in Riad waren Imame von Moscheen oder Mitarbeiter islamischer Wohlfahrtsorganisationen.

Terrorismus: Im Dezember 2004 vollzog das Terrornetzwerk al-Qaida einen »Strategiewechsel« in S.-A., u. a. weil Angriffe gegen Ausländer nicht die erwartete Destabilisierung bewirkt hatten. Kurz zuvor waren bei einem Terrorangriff auf das US-amerikan. Konsulat in der Hafenstadt Dschidda am Roten Meer fünf saudische Mitarbeiter und drei der insgesamt fünf Attentäter getötet worden. Al-Qaida kündigte nun direkte Angriffe gegen die Regierung an. In einer Tonbandaufnahme forderte deren Führer Usama bin Laden die Elite des Landes auf, die Herrscherfamilie Saud zur Abdankung zu zwingen. Kurz nach der Ankündigung verübte al-Qaida einen Anschlag auf das Innenministerium, der allerdings keinen großen Schaden anrichtete.

Im April 2005 kam es zu schweren Gefechten zwischen Sicherheitskräften und Al-Qaida-Terroristen. Bei den Kämpfen in der Provinz al-Kasim starben u. a. Hamud al-Oteibi und Abdul Karim al-Madjati, deren Namen auf der Liste der 26 meistgesuchten Terroristen des Landes standen. Außerdem wurde Hamad al-Hamadi, ein »Provinzscheich« al-Qaidas, verwundet und festgenommen.

Außenpolitik: Ein US-amerikan. Bundesgericht nahm im Januar 2005 die politische Führung sowie mehrere andere Institutionen des Landes gegen den Vorwurf der Beteiligung an den Anschlägen vom 11. 9. 2001 in Schutz. Es gebe keine ausreichenden Belege für eine materielle Hilfestellung der Attentäter durch den Prinzen Mohammed al-Faisal al Saud, Verteidigungsminister Prinz Sultan ibn Abd al-Asis al-Saud und den Botschafter in Großbritannien, Prinz Turki al-Faisal. Auch Klagen gegen die saudi-arab. Banken wurden abgewiesen. Da 15 der 19 Attentäter aus S.-A. stammten, wurde in den USA der Vorwurf erhoben, dass die Kidnapper Hilfe von Regierungsvertretern erhielten. Die Klage vor dem

Bundesgericht hatten u. a. Hinterbliebene der Opfer des 11. 9. 2001 und Versicherer angestrengt.

Kooperation: US-Präsident George W. Bush und Kronprinz Abdullah vereinbarten im April 2005 eine intensivere Zusammenarbeit. So sollen u. a. die Außenminister beider Staaten regelmäßig über strategisch wichtige Fragen diskutieren. Außerdem versprach S.-A., seine Ölförderung innerhalb von drei Jahren von 9,5 Mio. auf 12,5 Mio. Barrel/Tag zu erhöhen. Die USA hofften dadurch den Preisauftrieb bei Erdöl zu bremsen.

Palästinenser: Die saudi-arab. Regierung kündigte im Oktober 2004 an, das UN-Flüchtlingswerk für die Palästinenser im Westjordanland und im Gazastreifen (UNRWA) mit 6 Mio. US-Dollar zu unterstützen. Das Geld soll in das Bildungswesen, die Gesundheitsversorgung und in Wohnungsprojekte investiert werden. 2003 lag der saudi-arab. Jahresbeitrag bei 1,8 Mio. US-Dollar.

Saudi-Arabien: Herrscherhaus und Islam

In S.-A. liegen die beiden wichtigsten heiligen Stätten des Islam: Mekka mit der Kaaba und Medina mit dem Grab des Propheten.

Wahhabismus: Fundament des saud. Staates ist das bereits im 18. Jh. geschlossene Bündnis des Herrscherhauses al-Saud mit dem Islam wahhabitischer Ausprägung, der zur Staatsreligion wurde. Der Wahhabismus ist eine nach ihrem Stifter Abd al-Wahhab benannte Bewegung innerhalb der sunnitischen Richtung des Islam. Ihr Ziel ist die Wiederherstellung der »echten« Sunna. So werden erst später vom Islam akzeptierte Neuerungen (Verehrung der Person Mohammeds, von Heiligen, Gräbern und Reliquien) abgelehnt und das Verbot von Alkohol (auch von Kaffee und Tabak) streng befolgt.

Staat und Gesellschaft: Die politische und militärische Macht liegt fest in den Händen der Söhne des Staatsgründers Abd al-Asis. Der Koran und die Scharia sind Grundlage der staatlichen Rechtsordnung. Entsprechend der überlieferten Form traditioneller Herrschaftsausübung stimmt sich die königliche Familie mit den wichtigen religiösen Kräften, insbesondere den Ulema (Rechtsgelehrten), ab. Die endgültige Entscheidung obliegt aber allein dem König bzw. seinen Brüdern. Jede öffentliche nichtislamische Religionsausübung wird in S.-A. streng verfolgt. Auch die schiitische Minderheit in der West- und der Ostprovinz genießt keine Gleichberechtigung mit der offiziellen wahhabitischen Form des Islam.

Frauen unterliegen einer Reihe von Beschränkungen und Verboten, die weiter gehen als in anderen islamischen Ländern. So ist das öffentliche Leben von strikter Geschlechtertrennung bestimmt. Frauen unterstehen der lebenslangen Vormundschaft der männlichen Familienmitglieder bzw. ihrer Ehemänner. Sie müssen sich streng verhüllen und dürfen kein Auto fahren.

Schweden

S

Königreich Schweden

Landesfläche	449 964 km² (WR 54)
Einwohner	8,9 Mio. (WR 84)
Hauptstadt	Stockholm (750 000 Einwohner)
Sprachen	Schwedisch
Währung	1 Schwed. Krone (skr) = 100 Öre
Gliederung	21 Bezirke
Staatsform	Parlamentarische Monarchie
Staatsoberhaupt	König Carl XVI. Gustav (seit 1973) * 1946
Regierungschef	Göran Persson (seit 1996) * 1949
Parlament	Reichstag mit 349 für 4 Jahre gewählten Mitgliedern; 144 Sitze für Sozialdemokraten, 55 für Moderate Sammlungspartei, 48 für Liberale Volkspartei, 33 für Christdemokraten, 30 für Linkspartei, 39 für Andere (Wahl 2002)
Internet	www.sweden.se
Religion	Lutheraner (88 %); Katholiken (2 %); Sonstige (10 %)
Nationalitäten	Schweden (90 %); Finnen (2 %); Sonstige (8 %)
Urbanisierung	83 %
Einwohner/km	20
Bev.-Wachst./Jahr	0,1 %
Kindersterblichkeit	0,3 %
Alphabetisierung	99 %

Innenpolitik: Im Oktober 2004 bildete der schwed. Ministerpräsident Göran Persson sein Kabinett um. Dabei nahm er erstmals einen Politiker mit Migrationshintergrund in die Regierung auf. Die Kabinettsumbildung war notwendig geworden, nachdem Perssons Stellvertreter Lars Engqvist im September zugunsten eines Gouverneurspostens zurückgetreten war. Zum neuen stellv. Ministerpräsidenten wurde der vorherige Finanzminister Bosse Ringholm ernannt. Das Finanzressort übernahm Pär Nuder, der zuvor das Ministerium für Kultur geleitet hatte. Dieses Ressort wurde mit dem Bildungsministerium verschmolzen. Für den Bereich Schule berief Persson den in der Türkei geborenen Ibrahim Baylan. Der Politiker, der im Alter von neun Jahren nach S. gekommen war, erhielt die Aufgabe, Migrantenkindern die Anpassung an das schwed. Schulsystem zu erleichtern. Persson hoffte, durch das Revirement seiner Regierung neue Impulse zu geben, nachdem sie 2003 mit der Ermordung von Außenministerin Anna Lindh und der Ablehnung des Euro in einer Volksabstimmung zwei herbe Rückschläge erlitten hatte. Die sozialdemokratische Regierung verfügt im Parlament über keine eigene Mehrheit und ist auf Unterstützung der Grünen und anderer linker Parteien angewiesen.

Feministinnen: Im April 2005 gründeten Frauenrechtlerinnen in S. die sog. Feministische Initiative (FI), die sich im September 2006 voraussichtlich auch zur Reichstagswahl stellen wird. Führende Repräsentantin des amtierenden Komitees der FI war Gudrun Schyman, die 1993 der postkommunistischen Linkspartei in S. vorstand. Nach Skandalen um falsche Reiseabrechnungen und mangelhafte Steuererklärungen verließ sie 2004 die Partei. Die FI wendet sich laut Programm »an Frauen, die das Patriarchat abschaffen wollen, und an Männer, die sich mit unserem Kampf solidarisch fühlen«. Meinungsumfragen zufolge könnte die FI als Partei rund 15 % der Stimmen bekommen.

Wirtschaft: Die schwed. Volkswirtschaft befand sich 2004 weiterhin in einem kräftigen Aufschwung. Das BIP stieg um 3,5 %, nachdem es bereits im Vorjahr um 2 % zugenommen hatte. Die robuste Konjunktur hatte allerdings keine positiven Auswirkungen auf den Arbeitsmarkt. Zwar lag die Arbeitslosenquote in S. 2004 nach offiziellen Angaben bei 5,7 %, doch internationale Wirtschaftsinstitute gingen von einer verdeckten Arbeitslosigkeit von über 8 % aus. Schwed. Gewerkschaften sprachen sogar davon, dass fast jeder vierte Schwede im arbeitsfähigen Alter unfreiwillig keine Arbeit habe. Grund für die schlechte Arbeitsmarktsituation war die hohe Produktivität der Unternehmen. So trugen 2004 die fünf größten Investitionsprojekte in S. mit einem Gesamtvolumen von insgesamt rund 1,5 Mrd. € zur Schaffung von lediglich 100 neuen Jobs bei.

Schweden: Ministerpräsident Persson (3. von links) mit seinen neuen Kabinettskollegen (von links) Baylan, Sahlin, Nuder, Orback und Osterberg

Kernenergie: Im Mai 2005 wurde der Kernreaktor im südschwed. Barsebäck vom Netz genommen. Die Stilllegung galt unter Atomkraftgegnern aber nur als ein symbolischer Akt, denn die schwed. Atomindustrie beabsichtigte, die Kapazitäten in den anderen zehn Atomreaktoren des Landes auszubauen und so den Wegfall des 600-MW-Reaktors in Barsebäck zu kompensieren. 2004 bezog S. ca. 50 % seines Stroms aus Atomkraftwerken, die andere Hälfte stammte überwiegend aus der Wasserkraft.

Gaspipeline: Die schwed. Regierung stimmte im September 2004 dem Bau einer Gaspipeline von Deutschland nach S. zu. Die 210 km lange Leitung soll von Rostock bis nach Trelleborg führen und 2009 fertig gestellt sein. Gebaut wird sie vom schwed. Unternehmen Sydkraft Gas AB, einem Tochterunternehmen des Energiekonzerns E.ON.

Stadtmaut: Die schwed. Regierung beschloss im April 2005 für Stockholm die Einführung einer Innenstadtmaut. Die Gebühr soll für einen sechsmonatigen Testzeitraum ab dem 3.1. 2006 erhoben werden. Abhängig von der Tageszeit müssen Autofahrer umgerechnet zwischen 1,10 € und 2,20 € bezahlen. Die Fahrzeuge sollen elektronisch erfasst werden, ein Zentralcomputer schickt den Haltern die Rechnung zu. Sechs Wochen nach Ablauf der Testperiode sollen die Einwohner von Stockholm in einem Referendum darüber entscheiden, ob die Maut dauerhaft eingeführt werden soll. Die Regierung hofft, durch die Maut Staus und Luftverschmutzung verringern zu können.

Schweiz CH

Schweizerische Eidgenossenschaft

Landesfläche	41 293 km2 (WR 132)
Einwohner	7,418 Mio. (WR 92)
Hauptstadt	Bern (127 153 Einwohner)
Sprachen	Deutsch, Französisch, Italienisch, Rätoromanisch
Währung	1 Schweizer Franken (CHF) = 100 Rappen
Gliederung	26 Kantone
Staatsform	Parlamentarische Bundesrepublik (seit 1848)
Staatsoberhaupt	Samuel Schmid (2005) *1947 Moritz Leuenberger (2006) *1946
Regierung	Bundesrat aus sieben gleichberechtigten Mitgliedern
Parlament	Nationalrat mit 200 und Ständerat mit 46 Abgeordneten; im Nationalrat 55 Sitze (Ständerat: 8) für Schweizer. Volkspartei (SVP), 52 (9) für Sozialdemokratische Partei (SPS), 36 (14) für Freisinnig-Demokratische Partei (FDP), 28 (15) für Christlichdemokratische Volkspartei (CVP), 14 (0) für Grüne, 15 (0) für Andere (Wahl 2003)
Internet	www.admin.ch; www.parlament.ch
Religion	Katholiken (42 %); Protestanten (33 %); Konfessionslose (15 %); Muslime (5,5 %); Sonstige (4,5 %)
Nationalitäten	Schweizer (79,4 %); Italiener (4,1 %), Exjugoslawen, ohne Slowenen (3,9 %), Portugiesen (2,1 %), Andere (10,5 %) Urbanisierung 70 %
Einwohner/km	179
Bev.-Wachst./Jahr	0,7 %
Kindersterblichkeit	0,3 %
Alphabetisierung	99 %
Arbeitslosigkeit	3,9 % (2004)

Innenpolitik: Die innenpolitische Polarisation setzte sich auch 2004/05 fort. Ihren augenfälligsten Ausdruck fand sie darin, dass die politische Mitte weiter an Boden verlor.

Am 26. 9. 2004 verwarfen die Stimmbürgerinnen und Stimmbürger sowohl die Gesetzesnovelle für die erleichterte Einbürgerung von Ausländern der zweiten und dritten Generation als auch die Volksinitiative »Post für alle« von SPS und Gewerkschaften, die einen durch den Staat garantierten Postdienst forderten; der Versuch der Linken, die Liberalisierung des Postservice aufzuhalten, blieb also erfolglos. Der erleichterte Zugang zum schweizer. Bürgerrecht für junge Ausländer scheiterte damit auch im dritten Anlauf seit 1983; die SVP hatte im Vorfeld der Abstimmung eine ausgeprägt fremdenfeindliche Kampagne gegen den Plan geführt. Angenommen wurde dagegen (im vierten Anlauf innerhalb von 20 Jahren) ein 14-wöchiger Mutterschaftsurlaub für berufstätige Mütter. Damit erhält nun auch die S. als letzter Staat in West- und Mitteleuropa eine Mutterschaftsversicherung - 45 Jahre nach ihrer Verankerung in der Verfassung. Einzig die SVP war dagegen aufgetreten.

Gegen den Widerstand von Grünen, SPS und Gewerkschaften stimmte der Souverän am 28. 11. 2004 dem neuen Finanzausgleich (NFA) zu; ferner wurden die Revision der Finanzordnung (die Reglementierung der Bundessteuern) und das Gesetz über die Stammzellenforschung angenommen, das von der GPS aus ethischen Gründen abgelehnt worden war. Der NFA ersetzt die bisherige Regelung von Transferzahlungen zwischen Bund (Land) und Kantonen und vereinfacht das Subventionssystem. Die Linke hatte zur Ablehnung aufgerufen, weil sie in der Neuzuordnung der sozialen Leistungen für Invaliden an die Kantone einen Sozialabbau sah.

Am 5. 6. 2005 nahm das Stimmvolk mit 58 % gegen den Widerstand aus Kirchenkreisen das Partnerschaftsgesetz an, das die zivilen Rechte und Pflichten gleichgeschlechtlicher Paare regelt. Während ihre Beziehung nun der Ehe zwischen Frau und Mann gleichgestellt ist, bleibt die Adoption von Kindern ausgeschlossen.

Asyl und Ausländerpolitik: Obwohl die Zahl der Asylgesuche 2004 mit 14 248 Anträgen auf den tiefsten Stand seit 1987 fiel und gegenüber 2003 um ein Drittel abnahm, verschärften National- und Ständerat die Asylgesetzgebung nochmals. Die Beschränkung der Nothilfe für mittellose Asylbewerber, die ihre Identität verschleiern, verstößt allerdings gegen die schweizer. Verfassung. Kantone wie Solothurn, die Asylbewerbern ohne Ausweispapiere die Nothilfe (ein Grundrecht) verweigerten, mussten vor dem Bundesgericht eine Niederlage hinnehmen. Die verschärfte Asylpolitik des Bundesrats Christoph Blochert (SVP), von FDP und SVP unterstützt, führte 2004 zu Konflikten mit verschiedenen Kantonen wie etwa mit

Schweiz: Bundespräsident Samuel Schmid (links) begrüßt am 27. 5. 2005 in Bern Indiens Präsident Abdul Kalam zu einem zweitägigen Staatsbesuch.

Zürich, die sich an den Schiedsspruch der obersten Gerichtsinstanz halten wollten. Außerdem weigerten sich einige Kantone wie beispielsweise die Waadt, die verschärfte Abschiebepraxis zu vollziehen.

Sozialpolitik: Am 23. 9. 2004 kam es landesweit zu Protestaktionen gegen Sozialabbau und Sparmaßnahmen, v. a. gegen die Stilllegung von Spitälern und Schulen sowie gegen Lohnkürzungen. Mit Warnstreiks wandten sich die Beschäftigten im November 2004 gegen die geplante Schließung von Postfilialen.

Die Aufwendungen für Gesundheit, Sozialversicherungen und Sozialhilfe stiegen auch 2004 ungebremst an. Im Gesundheitswesen wuchsen die Ausgaben erstmals auf über 50 Mrd. CHF (+4,1 %) gegenüber 2003. Das Defizit der Invalidenversicherung erhöhte sich auf 1,5 Mrd. CHF pro Jahr. Die Mittel der staatlichen Altersvorsorge dürften bei einem weiteren gleichmäßigen Anstieg der Jahresdefizite 2011 erschöpft sein, wie das Bundesamt für Sozialversicherung am 23. 1. 2005 bekannt gab. Insgesamt beliefen sich die Sozialausgaben auf 129,7 Mrd. CHF, knapp 30 % des BIP, und haben sich seit 1970 damit nominal verzehnfacht. Reformen v. a. zur Kostendämpfung scheiterten jedoch auch 2004.

Armee: Am 12. 5. 2005 legte Verteidigungsminister Samuel Schmid ein weiteres Abbauprogramm für die Armee vor, deren Budget von 4,3 auf 3,75 Mrd. CHF gekürzt wurde. Während der Bestand von 220 000 Mann unverändert bleibt, wird die Panzertruppe halbiert und die Infanterie aufgestockt. Raumsicherung, Antiterrormaßnahmen und Friedensförderung erhalten neues Gewicht im reformierten Armeeleitbild. Der Umbauschritt stieß bei SPS, SVP und im Offizierskorps auf scharfe Kritik.

Finanzen und Steuern: Anfang Juni 2005 nahm der Nationalrat das Sparprogramm des Bundesrates gegen die Opposition von Grünen und SPS an: Danach sollen der Haushaltplan der Eidgenossenschaft (Ausgaben: 50,3 Mrd. CHF) um 2,2 Mrd. CHF entlastet und bis 2008 bis zu 5 000 Stellen in der Bundesverwaltung gestri-

3

Schweiz: Reformstau und »kranke« Konkordanz

Mit den Parlamentswahlen 2003 und der Kräfteverschiebung im Bundesrat nach rechts kam es in der Innenpolitik mehr und mehr zu einem Stillstand und Reformstau. Die auf dem linken und rechten Flügel positionierten Parteien SPS und SVP richteten ihre Politik zunehmend ideologisch aus und verweigerten zusehends eine Zusammenarbeit mit den beiden bürgerlichen Parteien der Mitte, CVP und FDP. So kamen im Frühjahr 2005 namhafte schweizer. Politologen zu dem Schluss, dass sich gegenwärtig in innenpolitischen Sachfragen weder eine Mitte-rechts- noch eine Mitte-links-Koalition von CVP, GPS und SPS durchsetzen könne. Die Polarsierung spiegelt sich auch im Wählerverhalten wider: Bei Wahlen auf nationaler und kantonaler Ebene siegten regelmäßig die Parteien an den Polen, in Sachfragen folgte der Souverän eher den Positionen von CVP und FDP. Als Folge der politischen Pattsituation scheiterten die meisten Versuche zur Eindämmung der enorm gestiegenen Sozialausgaben am Widerstand von GPS und SPS, und ebenso regelmäßig erteilte die Linke Anstrengungen zur Senkung von Fiskal- und Staatsquote eine Absage. Noch deutlicher manifestierten sich der Reformstau und die versagende Konkordanz der Regierungsparteien in der Außen- und Wirtschaftspolitik. Ging es um die Liberalisierung des Strommarktes, der Postdienste und des öffentlichen Verkehrs, stemmte sich die Linke gegen jede Erneuerung. Stand der Abbau von staatlichen Subventionen und Stützungsmaßnahmen in der Landwirtschaft an, versagte die SVP ihre Zustimmung. Sie stellte sich generell gegen jeden Integrationsschritt der S. in Europa und gegen jeden Abbau und jede Einschränkung der sich immer nachteiliger auswirkenden föderalistischen Strukturen.

chen werden. Auch die Kantone planten unter dem Spardruck einen Abbau von insgesamt 2 700 Verwaltungsstellen. Bund, Kantone und Gemeinden wiesen 2003 einen Ausgabenüberschuss von 6,5 Mrd. CHF aus. Die Verschuldung der öffentlichen Hand (Bund, Kantone und Gemeinden) stieg auf 241,2 Mrd. CHF (55,7 % des BIP).

Außenpolitik: Am 26. 10. 2004 unterzeichneten in Brüssel Bundespräsident Joseph Deiss und Außenministerin Micheline Calmy-Rey die »Zweiten Bilateralen Verträge« (Verstärkung der Zusammenarbeit mit der EU) und das Zusatzprotokoll über die Personenfreizügigkeit mit den neuen EU-Staaten. Auf Betreiben der SVP und rechtsextremer Organisationen musste zu den Verträgen und zum Zusatzprotokoll ein Referendum abgehalten werden. Am 5. 6. 2005 stimmten die Wähler mit 54,6 % deutlich für die Abkommen und bekräftigten damit den Willen der S. zu einer Zusammenarbeit mit den Vertragsstaaten in der Asyl- und Sicherheitspolitik sowie bei der Bekämpfung der grenzüberschreitenden Kriminalität.

Wirtschaft: 2004 gewann die Wirtschaft wieder leicht an Fahrt. Das BIP wuchs um 1,6 %, lag jedoch deutlich unter dem Wert der EU (2,3 %). Obwohl die S. damit global zu den zehn wettbewerbsstärksten Volkswirtschaften gehört, ist das Wirtschaftswachstum weiterhin schwach, begründet durch einen nach wie vor zu stark reglementierten Binnenmarkt. Die Teuerungsrate stieg leicht auf 0,8 % (2003: 0,6 %), während die Arbeitslosenquote im Jahresdurchschnitt – trotz guter Unternehmensabschlüsse – nur um 0,2 Prozentpunkte auf 3,9 % (2003: 4,1 %) fiel; die Beschäftigungsquote stagnierte.

Mit Ausnahme des Bau, Gast- und Transportgewerbes konnten sämtliche Branchen Umsatz, Produktivität und Ertrag steigern, v. a. die Exportbranchen Chemie, Uhren, Pharma und Maschinen. Die Gewinne der 26 börsennotierten Unternehmen explodierten regelrecht mit einem Reingewinn von rund 47 Mrd. CHF (+25 %). Dennoch strichen sie 2004 etwa 2 600 Arbeitsstellen. Der Produktivitätsgewinn wurde dabei hauptsächlich durch die Verlagerung von Arbeitsplätzen in Billiglohnländer wie China oder nach Mittelosteuropa erzielt.

2004 konnten sich die Bauwirtschaft, die in den letzten zehn Jahren rund 50 000 Arbeitsplätze abgebaut hat (aktuell noch knapp 80 000 Beschäftigte), und die Textilindustrie stabilisieren; so stiegen die Bauinvestitionen real um 3,9 %. Die Uhrenindustrie steigerte die Ausfuhren um 9,2 % – eine Rekordmarke. Die Banken erhöhten ihre Gewinne um 18 %. Der Tourismus konnte sich leicht verbessern, der Detailhandel blieb schwach. Der Privatkonsum wuchs um 1,3 %. Die Landwirtschaft erholte sich gegenüber 2003 merklich (+3 %). Die großen Industriekonzerne wie ABB, Ascom und Swiss Steel – 2003 noch in den roten Zahlen – kehrten 2004 in die Gewinnzone zurück. Die Maschinenindustrie erhöhte die Exporte um 8,3 %, die chemische Industrie um 6,4 %. Insgesamt stieg der Export um 6,3 %, der Import wuchs um 5,1 %.

Im ersten Halbjahr 2005 festigte sich die Konjunktur auf bescheidenem Niveau. Die Konsumentenstimmung blieb angesichts der verhältnismäßig hohen Arbeitslosigkeit gedrückt, von der vorübergehend besonders die Jugendlichen (über 5 %) betroffen waren. Die Löhne, die 2004 stagnierten, dürften 2005 um bis zu 2 % steigen. Für das Gesamtjahr wird eine Zunahme des BIP um 1,5 % erwartet. Mit dem Inkrafttreten des Vertrages über die Personenfreizügigkeit zwischen der S. und der EU am 1. 7. 2004 wuchs der Druck auf die Löhne, sieht man vom Baugewerbe ab, nur unbedeutend.

Swiss-Übernahme: Am 22. 3. 2005 übernahm die dt. Lufthansa die schweizer. Fluggesellschaft Swiss. Nach dem Integrationsvertrag bleibt die Swiss ein eigenständiges Flugunternehmen mit Sitz in der S., mit eigener Flotte und Crew und bildet innerhalb des Lufthansa-Konzerns ein selbstständiges Profitcenter. Dem Verkauf stimmten die Aktionäre am 19. 5. 2005 zu, ebenso die Landesregierung. Der Verkauf wurde auch von den wichtigsten politischen Parteien unter der Voraussetzung gebilligt, dass Zürich-Kloten internationaler Flughafen bleibt und von der Lufthansa als Drehkreuz weitergeführt wird. Bereits am 18. 1. 2005 hatte die Swiss abermals die Streichung von etwa 1 000 Stellen und eine Verkleinerung der Regionalflotte (im europ. Nahverkehr) um 13 Flugzeuge bekannt gegeben. Seit dem Konkurs der Swissair am 2. 10. 2001 wurde die Flotte mehr als halbiert, und über 2 500 Stellen entfielen.

Handel mit Deutschland: Die Exporte der S. nach D. erhöhten sich 2004 um 5,2 %, die dt. Ausfuhren um 8,8 % – ein extrem hoher Zuwachs. Der Außenhandel erreichte den neuen Rekordwert von 74 Mrd. CHF. Der Touristenstrom aus D. in die S. stagnierte auch 2004/05.

Senegal SN
Republik Senegal

Landesfläche	196 722 km² (WR 85)
Einwohner	10,3 Mio. (WR 75)
Hauptstadt	Dakar (1,8 Mio. Einwohner)
Sprachen	Französisch, Wolof, Stammesdialekte
Währung	CFA-Franc
Gliederung	10 Regionen
Staatsform	Präsidiale Republik
Staatsoberhaupt	Abdoulaye Wade (seit 2000) * 1927
Regierungschef	Macky Sall (seit 2004) * 1961
Parlament	Nationalversammlung mit 120 für 5 Jahre gewählten Abgeordneten; 89 Sitze für die demokratische Koalition Sopi, 11 für die Allianz der Fortschrittskräfte, 10 für die Sozialdemokratische Partei (PSS), 10 für Andere (Wahl 2001)
Internet	www.gouv.sn
Religion	Muslime (92 %); Naturreligionen (6 %); Christen (2 %)
Ethn. Gruppen	Wolof (42,7 %); Serer (14,9 %); Fulani (14,4 %); Tukulor (9,3 %); Diola (5,3 %); Malinke (3,6 %); Sonstige (9,8 %)
Urbanisierung	50 %
Einwohner/km	52
Bev.-Wachst./Jahr	2,4 %
Kindersterblichkeit	13,8 %
Alphabetisierung	40 %

Innenpolitik: Im April 2005 verschärften sich die innenpolitischen Auseinandersetzungen um die Amtsführung von Präsident Abdoulaye Wade. Rund 5 000 Demonstranten zogen durch die Hauptstadt Dakar und forderten den Rücktritt des Präsidenten. Die innenpolitische Krise begann bereits im Oktober 2004, als Oppositionsführer Talla Sylla von einer unbekannten Person schwer verletzt wurde. Er hatte zuvor eine Musikkassette mit Spottliedern veröffentlicht, in denen er sich über Wade lustig machte. Die wachsende Unzufriedenheit mit dem Präsidenten wurde insbesondere auf die anhaltend schlechte Wirtschaftslage und die hohe Arbeitslosigkeit zurückgeführt. Die Regierung äußerte sich im März 2005 besorgt über den zunehmenden Konsum der Droge Cannabis in der Bevölkerung. Bereits 1999 war ein Programm zur Drogenbekämpfung gestartet worden. Im S. werden jährlich rund 2 000 Menschen wegen Straftaten im Zusammenhang mit Drogen verhaftet

Außenpolitik: Im April 2005 kündigte die Regierung ihre Bewerbung um einen ständigen Sitz im UN-Sicherheitsrat an. Diesen Bestrebungen wurden allerdings kaum Chancen eingeräumt. Afrika strebte zwei ständige Sitze im UN-Sicherheitsrat an. Als aussichtsreichste Bewerber galten Kenia, Ägypten, Nigeria und Südafrika.

Serbien und Montenegro SCG

Landesfläche	102 173 km² (WR 106)
Einwohner	10,5 Mio. (WR 74)
Hauptstadt	Belgrad (1,17 Mio. Einwohner)
Sprachen	Serbisch, Albanisch, Ungarisch
Währung	1 Dinar = 100 Para
Gliederung	2 Teilrepubliken
Staatsform	Staatenunion
Staatsoberhaupt und Regierungschef	Svetozar Marović (seit 2003) *1955
Parlament	Unionsparlament mit 126 Abgeordneten (91 aus Serbien, 35 aus Montenegro): 30 für Serbische Radikale Partei (SRS), 19 für Demokratische Partei Serbiens (DSS), 19 für Demokratische Liste für ein Europ. Montenegro (DLECG), 58 für Andere (Wahl 2003)
Internet	www.gov.yu
Religion	Serbisch-Orthodoxe (65 %); Muslime (19 %); Sonstige (16 %)
Nationalitäten	Serben (62,3 %); Albaner (16,6 %); Montenegriner (5 %); Ungarn (3,3 %) Sonstige (12,8 %)
Urbanisierung	52 %
Einwohner/km	103
Bev.-Wachst./Jahr	-0,1 %
Kindersterblichkeit	1,9 %
Alphabetisierung	93 %

Innenpolitik: Der serb. Präsident Boris Tadić entkam im Dezember 2004 knapp einem Mordanschlag. In der Innenstadt von Belgrad versuchte ein Auto mehrfach, Tadićs Wagen zu rammen. Sicherheitskräften in einem anderen Fahrzeug gelang es, den Wagen abzudrängen. Der Täter konnte fliehen. Tadić war erst im Juni 2004 zum Präsidenten gewählt worden. Er ist außerdem Chef der westlich orientierten Demokratischen Partei des ehemaligen Ministerpräsidenten Zoran Djindjić, der im März 2003 vor seinem Büro in Belgrad erschossen wurde. Für die Tat wurden Anhänger des wegen Kriegsverbrechen inhaftierten Expräsidenten Slobodan Milošević verantwortlich gemacht.

Außenpolitik: Die serb. Armee wurde 2004/05 wiederholt beschuldigt, den als Kriegsverbrecher gesuchten früheren bosn.-serb. General Ratko Mladić zu schützen. Das UN-Kriegsverbrechertribunal in Den Haag forderte von der serb. Regierung die Auslieferung von mehr als zwölf Verdächtigen, unter ihnen Mladić. Ministerpräsident Vojislav Koštunica lehnte ihre Auslieferung ab. Aufgrund der Weigerung, mit dem Kriegsverbrechertribunal zusammenzuarbeiten, froren die USA im Januar 2005 rund 10 Mio. US-Dollar an Finanzhilfe für das Land ein. Auch die EU machte weitere Hilfen für S. u. M. von einer besseren Kooperation mit dem Tribunal abhängig. Aufgrund dieses internationalen Drucks begann im März in Belgrad der sog. Nationale Rat für die Kooperation mit dem Haager UN-Tribunal darüber zu diskutieren, ob und in welcher Form die Vermögenswerte und Konten der flüchtigen serb. Angeklagten zu blockieren sind.

Kosovo: Präsident Tadić bekräftigte im Februar 2005 den serb. Anspruch auf die seit 1999 unter UN-Verwaltung stehende Provinz Kosovo. Sie ist mehrheitlich von Albanern bewohnt, die mehrheitlich die Abtrennung des Kosovos von Serbien und Montenegro fordern.

Serbien und Montenegro: Plakate in Belgrad mit der Aufschrift »Mladić zum Generalstabschef«. Mladić wurde vom Internationalen Strafgerichtshof als Kriegsverbrecher angeklagt.

Seychellen

SY

Republik Seychellen

Landesfläche	455 km² (WR 178)
Einwohner	81 000 (WR 181)
Hauptstadt	Victoria (25 000 Einwohner)
Sprachen	Kreolisch, Englisch, Französisch
Währung	1 Seychellen-Rupie = 100 Cents
Gliederung	23 Verwaltungsbezirke
Staatsform	Präsidiale Republik
Staatsoberhaupt und Regierungschef	James Alix Michel (seit 2004) * 1944
Parlament	Nationalversammlung mit 34 für 5 Jahre gewählten Abgeordneten; 23 Sitze für die Sozialisten (FPPS), 11 für die Nationalpartei (Wahl 2002)
Internet	www.seychelles.net/misdstat
Religion	Christen (97,1 %): Katholiken (88,6 %), Anglikaner (8,5 %); Hindus (0,4 %); Sonstige (2,5 %)
Ethn. Gruppen	Kreolen (89,1 %); Inder (4,7 %); Madagassen (3,1 %); Chinesen (1,6 %); Europäer (1,5 %)
Urbanisierung	59 %
Einwohner/km	178
Bev.-Wachst./Jahr	0,5 %
Kindersterblichkeit	1,6 %
Alphabetisierung	85 %

Die S. waren im Dezember 2004 von der Flutkatastrophe in Asien betroffen. Obwohl der Inselstaat im Indischen Ozean mehr als 7 000 km vom Epizentrum des Seebebens entfernt lag, erreichte der Tsunami auch die Küsten der S. und zerstörte einige Straßen und Häfen. Die Regierung war um die Zukunft des Tourismus besorgt, einer der wichtigsten Devisenquellen des Staates, und forderte die Einrichtung eines Frühwarnsystems, um die Menschen schützen zu können.

Das Staatsgebiet der S. besteht aus über 100 Inseln, die nordöstlich von Madagaskar liegen und über ein Gebiet von ca. 400 000 km² verstreut sind. Von der Gesamtfläche (455 km²) entfallen 158 km² auf die Hauptinsel Mahé. Die S. im engeren Sinne um die Hauptinsel Mahé sitzen auf dem Nordende des submarinen Maskarenrückens auf. Sie sind im Wesentlichen aus Granit aufgebaut und sehr gebirgig. Die übrigen Inseln sind zumeist Koralleninseln bzw. Atolle.

Sierra Leone WAL
Republik Sierra Leone

Landesfläche	71 740 km² (WR 116)
Einwohner	5,2 Mio. (WR 108)
Hauptstadt	Freetown (1,4 Mio. Einwohner)
Sprachen	Englisch, sudanesische Sprachen
Währung	1 Leone = 100 Cents
Gliederung	Hauptstadtdistrikt und 3 Provinzen
Staatsform	Präsidiale Republik
Staatsoberhaupt und Regierungschef	Ahmed Tejan Kabbah (seit 1996) * 1932
Parlament	Abgeordnetenhaus mit 112 für 5 Jahre gewählten Mitgliedern; 83 Sitze für die Volkspartei (SLPP), 27 für den Volkskongress (APC), 2 für die Friedens- und Freiheitspartei (PLP; Wahl 2002)
Internet	www.slhc-uk.org.uk
Religion	Naturreligionen (51,5 %); Muslime (39,4 %); Sonstige (9,1 %)
Ethn. Gruppen	Mande (35 %); Temne (32 %); Limba (8 %); Sonstige (25 %)
Urbanisierung	39 %
Einwohner/km	72
Bev.-Wachst./Jahr	3,8 %
Kindersterblichkeit	28,4 %
Alphabetisierung	32 %

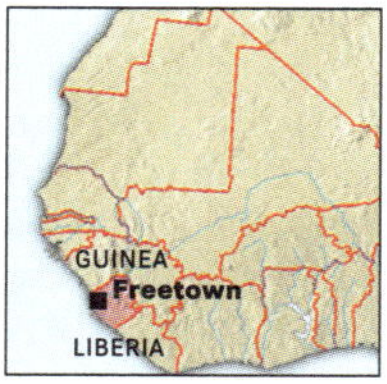

Vier Jahre nach dem Ende des elfjährigen Bürgerkriegs bemühte sich die Regierung um eine Stabilisierung der politischen und wirtschaftlichen Lage. Das Hohe Flüchtlingskommissariat der Vereinten Nationen (UNHCR) beschwerte sich im März 2005 über die mangelnde Sicherheit für die Mitarbeiter humanitärer Organisationen in den Flüchtlingslagern des Landes. Anlass war die Misshandlung von rund zehn Personen, die für Nichtregierungsorganisationen im Einsatz waren, und von rund 50 liberian. Flüchtlingen, die wegen eines Streits um Lebensmittelrationen im Osten von S. L. festgehalten worden waren. 2004 lebten in S. L. rund 200 000 Menschen, die vor dem langjährigen Krieg in Liberia geflohen waren und nach dem Sturz des liberian. Diktators Charles Taylor im August 2003 nur zögernd wieder in ihre Heimat zurückkehrten. Über 70 000 Kämpfer wurden entwaffnet.

Simbabwe ZW
Republik Simbabwe

Landesfläche	390 757 km² (WR 59)
Einwohner	12,9 Mio. (WR 67)
Hauptstadt	Harare (1,2 Mio. Einwohner)
Sprachen	Englisch, Bantu-Sprachen
Währung	1 Simbabwe-Dollar = 100 Cents
Gliederung	8 Provinzen
Staatsform	Präsidiale Republik
Staatsoberhaupt und Regierungschef	Robert Gabriel Mugabe (seit 1980) * 1925
Parlament	Abgeordnetenhaus mit 30 ernannten und 120 gewählten Mitgliedern; unter den gewählten Mitgliedern 78 Sitze für die Staatspartei ZANU-PF, 41 für die Bewegung für den Demokratischen Wandel (MDC), 1 für einen Parteilosen (Wahl 2005)
Internet	www.zim.gov.zw
Religion	Protestanten (17,5 %); Afrikanische Christen (13,6 %); Katholiken (11,7 %); Animisten (40,4 %); Sonstige (16,8 %)
Ethn. Gruppen	Shona (70,8 %); Ndebele (15,8 %); Sonstige (13,4 %)
Urbanisierung	35 %
Einwohner/km	33
Bev.-Wachst./Jahr	0,5 %
Kindersterblichkeit	12,3 %
Alphabetisierung	91 %

Innenpolitik: Bei der Parlamentswahl im April 2005 erreichte die regierende Afrikan. Nationalunion-Patriotische Front (ZANU-PF) von Präsident Robert Mugabe nach offiziellen Angaben eine Zwei-Drittel-Mehrheit. Die Wahl war begleitet von massiver Unterdrückung der Opposition und Fälschungen. Die ZANU-PF gewann 78 von 120 Sitzen, hinzu kamen 30 Abgeordnete, die Mugabe bestimmte. Damit kann der Präsident künftig die Verfassung des Landes ändern. Die oppositionelle Bewegung für den Demokratischen Wandel (MDC) kam auf lediglich 41 Mandate. Die Opposition warf Mugabe Wahlfälschung vor. Ein unabhängiges Netzwerk von simbabw. Wahlbeobachtern stellte in vielen Bezirken große Diskrepanzen zwischen der Zahl der Wähler und den offiziellen Endresultaten fest. Vielen Menschen wurde das Wahlrecht verweigert, indem sie sich

Afrika: Paradies für Diktatoren

Seit einem Vierteljahrhundert ist Robert G. Mugabe der allmächtige Herrscher Simbabwes. Er hat sein Land zwar 1980 als Befreier in die Unabhängigkeit geführt, seitdem aber v. a. Unvermögen bewiesen: Wirtschaftlich geht es Simbabwe schlechter denn je, und es ist international isoliert. Das Schlimmste: Simbabwe und Mugabe sind kein Einzelfall, sie stehen symptomatisch für eine schwarzafrikanische Misere.

Im Juni 2005 beschrieb Michael Bitala, Auslandskorrespondent der Süddeutschen Zeitung, eine aussagekräftige Szene: Mugabe schritt auf sein eigenes Porträt zu und verbeugte sich tief vor seinem Abbild. Längst begreift sich der Diktator als unumstößliche Institution in seinem Land.

Machtsicherung durch Geschenke Mugabe ist ein erfahrener Guerillaführer und weiß seinen Einfluss abzusichern. 2000 verlor seine Partei bei einer Wahl überraschend die Zwei-Drittel-Mehrheit, und die Opposition erkämpfte sich 58 von 150 Parlamentssitzen. Entsprechend sorgte der Diktator für die Präsidentenwahl 2002 vor, die er klar gewann. Das Ausland wetterte gegen den offensichtlichen Wahlbetrug: Das Commonwealth schloss Simbabwe für ein Jahr aus, USA und EU verhängten Sanktionen. Um die innenpolitische Unruhe zu dämpfen, kündigte Mugabe eine reiche Beschenkung der verarmten Bevölkerung an: Er forderte die 3 000 weißen Farmer in Simbabwe auf, binnen drei Monaten das Land zu verlassen und beschied, ihr Land an die armen Schwarzen zu verteilen. Die Neuverteilung verlief allerdings chaotisch, denn viele der Beschenkten wussten nicht, wie man eine Farm führt, oder es mangelte ihnen an Geld für Vieh oder Saatgut. Die Folge der »Landreform« war ein Zusammenbruch der Produktion und der Ausbruch von Hungersnöten.

Simbabwes Präsident Robert Mugabe spricht am 26. 2. 2005 anlässlich seiner offiziellen Geburtstagsfeierlichkeiten.

Dynastiebildung statt Demokratisierung Mugabe, Jahrgang 1924, ist einer der letzten Herrscher Schwarzafrikas, die aus der Generation der antikolonialen Befreiungskrieger oder vom Westen gestützten Diktatoren stammen. In den 1990er-Jahren erreichte die Perestroika mit Verspätung Afrika, und es gab Hoffnung, auf eine neue Generation von Politikern: der Demokratie aufgeschlossen, zumindest weniger korrupt und an der wirtschaftlichen Erschließung ihres Landes interessiert. Eine solche Entwicklung blieb aber die Ausnahme, trotz leuchtender Beispiele wie in Ghana. Dort wandelte sich Jerry John Rawlings vom Saulus zum Paulus, als er 1992 vom diktatorischen Kurs abging und freie Wahlen ausschrieb. Er gewann den Urnengang, trat dann aber verfassungsgemäß 2000 ab. Sein Nachfolger John A. Kufuor führt die Reformen fort.

Die Regel sind Entwicklungen wie in Togo. Étienne Gnassingbé Eyadéma, der seit 1967 Präsident ist, ließ Anfang der 1990er-Jahre ein Mehrparteiensystem zu. Die gewählten Regierungen standen aber so sehr unter seinem Einfluss, dass sich die Opposition schließlich weigerte, an Wahlen teilzunehmen. So blieb das Regime Eyadéma erhalten und verwandelte sich 2005 sogar in eine Dynastie: Als Étienne Gnassingbé Eyadéma starb, übernahm sein Sohn Faure Gnassingbé das Amt, und ließ sich wie schon sein Vater in manipulierten Wahlen als Präsident bestätigen. Eine solche Erbfolge gab es 2001 bereits in der Demokratischen Republik Kongo, als auf den ermordeten Despoten Laurent Désiré Kabila dessen Sohn Joseph in das Präsidentenamt folgte. Eine Veränderung durch Wahlen ist nur in sehr wenigen Ländern möglich und so werden sich die latenten Konflikte in vielen Staaten in den kommenden Jahren wahrscheinlich zu neuen Bürgerkriegen ausweiten.

nicht in die Wählerlisten eintragen durften. Im Mai 2005 steckte die Polizei in S. landesweit Hütten in Armenvierteln in Brand und machte damit Tausende Menschen obdachlos. Alle zerstörten Hütten befanden sich in Gebieten, die bei der Parlamentswahl für die oppositionelle MDC gestimmt hatten.

Unterdrückung: Im Vorfeld der Wahl wurde die Opposition massiv verfolgt. Autos und Busse wurden an Kontrollpunkten angehalten und auf Anzeichen für eine Unterstützung der oppositionellen MDC durchsucht. Menschenrechtsorganisationen dokumentierten 2004 rund 7 600 Fälle, in denen Regierungsgegner gefoltert wurden. Mind. zwölf Menschen starben infolge von politisch motivierter Gewalt. 45 Kundgebungen von Oppositionsparteien oder Treffen regierungskritischer Gruppen wurden verboten. Lokale, die als Treffpunkte der Opposition galten, wurden geschlossen. Verdeckte Ermittler belauschten Gespräche auf der Straße oder in Bussen und zeigten Menschen an, die sich negativ über die Regierung äußerten. Um die Wahlchancen der Opposition zu verschlechtern, beschloss das oberste Gericht im März 2005, die 3,4 Mio. im Ausland lebenden Staatsbürger von der Wahl auszuschließen. Von dieser Entscheidung ausgenommen waren nur Diplomaten und im Ausland stationierte Soldaten. Nach Schätzungen der Opposition hätten die im Ausland lebenden Simbabwer, die rund 20 % der Bevölkerung ausmachen, bei der Wahl gegen den Präsidenten gestimmt.

Keine Pressefreiheit: Im Februar 2005 flohen vier Journalisten internationaler Medien vor dem wachsenden Druck der Behörden außer Landes. Die simbabw. Geheimpolizei drohte den Reportern mit Verhaftung, weil sie Vorurteile über die Regierung verbreitet haben sollten. Zuvor hatten Polizisten das gemeinsame Büro von drei Reportern in der Hauptstadt Harare durchsucht. Die weitere Einschränkung der Pressefreiheit wurde als zusätzlicher Versuch der Regierung gewertet, im Vorfeld der Wahlen die öffentliche Meinung des Landes zugunsten des Präsidenten zu beeinflussen. Die Auslandspresse war die letzte unabhängige Instanz in S., nachdem in den Jahren zuvor alle anderen Zeitungen und Rundfunksender unter die Kontrolle der Regierung gebracht worden waren.

Verschärfung der Gesetze: Im November 2004 erließ das Parlament eine Reihe von Gesetzen, mit denen die Beschneidung der Grundrechte und die Verfolgung der Opposition vereinfacht wurden. Das von der ZANU-PF dominierte Parlament billigte mit 75 zu 37 Stimmen ein Paket von Einzelmaßnahmen, welche die Meinungsfreiheit von Regierungskritikern ebenso einschränkten wie die Tätigkeit von Menschenrechtsgruppen und Kirchen. Ausländischen Menschenrechtsgruppen wurde jede Tätigkeit in S. untersagt. Lokale Organisationen dürfen sich laut den neuen Vorschriften nicht um Belange auf nationaler Ebene kümmern. Bei Wahlen sollen nur noch Beauftragte des Staates die Wähler mit Informationsmaterial versorgen dürfen. Außerdem untersagte die Regierung, dass Oppositionsparteien finanzielle Unterstützung aus dem Ausland erhalten.

Außenpolitik: Die USA, Großbritannien und internationale Menschenrechtsorganisationen weigerten sich, das Ergebnis der Wahlen vom April 2005 anzuerkennen. Die US-amerikan. Außenministerin Condoleezza Rice bezeichnete bereits im Februar 2005 in einer Anhörung vor dem Senat S. als »Vorposten der Tyrannei«. Sie stellte damit das Land auf eine Stufe mit Staaten wie Iran und Nord-Korea. Dies wurde als Zeichen gewertet, dass die USA den Vorgängen in S. große internationale Bedeutung beimaßen.

Menschenrechtskommission: Im April 2005 wurde S. für weitere drei Jahre in die UN-Menschenrechtskommission wiedergewählt. Die Entscheidung wurde insbesondere von Vertretern der USA, Kanadas und Australiens kritisiert. Sie verwiesen darauf, dass S. die Rechte seines eigenen Volks missachte und dass daher seine Wahl in das Gremium unangemessen sei.

Wirtschaft: Die Wirtschaft in S. befand sich 2004 weiterhin im Niedergang. Das BIP sank erneut um 5,5 %, nachdem es bereits seit 2000 jährlich prozentual teilweise in zweistelliger Höhe zurückgegangen war. Die Arbeitslosigkeit betrug 2004 ca. 70 %. Rund drei Viertel der Menschen lebten in Armut. Wesentlicher Grund für den wirtschaftlichen Ruin des Staates war neben den politischen Unruhen insbesondere die Landreform zulasten weißer Farmer, die zu einem starken Rückgang der Produktion im landwirtschaftlichen Bereich geführt hat. Die Nachbarstaaten betrachteten S. 2004 als eines der größten wirtschaftlichen Hemmnisse, da die schwere Krise auch die Konjunktur in Angola, Moçambique, Botswana und Südafrika beeinträchtigte. Der Internationale Währungsfonds (IWF) sagte für 2005 erstmals eine leichte Stabilisierung der Wirtschaft in S. voraus.

Singapur SGP

Republik Singapur

Landesfläche	618 km² (176)
Einwohner	4,3 Mio. (WR 116)
Sprachen	Englisch, Malaiisch, Chinesisch, Tamil
Währung	1 Singapur-Dollar = 100 Cents
Gliederung	Stadtstaat
Staatsform	Parlamentarische Republik
Staatsoberhaupt	Sellapan Rama Nathan (seit 1999) * 1924
Regierungschef	Lee Hsien Loong (seit 2004) * 1952
Parlament	Abgeordnetenhaus mit 84 für 5 Jahre gewählten Abgeordneten; 82 Sitze für People's Action Party, 1 für Singapore Democratic Alliance, 1 für Workers' Party (Wahl 2001)
Internet	www.gov.sg
Religion	Buddhisten (33,9 %); Taoisten (20 %); Muslime (15,4 %); Christen (12,6 %); Hindus (3,6 %); Konfessionslose (14,5 %)
Ethn. Gruppen	Chinesen (77 %); Malaien (14 %); Sonstige (9 %)
Urbanisierung	100 %
Einwohner/km	6 958
Bev.-Wachst./Jahr	1,7 %
Kindersterblichkeit	0,4 %
Alphabetisierung	92 %

Die Regierung von S. kündigte im April 2005 an, im Stadtstaat ein neues Spielcasino zu bauen. Sie begründete die Entscheidung, das Glücksspiel zu legalisieren, mit der Notwendigkeit, neue Einnahmequellen zu erschließen. Das Casino könnte Schätzungen zufolge einen Jahresumsatz von umgerechnet 1,6 Mrd. € erreichen, von denen ca. 660 Mio. € in die Staatskasse gelangen sollen. Die Regierung hofft, dadurch den Ausfall von Steuereinnahmen ausgleichen zu können, der durch die Abwanderung der Industrie nach China hervorgerufen wurde, wo die Löhne nur etwa ein Zehntel des Niveaus von S. erreichen. Das neue Casino, das voraussichtlich 2009 eröffnet werden soll, ist Teil eines größeren Plans zum Ausbau des Fremdenverkehrs. Die Regierung strebt an, die Zahl von 8,3 Mio. Gästen im Jahr bis 2015 zu verdoppeln.

Slowakische Republik SK

Landesfläche	49 012 km² (WR 126)
Einwohner	5,4 Mio. (WR 106)
Hauptstadt	Bratislava (460 000 Einwohner)
Sprachen	Slowakisch, Ungarisch
Währung	1 Slowak. Krone = 100 Heleru
Gliederung	8 Bezirke
Staatsform	Republik
Staatsoberhaupt	Ivan Gasparović (seit 2004) * 1941
Regierungschef	Mikulas Dzurinda (seit 1998) * 1955
Parlament	Nationalrat mit 150 Abgeordneten; 36 Sitze für Bewegung für eine Demokratische Slowakische Republik (HZDS), 28 für Slowakisch-Christdemokratische Union (SDKU), 25 für Smer, 20 für Ungar. Koalitions-Partei (SMK), 15 für Christlich-demokratische Bewegung (KDH), 15 für Allianz des Neuen Bürgers (ANO), 11 für Kommunistische Partei (KSS; Wahl 2002)
Internet	www.government.gov.sk
Religion	Katholiken (60,3 %); Atheisten (9,7 %); Protestanten (8,4 %); Orthodoxe (4,1 %); Sonstige (17,5 %)
Nationalitäten	Slowaken (85,6 %); Ungarn (10,6 %); Sonstige (3,8 %)
Urbanisierung	57 %
Einwohner/km	110
Bev.-Wachst./Jahr	0,1 %
Kindersterblichkeit	0,9 %
Alphabetisierung	99 %

Anfang 2005 verschärften sich innerhalb der slowak. Vierparteienkoalition die Spannungen. Ein Grund dafür war die Vergangenheit des Parlamentsvorsitzenden und Chefs der Christdemokraten (KDH) Pavol Hrusovsky. Er wurde beschuldigt, in kommunistischer Zeit mit dem tschechoslowak. Geheimdienst (StB) zusammengearbeitet zu haben. In Akten, die das Institut für Nationale Erinnerung veröffentlichte, wurde Hrusovsky als Kandidat für die Zusammenarbeit mit dem StB aufgeführt. Der KDH-Vorsitzende bestritt vehement jegliche Kollaboration. Insbesondere die liberale Allianz des Neuen Bürgers (ANO), mit

15 der 150 Abgeordneten im slowak. Parlament wichtiger Teil der Koalition, glaubte den Beteuerungen Hrusovskys nicht.

Ein weiterer Grund für die Regierungskrise war ein Gesetzesentwurf der ANO, der vorsah, die Kirchen zur Inventarisierung ihrer Guthaben zu zwingen, damit der Staat aufgrund dieser Information über Zuschüsse entscheiden kann. Die Christdemokraten hingegen nahmen die Kirchen in Schutz und forderten die Rücknahme des Gesetzentwurfes.

Slowenien SLO
Republik Slowenien

Landesfläche	20 256 km² (WR 150)
Einwohner	2 Mio. (WR 141)
Hauptstadt	Ljubljana (323 000 Einwohner)
Sprachen	Slowenisch
Währung	1 Tolar = 100 Stotin
Gliederung	148 Gemeinden
Staatsform	Republik
Staatsoberhaupt	Janez Drnovšek (seit 2002) * 1950
Regierungschef	Janez Janša (seit 2004) * 1958
Parlament	Nationalrat mit 90 für 4 Jahre gewählten Abgeordneten; 29 Sitze für Demokratischen Partei (SDS), 23 für Liberaldemokraten (LDS), 10 für Vereinigte Liste (ZLSD), 9 für Partei Neues Slowenien (NSI), 19 für Andere (Wahl 2004)
Internet	www.gov.si
Religion	Katholiken (70,8 %); Atheisten (4,3 %); Lutheraner (1 %); Muslime (1 %); Sonstige (22,9 %)
Nationalitäten	Slowenen (88 %); Kroaten (3 %); Serben (2 %); Sonstige (7 %)
Urbanisierung	51 %
Einwohner/km²	99
Bev.-Wachst./Jahr	-0,1 %
Kindersterblichkeit	0,5 %
Alphabetisierung	99 %

Innenpolitik: Bei den slowen. Parlamentswahlen im Oktober 2004 wurden die oppositionellen Konservativen stärkste Kraft und lösten die seit zwölf Jahren fast ununterbrochen regierenden Liberaldemokraten (LDS) ab. Der Chef der Demokratischen Partei (SDS), Janez Janša, bildete mit der konservativen Partei Neues Slowenien (NSI) sowie zwei kleineren Parteien eine Mitte-rechts-Koalition und wurde neuer Ministerpräsident. Die SDS erhielt bei der Wahl rund 30 % der abgegebenen Wählerstimmen, fast doppelt so viele wie bei der letzten Wahl vier Jahre zuvor. Die regierenden Liberaldemokraten (LDS) von Ministerpräsident Anton Rop verloren 10 Prozentpunkte und kamen nur noch auf etwa 22 %. Die NSI bekam 8 % der abgegebenen Stimmen, die Slowen. Volkspartei (SLS) und die Nationale Partei (SNS) jeweils 6 %. Auf die vorher mitregierende Demokratische Rentnerpartei (DESUS) entfielen ca. 4 % Prozent der Stimmen.

Rops Niederlage wurde u. a. auf die wachsende Europaskepsis und auf ungelöste Territorialkonflikte mit dem benachbarten Kroatien zurückgeführt. Beide Staaten streiten sich seit der Unabhängigkeit von Jugoslawien (1991) über den Grenzverlauf. Besonders umstritten sind die Hoheitsrechte im Mittelmeer. Für S. geht es dabei um den Zugang zu internationalen Gewässern.

Außenpolitik: Das slowen. Parlament ratifizierte im Februar 2005 als dritter EU-Mitgliedstaat die EU-Verfassung. Für die Bestätigung des Verfassungsvertrages stimmte eine überwältigende Mehrheit (79 von 90 Abgeordneten). Damit wurde die erforderliche Zwei-Drittel-Mehrheit übertroffen. Neben den Regierungsparteien stimmte auch die Mitte-links-Opposition für die Ratifizierung.

Janez Janša
Slowen. Ministerpräsident
* 17. 9. 1958 in Ljubljana. Der diplomierte Verteidigungsfachmann wurde 1994 als Verteidigungsminister (seit 1990) abgesetzt. Danach übernahm er die Führung der gemäßigten Sozialdemokratischen Partei und wandelte sie zur nationalpopulistischen SDS um. Der Vorkämpfer der Unabhängigkeitsbewegung und Volksheld des kurzen Krieges gegen die Jugoslawische Volksarmee 1991 führte die SDS bei der Parlamentswahl am 2004 zum Wahlsieg. Für eine Regierungsbildung war er auf die Zusammenarbeit mit den anderen Rechtsparteien angewiesen. Den Wahlkampf bestritt Janša, der im Ruf eines »slowen. Haider« steht, in gemäßigter konservativer Tonlage.

Somalia SP

Demokratische Republik Somalia

Landesfläche	637 657 km² (WR 41)
Einwohner	10,3 Mio. (WR 75)
Hauptstadt	Mogadischu (1 Mio. Einwohner)
Sprachen	Somali, Arabisch, Englisch
Währung	1 Somalia-Shilling = 100 Cents
Gliederung	–
Staatsform	Republik
Staatsoberhaupt	Abdullahi Ahmed Yusuf (seit 2004) * 1934
Regierungschef	Ali Mohammed Ghedi (seit 2005) * 1952
Parlament	Interimsparlament mit 245 von Clan-Chefs ernannten Mitgliedern
Religion	Muslime (99,8 %); Christen (0,1 %); Sonstige (0,1 %)
Nationalitäten	Somalier (95 %); Araber; Bantu und Sonstige (5 %)
Urbanisierung	35 %
Einwohner/km	16
Bev.-Wachst./Jahr	4,2 %
Kindersterblichkeit	22,5 %
Alphabetisierung	37 %

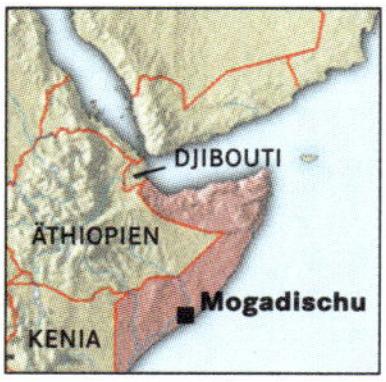

Innenpolitik: Das somal. Parlament stimmte im Januar 2005 in einer als historisch geltenden Sitzung mit deutlicher Mehrheit einer neuen Regierung für das Land zu. 168 der 275 Abgeordneten stimmten für die neue Übergangsregierung von Ministerpräsident Ali Mohammed Ghedi, 79 Parlamentarier votierten dagegen. Drei Stimmen waren ungültig, 25 Abgeordnete fehlten bei der Abstimmung. Bereits im Oktober 2004 hatte das Parlament Abdullahi Ahmed Yusuf zum neuen Staatsoberhaupt gewählt. Das Parlament tagte aus Sicherheitsgründen in der kenian. Hauptstadt Nairobi, soll aber noch 2005 nach Mogadischu umziehen. Staatsoberhaupt Yusuf und Ministerpräsident Ghedi reisten im Februar 2005 in ihre Heimat. In der Stadt Jowhar warben sie bei lokalen Politikern um Unterstützung für die Rückkehr der somal. Regierung aus dem Exil. Die Reise wurde als wichtiger Schritt zu einer Normalisierung des politischen Lebens in S. gewertet. In dem vom Bürgerkrieg zerrütteten Land stürzten Clanchefs 1991 den damaligen Präsidenten Mohammed Siad Barre. Seitdem war S. faktisch ohne Regierung.

Anschlag auf Regierungschef: Ministerpräsident Ghedi entging im Mai 2005 knapp einem Attentat. Während einer Rede Ghedis in Mogadischu explodierte eine Bombe, durch die 15 Menschen starben. Ghedi blieb unverletzt.

Außenpolitik: Die Afrikan. Union (AU) bekundete im Januar 2005 ihre Bereitschaft, den Friedensprozess in S. mit der Entsendung von Soldaten zu unterstützen. Präsident Yusuf hatte nach seiner Wahl 20 000 Soldaten zur Befriedung des Landes gefordert, um die Kriegsherren in Mogadischu vertreiben zu können.

Spanien E

Königreich Spanien

Landesfläche	505 992 km² (WR 50)
Einwohner	41,1 Mio. (WR 29)
Hauptstadt	Madrid (3 Mio. Einwohner)
Sprachen	Spanisch, Katalanisch, Baskisch, Galicisch
Währung	1 Euro = 100 Cent
Gliederung	17 Regionen, 50 Provinzen
Staatsform	Parlamentarische Monarchie
Staatsoberhaupt	König Juan Carlos I. (seit 1975) * 1938
Regierungschef	José Luis Rodríguez Zapatero (seit 2004) * 1960
Parlament	Cortes aus Abgeordnetenhaus mit 350 und Senat mit 248 für 4 Jahre gewählten Mitgliedern; im Abgeordnetenhaus 164 Sitze für Sozialistische Arbeiterpartei (PSOE), 148 für Volkspartei (PP), 38 für Andere (Wahl 2004)
Internet	www.la-moncloa-es; www.congreso.es
Religion	Katholiken (97 %); Protestanten (0,4 %); Sonstige (2,6 %)
Nationalitäten	Spanier (72,3 %); Katalanen (16,3 %); Sonstige (11,4 %)
Urbanisierung	77 %
Einwohner/km	81
Bev.-Wachst./Jahr	0,2 %
Kindersterblichkeit	0,6 %
Alphabetisierung	98 %

Die span. Regierung unter dem sozialistischen Ministerpräsidenten José Luis Rodríguez Zapatero vollzog 2004/05 einen Bruch mit der Politik des Vorgängers José Maria Aznar von der konservativen Partido Popular (PP). Mit zahlreichen Gesetzesänderungen beabsichtigte die Regierung, S. zu modernisieren.

Innenpolitik: Die span. Regierung ermöglichte in einer einmaligen Aktion ca. 700 000 illegalen Immigranten, ihren Aufenthalt in S. zu legalisieren. Von Februar bis April 2005 konnten sie sich bei den span. Behörden melden und die für die Legalisierung notwendige Genehmigung erhalten. Voraussetzung war ein gültiger Arbeitsvertrag. Außerdem mussten die Immigranten vor Inkrafttreten der Ausnahmeregelung mehr als ein halbes Jahr in S. verbracht haben. Die span. Regierung hoffte, mit dieser Maßnahme die Schwarzarbeit einzugrenzen.

Frauen im Beruf: Die span. Regierung kündigte im März 2005 ein Aktionsprogramm an, durch das die Chancen von Frauen im Beruf verbessert werden sollen. Sie plante u. a., Firmen mit weiblichen Führungskräften bei der Vergabe von öffentlichen Aufträgen zu bevorzugen. Außerdem soll für Frauen mit Kindern unter zwölf Jahren die Teilzeitarbeit erleichtert werden. Ministerpräsident Zapatero hatte nach seiner Wahl im März 2004 wiederholt versprochen, die Rechte der Frauen in S. zu stärken. Von seinen 16 Kabinettsmitgliedern sind acht Frauen.

Homosexuellen-Ehe: S. führte 2005 als drittes Land der Welt die Zivilehe für homosexuelle Paare ohne Einschränkungen ein. Die Reform, die im April 2005 mit der Mehrheit der sozialistischen Abgeordneten vom Parlament verabschiedet wurde, erlaubt den Paaren auch die Adoption von Kindern. Eine solche Regelung gab es vorher nur in den Niederlanden und in Belgien.

Designer-Babys: Die span. Regierung beschloss im Februar 2005, das Schaffen von sog. Designer-Babys unter bestimmten Bedingungen zu erlauben. Die Auslese von Embryonen zur Erzeugung von Kindern, die als Zellspender für ihre schwer kranken Geschwister infrage kommen können, soll erlaubt werden. Der Entwurf eines neuen Reproduktionsgesetzes sah die künstliche Befruchtung mit dem Ziel vor, ein Kind zu erzeugen, das als Spender von Zellen oder Rückenmark einem todkranken Geschwisterkind das Leben retten könnte. Dabei werden die Embryonen nach einer künstlichen Befruchtung auf spezielle Erbanlagen untersucht und nur die passenden Embryonen der Mutter eingesetzt. Diese Methode soll allerdings nur in außerordentlich schweren Fällen zulässig sein. Andere genetische Veränderungen wie etwa zur Wahl des Geschlechts sind prinzipiell immer noch verboten. Das Klonen zum Herstellen eines Babys bleibt explizit untersagt. Insbesondere die span. Bischofskonferenz kritisierte die geplante Lockerung des Reproduktionsgesetzes, weil die Bearbeitung von menschlichen Embryonen moralisch inakzeptabel sei.

Franco-Statue: Drei Jahrzehnte nach dem Tod des span. Diktators Francisco Franco wurde im März 2005 in Madrid die letzte Statue des Ge-

Spanien: Einwanderer warten am 7. Mai vor einer Regierungsbehörde in Madrid, um ihren Aufenthalt legalisieren zu lassen.

José Luis Rodríguez Zapatero
Span. Ministerpräsident, * 4. 8. 1960 in Valladolid. Der studierte Jurist, der 2004 überraschend Ministerpräsident wurde, stammt aus einer Familie mit einer langen linksgerichteten politischen Tradition. An einem Wahlkampf nahm Zapatero erstmals 1977 teil, als sich S. auf die ersten demokratischen Wahlen seit dem Tod des Diktators Francisco Franco vorbereitete. 1982 stand er der Jugendorganisation der Sozialistischen Arbeiterpartei Spaniens (PSOE) in seiner Heimatprovinz León vor. 1986 wurde er zum jüngsten Abgeordneten im span. Parlament gewählt. 1997 stieg er in den Vorstand der span. Sozialisten auf und wurde 2000 bei einer Kampfkandidatur zum Parteivorsitzenden des PSOE gewählt.

nerals abgebaut. Grund war eine Anordnung der span. Regierung, die mit der Maßnahme Bauarbeiten ermöglichen wollte. Unter Polizeischutz entfernten städtische Arbeiter das Denkmal, das den rechtsgerichteten ehemaligen Machthaber auf einem Pferd darstellte. Dabei kam es zu verbalen Auseinandersetzungen zwischen Anhängern und Gegnern Francos, der 1936–75 in S. herrschte.

Al-Qaida-Prozess: Im April 2005 begann vor einem Gericht in Madrid der Prozess gegen 24 mutmaßliche Mitglieder des Terrornetzwerks al-Qaida. Die Angeklagten wurden beschuldigt, als Teil einer span. Al-Qaida-Zelle die Terroranschläge vom 11. 9. 2001 in den USA mit vorbereitet zu haben. Die Staatsanwaltschaft forderte für die drei Hauptangeklagten, unter ihnen der mutmaßliche syr. Anführer Imad Eddin Barakat Yarkas alias Abu Dahdah, insgesamt rund 60 000 Jahre Haft. Der Prozess wird voraussichtlich mind. zwei Jahre dauern.

Baskenland: Das span. Parlament sprach sich im Februar 2005 mit großer Mehrheit gegen den Plan des bask. Regierungschefs Juan José Ibarretxe für größere Autonomie des Baskenlandes aus. 313 der 344 Abgeordneten lehnten den Plan ab, 29 stimmten dafür, zwei enthielten sich. Der Plan sah den »freien Zusammenschluss« des Baskenlandes mit S. vor. Die Region sollte insbesondere in den Bereichen Sicherheit, Justiz und Steuerrecht mehr Befugnisse erhalten. Außerdem sollte eine bask. Nationalität eingeführt werden. Das bask. Regionalparlament in San Sebastián hatte dem Plan im Dezember 2004 zugestimmt. Der Partei Sozialista Abertzaleak (SA), der Nachfolgerin der radikalen Basken-Partei Batasuna, ging das Vorhaben nicht weit genug. Im Gegensatz zur Politik setzte die Untergrundorganisation ETA beim Kampf um einen eigenen Baskenstaat weiterhin auf Gewalt. Seit Mitte der 1960er-Jahre starben bei ETA-Anschlägen mehr als 800 Menschen. Bei der bask. Parlamentswahl setzten sich im April 2005 die gemäßigten Nationalisten durch. Die Partei von Ibarretxe verfehlte allerdings mit 29 der 75 Mandate die absolute Mehrheit. Dagegen fanden Kandidaten mit mutmaßlichen Verbindungen zur Untergrundorganisation ETA überraschend hohen Zuspruch. Das span. Parlament sprach sich im Mai für Verhandlungen mit der ETA aus. Es stellte an Gespräche die Bedingung, dass die ETA der Gewalt abschwört. Politische Zugeständnisse wie etwa die Unabhängigkeit des Baskenlandes lehnte die Regierung kategorisch ab.

Untersuchungsausschuss: Der frühere span. Ministerpräsident José Maria Aznar verteidigte im November 2004 vor einem parlamentarischen Untersuchungsausschuss seine Entscheidung, kurz nach den Bombenanschlägen von Madrid vom 11. 3. 2004 die bask. Separatistenorganisation ETA dafür verantwortlich zu machen. Er betonte, im Zusammenhang mit den Anschlägen nicht gelogen, sondern sich entsprechend dem damaligen Wissensstand geäußert zu haben. Bei den Anschlägen, die von einer span. Zelle des Terrornetzwerkes al-Qaida verübt wurden, starben 191 Menschen. Die Täter hatten erklärt, dass die Anschläge die Rache für die Entsendung span. Truppen in den Irak und nach Afghanistan seien. Die Attentate beeinflussten die Parlamentswahl drei Tage später, bei der sich die oppositionelle Sozialistische Partei (PSOE) überraschend gegen Aznar von der konservativen Partido Popular (PP) durchsetzen konnte.

Außenpolitik: Im Februar 2005 nahm S. mit großer Mehrheit die EU-Verfassung an. Bei der ersten von elf Volksabstimmungen in Europa stimmten 78,5 % der Bevölkerung für den Entwurf, 16,2 % dagegen. Die Wahlbeteiligung lag bei lediglich 40 %. Das Ergebnis des Referendums war zwar nicht bindend, galt aber als wichtiger Hinweis für die Akzeptanz des Verfassungswerkes. Ministerpräsident Zapatero hatte seine

Landsleute mehrfach zur Beteiligung aufgerufen. Im April 2005 ratifizierte das span. Parlament mit 311 gegen 19 Stimmen die EU-Verfassung.

Beziehungen zu Kuba: Der span. Ministerpräsident Zapatero ergriff im Januar 2005 die Initiative für eine Verbesserung der Beziehungen zwischen der EU und Kuba. Er schlug vor, dass die EU ihre Kontakte zu kuban. Oppositionellen reduzieren solle. Die EU hatte 2003 die Beziehungen zu Kuba eingefroren, nachdem 75 Dissidenten in Havanna zu Haftstrafen bis zu 28 Jahren verurteilt worden waren. Nach Zapateros Überzeugung schadeten die Sanktionen und der Blockadeprozess dem Geschäft der span. Unternehmen auf der Karibikinsel. Außerdem ließen sich nur durch Annäherung die Verhältnisse auf K. verbessern. Zapatero rief mit seinem Vorstoß insbesondere die Kritik der osteurop. EU-Staaten und der USA hervor.

Irakhilfe: Die span. Regierung zahlte im September 2004 rund 25 Mio. US-Dollar für den Wiederaufbau des Iraks. 20 Mio. US-Dollar flossen an einen internationalen Wiederaufbaufonds unter Leitung der Weltbank und der Vereinten Nationen. 5 Mio. US-Dollar gingen an kleinere irak. Unternehmen. S. versprach dem Irak bis 2007 insgesamt 300 Mio. US-Dollar.

Prozess gegen Menschenrechtsverletzungen: Im April 2005 verurteilte ein Gericht in Madrid Adolfo Scilingo, einen ehemaligen Offizier der argentin. Marine, wegen Verbrechen während der argentin. Militärdiktatur (1976–83) zu 640 Jahren Gefängnis. Das Verfahren war das erste in S. wegen Menschenrechtsverletzungen in einem anderen Land. Das span. Strafrecht lässt dies bei Verbrechen gegen die Menschlichkeit zu. Scilingo kam 1997 freiwillig nach S., um bei einer richterlichen Anhörung als Zeuge auszusagen. Dabei gestand er seine Beteiligung an zwei sog. Todesflügen in Argentinien, bei denen 30 Gefangene nackt aus Flugzeugen geworfen worden waren.

Wirtschaft: Eine Wende vollzog die sozialistische Regierung 2004/05 in der Umweltpolitik. Der geplante Bau des Großstaudamms am Unterlauf des Ebro, der von der konservativen Regierung gefördert worden war, wurde gestoppt. Umweltministerin Cristina Narbona stellte dagegen Wassersparprojekte und Entsalzungsanlagen in Aussicht. Bis 2012 soll das Kyōto-Protokoll zur Verringerung der Treibhausgase umgesetzt werden. Außerdem plante die Regierung, gegen die Bauspekulation vorzugehen, die als eine der Stützen der span. Wirtschaft gilt.

Sri Lanka CL

Demokrat. Sozialist. Republik

Landesfläche	65 610 km² (WR 119)
Einwohner	19,2 Mio. (WR 53)
Hauptstadt	Colombo (650 000 Einwohner)
Sprachen	Singhalesisch, Tamilisch, Englisch
Währung	1 Sri-Lanka-Rupie = 100 Cent
Gliederung	9 Provinzen, 24 Distrikte
Staatsform	Republik
Staatspräsident	Chandrika B. Kumaratunga (seit 1994) * 1945
Regierungschef	Mahinda Rajapakse (seit 2004) * 1945
Parlament	Nationalversammlung mit 225 gewählten Abgeordneten; 105 Sitze für Vereinigte Volksallianz (PA), 82 für Vereinigte Nationalpartei (UNP), 22 für Tamilische Nationalallianz (TNA), 16 für andere (Wahl 2004)
Internet	www.priu.gov.lk
Religion	Buddhisten (70 %); Hindus (15 %); Christen (8 %); Muslime (7 %)
Ethn. Gruppen	Singhalesen (74 %); Tamilen (18 %); Moor (7 %); Sonstige (1 %)
Urbanisierung	21 %
Einwohner/km	293
Bev.-Wachst./Jahr	0,8 %
Kindersterblichkeit	1,9 %
Alphabetisierung	91 %

Innenpolitik: Trotz der verheerenden Flutkatastrophe, bei der im Dezember 2004 auf S. L. rund 65 000 Menschen starben, blieben die Fronten zwischen den Bürgerkriegsparteien verhärtet. Der norweg. Außenminister Jan Petersen reiste im Januar 2005 nach S., um zwischen der Regierung und der tamilischen Rebellengruppe Liberation Tigers of Tamil Eelam (LTTE) zu vermitteln. Bei seinen Gesprächen mit der LTTE stand die Verteilung von Hilfsgütern für die Opfer der Flutkatastrophe im Mittelpunkt. Norweg. Unterhändler hatten bereits im Dezember 2002 eine Waffenstillstandsvereinbarung zu Stande gebracht. Nach der Tsunami-Katastrophe beschuldigten die tamilischen Rebellen die Regierung, den Norden des Landes nicht ausreichend mit Lebensmittelhilfe zu versorgen. Die Regierung von S. L. wies dies zurück.

Sri Lanka:
Konflikt zwischen Tamilen und Singhalesen

Die größte Volksgruppe in S. L. bilden mit 74 % der Gesamtbevölkerung die Singhalesen.Die zweitgrößte Volksgruppe stellen mit rund 18 % die Tamilen, die überwiegend an der Ostküste, im Norden der Insel sowie im zentralen Bergland leben. Die Tamilen sind mehrheitlich Hindus, die Singhalesen Buddhisten. In den 1950er-Jahren schürten wirtschaftliche Probleme die Spannungen zwischen beiden Bevölkerungsgruppen. Die Tamilen fühlten sich politisch und wirtschaftlich unterprivilegiert. Die singhalesische Regierung versuchte den Konflikt zu entschärfen, indem sie den Tamilen völlige Religionsfreiheit zusicherte und 1978 Tamil als Nationalsprache einführte.
1983 steigerten sich die Spannungen zum Bürgerkrieg zwischen den Rebellen der Befreiungstiger von Tamil-Eelam und den singhalesischen Regierungskräften. Auslöser war die Erschießung von 13 Regierungssoldaten durch Tamilen-Kämpfer in Jaffna. Die Rebellen kämpfen für einen eigenen Tamilenstaat im Nordosten von S. L. und beanspruchen ca. 40 % des Territoriums. 1987–89 griffen auf Bitten der Regierung von S. L. ind. Truppen in den Konflikt ein. Ende 1995 eroberte die Regierungsarmee Jaffna, die Hochburg des tamilischen Widerstandes. Dennoch setzten die Tamilen ihren Kampf mit Anschlägen gegen militärische und zivile Ziele fort. 1996 forderten die Tamilen internationale Vermittler, um Friedensverhandlungen voranzutreiben. Unter norweg. Vermittlung einigten sich im Dezember 2002 die Bürgerkriegsparteien nach 19 Jahren Kampf auf eine Beilegung des Konfliktes. Das Abkommen sollte den Tamilen Selbstbestimmung innerhalb eines vereinten S. L. garantieren. Die Gespräche über die konkrete Ausgestaltung der Grundsatzvereinbarung gerieten allerdings Mitte 2003 ins Stocken.

Scharmützel: Der Krieg, in dem seit 1983 rund 65 000 Menschen starben, flammte trotz einer vereinbarten Waffenruhe 2004/05 immer wieder auf. So eröffneten tamilische Rebellen im Februar 2005 im Norden von S. L. das Feuer auf zwei Regierungssoldaten, wobei ein Soldat tödlich getroffen wurde. Die LTTE erklärte, dass sich die Soldaten einer Stellung der Rebellen genähert hätten. Internationale Menschenrechtsorganisationen warfen den Rebellen vor, nach der Tsunami-Katastrophe vom Dezember 2004 rund 110 Kinder aus Flüchtlingslagern verschleppt zu haben. Die LTTE ist dafür bekannt, in ihrem Kampf auch Kinder als Soldaten oder als Arbeitskräfte einzusetzen.

Wirtschaft: Die srilank. Präsidentin Chandrika Kumaratunga stellte im Januar 2005 einen staatlichen Wiederaufbauplan für die von der Flut zerstörten Regionen vor. Er hat einen Gesamtumfang von rund 3,5 Mrd. US-Dollar und sieht den Wiederaufbau von 60 Orten vor. Außerdem sollen mit dem Geld das Straßen- und Stromnetz und der Zugverkehr in den Küstenregionen wieder errichtet werden.

Südafrika

Republik Südafrika — ZA

Landesfläche	1,22 Mio. km² (WR 24)
Einwohner	45,2 Mio. (WR 27)
Hauptstadt	Tshwane (Pretoria) (1,3 Mio. Einwohner)
Sprachen	Zulu, Xhosa, Afrikaans, Englisch (insgesamt 11 Amtssprachen)
Währung	1 Rand (R) = 100 Cents
Gliederung	9 Provinzen
Staatsform	Präsidiale Republik
Staatsoberhaupt und Regierungschef	Thabo Mbeki (seit 1999) * 1942
Parlament	Abgeordnetenhaus mit 400 Mitgliedern; 279 Sitze für den Afrikanischen Nationalkongress (ANC), 50 für die Demokratische Allianz (DA), 28 für Inkatha-Freiheitspartei (IFP), 43 für Andere (Wahl 2004)
Internet	www.parliament.gov.za; www.gov.za
Religion	Christen (68 %); Muslime (2 %); Hindus (1,5 %); Sonstige (28,5 %)
Ethn. Gruppen	Schwarze (75,2 %); Weiße (13,6 %); Sonstige (11,2 %)
Urbanisierung	57 %
Einwohner/km	37
Bev.-Wachst./Jahr	0,6 %
Kindersterblichkeit	6,5 %
Alphabetisierung	85 %

Innenpolitik: Der vom Afrikanischen Nationalkongress (ANC) dominierte Stadtrat von Pretoria beschloss im März 2005, die südafrikan. Hauptstadt in Tshwane umzubenennen. Der Bürgermeister von Pretoria, Smangaliso Mkhatshwa, begründete die Entscheidung mit dem Willen, auch hinsichtlich der Namensgebung einen Bruch mit der Apartheid-Vergangenheit zu vollziehen. Die 1855 von weißen Siedlern begründete Zwei-Millionen-Metropole ist nach dem Burenführer Andries Pretorius benannt. Einige der frühen afrikanischen Siedler hatten die Gegend Tshwane genannt, was soviel heißt wie »Wir sind alle gleich«. Der Großraum Pretoria, der weitere Städte und Townships umfasst, heißt bereits seit einigen Jahren Tshwane. Der Name Pretoria soll künftig nur noch für das Stadtzentrum gelten. Seit dem Ende des Apartheidregimes (1991) wurden in S. viele geografische Namen geändert.

NNP: Im April 2005 beschloss die Neue Nationale Partei (NNP), die aus der früheren Apartheidpartei hervorgegangen war, ihre Auflösung. Die Entscheidung wurde insbesondere darauf zurückgeführt, dass die NNP nach ihrer Annäherung an den regierenden Afrikanischen Nationalkongress (ANC) bei der Parlamentswahl kaum noch Stimmen erhalten hatte. NNP-Parteichef Marthinus van Schalkwyk gehörte 2004 als Umwelt- und Tourismusminister dem ANC-Kabinett von Präsident Thabo Mbeki an.

Wirtschaft: Die südafrikan. Volkswirtschaft setzte 2004 ihren Aufschwung fort. Das BIP stieg um 3,7 %, nachdem es bereits in den Vorjahren um 1,9 % (2003) bzw. 3,0 % (2002) zugelegt hatte. Getragen wurde die günstige Konjunktur insbesondere von dem niedrigen Zinsniveau, dem hohen Vertrauen von Privathaushalten und Wirtschaft sowie einer expansiven Haushaltspolitik. Allerdings ging die starke wirtschaftliche Entwicklung am Arbeitsmarkt vorbei. Die Arbeitslosenquote lag 2004 wie im Vorjahr bei 42 %. Die Regierung beabsichtigte, durch ein Infrastrukturprogramm die Wachstumsrate in den nächsten drei Jahren im Durchschnitt auf 4,2 % zu steigern.

Investitionen: Die politische Führung des Landes äußerte sich im Januar 2005 enttäuscht über das mangelnde Interesse ausländischer Investoren. Seit dem Ende der Apartheid investierten Auslandsunternehmen in S. durchschnittlich 2,2 Mrd. US-Dollar/Jahr, obwohl die Regierung zahlreiche marktwirtschaftliche Reformen durchführte. Zoll- und Tarifschranken wurden abgeschafft, Staatsunternehmen privatisiert und die Handelsbeziehungen zu Europa intensiviert. Die Reformen trugen dazu bei, dass eine schwarze Mittelschicht entstand, die 2004 fast 40 % der einkommensstärksten Haushalte stellte. Davon profitierten v. a. Hersteller und Händler von Möbeln, Elektronik, Kleidung, Haushaltswaren und Autos. Größtes Hindernis für ausländische Investitionen war die starke nationale Währung (Rand), die allein zwischen Dezember 2001 und Dezember 2004 gegenüber dem US-Dollar ca. 90 % und gegenüber dem Euro fast 40 % an Wert gewann. Sie belastete nicht nur den heimischen Export, sondern auch die ausländischen Unternehmen in S., die in Rand bezahlen, aber in ihrer heimatlichen Währung bilanzieren. Dadurch stiegen die Personalkosten innerhalb von drei Jahren um ca. 90 %. Internationale Wirtschaftsinstitute stellten fest, dass die Löhne in S. 2004 das Niveau von Portugal erreichten.

Rüstungsprojekt: Im April 2005 bestellte die Regierung acht Airbus-Militärtransportflugzeuge vom Typ A400M. Die viermotorigen Propellermaschinen werden voraussichtlich zwischen 2010 und 2014 ausgeliefert. Die südafrikan. Luftwaffe verfügte 2004 über eine veraltete Flotte von Hercules- und Casa-Transportflugzeugen, die insbesondere bei friedenssichernden Missionen auf dem Kontinent zum Einsatz kam. Das Geschäft bedeutete für S. auch die Verbesserung seines Standortes für die Luftfahrtindustrie, weil es sich mit dem Vertragsabschluss die Beteiligung an Bau, Wartung und Vermarktung der viermotorigen Propellermaschine sicherte.

Aids: Als ein weiteres gravierendes Problem der südafrikan. Volkswirtschaft galt die Ausbreitung von Aids. 2004 waren rund 11 % der Bevölkerung mit dem HI-Virus infiziert - die zweithöchste Rate in der Welt. Das Virus forderte in S. im Durchschnitt täglich rund 600 Menschenleben. Landesweit war jeder dritte Todesfall auf Aids zurückzuführen. Am schlimmsten war die östliche Provinz Kwa Zulu-Natal betroffen, in der 41,5 % der Todesfälle durch die Immunschwächekrankheit hervorgerufen wurden. In der am dichtesten besiedelten Provinz Gauteng machte Aids ein Drittel aller Todesfälle aus. Die meisten Opfer gehörten der wirtschaftlich produktivsten Altersgruppe an. Mehr als 20 % aller 15- bis 49-Jährigen waren 2004 HIV-positiv. Nach Schätzungen internationaler Wirtschaftsinstitute wird das südafrikan. BIP 2010 aufgrund von Aids um 17 % niedriger ausfallen als ohne Aids. 2015 könnte der arbeitsfähige Teil der Bevölkerung um 20 % vermindert und zu 30 % mit dem Virus infiziert sein. Ohne Gegenmaßnahmen wird die Lebenserwartung in S. bis 2010 auf 43 Jahre sinken (→ Entwicklung, HIV).

Sudan

SUD

Republik Sudan

Landesfläche	2 505 813 km² (WR 10)
Einwohner	34,3 Mio. (WR 33)
Hauptstadt	Khartum (2,4 Mio. Einwohner)
Sprachen	Arabisch, Englisch, hamit. und nilot. Dialekte
Währung	1 Sudanes. Pfund = 100 Piastres
Gliederung	26 Bundesstaaten
Staatsform	Präsidiale Republik
Staatsoberhaupt und Regierungschef	Omar Hassan Ahmad al-Bashir (seit 1993 bzw. 1989) * 1944
Parlament	Nationalversammlung mit 360 Mitgliedern; 265 Sitze für Nationale Kongresspartei, 5 für Andere, 90 Sektorensitze für gesellschaftliche Gruppen reserviert (Wahl 2000)
Internet	www.sudanmfa.com
Religion	Sunniten (70 %); Animisten (25 %); Christen (5 %)
Ethn. Gruppen	Araber (49 %); Dinka (12 %); Nuba (8 %); Sonstige (31 %)
Urbanisierung	39 %
Einwohner/km	14
Bev.-Wachst./Jahr	2,2 %
Kindersterblichkeit	9,4 %
Alphabetisierung	61 %

Innenpolitik: Auch 2004/05 war das Leben im S. stark von Unruhen und blutigen Auseinandersetzungen geprägt. Die soziale, politische und wirtschaftliche Situation des Landes wurde massiv beeinträchtigt und die Entwicklung gehemmt.

Darfur: Trotz des Drucks der internationalen Staatengemeinschaft setzte die sudanes. Regierung 2004/05 ihre Unterstützung für die Araber in der Region Darfur im Westen des S. fort, wo seit Februar 2003 die schwarzafrikan. Muslime unter ethnisch motivierten Massenmorden, Vergewaltigungen und Vertreibungen zu leiden haben.

In Darfur starben laut UN-Schätzungen von Oktober 2003 bis März 2005 infolge der gewaltsamen Auseinandersetzungen zwischen Schwarzafrikanern und Arabern mind. 180 000 Menschen; das waren 10 000 pro Monat. Rund 2 Mio. Menschen befinden sich seit Beginn der Kämpfe auf der Flucht. Eine UN-Kommission warf der sudanes. Regierung und den von ihr unterstützten Milizen schwer wiegende Verstöße gegen internationales Recht vor. Zwar habe laut Kommissionsbericht die sudanes. Regierung Völkermord nicht zum Ziel ihres Vorgehens gemacht, dennoch seien Elemente von Genozid festzustellen. Die US-Regierung bezeichnete die Vorgänge in Darfur als Völkermord.

Krieg im Westen: Der Krieg im westlichen Darfur begann mit dem Aufstand zweier Rebellengruppen, der Sudanes. Befreiungsbewegung und der Bewegung für Gerechtigkeit und Gleichberechtigung. Sie warfen der Regierung vor, die Region Darfur zu benachteiligen und die schwarzafrikan. Muslime wie Sklaven zu behandeln. Im Kampf gegen die Rebellen unterstützte die Regierung arabische Reitermilizen, die mit Mord, Vergewaltigung und Brandstiftung die Zivilbevölkerung terrorisierten. Im Mai 2004 einigten sich die Kriegsparteien zwar auf ein Abkommen, mit dem die Kämpfe beendet werden sollten, dennoch dauerten die gewaltsamen Auseinandersetzungen an (Krisen und Konflikte, →Darfur).

Frieden für den Süden: Im Januar 2005 unterzeichneten Regierung und Vertreter der Sudanes. Volksbefreiungsbewegung (SPLM) in der kenian. Ortschaft Naivasha einen Vertrag, mit dem der 1983 ausgebrochene Bürgerkrieg im Süden des Landes beendet werden sollte. Kern des Abkommens war die Befreiung des Südens von der Scharia. Außerdem sah es eine sechsjährige Übergangszeit vor, während der die Sudanesische Volksbefreiungsarmee (SPLA) eigene Truppen im Süden des Landes behalten sollte. Danach sollte per Referendum entschieden werden, ob der Süden Teil des S. bleibt oder unabhängig wird. Regionale und internationale Beobachter sowie ausländische Truppen sollten das Friedensabkommen überwachen. So beschloss der UN-Sicherheitsrat im März 2005 die Entsendung von 10 700 Blauhelmsoldaten in den S. Deutschland erklärte sich bereit, im Rahmen des UN-Friedenseinsatzes (UNMISUD-Mission) 75 Militärbeobachter in den Süden des Landes zu schicken. In diesem Konflikt standen ursprünglich kulturelle Gegensätze zwischen den im Süden lebenden Christen und Anhängern animistischer Naturreligionen auf der einen und dem islamisch geprägten Norden auf der anderen Seite im Mittelpunkt.

Mit den ersten Ölfunden im S. (1979) wurde der Krieg zunehmend um die Erträge aus der Förderung des wertvollen Rohstoffes geführt.

Unruhen im Osten: Anfang 2005 verstärkten sich im Osten des Landes die Spannungen zwischen der Regierung und dem Stamm der Beja. Bei Unruhen in der ostsudanes. Hafenstadt Port Sudan starben im Januar 2005 mind. 14 Menschen. Weitere 16 Personen wurden bei den Auseinandersetzungen zwischen Polizei und Rebellen des Stammes der Beja verletzt. Die sudanes. Regierung verhängte eine Ausgangssperre über die Stadt. Die Proteste richteten sich gegen das Friedensabkommen, das mit der SPLA geschlossen worden war. Die Beja, die vom Nachbarland Eritrea unterstützt werden, warfen der Regierung vor, nicht in die Friedensverhandlungen einbezogen worden zu sein.

Außenpolitik: Die Afrikan. Union (AU) kündigte im April 2005 an, ihre Schutztruppe für die sudanes. Region Darfur von 2 200 auf ca. 7 800 Mann zu erhöhen. In der Kriegsregion sollen demnach künftig 5 500 Soldaten, 1 600 Polizisten und rund 700 Militärbeobachter die Zivilbevölkerung vor Übergriffen muslimischer Reitermilizen schützen. Mit der Aufstockung reagierte die AU auf die Überforderung der bisher in Darfur stationierten Truppen. Der UN-Sicherheitsrat verhängte im März 2005 Sanktionen gegen die mutmaßlichen Verantwortlichen für die Gewalt in Darfur. Das Gremium verabschiedete eine Resolution, wonach Täter oder Gegner des Friedensprozesses mit Reiseverboten oder dem Einfrieren ihrer Konten bestraft werden können. Es setzte ein Komitee ein, das untersuchen soll, gegen wen Sanktionen verhängt werden. Im März 2005 überwies der UN-Sicherheitsrat die dokumentierten Verbrechen an den Internationalen Strafgerichtshof (→ Menschenrechte, Internationaler Strafgerichtshof). Die sudanes. Regierung kündigte an, wegen Verbrechen in Darfur 164 Verdächtige vor ein nationales Gericht zu stellen. Die Auslieferung sudanes. Staatsbürger an ein internationales Gericht lehnte sie hingegen kategorisch ab.

Tschad: Die Regierung des Tschad stellte im April 2005 ihre Vermittlungsbemühungen in Darfur ein. Sie warf der sudanes. Regierung vor, in der Grenzregion eine 3 000 Mann starke Miliz zu unterstützen, um das Nachbarland zu destabilisieren. Bei diesen Rebellen handelte es sich angeblich um Mitglieder der arab. Djandjawid-Milizen, die in Darfur an der Seite von sudanes. Regierungstruppen gegen lokale Rebellen kämpfen. Der Tschad hatte zuvor mehrfach in dem Konflikt vermittelt und die Parteien zu Verhandlungen in N'Djamena versammelt. Im April 2004 wurde eine Waffenruhe vereinbart, die jedoch schon kurz darauf von beiden Seiten gebrochen wurde.

Wirtschaft: Die UN prognostizierten im April 2005 für Darfur eine schwere Hungerkatastrophe. Sie begründeten ihre Vorhersage damit, dass sich die Bauern wegen der Kämpfe in der Region nicht um das Getreide auf den Feldern kümmern könnten. Etwa 4 Mio. Menschen könnten von der Nahrungsknappheit betroffen sein, davon rund 1 Mio. Kinder unter fünf Jahren. Internationale Hilfsorganisationen hatten Anfang 2005 nur Zugang zu 2 Mio. der insgesamt 6 Mio. Menschen, die vor dem Konflikt in Darfur lebten. Eine internationale Geberkonferenz in Oslo beschloss im April 2005, dass der S. in den nächsten zwei Jahren 4,5 Mrd. US-Dollar für Wiederaufbau und humanitäre Projekte erhalten soll. Deutschland sagte 30 Mio. € zu. Diese Summe soll aber nicht der Regierung in Khartum, sondern internationalen Hilfsorganisationen sowie den UN zur Verfügung gestellt werden.

Sudan: Opfer der Angriffe einer arabischen Reitermiliz in einer Klinik im Süden Darfurs

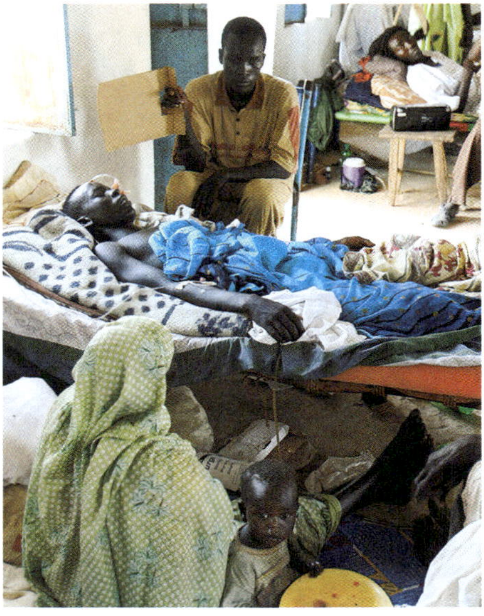

3

Surinam
SME

Republik Surinam

Landesfläche	163 265 km² (WR 90)
Einwohner	439 000 (WR 164)
Hauptstadt	Paramaribo (201 000 Einwohner)
Sprachen	Niederländisch, Hindustani, Javan., Englisch
Währung	1 Suriname-Gulden = 100 Cents
Gliederung	9 Bezirke und Hauptstadtdistrikt
Staatsform	Präsidiale Republik
Staatsoberhaupt und Regierungschef	Ronald Venetiaan (seit 2000) * 1936
Parlament	Nationalversammlung mit 51 für 5 Jahre gewählten Abgeordneten; 23 Sitze für Niew Front, 15 für Nationale Democratische Partij, 5 für Volksalliantie Voor Vooruitgang, 8 für Andere (Wahl 2005)
Religion	Christen (48 %): Katholiken (22,8 %), Protestanten (25,2 %); Hindus (27,4 %); Muslime (19,6 %); Animisten (5 %)
Ethn. Gruppen	Inder (37 %); Kreolen (31 %); Javanesen (15 %); Marons (10 %); Sonstige (7 %)
Urbanisierung	76,1 %
Einwohner/km	3
Bev.-Wachst./Jahr	0,9 %
Kindersterblichkeit	4 %
Alphabetisierung	93 %

Bei der Parlamentswahl in S. setzte sich die Koalition von Präsident Ronald Venetiaan durch. Die Parteien der regierenden Niew Front erhielten 41,2% der abgegebenen Stimmen, während auf die Nationale Democratische Partij des früheren Militärmachthabers Desi Bouterse 23,1% entfielen. Die Kandidatur Bouterses hatte den Protest der US-amerikan. und niederländ. Regierung hervorgerufen. Sie hatten angekündigt, im Falle einer Machtübernahme Bouterses ihre Entwicklungshilfeprogramme für S. auszusetzen. Bouterse wurde 1999 wegen Kokainschmuggels in den Niederlanden verurteilt. In seiner Amtszeit als Präsident wurden 1982 in einer Kaserne 15 politische Gegner erschossen. Bouterse, der 1980 mit einem Putsch an die Macht gekommen war, bestritt, davon gewusst zu haben. Im Dezember 2004 kündigte die Staatsanwaltschaft in S. einen Mordprozess gegen Bouterse an.

Swasiland
SD

Königreich Swasiland

Landesfläche	17 364 km² (WR 153)
Einwohner	1,1 Mio. (WR 151)
Hauptstadt	Mbabane (75 000 Einwohner)
Sprachen	Englisch, Si-Swati
Währung	1 Lilangeni = 100 Cents
Gliederung	4 Bezirke
Staatsform	Absolute Monarchie
Staatsoberhaupt	König Mswati III. (seit 1986) * 1968
Regierungschef	Themba Dlamini (seit 2003) * 1950
Parlament	Nationalversammlung mit 55 gewählten und 10 vom König ernannten, Senat mit 10 gewählten und 20 vom König ernannten Mitgliedern, politische Parteien verboten
Internet	www.swazi.com/government
Religion	Protestanten (37 %); Afrikanische Christen (29 %); Katholiken (11 %); Animisten (21 %); Sonstige (2 %)
Ethn. Gruppen	Swasi (84 %); Zulu (10 %); Tsonga (3 %); Sonstige (3 %)
Urbanisierung	24 %
Einwohner/km	63
Bev.-Wachst./Jahr	0,8 %
Kindersterblichkeit	14,9 %
Alphabetisierung	82 %

Anfang 2005 verschlechterte sich die Nahrungsmittelversorgung der Bevölkerung in S. Nach Angaben des Welternährungsprogramms (WFP) waren rund 262 000 Menschen im Land abhängig von Nahrungsmittellieferungen aus dem Ausland, 15 000 mehr als im Jahr zuvor. Grund für die Notlage waren unregelmäßige Regenfälle und die Ausbreitung von Aids, die dazu führte, dass viele Menschen ihre Felder nicht mehr bestellen konnten.

Etwa 75 % der Erwerbsbevölkerung sind in der Landwirtschaft tätig, die allerdings nur 11 % zum BIP beiträgt. Fast drei Viertel der Landesfläche können für den der Eigenversorgung dienenden Anbau von Mais und Hirse sowie für die Viehhaltung oder für die Plantagenkultur von Zuckerrohr, Zitrusfrüchten, Ananas und Baumwolle genutzt werden, welche die wichtigsten Ausfuhrgüter sind. Die ökonomische Bedeutung der mineralischen Rohstoffe Kohle, Diamanten und Asbest ist seit den 1990er-Jahren rückläufig. Hauptzweige der industriellen Produktion, die 41 % zum BIP beiträgt, sind die exportorientierte Verarbeitung von land- und forstwirtschaftlichen Erzeugnissen sowie die Getränke- und Textilindustrie.

Syrien SYR **Arabische Republik Syrien**	
Landesfläche	185 180 km² (WR 86)
Einwohner	18,2 Mio. (WR 55)
Hauptstadt	Damaskus (1,7 Mio. Einwohner)
Sprachen	Arabisch, Kurdisch, Armenisch
Währung	1 syr. Pfund = 100 Piastres
Gliederung	13 Provinzen und Hauptstadt
Staatsform	Präsidiale Republik
Staatsoberhaupt	Baschar al-Assad (seit 2000) * 1965
Regierungschef	Muhammad Naji al-Otari (seit 2003) * 1944
Parlament	Volksversammlung mit 250 für 4 Jahre gewählten Abgeordneten; 167 Sitze für die von der regierenden Baath-Partei dominierte Nationale Front, 83 für unabhängige Kandidaten (Wahl 2003)
Internet	www.syriagate.com
Religion	Muslime (90 %): Sunniten (74 %), Alawiten, Drusen, Sonstige (16 %); Christen und Andere (10 %)
Ethnische Gruppen	Araber (90,3 %); Kurden; Armenier und Sonstige (9,7 %)
Urbanisierung	50 %
Einwohner/km	98
Bev.-Wachst./Jahr	2,4 %
Kindersterblichkeit	2,8 %
Alphabetisierung	77 %

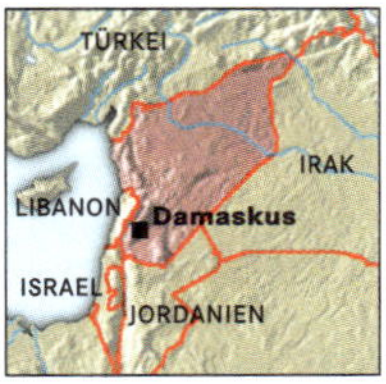

Außenpolitik: Nach der Ermordung des libanes. Oppositionspolitikers Rafik Hariri im Februar 2005 geriet S. als Besatzungsmacht des Libanon unter Druck, da der syr. Regierung eine Mitschuld an dem Attentat angelastet wurde. Mit dem Rückzug seiner Truppen aus dem Nachbarland versuchte S., einer internationalen Isolierung zu entgehen. Insbesondere die USA, Großbritannien, Frankreich und Saudi-Arabien hatten S. zum Abzug aufgefordert. Die syr. Regierung versuchte zwar, bei Russland, seit Jahrzehnten ein enger Bündnispartner, Rückendeckung zu erhalten, doch auch der russ. Präsident Wladimir Putin legte Damaskus den Rückzug nahe.

Baschar al-Assad
Syr. Staatspräsident, *11. 9. 1965 in Damaskus. Als Baschar al-Assad im Juni 2000 die Nachfolge seines verstorbenen Vaters Hafis al-Assad antrat, war er der jüngste Präsident in der syr. Geschichte. Er studierte Medizin in Damaskus, ab 1992 Augenheilkunde in London. Er gab das Studium auf, nachdem sein Bruder Basil 1994 bei einem Autounfall umgekommen war und sein Vater ihn gebeten hatte, politische Aufgaben zu übernehmen.

Iran: Im Februar 2005 vereinbarten S. und Iran eine »gemeinsame Front« für den Fall eines US-amerikan. Militärschlags; Details der Vereinbarung wurden nicht bekannt. Der US-Regierung wurde wiederholt nachgesagt, eine Militäraktion gegen S. zu erwägen. Neben einer Verwicklung in den Mord an Hariri warfen die USA dem Land vor, den internationalen Terrorismus zu unterstützen. Schon zur Zeit des Irakkriegs war das Verhältnis zwischen den USA und S. stark angespannt. So konnten die US-Amerikaner die syr. Regierung 2003 zwar dazu bewegen, der Resolution 1441 zuzustimmen, die Waffenkontrollen im Irak forderte. Als der Krieg gegen den Irak begann, protestierte S. jedoch massiv. Die USA beschuldigten die Regierung damals, das irak. Militär mit Waffenlieferungen zu unterstützen; 2005 richteten sich die Vorwürfe auf die angebliche Unterstützung der irak. Aufständischen.

Irak: Der irak. Übergangsministerpräsident Ijad Allawi beschuldigte die syr. Regierung im Dezember 2004, Gefolgsleute des gestürzten Diktators Saddam Husain zu beherbergen, die Terroranschläge im Irak planten und finanzierten. So sollen Husains Halbruder Sabaawi und der ehemalige irak. Geheimdienstchef Taher Habbusch dort Zuflucht gefunden haben. Allawi verlangte die Auslieferung der beiden Männer und anderer ehemaliger Regimefunktionäre und forderte Präsident Baschar al-Assad auf, die Vorbereitung terroristischer Aktionen von S. aus abzustellen. Trotz der Spannungen kündigte die syr. Regierung im April 2005 an, nach mehr als zwei

Jahrzehnten wieder diplomatische Beziehungen zum Irak aufzunehmen. Die Regierungen in Damaskus und Bagdad hatten ihre diplomatischen Beziehungen 1982 abgebrochen, nachdem sich S. im 1. Golfkrieg zwischen dem Irak und Iran auf die Seite Teherans gestellt hatte.

Innenpolitik: Die Herrschaft von Präsident Assad stützt sich insbesondere auf die Geheimdienste, von denen die meisten sein Vater, der 2000 verstorbene Diktator Hafis al-Assad, aufgebaut hat. Ihre Zahl ist nicht genau bekannt, die Schätzungen westlicher Diplomaten reichen bis zu 15. Ab 2000 wurden mehrere Dienste zusammengelegt, z. B. der politische und der allgemeine Geheimdienst zum »Staatssicherheitsdienst«, der u. a. über Auslands- und Spionageabwehrabteilungen verfügt. In der regierenden Baath-Partei und den Spezialtruppen werden weitere Geheimdienste vermutet.

Kurden: Im März 2005 verfügte der Präsident einen Straferlass für 312 kurdische Häftlinge. Er beabsichtigte, damit ein Zeichen der Toleranz zu setzen. Die Kurden waren 2004 bei Unruhen im Nordosten des Landes festgenommen worden. Die Kurden in S. warfen der Regierung vor, ihre Region im Norden zu vernachlässigen und die Menschenrechte zu verletzen. Etwa 1,5 Mio. Einwohner sind Angehörige dieser Volksgruppe.

Wirtschaft: Nach Jahren der Stagnation verzeichnete die Wirtschaft 2004 einen kräftigen Aufschwung; das BIP stieg um 3,5 %. Die positive Entwicklung wurde insbesondere auf die hohe Nachfrage nach Erdöl zurückgeführt, dessen Förderung ca. 50 % der Staatseinnahmen deckte. Zur Belebung der Konjunktur trugen auch die marktwirtschaftlichen Reformen bei, welche die Regierung 2004 einleitete. Private Banken wurden zugelassen und Investitionsprojekte von mehr als 4 Mrd. US-Dollar genehmigt. Neue Impulse erhielt die Wirtschaft im Oktober 2004 durch ein Assoziationsabkommen mit der EU.

Die Regierung setzte sich das Ziel, bis 2010 das Durchschnittsjahreseinkommen der Syrer von 1 050 US-Dollar auf 1 350 US-Dollar anzuheben. Im selben Zeitraum sollen ca. 1 Mio. neue Arbeitsplätze entstehen. Mit einer Bildungsoffensive beabsichtigte sie, den Anteil eines Jahrgangs, der einen akademischen Abschluss erlangt, von 12 % auf 18 % anzuheben. Außerdem soll der Anteil der Bevölkerung, der unter der Armutsgrenze lebt, von 11,4 % auf 8,7 % gesenkt werden.

Tadschikistan

TD

Republik Tadschikistan

Landesfläche	143 100 km22 (WR 93)
Einwohner	6,3 Mio. (WR 99)
Hauptstadt	Duschanbe (590 000 Einwohner)
Sprachen	Tadschikisch, Russisch, Usbekisch
Währung	1 Tadschikischer Rubel = 100 Kopeken
Gliederung	3 Gebiete, Hauptstadtbezirk
Staatsform	Republik
Staatsoberhaupt	Emomali Rachmonow (seit 1994) * 1952
Regierungschef	Akil Akilow (seit 1999) * 1944
Parlament	Nationalversammlung mit 63 für 5 Jahre gewählten Abgeordneten; 52 Sitze für Volksdemokratische Partei, 4 für Kommunistische Partei, 7 für Andere (Wahl 2005)
Religion	Sunniten (80 %), schiitisch-ismailitische Muslime (5 %), Sonstige (15 %)
Ethn. Gruppen	Tadschiken (64 %); Usbeken (24 %); Russen (7 %); Tataren (1 %); Kirgisen (1 %); Sonstige (3 %)
Urbanisierung	25 %
Einwohner/km	44
Bev.-Wachst./Jahr	0,9 %
Kindersterblichkeit	11,6 %
Alphabetisierung	99 %

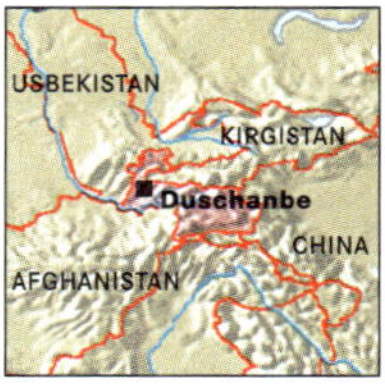

Innenpolitik: Bei der Parlamentswahl im Februar 2005 setzte sich erwartungsgemäß die Volksdemokratische Partei von Präsident Emomali Rachmonow durch; sie erhielt 74 % der Stimmen. Auf die oppositionelle Kommunistische Partei entfielen lediglich 13 %. Nach Einschätzung der EU entsprach die Wahl nicht demokratischen Standards. Es habe Unregelmäßigkeiten bei der Auszählung gegeben. Die OSZE kritisierte, dass die staatlichen Hörfunk- und Fernsehsender ausschließlich die Regierungspartei zu Wort hätten kommen lassen. Zu Beginn der Wahlkampagne waren außerdem einige unabhängige Zeitungen geschlossen worden. Rachmonow regiert T. autoritär. 2003 ließ er sich in einem Referendum, das von den USA und der OSZE scharf kritisiert wurde, eine Verfassungsänderung genehmigen, die ihm eine Amtszeit bis zum Jahr 2020 erlaubt.

Festnahme: Im April 2005 wurde in Duschanbe der führende Oppositionspolitiker Machmadrusi Iskandarow verhaftet. Die Justiz warf ihm vor, Terroranschläge organisiert und Staatseigentum unterschlagen zu haben. Iskandarow gehört als Vorsitzender der Demokratischen Partei zu den wichtigsten Gegnern des Rachmonow-Regimes. Er hatte sich im Dezember 2004 nach Russland abgesetzt und war dort auf Verlangen T.s verhaftet, jedoch im April wieder freigelassen worden. Die Demokratische Partei durfte nicht zu den Parlamentswahlen antreten. Iskandarows Anhänger behaupteten, dass die Vorwürfe gegen den Oppositionspolitiker politisch motiviert seien.

Wirtschaft: Im März 2005 stellten die USA 28 Mio. US-Dollar für die Errichtung einer ersten Brücke zwischen T. und Afghanistan bereit. Der Bau, der im Mai begann und voraussichtlich im April 2007 abgeschlossen sein wird, soll den Handel zwischen den beiden Ländern fördern. Die Brücke löst den Schleppkahn auf dem Fluss Pjandsch ab, der höchstens 60 Fahrzeuge pro Tag transportieren kann und mehrere Monate im Jahr außer Betrieb ist, weil die Strömung zu gefährlich ist.

Beihilfe: Im April 2005 gewährte die Weltbank T. eine Beihilfe in Höhe von 10 Mio. US-Dollar zur Unterstützung von Reformen in der Landwirtschaft. Mit dem nicht zurückzuzahlenden Geld sollen Privatisierungen vorangetrieben werden, um die Produktivität des Agrarsektors und das Einkommen der dort Beschäftigten zu erhöhen.

Taiwan: Hunderttausende Taiwanesen demonstrieren am 26. 3. 2005 in Taipeh gegen das chinesische Antisezessionsgesetz.

Taiwan

RC

Republik China

Landesfläche	36 000 km² (WR 134)
Einwohner	22,7 Mio. (WR 48)
Hauptstadt	Taipeh (2,7 Mio. Einwohner)
Sprachen	Chinesisch, Fukien-Dialekte
Währung	1 Neuer Taiwan-Dollar = 100 Cents
Gliederung	7 Stadtkreise, 16 Landkreise
Staatsform	Republik
Staatsoberhaupt	Chen Shui-bian (seit 2000) * 1951
Regierungschef	Frank Hsieh (seit 2005) * 1946
Parlament	Legislativ-Yüan mit 225 Mitgliedern; 89 für Demokratische Progressive Partei (MCT), 79 für Kuomintang, 34 für Partei Volk zuerst (PFP), 23 für andere (Wahl 2004)
Internet	www.gio.gov.tw
Religion	Buddhisten; Konfuzianer; Taoisten (93 %); Christen (4,5 %); Sonstige (2,5 %)
Ethn. Gruppen	Taiwaner (84 %); Festland-Chinesen (14 %); Sonstige (2 %)
Urbanisierung	92 %
Einwohner/km	631
Bev.-Wachst./Jahr	0,7 %
Kindersterblichkeit	k. A.
Alphabetisierung	94 %

Außenpolitik: Trotz internationaler Proteste beschloss der chines. Volkskongress im März 2005 ein Antisezessionsgesetz, durch das sich die Spannungen zwischen T. und China weiter verschärften. Das Gesetz erlaubt einen Militärschlag gegen T., falls der Inselstaat sich offiziell für unabhängig erklärt. China betrachtet T., das sich seit 1949 für unabhängig hält, als abtrünnige Provinz. Die taiwanes. Regierung bezeichnete das Gesetz als eine ernsthafte Provokation, welche die Sicherheit in der gesamten Region erheblich gefährden könnte. Ministerpräsident Frank Hsieh erwog als Reaktion auf das Gesetz, die Verfassung zu ändern und sich ausdrücklich für unabhängig zu erklären. V. a. die USA und Japan versuchten, in dem Konflikt zu vermitteln. Die US-amerikan. Regierung bezeichnete die Gewaltandrohung gegen taiwanes. Unabhängigkeitsbestrebungen als »unglücklich« und forderte ebenso wie Japan China dazu auf, den friedlichen Dialog mit T. zu wahren. Jede militärische Aktion wäre eine Gefahr für den gesamten ostasiatischen Raum.

Opposition: Im April 2005 reiste der taiwanes. Oppositionsführer Lien Chan von der Nationalen Volkspartei (Kuomintang) zu Gesprächen mit der chines. Regierung nach China. Er unterstützte indirekt das Antisezessionsgesetz der Chinesen und rief dadurch die Proteste vieler Taiwanesen hervor. Höhepunkt der Reise Liens war ein Treffen mit dem chines. Staats- und Parteichef Hu Jintao. Zuletzt trafen die Chefs der Nationalen Volkspartei und der KP 1945 zusammen. Damals berieten Chiang Kai-shek und Mao Zedong über die Möglichkeit, eine Regierung der nationalen Einheit zu bilden. Nachdem die Verhandlungen gescheitert waren, flohen 1949 die Nationalisten auf die Insel Formosa, wo sie eine eigene Regierung für T. bildeten. Die Nationale Volkspartei regierte in T. bis zum Jahr 2000.

Flugverkehr: Trotz der Spannungen flog im Januar 2005 erstmals seit über 50 Jahren ein Flugzeug direkt von China nach T. An Bord einer Maschine der China Southern Airlines, die in Taipeh landete, befanden sich v. a. taiwanes. Geschäftsleute, die für die chines. Neujahrsferien nach Hause kamen. Der Flug ging auf ein Abkommen zurück, in dem beide Staaten vereinbarten, in den Ferien zwischen dem 29. Januar und dem 20. Februar regelmäßig Direktflüge zuzulassen. Nach seiner Abspaltung von China (1949) hatte T. alle direkten Verkehrsverbindungen über die Formosastraße zum Festland unterbunden. Erstmals waren 2003 zum Chines. Neujahrsfest Flüge zwischen China und T. auf dem Umweg über die chines. Sonderverwaltungszonen Hongkong und Macau zugelassen worden.

Taiwan: der Konflikt mit China

1949: Flucht der chines. Nationalregierung unter Präsident Chiang Kai-shek und von rund 1,5 Mio. Chinesen vor der revolutionären Volksarmee Mao Zedongs auf die Insel Formosa (heute Taiwan). China besteht auf dem Alleinvertretungsanspruch und fordert die Vereinigung von Taiwan und China.
1954: Verteidigungsvertrag zwischen den USA und Taiwan
1965: Einstellung der Wirtschaftshilfe durch die USA; die militärische Kooperation bleibt bestehen.
1971: Aufnahme Chinas in die UNO, Austritt Taiwans aus der UNO
1972: Unterzeichnung des sog. Schanghaier Kommuniqués zwischen den USA und China; die darin enthaltene Taiwanklausel erklärt Taiwan zu einem Bestandteil Chinas und die Lösung der Taiwanfrage zu einer innerchines. Angelegenheit.
1978: Beendigung des bilateralen Verteidigungsvertrages zwischen den USA und Taiwan
1979: Inkrafttreten des sog. Taiwan Relations Act, der Taiwan umfangreiche Waffenlieferungen durch die USA zusichert
1993: Erstmals Gespräche zwischen China und T. auf inoffizieller Ebene
1994: Aufnahme des Kulturaustausches zwischen China und Taiwan; Scheitern der Gespräche über ein Abkommen zur Auslieferung von Flugzeugentführern
2000: Im Vorfeld der taiwanes. Präsidentschaftswahlen droht China mit der Anwendung von Gewalt, falls sich Taiwan weigere, mit China über eine baldige Wiedervereinigung zu verhandeln.
2001: Die USA kündigen umfangreiche Waffenlieferungen an Taiwan an.
2003: Die Landung des ersten Passagierflugzeuges aus Taiwan in China seit 53 Jahren stellt aus chines. Sicht eine erste Etappe auf dem Weg zu einer friedlichen Wiedervereinigung dar.
2005: Durch das chines. Antisezessionsgesetz wird der Konflikt verschärft.

Innenpolitik: Im Januar 2005 ernannte der taiwanes. Präsident Chen Shui-bian den als pragmatisch geltenden Politiker Frank Hsieh zum neuen Ministerpräsidenten. Hsieh, der der regierenden Demokratischen Progressiven Partei (MCT) angehört, soll die innenpolitischen Differenzen in T. beilegen und die Beziehungen zu China verbessern. Die MCT war aus der Parlamentswahl im Dezember 2004 mit 38 % der abgegebenen Stimmen als stärkste Kraft hervorgegangen, während auf die nationalistische Kuomintang 34,9 % entfallen waren.

Sonderparlament: Im Mai 2005 gewann die regierende MCT die Wahl eines Sonderparlaments, was als Zeichen für die Unterstützung der Bevölkerung für den Unabhängigkeitskurs des Präsidenten Chen Shui-bian gewertet wurde. Mit 42,5 % der abgegebenen Stimmen setzte sich die MCT gegen die nationalistische Kuomintang durch, auf die 38,9 % der Stimmen entfielen. Das Sonderparlament erhielt die Aufgabe, über eine Reihe von Verfassungsänderungen abzustimmen.

Vorgesehen ist die Verkleinerung des Parlaments von derzeit 225 auf 113 Sitze, die Verlängerung von dessen Amtszeit von drei auf vier Jahre sowie die Verankerung von Volksreferenden zur Durchsetzung von Verfassungsänderungen. MCT und Kuomintang unterstützten die Verfassungsreform, sodass mit deren baldiger Verabschiedung gerechnet wird.

Tansania

EAT

Vereinigte Republik Tansania

Landesfläche	883 749 km² (WR 32)
Einwohner	37,7 Mio. (WR 32)
Hauptstadt	Dodoma (400 000 Einwohner)
Sprachen	Suaheli, Englisch, Stammessprachen
Währung	1 Tansania Shilling = 100 Cents
Gliederung	26 Regionen (davon 5 auf Sansibar)
Staatsform	Präsidiale föderative Republik
Staatsoberhaupt	Benjamin W. Mkapa (seit 1995) * 1938
Regierungschef	Frederick Sumaye (seit 1995) * 1950
Parlament	Nationalversammlung mit 269 Mitgliedern, davon 232 für 5 Jahre gewählt; 244 Sitze für die Revolutionspartei, 15 für die Bürgerliche Vereinigte Front, 10 für Andere (Wahl 2000)
Internet	www.tanzania.go.tz
Religion	Christen (45 %); Muslime (35 %); Animisten (20 %)
Ethn. Gruppen	Niamwezi, Sukuma (26,3 %); Swahili (8,8 %); Haya (5,3 %); Hehet, Bena (5 %); Makonde (3,7 %); Sonstige (50,9 %)
Urbanisierung	35 %
Einwohner/km	43
Bev.-Wachst./Jahr	1,9 %
Kindersterblichkeit	16,5 %
Alphabetisierung	78 %

Das Land lag weiterhin am unteren Ende des UN-Entwicklungsindex und blieb nach wie vor in hohem Maße von internationaler Hilfe abhängig. Frankreich kündigte im September 2004 umfangreiche Hilfen zur Verbesserung der wirtschaftlichen Lage in T. an. Es erließ dem Staat Schulden in Höhe von 116 Mio. €, wobei es diese Entscheidung mit der Bedingung verknüpfte, dass die frei werdenden Mittel in die Bildung der Bevölkerung investiert werden. Außerdem sollte die laufende Entwicklungshilfe für T. deutlich erhöht werden, um die Versorgung mit Elektrizität und Wasser insbesondere in den ländlichen Regionen sicherzustellen. Weitere Geldmittel wurden für die Sanierung der historischen Stadt Kilwa im Süden des Landes, für den Bau einer Tourismusschule in Daressalam sowie für den Umweltschutz zur Verfügung gestellt. Insgesamt beträgt die finanzielle Hilfe Frankreichs für T. jährlich rund 15 Mio. €.

Das Welternährungsprogramm der UN (WFP) verlangte im Oktober 2004 von der internationalen Staatengemeinschaft höhere Zuwendungen für die Versorgung der Flüchtlinge in T. Falls die finanziellen Mittel nicht deutlich erhöht würden, müssten mittelfristig die Lebensmittellieferungen für die rund 400 000 Menschen aus Burundi und Kongo, die vor dem Krieg in ihrer Heimat in T. Zuflucht gefunden hatten, um ca. ein Viertel gekürzt werden.

Thailand

THA

Königreich Thailand

Landesfläche	513 115 km² (WR 49)
Einwohner	63,5 Mio. (WR 19)
Hauptstadt	Bangkok (6 Mio. Einwohner)
Sprachen	Thai, Englisch, Chinesisch
Währung	1 Baht = 100 Stangs
Gliederung	6 Regionen, 76 Provinzen
Staatsform	Konstitutionelle Monarchie
Staatsoberhaupt	König Rama IX. Bhumibol (seit 1946) * 1927
Regierungschef	Thaksin Shinawatra (seit 2001) * 1949
Parlament	Abgeordnetenhaus mit 500 für 4 Jahre gewählten Abgeordneten und Senat mit 200 Mitgliedern; im Abgeordnetenhaus 377 Sitze für Thais lieben Thais-Partei, 96 für Demokratische Partei, 27 für andere (Wahl 2005)
Internet	www.thaigov.go.th; www.parliament.go.th
Religion	Buddhisten (93 %); Muslime (4 %); Sonstige (3 %)
Ethn. Gruppen	Thai (75 %); Chinesen (14 %); Sonstige (11 %)
Urbanisierung	32 %
Einwohner/km	124
Bev.-Wachst./Jahr	1 %
Kindersterblichkeit	2,8 %
Alphabetisierung	95 %

Innenpolitik: Bei der Parlamentswahl im Februar 2005 setzte sich die Regierungspartei von Ministerpräsident Thaksin Shinawatra mit deutlichem Vorsprung durch. Die Thais-lieben-Thais-Partei des Millionärs Shinawatra erreichte mehr als 60 % der abgegebenen Stimmen und stellt 377 der 500 Abgeordneten im neuen Parlament. Shinawatra wurde durch seine zahlreichen Versprechungen (u. a. Zinsmoratorium für die hoch verschuldeten Bauern, milliardenschwere Aufbaukredite) populär. Die Demokratische Partei, die bis 2001 die Regierung gebildet hatte, blieb mit 18,3 % (96 Mandaten) stärkste Oppositionspartei.

Islamistischer Anschlag: Bei einem Bombenanschlag vor einem Hotel in Sungai Kolok in der Provinz Narathiwat im muslimischen Süden starben im Februar 2005 etwa zehn Menschen. Zwei Stunden vor dem Attentat hatte der thailänd. Regierungschef Shinawatra einen Besuch in der Unruheregion abgebrochen. Sungai Kolok, das an der Grenze zu Malaysia liegt, wird seit Anfang 2004 von islamistischen Unruhen erschüttert, bei denen bis Mitte 2005 ca. 700 Menschen starben. Aufständische Muslime fordern mehr Autonomie von der Zentralregierung in Bangkok. Thaksin lehnte diese Forderungen ab und kündigte die Niederschlagung der Unruhen an.

Neuer Unruheherd: Im April 2005 griffen die Unruhen im Süden auf die Provinz Songhkla über, die bis dahin als sicher galt. Bei Anschlägen auf den Flughafen der Stadt Hat Yai, in einem Kaufhaus und vor einem Hotel starben zwei Menschen, etwa 80 Personen wurden verletzt.

Untersuchungskommission: Im März 2005 reichten mehr als 60 Europäer bei der US-amerikan. Justiz Klage u. a. gegen thailänd. Behörden ein. Sie warfen ihnen im Zusammenhang mit der Tsunami-Katastrophe grobe Fahrlässigkeit vor, die den Tod der Menschen befördert habe. Eine thailänd. Untersuchungskommission, die eventuelle Versäumnisse der Behörden bei der Katastrophe herausfinden sollte, beschloss daher, ihre Erkenntnisse unter Verschluss zu halten. Sie sollte v. a. der Frage nachgehen, warum es keine Flutwarnung gegeben hatte, obwohl die Stärke des auslösenden Seebebens am 26. Dezember früh bekannt war. Durch den Tsunami starben allein in T. ca. 5 500 Menschen.

Togo

Republik Togo RT

Landesfläche	56 785 km² (WR 122)
Einwohner	5 Mio. (WR 112)
Hauptstadt	Lomé (680 000 Einwohner)
Sprachen	Französisch, Ewe, Kabyé
Währung	CFA-Franc
Gliederung	5 Regionen, 23 Präfekturen
Staatsform	Präsidiale Republik
Staatsoberhaupt	Faure Gnassingbé (seit 2005) * 1966
Regierungschef	Koffi Sama (seit 2002) * 1944
Parlament	Nationalversammlung mit 81 Mitgliedern; 72 Sitze für den togoles. Volksbund, 9 für Andere (Wahl 2002), Boykott der Oppositionsparteien
Internet	www.republicoftogo.com
Religion	Animisten (59 %); Katholiken (21 %); Muslime (12 %); Protestanten (7 %); Sonstige (1 %)
Ethn. Gruppen	Adja-Ewe (43 %); Kabyé-Tem (27 %); Gurma (16 %); Kebu-Akposo (4 %); Ana-Ife (3 %); Sonstige (7 %)
Urbanisierung	35 %
Einwohner/km	88
Bev.-Wachst./Jahr	2,3 %
Kindersterblichkeit	14 %
Alphabetisierung	61 %

Innenpolitik: Bei der Präsidentschaftswahl im April 2005 setzte sich Faure Gnassingbé, der Sohn des langjährigen Staatschefs Gnassingbé Eyadéma, durch. Er erhielt dem offiziellen Ergebnis zufolge 60 % der abgegebenen Stimmen, während auf den Oppositionskandidaten Bob Akitani lediglich 38 % entfielen. Nach der Wahl brachen schwere Unruhen aus, die das Land an den Rand des Bürgerkriegs führten. Akitani war der gemeinsame Kandidat der sechs größten Oppositionsparteien, die sich zur Partei Vereinigte Kräfte für den Wandel zusammengeschlossen hatten. Akitani war bereits 2003 angetreten, hatte aber in dem von Gewalt geprägten Wahlkampf gegen den damaligen Präsidenten Eyadéma keine Chance. Um den Ausbruch eines Bürgerkriegs zu vermeiden, einigten sich Gnassingbé und Akitani noch vor der Präsidentschaftswahl auf eine Regierung der nationalen Einheit. Allerdings kündigte Akitani sie unmittelbar nach Bekanntgabe des Wahlergebnisses wieder auf und rief sich selbst zum Präsidenten aus. Er begründete seine Entscheidung mit Wahlfälschungen durch die Regierung. Anschließend brachen schwere Auseinandersetzungen zwischen Anhängern von Regierung und Opposition aus, bei denen mind. 40 Menschen starben.

Manipulationsvorwürfe: Bereits zwei Wochen vor der Wahl gab es Anzeichen für Manipulationsversuche durch die Regierungspartei. Hunderte Oppositionsanhänger forderten in der Hauptstadt Lomé die Aushändigung ihrer Wählerkarten, ohne die sie nicht abstimmen konnten. Als die Menge versuchte, das Rathaus in Lomé zu stürmen, setzte die Bereitschaftspolizei Tränengas ein. Die Opposition warf der Regierung vor, über die Registrierung die Wahl beeinflusst zu haben. Während Tausende Tote oder erfundene Personen für wahlberechtigt erklärt wurden, blieben viele Regierungskritiker von der Wahl ausgeschlossen.

Tod des Diktators: Die Neuwahlen zum Staatsoberhaupt waren durch den Tod Eyadémas im Februar 2005 notwendig geworden. Eyadéma, der 1967 durch einen Putsch an die Macht gekommen war, war der am längsten amtierende Staatschef Afrikas und galt als einer der letzten »starken Männer« des Kontinentes. Seine Herrschaft beruhte auf Günstlingswirtschaft, mit der er sich die Loyalität der ethnischen und religiösen Gruppen des Landes sicherte. Er überlebte mehrere Attentate sowie 1974 einen Flugzeugabsturz. Nach seinem Tod ließ sich sein Sohn Faure Gnassingbé mit Unterstützung der Streitkräfte und gegen die geltende Verfassung zunächst als neuer Präsident vereidigen. Nach heftigen Protesten im In- und Ausland erklärte er aber seinen Rücktritt und machte den Weg für die Wahlen frei.

Rückkehr: Der Tod Eyadémas führte im März 2005 auch zur Rückkehr des togoles. Oppositionspolitikers Gilchrist Olympio, der zuvor acht Jahre im Exil gelebt hatte. Mit Palmenblättern winkten Tausende Menschen dem Sohn des 1963 ermordeten, ersten frei gewählten Präsidenten Sylvanus Olympio zu, als er von der Grenze aus in die Hauptstadt fuhr. Im Wahlkampf engagierte sich Gilchrist Olympio für das Oppositionslager und dessen Spitzenkandidaten Akitani. Er selbst durfte sich nicht als Kandidat aufstellen lassen, weil er in den Jahren vor der Wahl nicht in T. gelebt hatte. Das entsprechende Gesetz hatte noch Gnassingbé Eyadéma vor seinem Tod erlassen.

Togo: Nach den Präsidentenwahlen kommt es in ganz Togo, wie hier in Bagida am 24. 4. 2005, zu gewalttätigen Ausschreitungen.

Außenpolitik: Wegen des Versuchs von Faure Gnassingbé, nach dem Tod seines Vaters widerrechtlich die Macht zu übernehmen, geriet T. im Februar 2005 für kurze Zeit in die internationale Isolation. Die westafrikan. Wirtschaftsgemeinschaft ECOWAS setzte die Mitgliedschaft des Landes aus und verhängte ein Waffenembargo gegen T. Außerdem schränkte sie die Reisefreiheit für Regierungsmitglieder ein. Gleichzeitig kündigten die ECOWAS-Staaten an, ihre Botschafter aus Lomé abzuziehen. Ein von Ghana, Mali, Benin, Niger und Nigeria gebildetes Komitee sollte über die Umsetzung der Sanktionen beraten. Die USA und die EU drohten ebenfalls mit scharfen Konsequenzen. Nach der Wahl riefen die USA, ECOWAS und die EU die togoles. Konfliktparteien auf, die vereinbarte Regierung der nationalen Einheit fortzusetzen, um den Ausbruch eines Bürgerkriegs zu verhindern.

Antideutsche Gewalt: Unmittelbar nach dem Ausbruch der innenpolitischen Unruhen im April 2005 wurde das dt. Goethe-Institut beschossen und in Brand gesteckt. Maskierte und bewaffnete Männer überfielen das dt. Kulturinstitut in Lomé. Die dt. Regierung vermutete hinter dem Angriff einen politischen Hintergrund. Die dt. Botschaft in Lomé war in den Tagen zuvor von togoles. Regierungsvertretern kritisiert worden, die den Diplomaten Parteinahme für die Opposition vorwarfen. Sie begründeten ihre Kritik mit dem Fall des früheren Innenministers von T., François Esso Boko, welcher der Regierung Wahlbetrug vorgeworfen und anschließend Zuflucht in der dt. Botschaft gefunden hatte. Die meisten Deutschen verließen nach Ausbruch der Unruhen das Land.

Tonga

Königreich Tonga TO

Landesfläche	747 km² (WR 171)
Einwohner	109 000 (WR 178)
Hauptstadt	Nuku'alofa (40 000 Einwohner)
Sprachen	Tonga, Englisch
Währung	1 Pa'anga = 100 Jenti
Gliederung	3 Insel-Distrikte; 172 Inseln
Staatsform	Konstitutionelle Monarchie im Commonwealth
Staatsoberhaupt	König Taufa'ahau Tupou IV. (seit 1965) * 1918
Regierungschef	Lavaka'ata Ulukalala (seit 2000) * 1959
Parlament	Gesetzgebende Versammlung mit 30, darunter 9 vom Volk und 9 von Adelsfamilien für 3 Jahre gewählten Mitgliedern sowie Kronrat (12 Personen); von den 9 vom Volk gewählten 7 für Human Rights and Democracy Movement
Religion	Protestanten (76 %), Katholiken (16 %); Baha'i (4 %); Sonstige (4 %)
Ethn. Gruppen	Tongaer (98,3 %); Sonstige (1,7 %)
Urbanisierung	42 %
Einwohner/km	146
Bev.-Wachst./Jahr	1,9 %
Kindersterblichkeit	2 %
Alphabetisierung	98 %

Bei der Wahl zur gesetzgebenden Versammlung im März 2005 erhielten Kandidaten der Human Rights and Democracy Movement in Tonga (HRDMT) 38,9 % der abgegebenen Stimmen. Allerdings erreichte sie dadurch lediglich sieben der 30 Mandate in der Versammlung. 12 Abgeordnete waren Regierungsmitglieder, die von König Taufa'ahau Tupou IV. ernannt wurden. Neun Mandate gingen an Vertreter der Nobilität des Landes, zwei weitere an unabhängige Kandidaten. Auf T., einer konstitutionellen Erbmonarchie im brit. Commonwealth, sind Parteien offiziell nicht zugelassen. 1994 gründete sich mit der People's Party (PP) erstmalig eine politische Partei, die sich für die Demokratisierung des Inselstaates einsetzte. Die HRDMT schloss sich dieser Forderung an, ist aber ebenso wenig wie die PP als Partei anerkannt. Ihre Kandidaten in der gesetzgebenden Versammlung gelten daher offiziell als unabhängig. König Taufa'ahau Tupou IV. regiert seit 1965 auf T. und gilt als Gegner demokratischer Reformen, da nach seiner Ansicht die monarchische Staatsform schneller auf die Wünsche der Bevölkerung reagieren könne. 1998 löste er die gesetzgebende Versammlung auf, in der auch die PP mit sechs Abgeordneten vertreten war.

Trinidad und Tobago

Republik Trinidad und Tobago TT

Landesfläche	5130 km² (WR 163)
Einwohner	1,3 Mio. (WR 148)
Hauptstadt	Port of Spain (52 000 Einwohner)
Sprachen	Englisch, Patois, Spanisch, Französisch
Währung	1 Tr.-u.-Tob.-Dollar = 100 Cents
Gliederung	8 Counties und Tobago
Staatsform	Präsidialrepublik im Commonwealth (seit 1976)
Staatsoberhaupt	Maxwell Richards (seit 2003) * 1931
Regierungschef	Patrick Manning (seit 2002) * 1946
Parlament	Senat mit 31 vom Präsidenten ernannten und Repräsentantenhaus mit 36 für 5 Jahre gewählten Mitgliedern; 20 für Nationale Bewegung des Volkes, 16 Sitze für Vereinigter Nationaler Kongress (Wahl 2002)
Internet	www.gov.tt
Religion	Christen (59 %); Hindus (24 %); Muslime (6 %); Sonstige (11 %)
Ethn. Gruppen	Inder (40 %); Schwarze (40 %); Mischlinge (18 %); Sonstige (2 %)
Urbanisierung	75 %
Einwohner/km	253
Bev.-Wachst./Jahr	0,3 %
Kindersterblichkeit	2 %
Alphabetisierung	98 %

T. u. T. begannen Ende der 1990er-Jahre mit dem Aufbau einer verarbeitenden Industrie. Dadurch wollte der Kleinstaat die Länder der karibischen Wirtschaftsgemeinschaft Caricom – die englischsprachigen Staaten Guyana, Surinam und Belize – mit Möbeln, Bier und Textilien beliefern. Der wichtigste Wirtschaftszweig von T. u. T. blieb jedoch die Ölindustrie. Erdöl und chemische Produkte machten über 70 % des Exportvolumens aus. Größter Handelspartner sind die USA. Eine weitere wichtige Einnahmequelle war 2004 der Fremdenverkehr, insbesondere auf Tobago. Allerdings legten T. u. T. großen Wert auf nachhaltigen Tourismus, mit dem sie sich vom Billig-Fremdenverkehr wie z. B. in der Dominikanischen Republik abgrenzen wollten.

Tschad TCH

Republik Tschad

Landesfläche	1,28 Mio. km² (WR 20)
Einwohner	8,9 Mio. (WR 84)
Hauptstadt	N'Djamena (600 000 Einwohner)
Sprachen	Französisch, Arabisch
Währung	CFA-Franc
Gliederung	28 Départements
Staatsform	Präsidiale Republik
Staatsoberhaupt	Idriss Déby (seit 1990) * 1952
Regierungschef	Pascal Yoadimnadji (seit 2005) * 1950
Parlament	Nationalversammlung mit 155 für 4 Jahre gewählten Mitgliedern; 110 Sitze für die Patriotische Rettungsbewegung, 12 für die Vereinigung für Demokratie und Fortschritt, 33 für Andere (Wahl 2002)
Internet	www.chadembassy.org
Religion	Muslime (54 %); Christen (35 %); Animisten (11 %)
Ethn. Gruppen	Sara (30 %); Sudan-Araber (12 %); Mayo-Kebbi (11 %); Kanem-Bornu (9 %); Ouaddai (9 %); Sonstige (29 %)
Urbanisierung	25 %
Einwohner/km	7
Bev.-Wachst./Jahr	3 %
Kindersterblichkeit	20 %
Alphabetisierung	47 %

2005 verbesserte sich die Lage der sudanes. Flüchtlinge, die sich vor dem Krieg im westlichen Darfur ins Nachbarland T. retten konnten. Das UN-Flüchtlingskommissariat (UNHCR) sprach im März 2005 von rund 200 000 Flüchtlingen, die in elf Lagern Unterkunft, Nahrung und eine grundlegende medizinische Versorgung erhielten. Mehr als 45 000 Kindern wurde ein Basisunterricht angeboten. Ein großes Problem stellte die Versorgung mit Wasser dar. Internationale Hilfsorganisationen waren ständig auf der Suche nach neuen Standorten für Lager, die ausreichende Mengen an Wasser zur Verfügung stellen konnten. Das UNHCR lobte die Regierung des T., die sich im Gegensatz zur sudanes. Regierung bei der Versorgung der Flüchtlinge sehr kooperativ zeigte.

3

Tschechische Republik CZ

Landesfläche	78 884 km² (WR 114)
Einwohner	10,2 Mio. (WR 78)
Hauptstadt	Prag (1,2 Mio. Einwohner)
Sprachen	Tschechisch, Slowakisch
Währung	1 Tschech. Krone = 100 Haleru
Gliederung	14 Bezirke
Staatsform	Parlamentarische Republik
Staatsoberhaupt	Václav Klaus (seit 2003) * 1941
Regierungschef	Jiří Paroubek (seit 2005) * 1952
Parlament	Repräsentantenhaus mit 200 für 4 Jahre gewählten und Senat mit 81 für 6 Jahre gewählten Mitgliedern; im Repräsentantenhaus 70 Sitze für Sozialdemokratische Partei (CSSD), 58 für Demokratische Bürgerpartei (ODS), 41 für Kommunisten, 31 für Andere (Wahl 2002)
Internet	www.vlada.cz; www.psp.cz
Religion	Christen (43 %); Sonstige (17 %); Konfessionslose (40 %)
Nationalitäten	Tschechen (94 %); Slowaken (3 %); Sonstige (3 %)
Urbanisierung	74 %
Einwohner/km	129
Bev.-Wachst./Jahr	-0,1 %
Kindersterblichkeit	0,5 %
Alphabetisierung	99 %

Innenpolitik: Wegen einer Immobilienaffäre geriet im März 2005 der tschech. Ministerpräsident Stanislav Gross von der Sozialdemokratischen Partei (CSSD) derart unter innenpolitischen Druck, dass die Regierungskoalition auseinander brach. Gross trat nach langen Querelen im April von seinem Amt zurück. Bei dem Kauf einer Eigentumswohnung in der Prager Innenstadt hatte es Gross versäumt, seine finanziellen Verhält-

Tschechische Republik: Präsident Václav Klaus (rechts) mit dem neuen Premier Jiří Paroubek

nisse eindeutig offen zu legen. Zunächst gab er an, die Immobilie aus Eigenmitteln sowie über eine Hypothek bezahlt zu haben. Später erklärte er, dass die Anzahlung von einem Onkel stamme, wobei sich dieser das Geld selbst geliehen hatte, und zwar von einem Journalisten, den er angeblich kaum kannte. Die Christdemokraten, die mit der Sozialdemokratischen Partei eine Koalitionsregierung bildeten, legten daraufhin Gross mehrfach den Rücktritt nahe. Seine Sozialdemokratische Partei sprach ihm hingegen mit großer Mehrheit das Vertrauen aus. In einer Fernsehansprache entschuldigte sich Gross öffentlich für sein Verhalten in der Affäre. Er habe die Angelegenheit anfangs als Privatsache betrachtet und sei deshalb nicht bereit gewesen, den Sachverhalt zu erläutern. Dennoch erklärten die drei christdemokratischen Regierungsmitglieder ihren Rücktritt und kündigten damit die Koalition mit den Sozialdemokraten auf.

Misstrauensvotum: Nach dem Rücktritt der Christdemokraten aus der Koalition überstand Ministerpräsident Gross mithilfe der Kommunistischen Partei ein Misstrauensvotum im Parlament und konnte dadurch zunächst im Amt bleiben. Die liberale Demokratische Bürgerpartei (ODS), die größte Oppositionspartei in der T. R., brachte bei ihrem Vorstoß nicht die erforderliche Mehrheit von 101 der 200 Abgeordneten hinter sich, da sich die 41 kommunistischen Abgeordneten der Stimme enthielten. Nach der Abstimmung im Parlament reichten Informationsminister Vladimír Mlynář und der unabhängige Minister ohne Ressort Jaroslav Bureš ihren Rücktritt ein, weil sich die Regierung nur dank der Enthaltungen der Kommunisten halten konnte. Als Konsequenz aus den Rücktritten in der Regierung gab Gross sein Amt im April 2005 auf. Die Regierungsparteien einigten sich daher darauf, ihre Koalition unter dem vorherigen Wohnungsbauminister Jiří Paroubek fortzuführen.

Entschädigung: Die tschech. Regierung beschloss im November 2004, ehemalige politische Gefangene für ihre Leiden im Widerstand gegen das frühere kommunistische Regime zu entschädigen. Die ca. 6 000 noch lebenden ehemaligen Häftlinge sollten für jeden Monat im Gefängnis oder im Arbeitslager einen Zuschlag von umgerechnet 1,60 € auf ihre monatliche Rente erhalten. Auch Ehepartner von bereits verstorbenen Häftlingen sollen Anspruch auf eine Entschädigung bis zu 63 € im Monat bekommen. Die Durchschnittsrente in der T. R. lag 2004 bei etwa 220 €.

Beneš-Denkmal: Im Mai 2005 wurde der umstrittene tschechoslowak. Präsident Edvard Beneš (1884-1948) in Prag posthum mit einer Statue geehrt. Das Werk des Bildhauers Karel Dvořák wurde in Anwesenheit des tschech. Ministerpräsideten Paroubek vor dem Außenministerium enthüllt. Die Ehrung ging auf eine Initiative der Stadt Prag und der tschech. Beneš-Gesellschaft zurück. Beneš floh 1938 vor den Nationalsozialisten nach London und regierte aus dem Exil mit Dekreten weiter. Auf Grundlage einiger von ihm erlassener Verordnungen wurden nach Kriegsende ca. 3 Mio. Sudetendeutsche in der Tschechoslowakei enteignet und vertrieben.

Wirtschaft: Die tschech. Regierung kündigte im März 2005 ein Programm zur Steuersenkung an. Industrieminister Milan Urban schlug vor, die Unternehmen durch eine Senkung der Körperschaftsteuer von nominal 26 auf 22 % zu entlasten. Ministerpräsident Gross beabsichtigte v. a., den Niedrigverdienern durch eine geringere Einkommensteuer entgegenzukommen. Die geplanten Senkungen wurden als Versuch der Regierung gewertet, verlorene Popularität bei der Wählerschaft wiederzugewinnen. In Umfragen vom Frühjahr 2005 kamen die Sozialdemokraten nur noch auf 14 %, während die oppositionelle Bürgerpartei von Staatspräsident Václav Klaus 36 % erreichte. Die Bürgerpartei forderte die Einführung eines einheitlichen Steuersatzes von 15 % und beabsichtigte, mit diesem zentralen Anliegen 2006 in den Wahlkampf zu ziehen. Außerdem empfahlen internationale Wirtschaftsinstitute deutliche Steuersenkungen. Im europaweiten Vergleich war die effektive Steuerbelastung für Kapitalgesellschaften in T. R. mit rund 25 % zwar relativ gering, doch lag das Land deutlich hinter den anderen neuen EU-Mitgliedern in Osteuropa.

AKW Temelin: Nach einer Serie von Störungen begannen im Oktober 2004 im tschech. Atomkraftwerk Temelin umfangreiche Untersuchungen. Insbesondere der Kühlkreislauf im ersten Block, der sich wiederholt automatisch abgestellt hatte, sollte von der Herstellerfirma intensiv überprüft werden. Das Problem führte in den fünf Jahren seit der Inbetriebnahme bis Ende März 2005 zu insgesamt 76 Störungen. Die Atomsicherheitsbehörde in Prag behauptete aber, dass trotz der hohen Zahl der Störfälle die Sicherheit nicht gefährdet sei.

Tunesien

TN

Tunesische Republik

Landesfläche	163 610 km² (WR 89)
Einwohner	9,9 Mio. (WR 80)
Hauptstadt	Tunis (1,8 Mio. Einwohner)
Sprachen	Arabisch, Französisch u. a.
Währung	1 Tunes. Dinar = 1000 Millimes
Gliederung	24 Gouvernorate
Staatsform	Präsidiale Republik
Staatsoberhaupt	Zine al-Abidine Ben Ali (seit 1987) * 1936
Regierungschef	Mohammed Ghannouchi (seit 1999) * 1941
Parlament	Nationalversammlung mit 189 für 5 Jahre gewählten Abgeordneten; 152 für die Demokratische Verfassungsbewegung (RCD), 14 für die Bewegung der Sozialdemokraten, 23 für Andere (Wahl 2004)
Internet	www.ministeres.tn
Religion	Sunnitische Muslime (99,4 %); Sonstige (0,6 %)
Ethn. Gruppen	Araber (98,2 %); Berber (1,2 %); Sonstige (0,6 %)
Urbanisierung	64 %
Einwohner/km	61
Bev.-Wachst./Jahr	1,1 %
Kindersterblichkeit	2,6 %
Alphabetisierung	74 %

Innenpolitik: Bei der Präsidentschaftswahl im Oktober 2004 wurde Zine al-Abidine Ben Ali erwartungsgemäß mit großer Mehrheit für eine vierte fünfjährige Amtszeit wiedergewählt. Auf Ben Ali, der seit 1987 in T. regiert, entfielen offiziellen Angaben zufolge 94,4 % der abgegebenen Wählerstimmen. Auf den zweiten Platz kam Mohammed Bouchiha von der Einheitspartei des Volkes (PUP). Für den Oppositionskandidaten Mohammed Ali Alouani, der als einziger den autoritär regierenden Amtsinhaber im Vorfeld der Wahl kritisiert hatte, stimmten 0,95 %.

Bei der Parlamentswahl, die ebenfalls im Oktober 2004 durchgeführt wurde, erhielt Ben Alis Demokratische Verfassungsbewegung (RCD) wie erwartet 80 % der 189 Mandate, den fünf Oppositionsparteien waren von vornherein nur 20 % der Sitze zugeteilt worden.

Grundrechte: Ben Ali regiert T. seit einem Umsturz 1987. Die Präsidentschaftswahl von 1999 gewann er offiziell mit 99,4 % der Stimmen, wobei seiner Regierung massive Wahlfälschung vorgeworfen wurde. Internationale Menschenrechtsorganisationen kritisierten wiederholt die Verletzung demokratischer Grundrechte. Die US-amerikan. Regierung lobte zwar nach der Wahl erste Fortschritte bei Wirtschaftsreformen, im Bildungssektor und bei den Frauenrechten, bemängelte aber den fehlenden Respekt der Regierung vor dem Recht auf freie Meinungsäußerung. T. gilt im Vergleich zu anderen arab. Staaten insbesondere hinsichtlich der Frauenrechte als liberal. Frauen stellen u. a. 50 % der Lehrkräfte und 40 % der Staatsbediensteten.

Außenpolitik: Im Februar 2005 lud T. als Geste der Entspannung im israel.-arab. Konflikt erstmals einen israel. Ministerpräsidenten zu einem Staatsbesuch ein. Regierungschef Ariel Scharon soll zu einer Konferenz über Wissenschaftskooperation im November 2006 nach T. reisen. Die tunes. Regierung reagierte mit dieser Einladung auf die israel.-palästinens. Gipfelkonferenz in Scharm el Scheich, bei der beide Seiten ein Ende der Gewalt vereinbart hatten. T. verfolgt traditionell eine israelkritische Politik. Elf Jahre (1979–90) war Tunis Sitz der Arabischen Liga; in den Jahren von 1982 bis 1998 hatte auch die Palästinens. Befreiungsorganisation (PLO) ihr Hauptquartier in der tunes. Hauptstadt. Ab den 1960er-Jahren bemühte sich die Regierung zwar auch um eine stärkere Orientierung an europ. Ländern, doch in den 1990er-Jahren bewegte sich T. wieder stärker auf die arab. Länder zu. So gehörte das Land auch zu denjenigen, die eine Intervention der US-amerikan. Truppen im zweiten Golfkrieg (1991) verurteilten.

Türkei

Republik Türkei TR

Landesfläche	774 815 km² (WR 36)
Einwohner	72,3 Mio. (WR 17)
Hauptstadt	Ankara (3 Mio. Einwohner)
Sprachen	Türkisch, Kurdisch
Währung	1 Türkische Lira = 100 Kurus
Gliederung	81 Provinzen
Staatsform	Parlamentarische Republik
Staatsoberhaupt	Ahmet Necdet Sezer (seit 2000) * 1941
Regierungschef	Tayyip Erdoğan (seit 2003) * 1954
Parlament	Große Nationalversammlung mit 550 für 5 Jahre gewählten Abgeordneten; 363 für Gerechtigkeits- und Entwicklungspartei (AKP), 178 für Republikanische Volkspartei (CHP), 9 Parteilose
Internet	www.tbmm.gov.tr
Religion	Sunnitische Muslime (80 %); Aleviten (19,8 %); Christen (0,2 %)
Ethn. Gruppen	Türken (92 %); Kurden (6,2 %); Araber (1,4 %); Sonstige (0,4 %)
Urbanisierung	66 %
Einwohner/km	93
Bev.-Wachst./Jahr	1,4 %
Kindersterblichkeit	4,1 %
Alphabetisierung	85 %

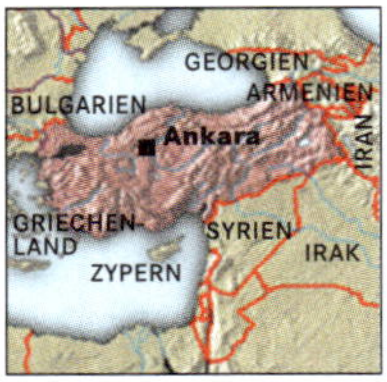

Ende 2004 entschied der Europ. Rat, mit der T. Verhandlungen über einen Beitritt zur EU aufzunehmen. Allerdings verstärkten sich Mitte 2005 die Zweifel, ob die türk. Regierung den 2002 begonnenen Reformprozess, der aus sieben sog. Harmonisierungsgesetzen bestand und Grundlage für die EU-Entscheidung war, fortsetzen würde.

Innenpolitik: Als eine der wichtigsten Reformen galt das neue Strafrecht, welches das türk. Parlament im September 2004 verabschiedete. Es sah u. a. schärfere Strafen für Vergewaltigung und Folter vor. Zuvor hatte die EU diese Reform zur Bedingung für Verhandlungen über einen Beitritt der T. gemacht. In dem Gesetz wurde nach heftiger Kritik der EU darauf verzichtet, eheliche Untreue unter Strafe zu stellen. Allerdings verschob die türk. Regierung im März 2005, einen Tag vor dem geplanten Inkrafttreten, die Umsetzung der Strafrechtsreform auf den 1. Juni. Außenminister Abdullah Gül begründete die Entscheidung mit technischen Problemen und handwerklichen Mängeln im Gesetzestext.

Gewalt gegen Demonstranten: Bei einer unangemeldeten Kundgebung anlässlich des Weltfrauentages gingen türk. Polizisten im März 2005 in Istanbul brutal gegen demonstrierende Frauen vor. Sie prügelten mit Schlagstöcken auf sie ein und traten mit Kampfstiefeln auf am Boden liegende Verletzte. Die EU kritisierte den unverhältnismäßigen Gewalteinsatz der Polizei scharf und verlangte strafrechtliche Konsequenzen. Die türk. Behörden suspendierten daraufhin zahlreiche türk. Polizisten vom Dienst.

Kopftuchverbot: Der türk. Staatspräsident Ahmed Necdet Sezer musste im März 2005 einem Gesetz zustimmen, das Studentinnen, die das Kopftuch tragen, die Rückkehr an die Hochschulen ermöglichen soll. Die Abgeordneten der Regierungspartei von Ministerpräsident Recep Tayyip Erdoğan wiesen im Parlament mit der notwendigen Drei-Fünftel-Mehrheit Sezers Veto gegen ein entsprechendes Gesetz zurück. Als Konsequenz durften sich alle Studenten, die seit Ende Juni 2000 die Universität verlassen mussten, wieder immatrikulieren, unter ihnen mehrere Tausend junge Frauen, die an der Hochschule nicht auf ihr Kopftuch verzichten wollten. Das türk. Verfassungsgericht warnte allerdings im April 2005 Erdoğan vor dem Versuch, das Kopftuchverbot durch Gesetzesänderungen auszuhebeln. Ein solcher Versuch würde gegen das Prinzip des Laizismus und gegen die Verfassung verstoßen. In der T. ist seit den 1930er-Jahren das Tragen islamischer Kopftücher in Schulen und Behörden verboten.

Studentenunruhen: Im November 2004 kam es an Universitäten in Ankara und Istanbul zu schweren gewaltsamen Auseinandersetzungen zwischen linken und nationalistischen Studentengruppen. Die Polizei beendete die Unruhen mit Schlagstöcken, wobei ca. zehn Menschen verletzt wurden. In der T. gelten Unruhen unter Studenten – wie auch in vielen anderen Ländern – als Zeichen für eine instabile innenpolitische Situation. Bei Kämpfen zwischen linken und rechten Hochschulgruppen wurden in den späten 1970er-Jahren Tausende Menschen getötet. Die anhaltenden Unruhen waren 1980 Mitauslöser eines Militärputsches.

Rechtsstaatliche Defizite: Der Europ. Gerichtshof für Menschenrechte verurteilte die T. im März

Türkei: Eine bei der Kundgebung zum Weltfrauentag in Istanbul am 6. März verletzte Frau wird weggeführt.

2005 wegen unvollständiger Ermittlungen zum Mord an einem regierungskritischen Journalisten in Nordzypern. Er beschuldigte die Behörden, nach der Ermordung von Kutlu Adali im Juli 1996 zu nachlässig nach politischen Motiven gesucht zu haben. Eine Verbindung zwischen der Tätigkeit des Journalisten, der wiederholt die Regierung in Ankara und in Nordzypern kritisiert hatte, und dem Mord sei wahrscheinlich gewesen. Dennoch wurden erst zusätzliche Ermittlungen aufgenommen, nachdem die Regierung in Ankara von der Eingabe von Adalis Witwe bei dem Straßburger Gericht erfahren hatte. Im Mai 2005 erklärte der Gerichtshof, auch das Todesurteil gegen den kurdischen Rebellenchef Abdullah Öcalan sei 1999 nicht von einem unabhängigen und unparteiischen Gericht getroffen worden.

Appell für Reformen und Demokratie: Im April 2005 veröffentlichten rund 200 türk. Intellektuelle in Zeitungen einen Appell, in dem sie die türk. Regierung und Armee wegen mangelnder Reformbereitschaft kritisierten. Sie äußerten sich besorgt über den Demokratisierungsprozess und fürchteten den Ausbruch von Gewalt. An dem Appell beteiligten sich Journalisten, Menschenrechtler, Künstler und Wissenschaftler, die zum proeurop. Lager in der Türkei gerechnet wurden.

Weibliche Muftis: Die türk. Regierung kündigte im März 2005 an, als erstes muslimisches Land der Welt Frauen zu Muftis (Gesetzesexperten) auszubilden. Allerdings sollten sie nur für Frauenfragen zuständig sein. Initiator dieses Projektes war Ali Bardakoglu, Präsident des türk. Amts für Religionsfragen (Diyanet), der sich zum Ziel setzte, den Islam als frauenfreundlich darzustellen.

Prozess gegen ehemalige Politiker: Im Februar 2005 begann in Ankara der Prozess gegen den früheren türk. Ministerpräsidenten Mesut Yilmaz und seinen ehemaligen Wirtschaftsminister Günes Taner. Sie wurden verdächtigt, 1998 in eine Bestechungsaffäre beim Verkauf einer staatlichen Bank an einen mutmaßlichen Mafia-Paten verwickelt gewesen zu sein. Yilmaz, der frühere Vorsitzende der konservativen Mutterlandspartei (ANAP), wurde schon mehrfach wegen betrügerischer Machenschaften beschuldigt.

Außenpolitik: Im Februar 2005 übernahm die T. das Kommando über die NATO-Truppen in Afghanistan. Unter türk. Befehl sollte der zunächst auf den Norden begrenzte NATO-Einsatz der internationalen Schutztruppe ISAF auf den Westen Afghanistans ausgedehnt werden. Mit der Ausweitung verdoppelte sich das ISAF-Einsatzgebiet, sodass es sich auf mehr als die Hälfte des Landes erstreckte.

Völkermord in Armenien: Das türk. Konsulat in Berlin protestierte im Januar 2005 beim Brandenburgischen Bildungsministerium dagegen, dass der türk. Völkermord an den Armeniern auf dem Lehrplan des dt. Bundeslandes stand. Brandenburg gab dem Protest nach und strich den Hinweis auf diese historischen Ereignisse mit der Begründung, dass der Völkermord an den Arme-

Tayyip Erdoğan
Türk. Ministerpräsident, * 26. 2. 1954 in Istanbul. Erdogan, der im März 2003 als Vorsitzender der islamischen Gerechtigkeits- und Entwicklungspartei (AKP) türk. Ministerpräsident wurde, studierte in Istanbul Wirtschaftswissenschaften und Politologie. Er arbeitete in seiner Heimatstadt zunächst als Angestellter in den Verkehrsbetrieben, später wurde er Unternehmer. Ab 1983 engagierte er sich in der islamisch-fundamentalistischen Wohlfahrtspartei. 1994 wurde er Bürgermeister von Istanbul, wo er das öffentliche Leben nach islamischen Regeln zu ordnen versuchte. 1998 wurde Erdogan wegen angeblicher Volksverhetzung von einem Staatssicherheitsgericht zu zehn Monaten Gefängnis verurteilt, obwohl selbst die Anklage auf Freispruch plädiert hatte. Um das Misstrauen des laizistisch eingestellten Militärs in der Türkei nicht weiter zu erregen, trat Erdoğan verbal für eine gemäßigte Form des Islams ein.

niern als einziges Beispiel für einen Genozid im Lehrplan genannt wurde. Die T. versuchte 2004, den Völkermord zu tabuisieren, bei dem 1915/16 ca. 1 Mio. Armenier ermordet worden waren. Im April 2005 rief Ministerpräsident Erdoğan den armen. Präsidenten Robert Kotscharian zu einer gemeinsamen Untersuchung der damaligen Ereignisse auf. Die T. reagierte damit auf Forderungen u. a. des EU-Parlaments, die Massaker im Jahr 1915 als Völkermord anzuerkennen. Die EU nannte als eine Voraussetzung für die Aufnahme der T. in der EU, dass das Land rückhaltlos seine in der Vergangenheit begangenen Verbrechen eingesteht.

Verbindung zu Israel: Im Mai 2005 verabredeten die T. und Israel bei einer Reise von Ministerpräsident Erdoğan nach Jerusalem die Einrichtung einer direkten Telefonverbindung auf Regierungsebene. Dadurch soll zukünftig ein enger Informationsaustausch insbesondere in der Terrorbekämpfung ermöglicht werden. Erdoğan war der zweite Ministerpräsident, der Israel einen offiziellen Besuch abstattete.

Wirtschaft: Die türk. Volkswirtschaft befand sich 2005 in einer Boomphase. Das BIP stieg um 8,9 %, nachdem es bereits im Vorjahr um 6,3 % zugelegt hatte. Einen starken Impuls erhielt die türk. Konjunktur durch die Annäherung des Landes an die EU, die bei ausländischen Investoren Hoffnungen auf die Stetigkeit wirtschaftlicher Reformen weckte. Die Inflationsrate sank trotz der starken wirtschaftlichen Entwicklung auf 9,8 % (2003: 25,5 %). Ausdruck der gestiegenen Geldwertstabilität waren die Anfang 2005 eingeführten neuen Geldscheine (1 Mio. alte Lira = 1 neue Lira). Eines der größten ökonomischen Probleme war die Arbeitslosenquote, die 2005 mit 10,2 % auf einem ähnlich hohen Niveau wie im Vorjahr (10,3 %) blieb. Offiziell gab es in der T. mit ihren 72,3 Mio. Einwohnern knapp 2,5 Mio. Arbeitslose. Mehr als die Hälfte der Beschäftigten arbeitete im informellen Sektor. Den daraus resultierenden Mangel an direkten Steuereinnahmen versuchte die Regierung durch indirekte Steuern auszugleichen, die 2004 mehr als zwei Drittel zum gesamten Steueraufkommen beitrugen.

Umweltschutz: Die türk. Regierung schätzt, bis 2015 rund 30 Mrd. € in den Umweltschutz investieren zu müssen, um die Voraussetzungen für einen Beitritt zur EU erfüllen zu können. Das Geld muss überwiegend von der T. aufgebracht werden, an EU-Beihilfen waren ca. 3 Mrd. € zu erwarten.

Turkmenistan TM

Republik Turkmenistan

Landesfläche	488 100 km² (WR 51)
Einwohner	4,9 Mio. (WR 113)
Hauptstadt	Aschchabad (520 000 Einwohner)
Sprachen	Turkmenisch
Währung	1 Manat = 100 Tenge
Gliederung	4 Provinzen und Hauptstadtbezirk
Staatsform	Präsidiale Republik
Staatsoberhaupt und Regierungschef	Saparmurat Nijasow (seit 1990) * 1940
Parlament	Versammlung mit 50 für 5 Jahre gewählten Abgeordneten; 50 Sitze für Demokratische Partei (DPT; Wahl 2004)
Internet	www.turkmenistanembassy.org
Religion	Sunnitische Muslime
Ethn. Gruppen	Turkmenen (73,3 %), Russen (9,8 %), Usbeken (9 %), Kasachen (2 %), Aseri (0,8 %), Sonstige (5,1 %)
Urbanisierung	45 %
Einwohner/km	10
Bev.-Wachst./Jahr	1,5 %
Kindersterblichkeit	8,6 %
Alphabetisierung	98 %

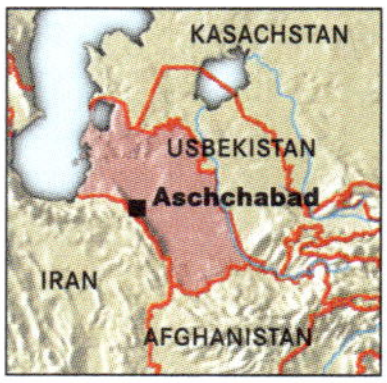

Innenpolitik: Bei der Parlamentswahl im Dezember 2004 erhielt die Demokratische Partei (DPT) erwartungsgemäß alle 50 Sitze in der Versammlung (Mejlis). Die turkmen. Exilgruppierungen kritisierten die Wahl als Farce, weil eine Opposition nicht zugelassen war. Internationale Beobachter waren zu der Abstimmung nicht eingeladen worden. Staatspräsident Saparmurat Nijasow, der das Land diktatorisch regiert, ist international weitgehend isoliert. Seine Demokratische Partei ist die einzige politische Partei in T. Das Parlament wurde von Nijasow 2003 vollständig entmachtet. Aus Angst vor dem Sturz seines Regimes versprach Nijasow im April 2005 demokratische Reformen. Für das Jahr 2008 kündigte er Präsidentschaftswahlen mit drei bis vier Kandidaten an.

Wirtschaft: Im Dezember 2004 stoppte T. die Erdgaslieferungen an Russland und die Ukraine, obwohl es durch langfristige Verträge dazu verpflichtet war. Ziel der Maßnahme war es, den früher vereinbarten und bis 2006 gültigen Preis von 44 US-Dollar auf 60 US-Dollar pro 1 000 m³ anzuheben. Da insbesondere die Ukraine auf die Lieferungen aus T. angewiesen war, erklärte sie sich zu Preisverhandlungen bereit. Ab 2005 zahlte das Land 58 US-Dollar pro 1 000 m³, wobei die Hälfte des Preises in bar, die andere Hälfte über Tauschgeschäfte und Investitionen in T. entrichtet werden sollte. Die Erpressungspolitik T.s erschütterte erneut das Vertrauen in dessen wirtschaftliche Zuverlässigkeit. Obwohl das zentralasiatische Land über die weltweit drittgrößten Erdgasreserven verfügt, sind seine Exporte seit dem Zusammenbruch der Sowjetunion 1991 stetig zurückgegangen (2004: 58 Mrd. m³).

che Industriestaaten, bis 2012 die Emission von Treibhausgasen um 5,2 % gegenüber den Werten von 1990 zu reduzieren. T. gehört zu den Staaten, die direkt vom Klimawandel bedroht wären. Infolge der Zunahme von Treibhausgasen in der Erdatmosphäre erwarten Klimaforscher für die nächsten 100 Jahre einen Anstieg der Temperaturen. Die Folge wäre u. a. eine Eisschmelze an den Polkappen, was zu einem Anstieg des Meeresspiegels um bis zu 1 m führen könnte. Diese Entwicklung wird von T. als Bedrohung empfunden, denn die höchste Erhebung der Inselgruppe beträgt nur knapp 5 m. Stürme und eine starke Brandung haben bereits zur Bodenabtragung geführt.

3

Tuvalu

TU

Landesfläche	26 km² (WR 190)
Einwohner	11 500 (WR 192)
Hauptstadt	Vaiaku auf Funafuti (4 000 Einwohner)
Sprachen	Tuvaluisch, Englisch
Währung	1 Australischer Dollar = 100 Cents
Gliederung	9 Atolle
Staatsform	Konstitutionelle Monarchie im Commonwealth
Staatsoberhaupt	Königin Elisabeth II. (seit 1978) * 1926
Regierungschef	Maatia Toafa (seit 2004)
Parlament	Einkammerparlament mit 15 max. für 4 Jahre gewählten Mitgliedern; keine politischen Parteien, traditionelle Familien- und Sippenverbände (Wahl 2002)
Religion	Christen (98,5 %): Protestanten (96,9 %), Adventisten (1,4 %), Katholiken (0,2 %); Bahai (1 %); Sonstige (0,5 %)
Ethn. Gruppen	Polynesier (91,2 %); Europäer (1 %); Sonstige (7,8 %)
Urbanisierung	46 %
Einwohner/km	442
Bev.-Wachst./Jahr	1,4 %
Kindersterblichkeit	5,6 %
Alphabetisierung	95 %

Uganda

Republik Uganda

EAU

Landesfläche	241 038 km² (WR 77)
Einwohner	26,7 Mio. (WR 39)
Hauptstadt	Kampala (1 Mio. Einwohner)
Sprachen	Englisch, Swahili, Luganda
Währung	1 Uganda-Shilling = 100 Cents
Gliederung	4 Regionen mit 45 Distrikten
Staatsform	Präsidiale Republik
Staatsoberhaupt	Yoweri Museveni (seit 1986) * 1944
Regierungschef	Apolo Nsibambi (seit 1999) * 1938
Parlament	Nationalversammlung mit 292 Mitgliedern; 214 Mitglieder waren parteilos, 78 Mitglieder wurden separat von bestimmten ugand. Interessengruppen gewählt, Parteien waren nicht zugelassen (Wahl 2001)
Religion	Christen (66 %); Muslime (16 %); Naturreligionen (18 %)
Ethn. Gruppen	Ganda (17,8 %); Teso (8,9 %); Nkole (8,2 %); Soga (8,2 %); Gisu (7,2 %); Sonstige (49,7 %)
Urbanisierung	12 %
Einwohner/km	111
Bev.-Wachst./Jahr	3,2 %
Kindersterblichkeit	14,1 %
Alphabetisierung	70 %

Die Regierung von T. begrüßte im Februar 2005 das Inkrafttreten des sog. Kyōto-Protokolls 90 Tage nach der Ratifizierung durch die Russ. Föderation. In diesem Abkommen verpflichten sich zahlrei-

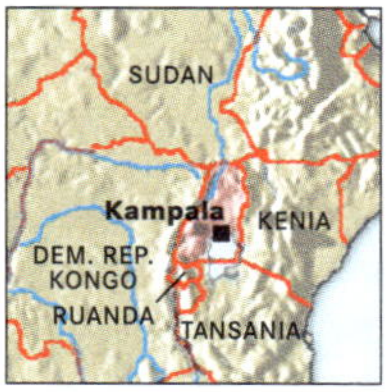

Innenpolitik: Die ugand. Regierung kündigte im Dezember 2004 eine Offensive gegen die Rebellen im Norden des Landes an. Der erneuten Eskalation der Gewalt war eine 47-tägige Waffenruhe

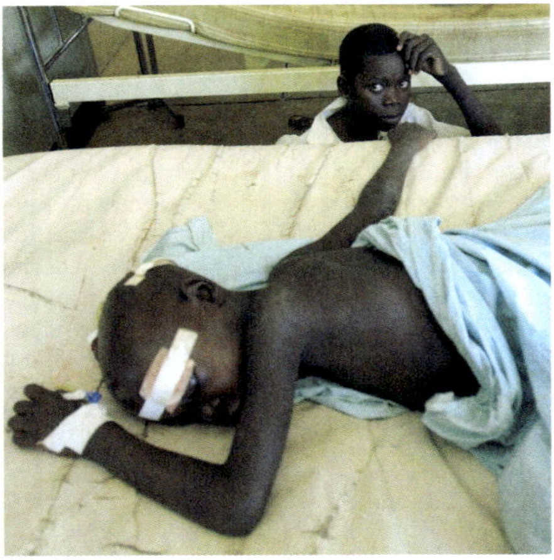

Uganda: Opfer des Angriffs der Rebellengruppe LRA im Krankenhaus in Lira

vorausgegangen, während der sich die Regierung nach eigenen Angaben um Gespräche mit den Aufständischen bemüht hatte. Der ugand. Präsident Yoweri Museveni warf der »Widerstandsarmee des Herrn« (Lord's Resistance Army, LRA) vor, die Möglichkeit verpasst zu haben, durch Verhandlungen den Konflikt zu beenden. Die LRA war 1986, nach dem Amtsantritt Musevenis - der aus dem Süden stammt -, aus einer Revolte von Bewohnern Nordugandas entstanden. Die Kämpfer um ihren Anführer Joseph Kony wurden für zahlreiche Morde, Vergewaltigungen und Entführungen verantwortlich gemacht. Außerdem setzten sie wiederholt auch Kindersoldaten ein. Die UN schätzten, dass durch die gewaltsamen Aktionen der LRA rund 1,4 Mio. Menschen vertrieben wurden.

Wirtschaft: Im Oktober 2004 erklärte die Regierung, in vier Regionen des Landes auf bedeutende Uranfunde gestoßen zu sein. Uran ist ein radioaktives chemisches Element aus der Reihe der Actinoide, das in kleinen Mengen in zahlreichen Gesteinen vorkommt. Es kann u. a. zur Energieerzeugung und zur Herstellung von Nuklearwaffen verwendet werden. Obwohl U. über eine Vielzahl von Rohstoffen verfügt, betrug der Anteil des Bergbaus am BIP 2003 (letztverfügbarer Stand) lediglich 1,5 %. Viele bekannte Vorkommen an Kupfer, Zinn, Wismut, Tantalit, Wolfram, Phosphat, Kalkstein und Gold müssen noch erschlossen werden.

Ukraine UA

Republik Ukraine

Landesfläche	603 700 km² (WR 43)
Einwohner	48,2 Mio. (WR 25)
Hauptstadt	Kiew (2,6 Mio. Einwohner)
Sprachen	Ukrainisch, Russisch
Währung	1 Hrywna = 100 Kopeken
Gliederung	24 Regionen, Hauptstadtbezirk und autonome Krimrepublik
Staatsform	Präsidialrepublik
Staatsoberhaupt	Wiktor Juschtschenko (seit 2005) * 1954
Regierungschef	Julia Timoschenko (seit 2005) * 1960
Parlament	Oberster Rat mit 450 für 4 Jahre gewählten Abgeordneten; 112 Sitze für Reformblock Unsere Ukraine, 102 für den Block Für eine geeinte Ukraine, 66 für Kommunistische Partei, 170 für Andere (Wahl 2002)
Internet	www.kmu.gov.ua
Religion	Ukrainisch-Orthodoxe, Griechisch-Katholische, Russisch-Orthodoxe, Römisch-Katholische
Nationalitäten	Ukrainer (73 %); Russen (22 %), Sonstige (5 %)
Urbanisierung	67 %
Einwohner/km	80
Bev.-Wachst./Jahr	-0,8 %
Kindersterblichkeit	2 %
Alphabetisierung	99 %

Im Dezember 2004 stürzte in der sog. orangenen Revolution das proruss. Regime des Präsidenten Leonid Kutschma, der den Ministerpräsidenten Wiktor Janukowitsch durch Wahlfälschung zu seinem Nachfolger machen wollte. Dem Machtwechsel vorausgegangen waren Großdemonstrationen gegen die manipulierten Wahlen und für die politische Opposition. Aus der Wahlwiederholung ging der westlich orientierte Wiktor Juschtschenko als Sieger hervor.

Innenpolitik: Bei der ersten Runde der Präsidentschaftswahl im Oktober 2004 erhielt der vom Amtsinhaber Kutschma gestützte Janukowitsch nach offiziellen Angaben 40 % der abgegebenen Stimmen, auf seinen schärfsten Herausforderer Juschtschenko entfielen 39 %. Bereits zu diesem Zeitpunkt kritisierten die Opposition

Leuchtender Sieg in Orange

Seit der Demokratisierung in Ostmitteleuropa Ende der 1980er/Anfang der 1990er-Jahre haftet dem Fall von Diktaturen nicht mehr der Geruch des Außergewöhnlichen an. Dennoch beobachtete die westliche Welt im Dezember 2004 mit Erstaunen die Ereignisse in der Ukraine, als unüberschaubare Menschenmengen in Orange, der Farbe der Opposition, friedlich den Rücktritt des seit 1994 regierenden Staatspräsidenten Leonid Kutschma erzwangen.

Dabei schien sich auf den ersten Blick die innenpolitische Lage gerade stabilisiert zu haben. Noch im Februar 2004 hatte Kutschma mit seiner Ankündigung, bei den Wahlen im Oktober nicht mehr für das höchste Staatsamt zu kandidieren, einen monatelangen Verfassungskonflikt entschärft und Hoffnungen auf einen demokratischen Wandel geweckt. Außerdem profitierte das Land von der robusten weltwirtschaftlichen Entwicklung, die 2003 zu einer Wachstumsrate von 8,5 % geführt hatte.

Doch die nackten Zahlen verdeckten, dass nur ein kleiner Teil der Bevölkerung von dem Aufschwung profitierte. Die Mehrheit lebte weiterhin in Armut und beobachtete mit zunehmender Verbitterung, wie sich die Führungsclique um Kutschma hemmungslos bereicherte. Daher setzte die Mehrheit bei der Präsidentschaftswahl auf Wiktor Juschtschenko, der die Hinwendung des Landes zum Westen und die rigorose Bekämpfung der Korruption versprochen hatte.

USA und EU Der Erfolg der »orangenen Revolution« verleitete viele westliche Beobachter zu der Behauptung, dass die Demokratisierung eines Landes nur von innen heraus erfolgen könne. Dabei übersahen sie geflissentlich, dass die ukrain. Opposition massive finanzielle Unterstützung aus den USA erfahren hatte und nur mit deren Hilfe das proruss. Regime um Kutschma stürzen konnte. Blamiert standen nach den Ereignissen die EU und v. a. Deutschland da, die die Ukraine längst abgeschrieben hatten. Die lukrativen Geschäftsbeziehungen zu Russland hatten in der EU Vorrang vor dem legitimen Anspruch der ukrain. Bevölkerung auf Freiheit, Demokratie und Unabhängigkeit. Das Ergebnis dieser Politik: Während Rumänien wahrscheinlich 2007 der EU beitreten darf, wird die Ukraine wohl noch viele Jahre vor der Tür bleiben.

Aus der verfehlten Politik der Vergangenheit ergibt sich für die EU die Verpflichtung, den von Juschtschenko angekündigten Reformkurs nach Kräften zu unterstützen. Dies heißt nicht, dass die Regierung in Kiew einen Anspruch auf einen schnellen Beitritt hat; die EU ist bereits jetzt mit der Bewältigung der Probleme überfordert, die mit der Aufnahme von zehn neuen Mitgliedern zum 1. 5. 2004 verbunden sind. Doch darf die Ukraine von der EU erwarten, dass sie den Mut hat, sich in den zu erwartenden russ.-ukrain. Konflikten im Zweifel auch gegen Moskau zu stellen.

Alte Denkmuster Dies gilt umso mehr, als die Angst der russ. Regierung vor einer Ukraine, die sich ihrem Einfluss zu entziehen wagt, anachronistisch erscheint. Die vorgeschobene Sorge, dass unter Juschtschenko russ. Erdgas nicht mehr durch ukrain. Pipelines nach Westeuropa geliefert werden könnte, ist deshalb absurd, weil die ukrain. Regierung an einer Fortsetzung der Geschäftsbeziehungen mit Russland interessiert ist. Hinter dem russ. Versuch, die Ukraine in seinem Machtbereich zu behalten, verbirgt sich vielmehr die alte sowjetische Mentalität, die dem Nachbarland das Recht auf Selbstständigkeit abspricht. Der Kalte Krieg ist zwar längst vorbei, die Denkmuster jener Zeit sind hingegen noch nicht überwunden.

Am 23. November gingen fast 500 000 Menschen in Kiew auf die Straße, um den Präsidentschaftskandidaten der Opposition Juschtschenko zu unterstützen.

und die internationale Staatengemeinschaft den Wahlverlauf. Die USA verwiesen auf mangelhafte Wählerlisten und den willkürlichen Ausschluss von Wahlkommissaren. Vertreter des Europarats und OSZE bemängelten die Parteilichkeit der staatlichen Medien, die bei der Berichterstattung Janukowitsch bevorzugt hatten.

Großdemonstrationen: Nachdem bei der Stichwahl im November Janukowitsch erneut die Mehrheit der Stimmen zugesprochen worden war, riefen die Anhänger Juschtschenkos zu landesweiten Protesten auf. Allein in Kiew demonstrierten daraufhin etwa 300 000 Menschen gegen die Wahlfälschungen. Auch in anderen Städten, insbesondere im Westen der U., kam es zu Kundgebungen für Juschtschenko. Dagegen demonstrierten im Osten des Landes Zehntausende für Janukowitsch.

Neuwahl: Aufgrund der Massendemonstrationen gegen Janukowitsch und der massiven Kritik aus dem Ausland wurde das Ergebnis der Stichwahl annulliert. Bei ihrer Wiederholung im Dezember 2004 erhielt Juschtschenko 52 % der Stimmen, Janukowitsch 44 %. Im Januar 2005 wurde Juschtschenko endgültig zum Wahlsieger erklärt, nachdem das Oberste Gericht mehr als ein Dutzend Klagen gegen Unregelmäßigkeiten bei der wiederholten Stichwahl abgewiesen hatte. Juschtschenko wurde damit der dritte Präsident seit der Unabhängigkeit des Landes (1990). Er kündigte an, den russ. Einfluss zu beenden sowie die U. in die NATO und EU führen zu wollen.

Neues Kabinett: Im Februar 2005 bestätigte das Parlament mit 373 von 450 Stimmen Julia Timoschenko als Ministerpräsidentin; sie hatte Juschtschenko in seinem Kampf gegen Kutschma unterstützt. Die neue Regierungschefin kündigte einen entschiedenen Kampf gegen die Korruption sowie tief greifende Wirtschaftsreformen für eine schnelle Annäherung an die EU an. Auch bei der Auswahl anderer wichtiger Minister bevorzugte Juschtschenko Politiker mit eindeutig europ. Orientierung. Erster Stellvertreter Timoschenkos wurde der frühere Regierungschef und Vorsitzende des Unternehmerverbandes, Anatolij Kinach. Der frühere Botschafter bei der EU, Boris Tarasjuk, erhielt das Amt des Außenministers. Verteidigungsminister wurde der Leiter des renommierten Rasumkow-Zentrums für politische Studien Anatolij Grizenko.

Vergiftung Juschtschenkos: Im Dezember 2004 kamen Ärzte einer Wiener Privatklinik nach intensiven Untersuchungen zu dem Schluss, dass Juschtschenko eine schwere Dioxinvergiftung erlitten hatte. Die ukrain. Staatsanwaltschaft leitete daraufhin Ermittlungen wegen des Verdachts auf einen Giftanschlag ein, für den Juschtschenkos Anhänger den Geheimdienst SBU verantwortlich machten. Er habe im September – mitten im

Ukraine: der lange Weg zur Demokratie

1991: Der Oberste Sowjet erklärt die Ukraine für unabhängig von der Sowjetunion; Verbot der KP; 90 % der Bürger sprechen sich für die Unabhängigkeit aus; Leonid Krawtschuk wird zum ersten Präsidenten gewählt.
1992: Kiew erlässt ein Autonomiestatut für die mehrheitlich von Russen bewohnte Halbinsel.
1993: Verzicht auf Atomwaffen; Wiederzulassung der Kommunistischen Partei; im Streit über Wirtschaftsreformen Rücktritt von Ministerpräsident Leonid Kutschma.
1994: Teilnahme am NATO-Programm »Partnerschaft für den Frieden«; bei den ersten freien Parlamentswahlen Mehrheit für Linksparteien; Kutschma wird zum Staatspräsidenten gewählt; Autonomie der Krim wird aufgehoben.
1995: Grundlagenvertrag mit Russland und Wiederherstellung der Autonomie für die Krim
1996: Verabschiedung einer neuen Verfassung nach frz. Vorbild
1997: Freundschaftsvertrag mit Russland; Partnerschaftsabkommen mit der NATO
1998: Erneute Mehrheit für Linksparteien bei Parlamentswahlen
1999: Wiederwahl von Präsident Kutschma
2000: Zunehmende Behinderung der Presse; Ermordung des Journalisten Georgij Gongadse
2001: Eine Mehrheit aus Kommunisten und dem Präsidenten Kutschma nahe stehenden Parteien entzieht dem als Reformer geltenden Ministerpräsidenten Wiktor Juschtschenko Vertrauen.
2002: Bei der Parlamentswahl setzen sich Unsere Ukraine und Für eine geeinte Ukraine durch; neuer Ministerpräsident wird Anatolij Kinach, der jedoch nach wenigen Monate wieder entlassen wird; das Parlament wählt Wiktor Janukowitsch zu Kinachs Nachfolger.
2003: Präsident Kutschma gerät wegen der Einschränkung demokratischer Rechte innen- und außenpolitisch unter Druck.
2004: Das Kutschma-Regime wird nach Manipulationsversuchen bei der Präsidentschaftswahl in der »orangenen Revolution« gestürzt.
2005: Juschtschenko wird neuer Präsident.

Wahlkampf – versucht, Kutschmas und Janukowitschs größten Rivalen zu töten.

Ermittlungen gegen Kutschma: Präsident Juschtschenko erklärte im März 2005, seinem Vorgänger im Zuge des Machtwechsels keinerlei strafrechtliche Immunität zugesichert zu haben. Kutschma wurde verdächtigt, den Mord am regierungskritischen Journalisten Georgij Gongadse angeordnet zu haben. Dessen enthauptete Leiche war 2000 in der Nähe der Hauptstadt Kiew gefunden worden. Wichtigster Beweis ist ein Tonbandmitschnitt, von dem ein früherer Leibwächter Kutschmas behauptete, ihn heimlich in dessen Büro gemacht zu haben. Darin beschwerte sich der Präsident mehrmals über Gongadses Berichte und wies seinen damaligen Innenminister Jurij Krawtschenko an, den Journalisten spurlos verschwinden zu lassen. Krawtschenko wurde im März 2005 kurz vor einer Vernehmung zu dem Mordfall mit einer Kugel im Kopf aufgefunden. Kutschma beteuerte seine Unschuld und bezeichnete das Tonband als Fälschung.

Unterschlagung: Ende 2005 verschwanden aus einem europ. Bankenkredit an die frühere ukrain. Regierung rund 180 Mio. €. Das Darlehen, das die Dt. Bank 2004 bereitgestellt hatte, sollte zur Finanzierung einer Eisenbahnbrücke über den Fluss Dnjepr in Kiew verwendet werden. Offiziellen Angaben zufolge gab der frühere Präsident Kutschma im Oktober 2004 der Bank eine staatliche Kreditgarantie. Der damalige Verkehrsminister Heorhij Kirpa, der an der Aushandlung des Kredits beteiligt war, wurde im Dezember 2004 in seinem Landhaus erschossen aufgefunden. Nach Angaben der Polizei hatte er Selbstmord begangen.

Tschernobyl: Im April 2005 verschärfte sich die Krise um die Sicherung und den Rückbau des Atomkraftwerks Tschernobyl, das 1986 Schauplatz des bisher schwersten Reaktorunglücks in der Geschichte war. Die Verbindlichkeiten des für die Sicherung des Atomkraftwerks zuständigen Unternehmens in Form von rückständigen Löhnen und unbezahlten Strom-, Gas-, Kraftstoff- und Transportrechnungen beliefen sich auf ca. 4,6 Mio. €. Das Unternehmen verwies darauf, dass eine Abschaltung der Strom- und Gasversorgung die nukleare Sicherheit beeinträchtigen könnte. Einer der Reaktoren von Tschernobyl war am 26. 4. 1986 explodiert, als die U. noch Teil der Sowjetunion war. Der Unglücksreaktor wurde nach der Katastrophe mit einem Stahlbetonpanzer ummantelt, der nach dem Urteil von Experten jedoch inzwischen brüchig ist und dringend saniert werden müsste. Die Kosten für eine Ersatzummantelung wurden von der ukrain. Regierung auf ca. 770 Mio. € geschätzt. Trotz der Schwierigkeiten in Tschernobyl kündigte die Atombehörde im Mai 2005 an, bis 2030 elf neue Kernkraftwerke zu bauen.

Außenpolitik: Präsident Juschtschenko und sein russ. Amtskollege Wladimir Putin betonten im März 2005 die Notwendigkeit guter Nachbarschaftsbeziehungen. Sie vereinbarten die Einsetzung von Expertengremien, die den genauen Grenzverlauf zwischen beiden Staaten festlegen sollen. Außerdem einigten sie sich auf die Bildung eines multinationalen Konsortiums für den Bau einer Pipeline, über die Erdgas aus Sibirien nach Europa geliefert werden soll. Während der »orangenen Revolution« war es zu erheblichen Spannungen zwischen beiden Staaten gekommen. Russland, das die U. als seinen Einflussbereich betrachtete, fürchtete die Hinwendung des Landes zur EU und NATO. Daher unterstützte Putin im Präsidentschaftswahlkampf offen den proruss. Kandidaten Janukowitsch.

EU: Präsident Juschtschenko erhob im Februar 2005 Anspruch auf eine Mitgliedschaft in der EU. Er betonte, dass sich sein Land auf Dauer nicht mit einer von der EU angebotenen »engen Partnerschaft« zufrieden geben werde und daher spätestens 2007 Verhandlungen über eine Vollmitgliedschaft aufnehmen wolle. Die EU reagierte aufgrund des großen wirtschaftlichen Rückstands der U. und der Befürchtung, mit einem Beitritt

Ukraine: Präsident Juschtschenko und Ministerpräsidentin Timoschenko am 26. 4. 2005 beim Gedenken an die Tschernobyl-Katastrophe

Russland zu verärgern, mit Zurückhaltung. Sie bot der U. einen »Aktionsplan« an, der u. a. einen besseren Zugang zum Europ. Binnenmarkt sowie eine engere Kooperation in der der Außen- und Sicherheitspolitik vorsieht.

NATO: Im April 2005 vereinbarten die NATO und die U. einen Plan, der das osteurop. Land auf eine mögliche Mitgliedschaft in der Allianz vorbereiten soll. Die NATO will u. a. die zivile Kontrolle über den Militärapparat der U. stärken. Beide Seiten kündigten an, bei der Lösung regionaler Konflikte, z. B. in Moldawien, zusammenzuarbeiten und in Fragen der Nichtverbreitung von Massenvernichtungswaffen zu kooperieren. Ein konkretes Beitrittsangebot machte die NATO nicht.

Visumspflicht: Die U. kündigte im März 2005 an, die Visumspflicht für Bürger der EU abzuschaffen. Im Gegenzug hoffte die Regierung auf Erleichterungen für Bürger aus der U., die in die EU einreisen wollen. Nach der Vorstellung von Präsident Juschtschenko soll es v. a. Studenten, Journalisten, Künstlern und Geschäftsleuten ermöglicht werden, Erfahrungen im Ausland zu sammeln. Anfang 2005 hatten dt. Gerichte festgestellt, dass eine leichtfertige Visumsvergabe, u. a. durch die dt. Botschaft in der U., Menschenhandel, Prostitution und Schwarzarbeit erleichtert habe (→ Innenpolitik, Visaaffäre)

Waffenlieferungen: Im März 2005 gab die Regierung zu, dass ukrain. Firmen 2001 nuklearaugliche Marschflugkörper an Iran und die VR China geliefert hatten. Dabei handelte es sich nicht um ein offizielles Exportgeschäft, sondern um einen illegalen Verkauf. Aus diesem Grund wurde ein Ermittlungsverfahren u. a. gegen den Direktor einer Rüstungsfirma eingeleitet.

Ukraine: Rüstungsaltlasten

Die Ukraine gilt als eines der größten Munitionslager der Welt. Internationale Rüstungsexperten schätzten, dass Ende 2004 auf ukrain. Territorium rund 2,5 Mio. t konventionelle Munition lagen. Sie befindet sich überwiegend in 180 Depots an der Westgrenze. Teilweise lagert sie ungeschützt unter freiem Himmel, sodass sie sich selbst entzünden kann. Außerdem wird sie aus Mangel an finanziellen Mitteln nur unzureichend bewacht. Die fachgerechte Entsorgung von 1 t Munition kostet rund 1500 €, die Errichtung einer Fabrik zur Munitionsvernichtung rund 20 Mio. €.

Ungarn

Republik Ungarn H

Landesfläche	93 032 km² (WR 109)
Einwohner	9,8 Mio. (WR 82)
Hauptstadt	Budapest (1,9 Mio. Einwohner)
Sprachen	Ungarisch
Währung	1 Forint = 100 Filler
Gliederung	19 Komitate, 5 Stadtbezirke, 1 Hauptstadtdistrikt
Staatsform	Parlamentarische Republik
Staatsoberhaupt	László Sólyom (seit 2005) *1942
Regierungschef	Ferenc Gyurcsány (seit 2004) * 1961
Parlament	Nationalversammlung mit 386 für 4 Jahre gewählten Abgeordneten; 188 Sitze für Bund Junger Demokraten/Demokratisches Forum (Fidesz/MDF), 178 für Sozialistische Partei (MSZP), 20 für Bund Freier Demokraten (SZDSZ; Wahl 2002)
Internet	www.ekormanyzat.hu
Religion	Katholiken (64 %), Protestanten (23 %); Sonstige (13 %)
Ethn. Gruppen	Ungarn (97,8 %); Roma (1,4 %); Sonstige (0,8 %)
Urbanisierung	65 %
Einwohner/km	105
Bev.-Wachst./Jahr	-0,5 %
Kindersterblichkeit	0,9 %
Alphabetisierung	99 %

Innenpolitik: Im Dezember 2004 scheiterte in U. eine umstrittene Volksabstimmung über die doppelte Staatsbürgerschaft für Auslandsungarn, weil die zur Annahme erforderliche Mindestzustimmung von einem Viertel der Wahlberechtigten verfehlt wurde. Damit blieb der Vorstoß nationalistischer Parteien, den etwa 2,5 Mio. in den Nachbarländern lebenden Ungarn automatisch die ungar. Staatsbürgerschaft zu verleihen, erfolglos. Dem Referendum gingen heftige Auseinandersetzungen voraus. Während Befürworter es für eine historische Verpflichtung hielten, Ungarn im Ausland einen Pass zu geben, befürchteten Kritiker einen Ansturm der Auslandsbürger auf die ungar. Sozialleistungen. Die linksliberale Regierung kalkulierte mit 800 000 Nutznießern der neuen Regelung, die zusätzliche Sozialkosten in Höhe von 2,2 Mrd. €/Jahr verursachen könnten.

Durch die Grenzziehungen nach dem Ersten Weltkrieg war ein Drittel der ungar. Bevölkerung vom Staatsgebiet ausgeschlossen worden. In Rumänien lebten 2004 ca. 1,9 Mio. Volksungarn, in der Slowakischen Republik rund 600 000, in Serbien etwa 300 000. Kleinere ungar. Gemeinden gibt es auch in Kroatien, der Ukraine, Slowenien und Österreich.

Neuer Präsident: Im Juni 2005 wurde László Sólyom zum neuen ungar. Präsidenten gewählt. Der ehemalige Vorsitzende des Verfassungsgerichts erhielt im dritten Wahlgang im ungar. Parlament 185 Stimmen, während auf die Kandidatin der regierenden Sozialisten, Parlamentspräsidentin Katalin Szili, 182 Stimmen entfielen. Die Abgeordneten der liberalen Koalitionspartei Bund Freier Demokraten (SZDSZ), des kleinen Koalitionspartners der Sozialisten, blieben der Wahl fern, weil sie Szili für das Amt des Staatsoberhaupts als nicht überparteiisch genug ansahen. Sólyom, der von der oppositionellen konservativen Fidesz-Partei ins Rennen geschickt worden war, wurde somit Nachfolger von Ferenc Madl.

Neuer Ministerpräsident: Im August 2004 trat Péter Medgyessy als Ministerpräsident zurück. Gründe waren Streitigkeiten über die Steuerpolitik sowie Medgyessys Vergangenheit als Geheimdienstler in den 1970er-Jahren. Das Parlament wählte Ferenc Gyurcsány von der MSZP zum Nachfolger.

Außenpolitik: Im Dezember 2004 schloss U. den Abzug seiner Soldaten aus dem Irak ab. Die 300 Soldaten waren unter poln. Kommando in Hilla, 100 km südlich von Bagdad, stationiert und hauptsächlich mit Logistikaufgaben befasst. Ihr Mandat lief Ende Dezember 2004 aus, nachdem das ungar. Parlament eine Verlängerung abgelehnt hatte. Die Regierung wurde wegen des Irakeinsatzes in der Öffentlichkeit heftig kritisiert. Meinungsumfragen zufolge befürworten rund 60 % der ungar. Bevölkerung den Abzug der Soldaten.

Wirtschaft: Die ungar. Regierung kündigte im September 2004 an, die Haushaltsdisziplin bis 2010 weiter zu verschärfen. Das Defizit gemessen am BIP soll nach diesen Plänen jährlich um 0,6 Prozentpunkte sinken. Damit würde es sich bis 2007 auf 3,43,5 % des BIP verringern. 2008 soll es erstmals unter 3 % liegen. Unter dieser Voraussetzung könnte U. 2008 zur Vorbereitung der Euro-Einführung dem Wechselkursmechanismus (ERM II) beitreten.

Uruguay

ROU

Republik Östlich des Uruguay

Landesfläche	177 414 km² (WR 88)
Einwohner	3,4 Mio. (WR 127)
Hauptstadt	Montevideo (1,3 Mio. Einwohner)
Sprachen	Spanisch
Währung	1 Peso Urug. = 100 Centésimos
Gliederung	19 Departamentos
Staatsform	Präsidialrepublik
Staatsoberhaupt und Regierungschef	Tabaré Vázquez (seit 2005) * 1940
Parlament	Senat mit 31 und Abgeordnetenhaus mit 99 für 5 Jahre gewählten Mitgliedern; 52 Sitze (Senat: 17) für Breite Front der fortschrittlichen neuen Mehrheit, 35 (11) für Blanco-Partei, 10 (3) für Colorado-Partei, 2 (0) für Andere (Wahl 2004)
Internet	www.presidencia.gub.uy
Religion	Katholiken (66 %); Protestanten (2 %); Sonstige (32 %)
Ethn. Gruppen	Europ. Abstammung (88 %); Mestizen (8 %); Mulatten/Schwarze (4 %)
Urbanisierung	93 %
Einwohner/km	19
Bev.-Wachst./Jahr	0,7 %
Kindersterblichkeit	1,5 %
Alphabetisierung	98 %

Bei der Präsidentschaftswahl im Oktober 2004 setzte sich der Sozialist Tabaré Vázquez vom Linksbündnis »Breite Front« (Frente Amplio) durch und wurde damit der erste linksgerichtete Staats- und Regierungschef in der Geschichte von U. Vázquez, der Bürgermeister der Hauptstadt Montevideo gewesen war, erreichte 51 % der abgegebenen Stimmen, während auf den Kandidaten der Nationalpartei, Jorge Larranaga, 34 % entfielen. Mit etwa 10 % belegte Guillermo Stirling von der regierenden Colorado-Partei lediglich den dritten Rang. Die Colorado- und die Nationalpartei wechselten sich in U. mehr als 170 Jahre lang in der Regierung ab (mit Ausnahme der Zeiten, in denen das Militär herrschte). Vázquez' Sieg wurde darauf zurückgeführt, dass die Bevölkerung in ihrer Mehrheit die beiden großen Parteien für die schwere Wirtschaftskrise verantwortlich machte. Der Lebensstandard von drei Viertel der Einwohner sank seit 2002 unter die Armutsgrenze. Als eine der ersten Amtshandlungen nach seiner Vereidigung im März 2005 stellte Vázquez wieder volle diplomatische Beziehungen zu Kuba her. Sie waren 2003 abgebrochen worden, nachdem U. die Menschenrechtssituation in Kuba scharf kritisiert hatte. Außerdem versprach der neue Präsident einen Sozialplan mit Soforthilfemaßnahmen für die Armen im Umfang von 75 Mio. €.

USA

USA

Vereinigte Staaten von Amerika

Landesfläche	9 629 091 km² (WR 3)
Einwohner	297 Mio. (WR 3)
Hauptstadt	Washington D.C. (580 000 Einwohner)
Sprachen	Englisch
Währung	1 US-Dollar = 100 Cents
Gliederung	50 Bundesstaaten und Hauptstadtdistrikt
Staatsform	Präsidiale Bundesrepublik
Staatsoberhaupt und Regierungschef	George W. Bush (seit 2001) * 1946
Parlament	Kongress aus Senat mit 100 für 6 Jahre und Repräsentantenhaus mit 435 für 2 Jahre gewählten Mitgliedern; 232 Sitze (Senat: 55) für Republikaner, 202 (44) für Demokraten, 1 (1) Unabhängiger (Wahl 2004)
Internet	www.firstgov.gov
Religion	Christen (85,3 %): Protestanten (57,9 %), Katholiken (21 %), Sonstige (6,4 %); Juden (2,1 %); Muslime (1,9 %); Sonstige (10,7 %)
Ethn. Gruppen	Weiße (73,7 %); Schwarze (12 %); Hispano-Amerikaner (10,3 %); Asiaten (3,3 %); Indianer, Inuit, sonstige Ureinwohner (0,7 %)
Urbanisierung	80 %
Einwohner/km	31
Bev.-Wachst./Jahr	1 %
Kindersterblichkeit	0,8 %
Alphabetisierung	99 %

Das Jahr 2004 stand innen- wie außenpolitisch im Zeichen des Engagements der USA im Irakkrieg sowie der Kongress- und Präsidentschaftswahlen vom 2. November, bei denen der Republikaner George W. Bush in seinem Amt als Präsident bestätigt wurde. Er erhielt 51 % der abgegebenen Stimmen (286 der insgesamt 538 Wahlmänner) und setzte sich damit gegen seinen Herausforderer John F. Kerry von der Demokratischen Partei durch, auf den 48 % (und 252 Wahlmänner) entfielen. Als wichtigste Ziele für seine zweite Amtszeit nannte Bush die Befriedung des Iraks, die Bekämpfung des internationalen Terrorismus sowie die Beilegung des Konflikts zwischen Israel und den Palästinensern.

Außenpolitik: Das Ausscheiden von Colin Powell aus dem Amt des Außenministers wurde als Zeichen dafür gewertet, dass Präsident Bush auch in seiner zweiten Amtszeit eine offensive Außenpolitik verfolgen werde. Nachfolgerin von Powell, der als gemäßigt galt, wurde die vorherige Sicherheitsberaterin Condoleezza Rice. Sie kündigte an, bei der Lösung internationaler Konflikte (Irak, Iran, Syrien, Nord-Korea, Palästinens. Autonomiegebiete) zukünftig Alleingänge möglichst zu vermeiden und andere Staaten in Verhandlungen einzubeziehen. Sie ließ aber keinen Zweifel daran, bei Bedarf auch im Alleingang zu handeln. Durch Reisen nach Europa und Asien versuchte Rice unmittelbar nach ihrem Amtsantritt, die Spannungen, die im Zuge des Irakkrieges entstanden waren, beizulegen.

Truppenstationierung in Europa: Die US-amerikan. Regierung kündigte im April 2005 an, ihre Truppen in Europa bis etwa 2014 von 62 000 auf 24 000 Soldaten zu reduzieren. Das Hauptquartier der US-amerikan. Landstreitkräfte solle von Heidelberg nach Wiesbaden verlegt werden. Außerdem sei vorgesehen, die Zahl der US-amerikan. Liegenschaften europaweit von 236 auf 88 abzubauen. Die Regierung begründete die Truppenreduzierung mit neuen Herausforderungen durch den internationalen Terrorismus und die sog. Problemstaaten. Gleichzeitig sei der Aufbau mobilerer Einheiten geplant, die rasch in Krisenherde verlegt werden könnten.

Reform der Geheimdienste: Das Repräsentantenhaus stimmte im Dezember 2004 einem grundlegenden Umbau der Geheimdienste zu. Wichtigster Aspekt war die Berufung eines Nationalen Geheimdienstdirektors mit weit reichenden Befugnissen, der künftig den CIA, mehrere Abteilungen der Bundespolizei FBI und ein gutes Dutzend kleinerer Dienste koordinieren soll. Der US-amerikan. Senat bestätigte im April 2005 den ehemaligen Irakbotschafter John Negropon-

George W. Bush
US-amerikan. Präsident, * 6. 7. 1946 in New Haven. Bush sah sich im November 2004 nach seiner Wiederwahl zum Präsidenten in seiner konsequenten Politik im Kampf gegen den internationalen Terrorismus bestätigt. Er sprach sich gegen eine Liberalisierung des Abtreibungsrechtes aus und bekämpfte die Ehe zwischen Homosexuellen.
Der Sohn des ehemaligen US-Präsidenten George Bush begann seine berufliche Laufbahn 1975 in der texanischen Energieindustrie. Ab 1986 war er als Berater und Redenschreiber seines Vaters tätig. 1994 wurde er zum Gouverneur von Texas gewählt, wo er mit Kürzungen der Sozialhilfe und Verschärfung des Jugendstrafrechts hervortrat.

te fast einstimmig (98 von 100 Senatoren) als ersten Geheimdienstdirektor. Die Neuordnung soll die US-Geheimdienste in die Lage versetzen, international operierende Terrornetzwerke, sog. Schurkenstaaten sowie die Weiterverbreitung von Massenvernichtungswaffen wirksamer zu bekämpfen. Außerdem erhoffte sich die Regierung, durch den Umbau den Informationsaustausch zwischen einzelnen Bereichen der Terrorabwehr sowie die Grenzkontrollen zu verbessern. Mit diesen Maßnahmen zogen die USA die Konsequenz aus dem Versagen der Geheimdienste im Vorfeld der Terroranschläge vom 11. 9. 2001. Eine Untersuchungskommission hatte im Sommer 2004 einen Bericht vorgelegt, wonach interne Kommunikationsmängel und eine Zersplitterung der Zuständigkeiten die Anschläge begünstigt hätten.

Biometrische Daten: Die US-amerikan. Regierung forderte im Januar 2005 die Einführung eines gemeinsamen internationalen Standards für biometrische Daten in Pässen und Visa. Sie begründete diese Forderung damit, dass z. B. digitalisierte Gesichtsbilder und Fingerabdrücke hervorragende Daten seien, um potenzielle Terroristen zu erkennen und so terroristische Angriffe abzuwehren. Außerdem könne dadurch der massenhaften Fälschung von Pässen begegnet werden. Ab Oktober 2005 dürfen Bürger aus der EU in die USA nur noch dann einreisen, wenn sie einen Pass mit biometrischen Daten vorlegen können.

Kontrolle der Finanzströme: Die US-amerikan. Regierung arbeitete Mitte 2005 an einem Projekt, durch das sie sich Zugang zu Daten über internationale Geldüberweisungen zu verschaffen beabsichtigte. Sie begründete dies damit, dass die Zahlungsströme und die Überweisungsmuster von Terroristen besser kontrolliert werden müssten. So hätten die Attentäter vom 11. 9. 2001 internationale Überweisungen in Höhe von mehr als 130 000 US-Dollar getätigt.

»Newsweek«-Affäre: Im Mai 2005 zog die US-amerikan. Zeitschrift »Newsweek« einen Bericht über angebliche Koranschändungen im US-amerikan. Gefangenenlager Guantánamo auf Kuba zurück. Nach dem zwei Wochen zuvor veröffentlichten Bericht sollten US-amerikan. Soldaten einen Koran in einer Toilette hinuntergespült haben, um muslimische Gefangene zu demütigen. Der Bericht hatte weltweit antiamerikan. Proteste hervorgerufen. Insbesondere in Afghanistan war es wegen des Berichts zu Protesten gekommen, bei denen mind. 17 Menschen starben. Ende Mai gestand das US-Verteidigungsministerium ein, dass es in mindestens fünf Fällen tatsächlich zu Koranschändungen gekommen sei, was neue Proteste und Übergriffe in muslimisch geprägten Ländern auslöste.

Kyōto-Protokoll: Im Dezember 2004 bekräftigten die USA bei der zehnten Weltklimakonferenz in Buenos Aires ihre Ablehnung des Kyōto-Protokolls. Außerdem bekräftigten sie ihre Absicht, keine Gespräche über eine Regelung für die Zeit nach 2012, wenn das Kyōto-Protokoll ausläuft, aufnehmen zu wollen. In dem Protokoll, das im Februar 2005 in Kraft trat, verpflichten sich die Unterzeichnerstaaten, Kohlendioxid und andere Treibhausgase bis 2012 um 5,2 % gegenüber 1990 abzubauen.

Republikanisches Parlament: Bei der Verwirklichung seiner Ziele kann sich Präsident Bush in der zweiten Amtszeit auf eine komfortable Mehrheit in beiden Häusern des US-amerikan. Kongresses stützen. Bei der Kongresswahl im November 2004 konnte die Republikanische Partei die Zahl ihrer Abgeordneten im Repräsentantenhaus von 229 auf 232 Sitze und im Senat von 51 auf 55 erhöhen. Die Demokratische Partei erreichte lediglich 202 bzw. 44 Sitze. Senat und Repräsentantenhaus obliegen die Gesetzgebung sowie die Kontrolle von Regierung und Verwaltung. Im März 2005 polarisierte der Fall der Komapatientin Terri Schiavo die Öffentlichkeit

USA: die Hochburgen von Bush bei der Präsidentenwahl 2004

Bundesstaat	Bush[1)]	Kerry[1)]	sonstige[1)]
Utah	71	27	2
Wyoming	69	29	2
Idaho	68	30	2
Nebraska[2)]	66	32	1
Oklahoma	66	34	0
North Dakota	63	35	2
Alabama	62	37	1
Alaska	62	35	3
Kansas[2)]	62	36	1
Texas	61	38	1
Indiana	60	39	1

1) Anteil der abgegebenen Stimmen in %
2) Abweichungen von 100 durch Rundungen bedingt

der USA und rief heftige innenpolitische Auseinandersetzungen hervor.

Homosexuellenehe: Ein kalifornischer Richter erklärte im März 2005 das Verbot von Homosexuellenehen in dem US-Bundesstaat für verfassungswidrig. Er setzte sich damit über einen Volksentscheid von 2000 hinweg, bei dem die Mehrheit der kalifornischen Wähler für eine Ehe ausschließlich zwischen Mann und Frau gestimmt hatte. Der Richter begründete seine Entscheidung damit, dass der Staat nicht das Recht habe, Ehen ausschließlich auf die Verbindung zwischen Mann und Frau zu beschränken. Die Stadt San Francisco und einige homosexuelle Paare waren gegen das Verbot von Homo-Ehen in Kalifornien vor Gericht gezogen. Bereits im Oktober 2004 war ein Antrag der Republikaner auf ein bundesweites Verbot der Ehe von Homosexuellen in den USA in beiden Häusern des Kongresses gescheitert. Ihr Vorstoß erhielt nicht die für eine Verfassungsänderung erforderliche Zweidrittelmehrheit.

Hinrichtungen: 2004 wurden in den USA 59 Menschen und damit sechs weniger als im Vorjahr hingerichtet. 125 Menschen wurden zum Tode verurteilt, das waren 144 weniger als im Jahr zuvor. Internationale Menschenrechtsorganisationen werteten den Rückgang als Zeichen dafür, dass die Öffentlichkeit das Vertrauen in die Todesstrafe allmählich verliere. Allein 2003 und 2004 wurden in den USA 17 zum Tode verurteilte Häftlinge freigelassen, weil sich ihre Unschuld herausgestellt hatte.

Militärgericht verurteilt Soldaten: Ein US-amerikan. Militärgericht verurteilte im April 2005 einen US-amerikan. Soldaten wegen des Mordes an zwei Kameraden im Irak zum Tode. Der Feldwebel wurde für schuldig befunden, 2003 in Kuwait Granaten in das Zelt seiner Kameraden geworfen zu haben. Er hatte außerdem zu Beginn der Invasion im Irak in einem Lager in Kuwait 14 andere Soldaten mit Gewehrschüssen verletzt. Das letzte Mal, dass ein US-amerikan. Soldat wegen Mordes an einem Kameraden verurteilt wurde, war während des Vietnamkrieges. Die letzte militärische Hinrichtung in den USA fand 1961 statt.

Überfüllte Gefängnisse: 2004 waren die USA der Staat mit den weltweit höchsten Gefangenenzahlen. Insgesamt waren ca. 2,1 Mio. Menschen in den US-amerikan. Gefängnissen inhaftiert. Damit saß ca. jeder 141. Einwohner der USA hinter Gittern. Den größten Zuwachs bei den Gefängnisstrafen gab es mit 6,3 % im Bereich der Drogendelikte. Die Zahl der inhaftierten Frauen stieg um 2,9 %. Männer wurden elfmal häufiger inhaftiert als Frauen.

Indianergesetz: Der US-amerikan. Bundesstaat Massachusetts hob im Mai 2005 ein Gesetz aus dem Jahr 1675 auf, das Indianern den Zutritt zur Stadt Boston verbot. Das Gesetz wurde zwar seit Jahrzehnten nicht mehr angewandt, doch die Stämme in der Region hatten sich jahrelang vergeblich um eine Annullierung des Gesetzes bemüht. Die Entscheidung des Parlaments, das Gesetz aufzuheben, wurde darauf zurückgeführt, dass ein großer Journalistenverband die Abhaltung einer Konferenz in Boston von der Abschaffung dieser diskriminierenden Vorschrift abhängig gemacht hatte. Mit der Konferenz, die 2008 stattfinden soll, sind für Boston Einnahmen von ca. 4,5 Mio. US-Dollar verbunden.

Wirtschaft: Die Konjunktur in den USA entwickelte sich 2004 so stark wie seit 1999 nicht mehr. Das BIP stieg um 4,4 %, nachdem es bereits 2003 um 3 % zugelegt hatte. Allerdings schwächte sich das Wachstum im vierten Quartal 2004 (+3,1 %) ein wenig ab. Aufgrund des Booms und der steigenden Energiepreise lag die Inflationsrate 2004 mit 2,7 % rund 0,8 % höher als im Vorjahr. Die verfügbaren Einkommen erhöhten sich 2004 um 3,4 % nach 2,3 % im Vorjahr. Größtes wirtschaftliches Problem der USA war das beträchtliche Haushaltsdefizit, das im Haushaltsjahr 2005 voraussichtlich bei 427 Mrd. US-Dollar liegen wird.

Sinkende Bonität: Neben dem großen Haushaltsdefizit belastete 2004 auch das Handelsbilanzdefizit von 617 Mrd. US-Dollar die US-amerikan. Wirtschaft. Um das sog. Zwillingsdefizit zu decken, benötigen die USA einen großen Teil der weltweiten Kapitalüberschüsse. Daher fielen die USA Ende 2004 in der Liste der Länderbonität des Magazins »Institutional Investor« vom dritten auf den sechsten Platz zurück. Mit der Bonität wird der Grad der Zahlungsfähigkeit und -willigkeit bezeichnet. Eine sinkende Bonität ist in der Regel mit steigenden Zinsen für den Staat verbunden, wenn er auf dem Kapitalmarkt Kredite aufnehmen will.

Zinserhöhungen: Um der Gefahr einer hohen Inflationsrate vorzubeugen, erhöhte die US-amerikan. Notenbank (Fed) 2004 den Leitzins fünfmal auf insgesamt 2,25 %. Damit lagen die Zinsen in den USA erstmals seit mehr als drei Jahren wieder höher als in der Eurozone. Die Fed kündigte weitere Zinserhöhungen an, um eine Überhitzung der Konjunktur zu vermeiden.

Haushalt: Im April 2005 einigten sich beide Kammern des Kongresses auf den Haushalt 2006, der einen Umfang von 2,6 Billionen US-Dollar hat. Er sah für das Fiskaljahr 2006, das am 1. 10. 2005 beginnt, Steuererleichterungen in Höhe von 106 Mrd. US-Dollar und bis 2010 Ausgabenkürzungen von 35 Mrd. US-Dollar vor. Unklar blieb die Höhe des Defizits. Die Opposition schätzte, dass es bis 2010 um 167,5 Mrd. US-Dollar steigen könnte. 2004 lag es bei 412 Mrd. US-Dollar, 2005 wird es voraussichtlich 427 Mrd. US-Dollar betragen. Einig waren sich Präsident und Senat hinsichtlich deutlicher Ausgabensteigerungen auf dem Gebiet der Verteidigung v. a. durch das Engagement im Irakkrieg und der Terrorbekämpfung.

Energiepolitik: Aufgrund der hohen Preise für Erdöl sprach sich Präsident Bush im April 2005 für den Bau neuer Atomkraftwerke und Ölraffinerien aus. In den USA wurde zuletzt 1973 ein Antrag für den Bau eines Atomreaktors eingereicht, mehr als 35 Atomkraftwerke wurden seither wegen bürokratischer Hindernisse stillgelegt. Die USA bezogen 2004 rund 20 % ihres Stroms aus der Atomkraft (zum Vergleich Frankreich: 78 %). 2004 führten die USA knapp 58 % ihres Öls ein, zur Zeit der Ölkrise 1973 nur etwa ein Drittel.

Ölbohrungen in Alaska: Im März 2005 stimmte der Senat mit 51 zu 49 Stimmen einem umstrittenen Projekt zur Bohrung nach Erdöl und Erdgas in einem Naturschutzgebiet in Alaska zu. Die Regierung erhoffte sich davon, die Förderung von Erdöl um 1 Mio. Barrel/Tag erhöhen zu können. Sie begründete die Bohrungen mit der Notwendigkeit, die Abhängigkeit der USA von Öl- und Gasimporten zu verringern. Das Arctic National Wildlife Refuge, das nördlichste Naturschutzgebiet der USA, liegt im Nordosten von Alaska und umfasst 80 000 km². Es bietet Lebensraum für zahlreiche Vogel-, Fisch- und Säugetierarten und wurde 1960 vom damaligen Präsidenten Dwight D. Eisenhower unter Schutz gestellt (→ Umwelt und Klima, Naturschutz).

Usbekistan UZB

Republik Usbekistan

Landesfläche	447 400 km² (WR 55)
Einwohner	26,5 Mio. (WR 40)
Hauptstadt	Taschkent (2,3 Mio. Einwohner)
Sprachen	Usbekisch, Russisch
Währung	Usbekistan-Sum
Gliederung	12 Provinzen, 1 autonome Republik
Staatsform	Republik
Staatsoberhaupt	Islam Karimow (seit 1991) * 1938
Regierungschef	Schawkat Mirzijajew (seit 2003) * 1957
Parlament	Nationalversammlung mit 120 für 5 Jahre gewählten Abgeordneten; 41 Sitze für Liberaldemokratische Partei (O'zlidep), 28 für Volksdemokratische Partei (OXDP), 51 für Andere (Wahl 2004)
Internet	www.uzbekistan.de; www.gov.uz
Religion	Muslime (88 %); Russisch-Orthodoxe (9 %); Sonstige (3 %)
Ethn. Gruppen	Usbeken (73,7 %); Russen (5,5 %); Tadschiken (5,1 %); Kasachen (4,2 %); Tataren (2,0 %); Sonstige (9,5 %)
Urbanisierung	37 %
Einwohner/km	59
Bev.-Wachst./Jahr	1,5 %
Kindersterblichkeit	6,5 %
Alphabetisierung	99 %

Innenpolitik: Im Mai 2005 ließ die Regierung unter dem autokratisch regierenden Präsidenten Islam Karimow Unruhen in der ostusbek. Stadt Andischan (Ferganatal) gewaltsam niederschlagen.

Usbekistan: Bei Unruhen in Andischan erschossen Regierungstruppen am 14. 5. 2005 mindestens 600 Menschen.

Dabei wurden mind. 600 Menschen getötet. Auslöser der Unruhen war der Beginn eines Terroristenprozesses. Eine Menschenmenge stürmte ein Gefängnis, um rund 2 000 Häftlinge zu befreien, darunter 23 wegen verfassungsfeindlicher Aktivitäten angeklagte Geschäftsleute. Ihnen wurde die Mitgliedschaft in der Gruppe Akramija vorgeworfen, der ihrerseits Kontakte zur verbotenen Islamistenpartei Hisb-ut-Tahrir unterstellt wurden. Nach Beginn der Unruhen in Andischan wurde die Grenze zu Kirgistan geschlossen. Aus Protest gegen die Grenzschließung steckten Flüchtlinge eine Polizeistation und das Finanzamt in Brand. Rund 5 000 Usbeken verließen das Land.

Parlamentswahlen: Bei der Wahl der 120 Abgeordneten des Unterhauses vom Dezember 2004 waren nur Kandidaten von fünf Parteien zugelassen, die Karimow unterstützten. Unter ihnen wurde die Liberal-demokratische Partei (O'zlidep) mit 34 % der Stimmen stärkste Kraft; auf den zweiten Platz kam die Volksdemokratische Partei (OXDP) mit 23,4 %. USA und OSZE kritisierten die undemokratische Wahl und kritisierten, dass Oppositionelle entweder inhaftiert oder aus dem Land getrieben würden. Menschenrechtsorganisationen prangerten das drakonische Überwachungssystem durch die Geheimdienste an.

Außenpolitik: Während Karimow das brutale Vorgehen seiner Sicherheitskräfte gegen die Demonstranten in Andischan lobte, wurden ihm von internationaler Seite schwere Menschenrechtsverletzungen vorgeworfen. UN-Generalsekretär Kofi Annan forderte eine internationale Untersuchung der gewaltsamen Zwischenfälle, was Karimow aber kategorisch ablehnte. Der russ. Präsident Wladimir Putin äußerte sich besorgt über die weitere Destabilisierung der Lage in Zentralasien, nachdem es bereits in → Kirgistan zu einem Umsturz gekommen war. Aller Kritik zum Trotz zählt U. zu den wichtigsten Verbündeten der USA im Kampf gegen den Terrorismus.

Vanuatu

VU

Republik Vanuatu

Landesfläche	12 189 km² (WR 156)
Einwohner	217 000 (WR 172)
Hauptstadt	Port Vila (25 000 Einwohner)
Sprachen	Englisch, Französisch, Bislama
Währung	1 Vatu = 100 Centimes
Gliederung	6 Provinzen
Staatsform	Parlamentarische Republik im Commonwealth
Staatsoberhaupt	Kalkot Mataskelekele (seit 2004)
Regierungschef	Ham Lini (seit 2004) * 1951
Parlament	mit 52 für 4 Jahre gewählten Abgeordneten; 10 für Sozialdemokraten (NUP), 9 für Konservative (UMP), 8 für Sozialisten (VP), 25 für Andere (Wahl 2004)
Internet	www.vanuatugovernment.gov.vu
Religion	Christen (77,2 %): Protestanten (62,8 %), Katholiken (14,4 %); Animisten (4,6 %); Sonstige (18,2 %)
Ethn. Gruppen	Melanesier (97,9 %); Europäer (1 %); Sonstige (1,1 %)
Urbanisierung	22,8 %
Einwohner/km	18
Bev.-Wachst./Jahr	2,8 %
Kindersterblichkeit	4,2 %
Alphabetisierung	53 %

Im November 2004 beschloss die Regierung von V. die Aufnahme diplomatischer Beziehungen zu Taiwan. Der Entscheidung gingen auch Verhandlungen mit der Volksrepublik China voraus, die Taiwan als abtrünnige Provinz betrachtet. China lehnt Beziehungen zu Staaten ab, die Taiwan anerkennen. Beide Staaten sollen V. mehrere Millionen US-Dollar an Entwicklungshilfe geboten haben, um den kleinen Inselstaat für sich zu gewinnen. Für China ist es wichtig, Taiwan international zu isolieren. Taiwan legt großen

Wert darauf, möglichst auch diplomatische Beziehungen zu vielen kleinen Staaten zu unterhalten. V. (vormals Neue Hebriden) besteht aus zwölf großen und knapp 70 kleineren Inseln, die sich im südwestlichen Pazifik zwischen Fidschi und Neukaledonien erstrecken. Die Hauptstadt Port Vila befindet sich auf der mit 907 km² viertgrößten Insel Efate.

Vatikanstadt V

Landesfläche	0,44 km² (WR 193)
Einwohner	870 (WR 193)
Hauptstadt	Vatikanstadt
Sprachen	Lateinisch, Italienisch
Währung	1 Euro = 100 Cent
Gliederung	Gebiet um die Peterskirche, Sommersitz Castel Gandolfo, weitere exterritoriale Gebäude und Grundstücke
Staatsform	Absolute Wahlmonarchie
Staatsoberhaupt	Papst Benedikt XVI. (seit 2005) * 1927
Regierungschef	Kardinalstaatssekretär Angelo Sodano (seit 1991) * 1927
Parlament	Papst und Kardinalskollegium
Internet	www.vatican.va
Religion	Katholiken (100 %)
Nationalitäten	Kirchenbedienstete aus aller Welt
Urbanisierung	100 %
Einwohner/km	–
Bev.-Wachst./Jahr	–
Kindersterblichkeit	–
Alphabetisierung	100 %

Im April 2005 wurde Joseph Kardinal Ratzinger zum neuen Papst gewählt. Er wurde damit Nachfolger von Papst Johannes Paul II., der zuvor unter großer Anteilnahme der Welt gestorben war. Ratzinger, der sich den Namen Benedikt XVI. gab, ist der 265. Papst in der rund 2000-jährigen Geschichte der katholischen Kirche und der erste dt. Papst seit 482 Jahren. Er war ein enger Vertrauter von Johannes Paul II. und galt als einer der Favoriten beim Konklave der Kardinäle. Der Papst ist als Bischof von Rom das Oberhaupt der Gesamtkirche. Nach katholischer Lehre geht sein Amt auf Petrus zurück, den Christus an seiner Stelle als sichtbares Haupt der Kirche einsetzte. Völkerrechtlich wird er als ein im eigenen Recht stehender Souverän betrachtet. Der Papst wird im Konklave von denjenigen Kardinälen in geheimer Wahl gewählt, die bei dessen Beginn noch nicht 80 Jahre alt sind. Der Kandidat benötigt zwei Drittel und eine der abgegebenen Stimmen. Wählbar ist (nach göttlichem Recht) jeder männliche Katholik, jedoch ist seit 1389 die Wahl eines Kardinals üblich.

Venezuela YV

Republik von Venezuela

Landesfläche	912 050 km² (WR 31)
Einwohner	26,2 Mio. (WR 41)
Hauptstadt	Caracas (2 Mio. Einwohner)
Sprachen	Spanisch, indianische Sprachen
Währung	1 Bolívar (Bs) = 100 Céntimos
Gliederung	22 Bundesstaaten, 1 Distrikt, 72 Inseln
Staatsform	Präsidiale Bundesrepublik
Staatsoberhaupt und Regierungschef	Hugo Chávez Frías (seit 1999) * 1954
Parlament	Nationalversammlung mit 165 für 5 Jahre gewählten Mitgliedern; 76 Sitze für die Bewegung der 5. Republik (MVR), 29 für die Demokratische Aktion (AD), 21 für die Bewegung zum Sozialismus (MAS), 39 für Andere (Wahl 2000)
Internet	www.venezuela.gov.ve; www.asambleanacional.gov.ve
Religion	Katholiken (96 %), Protestanten (2 %); Sonstige (2 %)
Ethn. Gruppen	Mestizen (67 %); Weiße (21 %); Schwarze (10 %); Inder (2 %)
Urbanisierung	88 %
Einwohner/km	29
Bev.-Wachst./Jahr	1,9 %
Kindersterblichkeit	2,2 %
Alphabetisierung	93 %

Innenpolitik: Im März 2005 begann die venezolan. Regierung mit der Umsetzung einer Landreform, die Präsident Chávez Frías im Zuge seiner »Revolution für die Armen« der Bevölkerung versprochen hatte. Die Regierung erklärte eine 13 000 ha große Rinderfarm zum Staatsbesitz und erteilte mittellosen Bauern Lizenzen zu deren Bewirtschaftung. Das konfiszierte Gebiet wurde seit Jahrzehnten von einem landwirtschaftlichen

Tochterunternehmen der brit. Vestey Group beansprucht. Der Regierung zufolge gab es jedoch keine Dokumente, die diese als Besitzer auswiesen. Chávez bezeichnete die Enteignung als Teil eines »Krieges gegen den Großgrundbesitz« und lobte den Sozialismus als wegweisende Ideologie des 21. Jh. Internationale Wirtschaftsinstitute werteten diesen Schritt hingegen als negativ für die weitere wirtschaftliche Entwicklung, weil er zu einem erheblichen Vertrauensverlust unter ausländischen Investoren führe.

Gouverneurswahlen: Bei den Gouverneurswahlen im Oktober 2004 setzten sich überwiegend Parteigänger von Präsident Chávez durch. Lediglich zwei der 23 Gouverneursämter, die zu vergeben waren, gingen an die Opposition. Dabei handelte es sich um die Gouverneure im ölreichen Bundesstaat Zulia und in Nueva Esparta. Zum neuen Bürgermeister der Hauptstadt Caracas wurde der von Chávez unterstützte Juan Barreto gewählt. Die Regierung setzte mehr als 120 000 Soldaten und Polizisten ein, um den Verlauf der Wahl zu überwachen und Zusammenstöße zwischen politischen Gegnern zu verhindern.

Außenpolitik: Anfang 2005 kaufte V. in Russland rund 100 000 AK-47 Sturmgewehre und 40 Militärhubschrauber. Die US-amerikan. Regierung äußerte sich besorgt über dieses Geschäft, weil die Aufrüstung der venezolan. Armee eine destabilisierende Wirkung auf die gesamte Region entfalten könne. Die Waffen könnten in die Hände kolumbian. Rebellen gelangen. Die USA warfen Präsident Chávez wiederholt vor, die terroristischen Guerillaorganisationen FARC und ELN in Kolumbien zu unterstützen. Chávez verdächtigte hingegen die US-amerikan. Regierung, im April 2002 einen gescheiterten Militärputsch gegen ihn angezettelt zu haben. Als Konsequenz aus den Spannungen fror Chávez die Militärbeziehungen zu den USA ein. Er kündigte an, keine gemeinsamen Operationen der Streitkräfte beider Länder mehr zuzulassen. Trotz des Streites wollten die USA aber auch zukünftig Erdöl aus V. beziehen. 2004 deckten die USA rund 15 % ihres Erdölbedarfs aus venezolan. Produktion.

Venezuela: Menschen demonstrieren am 8. 1. 2005 auf einer Ranch, die sich in brit. Firmenbesitz befindet, für die Landenteignungsabsichten der Regierung.

Kolumbien: Die Sorgen der USA über die Aufrüstung der venezolan. Armee waren auf die Spannungen zwischen V. und Kolumbien zurückzuführen, die sich im Januar 2005 verschärften. Die kolumbian. Regierung gab zu, Kopfgeldjäger mit der Entführung von Rodrigo Granda, dem sog. Außenminister der FARC, beauftragt zu haben, der sich auf venezolan. Territorium aufhielt. Chávez forderte daher eine förmliche Entschuldigung von Kolumbien und wies Anschuldigungen zurück, linksgerichtete Guerillaorganisationen zu unterstützen. Außerdem verstärkte er die venezolan. Truppen an der Grenze zu Kolumbien.

Spanien: Im März 2005 schloss V. mit Spanien einen Vertrag über die Lieferung von Rüstungsgütern. Beide Regierungen vereinbarten u. a. den Kauf von span. Hochsee-Patrouillenschiffen, Korvetten und Transportflugzeugen. Spanien verteidigte das insbesondere von den USA kritisierte Geschäft als Beitrag zur Sicherheit V.s. Außerdem schlossen der span. Ölkonzern Repsol und die venezolan. Ölfirma PDVSA eine Vereinbarung, wonach Repsol seine Produktion in V. von 100 000 Barrel/Tag auf 160 000 steigern dürfe.

Wirtschaft: Die Erdölindustrie in V. befand sich 2005 in einer Krise. Trotz der hohen Weltmarktpreise für Öl lag die Produktion bei 100 000 Barrel/Tag und damit unter der mit der Opec vereinbarten Förderquote. Die schwache Produktion wurde u. a. auf die staatlichen Eingriffe in die Industrie zurückgeführt. Chávez hingegen streute das Gerücht, der US-amerikan. Geheimdienst CIA betreibe Sabotage in den Ölanlagen, wodurch die Förderkapazität empfindlich getroffen wäre. Er beschuldigte die in V. operierenden ausländischen Ölgesellschaften der Steuerhinterziehung und forderte sie auf, ihren Zahlungsverpflichtungen nachzukommen. Andernfalls müssten diese das Land verlassen. So hätten venezolan. Rechtsexperten neben Beweisen für Steuerhinterziehungen auch Verstöße gegen Lizenzverpflichtungen und Produktionslimits durch Ölgesellschaften festgestellt. Seit den 1990er-Jahren sind in V. internationale Ölfirmen wie etwa ChevronTexaco, BP und Royal Dutch Shell tätig. Nachdem das Wirtschaftswachstum 2003 um 7,7 % eingebrochen war, verzeichnete V. 2004 einen BIP-Anstieg um 17,3 %. Bei effizienterer Auslastung der Erdölindustrie hätte das Wachstum jedoch weitaus höher liegen können.

Kündigungsschutz: Im März 2005 beschloss die venezolan. Regierung, dass Unternehmen für weitere sechs Monate keine Mitarbeiter entlassen dürfen und verlängerte damit das im Mai 2002 erlassene Kündigungsverbot. Die Bestimmung galt für betriebsbedingte Kündigungen im privaten und öffentlichen Sektor. Mit dieser Anordnung sollte die hohe Arbeitslosigkeit bekämpft werden, die im Februar 2005 offiziell bei 14 % lag. Internationale Wirtschaftsinstitute hielten das Kündigungsverbot für weitgehend nutzlos, weil mehr als die Hälfte der Beschäftigten in V. als Straßenverkäufer arbeitet, die durch die Bestimmung nicht geschützt werden. Außerdem stellte es aus Sicht der Unternehmen ein Hemmnis für Neueinstellungen dar.

Vereinigte Arabische Emirate UAE

Landesfläche	83 600 km² (WR 113)
Einwohner	3,1 Mio. (WR 131)
Hauptstadt	Abu Dhabi (380 000 Einwohner)
Sprachen	Arabisch, Englisch, Hindi, Urdu, Farsi
Währung	1 Dirham = 100 Fils
Gliederung	7 Emirate
Staatsform	Staatenbund
Staatsoberhaupt	Scheich Khalifa ibn Said al-Nuhajan (seit 2004) * 1948
Regierungschef	Scheich Maktum ibn Raschid al-Maktum (seit 1990) * 1943
Parlament	Föderative Nationalversammlung mit 40 Mitgliedern, die von den Oberhäuptern der Emirate für 2 Jahre ernannt werden, beratende Funktion, keine Parteien
Internet	www.uae.gov.ae
Religion	Muslime (96 %): Sunniten (80 %), Schiiten (16 %); Christen, Hindus, Sonstige (4 %)
Ethn. Gruppen	Araber (87,1 %); Pakistani; Inder (9,1 %); Sonstige (3,8 %)
Urbanisierung	85 %
Einwohner/km	37
Bev.-Wachst./Jahr	1,9 %
Kindersterblichkeit	0,9 %
Alphabetisierung	78 %

Innenpolitik: Im November 2004 starb der Präsident der VAE, Scheich Said ibn Sultan al-Nuhajan, im Alter von 86 Jahren. Unter der Führung Saids, der auch Emir von Abu Dhabi war (ab 1971), hatten sich die VAE zu einem wichtigen Ölförderland und führenden internationalen Finanzzentrum entwickelt. Wegen Krankheit wurde er bereits seit 2000 bei internationalen Veranstaltungen zumeist von Regierungschef Scheich Maktum ibn Raschid al-Maktum vertreten. Dieser übernahm nach dem Tod des Präsidenten vorübergehend die Amtsgeschäfte, bevor Saids ältester Sohn, Scheich Khalifa ibn Said al-Nuhajan, neues Staatsoberhaupt der VAE wurde.

Frau als Ministerin: Im Oktober 2004 wurde erstmals eine Frau zur Ministerin ernannt. Die Geschäftsfrau Scheikha Lubna al-Qasimi übernahm das Wirtschafts- und Planungsministerium des Golfstaates. Ihre Ernennung wurde als Zeichen für den Willen der Regierung gewertet, den muslimischen Frauen mehr Rechte einzuräumen.

Wirtschaft: Das Emirat Dubai wurde im Januar 2005 neuer Großaktionär beim Autokonzern DaimlerChrysler. Die Dubai Holding, ein staatlicher Investmentfonds, übernahm für rund 1 Mrd. US-Dollar etwa 2 % des Unternehmenskapitals.

2004/05 erlebten die VAE einen Immobilienboom. Insbesondere die drei künstlichen Inselgruppen vor der Küste Dubais lockten wohlhabende Investoren. Alle Villen und Wohnungen der beiden ersten Palmeninseln wurden verkauft. Die Preise reichten von 800 000 € bis 4,2 Mio. € pro Objekt. Über 90 % der Immobilien wurden von Arabern aus der Golfregion erworben.

Vereinigte Arabische Emirate: Beisetzungsfeierlichkeiten für Präsident Said in Abu Dhabi

Vietnam VN
Republik Vietnam

Landesfläche	331 689 km² (WR 64)
Einwohner	82,5 Mio. (WR 12)
Hauptstadt	Hanoi (2,5 Mio. Einwohner)
Sprachen	Vietnamesisch
Währung	1 Dong = 10 Hào = 100 Xu
Gliederung	61 Provinzen, 4 Stadtbezirke
Staatsform	Volksrepublik
Staatsoberhaupt	Tran Duc Luong (seit 1997) * 1937
Regierungschef	Phan Van Khai (seit 1997) * 1933
Parlament	Nationalversammlung mit 498 für 5 Jahre gewählten Abgeordneten; 447 Sitze für von der KP abhängige Abgeordnete, 51 für Parteilose (Wahl 2002)
Internet	www.na.gov.vn
Religion	Buddhisten (67 %); Katholiken (8 %); Sonstige (25 %)
Ethn. Gruppen	Vietnamesen (87,1 %); Muong (1,8 %); Chinesen (1,5 %); Tai (1,5 %); Khmer (1,4 %); Sonstige (6,7 %)
Urbanisierung	26 %
Einwohner/km	249
Bev.-Wachst./Jahr	1,3 %
Kindersterblichkeit	2,6 %
Alphabetisierung	93 %

Innenpolitik: Ende 2004 häuften sich in V. wieder Fälle der Vogelgrippe. Der Virus wurde in 18 Städten und Provinzen des Landes festgestellt. Bis Mitte 2005 verendeten rund 300 000 Stück Federvieh aufgrund der Geflügelpest oder wurden vorsorglich geschlachtet. An der Virusvariante H5N1 starben bis April 2005 in V. 14 Menschen (→ Medizin, Vogelgrippe).

Wirtschaft: Im Oktober 2004 stellte Deutschland V. weitere 60 Mio. € Entwicklungshilfe zur Verfügung. 25 Mio. € sind für den Aufbau des Privatsektors in V. vorgesehen. Außerdem sollen die Mittel für den Gesundheitsbereich, Aufforstung, Naturschutz und Abwasserentsorgung verwendet werden. 1990–2004 unterstützte Deutschland V. mit insgesamt 500 Mio. €. Die Bundesregierung erhoffte sich davon u. a. die Privilegierung dt. Unternehmen bei der Vergabe von Großaufträgen aus V., das in den 1980er-Jahren mit marktwirtschaftlichen Reformen begann und dadurch jährliche Wachstumsraten von durchschnittlich 7 % aufweist. Trotz des wirtschaftlichen Booms zählte V. 2004 zu den ärmsten Ländern der Welt. Der monatliche Mindestlohn liegt bei umgerechnet 14 €. Der vietnames. Präsident Tran Duc Luong bezieht ein Gehalt von 183 €/Monat.

Schuldenerlass: Die norweg. Regierung beschloss im April 2005, V. Auslandsschulden von rund 4,3 Mio. € zu erlassen. Sie knüpfte diese Entscheidung an die Bedingung, dass V. den gleichen Betrag in die Armutsbekämpfung und Entwicklung investiert. Die vietnames. Regierung beabsichtigte, das Geld in ein Zweijahrprogramm zu stecken, mit dem v. a. die Reisbauern unterstützt werden sollen.

Privatisierung: Die vietnames. Regierung leitete im März 2005 erste Schritte zur Privatisierung des Mobilfunkbereichs ein. Sie erwog den Verkauf von Anteilen an MobiFone, dem zweitgrößten Mobilfunk-Provider des Landes. Allerdings soll die Mehrheit der Aktien auch nach der Privatisierung im Staatsbesitz bleiben. Seit 1992 verkaufte die Regierung Aktien von rund 2400 Staatsbetrieben.

Weißrussland BY
Republik Weißrussland (Belarus)

Landesfläche	207 600 km² (WR 83)
Einwohner	9,9 Mio. (WR 80)
Hauptstadt	Minsk (1,7 Mio. Einwohner)
Sprachen	Weißrussisch, Russisch
Währung	1 Weißrussischer Rubel = 100 Kopeken
Gliederung	6 Regionen und Hauptstadt Minsk
Staatsform	Präsidiale Republik
Staatsoberhaupt	Alexander Lukaschenka (seit 1994) * 1954
Regierungschef	Sergej Sidorsk (seit 2003) * 1954
Parlament	Rat der Republik mit 64 und Repräsentantenhaus mit 110 Mitgliedern; Ergebnisse der letzten Wahl vom Oktober 2004 umstritten, daher Zusammensetzung unklar
Religion	Russisch-Orthodoxe (60 %); Katholiken (8 %); Sonstige (32 %)
Nationalitäten	Weißrussen (77,9 %); Russen (13,2 %); Sonstige (8,9 %)
Urbanisierung	71 %
Einwohner/km	48
Bev.-Wachst./Jahr	-0,5 %
Kindersterblichkeit	2 %
Alphabetisierung	99 %

Innenpolitik: Durch eine umstrittene Volksabstimmung im Oktober 2004 sicherte sich der Präsident Alexander Lukaschenka eine dritte Amtszeit. Nach Regierungsangaben billigten 77 % der Wähler eine entsprechenden Verfassungsänderung. Notwendig war die Zustimmung von mehr als 50 % der registrierten Wähler. Laut einer Erhebung des unabhängigen Gallup-Instituts ging jedoch weniger als die Hälfte zur Abstimmung. Demnach wäre die Wahl ungültig. OSZE-Beobachter bezeichneten das Referendum daher als Farce. Lukaschenka, der den Vorwurf der Fälschung zurückwies, regiert seit 1994 mit diktatorischen Mitteln. 1996 ließ er in einem Referendum seine erste Amtszeit von fünf auf sieben Jahre verlängern. Nach dem angeblichen Sieg bei dem jüngsten Volksentscheid kann er sich 2006 erneut zur Wahl stellen.

Opposition: Im Mai 2005 nahm die Polizei den prominenten Oppositionspolitiker Sergej Skrebets fest. Ihm wurden Bestechung und Vorbereitung einer Straftat vorgeworfen. Der ehemalige Abgeordnete und Vorsitzende der Gruppierung Respublika soll daran beteiligt gewesen sein, die Behörden in der Region Brest mit umgerechnet rund 24 000 € bestochen zu haben, um den Freispruch eines Straftäters zu erwirken. Bei einer Verurteilung drohen Skrebets bis zu zehn Jahren Gefängnis. Menschenrechtsorganisationen bezeichneten die Festnahme als Versuch, die Opposition weiter zu schwächen. Skrebets hatte den Präsidenten wiederholt öffentlich kritisiert.

Proteste, Festnahmen, Menschenrechte: Im März 2005 versammelten sich in der Hauptstadt Minsk rund 1 000 Menschen zu einer nicht angemeldeten Demonstration gegen den Präsidenten. Die Behörden nahmen rund 40 Teilnehmer fest und leiteten Ermittlungen gegen sie ein. Die harsche Reaktion wurde auf die Angst Lukschenkas vor einer ähnlichen politischen Entwicklung wie in Kirgistan, der Ukraine und Georgien zurückgeführt, wo demokratische Kundgebungen zum Regimewechsel geführt hatten. Diesem Umstand geschuldet war offenbar auch die Festnahme von drei poln. Journalisten im März 2005, die über den regionalen Wahlkampf in Grodno berichten wollten. Im selben Monat weigerten sich die Behörden, der NATO die Eröffnung eines Informationsbüros in der Hauptstadt Minsk zu erlauben. 2004/05 wurde W. von internationaler Seite wiederholt wegen Missachtung von Menschen- und Bürgerrechten kritisiert.

Zentralafrikanische Republik RCA

Landesfläche	622 984 km² (WR 42)
Einwohner	3,9 Mio. (WR 122)
Hauptstadt	Bangui (600 000 Einwohner)
Sprachen	Französisch, Sangho, Bantu
Währung	CFA-Franc
Gliederung	16 Präfekten, Hauptstadtbezirk
Staatsform	Präsidiale Republik
Staatspräsident	François Bozizé (seit 2003) * 1946
Regierungschef	Célestin Le Roi Gaombalet (seit 2003) * 1941
Parlament	Nationalversammlung mit 105 gewählten Mitgliedern; 42 Sitze für Convergence Nationale »Kwa Na Kwa«, 11 für Mouvement pour la Libération du Peuple Centrafricain, 8 für Rassemblement Démocratique Centrafricain, 44 für Andere (Wahl 2005)
Religion	Christen (50 %): Protestanten (25 %), Katholiken (25 %); Animisten (24 %); Muslime (15 %); Sonstige (11 %)
Ethn. Gruppen	Baja (23,7 %); Banda (23,4 %); Mandija (14,7 %); Mbaka (7,6 %); Sara (6,9 %); Mbum (6,3 %); Europäer (17,4 %)
Urbanisierung	43 %
Einwohner/km	6
Bev.-Wachst./Jahr	1,3 %
Kindersterblichkeit	18 %
Alphabetisierung	51 %

Bei der Präsidentschaftswahl im Mai 2005 setzte sich in der Militärmachthaber François Bozizé durch. Er erhielt im zweiten Wahlgang rund 70 % der Stimmen, während auf seinen größten Rivalen Martin Ziguele lediglich 30 % entfielen. Im ersten Wahlgang im März hatte Bozizé 43 % der Stimmen erhalten, sein Gegenkandidat Ziguele 23 %. Neben Bozizé und Ziguele traten in der ersten Runde neun weitere Bewerber an. Bozizé regiert seit März 2003 in der Z. R., nachdem er den demokratisch gewählten Präsidenten Ange-Félix Patassé gestürzt hatte, der 2005 im Exil in Togo lebte und von einer Beteiligung an der Präsidentschaftswahl ausgeschlossen wurde. Bozizés Gegenkandidat Ziguele war unter Patassé Ministerpräsident. Seit der Unabhängigkeit von Frankreich im Jahr 1960 hat die Z. R. mind. neun Militärrevolten und Aufstände erlebt, die zumeist von Soldaten aus Ärger über geringe Soldzahlungen angezettelt wurden. Obwohl das Binnenland über reiche Vorkommen an Gold, Diamanten und anderen Rohstoffe verfügt, gehört es zu den ärmsten Staaten der Welt.

Zypern

CY

Republik Zypern

Landesfläche	9 251 km² (WR 161)
Einwohner	808 000 (WR 154)
Hauptstadt	Nikosia (210 000 Einwohner)
Sprachen	Griechisch, Türkisch, Englisch
Währung	1 Zypern-Pfund = 100 Cents
Gliederung	Insel de facto geteilt in Zypern und Türkische Republik Nordzypern
Staatsform	Präsidiale Republik
Staats- und Regierungschef	Tassos Papadopoulos (seit 2003) * 1934
Parlament	Repräsentantenhaus mit 56 für 5 Jahre gewählten Abgeordneten; 20 Sitze für die Fortschrittspartei des werktätigen Volkes (AKEL), 19 für Demokratische Sammelbewegung (DISY), 9 für Demokratische Partei (DIKO), 4 für Demokratischen Sozialisten (KISOS), 4 für Andere (Wahl 2001)
Internet	www.cyprus.gov.cy
Religion	Orthodoxe Christen (82 %); Sonstige (18 %)
Nationalitäten	griechische Zyprioten (78 %); türkische Zyprioten (12,3 %); Briten (0,8 %); Sonstige (8,9 %)
Urbanisierung	69,2 %
Einwohner/km	87
Bev.-Wachst./Jahr	0,6 %
Kindersterblichkeit	0,6 %
Alphabetisieru ng	97 %

Wirtschaft: Im Mai 2005 wurde Z. in den europ. Wechselkursmechanismus aufgenommen. Dies bedeutete, dass die nationale Währung (Zypern-Pfund) zukünftig nur noch in einer Bandbreite von 15 % gegenüber dem Euro schwanken darf. In diesem Korridor muss sie mind. zwei Jahre lang bleiben, bevor Z. den Euro einführen darf. Eine weitere Bedingung für den Beitritt zur Europ. Währungsunion ist die Erfüllung der Maastrichter Stabilitätskriterien.

Zypern: geteilte Insel, geteilte Hauptstadt

Durch Zyperns Hauptstadt Nikosia verläuft seit der Inselteilung 1974 die letzte »Mauer« in Europa, die sog. Green Line, die von UN-Soldaten bewacht wird. Nur an einer Stelle ist ein Grenzübertritt möglich. Die Stadt ist sowohl Sitz der griechisch-zyprischen wie der der türkisch-zyprischen Regierung. Etwa drei Viertel ihrer 200 000 Einwohner leben im griechischen, ein Viertel im türkischen Teil.

Außenpolitik: Im März 2005 versprach die Türkei, das Zollabkommen mit der EU auf die zehn neuen Mitglieder der EU auszudehnen. Die Verwirklichung dieses Versprechens, das auf den Druck der EU zurückgeführt wurde, käme einer faktischen Anerkennung des griech. Teils von Z. gleich, welche die Türkei vorher strikt abgelehnt hatte. 1974 landeten türk. Truppen auf Z. und besetzen 40 % des Territoriums. Seitdem ist die Insel de facto geteilt. Im Mai 2005 konnte nur der griech. Teil von Z. der EU beitreten.

Nordzypern: Bei der vorgezogenen Parlamentswahl im türk. Teil von Z. wurde die Republikanisch-Türk. Partei (CTP) stärkste Kraft, verfehlte aber mit 44,5 % der abgegebenen Stimmen knapp die absolute Mehrheit. Auf die Nationale Einheit (UBP) entfielen 31 %, während die Demokratische Partei 13 % bekam. Wahlsieger Mehmet Ali Talat von der CTP blieb zunächst Ministerpräsident. Er setzte die Koalition mit der Demokratischen Partei (DP) von Serdar Denktasch fort, der den Posten des stellv. Ministerpräsidenten behielt.

Talat wurde im April 2005 auch zum neuen Präsidenten von Nord-Z. gewählt. Er erhielt 55,6 % der abgegebenen Stimmen, während auf seinen nationalistischen Rivalen Dervis Eroglu 22,7 % entfielen. Talat wurde damit Nachfolger des nationalistischen Volksgruppenführers Rauf Denktasch, der nicht mehr antrat. Nach seiner Wahl zum Staatspräsidenten musste Talat das Amt des Ministerpräsidenten aufgeben, das sein Parteifreund Ferdi Sabit Soyer übernahm.

3

Bevölkerung

Größtes Bevölkerungswachstum

	Land	%[1]
1	Somalia	4,2
2	Liberia	4,0
3	Afghanistan	3,9
4	Sierra Leone	3,8
5	Eritrea	3,7
6	Niger	3,6
7	Jemen	3,5
	Kuwait	3,5
9	Uganda	3,2
	Angola	3,2

1) durchschnittl. Bevölkerungswachstumsrate 2000–05; Quelle: UNFPA (N.Y.)

Höchstes Wachstum der städt. Bevölkerung

	Land	%[1]
1	Ruanda	11,6
2	Burundi	6,5
3	Bhutan	6,3
4	Niger	6,1
5	Afghanistan	6,0
6	Eritrea	5,8
7	Somalia	5,7
8	Sierra Leone	5,6
9	Kambodscha	5,5
10	Angola	5,4
	Guinea-Bissau	5,4

1) durchschnittliche Wachstumsrate 2000–05; Quelle: UNFPA (N.Y.)

Höchste Urbanisierung/ Verstädterung

	Land	%[1]
1	Singapur	100,0
2	Belgien	97,0
3	Kuwait	96,0
4	Uruguay	93,0
5	Island	92,8
6	Australien	92,0
	Israel	92,0
	Katar	92,0
9	Luxemburg	91,9
10	Malta	91,7

1) städtische Bevölkerung; Stand: 2003; Quelle: UNFPA (N.Y.)

Höchste Bevölkerungsdichte

	Land	Einw./km²
1	Monaco	16410
2	Singapur	6958
3	Malta	1253
4	Malediven	1100
5	Bahrain	1065
6	Bangladesch	1040
7	Taiwan	631
8	Barbados	630
9	Nauru	619
10	Mauritius	588

Quelle: Berechnung nach Daten des UNFPA (N. Y.)

Energie

Erdgas-Förderung

	Land	Mrd. m³
1	Russland	578,6
2	USA	549,5
3	Kanada	180,5
4	Großbritannien	102,7
5	Algerien	82,8
6	Iran	79,0
7	Norwegen	73,4
8	Indonesien	72,6
9	Saudi-Arabien	61,0
10	Niederlande	58,3

Stand: 2003; Quelle: BP Statistical Review of World Energy 6/2005

Erdöl-Förderung

	Land	Mio. t
1	Saudi-Arabien	474,8
2	Russland	421,4
3	USA	341,1
4	Iran	190,1
5	Mexiko	188,8
6	China	169,3
7	Venezuela	153,4
8	Norwegen	153,0
9	Kanada	141,9
10	Ver. Arab. Emirate	117,8

Stand: 2003; Quelle: BP Statistical Review of World Energy, 6/2005

Kohle-Förderung

	Land	Mio. toe[1]
1	China	842,6
2	USA	551,3
3	Australien	188,7
4	Indien	172,2
5	Südafrika	134,6
6	Russland	124,9
7	Polen	70,8
8	Indonesien	70,5
9	Deutschland	54,1
10	Kasachstan	43,2

1) tons of oil equivalent (Heizwert einer Tonne Rohöl); Stand: 2003; Quelle: BP Statistical Review of World Energy, 6/2005

Gesundheit

Die höchste Säuglingssterblichkeit

	Land	Sterblichkeit[1]
1	Sierra Leone	177
2	Afghanistan	162
3	Liberia	147
4	Angola	140
5	Niger	126
6	Moçambique	122
7	Guinea-Bissau	120
	Dem. Rep. Kongo	120
9	Mali	119
10	Somalia	118

1) pro 1000 Lebendgeburten; Stand: 2004; Quelle: UNFPA (N.Y.)

Die älteste Bevölkerung

	Land	%[1]
1	Japan	25,0
2	Italien	24,7
	San Marino	24,7
4	Deutschland	24,4
5	Griechenland	24,0
6	Schweden	23,2
7	Schweiz	22,6
8	Belgien	22,3
9	Lettland	22,0
10	Andorra	21,8
	Bulgarien	21,8
	Spanien	21,8

1) Anteil der über 60-Jährigen; Stand: 2003; Quelle: WHO (Genf)

Die höchste Geburtenrate

	Land	Geburtenrate[1]
1	Niger	8,00
2	Somalia	7,25
3	Angola	7,20
4	Guinea-Bissau	7,10
	Uganda	7,10
6	Jemen	7,01
7	Mali	7,00
8	Afghanistan	6,80
	Burundi	6,80
	Liberia	6,80

1) Geburten/Frau 2000-05; Quelle: UNFPA (N.Y.)

Die niedrigste Lebenserwartung bei der Geburt

	Land	Gesamt	Männer	Frauen
1	Swasiland	35	33	36
2	Simbabwe	37	37	36
3	Lesotho	38	35	40
	Sierra Leone	38	37	39
5	Sambia	39	39	39
6	Liberia	41	40	43
	Niger	41	42	41
8	Afghanistan	42	41	42

Stand: 2003; Quelle: WHO (Genf)

Rohstoffe

Gold-Förderung

	Land	t[1]
1	Südafrika	344
2	USA	247
3	Australien	242
4	China	210
5	Russland	180
6	Kanada	171
7	Peru	160
8	Indonesien	120
	andere Länder	800
	Welt insg.	2 470

1) Stand: 2004, geschätzt; Quelle: U.S. Geological Survey, Mineral Commodity Summaries, 1/2005

Silber-Abbau

	Land	t[1]
1	Mexiko	2 850
2	Peru	2 800
3	China	2 600
4	Australien	2 230
5	Chile	1 300
	Kanada	1 300
7	Polen	1 200
	USA	1 200
	andere Länder	4 000
	Welt insg.	19 500

1) Stand: 2004, geschätzt; Quelle: U.S. Geological Survey, Mineral Commodity Summaries, 1/2005

Eisenerz-Abbau

	Land	Mio. t[1]
1	China	280
2	Australien	220
	Brasilien	220
4	Indien	110
5	Russland	95
6	Ukraine	66
7	USA	54
8	Südafrika	40
9	Kanada	31
10	Schweden	22

1) Stand 2004, geschätzt; Quelle: U.S. Geological Survey, Mineral Commodity Summaries, 1/2005

Sport

Olympia-Medaillengewinner Sommer 1896–2004

	Land	Gold	Silber	Bronze
1	USA	887	704	604
2	Sowjetunion/GUS	440	357	315
3	Deutschland/DDR	389	407	436
4	Großbritannien	190	242	242
5	Frankreich	185	196	213
6	Italien	183	149	165
7	Ungarn	156	144	157
8	Schweden	143	155	172
9	Australien	122	126	153
10	Japan	114	106	115

Quelle: Internationales Olympisches Komitee

Olympia-Medaillengewinner Winter 1924–2002

	Land	Gold	Silber	Bronze
1	Deutschland/DDR	108	105	87
2	Norwegen	94	94	75
3	Sowjetunion/GUS	87	63	67
4	USA	69	72	52
5	Finnland	42	51	49
6	Österreich	41	57	63
7	Schweden	39	30	29
8	Schweiz	32	33	38
9	Italien	31	31	27
10	Kanada	31	28	37

Quelle: Internationales Olympisches Komitee

Verkehr

Die höchste PKW-Dichte

	Land	Anzahl[1]
1	Luxemburg	641
2	Italien	591
3	Brunei	571
4	Kanada	561
5	Island	557
6	Deutschland	541
7	Australien	524
8	Neuseeland	517
9	Schweiz	516
10	Malta	514

1) pro 1000 Einw.; Stand: 2002; Quelle: Statistisches Bundesamt (Wiesbaden)

Der meiste Flugverkehr

	Land	Pkm[1]
1	USA	1 132 266
2	Japan	215 520
3	Großbritannien	172 845
4	China	117 243
5	Deutschland	117 099
6	Frankreich	93 171
7	Australien	76 795
8	Singapur	71 224
9	Kanada	70 048
10	Südkorea	66 306

1) Passagierkilometer pro Jahr (Mio.); Stand: 2002; Quelle: The Economist 2005

Die längsten Eisenbahnstrecken

	Land	km[1]
1	USA	235 071
2	Russland	85 542
3	Indien	63 140
4	China	59 530
5	Kanada	49 831
6	Deutschland	35 858
7	Frankreich	29 352
8	Ukraine	22 079
9	Polen	20 223
10	Japan	20 158

1) Stand: 2002 (Japan, Kanada: 2001); Quelle: Internationale Eisenbahnstatistik, UIC (Paris)

Die größten Handelsflotten

	Land	Registrierung[1]	Besitz[1]
1	Japan	7 151	2 948
2	Panama	6 302	5
3	USA	6 185	1 549
4	Russland	4 950	2 539
5	China	3 376	2 416
6	Indonesien	2 700	616
7	Südkorea	2 604	865
8	Singapur	1 761	758
9	Philippinen	1 703	350
10	Großbritannien	1 594	793

1) Anzahl von Schiffen über 100 Bruttoregistertonnen; Stand: 2002; Quelle: The Economist 2005

Telekommunikation

Die meisten Fernsprechanschlüsse

	Land	Anz./1 000 Einw.
1	Luxemburg	796
2	Schweiz	756
3	Norwegen	741
4	Schweden	737
5	Dänemark	670
6	Deutschland	658
7	Kanada	633
8	USA	618
9	Niederlande	617
10	Zypern	616

Stand: 2003 oder letztverfügbarer; Quelle: International Telecommunication Union (Genf)

Die meisten Mobilfunkteilnehmer

	Land	Anz./1 000 Einw.
1	Taiwan	1 110
2	Luxemburg	1 060
3	Israel	1 005
4	Italien	974
5	Tschechien	951
6	Spanien	919
7	Norwegen	918
8	Finnland	902
9	Portugal	894
10	Schweden	891

Stand: 2003 oder letztverfügbarer; Quelle: International Telecommunication Union (Genf)

Die meisten Internet-Nutzer

	Land	Anz./1 000 Einw.
1	Island	675
2	Korea-Süd	603
3	Schweden	573
4	USA	551
5	Neuseeland	526
6	Niederlande	522
7	Kanada	513
	Dänemark	513
9	Finnland	509
10	Singapur	504

Stand: 2003 oder letztverfügbarer; Quelle: Statistisches Bundesamt (Wiesbaden)

Weltwirtschaft

Die reichsten Staaten der Welt

	Land	BNE/Kopf (US-$)
1	Luxemburg	43 940
2	Norwegen	43 335
3	Schweiz	39 880
4	USA	37 610
5	Japan	34 510
6	Dänemark	33 750
7	Island	30 810
8	Schweden	28 840
9	Großbritannien	28 350
10	Finnland	27 020

Stand: 2003; Quelle: World Bank Atlas 2004

Die ärmsten Staaten der Welt

	Land	BNE/Kopf (US-$)
1	Äthiopien	90
2	Burundi	100
	Dem. Rep. Kongo	100
4	Liberia	130
5	Guinea-Bissau	140
6	Sierra Leone	150
7	Malawi	170
8	Eritrea	190
9	Niger	200
10	Mosambik	210

Stand: 2003; Quelle: World Bank Atlas 2004

Die meisten Exporte

	Land	Mrd. US-$
1	Deutschland	748,3
2	USA	723,8
3	Japan	471,8
4	China	437,9
5	Frankreich	386,7
6	Großbritannien	304,6
7	Niederlande	294,1
8	Italien	292,1
9	Kanada	272,7
10	Belgien	255,3

Handelswaren; Stand: 2003; Quelle: WTO (Genf)

Die umsatzstärksten Firmen

	Unternehmen	Land	Umsatz[1)]
1	Wal-Mart-Stores	USA	263,0
2	BP	Großbritannien	232,6
3	Exxon Mobile	USA	222,9
4	Royal Dutch/ Shell Group	Großbritannien/ Niederlande	201,7
5	General Motors	USA	195,3
6	Ford Motor	USA	164,5
7	DaimlerChrysler	Deutschland	156,6
8	Toyota Motor	Japan	153,1

1) Mrd. US-Dollar; Stand 2003; Quelle: Fortune, www.fortune.com

Bundesländer und Kantone

Deutschland

Baden-Württemberg

Landesfläche	35 751 km² (Rang 3/D)
Einwohner	10,48 Mio. (Rang 3/D)
Hauptstadt	Stuttgart (554 634 Einwohner)
Arbeitslosigkeit	6,2 % (2004)
BIP	59 700 € (2004)
Parlament	Landtag mit 128 für fünf Jahre gewählten Abgeordneten; 64 Sitze für CDU, 45 für SPD, 9 für Bündnis 90/Die Grünen, 10 für FDP (nächste Wahl: Frühjahr 2006); www.baden-wuerttemberg.de
Regierungschef	Günther Oettinger (CDU, seit 2005) * 1953 in Stuttgart. Der Rechtsanwalt ist seit 1984 Mitglied des Landtags von Baden-Württemberg 1991–2005 war Oettinger Vorsitzender der CDU-Fraktion im Landtag. Bei der Mitgliederbefragung der Landes-CDU im Dezember 2004 über die Nachfolge von Erwin Teufel setzte er sich gegen ministerin Annette Schavan durch. Seit 21.4.2005 ist er Ministerpräsident, seit 29. April auch Landesvorsitzender der CDU.

Im April 2005 wurde Günther Oettinger (CDU) vom Landtag zum neuen Ministerpräsidenten gewählt. Er trat die Nachfolge von Erwin Teufel (CDU) an, der nach 14 Jahren sein Amt aufgegeben hatte. Die CDU/FDP-Koalition konnte sich Mitte 2005 auf eine Mehrheit von 74 der 128 Abgeordneten stützen, Oettinger erhielt sogar 76 Stimmen. Im Kabinett ist die FDP mit zwei und die CDU mit neun Ministern vertreten.

Landespolitik: Im Dezember 2004 wurde Oettinger von der Landes-CDU zum Spitzenkandidaten für die Landtagswahl 2006 nominiert. Im Januar 2005 wechselte die Landtagsabgeordnete Heike Dederer von Bündnis 90/Die Grünen zur CDU. Die Christdemokraten verfügen damit über die Hälfte der Mandate im Landtag.

Finanzen: 2004 lagen die Gesamtausgaben bei 31,3 Mrd. €. Der größte Anteil entfiel auf die Personalausgaben mit 13,1 Mrd. €; für Zinsen mussten 1,9 Mrd. € aufgebracht werden. Der Doppeletat 2005/06 sieht Ausgaben von jeweils 31 Mrd. € vor. Insgesamt war B.-W. Ende 2004 mit rund 37,6 Mrd. € verschuldet. Anfang Mai 2005 verhängte Oettinger wegen drohender Steuermindereinnahmen eine Haushaltssperre.

Baden-Württemberg: Regierung

Ressort	Name (Partei, Amtsantritt), Geburtsjahr
Ministerpräsident	G. Oettinger (CDU, 2005), * 1953
Wirtschaft, stellv. Ministerpräsident	E. Pfister (FDP, 2004), * 1947
Europa-angelegenheiten	W. Stächele (CDU, 2001), * 1951
Inneres, Verkehr	H. Rech (CDU, 2004), * 1950
Finanzen	G. Stratthaus (CDU, 1998), * 1942
Arbeit, Soziales	A. Renner (CDU, 2005), * 1959
Justiz	U. Goll (FDP, 2004), * 1950
Kultus, Jugend, Sport	Annette Schavan (CDU, 1995), * 1955
Wissenschaft, Forschung, Kunst	P. Frankenberg (CDU, 2001), * 1947
Umwelt	Tanja Gönner (CDU, 2005), * 1969
Bundes-angelegenheiten	W. Reinhart (CDU, 2005), * 1956
Ernährung, Ländlicher Raum	P. Hauck (CDU, 2005), * 1960

Wirtschaft: Das BIP stieg 2004 gegenüber dem Vorjahr um 1,7%. Die Zahl der Erwerbstätigen nahm um 0,2% auf 5,35. Mio. Personen zu. Die Anzahl der Unternehmensinsolvenzen ging um 1% auf 3 191 Fälle zurück.

Tourismus: Die seit 2001 rückläufige Entwicklung im Tourismus konnte 2004 gestoppt werden. Die Gästezahl stieg gegenüber dem Vorjahr um 3,4% auf 14,3 Mio., die Anzahl der Übernachtungen erhöhte sich um 0,4% auf 40 Mio.

Justiz: Im Januar 2005 begann B.-W. als erstes Bundesland mit der Privatisierung der Bewährungs- und Gerichtshilfe. In zwei Gerichtsbezirken übernahm ein privater Verein diese bislang von den Gerichten und Staatsanwaltschaften organisierten Aufgaben. Bis 2007 soll dieses Modell auf das gesamte Land ausgedehnt werden. Langfristig sollen so bis zu 15% der bisherigen Kosten eingespart werden.

Bildung: Im März 2005 vereinbarten die kath. und die ev. Kirche in B.-W., den Religionsunterricht künftig in gewissem Umfang gemeinsam zu erteilten. Die Landesregierung beschloss im März die Einführung von islamischem Religionsunterricht an den Schulen vom Schuljahr 2006/07 an. Der Unterricht soll in dt. Sprache von Lehrern muslimischen Glaubens erteilt werden.

Bayern

Landesfläche	70 548 km² (Rang 1/D)
Einwohner	12,4 Mio. (Rang 2/D)
Hauptstadt	München (1,315 Mio. Einwohner)
Arbeitslosigkeit	6,9% (2004)
BIP	61 900 € (2004)
Parlament	Landtag mit 180 für fünf Jahre gewählten Abgeordneten; 124 Sitze für CSU, 41 für SPD, 15 für Bündnis 90/Die Grünen (nächste Wahl: voraussichtlich 2008); www.bayern.de
Regierungschef	Edmund Stoiber (CSU, seit 1993) * 1941 in Oberaudorf. Der Jurist und Politologe zog mit 33 Jahren in den Bayer. Landtag ein. 1978–1983 war Stoiber CSU-Generalsekretär. Die bayer. Staatskanzlei leitete er 1982–86. 1988 wurde er Innenminister im Kabinett von Max Streibel, den er 1993 als Regierungschef ablöste.

Bayern: Regierung

Ressort	Name (Partei, Amtsantritt), Geburtsjahr
Ministerpräsident	E. Stoiber (CSU, 1993), * 1941
Leiter der Staatskanzlei, Bundesangelegenheiten	E. Huber (CSU, 1998), * 1946
Inneres, stellv. Ministerpräsident	G. Beckstein (CSU, 1993), * 1943
Justiz	Beate Merk (CSU, 2003), * 1957
Unterricht, Kultus	S. Schneider (CSU, 2005), * 1956
Wissenschaft, Forschung, Kunst	T. Goppel (CSU, 2003), * 1947
Finanzen	K. Faltlhauser (CSU, 1998), * 1940
Wirtschaft, Infrastruktur, Verkehr	O. Wiesheu (CSU, 1993), * 1944
Landwirtschaft und Forsten	J. Miller (CSU, 1998), * 1947
Arbeit und Sozialordnung, Familie und Frauen	Christa Stewens (CSU, 2001), * 1945
Umwelt, Gesundheit, Verbraucherschutz	W. Schnappauf (CSU, 1998), * 1953
Europa-angelegenheiten	E. Sinner (CSU, 2003), * 1944

Seit 1993 steht Edmund Stoiber (CSU) als Ministerpräsident an der Spitze einer CSU-Regierung. Er konnte sich Mitte 2005 im Landtag auf eine Mehrheit von 124 der 180 Abgeordneten stützen. Die CSU verfügt in B. seit 1962 über die absolute Mehrheit, seit 1966 stellt sie allein die Regierung.

Landespolitik: Im April 2005 wurde Siegfried Schneider als neuer Kultusminister vereidigt. Er trat die Nachfolge von Monika Hohlmeier an. Nach einem für die CSU quälend langen Prozess war die seit 1998 als bayerische Kultusministerin amtierende Hohlmeier zurückgetreten. Die 42-jährige Tochter des früheren Ministerpräsidenten und CSU-Chefs Franz Josef Strauß zog damit endgültig die Konsequenzen aus ihrer Verstrickung in die Wahlfälschungs-Affäre der Münchner CSU. Bereits im Juli 2004 hatte sie den Vorsitz des Münchner CSU-Bezirks niedergelegen müssen.

Finanzen: Im März verabschiedete der Landtag den von der CSU eingebrachten Doppelhaushalt für 2005/06. Er sieht Ausgaben von 34,6 Mrd. € für 2005 und 35,1 Mrd. € für 2006 vor. Während für 2005 noch eine Neuverschuldung von 1,34 Mrd. € in Kauf genommen wird, sollen 2006 keine Kredite aufgenommen werden. Ende 2004 belief sich der Gesamtschuldenstand auf 21,24 Mrd. €.

Wirtschaft: Die Wirtschaft entwickelte sich auch 2004 positiv und zeigte ein stabiles Wachstum. Das BIP nahm 2004 gegenüber dem Vorjahr um 2,3% zu; gemeinsam mit Sachsen lag B. damit an der Spitze aller Bundesländer. Überdurchschnittlich hohe Zuwachsraten wurden mit 6,3% im Verarbeitenden Gewerbe erzielt. Die Zahl der Unternehmensinsolvenzen verringerte sich im Vergleich zum Vorjahr um 5,3% auf 4564 (2003: 4818). Die Zahl der Erwerbstätigen stieg um 0,3% auf 6,22 Mio. Personen.

Tourismus: Nach einer leicht rückläufigen Entwicklung 2003 stieg die Zahl der Gäste im Jahr 2004 um 3,6% auf fast 23 Mio. an. Die Anzahl der Übernachtungen blieb jedoch mit 73,7 Mio. um 0,2% geringfügig hinter dem Vorjahresergebnis zurück.

Justiz: Die Zahl der erfassten Straftaten erhöhte sich 2004 um 1,1% auf 714679 Delikte. Statistisch entfallen damit 5753 Straftaten auf 100000 Einwohner (2003: 5709). Die polizeiliche Aufklärungsquote lag bei 65,6% (2003: 64,7%).

Berlin

Landesfläche	891 km² (Rang 14/D)
Einwohner	3,39 Mio. (Rang 8/D)
Hauptstadt	-
Arbeitslosigkeit	17,6% (2004)
BIP	50800 € (2004)
Parlament	Abgeordnetenhaus mit 141 für fünf Jahre gewählten Abgeordneten; 45 Sitze für SPD, 35 für CDU, 33 für PDS, 13 für FDP, 14 für Bündnis 90/Die Grünen, 1 fraktionslos (nächste Wahl: Herbst 2006); www.berlin.de
Regierungschef	Klaus Wowereit (SPD, seit 2001) * 1953 in Berlin. Der Jurist trat 1972 in die SPD ein. 1981–84 war er SPD-Fraktionsvorsitzender in der Bezirksversammlung. Seit 1995 für die SPD im Abgeordnetenhaus, wurde Wowereit 1999 Fraktionsvorsitzender. Mit den Stimmen von SPD, PDS und Bündnis 90/Die Grünen wurde er 2001 als Nachfolger von Eberhard Diepgen (CDU) zum Regierenden Bürgermeister gewählt.

Berlin: Regierung

Ressort	Name (Partei, Amtsantritt), Geburtsjahr
Regierender Bürgermeister	K. Wowereit (SPD, 2001), * 1953
Gesundheit, Soziales, Verbraucherschutz	Heidi Knake-Werner (PDS, 2002), * 1943
Justiz, Bürgermeisterin	Karin Schubert (SPD 2002), * 1944
Stadtentwicklung	Ingeborg Junge-Reyer (SPD, 2004), * 1946
Finanzen	T. Sarrazin (SPD, 2002), * 1945
Inneres	E. Körting (SPD, 2002), * 1942
Bildung, Jugend, Sport	K. Böger (SPD, 1999), * 1945
Wirtschaft, Arbeit, Frauen, Bürgermeister	H. Wolf (PDS, 2002), * 1956
Wissenschaft, Forschung, Kultur	T. Flierl (PDS, 2002), * 1957

Seit 2002 steht Klaus Wowereit (SPD) als Regierender Bürgermeister einer SPD/PDS-Koalition vor. Sie konnte sich 2005 auf eine Mehrheit von 78 der 141 Abgeordneten stützen. Fünf Senatoren des Senats gehörten der SPD an, drei der PDS.

Landespolitik: Im September 2004 trat der Abgeordnete Martin Matz nach einem Streit um die Haushaltspolitik seiner Partei aus der FDP-Fraktion aus und wechselte zur SPD-Fraktion. Im April 2005 verhängte das Bundesverwaltungsgericht in Leipzig einen vorläufigen Baustopp bis 2006 für den Ausbau des Flughafens Schönefeld zum Großflughafen Berlin Brandenburg International (BBI). Anlieger hatten gegen das Bauvorhaben u.a. wegen des zu erwartenden Fluglärms und möglicher Umweltschäden geklagt. Ursprünglich sollte der neue Flughafen 2010 den Betrieb aufnehmen.

Finanzen: Die Ausgaben blieben 2004 mit 20,51 Mrd. € um 475 Mio. € unter der im Haushalt vorgesehenen Summe. Auch die Neuverschuldung fiel mit 4,3 Mrd. € um 1 Mrd. € niedriger aus als veranschlagt. Die Gesamtschulden des Landes B. lagen Ende 2004 bei rund 56 Mrd. €. Allein für die Zinsen müssen 2005 rund 2,4 Mrd. € aufgebracht werden. Lediglich rund 40% des Haushaltsvolumens sind durch Steuereinnahmen gedeckt, der Rest durch den Länderfinanzausgleich, den Solidarpakt und Bundeszuschüsse. Im Juni 2005 beschloss der Senat, auf Steuererhöhungen zum Ausgleich des Defizits zu verzichten; stattdessen sollen Rücklagen für riskante Immobiliengeschäfte aufgelöst werden und in die Landeskasse fließen.

Wirtschaft: Das BIP stieg 2004 nur um 0,4%; damit hatte B. von allen Bundesländern das schwächste Wirtschaftswachstum zu verzeichnen. Die Zahl der Erwerbstätigen erhöhte sich um 1,4% auf 1,535 Mio. Personen. Bei den Unternehmensinsolvenzen war ein Rückgang um 12% auf 1900 Fälle zu vermelden. Betroffen waren v.a. Unternehmen aus dem Baugewerbe und dem Grundstücks- und Wohnungswesen.

Tourismus: Das Tourismusgewerbe erzielte 2004 einen neuen Rekord. Rund 5,92 Mio. Gäste besuchten die Stadt und buchten 13,26 Mio. Übernachtungen. Verglichen mit 2003 bedeutete dies einen Anstieg bei den Gästezahlen um 18,8% und bei den Übernachtungen um 16,1%.

Justiz: Im April 2005 entschied das Abgeordnetenhaus über eine Liberalisierung im Umgang mit Haschisch. Künftig bleibt der Erwerb von bis zu 10 g der Droge für den Eigenkonsum straffrei. Die Zahl der registrierten Straftaten verringerte sich 2004 gegenüber dem Vorjahr um 4,3% auf 539 667 Fälle. Die Aufklärungsquote der Polizei betrug 48,5% (2003: 49,7%).

Bildung: Der SPD-Landesverband beschloss im April 2005 die Einführung eines verpflichtenden Wertekunde-Unterrichts ab der 7. Klasse ab Sommer 2006/07; der freiwillige Religionsunterricht soll daneben bestehen bleiben. Das Vorhaben rief insbesondere bei den Kirchen ein Sturm der Entrüstung hervor. B. ist neben Bremen und Brandenburg das einzige Bundesland ohne konfessionellen Religionsunterricht.

Brandenburg

Landesfläche	29 477 km² (Rang 5/D)
Einwohner	2,59 Mio. (Rang 11/D)
Hauptstadt	Potsdam (134 773 Einwohner)
Arbeitslosigkeit	18,7% (2004)
BIP/Erwerbstät.	44 300 € (2004)
Parlament	Landtag mit 88 für fünf Jahre gewählten Abgeordneten; 33 Sitze für SPD, 29 für PDS, 20 für CDU, 6 für DVU (nächste Wahl: voraussichtlich Herbst 2009); www.brandenburg.de
Regierungschef 	Matthias Platzeck (SPD, seit 2002) * 1953 in Potsdam. Der Diplomingenieur wurde im März 1990 parlamentarischer Geschäftsführer von Bündnis 90/Die Grünen. 1995 trat er zur SPD über. Als brandenburg. Umweltminister (ab November 1990) meisterte er 1997 die Flutkatastrophe an der Oder. 1998 wurde er Oberbürgermeister von Potsdam.

Im Oktober 2004 wurde Matthias Platzeck (SPD) mit den Stimmen von SPD und CDU erneut zum Ministerpräsidenten gewählt. Platzeck steht seit Juni 2002 an der Spitze einer großen Koalition. Er konnte sich Mitte 2005 im Landtag auf eine Mehrheit von 53 der 88 Stimmen stützen.

Landespolitik: Bei der Landtagswahl im September 2004 entfielen auf die SPD 31,9% (1999: 39,3%). Die CDU erhielt 19,4% (1999: 26,5%). Die PDS konnte ihren Stimmenanteil auf 28,0% erhöhen (1999: 23,3%). Die DVU schaffte mit 6,1% (1999: 5,3%) erneut den Einzug in das Landesparlament. Die Wahlbeteiligung betrug 56,4% (1999: 54,3%).

Im Januar 2005 vereinbarten die Landesregierungen von B. und Berlin, den Termin für eine Volksabstimmung über die Vereinigung der beiden Bundesländer von 2006 auf 2010 zu ver-

Brandenburg: Regierung

Ressort	Name (Partei, Amtsantritt), Geburtsjahr
Ministerpräsident	M. Platzeck (SPD, 2002), * 1953
Inneres, stellv. Ministerpräsident	J. Schönbohm (CDU, 1999), * 1937
Justiz	Beate Blechinger (CDU, 2004), * 1947
Finanzen	R. Speer (SPD, 2004), * 1959
Wirtschaft	U. Junghanns (CDU, 2002), * 1956
Arbeit, Soziales, Gesundheit, Familie	Dagmar Ziegler (SPD, 2004), * 1960
Ländliche Entwicklung, Umwelt u. a.	D. Woidke (SPD, 2004), * 1961
Bildung, Jugend, Sport	H. Rupprecht (parteilos, 2004), * 1953
Wissenschaft, Forschung, Kultur	Johanna Wanka (CDU, 2000), * 1951
Infrastruktur und Raumordnung	F. Szymanski (SPD, 2003), * 1956

schieben. Anlass waren Umfragen, denen zufolge es in B. derzeit keine Wählermehrheit für den Zusammenschluss gibt. Bereits 1996 hatten sich die Brandenburger in einer Abstimmung gegen die Fusion mit Berlin ausgesprochen.

Im März beriet die Landesregierung erstmals über die Neuausrichtung der Wirtschaftsförderung. Künftig sollen v. a. die Standorte intensiv gefördert werden, die bereits über sog. Wachstumskerne verfügen.

Finanzen: Im Februar 2005 beschloss die Regierung den Entwurf für den Doppelhaushalt 2005/06. Vorgesehen sind Ausgaben von jeweils rund 10 Mrd. €. Für 2005 ist die geplante Neuverschuldung mit 976 Mio. € veranschlagt, für 2006 mit 831 Mio. €. Die Gesamtverschuldung des Landes belief sich Ende 2004 auf 16,4 Mrd. €.

Wirtschaft: Das BIP erhöhte sich 2004 um 0,9 % gegenüber dem Vorjahr. Insbesondere das Verarbeitende Gewerbe verzeichnete einen Zuwachs der Wertschöpfung. Die Zahl der Erwerbstätigen stieg im Vergleich zum Vorjahr um 0,2 % auf 1,02 Mio. Personen. Besonders stark ging die Beschäftigtenzahl im Produzierenden Gewerbe zurück. Die Zahl der Firmeninsolvenzen wuchs 2004 um 5,4 % auf 1 259 (2003: 1 195).

Tourismus: Die Entwicklung im Tourismus verlief 2004 positiv. Die Anzahl der Urlauber erhöhte sich um 3,3 % auf 3,05 Mio. Gäste. Diese buchten 8,5 Mio. Übernachtungen, 0,6 % mehr als im Vorjahr.

Bildung: Nach einer im Dezember 2004 vom Landtag verabschiedeten Änderung des Schulgesetzes werden die Realschulen und die Gesamtschulen ohne gymnasiale Oberstufe vom Schuljahr 2005/06 an zu sog. Oberschulen verschmolzen. Hintergrund der Maßnahme, die 233 Schulen betrifft, sind sinkende Schülerzahlen und die schlechten Ergebnisse der brandenburg. Schüler in der Pisa-Studie.

Justiz: Die Zahl der registrierten Straftaten sank 2004 gegenüber dem Vorjahr um 2,5 % auf 239 508 Fälle. Die Aufklärungsquote der Polizei verbesserte sich auf 58,6 % (2003: 57,5 %) und erreichte damit den höchsten Stand seit Bestehen des Bundeslandes. Im Bereich der politisch motivierten Kriminalität stieg die Zahl der erfassten Straftaten um 18,7 % auf 1 865 (2003: 1 571).

Bremen

Landesfläche	404 km² (Rang 16/D)
Einwohner	660 000 (Rang 16/D)
Hauptstadt	–
Arbeitslosigkeit	13,3 % (2004)
BIP	60 300 € (2004)
Parlament	Bürgerschaft mit 83 für vier Jahre gewählten Abgeordneten; 40 Sitze für SPD, 29 für CDU, 12 für Bündnis 90/Die Grünen, 1 für FDP, 1 für DVU (nächste Wahl: voraussichtlich Frühjahr 2007); www.bremen.de
Regierungschef 	Henning Scherf (SPD, seit 1995) * 1938 in Bremen. Der Jurist trat 1963 in die SPD ein und war 1971–78 Abgeordneter in der Bürgerschaft. Seit 1978 gehört er dem Senat an. Nach der Wahlniederlage der SPD 1995 wurde Scherf Bürgermeister in einem SPD/CDU-Senat. Die große Koalition wurde bei den Bürgerschaftswahlen im Mai 2003 bestätigt.

Seit 1995 steht Henning Scherf (SPD) als Erster Bürgermeister einer Großen Koalition von SPD und CDU vor. Sie konnte sich Mitte 2005 auf 69 der 83 Abgeordneten im Parlament stützen. Dem Senat gehörten jeweils drei Senatoren von SPD und CDU sowie ein parteiloser Senator an.

Bremen: Regierung

Ressort	Name (Partei, Amtsantritt), Geburtsjahr
Bürgermeister, Senatspräsident, Justiz	H. Scherf (SPD, 1995), * 1938
Inneres, Sport, Zweiter Bürgermeister	T. Röwekamp (CDU, 2003), * 1966
Finanzen	U. Nußbaum (parteilos, 2003), * 1947
Bildung, Wissenschaft	W. Lemke (SPD, 1999), * 1946
Arbeit, Frauen, Gesundheit, Jugend, Soziales	Karin Röpke (SPD, 2002), * 1955
Bau, Umwelt, Verkehr	J. Eckhoff (CDU, 2003), * 1966
Wirtschaft, Häfen, Kultur	J. Kastendiek (CDU, 2005), * 1964

Landespolitik: Nach massiver Kritik an seinem Verhalten trat im Mai 2005 der zweite Bürgermeister und Wirtschaftssenator Peter Gloystein (CDU) zurück. Er hatte bei der Eröffnung eines Weinfestes von der Bühne herab einen Obdachlosen mit Sekt übergossen. Der frühere Bankier Gloystein war im September 2004 Nachfolger des langjährigen Vizebürgermeisters Hartmut Perschau (CDU) geworden, der sein Amt aus gesundheitlichen Gründen aufgegeben hatte. Neuer Wirtschaftssenator wurde im Mai der bisherige CDU-Fraktionsvorsitzende Jörg Kastendiek, dessen Nachfolge Hartmut Perschau antrat. Zweiter Bürgermeister wurde Innensenator Thomas Röwekamp.

Finanzen: Im März 2005 musste die Neuverschuldung für 2005 um 417 Mio. € auf rund 940 Mio. € erhöht werden, nachdem deutlich geworden war, dass eine erhoffte Finanzhilfe des Bundes von 500 Mio. € ausbleiben wird. Fast ein Viertel des Gesamthaushalts von 3,8 Mrd. € ist damit durch neue Schulden finanziert. Die Gesamtverschuldung des Landes lag Ende 2004 bei rund 12,2 Mrd. €. Die seit 1994 gezahlten Bundeshilfen zur Etatsanierung liefen Ende 2004 aus.

Wirtschaft: Das BIP stieg 2004 um 1,0% und lag damit unter dem Bundesdurchschnitt von 1,7%. Zum Wirtschaftswachstum trug v. a. das Verarbeitende Gewerbe bei. Die Zahl der Erwerbstätigen stieg leicht um 0,5% auf 391 000. Der Seegüterumschlag der Häfen Bremen und Bremerhaven legte 2004 gegenüber dem Vorjahr um 6,8% auf 52,285 Mio. t zu (2003: 48,973 Mio. t). 1,44 Mio. Autos wurden über die beiden bremischen Häfen ein- und ausgeführt. Der Containerumschlag erhöhte sich um 8,8% auf 3,47 Mio. Stück (2003: 3,19 Mio.).

Tourismus: Deutliche Zuwachsraten konnte die Tourismusbranche 2004 verzeichnen. Die Zahl der Gäste stieg gegenüber dem Vorjahr um 8,4% auf 680 816, die Anzahl der Übernachtungen auf 1,22 Mio. (2003: 1,09 Mio.).

Justiz: Die Bürgerschaft entschied im Januar 2005 mit den Stimmen von SPD und CDU, dass künftig mutmaßlichen Drogenhändlern keine Brechmittel mehr gewaltsam verabreicht werden sollen. Im Dezember 2004 war ein Verdächtiger nach der gewaltsamen Einflößung eines Brechmittels ins Koma gefallen und gestorben. Die Anzahl der registrierten Straftaten stieg 2004 gegenüber dem Vorjahr um 6,6% auf 101 316 Delikte. Die Aufklärungsquote der Polizei erhöhte sich auf 44,9% (2003: 43,9%).

Bildung: Das Verwaltungsgericht der Hansestadt entschied im Mai 2005, dass B. einer kopftuchtragenden Muslimin die Zulassung zum Vorbereitungsdienst für das Lehramt nicht versagen darf. Zur Begründung hieß es, B. habe nach dem Kopftuch-Urteil des Bundesverfassungsgerichts von 2003 keine gesetzliche Neuregelung getroffen.

Hamburg

Landesfläche	755 km² (Rang 15/D)
Einwohner	1,73 Mio. (Rang 13/D)
Arbeitslosigkeit	9,7% (2004)
BIP	76 000 € (2004)
Parlament	Bürgerschaft mit 121 für vier Jahre gewählten Abgeordneten; 63 Sitze für CDU, 41 für SPD, 17 für Bündnis 90/Die Grünen (nächste Wahl: voraussichtlich Herbst 2008); www.hamburg.de
Regierungschef	Ole von Beust (CDU, seit 2001) * 1955 in Hamburg. Von Beust war 1977–83 Landesvorsitzender der Jungen Union. Seit 1978 gehört er dem Landesparlament an und führte 1993–2001 die CDU-Bürgerschaftsfraktion. Seit 1998 ist von Beust Mitglied im CDU-Bundesvorstand. 2001–03 regierte er als Erster Bürgermeister von Hamburg mit der rechtspopulistischen Schill-Partei.

Hamburg: Regierung

Ressort	Name (Partei, Amtsantritt), Geburtsjahr
Erster Bürgermeister	O. von Beust (CDU, 2001), * 1955
Soziales, Familie, Zweite Bürgermeisterin	Birgit Schnieber-Jastram (CDU, 2001), * 1946
Inneres	U. Nagel (parteilos, 2004), * 1951
Wissenschaft, Gesundheit	J. Dräger (parteilos, 2001), * 1968
Finanzen	W. Peiner (CDU, 2001), * 1943
Justiz	R. Kusch (CDU, 2001),* 1954
Wirtschaft, Arbeit	G. Uldall (CDU, 2001), * 1940
Kultur	Karin von Welck (parteilos, 2004), * 1947
Bildung, Sport	Alexandra Dinges-Dierig (parteilos, 2004). * 1953
Stadtentwicklung, Umwelt	M. Freytag (CDU, 2004), * 1958

Seit 2001 steht Ole von Beust (CDU) als Erster Bürgermeister an der Spitze des Hamburger Senats. Er konnte sich Mitte 2005 auf eine absolute Mehrheit der CDU stützen, die in der Bürgerschaft 63 der 121 Abgeordneten stellt. Dem Senat gehören neun Senatoren an – fünf CDU-Mitglieder und vier Parteilose.

Landespolitik: Im November 2004 einigten sich H. und Niedersachsen grundsätzlich über die künftige Hafenpolitik und die geplante Elbvertiefung. Niedersachsen will der von H. gewünschten Elbvertiefung unter der Voraussetzung zustimmen, dass die Deichsicherheit gewährleistet ist.

Im Dezember verständigte sich der Senat mit einem Anwohner in H. über den Verkauf von Grundstücken; damit ist das letzte Hindernis für den geplanten Ausbau der Startbahn des Airbus-Flugzeugwerks beseitigt. Für die Auslieferung des neuen Großraumflugzeugs A380 ist eine Verlängerung der Piste notwendig.

Finanzen: Der im Dezember 2004 verabschiedete Doppelhaushalt 2005/06 sieht Ausgaben von 9,76 Mrd. € für 2005 und von 9,8 Mrd. € für 2006 vor. Die Gesamtverschuldung des Landes lag Ende 2004 bei 20,4 Mrd. €.

Wirtschaft: Das BIP stieg 2004 gegenüber dem Vorjahr um 1,5 %. Die Zahl der Erwerbstätigen nahm um 0,9 % auf 1,04 Mio. Personen zu. Der Wirtschaftsboom für den Hafen setzte sich weiter fort: Der Containerumschlag stieg um 14,1 % auf 7 Mio. Standardcontainer (TEU), der Gesamtumschlag erhöhte sich um 7,7 % auf 114,5 Mio. t. Großen Anteil an dieser Steigerung hatten der Warenverkehr mit China, der 2002–04 um 70 % wuchs, und mit dem Ostseeraum (+65 %).

Tourismus: Der Tourismussektor konnte 2004 deutlich zulegen. Die Zahl der Gäste überschritt erstmals die 3-Mio.-Grenze und stieg gegenüber dem Vorjahr um 9,7 % auf 3,3 Mio. Die Anzahl der Übernachtungen erhöhte sich um 9,2 % auf 5,95 Mio.

Justiz: Die Zahl der registrierten Straftaten sank 2004 gegenüber dem Vorjahr um 3,7 % auf 261 268 Fälle. Die Aufklärungsquote der Polizei stieg auf 44,6 % (2003: 43,7 %).

Bildung: Im April 2005 beschloss die Bürgerschaft die Einführung des Schulzwangs. Künftig können sich die Behörden notfalls mithilfe der Polizei Zutritt zur Wohnung verschaffen, wenn Eltern ihre Kinder nicht zur Schule schicken. Anlass für die Gesetzesänderung war der Tod eines schulpflichtigen Mädchens, das nie eine Schule besucht hatte und das die Eltern in der Wohnung hatten verhungern lassen.

Hessen

Landesfläche	21 114 km² (Rang 7/D)
Einwohner	6,09 Mio. (Rang 5/D)
Hauptstadt	Wiesbaden (266 726 Einwohner)
Arbeitslosigkeit	8,2 % (2004)
BIP	65 200 € (2004)
Parlament	Landtag mit 110 für fünf Jahre gewählten Abgeordneten; 56 Sitze für CDU, 33 für SPD, 12 für Bündnis 90/Die Grünen, 9 für FDP (nächste Wahl: voraussichtlich Frühjahr 2007); www.hessen.de
Regierungschef 	Roland Koch (CDU, seit 1999) * 1958 in Frankfurt am Main. Der Jurist gehört seit 1987 dem hess. Landtag an. 1989 wurde Koch umweltpolitischer Sprecher der CDU-Fraktion. 1990/91 und 1993–99 war er Fraktionsvorsitzender. Seit 1998 ist Koch Vorsitzender der hess. CDU. Seit der Landtagswahl 2003 führt er eine alleinige CDU-Regierung.

Hessen: Regierung

Ressort	Name (Partei, Amtsantritt), Geburtsjahr
Ministerpräsident	R. Koch (CDU, 1999), * 1958
Kultus, stellv. Ministerpräsidentin	Karin Wolff (CDU, 1999), * 1959
Chef der Staatskanzlei	S. Grüttner (CDU, 2003), * 1956
Wissenschaft, Kunst	U. Corts (CDU, 2003), * 1955
Bundes- und Europaangelegenheiten	J. Riebel (CDU, 2000), * 1945
Justiz	C. Wagner (CDU, 1999), * 1943
Inneres, Sport	V. Bouffier (CDU, 1999), * 1951
Finanzen	K. Weimar (CDU, 1999), * 1950
Wirtschaft, Verkehr, Landesentwicklung	A. Rhiel (CDU, 2003), * 1950
Umwelt, ländl. Raum Verbraucherschutz	W. Dietzel (CDU, 1999), * 1948
Soziales	Silke Lautenschläger (CDU, 2001), * 1968

Roland Koch (CDU), seit 1999 Ministerpräsident Hessens, konnte sich Mitte 2005 im Landtag auf eine absolute Mehrheit der CDU stützen, die über 56 der 110 Sitze verfügt. Der Landesregierung gehören ausschließlich CDU-Politiker an.

Finanzen: Der Haushalt für 2005 hat ein Volumen von 21,5 Mrd. €. Die Neuverschuldung wurde auf 1,1 Mrd. € veranschlagt. Die Gesamtverschuldung des Landes erreichte Ende 2004 rund 28,6 Mrd. €. Im Mai 2005 verhängte die Landesregierung wegen drohender Mindereinnahmen eine Haushaltssperre.

Wirtschaft: Das BIP stieg 2004 gegenüber dem Vorjahr um 1,9 %. Ein deutlicher Wachstumsimpuls ging dabei vom Verarbeitenden Gewerbe aus, das vom Export profitierte. Die Zahl der Erwerbstätigen nahm leicht um 0,3 % auf 2,99 Mio. Personen zu. Die Anzahl der Unternehmensinsolvenzen lag mit 2 383 um 4,0 % höher als im Vorjahr.

Tourismus: Die Zahl der Gäste stieg um 4 % auf 9,8 Mio. Bei den Übernachtungen gab es lediglich einen leichten Zuwachs von 0,3 % auf 23,9 Mio.

Justiz: Die Zahl der registrierten Straftaten erhöhte sich 2004 gegenüber dem Vorjahr um 1,7 % auf 462 208 Fälle. Die Aufklärungsquote der Polizei stieg mit 52,5 % (2003: 49,4 %) auf die höchste Quote seit 1971.

Mecklenburg-Vorpommern

Landesfläche	23 172 km² (Rang 6/D)
Einwohner	1,72 Mio. (Rang 14/D)
Hauptstadt	Schwerin (103 694 Einwohner)
Arbeitslosigkeit	20,5 % (2004)
BIP	42 100 € (2004)
Parlament	Landtag mit 71 für vier Jahre gewählten Abgeordneten; 33 Sitze für SPD, 25 für CDU, 13 für PDS (nächste Wahl: voraussichtlich Herbst 2006); www.mecklenburg-vorpommern.de
Regierungschef	Harald Ringstorff (SPD, seit 1998) * 1939 in Wittenburg (Mecklenburg). Der promovierte Chemiker gehörte 1989 zu den Gründungsmitgliedern der Rostocker SPD. 1990–94 war er SPD-Fraktionsvorsitzender im Landtag. In der großen Koalition von CDU und SPD 1994–98 leitete er das Wirtschaftsressort. Seit 1998 steht er an der Spitze einer SPD/PDS-Koalition.

Mecklenburg-Vorpommern: Regierung

Ressort	Name (Partei, Amtsantritt), Geburtsjahr
Ministerpräsident	H. Ringstorff (SPD, 1998), * 1939
Arbeit, Bau, Landesentwicklung	H. Holter (PDS, 1998), * 1953
Justiz	E. Sellering (SPD, 2000), * 1949
Inneres	G. Timm (SPD, 1998), * 1956
Finanzen	Sigrid Keler (SPD, 1996), * 1942
Ernährung, Landwirtschaft, Forsten u. a.	T. Backhaus (SPD, 1998), * 1959
Umwelt, stellv. Ministerpräsident	W. Methling (PDS, 1998), * 1947
Wirtschaft	O. Ebnet (SPD, 2001), * 1944
Bildung, Wissenschaft und Kultur	H.-R. Metelmann (parteilos, 2003), * 1952
Soziales	Marianne Linke (PDS, 2003), * 1945

Seit 1998 steht Ministerpräsident Harald Ringstorff (SPD) einer Regierungskoalition aus SPD und PDS vor. Die Koalition wurde zuletzt in der Landtagswahl im September 2002 bestätigt. Ringstorff konnte sich Mitte 2005 im Landtag auf eine Mehrheit von 46 der 71 Abgeordneten stützen. Als einziges Bundesland enthielt sich M.-V. bei der Ratifizierung der EU-Verfassung im Bundesrat Ende Mai 2005 der Stimme, um die Koalition mit der PDS, die die Verfassung ablehnt, nicht zu gefährden.

Landespolitik: Die Landesregierung legte einen Gesetzentwurf zur Verwaltungsreform vor, der im Mai 2005 erstmals im Landtag debattiert wurde. Er sieht eine Übertragung von Landesaufgaben auf die Kreise und Kommunen vor; außerdem sollen Kreise und kreisfreie Städte zu Großkreisen zusammengelegt werden. Noch nicht geklärt ist die innerhalb der Regierungskoalition strittige Frage, ob es künftig vier oder fünf Kreise geben soll. Endgültig entscheiden wird der Landtag voraussichtlich im Frühjahr 2006.

Finanzen: 2004 betrug die Nettoneuverschuldung 845 Mio. €. Für 2005 sind neue Kredite von 583 Mio. € geplant. Im Februar 2005 beschloss die Landesregierung, die Kreditaufnahme für 2006 und 2007 auf 400 Mio. € bzw. 375 Mio. € zu begrenzen. Die Gesamtverschuldung des Landes lag Ende 2004 bei rund 10,3 Mrd. €.

Im April 2005 klagte die CDU-Landtagsfraktion vor dem Verfassungsgericht von M.-V. gegen den Nachtragshaushalt 2003 und den Landeshaushalt 2004/05. Die CDU warf der Regierung eine verfassungswidrige Haushaltspolitik vor. Finanzministerin Sigrid Keler plant innerhalb der nächsten Jahre eine Reduzierung der Landesbediensteten von 40 000 auf 30 000.

Wirtschaft: Das BIP stieg 2004 um 0,8%. Maßgeblichen Anteil daran hatten v.a. die Zuwächse im Verarbeitenden Gewerbe und in der Landwirtschaft. Die Zahl der Erwerbstätigen ging um 0,7% auf 706 800 Personen zurück.

Tourismus: Der Tourismus konnte 2004 nicht an die Entwicklung des Vorjahrs anknüpfen. Die Zahl der Gäste sank um 7,7% auf 5,7 Mio. Die Anzahl der Übernachtungen nahm um 6,0% auf 24,4 Mio. ab. Den deutlichsten Rückgang musste die mecklenburg. Ostseeküste verkraften, wo die Übernachtungen um 7,2% zurückgingen.

Justiz: Die Zahl der registrierten Straftaten verringerte sich 2004 in M.-V. um 4,9% auf 178 523 Fälle. Die Aufklärungsquote der Polizei stieg auf 57,7% (2003: 55,0%).

Umwelt: Anfang 2005 wurden die Naturparks »Am Stettiner Haff« (57 242 ha) und »Sternberger Seenland« (53 999 ha) eingerichtet. Damit gab es in M.-V. sieben Naturparks, drei Nationalparks und zwei Biosphärenreservate.

Niedersachsen

Landesfläche	47 614 km² (Rang 2/D)
Einwohner	7,9 Mio. (Rang 4/D)
Hauptstadt	Hannover (507 505 Einwohner)
Arbeitslosigkeit	9,6% (2004)
BIP	53 200 € (2004)
Parlament	Landtag mit 183 für fünf Jahre gewählten Abgeordneten; 91 Sitze für CDU, 63 für SPD, 15 für FDP, 14 für Bündnis 90/Die Grünen (nächste Wahl: voraussichtlich Frühjahr 2007); www.niedersachsen.de
Regierungschef	Christian Wulff (CDU, seit 2003) * 1959 in Osnabrück. Der Jurist ist seit 1994 Vorsitzender der Landes-CDU. von 1994 bis 2003 war Wulff Mitglied des Niedersächsischen Landtages und Vorsitzender der CDU-Landtagsfraktion. 1994 und 1998 trat er vergeblich als Spitzenkandidat bei den Landtagswahlen gegen den damaligen Ministerpräsidenten Gerhard Schröder an, bis ihm im Februar 2003 ein deutlicher Wahlsieg über Sigmar Gabriel (SPD) gelang.

Niedersachsen: Regierung

Ressort	Name (Partei, Amtsantritt), Geburtsjahr
Ministerpräsident	C. Wulff (CDU, 2003), * 1959
Wirtschaft, Arbeit, Verkehr, stellv. Ministerpräsident	W. Hirche (FDP, 2003), * 1941
Kultus	B. Busemann (CDU, 2003), * 1952
Soziales, Frauen, Familie, Gesundheit	Ursula von der Leyen (CDU, 2003), * 1958
Inneres, Sport	U. Schünemann (CDU, 2003), * 1964
Finanzen	H. Möllring (CDU, 2003), * 1951
Justiz	Elisabeth Heister-Neumann (CDU, 2003), * 1955
Wissenschaft, Kultur	L. Stratmann (CDU, 2003), * 1960
Ländlicher Raum, Ernährung, Landwirtschaft, Verbraucherschutz	H.-H. Ehlen (CDU, 2003), * 1949
Umwelt	H.-H. Sander (FDP, 2003), * 1945

Seit März 2003 steht Christian Wulff (CDU) in Niedersachsen als Ministerpräsident an der Spitze einer CDU/FDP-Koalitionsregierung. Sie konnte sich Mitte 2005 im Parlament auf eine Mehrheit von 106 der 183 Abgeordneten stützen. Dem Kabinett gehören sieben CDU- und zwei FDP-Minister an.

Landespolitik: Landtagspräsident Jürgen Gansäuer (CDU) gab im April 2005 bekannt, dass die beiden SPD-Landtagsabgeordneten Hans-Hermann Wendhausen und Ingolf Viereck ihre von der Volkswagen AG erhaltenen Gehälter von zusammen insgesamt 766 474 € an das Land N. abführen müssen. Die beiden Abgeordneten hatten neben ihren Diäten jahrelang Zahlungen von ihrem früheren Arbeitgeber Volkswagen erhalten, ohne dafür nach Einschätzung Gansäuers eine erkennbare Arbeit zu leisten; dies ist nach dem niedersächs. Abgeordnetengesetz verboten. Nachdem die Abgeordneten erklärt hatten, sie hätten das Geld von VW zu Recht erhalten, reichte Gansäuer im Juni Klage gegen die beiden Politiker ein.

Nach der Kündigung des Vertrags zur Kultusministerkonferenz (KMK) im Oktober 2004 durch N. verständigten sich die Bundesländer im Dezember auf eine grundlegende Reform dieser Institution. Die KMK soll sich demnach künftig v. a. der Qualitätssicherung an Schulen und Hochschulen sowie der Entwicklung von Bildungsstandards für den Unterricht widmen. Die Kündigung durch N. wurde durch die Beschlüsse der Länder hinfällig.

Wirtschaft: Das BIP stieg 2004 um 1,5%, während die Zahl der Erwerbstätigen im Vergleich zum Vorjahr mit 3,5 Mio. Personen nahezu unverändert blieb. Die Anzahl der Unternehmensinsolvenzen in Niedersachsen lag 2004 mit 3 166 um 1,6 % über dem Wert von 2003. Davon entfielen 739 Insolvenzen auf das Baugewerbe.

Justiz: Die Zahl der registrierten Straftaten nahm 2004 um 1,1% auf 587 252 Fälle ab. Besonders stark gingen erneut die Diebstähle zurück. Die polizeiliche Aufklärungsquote lag bei 53,9 % (2003: 53,5 %).

Bildung: Im Mai 2005 gab Kultusminister Bernd Busemann (CDU) die Einführung eines sog. Schul-TÜV bekannt. Künftig werden die Schulen in regelmäßigen Abständen von Inspektoren besucht, die die Unterrichtsqualität bewerten und Schüler, Eltern und Lehrer nach ihrer Zufriedenheit befragen.

Nordrhein-Westfalen

Landesfläche	34 080 km² (Rang 4/D)
Einwohner	18,02 Mio. (Rang 1/D)
Hauptstadt	Düsseldorf (568 400 Einwohner)
Arbeitslosigkeit	10,2 % (2004)
BIP	58 100 € (2004)
Parlament	Landtag mit 187 für fünf Jahre gewählten Abgeordneten; 89 Sitze für CDU, 74 für SPD, 12 für FDP, 12 für Bündnis 90/Die Grünen (nächste Wahl: voraussichtlich 2010); www.nrw.de
Regierungschef	Jürgen Rüttgers (CDU, seit 2005) * 1951. Der promovierte Jurist gehörte 1987–2000 dem Dt. Bundestag an und war 1994–98 Bundesminister für Bildung, Wissenschaft, Forschung und Technik. 1999 übernahm er den Landesvorsitz der CDU in NRW, 2000 den Fraktionsvorsitz im Landtag. 2000 trat er erstmals erfolglos als CDU-Spitzenkandidat bei der Landtagswahl an.

Nordrhein-Westfalen: Regierung

Ressort	Name (Partei, Amtsantritt), Geburtsjahr
Ministerpräsident	J. Rüttgers (CDU, seit 2005), * 1951
Innovation, Wissenschaft, Forschung u. a. stellv. Ministerpräsident	A. Pinkwart (FDP, seit 2005), * 1960
Finanzen	H. Linssen (CDU, seit 2005), * 1942
Wirtschaft, Mittelstand, Energie	Christa Thoben (CDU, seit 2005), * 1941
Inneres	I. Wolf (FDP, seit 2005), * 1955
Arbeit, Gesundheit, Soziales	K.-J. Laumann (CDU, seit 2005), * 1957
Schule	Barbara Sommer (CDU, seit 2005), * 1948
Bauen und Verkehr	O. Wittke (CDU, seit 2005), * 1966
Justiz	Roswitha Müller-Piepenkötter (CDU, seit 2005), * 1950
Umwelt und Naturschutz, u. a.	E. Uhlenberg (CDU, seit 2005), * 1948
Generationen, Familie, Frauen und Integration	A. Laschet (CDU, seit 2005), * 1961
Bundes- und Europaangelegenheiten	M. Breuer (CDU, seit 2005), * 1965

Seit Juni 2005 führt Jürgen Rüttgers (CDU) als Ministerpräsident eine Koalitionsregierung mit der FDP. Sie stützte sich Mitte 2005 im Landtag auf eine Mehrheit von 101 der 187 Abgeordneten. Dem Kabinett gehören neun Mitglieder der CDU und zwei der FDP an.

Landespolitik: Bei der Landtagswahl am 22. 5. 2005 erlitt die bisherige rot-grüne Koalition eine verheerende Niederlage. Bei einer Wahlbeteiligung von 63,0% verlor die SPD 5,7 Prozentpunkte und kam auf 37,1%, während die CDU ihr Ergebnis im Vergleich zu 2000 um 7,9 Prozentpunkte verbesserte und 44,8% erhielt. Auf jeweils 6,2% kamen FDP (-3,7) und Bündnis 90/Die Grünen (-0,9). Noch am Wahlabend kündigte Bundeskanzler Gerhard Schröder (SPD) an, baldige Neuwahlen auf Bundesebene anzustreben.

Der gesamte Vorstand der Landes-SPD trat Ende Mai zurück. Als Kandidat für den Parteivorsitz wurde der bisherige Finanzminister Jochen Dieckmann vorgeschlagen. SPD-Fraktionschefin im Düsseldorfer Landtag wurde die bisherige Wissenschaftsministerin Hannelore Kraft. Exministerpräsident Peer Steinbrück (SPD) übernahm keine Funktion auf Landesebene.

Bei der Kommunalwahl im September 2004 blieb die CDU trotz deutlicher Verluste stärkste Partei. Landesweit erhielten sie 43,3% (1999: 50,3%), die SPD 31,7% (1999: 33,9%). Bündnis 90/Die Grünen verbesserten sich auf 10,3% (1999: 7,3%) und die FDP auf 6,8% (1999: 4,3%). Die Wahlbeteiligung betrug 54,5%.

Im Dezember beschloss der Landtag mit den Stimmen von SPD und Bündnis 90/Die Grünen ein Antikorruptionsgesetz. Das bundesweit erste Gesetz dieser Art sieht vor, dass Unternehmen, bei denen ein begründeter Korruptionsverdacht besteht, für eine bestimmte Zeit von der Vergabe öffentlicher Aufträge ausgeschlossen werden. Das Gesetz verpflichtet ferner alle Mitglieder der Landesregierung und kommunale Mandatsträger zur Offenlegung ihrer Nebentätigkeiten.

Im März 2005 verabschiedete der Landtag einstimmig eine neue Diätenregelung. Danach müssen Abgeordnete künftig ihre gesamten Einkünfte versteuern und selbst für ihre Altersversorgung aufkommen. Die zu versteuernde Grunddiät wurde auf monatlich 9500€ verdoppelt. Die bisher gezahlte steuerfreie Aufwandspauschale in Höhe von rund 2400€ monatlich entfällt künftig.

Finanzen: Angesichts der sinkenden Steuereinnahmen verabschiedete der Landtag im März einen Nachtragshaushalt zum Haushalt 2004/05 in Höhe von 830 Mio. €. 2004 betrug die Neuverschuldung 6,9 Mrd. €. Die Gesamtverschuldung des Landes erreichte Ende 2004 rund 102,5 Mrd. €.

Wirtschaft: Das BIP nahm 2004 um 1,3% zu. Eine höhere Wirtschaftsleistung gab es v.a. im Verarbeitenden Gewerbe. Die Zahl der Erwerbstätigen stieg um 0,5% auf 8,29 Mio. Personen. Die Zahl der Unternehmensinsolvenzen in N. erhöhte sich 2004 gegenüber dem Vorjahr um 5,4% auf 12012.

Tourismus: Das Tourismusgewerbe erzielte 2004 die bislang höchsten Gäste- und Übernachtungszahlen. Die Anzahl der Gäste stieg um 6,3% auf 15,5 Mio.; die Übernachtungen nahmen um 3,0% auf 37,7 Mio. zu.

Justiz: Die Zahl der registrierten Straftaten stieg 2004 um 2,3% auf rund 1,532 Mio. Delikte. Die Zunahme war besonders auf den Anstieg bei Körperverletzung und Betrug zurückzuführen. Die polizeiliche Aufklärungsquote betrug 47,9% (2003: 47,5%).

Rheinland-Pfalz

Landesfläche	19 847 km² (Rang 9/D)
Einwohner	4,03 Mio. (Rang 7/D)
Hauptstadt	Mainz (200 934 Einwohner)
Arbeitslosigkeit	7,7% (2004)
BIP	54 400€ (2004)
Parlament	Landtag mit 101 für fünf Jahre gewählten Abgeordneten; 49 Sitze für SPD, 38 für CDU, 8 für FDP, 6 für Bündnis 90/Die Grünen (nächste Wahl: Frühjahr 2006); www.rlp.de
Regierungschef	Kurt Beck (SPD, seit 1994) * 1949 in Bad Bergzabern. Der ausgebildete Elektromechaniker gehört seit 1972 der SPD an und ist seit 1979 Landtagsabgeordneter. 1993 wurde Beck Vorsitzender der Landes-SPD und im Oktober 1994 Ministerpräsident. Bei der Landtagswahl 2001 wurde die CDU/FDP-Koalition im Amt bestätigt.

Seit 2001 steht Kurt Beck (SPD) als Ministerpräsident einer sozial-liberalen Koalition vor. Im Landtag konnte sich die Regierung Mitte 2005 auf eine Mehrheit von 57 der 101 Abgeordneten stützen.

Rheinland-Pfalz: Regierung

Ressort	Name (Partei, Amtsantritt), Geburtsjahr
Ministerpräsident	K. Beck (SPD, 1994), * 1949
Wirtschaft, Verkehr, Landwirtschaft, Weinbau, stellv. Ministerpräsident	H.-A. Bauckhage (FDP, 1998), * 1943
Inneres, Sport	K. P. Bruch (SPD, 2005), * 1946
Finanzen	G. Mittler (SPD, 1993), * 1940
Justiz	H. Mertin (FDP, 1999), * 1958
Arbeit, Soziales, Familie, Gesundheit	Malu Dreyer (SPD, 2002), * 1961
Bildung, Frauen und Jugend	Doris Ahnen (SPD, 2001), * 1964
Umwelt und Forsten	Margit Conrad (SPD, 2001), * 1952
Wissenschaft, Weiterbildung, Forschung und Kultur	J. Zöllner (SPD, 1991), * 1945

Landespolitik: Im Februar 2005 übernahm Karl Peter Bruch (SPD) sein neues Amt als Innenminister. Der bisherige Staatssekretär im Innenministerium trat die Nachfolge des erkrankten Walter Zuber (SPD) an.

Finanzen: Der im Dezember 2004 verabschiedete Doppelhaushalt 2005/06 sah Ausgaben von jeweils rund 11,5 Mrd. € vor. Die geplante Neuverschuldung beträgt 2005 rund 1,2 Mrd. € und 2006 etwa 1,08 Mrd. €. Die Gesamtverschuldung des Landes lag Ende 2004 bei rund 23,2 Mrd. €.

Wirtschaft: Das BIP steigerte sich 2004 um 2,0 %. Größere Wachstumsschübe kamen dabei aus dem Baugewerbe und dem Verarbeitenden Gewerbe. Die Zahl der Erwerbstätigen nahm um 0,6 % auf 1,75 Mio. Personen zu. Arbeitsplatzverluste im Produzierenden Gewerbe wurden durch neue Arbeitsplätze im Dienstleistungssektor ausgeglichen. 1557 Unternehmen stellten 2004 in R.-P. einen Insolvenzantrag (2003: 1549).

Tourismus: Das Tourismusgewerbe konnten 2004 weitere Zuwächse erzielen. Die Anzahl der Gäste stieg um 2,8 % auf 7,1 Mio., die Zahl der Übernachtungen nahm gegenüber dem Vorjahr dagegen leicht ab und sank auf 21,1 Mio.

Justiz: Die Anzahl der erfassten Straftaten stieg 2004 um 4,4 % auf rund 300 000 Fälle. Die polizeiliche Aufklärungsquote verbesserte sich auf 59,8 % (2003: 57,7 %).

Saarland

Landesfläche	2570 km² (Rang 13/D)
Einwohner	1,07 Mio. (Rang 15/D)
Hauptstadt	Saarbrücken (185 891 Einwohner)
Arbeitslosigkeit	9,2 % (2004)
BIP	52 100 € (2004)
Parlament	Landtag mit 51 für fünf Jahre gewählten Abgeordneten; 27 Sitze für CDU, 18 für SPD, 3 für FDP, 3 für Bündnis 90/Die Grünen (nächste Wahl: voraussichtlich 2009); www.saarland.de
Regierungschef 	Peter Müller (CDU,seit 1999) * 1955 in Illingen. Nach dem Jurastudium war Müller Richter am Landgericht Saarbrücken. 1990 wurde er in den Landtag gewählt, 1994-95 war er CDU-Fraktionsvorsitzender. Seit November 1995 ist Müller Vorsitzender der CDU Saar und seit 1998 Präsidiumsmitglied der Bundes-CDU.

Saarland: Regierung

Ressort	Name (Partei, Amtsantritt), Geburtsjahr
Ministerpräsident	P. Müller (CDU, 1999), * 1955
Finanzen, stellv. Ministerpräsident	P. Jacoby (CDU, 1999), * 1951
Chef der Staatskanzlei, Bundes- und Europaangelegenheiten	K. Rauber (CDU, 2004), * 1952
Inneres, Sport, Familie, Frauen	Annegret Kramp-Karrenbauer (CDU, 2000), * 1962
Wirtschaft, Arbeit	H. Georgi (CDU, 1999, * 1942
Justiz, Gesundheit, Soziales	J. Hecken (CDU, 2004), * 1959
Bildung, Kultur, Wissenschaft	J. Schreier (CDU, 1999, * 1948
Umwelt	S. Mörsdorf (parteilos, 1999), * 1961

Der seit 1999 amtierende Peter Müller (CDU) wurde im Oktober 2004 erneut als Ministerpräsident vereidigt. Müller konnte sich Mitte 2005 im Landtag auf die absolute Mehrheit von 27 der 51 Sitze stützen.

Landespolitik: Bei der Landtagswahl im September 2004 konnte die CDU ihre absolute Mehrheit ausbauen: Sie erhielt 47,5 % der Stimmen (1999: 45,5 %). Die SPD verlor 13,6 Prozentpunkte und erreichte nur noch 30,8 % (1999: 44,4 %). Bündnis 90/Die Grünen und die FDP schafften mit 5,6 % (1999: 3,2 %) bzw. 5,2 % (1999: 2,6 %) wieder den Einzug in das Landesparlament. Die Wahlbeteiligung sank auf 55,5 % (1999: 68,7 %).

Oberbürgermeisterin in Saarbrücken wurde Charlotte Britz (SPD). Bei der Stichwahl im September 2004 erreichte sie 53,7 % der Stimmen.

Wirtschaft: Das BIP stieg 2004 um 1,4 %. Vor allem die Entwicklungen im Fahrzeugbau und in der Stahlindustrie trugen zu diesem Ergebnis bei. Der Umsatz der saarländ. Industrie erhöhte sich gegenüber dem Vorjahr um 14 %. Die Zahl der Unternehmensinsolvenzen blieb mit 407 fast unverändert (2003: 410).

Justiz: Die Zahl der registrierten Straftaten legte 2004 gegenüber dem Vorjahr um 3,9 % auf 77 603 Delikte zu. Die Aufklärungsquote der Polizei erhöhte sich auf 55,8 % (2003: 54,3 %).

Bildung: Im Mai 2005 verabschiedete der Landtag mit den Stimmen der CDU-Mehrheit ein Schulgesetz, das die Zweizügigkeit der Grundschulen vorschreibt. Danach muss es in einer Schule künftig mindestens zwei Klassen pro Jahrgangsstufe geben.

Sachsen

Landesfläche	18 413 km² (Rang 10/D)
Einwohner	4,32 Mio. (Rang 6/D)
Hauptstadt	Dresden (472 036 Einwohner)
Arbeitslosigkeit	17,8 % (2004)
BIP	41 600 € (2004)
Parlament	Landtag mit 124 für fünf Jahre gewählten Abgeordneten; 55 Sitze für CDU, 31 für PDS, 13 für SPD, 12 für NPD, 7 für FDP, 6 für Bündnis 90/Die Grünen (nächste Wahl: voraussichtlich 2009); www.sachsen.de
Regierungschef 	Georg Milbradt (CDU, seit 2002) * 1945 in Eslohe (Sauerland). Der Wirtschaftswissenschaftler war ab 1985 Prof. an der Universität Münster. Seit 1973 Mitglied der CDU, ist Milbradt seit 1994 Abgeordneter im sächs. Landtag. 1990–2001 war er Finanzminister in Sachsen. Im September 2001 wurde er zum Vorsitzenden der Landes-CDU gewählt, 2002 übernahm er das Amt des Regierungschefs.

Sachsen: Regierung

Ressort	Name (Partei, Amtsantritt), Geburtsjahr
Ministerpräsident	G. Milbradt (CDU, 2002), * 1945
Wirtschaft, Arbeit, stellv. Ministerpräsident	T. Jurk (SPD, 2004), * 1962
Chef der Staatskanzlei	H. Winkler (CDU), * 1963
Inneres	T. de Maizière (CDU, 2004), * 1954
Justiz	G. Mackenroth (CDU, 2004), * 1950
Finanzen	H. Metz (CDU, 2002), * 1945
Soziales, Gesundheit, Familie	Helma Orosz (CDU, 2003), * 1953
Wissenschaft, Kunst	Barbara Ludwig (SPD), * 1962
Umwelt, Landwirtschaft	S. Tillich (CDU, 2004), * 1959
Kultus	S. Flath (CDU, 2004), * 1957

Im November 2004 wurde Georg Milbradt (CDU) zum Ministerpräsidenten an der Spitze einer CDU/SPD-Koalition gewählt. Im Landesparlament verfügte sie Mitte 2005 über 68 der 124 Abgeordneten. In der Regierung ist die CDU mit acht und die SPD mit zwei Ministern vertreten.

Landespolitik: Bei der Landtagswahl im September 2004 verlor die regierende CDU ihre absolute Mehrheit und fiel auf 41,1 % zurück (1999: 56,9 %). Die SPD erhielt 9,8 % (1999: 10,7 %). Die PDS konnte ihr Resultat leicht auf 23,6 % verbessern (1999: 22,2 %). Die NPD erhielt 9,2 % (1999: 1,4 %). Bündnis 90/Die Grünen und die FDP schafften mit 5,1 % (1999: 2,6 %) bzw. 5,9 % (1999: 1,1 %) erstmals wieder seit 1990 den Einzug ins Landesparlament. Die Wahlbeteiligung lag bei 59,6 % (1999: 61,1 %).

Die Wahl Milbradts zum Ministerpräsident am 10. 11. 2004 gelang erst im zweiten Wahlgang, bei dem die einfache Mehrheit ausreichte. In beiden Durchgängen votierten mindestens fünf Abgeordnete der Regierungskoalition nicht für ihn. Milbradts Gegenkandidat von der NPD bekam jeweils 14 Stimmen, zwei mehr, als die Partei Abgeordnete hat.

Im Januar 2005 berief die Landesregierung eine Kommission, die ein Konzept für eine Verwaltungsreform erarbeiten soll. Das Gremium soll untersuchen, ob der gegenwärtige dreistufige Behördenaufbau noch zeitgemäß ist oder ob auf die Regierungspräsidien als mittlere Instanzen verzichtet werden kann.

Im Juni nahm ein Untersuchungsausschuss des Landtags die Arbeit auf. Es geht um Versäumnisse und Fehlentscheidungen der Regierung bei der Aufsicht über die Landesbank S.; der Bank werden Unregelmäßigkeiten vorgehalten.

Wirtschaft: Das BIP stieg 2004 um 2,3%; damit lag S. zusammen mit Bayern an der Spitze aller Bundesländer. Besonders stark erhöhte sich die Wertschöpfung im Verarbeitenden Gewerbe mit einem Plus von 11,7%. Die Zahl der Erwerbstätigen blieb mit 1,92 Mio. nahezu konstant. Die Anzahl der Unternehmensinsolvenzen sank auf 2 344 Fälle (2003: 2 430).

Justiz: Die Zahl der registrierten Straftaten verringerte sich 2004 gegenüber dem Vorjahr um 4,8% auf 335 763 Fälle. Die Aufklärungsquote der Polizei betrug 57,9% (2003: 59,2%).

Bildung: Mit Warnstreiks und Demonstrationen protestierten Lehrer, Schüler und Kommunalpolitiker im Mai 2005 gegen die Pläne der Landesregierung, vom Schuljahr 2005/06 an landesweit 82 Schulen zu schließen. Anlass für diese Maßnahme ist der erwartete Rückgang der Schülerzahlen um 24% bis 2015.

Sachsen-Anhalt

Landesfläche	20 447 km² (Rang 8/D)
Einwohner	2,65 Mio. (Rang 10/D)
Hauptstadt	Magdeburg (329 481 Einwohner)
Arbeitslosigkeit	20,3% (2004)
BIP	45 300 € (2004)
Parlament	Landtag mit 115 für vier Jahre gewählten Abgeordneten; 48 Sitze für CDU, 25 für PDS, 25 für SPD, 17 für FDP (nächste Wahl: Frühjahr 2006); www.sachsen-anhalt.de
Regierungschef	Wolfgang Böhmer (CDU, seit 2002) * 1936 in Dürrhennersdorf (Sachsen). Der Mediziner, 1974–91 Chefarzt eines Krankenhauses in Wittenberg, wurde 1990 in den Landtag gewählt. 1991–93 war Böhmer Finanzminister und 1993/94 Sozialminister in Sachsen-Anhalt. 1994–2001 war er Fraktions- und Landesvorsitzender der CDU.

Sachsen-Anhalt: Regierung

Ressort	Name (Partei, Amtsantritt), Geburtsjahr
Ministerpräsident	W. Böhmer (CDU, 2002), * 1936
Chef der Staatskanzlei	R. Robra (CDU, 2002), * 1951
Gesundheit, Soziales	G. Kley (FDP, 2002), * 1960
Inneres	K.-J. Jeziorsky (CDU, 2002), * 1951
Finanzen	K.-H. Paqué (FDP, 2002), * 1956
Wirtschaft, Arbeit	H. Rehberger (FDP, 2002), * 1938
Kultus	J.-H. Olbertz (parteilos, 2002), * 1954
Bau, Verkehr	K.-H. Daehre (CDU, 2002), * 1944
Justiz	C. Becker (CDU, 2002), * 1936
Landwirtschaft, Umwelt	Petra Wernicke (CDU, 2002), * 1953

Seit Mai 2002 steht Wolfgang Böhmer (CDU) als Ministerpräsident an der Spitze einer Koalitionsregierung von CDU und FDP. Von den acht Ministern seines Kabinetts gehören vier der CDU und drei der FDP an, einer ist parteilos. Die Regierung konnte sich Mitte 2005 im Parlament auf eine Mehrheit von 65 der 115 Abgeordneten stützen.

Landespolitik: Im November 2004 beschloss der Landtag einstimmig eine Verlängerung der Wahlperiode von vier auf fünf Jahre ab der nächsten Legislaturperiode.

Im Januar 2005 scheiterte ein Volksentscheid über die Ausweitung der Kinderbetreuung. Zwar stimmten 60,5% der Wähler für die Wiedereinführung des Rechtsanspruchs auf Ganztagsbetreuung für alle Kinder, die Wahlbeteiligung war jedoch mit 26,4% zu niedrig. Es bleibt damit bei der 2003 eingeführten Regelung, nach der ein Rechtsanspruch auf Ganztagsbetreuung nur dann besteht, wenn beide Eltern arbeiten.

Finanzen: Der im Dezember 2004 verabschiedete Doppelhaushalt 2005/06 sieht für 2005 Ausgaben von 10,1 Mrd. € vor. Die Neuverschuldung beträgt 954 Mio. €. Die geplanten Ausgaben für Investitionen werden mit 1,98 Mrd. € veranschlagt. Die Gesamtverschuldung des Landes betrug Ende 2004 rund 18 Mrd. €. Die Zinsbelastung beläuft sich 2005 auf 944 Mio. €.

Wirtschaft: Das BIP stieg 2004 um 0,9% gegenüber dem Vorjahr. Die Zahl der Erwerbstätigen war leicht rückläufig: Sie sank um 0,2 % auf 1,01 Mio. Menschen. Vor allem im Baugewerbe ging die Zahl der Beschäftigten weiter zurück. Die Anzahl der Unternehmensinsolvenzen sank um 7,1 % auf 1 675 Fälle.

Tourismus: Die Entwicklung in der Tourismusbranche verlief 2004 günstiger als im Vorjahr. Bei der Gästezahl konnte ein Plus von 4,8 % auf 2,3 Mio. verbucht werden, die Übernachtungszahlen erhöhten sich um 3,7 % auf 5,9 Mio. Besonders beliebt waren der Harz sowie die Gebiete Halle, Saale und Unstrut.

Justiz: Die Zahl der erfassten Straftaten blieb 2004 mit 228 647 Delikten fast unverändert. Die Aufklärungsquote der Polizei betrug 57,4 % (2003: 55,2 %). Die Anzahl der Fälle politisch motivierter Kriminalität stieg um 37,9 % auf 901 Straftaten; bei 84,1 % der Fälle handelte es sich um Straftaten mit rechtsextremistischem Hintergrund.

Umwelt: Im März 2005 kündigte das Wirtschaftsministerium an, dass S.-A. gegen das im November 2004 vom Bundestag beschlossene Gentechnikgesetz Verfassungsklage einreichen wird. Nach Überzeugung von Wirtschaftsminister Horst Rehberger (FDP) verhindert das Gesetz den Anbau gentechnisch veränderter Pflanzen und verstößt gegen Vorgaben der EU.

Schleswig-Holstein

Landesfläche	15 765 km² (Rang 12/D)
Einwohner	2,83 Mio. (Rang 9/D)
Hauptstadt	Kiel (233 987 Einwohner)
Arbeitslosigkeit	9,8 % (2004)
BIP	55 000 € (2004)
Parlament	Landtag mit 69 für fünf Jahre gewählten Abgeordneten; 30 Sitze für CDU, 29 für SPD, 4 für FDP, 4 für Bündnis 90/Die Grünen, 2 für SSW (nächste Wahl: voraussichtlich 2010); www.schleswig-holstein.de
Regierungschef	Peter Harry Carstensen (CDU; seit 2005) * 1947 auf Nordstrand. Der Agrarwissenschaftler arbeitete als Landwirtschaftslehrer und Wirtschaftsberater bei der Landwirtschaftskammer und gehört seit 1971 der CDU an. Ab 1983 war er Mitglied des Dt. Bundestages und ist seit 2002 Landesvorsitzender der CDU in Schleswig-Holstein.

Schleswig-Holstein: Regierung

Ressort	Name (Partei, Amtsantritt), Geburtsjahr
Ministerpräsident	P. H. Carstensen (CDU, 2005), * 1947
Justiz, Arbeit, Europa	U. Döring (SPD, 2005), * 1948
Inneres	R. Stegner (SPD, 2005), * 1959
Finanzen	R. Wiegard (CDU, 2005), * 1949
Wissenschaft, Wirtschaft, Verkehr	D. Austermann (CDU, 2005), * 1941
Soziales, Familie, Gesundheit	Gitta Trauernicht (SPD, 2004), * 1951
Bildung, Frauen, stellv. Ministerpräsidentin	Ute Erdsiek-Rave (SPD, 1998), * 1947
Landwirtschaft, Umwelt, ländliche Räume	C. von Boetticher (CDU, 2005), * 1970

In S.-H. steht Peter Harry Carstensen (CDU) als Ministerpräsident seit April 2005 an der Spitze einer CDU/SPD-Regierung. Die Koalition konnte sich Mitte 2005 im Landtag auf eine Mehrheit von 59 der 69 Parlamentarier stützen. Carstensen ist nach 17 Jahren der erste Christdemokrat im Amt des Regierungschefs. Hauptziele der Regierungskoalition sind eine Senkung der Personalkosten und eine Verwaltungsreform.

Landespolitik: Bei der Landtagswahl im Februar 2005 wurde die CDU mit 40,2 % stärkste Partei (2000: 35,2 %) vor der SPD mit 38,7 % (2000: 43,1 %). Die FDP erhielt 6,6 % (2000: 7,6 %) und Bündnis 90/Die Grünen 6,2 % (2000: 6,2 %). Für den Südschleswigschen Wählerverband (SSW) stimmten 3,6 % (2000: 4,1 %). An der Landtagswahl beteiligten sich 66,5 % der Wahlberechtigten (2000: 69,5 %).

Im März scheiterte die Wiederwahl von Heide Simonis (SPD) zur Ministerpräsidentin. Sie erhielt in vier Wahlgängen nicht die erforderliche Stimmenmehrheit. Im Falle ihrer Wahl hatte Simonis mit einer Minderheitskoalition von SPD und Bündnis 90/Die Grünen regieren wollen, unterstützt vom SSW.

Finanzen: Angesichts der Steuerausfälle für 2005 verfügte Finanzminister Rainer Wiegard (CDU) im Mai 2005 eine Haushaltssperre. Für den Haushalt 2005, der Ausgaben von 7,9 Mrd. € vorsieht, werden voraussichtlich 1,7 Mrd. € fehlen. Die Gesamtverschuldung des Landes betrug Ende 2004 rund 19,6 Mrd. €.

Wirtschaft: Das BIP stieg 2004 um 2,0 %. Die Zahl der Erwerbstätigen blieb konstant bei 1,2 Mio. Personen.

Tourismus: Die Entwicklung im Tourismus stagnierte. Die Zahl der Übernachtungsgäste ging 2004 gegenüber dem Vorjahr um 2,8 % auf rund 4,18 Mio. zurück.

Justiz: Die Zahl der erfassten Straftaten in S.-H. sank 2004 um 2,5 % auf 256 779 Delikte. Die Aufklärungsquote der Polizei betrug 47,5 % (2003: 47,7 %).

Thüringen

Landesfläche	16 172 km² (Rang 11/D)
Einwohner	2,45 Mio. (Rang 12/D)
Hauptstadt	Erfurt (201 069 Einwohner)
Arbeitslosigkeit	16,7 % (2004)
BIP	41 000 € (2004)
Parlament	Landtag mit 88 für fünf Jahre gewählten Abgeordneten; 45 Sitze für CDU, 28 für PDS, 15 für SPD (nächste Wahl: voraussichtlich 2009); www.thueringen.de
Regierungschef	Dieter Althaus (CDU, seit 2003) * 1958 in Heiligenstadt/Eichsfeld. Der Lehrer für Physik und Mathematik trat 1985 der Ost-CDU bei. Seit Oktober 1990 gehört er dem thüring. Landtag an und war 1992–99 Kultusminister. Im Oktober 1999 übernahm er den Vorsitz der CDU-Landtagsfraktion, 2000 den Landesvorsitz. Im Juni 2003 wurde Althaus zum Ministerpräsidenten gewählt.

Auch nach der Landtagswahl im Juni 2004 konnte Ministerpräsident Dieter Althaus (CDU) trotz Stimmenverlusten weiter ohne Koalitionspartner regieren. Die CDU verfügte Mitte 2005 im Thüringer Landtag über eine absolute Mehrheit von 45 der 88 Abgeordneten.

Landespolitik: Im Frühjahr 2005 legte die Regierung einen Gesetzentwurf zur Verwaltungsreform vor. Danach sollen bis 2020 landesweit 81 Behörden geschlossen oder neu organisiert werden. Man erhofft sich dadurch erhebliche Einsparungen, da mehr als 1 000 Stellen wegfallen sollen.

Finanzen: Die Verschuldung des Landes stieg 2004 um 987 Mio. € auf insgesamt 14,06 Mrd. €.

Thüringen: Regierung

Ressort	Name (Partei, Amtsantritt), Geburtsjahr
Ministerpräsident	D. Althaus (CDU, 2003), * 1932
Finanzen, stellv. Ministerpräsidentin	Birgit Diezel (CDU, 2002), * 1958
Wirtschaft, Arbeit, Technologie	J. Reinholz (CDU, 2003), * 1954
Bau, Verkehr	A. Trautvetter (CDU, 2004), * 1955
Wissenschaft, Forschung, Kunst	Dagmar Schipanski (CDU, 1999), * 1943
Justiz	H. Schliemann (CDU, 2004), * 1944
Kultus	J. Goebel (CDU, 2004), * 1952
Landwirtschaft, Naturschutz, Umwelt	V. Sklenar (CDU, 1990), * 1944
Soziales, Familie, Gesundheit	K. Zeh (CDU, 2003) , * 1952
Bundes- und Europaangelegenheiten	G. Wucherpfennig (CDU, 2004), * 1957

Für 2005 beträgt die Neuverschuldung rund 1 Mrd. €. Nach Plänen der Landesregierung sollte die Nettoneuverschuldung bis 2010 auf Null reduziert werden. Im Mai 2005 wurde wegen drohender Steuerausfälle eine Haushaltssperre verhängt.

Wirtschaft: Das BIP stieg 2004 gegenüber dem Vorjahr um 1,5 %. Ein deutliches Wirtschaftswachstum zeigte sich v. a. im Verarbeitenden Gewerbe mit einer Zunahme von 7,8 %. Die Gesamtzahl der Erwerbstätigen stieg um 0,3 % auf 1,032 Mio. Personen. Die Unternehmensinsolvenzen nahmen um 4,9 % auf 989 Fälle ab. Die meisten Insolvenzen (294) gab es im Baugewerbe.

Tourismus: Die Tourismusbranche stagnierte 2004. Zwar stieg die Zahl der Gäste gegenüber dem Vorjahr um 1,9 % auf 3,0 Mio., doch die Zahl der Übernachtungen sank im gleichen Zeitraum um 0,6 % auf 8,5 Mio.

Justiz: Die Zahl der erfassten Straftaten verringerte sich 2004 geringfügig auf 164 276 Delikte (2003: 165 456). Bei rund 40 % aller Straftaten handelte es sich um Diebstahlsdelikte. Die polizeiliche Aufklärungsquote lag insgesamt bei 62,2 % (2003: 60,8 %). Die Anzahl der politisch motivierten Straftaten sank gegenüber dem Vorjahr auf 935 Fälle (2003: 952).

Österreich

Burgenland

Landesfläche	3 965 km^2 (Rang 7/A)
Einwohner	277 900 (Rang 9/A)
Hauptstadt	Eisenstadt (10 102 Einwohner)
Arbeitslosigkeit	9,0 % (2004)
Parlament	Landtag mit 36 für fünf Jahre gewählten Abgeordneten; 17 Sitze für SPÖ, 13 für ÖVP, 4 für FPÖ, 2 Grüne (nächste Wahl: 2006); www.burgenland.at
Regierungschef	Hans Niessl (SPÖ, seit 1951) * 1951 in Zurndorf. Niessl war 1987–2000 Bürgermeister in Frauenkirchen. Seit 1996 ist er Abgeordneter im burgenländ. Landtag.

Landesregierung: Im Mai 2005 löste Nikolaus Berlakovich den bisherigen ÖVP-Landesrat für Agrarwirtschaft, Paul Rittsteuer, in seinem Amt ab.

Budget: Für 2005 legte die Landesregierung ein ausgeglichenes Budget vor: Einnahmen und Ausgaben betragen je 861 Mio. € .

Wahlrecht: Im Herbst 2004 wurde das Wahlalter für Landtagswahlen auf 16 Jahre gesenkt. Diese Regelung wird erstmals bei den für den 9. 10. 2005 ausgeschriebenen Wahlen angewandt; dieser Termin war aufgrund eines gemeinsamen Antrags von SPÖ, FPÖ und Grünen zustande gekommen.

Parteien: Im Oktober 2004 schwor sich die SPÖ völlig auf Landeshauptmann Hans Niessl ein; beim Landesparteitag wurde er mit 100 % der Stimmen wiedergewählt.

Die burgenländische FPÖ stellte sich nach der Abspaltung der BZÖ hinter den neu gewählten Bundesobmann Heinz-Christian Strache. Ob sich

Burgenland: Regierung

Ressort	Name (Partei, Amtsantritt), Geburtsjahr
Landeshauptmann	H. Niessl (SPÖ, 2000), * 1951
Gemeinden, Wirtschaft, Jugend u. a.	F. Steindl (ÖVP, 2000), * 1960
Finanzen, Kultur, Bildung u. a.	H. Bieler (SPÖ, 1999), * 1952
Frauen, Familienpolitik u. a.	Verena Dunst (FPÖ, 2000), * 1958
Schulen, Tourismus u. a.	Michaela Resetar (ÖVP, 2004), * 1966
Gesundheit und Soziales	P. Rezar (SPÖ, 1999), * 1956
Land- und Forstwirtschaft	N. Berlakovich (ÖVP, 2005), * 1961

im Burgenland auch eine Landesgruppe der BZÖ bilden wird, ist noch nicht entschieden.

Bank Burgenland: Der Finanzskandal um die Bank Burgenland, der sich im Juni 2000 ereignet hatte, ist für das Land noch immer nicht ausgestanden. Im Sommer 2004 platzte ein geplanter Verkauf des Instituts an die Kärntner Hypo Alpe Adria. Nach wie vor besteht ein Finanzloch von mindestens 30 Mio. €.

Kärnten

Landesfläche	9 533 km² (Rang 5/A)
Einwohner	559 100 (Rang 6/A)
Hauptstadt	Klagenfurt (90 765 Einwohner)
Arbeitslosigkeit	6,4 % (2004)
Parlament	Landtag mit 36 für fünf Jahre gewählten Abgeordneten; 16 Sitze für BZÖ (ehemals FPÖ), 14 für SPÖ, 4 für ÖVP, 2 für die Grünen (nächste Wahl: 2009); www.ktn.gv.at
Regierungschef 	Jörg Haider (BZÖ, seit 1999) * 1950 in Bad Goisern/Oberöst. 1989–91 war Haider schon einmal Landeshauptmann, musste aber wegen positiver Äußerungen über die NS-Beschäftigungspolitik abdanken. 1979–99 vertrat der Jurist die FPÖ als Abgeordneter im Nationalrat. Anfang April 2005 gründete Haider die BZÖ (Bewegung Zukunft Österreich).

Landesregierung: Ende November 2004 schied Karl Pfeiffenberger als stellv. Landeshauptmann aus, sein Nachfolger wurde der bisherige Klubobmann der FPÖ und Vertraute von Landeshauptmann Jörg Haider, Martin Strutz. Er übernimmt die Ressorts Schulen und Personal, während Haider für die Bereiche Finanzen, Wirtschaft und Tourismus zuständig ist.

Die Regierungskoalition zwischen BZÖ (ehemals FPÖ) und SPÖ ist keineswegs unumstritten, v. a. innerhalb der SPÖ. So stimmte die SPÖ-Landesrätin Gabriele Schaunig-Kandut gegen den Regierungsbeschluss, zur Finanzierung der Koralmbahn zwischen Klagenfurt und Graz 140 Mio. € beizutragen, und stellte sich damit gegen die Parteilinie. Auch die geplante Veräußerung der Landeskrankenhäuser führte zu Zwistigkeiten innerhalb der SPÖ. Dennoch wurde der Verkauf der Landesspitäler an die Krankenanstalten-Betriebsgesellschaft (Kabeg) im Oktober 2004 beschlossen: Diese zahlt bis 2009 jährlich 50 Mio. € an das Land, das Tilgung und Zinsendienst übernimmt.

Budget: Ende September 2004 präsentierten Landeshauptmann Haider und sein Stellvertreter Peter Ambrozy (SPÖ) die Budgetzahlen für 2005 bis 2009. Für die Legislaturperiode wird sich ein durchschnittliches Nettodefizit von 48,31 Mio. € ergeben, das sind 0,31% des regionalen BIP. Beschlossen wurde das Budget im Landtag erst im November, nachdem sich die Koalitionsparteien über den Verkauf der Landeskrankenhäuser geeinigt hatten.

Parteien: Nach seiner Abstimmungsniederlage beim Landesparteitag im Oktober 2004, bei der er nur rund 61% der Stimmen erhielt, kündigte SPÖ-

Kärnten: Regierung

Ressort	Name (Partei, Amtsantritt), Geburtsjahr
Landeshauptmann	J. Haider (BZÖ, 1999), * 1950
Bildung, Arbeitsmarkt, Kultur u. a.	M. Strutz (BZÖ, 2005), * 1961
Gesundheit, Sport u. a.	P. Ambrozy (SPÖ, 2000), * 1946
Umweltschutz, Gemeinden u. a.	R. Rohr (SPÖ, 2002), * 1959
Land- und Forstwirtschaft	J. Martinz (ÖVP, 2004), * 1959
Wohnbau, Verkehr, Familie u. a.	G. Dörfler (BZÖ, 2000), * 1955

Landeschef Peter Ambrozy seinen Rücktritt für Oktober 2005 an. Aussichtsreichste Kandidaten für seine Nachfolge sind Landesrätin Schaunig-Kandut, der St. Veiter Bürgermeister Gerhard Mock und der Bürgermeister von Wolfsberg, Gerhard Seifried.

Im Dezember wurde im Landtag eine neue Parteienfinanzierung beschlossen, der alle vier im Landtag vertretenen Parteien zustimmten. Die Parteien erhalten 4,6 Mio. €, die entsprechend ihrer Stärke aufgeteilt werden.

Die Kärntner FPÖ schloss sich in ihrer Gesamtheit der von Haider im April 2005 gegründeten Bewegung Zukunft Österreich (BZÖ) an.

Streit um zweisprachige Ortstafeln: Ausgerechnet im Jahr des Jubiläums zum Staatsvertrag wurde der Kärntner Ortstafelkonflikt erneut offenkundig. Die in Art. 7 des Staatsvertrags vorgesehene Anbringung von zweisprachigen Ortstafeln in Gemeinden mit einem mind. 10%igen Anteil slowenischer Bevölkerung ist immer noch nicht abgeschlossen. Vor allem Landeshauptmann Haider und der Kärntner Heimatdienst blockierten die Aufstellung. Zwar wurden im Mai 2005 fünf neue zweisprachige Ortstafeln enthüllt, doch mit den insgesamt 77 Schildern ist man von den 394, die der Verfassungsgerichtshof für notwendig erachtet, weit entfernt.

Bildung: Im Frühjahr 2005 lehnte die Kärntner ÖVP die versuchsweise Einführung einer Gesamtschule für alle Sechs- bis 15-Jährigen ab.

Niederösterreich

Landesfläche	19 173 km² (Rang 1/A)
Einwohner	1,557 Mio. (Rang 2/A)
Hauptstadt	St. Pölten (50 026 Einwohner)
Arbeitslosigkeit	10,3 % (2004)
Parlament	Landtag mit 56 für fünf Jahre gewählten Abgeordneten; 31 Sitze für ÖVP, 19 für SPÖ, 2 für FPÖ, 4 für Grüne (nächste Wahl: 2008); www.noel.gv.at
Regierungschef	Erwin Pröll (ÖVP, seit 1992) * 1946 in Radibrunn. 1992 wurde der promovierte Agraringenieur zum Landeshauptmann gewählt und 1998 sowie 2003 für weitere fünf Jahre im Amt bestätigt.

Niederösterreich: Regierung

Ressort	Name (Partei, Amtsantritt), Geburtsjahr
Landeshauptmann	E. Pröll (ÖVP, 1992), * 1946
Wirtschaft, Tourismus	E. Gabmann (ÖVP, 1992), * 1949
Gemeinden	Heidemaria Onodi (SPÖ, 2001), * 1957
Finanzen, Umwelt u. a.	W. Sobotka (ÖVP, 1998), * 1956
Agrarwesen, Sicherheit	J. Plank (ÖVP, 2000), * 1958
Generationen, EU-Erweiterung	Johanna Mikl-Leitner (ÖVP, 2003), * 1964
Arbeit, Kultur, Sport	Petra Bohuslav (ÖVP, 2004), * 1965
Soziales u. a.	Christa Kranzl (SPÖ, 1991), * 1960

Landesregierung: Nach dem Wechsel von Liese Prokop in das Innenministerium der Bundesregierung im Dezember 2004 wurde die parteilose bisherige Managerin des Congress Casinos Baden, Petra Bohuslav, zur neuen Landesrätin für Arbeit, Soziales und Kultur bestellt; stellv. Landeshauptmann wurde Ernest Gabmann.

Gemeinderatswahlen: Bei der Wahl im März 2005 legte die ÖVP um 0,5 Prozentpunkte auf 48,8 % zu. Die SPÖ erhielt 38,9 % (+3,6) der Stimmen, auf die Grünen entfielen 3,8 % (+ 1,3). Die FPÖ erreichte nur noch 3,3 % (−4,6). Die ÖVP verfügt nunmehr über 6 399 Mandate in den Gemeinden, die SPÖ über 4 315.

Budget: Im Sommer 2004 beschlossen die Regierungsparteien ÖVP und SPÖ das Landesbudget für 2005, Grüne und FPÖ lehnten den Vorschlag ab. Vorgesehen sind Ausgaben in Höhe von 4,66 Mrd. € und Einnahmen von 4,43 Mrd. €.

Parteien: Beim Landesparteitag der ÖVP im November 2004 wurde Landeshauptmann Erwin Pröll mit 98,4 % der Stimmen im Amt bestätigt.

Die FPÖ unter Landeschefin Barbara Rosenkranz blieb geschlossen bei der Altpartei keiner wechselte zur BZÖ, die sich im April 2005 abgespalten hatte. Nach dem Landesparteitag im April wurde das langjährige Parteimitglied Hans Jörg Schimanek aus der Partei ausgeschlossen.

Kirche: Die Affäre um das Priesterseminar in St. Pölten endete im September 2004 mit dem Rücktritt von Bischof Kurt Krenn. Ein ehemaliger

Seminarist, der während seines Aufenthalts im Priesterseminar auf Internetseiten mit Kinderpornographie zugegriffen hatte, wurde zu einer Bewährungsstrafe von sechs Monaten verurteilt.
Verkehr: Derzeit prüfen die Österreichischen Bundesbahnen (ÖBB) eine neue Trassenführung des geplanten Semmering-Bahntunnels. Der neue Tunnel würde die Fahrzeit von Wien nach Graz um eine Stunde verkürzen und schätzungsweise 1,25 Mrd. € kosten.

Oberösterreich

Landesfläche	11 979 km² (Rang 4/A)
Einwohner	1,389 Mio. (Rang 3/A)
Hauptstadt	Linz (189 000 Einwohner)
Arbeitslosigkeit	5,9 % (2004)
Parlament	Landtag mit 56 für sechs Jahre gewählten Abgeordneten; 25 Sitze für ÖVP, 22 für SPÖ, 5 für Grüne, 4 für FPÖ (nächste Wahl: 2009); www.ooe.gv.at
Regierungschef 	Josef Pühringer (ÖVP, seit 1995) * 1949 in Linz. Der Jurist zog 1979 in den Landtag ein. Seit 1995 führt er die Landesregierung. 1997 und 2003 wurde Pühringer im Amt bestätigt.

Oberösterreich: Regierung

Ressort	Name (Partei, Amtsantritt), Geburtsjahr
Landeshauptmann	J. Pühringer (ÖVP, 1995), * 1949
Personal, Baurecht u. a.	F. Hiesl (ÖVP, 1995), * 1952
Natur- und Landschaftsschutz u. a.	E. Haider (SPÖ, 1997), * 1957
Jugendwohlfahrt, Soziales u. a.	J. Ackerl (SPÖ, 1995), * 1946
Energie, Umweltschutz u. a.	R. Anschober (Grüne, 2003), * 1960
Sparkassen, Wohnbauförderung	H. Kepplinger (SPÖ, 2003), * 1951
Wirtschaft, Bildung u. a.	V. Sigl (ÖVP, 2003), * 1954
Agrarwesen, Forstdienst u. a.	J. Stockinger (ÖVP, 2003), * 1958

Das politische Klima wird stark von der Gegnerschaft der Landes-SPÖ gegen die gut funktionierende Zusammenarbeit von ÖVP und Grünen in der Landesregierung beherrscht. Beide Koalitionspartner sind um Konsens und Engegenkommen bemüht, so wurde etwa das Sozialbudget um 7 % erhöht.

Budget: Im November 2004 präsentierten die Koalitionspartner ÖVP und Grüne einen ausgeglichenen Landeshaushalt, der 3,7 Mrd. € umfasst. Ein Defizit konnte trotz steigender Ausgaben durch Einsparungen im Umfang von 10 % bei den Ermessensausgaben verhindert werden. Damit ist das Land heute schuldenfrei.

Wirtschaft: Mit einer Exportquote von 26,28 % steht O. an der Spitze aller Bundesländer. Die wichtigsten Exporteure sind Voestalpine AG, BMW Motoren, VA Tech, MAN Steyr und Austria Metall AG. Auch hinsichtlich der Patentanmeldungen ist O. führend.

Kirche: Mitte Mai 2005 kündigte der langjährige Linzer Diözesanbischof Maximilian Aichern überraschend seinen Rücktritt aus Altersgründen an. Papst Benedikt XVI. nahm das Gesuch des 72-jährigen Kirchenfürsten an. Bis zur Bestellung eines Nachfolgers wird Aichern als Administrator das Bistum weiterhin leiten.

Kultur: Im Dezember 2004 wurde Linz als europ. Kulturhauptstadt für 2009 nominiert. Die Stadt verfügt über ein dichtes Kulturnetzwerk.

Salzburg

Landesfläche	7 154 km² (Rang 6/A)
Einwohner	523 200 (Rang 7/A)
Hauptstadt	Salzburg (142 878 Einwohner)
Arbeitslosigkeit	7,8 % (2004)
Parlament	Landtag mit 36 für fünf Jahre gewählten Abgeordneten; 17 Sitze für SPÖ, 14 für ÖVP, 3 für FPÖ, 2 für Grüne (nächste Wahl: 2009); www.land-sbg.gv.at
Regierungschef 	Gabriele Burgstaller (SPÖ, seit 2004) * 1963 in Pernetzdorf/Niederthalheim. Burgstaller wurde 1994 Abgeordnete im Salzburger Landtag und war ab 2001 Landesvorsitzende der SPÖ. 2004 wurde sie die erste Regierungschefin in Salzburg.

Salzburg: Regierung

Ressort	Name (Partei, Amtsantritt), Geburtsjahr
Landeshauptfrau	Gabriele Burgstaller (SPÖ, 2004), * 1963
Wirtschaft, Tourismus u. a.	W. Haslauer (ÖVP, 2004), * 1956
Budget, Kultur, Umweltschutz u. a.	O. Raus (SPÖ, 1984), * 1945
Land- und Forstwirtschaft u. a.	J. Eisl (ÖVP, 1997), * 1964
Bau, Wohnbauförderung u. a.	W. Blachfellner (SPÖ, 2001), * 1952
Familie, Jugend u. a.	Doraja Eberle (ÖVP, 2004), * 1954

Landesregierung: Die rot-schwarze Regierungskoalition wird immer wieder von Auseinandersetzungen überschattet. So kam es anlässlich der Jubiläumsfeierlichkeiten zum Staatsvertrag im Mai 2005 zum Eklat, als ein vom Büro der Landeshauptfrau freigegebener Text des Dichters Thomas Bernhard, in dem er Jesus mit Hitler vergleicht, offiziell verlesen wurde. Die ÖVP-Spitze verließ die Feierlichkeiten.

Auch der Streit um die Durchführung von Schwangerschaftsabbrüchen in den Landeskliniken hatte Anfang 2005 das Klima zwischen SPÖ und ÖVP belastet. Doch die sozialdemokratische Landeshauptfrau Gabi Burgstaller setzte sich durch und kündigte für April die Umsetzung ihrer Anweisung an, wonach Abtreibungen in S. auch in öffentlichen Spitälern möglich sind.

Wahlreform: Im Herbst 2004 beschloss der Landtag, die Altersgrenze für das aktive Wahlrecht für Gemeinde- und Bürgermeisterwahlen auf 16 Jahre zu senken.

Sozialpolitik: Für 2005 sieht das Landesbudget 1 Mio. € für die Förderung von zusätzlichen Kinderbetreuungsplätzen vor, um die Kinderbetreuung langzeitig zu verbessern. Allerdings gibt es über die Durchführung noch Unstimmigkeiten zwischen Landeshauptfrau Burgstaller und der zuständigen ÖVP-Landesrätin Doraja Eberle.

Budget: Noch im Sommer 2004 einigten sich die Koalitionsparteien darauf, 2005 rund 51 Mio. € einzusparen. Kürzungen sind bei Förderungen, Personal (bis Ende Juni 2005 weitere 256 Stellen) und Sachaufwand vorgesehen. Einsparungen in Höhe von 209 000 € verspricht man sich von der Anhebung des Pensionssicherungsbeitrags für Politikerpensionen von 2,3 % auf 15 %; betroffen sind etwa 70 ehemalige Politiker und deren Witwen.

Weiterhin will das Land ein Nulldefizit erreichen, ohne Anteile des Landes verkaufen zu müssen. Der Budgetrahmen beträgt ausgeglichen im ordentlichen Haushalt 1,643 Mrd. €, im außerordentlichen Haushalt 47 Mio. €. Im November verabschiedete der Landtag das Budget; SPÖ, ÖVP und FPÖ stimmten zu, die Grünen lehnten ab.

Parteien: Auf dem Landesparteitag der ÖVP im Oktober 2004 wählten die Delegierten den bisherigen Landeshauptmann-Stellvertreter Wilfried Haslauer als Nachfolger von Franz Schausberger mit 98,4 % der Stimmen zum neuen Landeschef.

Die Salzburger FPÖ unter ihrem Obmann Karl Schnell stellte sich im April 2005 geschlossen zur Alt-FPÖ, Übertritte zur neu gegründeten BZÖ fanden in S. nicht statt.

Arbeitsmarkt: Im Februar 2005 bewilligte Brüssel zwei EQUAL-Projekte in S., für die ab Juli innerhalb von zwei Jahren 3,3 Mio. € aus Bundes- und EU-Mitteln in das Bundesland fließen. Ziel der EQUAL-Projekte ist die Reintegration von Langzeitarbeitslosen bzw. die Integration von Asylbewerbern in den Arbeitsmarkt.

Tourismus: Auch 2004 war für S. ein Rekordjahr. Zwischen Mai und August stiegen die Übernachtungen um 65 000 pro Monat (bei insgesamt 7,4 Mio. Übernachtungen). Über das Jahr gesehen entspricht dies einem Plus von 1,1 %. Der Trend setzte sich im Januar 2005 mit einer Steigerung von 10 % fort. Einen wichtigen Impuls verspricht man sich von der Bewerbung um die Austragung der Olympischen Winterspiele 2014, obwohl die Meinungen dazu in der Bevölkerung gespalten sind.

Kultur: Ende August 2004 wurde Jürgen Flimm als Nachfolger von Peter Ruzicka zum künstlerischen Leiter der Salzburger Festspiele ab 2007 bestellt.

Im Oktober wurde auf dem Mönchsberg das Salzburger Museum der Moderne eröffnet. Das vom Architektenteam Friedrich-Hoff-Zwink erbaute Haus mit seiner 2 300 m² großen Ausstellungsfläche setzt bewusst einen Kontrapunkt zu Barock und Klassik, die in der Stadt tonangebend sind. Zum Jahresende gab Agnes Husslein, die bisherige Direktorin des Museums, ihr Ausscheiden bekannt.

Steiermark

Landesfläche	16 387 km² (Rang 2/A)
Einwohner	1,192 Mio. (Rang 4/A)
Hauptstadt	Graz (226 200 Einwohner)
Arbeitslosigkeit	3,2 % (2004)
Parlament	Landtag mit 56 für fünf Jahre gewählten Abgeordneten; 27 Sitze für ÖVP, 19 für SPÖ, 7 für FPÖ, 3 für Grüne (nächste Wahl: 2005); www.land.steiermark.at
Regierungschef	Waltraud Klasnic (ÖVP, seit 1996) * 1945 in Graz. 1981-88 war Klasnic Abgeordnete des Landtags, seit 1988 ist sie Mitglied der Landesregierung. Als erste Frau kam sie 1996 an die Spitze einer österreich. Landesregierung und wurde 2000 im Amt bestätigt.

Steiermark: Regierung

Ressort	Name (Partei, Amtsantritt), Geburtsjahr
Landeshauptfrau	Waltraud Klasnic (ÖVP, 1996), * 1945
SP-Gemeinden	F. Voves, (SPÖ, 2002), * 1953
Energie, Verkehr u. a.	L. Schöggl (FPÖ, 2000), * 1951
Sport, Tourismus u. a.	H. Schützenhofer (ÖVP, 2003), * 1952
Soziales, Jugendwohlfahrt u. a.	K. Flecker (SPÖ, 2000), * 1947
Frauen, Bildung, Finanzen u. a.	Kristina Edlinger-Ploder (ÖVP, 2003), * 1971
Gesundheit, Spitäler	W. Erlitz (SPÖ, 2003), * 1950
Land- und Forstwirtschaft u. a.	J. Seitinger (ÖVP, 2004), * 1961

Das innenpolitische Klima war deutlich von den für den 16. 10. 2005 vorgesehenen Landtagswahlen geprägt. Die Spaltung der FPÖ in BZÖ und Alt-FPÖ könnte sich für die ÖVP negativ auswirken, die angesichts der offensichtlichen Schwäche der FPÖ um ihren Stimmenvorsprung vor der SPÖ bangen muss.

Wahlen: Bei den Gemeinderatswahlen im März 2005 rückte die SPÖ mit 43,33% (+4,5 Prozentpunkte) bis auf 90 Stimmen an die ÖVP (43,35%; +0,34) heran. Eindeutiger Verlierer der Wahl war die FPÖ mit 6,5% (−5,28). Die Grünen erreichten 2,32% (+0,24). Bemerkenswert ist, dass die KPÖ in Leoben zur drittstärksten Partei wurde. Landeshauptfrau Waltraud Klasnic sprach in diesem Zusammenhang von einem »bundespolitischen Gegenwind«.

Budget: Die Budgetzahlen für 2005 sehen Ausgaben von 3,905 Mrd. € und Einnahmen von 3,587 Mrd. € vor. Damit beläuft sich das Defizit auf 318,8 Mio. €.

Parteien: Rechtzeitig vor der Landtagswahl präsentierte die ÖVP ein Regierungsprogramm für die nächste Legislaturperiode. Sie befürwortet ein Mehrheitswahlrecht, das für die stimmenstärkste Partei die Hälfte der Mandate plus einen zusätzlichen Sitz vorsieht. Ferner werden die Abschaffung des Proporzes, E-Democracy und die Eintragung gleichgeschlechtlicher Partnerschaften gefordert.

Die für den Landesparteitag der FPÖ am 22. 5. 2005 angekündigte »blaue Revolution« blieb aus. Leopold Schöggl erreichte eine Zustimmung von 93,7% (2003: 74%). Unter seiner Führung profiliert sich die steirische FPÖ als Anti-EU-Partei rechts von der Mitte. Die seit April als Abspaltung von der FPÖ existierende BZÖ wird voraussichtlich bei den Landtagswahlen antreten.

Die SPÖ glaubt, von der Schwächung der FPÖ profitieren zu können, und strebt den Machtwechsel an. Parteichef Franz Voves warnte jedoch vor einer Ausgrenzung der FPÖ.

Wirtschaft: Der wirtschaftliche Aufschwung in der S. hielt unverändert an: 2004 führte sie mit 3,8% das österreich. regionale Ranking an (Landesdurchschnitt: 1,9%). Hauptgrund für diese positiven Zahlen ist die Industrie, insbesondere der exportorientierte Autocluster.

Das Projekt »Spielberg« des Getränkeherstellers (»Red Bull«) Dieter Mateschitz, das ein großzügiges Motorsportzentrum vorsah, scheiterte am Umweltsenat, der sich angesichts mangelhafter Unterlagen dagegen aussprach. Land und Bund waren ursprünglich bereit gewesen, das Projekt mit 90 Mio. € zu fördern. Als Ersatz plant nun Mirko Kovats (Mehrheitsaktionär von A-Tec Industries) in Spielberg die Errichtung einer Produktion von Elektromotoren für die Autoindustrie. Die Gesamtinvestition wird 50 Mio. € betragen, in fünf Jahren sollen insgesamt 300 Arbeitsplätze entstehen. Ferner will Hannes Androsch in der Obersteiermark ein Forschungszentrum und ein Kunststoffcluster für die Flugzeugindustrie einrichten; die Montanuniversität Leoben und Joanneum Research könnten eingebunden werden.

Tirol

Landesfläche	12 648 km² (Rang 3/A)
Einwohner	686 400 (Rang 5/A)
Hauptstadt	Innsbruck (130 000 Einwohner)
Arbeitslosigkeit	9,4 % (2004)
Parlament	Landtag mit 36 für fünf Jahre gewählten Abgeordneten; 20 Sitze für ÖVP, 9 für SPÖ, 5 für Grüne, 2 für FPÖ (nächste Wahl: 2008); www.tirol.gv.at
Regierungschef	Herwig van Staa (ÖVP, seit 2002) * 1942 in Linz. Der Jurist und Volkswirt wurde 1994 auf einer Bürgerliste Innsbrucker Bürgermeister und 2002 von der ÖVP zum Landeshauptmann gewählt. Bei der Landtagswahl 2003 wurde er im Amt bestätigt.

Tirol: Regierung

Ressort	Name (Partei, Amtsantritt), Geburtsjahr
Landeshauptmann	H. van Staa (ÖVP, 2002), * 1942
Finanzen, Wirtschaft u. a.	F. Eberle (ÖVP, 1994), * 1949
Umwelt, Verkehrspolitik u. a.	H. Gschwentner (SPÖ, 2002), * 1957
Soziales u. a.	Christa Gangl (SPÖ, 1999), * 1948
Gemeinden, Naturschutz u. a.	Anna Hosp (ÖVP, 2003), * 1966
Bildung, Jugend, Familie u. a.	S. Mitterer (ÖVP, 2003), * 1942
Wohnbau, Wasserrecht u. a.	K. Streiter (ÖVP, 1994), * 1947
Gesundheit, Frauen, Kultur u. a.	Elisabeth Zanon-zur Nedden (ÖVP, 1994), * 1955

Budget: Im Dezember 2004 beschloss der Landtag das Budget für 2005. Der ordentliche Voranschlag sieht Ausgaben in Höhe von 2,150 Mrd. € und Einnahmen von 2,089 Mrd. € vor. Das Defizit beläuft sich damit auf 61 Mio. €.

Parteien: Im Herbst 2004 löste Gerald Hauser in der FPÖ den bisherigen Landesparteivorsitzenden Willi Tilg ab; er erhielt 55,8 % der Delegiertenstimmen auf dem Landesparteitag. Es war der zweite Versuch Hausers, Tilg vom Obmannsessel zu verdrängen.

Wirtschaft: Im Herbst 2004 erwarb das Traditionsunternehmen Riedel Glas den dt. Glashersteller Nachtmann und Spiegelau. Damit erhöht sich die Mitarbeiterzahl des Unternehmens von 400 auf 1 900. Die Firma F. X. Nachtmann ist an fünf Standorten in Bayern vertreten. Über den Kaufpreis wurde Stillschweigen bewahrt.

Tourismus: Die Wintersaison November 2004 bis April 2005 brachte T. erneut ein Rekordergebnis. Erstmals wurden mehr als 25 Mio. Übernachtungen erreicht, was einem Plus von 1,5 % entspricht; auch der Umsatz konnte um 6,1 % gesteigert werden.

Vorarlberg

Landesfläche	2 601 km² (Rang 8/A)
Einwohner	358 000 (Rang 8/A)
Hauptstadt	Bregenz (27 887 Einwohner)
Arbeitslosigkeit	14,4 % (2004)
Parlament	Landtag mit 36 für fünf Jahre gewählten Abgeordneten; 21 Sitze für ÖVP, 6 für SPÖ, 5 für FPÖ, 4 für die Grünen (nächste Wahl: 2009); www.vorarlberg.at
Regierungschef	Herbert Sausgruber (ÖVP, seit 1997) * 1946 in Bregenz. Der Jurist wurde 1986 Landesparteiobmann der ÖVP und 1997 Landeshauptmann. Bei der Landtagswahl 2004 wurde er in seinem Amt bestätigt.

Vorarlberg: Regierung

Ressort	Name (Partei, Amtsantritt), Geburtsjahr
Landeshauptmann	H. Sausgruber (ÖVP, 1997), * 1946
Straßenbau, Wasserwirtschaft u. a.	D. Egger (FPÖ, 2003), * 1969
Kultur, Soziales u. a.	H.-P. Bischof (ÖVP, 1997), * 1947
Landwirtschaft, Umwelt u. a.	E. Schwärzler (ÖVP, 1993), * 1953
Wirtschaft, Verkehr u. a.	M. Rein (ÖVP, 1984), * 1948
Jugend, Familie, Frauen u. a.	Greti Schmid (ÖVP, 2000), * 1954

Die Landtagswahl im September 2004 erbrachte keine Veränderung bei der Zusammensetzung der Landesregierung. Landeshauptmann Sausgruber erreichte sein Ziel, die absolute Mehrheit für die ÖVP zu holen. Die bisher zweistärkste Partei, die FPÖ, wurde jedoch auf Platz drei verwiesen. Auch bei den Gemeindratswahlen vom April 2005 verlor die FPÖ entscheidend.

Wahlen: Bei der Landtagswahl am 19.9. 2004 (Wahlbeteiligung: 60,6%) legte die ÖVP 9,1 Prozentpunkte zu und erreichte 54,9% der Stimmen und 21 Mandate (+3); die SPÖ steigerte sich auf 16,9% (+3,9) und sechs Sitze (+1). Großer Verlierer der Landtagswahl war die FPÖ: Sie fiel auf 13% (−14,4) bzw. fünf Mandate (−6) zurück und ist nur noch als drittstärkste Kraft im Landtag vertreten. Dennoch setzte die ÖVP die Zusammenarbeit mit der FPÖ fort, die weiterhin ein Ressort inne hat.

Die Gemeinderatswahlen im April 2005 brachten der ÖVP einen Zuwachs von +0,98 Prozentpunkten und damit eine Steigerung auf 45,49% der Stimmen, die SPÖ legte auf 15,63% (+2,4) zu und die Grünen auf 7,03% (+2,9). Verluste hatten die FPÖ (−5,6; 11,53%) und Namenslisten (−0,75; 20,42%) zu verzeichnen. Die SPÖ verwies damit die FPÖ auf Platz drei.

Bei der Bürgermeisterstichwahl am 24. April in Bregenz und Lustenau konnten sich die Amtsinhaber Markus Linhart (ÖVP) und Hans-Dieter Grabher (FPÖ) mit 52,6% bzw. 51% behaupten. In Bregenz ging Linhart mit den Stadt-Grünen eine Koalition ein.

Aufgrund der niedrigen Wahlbeteiligung v.a. bei der Landtagswahl gibt es Überlegungen, die Wahlzeiten auszuweiten, d.h., dass auch am Freitagabend vor dem Wahlsonntag gewählt werden könnte.

Budget: Das Landesbudget für das Jahr 2005 sieht Ausgaben in der Höhe von 1,159 Mrd.€ vor, die durch Einnahmen aus Steuern, Finanzzuweisungen, Beteiligungen und Rücklagen sowie durch ein Darlehen in Höhe von 5,448 Mio.€ gedeckt werden sollen.

Kirche: Im Oktober 2004 trat der bisherige Bischof der Diözese Feldkirch, Klaus Küng, die Nachfolge des abgesetzten St. Pöltener Bischofs Kurt Krenn an. Ende Mai 2005 bestellte der Vatikan den bisherigen Generalvikar der Diözese Feldkirch, Elmar Fischer, zum neuen Bischof. Der 68-Jährige ist auch Psychotherapeut und gilt als konservativ.

Wien

Landesfläche	415 km² (Rang 9/A)
Einwohner	1,599 Mio. (Rang 1/A)
Hauptstadt	Wien
Arbeitslosigkeit	12,2 % (2004)
Parlament	Landtag mit 100 für fünf Jahre gewählten Abgeordneten; 52 Sitze für SPÖ, 21 für FPÖ, 16 für ÖVP, 11 für Grüne (nächste Wahl: Herbst 2005); www.magwien.gv.at
Regierungschef 	Michael Häupl (SPÖ, seit 1994) * 1949 in Altlengbach (Niederösterreich). 1994 wurde Häupl Landeshauptmann. Nach fünf Jahren großer Koalition mit der ÖVP regiert die SPÖ unter Häupl seit 2001 wieder allein.

Wien: Regierung

Ressort	Name (Partei, Amtsantritt), Geburtsjahr
Landeshauptmann	M. Häupl (SPÖ, 1994), * 1949
Jugend, Soziales u. a.	Grete Laska (SPÖ, 1994), * 1951
Finanzen, Wirtschaft u. a.	S. Rieder (SPÖ, 1990), * 1939
Stadtentwicklung, Verkehr	R. Schicker (SPÖ, 2001), * 1952
Integration, Frauen u. a.	Sonja Wehsely (SPÖ, 2004), * 1970
Kultur, Wissenschaft	A. Mailath-Pokorny (SPÖ, 2001), * 1959
Gesundheits-, Spitalwesen	Renate Brauner (SPÖ, 2004), * 1956
Umwelt	U. Sima (SPÖ, 2004), * 1968
Wohnen, Stadterneuerung	W. Faymann (SPÖ, 1994), * 1960

Landtagswahl: Das Gerangel um den Termin für die vorgezogene Landtagswahl hält weiter an. Da die SPÖ die absolute Mehrheit hält, kann sie auch den Wahltermin bestimmen. Für die Vorverlegung des Wahltermins – der 23. 10. 2005 wird immer wahrscheinlicher – will sich Landeshauptmann Michael Häupl allerdings der Unterstützung der Grünen versichern. Der reguläre Termin wäre im März 2006 gewesen.

Budget: Im November 2004 legte die Landesregierung das Budget für 2005 vor. Den geplanten Einnahmen von 9,382 Mrd. € stehen Ausgaben von 9,401 Mrd. € gegenüber. Damit ergibt sich ein Defizit von 19,2 Mio. €. Kritik kam von den Oppositionsparteien, die die Arbeitslosenfrage zu wenig berücksichtigt sahen.

Verfassung: Der Verfassungsgerichtshof hob im Sommer 2004 das Wiener Landesgesetz auf, das ein Wahlrecht von in W. lebenden Ausländern aus Staaten außerhalb der EU auf Bezirksebene vorsah.

Parteien: Die ÖVP hat seit Juni 2005 mit Johannes Hahn einen neuen Landesobmann, der alle Funktionen von Alfred Finz übernahm. Bereits seit einem Jahr hatte Hahn als geschäftsführender Obmann fungiert. Schwerpunkte seiner Politik sind die Steigerung des Stimmenanteils bei der nächsten Landtagswahl auf 20% (derzeit 18%) und die Stärkung der Wirtschaft, um den Abbau von Arbeitsplätzen zu stoppen.

Im November 2004 nahm der langjährige Wiener ÖVP-Parteichef Bernhard Görg Abschied von der Politik und legte sein Landtagsmandat nieder.

Das Liberale Forum, das noch auf Bezirksebene in W. vertreten ist, will bei den Wahlen im Oktober 2005 wieder antreten. Landessprecher Alexander Zach bestätigte zumindest die Kandidatur auf Bezirksebene.

Parteienspaltung: Mit der Abspaltung der BZÖ im April zog Jörg Haider die Konsequenzen aus den ständigen Querelen mit der Wiener FPÖ unter Führung von Heinz-Christian Strache. Anders als von Strache erwartet, schlossen sich im Lauf des April acht der 18 FPÖ-Abgeordneten der neuen Bewegung an. Klubobmann der BZÖ im Wiener Landtag wurde Günther Barnet. Die BZÖ wird bei den bevorstehenden Landtags- und Gemeinderatswahlen antreten.

Wirtschaft: Im Herbst 2004 wurde in Floridsdorf (21. Bezirk) der Grundstein für das Technologiezentrum »TechBase Vienna« gelegt, das sich als Standort für Verkehr, Logistik und erneuerbare Energien positionieren soll. Mit einem Budget von 21 Mio. € wird die erste Ausbaustufe errichtet, die bis Herbst 2005 fertig gestellt sein soll. Die zweite Stufe soll 2006 realisiert werden, die Fertigstellung des Gesamtprojekts ist für 2007 geplant. In dem neuen Zentrum sollen sich Bildungseinrichtungen, Forschungsinstitute und Unternehmen ansiedeln. Die Sandoz-Zentrale kündigte an, im Juli 2005 ihren Konzernsitz von W. nach Holzkirchen bei München zu verlegen; ausschlaggebend für den Wechsel sei die bessere strategische Lage. Damit gehen W. 115 Arbeitsplätze verloren.

Energie: Derzeit wird in Simmering (11. Bezirk) ein Biomassekraftwerk errichtet, das 2006 fertig gestellt sein soll. Finanziert wird das 52 Mio. € teure Projekt von Wienstrom, Fernwärme und Bundesforste. Das Kraftwerk hat eine Leistung von 22 MW und kann 45 000 Haushalte mit Strom versorgen.

Großbauprojekt: Die Überbauung des Bahnhofs W. Mitte, am Rande der Weltkulturerbe-Zone der Wiener City gelegen, könnte in der zweiten Jahreshälfte begonnen werden. Das wegen seiner Höhe ursprünglich die Toleranzgrenze weit überschreitende Hochhausprojekt war auf Intervention der UNESCO redimensioniert worden. Eine Einigung der Grundeigentümer Österreich. Bundesbahnen (ÖBB) und Bauträger Austria Immobilien (B.A.I.) steht allerdings noch aus.

Tourismus: Der Kongresstourismus boomt. 2003 lag W. mit 188 Kongressen an zweiter Stelle unter den Kongressstädten weltweit, nur übertroffen von Paris. Die Tagesausgaben eines Kongressteilnehmers liegen mit 435 € etwa fünfmal höher als die eines durchschnittlichen Touristen. Der erwirtschaftete Gesamtumsatz belief sich 2003 auf 260 Mio. €. Steigerungsraten für 2004 und 2005 von jeweils 10% sind zu erwarten.

Schweiz

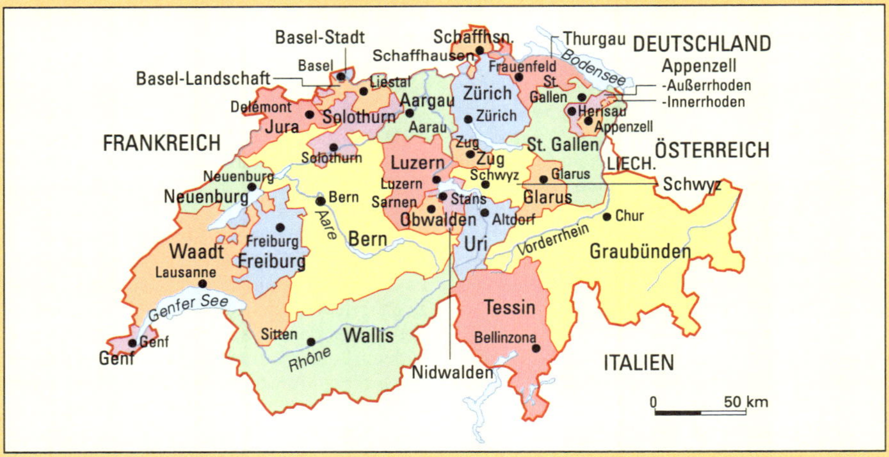

Aargau

Landesfläche	1 404 km² (Rang 10/CH)
Einwohner	569 069 (Rang 4/CH)
Hauptstadt	Aarau (15 702 Einwohner)
Arbeitslosigkeit	3,1 % (Mai 2005)
Amtssprache	Deutsch
Parlament	Großer Rat mit 140 für vier Jahre gewählten Abgeordneten; 46 Sitze für SVP, 30 für SPS, 26 für CVP, 24 für FDP, 7 für EVP, 7 für GPS (nächste Wahl: 2009); www.ag.ch
Regierungschef	Kurt Wernli (parteilos, 2005/06) * 1942 in Riniken (Aargau). 1978–85 war er Präsident der Aargauer SP und 1993–97 Mitglied des Großen Rates. Seit 1999 ist er Vorsteher des Departements des Innern.

Abstimmungen: Am 26. 9. 2004 wurden alle kantonalen Vorlagen vom Souverän angenommen, u. a. das Gesetz über den Finanzhaushalt, das nun eine Ausgaben- und Schuldenbremse vorsieht, und das neue Wahlgesetz, das die Verkleinerung des Großen Rates von 200 auf 140 Sitze festschreibt. Die Einsprüche der kleinen Parteien gegen die Beschränkung der Sitzzahl lehnte das Bundesgericht im Januar 2005 ab, legte dem Kanton jedoch eine Neueinteilung der Wahlkreise nahe.

Am 5. 6. 2005 stimmte das Volk u. a. der Verwaltungsreform zu. Künftig soll die Finanzplanung im Kanton über ertrags- und wirkungsorientierte Globalbudgets erfolgen; ferner sollen die Gemeinden die Investitionen in Kindergarten und Einschulungsstufe mittragen.

Wahlen: Bei den Erneuerungswahlen in die Regierung am 28. 11. 2004 wurden die bisheri-

Aargau: Regierung

Ressort	Name (Partei, Amtsantritt), Geburtsjahr
Inneres	K. Wernli (parteilos, 1999), * 1942
Gesundheit	E. Hasler (SVP, 1999), * 1945
Bauwesen	P. C. Beyeler (FDP, 2000) * 1945
Finanzen	R. Brogli (CVP, 2001) * 1951
Bildung, Kultur, Sport	R. Huber (CVP, 2001) * 1948

gen Regierungsräte bestätigt. Die Exekutive setzt sich erneut aus zwei Vertretern der CVP sowie je einem der FDP, SVP und einem Parteilosen zusammen.

Bei der Wahl des neuen, auf 140 Sitze verkleinerten Kantonsparlaments am 27.2. 2005 wurde der Höhenflug der rechtspopulistischen SVP abrupt gebremst. Siegerin der Wahl wurde die CVP, die ihren Stimmenanteil um über 2,5 Prozentpunkte verbessern konnte. Die Grünen legten sogar um 3,5 Prozentpunkte auf 7,4 % zu, die SPS gewann leicht. FDP und SVP büßten hingegen zwei bzw. vier Prozentpunkte ein.

Finanzen und Politik: Zum zweiten Mal in Folge konnte die Regierung 2. 3. 2005 ein Budget mit schwarzen Zahlen vorlegen. Bei Ausgaben von 3,7 Mrd. CHF ergab sich ein Überschuss von 24 Mio. CHF. Dennoch will die Regierung am rigorosen Sparkurs festhalten und eine - umstrittene - Steuer für Sonderlasten einführen; sie könnte u. a. für die anstehende Sanierung der Sondermülldeponie in Kölliken (Kostenaufwand: 670 Mio. CHF) eingesetzt werden. Gegen den Steuerzuschlag wehrte sich insbesondere die Staatsrechnungskommission des Parlaments. Auch die Schließung des Bezirksspitals Brugg am 8. 3. 2005 stand im Zeichen der Sparmaßnahmen; die wochenlangen Proteste der Bevölkerung hatten keinen Erfolg.

Wirtschaft: Im August 2004 gab der Aargauer Pharmakonzern Siegfried in Zofingen die Streichung von 100 Stellen bekannt. Auch beim angeschlagenen frz. Industriekonzern Alstom setzte sich trotz EU-Finanzspritzen der Stellenabbau in der Schweiz fort: Im Oktober entfielen an den Standorten Baden und Birr im A. weitere 650 Arbeitsplätze (von 5000); Grund für den Abbau ist der weltweite Einbruch der Nachfrage nach Gasturbinen-Kraftwerken.

Appenzell-Außerrhoden

Landesfläche	243 km² (Rang 23/CH)
Einwohner	52 976 (Rang 21/CH)
Hauptstadt	Herisau (15 507 Einwohner)
Amtssprache	Deutsch
Parlament	Kantonsrat mit 65 auf vier Jahre gewählten Abgeordneten; 30 für FDP, 18 Abgeordnete ohne erklärte Parteibindung (mehrheitlich bürgerlich), 10 für SVP, 5 für SPS, 2 für CVP (nächste Wahl: 2007); www.appenzellerland.ch
Regierungschef	Alice Scherrer (FDP, 2003-07), * 1947

Wahlen: Am 27. 2. 2005 verteidigte die FDP in einer Nachwahl ihre fünf Sitze in der Kantonsregierung. Anstelle des zurückgetretenen Hans Altherr trat Marianne Koller-Bohl. Die SPS konnte ihren vor zwei Jahren an die SVP verlorenen zweiten Sitz nicht zurückgewinnen. Somit setzt sich die Exekutive weiter aus fünf Vertretern der FDP sowie je einem von SPS und SVP zusammen.

Politik: Zum vierten Mal seit 1921, 1978 und 1994 verwarf im Januar das Kantonsparlament eine Volksinitiative für die Einführung des Proporzwahlrechts zu den Kantonsratswahlen. Kleinere kantonale Parteien wie SPS, CVP oder SVP fühlen sich seit Jahrzehnten im Kanton unterrepräsentiert.

Appenzell-Innerrhoden

Landesfläche	173 km² (Rang 25/CH)
Einwohner	15 171 (Rang 26/CH)
Hauptstadt	Appenzell (5 618 Einwohner)
Amtssprache	Deutsch
Parlament	Großer Rat mit 49 auf vier Jahre gewählten Abgeordneten; die Gewählten sind mehrheitlich Mitglieder der CVP (nächste Wahl: 2007); www.ai.ch
Regierungschef	Carlo Schmid-Sutter (CVP, 2004/06), * 1950

Wahlen: Am 24. 4. 2005 wählte die Landsgemeinde Stefan Sutter zum neuen Baudirektor in die Regierung. Bei Ergänzungswahlen für das Kantonsparlament am 1. 5. 2005 verlor die CVP drei Sitze, verteidigte jedoch ihre absolute Mehrheit.

Basel-Landschaft

Landesfläche	517 km² (Rang 18/CH)
Einwohner	267 538 (Rang 10/CH)
Hauptstadt	Liestal (13 036 Einwohner)
Amtssprache	Deutsch
Parlament	Landrat mit 90 für vier Jahre gewählten Abgeordneten; 25 Sitze für SPS, 20 für SVP, 19 für FDP, 11 für CVP, 8 für Grüne, 4 für SD, 3 für EVP (nächste Wahl: 2007); www.baselland.ch
Regierungschef	Elsbeth Schneider-Kenel (CVP, 2005/06), * 1946

Abstimmungen: Am 26.9. 2004 nahmen die Stimmberechtigten das von der SVP angestrengte Referendum gegen die Subventionierung des Stadtbasler Orchesters Sinfonietta an und lehnten den Kulturbeitrag an den Nachbarkanton ab. Hingegen stimmten sie einer Verwaltungsreform zu, die künftig Verfahrensprozesse im Staatsapparat vereinfacht.

Am 5.6. 2005 wurde die Gesetzesnovelle zur Unterstützung der kleinen und mittleren Unternehmen (KMU-Gesetz) klar angenommen. Klein- und Mittelbetriebe sollen durch Investitionserleichterungen gefördert und zudem steuerlich entlastet werden. Ferner sollen die kantonalen Gesetze künftig auf ihre Wirtschaftstauglichkeit hin überprüft werden.

Politik: Am 4. 1. 2005 entschied die Kantonsregierung, auf ein neues partnerschaftliches Übereinkommen mit der Exekutive von Basel-Stadt einzugehen und den interkantonalen Lastenausgleich in den Bereichen Kultur, Bildung, Universitäten und Fachhochschulen, Medizin und Spitalversorgung neu zu regeln.

Am 15.3. 2005 stellte die Regierung erstmals ihr Sparprogramm zur Sanierung des Kantonshaushalts vor, das Einsparungen von rund 135 Mio. CHF realisieren soll.

Wirtschaft: 2004/05 setzte sich der Stellenabbau in der Region weiter fort. Mit dem Konkurs der Baufirma Jauslin AG in Muttemz am 25. 10. 2004 verloren 190 Angestellte ihre Arbeit. 520 Arbeitsplätze kostete die Schließung des Produktionsstandortes des Bahntechnikkonzers Bombardier in Pratteln im Februar 2005. Die Gewerkschaften warfen der Kantonsregierung vor, zu wenig für den Erhalt der Arbeitsplätze getan zu haben.

Basel-Stadt

Landesfläche	37 km² (Rang 26/CH)
Einwohner	188 124 (Rang 14/CH)
Hauptstadt	Basel (166 368 Einwohner)
Amtssprache	Deutsch
Parlament	Großer Rat mit 130 für vier Jahre gewählten Abgeordneten; 46 Sitze für SPS, 17 für FDP, 16 für Grünes Bündnis (GPS und Frauenliste), 15 für SVP, 12 für LPS, 11 für CVP, 6 für DSP, 6 für VEW (Vereinigung Evangelischer Wähler, EVP; nächste Wahl: 2008); www.bs.ch
Regierungschef	Ralph Lewin (SPS, 2005), * 1953 Barbara Schneider (SPS, 2006) * 1953 in Basel. Nach dem Jurastudium arbeitete Schneider 1982–87 als juristische Beraterin, anschließend bis 1992 im Erziehungsdepartement des Kantons. Bis 1997 leitete sie die Abteilung städtische Aufgaben in der Christoph-Merian-Stiftung. 1980–88 Mitglied des Großen Rates, wurde sie 1996 zur Regierungsrätin gewählt.

Basel-Stadt: Regierung

Ressort	Name (Partei, Amtsantritt), Geburtsjahr
Bauwesen	Barbara Schneider (SPS, 1997), * 1953
Erziehung	C. Eymann (LPS, 2000), * 1951
Finanzen	Eva Herzog (SPS, 2004), * 1961
Gesundheit	C. Conti (CVP, 2000), * 1954
Justiz	G. Morin (GPS, 2004) * 1956
Polizei und Militär	J. Schild (FDP, 1992), * 1946
Wirtschaft, Soziales	R. Lewin (SPS, 1997), * 1953

Abstimmungen: Am 27.2. 2005 entschieden sich die Stimmberechtigten für die Auslagerung des öffentlichen Verkehrs. Die Basler Verkehrsbetriebe werden nun zu einer selbstständigen staatlichen Gesellschaft. Positiv beschieden wurde auch die Vorlage für die Wiedereinführung der Polizeistunde in Gaststätten. Eine Flut von Reklamationen wegen Ruhestörung hatte zu dem Referendum geführt.

Wahlen: Bei den Erneuerungswahlen in den Großen Rat (Parlament) am 24. 10. 2004 erzielte die vereinigte Linke starke Stimmengewinne. Die

Parteien der Mitte (DSP und VEW) hielten ihre Sitze, während die bürgerlichen Parteien und die rechtsextreme SD insgesamt 12 Mandate einbüßten. In den zwei Wahlgängen drehten Grüne und SPS das Kräfteverhältnis in der Kantonsregierung um, sodass sich die Basler Exekutive nun aus drei Vertretern der SPS sowie je einem von GPS, CVP, FDP und LPS zusammensetzt.

Finanzen und Politik: Im Juli 2004 entschied der Basler Regierungsrat angesichts der angespannten Finanzlage, 300 Stellen in der Verwaltung abzubauen. Im Januar 2005 einigten sich die beiden Halbkantone Basel-Landschaft und B.-S. nach mehrmonatigen Spannungen über den interkantonalen Finanzausgleich in den Bereichen Kultur, Universität, Medizin und Spitalversorgung.

Wirtschaft: Am 23. 6. 2004 gab das Chemieunternehmen Roche nach einer längeren Phase des Arbeitsplatzabbaus in der Nordwestschweiz den Bau einer neuen Biotechanlage und die Schaffung von 150 Arbeitsplätzen bekannt. Diesem positiven Signal folgte am 27. 10. 2004 ein Rückschlag für den Arbeitsmarkt: Ciba strich in der Domäne Spezialitätenchemie 300 Arbeitsplätze.

Bern

Landesfläche	5 964 km² (Rang 2/CH)
Einwohner	951 957 (Rang 2/CH)
Hauptstadt	Bern (127 153 Einwohner)
Amtssprachen	Deutsch, Französisch
Parlament	Großer Rat mit 200 (neu 160) für vier Jahre gewählten Abgeordneten; 67 für SVP, 58 für SPS, 36 für FDP, 11 für EVP, 10 für Grüne (Freie Liste, FL), 5 für Grünes Bündnis (GB), 4 für EDU (Eidgenöss. Demokrat. Union), 3 für SD (Schweizer Demokraten), 2 für CVP, 2 für PSA (Parti socialiste autonome im Berner Jura), 1 für Entente, 1 für JA (Junge Alternative; nächste Wahl: 2006); www.be.ch
Regierungschef	Mario Annoni (FDP, 2005/06) * 1954 in Bévilard (Berner Jura). Annoni studierte in Lausanne, Genf und Bern Jura. Seit 1983 Mitglied der FDP, war er 1983–90 als Regierungsstatthalter und Gerichtspräsident des Amtsbezirks Neuenstadt tätig. 1990 erfolgte seine Wahl zum Regierungsrat und er übernahm die Justizdirektion.

Bern: Regierung

Ressort	Name (Partei, Amtsantritt), Geburtsjahr
Erziehung, Bildung	M. Annoni (FDP, 1990), * 1954
Finanzen	U. Gasche (SVP, 2001), * 1955
Volkswirtschaft	Elisabeth Zölch-Balmer (SVP, 1994), * 1951
Gesundheit, Fürsorge	S. Bhend (SPS, 1997), * 1943
Justiz, Gemeinden, Kirchen	W. Luginbühl (SVP, 1998), * 1958
Polizei, Militär	Dora Andres (FDP, 1998), * 1957
Bau, Verkehr, Energie	Barbara Egger (SPS, 2002), * 1957

Wahlen: Bei den Gemeindewahlen am 26. 9. 2004 bestätigte sich die in der gesamten Schweiz zu beobachtende Polarisierung, auch zwischen Stadt und Land. Während in den Städten die Linksparteien stark an Boden gewannen, verschob sich auf dem Land das Kräfteverhältnis auf die Extreme am rechten politischen Rand. So zog in Langenthal erstmals ein Kandidat der rechtsradikalen Partei National Orientierter Schweizer (PNOS) ins Stadtparlament ein. In Spiez bauten EVP und SPS ihre Führung leicht aus. In Biel eroberte die Linke die absolute Mehrheit in Gemeinde- und Stadtrat (Exekutive). Die rechtsextreme Freiheitspartei (FPS) gewann einen Sitz auf Kosten der FDP.

Die Wahlen in der Hauptstadt am 28. 11. 2004 bestätigten diesen Trend: Das Rot-Grün-Mitte-Bündnis eroberte die Mehrheit in der von sieben auf fünf Sitze verkleinerten Exekutive, die sich nun aus je zwei SPS- und FDP- und einem GPS-Mitglied zusammensetzt. Neuer Stadtpräsident wurde Alexander Tschäppät (SPS). Die SVP verlor ihren einzigen Sitz infolge parteiinterner Grabenkämpfe gegen ihre dissidente Kandidatin. Die Linksparteien erreichten mit 42 Sitzen die absolute Mehrheit im 80-köpfigen Stadtparlament.

Abstimmungen: Am 28. 11. 2004 stimmte der Souverän dem Budget der Stadt Bern für 2005 zu, und die Stimmberechtigten im Kanton nahmen das neue Personalgesetz an, das künftig eine stärker leistungsbezogene Lohnpolitik ermöglicht. Am 27. 2. 2005 wurde die Initiative zu Steuersenkungen, ein politischer Vorstoß der Wirtschaftsverbände, mit 3:2 verworfen. Am 5. 6. 2005 nahmen die Stimmberechtigten das neue Spitalversorgungsgesetz an, das die Leitung des Spitalwesens dem Kanton überträgt und den Kantonsbehörden untersagt, Spitäler zu privatisieren .

Politik und Finanzen: Der Berner Gemeinderat (Exekutive der Bundeshauptstadt) legte im Dezember 2004 zum fünften Mal in Serie für 2005 einen ausgeglichenen Etat mit einem Aufwand von 898,3 Mio. CHF vor. Auch die Kantonsregierung präsentierte für 2004 bei einem Gesamtbudget von 8,285 Mrd. CHF einen ausgeglichenen Staatshaushalt; der Überschuss von 185 Mio. CHF wurde für die Schuldentilgung verwendet. Die Senkung des Steuerniveaus verlangsamte den Schuldenabbau allerdings, sodass die Bruttoschuld des Kantons bei knapp 10,1 Mrd. CHF verharrte.

Als Antwort auf die vom Volk am 27.2. 2005 abgelehnte Steuersenkungsinitiative veröffentlichte die Regierung ein Maßnahmenpaket für moderate Steuersenkungen. Danach sollen die Erbschafts- und Schenkungssteuer teilweise aufgehoben und Vorsorgeleistungen niedriger besteuert werden. Die Umsetzung des vor Jahresfrist von Parlament und Regierung beschlossenen Sparpakets verzögerte sich 2005.

Erschwerend für die Sanierung des überschuldeten Staatshaushalts wirkte sich das Finanzdebakel bei der Lehrerpensionskasse aus, der über 1 Mrd. CHF fehlen. Eine Untersuchungskommission stellte neben gravierenden Fehlern in der Anlage- und Finanzpolitik auch Mängel bei der Finanzkontrolle fest. Zur Sanierung der Kasse führte der Kanton erneut eine Staatsgarantie ein; außerdem beschloss der Große Rat Leistungskürzungen zulasten des Lehrpersonals.

Wirtschaft: Obwohl die Wirtschaft auch 2004 im Vergleich zum Landesdurchschnitt mit einer Zunahme von 1,4 % des BIP unterdurchschnittlich wuchs, konnten rund 960 Arbeitsplätze neu geschaffen werden. Während am Industriestandort Lyss 50 Arbeitsplätze verloren gingen, gelang es, die europ. Zentrale des Paketdienstes UPS mit rund 100 Arbeitsplätzen nach Biel zu holen. Zudem stockte die BNS-Gruppe, ein Callcenter-Unternehmen, um etwa 140 Stellen auf.

Während die im Anlagenbau tätige Feintool-Gruppe in Lyss für das erste Halbjahr 2005 ein starkes Plus auswies und die Tornos AG, Herstellerin von Drehautomaten, in die Gewinnzone zurückkehrte, musste der internationale Telekommunikationskonzern Ascom bis Mitte 2005 erneut zwei der noch verbliebenen Kernbereiche veräußern, schrieb jedoch wieder schwarze Zahlen.

Freiburg

Landesfläche	1 671 km² (Rang 8/CH)
Einwohner	251 318 (Rang 12/CH)
Hauptstadt	Freiburg/Fribourg (33 592 Einwohner)
Amtssprachen	Französisch, Deutsch
Parlament	Großer Rat/Grand Conseil mit 130 auf fünf Jahre gewählten Abgeordneten; 45 für CVP, 26 für SPS, 26 für FDP, 16 für SVP, 10 für CSP, 5 für Bewegung Öffnung (SPS-Abspaltung), 1 für Grüne, 1 sonstige (nächste Wahl: 2006); www.fr.ch
Regierungschef	Ruth Lüthi (SPS, 2005), * 1947 Claude Grandjean (SPS, 2006), * 1943

Abstimmungen: Am 5.6. 2005 votierten die Stimmbürger für die Ausdehnung der Öffnungszeiten an Tankstellen sowie an Kiosken an Wochentagen bis 21.00 Uhr. Gegen die Erweiterung hatte die äußerste Linke das Referendum angestrengt.

Politik und Wirtschaft: Im Spätherbst 2004 führten die Freiburger Regierung und ein US-amerikanischer Pharmakonzern geheime Unterhandlungen über den Bau eines Biotech-Unternehmens im Großen Moos, der »Gemüsekammer« der Schweiz; vorgesehen ist die Ansiedlung von 1 500 Arbeitsplätzen. Publik wurden die Geheimgespräche, in denen auch die schweizer. Regierung dem Konzern angeblich (später dementierte) Steuererleichterungen anbot, als 55 ha Ackerland zu Bauland umdeklariert werden sollten. Dies löste im April 2005 in Galmiz, das neben Yverdon und Payerne (beide Waadt) als Standort infrage kommt, heftige Proteste von etwa 2 000 Landschaftsschützern aus, die sich gegen die Zersiedelung wehren und Einspruch ankündigten.

Am 12.3. 2005 gestand die Pensionskasse des öffentlichen Personals der Stadt Freiburg ein, dass sie Ende 2004 nur noch knapp 35 % der Renten decken konnte. Aufgrund der prekären Finanzlage stellte die Aufsichtsbehörde über die Gemeinden, das kantonale Gemeindeamt, die Kantonshauptstadt unter Finanzaufsicht. Ohne Bewilligung des Kantons darf die Stadt Freiburg vorerst keine Investitionen mehr tätigen. Zur vollen Deckung nach Kassenstatut müsste sie 100 Mio. CHF, die Hälfte des städtischen Budgets, aufbringen.

Genf

Landesfläche	282 km² (Rang 21/CH)
Einwohner	438 483 (Rang 6/CH
Hauptstadt	Genf (185 526 Einwohner)
Amtssprache	Französisch
Parlament	Großer Rat/Grand Conseil mit 100 für vier Jahre gewählten Abgeordneten; 23 Sitze für LPS, 19 für SPS, 13 für AG (Alliance de Gauche, Linksallianz), 12 für FDP, 12 für CVP, 11 für Grüne, 10 für SVP (nächste Wahl: 2005); www.ge.ch
Regierungschef	Carlo Lamprecht (CVP, 2005/06) * 1935 in Onex (Genf). Der Ingenieur war 1968–83 Mitarbeiter am Atomphysik-Forschungszentrum CERN und arbeitete bis 1997 als Risikoanalyst bei Versicherungen. 1975–87 war Lamprecht Mitglied des Gemeinderats in Onex. Im November 1997 zum Staatsrat gewählt, leitet er die Direktion für Wirtschaft und Arbeit.

Genf: Regierung

Ressort	Name (Partei, Amtsantritt), Geburtsjahr
Wirtschaft und Arbeit	C. Lamprecht (CVP, 1997), * 1935
Bauwesen	L. Moutinot (SPS, 1997), * 1953
Erziehung, Militär	Martine Brunschwig-Graf (LPS, 1993), * 1950
Finanzen	C. Beer (SPS, 2003), * 1962
Gesundheit, Soziales	P.-F. Unger (CVP, 2001), * 1951
Inneres, Umwelt, Energie	R. Cramer (Grüne, 1997), * 1954
Justiz, Polizei	Micheline Spoerri (LPS, 2001), * 1946

Abstimmungen: Am 26.9. 2004 lehnten die Stimmberechtigten eine Revision des Mieterschutzes ab und sprachen sich gegen einen verstärkten Mieterschutz aus. Dafür stimmten sie dem Gesetz über ein Verkaufsverbot von Alkohol an Tankstellen und während der Nacht zu. Am 28. 11. 2004 stimmte der Souverän einer Revision der Unternehmensbesteuerung zu, die Familienbetriebe steuerlich entlastet und die Doppelbesteuerung auf Kapital und Einkommen mildert. Am 24.4. 2005 lehnten die Stimmbürger sämtliche Maßnahmen zur Sanierung der prekären Kantonsfinanzen ab. Sie verwarfen insbesondere die Senkung der Subventionen für Behinderte und eine Revision des Arbeitslosengesetzes, mit der die kantonale Arbeitslosenhilfe hätte eingeschränkt werden sollen. Zudem verweigerten sie ihre Zustimmung zu einem Nachtragskredit für das erst vor Jahresfrist für die Fußball-Europameisterschaft 2008 fertig gestellte Stadion. Positiv beschieden wurde das neue Ausländerwahlrecht; künftig können in G. ansässige Ausländer (40% der Wohnbevölkerung) an Wahlen und Abstimmungen in Gemeinden und Kanton teilnehmen.

Finanzen und Politik: Im Februar 2005 nahm das Kantonsparlament gegen den Widerstand der Linken ein Sanierungsprogramm für das stark defizitäre Budget an. Es sah Senkungen bei der kantonalen Arbeitslosen- und Sozialhilfe sowie eine stärkere Belastung der Gemeinden in der Altersfürsorge vor. Gegen den Plan war es 2004 zu insgesamt fünf Warnstreiks der Beamten gekommen, zuletzt im November. Mit der Ablehnung der Vorlagen durch das Volk im Mai 2005 stieg der Schuldenberg des Kantons weiter an; das Defizit lag bei rund 400 Mio. CHF. Die Gesamtschuld des Kantons erhöhte sich 2004 abermals, und zwar um knapp 0,9 Mrd. CHF auf über 12,4 Mrd. CHF. Damit bleibt G. der Kanton mit der höchsten Verschuldung.

Auf Kritik in der Landesregierung stieß die Ablehnung des revidierten Arbeitslosenhilfegesetzes am 24.4. 2005. Die im Kanton G. geltende Regelung zementierte bislang lediglich die regional höchste schweizer. Arbeitslosenquote und schuf nicht in nennenswertem Umfang neue Arbeitsplätze.

Glarus

Landesfläche	685 km² (Rang 17/CH)
Einwohner	38 283 (Rang 23/CH)
Hauptstadt	Glarus (5 686 Einwohner)
Amtssprache	Deutsch
Parlament	Landrat mit 80 für vier Jahre gewählten Abgeordneten; 26 für FDP, 21 für SVP, 13 für CVP, 12 für SP, 8 für Grüne (nächste Wahl: 2006); www.gl.ch.
Regierungschef	Jakob Kamm (SPS, 2004–06), * 1947

Abstimmungen: Am 1.5. 2005 stimmte die Landsgemeinde den von der Kantonsregierung empfohlenen Sparvorlagen, insbesondere der Kürzung der von der Steuer abziehbaren Berufsauslagen, und dem Steuergesetz zu, das den Steuersatz unverändert belässt.

Politik und Finanzen: 2004/05 stieg die Schuldenlast der Glarner Gemeinden weiter an, während die kommunalen Vermögen nochmals sanken. Nach den Gemeinden Braunwald und Rüti, die inzwischen unter kantonaler Finanzaufsicht stehen, wurde als dritte Kommune nun auch die Berggemeinde Matt zum Sanierungsfall. Der Kanton plant nun, aus Spargründen mehrere Kommunen zusammenzulegen.

Graubünden

Landesfläche	7 105 km² (Rang 1/CH)
Einwohner	187 942 (Rang 15/CH)
Hauptstadt	Chur (34 640 Einwohner)
Amtssprachen	Deutsch, Rätoromanisch, Italienisch
Parlament	Großer Rat mit 120 für drei Jahre gewählten Abgeordneten; 40 Sitze für CVP, 33 für SVP, 29 für FDP, 13 für SPS, 1 für DSP, 4 parteilos (nächste Wahl: 2006); www.gr.ch
Regierungschef	Eveline Widmer-Schlumpf (SVP, 2005), * 1956 Claudio Lardi (SPS, 2006), * 1955

Abstimmungen: Am 26.9. 2004 nahmen die Stimmbürger das neue Wirtschaftsförderungsgesetz mit knapp 60% Ja-Stimmen an. Am 3.10. 2004 votierten die Stimmberechtigten der Landschaft Davos mit knapper Mehrheit für einen 105 m hohen Hotelbau auf der Schatzalp. Natur- und Landschaftsschützer, Umweltorganisationen, Grüne und SPS protestierten gegen das Bauprojekt und kündigten an, den Neubau – das erste Hotelhochhaus in den Alpen überhaupt – auf gerichtlichem Weg zu bekämpfen.

Am 5.6. 2005 bejahte die Bevölkerung des Oberengadins die Volksinitiative zur Einschränkung des Zweitwohnungsbaus. Künftig dürfen anstatt 400 nur noch 100 Zweitwohnungen jährlich errichtet werden. Die Churer Wahlberechtigten stimmten der neuen Stadtverfassung zu, lehnten jedoch das Stimmrecht für Ausländer ab.

Wahlen: In einer Nachwahl in die Kantonsregierung am 26.9. 2004 gelang es der CVP nicht, den zweiten Sitz der SVP zu erobern; gewählt wurde Hansjörg Trachsel (SVP). Die Bündner Kantonsregierung setzt sich somit weiterhin aus zwei Vertretern der SVP, 22 der CV und einem SVP-Mitglied zusammen. Bei den Gemeindewahlen in Chur am 24.10. 2004 schnitt die SPS am besten ab und wurde im Stadtparlament erstmals stärkste Partei.

Finanzen und Politik: Am 14.10. 2004 legte die Regierung den Finanzplan für 2005 vor. Danach dürfte G. nach neun Jahren Mehrausgaben und wachsender Defizite 2005 erstmals wieder ein ausgeglichenes Budget (Ausgaben: 2,26 Mrd. CHF) mit einem minimalen Fehlbetrag von 12,6 Mio. CHF vorlegen. Die Regierung hielt am Sparprogramm fest, insbesondere am vor Jahresfrist beschlossenen Numerus clausus in den kantonalen Gymnasien; damit werden rund 12,5 Mio. CHF eingespart.

Anfang Februar wurde eine Volksinitiative zum Schutz des Engadins eingereicht, um der völligen Zersiedelung der Hochebene wirksam Einhalt zu gebieten. Seit 1995 werden verstärkt Zweitwohnungen gebaut, sodass zurzeit auf zwei Wohnungen 1,2 Feriensitze kommen. Die Initiatoren, die auf den geschlossenen Widerstand der Baulobby und der Oberengadiner Gemeindepräsidenten stießen, monierten den Verlust der letzten Baulandreserven. Aber auch aus den Reihen der Politiker wurde ein Ende des Baubooms angemahnt, um die einzigartige Landschaft nicht zu zerstören – was auch dem Tourismus schaden würde. 2004/05 mussten erstmals einige größere Hotels in der Region schließen.

Wirtschaft: Drei der vier Davoser Höhenkliniken standen im November 2004 zum Verkauf an; so wurde die Klinik Valbella, im Besitz der Bundesrepublik Deutschland, Ende November verkauft. Das Überleben der letzten – der dt. Hochgebirgsklinik Wolfgang – scheint gesichert. Sie übernahm im Dezember das ebenfalls defizitäre niederländische Asthmazentrum. Insgesamt fielen in Davos mehr als 160 Arbeitsplätze weg. Der Kurort plant eine Restrukturierung und wird sich in den kommenden Jahren verstärkt auf den Lifestyle- und Wellness-Bereich ausrichten. Die Entwicklung ist die Konsequenz eines immer teurer werdenden Gesundheitswesens und ständig steigender Kurtaxen, die die Krankenkassen nicht mehr voll abdecken wollen.

Jura

Landesfläche	839 km² (Rang 14/CH)
Einwohner	69 025 (Rang 20/CH)
Hauptstadt	Delsberg/Delémont (11 307 Einwohner)
Amtssprache	Französisch
Parlament	Parlament mit 60 für vier Jahre gewählten Abgeordneten; 20 Sitze für CVP, 15 für SPS, 12 für FDP, 8 für CSP, 3 für Sozialisten und PdA, 2 für SVP (nächste Wahl: 2006); www.jura.ch
Regierungschef	Claude Hêche (SPS, 2005), * 1952 Elisabeth Baume-Schneider (SPS, 2006), * 1963

Abstimmungen: Die Stimmberechtigten des Kantons beschieden am 26.9. 2004 eine Verfassungsänderung sowie eine Erweiterung der Volksrechte in Form der direkten Gesetzesinitiative positiv. Künftig können Bürgerinnen und Bürger dem Parlament direkte Gesetzesvorschläge zur Beratung einreichen. Abgesegnet wurde von den Wahlberechtigten darüber hinaus auch das neue Gesetz zur Spitalreform, das die Finanzierung der Spitäler allein durch den Kanton sichert und die Gemeinden von der Spitalfinanzierung entbindet.

Wahlen: Bei den Gemeindewahlen am 19. 12. 2004 in den beiden wichtigsten Städten blieb es beim Status quo: In Delsberg erhielt die SPS die Mehrheit, in Pruntrut eroberte die CVP das Stadtpräsidium.

Finanzen und Politik: Am 10. 3. 2005 präsentierte die Kantonsregierung erstmals seit vier Jahren wieder einen positiven Rechnungsabschluss für 2004: Dank geringerer Neuinvestitionen wurde bei Ausgaben in Höhe von 757,8 Mio. CHF ein Überschuss von 11,1 Mio. CHF erzielt. Mit dem Erlös aus dem Verkauf seines Aktienanteils an den Bernischen Kraftwerken (BKW) senkte der Kanton seine Schulden um rund 50 Mio. CHF auf 460,7 Mio. CHF.

Am 23. 6.2004 feierte der Kanton Jura, am 1. 1. 1979 nach einer Reihe mehrerer Volksabstimmungen entstanden, sein 25-jähriges Bestehen. Am 23. 6.1974 hatten sich die Stimmberechtigten in den sieben Jurabezirken des Kantons Bern für die Neuschaffung eines eigenständigen Kantons ausgesprochen.

Luzern

Landesfläche	1 492 km² (Rang 9/CH)
Einwohner	354 4571 (Rang 7/CH)
Hauptstadt	Luzern (57 412 Einwohner)
Amtssprache	Deutsch
Parlament	Großer Rat mit 120 Abgeordneten, auf vier Jahre gewählt; 44 Sitze für CVP, 28 für FDP, 26 für SVP, 16 für SPS, 6 für Grüne (nächste Wahl: 2007); www.lu.ch
Regierungschef	Max Pfister (FDP, 2005), * 1951 Anton Schwingruber (CVP, 2006), * 1950

Wahlen: Am 2. 3. 2005 wurde Daniel Bühlmann (SVP) mit deutlicher Mehrheit zum Nachfolger von Kurt Meyer (CVP) als Vorsteher des Finanzdepartments in die Regierung gewählt. Der von einem überparteilichen Komitee aus CVP-Kreisen unterstützte grüne Politiker Louis Schelbert war chancenlos. Am 1. Juli trat Bühlmann sein Amt an.

Abstimmungen: Negativ beschieden die Stimmberechtigten des Kanton am 28. 11. 2004 eine Reform der Einbürgerung von Ausländern. Sie lehnten einen Rechtsanspruch auf den Schweizer Pass ab und weigerten sich, die Kompetenz zur Erteilung des Bürgerrechts an Kommissionen zu übergeben; damit stellte sich das Wahlvolk einmal mehr gegen die gängige Praxis des schweizer. Bundesgerichts. Auf Gemeindeebene allerdings hatten sich die Gemeinden Emmen (jahrelang im öffentlichen Blickpunkt wegen ihrer negativen Einbürgerungspraxis) und Kriens bereits am 26. 9. 2004 dahingehend entschieden, die Prüfung von Bürgerrechtsgesuchen einer Kommission zu übergeben.

Finanzen: Die vor Jahresfrist beschlossenen Sparmaßnahmen trugen erste Früchte. Am 16. 3. 2005 veröffentlichte die Regierung die Staatsrechnung, deren Defizit auf 1 Mio. CHF gedrückt werden konnte. Das Budget belief sich auf 3,3 Mrd. CHF, die Staatsverschuldung wurde leicht um 12,2 Mio. CHF abgebaut.

Justiz: Im bisher schwersten Fall von Serientötungen in der Schweiz verurteilte das Luzerner Kriminalgericht am 21. 1. 2005 einen Pfleger zur Höchststrafe von 17 Jahren Zuchthaus wegen Mordes und vorsätzlicher Tötung, begangen an 27 Patienten in Alters- und Pflegeheimen.

Neuenburg

Landesfläche	796 km² (Rang 15/CH)
Einwohner	168 391 (Rang 16/CH)
Hauptstadt	Neuenburg/Neuchâtel (31 872 Einwohner)
Amtssprache	Französisch
Parlament	Großer Rat/Grand Conseil mit 115 auf vier Jahre gewählten Abgeordneten; 41 Sitze für SPS, 25 für LPS, 17 für SVP, 15 für FDP, 10 für Grüne, 7 für POP (PdA) (nächste Wahl: 2009); www.ne.ch
Regierungschef	Bernard Soguel (SPS, 2005/06), * 1948

Wahlen: In den Gemeindewahlen am 6.6. 2004 baute die Linke ihre Vormachtstellung weiter aus. In Le Locle gewann die kommunistische Partei der Arbeit (PdA) drei der fünf Sitze im Stadtrat (Exekutive). In Neuenburg und La Chaux-de-Fonds siegte die SPS. In diesen drei Städten können die Linksparteien und die Grünen bis 2008 mit absoluter Mehrheit regieren. Mit Ausnahme der SVP verloren die traditionellen bürgerlichen Parteien LPS und FDP stark an Boden.

Mit einem historischen Erdrutschsieg endeten die Wahlen ins Kantonsparlament und in die Regierung am 10.4. 2005: Im Parlament gewannen Linke und Grüne 58 der 115 Sitze und damit knapp die absolute Mehrheit. In der Regierung stehen jetzt zwei Vertretern der SPS und einem der GPS je ein FDP- und LPS-Mitglied gegenüber. Zu den Siegern gehörte jedoch auch die rechtskonservative SVP, die 17 Deputierte stellt, während FDP und LPS 20 ihrer bisher 60 Mandate einbüßten.

Abstimmungen: Gegen die Opposition der Gewerkschaften nahm der Souverän am 5.6. 2005 das revidierte Spitalgesetz, die Neuordnung des Spitalwesens als öffentlich-rechtliches Institut, an; damit wurde der Beamtenstatus der Spitalangestellten gestrichen. Ferner stimmte das Volk zu, dass Neuinvestitionen von über 5 Mio. CHF künftig nur nach der Zustimmung von drei Fünfteln der Parlamentsabgeordneten getätigt werden dürfen.

Finanzen: Auch 2004 wies der Kanton ein Defizit aus, diesmal in der Rekordhöhe von 99,3 Mio. CHF, was 6% des staatlichen Aufwands von 1,66 Mrd. CHF entspricht. Die neue, am 31.5. 2005 vereidigte Linksregierung wird als Erstes einen neuen Sanierungsplan vorlegen müssen.

Wirtschaft: Im April 2004 entschied sich das texanische Biotech-Unternehmen Isolagen für Bevaix als neuen Europastandort. Isolagen profitiert von einem Darlehen mit niedrigen Zinsen der Schweizer. Eidgenossenschaft und einer mehrjährigen Befreiung von der Kantonssteuer. Es sollen rund 500 Arbeitsplätze geschaffen werden.

Nidwalden

Landesfläche	276 km² (Rang 22/CH)
Einwohner	39 532 (Rang 22/CH)
Hauptstadt	Stans (7 381 Einwohner)
Amtssprache	Deutsch
Parlament	Landrat mit 60 für vier Jahre gewählten Abgeordneten; 24 Sitze für CVP, 19 für FDP, 9 für SPS, 7 für SVP, 1 parteilos (nächste Wahl: 2006); www.nidwalden.ch
Regierungschef	Lisbeth Gabriel (CVP, 2005/06), * 1948

Wahlen: Am 27.2. 2005 wurde Hugo Kayser (CVP) in einer Ersatzwahl in den Regierungsrat gewählt.

Abstimmungen: Am 26.9. 2004 lehnten die Stimmberechtigten die Einführung eines Energiefonds zugunsten der Förderung alternativer Energien ab.

Oberwalden

Landesfläche	491 km² (Rang 19/CH)
Einwohner	33 505 (Rang 25/CH)
Hauptstadt	Sarnen (9 488 Einwohner)
Amtssprache	Deutsch
Parlament	Landrat mit 55 auf vier Jahre gewählten Abgeordneten; 21 Sitze für CVP, 11 für FDP, 8 für CSP, 8 für SPS, 7 für SVP (nächste Wahl: 2006); www.obwalden.ch
Regierungschef	Hans Matter (CSP, 2005/06), * 1944

Abstimmungen: Am 28.11. 2004 nahmen die Stimmbürger das neue Elektrizitätsgesetz an. Das neue Gesetz verschafft der Kantonsregierung mehr Flexibilität auf dem liberalisierten Strommarkt und sichert den Gemeinden Anteile an den Gewinnen des kantonalen Elektrizitätswerks.

St. Gallen

Landesfläche	2 012 km² (6/CH)
Einwohner	459 204 (Rang 5/CH)
Hauptstadt	St. Gallen (70 626 Einwohner)
Amtssprache	Deutsch
Parlament	Großer Rat mit 180 für vier Jahre gewählten Abgeordneten; 55 Sitze für CVP, 45 für SVP, 35 für SPS, 32 für FDP, 10 für Grüne/LdU, 2 für EVP, 1 parteilos (nächste Wahl: 2008); www.sg.ch
Regierungschef	Willy Haag (FDP, 2005/06), * 1947

Wahlen: Bei den Wahlen in der Kantonshauptstadt am 26.9. 2004 gewannen SPS und GPS je drei Sitze. Stärkste Partei wurde die SPS mit 17 Sitzen im 63-köpfigen Stadtparlament. Die CVP gab drei Mandate ab, FDP und SVP hielten ihre Sitze. In Wil verloren CVP und FDP, während die SVP einen und die GPS drei Sitze gewann.

Bei den Wahlen in die Gemeindebehörden erlitt die SVP eine empfindliche Niederlage, brachte sie doch ihre Kandidaten lediglich in Uznach durch. Bei den Wahlen in den St. Galler Stadtrat (Exekutive) am 26.9. 2004 und 31. 10. 2004 unterlag die SPS im Kampf um das Stadtpräsidium, denn die CVP konnte ihren zweiten, vor vier Jahren an die SPS verlorenen Sitz zurückgewinnen. In der Stadtregierung sind je zwei Mitglieder von CVP und FDP sowie eins der SPS vertreten.

Abstimmungen: Am 26.9. 2004 stimmte das Wahlvolk der Kürzung der kantonalen Ergänzungsleistungen in der Sozialhilfe zu. Gegen diesen Teil des Sparprogramms hatten die Behindertenverbände das Referendum ergriffen. Die Wähler verwarfen dagegen am 28. 11. 2004 das Einbürgerungsgesetz und folgten damit dem Referendum der SVP, die gegen die von der Regierung vorgeschlagene erleichterte Einbürgerung von Ausländern der zweiten und dritten Generation argumentiert hatte. Weiter lehnte der Souverän den Zukunftsfonds in der Höhe von 250 Mio. CHF ab; die Gelder sollten in Bildung, Forschung und Kultur investiert werden.

Am 5. 6. 2005 wurde die Erweiterung und Sanierung der Universität St. Gallen positiv beschieden (Kosten: 64 Mio. CHF). Die Stimmberechtigten in der Hauptstadt bejahten die Verschärfung des Polizeireglements. Die Polizei erhält nun die Befugnis, Randalierer und Obdachlose von öffentlichen Plätzen zu verweisen. Diese Vorlage war hart umstritten und wurde von der Linken, aber auch der Jungen FDP als willkürlich abgelehnt.

Finanzen: Nach den 2003 eingeleiteten Sparmaßnahmen legte die Regierung am 6. 10. 2004 für 2005 eine Staatsrechnung mit einem Etat von 3,6 Mrd. CHF und einem Fehlbetrag von 17 Mio. CHF vor.

Wirtschaft: Am 22. 11. 2004 musste der krisengeschüttelte Werkzeugmaschinenbauer Starrag Heckert 120 von 700 Arbeitsplätzen abbauen. Der Industriekonzern SFS in Heerbrugg gab dagegen die Schaffung neuer Stellen und den Bau eines neuen Werkes bekannt.

Schaffhausen

Landesfläche	299 km² (Rang 20/CH)
Einwohner	73 636 (Rang 19/CH)
Hauptstadt	Schaffhausen (33 524 Einwohner)
Amtssprache	Deutsch
Parlament	Großer Rat mit 80 für vier Jahre gewählten Abgeordneten; 307 Sitze für SVP, 24 für SPS, 14 für FDP, 6 für ÖBS (Ökoliberale Bewegung Schaffhausen), 3 für CVP, 1 für Seniorenpartei, 1 für EVP, 1 für AL (Alternative Liste; nächste Wahl: 2008); www.sh.ch
Regierungschef	Heinz Albicker (FDP, 2005), * 1950 Hans-Peter Lenherr (FDP, 2006), * 1948

Wahlen: Am 29.8. 2004 wählten die Stimmberechtigten überraschend den ökoliberalen Vertreter aus der Regierung ab und ermöglichten der SVP die Übernahme eines zweiten Mandats. Nun setzt sich die Kantonsregierung aus zwei FDP- und SVP- sowie einem SPS-Vertreter zusammen; erstmals sind zwei Frauen in der Exekutive vertreten.

Bei den Wahlen ins Kantonsparlament am 26.9. 2004 kam es zur erwarteten Polarisierung: SPS und SVP legten je drei Sitze zu, CVP und FDP verloren je zwei Mandate. Dagegen verschob sich bei den Wahlen in der Stadt Schaffhausen am 31. 10. 2004 das Kräfteverhältnis nach links: Die SVP büßte ihren einzigen Sitz in der Stadtregierung ein, die nun aus je zwei Vertretern der SPS und FDP sowie einem Mitglied der ÖBS besteht. Bei den Wahlen ins Stadtparlament am 28. 11. 2004 hielt sowohl das linksgrüne Bündnis als auch das bürgerliche Lager seine Sitze.

Abstimmungen: Am 26.9. 2004 lehnte der Souverän die Schaffung eines Infrastrukturfonds zur Finanzierung von Straßenbauprojekten ab und verwarf am 27.2. 2005 knapp das neue Elektrizitätsgesetz sowie die Forderung, die Kontrollinstanz des Kantonsrates über das kantonale Elektrizitätsgesetz zu stärken. Positiv beschieden wurde am 5. 6. 2005 das neue Gastgewerbegesetz; es schreibt u. a. künftig in Gaststätten getrennte Plätze für Nichtraucher und Raucher vor.

Finanzen und Politik: 2004/05 geriet der Kanton S. unter »Steuerdruck«: Die zum Nachbarkanton Zürich gehörenden Gemeinden südlich des Rheins erheben weit niedrigere Steuern und Abgaben als die Schaffhauser Kommunen. Deshalb beantragte die Regierung am 7. 9. 2004 Steuersenkungen und stellte am 28. 1. 2005 eine Strukturreform vor. So sollen die 32 z. T. sehr kleinen Gemeinden in sieben Kommunen zusammengefasst und die Finanz- und Steuerpolitik ausschließlich der kantonalen Verwaltung zugeordnet werden.

Wirtschaft: Am 12. 11. 2004 musste der Neuhauser Verpackungskonzern SIG abermals 250 Stellen streichen und im Zuge der Restrukturierung und Sanierung Firmenteile verkaufen, so Mitte Februar 2005 die italienischen Tochterfirmen, die an die schwedische Tetra-Laval-Gruppe gingen. Dagegen schrieb der völlig neu strukturierte Maschinenbaukonzern Georg Fischer 2004 erstmals wieder schwarze Zahlen und konnte den Umsatz um knapp 10 % auf 3,54 Mrd. CHF steigern.

Schwyz

Landesfläche	908 km² (Rang 13/CH)
Einwohner	137 787 (Rang 17/CH)
Hauptstadt	Schwyz (14 423 Einwohner)
Amtssprache	Deutsch
Parlament	Kantonsrat mit 100 für vier Jahre gewählten Abgeordneten; 34 Sitze für CVP, 27 für SVP, 24 für FDP, 15 für SPS (nächste Wahl: 2008); www.sz.ch
Regierungschef	Kurt Zibung (CVP, 2004–06), * 1950

Abstimmungen: Am 26. 9. 2004 bejahte das Stimmvolk das neue Gemeindeorganisationsgesetz, mit dem eine mehr auf die Bedürfnisse der Bürger ausgerichtete Verwaltungsführung eingeleitet wird. Am 17. 4. 2005 lehnte der Souverän eine Erhöhung der Saläre für Regierungsmitglieder ab und folgte damit dem Referendum der SVP; eine Initiative der SPS für die steuerliche Entlastung von Familien wurde ebenfalls verworfen. Dagegen nahm der Souverän ein Volksbegehren der SVP zum Einbürgerungsgesetz an: Künftig soll die Einbürgerung von Ausländern in geheimer Abstimmung erfolgen. Die von der Regierung abgelehnte Initiative steht in Widerspruch zum schweizer. Bundesrecht.

Solothurn

Landesfläche	791 km² (Rang 16/CH)
Einwohner	249 710 (Rang 11/CH)
Hauptstadt	Solothurn (15 137 Einwohner)
Amtssprache	Deutsch
Parlament	Kantonsrat mit 100 für vier Jahre gewählten Abgeordneten; 30 Sitze für FDP, 25 für SPS, 23 für CVP, 17 für SVP, 4 für Grüne, 1 für EVP (nächste Wahl: 2009); www.so.ch.
Regierungschef	Walter Straumann (CVP, 2005), * 1943 Christian Wanner (FDP, 2006), * 1947

Wahlen: Bei den Parlamentswahlen zum inzwischen auf 100 Sitze verkleinerten Kantonsrat am 27.2. 2005 schnitten FDP und SVP am schlechtesten ab. Gegen den nationalen Trend fuhr die CVP ein überdurchschnittlich gutes Ergebnis ein. Gewinner waren die Grünen mit einem Plus von drei Sitzen, während die SPS stagnierte. Erst am 24.4. 2005 wurde die Wahl in den Regierungsrat in einem zweiten Wahlgang entschieden: Der vor vier Jahren neu gewählte Roberto Zanetti (SPS) stolperte über eine Spendenaffäre und musste seinen Sitz wieder an einen CVP-Vertreter abgeben. Damit gehören der Exekutive je zwei Vertreter von CVP und FDP sowie einer der SPS an.

Bei den Gemeindewahlen kam es insgesamt zu einem leichten Linksruck, der in Solothurn und Olten stärker ausfiel, während in Grenchen die bürgerlichen Parteien leicht zulegten.

Abstimmungen: Am 28. 11. 2004 nahmen die Stimmberechtigten eine kleine Verfassungsreform an, die künftig die Verwaltung der Gerichte verselbstständigt und die Gewaltentrennung stärkt. Am 24.4. 2005 stimmte der Souverän der Schulreform zu. Verworfen wurde am 5.6. 2005 eine Initiative der SVP auf Änderung des Wahlverfahrens für die Regierung vom Majorz- ins Proporzverfahren, während eine Revision der Sozialpolitik zur besseren Betreuung von Hilfebedürftigen positiv beschieden werden.

Solothurner Filmtage: Der große Schweizer Filmpreis wurde »Tout un hiver sans feu« (»Ein Winter ohne Feuer«) von Greg Zeglinski zugesprochen.

Tessin

Landesfläche	2 812 km² (Rang 5/CH)
Einwohner	319 812 (Rang 8/CH)
Hauptstadt	Bellinzona (17 286 Einwohner)
Amtssprache	Italienisch
Parlament	Großer Rat (Gran Consiglio) mit 90 für vier Jahre gewählten Abgeordneten; 30 Sitze für FDP, 24 für CVP, 16 für SPS, 11 für Lega dei Ticinesi, 6 für SVP, 2 für Grüne, 1 für PdA (nächste Wahl: 2007); www.ti.ch
Regierungschef	Marina Masoni (FDP, 2005/06), * 1958

Abstimmungen: Am 8.5. 2005 nahm das Volk knapp (mit 785 Stimmen Unterschied) eine befristete Erhöhung der Steuern an. Gleichzeitig lehnte es das Referendum der SVP gegen höhere Steuern und die Initiative der Bewegung für Sozialismus für erhöhte Unternehmenssteuern deutlich ab.

Finanzen und Politik: 2004/05 wurde der Spielraum von Finanzdirektorin Marina Masoni, die seit 1995 konsequent die Steuern senkt und den Kanton zum drittgünstigsten Steuerstandort in der Schweiz gemacht hat, immer enger. Nachdem das Sparpaket vor Jahresfrist von den Stimmbürgern nur z.T. angenommen worden war, musste die Regierung jetzt die Steuern erstmals wieder leicht anheben. Dennoch sieht das Kantonsbudget für 2005 mit einem Aufwand von 2,8 Mrd. CHF einen Fehlbetrag von 262 Mio. CHF vor. Am 19. 10. 2004 kündete die Regierung weitere Sparmaßnahmen zulasten des Staatspersonals an, wogegen die Gewerkschaften das Referendum ergriffen.

Kultur: Der mit 90 000 CHF dotierte Goldene Leopard des 57. Filmfestivals von Locarno wurde dem italien. Regisseur Saverio Costanzo für sein Erstlingswerk »Private« zugesprochen.

Thurgau

Landesfläche	991 km² (Rang 12/CH)
Einwohner	232 847 (Rang 13/CH)
Hauptstadt	Frauenfeld (21 965 Einwohner)
Amtssprache	Deutsch
Parlament	Großer Rat mit 130 auf vier Jahre gewählten Abgeordneten; 47 Sitze für SVP, 23 für SPS, 22 für CVP, 20 für FDP, 13 für Grüne, 4 für EVP, 1 für EDU (Eidgenöss. Demokrat. Union) (nächste Wahl: 2008); www.tg.ch
Regierungschef	Roland Eberle (SVP, 20005/06), * 1953

Abstimmungen: Am 28. 11. 2004 befürworteten die Stimmberechtigten den Erweiterungsbau des Berufsbildungszentrums Weinfelden (Kosten: 28,2 Mio. CHF), lehnten jedoch am 5.6. 2005 einen zweiten Verwaltungsneubau in Frauenfeld ab.

Uri

Landesfläche	1 077 km² (Rang 11/CH)
Einwohner	35 610 (Rang 24/CH)
Hauptstadt	Altdorf (8 735 Einwohner)
Amtssprache	Deutsch
Parlament	Landrat mit 64 für vier Jahre gewählten Abgeordneten; 29 Sitze für CVP, 15 für FDP, 10 für SPS, 9 für SVP, 1 parteilos (nächste Wahl: 2008); www.ur.ch
Regierungschef	Josef Arnold (CVP, bis 6/2006), * 1950

Abstimmungen: Am 26.9. 2004 beschied das Wahlvolk das neue Grundbuchgesetz positiv. Dagegen lehnte es gegen den Willen der Regierung am 28. 11. 2004 eine Wahlreform ab, die im Fall unbestrittener Kandidaturen für die Mitglieder von Regierungs- und Ständerat, Ober- und Landgerichten stille Wahlen erlaubt hätte.

Verkehrspolitik: Im Streit um die Linienführung der Neuen Alpentransversale (NEAT) einigten sich das Bundesamt für Verkehr und die Kantonsregierung am 25. 3. 2005 auf eine Neuplanung für die Überquerung des Schächenbaches bei Altdorf. Damit soll die Zuführung der Bahn zum Gotthard-Basistunnel bis 2015 gesichert werden.

Waadt

Landesfläche	3 212 km² (Rang 4/CH)
Einwohner	647 702 (Rang 3/CH)
Hauptstadt	Lausanne (127 187 Einwohner)
Amtssprache	Französisch
Parlament	Großer Rat/Grand Conseil mit 180 für vier Jahre gewählten Abgeordneten; 46 Sitze für SPS, 44 für FDP, 31 für LPS, 22 für SVP, 21 für Grüne, 12 für POP (PdA), 2 für CVP, 2 für sonstige (nächste Wahl: 2006); www.vd.ch
Regierungschef	Anne-Catherine Lyon (SPS, 2005), * 1963 Pascal Broulis (FDP, 2006) * 1965 in Ste-Croix. Broulis wurde 2000 stellv. Direktor der Waadtländer Kantonalbank. 1990–2002 war er Mitglied des Grand Conseil und 1994–2002 1. Vizepräs. der FDP/VD. Broulis ist einer der Mitbegründer des Interparlamentarischen Forums in der frz.-sprachigen Schweiz. 2002 zum Finanzminister gewählt, führt er seither die Finanzdirektion.

Waadt: Regierung

Ressort	Name (Partei, Amtsantritt), Geburtsjahr
Finanzen	P. Broulis (FDP, 2002), * 1965
Bildung, Jugend	Anne-Catherine Lyon (SPS, 2002), * 1963
Gesundheit, Fürsorge	P.-Y.Maillard (SPS, 2004), * 1968
Institutionen, Äußeres	C.-L. Rochat (LPS, 1998), * 1946
Öffentliche Bauten	F. Marthaler (GPS, 2003), * 1960
Polizei, Sicherheit	J.-C. Mermoud (SVP, 1998), * 1952
Wirtschaft	Jacqueline Maurer (FDP, 1997), * 1947

Wahlen: Am 24. 10. 2004 wurde Pierre-Yves Maillard (SPS) in einer Ersatzwahl in den Staatsrat (Regierung) gewählt. Er erhielt mehr als doppelt so viele Stimmen wie Martin Chevallaz (SVP).

Abstimmungen: Am 17. 4. 2005 verwarfen die Wahlberechtigten alle Vorlagen zur Sanierung des maroden Staatshaushalts, u. a. Steuererhöhungen auf Vermögen und Immobilienerwerb sowie die Senkung des Abzugs bei Sparzinsen. Ebenso lehnten sie das Gesetz über die Pflegeheime ab, das den Kanton ebenfalls finanziell entlastet hätte.

Politik und Finanzen: Mit den negativen Abstimmungsresultaten Mitte April 2005 war die gemäßigte Sparpolitik gescheitert. Das gegenwärtige Budget mit rund 6,358 Mrd. CHF und einem Defizit von 173 Mio. CHF zwingt die Regierung zur Neuverschuldung. Die Verschuldung des Kantons (hinter Genf und Bern auf Platz drei) ist mittlerweile auf 8,4 Mrd. CHF angewachsen.

Asylpolitik: Am 18. 1. 2005 gab die Regierung jedoch dem Druck aus Bern nach und begann mit der Ausweisung von rund 550 abgewiesenen Asylbewerbern, wobei sie auf die freiwillige Rückkehr, gekoppelt mit einer Rückkehrhilfe, setzte. Die Bemühungen blieben jedoch erfolglos, was am 20. 5. 2005 zum Bruch der Koalition innerhalb der Kantonsregierung führte: Während die bürgerlichen Regierungsräte die Ausweisung nun durchsetzen wollten, widersetzten sich die links-grünen Politiker offen.

Wirtschaft: Das zweitgrößte Versandhaus der Schweiz, die Veillon AG in Lausanne, musste am 28. 10. 2004 die Tore schließen und 115 Angestellte entlassen. Auch die Zigarettenfilter-Fabrik Filtrona in Crissier wurde Mitte Mai 2005 geschlossen. 150 Arbeitsplätze entfielen.

Wallis

Landesfläche	5 254 km² (Rang 3/CH)
Einwohner	288 812 (Rang 9/CH)
Hauptstadt	Sitten/Sion (27 745 Einwohner)
Amtssprachen	Französisch, Deutsch
Parlament	Großer Rat/Grand Conseil mit 130 für vier Jahre gewählten Abgeordneten; 58 Sitze für CVP, 28 für FDP, 21 für SPS, 15 für CSP, 6 für SVP, 2 für LPS (nächste Wahl: 2009); www.vs.ch
Regierungschef	Claude Roch (FDP, 2005/06), * 1945

Wahlen: Bei den Gemeindewahlen am 5. 12. 2004 hielten CVP und SPS ihre Sitze, während die FDP Mandate verlor. Bei den Wahlen am 6. 3. 2005 ins Kantonsparlament erhöhte die SVP ihre Sitzzahl auf sechs (+4). Auch die SPS legte zu (+3), während die FDP Verluste verzeichnete (–4). Das Kräfteverhältnis in der Regierung blieb gleich: CVP drei, FDP und SPS je ein Vertreter. Neu in die Regierung kam der Fraktionschef der CVP im Nationalrat, Jean-Michel Cina.

Abstimmungen: Als Folge des Finanzdebakels der Gemeinde Leukerbad hieß das Stimmvolk am 26. 9. 2004 eine Revision der Kantonsverfassung gut, derzufolge künftig Gemeindebudgets von den Gemeindeversammlungen beraten und genehmigt werden müssen.

Politik und Justiz: Der im Vorjahr wegen mehrfachen Betrugs verurteilte Gemeindepräsident von Leukerbad, Otto Loretan, ging am 3. 11. 2004 vor das schweizer. Bundesgericht. Das Walliser Appellationsgericht, die höchste kantonale Gerichtsinstanz, hatte am 31. 8. 2004 in einem von Loretan angestrebten Revisionsverfahren das erstinstanzliche Urteil noch um ein halbes Jahr auf fünf Jahre verschärft.

Am 10. 2. 2005 bestätigte der Große Rat die Untersuchungsergebnisse einer Parlamentarischen Untersuchungskommission, die für das Finanzloch von 670 Mio. CHF in den Pensionskassen für Staatspersonal und für Lehrer »eine fahrlässige Finanzkontrolle« durch die Regierung verantwortlich gemacht hatte; bei der Lehrerkasse stellte sich der Verdacht auf Veruntreuung. Die Sanierung dürfte rund 40 Jahre dauern; als eine erste Maßnahme wurde das Rentenalter heraufgesetzt.

Zug

Landesfläche	239 km² (Rang 24/CH)
Einwohner	104 538 (Rang 18/CH)
Hauptstadt	Zug (23 649 Einwohner)
Arbeitslosigkeit	3,2 % (Mai 2005)
Amtssprache	Deutsch
Parlament	Kantonsrat mit 80 für vier Jahre gewählten Abgeordneten; 25 Sitze für CVP, 20 für FDP, 18 für SVP, 9 für SPS, 8 für Soz.-Grüne Alternative (SGA; nächste Wahl: 2006); www.zug.ch
Regierungschef	Brigitte Profos-Meier (SPS, 2005/06), * 1943

Abstimmungen: Am 26. 9. 2004 verwarfen die Stimmberechtigten zwei Volksinitiativen der Linksparteien für eine Verbilligung der Krankenkassenprämien durch einen Subventionsbeitrag aus dem Kantonshaushalt.

Politik: Am 23. 8. 2004 eröffnete die Kantonsregierung die offizielle Gedenkstätte »wider das Vergessen« zur Erinnerung an die Opfer des Attentats vom 27. 9. 2001. Damals tötete ein Amokläufer im Kantonsratssaal 14 Menschen, darunter drei Mitglieder des Regierungsrates und elf des Kantonsparlaments.

Zürich

Landesfläche	1 728 km² (Rang 7/CH)
Einwohner	1 251 102 (Rang 1/CH)
Hauptstadt	Zürich (366 145 Einwohner)
Amtssprache	Deutsch
Parlament	Kantonsrat mit 180 auf vier Jahre gewählten Abgeordneten; 61 Sitze für SVP, 53 für SPS, 29 für FDP, 14 für Grüne, 12 für CVP, 9 für EVP, 1 für SD, 1 für EDU (Eidgenöss. Demokrat. Union; nächste Wahl: 2007); www.zh.ch
Regierungschef	Dorothée Fierz (FDP, 2005/06) * 1947 in Herrliberg und Frutigen (Bern). Als Lehrerin war Fierz u. a. bis 1999 Vikarin an der Sekundar- und Realstufe. 1986–99 Sozialvorsteherin und Vizepräsidentin des Egger Gemeinderates, war sie 1991–99 als Kantonsrätin tätig. 1999 wurde sie in den Regierungsrat gewählt und führt seither die Baudirektion.

Wahlen: Bei der Ersatzwahl in den Regierungsrat am 27. 2. 2005 erlitt der Kandidat der SVP, Toni Bortoluzzi, eine schwere Niederlage und verzichtete auf einen zweiten Wahlgang. Diesen entschied am 10. 4. 2005 Hans Hollenstein (CVP) gegen den Ersatzkandidaten der SVP für sich. Am 27. 10. 2004 war Finanzminister Christian Huber (SVP) im Konflikt mit der eigenen Partei zurückgetreten. Die CVP konnte ihren 2003 verlorenen Regierungssitz zurückerobern.

Abstimmungen: Das Volk lehnte am 26. 9. 2004 die Initiative der Gewerkschaften auf Erhöhung der Kinderzulagen ab, stimmte jedoch dem Sanierungsprogramm 04 zu, mit dem der Kanton

Zürich: Regierung

Ressort	Name (Partei, Amtsantritt), Geburtsjahr
Öffentliche Bauten	Dorothée Fierz (FDP, 1999), * 1947
Bildung, Erziehung	Regine Aeppli Wartmann (SPS, 2003), * 1952
Finanzen	H. Hollenstein (CVP, 2005), * 1949
Gesundheit, Fürsorge	Verena Diener (Grüne, 1995), * 1949
Inneres, Justiz	M. Notter (SPS, 1996), * 1960
Polizei, Militär	R. Jeker (FDP, 1999), * 1944
Volkswirtschaft	Rita Fuhrer (SVP, 1995), * 1953

den stark defizitären Finanzhaushalt (Ausgabenüberschuss: 550 Mio. CHF) wieder ins Lot bringen will. Klar bejahten die Stimmberechtigten der Stadt Zürich die Neueinteilung der Wahlkreise und eine Stimmhürde von 5 %.

Am 27. 2. 2005 bejahte der Souverän die neue Kantonsverfassung und damit dem Ausbau der Volksrechte. Am 5. 6. 2005 stimmten die Wahlberechtigten dem neuen Volksschulgesetz zu, das u. a. die Einführung von Tagesschulen, Blockzeiten und eine Unter- und Einschulungsstufe vorsieht. In der Stadt Zürich nahm der Souverän zwei Kredite in Höhe von 121,3 Mio. CHF für den Neubau des Fußballstadions Letzigrund an, womit die Durchführung der Fußball-Europameisterschaft 2008 in Österreich und der Schweiz gesichert wird.

Finanzen: Am 17. 9. 2004 musste die Zürcher Regierung für 2005 eine Kantonsrechnung bekannt geben, die bei einem Aufwand von 10,5 Mrd. CHF mit einem Defizit von 553 Mio. CHF abschließt. Deutlich gestiegen sind die Sozialausgaben, die Aufwendungen zur Verbilligung der Krankenkassenprämien und die Zusatzleistungen für Alter und Invalidität. Die Verschuldung des Kantons wuchs von 5,6 auf 6,5 Mrd. CHF.

Am 5. 4. 2005 legte die Stadt Zürich für 2004 eine ausgeglichene Rechnung in der Höhe von 6,6 Mrd. CHF vor. Doch auch hier explodierten die Sozialausgaben, die sich seit 1998 um rund 60 % erhöht haben.

Politik: Am 18. 10. 2004 genehmigte der Kantonsrat das neue Polizeiorganisationsgesetz. Damit wurde der langjährige Streit um die Arbeitsteilung zwischen der Kantonspolizei und den Polizeiorganen der Stadt Zürich endgültig zu den Akten gelegt.

Wirtschaft: Die Wirtschaft des Kantons Z. verzeichnete 2004 einen über dem schweizer. Durchschnitt liegenden Wirtschaftszuwachs von 1,9 %, hauptsächlich zurückzuführen auf die guten Bankabschlüsse. Der Stellenabbau verlangsamte sich gegenüber dem Vorjahr merklich. Am 26. 11. 2004 strich der weltweit größte Aluminiumproduzent Alcan in Europa 520 Arbeitsplätze, davon 70 in Zürich. Am 18. 4. 2005 gab die in der Luft- und Klimatechnik tätige Traditionsfirma Zellweger in Uster ihre Produktion auf. Im März verlagerte der US-Konzern Zimmer eine Sparte für Medizinaltechnik nach Winterthur; 400 Stellen sollen geschaffen werden. Am 23. 5. 2005 verkauften die Bührle-Familien ihren Aktienanteil am Industriekonzern Unaxis an die Beteiligungsfirma Victory. Damit ging der traditionelle schweizer. Rüstungskonzern Oerlikon-Bührle in österreich. Hände über.

Verkehr: Rund zwei Jahre nach der Flugzeugkollision von Überlingen nahmen am 5. 7. 2004 sowohl die dt. Staatsanwaltschaft in Konstanz als auch die Bezirksanwaltschaft in Bülach (ZH) ihre Ermittlungen gegen sieben Fluglotsen der Skyguide auf. Ihnen wurde fahrlässige Tötung in 71 Fällen sowie mehrfache fahrlässige Störung des Flugverkehrs vorgeworfen. Am 17. 2. 2005 legte der Russe Witali Kalojew, der bei dem Unglück Frau und zwei Kinder verloren und vor Jahresfrist einen der Fluglotsen in dessen Haus ermordet hatte, ein Geständnis ab.

Das oberste dt. Verwaltungsgericht in Leipzig lehnte am 5. 5. 2005 die Klage von Swiss und der Flughafenbetreiberin Unique ab, die dt. Beschränkungen für Anflüge auf den Zürcher Flughafen als völkerrechtswidrig aufzuheben, da das Verdikt mit dem dt. Luftverkehrsrecht in Einklang stehe. Die Lufthansa, inwischen Eignerin der Swiss, will allerdings den schweizer. Bundesrat bei Neuverhandlungen über das Anflugregime mit Deutschland unterstützen, das im Januar diese jedoch kategorisch ausschloss. Die neuen Regelungen für den Flughafen Kloten, Ende März vom schweizer. Bundesrat genehmigt, bringen längere Nachtruhezeiten, den »gekröpften« Nordanflug und Abflüge Richtung Westen und Süden. Dagegen legte die baden-württembergische Landesregierung Protest ein. Widerstand regte sich auch im Kanton Aargau.

Deutschland S. 781 · Österreich S. 794 · Schweiz S. 796

Deutschland: Die größten Städte im Überblick

	Stadt	Einwohner		Stadt	Einwohner		Stadt	Einwohner
1	Berlin	3 333 108	18	Bielefeld	329 679	35	Lübeck	214 338
2	Hamburg	1 734 083	19	Mannheim	325 349	36	Freiburg/Breisgau	212 842
3	München	1 273 186	20	Bonn	313 605	37	Mainz	202 563
4	Köln	973 878	21	Karlsruhe	273 930	38	Hagen	201 171
5	Frankfurt/Main	655 079	22	Wiesbaden	272 591	39	Erfurt	199 088
6	Stuttgart	590 371	23	Gelsenkirchen	271 767	40	Rostock	197 582
7	Dortmund	586 754	24	Münster	270 495	41	Kassel	193 805
8	Essen	586 318	25	Mönchengladbach	266 605	42	Hamm	181 532
9	Düsseldorf	574 541	26	Augsburg	261 208	43	Saarbrücken	181 190
10	Bremen	544 853	27	Aachen	259 010	44	Mülheim/Ruhr	171 806
11	Hannover	507 633	28	Chemnitz	246 559	45	Herne	167 673
12	Duisburg	503 664	29	Braunschweig	239 921	46	Ludwigshafen	167 410
13	Leipzig	497 330	30	Krefeld	238 484	47	Osnabrück	164 696
14	Nürnberg	493 553	31	Halle (Saale)	237 093	48	Solingen	163 156
15	Dresden	480 347	32	Kiel	230 033	49	Leverkusen	162 210
16	Bochum	393 853	33	Magdeburg	226 610	50	Oldenburg	157 868
17	Wuppertal	363 522	34	Oberhausen	219 147		Stand: 1.1.2005	

Aachen

Nordrhein-Westfalen, bis 174 m über NN
www.aachen.de

0241	52…	AC
Atrium Elisenbrunnen, 52062 Aachen		1802961
Maastricht-Aachen (vom Hbf: 35 km, 40 min)		
259 010 (27*)	↔ +1662 (+0,6%)	
160,83 km² (30*)	1 600 (32*)	
3	1	6
1/Stud.: 30 664	Hochschulen: 2/6538	

Soziales/Wirtschaft

Altersstruktur: 0–17 J.: 14,9%, 18–60 J.: 64,0%, über 60 J.: 21,1%

Ausländer: 36 022 (13,9%), davon aus der Türkei: 7 696 (21,4%)

Arbeitslose: 13 717 (11,6%, 2003: 11,0%) **offene Stellen:** 912

Haushaltsvolumen: 829,4 Mio. € **Schuldenstand:** 615,4 Mio. €

Politik SPD/B.90/Grüne (seit 2004); 29 von 58 Sitzen

stärkste Parteien:	CDU	SPD	B.90/Gr.	FDP	PDS
2004 (%/Sitze):[1]	37,3/22	32,0/19	17,6/10	5,2/3	2,4/1
1999 (%/Sitze):	49,5/29	32,3/19	10,9/6	4,4/2	2,2/1

Oberbürgermeister: Jürgen Linden (SPD, seit 1989; *1947)

1) sonstige: 3 Sitze

Augsburg

Bayern, 446–561 m über NN
www.augsburg.de

0821	86…	A
Schießgrabenstr. 14, 86150 Augsburg		502070
Augsburg (vom Hbf: 30 min)		
261 208 (26*)	↔ +2 854 (+1,1%)	
147 km² (33*)	1 777 (27*)	
1	0	10
1/Stud.: 14 521	Hochschulen: 1/3 966	

Soziales/Wirtschaft

Altersstruktur: 0–17 J.: 15,9%, 18–60 J.: 58,9%, über 60 J.: 25,2%

Ausländer: 45 569 (16,5%), davon aus der Türkei: 15 267 (33,1%)

Arbeitslose: 14 663 (12,0%, 2004: 8,8%) **offene Stellen:** k. A.

Haushaltsvolumen: 604,3 Mio. € **Schuldenstand:** 276,7 Mio. €

Politik SPD/B.90/Grüne/ÖDP/FBU/FW (seit 2002); 32 v. 60 Sitzen

stärkste Parteien:	CSU	SPD	B.90/Gr.	FDP	sonstige
2002 (%/Sitze):	43,5/26	36,4/23	8,7/5	3,5/2	7,7/4
1996 (%/Sitze):	44,1/28	29,4/19	10,5/6	1,7/1	15,3/6

Oberbürgermeister: Paul Wengert (SPD, seit 2002; *1952)

Die Rangzahlen hinter den Hauptdaten sind in Klammern mit * markiert. Alle Angaben wurden bei den Stadtverwaltungen oder aus anderen städtischen Quellen ermittelt. In Einzelfällen ergibt die Summe der Prozentzahlen aufgrund von rundungsbedingten Differenzen keine 100%. **www.staedtetag.de**

Berlin

Berlin, 29,5–115 m über NN
www.berlin.de

☎ 030	✉ 10–14	🚗 B
ℹ Am Karlsbad 11, 10785 Berlin		☎ 250025
✈ Schönefeld, Tegel, Tempelhof (vom Hbf: 30 min)		
👪 3 333 108 (1*)	↔ +2 866 (+0,09 %)	
☐ 891,76 km² (1*)	3 738 (2*)	
🏛 50	3	128
Uni 4/Stud.: 103 803	Hochschulen: 11/32 574	

Soziales/Wirtschaft

Altersstruktur: 0–17 J.: 15,4 %, 18–60 J.: 62,1 %, über 60 J.: 22,5 %

Ausländer: 450 900 (13,5 %), davon aus der Türkei: 118 732 (26,3 %)

Arbeitslose: 297 947 (17,6 %, 2003: 18,1 %) **offene Stellen:** 6 801

Haushaltsvolumen: 22,4 Mrd. € **Schuldenstand:** 55,1 Mrd. €

Politik SPD/PDS (seit 2001); 77 von 141 Sitzen

stärkste Parteien:	SPD	CDU	PDS	B.90/Gr.	FDP
2001 (%/Sitze):[1]	32,0/44	24,8/35	23,4/33	9,0/14	10,6/14
1999 (%/Sitze):	22,4/42	40,8/76	17,7/33	9,9/18	2,2/–

Regierender Bürgermeister: Klaus Wowereit (SPD, seit 2001; *1953)

1) fraktionslos: 1 Sitz

Bielefeld

Nordrhein-Westfalen, bis 113 m über NN
www.bielefeld.de

☎ 0521	✉ 33...	🚗 BI
ℹ Niederwall 23, 33602 Bielefeld		☎ 178899
✈ Paderborn (45 km), Hannover (110 km)		
👪 329 679 (18*)	↔ –13 (–0,004 %)	
☐ 257,8 km² (11*)	1 279 (40*)	
🏛 3	1	13
Uni 1/Stud.: 19 628	Hochschulen: 3/6 631	

Soziales/Wirtschaft

Altersstruktur: 0–17 J.: 16,8 %, 18–60 J.: 57,6 %, über 60 J.: 25,6 %

Ausländer: 39 018 (11,8 %), davon aus der Türkei: 14 802 (37,9 %)

Arbeitslose: 24 640 (15,2 %, 2004: 12,9 %) **offene Stellen:** 1 039

Haushaltsvolumen: 1,127 Mrd. € **Schuldenstand:** 54,4 Mio. €

Politik 60 Sitze; wechselnde Mehrheiten

stärkste Parteien:	CDU	SPD	B.90/Gr.	BfB	FDP
2004 (%/Sitze):[1]	36,8/22	31,4/19	15,5/9	6,4/4	4,3/2
1999 (%/Sitze):	45,7/32	31,3/22	10,6/8	6,3/4	3,3/2

Oberbürgermeister: Eberhard David (CDU, seit 1999; *1942)

1) sonstige: 4 Sitze

Bochum

Nordrhein-Westfalen, 95 m über NN
www.bochum.de

☎ 0234	✉ 44...	🚗 BO
ℹ Huestr. 9, 44787 Bochum		☎ 96302-10
✈ Dortmund, Düsseldorf (S 1/S 21, 20 bzw. 40 min)		
👪 381 725 (16*)	↔ –12 128 (–4,1 %)	
☐ 145,4 km² (34*)	2 625 (10*)	
🏛 7	–	6
Uni 1/Stud.: 36 104	Hochschulen: 4/8 736	

Soziales/Wirtschaft

Altersstruktur: 0–17 J.: 14,7 %, 18–60 J.: 58,9 %, über 60 J.: 26,4 %

Ausländer: 33 359 (8,7 %), davon aus der Türkei: 10 965 (32,9 %)

Arbeitslose: 21 660 (12,9 %, 2003: 13,2 %) **offene Stellen:** 459

Haushaltsvolumen: 1,114 Mrd. € **Schuldenstand:** 833 Mio. €

Politik SPD/B. 90/Grüne (seit 2004); 40 von 76 Sitzen

stärkste Parteien:	SPD	CDU	B.90/Gr.	UWG	FDP
2004 (%/Sitze):[1]	40,9/31	32,3/25	12,0/9	4,2/3	4,3/3
1999 (%/Sitze):	41,3/27	40,5/27	10,6/7	4,5/3	2,9/2

Oberbürgermeisterin: Ottilie Scholz (SPD, seit 2004; *1948)

1) sonstige: 5 Sitze

Bonn

Nordrhein-Westfalen, bis 42,6 m ü. NN
www.bonn.de

☎ 0228	✉ 53...	🚗 BN
ℹ Windeckstr. 1, 53111 Bonn		☎ 775000
✈ Köln/Bonn (vom Hbf: Bus 670, 30 min)		
👪 313 605 (20*)	↔ +1 078 (+0,3 %)	
☐ 141,22 km² (36*)	2 221 (16*)	
🏛 12	1	29
Uni 1/Stud.: 31 672	Hochschulen: –/–	

Soziales/Wirtschaft

Altersstruktur: 0–17 J.: 16,9 %, 18–60 J.: 60,7 %, über 60 J.: 22,4 %

Ausländer: 43 031 (13,7 %), davon aus der Türkei: 6 541 (15,2 %)

Arbeitslose: 11 186 (7,4 %, 2003: 7,7 %) **offene Stellen:** 1 235

Haushaltsvolumen: 1,2 Mrd. € **Schuldenstand:** 626 Mio. €

Politik 66 Sitze; wechselnde Mehrheiten

stärkste Parteien:	CDU	SPD	B.90/Gr.	FDP	sonstige
2004 (%/Sitze):	38,0/25	29,6/19	16,2/11	8,5/6	7,7/5
1999 (%/Sitze):	48,5/32	27,6/17	10,3/7	9,1/6	4,5/4

Oberbürgermeisterin: Bärbel Dieckmann (SPD, seit 1994; *1949)

☎ Vorwahl bzw. Durchwahl der Infoadresse ✉ Postleitzahlbereich(e) 🚗 Kfz-Kennzeichen ℹ Infoadresse
✈ Nächster Flughafen (Verkehrsverbindung vom Hauptbahnhof: Linie und Entfernung in Minuten) 👪 Einwohner

Braunschweig

Niedersachsen, 70 m über NN
www.braunschweig.de

☎ 0531	✉ 38…	BS
Vor der Burg 1, 38100 Braunschweig		☎ 4702040
BS-Waggum (vom Hbf: Bus 413, 26 min)		
239 921 (29*)	↔ +982 (+0,4 %)	
192 km² (23*)	1 249 (42*)	
2	1	9
Uni 1/Stud.: 13 501	Hochschulen: 2/2 449	

Soziales/Wirtschaft

Altersstruktur: 0–17 J.: 15,1 %, 18–60 J.: 57,9 %, über 60 J.: 27,0 %

Ausländer: 18 710 (7,8 %), davon aus der Türkei: 5 865 (31,3 %)

Arbeitslose: 16 126 (11,8 %, 2003: 11,9 %) **offene Stellen:** 884

Haushaltsvolumen: 693,6 Mio. € **Schuldenstand:** 227,4 Mio. €

Politik CDU/FDP (seit 2001); 27 (+1 OB) von 55 Sitzen

stärkste Parteien:	CDU	SPD	B.90/Gr.	FDP	sonstige
2001 (%/Sitze):	41,1/23	36,9/21	9,9/5	7,6/4	4,5/1
1996 (%/Sitze):	39,8/24	37,6/22	11,7/7	4,4/2	6,5/2

Oberbürgermeister: Gert Hoffmann (CDU, seit 2001; * 1946)

Bremen

Bremen, 10 m über NN
www.bremen.de

☎ 0421	✉ 28	HB
Findorffstr. 105, 28215 Bremen		☎ 01805/101030
Bremen (vom Hbf: S 6, 20 min)		
544 853 (10*)	↔ +1 866 (+0,34 %)	
326,55 km² (5*)	1 668 (31*)	
7	1	13
Uni 1/Stud.: 21 710	Hochschulen: 3/9 207	

Soziales/Wirtschaft

Altersstruktur: 0–17 J.: 15,2 %, 18–60 J.: 58,5 %, über 60 J.: 26,3 %

Ausländer: 69 782 (12,8 %), davon aus der Türkei: 24 182 (34,7 %)

Arbeitslose: 32 368 (13,3 %, 2003: 12,7 %) **offene Stellen:** 2 769

Haushaltsvol. (Stadt): 2,003 Mrd. € **Schuldenstand:** 10,7 Mrd. €

Politik SPD/CDU (seit 1995); 57 von 67 Sitzen

stärkste Parteien:	SPD	CDU	B.90/Gr.	FDP
2003 (%/Sitze):	43,3/34	29,3/23	13,6/10	3,9/–
1999 (%/Sitze):	42,7/38	37,7/34	9,1/8	–/–

Bürgermeister: Henning Scherf (SPD, seit 1995; * 1938)

Chemnitz

Sachsen, 297 m über NN
www.chemnitz.de

☎ 0371	✉ 09…	C
Markt 1, 09111 Chemnitz		☎ 690680
Dresden-Klotzsche (80 km), Leipzig-Halle (90 km)		
246 559 (28*)	↔ –1 164 (–1,1 %)	
220,85 km² (15*)	1 116 (44*)	
3	1	14
Uni 1/Stud.: 10 400	Hochschulen: –/–	

Soziales/Wirtschaft

Altersstruktur: 0–17 J.: 12,7 %, 18–60 J.: 57,2 %, über 60 J.: 30,1 %

Ausländer: 6 726 (2,7 %), davon aus der Ukraine: 1 191 (17,7 %)

Arbeitslose: 22 561 (19,2 %, 2003: 18,0 %) **offene Stellen:** 726

Haushaltsvolumen: 596,5 Mio. € **Schuldenstand:** 339,9 Mio. €

Politik 54 Sitze; wechselnde Mehrheiten

stärkste Parteien:	PDS	CDU	SPD	REP	FDP	sonst.
2004 (%/Sitze):	27,0/15	24,5/14	18,0/10	10,3/5	7,2/4	13,0/6
1999 (%/Sitze):	26,1/16	32,6/21	29,3/16	2,0/1	3,1/3	6,9/3

Oberbürgermeister: Peter Seifert (SPD, seit 1993; * 1941)

Dortmund

Nordrhein-Westfalen, 60–254 m über NN
www.dortmund.de

☎ 0231	✉ 44..	DO
Königswall 18a, 44137 Dortmund		☎ 5025666
Dortmund-Wickede (vom Hbf: U 47, ca. 45 min)		
586 754 (7*)	↔ –853 (–0,15 %)	
280,3 km² (9*)	2 093 (20*)	
4	1	15
Uni 1/Stud.: 21 643	Hochschulen: 1/8 611	

Soziales/Wirtschaft

Altersstruktur: 0–17 J.: 17,0 %, 18–60 J.: 58,3 %, über 60 J.: 24,7 %

Ausländer: 74 525 (12,7 %), davon aus der Türkei: 27 224 (36,5 %)

Arbeitslose: 43 768 (16,0 %, 2003: 14,9 %) **offene Stellen:** 2 415

Haushaltsvolumen: 1,891 Mrd. € **Schuldenstand:** 960,8 Mio. €

Politik SPD (seit 1952); 36 von 88 Sitzen; wechselnde Mehrheiten

stärkste Parteien:	SPD	CDU	B.90/Gr.	FDP	sonstige
2004 (%/Sitze):	41,3/36	32,7/29	11,5/10	3,8/3	10,6/10
1999 (%/Sitze):	41,0/34	41,7/34	9,9/8	1,8/1	5,6/5

Oberbürgermeister: Gerhard Langemeyer (SPD, seit 1999; * 1944)

↔ Veränderung der Einwohnerzahl zum Vorjahr ❐ Fläche Einwohnerdichte pro km² Theater
Opernhäuser Museen Uni Universitäten/Gesamthochschulen (ohne Fachhochschulen) mit Studentenzahlen

Dresden

Sachsen, 113 m über NN
www.dresden.de

☎ 0351	✉ 01…	🚗 DD
ℹ Ostra-Allee 11, 01067 Dresden		☎ 49192-0
✈ Dresden-Klotzsche (vom Hbf: S 2, 23 min)		
👪 480 347 (15*)	↔ +2 694 (+0,6 %)	
328,3 km² (4*)	1 463 (36*)	
33	1	39
Uni 1/Stud.: 32 432	Hochschulen: 6/6 923	

Soziales/Wirtschaft

Altersstruktur: 0–17 J.: 14 %, 18–60 J.: 60 %, über 60 J.: 26 %

Ausländer: 18 188 (3,8 %), davon aus Vietnam: 1 881 (10,3 %)

Arbeitslose: 35 334 (15,4 %, 2003: 14,7 %) **offene Stellen:** 954

Haushaltsvolumen: 1,379 Mrd. € **Schuldenstand:** 749,6 Mio. €

Politik 70 Sitze; wechselnde Mehrheiten

stärkste Parteien:	CDU	PDS	B. 90/Gr	SPD	FDP
2004 (%/Sitze):[1]	28,2/21	23,8/17	12,1/9	11,5/8	7,3/5
1999 (%/Sitze):	42,8/33	24,2/18	5,8/4	13,2/9	4,0/2

Oberbürgermeister: Ingolf Roßberg (FDP, seit Juni 2001; * 1961)

1) sonstige: 10 Sitze

Duisburg

Nordrhein-Westfalen, 33 m über NN
www.duisburg.de

☎ 0203	✉ 47…	🚗 DU
ℹ Königstr. 86, 47051 Duisburg		☎ 28544-0
✈ Düsseldorf (vom Hbf: S 1, 17 min)		
👪 503 664 (12*)	↔ –1 572 (–0,3 %)	
232,8 km² (13*)	2 163 (17*)	
2	1	5
Uni 1/Stud.: 16 049	Hochschulen: 2/1 342	

Soziales/Wirtschaft

Altersstruktur: 0–17 J.: 18,1 %, 18–60 J.: 56,4 %, über 60 J.: 25,5 %

Ausländer: 75 602 (15,0 %), davon aus der Türkei: 42 248 (56,2 %)

Arbeitslose: 33 722 (14,4 %, 2003: 13,9 %) **offene Stellen:** 1 015

Haushaltsvolumen: 2,089 Mrd. € **Schuldenstand:** 544 Mio. €

Politik CDU/B. 90/Grüne (seit 2004); 34 von 74 Sitzen

stärkste Parteien:	SPD	CDU	B. 90/Gr.	PDS	FDP
2004 (%/Sitze):[1]	38,0/28	36,0/27	9,9/7	5,2/4	4,4/3
1999 (%/Sitze):	45,3/34	41,5/31	6,0/4	4,2/3	2,6/2

Oberbürgermeister: Adolf Sauerland (CDU, seit 2004; * 1955)

1) sonstige: 5 Sitze

Düsseldorf

Nordrhein-Westfalen, 38 m über NN
www.duesseldorf.de

☎ 0211	✉ 40…	🚗 D
ℹ Immermannstr. 65b, 40210 Düsseldorf		☎ 17202-0
✈ Düsseldorf (vom Hbf: S1, 7 min)		
👪 574 541 (9*)	↔ +2 881 (+0,5 %)	
217 km² (16*)	2 648 (7*)	
11	1	15
Uni 1/Stud.: 24 863	Hochschulen: 3/7 872	

Soziales/Wirtschaft

Altersstruktur: 0–17 J.: 15,3 %, 18–60 J.: 59,2 %, über 60 J.: 25,5 %

Ausländer: 97 237 (17 %), davon aus der Türkei: 14 290 (14,7 %)

Arbeitslose: 29 931 (11 %, 2003: 11 %) **offene Stellen:** 2 307

Haushaltsvolumen: 2,8 Mrd. € **Schuldenstand:** 988 Mio. €

Politik CDU/FDP (seit 1999); 42 von 82 Sitzen

stärkste Parteien:	CDU	SPD	B. 90/Gr.	FDP	PDS	REP
2004 (%/Sitze):[1]	44,5/37	30,3/25	12,3/10	6,2/5	2,9/2	1,7/1
1999 (%/Sitze):	49,4/40	35,2/29	7,1/6	4,3/4	2,3/2	1,5/1

Oberbürgermeister: Joachim Erwin (CDU, seit 1999; * 1949)

1) sonstige: 2 Sitze

Erfurt

Thüringen, 158–430 m über NN
www.erfurt.de

☎ 0361	✉ 99…	🚗 EF
ℹ Benediktsplatz 1, 99084 Erfurt		☎ 66400
✈ E.-Bindersleben (vom Hbf: Straßenbahn 4, 21 min)		
👪 199 088 (39*)	↔ +907 (+0,5 %)	
269 km² (10*)	740 (50*)	
4	1	9
Uni 1/Stud.: 4 000	Hochschulen: 1/4 158	

Soziales/Wirtschaft

Altersstruktur: 0–17 J.: 14,5 %, 18–60 J.: 59,8 %, über 60 J.: 25,7 %

Ausländer: 5 646 (2,8 %), davon aus Vietnam: 1 060 (18,8 %)

Arbeitslose: 20 409 (20,9 %, 2003: 19,3 %) **offene Stellen:** 717

Haushaltsvolumen: 488 Mio. € **Schuldenstand:** 227 Mio. €

Politik CDU (seit 1990); 20 von 50 (+OB) Sitzen; wechs. Mehrheiten

stärkste Parteien:	CDU	PDS	SPD	B. 90/Gr.	sonstige
2004 (%/Sitze):	39,3/20[1]	32,4/17	16,2/8	8,7/5	3,5/–
1999 (%/Sitze):	46,2/25	24,3/13	22,3/12	4,1/–	3,1/–

Oberbürgermeister: Manfred Ruge (CDU, seit 1990; * 1945)

1) +OB

☎ Vorwahl bzw. Durchwahl der Infoadresse ✉ Postleitzahlbereich(e) 🚗 Kfz-Kennzeichen ℹ Infoadresse ✈ Nächster Flughafen (Verkehrsverbindung vom Hauptbahnhof: Linie und Entfernung in Minuten) 👪 Einwohner

Essen

Nordrhein-Westfalen, bis 116 m über NN
www.essen.de

☎ 0201	✉ 45...	E
Am Hauptbahnhof 2, 45127 Essen	☎ 19433	
Düsseldorf, Dortmund (vom Hbf: 25 bzw. 60 min)		
586 318 (8*)	↔ -432 (-0,07 %)	
210,37 km² (18*)	2 787 (6*)	
4	1	4
1/Stud.: 16 626	Hochschulen: 1/874	

Soziales/Wirtschaft

Altersstruktur: 0–17 J.: 16,4 %, 18–60 J.: 55,9 %, über 60 J.: 27,7 %

Ausländer: 57 425 (9,8 %), davon aus der Türkei: 16 225 (28,3 %)

Arbeitslose: 34 570 (12,4 %, 2003: 11,5 %) **offene Stellen:** 2 423

Haushaltsvolumen: 2,2 Mrd. € **Schuldenstand:** 1,08 Mrd. €

Politik CDU (seit 1999); 32 von 82 Sitzen

stärkste Parteien:	CDU	SPD	B. 90/Gr.	FDP	PDS
2004 (%/Sitze):[1]	39,4/32	34,2/28	10,7/9	4,0/3	3,1/2
1999 (%/Sitze):	49,4/40	35,0/29	8,1/7	2,9/2	2,5/2

Oberbürgermeister: Wolfgang Reiniger (CDU, seit 1999; *1944)

1) sonstige: 8 Sitze

Frankfurt/Main

Hessen, 88–212 m über NN
www.frankfurt.de

☎ 069	✉ 60/63/65	F
Römerberg 27, 60 311 Frankfurt	☎ 212-38800	
Rhein-Main-Flughafen (vom Hbf: S 8; 10 min)		
655 079 (5*)	↔ +2 941 (+0,4 %)	
248,3 km² (12*)	2 638 (9*)	
33	1	38
1/Stud.: 42 492	Hochschulen: 4/10 733	

Soziales/Wirtschaft

Altersstruktur: 0–17 J.: 15,4 %, 18–60 J.: 62,1 %, über 60 J.: 22,5 %

Ausländer: 165 738 (25,3 %), davon aus der Türkei: 31 690 (19,2 %)

Arbeitslose: 46 889 (8,0 %, 2003: 8,3 %) **offene Stellen:** 5 877

Haushaltsvolumen: 2,697 Mrd. € **Schuldenstand:** 1,659 Mrd. €

Politik 93 Sitze; wechselnde Mehrheiten

stärkste Parteien:	CDU	SPD	B. 90/Gr.	FDP	REP
2001 (%/Sitze):[1]	38,5/36	30,5/28	14,1/13	4,6/4	2,7/3
1997 (%/Sitze):	36,3/36	29,2/29	16,9/17	5,6/5	6,2/6

Oberbürgermeisterin: Petra Roth (CDU, seit 1995; *1944)

1) sonstige: 9 Sitze

Freiburg/Breisgau

Baden-Württemberg, 278 m über NN
www.freiburg.de

☎ 0761	✉ 79...	FR
Rotteckring 14, 79098 Freiburg	☎ 3881-01	
Basel-Mulhouse-Freiburg/B. (vom Hbf: 55 min)		
212 842 (36*)	↔ +1 411 (+0,7 %)	
153,06 km² (32*)	1 388 (37*)	
6	–	5
1/Stud.: 22 020	Hochschulen: 4/7 309	

Soziales/Wirtschaft

Altersstruktur: 0–17 J.: 16,1 %, 18–60 J.: 62,9 %, über 60 J.: 21,0 %

Ausländer: 29 647 (13,9 %), davon aus Italien: 2 919 (11,8 %)

Arbeitslose: 7 534 (8,6 %, 2003: 8,9 %) **offene Stellen:** 1 226

Haushaltsvolumen: 543,7 Mio. € **Schuldenstand:** 312 Mio. €

Politik 48 Sitze; wechselnde Mehrheiten

stärkste Parteien:	CDU	B. 90/Gr.	SPD	FDP	FWV
2004 (%/Sitze):[1]	26,1/13	25,8/13	17,1/8	5,0/2	8,2/4
1999 (%/Sitze):	31,1/16	19,7/10	20,8/11	5,1/2	8,6/4

Oberbürgermeister: Dieter Salomon (Grüne, seit 2002; *1960)

1) sonstige: 8 Sitze

Gelsenkirchen

Nordrhein-Westfalen, 28–96 m über NN
www.gelsenkirchen.de

☎ 0209	✉ 45...	GE
Ebertstr. 19, 45879 Gelsenkirchen	☎ 1474022	
Dortmund, Düsseldorf (vom Hbf: 50 min)		
271 767 (23*)	↔ -2 015 (-0,74 %)	
104,8 km² (42*)	2 592 (11*)	
4	1	1
-/Stud.: -	Hochschulen: 2/11 847	

Soziales/Wirtschaft

Altersstruktur: 0–17 J.: 18,1 %, 18–60 J.: 55,4 %, über 60 J.: 26,5 %

Ausländer: 34 593 (12,7 %), davon aus der Türkei: 19 535 (56,5 %)

Arbeitslose: 22 274 (18,1 %, 2003: 17,1 %) **offene Stellen:** 527

Haushaltsvolumen: 1,189 Mrd. € **Schuldenstand:** 347,6 Mio. €

Politik SPD (seit 2004); 28 von 66 Sitzen

stärkste Parteien:	SPD	CDU	B. 90/Gr.	FDP	REP
2004 (%/Sitze):[1]	41,9/28	35,4/23	6,8/4	3,3/2	4,0/3
1999 (%/Sitze):	41,6/27	41,9/28	6,0/4	2,2/1	3,1/2

Oberbürgermeister: Frank Baranowski (SPD, seit 2004; *1962)

1) sonstige: 6 Sitze

↔ Veränderung der Einwohnerzahl zum Vorjahr ❐ Fläche Einwohnerdichte pro km² Theater
Opernhäuser Museen Uni Universitäten/Gesamthochschulen (ohne Fachhochschulen) mit Studentenzahlen

Hagen

Nordrhein-Westfalen, 86–438 m über NN
www.hagen.de

☎ 02331	✉ 58...	🚘 HA
ℹ Rathausstr. 11, 58095 Hagen		☎ 2075888
✈ Dortmund, Düsseldorf (vom Hbf: 30 min, 60 min)		
👪 201 171 (38*)	↔ –1 038 (–0,51 %)	
❐ 160,4 km² (31*)	1 254 (41*)	
🏛 1	0	7
Uni 1 (Fernuni)/Stud.: 42 853 Hochschulen: 2/2 350		

Soziales/Wirtschaft

Altersstruktur: 0–17 J.: 18,3 %, 18–60 J.: 55,6 %, über 60 J.: 26,1 %

Ausländer: 28 001 (13,9 %), davon aus der Türkei: 9 457 (33,8 %)

Arbeitslose: 11 676 (11,6 %, 2003: 11,6 %) **offene Stellen:** 653

Haushaltsvolumen: 770,1 Mio. € **Schuldenstand:** 198 Mio. €

Politik 59 Sitze; wechselnde Mehrheiten

stärkste Parteien:	CDU	SPD	B.90/Gr.	FDP	REP
2004 (%/Sitze):[1]	37,3/22	36,2/21[2]	7,3/4	5,3/3	3,4/2
1999 (%/Sitze):	45,5/27[2]	39,8/23	5,9/3	4,6/3	3,2/2

Oberbürgermeister: Peter Demnitz (SPD, seit 2004; * 1950)

1) sonstige: 6 Sitze; 2) +OB

Halle

Sachsen-Anhalt, 87 m über NN
www.halle.de

☎ 0345	✉ 06...	🚘 HAL
ℹ Große Ulrichstr. 60, 06108 Halle		☎ 1229984
✈ Leipzig-Halle (vom Hbf: IC, RE, 12 min)		
👪 237 093 (31*)	↔ –985 (–0,41 %)	
❐ 135 km² (38*)	1 756 (28*)	
🏛 3	1	10
Uni 1/Stud.: 19 306	Hochschulen: 2/1 031	

Soziales/Wirtschaft

Altersstruktur: 0–17 J.: 13,8 %, 18–60 J.: 58,4 %, über 60 J.: 27,8 %

Ausländer: 9 487 (4,0 %), davon aus Vietnam: 1 016 (10,7 %)

Arbeitslose: 23 621 (21,0 %, 2003: 20,1 %) **offene Stellen:** k. A.

Haushaltsvolumen: 755,1 Mio. € **Schuldenstand:** 314,7 Mio. €

Politik 56 Sitze; wechselnde Mehrheiten

stärkste Parteien:	CDU	PDS	SPD	FDP	B.90/Gr.	sonst.
2004 (%/Sitze):	24,3/14	25,0/14	17,9/10	5,7/3	5,9/3	21,2/12
1999 (%/Sitze):	29,0/16	24,4/14	22,6/13	4,4/2	3,0/2	16,6/9

Oberbürgermeisterin: Ingrid Häußler (SPD, seit 2000; * 1944)

Hamburg

Hamburg, 5,9 m über NN
www.hamburg.de

☎ 040	✉ 20–22	🚘 HH
ℹ Steinstr. 7, 20095 Hamburg		☎ 30051-300
✈ HH-Fuhlsbüttel (vom Hbf: Bus, 30 min)		
👪 1 734 083 (2*)	↔ +5 277 (+0,3 %)	
❐ 755,3 km² (2*)	2 296 (14*)	
🏛 38	1	47
Uni 5/Stud.: 49 979	Hochschulen: 10/66 974	

Soziales/Wirtschaft

Altersstruktur: 0–17 J.: 16,0 %, 18–60 J.: 60,8 %, über 60 J.: 24,2 %

Ausländer: 262 532 (15,1 %), davon aus der Türkei: 60 255 (23,0 %)

Arbeitslose: 84 325 (11,0 %, 2003: 11,3 %) **offene Stellen:** k. A.

Haushaltsvolumen (Stadt + Land): 9,993 Mrd. € **Schuldenstand:** k. A.

Politik CDU (seit 2004); 63 von 121 Sitzen

stärkste Parteien:	CDU	SPD	GAL	Schill	FDP
2004 (%/Sitze):	47,2/63	30,5/41	12,3/17	3,1/–	2,8/–
2001 (%/Sitze):	26,2/33	36,5/46	8,6/11	19,4/25	5,1/6

Erster Bürgermeister: Ole von Beust (CDU, seit 2001; * 1955)

Hamm

Nordrhein-Westfalen, 38–102 m über NN
www.hamm.de

☎ 02381	✉ 59...	🚘 HAM
ℹ Willy-Brandt-Platz 3, 59065 Hamm		☎ 28525
✈ Münster, Dortmund (vom Hbf: ca. 30 und 45 min)		
👪 181 532 (42*)	↔ –37 (–0,02 %)	
❐ 226,26 km² (14*)	802 (49*)	
🏛 1	–	1
Uni –/Stud.: –	Hochschulen: –/–	

Soziales/Wirtschaft

Altersstruktur: 0–17 J.: 19,8 %, 18–60 J.: 56,6 %, über 60 J.: 23,6 %

Ausländer: 19 361 (10,7 %), davon aus der Türkei: 10 887 (56,2 %)

Arbeitslose: 11 520 (14,8 %, 2003: 14,0 %) **offene Stellen:** 242

Haushaltsvolumen: 467,1 Mio. € **Schuldenstand:** 277,9 Mio. €

Politik CDU (seit 1999); 28 von 58 Sitzen

stärkste Parteien:	CDU	SPD	B.90/Gr.	FDP	FWG
2004 (%/Sitze):[1]	47,3/28	34,5/20	7,5/4	3,0/2	2,4/1
1999 (%/Sitze):	49,6/29	35,8/21	5,4/3	2,4/1	6,8/4

Oberbürgermeister: Thomas Hunsteger-Petermann (CDU, seit 1999; * 1953)

1) sonstige: 3 Sitze

☎ Vorwahl bzw. Durchwahl der Infoadresse ✉ Postleitzahlbereich(e) 🚘 Kfz-Kennzeichen ℹ Infoadresse
✈ Nächster Flughafen (Verkehrsverbindung vom Hauptbahnhof: Linie und Entfernung in Minuten) 👪 Einwohner

Hannover

Niedersachsen, 55 m über NN
www.hannover.de

[Vorwahl] 05 11	[PLZ] 30...	[Kfz] H
[Info] Ernst-August-Platz 2, 30159 Hannover	[Tel.] 12345111	
[Flughafen] Hannover-Langenhagen (vom Hbf: S 5, 17 min)		
[Einwohner] 507 633 (11*)	↔ -181 (-0,04 %)	
[Fläche] 204,1 km² (20*)	[Einwohnerdichte] 2 487 (12*)	
[Theater] 4	[Opernhäuser] 1	[Museen] 6
Uni 1/Stud.: 24 152	Hochschulen: 5/13 625	

Soziales/Wirtschaft						
Altersstruktur: 0–17 J.: 15,3 %, 18–60 J.: 60,6 %, über 60 J.: 24,1 %						
Ausländer: 75 528 (14,9 %), davon aus der Türkei: 19 475 (25,8 %)						
Arbeitslose: 34 421 (13,1 %, 2003: 12,7 %) **offene Stellen:** 1 166						
Haushaltsvolumen: 2,024 Mrd. € **Schuldenstand:** 689,1 Mio. €						
Politik SPD/B. 90/Grüne (seit 1996); 34 (+OB) von 65 Sitzen						
stärkste Parteien:	SPD	CDU	B. 90/Gr.	FDP	PDS	sonstige
2001 (%/Sitze):	42,8/27[1]	33,3/22	11,5/7	5,8/4	2,6/1	4,0/3
1996 (%/Sitze):	36,9/25	34,9/24	14,3/9	4,3/2	-/-	7,8/4
Oberbürgermeister: Herbert Schmalstieg (SPD, seit 1972; * 1943)						

1) +OB

Herne

Nordrhein-Westfalen, 61–130 m über NN
www.herne.de

[Vorwahl] 02323	[PLZ] 44...	[Kfz] HER
[Info] Westring 303, 44629 Herne	[Tel.] 925311	
[Flughafen] Düsseldorf (vom Hbf: 45 min)		
[Einwohner] 167 673 (45*)	↔ -635 (-0,4 %)	
[Fläche] 51,4 km² (50*)	[Einwohnerdichte] 3 262 (3*)	
[Theater] 2	[Opernhäuser] –	[Museen] 3
Uni –/Stud.: –	Hochschulen: –/–	

Soziales/Wirtschaft					
Altersstruktur: 0–17 J.: 17,5 %, 18–60 J.: 55,8 %, über 60 J.: 26,7 %					
Ausländer: 20 249 (12,1 %), davon aus der Türkei: 11 926 (58,9 %)					
Arbeitslose: 11 596 (15,2 %, 2003: 14,8 %) **offene Stellen:** 260					
Haushaltsvolumen: 458,2 Mio. € **Schuldenstand:** 290,5 Mio. €					
Politik SPD (seit 1948); 29 (+OB) von 67 Sitzen					
stärkste Parteien:	SPD	CDU	B. 90/Gr.	REP	PDS
2004 (%/Sitze):[1]	43,9/29[2]	31,8/21	9,1/6	4,5/3	3,0/2
1999 (%/Sitze):	44,8/26	39,7/23	6,9/4	3,4/2	3,4/2
Oberbürgermeister: Horst Schiereck (SPD, seit 2004; * 1948)					

1) sonstige: 5 Sitze; 2) +OB

Karlsruhe

Baden-Württemberg, 115 m über NN
www.karlsruhe.de

[Vorwahl] 07 21	[PLZ] 76...	[Kfz] KA
[Info] Bahnhofplatz 6, 76137 Kalsruhe	[Tel.] 3720-5383	
[Flughafen] Karlsruhe/Baden-Baden (vom Hbf: 60 min)		
[Einwohner] 273 930 (21*)	↔ +1 668 (+0,6 %)	
[Fläche] 173,46 km² (26*)	[Einwohnerdichte] 1 579 (33*)	
[Theater] 3	[Opernhäuser] 1	[Museen] 17
Uni 1/Stud.: 17 666	Hochschulen: 6/12 225	

Soziales/Wirtschaft					
Altersstruktur: 0–17 J.: 15,9 %, 18–60 J.: 60,2 %, über 60 J.: 23,9 %					
Ausländer: 38 941 (14,2 %), davon aus der Türkei: 6 388 (16,4 %)					
Arbeitslose: 12 324 (8,6 %, 2003: 8,5 %) **offene Stellen:** 1 171					
Haushaltsvolumen: 1,115 Mrd. € **Schuldenstand:** 244,2 Mio. €					
Politik 48 Sitze; wechselnde Mehrheiten					
stärkste Parteien:	CDU	SPD	B. 90/Gr.	FDP[1]	sonstige
2004 (%/Sitze):	37,2/19	23,8/12	16,6/8	9,6/4	12,7/5
1999 (%/Sitze):	45,8/22	25,0/12	10,4/5	10,4/5	8,3/4
Oberbürgermeister: Heinz Fenrich (CDU, seit 1998; * 1945)					

1) FDP/Aufbruch für Karlsruhe

Kassel

Hessen, 163 m über NN
www.stadt-kassel.de

[Vorwahl] 0561	[PLZ] 34...	[Kfz] KS
[Info] Obere Königsstr. 8, 34117 Kassel	[Tel.] 707707	
[Flughafen] Kassel-Calden (vom Hbf: Bus 46, 36 min)		
[Einwohner] 193 805 (41*)	↔ -113 (-0,1 %)	
[Fläche] 106,77 km² (41*)	[Einwohnerdichte] 1 815 (26*)	
[Theater] 2	[Opernhäuser] 1	[Museen] 13
Uni 1/Stud.: 18 773	Hochschulen: –/–	

Soziales/Wirtschaft					
Altersstruktur: 0–17 J.: 16,5 %, 18–60 J.: 57,9 %, über 60 J.: 25,6 %					
Ausländer: 26 386 (12,7 %), davon aus der Türkei: 9 329 (35,3 %)					
Arbeitslose: 18 410 (19,7 %, 2003: 15,1 %) **offene Stellen:** 1 074					
Haushaltsvolumen: 1,105 Mrd. € **Schuldenstand:** 313,1 Mio. €					
Politik CDU/B. 90/Grüne (seit 2003); 37 von 71 Sitzen					
stärkste Parteien:	CDU	SPD	B. 90/Gr.	FDP	sonstige
2001 (%/Sitze):	35,4/25	36,0/26	16,8/12	5,1/4	6,6/4
1997 (%/Sitze):	33,0/28	36,0/30	15,6/13	3,3/-	4,6/-
Oberbürgermeister: Bertram Hilgen (SPD, seit 2005; * 1954)					

↔ Veränderung der Einwohnerzahl zum Vorjahr [Fläche] Fläche [Einwohnerdichte] Einwohnerdichte pro km² [Theater] Theater
[Opernhäuser] Opernhäuser [Museen] Museen Uni Universitäten/Gesamthochschulen (ohne Fachhochschulen) mit Studentenzahlen

Kiel

Schleswig-Holstein, bis 74,2 m über NN
www.kiel.de

☎ 0431	✉ 24...	🚗 KI
ℹ Andreas-Gayk-Str. 31, 24103 Kiel		☎ 67910-0
✈ Kiel-Holtenau (vom Hbf: Bus 501/502, 25 min)		
👪 230 033 (32*)	↔ +132 (+0,06 %)	
❐ 118,4 km² (40*)	1 943 (23*)	
🏛 6	1	5
Uni 1/Stud.: 20 860	Hochschulen: 2/6 221	

Soziales/Wirtschaft

Altersstruktur: 0–17 J.: 15,5 %, 18–60 J.: 61,7 %, über 60 J.: 22,8 %

Ausländer: 19 855 (8,6 %), davon aus der Türkei: 6 365 (32,1 %)

Arbeitslose: 16 024 (14,7 %, 2003: 14,5 %) **offene Stellen:** k. A.

Haushaltsvolumen: 743 Mio. € **Schuldenstand:** 344 Mio. €

Politik CDU/B. 90/Grüne (seit 2003); 31 von 49 Sitzen

stärkste Parteien:	CDU	SPD	B. 90/Gr.	FDP	S-U-K[1]
2003 (%/Sitze):	44,7/24	32,7/18	14,1/7	3,7/–	2,9/–
1998 (%/Sitze):	31,4/16	47,8/25	9,6/5	3,1/–	6,9/3

Oberbürgermeisterin: Angelika Volquartz (CDU, seit 2003; * 1946)

1) Stadt-Union-Kiel

Köln

Nordrhein-Westfalen, bis 116,3 m ü. NN
www.stadt-koeln.de

☎ 0221	✉ 50, 51...	🚗 K
ℹ Unter Fettenhennen 19, 50667 Köln		☎ 22130400
✈ Köln-Bonn (vom Hbf: Bus 170, 30 min)		
👪 973 878 (4*)	↔ +3 183 (+0,3 %)	
❐ 405,15 km² (3*)	2 404 (13*)	
🏛 4	1	8
Uni 1/Stud.: 44 240	Hochschulen: 7/26 173	

Soziales/Wirtschaft

Altersstruktur: 0–17 J.: 16,5 %, 18–60 J: 60,1 %, über 60 J.: 23,4 %

Ausländer: 173 224 (17,8 %), davon aus der Türkei: 65 846 (38,0 %)

Arbeitslose: 58 733 (12,9 %, 2003: 13,1 %) **offene Stellen:** 30 114

Haushaltsvolumen: 3,553 Mrd. € **Schuldenstand:** 2,558 Mrd. €

Politik CDU/SPD (seit 2004); 57 von 90 Sitzen

stärkste Parteien:	CDU	SPD	B. 90/Gr.	FDP	PDS	REP
2004 (%/Sitze):[1]	32,3/29	31,1/28	16,7/15	7,8/7	3,0/3	0,9/1
1999 (%/Sitze):	45,7/43	30,9/29	16,0/15	4,3/4	2,1/2	1,2/1

Oberbürgermeister: Fritz Schramma (CDU, seit 2000; * 1947)

1) sonstige: 7 Sitze

Krefeld

Nordrhein-Westfalen, bis 39 m über NN
www.krefeld.de

☎ 02151	✉ 47...	🚗 KR
ℹ Von-der-Leyen-Platz 1, 47798 Krefeld		☎ 861501
✈ Düsseldorf (vom Hbf: 35 min)		
👪 238 484 (30*)	↔ +704 (+0,3 %)	
❐ 137,74 km² (37*)	1 732 (29*)	
🏛 5	–	7
Uni –/Stud.: –	Hochschulen: 1/3 208	

Soziales/Wirtschaft

Altersstruktur: 0–17 J.: 17,8 %, 18–60 J.: 56,2 %, über 60 J.: 26,0 %

Ausländer: 32 848 (13,8 %), davon aus der Türkei: 9 494 (28,9 %)

Arbeitslose: 14 857 (10,8 %, 2003: 10,7 %) **offene Stellen:** 1 735

Haushaltsvolumen: 1,062 Mrd. € **Schuldenstand:** 436 Mio. €

Politik CDU (seit 1994); 26 von 62 Sitzen

stärkste Parteien:	CDU	SPD	B. 90/Gr.	FDP
2004 (%/Sitze):[1]	42,5/26	28,6/18	12,7/8	9,1/6
1999 (%/Sitze):	55,9/33	28,6/17	7,0/4	3,9/2

Oberbürgermeister: Gregor Kathstede (CDU, seit 2004; * 1963)

1) sonstige: 4 Sitze

Leipzig

Sachsen, bis 118 m über NN
www.leipzig.de

☎ 0341	✉ 040–043	🚗 L
ℹ Richard-Wagner-Str. 1, 04109 Leipzig		☎ 7104260
✈ Leipzig-Halle (vom Hbf: IC, RE, 15 min)		
👪 497 330 (13*)	↔ +798 (+0,2 %)	
❐ 297,61 km² (8*)	1 671 (30*)	
🏛 16	1	24
Uni 1/Stud.: 29 386	Hochschulen: 4/7 623	

Soziales/Wirtschaft

Altersstruktur: 0–17 J.: 13,4 %, 18–60 J.: 58,1 %, über 60 J.: 28,5 %

Ausländer: 30 596 (6,2 %), davon aus Vietnam: 2 241 (7,4 %)

Arbeitslose: 52 575 (23,7 %, 2003: 20,7 %) **offene Stellen:** 2 403

Haushaltsvolumen: 1,305 Mrd. € **Schuldenstand:** 900,9 Mio. €

Politik CDU/SPD (seit 1990); 38 von 70 Sitzen

stärkste Parteien:	SPD	CDU	PDS	B. 90/Gr.	FDP	sonstige
2004 (%/Sitze):	26,9/19	25,5/19	26,1/19	10,0/7	2,6/3	8,9/3
1999 (%/Sitze):	26,2/20	32,0/22	25,7/19	7,5/6	2,6/1	6,0/3

Oberbürgermeister: Wolfgang Tiefensee (SPD, seit 1998; * 1955)

☎ Vorwahl bzw. Durchwahl der Infoadresse ✉ Postleitzahlbereich(e) 🚗 Kfz-Kennzeichen ℹ Infoadresse
✈ Nächster Flughafen (Verkehrsverbindung vom Hauptbahnhof: Linie und Entfernung in Minuten) 👪 Einwohner

Leverkusen

Nordrhein-Westfalen, 35–199 m über NN
www.leverkusen.de

☎ 02 14	✉ 51...	🚘 LEV
ℹ Rathaus		☎ 406-0
✈ Köln-Bonn, Düsseldorf (vom Hbf: 30–40 min)		
👪 162 210 (49*)	↔ +459 (+0,3 %)	
❐ 78,86 km² (47*)	Einwohnerdichte 2 057 (22*)	
Theater -	Opernhäuser -	Museen 1
Uni 1/Stud.: 2 000	Hochschulen: -/-	

Soziales/Wirtschaft

Altersstruktur: 0–17 J.: 17,7 %, 18–60 J.: 55,4 %, über 60 J.: 26,9 %

Ausländer: 19 255 (11,9 %), davon aus der Türkei: 4 264 (22,1 %)

Arbeitslose: 8 324 (11,3 %, 2003: 10,6 %) **offene Stellen:** k. A.

Haushaltsvolumen: 503,8 Mio. € **Schuldenstand:** 148,8 Mio. €

Politik 66 (+OB) Sitze; wechselnde Mehrheiten

stärkste Parteien:	CDU	SPD	B.90/Gr.	FDP	sonstige
2004 (%/Sitze):	36,8/24	26,7/18[1]	9,4/6	5,5/4	21,6/14
1999 (%/Sitze):	46,3/27	30,0/17	6,7/4	3,6/2	13,4/8

Oberbürgermeister: Ernst Küchler (SPD, seit 2004; * 1944)

1) +OB

Lübeck

Schleswig-Holstein, bis 11 m über NN
www.luebeck.de

☎ 0451	✉ 235...	🚘 HL
ℹ Holstentorplatz 1-5, 23552 Lübeck		☎ 4091-0
✈ Lübeck-Blankensee (Bus Linie 6, 35 min)		
👪 213 804 (35*)	↔ -534 (-0,2 %)	
❐ 214,14 km² (17*)	Einwohnerdichte 998 (47*)	
Theater 9	Opernhäuser -	Museen 7
Uni 1/Stud.: ca. 2 300	Hochschulen: 3/ca. 3 250	

Soziales/Wirtschaft

Altersstruktur: 0–17 J.: 16,2 %, 18–60 J.: 55,7 %, über 60 J.: 28,1 %

Ausländer: 17 087 (8,0 %), davon aus der Türkei: 5 706 (33,4 %)

Arbeitslose: 16 218 (14,1 %, 2003: 13,8 %) **offene Stellen:** 851

Haushaltsvolumen: 711,2 Mio. € **Schuldenstand:** 495,2 Mio. €

Politik CDU (seit 2003); 27 von 50 Sitzen; wechselnde Mehrheiten

stärkste Parteien:	CDU	SPD	B.90/Gr.	FDP
2003 (%/Sitze):	50,0/27	32,4/17	9,2/4	5,2/2
1998 (%/Sitze):	38,1/22	41,2/23	7,9/4	-/-

Bürgermeister: Bernd Saxe (SPD, seit 2000; * 1954)

Ludwigshafen

Rheinland-Pfalz, 90 m über NN
www.ludwigshafen.de

☎ 0621	✉ 67...	🚘 LU
ℹ Ludwigstr. 6, 67059 Ludwigshafen		☎ 512035
✈ Rhein-Main-F. Frankfurt/Main (vom Hbf: 55 min)		
👪 167 410 (46*)	↔ +594 (+0,4 %)	
❐ 77,6 km² (48*)	Einwohnerdichte 2 157 (18*)	
Theater 1	Opernhäuser -	Museen 5
Uni -/Stud.: -	Hochschulen: 2/3 439	

Soziales/Wirtschaft

Altersstruktur: 0–17 J.: 17,6 %, 18–60 J.: 58,1 %, über 60 J.: 24,3 %

Ausländer: 32 904 (19,7 %), davon aus der Türkei: 10 299 (31,3 %)

Arbeitslose: 10 911 (10,4 %, 2003: 9,6 %) **offene Stellen:** 1 770

Haushaltsvolumen: 521 Mio. € **Schuldenstand:** 338 Mio. €

Politik CDU/SPD (seit 2004); 46 von 60 Sitzen

stärkste Parteien:	CDU	SPD	REP	B.90/Gr.	sonst.
2004 (%/Sitze):	42,9/26	32,6/20	8,8/5	6,0/4	9,6/5
1999 (%/Sitze):	42,9/26	41,2/24	5,3/3	4,3/3	4,0/4

Oberbürgermeisterin: Eva Lohse (CDU, seit 2002; * 1956)

Magdeburg

Sachsen-Anhalt, 56 m über NN
www.magdeburg.de

☎ 0391	✉ 39...	🚘 MD
ℹ TIM, Ernst-Reuter-Allee 12, 39104 M.		☎ 19433
✈ Leipzig (vom Hbf: IC, 80 min)		
👪 226 610 (33*)	↔ -925 (-0,4 %)	
❐ 200,9 km² (22*)	Einwohnerdichte 1 128 (43*)	
Theater 5	Opernhäuser 1	Museen 5
Uni 1/Stud.: 12 475	Hochschulen: 1/6 591	

Soziales/Wirtschaft

Altersstruktur: 0–17 J.: 13,4 %, 18–60 J.: 57,5 %, über 60 J.: 29,1 %

Ausländer: 8 103 (3,6 %), davon a. d. ehem. Sowjetunion: 1 957 (24,2 %)

Arbeitslose: 24 185 (21,9 %, 2003: 19,8 %) **offene Stellen:** 1585

Haushaltsvolumen: 646,8 Mio. € **Schuldenstand:** 264,3 Mio. €

Politik 56 Sitze; wechselnde Mehrheiten

stärkste Parteien:	PDS	CDU	SPD	B.90/Gr.	FDP
2004 (%/Sitze):[1]	29,8/17	25,0/14	23,0/13	6,9/4	7,0/4
1999 (%/Sitze):	23,9/13	30,9/17	30,3/17	4,4/3	2,7/2

Oberbürgermeister: Lutz Trümper (SPD, seit Mai 2001; * 1955)

1) sonstige: 4 Sitze

↔ Veränderung der Einwohnerzahl zum Vorjahr ❐ Fläche Einwohnerdichte pro km² Theater
Opernhäuser Museen Uni Universitäten/Gesamthochschulen (ohne Fachhochschulen) mit Studentenzahlen

Mainz

Rheinland-Pfalz, 90 m über NN
www.mainz.de

☎ 06131	✉ 55...	🚗 MZ
ℹ Brückenturm am Rathaus, 55116 Mainz		☎ 286210
✈ Rhein-Main-F. Frankfurt/Main (vom Hbf: S 8, 20 min)		
👪 202 563 (37*)	↔ +122 (+0,06 %)	
◻ 97,7 km² (44*)	▦ 2 073 (21*)	
🏛 5	🎭 –	🎬 7
Uni 1/Stud.: 34 382	Hochschulen: 1/4 372	

Soziales/Wirtschaft

Altersstruktur: 0–17 J.: 15,1 %, 18–60 J.: 63,2 %, über 60 J.: 21,7 %
Ausländer: 32 109 (15,8 %), davon aus der Türkei: 6 752 (21,0 %)
Arbeitslose: 8121 (9,1 %, 2003: 8,3 %) **offene Stellen:** 2 347
Haushaltsvolumen: 559 Mio. € **Schuldenstand:** 215,4 Mio. €

Politik 60 Sitze; wechselnde Mehrheiten

stärkste Parteien:	CDU	SPD	B.90/Gr.	FDP	REP
2004 (%/Sitze):[1]	38,0/23	28,8/17	14,3/9	7,5/5	7,3/4
1999 (%/Sitze):	43,3/26	36,7/22	10,0/6	6,7/4	3,3/2

Oberbürgermeister: Jens Beutel (SPD, seit 1997; *1946)

1) sonstige: 2 Sitze

Mannheim

Baden-Württemberg, 95–110 m über NN
www.mannheim.de

☎ 0621	✉ 68...	🚗 MA
ℹ Rosengartenplatz 2, 68161 Mannheim		☎ 4106-0
✈ Mannheim-Neuostheim (vom Hbf: Linie 6, 20 min)		
👪 325 349 (19*)	↔ –828 (–0,25 %)	
◻ 144,97 km² (35*)	▦ 2 244 (15*)	
🏛 2	🎭 1	🎬 3
Uni 1/Stud.: 12 572	Hochschulen: 5/9 331	

Soziales/Wirtschaft

Altersstruktur: 0–17 J.: 15,7 %, 18–60 J.: 62,3 %, über 60 J.: 22,0 %
Ausländer: 62 318 (19,2 %), davon aus der Türkei: 20 037 (32,2 %)
Arbeitslose: 17 794 (11,3 %, 2003: 11,4 %) **offene Stellen:** 2 183
Haushaltsvolumen: 899,6 Mio. € **Schuldenstand:** 493,4 Mio. €

Politik CDU (seit 1999); 19 von 48 Sitzen; wechselnde Mehrheiten

stärkste Parteien:	CDU	SPD	B.90/Gr.	ML	FDP
2004 (%/Sitze):[1]	37,4/19	32,0/16	11,7/5	9,1/4	4,2/2
1999 (%/Sitze):	47,9/23	35,4/17	6,3/3	5,7/3	2,5/1

Oberbürgermeister: Gerhard Widder (SPD, seit 1983; *1940)

1) sonstige: 2 Sitze

Mönchengladbach

Nordrhein-Westfalen, 35-133 m über NN
www.moenchengladbach.de

☎ 02161 u. 02166	✉ 41...	🚗 MG
ℹ Bismarckstr. 23, 41061 M.		☎ 22001
✈ Mönchengladbach (vom Hbf: Bus 10, 16 min)		
👪 266 605 (25*)	↔ –585 (–0,22 %)	
◻ 170,43 km² (27*)	▦ 1 567 (34*)	
🏛 –	🎭 1	🎬 2
Uni –/Stud.: –	Hochschulen: 1/7 010	

Soziales/Wirtschaft

Altersstruktur: 0–17 J.: 18,4 %, 18–60 J.: 57,6 %, über 60 J.: 24,0 %
Ausländer: 27 259 (10,2 %), davon aus der Türkei: 8 261 (30,3 %)
Arbeitslose: 17 683 (13,7 %, 2003: 11,6 %) **offene Stellen:** 1 672
Haushaltsvolumen: 850,1 Mio. € **Schuldenstand:** 425,6 Mio. €

Politik CDU/FDP (seit 2004); 40 von 76 Sitzen

stärkste Parteien:	CDU	SPD	B.90/Gr.	FDP	FWG
2004 (%/Sitze):[1]	43,1/33	26,8/20	9,4/7	8,4/7	6,8/5
1999 (%/Sitze):	48,8/33	28,4/20	7,7/5	5,9/4	8,9/6

Oberbürgermeister: Norbert Bude (SPD, seit 2004; *1959)

1) sonstige: 4 Sitze

Mülheim/Ruhr

Nordrhein-Westfalen, 40 m über NN
www.muelheim-ruhr.de

☎ 0208	✉ 45...	🚗 MH
ℹ Schloßstr. 11, 45468 Mülheim		☎ 9609610
✈ Essen/Mülheim (vom Hbf: Linie 110, 15 min)		
👪 171 806 (44*)	↔ –134 (–0,08 %)	
◻ 91,29 km² (45*)	▦ 1 882 (24*)	
🏛 3	🎭 –	🎬 5
Uni –/Stud.: –	Hochschulen: –/–	

Soziales/Wirtschaft

Altersstruktur: 0–17 J.: 16,3 %, 18–60 J.: 55,8 %, über 60 J.: 27,9 %
Ausländer: 16 778 (9,8 %), davon aus der Türkei: 5 522 (32,9 %)
Arbeitslose: 7 558 (10,4 %, 2003: 9,9 %) **offene Stellen:** 399
Haushaltsvolumen: 516,6 Mio. € **Schuldenstand:** 147,3 Mio. €

Politik 52 Sitze; wechselnde Mehrheiten

stärkste Parteien:	SPD	CDU	MBI	B.90/Gr	FDP
2004 (%/Sitze):[1]	37,7/20	33,3/17	10,3/5	9,0/5	6,2/3
1999 (%/Sitze):	42,3/22	39,3/20	5,5/–	6,0/3	6,8/4

Oberbürgermeisterin: Dagmar Mühlenfeld (SPD, seit 2003; *1951)

1) sonstige: 2 Sitze

☎ Vorwahl bzw. Durchwahl der Infoadresse ✉ Postleitzahlbereich(e) 🚗 Kfz-Kennzeichen ℹ Infoadresse
✈ Nächster Flughafen (Verkehrsverbindung vom Hauptbahnhof: Linie und Entfernung in Minuten) 👪 Einwohner

München

Bayern, bis 530 m über NN
www.muenchen.de

089	8...	M
Sendlinger Str. 1, 80331 München		23330288
München (vom Hbf: S 1, S 8, 40 min)		
1 273 186 (3*)	↔ +5 373 (+0,42%)	
310,4 km² (6*)	4 100 (1*)	
58	1	44
3/Stud.: 68 993	Hochschulen: 7/17 940	

Soziales/Wirtschaft

Altersstruktur: 0–17 J.: 14,5%, 18–60 J: 62,8%, über 60 J.: 22,7%

Ausländer: 293 386 (23,0%), davon aus der Türkei: 43 110 (14,7%)

Arbeitslose: 68 839 (5,9%, 2003: 5,5%) **offene Stellen:** 6 917

Haushaltsvolumen: 5,057 Mrd. € **Schuldenstand:** 3,379 Mrd. €

Politik SPD/B. 90/Grüne (seit 1996); 43 von 80 Sitzen

stärkste Parteien:	SPD	CSU	B. 90/Gr.	FDP	sonstige
2002 (%/Sitze):	41,9/35	36,0/30	9,6/8	3,6/3	8,9/4
1996 (%/Sitze):	37,4/31	37,9/32	9,6/8	3,3/2	11,8/7

Oberbürgermeister: Christian Ude (SPD, seit 1993; *1947)

5

Münster

Nordrhein-Westfalen, 61,3 m über NN
www.muenster.de

0251	48...	MS
Klemensstr. 1, 48127 Münster		492-2710
Münster/Osnabrück (vom Hbf: Bus, 30 min)		
270 495 (24*)	↔ +663 (+0,25%)	
302,8 km² (7*)	893 (48*)	
5	1	20
1/Stud.: 43 478	Hochschulen: 7/9 154	

Soziales/Wirtschaft

Altersstruktur: 0–17 J.: 16,0%, 18–60 J.: 63,4%, über 60 J.: 20,6%

Ausländer: 22 812 (8,4%), davon aus der Türkei: 2 094 (9,2%)

Arbeitslose: 11 606 (9,3%, 2003: 8,7%) **offene Stellen:** 565

Haushaltsvolumen: 804 Mio. € **Schuldenstand:** 657 Mio. €

Politik CDU (seit 1999); 31 von 74 Sitzen

stärkste Parteien:	CDU	SPD	B. 90/Gr.	FDP	sonstige
2004 (%/Sitze):	42,7/31	25,3/19	19,4/14	7,9/6	4,7/4
1999 (%/Sitze):	54,0/36	26,2/17	11,2/8	5,0/3	3,5/2

Oberbürgermeister: Berthold Tillmann (CDU, seit 1999; *1950)

Nürnberg

Bayern, 298 m über NN
www.nuernberg.de

0911	90...	N
Hauptmarkt 18, 90403 Nürnberg		2336-135
Nürnberg (vom Hbf: U-Bahn U 2, 12 min)		
493 553 (14*)	↔ +156 (+0,03%)	
186,4 km² (24*)	2 648 (7*)	
15	1	30
1/Stud.: 6 419	Hochschulen: 2/626	

Soziales/Wirtschaft

Altersstruktur: 0–17 J.: 15,6%, 18–60 J.: 58,3%, über 60 J.: 26,1%

Ausländer: 88 992 (18,0%), davon aus der Türkei: 21 401 (24,0%)

Arbeitslose: 33 600 (11,0%, 2003: 10,9%) **offene Stellen:** 3 380

Haushaltsvolumen: 1,7 Mrd. € **Schuldenstand:** 910,4 Mio. €

Politik 70 Sitze; wechselnde Mehrheiten

stärkste Parteien:	CSU	SPD	B. 90/Gr.	FDP/FNB	REP	sonstige
2002 (%/Sitze):	43,6/32	39,5/29	5,8/4	2,1/1	1,4/1	7,6/3
1996 (%/Sitze):	43,7/33	34,3/25	8,1/6	2,4/1	3,0/2	8,4/3

Oberbürgermeister: Ulrich Maly (SPD, seit 2002; *1960)

Oberhausen

Nordrhein-Westfalen, 24–77 m über NN
www.oberhausen.de

0208	46...	OB
Willy-Brandt-Platz 2, 46045 Oberhausen		824-570
Düsseldorf (vom Hbf: 30 min)		
219 147 (34*)	↔ -537 (-0,2%)	
77,03 km² (49*)	2 844 (4*)	
1	–	3
–/Stud.: –	Hochschulen: –/–	

Soziales/Wirtschaft

Altersstruktur: 0–17 J.: 17,9%, 18–60 J.: 56,3%, über 60 J.: 25,8%

Ausländer: 24 175 (11,0%), davon aus der Türkei: 9 801 (40,5%)

Arbeitslose: 13 040 (13,7%, 2003: 13,0%) **offene Stellen:** 701

Haushaltsvolumen: 961,4 Mio. € **Schuldenstand:** 389,4 Mio. €

Politik SPD (seit 1956); 29 von 58 Sitzen

stärkste Parteien:	SPD	CDU	B. 90/Gr.	PDS	FDP
2004 (%/Sitze):	50,0/29	32,8/19	6,9/4	6,9/4	3,4/2
1999 (%/Sitze):	50,1/29	37,9/22	5,9/3	3,2/2	3,0/2

Oberbürgermeister: Klaus Wehling (SPD, seit 2004; *1947)

↔ Veränderung der Einwohnerzahl zum Vorjahr ❒ Fläche Einwohnerdichte pro km² Theater
Opernhäuser Museen Uni Universitäten/Gesamthochschulen (ohne Fachhochschulen) mit Studentenzahlen

Oldenburg

Niedersachsen, 5–20 m über NN
www.oldenburg.de

☎ 0441	✉ 26...	OL
Wallstr. 14, 26122 Oldenburg		☎ 235-0
Bremen (vom Hbf: Regional- und Straßenbahn: 70 min)		
157 868 (50*)	↔ -95 (-0,06 %)	
102,96 km² (43*)	1 533 (35*)	
4	–	5
1/Stud.: 12 094	Hochschulen: 1/2 029	

Soziales/Wirtschaft

Altersstruktur: 0–17 J.: 16,9 %, 18–60 J.: 61,1 %, über 60 J.: 22,0 %

Ausländer: 8 814 (5,6 %), davon aus der Türkei: 2 147 (24,4 %)

Arbeitslose: 8 882 (11,3 %, 2003: 10,9 %) **offene Stellen:** 2 056

Haushaltsvolumen: 407,5 Mio. € **Schuldenstand:** 111 Mio. €

Politik SPD/FDP/BFO[1] (seit 2001); 26 von 51 Sitzen (inkl. OB)

stärkste Parteien:	SPD	CDU	B.90/Gr.	FDP	sonstige
2001 (%/Sitze):	40,1/21	30,5/15	13,6/7	8,2/4	7,5/3
1996 (%/Sitze):	34,9/18	32,8/18	18,3/9	5,3/2	6,0/3

Oberbürgermeister: Dietmar Schütz (SPD, seit 2001; *1943)

1) Bürger für Oldenburg

Osnabrück

Niedersachsen, 64 m über NN
www.osnabrueck.de

☎ 0541	✉ 49...	OS
Bierstr. 22/23, 49074 Osnabrück		☎ 323-2202
Münster/Osnabrück (vom Hbf: Bus X150, 40 min)		
164 696 (47*)	↔ -731 (-0,4 %)	
119,8 km² (39*)	1 375 (38*)	
3	–	4
1/Stud.: 10 754	Hochschulen: 1/6 786	

Soziales/Wirtschaft

Altersstruktur: 0–17 J.: 15,9 %, 18–60 J.: 60,1 %, über 60 J.: 24,0 %

Ausländer: 15 216 (9,2 %), davon aus der Türkei: 3 181 (20,9 %)

Arbeitslose: 8 479 (10,8 %, 2003: 10,0 %) **offene Stellen:** 933

Haushaltsvolumen: 489,2 Mio. € **Schuldenstand:** k. A.

Politik CDU/FDP (seit 2001); 28 von 51 Sitzen (inkl. OB)

stärkste Parteien:	CDU	SPD	FDP	B.90/Gr.	sonstige
2001 (%/Sitze):	43,0/23	31,7/17	10,9/5	10,3/5	4,2/-
1996 (%/Sitze):	41,6/22	38,8/21	5,2/2	12,5/6	2,0/-

Oberbürgermeister: Hans-Jürgen Fip (SPD, seit 1991; *1940)

Rostock

Mecklenburg-Vorpommern, 13 m ü. NN
www.rostock.de

☎ 0381	✉ 18...	HRO
Neuer Markt 3, 18055 Rostock		☎ 3812222
Rostock-Laage (vom Hbf: 25 min)		
197 582 (40*)	↔ -481 (-0,2 %)	
181 km² (25*)	1 092 (45*)	
1	–	5
1/Stud.: 13 756	Hochschulen: 2/768	

Soziales/Wirtschaft

Altersstruktur: 0–17 J.: 13,7 %, 18–60 J.: 59,4 %, über 60 J.: 26,9 %

Ausländer: 7 202 (3,6 %), davon aus Vietnam: 851 (11,8 %)

Arbeitslose: 20 344 (21,5 %, 2003: 19,4 %) **offene Stellen:** 1 028

Haushaltsvolumen: 579,2 Mio. € **Schuldenstand:** 219,3 Mio. €

Politik 53 Sitze

stärkste Parteien:	CDU	PDS	SPD	B.90/Gr.	FDP	sonstige
2004 (%/Sitze):	24,2/13	24,0/13	21,4/11	10,6/6	4,9/3	15,1/7
1999 (%/Sitze):	28,0/16	31,9/18	27,6/16	5,9/3	2,5/0	4,1/-

Oberbürgermeister: Roland Methling (parteilos, seit 2005; *1954)

Saarbrücken

Saarland, 230,1 m über NN
www.saarbruecken.de

☎ 0681	✉ 66...	SB
Reichsstr. 1, 66111 S.		☎ 01805/722727
Saarbrücken-Ensheim (vom Hbf: 45 min)		
181 190 (43*)	↔ -1 599 (-0,9 %)	
167,07 km² (29*)	1 085 (46*)	
1	–	5
1/Stud.: 14 926	Hochschulen: 6/4 568	

Soziales/Wirtschaft

Altersstruktur: 0–17 J.: 15,4 %, 18–60 J: 59,6 %, über 60 J.: 25,0 %

Ausländer: 23 293 (12,9 %), davon aus Italien: 4 296 (18,4 %)

Arbeitslose: 16 993 (15,2 %, 2003: 15,1 %) **offene Stellen:** 717

Haushaltsvolumen: 913,4 Mio. € **Schuldenstand:** 180,7 Mio. €

Politik CDU/FDP (seit 2004); 32 von 63 Sitzen

stärkste Parteien:	CDU	SPD	B.90/Gr.	FDP	NPD
2004 (%/Sitze):	37,9/28	33,5/24	9,4/7	5,8/4	4,2/-
1999 (%/Sitze):	42,5/29	39,9/29	8,6/5	4,8/-	-/-

Oberbürgermeister: Charlotte Britz (SPD, seit 2004; *1958)

☎ Vorwahl bzw. Durchwahl der Infoadresse ✉ Postleitzahlbereich(e) Kfz-Kennzeichen Infoadresse
Nächster Flughafen (Verkehrsverbindung vom Hauptbahnhof: Linie und Entfernung in Minuten) Einwohner

Solingen

Nordrhein-Westfalen, 170 m über NN
www.solingen.de

☎ 02 12	✉ 42…	🚗 SG
ℹ Clemens-Galerie, 42651 Solingen		☎ 290-0
✈ Düsseldorf (vom Hbf: 35 min)		
👪 163 156 (48*)	↔ −235 (−0,14 %)	
▢ 89,45 km² (46*)	Einwohnerdichte 1 824 (25*)	
🏛 1	Oper –	Museen 6
Uni –/Stud.: –	Hochschulen: –/–	

Soziales/Wirtschaft

Altersstruktur: 0–17 J.: 18,6 %, 18–60 J.: 54,8 %, über 60 J.: 26,6 %

Ausländer: 22 420 (13,7 %), davon aus der Türkei: 7 599 (33,9 %)

Arbeitslose: 7 914 (10,7 %, 2003: 10,3 %) **offene Stellen:** 467

Haushaltsvolumen: k. A. **Schuldenstand:** k. A.

Politik CDU (seit 1999); 30 (+OB) von 69 Sitzen; wechs. Mehrheiten

stärkste Parteien:	CDU	SPD	B. 90/Gr.	FDP
2004 (%/Sitze):[1]	43,5/30[2]	27,5/19	8,7/6	8,7/6
1999 (%/Sitze):	50,6/29	29,6/17	5,9/4	6,6/4

Oberbürgermeister: Franz Haug (CDU, seit 1999, * 1942)

1) sonstige: 7 Sitze; 2) +OB

Stuttgart

Baden-Württemberg, 207–549 m über NN
www.stuttgart.de

☎ 07 11	✉ 70…	🚗 S
ℹ Königstr. 1 A, 70173 Stuttgart		☎ 2228-0
✈ Stuttgart (vom Hbf: S 2/S 3, 27 min)		
👪 590 371 (6*)	↔ +1 173 (+0,2 %)	
▢ 207,36 km² (19*)	Einwohnerdichte 2 847 (4*)	
🏛 ca. 30	Oper 1	Museen 32
Uni 2/Stud.: 24 287	Hochschulen: 4/6 823	

Soziales/Wirtschaft

Altersstruktur: 0–17 J.: 15,4 %, 18–60 J.: 60,7 %, über 60 J.: 23,8 %

Ausländer: 130 264 (22,1 %), davon aus der Türkei 22 985 (17,6 %)

Arbeitslose: 21 649 (8,1 %, 2003: 8,0 %) **offene Stellen:** 2 869

Haushaltsvolumen: 2,225 Mrd. € **Schuldenstand:** 445,9 Mio. €

Politik CDU (seit 1971); 21 von 60 Sitzen; wechselnde Mehrheiten

stärkste Parteien:	CDU	SPD	B. 90/Gr.	FW	FDP	REP
2004 (%/Sitze):[1]	32,9/21	22,8/14	18,7/11	9,7/6	6,5/4	3,9/2
1999 (%/Sitze):	38,2/25	23,4/15	13,0/8	6,4/4	6,2/4	7,2/4

Oberbürgermeister: Wolfgang Schuster (CDU, seit 1997; * 1949)

1) sonstige: 2 Sitze

Wiesbaden

Hessen, 83–608 m über NN
www.wiesbaden.de

☎ 06 11	✉ 65…	🚗 WI
ℹ Marktstr. 6, 65183 Wiesbaden		☎ 17290
✈ Frankfurt (vom Hbf: S 8, 39 min; S 9, 32 min)		
👪 272 591 (22*)	↔ +1 501 (+0,6 %)	
▢ 203,9 km² (21*)	Einwohnerdichte 1 337 (39*)	
🏛 5	Oper 1	Museen 5
Uni –/Stud.: –	Hochschulen: 3/6 738	

Soziales/Wirtschaft

Altersstruktur: 0–17 J.: 16,9 %, 18–60 J.: 59,4 %, über 60 J.: 23,7 %

Ausländer: 47 837 (17,5 %), davon aus der Türkei: 11 336 (23,7 %)

Arbeitslose: 13 414 (10,9 %, 2003: 10,4 %) **offene Stellen:** 827

Haushaltsvolumen: 942 Mio. € **Schuldenstand:** 361,8 Mio. €

Politik CDU/FDP (seit 2001); 39 von 81 Sitzen

stärkste Parteien:	CDU	SPD	B. 90/Gr.	FDP	REP	sonstige
2001 (%/Sitze):	36,5/30	34,7/28	10,2/8	12,0/10	4,9/4	1,7/1
1997 (%/Sitze):	34,2/29	36,5/31	13,5/12	4,3/–	9,9/9	1,6/–

Oberbürgermeister: Hildebrand Diehl (CDU, seit 1997; * 1939)

Wuppertal

Nordrhein-Westfalen, 100–350 m über NN
www.wuppertal.de

☎ 02 02	✉ 42…	🚗 W
ℹ am Fußgängertunnel am Hbf, Wuppertal		☎ 19433
✈ Düsseldorf (vom Hbf: 50 min)		
👪 362 445 (17*)	↔ −2 534 (−0,7 %)	
▢ 168,38 km² (28*)	Einwohnerdichte 2 156 (19*)	
🏛 2	Oper 1	Museen 16
Uni 1/Stud.: 14 530	Hochschulen: 2/347	

Soziales/Wirtschaft

Altersstruktur: 0–17 J.: 17,4 %, 18–60 J.: 56,3 %, über 60 J.: 26,3 %

Ausländer: 36 376 (10,0 %), davon aus der Türkei: 13 199 (36,3 %)

Arbeitslose: 20 769 (12,9 %, 2003: 12,4 %) **offene Stellen:** 869

Haushaltsvolumen: 1,588 Mrd. € **Schuldenstand:** 157,9 Mio. €

Politik CDU (seit 1999); 28 von 74 Sitzen; wechselnde Mehrheiten

stärkste Parteien:	CDU	SPD	B. 90/Gr.	FDP	PDS
2004 (%/Sitze):[1]	37,8/28	28,3/21	12,3/9	6,5/5	3,6/3
1999 (%/Sitze):	46,4/31	37,8/26	6,8/3	4,6/3	3,0/2

Oberbürgermeister: Peter Jung (CDU, seit 2004; * 1955)

1) sonstige: 8 Sitze

↔ Veränderung der Einwohnerzahl zum Vorjahr ▢ Fläche Einwohnerdichte pro km² 🏛 Theater
Opernhäuser Museen Uni Universitäten/Gesamthochschulen (ohne Fachhochschulen) mit Studentenzahlen

Graz

Steiermark, Reg.-Bez. Graz, 353 m über NN
www.graz.at

☎ 03 16	✉ 80...	Kfz G
Infoadresse: Messeplatz 1, 8010 Graz		☎ 807 5-0
✈ Graz-Thalerhof (vom Hbf: Bus, 20 min)		
Einwohner 241 530 (2*)	↔ +563 (+0,23 %)	
❒ 127,6 km² (3*)	1 865 (4*)	
4	1	21
Uni 2/Stud.: 41 933	Hochschulen: 1/1 422	

Soziales/Wirtschaft

Altersstruktur: 0–17 J.: 16 %, 18–60 J.: 63 %, über 60 J.: 21 %

Ausländer: 29 860 (12,4 %), davon aus der Türkei: 3 185 (10,3 %)

Arbeitslose: 13 930 (8,9 %, 2003: 8,3 %) **offene Stellen:** 587

Haushaltsvolumen: 561 Mio. € **Schuldenstand:** 280,5 Mio. €

Politik SPÖ/ÖVP (seit 1993); 36 von 56 Sitzen

stärkste Parteien:	ÖVP	SPÖ	KPÖ	FPÖ	sonstige
2003 (%/Sitze):	36,1/21	25,9/15	20,8/12	8,0/4	9,2/4
1998 (%/Sitze):	23,2/13	30,9/18	7,9/4	26,8/16	11,2/5

Bürgermeister: Siegfried Nagl (ÖVP, seit 2003; * 1963)

Innsbruck

Tirol, Reg.-Bez. I.-Stadt, 575 m über NN
www.innsbruck.at

☎ 05 12	✉ 6020..	Kfz I
Infoadresse: Burggraben 3, 6020 Innsbruck		☎ 5356-0
✈ Innsbruck-Kranebitten (vom Hbf: Bus F, 15 min)		
Einwohner 134 803 (5*)	↔ +1 779 (+1,3 %)	
❒ 104 km² (5*)	1 296 (5*)	
8	1	15
Uni 2/Stud.: 23 036	Hochschulen: 2/1 239	

Soziales/Wirtschaft

Altersstruktur: 0–17 J.: 16,2 %, 18–60 J.: 61,8 %, über 60 J.: 22,0 %

Ausländer: 21 745 (16,1 %), davon aus Italien: 5 087 (23,3 %)

Arbeitslose: 2581 (5,0 %, 2003: 5,0 %) **offene Stellen:** 374

Haushaltsvolumen: 273,5 Mio. € **Schuldenstand:** 28,6 Mio. €

Politik Für Innsbruck (seit 1994); 16 von 40 Sitzen

stärkste Parteien:	Für Innsbr.	Grüne	SPÖ	ÖVP	FPÖ
2000 (%/Sitze): [1]	36,3/16	12,6/5	11,7/5	11,5/5	7,8/3
1994 (%/Sitze):	22,8/10	10,4/4	26,6/11	18,9/8	12,2/5

Bürgermeisterin: Hilde Zach (Für Innsbruck, seit 2002; * 1942)

1) sonstige: 6 Sitze

Klagenfurt

Kärnten, Reg.-Bez. K.-Stadt, 445 m ü. NN
www.klagenfurt.at

☎ 04 63	✉ 9020...	Kfz K
Infoadresse: Neuer Platz 1, 9010 Klagenfurt		☎ 537/2223
✈ Klagenfurt-Wörthersee (5 km vom Zentrum)		
Einwohner 91 941 (6*)	↔ +704 (+0,77 %)	
❒ 120,1 km² (4*)	765 (7*)	
1	-	8
Uni 1/Stud.: 7 229	Hochschulen: 1/62	

Soziales/Wirtschaft

Altersstruktur: 0–17 J.: 17,7 %, 18–60 J: 60,2 %, über 60 J.: 22,1 %

Ausländer: 8 461 (9,2 %), davon aus Bosnien-Herzegowina: 2 350 (27,8 %)

Arbeitslose: 2 797 (6,3 %, 2003: 6,5 %) **offene Stellen:** 389

Haushaltsvolumen: 215,1 Mio. € **Schuldenstand:** 100,3 Mio. €

Politik SPÖ/ÖVP/FPÖ/Grüne (seit 2003); 45 von 45 Sitzen

stärkste Parteien:	SPÖ	ÖVP	FPÖ	Grüne [1]	sonstige
2003 (%/Sitze):	36,7/17	31,2/15	19,8/9	10,1/4	2,2/-
1997 (%/Sitze):	30,3/14	28,7/14	29,3/14	2,6/1	9,0/2

Bürgermeister: Harald Scheucher (ÖVP, seit 1997; * 1940)

1) 2003 mit VGÖ kandidiert

Linz

Oberösterreich, Reg.-Bez. Linz, 260 m ü. NN
www.linz.at

☎ 070 32	✉ 40...	Kfz L
Infoadresse: Hauptplatz 1, 4010 Linz		☎ 7070/1779
✈ Blue Danube Airport (vom Hbf: ÖBB-Bus, 25 min)		
Einwohner 187 763 (3*)	↔ +1 512 (+0,8 %)	
❒ 96,1 km² (6*)	1 954 (3*)	
8	-	5
Uni 1/Stud.: 12 409	Hochschulen: 1/514	

Soziales/Wirtschaft [1]

Altersstruktur: 0–19 J.: 18,8 %, 20–59 J.: 56,9 %, über 60 J.: 24,3 %

Ausländer: 24 652 (11,9 %), davon aus der Türkei: 3 138 (12,7 %)

Arbeitslose: 6 692 (3,6 %, 2000: 4,4 %) **offene Stellen:** 1 644

Haushaltsvolumen: 456,9 Mio. € **Schuldenstand:** 316,4 Mio. €

Politik SPÖ/ÖVP/Grüne (seit 2003); 56 von 61 Sitzen

stärkste Parteien:	SPÖ	ÖVP	Grüne	FPÖ	LIF
2003 (%/Sitze):	53,4/34	23,6/15	11,7/7	8,6/5	-/-
1997 (%/Sitze):	40,7/26	22,5/14	7,6/4	22,9/14	3,3/2

Oberbürgermeister: Franz Dobusch (SPÖ, seit 1988; * 1951)

1) Für den Bereich waren keine aktualisierten Daten zu erhalten.

☎ Vorwahl bzw. Durchwahl der Infoadresse ✉ Postleitzahlbereich(e) Kfz Kfz-Kennzeichen Infoadresse
✈ Nächster Flughafen (Verkehrsverbindung vom Hauptbahnhof: Linie und Entfernung in Minuten) Einwohner

Salzburg

Salzburg, Reg.-Bez. S.-Stadt, 424 m ü. NN
www.stadt-salzburg.at

06 62	50...	S
Auerspergstr. 6, 5020 Salzburg		8 89 87-0
Salzburg (vom Hbf: Linie 2, 20 min)		
148 546 (4*)	↔ +911 (+0,6 %)	
65,64 km² (7*)	2 264 (2*)	
34	2	9
3/Stud.: 13 090	Hochschulen: 1/918	

Soziales/Wirtschaft

Altersstruktur: 0–17 J.: 16,3 %, 18–60 J.: 61,6 %, über 60 J.: 22,1 %
Ausländer: 30 157 (20,3 %), davon aus Bosnien-Herzegowina: 4 983 (16,5 %)
Arbeitslose: 3 251 (3,5 %, 2003: 3,7 %) **offene Stellen:** 804
Haushaltsvolumen: 473 Mio. € **Schuldenstand:** 203 Mio. €

Politik 40 Sitze, Proporzregierung

stärkste Parteien:	SPÖ	ÖVP	Bürgerliste	FPÖ	sonstige
2004 (%/Sitze):	47,5/19	27,5/11	15,0/6	10,0/4	–/–
1999 (%/Sitze):	31,3/13	25,3/11	13,7/6	19,6/8	10,1/2

Bürgermeister: Heinz Schaden (SPÖ, seit 1999; *1954)

5

Villach

Kärnten, Reg.-Bez. V.-Stadt, 501 m ü. NN
www.villach.at

042 42	95...	VI
Rathausplatz 1, 9500 Villach		2900
Klagenfurt (vom Hbf: IC, ca. 60 min)		
57 925 (8*)	↔ +201 (+0,35 %)	
134,85 km² (2*)	430 (8*)	
1	–	1
–/Stud.: –	Hochschulen: 3/677	

Soziales/Wirtschaft

Altersstruktur: 0–17 J.: 17,1 %, 18–60 J.: 60,9 %, über 60 J.: 22,0 %
Ausländer: 5 991 (10,4 %), davon aus Bosnien-Herzegowina: 1 500 (25,0 %)
Arbeitslose: 4 176 (8,3 %, 2003: 8,1 %) **offene Stellen:** 266
Haushaltsvolumen: 134,9 Mio. € **Schuldenstand:** 129,7 Mio. €

Politik SPÖ (seit 1953); 28 von 45 Sitzen (5 von 7 Senatsitzen)

stärkste Parteien:	SPÖ	FPÖ	ÖVP	Grüne
2003 (%/Sitze):	58,4/28 (5)	17,9/8 (1)	14,0/6 (1)	5,3/2 (-)
1997 (%/Sitze):	55,5/25	31,1/14	11,1/5	2,3/1

Bürgermeister: Helmut Manzenreiter (SPÖ, seit 1987; *1946)

Wels

Oberösterreich, Reg.-Bez. Wels-Stadt,
317 m ü. NN, www.wels.gv.at

072 42	4600	WE
Kaiser-Josef-Platz 22, 4600 Wels		43495-0
Linz-Hörsching (vom Hbf: ÖBB-Bus, 40 min)		
58 367 (7*)	↔ +366 (+0,6 %)	
46 km² (8*)	1 269 (6*)	
1	–	2
–/Stud.: –	Hochschulen: 1/857	

Soziales/Wirtschaft

Altersstruktur: 0–17 J.: 20,4 %, 18–60 J.: 59,9 %, über 60 J.: 19,7 %
Ausländer: 9 400 (16,1 %), davon aus Bosnien-Herzegowina: 1 849 (19,7 %)
Arbeitslose: 3054 (5,7 %, 2003: 5,5 %) **offene Stellen:** 562
Haushaltsvolumen: k. A. **Schuldenstand:** k. A.

Politik SPÖ (seit 1985); 21 von 36 Sitzen

stärkste Parteien:	SPÖ	ÖVP	FPÖ	Grüne	LIF
2003 (%/Sitze):	54,6/21	19,7/8	10,9/4	9,1/3	–/–
1997 (%/Sitze):	40,4/15	21,0/8	26,8/10	6,9/2	2,9/1

Bürgermeister: Peter Koits (SPÖ, seit 1999; *1941)

Wien

Wien, Reg.-Bez. Wien-Stadt, 171 m über NN
www.wien.gv.at

01	1...	W
Albertinaplatz/Maysedergasse		21114-0
Wien-Schwechat (vom Hbf: 16 min)		
1 624 232 (1*)	↔ +25 606 (+1,6 %)	
415 km² (1*)	3 915 (1*)	
15	3	90
8/Stud.: 116 387	Hochschulen: 30/5 038	

Soziales/Wirtschaft

Altersstruktur: 0–17 J.: 17,7 %, 18–60 J.: 60,2 %, über 60 J.: 22,1 %
Ausländer: 276 964 (17,3 %), davon aus Serbien-Mont.: 71 918 (26,0 %)
Arbeitslose: 82 025 (9,8 %, 2003: 9,5 %) **offene Stellen:** 2 943
Haushaltsvolumen: 9,4 Mrd. € **Schuldenstand:** 1,6 Mrd. €

Politik SPÖ (seit 2001); 52 von 100 Sitzen

stärkste Parteien:	SPÖ	FPÖ	ÖVP	Grüne	LIF	sonstige
2001 (%/Sitze):	46,9/52	20,2/21	16,4/16	12,5/11	3,4/–	0,7/–
1996 (%/Sitze):	39,2/43	27,9/29	15,3/15	7,9/7	8,0/6	1,7/–

Bürgermeister: Michael Häupl (SPÖ, seit 1994; *1949)

↔ Veränderung der Einwohnerzahl zum Vorjahr; Fläche; Einwohnerdichte pro km²; Theater
Opernhäuser; Museen; Universitäten/Gesamthochschulen (ohne Fachhochschulen) mit Studentenzahlen

Basel

Kanton Basel-Stadt, 245–367 m über NN
www.bs.ch

☎ 061	✉ 40...	🚗 BS
ℹ Steinenberg 14, 4051 Basel		☎ 2686868
✈ Basel-Mulhouse (Linie 50, 15 min)		
👥 166 217 (3*)	↔ –69 (–0,04 %)	
❐ 23,9 km² (7*)	6 955 (2*)	
🏛 7	1	25
Uni 1/Stud.: 9 228	Hochschulen: 1/1 985	

Soziales/Wirtschaft

Altersstruktur: 0–17 J.: 14,6 %, 18–60 J.: 61,1 %, über 60 J.: 24,3 %

Ausländer: 52 874 (31,7 %), davon aus Italien: 8 656 (16,4 %)

Arbeitslose: 4 464 (4,6 %, 2003: 4,8 %) **offene Stellen:** 102

Haushaltsvol.: 3,861 Mrd. CHF **Schuldenstand:** 3,494 Mrd. CHF

Politik SP/FDP/GB/LDP/CVP (seit 2005); 102 von 130 Sitzen

stärkste Parteien:	SP	FDP	GB	SVP	LDP
2004 (%/Sitze):[1]	31,2/46	11,7/17	10,9/16	12,1/15	8,6/12
2000 (%/Sitze):	29,2/38	13,8/18	9,6/12	10,8/14	13,1/17

Regierungspräsident: Ralph Lewin (SP, seit 2005; *1953)

Die Stadt Basel wird v. Kanton Basel-Stadt verwaltet; die Angaben über Haushalt u. Politik beziehen sich auf den Kanton Basel-Stadt. 1) sonstige: 24 Sitze

Bern

Bern, Amtsbezirk B., 542 m über NN
www.bern.ch

☎ 031	✉ 30...	🚗 BE
ℹ Bern Tourismus, Postfach, 3001 Bern		☎ 3281212
✈ Zürich-Kloten (vom Hbf: 74 min) und Bern-Belpmoos		
👥 127 352 (4*)	↔ –167 (–0,1 %)	
❐ 51,6 km² (4*)	2 467 (5*)	
🏛 3	1	9
Uni 1/Stud.: 12 918	Hochschulen: 5/ca. 2 100	

Soziales/Wirtschaft

Altersstruktur: 0–17 J.: 13,1 %, 18–60 J.: 64,3 %, über 60 J.: 22,6 %

Ausländer: 27 235 (21,3 %), davon aus ehem. Jugoslawien: 4 984 (18,3 %)

Arbeitslose: 3 268 (4,4 %, 2003: 4,7 %) **offene Stellen:** 101

Haushaltsvolumen: 897,1 Mio. CHF **Schuldenstand:** k. A.

Politik Liste Rot-Grün-Mitte (seit 1992); 3 von 5 Sitzen

stärkste Parteien:	Liste Rot-Grün-Mitte	Bürgerliche
2004 (Sitze/Sitze):	45 (Parl.)/3 (Reg.)	28 (Parl.)/2 (Reg.)
2000 (Sitze/Sitze):	41 (Parl.)/4 (Reg.)	32 (Parl.)/3 (Reg.)

Stadtpräsident: Alexander Tschäppät (SP, seit 2005; *1952)

Genf

Genf, Reg.-Bez. Genf, 373 m über NN
www.ville-ge.ch

☎ 022	✉ 12...	🚗 GE
ℹ Pont de la Machine 1, 1204 Genf		☎ 3119970
✈ Genf (vom Hbf: 10 min)		
👥 185 526 (2*)	↔ +768 (+0,4 %)	
❐ 15,86 km² (8*)	11 698 (1*)	
🏛 40	2	23
Uni 1/Stud.: 14 620	Hochschulen: 1/2 575	

Soziales/Wirtschaft

Altersstruktur: 0–17 J.: 16,1 %, 18–60 J.: 64,5 %, über 60 J.: 19,4 %

Ausländer: 82 253 (44,3 %), davon aus Portugal: 13 934 (16,9 %)

Arbeitslose: 9 027 (9,1 %, 2003: 8,4 %) **offene Stellen:** 499

Haushaltsvolumen: k. A. **Schuldenstand:** 1,625 Mrd. CHF

Politik SPS/Grün/Linke Allianz/PdA (seit 2003); 44 von 80 Sitzen

stärkste Parteien:	SPS	Liberale	Grün	Linke All.	SVP	PdA
2003 (%/Sitze):	20,0/16	19,0/15	16,0/13	11,0/9	11,0/9	8,0/6
1999 (%/Sitze):	15,0/12	24,0/19	12,0/10	28,0/22	–/–	–/–

Oberbürgermeister: Pierre Muller (Liberale, seit 2004; *1952)

Lausanne

Reg.-Bez. Vaud, Kreis Lausanne,
374–930 m ü. NN; www.lausanne.ch

☎ 021	✉ 10...	🚗 VD
ℹ Avenue de Rhodanie 2, 1000 Lausanne		☎ 6137373
✈ Cointrin, Genf (vom Hbf: 45 min)		
👥 127 187 (5*)	↔ +373 (+0,3 %)	
❐ 54,8 km² (3*)	2 321 (6*)	
🏛 9	1	20
Uni 1/Stud.: 10 190	Hochschulen: 1/6 279	

Soziales/Wirtschaft

Altersstruktur: 0–19 J.: 19,4 %, 20–60 J.: 59,8 %, über 60 J.: 20,8 %

Ausländer: 48 216 (37,9 %), davon aus Portugal: 7 511 (15,6 %)

Arbeitslose: 5 141 (8,0 %, 2003: 6,6 %) **offene Stellen:** k. A.

Haushaltsvol.: 1,511 Mrd. CHF **Schuldenstand:** 2,056 Mrd. CHF

Politik Sozialisten/Grüne/POP/Part.d.Arbeit (seit 1994); 53 v. 100 Sitzen

stärkste Parteien:	Sozial.	Radikale	Grüne	Liberale	sonstige
2001 (Sitze):	29	24	16	12	19
1997 (Sitze):	35	26	12	14	13

Bürgermeister: Daniel Brélaz (Grüne, seit 2002; *1950)

☎ Vorwahl bzw. Durchwahl der Infoadresse ✉ Postleitzahlbereich(e) 🚗 Kfz-Kennzeichen ℹ Infoadresse
✈ Nächster Flughafen (Verkehrsverbindung vom Hauptbahnhof: Linie und Entfernung in Minuten) 👥 Einwohner

Luzern

Luzern, Reg.-Bez. L., 433 m über NN
www.stadtluzern.ch

☎ 041	✉ 60...	🚘 LU
ℹ Zentralstr. 5, 6002 Luzern		☎ 2271717
✈ Zürich-Kloten (vom Hbf: 70 min)		
👪 60 204 (8*)	↔ +2 951 (+5,1 %)	
❐ 24,15 km² (6*)	Einw./km² 2 493 (4*)	
🏛 4	Oper 1	Museen 11
Uni 1/Stud.: 1 530	Hochschulen: 5/2 839	

Soziales/Wirtschaft

Altersstruktur: 0–17 J.: 13,0 %, 18–60 J.: 60,4 %, über 60 J.: 26,6 %

Ausländer: 12 068 (20,0 %), davon aus Deutschland: 1 959 (16,2 %)

Arbeitslose: 1 447 (4,5 %, 2003: 4,8 %) **offene Stellen:** 109

Haushaltsvolumen: 587 Mio. CHF **Schuldenstand:** 129,2 Mio. CHF

Politik SP/SVP/FDP/CVP/Grüne/CH 21/JG (seit 2004); 48 Sitze

stärkste Parteien:	SP	SVP	FDP	CVP	Grüne
2004 (%/Sitze):[1]	26,4/14	18,2/9	17,2/8	15,1/8	13,6/7
2000 (%/Sitze):	22,6/11	16,4/7	22,8/12	16,9/8	16,5/8

Stadtpräsident: Urs W. Studer (parteilos, seit 1996; *1949)

1) sonstige: 2 Sitze

St. Gallen

St. Gallen, Reg.-Bez. St. Gallen, 669 m ü. NN
www.stadt.sg.ch

☎ 071	✉ 9000	🚘 SG
ℹ Bahnhofplatz 1a, 9001 St. Gallen		☎ 2273737
✈ Zürich-Kloten (vom Hbf: 55 min)		
👪 70 221 (7*)	↔ −673 (−0,9 %)	
❐ 39,38 km² (5*)	Einw./km² 1 782 (7*)	
🏛 3	Oper –	Museen 7
Uni 1/Stud.: 4 556	Hochschulen: 2/1 252	

Soziales/Wirtschaft

Altersstruktur: 0–17 J.: 17,2 %, 18–60 J.: 60,9 %, über 60 J.: 21,9 %

Ausländer: 19 113 (27,2 %), davon aus Serbien-Mont.: 3 802 (19,9 %)

Arbeitslose: 1 733 (4,4 %, 2003: 4,4 %) **offene Stellen:** 127

Haushaltsvolumen: 466,6 Mio. CHF **Schuldenstand:** 145,2 Mio. CHF

Politik 63 Sitze

stärkste Parteien:	SP	FDP	CVP	SVP	sonstige
2004 (%/Sitze):	27,0/17	20,6/13	19,0/12	17,5/11	15,9/10
2001 (%/Sitze):	22,2/14	20,6/13	23,8/15	17,5/11	15,9/10

Stadtpräsident: Franz Hagmann (CVP, seit 2005; *1941)

Winterthur

Zürich, Reg.-Bez. Winterthur, 441 m über NN
www.stadt-winterthur.ch

☎ 052	✉ 84...	🚘 ZH
ℹ Hauptbahnhof, 8401 Winterthur		☎ 2675151
✈ Zürich-Kloten (vom Hbf: 20 min)		
👪 95 482 (6*)	↔ +1 401 (+1,5 %)	
❐ 67,9 km² (2*)	Einw./km² 1 405 (8*)	
🏛 7	Oper –	Museen 17
Uni –/Stud.: –	Hochschulen: 1/3 000	

Soziales/Wirtschaft

Altersstruktur: 0–17 J.: 17,0 %, 18–60 J.: 62,0 %, über 60 J.: 21,0 %

Ausländer: 22 536 (23,6 %), davon aus Italien: 5 101 (22,6 %)

Arbeitslose: 2 795 (5,5 %, 2003: 6,3 %) **offene Stellen:** ca. 100

Haushaltsvolumen: 989,6 Mio. CHF **Schuldenstand:** 1,137 Mrd. CHF

Politik SP/FDP/EVP/CVP (seit 2002); 39 von 60 Sitzen

stärkste Parteien:	SP	SVP	FDP	EVP	sonstige
2002 (%/Sitze):	35,0/21	22,4/14	16,3/10	7,1/4	19,2/11
1998 (%/Sitze):	35,0/21	18,0/11	18,0/11	6,0/4	23,0/14

Stadtpräsident: Ernst Wohlwend (SP, seit 2002; *1947)

Zürich

Zürich, Reg.-Bez. Zürich, 405 m über NN
www.stzh.ch

☎ 044	✉ 80...	🚘 ZH
ℹ Bahnhofbrücke 1, 8023 Zürich		☎ 2154000
✈ Zürich-Kloten (vom Hbf: 10 min)		
👪 364 977 (1*)	↔ +449 (+0,12 %)	
❐ 91,87 km² (1*)	Einw./km² 3 972 (3*)	
🏛 9	Oper 1	Museen 39
Uni 1/Stud.: 23 323	Hochschulen: 8/20 182	

Soziales/Wirtschaft

Altersstruktur: 0–17 J.: 14,0 %, 18–60 J.: 65,0 %, über 60 J.: 21,0 %

Ausländer: 110 142 (30,2 %), davon aus Deutschland: 17 152 (15,6 %)

Arbeitslose: 9 808 (4,6 %, 2003: 5,5 %) **offene Stellen:** 603

Haushaltsvolumen: 7,046 Mrd. CHF **Schuldenstand:** 146,3 Mio. CHF

Politik SP (seit 1986); 49 von 125 Sitzen; wechselnde Mehrheiten

stärkste Parteien:	SP	SVP	FDP	GP	CVP
2002 (%/Sitze):	34,8/49	18,5/31	16,0/20	8,7/10	6,3/9
1998 (%/Sitze):	34,5/49	17,7/26	18,3/26	5,1/7	6,4/8

Stadtpräsident: Elmar Ledergerber (SP, seit 2002; *1944)

↔ Veränderung der Einwohnerzahl zum Vorjahr ❐ Fläche Einwohnerdichte pro km² 🏛 Theater
Opernhäuser Museen Uni Universitäten/Gesamthochschulen (ohne Fachhochschulen) mit Studentenzahlen

amnesty international

Abkürzung: ai **Sitz:** London **Gründung:** 1961 **Mitglieder:** mehr als 1,8 Mio. in rund 150 Ländern und Territorien **Internationale Generalsekretärin:** Irene Zubaida Khan (seit 2001) **Dt. Generalsekretärin:** Barbara Lochbihler (seit 1999) **Funktion:** ai setzt sich weltweit für Menschen ein, die in ihren grundlegenden Rechten unterdrückt werden. Für ai ist die Allgemeine Erklärung der Menschenrechte der Vereinten Nationen der Maßstab, an dem das Handeln von Regierungen zu messen ist. 1977 erhielt ai den Friedensnobelpreis **www.amnesty.org** (international) **www.amnesty.de** (Deutschland)

Statistik zur Todesstrafe: Nach den Erhebungen von ai belief sich 2004 weltweit die Zahl der Hinrichtungen auf mind. 3797 in 25 Ländern und der Todesurteile auf mind. 7395 in 64 Ländern. Allein in China wurden mind. 3400 Menschen hingerichtet, gefolgt von Iran (159), Vietnam (64) und den USA (59). Da die chinesische Regierung keine offiziellen Zahlen über Hinrichtungen bekannt gibt, beruht die Statistik von ai auf Internetberichten. Weltweit praktizieren 76 Staaten die Todesstrafe.

ai prangert USA an: Wegen ihrer zwiespältigen Haltung zu den Menschenrechten hat ai die USA mehrfach kritisiert. Im Mittelpunkt der Kritik stand insbesondere die Missachtung der Rechte von Gefangenen im Irak und im US-Stützpunkt Guantánamo auf Kuba.

Kampagne gegen Gewalt an Frauen: Schwerpunkt der 2004 begonnenen Kampagne war 2005 u. a. der internationale Kleinwaffenhandel. Nach einem im März 2005 veröffentlichten Bericht von ai und anderen Organisationen wird z. B. in Südafrika alle sechs Stunden eine Frau von ihrem Partner oder Expartner erschossen. Für die USA gilt: Ist eine Waffe im Haus, erhöht sich für alle Bewohner das Risiko, erschossen zu werden, um 41% – allein für Frauen aber um 272%. Wenn Frauen von ihren Ehemännern getötet werden, geschieht dies in Frankreich und Südafrika in einem Drittel der Fälle und in den USA in zwei Drittel der Fälle durch Schusswaffen. Die Organisationen fordern deshalb u. a. ein internationales Abkommen zur Kontrolle des Waffenhandels, schärfere nationale Waffengesetze sowie die Aufnahme von Gewalt gegen Frauen als Tatbestand in nationale Strafgesetzbücher.

Peter Benenson
Gründer von ai,
* 31. 7. 1921 in London,
† 25. 2. 2005 in Oxford.
Der britische Anwalt setzte sich bereits als 16-Jähriger für Kriegswaisen des Spanischen Bürgerkriegs und später für Opfer der dt. Nazidiktatur ein. 1961 initiierte er mit einem Artikel über Gefangene der portugiesischen Militärdiktatur eine weltweite Menschenrechtsbewegung. Aus der Aktion, die als einjährige Kampagne geplant war, entstand ai als größte unabhängige Menschenrechtsorganisation.

Filmpreis erstmals auf der Berlinale: Am 19. 2. 2005 wurde der Internationale ai-Filmpreis erstmals auf den Internationalen Filmfestspielen von Berlin, der sog. Berlinale, verliehen. Mit der Auszeichnung sollen Filme unterstützt werden, die sich mit Menschenrechtsverletzungen auseinandersetzen und ein breites Publikum finden. Der Preis wurde 2005 dem Spielfilm »Paradise Now« des palästinensischen Regisseurs Hany Abu-Assad zuerkannt. Er schildert das Schicksal von zwei jungen Männern aus Nablus, die dazu ausgewählt wurden, Selbstmordattentate zu begehen.

APEC

Name: Asia-Pacific Economic Cooperation (Asiatisch-pazifische wirtschaftliche Zusammenarbeit) **Sitz:** Singapur **Gründung:** 1989 **Mitglieder:** 20 Staaten in Asien und im pazifischen Raum sowie Hongkong (Australien, Brunei, Chile, China, Indonesien, Japan, Kanada, Süd-Korea, Malaysia, Mexiko, Neuseeland, Papua-Neuguinea, Peru, Philippinen, Russland, Singapur, Taiwan, Thailand, USA, Vietnam) **Exekutivdirektor:** Mario Artaza/Chile (seit 2004) **Funktion:** Errichtung einer Freihandelszone in der Region **www.apecsec.org.sg**

Antikorruptionskampagne: Beim Gipfeltreffen in Santiago de Chile vom 19.–21. 11. 2004 war die Bekämpfung der Korruption eines der wichtigsten Themen. Nach Schätzungen der Weltbank werden in den APEC-Staaten jährlich mehr als 10 Mrd. US-Dollar allein als Bestechungsgelder gezahlt, eine Summe, die das Wirtschaftsleben

BIP und Exportraten in den APEC-Staaten

APEC-Mitglied	BIP (in Mrd. US-Dollar)	BIP je Einwohner (in US-Dollar)	Export (in Mrd. US-Dollar)
USA	11 750,4	39 991	724,8
Japan	4 621,2	36 184	471,9
China	1 601,0	1 227	438,5
Kanada	970,3	30 439	271,6
Süd-Korea	667,4	13 806	193,8
Mexiko	663,1	6 377	156,4
Australien	622,7	30 695	70,8
Russland	517,8	4 016	132,1
Taiwan	307,5	13 359	144,1
Indonesien	222,0	1 003	72,3
Thailand	165,7	2 556	80,3
Hongkong[1)]	164,0	23 592	228,7
Malaysia	112,5	4 418	120,7
Singapur	103,6	23 999	144,1
Neuseeland	92,9	23 120	16,3
Chile	89,3	5 571	21,5
Philippinen	84,2	1 019	43,2
Peru	66,2	2 290	8,4
Vietnam	40,4	494	20,8
Brunei	5,2	14 352	4,0
Papua-Neuguinea	4,0	686	3,6

1) seit 1997 chinesische Sonderverwaltungszone
Quelle: APEC, Dezember 2004

stark belastet. Die Führer der APEC-Mitgliedstaaten stellten 10 Mio. US-Dollar bereit, um Strafverfolgungsbehörden zu schulen und Reformen durchzusetzen, die z. B. die Geldwäsche erschweren sollen.

Neue Wirtschaftszweige: Die APEC-Länder wollen sich in den kommenden Jahren verstärkt der Biotechnologie öffnen und Wirtschaftsunternehmen der sog. Life Sciences ansiedeln. Schon jetzt gehören Japan, China, Taiwan und Singapur zu den führenden Nationen in diesem Sektor. Dabei sollen insbesondere Medikamente und Therapien für Krankheiten entwickelt werden, die gehäuft in Entwicklungsländern auftreten.

Terrorbekämpfung: Wie in den Jahren zuvor wurde die Notwendigkeit betont, die Gefahren durch Terroranschläge abzuwehren. Vertreter Indonesiens und Malaysias betonten dabei die Notwendigkeit, zu einem Dialog zu kommen, der ein militärisches Vorgehen gegen Terroristen unter Umständen überflüssig machen könnte. Insbesondere die Kluft zwischen Arm und Reich müsse überwunden werden.

Arabische Liga

Name: League of Arab States (Liga der arabischen Staaten) **Sitz:** Kairo/Ägypten **Gründung:** 1945 **Mitglieder:** 21 arabische Länder und Palästina (Ägypten, Algerien, Bahrain, Dschibuti, Irak, Jemen, Jordanien, Katar, Komoren, Kuwait, Libanon, Libyen, Marokko, Mauretanien, Oman, Saudi-Arabien, Somalia, Sudan, Syrien, Tunesien, Vereinigte Arabische Emirate) **Generalsekretär:** Amr Musa/Ägypten (seit 2001) **Funktion:** Ziel der Liga ist es, in Wirtschaft, Finanzwesen, Transport, Kultur und Gesundheit zusammenzuarbeiten, die Unabhängigkeit der Mitgliedsländer zu wahren sowie deren gemeinsame Interessen zu fördern. **www.arableagueonline.org**

Ergebnisloser Gipfel: Auf einem Treffen der A. L. im März 2005 in Algier forderte der algerische Präsident Abd al-Asis Bouteflika die Schaffung einer »Allianz der Zivilisationen«, die eine Definition von Terrorismus erarbeiten und gegen terroristische Bedrohungen vorgehen solle. Ein weiteres Thema des Treffens war die Erneuerung eines Friedensangebots an Israel, das bereits 2002 unterbreitet wurde. Das bestehende Angebot wurde mit leichten Abänderungen erneut übermittelt, von Israel aber abgelehnt, da u. a. weiterhin die Forderung, Ostjerusalem zur Hauptstadt eines Palästinenserstaats zu machen, sowie der Rückzug Israels aus allen besetzten Gebieten enthalten war.

Forderung nach Reformen: Kritiker bemängelten erneut die Uneinigkeit und Handlungsunfähigkeit der A. L. und forderten Reformen innerhalb der Organisation sowie bei einzelnen Mitgliedern. Lang angekündigte Projekte wie ein gemeinsames Parlament oder ein gemeinsamer Gerichtshof wurden auch bei diesem Treffen nicht vorangetrieben, heikle Themen wie der Bürgerkrieg im Sudan oder die Einflussnahme Syriens im Libanon wurden nicht diskutiert.

Arktischer Rat

Name: Arctic Council **Gründung:** 1996 **Mitglieder:** Dänemark, Finnland, Island, Kanada, Norwegen, Russland, Schweden, USA **Vorsitz:** alle zwei Jahre wechselnd, 2004–06 Russland **Funktion:** Zusammenschluss zum Schutz der Umwelt und der Ureinwohner sowie zur Koordination von Forschungs- und Verkehrsprojekten in der Arktis **www.arctic-council.org**

ASEAN

Name: Association of Southeast Asian Nations (Vereinigung südostasiatischer Nationen) **Sitz:** Jakarta/Indonesien **Gründung:** 1967 **Mitglieder:** Birma, Brunei, Indonesien, Kambodscha, Laos, Malaysia, Philippinen, Singapur, Thailand, Vietnam **Generalsekretär:** Ong Keng Yong/Singapur (seit 2003) **Funktion:** Beschleunigung des Wirtschaftswachstums, Förderung des Fortschritts sowie Sicherung von Frieden und Stabilität in der Region **www.aseansec.org**

Warnsysteme: Unter dem Eindruck der Flutkatastrophe vom 26. 12. 2004 (→ Umwelt und Klima, Tsunami) beschlossen die ASEAN-Staaten in Zusammenarbeit mit anderen internationalen Organisationen im Januar 2005 die Einrichtung eines Tsunami-Frühwarnsystems für den Indischen Ozean und Südostasien sowie eines Asiatischen Seismografischen Netzwerks zur Warnung vor Erdbeben.

Schäden für Tourismusindustrie: Bereits Anfang 2005 bemühte sich die ASEAN darum, den Tourismus in den von der Flutwelle betroffenen Ländern wieder anzukurbeln. Sie verwies darauf, dass viele der betroffenen Gebiete keine ausgesprochenen Tourismusregionen und Reisen problemlos seien. Viele ASEAN-Staaten beziehen einen bedeutenden Teil ihres Einkommens aus dem Tourismus und mussten bereits 2003 wegen des Ausbruchs von SARS große Einbußen hinnehmen.

Streit um Vorsitz 2006: Birma, das 2006 turnusgemäß den ASEAN-Vorsitz übernehmen soll, wurde von den übrigen Mitgliedstaaten aufgefordert, demokratische Strukturen einzuführen, die Oppositionsführerin Aung San Suu Kyi aus dem Hausarrest zu entlassen und einen Dialog zwischen Regime, Opposition und ethnischen Gruppen einzuleiten. Um den Forderungen Nachdruck zu verleihen, reiste im Februar 2005 eine Delegation des ASEAN Inter-Parliamentary Caucus nach Birma. Falls das Land den Forderungen nicht nachkommt, soll es vom Vorsitz ausgeschlossen werden.

Asiatische Entwicklungsbank

Abkürzung: ADB (Asian Development Bank) **Sitz:** Manila/Philippinen **Gründung:** 1966 **Mitglieder:** 63, davon 46 aus der Region, 17 von außerhalb (regional: Afghanistan, Aserbaidschan, Australien, Bangladesh, Bhutan, Birma, China, Cookinseln, Fidschi, Hongkong, Indien, Indonesien, Japan, Kambodscha, Kasachstan, Kirgistan, Kiribati, Süd-Korea, Laos, Luxemburg, Malaysia, Malediven, Marshallinseln, Mikronesien, Mongolei, Nauru, Nepal, Neuseeland, Ost-Timor, Pakistan, Papua-Neuguinea, Palau, Philippinen, Salomonen, Samoa, Singapur, Sri Lanka, Tadschikistan, Taiwan, Thailand, Tonga, Turkmenistan, Tuvalu, Usbekistan, Vanuatu, Vietnam; außerdem: Belgien, Dänemark, Deutschland, Finnland, Frankreich, Großbritannien, Italien, Kanada, Niederlande, Norwegen, Österreich, Portugal, Schweden, Schweiz, Spanien, Türkei, USA) **Präsident:** Haruhiko Kuroda/Japan (seit 2005) **Funktion:** Entwicklungshilfe in Asien **www.adb.org**

Tsunamihilfe: Wichtigstes Projekt der ADB war 2005 die Einrichtung eines Tsunamihilfsfonds, in dem 600 Mio. US-Dollar aus Spenden und 175 Mio. US-Dollar aus anderen ADB-Projekten zusammengeführt wurden. Für die Malediven und Indonesien wurden bereits gemeinsam mit der Weltbank und den UN Mittel zur Verfügung gestellt, mit denen der Wiederaufbau der Infrastruktur, v. a. der Trinkwasserversorgung, aber auch die Beseitigung von Umweltschäden vorgenommen werden können. Außerdem wurde 1 Mio. US-Dollar für die Einrichtung eines Tsunami-Frühwarnsystems zur Verfügung gestellt. Aus vorläufigen Gutachten geht hervor, dass Sri Lanka allein im Jahr 2005 ca. 500 Mio. US-Dollar und Indien 1,2 Mrd. US-Dollar benötigen werden, um die Schäden zu beseitigen.

Neue Armut: In einem im Januar 2005 veröffentlichten Bericht schätzt die ADB, dass die Flutwelle v. a. in Indonesien, Indien, Sri Lanka und auf den Malediven ca. 2 Mio. Menschen durch den Verlust von Wohnung und Arbeitsplatz in Armut gestürzt hat.

Attac

Name: Association pour une Taxation des Transactions financières pour l'Aide aux Citoyens (Vereinigung zur Besteuerung von Finanztransaktionen im Interesse der BürgerInnen) **Dt. Sitz:** Frankfurt am Main **Gründung:** 1998 in Frankreich; Deutschland: 2000 **Mitglieder:** rund 90 000 Organisationen und Einzelpersonen in 45 Ländern **Funktion:** Attac ist ein Bündnis, das Menschen und Organisationen verbindet, die für soziale und ökologische Gerechtigkeit im Globalisierungsprozess streiten **www.attac.de** (Deutschland); **www.attac.info** und **www.attac.org** (international)

Aktionstag des Europäischen Sozialforums: Anlässlich des EU-Gipfels in Brüssel rief Attac zur Beteiligung an der zentralen Demonstration gegen eine Deregulierung der Arbeitsmärkte und eine Zerstörung der sozialen Sicherungssysteme am 19. 3. 2005 auf. Im Mittelpunkt stand dabei die

Forderung nach der Rücknahme der geplanten EU-Dienstleistungsrichtlinie (sog. Bolkestein-Richtlinie), die beim anschließenden EU-Gipfel schließlich entschärft wurde. Die Demonstration, an der sich rund 60000 Menschen beteiligten, wandte sich außerdem gegen Krieg und Rassismus.

Gegen EU-Verfassung: Anlässlich der Ratifizierung der EU-Verfassung im Dt. Bundestag am 13.5. 2005 bekräftigte Attac seine Kritik an dem Entwurf. Außerdem organisierten die Globalisierungskritiker im Vorfeld des frz. Referendums zur EU-Verfassung am 29.5. 2005 eine Kampagne unter dem Namen »Les Faces du NON« (»Gesichter des Neins«). Im Mittelpunkt der Kritik von Attac stand die Festlegung der EU-Verfassung auf eine »unverfälschte« Marktwirtschaft und die damit verbundene Aushöhlung des Sozialstaatsprinzips sowie die Verpflichtung der Mitgliedstaaten zur militärischen Aufrüstung.

AU

Name: African Union (Afrikanische Union) **Sitz:** Addis Abeba/Äthiopien **Gründung:** 2001 **Mitglieder:** 53 afrikanische Staaten (alle außer Marokko) **Generalsekretär:** Olusegun Obasanjo/Nigeria (seit 2005) **Funktion:** Bündnis zur Schaffung eines gemeinsamen wirtschaftlichen und politischen Raums in Afrika nach dem Vorbild der Europäischen Union **www.africa-union.org**

Friedensmissionen: Auf einem Treffen in Abuja in Nigeria im Januar 2005 wurde u.a. ein stärkeres Engagement zur Befriedung afrikanischer Krisenregionen beschlossen, insbesondere in der Demokratischen Republik Kongo, in der Elfenbeinküste und im Sudan. In der sudanesischen Bürgerkriegsregion Darfur sind 3000 Soldaten der AU stationiert. Im Kongo sollen es 6000–7000 Mann sein, doch ist die Finanzierung des Einsatzes bisher nicht geklärt.

Afrikanische Gerichtsbarkeit: Im März 2005 teilte die AU mit, dass sie dem Internationalen Strafgerichtshof in Den Haag eine entsprechende afrikanische Institution zur Verurteilung von afrikanischen Kriegsverbrechern vorziehen würde. Damit stellt sich die AU gegen die Pläne der UN, die Kriegsverbrecher aus dem Sudan in Den Haag vor Gericht stellen will. Europ. Beobachter vermuten hinter dieser Entwicklung eine Einflussnahme der USA, die den Internationalen Strafgerichtshof für US-Amerikaner ebenfalls ablehnen.

Größerer Einfluss bei der UNO: Die AU hat ihren Anspruch auf mehr Einfluss im UN-Sicherheitsrat angemeldet. Im Zuge einer Neuorganisation der UNO müsse dem wachsenden Einfluss der afrikanischen Länder auch auf diesem Gebiet Rechnung getragen werden. Bisher stehen den afrikanischen Staaten gemäß dem herrschenden Rotationsprinzip drei Sitze ohne Veto zu, zukünftig verlangen sie fünf Sitze, von denen zwei ein Vetorecht haben sollen. Außerdem haben Südafrika und Nigeria Interesse bekundet, permanentes Mitglied im UN-Sicherheitsrat zu werden.

Olusegun Obasanjo
Generalsekretär der AU (seit 2005), * 5. 3. 1937 in Aboekuta (Nigeria). Bevor Obasanjo 1976 Staatspräsident von Nigeria wurde, verfolgte er eine militärische Karriere. Er wurde in Nigeria, Großbritannien, Indien und Ghana ausgebildet. 1979 übergab er das Präsidentenamt an Shehu Shagari und war danach in internationalen Organisationen tätig. Während der Militärdiktatur Sani Abachis in Nigeria war er in Haft (1995–99). Seit 1999 ist er wieder Staatspräsident von Nigeria.

Ausschuss der Regionen

Abkürzung: AdR **Sitz:** Brüssel/Belgien **Gründung:** 1991 **Mitglieder:** max. 350 Vertreter der Regionen aus 25 EU-Ländern **Präsident:** Peter Straub/Deutschland (seit 2004) **Funktion:** Unabhängiges Organ zur Beratung der EU in Fragen mit regionaler Auswirkung, insbesondere der Regionalförderung **www.cor.eu.int**

Bank für internationalen Zahlungsausgleich

Abkürzung: BIZ **Sitz:** Basel/Schweiz **Gründung:** 1930 **Mitglieder:** 55 Zentralbanken oder Währungsbehörden **Präsident:** Nout Wellink/Niederlande (seit 2002) **Funktion:** Förderung der Zusammenarbeit der Mitgliedsbanken **www.bis.org**

BDA

Name: Bundesvereinigung der Deutschen Arbeitgeberverbände **Sitz:** Berlin **Gründung:** 1949 **Aufbau:** 14 Landesvereinigungen und 53 auf Bundesebene organisierte Fachverbände **Präsident:** Dieter Hundt (seit 1996) **Funktion:** Vertretung der sozialpolitischen Interessen der privaten Wirtschaft in Deutschland **www.bda-online.de**

BDI

Name: Bundesverband der Deutschen Industrie **Sitz:** Berlin **Gründung:** 1949 **Aufbau:** 35 industrielle Branchenverbände **Präsident:** Jürgen R. Thumann (seit 1. 1. 2005) **Funktion:** Vertretung der wirtschaftspolitischen Interessen der dt. Industrie **www.bdi-online.de**

Blockfreie Staaten

Name: Non Aligned Movement (NAM) **Sitz:** New York/USA **Gründung:** 1961 **Mitglieder:** 92 Staaten **Vorsitz:** Südafrika (seit 2004) **Funktion:** Interessenvertretung nicht paktgebundener Länder **www.nam.gov.za**

Bundesagentur für Arbeit

Abkürzung: BA **Sitz:** Nürnberg **Gründung:** 1952 (Vorgängerorganisation 1927) **Vorstandsvorsitzender:** Frank-Jürgen Weise (seit 2004) **Funktion:** Zentrale Bundesbehörde für Arbeitsvermittlung, Abwicklung der Arbeitslosenversicherung, Berufsberatung und Fortbildung **www.arbeitsagentur.de**

Onlinejobbörse in der Kritik: Nachdem es bereits 2004 Kritik an den hohen Kosten des Virtuellen Arbeitsmarkts (VAM) und seiner Funktionstüchtigkeit gab, prognostizierte der Bundesrechnungshof in seinem Bericht im März 2005 eine weitere Kostenexplosion. Ein Jahr zuvor hatten Verwaltungsrat und Vorstand der BA die Ausgaben auf 163 Mio. € bis 2008 begrenzt. Der Bundesrechnungshof schätzte jedoch 2005 die Ausgaben für den VAM auf 233 Mio. € bis 2008. Gründe dafür seien technische Anpassungen und Personalschulungen. Außerdem habe das System technische Mängel und sei nicht benutzerfreundlich. Die BA hofft, mit dem VAM jährlich 100 000 Arbeitslosmeldungen zu verhindern.

Umbau und Reformen: Die Reform der Arbeitsvermittlung wurde mit der Einführung des Arbeitslosengeldes II (Hartz IV) zum 1. 1. 2005 vorangetrieben. Infolge der Neuregelungen hatten seit Januar wesentlich mehr Menschen als zuvor Anspruch auf Leistungen der BA, die daraufhin mit Personalproblemen zu kämpfen hatte. Darüber hinaus führten Pannen bei der EDV am Jahresbeginn zu Verzögerungen bei der Auszahlung der Leistungen. Die Zahl der sog. Ein-Euro-Jobs blieb weit geringer als erhofft. Besondere Probleme bei der Arbeitsvermittlung bereiteten neben den Langzeitarbeitslosen die Jugendlichen ohne Berufsausbildung.

Bundesagentur für Arbeit: Bundeszuschuss

Jahr	Mrd. €
2005[1]	4,0
2004	5,2
2003	6,2
2002	5,6
2001	1,9
2000	0,9

1) Haushaltsplan 2005
Quellen: Bundesagentur für Arbeit; Bundesministerium für Finanzen

Haushalt der Bundesagentur für Arbeit (Mrd. €)

Jahr	2005[1]	2004	2003	2002	2001	2000
Lohnersatzleistungen	37,0	31,5	31,3	28,9	26,0	24,6
Arbeitsmarktpolitik	14,1	20,2	21,2	28,9	22,0	21,2
sonstige Kosten	6,8	5,3	5,0	4,8	4,6	4,6
Ausgaben gesamt	57,9	57,0	56,8	56,5	52,6	50,5

1) Sollbeträge; Quelle: Bundesagentur für Arbeit

Bundesamt für Verfassungsschutz

Abkürzung: BfV **Sitz:** Köln **Gründung:** 1950 **Präsident:** Heinz Fromm (seit 2000) **Funktion:** Inlandsnachrichtendienst, dessen Hauptaufgaben die Sammlung und Auswertung von Informationen über extremistische und sicherheitsgefährdende Aktivitäten und die Tätigkeit gegnerischer Nachrichtendienste sind **www.verfassungsschutz.de**

Bundesarbeitsgericht

Abkürzung: BAG **Sitz:** Erfurt **Gründung:** 1953 **Präsidentin:** Ingrid Schmidt (seit 2005) **Funktion:** Oberstes Bundesgericht in Deutschland auf dem Gebiet des Arbeitsrechts **www.bundesarbeitsgericht.de**

Bundesbank, Deutsche

Sitz: Frankfurt am Main **Gründung:** 1957 **Organisation:** dezentrale Struktur mit neun Hauptverwaltungen in den Bundesländern **Präsident:** Axel Weber (seit 2004) **Funktion:** als Zentralbank der Bundesrepublik Deutschland integraler Bestandteil des Europ. Systems der Zentralbanken (ESZB). Außer der Mitwirkung an der Erfüllung der Aufgaben des ESZB ist sie für die Abwicklung des Zahlungsverkehrs im Inland und mit dem Ausland zuständig. **www.bundesbank.de**

Überraschende Gewinne: 2004 erzielte die D. B. einen Gewinn von 676 Mio. €. Damit übertraf sie die Prognosen zahlreicher Finanzexperten, die mit Verlusten gerechnet hatten, lag aber deutlich unter dem Betrag von 2 Mrd. €, den Bundesfinanzminister Hans Eichel für den Bundeshaushalt 2005 veranschlagt hatte. Dass das Ergebnis im Endeffekt unter den hoch gesteckten Erwartungen der Bundesregierung lag, war z. T. auf den schwachen Dollarkurs zurückzuführen, denn 96 % der Währungsreserven der B. sind in US-Dollar angelegt und wurden um 2,4 Mrd. € geringer bewertet als im Vorjahr. Darüber hinaus wurde die B. durch Einbußen der Europ. Zentralbank (EZB, Frankfurt am Main) geschwächt, für deren Verluste die B. gemäß ihres Kapitalanteils an der Bank zu 30 % aufkommen muss. Gewinne von 1,2 Mrd. € wurden dagegen durch die Ausbuchung alter, nicht in Euro umgetauschter DM-Bestände erzielt. Aus Gold-, Dollar- und Wertpapiergeschäften erwirtschaftete die B. einen Gewinn von 191 Mio. €, Zinserträge erbrachten 4,9 Mrd. €.

Bundesbankgewinn

Jahr	Mrd. €
1991	7,8
1992	7,5
1992	9,6
1994	5,6
1995	5,6
1996	4,8
1997	12,4
1998	8,3
1999	3,9
2000	8,4
2001	11,2
2002	5,4
2003	0,2
2004	0,6

Quelle: Deutsche Bundesbank, 2005

Streit um Finanzpolitik: Die D. B. wehrte sich gegen die Forderung des Bundesfinanzministers, sie solle die im Vergleich zu vergangenen Jahren geringen Gewinne der Bank durch Goldverkäufe kompensieren. Gleichzeitig forderte die D. B. die Regierung auf, die Maßgaben des europ. Stabilitätspakts einzuhalten und die Staatsverschuldung durch einen strikten Sparkurs so gering wie möglich zu halten.

Bundesfinanzhof

Abkürzung: BFH **Sitz:** München **Gründung:** 1950 **Präsidentin:** Iris Ebling (seit 1999) **Funktion:** Oberstes Bundesgericht in Deutschland auf dem Gebiet des Finanzrechts **www.bundesfinanzhof.de**

Bundesgerichtshof

Abkürzung: BGH **Sitz:** Karlsruhe und Leipzig **Gründung:** 1950 **Präsident:** Günter Erhard Hirsch (seit 2000) **Funktion:** oberstes Bundesgericht in Deutschland für Zivil- und Strafrecht **www.bundesgerichtshof.de**

Bundeskartellamt

Sitz: Bonn **Gründung:** 1957 **Präsident:** Ulf Böge (seit 2000) **Funktion:** Verfolgung aller Wettbewerbsbeschränkungen mit Auswirkungen in Deutschland; Durchsetzung des Kartellverbotes und Durchführung der Fusionskontrolle; Wahrnehmung aller Aufgaben, die den Mitgliedstaaten durch die Wettbewerbsregeln des EG-Vertrages übertragen sind **www.bundeskartellamt.de**

Bundeskriminalamt

Abkürzung: BKA **Sitz:** Wiesbaden **Gründung:** 1951 **Präsident:** Jörg Ziercke (seit Februar 2004) **Funktion:** Zentralstelle für das polizeiliche Auskunfts- und Nachrichtenwesen **www.bundeskriminalamt.de**

Bundesnachrichtendienst

Abkürzung: BND **Sitz:** Berlin und Pullach bei München **Gründung:** 1958 **Präsident:** August Hanning (seit 1998) **Funktion:** Beschaffung und Auswertung geheimer politischer, militärischer, wirtschaftlicher und wissenschaftlich-technischer Informationen aus dem Ausland **www.bundesnachrichtendienst.de**

Streit um Umzug nach Berlin: Nach den Planungen der Bundesregierung vom März 2005 soll die Umsiedlung des BND von Pullach nach Berlin statt 2008 nun im August 2011 erfolgen. Die Kosten für den Neubau sind von 600 auf 720 Mio. € gestiegen. Dazu werden Aufwendungen für die technische Ausrüstung und den Umzug anfallen. Nachdem der Bundestag im März 2005 weitere Mittel für den Umzug genehmigt hatte, entbrannte erneut die Auseinandersetzung um die Übersiedlung. Die CDU/CSU forderte einen Stopp der Umzugspläne u. a. aus Kostengründen. Auch Bündnis 90/Die Grünen regten eine Revision der Pläne an.

Bundespatentgericht

Abkürzung: BPatG **Sitz:** München **Gründung:** 1961 **Präsident:** Hans-Georg Landfermann (seit 2001) **Funktion:** oberstes Bundesgericht in Deutschland für Schutzrecht (Patent, Marke, Gebrauchsmuster, Topografie, Geschmacksmuster, Sortenschutzrecht) **www.bpatg.de**

Bundesrechnungshof

Abkürzung: BRH **Sitz:** Bonn **Gründung:** 1950 **Präsident:** Dieter Engels (seit 2002) **Funktion:** Prüfung der Haushalts- und Wirtschaftsführung des Bundes inkl. seiner Sondervermögen und Betriebe, der Sozialversicherungsträger sowie der Aktionen des Bundes bei privatrechtlichen Unternehmen, an denen er beteiligt ist **www.bundesrechnungshof.de**

Bundessozialgericht

Abkürzung: BSG **Sitz:** Kassel **Gründung:** 1953 **Präsident:** Karl Matthias von Wulffen (seit 1995) **Funktion:** Oberstes Bundesgericht in Deutschland für Sozialrecht **www.bundessozialgericht.de**

Bundesverfassungsgericht

Abkürzung: BVerfG **Sitz:** Karlsruhe **Gründung:** 1951 **Präsident:** Hans-Jürgen Papier (seit 2002) **Funktion:** der allen übrigen Verfassungsorganen gegenüber selbstständige und unabhängige Gerichtshof der Bundesrepublik Deutschland **www.bundesverfassungsgericht.de**

Bundesverwaltungsgericht

Abkürzung: BVerwG **Sitz:** Leipzig **Gründung:** 1952 **Präsident:** Eckart Hien (seit 2003) **Funktion:** Oberstes Bundesgericht in Deutschland für Verwaltungsrecht **www.bverwg.de**

CERN

Name: Conseil Européen pour la Recherche Nucléaire (Europäischer Rat für Kernforschung) **Sitz:** Genf/Schweiz **Gründung:** 1954 **Mitglieder:** 20 europ. Staaten **Generaldirektor:** Robert Aymar/Frankreich (seit 2004) **Funktion:** Internationale Forschungsorganisation für Kern-, Hochenergie- und Elementarteilchenphysik sowie Grundlagenforschung **www.cern.ch**

CGB

Name: Christlicher Gewerkschaftsbund Deutschlands **Sitz:** Berlin **Gründung:** 1959 **Mitglieder:** 16 selbstständige Einzelgewerkschaften **Vorsitzender:** Matthäus Strebl (seit 2004) **Funktion:** Zusammenschluss eigenständiger Gewerkschaften und Berufsverbände von Arbeitern, Angestellten und Beamten, mit dem Ziel, christliche Wert- und Ordnungsvorstellungen in Wirtschaft, Staat und Gesellschaft zu verwirklichen **www.cgb.info**

CIA

Name: Central Intelligence Agency (Zentrale Nachrichtenbehörde) **Sitz:** Langley/USA **Gründung:** 1947 **Präsident:** Porter J. Goss (seit 24. 9. 2004) **Funktion:** Auslandsgeheimdienst der USA **www.cia.gov**

Versagen des CIA im Irakkrieg: Nach gut einjähriger Arbeit legte die von Präsident George W. Bush eingerichtete unabhängige Kommission zur Untersuchung der Geheimdienste Ende März 2005 ihren Bericht vor. Die Kommission war eingesetzt worden, nachdem sich die Annahmen über Massenvernichtungswaffen im Irak, die ein Hauptanlass für den Golfkrieg waren, als weitgehend falsch herausgestellt hatten. Der Bericht deckte nicht nur bei den Einschätzungen zum Irak, sondern auch bei denen zu Nord-Korea, Iran und China Schwachstellen auf. Die Geheimdienste hätten im Fall Irak nicht in ausreichendem Maß darauf hingewiesen, dass die Informationslage spärlich und die Quellen unsicher seien. Außerdem seien sie gefälschten Dokumenten aufgesessen. Um solche Fehler in Zukunft zu vermeiden, empfahl die Kommission u. a. eine bessere Koordination der 15 Geheimdienste.

Neues Amt des Geheimdienstdirektors: Im Zuge einer Reform der Geheimdienste infolge der Terroranschläge vom 11. 9. 2001 ernannte Bush im Februar 2005 John Negroponte, den bisherigen US-Botschafter im Irak, zum neuen Geheimdienstdirektor. Er ist damit Chef aller 15 Geheimdienste im In- und Ausland.

John Negroponte
Nationaler Geheimdienstdirektor der CIA (seit 2005), *21. 7. 1939 in London. Negroponte begann seine diplomatische Karriere 1960 und war in den 1970er-Jahren Assistent von Henry Kissinger bei den Verhandlungen zur Beendigung des Vietnamkriegs. 1981–85 war er Botschafter in Honduras und unterstützte dort im Auftrag der US-Regierung die Contrarebellen gegen die Sandinisten in Nicaragua. Danach war er u. a. in Mexiko und auf den Philippinen tätig. 1997 verließ Negroponte den diplomatischen Dienst, wurde jedoch 2001 von George W. Bush zum US-Vertreter bei der UNO berufen und 2004 als Botschafter in den Irak entsandt.

Commonwealth

Name: Commonwealth of Nations (Gemeinschaft der Staaten des ehemaligen britischen Weltreichs) **Sitz:** London/Großbritannien **Gründung:** 1931/1949 **Mitglieder:** 53 Staaten, 16 davon sind konstitutionelle Monarchien mit der britischen Königin Elisabeth II. als Staatsoberhaupt **Generalsekretär:** Donald C. McKinnon/Neuseeland (seit 2000) **Funktion:** Vereinigung Großbritanniens, Australiens, Neuseelands und ihrer früheren Kolonien zur Förderung der politischen, wirtschaftlichen und kulturellen Kooperation **www.thecommonwealth.org**

DBB

Name: Deutscher Beamtenbund **Sitz:** Berlin **Gründung:** 1949 **Mitglieder:** 39 Fachgewerkschaften mit rund 1,2 Mio. Einzelmitgliedern **Vorsitzender:** Peter Heesen (seit 2003) **Funktion:** Organisation zur Vertretung und Förderung berufsbedingter politischer, rechtlicher und sozialer Belange der Einzelmitglieder der einzelnen Verbände **www.dbb.de**

DGB

Name: Deutscher Gewerkschaftsbund **Sitz:** Düsseldorf **Gründung:** 1949 **Mitglieder:** 8 Einzelgewerkschaften **Vorsitzender:** Michael Sommer (seit 2002) **Funktion:** Dachverband der 8 Einzelgewerkschaften **www.dgb.de**

Kampf gegen Mitgliederschwund: Nachdem die Mitgliederzahlen der Gewerkschaften 2004 erneut zurückgegangen waren, strebte der DGB 2005 eine Trendwende an. So sollen Beratung und Information, auch über das Internet, verstärkt werden. Darüber hinaus soll die Abstimmung zwischen den Einzelgewerkschaften verbessert werden.

Arbeitsprogramm für 2005: Auf einer Klausurtagung in Potsdam im Januar 2005 wurden drei Schwerpunkte festgelegt: die Diskussion über Strukturen, Aufgaben, Ziele und die Finanzierung des Sozialstaats; die Weiterentwicklung der Unternehmensmitbestimmung; die Zusammenarbeit der Gewerkschaften in Europa.

DIHK

Name: Deutscher Industrie- und Handelskammertag **Sitz:** Berlin **Gründung:** 1949 **Mitglieder:** 81 Industrie- und Handelskammern (IHK) **Präsident:** Ludwig Georg Braun (seit 2001) **Funktion:** Repräsentant der gesamten gewerblichen Wirtschaft in Deutschland **www.dihk.de**

EBWE

Name: Europäische Bank für Wiederaufbau und Entwicklung (European Bank for Reconstruction and Development, EBRD) **Sitz:** London/Großbritannien **Gründung:** 1991 **Mitglieder:** 60 Staaten sowie Europ. Investitionsbank und EU **Präsident:** Jean Lemierre/Frankreich (seit 2000) **Funktion:** Förderung des Übergangs zur offenen Marktwirtschaft und des privaten und unternehmerischen Handelns in den Ländern Mittel- und Osteuropas und der Gemeinschaft Unabhängiger Staaten (GUS) **www.ebrd.com**

ECOSOC

Name: Economic and Social Council (Wirtschafts- und Sozialrat) **Sitz:** New York/USA **Gründung:** 1945 **Mitglieder:** 54 Staaten **Präsident:** Munir Akram/Pakistan (seit 2005) **Funktion:** Unterorganisation der UNO zur Koordination im wirtschaftlichen und sozialen Bereich **www.un.org/docs/ecosoc**

EFTA

Name: European Free Trade Association (Europäische Freihandelsvereinigung) **Sitz:** Genf/Schweiz **Gründung:** 1960 **Mitglieder:** Island, Liechtenstein, Norwegen, Schweiz **Generalsekretär:** William Rossier (seit 2000) **Funktion:** Förderung des Freihandels zwischen den Mitgliedern und durch Freihandelsabkommen **www.efta.int**

Experten der Welthandelsorganisation (WTO, Genf) kritisierten die EFTA im April 2005, weil diese ihr Freihandelsnetz umfassend ausbauen möchte. Solche regionalen Abkommen könnten das multilaterale System schädigen. Die EFTA war dagegen der Auffassung, dass die von ihr geschlossenen Abkommen zur Liberalisierung des Welthandels beitragen würden und sich im Rahmen der WTO-Regeln bewegten. Bisher sind mehr als 300 solcher Abkommen außerhalb der WTO abgeschlossen worden, 14 davon von der EFTA. 2004 schloss sie Freihandelsabkommen mit Libanon und Tunesien.

EUREKA

Name: European Research Coordination Agency (Europäische Agentur für Forschungskoordination) **Sitz:** Brüssel/Belgien **Gründung:** 1985 **Mitglieder:** 35 Staaten und die Europ. Kommission, drei europ. Staaten sind assoziiert **Vorsitz:** Tschechische Republik (2005/06) **Funktion:** Internationale Organisation zur Forschungsförderung **www.eureka.dom.de, www.eureka.be**

6

Europäische Investitionsbank

Sitz: Luxemburg **Gründung:** 1958 **Präsident:** Philippe Maystadt/Belgien (seit 2000) **Funktion:** Autonomes EU-Organ zur Förderung einer ausgewogenen Entwicklung in der EU durch Finanzierung von Investitionen **www.eib.eu.int; www.eib.org**

Europäisches Patentamt

Abkürzung: EPA **Sitz:** München **Gründung:** 1973 **Mitglieder:** 30 Staaten **Präsident:** Alain Pompidou/ Frankreich (seit 2004) **Funktion:** Aufbau eines einheitlichen Patentsystems in Europa und Zentralstelle für die Erteilung von europ. Patenten **www.european-patent-office.org**

Europäische Umweltagentur

Name: European Environment Agency (EEA) **Sitz:** Kopenhagen/Dänemark **Gründung:** 1994 **Exekutivdirektor:** Jacqueline McGlade/Großbritannien (seit 2003) **Funktion:** Sammlung und Aufbereitung umweltbezogener Daten als Grundlage für politische Entscheidungen **www.eea.eu.int**

Europarat

Name: Council of Europe (COE) **Sitz:** Straßburg/Frankreich **Gründung:** 1949 **Mitglieder:** 46 europ. Staaten **Generalsekretär:** Terry Davis/Großbritannien (seit 1.9. 2004) **Funktion:** Förderung der Zusammenarbeit auf wirtschaftlichem, sozialem, kulturellem und wissenschaftlichem Gebiet; Stärkung der Demokratien in Osteuropa, Durchsetzung der Menschenrechte. Der Europarat ist kein Organ der EU **www.coe.int**

Gründungsmitglieder des Europarats (5. 5. 1949)

Mitglied	Sitze
Belgien	7
Dänemark	5
Frankreich	18
Großbritannien	18
Irland	4
Italien	18
Luxemburg	3
Niederlande	7
Norwegen	5
Schweden	6

Der dritte Gipfel der Staats- und Regierungschefs des E. fand am 16. und 17.5. 2005 in Warschau statt. Im Mittelpunkt stand die Bekräftigung der Werte wie Demokratie, Menschenrechte und Rechtsstaatlichkeit sowie die Förderung der Sicherheit in Europa vor Terrorismus, Korruption und organisiertem Verbrechen. Es wurden neue Konventionen des E. zur Zeichnung aufgelegt: die Konventionen über Terrorismusprävention und deren Finanzierung sowie die Konvention über Menschenhandel. Einen weiteren Schwerpunkt bildeten die Sicherstellung einer besseren Zusammenarbeit zwischen dem E. und anderen europ. Partnern.

Terry Davis
Generalsekretär des Europarats (seit 2004), * 5. 1. 1938 in Stourbridge (Großbritannien). Davis war u. a. in der britischen Automobilindustrie als Manager tätig und 28 Jahre lang Abgeordneter der Labour Party. Seit 1992 war er Mitglied der britischen Delegation bei der parlamentarischen Versammlung des Europarats, bevor er im September 2004 die Nachfolge des Österreichers Walter Schwimmer antrat.

Europol

Name: European Police Office **Sitz:** Den Haag/Niederlande **Gründung:** 1998 **Direktor:** Max-Peter Ratzel/ Deutschland (seit 2005) **Funktion:** Bekämpfung der grenzüberschreitenden Kriminalität **www.europol.eu.int**

FAO

Name: Food and Agricultural Organization (Ernährungs- und Landwirtschaftsorganisation) **Sitz:** Rom/Italien **Gründung:** 1945 **Mitglieder:** 187 Staaten und die EU **Generaldirektor:** Jacques Diouf/Senegal (seit 1994) **Funktion:** Verbesserung der Ernährungslage und Förderung der Landwirtschaft weltweit **www.fao.org**

G7/G8

Name: Gruppe der Sieben/Gruppe der Acht **Gründung:** 1975 **Mitglieder:** Deutschland, Frankreich, Großbritannien, Italien, Japan, Kanada (seit 1976) und USA (G7) sowie Russland (seit 2002) und die EU (seit 1977) **Funktion:** informelle Treffen der weltweit wichtigsten Wirtschaftsländer zur Behandlung von ökonomischen, politischen und Sicherheitsfragen **www.g8.utoronto.ca**

Reformdialog: Die G-8-Vertreter verpflichteten sich auf ihrem jährlichen Gipfeltreffen im Juni 2004, in den Ländern des Mittleren Ostens und Nordafrikas die Förderung von Bildung, Sicherheit und Demokratisierung sowie die Finanzierung neuer Unternehmen zu unterstützen, um die Stabilität und wirtschaftliche Unabhängigkeit dieser Regionen voranzutreiben. Verbunden mit diesem Impuls für einen breit angelegten Reformdialog war die Forderung, den israelisch-arabischen Konflikt möglichst zügig zu beenden. Im Juni 2005 einigten sich die G-8-Vertreter auf einen umfassenden Schuldenerlass für die ärmsten Staaten der Welt (→ Entwicklung, Entwicklungspolitik).

Internationale Sicherheit: Die Verbreitung von Massenvernichtungswaffen wurde ebenso geächtet wie der internationale Terrorismus. Die Verbindung von sicherem und unkompliziertem Reisen wurde betont. Dabei beschlossen die G-8-Vertreter, die Zerstörung überflüssiger tragbarer Luftabwehrsysteme, mit denen Terroristen Flugzeuge angreifen könnten, voranzutreiben und deren Verbreitung zu unterbinden. In Zusammenarbeit mit afrikanischen Abgesandten verfassten die Regierungschefs einen Aktionsplan, in dem Maßnahmen zur Friedenssicherung, Unterstützung des Wirtschaftslebens durch Unternehmensgründungen und Schuldenerlass sowie die Bekämpfung von Armut und Krankheiten in afrikanischen Staaten gefordert wurden.

Golf-Kooperationsrat

Abkürzung: GCC (Gulf Cooperation Council) **Sitz:** Riad/Saudi-Arabien **Gründung:** 1981 **Mitglieder:** Bahrain, Katar, Kuwait, Oman, Saudi-Arabien, Vereinigte Arabische Emirate **Generalsekretär:** Abdulrahman bin Hamad Al-Attiyah/Katar (seit 2002) **Funktion:** Bündnis der arabischen Staaten für politische, wirtschaftliche und militärische Zusammenarbeit sowie Friedenssicherung in der Golfregion **www.gcc-sg.org**

Währungsunion: In Vorbereitung einer Währungsunion der sechs Golfstaaten, die 2010 in Kraft treten soll, legten die Präsidenten der sechs Zentralbanken im März 2005 in Abu Dhabi (Vereinigte Arabische Emirate) die nötigen Stabilitätskriterien fest. Dazu gehören Vorgaben für Staatsverschuldung, Inflationsraten, Währungsreserven und Zinsen. Aus der bereits bestehenden Zollunion des G.-K. soll 2007 ein gemeinsamer Markt entstehen.

Terrorismusbekämpfung: Auf der »Woche des G.-K.« in Brüssel im März 2005 betonte Generalsekretär Abdulrahman bin Hamad Al-Attiyah die Notwendigkeit, dass arabische und westliche Nationen gemeinsam gegen den internationalen Terrorismus vorgehen.

Greenpeace

Sitz: Amsterdam/Niederlande **Gründung:** 1971 **Mitglieder:** 2,9 Mio. (Stand 2002) **Vorstandsvorsitzende:** Cornelia Durrant/Großbritannien (seit 1996) **Geschäftsführer (international):** Gerd Leipold/Deutschland (seit 2001) **Geschäftsführerin (national):** Brigitte Behrens (seit 1999) **Funktion:** Internationaler Verein für den aktiven Schutz von Natur und Umwelt sowie für Beendigung aller Atomwaffentests **www.greenpeace.org** (international); **www.greenpeace.de** (Deutschland)

Schadstoffe in Obst und Gemüse: Bei Untersuchungen 2004 und 2005 konnte G. wiederholt feststellen, dass die Schadstoffbelastungen von Obst und Gemüse deutlich höher liegen als allgemein angenommen. Bei Testkäufen wurden in Salat und Früherdbeeren u. a. hohe Pestizidrückstände von bis zu acht Pestiziden gleichzeitig gefunden. G. wirft der Bundesregierung vor, die Grenzwerte für Pestizide in Lebensmitteln um das bis zu 20-Fache erhöht zu haben.

Genpatente vergeblich angefochten: In der Debatte um die Patentierung gentechnisch veränderter Pflanzen stellte sich das Europ. Patentamt in München im April 2005 auf die Seite eines US-Saatgutkonzerns, der bereits 1996 ein Patent auf genetisch veränderten Soja angemeldet hatte, und lehnte eine Beschwerden von G. ab. G. kritisiert die Patentierung von Tieren und Pflanzen grundsätzlich, da große Konzerne immer mehr Pflanzen zum Patent anmelden, auch wenn sie nicht gentechnisch verändert sind. Als Inhaber dieser Patente können sie anschließend Saaten vom Markt nehmen und Bauern damit zwingen, die teureren, genmanipulierten Produkte zu kaufen.

GUS

Name: Gemeinschaft Unabhängiger Staaten (Commonwealth of Independent States, CIS) **Sitz:** ohne festen Sitz **Gründung:** 1991 **Mitglieder:** zwölf ehemalige Sowjetrepubliken (Armenien, Aserbaidschan, Kasachstan, Kirgistan, Georgien, Moldawien, Russland, Tadschikistan, Turkmenistan, Ukraine, Usbekistan, Weißrussland) **Höchstes Gremium:** Rat der Staatsoberhäupter **Funktion:** lockeres Bündnis für politische, wirtschaftliche, militärische und kulturelle Zusammenarbeit

Konflikt bei Wahlbeobachtung: Bei den Präsidentschaftswahlen in der Ukraine im November 2004 erkannte das von der GUS entsandte Wahlbeobachtungsteam Wiktor Janukowitsch als Wahlsieger an. Damit stand es im Gegensatz zu den Wahlbeobachtern anderer Organisationen

6

wie der OSZE. Bereits bei den Wahlen in Weißrussland, die Alexander Lukaschenka für sich entschieden hatte, hatten die GUS-Beobachter faire Wahlen bescheinigt, während von anderen Seiten die Richtigkeit des Wahlverlaufs bezweifelt wurde. Die unterschiedliche Beurteilung führte zu Unstimmigkeiten zwischen GUS und EU-Staaten.

Human Rights Watch

Abkürzung: HRW **Sitz:** New York **Gründung:** 1978 **Direktor:** Kenneth Roth (seit 1993) **Funktion:** Untersuchung von Menschenrechtsverletzungen, die weltweit von Regierungen und nichtstaatlichen Akteuren begangen werden **www.hrw.org**

Im Januar 2005 erschien der 15. Jahresbericht der Organisation, der sich mit Menschenrechtsverletzungen in 64 Ländern beschäftigt. Schwerpunkte der Berichterstattung waren darüber hinaus die »ethnischen Säuberungen« im sudanesischen Darfur, die Rolle der US-Armee im irakischen Gefängnis Abu Ghreib und die Verantwortung internationaler Organisationen wie UNO und EU bei der Ahndung von Menschenrechtsverletzungen.

IAEA

Name: International Atomic Energy Agency (Internationale Atomenergie-Organisation) **Sitz:** Wien/Österreich **Gründung:** 1957 **Mitglieder:** 138 Staaten **Generaldirektor:** Mohamed El Baradei/Ägypten (seit 1997) **Funktion:** Sonderorganisation der UNO zur weltweiten Kontrolle kerntechnischer Anlagen und des Atomwaffensperrvertrags von 1968 **www.iaea.org**

ICAO

Name: International Civil Aviation Organization (Internationale Zivilluftfahrtorganisation) **Sitz:** Montreal/Kanada **Gründung:** 1944 **Mitglieder:** 188 Staaten **Generalsekretär:** Taïeb Chérif/Algerien (seit 2003) **Funktion:** Sonderorganisation der UNO zur Förderung der zivilen Luftfahrt **www.icao.org**

IEA

Name: International Energy Agency (Internationale Energie-Agentur) **Sitz:** Paris/Frankreich **Gründung:** 1974 **Mitglieder:** 26 Staaten **Exekutivdirektor:** Claude Mandil/Frankreich (seit 2003) **Funktion:** Mit der OECD vernetzte Organisation, die als Reaktion auf die Erdölkrise zur Sicherung der Energieversorgung in den Mitgliedstaaten gegründet wurde **www.iea.org**

IFAD

Name: International Fund for Agricultural Development (Internationaler Agrarentwicklungsfonds) **Sitz:** Rom/Italien **Gründung:** 1977 **Mitglieder:** 164 Staaten **Präsident:** Lennart Båge/Schweden (seit 2001) **Funktion:** Sonderorganisation der UNO zur Förderung der landwirtschaftlichen Entwicklung und zur Verbesserung des Ernährungsstands der Landbevölkerung **www.ifad.org**

ILO

Name: International Labour Organization (Internationale Arbeitsorganisation) **Sitz:** Genf/Schweiz **Gründung:** 1919 (Neugründung 1946) **Mitglieder:** 178 Staaten **Generaldirektor:** Juan Somavía/Chile (seit 1999) **Funktion:** Sonderorganisation der UNO zur Verbesserung der Lebens- und Arbeitsbedingungen in der Welt und zur Erschließung neuer Beschäftigungsfelder **www.ilo.org**

IMO

Name: International Maritime Organization (Internationale Seeschifffahrtsorganisation) **Sitz:** London/Großbritannien **Gründung:** 1948 **Mitglieder:** 163 Staaten **Generalsekretär:** Efthimios E. Mitropoulos/Griechenland (seit 2003) **Funktion:** Sonderorganisation der UNO zur Beratung von Fragen der internationalen Seeschifffahrt **www.imo.org**

Zum 5.4. 2005 wurden durch die Erweiterung von MARPOL (Marine Pollution, Internationales Übereinkommen zur Verhütung der Meeresverschmutzung durch Schiffe), das 130 Nationen ratifiziert haben, neue Bestimmungen zur Sicherung der Meere vor Ölverschmutzungen durch Tankerunglücke wirksam. Tanker mit mehr als 20000 BRT, die nur über eine einfache Außenwand verfügen, müssen je nach Ausstattung und Baujahr von 2005 bis 2010 aus dem Verkehr gezogen oder mit doppelten Außenwänden nachgerüstet werden. Die doppelte Außenhülle soll im Fall einer Kollision das Auslaufen derÖlladung verhindern.

INCB

Name: International Narcotics Control Board (Internationaler Drogenkontrollrat) **Sitz:** Wien/Österreich **Gründung:** 1961 **Mitglieder:** 13 Einzelpersonen, ausgewählt durch ECOSOC **Präsident:** Philip O. Emafo/Nigeria (seit 2002) **Funktion:** Unterorganisation der UNO zur Überwachung von Drogenkontrollmaßnahmen **www.incb.org**

Enrique V. Iglesias Generalsekretär der Interamerikanischen Entwicklungsbank (seit 1988), *26. 3. 1930 in Asturias (Spanien). Bevor Iglesias 1985 Außenminister wurde, war er Gouverneur der Zentralbank von Uruguay und vertrat sein Land in mehreren Ämtern bei der UNO. 1988 wechselte er vom Außenministerium zur IADB, in der er zahlreiche Reformen anregte, u. a. die Gründung der Interamerican Investment Corporation zur Finanzierung privatwirtschaftlicher Projekte.

Interamerikanische Entwicklungsbank

Name: Interamerican Development Bank (IADB) **Sitz:** Washington/USA **Gründung:** 1959 **Mitglieder:** 46 Staaten **Generalsekretär:** Enrique V. Iglesias/Uruguay (seit 1988) **Funktion:** Förderung der wirtschaftlichen und sozialen Entwicklung der weniger entwickelten Länder Lateinamerikas und der Karibik **www.iadb.org**

Internationaler Gerichtshof

Name: International Court of Justice (ICJ) **Sitz:** Den Haag/Niederlande **Gründung:** 1945 **Mitglieder:** 15 Richter **Präsident:** Shi Jiuyong/China (seit 2003) **Funktion:** Hauptrechtsprechungsorgan der UNO, das für Streitigkeiten zwischen Staaten zuständig ist, wenn dies Verträge vorsehen oder wenn sich Staaten freiwillig seiner Rechtsprechung unterwerfen **www.icj-cij.org**

Internationaler Seegerichtshof

Sitz: Hamburg **Gründung:** 1996 **Mitglieder:** 21 Richter **Präsident:** L. Dolliver M. Nelson/Grenada (seit 2002) **Funktion:** Rechtsprechungsorgan der UNO auf dem Gebiet der Seefahrt und der Hochseefischerei **www.itlos.org**

Internationaler Strafgerichtshof

Name: International Criminal Court (ICC) **Sitz:** Den Haag/Niederlande **Gründung:** 2002 **Präsident:** Philippe Kirsch/Kanada **Chefankläger:** Luis Moreno Ocampo/Argentinien **Funktion:** Hauptrechtsprechungsorgan der Vertragsstaaten, das über Einzelpersonen urteilt, die wegen Völkermordes, Verbrechen gegen die Menschlichkeit und schwerer Kriegsverbrechen in aller Welt angeklagt sind **www.icc-cpi.int**

Mit der Ratifizierung durch Kenia am 15. 3. 2005 hat sich die Zahl der Staaten, die das Statut des I. S. ratifiziert haben, auf 98 erhöht, wobei die USA, Israel und China ihre Blockadehaltung beibehielten. Unter die Rechtsprechung des I.S. fallen Delikte, die nach dem 1. 7. 2002 begangen wurden.

Verbrechen in Darfur: Nach wochenlangen diplomatischen Auseinandersetzungen hatte der UNO-Sicherheitsrat am 1. 4. 2005 eine Resolution verabschiedet, wonach die Verbrechen gegen die Menschlichkeit im Sudan vor dem I. S. behandelt werden sollen. Die USA gaben ihre Vetohaltung erst auf, nachdem sie durchgesetzt hatten, dass US-Bürger im Sudan durch die Resolution nicht betroffen sein werden. Während die Regierung im Sudan die Einschaltung des I. S. ablehnte, wurde sie von den beiden wichtigsten Rebellengruppen in Darfur begrüßt. Der I. S. erhielt die Zuständigkeit zur Ahndung aller seit dem 1. 7. 2002 in Darfur verübten Kriegsverbrechen und Verbrechen gegen die Menschlichkeit. Die Ermittlungen im Darfur-Konflikt sind die bislang umfangreichsten des I.S. Seit dem Beginn der Kämpfe 2003 sollen bis zu 300 000 Menschen umgekommen und über 2 Mio. geflohen sein.

Kongo und Uganda: Bereits im Juni 2004 begann Chefankläger Luis Moreno Ocampo mit den Ermittlungen in der Demokratischen Republik Kongo, dem ersten Verfahren des I. S. Mehr als 3 Mio. Menschen sollen dort seit 1998 getötet worden sein. Das zweite Verfahren wurde im Juli 2004 wegen der Menschenrechtsverletzungen im nördlichen Uganda eröffnet.

Internationaler Währungsfonds

Abkürzung: IWF **Name:** International Monetary Fund (IMF) **Sitz:** Washington/USA **Gründung:** 1944 **Mitglieder:** 184 Staaten **Geschäftsführender Direktor:** Rodrigo Rato/Spanien (seit 2004) **Funktion:** Überwachung des internationalen Währungssystems und Förderung der Entwicklungshilfe **www.imf.org**

Schuldenerlass durch Goldverkäufe kritisiert: Der IWF hat mit dem Vorschlag, Gold aus den Reserven des Fonds zu verkaufen, um damit die Last hoch verschuldeter Länder speziell in Afrika zu mindern, v.a. in den USA Proteste ausgelöst. Der IWF hält nach den USA und Deutschland die größten Goldreserven weltweit. Der Verkauf großer Goldmengen trifft insbesondere deshalb auf Widerstand, weil damit weltweit die Goldpreise fallen würden. Auch eine Neubewertung des IWF-Goldes wird von den meisten Zentralbanken abgelehnt. Die Goldreserve des IWF hat einen Marktwert von etwa 45 Mrd. US-Dollar, wird aber nur mit 9 Mrd. US-Dollar bewertet. Die Kritiker der vorgeschlagenen Schuldenerlasse warfen der Bank vor, sich als Entwicklungshilfeinstitution und nicht als Bank betätigen zu wollen. Mangelnder Wille oder Fähigkeit der Nehmerländer, ihre Schulden zurückzuzahlen, dürften nicht dadurch ausgeglichen werden, dass die Reserven, die von den Mitgliedern zur Verfügung gestellt werden, veräußert würden und die Mitgliedsländer dadurch Verluste erlitten.

Internationales Olympisches Komitee

Name: International Olympic Committee (IOC) **Sitz:** Lausanne/Schweiz **Gründung:** 1894 **Mitglieder:** 139 Sportfunktionäre und Athleten **Präsident:** Jacques Rogge/Belgien (seit 2001) **Funktion:** Förderung der Olympischen Bewegung und Organisation der Olympischen Sommer- und Winterspiele **www.olympic.org**

Internationale Union für Naturschutz

Name: International Union for the Conservation of Nature and Natural Resources (IUCN) **Sitz:** Gland/Schweiz **Gründung:** 1948 **Mitglieder:** über 1 000 Mitgliedsorganisationen, inkl. 82 Staaten, 111 Regierungsagenturen und mehr als 800 Nichtregierungsorganisationen **Präsident:** Mohammed Valli Moosa/Südafrika (seit 2001) **Funktion:** Erhaltung der Natur und der natürlichen Rohstoffe **www.iucn.org**

IPI

Name: International Press Institute (Internationales Presseinstitut) **Sitz:** Wien/Österreich **Gründung:** 1950 **Mitglieder:** rund 2 000 Mitglieder weltweit **Direktor:** Johannes P. Fritz/Österreich (seit 1993) **Funktion:** Schutz der Pressefreiheit gegen staatliche Eingriffe **www.freemedia.at**

ITU

Name: International Telecommunication Union (Internationale Fernmeldeunion) **Sitz:** Genf/Schweiz **Gründung:** 1865 (Neugründung 1947) **Mitglieder:** 189 Staaten **Generalsekretär:** Yoshio Utsumi/Japan (seit 1999) **Funktion:** Seit 1967 Sonderorganisation der UNO zur Förderung der Telekommunikation **www.itu.int**

KfW

Name: Kreditanstalt für Wiederaufbau **Sitz:** Frankfurt am Main **Gründung:** 1948 **Funktion:** Bankengruppe zur Förderung des Mittelstands, des Beteiligungskapitalmarkts, des Wohnraumerwerbs und dessen Sanierung sowie von Umweltschutzprojekten und Ausbau der kommunalen Infrastruktur durch zinsgünstige Kredite **www.kfw.org**

Studienkredite: 2004 kündigte die KfW an, neben den traditionellen Bereichen wie Förderung des Wohnungsbaus, der Wohnraumsanierung, des Umweltschutzes oder der Finanzierung von Existenzgründern ab dem Wintersemester 2005/06 Kredite für Studierende unabhängig von Sicherheiten anzubieten. Damit reagierte die KfW auf die Forderung der Wirtschaft, die Studienzeiten zu verkürzen, denn Studierende müssten mit einem solchen Kredit nicht mehr neben dem Studium arbeiten. Die Rückzahlung soll unter Berücksichtigung des späteren Einkommens geregelt werden.

Maghreb-Union

Name: Union Maghreb Arabe, UMA (Gemeinschaft des Vereinigten Arabischen Maghreb) **Sitz:** Rabat/Marokko **Gründung:** 1989 **Mitglieder:** Algerien, Libyen, Marokko, Mauretanien, Tunesien **Generalsekretär:** Mohamed Habib Boularès/Tunesien (seit 2002) **Funktion:** Zusammenarbeit in Handel, Industrie, Tourismus und Wissenschaft, Errichtung einer Freihandelszone **www.maghrebarabe.org**

Mercosur

Name: Mercado Común del Cono Sur (Gemeinsamer Markt im südlichen Lateinamerika) **Sitz:** Montevideo/Uruguay **Gründung:** 1990 **Mitglieder:** Argentinien, Brasilien, Paraguay, Uruguay; assoziierte Mitglieder: Bolivien, Chile, Peru **Vorsitz:** Präsidentenkonferenz **Funktion:** Freihandel unter den Mitgliedern und Festlegung gemeinsamer Außenzölle **www.mercosur.org.uy**

Durch die Gründung der neuen Südamerikanischen Staatengemeinschaft (CSN), der seit 2004 alle zwölf unabhängigen Staaten Südamerikas angehören, wird Mercosur in Zukunft eng mit dem Freihandelsabkommen der CAN zusammenarbeiten. CSN basiert auf der Verschmelzung der beiden Freihandelszonen, die den Grundstock für eine weitere enge Zusammenarbeit in den Bereichen Handel, Transport und Verkehr sowie Rohstoffgewinnung bilden soll.

NAFTA

Name: North American Free Trade Agreement (Nordamerikanisches Freihandelsabkommen) **Sitz:** ohne festen Sitz **Gründung:** 1994 **Mitglieder:** Kanada, Mexiko, USA **Vorsitz:** ohne festen Vorsitz **Funktion:** Förderung des Handels zwischen den Mitgliedstaaten **www.nafta-sec-alena.org**

NATO

Name: North Atlantic Treaty Organisation (Nordatlantikpakt) **Sitz:** Brüssel/Belgien **Gründung:** 1949 **Mitglieder:** 26 Staaten **Generalsekretär:** Jakob Gijsbert de Hoop Scheffer (seit 2004) **Funktion:** Militärbündnis zur gemeinsamen Verteidigung, Sicherung von Frieden und Freiheit **www.nato.int**

Engagement im Irak und in Afghanistan: Auf dem NATO-Gipfel am 22. 2. 2005 in Brüssel bekräftigten die Mitgliedstaaten des Verteidigungsbündnisses, dass gemeinsame Werte das Fundament der Allianz seien und über alle Streitigkeiten im Bündnis hinweghelfen könnten. Damit wurde auf die Differenzen zwischen einigen europäischen NATO-Staaten und den USA über deren Vorgehen im Irak eingegangen. Als Zeichen des guten Willens wurde die Bereitschaft aller NATO-Partner gewertet, sich an der Ausbildung irakischer Militärs im Irak, außerhalb des Landes oder durch die Bereitstellung von Geld oder Material zu beteiligen. Für Kampfeinsätze im Irak werden die NATO-Truppen weiterhin nicht zur Verfügung stehen. Durch den verstärkten Einsatz von NATO-Kräften im Rahmen der International Security Assistance Force (ISAF) soll eine Verbindung zu der US-amerikanischen Kampagne Enduring Freedom ermöglicht und damit ein effizienterer Einsatz für den Wiederaufbau und den Erhalt des Friedens in Afghanistan erreicht werden. Derzeit sind dort 8 000 Mann aus 47 NATO-Mitgliedern und verbündeten Staaten stationiert.

Zusammenarbeit mit dem Mittleren Osten: Im Juni 2004 wurde auf dem NATO-Gipfel in Istanbul die Istanbul Cooperation Initiative eingeleitet. Darin bietet die NATO den Staaten des Mittleren Ostens eine engere Zusammenarbeit in Fragen der Sicherheit an. Besonders die Lösung des israelisch-palästinensischen Konflikts soll mithilfe arabischer Unterstützung vorangetrieben werden. Bisher beteiligen sich Bahrain, Katar und Kuwait.

OAS

Name: Organization of American States (Organisation amerikanischer Staaten) **Sitz:** Washington/USA **Gründung:** 1948 **Mitglieder:** 35 amerikanische Staaten, seit 1962 ist Kuba ausgeschlossen **Generalsekretär:** José Miguel Insulza/Chile (seit 2005) **Funktion:** Bündnis amerikanischer Staaten für gemeinsame militärische Sicherung und friedliche Konfliktregelung **www.oas.org**

OECD

Name: Organization for Economic Cooperation and Development (Organisation für wirtschaftliche Zusammenarbeit und Entwicklung) **Sitz:** Paris/Frankreich **Gründung:** 1961 (Nachfolgeorganisation der 1948 gegründeten OEEC) **Mitglieder:** 30 Staaten **Generalsekretär:** Donald J. Johnston/Kanada (seit 1996) **Funktion:** Koordination der Wirtschafts- und Entwicklungspolitik der Mitgliedstaaten **www.oecd.org**

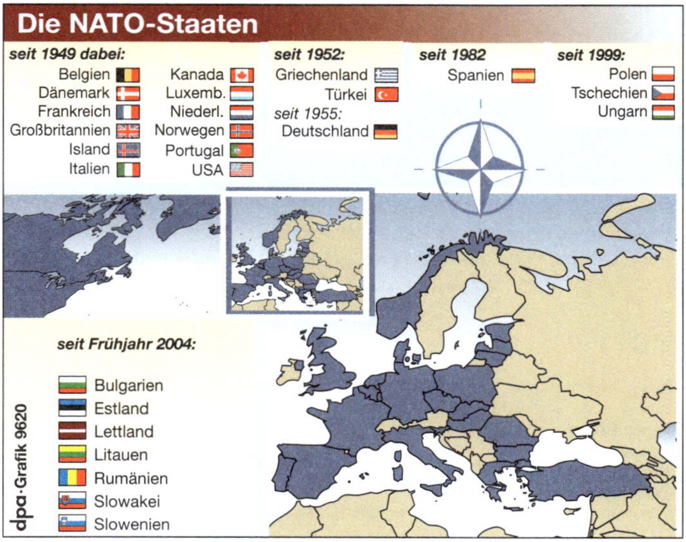

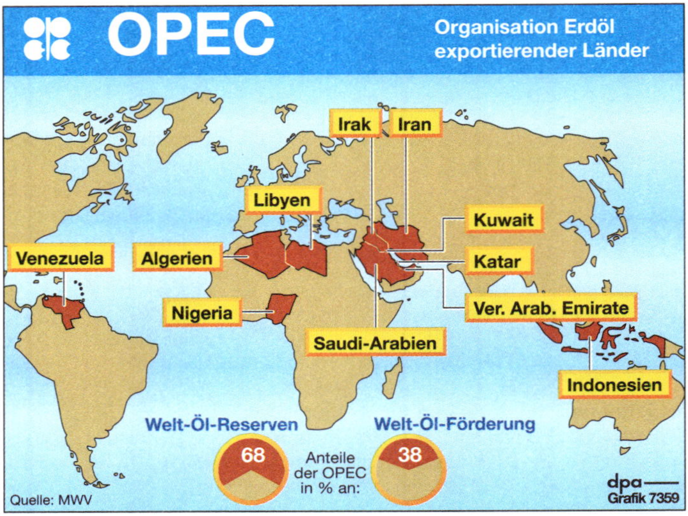

Demografisches Risiko: Auf ihrer Konferenz in London im März 2005 warnte die OECD vor den Folgen des demografischen Wandels. Um soziale Folgen wie Altersarmut abzuwenden, forderte sie, mehr Menschen im arbeitsfähigen Alter zu beschäftigen, damit Gelder aus der Finanzierung Arbeitsloser in die Altersversorgung umgeleitet werden können und gleichzeitig private Vorsorge für das Alter getroffen werden kann. Um die Anzahl der Beschäftigten zu erhöhen, forderte die OECD die Überprüfung von Sozialhilfe- und Arbeitslosengeldprogrammen. Auch soll die Kinderbetreuung verbessert werden, um Müttern den Wiedereinstieg in den Arbeitsmarkt zu ermöglichen. Außerdem wird eine Deregulierung des Arbeitsmarkts gefordert. Ältere Arbeitnehmer sollen in das Arbeitsleben eingebunden bleiben und Frührenten nicht aus den Rentenkassen finanziert werden. Deutschland, Italien und Frankreich wurde vorgeworfen, die Reformen von Arbeitsmarkt und Sozialwesen zu zögerlich anzugehen.

Bildung: Erneut hat die OECD auf Mängel im dt. Bildungssystem hingewiesen. Trotz Reformen liegen die Bildungsausgaben mit 9,7 % des Staatshaushalts deutlich hinter dem OECD-Durchschnitt von 12,7 %. Nur 19 % der dt. Schulabgänger nehmen ein Hochschulstudium auf, im OECD-Mittel sind es 32 %. Diese Entwicklung sei Besorgnis erregend, weil angesichts der schrumpfenden Bevölkerungszahlen der Bedarf an gut ausgebildeten Fachkräften wachsen werde.

OIC

Name: Organization of the Islamic Conference (Organisation der Islamischen Konferenz) **Sitz:** Dschidda/Saudi-Arabien **Gründung:** 1971 **Mitglieder:** 57 Staaten mit islamischen Bevölkerungsanteilen **Generalsekretär:** Ekmeleddin Ihsanoglu/Türkei (seit 2005) **Funktion:** Zusammenarbeit der Mitgliedstaaten auf den Gebieten Wirtschaft, Soziales, Kultur und Wissenschaft; Schutz der heiligen Stätten des Islam **www.oic-oci.org**

OPEC

Name: Organization of Petroleum Exporting Countries (Organisation Erdöl exportierender Länder) **Sitz:** Wien/Österreich **Gründung:** 1960 **Mitglieder:** Algerien, Indonesien, Irak, Iran, Katar, Kuwait, Libyen, Nigeria, Saudi-Arabien, Venezuela, Vereinigte Arabische Emirate **Generalsekretär:** Adnan Shihab-Eldin/Kuwait (seit 2005; kommissarisch) **Funktion:** Kartell zur Koordinierung der Erdölpolitik **www.opec.org**

Im Juni 2005 überschritt der Erdölpreis die Grenze von 60 US-Dollar pro Barrel und erreichte damit einen vorläufigen Höchststand. Die OPEC begründete den Preisanstieg mit einem plötzlich erhöhten Energiebedarf nach einem Kälteeinbruch in der nördlichen Hemisphäre im Frühjahr 2005 sowie mit den hohen Produktionsraten, die angesichts der Prognosen für weitere Jahre festgelegt wurden. Nach einer Erhöhung der Fördermengen im März 2005 stellte die OPEC im Juni eine weitere Anhebung der Quote in Aussicht.

Ostseerat

Name: Council of the Baltic Sea States **Sitz:** Stockholm/Schweden **Gründung:** 1992 **Mitglieder:** Dänemark, Deutschland, Estland, Finnland, Island, Lettland, Litauen, Norwegen, Polen, Russland, Schweden, EU **Vorsitz:** Polen (2004/2005), Island (2005/2006) **Generalsekretär:** Hannu Halinen/Finnland **Funktion:** Zusammenarbeit der Ostseeanrainer in den Bereichen Wirtschaft, Energie- und Verkehrspolitik sowie Menschenrechte, Kultur, Bildungswesen und Tourismus **www.cbss.st**

OSZE

Name: Organisation für Sicherheit und Zusammenarbeit in Europa (seit 1995) **Sitz:** Wien **Gründung:** 1975 (unter dem Namen Konferenz für Sicherheit und Zusammenarbeit in Europa, KSZE) **Vorsitz:** jährlicher Wechsel; Slowenien (2005) **Mitglieder:** 55 Staaten **Generalsekretär:** Jan Kubis (seit 1999) **Funktion:** Organisation für Sicherheitspolitik, militärische Vertrauensbildung, Konfliktverhütung, Krisenmanagement, Durchsetzung von Menschen- und Bürgerrechten sowie wirtschaftliche, technische und ökologische Kooperation **www.osce.org**

Russisches Veto: Die russische Regierung legte am 10.3. 2005 ein Veto gegen den Haushalt der OSZE ein und blockierte auf diese Weise vorläufig alle Aktivitäten der Organisation, die auf einen Nothaushalt zurückgreifen musste. Internationale Beobachter vermuteten, dass Russland mit seinem Veto auf die Unterstützung der EU für den ukrainischen Präsidenten Wiktor Juschtschenko reagierte. Er ist der Sieger der »orangenen Revolution« vom Dezember 2004 in der Ukraine und will sein Land in die EU führen. Andere vermuteten hingegen, dass Russland mit dem Einfrieren des OSZE-Budgets eine weitere Beobachterpräsenz in Georgien unterbinden wollte, das an der Grenze zu Tschetschenien liegt. Russland warf Georgien vor, tschetschenische Rebellen im Land zu dulden.

Menschenhandel: Die OSZE wies darauf hin, dass der Menschenhandel in den OSZE-Staaten drastisch zugenommen habe und mittlerweile 30% der Betroffenen zu den Minderjährigen zählten und jünger als 18 Jahre seien. Weltweit würden jährlich etwa 1,2 Mio. Kinder verschleppt oder verkauft, um in Haushalten, Bergwerken, in der Landwirtschaft oder der Sexindustrie zu arbeiten. Die OSZE kritisierte, dass nicht alle Mitgliedstaaten bereit seien, entsprechende Gesetze gegen den Kinderhandel zu ratifizieren und forderte, befreite Kinder nicht abzuschieben, sondern an Ort und Stelle für eine Betreuung zu sorgen.

Rat der EU

Sitz: Brüssel/Belgien, Luxemburg **Gründung:** 1967 **Vorsitz:** Luxemburg (Januar bis Juni 2005, danach turnusmäßiger Wechsel alle sechs Monate) **Funktion:** Im Rat der EU treten die Staats- und Regierungschefs der EU und der Präsident der EU-Kommission zusammen. Der Rat legt die politischen Leitlinien fest und ist somit das wichtigste Entscheidungsorgan der Gemeinschaft **http://ue.eu.int**

Rotes Kreuz, Internationales

Name: Internationales Rotes Kreuz (IRK) ist keine offizielle Bezeichnung, es existiert keine Organisation dieses Namens; IRK meint den Zusammenschluss aus dem Internationalen Komitee vom Roten Kreuz (IKRK)/International Committee of the Red Cross (ICRC) und der Internationalen Föderation der Rotkreuz- und Rothalbmondgesellschaften (IFRK)/International Federation of Red Cross and Red Crescent Societies (IFRC) **Sitz:** Genf/Schweiz **Zusammensetzung:** bis zu 25 Schweizer Staatsbürger (IKRK), Ende 2004 waren es 18; Rotkreuz- und Rothalbmondgesellschaften aus 181 Ländern (IFRK) **Gründung:** 1864 (IKRK), 1919 (Föderation) **Präsident:** Jakob Kellenberger/Schweiz (IKRK, seit 2000); Juan Manuel Suárez del Toro Rivero/Spanien (IFRK, seit 2001) **Funktion:** Schutz und Hilfe bei internationalen und innerstaatlichen Konflikten. 1917, 1944 und 1963 erhielt das IKRK den Friedensnobelpreis **www.icrc.org** (IKRK) **www.ifrc.org** (Föderation) **www.drk.de** (Deutsches Rotes Kreuz)

Schwerpunkt Afrika: Mit einer Erhöhung der Mittel gegenüber 2004 um 27% wurde den Hilfsmaßnahmen in Afrika für 2005 ein besonderer Schwerpunkt eingeräumt. Allein für den einen Kontinent wurden 47,6% des Gesamtetats für Hilfe in Konfliktgebieten vorgesehen. Mit Abstand die größte Einzelmaßnahme des IRK weltweit war der Einsatz im sudanesischen Darfur. Während die Hilfsmaßnahmen für Israel und Palästina um 16,2% gegenüber 2004 zunahmen, wurden die Hilfen für den Irak um 30% gekürzt, da die unsichere politische Lage die Handlungsmöglichkeiten der Hilfsorganisationen erheblich erschwerte.

Rotes Kreuz: die zehn wichtigsten Maßnahmen 2005

Land/Region	Budget (Mio. CHF) ohne Notfallfonds
Sudan	130,2
Irak	48,9
Israel und Palästina	46,9
Afghanistan	43,6
Liberia	32,7
Regionalbüro Moskau	32,5
Demokratische Republik Kongo	29,7
Äthiopien	29,0
Kolumbien	26,0
Somalia	23,5
insgesamt	443,0 (54 % des Gesamtbudgets)

Quelle: IKRK, Genf

Haushalt des Roten Kreuzes 2005 (Mio. CHF)

	2005	2004	2005 (%)	2004 (%)
Hauptquartier	152,1	149,8	100	100
Hilfe in Konfliktgebieten	819,8	754,6	100	100
davon:				
Afrika	390,5	307,5	47,6	40,7
Asien und Pazifik	135,4	130,9	16,5	17,3
Europa und Amerika	139,8	151,6	17,1	20,1
Mittlerer Osten und Nordafrika	115,1	128,7	14,0	17,1
Notfallmaßnahmen	39,0	35,9	4,8	4,8

Quelle: IKRK, Genf

Gefangenenhilfe: Das IRK führte im Jahr 2004 Inspektionsbesuche in 2 400 Gefängnissen oder Lagern in 80 Ländern durch, in denen insgesamt 570 000 Gefangene inhaftiert waren.

SADC

Name: Southern African Development Community (Südafrikanische Entwicklungsgemeinschaft) **Sitz:** Gaborone/Botswana **Gründung:** 1980 **Mitglieder:** Angola, Botswana, Demokratische Republik Kongo, Lesotho, Malawi, Mauritius, Moçambique, Namibia, Sambia, Simbabwe, Südafrika, Swasiland, Tansania **Generalsekretär:** Prega Ramsamy/Mauritius (seit 2001) **Funktion:** Förderung der Zusammenarbeit der Mitglieder zur Verbesserung der wirtschaftlichen und sozialen Entwicklung; Entwicklung einer Freihandelszone **www.sadc.int**

Städtetag, Deutscher

Sitz: Köln **Gründung:** 1905 (Neugründung 1945) **Mitglieder:** rund 5 500 Mitgliederstädte (davon 219 unmittelbare Mitgliederstädte) mit über 51 Mio. Einwohnern **Präsident:** Christian Ude (seit 2. 6. 2005), Oberbürgermeister von München **Funktion:** Vertretung der Interessen der kreisfreien und kreisangehörigen Städte gegenüber dem Bund und den Bundesländern **www.staedtetag.de**

Gemeindefinanzen weiter kritisch: Anfang Februar 2005 veröffentlichte der D. S. die aktuellen Finanzdaten der Kommunen. Nach einer leichten Verbesserung 2004 mit einer Reduzierung des Gesamtdefizits auf 4,1 Mrd. € wurde bis Ende 2005 ein Anstieg auf 7 Mrd. € prognostiziert. Das Sinken der Investitionen, die Höhe der Kassenkredite und der Sozialausgaben seien die Hauptprobleme der Städte, bilanzierte der D. S. für 2004. Ein großer Unsicherheitsfaktor für die Gemeindefinanzen 2005 lag in den Kosten für die Zusammenführung von Arbeitslosen- und Sozialhilfe und in der Höhe der Entlastung durch den Bund und die Länder.

Jubiläum mit Forderungen: Die alle zwei Jahre stattfindende Hauptversammlung des D. S. stand Anfang Juni 2005 in Berlin unter dem Motto »100 Jahre Deutscher Städtetag: Die Zukunft liegt in den Städten«. Die Versammlung endete mit drei Forderungen: Mit einer Gemeindefinanzreform könnten die Finanzprobleme der Städte bekämpft werden. Eine Föderalismusreform muss die Kommunen gegenüber Bund und Ländern stärken. Eine neue Zusammenarbeit zwischen Bund, Ländern und Städten soll dazu beitragen, die öffentlichen Dienstleistungssysteme zu modernisieren.

Südamerikanische Staatengemeinschaft

Name: Comunidad Sudamericana de Naciones (spanisch), Comunidade Sul-Americana de Nações (portugiesisch), CSN **Sitz:** ohne festen Sitz **Gründung:** 2004 **Mitglieder:** Argentinien, Bolivien, Brasilien, Chile, Ecuador, Guyana, Kolumbien, Paraguay, Peru, Surinam, Venezuela, Uruguay **Präsident:** Rodríguez Cuadros/Peru (seit 2004) **Funktion:** lockerer Staatenbund, der auf die Gründung einer engeren Gemeinschaft nach dem Beispiel der EU abzielt

Anlässlich der Gründung der CSN im Dezember 2004 kündigten die Mitgliedstaaten als Grundlage ihres Bündnisses den Kampf gegen »Ungleichheit, soziale Ausgrenzung, Hunger, Armut und Unsicherheit« an. In der Gründungsurkunde, der »Erklärung von Cuzco«, wurde die Gründung einer Freihandelszone und als Ziel für das Jahr 2025 die Gründung einer Staatengemeinschaft nach dem Vorbild der EU festgelegt. Die Freihandelszonen des Mercosur und der Andenstaaten (CAN) sollen miteinander verschmolzen werden. Nach EU und NAFTA ist die CSN mit ihren ca. 360 Mio. Einwohnern die drittgrößte Wirtschaftsgemeinschaft. Kritiker sahen Schwierigkeiten voraus, da die Interessen der einzelnen Mitglieder sich schon in Mercosur und CAN kaum vereinbaren ließ. Als erstes großes gemeinsames Projekt war der Bau einer transkontinentalen Straße vom Atlantik zum Pazifik geplant.

UNCTAD

Name: United Nations Conference on Trade and Development (Handels- und Entwicklungskonferenz der Vereinten Nationen) **Sitz:** Genf/Schweiz **Gründung:** 1964 **Mitglieder:** 192 Staaten **Generalsekretär:** Supachai Panitchpakdi/Thailand (seit 1. 9. 2005) **Funktion:** Unterorganisation der UNO zur Förderung des internationalen Handels, v. a. mit den Entwicklungsländern **www.unctad.org**

UNDP

Name: United Nations Development Programme (Entwicklungsprogramm der Vereinten Nationen) **Sitz:** New York/USA **Gründung:** 1965 **Mitglieder:** 174 Staaten **Direktor:** Mark Malloch Brown/Großbritannien (seit 1999) **Funktion:** Unterorganisation der UNO zur Finanzierung und Koordination der technischen Hilfe für die Entwicklungsländer **www.undp.org**

UNEP

Name: United Nations Environment Programme (Umweltprogramm der Vereinten Nationen) **Sitz:** Nairobi/Kenia **Gründung:** 1972 **Mitglieder:** alle UNO-Staaten **Exekutivdirektor:** Klaus Töpfer/Deutschland (seit 1998) **Funktion:** Unterorganisation der UNO zur Koordination des Umweltschutzes und zur Beratung der Regierungen in der Dritten Welt **www.unep.org**

UNESCO

Name: United Nations Educational, Scientific and Cultural Organization (Organisation der Vereinten Nationen für Bildung, Wissenschaft und Kultur) **Sitz:** Paris/Frankreich **Gründung:** 1945 **Mitglieder:** 191 Staaten **Generaldirektor:** Koichiro Matsuura/Japan (seit 1999) **Funktion:** Sonderorganisation der UNO zur Förderung der Bildung und Kultur sowie der internationalen Zusammenarbeit bei Erziehung, Wissenschaft und Information **www.unesco.org; www.unesco.de** (Dt. UNESCO-Kommission)

Weltdekade der Bildung: Die UNO-Vollversammlung hatte 2002 die Jahre 2005–14 zur Weltdekade »Bildung für nachhaltige Entwicklung« ausgerufen, die am 1. 3. 2005 offiziell eröffnet wurde. Ziel ist es, die Idee der nachhaltigen Entwicklung weltweit in den nationalen Bildungssystemen zu verankern.

Weltkulturerbe: Durch die Aufnahme von 34 neuen Objekten wurde die Liste des Welterbes bei der jährlichen Sitzung des World Heritage Committee im Juli 2004 auf 788 Objekte in 134 Staaten erweitert. Davon gehören 611 zum Kultur- und 154 zum Naturerbe, 23 sind sowohl Kultur- als auch Naturerbe. Zu den neu aufgenommenen Stätten gehören das Elbtal bei Dresden, Rathaus und Roland in Bremen sowie der von Hermann von Pückler-Muskau angelegte Muskauer Park (Park Muzakowski) als gemeinsames deutsch-polnisches Kulturerbe.

➤ Kultur, Weltkultur- und Naturerbe

UNFPA

Name: United Nations Fund for Population Activities (Bevölkerungsfonds der Vereinten Nationen) **Sitz:** New York/USA **Gründung:** 1966 als United Nations Trust Fund for Population Activities **Exekutivdirektorin:** Thoraya Obaid/Saudi Arabien (seit 2001) **Funktion:** Unterorganisation der UNO zur Förderung von Familienplanung und Aufklärung über Zusammenhänge von Bevölkerungs- und Wirtschaftsentwicklung **www.unfpa.org**

UNHCR

Name: United Nations High Commissioner of Refugees (Hoher Flüchtlingskommissar der Vereinten Nationen) **Sitz:** Genf/Schweiz **Gründung:** 1950 **Mitglieder:** 145 Staaten **Hochkommissar:** António Guterres/Portugal (seit 15. 6. 2005) **Funktion:** Unterorganisation der UNO zur Hilfe für rassistisch, religiös oder politisch verfolgte Flüchtlinge und Vertriebene. 1954 und 1981 erhielt der UNHCR den Friedensnobelpreis. Seit 2004 ist das Mandat, das vorher alle fünf Jahre von der UN-Vollversammlung verlängert werden musste, unbefristet gültig **www.unhcr.ch** (englisch); **www.unhcr.de** (deutsch)

Asylrichtlinie der EU: In einem Ende März 2005 vorgelegten Kommentar zum Entwurf für die Asylverfahrensrichtlinie der EU erneuerte der UNHCR seine bereits 2004 vorgetragene Kritik. Einige Regelungen, so der UNHCR, könnten zu Verstößen gegen internationales Recht führen, sofern nicht zusätzliche rechtliche Absicherungen in nationalen Gesetzen verankert würden. Als besonders problematisch galten die Regelungen zu den sog. sicheren Staaten, in denen bestimmte Gruppen von Asylsuchenden abgeschoben werden können, bevor über ihre Berufung entschieden wird. Auch die sog. Qualifikationsrichtlinie, die Voraussetzungen für den Flüchtlingsstatus festlegt, wurde vom UNHCR bemängelt.

Weniger Asylsuchende in Industriestaaten: Laut der im März 2005 veröffentlichten UNHCR-Statistik war die Zahl der Asylsuchenden in EU-Staaten 2004 gegenüber 2003 um 19% zurückgegangen, in Nordamerika um 26% sowie in Australien und Neuseeland um 28%. In Deutschland wurde die niedrigste Zahl an Asylanträgen seit 1984 verzeichnet. Die größte Gruppe von Asylsuchenden kam 2004 aus der Russischen Föderation (30 100), in ihrer Mehrheit Tschetschenen. Es folgten Serbien-Montenegro (22 300, v. a. aus Kosovo), China (19 700) und die Türkei (16 200).

UNICEF

Name: United Nations International Childrens' Fund (Internationales Kinderhilfswerk der Vereinten Nationen) **Sitz:** New York/USA **Gründung:** 1946 **Exekutivdirektorin:** Ann M. Veneman /USA (seit 2. 5. 2005) **Funktion:** Unterorganisation der UNO zur weltweiten Versorgung von Kindern und Müttern mit Nahrungsmitteln, Kleidern, Medikamenten und medizinischer Hilfe **www.unicef.org; www.unicef.de** (Dt. Komitee für UNICEF)

UNIDO

Name: United Nations Industrial Development Organization (Organisation der Vereinten Nationen für industrielle Entwicklung) **Sitz:** Wien/Österreich **Gründung:** 1966 **Mitglieder:** 171 Staaten **Generaldirektor:** Carlos Alfredo Magariños/Argentinien (seit 1997) **Funktion:** Sonderorganisation der UNO zur Förderung der industriellen Entwicklung, v. a. in den Entwicklungsländern **www.unido.org**

UNO

Name: United Nations Organization (Organisation der Vereinten Nationen) **Sitz:** New York/USA **Gründung:** 1945 **Mitglieder:** 191 Staaten **Generalsekretär:** Kofi Annan/Ghana (seit 1997) **Funktion:** Staatenzusammenschluss zur Sicherung des Weltfriedens und zur Förderung der wirtschaftlichen und sozialen Entwicklung der ärmeren Länder sowie der internationalen Zusammenarbeit **www.un.org; www.uno.de**

Reform der UNO: Zu den Maßnahmen im bisherigen Reformprogramm gehörte u. a., dass Manager ab 2000 über die Aktivitäten in ihren Abteilungen vor dem Generalsekretariat Rechenschaft ablegen müssen. Auch soll die Budgetierung der UN-Bereiche zukünftig vom Erfolg der ihnen zugeordneten Projekte abhängig gemacht werden. Die Auswahl und Ausbildung der UN-Beschäftigten soll allein in der Hand der UN liegen, UN-Mitarbeiter, die von den Mitgliedstaaten »gesponsert« werden, wird es nicht mehr geben. 2004 gab Generalsekretär Kofi Annan den zweiten Schritt seines Reformprogramms bekannt. Nachdem die meisten der organisatorischen Vorhaben umgesetzt waren, kommen inhaltliche Neuorientierungen hinzu. Das Schwergewicht soll in den kommenden Jahrzehnten auf der Entwicklungs- und Sicherheitspolitik sowie der Wahrung von Menschenrechten liegen. Zu den Plänen gehört die Einrichtung eines internationalen Hilfsfonds, aus dem die UN im Fall von Naturkatastrophen wie der Tsunamikatastrophe im Dezember 2004 schöpfen können. Als weitere Maßnahme fordert Annan das gemeinsame Vorgehen gegen Terrorismus und Kriegsgefahren sowie eine weitere Abrüstung. Gegen Armut wurden u. a. Schuldenerlasse für die ärmsten Länder vorgeschlagen.

Generalsekretär im Kreuzfeuer: UN-Generalsekretär Kofi Annan musste sich im Frühjahr 2005 gegen Korruptionsvorwürfe und die Aufforderung zum Rücktritt verteidigen. Ihm wurde angelastet, undurchsichtige Geschäfte vertuscht oder zumindest nicht aufgeklärt zu haben, die im Zusammenhang mit dem Öl-für-Lebensmittel-Programm der UN für den Irak aufgedeckt wurden. Dabei wurden anscheinend Schmiergelder in Milliardenhöhe gezahlt, von denen auch Annans Sohn profitierte. Ende März 2005 wurde Annan zunächst von den Vorwürfen entlastet, ein endgültiger Bericht stand noch aus.

UNPO

Name: Unrepresented Nations' and Peoples' Organization (Organisation nichtrepräsentierter Nationen und Völker) **Sitz:** Den Haag/Niederlande **Gründung:** 1991 **Mitglieder:** 60 Nationen und Völker **Generalsekretär:** Marino Busdachin (seit 2003) **Funktion:** Interessenvertretung von Nationen und Völkern, die in der UNO nicht oder unzureichend vertreten sind **www.unpo.org**

UPU

Name: Universal Postal Union (Weltpostverein) **Sitz:** Bern/Schweiz **Gründung:** 1874 (Neugründung 1948) **Mitglieder:** 190 Staaten **Generaldirektor:** Edouard Dayan/Frankreich (seit 2005) **Funktion:** Sonderorganisation der UNO zur Verbesserung der internationalen Postdienste **www.upu.int**

Neue Macht für den Sicherheitsrat

Seit Jahren bemühen sich verschiedene Staaten um einen ständigen Sitz im UN-Sicherheitsrat, den bisher Russland, Großbritannien, Frankreich, den USA und China innehaben. Die Reformbemühungen in der UN sollen die Voraussetzungen für eine Neugestaltung des Gremiums schaffen, der Sicherheitsrat selbst wehrt sich gegen eine Umstrukturierung.

UN-Generalsekretär Kofi Annan hat zwei Vorschläge zur Reform des Sicherheitsrats vorgelegt, damit dieser die Mitgliederstruktur in der UNO besser repräsentiert. Statt eines Sicherheitsrats aus fünf ständigen und zehn wechselnden Mitgliedern schlägt das sog. Modell A eine Erweiterung des Rats auf 24 Mitglieder vor, davon sollen elf permanente Sitze haben. Modell B sieht die Einrichtung »semipermanenter« Sitze vor, die immer nur für vier Jahre vergeben werden. Einig sind sich v. a. die Kritiker des Sicherheitsrats darüber, dass eine Umorganisation notwendig ist, denn der Sicherheitsrat ist nicht nur wenig repräsentativ, er ist auch in den entscheidenden Momenten machtlos. So stimmte er z. B. gegen eine Intervention der USA im Irak, die Entscheidung wurde aber von den USA und Großbritannien – beide mit ständigem Sitz im Gremium – übergangen.

Zwischen Zuspruch und Neid Japan, Indien, Brasilien, Deutschland sowie Nigeria und Südafrika fordern einen ständigen Sitz im Sicherheitsrat. Sie begründen ihre Forderung mit der gewachsenen Verantwortung einzelner Staaten innerhalb der Gemeinschaft. Natürlich sind mit einem ständigen Sitz aber auch Prestige und Macht verbunden. Dementsprechend hat jeder Bewerber auch einen Gegner seines Ansinnens: Italien möchte z. B. die EU als ständiges Mitglied des Gremiums sehen, lehnt aber einen Sitz für Deutschland ab. Auch die USA wollen nicht noch einen europ. Staat im Sicherheitsrat haben und würden lieber Japan aufnehmen. Ein ständiger Sitz für Japan widerspricht aber Chinas Interessen, das als bisher einziger asiatischer Staat seinen Einfluss nicht mit dem ungeliebten Nachbarn teilen möchte. Gleichzeitig versucht Mexiko zu verhindern, dass der wirtschaftliche Konkurrent Brasilien dauerhaft in den Rat einzieht. Während Indiens Bemühungen besonders von Pakistan und seinen Verbündeten untergraben werden, konkurrieren Nigeria und Südafrika um die internationale Führungsrolle auf ihrem Kontinent. Letztlich zeigt sich im Ringen um die begehrten Sitze im Sicherheitsrat auch dessen Schwäche: Jede Entscheidung des Gremiums ist in erster Linie von nationalen Interessen geleitet.

Umstrittenes Vetorecht Neben der von den Machtverhältnissen aus der Zeit des Kalten Kriegs geprägten Zusammensetzung des Weltsicherheitsrats ist auch seine Abstimmungsstruktur in die Kritik geraten. Die fünf ständigen Mitglieder haben ein Vetorecht, das jede noch so klare Mehrheit im Rat überstimmen kann. Damit sind der Handlungsfähigkeit des Sicherheitsrats klare Grenzen gesetzt. Neue ständige Mitglieder hätten ebenfalls ein Vetorecht, was eine Umsetzung der gefassten Beschlüsse noch schwieriger gestalten würde. Beobachter gehen daher davon aus, dass in einem erweiterten Sicherheitsrat das Vetorecht entfallen könnte. Obwohl sich die sog. Vetostaaten dagegen wehren, wäre damit eine Berücksichtigung der Interessen kleinerer Staaten eher möglich, auch wenn diese keinen ständigen Sitz im Rat haben. Besonders für afrikanische, lateinamerikanische und asiatische Staaten ist das eine willkommene Aussicht, die auch mit den Reformvorstellungen des Generalsekretärs konform geht und die Machtverteilung weltweit an die Erfordernisse der heutigen Welt anpasst.

Gemeinsames Bemühen um einen Platz im Sicherheitsrat (von links): Indiens Premier Singh, Japans Premier Koizumi, Brasiliens Präsident Lula da Silva und Bundesaußenminister Fischer

Weltbank

Name: International Bank for Reconstruction and Development, IBRD (Internationale Bank für Wiederaufbau und Entwicklung) **Sitz:** Washington/USA **Gründung:** 1944 **Mitglieder:** 184 Staaten **Präsident:** Paul Wolfowitz/USA (seit 1. 6. 2005) **Funktion:** Sonderorganisation der UNO zur Förderung der wirtschaftlichen Entwicklung in den Mitgliedsländern **www.worldbank.org**

Neuer Präsident: Zum 1.6. 2005 übernahm Paul Wolfowitz die Präsidentschaft der Weltbank. Wolfowitz war bisher stellvertretender Verteidigungsminister der USA. Wegen seiner neokonservativen Haltung werden zahlreiche Änderungen in der Politik der Weltbank erwartet. Wolfowitz' Vorgänger, James Wolfensohn, hatte in der W. während seiner zehnjährigen Amtszeit eine Richtungsänderung weg von der Inflationsbekämpfung in einzelnen Staaten und hin zu einer direkteren Armutsbekämpfung bewirkt. Er dezentralisierte die Struktur der Bank und bezog die Empfängerländer stärker in die Planung der Projekte ein. Auch Entschuldungsprogramme und Korruptionsbekämpfung gehörten zu Wolfensohns Schwerpunkten. Trotz seines Kurses wurde er wegen der mit der Kreditvergabe verbundenen politischen und bürokratischen Vorgaben für die Nehmerländer und aufgrund der mangelnden Einbeziehung der Entwicklungsländer in die Finanzplanung der W. kritisiert.

Epidemien: Die W. betonte auch 2004 die Notwendigkeit, Krankheiten wie Aids, Tuberkulose und Malaria zu bekämpfen. Die Folgen dieser Krankheiten stellen die Entwicklungsländer vor enorme soziale und wirtschaftliche Probleme, zu denen u.a. die Versorgung von Erkrankten und Kindern von verstorbenen Aids- oder Tuberkuloseopfern gehört.

Armutsbekämpfung: In ihrem Jahresbericht 2004 beklagte die W. die mangelnden Fortschritte in der Armutsbekämpfung. Besonders die afrikanischen Staaten würden durch Bürgerkriege in ihrem Wirtschaftswachstum behindert. In allen armen Ländern sah die W. die hohe Zahl von Aids-Erkrankungen und anhaltend schlechte Ausbildungsmöglichkeiten, aber auch restriktive Handelsbedingungen für landwirtschaftliche Produkte speziell der OECD-Staaten als Faktoren für den mangelnden Wohlstand.

Paul D. Wolfowitz
Präsident der Weltbank (seit 2005), * 22. 12. 1943 in New York. Wolfowitz studierte Mathematik und Politik, bevor er an den Universitäten Yale und Johns Hopkins unterrichtete. Er hatte mehrere Ämter für die US-amerikanische Regierung inne, u. a. war er Botschafter in Indonesien, Staatssekretär im Verteidigungsministerium und stellvertretender Verteidigungsminister (2001 bis 2005). Er sprach sich für eine aggressive Politik gegen die sog. Schurkenstaaten aus und galt als »Architekt« des Irakkriegs.

Westafrikanische Wirtschafts- und Währungsunion

Name: Union Économique et Monétaire Ouest Africaine (UEMOA) **Sitz:** Ouagadougou/Burkina Faso **Gründung:** 1994 **Mitglieder:** Benin, Burkina Faso, Elfenbeinküste, Guinea Bissau, Mali, Niger, Senegal, Togo **Präsident:** Soumaïla Cisse/Mali **Funktion:** Staatenbund in Westafrika mit gemeinsamer Währung

WEU

Name: Westeuropäische Union **Sitz:** Brüssel/Belgien **Gründung:** 1954 **Mitglieder:** 10 EU-Staaten (Belgien, Deutschland, Frankreich, Griechenland, Großbritannien, Italien, Luxemburg, Niederlande, Portugal, Spanien), 6 assoziierte Mitglieder (Island, Norwegen, Polen, Tschechische Republik, Türkei, Ungarn), 5 Beobachter (Dänemark, Finnland, Irland, Österreich, Schweden); 7 assoziierte Partner (Bulgarien, Estland, Lettland, Litauen, Rumänien, Slowakische Republik, Slowenien) **Generalsekretär:** Javier Solana/Spanien (seit 1999) **Funktion:** Beistandspakt (militärischer Schutz durch die NATO), europ. Integration; humanitäre, Friedens- und Militäreinsätze **www.weu.int**

WFP

Name: World Food Programme **Sitz:** Rom/Italien **Gründung:** 1963 **Exekutivdirektor:** James T. Morris/USA (seit 2002) **Funktion:** Unterorganisation der UNO zur Ernährungssicherheit und Nahrungsmittelnothilfe **www.wfp.org**

Sudan: Wie in den Jahren zuvor hat das WFP auf die kritische Ernährungssituation im Sudan hingewiesen. Vermutlich etwa 3,2 Mio. Menschen waren 2005 von einer Hungersnot bedroht und auf Nahrungsmittellieferungen angewiesen. Trotz eines Friedensvertrags, den die Bürgerkriegsparteien im Januar 2005 unterzeichneten, war die Versorgung der Menschen wegen der anhaltenden Kämpfe und der allgemeinen Unsicherheit v. a. in Darfur nicht gewährleistet.

Nord-Korea: Ebenfalls kritisch beurteilte das WFP die Versorgungslage in Nord-Korea, das auch weiterhin auf umfangreiche Nahrungsmittellieferungen angewiesen war. Von den benötigten 500 000 t Lebensmitteln waren im Frühjahr 2005 erst die finanziellen Mittel für 215 000 t zusammengekommen. Die Organisation fürchtete, in der zweiten Jahreshälfte nicht mehr alle 6,5 Mio. Bedürftigen unterstützen zu können. In Nord-Korea sind über ein Drittel der Kinder chronisch unterernährt.

Opfer der Tsunamikatastrophe: In der ersten Jahreshälfte 2005 erinnerte das WFP daran, dass die Überlebenden der Tsunamikatastrophe im Dezember 2004 noch lange auf internationale Unterstützung angewiesen sein werden. Das WFP unterstützte den Wiederaufbau durch Lebensmittellieferungen, in Sri Lanka wurde das bereits bestehende Schulspeisungsprogramm ausgebaut. Außerdem wurden Fischer bei der Wiederbeschaffung von Booten und Ausrüstung unterstützt, um die Versorgung des Landes mit Fisch wieder zu gewährleisten. Anders als in anderen Krisenregionen der Welt erlaubten die hohen Spendenaufkommen für die Opfer des Tsunami eine besonders umfassende Hilfe, die z. B. auch für den Wiederaufbau der Infrastruktur genutzt werden kann.

WHO

Name: World Health Organization (Weltgesundheitsorganisation) **Sitz:** Genf/Schweiz **Gründung:** 1948 **Mitglieder:** 192 Staaten **Generaldirektor:** Lee Jong-Wook/Süd-Korea (seit 2003) **Funktion:** Sonderorganisation der UNO zur Bekämpfung von Seuchen und Epidemien und zur Verbesserung der Gesundheitsversorgung **www.who.org**

Erkrankungen durch Umweltschäden: Das WHO-Projekt Millennium Ecosystem Assessment warnte in einem im März 2005 veröffentlichten Bericht vor den Folgen des unverantwortlichen Umgangs mit den Ökosystemen der Erde für die Gesundheit der Menschen. Krankheiten wie Cholera und Malaria verbreiteten sich schneller, die Entstehung neuer Krankheitsbilder werde begünstigt. Zu den Eingriffen, die das Entstehen von Krankheiten nach Angaben der WHO fördern, gehören v. a. der übermäßige Verbrauch von Wasser und Energie. Die Projektteilnehmer plädierten für den Schutz ausgedehnter, noch intakter Ökosysteme.

Tuberkulose in Afrika und Europa: Während die Tuberkulose in den meisten Regionen der Welt drastisch eingeschränkt werden konnte, verbreitet sie sich in Afrika weiterhin in einem Besorgnis erregendem Ausmaß. Besonders betroffen sind Länder mit einer hohen Rate an HIV-Infizierten, denn Tuberkulose tritt hier als Folgeerscheinung der Immunschwächeerkrankung auf. In Europa, besonders in den Staaten der ehemaligen UdSSR, tauchen immer mehr behandlungsresistente Erreger auf. Die WHO rief zu einer gemeinsamen Anstrengung im Kampf gegen die Tuberkulose auf, zu der die Entwicklung neuer Medikamente, Impfungen und Diagnosetechniken gehören müssten. Für ein entsprechendes Programm fehlen derzeit jedoch rund 1 Mrd. US-Dollar.

Verkehrsunfälle: Die WHO veröffentlichte gemeinsam mit der Weltbank einen Bericht über Verkehrsunfälle, bei denen weltweit jährlich 1,2 Mio. Menschen getötet und 50 Mio. verletzt werden. Die WHO rief darin zu einer neuen Verkehrspolitik auf, denn der vorgelegte Bericht sagt für Länder mit geringem und mittlerem Einkommen einen Anstieg der Unfälle um 83 % in den kommenden 20 Jahren voraus; im gleichen Zeitraum sollen in den reichen Industrienationen die Unfallraten um 27 % sinken. Die WHO erwartete, dass bis 2020 die Folgen von Verkehrsunfällen zum drittgrößten Kostenfaktor in der Gesundheitsversorgung werden.

WIPO

Name: World Intellectual Property Organization (Weltorganisation für geistiges Eigentum) **Sitz:** Genf/Schweiz **Gründung:** 1967 **Mitglieder:** 182 Staaten **Generaldirektor:** Kamil Idris/Sudan (seit 1997) **Funktion:** Sonderorganisation der UNO zur Förderung des gewerblichen Rechtschutzes sowie des Urheberrechts **www.wipo.org**

Wirtschafts- und Sozialausschuss der EU

Sitz: Brüssel **Gründung:** 1993 **Mitglieder:** 317 Gruppen des wirtschaftlichen und sozialen Lebens aus den EU-Ländern **Präsidentin:** Anne-Marie Sigmund/Österreich (seit 2004) **Funktion:** beratendes Gremium in wirtschaftlichen und sozialen Fragen **www.ces.eu.int**

6

WMO

Name: World Meteorological Organization (Weltorganisation für Meteorologie) **Sitz:** Genf/Schweiz **Gründung:** 1947 **Mitglieder:** 187 Staaten **Generalsekretär:** Michel Jarraud/Frankreich (seit 2004) **Funktion:** Sonderorganisation der UNO zur Kooperation bei der Errichtung von Stationsnetzen und meteorologischen Messstellen **www.wmo.ch**

WTO

Name: World Trade Organization (Welthandelsorganisation) **Sitz:** Genf/Schweiz **Gründung:** 1995 (Nachfolgeorganisation des 1947 gegründeten GATT, Allgemeines Zoll- und Handelsabkommen) **Mitglieder:** 147 Staaten und die EU **Generaldirektor:** Pascal Lamy/Frankreich (seit 26. 5. 2005) **Funktion:** Sonderorganisation der UNO zur Förderung und Überwachung des Welthandels **www.wto.org**

Zehn Jahre WTO: Der Beginn der WTO-Verhandlungen 1995 wurde zum Anlass genommen, auf die ersten zehn Jahre der Organisation zurückzublicken. Während Befürworter auf den Grundsatz verwiesen, Handel bringe Wohlstand, müsse sich dazu aber auf ein verlässliches, von der WTO geschaffenes Regelwerk stützen können, halten Kritiker dem entgegen, der weltweite Freihandel vertiefe die Kluft zwischen armen und reichen Ländern. Die WTO selbst gestand anlässlich des zehnten Jahrestags ein, die Bedürfnisse der Entwicklungsländer nicht ausreichend wahrgenommen zu haben.

WTO: Pascal Lamy (rechts), neuer Chef der Welthandelsorganisation, mit dem Direktor der Internationalen Arbeitsorganisation, Juan Somavia

Doha-Runde nicht pünktlich beendet: Der Abschluss der 2001 in Doha (Katar) beschlossenen Entwicklungsrunde im Januar 2005 konnte nicht erreicht werden. In Doha war vereinbart worden, stärker auf die Belange der Entwicklungsländer einzugehen und dabei Themen wie die hohe Subventionierung von landwirtschaftlichen Produkten in den Industrienationen zu regeln, die derzeit einen fairen Handel mit den Entwicklungsländern nicht möglich machen. Die noch ungeklärten Punkte sollen bis zum nächsten Ministertreffen in Hongkong im Dezember 2005 geklärt werden.

WWF

Name: World Wide Fund For Nature **Sitz:** Gland/Schweiz **Gründung:** 1961 **Mitglieder:** 26 nationale Organisationen und fünf Assoziierte **Internationaler Generaldirektor:** Claude Martin (seit 1993) **Dt. Geschäftsführer:** Peter Prokosch (seit 2002) **Funktion:** Der WWF bezweckt die Bewahrung der Vielfalt der Pflanzen- und Tierarten, die Sicherung der natürlichen und erneuerbaren Ressourcen sowie die Förderung von Wirtschaftsprozessen und Maßnahmen zur Verhinderung von Umweltverschmutzung, Ressourcen- und Energieverschwendung **www.wwf.org; www.wwf.de**

Grauwale gefährdet: In der ersten Jahreshälfte 2005 wies der WWF auf die Gefährdung der Westpazifischen Grauwale hin. Die Organisation begrüßte die Entscheidung des Ölkonzerns Shell, eine vor der nördlich von Japan liegenden Insel Sachalin geplante Pipeline an eine andere Stelle zu verlegen. Der ursprüngliche Projektplan hatte vorgesehen, die Pipeline durch das Nahrungsgebiet der letzten 100 verbliebenen Pazifischen Grauwale legen zu lassen. Der WWF forderte Shell auf, auch von einer geplanten Bohrinsel Abstand zu nehmen. Seit langem drängt die Organisation darauf, das Gebiet um die Bucht im Norden von Sachalin unter Naturschutz zu stellen.

Kritik an Hochwasserschutz: Der WWF Deutschland hat das im März 2005 verabschiedete Hochwasserschutzgesetz der Bundesrepublik kritisiert. Das Gesetz sei als Kompromiss zwischen Bundesregierung und Ländern nur ein unzureichender Schutz vor Hochwasser, insbesondere weil es auf eine vollständige Ausweisung von Überflutungsflächen verzichte. Außerdem sei in dem Gesetz keine Anknüpfung an die EU-Wasserrahmenrichtlinie erfolgt, die strengere Maßstäbe anlegt.

Adair, Paul »Red«

US-amerikan. Brandbekämpfungsexperte, * 18. 6. 1915 Houston (Texas), † 7. 8. 2004 ebd.

»The Hellfighter« machte sich 1991 während des zweiten Golfkriegs einen Namen, als der Millionär in Kuwait 117 Ölquellen löschte, die von irak. Soldaten in Brand gesteckt worden waren. Der weltbeste Feuerwehrmann, wegen seiner roten Haare »Red« genannt, hatte zu diesem Zeitpunkt bereits mehr als 1 000 Ölbrandherde erfolgreich bekämpft, darunter die Ölquelle GT2 in der alger. Sahara (1962), die Bohrinsel Bravo 14 vor Norwegen (1977) und die explodierte Ölplattform Piper Alpha vor Schottland (1988).

Amery, Carl

Eigtl. Christian Anton Mayer, dt. Schriftsteller und Publizist, * 9. 4. 1922 München, † 24. 5. 2005 ebd.

Als Schriftsteller setzte sich der Katholik kritisch mit der Amtskirche und den Chancen einer ökologischen Politik auseinander. Das ehemalige SPD-Mitglied (1966–74) war Ende der 1970er-Jahre einer der Gründerväter der Grünen, für die er 1979 zur Europawahl kandidierte. Der Vorsitzende des Verbandes Dt. Schriftsteller (1976/77) und des PEN-Zentrums (1990/91) machte sich mit Schriften wie »Natur als Politik. Die ökologische Chance des Menschen« (1976) als streitbarer Aufklärer und politischer Vordenker einen Namen.

Arafat, Jasir Mohammed

Palästinens. Politiker, * 27. 8. 1929 Jerusalem, † 11. 11. 2004 Paris

Im Konflikt um die Eigenstaatlichkeit Palästinas wandelte sich Arafat vom bewaffneten Freiheitskämpfer zum Friedensnobelpreisträger (1994) für seine Verständigungspolitik gegenüber Israel. Der Gründer der Kampforganisation Al-Fatah (1958) und Sprecher der Palästinens. Befreiungsbewegung PLO (seit 1969) wurde 1989 zum Präsidenten des nicht anerkannten Staates Palästina gewählt, den er 1988 proklamiert hatte. 1993 schloss er mit Israel ein Abkommen über eine begrenzte Autonomie des Gazastreifens und der Stadt Jericho.

Arendt, Walter

Dt. Politiker, * 17. 1. 1925 Heessen (Westfalen), † 7. 3. 2005 Bornheim

Der gelernte Bergmann prägte als dt. Arbeits- und Sozialminister (1969–76) die sozialen Aspekte der Marktwirtschaft entscheidend mit, u. a. durch die Reform des Betriebsverfassungsgesetzes. Von 1961 bis 1980 gehörte der SPD-Politiker dem Bundestag an. 1964 übernahm der engagierte Gewerkschafter zudem den Vorsitz der IG Bergbau. Als Bundesminister brachte er bis Mitte der 1970er-Jahre auch eine umfassende Krankenversicherungs- und Rentenreform auf den Weg.

Avedon, Richard

US-amerikan. Fotograf, * 15. 5. 1923 New York, † 1. 10. 2004 San Antonio (Texas)

Mit seinen Modeaufnahmen avancierte Avedon ab Mitte der 1940er-Jahre zu einem der bedeutendsten Fotografen der Welt. Anders als seine Kollegen verließ er die Studios, um seine Modelle in Alltagsszenen abzulichten. Als Porträtfotograf verstand er es meisterhaft, die Charakterzüge der Porträtierten (u. a. Charlie Chaplin und Marilyn Monroe)

hervortreten zu lassen. Aufsehen erregten auch die Bilderserien von seinem Vater, dessen Verfall er dokumentierte, und von Kindern, Opfern von Napalmbomben im Vietnamkrieg.

Bancroft, Anne

Eigtl. Anna Maria Italiano, US-amerikan. Schauspielerin, *17. 9. 1931 New York, †6. 6. 2005 ebd.

In ihrer Rolle als »Mrs. Robinson« verdrehte die Tochter italienischer Einwanderer dem jungen Dustin Hoffman 1967 in »Die Reifeprüfung« den Kopf. Vor diesem Hollywood-Triumph verblasste sogar Bancrofts Oscar als Beste Darstellerin, den sie fünf Jahre zuvor für den Part der Taubstummenlehrerin Annie Sullivan in Arthur Penns Film »Licht im Dunkel« erhalten hatte. Der am Broadway als »weiblicher Marlon Brando« gefeierte Star wurde 1977 für »Am Wendepunkt« erneut für den Oscar nominiert.

Bellow, Saul

US-amerikan. Schriftsteller, * 10. 7. 1915 Montreal (Kanada), † 5. 4. 2005 Brookline (Massachusetts)

Der Literatur-Nobelpreisträger von 1976 befasste sich in seinen Romanen und Erzählungen mit dem von seiner Umwelt entfremdeten Individuum, das in einer materialistischen Welt ums Überleben kämpft. Der Verzweiflung seiner Protagonisten setzte der Sohn russ. Einwanderer jüdischen Glaubens einen Lebensoptimismus entgegen, der auch in seinem humoristischen, vitalen Schreibstil hervortrat. Zu Bellows bedeutendsten Werken zählen die Romane »Die Abenteuer des Augie March« (1953) und »Herzog« (1964).

Benenson, Peter

Brit. Jurist und Politiker, * 31. 7. 1921 London, † 25. 2. 2005 Oxford

Mit einem Artikel über zwei portugiesische Studenten, die unter der Salazar-Diktatur in Lissabon inhaftiert wurden, weil sie für die Freiheit eingetreten waren, legte Benenson 1961 in London den Grundstein für die Einrichtung der Gefangenenhilfsorganisation amnesty international. In seinem »Appeal for amnesty«, der in mehreren namhaften europ. Zeitungen abgedruckt wurde, forderte er die Leser mit großem Erfolg auf, sich per Brief bei ihrer Regierung für die Freilassung der Willküropfer einzusetzen.

Bernadotte, Gustaf Lennart, Graf von Wisborg

Schwed. Adliger, * 8. 5. 1909 Stockholm, † 21. 12. 2004 Insel Mainau/Bodensee

Das Lebenswerk Bernadottes war die Umgestaltung der Insel Mainau im Bodensee, die der Graf in ein Blumenparadies verwandelt. Durch seine Heirat mit der Bürgerlichen Karin Nissvandt war der Enkel des schwed. Königs Gustav V. ab 1932 von einer möglichen Thronfolge ausgeschlossen. Das schwedische Königshaus schenkte ihm im selben Jahr die Insel Mainau, die seit 1928 in Schwedens Besitz war. 1951 begründete Bernadotte die alljährliche Tagung der Nobelpreisträger in Lindau am Bodensee. Seine Liebe zur Natur bewies der Graf auch als Vorsitzender der Dt. Gartenbau-Gesellschaft (1955–82).

Bernhard, Prinz der Niederlande

Eigtl. Bernhard zur Lippe-Biesterfeld, niederländ. Prinzgemahl, * 29. 6. 1911 Jena, † 1. 12. 2004 Utrecht

Der aus Deutschland stammende Prinz heiratete 1937 die niederländ. Prinzessin Juliana, die 1948 den Thron bestieg. Bernhard hatte sich durch seinen aktiven Widerstand gegen die dt. Besatzung im Zweiten Weltkrieg das Vertrauen der Niederländer erworben. In den 1970er-Jahren war der Vater der jetzigen Königin Beatrix in die Lockheed-Affäre verwickelt: Der US-Flugzeugbauer hatte Bestechungsgelder an namhafte Politiker und auch an Prinz Bernhard gezahlt, um den Absatz seiner Maschinen zu steigern.

Bethe, Hans Albrecht

Dt.-amerikan. Physiker, * 2.7.1906 Straßburg, † 6.3.2005 Ithaca (New York)

Bethe analysierte 1938 die atomaren Prozesse, aus denen sich die Energiemassen von Fixsternen speisen und erhielt dafür 1967 den Physik-Nobelpreis. Der Wissenschaftler, der 1933 aus Nazi-Deutschland nach England emigriert war und seit 1935 in den USA lehrte, war im Zweiten Weltkriegs maßgeblich an der Entwicklung der US-amerikan. Atombombe beteiligt. Der US-Staatsbürger (seit 1941) engagierte sich in den 1980er- und 1990er-Jahren für eine rein friedliche Nutzung der Kernenergie und die Abschaffung aller Atomwaffen.

Branigan, Laura

US-amerikan. Popsängerin, * 3.7.1957 Brewster (New York), † 26.8.2004 East Quogue (New York)

Mit »Self Control« stand die US-Amerikanerin, die ihre Karriere als Folk- und Backgroundsängerin von Leonard Cohen begonnen hatte, 1984 gut 20 Wochen auf Platz eins der dt. Pop-Charts. Die viermal für den Musikpreis Grammy nominierte Interpretin feierte zudem mit Coverversionen von »Gloria« und »Solitaire« (1982) Erfolge. Nach dem zwischenzeitlichen Rückzug aus der Musikbranche kehrte Branigan 2002 in der Rolle von Janis Joplin im Musical »Love, Janis« ins Rampenlicht zurück.

Callaghan, James

Baron Callaghan of Cardiff, brit. Politiker, * 27.3.1912 Portsmouth, † 27.3.2005 East Sussex

Der Unterhaus-Abgeordnete der Labour Party (1946–87) fungierte ab 1964 als brit. Schatzkanzler, 1967–70 als Innenminister und leitete von 1974 bis 1976 das Außenressort. Als Premierminister (1976–79) versuchte er mit mäßigem Erfolg, die Inflation durch stärkere Lohnkontrollen zu bekämpfen. Nach mehreren Generalstreiks verlor er 1979 ein Misstrauensvotum und musste seinen Posten für die Konservative Margaret Thatcher räumen. 1987 zog der Baron Callaghan of Cardiff ins brit. Oberhaus (House of Lords) ein.

Carson, Johnny

US-amerikan. TV-Moderator, * 23.10.1925 Corning (Iowa), † 23.1.2005 Malibu (Kalifornien)

Der Talkmaster ist der unbestrittene Vater der Late-Night-Shows. Seine »Tonight Show«, die er seit 1962 Tag für Tag beim Sender NBC präsentierte, war Vorbild für zahlreiche Shows, auch in Deutschland. Der Mix aus lockerem Geplauder mit zumeist zwei Gästen, seine bissig-ironische Würdigung der Tagesnachrichten und jeweils ein Musik- oder Comedy-Teil wirkten stilbildend. Mit 66 Jahren übergab Carson die Leitung der weltweit ältesten Late-Night-Show an Jay Leno.

Cartier-Bresson, Henri

Frz. Fotograf, * 22.8.1908 Chanteloup (Seine-et-Marne), † 3.8.2004 Céreste (Alpes-de-Haute Provence)

Als »Mann mit der Leica« stieg der Franzose zu einem der bedeutendsten Fotografen der Welt auf. Der Mitbegründer der renommierten Fotoagentur Magnum (1947) imponierte v. a. durch seine zeitgeschichtlichen (Schwarzweiß-)Arbeiten. So hielt er den Span. Bürgerkrieg (1936–39), die Befreiung von Paris (1944) und den Berliner Mauerbau (1961) in Fotoserien fest. Den Tod Mahatma Gandhis dokumentierte Cartier-Bresson in bewegenden Bildern. Als erster Künstler seines Faches erhielt er 1955 eine Ausstellung im Louvre.

7

Cranz-Borchers, Christl

Dt. Sportlerin, * 1. 7.1914 Brüssel (Belgien), † 28. 9.2004 Steibis (Allgäu)

Christl Cranz war in den 1930er-Jahren der erste Star des alpinen Skisports. Zwischen 1934 und 1939 konnte sie sich zwölfmal als Weltmeisterin und dreimal als WM-Zweite feiern lassen. Beim alpinen Olympiadebüt 1936 in Garmisch-Partenkirchen brillierte sie in der Kombination: Nach einem Sturz in der Abfahrt holte sie im Slalom 19 sec Rückstand auf die Norwegerin Laila Schou-Nielsen auf und wurde Olympiasiegerin. Die 15-fache dt. Meisterin arbeitete ab 1949 als Funktionärin beim Dt. Skiverband. 1991 wurde sie in die Hall of Fame der internationalen Frauensports aufgenommen.

Crick, Francis Harry Compton

Brit. Biochemiker, * 8. 6.1916 Northampton, † 28. 7.2004 San Diego (Kalifornien)

Ohne die Leistungen des Briten wäre die Entschlüsselung des menschlichen Erbguts undenkbar. Mit seinem Landsmann Maurice Wilkins und dem US-Amerikaner James Watson erhielt Crick 1962 den Medizin-Nobelpreis: Die Forscher hatten ein Strukturmodell der Desoxyribonukleinsäure (DNA), der Trägersubstanz für genetische Informationen, entwickelt, das bis heute Gültigkeit hat. Sie gingen von zwei spiralig umeinander gedrehten Nukleotid-Doppelsträngen (Doppelhelix) aus, die aus den Basen Adenin und Thymin bzw. Cytosin und Guanin bestehen.

Derrida, Jacques

Frz. Sprach- und Kulturphilosoph, * 15. 7.1930 El-Biar bei Algier (Algerien), † 9. 10.2004 Paris

Mit seinem 1967 erschienenen Werk »Die Schrift und die Differenz« gab der Franzose der modernen Philosophie neue Denkanstöße. Der Begründer des Dekonstruktivismus verneinte die Existenz einer absoluten Wahrheit, was er u.a. am Beispiel der Sprache verdeutlichte. Die Vielschichtigkeit der Sprache lasse stets verschiedene Erklärungen der Realität zu. Ein objektives Verständnis lasse sich nur durch die Dekonstruktion, also die Zergliederung der inneren Strukturen, und die Darlegung der inneren Differenzen erreichen.

Distel, Sacha

Frz. Sänger, * 29. 1. 1933 Paris, † 22.7.2004 Rayol-Canadel-sur-Mer bei St.-Tropez

Wenn der frz. Chansonnier mit seiner rauchigen Stimme Hits wie »Scoubidou« ins Mikrofon raunte, lagen ihm die Fans in aller Welt zu Füßen. Mit seiner zeitweiligen Lebenspartnerin Brigitte Bardot nahm der ehemalige Jazzgitarrist den erfolgreichen Titel »Le soleil de ma vie« auf. Die Charts stürmte Distel in den 1960er-Jahren auch mit dt.-sprachigen Aufnahmen (»Die Frau mit dem einsamen Herzen«). Seinen letzten großen Auftritt hatte der 68-Jährige 2001 in London, als er im Musical »Chicago« auf der Bühne stand.

Dreilich, Herbert

Dt. Rocksänger, * 5.12.1942 Mauterndorf (Österreich), † 12.12.2004 bei Berlin

Als Gitarrist und Leadsänger der Kultband Karat war Dreilich einer der großen Musikstars der DDR, in die er 1959 im Alter von 16 Jahren übergesiedelt war. Mit ihrem Lied »Über sieben Brücken musst du geh'n«, den vielleicht bekanntesten DDR-Hit überhaupt den Peter Maffay im Westen sang, wurden Dreilich und Karat in den 1970er-Jahren auch in der Bundesrepublik bekannt. Dort erhielt die 1975 aus der Band Panta Rhei hervorgegangene Gruppe für das Album »Der blaue Planet« (1982) und für »Albatros« (1984) weitere Goldene Schallplatten. Im August 2003 trat Dreilich zum letzten Mal auf.

Drinda, Horst

Dt. Schauspieler, * 1.5.1927 Berlin, † 21.2.2005 ebd.

Seine größten Erfolge feierte Drinda als Schauspieler des Dt. Theaters in Berlin, dem er mehr als 25 Jahre angehörte. Ein breiteres Publikum kennt ihn als Mimen des DDR-Fernsehens, beispielsweise in der Rolle des TV-Kapitäns Hans Karsten in der Serie »Zur See« oder als Politiker in der Reihe »Unser Mann ist König«. Als Filmschauspieler überzeugte Drinda u. a. als Verleger Axel Caesar Springer (Mehrteiler, 1968–70) sowie als preußischer General Gerhard Johann David von Scharnhorst (1978), zudem führte er mehrfach Regie.

Ernsting, Walter

Dt. Schriftsteller, * 13.6.1920 Koblenz, † 14.1.2005 Salzburg

Der Sciencefiction-Held Perry Rhodan hat Ernsting unsterblich gemacht. 1961 schrieb der Autor, der seine Karriere Mitte der 1950er-Jahre unter dem Pseudonym Clark Darlton begonnen hatte, zusammen mit Karl Herbert Scheer das erste der fast 200 Perry-Rhodan-Abenteuer. Darüber hinaus verfasste Ernsting u. a. einige Bände der Atlan-Serie. Atlan, ein Arkonide, hatte das Licht der Welt in den Perry-Rhodan-Romanen erblickt und dann als eine der populärsten Figuren eine eigene Reihe erhalten.

Eyadéma, Étienne Gnassingbé

Togo. Politiker, * 26.12.1937 Pya (Distrikt Lama Kara), † 5.2.2005 Lomé

Der ehemalige Soldat der frz. Armee putschte sich 1967 an die Macht. Der Präsident Togos unterdrückte fortan die Opposition und ließ sich erstmals 1993 per Wahl bestätigen. Nach seiner Wiederwahl (1998) ließ er die Verfassung ändern, sodass er 2003 nach Wahlmanipulationen seine dritte Amtszeit antreten konnte. Der Menschenrechtsausschuss der Vereinten Nationen und amnesty international prangerten mehrfach Unterdrückung und Folter in dem westafrikan. Land an, das zu den ärmsten Staaten der Erde gehört.

Fischer, Marie Louise

Dt. Schriftstellerin, * 28.10.1922 Düsseldorf, † 2.4.2005 Prien/Chiemsee

Liebes- und Unterhaltungsromane, Kinder- und Jugendbücher waren die Welt der Autorin, deren fast 200 Werke Millionenauflagen erreichten und in 23 Sprachen übersetzt wurden. Ihren ersten Roman, »Zerfetzte Segel«, veröffentlichte sie 1958, erst mit 80 Jahren stellte sie ihr Schaffen ein. Fischer, die zu den meistgelesenen dt. Schriftstellerinnen zählt, verstand es immer wieder, ihre Fangemeinde mit gefühlvollen Geschichten zu fesseln, z. B. ab Ende der 1960er-Jahre mit der Fortsetzungslebensgeschichte des Mädchens Senta.

Fresenius, Wilhelm

Dt. Lebensmittelchemiker, * 17.7.1913 Berlin, † 31.7.2004 Wiesbaden

Der »Vater« der dt. analytischen Chemie baute den Familienbetrieb ab 1949 zum Marktführer unter den Labordienstleistern aus, der v. a. Lebensmittel, Kosmetika, Reinigungsmittel und Kleidung auf Zusammensetzung und Schadstoffe analysiert. Der Wissenschaftspublizist (u. a. Herausgeber der Zeitschrift für Analytische Chemie) war zudem Gründungsmitglied der Evangelischen Kirche in Hessen und Nassau, gehörte 40 Jahre lang der Kirchensynode an und war CDU-Fraktionschef in der Wiesbadener Stadtverordnetenversammlung.

7

Fuchs, Erika

Dt. Übersetzerin und Redakteurin, * 7. 12. 1906 Rostock, † 22. 4. 2005 München

Als Chefredakteurin des Comic-Magazins »Micky Maus« (1951–88) gab die promovierte Kunsthistorikerin Donald Duck, Onkel Dagobert & Co. eine dt. Stimme. Mit Sprachwitz und feiner Ironie verstand sie es meisterhaft, die amerikan. Geschichten nicht nur ins Deutsche zu übertragen, sondern die Sprechblasen mit intelligentem, teilweise fast poetischem Inhalt zu füllen. Mit lautmalerischen Begriffen wie »Stöhn« »Seufz« oder »Grübel« prägte Fuchs hingegen nicht nur die dt. Comicszene, sondern auch die Sprache ganzer Generationen. 2001 erhielt sie den Roswitha-Preis, den ältesten Literaturpreis, der ausschließlich an Frauen vergeben wird.

Garland, Hank

Eigtl. Walter Louis Garland, US-amerikan. Musiker, * 11. 11.1930 Cowpens (South Carolina), † 27. 12.2004 Orange Park (Florida)

Der begeisternde Gitarrist spielte insbesondere bei Studioaufnahmen mit Stars wie Patsy Cline, Roy Orbison, Charlie Parker und Elvis Presley, seine Liebe galt aber der Country-Musik. Mit 15 Jahren trat Garland bereits in Radioshows auf, mit 19 landete er seinen ersten großen Hit (»Sugar Foot Rag«). In den 1950er-Jahren widmete sich Garland dem Jazz, ehe er sich auch erfolgreich im Rock'n'Roll versuchte. Seine Karriere musste der US-Amerikaner bereits im Alter von 31 Jahren nach einem Autounfall beenden.

Grün, Max von der

Dt. Schriftsteller, * 25. 5.1926 Bayreuth, † 7. 4.2005 Dortmund

Die Lebens- und Gefühlswelt der Arbeiter stand im Mittelpunkt der Romane, Erzählungen und Hörspiele des ehemaligen Bauarbeiters und Bergmanns, der 1961 Gründungsmitglied der »Gruppe 61« war und 1963 mit »Irrlicht und Feuer« seinen Durchbruch schaffte. Der mit mehreren Kultur- und Literaturpreisen ausgezeichnete, streitbare Schriftsteller bezog auch zu tagespolitischen und gesellschaftlichen Themen Stellung: So setzte sich der Dortmunder z. B. 1979 in »Flächenbrand« mit dem Rechtsextremismus auseinander. Zu seinen berühmtesten Werken zählt der Kinder- und Jugendroman »Die Vorstadtkrokodile« um den behinderten Jungen Kurt.

Hanson, James

Lord (seit 1983), brit. Unternehmer, * 20. 1.1922 Huddersfield, † 1. 11.2004 Winterbourne (Berkshire)

Der Milliardär mit dem einprägsamen Spitznamen »Lord Geldsack« gehörte in den 1980er-Jahren zu den erfolgreichsten Unternehmern seines Landes. Er kaufte marode bzw. in finanzielle Schwierigkeiten geratene Firmen auf und sanierte sie, um sie dann mit hohem Gewinn wieder zu veräußern oder in sein Firmenkonglomerat einzugliedern. Der Gönner der Konservativen Partei um Margaret Thatcher und erklärte Europa-Gegner sorgte auch durch seine Verlobung mit der Schauspielerin Audrey Hepburn für Schlagzeilen.

Hariri, Rafik

Libanes. Politiker, * 1. 11.1944 Saida, † 14. 2.2005 Beirut

Als Ministerpräsident seines Landes versuchte Hariri zwischen 1992 und 1998 bzw. von 2000 bis 2004 die Eigenständigkeit des Libanon gegenüber der Protektionsmacht Syrien zu stärken. Der erfolgreiche Bauunternehmer, Hotel- und Bankbesitzer forderte den Abzug der Truppen des Nachbarlands, was 2004 zu seinem Rücktritt führte. Der Milliardär, der enge Kontakte zu den Machthabern in Saudi-Arabien unterhielt, kam 2005 durch einen Bombenanschlag einer vermutlich islamistischen Gruppe ums Leben.

Hauser, Bodo Hugo

Dt. Journalist und TV-Moderator, * 23. 2. 1946 Krefeld, † 23. 7. 2004 ebd.

Beim Publikum war der Träger des Bundesverdienstkreuzes (1997) v. a. durch die Sendung »Frontal« bekannt: Der streitbare Moderator beleuchtete darin zwischen 1993 und 2000 die aktuelle politische Lage aus eher konservativem Blickwinkel, während sein Widerpart Ulrich Kienzle für die eher linksliberale Sicht der Dinge zuständig war. Ab 2000 zeichnete der Harvard-Absolvent als Geschäftsführer für das Programm des Dokumentationssenders Phoenix verantwortlich, zudem moderierte er im ZDF die Sendung »Nachtduell«.

Heckmair, Andreas »Anderl«

Dt. Alpinist, * 12. 10. 1906 Bayrischzell, † 1. 2. 2005 Oberstdorf

Zusammen mit seinem Landsmann Ludwig Voerg sowie den Österreichern Heinrich Harrer und Fritz Kasparek ging Heckmair 1938 in die Annalen des Alpinismus ein, als das Quartett erstmals die gefürchtete Eiger-Nordwand im Berner Oberland bezwang. Für den Aufstieg durch die fast 1800 m hohe Nordwand auf den 3970 m hohen Eiger benötigte die Gruppe dreieinhalb Tage. Der Mitbegründer des Berufsverbands der Dt. Ski- und Bergführer (1968) nahm u. a. auch an Expeditionen in den Himalaja teil.

Hugendubel, Heinrich

Dt. Buchhändler und Verleger, * 3. 6. 1936 München, † 7. 4. 2005 ebd.

Hugendubel baute das seit 1893 bestehende Münchner Familienunternehmen zu einer der größten Buchhandelsketten Deutschlands aus. Der »Erfinder« des Buchkaufhauses machte die Suche nach einem Buch zum Erlebnis: In seinen Großkaufhäusern eröffnete er seinen Kunden die Möglichkeit, bei einer Tasse Kaffee auf dem Lesesofa in den Werken zu blättern und sich ausgiebig über die Bücher zu informieren. Als Verleger war der Träger des Bundesverdienstkreuzes (2004) u. a. an den Verlagen Weltbild und Ariston beteiligt.

Johannes Paul II.

Eigtl. Karol Wojtyła, * 18. 5. 1920 Wadowice (Polen), † 2. 4. 2005 Rom

Während seines fast 27-jährigen Pontifikats (1978–2005) entwickelte sich der erste nichtitalien. Papst seit 1522 zum weit gereisten Weltpolitiker, der sich für den Frieden, den Dialog mit anderen Glaubensgruppen sowie gegen (kommunistische) Diktaturen und die Auswüchse des Kapitalismus einsetzte. Innerhalb der katholischen Kirche galt der ehemalige Erzbischof von Krakau (seit 1964) und Kardinal (seit 1967) als Traditionalist, der sich u. a. gegen Geburtenkontrollen und die Ordination von Frauen aussprach.

Johnson, Philip Cortelyou

US-amerikan. Architekt, * 8. 7. 1906 Cleveland (Ohio), † 25. 1. 2005 New Canaan (Connecticut)

Der US-Amerikaner begründete den Begriff des International Style, war Wegbereiter für Postmoderne und Dekonstruktivismus in der Architektur. Der langjährige Direktor des Architekturbereichs im New Yorker Museum of Modern Art baute in der Ostküsten-Metropole u. a. das Seagram Building und die AT&T-Zentrale. Zudem konzipierte er ein neuartiges Einraumhaus, wobei er auf Glas und Lichteffekte setzte. In Deutschland ist v. a. sein nach ihm benanntes Bürogebäude am früheren Checkpoint Charlie in Berlin bekannt.

Joos, Hildegard

Österreich. Malerin, * 7.5.1909 Sieghartskirchen (Niederösterreich), † 17.1.2005 Wien

Die Künstlerin, in ihrer Heimat als »Grande Dame« der abstrakten Malerei gefeiert, war seit 1954 Mitglied der Wiener Sezession, die ihr vier Jahre später als erster Frau eine Einzelausstellung widmete. Bekannt wurde die Österreicherin, die mit ihrem Mann, dem Maler Harold Joos, auch in der Pariser Konstruktivisten-Szene eine feste Größe war, u.a. durch Bilder mit Raster- und Schachbrettmotiven. Das Künstlerpaar entwickelte die sog. Narrativen Geometrismen – eine Verbindung von Farbvielfalt mit strengen geometrischen Formen.

Juhnke, Harald

Dt. Schauspieler und Entertainer, * 10.6.1929 Berlin, † 1.4.2005 Rüdersdorf bei Berlin

Juhnke gab Ende der 1940er-Jahre in Berlin sein Debüt als Theatermime und machte sich in der Folgezeit in Boulevardstücken, aber auch als Filmschauspieler (z.B. als Hauptmann von Köpenick) einen Namen. Der waschechte Berliner widmete sich in den 1970er-Jahren auch komischen Serienrollen im Fernsehen. In dem Film »Der Trinker« nach einem Roman von Hans Fallada stellte der seit Jahren schwer alkoholkranke Frank-Sinatra-Fan 1995 auch sein eigenes Leiden dar.

Kishon, Ephraim

Eigtl. Ferenc Hoffmann, israel. Schriftsteller, * 23.8.1924 Budapest (Ungarn), † 29.1.2005 Appenzell (Schweiz)

Kishon zählt zu den bedeutendsten Satirikern des 20.Jh. Insbesondere in Deutschland erreichten seine humoristischen Kurzgeschichten über das Alltagsleben und die liebenswerten Schwächen der Menschen in Israel zweistellige Millionenauflagen. Der langjährige Kolumnist der Tageszeitung »Ma'ariv« verfasste auch Drehbücher und Theaterstücke und tat sich zudem als Filmregisseur hervor: Sein Film »Sallah« (1964) erhielt eine Oscar-Nominierung.

Kleiber, Carlos

Argentin.-österreich. Dirigent, * 3.7.1930 Berlin, † 13.7.2004 Konjsica (Slowenien)

Der Sohn des Generalmusikdirektors der Berliner Staatsoper machte sich als Kapellmeister an der Württembergischen Staatsoper in Stuttgart (1966–75) sowie als Gastdirigent beispielsweise in München, Zürich und Wien einen Namen. Mit Giuseppe Verdis »Othello« debütierte der Dirigent 1977 in den USA. Ein besonderer Hang zu Präzision und Werktreue sowie die Beschränkung auf Werke weniger Komponisten kennzeichneten das Schaffen des öffentlichkeitsscheuen Künstlers.

Kluncker, Heinz

Dt. Gewerkschafter, * 20.2.1925 Wuppertal, † 21.4.2005 Stuttgart

18 Jahre lang – von 1964 bis 1982 – stand Kluncker an der Spitze der Gewerkschaft Öffentliche Dienste, Transport und Verkehr (ÖTV) und setzte u.a. die 40-Stunden-Woche und das 13. Monatsgehalt durch. Der »Dicke«, wie Kluncker häufig genannt wurde, zeichnete Anfang 1973 für einen Aufsehen erregenden Tarifstreik der bundesdt. Geschichte verantwortlich: Busfahrer, Lokführer und Müllmänner streikten drei Tage lang und setzten so die von der ÖTV geforderte Rekord-Lohnerhöhung von 11% durch.

Kübler-Ross, Elisabeth

Schweizer.-US-amerikan. Psychiaterin und Sterbeforscherin, * 8.7.1926 Zürich, † 24.8.2004 Scottsdale (Arizona)

Als eine der ersten Medizinerinnen befasste sich Kübler-Ross mit den Themen »Sterben« und »Tod« sowie konkret mit der Lage Sterbender im

Krankenhaus. Die Ärztin, die seit 1958 in den USA lebte, leitete aus ihrer Forschung konkrete Hilfsangebote für Betroffene ab. So förderte sie beispielsweise die Entwicklung und Ausbreitung der Hospizbewegung und warb auf zahlreichen Vortragsreisen und in Büchern für ihre Ansichten. Zu ihren bekanntesten Werken zählt das 1969 erschienene Buch »Interviews mit Sterbenden«. Kübler-Ross definierte die heute anerkannten fünf Phasen des Sterbens: Nichtwahrhabenwollen und Isolierung, Zorn, Verhandeln, Depression, Zustimmung.

Leigh, Janet

Eigtl. Jeanette Helen Morrison, US-amerikan. Schauspielerin, * 6.7.1927 Merced (Kalifornien), † 3.10.2004 Beverly Hills (Kalifornien)

Die US-Amerikanerin zählt zu den bekanntesten Filmtoten der Kinogeschichte, seit sie 1960 in Alfred Hitchcocks Horrorthriller »Psycho« von Anthony Perkins unter der Dusche gemeuchelt wurde. Lohn des Grauens waren u.a. eine Oscar-Nominierung und ein Golden Globe. Leigh stand in über 60 Filmen vor der Kamera, darunter in »Houdini« (1953) an der Seite ihres dritten Ehemanns Tony Curtis. 1958 überzeugte die Mimin in dem Orson-Welles-Streifen »Im Zeichen des Bösen«.

Markowa, Alicia

Dame (seit 1963), eigtl. Lillian Alicia Marks, brit. Balletttänzerin und -direktorin, * 1.12.1910 London, † 2.12.2004 Bath

Die Mitbegründerin des English National Ballet zählt zu den bedeutendsten klassischen Tänzerinnen des 20. Jh. Der Impresario Sergej Diaghilew engagierte die 14-Jährige als jüngstes Ensemble-Mitglied für eine Europatournee seiner Ballets Russes. Zusammen mit Anton Dolin feierte sie in den 1930er-Jahren mit dem Markowa-Dolin-Ballet Erfolge, zudem tanzte sie u.a. beim renommierten Vic Wells Ballet und am American Ballet Theater. Ab 1963 arbeitete sie als Tanzlehrerin, u.a. an der Metropolitan Opera in New York.

Maschadow, Aslan

Tschetschen. Politiker und Offizier, * 21.9.1951 Kasachstan, † 8.3.2005 Tolstoi-Jurt bei Grosny (Tschetschenien)

Der Offizier der Roten Armee kam 1992 unter General Dschochar Dudajew in den Führungsstab der tschetschen. Armee und organisierte Mitte der 1990er-Jahre im Tschetschenienkrieg den Widerstand gegen die russ. Truppen, deren Abzug er 1996 aushandelte. Ein Jahr später stieg Maschadow zum Staats- und Regierungschef auf, der nach dem erneuten Kriegsausbruch 1999 als Führer der Separatisten im Untergrund lebte. 2005 fiel der von Russland des Terrorismus bezichtigte Maschadow einem russ. Anschlag zum Opfer.

Meyer, Russ

US-amerikan. Filmregisseur, * 21.3.1922 Oakland (Kalifornien), † 18.9.2004 Hollywood (Kalifornien)

»In einem Russ-Meyer-Film gibt es immer etwas Herausragendes«, lautete ein Slogan für die Filme des Mannes, dessen Schauspielerinnen stets mit üppiger Oberweite ausgestattet waren. Der ehemalige »Playboy«-Fotograf gründete 1958 eine Filmfirma und drehte viele billig produzierte Sexstreifen. Während einige seiner fast 30 Filme heute als Kult gelten, wurden sie in den 1960er-Jahren in den USA als pornografisch abgelehnt.

Michels, Rinus

Eigtl. Marinus Jacobus Michels, niederländ. Fußballtrainer, * 9.2.1928 Amsterdam, † 3.3.2005 Aalst (Belgien)

Seinen Ruf als einer der erfolgreichsten Fußballlehrer begründete »der General« in den 1970er-Jahren, als er Ajax Amsterdam in die europ. Spitze führte. 1974 wurde er mit dem FC Barcelona span. Meister. Im selben Jahr musste der ehemalige Ajax-Stürmer seine größte Niederlage einstecken, als die von ihm trainierte niederländ. Nationalelf das WM-Finale gegen Deutschland verlor. 1983 gewann Michels mit dem 1. FC Köln den DFB-Pokal, 1988 wurde er als Nationaltrainer des »Oranje«-Teams Europameister.

Miller, Arthur

US-amerikan. Dramatiker, * 17.10.1915 New York, † 10.2.2005 Roxbury (Connecticut)

Berühmt wurde der Dramatiker mit dem Stück »Tod eines Handlungsreisenden« (1949), für das er den Pulitzerpreis erhielt. Thematisch kreisen viele seiner Dramen um einfache Menschen, die sich mit der rauen Wirklichkeit sowie ihrer individuellen Verantwortung auseinander setzen müssen. Zudem griff er oft politische Aspekte der US-Gesellschaft auf, z. B. in »Hexenjagd« (1953) die Verfolgung in der McCarthy-Ära. Für seine dritte Ehefrau Marilyn Monroe schrieb Miller 1959 das Drehbuch zum Film »Nicht gesellschaftsfähig«.

Miłosz, Czesław

Poln. Schriftsteller und Literaturhistoriker, * 30.6.1911 Seteiniai (Litauen), † 14.8.2004 Krakau

Der in seinen Romanen als skeptischer Moralist hervorgetretene Autor erhielt 1980 den Literatur-Nobelpreis. In den 1930er-Jahren prägte er z. B. in dem Gedichtband »Drei Winter« (1936) den sog. Katastrophismus, der die geschichtliche Entwicklung pessimistisch beurteilt. Nach dem Zweiten Weltkrieg blieb der poln. Kulturattaché in Paris im Westen, wo er in Essays (»Verführtes Denken«, 1953) und Gedichten die Lage der Intellektuellen in Osteuropa beschrieb. 1969 veröffentlichte Miłosz eine »Geschichte der polnischen Literatur«.

Mira, Brigitte

Dt. Schauspielerin, * 20.4.1910 Hamburg, † 8.3.2005 Berlin

Obwohl in Hamburg geboren und aufgewachsen, galt die Volksschauspielerin als Berliner Original. Sie verkörperte zumeist den Typ der aufrichtigen, einfachen Frau, die sich mit Mutterwitz und »Schnauze« im Leben behauptet. Neben ihrem komödiantischen Talent, das sie z. B. in der TV-Serie »Drei Damen vom Grill« zeigte, überzeugte die ehemalige Operettensoubrette auch in ernsten Rollen, so 1973 in dem Film von Rainer Werner Fassbinder »Angst essen Seele auf«, wo sie gegen alle Widerstände mit einem 20 Jahre jüngeren Afrikaner zusammenlebt.

Mo, Billy

Eigtl. Peter Mico Joachim, dt.-trinidad. Sänger und Musiker, * 22.2.1923 Trinidad, † 16.7.2004 Hannover

»Ich kauf mir lieber einen Tirolerhut«, sang Mo 1962 und avancierte mit diesem Hit sowie mit Gassenhauern wie »Humba Täterä« zum beliebten dt. Unterhaltungskünstler der 1960er-Jahre. Sein Renommee als ernst zu nehmender Musiker erwarb sich der Absolvent der Londoner Musikhochschule aber in erster Linie als Jazztrompeter, der zahlreiche Platten aufnahm und bis 2001 auf der Bühne stand. 2002 erhielt der Wahl-Niedersachse, der seit einer Gehirnblutung 2001 pflegebedürftig war, das Bundesverdienstkreuz am Bande.

Moshammer, Rudolph

Dt. Modedesigner, * 27.9.1940 München, † 14.1.2005 München-Grünwald

Mit seinen Kollektionen, die er in seinem Modegeschäft verkaufte, stieg der exzentrische König-Ludwig-Fan zum Millionär auf. Moshammer, der sich in der Öffentlichkeit stets mit Hündin Daisy zeigte und auch Mode- und Pflegeserien für Hunde kreierte, war häufiger Gast bei Partys der Highsociety. Seine Popularität nutzte er für sein soziales Engagement, das v. a. Obdachlosen zugute kam. Nach einem Streit um die Bezahlung sexueller Handlungen wurde Moshammer 2005 in seinem Haus von einer Straßenbekanntschaft ermordet.

Peel, John

Eigtl. John Robert Parker Ravenscroft, brit. Radiomoderator und Diskjockey, * 30. 8. 1939 Heswall bei Liverpool, † 25. 10. 2004 Cuzco bei Lima (Peru)

Der Diskjockey der BBC war schon zu Lebzeiten eine Legende. Immer wieder stellte er in seinen Sendungen noch wenig bekannte Musik und Künstler vor und brachte dem Mainstream-Publikum so Punk, Reggae, Hip-Hop und Drum-and-Base nahe. Seinen Ruf als Radio-Rebell unterstrich Peel, indem er z. B. zweimal hintereinander dieselbe Platte spielte, weil sie ihm selbst gefiel. Seine trockene Art und die Live-Studio-Sessions mit zahlreichen Bands haben Peel Kultstatus eingebracht – und 1998 den Orden des Britischen Königreiches.

Rainier III.

Eigtl. Louis Henri Maxena Bertrand Rainier, Fürst von Monaco, * 31. 5. 1923 Monaco, † 6. 4. 2005 Monte Carlo

Das Mitglied der Grimaldi-Dynastie bestieg 1949 als Rainier III. und Nachfolger seines Großvaters Louis II. den monegass. Fürstenthron. Um die Finanzen des Zwergstaates zu verbessern, förderte er den Zuzug bekannter Persönlichkeiten und den Tourismus sowie die Neulandgewinnung und die Ansiedlung emissionsarmer Industriesparten. 1956 heiratete Rainier die US-amerikan. Schauspielerin Grace Kelly. Der dreifache Vater stimmte 1962 einer konstitutionellen Verfassung zu, die die Rechte des Fürsten beschnitt.

Rebmann, Kurt

Dt. Jurist, * 30. 5. 1924 Heilbronn, † 21. 4. 2005 Stuttgart

Als Nachfolger des von der Roten Armee Fraktion (RAF) ermordeten Siegfried Buback übernahm Rebmann 1977 das Amt des Generalbundesanwalts. Der vorherige Chef der baden-württemberg. Justizverwaltung ging mit harter Hand gegen den Terrorismus vor: Er plädierte für ein verschärftes Demonstrationsstrafrecht, für erleichterte Abhöraktionen und eingeschränkte Verteidigerrechte. Anfang der 1980er-Jahre gelangen ihm mehrere Fahndungserfolge gegen die RAF-Spitze. Nach 13 Jahren trat der 66-Jährige 1990 zurück, sein Nachfolger wurde Alexander von Stahl.

Reeve, Christopher

US-amerikan. Schauspieler, * 25. 9. 1952 New York, † 10. 10. 2004 ebd.

Von 1978 bis 1986 verkörperte Reeve in vier Filmen die Figur Superman, den unerschrockenen Kämpfer gegen das Böse. 1995 brach sich der US-Amerikaner bei einem Reitunfall den Hals und war seither vom Nacken abwärts gelähmt. Nach dem Unglücksfall setzte Reeve seine Hoffnungen auf die Stammzellenforschung, von der er sich eine Chance auf Heilung versprach. Mit eisernem Training stärkte er nach und nach die Muskulatur in Armen und Beinen. Auch die Fähigkeit, selbstständig atmen zu können, eroberte sich Reeve zurück.

Rexrodt, Günter

Dt. Politiker, * 12. 9. 1941 Berlin, † 19. 8. 2004 ebd.

In der Koalitionsregierung von Bundeskanzler Helmut Kohl (CDU) hatte der FDP-Politiker von 1993 bis 1998 das Amt des Bundeswirtschaftsministers inne. Das FDP-Präsidiumsmitglied übernahm 2001 den Posten des Schatzmeisters der Partei, in die er 1980 eingetreten war. Nachdem er sich ab 1985 zunächst als Finanzressortleiter des Berliner Senats Meriten erworben hatte, arbeitete Rexrodt im Zuge der dt. Vereinigung im Vorstand der Treuhandgesellschaft mit, ehe der Liberale 1993 in die Bundesregierung aufstieg.

Sagan, Françoise

Eigtl. Françoise Quoirez, frz. Schriftstellerin, * 21.6.1935 Cajarc (Lot), † 24.9.2004 Honfleur (Normandie)

Mit 18 Jahren verfasste die Französin den 1954 erschienenen freizügigen Roman »Bonjour tristesse«, der das Lebensgefühl der jungen Generation im Zeitalter des Existenzialismus ausdrückte und über Nacht zum Skandalerfolg avancierte. Im Mittelpunkt ihrer Werke steht die Einsamkeit des Individuums. Sagans ausschweifendes Privatleben zwischen Partys, Spielleidenschaft, Autos und Alkohol sorgte ebenso für Schlagzeilen wie ihre weiteren Romanerfolge, darunter »Ein gewisses Lächeln« (1956) und »Lieben Sie Brahms?« (1959).

Schell, Maria

Schweizer. Schauspielerin, * 15.1.1926 Wien, † 26.4.2005 Preitenegg (Kärnten)

Die gefühlvolle Darstellung ihrer Charaktere machte Schell zum Idol des dt. Nachkriegsfilms. Mit Dieter Borsche war sie in den Melodramen »Dr. Holl« und »Es kommt ein Tag« zu sehen. Mit O.W. Fischer bildete sie das Traumpaar des dt. Kinos. Den internationalen Durchbruch schaffte sie mit »Die letzte Brücke« (1954), für den sie die Goldene Palme von Cannes als beste Hauptdarstellerin erhielt. Das »Seelchen«, wie Schell zum eigenen Missfallen genannt wurde, brillierte auch als Theatermimin und TV-Star.

Schmeling, Max

Dt. Boxer, * 28.9.1905 Klein Luckow (Uckermark), † 2.2.2005 Hollenstedt bei Hamburg

Durch seinen Disqualifikationssieg über den US-Amerikaner Jack Sharkey wurde der »Schwarze Ulan vom Rhein« 1930 als erster Deutscher Boxweltmeister im Schwergewicht. Zwei Jahre später musste Schmeling den Titel nach einer umstrittenen Punktniederlage wieder an Sharkey abtreten. Seinen größten Sieg feierte das dt. Boxidol 1936 in New York, als er den »Braunen Bomber« Joe Louis nach zwölf Runden vorzeitig auf die Bretter schickte. Der Revanchekampf 1938 war schon in Runde eins zugunsten des US-Stars entschieden.

Schwanitz, Dietrich

Dt. Literaturwissenschaftler und Schriftsteller, * 23.4.1940 Werne/Lippe, † 17.12.2004 Hartheim/Breisgau

Der Universitätsprofessor, der bis 1997 in Hamburg Kulturwissenschaften und Englische Literatur lehrte, feierte in den 1990er-Jahren mit sog. Campus-Romanen Erfolge. In Werken wie »Der Campus« (1995), das 1998 mit Heiner Lauterbach in der Hauptrolle verfilmt wurde, schilderte er auf humorvoll-satirische Weise den Unibetrieb zwischen Machtspielen, Intrigen und Alltagstrott. Ein weiterer Bestseller gelang Schwanitz 1999 mit dem humanistischen Wissenskanon »Bildung – Alles, was man wissen muss«.

Shaw, Artie

Eigtl. Arthur Arshawsky, US-amerikan. Musiker, * 23.5.1910 New York, † 30.12.2004 Thousand Oaks (Kalifornien)

Zusammen mit Benny Goodman gilt Shaw als bedeutendster Klarinettist und Bandleader des Swing. Die Konkurrenz zu Goodman stachelte Shaw an, inspirierte ihn, neue Wege zu beschreiten: So ließ er sich 1935 erstmals von Streichern begleiten und suchte mit seinen zahlreichen Bigbands immer wieder nach neuen musikalischen Ausdrucksformen. Shaw, der auch als Komponist (»Nightmare«), Schriftsteller und Filmproduzent hervortat, war u.a. mit den Hollywood-Diven Ava Gardner und Lana Turner verheiratet.

Sontag, Susan

US-amerikan. Schriftstellerin und Kritikerin, * 16.1.1933 New York, † 28.12.2004 ebd.

Die unbequeme Intellektuelle kritisierte in ihren Romanen und Essays immer wieder die politische Realität. Im Vietnamkrieg reiste sie nach Nordvietnam (»Reise nach Hanoi«), den Jom-Kippur-Krieg in Israel 1973 hielt sie in einer Filmdokumentation (»Gelobtes Land«) fest, im kriegszerstörten Sarajevo spielte sie Theater. Sie schrieb über Krebs und Aids, befasste sich mit experimenteller Kunst und setzte sich gegen den Irakkrieg der USA ein. Unter ihren Romanen ragen »Der Liebhaber des Vulkans« (1992) und »In Amerika« (1999) heraus.

Tange, Kenzō

Japan. Architekt, * 4.9.1913 Imabari, † 22.3.2005 Tokio

Der Japaner zählt zu den bedeutendsten Architekten des 20. Jh. Beim Peace Center in Hiroshima (1949–56) verband er den Rationalismus Le Corbusiers mit japan. Traditionen. Er gestaltete die 1945 zerstörte Stadt neu, baute 1964 einen Teil der olympischen Sportstätten in Tokio und plante die Weltausstellung 1970 in Osaka. Ende der 1970er-Jahre schuf er den Königspalast im saudi-arab. Djidda. In späteren Werken orientierte sich Tange an der Postmoderne, so beim 1991 entstandenen, 243 m hohen Haus der Provinzregierung in Tokio.

Tebaldi, Renata

Ital. Sängerin, * 1.2.1922 Pesaro, † 19.12.2004 San Marino

Ihre »Engelsstimme« machte die Sopranistin ab den 1950er-Jahren zu einer der führenden Operndiven. Die beflügelnde Konkurrenz zu Maria Callas offenbarte sich an der Mailänder Scala, wo beide Stars ab 1951 engagiert waren. Bei Gastauftritten in Wien, London und Paris begeisterte Tebaldi v. a. in Opern von Puccini, Spontini und Verdi. Als Aida eroberte sie 1955 San Francisco und als Desdemona New York, wo die Italienerin bis zu ihrem Opernabschied 1973 mehr als 200 Aufführungen gab.

Thompson, Hunter S.

US-amerikan. Schriftsteller und Journalist, * 18.7.1939 Louisville (Kentucky), † 20.2.2005 Woody Creek (Colorado)

Mit radikaler Gesellschaftskritik schuf der US-Amerikaner eine eigene Stilrichtung, die als Gonzo-Journalismus (auch: New Journalism) bekannt wurde. Dabei verschmolz der ehemalige Auslandskorrespondent des »National Observer« und Redakteur des »Rolling Stone« subjektive Eindrücke mit literarischen Elementen. Aufsehen erregte seine Reportage über die Rockergang Hell's Angels, mit der er ein Jahr zusammenlebte. Ab den 1970er-Jahren bezog Thompson gegen die US-Machtpolitik der Republikaner Stellung.

Uexküll, Thure von

Dt. Mediziner, * 15.3.1908 Heidelberg, † 29.9.2004 Freiburg

Mit seinem Ziel, eine »Medizin der menschlichen Beziehungen« zu entwickeln, stieg der Sohn des Umweltbiologen Jakob von Uexküll zum Nestor der Psychosomatik in Deutschland auf. Der Internist mit Professuren in Gießen und Ulm veröffentlichte 1979 das Standardwerk »Psychosomatische Medizin«, das seither als wichtigstes Lehrbuch auf diesem Gebiet gilt. Uexküll begriff die Entstehung psychosomatischer Leiden als Zusammenspiel aus körperlichen, seelischen und sozialen Faktoren und schuf so einen interdisziplinären Ansatz.

7

Vane, John Robert

Sir (seit 1984), brit. Pharmakologe, * 29. 3. 1927 Tardebigg (Worcestershire), † 19. 11. 2004 Farnborough

Für die Erforschung des Prostaglandins, eines hormonähnlichen Stoffes mit gefäßerweiternder und schmerzsteigernder Wirkung, erhielt der Brite 1982 den Medizin-Nobelpreis. Seine Erkenntnisse ermöglichten die Entwicklung neuer Herz- und Gefäßmedikamente. Eng mit den Arbeiten über Prostaglandin verbunden ist eine andere Leistung Vanes: Der Londoner Professor entschlüsselte 1971 die Funktionsweise des Aspirins, dessen entzündungshemmende Wirkung daraus resultiert, dass es die Bildung von Prostaglandin beeinträchtigt.

Weizman, Eser

Israel. Politiker * 15. 6. 1924 Tel Aviv, † 24. 4. 2005 Caesarea

Der Neffe des ersten israel. Staatsoberhaupts Chaijim Weizmann war von 1993 bis 2000 Staatspräsident. Als Stabschef der Luftwaffe hatte er 1967 maßgeblichen Anteil am Erfolg Israels im Sechstagekrieg. Seine Fähigkeiten als Delegationsleiter mündeten 1979 in Camp David (USA) in den Friedensschluss zwischen Israel und Ägypten. Als einer der ersten Politiker seines Landes forderte Weizman, der auch Verkehrs-, Verteidigungs- und Forschungsminister war, schon in den 1980er-Jahren weitgehende Autonomie für die Palästinensergebiete.

Wesselmann, Tom

US-amerikan. Künstler, * 23. 2. 1931 Cincinnati (Ohio), † 17. 12. 2004 New York

Der US-Amerikaner zählt seit den 1950er-Jahren zu den wichtigsten Vertretern der Pop-Art, die in zumeist greller, plakativer Form das Konsumverhalten in den Industriegesellschaften thematisierte. Aufsehen erregte Wesselmann ab 1961 durch provokative Frauenakte, die als »Great American Nudes« bekannt wurden. Zudem kombinierte er Körperteile mit Gegenständen und Zeitungsausschnitten zu bunten Collagen. In seinem Spätwerk präsentierte Wesselmann seine Aktdarstellungen auf ausgestanzten Metallplatten.

Wischnewski, Hans-Jürgen

Dt. Politiker, * 24. 7. 1922 Allenstein/Ostpreußen, † 24. 2. 2005 Köln

Der SPD-Politiker, wegen seiner guten Beziehungen zu arabischen Staaten »Ben Wisch« genannt, wurde 1966 Bundesminister für Wirtschaftliche Zusammenarbeit und war von 1968 bis 1971 Bundesgeschäftsführer seiner Partei. 1974–76 fungierte er als Staatsminister im Auswärtigen Amt, später im Bundeskanzleramt. Wegen seiner diplomatischen Fähigkeiten erhielt Wischnewski verschiedene Sonderaufgaben. So koordinierte er 1977 nach der Entführung der Lufthansamaschine »Landshut« in Mogadischu die erfolgreiche Befreiungsaktion.

Zhao Ziyang

Chines. Politiker, * 17. 10. 1919 Huaxian (Provinz Henan), † 17. 1. 2005 Peking

Von 1980 bis 1987 leitete Zhao Ziyang als Regierungschef der Volksrepublik China Wirtschaftsreformen ein, die er 1987–89 als Generalsekretär der Kommunistischen Partei fortsetzte. Nachdem er 1989 den Einsatz der Armee gegen die friedlich für mehr Demokratie demonstrierenden Studenten auf dem Platz des Himmlischen Friedens (Tian'anmen-Platz) in Peking abgelehnt und die Ausrufung des Kriegsrechts verweigert hatte, wurde der Funktionär aller Ämter enthoben. Bis zu seinem Tod stand Zhao Ziyang wegen seiner Sympathie für die protestierenden Studenten unter Hausarrest.

Sachregister

Das Sachregister verzeichnet alle Stichwörter, die im Lexikon zu finden sind, mit einer *fett* gesetzten Seitenangabe. Wichtige Begriffe, die im Text behandelt werden, aber keinen eigenen Eintrag haben, sind mit entsprechender Seitenzahl genannt.

8

Personenregister

Das Personenregister enthält alle wichtigen Namen, die im Lexikon vorkommen. Seitenzahlen in fetter Schrift verweisen auf eine Kurzbiografie, Seitenzahlen in kursiver Schrift auf Bildunterschriften.

8

8

Bildquellenverzeichnis

Associated Press (ap), Frankfurt a.M. Klappe v.M., 26 (1), 27, 30, 35 (1), 74, 102, 106 (1), 141, 176, 194, 197, 223 (1), 230, 241, 256 (1), 261, 284 (2), 285 (2), 301 (1), 310, 405 (1), 435 (1), 444, 484, 485, 491 (1), 513 (2), 540 (1), 546, 548, 550, 552 (1), 557, 567, 585, 586, 590, 598, 609, 611, 615, 648, 653, 654, 674, 697, 705, 714, 757, 809, 821 (1), 823 (2), 827 (1), 831 (1), 834 (1); ap/CHINATOPIX 217; ap/ESA 462; ap/Keystone 687, 820; ap/POLFOTO 54 (1); Bundesministerium für Bildung und Forschung, Berlin 277; Bundespressedienst der Republik Österreich, Wien 759, 760 (2), 762, 764; Corbis, London und Düsseldorf 166, 238, 239 (1), 348 (1), 349, 377 (1), 379 , 397 (2), 461 (1), 763 (1), 823 (1), 833 (1); Corbis/Bettmann 832 (1); Corbis/Dallas Morning News 40 (1); Corbis/ITAR-TASS 44, 676; Corbis/NATIONAL-NN/Dallas Morning News 394; corbis/PHYL/CDC 275; Corbis/Reuters 3 (2), 12, 16 (1), 18, 19, 20, 24 (1), 25, 28, 32, 33 (1), 34, 36, 39, 41, 45 (1), 46, 61 (1), 99 (1), 101, 187, 204, 244, 256 (2), 257 (2), 276, 284 (3), 285 (1), 289, 361 (1), 396, 399, 402, 419 (1), 431 (1), 443, 463, 476, 483 (1), 551, 552 (1), 588, 605, 608, 646, 656, 695, 698, 717 (2), 806, 818, 825 (1); Corbis/Royalty Free 239 (1), 741 (2); corbis/Sygma 274; Europäische Union, Brüssel 256 (1)7, 257 (11); Freie- und Hansestadt Hamburg, Staatliche Pressestelle/Michael Zapf 746; Globus 66, 73, 78, 86, 90 (1), 130, 132, 135, 152, 158, 171, 186 (1), 189, 213, 224, 234, 240, 249, 266, 269 (1), 272, 286, 291 (1), 293, 303, 362, 451 (1), 455, 458, 465, 492; Globus dpa 106 (1), 121, 124, 138, 154, 198, 248, 253, 299, 311, 326, 328, 339, 387, 406, 433, 478, 560, 600, 604, 612, 655 (1), 811, 812; Institut für Qualität und Wirtschaftlichkeit im Gesundheitswesen, Köln 297; laif, Köln/Perkovic/Volz 341 (1); PDS Partei Deutscher Sozialisten, Berlin 416; Picture-Alliance (pa), Frankfurt a.M./dpa Klappe v.l., Klappe v.r., Klappe h.l., Klappe h.M., Klappe h.r., 3 (5), 11, 13, 14, 15, 16 (1), 17, 21 (2), 21, 22, 23, 24 (1), 26 (1), 29 (2), 31, 33 (1), 35 (1), 37 (2), 38, 40 (1), 42 (2), 43, 45 (1), 47, 48, 49, 50 (2), 52 (1), 53, 54 (1), 55, 56 (2), 57, 58, 59 (2), 60, 61 (1), 62, 64 (2), 65 (1), 77, 80, 84, 85, 88, 90 (1), 96, 97, 99 (2), 100, 103, 108, 109, 119, 129 (2), 134, 137 (3), 140, 143, 149, 151 (3), 156, 162, 165 (3), 167, 172, 178, 180, 183, 186 (1), 190, 193 (1), 199 (2), 203 (2), 205, 207, 218, 221, 223 (2), 227, 228, 233 (2), 236, 239 (1), 247, 251, 254, 256 (1), 257 (1), 259, 260, 263 (1), 264 (2), 268, 271, 280, 282 (1), 284 (3), 285 (5), 291 (2), 295, 301, 301 (2), 304 (1), 305, 309, 319, 323 (3), 329, 331 (2), 333, 334, 336, 337, 338, 341 (2), 347, 350, 354, 361 (2), 365 (1), 373, 374, 377 (2), 381, 382, 397 (1), 400, 405 (2), 411 (3), 412 (1), 414 (2), 417, 419 (2), 421, 422, 423, 424, 426, 428, 429 (2), 431 (1), 432, 434, 435 (3), 437, 439, 441, 442, 447, 449, 451 (3), 461 (1), 469, 472, 474 (2), 477, 479, 481, 483 (2), 486, 491 (2), 494, 499, 500, 503, 513 (1), 529, 536, 538, 540 (1), 561, 562, 565, 568, 571, 575, 578, 592, 596, 602, 603, 607, 616, 621, 637, 638, 640, 651, 655 (1), 661, 667, 670, 672, 678, 685, 690, 692, 703, 707, 711, 720, 721, 723, 727, 730, 732, 733, 741 (2), 742, 743, 745, 747, 750, 752, 755, 756, 758, 763 (1), 798, 801, 804, 817, 821 (2), 822 (2), 824 (2), 825 (2), 826 (3), 827 (1), 828 (3), 829 (2), 830 (4), 831 (2), 832 (2), 833 (2), 834 (2); pa/Godong 429 (1); pa/KNA 430; pa/KPA 51, 199 (1), 822 (1); pa/KPA/Haddenhorst 304 (1); pa/obs 174, 182, 233 (1), 269 (1), 364, 370; pa/obs/Adam Opel AG 116; pa/obs/AVM Computersysteme Vertriebs GmbH 184; pa/obs/Cordis Med. Apparate GmbH 263 (1), 281; pa/obs/Deutscher Caritasverband 94; pa/obs/DFS Dt. Flugsicherung 118; pa/WDR-Pressestelle/Bildredaktion 365 (1); pa/ZB 52 (1), 65 (2), 115, 193 (1), 201, 203 (1), 211, 233 (1), 246, 263 (1), 278, 282 (1), 291 (1), 296, 323 (1), 331 (1), 342, 345, 348 (1), 457, 461 (1), 744, 748, 749, 751, 753, 754, 824 (1), 825 (1), 827 (2), 831 (1), 833 (1), 834 (1); Dr. H. Schillers, Münster 389; Sipa Press, Paris 112, 146, 412 (1), 528, 559, 593, 832 (1)